Langenscheidt Fachwörterbücher

Langenscheidt Routledge Dictionary of **Business** Concise Edition English

English – German
German – English

Fourth thoroughly revised and enlarged edition

by
Dipl.-Volkswirt Ludwig Merz

Langenscheidt

Berlin · Madrid · Munich · Warsaw · Vienna · Zurich

Langenscheidt
Routledge

Fachwörterbuch Kompakt **Wirtschaft** Englisch

Englisch – Deutsch
Deutsch – Englisch

Vierte, stark bearbeitete und erweiterte Auflage

von
Dipl.-Volkswirt Ludwig Merz

Langenscheidt

Berlin · Madrid · München · Warschau · Wien · Zürich

Bibliografische Information Der Deutschen Nationalbibliothek
Die Deutsche Nationalbibliothek verzeichnet diese Publikation in der Deutschen Nationalbibliografie; detaillierte bibliografische Daten sind im Internet über http: // dnb.ddb.de abrufbar.

Eingetragene (registrierte) Marken sowie Gebrauchsmuster und Patente sind in diesem Wörterbuch nicht ausdrücklich gekennzeichnet. Daraus kann nicht geschlossen werden, dass die betreffenden Bezeichnungen frei sind oder frei verwendet werden können.

4., stark bearbeitete und erweiterte Auflage

gekürzte Ausgabe des Langenscheidt-Routledge Fachwörterbuchs *Wirtschaft, Handel & Finanzen* mit Genehmigung von Routledge Ltd. / Taylor & Francis Group, London
Satz: Hagedorn medien[design], Korntal-Münchingen
Druck: Stürtz GmbH, Würzburg
Printed in Germany
ISBN 978-3-86117-338-0

12010

Vorwort

Das *Langenscheidt Routledge Fachwörterbuch Kompakt Wirtschaft Englisch* wurde in der vierten Auflage in allen Teilen gründlich überarbeitet. Alle Fachgebiete wurden aktualisiert und der Bestand, trotz der Eliminierung vieler nicht mehr relevanter Einträge, mit annähernd 2000 Neueinträgen per Saldo auf über 42.000 erweitert.

Das bewährte Konzept der Anreicherung vieler neuer Fachbegriffe mit präzisen Fachgebietsangaben, Zusatzinformationen, Definitionen, Verweisungen und Kurzkommentaren zu fachlichen Zusammenhängen, Synonymen, Antonymen und begrifflichen Hierarchien wurde und wird weiter ausgebaut.

Schwerpunkte hierbei waren der übergreifende Bereich Finanzierung-Bank-Börse-Rechnungslegung, von Basel III und IFRS (countercyclical buffer, LR, Afs-Anlagen und htm assets, loss absorption capacity u.a.) über die Finanzmarktkrisen-Terminologie (CACs, herd mentality, Nicht-Haftungsklausel, Finanztransaktionssteuer) bis zu institutionellen Neuerungen (neues Finanzaufsichtssystem, ESAs, FMSA und FMSF, HR, act-or-explain mechanism, macroprudential supervision, TFEU, IFIs und SIFIs), der Bereich Arbeit und Soziales (phased retirement, social engineering, performance society), sowie Betriebs-, Finanz- und Volkswirtschaft (fat tails, HGDI, dim sum bond, sharia compliant, Entlassungsproduktivität, Pendlerpauschale, Glücksökonomie, Äquivalenzziffernkalkulation).

In besonderem Maße gilt das für Hilfestellung im Abkürzungswirrwarr der inflationären Kreationen des Eurospeak-Politmarketing (ESFS, EFSF, EFSM, ESM, ESRB) oder aber solcher Kürzel, die in Fachkreisen gebräuchlich, darüber hinaus aber kaum mehr auseinanderzuhalten sind (z. B. CBO, CCO, CLO, CRO, CDO, CDS).

Mit diesem Fachwörterbuch wenden wir uns an die Studenten und Dozenten in wirtschafts-, finanz- oder businessorientierten Kursen, in fachrelevanten Bachelor- oder Master-Studiengängen an Hochschulen, Fachhochschulen und Akademien, an Fort- und Weiterbildungsinstitutionen von Kammern, Verbänden und Kommunen, aber nicht zuletzt auch an Redakteure, Anwälte, ökonomische Laien und alle fachsprachlich interessierten Praktiker aus Industrie, Handel, Gewerbe und Verwaltung.

Mein Dank geht an Konstanze Ernst, die wieder mit Professionalität und Engagement die aufwändigen redaktionellen und lexikografischen Arbeiten durchgeführt hat, und an Anette Müller, die mich in allen Phasen des Projekts kompetent und konstruktiv begleitet hat.

Anregungen, Vorschläge und ergänzende Hinweise zu dieser Neuauflage sind wie immer willkommen. Bitte senden Sie diese an den Langenscheidt Fachverlag, Postfach 40 11 20, 80711 München oder an redaktion.wb@langenscheidt.de.

Saulheim, im Januar 2012

Ludwig Merz
Leitender Autor

Preface

The fourth edition of the *Langenscheidt Routledge Concise Dictionary of Business English* has undergone a complete and thorough revision. All the fields covered have been updated and many entries which are no longer relevant have been removed. In spite of this, the total number of entries has increased to over 42,000 with the addition of almost 2,000 new entries.

We are continuing to develop the proven approach of facilitating the understanding of a variety of new specialist terms by providing precise subject labelling, additional information, definitions, cross-references and short commentaries on specialized background information, synonyms, antonyms and a hierarchical structure.

The general focus of this dictionary is on the fields of finance, banking, the stock exchange and accountancy, from Basel III and IFRS (countercyclical buffer, LR, Afs-Anlagen and htm assets, loss absorption capacity etc.) through terminology from the financial crisis (CACs, herd mentality, Nicht-Haftungsklausel, Finanztransaktionssteuer) to new institutional terminology (neues Finanzaufsichtssystem, ESAs, FMSA and FMSF, HR, act-or-explain mechanism, macroprudential supervision, TFEU, IFIs and SIFIs), the field of work and social issues (phased retirement, social engineering, performance society), as well as business management, financial management and economics (fat tails, HGDI, dim sum bond, sharia compliant, Entlassungsproduktivität, Pendlerpauschale, Glücksökonomie, Äquivalenzziffernkalkulation).

This dictionary is intended to be of particular assistance in guiding the user through the ever-increasing maze of abbreviations which exist in Eurospeak's political jargon (ESFS, EFSF, EFSM, ESM, ESRB) and other similar abbreviations which are commonly used in specialist circles but which are easily confused by the non-expert (e.g. CBO, CCO, CLO, CRO, CDO, CDS).

This specialist dictionary is aimed at students and teachers of economics, finance, business, or any related subjects at bachelor or master's level at universities, technical universities or academies, as well as at centres for continuing and further education run by professional associations and local authorities. It will also be of value to editors, lawyers, anyone with an outside interest in business and economics, and indeed anyone from within the worlds of industry, trade and administration with an interest in business terminology.

My thanks goes to Konstanze Ernst, who carried out the copious amounts of editing and lexicographical work with her customary professionalism and commitment, and to Anette Müller for her competence and constructive assistance throughout all the stages of this project.

Ideas, suggestions and additional comments on this new edition are welcome as always. Please send them to: Langenscheidt Fachverlag, Postfach 40 11 20, 80711 München, or to: redaktion.wb@langenscheidt.de

Saulheim, January 2012

Ludwig Merz
Principal Author

Benutzungshinweise • Directions for use

1. Beispiele für die alphabetische Ordnung Examples of Alphabetization

ABC method
ABCC
abeyance / be in
ability
ability to pay
ability-to-pay principle
able • be able to meet the demands
able to pay
able to work
answer *v*
answer *v* for
answer • in answer to your letter
answerable
answerable for
answerable to
answering machine
answerphone
ante
ante meridiem
antedate
anti-employee
anti-fraud
anticipate

Eintrittsgeld
Einvernehmen kommen / zu einem
einvernehmlich
Erbschaftssteuer
Erbschaftssteuererklärung
Erbschafts- und Schenkungssteuer
Ereignis
Ereignis nach dem Bilanzstichtag
erleiden • einen Fehlschlag erleiden
Erliegen kommen / zum
erlöschen
Erlöschen
ermächtigen
Ermächtigung
Ermächtigungsschreiben
Ermangelung eines Gegenbeweises / in
ermäßigen
ermäßigte Steuer
ermäßigter Beitrag
ermäßigter Satz
Ermäßigung

2. Bedeutung der Zeichen • Meaning of symbols

/	forefront / at the = at the forefront Fehlschlag erleiden / einen = einen Fehlschlag erleiden
[ ]	opposing [dissenting] votes = opposing votes *or* dissenting votes innerbetriebliche Ausbildung [Schulung] = innerbetriebliche Ausbildung *oder* innerbetriebliche Schulung
( )	capacity utilization (rate) = capacity utilization *or* capacity utilization rate Dispo(sitions)kredit = Dispokredit *oder* Dispositionskredit
( )	Kursive Klammern enthalten Erklärungen. Italicized brackets contain explanations.
•	kennzeichnet Wendungen indicates phrases

In der Sprachrichtung Deutsch-Englisch werden die Schreibvarianten des amerikanischen und britischen Englisch nicht doppelt dargestellt, sofern sie sich verklammern lassen: z. B.: colo(u)r, fulfil(l)ment
In der Sprachrichtung Englisch-Deutsch wird von Schreibvarianten des amerikanischen Englisch auf die britisch-englische Schreibung verwiesen: z. B.: instalment *(BE) s.* installment

3. Abkürzungen • Abbreviations

adj	Adjektiv / adjective
adv	Adverb / adverb
AE	amerikanisches Englisch / American English
BE	britisches Englisch / British English
cf	vergleiche / compare with
Deu	Deutschland / Germany
e. g.	(exempli gratia) for instance
etw.	etwas
f	Femininum / feminine noun
jarg.	Jargon / jargon
jmd.	jemand
jmdm.	jemandem
jmdn.	jemanden
jmds.	jemandes
m	Maskulinum / masculine noun
n	Neutrum / neuter noun
obs.	veraltet / obsolete
pl	Plural / plural
s.	siehe / see
sb	somebody
sth	something
ugs.	umgangssprachlich / colloquial
v	Verb / verb
z. B.	zum Beispiel

Fachgebietskürzel • Subject-area labels

Admin	Öffentliche Verwaltung / Public Administration
Bank	Bankwesen / Banking
Bil	Bildung (Aus-, Fort- und Weiterbildung) / Education
Börse	Börse und Wertpapiere / Stock Market
Comp	Computer & Internet / Computer & Internet
Fin	Finanzierung / Finance
Frei	Freizeit & Tourismus / Leisure & Tourism
Gen	Allgemeine Geschäftssprache / General Commercial Language
Grund	Grundbesitz / Property
Imp / Exp	Import / Export / Import / Export
Ind	Industrie / Industry
Komm	Kommunikation / Communications
Logis	Transport & Logistik / Transport & Logistics
Media	Medien / Media
Mgt	Management / Management
Pat	Patentwesen / Patents
Pers	Personalführung / Human Resource Management
Pol	Politik / Politics
Recht	Recht / Law
RW	Rechnungswesen / Accounting
Soz	Soziale Sicherheit / Social Security
Stat	Statistik, Mathematik / Statistics, Mathematics
Steuer	Besteuerung / Taxation
Umwelt	Umwelt / Environment
V&M	Verkauf & Marketing / Sales & Marketing
Versich	Versicherungswesen / Insurance Industry
WiWi	Wirtschaftswissenschaften (VWL + BWL) / Economics and Business Administration

Datenstruktur konform mit ISO ISO 1951(2007)

Internationale Normung ist weltweit akzeptiert und zielt auf eine Vereinheitlichung bei der Produkterstellung.
Die ISO-Norm 1951(2007) garantiert eine weltweit anerkannte Darstellung der Wörterbuch-Einträge und bürgt für Qualität.

Das Werk entspricht der neuen deutschen Rechtschreibung (Stand 1.8.2006).

A

A1 *adj (Gen)* erstklassig
a/c *s.* account
A level *(Abk. für Advanced level; BE) (Bil) (Abschluss der Sekundarreife)* Abitur *n (Germany)*; Hochschulreife *f*, Matura *f (Austria, Switzerland)*; Maturitätsprüfung *f (Switzerland, cf AE High School Diploma)*
a priori *adj (Gen)* a priori, grundsätzlich, von vornherein
a priori statement *(Gen)* Apriori-Aussage *f*
A-share *(BE) (Börse)* stimmrechtslose (Stamm-)Aktie *f*
AAGR *(Abk. für average annual growth rate) (Stat, WiWi)* durchschnittliche jährliche Wachstumsrate *f*
ABA routing number *(AE) (Bank)* ABA--Bankleitzahl *f*; *(jarg.)* ABA-BLZ *f (ABA = American Bankers' Association)*
abandon *v* 1. *(Gen)* aufgeben, fallen lassen *(plan, project)*; verzichten auf *(right, claim)*; verlassen *(person, place)*; 2. *(Versich)* abandonnieren; 3. *(Recht)* aufgeben, überlassen, verzichten auf *(right)*; 4. *(Börse)* aufgeben *(option)*
abandon *v* **any claim** *(Recht)* jeglichen Anspruch fallen lassen
abandonment 1. *(Gen)* Verlassen *n*; 2. *(Pers)* Aufgabe *f*; 3. *(Logis, Versich)* Abandon *m*, Abandonnement *n*, Preisgabe *f* des Schiffs, Schiffsaufgabe *f (marine)*; 4. *(Recht)* Abandon *m*, Preisgabe *f*, Überlassung *f*, Verzicht *m (of a right)*; 5. *(RW)* Außerbetriebnahme *f (assets, Vermögensteile, insbesondere Anlagevermögen)*; Ausbuchung *f (taking an asset from the books)*; 6. *(Pat)* Aufgabe *f (of patent right)*
abandonment clause *(Versich)* Abandonerklärung *f*, Verzichtklausel *f*
abandonment of a position *(Pers)* Aufgabe *f* einer Stellung
abate *v* 1. *(Gen)* senken, ermäßigen *(tax, price)*; beheben *(nuisance)*; 2. *(Recht)* erlassen, herabsetzen, mindern *(sentence)*; einstellen *(writ, action)*
abatement 1. *(Gen)* Nachlassen *n*, Kürzung *f*, Ermäßigung *f (of tax)*; 2. *(Recht)* Minderung *f (of contract)*; Rabatt *m*, Nachlass *m (of price)*
abatement of taxes *(Steuer)* Steuernachlass *m*
abbreviated keyboard command *(Comp)* abgekürztes Tastaturkommando *n*, abgekürzter Tastaturbefehl *m*
abbreviation *(Gen)* Abkürzung *f*
ABC *(Abk. für analysis of benefits and costs) (WiWi)* KNA *f*, Kosten/Nutzen--Analyse *f*, Nutzen-Kosten-Analyse *f (synonymous: cost benefit analysis, CBA)*
ABC (evaluation) analysis *(Mgt, WiWi)* ABC-Analyse *f (Verfahren der Schwerpunktbildung, cf ABC method)*
ABC method *(Gen, Mgt)* ABC-Verfahren *n (inventory management = Lagerwirtschaft according to the ABC inventory control system; vgl. ABC analysis = ABC evaluation analysis = ABC-Analyse; Verfahren der Schwerpunktbildung, z. B. in der Material- und Lagerwirtschaft die Einteilung der Artikel in Umsatz- oder Absatzklassen über die Klassifizierung der Teile nach dem Mengen-Wert--Verhältnis: A-Teile mit geringem Mengen- und hohem Wertanteil, C--Teile umgekehrt mit hohem Mengen- und geringem Wertanteil, B-Teile dazwischen)*
ABCC *s.* Association of British Chambers of Commerce
ABCP *(Abk. für asset-backed commercial paper) (Bank, Fin)* forderungsbesichertes Commercial Paper *n*, forderungsgedecktes CP *n*, vermögensbesichertes Commercial Paper *n*, forderungsunterlegtes Commercial Paper *n*, ABCP *n*, *(jarg.)* ABCP-Papier *n (short-term debt instrument backed by a pool of assets provided by the issuer; the assets used as collateral include medium-term trade receivables, consumer debt receivables and structured debt instruments like CDOs = collateralized debt obligations = strukturierte, forderungsbesicherte Schuldverschreibungen, a form of finance where assets are specifically pledged in support of the loan -in contrast to normal bank lending- against cash flow, i. e. securitization with income-producing assets; Commercial Paper, besichert durch einen Forderungspool aus -im*

Gegensatz zu den ABS- heterogenen, teilweise komplex strukturierten Finanzinstrumenten mit häufig intransparenter Risikostruktur, einer Kombination elementarer Anlageinstrumente mit Derivaten; Emission durch ABCP--Zweckgesellschaften=ABCP-Conduits oder SIVs = structured investment vehicles = strukturierte Anlagevehikel)

ABCP conduit *(Abk. für asset-backed commercial paper conduit) (Bank, Fin)* ABCP-Zweckgesellschaft *f*, ABCP--Conduit *n (a financial intermediary like a special-purpose vehicle = SPV = Zweckgesellschaft or a structured investment vehicle = SIV = strukturiertes Anlagevehikel, which funds the purchase of heterogenous medium-term assets like trade receivables = Forderungen aus Warenlieferungen, consumer debt receivables = Verbraucherkreditforderungen and structured debt instruments = strukturierte, forderungsbesicherte Schuldverschreibungen through the issuance of ABS = asset-backed securities in the form of short-term asset-backed commercial paper = ABCP = vermögensbesichertes CP; Zweckgesellschaft, die heterogene mittel- bis langfristige Forderungen, darunter hochrentierliche, risikoreiche, komplex strukturierte Finanzinstrumente, ankauft und durch die damit besicherte Emission kurzfristiger Commercial Paper bei Inkaufnahme erhöhter Fristentransformations- bzw. Zinsstrukturkurvenrisiken = yield curve risks sowie Bonitätsrisiken refinanziert; das langfristig nicht tragfähige bankgeschäftliche Grundprinzip aus kurz mach lang' setzt eine deutlich positiv geneigte Zinsstrukturkurve voraus)*

ABCP program *(AE) (Bank, Fin) s.* ABCP programme

ABCP programme *(Abk. für BE asset--backed commercial paper programme) (Bank, Fin)* ABCP-Programm *n*, Asset--backed Commercial Paper-Programm *n*, Emissionsprogramm *n* für vermögensbesichertes CP, Geschäftsplan *m* zur Emission forderungsunterlegter Commercial Paper *(issues of short-term asset--backed revolving paper, predominantly with an original maturity of under one year, typically of 270 days, backed by heterogenous medium-term assets like trade receivables, consumer debt receivables and structured debt instruments; Emissionsprogramm kurzfristiger, revolvierend begebener, forderungs- bzw. vermögensbesicherter Geldmarktpapiere, meist von besonderen banknahen Einzweckgesellschaften = special--purpose vehicles, wie ABCP-Conduits oder SIVs = structured investment vehicles = strukturierte Anlagevehikel zur Refinanzierung ihrer mittel- bis langfristigen, teilweise komplex verbrieften Aktiva begeben; das Fristentransformationsrisiko = maturity conversion risk ist besonders hoch, da die zugrunde liegenden, risikobehafteten Besicherungsaktiva meist auf mittel- bis längerfristigen Verträgen beruhen, z. B. auf Hypotheken-, Kredit- oder Leasingverträgen)*

abeyance/be in 1. *(Gen)* ruhen, in der Schwebe sein, schweben, zeitweilig außer Kraft sein *(law, rule)*; 2. *(Recht)* vorläufig unwirksam sein *(property)*

ability *(Gen)* Befähigung *f*, Fähigkeit *f*, Geschick *n*, Können *n*, Leistungsfähigkeit *f*

ability to pay 1. *(Bank, Fin, RW, WiWi)* Solvenz *f*, Zahlungsfähigkeit *f*, Zahlungspotenzial *n*; 2. *(Pers, Recht, Steuer)* Zahlungsfähigkeit *f*

ability-to-pay principle *(Steuer, WiWi)* Zahlungsfähigkeitsprinzip *n*, Leistungsfähigkeitsprinzip *n (principle of taxation)*

ability to work *(Pers, WiWi)* Arbeitsfähigkeit *f*, Erwerbsfähigkeit *f*

able *adj (Gen)* fähig • **be able to afford to buy sth** *(WiWi)* sich etw. leisten können • **be able to meet the demands** *(Gen)* den Anforderungen entsprechen

able *adj* **to pay** *(Gen)* solvent, zahlungsfähig

able *adj* **to work** *(Pers, WiWi)* arbeitsfähig, erwerbsfähig

abolish *v* 1. *(RW)* aufheben; 2. *(Gen, WiWi)* abbauen, abschaffen, aufheben, beseitigen; 3. *(Recht)* abschaffen

abolishment *(Gen, Recht, WiWi)* Abschaffung *f*, Aufhebung *f*

abolition *(WiWi)* Beseitigung *f (of job)*; Vernichtung *f*, Aufhebung *f*, Abschaffung *f (of trade control)*

abolition of tariffs *(WiWi)* Abschaffung *f* [Aufhebung *f*] von Zöllen

abolition of trade barriers *(WiWi)* Beseitigung *f* von Handelsschranken

abort *v (Gen)* abbrechen, scheitern lassen *(mission, trial, launch)*

about-face *(AE) (Gen, Pol)* Kehrtwendung *f*, Kehrtwende *f*, Schwenkung *f*

about-turn *(BE) (Gen, Pol)* Kehrtwendung *f*, Kehrtwende *f*, Schwenkung *f*

above *(Gen)* oberhalb • **as above** *(Komm)* wie oben, o.a.

above average *(Gen, WiWi)* überdurchschnittlich, über dem Durchschnitt

above-average growth *(WiWi)* überdurchschnittliches Wachstum *n*

above board *(Gen)* ehrlich *(action, deal)*; offen *(person)*

above par *(Börse, Fin)* über dem Nennwert, über pari

above the line 1. *(Fin, RW)* in den schwarzen Zahlen *(GuV)*; über dem Strich *(Bilanz, GuV)*; 2. *(Bank, Gen)* im Haben *(Kontostand)*

abridge *v* 1. *(Komm)* abkürzen *(contents)*; 2. *(Gen)* verkürzen

abroad *adv (Gen)* im Ausland • **from abroad** *(Gen)* ausländisch

abrogate *v (Admin, Recht)* aufheben *(contract)*

abrogation *(Admin, Recht)* Außerkraftsetzung *f*, Aufhebung *f (of Community Law)*

ABS *(Abk. für asset-backed securities) (Bank, Fin, RW)* Asset-Backed Securities *fpl*, ABS-Papiere *npl*, verbriefte (Kredit-)Forderungen *fpl*, aktivabesicherte Forderungen *fpl*, vermögensbesicherte Forderungen *fpl*, besicherte Wertpapiere *npl*, forderungsbesicherte Wertpapiere *npl*, verbriefte Zahlungsansprüche *mpl*; forderungsbesicherte Anleihen *fpl*, vermögensgesicherte Anleihen *fpl*, ABS-Anleihen *fpl (securities backed by a pool of homogenous unsecuritized assets assigned to a SPV = special-purpose vehicle and designed to service the investors' claims from the payment streams of that asset pool; ein Pool von -im Gegensatz zum ABCP-homogenen unverbrieften Forderungen wird zur Besicherung sowie zur Bedienung der ABS-Investoren aus den Zahlungsströmen dieser Vermögenswerte = assets auf eine Zweckgesellschaft = SPV übertragen, die sich über die Emission der ABS refinanziert)*

abscond *v (Recht)* sich entziehen *(debtor)*

absence 1. *(Gen)* Nichtvorhandensein *n (lack)*; Abwesenheit *f*, Fehlen *n*, Fernbleiben *n*, Nichterscheinen *n (being elsewhere)*; 2. *(Recht)* Nichterscheinen *n (nonappearance)*; Abwesenheit *f (non-presence)* • **in sb's absence** *(Gen)* in jmds. Abwesenheit • **in the absence of detailed information** *(Gen)* mangels genauer Informationen • **in the absence of evidence to the contrary** *(Recht)* mangels Beweises des Gegenteils, in Ermangelung eines Gegenbeweises

absence of a quorum *(Mgt)* Beschlussunfähigkeit *f*

absence of formal requirements *(Recht)* Formfreiheit *f*

absent *adj (Gen, Pers)* abwesend, fern, nicht zugegen • **be absent due to illness** *(Pers)* aus Krankheitsgründen abwesend sein

absentee rate *(Gen, Pers)* Abwesenheitsrate *f*

absolute *adj* 1. *(Gen)* absolut; 2. *(Recht)* rechtskräftig; endgültig *(verdict, decree)*; unbeschränkt *(power, authority)*; 3. *(Recht)* bedingungslos *(contract)*; endgültig *(court order, decree)*

absolute deviation *(Stat)* absolute Abweichung *f*

absolute limit *(Gen)* absolutes Limit *n*; äußerste Frist *f (within prescribed time limits)*

absolute liquidity ratio *(Fin, RW)* Barliquidität *f*, Kassaliquidität *f*, Liquidität *f* ersten Grades *(ratio of cash to current liabilities, der Quotient aus Zahlungsmitteln und kurzfristigen Verbindlichkeiten)*

absolute measure *(Stat)* dimensionslose Maßzahl *f* [Zahl *f*]
absolute monopoly *(WiWi)* reines Monopol *n*, vollkommenes Monopol *n*
absolute surplus value *(WiWi)* absoluter Mehrwert *m*
absolute term *(Stat)* Konstante *f*
absolute title *(Grund)* uneingeschränktes Eigentumsrecht *n*
absolute URL *(Comp, Komm)* absolute Website-Adresse *f (e. g.: http://www.langenscheidt.de/katalog/wirtschaft_und_handel_26.html)*
absolutely unbiased estimator *(Stat)* stets erwartungstreue Schätzfunktion *f*
absorb *v* 1. *(RW)* absorbieren, verrechnen; 2. *(Gen, WiWi)* absorbieren *(purchasing power)*; abfangen, auffangen, übernehmen *(cost)*; aufnehmen, übernehmen *(business, company)*; eingliedern *(staff, management)*
absorb *v* **overheads** *(RW)* Gemeinkosten verrechnen
absorbed *(Fin, RW)* verrechnet *(cost accounting)*
absorbed basis *(RW)* Vollkostenbasis *f*
absorbing capacity *(Börse, WiWi)* Aufnahmefähigkeit *f (of security market)*
absorption 1. *(RW)* Verrechnung *f*; 2. *(WiWi)* Abschöpfung *f*, Absorption *f*, inländische Gesamtnachfrage *f*, Aufnahme *f*; 3. *(Fin)* Auflösung *f*, Übernahme *f*, Verrechnung *f*, Vollkostenrechnung *f (of a company)*; 4. *(Gen)* Absorption *f*, Aufnahme *f (of costs, profits, business)*; Bindung *f (of resources)*
absorption account *(RW)* Wertberichtigungskonto *n*
absorption approach *(WiWi)* Absorptionstheorie *f*
absorption costing *(RW)* Vollkostenrechnung *f (full absorption cost accounting; Umlegung aller Kosten auf die Kostenträger = units of output)*
absorption of unemployment *(Soz)* Abbau *m* der Arbeitslosigkeit
absorption rate *(RW)* Gemeinkostenzuschlag *m*
absorptive capacity *(Gen, WiWi)* Aufnahmefähigkeit *f*, Absorptionskapazität *f (of market)*
abstain *v* 1. *(Gen)* sich enthalten; 2. *(Pol)* sich der Stimme enthalten *(from voting)*
abstract 1. *(WiWi)* Abstrakt *n*, Kurzfassung *f*, Zusammenfassung *f (summary)*; 2. *(Gen)* Auszug *m*, Kurzfassung *f (of document)*; 3. *(Recht)* Auszug *m*, Zusammenfassung *f (extract)*; 4. *(Stat)* Jahrbuch *n*; 5. *(Pat)* Auszug *m*, Übersicht *f*
abundance 1. *(WiWi)* Überfluss *m*; 2. *(Gen)* Ergiebigkeit *f*, Fülle *f*, Menge *f*
abuse *(Gen, Pat, WiWi)* Missbrauch *m*, missbräuchliche Ausnutzung *f*
abuse of a dominant position *(Pol, WiWi)* missbräuchliche Ausnutzung *f* einer beherrschenden Stellung, Missbrauch *m* einer marktbeherrschenden Stellung *(EU competition law)*
abuse of administrative authority *(Gen)* Amtsmissbrauch *m*
abuse of market power *(WiWi)* Marktmachtmissbrauch *m*
abuse of power *(Gen)* Machtmissbrauch *m*
abusive practice *(Pol, WiWi)* missbräuchliche Verhaltensweise *f*
academic *(Bil)* Universitätslehrkraft *f (teacher or scholar in an institute of higher education)*
academic career *(Pers)* akademische Laufbahn *f*, Hochschullaufbahn *f*
academic education *(Edu)* allgemeinbildende Erziehung *f (im Gegensatz zu fachlicher oder technischer Ausbildung)*
academic labor market *(AE)* s. academic labour market
academic labour market *(BE) (Pers)* Arbeitsmarkt *m* für Lehrkräfte an Hochschulen und Universitäten *(nicht: Arbeitsmarkt für Akademiker)*
accede *v (Pol)* zustimmen
accede *v* **to** *(Pol)* beitreten
accede *v* **to a treaty** *(Pol)* sich einem Abkommen anschließen
accede *v* **to an office** *(Pol)* ein Amt antreten
accelerate *v* 1. *(Bank)* vorzeitig fällig stellen *(maturity)*; 2. *(Gen)* beschleunigen, forcieren, steigern; 3. *(Gen, WiWi)* sich beschleunigen, zunehmen *(growth, inflation)*
accelerated amortization *(Fin, RW)* beschleunigte Amortisation *f*, vorzeitige Tilgung *f*

accelerated depreciation *(Fin, RW)* beschleunigte, progressive Abschreibung *f*
accelerated growth *(WiWi)* beschleunigtes Wachstum *n*, forciertes Wirtschaftswachstum *n*
accelerating inflation *(WiWi)* zunehmende Inflation *f*
acceleration 1. *(WiWi)* Akzeleration *f*; 2. *(Gen)* Beschleunigung *f (in rate)*
acceleration of maturity *(Bank)* Vorverlegung *f* der Fälligkeit
acceleration principle *(WiWi)* Akzelerationsprinzip *n (investment hypothesis)*
accelerator 1. *(WiWi)* Akzelerator *m*; 2. *(Gen, Mgt)* Akzelerator *m*, Beschleuniger *m*, Accelerator *m (Berater oder beratende Unternehmen, die junge Unternehmen u. a. in Management-, Finanzierungs- und Marketingfragen zur Begrenzung von Start-up-Risiken beraten)*
accelerator-multiplier interaction *(WiWi)* kombinierte Akzelerator- und Multiplikatorwirkung *f*
accept *v* 1. *(Bank)* akzeptieren, annehmen *(bill, credit card)*; 2. *(Komm)* annehmen, entgegennehmen *(call)*; 3. *(Gen)* abnehmen, akzeptieren, anerkennen, übernehmen
accept *v* **a bill** *(Recht)* einen Wechsel akzeptieren
accept *v* **a tender** *(Gen)* den Zuschlag erteilen
accept *v* **liability** *(Gen)* Haftung anerkennen, Haftung übernehmen
acceptability *(Gen)* Annehmbarkeit *f*, Brauchbarkeit *f*, Tragbarkeit *f*
acceptable *adj* 1. *(Bank)* beleihbar, lombardfähig; 2. *(WiWi)* annehmbar; 3. *(Gen)* akzeptabel, annehmbar, tragbar
acceptable job offer *(Soz)* zumutbares Stellenangebot *n*
acceptance 1. *(Bank)* Akzept *n*, akzeptierter Wechsel *m (completed bill)*; 2. *(Gen)* Zuschlag *m (of bid, tender)*; Annahme *f (of contract, goods)*; Billigung *f*, Einwilligung *f (assent)*; Abnahme *f (goods)*; 3. *(Ind)* Annahme *f*; 4. *(Recht)* Annahme *f (of contract, goods)*; 5. *(Media)* Annahme *f (approval of product)*; Abnahme *f (of manuscript)*; 6. *(V&M)* Akzeptanz *f (of brand)*
acceptance as performance *(Recht)* Erfüllungsannahme *f*
acceptance bank *(Bank)* Akzeptbank *f*
acceptance bill *(Bank)* Dokumententratte *f*, zum Akzept vorgelegter Wechsel *m*
acceptance commitments *(Fin)* Akzeptverbindlichkeiten *fpl*
acceptance credit 1. *(Bank)* Akzeptkredit *m*; 2. *(Fin, Imp/Exp)* Akzept-Akkreditiv *n*, Wechselrembours *m*, Rembourskredit *m*
acceptance house *(Bank)* Diskontbank *f*, Akzepthaus *n*
acceptance liabilities *(Fin)* Akzeptverbindlichkeiten *fpl*
acceptance liability *(Bank)* Akzeptlinie *f*, Wechselobligo *n*
acceptance line *(AE) (Bank)* Akzeptlinie *f*, Akzeptkreditrahmen *m*
acceptance of lump sum settlement *(Fin, Pers)* Annahme *f* einer Abfindung
acceptance of proposal *(Gen)* Antragsannahme *f*
acceptance test *(V&M)* Markttest *m*, Pretest *m*
acceptance trial 1. *(Ind)* Abnahmeprüfung *f*; 2. *(V&M)* Abnahmetest *m*, Abnahmeprüfung *f*
acceptances outstanding 1. *(RW)* eigene Akzepte *npl*; 2. *(Fin)* Akzeptumlauf *m*
accepted *adj* 1. *(Bank, Comp)* akzeptiert; 2. *(Gen)* akzeptiert, mit Akzept versehen
accepted draft *(Bank)* akzeptierter Wechsel *m*
accepting *adj (Bank, Fin)* akzeptgebend, akzeptierend
accepting bank *(Bank, Fin)* akzeptgebende Bank *f*, akzeptierende Bank *f*
accepting house *(Bank, Fin)* Akzeptbank *n*, akzeptierende Bank *f*, Akzepthaus *n*
acceptor 1. *(Bank)* Akzeptant *m*, Bezogene(r) *f(m)*, Trassat *m (of bill)*; 2. *(Recht)* Akzeptant *m (of contract)*
access 1. *(WiWi)* Zugriff *m*, Zugriffsmöglichkeit *f*; 2. *(Gen)* Zutritt *m*, Zugang *m* • **access denied** *(Comp, Komm)* Zugriff verweigert, Zugriff abgelehnt • **give sb access to** *(Gen)* jmdm. Zutritt erteilen zu • **limit access** *(Pers)* Zugang beschränken
access charge *(Comp, Komm)* Zugangsgebühr *f*

access fee *(Comp, Komm)* Zugangsgebühr *f*
access frequency *(Mgt, Gen)* Zugriffshäufigkeit *f (Lagerwirtschaft = inventory management)*
access right *(Recht)* Zugriffsberechtigung *f*
access rights *(Comp, Komm)* Zugriffsrechte *npl*
access to a scheme *(Soz)* Eintritt *m* in eine (arbeitsmarktpolitische) Maßnahme
access to employment *(Pers)* Zugang *m* zur Beschäftigung, Zugang *m* zum Erwerbsleben
access to the labor market *(AE) (Pers) s.* access to the labour market
access to the labour market *(BE) (Pers)* Zugang *m* zum Arbeitsmarkt
access to working life *(Pers)* Zugang *m* zum Erwerbsleben
accessibility *(Gen)* Zugriffsfähigkeit *f*, Zugriffsmöglichkeit *f (of information)*
accession 1. *(Fin)* Zuwachs *m*; 2. *(Gen)* Akzession *f*, Zustimmung *f*; Antritt *m (to office)*; Beitreten *n*, Beitritt *m (to treaty)*
accession criteria *(Pol, WiWi)* Beitrittskriterien *npl (EU)*
accession negotiations *(Pol)* Beitrittsverhandlungen *fpl (EU)*
accession to the EU *(WiWi)* EU-Beitritt *m*
accessories 1. *(Gen)* Nebenausgaben, Nebengebühren, Nebenkosten *pl*; 2. *(V&M)* Zubehör *n*
accessory *(Recht)* Komplize *m*, Komplizin *f*, Helfershelfer *m*, Mittäter(in) *m(f)*
accessory advertising *(V&M)* begleitende Werbeaktion *f*, Zusatzwerbung *f*
accessory charges *(Gen)* Nebenausgaben *fpl*, Nebengebühren *fpl*
accident *(Gen)* Unglück *n (air, rail)*; Unfall *m (on road, at home, work)*; Zufall *m (chance)*
accident at work *(Pers)* Unfall *m* am Arbeitsplatz, Arbeitsunfall *m*, Berufsunfall *m*
accident prevention *(Pers)* Unfallverhütung *f*
accidental *adj (Gen)* zufällig
accidental sampling *(WiWi)* stichprobenartige Untersuchung *f*, zufallsbedingtes Stichprobenverfahren *n*
accommodate *v* 1. *(Bank)* gewähren *(with loan)*; 2. *(Gen)* eine Gefälligkeit erweisen *(do a favour for)*; entgegenkommen *(oblige)*
• **accommodate a loan** *(Bank, Fin)* einen Kredit einräumen, ein Darlehen gewähren
accommodating credit *(RW)* Überbrückungskredit *m*
accommodating items *(Imp/Exp, Stat, WiWi)* Restposten *mpl* der Zahlungsbilanz, Saldo *m* statistisch nicht aufgliederbarer Transaktionen
accommodating transactions *(WiWi)* Ausgleichstransaktionen *fpl*
accommodation 1. *(Fin)* kurzfristiges, ungesichertes Darlehen *n*, Überbrückungskredit *m*; 2. *(Gen)* Anpassung *f (adaptation, compromise)*; kurzfristiges Darlehen *n (financial)*; Entgegenkommen *n*, Gefälligkeit *f (obliging attitude)*
accommodation acceptance *(Gen)* Gefälligkeitsakzept *n*
accommodation draft *(Fin)* Gefälligkeitswechsel *m*
accommodation endorsement *(Fin, Gen)* Gefälligkeitsindossament *n*
accommodation expenses *(Frei, Pers)* Aufenthaltskosten *pl*
accommodation loan *(Fin)* Überbrückungskredit *m*, kurzfristiges, ungesichertes Darlehen *n*, Gefälligkeitsdarlehen *n*
accommodation policy *(WiWi)* akkommodierende Politik *f*, unterstützende Politik *f*
accommodative policy *(Pol, WiWi)* akkommodierende Geldpolitik *f*, anpassende Geldpolitik *f*, anpassende Politik *f (by the central bank)*
accompanying *adj (Gen)* begleitend
accompanying document *(Admin, Komm)* Begleitschein *m*, Begleitpapier *n*
accompanying letter *(Admin, Komm)* Begleitbrief *m*, Begleitschreiben *n*
accompanying material *(Edu, Gen)* Begleitmaterial *n (synonymous: backup material)*
accomplice *(Gen, Recht)* Komplize *m*, Komplizin *f*
accomplishment 1. *(Gen)* Ausführung *f*, Vollendung *f (of task)*; Realisierung *f (of*

objectives); 2. *(Pers)* Leistung *f (feat)*; 3. *(Recht)* Vollziehung *f*

accomplishment of goals *(Mgt, WiWi)* Zielrealisierung *f*

accordance *(Gen)* Übereinstimmung *f*, Gewährung *f* • **in accordance with** 1. *(Gen)* übereinstimmend mit, gemäß, im Einklang mit *(standard, regulation)*; 2. *(Recht)* in Übereinstimmung mit, gemäß • **in accordance with your instructions** *(Gen)* gemäß Ihren Anweisungen

according to *(Gen, Recht)* gemäß, laut, nach, zufolge

according to international law *(Recht)* völkerrechtlich

account *v* **for** 1. *(Gen, Recht)* Rechenschaft ablegen; Rechenschaft ablegen über, sich verantworten für, verantwortlich sein für *(render an account)*; 2. *(Gen)* berücksichtigen; nachweisen, abrechnen *(expenses)*; bereinigen *(inflation)*

account *(a/c)* 1. *(RW)* Konto *n*, Kto. *(book--keeping)*; 2. *(Bank)* Bankkonto *n*, Konto *n*, Kto.; 3. *(Gen)* Rechnung *f*, *(obs.)* Faktura *f (bill, invoice)*; Etat *m*; Bericht *m*, Darstellung *f*, Wiedergabe *f (report)*; 4. *(Comp, Komm, Recht)* Zugangsberechtigung *f (network, mailbox)*; Benutzerkonto *n (user)*; 5. *(V&M)* Kunde *m (customer)*; Etat *m*, Konto *n*, Kto.; 6. *(Börse)* Abrechnungszeitraum *m* • **for the account of** *(Bank)* zugunsten von *(Banküberweisung)* • **no-account, n/a** *(Bank)* kein Konto • **on account, o/a** 1. *(Bank)* à Konto; 2. *(Gen)* gegen Kredit; auf Rechnung • **on account of** *(Gen)* wegen • **on account of payment** *(Recht)* zahlungshalber • **on no account** *(Gen)* auf keinen Fall • **query an account** *(Bank, Comp, Soz)* ein Konto abfragen *(from May 2005 financial and social security agencies have the right to detect accounts and gain an insight into master data of account holders; Einblicknahme der Finanz- und Sozialversicherungsbehörden in die Kontenstammdaten der Kunden deutscher Banken)*

account balance *(Bank, RW)* Kontostand *m*, Saldo *m*

account current *(Bank, Fin)* laufende Rechnung *f*, offene Rechnung *f*

account holder *(Bank)* Kontoinhaber(in) *m(f)*

account in balance *(RW)* ausgeglichenes Konto *n*

account management 1. *(Bank, RW)* Kontoführung *f*; 2. *(V&M)* Kundenbetreuung *f*, Kundengruppenmanagement *n*

account matching *(RW)* Kontenabstimmung *f*

account movement *(RW)* Kontobewegung *f*

account of assets and liabilities *(Recht)* Vermögensaufstellung *f*

account-only check *(AE) (Bank)* s. account-only cheque

account-only cheque *(BE) (Bank)* Verrechnungsscheck *m*

account query *(Bank, Comp)* Kontenabfrage *f*

account reconciliation *(RW)* Kontenabstimmung *f*

account rendered *(Admin, RW)* erteilte Rechnung *f*, ausgestellte Rechnung *f*

account retrieval procedure *(Bank, Comp, Soz)* Kontenabrufverfahren *n (synonymous: account screening; from May 2005 financial and social security agencies have the right to detect accounts and gain an insight into master data of account holders; das effiziente Ermitteln der und die Einblicknahme in die Kontenstammdaten der Kunden deutscher Banken durch die Finanz- und Sozialbehörden ohne Vorabinformation der Betroffenen)*

account statement *(Bank)* Kontoauszug *m (issued by bank)*

account turnover *(RW)* Kontoumsatz *m*

accountability *(Gen)* Rechenschaftspflicht *f*, Verantwortlichkeit *f*

accountable *adj* 1. *(RW)* buchungspflichtig, zu verbuchen *(transaction)*; rechenschaftspflichtig; 2. *(Admin, Pers)* weisungsgebunden; 3. *(Gen)* verantwortlich, haftbar; 4. *(Recht)* strafmündig

accountancy *(acc., accy)* 1. *(RW)* Rechnungswesen *n*, Kontenführung *f (als betriebliche Funktion neben Beschaffung, Produktion, Absatz usw.)*; Buchhaltung *f (als organisatorische*

Einheit, Abteilung); 2. *(Bil, Pers)* Buchführung *f (Ausbildungsfach und Tätigkeit des Buchhalters)*; 3. *(Gen)* Wirtschaftsprüfung *f*, *(BE)* Steuerberatung *f*

accountant *(Gen, Pers, RW)* Buchhalter(in) *m(f) (general)*; Steuerberater(in) *m(f)*, Wirtschaftsprüfer(in) *m(f)*, Rechnungsprüfer(in) *m(f) (for tax)*

accounting *(Admin, Pers, RW)* Buchführung *f*, Buchhaltung *f*, Rechnungswesen *n*; Rechnungslegung *f*, Bilanzierung *f*; Abrechnung *f*

accounting and reporting law *(Recht, RW)* Bilanzrichtliniengesetz *n (Germany)*

accounting balance of payments *(Imp/Exp, WiWi)* statistische Zahlungsbilanz *f*

accounting by functions *(RW)* Abteilungserfolgsrechnung *f*, Grenzplankostenrechnung *f (direct costing)*

accounting clerk *(Pers, RW)* Buchhalter(in) *m(f) (synonymous: accountant, accounting officer, AO, book-keeper)*

accounting concept *(AE) (RW)* Bilanzierungsgrundsatz *m*

accounting concepts *(RW, WiWi)* Bilanzierungsregeln *fpl*, Grundsätze *mpl* der Rechnungslegung

accounting conventions 1. *(Admin, RW)* Buchhaltungs- und Bilanzierungsrichtlinien *fpl*; 2. *(Bank, WiWi)* Bilanzierungsregeln *fpl (BOP)*; Grundsätze *mpl* der Rechnungslegung

accounting data *(RW)* Buchungsdaten *pl*, Buchungszahlen *fpl*

accounting date *(RW)* Abrechnungstag *m*, Abrechnungsstichtag *m (synonymous: settlement day, account day)*; Bilanzstichtag *m (synonymous: balance sheet date, accounting day)*

accounting department *(RW)* Buchhaltungsabteilung *f*, Buchhaltung *f*

accounting directive *(Recht, RW)* Bilanzrichtlinie *f*

accounting entry *(RW)* Buchung *f*

accounting error *(RW)* Buchungsfehler *m*

accounting event *(RW)* Buchungsvorfall *m*

accounting exchange on the assets side *(RW)* Aktivtausch *m*

accounting for inflation *(WiWi)* Inflationsbereinigung *f*

accounting fraud *(RW)* Bilanzdelikt *n*

accounting income *(RW)* Periodengewinn oder -verlust *m (net profit)*; Periodeneinkommen *n (revenue)*

accounting information *(RW)* Buchungsdaten *pl*

accounting papers *(RW)* Urbelege *mpl*

accounting par value (of shares) *(Fin, RW)* rechnerischer Wert *m* (von Aktien oder Anteilen)

accounting period 1. *(RW)* Rechnungsjahr *n*; 2. *(Fin)* Bilanzierungsperiode *f*; 3. *(Börse)* Abrechnungsperiode *f*, Börsenhandelsperiode *f*

accounting plan *(RW)* Bilanzgliederung *f*, Kontenplan *m*

accounting policy *(RW)* Bilanzierungs- und Bewertungsverfahren *n*

accounting practices *(Bank, RW, WiWi)* Bilanzierungspraktiken *fpl*

accounting price 1. *(Gen)* innerbetrieblicher Verrechnungspreis *m*, Verrechnungspreis *m (synonymous: transfer price)*; 2. *(WiWi)* Schattenpreis *m*

accounting principles *(RW)* Bilanzierungsgrundsätze *mpl*, Buchführungsgrundsätze *mpl*

accounting profit *(RW)* Buchgewinn *m*, rechnerischer Gewinn *m*

accounting rate of return *(Fin, RW)* Rendite *f (of a financial instrument without reference to maturity)*

accounting ratio *(Fin, RW, WiWi)* finanzwirtschaftliche Kennzahl *f*

accounting records *(RW)* Buchführungsunterlagen *fpl*, Geschäftsbücher *npl*

accounting return *(RW)* rechnerische Rendite *f*

accounting rules *(RW)* Bilanzierungsgrundsätze *mpl*, Buchführungsgrundsätze *mpl*

accounting standards *(RW)* Rechnungslegungsgrundsätze *mpl*

accounting value *(RW)* Buchwert *m*

accounting year 1. *(RW)* Abrechnungsperiode *f*, Rechnungsjahr *n*; 2. *(Fin)* Bilanzjahr *n*; 3. *(Steuer)* Geschäftsjahr *n*, Wirtschaftsjahr *n*

accounts *(Bank, RW)* Konten *npl*; Jahresabschluss *m*, Abschluss *m* *(including annual balance sheet, income statement, notes, annual report and audit report; Jahresbilanz, Gewinn- und Verlustrechnung und, u. a. bei Kapitalgesellschaften, Anhang, Lagebericht sowie Prüfungsbericht)*; Geschäftsbücher *npl*

accounts appraisal *(RW)* Abschlussbewertung *f*

accounts certification *(RW)* Bestätigungsvermerk *m*

accounts department *(Admin, RW)* Buchhaltung *f*, Buchhaltungsabteilung *f*

accounts payable *(A/P) (RW)* Kreditoren *mpl*, Verbindlichkeiten *fpl* (aus Lieferungen und Leistungen); *(ugs.)* offene Rechnungen *fpl*

accounts receivable *(A/R) (RW)* Außenstände *mpl*, Forderungen *fpl* (aus Lieferungen und Leistungen), Debitoren *mpl*

accounts receivable account *(RW)* Debitorenkonto *n*

accounts receivable financing *(AE) (Fin, RW)* Finanzierung *f* durch (Voraus-)Forderungsabtretung, Factoring *n*

accounts receivable ledger *(RW)* Debitorenbuch *n*, Kundenbuch *n*

accounts receivable turnover *(Fin)* Debitorenumschlag *m*, Debitorenlaufzeit *f*, Umschlagshäufigkeit *f* der Forderungen

accredit *v (Gen)* bestätigen, zulassen, akkreditieren

accredited *adj (V&M)* akkreditiert, anerkannt, bevollmächtigt

accrual 1. *(RW)* Abgrenzung *f*, Rechnungsabgrenzung *f*; Abgrenzungsposten *m*; 2. *(Gen)* Anfallen *n*, Auflaufen *n*, Ansammlung *f*, Zuwachs *m*, Zuwachsen *n*

accrual accounting *(RW)* Prinzip *n* der Periodenabgrenzung, periodengerechte Abgrenzung *f*

accrual basis (concept) *(RW)* Periodenabgrenzung *f*, Periodenabgrenzungsprinzip *n*, periodengerechte Aufwands- und Ertragsrechnung *f*, Grundsatz *m* periodengerechter Zuordnung

accrual concept *(RW)* Grundsatz *m* der Periodenabgrenzung, Periodenabgrenzung *f*

accrual of income *(Fin, RW)* zufließende Erträge *mpl*

accrual of interest *(Bank, RW)* Auflaufen *n* von Zinsen

accrual principle *(RW)* Grundsatz *m* der Periodenabgrenzung, Abgrenzungsprinzip *n*, Grundsatz *m* der periodengerechten Zuordnung, Grundsatz *m* periodengerechter Zuordnung, Periodenabgrenzung *f* *(synonymous: accrual basis principle, accrual concept, accrual basis concept)*

accruals *(RW)* antizipative Aktiva *pl*, Rechnungsabgrenzung *f*, antizipative Posten *mpl*; Rückstellungen *fpl (IAS 37; synonymous: accrued liabilities)*

accruals accounting *(RW)* Periodenabgrenzung *f*

accruals entries *(RW)* Abgrenzungsbuchungen *fpl*

accrue *v* 1. *(RW)* auflaufen, rückstellen, passivieren; abgrenzen, entstehen; 2. *(Bank, Fin)* anhäufen, auflaufen, entstehen, anfallen, bilden

accrue *v* **a reserve** *(RW, Steuer)* eine Rückstellung bilden

accrue *v* **interest** *(Bank)* Zinsen auflaufen lassen

accrued *adj (RW)* antizipativ abgegrenzt, rückgestellt, entstanden; aufgelaufen *(interest, Zinsen)*

accrued asset *(RW)* antizipativer Aktivposten *m*, sonstige Forderung *f*

accrued assets *(RW)* antizipative Aktiva *npl*

accrued charges *(RW)* antizipative Passiva *pl*

accrued compound interest *(Bank)* aufgelaufene Zinseszinsen *mpl*

accrued expenses *(RW)* antizipative Passiva *npl*, passive Rechnungsabgrenzungsposten *mpl*; sonstige Verbindlichkeiten *fpl*

accrued interest 1. *(Fin)* aufgelaufene Zinsen *mpl*, fällige Zinsen *mpl*; 2. *(Börse)* Stückzinsen *mpl*

accrued liabilities *(RW)* Rückstellungen *fpl (IAS 37)*; passive Rechnungsabgrenzungsposten *mpl*

accrued revenue *(RW)* antizipative Aktiva *npl*, aktive Rechnungsabgrenzungsposten *mpl*

accumulate *v* 1. *(WiWi)* akkumulieren; 2. *(Fin)* anhäufen, kumulieren; 3. *(Gen)* akkumulieren, anhäufen; thesaurieren *(profit)*; 4. *(Börse, Steuer, Versich)* kumulieren; 5. *(Gen)* auflaufen

accumulated depreciation *(RW)* akkumulierte Abschreibung *f* *(systematic depreciation)*; Sonderabschreibung *f*, Wertberichtigungen *fpl* auf das Sachanlagevermögen *(special write- -down)*

accumulated profits *(RW)* Gewinnvortrag *m*, Bilanzgewinn *m (on balance sheet)*

accumulated stock of debt *(Bank)* kumulierter Schuldenstand *m (ECB)*

accumulated surplus *(RW)* aufgelaufener Gewinn *m*, Gewinnvortrag *m*

accumulation 1. *(WiWi)* Akkumulation *f*; 2. *(Fin)* Aufzinsung *f*, Kumulierung *f*; 3. *(Gen)* Ansammlung *f*, Bildung *f (of capital, wealth, interest)*; 4. *(Börse, Steuer)* Kumulierung *f*

accumulation factor *(Stat)* Aufzinsungsfaktor *m*

accumulation of capital *(Fin, WiWi)* Kapitalbildung *f*, Substanzbildung *f*

accumulation of surpluses *(WiWi)* Überschussbildung *f*

accuracy 1. *(RW)* Genauigkeit *f (of figures)*; Bilanzwahrheit *f (of balance sheet figures)*; 2. *(Gen)* Richtigkeit *f (of figures, data, judgment)*; Genauigkeit *f*, Korrektheit *f (of report, document, aim)*

accurate *adj (Gen)* exakt, genau *(description, figures, estimate)*; richtig, zutreffend *(judgment)*; einwandfrei, korrekt *(report, aim)*

accuse *v (Recht)* beschuldigen, anklagen

achievement of objectives *(Mgt, WiWi)* Zielerreichung *f*

achievement-oriented *(Pers)* leistungsorientiert; zielorientiert

achievement-oriented society *(Pers)* Leistungsgesellschaft *f*

acid (test) ratio *(Fin, RW)* Liquidität *f* zweiten Grades *(liquidity ratio; synonymous: quick ratio, liquid ratio; relation of current assets minus stock to current liabilities = Umlaufvermögen minus Vorräte dividiert durch kurzfristige Verbindlichkeiten)*

acknowledge *v* 1. *(Comp, Komm)* bestätigen *(message, order)*; 2. *(Gen)* anerkennen; eingestehen, zugeben *(mistake)*; quittieren *(letter)*; abzeichnen *(with initials)*; 3. *(Recht)* notariell beurkunden; bestätigen, notariell beglaubigen *(debt, authority, right)*

acknowledgement 1. *(Bank)* Anerkenntnis *n*; 2. *(Komm)* Bestätigung *f*, Gegenzeichnung *f*, Abzeichnung *f*, Empfangsbestätigung *f*; Anerkenntnis *f*, Bestätigung *f (of signature, initials on document)*; 3. *(Gen)* Empfangsbestätigung *f*, Anerkennung *f (of payment)*; Zugeständnis *n*, Eingeständnis *n (of mistake)*; Quittung *f (proof of payment)*; 4. *(Recht)* Anerkenntnis *n*, Beurkundung *f*

acknowledgement by a notary *(Recht)* notarielle Beglaubigung *f*, notarielle Beurkundung *f*

acknowledgement of debt 1. *(Bank, Fin, Gen)* Schuldanerkenntnis *f*; 2. *(Recht)* Anerkenntnis *n*

acknowledgement of order *(Gen)* Auftragsbestätigung *f*

acknowledgement of receipt 1. *(Komm)* Empfangsbestätigung *f*; 2. *(Gen)* Annahmebestätigung *f*

acquire *v* 1. *(RW)* anschaffen, sich aneignen, aufkaufen, erwerben, erlangen; 2. *(Fin)* erwerben *(reputation)*; 3. *(Börse)* erwerben *(option)*

acquire *v* **an interest in sth** *(Gen)* einen Anteil an etw. erwerben, eine Beteiligung an etw. erwerben, sich an etw. beteiligen

acquired company *(Fin, RW, WiWi)* übernommene Gesellschaft *f*

acquired goodwill *(RW)* (entgeltlich) erworbener Firmenwert *m*, derivativer Firmenwert *m*, derivativer Geschäftswert *m*, derivativer Goodwill *m (must be included under assets - steuerrechtlich aktivierungspflichtig - according to German tax law; opposite: self-generated goodwill = originärer oder selbst geschaffener Firmen- oder Geschäftswert)*

acquired rights *(Gen)* Besitzstand *m (vested rights)*

acquiring company *(Gen)* erwerbende Gesellschaft *f*, übernehmende Gesellschaft *f*

acquis communautaire *(Pol)* EU- -Rechtsbestand *m*, gemeinschaftlicher Besitzstand *m*, Acquis Communautaire *m*

acquisition 1. *(RW)* übernommene Gesellschaft *f*, Akquisition *f*, Aufkauf *m*, Übernahme *f (a subsidiary acquired by* *takeover)*; 2. *(Bank)* Übernahme *f*; 3. *(WiWi)* Akquisition *f (a subsidiary acquired by takeover)*; Aufkauf *m*, übernommene Gesellschaft *f (of company)*; Erwerb *m*, Übernahme *f (of goods)*; 4. *(Fin)* Erwerb *m*, Aufkauf *m*, übernommene Gesellschaft *f*, Akquisition *f (a subsidiary acquired by takeover)*; 5. *(Gen)* Ankauf *m*, Erwerb *(of goods)*; Übernahme *f (of company)*

acquisition accounting *(RW)* Übertragungsbilanz *f*; Anschaffungswertprinzip *n (method of consolidation)*

acquisition costs *(Gen, Versich)* Akquisitionskosten *pl*; Einstandskosten *pl*, Einstandspreis *m*, Anschaffungskosten *pl*

acquisition of a holding *(Fin, RW)* Erwerb *m* einer Beteiligung

acquisition of assets 1. *(RW)* Übernahme *f* von Unternehmensteilen, Übernahme *f* eines Unternehmens; 2. *(Gen, Pol)* Eigentumsbildung *f*

acquisition of control *(Gen, Mgt)* Kontrollerwerb *m (beim Beteiligungs- oder Unternehmenskauf)*

acquisition of participations *(Fin)* Beteiligungserwerb *m*

acquisition policy *(Börse)* Übernahmepolitik *f*

acquisition value *(Gen, Recht, RW)* Anschaffungswert *m*; Einstandskosten *pl*, Einstandspreis *m*

acquit *v* 1. *(RW)* tilgen; 2. *(Fin)* abtragen, tilgen *(debt, duty)*; 3. *(Recht)* freisprechen *(accused)*

acquittal *(Recht)* Befreiung *f* von Verbindlichkeiten *(for debt)*; Freispruch *m (of accused)*

acquittance *(Recht)* Quittung *f (proof of payment)*

acronym *(Comp, Komm)* Akronym *n*, Kürzel *n*

across-the-board *adj (Gen)* allgemein, generell, pauschal

across-the-board price increase *(Gen, WiWi)* Preisanstieg *f* auf breiter Ebene, Preisanstieg *f* auf breiter Front, genereller Preisanstieg *f*, allgemeiner Preisanstieg *f*

act *v (Gen)* agieren, funktionieren, handeln, tätig sein, tätig werden, wirken

act *v* **in good faith** *(Recht)* in gutem Glauben handeln

act *v* **on sb's behalf** *(Recht)* im Namen von jmdm. handeln, im Auftrag von jmdm. handeln *(on behalf of particular person)*; im Auftrag Dritter handeln, in fremdem Namen handeln *(on behalf of unspecified person)*

act 1. *(Gen)* Akt *m*, Handlung *f (deed)*; 2. *(Recht)* Gesetz *n*, Handlung *f (action of a person statute)*; 3. *(Pol)* Akte *f*, Beschluss *m*

act of acknowledgement *(Recht)* Beurkundung *f*

act of God *(Recht)* höhere Gewalt *f*

act-or-explain mechanism *(Pol, Recht)* Handle-oder-Erkläre-Mechanismus *m (eingesetzt zur ‚Verbesserung' der gezielt schwach ausgeprägten Durchsetzungsfähigkeit des ESRB = Europäischer Ausschuss für Systemrisiken = European Systemic Risk Board, dem die Durchgriffsmöglichkeit auf Einzelinstitute –nach Intervention der nationalen Aufseher sowie der internationalen Finanzlobby– von EU--Spitzenpolitikern verwehrt wurde; global agierende Finanzkonzerne verbleiben deshalb, wie vor der Finanzmarktkrise, auch weiterhin unter der Aufsicht und dem ‚Schutz' einzelstaatlicher Behörden, die Nichtbeachtung der makroprudenziellen ESRB--Empfehlungen ist bestenfalls zu ‚erklären'; ähnlich: comply-or-explain approach = Einhalten-oder-Erläutern--Ansatz)*

acting *adj (Gen)* amtierend, geschäftsführend, stellvertretend

acting chairman *(Mgt, Pers)* amtierender Vorsitzender *m*, geschäftsführender Vorsitzender *m*

acting chairperson *(Mgt, Pers)* amtierende Tagungsleitung *f*, amtierende Versammlungsleitung *f*; amtierender Vorsitzender *m*, amtierende Vorsitzende *f*

acting director *(Mgt)* amtierender Direktor *m*, amtierende Direktorin *f*, geschäftsführender Direktor *m*, geschäftsführende Direktorin *f*, GD

action 1. *(Recht)* Klage *f*, Verfahren *n*; 2. *(WiWi)* Aktion *f*, Handlung *f*; 3. *(Gen)* Handlung *f*, Tat *f*, Tätigkeit *f*, Tätigwerden *n*, Vorgehen *n* • **out of**

action *(Gen)* außer Betrieb • **take legal action** *(Recht)* gerichtlich vorgehen
action based on liability *(Recht)* Haftungsklage *f*
action for damages *(Recht, Versich)* Schaden(s)ersatzklage *f*
action for payment *(Recht)* Zahlungsklage *f (Klage auf Zahlung einer Summe; anders: Klage auf Herausgabe beweglicher Sachen)*
action-oriented *adj (Gen)* handlungsorientiert
action scope *(Mgt, WiWi)* Handlungsspielraum *m*
activate *v* 1. *(Ind)* in Betrieb setzen *(mechanism)*; 2. *(Mgt)* in Kraft setzen, aktivieren *(contingency plan, procedure)*
activating social assistance *(Pol, Soz)* aktivierende Sozialhilfe *f*
activation charge *(Komm)* Aktivierungsgebühr *f*
activation fee *(Komm)* Aktivierungsgebühr *f*
active *adj* 1. *(RW)* ausstehend *(debt)*; 2. *(Fin)* aktiv, lebhaft, arbeitend *(capital, assets)*; 3. *(Gen)* arbeitend, aktiv, tätig *(person)*; 4. *(Mgt)* aktiv, geschäftsführend; 5. *(V&M)* lebhaft *(market)*; 6. *(Börse)* gängig, lebhaft *(market)*; lebhaft gehandelt *(securities)*; 7. *(Steuer)* aktiv
active balance of payments *(Fin, WiWi)* aktive Zahlungsbilanz *f*
active circulation of bank notes *(WiWi)* Banknotenumlauf *m*
active dealings *(Börse)* lebhafte Umsätze *mpl*, lebhafter Handel *m*
active employment policy *(Pers)* aktive Arbeitsmarktpolitik *f*
active population *(Pers)* Erwerbstätige *mpl*
active share *(Börse)* gängige Aktie *f*
active trade balance *(Imp/Exp, WiWi)* aktive Handelsbilanz *f*
actively traded *adj (Börse)* lebhaft gehandelt
activity 1. *(Bank)* Kontoumsatz *m (account)*; 2. *(WiWi)* Beschäftigung *f*; 3. *(Fin)* Aktivität *f*; 4. *(Pers)* Beschäftigung *f*; 5. *(Gen)* Tätigkeit *f*; Aufgabengebiet *n (duties)*; 6. *(Börse)* Umsatz *m*
activity accounting *(WiWi)* Abteilungserfolgsrechnung *f*, Kostenrechnung nach Verantwortungsbereichen, Kostenrechnung nach Aufgabenbereichen; Grenzplankostenrechnung *f*, Deckungsbeitragsrechnung *f*, Teilkostenrechnung *f (direct costing; opposite: full costing = Vollkostenrechnung)*
activity classification *(RW)* Kostenstellengliederung *f*
activity element *(RW)* Kostenstelle *f*
activity level *(Admin, RW, WiWi)* Beschäftigungsgrad *m*, Prozessniveau *n*
activity rate *(WiWi)* Erwerbsquote *f*; Beschäftigungsgrad *m (VWL)*
activity ratio *(RW)* Beschäftigungsgrad *m (Plankostenrechnung: Verhältnis von Ist-Bezugsgröße zu Plan-Bezugsgröße; anders: VWL und BWL)*
activity report *(Gen)* Tätigkeitsbericht *m*
actual *adj* 1. *(Fin)* aktiv, aktuell; 2. *(Gen)* effektiv, real, tatsächlich, echt, gegenwärtig, Ist
actual amount 1. *(Bank, RW)* Ist-Bestand *m*, Effektiv-Bestand *m*, Ist-Betrag *m*, Istbetrag *m*, Istwert *m*; 2. *(Fin)* ausmachender Betrag *m*
actual balance *(Bank, RW)* Ist-Bestand *m*, Ist-Betrag *m*, Kontostand *m (outlay, expenditure)*
actual cash value *(a.c.v.)* 1. *(Gen)* effektiver Barwert *m*; Sollwert *m*; angemessener Marktwert *m*, fairer Marktpreis *m (synonymous: fair market value; the amount of money, less depreciation, that it would cost to replace something damaged beyond repair with a comparable item)*; 2. *(Fin, WiWi)* Kapitalwert *m*; Zeitwert *m*, Marktwert *m (value of an investment calculated as the sum of its initial cost and the present value of expected future cash flows; Summe der einer Investition zurechenbaren und auf einen definierten Zeitpunkt zum Kalkulationszinssatz diskontierten Nettorückflüsse, einschließlich Anschaffungsauszahlung und Liquidationserlös)*
actual cost *(RW)* Istkosten *pl*, Ist-Kosten *pl*, pagatorische Kosten *pl*, tatsächliche Kosten *pl (synonymous: outlay cost; opposite: implicit cost = kalkulatorische Kosten, opportunity cost =*

Opportunitätskosten)
actual cost system *(RW)* Istkostenrechnung *f (synonymous: actual cost accounting)*
actual earnings *(Pers, RW)* Effektivlohn *m*, Effektivverdienst *m*
actual hourly earnings *(Pers)* tatsächliche Stundenverdienste *mpl*
actual inventory *(AE) (Gen)* Istbestand *m*
actual level of unemployment *(WiWi)* tatsächliche Arbeitslosigkeit *f*
actual loss *(Fin)* effektiver Verlust *m*
actual man-hours *(Pers)* Ist-Stunden *fpl*
actual output *(Ind)* Ist-Beschäftigung *f*, Ist-Leistung *f*, Ist-Ausbringung *f*
actual price 1. *(RW)* Marktpreis *m*; 2. *(WiWi)* Marktpreis *m*; 3. *(Börse)* Tageskurs *m*, Tagespreis *m*
actual receipts *(Gen)* Isteinnahmen *fpl*
actual value *(Bank, RW)* Istwert *m*, effektiver Wert *m*
actual versus target comparison *(Gen, WiWi)* Soll-Ist-Vergleich *m*
actual wage *(Pers, RW, WiWi)* Effektivlohn *m*, Reallohn *m*
actualize *v (Fin, Gen)* aktualisieren
actuarial *adj (Stat, Versich)* versicherungsmathematisch
a.c.v. *(Abk. für actual cash value)* 1. *(Gen, RW)* effektiver Barwert *m*; Sollwert *m*; angemessener Marktwert *m*, fairer Marktpreis *m (synonymous: fair market value; the amount of money, less depreciation, that it would cost to replace something damaged beyond repair with a comparable item)*; 2. *(Fin, WiWi)* Barwert *m*; Zeitwert *m (value of an investment calculated as the sum of its initial cost and the present value of expected future cash flows; Summe der einer Investition zurechenbaren und auf einen definierten Zeitpunkt zum Kalkulationszinssatz diskontierten Nettorückflüsse, einschließlich Anschaffungsauszahlung und Liquidationserlös)*
ad 1. *(Gen)* Werbung *f*; 2. *(Media, V&M)* Annonce *f*, Anzeige *f*, Inserat *n (in print)*; Werbespot *m (television, radio)*
ad hoc *(Gen)* ad hoc, fallweise
ad hoc announcement *(Börse, Mgt)* Ad--hoc-Meldung *f*, Ad-hoc-Mitteilung *f*, Börsen(pflicht)mitteilung *f*, Börsen--Pflichtmeldung *f*
ad hoc decision *(Gen, Pol, WiWi)* Ad--hoc-Entscheidung *f (z. B. geldpolitische Entscheidung)*
ad valorem (customs) duty *(Imp/Exp, Steuer)* Wertzoll *m*, ad valorem Zoll *m*
ad valorem tax *(Fin, Imp/Exp, Steuer, WiWi)* Wertsteuer *f*
adaptability *(Gen)* Anpassungsfähigkeit *f*, Verwendungsfähigkeit *f (of product, machine, system)*
adaptive expectations *(WiWi)* adaptive Erwartungen *fpl*
add *v* 1. *(Gen)* anfügen, beifügen; 2. *(Stat)* hinzufügen *(points)*; addieren, aufsummieren, hinzurechnen, zusammenzählen *(column, figures)*
add *v* **up** 1. *(RW, Stat)* aufsummieren, zusammenrechnen *(bill, column of figures)*; zusammenzählen *(sum total)*; addieren *(figures, results)*; 2. *(RW, Stat)* aufgehen, stimmen *(figures, results)*
add *v* **up to** *(Gen)* betragen, sich belaufen auf
add-carry *(Comp, Gen)* Additionsübertrag *m*
add-on 1. *(RW)* Zusatz *m*; 2. *(Bank)* Zuschlag *m*; 3. *(Gen)* Ergänzung *f*; 4. *(Mgt)* Zusatz *m*
add-on costs *(Admin, RW)* Lohnnebenkosten *pl*, Personalnebenkosten *pl*, Personalzusatzkosten *pl*, Zusatzkosten *pl*
add-on method *(Fin)* Aufzinsungsmethode *f*
add-on sales *(AE) (V&M)* Anschlussaufträge *mpl (market research)*
added value *(Gen, WiWi)* Wertschöpfung *f*, Mehrwert *m*
addition 1. *(RW)* Anlagenzugang *m (new asset)*; Zugang *m (to fixed assets)*; 2. *(Gen)* Addition *f*, Beigabe *f*, Ergänzung *f*, Hinzufügung *f*, Vergrößerung *f*, Zuwachs *m*; 3. *(Versich)* Zuschlag *m*; 4. *(Media)* Einfügung *f*, Hinzufügung *f (text amendment)*
addition of fixed asset units *(RW)* Anlagenzugänge *mpl*
additional capital *(Bank, Fin)* Ergänzungskapital *n*
additional charge 1. *(RW)* Zusatzgebühr *f*, Zuschlag *m*; 2. *(Komm)* Nachgebühr *f*
additional charges 1. *(Logis)* Mehrkosten *pl*; 2. *(Imp/Exp)* zusätzliche Spesen *pl*

additional conditions *(Gen)* Zusatzbedingungen *fpl*
additional cover *(Börse)* Nachschussforderung *f (synonymous: margin call)*
additional demand *(Pers, WiWi)* Zusatzbedarf *m*, Zusatznachfrage *f*
additional expenditure *(RW)* Mehraufwendung *f*
additional income *(Gen)* Zusatzeinkünfte *fpl*, Nebeneinkünfte *fpl*, Nebeneinnahmen *fpl*
additional interest *(Bank, RW)* Zinszuschlag *m*
additional margin *(Börse)* zusätzlicher Einschuss *m*
additional need *(Pers, WiWi)* Zusatzbedarf *m*, Zusatznachfrage *f*
additional pay *(Pers)* Prämie *f*
additional purchase *(Börse, Gen)* Zukauf *m*
additional respite *(Recht)* Nachfrist *f (trade contracts)*
additional terms *(Recht)* Zusätze *mpl (contracts)*
additions *(RW)* Zugänge *mpl*
additive *(Gen)* Zusatz *m*
address *v* 1. *(Komm)* adressieren *(parcel, envelope)*; 2. *(Gen)* anreden, ansprechen *(person)*; angehen *(problem)*; 3. *(Recht)* richten an *(directive, complaint)* • **address your complaints to** *(Gen)* richten Sie Ihre Beschwerden an
address *(Komm)* Adresse *f*, Anschrift *f (of person, company, building)*; Ansprache *f*, Rede *f (talk, speech)*; Aufschrift *f*
address label *(Komm)* Adressaufkleber *m*, Adressetikett *n*
addressee *(Komm)* Adressat(in) *m(f)*, Empfänger(in) *m(f)* • **to addressee only** *(Komm)* eigenhändig
adequacy of own funds *(Bank, WiWi)* Eigenmitteldeckung *f*
adequate *adj* 1. *(RW)* angemessen; 2. *(WiWi)* hinreichend; 3. *(Fin)* ausreichend; 4. *(Gen)* adäquat, angemessen, auskömmlich, ausreichend *(explanation, funds, report, supply, technique)*
adequate care *(Recht)* ausreichende Sorgfalt *f*
adequate sample *(Stat)* repräsentative Stichprobe *f*
adequate target rate *(Fin)* Kalkulationszinsfuß *m*, interner Zinsfuß *m*, Rentabilitätsziel *n (profit)*; angestrebte Kapitalverzinsung *f (rate of interest)*
adequately funded *adj (Fin, RW)* fristenkongruent, fristgerecht finanziert
adhere *v* **to** *(Gen)* einhalten *(contract)*; befolgen, festhalten an *(principle)*
adherence to *(Gen)* Festhalten *n* an
adherence to contract *(Recht)* Vertragseinhaltung *f*
adjourn *v* 1. *(Recht)* vertagen *(case)*; 2. *(Mgt)* unterbrechen, vertagen *(meeting)*; 3. *(Gen, Pol)* die Sitzung beenden *(parliament)*
adjournment 1. *(Recht)* Vertagung *f*; 2. *(Mgt)* Aufschub *m (of decision)*; Unterbrechung *f (of meeting)*
adjudge *v* **sb bankrupt** *(Recht, RW)* jmdn. für zahlungsunfähig erklären, Insolvenzverfahren über jmds. Vermögen eröffnen
adjudge *v* **sth to sb** *(Recht)* jmdm. etw. zusprechen
adjudicate *v* 1. *(Gen)* entscheiden, urteilen; 2. *(Recht)* zuerkennen, zusprechen
adjudicate *v* **bankruptcy** *(Recht)* Insolvenz eröffnen; Konkurs eröffnen
adjudicate *v* **sb bankrupt** 1. *(Recht, RW)* jmdn. für zahlungsunfähig erklären; 2. *(Gen)* jmdn. gerichtlich für bankrott erklären
adjudication *(Recht)* Rechtsspruch *m*, Entscheid *m*
adjudication in bankruptcy *(Fin, Recht, RW)* Eröffnung *f* des Insolvenzverfahrens
adjust *v* 1. *(Bank, RW)* bereinigen, berichtigen, korrigieren *(correct)*; 2. *(Gen)* regulieren, einstellen auf, richtigstellen; berichtigen *(schedule)*; 3. *(RW)* abgrenzen
adjust *v* **a claim** *(Recht, Versich)* eine Forderung regulieren, einen Anspruch [Schaden] regulieren
adjust *v* **downwards** *(WiWi)* nach unten angleichen [anpassen]
adjust *v* **upwards** *(WiWi)* nach oben angleichen [anpassen]
adjustable *adj* 1. *(Fin)* variabel verzinslich *(mortgage rate)*; 2. *(Gen)* regelbar; variabel *(hours, rate)*; einstellbar, justierbar, verstellbar *(appliance, position, speed)*

adjustable rate mortgage *(Bank, Grund)* variabel verzinsliche Hypothek *f*
adjusted *adj* 1. *(RW)* angepasst, bereinigt, berichtigt; 2. *(Gen)* bereinigt, berichtigt, reguliert
adjusted balance sheet *(RW)* berichtigte Bilanz *f*
adjusted for inflation *(WiWi)* inflationsbereinigt
adjusted for price changes *(Stat, WiWi)* preisbereinigt, real *(at constant prices, zu konstanten Preisen)*
adjusted trial balance *(RW)* berichtigte Rohbilanz *f*, berichtigte Saldenbilanz *f*, berichtigte Probebilanz *f*
adjusting entry *(RW)* Berichtigungsbuchung *f*
adjustment 1. *(RW, Stat)* Berichtigung *f (of statistics, error)*; Abgrenzung *f (accrual accounting)*; 2. *(WiWi)* Gehaltsanpassung *f*, Lohnangleichung *f (wages)*; 3. *(Gen)* Angleichung *f (to situation)*; Anpassung *f (of prices, rates, charges)*; Ausgleich *m*, Einstellung *f*, Berichtigung *f (regulation)*; 4. *(Versich)* Beilegung *f*, Bereinigung *f*; Entschädigungsleistung *f*, Nachverrechnung *f*, Regelung *f* des Anspruchs, Regulierung *f (payment)*; Schadenfestsetzung *f*, Schlichtung *f (fixing)*
adjustment credit *(Bank, WiWi)* Überbrückungskredit *m*
adjustment factor *(Gen, WiWi)* Anpassungsfaktor *m*
adjustment gap *(WiWi)* Anpassungslücke *f*
adjustment of assessed value *(Steuer)* Wertfortschreibung *f*, Fortschreibung *f*
adjustment of the labor market *(AE) (Pers) s.* adjustment of the labour market
adjustment of the labour market *(BE) (Pers)* Arbeitsmarktanpassung *f*, Anpassung *f* des Arbeitsmarktes
adjustment speed *(WiWi)* Anpassungsgeschwindigkeit *f*
administer *v (Gen)* verwalten
administered *adj (Pol, WiWi)* administriert, reguliert *(price)*
administered inflation *(WiWi)* administrierte Inflation *f*
administered prices *(Pol, WiWi)* administrierte Preise *mpl*
administration 1. *(Gen, Mgt)* Unternehmensführung *f*, Unternehmensleitung *f*, Unternehmensverwaltung *f* Verwaltung *f*, Admin.; Leitung *f*, Bewirtschaftung *f (managing)*; 2. *(WiWi)* Durchführung *f*; Ministerium *n (government department)*; 3. *(Pol)* Verwaltung *f*, Admin., Verwaltungsbehörde *f (authorities)*; Ministerium *(department)*; Regierung *f*, Reg., Administration *f (government)*; Amtsperiode *f*, Exekutive *f (term in office)*
administration expenses *(RW)* Verwaltungsgemeinkosten *pl*, Verwaltungskosten *pl*
administration lag *(WiWi)* Durchführungsverzögerung *f*
administrative *adj (Gen)* administrativ, verwaltungsmäßig, verwaltungstechnisch, verwaltend, Verwaltungs
administrative agency *(Gen)* Verwaltungsbehörde *f*, Behörde *f*
administrative assistance *(Recht)* Amtshilfe *f*, Hilfe *f* der Verwaltung
administrative authority *(Gen)* Verwaltungsbehörde *f*
administrative barriers to trade *(Imp/Exp)* administrative Handelshemmnisse *npl (international trade)*
administrative center *(AE) (Gen) s.* administrative centre
administrative centre *(BE) (Gen)* Verwaltungszentrum *n*, Zentralverwaltung *f*, Hauptverwaltung *f*
administrative cost 1. *(RW)* Verwaltungsgemeinkosten *pl*; 2. *(Gen)* Verwaltungskosten *pl*; 3. *(Steuer)* Steuererhebungskosten *pl (of collecting tax)*
administrative decision *(Recht, Steuer)* Bescheid *m*
administrative expenses *(RW)* Verwaltungsausgaben *fpl*, allgemeine Verwaltungskosten *pl*, Sachaufwand *m*
administrative fine *(Recht)* Bußgeld *n*
administrative lag *(Pol, WiWi)* Handlungsverzögerung *f*
administrative law *(Recht)* Verwaltungsrecht *n*
administrative office *(Gen)* Dienststelle *f*
administrative order *(Recht)* Verwaltungsanordnung *f*
administrative overheads *(RW)* Verwaltungsgemeinkosten *pl*

administrative procedure *(Recht, Admin)* Verwaltungsverfahren *n*
administrative provisions *(Recht)* Verwaltungsvorschriften *fpl*
administrative regulations *(Recht)* Verwaltungsvorschriften *fpl*
administrative staff *(Pers)* Verwaltungspersonal *n*
administrative supervision *(Recht, Admin)* Dienstaufsicht *f*
administrator 1. *(Gen, Mgt, Pers)* Verwalter(in) *m(f)*, Verwaltungsfachmann *m*, Verwaltungsfachfrau *f*, Verwaltungsleiter(in) *m(f)*; 2. *(Recht)* Nachlassverwalter(in) *m(f) (of an estate)*
admissibility criteria *(Recht)* Zulässigkeitsvoraussetzungen *fpl*, Zulässigkeitskriterien *fpl*
admissible *adj* 1. *(Gen)* erlaubt, zulässig *(idea, plan, document)*; 2. *(Pat, Recht)* zulässig *(evidence, witness, appeal)*
admission 1. *(Gen)* Eintritt *m*, Zutritt *m (to a place)*; Aufnahme *f*, Eintritt *m*, Zulassung *f (to a profession, society)*; Eintritt *m*, Eintrittsgeld *n (price for a ticket)*; Eingeständnis *n*, Zugeständnis *n (confession)*; 2. *(Recht)* Zulassung *f (to profession)*; Geständnis *n (confession of guilt)*
admission examination *(Bil)* Aufnahmeprüfung *f*
admission fee *(Gen)* Eintritt *m*, Eintrittsgeld *n*, Eintrittspreis *m (to place)*; Aufnahmegebühr *f*, Eintrittsgebühr *f*, Zulassungsgebühr *f (to organization, society)*
admission procedures *(Pers)* Zulassungsverfahren *n*
admission requirement *(Pers)* Zulassungsvoraussetzungen *fpl*
admission restriction *(Pers)* Zulassungsbeschränkung *f*
admission rules *(Pers)* Zugangsbestimmungen *fpl*, Zugangsregelungen *fpl*
admission to listing *(Börse)* Börseneinführung *f*, Börsenzulassung *f*
admission to quotation *(Börse)* Zulassung *f* zur Börsennotierung
admit *v* 1. *(Gen)* hereinlassen *(let in)*; zugeben, einräumen *(acknowledge)*; anerkennen *(a claim)*; 2. *(Pers)* aufnehmen *(new partner to business)*
admittance *(Gen)* Eintritt *m*, Zutritt *m*, Zulassung *f*
adopt *v* 1. *(RW)* feststellen *(annual accounts)*; beschließen *(procedure)*; 2. *(Pol)* verabschieden *(budget, resolution)*; 3. *(Recht)* feststellen *(annual accounts)*; beschließen *(procedure)*
adopt *v* **the annual accounts** *(BE) (Fin, RW)* den Jahresabschluss feststellen
adoption 1. *(Admin)* Feststellung *f (annual accounts)*; 2. *(WiWi)* Verabschiedung *f (of budget)*; 3. *(Gen, Recht)* Feststellung *f (annual accounts)*; Verabschiedung *f (of resolution)*; 4. *(Mgt)* Anwendung *f*, Übernahme *f (of method)*
ADR *(Abk. für 1. asset depreciation range, 2. American Depositary Receipt)* 1. *(RW, Steuer)* betriebsgewöhnliche Nutzungsdauer *f*; 2. *(Bank)* Hinterlegungsurkunde *f*, Hinterlegungsschein *m*, Aktienzertifikat *n (receipt issued by a US bank evidencing it holds a foreign security - -principally common stocks- on behalf of holders, used to trade foreign securities under US market conditions; Urkunde über bei US-Banken hinterlegte Bestände an nicht amerikanischen Dividendenwerten)*
adult education *(Pers)* Erwachsenenbildung *f*
adulteration of documents *(Recht)* Urkundenfälschung *f*
advance *v* 1. *(Gen)* vorschießen *(wages)*; 2. *(Gen)* anziehen *(prices)*; Fortschritte machen *(person, society, civilization)*; fortschreiten *(work)*; 3. *(Börse)* sich befestigen *(prices, Kurse)*
advance *v* **up the job ladder** *(Pers)* die Karriereleiter erklimmen, auf der Karriereleiter noch oben kommen
advance 1. *(Bank, RW)* Darlehen *n*, Kredit *m*, Anzahlung *f (down payment)*; Vorschuss *m (on wages)*; 2. *(Gen)* Fortschritt *m*, Verbesserung *f (forward movement)*; Anzahlung *f*, Vorschuss *m*, Vorschusszahlung *f (payment)*; Steigerung *f*, Anstieg *m*, Erhöhung *f (in prices, rent)*; Vorauszahlung *f (prepayment)*; 3. *(Börse)* Anstieg *m*, Befestigung *f (prices, Kurse)*
advance against security *(Bank)* Lombardkredit *m*
advance billing *(RW)* Ausstellen *n* einer Vorausrechnung
advance corporation tax *(BE) (Steuer)*

Körperschaftsteuer-Vorauszahlung *f*, KStVz
advance delivery *(Recht, V&M)* Vorleistung *f*
advance invoice *(Fin)* Vorausrechnung *f*
advance on securities *(Börse)* Lombardkredit *m*, Effektenlombard *m*, Wertpapierkredit *m*
advance payment *(Gen)* Vorauszahlung *f*, Vorkasse *f*
advance performance *(Recht)* Vorleistung *f*
advance repayment *(Bank, Gen)* vorzeitige Rückzahlung *f*
advance sale *(V&M)* Vorverkauf *m*
advance value-added tax return *(Steuer)* Umsatzsteuervoranmeldung *f*
advanced *adj* 1. *(WiWi)* hochentwickelt, fortgeschritten, modern; 2. *(Gen)* gehoben, erhöht, qualifiziert, für Fortgeschrittene *(courses)*
advanced economy *(Gen, WiWi)* Industrienation *f*
advanced technology *(Ind)* Hochleistungstechnik *f*, moderne [neueste, hochentwickelte] Technologie *f*
advancement *(Gen)* Entwicklung *f (new methods)*; Beförderung *f*, Förderung *f*, Nutzen *m (promotion)*
advantages and disadvantages *(Gen)* Für *n* und Wider *n*, Vor- und Nachteile *mpl*
adversary *(Recht)* Gegner(in) *m(f)*, Widersacher(in) *m(f)*
adversary proceedings *(Recht)* streitiges Verfahren *n*
adverse *adj* 1. *(RW)* passiv, negativ; 2. *(WiWi)* nachteilig, negativ, ungünstig; 3. *(Gen)* entgegenwirkend, nachteilig, ungünstig *(reaction, factor, conditions)*
adverse supply shock *(WiWi)* negativer Angebotsschock *m*
adverse trade balance *(Imp/Exp, WiWi)* passive Handelsbilanz *f*
advertise *v (Media, V&M)* Werbung *f* treiben [machen], Reklame machen, werben, inserieren *(in print)*; annoncieren *(house, car)*; werben für, Reklame machen für *(product, service, political party)*
advertise *v* **a job** *(Media, V&M)* eine Stellenanzeige aufgeben *(in the press)*
advertisement *(Media, V&M)* Annonce *f*, Inserat *n*, Anzeige *f (in print)*; Werbespot *m (on television, radio)*
advertising *(Media, V&M)* Werbewesen *n*, Werbung *f*, Reklame *f (business)*; Werbung *f (advertisements)*
advertising agency *(V&M)* Werbeagentur *f*
advertising and publicity charges *(Gen, RW, V&M)* Werbe- und Informationskosten *pl*
advertising blocker *(Comp, Media)* Werbeblocker *m*
advertising budget *(V&M)* Werbeetat *m*, Werbebudget *n*
advertising campaign *(V&M)* Werbefeldzug *m*, Werbecampagne *f*
advertising effectiveness *(V&M)* Werbewirksamkeit *f*
advertising expenditure *(V&M)* Werbeaufwand *m*, Werbekosten *pl*
advertising expense *(V&M)* Werbeaufwand *m*, Werbekosten *pl*
advertising gift *(Media, V&M)* Werbegeschenk *n (give-away)*
advertising medium *(Media, V&M)* Werbemittel *npl*, Werbeträger *m*
advertising overkill *(V&M)* Reizüberflutung *f* durch Werbung
advertising price *(V&M)* Einführungspreis *m*
advertising prohibition *(Media, Recht)* Werbeverbot *n*
advertising space *(V&M)* Reklamefläche *f*, Werbefläche *f*, Anzeigenraum *m (in magazine)*
advertising strategy *(V&M)* Werbestrategie *f*
advertising supplement *(V&M)* Werbebeilage *f*
advertising time *(V&M)* Werbezeit *f*, Sendezeit *f*
advertising trade *(V&M)* Werbebranche *f*
advertising turnover *(V&M)* Werbeumsatz *m*
advertising vehicle *(Media, V&M)* Werbeträger *m*
advice 1. *(Komm)* Anzeige *f*, Mitteilung *f (notification)*; Bescheinigung *f*, Schein *m (note)*; 2. *(Gen)* Beratung *f*, Rat *m*, Anzeige *f*, Benachrichtigung *f (notification)*; Avis *m (note)*
advice note *(Komm)* Versandanzeige *f (delivery)*
advice of collection *(Bank)* Inkassoanzeige *f*
advice of deal *(Börse)*

Ausführungsanzeige *f*
advice of delivery *(Komm)* Empfangsbescheinigung *f*, Empfangsschein *m*
advise *v* 1. *(Komm)* mitteilen; 2. *(Gen)* benachrichtigen, avisieren *(inform)*; beraten *(give advice to)*; empfehlen *(recommend)*
adviser of a party *(Recht)* Berater *m* einer Partei
advising bank *(Bank)* avisierende Bank *f*
advisor *(Gen, Pers)* Berater(in) *m(f)*
advisory *adj (Gen)* beratend
advisory activity *(Gen)* Beratungstätigkeit *f*
advisory board *(Mgt)* Beirat *m (of company)*
advisory capacity *(Gen)* beratende Aufgabe *f*, beratende Funktion *f*
advisory contract *(Gen)* Beratervertrag *m*
advocate *v (Gen)* befürworten, eintreten für, plädieren für, verfechten, vertreten *(a plan or proposal)*
advocate *(Gen)* Rechtsbeistand *m*, Anwalt *m*, Anwältin f, Fürsprecher(in) *m(f)*, Verfechter(in) *m(f)*
affect *v* 1. *(WiWi)* einwirken auf *(have effect on)*; 2. *(Gen)* beeinträchtigen, angreifen *(detrimentally)*; beeinflussen *(influence decisions)*; angehen *(be of concern)*; 3. *(Recht)* berühren *(findings)* • **be affected by unemployment** *(Pers, Soz)* von Arbeitslosigkeit betroffen sein
affecting the result *(Fin, RW)* erfolgswirksam, gewinnwirksam
affiliate *v (Gen)* angliedern, eingliedern
affiliate *(Gen)* verbundenes Unternehmen *n*, Beteiligungsgesellschaft *f*, Konzernunternehmen *n (organization)*; Mitglied *n (person)*
affiliate company *(Gen)* verbundenes Unternehmen *n*, Beteiligungsgesellschaft *f*, Konzernunternehmen *n*, Schwestergesellschaft *f (associated)*; Tochtergesellschaft *f (subsidiary)*
affiliated *adj (Gen)* angegliedert, angeschlossen, eingegliedert, verbunden
affiliated company *(Gen, Recht)* verbundenes Unternehmen *n*, Konzernunternehmen *n*, angeschlossenes Unternehmen *n*, kapitalmäßig verbundenes Unternehmen *n*, Zweigunternehmen *n*; Schwestergesellschaft *f (associated)*; Tochtergesellschaft *f (subsidiary, synonymous: associated company, affiliate)*; Beteiligungsgesellschaft *f (between 5 % and 50 % of the voting stock; Beteiligung zwischen 5 % und 50 %; ab 50 % aufwärts: subsidiary)*
affiliated enterprises *(Stat)* kapitalmäßig verbundene Unternehmen *npl*, verbundene Unternehmen *npl (BOP)*
affiliated firm *(Gen)* Zweigfirma *f*, Zweigniederlassung *f*
affiliated group *(Gen)* Konzern *m*
affirm *v (Recht)* bestätigen *(court decision)*
affirmation *(BE) (Recht)* Bekräftigung *f*, bindendes Versprechen *n (warranted qualities, contract law)*
affluence *(WiWi)* Reichtum *m*, Überfluss *m*, Wohlstand *m*
affluent society *(Gen, WiWi)* Überflussgesellschaft *f*, Wohlstandsgesellschaft *f (Galbraith)*
affordability index *(Stat)* Kaufkraft-Index *m*
affordable *adj (Gen)* bezahlbar, erschwinglich
afloat *adj* 1. *(Gen)* im Umlauf, zirkulierend *(in circulation)*; schuldenfrei, ohne Schulden *(free of debt)*; liquide *(solvent)*; 2. *(Logis)* schwimmend, verschifft *(on ship)*
aforementioned *adj (Komm)* oben erwähnt, oben genannt, o.g.
after-care 1. *(Gen)* Nachsorge *f (medical care)*; 2. *(Soz)* Betreuung *f*, Resozialisierungshilfe *f (of released prisoners)*
after date *(Gen)* ab Ausstellungsdatum, ab dato, ab heute, dato nach heute, nach Ausstellungsdatum
after-hours dealing *(Börse)* nachbörslicher Handel *m*
after-hours market *(Börse)* Nachbörse *f*
after sales *(V&M)* Nachverkauf *m (auction)*
after-sales manager *(Pers)* Kundendienstleiter(in) *m(f)*
after-sales service *(V&M)* Kundendienst *m*
after tax *(RW, Steuer)* nach Steuern
after-tax income *(RW, Steuer)* Ertrag *m* nach Steuern, Gewinn *m* nach Steuern

after-tax yield *(RW, Steuer)* Nachsteuerrendite *f*, Rendite *f* nach Steuern
against all risks *(Versich)* gegen alle Gefahren
against documents *(Gen)* gegen Dokumente, gegen Vorlage der Dokumente
against payment *(Gen)* gegen Bezahlung, gegen Zahlung
age *v (RW)* nach Fälligkeit aufschlüsseln *(accounts)*
age *v* **inventories** *(RW)* Inventar nach Alter aufstellen
age at entry *(Versich)* Abschlussalter *n*, Beitrittsalter *n*, Eintrittsalter *n*
age at expiry *(Versich)* Abgangsalter *n*, Endalter *n*
age bracket *(Media, V&M)* Altersgruppe *f* *(market research)*
age discrimination *(Pers, Soz)* Altersdiskriminierung *f*, Benachteiligung *f* wegen des Alters
age distribution *(Pers, Pol, WiWi)* Altersaufbau *m*, Altersgliederung *f*, Altersstruktur *f*, Altersverteilung *f*
age of entry *(Bil)* Eintrittsalter *n*, Zugangsalter *n*
age of retirement *(Pers, Soz)* Ruhestandsalter *n*, Rentenalter *n*, Pensionierungsalter *n (bei Beamten)*; rentenfähiges Alter *n*, Ruhestandsgrenze *f*
age pattern *(Pers)* Altersaufbau *m*, Altersstruktur *f*, Altersverteilung *f*
age ranking of fixed assets *(Fin, RW)* Altersaufbau *m* des Anlagevermögens, Altersstruktur *f* des Anlagevermögens
age structure *(Pers)* Altersaufbau *m*, Altersstruktur *f*, Altersverteilung *f*
ageing of receivables *(RW)* Aufschlüsselung *f* der Forderungen nach Fälligkeit
agency 1. *(RW)* Agentur *f*, Vertretung *f*; 2. *(Bank)* Zweigniederlassung *f*; 3. *(WiWi)* Behörde *f*, Dienststelle *f*; 4. *(Gen)* Vertretung *f*, Agentur *f*, Geschäftsstelle *f*, Stellvertretung *f*, Vertretung *f* *(representation)*; Personalvermittlungsbüro *n* *(employment)* • **through the agency of** *(Gen)* durch [mit] Unterstützung von
agency agreement 1. *(Gen)* Vereinbarung *f* über eine Agententätigkeit; 2. *(Recht)* Vertretungsvertrag *m*; 3. *(V&M)* Agenturvertrag *m*
agency bank *(Bank)* Konsortialbank *f*, Zweigniederlassung *f*
agency commission *(Gen)* Agenturvergütung *f*, Provision *f*
agency cost *(BE)* 1. *(Börse)* Kosten *pl* der Geschäftsstelle; 2. *(WiWi)* Agency--Kosten *pl (Kosten des Interessenkonflikts im Rahmen einer Prinzipal-Agent-Beziehung: Überwachungskosten des Prinzipals, Bindungskosten des Agenten)*
agency fee 1. *(Bank)* Abwicklungsgebühr *f*, Vermögensverwaltungsgebühr *f*; 2. *(Gen)* Agenturkosten *pl*, Vertreterprovision *f*
agency law *(Recht)* Recht *n* der Handelsvertretung
agency relationship *(Pers, RW)* Vertretungsverhältnis *n*, Vertretungsbeziehung *f*
agency theory *(WiWi, Mgt, Pol)* Agency--Theorie *f*, Vertretungstheorie *f* *(analysiert Fragen der Kooperation zwischen Wirtschaftssubjekten bei gegebenen Interessenkonflikten und asymmetrisch verteilter Information; die Agency-Beziehung ergibt sich, weil beide Parteien im jeweiligen Eigeninteresse handeln und die Interessen nicht deckungsgleich sind)*
agenda 1. *(Gen)* Tagesordnung *f*; 2. *(Mgt)* Agenda *f*, Programm *n*
agent 1. *(Gen)* Handelsvertreter(in) *m(f)*, Vertreter(in) *m(f)*, Beauftragte(r) *f(m)*, Bevollmächtigte(r) *f(m)*, Agent(in) *m(f)* *(person)*; Mittel *n (thing)*; 2. *(Ind)* Händler(in) *m(f) (person)*; Mittel *n (means)*; Agens *n (liquid)*; 3. *(Recht)* Handelsvertreter(in) und Eigenhändler(in) *m(f)*, Stellvertreter(in) *m(f) (authorized person)*; Vertreter(in) *m(f) (contracts)*; 4. *(V&M)* Vertreter(in) *m(f)*
agent general *(Pers)* Generalbevollmächtigte(r) *f(m)*, Generalvertreter(in) *m(f)*, Handlungsbevollmächtigte(r) *f(m)*
agent's commission *(Gen, V&M)* Vertreterprovision *f*
agglomeration *(WiWi)* Ballungsraum *m*, Ballungszentrum *n*, Agglomeration *f*
agglomeration economies *(WiWi)* Agglomerationsvorteile *m*

aggregate *v (Stat)* sich belaufen auf, insgesamt betragen
aggregate *adj (WiWi)* gesamt, gesamtwirtschaftlich, volkswirtschaftlich
aggregate 1. *(WiWi)* Gesamt-, Aggregat *n*; Masse *f*, Menge *f*, Summe *f*; 2. *(Stat)* Aggregat *n* • **in the aggregate** *(Gen)* insgesamt
aggregate balance *(RW)* Gesamtsaldo *m*
aggregate data *(WiWi)* gesamtwirtschaftliche Daten *npl*, aggregierte Zahlen *fpl*
aggregate demand *(WiWi)* gesamtwirtschaftliche Nachfrage *f*, Gesamtnachfrage *f*
aggregate demand curve *(WiWi)* Gesamtnachfragekurve *f*
aggregate income *(Gen)* Einkommenssumme *f*, Gesamteinkommen *n*; Volkseinkommen *n*
aggregate output *(WiWi)* Sozialprodukt *n*
aggregate production *(WiWi)* gesamtwirtschaftliche Produktion *f*
aggregate risk *(Gen)* Gesamtrisiko *n*
aggregate sales listings *(BE) (Steuer)* zusammenfassende Meldungen *fpl*
aggregate supply curve *(WiWi)* Gesamtangebotskurve *f*
aggregate value added *(WiWi)* gesamtwirtschaftliche Wertschöpfung *f*
aggressive *adj* 1. *(Gen)* initiativ, offensiv, risikoreich, spekulativ; 2. *(V&M)* aggressiv *(campaign)*
aggressive advertising *(V&M)* aggressive Werbung *f*
aggressive investment *(Börse, Fin)* (hoch)spekulative Anlage *f*
aggressive pricing *(V&M)* aggressive Preispolitik *f (marketing)*
aging of receivables *(RW)* Aufschlüsselung *f* der Forderungen nach Fälligkeit *(synonymous: ageing of receivables)*
agio *(Börse, Fin)* Agio *n*, Aufgeld *n*
agio account *(RW)* Kapitalrücklage *f*
agree *v (Gen)* abstimmen *(accounts, books)*; sich einigen auf [über] *(report, proposal)*; sich absprechen, Absprache treffen *(reach agreement)*; übereinstimmen *(tally)*; übereinkommen *(statements)*; zustimmen, einverstanden sein; sich einigen *(share opinion)*
agree *v* **accounts** *(RW)* Konten *npl* abstimmen
agree *v* **on** *(Gen)* sich einigen auf, sich einigen über, vereinbaren *(price, terms of sale)*
agree *v* **to a contract** *(Recht)* einem Vertrag zustimmen
agree *v* **upon** *(Gen)* sich einigen auf [über], vereinbaren *(price, terms of sale)*
agreed *adj (Gen, Recht, Versich)* vereinbart, beschlossen, abgemacht, verabredet *(time, place)*
agreed period *(Recht)* vereinbarte Zeit *f (contract)*
agreed wage *(Pers)* Tariflohn *m*
agreement 1. *(Gen)* Übereinkommen *n*, Vereinbarung *f*, Einigung *f*, Übereinkunft *f (between people)*; Übereinstimmung *f (between figures)*; Vertrag *m*, Abkommen *n (treaty, contract)*; 2. *(Recht)* Vertrag *m*, Verständigung *f* • **as per agreement** *(Gen)* laut Übereinkunft, vereinbarungsgemäß, vertragsgemäß • **come to an agreement** *(Recht)* sich verständigen
agreement for exclusiveness *(Recht, V&M)* Alleinvertriebsvertrag *m (sales)*
agreement of clearing *(Bank)* Clearingabkommen *n*, Verrechnungsabkommen *n*
agreement of service *(Recht)* Dienst(leistungs)vertrag *m*
agricultural commodity *(WiWi)* agrarischer Rohstoff *m*
agricultural export subsidy *(WiWi)* Agrarexportbeihilfe *f*
agricultural land *(Grund, WiWi)* landwirtschaftlich genutzte Fläche *f*
agricultural levy *(WiWi)* Agrarabschöpfung *f*
agricultural loan *(Bank)* Agrardarlehen *n*
agricultural market organization *(Pol, WiWi)* Argrarmarktordnung *f (EU; exclusion of the market mechanism)*
agricultural price support *(WiWi)* Agrarpreisstützung *f*
agricultural product *(WiWi)* Agrarerzeugnis *n*, landwirtschaftliches Erzeugnis *n*
agricultural show *(Ind, V&M, WiWi)* Agrarmesse *f*, Landwirtschaftsschau *f*
agricultural subsidy *(WiWi)* Agrarsubvention *f*, Agrarzuschuss *m*
agriculture *(Gen)* Landwirtschaft *m*
agroforestry *(Stat)* Wald-Feld-Bau *m*,

Forstwirtschaft *f*
agroindustry *(Ind)* Agroindustrie *f*
aid *v* 1. *(WiWi)* Beihilfe leisten, unterstützen, Entwicklungshilfe leisten *(developing country)*; fördern *(development, understanding)*; 2. *(Gen)* unterstützen *(person)*
aid 1. *(Bank)* Entwicklungshilfe *f*, Beihilfe *f* *(development)*; 2. *(Fin, WiWi)* Hilfe *f*; 3. *(Gen)* Beistand *m*, Unterstützung *f*; 4. *(Recht)* Vorschub *m*, Beihilfe *f*
aid in kind *(Fin, WiWi)* Sachhilfe *f (for development)*
aid loan *(Bank)* Entwicklungshilfekredit *m*
aid scheme *(Fin, WiWi)* Hilfsprojekt *n*, Hilfsprogramm *n (for development)*
AIDA *s.* attention, interest, desire, action
ailing bank *(Bank)* notleidende Bank *f*
ailing enterprise *(Gen)* notleidendes Unternehmen *n*, angeschlagenes Unternehmen *n*
ailing industry *(Ind)* schrumpfende Industrie *f*, Industrie *f* im Niedergang; Industrierückgang *m*, verfallende Industrie *f*
aim *(Gen)* Bestreben *n*, Vorhaben *n*, Ziel *n*, Zweck *m*
air *(Ind, Logis)* Luft *f* • **by air** *(Komm, Logis)* auf dem Luftweg, per Flugzeug *(mode of transport)* • **by air mail** *(Komm, Logis)* per Luftpost • **on the air** *(Media, V&M)* auf Sendung
air cargo *(Logis)* Luftfracht *f*
air carrier *(Logis)* Luftverkehrsgesellschaft *f*, Luftfrachtführer *m*, Luftfahrtunternehmen *n*; *(jarg.)* Carrier *m*
air date *(Media, V&M)* Sendedatum *n*, Sendetermin *m (for broadcast)*
air freight *(Logis)* Luftfracht *f (mode of shipment)*
air hub *(Logis)* Luftdrehkreuz *n*, Luftkreuz *n*, Drehkreuz *n*, Luftverkehrskreuz *n*
air letter *(Komm)* Aerogramm *n*, Luftpost(leicht)brief *m*
air mail *(Komm, Logis)* Luftpost *f*
air space *(Recht, Logis)* Luftraum *m*
air transport *(Logis)* Lufttransport *m*, Luftverkehr *m*, Beförderung *f* auf dem Luftweg
airborne time *(Logis)* Flugzeit *f*
aircraft *(Logis)* Flugzeug *n*, Luftfahrzeug *n*
aircraft industry *(Ind, Logis)* Luftfahrtindustrie *f*, Flugzeugindustrie *f*
aircraft operator *(Logis)* Flugzeugbetreiber *m*
aircrew *(Pers)* Flugzeugbesatzung *f*
airlift *(Logis)* Lufttransport *m*
airline *(Logis)* Fluggesellschaft *f*, Fluglinie *f*
airplane *(AE) (Logis)* Flugzeug *n*
airport *(Logis)* Flughafen *m*, Flugplatz *m*
airport tax *(Steuer)* Flughafengebühr *f*, Flughafensteuer *f*
airtime *(Media, V&M)* Sendezeit *f (for broadcast)*; Fernsehwerbezeit *f (for television advertising)*
airway *(Logis)* Flugkorridor *m*, Fluglinie *f*, Flugroute *f*, Flugstraße *f*, Flugstrecke *f*, Luftverkehrslinie *f*
alchemy of securitization *(jarg.) (Bank, Fin, Media) (jarg.)* Alchemie *f* der Verbriefung, *(jarg.)* Verbriefungsalchemie *f*, *(jarg.)* Finanzalchemie *f (ffinancial engineering; synonymous: financial alchemy; strukturierte Finanzprodukte = structured financial instruments machen risikoreiche, nicht marktgängige Einzelrisiken in Bankbilanzen – z. B. Forderungen gegen erst- oder zweitklassige Hypothekenschuldner oder kleine und mittlere Unternehmenseinheiten – durch Bündelung, Tranchierung und Verbriefung am Kapitalmarkt handelbar = tradable und die damit verbundenen Risiken transferierbar = transferable; so wird aus saurem Landwein Qualitätswein, der dann, durch beratend an der Strukturierung beteiligte Ratingagenturen zum Grand Cru mit AAA-Prädikat geadelt, auf den globalen Kapitalmärkten bei renditegeilen Investoren platziert wird – bei erhöhter Intransparenz aber unveränderter Qualität der zugrunde liegenden Sicherheiten, der Basisprodukte = Basisobjekte = underlying products = underlying assets; e.g. securitized and structured financial products like ABS, ABS of ABS, MBS, ABCP, CBOs, CDOs or CDO of CDOs = CDO^2 = CDO squared)*
aleatory *adj* 1. *(Versich)* aleatorisch, zufallsabhängig; 2. *(Recht, V&M)* aleatorisch
aleatory contract 1. *(Versich)* aleatorischer Vertrag *m*,

Spekulationsvertrag *m*, Risikovertrag *m*; 2. *(Recht)* aleatorischer Vertrag *m*, einseitiger Vertrag *m*

alien corporation *(Recht)* ausländische Gesellschaft *f*

alienable *adj (Grund, Recht)* veräußerlich *(transferable)*

alienate *v* 1. *(Fin)* abziehen *(capital)*; 2. *(Gen)* abwerben, entfremden; veräußern *(property)*; 3. *(Recht)* veräußern, abziehen

alignment *(Gen)* Ausrichtung *f*, Gruppierung *f*, Angleichung *f*, Anpassung *f*

all-day trading *(Börse)* Rund-um-die--Uhr-Handel *m*, ganztägiger Handel *m*

all-in *adj (Gen)* alles eingeschlossen, alles inbegriffen, gesamt, global, pauschal *(rate)*

all-inclusive *adj (Gen)* alles eingeschlossen, alles inbegriffen, gesamt, global, pauschal *(rate)*

all or nothing clause *(Börse)* Alles-oder--nichts-Klausel *f (tender)*

all-purpose *adj* 1. *(Fin)* universal *(financial statement)*; 2. *(Gen)* multifunktional

all rights reserved *(Media, Recht)* alle Rechte vorbehalten *(copyright)*

all-season *adj (Gen, Mgt)* ganzjährig

all-time high 1. *(Börse, WiWi)* Rekordhöhe *f*, absoluter Höchststand *m*; 2. *(Gen)* historischer Rekord *m*, historischer Höchstkurs *m*

all-year *adj (Gen, Mgt)* ganzjährig

alleged *adj (Gen, Recht)* angeblich, vermutlich

alleviate *v* **unemployment** *(Pers)* Arbeitslosigkeit abschwächen, Arbeitslosigkeit mildern

alliance 1. *(Gen)* Bund *m*; 2. *(Pol)* Bündnis *n*, Pakt *m*, Allianz *f*; Bund *m*, Koalition *f*

allied industries *(Ind)* verbundene Gewerbe *npl*, verbundene Industriezweige *mpl*

allocate *v* 1. *(Komm)* zuteilen, zuweisen *(shares)*; 2. *(WiWi)* umlegen, aufteilen, zuteilen, zuweisen, verteilen *(funds, resources)*; 3. *(Fin)* bereitstellen *(money)*; 4. *(Gen)* aufteilen, kontingentieren, vergeben *(work)*

allocate *v* **costs** *(RW)* Kosten umlegen, Kosten verrechnen, Kosten zuweisen, Kosten aufteilen

allocate *v* **overhead cost** *(RW)* Gemeinkosten verrechnen

allocate *v* **resources** *(Fin, Mgt, RW)* Mittel bewilligen, Mittel zuweisen; Ressourcen zuteilen

allocate *v* **to** *(RW)* kontingentieren, umlegen, zurechnen *(money, duties)*; einstellen in *(e. g. to reserves)*

allocation 1. *(RW)* Zuweisung *f*, Zuführung *f (of funds to the reserves = den Rücklagen zuführen)*; Umlage *f*, Zuteilung *f*, Zurechnung *f (amount allocated)*; 2. *(WiWi)* Allokation *f*; 3. *(Fin)* Bereitstellung *f (of funds)*; 4. *(Gen)* Kontingent *n*, Auftragsvergabe *f (of contract)*; Aufgabenverteilung *f (of duties)*; Zuweisung *f*, Aufschlüsselung *f*, Bereitstellung *f*, Aufteilung *f*, Vergabe *f (of resources)*

allocation account *(RW)* Verrechnungskonto *n*

allocation by tender *(BE) (Börse)* Vergabe *f* im Submissionswege

allocation of cost *(RW)* Kostenaufteilung *f*, Kostenumlage *f*, Kostenverrechnung *f*

allocation of overheads *(RW)* Gemeinkostenverrechnung *f*; Gemeinkostenumlage *f*

allocation of resources *(WiWi)* Ressourcenallokation *f*, Allokation *f* der Ressourcen, Aufteilung *f* der Ressourcen

allocation of responsibilities 1. *(Fin)* Verteilung *f* der Verantwortungsbereiche; 2. *(Gen, Pers)* Aufgabenzuweisung *f*, Aufgabenverteilung *f*

allocation system *(Gen, WiWi)* Zuteilungssystem *n*, Allokationssystem *n*

allocation to the reserves *(RW)* Zuführung *f* zu den Rücklagen, Einstellung *f* in die Rücklagen

allocations to provisions *(RW)* Zuführungen *fpl* zu den Rückstellungen

allocative efficiency *(WiWi)* Allokationseffizienz *f*

allocative mechanism *(WiWi)* Allokationsmechanismus *m*

allocative system *(WiWi)* Allokationssystem *n*, Zuteilungssystem *n*, Zuweisungssystem *n*, Verteilungssystem *n (synonymous: allocation system)*

allot *v* 1. *(RW)* zuweisen *(allocate)*; verteilen *(distribute)*; 2. *(Fin)* zuteilen, zuweisen *(money)*

allotment 1. *(RW)* Zuweisung *f* *(allocation)*; Verteilung *f (distribution)*; 2. *(Fin)* Zuteilung *f*, Zuweisung *f (of money)*
allotment of bonus *(Versich)* Bonuszuteilung *f*
allotment of securities *(Börse)* Stückezuteilung *f*, Wertpapierzuteilung *f*
allotment price *(Börse)* Zuteilungskurs *m*
allotted volume *(Bank)* Zuteilungsvolumen *n (ECB, monetary policy)*
allottee *(Börse)* Bezugsberechtigte(r) *f(m)*, Zeichner(in) *m(f)*, Zuteilungsempfänger(in) *m(f)*
allow *v* 1. *(Bank)* vergüten; 2. *(Gen)* erlauben, genehmigen, gestatten *(action, change)*; anerkennen, stattgeben, bewilligen, zubilligen, einräumen *(claim)*; gewähren *(grant money, resources)*; 3. *(Pers)* zulassen; 4. *(Versich)* anerkennen, gewähren *(claim)*
allow *v* **for** *(Gen)* berücksichtigen, in Anrechnung bringen
allow a credit *(Bank)* einen Kredit *m* einräumen
allowable *adj* 1. *(Gen)* erlaubt, statthaft, zulässig; 2. *(Steuer)* absetzbar, abzugsfähig
allowable catch *(WiWi)* erlaubte Fangquote *f (EU, fishery)*
allowance 1. *(RW)* Rückstellung *f*, Wertberichtigung *f*; 2. *(Gen)* Anrechnung *f*, Toleranz *f*, zulässige Abweichung *f (tolerance)*; 3. *(Ind)* Toleranz *f*; 4. *(Steuer)* Steuerfreibetrag *m*, Freibetrag *m* • **make allowance for sth** *(Gen)* etw. berücksichtigen
allowance for bad debts *(RW)* Wertberichtigung *f* auf uneinbringliche Forderungen
allowance for depreciation *(RW)* Abschreibung *f*, Abschreibungsbetrag *m*; Absetzung *f* für Abnutzung, AfA
allowances *(BE) (Pers)* Zuschüsse *mpl*
allowed *adj (Gen)* bewilligt
allowed time *(Pers)* Vorgabezeit *f (for job)*
alongside ship *(Logis)* längsseits Schiff
alphanumeric data *(Gen)* alphanumerische Daten *pl*
alter *v (Gen)* ändern, umändern, umschreiben, verändern
alter *v* **a document** *(Recht)* Urkundenfälschung begehen
alternate *adj (Gen)* abwechselnd, im Wechsel, alternierend *(by turns)*; aufeinanderfolgend *(successive)*
alternate member *(AE) (Gen)* stellvertretendes Mitglied *n*, Stellvertreter(in) *m(f) (stand-in)*
alternating shift *(Pers)* Wechselschicht *f*
alternative *(Gen)* Wahl *f*, Möglichkeit *f* *(option from several)*; Alternative *f* *(option from two)*
alternative cost 1. *(RW)* entscheidungsrelevante Kosten *pl*, relevante Kosten *pl*, Grenzkosten *pl* *(cost accounting; synonymous: incremental cost, relevant costs)*; 2. *(Fin, WiWi)* Alternativkosten *pl*, Opportunitätskosten *pl (synonymous: opportunity cost, cost of foregone alternatives; the cost of using a resource in one activity is measured in terms of its best alternative use)*
alternative technology *(Ind, Umwelt)* alternative Technologie *f*
alternative use *(WiWi)* alternative Nutzung *f*
a.m. *(Abk. für ante meridiem) (Gen)* vormittags *(before noon)*
amalgamate *v* 1. *(Gen, WiWi)* fusionieren, zusammenlegen; sich zusammenschließen *(companies, activities, shares)*; 2. *(Fin)* verschmelzen
amended *adj (Gen)* abgeändert, revidiert, berichtigt • **as amended** *(Recht)* in der Fassung von
amendment 1. *(Recht)* Änderung *f*, Novellierung *f*; 2. *(Pat)* Zusatz *m*, Ergänzung *f (addition)*; Änderung *f*, Abänderung *f (change)*; 3. *(Pol)* Änderung *f*, Abänderung *f (to law, constitution)*
amendment of a law *(Recht)* Gesetzesnovelle *f*
amendments to legal provisions *(Komm, Recht)* Änderungen *fpl* von Rechtsvorschriften, Änderungen *fpl* rechtlicher Vorschriften
American Board of Trade *(Gen)* Amerikanische Handelskammer
American short ton *(Gen)* amerikanische Tonne *f*
American Standard Code for Information Interchange *(Comp)* ASCII-Code *m* • **in ASCII** *(Comp)* im ASCII-Code, in ASCII
American terms *(WiWi)* amerikanische

Parität *f*, amerikanische Bedingungen *fpl (grain trade)*
amicable *adj (Gen)* einvernehmlich, gütlich; freundschaftlich *(person)*
amicable settlement 1. *(Gen)* gütliche Beilegung *f*; 2. *(Recht)* außergerichtlicher Vergleich *m*
amicably *adv (Gen, Recht)* gütlich, einvernehmlich
amortizable *adj* 1. *(RW)* abschreibungsfähig, tilgbar; 2. *(Bank, Fin)* tilgbar, amortisierbar, rückzahlbar
amortization 1. *(RW)* Abschreibung *f*, Amortisation *f*, Tilgung *f*; 2. *(Bank)* Amortisierung *f*; 3. *(Fin)* Rückfluss *m*, Rückzahlung *f*, Schuldentilgung *f*
amortization expense *(RW)* Tilgungszahlung *f*
amortization method *(RW)* Tilgungsart *f*
amortize *v* 1. *(RW)* abschreiben, amortisieren *(asset)*; tilgen, zurückzahlen *(debt, mortgage)*; 2. *(Bank)* abschreiben, amortisieren *(asset)*
amount *v* **to** *(Gen)* betragen, sich belaufen auf
amount *(Gen)* Betrag *m*, Summe *f (of money)*; Menge *f (of goods)*; Anzahl *f (of people)*
amount brought forward *(RW)* Vortrag *m*
amount due *(Fin)* fälliger Betrag *m*, geschuldeter Betrag *m*
amount invested *(RW)* angelegter Betrag *m*
amount of a bill *(Gen)* Rechnungsbetrag *m*
amount of work *(Mgt)* Arbeitspensum *n*
amount outstanding *(Gen, RW)* ausstehender Betrag *m*
amount overdue *(RW)* überfälliger Betrag *m*
amount repayable *(RW)* Rückzahlungsbetrag *m*
amount to be invested *(Bank)* Investitionssumme *f*
analyse *v (BE)* 1. *(Gen)* analysieren, prüfen *(sales, costs, results)*; 2. *(Mgt)* analysieren, auswerten
analysis 1. *(Gen)* Analyse *f*, Prüfung *f (account, report)*; 2. *(Mgt)* Auswertung *f*, Untersuchung *f*
analysis of cost variances *(RW)* Kostenabweichungsanalyse *f*
analysis of costs by nature *(Fin, RW)* Kostenartenrechnung *f (annual accounts)*
analysis of costs by types of costs *(Fin, RW)* Kostenartenrechnung *f*
analysis of time series *(Gen, Stat)* Zeitreihenanalyse *f*
analyst 1. *(Börse, Fin)* Analyst *m*, Finanzanalyst *m*; 2. *(RW)* Bilanzanalytiker *m*
anchor currency *(WiWi)* Ankerwährung *f*
ancillary *adj (Gen)* ergänzend, zusätzlich, Neben, Zusatz
ancillary industry *(Gen)* Zulieferindustrie *f*
ancillary services *(Gen)* Nebenleistungen *fpl*
annexe *(BE)* 1. *(Gen)* Anhang *m*, Zusatz *m (document)*; Anbau *m (building)*; 2. *(Recht)* Anhang *m*, Anlage *f*
announce *v (Gen)* durchsagen *(over intercom)*; bekanntmachen, bekanntgeben; ankündigen *(profit, figures)*
announcement *(Gen)* Bekanntgabe *f*, Bekanntmachung *f*
announcement effect *(Pol, WiWi)* Ankündigungseffekt *m*, Signalwirkung *f*
annual *adj (Gen)* jährlich
annual *(Gen, V&M)* Jahrbuch *n*
annual abstract of statistics *(Stat)* statistischer Jahresbericht *m*
annual accounts *(Fin, RW)* Bilanz *f*, (handelsrechtlicher) Jahresabschluss *m (including: annual balance sheet, income statement, cash-flow statement, notes, annual report and audit report; Jahresbilanz, Gewinn- und Verlustrechnung und, bei Kapitalgesellschaften z. B., Kapitalflussrechnung, Anhang, Lagebericht sowie Prüfungsbericht)*
annual amortization *(Bank)* jährliche Tilgungsrate *f*
annual audit *(Fin, RW)* Jahresabschlussprüfung *f*
annual average *(Gen)* Jahresdurchschnitt *m*
annual basis *(Stat)* Jahresbasis *f*
annual cash flow *(RW)* jährlicher Cashflow *m*, jährlicher Einnahmeüberschuss *m*
annual depreciation *(Gen, RW)* jährliche Abschreibung *f*
annual earnings *(RW)* Jahresgewinn *m*
annual financial statements *(Fin, RW)* Jahresabschluss *m (annual balance*

sheet, income statement, cash-flow statement, notes, annual report and audit report; Jahresbilanz, Gewinn- und Verlustrechnung und, bei Kapitalgesellschaften z. B., Kapitalflussrechnung, Anhang, Lagebericht sowie Prüfungsbericht)

annual general meeting *(AGM) (Gen)* Jahreshauptversammlung *f*, Hauptversammlung *f*, HV *f*, Jahresvollversammlung *f*

annual growth rate *(Stat, WiWi)* Jahreswachstumsrate *f*

annual hours contract *(Pers)* Jahresstundenvertrag *m*

annual income *(Pers)* Jahreseinkommen *n*, Jahreseinkünfte *pl*

annual increment *(Gen)* jährlicher Zuwachs *m*

annual installment *(AE)* *s.* annual instalment

annual instalment *(BE)* 1. *(Fin, RW)* Annuität *f*, Jahresrate *f*; 2. *(Gen)* jährliche Rate *f*, Jahresrate *f*

annual leave *(Pers)* Jahresurlaub *m*

annual low *(Börse)* Jahrestiefpunkt *m*

annual meeting *(Gen, Mgt)* Jahreshauptversammlung *f*, Hauptversammlung *f*, HV

annual mortgage constant *(Stat)* Jahrestilgungsbetrag *m* einer Ratenhypothek, Jahrestilgungsbetrag *m* einer Abzahlungshypothek

annual output *(Ind)* Jahresleistung *f*, Jahresproduktion *f*, jährliche Ausbringung *f*; Output *m* pro Jahr

annual percentage rate *(APR) (AE)* 1. *(Fin, Gen)* effektiver Jahreszins *m*, Effektivzins *m*; 2. *(Recht)* auf Jahresbasis umgerechneter Prozentsatz *m (a method, specified by law, for calculating the nominal annual rate of return, to compare instruments with different ways of computing interest, e. g. weekly, monthly)*

annual proceeds *(Gen, RW)* Jahresertrag *m*

annual rate *(Stat)* Jahresrate *f*

annual report *(Mgt, RW)* Geschäftsbericht *m*, Jahresbericht *m (prepared each year to give a true and fair view of a company's state of affairs)*; Lagebericht *m*

annual return 1. *(RW)* Jahresrendite *f*; 2. *(Recht)* Jahresbericht *m (legal document)*

annual sales report *(Gen)* jährlicher Verkaufsbericht *m*, Jahresumsatzbericht *m (showing turnover breakdown)*

annual statement of accounts *(RW)* Jahresabschluss *m*

annual tax return *(RW, Steuer)* Jahressteuererklärung *f*, jährliche Steuererklärung *f*

annual turnover *(RW)* Jahresumsatz *m*

annual working time *(Pers)* Jahresarbeitszeit *f*

annual yield *(RW)* Jahresertrag *m*, Jahresrendite *f*

annualised percentage rate *(APR) (BE)* 1. *(Fin, Gen)* effektiver Jahreszins *m*, Effektivzins *m*; 2. *(Recht)* auf Jahresbasis *f* umgerechneter Prozentsatz *(a method, specified by law, for calculating the nominal annual rate of return, to compare instruments with different ways of computing interest, e. g. weekly, monthly)*

annualize *v* 1. *(Fin, Gen)* auf Jahresbasis umrechnen; 2. *(Steuer)* Jahresausgleich durchführen

annually *adv (Gen)* jährlich

annuity 1. *(Fin)* Annuität *f*; 2. *(Gen)* Rente *f*

annuity business *(Versich)* Rentengeschäft *n*

annuity due *(Fin)* vorschüssige Rente *f*

annuity factor *(Fin, WiWi)* Rentenfaktor *m*

annuity fund *(Gen)* Rentenfonds *m*

annuity immediate *(Fin)* nachschüssige Rente *f*

annuity installment *(AE) (Versich)* *s.* annuity instalment

annuity instalment *(BE) (Versich)* Rententeilbetrag *m*, Rententeilzahlung *f*

annuity insurance *(Versich)* Leibrentenversicherung *f*, Rentenversicherung *f*

annuity method *(Fin)* Annuitätenmethode *f (time-weighted method of investment analysis, dynamische Investitionsrechnung)*

annuity payable in advance *(Versich)* vorschüssige Rente *f*

annuity policy *(Versich)* Rentenversicherungsschein *m*, Rentenpolice *f*

annul *v* 1. *(Gen)* annullieren, kündigen *(contract)*; annullieren, aufheben *(decision)*; 2. *(Recht)* annullieren,

aufheben, für ungültig erklären, rückgängig machen
annulment 1. *(Gen)* Annullierung *f*, Kündigung *f (of contract)*; Annullierung *f*, Aufhebung *f (of decision)*; 2. *(Recht)* Rückgängigmachung *f*, Annullierung *f*, Aufhebung *f (invalidation)*
annulment of contract *(Recht)* Vertragsaufhebung *f*
anonymously *adv (Gen)* ohne Namensnennung, anonym, namenlos
answer *v (Gen)* antworten auf, erwidern auf *(invitation, advertisement)*; beantworten, antworten auf *(letter, question)*
answer *v* **for** *(Gen)* garantieren für, haften für, sich verantworten für *(safety of product)*; Rede und Antwort stehen für, verantwortlich sein für, bürgen für *(debt)*; sich eigenen für, taugen für
answer *v* **for a debt** *(Gen)* für eine Schuld *f* einstehen, für eine Schuld *f* geradestehen
answer *(Recht)* Antwort *f*, Erwiderung *f*, Klageerwiderung *f* • **in answer to your letter** *(Komm)* in Beantwortung Ihres Schreibens • **there's no answer** *(Komm)* es meldet sich niemand *(telephone)*
answerable *adj* 1. *(Gen)* haftbar, verantwortlich; 2. *(Recht)* haftbar
answerable *adj* **for** *(Gen)* verantwortlich für *(synonymous: responsible for)*
answerable *adj* **to** *(Gen)* verpflichtet gegenüber, verantwortlich gegenüber *(synonymous: responsible to)*
answering machine *(Gen, Komm)* Anrufbeantworter *m*
answerphone *(Komm)* Anrufbeantworter *m*
ante *(Gen)* vor
ante meridiem *(a.m.) (Gen)* vormittags *(before noon)*
antedate *v (Gen)* (zu)rückdatieren *(document, cheque)*
anti-cyclical *adj (WiWi)* antizyklisch
anti-employee *adj (Gen, Pers)* arbeitnehmerfeindlich
anti-employer *adj (Pers)* arbeitgeberfeindlich
anti-fraud *(Recht)* Betrugsbekämpfung *f*
anticipate *v* 1. *(Gen)* erwarten, antizipieren, vorwegnehmen *(problem, delay, development)*; 2. *(Börse)* eskomptieren *(the impact of future events)*
anticipated *adj (Gen)* voraussichtlich, erwartet; im Voraus, vor Fälligkeit, vorzeitig *(repayment)*
anticipated profit *(RW)* erwarteter Gewinn *m*
anticipated redemption 1. *(Bank)* vorzeitiger Rückkauf *m*; 2. *(Börse, Fin)* Ablösung *f*, vorzeitige Tilgung *f (bonds)*
anticipated repayment *(Gen)* vorzeitige Rückzahlung *f*
anticipated sales *(V&M)* voraussichtliche Verkäufe *mpl*, geplante Verkäufe *mpl*, geplante Umsätze *mpl*
anticipation *(Gen, WiWi)* Erwartung *f (expectation)*; Vorwegnahme *f*, Antizipation *f (action in advance)*
anticipatory contract *(Recht)* vorweggenommener Vertrag *m*
anticipatory hedge *(Börse)* antizipatives Sicherungsgeschäft *n*
anticompetitive *adj (Fin, V&M, WiWi)* wettbewerbsbeschränkend, wettbewerbsschädlich
anticompetitive practices *(V&M, WiWi)* wettbewerbsbeschränkende Praktiken, wettbewerbswidriges Verhalten *n*
anticyclical capital buffer *(Bank, Fin)* antizyklischer Kapitalpuffer *m (synonymous: countercyclical capital buffer, countercyclical buffer; Eigenkapitalpuffer, Basel III)*
anticyclical policy *(WiWi)* antizyklische Fiskalpolitik *f*, antizyklische Politik *f*
antidumping agreement *(Pol)* Antidumpingabkommen *n*, Antidumpingvereinbarung *f*
antimonopoly law *(Recht)* Kartellgesetz *n*, Kartellrecht *n*
antimonopoly laws *(Recht)* Kartellgesetzgebung *f*
antitrust acts *(Recht)* Antitrustrecht *n*, Kartellgesetze *npl*, Kartellgesetzgebung *f*, Kartellrecht *n*
antitrust law *(Recht)* Antitrustrecht *n*, Kartellgesetz *n*, Kartellrecht *n*
apiece *adv (Gen, V&M)* je Stück, pro Stück
apparatus 1. *(Gen)* Instrument *n*; 2. *(Ind)* Aggregat *n*, Apparat *m*, Einrichtung *f*, Instrument *n*, Vorrichtung *f*
apparel industry *(AE) (Ind)* Bekleidungsindustrie *f*, Textilindustrie *f*
apparent defect *(Recht)* erkennbarer Mangel *m (contracts)*

apparent good order of the goods *(Logis)* einwandfreier äußerer Zustand *m* der Waren
appeal *v* *(Recht)* Rechtsmittel einlegen
appeal *v* **a court decision** *(Recht)* Berufung einlegen, in Berufung gehen, Revision einlegen, in Revision gehen
appeal *v* **against** *(Recht)* Rechtsmittel einlegen, Revision einlegen *(court decision)*; Berufung einlegen, anfechten *(judgment, ruling)*
appeal *v* **against a decision** *(Recht)* Beschwerde führen, eine Entscheidung anfechten
appeal *v* **against a judgment** *(Recht)* Rechtsmittel gegen ein Urteil einlegen, ein Urteil anfechten
appeal *v* **for funds** *(Fin, Gen)* Geldmittel einwerben
appeal *v* **for tenders** *(Gen)* ausschreiben
appeal *v* **to** *(Gen)* Anklang finden bei, gefallen *(attract)*; Aufruf richten an, sich wenden an *(ask for support; wegen eines Anliegens)*
appeal 1. *(Gen)* Anreiz *m*, Anklang *m* *(attraction)*; Aufruf *m*, Ersuchen *n (call)*; 2. *(Recht)* Rechtsmittel *n*, Beschwerde *f*, Revision *f*, Berufung *f*, Anfechtung *f*; 3. *(V&M)* Anziehungskraft *f (of product)*
appeal court *(Recht)* Berufungsgericht *n*, Rechtsmittelinstanz *f*
appeal for funds *(Fin)* Spendenappell *m*, Spendenaufruf *m*
appeal for tenders *(Börse, Fin)* Aufforderung *f* zur Angebotsabgabe, Ausschreibung *f*, Tenderaufruf *m*
appeal procedure *(Recht)* Beschwerdeverfahren *n (EU)*
appeal proceedings *(Recht)* Berufungsverfahren *n*
appeals procedure *(Recht)* Rechtsmittelverfahren *n*
appear *v* **in court** *(Recht)* vor Gericht erscheinen
appearance *(Gen)* Auftritt, Aussehen *n*, Erscheinungsbild *n*
appellant *(Recht)* Berufungskläger(in) *m(f)*; Revisionskläger(in) *m(f) (civil law)*; Revisionsführer(in) *m(f) (criminal law)*
appellate court *(Recht)* Berufungsgericht *n*, Revisionsgericht *n*
appellee *(Recht)* Berufungsbeklagte(r) *f(m)*; Revisionsbeklagte(r) *f(m) (civil law)*; Revisionsgegner(in) *m(f) (criminal law)*
append *v* 1. *(Komm)* beifügen; 2. *(Comp)* anhängen *(file, data)*; 3. *(Gen)* beifügen, setzen, versehen mit *(signature)*
appendix *(Gen, Komm)* Anhang *m*, Anlage *f*
appliance *(Gen)* Anwendung *f (action)*; Gerät *n*, Vorrichtung *f (device)*
applicability *(Comp, Recht)* Anwendbarkeit *f*
applicable *adj (Gen)* geeignet, verwendbar, anwendbar, zutreffend • **not applicable** *(Gen)* nicht zutreffend
applicable national law *(Recht)* anwendbares einzelstaatliches Recht *n*
applicable provisions of law *(Recht)* geltende Rechtsvorschriften *fpl*
applicable regulations *(Recht)* geltende Vorschriften *fpl*
applicant 1. *(Fin)* Aktienzeichner(in) *m(f)*; 2. *(Gen)* Anmelder(in) *m(f) (for licence)*; Antragsteller(in) *m(f) (for grant)*; 3. *(Pers)* Stellenbewerber(in) *m(f)*, Bewerber(in) *m(f)*, Kandidat(in) *m(f) (for job)*; 4. *(Recht)* Antragsteller(in) *m(f)*, ersuchende Stelle *f*; 5. *(Pat)* Anmelder(in) *m(f)*, Antragsteller(in) *m(f) (for patents)*
applicant country *(Pol)* Bewerberland *n (EU)*
applicant for a place at university *(Pers)* Studienbewerber(in) *m(f)*
applicant for a training place *(Bil, Pers)* Bewerber(in) *m(f)* für einen Ausbildungsplatz, Lehrstellenbewerber(in) *m(f)*
applicant for a university place *(Pers)* Studienbewerber(in) *m(f)*
applicant for an apprenticeship *(Bil, Pers)* Lehrstellenbewerber(in) *m(f)*
applicant for shares *(Fin)* Aktienzeichner(in) *m(f)*, Anteilszeichner(in) *m(f)*
applicant profile *(Pers)* Bewerberprofil *n*
application 1. *(Gen)* Bewerbung *f (for job, licence)*; Anwendung *f*, Verwendung *f (of technique, law)*; Ersuchen *n*, Antrag *m (for grant)*; Konkretisierung *f (of idea)*; 2. *(Pers)* Stellengesuch *n*, Bewerbung *f*, Bewerbungsschreiben *n (for job)*; 3. *(Pat)* Verwendung *f (of idea, technique)*; Anmeldung *f (for registration)*; 4. *(Börse)* Zeichnung *f* von Wertpapieren *(for shares)* • **make an application for** 1. *(Gen)* einen Antrag stellen auf; 2. *(Pers)* sich bewerben um • **upon application** *(Gen)* auf Antrag

application deadline *(Pers)* Bewerbungsschluss *m*, letzter Bewerbungstermin *m*; Bewerbungsfrist *f*
application fee *(Bank)* Zeichnungsgebühr *f*
application for a job *(Pers)* Stellenbewerbung *f*, Bewerbung *f* um eine Stelle, Bewerbung *f* um einen Arbeitsplatz
application for admission *(Börse, Gen)* Zulassungsantrag *m*, Aufnahmeantrag *m (to the stock exchange)*
application for export licence *(BE) (Imp/Exp)* Antrag *m* auf Ausfuhrgenehmigung
application for export license *(AE) (Imp/Exp) s.* application for export licence
application for listing *(Börse)* Antrag *m* auf Börsenzulassung, Zulassungsantrag *m*
application for quotation *(Börse)* Antrag *m* auf Börsennotierung
application for shares *(Börse)* Aktienzeichnung *f*
application form 1. *(Admin)* Bewerbungsformular *n*; 2. *(Gen)* Anmeldeformular *n*
application is pending *(Pat)* Patent (ist) angemeldet
application level *(Bank)* Anwendungsstufe *f*
application of funds *(RW)* Mittelverwendung *f*
application of funds statement *(RW)* Kapitalflussrechnung *f*
application right *(Börse)* Zeichnungsrecht *n*
applications engineering *(Ind)* Anwendungstechnik *f*
applied *adj (Gen)* angewandt *(research)*
applied cost *(RW)* verrechnete Kosten *pl*
applied economic research *(WiWi)* angewandte Wirtschaftsforschung *f*
applied economics *(WiWi)* angewandte Wirtschaftswissenschaften *fpl*, angewandte Wirtschaftstheorie *f*
applied overheads *(RW)* verrechnete Gemeinkosten *pl*
applied research *(Mgt)* angewandte Forschung *f*, anwendungsbezogene Forschung *f (opposite: fundamental research = Grundlagenforschung)*
apply *v* 1. *(Gen)* anwenden, gebrauchen, verwenden; 2. *(Recht)* anwenden *(law)*; 3. *(Gen)* anwendbar sein, Anwendung finden *(rule)*
apply *v* **for** 1. *(Gen)* nachsuchen um, beantragen *(passport, licence)*; 2. *(Pers)* sich bewerben um *(job, employment)*; 3. *(Pat)* anmelden
apply *v* **for a job** *(Pers)* sich um eine Stelle bewerben
apply *v* **for a loan** *(Bank, Fin)* ein Darlehen beantragen, einen Kredit beantragen
apply *v* **for a post** *(Pers)* sich um eine Stelle bewerben
apply *v* **for membership** *(Pol)* Beitrittsantrag stellen, sich um die Mitgliedschaft bewerben *(EU)*
apply *v* **for shares** *(Börse)* Aktien *fpl* zeichnen
apply *v* **for unemployment benefit** *(Soz)* Arbeitslosengeld beantragen
apply *v* **in person** *(Gen)* sich persönlich bewerben
apply *v* **income to a period** *(RW)* Erträge einer Periode abgrenzen
apply *v* **to** *(RW)* zuschreiben *(a period)*; umlegen, verrechnen, zurechnen *(attribute)*
appoint *v* 1. *(Gen, Pers)* einstellen, ernennen *(person)*; festlegen *(date, place)*; berufen, bestimmen *(committee)*; 2. *(Recht)* bestellen *(annual auditor, liquidator)*
appointed *adj* 1. *(Gen)* ernannt *(agent, chairman)*; 2. *(Recht)* bestellt *(annual auditor, liquidator)* • **at the appointed time** *(Gen)* zum festgesetzten Zeitpunkt
appointed day *(Gen)* festgesetzter Termin *m*
appointed time *(Gen)* Termin *m*
appointment 1. *(Gen)* Ernennung *f*, Bestellung *f (of person)*; Termin *m (with doctor, lawyer)*; Verabredung *f (to meet)*; 2. *(Pers)* Berufung *f (to a job)*; 3. *(Recht)* Bestellung *f* • **by appointment only** *(Gen)* nur nach Absprache, Termin nach Vereinbarung, nur nach Voranmeldung
appointment vacant *(Pers)* freie Stelle *f*
apportion *v (Gen, RW)* aufteilen, aufschlüsseln, verteilen *(costs)*
apportioned material *(Gen)* kommissioniertes Material *n*
apportionment 1. *(RW)* Aufteilung *f*, Verteilung *f*, Zuteilung *f*; 2. *(Fin)* Aufteilung *f*, Verteilung *f (public finance)*; 3. *(Gen)* Aufschlüsselung *f*,

Aufteilung *f*; 4. *(Pat)* Aufteilung *f*, Verteilung *f*; 5. *(Grund)* Aufteilung *f*; 6. *(Börse)* Repartierung *f*; 7. *(Pol, Versich, WiWi)* Umlageverfahren *n*

apportionment of costs *(RW)* Kostenumlage *f*, Verteilung *f* der Kosten

apportionment of funds *(Fin, Mgt)* Mittelzuweisung *f*

apportionment of shares *(Börse, Fin)* Aktienrepartierung *f*

appraisal 1. *(Mgt, RW)* Unternehmensbewertung *f (business)*; 2. *(Gen)* Schätzung *f*, Beurteilung *f*, Begutachtung *f*, Gutachten *n*, Auswertung *f (evaluation)*; 3. *(Pers)* Bewertung *f*, Einschätzung *f*; 4. *(Grund)* Schätzung *f*, Wertschätzung *f*

appraisal criteria *(Pers)* Beurteilungskriterien *npl*, Bewertungskriterien *npl*

appraisal of damage *(Versich)* Schadensabschätzung *f*, Schadensschätzung *f*

appraisal report *(Gen)* Gutachten *n*

appraise *v* 1. *(Gen)* schätzen, beurteilen, begutachten, auswerten, taxieren; 2. *(Pers)* bewerten, einschätzen

appraise *v* **damages** *(Gen)* Schaden abschätzen, Schaden taxieren

appraised value 1. *(Versich)* Schätzwert *m*; 2. *(Grund)* geschätzter Wert *m*; 3. *(Börse)* Taxe *f*, Taxwert *m*

appraiser *(Grund)* Schätzer *m*, amtlicher Schätzer *m*, Sachverständige(r) *f(m)*

appreciable *adj (Gen)* deutlich, nennenswert, spürbar *(noticeable)*; abschätzbar, schätzbar *(assessable)*; beträchtlich *(considerable)*

appreciate *v* 1. *(WiWi)* aufwerten *(increase the value of)*; 2. *(Gen)* schätzen, zu würdigen verstehen, zu würdigen wissen *(understand the significance of)*; 3. *(Grund, RW)* im Wert steigen

appreciation 1. *(RW)* Höherbewertung *f*, Wertgewinn *m (of property)*; 2. *(Bank, WiWi)* Höherbewertung *f*, Wertgewinn *m*; 3. *(WiWi)* Aufwertung *f (of currency)*; 4. *(Grund)* Wertsteigerung *f*, Wertzuwachs *m*; 5. *(Börse)* Kursgewinn *m*, Kurssteigerung *f (e. g. of shares)*; 6. *(Steuer)* Wertsteigerung *f*, Wertzuwachs *m*

appreciation gain *(Bank, WiWi)* Aufwertungsgewinn

appreciation in value *(RW)* Wertzuschreibung *f*, Zuschreibung *f*; Wertsteigerung *f*

apprentice *(Pers, WiWi)* Auszubildende(r) *f(m)*, Azubi, Lehrling *m*

apprenticeship *(Pers)* Berufsausbildung *f*, Lehre *f*, Lehrverhältnis *n*, Lehrzeit *f*; Lehrstelle *f*, (Berufs-)Ausbildungsplatz *m (place)*

apprenticeship certificate *(Bil, Pers)* Lehrabschlusszeugnis *n*

apprenticeship contract *(Pers)* Lehrvertrag *m*

apprenticeship examination *(Bil, Pers)* Lehrabschlussprüfung *f*

apprenticeship qualification *(Bil, Pers)* Lehrabschlusszeugnis *n*

apprenticeship training *(Pers)* Lehrlingsausbildung *f*

approach *v (Gen)* sich nähern

approach *v* **someone for a loan** *(Gen)* jmdn. um ein Darlehen angehen

approach *(Gen, WiWi)* Ansatz *m*, Forschungsansatz *m*, Lösungsansatz *m*, Konzept *n*, Denkansatz *m*, Betrachtungsweise *f*, Methode *f*, Vorgehen *n*, Vorgehensweise *f*

appropriate *v* 1. *(RW)* bereitstellen; 2. *(WiWi)* bewilligen, zuweisen *(allocate)*; beschlagnahmen, Besitz ergreifen von *(take possession of)*; 3. *(Fin)* bereitstellen *(make available)*; 4. *(Recht)* sich aneignen, Besitz ergreifen von *(property)*

appropriate *adj (Recht)* angemessen, einschlägig

appropriated *adj (WiWi)* bewilligt, genehmigt, zweckgebunden *(for a purpose)*

appropriated retained earnings *(Fin, RW)* Rücklagen *fpl (shown as equity in the balance sheet; aus einbehaltenen Gewinnen, als Eigenkapital in der Bilanz ausgewiesen)*

appropriation 1. *(RW)* Bestimmung *f (of funds)*; Zweckbindung *f*, Bereitstellung *f*, Ausgabenbewilligung *f (of funds to reserve)*; Verpflichtungsermächtigung *f (for commitment)*; Zahlungsermächtigung *f (for payment)*; 2. *(WiWi)* Mittelzuweisung *f*, Zuweisung *f*, Geldzuweisung *f (of funds)*; 3. *(Fin)* Bereitstellung *f (of funds)*

appropriation bill *(Pol)* Bewilligungsgesetz *n*, Haushaltsgesetz *n*

appropriation of earnings *(Mgt, RW)* Gewinnverwendung *f*, buchmäßige Gewinnverteilung *f*

appropriation of funds *(Fin, Mgt, WiWi)* Mittelbindung *f*, Mittelverteilung *f*, Mittelzuteilung *f*, Mittelzuweisung *f*

appropriation of income *(Admin, RW)* Gewinnverwendung *f*, Verwendung *f* des Reingewinns

appropriation to a reserve *(RW)* Bedienung *f* der Rücklage, Einstellung *f* in die Rücklage

appropriations committee *(Fin)* Bewilligungsausschuss *m*

approval 1. *(Bank)* Bewilligung, Genehmigung *f (of loan)*; 2. *(Gen)* Akzeptanz *f*, Annahme *f*, Bestätigung *f*, Zustimmung *f*, Billigung *f*, Genehmigung *f (of decision, document, plan)*; Zulassung *f*, Genehmigung *f (machine, process)*; Akzeptanz *f*, Billigung *f (acceptance)*; 3. *(Recht)* Billigung • **on approval** *(Gen)* auf Probe, zur Ansicht *(goods)*

approval certificate *(Recht)* Genehmigungsurkunde *f*

approval of the accounts *(RW)* Billigung *f* [Feststellung *f*] des Jahresabschlusses

approve *v* 1. *(Bank)* bewilligen, genehmigen *(loan)*; 2. *(Gen)* prüfen und für richtig befinden *(accounts)*; bestätigen, zustimmen, billigen, genehmigen *(decision, document, plan)*; zulassen *(dealer)*

approve *v* **the accounts** *(Fin, RW)* dem Jahresabschluss zustimmen

approved *adj (Gen)* bestätigt, zugestimmt, gebilligt, genehmigt *(decision, document, plan)*; zugelassen *(machine)*

approved bill of exchange *(RW)* erstklassiger Wechsel *m*

approved voucher *(RW)* anerkannter Beleg *m*

approximate *v (Gen)* annähern

approximate price *(Börse)* Taxkurs *m*, Zirkakurs *m*

approximately *adv (Gen, Stat)* annähernd, etwa, ungefähr, ung., rund, rd., zirka, ca.

approximation 1. *(Gen)* Näherungslösung *f*, Annäherung *f*, grober Ansatz *m*, Annäherungsverfahren *n (procedure)*; 2. *(Recht)* Angleichung *f (within the EU)*; 3. *(Pol)* Harmonisierung *f (of policies within the EU)*; Näherungsverfahren *n (procedure)*

APR *(Abk. für annual percentage rate, annualised percentage rate)* 1. *(Fin, Gen)* effektiver Jahreszins *m*, Effektivzins *m*; 2. *(Recht)* auf Jahresbasis *f* umgerechneter Prozentsatz *(a method, specified by law, for calculating the nominal annual rate of return, to compare instruments with different ways of computing interest, e. g. weekly, monthly)*

apron *(Börse)* Talon *m*, Abschnitt *m*, Allonge *f*

aptitude for work *(Pers)* Arbeitseignung *f*

aptitude test *(Pers, V&M)* Eignungsprüfung *f*, Eignungstest *m*

Arabic numerals *(Gen, Stat)* arabische Zahlen *fpl*, arabische Ziffern *fpl*

arbiter *(Recht)* Schiedsrichter(in) *m(f)*, Schlichter(in) *m(f) (arbitration)*

arbitrage *(Fin)* Arbitrage *f*

arbitrage dealer *(Börse)* Arbitragehändler(in) *m(f)*

arbitrage dealing *(Börse)* Arbitragegeschäft *n*, Arbitragehandel *m*, Arbitrage-Transaktion *f*

arbitrage in securities *(BE) (Börse)* Effektenarbitrage *f*

arbitrage support points *(Fin)* Arbitrage-Interventionspunkte *mpl*

arbitrage trading *(Börse)* Arbitragegeschäft *n*, Arbitragehandel *m*

arbitrage transaction *(Börse)* Arbitragegeschäft *n*, Arbitrage-Transaktion *f*

arbitrager *(Börse, Fin)* Arbitragehändler(in) *m(f)*, Arbitrageur *m*

arbitrageur 1. *(Fin)* Arbitrageur *m*; 2. *(Börse)* Arbitragehändler(in) *m(f)*

arbitrary *adj (Gen)* eigenmächtig, willkürlich *(decision)*

arbitrate *v* 1. *(Fin)* arbitrieren, Kursschwankungen nutzen *(using fluctuations in market rates)*; 2. *(Gen, Pers, Recht)* schiedsgerichtlich entscheiden, schlichten *(dispute)*; 3. *(Börse, Fin)* Arbitragegeschäfte machen

arbitration 1. *(Ind, Pers)* Schiedsverfahren *n*, Schiedsgerichtsverfahren *n*, Arbitration

f; 2. *(Recht)* Schlichtung *f*
arbitration agreement *(Gen, Recht)* Schiedsabkommen *n*, Schiedsvereinbarung *f*, Schiedsvertrag *m*
arbitration committee *(Gen)* Schiedsausschuss *m*
arbitration of exchange *(Börse, Fin)* Devisenarbitrage *f*
arbitration tribunal *(Gen)* Schiedsgericht *n*, Schiedsgerichtshof *m*
arbitrator 1. *(Pers)* Schlichter(in) *m(f)*, Vermittler(in) *m(f) (bei Arbeitsstreitigkeiten)*; 2. *(Recht)* Schiedsrichter(in) *m(f) (person)*; Schiedsstelle *f (institution)*
archive *(Media)* Archivbestände *mpl*
area 1. *(WiWi)* Fläche *f (surface size)*; Region *f (region)*; Raum *m*, Gebiet *n*; 2. *(Gen)* Gebiet *n (in town)*; Bereich *m*, Gebiet *n (of knowledge)*; Spielraum *m (scope, extent)*; Raum *m (space)*; Region *f (region)*
area code *(Komm)* Vorwahl *f*, Vorwahlnummer *f*
area manager *(Mgt)* Bereichsleiter(in) *m(f)*, Gebietsleiter(in) *m(f)*
area of application *(Gen)* Anwendungsbereich *m*
area of expertise *(Gen, Pers)* Fachgebiet *n*, Sachgebiet *n (of professional)*
area of industrial concentration *(WiWi)* industrielles Ballungsgebiet *n*
area of practice *(Recht)* Fachgebiet *n*
area of responsibility *(Gen)* Aufgabenbereich *m*, Geschäftsbereich *m*, Verantwortungsbereich *m*
area of specialization *(AE) (Gen, Recht)* Fachbereich *m*
area of work *(Pers)* Arbeitsgebiet *n*, Arbeitsbereich *m*, Tätigkeitsgebiet *n*
arise *v (Gen)* auftauchen • **should the occasion arise** *(Gen)* gegebenenfalls
arithmetic *adj (Stat)* arithmetisch
arithmetic average *(Stat)* arithmetisches Mittel *n*, arithmetischer Durchschnitt *m*
arithmetic mean *(Stat)* arithmetisches Mittel *n*, arithmetischer Durchschnitt *m*
arithmetical *adj (Fin)* rechnerisch
arm's length *adj (Gen, Steuer, V&M)* wettbewerblich, auf Marktpreisbasis, auf rein geschäftlicher Basis, unabhängig
arm's-length bargaining *(Gen)* Verhandlung *f* zwischen unabhängigen Partnern
arm's-length competition *(Gen)* freier Wettbewerb *m*
arm's-length price *(RW, V&M)* Wettbewerbspreis *m*, Marktpreis *m*
arm's-length principle 1. *(Gen, Steuer, V&M)* Unabhängigkeitsgrundsatz *m*, Prinzip *n* der rechtlichen Selbstständigkeit; 2. *(Recht)* Drittvergleichsgrundsatz *m*
around-the-clock shopping *(V&M)* Rund-um-die-Uhr-Shopping *n*
arrange *v* 1. *(Bank)* aushandeln, vereinbaren *(loan)*; 2. *(Gen)* anordnen, einrichten, festsetzen, ausmachen *(date)*; regeln, vereinbaren *(details)*; ansetzen *(meeting)*; 3. *(Recht)* Vergleich schließen, sich vergleichen
arrange *v* **a loan** *(Bank, Fin)* ein Darlehen aushandeln
arrangement *(Gen)* Gliederung *f (organization)*; Vergleich *m (agreement with creditor)*; Einigung *f*, Übereinkommen *n*, Übereinkunft *f*, Vereinbarung *f*, gütliche Einigung *f (in dispute)*; Anordnung *f (ordering)*; Ordnung *f* • **by arrangement** *(Gen)* nach Vereinbarung
arrangement fee *(Bank)* Provision *f* der Führungsbank
arranger *(Bank)* Führungsbank *f*, Arranger *m*, Arrangeur *m*
array of products *(V&M)* Produktpalette *f*, Warensortiment *n*
arrearages *(Fin)* Rückstände *mpl*, rückständige Zahlungen *fpl*
arrears *(Börse, Fin, Gen)* Rückstände *mpl* • **be in arrears** *(Fin, Gen)* im Rückstand sein, rückständig sein
arrears of interest *(Bank)* Zinsrückstände *mpl*
arrest *v (Recht)* verhaften
arson *(Recht, Versich)* Brandlegung *f*, Brandstiftung *f*
art *(Gen, Media)* Kunst *f* • **the art of the possible** *(Pol)* die Kunst *f* des Möglichen
article 1. *(Gen, WiWi)* Ware *f*, Ware *f*, Gegenstand *m*, Artikel *m (small object)*; 2. *(Recht)* Artikel *m (part of law)*
article for personal use *(Gen)* Artikel *m* des persönlichen Bedarfs, Gegenstand *m* des persönlichen Bedarfs
article of consumption 1. *(Gen)* Gebrauchsgegenstand *m*; 2. *(V&M)*

Verbrauchsartikel *m*, Konsumartikel *m*
articles of agreement *(Gen, Recht)* Vertragsbestimmungen *fpl*
articles of association *(BE) (Recht)* Gründungsurkunde *f*, Gesellschaftsvertrag *m*, Satzung *f (corporation)*
articles of incorporation *(AE) (Recht)* Gründungsurkunde *f*, Gesellschaftsvertrag *m*, Satzung *f (corporation)*
artificial barrier to entry *(WiWi)* künstliche Zutrittsschranke *f (market)*
artificial obsolescence *(V&M)* künstliches Veralten *n*
as collateral *(Bank, Gen)* zur Absicherung, als Sicherheit
as is *(Gen, Recht)* wie die Ware liegt und steht, wie besichtigt
ascending sort *(Comp, Gen)* aufsteigende Sortierung *f*
ascertain *v* 1. *(RW)* ermitteln, feststellen *(statements, price)*; 2. *(WiWi)* erheben, ermitteln
ascertained fact *(Gen)* festgestellte Tatsache *f*
ASCII *s.* American Standard Code for Information Interchange
ascribe *v (Gen)* beimessen, zuschreiben
ask *v* **for an expert opinion** *(Gen)* ein Gutachten einholen
asked and bid *(Börse)* Brief- und Geldkurs *m (selling and buying price)*
asked price 1. *(RW)* Ausgabepreis *m*; 2. *(Grund)* Angebotspreis *m*, Verkaufspreis *m*; 3. *(Börse)* Angebotskurs *m*, Briefkurs *m*
asked quotation *(Börse)* Briefquotierung *f*
asked spread *(Bank, Börse)* Briefspanne *f*
aspiration level *(V&M, WiWi)* Anspruchsniveau *n*
assault *(Recht)* tätliche Beleidigung *f*, Drohung *f*
assay *v* **sth** *(Gen)* den Feingehalt feststellen, den Feingehalt prüfen
assembler 1. *(Pers)* Monteur *m*; 2. *(Ind)* Montagefirma *f*
assembly 1. *(Gen)* Zusammenkunft *f (of people)*; 2. *(Ind)* Baugruppe *f*, Bausatz *m*, Montage *f*; 3. *(Pol)* Versammlung *f*
assembly line *(Ind, Pers)* Band *n*, Fließband *n*, Montageband *n*
assembly plant *(Ind, Pers)* Montagewerk *n*
assent *(Gen)* Beipflichten *n*, Einwilligung *f*, Zustimmung *f (acquiescence)*; Billigung *f (to proposal)*
assert *v (Gen)* behaupten, versichern
assert *v* **a claim** *(Recht)* einen Anspruch geltend machen
assertiveness *(Pers)* Durchsetzungsvermögen *n*, Selbstbehauptung *f*
assertiveness training *(Pers)* Selbstbehauptungstraining *n*
assess *v* 1. *(Gen)* begutachten, einschätzen, taxieren, bewerten *(proposal, offer)*; bemessen, beurteilen *(fine)*; festsetzen *(income, price, value)*; 2. *(Steuer)* veranlagen *(for tax purposes)*
assess *v* **dispassionately** *(Bank, Gen)* nüchtern beurteilen
assess *v* **realistically** *(Bank, Gen)* nüchtern beurteilen
assessable *adj* 1. *(Gen)* schätzbar; 2. *(Steuer)* steuerpflichtig
assessable income *(Steuer)* steuerpflichtige Einkünfte *pl*; zu versteuerndes Einkommen *n*
assessed income tax *(Steuer)* veranlagte Einkommensteuer *f*
assessment 1. *(Gen)* Begutachtung *f*, Bemessung *f*, Beurteilung *f*, Einschätzung *f*, Bewertung *f (of proposal, offer)*; 2. *(Steuer)* Veranlagung *f*, Vermögensbewertung *f*
assessment base *(Soz, Steuer)* Bemessungsgrundlage *f*
assessment center *(AE) (Pers) s.* assessment centre
assessment centre *(BE) (Pers)* Assessment Center *n*, Personalauswahlverfahren *n*
assessment of compensation *(Recht)* Feststellung *f* der Höhe des Schaden(s)ersatzes
assessment of financial needs *(Fin, Mgt)* Ermittlung *f* des Finanzbedarfs, Finanzbedarfsermittlung *f*, Ermittlung *f* des Kapitalbedarfs, Kapitalbedarfsermittlung *f*, Bedarfsschätzung *f*
assessment period *(RW, Steuer)* Veranlagungszeitraum *m*, VZ *m*, Vz. *m*
assessment procedure *(Gen, Pers)* Bewertungsverfahren *n*, Beurteilungsverfahren *n*
assessment year *(RW, Steuer)*

Steuerjahr *n*, Veranlagungszeitraum *m*

asset 1. *(RW)* Aktivposten *m*, Aktivum *n* *(asset item)*; 2. *(Gen)* Vermögenswert *m*, Vermögensgegenstand *m*, Vermögensgut *n*, Wirtschaftsgut *n* *(any tangible or intangible item to which a value can be assigned; IFRS/IAS--Auslegung: im Unternehmen verfügbare, einzeln bewertbare Ressource von der künftig ein Zufluss wirtschaftlichen Nutzens -direkt oder indirekt in der Form von Zahlungsmitteln- erwartet wird)*

asset account *(RW)* Aktivkonto *n*; Bestandskonto *n* *(real account)*; Bilanzkonto *n* *(balance sheet account)*

asset addition *(RW)* Anlagenzugang *m*, Vermögenszugang *m*

asset and liability statement *(RW)* Bilanz *f*, Finanzstatus *m*, Vermögensbilanz *f*

Asset-backed bonds *(Bank, Fin)* ABS--Anleihen *fpl* *(synonymous: asset--backed securities = ABS; securities secured by loans or by money owed to a company for merchandise or services purchased on credit, e.g. an asset--backed bond is created when a securities firm bundles debt, such as mortgage, credit card or car loans, and sells investors the right to receive the payments made on those loans; cf asset-backed securities, ABS)*

asset-backed commercial paper *(ABCP) (Bank, Fin)* forderungsbesichertes Commercial Paper *n*, forderungsgedecktes CP *n*, vermögensbesichertes Commercial Paper *n*, forderungsunterlegtes Commercial Paper *n*, ABCP *n*, *(jarg.)* ABCP-Papier *n* *(short-term debt instrument backed by a pool of assets provided by the issuer; the assets used as collateral include medium-term trade receivables, consumer debt receivables and structured debt instruments like CDOs = collateralized debt obligations = strukturierte, forderungsbesicherte Schuldverschreibungen, a form of finance where assets are specifically pledged in support of the loan -in contrast to normal bank lending- against cash flow, i. e. securitization with income-producing assets; Commercial Paper, besichert durch einen Forderungspool aus -im Gegensatz zu den ABS- heterogenen, teilweise komplex strukturierten Finanzinstrumenten mit häufig intransparenter Risikostruktur, einer Kombination elementarer Anlageinstrumente mit Derivaten; Emission durch ABCP--Zweckgesellschaften=ABCP-Conduits oder SIVs = special investment vehicles = strukturierte Anlagevehikel)*

asset-backed securities *(ABS) (Bank, Fin)* Asset-Backed Securities *fpl*, ABS--Papiere *npl*, verbriefte (Kredit-)Forderungen *fpl*, aktivabesicherte Forderungen *fpl*, vermögensbesicherte Forderungen *fpl*, besicherte Wertpapiere *npl*, forderungsbesicherte Wertpapiere *npl*, verbriefte Zahlungsansprüche *mpl*; ABS-Anleihen *fpl*, forderungsbesicherte Anleihen *fpl*, vermögensgesicherte Anleihen *fpl* *(securities backed by a pool of homogenous unsecuritized assets assigned to a SPV = special-purpose vehicle and designed to service the investors' claims from the payment streams of that asset pool; ein Pool von -im Gegensatz zum ABCP- homogenen unverbrieften Forderungen wird zur Besicherung der ABS sowie zur Bedienung der ABS-Investoren aus den Zahlungsströmen dieser Vermögenswerte = assets auf eine Zweckgesellschaft = SPV übertragen, die sich über die Emission der ABS refinanziert)*

asset diversification *(Fin)* Anlagenstreuung *f*, Vermögensdiversifikation *f*

asset-formation policy *(Pers, Pol, Steuer)* Politik *f* der Vermögensbildung, Vermögenspolitik *f*, Vermögensbildungspolitik *f*

asset item *(RW)* Aktivposten *m*, Aktivum *n*

asset/liability position *(Bank, RW)* Vermögensposition *f*; Vermögensstatus *m*

asset life *(RW)* Nutzungsdauer *f* eines Wirtschaftsgutes

asset management 1. *(Bank)* Anlagenverwaltung *f*, Vermögensverwaltung *f* *(a service provided by financial institutions to their* *customers)*; 2. *(Fin, Mgt, RW)* Anlagenwirtschaft *f*, Anlagenverwaltung *f*, Vermögensverwaltung *f*; Liquiditätssteuerung *f (the management of the financial assets of an organization with the aim to obtain the best results)*

asset manager *(Bank)* Vermögensverwalter(in) *m(f)*, Anlageverwalter(in) *m(f)*

asset motive *(WiWi)* Spekulationsmotiv *n (monetary theory)*

asset portfolio *(Bank, Börse, Fin)* Portefeuille *n*, Portfolio *n*; Kreditportfolio *n*, Kreditportefeuille *n*, Kreditvolumen *n (of a bank)*; Vermögensportfolio *n*, Bestand *m* an Anlagewerten *(opposite: product portfolio = Produktportfolio)*

asset-price bubble *(Fin, WiWi)* Vermögensgüter-Preisblase *f*; Vermögenspreisschub *m*, Aufblähung *f* der Vermögenswerte; aufgeblähte Vermögenspreise *mpl (nicht fundamental gerechtfertigte Preise für Vermögensgüter; mostly with view to shares and property)*

asset price inflation *(WiWi)* Vermögenspreis-Inflation *f*, realwirtschaftliche Inflation *f (nicht in den Verbraucherpreisindizes, wie z. B. im HVPI = HICP = Harmonized Index of Consumer Prices, erfasst)*

asset prices *(WiWi)* Preise *mpl* von Vermögenswerten, *(jarg.)* Vermögenspreise *mpl*

asset return 1. *(Bank, RW)* Vermögenserträge *mpl*; 2. *(Börse)* Vermögensertrag *m*, Anlagenverzinsung *f*

asset side *(RW)* Aktivseite *f*, Vermögensseite *f*

asset stripping *(RW, WiWi)* Unternehmenskauf, Zerschlagung und Veräußerung der Vermögensteile, *(ugs.)* Ausschlachten *n* von Unternehmen

asset swap 1. *(RW)* Aktivtausch *m*; 2. *(Bank)* Asset Swap *m*

asset turnover *(Fin, RW)* Kapitalumschlag *m (financial analysis ratio)*

asset valuation *(RW)* Anlagenbewertung *f*; Vermögensbewertung *f*

asset value *(Fin, RW)* Vermögenswert *m* eines Wirtschaftsgutes

assets *pl* 1. *(RW)* Aktiva *npl*, Vermögen *n*, Vermögensgegenstände *mpl*, Vermögenswerte *mpl*, Vermögensgüter *npl*, Wirtschaftsgüter *npl*; 2. *(Bank, Fin)* Anlagen *fpl*, Ausleihungen *fpl*, Kapitalanlagen *fpl*, Kapital *n (capital, i. S. v. Realvermögen, konkretes Kapital, Gegensatz: abstraktes Kapital der Passivseite)*

assets eligible for the money market *(Bank, Fin)* geldmarktfähige Aktiva *npl*

assets subject to depreciation *(RW)* abnutzbare Güter *npl*, abnutzbare Wirtschaftsgüter *npl*, abnutzbare Vermögensgüter *npl*

assign *v* 1. *(RW)* *(cede)* abtreten, *(transfer)* übertragen; zurechnen, zuteilen, zuweisen *(allocate)*; 2. *(Fin)* übertragen; 3. *(Pers)* entsenden *(post)*; zuweisen, zuteilen *(work)*; 4. *(Recht)* zedieren, abtreten; 5. *(Börse)* ausüben *(option)*

assign *v* **costs** *(RW)* Kosten aufteilen, Kosten umlegen, Kosten zurechnen

assigned material *(Gen)* auftragsgebundenes Material *n*, kommissioniertes Material *n*

assignee 1. *(RW)* Beauftragte(r) *f(m)*, Forderungsübernehmer(in) *m(f)*; 2. *(Bank)* Zessionar *m*; 3. *(Recht)* Abtretungsempfänger(in) *m(f)*, Veräußerer *m*, Zessionar *m*; 4. *(Pat)* Vertreter(in) *m(f)*, Beauftragte(r) *f(m)*

assignee in bankruptcy *(Bank)* Insolvenzverwalter(in) *m(f)*

assignment 1. *(RW)* Abtretung *f*, Übertragung *f*, Zurechnung *f*, Zuteilung *f*, Zuweisung *f (receivables)*; 2. *(Recht)* Abtretung *f*, Übereignung *f*, Übertragung *f*, Zession *f*; 3. *(Pat)* Abtretung *f*, Patentübertragung *f*

assignment document *(Recht)* Abtretungserklärung *f (contracts)*

assignment of claims *(RW)* Forderungsabtretung *f*

assignment of debts *(RW)* Forderungsabtretung *f*

assignor 1. *(Gen, Versich)* Abtretende(r) *f(m)*; 2. *(Pat, Recht)* Rechtsvorgänger(in) *m(f)*, Zedent *m*

assimilate *v* 1. *(RW)* angleichen, anpassen; 2. *(Recht)* angleichen *(Community law)*; 3. *(Börse)* aufnehmen

assimilation 1. *(RW)* Angleichung *f*,

Anpassung *f*; 2. *(Gen)* Assimilation *f*; 3. *(Recht)* Angleichung *f*, Rechtsangleichung *f (by EC member states of laws enacted at Community level)*; 4. *(Börse)* Aufnahme *f*
assistant *(Gen, Pers)* Assistent(in) *m(f)*, Gehilfe *m*, Gehilfin *f*, Hilfskraft *f*
assistant director *(Mgt, Pers)* stellvertretender Direktor *m*, stellvertretende Direktorin *f*
assistant head of section *(BE) (Mgt, Pers)* stellvertretender Abteilungsleiter *m*, stellvertretende Abteilungsleiterin *f*
assistant manager *(Mgt, Pers)* stellvertretender Direktor *m*, stellvertretende Direktorin *f*
associate *(Gen)* Gesellschafter(in) *m(f)*, Partner(in) *m(f)*, Teilhaber(in) *m(f)*
associate company *(WiWi)* verbundene Gesellschaft *f*
associated *adj* 1. *(Gen)* verbunden; 2. *(Pat)* verwandt
associated company *(Gen, Recht, WiWi)* verbundenes Unternehmen *n*, Konzernunternehmen *n*, angeschlossenes Unternehmen *n*, kapitalmäßig verbundenes Unternehmen *n*, Zweigunternehmen *n*, Tochtergesellschaft *f*, assoziiertes Unternehmen *n*, Schwestergesellschaft *f (synonymous: affiliate, affiliated company, affiliated enterprise, associated enterprise)*; Beteiligungsgesellschaft *f (between 5 % and 50 % of the voting stock; Beteiligung zwischen 5 % und 50 %; ab 50 % aufwärts: subsidiary)*
associated company abroad *(Fin, Gen)* Auslandsbeteiligung *f*
associated country *(WiWi)* assoziiertes Land *n (EU)*
associated enterprises *(Fin, Gen)* kapitalmäßig verbundene Unternehmen *npl*
association *(Gen)* Gesellschaft *f*, Handelsgesellschaft *f*, Personenvereinigung *f*, Vereinigung *f*, Interessenverband *m (professional group)*; Verband *m*, Verein *m*, Bund *m*, Verbund *m (non-profit-making)* • **in association with** *(Gen)* gemeinsam mit, in Zusammenarbeit mit
Association of British Chambers of Commerce *(Ind)* Vereinigung der britischen Industrie- und Handelskammern, Deutscher Industrie- und Handelstag *m*, DIHT
assortment *(Gen)* Auswahl *f*
assortment of goods *(Gen)* Sortiment *n*, Warensortiment *n*
assume *v (Gen)* übernehmen, annehmen, unterstellen *(take on)*; annehmen *(suppose)*; voraussetzen *(presuppose)*
assume *v* **responsibility for sth** *(Gen)* die Verantwortung für etw. übernehmen
assume *v* **the expenses** *(Gen)* die Kosten übernehmen
assumption *(Gen)* Übernahme *f*, Annahme *f*, Vermutung *f (taking on)*; Voraussetzung *f (supposition)*
assumption of liability *(Recht)* Haftungsübernahme *f (contracts)*
assumption of losses *(Fin, Gen)* Verlustübernahme *f*
assumption of office *(Pers)* Amtsantritt *m*, Amtsübernahme *f*
assumption of the risk 1. *(Bank, Fin)* Risikoübernahme *f*, Risikotragung *f*; 2. *(Recht)* Gefahrübernahme *f (contracts)*
assurance *(BE) (Versich)* Lebensversicherung *f*, Versicherung *f*
assurance payable at death *(BE) (Versich)* Lebensversicherung *f* auf den Todesfall
assure *v* 1. *(Gen)* zusichern; 2. *(Versich)* versichern
at maturity *(Bank, Fin)* bei Fälligkeit, zum Fälligkeitstermin, bei Verfall
at sign 1. *(Komm)* at-Zeichen *n*, Klammeraffe *m (@, separator in E-Mail addresses)*; 2. *(V&M)* zum Preis von *(at the specified price)*
atomistic competition *(WiWi)* atomistische Konkurrenz *f*
attach *v* 1. *(Comp)* anhängen *(file, data)*; 2. *(Recht)* pfänden • **no strings attached** *(Gen)* ohne Bedingungen *(agreement)*; *(ugs.)* ohne Haken *(conditions)*
attached file *(Comp, Komm)* angehängte Datei *f (e-mail)*
attachment *(Recht)* dinglicher Arrest *m*
attend *v (Mgt)* teilnehmen an *(meeting)*
attend *v* **a training course** *(Bil)* einen Lehrgang besuchen, an einem Lehrgang teilnehmen
attend *v* **school** *(Bil)* die Schule besuchen, die Universität besuchen
attend *v* **to** *(Gen)* bedienen *(customer)*; sich kümmern um *(problem)*

attend *v* **university** *(Bil)* die Universität besuchen
attendance bonus *(Pers)* Anwesenheitsprämie *f*
attendance fees *(Pers)* Sitzungsgeld *n*, Tagegeld *n*
attention *(Gen)* Aufmerksamkeit *f*, Beachtung *f* • **for the attention of** *(Gen, Komm)* zu Händen, z. Hd., zu Händen von, z. Hd. v.
attention getter *(V&M)* Blickfang *m* *(advertising)*
attention, interest, desire, action *(AIDA)* *(V&M)* Aufmerksamkeit, Interesse, Wunsch, Aktion
attention value *(V&M)* Zugkraft *f*
attest *v* *(Recht)* bezeugen
attest *v* **to** *(Recht)* bekunden, beurkunden, bezeugen, beglaubigen
attestation *(Recht)* Bestätigung *f*, Zeugenaussage *f*
attested by a notary *(Recht)* notariell beglaubigt [beurkundet]
attitude 1. *(Gen)* Haltung *f*; 2. *(Mgt)* Einstellung *f*, Standpunkt *m*; 3. *(V&M)* Einstellung *f* *(products, ideas)*
attitude survey *(V&M)* Verhaltensstudie *f* *(market research)*
attitude to taxation *(Steuer)* Steuermoral *f*
attitude to work *(Pers)* Einstellung *f* zur Arbeit, Arbeitseinstellung *f*, Berufseinstellung *f*, Arbeitsverhalten *n*, Berufsverhalten *n*
attn *s.* attention
attorney *(AE)* *(Recht)* Anwalt *m*, Anwältin *f*
attorney-at-law *(AE)* *(Recht)* Rechtsanwalt *m*, Rechtsanwältin *f*
attorney certified in tax law *(Recht)* Fachanwalt *m* für Steuerrecht
attorney-client privilege *(AE)* *(Recht)* anwaltliche Schweigepflicht *f*, Verschwiegenheitspflicht *f*
attorney for the defense *(AE)* *(Recht)* Verteidiger(in) *m(f)*
attorney for the opposing party *(AE)* *(Recht)* Gegenanwalt *m*
attorney's fees *(AE)* *(Recht)* Anwaltskosten *pl*
attract *v* *(Gen)* hereinholen *(orders)*
attract *v* **new business** *(Gen, V&M)* Aufträge beschaffen, Aufträge hereinholen
attractive offer *(Gen)* attraktives Angebot *n*, günstiges Angebot *n*
attributable *adj* *(Media, Pol)* zuschreibbar *(comment)*
attribute *v* **sth to sth** *(Gen)* etw. auf etw. zurückführen *(success, failure)*
attribute *(Gen)* Eigenschaft *f*, Merkmal *n*
attrition *(Pers)* natürlicher Arbeitskräfteabgang *m* *(natural wastage)*
atypical employment *(Pers, Pol)* atypische Beschäftigung *f*; atypische Beschäftigungsverhältnisse *npl*
atypical forms of employment *(Pers)* atypische Beschäftigungsverhältnisse *npl*
au fait *adj* *(Gen)* vertraut, auf dem Laufenden • **be au fait with** *(Gen)* vertraut sein mit
auction *v* *(Gen, V&M, WiWi)* versteigern, auktionieren
auction *v* **off** *(Gen, V&M, WiWi)* versteigern
auction *(Gen, V&M, WiWi)* Auktion *f*, Versteigerung *f*
auction market *(WiWi)* Auktionsmarkt *m*
auction room *(Gen)* Auktionslokal *n*
audience 1. *(Gen)* Leserschaft *f* *(for the press)*; 2. *(Frei, Media)* Zuschauer *mpl*, Zuhörer *mpl* *(for television)*; 3. *(V&M)* Zielgruppe *f* *(advertising)*
audio conference *(Komm)* Fernsprechkonferenz *f*, Konferenzschaltung *f*
audiovisual *adj* *(Gen, Komm, Media, V&M)* audio-visuell
audiovisual aids 1. *(Komm)* audio--visuelle Hilfen *fpl*; 2. *(Media)* audio--visuelle Unterstützung *f*
audiovisual display *(V&M)* audio-visuelle Anzeige *f*
audit *v* *(Fin, RW)* prüfen, Bücher prüfen *(accounts)*
audit *(Fin, RW)* Abschlussprüfung *f*, Buchprüfung *f*, Prüfung *f*, Rechnungsprüfung *f*, Revision *f*, Wirtschaftsprüfung *f* *(corporate audits)*; Qualitätsaudit *n*, Audit *n* *(quality audit)*; Haushaltskontrolle *f* *(by government audit agency; durch den jeweiligen Rechnungshof)*
audit agent *(RW)* Prüfer(in) *m(f)*, Auditor(in) *m(f)*
audit certificate *(Mgt, RW)* Testat *n* des Prüfers, Testat *n*, Bestätigungsvermerk *m*, Prüfungsvermerk *m*

(Prüfungsobjekt: Jahresabschluss); Prüfungsbericht *m (ausführliche Langform)*
audit client *(RW)* Revisionskunde *m (auditing)*
audit company *(Mgt, RW)* Wirtschaftsprüfungsgesellschaft *f*
audit coverage *(RW)* Prüfungsumfang *m*
audit firm *(Mgt, RW)* Wirtschaftsprüfungsgesellschaft *f*
audit independence *(RW)* Prüfungsunabhängigkeit *f*
audit of accounts *(Mgt, RW)* Rechnungsprüfung *f*
audit opinion *(RW)* Testat *n*, Bestätigungsvermerk *m*, Prüfungsvermerk *m (Prüfungsobjekt: Jahresabschluss)*
audit plan *(RW)* Prüf(ungs)plan *m*
audit report *(RW)* Bestätigungsvermerk *m*, Prüfungsbericht *m*, Testat *n*, Revisionsbericht *m*
audit scope *(RW)* Prüfungsumfang *m*
audit standard *(RW)* Prüfungsgrundsatz *m*
audit trail *(RW)* Prüfspur *f*, Prüf(ungs)kette *f*, Prüfungspfad *m*
auditable *adj (RW)* prüffähig
audited accounts *(RW)* geprüfter Abschluss *m*
audited circulation *(Media, V&M)* kontrollierte Auflage *f*
auditee *(RW)* geprüftes Unternehmen *n (company)*
auditing *(RW)* Buchprüfung *f*, Prüfungswesen *n*, Revision *f*
auditing department *(RW)* Revisionsabteilung *f*, Innenrevision *f*
auditing manual *(RW)* Revisionshandbuch *n*
auditing principle *(RW)* Prüfungsgrundsatz *m*, Prüfungsrichtlinie *f*
auditing standard *(RW)* Prüfungsgrundsatz *m*, Prüfungsrichtlinie *f*
auditor *(RW)* Bilanzprüfer(in) *m(f)*, Buchprüfer(in) *m(f)*, Rechnungsprüfer(in) *m(f)*, Wirtschaftsprüfer(in) *m(f)*; Auditor *m (quality audit)*
auditor's certificate *(RW)* Bestätigungsvermerk *m*, Prüfungsbericht *m*, Testat *n*
auditor's report *(RW)* Bestätigungsvermerk *m*, Prüf(ungs)bericht *m*, Testat *n*
auditor's statement *(RW)* Bestätigungsvermerk *m*, Prüf(ungs)bericht *m*, Testat *n*
austerity 1. *(Gen)* Nüchternheit *f*; 2. *(WiWi)* Austerity *f*, wirtschaftliche Einschränkung *f*, wirtschaftliche Entbehrung *f*, Sparpolitik *f*
austerity measure *(WiWi)* Sparmaßnahme *f*
austerity programme [package] *(Pol, WiWi)* Sparprogramm *n*, Sparpaket *n*
authentic *adj (Gen, Recht, RW)* verbindlich *(text)*
authenticate *v* 1. *(Gen, RW)* beurkunden; 2. *(Recht)* beglaubigen glaubhaft machen *(claim)*
authenticated document *(Recht)* beglaubigte Urkunde *f*
authentication 1. *(Gen, RW)* Beurkundung *f*; 2. *(Recht)* Beglaubigung *f*, Glaubhaftmachung *f (of claims)*; 3. *(Börse)* Echtheitsbescheinigung *f*
authenticity test *(Comp, Recht)* Authentizitätsprüfung *f*
authentification *(Comp, Komm)* Authentifizierung *f*, Identitätsnachweis *m*
author *v* 1. *(Media)* verfassen, schreiben; 2. *(Recht)* verfassen
author *(Media, Recht)* Autor(in) *m(f)*, Verfasser(in) *m(f)*
authoritative *adj (Recht)* maßgeblich, verbindlich
authoritative principle *(RW)* Maßgeblichkeitsprinzip *n (Deu; synonymous: authoritative concept; Übertragung der formalen und inhaltlichen handelsrechtlichen Jahresabschlussvorschriften, der GoB, in den Bereich der Steuerbilanz; opposite: reverse authority = umgekehrte Maßgeblichkeit)*
authorities/the *(Gen)* die Staatsgewalt *f*
authority 1. *(Gen)* Amtsgewalt *f*, Befugnis *f*, Weisungsgewalt *f*, Kompetenz *f*, Autorität *f (person, expert)*; 2. *(Pat)* Amt *n*, Behörde *f (national)*
authority to act and sign *(Mgt, Pers, Recht)* Handlungsvollmacht *f (may be limited; e. g. general authority of a manager = Generalvollmacht, z. B. eines Geschäftsleiters; partial authority*

= *Teilvollmacht; specific authority = besondere Vollmacht; special authority = Spezialvollmacht, Sondervollmacht)*
authority to purchase 1. *(Fin)* Authority to Purchase *f*; 2. *(Gen)* Ankaufsermächtigung *f*
authority to sign *(Gen)* Zeichnungsberechtigung *f (on behalf of a third party)*
authorization 1. *(Bank)* Autorisation *f*, Befugnis *f*, Ermächtigung *f*, Genehmigung *f*; 2. *(Gen)* Erlaubnis *f*, Ermächtigung *f*, Genehmigung *f*; 3. *(Recht)* Bevollmächtigung *f*, Vollmachterteilung *f (delegation of power)*; 4. *(Pat)* Erlaubnis *f*, Genehmigung *f* • **subject to authorization** *(Gen)* genehmigungspflichtig *(synonymous: subject to approval)*
authorization of payment *(Recht, Bank)* Autorisierung *f* des Zahlungsauftrags
authorize *v* 1. *(Gen)* bevollmächtigen, ermächtigen, Vollmacht erteilen *(person)*; erlauben, genehmigen *(action)*; 2. *(Recht)* beauftragen
authorized *adj (Gen)* bewilligt, befugt, bevollmächtigt *(person)* • **be authorized to sign** *(Gen, Recht)* unterschriftsberechtigt sein
authorized agent *(Gen)* Bevollmächtigte(r) *f(m)*, bevollmächtigter Vertreter *m*
authorized capital 1. *(WiWi)* autorisiertes Kapital *n*; 2. *(Fin)* bedingtes Kapital *n (unissued capital)*
authorized capital stock *(Fin)* autorisiertes Grundkapital *n*
authorized dealer 1. *(Recht, V&M)* Vertragshändler(in) *m(f)*; 2. *(Börse)* zugelassener Händler *m*, zugelassener Devisenhändler *m*
authorized expenditure *(RW)* bewilligte Ausgaben *fpl*
authorized representative *(Gen, Pers)* bevollmächtigter Vertreter *m*, bevollmächtigte Vertreterin *f*
authorized share capital *(Fin, RW)* autorisiertes Aktienkapital *n*, genehmigtes Kapital *n*
authorized shares *(Börse)* genehmigte Aktien *fpl*
authorized stock *(Börse)* genehmigte Aktien *fpl*, genehmigtes Aktienkapital *n*
author's copy *(Media, Recht)* Autorenexemplar *n*
author's fee *(Media, Pat)* Autorenhonorar *n*, Tantieme *f*
author's rights *(Media, Recht)* Autorenrechte *f*
author's royalties *(Recht, Media, Pat)* Tantieme *f*, Autorenhonorar *n*, Autorentantieme *f*
author's specimen copy *(Gen)* Belegexemplar *n*
autocomplete *v (Comp, Komm)* automatisch vervollständigen, autovervollständigen
autofinancing *(Fin)* Eigenfinanzierung *f*, Selbstfinanzierung *f*
automate *v (Ind)* automatisch fertigen, automatisieren
automated account screening *(Bank, Steuer) (Deu)* automatisiertes Kontenabrufverfahren *n*, automatisiertes Konten-Screening *n (the right for tax and social security agencies in Germany to detect accounts and gain an insight into master data of account holders; Einblicknahme der Finanz- und Sozialverwaltungen in die Kontenstammdaten der Kunden deutscher Banken)*
automated cash dispenser *(Bank)* Geld(ausgabe)automat *m*, GAA
automated exchange of information *(Bank, Fin, Steuer)* automatischer Informationsaustausch *m (EU interest taxation agreement = EU-Vereinbarung zur Zinsbesteuerung, EU-Zinsrichtlinie = EU Interest Directive)*
automated teller card *(Bank)* Geldautomatenkarte *f*
automated teller machine *(Bank, Fin)* multifunktionaler Bankautomat *m*, SB-Bankautomat *m*
automatic cash dispenser *(Bank)* Geldausgabeautomat *m*, GAA, Geldautomat *m*
automatic control *(Gen, Mgt)* Regelung *f*, Selbststeuerung *f*
automatic data processing *(Comp)* automatisierte Datenverarbeitung *f*
automatic debit transfer system *(Fin)* Einzugsverfahren *n*
automatic funds transfer *(Bank, RW)* automatischer [automatisierter, elektronischer] Zahlungsverkehr *m*
automatic processing *(Comp)*

automatische Verarbeitung *f*
automatic reinvestment *(Börse)* automatische Wiederanlage *f*
automatic stabilizer *(Pol, WiWi)* automatischer Stabilisator *m*
automatic teller *(Bank, Fin)* SB--Bankautomat *m*, Geldautomat *m*
automatic telling machine *(Bank, Fin)* multifunktionaler Bankautomat *m*, SB--Bankautomat *m*
automatic transfer *(Bank)* automatische Überweisung *f*
automatic transfer service *(BE) (Bank)* automatischer Überweisungsverkehr *m*, automatischer Verrechnungsdienst *m*
automation technology *(Comp, Ind)* Automatisierungstechnik *f*
automotive *adj (Ind)* motorisch, selbstfahrend
automotive industry *(Ind)* Autoindustrie *f*, Kraftfahrzeugindustrie *f*
automotive stock *(Börse)* Automobilwerte *mpl*
autonomous *adj (Gen)* autonom
autonomous consumption *(WiWi)* autonomer Konsum *m (einkommensunabhängiger Konsum)*
autonomous expenditure *(WiWi)* autonome Ausgaben *fpl*
autonomous investment *(WiWi)* autonome Investition *f*
autonomous wage bargaining *(Mgt, Pers, WiWi)* Tarifautonomie *f*
autonomy *(Gen)* Autonomie *f*, Selbstverwaltung *f*
autonomy in collective bargaining *(Mgt, Pers, WiWi)* Tarifautonomie *f*
autorespond *v (Comp, Komm)* automatisch beantworten
auxiliary staff *(Pers)* Aushilfspersonal *n*, Aushilfskräfte *fpl*
availability 1. *(WiWi)* Disponibilität *f (of monetary reserves)*; 2. *(Gen)* Lieferbarkeit *f*, Verfügbarkeit *f*; 3. *(Media)* Sendeplatz *m (radio)*; 4. *(V&M)* noch verfügbare Werbezeit *f (of time on radio, TV)*
availability for employment *(Pers)* Verfügbarkeit *f* zur Aufnahme einer Arbeit, Verfügbarkeit *f* zur Aufnahme einer Beschäftigung
availability of credit *(Bank, Fin)* Kreditverfügbarkeit *f*
availability of jobs *(WiWi)* Arbeitsplatzangebot *n*
available *adj* 1. *(Gen)* erhältlich, lieferbar *(obtainable)*; erreichbar *(able to be contacted)*; verfügbar, vorhanden *(ready for use)*; 2. *(Pers)* verfügbar • **available on a current basis** *(Gen)* aktuell verfügbar • **available at short notice** *(Gen)* kurzfristig lieferbar [verfügbar] • **make available** *(Gen)* bereitstellen *(money)* • **not available** *(Gen)* nicht zu erreichen, nicht erreichbar *(person)*; nicht lieferbar *(product)*
available asset *(Bank, RW)* liquider Aktivposten *m*
available cash *(Fin, RW)* Barliquidität *f*, Liquidität *f* ersten Grades
available for employment *(Pers)* verfügbar für eine Beschäftigung, verfügbar für eine Arbeit
available-for-sale investments *(Fin, RW)* zur Veräußerung verfügbare finanzielle Anlagen *fpl*, zur Veräußerung verfügbare finanzielle Vermögenswerte *mpl*, AfS-Anlagen *fpl*, Available-for--Sale-Anlagen *fpl*, dispositiver Bestand *m (IAS 1.69, IAS 39)*
available funds *(Fin, RW)* flüssige Mittel *npl*
available income *(Fin, Steuer)* verfügbares Einkommen *n*
available stock *(Gen, Mgt)* verfügbarer Bestand *m (Lagerwirtschaft)*
avails *(Gen)* Ertrag *m*, Nutzen *m*, Vorteil *m*
average *v (Gen, RW)* den Durchschnitt ermitteln von *(calculate the average of)*
average *v* **out** *(Fin)* ausgleichen, den Durchschnitt ermitteln von *(costs, profit)*
average *adj (Gen)* durchschnittlich, normal
average 1. *(Gen)* Durchschnitt *m*, Mittelwert *m*; 2. *(Versich)* Havarie *f*, Seeschaden *m (maritime)*; 3. *(Börse)* Durchschnittskurs *m*, Aktienindex *m* • **at an average** *(Gen)* durchschnittlich, im Durchschnitt • **on (an) average** *(Gen)* durchschnittlich, im Durchschnitt
average amount *(Gen)* Durchschnittsbetrag *m*
average annual growth rate *(AAGR) (Stat, WiWi)* durchschnittliche jährliche Wachstumsrate *f*
average claim *(Versich)* Durchschnittsschaden *m*

average consumer *(V&M)* Normalverbraucher(in) *m(f)*
average cost *(RW, WiWi)* Durchschnittskosten *pl*
average cost pricing *(WiWi)* Preisbildung *f* auf Durchschnittskostenbasis, Preisbildung *f* auf Normalkostenbasis
average costs 1. *(RW)* durchschnittliche Kosten *pl*; 2. *(WiWi)* Durchschnittskosten *pl*, Stückkosten *pl*
average duration of life *(Versich)* mittlere Lebenserwartung *f*
average earner *(Pers, Soz)* Durchschnittsverdiener(in) *m(f)*
average earning *(Pers)* Durchschnittsverdienst *m*
average fixed cost *(RW)* durchschnittliche Fixkosten *pl*
average hourly earnings *(Pers)* Durchschnitts-Stundenverdienst *m*, durchschnittlicher Stundenlohn *m*
average interest rate *(Bank)* Durchschnittsverzinsung *f*
average life *(Gen, RW)* betriebsgewöhnliche Nutzungsdauer *f*, mittlere Nutzungsdauer *f (of machine, product)*
average mark-up *(Gen)* durchschnittlicher Preisaufschlag *m*
average market price *(Börse, Fin, Gen)* Durchschnittskurs *m*, durchschnittlicher Marktpreis *m*
average maturity *(Börse)* durchschnittliche Laufzeit *f (of security)*
average monthly sales *(V&M)* durchschnittlicher Monatsabsatz *m*
average pay *(Pers, RW)* Durchschnittseinkommen *n*
average propensity to consume *(WiWi)* durchschnittliche Konsumneigung *f*
average propensity to save *(WiWi)* durchschnittliche Sparneigung *f*
average rate *(Börse, RW)* Durchschnittskurs *m*, Durchschnittssatz *m*
average remuneration *(Pers)* Durchschnittsentgelt *n*, Durchschnittsverdienst *m*
average return method *(WiWi)* Rentabilitätsvergleichsrechnung *f*; Wirtschaftlichkeitsrechnung *f*
average revenue *(Fin, RW)* Durchschnittserlös *m*, Durchschnittsertrag *m*
average sold circulation *(Media)* durchschnittliche verkaufte Auflage *f*
average tax rate *(Steuer)* durchschnittlicher Steuersatz *m*, Durchschnittssteuersatz *m*, T/Y
average time of storage *(Gen)* durchschnittliche Lagerdauer *f*
average total cost *(RW)* durchschnittliche Gesamtkosten *pl*
average unit cost *(RW)* durchschnittliche Stückkosten *pl*
average utilization *(Ind)* durchschnittliche Auslastung *f*
average variable costs *(WiWi)* variable Durchschnittskosten *pl*
average wage *(Pers)* Durchschnittslohn *m*
average yield *(Fin, RW)* Durchschnittsertrag *m*, Durchschnittsrendite *f*
averaging 1. *(Fin)* Durchschnittsmethode *f*; 2. *(Börse, Gen, Steuer)* Durchschnittsbildung *f*
averment *(Recht)* Behauptung *f*
aviation industry *(Logis, WiWi)* Flugzeugindustrie *f*, Luftfahrtindustrie *f*
avoid *v* 1. *(Gen)* vermeiden; 2. *(Recht)* anfechten, annullieren, aufheben; 3. *(Pat)* anfechten; 4. *(Steuer)* umgehen, vermeiden
avoidable costs *(Gen)* Differenzkosten *pl*, negative Opportunitätskosten *pl*
avoidance 1. *(Gen)* Vermeidung *f*; 2. *(Recht)* Anfechtung *f*, Annullierung *f*, Aufhebung *f*
avoidance clause *(Recht)* Anfechtungsklausel *f*
avoidance of tax *(Steuer, WiWi)* Steuervermeidung *f*
award *v (Gen)* erteilen, (ver)geben *(contract)*; gewähren
award *v* **damages** *(Versich)* Schaden(s)ersatz zahlen
award 1. *(Gen)* Erteilung *f*, Vergabe *f*; 2. *(Pers)* Prämie *f*; 3. *(Recht)* Schiedsspruch *m*; 4. *(Mgt)* Zuschlag *m (bonus)*; Auftragserteilung *f*, Zuschlag *m (of contract)*
awarded *adj (Gen)* erteilt
awareness *(Gen, V&M)* Bewusstsein *n*, Bekanntheit *f*

B

BA *(Abk. für Bachelor of Arts) (Bil) erster akademischer Grad in den Geisteswissenschaften, einschließlich Sozialwissenschaften, vor dem Master--Abschluss*
Bachelor *(Bil)* Bachelor *m*, Bakkalaureus *m (niedrigster akademischer Grad in GB und den USA)*
Bachelor of Arts *(BA) (Bil) erster akademischer Grad in den Geisteswissenschaften, einschließlich Sozialwissenschaften, vor dem Master--Abschluss*
Bachelor of Business Administration *(BBA) (Bil, Pers)* Betriebswirt(in) *m(f)*, Diplomkaufmann *m* (grad.), Diplomkauffrau *f* (grad.)
Bachelor of Economics *(Pers)* Volkswirt(in) *m(f)* (grad.)
bachelors program *(Recht, Edu)* Bachelorstudiengang *m*
back *v* 1. *(WiWi)* decken *(currency)*; 2. *(Gen)* (unter)stützen *(support)*; befürworten *(approve)*; 3. *(Recht)* indossieren *(endorse)*
back *v* **out** *(Gen)* zurücktreten, *(ugs.)* aussteigen *(deal)*; *(ugs.)* einen Rückzieher machen
back interest *(RW)* rückständige Zinsen *mpl*, Zinsrückstand *m*
back office *(Bank) (jarg.)* Abwicklung *f*, Abwicklungsstelle *f*, Back Office *n*
back order *(V&M)* unerledigter Auftrag *m*
back payment *(Pers)* Lohnnachzahlung *f*, Nachzahlung *f*
back-pedal *v (Gen, Pol) (ugs.)* einen Rückzieher machen, zurückrudern
back rent *(Pers)* rückständige Miete *f*
back tax *(Steuer)* Steuerrückstände *mpl*
back-to-back transaction *(Bank)* Gegengeschäft *n*
backdate *v* 1. *(Gen)* rückdatieren; 2. *(Recht)* rückwirkend in Kraft treten lassen
backdated pay *(Pers)* rückwirkende Entlohnung *f*
backed bill of exchange *(Fin)* avalierter Wechsel *m*
backer 1. *(Fin)* Geldgeberin *m*, Sponsor *m*; 2. *(Gen)* Befürworter(in) *m(f)*; Indossant *m*
background 1. *(Gen, WiWi)* Hintergrund *m (to situation)*; 2. *(Pers)* Werdegang *m*, Vorbildung *f (professional, academic)*; Erfahrung *f (experience)*
background information *(Gen)* Hintergrundinformation *f*
background paper 1. *(Fin)* Hintergrundpapier *n*, Zusammenfassung *f* der Hintergründe; 2. *(Media)* Vortrag *m* über die Hintergründe
background story *(Media)* Hintergrundbericht *m*
backing 1. *(WiWi)* Unterstützung *f*; Stützung *f (of a currency)*; 2. *(Gen)* Unterstützung *f (support)*; Befürwortung *f (approval)*; 3. *(Recht)* Indossament *n (endorsement)*; 4. *(Börse)* Stützungskäufe *mpl*
backing syndicate *(Fin)* Auffangkonsortium *n*
backlog *(Gen)* Arbeitsrückstand *m*, Auftragsrückstand *m*
backlog demand *(Gen)* Nachholbedarf *m*
backlog effect *(Bank, Börse)* Nachholeffekt *m (BOP)*
backlog of final orders *(Gen)* Bestand *m* an festen Aufträgen
backlog of orders *(Gen)* Auftragsbestand *m*, Auftragsrückstand *m*
backlog of payments *(RW)* Zahlungsrückstände *mpl*
backlog of work *(Gen)* Arbeitsrückstand *m*
backscratching *(BE) (Pol)* Politik *f* gegenseitiger Unterstützung, *(jarg.)* Bildung *f* von Seilschaften, Klüngelpolitik *f*, Klüngelei *f*, Amigo--Politik *f (AE: log-rolling, logrolling)*
backtrack *v (Gen, Mgt)* sich zurückziehen, *(ugs.)* einen Rückzieher machen *(from plan or promise)*
backup 1. *(Comp)* Sicherungskopie *f*, Backup *n*; 2. *(Gen)* Rückgriff *m*; Unterstützung *f*; 3. *(Versich)* Rückgriff *m*
backup capacity *(Bank)* Ausweichkapazität *f*
backup copy *(Comp)* Sicherungskopie *f (of file, data)*
backup credit line *(AE) (Bank)* Auffang--Kreditlinie *f*
backup facilities *(Gen)* Stützungsfazilität *f*
backup line 1. *(Bank)* Auffanglinie *f*, Rückgrifflinie *f*; 2. *(Fin)*

Deckungsfazilität *f*; Kreditlinie *f*
backup materials *(Edu, Gen)* Begeleitmaterialien *npl*, Handreichungen *fpl*
backup service 1. *(Gen)* Hilfsdienst *m*; 2. *(V&M)* Kundendienst *m*
backup withholding *(AE) (Steuer)* zusätzliche Steuereinbehaltung *f*
backup withholding tax *(AE) (Steuer)* Anschlussquellensteuer *f*
backward *adj* 1. *(WiWi)* rückständig, unterentwickelt; 2. *(Gen)* rückwärts
backward-bending supply curve *(WiWi)* anomale Angebotskurve *f*
backward integration *(Ind, Mgt, WiWi)* Rückwärtsintegration *f*
backward linkage *(WiWi)* beschaffungsseitige Verflechtung *f*, Verflechtung *f* mit vorgelagerten Marktstufen
backward vertical integration *(Mgt, WiWi)* Rückwärtsintegration *f*
backyard/not in my *(NIMBY) (Pol, Umwelt)* nicht bei uns, nicht bei mir *(when it comes to e. g. new refuse disposal units or motorways; cf NIMBY--principle = Sankt-Florians-Prinzip)*
bad *(WiWi)* Übel *n*, negatives Gut *n*, negativer externer Effekt *m*, volkswirtschaftliche Kosten *pl*
bad and doubtful debt *(Bank)* notleidender Kredit *m*, Risikokredit *m*
bad bank *(Bank, Fin)* Ramschbank *f*, Bad Bank *f (in die illiquide, d. h. preis- und/oder wertlose Aktiva ausgelagert werden, in der Hoffnung, sie zur Sozialisierung privat erwirtschafteter Verluste zu einem günstigen Zeitpunkt dem Staat – häufiger – oder – nach massiven Abschreibungen – privaten Investoren andienen zu können)*
bad check *(AE)*, **bad cheque** *(BE) (Bank)* ungedeckter Scheck *m*
bad debt *(Bank, Fin, RW)* uneinbringliche Forderung *f*, zweifelhafte Forderung *f*
bad debt loss 1. *(RW)* als Verlust abgebuchte Forderung *f*; 2. *(Bank)* aus zweifelhaften Forderungen herrührender Verlust *m*; 3. *(WiWi)* Verlust *m* durch uneinbringliche Forderungen
bad debt provision *(Bank, Fin, RW)* Rückstellung *f* für zweifelhafte Forderungen
bad debt risk *(Fin)* Forderungsausfallrisiko *n*
bad debtor *(Bank)* zahlungsunfähiger Schuldner *m*, zahlungsunfähige Schuldnerin *f*
bad investment *(Bank, Fin)* Fehlinvestition *f*
bad loan *(Bank)* notleidender Kredit *m*
bad loan provision *(Bank, Fin)* Rückstellung *f* für Risikokredite [notleidende Kredite]
bad name *(Gen)* schlechter Ruf *m*
bad paper *(Bank, Fin) (jarg.)* fauler Wechsel *m*
bad reputation *(Gen)* schlechter Ruf *m*
bad title *(Recht)* Rechtsmangel *m (contracts)*
bad will 1. *(Gen)* schlechter Ruf *m*; 2. *(RW)* negativer Firmenwert *m*, negativer Geschäftswert *m (consolidated accounts; opposite: goodwill = Firmenwert, Geschäftswert, Goodwill)*
baggage claim *(Frei)* Gepäckausgabe *f*
bail *v* **out** 1. *(Recht)* die Kaution stellen für, gegen Kaution freibekommen; 2. *(Gen) (ugs.)* aussteigen
bail *v* **sb [someone] out** 1. *(Bank, Gen, Pol)* jmdm. aus der Klemme helfen; *(ugs.)* jmdn. herauspauken, jmdn. heraushauen *(cf moral hazard, too big to fail)*; 2. *(Recht)* die Kaution stellen für jmdn., jdn. durch Kaution aus der Haft freibekommen
bail *(Recht)* Auslösung *f*, Kaution *f*, Bürgschaft *f*, Sicherheitsleistung *f*
bailiff *(Recht)* Gerichtsdiener(in) *m(f)*, Gerichtsvollzieher(in) *m(f)*, Vollstreckungsbeamter *m*, Vollstreckungsbeamtin *f*
bailing out *(Börse)* Abstoßen *n*, *(ugs.)* Aussteigen *n*, Ausstieg *m*
bailment 1. *(Bank)* Verwahrung *f*, Hinterlegung *f*; 2. *(Recht)* Hinterlegungsvertrag *m*
bailor *(Bank, Gen)* Einleger(in) *m(f)*, Hinterleger(in) *m(f)*
bailout *(Bank, Fin)* Sanierung *f*, Rettung *f*; *(ugs.)* Herauspauken *n*; Heraushauen *n*, Bailout *n (rescue of a failing business by the government, in particular the government payments to the banking and financial industry after September 2008; one of the words of the year 2008; Rettungsaktion für durch Misswirtschaft überschuldete Banken oder Staaten; vgl. No-bailout-Klausel)*

bailout scheme *(Bank, Fin)* Sanierungsprogramm *n*, Sanierungsplan *m*, Stützungsaktion *f*
bait *(Gen, Pol, V&M)* Köder *m*, Lockvogelangebot *n*, Sonderangebot *n*
bait advertising *(AE) (V&M)* Lockvogelwerbung *f*
bait money *(Recht)* Vorzeigegeld *n* *(criminalistics, in der Kriminalistik zur Überführung Verdächtiger)*
balance *v* 1. *(Bank, Fin, RW)* abschließen, saldieren *(add up, Konto)*; 2. *(Gen)* ausgleichen *(equalize; losses)*; begleichen *(pay off)*
balance *v* **an account** *(Bank, RW)* ein Konto abschließen; ein Konto abstimmen; ein Konto ausgleichen
balance *v* **sth with sth** *(Gen)* etw. mit etw. saldieren
balance *v* **the books** *(RW)* die Bücher abschließen
balance *v* **the budget** *(Fin)* den Haushalt ausgleichen
balance *v* **the cash** *(RW)* Kasse machen
balance *(bal.)* 1. *(RW)* Saldo *m* *(difference between the totals of the debit and credit entries in an account)*; Ausgleich *m*, Kontoausgleich *m*; Rechnungsabschluss *m*; 2. *(Bank)* Kontostand *m*, Guthaben *n* *(credit balance)*; 3. *(Gen)* Rest *m* *(of a settlement)*; Ausgleich *m* *(equilibrium)*; Waage *f* *(weight)* • **on balance** *(Gen)* per Saldo, unter dem Strich
balance brought down *(b/d) (Fin, RW)* Saldovortrag *m*, Übertrag *m*
balance brought forward *(Fin, RW)* Saldovortrag *m*, Übertrag *n*
balance carried forward *(Fin, RW)* Saldovortrag *m*, Übertrag *n*
balance due to creditor *(Bank)* Saldo *m* zugunsten des Gläubigers
balance in bank *(Bank)* Bankguthaben *n*, Habensaldo *m*
balance of account *(RW)* Saldo *m*
balance of capital movements *(WiWi)* Kapital(verkehrs)bilanz *f* *(balance of payments, Zahlungsbilanz)*
balance of current payments *(WiWi)* Leistungsbilanz *f* *(BoP, Zahlungsbilanz; synonymous: balance of payments on current account)*
balance of invisible trade *(WiWi)* Bilanz *f* der unsichtbaren Transaktionen *(including services + income + current transfers = Dienstleistungen + Erwerbs- und Vermögenseinkommen + laufende Übertragungen)*; Dienstleistungsbilanz *f* *(services)*
balance of invisibles *(WiWi)* Bilanz *f* der unsichtbaren Transaktionen *(part of the BoP = Zahlungsbilanz: including services + income + current transfers = Dienstleistungen + Erwerbs- und Vermögenseinkommen + laufende Übertragungen)*
balance of invoice *(RW)* Rechnungssaldo *m*
balance of migration *(WiWi)* Wanderungssaldo *m*
balance of payments *(BoP) (WiWi)* Zahlungsbilanz *f*, ZB *f*
balance-of-payments adjustment *(WiWi)* Zahlungsbilanzausgleich *m*
balance of payments deficit *(WiWi)* Zahlungsbilanzdefizit *n*
balance-of-payments disequilibrium *(WiWi)* Zahlungsbilanzungleichgewicht *n*
balance of payments equilibrium *(WiWi)* Zahlungsbilanzgleichgewicht *n*
balance-of-payments figures *(WiWi)* Zahlungsbilanzdaten *npl*, außenwirtschaftliche Daten *npl*
balance of payments on current account *(WiWi)* Leistungsbilanz *f* *(BoP, Zahlungsbilanz)*
balance of payments surplus *(WiWi)* Zahlungsbilanzüberschuss *m*
balance of the labour market *(BE) (Pers)* Arbeitsmarktgleichgewicht *n*
balance of trade *(Gen, WiWi)* Handelsbilanz *f* *(part of the BoP = ZB = Zahlungsbilanz)*
balance of trade deficit [surplus] *(WiWi)* Handels(bilanz)defizit *n* [Handelsbilanzüberschuss *m*] *(part of the BoP = ZB = Zahlungsbilanz)*
balance of unclassifiable transactions *(WiWi)* Restposten *mpl* der Zahlungsbilanz *(part of the BoP = ZB = Zahlungsbilanz)*
balance on capital account *(WiWi)* Kapitalverkehrsbilanz *f* *(part of the BoP = ZB = Zahlungsbilanz)*
balance on current account *(WiWi)* Bilanz *f* der laufenden Posten, Leistungsbilanz *f* *(part of the BoP = ZB = Zahlungsbilanz)*
balance on services *(WiWi)*

Dienstleistungsbilanz *f (part of the BoP = ZB = Zahlungsbilanz)*
balance sheet *(RW)* Bilanz *f*, Jahresabschluss *m*, Abschlussblatt *n* • **off (the) balance sheet** *(Fin, RW, WiWi)* bilanzunwirksam, bilanzneutral, außerbilanziell, außerhalb der Bilanz
balance sheet date *(RW)* Bilanzstichtag *m*, Abschlussstichtag *m (synonymous: balance sheet day)*
balance sheet item *(RW)* Bilanzposten *m*
balance-sheet profit *(Fin, RW)* Bilanzgewinn *m (net profit; Ausweis nach teilweiser Gewinnverwendung durch Vorstand/Aufsichtsrat zur Vorlage auf der Hauptversammlung)*
balance sheet ratios *pl (RW, WiWi)* Bilanzkennziffern *fpl*, Bilanzkennzahlen *fpl (horizontal or vertical ratios, horizontale oder vertikale Kennzahlen; opposite: profit and loss ratios = GuV--Kennziffern)*
balance sheet reduction *(RW, Fin)* Bilanzverkürzung *f (synonymous: balance sheet contraction; opposite: balance sheet extension = Bilanzverlängerung = an equal rise in value on both sides of the balance sheet)*
balance sheet reserves *pl (Fin, RW)* stille Reserven *fpl (not shown on the books, nicht als Eigenkapital in der Bilanz ausgewiesen)*; Rücklagen *fpl (aus einbehaltenen Gewinnen; shown as equity in the balance sheet, als Eigenkapital in der Bilanz ausgewiesen; Achtung: nicht ausgewiesen = undisclosed sind stille Rücklagen = stille Reserven = hidden reserves = undisclosed reserves = secret reserves)*
balance sheet supplement *(RW)* Anlage *f* zur Bilanz
balance sheet total *(RW)* Bilanzsumme *f*, Bilanzvolumen *n*
balance sheet value *(RW)* Bilanzwert *m*, Buchwert *m (synonymous: value of a balance sheet item, carrying value; Wert einer in der Bilanz ausgewiesenen Position in Abhängigkeit von handels- und steuerrechtlichen Bewertungsvorschriften einerseits und vom Bilanzzweck –Gewinn- oder Periodenerfolgsermittlung– andererseits; anders: beizulegender Wert = Verkehrswert = beizulegender Zeitwert = fair value nach IAS 39; Tageswert = current value, Einheitswert = unit value)*
balanced *adj (RW)* ausgeglichen
balanced budget *(Fin, WiWi)* ausgeglichener Haushalt *m*
balanced growth *(WiWi)* gleichgewichtiges Wachstum *n*, Wachstumsgleichgewicht *n*
balanced portfolio *(Börse)* ausgewogener Wertpapierbestand *m*
balancing *(Fin, RW)* Ausbuchung *f*, Abgleich *m*, Bilanzierung *f*
balancing against *(RW)* Aufrechnung *f*
balancing of an account *(Fin, RW)* Kontoabschluss *m*, Saldierung *f* eines Kontos
balloon *(Bank)* hohe Restschuld *f*
balloon interest *(Bank, Börse)* hoher Zins *m*
balloon payment *(Bank)* hohe Abschlusszahlung *f*
ban 1. *(Recht, WiWi)* Sperre *f*; 2. *(Gen)* Sperre *f*, Verbot *n*; 3. *(Imp/Exp)* Sperre *f*; Ausfuhrverbot *n (on exports)*
ban on exports *(Imp/Exp)* Ausfuhrsperre *f*
ban on imports *(Imp/Exp)* Einfuhrsperre *f*
ban on recruitment *(Pers)* Anwerbestopp *m*
bancassurance *(Bank, WiWi)* Allfinanz *f (combination of banking and insurance business)*
band *(WiWi)* Bandbreite *f*, Spannweite *f (currency rates)*
band of fluctuation *(WiWi)* Schwankungsbreite *f (currency rate)*
bandwagon effect *(Pol, WiWi)* Mitläufereffekt *m*
bandwidth 1. *(Comp)* Bandbreite *f*; 2. *(Pers)* Bandbreite *f* der Arbeitszeit
bank *v (Bank, Gen)* einzahlen, zur Bank bringen
bank *v* **with** *(Bank, Gen)* ein Konto unterhalten bei
bank *(Bank)* Bank *f*, Bankinstitut *n*, Geldinstitut *n*, Kreditinstitut *n*
bank acceptance *(Bank)* Bankakzept *n*
bank accommodation *(Bank)* Bankdarlehen *n*
bank account *(Bank)* Bankkonto *n*
bank advance *(Bank)* Bankkredit *m*
bank assets *(Bank)* Bankvermögen *n*
bank balance 1. *(RW)* Guthabensaldo *m*; 2. *(Bank)* Bankguthaben *n*, Banksaldo *n*

bank bill 1. *(Bank)* Banknote *f*, Geldschein *m (note)*; Bankscheck *m*; 2. *(Fin)* Bankakzept *n*, Bankwechsel *m (bill of exchange)*; Banktratte *(draft)*
bank bond *(Bank)* Bankanleihe *f*, Bankobligation *f*
bank book *(Bank)* Sparbuch *n*
bank branch *(Bank)* Bankfiliale *f*
bank card *(Bank)* Bankkarte *f*, Scheckkarte *f*
bank cash ratio *(Bank)* Liquiditätskennziffer *f*
bank charges *(Bank)* Bankgebühren *fpl*, (Bank-)Spesen *pl*
bank check *(AE) (Bank)* s. bank cheque
bank cheque *(BE) (Bank)* Bankscheck *m*, Kassenanweisung *f*
bank clearing *(Bank)* Banken-Clearing *n*; Bankenabrechnung *f*
bank code *(Bank)* Bankleitzahl *f*, BLZ *(anders: BIC = Bank Identifier Code)*
bank commission *(Bank)* Bankprovision *f*
bank commission fee *(Bank)* Bankprovision *f*
bank crash *(Bank)* Bankzusammenbruch *m*
bank credit *(Bank)* Bankkredit *m*
bank credit transfer *(Bank)* Banküberweisung *f*
bank demand deposit *(Bank)* Sichteinlage *f*
bank deposit *(Bank)* Bankeinlage *f*, kurzfristige Einlage *f*
bank deposit money *(Bank, WiWi)* Buchgeld *n*, Giralgeld *n*
bank deposit rate *(Bank)* Einlagenzins *m*, Sparzinsen *mpl*, Zinssätze *mpl* auf Spareinlagen
bank discount rate *(Bank)* Bankdiskont(satz) *m*, Wechseldiskont *m*
bank draft *(Bank)* Bankscheck *m*, Banktratte *m*, Bankwechsel *m*
bank-endorsed *adj (Bank)* bankenindossiert, bankgiriert
bank float *(Bank)* Bankfloat *m*, Bankvalutierungsgewinn *m*
Bank for International Settlements *(BIS) (Bank, WiWi)* Bank *f* für Internationalen Zahlungsausgleich, BIZ *f (Sitz: Basel)*
bank giro *(BE) (Bank)* Banküberweisung *f*, Bankgiro *n*, bargeldlose Zahlung *f*
bank giro credit *(BE) (Bank)* Überweisungsauftrag *m*
bank giro credit system *(BE) (Bank)* bargeldloser Zahlungsverkehr *m*
bank group *(AE) (Bank)* Bankengruppe *f*, Bankkonzern *m*
bank guarantee *(Bank)* Bankbürgschaft(sgarantie) *f*, Einlagengarantie *f*
bank holding company *(Bank, Gen)* Bank-Holding *n*
bank holiday *(BE) (Gen, Pers, Recht)* Bankfeiertag *m*, allgemeiner Feiertag *m*, gesetzlicher Feiertag *m*
bank identification number *(Bank)* Bankleitzahl *f*, BLZ *f (synonymous: bank routing number)*
Bank Identifier Code *(BIC) (Bank, Gen)* SWIFT-Adresse *f*, BIC *m*, *(jarg.)* BIC--Code *m*, Internationale Bankleitzahl *f (for EU-regulated cross-border Sepa payments = grenzüberschreitende Sepa-Zahlungen; institutsbezogener, ISO-standardisierter Schlüssel nach dem SWIFT-System zur weltweiten Identifikation von Kreditinstituten; anders: die kontobezogene IBAN und die darin integrierte, ebenso institutsbezogene BLZ in Deu = bank code = sort code = bank routing number)*
bank interest *(Bank)* Bankzinsen *mpl*
bank lending *(Bank)* Ausleihungen *fpl*, Bankkredite *mpl*
bank lending policy *(Bank)* Kreditpolitik *f* der Banken
bank lending rate *(Bank)* Kreditzinssatz *m*
bank liability *(Bank)* Bankeneintritt *m*
bank line *(Bank)* Kreditlinie *f* einer Bank
bank loan *(Bank)* Bankdarlehen *n*, Bankkredit *m*
bank loan rate *(Bank)* Zinssatz *m* für Bankkredite
bank money *(Bank)* Buchgeld *n*, Giralgeld *n*, Sichteinlagen *fpl*
bank of issue *(Bank)* Emissionsbank *f*
bank official *(Bank)* Bankangestellte(r) *f(m)*
bank overdraft *(Bank)* Überziehungskredit *m*
bank paper *(Bank)* Bankwechsel *m*
bank rate *(B.R.) (BE) (Bank, Fin)* Diskontsatz *m*
bank reconciliation *(Bank)* Kontoabstimmung *f* zwischen Bank und Kunde

bank remittance *(Bank)* Banküberweisung *f*
bank reporting system *(Bank)* Bankmeldesystem *n*
bank reserve *(Bank)* Bankreserve *f*, Bankrücklage *f*
bank routing number *(Bank)* Bankleitzahl *f*, BLZ *f (synonymous: Bank Identification Number; not: BIC = Bank Identifier Code = SWIFT-Code)*
bank savings bonds *(Bank)* Banksparbriefe *mpl*
bank securities *(Börse)* Bankwerte *mpl*, Bankwertpapiere *npl*
bank selling rate *(Bank, Börse, Fin)* Abgabesatz *m* der Bank, Verkaufskurs *m* der Bank
bank service charge *(Bank)* Bankgebühr *f*, Bearbeitungsgebühr *f*
bank shares *(Bank)* Bankaktien *fpl*, Bankwerte *mpl*
bank statement *(Bank)* Bankauszug *m*; Kontoauszug *m*
bank supervision *(Bank)* Bankenaufsicht *f*
bank teller *(Bank)* Bankkassierer(in) *m(f)*
bank transfer *(Bank)* Banküberweisung *f*
bank turnovers *(Fin)* Bankumsätze *mpl*
bankable *adj* 1. *(Gen)* zuverlässig; 2. *(Bank)* bankfähig, diskontfähig, diskontierbar; bankmäßig
bankable asset *(Bank)* bankfähiger Vermögenswert *m*
bankable bill *(Bank)* bankfähiger Wechsel *m*, diskontierbarer Wechsel *m*
banker *(Bank)* Bankangestellte(r) *f(m)*, Bankkauffrau *f*, Bankkaufmann *m*, *(ugs.)* Banker *m*; Bankier *m*
banker's acceptance *(Bank)* Bankakzept *n*, Bankwechsel *m*
banker's bill *(Bank)* Bankwechsel *m*
banker's card *(Bank)* Scheckkarte *f*
banker's check *(AE) (Bank) s.* banker's cheque
banker's cheque *(BE) (Bank)* Bankscheck *m*
banker's draft *(Bank)* Banktratte *f*, Bankwechsel *m*
banker's order *(Bank)* Bankanweisung *f*, Überweisungsauftrag *m*; *(standing order)* Dauerauftrag *m*
banker's reference *(Bank)* Bankauskunft *f*
banker's rule *(AE) (Fin, RW)* Liquidität *f* dritten Grades von 200 % *(a solvency rule; current assets : current liabilities = 2:1 = kurzfristiges Umlaufvermögen : kurzfristige Verbindlichkeiten)*
banking *(Bank)* Bankgeschäft *n*, Bankwesen *n*, Banking *n*
banking audit *(Bank)* Bankrevision *f*
banking book *(Bank, Fin, RW)* Anlagebuch *n*, Bankbuch *n*, Kreditbuch *n (spiegelt das Kreditgeschäft einer Bank wider und nimmt, z. B. im Falle einer ‚Umwidmung' = redesignation von Positionen im Handelsbuch diese Bestände auf, um sie hier zu fortgeführten Anschaffungskosten = depreciated book value auszuweisen; die Available-for-Sale-Positionen des Handelsbestandes unterliegen dagegen zwingend der marktnahen Fair-Value-Bewertung mit kurzfristig gewinnwirksam vorzunehmenden Bewertungsanpassungen; IAS, IFRS)*
banking centre *(BE)*, **banking center** *(AE) (Bank)* Bankplatz *m*
banking charges *(Bank)* Bankgebühren *fpl*
banking community *(Bank)* Bankkreise *mpl*
banking group *(BE) (Bank)* Bankengruppe *f*, Bankenkonsortium *n*, Finanzkonzern *m*
banking hours *(Bank)* Banköffnungszeiten *fpl*, Schalterstunden *fpl*
banking industry *(Bank)* Bankgewerbe *n*, Kreditwirtschaft *f*
banking insolvency *(Bank, WiWi)* Bankinsolvenz *f*; *(ugs.)* Bankpleite *f*
banking interest *(Bank)* Bankbeteiligung *f*
banking secrecy *(Bank)* Bankgeheimnis *n*
banking services *(Bank)* Bankleistungen *fpl*, Bankdienstleistungen *fpl*
banking subsidiary *(Bank)* Banktochter *f*, Tochterinstitut *n*
banking supervision *(Bank)* Bankenaufsicht *f*, Bankaufsichtsbehörde *f*
banking system *(Bank, WiWi)* Bankenapparat *m*, Bankensystem *n*
banking transaction *(Bank)* Bankgeschäft *n*, Banktransaktion *f*
banking transfer system *(Bank)* bargeldloser Zahlungsverkehr *m*
banknote *(BE) (Bank)* Banknote *f*,

Geldschein *m*
banknote bundle *(Bank)* Banknotenpaket *n*
banknote packet *(Bank)* Banknotenpäckchen *n (ECB)*
bankrupt *adj (Gen)* bankrott, zahlungsunfähig, insolvent, *(ugs.)* pleite • **be bankrupt** *(Gen)* insolvent sein, zahlungsunfähig sein • **become bankrupt** 1. *(Fin, Recht)* insolvent werden, zahlungsunfähig werden; in das Verbraucher-Insolvenzverfahren gehen *(individuals)*; 2. *(Gen) (ugs.)* Bankrott gehen, *(ugs.)* Bankrott machen, *(ugs.)* Pleite gehen, *(ugs.)* Pleite machen • **go bankrupt** 1. *(Fin)* insolvent werden; 2. *(Gen)* Bankrott gehen, insolvent werden, *(ugs.)* Pleite gehen, Pleite machen, in Konkurs gehen
bankrupt *(Pers, Recht)* Gemeinschuldner *m*, Konkursschuldner *m*
bankruptcy 1. *(Fin, RW)* Insolvenz *n*, Insolvenzverfahren *n*, Zahlungsunfähigkeit *f*; Konkurs *m*, Konkursverfahren *n*; 2. *(Gen) (ugs.)* Bankrott *m*, *(ugs.)* Pleite *f*
bankruptcy act *(Recht, RW)* Insolvenzgesetz *m*, Insolvenzordnung *f*, Insolvenzrecht *n*; Konkursgesetz *n*, Konkursrecht *n*, Konkursordnung *f* *(synonymous: bankruptcy code)*
bankruptcy assets *(Recht)* Konkursmasse *f*
bankruptcy committee *(Fin)* Insolvenzausschuss *m*
bankruptcy court *(Recht)* Insolvenzgericht *n*
bankruptcy law *(Recht, RW)* Insolvenzordnung *f*; Konkursordnung *f*
bankruptcy proceedings *(Recht)* Insolvenzverfahren *n*, Konkursverfahren *n*
bankruptcy property *(Recht)* Insolvenzmasse *f*, Konkursmasse *f*
bankruptcy protection *(AE) (Recht)* Gläubigerschutz *m (according to Chapter 11 of the US bankruptcy law, nach Chapter 11 der US--Insolvenzordnung)*
banks subject to minimum reserves *(Bank, WiWi)* mindestreservepflichtige Banken *fpl*
banner 1. *(Media)* Schlagzeilen *fpl*; 2. *(V&M)* Transparent *n*
banner advertising *(Comp, Komm, Media, V&M)* Bannerwerbung *f*
banner year *(Gen)* erfolgreiches Jahr *n*
bar *v* **sb** *(Gen, Recht)* jmdn. ausschließen, jmdm. den Zutritt versagen
bar 1. *(Bank)* Ausschluss *m*; 2. *(Recht)* Anwaltschaft *f*; Anwaltsberuf *m*; Barrister-Stand *m*; Gericht *n*, Schranke *f*, Gerichtsschranke *f*; 3. *(Comp)* Balken *m (eines Balkendiagramms)* • **at the bar** *(Recht)* vor Gericht *(UK)* • **called to the bar** *(Recht)* als Barrister zugelassen *(UK)*
bar association *(Recht)* Anwaltskammer *f*, Rechtsanwaltskammer *f*
bar-coded identification number *(V&M)* strichcodierte Artikelnummer *f*
bargain *v (Gen)* handeln *(negotiate)*
bargain 1. *(Fin)* Abschluss *m*, Börsengeschäft *n*, Geschäft *n* *(transaction)*; 2. *(Gen)* gutes Geschäft *n* *(deal)*; Vereinbarung *f (agreement)*; *(ugs.)* Schnäppchen *n (article bought cheaply)*; Sonderangebot *n (special offer)*; 3. *(V&M)* günstiger Kauf *m*; 4. *(Börse)* Abschluss *m (transaction)*
bargain counter *(V&M)* Wühltisch *m*
bargain hunter *(V&M) (ugs.)* Schnäppchenjäger *m*, Schnäppchensucher *m*
bargain offer *(Gen, V&M)* günstiges Angebot *n*
bargain price *(Gen)* Schnäppchenpreis *m*, Gelegenheitspreis *m*, Spottpreis *m*
bargain rate *(Gen)* Schnäppchenpreis *m*, Sonderpreis *m*
bargain sale *(V&M)* Sonderverkauf *m*, Ausverkauf *m*
bargaining 1. *(Gen)* Handeln *n*, Verhandlung *f*; 2. *(Pers)* Tarifverhandlungen *fpl*
bargaining level *(Pers)* Verhandlungsebene *f*
bargaining position *(Gen)* Verhandlungsposition *f*
bargaining power *(Gen, WiWi)* Verhandlungsmacht *f*, Verhandlungsstärke *f*, Verhandlungsvollmacht *f*
bargaining range *(Pers)* Verhandlungsspielraum *m*
bargaining scope *(Pers)* Verhandlungsspielraum *m*
barometer *(WiWi)* Stimmungsbarometer *n*, Barometer *n*

barometric firm leadership *(V&M, WiWi)* Trendführerschaft *f*
barred by the lapse of time *(Recht)* verjährt
barrel *(Ind, Logis)* Tonne *f*, Barrel *n*, Fass *n*
barrier 1. *(WiWi)* Hindernis *n*, Schranke *f*; 2. *(Gen)* Barriere *f*, Beschränkung *f*
barrier to employment *(Pers, WiWi)* Einstellungshemmnis *n*, Einstellungshindernis *n*, Beschäftigungshemmnis *n*
barrier to entry *(WiWi)* Marktzutrittsschranke *f*, Zutrittsschranke *f*, Zugangsbeschränkung *f*
barrier to exit *(WiWi)* Marktaustrittsschranke *f*, Marktaustrittsbeschränkung *f*
barrier to trade *(WiWi)* Handelshemmnis *n*, Handelsschranke *f*
barriers to access *(Pol, WiWi)* Zugangsbarrieren *fpl*
barring *(Gen)* abgesehen von, ausgenommen • **barring unforeseen circumstances** *(Gen, Recht)* vorbehaltlich unvorhergesehener Umstände
barrister *(BE) (Recht)* Barrister *m*, Rechtsanwalt *m*, Rechtsanwältin *f*, Anwalt *m*, Anwältin *f*; *(AE)* Rechtsanwalt *m*, Anwalt *m (BE synonymous: barrister-at-law, darf im UK, im Gegensatz zum solicitor, vor höheren Gerichten plädieren; cf AE attorney)*
barrister-at-law *(BE) (Recht)* Barrister *m*, Prozessanwalt *m (der Barrister darf im UK, im Gegensatz zum solicitor, vor höheren Gerichten plädieren)*
barter *v (Gen, WiWi)* tauschen, Tauschhandel treiben
barter *(Gen, WiWi)* Naturaltausch *m*, Tausch(handel) *m*, Bartergeschäft *n*
barter economy *(WiWi)* Naturalwirtschaft *f*, Tauschwirtschaft *f*
barter trade *(WiWi)* Tauschhandel *m*
barter transaction *(WiWi)* Bartergeschäft *n*; Tauschhandel *m*
base budget *(RW)* Basisbudget *n*, Grundetat *m*
base capital *(WiWi)* Grundkapital *n*
base currency *(WiWi)* Bezugswährung *f*
base date *(Börse, WiWi)* Basistermin *m*, Basisdatum *n*, Bezugstermin *m*
base lending rate 1. *(Fin, WiWi)* Hauptzins *m*, Leitzins *m (general base lending rate in the UK)*; 2. *(Bank) (BE)* Eckzins *m* für Ausleihungen *(of the London Clearing-Banks; kurzfristge Ausleihungen für erste Adressen)*; 3. *(Gen, Ind)* Grundtarif *m*
base of calculation *(Gen)* Kalkulationsbasis *f*, Kalkulationsgrundlage *f*
base pay *(AE) (Pers, WiWi)* Grundlohn *m*, Grundgehalt *n*
base price *(Gen, Steuer)* Ausgangspreis *m*, Grundpreis *m*
base rate 1. *(Fin, WiWi)* Hauptzins *m*, Leitzins *m (general base lending rate in the UK)*; 2. *(Bank) (BE)* Eckzins *m* für Ausleihungen *(of the London Clearing--Banks; kurzfristge Ausleihungen für erste Adressen)*; 3. *(Gen, Ind)* Grundtarif *m*, Basistarif *m*
base salary *(AE) (Pers)* Grundgehalt *n*
base year *(Fin, WiWi)* Basisjahr *n*
based *adj (Gen)* ansässig, stationiert • **be based in** *(Gen)* seinen Sitz haben in, ansässig sein in, stationiert sein in
Basel III *(Bank, Fin)* Basel III, Basel-III--Rahmenwerk *n (synonymous: Basel III Framework; Kurzbezeichnung für die neuen Liquiditäts- und Eigenkapital--Unterlegungsvorschriften des Baseler Ausschusses für Bankenaufsicht = Basel Committee on Banking Supervision = BCBS, dem die Notenbanken und Finanzaufseher der 27 führenden Wirtschaftsländer angehören, mit Sitz und Sekretariat bei der Bank für Internationalen Zahlungsausgleich = BIZ = BIS = Bank for International Settlements in Basel; in der EU trat der Vorläufer Basel II ab 2007/2008 zu Beginn der Subprime--Hypotheken-, Banken-, Finanzmarkt- und Staatsschuldenkrise in Kraft; die neuen Empfehlungen des BCBS auf der Grundlage des Beschlusses vom September und Dezember 2010 = Basel III' reflektieren Erkenntnisse aus der Finanzmarktkrise und fordern die stufenweise quantitative und qualitative Verbesserung der Mindesteigenkapital- und -liquiditätsausstattung ab 2013 mit Übergangsfristen bis 1.1.2019: hartes Kernkapital = core tier 1 von 4,5 % + Kapitalerhaltungspuffer 2,5 % + zusätzliches Kernkapital 1,5 % +*

Ergänzungskapital 2,0 % + antizyklischer Kapitalpuffer je nach Land 0-2,5 % + risikoabhängige Zuschläge für SIFIs = systemically important financial institutions = systemrelevante Finanzinstitute von 1,5 - 3%, jeweils von den risikogewichteten Aktiva = risk-weighted assets nach Abzugspositionen = after deductions; ferner, nach Intervention der Wall--Street-Banken und trotz wettbewerbsverzerrender Unterschiede der Rechnungslegungsgrundsätze nach US-GAAP und IFRS, eine risikounabhängige Leverage Ratio = LR nach amerikanischem Vorbild von 3,0 % Kernkapital = core tier 1 von der Bilanzsumme, womit die Verschuldungsgrenze beim 33-Fachen statt des zunächst konservativer anvisierten 20- bis 25-Fachen des Kernkapitals liegt, was im Ergebnis Geschäftsvolumen, Risikoneigung und Gewinnaussichten auch relativ kapitalschwacher Institute gegenüber dem Vorkrisenstatus nicht wesentlich einschränkt; Basel I = Baseler Akkord von 1988; vgl. Basel III: A global regulatory framework for more resilient banks and banking systems' und Basel III: International framework for liquidity risk measurement, standards and monitoring', beide BCBS 2010; vgl. Leverage Ratio)

Basel Committee on Banking Supervision *(BCBS) (Bank, Fin)* Baseler Ausschuss *m* für Bankenaufsicht, BCBS *m (Mitglieder: die Notenbanken und Finanzaufseher der 27 führenden Wirtschaftsländer, Sitz und Sekretariat bei der Bank für Internationalen Zahlungsausgleich = BIZ = BIS = Bank for International Settlements in Basel)*

baseline *(V&M)* Baseline *f (advertisement)*; Schlusszeile *f*

basic agreement *(Gen)* Rahmenabkommen *n*

basic amount *(Gen)* Grundbetrag *m*

basic balance *(WiWi)* Grundbilanz *f (BOP, ZB)*

basic commodity *(WiWi)* Grundstoff *m*, Rohstoff *m*

basic concept *(Gen)* Grundbegriff *m (term)*

basic conditions *(Bank, WiWi)* Grundverfassung *f*

basic education *(Bil)* Grundbildung *f*, Grundausbildung *f*

basic external position *(WiWi)* außenwirtschaftliche Grundposition *f (BOP)*

basic goods *(Gen, WiWi)* Güter *npl* des Grundbedarfs

basic goods sector *(Gen)* Grundstoffsektor *m*

basic income 1. *(WiWi)* Basiseinkommen *n*; 2. *(Fin)* Grundeinkommen *n*

basic industry *(Ind, WiWi)* Grundstoffindustrie *f*

basic knowledge *(Bil, Pers)* Grundkenntnisse *pl*

basic message *(V&M)* Grundaussage *f*

basic needs *(WiWi)* Grundbedürfnisse *npl*

basic pay *(BE) (Pers, WiWi)* Ecklohn *m*, Grundlohn *m*

basic premium *(Versich)* Grundprämie *f*

basic prerequisite *(Gen)* Grundvoraussetzung *f (required as a prior condition; precondition = Vorbedingung)*

basic price *(Gen)* Basispreis *m*, Grundpreis *m*

basic rate 1. *(Pers)* Grundlohn *m*; 2. *(Media, V&M)* Anzeigengrundpreis *m*; 3. *(Steuer)* Eingangssatz *m*

basic rate of interest *(Bank, Fin)* Basiszins *m*, Eckzins *m*

basic relief *(Steuer)* Grundfreibetrag *m*

basic research *(Gen)* Grundlagenforschung *f*

basic rights *(Recht)* Grundrechte *npl*

basic salary *(Pers, WiWi)* Grundgehalt *n*

basic situation *(Pol)* Ausgangslage *f*

basic skills *(Edu, Pers)* Grundfertigkeiten *fpl*, Grundkenntnisse *fpl*

basic social rights *(Pol)* soziale Grundrechte *npl (EU)*

basic trend *(Gen)* Grundtendenz *f*

basic unit *(Gen)* Grundeinheit *f*

basic wage *(Pers, WiWi)* Grundlohn *m*, Ecklohn *m*

basic wants *(Soz, WiWi)* Grundbedürfnisse *npl*

basics 1. *(WiWi)* Grundbedürfnisse *npl*; 2. *(Gen)* Grundlagen *fpl*, Grundinformationen *fpl*

basis 1. *(Börse)* Basis *f*; 2. *(Steuer)* Basis *f*, Grundlage *f*

basis for assessment *(Steuer)* Bemessungsgrundlage *f*
basis of agreement *(Recht)* Vertragsgrundlage *f*
basis of calculation *(Fin)* Berechnungsgrundlage *f*
basis of contract *(Recht)* Vertragsgrundlage *f*
basis point *(Börse, Fin)* Basispunkt *m*
basket of commodities *(WiWi)* Warenkorb *m*
basket of currencies *(Fin, WiWi)* Währungskorb *m*
basket of products *(WiWi)* Warenkorb *m*
batch 1. *(RW)* Serie *f (of invoices)*; 2. *(Ind)* Charge *f*, Ladung *f*, Los *n*, Partie *f*, Stapel *m*; 3. *(Media)* Bündel *n*
batch production *(Ind)* Serienfertigung *f*, Serienbau *m*, Serienproduktion *f*
batch size *(Ind)* Losgröße *f*, Chargengröße *f*
be *v* **a write-off** *(ugs.; BE) (Gen)* Totalschaden sein, (nur noch) Schrottwert haben *(e. g. a vehicle, z. B. ein KFZ)*
be *v* **good value for money** *(WiWi)* sein Geld wert sein, preisgünstig sein; ein guter Gegenwert sein, einen guten Gegenwert darstellen
be *v* **off sick** *(Pers)* aus Krankheitsgründen abwesend sein, aus gesundheitlichen Gründen abwesend sein, krankheitsbedingt fehlen
be *v* **on standby** *(Gen, Pers)* auf Stand-by sein *(Gerät)*; sich auf Abruf bereit halten *(Mitarbeiter)*; Stand-by haben *(Notdienst)*
bear *v* 1. *(Gen)* bestreiten, tragen *(costs)*; 2. *(Börse)* auf Baisse spekulieren
bear *v* **a date** *(Gen)* datiert sein
bear *v* **interest** *(Bank, Fin)* sich verzinsen, Zinsen tragen, Zinsen bringen
bear *v* **the costs** *(Gen)* die Kosten tragen
bear *v* **the risk** *(Bank)* das Risiko tragen
bear *(Börse, Fin)* Baissespekulant *m*, Baissier *m*
bear market *(Börse)* Baissemarkt *m*, Bärenmarkt *m*
bear operation *(Börse)* Baissespekulation *f*
bear position *(Börse)* Baisseengagement *n*
bear sale *(Börse)* Leerverkauf *m*
bear speculation *(Börse)* Baissespekulation *f*
bear transaction *(Börse)* Baissegeschäft *n*
bearer *(Bank)* Inhaber(in) *m(f)*, Überbringer(in) *m(f)*
bearer bond *(Fin)* Inhaberschuldverschreibung *f*
bearer certificate *(Börse, Fin)* Inhaberzertifikat *n*
bearer check *(AE) (Bank)* s. bearer cheque
bearer cheque *(BE) (Bank)* Inhaberscheck *m*, Überbringerscheck *m*
bearer clause *(Börse)* Inhaberklausel *f*, Überbringerklausel *f*
bearer debenture *(Börse)* Inhaberobligation *f*, Inhaberschuldverschreibung *f*
bearer debt security *(Bank)* Inhaberschuldverschreibung *f* *(synonymous: bearer bond; opposite: registered bond = Namensschuldverschreibung)*
bearer paper *(Börse, Fin)* Inhaberpapier *n*
bearer stock *(Börse)* Inhaberaktie *f* *(synonymous: bearer share)*
bearer warrant *(Börse)* Inhaberoptionsschein *m*
bearish downward movement *(Börse)* Baissebewegung *f*
bearishness *(Börse)* Baissestimmung *f*, Baissetendenz *f*
beat *v* **down** *(Gen)* herunterhandeln auf *(price)*
before hours dealings *(Börse)* Vorbörse *f*
before official hours *(Börse)* vorbörslich
before tax *(Steuer)* vor Steuern
beggar-my-neighbour policy *(BE)*, **beggar-my-neighbor policy** *(AE) (WiWi)* Leistungsbilanzüberschusspolitik *f*, Beggar-my-neighbour-Politik *f (Export von Arbeitslosigkeit)*
beginning inventory *(RW)* Anfangsbestand *m*
beginning of the legal capacity *(Recht)* Beginn der Rechtsfähigkeit *m*
beginning salary *(Pers)* Anfangsgehalt *n*
behalf of/on *(Gen)* im Namen von
behavior equation *(AE) (Pers, Stat, WiWi)* s. behaviour equation
behavior line *(AE) (WiWi)* Verhaltenslinie *f* *(microeconomics)*
behavior patterns *(AE) (Pers, WiWi)* s. behaviour patterns

behavioral equation *(AE) (Stat, WiWi) s.* behavioural equation
behavioral research *(AE) (V&M) s.* behavioural research
behaviour *(BE) (Pers)* Verhalten *n*
behaviour equation *(BE) (Pers, Stat, WiWi)* Verhaltensgleichung *f*
behaviour patterns *(BE) (Pers, WiWi)* Verhaltensmuster *n*
behavio(u)ral economics *(BE) (WiWi, Edu)* Verhaltensökonomik *f*, verhaltensorientierte Ökonomie *f (sie schließt irrationales Entscheidungsverhalten durch Endogenisierung ein)*
behavioural equation *(BE) (Stat, WiWi)* Verhaltensgleichung *f*
behavioural research *(BE) (V&M)* Verhaltensforschung *f*
bell-shaped curve *(Stat, WiWi)* Glockenkurve *f*
below-average *adj (Gen)* unterdurchschnittlich, unter dem Durchschnitt
below-market *adj (Börse)* unter dem Marktniveau, unter dem Kurswert
below par *(Börse)* unter pari
below the line *(Gen, RW)* unter dem Strich; im Soll, in den roten Zahlen, *(ugs.)* in den Roten, unterm Strich
below-the-line items *(RW)* periodenfremde Aufwendungen *fpl* und Erträge *mpl*
below-the-line promotion *(V&M)* Verkaufsförderung *f* durch Nachlässe *(bis hin zum Verkauf unter Einstandspreis)*
benchmark *v (Mgt)* vergleichen, gegenüberstellen, als Maßstab nehmen
benchmark 1. *(Gen, Mgt)* Bezugswert *m*, Bezugsmarke *f*, Bezugspunkt *m*; Referenzwert *m*, Referenzgröße *f*, Richtgröße *f*; Vergleichswert *m*, Vergleichsmarke *f*, Vergleichsmaßstab *m*; Eckwert *m*, Benchmark *f*, Maßstab *m*; Orientierungsgröße *f*, Orientierungspunkt *m*; 2. *(WiWi)* Bewertungsmaßstab *m (a point of reference for decisions; synonymous: reference value, reference figure, benchmark figure; Benchmarking ist der laufende Vergleich von Leistungen, Methoden und Prozessen mit dem branchenbesten Vergleichsunternehmen, die systematische Abweichungsanalyse, Klärung der Ursachen sowie die Identifikation und Durchführung von Verbesserungsschritten)*
benchmark data *(Gen, Mgt)* Eckwerte *mpl*, Eckdaten *npl*, Referenzwerte *mpl*, Bezugswerte *mpl*, Referenzgrößen *fpl*, Richtgrößen *fpl (synonymous: benchmarks)*
benchmark figure *(Gen)* Ausgangszahl *f*, Vergleichszahl *f*
benchmark method *(Fin)* Benchmarkmethode *f*, Benchmarking *n*
benchmark portfolio *(Bank, Börse)* Vergleichsportfolio *n*
benchmarking *(Mgt, V&M, WiWi)* Leistungsvergleich *m*, Benchmarking *n*; Benchmarkmethode *f*, Bestandsaufnahme *f*
beneficial *adj (Gen)* gewinnbringend, nutzbringend, vorteilhaft
beneficial owner *(Recht)* wirtschaftlicher Eigentümer *m*, wirtschaftliche Eigentümerin *f*
beneficiary 1. *(Bank, Fin)* Begünstigte(r) *f(m)*, Kreditnehmer(in) *m(f)*; 2. *(Recht)* Anspruchsberechtigte(r) *f(m)*, Begünstigte(r) *f(m)*, Bezugsberechtigte(r) *f(m)*, Berechtigte(r) *f(m)*, Leistungsempfänger(in) *m(f)*; Vermächtnisnehmer(in) *m(f)*
beneficiary bank *(Bank)* Empfängerbank *f*
benefit *v* 1. *(Gen)* fördern, profitieren; 2. *(Recht)* begünstigen, unterstützen
benefit 1. *(Gen)* Gewinn *m (gain)*; Nutzen *m*, Vorteil *m (advantage)*; 2. *(Pers)* Beihilfe *f (allowance)*; Sondervergütung *f (privilege)*; 3. *(Versich)* Versicherungsleistung *f*; 4. *(Mgt)* Vorteil *m* • **be eligible for benefit** *(Soz)* leistungsberechtigt sein, Leistungsvoraussetzungen erfüllen, anspruchsberechtigt sein
benefit approach to taxation *(Steuer, WiWi)* Nutzenansatz *m* der Besteuerung, Äquivalenzansatz *m* der Besteuerung
benefit fraud *(Pers, Soz)* Leistungsmissbrauch *m*, missbräuchlicher Leistungsbezug *m*, Leistungsbetrug *m*
benefit in kind *(Gen, Steuer)* Sachbezug *m*

benefit principle *(Steuer, WiWi)* Äquivalenzprinzip *n*, Nutzenprinzip *n*
benefit receipt *(Soz)* Leistungsbezug *m*
benefit-received principle *(Steuer, WiWi)* Äquivalenz *n*, Äquivalenzprinzip *n*, Nutzenprinzip *n*
benefit recipient *(Soz)* Leistungsempfänger(in) *m(f)*, Empfänger(in) *m(f)* von Leistungen, Leistungsbezieher(in) *m(f)*, Bezieher(in) *m(f)* von Leistungen
benefit segmentation *(V&M, WiWi)* Marktsegmentierung *f* nach Nutzwert
benefit society *(AE) (Recht)* Bausparkasse *f*, Versicherungsverein *m* auf Gegenseitigkeit, VvaG
benefits 1. *(Gen)* Leistungen *fpl*; 2. *(Pers)* Aufwandsentschädigung *f*
benevolent dictator *(WiWi)* wohlmeinender Diktator *m*
benign neglect *(Pol, WiWi)* freundliche Vernachlässigung *f*, barmherziges Ignorieren *n*, gütige Missachtung *f*
BEP *s.* breakeven point
bequeath *v (Recht)* vermachen
bequest *(Recht)* Vermächtnis *n*
berth 1. *(Frei)* Bettplatz *m*, Koje *f* *(shipping)*; 2. *(Logis)* Ankerplatz *m*, Anlegeplatz *m*, Liegeplatz *m*, Löschplatz *m*
best *adj (Gen)* bester • **at best** *(Börse)* bestens *(selling order)*; billigst *(buying order)*
best before *(B-B) (V&M)* mindestens haltbar bis
best before date *(Gen, V&M)* Haltbarkeitsdatum *n*
best bidder *(Gen)* Höchstbietende(r) *f(m)*, Meistbietende(r) *f(m)*
best option *(Gen)* beste Alternative *f*
best possible terms *(Gen)* optimale Konditionen *fpl*
best practice *(Gen, Mgt)* vorbildliche Norm *f*, vorbildliche Normen *fpl*, am besten geeignete Methode *f*
best profferer *(Gen)* bester Anbieter *m*, beste Anbieterin *f*
best seller 1. *(Media)* Bestseller *m*, Verkaufsschlager *m*; 2. *(V&M)* Bestseller *m*, *(ugs.)* Renner *m*
best use value *(Gen, V&M)* optimaler Gebrauchswert *m*
bestow *v (Recht)* verleihen
better-off *adj (Gen)* bessergestellt
better-off *(Soz)* Bessergestellte *pl*, Wohlhabendere *pl*
better than average *adj (Gen)* überdurchschnittlich
better than expected *adj (Gen)* besser als erwartet
better than predicted *adj (Gen)* besser als vorhergesagt
b.f., b.fwd. *(Abk. für brought forward) (Fin, RW)* Saldovortrag *m*, Übertrag *m*
biannual *adj (Gen)* zweimal jährlich, halbjährlich; Halbjahres
biannual report *(Mgt)* Halbjahresbericht *m*
bias 1. *(Fin, WiWi)* Tendenz *(monetary policy)*; 2. *(Gen)* Neigung *f*, Befangenheit *f*, Parteilichkeit *f*; Vorurteil *n (prejudice)*; 3. *(Stat)* Bias *m*; Verzerrung *f*
biased *adj* 1. *(Gen)* tendenziös, voreingenommen; 2. *(Stat)* verzerrt
BIC *(Abk. für Bank Identifier Code) (Bank, Gen)* SWIFT-Adresse *f*, BIC *m*, *(jarg.)* BIC-Code *m*, Internationale Bankleitzahl *f (for EU-regulated cross-border Sepa payments = grenzüberschreitende Sepa-Zahlungen; institutsbezogener, ISO-standardisierter Schlüssel nach dem SWIFT-System zur weltweiten Identifikation von Kreditinstituten; anders: die kontobezogene IBAN und die darin integrierte, ebenso institutsbezogene BLZ in Deu = bank code = sort code = bank routing number)*
bid *v* 1. *(Gen)* Angebot machen; bieten *(at auction)*; 2. *(Mgt)* sich bewerben *(for project)*
bid *v* **away** *(Pers)* abwerben
bid *v* **for** *(Gen)* bieten
bid 1. *(Fin, RW)* Übernahmeangebot *n*; 2. *(Gen)* Gebot *n*, Kaufangebot *n*, Lieferangebot *n*, Offerte *f*, Angebot *n* *(tender)*; 3. *(Börse)* Übernahmeangebot *n*, Übernahmeversuch *m*; Geldkurs *m* • **bid is received** *(Gen)* Angebot liegt vor, Angebot geht ein
bid and asked quotations *(Börse)* Geld- und Briefkurse *mpl*
bid closing date *(Börse)* Einreichungsschluss *m*, Submissionsschluss *m*
bid invitation *(Gen)* Ausschreibung *f*
bid-offer spread *(Börse)* Spanne *f* zwischen Ausgabe- und

Rücknahmekurs
bid price *(Bank)* Geldkurs *m*
bid rate *(Bank)* Angebotskurs *m*, Geldkurs *m*, Rückkaufpreis *m* von Anteilen
bid spread *(Bank, Börse)* Geldspanne *f*
bidder 1. *(Fin)* Bewerber(in) *m(f)*, Bietende(r) *f(m)*; 2. *(Gen)* Bewerber(in) *m(f)*, Bieter(in) *m(f)*, Anbieter(in) *m(f)*
bidding *(Gen)* Abgabe *f* von Angeboten [Geboten]
bidding consortium *(Fin, Gen, Recht)* Bieterkonsortium *n*, Bietergemeinschaft *f*
bidding period *(Gen)* Ausschreibungsfrist *f*
bidding requirements *(Gen)* Ausschreibungsbedingungen *fpl*
biennial *adj (Gen)* alle zwei Jahre, zweijährlich, zweijährig
big bank *(Bank)* Großbank *f*
big business *(Gen)* Großbetrieb *m*, Großunternehmen *n*, großes Unternehmen *n*
big investor *(Fin)* Großanleger(in) *m(f)*
big-name *adj (Gen)* bekannt
big seller *(V&M)* Publikumsrenner *m*
big ticket *(jarg.) (Bank, Fin)* Großtransaktion *f*, Großgeschäft *n*
bilateral *adj (WiWi)* bilateral, zweiseitig
bilateral monopoly *(WiWi)* bilaterales Monopol *n*, zweiseitiges Monopol *n*
bilateral reference *(Pers)* zweiseitige Referenz *f*
bilateral trade agreement *(WiWi)* bilaterales Handelsabkommen *n*, zweiseitiges Handelsabkommen *n*
bilaterals *(Pol)* Chefgespräche *npl*
bill 1. *(Bank, Fin)* Wechsel *m*, Valutawechsel *m*; Tratte *f (payable, receivable draft)*; Schatzwechsel *m (treasury)*; Banknote *f*, Geldschein *m (money)*; 2. *(Gen) (BE)* Rechnung *f (invoice)*; 3. *(Recht)* Gesetzesvorlage *f (legislation)*; Klageschrift *f (writ)*; 4. *(Pol)* Vorlage *f*; 5. *(V&M)* Plakat *n (advertising poster)*; 6. *(Logis)* Frachtbrief *m*, Konnossement *n*
bill book *(RW)* Wechseljournal *n*, Wechselverfallbuch *n*
bill cover *(Bank)* Wechseldeckung *f*
bill for collection *(Bank)* Inkassowechsel *m*, Wechsel *m* zum Einzug
bill for discount *(Bank)* Diskontwechsel *m*
bill of charges *(RW)* Gebührenrechnung *f*
bill of entry *(Bank, Imp/Exp)* Einfuhrdeklaration *f (customs)*; Einfuhrerklärung *f*, Zolldeklaration *f*, Zoll(einfuhr)erklärung *f*, Zolleingangsschein *m*
bill of exchange *(B/E) (Fin)* Wechsel *m*; *(AE)* Tratte *f (draft, gezogener Wechsel)*
bill-of-exchange financing *(Fin)* Wechselfinanzierung *f*
bill of freight *(Logis)* Frachtbrief *m*
bill of lading *(Imp/Exp, Logis)* Frachtbrief *m*, FB, Konnossement *n*, Ladeschein *m*; Seefrachtbrief *m*
bill of material *(RW, Gen)* Warenrechnung *f*
bill of sale *(Recht)* Übereignungsvertrag *m*, Verkaufsurkunde *f*, Übertragungsurkunde *f*
bill payable at sight *(RW)* Sichtwechsel *m*
bill portfolio *(Bank)* Wechselportefeuille *n*, Wechselportfolio *n*
bill rate *(Fin)* Wechseldiskontsatz *m*, Wechselrate *f*
bill receivable *(RW)* Besitzwechsel *m*
billable hour *(Gen)* abrechenbare Arbeitsstunde *f*
billing *(Gen)* Fakturierung *f*, Rechnungslegung *f*, Rechnungsausstellung *f*, Rechnungsschreibung *f*, Abrechnung *f*
billing date *(Gen, RW)* Rechnungsdatum *n*
billion *(Stat, WiWi)* Milliarde *f (synonymous: a thousand million; AE, BE: a billion = 10^9 = 1,000,000,000.00 = Deu 1.000.000.000,00 = 1 000 000 000 = eine Milliarde)*
bills discounted *(Bank, Fin, RW)* diskontierte Wechsel *mpl*, Wechselkredite *mpl*
bills payable *(RW)* Schuldwechsel *mpl*, Akzeptobligo *n*
bimonthly *adj (Gen)* alle zwei Monate; zweimal im Monat
binary *adj (Comp, Stat)* binär
binary number *(Stat)* Binärzahl *f*, Dualzahl *f*
binational entity *(Bank, Pol)* binationale Stelle *f*
bind *v* 1. *(Ind)* binden, verbinden *(machinery)*; 2. *(Recht)* verpflichten
binding *adj (Recht)* bindend *(contracts)*; verbindlich *(decision)* • **not binding**

(Gen) freibleibend, ohne Gewähr, unverbindlich
binding agreement *(Recht)* verbindliche Vereinbarung *f*
binding arbitration *(Recht)* verbindliche schiedsrichterliche Entscheidung *f*
binding bid *(Gen)* bindendes Angebot *n*
binding offer *(Gen)* bindendes Angebot *n*, Festangebot *n*, verbindliche Offerte *f*
binding promise *(Gen)* bindende Zusage *f*
biodiesel fuel *(Umwelt)* Biodieselbrennstoff *m*
biographical data *(Pers)* biografische Daten *pl*, Lebensdaten *pl*
biometric data *(Frei, Recht)* biometrische Daten *pl (z. B. Fingerabdruck, Iris, Stimme, Lichtbilder in Pässen und Ausweisen)*
bionics *(Bil, Gen)* Bionik *f (Kombination aus Biologie + Technik; Nutzung biologischer Funktionen in der Hochtechnologie, z. B. Informationsbionik, Strukturbionik)*
birth rate *(Pers, Stat)* Geburtenrate *f*, Geburtenziffer *f* • **years with a high birth rate** *(Soz)* geburtenstarke Jahrgänge • **years with a low birth rate** *(Soz)* geburtenschwache Jahrgänge
BIS *s.* Bank for International Settlements
bit 1. *(Comp)* Bit *n*, Bitabbildung *f*; 2. *(Stat)* Bit *n*
bits per inch *(Comp)* Bits *npl* pro Zoll
bits per second *(Comp)* Bits *npl* pro Sekunde
biweekly *adj (Gen)* vierzehntägig; zweimal wöchentlich
black economy *(WiWi)* Schattenwirtschaft *f*, Untergrundwirtschaft *f*
black market *(WiWi)* Schwarzhandel *m*, Schwarzmarkt *m*
black money *(Steuer)* Schwarzgeld *n*
black trading *(Gen)* Schwarzhandel *m*
blacklist *v (Gen, Ind, Pers)* auf die schwarze Liste setzen
blackmail *v (Gen)* erpressen
blame *(Recht)* Schuld *f*, Verschulden *n*
blank CD-R *(Comp, Media)* CD-Rohling *m*
blank endorsement *(Börse)* Blankoindossament *n*
blank form *(Gen)* Blankoformular *n*, Formblatt *n*, Vordruck *m*
blank signature *(Bank)* Blankounterschrift *f*
blanket agreement *(Gen, Pers)* Generalvertrag *m*
blanket coverage *(V&M)* Pauschaldeckung *f*
blanket insurance *(Versich)* Pauschalversicherung *f*
blanket order *(Gen)* Abrufauftrag *m*, Blankoauftrag *m*
blanket recommendation *(Börse)* allgemeine Empfehlung *f*
bleak outlook *(Gen)* trübe Aussichten *fpl*
bleed *v (Gen) (jarg.)* auspressen *(person)*; *(jarg.)* ausquetschen, *(jarg.)* schröpfen
blended rate *(Fin)* Durchschnittssatz *m*, Mischzins *m*
blind advertisement *(V&M)* Chiffreanzeige *f*, Kennzifferanzeige *f*
blind carbon copy *(BCC)* 1. *(Komm)* blinder Durchschlag *m*, blinde Kopie *f*; 2. *(Gen)* blinde Durchschrift *f*, Blindkopie *f*
block *v* 1. *(Bank)* sperren *(account)*; einfrieren *(freeze credit balance)*; 2. *(WiWi)* einfrieren *(currency)*; 3. *(Gen)* hemmen *(competition)*; 4. *(Recht)* blockieren; verhindern *(vote, bill)*
block 1. *(WiWi)* Währungsblock *m*; 2. *(Börse)* Wertpapierpaket *n*, Aktienpaket *n*, Paket *n*
block grant 1. *(Fin)* Pauschalbewilligung *f*, pauschaler Zuschuss *m*; 2. *(Pol)* pauschale Finanzzuweisung *f*
block of shares *(Börse, Fin)* Paket *n*
block testing *(RW)* lückenlose Prüfung *f (auditing)*
block trading *(Börse)* Blockhandel *m*, Pakethandel *m*
blockbuster *(Media, V&M) (ugs.)* Kassenschlager *m*
blocked account *(Bank)* gesperrtes Konto *n*, Sperrkonto *n*
blocking minority *(Recht, Steuer)* Sperrminorität *f (equity stake in an affiliated company of at least 25 %; Mindestbeteiligung von 25 % = Schachtelbeteiligung)*
blown-up balance sheet *(RW)* aufgeblähte Bilanz *f*
blowout *(AE) (V&M)* Abverkauf *m* zu Schleuderpreisen
blue chip 1. *(Fin, WiWi)* erstklassiges Wertpapier *n*; 2. *(Börse)* Standardwert *m*

blue-chip company *(Börse, Gen)* solides Großunternehmen *n*

blue-chip industrials *(Börse)* führende Industriewerte *mpl*

blue-collar job *(Pers)* manueller Arbeitsplatz *m*, Arbeitsplatz *m* für Geringqualifizierte; manuelle Tätigkeit *f*

blue-collar worker *(WiWi)* Arbeiter(in) *m(f)*, gewerblicher Arbeitnehmer *m*, gewerbliche Arbeitnehmerin *f*

blueprint 1. *(Media)* Lichtpause *f* *(printing)*; 2. *(Gen)* Plan *m*, Projektstudie *f*

board 1. *(Gen)* Behörde *f*; 2. *(Mgt, Pol)* Board *m*, Verwaltungsrat *m (im Board--System; cf board of directors)*; Beirat *m*; Ausschuss *m (e. g. European Systemic Risk Board = ESRB = Europäischer Ausschuss für Systemrisiken)*

board broker *(Börse)* Börsenmakler(in) *m(f)*

board meeting 1. *(Gen)* Vorstandssitzung *f*; 2. *(Mgt)* Verwaltungsratsitzung *f*, Boardsitzung *f*

board member *(Mgt)* Mitglied *n* des Board, Boardmitglied *n*, Mitglied *n* des Verwaltungsrats *(e. g. the president, vice-president, secretary, comptroller and the executive directors of the company, including the CEO = Chief Executive Officer)*

board of arbitration *(Gen, Pers)* Schlichtungsausschuss *m*, Schlichtungsstelle *f*

board of creditors *(Fin, Recht)* Gläubigerausschuss *m (fakultatives Gläubigergremium im Insolvenzverfahren zur Unterstützung der Tätigkeit des Insolvenzverwalters = administrator)*

board of directors *(Mgt)* Board *m* of Directors, *(jarg.)* Board *m*, Verwaltungsrat *m*; Direktion *f (the members of the board of directors are officially chosen by the shareholders to sit on an authoritative standing committee or governing body, it includes often major shareholders as well as the president, vice-president, secretary, comptroller and the executive directors of the company, including the CEO = Chief Executive Officer; der Board vertritt das Unternehmen nach außen und berichtet an die Aktionäre; das Tagesgeschäft wird an die geschäftsführenden Officers oder Board-Mitglieder des Exekutiv--Ausschusses = executive committee delegiert; cf board system, company secretary)*

board of directors resolution *(Recht)* Aufsichtsratsbeschluss *m*, Verwaltungsratsbeschluss *m*, *(jarg.)* Boardbeschluss *m*

board of examiners *(Bil)* Prüfungsausschuss *m*, Prüfungskommission *f*

board of management *(Gen, Mgt)* Direktorium *n*, Vorstand *m*, Geschäftsleitung *f*; Board *m*

board of trade *(AE) (Gen, Recht)* Handelskammer *f*

Board of Trade *(BE) (Gen, Recht)* Handelsministerium *n*

board secretary *(BE) (Mgt, Recht)* Board Secretary *m(f) (synonymous: company secretary; secretary with director status; Position mit Director-Status, Anstellungsvertrag und weitgehenden Vollmachten, wird gewählt und abberufen vom Board of Directors; cf board system, company secretary)*

board system *(Mgt, Recht)* Boardsystem *n*, Board-System *n (das sog. Vereinigungsmodell = single-tier system kennt keine institutionalisierte laufende Fremdkontrolle des Vorstands durch einen Aufsichtsrat, es vereinigt sowohl die Führung des Tagesgeschäfts als auch die Überwachung und Kontrolle des Unternehmens in einem einzigen Führungsgremium, dem Board; Gegensatz: Trennungsmodell, Aufsichtsratssystem = two-tier board system, bestehend aus Geschäftsführung/Vorstand = board of management und Aufsichtsrat = supervisory board)*

boardroom 1. *(Gen)* Sitzungsraum *m*; 2. *(Mgt)* Führungsetage *f*; 3. *(Börse)* Börsensaal *m* • **at boardroom level** *(Mgt)* auf Board-Ebene *f*, auf Geschäftsleitungsebene *f*; auf Vorstandsebene *f*

body 1. *(Gen)* Gruppe *f (group)*; Einrichtung *n*, Gremium *n*, Organ *n (organization)*; Instanz *f*; 2. *(Komm)* Textteil *m (letter, e-mail)*

body of creditors *(RW)*

Gläubigergemeinschaft *f*
bogus company *(Gen)* Schwindelfirma *f*
bogus firm *(Gen)* Scheinfirma *f*
bogus self-employment *(Gen, Recht)* Scheinselbstständigkeit *f*
bona fide holder *(Börse)* gutgläubiger Inhaber *m*, gutgläubige Inhaberin *f*
bona fide price *(Gen)* angemessener Preis *m*, solider Preis *m*
bona fide purchaser *(Gen)* gutgläubiger Erwerber *m*, gutgläubige Erwerberin *f*
bond 1. *(Börse, Fin, WiWi)* Anleihe *f*, Obligation *f*, Schuldverschreibung *f*; Wertpapier *n*; 2. *(Versich)* Schuldschein *m* • **in bond** 1. *(Gen)* unter Zollverschluss; 2. *(Imp/Exp)* unverzollt
bond broker *(Börse)* Makler(in) *m(f)* für festverzinsliche Wertpapiere, Rentenhändler(in) *m(f)*, Fondsmakler(in) *m(f)*
bond capital *(Börse)* Anleihekapital *n*
bond certificate *(Börse)* Anleihemantel *m* *(der verbriefte Anspruch auf die Kapitalrückzahlung; Gegensatz: Anleihekupon = bond coupon als verbriefter Zinsanspruch)*
bond conversion *(Börse)* Anleihekonversion *f*
bond coupon *(Börse)* Anleihekupon *m*, Zinsschein *m* *(der verbriefte Zinsanspruch; Gegensatz: Anleihemantel = bond certificate als verbriefter Anspruch auf die Kapitalrückzahlung)*
bond creditor *(Börse)* Anleihegläubiger(in) *m(f)*
bond dealings *(Börse)* Rentenhandel *m*
bond debt *(Börse)* Anleiheschuld *f*
bond features *(Börse)* Anleihe(n)ausstattung *f*
bond financing *(Börse)* Anleihe(n)finanzierung *f*
bond holder *(Börse)* Anleiheninhaber(in) *m(f)*, Obligationär(in) *m(f)*, Obligationsinhaber(in) *m(f)*
bond holdings *(Börse)* Rentenbestand *m*
bond index *(Börse)* Rentenindex *m*
bond issue *(Börse)* Anleihe(n)emission *f*
bond issuing price *(Börse)* Ausgabekurs *m*
bond nominal yield *(Börse)* Nominalverzinsung *f* einer Schuldverschreibung, *(jarg.)* Kupon *m*
bond number *(Bank)* Obligationsnummer *f*
bond premium *(Börse)* Anleiheemissionsagio *n*
bond price *(Fin)* Anleihekurs *m*
bond principal *(Börse)* Anleihekapital *n*
bond proceeds *(Börse)* Anleiheerlös *m*
bond rating *(Börse)* Anleihe(n)rating *n*, bonitätsmäßige Einstufung *f*, bonitätsmäßige Klassifizierung *f* einer Anleihe
bond sales *(Börse)* Absatz *m* festverzinslicher Wertpapiere
bond terms *(Börse)* Anleiheausstattung *f*
bond trading *(Börse)* Rentenhandel *m*
bond turnover *(Börse)* Rentenumsätze *mpl*
bond underwriting *(Börse)* Übernahme *f* einer Anleihe
bond volume *(Fin)* Anleihevolumen *n*
bond with warrants attached *(Börse)* Anleihe *f* mit Optionsscheinen
bond yield *(Börse)* Anleiheerlös *m*; Anleiherendite *f*
bonded *adj (Imp/Exp)* unter Zollverschluss
bonded area *(Imp/Exp, Recht)* Zolleinschlussgebiet *n*
bonded debt *(Fin)* Anleiheschuld *f*, Anleiheverbindlichkeit *f*
bonded goods *(Imp/Exp, WiWi)* Güter *npl* unter Zollverschluss, Waren *fpl* unter Zollverschluss, zollpflichtige Güter *npl*, Zolllagergut *n*
bonded warehouse 1. *(Gen)* Transitlager *n*, Zollspeicher *m*; 2. *(Imp/Exp)* Freilager *n*, privates Zoll(gut)lager *n*
bonds and notes *(Bank, Börse)* Schuldverschreibungen *fpl*
bonds outstanding *(Börse)* Anleiheumlauf *m*, umlaufende Anleihen *fpl*
bonds payable *(RW)* Anleiheverbindlichkeiten *fpl*
bonus 1. *(Fin)* Bonus *m*, Extradividende *f*, Sondervergütung *f*; 2. *(Gen)* Bonifikation *f*; 3. *(Pers)* Prämie *f*, Zulage *f*
bonus increment *(Ind, Pers)* Akkordzuschlag *m*
bonus issue *(BE) (Börse, Fin)* Ausgabe *f* von Gratisaktien
bonus payment *(Admin, Börse)* Sonderzahlung *f*
bonus rate of interest *(Bank)* Prämienzinssatz *m*
bonus savings account *(Bank)*

Prämiensparkonto *n*
bonus savings rate *(Bank)* Prämiensparsatz *m*
bonus scheme 1. *(Pers)* Prämienlohnsystem *n*; 2. *(Versich)* Gewinnplan *m*
bonus share *(Fin)* Gratissaktie *f*
book *v* 1. *(RW)* buchen, verbuchen; 2. *(Gen)* (vor)bestellen, buchen, reservieren *(ticket, place)*; eintragen, aufschreiben, vormerken; verpflichten, engagieren; 3. *(Logis)* einchecken
book *v* **in** *(Frei)* Buchung aufgeben, sich anmelden, (sich) einchecken; sich anmelden, sich eintragen, (sich) einchecken
book 1. *(RW)* Buch *n*; 2. *(Bank)* Geschäftsbuch *n*, Kassenbuch *n*; 3. *(Media)* Buch *n*; 4. *(Börse)* Buch *n*, Gesamtumsatz *m* • **by the book** *(Gen)* streng nach Vorschrift
book building, bookbuilding *(Börse, Fin)* Bookbuilding-Verfahren *n*, Sammlung *f* der Zeichnungsaufträge im Orderbuch, Platzierungsverfahren *n* bei Neuemissionen
book cost *(RW)* Buchwert *m*
book debt *(RW)* Buchforderung *f*
book depreciation *(RW)* Buchwertabschreibung *f*, bilanzielle Abschreibung *f*
book entry *(RW)* Buchung *f*
book inventory *(RW)* Buchinventur *f*; permanente Inventur *f*
book-keeper *(RW)* Buchhalter(in) *m(f)*, Rechnungsführer(in) *m(f)*
book-keeping *(RW)* Buchführung *f*, Buchhaltung *f*
book loss *(RW)* buchmäßiger Verlust *m*, Buchverlust *m*
book of accounts *(RW)* Kontenbuch *n*
book of final entry *(RW)* Hauptbuch *n* *(synonymous: secondary entry; general ledger)*
book of first entry *(RW)* Grundbuch *n* *(original entry)*
book of original entry *(RW)* Grundbuch *n*
book of secondary entry *(RW)* Hauptbuch *n*
book profit *(RW)* Buchgewinn *m*, buchmäßiger Gewinn *m*, Gewinn *m*
book receivables *(RW)* Buchforderungen *f*
book value *(Fin)* Buchwert *m*, Restbuchwert *m*
book value of investment *(RW)* Beteiligungswert *m*
bookbuilding *(Börse, Fin)* Bookbuilding--Verfahren *n*, Sammlung *f* der Zeichnungsaufträge im Orderbuch, Platzierungsverfahren *n* bei Neuemissionen
booked up *adj (Frei, Gen, Logis)* ausgebucht, ausverkauft
booking 1. *(Gen)* Buchung *f*, Eintragung *f*, Engagement *n*, Reservierung *f*; 2. *(V&M)* Platzbelegung *f*
booking confirmation message *(Komm, Gen)* Buchungsbestätigung *f*
booking fee *(Gen)* Buchungsgebühr *f*
booking of new orders *(Gen)* Auftragseingang *m*
booking system 1. *(Frei)* Buchungssystem *n*; 2. *(V&M)* Auftragssystem *n*
bookmarks *(Comp, Komm)* Lesezeichen *npl*; eigene Linkliste *f*, Favoritenliste *f* *(internet links)*
boom *v (WiWi)* rapiden Aufschwung nehmen, rapid steigen, boomen
boom 1. *(WiWi)* Boom *m*, Hausse *f*, Hochkonjunktur *f*, wirtschaftlicher Aufschwung *m*, sprunghafter Anstieg *m* *(prices)*; 2. *(Gen)* Boom *m*, Aufschwung *m*, Steigerung *f*, starker Aufschwung *m*
boost *v* 1. *(WiWi)* ankurbeln, steigern *(demand, exports)*; 2. *(Fin)* steigern *(earnings)*; 3. *(V&M)* steigern *(sales)*
boost *v* **the economy** *(Pol, WiWi)* die Wirtschaft ankurbeln, der Wirtschaft Auftrieb geben, der Wirtschaft Schwung geben
boost 1. *(WiWi)* Auftrieb *m*, Preissteigerung *f*; 2. *(Gen)* Auftrieb *m*, Erhöhung *f*, Förderung *f (upward trend)*; Unterstützung *f (support)*
bootleg version *(Media, V&M, WiWi)* Raubkopie *f*
bootlegging *(Media, WiWi)* Raubkopieren *n*
BOP *s.* balance of payments
border control *(Imp/Exp, WiWi)* Grenzkontrolle *f*
border trade *(Imp/Exp)* Grenzhandel *m*
border traffic *(Gen)* Grenzverkehr *m*
border worker *(Pers)* Grenzarbeitnehmer(in) *m(f)*
borderline case *(Gen)* Grenzfall *m*
borrow *v* 1. *(Bank)* aufnehmen, (ent)leihen *(money)*; 2. *(Gen)* übernehmen *(idea,*

method)
borrow *v* **at call** *(Bank)* täglich kündbares Darlehen aufnehmen
borrow *v* **funds** *(Bank)* Fremdmittel aufnehmen, Geld [Kredit] aufnehmen
borrow *v* **interest-free** *(Bank)* unverzinslich leihen, zinslos borgen
borrow *v* **money** *(Bank)* Geld aufnehmen, Geld leihen
borrowed capital *(Bank, Fin)* aufgenommenes Kapital *n*, Fremdkapital *n*, Fremdmittel *npl*
borrowed funds *(Bank, Fin)* Fremdmittel *npl*, aufgenommene Mittel *npl*
borrowed stock *(Börse)* geliehene Aktien *fpl*
borrower 1. *(Bank)* Darlehensempfänger(in) *m(f)*, Darlehensnehmer(in) *m(f)*, Kreditnehmer(in) *m(f)*; 2. *(Grund)* Hypothekenschuldner(in) *m(f)* *(mortgage)*
borrowers' notes *(Bank, Fin)* Schuldscheine *mpl*
borrower's own funding *(Fin)* Eigenleistung *f*
borrowing *(Bank, Fin)* Darlehensaufnahme *f*, Fremdfinanzierung *f*, Kreditaufnahme *f*
borrowing abroad *(Gen)* externe Verschuldung *f*
borrowing authority *(Fin)* Kreditaufnahmevollmacht *f*
borrowing ceiling *(Gen)* Verschuldungsgrenze *f*, Kreditgrenze *f*
borrowing cost(s) *(Bank, Fin)* Kreditkosten *pl*, Fremdfinanzierungskosten *pl*
borrowing facility *(Bank, Fin)* Kreditfazilität *f*, Kreditmöglichkeit *f*
borrowing fee *(Gen)* Kreditgebühr *f*, Kreditkosten *pl*
borrowing in the money market *(Fin)* Mittelaufnahme *f* am Geldmarkt, Kreditaufnahme *f* am Geldmarkt; Inanspruchnahme *f* des Geldmarktes
borrowing limit *(Fin)* Verschuldungsgrenze *f*, Kreditgrenze *f*, Kreditaufnahmegrenze *f*
borrowing rate *(Bank)* Darlehenszinssatz *m*, Kreditzinssatz *m*, Sollzins *m*, Sollzinssatz *m*
borrowing ratio *(RW)* Fremdfinanzierungsquote *f*
borrowing requirement *(Bank)* Finanzierungsbedarf *m*, Fremdmittelbedarf *m*, Kreditbedarf *m*
borrowings *(Bank)* Darlehen *npl*, Fremdkapital *n*
boss *(Gen)* Chef(in) *m(f)*, *(ugs.)* Boss *m*
• **be one's own boss** *(Pers) (ugs.)* sein eigener Herr sein
bottleneck *(Gen, WiWi)* Flaschenhals *m*; Engpass *m*
bottleneck inflation *(WiWi)* nichtmonetäre Nachfrageinflation *f*, kapazitätsbedingte (Nachfrage-)Inflation *f*
bottom 1. *(WiWi)* Konjunkturtief *n*, Tief *n*, Talsohle *f*, Tiefstand *m*; 2. *(Fin)* niedrigster Stand *m*; 3. *(Gen)* Tiefpunkt *m*, unterste Ebene *f (of organization)*
• **the bottom has dropped out of the market** *(WiWi)* die Kurse sind ins Bodenlose gesunken, der Markt hat einen Tiefstand erreicht
bottom line 1. *(RW)* Nettogewinn *m*, Nettoergebnis *n*, Reingewinn *m* *(synonymous: net earnings, net income)*; Endgewinn *m*; Endverlust *m*; Saldo *m*, Endergebnis *n (overall result)*; 2. *(Mgt)* Kerngeschäft *n*, Grundgeschäft *n*, Hauptsparte *f (main activity)*
bottom-line profit margin *(Fin)* Mindestgewinnspanne *f*, unterste Gewinnmarge *f*
bottom price *(Gen, WiWi)* äußerster Preis *m*, Tiefstpreis *m*
bottom-up *(Gen, Mgt)* progressiv, von unten nach oben *(corporate planning)*
bottom-up approach *(Mgt)* bottom-up--Ansatz *m*
bottom-up management *(Mgt)* progressives Planungs- und Kontrollsystem *n*
bottom-up planning *(Mgt, WiWi)* progressive Unternehmensplanung *f*, Bottom-Up-Planung *f (corporate planning; der Informationsfluss verläuft hier von unten nach oben)*
bought book *(RW)* Einkaufsjournal *n*
bought ledger *(BE) (RW)* Einkaufbuch *n*, Kreditorenbuch *n*, Lieferantenbuch *n*
bought note *(Börse)* Effektenkaufabrechnung *f*, Kaufabrechnung *f*, Schlussnote *f*, Schlussschein *m (of broker)*
bounced check *(AE) (Bank, Gen)* s. bounced cheque
bounced cheque *(BE) (Bank, Gen)*

geplatzter Scheck *m*, ungedeckter Scheck *m*
bounced mail *(Comp, Komm)* zurückgeprallte E-Mail-Nachricht *f*, abgewiesene Nachricht *f (failure of delivery)*
bound for *(Logis)* bestimmt für, unterwegs nach
boundary 1. *(Gen)* Begrenzung *f*; 2. *(Grund)* Grenze *f*
boundary condition *(Stat)* Randbedingung *f*
bounded rationality *(WiWi)* eingeschränkte Rationalität *f*
bounty *(Fin, Pers)* Prämie *f*, Bonus *m*
bourse *(Börse, Fin, WiWi)* Effektenbörse *f (continental Europe)*
box *(Logis, V&M)* Kasten *m*, Kiste *f*
box number *(Komm, Pers)* Chiffrenummer *f*
box-office takings *(Frei)* Einnahmen *fpl (an der Theaterkasse)*
boycott *v (Pers, Recht, WiWi)* boykottieren
boycott 1. *(WiWi)* Ächtung *f*, Boykott *m*, Sperre *f*; 2. *(Pers)* Boykott *m*; 3. *(Imp/Exp)* Sperre *f*
bracket 1. *(Gen)* Stufe *f*, Intervall *n*; 2. *(Media)* Klammer *f*; 3. *(Steuer)* Klasse *f*
brainstorming *(Mgt)* Brainstorming *n*, Ideenfindung *f*; Ideensitzung *f (creativity method, Kreativitätsmethode)*
branch 1. *(Bank)* Filiale *f*, Zweigstelle *f (of bank)*; 2. *(WiWi)* Branche *f*; 3. *(Gen)* Filiale *f*, Geschäftsstelle *f*, Niederlassung *f*
branch bank *(Bank)* Filialbank *f*
branch banking system *(Bank)* Filialbanksystem *n*
branch manager *(Bank)* Filialleiter(in) *m(f)*
branch of a business *(Gen)* Geschäftszweig *m*
branch of economy *(Stat, WiWi)* Wirtschaftszweig *m*
branch of study *(Pers)* Studienzweig *m*, Studienrichtung *f*
branch office 1. *(Bank)* Zweigstelle *f*; 2. *(Gen)* Filiale *f*, Agentur *f*
branch operation *(Gen)* Filialbetrieb *m*, Filiale *f*, Zweigbetrieb *m*; Zweigwerk *n (manufacturing industry)*
brand *v* 1. *(Gen)* kennzeichnen, markieren, brandmarken; 2. *(V&M)* Marke entwickeln
brand 1. *(WiWi)* Handelsmarke *f*; 2. *(Gen)* Fabrikat *n*, Sorte *f*; 3. *(V&M)* Marke *f (of product, service)*
brand acceptance *(V&M)* Markenakzeptanz *f*
brand awareness *(Gen, V&M)* Markenbewusstsein *n*
brand development *(V&M)* Markenentwicklung *f*
brand familiarity *(V&M)* Markenbekanntheit *f*
brand leader *(V&M)* Markenführer *m*, Spitzenmarke *f*
brand loyalty *(V&M)* Markentreue *f*
brand management *(Mgt, V&M)* Markenpflege *f*
brand name *(V&M)* Markenname *m*, Gütezeichen *n*, Handelsbezeichnung *f*
brand portfolio 1. *(Fin)* Markenportefeuille *n*, Markenportfolio *n*; 2. *(V&M)* Markenbestand *m*
brand positioning *(V&M)* Markenpositionierung *f*
brand properties *(V&M)* Markenprofil *m*, Eigenschaften *fpl* einer Marke
brand recognition *(V&M)* Markenwiedererkennung *f*, Markenbewusstsein *n*
brand strategy *(Fin, V&M)* Markenstrategie *f*
branded goods *(Gen, V&M)* Markenartikel *mpl*
branding *(Media, V&M)* Markenmanagement *n*, Markenbranding *n*
breach *v (Gen)* Fuß fassen in *(market)*
breach 1. *(Recht)* Rechtsverletzung *f*, Verstoß *m*; 2. *(Pat)* Verstoß *m* • **in breach of contract** *(Recht)* vertragsbrüchig
breach of agreement *(Pers, Recht)* Vertragsbruch *m*
breach of confidence *(Gen)* Vertrauensbruch *m*, Verletzung *f* der Geheimhaltung, Vertrauensverletzung *f*
breach of duty *(Recht)* Pflichtverletzung *f*
breach of professional etiquette *(Gen)* standeswidriges Verhalten *n*
breach of secrecy *(Gen)* Bruch *m* [Verletzung *f*] der Geheimhaltung
breach of trust 1. *(Gen)* Vertrauensbruch *m*; 2. *(Recht)* Pflichtverletzung *f*
bread *(jarg.) (Gen) (jarg.)* Brötchen *n (money)*; *(jarg.)* Kies *m*, *(jarg.)* Knete *f*, *(jarg.)* Kohle *f*, *(jarg.)* Mäuse *fpl*; Geld *n*, Lebensunterhalt *m*

bread-and-butter line *(Gen)* Grundgeschäft *n*
breadth of offer *(V&M)* Angebotsbreite *f*
breadth of the market *(Börse)* Marktbreite *f*
break *v* 1. *(WiWi)* brechen *(monopoly)*; 2. *(Gen)* brechen *(contract, promise)*; 3. *(Pers)* brechen *(strike)*; 4. *(Recht)* brechen, verstoßen gegen *(contract, law)*; 5. *(Börse)* brechen *(syndicate)*; 6. *(Komm, Media)* bekanntwerden *(news)*; 7. *(Pol)* abfallen *(from party)*
break *v* **down** 1. *(Fin, Gen, RW)* aufschlüsseln, aufgliedern, umbrechen *(costs, figures)*; scheitern *(plans, negotiations)*; 2. *(Ind)* zerlegen, ausfallen, versagen *(machinery)*; 3. *(Logis)* Panne haben; 4. *(Mgt)* platzen *(negotiations)*; 5. *(Comp)* zusammenbrechen *(crash)*
break *v* **down expenses** *(Fin, RW)* Kosten aufgliedern, Kosten aufschlüsseln, Kostengliederung aufstellen
break *v* **even** 1. *(Admin, WiWi)* die Gewinnschwelle erreichen; 2. *(Fin, Gen)* kostendeckend arbeiten
break *v* **into a market** *(Gen)* in einen Markt eindringen, auf einen Markt vorstoßen
break *v* **new ground** *(Gen)* Neuland betreten, Neuland erschließen
break *v* **the ceiling** *(Fin)* die Obergrenze durchstoßen
break *v* **the deadlock** *(Gen)* den toten Punkt überwinden
break *v* **the law** *(Recht)* gegen das Gesetz verstoßen
break 1. *(Komm)* Bruch *m*, Pause *f (for news bulletin)*; Sendeunterbrechung *f (for commercials)*; 2. *(Gen) (ugs.)* Chance *f (stroke of good luck)*; 3. *(Pers)* Pause *f (in work)*; 4. *(Börse)* Kurseinbruch *m*
break bulk cargo *(Logis)* Stückgutfracht *f*, Stückgut *n*
break in employment *(Pers, WiWi)* Unterbrechung *f* der Beschäftigung, Unterbrechung *f* des Beschäftigungsverhältnisses
break in the market *(V&M)* Preiseinbruch *m*
break in the trend *(Stat, V&M, WiWi)* Trendbruch *m*
break point *(Gen)* Bruchstelle *f*
break-up *(Admin, Gen)* Auflösung *f*, Zerschlagung *f*, Aufteilung *f*
break-up value *(RW)* Abbruchwert *m*, Liquidationswert *m*
breakdown 1. *(RW)* Aufgliederung *f*; 2. *(Gen)* Aufgliederung *f*, Aufstellung *f*, Untergliederung *f*, Aufschlüsselung *f (analysis)*; Scheitern *n (failure)*; 3. *(Logis)* Ausfall *m (failure)*; Betriebsunterbrechung *f (interruption)*; Störung *f (rail)*
breakdown of costs *(Fin, RW)* Kostenaufgliederung *f*, Kostengliederung *f*
breakdown of expenses *(Fin, RW)* Kostenaufgliederung *f*, Kostengliederung *f*
breakdown of the cash flow *(Fin, WiWi)* Zerlegung *f* des Zahlungsstroms, Aufgliederung *f* des Cashflow
breakeven-analysis *(Fin, WiWi)* Break--Even-Analyse *f*, Deckungsbeitragsrechnung *f*; Gewinnschwellenanalyse *f*
breakeven level *(Fin, WiWi)* Kostendeckungsschwelle *f*
breakeven level of income *(WiWi)* Basiseinkommen *n (of households)*
breakeven point 1. *(RW, WiWi)* Break--Even-Punkt *m*, Ertragsschwelle *f*, Nutzschwelle *f*; Gewinnschwelle *f (profits)*; 2. *(Mgt)* Rentabilitätsschwelle *f*
breakeven quantity 1. *(Fin, WiWi)* kritische Menge *f*, Break-Even--Stückzahl *f*; 2. *(V&M)* kostendeckende Menge *f*
breaking down *(Gen)* Aufschlüsselung *f*
breaking-off of university studies *(Bil)* Studienabbruch *m*, Abbruch *m* des Studiums
breakthrough *(Pol, WiWi)* Durchbruch *m*
bribe *v (Gen)* bestechen
bribe *(Fin)* Bestechungsgeld *n*, Bestechungsgeschenk *n*, Bestechung *f*, Schmiergeld *n*
bribery *(Gen)* Bestechung *f*
BRIC countries *(WiWi, Pol)* Bric-Staaten *mpl*, Bric-Länder *npl*; aufstrebende Volkswirtschaften *fpl (BRIC = Bric = Brazil, Russia, India, China; 'Schwellenländer' mit anhaltenden Wachstumsraten von über 5 %; anders: seit dem sog. 'Heiligendamm-Prozess' der G 8 werden Brasilien, China, Indien, Mexiko, Südafrika ab 2007*

zusammengefasst als G5 = G 5)
brick and mortar banks *(Bank)* traditionelle Filialbanken *fpl*; Bankfilialen *fpl*, Filialnetz *n*
brick and mortar enterprises *(Gen)* traditionelle Unternehmen *npl*, Old Economy-Unternehmen *npl*
bricks and mortar *(jarg.) (Gen, RW)* Sachanlagen *fpl*
bridge finance *(Fin)* Zwischenfinanzierung *f*, Überbrückungsfinanzierung *f*
bridge-head investment *(WiWi)* Einstiegsinvestition *f*
bridge loan *(AE) (Bank) s.* bridging loan
bridge-over loan *(Bank)* Überbrückungskredit *m*, Zwischenkredit *m*
bridging advance *(Bank)* Überbrückungskredit *m*, Zwischenkredit *m*
bridging allowance *(Soz)* Überbrückungsbeihilfe *f*, Überbrückungsgeld *n*
bridging facility *(Bank)* Überbrückungsfazilität *f*
bridging loan *(BE) (Bank)* Überbrückungskredit *m*, Zwischenkredit *m*
brief *v* 1. *(Gen)* anweisen, informieren, instruieren, unterrichten; 2. *(Recht)* mit der Vertretung eines Falles betrauen, instruieren
brief 1. *(Gen)* Auftrag *m*, Instruktionen *fpl*, Kurzbericht *m*; 2. *(Recht)* Schriftsatz *m*
briefing 1. *(Gen)* Anweisungen *fpl*; 2. *(Mgt)* Einweisung *f*
briefing session *(Gen)* Einsatzbesprechung *f*
bring *v* **an accusation against sb** *(Recht)* gegen jmdn. öffentlich Klage erheben
bring *v* **an action against sb** *(Recht)* gegen jmdn. Klage erheben, jmdn. verklagen
bring *v* **forward** 1. *(Bank, Fin, RW)* übertragen, vortragen *(balance)*; 2. *(Gen)* vorverlegen *(date, meeting)*
bring *v* **forward a claim** *(Recht)* einen Anspruch geltend machen
bring *v* **in** 1. *(Gen)* einbringen, hereinbringen, verdienen *(revenue, sales)*; 2. *(Recht)* einbringen, einführen
bring *v* **out** *(Börse)* auf den Markt bringen *(new issue)*
bring *v* **pressure to bear on sb** *(Gen)* auf jmdn. Druck ausüben
bring *v* **sth under control** *(Gen, Mgt)* etw. unter Kontrolle bringen
bring *v* **sth up to date** *(Gen)* etw. aktualisieren, *(jarg.)* etw. updaten
brisk *adj (Börse, Gen, WiWi)* lebhaft, rege *(demand, trading)*
British Standard *(Ind, Recht)* britische Norm, Deutsche Industrienorm *f*, DIN
broad-based *adj (Steuer)* auf breiter Bemessungsgrundlage, breit fundiert, allgemein
broad market *(Börse)* aufnahmefähiger Markt *m*, lebhafter Handel *m*
broad monetary aggregate *(WiWi)* weit gefasstes Geldmengenaggregat *n (M3)*
broad money *(Bank)* Geldmenge *f* M3, Geldmenge *f* in ihrer weit(est)en Abgrenzung, Geldmenge *f* (weite Abgrenzung)
broad money stock M3 *(WiWi)* weit abgegrenzte Geldmenge *f* M3
broadband connection *(Comp, Komm)* Breitband-Verbindung *f*
broadly diversified *(Gen, V&M)* stark diversifiziert, weit aufgefächert
brochure *(Gen)* Broschüre *f*, Prospekt *m*, Werbeschrift *f*
broke *adj (Gen)* bankrott, *(ugs.)* pleite
• **go broke** *(Gen)* Bankrott gehen, *(ugs.)* Pleite machen
broken down *adj (Gen)* aufgeschlüsselt, untergliedert
broken period interest *(Börse, Fin, RW)* Stückzinsen *mpl*
broker *(Fin)* Börsenhändler(in) *m(f)*, Makler(in) *m(f)*, Broker(in) *m(f)*
brokerage 1. *(Gen)* Maklergeschäft *n*; 2. *(Börse)* Courtage *f*
brokerage allowance *(AE) (Börse)* Maklergebühr *f*
brokerage commission *(Börse)* Maklerprovision *f*
brokerage statement *(Börse)* Courtagerechnung *f*, Courtageabrechnung *f*
broker's commission *(Börse)* Courtage *f*, Maklergebühr *f*, Maklerprovision *f*
broker's loan *(Börse)* täglich kündbarer Maklerkredit *m*
broker's statement 1. *(Gen)* Maklerabrechnung *f*; 2. *(Börse)* Courtagerechnung *f*, Courtageabrechnung *f*
brought forward *(b.f., b.fwd.) (Fin, RW)*

Saldovortrag *m*, Übertrag *m*, Vortrag *m*
browse *v (Komm)* blättern, durchsuchen *(internet, database)*
browser *(Comp, Komm)* Browser *m* *(basic internet surfing program)*
BRS *s.* bank reporting system
Brussels detour/take the *(jarg.) (Pol)* *(jarg.)* den Umweg über Brüssel machen, den Umweg über Brüssel nehmen, *(jarg.)* über Brüsseler Bande spielen *(was auf nationaler Ebene politisch nicht durchführbar ist, wird häufig über die EU unter anderen Lobby- und Mehrheitsbedingungen durchgesetzt: ein Fachministerium kann so ein nationales Regulierungsvorhaben, das im eigenen Land nicht realisierbar ist, in Brüssel anstoßen und es, unter Umgehung des Subsidiaritätsprinzips und nationaler Gesetzgebungsverfahren, dort verhandeln, um am Ende im jeweiligen Fachministerrat selbst mit darüber zu entscheiden)*
bubble economy 1. *(WiWi)* Blasenwirtschaft *f*; 2. *(Börse, Fin)* Spekulationsblase *f*, spekulative Blase *f*
bubble policy 1. *(WiWi)* Blasenpolitik *f*; 2. *(Umwelt)* Glockenpolitik *f*
buck *v* **the trend** *(Gen)* gegen den Strom schwimmen, gegen den Trend laufen
buck *(Gen)* Dollar *m*
bucks *(Gen) (ugs.)* Kohle *f*
budget *v (Fin, Pol, RW, WiWi)* Etat aufstellen, einplanen, etatisieren
budget *(Fin, Pol)* Budget *n*, Etat *m*, Finanzplan *m*; Haushaltsplan *m*, Staatshaushalt *m (of government)* • **be on a tight budget** *(Fin)* über ein knappes Budget verfügen
budget accounting *(Admin, RW)* Plankostenrechnung *f*
budget appropriation 1. *(Fin)* Ausgabenbewilligung *f*, Etatansatz *m*; 2. *(Pol)* Bewilligung *f* von Haushaltsmitteln
budget ceiling 1. *(RW)* Haushaltsplafond *m*; 2. *(WiWi)* Ausgabengrenze *f*
budget constraint *(Fin, WiWi)* Budgetrestriktion *f*
budget control *(Fin, RW)* Budgetkontrolle *f*, Finanzkontrolle *f*, Haushaltskontrolle *f*
budget cost *(RW)* Plankosten *pl*, Sollkosten *pl*, Vorgabekosten *pl* *(synonymous: budgeted cost, scheduled cost, standard cost)*
budget cut *(Fin, RW, WiWi)* Haushaltskürzung *f*
budget cuts *(Fin)* Budgeteinsparungen *fpl*
budget deficit *(Gen)* Haushaltsdefizit *n*
budget equation *(WiWi)* Bilanzgleichung *f*
budget incidence *(WiWi)* Budgetinzidenz *f*
budget line *(WiWi)* Bilanzgerade *f*
budget period *(Fin, RW, WiWi)* Haushaltsjahr *n*, Budgetperiode *f*, Haushaltsperiode *f*, Planungsperiode *f*
budget prices *(RW)* Preisansätze *mpl*, Kalkulationspreise *mpl*
budget proposal *(Fin, RW, WiWi)* Haushaltsvorlage *f*
budget resolution *(AE) (Pol)* Haushaltsverabschiedung *f*
budget review *(Fin, RW, WiWi)* Budgetrevision *f*, Planrevision *f*
budget surplus *(Gen)* Haushaltsüberschuss *m*
budget variance 1. *(RW)* Etatabweichung *f*; 2. *(Fin)* Planabweichung *f*
budget year *(Fin, Pol, RW)* Haushaltsjahr *n*
budgetary *adj (Fin, RW, WiWi)* haushaltsmäßig, haushalts, budget
budgetary adjustment *(Fin, RW, WiWi)* Budgetberichtigung *f*, Haushaltsanpassung *f*, Planrevision *f*
budgetary appropriation *(Fin, Pol)* Ausgabenbewilligung *f*, Haushaltsbewilligung *f (of government)*; Verpflichtungsermächtigung *f (for commitment; EU)*; Zahlungsermächtigung *f (for payment; EU)*
budgetary control *(BC) (Fin, RW)* Budgetkontrolle *f*, Plankontrolle *f*; Prognosekostenrechnung *f* *(establishment of budgets in advance of an accounting period and the continuous or periodical comparison of actual with budgeted results = laufender Soll-Ist-Vergleich to establish any variances = Abweichungen and to provide a basis for revision; neben der Standardkostenrechnung die zweite Form der Plankostenrechnung)*
budgetary costs 1. *(RW)* Vorgabekosten

pl; 2. *(Fin, WiWi)* Budgetkosten *pl*, Sollkosten *pl*
budgetary deficit 1. *(Fin, WiWi)* Haushaltsdefizit *n*; 2. *(Gen, Pol)* Deckungslücke *f*
budgetary expenditure *(Fin, Pol)* Haushaltsausgaben *fpl*
budgetary period *(Fin, Pol)* Haushaltsjahr *n*, Finanzperiode *f*, Haushaltsperiode *f*
budgetary powers *(Pol)* Haushaltsbefugnisse *fpl*, Verantwortung *f* für das Budget, Zuständigkeit *f* für den Etat
budgetary revenue *(Fin)* Haushaltseinnahmen *fpl*
budgetary spending *(Fin, Pol)* Haushaltsausgaben *fpl*
budgetary statement *(Pol)* Haushaltsabschluss *m*
budgeted *adj (RW)* veranschlagt, im Haushalt vorgesehen
budgeted cost *(RW)* Plankosten *pl*, Sollkosten *pl*, budgetierte Kosten *pl*, Budgetkosten *pl*, Vorgabekosten *pl* *(budgetary control = Prognosekostenrechnung)*
budgeted income *(Mgt)* Sollertrag *m*, Planerlös *m*
budgeted profit *(Mgt)* Planergebnis *n*, Sollergebnis *n*
budgeting *(Gen)* Aufstellung *f* eines Haushaltsplanes, Budgetierung *f*, Etatisierung *f*, Finanzplanung *f*, Haushaltsplanung *f*
buffer stock *(WiWi)* Ausgleichslager *n*, Puffervorrat *m*, Vorratslager *n*
buffer store *(WiWi)* Ausgleichslager *n*, Pufferlager *n*
build *v* **up** 1. *(Gen)* aufbauen, herstellen, errichten *(firm)*; aufstocken *(reserves)*; 2. *(Grund)* bebauen *(land)*
build *v* **up from scratch** *(Gen)* von vorn beginnen, von null anfangen
build *v* **up momentum** *(Gen, WiWi)* Dynamik entfalten
building 1. *(Gen)* Gebäude *n*; 2. *(Grund)* Bau *m*, Bebauung *f*, Gebäude *n*
building activity *(Ind, WiWi)* Bautätigkeit *f*
building and loan association *(AE)* *(Bank, Fin)* Bausparkasse *f*
building block concept *(Ind)* Baukastenprinzip *n*
building loan agreement *(Bank)* Baudarlehensvertrag *m*
building permit *(AE) (Grund)* Baugenehmigung *f*
building regulations *(Grund, Recht)* Bauvorschriften *fpl*
building site *(Grund, Ind)* Bau *m*, Bauplatz *m*, Baustelle *f*
building society *(BE) (Bank, Fin)* Bausparkasse *f*
built-in *adj (WiWi)* eingebaut
built-in flexibility *(WiWi)* automatischer Konjunkturstabilisator *m*, automatischer Stabilisator *m*
built-in inflator *(WiWi)* automatischer Inflationsverstärker *m (e. g. a sliding wage scale = eine gleitende Lohnskala z. B.)*
built-in obsolescence *(V&M, WiWi)* geplanter Verschleiß *m*, geplantes Veralten *n*
built-in stabilizer *(WiWi)* automatischer Konjunkturstabilisator *m*, automatischer Stabilisator *m*
bulge *(Börse)* rascher Kursanstieg *m*
bulk 1. *(WiWi)* Größe *f*, Großteil *m*, Masse *f*; 2. *(Gen)* Umfang *m*, Masse *f (volume)*; Menge *f*, Hauptteil *m*, größter Teil *m* *(majority)*; 3. *(Logis)* lose Ware *f*, Schüttgut *n* • **in bulk** *(Ind)* unverpackt
bulk business *(Gen)* Massengeschäft *n*, Mengengeschäft *n*; standardisiertes Geschäft *n*
bulk buyer *(Gen)* Großabnehmer(in) *m(f)*
bulk commodity *(Gen)* Schüttgut *n*, Massengut *n*
bulk discount *(Gen)* Mengenrabatt *m*
bulk goods *(Gen, Logis)* Schüttgut *n*, lose Ware *f*, unverpackte Ware *f*
bulk mail 1. *(Komm)* Postwurfsendung *f*; 2. *(Gen)* Massendrucksachen *fpl*
bulk order *(Gen)* Großauftrag *m*, Sammelauftrag *m*
bulk price *(Gen, WiWi)* Mengenpreis *m*
bulk production *(Ind)* Massenfertigung *f*, Massenproduktion *f*
bulk purchaser *(Gen, WiWi)* Großeinkäufer(in) *m(f)*, Mengeneinkäufer(in) *m(f)*, Großabnehmer(in) *m(f)*
bulk storage *(Gen)* Großlager *n*, Massenspeicher *m*
bulky *adj (Gen, Logis)* sperrig
bull *(Börse)* Haussespekulant *m*, Haussier *m* • **go a bull** *(Börse)* auf Hausse spekulieren
bull buying *(Börse)* Haussekauf *m*, Kauf *m* auf Hausse

bull market *(Börse)* (spekulative) Börsenhausse *f*, Aktienhausse *f*
bull position *(Börse)* Hausseengagement *n*, Hausseposition *f*
bull transaction *(Börse)* Haussegeschäft *n*
bullet *(Bank, Börse)* Anleihe *f* ohne laufende Tilgung, endfällige Anleihe *f*
bullet loan *(Bank, Börse)* Endfälligkeitsdarlehen *n*, Anleihe *f* mit Endfälligkeit
bullet repayment *(Bank, Börse)* Anleihentilgung in einer Gesamtsumme
bulletin 1. *(Komm)* Nachricht *f*, offizieller Bericht *m*; 2. *(Media, V&M)* Nachrichtenblatt *n*
bullion *(Bank)* Edelmetallbarren *m*
bullion market *(Börse, V&M)* Goldbarrenmarkt *m*
bullion stock *(Gen)* Edelmetallbestand *m*
bullish movement *(Börse, Fin, WiWi)* Hausse *f*, Haussebewegung *f*, Haussephase *f*
bunching *(Steuer)* Bündelung *f*
bundle *v (V&M)* bündeln
bundled deal *(Börse)* Paketgeschäft *n*
buoyant *adj (WiWi) (rising)* steigend; belebt, lebhaft, aktiv
buoyant forces *(WiWi)* Auftriebskräfte *fpl*
buoyant tax *(Steuer)* lebhaft sprudelnde Steuer *f*
burden *(WiWi)* Auflage *f*, Belastung *f*, Gemeinkosten *pl*, Last *f*
burden of debts *(WiWi)* Schuldenlast *f*
burden of payment *(Steuer)* Zahlungsbelastung *f*, Zahlungslast *f*
burden of proof *(Recht)* Beweislast *f*, Beweispflicht *f* • **party on which lies the burden of proof** *(Recht)* beweispflichtige Partei *f* • **the burden of proof lies with the defendant** *(Recht)* die Beweislast obliegt dem Kläger
burden of reporting *(Bank, Mgt)* Meldepflicht *f*
burden-sharing *(Gen)* Finanzausgleich *m*
bureau *(Gen)* Büro *n*, Amtszimmer *n (office)*; Amt *n*, Behörde *f*, Dienststelle *f*
bureaucratic *adj (Gen)* bürokratisch
burn *v* **capital** *(jarg.) (Fin, Mgt) (jarg.)* Kapital verbrennen, Kapital vernichten
burn rate *(Fin)* Burn Rate *f*, Kapitalvernichtungsrate *f*, *(ugs.)* Verbrennungsrate *f (negative cash flow indicating the distance of a lemming to the edge of the cliff or the time to financial distress)*
burst *v (Börse, Gen)* platzen, zerplatzen *(bubble)*
business *(Gen)* Angelegenheit *f (affairs to be attended to)*; Geschäfte *npl (commerce)*; Geschäft *n*, Unternehmen *n (enterprise, company)*; Betrieb *m*, Firma *f (firm)*; Geschäftsverbindungen *fpl (links, relations)* • **business is slack** *(Gen)* das Geschäft ist ruhig • **business transferred to** *(Gen)* Geschäftsübertragung auf • **do business** *(Gen)* Geschäfte tätigen • **do new business** *(Gen)* Neuabschlüsse *mpl* tätigen • **go out of business** *(Gen)* die Geschäftstätigkeit einstellen • **on business** *(Gen)* geschäftlich • **What line of business are you in?** *(Gen)* In welcher Branche sind Sie tätig?
business account *(Bank)* Geschäftskonto *n*, Geschäftsgirokonto *n*, Firmenkonto *n*; Firmenkunde *m*, Geschäftskunde *m*, gewerblicher Kunde *m (in wholsale banking; synonymous: corporate client, corporate account, business customer, business client, wholesale customer; opposite, retail banking: private customer = Privatkunde)*
business acquaintance *(Gen, Mgt)* Geschäftsbekanntschaft *f*, Geschäftsfreund *m*
business administration *(Admin)* Betriebswirtschaft *f*, Betriebswirtschaftslehre *f*
business affairs *(Gen)* geschäftliche Angelegenheiten *fpl*
business angels *(Fin, Mgt)* Unternehmensengel *mpl*, Business Angels *mpl (well-healed, experienced managers for the support of start-ups)*
business arithmetic *(Edu, Gen)* kaufmännisches Rechnen *n*, Wirtschaftsrechnen *n (synonymous: commercial arithmetic)*
business assets *(Fin, Gen, RW)* Betriebsvermögen *n*, Geschäftsvermögen *n*
business associate *(Gen)* Geschäftsfreund *m (synonymous: business friend)*; Firmenkunde *m*, Geschäftskunde *m (synonymous: business customer)*
business barometer *(WiWi)*

Konjunkturbarometer *n*
business capital spending *(RW, WiWi)* Anlageinvestitionen *fpl*
business card *(Gen)* Geschäftskarte *f*, Visitenkarte *f*
business center *(AE) (Gen) s.* business centre
business centre *(BE) (Gen)* Geschäftsviertel *n*, Geschäftszentrum *n*, Handelszentrum *n (district)*
business charges *(Gen)* Betriebsausgaben *fpl*
business client *(Gen)* Firmenkunde *m*, Geschäftskunde *m*
business climate *(Gen, WiWi)* Stimmungslage *f* der Wirtschaft, Geschäftsklima *n*
business collapse *(Gen, Mgt)* Firmenzusammenbruch *m* Unternehmenszusammenbruch *m*, *(ugs.)* Firmenpleite *f*
business concern *(Gen)* Geschäftsbetrieb *m*, Handelsunternehmen *n*
business conditions 1. *(WiWi)* wirtschaftliche Rahmenbedingungen *fpl*, wirtschaftliches Umfeld *n*; 2. *(Gen)* Geschäftsbedingungen *fpl*
business confidence *(Pol, WiWi)* Unternehmervertrauen *n*
business connection *(Gen)* Geschäftsbeziehung *f*, Geschäftsverbindung *f*, befreundete Firma *f*
business corporation *(Gen, WiWi)* Kapitalgesellschaft *f*
business customer *(Gen)* Firmenkunde *m*, Geschäftskunde *m (synonymous: corporate account, corporate client, business associate, business customer; opposite: private customer = Privatkunde)*; Geschäftsfreund *m (synonymous: business friend, business associate)*
business customers *(Bank, V&M)* Firmenkundschaft *f*, gewerbliche Kundschaft *f*
business cycle *(WiWi)* Konjunkturzyklus *m*
business cycle theory *(WiWi)* Konjunkturtheorie *f*
business data processing *(Gen)* Wirtschaftsinformatik *f*, kommerzielle Datenverarbeitung *f*
business diversification *(Mgt)* Geschäftsdiversifizierung *f*
business economist *(Gen)* Betriebswirt(in) *m(f)*
business enterprise *(Gen)* Gewerbebetrieb *m*, gewerbliches Unternehmen *n*, Handelsunternehmen *n*, Wirtschaftsunternehmen *n*, Firma *f*, Fa.
business equipment and furnishing *(RW)* Betriebs- und Geschäftsausstattung *f*
business expansion 1. *(WiWi)* Konjunkturaufschwung *m*; 2. *(Mgt)* Geschäftserweiterung *f*, Geschäftsausdehnung *f*
business expectations *(Stat, V&M)* Geschäftserwartungen *fpl*
business expenditure *(Gen, RW, Steuer)* Betriebsausgaben *fpl*
business expenses *(Gen, RW, Steuer)* Betriebsausgaben *fpl*
business exposures liability *(Recht)* Haftung *f* für Geschäftsrisiken
business failure *(Gen)* Insolvenz *f*, geschäftlicher Zusammenbruch *m*
business finance *(Fin)* Finanzwirtschaft *f*, Unternehmensfinanzierung *f*
business forecasting *(WiWi)* Konjunkturprognose *f*
business form 1. *(Recht)* Unternehmensform *m (organization)*; 2. *(Gen)* Formblatt *n*, Geschäftsformular *n (paper)*
business generalist *(Gen)* Generalist *m*
business goods *(Gen)* Geschäftswaren *fpl*
business graphics 1. *(Comp)* Geschäftsgrafik *f*; 2. *(Media)* Geschäftsgrafik *f*
business hours *(Gen)* Geschäftszeiten *fpl*, Geschäftsöffnungszeiten *fpl*, Öffnungszeiten *fpl* der Geschäfte
business incentives *(WiWi)* Konjunkturimpulse *mpl*
business incubator *(Gen)* Gründerzentrum *n*
business indicator *(WiWi)* Konjunkturbarometer *n*, Konjunkturindikator *m*
business insurance *(Versich)* Rückdeckungsversicherung *f*, Sachversicherung *f*
business interruption *(Gen)* Betriebsunterbrechung *f*, Geschäftsunterbrechung *f*

business judgement 1. *(Mgt)* unternehmerisches Ermessen *n*; 2. *(Recht)* Grundsatz *m* des unternehmerischen Ermessens
business law *(Recht)* Wirtschaftsrecht *n*
business letter *(Gen)* Geschäftsbrief *m*
business liability insurance *(Versich)* Betriebshaftpflichtversicherung *f*
business loan *(Bank)* gewerblicher Kredit *m*
business location *(Mgt, WiWi)* Wirtschaftsstandort *m*
business loss *(RW)* Geschäftsverlust *m*
business management *(Mgt, WiWi)* Betriebsleitung *f*, Geschäftsleitung *f*; Betriebsführung *f*, Geschäftsführung *f*, Unternehmensführung *f*; Unternehmensverwaltung *f*
business management agreement *(Mgt, WiWi)* Verwaltungsvertrag *m*
business manager *(Mgt, Pers)* Angestellte(r) *f(m)* in leitender Position, Hauptabteilungsleiter(in) *m(f)*, Geschäftsführer(in) *m(f)*, kaufmännischer Direktor *m*, kaufmännische Direktorin *f*, leitende(r) Angestellte(r) *f(m)*
business meeting *(Gen)* Meeting *n*
business model *(V&M)* Geschäftsmodell *n*
business objective *(V&M)* Unternehmensziel *n*
business operation 1. *(Mgt, WiWi)* Geschäftssparte *f*; 2. *(Gen)* Geschäft *n*, Geschäftstätigkeit *f*
business operations *(Gen)* Geschäftsbetrieb *m*, Geschäftstätigkeit *f*
business opportunity *(Gen)* Geschäftschance *f*, geschäftliche Möglichkeit *f*
business organization *(Gen)* Betriebsstruktur *f*, Firmenorganisation *f*
business-oriented *adj (Gen)* geschäftsorientiert
business outlook 1. *(WiWi)* Geschäftsaussichten *fpl*, Konjunkturaussichten *fpl*; 2. *(Gen)* Geschäftsprognose *f*, Wirtschaftsvorschau *f*
business owner *(Gen, Recht)* Betriebsinhaber(in) *m(f)*, Unternehmensinhaber(in) *m(f)*, Geschäftsinhaber(in) *m(f)*
business pages *(Media)* Wirtschaftsteil *m*
business paper 1. *(Bank)* Handelswechsel *m (commercial bill)*; 2. *(Media)* Wirtschaftszeitung *f*
business planning *(Mgt)* Betriebsplanung *f*, Unternehmensplanung *f*
business policy *(Admin, WiWi)* Geschäftspolitik *f*, Unternehmenspolitik *f*, Geschäftsmethoden *fpl*
business portfolio 1. *(WiWi)* Geschäftsfeld(er)-Portfolio *n*; 2. *(Börse, Fin)* Unternehmensportefeuille *n*
business practice *(Gen)* Geschäftspraxis *f*
business premises *(Gen)* Geschäftsgebäude *n*, Geschäftslokal *n*, Geschäftsräume *mpl*; gewerbliche Räume *mpl*
business press *(Media, V&M)* Wirtschaftspresse *f*
business purpose *(Recht, WiWi)* Geschäftsgegenstand *m*, Geschäftszweck *m*
business regulations *(Gen)* Handelsvorschriften *fpl*, Betriebsvorschriften *fpl*
business relations 1. *(WiWi)* Geschäftsbeziehungen *fpl*, Geschäftsverbindungen *fpl*; 2. *(Gen)* geschäftliche Beziehungen *fpl*
business risk 1. *(Fin, Gen)* unternehmerisches Risiko *n*, Unternehmerrisiko *n*, unternehmerisches Wagnis *n*, Unternehmerwagnis *n (synonymous: entrepreneurial risk)*; 2. *(Bank, Fin)* Kreditrisiko *n (synonymous: credit risk)*
business secret *(Pers)* Geschäftsgeheimnis *n*, Dienstgeheimnis *n*
business sector *(Gen)* Wirtschaftssektor *m*
business segment *(Mgt, WiWi)* Geschäftsfeld *n*, Geschäftsbereich *m*, Geschäftssparte *f*, Unternehmensbereich *m*
business segment reporting *(Mgt, RW)* Geschäftsfeld-Berichterstattung *f*
business service *(Gen)* Dienstleistung *f*
business situation *(Gen)* Wirtschaftslage *f*
business slowdown *(WiWi)* Konjunkturverlangsamung *f*, konjunktureller Abschwung *m*

business start-up 1. *(WiWi)* Betriebsgründung *f*; Unternehmensgründung *f*; 2. *(Gen, Recht)* Existenzgründung *f*
business strategy *(Gen, Mgt, WiWi)* Geschäftsstrategie *f*, Unternehmensstrategie *f*
business studies *(WiWi)* Betriebswirtschaftslehre *f*
business tax *(AE) (Steuer)* Gewerbesteuer *f*, Gewerbeertrag(s)steuer *f*, Unternehmen(s)steuer *f*
Business-to-Business *(B2B) (Comp, Komm, V&M)* B2B *n*, elektronischer Handel *m* der Unternehmen untereinander, Internetgeschäft *n* zwischen Unternehmen, E-Commerce--Angebote *npl* für Firmenkunden
Business-to-Consumer *(B2C) (Comp, V&M)* B2C *n*, elektronischer Handel *m* der Unternehmen mit Privatkunden, Internetgeschäft *n* zwischen Unternehmen und Konsumenten, Internethandel *m* mit (End--)Verbrauchern
business travel *(Gen)* Geschäftsreise *f*
business trend *(Gen)* Geschäftstrend *m*
business trip *(Gen)* Dienstreise *f*, Geschäftsreise *f*
business venture *(Mgt)* (risikobehaftetes) Geschäftsprojekt *n*
business volume *(Gen)* Geschäftsumfang *m*, Geschäftsvolumen *n*
business year 1. *(RW)* Wirtschaftsjahr *n*; 2. *(Gen)* Geschäftsjahr *n*
businessman *(Gen)* Geschäftsmann *m*, Kaufmann *m*, Unternehmer *m*
businessman's risk *(Gen)* Unternehmerrisiko *n*
businesswoman *(Gen)* Geschäftsfrau *f*, Kauffrau *f*, Unternehmerin *f*
busy *adj* 1. *(Komm) (AE)* besetzt *(telephone line, signal, tone)*; belegt, in Betrieb *(machine)*; 2. *(Gen)* belebt; beschäftigt, tätig *(person)*
busy schedule *(Mgt)* voller Terminkalender *m*
buy *v* 1. *(WiWi)* anschaffen, beziehen, einkaufen, erwerben; 2. *(Gen)* kaufen, abnehmen
buy *v* **at market** *(Börse)* an der Börse kaufen
buy *v* **at the top of the market** *(V&M)* zu Höchstpreisen kaufen
buy *v* **back** *(Börse, Gen)* zurückkaufen
buy *v* **for the account** *(Börse)* auf Termin kaufen
buy *v* **forward** *(Börse)* per Termin kaufen, auf Termin kaufen
buy *v* **in** 1. *(Gen)* sich eindecken mit, einkaufen; selbst ersteigern *(at auction)*; 2. *(Börse)* Deckungskäufe vornehmen
buy *v* **off** *(Gen)* abfinden, aufkaufen
buy *v* **on a falling market** *(Börse)* in einem Baissemarkt kaufen, bei nachgebenden Kursen kaufen
buy *v* **on hire purchase** *(BE) (Fin, V&M)* auf Abzahlungsbasis kaufen, auf Mietkaufbasis kaufen, auf Abzahlung kaufen
buy *v* **on installment** *(AE) (Gen) s.* buy on instalment
buy *v* **on instalment** *(BE) (Gen)* auf Kredit kaufen
buy *v* **on the installment plan** *(AE) (Fin, V&M) s.* buy on the instalment plan
buy *v* **on the instalment plan** *(BE) (Fin, V&M)* auf Abzahlungsbasis [Mietkaufbasis, Abzahlung] kaufen
buy *v* **out** *(Gen)* aufkaufen *(company)*; auszahlen *(partner)*
buy *v* **shares on the open market** *(Börse)* Aktien an der Börse kaufen
buy *v* **sth on approval** *(Gen)* etw. auf Probe kaufen
buy *v* **sth on credit** *(Gen)* etw. auf Kredit kaufen
buy *v* **up** *(Gen)* aufkaufen *(company)*
buy-and-hold strategy *(Börse)* Kauf--und-Halte-Strategie *f*, Kaufen-und--Halten-Strategie *f (mittel- bis langfristige Anlagen)*
buy-back *(Fin)* Rückkauf *m*
buy-back agreement *(Bank, WiWi)* Rückkaufvereinbarung *f*
buy-back commitment *(Fin, Gen)* Rückkaufsverpflichtung *f*
buy-back deal *(Gen)* Kompensationsgeschäft *n*, Kompensationsgeschäft *n* mit Rückkaufvereinbarung, Gegengeschäft *n*
buy-back price *(Börse, Fin)* Rückkaufskurs *m*
buyer *(Gen)* Aufkäufer(in) *m(f)*, Einkäufer(in) *m(f)*, Käufer(in) *m(f)*, Erwerber(in) *m(f)*

buyer behavior *(AE) (V&M) s.* buyer behaviour
buyer behaviour *(BE) (V&M)* Käuferverhalten *n*
buyer credit *(Bank)* Beschaffungskredit *m*
buyer's market *(Börse, WiWi)* Käufermarkt *m*
buyer's option 1. *(Gen)* Kaufoption *f*; 2. *(Börse)* Käuferoption *f*
buyer's rate *(Börse)* Ankaufssatz *m*, Geldkurs *m*, Geld *n*
buying *(Mgt)* Beschaffungswesen *n*, Einkauf *m*
buying behavior *(AE)*, **buying behaviour** *(BE) (V&M)* Kaufverhalten *n*
buying commission *(V&M)* Einkaufsprovision *f*
buying habits *(Gen, V&M)* Kaufgewohnheiten *fpl*
buying motive *(V&M)* Kaufmotiv *n*
buying pattern *(V&M)* Einkaufsverhalten *n*
buying power *(Gen, WiWi)* Kaufkraft *f*
buying price *(Gen)* Kaufpreis *m*
buying rate *(Fin)* Ankaufkurs *m*, Geldkurs *m*
buying rate of exchange *(Bank)* Ankaufskurs *m (foreign notes and coins)*; Ankaufssatz *m*, Geldkurs *m*
buying up *(Gen)* Aufkauf *m*
buyout 1. *(Fin)* Aufkauf *m*, Buy-out *m*, Übernahme *f (firm, participating interest)*; 2. *(Mgt)* Auszahlung *f*, Abfindung *f*; 3. *(Stock)* Aufkauf *m*, Buy--out *m*
by-product *(Gen, WiWi)* Nebenprodukt *n*
bylaws *(Recht)* Statuten *npl*
bystander *(Recht)* Außenstehende(r) *f(m)*, Dritte(r) *f(m)*; Zuschauer *m*, Unbeteiligter *m*

C

C/R *s.* company's risk
CA *s.* certification authority
cable network *(Komm)* Kabelnetz *n*
CAC *(Abk. für 1. Central Arbitration Committee, 2. Customs Additional Code, 3. Central Arbitration Committee, 4. Consumers' Advisory Council)* 1. *(Pers)* zentrale Schlichtungsstelle *f*, zentrale Schiedskommission *f*; 2. *(Imp/Exp) Zusatzzolltarif*; 3. *(Mgt)* zentrale Schiedskommission *f*, zentrale Schlichtungsstelle *f*; 4. *(Soz)* Rat *m* für Verbraucherberatung
cadastre *(Grund, Steuer)* Grundbuch *n*, Kataster *n*, Grundstückswertregister *n*
cadre 1. *(Pers)* Personalstamm *m*, Stammpersonal *n*; 2. *(Pol)* Kader *m*
CAF *s.* cost and freight
CAL *s.* computer-aided learning
calculate *v (Gen)* ansetzen, berechnen, ausrechnen, durchrechnen
calculated *adj (Fin)* rechnerisch
calculated comparative value *(Bank, WiWi)* rechnerischer Vergleichswert *m*
calculation *(Gen)* Rechnung *f*, Berechnung *f*, Berechnen *n*, Kalkulation *f*
calculation formula *(Fin, WiWi)* Berechnungsformel *f*
calculation of profits *(Recht, Steuer)* Gewinnermittlung *f*
calculus of probabilities *(WiWi)* Wahrscheinlichkeitsrechnung *f*
call *v (Komm)* anrufen, aufrufen
call *v* **a meeting** *(Mgt)* eine Sitzung einberufen
call *v* **a strike** *(Ind, Pers)* einen Streik ausrufen, zum Streik aufrufen
call *v* **back** *(Komm)* zurückrufen
call *v* **in** 1. *(Fin)* aufrufen; kündigen *(credit)*; 2. *(Gen)* rückrufen
call *v* **sb as a witness** *(Recht)* jmdn. als Zeugen anrufen
call *v* **sb toll-free** *(AE) (Komm)* jmdn. gebührenfrei anrufen
call *v* **up** 1. *(Komm)* anrufen; 2. *(Fin)* aufrufen
call 1. *(Komm)* Anruf *m*, Ruf *m*; 2. *(Fin)* Abruf *m*, Einforderung *f (capital)*; Option *f*; 3. *(Gen)* Gespräch *n*; 4. *(V&M)* Nachfrage *f*; 5. *(Börse)* Kaufoption *f*, Vorprämie *f*; Zahlungsaufforderung *f (request to pay, cf margin call = Aufforderung zur Nachschusszahlung)* • **at call** *(Börse)* mit Kaufoption
call account *(Bank)* Sichteinlagenkonto *n*
call-center *(Comp, Komm, V&M)* Call--Center *n*; Telefon-Hotline *f (customer service)*
call charge *(Komm)* Gesprächsgebühr *f*
call deposit *(Bank)* Sichteinlage *f*, Sichteinlagen *fpl*
call exercise price *(Börse)* Basispreis *m* einer Kaufoption
call for tender *(V&M)* Aufforderung *f* zur

Angebotsabgabe
call for tenders *(Admin, V&M)* Ausschreibung *f*
call forwarding *(Komm)* Rufweiterschaltung *f*
call hold *(Komm)* Makeln *n*
call-in of a loan *(Fin)* Anleihe(n)kündigung *f*
call loan *(Bank)* kurzfristiges Darlehen *n*
call money *(Bank)* tägliches Geld *n*, Tagesgeld *n*
call option 1. *(Gen)* Vorprämie *f*; 2. *(Börse)* Kaufoption *f*
call protection *(Börse)* Schutz *m* vor vorzeitiger Kündigung
call rate *(Bank, Fin)* Tagesgeldsatz *m*
call schedule *(Fin)* Tilgungsplan *m*
call tone *(Komm)* Rufton *m*
call waiting *(Komm)* Anklopfen *n*
call writing *(Börse)* Verkauf *m* von Kaufoptionen
callable loan *(Bank)* kurzfristig kündbares Darlehen *n*
called-in share *(Börse)* eingezogene Aktie *f*
called-up share capital 1. *(Fin, RW)* eingefordertes Kapital *n*; 2. *(Börse)* zur Einzahlung aufgerufenes Aktienkapital *n*
caller *(Komm, Media)* Anrufer *m*
calling *(Gen)* Aufforderung *f*, Einberufung *f*
calling program *(Comp)* Abrufprogramm *n*
camera *(Media)* Kamera *f* • **in camera** *(Recht)* nicht öffentlich, unter Ausschluss der Öffentlichkeit
camouflaged advertising *(V&M)* Schleichwerbung *f*
camouflaged inflation *(WiWi)* verdeckte Inflation *f*
camouflaged unemployment *(WiWi)* verdeckte Arbeitslosigkeit *f*
campaign 1. *(Gen)* Initiative *f*; 2. *(Pol, V&M)* Campagne *f*
cancel *v* 1. *(Bank)* annullieren, streichen; 2. *(Comp)* abbrechen; 3. *(Gen)* annullieren, stornieren *(order)*; 4. *(Pers)* kündigen; 5. *(Recht)* aufheben, auflösen, stornieren, wandeln, widerrufen, rückgängig machen; 6. *(Pat)* löschen
cancel *v* **a contract** *(Recht)* einen Vertrag aufheben
cancel *v* **an entry** *(Grund, Recht)* eine Eintragung löschen
canceled check *(AE) (Bank)* *s.* cancelled cheque
canceling clause *(AE) (Recht)* *s.* cancelling clause
canceling return *(AE) (Versich)* *s.* cancelling return
cancellation 1. *(RW)* Stornierung *f*, Stornobuchung *f*, Rückbuchung *f*; 2. *(Bank)* Annullierung *f*, Streichung *f*; 3. *(Gen)* Stornierung *f (of order)*; Absage *f (of appointment)*; 4. *(Recht)* Widerruf *m*, Rückgängigmachung *f*, Ungültigkeitserklärung *f*, Aufhebung *f*, Auflösung *f*, Kündigung *f*; 5. *(Pat)* Löschung *f (of entry)*
cancellation clause *(Recht)* Rücktrittsklausel *f*
cancellation provision clause *(Versich)* Rücktrittsklausel *f*
cancellation ratio *(Versich)* Stornoquote *f*
cancelled cheque *(BE) (Bank)* annullierter Scheck *m*
cancelling clause *(BE) (Recht)* Rücktrittsklausel *f*, Verfallsklausel *f*
cancelling return *(BE) (Versich)* Prämienrückzahlung *f*, Rückprämie *f*
candidate *(Pers, Pol)* Kandidat *m*
candidate country *(Pol)* Bewerberland *n (EU)*
candidate for entry into higher education *(Pers)* Studienbewerber(in) *m(f)*
candidate for entry into university *(Pers)* Studienbewerber(in) *m(f)*
canons of taxation *(Steuer)* Besteuerungsgrundsätze *mpl*
canvass *v (V&M)* Kunden werben
canvassing 1. *(Gen, V&M)* Direktvertrieb *m*, Akquisition *f*; 2. *(Bank, Börse)* ambulanter Vertrieb *m*
canvassing costs *(Gen)* Akquisitionskosten *pl*
cap *v* **an interest rate** *(Bank)* einen Zinssatz nach oben begrenzen
cap 1. *(WiWi)* Grenze *f*, Begrenzung *f*; 2. *(Fin)* Obergrenze *f*, Höchstzinssatz *m (bei Cap-Floatern)*; Cap *m*, Maximalzinssatz *m*
cap goods *(WiWi)* unter die gemeinsame Marktordnung fallende Agrargüter *npl (EU: CAP = Common Agricultural Policy = Gemeinsame Agrarpolitik)*
cap levy *(WiWi)* Abschöpfung *f* im

Rahmen der gemeinsamen Agrarpolitik *(EU: CAP = Common Agricultural Policy = Gemeinsame Agrarpolitik)*
cap on wages *(WiWi, Pers)* Lohndeckelung *f*, Lohnobergrenze *f*
capability *(Gen)* Fähigkeit *f*, Leistungsvermögen *n*
capable of work *(Pers, Soz)* erwerbsfähig, arbeitsfähig
capacity 1. *(WiWi)* Kapazität *f (production)*; 2. *(Gen, Pers)* Befähigung *f*, Kapazität *f (personal, professional)* • **at full capacity** 1. *(Gen)* bei voller Kapazität, bei voller Leistungsfähigkeit; 2. *(Ind)* bis auf den letzten Rest gefüllt, unter Volllast
capacity charge *(WiWi)* Kapazitätsauslastung *f*, Kapazitätsausnutzung *f*
capacity effect *(WiWi)* Kapazitätseffekt *m*
capacity to work *(Gen)* Arbeitsfähigkeit *f*
capacity use *(Gen)* Anlagenauslastung *f (in manufacturing, in der Fertigung)*
capacity utilization 1. *(WiWi)* Auslastung *f*, Kapazitätsauslastung *f*, Kapazitätsausnutzung *f*; 2. *(Ind)* Bestückung *f*
capital 1. *(RW)* Eigenkapital *n*, Aktienkapital *n (equity)*; (Gesamt-)Kapital *n (the financial resources of a company, the sum of equity and liabilities, das abstrakte Kapital auf der rechten, der Passivseite der Bilanz)*; 2. *(Fin)* Kapital *n*; Vermögen *n (physical assets, Realvermögen, Realkapital, konkretes Kapital auf der Aktivseite der Bilanz, als Gegensatz zum abstrakten Kapital)*
capital account 1. *(Bank, RW)* Kapitalkonto *n*; 2. *(WiWi)* Kapitalbilanz *f*, Kapitalverkehrsbilanz *f (synonymous: financial account; balance of payments, ZB; vgl. Anhang)*
capital accumulation *(Fin, WiWi)* Kapitalansammlung *f*, Kapitalbildung *f*, Vermögensbildung *f*
capital adequacy *(Bank)* erforderliche Eigenkapitaldecke *f*, Kapitaldecke *f*, angemessene Eigenkapitalausstattung *f*, Kapitalausstattung *f*
capital aid *(WiWi)* Kapitalhilfe *f (development aid)*
capital allocation *(WiWi)* Allokation *f* des Kapitals, Kapitalallokation *f*, Kapitalzuweisung *f*, Kapitalzuteilung *f*
capital allowance *(BE)* 1. *(RW)* Abschreibung *f*, Abschreibungsbetrag *m*; 2. *(Steuer)* steuerliche Abschreibung *f*
capital and reserves *(RW)* Eigenmittel *npl*, Eigenkapital *n*
capital appreciation *(WiWi)* Vermögenszuwachs *m*
capital asset *(Fin)* Anlagegut *n*, Kapitalgut *n*, Wirtschaftsgut *n (investment)*
capital asset pricing model *(CAPM) (Börse, Fin, WiWi)* Kapitalmarkt-Gleichgewichtsmodell *n*, Kapitalmarktpreismodell *n*, Preismodell *n* für Kapitalanlagen *(a mathematical model used in portfolio theory: Markowitz modell; expected risk premium on a stock = beta x expected risk premium on the market; risk premium = expected incremental return for making a risky investment rather than a safe one; Portfolio-Theorie: Portfoliorendite und -risiko im Kapitalmarktgleichgewicht bei risikotragenden und risikofreien Anlagemöglichkeiten; Erkenntnis: breite Streuung einer Geldanlage kann das Anlagerisiko in gewissem Grade spürbar senken; Kritik: der zweidimensionale Rendite/Risiko-Ansatz blendet instabiles Anlegerverhalten aus)*
capital assets 1. *(Gen, WiWi)* Kapitalanlagegüter *npl*, Anlagegüter *npl*; 2. *(Fin)* Kapitalanlagen *fpl*; 3. *(Steuer)* Anlagegüter *npl*, Anlagevermögen *n*, fixe Anlagen *fpl*
capital-backed *(Gen)* kapitalgedeckt, kapitalgesichert
capital base *(Fin)* Eigenkapitalausstattung *f*
capital budget 1. *(RW)* Investitionshaushalt *m*, Investitionsplan *m*; 2. *(WiWi)* Finanzbudget *n*, Kapitalbudget *n*, Wirtschaftlichkeitsrechnung *f*, Investitionsrechnung *f*
capital budgeting 1. *(RW)* Budgetierung *f* der Investitionen; 2. *(Fin)* Investitionsrechnung *f*, Wirtschaftlichkeitsrechnung *f*
capital buffer *(Bank, Fin)* Kapitalpuffer *m*
capital commitment *(RW)* finanzielles

Engagement *n*, Investitionsvolumen *n*, Kapitalbindung *f*

capital consumption *(WiWi)* Abschreibungen *fpl*, Kapitalverschleiß *m*

capital consumption allowance *(WiWi)* Abschreibungen *fpl*, Kapitalverschleiß *m*

capital cost *(Fin, WiWi)* Kapitalkosten *pl*, Finanzierungskosten *pl*, Investitionskosten *pl (synonymous: cost of capital; it comprises interest, dividend and repayments; 1. Kapitalkosten in der statischen Kostenvergleichsrechnung: Kapitalkosten = durchschnittliche Abschreibungen und durchschnittliche Zinsen p.a.; 2. Kapitalkosten im EVA--Konzept: Kosten des produktiv eingesetzten Eigen- und Fremdkapitals = Kapital x Gesamtkapitalkostensatz, der aus dem Kapitalmarkt als risikoadjustierter Zinssatz hergeleitet wird; EVA = NOPAT - Kapitalkosten; cf NOPAT = net operating profit after taxes, EVA = economic value added = Geschäftswertbeitrag)*

capital cover *(Bank)* Kapitaldeckung *n*

capital employed 1. *(Fin)* eingesetztes Kapital *n*, investiertes Kapital *n (synonymous: invested capital = sum of the shareholders' equity in a company + long-term debts = Eigenkapital + langfristiges Fremdkapital)*; 2. *(WiWi)* Nettogesamtvermögen *n (capital assets + net current assets = fixed assets + current assets - current liabilities = Anlagevermögen + Umlaufvermögen - kurzfristige Verbindlichkeiten)*

capital expenditure *(capex)* 1. *(Fin, RW)* Investitionsaufwand *m*, Investitionsaufwendungen *fpl*, Investitionsausgaben *fpl*; 2. *(WiWi)* Investition *f*

capital expenditure appraisal *(WiWi)* Investitionsrechnung *f*

capital expenditure budget *(RW)* Investitionsbudget *n*, Investitionsplan *m*

capital expenditure evaluation *(Fin)* Wirtschaftlichkeitsrechnung *f*

capital flight *(WiWi)* Kapitalflucht *f*

capital flow 1. *(WiWi)* Kapitalverkehr *m*, Kapitalbewegung *f*; 2. *(Fin)* Kapitalfluss *m*

capital formation *(Fin, WiWi)* Kapitalbildung *f*, Vermögensbildung *f*

capital funds *(Fin)* Gesamtkapitalausstattung *f*, Eigenmittel *pl*

capital gains 1. *(Fin, Steuer, WiWi)* Kapitalzuwachs *m*, Wertzuwachs *m*, Kapitalgewinn *m*; 2. *(Börse)* realisierte Kursgewinne *mpl*

capital gains tax *(Steuer)* Wertzuwachssteuer *f*, Kapitalgewinnsteuer *f*, Vermögenszuwachssteuer *f*, Steuer *f* auf Veräußerungsgewinne

capital goods *(Gen)* Anlagegüter *npl*, Investitionsgüter *npl*, Kapitalgüter *npl*

capital growth *(Börse)* Kapitalzuwachs *m*, Substanzerhöhung *f*, Wertzuwachs *m*

capital impairment *(RW)* Kapitalminderung *f*, Kapitalverminderung *f*, Verminderung *f* des Kapitals, Wertminderung *f* des Kapitals

capital income tax *(Fin, Steuer, WiWi)* Vermögens(zuwachs)steuer *f*; Steuer *f* auf Kapitalerträge, Kapitalertragsteuer

capital increase *(WiWi)* Erhöhung *f* des Kapitals, Kapitalzuwachs *m*

capital inflow *(WiWi)* Kapitalzufluss *m*

capital-intensive *adj (WiWi)* anlagenintensiv, kapitalintensiv

capital-intensive industry *(Fin, Ind, WiWi)* kapitalintensive Industrie *f*

capital investment 1. *(WiWi)* Anlageninvestition *f*, Investition; 2. *(Fin)* (langfristige) Kapitalanlage *f*

capital investment appraisal *(Fin)* Investitionsrechnung *f (Wirtschaftlichkeitsrechnung zur Überprüfung der Vorteilhaftigkeit = profitability alternativer Investitionsobjekte)*

capital investment strategy *(Fin)* Investitionsstrategie *f*

capital-labour ratio *(BE)*, **capital-labor ratio** *(AE) (WiWi)* Kapitalintensität *f*; Verhältnis *n* von Kapitalkosten zu Arbeitskosten, Kapitalkosten--Arbeitskosten-Verhältnis *n*

capital lease *(Fin, Gen)* Finanzierungs--Leasing *n*, aktivierungspflichtiger Leasingvertrag *m*

capital lease agreement *(Gen)* Finanzierungs-Leasingvertrag *m*

capital leverage *(Fin)* Kapital-Hebel *m*, Kapitalhebelung *f*, Fremdkapital-Hebel *m*, Hebelwirkung *f*, Hebelwirkung *f* des Fremdkapitals, Hebelwirkung *f* der Finanzstruktur, Hebelwirkung *f* der Kapitalstruktur, Hebelwirkung *f* der Fremdkapitalaufnahme, Hebelwirkung *f* des Fremdkapitals, Fremdkapital--Leverage *n(f)*, Hebelwirkung *f* des Verschuldungsgrades *(positive/ negative Wirkung der Variation des Verschuldungsgrades = debt-equity ratio auf die Eigenkapitalrentabilität = equity return, solange die Gesamtkapitalrentabilität = return on total investment größer/kleiner als der Fremdkapitalzins = interest on borrowed capital ist)*
capital levy *(Steuer, WiWi)* Vermögensabgabe *f*
capital lockup *(RW, Fin)* Kapitalbindung *f* *(Definition für die Lagerwirtschaft: durchschnittlicher Bestand bewertet zum Einkaufspreis)*
capital loss *(Fin, WiWi)* Kapitalverlust *m*, Kapitalveräußerungsverlust *m*, Kapitalwertminderung *f*
capital market *(Gen, WiWi)* Kapitalmarkt *m*
capital market interest rate *(Bank)* Kapitalmarktzins *m*
capital market yield *(Börse)* Kapitalmarktrendite *f*
capital movement *(Fin, WiWi)* Kapitalbewegung *f*, Kapitalverkehr *m*
capital needs *(Fin)* Kapitalbedarf *m*
capital outflow *(Fin, RW, WiWi)* Kapitalabfluss *m*
capital outlay *(WiWi)* Investitionsaufwand *m*, Investitionsausgaben *fpl*
capital-output ratio *(Fin, WiWi)* Kapitalkoeffizient *m*
capital owner *(Fin)* Kapitalgeber *m*, Kapitaleigner *m*
capital paid in excess of par value *(RW)* Agio *n*, Kapitalrücklage *f*
capital procurement *(Bank, Börse, Fin)* Kapitalbeschaffung *f*
capital productivity *(WiWi)* Kapitalproduktivität *f*
capital profit 1. *(RW, WiWi)* Kapitalgewinn *m*; 2. *(Fin, Gen)* Kapitalwertzuwachs *m*; 3. *(Steuer)* Kapitalgewinn *m*
capital program *(AE) (Fin)* s. capital programme
capital programme *(BE) (Fin)* Investitionsprogramm *n*
capital project *(Fin, RW)* Investitionsprojekt *n*, Investitionsvorhaben *n*
capital project evaluation 1. *(WiWi)* Bewertung *f* eines Investitionsprojekts; 2. *(Fin)* Investitionsrechnung *f*
capital raising 1. *(Bank)* Kapitalbeschaffung *f*; 2. *(Fin)* Kapitalaufbringung *f*, Kapitalaufnahme *f*
capital ratio *(Fin)* Eigenkapitalquote *f* *(ratio of equity to total assets, Verhältnis von Eigenkapital zu Gesamtkapital)*
capital reconstruction *(Fin)* Sanierung *f*
capital reorganization *(Börse)* Kapitalumstrukturierung *f*
capital requirements *(Fin)* Finanzbedarf *m*, Finanzierungsbedarf *m*
capital reserves *(RW)* Gewinnrücklagen *fpl*, gesetzliche Rücklagen *fpl*, Kapitalrücklage *f*, Kapitalreserve *f*
capital resources *(WiWi)* Kapitalausstattung *f*, Eigenmittel *npl*
capital rules *(Bank, Fin)* Eigenkapitalvorschriften *fpl*, Kapitalunterlegungsvorschriften *fpl* *(rating, risk weighting = Risikogewichtung, Basel III)*; Eigenkapitalgrundsätze *mpl (Basel III, rating)*
capital sharing *(Pers)* Kapitalbeteiligung *f*
capital spending *(WiWi)* Investition *f*, Investitionsaufwand *m*, Investitionsaufwendungen *fpl*
capital stock *(AE)* 1. *(RW)* Kapitaleinlage *f*; 2. *(WiWi)* Kapitalbestand *m*, Kapitalstock *m (Ausstattung einer Volkswirtschaft mit Sachkapital)*; 3. *(Fin)* Geschäftskapital *n*; gezeichnetes Kapital *n*, Stammkapital *n*, Grundkapital *n (BE share capital)*
capital stock issued *(Börse)* ausgegebenes Kapital *n*; gezeichnetes Kapital *n*
capital structure *(Fin, RW, WiWi)* Kapitalstruktur *f*
capital surplus 1. *(RW)* Kapitalrücklage *f*; 2. *(Börse)* Aktienemissionsagio *n*
capital theory *(WiWi)* Kapitaltheorie *f*
capital transactions *(Fin)* Kapitalverkehr *m (BOP = ZB)*
capital transfer *(Fin)* Kapitalübertragung

f

capital transfer tax *(BE) (Steuer)* Erbschaft(s)- und Schenkung(s)steuer *f*

capital user costs *(WiWi)* Kapitalnutzungskosten *pl*

capital utilization *(WiWi)* Kapitalnutzung *f*, Kapitalauslastung *f*

capital value *(Fin, RW, WiWi)* Kapitalwert *m*

capital write-down *(Fin)* Abschreibung *f*, Kapitalschnitt *m*, Kapitalverminderung *f*

capitalism *(Pol, WiWi)* Kapitalismus *m*

capitalization 1. *(RW)* Aktivierung *f*; 2. *(Fin, WiWi)* Kapitalisierung *f*, Ausgabe *f* von Wertpapieren, Kapitalausstattung *f*; 3. *(Gen, Media)* Großschreibung *f*; 4. *(Börse)* Börsenkapitalisierung *f*

capitalization effect *(Steuer, WiWi)* Kapitalisierungseffekt *m*

capitalization rate *(Fin, WiWi)* interner Zinsfuß *m*, Kapitalisierungsfaktor *m*, Kapitalisierungssatz *m*

capitalization ratio *(Fin, Gen)* Anlagenintensität *f*

capitalize *v* 1. *(RW)* kapitalisieren, aktivieren *(synonymous: carry as an asset; Gegensatz: als Aufwand = expense zu verbuchen)*; dem Kapital zuschlagen; 2. *(WiWi)* kapitalisieren *(Barwerte künftiger Nettoüberschüsse summieren)* • **capitalized at** *(RW)* zu Buche stehen mit • **lightly capitalized** *(Fin)* mit geringer Eigenkapitalbasis, *(jarg.)* mit kurzer Kapitaldecke, *(jarg.)* mit knapper Kapitaldecke • **well capitalized** *(Bank, Fin) (AE)* mit ausreichender Eigenkapitalausstattung *f*

capitalize *v* **on** *(Gen)* aktivieren, nutzen

capitalized value *(Fin, WiWi)* Kapitalwert *m (value of an investment calculated as the sum of its initial cost and the present value of expected future cash flows; Summe der einer Investition zurechenbaren und auf einen definierten Zeitpunkt zum Kalkulationszinssatz diskontierten Nettorückflüsse, einschließlich Anschaffungsauszahlung und Liquidationserlös)*

CAPM *(Abk. für capital asset pricing model) (Börse, Fin, WiWi)* Kapitalmarkt-Gleichgewichtsmodell *n*, Kapitalmarktpreismodell *n*, Preismodell *n* für Kapitalanlagen *(a mathematical model used in portfolio theory: Markowitz modell; expected risk premium on a stock = beta x expected risk premium on the market; risk premium = expected incremental return for making a risky investment rather than a safe one; Portfolio-Theorie: Portfoliorendite und -risiko im Kapitalmarktgleichgewicht bei risikotragenden und risikofreien Anlagemöglichkeiten; Erkenntnis: breite Streuung einer Geldanlage kann das Anlagerisiko in gewissem Grade spürbar senken; Kritik: der zweidimensionale Rendite/Risiko-Ansatz blendet instabiles Anlegerverhalten aus)*

capping *(Bank)* Festlegung *f* einer Obergrenze, Plafondierung *f (of interest rate)*

captive *adj (AE) (Gen)* konzernintern, konzerneigen *(not for the market, limited to the group; interne Leistungen, nicht für den Markt bestimmt, sondern begrenzt auf den Konzern, z. B. Industrieversicherungen)*; Binnenkonzern-, für den Eigenbedarf

captive finance company *(WiWi)* konzerneigene Finanzierungsgesellschaft *f (rechtlich, aber nicht wirtschaftlich selbstständiges Unternehmen zur Erstellung von Finanzdienstleistungen für Konzerngesellschaften)*

captive market *(V&M, WiWi)* Eigenbedarfsmarkt *m*, Markt *m* eines monopolistischen Anbieters

car industry *(Ind, Logis)* Automobilindustrie *f*, Kraftfahrzeugindustrie *f*

car pool *(Ind, Logis)* Fuhrpark *m*

car registration *(Logis)* Kraftfahrzeugzulassung *f*

car scrapping bonus *(Umwelt, Logis)* Autoabwrackprämie *f (synonymous: car scrapping premium)*

car tax *(Steuer)* KFZ-Steuer *f*

carbon dioxide tax *(Steuer, Umwelt)* Kohlendioxidsteuer *f*, CO_2-Steuer *f*

card *(Gen, Pers)* Karte *f*, Visitenkarte *f*, Geschäftskarte *f*

cardholder *(Bank, Fin)* Karteninhaber(in) *m(f)*; Kreditkarteninhaber(in) *m(f) (of credit card)*

cardinal utility *(WiWi)* kardinaler Nutzen

m

cards *(Gen)* Entlassungspapiere *fpl* • **get one's cards** *(Gen) (BE)* gekündigt werden • **give sb his cards** *(Gen) (BE)* jmdn. an die Luft setzen, *(BE)* jmdn. entlassen

care *(Gen)* Aufsicht *f*, Betreuung *f*, Sorgfalt *f*, Obhut *f (supervision)* • **care of** *(Gen, Imp/Exp, Komm)* bei, per Adresse, p.A., p.Adr., zu Händen von, z. Hd. v.

career *(Pers)* Karriere *f*, berufliche Laufbahn *f*, Beruf *m*

career advancement *(Pers)* beruflicher Aufstieg *m*, berufliches Fortkommen *n*, berufliches Weiterkommen *n*

career adviser *(Pers)* Berufsberater(in) *m(f)*

career aspiration *(Pers)* Berufswunsch *m*

career counseling *(AE) (Pers) s.* career counselling

career counselling *(BE) (Pers)* Berufsberatung *f*

career decision *(Pers)* berufliche Entscheidung *f*, Berufsentscheid *m*

career development *(Pers)* Aufstieg *m*, berufliche Entwicklung *f*

career-enhancing *adj (Pers)* karrierefördernd, karrieredienlich

career entry *(Pers)* Berufseinstieg *m*

career goal *(Pers)* Karriereziel *n*

career guidance *(Pers)* Berufsberatung *f (synonymous BE: careers advice)*

career ladder *(Pers)* Karriereleiter *f*

career-minded *adj (Pers)* karrierebewusst, karriereorientiert

career opportunities *(Pers)* Karriereaussichten *fpl*, Berufschancen *fpl*, berufliche Chancen *fpl*

career options *(Pers)* Berufswahl *f*

career-oriented *adj (Edu, Pers)* berufsbezogen, berufsorientiert; karriereorientiert, karrierebezogen

career-oriented training *(Pers)* berufsbezogene Aus- und Weiterbildung *f*

career path *(Pers)* berufliche Laufbahn *f*, beruflicher Werdegang *m*, Karriere *f*, Karriereleiter *f*

career pattern *(Pers)* Berufslaufbahn *f*, beruflicher Werdegang *m*, Berufsverlauf *m (career stellt allerdings häufig auf Fortschritt/Erfolg ab)*

career planning *(Pers)* Karriereplanung *f*, Berufsplanung *f*, berufliche Planung *f*

career prospects *(Pers)* Laufbahnaussichten *fpl*, Karriereaussichten *fpl*

cargo *(Logis)* Beförderungsgut *n*, Ladung *f*, Frachtgut *n*, Transportgut *n*, Fracht *f*

cargo capacity *(Logis)* Frachtkapazität *f*, Ladungsfähigkeit *f*, Ladungskapazität *f*

cargo clearance *(Imp/Exp, Logis)* Frachtabfertigung *f*

cargo handling charge *(Logis)* Frachtladekosten *pl*, Frachtumschlagkosten *pl*, Güterverladungskosten *pl*

cargo homeward *(Logis)* Rückladung *f*, Retourfracht *f*

cargo outward *(Logis)* abgehende Fracht *f*

cargo transit *(Logis)* Frachttransit *m*

cargo vessel *(Logis)* Frachter *m*, Frachtschiff *n*

carriage *(Logis)* Beförderung *f (act, charge)*; Transport- und Spediteurkosten *pl*, Frachtgeld *n*; Transportkosten *pl (of persons and goods)* • **carriage and insurance paid** *(Imp/Exp, Logis, Versich)* frachtfrei versichert *(Incoterms)*; Fracht und Versicherung bezahlt *(named place of destination)* • **carriage forward** *(Imp/Exp, Logis)* Frachtkosten per Nachnahme, Transport- und Spediteurkosten zu Lasten des Empfängers, Portonachnahme *f* • **carriage free** *(Imp/Exp, Logis)* frachtfrei, frfr., frei Haus • **carriage paid** *(Imp/Exp, Logis)* Fracht bezahlt, frachtfrei, frfr. *(named place of destination)*

carriage and duty prepaid *(Logis)* franko Fracht und Zoll

carriage charges *(Logis)* Beförderungskosten *pl*

carriage of goods *(Logis)* Warenbeförderung *f (transport of merchandise; opposite: carriage of passengers = Personenverkehr)*; Güterverkehr *m*, Güterverkehrsgewerbe *n (i. w. S., in the broad sense: the industry)*

carriage of passengers *(Logis)* Personenverkehr *m*

carried forward *(Gen, RW)* Übertrag *m*, Vortrag *m*

carrier 1. *(Imp/Exp)* Beförderer *m*, Spediteur *m*; 2. *(Logis)*

Beförderungsunternehmer *m*, Transportunternehmer *m*, Frachtführer *m*; Lufttransportgesellschaft *f*, Fluggesellschaft *f*

carrier's liability *(Versich)* Frachtführer--Haftpflicht *f*, Transporthaftung *f*

carry *v* 1. *(Fin)* übernehmen; 2. *(Gen)* tragen, befördern, transportieren *(transport)*; 3. *(V&M)* führen; 4. *(Börse)* Wertpapiere halten *(keep in stock)*

carry *v* **a loss** *(Fin)* einen Verlust tragen

carry *v* **as liability** *(RW)* passivieren

carry *v* **back** *(RW)* verrechnen, rücktragen

carry *v* **down** *(Fin)* übertragen

carry *v* **forward** *(Fin)* übertragen, vortragen • **to be carried forward** *(RW)* zu übertragen

carry *v* **out** 1. *(Gen)* abwickeln, ausführen, durchführen; 2. *(Recht)* vollziehen

carry *v* **out work** *(Pers)* Arbeit ausführen, Arbeit durchführen

carry-back 1. *(RW)* Rücktrag *m*; Verrechnung *f*, Verlustrücktrag *m (of loss)*; 2. *(Fin)* Verrechnung *f*

carry-back carry-forward system *(Steuer)* Verlustrücktrags--Verlustvortragssystem *n*

carry-back of loss *(RW)* Verlustrücktrag *m*, Verlustrücktragung *f*

carry-over *(Fin, RW)* Saldovortrag *m*, Übertrag *n*

carry-over business *(Börse)* Reportgeschäft *n*

carry-over loss *(RW)* Verlustrücktrag *m*, Verlustvortrag *m*

carry-over rate *(Börse)* Reportsatz *m*

carrying charges *(Logis)* Speditionskosten *pl*, Transportkosten *pl (of commodities)*

carrying value *(RW)* Bilanzwert *m*, Buchwert *m*

cartage *(Logis)* Rollgeld *n*

cartel *(WiWi)* Kartell *n*

cartel authority *(Recht, Versich)* Kartellbehörde *f*

cartel law *(Recht)* Kartellrecht *n*, Wettbewerbsrecht *n*

case 1. *(Gen)* Kiste *f*, Tasche *f*, Aktenkoffer *m (for documents)*; 2. *(V&M)* Kasten *m*, Vorgang *m (file)*; 3. *(Recht)* Fall *m*, Prozess *m*; 4. *(Logis)* Kiste *f*, Koffer *m*

case book *(Recht)* Fallsammlung *f*

case file *(Gen)* Fallordner *m*, Vorgang *m*, Vorgangsakte *f*

case law *(Recht)* Fallrecht *n*, Präzedenzrecht *n*, Richterrecht *n*

case study *(Gen, Mgt, V&M)* Fallstudie *f*

cash *v (Bank, Fin)* einlösen

cash *v* **a check** *(AE) (Bank) s.* cash a cheque

cash *v* **a cheque** *(BE) (Bank)* einen Scheck einlösen

cash *v* **in** *(Bank, Gen)* einlösen *(Scheck)*; aussteigen *(aus einem Geschäft)*; gegen bar verkaufen, zu Geld machen

cash *v* **in on profits** *(Börse)* Gewinne realisieren, Gewinne mitnehmen

cash *v* **in on sth** *(Fin)* aus etw. Kapital schlagen, von etw. profitieren, etw. ausnutzen

cash *adj (Gen)* bar

cash *(Gen)* Bargeld *n*, Barmittel *npl*, Geldmittel *npl*, Kasse *f*, *(jarg.)* Kohle *f* • **for cash** *(Gen)* in bar, gegen Barzahlung • **in cash** *(Gen)* bar, in bar • **on a cash basis** *(Gen)* gegen Barzahlung • **on a cash received basis** *(RW)* Lieferung nur gegen Barzahlung • **cash with order** *(Gen)* zahlbar bei Auftragserteilung, zahlbar bei Bestellung

cash accounting *(RW)* Einnahmen--Ausgaben-Rechnung *f*

cash advance 1. *(Gen)* Barkredit *m*, Barvorschuss *m*; 2. *(RW)* Kassenvorschuss *m*, Kassenkredit *m*

cash against documents *(CAD) (Imp/Exp)* Kasse *f* gegen Dokumente, Barzahlung *f* gegen Dokumente

cash and carry wholesaler *(V&M)* Selbstbedienungsgroßhändler(in) *m(f)*

cash and debt position *(Bank, Fin)* Liquiditätsstatus *m*

cash assets *(RW)* Barmittel *npl*, Barguthaben *n*, Kassenbestand *m*, Geldbestand *m*, Bestand *m* an Barmitteln, Barvermögen *n*

cash balance 1. *(RW)* Barguthaben *n*, Geldbestand *m*; Kassenbestand *m*, Kassensaldo *m (takings)*; 2. *(Bank)* Bankguthaben *n*

cash basis of accounting *(RW)* Buchführung *f* auf Einnahmen- und Ausgabenbasis, Einnahmen--Ausgaben-Rechnung *f*

cash before delivery *(Gen, Imp/Exp)* Vorkasse *f*, Vorauskasse *f*, Barzahlung *f* vor Lieferung

cash benefit 1. *(Gen)* Geldleistung *f*; 2. *(Versich)* Bardividende *f*, Geldleistung *f*; 3. *(Pers, Soz)* Barleistung *f*
cash bills *(Bank, Fin)* Bundeskassenscheine *mpl (short-term zero bond)*
cash book *(RW)* Kassenbuch *n*
cash budgeting *(RW, WiWi)* Einnahmen--Ausgaben-Planung *f*, (kurzfristige) Liquiditätsplanung *f*
cash card *(Bank)* Geld(automaten)karte *f*
cash cheque *(Gen)* Barscheck *m*
cash contribution *(RW)* Bareinlage *f*
cash cow *(WiWi)* Unternehmen *n* mit hohen Liquiditätsreserven, hochliquides Unternehmen *n*; Cash--Cow *f*, ertragsstarkes strategisches Geschäftsfeld *n*, ertragsstarkes Geschäftsfeld *n* in ausgereifter Wettbewerbsposition *(liquiditätsstarkes Unternehmen in reifen Märkten mit stabilem Cashflow; Boston matrix portfolio approach to business strategy, Marktwachstums-/Marktanteilsportfolio im Rahmen der Stärken-/ /Schwächenanalyse für strategische Geschäftsfelder der Boston Consulting Group)*
cash cow products *(Gen)* Cash-Cow--Produkte *npl*, ertragsstarke Produkte *npl (Produkte mit stabilem Cashflow; cf cash cow)*
cash credit *(Gen)* Barkredit *m*
cash dealings *(Börse)* Kassageschäfte *npl*
cash deposit 1. *(RW)* Bareinlage *f*, Barsicherheit *f*; 2. *(V&M)* Anzahlung *f*
cash deposit acknowledgement *(Fin)* Bestätigung *f* der Barhinterlegung
cash deposits ratio 1. *(Bank)* Barreservesatz *m*; 2. *(Fin)* Liquidität *f* ersten Grades
cash desk 1. *(Bank)* Kasse *f*, Kassenschalter *m*; 2. *(Gen)* Kasse *f*
cash disbursement *(RW)* Kassenausgang *m*, Kassenauszahlung *f*
cash discount 1. *(Fin, Gen)* Barzahlungsrabatt *m*, Skonto *m*; 2. *(V&M)* Barzahlungsrabatt *m*
cash dispenser *(Bank)* Geldausgabeautomat *m*, GAA, Geldautomat *m*
cash dividend *(Fin)* ausgeschüttete Dividende *f*, Barausschüttung *f*, Bardividende *f*
cash drain *(Fin)* Abgang *m* an flüssigen Mitteln, Abfluss *m* flüssiger Mittel
cash earnings *(Fin)* Bareinnahmen *fpl*, Barverdienst *m*, Reingewinn *m* plus Abschreibungen *fpl*
cash economy *(WiWi)* Schattenwirtschaft *f*, Untergrundwirtschaft *f*
cash entry *(Admin, RW)* Kassenbuchung *f*
cash equivalents *(Fin)* Bar(gegen)werte *mpl*
cash exchange rate *(WiWi)* Sortenkurs *m*
cash flow *(CF) (Fin, RW)* Barmittelstrom *m*, Einnahmeüberschuss *m*, Cashflow *m*, Geldfluss *m*
cash flow method *(Fin)* Kapitalwertmethode *f*
cash flow statement *(Fin, RW)* Kapitalflussrechnung *f (HGB, IFRS/ IAS)*; Bewegungsbilanz *f*; Cashflow--Bericht *m*
cash forecast 1. *(RW)* Kassenbudget *n*, Kassenplan *m*, Liquiditätsplan *m*; 2. *(Fin)* Liquiditätsprognose *f*
cash generating unit *(CGU) (RW)* Zahlungsmittel generierende Einheit *f (according to US-GAAP, IAS 36 and IFRS 3, the smallest identifiable group of assets that produces measurable cash flows; kleinste identifizierbare Gruppe von Vermögenswerten, die Mittelzuflüsse aus der laufenden Nutzung erzeugt)*
cash holdings *(RW)* Bargeldbestände *mpl*, Kassenbestände *mpl*, verfügbare Barmittel *npl*
cash in advance *(RW)* Vorkasse *f*
cash in hand 1. *(RW)* Barguthaben *n*, verfügbare Barmittel *npl*; 2. *(Fin)* Kassenbestand *m*, verfügbare Barmittel *npl*; 3. *(Gen)* Bargeld *n*
cash in transit *(RW)* durchlaufende Zahlungsmittel [Mittel] *npl*
cash income and outgoings plan *(RW)* Liquiditätsplan *m*
cash inflow *(Fin)* Barmittelzufluss *m*, Kapitalzustrom *m*, Zugang *m* an flüssigen Mitteln
cash inventory 1. *(Bank)* Geldbestand *m*; 2. *(Gen)* Bargeldbestand *m*
cash journal *(RW)* Kassenbuch *n*
cash management *(RW)* Finanzmanagement *n*, Gelddisposition

f, Kassenhaltung *f*, Liquiditätssteuerung *f*, Kassenverwaltung *f*
cash management account *(Fin)* Gelddispositionskonto *n*
cash management system *(Bank)* Finanz-Disposystem *n*
cash market *(Börse)* Kassamarkt *m*
cash market rates *(Börse)* Kassakurse *mpl*, Kassamarktwechselkurse *mpl*
cash needs *(Fin)* Bargeldbedarf *m*
cash on delivery 1. *(RW, Logis)* Lieferung *f* gegen Nachnahme; 2. *(Fin, Gen, Imp/Exp)* Zahlung *f* bei Lieferung der Ware, Nachnahme *f*; Zahlung *f* durch Empfänger, Barzahlung *f* bei Lieferung
cash on hand 1. *(RW)* Barbestand *m*, verfügbare Barliquidität *f*; 2. *(Gen)* Barbestand *m*, Kasse *f*
cash only *(Gen, V&M)* nur gegen bar, nur gegen Barzahlung *(synonymous: cash terms only)*
cash outflow *(Fin, RW, WiWi)* Kapitalabfluss *m*
cash outlay *(Fin, RW, WiWi)* Barausgaben *fpl*, Barauslagen *fpl*, Kassenausgaben *fpl*
cash payment *(Bank)* Auszahlung *f* in bar, Bar(aus)zahlung *f*
cash payments *(Fin, RW, WiWi)* Barausgaben *fpl*, Barauslagen *fpl*, Kassenausgaben *fpl*
cash position 1. *(RW)* Barposition *f*, Bestand *m* an liquiden Mitteln, Kassenstand *m*; 2. *(Bank)* Liquiditätsposition *f*; 3. *(Fin)* Barliquidität *f*
cash price *(Gen)* Barpreis *m*
cash purchase price *(RW)* Bareinkaufspreis *m*
cash ratio 1. *(Gen)* Liquiditätsgrad *m*; Barliquidität *f*; 2. *(Fin, RW)* Liquidität ersten Grades *(ratio of cash to current liabilities, Verhältnis der Zahlungsmittel zu den kurzfristigen Verbindlichkeiten)*
cash receipts *(RW)* Bareinnahmen *fpl*, Kasseneingänge *mpl*, Kasseneinnahmen *fpl*
cash receipts journal *(RW)* Kasseneinnahmenbuch *n*
cash record *(RW)* Kassenbeleg *m*
cash register scanner *(Comp, V&M)* Scanner-Kasse *f*
cash requirement *(RW)* Baranforderung *f*, Bedarf *m* an liquiden Mitteln, Geldbedarf *m*
cash reserve *(Bank, RW)* Barreserve *f*, Barmittelrücklage *f*, Liquiditätsreserve *f*
cash-settled *adj (Gen)* bar abgerechnet
cash settlement *(Börse, Fin)* Barabfindung *f*, Geldabfindung *f*, Kapitalabfindung *f*, Barregulierung *f*
cash shortage *(Fin)* Bargeldknappheit *f*, Liquiditätsenge *f*
cash statement *(RW)* Kassenbericht *m*
cash surplus 1. *(RW)* Bargeldüberschuss *m*; 2. *(Fin)* Kassenüberschuss *m*
cash transaction *(RW)* Bargeschäft *n*, Barverkauf *m*
cash transactions velocity *(Gen, WiWi)* Bargeldumschlag *m*; Umlaufgeschwindigkeit *f* des Geldes
cash transfer *(Bank, Fin)* Barüberweisung *f*
cash value 1. *(RW)* Barwert *m*, Marktwert *m*; 2. *(Versich)* Kapitalwert *m*
cash voucher *(RW)* Kassenbeleg *m*
cash withdrawal *(Bank, RW)* Barabhebung *f*, Barentnahme *f*
cashier 1. *(Pers)* Kassenführer(in) *m(f)*; 2. *(V&M)* Kassierer(in) *m(f)*
cashier's check *(AE) (Bank) s.* cashier's cheque
cashier's cheque *(BE) (Bank)* Bankscheck *m*, Barscheck *m*, Kassenscheck *m*
cashless pay *(Pers)* bargeldlose Lohn- und Gehaltszahlung *f*
cashless payment system *(Bank)* bargeldloser Zahlungsverkehr *m*
casual employment *(Pers)* Gelegenheitsbeschäftigung *f*, Gelegenheitsarbeit *f*
casual jobs *(Pers)* Gelegenheitsarbeiten *fpl*
casual labor *(AE) (Pers) s.* casual labour
casual laborer *(AE) (Pers) s.* casual labourer
casual labour *(BE) (Pers)* Gelegenheitsarbeit *f*
casual labourer *(BE) (Pers)* Aushilfskraft *f*, Gelegenheitsarbeiter(in) *m(f)*
casual work *(Pers)* Gelegenheitsarbeit *f*
catalog *(AE) (Gen) s.* catalogue
catalog buying *(AE) (V&M) s.* catalogue buying
catalogue *(BE) (Gen)* Katalog *m*, Verzeichnis *n*
catalogue buying *(BE) (V&M)* Einkauf *m* im Versandhandel

catch *v* **up** *(Gen, WiWi)* aufholen
catch line *(V&M)* Schlagzeile *f*
catch-up demand *(WiWi)* Nachholbedarf *m*
catching-up process *(WiWi)* Aufholprozess *m*
categorize *v* 1. *(Admin)* klassifizieren; 2. *(Gen)* einreihen, einstufen
category 1. *(Gen)* Kategorie *f*, Merkmalsklasse *f*; 2. *(Pat)* Kategorie *f*, Klasse *f*; Warengruppe *f (of goods)*
category of costs *(Fin)* Kostenart *f*
cater *v* **for** *(Gen)* abgezielt sein auf, sorgen für, verpflegen
catering 1. *(Gen)* Gaststättenwesen *n*, Kantinenwesen *n*; 2. *(Pers)* Verpflegung *f*; 3. *(Frei)* Bewirtung *f*, Gastronomie *f*, Versorgung *f*; 4. *(V&M)* Verpflegung *f*
cause *v (Gen)* veranlassen, verursachen
cause 1. *(Gen)* Ursache *f*, Veranlassung *f*, Motiv *n (reason)*; 2. *(Pol)* Ursache *f*; Mission *f*, Motiv *n (purpose, common, cause)*
cause of action *(Recht)* Klagegrund *m (for claim)*
cause of loss *(Gen)* Schadensursache *f*
causes of unemployment *(Soz, WiWi)* Ursachen *fpl* der Arbeitslosigkeit
caution money *(Recht)* Kaution *f*, Kautionsbetrag *m*
cautioning as to rights *(Recht)* Rechtsmittelbelehrung *f*
CCO *(Abk. für Chief Commercial Officer) (Pers)* CCO *m(f)*, Kaufmännischer Leiter *m*, Kaufmännische Leiterin *f*, Kfm. Leiter *m*, Kfm. Leiterin *f (häufig im Team mit dem technischen Leiter = Chief Technical Officer = CTO = Technical Director = technical manager)*
CCP *s.* central counterparty
CD-Writer *(Comp, Media)* CD-Brenner *m*, CD-Rekorder *m*
CDO *(Abk. für 1. collateralized debt obligation, , 2. credit default option)* 1. *(Bank, Fin)* CDO *f*, Collateralized-Debt--Obligation *f*, CDO-Anleihe *f (mit unterschiedlichen Schuldtiteln –wie Anleihen, Konsumkrediten oder hypothekarisch unterlegten Unternehmenskrediten– heterogen besicherte ABS, deren gestaffeltes Risikoprofil die Bündelung und Mobilisierung handelbarer, maßgeschneiderter Rendite/Risikopakete erlauben, sofern die Tranchen-Ratings der Agenturen zuverlässig, aktuell und marktnah die intransparente Struktur der verbrieften Papiere widerspiegeln können)*; 2. *(Bank, Fin)* CDO *f*, Credit Default Option *f*, Kreditausfalloption *f ((protects the holder against a default over a specified time period, the payout being conditional on some event of default = Ausfallereignis or on non-payment; in international trade a means of insuring a credit risk; Kreditderivat = derivative credit instrument zur Absicherung eines Kreditrisikos, mit der Funktion einer Kreditversicherung = lending risk insurance = loan insurance; Schadensausgleich efolgt hier erst nach Eintritt des Schuldnerverzugs oder --ausfalls, im Gegensatz zum CDS = credit default swap, bei dem das Kreditausfallrisiko = risk of default mit der Swapgebühr sofort abgegolten wird)*
CDS *(Abk. für credit default swap) (Bank, Fin)* CDS *m*, Credit-Default-Swap *m*, Kreditausfallderivat *n*, Kreditausfall--Swap *m*, Kreditverzugswap *m (Kapitalmarktinstrument in Form eines Kreditderivats = derivative credit instrument zur Platzierung strukturierter, in Risikotranchen gebündelter Kreditausfallrisiken von Kreditnehmern unterschiedlicher Bonität aus Bankbilanzen am Kapitalmarkt, insbesondere bei Hedgefonds oder Kapitalsammelstellen, gegen Weiterreichung/Übernahme des Kreditausfallrisikos = risk of default, das mit der Swapgebühr sofort abgegolten wird; Verbriefung macht das Risiko des Kreditausfalls handelbar und verteilt es global –aber intransparent– im Kapitalmarkt; anders: CDO = credit default option = Kreditausfall- oder Kreditverzugsoption mit Schadensausgleich erst nach Eintritt des Schuldnerverzugs oder -ausfalls)*
cease *v (Gen)* aufhören, einstellen, beenden
cease *v* **to have effect** *(Recht)* nicht mehr rechtswirksam sein
cede *v* 1. *(Versich)* abgeben; 2. *(Recht)* abtreten, zedieren
cedent *(Recht, Versich)* Zedent *m*, Abtretende(r) *f(m)*

ceding company *(Versich)* abgebende Gesellschaft *f*, Zedent *m*, zedierende Gesellschaft *f*
ceiling 1. *(RW)* Höchstgrenze *f*; 2. *(Fin)* Höchstbetrag *m*
ceiling price *(WiWi)* äußerster Kurs *m*, Höchstpreis *m*
ceiling rate *(Börse)* Zinsobergrenze *f* *(interest rate futures)*
cellphone provider *(AE) (Komm)* Mobilfunkprovider *m*
celtic tiger *(obs.) (Gen) (obs.)* keltischer Tiger *m*, Irland *(Ireland in the 1990s)*
census *(Gen)* Großzählung *f*, Totalstatistik *f*, Zensus *m*
census of business *(AE) (WiWi)* Unternehmensstatistik *f*
census of manufacturers *(AE) (Ind)* Erzeugerstatistik *f*
census of population *(WiWi)* Volkszählung *f*, Bevölkerungsstatistik *f*
census of production *(WiWi)* Produktionsstatistik *f*
census of retail trade *(AE) (WiWi)* Einzelhandelsstatistik *f*
census sample *(V&M)* statistische Stichprobe *f*
center *(AE) s.* centre
central administration *(Recht)* Hauptverwaltung *f*
central bank 1. *(Bank)* Zentralbank *f*; 2. *(WiWi)* zentrale Notenbank *f*
central bank policy *(WiWi)* Notenbankpolitik *f*
central bank transactions 1. *(Bank)* Zentralbankgeschäft *n*; 2. *(WiWi)* Zentralbankgeschäfte *npl*, Zentralbankoperationen *fpl*
central counterparty *(CCP) (Bank, Börse)* zentrale Gegenpartei *f*
central government *(Gen, Pol)* Zentralregierung *f*
central parity *(Bank, WiWi)* Leitkurs *m* *(of currencies in EMS II = EWS II, dem Europäischen Währungssystem nach Einführung des Euro; synonymous: central rate; ECB)*
central place theory *(WiWi)* Theorie *f* der zentralen Orte
central rate *(WiWi)* Leitkurs *m* *(synonymous: central parity; ECB)*
central Risk Service *(Bank, Fin)* Evidenzzentrale *f*
central Statistical Office *(BE) (WiWi)* statistisches Zentralbüro, statistisches Bundesamt *n*
central warehouse *(Gen)* Zentrallager *n*
centralization *(Gen)* Zentralisation *f*, Zentralisierung *f*
centralized *adj (Gen)* zentralisiert
centralized planned economy *(WiWi)* Zentralverwaltungswirtschaft *f*
centrally-planned economies *(WiWi)* Staatshandelsländer *mpl*
centre *(BE)* 1. *(RW)* Kostenstelle *f*; Rechnungsstelle *f*, Abrechnungsstelle *f* *(BE cost centre, AE cost center; a department or a function to which costs and/or revenues are charged)*; 2. *(Gen)* Mitte *f*, Mittelpunkt *m*; Sitz *m*, Hauptsitz *m*; Zentrale *f*, Zentralstelle *f*, zentrale Stelle *f*, Zentrum *n*
CEO *(Abk. für Chief Executive Officer, AE)* 1. *(Mgt, Pers)* Chief-Executive-Officer *m*, *(jarg.)* CEO *m*, Vorsitzende *m(f)* des Exekutiv-Ausschusses, Geschäftsführer(in) *m(f)* (CEO), geschäftsführende(r) Direktor(in) *m(f)* (CEO), Vorsitzender *m* der Geschäftsführung (CEO) *(innerhalb des Board of Directors; der CEO hat die operative Leitungs- und Kontrollfunktion in angloamerikanischen Unternehmen, er führt das Tagesgeschäft und berichtet an den Chairman of the Board, den Vorsitzenden des Verwaltungsrats im monistischen Leitungssystem, dem Board-System, wenn die beiden Ämter nicht als Chairman of the Board and Chief Executive in Personalunion geführt werden; im UK entspricht der CEO dem Managing Director)*; Vorstandsvorsitzender *m* *(im kontinentaleuropäischen zweistufigen Aufsichtsratssystem, Two-Tier Board, Two-Tier System)*; *(ugs.)* Konzernchef *m* *(in a group, in einer Unternehmensgruppe)*; 2. *(Recht)* Geschäftsführer(in) *m(f)*; Hauptgeschäftsführer(in) *m(f)* *(in a federation or association, in einem Verband)*
certainty *(Gen, WiWi)* Bestimmtheit *f*, Gewissheit *f*, Sicherheit *f*
certificate 1. *(Komm)* Bescheinigung *f*, Besch., Bestätigung *f*, Best.; 2. *(Fin)* Urkunde *f*, Urk.; 3. *(Gen)* Bescheinigung *f*, Besch., Zertifikat *n*; 4. *(Börse)* Anteilsschein *m*, Zertifikat *n*

certificate in duplicate *(Gen)* Urkunde *f* in doppelter Ausfertigung
certificate of apprenticeship *(Bil, Pers)* Lehrabschlusszeugnis *n*; *(ugs.)* Lehrzeugnis *n*
certificate of authenticity *(Comp, Komm, Recht)* Echtheitszertifikat *n*
certificate of compliance 1. *(Admin)* Bescheinigung *f* über Ordungsmäßigkeit; 2. *(Gen)* Einwilligungsbescheinigung *f*
certificate of damage *(Recht, Versich)* Schadenszertifikat *n*
certificate of deposit *(Fin)* Einlagenzertifikat *n*, Depositenzertifikat *n*, CD *n*
certificate of employment *(Pers)* Arbeitsbescheinigung *f*, Arbeitszeugnis *n*
certificate of exemption *(Logis)* Ausnahmegenehmigung *f* *(Straßenverkehr)*
certificate of incorporation *(Recht)* amtliche Registrierungsbescheinigung *f*; Gründungsurkunde *f*
certificate of indebtedness *(Gen)* Schuldurkunde *f*
certificate of manufacture *(Ind)* Ursprungszeugnis *n*
certificate of origin *(Fin, Imp/Exp)* Ursprungszeugnis *n*, Herkunftsbescheinigung *f*, Ursprungsbescheinigung *f*, Ursprungszertifikat *n*
certificate of ownership 1. *(Gen)* Eigentumsurkunde *f*; 2. *(Grund)* Eigentumsbescheinigung *f*, Eigentumsnachweis *m*
certificate of participation *(Recht, Gen, Pers)* Teilnahme-Bestätigung *f*
certificate of posting *(Komm)* Posteinlieferungsschein *m*
certificate of qualification *(Recht)* Befähigungsnachweis *m*
certificate of shipment *(Imp/Exp, Logis)* Ladeschein *m*, Verschiffungsbescheinigung *f*
certificate of title *(Grund)* Eigentumsnachweis *m*
certificate of value *(BE)* *(Imp/Exp)* Wertbescheinigung *f*
certificate of value and origin *(BE)* *(Imp/Exp)* Wert- und Ursprungszertifikat *n*, Wert- und Ursprungszeugnis *n*
certification 1. *(Gen)* Bestätigung *f*, Zertifizierung *f*; 2. *(Recht)* Beglaubigung *f*
certification authority *(Gen, Recht)* Zertifizierungsstelle *f*, Bestätigungsstelle *f*, Trust-Center *n*
certification mark 1. *(Gen)* Gütemarke *f*, Gütezeichen *n*; 2. *(Pers)* Verbandsmarke *f*; 3. *(Recht)* Gütemarke *f*, Gütezeichen *n*; 4. *(Pat)* Ursprungshinweis *m*
certification system *(Recht, Admin, Umwelt)* Zertifizierungssystem *n*
certified *adj* 1. *(Admin)* zertifiziert; 2. *(Recht)* amtlich beglaubigt
certified accountant *(BE)* *(RW)* zugelassener Wirtschaftsprüfer *m*, zugelassene Wirtschaftsprüferin *f*
certified accounts *(RW)* testierter Abschluss *m*
certified check *(AE)* *s.* certified cheque
certified cheque *(BE)* 1. *(Bank)* bestätigter Scheck *m*, gedeckter Scheck *m*; 2. *(WiWi)* bankbestätigter Scheck *m*
certified copy 1. *(Admin)* amtlich beglaubigte Kopie *f*; 2. *(Recht)* beglaubigte Abschrift *f*
certified declaration of origin *(Imp/Exp)* beglaubigte Ursprungserklärung *f*, testierte Ursprungserklärung *f*
certified financial statement *(RW)* Abschluss *m* mit Bestätigungsvermerk, testierter Abschluss *m*
certified invoice *(Admin, RW)* Konsulatsfaktura *f*
certified mail *(AE)* *(Komm)* Einschreiben *n*
certified public accountant *(AE)* *(RW)* konzessionierte(r), zugelassene(r) Wirtschaftsprüfer(in) *m(f)*
certified specialist attorney *(Recht)* Fachanwalt *m* *(synonymous: certified specialist lawyer)*
certified standard *(Gen, Recht)* Zertifizierungsstandard *m*
certified true copy *(Recht)* beglaubigte Abschrift *f*, beglaubigte Kopie *f*
certify *v* *(Recht)* beglaubigen
CES production function *(WiWi)* CES--Produktionsfunktion *f* *(Produktionsfunktion mit konstanter Substitutionselastizität = constant elasticity of substitution)*
cessation *(Gen)* Einstellung *f*
cessation of employment *(Pers)* Ende *n*

der Beschäftigung, Ende *n* des Beschäftigungsverhältnisses, Ende *n* des Arbeitsverhältnisses, Beendigung *f* des Beschäftigungsverhältnisses, Beendigung *f* des Arbeitsverhältnisses

cessation of interest *(BE) (Bank)* Einstellung *f* von Zinszahlungen

cessation of payment *(Bank, Gen)* Zahlungseinstellung *f*

cession *(Gen, Recht, Versich)* Abtretung *f*, Zession *f*

ceteris paribus *(Gen, WiWi)* unter sonst gleichen Bedingungen *fpl*, Ceteris--Paribus-Bedingung *f*, unter sonst gleichen Umständen, ceteris paribus, ceteris paribus-Klausel *f*

C&F, C/F, CF *(Abk. für cost and freight) (Gen, Imp/Exp)* Kosten und Fracht *(Lieferklausel, deren Inhalt im Detail nicht übereinstimmen muss mit der entsprechenden Klausel der Incoterms, CFR, für die Rechte und Pflichten der Verkäufer und Käufer sowie der Gefahrenübergang = transfer of risk präzise definiert sind)*

CFO *(Abk. für 1. Chief Financial Officer, 2. cancel former order)* 1. *(Fin, Mgt)* CFO *m*; Leiter(in) *m(f)* der Finanzabteilung, Finanzleiter(in) *m(f)*; Leiter(in) *m(f)* Rechnungswesen und Finanzen; *(ugs.)* Finanzchef *m*; Finanzvorstand *m*; Geschäftsführer(in) *m(f)* CFO; Kaufmännischer Geschäftsführer *m* (CFO), Kaufmännischer Leiter *m* (CFO); Finanz-Controller *m (synonymous: executive financial officer, corporate financial manager; der CFO verantwortet im Board of Directors den Bereich der Unternehmensfinanzen)*; 2. *(Bank, Börse)* frühere Order stornieren; Vorauftrag stornieren *(instruction to terminate a previous order; cf good till cancelled)*

chain banking *(AE) (Bank)* Filialbankwesen *n*

chain of distribution *(Ind)* Verteilungskette *f*, Distributionskette *f*

chair *v* **a meeting** *(Mgt)* den Vorsitz führen

chair *(Gen)* Gesprächsleiter(in) *m(f)* • **be in the chair** *(Mgt)* den Vorsitz führen

chairman *(Mgt, Pers)* Tagungsleiter *m*, Versammlungsleiter *m*, Vorsitzender *m*

chairmanship *(Mgt)* Präsidentschaft *f*, Vorsitz *m*

chairperson *(Mgt, Pers)* Tagungsleiter(in) *m(f)*, Versammlungsleiter(in) *m(f)*, Vorsitzende(r) *f(m)*

chairwoman *(Mgt, Pers)* Tagungsleiterin *f*, Versammlungsleiterin *f*, Vorsitzende *f*

challenge *v* 1. *(Gen)* herausfordern; 2. *(Recht)* anfechten

Chamber of Commerce *(Gen, Recht, WiWi)* Handelskammer *f*, HK

Chamber of Commerce and Industry *(WiWi)* Industrie- und Handelskammer *f*, IHK

Chancellor of the Exchequer *(BE) (Fin, Pol, WiWi)* Finanzminister *m*, Schatzkanzler *m*

change *v* 1. *(WiWi)* ändern *(supply or demand)*; wechseln, einwechseln *(money)*; 2. *(Gen)* verwandeln *(convert)*; ändern, verändern *(alter)*; umwandeln, verändern *(transform)*; abändern *(amend)*; umtauschen *(swap)*; 3. *(Recht)* umwandeln *(sentence)*

change *v* **hands** *(V&M)* den Besitzer wechseln *(money, goods, business)*

change 1. *(WiWi)* Änderung *f (in supply or demand)*; 2. *(Gen)* Verwandlung *f (conversion)*; Änderung *f (alteration)*; Umwandlung *f*, Veränderung *f (transformation)*; Abänderung *f (amendement)*; Umtausch *m (swap)*; Wechselgeld *n (in coins)*; 3. *(Recht)* Umwandlung *f (of sentence)*

change dispenser *(Gen)* Wechselgeldautomat *n*

change of job *(Pers)* Arbeitsplatzwechsel *m*, Stellenwechsel *m*

change of ownership *(Recht)* Eigentumsübergang *m*

change of residence *(Pers)* Wohnungswechsel *m*, Wohnortwechsel *m*, Wechsel *m* des Wohnorts

change of tendency *(Gen, V&M)* Tendenzänderung *f*, Tendenzwechsel *m*; Trendänderung *f*

change of trend *(Stat, V&M)* Trendänderung *f*, Trendwechsel *m*; Tendenzänderung *f*

changes required *(Recht)* gebotene Änderungen *fpl*

channel *v (Gen)* kanalisieren

channel 1. *(Comp, Media, V&M)* Kanal *m*; 2. *(Gen, WiWi)* Wirk(ungs)zusammenhang *m*, Wirkungsmechanismus *m*

channel of communication *(Mgt, Pers)*

Kommunikationskanal *m*, Kommunikationsweg *m*
channel of distribution *(V&M)* Absatzkanal *m*, Absatzweg *m*
channel of payment *(Bank)* Zahlungsweg *m*
characteristic *(Gen, Recht)* Merkmal *n*
characteristics *(Gen)* Eigenschaften *fpl*, Ausgestaltung *f*
charge *v* 1. *(Bank, RW)* belasten; 2. *(Gen)* anrechnen, *(fee)* berechnen, *(amount)* in Rechnung stellen, berechnen; 3. *(Recht)* belasten, anklagen; 4. *(V&M)* berechnen
charge *v* **against** *(RW)* belasten
charge *v* **as an expense** *(RW)* als Ausgabe verrechnen
charge *v* **as present operating cost** *(RW)* als Aufwand verrechnen
charge *v* **forward** *(Gen)* Kosten per Nachnahme erheben
charge *v* **interest** *(Bank)* Zinsen berechnen
charge *v* **off** *(RW)* abbuchen, ausbuchen
charge *v* **to** *(Gen)* zurechnen *(expenses)*
charge *v* **to capital** *(RW)* aktivieren
charge *v* **with** *(Gen)* beauftragen
charge 1. *(RW)* Belastung *f*; 2. *(WiWi)* Abgabe *f*, *(fee)* Gebühr *f*; 3. *(Fin)* Gebühr *f*; 4. *(Gen)* Abgabe *f*, Anrechnung *f*, Kosten *pl*, Preis *m*; 5. *(Recht)* Anklage *f*, Belastung *f*, Rechtsbelehrung *f* • **at no charge** *(Gen)* kostenlos, gebührenfrei • **be in charge of** *(Gen)* zuständig sein für, leiten
charge back *(Bank)* Ausgleichsbuchung *f*, Rückbelastung *f*
charge card *(Bank, V&M)* Zahlungskarte *f*, Kreditkarte *f*, Kundenkreditkarte *f*
charge off *(RW)* Abbuchung *f*, Ausbuchung *f*, Verlust *m*
charge per item *(Bank, Börse, Fin)* Postengebühr *f*, Transaktionsgebühr *f* *(synonymous: charge per transaction)*
chargeable *adj* 1. *(Gen)* anrechenbar, zu berechnen, zu verantworten; 2. *(Recht, Steuer)* abgabenpflichtig
chargeable assets *(Steuer)* anrechenbare Vermögenswerte *mpl* *(capital gains tax)*
chargeable services *(Komm)* gebührenpflichtige Tatbestände *mpl*
charged to *(Bank, RW)* zu Lasten von, zu Lasten Konto
charges 1. *(RW)* Aufwendungen *fpl*; 2. *(Bank, Fin, WiWi)* Gebühren *fpl* • **charges paid** *(Imp/Exp, Logis)* Gebühren bezahlt • **charges prepaid** *(Gen)* Kosten vorausbezahlt
charges on banking transactions *(Bank)* Bankgebühren *fpl*
charitable foundation *(Steuer)* wohltätige Stiftung *f*, gemeinnützige Stiftung *f*, karitative Stiftung *f*
charitable trust *(Steuer)* wohltätige Stiftung *f* Stiftung *f*, karitative Stiftung *f*
charity *(Steuer)* Wohltätigkeit *f* *(beneficence)*; wohltätige Organisation *f*, Wohlfahrtsverband *m*, karitative Stiftung *f*
charity fund *(Steuer)* Wohltätigkeitsfonds *m*, wohltätige Organisation *f*, gemeinnützige Organisation *f*
charity fundraising *(Fin)* Spendensammlung *f*
chart *(Gen)* Übersicht *f* *(table)*; Diagramm *n* *(diagram, graph)*; Schaubild *n*, tabellarische Darstellung *f*
chart analysis *(Bank, Fin, WiWi)* Chartanalyse *f*
chart of accounts *(RW)* Kontenplan *m*, Kontenrahmen *m*
charter *v* **a ship** *(Logis)* Schiffsraum chartern
charter *v* **out** *(Logis)* verchartern
charter 1. *(Imp/Exp)* Miete *f*; 2. *(Recht)* Gesellschaftssatzung *f*, Gründungsurkunde *f*, Statuten *npl* *(company law)*; Zulassung *f*, Konzession *f*; 3. *(Logis)* Charter *f*, Miete *f*
charter contract *(Logis)* Chartervertrag *m*
charter flight *(Logis)* Charterflug *m*
chartered *adj* *(Gen)* konzessioniert
chartered accountant *(BE)* *(RW)* Wirtschaftsprüfer *m*, Wirtschaftsprüferin *f*
chartered bank *(Bank)* konzessionierte Bank *f*
chartering out *(Logis)* Vercharterung *f*
chartism *(Börse)* technische Chartanalyse *f*
chartist *(Börse)* Chart--Wertpapieranalyst(in) *m(f)*, Chartist *m*, charttechnischer Analyst *m*, charttechnisch orientierter Wertpapieranalyst *m* *(opposite: fundamentalist = fundamental orientierter Wertpapieranalyst)*

chat *v (Comp, Komm, Media)* chatten, plaudern *(Internet)*
chat *(Comp, Komm, Media)* Online--Gespräch *n*, Netzgeplauder *n*, Chat *m*
chattel mortgage *(Bank)* Pfandrecht *n* an beweglichen Sachen
chattel paper *(WiWi)* Urkunde *f* über Sicherungsverträge, Verkehrspapier *n*
chattels *(Recht)* bewegliche Güter *npl*
chattels personal 1. *(Recht)* Mobiliarvermögen *n*; 2. *(Grund)* bewegliches Vermögen *n*, persönliche Habe *f*
cheap *adj (Gen)* billig, preiswert
cheap money *(WiWi)* billiges Geld *n*
cheap money policy *(WiWi)* Politik *f* des billigen Geldes
cheapen *v (Gen)* verbilligen
cheat *v (Gen)* beschwindeln, betrügen
check *v* 1. *(Gen)* überprüfen, nachprüfen, *(ugs.)* checken *(examine)*; unter Kontrolle halten *(restrain)*; abhaken *(mark)*; 2. *(Logis)* kontrollieren *(ticket)*
check *v* **out** *(Frei)* sich abmelden; abreisen *(e. g. leave hotel)*
check *v* **thoroughly** *(Gen)* gründlich überprüfen, *(ugs.)* durchchecken
check *(Bank, Gen)* Prüfung *f (examination)*; Rechnung *f*, Überprüfung *f (invoice)*; Haken *m*, Häkchen *n*, Kontrollzeichen *n*, Kontrollvermerk *m (mark)*
check-in point *(Logis)* Einbuchungsstelle *f*
check list *(Gen)* Aufnahmebogen *m*, Checkliste *f*, Kontrollliste *f*
check mark *(AE) (Gen)* Haken *m*, Häkchen *n*, Kontrollzeichen *n*, Kontrollvermerk *m*
checkbook *(AE) s.* chequebook
checker 1. *(Pers)* Kontrolleur(in) *m(f)*; 2. *(V&M) (AE)* Aufsichtsbeamter *m*, Aufsichtsbeamtin *f*
checking account *(AE) (Bank)* Girokonto *n*, Kontokorrentkonto *n*, Kontokorrent *n*, laufendes Konto *n*, Scheckkonto *n*
checkout 1. *(Frei)* Abmeldung *f (hotel)*; 2. *(V&M)* Ausgangskasse *f*, Kasse *f (in store)*
checkout lane *(V&M)* Kasse *f*, Ausgangskasse *f*
chemical industry *(Ind)* Chemieindustrie *f*, chemische Industrie *f*
chemical works *(Ind)* Chemiewerke *npl*
chemistry 1. *(Umwelt)* Chemie *f*; 2. *(Gen) (ugs.)* Chemie *f*, Verträglichkeit *f (between people)*; 3. *(Ind)* Chemie *f*
cheque *(BE) (Bank)* Scheck *m*
cheque account *(BE) (Bank)* Girokonto *n*, Kontokorrent(konto) *n*, laufendes Konto *n*, Scheckkonto *n*
cheque card *(BE) (Bank)* Scheckkarte *f*
cheque clearing *(BE) (Bank)* Scheckverrechnung *f*
cheque counterfoil *(BE) (Bank)* Scheckabschnitt *m*
cheque embargo *(BE) (Bank, Fin)* Schecksperre *f*
cheque forgery *(BE) (Bank)* Scheckfälschung *f*
cheque form *(BE) (Bank)* Scheckformular *n*, Scheckvordruck *m*
cheque issue *(BE) (Bank, Fin)* Scheckausgabe *f*, Scheckausstellung *f*
cheque payment *(BE) (Bank)* Scheckzahlung *f*
cheque payment system *(BE) (Bank)* Scheckeinlösungssystem *n*
cheque requisition *(BE) (Bank, RW)* Scheckanforderungsformular *n*
cheque to the amount of *(BE) (Bank)* Scheck *m* in Höhe von
cheque without provision *(BE) (Bank)* ungedeckter Scheck *m*
cheque without sufficient funds *(BE) (Bank)* ungedeckter Scheck *m*
chequebook *(BE) (Bank)* Scheckbuch *n*, Scheckheft *n*
cherry-picking *(Bank, Börse)* Rosinenpicken *n*
chief 1. *(Pers)* Vorgesetzte *f(m)*; *(ugs.)* Chef(in) *m(f)*; 2. *(Pol)* Parteivorsitzender *m*, *(ugs.)* Parteichef *m*; Oberhaupt *n (of state, eines Staates)*
chief accountant *(RW)* Hauptbuchhalter(in) *m(f)*; Bilanzbuchhalter(in) *m(f)*
Chief Commercial Officer *(CCO) (Pers)* Kaufmännischer Leiter *m*, Kaufmännische Leiterin *f*, Kfm. Leiter(in) *m(f)*, CCO *m(f) (häufig neben dem technischen Leiter installiert)*
chief economist *(Gen)* Chefvolkswirt(in) *m(f)*, Leiter(in) *m(f)* der volkswirtschaftlichen Abteilung
chief editor *(Media)* Redaktionschef(in) *m(f)*, Chefredakteur(in) *m(f)*
chief executive 1. *(Pers)* Chief Executive (Officer) *m*, CEO *m*; 2. *(Mgt)* Generaldirektor(in) *m(f)*, leitende(r)

Direktor(in) *m(f)*; oberster Verwaltungsbeamter *m*, oberste Verwaltungsbeamtin *f*, Gemeindedirektor(in) *m(f) (of local authority, Verwaltungsspitze einer Kommunalverwaltung)*; Generalbevollmächtigte(r) *f(m) (of business)*; Hauptgeschäftsführer(in) *m(f) (of an association, eines Verbandes)*

Chief Executive Officer *(CEO) (AE)* 1. *(Mgt, Pers)* Chief-Executive-Officer *m*, *(jarg.)* CEO *m*, Vorsitzende *m(f)* des Exekutiv-Ausschusses, Geschäftsführer(in) *m(f)* (CEO), geschäftsführende(r) Direktor(in) *m(f)* (CEO), Vorsitzender der Geschäftsführung (CEO) *(führt den Exekutiv-Ausschuss innerhalb des Board of Directors; der CEO hat die operative Leitungs- und Kontrollfunktion in amerikanischen Unternehmen, er führt das Tagesgeschäft und berichtet an den Chairman of the Board, den Vorsitzenden des Verwaltungsrats im monistischen Leitungssystem; im UK entspricht der CEO dem Managing Director)*; Vorstandsvorsitzender *m (im kontinentaleuropäischen zweistufigen Aufsichtsratssystem = two-tier board = two-tier system)*; *(ugs.)* Konzernchef *m (in a group, in einer Unternehmensgruppe)*; 2. *(Recht)* Geschäftsführer(in) *m(f)*; Hauptgeschäftsführer(in) *m(f) (in a federation or association, in einem Verband)*

chief-executives' compensation *(Mgt, Pers)* Managergehalt *n*, Managergehälter *npl*

Chief Financial Officer *(CFO) (Fin, Mgt)* Leiter *m* der Finanzabteilung, Finanzleiter *m*; Leiter *m* Rechnungswesen und Finanzen; *(ugs.)* Finanzchef *m*; Finanzvorstand *m*; CFO *m*; Finanz-Controller *m (synonymous: executive financial officer = EFO, corporate financial manager; der CFO verantwortet im Board of Directors den Bereich der Unternehmensfinanzen)*

chief negotiator *(Gen)* Chefunterhändler(in) *m(f)*

Chief Operating Officer *(COO) (Mgt, Pers)* geschäftsführender Direktor *m*, geschäftsführende Direktorin *f*; Hauptgeschäftsführer(in) *m(f)*, Geschäftsführer *m (in a federation or association, in einem Verband)*; Geschäftsleiter *m*, Verwaltungsleiter *m*; oberste Führungskraft *f*, Chef(in) *m(f)*

Chief Risk Officer *(CRO) (Bank, Versich, Pers)* Risiko-Vorstand *m*, CRO *m(f)*, Risikoleiter(in) *m(f)*, Risikoverantwortliche *m(f)*, Risikomanager(in) *m(f)*, Leiter(in) *m(f)* Risikomanagement, Leiter(in) *m(f)* Risiken; *(jarg.)* Risikochef(in) *m(f)*

child labor *(AE) (Soz) s.* child labour

child labour *(BE) (Soz)* Kinderarbeit *f*

Chinese walls *pl (Bank, Börse, Fin)* Informationsblockade *f*, chinesische Mauer *f*, strikte Informationsbarriere *f*, innere Abschottung *f*, Auskunftssperre *f (information barrier, sometimes notional, between Research/ Investment Analysis and Investment Banking to prevent the exchange of confidential information, so as to avoid the illegal use of inside information)*; Vertraulichkeitsbereich(e) *m(pl) (between Research and Investment Banking, an attempt to avoid a conflict of interests)* • **erect Chinese walls** *(Bank, Fin)* Vertraulichkeitsbereiche einrichten *(an information barrier, Versuch der Eindämmung konfligierender Interessen zwischen den Abteilungen Analyse/Research und dem verkaufs- und beratungsorientierten Investment Banking)*; (ein Unternehmen) auf die Kontrollliste setzen *(put a company on the watch list = Kontrollliste to avoid conflicts of interest; cf watch list)*

chip-card *(Bank)* Chipkarte *f*

chip card reader *(Comp, Komm)* Kartenleser *m*

choice *(Gen)* Wahl *f (choosing, thing chosen)*; Auswahl *f*, Sortiment *n (assortment)*

choice of field of study *(Pers)* Studienfachwahl *f*, Wahl *f* des Studienfaches

choice of field of subject *(Pers)* Studienfachwahl *f*, Wahl *f* des Studienfaches

choice of job *(Pers)* Arbeitsplatzwahl *f*, Wahl *f* des Arbeitsplatzes

choice of location *(Mgt, WiWi)*

Standortwahl *f*
choice variable *(WiWi)* Entscheidungsvariable *f (decision theory)*
choose *v (Gen)* (aus)wählen
Christmas bonus 1. *(Pers)* Weihnachtsgratifikation *f*; 2. *(Gen)* Weihnachtsgeld *n*
churning 1. *(Börse) (jarg.)* Provisionsschneiderei *f*; 2. *(Fin) (jarg.)* Gaunerei *f*, *(jarg.)* Provisionsschneiderei *f*
C.I. *s.* consular invoice
CI&F *s.* cost, insurance and freight
CIF contract *(Imp/Exp)* cif-Vertrag *m*
CIF landed *(Imp/Exp)* cif einschließlich Löschen
cipher *(Komm)* Ziffer *f*, Code *m*, Chiffre *f (code)*; Zahl *f (number)*
CIR *(Abk. für cost-income ratio) (Bank, RW)* Aufwandsrentabilität *f*, Aufwand--Ertrags-Verhältnis *n*, Aufwand/Ertragsrelation *f*, Aufwand/Ertrag--Relation *f (Verhältnis zwischen Verwaltungsaufwand und operativen Erträgen; Effizienzmaßstab für das operative Bankgeschäft)*
circa *adv (Gen)* ungefähr, ung., zirka, ca., rund, rd.
circuit 1. *(Komm)* Verbindung *f*; 2. *(Recht)* Gerichtsbezirk *m*
circular *(Komm)* Rundschreiben *n*
circular flow *(WiWi)* Wirtschaftskreislauf *m*
circular letter *(Komm, Mgt)* Rundbrief *m*, Rundschreiben *n*
circulate *v* 1. *(Komm, Media)* verbreiten *(newspaper, magazine)*; 2. *(Komm)* im Umlauf sein, kursieren *(information, news)*
circulating assets *(Fin, RW)* Umlaufvermögen *n (synonymous: current assets, floating assets)*
circulating capital *(WiWi)* Betriebskapital *n*
circulation 1. *(Komm)* Verbreitung *f*; 2. *(WiWi)* Umlauf *m (money)*; 3. *(Media)* Auflage *f*, Auflagenhöhe *f (of newspaper, magazine)*; 4. *(V&M)* Verbreitung *f*
circumstances *(Gen)* Sachlage *f*, Sachverhalt *m*, Situation *f* • **under the circumstances** *(Gen, Recht)* nach Lage der Dinge, unter den gegebenen Umständen • **under no circumstances** *(Gen, Recht)* unter keinen Umständen
circumstantial evidence *(Recht)* Indizienbeweis *m*
CIS *s.* Commonwealth of Independent States
citation 1. *(Recht)* Vorladung *f*; 2. *(Pat)* Entgegenhaltung *f*
cite *v* 1. *(Gen)* zitieren; 2. *(Recht)* vorladen; 3. *(Pat)* entgegenhalten
citizenship *(Pol)* Staatsangehörigkeit *f*, Staatsbürgerschaft *f*
city *(Pol)* Stadt *f*, Innenstadt *f*, Großstadt *f*
city mayor *(Recht, Pol)* Stadtbürgermeister *m*
city states *(Pol)* Stadtstaaten *mpl (Berlin, Bremen, Hamburg)*
City/the *(Bank, Fin)* die City *(der Finanzdistrikt oder die Finanzmeile von London)*
civil action *(Recht)* Zivilprozess *m*
civil claim *(Recht)* zivilrechtlicher Anspruch *m (contract)*
civil law *(Recht)* Zivilrecht *n*
civil liability *(Recht)* zivilrechtliche Haftung *f*
civil matter *(Recht)* Zivilsache *f*
civil penalty *(AE) (Recht, Versich)* Bußgeld *n*
civil rights *(Recht)* Bürgerrechte *npl*
civil servant *(Pers)* Beamter *m*, Beamtin *f*
civil service *(Gen)* öffentlicher Dienst *m*, Staatsdienst *m*; Zivilverwaltung *f*
civil wrong *(Recht)* unerlaubte Handlung *f*
claim *v* 1. *(Gen)* beanspruchen, behaupten, fordern, verlangen; 2. *(Pat, Recht)* beanspruchen, Anspruch stellen; 3. *(Soz)* beantragen; 4. *(Versich)* Ansprüche geltend machen; 5. *(Recht)* Schadenersatz verlangen
claim *v* **benefit** *(Soz)* Antrag auf Leistungen stellen *(Unterstützungszahlungen usw.)*; Leistung beanspruchen, Leistungen beantragen
claim *v* **compensation** *(Recht, Versich)* Schaden(s)ersatz fordern
claim *v* **damages** *(Recht)* Schaden(s)ersatzansprüche stellen
claim 1. *(Gen)* Beanspruchung *f*, Behauptung *f*; 2. *(Versich)* Anspruch *m*, Forderung *f*, Schaden *m*, Schadensfall *m*
claim against third parties *(Recht)* Anspruch gegen Dritte

claim for compensation *(Versich)* Schaden(s)ersatzanspruch *m*
claim for damages *(Recht)* Schaden(s)ersatzanspruch *m*
claim for indemnification *(Versich)* Ersatzanspruch *m*
claim for refund *(Steuer)* Erstattungsanspruch *m*
claim in bankruptcy *(Fin, Recht)* Konkursforderung *f*, unbesicherte Forderung *f*
claim in private law *(Recht)* privatrechtliche Forderung *f*
claim of compensation *(Recht)* Entschädigungsanspruch *m*, Schaden(s)ersatzanspruch *m*
claim of recourse *(Versich)* Regressanspruch *m*
claim settlement *(Versich)* Schadenabwicklung *f*, Schadenregulierung *f*
claim to an inheritance *(Recht)* Erbanspruch *m*
claim to ownership *(Recht)* Eigentumsanspruch *m*
claim to repayment *(Recht, Steuer)* Rückzahlungsanspruch *m* *(synonymous: repayment claim)*
claimant 1. *(Pers)* Antragsteller(in) *m(f)*; 2. *(Versich)* Anspruchsberechtigte(r) *f(m)*, Geschädigte(r) *f(m)*; 3. *(Recht)* Forderungsberechtigte(r) *f(m)*
claims *(Versich)* Aufwendungen *fpl* für Versicherungsfälle
claims adjuster *(Versich)* Dispacheur *m*, Schadenregulierer *m*, Schadenssachbearbeiter(in) *m(f)*
claims and liabilities *(BE)* *(Fin, RW)* Forderungen und Verbindlichkeiten *fpl*
claims expenses *(Versich)* Schadenbearbeitungskosten *pl*, Schadenregulierungskosten *pl*
claims handling *(Versich)* Schadensbearbeitung *f*
claims limit *(Versich)* Höchstanspruch *m*, Anspruchsgrenze *f*
claims procedure *(Versich)* Behandlung *f* von Ansprüchen, Schadensbearbeitung *f*, Schadenbearbeitungsverfahren *n*
claims settlement *(Versich)* Schadenregulierung *f*
clandestine employment *(Pers)* Schwarzarbeit *f*
clandestine worker *(Pers)* Schwarzarbeiter *m*
clashing interests *(Gen)* widerstreitende Interessen *fpl*
class 1. *(Gen)* Klasse *f (category)*; Klasse *f (for education)*; Stil *m (quality, style)*; 2. *(Pat)* Klasse *f*, Kategorie *f (International Patent Classification, NICE Classification)*; 3. *(Pol)* Gesellschaftsschicht *f*, Klasse *f*, politische Klasse *f (in society)*; 4. *(Steuer)* Kategorie *f*, Klasse *f*
class action *(Recht)* Gruppenklage *f*
class of insurance *(Versich)* Versicherungsbranche *f*, Versicherungssparte *f*, Versicherungszweig *m*
classical economics *(WiWi)* klassische Nationalökonomie *f*, *(jarg.)* die Klassik *f*
classifiable *adj (Gen)* klassifizierbar
classification *(Gen)* Einstufung *f*, Klassifikation *f*, Klassifizierung *f*; Aufgliederung *f*, Aufschlüsselung *f*, Einteilung *f (analysis)*; Gliederung *f*, Einstufung *f (arrangement)*
classification by object *(Gen)* Einordnung *f* nach Objekt, Klassifikation *f* nach Objekt
classification of accounts *(RW)* Kontengliederung *f*
classification of occupations *(Pers)* Berufsgruppenklassifikation *f*
classification of risks *(Versich)* Gefahrenklassifikation *f*, Risikoeinstufung *f*
classification scheme *(WiWi)* Gliederung *f (BOP)*
classified ad *s.* classified advertisement
classified advertisement *(Gen, Media, V&M)* Annonce *f*, Kleinanzeige *f*, Kleininserat *n*, Inserat *n (synonymous: classified ad)*
classified information *(Pol)* Verschlusssache *f (document)*
classified stock *(Börse)* kategorisierte Aktie *f (voting or non-voting stock)*
classify *v* 1. *(Admin)* einstufen, klassifizieren; 2. *(Gen)* aufgliedern, eingliedern, einordnen, einteilen, sortieren; aufschlüsseln *(analysis)*; tarifieren *(customs)*
clause *(Gen)* Klausel *f*, Bestimmung *f* • **all or nothing clause** *(Börse)* Alles-oder--nichts-Klausel *f (tender)*
clause of arbitration *(Recht)* Arbitrageklausel *f*

clause of reservation of title *(Recht)* Eigentumsvorbehaltsklausel *f*, Eigentumsvorbehalt *m*
CLC *(Abk. für commercial letter of credit) (Fin, Imp/Exp)* Handelskreditbrief *m*, Akkreditiv *n* *(Außenhandelsfinanzierung; opposite: documentary letter of credit = Dokumenten-Akkreditiv)*
clean *adj* 1. *(RW)* schuldenfrei; 2. *(Fin)* schuldenfrei; 3. *(Gen)* rein, schuldenfrei, *(ugs.)* sauber; 4. *(Börse)* vorbehaltlos, unbeschränkt
clean acceptance *(Bank)* uneingeschränktes Akzept *n*
clean bill *(Fin, WiWi)* Wechsel *m* ohne Dokumentensicherung
clean bill of health *(Gen)* Attest *n* ohne gesundheitliche Einschränkungen
clean bill of lading *(Imp/Exp)* Seefrachtbrief *m* ohne Vorbehalt, Konnossement *n* ohne Einschränkungen, reines Konnossement *n*, Konnossement *n* ohne Vorbehalt *(Seefrachtbrief ohne Schadensvermerk)*
clean credit *(C/C) (Fin, Imp/Exp)* glattes Akkreditiv *n*, offenes Akkreditiv *n*, einfaches Akkreditiv *n* *(Außenhandelsfinanzierung)*; Blankokredit *m*
clean float *(WiWi)* sauberes Floaten *n* *(exchange rate policy, Wechselkurspolitik)*
clean payment 1. *(Fin)* nicht dokumentäre Zahlung *f*, ordnungsgemäße Zahlung *f*, Zahlung *f* gegen offene Rechnung; 2. *(Recht)* Zahlung *f* netto Kasse *(contracts)*
clean record *(Recht)* keine Vorstrafen *fpl*, ohne Vorstrafen *fpl*
clean technology *(Umwelt)* saubere Technologie *f*, umweltfreundliche Technologie *f*
cleaning sector *(Ind)* Reinigungssektor *m*, Reinigungsgewerbe *n*
clear *v* 1. *(Bank)* verrechnen *(cheque)*; abrechnen *(funds)*; 2. *(Comp)* löschen; 3. *(Gen)* zahlen *(account, debt)*
clear *v* **the market** *(V&M)* den Markt *m* räumen, Marktausgleich finden
clear *v* **through customs** *(Imp/Exp, Logis)* abfertigen, verzollen
clear-cut *adj (Gen)* deutlich, klar umrissen
clear loss *(Fin)* Nettoverlust *m*
clear of debts *(Fin, Gen, RW)* schuldenfrei
clear profit *(Fin)* Nettoeinkommen *n*, Reinertrag *m*
clear title *(AE) (Recht)* unbelastetes Eigentumsrecht *n*
clearance 1. *(Fin)* Abrechnung *f*, Tilgung *f*; 2. *(Gen)* Zahlung *f (of account, debt)*; 3. *(Imp/Exp)* Klarierung *f*, Verzollung *f*, Zollabfertigung *f (customs)*; 4. *(V&M)* Räumung *f*
clearance agent *(Pers)* Zollagent *m*
clearance certificate *(Pers, Recht)* polizeiliches Führungszeugnis *n*; Unbedenklichkeitsbescheinigung *f*
clearance inwards *(Imp/Exp)* Einklarierung *f*, Einfuhrerklärung *f*, Eingangsdeklarierung *f*
clearance outwards *(Imp/Exp)* Ausfuhrerklärung *f*, Ausgangsdeklarierung *f*
clearance sale *(V&M)* Räumungsverkauf *m*
cleared *adj (Bank)* abgerechnet, verrechnet
cleared check *(AE) (Bank)* s. cleared cheque
cleared cheque *(BE) (Bank)* eingelöster Scheck *m*
clearing 1. *(Bank)* Abrechnungsverfahren *m*, Abrechnungsverkehr *m*, Giroverkehr *m*, Abrechnung *f*, Clearing *n*, Verrechnung *f*; 2. *(WiWi)* Verzollung *f* *(customs)*; 3. *(Gen)* Behebung *f*
clearing account *(RW)* Verrechnungskonto *n*
clearing agent *(Imp/Exp)* Abfertigungsagent *m*, Klarierungsagent *m*
clearing agreement *(Bank)* Verrechnungsabkommen *n*
clearing bank *(Bank, Fin)* Abrechnungsbank *f*, Clearingbank *f*, Girobank *f*
clearing center *(AE) (Bank)* s. clearing centre
clearing centre *(BE) (Bank)* Clearingstelle *f*, Clearingzentrale *f*
clearing day *(Bank)* Verrechnungstag *m*
clearing house *(Fin)* Abrechnungsstelle *f*, Clearinghaus *n*, Clearingstelle *f*
clearing system *(Bank)* Verrechnungssystem *n*, Clearingsystem *n*

clearing the market *(Börse, WiWi)* Abwicklung *f* aller Kauf- und Verkaufsaufträge
clearing transactions *(Bank)* Clearingverkehr *m*
clerical error *(Gen)* Schreibfehler *m*
clerical occupation *(Pers)* Büroberuf *m*
clerical staff *(Pers)* Büropersonal *n*, Angestellte(n) *pl*, Büroangestellte(n) *pl* *(synonymous: clerical personnel)*
clerical work *(Pers)* Büroarbeit *f*
clerk *(Pers)* Angestellte(r) *f(m)*, Büroangestellte(r) *f(m)*, Sachbearbeiter(in) *m(f)*
clickable *adj (Comp, Komm)* anklickbar
clicks and mortar *(Comp, Komm)* Internet-Ableger *m* etablierter Firmen *(internet spin-offs of established companies)*
client 1. *(Gen)* Auftraggeber(in) *m(f)*, Klient(in) *m(f)*, Mandant(in) *m(f)*; 2. *(V&M)* Kunde *m*, Kundin *f*
client account *(RW)* Anderkonto *n* *(advertising agency)*
client firm *(V&M)* Kunde *m*
climate protection *(Umwelt)* Klimaschutz *m*
climb *v* **the promotion ladder** *(Pers)* die Karriereleiter erklimmen
CLO *(Abk. für Chief Legal Officer) (Recht, Gen)* leitender Anwalt *m*, leitender Jurist *m*
clock *v* **in** *(Ind, Pers)* Arbeitszeit registrieren, anstempeln, stempeln
clock *v* **off** *(Ind, Pers)* abstempeln, Arbeitsende registrieren
clock *v* **on** *(Ind, Pers)* Arbeitszeit registrieren, Arbeitsanfang registrieren, anstempeln, stempeln
clock *v* **out** *(Ind, Pers)* (ab)stempeln, Arbeitsende registrieren
clock card *(Ind, Pers)* Stechkarte *f*, Stempelkarte *f*
clock frequency *(Comp)* Taktfrequenz *f* *(processor speed)*
clocking *(Pers)* Stechen *n*, Arbeitszeiterfassung *f* *(hours of work)*
close *v* 1. *(RW)* abschließen *(books)*; 2. *(Fin)* auflösen; 3. *(V&M)* tätigen *(deal)*; einstellen *(sale)*
close *v* **down** 1. *(Gen)* schließen, *(ugs.)* zumachen *(branch, company)*; 2. *(Ind)* stilllegen, stillgelegt werden *(permanently)*; 3. *(Media)* das Programm beenden *(radio, television)*
close *adj (Gen)* eng *(cooperation, relationship)* • **in close competition** *(WiWi)* in scharfem Wettbewerb • **in close touch** *(Gen)* in engem Kontakt
close 1. *(Fin)* Schlusskurs *m*; 2. *(Börse)* Börsenschluss *m*, amtlicher Börsenschluss *m*
close examination *(Gen)* eingehende Prüfung *f*
close-out clause *(Bank)* Liquidationsklausel *f*
closed *adj (Gen)* geschlossen, abgeschlossen *(account)*; aufgehoben *(ended)*; nicht öffentlich *(not public)* • **closed to the public** *(Recht)* unter Ausschluss der Öffentlichkeit
closed contract *(Recht)* geschlossener Vertrag *m*
closed economy *(WiWi)* geschlossene Volkswirtschaft *f*
closed-end (investment) fund *(Fin)* geschlossener Investmentfonds *m*
closed-end management company *(BE) (Fin)* geschlossene Investmentgesellschaft *f*
closed-out *adj (Börse)* abgewickelt
closed position 1. *(Fin)* geschlossene Position *f*; 2. *(Börse)* glattgestellte Position *f*
closed question *(V&M)* geschlossene Frage *f*, Alternativfrage *f* *(market research)*
closed user group *(Comp, Komm)* geschlossene Benutzergruppe *f*
closely-held corporation *(AE) (Gen, WiWi)* Gesellschaft *f* mit beschränkter Gesellschafterzahl, Gesellschaft *f* mit begrenztem Aktionärskreis *(von wenigen Aktionären kontrollierte Gesellschaft mit maximal fünf Eigentümern; not completely privately held since a minority of the stock may be traded; synonymous: close corporation)*
closing 1. *(Fin)* Auflösung *f*; 2. *(Grund)* Auflassung *f*
closing agreement *(AE) (Steuer)* endgültige Vereinbarung *f*, schriftliche Abschlussvereinbarung *f*
closing balance *(Bank)* Endsaldo *m*
closing bid *(Gen)* Höchstgebot *n*
closing costs 1. *(Fin)* Abschlusskosten; 2. *(Grund)* Auflassungskosten *pl* *(real estate)*
closing date 1. *(Gen)* Abgabefrist *f*,

Anmeldeschluss *m*, Schlusstermin *m*, Endtermin *m (final deadline)*; 2. *(RW)* Bilanzstichtag *m*, Abschlussstichtag *m*; 3. *(Media)* Einsendeschluss *m*; 4. *(Grund)* Auflassungsdatum *n*

closing down *(Gen)* Schließung *f*, Stilllegung *f (of branch, company)*

closing-down sale *(Gen)* Ausverkauf *m* wegen Geschäftsaufgabe

closing entry *(RW)* Abschlussbuchung *f*, Schlusseintrag *m*

closing inventory *(RW)* Endbestand *m*, Schlussbestand *m*

closing of a plant *(Ind, Mgt)* Betriebsschließung *f*

closing price 1. *(Fin)* Schlusskurs *m*; 2. *(Börse)* Schlusskurs *m*, Schlussnotierung *f*

closing purchase *(BE) (Börse)* Kauf *m* zum Börsenschluss

closing quotation 1. *(Fin)* Schlusskurs *m*; 2. *(Börse)* Schlusskurs *m*, Schlussnotierung *f*

closing statement *(Grund)* Auflassungsurkunde *f*

closing time *(Frei)* Polizeistunde *f (in pub)*

closure *(Gen)* Einstellung *f*; Schließung *f*, Stilllegung *f (of branch, company)*

closure of a firm *(Gen, Pers)* Schließung *f* eines Unternehmens, Betriebsstilllegung *f*, Stilllegung *f* eines Betriebes

clothing industry *(BE) (Ind)* Bekleidungsindustrie *f*

club good *(WiWi)* Klub-Gut *n*, Klubgut *n*

cluster *(Gen)* Cluster *m*

cluster analysis *(V&M)* Clusteranalyse *f*, Klumpenauswahlverfahren *n (market research)*

cluster sample *(V&M)* Clustereinheit *f (market research)*

cluster sampling *(V&M)* Clusteranalyse *f*, Klumpenauswahlverfahren *n (market research)*

clustering *(V&M)* Clustering *n*

Co. *s.* company

co-op *s.* 1. cooperative; 2. consumers' cooperative; 3. cooperative society

co-owner 1. *(Bank, Gen)* Mitinhaber(in) *m(f)*; 2. *(Grund, Recht)* Miteigentümer(in) *m(f)*

coach *(V&M)* Berater(in) *m(f)*, Begleiter(in) *m(f)*, Trainer(in) *m(f)*

coaching *(V&M)* Beratung *f*, Training *n*

Cobb Douglas production function *(WiWi)* Cobb-Douglas-Funktion *f*, Cobb-Douglas-Produktionsfunktion *f*

cobweb theorem *(WiWi)* Cobweb--Theorem *n*, Spinnwebtheorem *n*

COD *s.* cash on delivery

code 1. *(Gen)* Code *m*, Kode *m*; 2. *(Recht)* Kodex *m*

code number 1. *(Gen)* Kennzahl *f (synonymous: reference number)*; 2. *(RW)* Kennziffer *f (identification of accounting items, Kontokennziffer des Kontenplans)*

code of advertising practice *(V&M)* Werbekodex *m*

code of arbitration *(Börse)* Arbitragecode *m*

code of conduct *(Gen)* Verhaltenskodex *m*

code of ethics *(Gen)* Ehrenkodex *m*, Standesordnung *f*, Verhaltenskodex *m*

code of practice *(Gen)* Verhaltenskodex *m*, Verhaltensregeln *fpl*; Richtlinien *fpl*

code of procedure *(Börse)* Verfahrenscode *m*

code of professional ethics *(Recht)* Standesrecht *n*

Code of Social Law *(Recht, Soz)* Sozialgesetzbuch *n*

coded data entry *(Comp)* verschlüsselte Dateneingabe *f*

codetermination *(Mgt, Pers)* Mitbestimmung *f*

codetermination at plant level *(Mgt, Pers)* betriebliche Mitbestimmung *f*

codified law *(Gen)* kodifiziertes Recht *n*

codify *v (Recht)* kodifizieren

coding 1. *(RW)* Benennung *f (identification of account)*; 2. *(Comp)* Codieren *n*, Codierung *f (programming language)*

coefficient of variation 1. *(Gen)* Abweichungskoeffizient *m*; 2. *(Stat)* Streuungskoeffizient *m*, Variationskoeffizient *m*, Varianzkoeffizient *m (statistics; relatives Streuungsmaß; Definition: Quotient aus Standardabweichung und arithmetischem Mittel)*

coercive measure *(Recht)* Zwangsmaßnahme *f*

cofinance *v (Fin)* mitfinanzieren

coheir *(Recht)* Miterbe *m*, Miterbin *f*

coherence *(Gen)* Einheitlichkeit *f*, Zusammenhalt *m*, Zusammenhang *m*, Verständlichkeit *f*

coherent *adj (Gen)* einheitlich, klar, zusammenhängend, verständlich
cohesion *(Gen)* Kohäsion *f*, Zusammenhalt *m*, Zusammenhang *m*
cohesion fund *(WiWi)* Kohäsionsfonds *m (EU)*
coin *v (WiWi)* ausprägen, prägen *(money)*
coin *(Gen)* Geldstück *n*, Münze *f*
coinage *(WiWi)* Münzprägung *f*; Währung *f (currency)*; Hartgeld *n*, Münzen *fpl (coins)*
coincide *v* 1. *(Gen)* gleichlaufen; 2. *(Recht)* übereinstimmen
coincide *v* **with** *(Gen)* übereinstimmen mit, sich decken mit, zusammenfallen mit
coincident indicator *(WiWi)* Präsensindikator *m*, synchroner Konjunkturindikator *m (econometrics)*
coins *(Gen)* Hartgeld *n*, Metallgeld *n*
cold call *(V&M)* unangemeldeter Besuch *m (by sales representative; synonymous: cold calling)*
cold canvassing *(V&M)* ungezielte Kundenwerbung *f*
cold mailing *(V&M)* ungezielter Versand *m*
collaborate *v* 1. *(Gen)* mitarbeiten, zusammenarbeiten; 2. *(Pol)* kollaborieren
collaboration cost *(WiWi)* Kollaborationskosten *pl (wikinomics = Wikiwirtschaft = Wikinomie; dank Internet gehen die Kosten für die Bündelung von Arbeit, Wissen und Kapital gegen Null)*
collaborative knowledge management *(Comp, Komm, Media)* kollaboratives Wissensmanagement *n (z. B. das Wiki; cf crowdsourcing)*
collapse *v* 1. *(WiWi)* zusammenbrechen *(market)*; stürzen, verfallen *(prices)*; 2. *(Gen)* zusammenbrechen *(system)*; 3. *(Börse)* stürzen
collateral *adj* 1. *(Fin)* zusätzlich; 2. *(Gen)* flankierend *(measure)*; begleitend *(phenomenon)*; seitlich
collateral 1. *(WiWi)* Sicherheit *f*, Sicherungsgegenstand *m*; 2. *(Fin)* Pfand *n* • **as collateral** *(Bank, Gen)* zur Absicherung, als Sicherheit
collateral acceptance *(Fin)* Avalakzept *n (by bank)*
collateral acceptor *(Fin)* Wechselbürge *m*, Wechselbürgin *f*
collateral bill *(Bank)* Vorschusswechsel *m*
collateral clauses *(Recht)* Nebenbestimmungen *fpl*
collateral loan *(Bank)* besichertes Darlehen *n*; Lombarddarlehen *n*, Lombardkredit *m (securities)*
collateral loan business *(Bank)* Banklombardgeschäft *n*
collateral security 1. *(WiWi)* Sicherheitsleistung *f*, Sicherungsgegenstand *m*; 2. *(Fin)* dingliche Sicherheit *f*; 3. *(Recht)* akzessorische Sicherheit *f*
collateralize *v* 1. *(Bank)* lombardieren *(securities)*; 2. *(Fin)* besichern
Collateralized Bond Obligation *(CBO) (Bank, Fin)* CBO *f*, Collateralized-Bond-Obligation *f*, *(jarg.)* CBO-Anleihe *f (von Zweckgesellschaften emittierte ABS-Anleihen, die ihrerseits durch ein diversifiziertes Anleihenportfolio, im Wesentlichen risikoreiche, intransparente Hochzinsanleihen = high-yield bonds, besichert sind)*
Collateralized Debt Obligation *(CDO) (Bank, Fin)* Collateralized-Debt-Obligation *f*, CDO *f (mit Anleihen und hypothekarisch unterlegten Unternehmenskrediten besicherte ABS, deren gestaffeltes Risikoprofil die Bündelung handelbarer, maßgeschneiderter Rendite-/Risikopakete erlauben, sofern die Tranchen-Ratings der Agenturen zuverlässig, aktuell und marktnah die intransparente Struktur der verbrieften Papiere widerspiegeln können)*
collateralized securities *(Bank, Fin)* beliehene Wertpapiere *npl*, besicherte Wertpapiere *npl*, zur Besicherung *f* hinterlegte Wertpapiere
colleague 1. *(Gen)* Arbeitskollege *m*, Arbeitskollegin *f*, Mitarbeiter(in) *m(f)*; 2. *(Pers)* Kollege *m*, Kollegin *f*, Mitarbeiter(in) *m(f)*
collect *v* 1. *(Gen)* erfassen *(statistics, data)*; zusammentragen, beschaffen *(information)*; einziehen, eintreiben *(receivables, tax)*; kassieren *(cash)*; 2. *(Börse)* einlösen, einziehen *(premium)*
collect *v* **a debt** *(Fin)* eine Forderung liquidieren [einziehen]
collect *v* **a payment** *(Fin)* eine Zahlung einziehen

collect *v* **statistics** *(Gen, Steuer, V&M)* statistisch erfassen
collect *v* **sums due** *(Fin)* fällige Beträge einziehen
collect *v* **taxes** *(Steuer)* Steuern erheben
collect *v* **unemployment compensation** *(AE) (Soz)* Arbeitslosenunterstützung beziehen
collect call *(AE) (Komm)* R-Gespräch *n (telephone)*
collecting bank *(Fin)* einziehende Bank *f*, Inkassobank *f*
collecting commission *(Bank, Versich)* Inkassoprovision *f*
collection 1. *(Gen)* Einzug *m*, Einziehung *f*, Inkasso *n*, Erfassung *f*, Erhebung *f*, Beschaffung *f (of statistics, information)*; Eintreibung *f (tax, receivables)*; 2. *(Börse)* Einlösung *f*, Einziehung *f (of premium)*
collection charge *(Gen)* Einzugsgebühr *f*, Inkassogebühr *f*
collection costs *(Gen)* Einzugskosten *pl*, Inkassokosten *pl*
collection department *(Fin)* Inkassoabteilung *f*, Kreditorenabteilung *f*
collection of a bill *(RW)* Einziehung *f* eines Rechnungsbetrages, Wechseleinzug *m*, Wechselinkasso *n (bill of exchange)*
collection of accounts *(RW)* Forderungseinziehung *f*
collection of commercial documents *(Recht)* Dokumenteninkasso *n (contracts)*
collection of fees *(Recht)* Honorarbeitreibung *f*
collection of goods *(Logis)* Abholung *f* der Güter
collection of money due *(Recht)* Beitreibung *f*
collection of taxes *(Recht, Steuer)* Steuererhebung *f*
collective *adj (Gen)* gemeinsam, gemeinschaftlich, kollektiv, Kollektiv, Sammel
collective accident insurance *(Versich)* Gruppenunfallversicherung *f*
collective action clause *(CAC) (Fin)* Umschuldungsklausel *f (die CACs erlauben im Fall einer Leistungsunfähigkeit eines staatlichen Anleiheschuldners die Änderung der Zahlungsbedingungen per Mehrheitsbeschluss, z. B. Laufzeitverlängerung, Zinssenkung, Schuldenschnitt; Einzelgläubiger verlieren damit die Möglichkeit, Restrukturierungsbeschlüsse zu blockieren; sie sollen gemäß ESM = European Stability Mechanism = Europäischer Stabilitätsmechanismus ab 7/2013 in die Vertragsbedingungen aller neuen Staatsschuldtitel der EWU--Staaten mit einer Laufzeit von über einem Jahr aufgenommen werden)*
collective agreement *(Pers)* Kollektivvertrag *m*, Tarifvertrag *m*
collective authorization *(Pol, WiWi)* Sammelgenehmigung *f*
collective bargaining *(Pers, WiWi)* Lohnverhandlung *f*, Tarifverhandlung *f*
collective bargaining policy *(Pers)* Tarifpolitik *f*
collective bargaining round *(Pers)* Tarifrunde *f*, Lohnrunde *f*
collective dismissal *(Pers)* kollektive Entlassung *f*, Massenentlassung *f*
collective good *(WiWi)* öffentliches Gut *n*, Kollektivgut *n*
collective insurance *(Versich)* Gruppenversicherung *f*
collective labor agreement *(AE)*, **collective labour agreement** *(BE) (Pers)* Tarifvertrag *m*
collective order *(Gen)* Sammelbestellung *f*
collective ownership *(Pol, WiWi)* Gemeineigentum *n*
collective pay agreement *(Pers)* Tarifvertrag *m*, Tarifabkommen *n*
collective redundancy *(Pers)* Massenentlassung *f*
collective securities deposit Bank Girosammeldepot *n*
collectively *adv (Gen)* als Gesamtheit, gemeinsam, insgesamt
collectively agreed wage(s) *(Pers)* Tariflohn *m*
college *(Pers) (BE)* Hochschule *f*, berufsbildende (Ober-)Schule *f*, höhere Schule *f (e. g. Eton College)*; Akademie *f*, *(AE)* Universität *f*, Hochschule *f*, berufsbildende (Ober-)Schule *f*; Fachbereich *m*, Universitätsinstitut *n*
college education *(AE) (Bil)* Hochschulausbildung *f*, Universitätsausbildung *f*, Hochschulstudium *n*,

Universitätsstudium *n*
college graduate *(AE) (Pers)* Hochschulabsolvent(in) *m(f)*, Universitätsabsolvent(in) *m(f)*, Akademiker(in) *m(f)*
collusion 1. *(WiWi)* heimliche Absprache *f*, Kollusion *f*; 2. *(Recht)* Kolludieren *n*, Verdunkelung *f*
collusive bidding *(WiWi)* Anbieterabsprache *f*, Bieterabsprache *f* *(synonymous: collusive tendering)*
column *(Media)* Kolumne *f*, Spalte *f*
column heading *(RW)* Spaltenüberschrift *f*
columnar bookkeeping *(RW)* amerikanische Buchführung *f*
columnar journal *(RW)* in Spalten angeordnetes Grundbuch *n*
com *(Comp, Komm, V&M)* com *(commercial top-level domain)*
combat *v (Gen)* bekämpfen *(unemployment, inflation)*
combination 1. *(Fin)* Verschmelzung *f*; 2. *(Gen)* Kombination *f*, Zusammenschluss *m*
combine *v* 1. *(Gen)* sich zusammenschließen, zusammenwirken; 2. *(Gen)* zusammenfassen, kombinieren
combine *(WiWi)* Verbund *m*, Zusammenschluss *m*, Unternehmenszusammenschluss *m*, Kartell *n*, Kombinat *n (socialism)*
combined *adj (Gen)* kombiniert
combined advertising *(V&M)* Verbundwerbung *f*
combined balance sheet *(Fin)* konsolidierte Bilanz *f*
combined bottom-up/top-down method *(Mgt, WiWi)* Gegenstromverfahren *n (corporate planning and flow of information; gegenläufiger Informationsfluss bei der hierarchischen Unternehmensplanung: Kombination aus Top-down-Vorgaben der Unternehmensleitung mit von unten = bottom-up erhobenen Informationen)*
combined financial statement *(Fin, RW)* kombinierter Abschluss *m (horizontale Kombination, ohne vertikale Konzernbeziehungen, nicht: Konzernbilanz)*
combined statement of income *(RW)* konsolidierte Gewinn- und Verlustrechnung *f*
come *v* **before court** *(Recht)* vor Gericht erscheinen
come *v* **into effect** *(Recht)* rechtswirksam werden
come *v* **into force** *(Recht)* in Kraft treten, wirksam werden *(regulations, legislation)*
come *v* **into operation** *(Recht)* wirksam werden
come *v* **on stream** *(Ind)* in Betrieb gehen
come *v* **onto the market** *(V&M)* auf den Markt kommen
come *v* **out** *(Media)* erscheinen *(book, magazine)*
come *v* **to** *(Gen)* betragen, sich belaufen auf *(amount to)*
come *v* **to a standstill** 1. *(Gen)* zum Stillstand kommen; 2. *(Ind)* zum Erliegen kommen
come *v* **to an agreement** *(Recht)* sich verständigen
come *v* **to an understanding** 1. *(Gen)* sich einigen; 2. *(Recht)* sich verständigen
come *v* **to fruition** *(Gen)* sich verwirklichen
come *v* **to terms with sb** *(Recht)* mit jmdm. handelseinig werden, sich mit jmdm. einigen *(contract law)*
come *v* **under pressure** *(Gen)* unter Druck geraten *(to do sth)*
come *v* **under sb's jurisdiction** *(Admin)* unter eine Rechtsprechung fallen
come *v* **under scrutiny** *(Gen)* einer genauen Prüfung unterzogen werden
come *v* **up to scratch** *(Gen)* den Erwartungen entsprechen
comfort letter *(Bank, Börse, Gen)* Patronatserklärung *f*
comm. *s.* 1. commission; 2. committee
command *v* **a certain price** *(WiWi)* einen bestimmten Preis fordern
command economy *(Pol, WiWi)* Befehlswirtschaft *f*, Planwirtschaft *f*
commence *v (Gen)* beginnen
commencement 1. *(Gen)* Beginn *m*, In--Kraft-Treten *n*; 2. *(Versich)* Versicherungsbeginn *m (of policy)*
commencement of contract *(Recht)* Vertragsbeginn *m*
commensurate *adj* 1. *(RW)* angemessen; 2. *(Gen)* angemessen, entsprechend
commentary *(Gen)* Berichterstattung *f*, Erläuterung *f*, Kommentar *m*
commerce *(Gen)* Handel *m*,

Handelsverkehr *m*, Wirtschaftsverkehr *m*

commercial *adj (Gen)* kaufmännisch, wirtschaftlich, kommerziell, gewerblich, geschäftsmäßig

commercial *(Media, V&M)* Werbespot *m (print, broadcast)*

commercial account *(RW)* Geschäftskonto *n*

commercial activity *(Ind)* gewerbliche Tätigkeit *f*

commercial agreement *(Gen, Recht)* Handelsabkommen *n*

commercial arithmetic *(Edu, Gen)* kaufmännisches Rechnen *n*, Wirtschaftsrechnen *n (synonymous: business arithmetic)*

commercial at 1. *(Komm)* at-Zeichen *n*, *(ugs.)* Klammeraffe *m (@, separator in E-Mail addresses, ASCII code 64)*; 2. *(V&M)* zum Preis von *(@; at the specified price)*

commercial bank *(Bank, Fin, WiWi)* Geschäftsbank *f*, Handelsbank *f*, Kreditbank *f*, Commercial Bank *f (mit Schwerpunkt im Einlagen- und Kreditgeschäft sowie im Zahlungsverkehr; das Wertpapier- und Emissionsgeschäft der Investmentbanken = investment banks wurde in den USA wegen zu hoher Risiken nach der Weltwirtschaftskrise durch den Banking Act 1933 = Glass Steagall Act 1933 vom Einlagen- und Kreditgeschäft der Geschäftsbanken funktional und rechtlich getrennt; es entstand das US- Trennbanksystem, the system of functional separation of CB/IB banking activities, bei dem Commercial Banking und Investment Banking bis in die 1980-90er Jahre nebeneinander standen, das im Zuge der Liberalisierung' der US--Bankenregulierung unter Alan Greenspan aber de facto abgeschafft wurde; vgl. commercial banking)*

commercial banking *(CB) (Bank, Fin, WiWi)* Commercial Banking *n (Schwerpunkt im Einlagen- und Kreditgeschäft sowie im Zahlungsverkehr, ohne sog. innovative Finanzprodukte im Portfolio; der Gegensatz zum Investment Banking = IB im Trennbanksystem; das Wertpapier- und Emissionsgeschäft der Investmentbanken = investment banks wurde nach der Weltwirtschaftskrise wegen zu hoher Risiken in den USA durch den Banking Act 1933 vom Einlagen- und Kreditgeschäft der Geschäftsbanken = commercial banks funktional und rechtlich abgetrennt; es entstand das Trennbanksystem aus CB und IB, von dem wegen der separierten Geschäfts- und Investmentbankrisiken erst nach dem 15.9.2008 wieder vermutet wird, dass es weniger sog. systemwichtige Too-big-to-fail-Banken, weniger Moral-Hazard-Verhalten, geringere Bankgewinne, insbesondere jedoch geringere Kosten und Risiken für die Finanzmärkte, die Volkswirtschaften und Steuerzahler mit sich bringen würde; das Trennbanksystem wurde mit der liberalisierten' US--Bankenregulierung in den 1990er Jahren de facto, nicht formalrechtlich, abgeschafft und so unter Alan Greenspan der Boden bereitet, auf dem sich die New-Economy-, die Subprime--Hypotheken-, die Banken-, die Finanzmarkt-, die Wirtschafts und die Staatsschuldenkrise entwickeln konnten; Gegensatz zum US-geprägten CB/IB-Trennbanksystem ist das klassische europäische Universalbanksystem, universal banking system, in dem alle Bankgeschäfte = Kreditgeschäft + Einlagengeschäft + Wertpapiergeschäft mit seinem jeweiligen Risikomix zugelassen sind - mit Ausnahme des den Spezialbanken vorbehaltenen Geschäfts)*

commercial business *(Gen)* Handelsgeschäft *n*

commercial center *(AE) (V&M) s.* commercial centre

commercial centre *(BE) (V&M)* Handelsmetropole *n*, Handelszentrum *n*

Commercial Code *(Recht)* Handelsgesetzbuch *n*, HGB *n (präzisierend auch: German Commercial Code)*

commercial contract *(Recht)* Handelsvertrag *m (trade law)*

commercial credit risk *(Bank, Fin)* kommerzielles Risiko *n*

commercial development *(Gen)* wirtschaftliche Entwicklung *f*

commercial director *(Mgt, Pers)* kaufmännischer Direktor *m*, kaufmännische Direktorin *f*
commercial impracticability *(Gen)* wirtschaftliche Unmöglichkeit *f*
commercial invoice 1. *(RW, Imp/Exp)* Faktura *f*, Handelsfaktura *f*, Handelsrechnung *f*; 2. *(Gen, Recht)* Handelsrechnung *f (contracts)*
commercial language *(Gen)* Geschäftssprache *f*
commercial law *(Gen)* Handelsrecht *n*, Handelsgesetz *n*
commercial lending *(Bank)* gewerbliche Ausleihungen *fpl*
commercial letter of credit *(CLC) (Fin, Imp/Exp)* Handelskreditbrief *m*, Akkreditiv *n (foreign trade finance, Außenhandelsfinanzierung; opposite: documentary letter of credit = Dokumenten-Akkreditiv)*
commercial letting *(BE) (Grund)* kommerzielle Vermietung *f*
commercial loan *(Bank)* Gewerbekredit *m*
commercial manager *(Mgt, Pers)* kaufmännische Leiterin *f*, kaufmännischer Leiter *m*
commercial marine *(Logis)* Handelsmarine *f*
commercial occupancy *(Grund)* geschäftliche [kommerzielle] Nutzung *f*
commercial occupation *(Gen)* kaufmännischer Beruf *m*
commercial paper *(CP) (Börse)* Commercial Paper *n*, CP *n*, Handelspapier *n*, kurzfristiges Handelspapier *n*; kommerzieller Wechsel *m (short-term securities issued by top-rated companies, am US--Geldmarkt gehandelte kurzfristige, unbesicherte Schuldtitel erster Adressen; in Europa: Euro--Commercial-Paper, ECP)*
commercial policy *(WiWi)* Handelspolitik *f*
commercial port *(Logis)* Handelshafen *m*
commercial property *(Grund)* Geschäftsgebäude *n*
commercial purpose *(Gen)* kommerzieller Zweck *m* • **not for commercial purposes** *(Recht)* nicht zu gewerblichen Zwecken
commercial register *(Recht, V&M)* Handelsregister *n*
commercial registration *(Gen, Recht)* Handelsregister-Eintragung *f*, HR--Eintragung *f*
commercial representative *(Gen, Pers)* Handelsvertreter(in) *m(f)*
commercial risk *(Gen)* wirtschaftliches Risiko *n*
commercial standard *(Gen, V&M)* handelsüblich
commercial stock *(Gen)* Handelsbestand *m*
commercial training *(Pers)* kaufmännische Ausbildung *f*
commercial traveler *(AE)*, **commercial traveller** *(BE) (Gen)* Geschäftsreisende(r) *f(m)*, Handelsreisende(r) *f(m)*
commercial usage *(Gen, Recht)* Handelsbrauch *m (contracts)*
commercial use *(Gen, Grund)* gewerbliche Nutzung *f*
commercial value *(Recht)* Handelswert *m (contracts)* • **no commercial value** *(Gen)* ohne Handelswert
commercial vehicle *(Logis)* Nutzfahrzeug *n*
commercialize *v (Gen)* kommerzialisieren, auf den Markt bringen, marktfähig machen
commercially *adv (Gen)* geschäftlich, kommerziell, kaufmännisch
commercially available *adj (Gen)* handelsüblich
commission *v* 1. *(WiWi)* bestellen, in Auftrag geben; 2. *(Gen)* beauftragen, kommissionieren
commission 1. *(Bank)* Provision *f (payment)*; 2. *(WiWi)* Ausschuss *m (body)*; 3. *(Fin)* Maklergebühr *f (payment)*; Ausschuss *m (body)*; 4. *(Gen)* Order *f (order)*; Kommission *f (body)*; Komm., Gremium *n*, Ausschuss *m*
commission business 1. *(V&M)* Kommissionsgeschäft *n (synonymous: sale on commission)*; 2. *(Bank, Gen)* Auftragsgeschäft *n*
commission margin *(Bank, RW)* Provisionsspanne *f*
commission on guaranty *(Bank, Fin)* Avalprovision *f*
commission rate 1. *(Bank)* Courtage *f*, Provisionssatz *m*; 2. *(Börse)* Maklergebühr *f*
commission salesman *(Pers)*

Verkaufskommissionär *m*
commissioned research *(Ind, WiWi)* Auftragsforschung *f*
commissioner for oaths *(BE) (Recht)* Notar *m*
commitment 1. *(Fin, Gen)* Zusage *f*, Verbundenheit *f*; 2. *(Recht)* Verbindlichkeit *f*, Verpflichtung *f*
committed *adj* 1. *(Fin)* zugesagt; 2. *(Gen, Recht)* verpflichtet
committed cost *(RW)* fixe Kosten *pl*
committee 1. *(Gen)* Ausschuss *m*, Komitee *n*, Kommission *f*, Komm.; 2. *(Pol)* Ausschuss *m*, Gremium *n*
Committee of Governors of Central Banks *(Bank, Pol)* Gouverneursausschuss *m* der Zentralbanken
Committee of Permanent Representatives of the EC *(Pol)* Ausschuss *m* der Ständigen Vertreter (der EU-Mitgliedstaaten), AstV *m*, Coreper *m*, COREPER *m (EU; French: Comité des Représentants Permanents des pays membres de l'UE)*
commodities *(Börse)* Waren *fpl*, Wa., Rohstoffe *mpl*
commodity 1. *(WiWi)* Wirtschaftsgut *n*, Vermögensgegenstand *m*; Ware *f (article of commerce)*; Rohstoff *m (raw material)*; 2. *(Gen)* Handelsware *f*, Ware *f*
commodity agreement *(WiWi)* Rohstoffabkommen *n*
commodity basket *(Gen)* statistischer Warenkorb *m*
commodity cartel *(WiWi)* Rohstoffkartell *n*
commodity dealer *(Börse, V&M)* Warenhändler *m*
commodity exchange *(Börse)* Warenbörse *f*, Produktenbörse *f*
commodity future *(BE) (Börse)* Warentermingeschäft *n*, Warenterminkontrakt *m*
commodity futures exchange *(Börse)* Warenterminbörse *f*
commodity paper *(Börse)* Warenpapier *n*
commodity price index *(Börse)* Rohstoffpreisindex *m*
commodity tax *(Steuer)* Verbrauchsteuer *f*, Warensteuer *f*
common *adj (Gen)* gemeinsam *(decision)*
• **by common consent** *(Gen)* einstimmig
common access resources *(WiWi)* Allmenderessourcen *fpl*
common commercial policy *(Gen, Pol, Recht)* gemeinsame Handelspolitik *f (EU)*
common cost *(WiWi)* Gemeinkosten *pl*
common costs *(WiWi)* Gemeinkosten *pl*, Kosten *pl* der Kuppelproduktion
common currency *(WiWi)* Gemeinschaftswährung *f*
common customs tariff *(Imp/Exp)* Gemeinsamer Zolltarif *m*, GZT
common denominator *(Gen)* gemeinsamer Nenner *m (of diverging interests)*
common directive *(Recht)* allgemeine Richtlinie *f*
common duties *(Gen, Logis)* gemeinwirtschaftliche Aufgaben *fpl*
common external tariff *(WiWi)* gemeinsamer Außenzoll *m*
Common Foreign and Security Policy *(CFSP) (Recht, Pol)* Gemeinsame Außen- und Sicherheitspolitik *f* (der EU), GASP *(EU, Maastricht Treaty)*
common fraction *(Stat)* gewöhnlicher Bruch *m*, einfacher Bruch *m*, gemeiner Bruch *m (synonymous: vulgar fraction, simple fraction; opposite: decimal fraction = Dezimalbruch)*
common law *(Pers, Recht)* Common Law *n*, Richterrecht *n (the law developed by the courts; Gegensatz: statutory law = statute law = Gesetzesrecht)*; Gewohnheitsrecht *n*
Common Market *(WiWi)* gemeinsamer Markt *m (EU)*
common pricing *(Gen)* Preisabsprache *f*
common rules *(Gen, Recht)* gemeinsame Vorschriften *fpl (EU)*
common share *(BE)*, **common stock** *(AE) (Börse)* Stammaktie *f*, Stammaktien *fpl*
common stock fund *(Börse, Fin)* Aktieninvestmentfonds *m*
Commonwealth of Independent States *(CIS) (Pol)* Gemeinschaft *f* Unabhängiger Staaten, GUS *f*
communicate *v (Gen)* mitteilen
communication 1. *(Gen, Komm)* Kommunikation *f (communicating)*; Korrespondenz *f*, Korr. *(by letter exchange of views)*; Gedankenaustausch *m*, Meinungsaustausch *m*; Nachricht *f*

(piece of news); Mitteilung *f (message)*; 2. *(Pat)* Benachrichtigung *f*, Mitteilung *f*

communication barrier *(Mgt, Pers)* Kommunikationshemmnis *n*

communication data *(Recht, Comp, Komm, Media)* Verkehrsdaten *pl*

communication strategy *(Komm)* Kommunikationsstrategie *f*

communication to the public *(Recht)* öffentliche Wiedergabe *f (copyright law)*

communications 1. *(Komm)* Nachrichtentechnik *f*, Nachrichtenwesen *n*, Verbindungen *fpl*, Verbindungsmöglichkeiten *fpl*, Verkehr *m*; 2. *(Logis)* Verkehrsverbindung *f*, Verkehrsnetz *n*

communications network *(Komm)* Datenübertragungsnetz *n*

communities of practice *(Mgt)* virtuelle Expertengemeinschaften *fpl (an instrument of modern knowledge--based management; freiwillig, informell, hochmotiviert, hochreagibel, hierarchiefrei, multidisziplinär, zielorientiert und funktionsübergreifend arbeitende Expertengruppen, deren Mitglieder zur Wissensteilung bereit sind; ein Instrument modernen wissensbasierten Managements)*

community *(Gen)* Gemeinde *f*, Gemeinschaft *f*, Gemeinwesen *n*

Community *(Gen, Pol) (obs.)* (Europäische) Gemeinschaft *f (EU)*

Community action *(Gen)* Gemeinschaftsmaßnahme *f*

community administration *(Recht, Admin)* Gemeindeverwaltung *f*

Community aid *(WiWi)* Gemeinschaftshilfe *f*

Community average *(Pol)* Gemeinschaftsdurchschnitt *m (EU)*

Community initiative *(Gen, Pol)* Gemeinschaftsvorhaben *n (EU)*

Community institutions *(Pol)* Gemeinschaftsorgane *npl (EU)*

Community law *(Recht)* Gemeinschaftsrecht *n (EU)*

Community legislation *(Recht)* Gemeinschaftsrecht *n*, gemeinschaftliche Gesetzgebung *f*, Gemeinschaftsgesetzgebung *f (catch--all legislation, EU)*

Community level *(Gen, Pol)* Gemeinschaftsebene *f (EU)*

community of interests *(Gen)* Interessengemeinschaft *f*

Community rules *(Recht)* Gemeinschaftsvorschriften *fpl (EU)*

community service *(AE) (Soz)* gemeinnützige Arbeit *f*, Arbeit *f* für die Gemeinschaft

community shopping *(V&M)* Community Shopping *n (concentration of purchasing power, gemeinsamer Einkauf mehrerer Interessenten im Internet zur Kaufkraftverstärkung; power shopping)*

community work *(AE) (Soz)* gemeinnützige Arbeit *f*, Arbeit *f* für die Gemeinschaft

commutable *adj* 1. *(Fin, Komm)* umwandelbar; 2. *(Gen)* ablösbar; 3. *(Recht)* abänderbar

commute *v* 1. *(Gen)* ablösen, umwandeln; 2. *(Recht)* umwandeln *(sentence)*; abändern *(decision)*; 3. *(Gen)* pendeln *(to work)*

commuter *(Gen)* Pendler(in) *m(f)*

commuting allowance *(Recht, Steuer)* Pendlerpauschale *f*

compack *(Abk. für complex package)* *(V&M)* Güter- und Dienstleistungspaket *n*

Companies Registration Office *(Gen)* Gesellschafts-Registeramt *n*, Gesellschaftsregisterstelle *f*, Handelsregister *n (in Germany)*

company *(Gen, Recht, WiWi)* Gesellschaft *f*, Firma *f*, Fa., Unternehmen *n* • **the company is rated triple-A** *(Fin)* die Firma ist erstklassig [mit AAA] bewertet worden

company accounts *(RW)* Buchhaltung *f* der Unternehmung

company agreement *(Pers)* Gesellschaftsvertrag *m*

company benefits *(Pers)* betriebliche Sozialleistungen *fpl*

company capital *(Gen)* Gesellschaftskapital *n*

company goal *(Gen)* Unternehmensziel *n*

company headquarters *(Gen)* Zentrale *f*, Stammhaus *n*

company holidays *(BE) (Pers)* Betriebsurlaub *m*, Betriebsferien *pl*

company law *(Recht)* Gesellschaftsrecht *n*

company level *(Gen, Mgt)* Unternehmensebene *f*, Firmenebene *f* • **at company [enterprise] level** *(Gen,*

Mgt) auf Unternehmensebene, auf Firmenebene
company liquidity *(Fin)* Unternehmensliquidität *f*
company logo *(Gen, V&M)* Firmenlogo *n*
company manpower planning *(Pers)* betriebliche Personalplanung *f*
company meeting *(Gen)* Aktionärsversammlung *f*
company name *(Gen, Recht)* Unternehmensname *m*, Firma *f*
company objective *(Gen)* Unternehmensziel *n*
company-owned *adj (Gen)* firmeneigen
company owner *(Gen, Recht)* Unternehmensinhaber *m*, Betriebsinhaber *m*, Geschäftsinhaber *m*
company pension *(Pers)* Betriebsrente *f*
company pension scheme *(Pers)* betriebliche Altersversorgung *f*
company planning *(Gen)* betriebliche Planung *f*, Unternehmensplanung *f*
company policy *(Gen)* Unternehmensphilosophie *f*
company purpose *(Gen)* Unternehmenszweck *m*
company results *(Gen)* Geschäftsergebnis *n*
company secret *(Gen, Mgt)* Betriebsgeheimnis *n*, Geschäftsgeheimnis *n*
company secretary *(BE) (Pers, Recht)* Company Secretary *m(f) (a senior employee in an organization with director status and administrative and legal authority; the company secretary may enter into contracts on behalf of the company; he/she may also be a board secretary with appropriate qualifications; leitender Verwaltungsangestellter einer britischen Kapitalgesellschaft mit Director-Status und weitgehenden rechtlichen Befugnissen; wird in der Regel nicht übersetzt, da ohne Entsprechung im kontinentaleuropäischen Unternehmensrecht)*
company strategy *(Gen, Mgt, WiWi)* Unternehmensstrategie *f*
company tax 1. *(Gen)* Körperschaftsteuer *f*; 2. *(Recht, Steuer)* Gesellschaftsteuer *f*
company taxation *(Steuer)* Unternehmensbesteuerung *f*
company training centre *(Pers)* betriebliche Ausbildungsstätte *f*
company's own field organization *(Gen)* firmeneigener Außendienst *m*
company's own shares 1. *(RW)* eigene Anteile *mpl*; 2. *(Börse)* Vorratsaktien *fpl*
company's risk *(Gen, Logis)* auf Gefahr der Firma
comparability of balance sheets *(RW)* Bilanzvergleichbarkeit *f*
comparative *adj* 1. *(WiWi)* komparativ; 2. *(Gen)* vergleichend *(value)*
comparative advantage *(WiWi)* komparativer Vorteil *m*
comparative advertising *(V&M)* vergleichende Werbung *f*
comparative earnings analysis *(Fin)* Gewinnvergleichsrechnung *f*, Erfolgsvergleichsrechnung *f* *(benchmarking)*
comparative evaluation sheet *(Gen)* Angebotsanalyse *f*
comparative figure *(Gen, Stat)* Vergleichszahl *f*, vergleichbare Zahl *f*
comparative statistics *(WiWi)* komparative Analyse *f*
compare *v (Gen)* vergleichen
comparison group *(V&M, Stat, Pers)* Vergleichsgruppe *f*
comparison of balance sheets *(RW)* Bilanzvergleich *m*
compartmentalize *v (Mgt)* Bereiche bilden
compatibility *(Gen)* Verträglichkeit *f*, Vereinbarkeit *f*, Kompatibilität *f*
compatible *adj (Gen)* vereinbar, verträglich, kompatibel
compatible with the environment *(Umwelt)* umweltfreundlich
compensate *v* 1. *(Gen)* kompensieren; 2. *(Pers)* abfinden, entschädigen *(pay)*
compensating balance *(Bank)* Ausgleichsbilanz *f*
compensation 1. *(WiWi)* Ausgleich *m*, Entschädigung *f*, Kompensation *f*; Abstandsgeld *n (indemnification)*; Entgelt *n*, Arbeitsentgelt *n*, Abfertigung *f (Österreich)*; 2. *(Imp/Exp)* Kompensation *f*
compensation agreement *(WiWi)* Entgeltvereinbarung *f*, Schaden(s)ersatzvereinbarung *f* *(international trade)*
compensation delivery *(Gen, Logis)*

Ersatzlieferung *f*
compensation factor *(Stat, Versich)* Ausgleichsfaktor *f*
compensation for damages *(Recht)* Schaden(s)ersatz *m*
compensation principle *(WiWi)* Kompensationskriterium *n*
compensation system *(Gen, Mgt)* Vergütungssystem *n*
compensatory *adj (Gen)* kompensatorisch
compensatory amount *(WiWi)* Entschädigungszahlung *f*, Entschädigungssumme *f*
compensatory financing 1. *(WiWi)* kompensatorische Finanzierung *f (international facilities for balance of payments)*; 2. *(Gen)* Schaden(s)ersatzleistungen *fpl*, Schadenzahlungen *fpl*; Ausgleichsfinanzierung *f (facilities)*; Abfindung *f*, finanzielle Abfindung *f (for damage, dismissal)*
compensatory fiscal policy *(WiWi)* kompensatorische Fiskalpolitik *f*
compensatory function *(Fin, WiWi)* Ausgleichsfunktion *f*
compensatory principle of taxation *(Fin)* Äquivalenzprinzip *n*
compensatory tax *(Steuer)* Ausgleichsabgabe *f*
compensatory time off *(Pers)* Überstundenausgleich *m*, Zeitausgleich *m*
compete *v (Gen)* konkurrieren
compete *v* **against sb** *(Gen)* mit jmdm. im Wettbewerb stehen
competence *(Gen)* Befugnis *f (authority)*; Zuständigkeit *f (responsibility)*; Fähigkeit *f (ability)*
competency of the court *(Recht)* Zuständigkeit *f* des Gerichts
competent authority *(Gen)* zuständige Behörde *f*
competing product *(V&M)* Konkurrenzprodukt *n*
competition 1. *(WiWi)* Wettbewerb *m*; 2. *(Gen)* Konkurrenz *f*
competition laws *(Pol, Recht)* Wettbewerbsrecht *n*, Kartellrecht *n*
competition policy *(Pol)* Wettbewerbspolitik *f*
competitive *adj* 1. *(WiWi)* wettbewerbsfähig; 2. *(Gen)* konkurrierend, konkurrenzfähig
competitive advantage *(WiWi)* Wettbewerbsvorsprung *m*, Wettbewerbsvorteil *m*
competitive bid *(V&M)* wettbewerbskonformes Angebot *n*, Gegenangebot *n*
competitive bidding procedure *(Gen)* Submissionsverfahren *n*
competitive devaluation *(WiWi)* kompetitive Abwertung *f*, Abwertungswettlauf *m*, Abwertung *f* aus Wettbewerbsgründen *(Italien 1970er - 1990er Jahre)*
competitive disadvantage *(V&M, WiWi)* Wettbewerbsnachteil *m*
competitive edge *(WiWi)* Wettbewerbsvorsprung *m*
competitive market *(WiWi)* Wettbewerbsmarkt *m*
competitive parity *(V&M)* Wettbewerbsparität *f*
competitive position *(WiWi)* Wettbewerbslage *f*, Wettbewerbsposition *f*
competitive price 1. *(WiWi)* freier Marktpreis *m*, Wettbewerbspreis *m*, wettbewerbsfähiger Preis *m*; 2. *(V&M)* Konkurrenzpreis *m*
competitive pricing *(Gen)* Wettbewerbspreisbildung *f*
competitive tendering 1. *(WiWi)* Mitabgabe *f* von Angeboten; 2. *(V&M)* Ausschreibung *f*
competitiveness *(Gen)* Konkurrenzfähigkeit *f*, Wettbewerbsfähigkeit *f*
competitor *(Gen, WiWi)* Konkurrent(in) *m(f) (country, product)*; Wettbewerber(in) *m(f)*
competitor analysis *(V&M)* Konkurrenzanalyse *f*
compile *v* 1. *(RW)* sammeln, zusammenstellen; 2. *(Gen)* zusammenstellen
complainant 1. *(Gen, V&M)* Beschwerdeführer(in) *m(f)*; 2. *(Recht)* Kläger(in) *m(f)*
complainer *(Gen, V&M)* Meckerer *m*, Nörgler *m*, Beschwerdeführer(in) *m(f)*
complaining party *(Recht)* beschwerdeführende Partei *f (contracts)*
complaint 1. *(Gen)* Beschwerde *f*, Reklamation *f*; 2. *(Recht)* Klage *f (civil action)*; Strafanzeige *f (criminal law)*

complement *v (Gen)* ergänzen
complementarity *(V&M, WiWi)* Komplementarität *f*, gegenseitige Ergänzung *f (market-place partners, goods or services)*
complementary *adj (Gen)* ergänzend, komplementär
complementary demand *(WiWi)* Komplementärnachfrage *f*, verbundene Nachfrage *f*
complementary goods *(V&M, WiWi)* komplementäre Güter *npl*
complementary technology *(Ind)* Komplementärtechnologie *f*
complete *v* 1. *(Fin)* abwickeln; 2. *(Gen)* vollenden, vervollständigen, ergänzen; abschließen, beenden *(sale, order)*; 3. *(Recht)* erfüllen *(contract)*
complete *v* **a training course successfully** *(Bil, Pers)* einen Lehrgang erfolgreich abschließen
complete *adj (Gen)* komplett, vollständig, total, voll
complete audit *(RW)* Jahresrevision *f*
completed *adj (Gen)* ergänzt, vervollständigt *(supplemented)*; vollendet, abgeschlossen *(finished)*
completion *(Gen)* Abschluss *m*, Beenden *n*, Beendigung *f*, Fertigstellung *f*, Vollendung *f*
completion deadline *(Recht)* Erfüllungsfrist *f (contracts)*
compliance 1. *(Bank, Mgt)* Compliance--Abteilung *f*, interne Kontrollstelle *f*; 2. *(Gen, Recht)* Einhaltung *f*, Erfüllung *f*, Übereinstimmung *f*; 3. *(Pat)* Übereinstimmung *f*, Befolgung *f* • **in compliance with** *(Recht)* in Übereinstimmung mit *(synonymous: in conformity with)* • **in compliance with the law** *(Gen, Recht)* nach dem Gesetz, gemäß dem Gesetz
compliance audit *(RW)* Erfüllungsprüfung *f*
compliance costs 1. *(RW)* Erfüllungskosten *pl*; 2. *(Admin)* verwaltungsmäßige Verfügungskosten *pl*, Einhaltungskosten *pl*, *(ugs.)* Bürokratiekosten *pl*; 3. *(Umwelt)* Erfüllungskosten *pl*; 4. *(Gen)* Wohlverhalten *n*; 5. *(Steuer)* Kosten *pl* der Durchsetzung des Steueranspruchs *(inland revenue)*; durch Befolgung der Steuervorschriften verursachte Kosten *pl (companies' view)*; *(ugs.)* Bürokratiekosten *pl (esp. SMEs = small and medium-sized entities = KMUs = kleine und mittelständische Unternehmen)*
compliant *adj* 1. *(Gen)* willfährig, unterwürfig; 2. *(Recht)* regeltreu, regelkonform, gesetzestreu, gesetzeskonform *(die Beachtung von Gesetzen, Richtlinien und auch freiwilligen Vereinbarungen auf allen Organisationsebenen des Unternehmens)*
comply *v (Gen)* einwilligen
comply *v* **with** 1. *(Gen)* erfüllen *(conditions)*; entsprechen *(standards)*; 2. *(Recht)* einhalten *(rule)*; befolgen *(law)*
component *(Gen)* Bestandteil *m*, Komponente *f*, Teil *n*, Werkstück *n*, Bauteil *n*
component factory *(Ind)* Zulieferbetrieb *m*, Fertigungsbetrieb *m*
component part *(Gen)* (wesentlicher) Bestandteil *m*, Komponente *f*, Einzelteil *n (of system)*
composite *adj (Gen)* gemischt, zusammengesetzt, synthetisch
composite commodity *(WiWi)* Güterbündel *n*
composite cost *(RW)* Mischkosten *pl*
composite currency *(WiWi)* Korbwährung *f*
composite demand *(WiWi)* zusammengesetzte Nachfrage *f*
composite index *(Fin, WiWi)* zusammengesetzter Index *m*
composite insurance *(Versich)* Kompositversicherung *f*
composite leading index *(WiWi)* synthetischer Frühindikator *m*
composite number [quantity] *(Stat)* zusammengesetzte Zahl *f (synonymous: composite quantity; opposite: prime = Primzahl)*
composite rate tax *(Steuer)* Pauschalsteuersatz *m*
composition *(Recht)* Beschaffenheit *f*, Vergleich *m*; Gesamtvergleich *m* mit Gläubigern *(with creditor)*
compound annual growth *(WiWi)* Gesamtjahreswachstum *n*
compound annual rate *(BE) (Bank)* kumulativer Jahressatz *m (of interest)*
compound growth rate *(WiWi)* Gesamtwachstumsrate *f*
compound interest *(Bank, Fin, Recht)*

Zinseszins *m (contracts)*
comprehensive *adj (Gen)* umfassend, Gesamt
comprehensive insurance *(Versich)* Kombination *f* verschiedener Versicherungsdeckungen, kombinierte Versicherung *f*
comprehensive personal liability insurance *(Versich)* kombinierte Privathaftpflichtversicherung *f*
comprehensive responsibility *(Gen)* Gesamtverantwortung *f*
comprehensively covered *adj (Versich)* vollkaskoversichert
compressed workweek *(Pers)* verdichtete Arbeitswoche *f*, komprimierte Arbeitswoche *f*, geblockte Arbeitswoche *f (z. B. 4 Tage zu 10 St.)*
compromise *v (Gen)* einen Vergleich schließen, einen Kompromiss schließen
compulsive buying *(V&M)* Kaufzwang *m*
compulsorily insured *adj (Soz)* pflichtversichert
compulsory *adj (Gen)* obligatorisch *(power)*; zwingend *(regulation)*
compulsory attendance *(Bil, Gen)* Anwesenheitspflicht *f*
compulsory contribution *(Soz, Versich)* Pflichtbeitrag *m*
compulsory deduction *(Gen)* Zwangsabzug *m*
compulsory education *(Pers)* Schulzwang *m*, Schulpflicht *f*
compulsory insurance *(Versich)* Versicherungspflicht *f*; Pflichtversicherung *f*, Zwangsversicherung *f*
compulsory intervention *(WiWi)* Pflichtintervention *f (currency)*
compulsory liquidation *(Fin)* Zwangsliquidation *f*, Zwangsliquidierung *f*
compulsory margin *(BE) (Börse)* obligatorische Einschusssumme *f*, obligatorische Einschusszahlung *f*
compulsory notification *(Recht)* Meldepflicht *f*
compulsory pension insurance scheme *(Soz)* gesetzliche Rentenversicherung *f*
compulsory purchase 1. *(Gen)* Zwangskauf *m*; 2. *(Grund)* Zwangsenteignung *f*, Enteignung *f*
compulsory retirement *(BE) (Admin, Pers)* Zwangspensionierung *f*
compulsory saving *(BE) (Fin)* Zwangssparen *n*
compulsory social insurance *(Recht, Versich)* Sozialversicherungspflicht *f*
compulsory subject *(Bil)* Pflichtfach *n*
compulsory unemployment insurance *(Soz)* Arbeitslosenpflichtversicherung *f*
computed *adj (Fin)* rechnerisch
computed average return [yield] *(Fin, WiWi)* rechnerische Durchschnittsverzinsung *f*
computer *(Comp)* Computer *m*; Rechner *m (calculating machine)*
computer-aided *adj (Comp)* computergestützt, computerunterstützt, PC-gestützt, rechnergestützt, rechnerunterstützt
computer-aided crime *(Recht)* computerunterstützte Kriminalität *f*
computer-aided design *(Comp, Ind)* computerunterstützte Entwicklung *f*, computerunterstützte Konstruktion *f*, CAD *(development)*
computer-aided design and manufacturing *(Comp, Ind)* computerunterstützte Entwicklung und Fertigung *f*, CADM
computer-aided instruction *(Bil)* computerunterstützter Unterricht *m*, computergestützter Unterricht *m*
computer-aided learning *(Comp)* computerunterstütztes Lernen *n*, computergestütztes Lernen *n*, CAL
computer-aided manufacturing *(Comp, Ind)* computerunterstützte Fertigung *f*, CAM
computer-aided selling *(V&M)* computergestützter Verkauf *m*
computer-assisted *adj (Comp)* computergestützt, computerunterstützt, PC-gestützt, rechnergestützt
computer-assisted instruction *(Bil)* computerunterstützter Unterricht *m*, computergestützter Unterricht *m*
computer-assisted learning *(Bil)* computerunterstütztes Lernen *n*, computergestütztes Lernern *n*
computer-based *adj (Comp)* computergestützt, computerunterstützt, PC-gestützt, rechnergestützt
computer company *(Gen)* Computerhersteller *m*

computer-controlled *adj (Comp)* computergesteuert, rechnergesteuert
computer crime *(Comp, Recht)* Computerkriminalität *f*
computer-driven *adj (Comp)* computergesteuert, rechnergesteuert
computer fraud *(Recht)* Computerbetrug *m*
computer-integrated manufacturing *(Comp, Ind)* computerintegrierte Fertigung *f*, CIM
computer knowledge *(Bil, Comp, Pers)* Computerkenntnisse *fpl*
computer network *(Comp)* Computernetzwerk *n*, Rechnerverbund *m*
computer-operated *adj (Comp)* computergesteuert, rechnergesteuert
computer output *(Comp)* Ausgabe *f*, Ausg.
computer programmer *(Comp)* Programmierer(in) *m(f)*
computer return *(Steuer)* Computersteuererklärung *f*
computer science *(Comp)* Informatik *f*
computer scientist *(Comp)* Computerwissenschaftler(in) *m(f)*, Informatiker(in) *m(f)*
computer skills *(Pers)* Computerkenntnisse *fpl*
computerized *adj (Comp)* computerisiert
computerized accounting system *(RW)* computergestütztes Buchungssystem *n*
computing capacity *(Comp)* Rechenkapazität *f*
concatenation of problems *(Pers)* Problemverflechtung *f*, Problemverkettung *f*
conceal *v* 1. *(Gen)* verbergen, verdecken, verheimlichen, verschleiern; 2. *(Recht)* verschweigen, verstecken *(information)*
concealed assets *(RW)* verschleierte Vermögenswerte *mpl*
concealed surplus of labour *(BE)* *(Admin)* versteckter Arbeitskräfteüberschuss *m*
concealed unemployment *(WiWi)* latente Arbeitslosigkeit *f*, verdeckte [versteckte] Arbeitslosigkeit *f*
concealment 1. *(Recht)* Verschweigen *n* *(of information)*; 2. *(Börse)* Verschleierung *f (of losses)*
concentration *(Gen)* Konzentration *f*, Unternehmenskonzentration *f (of companies)*
concentration of industry *(Ind, WiWi)* industrielle Zusammenballung *f*
concentration ratio *(WiWi)* Konzentrationsmaß *n*
concept 1. *(Gen)* Begriff *m*; 2. *(V&M)* Konzept *n*
concept of accrual *(RW)* Konzept *n* der Rechnungsabgrenzung
concept test *(V&M)* Akzeptanztest *m* einer Produktidee
conceptual framework *(RW)* Buchungsplan *m*, Buchungsrichtlinien *fpl (basis of accounting standards)*
concern *v (Gen)* angehen, betreffen
concern *(Gen)* Problem *n (worry)*; Betrieb *m*, Unternehmen *n (business organization)*
concertation *(Pol, WiWi)* Konzertation *f*, Konzertierung *f*
concerted *(Pol, WiWi)* gebündelt, konzertiert
concession 1. *(Gen)* Konzession *f (distribution right)*; 2. *(Pers)* Vergünstigung *f (privilege)*; 3. *(Recht)* Konzession *f (of grant, licence)*; 4. *(Grund)* Zugeständnis *n*; 5. *(Börse)* Bonifikation *f*, Preisnachlass *m*; 6. *(Steuer)* behördliche Zulassung *f*, Konzession *f*
concessionary rate *(Gen, V&M)* Sonderpreis *m*
concessions *(Gen)* Konzessionen *fpl*; Vorzugskonditionen *fpl (special treatment)*
conciliate *v (Pers)* schlichten, versöhnen *(labour dispute)*
conciliation *(Pers, Recht)* Schlichtung *f (of labour dispute)*
conclude *v* **a collective bargaining agreement** *(Pers)* Tarifvertrag abschließen
conclude *v* **a trade agreement** *(Pers)* einen Tarifvertrag abschließen, eine Lohnvereinbarung abschließen, eine Tarifvereinbarung abschließen
conclude *v* **a transaction** *(Gen)* ein Geschäft durchführen
conclude *v* **a wage agreement** *(Pers)* einen Tarifvertrag abschließen, eine Lohnvereinbarung abschließen, eine Tarifvereinbarung abschließen
conclusion *(Admin, Gen, Recht)* Abschluss *m (of agreement, contract)*
conclusion of contract *(Recht)*

Vertragsabschluss *m*
conclusive *adj (Gen)* endgültig
conclusive evidence *(Recht)* zwingender Beweis *m*
concrete evidence *(Recht)* konkreter Beweis *m*
concur *v (Recht)* übereinstimmen *(agree)*
condense *v (Media)* kürzen, komprimieren, zusammenfassen *(Text)*
condensed report *(Gen)* Kurzbericht *m*
condition 1. *(Gen)* Bedingung *f*; 2. *(Recht)* Auflage *f*; Bedingung *f*, Vertragsbedingung *f (of contract)* • **on condition that** *(Gen)* mit der Auflage, dass, unter der Voraussetzung, dass, unter der Bedingung, dass
condition of admission *(Pers)* Zulassungsbedingung *f*
conditional *adj (Recht)* bedingt
conditional acceptance *(Recht)* bedingte Annahme *f (contracts)*
conditional clause *(Recht)* Vorbehaltsklausel *f*
conditional employment contract *(Pers)* bedingter Arbeitsvertrag *m*
conditional offer *(Recht)* bedingtes Angebot *n (international contract law)*
conditionally *adv (Recht)* bedingt
conditions *(Recht)* Bedingungen *fpl*, Vertragsbedingungen *fpl (of contract)*
conditions for access *(Pers)* Zugangsbedingungen *fpl*, Zugangsvoraussetzungen *fpl*
conditions for eligibility *(Pers, Soz)* Anspruchsvoraussetzungen *fpl*
conditions for entry *(Pers)* Zugangsbedingungen *fpl*, Zugangsvoraussetzungen *fpl*
conditions in a planned economy *(Pol, WiWi)* planwirtschaftliche Bedingungen *fpl*
conditions of contract *(Recht)* Vertragsbedingungen *fpl*
conditions of employment *(Pers)* Arbeitsbedingungen *fpl*
conditions of issue *(Börse, Recht)* Emmisionsbedingungen *fpl*
conditions of living *(Soz)* Lebensbedingungen *fpl*
conditions under a planned economy *(Pol, WiWi)* planwirtschaftliche Bedingungen *fpl*
conduct *v* **a survey** *(Stat)* eine Erhebung durchführen
conduct at work *(Pers)* Arbeitsverhalten *n*
conduct of negotiations *(Gen)* Verhandlungsführung *f*
conduit *(Bank, Fin)* Zweckgesellschaft *f*, *(jarg.)* Conduit *n (synonymous: ABCP conduit; a financial intermediary like a special purpose vehicle = SPV = Zweckgesellschaft or a special investment vehicle = SIV = strukturiertes Anlagevehikel, which funds the purchase of heterogenous medium-term assets through the issuance of short-term asset-backed commercial paper = ABCP = vermögens- oder forderungsbesichertes CP; Einzweckgesellschaft, die heterogene, mittel- bis langfristige Forderungen, darunter komplexe, strukturierte Finanzinstrumente, ankauft und durch die Emission kurzfristiger Commercial Paper bei Inkaufnahme erhöhter Fristentransformations- und Bonitätsrisiken durch Ausgabe kurzfristiger APCP refinanziert nach dem Prinzip aus kurz mach lang'; cf ABCP conduit)*
confer *v* 1. *(Gen, Mgt)* sich beraten; 2. *(Recht)* übertragen, erteilen, verleihen *(right)*
confer *v* **authority on sb** *(Recht)* jmdm. eine Vollmacht erteilen
confer *v* **the right on sb to do sth** *(Gen)* jmdn. ermächtigen, etw. zu tun
conference *(Gen)* Konferenz *f*, Tagung *f*, Sitzung *f*
conference call *(Gen, Komm)* Konferenzschaltung *f*
conference delegate *(Mgt)* Tagungsteilnehmer(in) *m(f)*, Konferenzteilnehmer(in) *m(f)*, Delegierte(r) *f(m)*
conference proceedings *(Admin)* Tagungsbericht *m*, Tagungsprotokoll *n*, Sitzungsprotokoll *n*
conference report *(Admin)* Tagungsbericht *m*
conferral 1. *(Gen)* Erteilung *f*; 2. *(Recht)* Übertragung *f*, Verleihung *f (of right)*
confidence-building *adj (Pol)* vertrauensbildend, vertrauensfördernd
confidential report *(Admin)* vertraulicher Bericht *m*
confidentiality agreement *(Recht)* Geheimhaltungsvertrag *m (intellectual*

property)
confidentiality of banking operations *(Bank)* Bankgeheimnis *n*
confirm *v (Gen)* bestätigen *(appointment)*
confirmation 1. *(RW)* Bestätigung *f*; 2. *(Gen)* Bestätigung *f*, Billigung *f (of plans)*; 3. *(Recht)* Bekräftigung *f*, Bestätigung *f (decision)*
confirmation notice *(Gen)* Bestätigungsmitteilung *f*
confirmation of employment *(Pers)* Einstellungszusage *f*, Einstellungsbestätigung *f*, Beschäftigungszusage *f*
confirmation of order *(Gen, Komm)* Auftragsbestätigung *f*
confirmed *adj (Gen)* bestätigt
confirmed copy *(Recht)* bestätigte Kopie *f (of legal document)*
confirmed irrevocable letter of credit *(Bank)* bestätigtes unwiderrufliches Akkreditiv *n*
confirmed letter of credit *(Logis, Imp/Exp)* bestätigtes Akkreditiv *n*
confirming bank *(Bank)* bstätigende Bank *f (international trade)*
confiscate *v* 1. *(Gen)* konfiszieren; 2. *(Imp/Exp)* beschlagnahmen
conflict avoidance *(V&M)* Konfliktvermeidung *f*
conflict of interest *(Gen)* Interessenkonflikt *m*
conflict of objectives *(Pol, WiWi)* Zielkonflikt *m (synonymous: conflict of aims, conflict of goals)*
conflict prevention *(Gen, Pers, V&M)* Konfliktverhütung *f*
conflicting evidence *(Recht)* widersprüchliche Aussagen *fpl*, widersprüchliches Beweismaterial *n*
conflicting interests *(Gen)* widerstreitende Interessen *fpl*
conform *v (Gen)* entsprechen, übereinstimmen *(to rules, agree, comply with)*
conform *v* **to a standard** *(Gen)* einer Norm entsprechen
conformity *(Gen)* Übereinstimmung *f* • **in conformity with** *(Gen, Recht)* gemäß
confutable *adj (Recht)* widerlegbar
congestion 1. *(Komm)* Überlastung *f (telephone lines)*; 2. *(Gen) (market)* Andrang *m*, Stauung *f*, Ansammlung *f*
conglomerate *(WiWi)* Mischkonzern *m*, Konglomerat *n*
congress *(Mgt)* Kongress *m*, Tagung *f*
connect time *(Comp, Komm, V&M)* Verbindungszeit *f (Internet)*
connection 1. *(Gen)* Verbindung *f*; 2. *(Media, Pol)* Querverbindung *f*; 3. *(Logis)* Anschluss *m*, Verkehrsverbindung *f*
connection charge *(Comp, Komm)* Anschlussgebühr *f*
connection fee *(Comp, Komm)* Anschlussgebühr *f*
consensus 1. *(Gen)* Konsens *m*, Übereinstimmung *f*; 2. *(Pol)* Konsens *m*
consent *v (Gen)* zustimmen, einwilligen
conservatism principle *(RW)* Grundsatz *m* der Vorsicht
conservative *adj (Gen)* vorsichtig *(spending, estimate)*
conservative estimate *(Gen)* vorsichtige [konservative] Schätzung *f*
consideration 1. *(Admin)* Gegenleistung *f*; 2. *(Gen)* Berücksichtigung *f*, Überlegung *f*; 3. *(Versich)* Rücksichtnahme *f*; 4. *(Recht)* Rechtspflicht *f (contracts)*; Gegenleistung *f (contract)*
consign *v (Imp/Exp)* liefern, schicken, versenden
consignee *(Imp/Exp, Logis)* Empfänger(in) *m(f)*
consignee of goods *(Recht)* Warenempfänger(in) *m(f) (contracts)*
consignment 1. *(Imp/Exp)* Konsignation *f*, Versendung *f*; 2. *(Logis)* Sendung *f*, Versand *m*, Konsignation *f* • **on consignment** *(Imp/Exp, Logis)* in Kommission, in Konsignation
consignment goods *(V&M)* Kommissionsware *f*
consignment note *(Logis)* Frachtbrief *m*, Ladeschein *m*, Versandanzeige *f*, Warenbegleitschein *m*
consignor *(Imp/Exp, Logis)* Absender(in) *m(f)*, Konsignant *m*, Versender(in) *m(f)*
consistency 1. *(RW)* Bilanzkontinuität *f*, Stetigkeitsprinzip *n*, Grundsatz *m* der Stetigkeit *(IFRS)*; Kontinuität *f (of procedures)*; 2. *(Gen)* Übereinstimmung *f*, Gleichlauf *m*; 3. *(Econ)* Konsistenz *m*, Widerspruchsfreiheit *f*
consistency in statement presentation *(RW)* Bilanzkontinuität *f (HGB, IFRS/IAS, US-GAAP; cf consistency = Stetigkeitsprinzip)*
consistent *adj* 1. *(Gen)* beständig; 2.

(Recht) vereinbar *(claims, statements)*; 3. *(Mgt)* konsequent *(in methods)*
consistent over time *(Edu, Media, Pol)* zeitkonsistent *(opposite: inconsistent over time; cf time inconsistency = Zeitinkonsistenz)*
consistent *adj* **with** *(Recht)* übereinstimmend mit, vereinbar mit
consistent *adj* **with price stability** *(WiWi)* preisstabilitätsgerecht
consistent *adj* **with social welfare** *(Soz)* sozialverträglich
consistent *adj* **with the free market economy** *(Pol, WiWi)* marktwirtschaftskonform
consolidate *v* 1. *(Fin)* konsolidieren, verschmelzen; 2. *(Bank, RW)* konsolidieren; 3. *(WiWi)* konsolidieren, zusammenfassen
consolidated *adj* 1. *(Bank, Fin, RW)* konsolidiert; 2. *(Gen)* zusammengefasst, Sammel- • **on a consolidated basis** *(Fin, RW)* auf konsolidierter Basis
consolidated accounting *(BE) (RW)* konsolidierte Rechnungslegung *f*
consolidated accounts *(RW)* konsolidierter Abschluss *m*, Konzernabschluss *m*
consolidated annual accounts *(Mgt, RW)* konsolidierter Jahresabschluss *m*
consolidated annual reports *(Mgt, RW)* konsolidierter Lagebericht *m*
consolidated assets *(Fin)* konsolidiertes Konzernvermögen *n*
consolidated audited accounts *(RW)* geprüfter Konzernabschluss *m*
consolidated balance sheet *(RW)* konsolidierte Bilanz *f*, Konzernbilanz *f*
consolidated cash flow *(RW)* konsolidierter Cashflow *m*
consolidated financial statement(s) *(RW)* Konzernbilanz *f*, Gruppenabschluss *m*, Konzernabschluss *m*, konsolidierter Abschluss *m*
consolidated net profit *(RW)* konsolidierter Reingewinn *m* Konzerngewinn *m*
consolidated result *(RW)* Konzernergebnis *n*
consolidated sales *(Fin)* Konzernumsatz *m*
consolidated statement of condition *(AE) (Fin)* konsolidierter Finanzstatus *m*
consolidation 1. *(RW, WiWi)* Konsolidierung *f*; 2. *(Fin)* Verschmelzung *f (of holdings, business)*
consolidation method *(RW)* Konsolidierungsgrundsätze *mpl (annual accounts)*
consortium 1. *(Bank, Fin)* Konsortium *n*; 2. *(Gen)* Interessengemeinschaft *f*, Syndikat *n*; 3. *(Pers)* Arbeitsgemeinschaft *f (ad hoc)*; 4. *(Recht)* Konsortium *n*; eheliche Gemeinschaft *f (contracts)*
conspicuous consumption *(WiWi)* auffälliger Konsum *m*, Geltungskonsum *m*
constant *(Stat)* Konstante *f*
constant cost *(Gen)* fixe Kosten *pl (not output-related, unabhängig von der Ausbringung)*
constant elasticity of substitution production function *(WiWi)* CES--Produktionsfunktion *f*
constant prices *(Stat, WiWi)* konstante Preise *mpl* • **at constant prices** *(WiWi)* in konstanten Preisen, zu konstanten Preisen • **in terms of money at constant prices** *(Stat, WiWi)* zu konstanten Preisen, in konstanten Preisen, real *(opposite: in money terms = in nominal terms, Gegensatz: nominal, zu laufenden Preisen)*
constant returns to scale *(WiWi)* konstanter Skalenertrag *m*
constituent company *(Börse)* verbundenes Unternehmen *n*
constituted *adj* 1. *(Gen)* gegründet; 2. *(Recht)* ernannt *(a trust)*
constitution *(Recht)* Verfassung *f*, Statuten *npl*
constitutional amendment *(Recht)* Verfassungsänderung *f*, Grundgesetzänderung *f*
constraining factor *(WiWi)* Engpassfaktor *m*
constraint 1. *(WiWi)* Nebenbedingung *f*, Restriktion *f*, Zwang *m*; 2. *(Recht)* Nötigung *f*
constraints 1. *(Stat, WiWi)* Randbedingungen *fpl*; 2. *(RW)* Beschränkungen *fpl (IFRS/IAS, US--GAAP)*
construction cost index *(BE) (Börse)* Baukostenindex *m*
construction industry *(Grund, Ind)* Baugewerbe *n*, Bauindustrie *f*,

Bauwesen *n*
consular charges *(Logis, Recht, Imp/Exp)* Konsulatsgebühren *fpl*
consular invoice *(Imp/Exp, RW, Logis)* Konsulatsfaktura *f*
consult *v (Gen)* befragen, konsultieren
consultancy *(Gen)* Beratungsfirma *f*
consultancy agreement *(Gen)* Beratervertrag *m*
consultancy fee *(Gen, Pers)* Beratungshonorar *n*, Beratungsgebühr *f*
consultancy work *(Gen)* Beratungstätigkeit *f*
consultant 1. *(Gen, Pers)* Berater(in) *m(f)*; 2. *(Mgt)* Berater(in) *m(f)*, Gutachter(in) *m(f)*
consulting fee *(Gen)* Beraterhonorar *n*
consume *v (WiWi)* konsumieren, verbrauchen
consumer *(V&M, WiWi)* Konsument(in) *m(f)*, Verbraucher(in) *m(f)*; Nachfrager *m*; Endkunde *m*, Endkundin *f*
consumer advertising *(V&M)* Kundenwerbung *f*, Verbraucherwerbung *f*
consumer behavior *(AE) (V&M) s.* consumer behaviour
consumer behaviour *(BE) (V&M)* Konsumentenverhalten *n*, Verbraucherverhalten *n*
consumer benefit *(V&M, WiWi)* Verbrauchernutzen *m*
consumer buying power *(V&M)* Konsumentenkaufkraft *f*
consumer demand *(V&M)* Verbrauchernachfrage *f (market research)*
consumer durables 1. *(WiWi)* dauerhafte Konsumgüter *npl*, Gebrauchsgüter *npl*; 2. *(V&M)* langlebige Gebrauchsgüter *npl (type of goods)*
consumer electronics *(Comp, Frei, Komm, Media)* Unterhaltungselektronik *f*
consumer equilibrium *(WiWi)* Ausgleich *m* der Grenznutzen
consumer expenditure *(WiWi)* Konsumausgaben *fpl*, Verbrauchsausgaben *fpl*
consumer good *(Recht, V&M)* Bedarfsgegenstand *m*
consumer-goods industry *(Ind)* Konsumgüterindustrie *f*
consumer goods purchase *(V&M)* Verbrauchsgüterkauf *m*
consumer-goods sector *(WiWi)* Konsumgüterbranche *f*; verbrauchsnaher Bereich *m*
consumer loan *(Bank)* Verbraucherkredit *m*
consumer market *(V&M)* Konsumgütermarkt *m*
consumer organization *(V&M)* Verbraucherorganisation *f*, Verbraucherverband *m*
consumer packaging *(V&M, Logis)* Verkaufsverpackung *f*
consumer panel *(V&M)* repräsentative Verbrauchergruppe *f (market research)*
consumer patterns *(V&M)* Verbraucherverhalten *n*
consumer preference *(V&M)* Konsumentenpräferenz *f*
consumer price index *(WiWi)* Verbraucherpreisindex *m*, Index *m* der Verbraucherpreise
consumer products *(V&M)* Konsumgüter *npl*, Verbrauchsgüter *npl*
consumer protection *(Recht, V&M)* Verbraucherschutz *m*
consumer protection law(s) *(Recht, V&M)* Verbraucherschutzrecht *n*
consumer research *(V&M)* Konsumforschung *f*
consumer rights *(Recht, V&M)* Verbraucherrechte *npl*
consumer sovereignty *(WiWi)* Konsumentensouveränität *f*
consumer spending *(WiWi)* Verbraucherausgaben *fpl*
consumer survey *(V&M)* Verbraucherbefragung *f*, Verbraucherumfrage *f*
consumer trend *(V&M)* Verbrauchertrend *m*
consumers' cooperative *(Gen)* Konsumgenossenschaft *f*
consumers' panel *(V&M)* Verbraucherpanel *n*
consumer's surplus *(WiWi)* Konsumentenrente *f*
consumption 1. *(WiWi)* Konsum *m*, Verbrauch *m*; 2. *(Gen)* Verzehr *m*
consumption function *(WiWi)* Konsumfunktion *f*
consumption goods *(Umwelt, V&M, WiWi)* Verbrauchsgüter *npl*
consumption lag *(WiWi)* Konsum-Lag *m*, Verbrauchs-Lag *m*

consumption pattern *(WiWi)* Konsumverhalten *n*, Verbrauchsgewohnheiten *fpl*
consumption per capita *(WiWi)* Pro--Kopf-Verbrauch *m*
consumption tax *(Steuer, V&M, WiWi)* Verbrauch(s)steuer *f (knüpft, im Gegensatz zur Einkommensbesteuerung, an die Einkommensverwendung beim Konsum an)*
contact person *(Gen, V&M)* Ansprechpartner *m*, Kontaktperson *f*
contagion effect *(Bank, WiWi)* Dominoeffekt *m*, Ansteckungseffekt *m*
contain *v (Gen)* eindämmen, eingrenzen *(demand, inflation)*
container *(Logis)* Behälter *m*, Container *m*, Transportbehälter *m*
containment 1. *(WiWi)* Eindämmung *f (demand, credit)*; 2. *(Gen, Pol)* Begrenzung *f*, Beherrschung *f*, Eingrenzung *f*, Zügelung *f*, Zurückhaltung *f*
containment of inflation *(WiWi)* Eindämmung *f* der Inflation
contemporaneous performance *(Recht)* Zug-um-Zug-Erfüllung *(contracts)*
contempt of court *(Recht)* Missachtung *f* des Gerichts • **in contempt of court** *(Recht)* unter Missachtung des Gerichts
content authoring *(Comp, Komm, Media)* Inhaltserstellung *f*, Inhaltsherstellung *f*, Content Authoring *n*
content for cash *(Comp, Komm)* Web--Inhalte *mpl* gegen Bezahlung, Bezahl--Content *m (internet business model)*
content provider *(Comp, Komm)* Content-Provider *m*, Inhalts-Anbieter *m*, Anbieter *m* von Inhalten
contention *(Gen)* Behauptung *f*
contents of contract *(Recht)* Vertragsinhalt *m*
contest *v (Recht)* anfechten *(will)*
contest *v* **a claim** *(Recht)* eine Forderung bestreiten
contest *(Gen)* Wettbewerb *m*, Wettstreit *m*
contestability *(WiWi)* Kontestierbarkeit *f*, Bestreitbarkeit *f*
contestable *adj* 1. *(Gen)* bestreitbar; 2. *(Recht, Versich)* anfechtbar
contestable market *(WiWi)* schrankenfreier Markt *m*, bestreitbarer Markt *m*, Markt *m* ohne Zutritts- und Austrittsschranken
contestation 1. *(Gen)* Bestreiten *n*; 2. *(Recht)* Anfechtung *f*
contested claim *(Fin)* bestrittener Anspruch *m*
context-sensitive *adj (Comp)* kontextabhängig, kontextsensitiv
contingency *(RW)* Eventualverbindlichkeit *f*, ungewisses künftiges Ereignis *n*
contingency clause *(Logis)* Notstandsklausel *f*
contingency fee *(Recht)* Erfolgshonorar *n*
contingency plan 1. *(Fin)* Krisenplan *m*, Notstandsplan *m*; 2. *(Gen)* Alternativplan *m*, *(ugs.)* Schubladenplan *m*
contingency provision *(RW)* Rücklage *f* für ungewisse künftige Ereignisse
contingent *adj (Gen)* bedingt, ungewiss *(liability)*
contingent asset *(RW)* bedingtes Fremdkapital *n*
contingent claim *(RW)* Eventualforderung *f*
contingent fee *(Gen)* Erfolgshonorar *n*
contingent liability 1. *(Fin, RW)* Eventualverbindlichkeit *f*; 2. *(Recht)* Eventualverpflichtung *f*
contingent right *(Recht)* Anwartschaftsrecht *n (contracts)*
contingent work *(AE) (Pers)* atypische Arbeit *f*, atypische Beschäftigung *f*, Beschäftigung *f* von flexiblen Fremd- und Randbelegschaften
continued employment *(Pers)* Weiterbeschäftigung *f*
continuing education *(Pers)* ständige Weiterbildung *f*, Fortbildung *f*
continuing professional development *(CPD) (Gen)* berufliche Fortbildung *f*
continuous *adj (Gen)* durchgehend, fortlaufend
continuous audit *(RW)* laufende Buchprüfung *f*
continuous batch production *(Ind, WiWi)* Sortenfertigung *f*, Sortenproduktion *f (Merkmal: Prozesswiederholung bei der Herstellung größerer, doch begrenzter Stückzahlen von Produktvarianten in Losen = batches auf den gleichen*

Anlagen; eine Variante der Serienproduktion = serial production = batch production)
continuous flow production *(Ind)* Fließarbeit *f*, Fließfabrikation *f*, Fließfertigung *f*
continuous forms *(Gen)* Endlosformulare *npl*
continuous interest *(Bank)* tageweise Verzinsung *f*
continuous inventory *(Gen)* laufende Inventur *f*
continuous learning *(Bil)* ständige Fortbildung *f*, ständiges Lernen *n*
continuous process *(Ind, WiWi)* dynamischer Prozess *m*, Fließprozess *m*
contra *(RW)* Gegenposten *m*
contra account *(RW)* Gegenkonto *n*, Wertberichtigungskonto *n*
contra entry *(RW)* Gegenbuchung *f*, Storno *m*, Stornobuchung *f*
contract *v (Gen)* kontrahieren *(agree, enter into)*; ansammeln *(debts)*; rekrutieren *(workers)*; abnehmen, schrumpfen *(diminish)*
contract *v* **a loan** *(Fin)* ein Darlehen aufnehmen
contract *v* **in** 1. *(Versich)* beitreten *(to pension scheme)*; 2. *(Recht)* sich anschließen
contract *v* **out** 1. *(Pers)* außer Haus vergeben *(work)*; 2. *(Recht)* freizeichnen, vertraglich ausschließen; 3. *(Fin, Versich)* nicht beitreten *(of pension scheme)*; 4. *(Recht)* sich nicht anschließen, austreten
contract *(Gen)* Vertrag *m*, Kontrakt *m*, Auftrag *m (order)* • **as stipulated in the contract** 1. *(Gen)* vereinbarungsgemäß; 2. *(Recht)* vertragsgemäß • **by contract** *(Recht)* vertraglich
contract agreement *(Recht)* vertragliche Vereinbarung *f*
contract bargaining *(Pers, Recht)* Vertragsverhandlungen *fpl*
contract cancellation *(Mgt, Recht)* Vertragskündigung *f*
contract curve *(WiWi)* Kontraktkurve *f*
contract date *(Recht)* Tag *m* des Vertragsabschlusses
contract delivery date *(BE) (Börse)* vertraglicher Liefertermin *m (currency futures)*
contract language *(Gen, Recht)* Vertragssprache *f*, Vertragstext *m*
contract law *(Recht)* Vertragsrecht *n*
contract manufacture *(Mgt, Recht)* Lohnherstellung *f*, Vertragsfertigung *f*, Lohnfertigung *f (synonymous: contract production)*
contract negotiations *(Pers, Recht)* Vertragsverhandlungen *fpl*
contract of employment *(Recht, Pers)* Anstellungsvertrag *m*, Arbeitsvertrag *m*
contract of labor *(AE) (Gen, Pers)* Arbeitsvertrag *m*
contract of lease *(Recht)* Pachtvertrag *m*
contract of sale *(Recht)* Kaufvertrag *m*
contract of service *(BE) (Pers)* Dienstvertrag *m*
contract party *(Recht)* Vertragspartei *f*, Vertragspartner(in) *m(f)*
contract period *(Recht)* Vertragsdauer *f*
contract size *(Börse)* Kontrakteinheit *f*, Kontraktgröße *f (currency futures)*
contract termination *(Mgt, Recht)* Vertragsauflösung *f*
contract worker *(Pers)* Vertragsarbeitnehmer(in) *m(f)*, Werkvertragsarbeitnehmer(in) *m(f)*
contracting *(WiWi)* Kontrahierung *f*
contracting away *(V&M)* Abwerbung *f*
contracting economy *(WiWi)* schrumpfende Wirtschaft *f*
contracting out 1. *(Pers)* Arbeiten vergeben; 2. *(Recht)* Freizeichnung *f*
contracting party *(Recht)* Vertragspartei *f*
contraction *(WiWi)* Abschwung *m*
contraction of demand *(V&M)* Nachfrageschrumpfung *f*
contraction of money supply *(WiWi)* Geldverknappung *f*
contraction of the balance sheet *(RW)* Bilanzverkürzung *f (an equal reduction on both sides of the balance sheet; opposite: balance sheet extension = Bilanzverlängerung)*
contractionary open market policy *(WiWi)* kontraktive Offenmarktpolitik *f*
contractor 1. *(Gen)* Lieferant(in) *m(f)*, Vertragsschließende(r) *f(m)*; 2. *(Pers)* Auftragnehmer(in) *m(f)*, Lieferant(in) *m(f)*, Unternehmer(in) *m(f)*; 3. *(Recht)* Vertragspartei *f (party to a contract)*
contractual *adj* 1. *(Pers)* tariflich *(wages)*; 2. *(Recht)* vertraglich • **in contractual relationships** *(Bank)* im Rahmen der

Privatautonomie
contractual agreement *(Recht)* vertragliche Vereinbarung *f* *(synonymous: contractual arrangement)*
contractual freedom *(Recht)* Vertragsfreiheit *f*
contractual partner *(Recht)* Vertragspartner *m*
contractual penalty *(Recht)* Vertragsstrafe *f*
contractual use *(Recht)* bestimmungsgemäßer Gebrauch *m*
contracyclical policy *(WiWi)* antizyklische Politik *f*
contradict *v* *(Recht)* widersprechen
contrary to the contract *(Recht)* vertragswidrig
contravene *v* *(Recht)* zuwiderlaufen
contribute *v* 1. *(WiWi)* einbringen; 2. *(Gen)* beisteuern, beitragen; 3. *(Steuer)* spenden
contributed capital *(RW)* Kapitalrücklage *f* *(synonymous: paid-in capital, additional paid-in capital)*
contributer *(Soz)* Beitragszahler(in) *m(f)*
contribution 1. *(WiWi)* Beitrag *m*; 2. *(Fin)* Mitwirkung *f*, Umlage *f*
contribution analysis *(Fin)* Beitragsanalyse *f*, Deckungsbeitragsanalyse *f*
contribution costing *(RW)* Deckungsbeitragsrechnung *f*
contribution income *(Pers)* Beitragsaufkommen *n*
contribution margin *(RW)* Bruttogewinn *m*, Deckungsbeitrag *m*
contribution profit *(RW)* Kostenartenbeitrag *m* *(cost accounting)*
contribution rate *(Pers, Soz)* Beitragssatz *m* *(social security)*
contributory *adj* *(Recht)* beitragend, mitwirkend
contributory negligence *(Recht)* Mitverschulden *n*
control *v* 1. *(Mgt)* beherrschen, regulieren, lenken, leiten, steuern, überwachen; 2. *(Gen)* kontrollieren *(cf internal control)*; 3. *(WiWi)* kontrollieren; unter Kontrolle bringen *(e. g. inflation, unemployment; to control steht nur selten für kontrollieren, das meist besser mit to check = einfache Kontrolle, to inspect = gründlichere Kontrolle oder mit to monitor = dauerhafte Kontrolle übersetzt wird)*
control *v* **a market** *(Fin)* einen Markt beherrschen
control *v* **costs** *(Gen)* Kosten kontrollieren
control *v* **the purse strings** *(WiWi)* die Ausgaben kontrollieren
control 1. *(Admin)* Überwachung *f*; 2. *(WiWi)* Macht *f*; Aufsicht *f* *(supervision)*; Bewirtschaftung *f* *(economic planning)*; 3. *(Gen)* Kontrolle *f*, Beherrschung *f*
control circuit *(Mgt)* Regelkreis *m*, Management-Regelkreis *m*, Rückkopplungsschleife *f* *(Systemtheorie: Informations--Rückkopplung = feedback; opposite: feed forward = offene Steuerung; feed forward control = Steuerung, Vorwärtsregelung)*
control group *(V&M)* Kontrollgruppe *f*
control loop *(Mgt)* Regelkreis *m*, Management-Regelkreis *m*, Rückkopplungsschleife *f* *(Systemtheorie: Informations--Rückkopplung = feedback; opposite: feed forward = offene Steuerung; feed forward control = Steuerung, Vorwärtsregelung)*
control of abusive practices *(Komm, Recht)* Missbrauchsaufsicht *f*
control regulation *(Recht)* Überwachungsverordnung *f*
control stock *(Börse)* maßgebliche Beteiligung *f*, wesentliche Beteiligung *f*; ausschlaggebender Aktienanteil *m*
controlled *adj* *(Fin, Gen)* reguliert
controlled company *(Mgt, Recht)* abhängiges Unternehmen *n*, abhängige Gesellschaft *f*, beherrschte Gesellschaft *(rechtlich-formal selbstständig, wirtschaftlich unselbstständig, d.h. es wird von einem anderen Unternehmen über eine Kapitalbeteiligung beherrscht)*
controlled price *(Gen)* Festpreis *m*, gebundener Preis *m*, Richtpreis *m*
controller *(Fin, Mgt, RW)* Controller *m*, Leiter(in) *m(f)* des Rechnungswesens, Leiter(in) *m(f)* des Bereichs Rechnung und Finanzen, Prüfer(in) *m(f)*, Rechnungsprüfer(in) *m(f)*, Revisor(in) *m(f)*
controlling 1. *(Mgt, WiWi)* Steuerung *f*, Controlling *n*, Lenkung *f*; Regelung *f*; Überwachung *f* *(Managementfunktion: ergebnisorientierte*

Unternehmensplanung und -
-steuerung); 2. *(Mgt)* Kosten- und Leistungsverantwortung *f*; 3. *(RW)* Gegenrechnung *f*, Sammelkonto *n*, Hauptbuchsammelkonto *n*, Kontrollbuch *n*

controlling company *(Börse, WiWi)* beherrschende Gesellschaft *f*

controlling interest 1. *(Fin)* Sperrminorität *f*; 2. *(Börse, Pers)* Mehrheitsbeteiligung *f*

convene *v (Mgt)* einberufen *(meeting)*

convenience foods *(V&M)* Halbfertig- und Fertiggerichte *npl*

convention 1. *(Gen)* Konvention *f*, Grundsatz *m*, Versammlung *f*; Konferenz *f (conference)*; 2. *(Recht)* Konvention *f*; 3. *(Mgt)* Konferenz *f*, Tagung *f*, Kongress *m*

conventional interest rate *(Fin, Gen)* Kalkulationszinsfuß *m*

convergence criteria *(Pol, WiWi)* Konvergenzkriterien *npl (ECB)*

convergence program *(AE) s.* convergence programme

convergence programme *(BE)* Konvergenzprogramm *n*

conversion 1. *(WiWi)* Konversion *f*, Konvertierung *f*, Umtausch *m*; 2. *(Fin)* Konvertierung *f*, Umrechnung *f*, Umtausch *m*, Konversion *f*; 3. *(Gen)* Umwandlung *f*; 4. *(Recht)* Umstellung *f*, Umwandlung *f (of sentence)*

conversion loan *(Fin)* Konversionsanleihe *f*, Wandelanleihe *f*

conversion price *(Fin, WiWi)* Umrechnungskurs *m*, Wandlungskurs *m*

conversion rate 1. *(WiWi)* Umrechnungskurs *m*; 2. *(Fin)* Umrechnungskurs *m*, Umrechnungssatz *m*

conversion ratio *(Börse)* Umtauschverhältnis *n*, Wandlungsverhältnis *n*

conversion right *(Bank, Fin)* Umwandlungsrecht *n (bei Wandelschuldverschreibungen)*

conversion table *(Stat)* Umrechnungstabelle *f*, Umsteigeschlüssel *m*

convert *v* 1. *(Bank)* umtauschen, wandeln *(money)*; 2. *(WiWi)* konvertieren, umtauschen *(currency)*; 3. *(Fin)* konvertieren, umrechnen, umtauschen, umwandeln, wandeln; 4. *(Gen)* verwandeln, umwandeln; 5. *(Recht)* umwandeln *(sentence)*; 6. *(Grund)* umbauen

convertibility *(WiWi)* Konvertibilität *f*, Konvertierbarkeit *f*

convertible *adj* 1. *(Bank)* wandelbar; 2. *(Fin)* umwandelbar, wandlungsfähig; 3. *(Gen, Recht)* umwandelbar

convertible bond *(Fin)* Wandelobligation *f*, Wandelschuldverschreibung *f*, Wandelanleihe *f*

convertible currency *(WiWi)* konvertierbare Währung *f*

convertible debenture *(Börse, Fin)* Wandelschuldverschreibung *f*

convey *v* 1. *(Gen)* befördern; 2. *(Recht)* übertragen; 3. *(Grund)* übertragen, übereignen, umschreiben; 4. *(Logis)* transportieren, übersenden *(goods)*

conveyance 1. *(Recht)* Grundstücksübertragung *f*, Übermittlung *f*; 2. *(Grund)* Grundstücksübertragung *f*, Umschreibung *f*; 3. *(Logis)* Spedition *f*, Versendung *f*, Transport *m*, Übersendung *f*

COO *(Abk. für Chief Operating Officer) (Mgt, Pers)* geschäftsführender Direktor *m*, geschäftsführende Direktorin *f*; Hauptgeschäftsführer(in) *m(f)*, Geschäftsführer *m*, Verwaltungsleiter *m (in a federation or association, in einem Verband)*; Geschäftsleiter *m*

cooling-off period *(Gen)* Bedenkzeit *f*, Denkpause *f (before signing a contract)*

cooperate *v (Gen)* kooperieren, zusammenarbeiten

cooperative *adj* 1. *(WiWi)* kooperativ; auf Genossenschaftsbasis *(trade, society, agreement)*; 2. *(Gen)* kooperativ *(compliant)*; hilfsbereit *(helpful)*

cooperative 1. *(WiWi)* Kooperative *f*; 2. *(Gen)* Genossenschaft *f*

cooperative advertising *(V&M)* Gemeinschaftswerbung *f (retailing arrangement)*

cooperative arrangement *(Gen)* Gemeinschaftsregelung *f*

cooperative marketing *(V&M)* genossenschaftliches Absatzwesen *n*

cooperative sector *(Bank)* Genossenschaftsbereich *m*, genossenschaftlicher Sektor *m*

cooperative society *(Bank, Gen)*

Genossenschaft *f*
cooptition *(Pol, WiWi)* Wettbewerb--Kooperationslösung *f*, Mischung *f* aus Wettbewerb und Zusammenarbeit *(cooperation + competition)*
coordinate *v (Gen)* aneinander angleichen, aufeinander abstimmen, gleichordnen, gleichschalten, in Übereinstimmung bringen, koordinieren
coordination *(Gen)* Abstimmung *f*, Koordinierung *f*
copy *v (Gen)* kopieren *(photocopy)*
copy *v* **sb** *(ugs.) (Gen, Komm)* jmdn. in Kopie setzen, jmdn. in den Verteiler aufnehmen
copy 1. *(Gen)* Abschrift *f*, Ausgabe *f* einer Zeitung, Kopie *f*, Exemplar *n*, Manuskript *n*, Artikelinhalt *m*, Ausfertigung *f*, Abdruck *m* *(reproduction)*; 2. *(V&M)* Text *m*
copy date *(V&M)* Anzeigenschluss *m*
copy deadline 1. *(Gen)* Anzeigenschluss *m*; 2. *(Media)* Redaktionsschluss *m*
copy fee *(Recht, Comp, Media)* Kopierabgabe *f*
copy protection system *(Comp, Komm, Media)* Kopierschutzsystem *n*
copy writer *(Gen)* Werbetexter(in) *m(f)*
copy writing *(V&M)* Abfassung *f* eines Reklametextes
copyright *adj (Recht)* urheberrechtlich
copyright *(Recht)* Copyright *n*, Urheberrecht *n*
copyright fee *(Media, Recht)* Urheberrechtsabgabe *f*, Urheberabgabe *f (on hardware sales)*
copyright owner *(Media, Recht)* Urheberrechtsinhaber(in) *m(f)*, Rechtsinhaber(in) *m(f)*
copyright reserved *(Recht)* urheberrechtlich geschützt
core business *(Gen)* Kerngeschäft *n*
core Europe *(Pol)* Kerneuropa *n (the idea implies a two-speed or a multi-speed Europe, a Europe of different speeds of integration in which countries can cooperate more closely in additional policy areas without being blocked by others who are not prepared to join and who may choose to stay outside the core group; cf two-speed Europe)*
core hours *(Pers)* Kernstunden *fpl*, Kernzeit *f*
core inflation *(WiWi, Stat)* Kerninflation *f* *(excluding energy and food; anders: 1. headline inflation rate = maßgebliche Inflationsrate = Gesamtinflationsrate = statistisch ausgewiesene Inflationsrate; 2. perceived inflation rate = gefühlte Inflationsrate = wahrgenommene Inflationsrate)*
core operations *(Gen, Mgt)* Kerngeschäft *n*, Kernbereich *m* *(synonymous: core business activity)*
core product *(V&M)* Kernprodukt *n*
core rate *(Stat, Pol)* Kernrate *f (AE; the inflation measure excludes volatile energy and food prices; US consumers complain that they cannot pay with 'core dollars'; opposite: total rate, headline inflation rate; Gegensatz: Gesamtinflationsrate, allgemeine Teuerungsrate, ausgewiesene Inflationsrate; die Kernrate schließt bei der Erhebung die preisvolatilen landwirtschaftlichen Produkte wegen saisonaler und die Energie wegen politischer, saisonaler und konjunktureller Schwankungen aus; sie liegt fast immer unter der Gesamtinflationsrate, weshalb sie mit ihrer beschönigenden Verzerrung im politischen Diskurs gerne verwendet wird; cf core inflation)*
core skills *(Pers)* Schlüsselqualifikationen *fpl*
core staff *(Pers)* Stammpersonal *n*, Stammbelegschaft *f*, Kernbelegschaft *f*
core subject *(Bil)* Kernfach *n*
core workers *(Pers)* Stammbelegschaft *f*, Kernbelegschaft *f*, Stammarbeitskräfte *fpl*
core workforce *(Pers)* Stammbelegschaft *f*
corner *v (Fin)* aufkaufen
corner *v* **the market** *(Börse, V&M)* Waren zu Spekulationszwecken aufkaufen
corner shop *(BE) (V&M)* Nachbarschaftsladen *m*, *(ugs.)* Tante--Emma-Laden *m*
corporate *adj (Gen)* gesellschaftlich, korporatistisch; Firmen, Unternehmens
corporate account 1. *(Bank)* Geschäftskonto *n*, Firmenkonto *n*, Geschäftsgirokonto *n*; 2. *(Gen)* Firmenkunde *m*, Geschäftskunde *m* *(synonymous: corporate customer, business associate, business customer, business account, corporate client,*

wholesale customer; opposite: private customer = Privatkunde)
corporate advertising *(V&M)* Firmenwerbung *f*
corporate affiliate *(WiWi)* Konzerngesellschaft *f*
corporate assets *(Fin, RW)* Gesellschaftsvermögen *n*
corporate banking *(Fin, Bank)* Corporate Banking *n*; Firmenkundengeschäft *n* *(unternehmensorientiertes, integriertes Kredit-, Anlagen- und Wertpapiergeschäft; ist im Gegensatz zum produktbasierten Investment und Commercial Banking beziehungsgetrieben = relationship--driven nach dem Relationship-Ansatz = relationship approach; relationship banking)*
corporate body *(Recht)* juristische Person *f*, Körperschaft *f*
corporate client *(Bank)* Firmenkunde *m*
corporate culture *(Mgt)* Unternehmenskultur *f* *(Definition: Summe der Werte, Normen und Einstellungen, die die Entscheidungen sowie das Verhalten der Unternehmensmitglieder ausmachen)*
corporate customer *(Bank)* Firmenkunde *m*
corporate customers *(Bank)* Firmenkundschaft *f*
corporate earning *(RW)* Unternehmensertrag *m*, Unternehmergewinn *m*
corporate earning power *(WiWi)* Ertragskraft *f* eines [des] Unternehmens
corporate equivalent yield *(Steuer)* vergleichbare Unternehmensrendite *f*
corporate finance *(Fin, Mgt)* Unternehmensfinanzierung *f*, Finanzwirtschaft *f (eines Unternehmens)*
corporate funds *(Admin)* Gesellschaftsmittel *npl*
corporate goal *(Gen)* Unternehmensziel *n*
corporate governance 1. *(Law)* Unternehmensverfassung *f*, gesellschaftliche Verwaltung *f*; 2. *(Mgt, Pol)* wirksame Unternehmensführung *f* und -kontrolle, verantwortliche Unternehmensleitung *f* und -aufsicht, wirksame Unternehmensaufsicht *f*, wirksame Unternehmensführung *f* und --überwachung, wertorientierte Unternehmensführung *f* und -kontrolle, Corporate Governance *f*
corporate headquarters *(Mgt)* Unternehmenszentrale *f*, Konzernzentrale *f*
corporate hierarchy *(Pers)* betriebliche Hierarchie *f*
corporate identity *(V&M)* Corporate Identity *n*, CI
corporate image *(Gen, V&M)* Firmenimage *n*, Unternehmensimage *n*
corporate insolvencies *(Fin)* Firmeninsolvenzen *fpl*, Unternehmensinsolvenzen *fpl (anders: Insolvenzen privater Haushalte = insolvencies of private households)*
corporate issue *(Fin)* Emission *f* einer Aktiengesellschaft
corporate law *(Recht)* Gesellschaftsrecht *n*
corporate lending *(Bank)* Firmenkredite *mpl*
corporate mission *(Gen)* Unternehmenszweck *m*
corporate name *(Gen)* Firmenname *m*
corporate objective *(Gen)* Unternehmensziel *n*
corporate participating interests *(Fin, WiWi)* Unternehmensbeteiligungen *fpl*
corporate profit *(RW)* Unternehmensgewinn *m*
corporate purchasing *(V&M)* Firmeneinkauf *m*
corporate savings *(Fin)* Unternehmensersparnisse *fpl*
corporate secret *(Gen, Mgt)* Geschäftsgeheimnis *n*, Betriebsgeheimnis *n*
corporate securities *(Börse, Fin)* Dividendenwerte *mpl*
corporate spending *(Steuer)* betriebliche Ausgaben *fpl*
corporate strategic planning *(Mgt)* strategische Unternehmensplanung *f*
corporate strategy *(Gen, Mgt)* Unternehmensstrategie *f*
corporate structure 1. *(Gen)* Firmenstruktur *f*; 2. *(Pers)* Betriebsstruktur *f*
corporate tax *(Gen, Steuer)* Körperschaftsteuer *f (synonymous: corporation income tax, corporation tax)*
corporate treasurer *(Mgt, Pers)* Leiter(in)

m(f) der Finanzabteilung, Finanzvorstand *m*, *(ugs.)* Finanzchef(in) *m(f)*, Leiter(in) *m(f)* Finanzen *(synonymous: executive financial officer, EFO, chief financial officer, CFO, corporate financial manager)*

corporation *(corp.) (AE)* 1. *(Gen)* Firma *f*, Fa., Unternehmen *n*; *(BE)* rechtsfähige Gesellschaft *f*, Handelsgesellschaft *f*; 2. *(Recht)* Gesellschaft *f*; Kapitalgesellschaft *f*, juristische Person *f*; Aktiengesellschaft *f*, AG *f*; *(BE)* Körperschaft *f*

corporation tax *(BE) (Steuer)* Körperschaftsteuer *f*, KSt *f* *(synonymous: corporation income tax, corporate tax)*

correct *v* 1. *(Gen)* bereinigen, abändern, verbessern, berichtigen *(errors)*; 2. *(Media)* korrigieren

correcting entry *(RW)* Berichtigungsbuchung *f*, Berichtigungseintragung *f*, Korrekturposten *m*

correlation *(Stat)* Korrelation *f*

correspond *v (Gen)* gleichkommen *(be similar)*

correspondence 1. *(Komm)* Briefwechsel *m*; 2. *(Gen)* Korrespondenz *f*, Korr. *(letters)*

correspondent bank *(Bank)* Korrespondenzbank *f*

correspondent banking *(Bank)* Korrespondenzbankbeziehung *f*; Korrespondenzbankgeschäft *n*

corrupt *v (Gen)* korrumpieren

cost *v* 1. *(RW)* (Kosten) bewerten, (Kosten) berechnen, (Kosten) kalkulieren; 2. *(Gen)* kosten *(the price of a good, i. e. the amount of money needed to pay for a thing, zu zahlender Geldbetrag)*

cost 1. *(Gen)* Kosten *pl*; 2. *(RW)* Prozesskosten *pl*, Verfahrenskosten *pl* *(cost accounting)*; Aufwand *m (profit and loss account)*; *(BE)* Herstellkosten *pl*, Anschaffungskosten *pl*, Anschaffungs- oder [und] Herstellungskosten *pl*, AK/HK *pl*, Buchwert *m (balance sheet)*; Preis *m (the amount of money needed to pay for a thing, zu zahlender Geldbetrag; the value of something in alternative uses, cf opportunity cost)* • **at cost** 1. *(Gen)* zum Anschaffungspreis *m*, zum Selbstkostenpreis *m*; 2. *(RW)* zu Anschaffungs- oder Herstell(ungs)kosten

cost accounting *(RW)* Kostenrechnung *f*, Kosten- und Leistungsrechnung *f*, KLR *f*, Betriebsabrechnung *f*, Kostenbuchhaltung *f (opposite: financial accounting = Finanzbuchhaltung = Geschäftsbuchhaltung)*; internes Rechnungswesen *n (synonymous: management accounting, industrial accountancy, internal accountancy; opposite: financial accounting = externes Rechnungswesen)*

cost accounts *(RW)* Kostenkonten *npl*

cost allocation *(RW)* Kostenaufteilung *f*, Kostenumlage *f*, Kostenverrechnung *f*

cost analysis *(Fin, RW)* Kostenanalyse *f*, Kostenauswertung *f*

cost and freight *(Imp/Exp, Logis)* Kosten *pl* und Fracht *f (to named port of destination)*

cost and insurance *(Imp/Exp, Logis)* Kosten *pl* und Versicherung *f*

cost awareness *(Gen)* Kostenbewusstsein *n*

cost behavior pattern *(AE) (Fin) s.* cost behaviour pattern

cost behaviour pattern *(BE) (Fin)* Kostenverlauf *m*

cost-benefit analysis *(CBA) (WiWi)* Kosten-Nutzen-Analyse *f*, KNA *f*

cost calculation *(RW, Gen)* Kostenrechnung *f*

cost center *(AE) s.* cost centre

cost centre *(BE)* 1. *(Gen, Mgt, WiWi)* Leistungszentrum *n*, Dienstleistungszentrum *n (erbringt Leistungen für das Gesamtunternehmen zu geringstmöglichen Kosten; opposite: profit center, profit centre: erwirtschaftet maximale Deckungsbeiträge zur Fixkostendeckung = covering of fixed costs)*; 2. *(RW)* Kostenstelle *f*

cost-conscious *adj (Gen)* kostenbewusst

cost consciousness *(Gen)* Kostendenken *n*

cost constraint *(WiWi)* Kostenrestriktion *f*, Kostenbeschränkung *f*

cost containment 1. *(WiWi)* Kosteneindämmung *f*; 2. *(Gen)*

Kostensenkung *f*
cost-containment measure *(Gen, Mgt)* kostendämpfende Maßnahme *f*
cost control *(Gen, Mgt)* Kostenkontrolle *f*, Kostenüberwachung *f*, Kostensteuerung *f (synonymous: expense control, cost monitoring)*
cost dampening *adj (Gen, Mgt)* kostendämpfend
cost distribution *(RW)* Kostenumlage *f*, Kostenverrechnung *f (Verteilung der Kosten auf die Kostenstellen)*
cost-effective *adj* 1. *(WiWi)* rationell; 2. *(Gen)* kostendeckend, kostengünstig, kosteneffektiv
cost-effectiveness *(Gen)* Kostenwirksamkeit *f*
cost-effectiveness analysis *(WiWi)* Kosten-Wirksamkeits-Analyse *f*
cost-efficient *adj (Gen)* kosteneffizient, rentabel, wirtschaftlich *(dem wirtschaftlichen Prinzip entsprechend)*
cost estimate *(Gen)* Voranschlag *m*
cost estimating *(Fin)* Kalkulation *f*
cost factor *(RW)* Kostenfaktor *m*
cost forecast *(RW)* Kostenvoranschlag *m*, Kostenprognose *f*
cost-income ratio *(CIR) (Bank, RW)* Aufwandsrentabilität *f*, Aufwand--Ertrags-Verhältnis *n*, Aufwand/Ertragsrelation *f*, Aufwand/Ertrag--Relation *f (Verhältnis zwischen Verwaltungsaufwand und operativen Erträgen; Effizienzmaßstab für das operative Bankgeschäft)*
cost increase *(Gen, WiWi)* Kostenanstieg *m*
cost, insurance and freight *(Imp/Exp, Logis)* Kosten *pl*, Versicherung *f* und Fracht *f (cargo delivery)*
cost leadership *(Gen)* Kostenführerschaft *f*
cost monitoring *(Gen, Mgt)* Kostenüberwachung *f (synonymous: expense control, cost control)*
cost objective *(WiWi)* Kostenvorgabe *f*, Kostenziel *n*
cost of a loan *(Bank)* Darlehenskosten *pl (to lender)*
cost of borrowing *(Bank)* Kreditbeschaffungskosten *pl*
cost of bureaucracy *(Gen, Media, Steuer)* Bürokratiekosten *pl*
cost of capital 1. *(Fin)* Finanzierungskosten, Investitionskosten; 2. *(WiWi)* Kapitalaufwand *m*, Kapitalkosten *pl (synonymous: capital cost, capital charges, i. e. interest, dividend, repayments of the capital; Kosten des produktiv eingesetzten Eigen- und Fremdkapitals = Kapital × Gesamtkapitalkostensatz; vgl. EVA--Konzept: EVA = NOPAT - Kapitalkosten)*
cost of collaboration *(WiWi)* Kollaborationskosten *pl (wikinomics = Wikiwirtschaft = Wikinomie; dank Internet gehen die Kosten für die Bündelung von Arbeit, Wissen und Kapital gegen Null)*
cost of education *(Bil)* Ausbildungskosten *pl*
cost of funds 1. *(Bank)* Kapitalbeschaffungskosten; 2. *(Fin)* Kapitalbeschaffungskosten *pl*, Refinanzierungskosten *pl*
cost of goods manufactured *(RW)* Herstellungskosten *pl*, Produktionskosten *pl*
cost of goods sold *(RW)* Umsatzaufwendungen *fpl*; Umsatzkosten *pl (synonymous: cost of sales; § 275 III 2. HGB: Herstellungskosten der zur Erzielung der Umsatzerlöse erbrachten Leistungen)*
cost of labor *(AE) s.* cost of labour
cost of labour *(BE)* 1. *(Admin)* Arbeitskosten; 2. *(Steuer)* Lohnkosten *pl*
cost of living *(WiWi)* Lebenshaltungskosten *pl*, Lebenshaltung *f*
cost-of-living index *(WiWi)* Lebenshaltungsindex *m*, Preisindex *m* für die Lebenshaltung
cost of replacement *(Versich)* Wiederbeschaffungswert *m*
cost of sales 1. *(RW)* Selbstkosten *pl*, Umsatzaufwendungen *fpl*, Umsatzkosten *pl (synonymous: cost of goods sold; § 275 III 2. HGB: Herstellungskosten der zur Erzielung der Umsatzerlöse erbrachten Leistungen)*; 2. *(WiWi)* Einstandspreis *m* der verkauften Ware; 3. *(Fin)* Verkaufskosten *pl*
cost-of-service principle *(Fin)* Äquivalenzprinzip *n*
cost pattern *(Fin, RW)* Kostengefüge *n*,

Kostenstruktur *f*
cost per click *(Comp, Komm, Media, V&M)* Cost-per-Click *m*, Kosten *pl* pro Klick *(internet advertising)*
cost per unit *(RW)* Stückkosten *pl*
cost price *(RW)* Selbstkostenpreis *m*
cost-push inflation *(WiWi)* kosteninduzierte Inflation *f*, Kosteninflation *f*
cost relief *(Bank, WiWi)* Kostenentlastung *f*
cost-saving *adj (Gen, Mgt)* kostensparend, kostendämpfend
cost-sensitive *adj* 1. *(WiWi)* kostenreagibel; 2. *(Gen)* kostenempfindlich *(customer)*
cost trimming *(Gen)* Kostensenkung *f*
cost-type accounting *(Fin, RW)* Kostenartenrechnung *f*
cost-unit accounting *(RW)* Kostenträgerstückrechnung *f*, Kostenträgerrechnung *f*, Kalkulation *f* *(auch: cost unit accounting)*
costing *(RW)* Kalkulation *f*, Kostenbewertung *f (process of determining the cost of products, services and activities)*; Kosten- und Leistungsrechnung *f*, KLR *f*, Kostenrechnung *f*, Betriebsabrechnung *f*, Betriebsbuchführung *f (synonymous: cost accounting)*
costs 1. *(Gen, RW)* Kosten *pl*, Ausgaben *fpl*; Spesen *pl (e. g. running costs - -laufende Kosten- for labour or energy)*; 2. *(Recht)* Gerichtskosten *pl*, Prozesskosten *pl* • **costs are running into billions** *(Gen)* die Kosten steigen auf Milliardenhöhe
costs of production *(Ind)* Produktionskosten *pl*
costs of repairs *(Gen)* Reparaturkosten *pl*
Council Directive *(Pol)* Richtlinie *f* des Rates *(EU)*
counsel *v (Recht)* beraten *(advise)*; durch Rat Beihilfe leisten *(criminal law)*
counsel *(Recht)* Prozessanwalt *m*, Prozessanwältin *f (lawyer)*; Rechtsbeistand *m (legal advice)*
counsel for the defence *(BE) (Recht)* Verteidiger(in) *m(f)*
counter *(Gen)* Schalter *m*; Ladentisch *m*, Tisch *m (shop, supermarket)*
counter-bid *(V&M)* Gegenangebot *n*, Gegengebot *n*
counter-cyclical *adj (WiWi) s.* countercyclical
counter deal *(Bank)* Gegengeschäft *n*
counter entry *(RW)* Gegenbuchung *f*
counter trade *(WiWi)* Kompensationshandel *m*
counteract *v (Gen)* Maßnahmen ergreifen gegen, Gegenmaßnahmen ergreifen
counterbalance *v* 1. *(RW)* aufrechnen; 2. *(WiWi)* auffangen
counterclaim *(Recht)* Gegenanspruch *m*, Widerklage *f*
countercyclical *adj (WiWi)* antizyklisch, konjunkturdämpfend
countercyclical buffer *(Bank, Fin)* antizyklischer Puffer *m*, antizyklischer Kapitalpuffer *m (synonymous: anticyclical buffer, countercyclical capital buffer; Basel III: aufzubauen in Zeiten übermäßig hohen Kreditwachstums bis maximal 2,5 % der risikogewichteten Aktiva = RWA = risk-weighted assets, kann wieder abgeschmolzen werden)*
countercyclical fiscal policy 1. *(WiWi)* antizyklische Fiskalpolitik *f*, antizyklische Stabilisierungspolitik; konjunkturdämpfende staatliche Finanzpolitik *f*; konjunkturorientierte (staatliche) Finanzpolitik *f*; 2. *(Pol)* antizyklische Finanzpolitik *f*, finanzwirtschaftliche (staatliche) Stabilisierungspolitik *f*, konjunkturdämpfende Finanzpolitik *f*
countercyclical policy *(Pol, WiWi)* antizyklische Politik *f*, konjunkturdämpfende Politik *f*, konjunkturstabilisierende Politik *f*
counterfeit *v (Recht)* fälschen *(Geld, Waren)*
counterfeit 1. *(Ind)* Imitation *f*, Nachahmung *f (fashion industry)*; 2. *(Recht)* Fälschung *f (money)*
counterfeiting *(Bank)* Banknotenfälschung *f*
countermeasure *(Gen)* Gegenmaßnahme *f*
counterpart 1. *(WiWi)* Kontrahent *m*; 2. *(Gen)* Ausfertigung *f*
counterpart of *(RW, WiWi)* Gegenposten zu *(BOP)*
counterparty *(Börse)* Kontrahent *m*
counterparty risk *(Bank)* Adressenrisiko *n*, Adressenausfallrisiko *n*, Gegenparteirisiko *n*,

Kontrahentenrisiko *n*
counterperformance *(Recht)* Gegenleistung *f (contract law)*
countervalue *(Gen, Imp/Exp)* Gegenwert *m*
country *(Pol)* Land *n*
country code *(Bank)* Ländercode *m*
country exposure *(Börse, WiWi)* Länderrisiko *n*
country in transition *(Pol)* Reformland *n*, Transformationsland *n*
country of origin *(Gen, Imp/Exp)* Herkunftsland *n*, Ursprungsland *n*
country-of-origin doctrine *(Recht, Steuer)* Herkunftslandprinzip *n (jurisdiction, taxation)*
country of residence *(Steuer)* Wohnsitzstaat *m*
country risk *(Fin)* Länderrisiko *n (provisions)*
country with a low-wage economy *(WiWi)* Niedriglohnland *n*
coupon *(c., cp.)* 1. *(Gen)* Bon *m*, Gutschein *m*, Bezugsschein *m*; Kupon *m (advertising)*; 2. *(Bank, Fin)* Anleihezins *m*, Nominalzins *m*, Kupon *m*, Zins *m*, Verzinsung *f (synonymous: coupon rate = the rate of interest on a fixed interest security, e. g. a 6 % coupon pays interest of 6 % a year on the nominal value of a bond; eine Anleihe ist ausgestattet mit einem Kupon von z. B. 6 %, berechnet vom Nominalwert)*; Zinsschein *m*, Zinskupon *m (the detachable part of a bond securitizing the payment of interest, der verbriefte Anspruch auf die Zinszahlung aus einer Anleihe)*; Dividendenschein *m (on bearer stocks the detachable part of the certificate exchangeable for dividends, der verbriefte Anspruch auf die jeweilige Dividendenzahlung)*
coupon collection *(Fin)* Einlösung *f* von Zinsscheinen
coupon rate *(Fin)* Nominalverzinsung *f*, Nominalzins *m*, Kupon *m (cf coupon)*
course of procedure *(Recht)* Verfahrensablauf *m*
court *(Recht)* Gericht *n*, Gerichtshof *m*, Gerichtssaal *m (courtroom)* • **come before court** *(Recht)* vor Gericht erscheinen • **go to court** *(Recht)* prozessieren
court case *(Recht)* Rechtsfall *m*, Prozess *m*
court clerk *(Recht)* Justizangestellte *m(f)*
court decision *(Recht)* Urteil *n*, Beschluss *m*, Entscheidung *f*
court of appeal *(Recht)* Berufungsgericht *n*, Rechtsmittelinstanz *f*
Court of Auditors *(RW)* Rechnungshof *m*
court of competent jurisdiction *(Recht)* zuständiges Gericht *n*
Court of Justice *(Recht)* Gerichtshof *m* der Europäischen Union, Europäischer Gerichtshof *m (EU)*
court of law *(Recht)* ordentliches Gericht *n*
court of record *(AE) (Recht)* Registergericht *n*
court proceedings *(Recht)* gerichtliches Verfahren *n*, Gerichtsprozess *m (Klage, Gerichtsverfahren)*
court rules *(Recht)* Verfahrensregeln *fpl*
covenant 1. *(Gen)* Nebenvereinbarung *f*; 2. *(Recht)* förmliches rechtsverbindliches Versprechen *n*, Vertrag *m*
covenant not to compete *(Recht)* vertragliches Wettbewerbsverbot *n*
cover *v* 1. *(Bank, Fin)* decken *(costs)*; 2. *(Ind)* verkleiden; 3. *(Börse)* decken • **be covered by insurance** *(Versich)* durch Versicherung gedeckt sein
cover *v* **a loss** *(Fin)* einen Schaden decken, einen Verlust abdecken
cover *v* **expenses** *(Fin)* Ausgaben decken
cover *v* **the risk** *(Bank)* das Risiko *n* abdecken
cover 1. *(Bank, Fin)* Deckung *f*; 2. *(Ind)* Verkleidung *f*; 3. *(Versich)* Versicherung *f*
coverage 1. *(Gen)* Erfassung *f*, Geltungsbereich *m*; 2. *(Media)* Deckung *f*, Deckungsbereich *m*, Einzugsbereich *m*
coverage gap *(Recht, Versich)* Deckungslücke *f*
coverage of losses *(Recht)* Verlustübernahme *f*
covered bond 1. *(Fin, Börse)* gedeckte Schuldverschreibung *f*, Covered Bond *m (grundpfandrechtlich abgesicherte Anleihen; international übliche Bezeichnung für die in Rechtskonstruktion und -absicherung pfandbriefähnlich konstruierten Schuldtitel; Konkurrent des Pfandbriefs an den internationalen Kapitalmärkten)*; 2. *(Gen, Media)* Pfandbrief *m*

covered job *(AE) (Soz)* pflichtversicherte Tätigkeit *f*
covering *(Komm)* Begleitschreiben *n*, Begleitbrief *m*
covering letter *(Gen, Komm)* Anschreiben *n*, Begleitschreiben *n*, Begleitbrief *m*
covering purchase 1. *(Gen, Recht)* Deckungskauf *m*; 2. *(Börse)* Deckung *f*
CPC *s.* cost per click
CPI *s.* consumer price index
C.R. *s.* company's risk
cradle-to-coffin care *(ugs.) (Pol, Soz)* *(ugs.)* Betreuung *f* von der Wiege bis zur Bahre; *(ugs.)* Rundum-Dauerbetreuung *f (welfare states and socialist systems)*
craft 1. *(Pers, WiWi)* Handwerk *n*; 2. *(Logis)* Boot *n*, Schiff *n (shipping)*
craft enterprise *(WiWi)* Handwerksbetrieb *m*
crafts sector *(Ind)* Handwerkssektor *m*, Handwerksbereich *m*
crash 1. *(Comp)* Absturz *m*; 2. *(Gen)* Aufprall *m*; 3. *(Logis)* Absturz *m*, Aufprall *m*, Zusammenstoß *m*; 4. *(Börse)* Crash *m*, Kurssturz *m*, Kursabsturz *m*
create *v* 1. *(Gen)* schaffen *(opportunities)*; 2. *(Recht)* bestellen *(mortgage)*
create *v* **a market** *(V&M)* einen Markt schaffen
create *v* **demand** *(WiWi)* Nachfrage schaffen
create *v* **jobs** *(Pers)* Arbeitsplätze schaffen, Stellen schaffen
creative accounting *(RW)* aktive Bilanzgestaltung *f*, *(ugs.)* kreative Buchführung *f*
creative financing *(Fin)* unorthodoxe Finanzierungsmethode *f*
creative marketing *(V&M)* schöpferisches Marketing *n*
creative work *(Media, Recht)* schöpferisches Werk *n (copyright law)*
creator *(Media, Recht)* Urheber(in) *m(f)*, Schöpfer(in) *m(f) (copyright law)*
credentials *(Pers)* Zeugnis *n*, Zeugnisse *npl (certificate)*; Nachweise *mpl*, Empfehlungsschreiben *n*, Referenzen *fpl (reference)*; Beglaubigungsschreiben *n (diplomacy)*
credibility *(V&M)* Glaubwürdigkeit *f*
credibility test 1. *(Bank, WiWi, Gen)* Glaubwürdigkeitstest *m (the financial markets may test a currency or institutions like central banks or governments)*; 2. *(Stat)* Plausibilitätstest *m*, Plausibilitätsprüfung *f (synonymous: plausibility test)*
credit *v (Bank, Fin, RW)* gutschreiben
credit *v* **interest** *(Bank)* Zinsen gutschreiben
credit *(Bank, Fin, RW)* Kredit *m*; Guthaben *n* • **on credit** *(Fin)* auf Kredit • **to the credit of** *(Bank, RW)* zugunsten von *(Zahlungsverkehr)*
credit account *(Bank)* Girokonto *n*, Kreditkonto *n*, Kontokorrentkonto *n*, Kreditkartenkonto *n*
credit agreement *(Fin)* Kreditvertrag *m*
credit analysis *(Bank)* Kreditprüfung *f*, Kreditwürdigkeitsprüfung *f*
credit approval *(Bank, Fin)* Kreditzusage *f*
credit assessment *(Bank, Fin)* Bonitätseinstufung *f*, Kreditbeurteilung *f*
credit balance *(Bank)* Guthaben *n*
credit card *(Bank, Fin)* Kreditkarte *f*
credit card turnover *(Recht, Bank)* Kartenumsätze *mpl*
credit ceiling *(Bank)* Kredithöchstgrenze *f*, Kreditplafond *m*
credit conditions *(WiWi)* Kreditbedingungen *fpl*
credit creation multiplier *(WiWi)* Kreditschöpfungsmultiplikator *m*
credit crunch *(Bank, Fin, WiWi)* Kreditknappheit *f*, Kreditrestriktion *f*, Kreditklemme *f*
credit default *(Bank, Fin)* Leistungsstörung *f*, Verzugsfall *f*; Kreditverzug *m*; Kreditausfall *m*
credit default option *(CDO) (Bank, Fin)* Credit Default Option *f*, CDO *f*, Kreditverzugsoption *f*, Kreditausfalloption *f (protects the holder against a default over a specified time period, the payout being conditional on some event of default = Ausfallereignis or on non-payment; in international trade a means of insuring a credit risk; ein Kreditderivat = derivative credit instrument zur Absicherung eines Kreditrisikos, mit der Funktion einer Kreditversicherung = lending risk insurance: gegen Zahlung einer Prämie erhält der ursprünglich risikotragende Kreditgeber = Optionskäufer = Sicherungsnehmer = protection buyer*

das Recht, beim Verzug oder Ausfall des Kreditnehmers vom Optionsverkäufer = Sicherungsgeber = protection seller, z. B. einem Hedgefonds oder institutionellen Investor, einen Schadensausgleich zu verlangen; anders: CDS = credit default swap, bei dem das Kreditausfallrisiko = risk of default mit der Swapgebühr sofort abgegolten wird)

credit default payment *(Fin)* Ausgleichszahlung *f* (bei Eintritt des Kreditereignisses) *(cf Kreditausfallswap = credit default swap = CDS)*

credit default swap *(CDS) (Bank, Fin)* CDS *m*, Kreditverzug-Swap *m*, Kreditverzugsswap *m (a derivative credit instrument; Kapitalmarktinstrument in Form eines Kreditderivats zur Platzierung strukturierter, in Risikotranchen gebündelter Kreditausfallrisiken von Kreditnehmern unterschiedlicher Bonität aus Bankbilanzen am Kapitalmarkt, insbesondere bei Hedgefonds oder Kapitalsammelstellen, gegen Weiterreichung/Übernahme des Kreditausfallrisikos = risk of default, das mit der Swapgebühr sofort abgegolten wird; Verbriefung macht das Risiko des Kreditausfalls handelbar und verteilt es global – aber intransparent – im Kapitalmarkt, dem Risiko-Markt; anders: CDO = Credit Default Option = Kreditausfalloption mit Schadensausgleich erst nach Eintritt des Schuldnerverzugs oder -ausfalls)*

credit demand *(Bank)* Kreditnachfrage *f*, Kreditbedarf *m*

credit derivatives *(Bank, Fin)* Kreditderivate *npl (Finanzderivate, die eine außerbörsliche = OTC und außerbilanzielle Risikoübertragung = off-balance sheet risk transfer von einem Sicherungsnehmer, häufig einer Bank, auf einen Sicherungsgeber = Investor ermöglichen, wobei der zugrunde liegende risikotragende Forderungstitel im Eigentum und in der Bilanz des Sicherungsnehmers verbleibt; die globale intransparente Verlagerung von Kreditrisiken verhindert das Erkennen der Entstehung von Klumpenrisiken = cluster risks; cf synthetic securitization = synthetische Verbriefung)*

credit enhancement *(Bank)* Bonitätsverbesserung *f*

credit entry *(RW)* Gutschrift *f*, Habenbuchung *f*

credit event *(Bank, Fin)* Leistungsstörung *f*, Verzugsfall *f*, Kreditverzug *m*; Kreditausfall *m*; Eintritt *m* einer Leistungsstörung, Eintritt *m* des Verzugsfalls *(vertraglich definierte Bonitätsverschlechterung, definiert durch ein Ereignis wie z. B. Zahlungsverzug, Eröffnung des Insolvenzverfahrens, bei deren Eintritt der zugrunde liegende Kredit oder das Kreditderivat sofort fällig gestellt wird)*

credit facility *(Bank, Fin)* Kreditfazilität *f*, Kreditlinie *f (synonymous: credit line)*; Kreditrahmen *m*

credit information exchange *(Bank)* Evidenzzentrale *f*

credit institution *(Fin)* Kreditinstitut *n*

credit limit *(Bank)* Kredithöchstgrenze *f*

credit line *(Bank)* Kreditlinie *f*

credit market *(Bank, Fin, WiWi)* Kreditmarkt *m*

credit multiplier *(Fin)* Geldschöpfungsmultiplikator *m*

credit note *(Fin, Gen)* Gutschein *m*, Gutschrift *f*, Gutschriftsanzeige *f*

credit origination *(Bank)* Kreditausreichung *f*, Kreditgewährung *f*

credit purchase *(V&M)* Kreditkauf *m*, Zielkauf *m*

credit rating *(Fin)* Bonitätsbewertung *f*, Bonitätsbeurteilung *f*

credit rating agency *(Fin)* Kreditratingagentur *f*, Ratingagentur *f*, Kreditbewertungsagentur *f*

credit restriction *(Bank, Fin, WiWi)* Kreditdrosselung *f*, Krediteinschränkung *f*, Kreditrestriktion *f*

credit revolving *(Fin)* Revolvingkredit *m*

credit risk *(Fin, V&M)* Kreditrisiko *n*

credit sale 1. *(Recht)* Abzahlungskauf *m* ohne Eigentumsvorbehalt; 2. *(V&M)* Kauf *m* auf Kredit, Kreditkauf *m*

credit side *(RW)* Haben *n*, Habenseite *f*
• **on the credit side** *(RW)* im Haben *(accounting entry, Buchung)*

credit spread *(Bank, Fin, Börse)* Kreditzinsaufschlag *m*, Zinsaufschlag *m*, Aufschlag *m* auf den Kreditzins

credit squeeze *(Bank, Fin, WiWi)* Kreditknappheit *f*, Kreditklemme *f*; Kreditrestriktion *f*, Kreditdrosselung *f*, Kreditverknappung *f*
credit standing 1. *(Bank)* Bonität *f*; 2. *(V&M)* Kreditwürdigkeit *f*
credit sum *(Bank, Fin)* Kreditbetrag *m*
credit terms *(Bank)* Kreditkonditionen *fpl*
credit transactions *(Bank, WiWi)* Kreditverkehr *m*
credit transfer *(Bank)* Banküberweisung *f*
credit worthiness 1. *(Bank)* Kreditfähigkeit *f*, Kreditwürdigkeit *f*; 2. *(Fin)* Bonität *f*
creditor *(Fin, Gen)* Gläubiger(in) *m(f)*
creditor beneficiary 1. *(Gen)* Zahlungsempfänger(in) *m(f)*; 2. *(Versich)* Begünstigte(r) *f(m)*
creditors *(BE) (RW)* Kreditoren *mpl*, Verbindlichkeiten *fpl*
credits outstanding *(Bank, RW)* ausgereichte Kredite *mpl*, Kreditvolumen *n*, Ausleihungen *f*
creeping inflation *(WiWi)* schleichende Inflation *f*
crisis-like proportions *(Pol, WiWi)* krisenhafte Zuspitzung *f*
crisis management *(Mgt)* Krisenmanagement *n*
crisis of confidence *(Pol)* Vertrauenskrise *f*
criteria *(Gen)* Maßstäbe *mpl*, Kriterien *npl*
criteria for entry *(Pol)* Beitrittskriterien *npl (ESCB)*
criteria for selection *(Gen, Pers)* Auswahlkriterium *n*
critical level *(Gen)* kritisches Niveau *n*
critical path method *(Mgt, WiWi)* CPM--Methode *f*, Methode *f* des kritischen Pfades
CRM *s.* 1. customer relations management; 2. customer relationship management
cross *v* **a check** *(AE)*, **cross** *v* **a cheque** *(BE) (Bank)* einen Scheck zur Verrechnung ausstellen
cross-border merger *(WiWi)* grenzüberschreitende Fusion *f*
cross-border retail payments *pl (Bank, V&M)* grenzüberschreitende Kleinbetragszahlungen *fpl*
cross-border trade *(WiWi)* grenzüberschreitender Handel *m*, internationaler Warenverkehr *m*
cross-border traffic *(Gen, Logis)* grenzüberschreitender Verkehr *m*
cross-check *v (Gen, Media, Pol)* die Gegenprobe machen *(verify information by using an alternative source or method)*
cross-checking of data *(Stat)* Datenabgleich *m*, Abgleich *m* der Daten
cross cultural management *(Mgt)* interkulturelles Management *n*, multikulturelles Management *n*
cross-currency *adj (Bank)* währungsübergreifend *(synonymous: on a cross-currency basis)*
cross default clause *(Bank, Fin)* Cross Default-Klausel *f*, Drittverzugsklausel *f*
cross-holdings *(Fin)* Kapitalverflechtungen *fpl*, wechselseitige Beteiligungen *fpl*, gegenseitige Beteiligungen *fpl (cf Germany Plc, Deutschland AG)*
cross-market liquidity effects *(Bank, WiWi)* marktübergreifende Liquiditätseffekte *mpl*
cross-party *adj (Pol)* parteiübergreifend
cross-platform *adj (Comp)* plattform--übergreifend, plattform-unabhängig, cross-plattform
cross price elasticity of demand *(WiWi)* Kreuzpreiselastizität *f* der Nachfrage
cross rate *(WiWi)* Cross Rate *f*, Kreuzparität *f*
cross-reference *(Gen)* Querverweis *m*
cross selling *(V&M)* Verbundabsatz *m*, Cross Selling *n*
crosscheck *(Bank)* Gegenprüfung *f*
crossed cheque *(BE)*, **crossed check** *(AE) (Bank)* Verrechnungsscheck *m*
crowding out *(WiWi)* Crowding-Out *n*, Verdrängungswettbewerb *m*
crowdsourcing *(Comp, Mgt)* Crowdsourcing *n*, Schwarmauslagerung *f*; Outsourcing *n* zum Kunden, Kunden-Outsourcing *n* *(nach J. Howe und M. Robinson: Auslagerung von Arbeit über das Internet auf Kunden oder sonstige Freizeitarbeiter, die Unternehmen ihre Arbeitsleistung, ihr Fachwissen und ihre Zeit freiwillig und gratis zur Verfügung stellen; Unbehagen besteht bei vielen am häufig asymmetrischen Leistungstausch: ‚König Kunde lässt sich knechten'; an activity between mass collaboration and exploitation of*

customers or others, who work via internet jointly on a project; cf Aal--Prinzip = Andere-arbeiten-lassen--Prinzip = l-o-w principle = let-others--work principle; cf Wiki-Wirtschaft = Wikinomie = wikinomics; banana product = Bananen-Produkt, das beim Konsumenten erst durch dessen Zutun/Input zur Produktreife gebracht werden muss: u. a. Möbel, Software, PKW)

Crown/the *(BE)* 1. *(Gen, Pol)* die Krone, der König, die Königin; 2. *(Fin, Recht)* der Staat, der Fiskus, die Staatskasse

crumbling of confidence *(Fin, Pol)* schwindendes Vertrauen *n*

crunch *(WiWi)* Verknappung *f*

cum dividend *(Börse)* einschließlich Dividende

cum warrant *(Börse)* mit Bezugsrecht, mit Optionsschein

cumulative *adj* 1. *(Fin)* kumulativ; 2. *(V&M)* erfasst

cumulative preference shares *(BE)* *(Börse)* kumulative Vorzugsaktien *fpl*

cumulative preferred stock *(AE)* *(Börse)* kumulative Vorzugsaktien *fpl*

cumulative tax *(Steuer)* kumulative Steuer *f*

cure *(Recht, V&M)* Nacherfüllung *f* *(Vertragsrecht)*

currency 1. *(RW)* Laufzeit *f*; 2. *(Bank)* gesetzliches Zahlungsmittel *n*, Valuta *f*, Währung *f*; 3. *(WiWi)* Währung *f*

currency account 1. *(Bank)* Währungskonto *n*; 2. *(WiWi)* Devisenkonto *n*

currency appreciation *(WiWi)* Währungsaufwertung *f*

currency arbitrage *(Börse)* Devisenarbitrage *f*, Valutenarbitrage *f*

currency area *(Bank, WiWi)* Währungsraum *m*, Währungsgebiet *n*

currency band *(Fin)* Bandbreite *f*

currency basket *(WiWi)* Währungskorb *m*

currency board *(WiWi)* Currency Board *n*, Währungsrat *m*

currency code *(Bank)* Währungscode *m*

currency conversion Geldumstellung *f* *(ECB)*

currency deposits *(Fin)* Währungseinlagen *fpl*

currency depreciation *(WiWi)* Abwertung *f*, Währungsabwertung *f*

currency devaluation *(WiWi)* Abwertung *f*, Währungsabwertung *f*

currency fluctuation *(Gen, Imp/Exp)* Kursschwankung *f*

currency holding *(Pol, WiWi)* Währungsbestand *m*

currency in circulation *(WiWi)* Bargeldumlauf *m*

currency market *(WiWi)* Devisenbörse *f*, Devisenmarkt *m*

currency of refuge *(WiWi)* Zufluchtswährung *f*

currency of settlement *(Bank, Imp/Exp)* Abrechnungsvaluta *pl*

currency of the credit *(Fin, Imp/Exp)* Akkreditivwährung *f*

currency realignment *(WiWi)* Neufestsetzung *f* der Währungsparitäten

currency reserves *(WiWi)* Währungsreserven *fpl*, Devisenreserven *fpl*

currency restrictions *(WiWi)* Devisenbeschränkungen *fpl*

currency revaluation *(WiWi)* Währungsaufwertung *f*

currency risk *(Fin, WiWi)* Währungsrisiko *n*

currency speculation *(WiWi)* Devisenspekulation *f*

currency unit *(WiWi)* Währungseinheit *f*

current *adj (Gen)* aktuell • **in current dollar terms** in jeweiligen Dollar gerechnet

current account *(BE)* 1. *(Bank)* Kreditkonto *n*, Girokonto *n*, Kontokorrentkonto *n*, laufendes Konto *n*, Scheckkonto *n*; 2. *(WiWi)* Leistungsbilanz *f (balance of payments)*

current account balance *(BE)* *(Bank, Gen)* aktueller Kontostand *m*

current account disequilibrium *(WiWi)* Leistungsbilanzungleichgewicht *n* *(BOP)*

current account imbalance *(WiWi)* Leistungsbilanzungleichgewicht *n* *(BOP)*

current account of the balance of payments *(WiWi)* Bilanz *f* in laufender Rechnung *(BOP)*

current and financial transactions *(WiWi)* Leistungs- und Kapitalverkehr *m* *(BOP)*

current assets turnover *(RW, Fin)* Umschlagsgeschwindigkeit *f* des Umlaufvermögens *(financial analysis*

ratio)
current cost *(RW)* laufende Kosten *pl*
current demand *(V&M)* laufende Nachfrage *f*
current expenditure *(Fin)* Betriebskosten *pl*, laufende Ausgaben *fpl*, laufende Unkosten *pl*
current financial assets *(Fin, RW)* kurzfristige finanzielle Vermögenswerte *mpl*, monetäres Umlaufvermögen *n* *(current assets minus inventories = Umlaufvermögen minus Vorräte = cash + bank deposits + current securities + current receivables = Kasse + Bankguthaben + Wertpapiere des UV + kurzfristige Forderungen = Zähler der Liquidität 2. Grades = numerator of acid test ratio; opposite: fixed-asset investments, non-current investments, long-term investments = Wertpapiere des Anlagevermögens)*
current financial year *(Fin)* laufendes Geschäftsjahr *n*
current income *(WiWi)* momentanes Einkommen *n*, gegenwärtiges Einkommen *n*, laufendes Einkommen *n* *(Gegensatz: Lebenseinkommen = lifetime income)*
current law *(Recht)* geltendes Recht *n*
current liability *(Bank)* kurzfristige Verbindlichkeit *f*
current market price *(Bank, RW)* Tageskurs *m (am Bilanzstichtag)*
current market value *(V&M)* aktueller Marktwert *m*
current price 1. *(WiWi)* Marktpreis *m*; 2. *(Börse)* Tageskurs *m*
current rate *(Gen)* aktueller Satz *m*, derzeitiger Satz *m*
current ratio *(Fin, RW)* Liquidität *f* dritten Grades *(ratio of current assets to current liabilities; Liquiditätskennzahl: Quotient aus kurzfristigem Umlaufvermögen und kurzfristigen Verbindlichkeiten)*
current revenues *(Fin)* laufende Einkünfte *pl*
current spending *(WiWi)* laufende Ausgaben *fpl*
current transfers *(WiWi)* laufende Übertragungen *fpl (BOP)*
current value *(RW)* Marktwert *m* *(synonymous: market value)*; Zeitwert *m*, Tageswert *m*
current year *(Gen)* laufendes Jahr *n*
curriculum vitae *(BE) (Admin, Pers)* Lebenslauf *m*
curtailment *(Gen)* Beschränkung *f*, Verkürzung *f*
cushioning *(Pol, WiWi)* Abfederung *f*
custodial account *(Bank)* Depotkonto *n*, Treuhandkonto *n*
custodian *(Recht)* Verwahrer(in) *m(f)*
custody 1. *(Bank)* Verwahrung *f*; 2. *(Recht)* Haft *f*, Untersuchungshaft *f*; 3. *(Börse)* Aufbewahrung *f*
custom and trade practices *(Pers)* Handelsgepflogenheiten *fpl*, Handelspraktiken *fpl*
custom-made *adj (V&M)* kundenspezifisch
customary terms *(Gen, Recht, V&M)* übliche Bedingungen *fpl*
customer 1. *(Gen)* Auftraggeber(in) *m(f)*; 2. *(V&M)* Kunde *m*, Kundin *f*
customer accounting *(RW)* Kundenabrechnung *f*
customer awareness *(V&M)* Bekanntheitsgrad *m*
customer care *(V&M)* Kundenbetreuung *f*
customer needs *(V&M)* Kundenbedürfnisse *npl*
customer order *(V&M)* Kundenauftrag *m* *(synonymous: customer's order)*
customer orientation *(V&M)* Kundenorientierung *f*
customer prepayment *(Fin, RW)* Kundenanzahlung *f*
customer price level *(V&M)* Verbraucherpreisniveau *n*
customer records *(V&M)* Kundenkartei *f*
customer relations management *(V&M)* Kundenbetreuung *f*, Kundenbindung *f*
customer relationship management *(Mgt, V&M)* Kundenbindungsmanagement *n*, Management *n* der Kundenbeziehungen, Kundenbetreuung *f*, aktive Kundenbetreuung *f*, Kundenbindung *f*
customer research *(V&M)* Kundenforschung *f*
customer service *(V&M)* Kundenabteilung *f*, Kundenservice *m*, Kundendienst *m*
customer service department *(V&M)* Kundendienstabteilung *f*
customer value management *(CVM)* *(Mgt, V&M)* systematische Ausschöpfung *f* der Kundenbeziehung

(synonymous: customer lifetime value management; customer lifetime value = CLV = Kundenertragswert = der Wert, den ein Kunde während der Dauer seiner Kundenbeziehung zum Unternehmen realisiert = erforderlich zur Bestimmung der Rentabilität eines Kunden)
customized *adj* 1. *(Ind)* maßgeschneidert *(application)*; 2. *(Gen, V&M)* kundenspezifisch *(solution)*
customs 1. *(Gen)* Zoll *m*; 2. *(Imp/Exp)* Tarif *m*; 3. *(Steuer)* Einfuhrzölle *mpl*, *(agency)* Zollbehörde *f* • **no customs value** *(Imp/Exp)* ohne Zollwert
customs agency *(Imp/Exp)* Zollagentur *f*
customs and excise duties *(Imp/Exp, Steuer, WiWi)* Zölle und Abgaben *fpl*
customs barrier *(Gen)* Zollschranke *f*
customs border *(Imp/Exp)* Zollgrenze *f*
customs check *(Imp/Exp)* Zollkontrolle *f*
customs clearance *(Imp/Exp)* Klarierung *f*, Verzollung *f*, Zolldurchlauf *m*, Zollabfertigung *f*
customs control *(Imp/Exp)* Zollkontrolle *f*, zollamtliche Überwachung *f*
customs declaration 1. *(Fin)* Zollbürgschaft *f*; 2. *(Imp/Exp)* Zolldeklarierung *f*, Zollerklärung *f*, Zollinhaltserklärung *f*, Zollabfertigung *f*
customs duty *(Imp/Exp)* Zoll *m*, Zollabgabe *f*, Zollgebühr *f*
customs duty ad valorem *(Imp/Exp, Steuer)* Wertzoll *m*
customs entry 1. *(Bank)* Zolldeklaration *f*, Zollerklärung *f*; 2. *(Imp/Exp)* Zollangaben *fpl*, Zolldeklaration *f*, Zollerklärung *f*
Customs & Excise *(Imp/Exp)* britische Zoll- und Steuerbehörde
customs invoice *(Imp/Exp)* Zollfaktura *f*, Zollrechnung *f*
customs regulations *(Imp/Exp)* Zollbestimmungen *fpl*, Zollordnung *f*, Zollvorschriften *fpl*
customs tariff *(Imp/Exp)* Zolltarif *m*
customs union *(WiWi)* Zollunion *f*
customs value *(Imp/Exp)* Zollwert *m*
customs warehouse *(Imp/Exp, Gen)* Zolllager *n*
cut *v* **back** 1. *(Fin)* einschränken; 2. *(Gen)* beschneiden
cut *v* **down** *(Mgt, Pers)* abbauen
cut *v* **employment** *(Mgt)* Beschäftigung abbauen [verringern]
cut *v* **jobs** *(Pers)* Stellen abbauen
cut *v* **spending** *(WiWi)* Ausgaben kürzen
cut *v* **the number of jobs** *(Pers)* Arbeitsplätze abbauen
cut 1. *(WiWi)* Senkung *f (in rates)*; 2. *(Fin)* Herabsetzung *f*, Kürzung *f*, Verringerung *f*
cut in wages *(Pers)* Lohnkürzung *f*, Lohnsenkung *f*
cut-off rate 1. *(Fin)* endogener Kalkulationszinsfuß *m*; 2. *(Gen)* kritischer Satz *m*, Höchstsatz *m* einer Änderung
cutback of staff *(Pers)* Arbeitskräfteabbau *m*, Personalabbau *m*
cutoff time *(Börse)* Verfallzeit *f*
cutthroat competition *(WiWi)* ruinöse Konkurrenz *f*, Vernichtungswettbewerb *m*, Verdrängungswettbewerb *m*
cutting edge *adj (Gen)* auf dem neuesten Stand; führend, richtunggebend, richtungweisend, bahnbrechend, innovativ; *(ugs.)* letzter Schrei *m*, topaktuell, Spitzen *(synonymous: innovative, pioneering, ground--breaking, trend-setting)* • **be at the cutting edge** *(Gen, V&M)* an der Spitze der Entwicklung stehen, *(ugs.)* ganz vorne dabei sein, *(ugs.)* ganz vorne dran sein, *(ugs.)* ganz vorne mitmischen; die Vorreiterrolle haben, die Vorreiterrolle innehaben, Spitzentechnologie bieten
CV *s.* curriculum vitae
cyber *(Comp, Komm)* cyber, im virtuellen Raum
cyber bullying *(Recht, Komm)* Netz--Mobbing *n (synonymous: network bullying)*
cybercrime *(Comp, Komm, Recht)* Cyber-Crime *n*, Internet-Kriminalität *f*
cyberlaw *(Comp, Komm, Recht)* Online--Recht *n*, Cyber-Recht *n*
cybermall *(Comp, Komm, V&M)* virtueller Marktplatz *m*
cybernetic *adj (Comp)* kybernetisch
cybernetics *(Comp)* Kybernetik *f*
cyberpark *(Comp, Ind)* Cyberpark *m*, Gewerbepark *m* für Hochtechnologieunternehmen
cyberspace *(Comp, Komm, Media)* Cyberspace *m*; der virtuelle Raum *m* *(virtual space)*
cybersquatting *(Comp, Komm, Recht)* Cybersquatting *n*, Domain-Grabbing *n*

(bad faith registration of trademarked names = geschützte Markennamen)
cycle 1. *(WiWi)* Kreislauf *m*, Wirtschaftskreislauf *m*; Konjunkturschwankung *f*, Zyklus *m* *(recurring period)*; 2. *(Ind)* Takt *m*; 3. *(Logis, Versich)* Fahrrad *n* *(bicycle)*
cyclical *adj (Börse, WiWi)* konjunkturabhängig, konjunkturempfindlich, konjunkturell, zyklisch
cyclical decline *(WiWi)* konjunktureller Rückgang *m*, konjunktureller Verfall *m*
cyclical demand *(WiWi)* zyklische Nachfrage *f*
cyclical development *(WiWi)* Konjunkturentwicklung *f*, Konjunkturverlauf *m*, Wirtschaftsentwicklung *f*
cyclical fluctuation *(Börse)* konjunkturelle Schwankung *f*
cyclical movement *(WiWi)* Konjunkturschwankung *f*
cyclical shares *(Börse)* zyklische Werte *mpl*, konjunkturempfindliche Aktien *fpl*
cyclical trend *(WiWi)* Konjunkturentwicklung *f*, Konjunkturverlauf *m*, Wirtschaftsentwicklung *f*
cyclical turnaround *(WiWi)* Konjunkturwende *f*, konjunkturelle Wende *f*, Konjunkturumschwung *m*
cyclical unemployment *(WiWi)* konjunkturelle Arbeitslosigkeit *f*
cyclical upturn [upswing] *(WiWi)* Konjunkturaufschwung *m*, konjunktureller Aufschwung *m*, Wirtschaftsaufschwung *m*
cyclical variations *(WiWi)* Konjunkturschwankungen *fpl*, zyklische Schwankungen *fpl*
cyclically sensitive *adj (WiWi)* konjunkturelastisch, konjunkturempfindlich, konjunkturreagibel

D

D/B *s.* documentary bill
daily allowance *(Gen)* Tagegeld *n*, Tagesentschädigung *f*
daily closing balance *(RW)* Kontostand *m*, täglicher Abschlusssaldo *m*
daily deposit *(Bank)* täglich verfügbare Einlage *f*
daily intake 1. *(Gen)* Tagesaufnahme *f*, Tagesmenge *f*; Tageszugang *m*, täglicher Eingang *m*; 2. *(V&M)* Tageseinnahme *f*
daily interest *(Bank)* Tageszins *m*
daily money *(Bank, Fin)* Tagesgeld *n*, tägliches Geld *n*
daily money rate *(Bank)* Tagesgeldsatz *m*
daily position statement *(RW)* Tagesauszug *m*
daily quotation *(Börse)* Tageskurs *m*
daily statement *(Bank)* Tagesauszug *m*
daily volume *(Börse)* Tagesumsatz *m*
damage 1. *(Recht, Versich)* Schädigung *f*, Schaden *m*; 2. *(Pat)* Schaden *m*, Verlust *m*
damage caused by default *(Recht)* Verzugsschaden *m* *(contracts)*
damage claim *(Recht)* Schaden(s)ersatzanspruch *m* *(contracts)*
damage done *(Logis, Versich)* entstandener Schaden *m*
damage in transit *(Logis)* Transportschaden *m*
damage limitation *(Gen)* Schadensbegrenzung *f*
damage to health *(Versich)* Gesundheitsschädigung *f*, Gesundheitsschaden *m*
damage to property *(Fin)* Vermögensschaden *m*
damage to rented property *(Versich)* Mietsachschaden *m*
damages 1. *(Recht)* Schaden(s)ersatz *m*; 2. *(Pat)* Abfindung *f*, Entschädigung *f*
danger money *(Pers)* Gefahrenzulage *f*
danger pay *(Pers)* Gefahrenzulage *f*
dangerous cargo *(Logis)* Gefahrgut *n*
dangerous goods *(Recht, Logis)* Gefahrgut *n*, gefährliche Güter *npl*
dangerous waste *(Ind)* gefährliche Abfälle *mpl*
data *(Admin, Comp, WiWi)* Daten *pl*, Angaben *fpl*; Einzelheiten *fpl*;

Zahlenmaterial *n*, Messwerte *mpl*
data access *(Comp)* Datenzugriff *m*
data acquisition *(WiWi)* Datenerfassung *f*, Datenerhebung *f*
data basis *(Gen, Stat)* Datengrundlage *f*, Datenbasis *f*
data broadcasting *(Komm)* Datenfunk *m*, Datenrundfunk *m*
data capture *(Comp)* Datenerfassung *f*
data card *(Gen)* Datenkarte *f*, Karteikarte *f*
data carrier *(Comp)* Datenträger *m*
data center *(AE)* *s.* data centre
data centre *(BE)* 1. *(Comp)* zentrale Datenbank *f*, Datenzentrum *n*, Data Center *n*; 2. *(Komm, Media)* Informations-Zentrum *n*
data collection 1. *(Comp)* Datenerfassung *f*; 2. *(WiWi)* Datenerhebung *f*
data communications *(Komm)* Datenübermittlung *f*, Datenkommunikation *f*
data control *(Comp, Komm)* Datensteuerung *f*
data encryption *(Comp, Komm, Recht)* Datenverschlüsselung *f*
data exchange *(Comp, Komm)* Datenaustausch *m*
data file *(Comp)* Datendatei *f*
data flow *(Comp)* Datenfluss *m*
data garbage *(AE, jarg.)* *(Comp)* Datenmüll *m*, Datenschrott *m*
data input *(Comp)* Dateneingabe *f*
data integrity *(Comp)* Datenintegrität *f*
data item *(Comp)* Datenelement *n*
data management *(Comp)* Datenverwaltung *f*
data network *(Comp)* Datennetz *n*
data output *(Comp)* Datenausgabe *f*
data post *(BE)* *(Komm)* Datenpost *f*
data preparation *(Gen)* Datenaufbereitung *f*
data privacy *(BE)* *(Comp)* Datenschutz *m*
data processing *(Admin, Comp)* Datenverarbeitung *f*, DV
data protection *(Comp)* Datenschutz *m*
data protection officer *(Comp, Pers)* Datenschutzbeauftragte(r) *f(m)*
data query *(Comp)* Datenabfrage *f*
data record *(Comp)* Datensatz *m*
data recording *(Gen, Stat)* Datenaufzeichnung *f*, Datenerfassung *f*, Datenerhebung *f*
data retention *(Comp, Komm, Recht)* Data-Retention *f*, Datenaufbewahrung *f*, Vorratsdatenspeicherung *f (EU)*
data security *(AE)* *(Comp)* Datensicherheit *f*
data series *(Stat)* Datenreihe *f*, Zahlenreihe *f*
data set *(Comp)* Datensatz *m*
data sheet *(V&M)* statistische Tabelle *f*
data source *(Stat)* Datenquelle *f*
data structure *(Comp)* Datenstruktur *f*
data subject's consent *(Comp, Recht)* Einwilligung *f* der betroffenen Person
data theft *(Comp, Recht)* Informationsdiebstahl *m*, Datendiebstahl, *(ugs.)* Datenklau *m*
data transmission *(Comp, Komm)* Datenübertragung *f*, Datenübermittlung *f*
database 1. *(Gen)* Datenbank *f*; 2. *(Stat)* Datenbestand *m*, Datenbasis *f* • **making databases available** *(Gen)* Datenbanken bereitstellen
database management system *(Comp)* Datenbankverwaltungssystem *n*, DMS *n*
database query *(Comp)* Datenbankabfrage *f*
databasis *(Stat)* Datenbestand *m*, Datenbasis *f*
date *(Gen)* Datum *n* • **at a later date** *(Gen)* zu einem späteren Termin • **out of date** *(Gen)* überholt; *(ugs.)* passé • **to date** *(Gen)* bis dato, bisher, bislang
date as postmarked *(Komm)* Datum *n* des Poststempels
date marking *(V&M)* Datumsangabe *f*
date of delivery *(Fin)* Liefertermin *m*
date of dispatch *(Logis)* Versandtermin *m*, Versanddatum *n*
date of entry *(RW)* Buchungsdatum *n*
date of expiration *(AE)*, **date of expiry** *(BE)* 1. *(Bank, Fin)* Verfallstag *m* *(options)*; 2. *(Gen)* Verfalltag *m (bill of exchange, Wechsel)*; Fälligkeitstermin *m*, Verfalldatum *n*
date of filing *(Pat)* Antragsdatum *n*
date of invoice 1. *(RW)* Rechnungsdatum *n*; 2. *(Gen)* Fakturendatum *n*, Rechnungsdatum *n*
date of issue *(Gen)* Ausstellungsdatum *n*, Ausstellungstag *m*
date of maturity 1. *(Bank)* Fälligkeitstermin *m*, Ablauftermin *m*; 2. *(Gen)* Fälligkeitsdatum *n*; 3. *(Börse)* Verfallstag *m*

date of receipt *(Gen)* Empfangsdatum *n*, Eingangsdatum *n*
date of redemption *(Fin)* Rückzahlungstermin *m (synonymous: date of repayment)*
date of required payment *(V&M)* Zahlungsziel *n (synonymous: due date, credit period, period of payment, term of payment, time allowed for payment)*
date of revision *(Recht)* Datum *n* der Änderung
dated *adj (Gen)* überholt, datiert • **be dated** *(Gen)* datiert sein
day *(Gen)* Tag *m* • **every first day of the month** *(Gen)* an jedem Ersten, jeden Ersten • **on a day-by-day basis** *(Gen)* auf täglicher Basis
day loan *(Bank)* Tagesgeld *n*, täglich fälliges Geld *n*
day of maturity *(Fin, RW)* Fälligkeitstag *m*; Fälligkeitstermin *m*, Verfalltag *m*
day of posting *(Gen)* Aufgabetag *m*
day off *(Pers)* arbeitsfreier Tag *m*, dienstfreier Tag *m*
day shift *(Pers)* Morgenschicht *f*, Tagesschicht *f*
day-to-day business *(Gen, Mgt)* Tagesgeschäft *n*, normaler Geschäftsbetrieb *m*
day-to-day money *(Bank)* tägliches Geld *n*
day-to-day money-market rate *(WiWi)* Tagesgeldsatz *m (ECB)*
daylight harvesting *(Umwelt)* Tageslichternte *f*
days after acceptance *(Gen)* Tage *mpl* nach Akzept
days after date *(Gen)* Verzugstage *mpl*
days to maturity *(Börse)* Zeitraum *m* bis zur Fälligkeit
daywork *(Pers)* Zeitlohnarbeit *f*, Schichtarbeit *f*
DC *(Abk. für documents against cash) (Bank, Fin, Imp/Exp)* Dokumente *npl* gegen Barzahlung
DCF *s.* discounted cash flow method
DCF methods *(Abk. für discounted cash flow methods) (Fin, WiWi)* dynamische Methoden *fpl*, dynamische Verfahren *npl*, finanzmathematische Verfahren *npl*, finanzmathematische Methoden *fpl* der Investitionsrechnung, DCF-Methoden *f (synonymous: time-weighted methods, time-adjusted methods; z. B. Kapitalwertmethode, interner Zinsfuß-Methode; Gegensatz: statische Verfahren)*
DCF rate of return *(Fin, WiWi)* interner Zinsfuß *m (synonymous: internal rate of return, time-adjusted rate of return, time-weighted rate of return; dynamische Investitionsrechnung: der Zins, der den Kapitalwert einer Investition zu null werden lässt)*
dead account *(Bank)* umsatzloses Konto *n*
dead load *(Gen)* Auftragsüberhang *m*
dead loss *(Gen)* Totalverlust *m*
dead season *(Media, V&M) (ugs.)* Saure-Gurken-Zeit *f*
dead stock 1. *(Admin)* totes Inventar *n*; 2. *(V&M)* unverkäufliche Ware *f*
dead time 1. *(Comp, Gen)* Stillstandszeit *f*; 2. *(Ind, Pers)* Brachzeit *f*
deadline *(Gen)* letzter Termin *m*, Termin *m*, Stichtag *m*, Anmeldeschluss *m*
deadlock *(Gen)* Sackgasse *f*
deadweight 1. *(Gen)* Leergewicht *n*; 2. *(Logis)* Deadweight *n*, Ladefähigkeit *f*, Zuladungsgewicht *n (of ship)*; 3. *(Pers)* Mitnahmeeffekt *m (synonymous: deadweight effect; bei staatlichen Maßnahmen, z. B. Abwrackprämie)*
deadweight effect *(Pers, Pol)* Mitnahmeeffekt *m*
deadweight loss *(WiWi)* Nettowohlfahrtsverlust *m*
deal *(Gen)* Geschäft *n*, Geschäftsabschluss *m*, Abschluss *m*, Handel *m* • **do a deal with sb** *(Gen)* ein Geschäft mit jdm. abschließen
dealer *(Börse, V&M)* Händler(in) *m(f)*
dealer network *(Börse)* Händlerorganisation *f*, Händlernetz *n*
dealing restrictions *(WiWi)* Geschäftsbeschränkungen *fpl*
dealings 1. *(Mgt)* Geschäfte *npl*, Geschäftsbeziehungen *fpl*; 2. *(Börse)* Abschlüsse *mpl*, Umsatz *m*
dealings for the account *(Fin)* Termingeschäfte *n*
dealings in futures *(Fin)* Futuregeschäfte *npl*
death *(Versich)* Todesfall *m*
death certificate *(Gen)* Sterbeurkunde *f*
death duty *(BE) (Steuer)* Erbschaftssteuern *fpl*, Erbschaftssteuer *f*
debasement *(WiWi)* Entwertung *f*, Verschlechterung *f*

debenture 1. *(Fin)* Schuldverschreibung *f*; 2. *(Börse)* Obligation *f*, Schuldverschreibung *f*
debit *v* 1. *(Bank, RW)* belasten, abbuchen *(account)*; 2. *(Gen)* abbuchen, ausbuchen
debit *(Fin, RW)* Belastung *f*, Lastschrift *f*, Schuldposten *m*; Ausbuchung *f*, Anrechnung *f (subtraction)*; Soll *n*, Sollseite *f* • **to the debit of** *(Gen)* zu Lasten von
debit balance *(Fin) (obs.)* Debetsaldo *m*, Passivsaldo *m*, Sollsaldo *m*, Verlustabschluss *m*
debit card 1. *(Bank)* Debit-Karte *f*, Geldkarte *f*, Zahlungskarte *f*; 2. *(V&M)* Kundenkarte *f*
debit-card business *(Bank)* Geldkartengeschäft *n*
debit entry *(Bank, RW)* Lastschrift *f*
debit interest *(Fin)* Schuldzinsen *mpl*, Sollzinsen *mpl*
debit note *(Gen)* Belastungsanzeige *f*, Lastschriftanzeige *f*
debit ratio *(Fin)* Verschuldungsgrad *m (Quotient aus Fremdkapital und Eigenkapital)*
debit side *(RW)* Sollseite *f*; *(obs.)* Debetseite *f (opposite: credit side = Sollseite)*
debited to *adj (Bank, RW)* belastet, zu Lasten von
debriefing *(Mgt)* Abschlussbesprechung *f*, Nachbesprechung *f*
debt *(Fin, Gen)* Verbindlichkeiten *fpl*; Schuld *f*, Schulden *fpl*; Forderung *f* • **debt due by** *(RW)* (die Schuld ist) fällig am , Fälligkeit der Schuld • **debt due from** *(RW)* fällige Forderung von • **debt due to** *(RW)* Schuld fällig an • **debt owed by** *(RW)* Forderung an
debt burden *(WiWi)* Schuldenlast *f*
debt collection agency *(Fin)* Inkassobüro *n*
debt collection order *(Fin)* Inkassoauftrag *m*
debt convergence *(Bank, Pol)* Konvergenz *f* der Schuldenstände
debt discount *(Bank)* Damnum *n*, Abgeld *n*, Disagio *n*
debt equity conversion *(Fin)* Umwandlung von Schulden in Beteiligungen *(synonymous: debt-for--equity swap; Sanierung; Ersatz von Schulden durch Beteiligungen)*
debt equity ratio *(Fin, RW)* Verschuldungsgrad *m (Definition: Fremdkapital : Eigenkapital = der Kehrwert des Verschuldungskoeffizienten)*
debt financing *(Fin, RW)* Fremdfinanzierung *f*
debt forgiveness *(Fin, Pol, WiWi)* Schuldenerlass *m*
debt-free *adj (Fin, Gen, RW)* schuldenfrei
debt instrument *(Fin)* Schuldurkunde *f*, Finanzinstrument *n*, Schuldtitel *m*; Schuldinstrument *n (IFRS; opposite: equity instrument = Eigenkapitalinstrument; die Bilanzierung eines Finanzinstruments beim Inhaber ist nach IAS 39 davon abhängig, ob es sich um ein Eigenkapital- oder ein Schuldinstrument handelt)*
debt interest *(Fin)* Schuldzinsen *mpl*
debt management *(WiWi)* Schuldenmanagement *n*; Schuldenstrukturpolitik *f*
debt ratio *(Fin, Pol)* Schuldenquote *f (Definition: Verhältnis zwischen dem öffentlichen Schuldenstand und dem nominalen BIP; Maastricht-Kriterium; anders: deficit ratio = deficit-to-GDP--ratio = Defizitquote)*
debt redemption *(Fin)* Schuldentilgung *f*
debt reduction *(Fin)* Schuldenreduzierung *f*
debt refinancing *(Fin)* Umschuldung *f*
debt refunding *(Fin)* Umschuldung *f*
debt relief *(WiWi)* Schuldenerlass *m*
debt remission *(Fin, Pol, WiWi)* Schuldenstreichung *f*, Schuldenerlass *m*
debt rescheduling *(Fin)* Umschuldung *f*
debt-rescheduling procedure *(Fin, Pol)* Umschuldungsverfahren *n*
debt restructuring *(Fin)* Umschuldung *f*
debt retirement 1. *(RW)* Schuldentilgung *f*; 2. *(Fin)* Tilgung *f*
debt security *(Fin, WiWi)* Schuldverschreibung *f*
debt service *(RW)* Annuität *f*, Schuldendienst *m*
debt servicing charges *(RW)* Schuldendienst *m (Zinsen und Tilgung = interest and principal repayment)*
debt settlement *(Bank, Fin)* Schuldenregulierung *f*
debt swap *(Fin)* Schuldenswap *m*,

Umschuldung *f*, Schuldentausch *m*
debtor 1. *(RW)* Sollseite *f (debit side)*; Schuldner(in) *m(f) (person)*; 2. *(Gen)* Schuldner(in) *m(f)*; 3. *(Recht)* Verpflichtete(r) *f(m)* • **give the debtor a notice of default** *(Recht)* den Schuldner in Verzug setzen
debtor bank *(Bank, WiWi)* Pensionsgeber *m*
debtor nation *(Fin, Imp/Exp, Pol)* Schuldnerland *n (synonymous: debtor country)*
debtor's default *(Fin)* Schuldnerverzug *m*
debtor's delay *(Recht)* Schuldnerverzug *m*
debts evidenced by certificates *pl (Bank)* verbriefte Verbindlichkeiten *fpl (securitized liabilities)*
decelerate *v (WiWi)* verlangsamen
deceleration *(WiWi)* Verlangsamung *f*
decentralization *(Mgt, Pol)* Dezentralisierung *f*
decentralized management *(Mgt)* dezentrale Leitung *f*, dezentralisiertes Management *n*
decentralized planning *(Mgt, WiWi)* dezentrale Planung *f*
deceptive advertising *(Gen, V&M)* irreführende Werbung *f*
deceptive packaging *(V&M)* Mogelpackung *f*
decide *v (Gen)* entscheiden
decide *v* **on** *(Gen)* beschließen
decimal fraction *(Stat)* Dezimalbruch *m (opposite: common fraction, simple fraction, vulgar fraction = gewöhnlicher Bruch, einfacher Bruch)*
decimal point *(Comp, Stat)* Dezimalpunkt *m*, Dezimalzeichen *n*; *(in Germany:)* Komma *n*
decimal to binary conversion *(Stat)* dezimal-binäre Umwandlung *f*
decision 1. *(Gen)* Entscheidung *f*; 2. *(Mgt)* Beschluss *m*
decision maker 1. *(Mgt)* Entscheider *m*, Entscheidungsträger *m (synonymous: decider)*; 2. *(Recht) (Deu)* Entscheidungsverantwortlicher *m (UMAG, Gesetz zur Unternehmensintegrität und Modernisierung des Anfechtungsrechts vom 22.9.2005)*
decision making *(Mgt)* Entscheiden *n*, Entscheidungsfindung *f*
decision-making body *(Bank, Mgt, Pol, Recht)* Beschlussorgan *n (ECB)*; Entscheidungsgremium *n (nach UMAG: Vorstand und Aufsichtsrat)*; Verwaltungsorgan *n*
decision-making process *(Mgt)* Entscheidungsprozess *m*
decision model *(Mgt)* Entscheidungsmodell *n*
decision process *(Mgt)* Entscheidungsprozess *m*
decision support system *(Mgt)* Entscheidungsunterstützungssystem *n*
decision tree *(Mgt)* Entscheidungsbaum *m*
decision unit *(Mgt)* Entscheidungseinheit *f*, Entscheidungsgremium *n*, Entscheidungsträger *m*
decision usefulness 1. *(RW)* Entscheidungserheblichkeit *f*, Entscheidungsrelevanz *f*, Entscheidungsnützlichkeit *f*, Zweckmäßigkeit *f* einer Entscheidung *(IFRS/IAS, US-GAAP)*; 2. *(Gen)* entscheidungsrelevanter Charakter *m*
decisive *adj (Gen)* entschlussfreudig; entscheidend
decisive factor *(Gen)* Ausschlag *m*
decisive vote *(Pers)* ausschlaggebende Stimme *f*
declaration 1. *(Gen)* Aussage *f*, Erklärung *f*; 2. *(Börse)* Festsetzung *f*
declaration form *(Recht)* Meldeformular *n*
declaration of accession *(Pol)* Beitrittserklärung *f*
declaration of assignment *(Recht)* Abtretungserklärung *f*
declaration of intent *(Recht)* Absichtserklärung *f*, Willenserklärung *f*
declaration of invalidity *(Recht)* Ungültigkeitserklärung *f*
declaration of origin *(Imp/Exp)* Ursprungserklärung *f*
declaration of value *(Imp/Exp)* Wertangabe *f*
declaration of values *(Gen, Imp/Exp)* Wertangabe *f*
declare *v* 1. *(Comp)* deklarieren; 2. *(Fin, RW)* beschließen, erklären; bekanntgeben, ankündigen *(dividends)*; 3. *(Imp/Exp, Steuer)* deklarieren, erklären
declare *v* **null and void** *(Recht)* für ungültig erklären, annullieren
declare *v* **on oath** *(Recht)* an Eides statt

erklären
declared dividend 1. *(RW)* ausgewiesene Dividende *f*, beschlossene Dividende *f*; 2. *(Fin)* angekündigte Dividende *f*
declared insolvent *adj (Gen)* für insolvent erklärt
declared value for customs *(Imp/Exp)* erklärter Zollwert *m*
decline *v* 1. *(WiWi)* abnehmen, sinken, zurückgehen; 2. *(Gen, Recht)* ablehnen
decline 1. *(WiWi)* Rückgang *m*, Niedergang *m*, Abnahme *f* *(employment)*; 2. *(Börse)* Kursabschwächung *f*, Kursrückgang *m*
decline in employment *(Pers, WiWi)* Beschäftigungsrückgang *m*, Rückgang *m* der Beschäftigung, Beschäftigungsabnahme *f*
decline in price *(WiWi)* Preisrückgang *m*
decline in purchasing power *(V&M, WiWi)* Kaufkraftverlust *m*, Kaufkrafteinbuße *f*
decline in unemployment *(Soz, WiWi)* Rückgang *m* der Arbeitslosigkeit, Abnahme *f* der Arbeitslosigkeit
decline stage *(V&M)* Degenerationsphase *f (product cycle)*
declining *adj (Gen)* rückgängig, rückläufig
declining balance depreciation *(Fin, RW)* degressive Abschreibung *f*
declining balance method *(Fin, RW)* geometrisch-degressive Abschreibung *f*, geometrisch-degressive Abschreibungsmethode *f (US-GAAP; cf IAS: diminishing balance method)*
declining economic activity *(WiWi)* rückläufige Konjunktur *f*
declining interest rates *(WiWi)* sinkende Zinsen *mpl*
declining labour force *(Pers, WiWi)* zurückgehende Erwerbsbevölkerung *f*, rückläufige Erwerbsbevölkerung *f*, schrumpfende Erwerbsbevölkerung *f*, abnehmendes Arbeitskräftepotential *n*, schrumpfende Belegschaft *f*
declining population *(WiWi)* rückläufige Bevölkerungsentwicklung *f*, abnehmende Bevölkerung *f*, schrumpfende Bevölkerung *f*
declining production *(Ind)* Produktionsrückgang *m*
declining trend *(WiWi)* rückläufige Tendenz *f*
declining work force *(Pers, WiWi)* zurückgehende Erwerbsbevölkerung *f*, rückläufige Erwerbsbevölkerung *f*, schrumpfende Erwerbsbevölkerung *f*, abnehmendes Arbeitskräftepotential *n*, schrumpfende Belegschaft *f*
deconcentration *(Admin, Bank)* Dekartellisierung *f*, Entflechtung *f*
decrease *v (Gen)* sinken
decrease in unemployment *(Soz, WiWi)* Rückgang *m* der Arbeitslosigkeit, Abnahme *f* der Arbeitslosigkeit
decrease in value *(Fin, RW)* Wertvorschlag *m*
decreasing order *(Gen)* absteigende Folge *f*
decree in bankruptcy *(Recht, RW)* Insolvenzeröffnungsbeschluss *m*
decruitment *(Pers)* Abbau *m* von Personal, Verkleinerung *f* der Belegschaft, Verringerung *f* des Beschäftigtenstandes
dedication *(Gen, Media)* Widmung *f*, Zueignung *f*
dedication purpose *(Komm, Recht)* Widmungszweck *m*
deductibility *(Bank)* Anrechenbarkeit *f*
deductibility of employer contributions *(Steuer)* Abzugsfähigkeit *f* der Arbeitgeberbeiträge
deductible *adj (Fin, Steuer)* absetzbar, abzugsfähig
deductible cash in hand *(Bank)* anrechenbare Kassenbestände *mpl*
deductible clause *(Versich)* Selbstbehaltsklausel *f*
deductible input tax *(Steuer)* abziehbare Vorsteuer *f*, abziehbare Vorsteuerbeträge *mpl*
deduction 1. *(Gen)* Abzug *m*, Rabatt *m*, Anrechnung *f*; 2. *(Steuer)* abzugsfähiger Betrag *m*, Absetzung *f*, Abzug *m (from income)* • **deduction of input tax** *(Steuer)* Vorsteuerabzug *m*
deduction at source *(Steuer)* Quellenabzug *m*
deed *(Recht)* Übertragungsurkunde *f*, Urkunde *f*, förmlicher Vertrag *m*
deed of covenant *(BE) (Steuer)* Schenkungsurkunde *f*, Versprechensurkunde *f*
deed of partnership *(Recht)* Gesellschaftsvertrag *m*
deemed approval *(Recht)* stillschweigendes Einverständnis *n*
deemed employee *(Gen)*

Scheinselbstständige(r) *f(m)*
deepening of the European Union *(Pol)* Vertiefung *f* der Europäischen Union *(harmonization etc.)*
defalcation *(Recht)* Unterschlagung *f* von Geldern, Veruntreuung *f*
default *v* 1. *(Fin, Gen)* in Verzug geraten; 2. *(Recht)* nicht vor Gericht erscheinen
default 1. *(Fin, Gen)* Säumnis *f*, Ausfall *m*, Nichterbringung *f*; Verzug *m*, Zahlungsverzug *m*; Leistungsverzug *m*; 2. *(Recht)* Versäumnis *n*, Verzug *m*; Leistungsstörung *f*; 3. *(Comp)* Standard *m* • **in default** *(Fin, Gen)* säumig, in Verzug • **in the event of the borrower's default** *(Fin)* bei Verzug des Kreditnehmers; bei Eintritt des Garantiefalls
default event *(Bank, Fin)* Leistungsstörung *f*, Verzugsfall *f*, Kreditverzug *m*; Kreditausfall *m*; Eintritt *m* einer Leistungsstörung, Eintritt *m* des Verzugsfalls *(triggers contractual consequences; vertraglich definierte Bonitätsverschlechterung wie z. B. Zahlungsverzug, Eröffnung des Insolvenzverfahrens; Folge bei Eintritt: der zugrunde liegende Kredit oder das Kreditderivat wird sofort fällig gestellt, Ratings werden herabgestuft)*
default in acceptance *(Recht)* Annahmeverzug *m*
default in delivery *(Recht)* Lieferverzug *m*
default in payment *(Fin)* Zahlungsverzug *m*
default interest *(Bank)* Verzugszinsen *mpl*
default judgment *(Recht)* Säumnisurteil *n*
default of the debtor *(Recht)* Schuldnerverzug *m*
default rate *(Bank, Fin)* Ausfallrate *f*, Kreditausfallrate *f*
default risk *(Bank, Fin)* Kreditausfallrisiko *n*
default surcharge *(BE) (Steuer)* Zuschlag *m* für Zahlungsverzug
defaulted bond *(Börse)* notleidende Anleihe *f*
defaulter *(Bank, WiWi)* säumiger Schuldner *m*
defaulting *(Fin, Recht)* säumig, in Verzug
defaulting debtor *(Bank)* säumiger Schuldner *m*, in Verzug geratener Schuldner *m*
defeat *v (Recht)* vereiteln
defective *adj (Recht)* fehlerhaft, mangelhaft
defective performance *(Recht)* mangelhafte Erfüllung *f*, Schlechterfüllung *f*
defective product *(V&M)* mangelhafte Ware *f*
defective service *(Gen)* mangelhafte Leistung *f*
defectiveness *(Recht, V&M)* Mangelhaftigkeit *f*
defend *v (Gen)* verteidigen
defendant *(Recht)* Beklagte(r) *f(m)*
defense attorney *(AE) (Recht)* Verteidiger(in) *m(f)*
defense lawyer *(AE) (Recht)* Verteidiger(in) *m(f)*
defensive conditions *(Gen)* Abwehrkonditionen *fpl*
defensive investment *(Börse)* defensive Anlagestrategie *f*, defensive Strategie *f* *(Bevorzugung wertstabiler, konjunkturresistenter schwankungsarmer Werte; cf vice funds)*
defensive securities *(Börse)* defensive Papiere *npl*, risikoarme Wertpapiere *npl*
defer *v (Gen)* aufschieben *(decision)*; stunden *(debt)*
defer *v* **a debt** *(RW)* einen Kredit verlängern
defer *v* **payment** *(RW)* eine [die] Zahlung aufschieben
deferment *(Gen)* Aufschub *m*
deferral 1. *(RW)* transitorischer Rechnungsabgrenzungsposten *m*, transitorischer Abgrenzungsposten *m* *(deferred charges = transitorische Aktiva, deferred income = transitorische Passiva)*; Abgrenzung *f*, Periodenabgrenzung *f*; 2. *(Gen)* Aufschub *m*, Stundung *f*
deferral of payment *(Bank)* Stundung *f*
deferred *adj* 1. *(RW)* aktivisch abgegrenzt *(balance sheet)*; 2. *(Gen)* aufgeschoben
deferred balances *(RW)* Abgrenzungsposten *mpl*
deferred billing *(V&M)* Rechnungsaufschub *m*
deferred charges *(RW)* transitorische Aktiva *npl*, aktive Rechnungsabgrenzungsposten *mpl*; Kostenabgrenzungen *fpl*, abgegrenzte Kosten *pl*
deferred compensation *(Pers)*

nachträgliche Vergütung *f*
deferred credit *(RW)* transitorische Passiva *mpl*
deferred income *(RW)* transitorische Passiva *npl*, passive Rechnungsabgrenzung *f*, passive Rechnungsabgrenzungsposten *mpl*
deferred interest *(RW)* antizipative Zinsabgrenzung *f*
deferred item *(RW)* transitorischer Posten *m*
deferred payment *(Gen, Imp/Exp)* Zahlungsaufschub *m*
deferred revenue *(Fin)* zurückgestellte Erträge *mpl*, zurückgestelltes Einkommen *n*
deferred tax liabilities *(Fin, Steuer)* gestundete Steuerverbindlichkeiten *fpl*
deferred taxation *(Fin, Steuer)* aufgeschobene Besteuerung *f*
deferred taxes *(RW, Steuer)* latente Steuern *fpl (Abgrenzung der Differenz zwischen dem fiktiven handelsrechtlichen und dem tatsächlichen steuerrechtlichen Steueraufwand)*
deficiency 1. *(Gen)* Ausfall *m*, Defizit *n*, Fehlbestand *m*; 2. *(Steuer)* Fehlbetrag *m*, Minderbetrag *m*
deficit *(Fin, WiWi)* Defizit *n*, Fehlbetrag *m*
deficit financing *(Fin, WiWi)* Defizit Spending *n*, Defizitfinanzierung *f*
deficit in education *(Pers)* Bildungsdefizit *n*, Bildungsmangel *m*
deficit ratio *(WiWi)* Defizitquote *f (synonymous: deficit-to-GDP-ratio; Definition: Verhältnis zwischen dem öffentlichen Haushaltsdefizit und dem nominalen BIP; anders: debt ratio = Schuldenquote = Schuldenstandsquote; EU, Maastricht--Kriterium)*
deficit spending *(WiWi)* Defizitfinanzierung *f*, Defizit Spending *n*
defined benefit *(Mgt, RW)* Leistungszusage *f*, leistungsorientierte Zusage *f (company pension scheme = betriebliche Altersversorgung; opposite: defined contribution = Beitragszusage)*
defined contribution *(Mgt, RW)* Beitragszusage *f*, beitragsorientierte Zusage *f (company pension scheme = betriebliche Altersversorgung; opposite: defined benefit = Leistungszusage)*
definitional equation *(Stat)* Definitionsgleichung *f*
deflate *v (WiWi)* deflationieren
deflation *(WiWi)* Deflation *f*
deflationary *adj (WiWi)* deflationär
deflationary gap *(WiWi)* deflatorische Lücke *f*
deflator *(WiWi)* Deflator *m*
deflator of domestic demand *(WiWi)* Deflator *m* der Inlandsnachfrage, Preisindex *m* der Inlandsnachfrage
deforestation *(Umwelt)* Abholzung *f*, Entwaldung *f*
defrauder *(Recht, RW)* Steuerhinterzieher *m*, Betrüger(in) *m(f)*
defrauding *(BE) (Steuer)* Steuerhinterziehung *f*
defray *v* **the costs** *(Gen)* die Kosten tragen
defray *v* **the expenses** *(Gen)* die Kosten übernehmen, für die Spesen aufkommen
degree 1. *(Gen)* Grad *m (measure)*; 2. *(Pers, Soz)* Staatsprüfung *f*, Universitätsabschluss *m*, Hochschulabschluss *m*, Universitätsdiplom *n*
degree holder *(Bil)* Absolvent(in) *m(f) (in der Regel einer höheren Ausbildung)*
degree of exposure *(Börse)* Umfang *f* offener Positionen, Devisenengagement *n*, Kreditengagement *n*, Wertpapierengagement *n*, Risikograd *m*
degree of fluctuation *(Börse)* Schwankungsintensität *f*
degree of goal accomplishment *(Mgt, WiWi)* Zielerreichungsgrad *m*, Zielerfüllungsgrad *m*
degree of industrialization *(Ind, WiWi)* Industrialisierungsgrad *f*
degree of maturity *(WiWi)* Reifegrad *m (einer Volkswirtschaft)*
degree of moneyness *(Fin, RW)* Geldgrad *m (of assets, Geldnähe von Vermögenswerten und Finanzinstrumenten)*
degree of performance *(Mgt, WiWi)* Zielerreichungsgrad *m*, Zielerfüllungsgrad *m*
degree of risk *(Gen)* Gefahrenumfang *m*, Risikograd *m*
degree of utilization *(Ind, WiWi)*

Auslastungsgrad *m*
degressive tax *(Steuer)* degressive Steuer *f*
dehiring *(AE) (Pers)* Abbau *m* von Personal, Verkleinerung *f* der Belegschaft, Verringerung *f* des Beschäftigtenstandes
del credere *(Fin)* Delkredere *n*
delay *v (Gen)* aufschieben, verzögern
delay 1. *(Comp)* Verzögerung *f*; 2. *(Fin)* Säumnis *f*; 3. *(Gen)* Verspätung *f*, Verzögerung *f*, Verzug *m*, Aufschub *m*; 4. *(Recht)* Verzug *m*
delay in payment *(Fin)* Zahlungsverzug *m*
delay of the creditor *(Recht)* Gläubigerverzug *m*
delayer *v (Mgt, Pers)* flache Hierarchien bilden
delegate *v (Mgt)* übertragen, delegieren, erteilen
delegate 1. *(Pers)* Vertreter(in) *m(f)*; 2. *(Pol)* Abgeordnete(r) *f(m)*, Abg., Abgesandte(r) *f(m)*
delegation 1. *(Gen)* Delegation *f (of people)*; 2. *(Mgt)* Erteilung *f*, Übertragung *f (of powers, authority)*
delegation of authority *(Gen)* Vollmachtsübertragung *f*, Delegation *f* von Kompetenzen
delegation of responsibility *(Recht, V&M, Mgt)* Verantwortungsdelegation *f*
delegation of signing authority *(Gen)* Erteilung *f* von Zeichnungsvollmacht
delete *v* **a debt** *(Fin)* Schulden streichen
deletion of debts *(Gen)* Schuldenstreichung *f*
deleveraging *(Bank, Fin)* Schuldenabbau *m*, Schuldenrückführung *f*, Entschuldung *f*, Fremdkapitalabbau *m*, Rückführung *f* des Fremdkapitalanteils, Abbau *m* der Fremdverschuldung *(quantitative, strategische Sicht; Motivation: Verbesserung der Bonität, des Ratings, der Unabhängigkeit oder Aktienwerthaltigkeit, der Eigenkapitalquote = equity ratio, der Risikotragfähigkeit = risk-bearing capacity)*; Umschuldung *f (qualitativ; Umstrukturierung hochverzinslicher in niedrigverzinsliche oder kurzlaufender in mittel- oder langfristige Kredite bei konstantem Verschuldungsgrad = leverage ratio, auch Streckung der Tilgungsraten; bei drohender Zahlungsunfähigkeit und Aussicht auf Verbesserung der künftigen finanziellen Lage auch Schuldenreduktion durch Gläubigerverzicht; im Vordergrund: Verringerung der fixen Fremdkapitalkosten)*
deliberate *v (Recht)* beraten
deliberate act *(Recht)* bewusste Handlung *f*
delinquency 1. *(Fin)* Säumnis *f*; 2. *(Gen)* Nichtzahlung *f* bei Fälligkeit
delinquency ratio *(RW)* Ausfallquote *f*
delinquent *adj (Fin, Gen, Recht)* säumig
delist *v (Börse)* von der Börse nehmen, die Börsennotierung einstellen, nicht mehr an der Börse notieren; aus der Notierung streichen; sich von der Börse zurückziehen *(synonymous: go private; remove a security from the official register of a stock exchange)*
delisting rules *(Börse)* Delisting-Regeln *fpl*
deliver *v (Gen)* übergeben, liefern
deliverable *adj (Börse)* lieferbar
deliverable security *(Börse)* lieferbares Wertpapier *n*
delivered *adj (Gen)* geliefert, übergeben
delivered domicile *(Logis)* Lieferung *f* frei Haus
delivered duty paid *(Imp/Exp)* geliefert verzollt
delivered free *adv (Gen, Komm)* portofrei *(postage paid, Porto für eine Postsendung wird vom Absender bezahlt)*; franko, franco *(Transport- oder Portokosten werden vom Absender bezahlt; im kaufmännischen Gebrauch allmählich veraltend)*
delivered goods *(Gen, Recht, V&M)* ausgelieferte Ware *f*, abgegebene Ware *f*
delivering carrier *(Logis)* Auslieferungsspediteur *m*
delivery 1. *(Komm)* Zustellung *f (of post)*; 2. *(Gen)* Aushändigung *f*, Auslieferung *f*, Lieferung *f*, Übergabe *f*; 3. *(Recht)* Übermittlung *f*
delivery address *(V&M)* Lieferadresse *f*
delivery charge *(Logis)* Zustellgebühr *f*
delivery contract *(Gen, Recht, V&M)* Liefervertrag *m*
delivery costs *(RW)* Lieferkosten *pl*, Bezugskosten *pl*
delivery day 1. *(Gen)* Tag *m* der Zustellung; 2. *(Börse)* Liefertag *m*
delivery fee *(V&M)* Zustellgebühr *f*

delivery instruction *(Gen, Komm)* Aushändigungsvorschrift *f (e. g. to addressee only = eigenhändig, against receipt = gegen Empfangsbescheinigung)*
delivery month *(Börse)* Liefermonat *m*
delivery of goods *(Gen)* Warenlieferung *f*
delivery performance *(Imp/Exp, Logis)* Liefererfüllung *f*
delivery period 1. *(Gen)* Lieferfrist *f*; 2. *(Börse)* Lieferzeitraum *m*
delivery receipt *(Imp/Exp, Logis)* Lieferbestätigung *f*, Warenempfangsschein *m*
delivery service level *(Mgt, Logis)* Lieferservicegrad *m*
delivery terms *(Logis, Recht)* Lieferbedingungen *fpl*, Lieferungsbedingungen *fpl*
delivery terms of sale *(Imp/Exp)* Lieferbedingungen *fpl*
delivery time 1. *(Gen)* Lieferzeit *f*; 2. *(Börse)* Lieferfrist *f*; 3. *(Logis)* Lieferzeit *f*
delivery versus payment *(Börse)* Lieferung *f* gegen Zahlung
demand *v (Gen)* fordern
demand *v* **an explanation** *(Gen)* Rechenschaft fordern
demand 1. *(WiWi)* Bedarf *f*, Nachfrage *f*; 2. *(Gen)* Aufforderung *f*, Bedarf *m* • **in demand** *(Gen, Pers)* gefragt • **on demand** 1. *(Fin, RW)* bei Vorlage; bei Sicht, gegen Vorlage *(at sight)*; 2. *(Gen)* auf Verlangen
demand coverage *(V&M)* Bedarfsdeckung *f*
demand curve *(WiWi)* Nachfragekurve *f*
demand curve for labor *(AE)*, **demand curve for labour** *(BE) (Pers, WiWi)* Nachfragekurve *f* nach Arbeit(skräften), *(jarg.)* Arbeitsnachfrage *f*
demand deficient unemployment *(WiWi)* nachfragebedingte Arbeitslosigkeit *f*
demand deposit *(Bank)* Sichteinlage *f*
demand draft *(Fin)* Sichttratte *f*, Sichtwechsel *m*
demand-driven *adj (WiWi)* bedarfsorientiert; nachfragebedingt, nachfragegetrieben
demand for currency *(Bank)* Bargeldbedarf *m*
demand for goods *(WiWi)* Güternachfrage *f*
demand for manpower *(Pers)* Bedarf *m* an Arbeitskräften, Nachfrage *f* nach Arbeitskräften
demand for money *(WiWi)* Geldnachfrage *f*
demand function *(WiWi)* Nachfragefunktion *f*
demand-led growth *(Gen)* nachfragegesteuertes Wachstum *n*
demand management *(WiWi)* Nachfragesteuerung *f*
demand note *(Gen)* Zahlungsaufforderung *f*
demand-oriented *adj (V&M)* bedarfsgerecht, bedarfsorientiert
demand pattern *(WiWi)* Nachfragestruktur *f*
demand planning *(Gen)* Bedarfsplanung *f*
demand price *(WiWi)* Geldkurs *m*
demand-pull inflation *(Gen, WiWi)* Nachfrageinflation *f*
demand shift *(V&M, WiWi)* Nachfrageverschiebung *f*, Nachfrageveränderung *f*
demand-shift inflation *(WiWi)* Inflation *f* durch Nachfragestrukturveränderungen
demand shock *(WiWi)* Nachfrageschock *m*
demand side *(V&M, WiWi)* Nachfrageseite *f*
demand-side variable *(WiWi, Stat)* nachfrageseitige Variable *f*, Nachfragevariable *f (opposite: supply--side variable = Angebotsvariable)*
demand stimulus *(WiWi)* Nachfrageimpuls *m*
demarcation dispute *(Mgt, Pers)* Kompetenzstreitigkeit *f*
demerger *(Mgt, WiWi)* Entflechtung *f*
demerit good *(Pol, WiWi)* demeritorisches Gut *n (R. A. Musgrave: a good with a feature or a fact deemed to deserve an intervention from the government with the aim to reduce consumption or/and production; Staatseingriffe zur Begrenzung oder Verhinderung von Konsum oder Produktion eines Guts sind danach dann gerechtfertigt, wenn nach den Erkenntnissen der Regierung die Präferenzen unaufgeklärter Konsumenten verzerrt sind, z. B. Tabak, Alkohol)*
demographic policy *(Pol)*

Bevölkerungspolitik *f*
demographic statistics *(Stat, WiWi)* Bevölkerungsstatistik *f*
demographic transition *(WiWi)* demografischer Wandel *m*
demolition cost *(Gen)* Abbruchkosten *pl*
demonetization *(WiWi)* Demonetisierung *f*
demotivate *v (Pers)* demotivieren
denationalize *v (WiWi)* reprivatisieren
denominate *v (WiWi)* denominieren, die Stückelung angeben von
denominate *v* **in** 1. *(Bank)* ausdrücken in; 2. *(WiWi)* als Rechengröße dienen
denomination 1. *(WiWi)* Wertbezeichnung *f*, Bezeichnung *f*, Stückelung *f*, Nennwert *m (coins)*; 2. *(Börse)* Stücke *npl*
denominator *(Gen, Stat)* Nenner *m*
department 1. *(Pol, WiWi)* Abteilung *f*; Ministerium *n*; 2. *(Gen)* Abteilung *f (in company)*; 3. *(Mgt)* Dezernat *n (civil service)*
department manager *(V&M)* Abteilungsleiter(in) *m(f)*
department store *(V&M)* Kaufhaus *n*, Warenhaus *n*
department store chain *(V&M)* Warenhauskette *f*
departmental costing *(RW)* Abteilungskostenrechnung *f*
departmental expenses *(RW)* Abteilungsgemeinkosten *pl*
departmental head *(Gen)* Abteilungsleiter(in) *m(f) (synonymous: departmental manager)*
departmental minister *(Pol)* Fachminister(in) *m(f) (EU)*
departmental overheads *(RW)* Abteilungsgemeinkosten *pl*
departmental profit *(RW)* Abteilungsgewinn *m*, Abteilungsspanne *f*
departmental profit margin *(RW)* Abteilungsspanne *f*
departmental structure *(Admin, Gen)* Abteilungsgliederung *f*
departmentation *(Admin)* Abteilungsgliederung *f*, Abteilungsbildung *f*
dependant *(Pers, Soz)* Unterhaltsberechtigte(r) *f(m)*, unterhaltsberechtigte(r) Familienangehörige(r) *f(m)*, abhängiger Familienangehörige(r) *f(m)*, (abhängiger) Angehörige(r) *f(m)*
dependency insurance *(Soz, Versich)* Pflegeversicherung *f (Germany)*
dependent *adj (Soz)* unterhaltsbedürftig, unterhaltsberechtigt, abhängig
dependent company *(Recht)* abhängiges Unternehmen *n*, abhängige Gesellschaft *f (synonymous: dependent enterprise, controlled company)*
dependent employment *(Pers)* unselbstständige Beschäftigung *f*
dependent labor force *(AE)*, **dependent labour force** *(BE) (Pers, WiWi)* abhängige Erwerbspersonen *fpl (synonymous: dependent working population; abhängig Beschäftigte und Arbeitslose)*
dependent patent *(Pat)* abhängiges Patent *n*
dependent variable *(Stat, WiWi)* abhängige Variable *f*
depletable resource *(Umwelt, WiWi)* erschöpfbarer Rohstoff *m*, erschöpfbare Ressource *f (synonymous: exhaustible resource)*
deposit *v (Gen)* hinterlegen
deposit 1. *(RW)* Einzahlung *f (paying into a bank)*; Anzahlung *f (down-payment)*; 2. *(Bank)* Verwahrung *f*; 3. *(Umwelt)* Vorkommen *n*, Lagerstätte *f*; 4. *(Gen)* Hinterlegung *f*, Anzahlung *f*; 5. *(Recht)* Verwahrung *f*, Hinterlegung *f*; 6. *(Grund)* Kaution *f*; 7. *(V&M)* Pfand *n (bottle)*; 8. *(Börse)* Einschusszahlung *f* • **for deposit only** *(Bank)* nur zur Verrechnung
deposit account *(BE) (Bank)* Depositenkonto *n*, Einlagenkonto *n*, Sparkonto *n*
deposit balance *(Bank)* Guthabensaldo *n*
deposit bank *(Bank)* Depositenbank *f*, Girobank *f*
deposit certificate 1. *(Bank)* Einlagenschein *m*, Einlagenzertifikat *n*; 2. *(Fin)* Depotbescheinigung *f*
deposit currency *(Bank, WiWi)* Giralgeld *n*, Buchgeld *n*
deposit facility *(Bank, WiWi)* Einlagefazilität *f (one of the key interest rates = Leitzinssätze of the ECB = EZB: die Möglichkeit für einen EZB--Geschäftspartner = counterparty täglich fällige Einlagen zum festgesetzten Zinssatz bei der nationalen Zentralbank anzulegen)*

deposit guarantee fund *(Bank, Recht)* Einlagensicherungsfonds *m*
deposit institution *(Admin)* Hinterlegungsstelle *f*
deposit interest *(Bank)* Einlagenzins *m*
deposit liabilities *(Bank, RW)* Einlagenverbindlichkeiten *fpl*
deposit margin *(Börse)* Originaleinschuss *m*
deposit money *(Bank, WiWi)* Buchgeld *n*
deposit multiplier *(WiWi)* Geldschöpfungsmultiplikator *m*
deposit rate *(Bank)* Einlagenzins *m*
deposit-taking business *(Bank)* Einlagengeschäft *n*, Passivgeschäft *n*
depositary 1. *(Admin)* Hinterlegungsstelle *f*; 2. *(Recht)* Treuhänder(in) *m(f)*, Verwahrer(in) *m(f)*
deposition *(Recht)* Hinterlegung *f*
depositor *(Bank, Gen)* Einleger(in) *m(f)*, Einzahler(in) *m(f)*, Hinterleger(in) *m(f)*
depository bank *(Bank)* Depotbank *f*
deposits *(Bank)* Depositen *pl*, Einlagen *fpl*
depot *(Gen)* Depot *n*, Warenlager *n*
depot charge *(Bank)* Depotgebühr *f*
depreciable amount *(RW)* Abschreibungsbetrag *m*
depreciable asset *(RW)* abnutzbares Vermögen *n*
depreciable basis *(RW)* Abschreibungsbasis *f*
depreciable fixed assets *(RW)* abnutzbares Anlagevermögen *n*
depreciable life *(Steuer, WiWi)* Nutzungsdauer *f*
depreciable property *(RW)* abnutzbares Vermögen *n*
depreciable real estate *(RW)* abnutzbares unbewegliches Vermögen *n*
depreciate *v* 1. *(RW, WiWi)* abwerten, entwerten *(currency)*; abschreiben *(investment, assets)*; 2. *(RW, WiWi)* an Kaufkraft verlieren *(currency)*; an Wert verlieren *(investment, assets)*
depreciated cost *(RW)* fortgeführte Kosten *pl*
depreciation 1. *(RW)* Abschreibung *f*, Wertminderung *f*, Wertverlust *m (write--down)*; 2. *(Bank)* Wertverlust *m*; 3. *(WiWi)* Abwertung *f*, effektive Abwertung *f*, De-facto-Abwertung *f*, Entwertung *f*, Kursrückgang *m*, Wertverlust *f*, Wertminderung *f* *(currency)*; 4. *(Gen)* Verschlechterung *f*; 5. *(Grund)* Abschreibung *f*, Werteinbuße *f*, Wertminderung *f*, Wertverlust *f*
depreciation allowance *(RW)* zulässiger Abschreibungssatz *m*
depreciation method *(RW, WiWi)* Abschreibungsmethode *f*, Abschreibungsverfahren *n (method of depreciation)*
depreciation of fixed assets *(Bank)* Abschreibung *f* auf Anlagevermögen
depreciation procedure *(RW, WiWi)* Abschreibungsmethode *f*, Abschreibungsverfahren *n (method of depreciation)*
depreciation-prone *adj (Bank, WiWi)* abwertungsverdächtig
depreciation suspect *(Bank, WiWi)* Abwertungskandidat *m*
depression *(WiWi)* Depression *f*, Wirtschaftskrise *f*
depth *(Gen)* Tiefe • **in depth** *(Gen)* ausführlich, gründlich
deputy 1. *(Gen)* Stellvertreter(in) *m(f)*; 2. *(Pol)* Abgeordnete(r) *f(m)*, Abg.
deputy chairman of the executive board *(Mgt)* stellvertretender Vorstandsvorsitzender *m*
deregulate *v (Gen, WiWi)* deregulieren
deregulation of the labour market *(BE) (Pers, WiWi)* Deregulierung *f* des Arbeitsmarktes, Arbeitsmarktderegulierung *f*
dereliction of duty *(Recht)* Pflichtvernachlässigung *f*
derivative *adj (Börse)* derivativ, nachgeordnet
derivative instrument *(Fin)* Derivat *n*, derivatives Instrument *n*
derivative market *(Börse)* Derivativmarkt *m*, Derivatemarkt *m*
derivative product *(V&M)* Derivat *n*
derived demand *(WiWi)* abgeleitete Nachfrage *f*, derivative Nachfrage *f*
derogation *(Recht)* Beeinträchtigung *f*
descending sort *(Gen)* absteigende Sortierung *f*
descriptive statistics *(Stat)* deskriptive Statistik *f*
deseasonalization *(Stat, WiWi)* Saisonbereinigung *f (von Zeitreihen)*
design *v (Gen)* zeichnen, entwerfen
design 1. *(Gen)* Entwurf *m*, Konstruktion *f*, Zeichnung *f (sketch)*; 2. *(Pat)* Ausführung *f*, Design *n*, Modell *n*,

Muster *n*
design and layout *(V&M)* Design und Lay-out *n*
design law *(Pat, Recht)* Geschmacksmustergesetz *n*
design patent *(AE) (Pat, Recht)* Geschmacksmuster *n (BE: registered design)*
design right *(Pat, Recht)* Recht *n* auf ein Geschmacksmuster
designation 1. *(Gen)* Bezeichnung *f*; 2. *(Fin)* Designierung *f (funds, IWF)*
designation of origin *(Imp/Exp)* Ursprungsbezeichnung *f*
designed *adj (Gen)* entworfen
designer product *(V&M)* Designerprodukt *n*
desire 1. *(Gen)* Begierde *f*; 2. *(V&M)* Verlangen *n*, Wunsch *m*
desire to purchase *(V&M)* Kaufwunsch *m*
desk 1. *(Gen)* Schreibtisch *m*; 2. *(Börse)* Desk *n*, Handelsdesk *n*
desk research *(V&M)* Sekundärforschung *f*
deskill *v (Pers)* die berufliche Qualifikation entwerten, dequalifizieren, entqualifizieren
deskilling *(Pers)* Herabstufung *f* von Arbeitsplätzen
despecialisation *(Gen)* Generalisierung *f*
destination principle *(Steuer)* Bestimmungslandprinzip *n (VAT)*
destruction of capital *(WiWi)* Kapitalvernichtung *f*
destructive competition *(WiWi)* Verdrängungswettbewerb *m*
detachable *adj (Gen)* abtrennbar
detachment *(Pol)* Loslösung *f*
detail *v (Gen)* ausführlich beschreiben
detailed *adj (Gen)* ausführlich
detailed planning *(Mgt)* Detailplanung *f*, Feinplanung *f*
detailed record *(Recht, Steuer)* Einzelnachweis *m*
details *(Gen)* Angaben *fpl*, Einzelheiten *fpl*, Details *npl*
detain *v* 1. *(Recht)* inhaftieren; 2. *(Logis)* beschlagnahmen
detect *v (Gen)* aufspüren
deteriorate *v (Gen)* sich verschlechtern
deterioration 1. *(Gen)* Verschlechterung *f*; 2. *(WiWi)* Passivierung *f (BOP)*
determinants *(Gen)* Determinanten *fpl*, Bestimmungsfaktoren *mpl*, Einflussfaktoren *mpl*
determination of profits *(Recht, Steuer)* Gewinnermittlung *f*
determine *v* 1. *(WiWi)* bestimmen, festlegen *(price)*; 2. *(Gen)* bemessen
detrended *adv (WiWi)* trendbereinigt
detriment *(Recht, Versich)* Schädigung *f*
• **to the detriment of** *(Gen)* zum Nachteil von, zum Schaden von
detrimental *adj (Gen)* schädlich
detrimental effect *(Recht)* schädliche Auswirkung *f*
detrimental to effective competition *(WiWi)* wettbewerbsfeindlich
devaluate *v (WiWi)* abwerten
devaluation *(WiWi)* Abwertung *f*
devalue *v (WiWi)* abwerten, devaluieren
develop *v (Ind)* konstruieren, entwickeln, aufschließen
developed and undeveloped land *(Grund)* bebaute und unbebaute Grundstücke *npl*
developed country *(Pol, WiWi)* Industrieland *n*, Industriestaat *m*
developed economy *(WiWi)* entwickelte Volkswirtschaft *f*
developed market *(V&M)* entwickelter [reifer] Markt *m*
developer *(Grund)* Bebauer *m*, Bauherr *m*, Bauunternehmer(in) *m(f)*; Erschließungsunternehmen *n*
development 1. *(Comp, WiWi)* Entwicklung *f*; 2. *(Ind)* Entwicklung *f*, Konstruktion *f*
development area *(BE) (WiWi)* Fördergebiet *n*
development bank *(Bank)* Entwicklungsbank *f*
development economics *(WiWi)* Entwicklungsökonomie *f*
development expenditure *(Fin)* Entwicklungskosten *pl*
development planning *(WiWi)* Entwicklungsplanung *f*
development potential *(Gen)* Entwicklungspotenzial *n*
development project *(WiWi)* Entwicklungsprojekt *n*
development stage enterprise *(AE) (WiWi)* junges Unternehmen *n*
development strategy *(Mgt)* Entwicklungsstrategie *f*
deviation *(Recht)* Abweichung *f (in law)*
deviously play the Brussels ticket *(jarg.) (Pol) (jarg.)* über Brüsseler Bande spielen, den Umweg über Brüssel

nehmen, den Umweg über Brüssel machen *(was auf nationaler Ebene politisch nicht durchführbar ist, wird häufig über die EU unter anderen politischen Lobby- und Mehrheitsbedingungen durchgesetzt: ein Fachministerium kann damit ein nationales Regulierungsvorhaben, das im eigenen Land nicht realisierbar ist, in Brüssel anstoßen und es, unter Umgehung des Subsidiaritätsprinzips und nationaler Gesetzgebungsverfahren, dort verhandeln, um am Ende im jeweiligen Fachministerrat selbst darüber zu entscheiden)*

devise *v (Grund, Recht)* vermachen

devolution *(Recht)* Erbfall *m*

difference equation *(WiWi)* Differenzengleichung *f*

difference in price(s) *(V&M)* Preisdifferenz *f*

difference in timing *(RW)* zeitliche Buchungsdifferenz *f*, zeitliche Diskrepanz *f*

differential advantage *(WiWi)* marginaler Vorteil *m*, Vorteil *m* durch Preisdifferenz

differential analysis *(Mgt)* Differenzialanalyse *f*

differential cost *(WiWi)* Grenzkosten *pl*

differential costing *(WiWi)* Grenzplankostenrechnung *f*, Deckungsbeitragsrechnung *f*, Teilkostenrechnung *f (opposite: full costing = Vollkostenrechnung)*

differential price *(V&M, WiWi)* Preisdifferenzierung *f*, Preisgefälle *n*, Preisunterschied *m*

differential pricing *(V&M, WiWi)* Preisdifferenzierung *f*

differential tax incidence *(Steuer)* Differenzialinzidenz *f* der Besteuerung

differentials *(BE) (Pers)* Lohngefälle *n*

differentiate *v (Stat)* differenzieren

differentiated marketing *(V&M)* differenziertes Marketing *n*

differentiated product *(V&M)* differenziertes Produkt *n*

differentiation 1. *(Gen)* Unterscheidung *f*; 2. *(V&M)* Differenzierung *f*; 3. *(Stat)* Differenzierung *f*

differentiation strategy *(BE) (V&M)* Differenzierungsstrategie *f*

diffusion curve *(V&M)* Diffusionskurve *f*

diffusion index *(WiWi)* Diffusionsindex *m*

diffusion of innovations *(V&M)* Verbreitung *f* von Innovationen

digital generation *(Comp, Komm, Media)* Digitalgeneration *f (all jene, die mit den neuen Medien aufgewachsen sind)*

digital products *(Comp, Komm)* digitale Produkte *npl*, digitale Angebote *npl*

digital rights *(Comp, Pat, Recht, V&M)* digitale Rechte *f*

Digital Rights Management *(Comp, Media, Pat, Recht)* Digital Rights Management *n*, DRM *n*, DRM-System *n*, Verwaltung *f* digitaler Rechte, Copyright-Verwaltung *f* und Abrechnung *f*

digital signature *(Comp, Recht)* digitale Signatur *f*

digitalize *v (Comp, Komm)* digitalisieren

digitalized music files *(Comp, Komm, V&M)* digitalisierte Musik-Files *npl*

digitize *v (Komm)* digital darstellen

digits deleted *(Börse)* gelöschte Dezimalstellen *fpl* auf dem Börsenticker

dilatory payer *(Fin)* säumiger Zahler *m*

diligence *(Gen)* Sorge *f*

dilute *v* **capital** *(Fin)* Kapital verwässern *(cf dilution of capital)*

diluted earnings per share *(Fin)* bereinigtes Ergebnis *n* je Aktie *(IAS 33; Berücksichtigung des Verwässerungseffekts durch eine maximal mögliche Aktienzahlerhöhung aus eingeräumten Bezugsrechten)*; *(Deu)* voll verwässertes Ergebnis *n* nach DVFA/SG je Aktie, *(jarg.)* vollverwässertes DVFA-Ergebnis *n* je Aktie *(cf DVFA/SG, dilution of capital)*

dilution *(Börse, Fin)* Verwässerung *f (cf dilution of capital, dilution of equity)*

dilution charge *(Börse, Fin)* Verwässerungsgebühr *f (synonymous: dilution fee; cf Verwässerungsgebühr)*

dilution factor *(Börse, Fin)* Verwässerungsfaktor *m (amount that new shares created affect the value of existing holdings; cf fully diluted earnings per share = vollverwässertes Ergebnis je Aktie)*

dilution of capital *(Börse, Fin)* Kapitalverwässerung *f*, Verwässerung *f* des Aktienkapitals *(the reduction in the value per share and/or the earnings per share when additional common stock/ ordinary shares in the company is/are* *issued without a corresponding increase in its assets or profitability; synonymous: capital dilution, stock watering, dilution of equity; durch Ausgabe zusätzlicher Aktien, z. B. von Gratisaktien oder aus der Wandlung von Wandelanleihen)*

dilution of equity *(Börse, Fin)* Kapitalverwässerung *f*, Verwässerung *f* des Aktienkapitals *(synonymous: capital dilution, stock watering, dilution of capital)*

dilution protection *(Börse, Fin)* Verwässerungsschutz *m (cf dilution of capital)*

dim sum bond *(Bank, Fin)* Dim-sum--Anleihe *f (attractive bonds for foreign investors who desire exposure to yuan--denominated assets; kleiner, rasch wachsender Markt von Yuan--denominierten und meist in Honkong begebenen Anleihen, die allerdings den restriktiven chinesischen Kapitalverkehrskontrollen unterliegen; Emittenten sind große, in China oder Honkong ansässige Finanzhäuser)*

diminishing-balance depreciation *(RW)* degressive Abschreibung *f (cf diminishing balance method; applies a constant percentage reduction; Verminderung des Restbuchwerts um einen konstanten Abschreibungssatz)*; geometrisch-degressive Abschreibung *f*, geometrisch-degressive Abschreibungsmethode *f (accountancy according to IFRS/IAS; US-GAAP: declining balance method)*

diminishing balance method *(RW)* degressive Abschreibungsmethode *f*, degressive Methode *f* der Abschreibung, degressive Abschreibung *f (cf diminishing-balance depreciation)*; geometrisch-degressive Abschreibungsmethode *f*, geometrisch-degressive Abschreibung *f (accountancy according to IFRS/IAS; US-GAAP: declining balance method)*

diminishing marginal rate of substitution *(WiWi)* abnehmende Grenzrate *f* der Substitution

diminishing marginal returns *(Grund, WiWi)* abnehmende Grenzerträge *mpl*, abnehmender Grenzertrag *m (neoklassische Produktionstheorie; cf law of diminishing returns = law of decreasing returns = Ertragsgesetz = Gesetz vom abnehmenden Grenzertrag)*

diminishing marginal utility *(WiWi)* abnehmender Grenznutzen *m*

diminishing returns *(Grund, WiWi)* Ertragsrückgang *m*; abnehmende Erträge *mpl*; abnehmender Grenzertrag *m (neoklassische Produktionstheorie; cf law of diminishing returns = law of decreasing returns = Ertragsgesetz = Gesetz vom abnehmenden Grenzertrag)*

diminishing returns to scale *(WiWi)* abnehmende Skalenerträge *mpl*

diminuation *(Recht)* Preisminderung *f*

Dinky *(Abk. für double income, no kids; ugs.) (Soz)* kinderloser Doppelverdiener *m (Plural: Dinkies; a Dinky is a partner in a well-off working couple with no children)*

dip *v* **into savings** *(Gen)* Ersparnisse *fpl* angreifen

direct *v* 1. *(Gen)* dirigieren; 2. *(Mgt)* leiten

direct access *(Gen)* direkter Zugriff *m*, Direktzugriff *m*

direct advertising *(V&M)* Direktwerbung *f*

direct and indirect taxation *(Steuer, WiWi)* direkte und indirekte Besteuerung *f*

direct arbitrage *(Fin)* einfache Devisenarbitrage *f*

direct business *(Bank, Börse, V&M)* Direktgeschäft *(synonymous: direct transaction)*

direct charges *(Gen, RW)* direkte Kosten *pl*

direct commerce *(V&M)* Direkthandel *m (synonymous: direct trading, direct trade)*

direct cost *(RW)* direkte Kosten *pl*, Einzelkosten *pl (costs directly identifiable with a particular activity, einem Podukt oder Prozess direkt zurechenbare Kosten; synonymous: direct expense; opposite: overheads = Gemeinkosten)*; leistungsabhängige Kosten *pl (variable costs, variable Kosten im Hinblick auf die Auslastung)*

direct cost of sales *(Gen)* direkte Umsatzaufwendungen *fpl*, Sondereinzelkosten *pl* des Vertriebs

direct cost planning *(RW)* Einzelkostenplanung *f (identifiable direct costs = direkte Kosten; opposite:*

overheads = Gemeinkosten)
direct costing *(Fin, RW, WiWi)* Direct Costing *n*, Deckungsbeitragsrechnung *f*, Grenzplankostenrechnung *f (cost accounting; synonymous BE: marginal costing)*
direct costs *(Fin, RW, WiWi)* direkte Kosten *pl*
direct crowding-out *(WiWi)* direktes Crowding-out *n*
direct crowding-out effect *(WiWi)* direkter Verdrängungseffekt *m (of private investors)*
direct debit *(Bank, Fin)* Abbuchung *f* durch Einzugsermächtigung, Einzugsverfahren *n*
direct debit authorization *(Bank, Fin)* Einzugsermächtigung *f*
direct debit order *(Bank)* Abbuchungsauftrag *m*, Einzugsauftrag *m*
direct deposit *(Bank)* Direkteinlage, Sparen *f* im Abbuchungsverfahren *n*
direct dialing *(AE)*, **direct dialling** *(BE) (Komm)* Durchwahl *f*, Selbstwahl *f*
direct exchange *(WiWi)* direkter Warentausch *m*
direct expenses *(RW)* direkte Kosten *pl*, Einzelkosten *pl*
direct export trading *(Imp/Exp)* direkter Exporthandel *m*, direktes Exportgeschäft *n*, Direktexport *m*
direct foreign investment *(Fin, WiWi)* ausländische Direktinvestition *f*
direct insurance *(Versich)* Direktversicherung *f*, Erstversicherung *f*
direct interbank trading *(Bank)* Bankendirekthandel *m*
direct investment *(Fin, WiWi)* Direktinvestition *f (investment abroad)*; Beteiligungsinvestition *f (anders: Portfolio-Investition = portfolio investment)*
direct labor *(AE) (RW) s.* direct labour
direct labor costs *(AE) s.* direct labour costs
direct labour *(BE) (RW)* Fertigungslöhne *mpl*, Lohneinzelkosten *pl (cost accounting, Kostenrechnung)*
direct labour costs *(BE)* 1. *(RW)* direkte Lohnkosten; 2. *(Fin)* Fertigungslohnkosten *pl (cost accounting, Kostenrechnung)*
direct lending *(Bank)* Gewährung *f* gebundener Finanzkredite
direct liability *(Recht)* unmittelbare Haftung *f*
direct mail 1. *(Komm)* Postwurfsendung *f*; 2. *(V&M)* Direktversand *m*, Postversand *m*
direct marketing *(V&M)* Direktmarketing *n*
direct offering *(Börse)* Direktemission *f*, Direktplatzierung *f*
direct operating cost *(Gen, RW)* betriebsbedingter Aufwand *m*, Betriebsaufwand *m*
direct order *(V&M)* Direkteinkauf *m*, Direktbezug *m*, unmittelbare Bestellmöglichkeit *f*
direct outward investment *(Fin, WiWi)* Direktinvestionen *fpl* im Ausland
direct payment *(WiWi)* endgültige Zahlung *f*
direct placement *(Bank)* Direktplatzierung *f*
direct product profitability 1. *(WiWi)* Nettoproduktgewinn *m*; 2. *(V&M)* direkte Produktrentabilität *f*
direct purchase *(Gen)* Beziehungskauf *m*, Direkteinkauf *m*
direct quotation *(Bank)* Preisnotierung *f*
direct real income *(WiWi)* reales verfügbares Einkommen *n*
direct sales *(V&M)* Direktverkauf *m*
direct selling *(V&M)* Direktverkauf *m*
direct tax *(Steuer)* direkte Steuer *f*
direct transaction *(V&M)* Direktgeschäft *n*
direct workers *pl (Pers)* produktionsnahe Arbeitskräfte *pl*, Arbeitskräfte *pl* in der Fertigung, Arbeitskräfte *pl* in der Produktion
direct yield *(Bank, Börse)* Direktertrag *m*, Direktrendite *f*
directed interview *(V&M)* gelenktes Interview *n (market research)*
direction 1. *(WiWi)* Entwicklungsrichtung *f (of interest rates)*; 2. *(Recht)* Weisung *f*; 3. *(Mgt)* Direktion *f*, Leitung *f*; klare Linie *f*; 4. *(Pol)* Anweisung *f*, Vorschrift *f*, Richtlinie *f*, Weisung *f*
directions for use *(Gen)* Benutzungsanleitung *f*, Gebrauchsanweisung *f*
directive 1. *(Fin, WiWi)* Richtlinie *f*; 2. *(Recht)* Weisung *f*; 3. *(Pol)* Richtlinie *f*, Weisung *f*
Directive *(DIR) (Recht)* EU-Richtlinie *f*, Richtlinie *f*, RiL *f (Community law = EU-*

Gemeinschaftsrecht: EU outline legislation prepared for enactment by the member states; EU-Richtlinien müssen vor dem In-Kraft-Treten in jedem Mitgliedstaat in nationales Recht umgesetzt werden; Gegensatz: Verordnung; opposite: regulation which immediately binds EU member states legally in every respect)

Directive on Data Retention *(Komm, Recht)* Richtlinie *f* zur Vorratsdatenspeicherung *(EU)*

Directive on Services in the internal market *(Pol, Recht)* Richtlinie *f* für Dienstleistungen im Binnenmarkt, Dienstleistungsrichtlinie *(EU)*

Directive on the Posting of Workers *(Pers, Pol, Recht)* Entsenderichtlinie *f*, Richtlinie *f* über die Entsendung von Arbeitnehmern *(EU)*

directive style of leadership *(Pol)* autoritärer Führungsstil *m*

directly *adv (Gen)* direkt • **be directly responsible to sb** *(Gen)* jmdm. direkt unterstellt sein

directly related to *(Gen)* direkt bezogen auf

director 1. *(Pers)* Direktor(in) *m(f)*, Geschäftsführer(in) *m(f)*, Leiter(in) *m(f)*; 2. *(Mgt)* Vorstandsmitglied *n*

director general *(Pers)* Generaldirektor(in) *m(f)*

Directorate General *(Admin, Pol)* Generaldirektion *f (EU)*

directors *pl (Mgt)* Directors *mpl*, Verwaltungsratsmitglieder *npl*; Unternehmensführung *f*, Unternehmensleitung *f*

director's dealing(s) *(Recht)* Aktienhandel durch Organmitglieder *(dealing in a company's stock by one of its directors or officers; Handel der Board-, Aufsichtsrats- oder Vorstandsmitglieder sowie deren Mitarbeiter und Familienmitglieder mit den Aktien des eigenen Unternehmens sind aufsichtsrechtlich relevant wegen des Risikos von Interessenkonflikten und missbräuchlicher Ausnutzung von Insider-Informationen; Insider--Richtlinie, EG-Richtlinie zur Koordinierung der Vorschriften betr. Insidergeschäfte; WpHG §§ 12 ff: Insiderüberwachung)*

directorship 1. *(Mgt)* Verwaltungsratsposition *f*, Führungsposition *f (im Verwaltungsrat, dem Board of Directors)*; 2. *(Pers)* Direktorat *n*

directory 1. *(Comp)* Verzeichnis *n*; 2. *(Gen)* Adressbuch *n*

directory assistance *(Komm)* Auskunft *f*

directory enquiries *(BE)*, **directory information** *(AE) (Komm)* Auskunft *f*

dirty floating *(WiWi)* schmutziges Floaten *n*

disability 1. *(Pers)* Behinderung *f*; Arbeitsunfähigkeit *f (of employee)*; 2. *(Versich)* Erwerbsunfähigkeit *f*

disability benefit *(Versich)* Erwerbsunfähigkeitsrente *f*

disability insurance *(Versich)* Invaliditätsversicherung *f*

disability pension *(Fin, Versich)* Invaliditätsrente *f*

disabled *adj (Pers)* behindert

disabled people *(Pers, Soz)* Behinderte *pl*, behinderte Menschen *pl*

disabled person *(Pers)* Behinderte(r) *f(m)*

disabled quota *(Pers)* Behindertenquote *f*

disadvantage *(Gen)* Nachteil *m* • **to the disadvantage of** *(Gen)* zu Lasten von

disaffirm *v (Recht)* aufheben, umstoßen *(gerichtliche Entscheidung)*

disaggregate *v (Stat, WiWi)* disaggregieren

disaggregation *(Stat, WiWi)* Disaggregation *f*, Aufgliederung *n*

disagio *(Gen)* Disagio *n*

disallow *v* 1. *(Gen)* verbieten; 2. *(Pers)* aberkennen

disallowable item *(BE) (Steuer)* steuerlich nicht absetzbare Position *f*

disaster *(Versich)* Katastrophe *f*

disburse *v* 1. *(Fin)* auszahlen, verausgaben; 2. *(Gen)* ausgeben

disbursement 1. *(RW)* Auszahlung *f*; 2. *(Fin)* Verausgabung *f*

disbursement period *(Versich)* Auszahlungsphase *f*

disc. *(Abk. für discount)* 1. *(Bank, Fin)* Skonto *m(n)*, Skto.; Diskont *m*; 2. *(Gen)* Rabatt *m*

disc *(Comp)* Disc *f*, Disk *f*, Scheibe *f (CD, DVD)*; Diskette *f (floppy)*; Platte *f*, Festplatte *f (hard)*; *(jarg.)* Silberling *m*

discharge *v* 1. *(Fin)* befreien *(of debt)*; 2. *(Gen)* begleichen, ausladen, befreien; 3. *(Pers)* entlassen; 4. *(Recht)* erlöschen,

löschen *(legal duty)*; entlasten von *(obligations)*; 5. *(Logis)* löschen
discharge *v* **a debt** *(Recht)* eine Forderung befriedigen
discharge 1. *(Gen)* Erlöschen *n*, Erledigung *f*; 2. *(Recht)* Löschung *f*, Befreiung *f* von Verbindlichkeiten *(debt)*; 3. *(Logis)* Löschung *f*
discharge in bankruptcy *(Recht)* Insolvenzaufhebung *f*
discharge of a contract *(Recht)* Vertragserfüllung *f*
discharge of debt *(Fin)* Schuldbefreiung *f*
discharged *adj (Bank, Fin, Gen)* beglichen
disciplinary *adj (Pers, Recht)* disziplinarisch, Disziplinar
disciplinary action *(Pers)* Disziplinarmaßnahmen *fpl*
disciplinary code *(Recht)* Disziplinarordnung *f*
disciplinary measures *(Recht)* Disziplinarmaßnahmen *fpl*
disciplinary proceedings *(Recht)* Disziplinarverfahren *n*
disciplinary rule *(Pers)* Disziplinarbestimmung *f*, Disziplinarordnung *f*
discipline *(Gen, Pers)* Disziplin *f* • **in an unrelated discipline** *(Bil)* fachfremd
disclaim *v (Recht)* freizeichnen, aufgeben
disclaimer 1. *(Versich)* Aufgabe *f* eines Anspruchs, Verzichtserklärung *f*; 2. *(Recht)* Aufgabe *f*; Verzicht *m*
disclaimer clause *(Recht, Versich)* Haftungsausschlussklausel *f*
disclose *v (Gen)* bekanntgeben, bekanntmachen
disclose *v* **publicly** *(Recht)* öffentlich bekannt machen
disclose *v* **to the public** *(Gen)* das Publikum unterrichten (über), bekanntgeben
disclosed reserves *(RW)* offengelegte Rücklagen *fpl*
disclosure 1. *(RW)* Berichterstattung *f*; 2. *(Recht)* Preisgabe *f*; 3. *(Börse, Fin)* Offenlegung *f*, Publizität *f*
disclosure of an invention *(Pat)* Bekanntgabe *f* [Offenlegung *f*] einer Erfindung
disclosure of directors' dealings *(Börse, Mgt, Recht)* Veröffentlichung *f* der Geschäfte von Organmitgliedern mit Wertpapieren der eigenen Gesellschaft, Offenlegung *f* [Ausweis *m*, Bekanntmachung *f*] der Geschäfte von Unternehmensinsidern mit Wertpapieren des eigenen Unternehmens
disclosure of executives' compensation [pay] *(Mgt)* Offenlegung *f* der Managergehälter
disclosure of information *(Pers)* Preisgabe *f* von Information(en), Aufdeckung *f* von Informationen
disclosure of revenue *(Fin, Recht)* Umsatzmeldungen *fpl*
disclosure practices *(Bank, RW)* Ausweisgewohnheiten *fpl*
disclosure requirement 1. *(RW)* Angabepflicht *f*; 2. *(Börse, Fin)* Publizitätserfordernis *f*
disclosures *pl (RW)* Angaben *fpl (in financial reporting, Offenlegung im Rechnungsabschluss; IFRS/IAS)*
discontinuance 1. *(Gen)* Wegfall *m*, Fortfall *m*; 2. *(Recht)* Aufgabe *f (business)*
discontinue *v (Ind)* einstellen
discontinue *v* **the listing of a security** *(Börse)* die amtliche Notierung eines Wertpapiers einstellen
discontinued operations *(Ind)* eingestellter Betrieb *m*
discontinuous variable *(Stat, WiWi)* diskrete Variable *f*
discount *v* 1. *(RW)* abzinsen; 2. *(Bank)* diskontieren
discount 1. *(Bank)* Disagio *n*, Diskont *m*; 2. *(WiWi)* Diskont *m*; 3. *(Fin)* Diskont *m*, Preisnachlass *m*, Rabatt *m*, Skonto *m(n)*; 4. *(Gen)* Rabatt *m* • **at a discount** *(V&M)* mit Rabatt, mit Skonto • **at a discount of** *(Börse)* mit einem Disagio von
discount bill *(RW)* Diskontwechsel *m*
discount business *(Fin)* Diskontgeschäft *n*
discount charges *(RW)* Diskontspesen *pl*
discount factor *(WiWi, Fin, Stat)* Diskontierungsfaktor *m*, Abzinsungsfaktor *m*
discount house 1. *(Fin)* Diskontbank *f*, Diskonthaus *n*; 2. *(V&M)* Discounter *m*
discount instrument *(Börse)* Diskontinstrument *n*, Diskontierungsinstrument *n*
discount rate *(Bank)* Diskontsatz *m*
discount rate differential *(Fin)*

Diskontgefälle *n*
discount scale, discount schedule *(Gen)* Rabattstaffel *f*
discount shop *(BE) (V&M)* Discounter *m*
discount table *(Fin)* Abzinsungstabelle *f*
discount window *(Bank, Fin)* Lombardfenster *n*, Diskontfenster *n*, Rediskontfazilität *f*
discount yield *(Börse)* Diskontertrag *m*
discountable *adj* 1. *(Bank)* diskontfähig, diskontierbar; 2. *(Börse, Fin)* diskontierbar
discountable bill *(Fin)* diskontfähiger Wechsel *m*
discounted *adj (Börse, Fin, V&M)* eskomptiert, berücksichtigt, *(jarg.)* eingepreist
discounted bill *(Bank)* diskontierter Wechsel *m*
discounted cash flow *(Fin, RW)* abgezinster Cashflow *m*
discounted cash flow method *(DCF) (Fin, WiWi)* Interne-Zinsfuß-Methode *f (synonymous: internal rate of return method)*
discounted cash flow methods *(BE) (Fin, WiWi)* dynamische Methoden *fpl* der Investitionsrechnung, dynamische Methoden *fpl*, dynamische Verfahren *npl* der Investitionsrechnung, dynamische Verfahren *npl*, finanzmathematische Verfahren *npl* der Investitionsrechnung, finanzmathematische Verfahren *npl (preinvestment analysis; opposite: static techniques, static methods, statische Verfahren)*
discounted information *(Fin, WiWi)* eskomptierte Information *f*, eingepreiste Information *(in terms of the efficient market hypothesis = Kapitalmarkteffizienz-Hypothese relevant information is already fully reflected in the market price; die relevante Information ist bereits voll in den Kursen und Preisen vorweggenommen oder wiedergegeben und kann damit am Marktpreis nichts mehr verändern)*
discounted paper *(Fin)* Abzinsungspapier *n*
discounted present value *(Fin)* diskontierter Barwert *m*
discounter 1. *(Fin)* Diskontgeber(in) *m(f)*; 2. *(V&M)* Discounter *m*
discounting 1. *(Fin, RW)* Abzinsung *f*, Berechnung *f* des Gegenwartswerts; 2. *(Bank)* Diskontgeschäft *n*, Diskontierung *f*
discounting bank *(Bank, Fin)* Diskontbank *f*
discounting of bills *(BE) (RW)* Wechseldiskontierung *f*
discounting of notes *(AE) (RW)* Wechseldiskontierung *f*
discounting rate *(Fin)* Kalkulationszinssatz *m*, Kapitalisierungszinsfuß *m*
discouraged workers *pl (Pers, WiWi)* entmutigte Arbeitskräfte *pl (Personen ohne Beschäftigung, die keine Arbeit mehr suchen, da sie glauben, keine mehr zu finden; stille Reserve am Arbeitsmarkt)*
discrepancy *(Gen)* Abweichung *f*, Diskrepanz *f*
discrete variable *(Stat)* diskrete Variable *f*, unstetige Variable *f*
discretion *(Gen)* Ermessen *n* • **at the discretion of** *(Gen)* nach Ermessen von, nach Gutdünken von
discretionary *adj (Gen, Steuer, WiWi)* diskretionär, Ermessens..., beliebig
discretionary buying power *(V&M)* frei verfügbare Kaufkraft *f*
discretionary clause *(Recht)* Kannbestimmung *f*, Kannvorschrift *f*
discretionary cost *(WiWi)* diskretionäre Kosten *pl*
discretionary economic policy *(WiWi)* diskretionäre Politik *f*
discretionary fiscal policy *(WiWi)* diskretionäre Fiskalpolitik *f*
discretionary income *(WiWi)* frei verfügbares Einkommen *n*
discretionary order *(Börse)* Bestens--Auftrag *m*, interessewahrender Auftrag *m*
discretionary provision *(Recht)* Kann--Bestimmung *f*, Kann-Vorschrift *f*
discriminate *v (Gen, Recht, WiWi)* diskriminieren
discrimination at the workplace *(Pers)* Diskriminierung *f* am Arbeitsplatz, Benachteiligung *f* am Arbeitsplatz
discriminatory taxation *(Steuer)* diskriminierende Besteuerung *f*
discuss *v (Gen)* besprechen, diskutieren, erörtern
discuss *v* **an item** *(Gen)* einen Punkt

erörtern
discuss *v* **at length** *(Gen)* eingehend besprechen
discussion *(Gen)* Besprechung *f*, Diskussion *f*, Erörterung *f* • **under discussion** *(Gen)* im Gespräch
diseconomies of scale *(WiWi)* Größennachteile *mpl*, Kostenprogression *f*
disembodied technical progress *(WiWi)* investitionsunabhängiger technischer Fortschritt *m*
disequilibrium *(WiWi)* Ungleichgewicht *n*
disequilibrium economics *(WiWi)* Ungleichgewichtstheorie *f*
disequilibrium in the balance of trade *(WiWi)* Ungleichgewicht *n* der Handelsbilanz
disequilibrium on the labor market *(AE)*, **disequilibrium on the labour market** *(BE) (Pers, WiWi)* Arbeitsmarktungleichgewicht *n*, Ungleichgewicht *n* auf dem Arbeitsmarkt
disguised inflation *(WiWi)* versteckte Inflation *f (weniger Wert oder weniger Leistung werden für das gleiche Produkt oder die gleiche Dienstleistung geboten)*
disguised unemployment *(Pers)* versteckte Arbeitslosigkeit *f*
dishonour *v (Bank)* nicht einlösen, nicht honorieren
dishonour *(BE) (Bank)* Annahmeverweigerung *f*, Nichteinlösen *n*
dishonoured *adj (BE) (Bank)* nicht akzeptiert, nicht bezahlt, nicht honoriert
dishonoured bill of exchange *(BE) (Bank)* nicht bezahlter Wechsel *m*, notleidender Wechsel *m*
dishonoured cheque *(BE) (Bank)* nicht eingelöster Scheck *m*, uneingelöster Scheck *m*
disillusionment with politicians *(Pol)* Politikerverdrossenheit *f*
disincentive 1. *(WiWi)* Fehlanreiz *m*, negativer Anreiz *m*, falscher Anreiz *m*, Leistungshemmnis *n*, leistungshemmender Einfluss *m*; abschreckende Regelung *f*; 2. *(Pers)* Druckmittel *n*, leistungshemmender Faktor *m*
disincentive effect *(Bank, WiWi)* negative Anreizwirkung *f*, Disincentive-Effekt *m* *(e.g. effects of bonuses in terms of short-termism and excessive risk taking, Effekt der auf kurzfristigen Erfolgen abzielenden Bonussysteme auf die Risikoneigung von Bankmanagern)*; leistungshemmender Effekt *m*
disinflation *(WiWi)* Disinflation *f (anhaltender Rückgang der positiven Inflationsraten auf ein niedrigeres positives Niveau; im politischen Diskurs oftmals verwechselt mit Deflation, wo negative Inflationsraten ein insgesamt fallendes Preisniveau und hartnäckige negative Anreizwirkungen auf das Ausgabeverhalten von Konsumenten und Investoren bewirken können)*
disinformation *(Gen, Pol)* Falschinformation *f* zu Täuschungszwecken, Desinformation *f*
disintermediate *v (Bank, WiWi)* Einlagen abziehen
disintermediation *(Bank, WiWi)* Disintermediation *f*, Bruttoverlust *m* an Einlagegeldern; Wegfall *m* der Vermittlerrolle, Umgehung *f* von Bankleistungen *(Umgehung/ Verlagerung von Finanzdienstleistungen des Aktiv- und Passivgeschäfts, z. B. durch Direktplatzierung einer Emission direkt bei den Investoren bei Verzicht auf die klassische Finanzintermediationsleistung der Banken)*
disinvestment *(Fin)* Desinvestition *f*
dislocation of workers *(Pers)* Freisetzung *f* von Arbeitskräften
dislocations *(WiWi)* Störungen *fpl*, Verwerfungen *fpl (capital markets)*
dismantle *v (Gen)* abbauen, auseinandernehmen
dismantling *(WiWi)* Abbau *m (of barriers)*
dismantling costs *(Gen)* Abbruchkosten *pl*
dismantling of a law *(Recht)* Aushöhlung *f* eines Gesetzes
dismiss *v* 1. *(Pers)* entlassen, verabschieden; 2. *(Recht)* zurückweisen *(claim)*
dismiss *v* **a complaint [lawsuit]** *(Recht)* Klage abweisen
dismiss *v* **a notion** *(Recht)* einen Antrag ablehnen
dismiss *v* **sb with notice** *(Pers)* jmdm.

eine ordentliche Kündigung aussprechen, jmdn. fristgerecht kündigen, jmdn. termingerecht kündigen
dismiss *v* **sb without notice** *(Pers)* jmdn. fristlos entlassen
dismissal 1. *(Pers)* Entlassung *f*, Kündigung *f*, Verabschiedung *f*; 2. *(Recht)* Zurückweisung *f*
dismissal for just cause *(Pers)* Entlassung *f* aus triftigem Grund, gerechtfertigte Entlassung *f*
dismissal notice *(Pers)* Entlassungsmitteilung *f*, Entlassungsschreiben *n*, Kündigungsmiteilung *f*, Kündigungsschreiben *n*
dismissal procedure *(Pers)* Kündigungsverfahren *n*
dismissal productivity *(WiWi)* Entlassungsproduktivität *f (the dismissal/employment of less productive workers increases/ decreases the productivity of the rest of the producing unit or in the economy as a whole; Einstellungen/Entlassungen senken/erhöhen ceteris paribus die Produktivität produktiver Einheiten und der Gesamtwirtschaft, wenn die individuelle Produktivität der Eingestellten/Entlassenen geringer ist als die des Durchschnitts der Beschäftigten)*
dismissal protection *(Pers)* Kündigungsschutz *m*
dismissal with due notice *(Pers)* fristgerechte Kündigung *f*
dismissal with timely notice *(Pers)* fristgerechte Kündigung *f*
dismissal without notice *(Pers)* fristlose Entlassung *f*
dismissed *adj (Pers)* gekündigt, verabschiedet
disorderly market *(Börse)* ungeordnete Marktverhältnisse *npl*
disparage *v (Gen)* herabsetzen, Ruf schädigen
dispatch *v* 1. *(Komm, Logis)* absenden, befördern, schicken; 2. *(Gen)* erledigen, versenden *(execute)*
dispatch 1. *(Komm, Logis)* Abfertigung *f*, Versand *m*; 2. *(Gen)* Erledigung *f*, Versendung *f (execution)*
dispatch department *(Komm, Logis)* Versandabteilung *f*
dispatch note *(Komm, Logis)* Frachtzettel *m*, Postbegleitschein *m*, Versandschein *m*
dispatching *(Komm)* Versand *m*, Versendung *f*
dispatching charge *(Komm)* Versandgebühr *f*
displace *v* **labor** *(AE) (Pers)* s. displace labour
displace *v* **labour** *(BE) (Pers)* Arbeitskräfte freisetzen, Arbeitskräfte verdrängen
displace *v* **workers** *(Pers)* Arbeitskräfte freisetzen, Arbeitskräfte verdrängen
displaced labor *(AE) (Pers)* s. displaced labour
displaced labour *(BE) (Pers)* freigesetzte Arbeitskräfte *fpl*
displaced workers *(Pers)* freigesetzte Arbeitskräfte *fpl*
displacement *(Gen)* Verlagerung *f*
displacement effect *(Pers, Soz, WiWi)* Verdrängungseffekt *f (Verdrängung sozialversicherungspflichtig Beschäftigter aus ihrem regulären Arbeitsplatz, z. B. bei einer staatlich subventionierten sozial- oder arbeitsmarktpolitischen Maßnahme)*
displacement of jobs *(Pers)* Arbeitsplatzverlagerung *f*, Verlagerung *f* von Arbeitsplätzen
displacement of labor *(AE)*, **displacement of labour** *(BE) (Pers)* Freisetzung *f* von Arbeitskräften, Verdrängung *f* von Arbeitskräften
displacement of normal jobs *(Soz)* Verdrängung *f* normaler Arbeitsplätze *(durch arbeitsmarktpolitische Maßnahmen)*
display 1. *(Komm)* Auslage *f*, Ausstellung *f*, Warenauslage *f*; 2. *(V&M)* Schaufensterauslage *f*, Display *n*
display advertising *(V&M)* Großanzeige *f*, Schlagzeilenwerbung *f*
display article *(Gen)* Ausstellungsstück *n*
display material *(V&M)* Displaymaterial *n*
display pack *(V&M)* Schaupackung *f*
display stand *(Media, V&M)* Ausstellungsstand *m*
display until *(DU) (V&M)* im Regal bis zum *(for foodstuffs)*
displayed price 1. *(WiWi)* angegebener Preis *m*; 2. *(Gen)* Preisangabe *f*
disposable income *(Steuer, WiWi)* verfügbares Einkommen *n*

disposable packaging *(V&M)* Einwegverpackung *f*
disposable personal income *(WiWi)* verfügbares persönliches Einkommen *f*, verfügbares individuelles Einkommen *f*
disposal 1. *(Umwelt)* Entsorgung *f* *(waste)*; 2. *(Gen)* Verfügung *f*, Veräußerung *f*
disposal system *(Umwelt)* Entsorgungssystem *f*
dispose *v* **by will** *(Recht)* vermachen
dispose *v* **of** *(Bank, Börse)* verkaufen, verfügen über, *(ugs.)* aussteigen
dispose *v* **of property** *(Recht)* Vermögen veräußern
dispose of stock *(V&M)* Lagerbestände absetzen
disposition *(Recht)* Verfügungsgeschäft *n (transactions)*
dispute *v* 1. *(Recht)* bestreiten *(claim)*; anfechten *(will)*; 2. *(V&M)* umkämpfen
dispute 1. *(Gen)* Streit *m*; 2. *(Pers)* Auseinandersetzung *f*, Streitigkeit *f*
dispute of right *(Recht)* Rechtsstreitigkeit *f*
disregard *v (Mgt)* unberücksichtigt lassen
dissaving *(WiWi)* Entsparen *n*, negative Ersparnis *f*
dissemination *(Komm)* Verbreitung *f (of information)*
disseminator *(Bil, Media)* Multiplikator *m*, *(jarg.)* Informationsverbreiter *m*
dissent *(Recht)* Dissens *m*, abweichende Meinung *f*
dissenting opinion *(Mgt, Recht)* abweichende Meinung *f*
dissenting view *(Mgt)* abweichende Meinung *f*
dissolution 1. *(WiWi)* Liquidation *f*; 2. *(Gen)* Auflösung *f*, Zerstörung *f*; 3. *(Pers, Pol, Recht)* Auflösung *f*
dissolution of reserves *(RW)* Rücklagenauflösung *f*
dissolve *v (Gen, Recht)* auflösen
distance 1. *(Gen)* Strecke *f*; 2. *(Logis)* Entfernung *f*
distance selling *(Gen, V&M)* Distanzhandel *m*, Fernabsatz *m*
distant *adj (Gen)* distanziert
distinction *(Gen)* Unterscheidung *f* *(difference)*; erste [beste] Qualität *f*
distinctive *adj (Pat)* unterscheidungsfähig
distinctiveness *(Pat)* Unterscheidung *f*, Verschiedenheit *f*
distort *v (WiWi)* verzerren
distorting factor *(WiWi)* Störfaktor *m*
distortion of competition *(WiWi)* Wettbewerbsverzerrung *f*
distortion of the market *(V&M, WiWi)* Marktverzerrung *f*
distortions *(WiWi)* Verwerfungen *fpl*
distress 1. *(Fin)* finanzielle Schieflage *f*; 2. *(Logis)* Seenot *f (shipping)* • **be in distress** *(Fin, Gen)* in Schwierigkeiten sein
distressed property *(Grund)* gepfändetes Eigentum *n*
distributable profit *(Fin, RW)* ausschüttungsfähiger Gewinn *m*
distribute *v* 1. *(Fin)* ausschütten *(dividends)*; 2. *(Media)* verbreiten *(newspaper, magazine)*; 3. *(V&M)* vertreiben
distribute *v* **a dividend** *(Börse, Fin)* eine Dividende ausschütten
distributed profit *(Fin, RW)* ausgeschütteter Gewinn *m*
distribution 1. *(Fin)* Verteilung *f*, Zuteilung *f*; 2. *(Gen)* Vertrieb *m*; 3. *(Recht)* Aufteilung *f (estate law)*; 4. *(Media)* Verbreitung *f (of newspaper)*; 5. *(V&M)* Distribution *f*, Vertrieb *m (trade or manufacturer)*; 6. *(Börse)* Ausschüttung *f (of dividends)*; Streuung *f*, Verteilung *f*
distribution allowance *(V&M)* Vertriebsprovision *f*
distribution area 1. *(Gen)* Absatzgebiet *n*; 2. *(Börse)* Ausschüttungsbereich *m*
distribution channel *(Gen)* Absatzkanal *m*, Absatzweg *m*
distribution network *(Gen)* Vertriebsnetz *n*
distribution of income *(WiWi)* Einkommensverteilung *f*
distribution of national income *(WiWi)* Verteilung *f* des Volkseinkommens
distribution of net profit *(RW)* Nettogewinnausschüttung *f*
distribution of risk *(Recht)* Risikoverteilung *f*
distribution policy *(Gen)* Absatzpolitik *f*, Vertriebspolitik *f*
distribution warehouse *(Gen)* Auslieferungslager *n*, Verteilungslager *n*
distributive ability *(Logis)* Vertriebsleistung *f*
distributive trades *(V&M)* Absatzwirtschaft *f*, Handel *m*
distributor *(Imp/Exp)* Agent(in) *m(f)*,

Verteiler(in) *m(f)*, Vertriebsfirma *f*, Vertriebshändler(in) *m(f)*, Vertriebsorganisation *f*, Vertriebsunternehmen *n*
distributors' brand *(V&M)* Händlermarke *f*, Gemeinschaftsmarke *f*
district 1. *(Gen)* Bezirk *m*; 2. *(Pol)* Kreis *m*
district attorney *(AE) (Recht)* Staatsanwältin *f*, Staatsanwalt *m*
district council *(BE) (Pol)* Kreistag *m*
district court *(AE) (Recht)* Amtsgericht *n*
district office *(Gen)* Bezirksbüro *n*, Bezirksverwaltung *f*, Bezirksgeschäftsstelle *f*
disturbance *(Gen)* Störung *f*
disturbance of the market *(V&M, WiWi)* Marktstörung *f*
disutility *(V&M, WiWi)* Nachteil *m*, negativer Nutzen *m*
diverge *v (Gen)* abweichen
divergence *(Gen)* Divergenz *f*
divergence indicator *(WiWi)* Abweichungsindikator *m*
diversification 1. *(Gen, Mgt, Pers)* Diversifizierung *f*; 2. *(V&M)* Diversifikation *f*; 3. *(Börse)* Streuung *f*
diversification strategy *(V&M)* Diversifikationsstrategie *f*
diversified company *(WiWi)* breit gefächertes Unternehmen *n*
diversify *v (Gen, Mgt, Pers)* diversifizieren
diversify *v* **risks** *(Börse)* das Risiko streuen
diverting custom *(Recht, V&M)* Abwerbung *f*
divest *v (Fin, Recht)* abstoßen, veräußern
divest *v* **oneself of** *(Börse, Fin)* sich trennen, abstoßen, *(ugs.)* aussteigen
divestiture *(Fin, Recht)* Veräußerung *f* einer Tochtergesellschaft
dividend *(div.)* Dividende *f*, Div., Gewinnanteil *m* • **ex dividend, ex div.** *(Börse, Media)* ex Dividende, ex div. *(Kurs nach Dividendenabschlag)*
dividend coupon *(c., cp.) (Fin)* Kupon *m*, Dividendenschein *m (a securitization of the right to a dividend; er verbrieft als Zins- oder Dividendenschein den Zins- oder Dividendenanspruch des Inhabers)*
dividend exclusion *(Steuer)* Dividendensteuerbefreiung *f*
dividend in arrears *(Börse)* aufgelaufene [rückständige] Dividende *f*
dividend income *(Börse)* Dividendeneinkommen *n*
dividend payable in kind *(Fin)* Sachdividende *f*
dividend payment *(WiWi)* Gewinnausschüttung *f*
dividend payout policy *(Fin)* Dividendenpolitik *f*
dividend payout ratio *(RW)* Ausschüttungssatz *m*
dividend per share *(BE) (Fin)* Dividende *f* pro Aktie
dividend policy 1. *(Fin)* Ausschüttungspolitik *f*; 2. *(Börse)* Dividendenpolitik *f*
dividend reserve fund *(RW)* Dividendenrücklage *f*
dividend resolution *(Fin)* Ausschüttungsbeschluss *m*
dividend stripping *(Fin)* Dividenden--Stripping *n*
dividend tax *(Steuer)* Kapitalertragsteuer *f*
dividend warrant *(Fin)* Dividendenanteilschein *m*, Dividendenschein *m*
dividend withholding tax *(Steuer)* Dividendenquellensteuer *f*, Kuponsteuer *f*
dividend yield *(Börse)* Dividendenertrag *m*, Dividendenrendite *f*
dividends *(Fin, RW)* Dividenden *fpl*, Beträge *mpl*
dividends payable *(RW)* auszuschüttende Dividenden *fpl*
division 1. *(RW)* Aufteilung *f*; 2. *(Gen, WiWi)* Unternehmensbereich *m*, Abteilung *f*, Teilung *f*; 3. *(V&M)* Sparte *f*
division of labor *(AE)*, **division of labour** *(BE) (WiWi)* Arbeitsteilung *f*
divisional board of management *(Mgt)* Bereichsvorstand *m*
divisional director *(BE) (Pers)* Bereichsleiter(in) *m(f)*
divisional management *(Mgt, Pers)* Abteilungsleitung *f*, Bereichsleitung *f*
divisionalization *(Gen)* Divisionalisierung *f*, Spartenorganisation *f*
DMS *s.* database management system
do *v* **business** *(Gen)* Geschäfte tätigen
do-it-yourself work *(Soz)* Eigenarbeit *f*; Heimwerken *n*
DOC *s.* direct operating cost
docker strike *(Gen, Logis)* Hafenarbeiterstreik *m*
doctorate *(Pers, Soz)* Doktortitel *m*,

Doktorgrad *m (e.g. Ph.D or D.Phil)*
doctor's certificate *(Pers)* ärztliches Attest *n*, ärztliche Bescheinigung *f*
doctor's degree *(Bil)* Doktorgrad *m*, Doktortitel *m*, Promotion *f*
document 1. *(Gen)* Beurkundung *f*, Dokument *n*; 2. *(Recht)* Dokument *n*; 3. *(Steuer)* Beleg *m*
document holder *(Gen)* Dokumenteninhaber(in) *m(f)*
document management *(Comp, Mgt)* Dokumentenmanagement *n*
document of title 1. *(Gen, Recht)* Dokument *n* über einen Rechtsanspruch; 2. *(Prop)* Eigentumsurkunde *f*
document retrieval *(Comp)* Dokumentenretrieval *n*, Dokumentenwiedergewinnung *f*
documentary *adj (Gen)* dokumentarisch
documentary *(V&M)* Dokumentarbericht *m (book)*; Dokumentarfilm *m (film)*; Dokumentarsendung *f*
documentary bill *(Fin)* Dokumententratte *f*
documentary collection *(Fin, Imp/Exp)* Dokumenteninkasso *n*
documentary credit *(Bank, Fin, Imp/Exp)* Dokumenten-Akkreditiv *n (opposite: commercial letter of credit = CLC = Handelskreditbrief)*
documentary draft *(Admin, Gen, Imp/Exp)* Dokumententratte *f*
documentary evidence *(Gen)* schriftliches Beweismittel *n*, dokumentärer Nachweis *m*
documentary fraud *(Recht)* Urkundenbetrug *m*
documentary letter of credit *(Bank, Fin, Imp/Exp)* Dokumenten-Akkreditiv *n (opposite: commercial letter of credit = CLC = Handelskreditbrief)*
documentary remittance *(Bank)* Dokumentenrimesse *f*
documents against acceptance *(Fin, Gen)* Dokumente *npl* gegen Akzept
documents against cash *(Bank, Fin)* Dokumente *npl* gegen Barzahlung *(DC)*
documents against payment *(Gen)* Dokumente *npl* gegen Zahlung
dog *(V&M)* wenig erfolgreiches Produkt *n*, perspektivloses Produkt *n (Boston matrix portfolio approach to business strategy, Marktwachstums-/ /Marktanteilsportfolio im Rahmen der Stärken-/Schwächenanalyse für strategische Geschäftsfelder der Boston Consulting Group)*
dogsbody *(Gen)* Handlanger, *(ugs.)* Mädchen für alles
dole *(BE) (Gen, Soz, WiWi)* Arbeitslosenunterstützung *f*, *(ugs.)* Stütze *f* • **be on the dole** *(Pers) (BE)* Arbeitslosenunterstützung empfangen [beziehen], *(BE; ugs.)* stempeln
dollar bill *(AE) (WiWi)* Dollarschein *m*
dollar drain *(WiWi)* Dollarabfluss *m*
dollar gap *(WiWi)* Dollarzinsspanne *f*
dollar premium *(Börse)* Dollarprämie *f (options)*
dollar price 1. *(Gen)* Dollarpreis *m (commodities)*; 2. *(Börse)* Dollarkurs *m*
dollar rate *(Börse)* Dollarkurs *m*
dollar securities *(Fin)* Dollartitel *mpl*
dollar shortage *(Börse)* Dollarmangel *m*, Dollarverknappung *f*
dollar spot and forward *(Börse, Fin)* Kassa- und Termin-Dollarkurs *m*
dollar terms/in current *(Bank, WiWi)* in jeweiligen Dollar gerechnet
dollar value LIFO *(Steuer)* LIFO- -Dollarwert *m*
domain 1. *(WiWi)* Bereich *m*, Grundbesitz *m*; 2. *(Gen)* Bereich *m*; 3. *(Stat)* Definitionsbereich *m*
domain address *(Comp, Komm)* Domain-Adresse *f*, Domainadresse *f*
domain grabbing *(Comp, Komm, Recht)* Domain-Grabbing *n*, Cybersquatting *n*
domain holder *(Comp, Komm, Recht)* Domain-Halter *m*
domain name *(Comp, Komm)* Domain- -Name *m*, Domainname *m*
domain registration *(Comp, Komm)* Domainregistrierung *f*
domestic *adj (WiWi)* einheimisch, inländisch, Binnen *(trade)*; Inland, Inlands *(policy)*
domestic absorption *(WiWi)* inländische Absorption *f*
domestic assets *(Bank)* Inlandsguthaben *npl*
domestic banking system *(Bank)* inländisches Bankensystem *n*
domestic business *(Gen)* Inlandsgeschäft *n*
domestic concept *(WiWi, Stat)* Inlandskonzept *n*, Arbeitsortkonzept *n (synonymous: place-of-work concept: system of national accounts = SNA =*

VGR = Volkswirtschaftliche Gesamtrechnung; erfasst alle Erwerbstätigen, die in inländischen Wirtschaftseinheiten arbeiten, unabhängig von ihrer Staatsangehörigkeit oder unabhängig davon, ob sie ihren Wohnort im In- oder im Ausland haben; Gegensatz: Inländerkonzept = residence concept = Wohnsitzkonzept)

domestic consumption *(WiWi)* Inlandsverbrauch *m*

domestic corporation *(WiWi)* inländische Kapitalgesellschaft *f*

domestic court *(Recht)* heimisches Gericht *n*

domestic credit expansion 1. *(WiWi)* inländische Kreditexpansion *f*; 2. *(Fin)* inländische Kreditausweitung *f*

domestic demand *(WiWi)* Binnennachfrage *f*, Inlandsnachfrage *f*

domestic economy *(WiWi)* Binnenwirtschaft *f*

domestic help *(Pers)* Hausangestellte *f*

domestic industry *(Ind)* inländische Industrie *f*, heimischer Wirtschaftszweig *m*

domestic investment *(WiWi)* Inlandsinvestition *f*

domestic labor market *(AE) (Pers) s.* domestic labour market

domestic labour market *(BE) (Pers)* heimischer Arbeitsmarkt *m*, inländischer Arbeitsmarkt *m*

domestic market *(WiWi)* Binnenmarkt *m*, Inlandsmarkt *m*

domestic product 1. *(WiWi)* Inlandsprodukt *n*; 2. *(Gen)* inländisches Erzeugnis *n*

domestic resource cost *(WiWi)* inländische Faktorkosten *pl*

domestic sales *(V&M)* Inlandsabsatz *m*

domestic savings *(WiWi)* inländische Ersparnis *f (national accounting)*

domestic situation *(WiWi)* binnenwirtschaftliche Lage *f*

domestic subsidiary *(WiWi)* inländische Tochtergesellschaft *f*

domestic system *(WiWi)* Verlagssystem *n*, Heimarbeit *f*

domestic trade *(WiWi)* Binnenhandel *m*

domestic waste *(Umwelt)* Hausmüll *m*

domestic worker *(Pers)* Hausangestellte(r) *f(m)*

domestic workers *pl (Pers)* einheimische Arbeitskräfte *pl*, inländische Arbeitnehmer *pl*

domicile 1. *(Gen)* Aufenthalt *m*; 2. *(Recht, Steuer)* Wohnsitz *m (person)*; Sitz *m*, Gesellschaftssitz *m (firm)*

dominance *(Gen)* Beherrschung *f*, Dominanz *f*

dominant *adj (Gen)* dominant, beherrschend

dominant position *(WiWi)* beherrschende Stellung *f*

dominate *v (Gen)* beherrschen *(market)*

donation *(Soz, Steuer)* Spende *f*

donor *(Gen, Soz)* Geber *m*

donor agency *(Soz)* Gebereinrichtung *f*

donor bank *(Bank)* Geberbank *f*

donor country *(Pol, WiWi)* Geberland *n*

door-to-door sales *(V&M)* Haustürverkauf *m*

door-to-door selling *(V&M)* Direktverkauf *m* durch Vertreter, ambulanter Verkauf *m*

doorstep selling *(V&M)* Haustürverkauf *m*, Haustürgeschäft *n*

dormant account 1. *(Bank)* stillgelegtes Bankkonto *n*, umsatzloses Konto *n*; 2. *(V&M)* umsatzloses Konto *n*

dossier *(Admin)* urkundliche Unterlagen *fpl*, Dossier *n*

dot com companies *(Comp, WiWi)* Dotcom-Unternehmen *fpl*, Dotcoms *npl (New Economy)*

double *v (Stat)* verdoppeln; sich verdoppeln

double counting *(Fin, RW)* Doppelzählung *f*

double-declining balance *(Fin)* degressive Abschreibung *f*

double-digit *adj (Gen)* zweistellig *(synonymous: two-digit)*

double earner *(Pers, WiWi)* Doppelverdiener *m(f)*

double earnings *(Pers, Soz)* Doppelverdienst *m*

double-entry accounting *(RW)* doppelte Buchführung *f (synonymous: double-entry bookkeeping)*

double-entry method *(RW)* Methode *f* der doppelten Buchführung

double figure inflation *(Fin, WiWi)* zweistellige Inflationsrate *f*

double gearing *(Bank)* doppelte Kapitalausnutzung *f*

double income household *(WiWi)* Doppelverdienerhaushalt *m*

double income, no kids *(Dinky, Dinkies) (ugs.) (Soz)* kinderlose Doppelverdiener *mpl (a Dinky is a partner in a well-off working couple with no children)*
double jobholders *(Pers)* Personen *fpl* mit Nebentätigkeit, Personen *f* mit einer zweiten Tätigkeit
double jobholding *(Pers, WiWi)* Mehrfachbeschäftigung *f*, Ausüben *n* von zwei Tätigkeiten, Ausüben *n* mehrerer Tätigkeiten
double residency *(Recht, Steuer)* Doppelwohnsitz *m*
double tax agreement *(Steuer)* Doppelbesteuerungsabkommen *n*, DBA
double taxation *(Recht, Steuer)* Doppelbesteuerung *f*
double taxation agreement [treaty] *(Recht, Steuer)* Doppelbesteuerungsabkommen *n*, DBA *n*
doubtful debt *(RW)* zweifelhafte Forderung *f*
doubtful-debt provision *(RW)* Rückstellung *f* für zweifelhafte Forderungen
down *(Gen)* stillstehend • **be down** *(WiWi)* danieder liegen, gefallen sein *(prices)* • **down tools** *(Pers)* die Arbeit niederlegen *(strike, break from work)*
down market 1. *(Gen)* Abwärtstrend *m*; 2. *(V&M)* rückläufiger Markt *m*; unteres Marktsegment *n*; 3. *(Börse)* rückläufiger Aktienmarkt *m*
down-market product *(V&M)* Produkt *n* des unteren Marktsegments
down payment *(Admin, RW, V&M)* Anzahlung *f*
down-the-line personnel *(Pers)* Untergebene *pl (synonymous: down--the-line staff)*
downgrade *v* 1. *(Pers)* herunterstufen *(job)*; 2. *(Fin)* herabstufen *(Rating)*
downhill risk *(Börse)* Risiko *n* des Kursrückgangs
downhill trend *(Fin)* Abwärtstrend *m*
download *v (Comp)* herunterladen, runterladen, downloaden
download *(Comp, Komm)* Download *m*, Herunterladen *n*
downloadable *adj (Comp, Komm)* herunterladbar
downscale *v (Mgt)* auf eine niedrigere Ebene verlagern
downsize *v (Mgt, Pers)* abbauen, verkleinern, verringern
downsize *v* **the workforce** *(Pers)* den Personalbestand verringern
downstream *adv (Gen)* nachgelagert
downstream *(Comp, Komm)* Datenempfang *m (direction of data flow)*
downstream markets *(Gen)* nachgelagerte Märkte *mpl*
downswing *(WiWi)* Abschwung *m*, Talfahrt *f*, Schrumpfung *f*
downtime 1. *(Gen)* Stillstandszeit *f*; 2. *(Pers)* Brachzeit *f*; 3. *(Ind)* Brachzeit *f*, Ausfallzeit *f*
downtrend *(WiWi)* Abwärtstrend *m*, Konjunkturrückgang *m*
downturn *(Gen, WiWi)* Abschwung *m*
downturn of the economy *(WiWi)* Konjunkturabschwung *f*, Wirtschaftsabschwung *m*
downturn phase *(Fin)* Baisse *f*
downward *adj (Gen)* rückläufig *(trend)*
downward *adv (Gen)* abwärts
downward communication *(Mgt)* Informationsfluss *m* von oben nach unten
downward movement *(Gen)* Abwärtsbewegung *f*
downward pressure *(WiWi)* Abwertungsdruck *m (exchange rate)*; Druck *m (on currency, interest rates)*
downward pressure on prices *(V&M, WiWi)* Preisdruck *m*
downward realignment *(WiWi)* Abwertung *f*
downward slide *(Bank, Börse)* Talfahrt *f*
downward valuation adjustment *(Recht, Steuer)* Bewertungsabschlag *m*
draft *v* 1. *(Gen, Pers)* abfassen; 2. *(Recht)* entwerfen, abfassen
draft 1. *(Bank)* Bankscheck *m*, gezogener Wechsel *m*, Tratte *f*, Wechsel *m*; 2. *(Gen)* Ausarbeitung *f*; 3. *(Recht)* Entwurf *m* • **in draft form** *(Recht)* als Entwurf
draft agreement *(Recht)* Vereinbarungsentwurf *m*, Vertragsentwurf *m*
draft budget *(RW)* Entwurf *m* des Haushaltsplans, Haushaltsentwurf *m*
draft contract *(Recht)* Vertragsentwurf *m*
draft law *(Pol, Recht)* Gesetzentwurf *m*
draft letter *(Komm)* Briefentwurf *m*
draft regulation *(Recht)* Entwurf *m* einer Verordnung, *(ugs.)* Verordnungsentwurf

m (EU)
draft report *(Gen)* Vorbericht *m*
draft resolution *(Recht)* Entschließungsentwurf *m*
drafter *(Bank)* Trassant *m*
drain *(WiWi)* Abfluss *m*, Abschöpfung *f*, Entzug *m*
draw *v* 1. *(Bank)* abheben, entnehmen *(money)*; 2. *(Börse)* zeichnen, ziehen; 3. *(Recht)* aufsetzen *(legal document)*
draw *v* **a check** *(AE)*, **draw** *v* **a cheque** *(BE) (Bank)* einen Scheck ausstellen
draw *v* **a sample** *(Stat)* eine Stichprobe ziehen
draw *v* **benefit(s)** *(Soz)* Leistungen beziehen
draw *v* **income support** *(BE) (Soz)* Sozialhilfe beziehen, Sozialhilfe erhalten
draw *v* **on one's savings** *(Fin)* auf seine Ersparnisse zurückgreifen
draw *v* **retirement benefits** *(Pers)* eine Pension beziehen, Altersruhegeld beziehen
draw *v* **unemployment benefit** *(Soz)* Arbeitslosenunterstützung beziehen
draw *v* **unemployment compensation** *(AE) (Pers, Soz)* Arbeitslosengeld beziehen
draw *v* **up** 1. *(RW)* aufstellen; 2. *(Gen)* aufstellen; ausarbeiten, anfertigen, ausstellen *(plan, will)*; erstellen *(report)*; 3. *(Recht)* aufsetzen, ausfertigen, verfassen
draw *v* **up a shortlist** *(Pers)* eine Auswahlliste aufstellen
draw *v* **up a statement of account** *(Bank)* einen Kontoauszug machen
draw *v* **up an agenda** *(Mgt)* eine Tagesordnung aufstellen
draw *v* **welfare benefits** *(Soz)* Sozialhilfe beziehen, Sozialhilfe erhalten
draw *(Bank)* Kreditinanspruchnahme *f*
drawback 1. *(Gen)* Nachteil *m*; 2. *(Imp/Exp)* Zollrückschein *m*, Zollrückvergütung *f*
drawee *(Bank)* Akzeptant *m*, Bezogene(r) *f(m)*, Trassat *m*
drawer *(Bank)* Aussteller(in) *m(f)*, Trassant *m*
drawing account *(Bank)* Girokonto *n*
drawing board *(Mgt)* Reißbrett *n*
drawing board/on the *(Mgt)* im Entwurfsstadium
drawing up 1. *(RW)* Aufstellung *f*; 2. *(Pat)* Abfassung *f*, Konzipierung *f*
drawing-up of a balance sheet *(RW)* Aufstellung *f* einer Bilanz
drawn bill *(WiWi)* gezogener Wechsel *m*
drawn bond *(Börse)* ausgeloste Anleihe *f* [Obligation *f*]
drayage *(AE) (Logis)* Rollgeld *n*
dress *v* **up** *(RW) (ugs.)* frisieren *(balance sheet)*
drive *v* *(Gen)* antreiben, vorantreiben
• **driven by** *(Gen)* angetrieben von
drive *v* **a hard bargain** *(Gen)* hart verhandeln
drive *(Gen)* Antrieb *m*
driving force *(Gen)* Antriebskraft *f*
drop *v* 1. *(WiWi)* abfallen, stürzen *(rate)*; 2. *(Börse)* abfallen, stürzen
drop *v* **out** *(Gen)* aussteigen
drop *(Gen)* Rückgang *m* *(in spending)*; Abfall *m* *(rate)*
drop in earnings *(Fin)* Ertragsrückgang *m*
drop in employment *(Pers)* Beschäftigungseinbruch *m*, Einbruch *m* der Beschäftigung
drop in orders *(WiWi)* Auftragsrückgang *m*
drop in prices *(V&M, WiWi)* Preissturz *m*, Preisrückgang *m*
drop in unemployment *(WiWi)* Rückgang *m* der Arbeitslosigkeit
drop-out rate *(Bil)* Abbrecherquote *f* *(Schule, Universität, Lehrgang etc.)*
dropping out of university (studies) *(Bil)* Studienabbruch *m*, Abbruch *m* des Studiums
drug *(Gen)* Arzneimittel *n*, Droge *f*
drug economy *(WiWi)* Drogenwirtschaft *f*
drug trade *(Gen)* Arzneimittelhandel *m*
drug trafficking *(Gen)* Drogenhandel *m*, Rauschgifthandel *m*
dry run *(Gen)* Probelauf *m*
DU *(Abk. für display until) (V&M)* im Regal bis zum *(for foodstuffs)*
dual capacity *(Börse, Gen)* Doppelfunktion *f*
dual citizenship *(Pol)* doppelte Staatsbürgerschaft *f*
dual contract *(Recht)* zweiseitiger Vertrag *m*
dual economy *(WiWi)* duale Volkswirtschaft *f*
dual income *(Pers)* Doppeleinkommen *n*, Doppelverdienst *m*
dual job holder *(Pers)* Doppelverdiener(in) *m(f)* *(one person)*

dual labor market *(AE)*, **dual labour market** *(BE) (WiWi)* zweiter Arbeitsmarkt *m*
dual nationality *(Pol)* doppelte Staatsbürgerschaft *f*
dud check *(AE)*, **dud cheque** *(BE) (Bank)* ungedeckter Scheck *m*, *(ugs.)* fauler Scheck *m*
due *adj* 1. *(Bank)* verfallen; 2. *(Fin, Gen)* fällig, unbeglichen, zahlbar *(bill, debt)* • **at due date** *(Gen)* zum Fälligkeitstermin • **become due** *(Bank)* fällig werden; verfallen*(bill of exchange, Wechsel)* • **due basis** *(RW)* auf Basis der Verpflichtungen • **when due** *(Börse, Fin)* bei Fälligkeit
due and payable *adj (Gen)* fällig, zahlbar
due bill 1. *(Bank, Gen) (AE)* Schuldanerkenntnis *f*; 2. *(Fin)* fälliger Wechsel *m*
due capital *(Fin)* fälliges Kapital *n*
due date 1. *(RW)* Fälligkeitstag *m*; 2. *(Admin)* Fälligkeitstermin *m*; 3. *(Bank)* Verfallsdatum *n*; 4. *(Fin)* Fälligkeit *f*; 5. *(Gen)* Abgabefrist *f*, Fälligkeitsdatum *n*; 6. *(Recht)* Fälligkeitszeitpunkt *m*
due diligence 1. *(Börse, Fin, Mgt)* Due Diligence *f*, Due-Diligence-Prüfung *f*, Sorgfältigkeitsprüfung *f (IPO, mergers & acquisitions = Fusionen und Übernahmen; diligence grading: I reasonable, II ordinary, III great, IV extraordinary, V due)*; 2. *(Gen)* erforderliche Sorgfalt *f*, gebotene Sorgfalt *f*, gebührende Sorgfalt *f*; 3. *(Recht)* Sorgfaltspflicht *f (duty)*; verkehrsübliche Sorgfalt *f*
due diligence analysis *(Fin)* Due--Diligence-Prüfung *f*, Sorgfältigkeitsprüfung *f*
due on presentation *(Fin, Logis)* fällig bei Vorlage
due process of law *(Recht)* rechtmäßiges Verfahren *n*, Rechtstaatlichkeit *f*
duly approved annual accounts *(RW)* ordnungsgemäß gebilligter Jahresabschluss *m*
dummy *(Recht)* Strohmann *m*
dummy activity *(Gen)* Scheinvorgang *m*
dummy corporation *(Recht)* Scheingesellschaft *f (trade law)*
dumping 1. *(Umwelt)* Ablagerung *f*, Lagerung *f (of waste)*; Verklappung *f (waste at sea)*; 2. *(Gen)* Dumping *n (prices)*; 3. *(V&M)* Verkauf *m* zu Schleuderpreisen; 4. *(Börse)* Abstoßen *n*; 5. *(Steuer)* Steuerdumping *n (tax haven)*
dun *v (Gen)* mahnen
dunning letter *(Gen, RW)* Mahnschreiben *n*, Mahnung *f*, Mahnbrief *m*
duopoly *(WiWi)* Duopol *n*
duplicate *v (Gen)* vervielfachen
durable *adj (Gen)* dauerhaft, langlebig
durable consumer good *(V&M, WiWi)* dauerhaftes Konsumgut *n*, langlebiges Konsumgut *n*
durable good *(V&M, WiWi)* langlebiges Gebrauchsgut *n*
durables *(V&M)* langlebige Gebrauchsgüter *npl*
duration 1. *(Fin)* Duration *f*; 2. *(Gen)* Dauer *f* • **for the duration of** *(Gen)* für die Dauer von
duration of a bond *(Fin)* Laufzeit *f* einer Anleihe
duration of apprenticeship *(Bil)* Dauer *f* der Lehre, Lehrzeit *f*
duration of benefits 1. *(Versich)* Dauer *f* der Versicherungsleistungen, Unterstützungszeitraum *m*, Zeitdauer *f* der Versicherungsleistungen; 2. *(Soz)* Unterstützungszeitraum *m*, Dauer *f* des Leistungsbezugs, Dauer *f* des Bezugs von Unterstützungszahlungen, Bezugsdauer *f* von Leistungen
duration of contract *(Recht)* Vertragsdauer *f*
duration of contribution *(Pers, Soz)* Beitragszeit *f*
duration of employment *(Pers)* Beschäftigungsdauer *f*, Beschäftigungsperiode *f*, Dauer *f* der Anstellung, Dauer *f* der Beschäftigung, Beschäftigungszeit *f*, Dauer *f* der Beschäftigung, Dauer *f* des Beschäftigungsverhältnisses
duration of guaranty *(Gen)* Garantiedauer *f*
duration of service *(Pers)* Beschäftigungsdauer *f*, Dauer *f* der Beschäftigung
duration of training *(Bil, Pers)* Dauer *f* der Ausbildung, Dauer *f* der beruflichen Ausbildung, Dauer *f* der betrieblichen Ausbildung, berufliche Ausbildungsdauer *f*, Dauer *f* der Lehrzeit
duration of unemployment *(Pers)* Dauer

f der Arbeitslosigkeit, Arbeitslosigkeitsperiode *f*
duration of unemployment benefit *(Pers)* Zeit *f* des Leistungsbezugs bei Arbeitslosigkeit
duration of unemployment benefits *(Pers)* Zeit *f* des Leistungsbezugs bei Arbeitslosigkeit
during normal business hours *(Gen)* während der üblichen Betriebszeiten, während der üblichen Geschäftszeiten
during working hours *(Pers)* während der Arbeitszeit *f*
dutiable *adj (Imp/Exp, Steuer)* abgabenpflichtig, zollpflichtig
duty 1. *(Gen)* Dienst *m*, Zoll *m*; 2. *(Pers)* Aufgabe *f*; 3. *(Recht)* Pflicht *f*; 4. *(Steuer)* indirekte Steuer *f*, Steuer *f*, Zoll *m* • **on duty** *(Gen)* diensttuend, diensthabend
duty-free *adj (Imp/Exp, Steuer)* nicht zollpflichtig, zollfrei
duty-free allowance *(Imp/Exp, Steuer)* Freigrenze *f*, Zollfreibetrag *m*
duty-free goods *(Imp/Exp, Steuer)* zollfreie Waren *fpl*
duty-free warehousing *(Steuer)* Zolllager *n*
duty-free zone *(Imp/Exp, Steuer)* Zollfreilager *n*
duty of care *(Recht)* Sorgfaltspflicht *f*
duty of care to the public *(Recht, V&M)* Verkehrssicherungspflicht *f*
duty of registration *(Recht)* Zulassungspflicht *f*
duty-paid warehousing *(Steuer)* Freilager *n*
duty station 1. *(Gen)* Arbeitsplatz *m*; 2. *(Pers)* Dienstort *m*
duty to assist *(Recht, Steuer)* Beistandspflicht *f*
duty to disclose information *(Gen)* Auskunftspflicht *f*
duty to inform *(Recht, Versich)* Informationspflicht *f*
duty to maintain industrial peace *(Pers, Soz)* Friedenspflicht *f*
duty to register [report] *(Recht)* Meldepflicht *f*
duty to warn *(Recht)* Aufklärungspflicht *f*
duty to work *(Pers, Soz)* Arbeitspflicht *f*, Pflicht *f* zur Arbeit
duty unpaid *(Imp/Exp, Steuer)* unverzollt
DWH *(Abk. für Data Warehouse) (Comp)* Datenlager *n*, Datenbanksystem *n*
dynamic analysis *(WiWi)* dynamische Analyse *f*
dynamic evaluation *(Gen)* dynamische Bewertung *f*
dynamic hedging *(Fin)* dynamisches Absichern *n*, dynamische Absicherung *f*
dynamic positioning *(Gen, V&M)* dynamische Positionierung *f*
dynamic programming 1. *(Stat)* dynamische Programmierung *f*, dynamisches Programmieren *n*; 2. *(Gen)* dynamische Planung *f*
dynamization *(Soz, Stat, WiWi)* Dynamisierung *f (of a model, pensions)*

E

e-accounting *(RW)* E-Rechnungslegung *f*
e-business *(Comp, Gen, V&M)* E-Business *n*, elektronischer Geschäftsverkehr *m*, elektronische Geschäfte *npl*, elektronisches Geschäft *n (internal and external transactions)*
e-commerce *(Comp, Komm, Recht, V&M)* E-Commerce *n*, elektronischer Handel *m*, E-Handel *m*, Handel *m* durch elektronische Medien, elektronischer Geschäftsverkehr *m*, elektronische Geschäfte *npl (external transactions)*
e-learning *(Comp, Komm, Media)* E-Learning *n*, internetgestützte Aus- und Weiterbildung *f*, netzbasiertes Lernen *n*
e-mail marketing *(Comp, Komm, Media, V&M)* E-Mail-Marketing *n*
e-marketplaces *(Comp, Komm, V&M)* E-Marktplätze *mpl*
e-money *(Bank, Comp, WiWi)* E-Geld *n*, Netzgeld *n*, elektronisches Geld *n*
e-payment *(Comp, Komm, V&M)* E-Zahlung *f*, E-Bezahlung *f*
e-procurement *(Admin, Comp, Gen)* elektronisches Beschaffungswesen *n*
e-recruiting *(Comp, Pers)* online-gestützte Personalsuche *f*, internet-gestützte Personalsuche *f*, E-Recruiting *n*
e-rights *(Comp, Komm, Media, Recht)* elektronische Rechte *npl (copyright law)*
e-signature *(Comp, Recht)* E-Signatur *f*
e-society *(Comp, Komm)* Informationsgesellschaft *f*, E-Society *f*
e-tourism *(Comp, Frei)* E-Tourismus *m*
e-voting *(Comp, Recht)* Online-Wahl *f*, E-

Wahlen *fpl*
EAD *s.* exposure at default
EAN *(Abk. für European Article Number) (Comp, Komm, V&M)* EAN, Europäische Artikelnummer *f (ursprünglich: Europa-einheitliche Artikelnummer; jetzt: Internationale Artikelnummer; in ca. 50 Ländern für den Nahrungsmittelbereich genormte Schnittstelle der artikelbezogenen DV auf den verschiedenen Handelsstufen; integriert sind ein zweistelliges Länderkennzeichen, eine fünfstellige Herstellerbetriebsnummer, eine fünfstellige, vom Hersteller vergebene Artikelnummer und eine Prüfziffer; cf EAN item number = EAN-Artikelnummer)*
EAR *(Abk für 1. effective annual rate, effective annualized rate; 2. erection all risks insurance)* 1. *(Fin)* effektiver Jahreszins *m*, Effektivzins *m*; 2. *(Ind, Versich)* Montageversicherung *f*
early adopters *(V&M)* aufgeschlossene Konsumenten *mpl*, frühe Übernehmer *mpl (target group in marketing: Personen, die bereit sind, ein neues Produkt früh anzunehmen)*
early edition *(Media)* Frühausgabe *f*
early repayment of a loan *(Bank, Fin)* vorzeitige Rückzahlung *f* eines Darlehens
early retirement *(Pers)* Vorruhestand *m*, vorgezogener Ruhestand *m*, vorzeitiger Ruhestand *m*, vorgezogene Pensionierung *f*, vorzeitige Pensionierung *f*
early-retirement allowance *(Pers)* Vorruhestandsgeld *n*
early-retirement annuity *(Fin)* Vorruhestandsrente *f*
early-retirement benefit 1. *(Fin)* Vorruhestandsrente *f*, vorzeitige Rente *f*; 2. *(Pers)* Frührente *f*
early retirement on a bridging pension *(Soz)* vorgezogener Ruhestand *m*, Vorruhestand *m*
early-retirement pension *(Pers)* vorgezogenes Altersruhegeld *n*
early-retirement scheme *(Pers)* Vorruhestandsregelung *f*
early retirer *(Pers)* Frührentner(in) *m(f)*, *(ugs.)* Vorruheständler(in) *m(f)*
early school leaving *(Bil)* vorzeitiger Schulabgang *m*, Schulabbruch *m*
early shift *(Pers)* Frühschicht *f*
early stage *(Gen)* Frühstadium *n*, Anfangsstadium *n*, Frühphase *f*, Anfangsphase *f (synonymous: initial stage; opposite: late stage = Spätstadium)* • **at an early stage** *(Gen)* im Frühstadium, im Anfangsstadium *(Entwicklung, Projekt)*; zu einem frühen Zeitpunkt • **in its early stages** *(Gen)* im Frühstadium, im Anfangsstadium; in der Anlaufzeit
early-stage financing *(Fin)* Frühphasenfinanzierung *f*, Anfangsfinanzierung *f*
early-withdrawal penalty 1. *(Börse, Fin)* Vorschusszinsen *mpl*, Negativzins *m* bei vorzeitiger Verfügung *(berechnet vom vorzeitig ausgezahlten Betrag der vorzeitigen Verfügung = early withdrawal über Termingelder z. B.)*; 2. *(Bank, Fin)* Vorfälligkeitsentschädigung *f*
earmark *v* 1. *(WiWi)* vorsehen, reservieren, bereitstellen, bestimmen *(finance)*; kennzeichnen *(funds, resources)*; 2. *(Gen)* an einen bestimmten Zweck binden
earmarked *adj (Frei)* reserviert, zweckgebunden
earmarked funds *(Fin)* zweckgebundene Mittel *npl*
earn *v* 1. *(Admin)* ertragen; 2. *(Bank)* bringen; 3. *(WiWi)* einbringen; 4. *(Fin)* bringen *(interest)*; erwerben *(reputation)*; 5. *(Gen)* erwerben *(reputation)*; 6. *(Pers)* verdienen
earn *v* **a living** *(WiWi)* seinen Lebensunterhalt verdienen
earn *v* **one's living** *(Gen, Soz)* seinen Lebensunterhalt bestreiten
earned income *(Gen, WiWi)* Erwerbseinkommen *n*
earned interest *(RW)* Zinseinkommen *n*
earned surplus *(RW, Versich)* Rücklagen *fpl*
earner *(Pers, WiWi)* Verdiener(in) *m(f)*, Lohn- oder Gehaltsempfänger(in) *m(f)*
earning capacity *(Gen)* Ertragskapazität *f*
earning performance *(Gen)* Ertragsleistung *f*
earning potential *(WiWi)* Ertragsmöglichkeiten *fpl*
earning power 1. *(Gen, RW)* Ertragskraft *f (of a company)*; 2. *(Pers)* Erwerbsfähigkeit *f*

earning reserves *(RW)* Gewinnrücklagen *fpl*

earnings 1. *(Fin)* Ertrag *m*, Gewinn *m*; Liquidität *f*; 2. *(Pers)* Arbeitseinkommen *n*, Verdienst *m*; 3. *(Steuer)* Einkommen *n*, Einkünfte *pl*

earnings at risk *(Bank, Fin)* Risikopotenzial *n*, Ertragsrisikopotenzial *n*, Value-at-Risk *m*, Risikowert *m (potential amount of value that can be lost or gained from changes in the price; Risikokennziffer zur Quantifizierung von Markt- und Preisrisiken von Kassa- oder derivativen Finanzinstrumenten: Verlust, der mit einem Konfidenzniveau - confidence level - von 99 % Wahrscheinlichkeit nicht überschritten wird; synonymous: value-at-risk)*

earnings before interest and tax(es) *(EBIT, Ebit) (Fin, RW)* Ergebnis *n* vor Zinsen und Steuern; operatives Ergebnis *n* vor Zinsen und Ertragsteuern, Betriebsergebnis *n* (Ebit), Ergebnis *n* vor Ertragsteuern und Zinsen, Ebit *n*; Gewinn *m* vor (Abzug von) Zinsen und Steuern; Gewinn *m* vor Ertragsteuern und Zinsaufwand; Ebit--Gewinn *m (synonymous: operating income, operating profit, trading profit, profit before interest and tax; Gewinn einschließlich der Zinsen und Steuern und nach Abzug außerordentlicher Aufwendungen und Erträge)*

earnings before interest, taxes and amortization *(EBITA, Ebita) (Fin, RW)* Ergebnis *n* vor Zinsen, Steuern und Abschreibungen auf den Firmenwert, EBITA *n*, Ebita *n*, Gewinn *m* vor Zinsen, Steuern und Geschäftswertabschreibungen

earnings before interest, taxes, depreciation and amortization *(EBITDA, Ebitda)* 1. *(Fin, RW)* Ergebnis *n* vor Zinsen, Steuern und Abschreibungen auf Goodwill und Sachanlagen, Gewinn *m* vor Zinsen, Steuern und Abschreibungen auf Goodwill und Sachanlagen, EBITDA *n*, Ebitda *n*; 2. *(Media)* Ergebnis *n* vor Zinsen, Steuern und Abschreibungen *(unpräziser, aber in der Medienpraxis gebräuchlich)*

earnings before tax(es) *(EBT, Ebt) (Fin, RW)* Ergebnis *n* vor Steuern; Gewinn *m* vor Steuern; *(ugs.)* Vor-Steuer-Ergebnis *n*, Vorsteuerergebnis *n*, Vor-Steuer--Gewinn *m*; Ertrag *m* vor Steuern *(Ebit minus net interest income = Ebit minus Zinsergebnis)*

earnings capacity *(Fin)* Ertragskraft *f*

earnings differential *(Pers)* Einkommensgefälle *n*

earnings distribution *(Pers, Soz)* Verdienststruktur *f*

earnings drift *(Pers)* Lohndrift *f*

earnings forecast *(Fin)* Gewinnprognose *f*

earnings level *(Pers)* Verdienstniveau *n*, Höhe *f* des Verdienstes

earnings management *(RW)* Bilanzkosmetik *f*, Frisieren *n* der Bilanz *(manipulation of profits)*

earnings per share *(RW, Fin)* Gewinn *m* je Aktie

earnings performance *(RW, Fin, Gen)* Gewinnentwicklung *f*

earnings position *(Fin)* Ertragslage *f*

earnings prospects *(Pers)* Verdienstaussichten *fpl*

earnings-related *adj* 1. *(Pers)* verdienstabhängig, verdienstbezogen; 2. *(Soz)* einkommensabhängig

earnings report 1. *(Fin)* Gewinn- und Verlustrechnung *f*, GuV *f (unterjährige Ergebnisrechnung)*; 2. *(RW)* Ergebnisrechnung *f*, Erfolgsbilanz *f*, Aufwands- und Ertragsrechnung *f*

earnings yield 1. *(Fin)* Gewinnrendite *f*; 2. *(Börse)* Gewinn *m* je Stammaktie nach Steuern zu Kurs der Stammaktie x 100, Gewinnrendite *f*

ease *v (WiWi)* erleichtern *(credit controls)*; lockern

ease *v* **off** *(WiWi)* abflauen; leicht nachgeben

ease *v* **the strain on the labour market** *(BE) (Pol, Soz)* den Arbeitmarkt entlasten

ease of use *(V&M)* Bedienkomfort *m*

easing bias *(WiWi)* Neigung *f* zur Auflockerung, Neigung *f* zur Lockerung, Tendenz *f* zur Lockerung, weniger restriktiver Kurs *m (opposite: tightening bias; e. g. Fed monetary policy)*

easing of conditions *(Pol, WiWi)* Auflockerung *f* der Bedingungen

eastward enlargement *(Pol)* Osterweiterung *f (EU)*

eastward expansion *(Pol)*

Osterweiterung *f (EU)*
easy *adj (Gen)* leicht • **with easy access to public transport** *(Gen)* verkehrsgünstig
easy monetary policy *(Bank, WiWi)* laxe Geldpolitik *f*
easy money *(WiWi)* leichtes Geld *n*, leicht verdientes Geld *n*
easy money policy *(WiWi)* Niedrigzinspolitik *f*, Politik *f* des leichten Geldes
easy terms of payments *(Bank)* günstige Zahlungsbedingungen *fpl*
easy to use *(Comp)* anwenderfreundlich, benutzerfreundlich
eavesdropping *(Gen, Komm, Recht)* Mithören *n*; Abhören *n (wiretapping)*
EBIT, Ebit *(Abk. für earnings before interest and taxes) (Fin, RW)* Ergebnis *n* vor Zinsen und Steuern, operatives Ergebnis *n* vor Zinsen und Ertragsteuern, Betriebsergebnis *n* (Ebit), Ergebnis *n* vor Ertragsteuern und Zinsen, EBIT *n*, Ebit *n*; Gewinn *m* vor Zinsen und Steuern, Gewinn *m* vor Ertragsteuern und Zinsaufwand *(synonymous: operating income, operating profit, trading profit, profit before interest and tax; Ermittlung: Gewinn einschließlich der Zinsen und Steuern und nach Abzug außerordentlicher Aufwendungen und Erträge; wichtige Kennzahl wegen ihrer international guten Vergleichbarkeit durch die Eliminierung unterschiedlicher Finanzierungs- und Steuerstrukturen; ein Maß der Ertragskraft im operativen Kerngeschäft)*
Ebit margin *(RW)* operative Marge *f*, operative Ebit-Marge *f (defined as Ebit divided by sales = Ebit/turnover = Ebit/Umsatz)*
EBITA, Ebita *(Abk. für earnings before interest, taxes and amortization) (Fin, RW)* EBITA *n*, Ebita *n*, Gewinn *m* vor Zinsen, Steuern und Firmenwertabschreibungen, Ergebnis *n* vor Zinsen, Steuern und Geschäftswertabschreibungen, Ergebnis *n* vor Zinsen, Steuern und Goodwillabschreibungen; Ergebnis *n* vor Zinsen, Steuern und Abschreibungen auf den Goodwill
EBITDA, Ebitda *(Abk. für earnings before interest, taxes, depreciation and amortization)* 1. *(Fin, RW)* EBITDA *n*, Ebitda *n*, Gewinn *m* vor Zinsen, Steuern und Abschreibungen auf Goodwill und Sachanlagen, Ergebnis *n* vor Zinsen, Steuern und Abschreibungen auf Goodwill und Sachanlagen; 2. *(Media)* Ergebnis *n* vor Zinsen, Steuern und Abschreibungen *(etwas unpräziser, aber in der medialen Praxis gebräuchlich)*
EBITDASO, Ebitdaso *(Abk. für earnings before interest, taxes, depreciation, amortization and stock options) (Fin, RW)* EBITDASO *n*, Ebitdaso *n*, Gewinn *m* vor Zinsen, Steuern, Abschreibungen und Stock-Options; Gewinn *m* vor Zinsen, Steuern und Abschreibungen auf Goodwill, Sachanlagen und (Aktien-)Optionen
EBT, Ebt *(Abk. für earnings before taxes) (Fin, RW)* Gewinn *m* vor Steuern; *(ugs.)* Vorsteuerergebnis *n*, Vor-Steuer--Ergebnis *n*, Vorsteuergewinn *m*; Ertrag *m* vor Steuern, Ergebnis *n* vor Steuern, Gewinn *m* vor Steuern *(Ebit minus net interest income = Ebit minus Zinsergebnis)*
ECB *s.* European Central Bank
ECB General Council *(Bank, WiWi)* Erweiterter Rat *m* der EZB *(third decision-making body of the ECB)*
ECE *(Abk. für Economic Commission for Europe) (Pol, WiWi)* ECE *f*, Wirtschaftskommission *f* (der UN) für Europa, UN-Wirtschaftskommission *f* für Europa *(a UN agency seated in Geneva; eine Unterorganisation der Vereinten Nationen mit Sitz in Genf)*
Eco-Management and Audit Scheme *(EMAS) (Umwelt)* EU-Öko-Audit *n*
Ecofin Council *(Abk. für Council of Economics and Finance Ministers) (Pol)* Ecofin-Rat *m*, Rat *m* der Wirtschafts- und Finanzminister *(EU)*
ecofriendly *adj (Umwelt)* umweltfreundlich
ecolabeling *(AE)*, **ecolabelling** *(BE)* 1. *(Umwelt)* Ökoetikettierung *f*, Ökokennzeichnung *f*; 2. *(Ind)* Umweltgütezeichen *n*
ecological *adj (Gen, Umwelt)* ökologisch
ecological balance sheet *(Umwelt)* Ökobilanz *f (cf life-cycle analysis)*
ecological consequences *(Umwelt)*

ökologische Folgen *fpl*
ecological electricity *(Ind, Umwelt)* Ökostrom *m*
ecological fund *(Umwelt, Fin, Börse)* Ökofonds *m (synonymous: eco fund, green fund)*
ecological hazards *(Umwelt)* ökologische Gefahren *fpl*
ecological indicator *(Umwelt)* ökologischer Indikator *m*
ecologist *(Umwelt)* Ökologe *m*, Ökologin *f*; *(auch ugs.)* Ökologist(in) *m(f)*
ecology *(Gen, Umwelt)* Ökologie *f*
ecology tax *(Umwelt)* Ökosteuer *f*, Umweltsteuer *f*
econometric *adj (WiWi)* ökonometrisch
economic *adj (Gen, WiWi)* Wirtschafts, Volkswirtschafts *(relating to the economy or to economics)*; wirtschaftlich, ökonomisch; betriebswirtschaftlich, volkswirtschaftlich, wirtschaftswissenschaftlich *(justified in terms of profitability; synonymous: managerial; meistens mit Bezug auf die produzierende Wirtschaft, knappe Güter, das wirtschaftliche Prinzip oder die Wirtschaftswissenschaften; Achtung: economical = sparsam)*; *(obs.)* nationalökonomisch
economic agent 1. *(Pol, WiWi)* Geschäftsführer(in) *m(f)*, Wirtschaftsteilnehmer(in) *m(f)*, wirtschaftlicher Entscheidungsträger *m*, wirtschaftliche Entscheidungsträgerin *f*; 2. *(Gen)* Entscheider(in) *m(f)*
economic aid *(WiWi)* Entwicklungshilfe *f*
Economic and Monetary Union *(EMU) (WiWi)* Wirtschafts- und Währungsunion *f*, WWU *f*
economic approach 1. *(Gen, WiWi)* ökonomische Sicht *f*, ökonomische Sichtweise *f*; 2. *(Steuer)* wirtschaftliche Betrachtungsweise *f*
economic area *(WiWi)* Wirtschaftsgebiet *n*
economic batch quantity *(WiWi, Ind, Mgt)* optimale Losgröße *f*, wirtschaftliche Losgröße *f*
economic batch size *(WiWi, Ind, Mgt)* optimale Losgröße *f*, wirtschaftliche Losgröße *f*
economic boom *(WiWi)* Konjunkturaufschwung *m*
economic cheerleading *(Gen, WiWi)* ökonomische Aufmunterung *f*, ökonomisches Cheerleading *n*, ökonomische Stimmungsmache *f*, ökonomischer Zweckoptimismus *m (political brainwashing)*
economic climate *(Gen, WiWi)* Konjunkturklima *n*, wirtschaftliches Klima *n*, Wirtschaftsklima *n*
Economic Commission for Europe *(ECE) (Pol, WiWi)* Wirtschaftskommission *f* (der UN) für Europa, UN-Wirtschaftskommission *f* für Europa, ECE *f (synonymous: United Nations Economic Commission for Europe; a UN agency seated in Geneva; eine Unterorganisation der Vereinten Nationen mit Sitz in Genf)*
economic conditions 1. *(WiWi)* Konjunkturlage *f*, Wirtschaftslage *f*; 2. *(Fin)* Wirtschaftslage *f*
economic cost 1. *(RW)* Anschaffungskosten *pl*, Herstellungskosten *pl*, AK/HK *pl*; 2. *(WiWi)* Opportunitätskosten *pl*, Alternativkosten *pl (the cost of using a resource in one activity -Verwendung- is measured in terms of its best alternative use; all economic costs are opportunity costs, the cost of foregone alternatives, die Kosten knapper Güter stellen generell Opportunitätskosten in Höhe des Wertes nicht wahrgenommener Alternativen dar)*
economic crime *(WiWi)* Wirtschaftskriminalität *f*, Wirtschaftsverbrechen *n*
economic crisis *(WiWi)* Wirtschaftskrise *f*, Konjunkturkrise *f*
economic cycle *(WiWi)* Konjunkturzyklus *m*
economic development *(WiWi)* Konjunkturentwicklung *f*, wirtschaftliche Entwicklung *f*
economic dimensions *(Pol, WiWi)* wirtschaftliche Größenordnung *f*
economic downturn *(WiWi)* Konjunkturabschwächung *f*, Wirtschaftsabschwung *m*, Konjunkturabschwung *m*, Konjunkturabschwächung *f*
economic efficiency *(Gen, Mgt, WiWi)* Wirtschaftlichkeit *f*, ökonomische Effizienz *f (synonymous: operational efficiency; Streben nach einem*

günstigen Verhältnis zwischen dem Ertrag und den zu seiner Erlangung aufgewendeten Mitteln oder zwischen den Output-Größen und den zugehörigen Input-Größen)
economic entity *(WiWi)* Wirtschaftseinheit *f*, Wirtschaftsgebilde *n*, wirtschaftliche Entscheidungseinheit *f (unit)*; Wirtschaftsteilnehmer(in) *m(f) (agent)*
economic expansion *(Gen, WiWi)* Wirtschaftsaufschwung *m*, wirtschaftliche Ausdehnung *f*
economic forecasting *(WiWi)* Konjunkturprognose *f*, Wirtschaftsprognose *f*
economic framework conditions *(WiWi)* wirtschaftliche Rahmenbedingungen *fpl*
economic good *(WiWi)* Wirtschaftsgut *n*, wirtschaftliches Gut *n*
economic growth *(WiWi)* Wirtschaftswachstum *n*
economic incentive *(WiWi)* wirtschaftlicher Anreiz *m*
economic indicator *(WiWi)* Konjunkturbarometer *n*; Konjunkturindikator *m*
economic law *(Recht)* Wirtschaftsrecht *n*
economic laws *(WiWi)* Wirtschaftsgesetzgebung *f*
economic liberalism *(Pol, WiWi)* Wirtschaftsliberalismus *m*
economic life *(Fin, Gen, V&M)* wirtschaftliche Lebensdauer *f*, wirtschaftliche Nutzungsdauer *f*
economic man *(Bil, WiWi)* Homo Oeconomicus *(an entirely rational and selfish person, free from malice and dogmatic resistance to change, met in pure form only in economic models; Modell eines vollkommen informierten, ausschließlich rational denkenden und wirtschaftlich, d.h. nutzenmaximierend handelnden Menschen der klassischen und neoklassischen Wirtschaftstheorie)*
economic manufacturing quantity *(Gen)* optimale Fertigungsmenge *f*, wirtschaftliche Losgröße *f*
economic obsolescence *(WiWi)* wirtschaftliches Veralten *n*
economic order quantity *(Ind, WiWi)* optimale Bestellmenge *f*, wirtschaftliche Losgröße *f*
economic outlook *(WiWi)* Konjunkturaussichten *fpl*
economic output *(WiWi)* Wirtschaftsleistung *f*, Output *m*
economic policy *(WiWi, Pol)* Wirtschaftspolitik *f*
economic price *(V&M)* wirtschaftlicher Preis *m*
economic progress *(WiWi)* wirtschaftlicher Fortschritt *m*
economic prospects *(WiWi)* Konjunkturaussichten *fpl*, Wirtschaftsaussichten *fpl*
economic recovery *(WiWi)* wirtschaftliche Erholung *f*, konjunkturelle Erholung *f*, Wiederbelebung *f* der Wirtschaft
economic refugee *(Gen, Pers, Pol)* Wirtschaftsflüchtling *m*
economic report *(WiWi)* Konjunkturbericht *m*, Wirtschaftsbericht *m*
economic research *(V&M, WiWi)* Wirtschaftsforschung *f*
economic resources *(WiWi)* ökonomische Ressourcen *fpl*
economic revival *(WiWi)* Konjunkturaufschwung *m*, Wirtschaftsaufschwung *m*, Wiederaufschwung *m* der Wirtschaft, Wiederbelebung *f* der Wirtschaft
economic sector *(WiWi)* Branche *m*, Wirtschaftszweig *m*
economic slowdown *(WiWi)* Konjunkturabschwächung *f*, konjunkturelle Abkühlung *f*
economic summit *(Pol, WiWi)* Wirtschaftsgipfel *m*
economic theory *(WiWi)* volkswirtschaftliche Theorie *f*
economic trend 1. *(WiWi)* Konjunkturentwicklung *f*, Konjunkturtrend *m*, Konjunkturverlauf *m*; 2. *(Gen)* Geschäftstrend *m*
economic upswing *(WiWi)* Konjunkturaufschwung *m*
economic viability *(WiWi)* Rentabilität *f*, Eigenwirtschaftlichkeit *f*
economical *adj* 1. *(Admin, Bank, Fin, WiWi)* ökonomisch; 2. *(Gen)* sparsam, ökonomisch
economical use of resources *(Umwelt)* rationelle Nutzung *f* von Ressourcen, wirtschaftlicher Ressourceneinsatz *m*
economically *adv* 1. *(Admin, Bank, WiWi)* wirtschaftlich; 2. *(Fin, Gen)* sparsam,

ökonomisch, volkswirtschaftlich *(sparingly)*
economically active *adj (Pers)* erwerbstätig
economics *(WiWi)* Wirtschaftswissenschaften *fpl*, Wirtschaftswissenschaft *f*, Volkswirtschaftslehre *f*, Ökonomik *f*; Wirtschaftstheorie *f*; *(obs.)* Nationalökonomie *f (the economic science; Achtung: economies = Ersparnisse, vgl. economies of scale)*
economics department *(Bil)* wirtschaftswissenschaftliche Abteilung *f*, volkswirtschaftliche Abteilung *f*
economics faculty *(Bil)* wirtschaftswissenschaftliche Fakultät *f*; volkswirtschaftliche Abteilung *f*
economics of nature *(WiWi, Umwelt)* Ökonomie *f* der Natur
economies *(Gen)* Einsparungen *fpl*, Ersparnisse *fpl*
economies of scale *(WiWi)* Skaleneffekte *mpl*, Skalenerträge *mpl*, Größenvorteile *mpl*, Größenkostenersparnisse *fpl*, positive Größeneffekte *mpl* (zunehmender Produktion) *(reduced cost per unit of output through mass production; synonymous: scale economies; opposite: absolute economies; Stückkostenersparnisse bei steigendem Output durch den degressiven Verlauf der langfristigen Durchschnittskostenkurve)*
economies of scope *(WiWi)* Verbundvorteile *mpl*, Diversifikationsvorteile *mpl*
economist *(WiWi)* Nationalökonom(in) *m(f)*, Ökonom(in) *m(f)*, Volkswirt(in) *m(f)*, Volkswirtschaftler(in) *m(f)*, Wirtschaftsexperte *m*, Wirtschaftsexpertin *f*, Wirtschaftswissenschaftler(in) *m(f)*
economize *(Gen, WiWi)* wirtschaften, sparsam wirtschaften, sparsam umgehen *(be economical; bewusst entscheiden über knappe Ressourcen)*
economy 1. *(WiWi)* Wirtschaft *f*, Wirtschaftssystem *f*, Volkswirtschaft *f (of an area or a country)*; Wirtschaftlichkeit *f*; Sparsamkeit *f (thrift)*; 2. *(Gen)* Konjunktur *f*
ecosystem *(Umwelt)* Ökosystem *n*
EDD *(Abk. für estimated delivery date) (V&M, Recht)* voraussichtlicher Liefertermin *m*
edge *(Gen)* Vorsprung *m*, Vorteil *m* • **have the edge over sb** *(Gen)* jmdm. überlegen sein
edit *v* 1. *(Comp)* aufbereiten; bearbeiten, editieren *(data, document)*; 2. *(Media)* redigieren
edition *(Comp, Gen, Media)* Ausgabe *f*, Ausg.
editor 1. *(Comp)* Editor *m (software)*; 2. *(Media)* Herausgeber(in) *m(f)*, Redakteur(in) *m(f)*
editorial *(Gen, Media)* Leitartikel *m*
education system *(Bil)* Ausbildungssystem *n*, Bildungswesen *n*
educational achievement *(Pers)* Bildungsabschluss *m*, Bildungsstand *m*, Bildungsniveau *n*
educational and training qualifications *(Bil)* Ausbildungs- und Befähigungsnachweise *mpl (EU)*
educational attainment *(Pers)* Bildungsabschluss *m*, Bildungsstand *m*, Bildungsniveau *n*
educational background *(Soz)* Ausbildung *f*, Bildungsweg *m*, Vorbildung *f*
educational course *(Bil)* Ausbildungslehrgang *m*, Bildungslehrgang *m*, Schulung *f*
educational deficit *(Bil, Pers)* Bildungsdefizit *n*, Bildungsmangel *m*, Mangel *m* an Bildung
educational expenditure *(Bil, Pers)* Bildungsausgaben *fpl*
educational institution *(Bil)* Bildungseinrichtung *f*, Bildungsstätte *f*, Bildungsinstitution *f*
educational leave *(Pers)* Bildungsurlaub *m*
educational level *(Pers)* Bildungsniveau *n*, Bildungsebene *f*, Bildungsabschluss *m*, Bildungsstand *m*
educational opportunity *(Pers)* Bildungschance *f*
educational performance *(Edu)* schulische Leistungen *fpl*, Bildungsleistungen *fpl*
educational qualification *(Bil)* Bildungszeugnis *n*, Bildungszertifikat *n*, Bildungsnachweis *m*
educational research *(Pers)* Bildungsforschung *f*
educational system *(Pers)*

Bildungssystem *n*, Ausbildungssystem *n*

educational upgrading *(Pers)* Verbesserung *f* des Ausbildungsstandes

edutainment *(Comp, Komm, Media)* Edutainment *n (education + entertainment)*

EER *(Abk. für effective exchange rate) (WiWi)* EWK *m*, effektiver Wechselkurs *m*

effect *v (Gen)* erzielen *(agreement)*; tätigen *(sale, purchase)*; durchführen *(settlement)*

effect *v* **a compromise** *(Gen)* einen Vergleich schließen

effect *(Gen)* Auswirkung *f*, Wirksamkeit *f*, Wirkung *f* • **come into effect** *(Recht)* rechtswirksam werden • **with effect from** *(Gen)* mit Wirkung vom

effect of taxation *(Steuer)* Steuerwirkung *f*

effect on employment *(Pers)* Beschäftigungseffekt *n*, Auswirkung *f* auf die Beschäftigung

effective *adj* 1. *(WiWi)* effektiv; 2. *(Gen)* wirksam, effektiv tatsächlich; wirklich, faktisch *(real)*; 3. *(Recht)* rechtswirksam • **become effective** *(Recht)* rechtswirksam werden, wirksam werden, in Kraft treten

effective annual rate *(EAR) (Fin, Recht)* effektiver Jahreszins *m (a method specified by law for calculating the real nominal annual rate of return)*; jährlicher Effektivzins *m*; Effektivzins *m* p.a.

effective annualized percentage rate *(APR) (Fin)* effektiver Jahreszins *m*, Effektivzins *m*

effective cost *(RW)* Istkosten *pl*, Ist--Kosten *pl*

effective exchange rate *(EER) (WiWi)* effektiver Wechselkurs *m*, EWK *m*

effective interest rate *(Bank)* Effektivzins *m*, effektiver Zins *m*

effective rate *(Bank, Fin)* Effektivzins *m*, Effektivverzinsung *f*, effektive Rendite *f*

effective rate of interest *(WiWi)* effektiver Zinssatz *m*

effective rate of return *(Bank, Fin)* Effektivzins *m*, Effektivverzinsung *f*, effektive Rendite *f*

effective yield *(Bank, Fin)* Effektivzins *m*, Effektivverzinsung *f*, effektive Rendite *f*

effectiveness *(Gen)* Wirksamkeit *f*

efficiency 1. *(Gen, WiWi)* Leistung *f*, Leistungsfähigkeit *f*, Effizienz *f*; Wirtschaftlichkeit *f*, Rentabilität *f (economic efficiency; monetary units = Wertgrößen)*; Produktivität *f*, Wirksamkeit *f*, Wirkungsgrad *m (industrial production; real terms = reale Größen)*; 2. *(Pers)* Leistungsfähigkeit *f*, Tüchtigkeit *f (of a person)*

efficiency calculation *(WiWi)* Wirtschaftlichkeitsrechnung *f*

efficiency gain *(Ind, Mgt)* Effizienzgewinn *f*

efficiency loss *(Ind, Mgt)* Effizienzverlust *m*

efficiency of labor *(AE)*, **efficiency of labour** *(BE) (WiWi)* Arbeitsproduktivität *f*

efficiency ratio *(WiWi)* Arbeitsproduktivität *f*

efficiency review *(Mgt)* Erfolgskontrolle *f*, Leistungsüberprüfung *f*, Effizienzkontrolle *f*

efficiency rule *(WiWi)* ökonomisches Prinzip *n*, Rationalprinzip *n*, Wirtschaftlichkeitsprinzip *n (zwei Ausprägungen: cf ökonomisches Prinzip)*

efficient *adj* 1. *(Bank, WiWi, Fin)* effizient, wirtschaftlich *(effective)*; 2. *(Gen)* fähig, effizient *(person)*; leistungsfähig *(machine, factory)*; rationell *(method, system)*; wirtschaftlich *(wirksam)*

efficient allocation *(WiWi)* effiziente Allokation *f*

efficient market hypothesis *(Fin, WiWi)* Kapitalmarkteffizienz-Hypothese *f*, Hypothese *f* des effizienten Kapitalmarkts, Hypothese *f* von der Kapitalmarkteffizienz

effluent fee *(WiWi)* Emissionsabgabe *f*, Abwasserabgabe *f (for effluent disposal = Abwasserentsorgung)*

EFSF *(Abk. für European Financial Stability Facility)* 1. *(Fin, Pol)* EFSF *f*, Europäische Finanzstabilitätsfazilität *f*, Europäische Finanzstabilisierungsfazilität *f*; 2. *(Media)* Euro-Krisenfonds *m*, Euro--Rettungsfonds EFSF *m*, Rettungsfonds *m*, Rettungsschirm *m*, Euro--Rettungsschirm *m (Eurospeak--Notkreation, errichtet im Zuge der ersten EU-Rettungsaktion, kurzfristig--vordergründig für den insolventen* *griechischen Staat, insbesondere aber für die Investoren in dessen Anleihen: EZB, Banken, Versicherungen, Pensions- und Hedgefonds; die Fazilität soll Anleihen finanzschwacher Euro--Staaten auf dem Sekundärmarkt = secondary market bei Banken ankaufen und bereits vorbeugend Darlehenslinien gewähren, um finanzpolitische Misswirtschaft gegen disziplinierende Finanzmarktreaktionen abzuschotten; die Gründung bedeutet für Kritiker den rechtsbeugenden = law-perverting, unumkehrbaren Einstieg in eine europäische Transfer- und Haftungsunion = transfer and liability union mit undurchschaubaren, unlimitierten horizontalen Finanztransfers, die die Unterschiede der wirtschaftlichen und finanziellen Leistungsfähigkeit auf niedrigem Niveau einebnen und die Motivation zum finanzpolitisch verantwortlichen Haushalten –Good Governance– nachhaltig unterminieren; Kritiker monieren die Euroland-weite Staatsfinanzierung an den demokratisch legitimierten nationalen Parlamenten und Haushalten vorbei, systematische Transparenzreduktion, den Missbrauch der EZB bei rechtsbrüchiger Missachtung ihrer Unabhängigkeit; anders: ESFS = European System for Financial Supervision = Europäisches Finanzaufsichtssystem = Europäisches System für Finanzaufsicht, die Schnittstelle zwischen mikro- und makroprudenzieller Überwachung auf europäischer Ebene)*

EFSM *(Abk. für European Financial Stability Mechanism) (Fin, Recht)* EFSM *m*, Europäischer Finanzstabilitätsmechanismus *m*, Europäischer Finanzstabilisierungsmechanismus *m (er komplettiert mit 60 Mrd. Euro als ‚Gemeinschaftsinstrument' in haushaltsrechtlicher Verantwortung der EU-Kommission die EFSF = European Financial Stability Facility = Europäische Finanzstabilitätsfazilität und ist wie diese bis Juni 2013 befristet; Ablösung durch den permanenten ESM = Europäischer Stabilitätsmechanismus = European Stability Mechanism; anders: ESFS = European System for Financial Supervision = Europäisches Finanzaufsichtssystem = Europäisches System für Finanzaufsicht, die neue Schnittstelle der mikro- und makroprudenziellen Überwachung auf europäischer Ebene mit ESRB + ESAs + nationalen Aufsichtsbehörden für die Überwachung des Tagesgeschäfts)*

EFTA *(Abk. für European Free Trade Association) (Pol, Imp/Exp)* EFTA *f*, Europäische Freihandelsassoziation *f*; *(ugs.)* Europäische Freihandelszone *f (vier Mitglieder: Island, Liechtenstein, Schweiz und Norwegen, die -alle außer der Schweiz- mit der EU in einer Freihandelszone = free trade area, dem EWR = Europäischer Wirtschaftsraum = European Economic Area = EEA verbunden sind)*

eight-hour day *(Pers)* Achtstundentag *m*

elastic demand *(WiWi)* elastische Nachfrage *f*

elastic supply *(WiWi)* elastisches Angebot *n*

elasticity of anticipation *(WiWi)* Erwartungselastizität *f*

elasticity of demand *(WiWi)* Elastizität *f* der Nachfrage, Nachfrageelastizität *f*

elasticity of labor demand *(AE)*, **elasticity of labour demand** *(BE) (Pers)* Elastizität *f* der Arbeitskräftenachfrage

elasticity of labor supply *(AE)*, **elasticity of labour supply** *(BE) (Pers)* Elastizität *f* des Arbeitskräfteangebots

elasticity of substitution *(WiWi)* Substitutionselastizität *f*

elasticity of supply *(WiWi)* Angebotselastizität *f*

election campaign *(Gen, Pol)* Wahlkampagne *f*

elections *(Pol)* Wahlen *fpl*

electricity consumption *(Ind)* Stromverbrauch *m*

electricity supply *(Ind)* Elektrizitätsversorgung *f*, Stromlieferung *f*

electronic *adj (Gen)* elektronisch

electronic banking *(Bank)* elektronische Abwicklung *f* von Bankgeschäften

electronic banking service *(Bank)* elektronische Bankleistung *f*

electronic business *(Comp, Komm,*

Media, V&M) E-Business *n*, elektronische Geschäfte *npl*, Geschäft *n* durch elektronische Medien, elektronische Geschäftsabwicklung *f*, elektronisches Geschäft *n (interne und externe Geschäftsprozesse über elektronische Medien; anders: e- -commerce)*

electronic commerce *(Comp, Komm, V&M)* E-Commerce *n*, elektronischer Handel *m*, E-Handel *m*, Handel *m* durch elektronische Medien, elektronischer Geschäftsverkehr *m*, elektronische Geschäfte *npl (external transactions)*

electronic data interchange *(Comp, Komm)* elektronischer Datenaustausch *m*

electronic data processing *(Comp)* elektronische Datenverarbeitung *f*, EDV

electronic document storage *(Comp, Gen)* elektronische Belegarchivierung *f*

electronic form *(Comp, Gen, Komm, Recht)* elektronische Form *f (e. g. digital signature as writing)*

electronic funds transfer 1. *(Admin, Bank)* elektronischer Zahlungsverkehr *m*; 2. *(Fin)* belegloser Überweisungsverkehr *m*

electronic home banking *(Bank)* Homebanking *n*

electronic inventory management *(Comp, Gen)* elektronische Bestandsführung *f*

electronic law *(e-law) (Comp, Recht)* E- -Recht *n*

electronic magazine *(Comp, Komm, Media)* elektronische Zeitschrift *f*, elektronisches Magazin *n*, E-Zine *n*

electronic manufacturing services *(EMS) (Comp, Komm)* elektronische Fertigungsservices *mpl*, EMS *mpl*

electronic media *(V&M)* elektronische Medien *npl*

electronic paper *(Comp, Komm, Media)* elektronisches Papier *n*, E-Papier *n*

electronic payment *(Bank, Comp, V&M)* elektronische Zahlungsabwicklung *f*, elektronische Zahlung *f*

electronic payment terminal *(Fin)* elektronisches Zahlungsterminal *n*, elektronisches Zahlungsverkehrsterminal *n*

electronic purse *(Bank, Comp, Komm)* elektronische Geldbörse *f*

electronic signature *(Comp, Komm, Recht)* elektronische Signatur *f*, elektronische Unterschrift *f*

electronic specialized dictionary *(Media, V&M)* e-Fachwörterbuch *n*

electronic wallet *(Bank, Comp, Komm)* elektronische Geldbörse *f (e. g. a smart card)*

electronically accessible *adv (Comp, Komm)* elektronisch abrufbar

eligibility *(Pers, Soz)* Berechtigung *f (Anspruch)*; Eignung *f*

eligibility criteria *(Pers, Soz)* Anspruchsvoraussetzungen *fpl*

eligibility for benefits *(Pers, Soz)* Anspruchsberechtigung *f* (auf Leistungen), Anspruch *m* auf Leistung, Leistungsberechtigung *f*

eligible *adj* 1. *(Bank, Pers)* förderfähig; 2. *(Gen)* anrechnungsfähig • **be eligible for benefit** *(Soz)* leistungsberechtigt sein, Leistungsvoraussetzungen erfüllen, anspruchsberechtigt sein • **be eligible for sth** *(Pers, Pol, WiWi)* zu etw. berechtigt sein, für etw. geeignet sein, für etw. qualifiziert sein; für etw. anspruchsberechtigt sein *(for subsidies or grants)*

eligible as collateral *(Fin)* beleihbar, lombardfähig

eligible assets *(Bank, Fin)* refinanzierungsfähige Sicherheiten *fpl*, zentralbankfähige Aktiva *pl (ECB)*

eligible for discount *(RW, Bank, Fin)* diskontfähig, rediskontfähig

eligible papers *(Bank)* zentralbankfähige Wechsel *mpl*

eligible person *(Pers)* Anwartschaftsberechtigte(r) *f(m)*

eliminate *v (Gen)* entfernen, ausschalten, beseitigen *(error)*; ausschließen *(possibility)*

elimination of jobs *(Pers)* Arbeitsplatzvernichtung *f*, Vernichtung *f* von Arbeitsplätzen

elimination of unemployment *(Pers, Soz, WiWi)* Beseitigung *f* der Arbeitslosigkeit

embargo 1. *(Imp/Exp)* Einfuhrsperre *f*, Einfuhrstopp *m (imports)*; 2. *(Media, Logis)* Embargo *n*; 3. *(Pol)* Sperre *f*

embargo on exports *(Imp/Exp)* Ausfuhrsperre *f*

embezzle *v* 1. *(Gen)* unterschlagen *(funds)*; 2. *(Recht)* veruntreuen; unterschlagen

embezzlement 1. *(Gen)* Unterschlagung *f*; 2. *(Recht)* Unterschlagung *f*, Veruntreuung *f (of funds)*
embodied technical progress *(WiWi, Ind)* investitionsgebundener technischer Fortschritt *m*
emergency meeting *(Gen, Pol)* Dringlichkeitssitzung *f*
emerging country *(Pol)* Schwellenland *n*
emerging markets *(WiWi, Pol)* Schwellenländer *npl*
EMF *s.* European Monetary Fund
EMFTA *(Abk. für Euro-Mediterranean Free Trade Area) (Imp/Exp, Pol)* Euromediterrane Freihandelszone *f*
emission trading *(Umwelt)* Handel *m* mit Umweltverschmutzungszertifikaten; Emissionshandel *m (also: emissions trading)*
emissions reduction banking *(Umwelt, WiWi)* Umweltbankensystem *n*, Emissionsminderungsguthaben *n*
emissions trading *(Umwelt)* Handel *m* mit Umweltverschmutzungszertifikaten
emolument 1. *(Gen)* Bezüge *mpl*, Einkünfte; 2. *(Steuer)* Gewinn *m*, Nutzen *m*, Vergütung *f*
emoticon *(Comp, Komm)* Emoticon *n (an icon designating emotions)*
empirical *adj (Stat, WiWi)* empirisch *(based on observation and experience rather than pure logic, auf Beobachtung und Erfahrung beruhend, vgl empirische Makroökonomie = empirical macroeconomics)*
empirical findings *(WiWi)* empirische Befunde *f*
empirical macroeconomics *(WiWi, Edu)* empirische Makroökonomik *f*, empirische Makroökonomie *f*
employ *v* 1. *(Gen)* anstellen, einstellen *(person)*; anwenden, verwenden *(method)*; 2. *(Pers)* beschäftigen
employability 1. *(Pers)* Beschäftigungsfähigkeit *f*; 2. *(Soz)* Vermittelbarkeit *f*
employable *adj* 1. *(Pers)* vermittelbar, arbeitsfähig; 2. *(Soz)* erwerbsfähig, arbeitsfähig
employable age *(Pers, Soz)* arbeitsfähiges Alter *n*, erwerbsfähiges Alter *n*
employed, employed persons *(Pers, WiWi)* Erwerbstätige *pl*, Beschäftigte *pl*
employee 1. *(Gen, Pers)* Angestellte(r) *f(m)*, Arbeitnehmer(in) *m(f)*, Beschäftigte(r) *f(m)*, Mitarbeiter(in) *m(f)*; 2. *(Mgt)* Beschäftigte(r) *f(m)*
employee activity rate *(WiWi)* Erwerbsquote *f*
employee appraisal *(Pers)* Personalbeurteilung *f*, Mitarbeiterbeurteilung *f*
employee assessment *(Pers)* Personalbeurteilung *f*, Mitarbeiterbeurteilung *f*
employee benefits *(Pers, Soz)* Sozialleistungen *fpl*
employee compensation *(AE) (Pers)* Arbeitnehmereinkommen *n*, Einkommen *n* aus unselbstständiger Arbeit *(Volkswirtschaftliche Gesamtrechnung = VGR = SNA = System of National Accounts)*; Arbeitnehmerverdienste *pl*
employee contribution *(Pers, Steuer)* Arbeitnehmeranteil *m*, Arbeitnehmerbeitrag *m*
employee development program *(AE) (Pers) s.* employee development programme
employee development programme *(BE) (Pers)* Fortbildungsprogramm *n*
employee earnings *(Pers)* Arbeitnehmerverdienste *mpl*
employee-elected representation *(Pers)* Arbeitnehmervertretung *f*
employee leasing *(Pers)* Arbeitnehmerverleih *m*, Arbeitskräfteverleih *m*
employee leasing company *(Pers)* Leiharbeitsfirma *f*, Zeitarbeitsfirma *f*
employee participation scheme *(Pers)* Arbeitnehmerbeteiligung *f*, Mitarbeiterbeteiligung *f*
employee profile *(Pers)* Mitarbeiterprofil *n*
employee profit-sharing *(Pers)* Gewinnbeteiligung *f* der Arbeitnehmer
employee qualifications *(Pers)* Mitarbeiterqualifikationen *fpl*
employee rate *(BE) (Steuer)* Arbeitnehmeranteil *m*, Arbeitnehmerbeitrag *m*
employee selection *(Pers)* Personalauswahl *f*
employee shareholding scheme *(Pers)* Belegschaftsaktienplan *m*, Belegschaftsaktien-Beteiligungsplan *m*
employee survey *(Pers, Stat)*

Mitarbeiterbefragung *f*, Arbeitnehmerbefragung *f*
employee training *(Pers)* Mitarbeiterschulung *f*, Personalfortbildung *f*, Weiterbildung *f* der Mitarbeiter
employee turnover *(WiWi, Gen, Pers)* Arbeitskräftefluktuation *f*
employee with experience *(Recht)* erfahrener Mitarbeiter *m*, erfahrene Mitarbeiterin *f*
employees 1. *(Gen)* Belegschaft *f*; 2. *(Mgt, Pers)* Beschäftigte *pl*
employees' committee *(Pers)* Betriebsrat *m*
employees' rights *(Pers)* Arbeitnehmerrechte *npl*
employer *(Fin, Gen, Pers, Steuer)* Arbeitgeber(in) *m(f)*, *(ugs.)* Brötchengeber *m*
employer rate *(BE)* *(Steuer)* Arbeitgeberanteil *m*, Arbeitgeberbeitrag *m*
employer survey *(Pers, Stat)* Unternehmerbefragung *f*, Unternehmenserhebung *f*, Erhebung *f* bei Unternehmen
employers *(Pers)* Arbeitgeberschaft *f*, Arbeitgeber *mpl*, Unternehmer *mpl*
employers' association *(Gen, Pers)* Arbeitgeberverband *m*
employer's contribution *(Fin, Pers, Steuer)* Arbeitgeberanteil *m*, Arbeitgeberbeitrag *m*
employer's liabilities *(Steuer)* Arbeitgeberhaftpflicht *f*, Unternehmerhaftpflicht *f*
employer's pension commitment *(Pers, Versich)* Direktzusage *f*
employer's pension scheme *(Pers, Soz)* Betriebsrente *f*, Firmenrente *f*
employers' side *(Pers)* Arbeitgeberseite *f*, Unternehmerseite *f*
employment *(Pers)* Arbeitsverhältnis *n*, Beschäftigung *f*, Dienstverhältnis *n*
employment agency *(Admin, Gen, Pers)* Arbeitsvermittlung *f*, Personalvermittlungsbüro *n*, private Stellenvermittlung *f*
employment and training measures *(Soz)* arbeitsmarktpolitische Maßnahmen *fpl*, arbeitsmarktpolitische Instrumente *npl*
employment and training schemes *(Soz)* arbeitsmarktpolitische Maßnahmen *fpl*, arbeitsmarktpolitische Instrumente *npl*
employment bottleneck *(Pers, WiWi)* Beschäftigungsengpass *m*
employment certificate *(Pers)* Beschäftigungsnachweis *m*, Arbeitsnachweis *m*
employment compensation *(Ind, Pers, Recht)* Arbeitslohn *m*
employment contract *(Gen, Pers, Recht)* Arbeitsvertrag *m*
employment creation *(Soz, WiWi)* Arbeitsbeschaffung *f*, Schaffung *f* von Arbeit, Schaffung *f* von Arbeitsplätzen
employment-creation measure *(Soz)* Arbeitsbeschaffungsmaßnahme *f*
employment-creation scheme *(Soz)* Arbeitsbeschaffungsmaßnahme *f*
employment crisis *(Pers, WiWi)* Beschäftigungskrise *f*, Beschäftigungsmisere *f*
employment cutback *(Pers)* Abbau *m* der Beschäftigung, Beschäftigungsabbau *m*
employment documents *(Pers)* Arbeitspapiere *npl*
employment duration *(Pers)* Beschäftigungszeit *f*, Beschäftigungsperiode *f*, Dauer *f* der Anstellung, Dauer *f* der Beschäftigung
employment effect *(Pers)* Beschäftigungswirkung *f*, Auswirkung *f* auf die Beschäftigung
employment expenses *(Pers)* Personalkosten *pl*
employment figures 1. *(WiWi)* Beschäftigungszahlen *fpl*; 2. *(Gen)* Beschäftigtenzahlen *fpl*
employment growth *(Pers)* Beschäftigungswachstum *n*, Beschäftigungszunahme *f*
employment guarantee *(Pers)* Beschäftigungsgarantie *f*, Arbeitsplatzschutz *m*, Beschäftigungsschutz *m*
employment impact *(Pers, WiWi)* Beschäftigungseffekt *n*, Auswirkung *f* auf die Beschäftigung
employment incentives *(Pers, Soz)* Beschäftigungsanreize *mpl*, Maßnahmen *fpl* zur Stärkung der Beschäftigung über (finanzielle) Anreize
employment income *(Steuer)* Arbeitslohn *m*
employment intensity *(Pers)*

Beschäftigungsintensität *f*
employment legislation *(Pers, Soz)* Arbeitsgesetzgebung *f*
employment liable for contributions *(Soz)* beitragspflichtige Beschäftigung *f*
employment market *(Pers, WiWi)* Arbeitsmarkt *m*, Stellenmarkt *m*
employment office *(Admin, Pers, Soz)* Arbeitsamt *n*
employment opportunities *(Pers)* Arbeitsmöglichkeiten *fpl*, Beschäftigungsmöglichkeiten *fpl*, Beschäftigungschancen *fpl*
employment oriented wage policy *(Gen, WiWi)* beschäftigungsorientierte Lohnpolitik *f (cf productivity orientated wage policy, produktivitätsorientierte Lohnpolitik)*
employment overhead *(RW)* Personalgemeinkosten *pl*
employment permit *(Pers, Recht)* Arbeitserlaubnis *f*
employment-population ratio *(Stat)* Beschäftigungsquote *f (Erwerbstätige in Relation zur Bevölkerung der entsprechenden Altersgruppe)*
employment protection *(Pers)* Beschäftigungsschutz *f*, Beschäftigungsgarantie
employment rate *(Soz, WiWi)* Beschäftigungsquote *f*, Beschäftigungsgrad *m*, Erwerbstätigenquote *f (ratio of labour force to total population)*
employment ratio *(Soz, WiWi)* Beschäftigungsquote *f*, Beschäftigungsgrad *m*, Erwerbstätigenquote *f (ratio of labour force to total population)*
employment record *(Pers)* beruflicher Werdegang *m*, Beschäftigungsnachweis *m*
employment reference *(Pers)* Arbeitszeugnis *n*
employment security *(Pers)* Arbeitsplatzsicherheit *f*
employment service *(AE) (Admin, Pers)* Arbeitsamt *n*, Arbeitsvermittlung *f*
employment standards *(Pers)* Arbeitsnormen *fpl*, arbeitsrechtliche Normen *fpl*, Beschäftigungsnormen *fpl*
employment statistics *(Pers, Stat)* Beschäftigtenstatistik *f*
employment status *(Pers)* Stellung *f* im Erwerbsleben
employment structure *(Pers)* Beschäftigtenstruktur *f* Beschäftigungsstruktur *f*
employment subject to contributions *(Soz)* beitragspflichtige Beschäftigung *f*
employment target *(Pers, WiWi)* Beschäftigungsziel *n*
employment threshold *(WiWi)* Beschäftigungsschwelle *f (der Prozentsatz des Wirtschaftswachstums, ab dem die Beschäftigung zunimmt; je nach Anreizstruktur und Rahmenbedingungen bei ca. 1,5-4 % Wachstum des BNE)*
employment trend *(Pers)* Beschäftigungsentwicklung *f* Beschäftigungstrend *m*
empower *v* 1. *(Gen)* bevollmächtigen; 2. *(Recht)* beauftragen
empower *v* **sb to do sth** *(Gen)* jmdn. ermächtigen, etw. zu tun
empowerment 1. *(Recht)* Bevollmächtigung *f*, Ermächtigung *f*; 2. *(Soz)* Hilfe zur Selbsthilfe, Förderung *f* des Selbstbewusstseins, Befähigung *f* zum selbstständigen Handeln
EMS *(Abk. für 1. European Monetary System, 2. electronic manufacturing services, 3. Enhanced Message Service)* 1. *(Econ)* EWS *n*, Europäisches Währungssystem *n (EU)*; 2. *(Comp, Komm)* EMS *mpl (elektronische Fertigungsservices)*; 3. *(Komm)* EMS *m (mobile phones; erweiterter Nachrichtendienst)*
EMU *(Abk. für 1. Economic and Monetary Union, 2. European Monetary Union)* 1. *(WiWi, Pol)* WWU *f*, Wirtschafts- und Währungsunionc *f (geschaffen 1992 durch den VEU = Vertrag von Maastricht)*; 2. *(WiWi, Media, Pol) (ugs.)* EWU *f*, Europäische Währungsunion *f*
enable *v* 1. *(Comp)* einschalten, aktivieren *(software)*; 2. *(Gen, Pers)* befähigen
enabling clause *(Recht)* Ermächtigungsklausel *f*
enact *v (Recht)* erlassen *(legislation)*
encashment 1. *(RW)* Inkasso *n*; 2. *(Bank)* Einkassierung *f*, Inkasso *n*; 3. *(Börse)* Einlösung *f*
enclose *v* 1. *(Komm)* beifügen, beilegen; 2. *(Gen)* beifügen, beiheften
enclosed *adj (Komm)* als Anlage, anbei *(in letter)*; beigeheftet • **please find**

enclosed *(Komm)* anbei schicken wir Ihnen
encourage *v (Gen)* ermutigen *(person)*; fördern, unterstützen *(trade)*
encroach *v (Recht)* beeinträchtigen, übergreifen
encroach *v* **on** *(Recht)* beeinträchtigen *(right)*
encryption method *(Komm)* Kryptoverfahren *n*, Verschlüsselungsverfahren *n (data protection)*
encumber *v (Recht)* belasten
encumbrance 1. *(Recht)* Belastung *f*, dingliche Belastung *f*, Grundstücksbelastung *f (property)*; 2. *(Grund)* Schuldenlast *f*
end consumer *(WiWi, V&M)* Endabnehmer(in) *m(f)*, Endverbraucher(in) *m(f)*
end-of-month account *(RW, Bank)* Ultimoabschluss *m*, Monatsabschluss *m*
end-of-pipe measures 1. *(Gen, WiWi)* End-of-Pipe-Maßnahmen *fpl*; 2. *(Umwelt)* nachgeschaltete Umweltschutzmaßnahmen *fpl*
end-of-season sale 1. *(Gen)* Schlussverkauf *m*; 2. *(V&M)* Saisonschlussverkauf *m*
end of work *(Pers)* Arbeitsschluss *m*
end-of-year 1. *(Bank, Fin, RW)* Jahresultimo *n*; 2. *(Gen)* Jahresend, Jahresultimo *(in compounds)*
end-of-year transactions *(Bank, RW)* Jahresultimodispositionen *fpl*
end product *(Gen)* Endprodukt *n*
end-use goods *pl (Imp/Exp, V&M)* Endverbrauchsgüter *npl*
end-user 1. *(Comp)* Benutzer(in) *m(f)*, Anwender(in) *m(f)*; 2. *(WiWi)* Endabnehmer(in) *m(f)*, Endverbraucher(in) *m(f)*, Endanwender(in) *m(f) (certificate)*; 3. *(Gen)* Endempfänger(in) *m(f)*
ending inventory *(RW)* Abschlussinventar *n*, Schlussbestand *m*, Endbestand *m*
endogenous variable *(Stat, WiWi)* endogene Variable *f*
endorse *v* 1. *(Bank, Gen)* indossieren; 2. *(Recht)* vermerken, billigen, zulassen; 3. *(V&M)* bestätigen
endorsement 1. *(Bank)* Indossament *n (bill, cheque)*; 2. *(Recht)* Indossament *n*, Vermerk *m*; 3. *(V&M)* Bestätigung *f*
endorsement and delivery *(Bank, Recht)* Indossament *n* und Übergabe *f*
endorsements *(Fin, RW)* Wechselindossamente *npl*, Indossamente *npl* auf Wechseln, Indossamentsverbindlichkeiten *fpl* (aus weitergegebenen Wechseln) *(liabilities arising out of the endorsement of rediscounted bills; ein Posten unter dem Strich in der Bankbilanz)*
endorser, endorsor *(Bank, Recht, V&M)* Indossant *m*
endowment 1. *(Recht)* Stiftung *f*; 2. *(Gen)* Begabung *f*
endowment assurance, endowment insurance *(Versich)* gemischte Lebensversicherung *f*, Versicherung *f* auf den Todes- und Erlebensfall, Kapitallebensversicherung *f* mit Rentenwahlrecht
endowment with capital *(Mgt, WiWi)* Kapitalausstattung *f*, Kapitalausrüstung *f*
energy company 1. *(Gen, Ind)* Energieunternehmen *n*; 2. *(Pol, Umwelt)* Energiekonzern *m*
energy consumption *(Gen, Umwelt)* Energieverbrauch *m*
energy efficiency *(Gen, Umwelt)* Energieeinsparung *f*, Energienutzungsgrad *m*
energy exploitation *(Umwelt)* Energieausnutzung *f*
energy intensity *(Umwelt, WiWi)* spezifischer Energieverbrauch *m*, Primärenergieverbrauch *m* je BIP-Einheit
energy label *(Recht, Umwelt)* Energie-Label *n*, Energieetikett *n*, Energieverbrauchsetikett *n*
energy performance certificate *(Recht, Umwelt)* Energieausweis *m (synonymous: energy pass)*
energy reserves *(Umwelt)* Energiereserven *fpl*, Energieressourcen *fpl*, Energievorräte *mpl*
energy resources *(Umwelt)* Energieressourcen *fpl*, Energiequellen *fpl*
energy saving *(Umwelt)* Energieeinsparung *f*
energy supply *(Gen)* Energieversorgung *f*
energy supply company *(Ind, Umwelt)* Energieversorgungsunternehmen *n*,

EVU
enforce *v* 1. *(Gen)* erzwingen, durchsetzen *(rights)*; 2. *(Recht)* vollstrecken, vollziehen, erzwingen
enforce *v* **a claim** *(Recht)* einen Anspruch durchsetzen
enforceability *(Recht)* Klagbarkeit *f*, Vollstreckbarkeit *f*
enforceable legal document *(Recht)* Schuldtitel *m*
enforceable right *(Recht)* einklagbares Recht *n*
enforceable right to compensation *(Recht)* Anspruch *m* auf Schadenersatz
enforcement *(Recht)* Durchsetzung *f*, Vollstreckung *f*, Vollziehung *f*, Geltendmachung *f*
enforcement powers *(Recht)* Eingriffsbefugnisse *fpl*
enforcement procedure *(Gen)* Vollstreckungsverfahren *n*
enfranchise *v (Gen)* konzessionieren, zulassen
engage *v* 1. *(Gen)* beschäftigen; 2. *(Pers)* einstellen *(staff)*; 3. *(Recht)* verpflichten
engage *v* **in political activity** *(Gen, Pol)* sich politisch betätigen
engaged *adj* 1. *(Komm) (BE)* besetzt *(telephone line)*; 2. *(Gen)* beschäftigt *(person)* • **be engaged in** *(Mgt)* arbeiten an, sich beschäftigen mit
engaged signal *(BE) (Komm)* Besetztzeichen *n (telephone)*
engaged tone *(BE) (Komm)* Besetztzeichen *n (telephone)*
engagement 1. *(Gen)* Engagement *n*; 2. *(Recht)* Verpflichtung *f*
engagement to sell short *(Börse)* Baisseengagement *n*
enhance *v* 1. *(Comp)* erweitern, verbessern; 2. *(WiWi)* erhöhen, steigern *(purchasing power)*; 3. *(Gen)* verbessern
enhanced competition *(WiWi)* verschärfter Wettbewerb *m*
enlarge *v (Gen)* vergrößern
enlargement *(Gen)* Erweiterung *f*
enlargement negotiations *(Pol)* Beitrittsverhandlungen *fpl (EU)*
enlargement of the European Union *(Pol)* Erweiterung *f* der Europäischen Union *(EU)*
enquire *v* 1. *(Comp)* abfragen, anfragen; 2. *(Gen)* anfragen; 3. *(Mgt, Recht)* untersuchen; 4. *(V&M)* erkundigen, umfragen, untersuchen
enquiry 1. *(Gen)* Anfrage *f*, Erkundigung *f*; 2. *(WiWi)* Untersuchung *f (study)*; 3. *(Stat)* Umfrage *f*, Erhebung *f*, Befragung *f (survey)*
enquiry period *(Pers, Stat)* Erhebungszeitraum *m*, Befragungszeitraum *m*
enrich *v* 1. *(Komm)* erweitern; 2. *(Steuer)* erhöhen
enrichment 1. *(Gen)* Ausweitung *f (of job)*; 2. *(Recht)* Bereicherung *f*
enrolment fee *(BE) (Edu, Gen)* Einschreibegebühr *f*, Anmeldegebühr *f*
ensure *v (Recht)* sicherstellen
enter *v* 1. *(RW)* verbuchen; 2. *(Comp)* eingeben *(data)*; 3. *(Gen)* etw. vermerken; 4. *(Pol)* beitreten
enter *v* **an appeal** *(Recht, Steuer)* in Revision gehen *(court decision)*
enter *v* **employment** *(Pers)* ins Erwerbsleben eintreten
enter *v* **into a contract with** *(Gen)* einen Vertrag schließen mit
enter *v* **into an agreement** *(Gen)* eine Vereinbarung treffen
enter *v* **into force** *(Pat, Recht)* in Kraft treten, rechtswirksam werden, wirksam werden
enter *v* **on the books** *(RW)* buchen, verbuchen
enter *v* **the labor force** *(AE)*, **enter** *v* **the labour force** *(BE) (Pers)* ins Erwerbsleben eintreten
enter *v* **the labor market** *(AE)*, **enter** *v* **the labour market** *(BE) (Pers, WiWi)* auf den Arbeitsmarkt treten, in den Arbeitsmarkt eintreten
enter *v* **the market** *(WiWi)* auf den Markt kommen
enter *v* **working life** *(Pers, Soz)* ins Erwerbsleben eintreten, ins Arbeitsleben eintreten, ins Berufsleben eintreten, berufstätig werden
enterprise 1. *(Mgt, WiWi)* Unternehmen *n*, Unternehmung *f*, Wirtschaftsunternehmen *n*, Privatunternehmen *n (business firm)*; 2. *(Gen)* Unternehmen *n*, Unternehmung *f (project)*; Unternehmungsgeist *m (entrepreneurial spirit)*; Initiative *f*
enterprise applications *(Comp, Gen)* Unternehmensanwendungen *fpl*
enterprise level *(Gen, Mgt)* Unternehmensebene *f*

enterprise zone *(WiWi)* Industrie(förder)gebiet *n*, Wirtschaftsentwicklungsgebiet *n*, Fördergebiet *n*, Gewerbegebiet *n*
enterprising *adj (Gen)* wagemutig, ideenreich, zupackend
entertainment 1. *(Gen)* Bewirtung *f (of client)*; 2. *(Frei)* Unterhaltung *f*, Vergnügung *f*
entertainment allowance 1. *(RW)* Aufwandsentschädigung *f*; 2. *(Gen)* Bewirtungspauschale *f*
entitle *v* 1. *(Gen)* ermächtigen; 2. *(Recht)* berechtigen
entitled person *(Recht)* Rechtsinhaber(in) *m(f)*
entitled to file an application *(Recht)* antragsberechtigt
entitled to priority *adj (Recht)* bevorrechtigt
entitlement 1. *(Gen, Pol)* Anspruchsdenken *n*; 2. *(Pers)* Anspruch *m*; 3. *(Recht, Soz)* Berechtigung *f*; 4. *(Steuer)* Steuerhoheit *f*, Besteuerungsrecht *n*, Besteuerungsanspruch *m*
entitlement to benefits *(Pers, Soz)* Anspruchsberechtigung *f* (auf Leistungen), Anspruch *m* auf Leistung, Leistungsberechtigung *f*
entitlement to the goods *(Recht)* Eigentumsrecht *n* an den Waren
entity 1. *(Gen)* Wirtschaftseinheit *f*, wirtschaftliche Einheit *f*, Unternehmen *n*, Organisation *f (an economic unit with a distinct identity, a trade or business with or without a view to profit; eine abgrenzbare Wirtschaftseinheit, ein Unternehmen oder Geschäft mit oder ohne Gewinnabsicht = gainful intent)*; 2. *(Gen, WiWi)* Einheit *f*; Gebilde *n*, reales Gebilde *n*; 3. *(Pat, Recht)* Rechtspersönlichkeit *f (legal entity; legal personality)*
entrance 1. *(Gen)* Eingang *m*; Eintrittsgeld *n*, Eintritt *m*, Eintrittsgebühr *f (fee)*; 2. *(Pers, Soz)* Zugang *m* • **limit entrance** *(Pers)* Zugang beschränken • **restrict entrance** *(Gen, Pers)* Zugang beschränken
entrance limitation *(Gen, Pers)* Zugangsbeschränkung *f*
entrance requirement *(Gen, Pers)* Zugangsvoraussetzung *f*, Zugangsbedingung *f*
entrance restriction *(Gen, Pers)* Zugangsbeschränkung *f*
entrance test *(Edu)* Zugangsprüfung *f*, Aufnahmeprüfung *f*
entrants *(Pers)* Personen *fpl* in Einarbeitungsphase
entrepreneur 1. *(WiWi)* Unternehmer(in) *m(f)*, Privatunternehmer(in) *m(f)*; 2. *(Gen)* Geschäftsfrau *f*, Geschäftsmann *m*, Unternehmer(in) *m(f)*; 3. *(Mgt)* Unternehmer(in) *m(f)*
entrepreneurial *adj (WiWi)* unternehmerisch, Unternehmer
entrepreneurial income *(WiWi)* Unternehmereinkommen *n*
entrepreneurial profit *(RW, Gen)* Unternehmerlohn *m*
entrepreneurial risk *(Gen, WiWi)* unternehmerisches Risiko *n*, Unternehmerrisiko *n*, Unternehmensrisiko *n*, Unternehmerwagnis *n*
entrepreneurship *(WiWi)* Unternehmergeist *m*, Unternehmertum *n*; Unternehmensleitung *f*, Unternehmensführung *f*
entrust *v (Gen)* anvertrauen
entrust *v* **sb with the management** *(Mgt, Pers)* jmdn. mit der Geschäftsführung beauftragen
entry 1. *(RW)* Posten *m*, Verbuchung *f*; 2. *(Gen)* Eintragung *f*, Vermerk *m*; 3. *(Imp/Exp)* Einreise *f*, Zolldeklaration *f*; 4. *(Pol)* Beitreten *n*, Beitritt *m*; 5. *(Börse)* Eintritt *m*, Zutritt *m*, Markteintritt *m*, Marktzutritt *m (into market)*; 6. *(Frei)* Einreise *f*; 7. *(Pers)* Zugang *m*, Eintritt *m* • **limit entry** *(Pers)* Zugang beschränken • **on [upon] entry** *(Bank, RW)* nach Eingang, nach Zahlungseingang *(payment transactions, Zahlungsverkehr)*
entry barrier 1. *(WiWi)* Marktzutrittsschranke *f*, Markteiontrittsbarriere *f*, Marktzugangsbeschränkung *f*; 2. *(Imp/Exp)* Zollschranke *f (customs)*
entry into force *(Pat, Recht)* Inkrafttreten *n*, Wirksamwerden *n*
entry into self-employment *(Pers)* Aufnahme *f* einer selbstständigen Tätigkeit
entry into the labor force *(AE) (Pers) s.* entry into the labour force

entry into the labour force *(BE) (Pers)* Eintritt *m* ins Erwerbsleben
entry into working life *(Pers)* Eintritt *m* ins Erwerbsleben
entry-level wages *(Pers)* Einstiegsgehälter *npl*, Einstiegslöhne *mpl*, Anfangsgehälter *npl*
entry requirement *(Gen, Pers)* Zugangsvoraussetzung *f*, Zugangsbedingung *f*
entry standards *(Gen, Pers)* Zugangsvoraussetzung *f*, Zugangsbedingung *f*
enumerate *v (Gen)* aufzählen
environment 1. *(Comp)* Umgebung *f*; 2. *(Umwelt)* Umwelt *f*; 3. *(Gen)* Umfeld *n*, Rahmenbedingungen *fpl*
environmental analysis *(Mgt, Umwelt)* Umweltuntersuchung *f*, Umfeldanalyse *f*
environmental assessment *(Umwelt)* strategische Frühaufklärung *f*, Umweltprüfung *f*
environmental association *(Pol, Umwelt)* Umweltverband *m*
environmental audit *(Umwelt)* Umweltbetriebsprüfung *f*, Öko-Audit *n*, Umwelt-Audit *n*, Umweltschutz-Audit *n*
environmental compatibility *(Umwelt)* Umweltverträglichkeit *f*
environmental concerns *(Umwelt)* Umweltfragen *fpl*
environmental conditions *(Umwelt)* Umweltbedingungen *fpl*
environmental cost *(Umwelt, WiWi)* Umweltkosten *fpl*
environmental damage *(Gen, Pol, Umwelt)* Umweltschaden *m*
environmental expert *(Umwelt)* Umweltexperte *m*, Umweltschutzexperte *m*
environmental hazards *(Umwelt)* Umweltgefahren *fpl*
environmental impact analysis *(Gen)* Umweltverträglichkeitsprüfung *f*
environmental impact assessment *(Umwelt)* Bewertung *f* der Umweltbelastung, Umweltverträglichkeitsprüfung *f*
environmental label *(Umwelt, V&M)* Umweltzeichen *n*
environmental levy *(Steuer, Umwelt, WiWi)* Umweltabgabe *f*
environmental liability law *(Recht, Umwelt)* Umwelthaftungsrecht *n*
environmental pollution *(Umwelt)* Umweltverschmutzung *f*
environmental protection *(Pol, Umwelt)* Umweltschutz *m*
environmental protection measures *(Umwelt)* Umweltschutzmaßnahmen *fpl*
environmental quality *(Umwelt)* Umweltqualität *f*, Umweltgüte *f*
environmental report *(Umwelt)* Umweltbericht *m*
environmental reporting *(Umwelt)* Umweltberichterstattung f
environmental supervisory authority *(Recht, Umwelt)* Umweltaufsichtsbehörde *f*
environmental test *(Umwelt)* Umweltprüfung *f*
environmental zone *(Recht, Umwelt)* Umweltzone *f*
environmentally aware *adj (Umwelt)* umweltbewusst
EONIA *(Abk. für euro overnight index average) (Bank, Fin, WiWi)* EONIA *m*, Euro Overnight Index Average *m*; umsatzgewichteter Euro--Tagesgeldsatz *m (European Central Bank: a measure of the effective interest rate prevailing in the euro interbank overnight market, calculated as a weighted average = gewogener Durchschnitt of the interest rates on unsecured overnight lending transactions denominated in euro; effektiver umsatzgewichteter Interbank--Tagesgeldsatz für unbesicherte Euro--Übernachtkontrakte)*
EPS *s.* earnings per share
equal *adj* 1. *(Gen)* gleich und gegensätzlich; 2. *(Stat)* gleich • **all else being equal** *(Gen)* ceteris paribus, unter sonst gleichen Umständen • **equal pay for work of equal value** *(Pers)* gleicher Lohn für gleichwertige Arbeit • **on equal terms** *(Gen)* zu den gleichen Bedingungen
equal *(Pers)* Gleichgestellte(r) *f(m) (person)*
equal conditions *(Recht)* gleiche Bedingungen *fpl*
equal educational opportunity *(Pers)* gleiche Bildungschancen *fpl*
equal footing *(Gen)* gleiche Basis *f*
equal opportunities in education *(Pers)* gleiche Bildungschancen *fpl*
equal opportunity *(BE) (Pers)*

Chancengleichheit *f*
equal pay *(Pers, Pol)* Gleichheit *f* des Arbeitsentgelts, gleicher Lohn *m*
equal pay for equal work *(Pers)* gleicher Lohn *m* für gleiche Arbeit *(given equal productivity)*
equal product curve *(WiWi)* Isoquante *f*, Kurve *f* gleicher Produktion
equal rights *(Recht)* Gleichberechtigung *f*
equal status *(Recht)* Gleichstellung *f*
equal treatment *(Recht)* Gleichbehandlung *f*
equal treatment of men and women *(Pers)* Gleichbehandlung *f* von Frauen und Männern *(EU)*
equality management *(Mgt, Pers)* Personalführung *f* nach dem (Chancen-)Gleichheitsprinzip
equality of men and women *(Pers, Pol, Recht)* Gleichberechtigung *f* von Mann und Frau
equality of opportunity *(Pers)* Chancengleichheit *f*
equality of rights of men and women *(Pers, Pol, Recht)* Gleichberechtigung *f* von Mann und Frau
equalization 1. *(Bank)* Nivellierung *f*; 2. *(Gen)* Ausgleich *m*, Gleichsetzung *f*
equalization claim *(Bank, Pol)* Ausgleichsforderung *f*
equalization fund *(Versich)* Ausgleichsfonds *m*, Schwankungsfonds *m*, Schwankungsrückstellung *f*
equalization levy *(Imp/Exp)* Ausgleichsabgabe *f (on cross-border EU goods)*
equalize *v (Gen)* gleichsetzen, ausgleichen
equation *(Stat)* Gleichung *f*
equilibrium *(WiWi)* Gleichgewicht *n*
equilibrium GNP *(WiWi)* güterwirtschaftliches Gleichgewicht *n*
equilibrium on the labor market *(AE)*, **equilibrium on the labour market** *(BE)* *(Pers)* Arbeitsmarktgleichgewicht *n*
equilibrium output *(WiWi)* Gleichgewichtsmenge *f*, Gleichgewichtsproduktion *f*
equilibrium price *(WiWi)* Gleichgewichtspreis *m*
equilibrium unemployment *(Soz)* Gleichgewichtsarbeitslosigkeit *f*, Sockelarbeitslosigkeit *f*
equilibrium wage rate *(WiWi)* Lohngleichgewicht *n*, Tarifgleichgewicht *n*
equip *v* 1. *(Comp)* ausstatten; 2. *(Gen)* ausrüsten, ausstatten; 3. *(Ind)* bestücken
equipment 1. *(Comp)* Ausstattung *f*; 2. *(Gen)* Ausrüstung *f*, Ausstattung *f*; 3. *(Ind)* Bestückung *f*
equipment goods *(WiWi)* Ausrüstungsgegenstände *mpl*, Investitionsgüter *npl*
equipment leasing 1. *(WiWi)* Investitionsgüter-Leasing *n*; 2. *(Fin)* Ausrüstungsvermietung *f*; 3. *(Ind)* Geräteleasing *n*, Geräteverleih *m*; 4. *(Grund)* Geräteleasing *n*
equitable *adj* 1. *(Gen)* gerecht, recht und billig *(fair)*; 2. *(Recht)* billigkeitsrechtlich
equities *(Bank, Fin)* Dividendenwerte *mpl*, Beteiligungspapiere *npl*, Beteiligungstitel *mpl*; *(BE)* Stammaktien *fpl*; Teilhaberwerte *mpl*, Teilhaberpapiere *npl (synonymous: equitiy securities)*
equity 1. *(Fin, WiWi)* Aktienkapital *n*, Eigenkapital *n*; Beteiligungskapital *n*, außerbörsliches Beteiligungskapital *n*; *(obs.)* Stammkapital *n (GmbH)*; 2. *(Gen)* Ausgleich *m*, Billigkeit *f (fairness)*; 3. *(Recht)* Billigkeit *f*, Billigkeitsrecht *n*; 4. *(Pol)* Gerechtigkeit *f*, Verteilungsgerechtigkeit *f* • **have an equity stake** *(Fin)* eine Kapitalbeteiligung haben
equity accounting *(RW)* Equity-Methode *f*, Eigenkapitalmethode *f (Bilanzierung von Beteiligungen am stimmberechtigten Kapital eines anderen Unternehmens nach angelsächsischer Methode, die durch zeitkongruente Berücksichtigung von Beteiligungserträgen keine stillen Rücklagen entstehen läßt; nach § 311 HGB nicht im Einzelabschluss, sondern nur im Konzernabschluss zulässig; synonymous: equity method of accounting)*
equity and liabilities *(RW)* Eigenkapital *n* und Fremdkapital *n (zusammen das bilanzielle Gesamtkapital = total capital shown in the balance sheet)*
equity backing *(Fin)* Eigenkapitalunterlegung *f*, Eigenmittelunterlegung *f*, Eigenmitteldeckung *f*

equity borrowing *(Fin)* Eigenkapitalaufnahme *f*
equity buffer *(Bank, Fin)* Eigenkapitalpuffer *m*
equity capital *(Fin, RW, WiWi)* Aktienkapital *n*, Eigenkapital *n*, (außerbörsliches) Beteiligungskapital *n*
equity capital requirements *(Recht, Fin, Bank, WiWi)* Eigenkapitalvorschriften *fpl (Eigenmittelbestimmungen)*
equity/debt ratio *(Fin, WiWi)* Verschuldungskoeffizient *m*, Eigenkapital-Fremdkapital-Verhältnis *n*, Verhältnis *n* von Eigenkapital zu Fremdkapital *(Kehrwert des Verschuldungskoeffizienten = Verschuldungsgrad = FK : EK = Fremdkapital : Eigenkapital)*
equity dilution *(Fin, WiWi)* Kapitalverwässerung *f*, Verwässerung *f* des Eigenkapitals *f*, Verwässerung *f* des Aktienkapitals
equity financing *(Fin)* Beteiligungsfinanzierung *f*, Eigenfinanzierung *f*
equity fund *(Börse)* Aktienfonds *m*, Aktieninvestmentfonds *m*
equity holder *(Börse, Fin, RW)* Aktionär *m*; Gesellschafter(in) *m(f)*, Anteilseigner(in) *m(f)*
equity holding 1. *(Fin)* Beteiligung *f*, Kapitalbeteiligung *f*; 2. *(Börse)* Aktienbesitz *m*
equity issue *(Börse)* Aktienemission *f*, Emission *f* von Stammaktien
equity market *(Börse)* Beteiligungsmarkt *m*, Aktienmarkt *m*
equity method (of accounting) *(RW)* Equity-Methode *f*, Eigenkapitalmethode *f (Bilanzierung von Beteiligungen am stimmberechtigten Kapital eines anderen Unternehmens nach angelsächsischer Methode, die durch zeitkongruente Berücksichtigung von Beteiligungserträgen keine stillen Rücklagen entstehen läßt; nach § 311 HGB nicht im Einzelabschluss, sondern nur im Konzernabschluss zulässig; synonymous: equity accounting)*
equity movement schedule *(Fin, RW)* Eigenkapitalspiegel *m (IFRS/IAS)*
equity position *(Fin)* Eigenkapitalausstattung *f*, Eigenkapitaldecke *f*
equity price movements *(Börse)* Kursbewegungen *fpl*; Kursentwicklung *f*, Aktienkursentwicklung *f*
equity ratio *(Fin, RW)* Eigenkapitalquote *f (ratio of equity to total assets, Verhältnis von Eigenkapital zu Gesamtkapital)*
equity return *(Fin, WiWi)* Aktienrendite *f*, Eigenkapitalrendite *f*, EKR *f*, Eigenkapitalrentabilität *f*, Kapitalrendite *f (Bezug: eingesetztes Eigenkapital)*
equity share *(AE) (Börse)* Stammaktie *f (cf BE ordinary share)*
equity stake *(Mgt, Recht)* Beteiligung *f*, Kapitalbeteiligung *f*, Eigenkapitalbeteiligung *f*; Beteiligungskapital *n*
equity turnover 1. *(Fin)* Kapitalumschlag *m*, Umschlaghäufigkeit *f* des Eigenkapitals; 2. *(Börse)* Umsatz *m* in Aktien
equity value *(Fin)* Equity-Wert *m (wertorientierte Unternehmensführung)*
equity yield rate *(Fin)* Eigenkapitalverzinsung *f*, Eigenkapitalverzinsungsrate *f*, Eigenkapitalverzinsungssatz *m*
equivalence coefficient costing *(RW, WiWi)* Divisionskalkulation *f* mit Äquivalenzziffern, Äquivalenzziffernrechnung *f*, Äquivalenzziffernkalkulation *f (Kostenrechnung; Umrechnung verschiedenartiger Leistungen auf ein einheitliches Bezugssystem als Voraussetzung der Kostenverrechnung = cost allocation; cf Divisionskalkulation = process costing, Kuppelprodukte = joint products)*
equivalent *adj (Gen)* äquivalent, gleichwertig
equivalent amount *(Gen)* Gegenwert *m*
erect *v* **Chinese walls** *(Bank, Fin)* Vertraulichkeitsbereiche einrichten
ERM II *s.* Exchange Rate Mechanism II
ERP *s.* European Recovery Programme
erratic *adj* 1. *(Gen)* heftig, sprunghaft; 2. *(Börse)* ungleichmäßig *(performance, work)*; heftig, sprunghaft, schwankend, erratisch *(price movements)*
error in measurement *(Stat)* Messfehler *m*
error margin *(Stat)* Fehlerspanne *f*, Fehlerbereich *m*, Fehlergrenze *f*
errors and omissions *(WiWi)* Saldo *m* nicht aufgliederbarer Transaktionen,

Restposten *m*, Restposten *mpl* der Zahlungsbilanz *(balance of payments)*

ESA 95 *s.* European System of Accounts 1995

ESAs *(Abk. für European Supervisory Authorities) (Bank, Börse)* Europäische Finanzaufsichtsbehörden *fpl*, ESAs *fpl (EU: drei 2011 auf europäischer Ebene errichtete Behörden, die zusammen mit dem ESRB und den Nationalen Aufsichtsbehörden das Europäische Finanzaufsichtssystem ESFS bilden; dazu gehören a) EBA = European Banking Authority = Europäische Bankenaufsichtsbehörde, b) EIOPA = European Insurance and Occupational Pensions Authority = Europäische Aufsichtsbehörde für das Versicherungswesen und die betriebliche Altersversorgung und c) ESMA = European Securities and Markets Authority = Europäische Wertpapier- und Marktaufsichtsbehörde; sie gingen hervor aus den Level-3-Ausschüssen des Lamfalussy-Verfahrens, den drei europäischen Aufseherausschüssen a) CEBS = Committee of European Banking Supervisors, b) CEIOPS = Committee of European Insurance and Occupation Pensions Supervisors und c) CESR = Committee of European Securities Regulators)*

ESCB *s.* European System of Central Banks

ESCB business day *(Bank, Börse)* ESZB--Geschäftstag *m*

ESF *s.* Exchange Stabilization Fund

ESFS *(Abk. für European System of Financial Supervisors) (Börse, Fin)* ESFS *n*, Europäisches Finanzaufsichtssystem *n (dazu zählen a) Europäischer Ausschuss für Systemrisiken = Europäischer Systemrisikorat = ESRB = European Systemic Risk Board; b) Europäische Finanzaufsichtsbehörden = ESAs = European Supervisory Authorities = EBA + EIOPA + ESMA, letztere drei hervorgegangen aus den Level-3--Ausschüssen des Lamfalussy--Verfahrens; c) nationale Aufsichtsbehörden = national supervisory authorities für Banken, Versicherungen und Wertpapiermärkte; anders: EFSF = Europäische Finanzstabilisierungsfazilität = Europäische Finanzstabilitätsfazilität = European Financial Stability Facility, der bis Juni 2013 befristete sog. Euro--Rettungsschirm oder -Rettungsfonds)*

ESM *(Abk. für European stability mechanism) (Pol, Bank, Fin)* ESM *m*, Europäischer Stabilitätsmechanismus *m (der sog. dauerhafte Krisenmechanismus löst am 1.7.2013 den 5/2010 zur ersten Griechenlandkrise ad hoc eingeführten temporären Rettungsschirm ab, nämlich die EFSF = European Financial Stability Facility = Europäische Finanzstabilitätsfazilität und den EFSM = European Financial Stability Mechanism = Europäischer Finanzstabilisierungsmechanismus; er sieht finanzielle Unterstützung für nicht nachhaltig oder finanzpolitisch verantwortlich wirtschaftende Staaten zur Sicherung der Stabilität der Eurozone vor, wie immer konditioniert, mit Schuldentragfähigkeitsanalyse durch die EU-Kommission und nur als ‚Ultima Ratio'; er vermeidet politikunabhängige, strikte Auflagen mit automatischen Sanktionen, und lässt dem europäischen Rat, wie beim Stabilitäts- und Wachstumspakt, diskretionäre Handlungsspielräume und tages-, innen- oder nationalpolitisch motivierte Manipulationsmöglichkeiten, was verantwortliche Finanzpolitik unterminiert und die Glaubwürdigkeit beeinträchtigt; Rücklagen im Hinblick auf eine künftige Inanspruchnahme von AAA-gerateten Kreditgebern und --garanten oder sonstige haushaltswirksame Risikovorsorgen sind nicht vorgesehen; Stand 11/2011)*

ESRB *(Abk. für European Systemic Risk Board) (Bank, Pol, Recht)* ESRB *m*, Europäischer Ausschuss *m* für Systemrisiken, Europäischer Rat *m* für systemische Risiken, Europäischer Systemrisikorat *m*, Systemrisikorat *m (der Rat ist Teil des ESFS = European System for Financial Supervision = Europäisches Finanzaufsichtssystem, der Schnittstelle zwischen mikro- und makroprudenzieller Überwachung auf europäischer Ebene; Aufgaben: die*

Systemaufsicht = makroprudenzielle Aufsicht = macroprudential supervision über das neue dreigliedrige europäische Finanzüberwachungssystem für Banken, Versicherungen und Wertpapierhandel aus der Makroperspektive wahrnehmen, systemweite Risiken identifizieren und analysieren, Warnungen und Empfehlungen aussprechen und Vorschläge zur Behebung von Fehlentwicklungen unterbreiten; die Entscheidung über das Ergreifen und die Durchführung von Maßnahmen bleibt wie vor der Schuldenkrise zersplittert in nationaler Verantwortung, Abweichungen vom ESRB-Vorschlag sind bestenfalls im Rahmen eines Handle-oder-Erkläre-Mechanismus = act-or-explain mechanism zu begründen; das Sekretariat ist bei der EZB angesiedelt)

essential commodities *(Gen, V&M)* Güter *npl* des täglichen Bedarfs

essential feature *(Pat)* Wesensmerkmal *n*, wesentliche Eigenschaft *f*, wesentliches Merkmal *n*

essential foodstuffs *(Gen)* Grundnahrungsmittel *npl*

essential goods *pl (WiWi)* unentbehrliche Güter *npl*

essential industry *(WiWi, Ind)* Schlüsselindustrie *f*

essential operating capital *(Bank, Fin)* betriebsnotwendiges Kapital *n*

essentials 1. *(WiWi)* Güter *npl* des Grundbedarfs, unentbehrliche Güter *npl*, Güter *npl* des täglichen Bedarfs *(essential goods)*; 2. *(Gen)* das Wesentliche *n*; die wesentlichen Punkte *mpl (text, lecture)* • **the essentials** *(Gen)* das Wesentliche *n*, die wesentlichen Punkte *mpl*

establish *v (Gen)* anerkennen; festlegen *(date)*; feststellen, ermitteln *(fact)*

establish *v* **a branch** *(Bank)* eine Zweigniederlassung einrichten, eine Zweigniederlassung errichten

establish *v* **a company** *(Gen)* Unternehmen gründen

established *adj (Gen)* anerkannt, gegründet, gegr.

established brand *(V&M)* bekannte [eingeführte] Marke *f*

established image *(V&M)* Ansehen *n*, guter Ruf *m*

established market *(V&M)* etablierter Markt *m*

established post *(Pers)* Planstelle *f*, feste Anstellung *f*

establishment 1. *(Admin)* Unternehmung *f*; 2. *(Gen)* Unternehmen *n*, Firma *f*, Fa.; 3. *(Pers)* Betrieb *m*; Gründung *f*, Geschäftsgründung *f*, Errichtung *f (new business)* • **at establishment level** *(Gen, Ind, Mgt)* auf Betriebsebene, auf betrieblicher Ebene, auf Unternehmensebene

establishment census *(Pers)* Betriebszählung *f*

establishment of higher education *(Bil)* höhere Lehranstalt *f*, Hochschule

establishment of new industry *(Ind, Pol)* Industrieansiedlung *f*, Ansiedlung *f* von Industrie

establishment size *(Gen)* Betriebsgröße *f*, Unternehmensgröße *f*

estate agency *(BE) (Grund)* Immobilienbüro *n*

estate agent *(Grund)* Grundstücksmakler(in) *m(f)*, Immobilienmakler(in) *m(f)*, Wohnungsmakler(in) *m(f)*

estate tax *(AE) (Steuer)* Erbschaftssteuer *f*

estimate *v* 1. *(RW)* veranschlagen; 2. *(Gen)* taxieren; berechnen, schätzen, ansetzen, vorkalkulieren *(cost)*; 3. *(Börse, Mgt)* vorkalkulieren

estimate *v* **cost** *(RW)* kalkulieren, vorkalkulieren *(synonymous: cost)*

estimate 1. *(Admin, Pol)* Haushaltsausgabenansatz *m*; 2. *(Fin)* Haushaltsansatz *m*, Haushaltsvoranschlag *m*; 3. *(Gen)* Schätzung *f*, Schätzansatz *m*, Berechnung *f*, Taxe *f*; 4. *(V&M)* Angebot *n*; Kostenvoranschlag *m*, Voranschlag *m*, Vorkalkulation *f (of cost)*

estimate of current market value *(Fin)* Verkehrswertschätzung *f*

estimated *adj* 1. *(RW)* veranschlagt, vorkalkuliert; 2. *(Gen, Mgt, Börse)* geschätzt, vorkalkuliert

estimated cost system *(RW)* Vorkalkulationssystem *n*

estimated costs *(WiWi)* Sollkosten *pl*

estimates 1. *(Fin)* Ausgabenansätze *mpl*, Etat *m*, Plan *m*, Budget *n*; 2. *(Gen)*

Schätzungen *fpl*, Schätzwerte *mpl*
estimating approach *(Bank)* Schätzansatz *m*
estimating function *(Stat)* Schätzfunktion *f*
estimation 1. *(RW)* Veranschlagung *f*, Vorkalkulierung *f*; 2. *(Gen)* Schätzung *f*, Vorkalkulierung *f* • **in one's own estimation** *(Gen)* in das Ermessen gestellt, nach eigenem Ermessen
estimation result *(Gen, Stat)* Schätzergebnis *n*
ET *(Abk. für emission trading) (Gen, Umwelt)* Emissionshandel *m*
ETF *s.* exchange-traded fund
ethical investment 1. *(Bank, Fin)* ethisch verantwortliche Kapitalanlage *f*, ethisch verantwortliche Investition *f*, ethische Geldanlage *f (nur sogenannte gesellschaftlich korrekte Anlagen, keine Rüstungs-, Nuklear- oder Erotikindustrie z. B., oder, wie beim Islamic Banking, keine agrar- oder vergnügungswirtschaftlichen Anlagen in die Schweinezucht oder in Spielcasinos, cf Scharia-kompatible Finanzinstrumente)*; 2. *(Börse)* ethische Investition *f (e. g. excluding armament and nuclear industries)*
ethics *(Mgt, Recht)* Ethik *f*, Standesethik *f*
ethics of the profession *(Recht)* Standesrichtlinien *fpl*, Berufsethos *n*
EU *s.* European Union
EU Directive *(Recht)* EU-Richtlinie *f (legally binding in EU Member States)*
EU Directive on Data Protection *(Comp, Recht)* EU-Datenschutzrichtlinie *f*
EU Directive on Distance Selling *(Recht, V&M)* EU-Fernabsatzrichtlinie *f*
EU Lisbon Treaty *(jarg.) (Recht, Pol)* EU--Vertrag *m* von Lissabon, *(jarg.)* EU Lissabon-Vertrag *m (jarg.: Treaty of Lisbon = Vertrag von Lissabon; synonymous: ToL = VvL; the treaty, a complex legal document, replaces the failed European Constitutional Treaty = EU-Verfassungsvertrag and aims to streamline decision-making through increased use of majority votes; EU--Reformvertrag, unterzeichnet am 13.12.07 in Lissabon, in Kraft am 1.12.2009, ersetzt den 2006 gescheiterten Verfassungsvertrag)*
EU Single Market *(WiWi, Recht, Imp/Exp)* EU-Binnenmarkt *m (Synonym: EU Domestic Market)*
EURIBOR *(Abk. für Euro Interbank Offered Rate) (Bank, Fin)* Euribor *m*, Euro Interbank-Angebotssatz *m (the rate at which a prime bank is willing to lend funds in euro to another prime bank, calculated daily as the average of the daily offer rates of a representative panel of prime banks; the benchmark rate for the Euro-zone money market, since 1999 Frankfurt-based benchmark competitor of Euro LIBOR; Referenzzinssatz für den besicherten Geldmarkthandel erster Bankadressen im Euro-Währungsgebiet)*
euro *(Bank)* Euro *m (plural: euros; ECB)*
euro area *(Bank)* Eurogebiet *n*, Eurowährungsgebiet *n*, Euro--Währungsgebiet *n*, Euroraum *m (ECB)*
euro-area-wide *adj (Bank)* im gesamten Euro-Raum (geltend) *(ECB)*
euro commercial paper *(Fin)* Euro--Commercial-Paper *n*, Euro-CP *n*
Euro fatigue *(Media, Pol)* Europamüdigkeit *f (EU)*
Euro-Med *(Abk. für Euro-Mediterranean Free Trade Area, EMFTA) (Imp/Exp, Pol)* Euromediterrane Freihandelszone *f*
Euro-Mediterranean Free Trade Area *(EMFTA, Euro-Media) (Imp/Exp, Pol)* Euromediterrane Freihandelszone *f*
euro overnight index average *(EONIA) (Bank, Fin, WiWi)* Euro Overnight Index Average *m*, EONIA *m*; umsatzgewichteter Euro--Tagesgeldsatz *m (ECB: a measure of the effective interest rate prevailing in the euro interbank overnight market, calculated as a weighted average = gewogener Durchschnitt of the interest rates on unsecured overnight lending transactions denominated in euro; effektiver umsatzgewichteter Interbank--Tagesgeldsatz für unbesicherte Euro--Übernachtkontrakte)*
euro overnight interest rate *(Bank, WiWi)* Eurotagesgeldsatz *m*
euro zone *(Bank, WiWi) (ugs.)* Euro-Zone *f*, *(ugs.)* Euroland *n*, Eurogebiet *n*, Euro--Währungsraum *m*, Euro--Währungsgebiet *n*, Eurowährungsgebiet *n (ECB)*
eurobond 1. *(Bank)* Euroanleihe *f*; 2. *(Fin)* am Euromarkt begebener Schuldtitel *m*; 3. *(Börse)* Euroanleihe *f*, Eurobond *m*

eurocurrency *(Bank, Börse, Fin, WiWi)* Eurowährung *f*
eurocurrency loan *(Bank, Fin)* Euroanleihe *f*, Eurowährungsanleihe *f*, Eurowährungskredit *m*
eurocurrency market 1. *(WiWi)* Fremdwährungsmarkt *m*, Euro(geld)markt *m*; 2. *(Börse)* Eurowährungsmarkt *m*
Eurodollar *(WiWi)* Eurodollar *m*
Eurodollar bond *(WiWi)* Eurodollaranleihe *f*
Eurodollar deposit *(Bank, WiWi)* Eurodollareinlage *f*
eurojargon *(Gen, Recht)* EU-Jargon *m*; *(ugs.)* Euro-Chinesisch *n (synonymous: eurospeak)*
Euromarket *(WiWi)* Euromarkt *m*
European Article Number *(EAN) (Comp, V&M)* Europäische Artikelnummer *f*, EAN
European Central Bank *(ECB) (WiWi)* Europäische Zentralbank *f*, EZB *f (gemäß Gemeinschaftsrecht eine politisch unabhängige europäische Institution mit eigener Rechtspersönlichkeit und drei -nicht ausnahmslos mit ordnungs- oder nationalpolitisch unabhängigen Mitgliedern besetzten-Beschlussorganen: 1. EZB-Rat = Governing Council, 2. EZB-Direktorium = Executive Board mit dem Präsidenten, dem Vizepräsidenten, dem Chefvolkswirt und drei weiteren Direktoriumsmitgliedern, 3. Erweiterter Rat = General Council)*
European Commission *(WiWi)* Europäische Kommission *f*
European company (SE) *(Recht)* Europäische Gesellschaft *f* (SE), Europäische Aktiengesellschaft *f* (SE), Europa AG *f* (SE), Europagesellschaft *f* (SE), SE *f*, Societas Europaea *f (die SE ist stets eine Kapitalgesellschaft in der Form einer Aktiengesellschaft; EU)*
European Cooperative Society (SCE) *(Recht)* Europäische Genossenschaft *f* (SCE), Societas Cooperativa Europaea *f*, SCE *f (EU)*
European Council *(Pol)* Europäischer Rat *m*
European Court of Human Rights *(Recht)* Europäischer Gerichtshof *m* für Menschenrechte *(Straßburg)*
European Court of Justice *(Recht)* Europäischer Gerichtshof *m*, EuGH, Gerichtshof *m* der Europäischen Union *(in Luxemburg)*
European Currency Unit *(ECU) (WiWi, Fin) (obs.)* Europäische Währungseinheit *f*
European Economic Area *(EEA) (WiWi)* Europäischer Wirtschaftsraum *m*, EWR
European Economic Interest Grouping *(EEIG) (WiWi)* Europäische Wirtschaftliche Interessenvereinigung *f*, EWIV
European Financial Reporting Advisory Group *(EFRAG) (Fin, RW) Europäische Beratende Expertengruppe für IFRS/IAS-Bilanzierung*
European Financial Stability Facility *(EFSF)* 1. *(Fin, Pol)* EFSF *f*, Europäische Finanzstabilisierungsfazilität *f*, Europäische Finanzstabilitätsfazilität *f*; 2. *(Media)* Euro-Krisenfonds *m*, Euro--Rettungsfonds EFSF *m*, Rettungsfonds *m*, Rettungsschirm *m*, Euro-Rettungsschirm EFSF *m (eine Eurospeak-Notkreation für die medial als ‚Rettungsschirm' vermarktete Fazilität; errichtet im Zuge der ersten EU-Rettungsaktion, kurzfristig--vordergründig für den insolventen griechischen Staat, insbesondere aber für die Investoren in dessen Anleihen: EZB, Banken, Versicherungen, Pensions- und Hedgefonds; der Geschäftsrahmen = scope of business der Fazilität wurde mit dem ‚2. Rettungspaket' am 21.7.11 stark ausgeweitet und geht damit weit über die traditionellen IWF-Befugnisse hinaus: die Einrichtung soll Anleihen finanzschwacher Euro-Staaten auf dem Primär- und Sekundärmarkt = secondary market bei Banken ankaufen und bereits vorbeugend Darlehenslinien gewähren, um angeschlagene Staaten gegen disziplinierende Finanzmarktreaktionen abzuschotten; die ursprüngliche Befristung bis Mitte 2013 wurde de facto mit der Errichtung des dauerhaften Krisenmechanismus ESM = Europäischer Stabilitätsmechanismus = European Stability Mechanism aufgehoben; die Ausweitung bedeutet für viele den unumkehrbaren Einstieg in eine*

europäische Transfer- und Haftungsunion = transfer and liability union mit undurchschaubaren, unlimitierten Finanztransfers, die die Unterschiede der wirtschaftlichen und finanziellen Leistungsfähigkeit auf niedrigem Niveau einebnen und die Motivation zum finanzpolitisch verantwortlichen Haushalten –Good Governance– nachhaltig unterminieren; Kritiker monieren die Eurogebiet-weite Staatsfinanzierung an den demokratisch legitimierten nationalen Parlamenten und Haushalten vorbei, systematische Transparenzreduktion, rechtsbrüchiger Missbrauch der EZB bei Missachtung ihrer Unabhängigkeit)

European Financial Stability Mechanism *(EFSM) (Fin, Recht)* Europäischer Finanzstabilitätsmechanismus *m*, Europäischer Finanzstabilisierungsmechanismus *m*, EFSM *m (er komplettiert mit 60 Mrd. Euro als ‚Gemeinschaftsinstrument' in haushaltsrechtlicher Verantwortung der EU-Kommission die EFSF = European Financial Stability Facility = Europäische Finanzstabilitätsfazilität und ist wie diese bis Juni 2013 befristet; Ablösung durch den permanenten ESM = Europäischer Stabilitätsmechanismus = European Stability Mechanism; anders: ESFS = European System for Financial Supervision = Europäisches Finanzaufsichtssystem = Europäisches System für Finanzaufsicht, die neue Schnittstelle der mikro- und makroprudenziellen Überwachung auf europäischer Ebene mit ESRB + ESAs + nationalen Aufsichtsbehörden für die Überwachung des Tagesgeschäfts)*

European Foundation *(Gen)* Europäische Stiftung *f*

European Free Trade Association *(EFTA) (Pol, Imp/Exp, WiWi)* EFTA *f*, Europäische Freihandelsassoziation *f*; *(ugs.)* Europäische Freihandelszone *f (vier Mitglieder: Island, Liechtenstein, Schweiz und Norwegen, die -alle außer der Schweiz- mit der EU in einer Freihandelszone = free trade area, dem EWR = Europäischer Wirtschaftsraum = European Economic Area = EEA verbunden sind)*

European Member of Parliament *(EMP) (Pol)* Abgeordnete(r) *f(m)* des Europaparlaments, Mitglied *n* des Europaparlaments, MEP *n*

European Monetary Fund *(WiWi)* Europäischer Währungsfonds *m*, EWF

European Monetary Institute *(Pol, WiWi)* Europäisches Währungsinstitut *n*, EWI *n (Vorläufer der EZB)*

European Monetary System *(EMS) (WiWi)* Europäisches Währungssystem *n*, EWS *n*

European Monetary Union *(EMU) (WiWi)* Europäische Währungsunion *f*, EWU *f*

European Parliament *(Pol)* Europäisches Parlament *n*, Europaparlament *n*

European patent *(Pat)* europäisches Patent *n*, Europapatent *n*

European Patent Convention *(Pat, Recht)* Europäisches Patentübereinkommen *n*, EPÜ *n*

European Recovery Program *(ERP) (AE)*, **European Recovery Programme** *(BE) (Pol, WiWi)* Marshall-Plan, Europäisches Wiederaufbauprogramm *n*, ERP *n*

European Social Charter *(Soz, WiWi)* Europäische Sozialcharta *f*

European Social Fund *(Soz)* Europäischer Sozialfonds *m*, ESF *m*

European Stability and Growth Pact *(Pol, WiWi)* Europäischer Stabilitäts- und Wachstumspakt *m (EU)*

European stability mechanism *(ESM) (Pol, Bank, Fin)* ESM *m*, Europäischer Stabilitätsmechanismus *m (der sog. dauerhafte Krisenmechanismus löst am 1.7.2013 den 5/2010 zur ersten Griechenlandkrise ad hoc eingeführten temporären Rettungsschirm ab, nämlich die EFSF = European Financial Stability Facility = Europäische Finanzstabilisierungsfazilität und den EFSM = European Financial Stability Mechanism = Europäischer Finanzstabilisierungsmechanismus; er sieht finanzielle Unterstützung für nicht nachhaltig oder finanzpolitisch verantwortlich wirtschaftende Staaten zur Sicherung der Stabilität der Eurozone vor, wie immer konditioniert, mit Schuldentragfähigkeitsanalyse durch die EU-Kommission und nur als ‚Ultima Ratio'; er vermeidet politikunabhängige, strikte Auflagen mit* *automatischen Sanktionen, und lässt dem europäischen Rat, wie beim Stabilitäts- und Wachstumspakt, diskretionäre Handlungsspielräume und tages-, innen- oder nationalpolitisch motivierte Manipulationsmöglichkeiten, was verantwortliche Finanzpolitik unterminiert und die Glaubwürdigkeit beeinträchtigt; Rücklagen im Hinblick auf eine künftige Inanspruchnahme von AAA-gerateten Kreditgebern und -garanten oder sonstige haushaltswirksame Risikovorsorgen sind nicht vorgesehen; Stand 10/2011)*

European Stock Corporation *(SE) (Recht)* Europäische Aktiengesellschaft *f*, Europäische Gesellschaft *f*, SE *f (EU; SE = Societas Europaea)*

European Summit *(Pol) (jarg.)* Europagipfel *m*, Europäischer Gipfel *m*, Europäisches Gipfeltreffen *n*, EU-Gipfel *m*, Gipfeltreffen *n* des Europäischen Rats

European Supervisory Authorities *pl (ESAs) (Bank, Börse, Versich)* Europäische Finanzaufsichtsbehörden *fpl*, ESAs *fpl (EU: drei 2011 auf europäischer Ebene errichtete Behörden, die zusammen mit dem ESRB und den Nationalen Aufsichtsbehörden das Europäische Finanzaufsichtssystem ESFS bilden; dazu gehören a) EBA = European Banking Authority = Europäische Bankenaufsichtsbehörde, b) EIOPA = European Insurance and Occupational Pensions Authority = Europäische Aufsichtsbehörde für das Versicherungswesen und die betriebliche Altersversorgung und c) ESMA = European Securities and Markets Authority = Europäische Wertpapier- und Marktaufsichtsbehörde; sie gingen hervor aus den Level-3-Ausschüssen des Lamfalussy-Verfahrens, den drei europäischen Aufseherausschüssen a) CEBS = Committee of European Banking Supervisors, b) CEIOPS = Committee of European Insurance and Occupation Pensions Supervisors und c) CESR = Committee of European Securities Regulators)*

European System of Accounts 1995 *(ESA 95) (Stat, WiWi)* Europäisches System *n* Volkswirtschaftlicher Gesamtrechnungen 1995, ESVG 95 *n*

European System of Central Banks *(ESCB) (Bank, WiWi)* Europäisches System *n* der Zentralbanken, ESZB *n*

European System of Financial Supervisors *(ESFS) (Börse, Fin, Recht, Versich)* Europäisches Finanzaufsichtssystem *n*, ESFS *n (auch: European System for Financial Supervision; Schnittstelle zwischen mikro- und makroprudenzieller Überwachung auf europäischer Ebene; dazu zählen a) Europäischer Ausschuss für Systemrisiken = Europäischer Systemrisikorat = ESRB = European Systemic Risk Board; b) Europäische Finanzaufsichtsbehörden = ESAs = European Supervisory Authorities = EBA + EIOPA + ESMA, letztere drei hervorgegangen aus den Level-3--Ausschüssen des Lamfalussy--Verfahrens; c) nationale Aufsichtsbehörden = national supervisory authorities für Banken, Versicherungen und Wertpapiermärkte)*

European Systemic Risk Board *(ESRB) (Bank, Pol, Recht)* Europäischer Ausschuss *m* für Systemrisiken, Europäischer Rat *m* für Systemrisiken, Europäischer Systemrisikorat *m*, Europäischer Rat *m* für systemische Risiken, ESRB *m*; Systemrisikorat *m (der Rat ist Teil des ESFS = European System for Financial Supervision = Europäisches Finanzaufsichtssystem, der Schnittstelle zwischen mikro- und makroprudenzieller Überwachung auf europäischer Ebene; Aufgaben: die Systemaufsicht = makroprudenzielle Aufsicht = macroprudential supervision über das neue, dreigliedrige europäische Finanzüberwachungssystem für Banken, Versicherungen und Wertpapierhandel = ESAs aus der Makroperspektive wahrnehmen, systemweite Risiken identifizieren und analysieren, Warnungen und Empfehlungen aussprechen und Vorschläge zur Behebung von Fehlentwicklungen unterbreiten; die Entscheidung über das Ergreifen und die Durchführung von Maßnahmen bleibt wie vor der Schuldenkrise* *zersplittert in nationaler Verantwortung, Abweichungen vom ESRB-Vorschlag sind bestenfalls im Rahmen eines Handle-oder-Erkläre-Mechanismus = act-or-explain mechanism zu begründen; das Sekretariat ist bei der EZB angesiedelt)*

European Union *(EU) (WiWi, Pol)* Europäische Union *f*, EU *f*

European Union Treaty *(Pol)* Vertrag *m* über die Europäische Union, EU--Vertrag *m*, EUV *m*, *(obs.)* VEU *m* *(synonymous: formal: Treaty on European Union = TEU, Maastricht Treaty = Maastricht-Vertrag = Vertrag von Maastricht; unterzeichnet am 7.2.1992 in Maastricht, novelliert durch den Vertrag von Amsterdam, den Vertrag von Nizza und am 1.12.2009 durch den Vertrag von Lissabon = VvL = ToL = Treaty of Lisbon; der EUV änderte den Vertrag von Rom = EG-Vertrag = Treaty vom 25.3.1957, jetzt = VAEU = Vertrag über die Arbeitsweise der Europäischen Union = TFEU = Treaty on the Functioning of the European Union)*

eurospeak *(ugs.) (Gen, Recht)* EU-Jargon *m*; *(ugs.)* Euro-Chinesisch *n* *(synonymous: eurojargon)*

Eurostat *(Abk. für Statistical Office of the European Communities) (Pol, Stat)* Statistisches Amt *n* der Europäischen Gemeinschaften, Eurostat

eurozone *(Bank, WiWi) (ugs.)* Euro-Zone *f*, *(ugs.)* Euroland *n*, Eurogebiet *n*, Euro--Währungsraum *m*, Euro--Währungsgebiet *n*, Eurowährungsgebiet *n (ECB)*

evade *v (Steuer)* hinterziehen

evaluate *v (Gen)* auswerten, begutachten, bewerten, rechnerisch ermitteln

evaluation *(Gen)* Auswertung *f*, Bewertung *f*

evaluation of economic efficiency *(WiWi)* Wirtschaftlichkeitsrechnung *f*

even *v* **out** *(Gen, WiWi)* ausgleichen, einpendeln; ausgleichen

even-numbered *adj* 1. *(Gen)* geradzahlig; 2. *(Stat)* ganzzahlig *(integer)*

evenly spread *adj (Gen)* gleichmäßig verteilt

event of default *(Fin)* Verzugsfall *m*

event risks *(Versich)* Eintrittswahrscheinlichkeiten *fpl*

evict *v (Grund, Recht, Soz)* räumen lassen, zur Räumung zwingen, *(ugs.)* hinauswerfen *(tenants)*

eviction 1. *(Recht)* Räumung *f*; Zwangsräumung *f (property)*; 2. *(Grund, Soz)* Räumung *f*

evidence *(Recht)* Beweis *m*, Zeugenaussage *f (lawsuit)* • **be in evidence** *(Gen)* sichtbar sein • **give evidence** *(Recht)* vor Gericht aussagen • **give evidence as a witness** *(Recht)* als Zeuge aussagen • **give evidence on behalf of** *(Recht)* Zeugnis ablegen für • **give evidence on oath** *(Recht)* unter Eid aussagen • **give evidence under oath** *(Recht)* unter Eid aussagen • **in evidence** *(Gen)* deutlich sichtbar

evidence of title *(Recht)* Eigentumsnachweis *m (property)*

evidenced by certificates *(Bank, Börse, Fin)* verbrieft

ex ante coordination *(Pol, WiWi)* Vorabkoordinierung *f*

ex-ante variables *(WiWi)* Ex ante--Variablen *fpl*

ex coupon *adv (Börse, Gen)* ex Gratisaktien, ex Kupon, ohne Kupon

ex-directory *adj (BE) (Komm)* nicht im Telefonverzeichnis aufgeführt

ex dividend *adv (Fin)* ex Dividende, ohne Dividende

ex factory *adv (Gen, Imp/Exp, Logis)* ab Fabrik, ab Werk

ex factory price *(Ind)* Preis ab Werk *m*

ex post *adv (WiWi)* ex post, im Nachhinein

exact *v (Fin, Gen, Soz)* eintreiben, fordern *(money)*

examination 1. *(RW)* Prüfung *f*; 2. *(Gen)* Untersuchung *f*; 3. *(Pers)* Prüfung *f (of candidate)*; 4. *(Imp/Exp)* Kontrolle *f*, Untersuchung *f (by customs)*; 5. *(Pat)* Prüfung *f*, Überprüfung *f* • **be admitted to an examination** *(Bil)* zur Prüfung zugelassen werden • **under examination** *(Gen)* in Bearbeitung *f*, wird noch geprüft

examination authority *(Recht, Edu, Admin)* Prüfungsamt *n*

examination board *(Bil)* Prüfungsausschuss *m*, Prüfungsgremium *n*, Prüfungsbehörde *f*

examination certificate *(Pers)* Prüfungszeugnis *n*

examination fee *(Bil)* Prüfungsgebühr *f*

examination of professional competence *(Pers)* beruflicher Eignungstest *m*, berufliche Eignungsprüfung *f*
examination of proposal *(Versich)* Prüfung *f* des Antrags, Prüfung *f* des Vorschlags
examination of witnesses *(Recht)* Vernehmung *f* von Zeugen
examination performance *(Pers)* Abschneiden *n* in der Prüfung, Prüfungsergebnis *n*
examination requirements *(Bil)* Prüfungsanforderungen *fpl*
examination result *(Pers)* Prüfungsergebnis *n*
examine *v* 1. *(Gen)* befragen, untersuchen; prüfen *(application)*; 2. *(Pers)* prüfen *(candidate)*; 3. *(Imp/Exp)* kontrollieren; 4. *(Pat)* überprüfen
examine *v* **carefully** *(Gen)* eingehend untersuchen, sorgfältig prüfen, studieren
exceed *v* 1. *(WiWi)* übersteigen; 2. *(Gen)* übersteigen, übertreffen • **not exceeding** *(Gen)* bis zu, höchstens
excellence *(Gen)* Spitzenleistungen *fpl*
except *(Gen)* außer, ausgenommen
excepted *adj (Gen)* ausgenommen
excepted risks *(Versich)* unversicherte Risiken *npl*
exception 1. *(Gen)* Ausnahme *f (to rule)*; 2. *(Versich)* Risikoausschluss *m*, Vorbehalt *m*
exceptional *adj (Gen)* außergewöhnlich
exceptional expenses *(RW)* außergewöhnliche Ausgaben *fpl*; einmalige Aufwendungen *fpl*, neutrale Aufwendungen *fpl*
exceptional write-off *(RW)* Sonderabschreibung *f*
excess *(BE)* 1. *(WiWi, Fin)* Mehrbetrag *m*; 2. *(Versich)* Abzugsfranchise *f*, Exzedent *m*, Mehrbetrag *m*, Selbstbehalt *m*; 3. *(Gen)* Überhang *m*
excess amount *(Gen)* Mehrbetrag *m*, überschießender Betrag *m*
excess cash 1. *(Bank, WiWi)* Überschussreserve *f*; 2. *(Fin)* Bargeldüberschuss *m*
excess demand *(WiWi)* Nachfrageüberschuss *m*
excess demand for labor *(AE) (Pers) s.* excess demand for labour
excess demand for labour *(BE) (Pers)* Übernachfrage *f* nach Arbeit(skräften), Nachfrageüberhang *m* nach Arbeit(skräften)
excess liabilities *(Versich)* Haftung *f* mit Selbstbeteiligung
excess liquidity *(WiWi)* Überschussliquidität *f*
excess supply *(WiWi)* Angebotsüberschuss *m*, Überangebot *n (synonymous: oversupply)*
excessive *adj (Gen)* maßlos, überhöht, übermäßig, unverhältnismäßig hoch
excessive debt(s) *(RW, Bank, WiWi, Fin)* Überschuldung *f (synonymous: excessive indebtedness; assets = Vermögen < liabilities = Schulden; ein Insolvenzgrund; anders: Zahlungsunfähigkeit aus Mangel an Zahlungsmitteln = Unvermögen eines Schuldners, seine Geldschulden –money owed– bei Fälligkeit zu begleichen = inability to pay one's debts = insolvency, ein allgemeiner Insolvenzgrund)*
excessive deficit procedure *(Bank, Fin, Pol)* Verfahren *n* bei übermäßigem Defizit *(EU)*
excessive indebtedness *(Recht)* Überschuldung *f*
excessive interest *(Bank, Fin)* Wucherzinsen *mpl*, überhöhte Zinsen *mpl*
excessive taxation *(Steuer)* Überbesteuerung *f*
exchange *v* 1. *(Bank)* umtauschen; 2. *(Komm)* austauschen *(information)*; 3. *(WiWi)* umtauschen, wechseln *(currency)*; 4. *(Gen)* austauschen *(letters)*; tauschen *(places, rooms)*
exchange 1. *(Komm)* Austausch *m*, Vermittlung *f (of views)*; 2. *(WiWi)* Tausch *m*, Austausch *m*, Tauschgeschäft *n*, Umtausch *m (goods)*; Devisen *fpl*, Währung *f (foreign currency)*; 3. *(Fin, Gen)* Umtausch *m*, Austausch *m*, Tausch *m*; Tauschgeschäft *n (barter transaction)*; 4. *(Börse)* Börse *f*
exchange charge *(Bank)* Wechselgebühr *f*, Wechselkursgebühr *f*
exchange controls *(WiWi)* Devisenbewirtschaftung *f*, Devisenverkehrsvorschriften *fpl (BOP)*
exchange cross rate *(WiWi)* Kreuzkurs *m*, Cross rate *f*, indirekte Parität *f*

exchange of shares *(BE) (Fin)* Aktientausch *m*
exchange of stock *(AE) (Fin)* Aktientausch *m*
exchange rate *(WiWi, Fin)* Umrechnungskurs *m*, Wechselkurs *m*
exchange rate adjustment *(WiWi)* Wechselkursanpassung *f*
exchange rate agreement *(WiWi)* Währungsabkommen *n*, Wechselkursvereinbarung *f*
exchange-rate band *(Bank, WiWi)* Wechselkursband *n*
exchange-rate fluctuations *(WiWi)* Wechselkursschwankungen *fpl*; Wechselkursentwicklung *f*
exchange-rate management *(WiWi)* Wechselkurssteuerung *f*
Exchange Rate Mechanism II *(ERM II) (WiWi)* Wechselkursmechanismus II *m*, WKM II *m*
exchange rate movements Wechselkursbewegungen *fpl*; Wechselkursentwicklung *f*
exchange rate parity *(Bank)* Wechselkursparität *f*
exchange-rate risk *(Fin, Pol, WiWi)* Wechselkursrisiko *n*
exchange-rate stability *(Pol, WiWi)* Wechselkursstabilität *f*
exchange-rate swings *(WiWi)* Wechselkursausschläge *mpl*, Wechselkursschwankungen *fpl*
exchange-rate target zone *(Pol, WiWi)* Wechselkurszielzone *f*
exchange-rate volatility *(WiWi)* Wechselkursvolatilität *f*
exchange risk *(Bank, Fin)* Wechselkursrisiko *n*
Exchange Stabilization Fund *(Imp/Exp, WiWi)* Ausgleichsfonds *m*, Devisen--Stabilisierungsfonds *m (BOP)*
exchange-traded fund *(ETF) (Börse)* börsengehandelter Fonds *m*, ETF *m*
excise *(Imp/Exp)* Verbrauchssteuer *f*, Warensteuer *f*
excise duty *(Imp/Exp, Steuer)* Verbrauchssteuer *f*
excise taxes *(Fin)* Verbrauch- und Aufwandsteuern *fpl*
exclusion *(Gen)* Ausschließung *f*, Ausschluss *m* • **to the exclusion of** *(Gen)* unter Ausschluss von
exclusion of liability 1. *(Versich)* Haftungsausschluss *m*; 2. *(Recht)* Ausschluss *m* der Gewährleistung, Haftungsausschluss *m*
exclusion principle *(WiWi)* Ausschlussprinzip *n*, Preisausschlussprinzip *n*
exclusive *adj* 1. *(Gen)* ausschließlich, ausschl., exklusive, exkl., Exklusiv *(not including)*; 2. *(V&M)* exklusiv, exkl.
exclusive agency *(Gen)* Alleinvertretung *f*
exclusive contract *(Gen, Grund)* Alleinauftrag *m*
exclusive dealer arrangement *(V&M)* Ausschließlichkeitsvertrag *m*
exclusive jurisdiction *(Recht)* alleinige Zuständigkeit *f*, ausschließliche Zuständigkeit *f*
exclusive licence *(BE) (Pat)* Alleinlizenz *f*, Alleinverkaufsrecht *n*
exclusive license *(AE) (Pat) s.* exclusive licence
exclusive marketing *(V&M)* Alleinvertrieb *m*
exclusive of *(Gen)* ausgenommen, ausschließlich, ausschl.
exclusive of tax *(Steuer, WiWi)* vor Steuern, ohne Steuern
exclusive representation *(Recht)* Alleinvertretungsrecht *n (contracts)*
exclusive right *(Recht)* Exklusivrecht *n*, Ausschlussrecht *n*
exclusive sales contract *(Recht)* Alleinvertriebsabkommen *n*
exculpate *v* 1. *(Bank)* entlasten; 2. *(Recht)* entlasten, freizeichnen
excuse *v (Recht)* befreien, freistellen
executable file *(Comp)* ausführbare Datei *f (e. g. file extension *.exe)*
executable program *(Comp)* ausführbares Programm *n*
execute *v* 1. *(Gen)* erfüllen; ausführen, durchführen, umsetzen; 2. *(Recht)* durchführen, vollziehen *(carry out)*; ausfertigen *(a document)*; erfüllen *(a contract)*; vollstrecken *(of a will)*
executed contract *(Recht)* erfüllter Vertrag *m*
execution 1. *(Gen)* Ausführung *f*, Umsetzung *f*; 2. *(Recht)* Ausfertigung *f (of a document)*; Erfüllung *f*, Vollziehung *f (of a contract)*; Vollstreckung *f (of a will)*
execution proceedings *(Recht)* Vollstreckungsverfahren *n*
executive *adj* 1. *(Gen)* leitend *(position, director)*; 2. *(Pol, Recht)* ausführend, verfügend, vollziehend *(powers)*;

entscheidend

executive 1. *(Pers)* Führungskraft *f*, leitende(r) Angestellte(r) *f(m)*; 2. *(Recht)* ausführende Gewalt *f*, Exekutive *f*, Sachbearbeiter(in) *m(f)*; 3. *(Mgt)* Führungskraft *f*, leitende(r) Angestellte(r) *f(m)*

executive board *(Mgt)* Vorstand *m*, Executive Board *n (leitet das Tagesgeschäft)*

Executive Board of the ECB *(Bank)* EZB--Direktorium *n*

executive body remuneration *(Mgt, Recht, RW)* Vergütung *f* der Organmitglieder *(reporting on executive body remuneration = Berichterstattung über die Vergütung der Organmitglieder)*

executive competence *(Mgt)* Leitungskompetenz *f*

executive decision *(Mgt, WiWi)* Führungsentscheidung *f*

executive director 1. *(Pers)* hauptberufliche(r) Direktor(in) *m(f)*; 2. *(Mgt)* Generaldirektor(in) *m(f)*, geschäftsführende(r) Direktor(in) *m(f)*, GD

executive floor *(Mgt)* Chefetage *f*

executive grade *(Pers)* Position *f* auf Führungsebene

executive manager *(Pers)* Führungskraft *f*, leitende(r) Angestellte(r) *f(m)*

executive pay *(Mgt, Pers)* Managergehalt *n*, Managergehälter *npl*, Managerbezüge *mpl*

executive perk *(Pers)* Vergünstigung *f* für leitende Angestellte

executive position *(Pers)* Führungsposition *f*

executive power *(Pol, Recht)* Exekutivgewalt *f*, vollziehende Gewalt *f*, Exekutivmacht *f*, Macht *f* der Exekutive

executive search consultant *(Pers)* Headhunter *m*

executive summary *(Gen, Media)* Zusammenfassung *f*, zusammenfassende Darstellung *f*

executive training *(Mgt, Pers)* Ausbildung *f* von Führungskräften, Weiterbildung *f* von Führungskräften, Nachwuchsförderung *f*, Schulung *f* von Führungskräften

executor *(Recht)* Testamentsvollstrecker(in) *m(f) (of will)*; Nachlassverwalter(in) *m(f) (female or male administrator of an estate)*

exempt *v (Gen)* befreien, freistellen

exempt *v* **sb from tax** *(Steuer)* jmdn. von der Steuer freistellen

exempt *adj (Gen, Steuer)* befreit

exempt from contribution *adj (Soz)* beitragsbefreit, beitragsfrei • **be exempt from payments** *(Soz)* von Beitragszahlungen befreit sein

exempt from duty *(Recht, Imp/Exp, Steuer)* abgabenfrei

exempt from minimum reserve requirements *adj (Bank, WiWi)* reservefrei

exempt from social security contribution *adj (Soz)* sozialversicherungsfrei

exempt from taxation *adj (Steuer)* steuerfrei

exempt from VAT *adj (BE) (Steuer)* mehrwertsteuerfrei, von der Mehrwertsteuer befreit

exemption 1. *(Gen)* Befreiung *f*; 2. *(Steuer)* Nichtbesteuerung *f*

exemption clause 1. *(Gen)* Freistellungsklausel *f*; 2. *(Recht)* Freizeichnungsklausel *f (contract)*

exemption from contributions *(Soz)* Beitragsbefreiung *f*

exemption from tax *(Steuer)* Steuerbefreiung *f*

exemption from taxes *(Steuer)* Steuerfreiheit *f*

exercisable *adj (Börse)* ausübbar *(options)*

exercise *v* 1. *(Gen)* anwenden, ausüben; üben; 2. *(Börse, Recht, V&M)* ausüben *(price restraint)*

exercise *v* **a right** *(Recht)* von einem Recht Gebrauch machen

exercise 1. *(Gen)* Anwendung *f*, Ausübung *f*; 2. *(Börse, Recht)* Ausübung *f*

exercise deadline *(Börse)* Ausübungsfrist *f*, Erklärungsfrist *f*

exercise of occupation *(Gen, Pers)* Berufsausübung *f*

exercise of one's occupation [trade] *(Pers)* Berufsausübung *f*, Ausübung *f* des Berufes

exercise of profession *(Gen, Pers)* Berufsausübung *f*

exercise of the right of residence *(Recht)* Ausübung *f* des Aufenthaltsrechts *(EU)*

exercise price *(Börse)* Basispreis *m*
exert *v (Gen)* anwenden; aufbieten *(authority)*
exhaust *v (Gen, Umwelt)* erschöpfen *(resources)*
exhaust emission *(Umwelt)* Abgasemission *f*
exhaustible resources *(Umwelt)* erschöpfbare Ressourcen *fpl*, nicht erneuerbare Rohstoffe *mpl*
exhaustive *adj (Gen)* erschöpfend
exhibit *v* 1. *(Gen)* ausstellen *(goods)*; 2. *(Pat, V&M)* ausstellen *(at a fair)*
exhibition 1. *(Gen)* Ausstellung *f*, Messe *f*; 2. *(Pat, V&M)* Ausstellung *f*
exit 1. *(Fin)* Ausstieg *m*, Aufgabe *f*, Verkauf *m*; Ausstiegskanal *m (VC--Finanzierung: z. B. Beteiligungsverkauf an einen strategischen Investor, einen Finanzinvestor, Totalverlust oder Börsengang)*; 2. *(Gen)* Ausgang *m*
exit barrier *(WiWi)* Marktaustrittsschranke *f*
exit price 1. *(RW)* Veräußerungspreis *m*, Liquidationspreis *m*, Wert *m* bei Außerbetriebnahme; 2. *(Fin) (ugs.)* Ausstiegspreis *m*, Verkaufspreis *m* beim Ausstieg *(venture capital finance; nach einem finanziellen Engagement in der Wagniskapital-Finanzierung)*
exodus of capital *(Fin)* Abwanderung *f* von Kapital, Kapitalabfluss *m*
exogenous expectations *(WiWi)* exogene Erwartungen *fpl*
exogenous shock *(WiWi)* exogener Schock *m*
exogenous variable *(Stat, WiWi)* exogene Variable *f*, exogene Größe *f*
exonerate *v (Gen)* befreien
expand *v* 1. *(WiWi)* ausweiten, erweitern, expandieren; 2. *(Fin, Gen)* ausdehnen, ausweiten *(activities)*
expand *v* **output** *(Ind)* die Produktion ausweiten
expanded *adj (WiWi)* erweitert, expandiert, ausgeweitet
expansion 1. *(WiWi)* Ausweitung *f*, Erweiterung *f*, Expansion *f (of company)*; 2. *(Fin, Gen)* Ausdehnung *f*, Ausweitung *f*, Erweiterung *f*, Expansion *f*
expansion demand *(Pers, WiWi)* Expansionsbedarf *m*, Zusatzbedarf *m*
expansionary *adj (WiWi)* expansiv
expatriate *(Pers)* im Ausland tätiger Mitarbeiter *m*, im Ausland tätige Mitarbeiterin *f*, im Ausland lebende Bürger(innen) *pl*
expatriation *(Pers)* Versetzung *f* von Mitarbeitern ins Ausland, Abordnung von Mitarbeitern ins Ausland
expectancy 1. *(Recht)* Anwartschaftsrecht *n (sales contract)*; 2. *(Recht)* Erwartungswert *m*
expectations *(Pol, WiWi)* Erwartungshaltung *f*
expected *adj (Gen)* erwartet
expected actual capacity *(WiWi)* erwartete Istkapazität *f*
expected date *(Gen)* voraussichtliches Datum *n*
expected default frequency *(EDF) (Fin)* erwartete Ausfallhäufigkeit *f*; erwartete Ausfallwahrscheinlichkeit *f (Maß für die Ausfallwahrscheinlichkeit eines Unternehmens)*
expected loss *(EL) (Bank, Fin, RW)* erwarteter Verlust *m (Basel II/ Basel III)*
expected useful life *(RW, Gen)* Nutzungsdauer *f*
expediency *(Gen)* Zweckdienlichkeit *f (of measures)*
expedient *adj (Gen)* zweckdienlich
expedite *v* 1. *(Gen)* beschleunigen, vorantreiben, beschleunigt abfertigen; 2. *(Pers)* vorantreiben
expend *v* 1. *(Umwelt)* verbrauchen *(resources)*; 2. *(Fin)* verausgaben; 3. *(Gen)* ausgeben, aufwenden
expenditure *(Fin, Gen, RW)* Aufwand *m*, Aufwendungen *fpl*; Ausgabe *f*, Ausg., Ausgaben *fpl*, Barausgaben *fpl*; Kosten *pl*
expenditure budget *(WiWi, Fin, Gen)* Ausgabenetat *m*
expenditure estimates *(Fin)* Ausgabenansätze *mpl*
expenditure function *(WiWi)* Ausgabenfunktion *f*
expenditure multiplier *(WiWi)* Ausgabenmultiplikator *m*
expenditure on education *(Bil)* Ausgaben *fpl* für Bildung, Bildungsausgaben *fpl*
expenditure on personnel *(Pers)* Ausgaben *fpl* für Personal, Personalausgaben *fpl*, Personalaufwand *m*
expenditure tax *(WiWi, Steuer)* Ausgabensteuer *f*

expense *v (Fin, RW)* als Aufwand erfassen, als Aufwand verbuchen, unter Aufwendungen verbuchen *(opposite: capitalize)*
expense *(RW, Fin, Gen, Steuer)* Ausgabe *f*, Ausg., Aufwand *m*, Kosten *pl* • **at one's own expense** *(Gen)* auf eigene Kosten, auf eigene Rechnung
expense account 1. *(RW)* Aufwandskonto *n*; 2. *(Pers)* Spesenkonto *n*
expense allowance 1. *(RW)* Spesenpauschale *f*; 2. *(Gen)* Aufwandsentschädigung *f*
expense budget 1. *(RW)* Etat *m*; 2. *(Fin)* Kostenplan *m*
expense center *(AE) (RW)* s. cost centre
expense centre *(BE) (RW)* Kostenstelle *f*
expense control *(Gen, Mgt)* Kostenkontrolle *f*, Kostenüberwachung *f (synonymous: cost control, cost monitoring)*
expense item *(RW)* Aufwandsposten *m*
expense ratio *(Fin, WiWi)* Verhältnis *n* Aufwand zu Umsatzerlös
expenses *(Fin, Gen, RW)* Spesen *pl*, Ausgaben *fpl*, Geschäftsausgaben *fpl*, Auslagen *fpl (outlays)*; Aufwendungen *fpl*, Aufwand *m (statement of income)*; Kosten *pl (e. g. travel expenses)* • **all expenses paid** *(Gen)* auf Geschäftskosten, Spesen werden übernommen
expenses and deferred charges *(AE) (RW)* Rechnungsabgrenzungsposten *mpl*, Kostenabgrenzungen *fpl*, abgegrenzte Kosten *pl (Position auf der Aktivseite der Bilanz)*
experience *v (Gen)* erfahren, erleben *(growth)*
experience *v* **rapid growth** *(WiWi)* rasch anwachsen, schnelles Wachstum erfahren
experienced employees *(Pers)* erfahrene Arbeitnehmer *pl*, (berufs-)erfahrene Arbeitskräfte *pl*
experienced labor force *(AE)*, **experienced labour force** *(BE) (Pers)* berufserfahrene Erwerbspersonen *fpl*, bereits erwerbstätig gewesene Erwerbspersonen *fpl*
experienced workers *(Pers)* eingearbeitete Arbeitnehmer *mpl*, erfahrene Arbeitskräfte *fpl*, eingearbeitete Arbeitskräfte *fpl*
experimental economics *(WiWi, Edu)* experimentelle Wirtschaftsforschung *f*, Experimentalökonomie *f*, Experimentalökonomik *f (cf Experimentalökonomie)*
experimental stage *(Ind, Mgt)* Versuchsstadium *n*
expert *adj* 1. *(Comp)* fachmännisch; 2. *(Gen)* fachmännisch, sachkundig; 3. *(Pers)* erfahren, geschickt
expert 1. *(Comp)* Experte *m*, Expertin *f*, Fachmann *m*; 2. *(Gen)* Autorität *f*, Experte *m*, Expertin *f*, Sachverständige(r) *f(m)*; 3. *(Pers)* Experte *m*, Expertin *f*, Fachmann *m*
expert advice *(Pers)* sachkundige Beratung *f*, fachmännische Beratung *f*
expert body *(Gen)* Fachgremium *n*
expert guidance *(Pers)* sachkundige Beratung *f*, fachmännische Beratung *f*
expert knowledge *(Gen, Pers)* Fachwissen *n*, Fachkenntnisse *fpl*
expert opinion *(Recht)* Gutachten *n*
expert salesman *(Pers, V&M)* Fachverkäufer *m*
expert saleswoman *(Pers, V&M)* Fachverkäuferin *f*
expert valuation *(Gen)* Begutachtung *f*
expert witness *(Recht)* sachverständige Zeugin *f*, sachverständiger Zeuge *m*
expertise 1. *(Gen)* Sachkenntnis *f*, Sachverstand *m*; 2. *(Pers)* Erfahrung *f*
expiration 1. *(Bank)* Verfall *m*; 2. *(Gen)* Ende *n*, Ablauf *m*; 3. *(Börse)* Fälligkeit *f*
expiration date *(AE)* 1. *(Bank, Fin)* Verfallsdatum *n*, Verfallstag *m*; Verfalltermin *m (options)*; 2. *(V&M)* Haltbarkeitsdatum *n (cf expiry date BE)*
expiration month *(Börse)* Auslaufmonat *m*, Verfallsmonat *m (futures)*
expiration of time *(Gen)* Fristablauf *m*
expiration period *(V&M)* Haltbarkeit *f*
expire *v* 1. *(Bank)* verfallen; 2. *(Gen)* auslaufen, ablaufen, ungültig werden *(lapse)*
expired *adj* 1. *(Bank)* verfallen; 2. *(Gen)* abgelaufen, ausgelaufen, ungültig geworden
expired bill *(Bank)* fälliger Wechsel *m*
expired patent *(Pat)* erloschenes Patent *n*
expiring date *(Recht, Gen)* Fristablauf *m*
expiry *(Bank)* Verfall *m*, Ablauf *m (time)*; Fälligkeit *f* • **upon expiry** *(Gen)* bei Verfall

expiry date *(BE)* 1. *(Bank, Fin)* Verfallstag *m*; 2. *(Fin)* Verfallsdatum *n (options)*; 3. *(Gen)* Ablaufdatum *n*, Verfallsdatum *n (of food etc)*
explain *v (Gen)* erläutern, erklären, rechtfertigen; sich rechtfertigen
explanatory approach *(Bank, WiWi)* Erklärungsansatz *m*
explanatory variable *(Stat)* erklärende Variable *f*, Erklärungsvariable *f*
explicit *adj (Gen)* deutlich, explizit
explicit cost(s) *(RW, WiWi)* effektive Kosten *pl*; pagatorische Kosten *pl*, zahlungswirksame Kosten *pl*, auszahlungswirksame Kosten *pl (opposite: implicit cost(s) = imputed cost(s) = kalkulatorische Kosten)*
explicitly *adv (Gen)* ausdrücklich
exploit *v* 1. *(WiWi, Umwelt)* verwerten, ausbeuten, abbauen *(natural resources)*; 2. *(Fin, Gen)* ausnutzen, verwerten, nutzen, ausbeuten *(minerals, land, talent)*; 3. *(Pers)* ausnutzen, ausbeuten *(workers)*; 4. *(Ind)* verwerten; 5. *(Pat)* auswerten, (praktisch) verwerten
exploitation 1. *(WiWi, Umwelt)* Abbau *m*, Ausbeutung *f (of natural resource)*; Gewinnung *f (of raw material)*; Abbau *m (of natural resources)*; 2. *(Fin, Gen, Ind)* Ausbeutung *f*, Ausnutzung *f*, Verwertung *f*; 3. *(Pat)* Auswertung *f*, Patentverwertung *f*, Verwertung *f*
exploitation in industry 1. *(Ind)* industrielle Verwertung *f*; 2. *(Pat)* industrielle Nutzung *f*
exploitation right *(Media, Pat, Recht)* Verwertungsrecht *n*
exploited *adj* 1. *(Fin, Gen)* verwertet; 2. *(Pers)* ausgebeutet; 3. *(Ind, Pat)* verwertet
exploited resource *(Umwelt)* genutzte Ressource *f*
exploited workers *(Gen, Pers)* ausgebeutete Arbeiter *mpl*
exponential smoothing *(Stat)* exponentielle Glättung *f*
export *v (Imp/Exp, WiWi)* ausführen, exportieren
export *(Imp/Exp, WiWi)* Ausfuhr *f*, Ausf., Warenausfuhr *f*, Export *m*, Exp.
export ban *(Gen, Imp/Exp)* Ausfuhrverbot *n*
export business *(Imp/Exp)* Ausfuhrhandel *m*, Exportwirtschaft *f*, Exportgeschäft *n*
export control *(Imp/Exp)* Ausfuhrüberwachung *f*, Exportkontrolle *f*
export declaration *(Gen, Imp/Exp)* Ausfuhrerklärung *f*
export documentation *(Imp/Exp)* Ausfuhrpapiere *npl*, Exportdokumente *npl*, Exportunterlagen *fpl*
export duties and taxes *(Imp/Exp, Steuer)* Ausgangsabgaben *fpl*
export duty *(Imp/Exp, Steuer)* Ausfuhrabgabe *f*, Ausfuhrzoll
export earnings *(WiWi)* Exporterlöse *mpl*
export figures *(Imp/Exp)* Ausfuhrzahlen *fpl*, Exportziffern *fpl*
export finance *(Imp/Exp)* Exportfinanzierung *f*
export-intensive industry *(WiWi)* exportintensive Industrie *f*
export-led *adj (WiWi)* exportinduziert, exportgestützt
export-led economic recovery *(WiWi)* exportinduzierter Aufschwung *m*
export-led growth *(Imp/Exp)* exportinduziertes Wachstum *n*
export letter of credit *(Fin)* Exportakkreditiv *n*
export licence *(BE)*, **export license** *(AE)* *(Recht, Imp/Exp)* Ausfuhrlizenz *f*, Ausfuhrbewilligung *f*, Ausfuhrgenehmigung *f*, Exportbewilligung *f*, Exportlizenz *f*
export loan *(Bank)* Exportkredit *m*
export lull *(WiWi)* Exportflaute *f*
export marketing manager *(Imp/Exp, Pers)* Leiter(in) *m(f)* Exportmarketing, Leiter(in) *m(f)* Marketing Export
export-oriented *adj (Imp/Exp)* ausfuhrgerecht, exportorientiert
export permit *(Imp/Exp)* Ausfuhrbewilligung *f*, Exportgenehmigung *f*
export premium *(Admin, Imp/Exp)* Ausfuhrvergütung *f*
export prices *(Imp/Exp, WiWi)* Exportpreise *mpl*
export quota *(WiWi)* Ausfuhrkontingent *n*, Ausfuhrquote *f*, Exportquote *f*
export rebate *(Steuer)* Ausfuhrvergütung *f*
export regulations *(Gen, Imp/Exp)* Ausfuhrvorschriften *fpl*, Exportbestimmungen *fpl*
export restrictions *(Imp/Exp)*

Ausfuhrbeschränkungen *fpl*, Exportrestriktionen *fpl*
export subsidy *(Imp/Exp)* Ausfuhrbeihilfe *f*, Exportsubvention *f*
export surplus *(WiWi, Imp/Exp)* Ausfuhrüberschuss *m*, Exportüberschuss *m*
export trade *(Imp/Exp)* Ausfuhrhandel *m*
export transactions *(Imp/Exp)* Ausfuhrgeschäft *n*, Exportgeschäft *n*
export turnover *(Imp/Exp)* Auslandsumsatz *m*, Exportumsatz *m*
exportation *(WiWi, Imp/Exp)* Ausfuhr *f*, Ausfuhrhandel *m*, Export *m*
exporter *(Imp/Exp, Pers)* Exporteur *m*
exporter credit *(Bank)* Exportkredit *m*
exporters *(WiWi)* Exportwirtschaft *f*
exporter's acceptance credit *(Bank)* Export-Rembourskredit *m*, Exportakzeptkredit *m*
exporting country *(Imp/Exp)* Ausfuhrland *n*
exposed 1. *(Fin)* engagiert, gefährdet; 2. *(Gen)* exponiert, ungeschützt • **be exposed to** 1. *(Fin)* gefährdet sein, im Risiko stehen; 2. *(Gen)* exponiert sein, ungeschützt sein
exposed net asset position *(Gen)* offene Nettovermögensposition *f*
exposed sector 1. *(Gen)* exponierter Bereich *m*; 2. *(Imp/Exp, Ind)* der Auslandskonkurrenz ausgesetzter Sektor *m*
exposition *(Gen)* Ausstellung *f*
exposure 1. *(Bank)* Engagement *n*; 2. *(Fin)* Obligo *n*, offene Position *f*, Risiko *n*; 3. *(V&M)* Darbietung *f (advertising)*; 4. *(Gen)* Gefährdung *f*
exposure at default *(Bank)* erwartete ausstehende Forderungen *fpl* zum Zeitpunkt des Ausfalls, Kredithöhe *f* im Zeitpunkt des Ausfalls
exposure limits *(Bank, Fin)* Obergrenze *f* für Kredite
express *v (Gen)* ausdrücken, aussprechen, bekunden, zum Ausdruck bringen *(intention)*
express *adj (Gen)* ausdrücklich *(unambiguous)*; Eil, Express *(delivery, activity)*
express authority *(Recht)* ausdrückliche Genehmigung *f*, ausdrückliche Vollmacht *f (for transaction)*
express order *(Gen)* Eilauftrag *m*
express telegraphic money transfer *(Bank, Fin)* telegrafische Eilüberweisung *f*
expression of interest *(Pol, Recht, V&M)* Interessenbekundung *f*
expressly *adv (Gen)* ausdrücklich
expropriate *v (Admin, Recht)* enteignen
expropriation *(Admin, Recht)* Enteignung *f*
expunge *v (Gen)* ausstreichen, durchstreichen; löschen *(from record)*
expunged *adj (Gen)* ausgestrichen, durchgestrichen; gelöscht *(from record)*
extend *v* 1. *(Bank)* erweitern, prolongieren, verlängern; 2. *(Comp)* erweitern; 3. *(Fin)* ausdehnen; 4. *(Gen)* verlängern *(deadline)*; ausdehnen *(clientele, knowledge)*; übertragen *(carry over)*; 5. *(Recht)* erweitern *(rules)*
extend *v* **a loan** *(Bank)* ein Darlehen gewähren, ein Darlehen herauslegen an
extend *v* **credit** 1. *(Bank)* Kredit gewähren; 2. *(Gen)* übertragen
extend *v* **the time limit for sth** *(Gen)* die Frist für etw. verlängern
extended *adj* 1. *(Bank)* erweitert, verlängert; 2. *(Comp)* erweitert; 3. *(Fin)* ausgedehnt; 4. *(Gen)* verlängert *(deadline)*; ausgedehnt *(clientele, knowledge)*; 5. *(Recht)* erweitert
extended deferment *(RW)* verlängerter Aufschub *m*
extended guarantee *(V&M)* verlängerte Garantiezeit *f*
extended payment *(Bank)* Zahlungsverlängerung *f*
extended reservation of title *(Recht)* verlängerter Eigentumsvorbehalt *m (contracts)*
extension 1. *(Gen)* Tilgungsaufschub *m (of repayments)*; 2. *(Bank)* Erweiterung *f*, Verlängerung *f*; 3. *(Komm)* Anschluss *m*; 4. *(Gen)* Verlängerung *f*, Ausdehnung *f*
extension for returns *(Steuer)* Abgabefristfristverlängerung *f*, Fristverlängerung *f*
extension of original term *(Recht)* Fristverlängerung *f*
extension of time *(Recht)* Fristverlängerung *f*
extension of time for filing *(Steuer)* Abgabefristverlängerung *f*, Einreichungsfristverlängerung *f (tax return)*
extension of time for payment *(Recht)*

Zahlungsfristverlängerung *f*, Stundung *f*
extension of validity *(Recht)* Verlängerung *f* der Geltungsdauer
extensive farming *(WiWi)* extensive Bewirtschaftung *f (agricultural economics)*
extent *(Pat)* Maß *n*, Umfang *m (of protection)*
extent of damage *(Versich)* Schadenhöhe *f*, Schadenumfang *m*
extenuating circumstances *(Recht)* mildernde Umstände *mpl*
external *adj (Gen)* extern, Außen, Fremd
external account *(WiWi)* Ausländerkonto *n*, Auslandskonto *n*
external accounts *(WiWi)* Zahlungsbilanz *f*
external asset position *(WiWi)* Vermögensposition *f* gegenüber dem Ausland *(BOP)*
external assets and liabilities account *(WiWi)* Vermögensposition *f* gegenüber dem Ausland *(BOP)*
external auditing *(RW)* externe Rechnungsprüfung *f*
external balance *(WiWi)* Außenbilanz *f*; Außenbeitrag *m (BOP, balance of goods and services, Saldo der Handels- und Dienstleistungsbilanz)*
external balance sheet comparison *(RW)* externer Bilanzvergleich *m*
external bill *(Bank)* Auslandswechsel *m*
external borrowings *(Recht, WiWi, Fin)* Auslandsverschuldung *f*, Auslandsschulden *fpl*
external costs *(WiWi)* volkswirtschaftliche Kosten *pl*
external customs duty *(Imp/Exp)* Außenzoll *m*
external debt *(WiWi, Fin)* Auslandsverschuldung *f*
external debts *(RW, WiWi, Fin)* Auslandsschulden *fpl*
external diseconomies *(WiWi)* externe Kosten *pl*, externe Nachteile *mpl*, negative externe Effekte *mpl (pollution)*
external economy *(Imp/Exp)* Außenwirtschaft *f*
external economy of scale *(WiWi)* externe Nutzen *mpl*, externe Skalenerträge *mpl*
external effects of consumption *(WiWi)* Konsumexternalitäten *fpl*, externe Effekte *mpl* des Konsums
external financing 1. *(Imp/Exp, WiWi)* Auslandsfinanzierung *f*; 2. *(Fin)* Außenfinanzierung *f*
external liabilities *(Fin, RW, WiWi)* Auslandsschulden *fpl*, Auslandsverbindlichkeiten *fpl*
external loan *(Fin)* Auslandsanleihe *f*
external payments *(Bank)* Zahlungen *fpl* mit dem Ausland, Auslandszahlungen *fpl*
external position *(Fin)* Auslandsposition *f*
external reporting *(Admin)* externes Berichtswesen *n*
external shock *(WiWi)* exogener Schock *m*
external surplus *(Imp/Exp, WiWi)* Zahlungsbilanzüberschuss *m*
external tariff 1. *(WiWi)* Außenzoll *m*; 2. *(Imp/Exp)* Außentarif *m*
external trade *(Gen)* Außenhandel *m (export duty)*
external trade statistics *(WiWi)* Außenhandelsstatistik *f*
external value *(Bank, Imp/Exp)* Außenhandelswert *m*
externality *(WiWi)* externe Effekte *mpl*, Externalität *f*
externalize *v (WiWi)* externalisieren
extinction 1. *(Umwelt)* Aussterben *n*, Umkippen *n*; 2. *(Gen)* Tilgung *f*; 3. *(Recht)* Löschung *f*
extinction of a debt *(Fin)* Rückzahlung *f* einer Schuld
extinguish *v* 1. *(Gen)* löschen, tilgen; 2. *(Recht)* entlasten von *(debt)*; löschen *(legal duty)*
extort *v (Gen)* erpressen *(money)*
extortion 1. *(Fin)* Wucher *m*; 2. *(Gen)* Erpressung *f*
extra *(Börse)* Sonderdividende *f*
extra-budgetary outlay *(Gen)* außerplanmäßige Ausgaben *fpl*
extra charge 1. *(RW)* Aufpreis *m*, Zuschlag *m*; 2. *(Gen)* Aufgeld *n*, Aufschlag *m*, Preisaufschlag *m*
extra charges *(RW)* Nebenkosten *pl*
extra pay *(Pers)* Gehaltszulage *f*
extract *v* 1. *(Gen)* Auszug anfertigen über, herausziehen, gewinnen *(information)*; 2. *(Ind)* fördern *(minerals)*
extract *(Gen, Recht)* Auszug *m (from document)*
extract from the register *(Recht, Pat)* Registerauszug *m*
extraction *(Ind)* Förderung *f*, Gewinnung *f (oil, gas)*

extractive industry *(WiWi, Ind)* Grundstoffindustrie *f*
extrajudicial *adj (Recht)* außergerichtlich
extraordinary account *(Bank)* außerordentliche Rechnung *f*
extraordinary benefits *(RW)* außerordentliche Erträge *mpl*
extraordinary charge *(Fin, RW)* außerordentliche Aufwendung *f*, außerordentlicher Aufwand *m*
extraordinary depreciation *(Fin, RW)* Sonderabschreibung *f*, außerordentliche Abschreibung *f*
extraordinary expenditure *(RW)* außerordentliche Aufwendungen *fpl*
extraordinary expenses *(RW)* außerordentliche Aufwendungen *fpl*
extraordinary gain *(RW)* außerordentlicher Ertrag *m*
extraordinary general meeting *(Mgt)* außerordentliche Hauptversammlung *f*, außerordentliche Vollversammlung *f*
extraordinary income *(RW)* außerordentlicher Ertrag *m*
extraordinary loss *(RW)* außerordentlicher Verlust *m*
extraordinary meeting *(Gen, Mgt)* außerplanmäßige Sitzung *f* [Tagung *f*, Versammlung *f*]
extraordinary profit or loss *(Fin, RW)* außerordentliches Ergebnis *n*
extrapolate *v (WiWi)* hochrechnen
extrapolate *v* **a trend** *(Stat, WiWi)* einen Trend extrapolieren, einen Trend fortschreiben
extrapolation *(Stat)* Extrapolation *f*, Hochrechnung *f*
extrinsic value *(Börse)* Option *f* ohne Substanzwert, äußerer Wert *m*
eyewash *(V&M) (ugs.)* fauler Zauber *m*, *(ugs.)* Geschwätz *n*, *(ugs.)* Augenwischerei *f*

F

fabricate *v (Gen)* herstellen, fertigen *(goods)*
face *v (Gen)* sich stellen
face *v* **a problem** *(Mgt)* vor einem Problem stehen
face *(Grund)* Fassade *f (of building)* • **in the face of** *(Gen)* angesichts
face interest rate *(Bank)* Nominalzinssatz *m*
face of policy *(Versich)* Versicherungssumme *f*
face-to-face selling *(V&M)* persönlicher Verkauf *m*
face value 1. *(Fin)* Nennwert *m*, Nennbetrag *m*, Nominalwert *m*, Nominalbetrag *m*; 2. *(Versich)* Versicherungssumme *f (face amount)* • **at face value** *(Bank, Börse, Fin)* zu pari, zum Nennwert, nominal, zum Nominalwert *(synonymous: at par)*
face value share *(Fin)* Nennwertaktie *f*, Nominalaktie *f (synonymous: nominal value share, par value share; lautet auf einen bestimmten Geldbetrag, z. B. 1 Euro; opposite: non-par value share = no-par stock = Quotenaktie = nennwertlose Aktie)*
facilitate *(Gen, Logis)* einrichten, erleichtern
facilities 1. *(Bank)* Fazilitäten *fpl*; 2. *(Pers)* Einrichtungen *fpl*
facility letter 1. *(Bank)* Kreditbestätigung *f*; 2. *(Imp/Exp)* Bankbürgschaft *f*
facsimile *(Gen, Komm)* Faksimile *n*, Fax *n (hardware)*
fact 1. *(Gen)* Tatsache *f*; 2. *(Recht)* Umstand *m*
fact-finding *(Gen)* Tatsachenfeststellung *f*
factor 1. *(Gen)* Faktor *m*; 2. *(Recht)* Umstand *m* • **at factor cost** *(WiWi)* zu Faktorkosten
factor analysis *(Stat, WiWi)* Faktoranalyse *f*
factor costs *(Ind, WiWi)* Faktorkosten *pl*, Produktionskosten *pl (production)*
factor endowment *(WiWi)* Faktorausstattung *f*
factor income *(WiWi)* Faktoreinkommen *n*
factor input *(WiWi)* Faktoreinsatz *m*
factor market *(WiWi)* Faktormarkt *m*
factor of location *(Ind, WiWi)* Standortfaktor *m*
factor of production *(Ind, WiWi)* Produktionsfaktor *m*
factor price equalization theorem *(WiWi)* Faktorpreisausgleichstheorem *n*
factor productivity *(WiWi)* Faktorproduktivität *f*
factorage *(Fin)* Faktoringgebühr *f*, Faktoringentgelt *n*, Provision *f* des Kommissionärs
factorial *adj (Stat)* faktoriell, nach

Faktoren aufgeschlüsselt, in Faktoren zerlegt
factorial terms of trade *(WiWi)* faktorielles Austauschverhältnis *n*
factoring *(Fin, RW)* Forderungsverkauf *m*, Factoring *n (of receivables)*
factoring operations *(Bank, Fin)* Factoring-Geschäfte *npl*
factoring with recourse *(Bank, Fin)* Factoring *n* mit Rückgriff
factoring without recourse *(Bank, Fin)* Factoring *n* ohne Rückgriff
factory *(Ind)* Fabrik *f*, Fabrikanlage *f*, Fabrikgebäude *n*, Fertigungsanlage *f*, Betrieb *m*, Werk *n*
factory management *(Ind, Mgt, Pers)* Betriebsleitung *f*
factory outlet *(V&M)* Fabrikverkaufszentrum *n*
factory overheads *(RW, WiWi)* Fertigungsgemeinkosten *pl*
factory price *(AE) (Gen, V&M)* Preis *m* ab Fabrik, Fabrikpreis *m*
factory supplies 1. *(RW)* Hilfs- und Betriebsstoffe *mpl*; 2. *(Ind)* Betriebsstoffe *mpl*
factory worker *(Pers)* Fabrikarbeiter(in) *m(f)*
facts and figures *(Gen)* Daten *pl*, Fakten *mpl* und Zahlen *fpl*
factsheet *(Gen, V&M)* Datenblatt *n*
fail *v* 1. *(Bank)* zusammenbrechen; 2. *(Gen)* untergehen, insolvent werden, scheitern *(company)*; 3. *(Recht)* versäumen
fail *v* **an examination** *(Pers)* eine Prüfung nicht bestehen, bei einer Prüfung durchfallen
fail *v* **to comply** *(Recht)* zuwiderhandeln
fail *v* **to comply with an order** *(Recht)* einer Anordnung zuwiderhandeln
fail *v* **to disclose** *(Recht)* verschweigen
failed takeover bid *(Fin)* gescheiterte Übernahme *f*, gescheitertes Übernahmeangebot *n*
failure 1. *(Bank)* Insolvenz *f*; 2. *(Gen)* Ausfall *m*; Insolvenz *f (of firm)*; 3. *(Recht)* Versäumnis *n*; 4. *(Mgt)* Misserfolg *m*
failure rate *(Gen)* Ausfallquote *f*
failure to comply *(Steuer)* Nichtbefolgung *f*
failure to take advantage *(Gen)* Nichtinanspruchnahme *f*
fair *adj* 1. *(RW, Gen, Pers)* angemessen; 2. *(Recht)* gerecht
fair *(Gen)* Ausstellung *f*, Messe *f (trade fair)*
fair business practices *(Gen)* angemessene Geschäftspraktiken *fpl*
fair competition *(WiWi, Recht)* lauterer Wettbewerb *m (commercial)*
fair dismissal *(Pers)* Entlassung *f* aus triftigem Grund
fair labour standards *(BE) (Pers, Recht, Soz)* gerechte Arbeitsgesetzgebung *f*, gerechte Arbeitsrichtlinien *fpl*
fair market rent *(Grund)* ortsübliche Miete *f*, übliche Miete *f*, übliche Pacht *f*
fair presentation *(AE) (RW)* Buchführung im Sinne der Grundsätze ordnungsgemäßer Buchführung
fair price *(Gen)* angemessener Marktpreis *m*, fairer Preis *m*
fair rate of return *(Fin, RW)* angemessene Verzinsung *f*
fair return *(RW)* angemessene Verzinsung *f*, marktübliche Rendite *f*
fair value *(FV) (RW)* Zeitwert *m*, beizulegender Wert *m*, beizulegender Zeitwert *m (IAS 39.8)*; angemessener Wert *m*, Kapitalwert *m*, Verkehrswert *m (§ 253 III 2 HGB)*
fair value measurement *(RW)* Bewertung zum beizulegenden Zeitwert
fair wear and tear *(Gen)* übliche Abnutzung *f*
fairness *(V&M, Versich)* Kulanz *f*
faith/in good 1. *(Gen)* in gutem Glauben; 2. *(Recht)* nach Treu und Glauben
fall *v* **apart** *(Gen)* auseinanderbrechen; scheitern *(plan, negotiations)*
fall *v* **back on** *(Gen)* zurückgreifen auf, Hilfe suchen bei
fall *v* **behind** *(Gen)* zurückbleiben (hinter)
fall *v* **foul of the law** *(Recht)* ein Gesetz verletzen
fall *v* **short of** *(Gen)* nicht erfüllen *(expectations)*
fall *v* **short of expectations** *(Gen)* hinter den Erwartungen zurückbleiben, die Erwartungen nicht erfüllen
fall *(Gen) (rate)* Abfall *m*; Niedergang *m*, Sinken *n*, Rückgang *m (in price)*
fall in demand *(V&M, WiWi)* Nachfragerückgang *m*
fall in prices 1. *(Gen, V&M)* Preissturz *m*, Preisrückgang *m*; 2. *(Börse)* Baisse *f*
fall in supplies *(WiWi)* Angebotsrückgang *m*

fall in the bank rate *(Bank)* Diskontsenkung *f*
fall in unemployment *(Pers, WiWi)* Rückgang *m* der Arbeitslosigkeit
fallback position 1. *(Gen)* Mindestforderung *f*; Minimalposition *f*; Notfallplan *m*, *(ugs.)* Plan B *m (an alternative plan)*; 2. *(Pol)* Rückzugsposition *f*
fallible *adj (Gen)* fehlbar
falling trend *(Börse)* fallende Tendenz *f*
fallout *(Gen, Pol)* unerwartetes Nebenergebnis *n*
fallow *adj (Gen, Grund)* brach, brachliegend
false *adj (Gen)* falsch, unrichtig
false advertising *(Gen, V&M)* irreführende Werbung *f*
false economy *(WiWi)* falsche Sparsamkeit *f*
false evidence *(Recht)* Falschaussage *f*
false or misleading information *(Recht)* falsche oder irreführende Information *f*
falsification of documents *(Recht)* Urkundenfälschung *f*
familiarize *v* **oneself with one's job [work]** *(Pers)* sich einarbeiten
family benefits *(Soz)* Familienbeihilfen *fpl*
family business *(Gen)* Familienbetrieb *m*, Familienunternehmen *n*
family enterprise [establishment] *(Gen)* Familienunternehmen *n*, Familienbetrieb *m*
family-owned business *(Gen)* Familienbetrieb *m*
family-run business *(Gen, Mgt)* familiengeführtes Unternehmen *n*
family status *(Pers, Soz)* Familienstand *m*
far-reaching *adj (Gen)* weitreichend *(consequences)*
far-seeing, far-sighted *adj (Gen)* weitblickend, weitsichtig
farming *(WiWi)* Agrarwirtschaft *f*, Bewirtschaftung *f*
FAS *s.* free alongside ship
fashion *(Gen, V&M)* Mode *f* • **in fashion** *(Gen, V&M)* hochmodisch, in Mode • **out of fashion** *(Gen)* altmodisch, unmodern
fast-growing *adj (WiWi)* schnell wachsend
fast lane *(Logis)* Überholspur *f*
fast mover *(Gen, V&M)* Schnelldreher *m*
fast-moving article *(Gen, V&M) (ugs.)* Renner *m*
fast-moving goods *(V&M)* Schnelldreher *m*, Renner *m (synonymous: fast-selling merchandise; products with a high turnover rate = Umschlagshäufigkeit; opposite: slow seller = Langsamdreher)*
fast-selling article [product] *(V&M)* Schnelldreher *m*, Renner *m (products with a high turnover rate = Umschlagshäufigkeit; opposite: slow seller = Langsamdreher)*
fat tails *(Stat)* stark besetzte Ränder *mpl*, stark besetzte Extrema *npl (einer Wahrscheinlichkeitsverteilung = probability distribution, fraktale Mathematik = fractional mathematics; synonymous: heavy tails)*
fatal error *(Gen)* schwerer Fehler *m*, gravierender Fehler *m*
fault 1. *(Comp, Gen)* Fehler *m*, Verschulden *n*, Versagen *n*; 2. *(Recht)* Schuld *f* • **be at fault** *(Recht)* Schuld haben • **no fault** *(Versich)* Schuldlosigkeit *f (damage insurance)*
faultless *adj (Gen)* fehlerfrei, mängelfrei
faulty *adj (Gen)* fehlerhaft
faulty goods *(V&M)* fehlerhafte Waren *fpl*
favo(u)r *v (Gen)* begünstigen, bevorzugen
favo(u)r *(Gen)* Gefallen *m*, Gunst *f* • **be in favour of** *(Gen)* einverstanden sein mit • **in favour of** *(Gen)* zugunsten von *(project, suggestion)*
favo(u)rable *adj (Gen)* attraktiv, günstig *(price, conditions)*
favo(u)rable balance of trade *(WiWi, Imp/Exp)* aktive Handelsbilanz *f*
favo(u)rable exchange rate *(Börse)* günstiger Wechselkurs *m*
favo(u)rable rate *(WiWi)* günstiger Tarif *m*
favo(u)rable trade balance *(WiWi, Imp/Exp)* aktive Handelsbilanz *f*
fax on demand *(Komm)* Faxabruf *m (several documents possible)*
fax polling *(Komm)* Faxabruf *m (one document only)*
faxback *(Komm)* Faxabruf *m (several documents possible)*
fear of prejudice *(Recht)* Besorgnis *f* der Befangenheit
feasibility *(Gen)* Durchführbarkeit *f*, Machbarkeit *f*, Realisierbarkeit *f*
feasibility report *(Gen)* Durchführbarkeitsbericht *m*
feasibility study *(Fin)* Machbarkeitsstudie *f*, Durchführbarkeitsstudie *f*,

Durchführbarkeitsuntersuchung *f*, Vorstudie *f*, Projektstudie *f* *(synonymous: feasibility survey)*
feasibility survey *(Gen)* Projektstudie *f*
feasible *adj (Gen)* durchführbar, machbar; plausibel; geeignet
fed funds *(AE) (Bank)* Tagesgeld *n*, Zentralbankgeld *n*
Fed/the *s.* Federal Reserve System
federal *adj (WiWi, Pol)* föderal, Bundes, bundesstaatlich
Federal administration *(Recht)* Verwaltung *f* des Bundes, Bundesverwaltung *f*
Federal authority *(Recht)* Bundesbehörde *f*
Federal Cartel Office *(AE) (WiWi)* Bundeskartellamt *n*, Bundeskartellbehörde *f*
federal deficit *(AE) (WiWi)* Staatsdefizit *n* *(central government)*
Federal employees *(AE) (Pers)* Bundesbedienstete *pl*, Beschäftigte *pl* beim Bund
federal finance *(AE) (Fin)* bundesstaatliches Finanzwesen *n*
federal funding *(Pol)* Finanzierung *f* aus Bundesmitteln, Bereitstellung *f* aus Bundesmitteln
federal funds *(AE) (Bank)* Tagesgeld *n*, Zentralbankgeld *n (money market)*
federal funds rate *(AE) (Bank) Fed--gesteuerter Tagesgeldsatz am US--Geldmarkt*
Federal Government employees [workers] *(Pers)* Bundesbedienstete *pl*, Bundesangestellte *pl*, Beschäftigte *pl* beim Bund
federal-level *adj (WiWi, Pol)* auf Bundesebene
Federal Open Market Committee *(AE) (WiWi)* Offenmarktausschuss *m* des Federal Reserve System
Federal Reserve Bank *(AE) (Bank, WiWi)* Federal Reserve Bank *f (eine der zwölf US-Distriktbanken, die das Federal Reserve System, das US--Zentralbanksystem, bilden)*
Federal Reserve Board *(FRB) (AE) (Bank, WiWi)* Federal Reserve Board *m (the governing body of the Federal Reserve System, der Vorstand und das Leitungs-, Überwachungs- und Koordinationsorgan des Federal Reserve System, Sitz in Washington, DC.)*
federal reserve note *(AE) (Bank) (jarg.)* Fed-Schuldverschreibung *f*
Federal Reserve System *(Fed) (AE) (Bank, WiWi) Zentralbanksystem der Vereinigten Staaten*
federal states *(Pol, Recht)* Bundesländer *npl*, Länder *npl (Deutschland)*
federal tax *(Steuer)* Bundessteuer *f*, Steuer *f* des Bundes
fee agreement *(Gen)* Vergütungsvereinbarung *f*
feed forward *(Mgt, WiWi)* Vorkopplung *f*
feed forward control *(Mgt, WiWi)* Steuerung *f*, Steuern *n*; Vorwärtsregelung *f (process automation)*
feedback *(Gen)* Feed-back *n*, Rückkopplung *f*
feedback control *(Mgt)* Regelung *f*
feedback loop *(Mgt)* Regelkreis *m*, Rückkopplungsschleife *f*, Management-Regelkreis *m* *(Systemtheorie: Informations--Rückkopplung = feedback; opposite: feed forward = offene Steuerung; feed forward control = Steuerung, Vorwärtsregelung)*
feel *v* **the pinch** *(WiWi)* die schlechte Lage zu spüren bekommen
feel of the market *(Gen, V&M)* Marktgespür *n*, Gespür *n* für den Markt, Marktsinn *m*
fees and expenses *(Recht)* Gebühren *fpl* und Auslagen *fpl*
fees regulation *(Recht, Fin, Börse)* Gebührenverordnung *f*
female employee *(Pers)* weibliche Beschäftigte *f*, Arbeitnehmerin *f*
female employment *(Pers, Soz, WiWi)* Frauenerwerbstätigkeit *f*, Erwerbstätigkeit *f* der Frauen, Frauenbeschäftigung *f*
female quota *(Recht)* Frauenquote *f*
fictitious *adj (Gen)* fiktiv, vorgetäuscht
fictitious entry *(RW)* fiktive Buchung *f* *(synonymous: imputed entry)*
fictitious interest 1. *(RW)* kalkulatorische Zinsen *mpl (synonymous: implicit interest, imputed interest)*; 2. *(Steuer)* fiktive Zinsen *mpl*
fictitious invoice *(Gen)* fingierte Rechnung *f*
fictitious loss *(RW)* Scheinverlust *m* *(opposite: fictitious profit =*

Scheingewinn)
fictitious profit *(RW)* Scheingewinn *m (synonymous: paper profit)*
fictitious transaction *(Recht)* Scheingeschäft *n*
fiddle *v (RW) (ugs.)* frisieren *(a bill)*
fiddle *v* **accounts** *(RW) (ugs.)* die Bücher frisieren
fiddle *v* **the balance** *(BE, ugs.) (RW)* die Bilanz frisieren, die Bilanz verschleiern, die Bilanz manipulieren, die Bilanz schönen, Bilanzverschleierung betreiben
fidelity bonus *(Pers)* Treueprämie *f*
fidelity guarantee *(Versich)* Kaution *f*
fiduciary *adj (Recht)* treuhänderisch, fiduziarisch
fiduciary *(Recht)* Treuhänder(in) *m(f)*
fiduciary account *(Bank)* Treuhandkonto *n*
fiduciary banking *(Bank)* Treuhandgeschäft *n*
fiduciary operation *(Bank)* Treuhandgeschäft *n (investment banking)*
field 1. *(Ind)* Gebiet *n*, Datenfeld *n*, Gesichtsfeld *n (of research)*; 2. *(V&M)* Feld *n*
field force *(V&M)* Außendienstmitarbeiter *mpl*
field of action *(Gen)* Tätigkeitsbereich *m*
field of activity *(Pers)* Arbeitsbereich *m*
field of competence *(Gen, Recht, V&M)* Zuständigkeitsbereich *m*
field organization 1. *(Admin)* Außendienstorganisation *f*; 2. *(V&M)* Niederlassung *f (branch)*; Außendienst *m (sales team)*
field service *(Gen)* Außendienst *m*
field staff *(Pers)* Außendienstmitarbeiter *mpl*
field survey *(V&M)* Marktforschung *f* vor Ort, Absatzforschung *f*
field worker *(Gen, V&M)* Außendienstmitarbeiter(in) *m(f)*, Kundenkontakter(in) *m(f)*; Marktbefrager(in) *m(f) (market research)*
fight *v (Gen)* kämpfen, bekämpfen
fight against fraud *(Recht)* Betrugsbekämpfung *f*
figure 1. *(Stat)* Zahl *f*, Ziffer *f*; 2. *(Media)* Illustration *f*; 3. *(Pat)* Abbildung *f*, Illustration *f (of a drawing)* • **get the figures wrong** *(Gen)* falsche Zahlen ermitteln
file *v* 1. *(Admin)* ablegen *(document)*; einreichen *(application)*; 2. *(Pat)* zu den Akten geben
file *v* **a lawsuit** *(Recht)* einen Zivilprozess anstrengen
file *v* **a tax return** *(Steuer)* Steuererklärung abgeben
file *v* **an application for** *(Pers)* sich bewerben um
file *v* **for bankruptcy** *(Fin)* Insolvenz anmelden
file *v* **for bankruptcy protection** *(Recht)* Gläubigerschutz beantragen *(according to Chapter 11 US--Bankruptcy Code)*
file *v* **for insolvency** *(Fin, Recht)* Insolvenzantrag stellen, Insolvenz anmelden
file *v* **one's tax return** *(Steuer)* seine Steuererklärung einreichen
file 1. *(Admin)* Akte *f*, Aktenstück *n*; 2. *(Comp)* Datei *f*; 3. *(Gen)* Vorgang *m*; 4. *(Pat)* Akte *f* • **file not found** *(Comp)* Datei nicht gefunden • **on file** *(Recht)* aktenkundig
file attachment *(Comp, Komm)* angehängte Datei *f (E-Mail)*
file inspection *(Recht)* Akteneinsicht *f*
file protection *(Comp)* Dateischutz *m*
file structure *(Comp)* Dateiorganisation *f*
filing system *(Admin)* Ablagesystem *n*
fill *v (Pers)* innehaben *(occupy post)*; einnehmen *(take up post)*; besetzen *(recruit for post)*
fill *v* **a gap** *(Gen, V&M)* eine Marktlücke füllen, eine Marktlücke schließen *(in market)*
fill *v* **a vacancy** *(Pers)* eine Stelle besetzen *(employer)*
fill *v* **out a form** *(AE) (Pers, Soz)* ein Formular ausfüllen *(synonymous BE: fill in a form)*
fill *v* **out a questionnaire** *(AE) (Pers, Soz)* einen Fragebogen ausfüllen *(synonymous BE: fill in a questionnaire)*
fill-in *(Pers)* Aushilfe *f*, Aushilfskraft *f*
fill-or-kill *v (AE) (Börse)* Option ausüben oder aufgeben
filling of a vacancy *(Pers)* Besetzung *f* einer offenen Stelle
final *adj* 1. *(Gen)* endgültig, letzte, End; 2. *(Recht)* rechtskräftig
final acceptance *(Gen)* Endabnahme *f (of goods)*
final accounts *(RW)* Endabrechnung *f*

final balance *(RW)* Endbestand *m*, Endsaldo *m*; Schlussbilanz *f (final balance sheet)*
final consumer *(V&M)* Endverbraucher(in) *m(f)*
final date for acceptance *(Gen)* Abgabefrist *f*
final deadline *(Recht)* Abgabetermin *m*, Endtermin *m (contract law)* • **set a final deadline** *(Recht, V&M)* eine letzte Frist setzen
final demand *(RW, WiWi)* Endnachfrage *f*
final good *(WiWi)* Endprodukt *n*
final income 1. *(WiWi)* verfügbares Einkommen *n*; 2. *(Fin, Steuer)* versteuertes Einkommen *n*
final installment *(AE)*, **final instalment** *(BE) (Fin)* Abschlusszahlung *f*, letzte Rate *f*
final maturity *(Fin)* Endfälligkeit *f*
final trading day *(Börse)* letzter Handelstag *m*
final warning *(Pers)* letzte Warnung *f*
finalize *v (Gen)* abschließen
finance *v (Fin)* finanzieren
finance *(Fin)* Finanzwesen *n*, Finanzierung *f*
finance bill *(Bank, Fin)* Finanzwechsel *m (nicht diskontfähig; Gegensatz: Handelswechsel, dem ein Waren- oder Dienstleistungsgeschäft zugrunde liegt)*
finance costs *(RW)* Finanzaufwendungen *fpl*
finance revenues *(RW, Fin)* Finanzerträge *mpl*
finance vehicle *(Fin)* Finanzierungsgesellschaft *f*, Finanzierungsunternehmen *n (finance house)*
financial *adj (Fin, Gen, Steuer)* finanziell, Finanz, finanzwirtschaftlich • **be in dire financial straits** *(Fin)* sich in akuten finanziellen Schwierigkeiten befinden • **in financial surplus** *(Gen) (ugs.)* finanziell im Plus
financial account *(WiWi)* Kapitalbilanz *f (BOP)*
financial accounting 1. *(RW)* Finanzbuchhaltung *f*, Geschäftsbuchhaltung *f*, externes Rechnungswesen *n (synonymous: general accounting; opposite: cost accounting)*; 2. *(Gen)* Rechnungslegung *f*
financial adviser, financial advisor *(Fin, Pers)* Finanzberater(in) *m(f)*
financial alchemy [chemistry] *(ugs.) (Fin)* Finanzalchemie *f*
financial assets *(WiWi)* Finanzanlagen *fpl*
financial auditing *(Mgt, RW)* Buchprüfung *f (im Mittelpunkt die Prüfungen im Finanz- und Rechnungswesen, häufig durch externe Prüfer durchgeführt; Gegensatz: operational auditing, Prüfung durch interne, jedoch prozessunabhängige Revisoren im organisatorischen Bereich)*
financial auditor *(Fin, Mgt, RW)* Buchprüfer *m*
financial balance *(WiWi)* finanzielles Gleichgewicht *n*
financial burden *(Fin)* finanzielle Belastung *f*
financial capital *(Fin)* Finanzkapital *n*
financial contribution *(Fin)* Beitrag *m*
financial control *(Fin, RW)* Finanzkontrolle *f*
financial damage *(Fin)* Vermögensschaden *m*
financial disclosure *(Fin)* finanzielle Offenlegung *f*
financial encumbrance *(Fin)* finanzielle Belastung *f*
financial engineering *(Fin)* Finanzierungstechnik *f*, Financial Engineering *n*, Finanzkonstruktionen *fpl*, maßgeschneiderte Finanzprodukte *npl*, Finanzierungskonzeptionen *fpl (darunter auch strukturierte Produkte und Verbriefungen = structured products and securitizations)*
financial expenses *(Fin)* Finanzierungskosten *pl*
financial fixed assets *(Fin, RW)* Finanzanlagen *fpl*
financial flow *(WiWi)* Finanzierungsströme *mpl*
financial forecasts *(Fin)* Finanzprognosen *fpl*
financial futures market *(Börse, Fin)* Finanzterminmarkt *m*
financial holding company *(Fin)* Finanzholding *f*
financial incentive *(Fin)* finanzieller Anreiz *m*
financial injection *(Fin) (ugs.)* Finanzspritze *f*
financial innovation *(Bank, WiWi)* Finanzinnovation *f*

financial institution *(Fin)* Finanzinstitut *n*, Geldinstitut *n*, Kreditinstitut *n*
financial instrument *(Fin, RW)* Finanzinstrument *n (IAS 32.5, 39.13 ff)*; Finanzprodukt *n*, Finanzierungsinstrument *n*
financial interest *(Fin)* finanzielle Beteiligung *f*
financial journalism *(Fin)* Finanzjournalismus *m*, Wirtschaftsjournalismus *m*
financial leasing *(Fin, Gen)* Finanzierungsleasing *n*, Financial--Leasing *n (medium to long term leasing contracts, meist mittel- und langfristige Leasingverträge mit unkündbarer Grundmietdauer)*
financial leverage *(Fin, WiWi)* Verschuldungsgrad *m (Quotient aus Fremdkapital und Eigenkapital)*; Fremdkapitalaufnahme *f*; Leverage--Effekt *m*, Hebelwirkung *f*, Hebelwirkung der Finanzstruktur, Hebelwirkung der Kapitalstruktur, Hebelwirkung der Fremdkapitalaufnahme, Hebelwirkung des Fremdkapitals, Hebelwirkung des Verschuldungsgrades, Fremdkapital--Leverage *n(f) (synonymous: gearing; positive/negative Wirkung der Variation des Verschuldungsgrades -debt-equity ratio- auf die Eigenkapitalrentabilität --equity return-, solange die Gesamtkapitalrentabilität -return on total investment- größer/kleiner als der Fremdkapitalzins -interest on borrowed capital- ist)*
financial leverage ratio *(Fin)* (finanzielle) Verschuldungsquote *f (Basel III)*; Leverage-Kennziffer *f*
financial loss *(Fin)* Vermögensschaden *m*, finanzieller Verlust *m*, Ausfall *m*
financial management 1. *(RW)* Finanzmanagement *n*, Finanzplanung *f*; 2. *(Fin)* Finanzplanung *f*; 3. *(Mgt)* Finanzmanagement *n*, Finanzverwaltung *f*, Finanzwesen *n*
financial management report *(Fin)* Finanzbericht *m*, Finanzplanungsbericht *m*
financial manager *(Pers)* Finanzvorstand *m*; Leiter(in) *m(f)* der Finanzen
financial market *(Fin)* Finanzmarkt *m*
financial market players *(Bank)* Finanzmarktkreise *mpl*
financial meltdown *(jarg.) (Bank, Media, Pol) (jarg.)* finanzielle Kernschmelze *f*, Finanzschmelze *f (synonymous: financial core meltdown; unkontrollierbare Vermögenswertverluste und/oder systemsprengende Kapitalvernichtung)*
financial muscle *(Fin, V&M)* Finanzkraft *f*, finanzielle Macht *f*
financial needs *pl (Fin, Ind)* Finanzbedarf *m*
financial news *(Fin)* Börsenbericht *m*, Börsennachrichten *fpl*
financial operation *(Fin)* Finanztransaktion *f*, Finanzgeschäft *n*
financial period *(RW)* Geschäftsjahr *n*
financial policy *(Fin)* Finanzpolitik *f*
financial position *(RW)* Finanzlage *f*, Finanzstatus *m*
financial products *(Bank, WiWi)* Finanzinstrumente *npl*
financial ratio *(Fin)* finanzwirtschaftliche Kennzahl *f*
Financial Regulation *(FR) (Recht, Fin)* Finanzverordnung *f (EU)*
financial report *(Fin)* Jahresabschlussbericht *m*, Jahresabschluss *m*; Jahresbericht *m*, GuV und Lagebericht, Bilanz *f*, Bericht *m* über die Finanz-, Vermögens- und Ertragslage
financial requirements *(Fin)* Finanzbedarf *m*, Kapitalbedarf *m*
financial resources *(Fin)* Finanzkraft *f*
financial restructuring *(Fin)* Umschuldung *f*, Sanierung *f*
financial risk *(Börse)* finanzielles Risiko *n*
financial services *(Fin)* Finanzdienstleistungen *fpl*, finanzielle Dienstleistungen *fpl*
financial services sector *(Fin)* Finanzsektor *m*; Finanzdienstleistungsbereich *m*
financial situation *(RW)* Finanzlage *f*, Finanzstatus *m*
financial stability *(Fin, Bank, Pol)* Finanzstabilität *f*, finanzielle Stabilität *f*
financial standing *(Fin)* Bonität *f*, Kreditwürdigkeit *f*, Kreditfähigkeit *f*
financial statement 1. *(RW)* Finanzausweis *m*, Abschluss *m*, Jahresabschluss *m*; 2. *(Fin)* Bericht *m* über die Vermögenslage, Vermögensaufstellung *f*, Finanzstatus *m (liquidity)*
financial statistics *(Fin, Stat)*

Finanzstatistik *f*
financial straits *(Admin)* finanzieller Engpass *m* • **be in financial straits** *(Fin)* sich in finanziellen Schwierigkeiten befinden
financial strength *(Bank)* Finanzkraft *f*, Kapitalkraft *f*
financial structure *(RW, WiWi, Fin)* Finanzierungsstruktur *f*, Kapitalstruktur *f (balance sheet)*
financial vehicle 1. *(Bank, Mgt)* Finanzvehikel *n (e.g. SPV = Special Purpose Vehicle, a Conduit or a SIV = Structured Investment Vehicle; wegen ihres Ratings von Banken mit kurzfristigen Kreditlinien 'liquiditätsgesponserte', formal unabhängige Zweckgesellschaften; regulierungsbedingte Hilfskonstruktion zur formal 'bilanzneutralen' Auslagerung von Risiken aus den Bankbilanzen; a means of risk outsourcing –excepted the liquidity risk– before Basel II came into force in 2008)*; 2. *(Fin, Börse)* Finanzinstrument *n (z. B. Wertpapiere, Geldmarktinstrumente, Devisen oder Derivate)*
financial year 1. *(RW)* Bilanzjahr *n*, Wirtschaftsjahr *n*; 2. *(WiWi)* Finanzjahr *n*, Geschäftsjahr *n*, Haushaltsjahr *n*; 3. *(Fin, Steuer)* Bilanzjahr *n*
financially sound *adj (Gen)* finanziell gesund
financing *(Fin)* finanzielle Mittel *npl*, Finanzierung *f*
financing adjustment *(Fin)* Finanzierungsanpassung *f*
financing package *(Fin)* Gesamtfinanzierung *f*, Finanzierung *f* aus einer Hand
find *v* **a job** *(Pers)* Stelle finden, Arbeit finden
find *v* **employment** *(Pers)* Arbeit finden, Beschäftigung finden
find *v* **work** *(Pers)* Arbeit finden, Beschäftigung finden
findings *(Recht)* festgestellter Sachverhalt *m (of fact)*; Feststellungen *fpl (of investigation, tribunal)*
fine 1. *(Pers)* Geldbuße *f*; 2. *(Recht)* Geldstrafe *f (pecuniary penalty)*
fine-tuning 1. *(Comp)* Feineinstellung *f*; 2. *(WiWi)* Feinabstimmung *f*, Feinsteuerung *f*
finish *v (Ind)* veredeln
finish *v* **one's education** *(Bil)* die Ausbildung abschließen, die Ausbildung beenden
finish *v* **one's training** *(Bil, Pers)* seine (berufliche) Ausbildung abschließen
finished goods *(Gen)* Fertigwaren *fpl*
finished product *(Gen)* Fertigprodukt *n*
finished products *(WiWi)* Enderzeugnisse *npl*
finishing *(Ind)* Endbearbeitung *f*, Nachbearbeitung *f*, Veredelung *f*
finite *adj (Umwelt)* begrenzt
fire *v (Pers)* entlassen, *(ugs.)* feuern *(staff)*
fire sale *(V&M)* Notverkauf *m (e.g. of inventory)*
fire wall 1. *(Soz, Versich)* Brandmauer *f*, Feuerschutzmauer *f (in building)*; 2. *(Comp)* Zugangsschutzsystem *n*, Firewall *f (data security)*
firm *v (Börse)* anziehen, sich befestigen, fest tendieren
firm *adj* 1. *(WiWi)* stabil, fest *(currency)*; 2. *(Gen)* verbindlich, stabil *(order)*; 3. *(Logis, V&M)* stabil
firm *(Gen, WiWi)* Firma *f*, Unternehmen *n*
firm commitment *(Börse)* feste Übernahmeverpflichtung *f (securities underwriting)*
firm offer *(Gen)* Festangebot *n*, festes Angebot *n*, verbindliche Offerte *f*, verbindliches Angebot *n*
firm order *(V&M)* Fixauftrag *m*
firm quotation *(WiWi)* verbindliche Kursnotierung *f*
firm size *(Gen)* Unternehmensgröße *f*, Größe *f* des Unternehmens
first best economy *(WiWi)* pareto--optimale Volkswirtschaft *f*
first-degree graduate *(Edu)* Bachelorabsolvent(in) *m(f)*
first-instance fiscal court *(Steuer)* Finanzgericht *n*
first lien *(Grund)* erstrangiges Pfandrecht *n*
first-loss tranche *(Bank, Fin)* Erstverlusttranche *f*, Equity-Tranche *f (Verbriefungen, securitizations)*
first mortgage *(Bank)* erste Hypothek *f*
first quarter *(Gen)* erstes Quartal *n*
first-rate *adj (Gen)* erstklassig
first reminder *(RW)* erste Mahnung *f*
fiscal *adj (WiWi, Steuer)* fiskalisch, Fiskal, steuerlich, Steuer
fiscal authorities *(Bank, Fin, Steuer)*

Finanzbehörden *fpl*, Steuerbehörden *fpl*, Fiskus *m*
fiscal barrier *(WiWi)* fiskalische Schranke *f (international trade)*
fiscal deficit *(RW)* Haushaltsdefizit *n*, Finanzdefizit *n*
fiscal drag *(WiWi, Fin, Steuer)* fiskalische Bremse *f*, kalte Progression *f*, Entzugseffekt *m* der Steuerprogression, Fiscal Drag-Effekt *m*
fiscal evasion *(Steuer)* Steuerhinterziehung *f*
fiscal incidence *(Steuer)* Steuerinzidenz *f*, Steuer(belastungs)wirkung *f*
fiscal inducement *(Steuer)* steuerlicher Anreiz *m*
fiscal multiplier *(WiWi)* Steuermultiplikator *m*
fiscal neutrality *(Steuer)* Steuerneutralität *f*
fiscal period *(RW, Steuer)* Abrechnungsperiode *f*, Buchungszeitraum *m*, Geschäftsperiode *f*, Rechnungsperiode *f*
fiscal policy *(WiWi, Pol)* Fiskalpolitik *f*, konjunkturorientierte Finanzpolitik *f*, konjunkturelle Stabilisierungspolitik *f*, finanzwirtschaftliche Stabilisierungspolitik *f (Einsatz der öffentlichen Haushalte zur Stabilisierung)*; Steuerpolitik *f (fiskalisches Ziel der Einnahmenbeschaffung zur Deckung der Staatsausgaben; vgl.: financial policy = Finanzpolitik im Unternehmen)*
fiscal revenue *(Steuer, WiWi)* Steuereinnahmen *f*
fiscal year *(Fin, RW, Steuer)* Bilanzjahr *n*, Geschäftsjahr *n*, Rechnungsjahr *n*, Steuerjahr *n*, Wirtschaftsjahr *n*; Finanzjahr *n*, Haushaltsjahr *n (public accounting)*
fiscal year ended *(Steuer)* abgeschlossenes Geschäftsjahr *n*, abgeschlossenes Haushaltsjahr *n*, abgeschlossenes Wirtschaftsjahr *n*
five-day week *(Gen, Pers)* Fünftagewoche *f*
fix *v* **quotas** *(Imp/Exp)* Quoten festlegen
fixed allowance *(Gen)* Fixum *n*
fixed asset *(RW)* Anlagegegenstand *m*, Gegenstand *m* des Anlagevermögens
fixed asset account *(RW)* Sachanlagenkonto *n*
fixed asset investment *(RW)* Anlageinvestitionen *fpl*
fixed assets 1. *(RW)* Anlagevermögen *n*; 2. *(WiWi)* Sachanlagen *fpl*
fixed capital 1. *(WiWi)* Anlagevermögen *n*; 2. *(Fin)* Anlagekapital *n*
fixed capital formation *(Fin, Mgt, WiWi)* Anlageinvestition(en) *f(pl) (synonymous: fixed investment)*
fixed-charge coverage *(RW)* Fixkostendeckung *f*
fixed charge [fee] *(Recht)* Gebührensatz *m*
fixed cost(s) *(RW, WiWi)* fixe Kosten *pl*, Fixkosten *pl*, beschäftigungsunabhängige Kosten *pl*, Bereitschaftskosten *pl (no variation during short-term changes in production level; synonymous: nonvariable costs, standby costs; Gegensatz: variable Kosten = variable costs)*
fixed deposit *(Bank)* Festgeld *n*, Termineinlage *f*
fixed exchange rate *(WiWi)* fester Wechselkurs *m*
fixed-exchange-rate regime *(WiWi)* Festkurssystem *n*, System *n* fester Wechselkurse *(synonymous: hard peg regime)*
fixed income securities *(Fin, Börse)* festverzinsliche Wertpapiere *npl*, Rentenwerte *mpl*, Rentenpapiere *npl*; *(jarg)* Festverzinsliche *pl*, *(jarg)* Renten *pl (als Schuldverschreibungen verbriefte Forderungs- oder Gläubigerrechte; Verzinsung meist jährlich, halbjährlich oder bei Fälligkeit)*
fixed-interest loan *(Bank, Fin)* festverzinsliches Darlehen *n*, Festzinskredit *m*, festverzinsliche Anleihe *f*, Festzinsanleihe *f (synonymous: straight bond; opposite: floater, FRN, floating-rate note = zinsvariable Anleihe = Anleihe mit variabler Verzinsung)*
fixed interest rate *(Bank, Fin)* Festzinssatz *m*
fixed loan *(Bank)* langfristiges Darlehen *n*
fixed maturity *(Bank)* feste Laufzeit *f*
fixed overheads *(RW)* fixe Gemeinkosten *pl*
fixed period (of time) *(Gen)* festgesetzter Zeitraum *m*, bestimmte Dauer *f*

fixed price *(Gen)* Festpreis *m*, gebundener Preis *m*, Richtpreis *m (put options)*
fixed proportion of women *(Admin, Pers, Pol)* Frauenquote *f (cf quota woman = Quotenfrau = jarg.; anders: quota arrangement = Quotenkartell)*
fixed-rate *adj (Bank)* festverzinslich
fixed-rate bond *(Bank, Fin)* festverzinsliche Anleihe *f*, Festzinsanleihe *f (synonymous: straight bond; opposite: floater, FRN, floating--rate note = zinsvariable Anleihe, Anleihe mit variabler Verzinsung)*
fixed-rate interest *(Bank, Fin)* Festzinssatz *m*
fixed-rate mortgage *(Bank)* Festsatzhypothek *f*, Festzinshypothek *f*
fixed salary *(Pers)* Festgehalt *n*, Fixum *n*
fixed supply *(WiWi)* unelastisches Angebot *n*
fixed-term contract *(Pers)* zeitlich befristeter Vertrag *m*
fixed-term deposit *(Bank)* Termingeld *n*, Festgeldanlage *f*
fixed-term employment contract *(Pers)* befristeter Arbeitsvertrag *m*
fixed-term job *(Gen)* befristete Tätigkeit *f*, befristeter Arbeitsplatz *m*
fixed terms *(Admin)* Festkonditionen *fpl*
fixed working hours *(Pers)* starre Arbeitszeit *f*
flagship store *(V&M)* Hauptgeschäft *n*
flat fee 1. *(Bank, Pat)* Pauschalgebühr *f*; 2. *(Fin)* Einheitstarif *m*, Grundgebühr *f*
flat market *(Börse)* lustloser Markt *m*
flat organization *(Mgt)* flache Organisation *f (lean organization)*
flat pay *(Admin)* Grundgehalt *n*
flat price *(Börse)* Erwerbskurs *m*
flat-rate *adj (Gen)* pauschal, Pauschal
flat rate 1. *(V&M)* Einheitstarif *m*; 2. *(Steuer)* Proportionalsatz *m*
flat-rate fee *(Bank, Pat)* Pauschalgebühr *f*
flat-rate payment *(Gen, Soz)* Pauschalzahlung *f*, Pauschalleistung *f*, Pauschalbetrag *m*
flat-rate tax *(Steuer)* Pauschalsteuer *f*
flatten *v (Stat)* abflachen *(curve)*
flawed *adj (Gen)* fehlerhaft
fledgling commercial field *(Gen)* junges Geschäftsfeld *n*, junger Wirtschaftsbereich *m*
flexibility *(Gen)* Flexibilität *f*, Anpassungsfähigkeit *f*
flexible *adj (Gen)* flexibel, anpassungsfähig, beweglich
flexible budget costs *(WiWi)* Sollkosten *pl*
flexible exchange rate *(WiWi)* flexibler Wechselkurs *m*
flexible working hours 1. *(Admin)* Gleitzeit *f*; 2. *(Pers)* flexible Arbeitszeit *f*, Gleitzeit *f*, gleitende Arbeitszeit *f*
flexitime *(BE) (Pers)* gleitende Arbeitszeit *f*, flexible Arbeitszeit *f*, Gleitzeit *f*
flextime *(AE) (Pers)* s. flexitime
flight capital *(Fin, Gen)* Fluchtkapital *n*
flight of capital 1. *(WiWi)* Kapitalflucht *f*; 2. *(Fin)* Abwanderung *f* von Kapital
float *v (Fin)* auflegen, begeben
float *v* **an issue** *(Börse)* eine Anleihe auflegen
float *(Bank)* Float *m*, Inkassi *npl*, Wertstellungsgewinn *m*, Valutierungsgewinn *m*; Wechselgeld *n (change)*
floater 1. *(Bank)* zinsvariable Anleihe *f*, Generalpolice *f*, Pauschalversicherung *f*; 2. *(Börse)* zinsvariabler Schuldtitel *m*
floating *(Fin)* Floaten *n*, Floating *n (of currency)*; Wechselkursfreigabe *f*
floating assets *(RW)* Umlaufvermögen *n*
floating capital *(Fin, Mgt)* Betriebskapital *n*
floating debt *(Fin)* schwebende Schuld *f*, kurzfristige Verbindlichkeit *f*
floating exchange rate *(WiWi)* flexibler Wechselkurs *m*
floating interest rate *(Bank)* veränderlicher Zinssatz *m*
floating rate *(WiWi)* freier Wechselkurs *m (of exchange)*
floating-rate *adj (Fin)* variabel verzinslich
floating-rate deposit *(Börse)* zinsvariable Einlage *f (interest rate futures)*
floating-rate loan *(Bank)* zinsvariables Darlehen *n*, Anleihe *f* mit variablem Zinssatz
floating-rate note *(FRN)* 1. *(Fin)* Anleihe *f* mit variabler Verzinsung, Anleihe *f* mit variablem Kupon; 2. *(Börse)* Emission *f* mit variablem Zinssatz, variabel verzinsliche Emission *f (synonymous: floater; opposite: straight bond, fixed--interest loan = Festzinsanleihe)*
floating-rate regime *(WiWi)* System *n* flexibler Wechselkurse
floor 1. *(WiWi)* Talsohle *f*; unterer

Interventionspunkt *m (exchange rate)*; 2. *(Börse, Fin)* Mindestpreis *m*; Parkett *n*, Börsenparkett *n (location of trading)*
floor price *(WiWi)* Mindestpreis *m*
floor rate *(Börse)* Mindestzinssatz *m*, Zinsuntergrenze *f*
floor return *(Börse)* Mindestertrag *m*, Mindestrendite *f*
flotation *(Börse)* Begebung *f* eines Schuld- oder Beteiligungstitels
flow 1. *(RW)* Kapitalfluss *m (of funds)*; 2. *(Comp)* Fluss *m (of data)*; Ablauf *m (operations)*; 3. *(WiWi)* Stromgröße *f*, Strömungsgröße *f*, Flow-Größe *f*
flow analysis *(Bil, Stat, WiWi)* Stromgrößenanalyse *f*, Bewegungsanalyse *f*, Analyse *f* der Zu- und Abgänge *(cf stock analysis = Bestandsanalyse)*
flow chart *s.* flowchart
flow of funds 1. *(RW)* Geldstrom *m*, Geldmittelbewegung *f (balance)*; 2. *(WiWi)* Kapitalstrom *m*; 3. *(Fin)* Kapitalfluss *m*
flow-of-funds table *(Fin)* Geldstromtabelle *f (national accounts)*
flow of information *(Comp, Komm)* Informationsfluss *m*
flow production *(Ind)* Bandproduktion *f*, Fließarbeit *f*, Fließbandarbeit *f*, Fließfertigung *f*
flowchart 1. *(Comp)* Flussdiagramm *n*; 2. *(Gen)* Ablaufdiagramm *n*
fluctuating currency *(WiWi)* frei schwankender Wechselkurs *m*
fluctuating exchange rate *(WiWi)* frei schwankender Wechselkurs *m*, freier Wechselkurs *m*
fluctuation 1. *(WiWi)* Schwankung *f*; 2. *(Gen)* Fluktuation *f*
fluctuation band *(WiWi)* Bandbreite *f*
fluctuations in employment *(Pers)* Beschäftigungsschwankungen *fpl*
flyer *(Komm, Media, V&M)* Flugblatt *n (advertisement)*
FMCG *(Abk. für fast moving consumer goods) (Gen, V&M)* schnell drehende Konsumgüter *npl*
focal point *(Gen)* Kernpunkt *m (of discussion)*
focus *(Gen)* Mittelpunkt *m*, Brennpunkt *m*, Zentrum *n*
focus group *(Gen, V&M)* Zielgruppe *f (market research)*
follow *v* **the pack** *(AE; jarg.) (Gen, Börse) (jarg.)* dem Rudel nachlaufen, dem Rudel hinterherlaufen, mit der Herde laufen *(behaviour of an investor without a focused trading strategy who trades on emotion and the suggestions of others, including friends, family and financial gurus, i.e. relying on a leader for guidance; the behaviour contrasts with that of bulls and bears, who have focused views about the market; like a sheep, this type of investor is a follower; Verhalten eines Anlegers ohne klare Anlagestrategie; cf herd mentality, follow the herd; sheep)*
follow *v* **through** 1. *(Gen) (ugs.)* durchziehen *(project, scheme)*; 2. *(Mgt)* bis zum Ende führen, zu Ende verfolgen
follow *v* **up** 1. *(Gen, Komm)* nachfassen; 2. *(Mgt)* weiteruntersuchen *(plans, suggestions, proposals)*
follow-up 1. *(Gen)* Überwachung *f*, Anschluss *m*, Folgeschritte *mpl*; 2. *(Stat)* nachfassende Untersuchung *f*, Nachfrageaktion *f*
follow-up letter 1. *(Komm)* Erinnerungsschreiben *n*, Nachfassbrief *m*; 2. *(Gen)* Nachfassbrief *m*; 3. *(V&M)* Erinnerungsbrief *m*, Folgebrief *m*
follow-up orders *(Gen)* Anschlussaufträge *mpl*
follow-up programme *(BE) (Gen)* Anschlussprogramm *n*
foodstuffs *(Gen)* Lebensmittel *npl*, Nahrungsmittel *npl*
footloose industry *(Ind)* standortungebundene Industrie *f*
footnote disclosure *(RW)* gesonderter Ausweis *m* als Anmerkung zur Bilanz
for-profits *pl (ugs.) (Soz, WiWi)* gewinnorientierte Einheiten *fpl*, erwerbswirtschaftlich tätige Einheiten *fpl*, erwerbswirtschaftlich ausgerichtete Unternehmen *npl (Gegensatz: Nonprofits = gemeinnützige, nicht erwerbswirtschaftlich tätige Einheiten, nicht erwerbswirtschaftlich ausgerichtete Unternehmen)*
force *v (Gen)* durchsetzen, zwingen
force *(Gen)* Kraft *f*, Stärke *f* • **come into force** *(Recht)* in Kraft treten, wirksam werden *(regulations, legislation)* • **in force** *(Recht)* in Kraft *(regulations, legislation)*
forced saving *(WiWi)* Zwangssparen *n*
forecast *v (Gen)* vorhersagen,

vorhersehen
forecast 1. *(Gen)* Voraussage *f*, Vorhersage *f*, Prognose *f*; 2. *(Frei)* Vorschau *f*
foreclose *v (Fin)* kündigen
foreclose *v* **a mortgage** *(Recht)* aus einer Hypothek die Zwangsvollstreckung betreiben
foredate *v (Gen)* vordatieren
forefront/at the *(Ind)* bahnbrechend, im Vorfeld *(of research and development)*
forego *v* **a debt** *(Fin)* auf eine Schuld verzichten
foreign *adj (Gen)* ausländisch, Außen, auswärtig *(trade)*
foreign corporation *(Recht)* ausländische Gesellschaft *f*
foreign currency *(Bank, WiWi, Fin, Recht)* Fremdwährung *f*
foreign currency balances *(Bank)* Devisen *fpl* und Sorten *fpl*
foreign currency conversion rate *(Bank, Gen)* Devisenumrechnungssatz *m*
foreign currency outflow *(WiWi)* Devisenabfluss *m*
foreign currency position *(WiWi)* Fremdwährungsposition *f (international trade)*
foreign demand *(WiWi)* Auslandsnachfrage *f*
foreign direct investment *(WiWi, Fin)* ausländische Direktinvestition *f*
foreign exchange *(Gen)* Devisen *fpl*
foreign exchange market 1. *(WiWi)* Devisenbörse *f*, Devisenmarkt *m*; 2. *(Börse)* Devisenmarkt *m*
foreign exchange rate *(WiWi)* Devisenkurs *m*, Wechselkurs *m*
foreign exchange reserves *(WiWi)* Währungsreserven *fpl*
foreign exchange restrictions *(WiWi)* Devisenbeschränkungen *fpl*
foreign exchange risk *(Fin, Bank, WiWi)* Währungsrisiko *n*, Fremdwährungsrisiko *n*
foreign labor *(AE)*, **foreign labour** *(BE)* *(Pers)* ausländische Arbeitnehmer *mpl*, ausländische Arbeitskräfte *fpl*
foreign lending 1. *(Bank, WiWi)* Auslandsfinanzierung *f (BOP)*; 2. *(Fin)* Auslandsfinanzierung *f*
foreign money order *(Bank)* internationale Geldanweisung *f*
foreign notes and coins *(Fin)* Sorten *fpl*
foreign-owned *(Bank, Gen, Logis)* in ausländischem Besitz
foreign participation *(Fin, Gen)* Auslandsbeteiligung *f*
foreign trade 1. *(WiWi)* Außenhandel *m*; 2. *(Imp/Exp)* Aktivhandel *m (carried on by domestic firms)*
foreign trade multiplier *(WiWi)* Außenhandelsmultiplikator *m*
foreign trade turnover *(Bank, WiWi)* Außenhandelsumsatz *m*
foreign worker *(WiWi, Pers)* Fremdarbeiter(in) *m(f)*, Gastarbeiter(in) *m(f)*, ausländischer Arbeitnehmer *m*, ausländische Arbeitnehmerin *f*
foreigner *(Gen)* Ausländer(in) *m(f)*
foreman *(Pers)* Meister *m*, Vorarbeiter(in) *m(f)*
forex account *(Bank)* Devisenkonto *n*
forex position *(WiWi)* Devisenlage *f (BOP)*
forfaiting *(Fin)* Forfaitierung *f (method of international trade finance, Exportfinanzierung durch regresslosen Verkauf mittel- und langfristiger, meist wechselrechtlich besicherter Exportforderungen)*
forge *v (Gen)* fälschen
forgery 1. *(Gen)* Fälschung *f*, Verfälschung *f*; 2. *(Recht)* Herstellung *f* falschen Beweismaterials
form *v (Gen)* bilden *(committee, alliance)*; gründen *(company)*
form *v* **a partnership** *(Gen)* eine Gesellschaft gründen
form 1. *(Recht)* Ausgestaltungsform *f*; 2. *(Pat)* Form *f*, Gestalt *f*, Schema *n (of the abstract)*; Formblatt *n*, Formular *n*, Vordruck *m (printed)* • **in the form of** *(Gen)* in Form von
form requirement *(Recht)* Formvorschrift *f*
formal *adj (Gen)* formal, förmlich
formal agreement *(Gen)* formale Vereinbarung *f*
formal defect *(Recht)* Formfehler *m*
formal economy *(WiWi)* offizielle Wirtschaft *f*
formal notice *(Gen)* förmliche Mitteilung *f*, formelle Mitteilung *f*
formal receipt *(Gen)* formelle Empfangsbestätigung *f*
formal submission date *(Fin)* offizieller Einreichungstermin *m*
formal tax assessment note *(Steuer)* Steuerbescheid *m*

formation *(Gen, Recht)* Ursprung *f*, Entstehung *f*; Zustandekommen *n* *(Vertrag)*
formation of market prices *(V&M, WiWi)* Marktpreisbildung *f*
formless *adj (Gen)* formlos
formulate *v* 1. *(Gen)* formulieren; 2. *(Recht)* festlegen *(rules, guidelines, conditions)*; 3. *(Stat, WiWi)* modellieren
fortnight *(Gen)* zwei Wochen *fpl*, vierzehn Tage *mpl*
forward *v* 1. *(Komm)* weiterleiten *(package, document)*; 2. *(Gen)* befördern; 3. *(Logis)* übersenden, transportieren *(shipping)* • **please forward** *(Komm)* bitte weiterleiten
forward buying *(Börse)* Kauf *m* auf Lieferung, Terminkauf *m*
forward commodity *(Börse)* Terminware *f*
forward contract *(Börse, Fin)* Terminkontrakt *m*
forward cover *(Börse)* Terminsicherung *f*
forward currency deal *(WiWi, Börse)* Devisentermingeschäft *n (international trade)*
forward exchange *(Bank, Börse)* Terminbörse *f*, Devisenterminmarkt *m*; Devisentermingeschäft *n*, Devisenterminhandel *m*
forward exchange transaction *(Bank, Börse)* Devisentermingeschäft *n (synonymous: forward currency operation, forward exchange operation)*
forward indicator *(WiWi)* Frühindikator *m*
forward integration *(WiWi)* Vorwärtsintegration *f (mergers, Unternehmenszusammenschlüsse; synonymous: vertical forward integration = vertikale Vorwärtsintegration; Gegensatz: Rückwärtsintegration = backward integration)*
forward linkage *(WiWi)* absatzorientierte Verflechtung *f*
forward market *(Börse)* Terminmarkt *m*
forward operation *(Börse)* Termingeschäft *n*
forward rate *(Börse)* Terminkurs *m*
forward rate agreement *(Börse, Fin)* FRA, Zinsterminkontrakt *m*
fossil energy *(Ind, Umwelt)* fossile Energieressourcen *fpl*, fossile Energie *f*
found *v (Gen)* gründen • **be founded on** *(Gen)* beruhen auf • **if found correct** *(Gen)* nach Richtigbefund
foundation *(WiWi)* Stiftung *f (charitable, educational)*
founder member *(Gen)* Gründungsmitglied *n*
founder of a company *(Gen)* Unternehmensgründer *m*, Betriebsgründer *m*
fraction *(Stat)* Bruch *m*, gebrochene Zahl *f (opposite: integer = ganze Zahl)*
fractional amount 1. *(Gen)* Teilbetrag *m (synonymous: partial amount)*; 2. *(Börse)* Spitze *f*, Spitzenbetrag *m (cf Spitzenausgleich = settlement of fractions; überschießende Beträge ergeben sich z. B. im Bezugsrechtshandel, im Abrechnungsverkehr = clearing oder bei der Aufrechnung = counterbalancing von Wert und Gegenwert)*
fragmentation 1. *(Comp)* Fragmentierung *f (disk)*; 2. *(WiWi)* Aufteilung *f*, Fragmentierung *f*, Zersplitterung *f (of market)*
frame contract *(Recht, Gen)* Rahmenvertrag *m*
framework 1. *(Fin, Gen)* Rahmen *m (institutional)*; 2. *(RW)* Bezugsrahmen *m (e.g. Conceptual Framework, ein allgemeiner theoretischer Bezugsrahmen des FASB für US--GAAP)*
framework agreement *(Gen, Recht)* Rahmenvereinbarung *f*
framework directive *f (Pol, Recht)* Rahmenrichtlinie *f (EU)*
franchise 1. *(Versich)* Franchise *f*; 2. *(V&M)* Franchise *n*, Franchising *n*, Alleinverkaufsrecht *n*
franchise agreement *(Recht)* Konzessionsvertrag *m*, Lizenzvertrag *m*
franchised *adj (Gen)* konzessioniert
franchised dealer *(BE) (Gen)* Vertragshändler(in) *m(f)*
franchisee 1. *(Gen)* Konzessionsinhaber(in) *m(f)*; 2. *(V&M)* Franchisenehmer(in) *m(f)*
franchising *(V&M)* Franchising *n*
franchisor *(Gen, V&M)* Franchisegeber(in) *m(f)*
fraud *(RW, Gen, Recht)* arglistige Täuschung *f*, Betrug *m*
free *adj* 1. *(Comp)* frei; 2. *(Gen)* frei, gratis, kostenlos; 3. *(Imp/Exp, Logis)* frei

• **there's no such thing as a free lunch** *(Gen)* alles Gute hat seinen Preis
free admission *(Frei)* kostenloser Eintritt *m*
free alongside ship *(Imp/Exp, Logis)* frei Längsseite Schiff *(FAS; Incoterms)*
free and open market *(WiWi)* Wettbewerbsmarkt *m*
free call *(Komm)* kostenfreier Anruf *m*, kostenloses Anrufen *n*
free enterprise economy *(WiWi)* freie Marktwirtschaft *f*
free float *(Börse)* Streubesitz *m* von Aktien
free market economy *(WiWi)* freie Marktwirtschaft *f*
free movement of capital *(WiWi)* freier Kapitalverkehr *m (EU)*
free movement of goods and services *(WiWi)* freier Waren- und Dienstleistungsverkehr *m (EU)*
free movement of labor *(AE) (WiWi, Recht) s.* free movement of labour
free movement of labour *(BE) (WiWi, Recht)* Freizügigkeit *f* der Arbeitnehmer *(EU)*
free of all charges *(Logis)* franko
free of charge *(Gen, V&M)* gebührenfrei, kostenlos, zum Nulltarif, gratis, umsonst
free of charges *(Bank, Gen)* spesenfrei
free of income tax *(Steuer)* einkommenssteuerfrei
free reserves *(RW)* freie Rücklagen *fpl*
free rider *(Gen)* Trittbrettfahrer(in) *m(f)*, Schwarzfahrer(in) *m(f)*
free rider behavior *(AE) s.* free rider behaviour
free rider behaviour *(BE)*, **free rider behaviour** *(BE) (Gen, WiWi)* Free-Rider--Verhalten *n*, Trittbrettfahrer-Verhalten *n*, *(ugs.)* Trittbrettfahrerei *f*
free sample *(V&M)* kostenloses Muster *n*, Gratismuster *n*
free trade *(WiWi)* Freihandel *m*
free-trade area *(WiWi, Imp/Exp)* Freihandelszone *f*
freedom of access *(Comp, Recht, WiWi)* Zugangsfreiheit *f (market, Internet)*
freedom of assembly *(Recht)* Versammlungsfreiheit *f*
freedom of association *(Pol)* Vereinigungsfreiheit *f*, Koalitionsfreiheit *f*
freedom of capital movements *(WiWi)* Freiheit *f* des Kapitalverkehrs *(EU)*
freedom of choice *(Gen, Pol)* Entscheidungsfreiheit *f*, Wahlfreiheit *f*
freedom of competition *(WiWi)* Wettbewerbsfreiheit *f*
freedom of contract *(Recht)* Vertragsfreiheit *f*
freedom of establishment *(WiWi, Gen, Pol)* Niederlassungsfreiheit *f (EU)*
freedom of expression *(Recht)* freie Meinungsäußerung *f*
freedom of movement 1. *(WiWi)* Freizügigkeit *f*; 2. *(Gen)* Bewegungsfreiheit *f (of workers, employees in EU)*
freedom of movement of persons *(WiWi)* Freizügigkeit *f* für Personen, Personenfreizügigkeit *f (EU)*
freedom of occupation *(Pers)* Berufsfreiheit *f (freedom to choose a career)*
freelance *v (Pers, WiWi)* als freier Mitarbeiter arbeiten, freiberuflich arbeiten, *(ugs.)* als Freiberufler arbeiten
freelance *adj (Pers, WiWi)* freiberuflich arbeitend
freelance *(Pers)* Freiberufler(in) *m(f)*
freelance contract *(Pers)* Honorarvertrag *m*
freelance work *(Pers)* freiberufliche Arbeit *f*, freiberufliche Tätigkeit *f*
freelance worker 1. *(Pers)* Freiberufler(in) *m(f)*, freier Mitarbeiter *m*, freie Mitarbeiterin *f*, Freischaffende(r) *f(m)*; 2. *(Recht, V&M)* freier Mitarbeiter *m*, freie Mitarbeiterin *f*
freeze *v* 1. *(Fin)* einfrieren, sperren *(account, prices)*; 2. *(Steuer)* einfrieren
freeze *v* **out** *(Fin)* auskaufen, verdrängen *(minority shareholders)*
freight *(Logis)* Fracht *f*, Frachtkosten *pl*, Frachtgeld *n (charges for goods)*; Fracht *f*, Güter *npl*, Waren *fpl (goods)*
freight carrier *(Logis)* Frachtführer *m*, Transportunternehmer *m*
freight futures contract *(Börse, Fin)* Vertrag *m* über Frachttermingeschäfte, Frachtterminkontrakt *m*
freight futures market *(Börse)* Frachtterminmarkt *m*
frequency distribution *(Stat)* Häufigkeitsverteilung *f*
fresh money *(Fin, Gen)* zusätzliche Mittel *npl*, frisches Geld *n*, zusätzliche Kredite *mpl*

fresh water *(Umwelt)* Frischwasser *n*, Süßwasser *n*
freshman *(AE) (Bil)* Student(in) *m(f)* im ersten Studienjahr
frictional unemployment *(WiWi)* friktionelle Arbeitslosigkeit *f*
friendly society *(BE) (Fin)* Bausparkasse *f*, Versicherungsverein *m* auf Gegenseitigkeit, VVaG
fringe benefit 1. *(Gen)* Nebenleistung *f* *(salary)*; Lohnnebenleistung *f*; 2. *(Pers)* Lohnzusatzleistung *f*
fringe market *(Börse)* Nebenmarkt *m*, Zusatzmarkt *m*, Randmarkt *m*
fringe meeting *(Gen)* Unterredung am Rand des Geschehens
front desk *(Gen)* Rezeption *f*
front-end costs *(WiWi)* hohe Anfangskosten *pl*, Anlaufkosten *pl*, Vorabkosten *pl (international trade)*
front-end financing *(Fin)* Zusatzfinanzierung *f*
front-end load *(Börse)* hohe Anfangskosten *pl*
front-end money *(Fin)* hoher Vorschuss *m*
front money *(Fin)* Anfangskapital *n*
front office *(Bank, Fin, Gen)* Front Office *n*, Abteilung *f* mit Kundenkontakt
front runner *(Gen)* Spitzenreiter *m*
frontier worker *(Pers)* Grenzarbeitnehmer(in) *m(f)*, Grenzgänger(in) *m(f)*
frontman *(Börse, Fin, Gen)* Strohmann *m*
frozen account *(Bank)* eingefrorenes Konto *n*, gesperrtes Konto *n*
frozen credits *(Fin)* eingefrorene Kredite *mpl*
fruition/come to *(Gen)* sich verwirklichen
frustration of contract *(Recht)* Wegfall *m* der Geschäftsgrundlage
fuel *v* 1. *(WiWi)* anheizen, steigern *(inflation)*; 2. *(Gen)* antreiben *(inflation)*
fuel oil tax *(Pol, Steuer, Umwelt)* Mineralölsteuer *f*
fulfil *v (BE)*, **fulfill** *v (AE) (Gen)* erfüllen *(commitments)*; nachkommen *(obligations)*
fulfillment of contract *(AE)*, **fulfilment of contract** *(BE) (Recht)* Vertragserfüllung *f (contract law)*
full *adj (Gen)* ganz, umfassend, vollständig, voll • **be in full swing** *(Pol)* in vollem Gange sein, voll im Gang sein • **in full** *(Gen)* vollständig • **in full knowledge of the facts** *(Recht)* in voller Kenntnis der Sachlage • **in full settlement** *(RW)* zum vollen Ausgleich
full absorption costing *(RW)* Vollkostenrechnung *f (full absorption cost accounting; Umlegung aller Kosten auf die Kostenträger = units of output)*
full amount *(Gen)* ungekürzte Summe *f*
full-cost basis *(RW)* Vollkostenbasis *f*
full-cost pricing *(WiWi)* Vollkostenkalkulation *f*
full costing 1. *(RW)* Vollkostenkalkulation *f*, Vollkostenprinzip *n*; 2. *(Fin)* Vollkostenrechnung *f*
full disclosure *(Recht)* vollständige Offenlegung *f*
full employment *(WiWi)* Vollbeschäftigung *f*
full-employment budget *(WiWi, Pol)* Vollbeschäftigungsbudget *n*
full-employment objective *(WiWi)* Vollbeschäftigungsziel *n*
full exemption *(Steuer)* vollständige Freistellung *f*
full liability *(Gen)* volle Haftung *f*
full particulars *(Gen)* sämtliche Einzelheiten *fpl*
full protection *(Pat)* Vollschutz *m*
full-time *adj (Pers)* ganztägig, Vollzeit
full-time employment *(Pers)* Ganztagsbeschäftigung *f*, Vollzeitbeschäftigung *f*
full-time job *(Pers)* Ganztagsbeschäftigung *f*, Vollzeitbeschäftigung *f*, Ganztagsarbeit *f*
full-time work *(Pers)* Ganztagsbeschäftigung *f*, Vollzeitbeschäftigung *f*, Ganztagsarbeit *f*
full-time worker *(Pers)* Vollzeitarbeitskraft *f*, Vollzeitarbeitnehmer(in) *m(f)*
full-year *adj (Gen, Mgt)* ganzjährig *(all--year)*
fully comprehensive insurance *(Versich)* Vollkaskoversicherungspolice *f*
fully diluted earnings per share *(Börse, Fin)* vollverwässertes Ergebnis *n* je Aktie
fully funded *adj (Gen)* vollfinanziert
fully paid *adj (Gen)* vollbezahlt
fully-paid share *(Börse)* volleingezahlte Aktie *f*

function 1. *(Comp, Gen)* Funktion *f*; 2. *(Frei)* Feierlichkeit *f*; 3. *(Stat)* Abbildung *f*, Funktion *f*
functional *adj (Gen)* funktional
functional accounting *(RW)* entscheidungsorientierte Kostenrechnung *f*
functional analysis *(Gen)* Funktionsanalyse *f*
functional depreciation *(Grund)* wirtschaftliche Abschreibung *f*
functional income distribution *(WiWi)* funktionelle Einkommensverteilung *f*
functional management *(Mgt)* Mehrliniensystem *n*, Funktionsmeistersystem *n*
functional obsolescence *(V&M)* funktionale Veralterung *f*
functional organization 1. *(Gen)* funktionale Organisation *f*; 2. *(Mgt)* funktionsbezogene Organisation *f*
fund *v (Fin)* finanzieren, refinanzieren, konsolidieren, umschulden
fund *(Fin)* Fonds *m*
fund appropriation *(WiWi, Fin, Mgt)* Mittelverteilung *f*, Mittelzuteilung *f*
fund of funds *(Fin)* Dachfonds *m*, Umbrellafonds *m (cf umbrella fund)*
fund-raising *(Fin)* Geldbeschaffung *f*, Kapitalbeschaffung *f*, Mittelbeschaffung *f*
fundamental *adj (Gen)* fundamental
fundamental analysis *(Fin)* fundamentale Aktienanalyse *f*, Fundamentalanalyse *f (financial statements, investments)*
fundamental research *(Ind)* Grundlagenforschung *f*
funded *adj (Fin, WiWi)* fundiert
funded debt 1. *(RW)* langfristige Verpflichtung *f*; 2. *(Fin)* fundierte Schuld *f*, konsolidierte Kredite *mpl*, langfristige Verbindlichkeit *f*, Staatsanleihe *f*
funded pension scheme *(Pers, Soz)* kapitalgedeckte Altersvorsorge *f*, kapitalgedecktes System *n* der Altersvorsorge
funding *(Fin)* Finanzierung *f*; Refinanzierung *f*, Anlage *f* in Staatspapieren, Bildung *f* von Rückstellungen
funding scheme *(Fin)* Finanzierungsprogramm *n*
funding source *(Fin)* Refinanzierungsquelle *f*
funds 1. *(Bank)* Geldmittel *npl*; 2. *(Fin)* Kapital *n* • **no funds** *(Bank)* keine Deckung
funds abroad *(Bank)* Auslandsguthaben *npl*
funds flow 1. *(RW)* Geldstrom *m*, Kapitalfluss *m*, Geldmittelbewegung *f*; 2. *(WiWi)* Geldstrom *m*, Geldmittelbewegung *f*
funds statement *(RW)* Bewegungsbilanz *f*, Kapitalflussrechnung *f*
funds transfer system *(FTS) (Bank)* Überweisungssystem *n*
fungibility 1. *(Börse)* Marktgängigkeit *f*; 2. *(Recht)* Fungibilität *f*
fungible *adj* 1. *(Gen)* vertretbar; 2. *(Recht)* fungibel
fungible assets *(Fin)* fungible Vermögenswerte *mpl*
fungible item *(Recht)* Gattungssache *f (sales contract)*
fungibles *(WiWi)* fungible Waren *fpl*, vertretbare Sachen *fpl*, Fungibilien *pl*
furnish *v* **a certificate** *(Admin)* eine Bescheinigung beibringen
furniture and fittings *(Gen, RW)* Betriebs- und Geschäftsausstattung *f*, Betriebs- und Geschäftseinrichtung *f*
further education *(Pers, Soz)* Fortbildung *f*, Weiterbildung *f*
further information *(Gen)* weitere Informationen *fpl*
fuse *v* 1. *(WiWi)* fusionieren; 2. *(Börse, Fin)* fusionieren, verschmelzen, vereinigen
fusion *(Börse, Fin)* Fusion *f*, Verschmelzung *f*, Vereinigung *f*
future commodity *(Börse)* Terminware *f*
future delivery *(Gen)* Terminlieferung *f*
future energies *(Umwelt)* Zukunftsenergien *fpl*
future exchange transaction *(Bank, Börse)* Devisentermingeschäft *n (synonymous: forward currency operation, forward exchange operation)*
future order *(Gen)* Terminorder *f*
future prospects *(Gen)* Zukunftsaussichten *fpl*
future rate agreement *(Börse, Fin)* Zinsterminkontrakt *m*
future trends *(Gen)* Zukunftstrends *mpl*
futures *(Börse, Fin)* Termingeschäfte *npl*, Terminkontrakte *mpl*, Terminwaren *fpl*
futures contract *(Börse, Fin)* Terminkontrakt *m*
futures expiration date *(AE) (Börse)*

Verfallsdatum *n* des Termingeschäftes
futures market *(Börse)* Terminmarkt *m*
futures price *(Börse)* Terminkontraktpreis *m*
futures trading *(Börse)* Terminkontrakthandel *m*
FVM *(Abk. für fair value measurement) (RW)* Bewertung *f* zum beizulegenden Zeitwert, Zeitwert-Bewertung *f*, FV--Bewertung *f*, Fair-Value-Bewertung *(IFRS,IAS, US-GAAP))*
FY *s.* fiscal year

G

G-20 *(Abk. für Group of Twenty) (Pol, WiWi)* G20 *f*, G 20 *f*, Zwanziger-Gruppe *f (an international platform for the exchange of views on ‚key financial policy challenges' between industrialized and emerging countries; die Gruppe der zwanzig wichtigsten Industrie- und Schwellenländer, bestehend aus 19 Staaten und EU--Ratspräsident, EZB, IWF und Weltbank; ein informelles Dialog- und Kooperationsforum, das über 90% des weltweiten Bruttoinlandsprodukts, 80% des Welthandels und rund zwei Drittel der Weltbevölkerung repräsentiert)*
GAAP *s.* Generally Accepted Accounting Principles
GAAS *s.* Generally Accepted Auditing Standards
gain *v* **a toehold in the market** *(V&M)* auf dem Markt Fuß fassen
gain *v* **entry to** *(Gen)* sich Zugang verschaffen zu
gain *v* **momentum** *(Gen)* Schwungkraft gewinnen *(trend)*
gain *v* **value** *(Börse)* an Wert gewinnen
gain 1. *(WiWi)* Wechselkursgewinne *mpl (on foreign exchange transactions)*; 2. *(Börse)* Kursgewinn *m*, Wertzuwachs *m (on position values)*
gain on disposal *(RW, Steuer)* Veräußerungsgewinn *m*
gainful activity *(Pers)* Erwerbstätigkeit *f*
gainful intent *(Steuer)* Gewinnabsicht *f*
gains and losses *(AE) (WiWi)* Gewinne und Verluste *mpl*
gains from exchange [trade] *(WiWi)* Außenhandelsgewinne *mpl*, Tauschgewinne *mpl*
galloping inflation *(WiWi)* galoppierende Inflation *f*
game theory *(Mgt, WiWi)* Spieltheorie *f*
gap *(Fin, Gen)* Lücke *f*
gazette *(Recht)* Veröffentlichungsblatt *n (e. g. Federal Law Gazette = Bundesgesetzblatt)*
GDI *(Abk. für gross disposable income) (WiWi, Stat)* VBE *n*, verfügbares Bruttoeinkommen *n (synonymous: household gross disposable income = HGDI; SNA = System of National Accounts = VGR = Volkswirtschaftliche Gesamtrechnung)*
GDP *(Abk. für gross domestic product) (WiWi)* BIP *n*, Bruttoinlandsprdukt *n*
GDP per capita [head] *(WiWi)* BIP *n* pro Kopf der Bevölkerung
gear *v* **to** *(Gen)* anpassen an
gear *v* **towards** *(Gen)* ausrichten auf
gearing *(Fin, WiWi)* Verschuldungsgrad *m (Quotient aus Fremdkapital und Eigenkapital)*; Fremdkapitalaufnahme *f*; Leverage-Effekt *m*, Hebelwirkung *f*, Hebelwirkung der Finanzstruktur, Hebelwirkung der Kapitalstruktur, Hebelwirkung der Fremdkapitalaufnahme, Hebelwirkung des Fremdkapitals, Hebelwirkung des Verschuldungsgrades, Fremdkapital--Leverage *n(f) (synonymous: financial leverage; positive/negative Wirkung der Variation des Verschuldungsgrades --debt-equity ratio- auf die Eigenkapitalrentabilität -equity return-, solange die Gesamtkapitalrentabilität --return on total investment- größer/kleiner als der Fremdkapitalzins --interest on borrowed capital- ist)*
gearing ratio *(BE) (Fin)* Verschuldungsgrad *m*
gender discrimination *(Recht)* geschlechtsbezogene Diskriminierung *f*
gender equality *(Pers, Pol, Soz)* (Chancen-)Gleichheit *f* der Geschlechter, Gleichberechtigung *f* der Geschlechter
gender mainstreaming *(Pol, Recht)* Grundsatz *m* der kontinuierlichen Beachtung des Geschlechteraspekts
gender-specific wage gap *(Pers)* geschlechtsspezifische Lohnlücke *f*
gender wage gap *(Pers, Soz)* Lohnabstand *m* zwischen den Geschlechtern, Lohndifferenz *f*

zwischen den Geschlechtern, Lohnschere *f* zwischen den Geschlechtern, geschlechtsspezifische Lohnlücke *f*, Lohngefälle *n* zwischen Männern und Frauen, Lohnlücke *f* zwischen den Geschlechtern

general acceptance *(Bank)* uneingeschränktes Akzept *n*

general accountant *(Pers, RW)* Finanzbuchhalter *m*

general accounting *(RW)* allgemeines Rechnungswesen *n*

general authorization *(Gen)* Generalvollmacht *f*

general basis of assessment *(Steuer)* allgemeine Bemessungsgrundlage *f*

general consumption tax *(Steuer)* allgemeine Verbrauchssteuer *f*

general contractor *(Gen)* Generalunternehmer(in) *m(f)*

general cost center *(AE)*, **general cost centre** *(BE) (RW)* allgemeine Kostenstelle *f (synonymous: service department = Dienstleistungscenter)*

general creditor *(RW)* nicht bevorrechtigte(r) Gläubiger(in) *m(f)*

general delivery *(Komm)* postlagernd *(poste restante)*

general economic framework *(Mgt, WiWi)* Rahmenbedingungen *fpl*

general entrepreneurial risk *(RW)* allgemeines Unternehmerwagnis *n*; unternehmerisches Risiko *n*, Unternehmerrisiko *n*

general equilibrium analysis *(WiWi)* Theorie *f* des allgemeinen Gleichgewichts *(theoretical model)*

general executive *(Mgt)* Generaldirektor(in) *m(f)*

general expenses *(RW)* Gemeinkosten *pl*, Verwaltungsgemeinkosten *pl*

general fund *(Fin, RW)* nicht zweckgebundene Haushaltsmittel *npl*

general government expenditure *(BE) (WiWi)* öffentliche Ausgaben *fpl*

general holiday *(Pers)* Betriebsferien *pl*, Betriebsurlaub *m*

general interest tendency *(WiWi)* Zinsgrundtendenz *f*

general journal *(RW)* Sammelbuch *n*, Sammeljournal *n*

general ledger *(Fin, RW)* Hauptbuch *n*

general liability insurance *(Versich)* allgemeine Haftpflichtversicherung *f*, Betriebshaftpflichtversicherung *f*

general lien *(Grund)* allgemeines Zurückbehaltungsrecht *n*

general management *(Mgt)* allgemeine Verwaltung *f (administration)*; Gesamtgeschäftsführung *f (managers)*

general market equilibrium *(WiWi)* allgemeines Marktgleichgewicht *n*

general meeting of members *(Recht)* Gesellschafterversammlung *f (GmbH)*

general meeting of shareholders *(Börse)* Hauptversammlung *f* der Aktionäre

general mortgage *(Bank)* Gesamthypothek *f*, Pfandrecht *n* am Gesamtvermögen

general operating costs *(RW)* allgemeine Betriebskosten *pl*

general partner *(Gen, Recht)* Komplementär *m*, Vollhafter *m*, persönlich haftender Gesellschafter *m*, persönlich haftender Partner *m* *(synonymous: full partner, unlimited partner; opposite: limited partner = special partner = Teilhafter = Kommanditist)*

general partnership *(Gen, Recht)* (allgemeine) Personengesellschaft *f* *(Gesellschaft, die nicht auf Einzelzweck beschränkt ist; opposite: limited partnership, Kommanditgesellschaft)*

general public *(Gen, Recht)* Allgemeinheit *f*

general-purpose *adj (Gen)* Mehrzweck

general sales tax *(Steuer)* allgemeine Umsatzsteuer *f*

general setting *(Gen)* Rahmenbedingungen *fpl*

general statement *(Gen, RW)* Gesamtbilanz *f*, allgemeiner Ausweis *m* *(accounts)*

general supply contract *(Recht, V&M)* Rahmenliefervertrag *m*

general terms and conditions *(Gen, Recht)* allgemeine Geschäftsbedingungen *fpl*, AGB

general terms and conditions of delivery *(Gen)* allgemeine Lieferbedingungen *fpl*

generalist *(Pers)* Generalist *m (person)*

generalized least squares *(Stat, WiWi)* Methode *f* der kleinsten Quadrate

Generally Accepted Accounting Principles *npl (AE) (RW)* allgemein anerkannte Rechnungslegungsgrundsätze *mpl*, *(in*

Germany) Grundsätze *mpl* ordnungsgemäßer Buchführung
Generally Accepted Auditing Standards *(AE) (RW)* allgemein anerkannte Buchprüfungsnormen *fpl*
generally binding *adj (Recht)* allgemein verbindlich
generate *v* 1. *(WiWi)* erwirtschaften *(income)*; 2. *(Gen)* hervorbringen *(ideas)*; erzeugen, generieren *(waste, power, profit)*
generate *v* **a profit** *(Gen)* Gewinn erwirtschaften
generation *(Gen)* Erzeugung *f*, Generation *f (power, profits)*; Original *n*, Vervielfältigung *f*, Generierung *f (broadcast)*
generic *adj (Gen, Pat)* nicht geschützt, markenlos gattungsbedingt
generic brand *(V&M)* Gattungsname *m*
generic job titles *(Pers)* generische Bezeichnungen *fpl* für Arbeitsplätze
generic market *(V&M)* Markt *m* für namenlose Produkte
generic products *(V&M)* markenlose Produkte *npl*
generic term *(Gen)* Gattungsname *m*; Oberbegriff *m (generic name)*
geographical concept *(Stat, WiWi)* Inländerkonzept *n*, Wohnortkonzept *n (VGR)*
geographical trade structure *(WiWi)* geografische Handelsstruktur *f*
geometric mean *(Stat)* geometrischer Mittelwert *m*, geometrisches Mittel *n*
geometric progression *(Stat)* geometrische Folge *f*
get *v* **a boost** *(WiWi)* Auftrieb erhalten, Auftrieb bekommen
get *v* **a toe in the market** *(Gen)* auf dem Markt Fuß fassen
get *v* **down to work** *(Gen)* sich an die Arbeit machen
get *v* **good value for one's money** *(Gen, V&M)* etw. für sein Geld bekommen, reell bedient werden
get *v* **into debt** *(Gen)* Schulden machen; in Schulden geraten
get *v* **one's cards** *(BE) (Gen)* gekündigt werden
get *v* **results** *(Gen, Pers)* Ergebnisse erzielen
get *v* **the better of** *(Gen)* übervorteilen
get *v* **the figures wrong** *(Gen)* falsche Zahlen ermitteln
get *v* **the pink slip** *(AE) (Gen)* gekündigt werden
get *v* **the sack** *(Pers)* gekündigt werden, *(ugs.)* rausgeschmissen werden
gift *(Recht)* Schenkung *f* von Todes wegen
gift deed *(Recht)* Schenkungsurkunde *f*
gift tax *(Steuer)* Schenkungsteuer *f*
gift voucher *(Gen)* Geschenkgutschein *m*
gilt *(BE) (Bank, Börse, Fin)* Staatspapier *n*, mündelsicheres Wertpapier *n*
gilt-edged securities *(Bank, Börse, Fin)* Staatspapiere *npl*, Staatstitel *mpl*
gilt-edged stock *(Börse)* mündelsicheres Wertpapier *n*, Staatsanleihepapiere *npl*
give *v* **a boost to the economy** *(Pol, WiWi)* der Wirtschaft Auftrieb geben, der Wirtschaft Schwung geben
give *v* **a guarantee** *(Gen)* garantieren
give *v* **a lecture** *(Bil)* Vorlesung halten, Vortrag halten
give *v* **a loose interpretation of sth** *(Gen)* etw. weit interpretieren
give *v* **a ruling in favor of sb** *(AE) (Gen)* s. give a ruling in favour of sb
give *v* **a ruling in favour of sb** *(BE) (Gen)* eine Entscheidung zugunsten von jmdm. fällen
give *v* **administrative assistance** *(Recht)* Amtshilfe leisten, Amtshilfe geben *(synonymous: give official assistance)*
give *v* **an expert opinion on** *(Gen)* begutachten
give *v* **away** *(V&M)* verschenken, weggeben
give *v* **due notice to sb** *(Pers)* jmdn. fristgerecht kündigen, jmdn. ordnungsgemäß kündigen
give *v* **evidence** *(Recht)* vor Gericht aussagen
give *v* **evidence as a witness** *(Recht)* als Zeuge aussagen
give *v* **evidence on behalf of** *(Recht)* Zeugnis ablegen für
give *v* **evidence on [under] oath** *(Recht)* unter Eid aussagen
give *v* **in** *(Gen)* aufgeben, nachgeben; einreichen *(document)*
give *v* **in one's notice** *(Pers)* kündigen
give *v* **media coverage** *(Media)* in den Medien berichten
give *v* **notice** *(Pers)* kündigen *(employee or employer)*
give *v* **notice of** *(Gen)* benachrichtigen
give *v* **notice of default** *(Recht)* in Verzug

setzen
give *v* **notice of sth** *(Recht)* etw. zur Kenntnis bringen, Kenntnis von etw. geben
give *v* **official assistance** *(Recht)* Amtshilfe leisten, Amtshilfe geben *(synonymous: give administrative assistance)*
give *v* **sb a power of attorney** *(Recht)* jmdm. eine Vollmacht erteilen
give *v* **sb access to** *(Gen)* jmdm. Zutritt erteilen zu
give *v* **sb his cards** *(BE) (Gen)* jmdn. an die Luft setzen, jmdn. entlassen
give *v* **sb his notice** *(Pers)* jmdm. kündigen
give *v* **sb the right to do sth** *(Gen)* jmdm. das Recht erteilen, etw. zu tun
give *v* **sb the sack** *(Pers) (ugs.)* jmdn. rausschmeißen
give *v* **the debtor a notice of default** *(Recht)* den Schuldner in Verzug setzen
give *v* **up** 1. *(Recht)* überlassen; verzichten auf *(claim)*; 2. *(Gen)* aufgeben, nachgeben
giver *(Börse)* Reportnehmer *m*
giver for a call *(Börse)* Erwerber *m* einer Kaufoption
giver for a put *(Börse)* Verkäufer *m* einer Rückprämie
gliding shift *(Pers)* Gleitschicht *f*
global *adj (Gen)* global *(comprehensive)*; weltumspannend *(worldwide)*
global balance *(Umwelt)* globales Gleichgewicht *n*
global custody *(Fin)* Globaldepot *n*, globale Aufbewahrung *f*
global market *(WiWi)* Weltmarkt *m*
global marketing *(V&M)* weltweites Marketing *n*
global sourcing *(Gen)* weltweiter Einkauf *m*, globales Beschaffungsmarketing *n*, Beschaffung *f* rund um den Globus
global valuation adjustment *(Fin, RW)* Pauschalwertberichtigung *f*
globalization *(Gen)* Globalisierung *f*
globally *adv (Gen)* weltumspannend, weltweit *(worldwide)*
gloom *(Börse, WiWi)* Pessimismus *m*
glut 1. *(WiWi)* Schwemme *f*, Überangebot *n*; 2. *(Gen)* Überangebot *n*; Schwemme *f (economy, market)* • **a glut of** *(Gen)* ein Überangebot an
glut of money *(Gen)* Geldschwemme *f*
glut on the market *(Gen, V&M)* Marktschaffung *f*, Marktschwemme *f*
GNI *(Abk. für Gross National Income) (WiWi)* Bruttonationaleinkommen *n*, BNE *n*
GNP *(Abk. für gross national product) (WiWi) (obs.)* Bruttosozialprodukt *n*, BSP *n (seit ESVG 95-Einführung im Jahr 2000 gilt: BNE = Bruttonationaleinkommen = GNI = Gross National Income = BIP + Saldo der Primäreinkommen mit der übrigen Welt)*
go *v* **a bull** *(Börse)* auf Hausse spekulieren
go *v* **bankrupt** *(ugs.)* 1. *(Fin)* in Konkurs gehen, *(ugs.)* Konkurs machen, *(ugs.)* Bankrott machen *(synonymous: go to the wall)*; *(ugs.)* den Bach hinuntergehen *(synonymous: go downhill; UK: firms become insolvent)*; insolvent werden, zahlungsunfähig werden; 2. *(Gen) (ugs.)* Bankrott gehen, *(ugs.)* Pleite gehen, *(ugs.)* Pleite machen; in das Verbraucher--Insolvenzverfahren gehen *(households or individuals only)*
go *v* **broke** *(ugs.) (Gen)* Bankrott gehen, *(ugs.)* Pleite machen
go *v* **bust** *(ugs.) (Fin)* in Konkurs gehen, *(ugs.)* Konkurs machen, *(ugs.)* Bankrott machen *(synonymous: go to the wall)*; *(ugs.)* den Bach hinuntergehen *(synonymous: go downhill)*
go *v* **down** *(Gen)* sinken, fallen *(prices)*
go *v* **down in value** *(Börse)* im Wert sinken
go *v* **downhill** *(Gen) (ugs.)* den Bach hinuntergehen
go *v* **halves with sb** *(Gen)* etw. mit jmdm. zu gleichen Teilen teilen
go *v* **into receivership** *(Recht)* die Zwangsverwaltung veranlassen
go *v* **long** *(Bank)* Wertpapiere kaufen
go *v* **on strike against** *(Ind, Pers)* bestreiken *(industrial relations)*
go *v* **on vacation** *(Frei, Gen, Pers)* Ferien machen, in Urlaub gehen
go *v* **out of business** *(Gen)* die Geschäftstätigkeit einstellen
go *v* **out on strike** *(Pers)* in den Streik treten
go *v* **private** 1. *(Versich)* sich privat versichern *(health insurance)*; 2. *(Börse, Fin)* Aktien (vom Publikum) zurückkaufen; Börsenzulassung aufgeben, Börsennotierung aufgeben,

sich von der Börse zurückziehen
go *v* **public** *(Fin)* an die Börse gehen, in eine Publikumsgesellschaft umwandeln
go *v* **to court** *(Recht)* prozessieren
go *v* **to press** *(Media)* in Druck gehen *(print)*
go *v* **to work** *(Pers)* zur [auf] Arbeit gehen
go *v* **toes up** *(ugs.) (Gen)* Bankrott gehen, Bankrott machen
go *v* **under** *(Gen)* untergehen *(company)*
go *v* **up** *(Gen)* steigen *(prices)*
go-between *(Gen)* Vermittler(in) *m(f)*
go-go fund *(Fin)* Investmentfonds, der raschen Wertzuwachs anstrebt
go-slow *(BE) (Pers, WiWi)* Bummelstreik *m*, Dienst *m* nach Vorschrift *(workers)*
goal *(Mgt)* Ziel *n*, Zweck *m*
goal-directed *adj (Mgt, WiWi)* zielgerichtet
goal-setting 1. *(Gen)* Zielsetzung *f*; 2. *(Mgt)* Zielbildung *f*, Zielsetzung *f*
goal variable *(Pol)* Zielvariable *f*
going business *(WiWi)* erfolgreiches Unternehmen *n*
going concern *(Gen)* arbeitendes Unternehmen *n*, aktiver Betrieb *m*, erfolgreiches Unternehmen *n*
going-concern concept *(RW)* Grundsatz *m* der Unternehmensfortführung
going-concern principle *(RW)* Grundsatz *m* der Unternehmensfortführung
going-concern value *(RW)* Teilwert *m*, Unternehmenswert *m*
going long *(Börse)* Erwerb *m* von Options- oder Terminkontrakten; Haussespekulation *f*
going price *(Börse)* Tageskurs *m*
going rate 1. *(Admin, Fin)* Marktpreis *m*; 2. *(Gen, Pers)* herrschender Lohnsatz *m*
going short *(Börse)* Baissespekulation *f*, Leerverkauf *m*
going wage *(Pers)* ortsüblicher Lohn *m*, ortsübliche Entlohnung *f*
gold bullion standard *(WiWi)* Goldkernwährung *f*
gold cover *(WiWi)* Golddeckung *f*
gold currency *(Bank)* Goldumlauf *m*, Goldwährung *f*
gold exchange standard *(WiWi)* Golddevisenwährung *f*
golden bank rule *(Bank, Fin)* goldene Bankregel *f (fordert Fristenkongruenz = identical maturities = matching maturities im Aktiv- und Passivgeschäft, also bei der Kapitalbindungs- und -überlassungsfrist; synonymous: golden rule of banking)*
golden handcuffs *(Mgt, Pers) (ugs.)* goldene Handschellen *fpl*, Halteprämie *f (Sonderleistungen einer Firma, um Manager länger zu halten)*
golden handshake *(Pers)* hohe Abfindung *f*
golden share *(Börse, Mgt)* Golden Share *f*, Goldene Aktie *f (government veto power in corporations)*
good commercial practice *(Gen)* nach guter kaufmännischer Sitte, nach Kaufmannssitte, nach guter Kaufmannssitte
good conduct certificate *(Pers, Recht)* Führungszeugnis *n*
good fair average *(Gen)* gute Durchschnittsqualität *f*, mittlere Qualität *f*
good faith 1. *(Versich)* Redlichkeit *f*; 2. *(Recht)* auf Treu und Glauben • **in good faith** *(Gen)* in gutem Glauben
good governance 1. *(Gen)* verantwortliches Führungshandeln *n*; 2. *(WiWi)* Ordnungspolitik *f (Germany)*; verantwortliches Handeln *n* in der Führung von Unternehmen und Verwaltungen; 3. *(Pol)* gute Regierungsführung *f*, verantwortungsvolles staatliches Handeln *n*, verantwortliches Regierungshandeln *n*, überzeugende politische Führung *f*, demokratische und transparente Regierungsführung *f*; Staatskunst *f*; Ordnungspolitik *f (Germany)*
good risk *(Bank, Versich)* gutes Risiko *n*
good title 1. *(Recht)* rechtsgültiger Anspruch *m (transactions)*; 2. *(Grund)* gültiger Rechtsanspruch *m*, gültiger Rechtstitel *m*
good track record *(Gen)* nachweislicher Erfolg *m*
good value *(Gen)* günstig
good value for money *(Gen)* gutes Preis--Leistungs-Verhältnis *n*, preisgünstig; guter Gegenwert *m* (für sein Geld)
goods *(BE)* 1. *(WiWi)* Waren *fpl*, Wa.; 2. *(Pat)* Artikel *mpl*, Art.; 3. *(Logis)* Güter *npl*, Fracht *f*
goods and services *(WiWi)* Waren und Dienstleistungen *fpl*
goods in *(Gen)* Wareneingang *m*

(inventory management = Lagerwirtschaft)
goods issuing department *(Gen)* Warenausgang *m*
goods on approval *(Gen)* Ware *f* zur Ansicht
goods on hand *(Gen)* Lagerbestand *m*
goods-producing sector *(Ind, WiWi)* güterproduzierender Sektor *m*, güterproduzierender Wirtschaftssektor *m*; Sekundärsektor *m*, sekundärer Sektor *m* der Volkswirtschaft *(secondary sector)*
goods value *(Gen, Imp/Exp)* Warenwert *m*
goodwill *(Fin, RW)* Geschäftswert *m*, Firmenwert *m*, Goodwill *m*, Fassonwert *m*, Unternehmensmehrwert *m* *(difference between the separable net assets and the total value of a business; geschäftswertbildende Faktoren: effiziente Entscheidungs- und Produktionsverfahren, Managementqualität, Mitarbeiterqualifikation, Kundenstamm usw.; nur der erworbene = derivative Goodwill darf handelsrechtlich -und muss steuerrechtlich- als immaterielles Wirtschaftsgut aktiviert werden; IFRS/ IAS-Geschäftswertabschreibung nur auf der außerordentlichen Basis eines Wertminderungstests = impairment test)*
goodwill amortization *(RW)* Firmenwert--Abschreibung *f*, Goodwill--Abschreibung *f*
goodwill on consolidation *(RW)* Konzerngoodwill *m*
govern *v (Recht)* regeln
governance 1. *(Mgt)* Governance *f*, Kontrolle *f*, Leitung *f*, verantwortliches Handeln *n*; Entscheidungsstrukturen *fpl* *(in der Führung von Unternehmen und Behörden)*; 2. *(Gen)* Herrschaft *f*, Gewalt *f*, Kontrolle *f*, Leitung *f*; 3. *(Pol)* Regieren *n*, modernes Regieren *n*, Governance *f*, Staatsführung *f*, Regierungsgewalt *f*; Regierungsform *f*
governing body *(Mgt)* Entscheidungsgremium *n*, Verwaltungsrat *m*
Governing Council of the ECB *(ECB Governing Council) (Bank, WiWi)* EZB--Rat *m*, Rat *m* der Europäischen Zentralbank *(main decision-making body of the ECB, responsible for the monetary policy within the Euro-area; cf ECB General Council = Erweiterter Rat der EZB)*
governing principle *(Gen)* Leitsatz *m*
government *(Gen, Pol)* Regierung *f*, Reg.
government accounting *(RW)* kameralistische Buchführung *f*, Verwaltungsbuchführung *f (principles and procedures)*
government agency *(Admin)* Behörde *f*
government annuity *(Fin)* Rentenpapier *n*, Staatsanleihe *f*
government assistance *(Pol, Soz)* staatliche Unterstützung *f*, staatliche Beihilfe *f*, staatliche Hilfe
government-backed *adj (Fin)* staatlich unterstützt
government benefit *(Soz)* Beihilfe *f*
government bond *(WiWi)* Staatsanleihe *f*
government budget *(WiWi)* Staatshaushalt *m*, öffentlicher Haushalt *m*
government contract 1. *(Gen)* Staatsauftrag *m*; 2. *(Recht)* öffentlicher Auftrag *m*, Staatsauftrag *m*
government-controlled corporation *(Admin, Fin, Gen, WiWi)* staatliches Unternehmen *n*
government debt-to-GDP ratio *(Bank, Pol, WiWi)* Schuldenquote *f* *(Stabilitätskriterium des EU--Stabilitätspakts)*
government department *(Admin, Pol)* Ministerium *n*, Ressort *n*
government employee *(Pers)* Beschäftigte(r) *f(m)* im öffentlichen Dienst, öffentlich Bedienstete(r) *f(m)*
government expenditure *(Fin, WiWi)* Ausgaben *fpl* der öffentlichen Hand, öffentliche Ausgaben *fpl*, Staatsausgaben *fpl*
government-financed *adj (Fin)* staatlich finanziert
government funds *(Admin)* öffentliche Mittel *npl*
government grant 1. *(WiWi)* staatliche Zuweisung *f*; 2. *(Fin)* Staatszuschuss *m*, staatliche Subvention *f*
government intervention *(Admin, Pol, WiWi)* Regierungseingriff *m*, staatliche Intervention *f*; Vermittlung *f (mediation)*; staatlicher Eingriff *m (public order)*
government loan *(Fin)* Regierungsanleihe *f*, Staatsanleihe *f*

government-owned *adj (Gen)* staatseigen *(company)*
government procurement *(WiWi)* öffentliches Vergabewesen *n*, Beschaffungswesen *f*
government-regulated *adj (Pol)* staatlich gelenkt
government relations *(Pol)* zwischenstaatliche Beziehungen *fpl*
government report *(Gen)* Regierungsbericht *m*
government revenue *(WiWi)* öffentliche Einnahme *f*, öffentliche Einnahmen *fpl*
government securities *(WiWi)* öffentliche Anleihen *fpl*, Wertpapiere *npl* der öffentlichen Hand
government-sponsored *adj (Fin)* staatlich gefördert *(project)*
government stock *(Börse)* Staatsanleihe *f*
government subsidy *(Fin)* Staatszuschuss *m*, Subvention *f*
government-to-government *adj (Gen)* zwischenstaatlich
government transfer payment *(WiWi)* staatliche Transferzahlung *f*
governmental *adj (Gen)* staatlich, staatl.
governmental level *(Pol)* staatliche Ebene *f*, Hoheitsebene *f*
governments *(AE) (WiWi)* Staatsobligationen *fpl*, *(ugs.)* Öffentliche *pl*
grace days *(RW)* Gnadenfrist *f*, Nachfrist *f*
grace period 1. *(RW)* Nachfrist *f*, Respektfrist *f*; 2. *(Fin)* tilgungsfreie Zeit *f*
grade *v (Gen)* sortieren; einteilen *(calibrate)*; einstufen *(classify)*
grade 1. *(Gen)* Sorte *f*; 2. *(Pers)* Lohngruppe *f (of pay scale)*
graded by size *(Gen)* nach Größe geordnet *(produce)*
grading back *(Pers)* Rückstufung *f*
gradual *adj (Gen)* graduell, sukzessiv, schrittweise
graduate *v (Bil)* Hochschulausbildung abschließen, *(AE)* Ausbildungsgang abschließen, *(AE)* Schulabschlussprüfung bestehen
graduate *v* **from high school** *(AE) (Bil)* Schulabschlussprüfung bestehen
graduate degree *(Edu)* Hochschulabschluss *m*
graduate in business administration *(Pers)* (graduierter) Betriebswirt *m*, (graduierte) Betriebswirtin *f*
graduate recruitment *(Pers)* Einstellung *f* von Hochschulabsolventen, Rekrutierung *f* von Hochschulabsolventen
graduate student *(AE) (Edu)* Student(in) *m(f)* nach dem ersten akademischen Grad, Hochschulabsolvent(in) *m(f)*; Doktorand(in) *m(f) (PhD candidate, BE: postgraduate student; Student mit Abschluss des ersten akademischen Grades, z. B. nach dem Bachelor)*
graduate unemployment *(Pers)* Akademikerarbeitslosigkeit *f*
graduated interest *(Fin)* Staffelzinsen *fpl*
graduated payment mortgage *(Bank)* Hypothek *f* mit gestaffelten, aber steigenden Tilgungsleistungen
graduation rate *(Edu)* Abschlussquote *f*
graft *(Pol)* Bestechungsgeld *n*, Schmiergeld *n*
grammar school *(Pers)* Gymnasium *n*, Oberschule *f*
grand coalition *(Pol)* Große Koalition *f*
grand jury *(AE) (Recht)* Anklagejury *f*
grand larceny *(AE) (Recht)* schwerer Diebstahl *m*
grand total *(Gen)* Gesamtsumme *f*
grandfather clause *(AE) (Pol)* Besitzstandsklausel *f*
grandfather rights *(AE) (Recht, Logis, WiWi)* Großvaterrechte *npl*, angestammte Rechte *npl*, überkommene Rechte *npl (von Bedeutung bei der Zuteilung knapper Start- und Landerechte -allocation of slots- im Luftverkehr)*
grandfathering *(AE) (Pol, WiWi)* Bestandsschutz *m*, Vertrauensschutz *m*
grant *v* 1. *(Fin)* bewilligen, erteilen, gewähren *(credit)*; 2. *(Gen)* gewähren *(concessions)*; 3. *(Pat)* bewilligen, erteilen *(licence)*; stattgeben *(to request, suggestion, wish)*
grant *v* **a delay** *(Recht)* Aufschub gewähren *(contract)*
grant *v* **a loan** *(Bank)* ein Darlehen geben
grant *v* **administrative relief** *(Steuer)* staatliche Ansprüche erlassen
grant *v* **an allowance** *(Soz)* Zuschuss gewähren, Zuschuss bewilligen
grant *v* **credit** *(Bank)* Kredit *m* gewähren
grant *v* **extended credit** *(Fin)* einen erweiterten Kredit gewähren
grant *v* **respite** *(Recht)* Aufschub

gewähren
grant *v* **sb a power of attorney** *(Recht)* jmdm. eine Vollmacht erteilen
grant 1. *(Admin)* Beihilfe *f*, Zuschuss *m*, Stipendium *n (to student)*; 2. *(WiWi)* Zuschuss *m*; 3. *(Fin)* Kapitalzuschuss *m*, Subvention *f*; 4. *(Recht)* Bewilligung *f (agreement)*; Erteilung *f (loan)*; Übertragung *f (property conveyance)*; Zuschuss *m (subsidy)*
granted *adj* 1. *(Fin)* bewilligt, erteilt; 2. *(Gen)* zugestanden; 3. *(Pat)* erteilt, bewilligt
granting of a patent *(Pat, Recht)* Patenterteilung *f*
granting of benefit(s) *(Soz)* Gewährung *f* von Leistungen
granting of credit *(Bank)* Kreditgewährung *f*
granting of licence *(BE) (Recht)* Lizenzvergabe *f*
granting of license *(AE) (Recht) s.* granting of licence
grantor *(Recht)* Veräußerer *m (property)*; Übertragende(r) *f(m)*
grants economics *(WiWi)* Übertragungswirtschaft *f*
grants expenditures *(Fin)* Ausgaben *fpl* für Kapitalzuschüsse, Ausgaben *fpl* für Subventionen
grassroots *(Pol)* Basis *f (support)*
grassroots business *(Gen)* Kerngeschäft *n*
gratuitous *adj (Gen)* kostenlos *(loan)*
gratuity *(Gen)* Geldzuweisung *f*
gray area *(AE)* 1. *(Gen)* Grauzone *f (ill--defined area not clearly conforming to an existing category)*; 2. *(Pol, Soz) (BE)* strukturschwaches Gebiet *n* mit hoher Arbeitslosigkeit
gray economy *(AE) (WiWi)* Graumarktwirtschaft *f*; Schattenwirtschaft *f (trading activity not accounted for in official statistics)*
grease *v* **sb's palm** *(Gen)* jmdn. bestechen, *(ugs.)* jmdn. schmieren
green *adj (Umwelt)* grün, umweltbewusst, Umwelt
green belt *(Umwelt)* Grüngürtel *m*
green fund *(Umwelt, Fin, Börse)* Ökofonds *m (synonymous: eco fund, ecological fund)*
green light *(Gen)* grünes Licht *n (authorization)*
green product *(Umwelt)* umweltfreundliches Produkt *n*
green tax *(WiWi)* Ökosteuer *f*
green taxes *(Pol, Steuer)* Umweltsteuern *fpl*, Umweltbesteuerung *f (levied to discourage behaviour that might be environmentally harmful; umweltpolitisch motivierte Eingriffe in Produktions- und Konsumprozesse, häufig verbunden mit sachfremden fiskalischen und/oder distributiven Zielen)*
green technology *(Umwelt)* umweltfreundliche Technologie *f*
greenback *(AE) (WiWi)* Dollarschein *m*
greenfield *adj (Umwelt)* ländlich und unerschlossen
greenfield investment *(Gen)* Gewerbeansiedlung *f* auf der grünen Wiese
greenfield site company *(BE) (Pers)* Unternehmen *n* auf der grünen Wiese
greening *(jarg.) (Umwelt)* zunehmende ökologische Orientierung *f (of public opinion)*
greenshoe (option) *(Bank, Fin)* Zeichnungsreserve *f*, Mehrzuteilungsoption *f*, Greenshoe--Reserve *f*, Platzierungsreserve *f*, Greenshoe-Option *f (offered by a company raising the capital for the issue of further shares to cover a short position generated by over-allocation; Zeichnungsreserve bei Neuemissionen zur Vermeidung von Repartierungen bei Überzeichnung)*
grey area *(BE)* 1. *(Gen)* Grauzone *f (ill--defined area not clearly conforming to an existing category)*; 2. *(Pol, Soz) (BE)* strukturschwaches Gebiet *n* mit hoher Arbeitslosigkeit
grey economy *(BE) (WiWi)* Graumarktwirtschaft *f*; Schattenwirtschaft *f (trading activity not accounted for in official statistics)*
grid structure 1. *(Fin)* Gitterstruktur *f*; 2. *(Gen, Mgt)* Matrixstruktur *f*
grievance *(Pers)* Beschwerde *f*
grievance arbitration *(Pers)* Schlichtung *f* von Auseinandersetzungen
gross *adj (Gen)* gesamt, brutto; Gesamt, Brutto, Roh *(in compounds, e. g. gross wage = Bruttolohn, gross yield = Rohgewinn)*
gross *(Stat) (obs.)* Gros *n (12 dozen)*
gross amount *(RW)* Bruttobetrag *m*,

Gesamtbetrag *m*
gross billing *(AE) (V&M)* Bruttofakturierung *f*
gross book value *(RW)* Bruttobuchwert *m*, Buchwert *m* vor Abschreibungen
gross capital formation *(Bank, WiWi)* Bruttokapitalbildung *f*
gross cash flow *(Fin)* Bruttocashflow *m*, Cashflow *m* vor Steuern
gross circulation *(V&M)* Bruttoauflagenhöhe *f*
gross cross-border transactions *(Bank)* Brutto-Auslandstransaktionen *fpl (BOP)*
gross debt *(Fin)* Gesamtschulden *fpl*
gross disposable income *(GDI) (WiWi, Stat)* verfügbares Bruttoeinkommen *n*, VBE *n (synonymous: household gross disposable income; SNA = System of National Accounts = VGR = Volkswirtschaftliche Gesamtrechnung)*
gross dividend *(Fin, RW)* Bruttodividende *f*
gross domestic product *(WiWi)* Bruttoinlandsprodukt *n*, BIP
gross earnings *(Pers)* Bruttoeinkommen *n*, Bruttoverdienst *m*, Bruttoerlös *m*
gross fault *(Recht)* grobes Verschulden *n*
gross fixed capital formation *(RW)* Bruttoanlageinvestitionen *fpl*
gross income *(RW)* Bruttoeinkommen *n*
gross investment *(RW)* Bruttoinvestitionen *fpl*
gross lease *(Grund)* Bruttomiete *f*, Bruttopacht *f*
gross margin 1. *(RW)* Bruttogewinn *m*, Bruttospanne *f*; 2. *(Fin, WiWi)* Bruttohandelsspanne *f*, Bruttomarge *f*
gross national expenditure *(WiWi)* staatliche Bruttoausgaben *fpl*
gross national income *(GNI) (Stat, WiWi)* Bruttonationaleinkommen *n*, BNE *n (bis 1999: Bruttosozialprodukt = BSP, Änderung gem. ESVG 95; es gilt: BNE = GNI = BIP + Saldo der Primäreinkommen mit der übrigen Welt; BIP = Bruttoinlandsprodukt = GDP = gross domestic product)*
gross national product *(GNP) (WiWi) (obs.)* Bruttosozialprodukt *n*, BSP *n (obs seit ESVG 95-Einführung im Jahr 2000; Volkswirtschaftliche Gesamtrechnung = VGR = SNA = system of national accounts)*
gross operating profit 1. *(RW)* operatives Ergebnis *n*, operatives Bruttoergebnis *n*; 2. *(Bil, WiWi)* Betriebsergebnis I *n* (des BAB)
gross operating revenue *(RW)* betrieblicher Bruttoertrag *m*
gross pay *(Pers)* Bruttolohn *m*
gross profit *(Fin, RW, WiWi)* Bruttoergebnis *n* (vom Umsatz) *(gross profit on sales)*; Bruttogewinn *m*, Rohgewinn *m*; (Brutto-)Gewinnmarge *f*, (Brutto-)Gewinnspanne *f*
gross profit margin *(RW)* Betriebshandelsspanne *f*, Bruttogewinnspanne *f*, Rohgewinn *m*
gross profit ratio *(RW)* Bruttogewinnverhältnis *n*
gross redemption yield *(Börse, Fin)* Bruttoertrag *m* bis zur Rückzahlung, Rückzahlungsertrag *m* vor Steuern *(redemption yield before tax)*
gross retail price *(V&M)* Bruttoeinzelhandelspreis *m*
gross return *(Admin)* Bruttorendite *f*
gross salary *(Pers)* Bruttogehalt *n*
gross sales *(RW)* Bruttoerlös *m*, Bruttoumsatz *m*
gross sales revenue *(RW)* Bruttoumsatzerlöse *mpl*
gross spread *(Börse, Fin)* Bruttospanne *f*
gross state product *(WiWi)* Bruttoinlandsprodukt *n* eines US--Bundesstaates
gross trading profit *(RW)* Bruttowarengewinn *m*
gross turnover *(RW)* Bruttoumsatz *m*
gross wage *(Pers)* Bruttolohn *m*
gross weight *(Gen)* Bruttogewicht *n*
gross yield *(RW)* Rohertrag *m*, Rohgewinn *m (difference between gross sales –before Vat– and cost of sales; Differenz zwischen dem Nettowarenverkaufspreis und der zu Einstandspreisen bewerteten Warenmenge, ohne Vorsteuer = Einstandspreis der verkauften Ware; Herstellungskosten des Umsatzes)*
groundless *adj (Gen)* unbegründet
grounds *(Pat)* Begründung *f (for opposition, for revocation)* • **on grounds of expediency** *(Gen)* aus Zweckmäßigkeitsgründen • **on the grounds of ill health** *(Pers)* aus Gesundheitsgründen *(retirement or leave)*
grounds for dismissal *(Pers)*

Entlassungsgrund *m*, Kündigungsgrund *m*
group *v (Gen)* gruppieren
group 1. *(RW)* Gruppe *f*, Unternehmensgruppe *f*; 2. *(Gen)* Konzern *m* • **across the group** *(Gen)* konzernweit, im ganzen Konzern *(in the whole group)*
group accounting *(Mgt, RW)* Konzernrechnungslegung *f*
group accounts *(RW)* konsolidierter Abschluss *m*, Konzernabschluss *m*
group audit(ing) *(Mgt, RW)* Konzernrevision *f*
group company *(Gen)* Konzerngesellschaft *f*, Konzernunternehmen *n (Unternehmen unter einheitlicher Leitung eines herrschenden Unternehmens)*
Group Executive Board *(Pers)* Konzerndirektion *f*
group financial statements *(RW)* konsolidierter Abschluss *m*, Konzernabschluss *m*
group headquarters *(Gen, Mgt)* Konzernzentrale *f*
group incentive scheme *(Pers)* Anreizsystem *n* auf Gruppenebene, Gruppenanreizsystem *n*
group of affiliated companies *(Gen)* Unternehmens(beteiligungs)gruppe *f*
group of companies *(Gen)* Unternehmensgruppe *f*, Gruppe *f*, Konzern *m*
Group of Twenty *(G-20, G20) (WiWi, Pol)* Zwanziger-Gruppe *f*, G20 *f*, G 20 *f (an international platform for the exchange of views on ‚key financial policy challenges' between industrialized and emerging countries)*
group profit *(RW)* Konzerngewinn *m*
group result *(RW)* Konzernergebnis *n*, konsolidiertes Ergebnis *n*
group sales *(Fin)* Konzernumsatz *m*
group supervisory board *(Mgt, Recht)* Gesamtaufsichtsrat *m*, Konzernaufsichtsrat *m*
group working *(Pers)* Gruppenarbeit *f*, Gruppenarbeitssystem *n*
group workplace *(Pers)* Gruppenarbeitsplatz *m (Gegensatz: Einzelarbeitsplatz = individual workplace)*
grouping *(Gen)* Gruppierung *f*, Vereinigung *f (of companies)*; Eingruppierung *f (classification)*
grow *v (Gen, WiWi)* wachsen *(funds, business)*
growth 1. *(Bank, WiWi)* Wachstum *n*; 2. *(Gen)* Wachstum *n*, Zuwachs *m*
growth in value *(Börse)* Wertzuwachs *m*
growth industry 1. *(WiWi)* Wachstumsbranche *f*; 2. *(Ind)* Wachstumsindustrie *f*
growth path *(Gen)* Wachstumspfad *m*
growth perspectives *(Gen, WiWi)* Wachstumsaussichten *fpl*
growth phase *(WiWi)* Wachstumsphase *f*
growth policy *(WiWi)* Wachstumspolitik *f*
growth prospects *(Gen, WiWi)* Wachstumsaussichten *fpl*
growth rate 1. *(Comp, WiWi)* Wachstumsrate *f*; 2. *(Börse)* Wachstumsrate *f*, Zuwachsrate *f*
growth stock *(Börse)* Wachstumsaktie *f*, Wuchsaktie *f*
growth strategy *(Gen, WiWi)* Wachstumsstrategie *f*
growth target *(WiWi, Mgt, Pol)* Wachstumsziel *f*
GTC *(Abk. für general terms and conditions) (Gen, Recht)* AGB *fpl*, Allgemeine Geschäftsbedingungen *fpl*
guarantee *v* 1. *(Gen, Recht)* garantieren, Garantie leisten; 2. *(Fin)* avalieren *(bill of exchange, Wechselaval)*
guarantee 1. *(Gen, Recht)* Garantie *f*, Bürgschaft *f*; Bürgschaftsnehmer *m (promise made by a third party, the guarantor - Garantiegeber - that he will be liable if one of the parties to a contract fails to fulfil their contractual obligations)*; 2. *(Bank, Fin)* Aval *n (Bankbürgschaft)* • **under guarantee** *(Gen)* unter Garantie *f* • **give a guarantee** *(Gen)* garantieren
guarantee for a bill *(Fin, Imp/Exp)* Wechselbürgschaft *f*
guarantee letter *(Börse)* Garantieschreiben *n*
guarantee liability *(RW)* Verbindlichkeiten aus Garantien, Bürgschaften und Avalen, Bürgschaftsverpflichtung *f*, Garantieverpflichtung *f*
guaranteed *adj (Gen)* garantiert
guaranteed bill of exchange *(Börse)* avalierter Wechsel *m*
guaranteed facility *(Fin)* garantierter Kredit *m*

guaranteed income *(Fin)* garantiertes Einkommen *n*, Mindesteinkommen *n*
guaranteed letter of credit *(Bank)* avaliertes Akkreditiv *n*
guaranteed minimum wage *(Pers)* Garantielohn *m*, garantierter Mindestlohn *m*
guaranteed wage *(Pers)* Garantielohn *m*
guarantor *(Gen)* Garant *m*, Garantiegeber *m*, Bürge *m*
guarantor of a bill *(Fin)* Wechselbürge *m*, Wechselbürgin *f*
guaranty *v (Gen)* garantieren *(to undertake obligation)*
guaranty 1. *(Bank)* Bürgschaft *f (debt)*; 2. *(Gen)* Garantie *f*, Gewährleistung *f*, Sicherheit *f (to undertake obligation)*
guardian of the Community Treaties *(Pol)* Hüterin *f* des Gemeinschaftsrechts *(the European Commission)*
guardianship *(Soz)* Vormundschaft *f*
guesstimate *(Gen) (ugs.)* Daumenschätzung *f*, grobe Schätzung *f*
guestworker *(Pers, WiWi)* Gastarbeiter(in) *m(f)*, Fremdarbeiter(in) *m(f)*
guidance *(Gen)* Führung *f*
Guidance Officer *(BE) (Pers)* Berufsberater(in) *m(f)*, Arbeitsberater(in) *m(f)*
guided tour of a firm *(Bil, Gen, V&M)* Betriebsbesichtigung *f*
guideline *(Gen)* Leitlinie *f*, Richtlinie *f*
guiding principle *(Gen)* Grundprinzip *n*
guilty *adj (Recht)* schuldig • **be guilty of gross negligence** *(Recht)* grob fahrlässig handeln
gut feeling *(V&M)* instinktives Gefühl *n*
gutter press *(Media)* Boulevardpresse *f*, Regenbogenpresse *f*, Skandalpresse *f*

H

half-time employment *(Pers)* Halbtagsbeschäftigung *f*, Teilzeitbeschäftigung *f*, Teilzeitarbeit *f*
half-time job *(Pers)* Halbtagsstelle *f*, Halbtagsarbeit *f*
hand *v* **in** *(Gen)* einreichen *(document)*
hand *v* **in one's notice** *(Pers)* kündigen
hand *v* **in one's resignation** *(Pers)* sein Rücktrittsgesuch einreichen
hand-out *(V&M)* Broschüre *f*, Werbeprospekt *m*
handheld *(Comp, Komm, Media, V&M)* Handheld-Gerät *n*, Handgerät *n*, Handheld *m*
handicap *(Soz)* Nachteil *m*, Behinderung *f*
handicapped (person) *(Soz)* Behinderte(r) *f(m)*
handle *v (Gen)* abwickeln, bearbeiten, sich befassen mit
handling 1. *(Gen)* Abwicklung *f*, Bearbeitung *f*; 2. *(Logis)* Handling *n*, Umschlag *m (of goods)*
handling capacity *(Gen, Mgt)* Umschlagleistung *f*
handling charge *(Gen, V&M)* Bearbeitungsgebühr *f*
handling costs *(Bank)* Bearbeitungskosten *pl*
handling fee *(Gen)* Abfertigungsgebühr *f*, Handhabungsgebühr *f*, Handlinggebühr *f*, Bearbeitungsgebühr *f*
handling of goods *(Logis)* Warenumschlag *m*
handover *(Gen)* Übergabe *f*
hands-on experience *(Pers)* praktische Erfahrung *f*
hands-on training *(Pers)* praktische Ausbildung *f*
handyman *(Pers)* Handwerker *m*
happiness economics *(WiWi, Soz)* Glücksökonomie *f (neuere wirtschaftswissenschaftliche Forschungsrichtung zum Verhältnis von Realeinkommen und Lebenszufriedenheit, hervorgegangen aus der Weiterentwicklung der Easterlin-Hypothese, der Sozialproduktkritik und der Sozialindikatorenforschung der 70er Jahre; Richard Easterlin, Bruno Frey)*
harassment at work *(Pers)* Mobbing *n*
hard *adj (Gen)* hart *(data, facts)*; schwer, schwierig *(difficult)*
hard bargaining *(Gen)* unnachgiebiges Verhandeln *n*
hard cash *(WiWi)* Hartgeld *n*, Metallgeld *n*
hard copy *(Comp)* Ausdruck *m*
hard-core inflation *(WiWi)* Inflationssockel *m*, Preissteigerungssockel *m* *(synonymous: hard core of inflation; anders: core inflation rate = Kernrate der Inflation = Kerninflationsrate = Inflationsrate ohne preisvolatile Produkte wie landwirtschaftliche*

Produkte wegen saisonaler und ohne Energie wegen politischer, saisonaler und konjunktureller Schwankungen)
hard-core unemployed *(WiWi)* schwer oder nicht vermittelbare Personen *fpl*
hard-core unemployment *(WiWi, Pers)* harter Kern *m* der Arbeitslosigkeit, nur schwer zu beseitigende Arbeitslosigkeit *f*, Sockelarbeitslosigkeit *f*
hard currency *(Pol, WiWi)* harte Währung *f*, konvertierbare Währung *f*
hard goods *(Gen)* langlebige Wirtschaftsgüter *npl*
hard landing *(WiWi) (ugs.)* harte Landung *f*, Rezession *f*
hard money 1. *(WiWi)* Münzgeld *n (coins)*; harte Währung *f*, Hartgeld *n (currency)*; 2. *(Gen)* Bargeld *n (non-credit)*
hard selling *(V&M)* energische Verkaufstechnik *f*
hard skills *(Pers) (ugs.)* harte Fähigkeiten *(wie z. B. fundierte, nachprüfbare Fachkenntnisse oder Ausbildung)*
hard-to-place unemployed *(Pers)* schwer vermittelbare Arbeitslose *pl*
hardcopy invoice *(V&M)* Papierrechnung *f*
hardship clause *(Recht)* Härteklausel *f*
harmful effect *(Recht)* schädliche Auswirkung *f*
harmonization *(Gen)* Angleichung *f*, Harmonisierung *f*
Harmonized Index of Consumer Prices *(HICP) (Stat, WiWi)* harmonisierter Verbraucherpreisindex *m*, HVPI *m*
harmonized regime *(Pol, Recht)* harmonisierte Regelung *f (EU)*
harsh competition *(WiWi)* harter Konkurrenzkampf *m*, harter Wettbewerb *m*
haul *v* **sth** *(Logis)* etw. transportieren
haulage *(Logis)* Beförderung *f*, Transport *m*, Rollgeld *n (freight charges)*
haulage company *(Logis)* Fuhrunternehmen *n*, Fuhrunternehmer *m*, Transportunternehmen *n*
haulage contract *(Logis, Recht)* Beförderungsvertrag *m*
haulage contractor *(Logis)* Fernspediteur *m*, Rollfuhrunternehmen *n*, Transportunternehmen *n*
hauler *(AE)*, **haulier** *(BE)* 1. *(Imp/Exp)* Spediteur *m*; 2. *(Logis)* Fuhrunternehmer *m*, Spediteur *m*, Transportunternehmer *m*, Rollfuhrunternehmen *n*, Fuhrunternehmen *n*
haven *(Fin, Gen, Steuer)* Oase *f*, Zufluchtsort *m (tax)*
hazard *(Gen)* Gefahr *f*, Risiko *n*
hazardous waste *(Umwelt)* Sondermüll *m*
head *v (Recht)* leiten *(inquiry)*
head 1. *(Gen)* Chef(in) *m(f) (of department)*; 2. *(Ind)* Stück *n (livestock)*; 3. *(Media)* Schlagzeile *f (of newspaper)*; Kopf *m (of document)* • **per head** *(Gen)* pro Kopf, je Kopf *(synonymous: per capita)*
head of directorate *(Mgt, Pers)* Abteilungsleiter(in) *m(f)*
head of finance *(Fin, Mgt)* Leiter *m* Finanzen, Finanzleiter *m*; *(ugs.)* Finanzchef *m*
Head of Government *(Pol, Recht)* Regierungschef *m*, Regierungschefin *f*
head of household *(Steuer)* Haushaltsvorstand *m*
Head of State *(Pol, Recht)* Staatschef *m*, Staatschefin *f*, Staatsoberhaupt *n*
head office *(Gen)* Hauptsitz *m*, Hauptverwaltung *f*, HV, Hauptgeschäftssitz *m*, Stammhaus *n*
headhunter *(Pers)* Abwerber(in) *m(f)*, Kopfjäger(in) *m(f)*
headhunting *(Pers)* Abwerbung *f*
heading 1. *(RW)* Überschrift *f (of balance sheet)*; 2. *(Media)* Rubrik *f*, Titel *m*
heading into surplus *(WiWi)* Aktivierung *f (balance of payments)*
headline inflation *(WiWi, Stat)* maßgebliche Inflation *f*, Gesamtinflation *f*, (statistisch) ausgewiesene Inflation *f*, tatsächlich gemessene Inflation *f*, allgemeine Teuerung *f*; *(jarg)* Headline--Inflation *f (opposite: 1. core inflation = Kerninflation; 2. perceived inflation = gefühlte Inflation = wahrgenommene Inflation)*
headquarters 1. *(Bank, Gen, Pers)* Hauptbüro *n*, Hauptsitz *m*, Hauptverwaltung *f*, HV; 2. *(Mgt)* Hauptverwaltung *f*, HV, Zentrale *f*
health *(Gen)* Gesundheit *f*
health benefits *(Soz, Versich)* Kassenleistungen *fpl*, Krankenversicherungsleistungen *fpl*
health care cost(s) *(Soz)* Kosten *pl* des Gesundheitswesens; Krankheitskosten *pl*

health care expenditure *(Soz)* Gesundheitsausgaben *fpl*, Ausgaben *fpl* für das Gesundheitswesen
health cost(s) *(Soz)* Krankheitskosten *pl*, Ausgaben *fpl* für Gesundheit
health economics *(WiWi)* Gesundheitsökonomik *f*
health hazard *(Soz)* Gesundheitsrisiko *n*
health insurance *(Pers, Soz, Versich)* Gesundheitsversicherung *f*, Krankenversicherung *f*
health insurance cover *(Soz)* Krankenversicherungsschutz *m*
health insurance system *(Pers, Soz, Versich)* Krankenversicherungssystem *n*
health record *(Soz)* Anamnese *f*, Krankengeschichte *f*
health risk *(Soz)* Gesundheitsgefährdung *f*, Gesundheitsrisiko *n*
health sector *(WiWi)* Gesundheitswesen *n*
health system *(Soz)* Gesundheitswesen *n*, Gesundheitssystem *n*
healthy *adj (Gen)* gesund *(competition)*
hear *v (Recht)* anhören, verhandeln *(case)*
hearing *(Recht)* Anhörung *f*
heavily in debt *(Bank, RW, WiWi)* überschuldet
heavily mortgaged *(Bank, RW, WiWi)* hochbelastet, überschuldet
heavily traded *(Börse)* lebhaft gehandelt
heavy *adj (Börse)* gedrückt *(market)*
heavy demand *(WiWi)* starke Nachfrage *f*
heavy duties *(Steuer)* hohe Steuern *fpl*
heavy industry *(Ind)* Schwerindustrie *f*
heavy mortgaging *(Bank, RW, WiWi)* hohe Belastung *f*, Überschuldung *f*
hedge *v* **an exchange rate** *(Stock)* einen Devisenkurs (ab)sichern *(mit Futures oder Optionen am Terminmarkt, z. B. durch ein Devisentermingeschäft = forward exchange transaction = forward currency operation)*
hedge 1. *(Gen)* Absicherung *f*; 2. *(Stock)* Hedgegeschäft *n*, Hedginggeschäft *n*, Sicherungsgeschäft *n (e. g. hedging assets against price risks, currency risks or interest risks, z. B. Sicherung gegen Kurs-, Währungs- oder Zinsrisiken)*
hedge against inflation *(Versich)* Absicherung *f* gegen Inflation
hedge fund *(Fin)* Hedgefonds *m (a high--risk, highly leveraged fund, operating without any or very little regulation or transparency in its investment policy, hochspekulativer Investmentfonds)*
hedge period *(Börse)* Sicherungszeitraum *m*
hedge trading *(Börse)* Sicherungshandel *m*
hedged asset *(RW)* abgesichertes Vermögen *n*
hedged liability *(RW)* abgesicherte Verbindlichkeit *f*
hedging *(Börse, Fin)* Risikoabsicherung *f*, Hedging *n (protecting assets against price risks, currency risks or interest risks, Absicherung von Vermögenspositionen gegen Kurs-, Währungs- oder Zinsrisiken)*
hedging operation 1. *(Fin)* Sicherungsoperation *f*; 2. *(Börse)* Kurssicherungsgeschäft *n*
hedging strategy *(Börse)* Sicherungsstrategie *f*
heir *(Recht)* Erbe *m*
heir general *(Recht)* Alleinerbe *m*, Universalerbe *m (synonymous: universal heir, sole heir)*
heiress *(Recht)* Erbin *f*
heirs and assigns *(Recht)* Rechtsnachfolger *mpl (deeds and wills)*
held-to-maturity assets *(htm assets)* *(RW)* bis zur Endfälligkeit gehaltene Wertpapiere *npl*, HtM-Wertpapiere *npl*, HtM-Vermögenswerte *mpl*, bis zur Endfälligkeit gehaltene Vermögenswerte *mpl*; zum Halten bestimmte (Wert-)Papiere *npl (synonymous: held-to-maturity securities, held-to-maturity investments; IFRS/IAS)*
help supply service *(Pers)* Zeitarbeitsfirma *f*
herd mentality *(Gen, Börse)* Herdenmentalität *f*, Herdengeist *m*, Herdentrieb *m (investor behaviour, funds)*
heuristic *adj (Comp, Gen, Mgt)* heuristisch *(problem-solving)*
HGDI *(Abk. für household gross disposable income) (WiWi, Stat)* VBE *n*, verfügbares Bruttoeinkommen *n (synonymous: gross disposable income = GDI; SNA = System of National Accounts = VGR = Volkswirtschaftliche Gesamtrechnung)*
HICP *(Abk. für Harmonized Index of Consumer Prices) (Stat, WiWi)*

harmonisierter Verbraucherpreisindex *m*, HVPI *m (EU, ECB)*
hidden asset *(RW)* versteckter Vermögenswert *m*, verstecktes Vermögen *n*
hidden champions *(Gen, V&M)* heimliche Gewinner *mpl*, heimliche Marktführer *mpl*
hidden defect *(Recht)* verborgener Mangel *m*, versteckter Mangel *m*
hidden economy *(WiWi)* Schattenwirtschaft *f*, Untergrundwirtschaft *f*
hidden inflation *(WiWi)* verdeckte Inflation *f*
hidden liabilities *(RW)* verborgene Verbindlichkeiten *fpl*
hidden message *(Comp, Frei, Komm)* versteckte Botschaft *f*, *(ugs.)* Osterei *n (Software)*
hidden persuaders *(V&M)* geheime Verführer *mpl*
hidden price increase *(V&M)* versteckter Preisanstieg *m*, versteckte Preiserhöhung *f*
hidden profit distribution *(RW, Steuer)* verdeckte Gewinnausschüttung *f*
hidden reserves *(RW)* stille Reserven *fpl*, stille Rücklagen *fpl*; verdeckte Gewinne *mpl*, Bewertungsreserven *fpl (reserves that are not shown on the balance sheet; synonymous: undisclosed reserves, secret reserves, concealed reserves, off-balance sheet reserves; das Ergebnis unterbewerteter Aktiva oder überbewerteter Passiva)*
hidden unemployment *(WiWi)* unsichtbare Arbeitslosigkeit *f*
hierarchy *(Pers)* Hierarchie *f*
hierarchy of needs *(Pers)* Bedürfnishierarchie *f*
hierarchy of objectives *(Gen)* Zielhierarchie *f*
high *(Börse, Gen)* Höchstkurs *m*, Höchststand *m*
high achiever *(Gen, Pers)* Spitzenkraft *f*, *(ugs.)* Spitzenmann *m*
high added-value product *(WiWi)* Produkt *n* mit hoher Wertschöpfung
high-cost labor *(AE) (Pers) s.* high-cost labour
high-cost labour *(BE) (Pers)* Hochlohn--Arbeitskräfte *fpl*
high flier 1. *(Gen)* Spitzenunternehmen *n (company)*; 2. *(Pers)* Hochbegabte(r) *f(m)*, Erfolgsmensch *m (personnel)*; 3. *(Mgt) (ugs.)* Ehrgeizling *m*, *(ugs.)* Senkrechtstarter *m (person)*; 4. *(Börse)* Spitzenwert *m*
high-grade bond *(Börse)* erstklassige Schuldverschreibung *f*
high-level decision *(Gen)* Entscheidung *f* auf höchster Ebene
high leverage *(AE) (Fin)* hohe Fremdfinanzierung *f*
high occupancy *(Frei)* hoher Belegungsgrad *m*, hohe Auslastung *f (hotel and catering trade; Hotel- und Gaststättengewerbe)*
high-pollution area *(Umwelt)* Belastungsgebiet *n*, hochbelastetes Gebiet *n*
high potentials *(Pers)* vielversprechende Nachwuchskräfte *fpl*
high-powered *adj (Gen)* hochrangig, leistungsstark *(person)*
high-pressure selling *(V&M)* aggressive Verkaufspolitik *f*
high-profile company *(V&M)* hochangesehenes Unternehmen *n*
high-quality product 1. *(Gen)* hochwertiges Produkt *n*; 2. *(V&M)* Qualitätsprodukt *n*
high-ranking *adj (Pers)* hochrangig, von hohem Rang
high-risk *adj (Börse)* risikoreich *(market)*
high-speed data access *(Komm)* Hochgeschwindigkeits-Datenzugriff *m*, High-Speed-Daten-Zugriff *m*
high standard of living *(Soz)* hoher Lebensstandard *m*
high standards *(Gen)* hohe Standards *mpl*
high-stream *adj (Ind)* hochentwickelt
high-street spending *(BE) (WiWi)* Ausgaben *fpl*, Konsumausgaben *fpl*
high-tech *adj (Comp, Gen, Ind)* hochtechnologisch, technisch ausgereift, Hightech
high-tech industry *(Ind)* High-tech Industrie *f*, Hochtechnik-Industrie
high technology *(Comp, Gen, Ind)* Hochtechnologie *f*
high technology industry *(Ind)* Spitzenindustrie *f*, Hightechindustrie *f*
high-wage country *(WiWi, Pers)* Hochlohnland *n*
high-yield *(Gen)* ertragreich
high-yield bonds *(Bank, Fin)* hochverzinsliche Anleihen *fpl*,

Hochzinsanleihen *fpl*; Risikoanleihen *fpl*, spekulative Anleihen *fpl (bonds with non-investment grade rating, risikoreiche Anleihen-Anlageklasse mit geringer Bonität, hoher Risikoprämie und einem Rating unter BBB- oder Baa3; cf Schrottanleihen, Ramschanleihen)*
high-yield financing *(Fin)* Hochzinsfinanzierung *f*
higher income bracket *(WiWi)* hohe Einkommensgruppe *f*, hohe Einkommensstufe *f*
higher-paid job, higher-paying job *(Pers)* besserbezahlte Beschäftigung *f*, höherbezahlte Beschäftigung *f*, besserbezahlte Tätigkeit *f*, höherbezahlte Stelle *f*, besserbezahlte Arbeit *f*
highest bid *(Börse)* Höchstgebot *n*
highest price 1. *(Gen)* Bestpreis *m*; 2. *(Börse)* Höchstkurs *m*, Höchstpreis *m*
highest tender *(Gen)* Höchstgebot *n*
highlight *v (Gen)* hervorheben *(differences)*
highlights *(Gen)* Glanzlichter *npl*, Highlights *npl*
highly competitive *adj (Gen)* wettbewerbsfähig *(company)*; wettbewerbsintensiv, wettbewerbsorientiert *(market, strategy)*
highly geared *adj* 1. *(Börse)* überkapitalisiert; 2. *(Fin)* mit hohem Fremdkapitalanteil
highly gifted *adj (Gen, Pers)* hochbegabt
highly indebted poor countries *(HIPC) (Fin, WiWi)* hochverschuldete arme Länder *npl*
highly qualified workers *pl (Pers)* hochqualifizierte Arbeitskräfte *fpl*
highly skilled *adj (Pers)* hochqualifiziert
highly skilled job *(Pers)* hochqualifizierter Arbeitsplatz *m*, hochqualifizierte Tätigkeit *f*
highly skilled occupation *(Pers)* hochqualifizierte Tätigkeit *f*, hochqualifizierter Beruf *f*
HIPC *s.* highly indebted poor countries
hire *v* 1. *(Gen)* mieten; 2. *(Pers)* chartern, einstellen *(staff)*
hire *v* **and fire** *v (Pers)* einstellen und entlassen, *(ugs.)* heuern und feuern
hire *v* **out** *(Gen)* verleihen
hire *(Gen)* Mieten *n*, Leihen *n*, Lohn *m* *(wages)*
hire car *(BE) (Gen)* Mietwagen *m*
hire purchase *(BE)* 1. *(V&M)* Ratenkauf *m*; 2. *(Recht)* Abzahlungskauf *m*, Mietkauf *m*
hire-purchase agreement 1. *(Fin)* Ratenkaufvertrag *m*, Teilzahlungsvertrag *m*; 2. *(Recht)* Mietkaufvertrag *m*
hire-purchase contract *(BE) (Fin)* Abzahlungsvertrag *m*
hire-purchase transaction *(BE) (Gen)* Abzahlungsgeschäft *n*
hired *adj (Pers)* eingestellt *(person)*
hired car *(BE) (Frei)* Mietwagen *m*
hiring freeze *(Pers)* Einstellungsstopp *m*, Einstellungssperre *f*
hiring needs *(Pers)* Einstellungsbedarf *m*
hiring out *(Gen)* Verleihung *f*
hiring standards *(Pers)* Einstellungskriterien *npl*
historic burden *(Gen, Pol)* Erblast *f*
historical *adj (Gen, Grund, Logis, WiWi)* historisch
historical cost *(RW)* Anschaffungskosten *pl*, AK *pl*; Herstellungskosten *pl*, HK *pl*; Anschaffungs- oder Herstellungskosten *pl*, AK/HK *pl*, historische Kosten *pl*; Istkosten *pl* der Vergangenheit *(opposite: current cost = Wiederbeschaffungskosten)*
historical cost accounting *(RW)* Istkostenrechnung *f*
historical cost concept *(RW)* Anschaffungswertprinzip *n*
historical loss *(RW)* Verlustvortrag *m*
hit *v* **a low** *(Gen)* einen Tiefstand erreichen
hit *v* **the market** *(V&M)* einschlagen *(product)*
hit-and-run strike *(Pers)* kurzer Warnstreik *m*
hit-or-miss *adj (Gen)* aufs Geratewohl *(decision)*
hit rate *(V&M)* Trefferquote *f*
hive *v* **off** 1. *(WiWi)* abstoßen, ausgründen *(shares)*; 2. *(Gen)* ausgliedern *(department, section)*
hive-off *(Gen)* Ausgliederung *f* von Betriebsteilen *(department, section)*
hoarding *(V&M)* Anschlagtafel *f*, Plakatwand *f*, Reklamefläche *f*
hoarding site *(V&M)* Standort *m* von Plakatwand
hog cycle *(WiWi)* Schweinezyklus *m*

hold *v* 1. *(Gen)* durchführen *(enquiry)*; abhalten *(referendum)*; 2. *(Mgt)* veranstalten, abhalten, durchführen *(conference)*; 3. *(Pol)* vertreten *(opinion)*; innehaben *(post)*
hold *v* **a call** *(Komm)* makeln, eine Verbindung parken
hold *v* **a job** *(Pers)* einen Arbeitsplatz haben, beschäftigt sein, erwerbstätig sein, eine Stelle innehaben
hold *v* **a position** *(Börse)* eine Wertpapierposition halten
hold *v* **a post** *(Pers)* eine Stelle innehaben, eine Stelle bekleiden, eine Position innehaben
hold *v* **in check** *(WiWi)* in Schach halten *(prices)*
hold *v* **in custody** *(Recht)* verwahren
hold *v* **one's ground** *(Gen)* sich behaupten
hold *v* **property** *(Gen, Recht)* Vermögen besitzen
hold the line! *(Komm)* bleiben Sie am Apparat!
holdback *(Grund)* einbehaltener Teil *m* der Vertragssumme, Zurückbehaltung *f*
holder in due course *(Recht)* rechtmäßiger Inhaber *m*, rechtmäßige Inhaberin *f*
holder of a right *(Recht)* Rechtsinhaber(in) *m(f)*
holder of an office *(Pers)* Amtsinhaber(in) *m(f)*
holding 1. *(Recht)* Besitzen *n*; 2. *(Fin)* Paket *n*; 3. *(Börse)* Besitz *m*, Paket *n (of shares and stock)*
holding company 1. *(RW)* Dachgesellschaft *f*; 2. *(Bank, Fin, Gen, Recht)* Holdinggesellschaft *f*, Muttergesellschaft *f*
holding in a bank *(Bank)* Anteil *m* an einer Bank
holding of securities *(Bank)* Wertpapierbestand *m*
holding period *(Börse)* Besitzdauer *f*, Verwahrzeitraum *m*
holiday allowance *(BE) (Pers)* Urlaubsgeld *n*
holiday bonus *(BE) (Pers)* Urlaubsgeld *n*
holiday entitlement *(Pers)* Urlaubsanspruch *m*
holiday pay *(BE) (Pers)* Urlaubsgeld *n*
holiday replacement *(BE) (Pers)* Urlaubsvertretung *f*
holiday(s) without pay *(Pers)* unbezahlter Urlaub *m*, Urlaub *m* unter Wegfall der Bezüge
home *(Soz)* Heim *n (institution)* • **at home and abroad** *(Gen)* im In- und Ausland
home affairs *(Pol)* Inlandsangelegenheiten *fpl*, innere Angelegenheiten *fpl*, Innenpolitik *f*, innenpolitische Fragen *fpl (domestic policy)*
home banking *(Bank)* Home Banking *n*
home contents insurance *(Versich)* Hausratversicherung *f*
home country *(Fin, Gen)* Mutterland *n*
home economics *(WiWi)* Hauswirtschaft(slehre) *f*
home equity loan *(Bank)* Wohnungsbaudarlehen *n*
home loan *(Bank)* Hypothek *f*, Wohnungsbaudarlehen *n*
home-made *adj (Gen)* aus Eigenproduktion
home market *(WiWi)* Binnenmarkt *m*, Inlandsmarkt *m*
Home Office *(BE) (Pol)* Innenministerium *n*
home ownership *(Grund)* Eigenheimbesitz *m*, Hausbesitz *m*, Wohneigentum *n*, Wohnungseigentum *n*
home page *(Comp, Komm)* Homepage *f*, Hauptseite *f*, Startseite *f*
home product *(Gen)* Inlandsprodukt *n*
home sales 1. *(Admin)* Inlandsumsatz *m*; 2. *(V&M)* Inlandsverkäufe *mpl*
homeowner *(Recht)* Eigenheimbesitzer(in) *m(f)*
homestead tax exemption *(AE) (Steuer)* Steuerermäßigung *f* für Eigenheime
homework *(Pers, WiWi)* Heimarbeit *f*
homework on contract *(Pers, WiWi)* Heimarbeit *f*
homeworker *(Pers)* Heimarbeiter(in) *m(f)*
homogeneous good *(WiWi)* homogenes Gut *n*
homogeneous market *(V&M)* homogener Markt *m*
honorary activity *(Pers, Soz)* ehrenamtliche Tätigkeit *f*
honorary chairman *(Pers)* Ehrenvorsitzende(r) *f(m)*
honour *v (BE)* 1. *(Bank)* einlösen, honorieren *(debt, bill)*; bezahlen *(cheque)*; 2. *(Gen)* erfüllen *(commitment)*
honour *v* **a bill** *(BE) (Fin)* einen Wechsel

honorieren
horizontal *adj (Gen)* horizontal
horizontal amalgamation *(Gen, WiWi)* horizontale Fusion *f*, horizontaler Zusammenschluss *m*, Unternehmenszusammenschluss *m*
horizontal channel integration *(Mgt)* horizontale Integration *f*
horizontal combination *(Gen, WiWi)* horizontaler Zusammenschluss *m*, Unternehmenszusammenschluss *m*
horizontal equity *(Steuer)* horizontale Steuergerechtigkeit *f*
horizontal expansion *(WiWi)* horizontales Wachstum *n*
horizontal integration *(WiWi)* horizontale Integration *f*
horizontal merger *(Gen, WiWi)* horizontaler Zusammenschluss *m*, Unternehmenszusammenschluss *m*
horse trading *(Pers, Pol) (ugs.)* Kuhhandel *m*
hospital daily rate *(Soz)* Krankenhauspflegesatz *m*
host country *(Frei, Gen, WiWi)* Gastland *n*
hostile takeover *(Gen, Mgt)* feindliche Übernahme *f*
hot money *(Admin, Gen)* Fluchtgelder *npl*, heißes Geld *n*
hot-selling line *(V&M)* Verkaufsschlager *m*
hot stock 1. *(Gen) (ugs.)* heiße Ware *f*; 2. *(Börse)* neu emittierte Aktien, die stark im Preis steigen
hotline 1. *(Komm)* heißer Draht *m*; 2. *(Comp)* Hotline *f*, Schnellberatung *f* am Telefon; 3. *(Pol)* heißer Draht *m*, Bürgertelefon *n*
hotspot 1. *(Comp)* W-Lan-Zugang *m*, W- -Lan-Zugangsbereich *m*, Funknetzzugang *m*, Funknetzzugangsbereich *m (Zugang zu lokalen Funknetzen im Bereich von Hotels, Flughäfen, Schulgebäuden, Cafés usw.)*; 2. *(Gen)* drahtloser Internetzugang *m (über ein lokales Funknetz)*
hour *(Gen)* Stunde *f*, Std.
hour compensation *(Pers)* Stundenvergütung *f*
hour paid employee *(Pers)* Stundenlohnempfänger(in) *m(f)*
hour wage *(Pers)* Stundenlohn *m*
hour worker *(Pers)* Stundenlohnempfänger(in) *m(f)*
hourly earnings *(Pers)* Stundenverdienste *mpl*, Stundenverdienst *m*
hourly productivity of labour *(BE) (Pers, WiWi)* Arbeitsproduktivität *f* je Stunde, Ertrag *m* pro eingesetzte Arbeitsstunde; *(ugs.)* Stundenproduktivität *f (the ratio of physical total output to hours of labour input, definiert als Output-Menge insgesamt : Input-Menge an geleisteten Arbeitsstunden, ohne Berücksichtigung weiterer Inputfaktoren; Gegensätze: Produktivität je Erwerbstätiger = productivity per gainfully employed person, Kapitalproduktivität = capital productivity)*
hourly (wage) rate *(Pers)* Stundenlohn *m*, Lohnsatz *m* je Stunde, Stundenlohnsatz *m*
hours of business *(Gen)* Geschäftszeiten *fpl*
hours of work *(Gen, Pers)* Arbeitszeit *f*
house prices *(Grund)* Hauspreise *mpl*
house search *(Recht)* Hausdurchsuchung *f*
house-to-house *(Imp/Exp)* von Haus zu Haus
house-to-house sampling *(V&M)* Probenverteilung *f* an Haushalte
house-to-house selling *(V&M)* Haustürverkauf *m*
housebuilding *(Grund)* Wohnungsbau *m*
household *(Gen)* Haushalt *m*
household behavior *(AE) (WiWi) s.* household behaviour
household behaviour *(BE) (WiWi)* Haushaltsverhalten *n*
household commodities *(Gen)* Haushaltswaren *fpl*
household durables *(V&M)* dauerhafte Konsumgüter *npl*
household effects *(Versich)* Hausrat *m*
household gross disposable income *(HGDI) (WiWi, Stat)* verfügbares Bruttoeinkommen *n*, VBE *n (synonymous: gross disposable income; SNA = System of National Accounts = VGR = Volkswirtschaftliche Gesamtrechnung)*
housing *(Gen)* Wohnungsbau *m*
housing allowance *(Pers, Soz)* Mietzuschuss *m*, Wohngeld *n*
housing construction *(Grund)*

Wohnungsbau *m (new houses)*
housing cost(s) *(Soz)* Wohnkosten *pl*
housing development *(Grund)* Neubaugebiet *n*
housing estate *(Grund)* Wohnsiedlung *f*
housing industry *(Ind)* Wohnungswirtschaft *f*
housing loan *(Bank)* Wohnungsbaudarlehen *n*
HR *(Abk. für Human Resources, Human Resources Department) (Pers)* Personalabteilung *f*
hub 1. *(Gen)* Zentrum *n*, Mittelpunkt *m*, Dreh- und Angelpunkt *m*; 2. *(Logis)* Güterverteilzentrum *n*, Gütersammelzentrum *n*, Drehkreuz *n*, Verkehrskreuz *n*, Luftverkehrskreuz *n*, *(jarg)* Hub *m(n) (regional and local services feed into a central hub where long-haul connections are available for goods and/or passengers; Konzept: mit Hilfe von Zubringerlinien = feeder lines die systematische Zusammenführung von Passagieren und Fracht in einem Zentrum, dem Dreh- und Angelpunkt eines Streckennetzes, um zeitlich optimierte, kostengünstige Umsteige- und Umlademöglichkeiten sowie Größenvorteile = economies of scale im Hub und auf den Hauptstrecken zu erzielen)*
hub branch *(Bank)* zentrale Zweigstelle *f*
hub of activity *(Gen)* Geschäftsmittelpunkt *m*
hub of industry *(Logis)* Industriezentrum *n*
human asset accounting *(Pers)* Humanvermögensrechnung *f*
human capital *(WiWi)* Arbeitsvermögen *n*, Humankapital *n*
human capital endowment *(WiWi)* Humankapitalausstattung *f*
human engineering 1. *(Admin)* Arbeitsplatzgestaltung *f*; 2. *(Pers)* Ergonomie *f*
human factors *(Pers)* Humanfaktoren *mpl (industrial psychology)*
human relations *(Gen, Pers)* Human Relations *pl*, zwischenmenschliche Beziehungen *fpl (management theory)*
human resource administration *(Pers)* Personalverwaltung *f*
human resource development *(Admin, Pers)* Personalentwicklung *f*
human resource management *(Pers)* Personalmanagement *n*
human resource planning *(Pers)* Personalplanung *f*
human resources *(Admin, Pers)* Arbeitskräfte *fpl*, Humankapital *n*, Humanvermögen *n*
human resources departement *(HR) (Pers)* Personalabteilung *f*
human resources management *(Pers)* Personalmanagement *n*
human rights *(Recht)* Menschenrechte *npl*
human-scale economics *(WiWi)* humane Skaleneffekte *mpl*
hurdle rate *(WiWi)* erwartete Mindestrendite *f (budgeting capital expenditures)*
hurdle rate of return *(Fin)* erwartete Mindestrendite *f*
hush money *(Gen)* Bestechungsgeld *n*, Schweigegeld *n*
hybrid capital *(Fin)* Hybridkapital *n (subordinated loans; nachrangige Anleihen bzw. Nachrangdarlehen als Eigenkapital-Ersatz; Rechtsstellung zwischen dem erstrangig besicherten Fremdkapital und dem Eigenkapital)*
hybrid economic system *(WiWi, Pol)* hybrides Wirtschaftssystem *n*, ökonomisches Mischsystem *n (Mischsystem mit markt- und planwirtschaftlichen Elementen)*
hybrid system *(Fin, Gen)* Mischsystem *n*
hybrid vehicle *(Umwelt)* Hybridfahrzeug *n (verfügt über zweierlei Antriebe)*
hydroelectric power *(Umwelt)* Strom *m* aus Wasserkraftwerk, Wasserkraftstrom *m*
hydropower *(Ind, Umwelt)* Wasserkraft *f*
hydropower station *(Ind, Umwelt)* Wasserkraftwerk *n*
hype *v (Gen)* täuschen
hype 1. *(Komm, Media) (ugs.)* Rummel *m*, *(ugs.)* Medienrummel *m*; 2. *(Gen)* Täuschungsmanöver *n*, übertriebene Werbung *f (action)*; Täuscher *m*, *(ugs.)* Hype *m (person)*; 3. *(V&M)* Reklametrick *m*, übertriebene Werbung *f*
hyperinflation *(WiWi)* Hyperinflation *f*
hyperlink *(Comp, Komm)* Hyperlink *m*, Link *m*
hypermarket *(V&M)* Verbrauchergroßmarkt *m*
hypothecation *(Grund)* Verpfändung *f (expenditure)*

hypothesis *(Gen, WiWi)* Hypothese *f*
hypothesis testing *(Stat)* Hypothesentest *m*, Überprüfung *f* einer Hypothese

I

I owe you *(Gen)* Schuldschein *m*, Zahlungsversprechen *n*
IAS *s.* International Accounting Standards
IBAN *(Abk. für International Bank Account Number) (Bank)* IBAN *f*, Internationale Bankkontonummer *f*, interBank-AccNr *f* *(EU; cf Internationale Bankkontonummer, Sepa)*
ICT *s.* information and communication technology
ID number *s.* identification number
ideal capacity *(WiWi)* Betriebsoptimum *n*
ideal standard cost *(RW)* Sollkosten *pl*, Normkosten *pl*
identical maturity/with *(Fin, WiWi)* laufzeitkongruent
identification card *(Comp, Gen, Recht)* Identifikationskarte *f*, Ausweis *m*, Ausweiskarte *f*; Personalausweis *m* *(issued by the government)*
identification number *(Gen)* Identifikationsnummer *f*, ID-Nummer *f*
identified reserves *(Bank)* statistisch erfasste Reserven *fpl*
identity theft *(Comp, Komm, Recht)* Identitätsdiebstahl *m*
idle *adj* 1. *(Bank, Mgt)* unrentabel, unproduktiv; 2. *(Gen)* stillstehend; 3. *(Pers)* frei, ungenutzt
idle balance 1. *(WiWi)* Spekulationskasse *f*; 2. *(Fin)* brachliegende Guthaben *npl*, anlagebereite Mittel *npl*; *(jarg.)* Kriegskasse *f (for takeover purposes)*
idle capacity 1. *(WiWi)* freie Kapazität *f*, ungenutzte Kapazität *f*; 2. *(Gen)* Kapazitätsreserve *f*; 3. *(Ind)* freie Kapazität *f*, Leerlaufkapazität *f*
idle money 1. *(WiWi)* brachliegendes Geld *n*, Spekulationskasse *f*; 2. *(Fin)* Überschussreserven *fpl*
idle time 1. *(Admin)* Leerzeit *f*; 2. *(Gen)* Stillstandszeit *f*; 3. *(Pers)* ungenutzte Zeit *f*
IFIs *(Abk. für International Financial Institutions) (Fin, Pol)* Internationale Finanzinstitutionen *fpl*, IFIs *fpl (e.g. FSB = Financial Stability Board = Finanzstabilitätsrat, IWF = IMF, Weltbank = IBRD, BIZ = Bank für Internationalen Zahlungsausgleich = BIS = Bank for International Settlements, OECD, MDBs, ILO, WTO and UNCTAD; G20)*
IFRS *s.* International Financial Reporting Standards
IFRS for SMEs *(Abk. für International Financial Reporting Standard for Small and Medium-sized Entities) (RW)* IFRS für KMU, International Financial Reporting Standard *m* für kleine und mittelgroße Unternehmen; *(ugs.)* IFRS für kleine und mittelgroße Unternehmen, *(ugs.)* IFRS für kleine und mittelständische Unternehmen *(Rechnungslegungspflicht nach IFRS besteht nur für die Konzernbilanzen kapitalmarktorientierter Unternehmen, der sog. Publikumsgesellschaften, mit breit gestreutem Aktienkapital und geringem Einfluss der Aktionäre auf die Geschäftsführung; die EU-Kommission und der IFRS-Standardsetter IASB verfolgen mit der Einführung eines neuen Abgrenzungskriteriums, der öffentlichen Rechenschaftspflicht = public accountability, die Ausdehnung der IFRS-Rechnungslegung auf die große Zahl kleiner und mittlerer Unternehmen in Europa; cf öffentlich rechenschaftspflichtige Unternehmen, publicly accountable enterprises, IFRS light)*
IFRS light *(ugs.) (RW) (ugs.)* Light-Version *f* der IFRS, *(ugs.)* IFRS light *pl (mit dem Ziel einer Einbeziehung der zur öffentlichen Rechenschaft verpflichteten KMU in die IFRS--Rechnungslegung sehen die Europäische Kommission und das International Accounting Standards Board, IASB, vereinfachte IFRS--Rechnungslegungsstandards für kleine und mittlere Unternehmen vor, z. B. durch den Verzicht auf den aufwendigen, gesondert durchzuführenden Werthaltigkeitstest = impairment test für Geschäftswertabschreibungen; cf öffentlich rechenschaftspflichtige Unternehmen, IFRS for SMEs)*
ill-paid *adj (Pers)* schlechtbezahlt
illegal *adj (Recht)* gesetzwidrig, illegal,

unrechtmäßig, unzulässig
illegal content *(Komm, Recht)* strafbare Inhalte *fpl*
illegal employment *(Pers, Soz)* illegale Beschäftigung *f*
illegal strike *(Pers)* wilder Streik *m*
illiquid *adj (Bank, Fin)* fest angelegt, illiquide, nicht flüssig
illiquid assets *(Fin)* illiquides Aktivvermögen *n*
illusory profit *(Fin)* Scheingewinn *m*
imbalance *(Fin)* Ungleichgewicht *n*, gestörtes Gleichgewicht *n*
imbalance of orders *(Börse)* Auftragsmissverhältnis *n*
imbalance of trade *(Imp/Exp, Pol, WiWi)* Handelsbilanzungleichgewicht *n*
imbalance on the labor market *(AE)* *(Pers) s.* imbalance on the labour market
imbalance on the labour market *(BE)* *(Pers)* Arbeitsmarktungleichgewicht *n*, Ungleichgewicht *n* auf dem Arbeitsmarkt
IMF *s.* International Monetary Fund
immediate *adj (Gen)* augenblicklich, unverzüglich • **for immediate attention** *(Gen)* zur sofortigen Kenntnisnahme • **for immediate delivery** *(Gen)* zur unverzüglichen Lieferung
immediate-or-cancel order *(Börse)* Auftrag *m* zur sofortigen Ausführung
immigration ban *(Pers, Pol)* Einwanderungsstopp *m*, Zuwanderungsstopp *m*, Zuwanderungssperre *f*
immigration country *(Pers)* Einwanderungsland *n*, Zuwanderungsland *n*
immigration stop *(Pers, Pol)* Einwanderungsstopp *m*, Zuwanderungsstopp *m*, Zuwanderungssperre *f*
imminent danger *(Versich)* drohende Gefahr *f*, akute Gefahr *f*, unmittelbare Gefahr *f*
immobilize *v (Fin)* stilllegen
immovable estate *(Grund)* Liegenschaft *f*
immovable property *(Grund)* unbewegliches Vermögen *n*
immunity from taxes *(Steuer)* Steuerfreiheit *f*
IMO *s.* international money order
impact *(Gen)* Anstoß *m*, Auswirkung *f*, Stoßwirkung *f* • **have an impact on** *(Gen)* sich auswirken auf
impact analysis *(WiWi)* Wirkungsanalyse *f*
impact effect *(WiWi)* Anstoßwirkung *f*
impact multiplier *(WiWi)* Impaktmultiplikator *m*, Wirkungsmultiplikator *m*
impair *v (Gen, WiWi)* beeinträchtigen, schädigen
impaired capital *(RW)* verringertes Kapital *n*, herabgesetztes Kapital *n* *(aufgrund von vorausgegangenen Verlusten)*
impairment loss *(RW)* Wertminderungsverlust *m*, Wertminderungsaufwand *m*, Abwertungsverlust *m (IAS 16)*
impairment of performance *(Recht)* Leistungsminderung *f*, Leistungsstörung *f*
impairment test *(RW)* Werthaltigkeitstest *m*, Niederstwerttest *m*, Wertminderungstest *m*, Impairment-Test *m (laut IFRS/IAS 36/IAS 38 und US GAAP/SFAS 142 nach gesonderter Einzelüberprüfung für Firmenwert-Abschreibungen)*
impartial *adj (Gen)* unparteiisch
impede *v (Gen)* behindern
imperfect competition *(WiWi)* unvollständiger Wettbewerb *m*
imperfect market *(WiWi)* unvollkommener Markt *m*
impetus *(Gen)* Anstoß *m*, Impuls *m*
impinge *v* **on sb's rights** *(Recht)* in die Rechte eines anderen eingreifen
implement *v* 1. *(Comp)* implementieren *(system)*; 2. *(Gen)* ausführen, durchsetzen *(plans)*
implementation *(Gen)* Ausführung *f*, Durchführung *f*, Realisierung *f*
implementation lag *(WiWi)* Durchführungsverzögerung *f*
implementation package *(Bank)* Implementierungspaket *n (ECB)*
implicated *adj (Recht)* mitschuldig
implicit *adj* 1. *(Gen)* implizit; 2. *(Recht)* stillschweigend
implicit basis of contract *(Recht)* Geschäftsgrundlage *f*
implicit cost(s) *(WiWi)* kalkulatorische Kosten *pl*; nicht zahlungswirksame Kosten *pl*; Opportunitätskosten *pl*, Alternativkosten *pl (synonymous:*

imputed costs; opposite: explicit costs, cash outlay costs; Gegensatz: ausgabengleiche Kosten, pagatorische Kosten)
implicit price deflator *(WiWi)* impliziter Deflator *m*
implied *adj (Recht)* stillschweigend *(acceptance)*
implied condition *(Gen)* stillschweigende Bedingung *f*
implied contract *(Recht)* konkludent geschlossener Vertrag *m*
implied price index *(WiWi)* impliziter Preisindex *m*
implied repo rate *(Fin)* implizite Repo--Rate *f*, geltende Rückkaufrate *f*
implied warranty *(Recht)* gesetzliche Gewährleistung *f*, stillschweigende Mängelhaftung *f*
imply *v (Gen)* beinhalten, implizieren
import *v (Imp/Exp, Steuer, WiWi)* einführen, importieren
import *(Imp/Exp, WiWi)* Einfuhr *f*, Import *m*, Imp.
import admission *(Imp/Exp)* Einfuhrerlaubnis *f*
import allowance *(Imp/Exp)* zollfreie Einfuhrmenge *f*
import-demand function *(WiWi)* Importnachfragefunktion *f*
import duty *(Imp/Exp, Steuer)* Einfuhrzoll *m*, Importabgabe *f*, Importzoll *m*
import/export company *(BE) (Imp/Exp)* Außenhandelsunternehmen *n*
import letter of credit *(Fin, Imp/Exp)* Importakkreditiv *n*
import licence *(BE) (Imp/Exp)* Einfuhrbewilligung *f*, Einfuhrgenehmigung *f*, Importbewilligung *f*, Importgenehmigung *f*, Importlizenz *f*
import license *(AE) (Imp/Exp) s.* import licence
import penetration ratio *(Imp/Exp)* Importanteil *m*, Importquote *f*
import permit *(Imp/Exp)* Importerlaubnis *f*
import pull *(WiWi)* Importsog *m (BOP)*
import quota *(Imp/Exp, WiWi)* Einfuhrkontingent *n*, Importquote *f*
import restriction *(Imp/Exp)* Einfuhrbeschränkung *f*
import surplus *(Imp/Exp, WiWi)* Importüberschuss *m*
import tariff *(Imp/Exp, Steuer)* Einfuhrzoll *m*, Importabgabe *f*, Importzoll *m*
import trade *(Imp/Exp)* Importgeschäft *n*, Importhandel *m*
import turnover tax *(Imp/Exp, Steuer)* Einfuhrumsatzsteuer *f (Steuer, die bei der Einfuhr von Waren aus Drittländern erhoben wird)*
import value-added tax *(Recht)* Einfuhrumsatzsteuer *f*
importation *(Imp/Exp, WiWi)* Einfuhr *f*, Einf., Einführung *f*, Import *m*, Imp.
imported goods 1. *(WiWi)* Importwaren *fpl*; 2. *(Imp/Exp)* Importgüter *npl*, Importwaren *fpl*
imported inflation *(WiWi)* importierte Inflation *f*
imported services *(Steuer, WiWi)* importierte Dienstleistungen *fpl*
imports into free circulation *(Imp/Exp, WiWi)* Einfuhren *fpl* in den freien Verkehr
impose *v (Gen, Recht)* auferlegen, verhängen *(limits)*
impose *v* **a fine on** *(Recht)* zu einer Geldstrafe verurteilen
impose *v* **a tax on sb** *(Steuer)* jmdm. eine Steuer auferlegen
imposition 1. *(WiWi)* Besteuerung *f*; 2. *(Gen)* Auferlegung *f (burden, request)*; 3. *(Recht)* Verhängung *f*; 4. *(Steuer)* Abgabe *f*, Besteuerung *f*, Steuer *f*
imposition of a fine *(Recht)* Verhängung *f* einer Geldbuße
impound *v (Recht)* beschlagnahmen, pfänden, sicherstellen, verwahren
imprest *(Fin)* Vorschuss *m*
imprest account *(RW)* Vorschusskonto *n*
imprest fund *(RW)* Spesenkasse *f*, kleine Kasse *f*, Vorschusskasse *f*
imprest system *(RW)* Kassenvorschusssystem *n*
imprint 1. *(Media)* Impressum *n (of book, newspaper)*; 2. *(V&M)* Abdruck *m*, Aufdruck *m*
improper fraction *(Stat)* unechter Bruch *m*
improve *v* 1. *(Gen)* verbessern; 2. *(WiWi)* sich aktivieren *(BOP)*
improve *v* **profitability** *(Fin)* die Ertragskraft verbessern
improvement *(Gen)* Verbesserung *f*
improvement in balance of trade *(WiWi)* Verbesserung *f* der Handelsbilanz
impulse *adj (Gen, V&M)* spontan
impulse buy *(V&M)* Spontankauf *m*
impulse buying *(Gen, V&M)* Impulskauf

m
impulse purchase *(V&M)* Spontankauf *m*
impure public good *(WiWi)* Mischgut *n*
imputation 1. *(WiWi)* fiktive Buchung *f*, unterstellte Transaktion *f*; 2. *(Steuer)* Anrechnung *f*
imputation credit *(Steuer)* Anrechnungsguthaben *n*
imputed *adj (RW)* kalkulatorisch
imputed business risks *(RW)* kalkulatorische Wagnisse *npl*, kalkulatorische Risiken *npl*
imputed costs *pl (Fin, RW, WiWi)* kalkulatorische Kosten *pl*; nicht zahlungswirksame Kosten *pl* *(synonymous: implicit costs; opposite: explicit costs, cash outlay costs; Gegensatz: ausgabengleiche Kosten, pagatorische Kosten)*
imputed depreciation *(RW)* kalkulatorische Abschreibung *f* *(synonymous: implicit depreciation, implicit depreciation allowance)*
imputed depreciation allowance *(RW)* kalkulatorische Abschreibung *f* *(synonymous: implicit depreciation, implicit depreciation allowance)*
imputed income 1. *(RW)* unterstelltes Einkommen *n*, fiktives Einkommen *n*; 2. *(WiWi)* zugerechnetes Einkommen *n*, zurechenbares Einkommen *n*
imputed interest *(RW, Steuer)* kalkulatorische Zinsen *mpl*, fiktive Zinsen *mpl (synonymous: implicit interest, fictitious interest)*
imputed interest charge *(RW)* kalkulatorische Zinsen *mpl*
imputed profit *(RW)* kalkulatorischer Gewinn *m*
imputed risks *(Fin)* kalkulatorische Wagnisse *npl*
in-balance budget *(Fin)* ausgeglichener Haushalt *m*, ausgeglichenes Budget *n*
in-company *adj (Gen, Pers, WiWi)* innerbetrieblich
in-company training *(Pers)* betriebliche Schulung *f*, innerbetriebliche Schulung *f*, betriebsinterne Schulung *f*, firmeninterne Schulung *f*
in-depth analysis *(Gen)* gründliche Analyse *f*
in-depth discussion *(Gen)* tiefgreifende Diskussion *f*, umfassende Diskussion *f*
in-house *adj (Gen)* innerbetrieblich, firmeneigen, hauseigen, intern, Innen
in-house audit *(Admin)* Innenrevision *f*
in-house job advertisement *(Pers)* interne Stellenausschreibung *f*, innerbetriebliche Stellenausschreibung *f*
in-house training *(Pers)* betriebliche Schulung *f*, innerbetriebliche Schulung *f*
in-line *adj (Gen)* ausgeglichen
in-line budget *(Fin)* ausgeglichener Haushalt *m*, ausgeglichenes Budget *n*
in personam *(Recht)* persönlich, schuldrechtlich
in-plant *adj (Gen)* innerbetrieblich, firmeneigen, hauseigen, betriebsintern
in-plant training *(Pers)* betriebliche Ausbildung *f*
in-service training *(Ind, Pers)* innerbetriebliche Schulung *f*
in-the-money call *(Börse)* Kaufoption, deren Abschlusspreis unter dem Marktpreis des Wertpapiers liegt
in-the-money put *(Börse)* Verkaufsoption, deren Abschlusspreis über dem Marktpreis des Wertpapiers liegt
inability *(Gen)* Unfähigkeit *f*
inability to pay *(Bank, Gen)* Insolvenz *f*; Zahlungsunfähigkeit *f (synonymous: insolvency; die nicht bloß vorübergehende bzw. kurzfristige Zahlungsunfähigkeit ist, neben der Überschuldung, ein zwingender Grund zur Beantragung des Insolvenzverfahrens; opposite: solvency = solvability = Zahlungsfähigkeit)*
inability to perform *(Recht)* subjektive Unmöglichkeit *f* der Leistung
inability to work *(Pers)* Arbeitsunfähigkeit *f*
inaccuracy *(Gen)* Ungenauigkeit *f*, Unkorrektheit *f*
inactive *adj* 1. *(Gen)* inaktiv; 2. *(Börse)* umsatzlos
inactive account *(Bank)* umsatzloses Konto *n*
inactive bond *(Börse)* Obligation *f* mit geringem Umsatzvolumen
inactive stock *(Börse)* Aktien *fpl* mit geringem Umsatzvolumen, unregelmäßig gehandelte Aktien *fpl*
inadmissable *adj (Recht)* unzulässig
inalienable *adj (Recht)* unveräußerlich *(right)*

inappropriate *adj (Gen)* unangebracht, unangemessen, ungeeignet
inbound investor *(WiWi)* inländischer Investor *m*
incalculable *adj (Gen)* unberechenbar
incapable *adj (Gen, Pers, Recht)* unfähig
incapacitated *adj (Recht)* geschäftsunfähig
incapacity for work *(Pers, Soz)* Erwerbsunfähigkeit *f*, Arbeitsunfähigkeit *f*, Invalidität *f*
incapacity to work *(Pers, Soz)* Erwerbsunfähigkeit *f*, Arbeitsunfähigkeit *f*, Invalidität *f*
incentive 1. *(Gen)* Anreiz *m*, Antrieb *m*; 2. *(Pers)* Leistungsanreiz *m*
incentive bonus *(Pers)* Leistungszulage *f*
incentive commission *(V&M)* Leistungsprovision *f*, Verkaufsprovision *f* als Anreiz
incentive fee 1. *(Admin)* Erfolgshonorar *n*; 2. *(V&M)* Prämie *f*
incentive for work *(Pers)* Arbeitsanreiz *n*
incentive measure *(Pers, WiWi)* Anreizmaßnahme *f*, Fördermaßnahme *f*, Leistungsanreiz *m*
incentive pay 1. *(Admin)* Leistungslohn *m*; 2. *(Pers)* Leistungszahlung *f*
incentive period *(Ind)* Förderphase *f*
incentive scheme *(Pers)* Leistungssystem *n*, Anreizsystem *n*
incentive system *(WiWi)* Anreizsystem *n*
incentive to work *(Pers)* Arbeitsanreiz *m*
incentive wage *(Pers)* gewinnbezogene Bezahlung *f*
incentive wage plan *(Pers)* Leistungslohnprogramm *n*
incidence *(Pers)* Häufigkeit *f (rate of occurrence)*
incidence of taxation *(Steuer)* Steuerinzidenz *f*
incidental *adj (Gen)* zufällig
incidental charge *(Fin)* Nebenkosten *pl*
incidental damages *(Recht)* Schaden(s)ersatz für Kosten, die bei der Vertragserfüllung entstanden sind
incidental expenses *(Fin, Pers)* Nebenkosten *pl*
incidental wage costs *(Pers)* Personalnebenkosten *pl*
incidentals allowance *(Fin)* Rückstellung *f* für Nebenkosten
incipient processing *(V&M)* Verarbeitungsansatz *m*
include *v (Gen)* einbeziehen, einschließen
inclusive rate *(Admin)* Pauschaltarif *m*
inclusive terms *(Gen)* Inklusivpreise *mpl*
income 1. *(WiWi)* Einkommen *n*, Einnahmen *fpl*; 2. *(RW)* Ertrag *m*, Erträge *mpl (synonymous: revenue)*; Einnahmen *fpl (retailing; im Einzelhandel)*; 3. *(Gen)* Gewinn *m (synonymous: earnings, profit)*; Einkommen *n*; Ertrag *m*, Erträge *mpl*, Einkünfte *pl*; 4. *(Pers)* Verdienst *m*; 5. *(Steuer)* Einkommen *n*, Einkünfte *pl*; *(AE)* Bruttoeinkommen *n (gross income)*
income accounts *(RW)* Aufwands- und Ertragskonten *npl*, GuV-Konten *npl*, unterjährige Ergebnisrechnung *f*; Gewinn- und Verlustrechnung *f*, GuV--Rechnung *f*, Ergebnisrechnung *f*, Erfolgsbilanz *f*, Aufwands- und Ertragsrechnung *f*
income accruing to capital *(WiWi)* Einkommen *n* aus Unternehmertätigkeit und Vermögen *(national accounting)*
income after tax *(Soz, Steuer)* Einkommen *n* nach Steuern, Einkommen *n* nach Abzug der Steuern
income and expenditure account *(RW)* Gewinn- und Verlustrechnung *f*, GuV, Ergebnisrechnung *f*, unterjährige Ergebnisrechnung *f*, Erfolgsbilanz *f*, Aufwands- und Ertragsrechnung *f*
income and expense accounts *(RW)* Aufwands- und Ertragskonten *npl*, GuV-Konten *npl*, unterjährige Ergebnisrechnung *f*; Gewinn- und Verlustrechnung *f*, GuV-Rechnung *f*, Ergebnisrechnung *f*, Erfolgsbilanz *f*, Aufwands- und Ertragsrechnung *f*
income and expenses *(AE) (RW)* Erträge *mpl* und Aufwendungen *fpl*; Einnahmen und Ausgaben *fpl*
income bracket *(Admin)* Einkommensgruppe *f*
income category *(Steuer)* Einkunftsart *f (Deu: § 2 (1) EStG mit sieben Einkunftsarten = sources of taxable income)*
income-consumption curve *(WiWi)* Einkommenskonsumkurve *f*
income differential *(Pers, WiWi)* Einkommensdifferenz *f*, Einkommensgefälle *n*, Einkommensabstand *m*
income distribution *(WiWi)* Distribution *f*, Einkommensverteilung *f*

income-elasticity of demand *(jarg.)* *(WiWi)* Einkommenselastizität *f* der Nachfrage

income from investments 1. *(Fin, WiWi)* Beteiligungserträge *mpl*, Vermögenserträge *mpl*, Kapitalertrag *m* *(synonymous: investment income; not to be confused with return on capital employed = ROCE = Ertrag aus dem investierten Kapital)*; 2. *(RW)* Erträge *mpl* aus Finanzanlagen, Erträge *mpl* aus Wertpapieren des Anlagevermögens

income from property and entrepreneurship *(WiWi)* Einkommen *n* aus Unternehmertätigkeit und Vermögen *(System of National Accounts = SNA = VGR = Volkswirtschaftliche Gesamtechnung)*

income from subsidiaries *(Fin)* Erträge *mpl* von Tochtergesellschaften

income from trade or business *(Steuer)* Einkünfte *pl* aus Gewerbebetrieb *(income taxation)*

income from trades and professions *(Steuer)* Einkünfte *pl* aus Gewerbebetrieb und selbstständiger Arbeit

income gap *(Pers)* Einkommensabstand *m*, Einkommensdifferenz *f*, Einkommensgefälle *n*, Einkommensschere *f*, Einkommenslücke *f*

income level *(Admin)* Einkommensniveau *n*

income maintenance *(Pers, Soz)* Einkommenssicherung *f*, Sicherung *f* der Einkommen, Erhaltung *f* des Einkommens, Einkommensgarantie *f*

income per capita *(WiWi)* Pro-Kopf--Einkommen *n*

income received *(Steuer)* zugeflossene Einkünfte *pl*

income received under deduction of tax *(Steuer)* quellenbesteuerte Erträge *mpl*

income-related *(Pers, Soz)* einkommensabhängig

income spread *(Fin)* Einkommensspanne *f*

income statement *(BE) (RW)* Gewinn- und Verlustrechnung *f*, GuV *f*, GuV--Rechnung *f*, Ergebnisrechnung *f*, Erfolgsbilanz *f*, Erfolgsrechnung *f*, Aufwands- und Ertragsrechnung *f* *(synonymous: profit and loss statement)*

income tax *(Steuer) (Deu)* Einkommensteuer *f (ESt)*

income tax assessment *(Steuer)* Einkommensteuerveranlagung *f*, Einkommensteuerbescheid *m*

income tax law *(Recht)* Einkommensteuergesetz *n*

income tax repayment claim *(Steuer)* Einkommenssteuerrück-zahlungsanspruch *m*

income tax return *(RW)* Einkommenssteuererklärung *f*

income transfer *(Soz)* Einkommensübertragung *f*, Einkommenstransfer *m*

income year *(Recht, Steuer)* Veranlagungszeitraum *m*, Vz.

incoming business *(Gen)* Auftragseingang *m*

incoming goods department *(Gen)* Warenannahme *f*

incoming invoice *(Gen, V&M)* Eingangsrechnung *f*

incoming order *(V&M)* hereinkommender Auftrag *m*

incompatibility *(Comp, Gen)* Inkompatibilität *f*, Unverträglichkeit *f*

inconsistency *(Gen)* Inkonsistenz *f*, Unvereinbarkeit *f*, Widersprüchlichkeit *f*

inconsistent quartet *(WiWi)* magisches Viereck *n*

inconsistent trinity *(WiWi)* magisches Dreieck *n*

inconsistent voting behaviour *(Pol)* widersprüchliches Abstimmungsverhalten *n (cf German vote = deutsches Votum, EU)*

incontestable *adj* 1. *(Gen)* unbestreitbar; 2. *(Pat)* unanfechtbar

incorporate *v* 1. *(Gen)* eingliedern *(include)*; einschließen *(company)*; gründen *(establish)*; 2. *(Recht)* gründen *(company)*; 3. *(Media)* einbauen

incorporated *adj (AE) (Gen, Recht)* (amtlich) als Aktiengesellschaft eingetragen; verbunden

incorporated company *(Gen) (AE)* Aktiengesellschaft *f*, *(BE)* rechtsfähige Gesellschaft *f*

incorporation *(AE) (Recht)* Eintragung *f* als Aktiengesellschaft, Gründung *f (of a company)*

Incoterms *s.* international commercial terms

increase *v* **capital** *(Fin)* das Kapital erhöhen
increase *(Gen)* Anstieg *m*, Aufstockung *f*, Erhöhung *f*, Steigerung *f*, Vergrößerung *f*, Zunahme *f*, Zuwachs *m*
increase in employment *(Pers)* Zunahme *f* der Beschäftigung, Beschäftigungsausweitung *f*, Ausweitung *f* der Beschäftigung, Beschäftigungsanstieg *m*, Beschäftigungszunahme *f*
increase in purchasing power *(V&M, WiWi)* Kaufkraftzuwachs *m*, Kaufkraftgewinn *m*
increase in unemployment *(Soz, WiWi)* Anstieg *m* der Arbeitslosigkeit, Zunahme *f* der Arbeitslosigkeit, Anwachsen *n* der Arbeitslosigkeit
increasing *(Gen)* Anheben *n*, Anwachsen *n*
increasing opportunity costs law *(WiWi)* Gesetz *n* der steigenden Opportunitätskosten
increasing returns to scale *(WiWi)* zunehmende Skalenerträge *mpl*
increment *(Gen)* Wertzuwachs *m*, Zunahme *f*, Steigerung *f*, Aufschlag *m*; Zuwachs *m* *(marginal change in the value of a variable)* • **annual increment** *(Gen)* jährlicher Zuwachs
incremental *adj* 1. *(Comp)* anwachsend, inkremental; 2. *(Gen)* inkremental *(cost)*; 3. *(Steuer)* inkremental
incremental cost 1. *(RW)* Grenzkosten *pl* *(synonymous: marginal cost)*; 2. *(WiWi)* entscheidungsrelevante Kosten *pl*, relevante Kosten *pl*, zielbedeutsame Kosten *pl*, zweckerhebliche Kosten *pl*, Differenzkosten *pl* *(synonymous: relevant costs, differential costs, alternative cost; Bereitstellung relevanter, zweckneutraler Kosteninformationen für die entscheidungsorientierte Kostenrechnung - functional accounting - insbesondere die Einzelkosten- und Grenzplankostenrechnung; cf relevant costs)*
incur *v* *(Gen)* verursachen
incur *v* **debts** *(Bank)* Schulden machen
incurred *adj* *(RW)* entstanden *(expenses)*
indebted *adj* *(WiWi)* verschuldet
indemnification 1. *(Versich)* Schadloshaltung *f*; 2. *(Recht)* Wiedergutmachung *f*
indemnification payments *(Pol)* Wiedergutmachungsleistungen *fpl*
indemnify *v* 1. *(Fin, Gen)* abfinden; 2. *(Versich)* entschädigen, Schaden(s)ersatz leisten, sichern, sicherstellen
indemnity 1. *(Versich)* Entschädigung *f*, Haftungsfreistellung *f*; 2. *(Recht)* Abfindung *f*, Schadloshaltung *f*, Haftungsausschluss *m*
indemnity payment *(Versich)* Zahlung *f* der Versicherungssumme
indent *v* 1. *(Comp, Media)* einziehen, einrücken *(indent a line to mark a new paragraph)*; 2. *(Imp/Exp)* (im Ausland) bestellen, (im Ausland) ordern *(Güter)*; 3. *(Recht)* in (bestimmter) Ausfertigung aufsetzen *(draw up a legal document in exact duplicate; Urkunde, Rechtsdokument in zweifacher, dreifacher, mehrfacher Ausfertigung)*
indention *(Comp, Media)* Einrückung *f*, Einzug *m*
indenture *(Börse)* Anleihevertrag *m*
independent auditor *(RW)* außerbetriebliche(r) Revisor(in) *m(f)*, außerbetriebliche(r) Wirtschaftsprüfer(in) *m(f)*
independent inquiry *(Recht)* unabhängige Untersuchung *f*
independent taxation *(BE)* *(Steuer)* selbstständige Besteuerung *f*
independent variable *(Stat)* unabhängige Variable *f*
indeterminate obligation *(Recht)* Gattungsschuld *f*
index *v* 1. *(Comp, Steuer, WiWi)* indexieren; 2. *(Stat)* indizieren
index 1. *(Comp)* Index *m*, Verzeichnis *n*; 2. *(Börse, Gen)* Index *m*
index-card file *(Admin)* Kartei *f*
index clause *(Gen, Recht)* Wertsicherungsklausel *f*, Indexklausel *f*
index figure *(WiWi)* Messziffer *f*
index linking *(Pers, WiWi)* Indexbindung *f*
index number 1. *(Gen, WiWi)* Kennziffer *f*; 2. *(Stat)* Messzahl *f*, Indexzahl *f*, Indexziffer *f*, Messgröße *f*, Messziffer *f*
index of lagging indicators *(Fin)* Index *m* der Spätindikatoren
index of leading indicators 1. *(Fin)* Index *m* führender Indikatoren, Index *m* der Frühindikatoren; 2. *(Börse)* Trendbarometer *n* der US-Wirtschaft

index point *(Börse)* Indexpunkt *m*
index price *(Börse)* Indexpreis *m*
indexation 1. *(WiWi)* Indexierung *f*; 2. *(Pers)* Indexbindung *f*
indexed *adj (Stat)* indiziert
indexed pay *(Pers)* Indexlohn *m*
indexing 1. *(WiWi)* Indexbindung *f*; 2. *(Börse)* Indexierung *f*
indicative exchange rate *(Bank, WiWi)* Referenzkurs *m*
indicator *(WiWi)* Indikator *m*
indicator of economic sentiment *(WiWi)* Indikator *m* der wirtschaftlichen Einschätzung
indicator of industrial confidence *(Ind, WiWi)* Indikator *m* für das Vertrauen der Wirtschaft
indifference curve *(WiWi)* Indifferenzkurve *f*
indigenous worker *(Pers)* einheimischer Arbeitnehmer *m*, einheimische Arbeitnehmerin *f*, einheimische Arbeitskraft *f*
indirect *adj (Gen)* indirekt
indirect costs *(Fin, RW, WiWi)* indirekte Kosten *pl*
indirect demand *(WiWi)* abgeleitete Nachfrage *f*
indirect financing *(Fin)* Umwegfinanzierung *f*
indirect labor costs *(AE) s.* indirect labour costs
indirect labour costs *(BE)* 1. *(RW)* indirekte Lohnkosten *pl*, Lohngemeinkosten *pl*; 2. *(WiWi)* Fertigungsgemeinkosten *pl*
indirect production *(WiWi)* Umwegproduktion *f*
indirect tax *(Steuer)* indirekte Steuer *f*
indirect taxation *(Steuer)* indirekte Besteuerung *f*
individual *(Gen)* Einzelperson *f*
individual assessment *(Admin)* Einzelbewertung *f*
individual insolvency *(BE) (Recht)* Insolvenz *f* der natürlichen Personen, Insolvenz *f* privater Haushalte, Insolvenz *f* von Privatpersonen; Privatkonkurs *m*
individual proprietor *(Gen)* Einzelunternehmer *m*, Einzelunternehmerin *f (synonymous: sole trader, proprietor)*
individual responsibility *(Recht)* Einzelverantwortung *f*
individual right of action *(Recht)* individuelles Klagerecht *n*
individual safe custody of securities *(Fin)* Streifbanddepot *n*
indivisibility *(WiWi)* Unteilbarkeit *f*
indorse *s.* endorse
induce *v (Fin, WiWi)* induzieren
induced demand *(WiWi)* induzierte Nachfrage *f*
induced draft *(Fin)* induzierter Wechsel *m*
inducement 1. *(Gen)* Anreiz *m*; 2. *(Recht)* Verleitung *f*
inducement mechanism *(WiWi)* Leistungsanreizmechanismus *m*
inducement to circumvent the regulations *(Bank, Recht)* Umgehungsanreiz *m*
induct *v (Pers)* einführen
induction 1. *(Gen)* Induktion *f*, Einarbeitung *f*; 2. *(Pers)* Einführung *f*
inductive reasoning *(Mgt)* induktives Denken *n*
industrial *adj* 1. *(Gen)* gewerblich, industriell; 2. *(Börse, Ind)* industriell
industrial accident *(Pers)* Arbeitsunfall *m*, Betriebsunfall *m*
industrial action 1. *(WiWi)* Arbeitskampf *m*; 2. *(Gen, Ind, Pers)* Arbeitskampf *m*, Streik *m*
industrial capacity *(Ind)* Produktionskapazität *f*
industrial classification *(WiWi)* Wirtschaftszweigsystematik *f*
industrial conflict *(Pers)* Arbeitskonflikt *m*
industrial cost accounting *(RW)* Betriebsabrechnung *f*, periodische Kostenrechnung *f (synonymous: internal cost accounting, periodical cost accounting, operating cost and revenue statement)*
industrial court *(Pers, Recht)* Arbeitsgericht *n (synonymous: industrial relations tribunal)*
industrial disease *(Pers)* Berufskrankheit *f*
industrial engineering *(Ind)* Betriebstechnik *f*, Fertigungsorganisation *f*, Industrial Engineering *n*, Fertigungsvorbereitung *f (production planning)*; Industriebetriebslehre *f (theory)*
industrial enterprise, industrial establishment *(Ind)* Industrieunternehmen *f*,

Industriebetrieb *m*
industrial espionage 1. *(Gen)* Betriebsspionage *f*; 2. *(Ind)* Industrie, Werks, Wirtschaftsspionage *f*
industrial estate 1. *(Ind)* Industriegebiet *n*, Industriegelände *n*, Industriezone *f*; 2. *(Grund)* Gewerbefläche *f*, Gewerbegebiet *n*, Gewerbepark *m*, Industriepark *m*
industrial firm *(Ind)* Industrieunternehmen *f*, Industriebetrieb *m*
industrial inertia *(Ind)* industrielle Flaute *f*
industrial injury *(Pers)* Berufsunfall *m*, Arbeitsunfall *m*, Unfall *m* am Arbeitsplatz
industrial law *(BE) (Pers, Recht)* Arbeitsrecht *n*
industrial marketing *(V&M)* Investitionsgüter-Marketing *n*
industrial output *(Ind)* Industrieproduktion *f*
industrial peace *(Pers)* Arbeitsfrieden *m*
industrial product 1. *(Gen)* Zwischenprodukt *n*; 2. *(Ind)* gewerbliches Erzeugnis *n*, Industrieerzeugnis *n*
industrial property *(Gen, Pat)* gewerbliches Eigentum *n*, gewerbliche Schutzrechte *npl*
industrial property protection *(Pat, Recht)* gewerblicher Rechtsschutz *m*
industrial relations tribunal *(Pers, Recht)* Arbeitsgericht *n (synonymous: industrial court)*
industrial safety 1. *(Admin)* Arbeitssicherheit *f*; 2. *(Pers)* Arbeitsschutz *m*, Betriebssicherheit *f*; 3. *(Ind)* Betriebssicherheit *f*
industrial security 1. *(Fin)* Industriewert *m (shares)*; 2. *(Pers)* Betriebssicherheit *f (safety)*
industrial settlement *(WiWi)* Industrieansiedlung *f*, Ansiedlung *f* von Industrien
industrial statistics *(WiWi)* Industriebericht *m*
industrial tribunal *(BE) (Pers, Recht)* Arbeitsgericht *n*, gewerbliches Schiedsgericht *n*
industrialized country *(Ind, WiWi)* Industrieland *n*, Industriestaat *m*
industry 1. *(WiWi)* Industrie *f*, Wirtschaftszweig *m*; 2. *(Gen)* Tüchtigkeit *f (efficiency)*; 3. *(Ind)* Industrie *f*, Branche *f*, Gewerbe *n (sector)* • **at industry level** *(Ind)* auf Wirtschaftszweigebene, auf Industrieebene
industry leader *(V&M)* Branchenführer *m*
industry sector *(Ind, WiWi)* Branchenbezeichnung *f*
industry-wide wage agreement *(Pers)* Branchentarifvertrag *m*
inefficiency *(WiWi)* Ineffizienz *f*, Unwirtschaftlichkeit *f*
inelastic demand *(WiWi)* unelastische Nachfrage *f*
inelastic supply *(WiWi)* unelastisches Angebot *n*
inertia *(V&M)* Trägheit *f*
inexhaustible *adj (Umwelt)* unerschöpflich *(natural resources)*
inexpedient *adj (Gen)* unzweckmäßig
infant industry *(Ind, WiWi)* junger Wirtschaftszweig *m*, schutzzollbedürftige Industrie *f*
inferior *adj (Gen)* untergeordnet
inferior goods *(WiWi)* inferiore Güter *npl*
inflate *v* 1. *(WiWi)* hochtreiben, inflationieren, steigern, aufblähen, übermäßig steigern; 2. *(Gen)* überhöhen
inflation *(WiWi)* Geldentwertung *f*, Inflation *f*
inflation-adjusted *adj (WiWi)* inflationsbereinigt
inflation expectations *(Bank, WiWi)* Inflationserwartungen *fpl (Ermittlung z. B. anhand der Kurse inflationsgeschützter Anleihen = indexierter Anleihen = Indexanleihen = indexed bonds = inflation protected bonds, mit dem Problem der nicht immer ausreichenden Marktliquidität; Messung alternativ mit Inflations-Swaps = inflation swaps, einem liquiden Markt für Zinstauschgeschäfte = interest swaps unter Banken und wichtiger Indikator der Inflationserwartungen des Marktes auf fünf bis fünfzehn Jahre, stark beachtete Zielgröße der Geldpolitik)*
inflation illusion *(WiWi)* Geldillusion *f*
inflation rate *(WiWi)* Inflationsrate *f*
inflation swap *(Bank, Fin)* Inflations--Swap *m (Zinstauschgeschäft unter Banken, Absicherungsinstrument gegen Inflationsrisiken; wegen des liquiden Markts wichtiger*

Finanzmarktindikator für die längerfristigen Inflationserwartungen = inflation expectations des Marktes auf fünf bis fünfzehn Jahre; stark beachtete Zielgröße der Geldpolitik)
inflation targeting *(WiWi)* Inflationssteuerung *f*, direkte Inflationssteuerung *f*
inflation tax 1. *(WiWi)* Inflationsgewinn *m* des Staates, inflationsinduzierter Gewinn *m* des Staates; 2. *(Steuer)* Inflationssteuer *f*
inflationary *adj (WiWi)* inflationär
inflationary gains *(WiWi)* Inflationsgewinne *mpl*
inflexible price *(WiWi)* starrer Preis *m*
inflow of capital *(Fin, RW, WiWi)* Kapitalzufluss *m*
inflow of ethnic Germans *(Pol)* Übersiedlerstrom *m*
inflow of funds *(Fin, RW, WiWi)* Kapitalzufluss *m*
inflow of orders *(Gen)* Auftragseingang *m*
inflow of unemployed *(Pers)* Zugang *m* an Arbeitslosen
influence *v (Gen)* einwirken auf, beeinflussen
informal *adj (Gen)* formlos, informell *(unstructured)*; inoffiziell, nicht förmlich *(unofficial)*; zwanglos, ungezwungen *(casual)*
informal economy *(WiWi)* Schattenwirtschaft *f*, informelle Wirtschaft *f*
informal sector *(WiWi)* informeller Sektor *m*, Schattenwirtschaft *f*
informatics *(Comp)* Informatik *f*
information *(Gen)* Information *f*, Info, Informationen, Infos, Benachrichtigung *f*, Verständigung *f*
information and communication technology *(Komm, WiWi)* Informations- und Kommunikationstechnologie *f (IKT)*
information highway *(Comp) (jarg.)* Datenautobahn *f*
information processing *(Comp)* Informationsbearbeitung *f*, Informationsverarbeitung *f*
information science *(Bil, Comp)* Informatik *f*, Informatikwissenschaft *f*
information scientist *(Comp, Pers)* Informatiker(in) *m(f)*
information society *(Gen, Komm)* Informationsgesellschaft *f*, E-Society *f*
information technology *(Comp, Ind)* Informationstechnik *f*, IT, Informationstechnologie *f*
informative labeling *(AE) (V&M) s.* informative labelling
informative labelling *(BE) (V&M)* Herkunftsbezeichnung *f*, Ursprungsauszeichnung *f (country of origin)*
informed decision *(Mgt)* sachkundige Entscheidung *f*
infrastructure facility [installation] *(Ind, Pol)* Infrastruktureinrichtung *f*
infringe *v* 1. *(Recht)* vergehen gegen, verstoßen gegen, verletzen *(rule)*; 2. *(Pat)* verletzen *(copyright)*
inherent strength *(Gen, Pers)* innere Stärke *f*
inheritance 1. *(Fin)* Erbschaft *f*; 2. *(Recht)* Erbfall *m*, Erbe *n*
inheritance, legacies or donations *(Recht)* Erbschaft *f*, Vermächtnis *n* oder Schenkung *f*
inheritance tax return *(Steuer)* Erbschaftssteuererklärung *f*
inherited burden *(Gen, Recht)* Erblast *f*, Altlast *f*
inherited burdens *(WiWi)* Altlasten *fpl*
inhibit *v (Gen)* behindern, hemmen, sperren, unterbinden
initial *adj (Gen)* anfänglich
initial deposit *(Börse)* Einschuss *m*
initial investment *(Fin)* Anfangsauszahlung *f*
initial outlay *(RW)* Anschaffungskosten *pl*
initial placing of securities *(Börse)* Erstplatzierung *f*
initial public offering *(IPO) (AE) (Bank, Fin)* Börsengang *m*, Gang *m* an die Börse, Börseneinführung *f*, Aktienerstemission *f*, öffentliches Erstzeichnungsangebot *n* *(synonymous: BE flotation; erstmalige Aktieneinführung)*
initial-stage financing *(Fin)* Startphasenfinanzierung *f*, Anfangsfinanzierung *f*
initial stages *(Ind, WiWi)* Anlaufzeit *f*
initial vocational training *(Pers)* berufliche Erstausbildung *f*
injection *(WiWi)* Geldzuschuss *m*, Injektion *f*
injection of fresh funds *(Fin, RW)* Kapitalzuführung *f* von außen, *(ugs.)*

Kapitalspritze *(synonymous: injection of capital; corporate view: procurement of outside capital)*
injection of funds *(Fin, Gen)* Zuführung *f* von Mitteln, *(jarg.)* Finanzspritze *f*, zusätzliche Mittel *npl*, *(jarg.)* frisches Geld *n*
injection of new capital *(WiWi) (ugs.)* Kapitalspritze *f*, Kapitalzuführung *f*
injection of new funds *(Fin, RW) s.* injection of fresh funds
injured party *(Recht)* Geschädigte(r) *f(m)*, Verletzte(r) *f(m)*
inland *adj (Imp/Exp, Logis)* inländisch, Binnen, Inland
inland postage *(Komm)* Inlandsporto *n*
Inland Revenue *(BE) (Steuer)* Steuerbehörde *f*
Inland Revenue Office *(BE) (Steuer)* Finanzamt *n*
innovation *(Ind, Pat, V&M)* Innovation *f*, Neuentwicklung *f*, Neuerung *f*
input *v (Comp, Komm)* eingeben *(data, text)*
input 1. *(Comp, Komm)* Eingabe *f (of data, text)*; Eingabefeld *n (field, box)*; 2. *(Gen)* Einsatz *m*, Eingabe *f*, Input *m*; 3. *(Steuer)* Eingangsumsatz *m*, Eingangsleistung *f*
input cost *(RW)* Eingabekosten *pl*
input market *(WiWi)* Faktormarkt *m*
input-output-table *(Comp, Fin, Stat, WiWi)* Eingabe-Ausgabe-Tabelle *f*, Input/Output-Tabelle *f*
input tax *(Steuer)* Vorsteuer *f*
inputs *(WiWi)* Einsatzgüter *npl*, Produktionsfaktoren *mpl*
inquiry *(Pers, Stat)* Erhebung *f*, Befragung *f*
inquiry committee *(Pers, Recht)* Untersuchungsausschuss *m*
inquiry period *(Pers, Stat)* Erhebungszeitraum *m*, Befragungszeitraum *m*
insertion *(V&M)* Platzierung *f*
inside *(Gen)* innerhalb
inside director *(Mgt)* Inside Director *m(f)*, Executive Director *m(f) (Mitglied des Board of Directors mit einem Anstellungsvertrag des Unternehmens; Gegensatz: ehrenamtliche Outside Directors = Non-Executive Directors ohne Geschäftsbereich, jedoch mit Kontroll- und Überwachungsfunktion)*
inside information *(Gen)* Informationen *fpl* aus erster Hand, Insiderinformation *f*, Interna *pl (confidential)*
insider dealing *(Börse, Fin)* Insidergeschäfte *npl*, Insiderhandel *m*
insolvency *(Bank, Gen)* Insolvenz *f*, Zahlungsunfähigkeit *f*; Konkurs *m (bankruptcy; opposite: solvency, solvability = Zahlungsfähigkeit)*
Insolvency Act *(Recht)* Insolvenzgesetz *n*
Insolvency Code *(Recht)* Insolvenzordnung *f*
insolvency decision *(Recht)* Insolvenzentscheidung *f*
insolvency judgment *(Recht)* Insolvenzeröffnung *f*, Insolvenzentscheidung *f*
insolvency law *(Recht)* Insolvenzrecht *n*
insolvency of individuals *(BE) (Recht)* Insolvenz *f* der natürlichen Personen, Insolvenz *f* privater Haushalte
insolvency petition *(Recht)* Insolvenzantrag *m*
insolvent *adj (Bank, Fin, Recht, RW)* zahlungsunfähig, insolvent
insourcing *(Gen, Mgt)* Leistungseigenerstellung *f*
inspect *v* 1. *(Gen)* prüfen *(cf check, monitor)*; kontrollieren *(thorough examination e. g. customs or of a car)*; untersuchen; 2. *(Recht)* einsehen *(files, Akten)*; inspizieren
inspection *(Gen)* Prüfung *f*, gründliche Überprüfung *f*, Kontrolle *f (thorough examination, e. g. car inspection)* • **on inspection** *(Gen)* zur Ansicht *(checking)*
inspection of records *(Recht)* Akteneinsicht *f*
installment *(AE) (Bank, Fin) s.* instalment
instalment *(BE) (Bank, Fin)* Rate *f*, Teilzahlung *f* • **in instalments** *(Bank, Fin)* in Raten • **on the instalment plan** *(Fin)* auf Abzahlungsbasis, auf Raten
instance/in the first *(Gen)* an erster Stelle
instant dismissal *(Pers)* fristlose Entlassung *f*
instant messenger *(Komm)* Programm *n* für Sofort-Nachrichten, Instant--Messenger *m*
institution *(Gen)* Institution *f*
institution incorporated under public law *(Recht)* Anstalt *f* des öffentlichen Rechts
institution of higher education *(Pers)* höhere Lehranstalt *f*; Hochschule *f*

institutional economics *(WiWi)* Institutionenökonomik *f*
instruct *v* 1. *(Gen)* beauftragen, anweisen; 2. *(Recht)* instruieren, belehren *(jury)*
instruction 1. *(Comp)* Befehl *m (program)*; 2. *(Gen)* Anweisung *f*, Instruktion *f*; 3. *(Pers)* Ausbildung *f (training)*; 4. *(Recht)* Instruktion *f*, Belehrung *f (jury)*; 5. *(Pol)* Weisung *f (directive)*
instruction to pay *(BE) (Bank, RW)* Zahlungsanweisung *f*
instructive *(Gen)* aussagekräftig
instructor *(Pers)* Ausbilder(in) *m(f)*
instrument 1. *(Bank)* Handelspapier *n*; 2. *(Fin)* Dokument *n*; 3. *(Gen)* Instrument *n*; 4. *(Ind)* Instrument *n*
instrument variable *(WiWi)* Instrumentenvariable *f*
instrumentality *(Fin)* Zweckdienlichkeit *f*
insufficient funds *(Fin)* ungenügende Deckung *f*
insurable *adj (Versich)* versicherbar, versicherungsfähig
insurance *(RW, Versich)* Versicherung *f*, Vers.
insurance benefit *(Versich)* Versicherungsleistung *f*
insurance business *(Recht, Versich)* Versicherungsgeschäft *n*
insurance charge *(Versich)* Versicherungskosten *pl*
insurance claim *(Versich)* Versicherungsanspruch *m*
insurance company *(Versich)* Versicherer *m*, Versicherungsgesellschaft *f*
insurance cover *(BE) (Versich)* Deckung *f*, Deckungsumfang *m*, Versicherungsschutz *m*
insurance coverage *(AE) (Versich)* Deckung *f*, Deckungsumfang *m*, Versicherungsschutz *m*
insurance fraud *(Versich)* Versicherungsbetrug *m*
insurance holder *(Recht, Versich)* Versicherungsnehmer *m*
insurance payable at death *(AE) (Versich)* Lebensversicherung *f* auf den Todesfall, Todesfallversicherung *f*
insurance rate *(Recht, Versich)* Versicherungsprämie *f*
insurance regulator *(Versich)* Versicherungsaufseher *m*, Versicherungsaufsicht *f*
insurance supervisor *(Versich)* Versicherungsaufseher *m*, Versicherungsaufsicht *f*
insured *adj (Versich)* versichert • **the insured** *(Versich)* die versicherte Person *f*, der Versicherte *m*, die Versicherte *f*
insurer *(Versich)* Versicherer *m*, Assekurant *m*
intake 1. *(Gen)* Eingang *m (of new orders)*; 2. *(Soz)* Zugang *m (of students)*
intake capacity *(Pers)* Aufnahmekapazität *f*
intangible *adj (Fin, Recht, RW, WiWi)* immateriell
intangible assets *(Fin, RW)* immaterielle Aktiva *pl*, immaterielle Vermögenswerte *mpl*, immaterielle Vermögensgegenstände *mpl*, immaterielle Wirtschaftsgüter *npl*, immaterielles Vermögen *n (synonymous: intangibles)*
intangible fixed assets *(Fin, RW)* immaterielles Anlagevermögen *n*
intangible property *(RW)* immaterielles Vermögen *n*
intangible value *(RW)* immaterieller Wert *m*
integer *(Stat)* ganze Zahl *f (opposite: fraction = Bruch = gebrochene Zahl)*
integral part *(Gen)* wesentlicher Bestandteil *m*
integrate *v (Gen)* eingliedern, integrieren, verflechten
integrate *v* **into working life** *(Pers, Soz)* in das Erwerbsleben eingliedern [integrieren], in das Arbeitsleben eingliedern [integrieren]
integrated circuit *(Comp)* integrierter Schaltkreis *m*, IS
integrated thinking *(Gen, Mgt)* vernetztes Denken *n*
integration into employment *(Pers, Soz)* berufliche Eingliederung *f*
integration into working life *(Pers, Soz)* Eingliederung *f* in das Erwerbsleben
intellectual property rights *(Pat, Recht)* gewerblicher Rechtsschutz *m*, gewerbliche Schutz- und Urheberrechte *npl*, Schutz *m* geistigen Eigentums
intellectual work *(Pers)* geistige Arbeit *f*
intended *adj (Recht)* beabsichtigt; vorsätzlich *(by design, planned)*

intensify *v (Gen)* intensivieren, verschärfen
intent *(Recht)* Absicht *f*
intent to realize a profit *(Mgt, Steuer)* Gewinnerzielungsabsicht *f*, Gewinnziel *n (einkommensteuerliche Gewinnerzielungsabsicht, ein Ausschlusskriterium der sog. Liebhaberei)*
intention *(Recht)* Absicht *f*
intention of the contracting parties *(Recht)* Vertragswille *m* der Parteien
intention to deceive *(Recht)* Arglist *f*, arglistige Täuschung *f*
intention to earn income *(Recht, Steuer)* Einkünfteerzielungsabsicht *f (die Absicht, mit seiner Tätigkeit einen steuerpflichtigen Überschuss zu erzielen, eine Voraussetzung der Steuerpflicht und damit der steuerlichen Absetzbarkeit von Verlusten)*
intentional *adj (Recht)* beabsichtigt; vorsätzlich
intentionally *adv (Recht)* vorsätzlich
inter-bank *adj (Bank)* institutsübergreifend
inter-company *(Gen)* zwischenbetrieblich; konzernweit *(intergroup)*
inter-firm comparison *(Mgt)* zwischenbetrieblicher Vergleich *m*
interaction *(Pol, WiWi)* Wirkungszusammenhang *m*, Wechselwirkung *f*
interactive *adj (Comp, Gen)* interaktiv
interactive access *(Komm)* interaktiver Zugriff *m*
interactive system *(Comp)* Dialogsystem *n*
interactive television *(Komm, Media)* interaktives Fernsehen *n (iTV)*
interbank business *(Bank, Fin, WiWi)* Interbankengeschäft *n*
interbank market *(Bank, WiWi)* Interbankenmarkt *m*
interbank money market *(Bank)* Interbank-Geldmarkt *m*
interbank offered rate *(Bank, WiWi)* Interbankenangebotssatz *m*
interbank operations *(Bank)* Interbankenhandel *m*
interbank rate *(Bank, WiWi)* Interbankenrate *f*, Refinanzierungszins *m* einer Bank, Tagesgeldsatz *m*
interchange *(Gen)* Austausch *m*
interchange of know-how *(Gen)* Erfahrungsaustausch *m*
interchangeable *adj (Gen)* austauschbar
intercompany *(Gen)* zwischenbetrieblich; konzernweit *(intergroup)*
intercompany clearing account *(RW)* Konzern-Verrechnungskonto *n*
intercompany prices *(RW)* Konzern--Verrechnungspreise *mpl*
intercompany training *(Edu, Pers)* überbetriebliche Ausbildung *f*, zwischenbetriebliche Ausbildung *f*
interdepartmental *adj (Admin)* abteilungsübergreifend
interdepartmental meeting *(Mgt, Pers)* abteilungsübergreifende Besprechung *f*, Abteilungsleiterbesprechung *f*
interdepartmental settlement *(Recht)* interministerielle Regelung *f*
interdependence *(Gen)* gegenseitige Abhängigkeit *f*, Interdependenz *f*, Verflechtung *f*
interdependent economy *(WiWi)* interdependente Volkswirtschaft *f*, offene Volkswirtschaft *f*
interest *(int.)* 1. *(Bank, RW)* Zinsen *mpl*; 2. *(WiWi)* Zins *m*; 3. *(Fin)* Zins *m*; Beteiligung *f (holding)*; 4. *(Gen)* Zins *m (on borrowings)*; Interesse *n*, Anteil *m* • **and interest** *(Bank)* Stückzinsen, plus Stückzinsen *(bond prices on contract note, Vermerk auf einer Effektenabrechnung)*
interest accrued *(Bank)* Stückzinsen *mpl*
interest and similar receipts *(Bank, RW)* Zinsen *mpl* und zinsähnliche Erträge *mpl*, zinsähnliche Erträge *mpl*
interest-bearing *adj (Bank, Fin, RW)* zinstragend
interest-bearing bond *(Börse)* verzinsliche Schuldverschreibung *f*, verzinsliche Anleihe *f*
interest-bearing eligible liabilities *(BE) (Bank)* verzinsliche mindestreservepflichtige Einlagen *fpl*
interest burden *(RW)* Zinslast *f*
interest charge 1. *(RW)* Sollzinsen *mpl (on loan)*; 2. *(Fin)* Zinsbelastung *f*
interest coupon *(c., cp.) (Fin)* Zinsschein *m*, Zinskupon *m*, Kupon *m*; Nominalzins *m (synonymous: bond coupon, verbrieft als Zins- oder Dividendenschein den Zins- oder*

Dividendenanspruch des Inhabers)
interest earned *(Bank)* Habenzinsen *mpl*, Zinsertrag *m*
interest formula *(Bank)* Zinsformel *f*
interest-free *adj (Bank, Fin)* zinsfrei
interest income *(Bank, Fin)* Zinseinkommen *n*, Zinseinkünfte *pl*
interest-induced *adj (Bank, WiWi)* zinsbedingt
interest paid *(RW)* Zinsaufwand *m*
interest penalty *(Bank)* Negativzins *m*, Strafzins *m*
interest rate *(Bank, Börse, Fin, RW, WiWi)* Zinsfuß *m*, Zinssatz *m*
interest rate ceiling *(Bank)* Höchstzins *m*
interest rate differential *(Bank)* Zinsgefälle *n*
interest rate exposure *(Bank, Fin)* Zinsrisiko *n*
interest rate future *(Börse)* Zinsterminkontrakt *mpl*
interest rate gap *(Fin, WiWi)* Zinsdifferenz *f*, Zinsschere *f*
interest rate instrument *(Börse)* Zinsinstrument *n*
interest rate range *(Bank, Börse, Fin, RW, WiWi)* Zinsspanne *f*
interest rate risk *(Bank, Fin)* Zinsrisiko *n*
interest rate terms *(Börse, Fin, WiWi)* Zinsbedingungen *fpl*
interest received *(Bank, RW)* Ertragszinsen *mpl*, Habenzinsen *mpl*, Zinsertrag *m*, Zinserträge *mpl*
interest-related product *(Bank, Fin)* Zinsprodukt *n*
interest roll-over date *(Bank)* Zinsanpassungsdatum *n*
interest spread *(Bank, Fin)* Zinsdifferenz *f*, Zinsspanne *f*, *(jarg.)* Zinsspread *m*
interest target rate *(Bank, Fin)* Zielzinssatz *m*
interest withholding tax *(Steuer) (Deu)* Zinsabschlagsteuer *f*, ZASt *f*; Zinsabgeltungssteuer *f*
interested party 1. *(Gen)* beteiligte Partei *f*; 2. *(Recht)* Beteiligte(r) *f(m)*
interface 1. *(Comp)* Interface *n*, Schnittstelle *f*; 2. *(Gen)* Schnittstelle *f*
interfere *v* **with** *(Recht)* beeinträchtigen, verletzen
interfirm pricing *(WiWi)* Verrechnung *f* von Konzernumlagen, System *n* der Konzernverrechnungspreise
intergenerational *(WiWi)* intergenerativ
intergenerational contract *(Soz)* Generationenvertrag *m*
intergenerational distribution of income *(WiWi)* intergenerative Einkommensverteilung *f*
intergenerational equity *(WiWi)* Generationenvertrag *m*
intergovernmental agreement *(Pol)* Regierungsabkommen *n*
intergroup *adj (Pers)* konzernintern
intergroup (transfer) prices *(RW)* Konzern-Verrechnungspreise *mpl*
interim *adj (Gen)* einstweilig, vorläufig
interim *(Gen, Pol)* Interim *n*, Zwischenzeit *f* • **in the interim** *(Gen)* einstweilig
interim audit *(Admin)* Zwischenaudit *n*
interim dividend *(Börse)* Abschlagsdividende *f*, Interimsdividende *f*, Zwischendividende *f*
interim financial reporting *(RW, Mgt)* Zwischenberichterstattung *f (IAS 34, synonymous: interim reporting; DRS 16)*; Zwischenberichtserstattung *f*
interim financial statements *(RW)* Zwischenabschluss *m*
interim injunction *(Pat)* einstweilige Verfügung *f*
interim loan *(Bank)* Überbrückungskredit *m*, Zwischenkredit *m*
interim profit *(Bank, RW)* Zwischengewinn *m*
interim result *(Gen)* Zwischenergebnis *n*
interim storage *(Umwelt)* Zwischenlagerung *f*
interindustry competition *(Ind, WiWi)* Inter-Branchen-Wettbewerb *m*
interlace *v (Gen)* verflechten
interlinked transaction *(WiWi)* Kopplungsgeschäft *n*
interlinking of capital *(WiWi)* Kapitalverflechtung *f*
interlocking *(Gen)* Verflechtung *f*
intermediary 1. *(Bank)* Durchleitungsbank *f*; 2. *(Gen)* Intermediär *m*, zwischengeschaltete Vertragspartei *f*, Mittelsmann *m*, Mittler *m*, Vermittler(in) *m(f)*
intermediary bank *(Bank)* zwischengeschaltete Bank *f*, Durchleitungsbank *f*
intermediary financing *(Bank, Fin)* Zwischenfinanzierung *f*
intermediary good *(Ind)* Vorprodukt *n*, Zwischenerzeugnis *n*
intermediary target *(Pol, WiWi)*

Etappenziel *n*, mittelfristiges Ziel *n*
intermediary technology *(Ind)* weiche Technologie *f*
intermediate goods industry *(WiWi)* Vorleistungsgüterindustrie *f*
intermediate input *(WiWi)* Vorleistung *f* *(BOP)*
intermediate money *(Bank)* mittlere Geldmenge *f* M2 *(ECB)*
intermediation *(Fin)* Geldanlage *f* über Banken und Finanzinstitute
intern *(AE) (Pers)* Praktikant(in) *m(f)*
internal *adj (Gen)* Binnen, Inland, Inlands *(within country)*; innerbetrieblich, intern, Innen *(within organization)*
internal audit *(Gen, Mgt)* Innenrevision *f*, interne Revision *f*, interne Prüfung *f* *(synonymous: internal auditing; it is one of the principal concerns of an internal audit to ensure that internal controls work properly so that external auditors can have faith in the accounts produced by the company; umfasst Ordnungsmäßigkeitsprüfungen sowie die Prüfung der aufbau- und ablauforganisatorischen Zweckmäßigkeit betrieblicher Aufgabenerfüllung, Teil des IKS = Internes Kontrollsystem = internal control system)*
internal audit department *(Mgt, RW)* Revisionsabteilung *f*, *(jarg.)* Revision *f*, Innenrevision *f*, Abteilung *f* interne Revision
internal border *(Pol)* Binnengrenze *f (EU)*
internal clock rate *(Comp)* interne Taktrate *f*, Systemtakt *m (system clock rate)*
internal consumption *(Umwelt, WiWi)* Inlandsverbrauch *m*
internal control (system) *(Gen, Mgt)* Internes Kontrollsystem *n*, IKS *n*, innerbetriebliche Überwachung *f*, innerbetriebliches Revisionssystem *n* *(synonymous: system of internal audits; designed to reassure the management of the integrity of its operations and to ensure that external auditors can have faith in the accounts produced; komplexes, gesamtbetriebliches internes Überwachungssystem einschließlich einer prozessunabhängigen internen Revision)*
internal cost accounting *(RW)* Betriebsabrechnung *f*, periodische Kostenrechnung *f (synonymous: industrial cost accounting, periodical cost accounting, operating cost and revenue statement)*
internal debt *(WiWi)* Inlandsschuld *f*, interne Schuld *f*
internal economy *(WiWi)* Binnenwirtschaft *f*
internal expansion *(WiWi)* internes Wachstum *n*
internal financing *(Fin)* interne Finanzierung *f*, Innenfinanzierung *f*; Selbstfinanzierung *f*
internal funds *(Bank, Fin)* Eigenfinanzierungsmittel *npl*
internal growth *(WiWi)* internes Wachstum *n*
internal labor market *(AE) (WiWi) s.* internal labour market
internal labour market *(BE) (WiWi)* (ein)heimischer Arbeitsmarkt *m*
internal lines of communication *(Mgt)* innerbetriebliche Kommunikationswege *mpl*
internal market *(WiWi)* Binnenmarkt *m*
internal price *(Gen, V&M)* Verrechnungspreis *m*
internal rate of discount *(RW, WiWi)* Kalkulationszinsfuß *m*
internal rate of return *(IRR) (Bank, Fin, WiWi)* interner Zinsfuß *m*
internal rate of return method *(Fin)* Interne-Zinsfuß-Methode *f* *(synonymous: discounted cash flow method)*; dynamische Methoden *f* der Investitionsrechnung *(synonymous: time-adjusted methods)*
internal rating-based approach *(IRB approach) (Bank)* Interner Rating--Ansatz *m*, IRB-Ansatz *m (risk assessment, Basel II/ Basel III)*
internal resources *(Fin, WiWi)* Eigenfinanzierungsmittel *npl*
internal revenue *(AE) (Steuer)* Steueraufkommen *n*, Steuereinnahmen *fpl*
Internal Revenue Authority *(AE) (Steuer)* (US-)Steuerbehörde *f*
internal trade *(WiWi)* Binnenhandel *m*
internal transactions *(RW)* Buchungsvorfälle *mpl*
internalization *(WiWi)* Internalisierung *f* *(of costs or benefits)*
internalize *v (WiWi)* internalisieren *(of*

costs or benefits)

internally funded pensions *(Fin, Pers)* selbstfinanzierte (Betriebs-)Renten *fpl*

internally generated funds *(Fin, RW)* eigenerwirtschaftete Mittel *npl*, intern erwirtschaftete Geldmittel *npl*, selbsterwirtschaftete Mittel *npl*

international *adj (Gen)* international, int. • **at an international level** *(Gen)* auf internationaler Ebene • **on an international scale** *(Gen)* auf internationaler Ebene, weltweit

International Accounting Standards *(IAS) (Recht, RW)* International Accounting Standards *pl*, Internationale Rechnungslegungsgrundsätze *mpl* nach IAS *(heute meist: nach IAS/IFRS)*

international auditing standards *(RW)* internationale Grundsätze *mpl* der betriebsinternen Revision, internationale Prüfungsrichtlinien *fpl*

International Bank Account Number *(IBAN) (Bank)* internationale Bankkontonummer *f*, IBAN *f*, interBank-AccNr *f (ISO standard, für den internationalen Zahlungsverkehr standardisierte Kontonummer)*

International Bank for Reconstruction and Development *(IBRD) (Bank)* Internationale Bank *f* für Wiederaufbau und Entwicklung, IBWE, Weltbank *f*

international business *(Gen)* Auslandsgeschäft *n*

international business law *(Recht)* internationales Wirtschaftsrecht *n*

international commercial terms *(WiWi)* Incoterms *pl (internationale Regeln der Internationalen Handelskammer, Paris, für die Auslegung von Handelsklauseln)*

International Court of Justice *(Recht)* Internationaler Gerichtshof *m*, IGH

international department *(Fin, Pers)* Auslandsabteilung *f*

international division of labor *(AE) (Pers)* s. international division of labour

international division of labour *(BE) (Pers)* internationale Arbeitsteilung *f*

international driver's license *(AE) (Admin, Logis) s.* international driving licence

international driving licence *(BE) (Admin, Logis)* internationaler Führerschein *m*

international economics *(WiWi, Edu)* Internationale Ökonomie *f*

International Financial Institutions *(IFIs) (Fin, Pol)* Internationale Finanzinstitutionen *fpl*, IFIs *fpl (e.g. FSB = Financial Stability Board = Finanzstabilitätsrat, IWF = IMF, Weltbank = IBRD, BIZ = Bank für Internationalen Zahlungsausgleich = BIS = Bank for International Settlements, OECD, MDBs, ILO, WTO and UNCTAD; G20)*

International Financial Reporting Standard for Small and Medium--sized Entities *(IFRS for SMEs) (RW)* International Financial Reporting Standard für kleine und mittelgroße Unternehmen *(IFRS für KMU); (jarg.)* IFRS für kleine und mittelgroße [mittelständische, mittlere] Unternehmen *(Rechnungslegungspflicht nach IFRS besteht bislang nur für die Konzernbilanzen kapitalmarktorientierter Unternehmen, der sog. Publikumsgesellschaften, mit breit gestreutem Aktienkapital und geringem Einfluss der Aktionäre auf die Geschäftsführung; die Europäische Kommission und der IFRS--Standardsetter IASB verfolgen u. a. mit der Einführung eines neuen Abgrenzungskriteriums, der öffentlichen Rechenschaftspflicht = public accountability, die Ausdehnung der IFRS-Rechnungslegung auf die große Zahl kleiner und mittlerer Unternehmen in Europa; cf öffentlich rechenschaftspflichtige Unternehmen, publicly accountable enterprises, IFRS light)*

International Financial Reporting Standards *(IFRS) (RW, Fin) Internationale Standards der Abschlussberichterstattung, für kapitalmarktorientierte Muttergesellschaften bei der Erstellung des Konzernabschlusses; EU-weit verbindlich vorgeschriebene Rechnungslegungsgrundsätze des IASB = International Accounting Standards Board, die auch die von der Vorgängerorganisation, dem IASC = International Accounting Standards Committee, erarbeiteten IAS mit einschließen und von den US-*

Wertpapieraufsichtsbehörden ohne Überleitungsrechnung auf US-GAAP anerkannt werden
international law *(Recht)* Völkerrecht *n*
international law firms *(Recht)* internationale Anwaltskanzleien *fpl*
international liquidity *(WiWi)* internationale Liquidität *f*, Weltwährungsreserven *fpl*
International Monetary Fund *(WiWi)* Internationaler Währungsfonds *m*, IWF
international monetary system *(WiWi)* Weltwährungssystem *n*
international money draft *(Bank)* Auslandsgeldanweisung *f*
international money order *(Bank, Komm)* Auslandspostanweisung *f*
International Organization for Standardization *(ISO) (Gen)* Internationale Organisation *f* für Normung, ISO
international payment order *(Bank)* internationaler Zahlungsauftrag *m*
international payments *(Bank, WiWi)* internationaler Zahlungsverkehr *m*
international registration *(Pat)* internationale Eintragung *f*
international reply coupon *(Komm)* internationaler Antwortschein *m* für Postsendungen
international reserves *(Bank, WiWi)* Währungsreserven *fpl (BoP, ECB)*
international sales contract *(Recht)* Auslandsliefervertrag *m*
international securities identification number *(Bank, Börse)* Internationale Wertpapier-Identifikationsnummer *f*
international standard *(Gen, Ind, Umwelt)* internationale Norm *f*
International Standard Book Number *(Media)* internationale Standardbuchnummer *f*, ISBN
International Standard Industrial Classification of all Economic Activities *(AE) (Ind)* Internationale Systematik *f* der Wirtschaftszweige
international trade *(Gen)* Außenhandel *m*, Welthandel *m*
international trade organization *(Gen)* internationale Außenhandelsorganisation *f*
international trade policy *(WiWi)* internationale Handelspolitik *f*
international treaty *(Recht)* internationales Abkommen *n*, Staatsvertrag *m*
Internet *(Comp, Komm)* Internet *n (worldwide connected computer networks)*
internet access *(Comp, Komm)* Internet--Zugang *m*
internet advertising *(Comp, Komm)* Internet-Werbung *f*
internet applications *(Comp, Komm)* Internet-Anwendungen *fpl*
internet-based payment *(Bank, Comp)* Bezahl(ungs)vorgang *m* im Internet, Internet-basierter Bezahl(ungs)vorgang *m*, Internet-basierte Zahlung *f*, Internet--gestützte Zahlung *f*
internet broadcast *(Comp, Komm)* Internet-Sendung *f*, Webcast *m*
internet-capable services *(Comp, Komm)* internetfähige Dienstleistungen *fpl*
internet community *(Komm)* Netzgemeinde *f*
internet content *(Comp, Komm)* Internet-Inhalte *mpl*
internet crime *(Comp, Recht)* Internet--Kriminalität *f*, Netz-Kriminalität *f*, Computer-Kriminalität *f*, Cybercrime *n*
internet domain *(Comp, Komm)* Internet--Domain *f*, Internet-Domäne *f*
internet economy *(Komm, V&M)* Internet-Wirtschaft *f*, Netzwirtschaft *f*
internet exchange *(Komm, Media, Comp)* Internet-Tauschbörse *f*
internet flat rate *(Comp, Komm, V&M)* Internetpauschale *f*, Internet-Flatrate *f*
internet home *(Comp, Komm)* Internet--Haus *n*
internet house *(Comp, Komm)* Internet--Haus *n*
internet page *(Comp, Komm, V&M)* Webseite *f (web page)*; Internet-Seite *f*
internet-positive *adj (Komm)* Netz-affin
internet presence *(Frei, Komm, Media)* Internetpräsenz *f*, Internet-Auftritt *m*, Web-Auftritt *m*
internet provider *(Comp, Gen, Komm)* Internet-Anbieter *m*
internet query *(Comp, Komm)* Internet--Abfrage *f*
internet ready *adj (Komm)* Internet--ready, Internet-tauglich *(suitable for Internet use)*
internet services *(Komm, V&M)* Internet--Dienste *mpl*
internet site *(Komm, V&M)* Website *f*,

Internet-Standort *m (website)*
internet telephony *(Komm)* Internet--Telefonie *f*
internet television *(Komm)* Internet--Fernsehen *n*
internet user *(Comp, Komm)* Internetanwender(in) *m(f)*, Internet--Nutzer(in) *m(f)*
internship *(Pers)* Praktikum *n*, Praktikumsplatz *m*
interoffice dealings *(Börse)* Telefonhandel *m*, Telefonverkehr *m*
interoffice trading *(Börse)* Telefonhandel *m*, Telefonverkehr *m*
interpersonal utility comparison *(WiWi)* interpersoneller Nutzenvergleich *m*
interpolation *(Stat)* Interpolation *f*
interpret *v* 1. *(Komm)* dolmetschen *(translate language)*; interpretieren, auslegen *(understand)*; 2. *(Comp)* auswerten *(programming)*; 3. *(Gen)* auswerten *(evaluate)*; 4. *(Recht)* auslegen
interpretation 1. *(Comp)* Auswertung *f*; 2. *(Gen)* Interpretation *f*; 3. *(Recht)* Auslegung *f* • **give a loose interpretation of sth** *(Gen)* etw. weit interpretieren
interpretative regulations *(Recht)* Auslegungsrichtlinien *fpl*
interpreter *(Komm)* Dolmetscher(in) *m(f)* *(of languages)*
interpretive regulations *(Recht)* Auslegungsrichtlinien *fpl*
interrelationship *(Pol, WiWi)* Wirkungszusammenhang *m*, Wechselwirkung *f*
interservice *adj (Admin, Gen)* dienststellenübergreifend
interstate highway *(Frei)* Autobahn *f (toll--free)*
interurban *adj (WiWi)* städteverbindend
intervene *v (Fin, Pers, Pol, WiWi)* eingreifen, intervenieren
intervention *(Fin, Pers, Pol, WiWi)* Intervention *f*
intervention currency *(Fin, WiWi)* Interventionswährung *f*
intervention obligation *(Pol, WiWi)* Interventionsverpflichtung *f*
intervention rate *(Fin, WiWi)* Interventionskurs *m*
interview *v (Pers)* Vorstellungsgespräch führen, befragen
interview *(Pers)* Einstellungsgespräch *n*, Interview *n*
interviewee *(Pers)* Befragte(r) *f(m)*, Proband(in) *m(f)*
interviewer bias *(V&M)* Vorurteil *n* des Interviewers
intestate *adj (Recht)* testamentslos, ohne Testament
intra-Community trade *(WiWi)* innergemeinschaftlicher Handel *m*
intra-day *adj (Bank, Fin)* gleichtägig *(transaction, credit, value date, e. g. intraday liquidity = Innertagesliquidität)*
intra-EU trade *(WiWi)* Binnenhandel *m*, innergemeinschaftlicher Handel *m*
intra-group *(Gen, Mgt)* konzernintern
intra-industry trade *(Ind)* brancheninterner Handel *m*
intracompany transfer price *(WiWi)* innerbetrieblicher Verrechnungspreis *m*; Schattenpreis *m*
intraday credit *(Bank)* Innertageskredit *m*
intradepartmental *adj (Admin)* abteilungsintern
intragenerational *adj (Soz, WiWi)* generationengerecht
intragovernmental *adj (Admin, Pol)* regierungsintern
intragroup *adj (Pers)* konzernintern
intraindustrial *adj (Ind)* branchenintern
intrinsic motivation *(Pers)* innere Motivation *f*
intrinsic stability *(Bank, WiWi)* innere Stabilität *f*
intrinsic strength *(Pol, WiWi)* innere Stärke *f*
intrinsic value *(Fin, WiWi)* innerer Wert *m*, immanenter Wert *m*; Substanzwert *m*, Sachwert *m*
introduce *v* 1. *(Gen)* einführen; 2. *(Pol, Recht)* vorlegen *(draft bill)*; einbringen *(legislation)*
introduce *v* **a motion** *(Pol)* einen Antrag stellen
introductory law *(Recht)* Einführungsgesetz *n*
introductory offer *(V&M)* Einführungsangebot *n (advertising)*
invalid *adj (Gen)* ungültig
invalidate *v* 1. *(Gen)* ungültig machen; 2. *(Recht)* außer Kraft setzen, für ungültig erklären *(judgment)*
invalidity 1. *(Gen)* Ungültigkeit *f*; 2. *(Versich)* Invalidität *f (disability)*; 3. *(Recht)* Ungültigkeit *f*
invalidity pension *(Pers, Versich)*

Erwerbsunfähigkeitsrente *f*
invariant *adj (Gen)* konstant
invasion of privacy *(Komm, Recht)* Verletzung *f* der Privatsphäre
invent *v (Ind, Pat)* erfinden
inventive *adj (Ind, Pat)* erfinderisch
inventive step *(Pat)* Erfindungshöhe *f*
inventor *(Ind, Pat)* Erfinder(in) *m(f)*
inventories *(Gen)* Vorratsvermögen *n*, Warenbestand *m*, Warenvorräte *mpl*
inventory 1. *(RW)* Inventar *f*, Lagerbestände *mpl (list of stocks)*; Inventur *f*, Bestandsaufnahme *f (stocktaking)*; 2. *(Ind)* Bestandsnachweis *m*, Inventarliste *f*, Inventarverzeichnis *n*, Lagerbestandsverzeichnis *n*, Inventarliste *f*; 3. *(Versich)* Bestandsverzeichnis *n (list of goods)*
inventory accounting *(RW, Gen)* Lagerbuchhaltung *f*
inventory adjustments *(RW)* Bestandsberichtigungen *fpl*, Abwertung *f* auf Fertigerzeugnisse *(finished goods)*; Abwertung *f* auf Roh-, Hilfs- und Betriebsstoffe *(raw materials and supplies)*
inventory book *(RW)* Inventarbuch *n*, Lagerbestandsbuch *n*
inventory control *(RW)* Lagerwirtschaft *f*, Lager(bestands)kontrolle *f*
inventory cycle *(WiWi)* Lager(haltungs)zyklus *m*
inventory item *(RW)* Bestandsposten *m*
inventory liquidation *(RW)* Abbau *m* von Lagerbeständen
inventory shrinkage *(WiWi)* Beständeschwund *m*
inventory turnover *(RW)* Lagerumschlag *m*
inventory turnover factor *(Gen)* Lagerumschlagsfaktor *m*
inventory turnover ratio 1. *(Gen)* Umschlaghäufigkeit *f*; 2. *(Mgt)* Lagerkennzahl *f*
inventory valuation *(RW)* Vorratsbewertung *f*
inventory valuation adjustment *(RW)* Berichtigung *f* des Inventarwerts, Wertberichtigung *f* auf Vorratsvermögen
inverse *(Stat)* Kehrwert *m*
inverse sign *(Stat)* umgekehrtes Vorzeichen *n*
inverse value *(Stat)* Kehrwert *m*
invert *v (Stat)* invertieren, umkehren
inverted market *(Börse)* umgekehrter Markt *m*
inverted yield curve *(WiWi)* inverse Zinsstrukturkurve *f*
invest *v* 1. *(Bank, Fin, WiWi)* investieren *(capital)*; 2. *(Gen)* investieren *(time, money)*; 3. *(Börse)* anlegen, investieren *(capital)*
invest *v* **in property** *(Grund)* in Eigentum investieren
invest *v* **with** *(Pol)* ausstatten mit *(powers)*
invested capital 1. *(Fin)* eingesetztes Kapital *n*, investiertes Kapital *n (synonymous: capital employed = sum of the shareholders' equity in a company + long-term debts = Eigenkapital + langfristiges Fremdkapital = langfristig zur Verfügung stehendes Kapital)*; 2. *(RW)* Eigenkapital *n (paid-in capital + surplus)*
invested pay *(Pers)* Investivlohn *m*
invested with power of attorney *(Recht, RW)* bevollmächtigt
investigate *v* 1. *(Gen)* recherchieren, aufklären, ermitteln, untersuchen, nachforschen *(evaluate)*; 2. *(Mgt, Recht, V&M)* untersuchen
investigation *(Recht)* Untersuchung *f*, Aufklärung *f*
investigatory powers *(Recht)* Ermittlungsbefugnisse *fpl*
investment 1. *(Bank)* Anlage *f*, Kapitalanlage *f*, Investment *n*; Beteiligung *f*; 2. *(WiWi)* Investition *f*; Investitionsaufwendungen *fpl (investment spending)*
investment abroad *(Gen)* Auslandsinvestition *f (synonymous: foreign investment)*
investment activity *(WiWi)* Investitionstätigkeit *f*
investment analysis 1. *(Fin)* Investitionsrechnung *f (Wirtschaftlichkeitsrechnung zur Überprüfung der Vorteilhaftigkeit - -profitability- alternativer Investitionsobjekte)*; 2. *(Bank)* Wertpapieranalyse *f*, Analyse *f* von Kapitalanlagen
investment appraisal 1. *(WiWi)* Rentabilitätsrechnung *f*, Wirtschaftlichkeitsrechnung *f*; 2. *(Börse, Fin)* Bewertung *f* einer Kapitalanlage

investment bank *(Bank)* Investmentbank *f*, Emissionsbank *f*, Effekten- und Emissionsbank *f (das Wertpapier- und Emissionsgeschäft i. w. S. der Investmentbanken wurde wegen zu hoher Risiken in den USA nach der Weltwirtschaftskrise durch den Banking Act 1933 = Glass Steagall Act 1933 vom Einlagen- und Kreditgeschäft der Geschäftsbanken = commercial banks funktional und rechtlich getrennt, es entstand das Trennbanksystem mit den typischerweise separierten Geschäftsbanken- und Investmentbankrisiken; das Trennbanksystem wurde mit der liberalisierten' US-Bankenregulierung in den 1990er Jahren de facto, nicht formalrechtlich, abgeschafft; Gegensatz zum Trennbanksystem: das klassische europäische Universalbanksystem, universal banking system, in dem alle KWG--Bankgeschäfte, mit Kredit-, Einlagen- und Wertpapiergeschäft, zugelassen sind, mit Ausnahme des den Spezialbanken vorbehaltenen Geschäfts)*

investment banking *(IB) (AE) (Bank, Fin)* Investment Banking *n*; Wertpapier- und Emissionsgeschäft *n (including: 1. Mergers & Acquisitions = Fusionen und Übernahmen, 2. Capital Markets = Emission und Platzierung von Wertpapieren, 3. Corporate Finance = Unternehmensfinanzierung, 4. Structured Finance = strukturierte, maßgeschneiderte Finanzierungen mit komplexen Instrumenten, die herkömmliche Finanzprodukte mit derivativen Elementen des financial engineering vereinen, 5. Sales & Trading = Sekundärhandel in umlaufenden Papieren, 6. Asset Management = Kapitalanlage für Kunden, 7. Principal Investment = Eigengeschäft der Bank = Principal-Geschäft; das Wertpapier- und Emissionsgeschäft i. w. S. der Investmentbanken wurde wegen zu hoher Risiken in den USA nach der Weltwirtschaftskrise durch den Banking Act 1933 vom Einlagen- und Kreditgeschäft der Geschäftsbanken = commercial banks funktional und rechtlich getrennt, es entstand das Trennbanksystem = system of functional separation of banking activities, von dem wegen der separierten Geschäfts- und Investmentbankrisiken erst nach dem 15.09.2008 wieder vermutet wird, dass es weniger sog. systemwichtige Too--big-to-fail-Banken, weniger Moral--Hazard-Verhalten, geringere Bankgewinne, insbesondere jedoch geringere Kosten und Risiken für die Finanzmärkte, die Volkswirtschaften und Steuerzahler mit sich bringen würde; das Trennbanksystem wurde mit der liberalisierten' US--Bankenregulierung in den 1990er Jahren de facto, nicht formalrechtlich, abgeschafft und so unter Alan Greenspan der Boden bereitet, auf dem sich die New-Economy-Blase, die Subprime-Hypotheken-, die Banken-, die Finanzmarkt- und die Staatsschuldenkrise entwickeln konnten)*

investment class *(Fin)* Anlageklasse *f (Aktien, Anleihen, Derivate, Immobilien usw.)*

investment climate *(WiWi)* Investitionsklima *n*

investment company *(Börse, Fin)* Investmentgesellschaft *f*, Kapitalanlagegesellschaft *f*, Beteiligungsgesellschaft *f*, Investitionsgesellschaft *f*

investment consultant *(Börse, Fin)* Anlageberater(in) *m(f)*

investment contract *(Fin)* Verwaltungsvertrag *m*

investment counseling *(AE) (Börse, Fin)* s. investment counselling

investment counselling *(BE) (Börse, Fin)* Anlageberatung *f*

investment counsellor *(BE) (Börse, Fin)* Anlageberater(in) *m(f)*

investment counselor *(AE) (Börse, Fin)* s. investment counsellor

investment criteria *(Fin)* Investitionskriterien *fpl*

investment curb *(Fin)* Investitionsdrosselung *f*

investment currency *(Fin)* Anlagewährung *f*

investment demand *(WiWi)* Investitionsnachfrage *f*

investment department *(Fin)*

Effektenabteilung *f*
investment-driven recovery *(WiWi, Gen)* investitionsinduzierter Aufschwung *m*, investitionsgetragener Aufschwung *m* *(im Gegensatz etwa zum exportinduzierten Aufschwung)*
investment financing *(Bank, Fin)* Anlagefinanzierung *f*, Investitionsfinanzierung *f*
investment firm *(Fin)* Investmentgesellschaft *f*, Kapitalanlagegesellschaft *f*, Beteiligungsgesellschaft *f*, Investitionsgesellschaft *f*
investment fund *(Fin)* Investmentfonds *m*, Investitionsfonds *m* *(synonymous: unit trust; bei einer KAG gebildetes Sondervermögen u.a. aus Wertpapieren, Immobilien und/oder Beteiligungen, das in Anteilscheinen = Investmentzertifikaten = investment fund certificates verbrieft ist)*
investment fund for shares *(Börse)* Aktienfonds *m*
investment goal *(Fin)* Anlageziel *n*
investment goods *(Fin)* Investitionsgüter *npl*, Anlageinvestitionsgüter, Kapitalgüter *npl*
investment grade *(Fin)* investive Anlage *f*, investiver Bereich *m*, Anlagekategorie *f* *(investments eligible for institutional investors or for investment under US banking regulations, Rating-Einstufung BBB- bzw. Baa3 oder höher; opposite: non-investment grade = speculative grade = below BBB- or Baa3-rating = spekulative Anlage)*
investment holdings *(Fin)* Anteilsbesitz *m*
investment in education *(Bil)* Bildungsinvestition *f*
investment in new plant *(Fin, WiWi)* Erweiterungsinvestition *f*, Kapazitätsinvestition *f*, Investition zur Kapazitätserweiterung *f* *(investment in capacity extension)*; Anlageinvestition *f*
investment in plant and equipment *(Fin, WiWi)* Anlageinvestition *f*
investment incentive *(Bank)* Investitionsanreiz *m*
investment income 1. *(Gen)* Vermögenserträge *mpl*; Kapitalertrag *m* *(not to be confused with the return on capital employed = ROCE = Ertrag aus dem investierten Kapital)*; Anlageerträge *mpl*; 2. *(Steuer, WiWi)* Besitzeinkommen *n*, Vermögenseinkommen *n* *(opposite: earned income = Arbeitseinkommen)*
investment location *(Mgt, WiWi)* Investitionsstandort *m*
investment management 1. *(Bank)* Vermögensverwaltung *f*; 2. *(Fin)* Anlageverwaltung *f*, Abwicklung *f* von Investitionen, Verwaltung *f* von Kapitalanlagen
investment multiplier *(WiWi)* Investitionsmultiplikator *m*
investment objective *(Fin)* Anlageziel *n*
investment opportunity *(Bank)* Investitionsmöglichkeit *f*
investment outlet *(Bank, Börse, Fin)* Anlagemöglichkeit *f*
investment portfolio *(Bank, Börse, Fin)* Beteiligungsportefeuille *n*, Effektenportefeuille *n*, Wertpapierbestand *m*
investment project *(Fin)* Investitionsprojekt *n*
investment property *(Grund)* Investitionsgrundstück *n*
investment rate of interest *(Fin)* Anlagezinsfuß *m*
investment reserve system *(Fin)* Wertberichtigungen *fpl* auf Beteiligungen
investment risk *(Fin)* Anlagerisiko *n*
investment services *(Fin)* Effektenberatungstätigkeit *f*
investment trust *(BE)* *(Fin)* Investmentgesellschaft *f*
investment vehicle *(Bank, Fin)* Anlagemöglichkeit *f* *(BOP)*
investment yield *(Bank)* Anlagenverzinsung *f*
investments *(Bank, Börse, Fin, WiWi)* Anlagen *fpl*, Beteiligungen *fpl*, Finanzanlagen *fpl*, Wertpapiere *npl*
investor *(Bank, Börse, Fin, WiWi)* Anleger(in) *m(f)*, Investor *m*
investor group *(Bank, Fin)* Investorengruppe *f*, Kapitalanlegergruppe *f*
investor protection *(Börse)* Anlegerschutz *m*
invisible balance *(Imp/Exp, WiWi)* Bilanz *f* der unsichtbaren Transaktionen, Bilanz *f* der unsichtbaren Leistungen
invisible current transactions *(Imp/Exp, WiWi)* unsichtbare

Leistungstransaktionen *(BOP: including services, income and current transfers; ZB: Dienstleistungen, Erwerbs- und Vermögenseinkommen sowie laufende Übertragungen)*
invisible economy *(WiWi)* Schattenwirtschaft *f (synonymous: hidden economy, black economy, underground economy)*
invisible exports *(Imp/Exp, WiWi)* unsichtbare Exporte *mpl (BOP: mostly exported services, meist Dienstleistungsexport)*
invisible hand *(WiWi)* unsichtbare Hand *f (of the market; bringt Angebot und Nachfrage zum Ausgleich; Adam Smith, 1776)*
invisible items *(Imp/Exp, WiWi)* unsichtbare Posten *m*, unsichtbare Transaktionen *(BOP; synonymous: invisibles; including services, income and current transfers; dazu gehören Dienstleistungen, Erwerbs- und Vermögenseinkommen sowie laufende Übertragungen)*
invisible trade *(WiWi)* unsichtbarer Handel *m (BOP: mostly services, meist Dienstleistungen)*
invitation to bid *(Recht)* Ausschreibung *f*
invitation to make an offer *(Recht)* öffentliche Angebotseinholung *f*, öffentliche Ausschreibung *f (tender)*
invite *v* **subscriptions** *(Fin)* auflegen
invite *v* **subscriptions for** *(Fin)* ein Zeichnungsangebot machen
invite *v* **subscriptions to shares** *(Börse)* Aktien zur Zeichnung auflegen
invite *v* **tenders** *(Gen)* zur Abgabe von Angeboten auffordern, Ausschreibung vornehmen
invoice *v (Gen)* in Rechnung stellen
invoice *(Gen)* Rechnung *f*, Rechn., Faktur *f*, *(obs.)* Faktura *f*, Verkaufsrechnung *f*
invoice amount *(Fin)* Rechnungsbetrag *m*
invoice outstanding *(Gen)* fällige Rechnung *f*, offene Rechnung *f*
invoice price *(Börse)* Rechnungspreis *m*
invoices not yet received *(RW)* ausstehende Rechnungen *fpl*
invoicing 1. *(RW)* Abrechnung *f*; 2. *(Gen)* Fakturierung *f*, Rechnungsschreibung *f*
invoicing amount *(Fin)* Rechnungsbetrag *m*
invoicing currency *(Gen, RW)* Fakturierungswährung *f*
invoke *v (Recht)* sich berufen auf
involuntary bankruptcy *(Recht)* Insolvenz *f* auf Antrag eines Gläubigers
involuntary investment *(Fin)* Zwangsinvestition *f*
involuntary liquidation *(Fin)* unfreiwillige Liquidation *f*, Zwangsliquidation *f*
involuntary part-time work *(Pers)* unfreiwillige Teilzeitarbeit *f*
involuntary unemployment *(WiWi)* unfreiwillige Arbeitslosigkeit *f*
involve *v (Gen, Pol)* einbinden
involved party *(Recht)* Beteiligte(r) *f(m)*
inward flow *(WiWi)* Zufluss *m (BOP)*
inward or outward processing *(Ind)* aktive oder passive Veredelung *f*
inwards mission *(V&M)* Auslandsdelegation *f*
IOU *(Abk. für I owe you) (Fin, Gen)* Schuldschein *m*
IPO-trading *(Bank, Börse)* IPO-Handel *m*, Handel *m* per Erscheinen, vorbörslicher Handel *m*
IRC *s.* international reply coupon
iron law of wages *(WiWi)* ehernes Lohngesetz *n*, eisernes Lohngesetz *n*, Existenzminimumtheorie *f* des Lohnes
iron stock *(Gen)* eiserner Bestand *m (inventory management = Lagerwirtschaft; absoluter Minimumbestand)*
IRR-method *(Abk. für internal rate of return method) (Fin)* Interne-Zinsfuß--Methode *f (preinvestment analysis; dynamische Investitionsrechnung; synonymous: discounted cash flow method)*
irrecoverable *adj (Fin)* unersetzbar, unersetzlich *(loss)*
irredeemable *adj (Börse)* nicht rückzahlbar, unkündbar, untilgbar
irrefutable *adj (Recht)* unwiderlegbar
irregularity *(Gen)* Unregelmäßigkeit *f*
irreparable *adj (Gen)* irreparabel, unersetzlich *(damage)*
irreplaceable *adj (Gen)* unersetzbar, unersetzlich
irreversible *adj (Gen)* irreversibel, unwiderruflich
irrevocable *adj (Bank, Recht)* unwiderruflich
irrevocable credit *(Bank)* unwiderruflicher Kredit *m*
irrevocable credit line *(Bank)*

unwiderruflicher Kreditrahmen *m*
irrevocable letter of credit *(Bank)* unwiderrufliches Akkreditiv *n*
irrevocable trust *(Recht)* unwiderrufliches Treuhandverhältnis *n*
ISBN *s.* International Standard Book Number
ISIN *s.* international securities identification number
Islamic banking *(Bank, Fin)* islamisches Bankwesen *n (das Bankgeschäft unter Beachtung des islamischen Gesetzes, der Scharia = Sharia, z. B. beim Zinsnahmeverbot)*
Islamic finance *(Fin)* islamisches Finanzwesen *n*, islamgerechtes Finanzwesen *n*, islamisches Finanzgeschäft *n (e.g. Sharia--compliant financial instruments take into account the Sharia prohibition on receiving interest; seit den 60er Jahren des vergangenen Jahrhunderts werden schariakonforme Finanzprodukte entwickelt, die das Zinsnahmeverbot und bestimmte Investitionsrestriktionen des islamischen Rechtes/Gesetzes, der Scharia, beachten; z. B. Murabaha = Darlehensgeschäft, mit dem Zinsen umgangen werden; sie sind aus Gründen der Risikostreuung zunehmend im Portfolio von Pensionsfonds, z. B. auch in Kirchenfonds oder Staatsfonds muslimischer Ölländer vertreten)*
ISO *s.* International Organization for Standardization
isoquant *(WiWi)* Isoquante *f*
issue *v* 1. *(Bank, Fin)* ausgeben, in Umlauf setzen, emittieren *(bills, money)*; ausstellen, ausfertigen *(cheque)*; auflegen *(loan)*; 2. *(Gen)* ausstellen *(documents, certificate)*; 3. *(Media)* herausgeben, veröffentlichen *(magazine, newspaper, book)*; 4. *(Börse)* ausgeben, emittieren *(shares)*
issue 1. *(Bank, Fin)* Ausgabe *f*, Ausg., Emission *f (bills, money)*; Ausstellung *f*, Ausfertigung *f (cheque)*; Auflegung *f (loan)*; 2. *(Gen)* Gegenstand *m* des Interesses *(of documents, problem)*; 3. *(Recht)* Streitfrage *f*, Streitpunkt *m (dispute)*; 4. *(Media)* Herausgabe *f*, Ausgabe *f (of magazine, newspaper, book)*; 5. *(Börse)* Ausgabe *f*, Emission *f*, Begebungszeit *f (of shares)* • **be at issue** *(Gen)* streitig sein • **the issue at stake** *(Gen)* das zur Diskussion stehende Problem *n*
issue date *(Börse)* Ausgabetermin *m*, Emissionsdatum *n*
issue of a loan *(Fin)* Begebung *f* einer Anleihe
issued *adj (Bank, Börse, Fin)* ausgegeben, emittiert
issued and floating shares *(Börse)* emittierte Aktien *fpl*
issuing bank *(Bank)* Akkreditivbank *f*, Emissionsbank *f*
issuing house *(Börse)* Emissionshaus *n*
issuing price *(Börse)* Ausgabepreis *m*, Erstausgabepreis *m*
IT *s.* information technology
IT occupation *(Pers)* Informationsberuf *m*, Beruf *m* der Informationstechnologie
item 1. *(RW)* Eintrag *m*, Posten *m (entry)*; 2. *(Admin)* Punkt *m*, Posten *m*; 3. *(Comp)* Element *n*; 4. *(Gen)* Stück *n*; 5. *(V&M)* Artikel *m*
item mark-up *(V&M)* Artikelaufschlag *m*
item number *(V&M)* Artikelnummer *f*
item on the agenda *(Pol)* Tagesordnungspunkt *m (TOP)*
itemize *v (Gen)* aufgliedern, einzeln aufführen, einzeln nennen
itemize *v* **costs** *(RW)* Kosten aufgliedern, Kosten aufschlüsseln
itemized *adj (Gen)* aufgegliedert
itemized deductions *(Steuer)* einzeln aufgeführte Abzüge *mpl*
itemized pay statement *(Pers)* Lohnstreifen *m*
itinerant selling *(V&M)* ambulanter Handel *m*
itinerary *(Logis)* Fahrstrecke *f*
iTV *s.* interactive television

J

J curve *(Stat, WiWi)* J-Kurve *f*
jingle *(Media, V&M)* Erkennungsmelodie *f*, Jingle *m (advertising)*
JIT *s.* just-in-time, just-in-time production
job 1. *(Comp)* Auftrag *m*, Job *m*; 2. *(Gen)* Beruf *m (profession)*; Arbeitsplatz *m (employment)*; Aufgabe *f (specific project)*; 3. *(Pers)* Beruf *m*, Posten *m*, Stellung *f (position)*; Arbeitsplatz *m (employment)*; Job *m*, Arbeitsaufgabe *f*,

Aufgabe *f (task)* • **do a bad job** *(Pers)* schlechte Arbeit leisten • **do a good job** *(Pers)* gute Arbeit leisten • **in addition to one's job** *(Bil, Pers)* berufsbegleitend, zusätzlich zur beruflichen Tätigkeit • **parallel to one's job** *(Bil, Pers)* berufsbegleitend, neben der beruflichen Tätigkeit
job ad *(Abk. für job advertisement) (Pers)* Stellenausschreibung *f*
job advertisement *(Pers)* Stellenausschreibung *f*
job analysis *(Pers)* Arbeitsanalyse *f*, Arbeitsplatzanalyse *f*
job application *(Pers)* Bewerbung *f*, Stellengesuch *n*
job appraisal *(Pers)* Arbeitsplatzbewertung *f*
job aptitude test *(Pers)* berufliche Eignungsprüfung *f* beruflicher Eignungstest *m*
job assignment *(Gen, Mgt, Pers)* Aufgabenverteilung *f*
job bank *(Pers)* Arbeitsplatz-Datenbank *f*
job breakdown *(Pers)* Arbeitsunterteilung *f*
job candidate *(Pers)* Bewerber(in) *m(f)*
job change *(Pers)* Arbeitsplatzwechsel *m*
job choice *(Pers)* Arbeitsplatz(aus)wahl *f*, Wahl *f* des Arbeitsplatzes
job classification *(Pers)* Berufsklassifizierung *f*
job competence *(Pers)* berufliche Kompetenz *f*
job confirmation *(Pers)* Einstellungszusage *f*
job cost system *(RW)* Kostenartenrechnung *f*, Zuschlagskalkulation *f*
job costing *(Pers)* Zuschlagskalkulation *f*
job-creating measures *(Pers)* Arbeitsbeschaffungsmaßnahmen *fpl*, ABM
job creation *(Pers)* Schaffung *f* von Arbeitsplätzen
job-creation measure *(Soz)* Arbeitsbeschaffungsmaßnahme *f*
job creation program *(AE) (WiWi) s.* job creation programme
job creation programme *(BE) (WiWi)* Arbeitsbeschaffungsprogramm *n*
job database *(Pers)* Arbeitsplatz--Datenbank *f*
job description *(Pers)* Arbeitsplatzbeschreibung *f*, Stellenbeschreibung *f*
job destruction *(Pers, WiWi)* Arbeitsplatzvernichtung *f*, Vernichtung *f* von Arbeitsplätzen
job displacement *(Pers, WiWi)* Arbeitsplatzvernichtung *f*, Arbeitsplatzverlagerung *f*, Verlagerung *f* von Arbeitsplätzen
job duties *(Pers)* Berufsaufgaben *fpl*, berufliche Aufgaben *fpl*
job enlargement 1. *(Pers)* Job Enlargement *n*; 2. *(Mgt)* Erweiterung *f* des Aufgabengebietes, Erweiterung *f* des Tätigkeitsbereiches
job enrichment 1. *(Pers)* Arbeits(platz)bereicherung *f*, Job Enrichment *n*; 2. *(Mgt)* Bereicherung *f* des Aufgabengebietes, Bereicherung *f* des Tätigkeitsbereiches
job entrant *(Pers)* Berufsanfänger(in) *m(f)*
job environment *(Pers)* Arbeitsumfeld *n*, Arbeitsumgebung *f*, berufliches Umfeld *n*
job evaluation *(Pers)* Arbeitsplatzbewertung *f*
job experience *(Pers)* Berufserfahrung *f*, Arbeitserfahrung *f*
job fair *(Pers)* Bewerbermesse *f*
job flexibility *(Pers)* Arbeitsplatzflexibilität *f*
job for life *(Pers)* lebenslange Anstellung *f*
job freeze *(Pers)* Einstellungsstopp *m*
job hopper *(Pers)* Person *f*, die häufig die Arbeitsstelle wechselt, Job Hopper *m*
job hunting *(Pers)* Stellensuche *f*, private Stellenvermittlung *f*
job improvement *(Pers)* Arbeitsplatzverbesserung *f*
job interview *(Pers)* Vorstellungsgespräch *n*, Einstellungsgespräch *n*, Bewerbungsgespräche *n*
job loss *(Pers)* Verlust *m* des Arbeitsplatzes, Wegfall *m* des Arbeitsplatzes, Wegfall *m* der Stelle
job lot *(Gen)* Restposten *m*
job lot production *(WiWi, Ind, V&M)* Kleinserienfertigung *f (synonymous: small batch production)*
job market *(Pers)* Arbeitsmarkt *m*
job market disequilibrium *(Pers, WiWi)* Arbeitsmarktungleichgewicht *n*, Ungleichgewicht *n* am Arbeitsmarkt
job market for training places *(Bil, Pers)* Ausbildungsstellenmarkt *m*

(synonymous: job market for apprenticeships)
job market imbalance *(Pers, WiWi)* Arbeitsmarktungleichgewicht *n*, Ungleichgewicht *n* am Arbeitsmarkt
job mobility *(Pers)* berufliche Mobilität *f*
job on offer *(Pers)* Stellenangebot *n*
job opening *(Pers)* offene Stelle *f*, freie Stelle *f*
job opportunity *(Pers)* Arbeitsmöglichkeit *f*, Beschäftigungschance *f*
job order *(Gen, Ind)* Arbeitsauftrag *m*
job order costing *(Ind)* Zuschlagskalkulation *f*
job outlook *(Pers, WiWi)* Arbeitsplatzaussichten *fpl*, Beschäftigungssaussichten *fpl*, Berufsaussichten *fpl*
job performance *(Pers)* Arbeitsleistung *f*
job placement *(Pers)* Arbeitsvermittlung *f*, Stellenvermittlung *f*
job placing *(Pers)* Vermittlung *f* von Arbeitskräften, Stellenvermittlung *f*
job placing [placement] agency *(Pers)* Arbeitsvermittlungsfirma *f*, (private) Stellenvermittlung *f*, gewerbsmäßige Stellenvermittlung *f*
job profile *(Pers)* Tätigkeitsprofil *n*
job protection *(Pers)* Arbeitsplatzschutz *m*, Arbeitsplatzgarantie *f*; Beschäftigungsschutz *m*, Beschäftigungsgarantie *f (z. B. bei Mutterschutz)*; Kündigungsschutz *m*
job rating *(Pers)* Arbeitplatzbewertung *f*, Arbeitsbewertung *f*
job-related accommodation *(Grund)* Betriebswohnung *f*, Werkswohnung *f*
job-related injury 1. *(Pers)* arbeitsplatzbezogene Verletzung *f*, Betriebsunfall *m*; 2. *(Versich)* Betriebsunfall *m*
job requirement *(Pers)* Stellenanforderung *f*
job safety *(Pers)* Sicherheit *f* am Arbeitsplatz *(vor Arbeitsunfällen)*
job satisfaction 1. *(Pers)* Arbeitszufriedenheit *f*; 2. *(Mgt)* Befriedigung *f* im Beruf, Zufriedenheit *f* mit der beruflichen Tätigkeit
job scarcity *(Pers)* Arbeitsplatzmangel *m*, Knappheit *f* an Arbeitsplätzen, Mangel *m* an Arbeitsplätzen, Arbeitsplatzdefizit *n*
job security *(Pers)* Sicherheit *f* des Arbeitsplatzes, Arbeitsplatzsicherheit *f*
job-seeking *adj (Pers)* arbeitsuchend
job sharing *(Pers)* Arbeitsplatzteilung *f*, Job Sharing *n*
job shop production *(Ind)* Werkstattfertigung *f*
job shortage *(Pers)* Arbeitsplatzmangel *m*, Knappheit *f* an Arbeitsplätzen, Mangel *m* an Arbeitsplätzen, Arbeitsplatzdefizit *n*
job site *(Gen)* Arbeitsplatz *m*
job situation *(Pers)* Beschäftigungssituation *f*, Arbeitsmarktlage *f*
job skills *(Pers)* berufliche Fähigkeiten *fpl*
job specialization *(Pers)* berufliche Spezialisierung *f*
job-specific *adj (Pers)* berufsspezifisch
job-specific skills *(Pers)* arbeitsplatzbezogene Qualifikation *f*, berufsbezogene Qualifikation *f*
job specification *(Pers)* Anforderungsprofil *n*
job splitting *(Pers)* Arbeitsplatzteilung *f*
job success *(Pers)* Berufserfolg *m*, beruflicher Erfolg *m*
job title *(Mgt, Pers)* Berufsbezeichnung *f*
job training *(Pers)* berufliche Ausbildung *f*, Berufsbildung *f*
job-training program *(AE) (Soz)* berufliches Fort- und Weiterbildungsprogramm *n*
job vacancy *(Pers)* offene Stelle *f*
jobber 1. *(Gen)* Großhändler(in) *m(f)*, *(ugs.)* Schieber(in) *m(f)*; 2. *(Börse)* Jobber *m*, Wertpapierhändler(in) *m(f)*
jobbing 1. *(Gen)* Gelegenheitsarbeit *f*; 2. *(Pers)* Jobben *n*; 3. *(Ind)* Stücklohnarbeit *f*, Akkordarbeit *f (job work)*; Akzidenzarbeit *f (graphic)*; 4. *(Börse)* Großhandel *m*, Wertpapier--Eigen- und Großhandel *m*
Jobcentre *(BE) (Admin, Pers, Soz)* Arbeitsamt *n*, Arbeitsvermittlung *f*
jobholder *(Pers)* Arbeitnehmer(in) *m(f) (in einer festen Beschäftigung)*; *(AE auch:)* Staatsbedienstete(r) *f(m)*
jobless *adj (Pers, Soz, WiWi)* arbeitslos • **the jobless** *(Pers, Soz, WiWi)* die Arbeitslosen *pl*
jobless *(Pers, Soz, WiWi)* Arbeitslose *pl*
jobless person *(Pers, Soz, WiWi)* Arbeitslose(r) *f(m)*
jobless rate *(Pers, WiWi)* Arbeitslosenquote *f*

joblessness *(Pers, Soz, WiWi)* Arbeitslosigkeit *f*
jobs for graduates *(Bil, Pers)* Akademikerarbeitsplätze *mpl*
jobs for university graduates *(Bil, Pers)* Akademikerarbeitsplätze *mpl*
jobseeker *(Pers)* Arbeitssuchende(r) *f(m)*
Jobseeker's Allowance *(BE)* *(Soz)* Arbeitslosengeld *n*, Arbeitslosenunterstützung *f*
jobseeking *(Pers)* Arbeitsuche *f*, Stellensuche *f*
jockey *(Fin)* Handlanger *m*
join *v* 1. *(Pers)* beitreten *(union)*; 2. *(Recht)* beitreten *(profession)*
join *v* **together** *(Gen)* sich zusammenschließen *(companies)*
joining of the EU *(WiWi)* EU-Beitritt *m*
joint *adj (Gen)* gemeinsam *(communiqué)*
joint account *(Bank)* gemeinsames Konto *n*, Gemeinschaftskonto *n*
joint and several liability *(Recht)* gesamtschuldnerische Haftung *f*
joint and several obligation *(Recht)* gesamtverbindliche Verpflichtung *f*
joint auditors *(RW)* gemeinsame Prüfer *mpl (auditing)*
joint costs *(WiWi)* Kosten *pl* der Kuppelproduktion
joint demand *(WiWi)* Komplementärnachfrage *f*, verbundene Nachfrage *f*
joint floating *(WiWi)* Gruppenfloating *n*
joint goods *(V&M, WiWi)* komplementäre Güter *npl*
joint heir *(Recht)* Miterbe *m*, Miterbin *f*
joint heirs *(Recht)* Erbengemeinschaft *f*
joint liability *(Bank, Recht)* gemeinsame Haftung *f*, gemeinsame Verbindlichkeit *f*
joint negotiations *(Gen, Pers)* gemeinsame Verhandlungen *fpl*, Gemeinschaftsverhandlung *f (industrial relations)*
joint owner 1. *(Bank, Recht)* Miteigentümer(in) *m(f)*; 2. *(Grund)* gemeinsamer Eigentümer *m*, gemeinsame Eigentümerin *f*
joint ownership *(Bank, Grund, Recht)* Miteigentum *n*
joint partnership *(Gen)* Personengesellschaft *f*
joint product cost *(RW)* Kosten *pl* der Kuppelprodukte
joint products *(WiWi)* Kuppelprodukte *npl*
joint return *(Steuer)* gemeinsame Steuererklärung *f*
joint tenancy *(Recht)* Gesamteigentum *n*
joint tenant *(Grund, Recht)* Miteigentümer(in) *m(f)*
joint use *(Komm)* Mitbenutzung *f*
joint venture 1. *(Gen, RW, WiWi)* Gemeinschaftsunternehmen *n*, Joint Venture *n*; 2. *(Pers)* Arbeitsgemeinschaft *f*; 3. *(Börse, Mgt)* Beteiligungsgeschäft *n*
jointly and severally *adv (Recht)* gesamtschuldnerisch *(liability)*
jointly liable *adj (Recht)* gesamtschuldnerisch haftbar
journal 1. *(RW)* Tagebuch *n*, Journal *n* *(bookkeeping)*; 2. *(Gen)* Journal *n* *(academic, professional periodical)*; 3. *(Media)* Zeitschrift *f (periodical)*
journal entry *(RW)* Journalbuchung *f*, Journaleintrag *m*
journal voucher *(RW)* Buchungsbeleg *m*
judge *v (Gen)* beurteilen
judgment 1. *(Gen)* Beurteilung *f* *(assessing)*; Urteilsvermögen *n (faculty)*; 2. *(Recht)* Urteilsvermögen *n (faculty)*; Urteil *n (verdict)*; Beurteilung *f* *(assessing)*
judgment on the merits *(Recht)* Sachurteil *n*
judgment proof *(Recht)* unpfändbar
judicial *adj (Recht)* gerichtlich
judicial arbitrator *(Recht)* gerichtlicher Schiedsrichter *m*
judicial foreclosure *(Recht)* Zwangsvollstreckung *f*
judicial judgment *(Recht)* Gerichtsurteil *n*, Rechtsurteil *n*
judicial proceedings *(Recht)* Gerichtsverfahren *npl*
judicial system *(Recht)* Rechtsprechungssystem *n*
junior *(Gen, Recht)* Junior *m*, Jr.
junior creditor *(Bank)* nachrangiger Gläubiger *m*
junior debt *(Fin)* nachrangige Schuld *f*
junior management *(Mgt)* Führungsnachwuchs *m*, untergeordnete Führungsebene *f*
junior market *(Fin)* nachrangiges Marktsegment *n*
junk bonds *(ugs.) (Bank, Fin) (ugs.)* Ramschanleihen *fpl*, *(ugs.)* Schrottanleihen *fpl (bonds with non-*

investment grade rating below BBB- or Baa3; risikoreiche, spekulative Anleihen geringer Bonität, mit hoher Risikoprämie im Zins und einem Rating unter BBB- oder Baa3 = non--investment grade = Risikobereich = spekulative Anlage; cf high-yield bonds = Risikoanleihen = Hochzinsanleihen)

junk mortgage *(ugs.) (Bank, Grund) (ugs.)* Ramschhypothek *f*

juridical person *(Pat, Recht)* juristische Person *f*

juridical personality *(Recht)* Rechtspersönlichkeit *f*

jurisdiction *(Recht)* Gerichtsbezirk *m (physical area)*; Zuständigkeit *f (range of authority)*; Gerichtsbarkeit *f* • **come under sb's jurisdiction** *(Recht)* unter eine Rechtsprechung fallen

juror *(Recht)* Geschworene(r) *f(m)*, Schöffe *m*, Schöffin *f*

jury *(Recht)* Geschworenengericht *n*, Schöffengericht *n*

jury trial *(Recht)* Geschworenenprozess *m*

just *adj (Recht)* angemessen *(appropriate)*; gerecht *(fair)*

just cause *adj (Recht)* aus triftigem Grund, gerechtfertigt

just cause dismissal *(Pers)* Entlassung *f* aus triftigem Grund

just compensation *(Recht)* angemessene Entschädigung *f*

just-in-time *(Ind, Pers)* Just-in-time--Produktion *f*, JIT

just-in-time procurement *(Ind)* einsatzsynchrone Beschaffung *f*

just-in-time production *(Ind, Pers)* Just--in-time-Produktion *f*

just-in-time purchasing *(Ind)* fertigungssynchrone Materialwirtschaft *f*

just price *(WiWi)* gerechter, angemessener Preis *m*

justice *(Recht)* Gerechtigkeit *f (fairness)*; Gerichtsbarkeit *f*, Justiz *f (judicial system)*; Richter(in) *m(f) (judge)*

justifiable *adj* 1. *(Gen)* berechtigt, vertretbar; 2. *(Recht)* berechtigt, rechtlich vertretbar

justification *(Gen)* Rechtfertigung *f (reason)*

justified *adj (Gen)* gerechtfertigt *(reason)*

justified price *(Börse)* gerechtfertigter [angemessener] Preis *m*

justify *v (Gen)* rechtfertigen *(reason)*

juvenile *(Recht)* Minderjährige(r) *f(m)*

juvenile court *(Recht)* Jugendgericht *n*

K

KBS *s.* knowledge-based system

keen price *(V&M)* extrem niedriger Preis *m*, scharfkalkulierter Preis *m*

keep *v* 1. *(Comp, RW)* führen *(records)*; 2. *(Gen)* führen *(maintain)*; einhalten *(appointment)*; 3. *(Ind)* sich halten *(food, goods)*

keep *v* **a low profile** *(Gen)* sich zurückhalten

keep *v* **abreast of** *(Gen)* Schritt halten mit *(changing conditions and legislation)*

keep *v* **an appointment** *(Gen)* eine Verabredung einhalten

keep *v* **in custody** *(Recht)* verwahren

keep *v* **in touch with sb** *(Komm)* in Verbindung mit jmdm. bleiben

keep *v* **sb informed** *(Gen, Komm)* jmdn. auf dem Laufenden halten

keep *v* **up with** *(Gen)* nachkommen *(payments)*; Schritt halten mit *(developments)*

keeping of an account *(Bank)* Kontoführung *f*

key 1. *(Gen)* Schlüssel *m*; 2. *(Comp)* Taste *f (on keyboard)*

key currency *(WiWi)* Leitwährung *f*

key data *(Gen)* Schlüsseldaten *pl*

key in *(Comp)* eingeben

key industry *(Ind, WiWi)* Schlüsselindustrie *f*

key interest rate *(Bank)* Leitzins *m*, Leitzinssatz *m*; Schlüsselzinssatz *m*

key position *(Gen)* Schlüsselposition *f*

key skills *(Bil, Pers)* Schlüsselqualifikation *f*

keyboarder *(Admin, Comp)* Datentypist(in) *m(f)*

keyed advertisment *(V&M)* Chiffreanzeige *f*

Keynesian *adj (WiWi)* keynesianisch

Keynesian economics *(WiWi)* keynessche Lehre *f*, keynesianische Wirtschaftstheorie *f*

kind/in *(Gen)* in natura, in Sachwerten *(instead of cash)*

kind of activity *(Pers)* Art *f* der Tätigkeit

kind of job *(Pers)* Art *f* der Arbeit, Art *f* der Tätigkeit

kinked demand curve *(WiWi)* geknickte Preis-Absatz-Kurve *f*

kite 1. *(Bank)* ungedeckter Scheck *m*; 2. *(Fin)* Gefälligkeitswechsel *m*; 3. *(Börse)* Kellerwechsel *m*

kiting *(Börse)* Wechselreiterei *f*

knock *v* **down** 1. *(Gen, V&M)* herunterhandeln *(price)*; 2. *(Ind)* zerlegen *(machinery)*

knock-on effect *(Gen, WiWi)* Anstoßwirkung *f*

knock-on financing *(Fin)* Anschubfinanzierung *f*

knockdown price *(Gen)* Schleuderpreis *m*, Spottpreis *m*, Werbepreis *m*, äußerster Preis *m (auction)*; Mindestpreis *m*

know-how 1. *(Gen) (ugs.)* Know-how *n*; 2. *(Pat)* Fachkenntnisse *fpl*, *(ugs.)* Know--how *n*

know-how agreement *(Recht)* Know--how-Vertrag *m (intellectual property)*

knowledge *(Gen)* Bekanntheit *f (of subject)*; Wissen *n*, Kenntnis *f (awareness)*

knowledge base 1. *(Mgt, WiWi)* Wissensbasis *f (knowledge stored in a knowledge-based system = wissensbasiertes System)*; 2. *(Bil, Comp)* Wissensdatenbank *f*

knowledge-based goods *pl (Ind, V&M)* wissensintensive Güter *npl*

knowledge-based management system *(Mgt, WiWi)* wissensbasiertes Managementsystem *n (cf communities of practice)*

knowledge-based system *(Mgt, WiWi)* Expertensystem *n*, wissensbasiertes System *n*, wissensbasiertes Softwaresystem *n* der künstlichen Intelligenz *(artificial intelligence = AI = künstliche Intelligenz = KI; cf communities of practice = virtuelle Expertengemeinschaften)*

knowledge industry *(Ind)* Informationsindustrie *f*, wissensbasierte Industrie *f*

knowledge management *(Comp, Mgt)* Knowledge-Management *n*, Wissensmanagement *n*

knowledgeable *adj (Gen)* gebildet, kenntnisreich, bewandert, klug

known by name/be *(Gen)* mit Namen bekannt sein, namentlich bekannt sein

known loss *(Versich)* bekannter [erkannter] Verlust *m*

kursmakler *(WiWi)* amtlicher Kursmakler *m*

L

l-o-w principle *(Abk. für let-others-work principle) (Gen)* Aal-Prinzip *n*, Andere--arbeiten-lassen-Prinzip *n (Aktivierung von Internetnutzern für die geschäftlichen Interessen von Internetunternehmen)*

label 1. *(Comp)* Etikett *n*, Kennung *f*; 2. *(Gen)* Schild *n*, Aufschrift *f*

labelling provisions [rules] *(BE) (Recht, V&M)* Etikettierungsvorschriften *fpl*

labor *(AE) s.* labour

labor *(AE) siehe auch labour*

laborer *(AE) (Pers) s.* labourer

labour *(BE)* 1. *(WiWi)* Arbeit *f*; 2. *(Pers)* Arbeit *f*, Arbeitnehmer *mpl*

labour contract *(BE) (Gen, Pers)* Arbeitsvertrag *m*

labour costs *(BE) (WiWi)* Arbeitsaufwand *m*, Arbeitskosten *pl*, Arbeitslöhne *mpl*, Lohnkosten *pl*

labour court *(BE) (Pers, Soz)* Arbeitsgericht *n* (der ersten Instanz)

labour demand *(BE) (WiWi)* Arbeitsbedarf *m*, Arbeitskräftebedarf *m*, Arbeitskräftenachfrage *f*, Nachfrage *f* nach Arbeitskräften

labour dispute *(BE) (Ind, Pers, WiWi)* Arbeitskampf *m*

labour efficiency *(BE) (Pers)* Arbeitsproduktivität *f*

labour exchange *(BE) (Admin, Pers)* Arbeitsamt *n*

labour force *(BE)* 1. *(WiWi)* Erwerbsbevölkerung *f*, Erwerbstätige *pl*, Arbeitskräfte *fpl*, Belegschaft *f (within a firm)*; Beschäftigtenanzahl *f (of a country)*; 2. *(Pers)* Personalbestand *m*, Belegschaft *f*; 3. *(Ind)* Arbeitskraft *f*, Arbeitskräftereserven *fpl*; 4. *(Mgt)* Personalbestand *m*

labour force behaviour *(BE) (Pers)* Erwerbsverhalten *n*

labour force participation rate *(BE) (Pers, WiWi)* Erwerbsquote *f*

labour hoarding *(BE)* 1. *(WiWi)* verdeckte Arbeitslosigkeit *f*; 2. *(Pers)* Hortung *f* von Arbeitskräften

labour income share *(BE) (WiWi)*

Lohnquote *f*
labour input *(BE) (Pers)* Personaleinsatz *m*
labour-intensive *adj (BE) (Ind, Pers, WiWi)* arbeitsintensiv
labour law *(BE) (Pers, Recht)* Arbeitsgesetz *n*, Arbeitsrecht *n*
labour lawyer *(Recht, Pers)* Anwalt *m* für Arbeitsrecht, Anwältin *f* für Arbeitsrecht
labour legislation *(Pers, Recht)* arbeitsrechtliche Vorschriften *fpl*
labour market *(BE) (Gen, Pers, WiWi)* Arbeitsmarkt *m*
labour market access *(Pers)* Arbeitsmarktzugang *m*
labour market disequilibrium *(Pers)* Arbeitsmarktungleichgewicht *n*
labour market flexibility *(BE) (Pers, WiWi)* Flexibilität *f* des Arbeitsmarktes, Arbeitsmarktflexibilität *f*
labour market imbalance *(BE) (Pers)* Arbeitsmarktungleichgewicht *n*
labour-market policy *(BE) (Pol, WiWi)* Arbeitsmarktpolitik *f*
labour market segment *(WiWi, Soz)* Teilarbeitsmarkt *m (synonymous: segment of the labour market; nach der Marktaufspaltung Analyse des Marktes: z. B. nach Mobilität, Qualifikation, Organisation usw.)*
labour market segmentation *(BE) (Pers, WiWi)* Arbeitsmarktsegmentation *f*, Aufteilung *f* des Arbeitsmarktes, Segmentation *f* des Arbeitsmarktes
labour-market situation *(BE) (Gen)* Beschäftigungssituation *f*
labour market tightness *(BE) (Pers, WiWi)* Anspannung *f* auf dem Arbeitsmarkt, Arbeitsmarktanspannung *f*
labour needs *(BE) (Pers)* Arbeitskräftebedarf *n*, Personalbedarf *n*
labour productivity *(BE) (Pers)* Arbeitsproduktivität *f*
labour regulations *(BE) (Pers, Recht)* arbeitsrechtliche Vorschriften *f*, arbeitsrechtliche Regelungen *fpl*
labour relations *(BE) (Pers, WiWi)* Arbeitsbeziehungen *fpl*, Arbeitgeber--Arbeitnehmer-Beziehungen *fpl*
labour representative *(BE) (Pers)* Arbeitnehmervertreter(in) *m(f)*
labour requirements *(BE) (Pers)* Arbeitskräftebedarf *m*
labour resources *(BE) (Pers)* verfügbare Arbeitskräfte *fpl*, Arbeitskräftereserven *fpl*, Arbeitskräftepotenzial *n*
labour-saving *adj (BE) (Pers)* arbeitssparend
labour shortage *(BE) (Pers)* Arbeitskräftemangel *m*
labour supply *(BE) (WiWi)* Arbeitsangebot *n*, Arbeitskräfteangebot *n*
labour turnover *(BE) (WiWi)* Arbeitskräftefluktuation *f*
labour utilization *(WiWi, Pers)* Arbeitskräfteeinsatz *m*, Arbeitskräfteverwendung *f*
labourer *(BE) (Pers)* Hilfsarbeiter(in) *m(f)*, ungelernter Arbeiter *m*, ungelernte Arbeiterin *f*
labour's share of national income *(BE) (WiWi)* Lohnquote *f*
lack 1. *(Fin)* Fehlen; 2. *(Gen)* Mangel *m*, Fehlen *n*
lack of capital *(Fin)* Kapitalknappheit *f*, Kapitalmangel *m*
lack of demand *(Gen, V&M)* mangelnde Nachfrage *f*
lack of education *(Bil, Pers)* Mangel *m* an Bildung, Bildungsmangel *m*
lack of experience *(Pers)* Erfahrungsmangel *m*, Mangel *m* an Erfahrung
lack of forex *(Bank)* Devisenknappheit *f*, Devisenmangel *m*
lack of leadership *(Gen, Mgt)* Führungsschwäche *f*
lack of skilled labor *(AE) (Pers) s.* lack of skilled labour
lack of skilled labour *(BE) (Pers)* Qualifikationsdefizit *n*, Fachkräftemangel *m*
lack of skilled manpower *(Pers)* Qualifikationsdefizit *n*, Fachkräftemangel *m*
lag *v (Gen)* zurückbleiben, nachhinken
lag 1. *(WiWi)* Lag *m*, Verzögerung *f*; 2. *(Gen)* Verzögerung *f*
lag response 1. *(WiWi)* Lag-Reaktion *f*; 2. *(Gen)* verzögerte Reaktion *f*
laggard *(jarg.) (Börse, V&M)* Nachzügler *m*
lagged variable *(Stat)* verzögerte Variable *f*
lagging indicator *(WiWi)* nachlaufender Indikator *m*, nachhinkender Indikator *m*, Spätindikator *m*
laisser-faire economy *(WiWi)*

Wirtschaftsliberalismus *m*
lame duck *(Gen)* nicht lebensfähiges Unternehmen *(company)*
land 1. *(WiWi)* Boden *m*; 2. *(Gen)* Land *n*, Grundbesitz *m*
land acquisition tax *(Grund, Steuer)* Grunderwerbsteuer *f*
land certificate *(Grund)* Grundbuchauszug *m*, Grundstücksbescheinigung *f*
land contamination *(Recht, Umwelt)* Bodenverschmutzung *f*
land development *(Grund, Ind, Soz, Umwelt)* Erschließung *f* von Bauland
land lease *(Grund)* Landpacht *f*
land mortgage bank *(Bank)* Bodenkreditanstalt *f*
land office *(AE) (Admin)* Grundbuchamt *n*, Liegenschaftsamt *n*
land ownership *(WiWi)* Grundbesitz *m*
land registration *(Grund)* Grundbucheintragung *f*
land registry 1. *(Admin)* Grundbuchamt; 2. *(Grund)* Katasteramt *n*
land rent *(Grund)* Grundstücksmiete *f*, Grundstückspacht *f*
land tax *(Steuer)* Grundsteuer *f*
land use *(Umwelt)* Flächennutzung *f* *(local level)*; Bodennutzung *f* *(national level)*
land-use planning *(WiWi)* Flächennutzungsplanung *f*
land valuation *(Grund, Steuer)* Grundstücksbewertung *f*
land value tax *(Steuer)* Bodenwertzuwachssteuer *f*
landed property *(Grund)* Grundbesitz *m*
landmark 1. *(Gen)* Wahrzeichen *n*, Meilenstein *m*; 2. *(Grund)* Grenzstein *m*
language of a contract *(Gen, Pol, Recht)* Vertragstext *m*
language proficiency *(Edu, Pers)* Sprachenkompetenz *f*, Sprachkenntnisse *pl*
language skills *(Bil)* Sprachkenntnisse *fpl*
lapse *v* 1. *(Gen, RW)* auslaufen, erlöschen, verstreichen; zurückverfallen in; 2. *(Versich)* ablaufen; 3. *(Recht)* verfallen
lapse 1. *(Gen, RW)* Auslaufen *n*, Erlöschen *n*, Verstreichen *n*; 2. *(Versich)* Policenablauf *m*, Versicherungsende *(policy termination)*; 3. *(Recht)* Verfall *m*
lapse of time *(Gen)* Fristablauf *m*
lapsed *adj (Recht)* abgelaufen, verfallen
lapsed option *(Börse)* abgelaufene Option *f*
large *adj (Gen)* groß • **to a large extent** *(Gen)* in großem Umfang, in hohem Maße • **on a large scale** *(Gen)* in großem Maßstab
large-scale *adj (Gen, WiWi)* großangelegt, umfassend, umfangreich, Massen, Groß *(project)*
large-scale industry *(Ind)* Großindustrie *f*
large-scale production *(Ind)* Großserie(nfertigung) *f*
large-scale unemployment *(Pers)* Massenarbeitslosigkeit *f*
larger-than-average risk of defaulting *(Fin)* überdurchschnittliches Kreditausfallrisiko *n*
last *v (Gen)* andauern
last *adj (Gen)* letzte • **last in position** *(Gen)* auf letzter Position • **last in first out** *(RW)* last-in-first-out, LIFO--Methode *f*
last instance *f (Recht)* letzte Instanz *f*
last trading day *(Börse)* letzter Handelstag *m*
last will and testament *(Recht)* letzter Wille *m* und Testament *n*
late *adj (Gen)* verspätet
late acceptance *(Recht)* verspätete Annahme *f* *(goods, contract of delivery)*
late entrant *(Bil, Pol)* Späteinsteiger(in) *m(f)*, Seiteneinsteiger(in) *m(f)*
late-night opening *(Gen)* Dienstleistungsabend *m*
late shift *(Pers)* Spätschicht *f*
latent defect *(Recht)* versteckter Mangel *m (property)*
latent demand *(V&M)* latente Nachfrage *f*
latent tax *(Steuer)* latente Steuer *f*
lateral *adj (Gen)* seitlich *(movement)*
lateral integration *(WiWi)* horizontale Integration *f*
lateral thinker *(Media, Pol)* Querdenker *m*
latest *adj (V&M)* jüngst *(development)* • **at the latest** *(Gen)* spätestens
latest estimate *(Gen)* jüngste [letzte] Schätzung *f*
latest findings *(Mgt, WiWi)* neueste Erkenntnisse *fpl*
launch *v* 1. *(Fin)* auflegen, begeben *(share issue)*; 2. *(Pers)* beginnen, starten *(career)*; 3. *(V&M)* einführen, starten, in Gang setzen, herausbringen *(product)*
launch *v* **a bond issue** *(Börse)* eine

Anleihe(emission) auflegen
launch *v* **a business** *(Gen)* ein Geschäft aufmachen
launch *v* **a new model** *(V&M)* ein neues Modell auf den Markt bringen *(marketing)*
launch *v* **an issue** *(Bank)* eine Emission begeben
launching costs *(Fin, RW)* Anlaufkosten *pl*
launching of a loan *(Fin)* Begebung *f* einer Anleihe
launder *v (Fin, Gen)* waschen *(money)*
law *(Recht)* Gesetzgebung *f (legislation)*; Gesetz *n (rule)*; Recht *n (system)* • **by law** *(Recht)* von Rechts wegen • **in compliance with the law** *(Gen, Recht)* nach dem Gesetz, gemäß dem Gesetz • **in the eyes of the law** *(Recht)* vor dem Gesetz
law-based state *(Recht)* Rechtsstaat *m*
law enforcement *(Recht)* Gesetzesvollzug *m*
law firm *(Recht)* Anwaltskanzlei *f*, Rechtsanwaltskanzlei *f*
law governing contractual obligations *(Recht)* Recht *n* der Schuldverhältnisse, Vertragsrecht *n*, Schuldrecht *n*
law of contract *(Recht)* Vertragsrecht *n*
law of diminishing marginal utility *(WiWi)* Gesetz *n* vom abnehmenden Grenznutzen
law of diminishing returns *(WiWi)* Ertragsgesetz *n*, Gesetz vom abnehmenden Ertragszuwachs
law of diminishing utility *(V&M, WiWi)* Gesetz *n* des abnehmenden Nutzens
law of equi-marginal returns *(WiWi)* Gesetz *n* vom Ausgleich der Grenznutzen, Grenznutzenausgleichsgesetz *n*
law of large numbers *(Stat)* Gesetz *n* der großen Zahl
law of sales *(Recht, V&M)* Kaufrecht *n*
law of supply and demand *(WiWi)* Gesetz *n* von Angebot und Nachfrage
law of variable proportions *(WiWi)* Ertragsgesetz *n*, Gesetz *n* vom abnehmenden Ertragszuwachs
law office *(Recht)* Anwaltskanzlei *f*, Kanzlei *f*
law-perverting *adj (Recht)* rechtsbeugend
law relating to bankruptcy *(Recht, RW)* Konkursrecht *n*
law/within the *(Gen, Recht)* rechtens
lawful *adj (Recht)* gesetzmäßig, rechtlich
lawful means *(Recht)* rechtmäßige Mittel *npl*
laws *(Recht)* Gesetze *npl*; Rechtswesen *n (als System)*
laws and regulations *(Recht)* Rechtsvorschriften *fpl*
lawsuit *(Recht)* Klage *f*
lawyer *(AE) (Recht)* Anwalt *m*, Anwältin *f*, Rechtsanwalt *m*, Rechtsanwältin *f (attorney; cf BE barrister)*
lawyer certified in a specialized area of law *(Recht)* Fachanwalt *m*
lawyer certified in labour and employment law *(Recht)* Fachanwalt *m* für Arbeitsrecht
lawyer certified in tax law *(Recht, Steuer)* Fachanwalt *m* für Steuerrecht
lawyer-client privilege *(Recht)* anwaltliche Schweigepflicht *f*, Verschwiegenheitspflicht *f* (des Anwalts)
lay *v* **claim to** *(Gen, Pat, Recht)* Anspruch erheben, beanspruchen
lay *v* **down** *(Recht)* niederlegen, verankern, festlegen *(in contract, in constitution)*; aufstellen *(principle, rule, norm)*
lay *v* **off** *(Pers)* entlassen *(workers)*
lay *v* **off staff** *(Pers)* Personal freisetzen
lay-off pay *(Pers)* Abfindung *f*, Entlassungsgeld *n*
layer of management *(Mgt)* Führungsebene *f*, Leitungsebene *f*
layoff notice *(Pers)* Entlassungsmitteilung *f*
layout of items in the balance sheet and the profit and loss account *(RW)* Gliederung *f* der Posten der Bilanz und der Gewinn- und Verlustrechnung
layout of the balance sheet *(RW)* Bilanzgliederung *f*
lcm, LCM *(Abk. für lowest common denominator) (Pol, Stat)* kleinster gemeinsamer Nenner *m*
lead bank 1. *(Bank)* führende Bank *f*, Konsortialführer(in) *m(f)*; 2. *(Fin)* Konsortialführer(in) *m(f)*
lead-free *adj (Logis, Umwelt)* bleifrei *(petrol)*
lead management *(Fin)* Federführung *f*
lead manager *(Bank, Fin)* Konsortialführer *m*, Federführer *m*
lead time 1. *(Admin, Gen)*

Bearbeitungszeit *f*; 2. *(Ind)* Vorlaufzeit *f (plan)*; 3. *(V&M)* Einführungszeit *f (of new product)*; Realisierungszeit *f (plan)*; Beschaffungszeit *f (stock)*

leader 1. *(Gen)* Geschäftsführer(in) *m(f)*, Anführer(in) *m(f)*; 2. *(Pers)* Vorsitzende(r) *f(m)*; 3. *(Versich)* führender Versicherer *m*, Erstversicherer *m*; 4. *(Recht)* erster, leitender Anwalt in einem Verfahren; 5. *(Media)* Leitartikel *m (editorial)*; 6. *(Pol)* Vorsitzende(r) *f(m)*; 7. *(V&M)* Lockartikel *m*, Zugartikel *m (to attract consumers)*; Marktführer *m (most successful)*; 8. *(Börse)* Standardwert *m*

leaders and laggards *(Börse)* Spitzenwerte und Nachzügler *mpl*

leadership ability *(Mgt, Pers)* Führungseigenschaft *f*, Führungsqualität *f*

leading indicator *(WiWi)* Frühindikator *m (econometrics)*

leading stock *(Börse)* Standardwert *m*

leading underwriter *(Bank, Fin)* Erstversicherer *m*, Konsortialführer(in) *m(f) (organization)*

leads and lags 1. *(WiWi)* Leads *pl* und Lags *pl*, vorauseilende und nachhinkende Indikatoren *mpl*; 2. *(Börse)* Vorauszahlungen *fpl* und Stundungen *fpl* im Auslandszahlungsverkehr

leaflet *(V&M)* Werbeblatt *n*, Zettel *m*

leak *v (Media, Pol)* zuspielen *(information)*

leak *v* **out** *(Media, Pol)* bekanntwerden, durchsickern *(information)*

leak *v* **to the press** *(Media, Pol)* der Presse zuspielen

leakage 1. *(WiWi)* Schwund *m*, Verlust *m*; 2. *(Fin)* Kapitalverlust *m (of capital)*; 3. *(Media, Pol)* Durchsickern *n (of information)*

lean production *(Ind)* schlanke Produktion *f*, straffe Produktion *f*, *(jarg.)* abgespeckte Produktion *f*, geringe Fertigungstiefe *f*

lean year *(WiWi)* mageres Jahr *n*

leapfrog *v (Pers)* überspringen

learn *v* **the ropes** *(Pers)* sich einarbeiten

learning-by-doing *(WiWi)* Learning by doing *n*

lease *v (Grund)* mieten, pachten *(from sb)*; verpachten *(to sb)*

lease 1. *(Bank)* Mietvertrag *m*; 2. *(Recht)* Pachtvertrag *m (usually commercial)*; Mietvertrag *m*; 3. *(Grund)* Miete *f*, Pacht *f (renting an object)*

lease agreement *(Bank, Recht)* Mietvertrag *m*, Pachtvertrag *m (synonymous: leasing agreement)*

lease asset *(Fin, Gen)* Leasingobjekt *n*, Mietsache *f*, Vermögenswert *m*

lease company *(Gen)* Leasinggesellschaft *f*

lease financing *(Bank)* Mietfinanzierung *f*, Leasing-Finanzierung *f*

leased *adj (Recht, Grund, Media)* angemietet, geleast

leased asset *(Fin, Gen)* Leasingobjekt *n*, Mietsache *f*, Vermögenswert *m*

leased property *(Fin, Gen)* Leasingobjekt *n*, Mietsache *f*, Mietgegenstand *m*

leasehold 1. *(RW)* Pachtbesitz *m*; 2. *(Grund)* Pachtgrundstück *n*

leasehold improvements *(Fin)* Werterhöhungen *fpl* während der Pacht

leasehold property *(Grund, Recht)* Pachtgrundstück *n*

leaseholder *(Gen)* Pächter(in) *m(f)*

leaselend *(Grund)* Pacht- und Leihvertrag *m*

leaselend with option to purchase *(Grund)* Pacht *f* mit Vorkaufsrecht, Mietvertrag *m* mit Vorkaufsrecht

leasing agreement *(Fin, Bank, Recht)* Leasingvertrag *m*, Pachtvertrag *m*

leasing charges *(Bank, Fin)* Leasing--Zahlungen *fpl*

leasing company *(Gen, Grund)* Leasinggesellschaft *f*

least cost 1. *(RW)* Mindestkosten *pl*; 2. *(WiWi)* Minimalkosten *pl (synonymous: minimum cost; lowest average cost or lowest total cost for optimum capacity working; niedrigste Durschnittskosten oder niedrigste Gesamtkosten bei kostenoptimalem Beschäftigungsverhältnis, die Realisierung ist -theoretisch- Voraussetzung der Gewinnmaximierung)*

least cost combination *(WiWi)* Minimalkostenkombination *pl (synonymous: minimum cost combination; factor combination leading to minimum cost at specific factor prices, a precondition for profit maximization, Faktorkombination, die bei gegebenen Faktorpreisen minimale Kosten bewirkt; die Realisierung ist --theoretisch- Voraussetzung der*

Gewinnmaximierung)
least-square regression *(Stat)* geringstquadrate Regression *f*
least squares method *(Stat)* Methode *f* der kleinsten Quadrate
leave *v* 1. *(Gen)* austreten aus, verlassen; 2. *(Recht)* überlassen
leave *v* **a telephone message** *(Komm)* eine telefonische Nachricht hinterlassen
leave *v* **the matter open** *(Gen)* die Angelegenheit offenlassen
leave *(Frei, Pers)* Urlaub *m*, Ferien *pl* • **on leave** *(Pers)* in Urlaub
leave of absence *(Pers)* Beurlaubung *f*
leave pay *(Pers)* Urlaubsgeld *n*
lecturing post *(Bil, Pers)* Dozentenstelle *f*, Stelle *f* als Dozent(in)
ledger *(Fin)* Hauptbuch *n*
ledger account *(Fin, RW)* Hauptbuchkonto *n*
ledger balance *(Fin, RW)* Hauptbuchkontenstand *m*, Hauptbuchsaldo *m*
ledgerless accounting *(RW)* Belegbuchhaltung *f*
left 1. *(Gen)* linke Seite *f*; 2. *(Pol)* Linke *f*, linker Flügel *m* • **on the left** *(Gen, Pol)* links
left column *(RW)* Sollseite *f*
left-wing *adj (Pol)* links, linksgerichtet, linksorientiert
legacy *(Recht)* Vermächtnis *n*
legacy duty *(BE) (Recht)* Erbschaftsteuer *f*
legacy tax *(AE) (Steuer)* Erbschaftssteuer *f*
legal *adj (Recht)* rechtlich, juristisch *(concerning law)*; gesetzmäßig *(lawful)* • **be under a legal obligation to do sth** *(Recht)* rechtlich verpflichtet sein, etw. zu tun
legal action *(Recht)* gerichtliche Schritte *mpl*, Klage *f* im ordentlichen Zivilprozess • **take legal action** *(Recht)* gerichtlich vorgehen
legal advice *(Recht)* Rechtsberatung *f*
legal agreement *(Recht)* rechtliche Vereinbarung *f*
legal aid *(Recht, Soz)* Prozesskostenhilfe *f*
legal capacity *(Recht)* Rechtsfähigkeit *f*
legal case *(Recht)* Rechtsfall *m*
legal claim *(Recht)* Rechtsanspruch *m*
legal concept *(Recht)* Rechtsbegriff *m*
legal counsel *(Recht)* Anwalt *m*, Anwältin *f*
legal disclosure requirements *(Mgt, Recht)* Publizitätsvorschriften *fpl*, rechtliche Publizitätsanforderungen *fpl*
legal dispute *(Recht)* Rechtsstreitigkeit *f*
legal eagle *(Pol, Recht) (ugs.)* Rechtsverdreher *m*
legal economics *(Recht)* Rechtsökonomik *f*, Rechtsökonomie *f*
legal enactment *(Recht)* Rechtsverordnung *f*
legal entitlement *(Recht)* Rechtsanspruch *m*, Berechtigung *f*
legal entity 1. *(Recht)* juristische Person *f*; 2. *(Pat)* Rechtspersönlichkeit *f*, Rechtsträger *m*
legal expense insurance *(Versich)* Rechtsschutzversicherung *f (personal)*
legal fees *(Recht)* Anwaltsgebühren *fpl*
legal form *(Recht)* Rechtsform *f (of an enterprise, eines Unternehmens; synonymous: legal structure)* • **definition based on the legal form** *(Bank, Fin)* Abgrenzung *f* nach der Rechtsform *(synonymous: definition depending on the legal form of a company; die Definition für hartes Kernkapital nach Basel III orientiert sich nach der G20-Entscheidung von 9/2009 an der Rechtsform statt problemgerechter am entscheidenden Kriterium der uneingeschränkten Verlustabsorptionsfähigkeit = Verlusttragungsfähigkeit = loss absorption capacity des zur Verfügung stehenden Eigenkapitals)*
legal framework *(Recht)* rechtlicher Rahmen *m*, rechtliche Rahmenbedingungen *fpl*, rechtliche Rahmenrichtlinien *fpl*
legal heir *(Recht)* gesetzlicher Erbe *m*
legal holiday *s.* bank holiday
legal immunity *(Recht)* gesetzliche Immunität *f*
legal incapacity *(WiWi)* Rechts- und Geschäftsunfähigkeit *f*
legal instrument *(Recht)* Rechtsinstrument *n*
legal insurance *(Recht)* Rechtsschutz *m*
legal investment *(Börse, WiWi)* mündelsichere Kapitalanlage *f*, mündelsicheres Wertpapier *n*
legal issue *(Gen)* Rechtsfrage *f*
legal language *(Gen, Recht)*

Rechtssprache *f*
legal liability *(Recht)* gesetzliche Haftpflicht *f*
legal name *(Recht)* rechtmäßiger Name *m (administrative)*; Firmenname *m*, Firmenbezeichnung *f (company)*
legal notice *(Recht)* Gerichtsbekanntmachung *f (anouncement)*; gesetzliche Kündigungsfrist *f (period of notification)*
legal obligation *(Recht)* rechtliche Verpflichtung *f*
legal opinion *(Recht)* Rechtsgutachten *n*, Rechtsauffassung *f (commercial)*
legal person *(Pat, Recht)* juristische Person *f*
legal personality *(Recht)* Rechtspersönlichkeit *f*
legal position *(Recht)* rechtliches Verhältnis *n*; Rechtslage *f*
legal proceedings *(Recht)* Gerichtsverfahren *pl*
legal protection *(RW)* Rechtsschutz *m*
legal provision *(Recht)* Rechtsvorschrift *f*
legal recognition *(Recht)* gesetzliche Anerkennung *f*
legal redress *(Recht)* Rechtsbehelf *m (breach of contract)*
legal representation *(Recht)* anwaltliche Vertretung *f (von Mandanten)*; gesetzliche Vertretung *f (eines Vormunds)*; Prozessvertretung *f (vor Gericht)*
legal requirement *(Recht)* gesetzliche Verpflichtung *f (obligation)*; Rechtsvorschrift *f (regulation)*
legal reserves *(RW)* Barreserve *f*, gesetzliche Rücklagen *fpl*
legal residence *(Recht)* gesetzlicher Wohnsitz *m*
legal right *(Recht)* subjektives Recht *n (entitlement)*
legal section *(Recht)* Rechtsabteilung *f (of a company)*
legal settlement *(Recht)* Zwangsvergleich *m*
legal situation *(Recht)* rechtliche Lage, Rechtslage *f*
legal suit *(Recht)* Zivilprozess *m*
legal tender *(Fin, Gen)* gesetzliches Zahlungsmittel *n (money)*
legal term *(Recht)* juristischer Fachausdruck *m*, juristischer Terminus *m*
legal terminology *(Gen, Recht)* Rechtsbegriffe *mpl*, Rechtsterminologie *f*
legal transaction *(Recht)* Rechtsgeschäft *n*
legal working hours [time] *(Pers)* gesetzliche Arbeitszeit *f*
legal wrong *(Recht)* Rechtsverletzung *f*
legality *(Gen)* Rechtmäßigkeit *f*, Legalität *f*, Gesetzlichkeit *f*
legalization *(Admin, Recht, Imp/Exp)* Beglaubigung *f*
legalized *adj (Recht)* amtlich beglaubigt, notariell beglaubigt, öffentlich beglaubigt
legally binding *(Recht)* rechtsverbindlich
legally bound *(Recht)* rechtlich verpflichtet
legally effective *(Recht)* rechtswirksam
legally enforceable *adj (Recht)* rechtlich durchsetzbar
legatee *(Recht)* Vermächtnisnehmer(in) *m(f) (property)*
legislate *v (Recht)* erlassen
legislation *(Recht)* Gesetzgebung *f*
legislative *adj (Recht)* gesetzgebend, legislativ
legislative power *(Recht)* gesetzgebende Gewalt *f*
legitimacy *(Gen, Recht)* Rechtmäßigkeit *f*
legitimate *adj (Gen, Recht)* legitim, berechtigt
legitimate claim *(Recht)* berechtigter Anspruch *m*
legitimate portion *(Recht)* Pflichtteil *m*
leisure *(Frei)* Freizeit *f*
leisure activity *(Pers)* Freizeitgestaltung *f*, Freizeitaktivitäten *fpl*
leisure industry *(Frei)* Freizeitindustrie *f*
lend *v* 1. *(Bank)* verleihen, ausleihen; 2. *(Fin)* ausleihen; 3. *(Börse)* Kredit gewähren
lend *v* **against security** *(Bank, Gen)* gegen eine Sicherheit ausleihen
lend *v* **money** *(Fin)* Geld leihen
lender *(Bank)* Kreditgeber(in) *m(f)*, Darlehensgeber(in) *m(f)*, Kapitalgeber(in) *m(f)*
lender of last resort *(Bank)* Lender *m* of last resort, letztinstanzliche Kapitalgeber *mpl*, Refinanzierungsinstitut *n* der letzten Instanz
lending *(Bank, Fin)* Aktivgeschäft *n (bilanzbezogene Sicht)*; Kredit *m*, Ausleihung *f*, Darlehensvergabe *f*,

Kreditgewährung *f*, Kreditvergabe *f*, Verleihung *f*
lending business 1. *(Bank)* Kreditgeschäft; 2. *(Fin)* Aktivgeschäft *n*
lending ceiling *(Fin)* Kreditlinie *f*; Beleihungsgrenze *f*
lending collateral *(Bank, Fin)* Kreditsicherheiten *fpl*
lending facility *(Bank)* Kreditfazilität *f*
lending limit *(Gen)* Beleihungsgrenze *f*
lending power *(Bank)* Kreditpotenzial *n*
lending rate *(Bank)* Kreditzins *m*, Zinssatz *m* für Ausleihungen
length of employment *(Pers)* Beschäftigungsdauer *f*
length of service *(Pers)* Beschäftigungsdauer *f*, Dienstalter *n*, Dienstzeit *f*
length of time to maturity *(WiWi)* Laufzeit *f*
length of training *(Bil, Pers)* Dauer *f* der Berufsausbildung, berufliche Ausbildungsdauer *f*, berufliche Ausbildungszeit *f*
length of unemployment *(Pers)* Dauer *f* der Arbeitslosigkeit, Arbeitslosigkeitsperiode *f*
less-developed country *(WiWi)* Entwicklungsland *n*
less qualified *adj (Pers)* geringqualifiziert
less than or equal to *(Comp, Stat)* kleiner als oder gleich *(synonymous: equal to or less than = gleich oder kleiner als = not greater than = nicht größer als)*
let *v (Grund)* vermieten • **to let** *(Grund)* zu vermieten
let *v* **on lease** *(Grund)* verpachten
let *v* **out a contract to sb** *(Gen)* an jmdn. einen Auftrag vergeben
let *(Grund)* Vermietung *f*
let-others-work principle *(l-o-w principle) (Gen)* Andere-arbeiten--lassen-Prinzip *n*, Aal-Prinzip *n* *(Aktivierung von Internetnutzern für die geschäftlichen Interessen von Internetunternehmen)*
letter 1. *(Komm)* Brief *m*, Schreiben; 2. *(Comp, Media)* Buchstabe *m*
letter of advice *(Komm)* Ankündigungsschreiben *n*, Benachrichtigungsschreiben *n*
letter of allotment *(Komm)* Zuteilungsbenachrichtigung *f*, Zuteilungsschein *m (stock exchange)*
letter of application *(Komm)* Bewerbungsschreiben *n (candidate)*; Zeichnungserklärung *f (investor)*
letter of appointment *(Pers)* Einstellungsschreiben *n*, Anstellungsschreiben *n*, Ernennungsschreiben *n*, Berufungsschreiben *n*, Nominierungsschreiben *n*
letter of attorney *(Recht)* Vollmachtsurkunde *f*
letter of authority *(Gen)* Ermächtigungsschreiben *n*, Genehmigungsschreiben *n*
letter of comfort *(Fin, Gen)* Patronatserklärung *f*
letter of confirmation *(Recht)* Bestätigungsschreiben *n (trade)*
letter of credit *(Bank)* Akkreditiv *n*
letter of dismissal *(Pers)* Entlassungsschreiben *n*
letter of intent *(LOI)* 1. *(Gen)* vorläufige Auftragserteilung *f*; 2. *(Mgt, Recht)* schriftliche Absichtserklärung *f*; 3. *(Börse)* Absichtserklärung *f*
letter of introduction *(Komm)* Empfehlungsschreiben *n*
letter of recommendation *(Pers)* Empfehlungsschreiben *n*
letter of renunciation *(Börse)* Abtretungsformular für Bezugsrechte *(rights issue)*
letter of resignation *(Pers)* Rücktrittsschreiben *n*, Rücktrittsgesuch *n*
letter of subrogation *(BE) (Komm)* Abtretungserklärung *f*
letter of transmittal *(Gen)* Anschreiben *n*, Begleitschreiben *n*
letter of understanding *(Gen, Recht)* Vorvertrag *m*
letterfoot *(Komm)* Briefende *n*
letterhead *(Komm)* Briefkopf *m*
level 1. *(Comp)* Ebene *f*; 2. *(Gen)* Höhe *f*, Niveau *n*, Stand *m (e. g. of interest rates)*; 3. *(Ind, Umwelt)* Pegel *m (of noise)* • **at the highest level** *(Pers)* auf höchster Ebene
level of contributions *(Pers, Soz)* Beitragshöhe *f*
level of debt *(Fin)* Schuldenstand *m*, Verschuldungsniveau *n*
level of employment *(WiWi)* Beschäftigungsstand *m*
level of expenditure *(WiWi)* Ausgabenniveau *n*, Ausgabenhöhe *f*

level of holding *(Bank)* Beteiligungsschwelle *f (Schwellenwerte -trigger points- beim Aktienkauf, die von allen Investoren beachtet werden müssen, da sie unterschiedliche Publizitäts- oder andere Pflichten auslösen oder aber mit bestimmten Rechten verbunden sind)*

level of industrialization *(Ind, WiWi)* Industrialisierungsgrad *m*

level of management *(Pers)* Leitungsebene *f*

level of orders *(V&M)* Auftragsbestand *m*

level of pay *(Gen, Pers)* Höhe *f* der Bezahlung, Lohnniveau *n*, Besoldungsniveau *n*

level of protection *(Recht)* Schutzniveau *n*

level of return *(Steuer)* Renditeniveau *n*

level of support *(WiWi)* Subventionsniveau *n*, Höhe *f* der finanziellen Unterstützung *(subsidies)*

level of training *(Pers)* Ausbildungsniveau *n*, Ausbildungsstand *m*

level out *(Gen)* sich ausgleichen

level-payment mortgage *(AE) (Fin)* Tilgungshypothek *f*, Annuitätenhypothek *f*

level repayment *(Bank)* Tilgungszahlung *f*

leveling out *(AE) (WiWi) s.* levelling out

levelling effect *(BE) (Gen)* Angleichungseffekt *m*, ausgleichende Wirkung *f*

levelling out *(BE) (WiWi)* Nivellierung *f*

lever *v* **up** *(Fin)* den Fremdkapitalanteil erhöhen, den Fremdkapitalanteil heraufsetzen

leverage *(AE)* 1. *(Bank, Fin)* Hebelwirkung *f (Wirkung der Fremdkapitalaufnahme auf die Eigenkapitalrendite)*; Fremdkapitalhebel *m*, Schuldenhebel *m (durch den Einsatz von Fremdkapital oder von derivativen Finanzinstrumenten = derivative financial instruments können die Gewinn- und Verlustchancen stark steigen; im liberalisierten Regulierungsumfeld ein viele Jahre attraktives Geschäft für eigenkapitalschwache, systemrelevante Finanzinstitute = systemically important financial institutions = SIFIs und Landesbanken mit nicht nachhaltigem Geschäftsmodell, die ihre staatliche de facto-Bestandsgarantie zur Privatisierung/Ausschüttung der gehebelten Gewinne und zur Sozialisierung der -später eintretenden- Verluste zu Lasten der Steuerzahler nutzen konnten; Too-big-to-fail--Problematik, Moral-Hazard-Verhalten)*; Verhältnis von Fremd- zu Eigenkapital, Fremdkapital/Eigenkapital-Verhältnis; Fremdkapitalaufnahme *f (anders: in der Praxis der Bankenregulierung wird leverage = Schuldenhebel definiert als das Verhältnis der Bilanzsumme zum Eigenkapital, wobei der Hebel als das Vielfache des Eigenkapitals ausgedrückt wird; vgl. Leverage Ratio = LR; BCBS, BIZ = BIS)*; 2. *(Pol)* Macht *f*, politischer Hebel *m*; Einfluss *m (influence)*; 3. *(Börse)* Fremdkapitalaufnahme *f*; Verhältnis *n* von Obligationen + Vorzugsaktien zu Stammaktien

leverage adjustment *(AE) (Fin)* (Neu--)Anpassung *f* von Fremd- und Eigenkapital, Fremdkapitaljustierung *f*, Verschuldungsanpassung *f (zur Optimierung von Renditestruktur und Risikoverhältnis)*

leverage effect *(Bil, Fin, WiWi)* Hebelwirkung *f*, Hebelwirkung *f* der Kapitalstruktur, Hebelwirkung *f* der Fremdkapitalaufnahme *(Wirkung auf die Eigenkapitalrendite = EKR)*

leverage effect of borrowed capital *(Fin)* Hebelwirkung *f* des Fremdkapitals, Hebelwirkung *f* aufgenommener Fremdmittel

leverage effect of the financial structure *(Fin)* Hebelwirkung *f* der Kapitalstruktur, Hebelwirkung *f* der Finanzstruktur *(synonymous: leverage effect of the capital structure)*

leverage ratio *(LR) (AE)* 1. *(RW, Bank, Fin)* Verschuldungsgrad *m*, Verhältnis *n* zwischen Fremd- und Eigenkapital *(BE gearing ratio; synonymous: debt-equity ratio, debt-to-equity ratio, ratio of debt to equity = total debt divided by equity = borrowings : equity = Fremdkapital : Eigenkapital; the ratio indicates the level of risk taken by a company as a result of its capital structure; Risikokennziffer von grundlegender Relevanz für die Rating- bzw. Kreditwürdigkeits-*

Einstufung eines Unternehmens); 2. *(Bank, Fin, Recht)* Verschuldungsquote *f*, Leverage Ratio *f*, LR *f (a non-risk--based ratio that includes off-balance sheet exposures and a backstop to the risk-based Basel III capital requirements; US-geprägte Bankbilanzkennzahl, die trotz gravierender, wettbewerbsverzerrender, die US--Banken begünstigenden Unterschiede in der Eigenkapitalberechnung nach US-GAAP und IFRS ins Basel-III--Regelwerk aufgenommen wurde; Verschuldungsgrenze und bankaufsichtliche Stellschraube ohne Risikogewichtung zur Begrenzung des Fremdkapitalhebels = leverage; die Obergrenze nach Basel III wurde trotz der Erkenntnisse aus der Finanzmarktkrise hoch angesetzt: die nicht risikogewichtete Bilanzsumme = total balance sheet = Gesamtvermögen = total assets darf bis zum 33-Fachen des Eigenkapitals betragen, entspricht einer Untergrenze von ‚bescheidenen' 3 % Eigenkapitalunterlegung, mindestens 4 - 5 %, entsprechend dem 20- bis 25--Fachen des Eigenkapitals, waren ursprünglich, vor einer Weichspülintervention der Wall-Street--Banken, vorgesehen; Baseler Ausschuss für Bankenaufsicht = BCBS = Basel Committee on Banking Supervision; Basel III)*; 3. *(Gen, Media)* Kapitalkennziffer *f*, Kapitalstrukturkennziffer *f*, Verschuldungsgrenze *f*

leverage up *(Fin)* den Fremdkapitalanteil erhöhen

leveraged *adj* 1. *(Fin)* fremdfinanziert, kreditfinanziert; 2. *(Fin, Media)* gehebelt, kreditgehebelt *(with borrowed capital or with the use of derivative financial instruments = derivative Finanzinstrumente)*

leveraged bid *(Börse)* fremdfinanziertes Submissionsangebot *n*

leveraged buyout *(LBO) (Fin)* fremdfinanzierte Übernahme *f*, Leveraged-Buy-out *n*, LBO *n*, schuldenfinanzierte Übernahme *f*, kreditfinanzierte Übernahme *f (mergers and acquisitions; synonymous: leveraged takeover; the key difference between a normal takeover and an LBO is the degree of leverage employed, which in the case of the LBO is much higher, i.e. up to and over 90 % in some cases; in hohem Maße fremdfinanzierter Unternehmenskauf oder Erwerb einer beherrschenden Beteiligung durch wenige Aktionäre oder Beteiligungsfonds = private equity funds; letztere schonen' meist ihr knappes Eigenkapital, indem sie in einem zweiten Schritt den übernommenen Unternehmen die hohen Schulden und Zinslasten der Übernahmefremdfinanzierung, ca. 65 % bis in Einzelfällen über 90 % der Gesamtfinanzierungslast, und damit den Kapitaldienst aufbürden; u.U. besonders problematisch bei Weiterplatzierung an Zweit- oder Dritterwerber = secondary buyout, die alle mit weiteren Schulden und möglicherweise Branchenexpertise das Unternehmen zusätzlich verschlanken' und neu ausrichten möchten, um beim Ausstieg = exit noch weitergehendere Wertsteigerungen für sich zu realisieren; besonders attraktiv für LBOs sind Unternehmen mit einem stabilen Cashflow von reifen Cash-Cow--Produkten)*

leveraged company *(RW)* verschuldetes Unternehmen *n*, verschuldete Firma *f (durch Fremdkapitalaufnahme zur Erzielung einer Hebelwirkung auf die Eigenkapitalrendite)*

levy *v* 1. *(Gen)* erheben *(raise, collect)*; 2. *(Recht)* pfänden *(seize)*; auferlegen *(impose)*; 3. *(Steuer)* eintreiben, erheben

levy *v* **a tax on sth** *(Steuer)* besteuern, eine Steuer erheben auf

levy 1. *(Fin)* Erhebung *f*, Umlage *f (action)*; Abgabe *f (tax)*; 2. *(Imp/Exp)* Erhebung *f*, Steuer *f (action)*; 3. *(Recht)* Auferlegung *f*, Beschlagnahme *f*, Eintreibung *f (seizure of tax)*

levy on property *(Steuer, WiWi)* Vermögensabgabe *f*

liabilities *(RW)* Schulden *fpl (amount of money owed to a third party)*; Verbindlichkeiten *fpl*, Kreditoren *mpl (synonymous: accounts payable)*; Passiva *npl (opposite: assets; oft benutzt als Gegensatz zu den Aktiva,* *die Passivseite umfasst jedoch neben dem Fremdkapital auch das Eigenkapital = equity)*

liabilities and equity *(RW)* Fremd- und Eigenkapital *n*, Passivseite *f (balance sheet, das bilanziell auf der rechten Seite ausgewiesene Kapital; opposite: assets = Aktiva, Vermögenswerte, asset side = Aktivseite, Vermögensseite)*

liabilities side *(RW)* Passivseite *f*, Verschuldungsseite *f (balance sheet; opposite: asset side = Aktivseite, Vermögensseite)*

liability 1. *(RW)* Verbindlichkeit *f*; 2. *(Admin, Fin)* Obligo; 3. *(Gen)* Haftung *f*, Verpflichtung *f (responsibility)*; 4. *(Recht)* Haftbarkeit *f*, Haftpflicht *f*, Schuld *f*, Verbindlichkeit *f*

liability account *(RW)* Passivkonto *n (das Konto nimmt zu durch Zugänge auf der Passivseite: Schulden, Rückstellungen, Eigenkapitalpositionen; opposite: asset account = Aktivkonto)*

liability and equity side *(RW)* Passivseite *f (balance sheet; opposite: asset side = Aktivseite, Vermögensseite)*

liability capital *(Fin)* Haftkapital *n*, Hafteinlage *f*, haftendes Kapital *n*

liability for breach of warranty *(Gen)* Gewährleistungshaftung *f*

liability for damage *(Recht)* Schadenhaftung *f*

liability for links *(Comp, Komm, Recht)* Linkhaftung *f*

liability for material defects *(Recht)* Sachmängelhaftung *f*

liability insurance *(Versich)* Haftpflichtversicherung *f*

liability item *(RW)* Schuldposten *m*

liability limitation clause *(Recht, Versich)* Haftungsbeschränkungsklausel *f*

liability management *(Börse, Fin)* Debt Management *n*; Umschichtung *f* von Verbindlichkeiten; Schuldenmanagement *n*, Verschuldungspolitik *f*, Verschuldungsmanagement *n (public finance)*

liability side *(RW)* Passivseite *f (balance sheet; opposite: asset side = Aktivseite, Vermögensseite)*

liability under a guarantee *(Recht)* Garantiehaftung *f*

liability under a letter of credit *(Fin, Imp/Exp)* Akkreditivverpflichtung *f*

liable *adj (Gen, Recht)* haftbar, haftpflichtig • **be liable for** *(Recht, Versich)* haften für

liable capital *(Bank, Fin)* Haftungskapital *n*, Haftkapital *n*; haftendes Eigenkapital *n (Basel II/ Basel III, Verbriefungen, securitization)*

liable equity capital *(Fin, RW, WiWi)* Risiko-Kapital *n*, haftendes Eigenkapital *n*, Haftungskapital *n*, Haftkapital *n*

liable for damages *adj (Recht)* schaden(s)ersatzpflichtig

liable in corporate [corporation] income tax *(Recht, Steuer)* körperschaftsteuerpflichtig

liable to pay taxes *(Recht, Steuer)* steuerpflichtig, abgabenpflichtig

liable to prosecution *(Recht)* strafbar

liable to tax *(Recht, Steuer)* steuerpflichtig, abgabenpflichtig

libel *v (Recht)* verleumden

libel *(Recht)* üble Nachrede *f*, Beleidigung *f*, Verleumdung *f*

libel proceedings *(Recht)* Verleumdungsverfahren *n*

liberal profession *(Pers)* freier Beruf *m*

liberal trade policy *(WiWi)* liberale Handelspolitik *f*

liberalization *(Gen, Recht, WiWi)* Liberalisierung *f*

liberalization of trade *(Imp/Exp, Recht, WiWi)* Handelsliberalisierung *f*, Liberalisierung *f* des Handels

LIBOR *s.* London Interbank Offered Rate

licence *(BE)* 1. *(Bank)* Lizenz *f*; 2. *(Imp/Exp)* Genehmigung *f*, Lizenz *f*; 3. *(Recht)* Lizenz *f*, Konzession *f*, Zulassung *f*, Genehmigung *f*, Erlaubnis *f (permit)*; 4. *(Pat)* Patentausnützung *f*, Zulassung *f*

licence fee *(BE) (Gen)* Lizenzgebühr *f*

licence holder *(BE) (Gen)* Lizenzinhaber(in) *m(f)*

licence laws *(BE) (Recht)* Konzessionsrecht *n (commercial)*

licensable *adj (Imp/Exp)* genehmigungspflichtig, lizenzfähig

license *v* 1. *(Gen)* erlauben; 2. *(Recht)* lizenzieren, konzessionieren, zulassen, genehmigen

license *s.* licence

licensed *adj* 1. *(Fin)* zugelassen; 2. *(Gen)* erlaubt; 3. *(Recht)* konzessioniert, geschützt, lizenziert *(intellectual*

property = geistiges Eigentum)
licensed banks *(Bank)* lizenzierte Banken *fpl*, Banken *fpl* mit Zulassung, zugelassene Banken *fpl (e. g. Ireland)*
licensed construction *(Gen)* Lizenzbau *m*
licensed premises *(BE) (Recht)* Schankwirtschaft *f*
licensee *(Recht)* Konzessionär(in) *m(f)*, Benutzungsberechtigte(r) *f(m)*, Lizenzinhaber(in) *m(f)*, Konzessionsinhaber(in) *m(f) (intellectual property)*
licensing *(Pat, WiWi)* Lizenzerteilung *f*
licensing agreement *(Pat, Recht)* Lizenzabkommen *n*
licensing law *(Recht)* Lizenzvertragsrecht *n*
licensing laws *(BE) (Recht)* Schankgesetze *pl*
licensing procedure *(WiWi)* Genehmigungsverfahren *n*
licensor 1. *(Gen)* Lizenzgeber(in) *m(f)*; 2. *(Pat, Recht)* Konzessionserteiler(in) *m(f)*
lie *v* **idle** *(Bank)* nicht arbeiten, brachliegen *(money, Maschinen)*
lien 1. *(WiWi)* Zurückbehaltungsrecht; 2. *(Fin, Recht)* Pfandrecht *n*
life 1. *(Gen)* Lebensdauer *f*; 2. *(Versich)* Leben; 3. *(Börse)* Laufzeit *f (of an option)*
life annuity *(Versich)* Leibrente *f*, Lebensrente *f*
life assurance *(BE) (Versich)* Lebensversicherung *f*
life cycle *(Umwelt, V&M, WiWi)* Lebenszyklus *m (of a company or product)*
life-cycle analysis 1. *(Umwelt)* Ökobilanz *f (synonymous: ecological balance sheet)*; 2. *(V&M)* Zyklusanalyse *f*, Lebenszyklusanalyse *f (marketing)*
life-cycle hypothesis *(WiWi)* Lebenszyklushypothese *f*
life expectancy 1. *(Gen)* erwartete Nutzungsdauer *f (object)*; 2. *(Versich)* Lebenserwartung *f (person)*
life insurance *(Versich)* Lebensversicherung *f*
life insurance policy *(Versich)* Lebensversicherungspolice *f*, Versicherung *f* auf den Todesfall
life interest 1. *(Fin)* lebenslänglicher Nießbrauch *m*; 2. *(Recht)* dingliches Recht *n* auf Lebenszeit
life period method *(Fin, RW)* digitale Abschreibung *f*, arithmetisch--degressive Abschreibung *f*
life span 1. *(Bank)* Laufzeit *f*; 2. *(Fin, RW)* Lebensdauer *f*, Nutzungsdauer *f (e. g. of depreciable fixed assets, abnutzbarer Wirtschaftsgüter z. B.)*
life tenancy *(Grund)* lebenslängliches Pachtrecht *n*, Pacht *f* auf Lebenszeit
life tenure *(Pers)* lebenslange Anstellung *f*, Anstellung *f* auf Lebenszeit
lifeless *adj (Börse)* flau, lustlos
lifetime *(Börse, Gen)* Lebenszeit *f*
lifetime gift *(BE) (Steuer)* Schenkung *f* unter Lebenden, Schenkung *f* zu Lebzeiten
lifted *adj (Gen, WiWi)* aufgehoben *(price controls, restrictions)*
lifting *(Gen, Recht)* Aufhebung *f (of restrictions, laws)*
lightning rise *(Mgt, Pers)* rasanter Aufstieg *m*
lightning strike *(Pers)* Blitzstreik *m*
limit *v* **access** *(Pers)* Zugang beschränken
limit *v* **entrance** *(Pers)* Zugang beschränken
limit *v* **entry** *(Pers)* Zugang beschränken
limit 1. *(WiWi)* Grenze *f*; 2. *(Börse)* Limit *n*, Kurslimit *n (price of shares)*; 3. *(Fin)* Limit *n*, Kreditlimit *n (of a loan)*
limit order *(Börse)* Limitauftrag *m*, limitierte Order *f*
limitation 1. *(Gen)* Begrenzung *f*, Beschränkung *f*; 2. *(Recht)* Verjährung *f (of liability)*
limitation of actions *(Recht)* Verjährung *f*
limitation of liability *(Recht, Versich)* Haftungsbeschränkung *f*
limitation of time *(Recht)* Verjährung *f (sentencing)*
limitation on access *(Pers, Soz)* Zugangsbeschränkung *f*
limitation on entrance *(Pers, Soz)* Zugangsbeschränkung *f*
limitation on entry *(Pers, Soz)* Zugangsbeschränkung *f*
limitation on profit distribution *(Recht)* Ausschüttungssperre *f*
limitations *(Comp, Recht)* Schranken *fpl*
limited *adj (Gen)* begrenzt, eingeschränkt • **for a limited period of time** *(Gen)* zeitlich begrenzt • **limited in time** *(Recht)* befristet
limited audit *(RW)* beschränkte Prüfung *f*

limited authorization *(Imp/Exp)* befristete Genehmigung *f*, befristete Zulassung *f*
limited company *(BE) (Gen)* Gesellschaft *f* mit beschränkter Haftung; GmbH *(in Germany)*; Ges.m.b.H. *(in Austria)*; Personengesellschaft *f (in the US)*
limited discretion *(Börse)* begrenzte Entscheidungsfreiheit *f*
limited jurisdiction *(Recht)* begrenzte Zuständigkeit *f*
limited liability *(Gen, Recht)* Teilhaftung *f*, beschränkte Haftung *f (legal responsibility for the debts of a company only to the extent of the nominal value of one's shares, Haftung nur bis zur Höhe der Kommanditeinlage)*
limited liability company *(BE) (Gen)* Gesellschaft *f* mit beschränkter Haftung; GmbH *(Germany)*; Ges.m.b.H. *(Austria)*
limited-life asset *(RW, WiWi)* abnutzbares Wirtschaftsgut *n*
limited partner *(Recht)* Teilhafter(in) *m(f)*, Kommanditist(in) *m(f)*
limited partner's share *(Recht)* Kommanditanteil *m*
limited partnership *(Recht)* Kommanditgesellschaft *f*, KG *(company)*
limited partnership capital contribution *(Recht)* Kommanditeinlage *f*
limited risk *(Börse)* begrenztes Risiko *n*
line 1. *(Gen) (AE)* Warteschlange *f (of people)*; 2. *(Pers)* Linie *f*; 3. *(Mgt)* Marschroute *f (policy)*; 4. *(V&M)* Zeile *f (advertising)*; Sortiment *(products)*; 5. *(Börse)* Aktienpaket *(of shares)*; 6. *(Logis)* Strecke *f (railway)* • **in line with** *(Gen)* entsprechend *(inflation, expectations)*
line and staff organization *(Mgt)* Stablinienorganisation *f*
line manager *(Ind, Mgt, Pers)* Linienmanager(in) *m(f)*, Produktionsleiter(in) *m(f)*
line of business *(WiWi)* Sparte *f*
line of command 1. *(Pers)* Leitungsstruktur *f*; 2. *(Mgt)* Führungshierarchie *f*
line of credit *(Fin)* Kreditlinie *f*
line of duty *(Gen)* Aufgabenbereich *m*
line of occupation *(Pers)* Berufszweig *m*
line production *(Ind)* Produktion *f* am Fließband
line rate *(Media)* Zeilenpreis *m (print)*
line-up *(WiWi)* Warteschlange *f*
linear programming 1. *(Comp, WiWi)* lineare Programmierung *f*; 2. *(Stat)* lineare Optimierung *f*, lineare Planungsrechnung *f*
linear relationship *(Stat)* lineare Beziehung *f*
linguistic versions of a draft Regulation *(Mgt, Recht)* sprachliche Versionen des Entwurfs einer Verordnung *(EU)*
link *v* 1. *(Comp)* verbinden *(peripherals, connections)*; 2. *(Gen)* verbinden
link 1. *(Comp, Gen)* Verbindung *f*; 2. *(Media, Pol)* Querverbindung *f*
linkage *(Gen)* Verflechtung *f*
linkage effect *(WiWi)* Verkettungseffekt *m*, Verknüpfungseffekt *m*, Überwälzungseffekt *m*
linkage model *(BE) (WiWi)* Verknüpfungsmodell *n (econometrics)*
liquid *adj* 1. *(RW)* liquid; 2. *(Bank, Fin)* flüssig, liquid *(funds)*
liquid assets *(Fin, RW)* flüssige Mittel *pl*
liquid assets ratio *(Fin)* Liquiditätskennziffer *f*
liquid capital *(Fin, RW)* flüssige Mittel *npl* und kurzfristige Forderungen, Einzugsliquidität *f*, flüssige Mittel *npl (synonymous: quick assets, liquid assets, realizable assets, i. e. cash and other assets readily convertible into cash = cash + deposits in a bank current account + trade debts + marketable investments; cf Liquidität zweiten Grades = Einzugsliquidität)*
liquid cash resources *(Fin)* Barliquidität *f*
liquid debt *(Fin)* kurzfristige Verbindlichkeit *f*
liquid funds *(Fin, RW)* flüssige Mittel *pl*, Barmittel *pl*, liquide Mittel *pl*
liquid market *(Börse)* liquider Markt *m*
liquid ratio *(Fin, RW)* Liquidität *f* zweiten Grades *(synonymous: quick ratio, acid test ratio, acid ratio; the ratio of quick assets or liquid assets or liquid capital or realizable assets to current debts, or: relation of current assets minus stock to current liabilities = Umlaufvermögen minus Vorräte dividiert durch kurzfristige Verbindlichkeiten = monetäres Umlaufvermögen dividiert durch kurzfristige Verbindlichkeiten = current financial assets to current*

liabilities = sum of cash + bank deposits + current receivables + current securities in relation to current liabilities)
liquid savings *(Fin)* sofort auszahlbare Ersparnisse *fpl*
liquidate *v* 1. *(RW)* abwickeln, tilgen; 2. *(Fin)* tilgen, verwerten; 3. *(Gen)* liquidieren
liquidate *v* **a liability reserve** *(RW, Steuer)* eine Rückstellung auflösen *(synonymous: reverse a liability reserve, liquidate a reserve for uncertain liabilities and anticipated losses)*
liquidate *v* **a position** *(Börse)* eine Position liquidieren, eine Position abwickeln
liquidate *v* **a reserve** *(RW, Steuer)* s. liquidate a liability reserve
liquidate *v* **inventory** *(WiWi)* Lager abbauen
liquidated *adj (Fin)* getilgt *(debt)*; verwertet *(options)*
liquidated damage *(Recht)* Vertragsstrafe *f*
liquidated damages *(Recht)* bezifferter Schaden(s)ersatz *m*
liquidated debt *(RW)* beglichene Schulden *fpl*, getilgte Schulden *fpl*
liquidating dividend *(Fin)* Kapitalrückzahlung *f*
liquidating value *(RW)* Liquidationswert *m*, Veräußerungswert *m (of an asset)*
liquidation 1. *(RW)* Auflösung *f*, Konkurs *m*, Liquidation *f*, Tilgung *f*; 2. *(Fin)* Konkurs *m*, Liquidation *f*, Verwertung *f (of option)*; 3. *(Gen, Recht)* Abwicklung *f*, Liquidation *f*; 4. *(Mgt)* Abwicklung *f*; 5. *(Börse)* Ablösung *f*, Realisierung *f*
liquidation of reserves *(RW)* Rücklagenauflösung *f*
liquidation of the assets *(Recht)* Verwertung *f* des Vermögens, Liquidation *f* des Vermögens
liquidation period *(Recht)* Abwicklungszeitraum *m*
liquidation sale *(WiWi)* Räumungsverkauf *m*
liquidity *(Fin)* Zahlungsfähigkeit *f*, Liquidität *f* • **in decreasing liquidity order** *(Bank, RW)* nach abnehmender Liquidität *(layout and breakdown of the asset side of the bank balance sheet; Bilanz: Anordnung der Bank-Aktiva nach ihrer Liquidisierbarkeit, der Geldnähe = shiftability)*
liquidity diversification *(Börse)* Liquiditätsstreuung *f*
liquidity of credit institutions *(Bank, Fin)* Liquidität *f* von Kreditinstituten, Liquidität *f* der Kreditinstitute, Bankenliquidität *f*
liquidity preference *(WiWi)* Liquiditätspräferenz *f*
liquidity ratio 1. *(Fin, RW)* Liquiditätsgrad *m*; 2. *(Gen)* Liquiditätskennziffer *f*, Liquiditätsquote *f*
liquidity shortfall *(Bank, Fin)* Liquiditätsengpass *m*, Liquiditätsdefizit *n*
liquidity squeeze *(Fin)* Liquiditätsengpass *m*, Liquiditätsklemme *f*
liquidity strain *(Bank)* Liquiditätsengpass *m*, Liquiditätsdefizit *n*
liquidity trap *(WiWi)* Liquiditätsfalle *f*
liquidization *(Börse)* Glattstellung *f*
Lisbon Treaty *(LT, ToL) (jarg.) (Recht, Pol) (jarg.)* Lissabon-Vertrag *m*; Vertrag *m* von Lissabon, VvL *m (synonymous frml: Treaty of Lisbon; the treaty, a highly complex legal document, replaces the failed European constitution and aims to streamline decision-making through increased use of majority votes and the creation of the positions of a EU President and a High Representative of the Union for Foreign Affairs and Security Policy = HR = Hoher Repräsentant der Union für Außen- und Sicherheitspolitik; trat am 1.12.2009 in Kraft und ersetzt den 2006 gescheiterten EU-Verfassungsvertrag)*
list *v* 1. *(Börse)* an der Börse notieren [zulassen]; 2. *(Comp, Gen)* aufführen, auflisten
list *(Gen)* Aufstellung *f*
list of tax assessments *(Steuer)* Steuerliste *f*
list price 1. *(V&M)* Katalogpreis *m*, Listenpreis *m (sales, retail)*; 2. *(Börse)* Börsenkurs *m (shares, securities)*
listable *adj* 1. *(Börse)* börsenfähig, kursfähig *(shares)*; 2. *(Steuer)* steuerpflichtig
listed bank *(Bank)* börsennotierte Bank *f*
listed company *(Börse, Gen, WiWi)* börsennotierte Gesellschaft *f*, börsennotiertes Unternehmen *n*
listed on a stock exchange/officially *(Börse)* zur amtlichen Notierung an

einer Wertpapierbörse zugelassen
listed on the stock exchange *(Börse, RW)* an der Börse notiert, börsennotiert
listed option *(Börse)* börsennotierte Option *f*
listed securities *(Börse, WiWi)* börsennotierte Wertpapiere *pl*
listed share *(Börse)* börsennotierte Aktie *f*
listing 1. *(Comp)* Auflistung *f*, Liste *f*; 2. *(Recht)* Beauftragung *f (property)*; 3. *(Börse)* Börsenzulassung *f*
listing agent *(AE) (Grund)* Grundstücksmakler(in) *m(f)*
listing committee *(Börse)* Börsenzulassungsausschuss *m*
listing of a security *(Börse)* Zulassung *f* eines Wertpapiers; Kursnotiz *f* eines Wertpapiers
listing particulars *(Börse)* Angaben *fpl* zur Börsenzulassung
listing procedure *(Börse)* Börsenzulassungsverfahren *n*
listing requirements *(Börse)* Zulassungsvorschriften *fpl*
listless *adj (Gen)* lustlos *(market, trading)*
litigate *v (Recht)* prozessieren
litigation *(Recht)* Prozess *m*, Rechtstreit *m*
little board *(WiWi)* American Stock Exchange
little dragons *(WiWi) (ugs.)* kleine Tiger *mpl*, Tigerstaaten *mpl (South-East Asian countries)*
live *v* **on the dole** *(BE) (Soz)* von Arbeitslosenunterstützung leben, *(ugs.)* stempeln gehen, *(ugs.)* von der Stütze leben
live *v* **on unemployment benefit** *(Soz)* von Arbeitslosenunterstützung leben
livestock *(Gen, WiWi)* lebendes Inventar *n*
living *(Soz)* Lebensunterhalt *m*, Existenz *f*
living accommodation *(Steuer)* Wohnraum *m*, Wohnung *f*
living costs *(Gen, Soz)* Lebenshaltungskosten *pl*
living expenses *(Gen, Soz)* Lebenshaltungskosten *pl*
LM curve *(WiWi)* LM-Kurve *f*
load time *(Comp, Komm, Media)* Ladezeit *f*
loading port *(Imp/Exp, Logis)* Ladehafen *m*; Verladehafen *m (cargo)*
loan 1. *(Bank)* Darlehen *n*, Kredit *m*; 2. *(Fin, WiWi)* Anleihe *f*
loan account *(Bank)* Darlehenskonto *n*
loan agreement 1. *(Bank)* Darlehensvertrag *m*; 2. *(Börse)* Anleihevertrag *m*
loan approval *(Bank)* Kreditzusage *f*
loan authorization *(Bank)* Kreditzusage *f*
loan capital *(Fin, RW, WiWi)* festverzinsliche Wertpapiere *pl*, Fremdkapital *n*
loan charges *(Bank)* Darlehenskosten *pl*
loan commitment *(Bank)* Darlehenszusage *f*
loan default *(Bank)* Kreditausfall *m*
loan demand *(Bank)* Kreditnachfrage *f*
loan discount *(Bank)* Damnum *n*, Abgeld *n*, Disagio *n*
loan exposure *(Fin)* Gesamtausleihungen *fpl*, Kreditengagement *n*
loan fee *(Bank)* Kreditbearbeitungsgebühr *f*
loan financing *(Bank, Fin)* Kreditfinanzierung *f*
loan guarantee *(Fin)* Kreditbürgschaft *f*
loan insurance *(Fin)* Kreditversicherung *f*
loan interest rate *(Fin)* Anleihezins *m (coupon)*
loan issue *(Fin)* Anleiheemission *f*
loan liabilities *(Bank)* Darlehensverbindlichkeiten *fpl*
loan loss *(Bank)* Kreditausfall *m*
loan loss provision *(RW)* Kreditausfallrückstellung *f*
loan origination *(Bank)* Kreditausreichung *f*, Kreditgewährung *f*
loan portfolio *(Bank)* Anleiheportefeuille *n*, Darlehensbestand *m*, Kreditvolumen *n*
loan recipient *(Bank)* Darlehensempfänger(in) *m(f)*
loan repayment *(Bank, Fin)* Darlehenstilgung *f*, Kreditrückzahlung *f*
loan shark *(Fin) (ugs.)* Kredithai *m*
loan stock 1. *(RW, WiWi)* festverzinsliche Wertpapiere *pl*; 2. *(Fin)* Schuldverschreibung *f*; 3. *(Börse)* Schuldverschreibung *f*, festverzinslicher Schuldtitel *m*
loan to value *(LTV) (Bank)* Beleihungsauslauf *m (ratio of the loan amount to the assessed value of a property; Quotient aus dem Darlehensbetrag zur Finanzierung von Immobilien im Verhältnis zum Beleihungswert einer Immobilie)*

loan value *(Fin, Versich)* Beleihungswert *m*; Kreditertrag *m*
loan write-off *(Bank)* Debitorenausfall *m*
loan yield *(Börse)* Anleiherendite *f*
loans in transit *(Bank, Fin)* durchlaufende Kredite *mpl*
loans to related companies *(RW)* Forderungen *fpl* gegen verbundene Unternehmen *(annual accounts)*
lobby *v (Pol)* über Interessengruppen Einfluss nehmen *(auf Abgeordnete, Politiker, Behörden usw.)*
lobby *(Pol)* Interessengruppe *f*, Interessenvertretung *f*, Lobby *f*
lobbyist *(Recht)* Lobbyist(in) *m(f)*
local *adj (Gen)* einheimisch, örtlich, vor Ort, lokal, Lokal
local authority *(Recht)* örtliche Behörde *f*, Kommunalbehörde *f*
local authority loan *(BE) (Fin)* Kommunalanleihe *f*, städtische Anleihe *f (issued by local government)*
local businesses *(Gen)* ortsansässige Unternehmen *npl*
local call *(Komm)* Ortsgespräch *n*
local conditions *(Mgt, WiWi)* Standortbedingungen *fpl*
local firm *(Gen)* ortsansässige Firma *f*, örtliches Unternehmen *n*
local government 1. *(Recht)* örtliche Verwaltung *f*, Kommunalverwaltung *f*, Kommunalregierung *f*; 2. *(Pol)* örtliche Behörden *fpl*, örtliche Gebietskörperschaft *f*
local labor *(AE) (Pers, WiWi) s.* local labour
local labour *(BE) (Pers, WiWi)* einheimische Arbeitskräfte *fpl*, ortsansässige Arbeitskräfte *fpl*
local line *(Komm)* Ortsleitung *f*
local loop *(Komm)* Amtsleitung *f*
local produce *(Gen)* heimisches Erzeugnis *n*
local rates *(BE) (Steuer)* Gemeindesteuern *fpl* auf Haus- und Grundbesitz
local rent *(WiWi)* ortsübliche Miete *f*
local tax *(Steuer)* Gemeindesteuer *f*, Kommunalsteuer *f*
local trade *(WiWi)* Platzhandel *m*
local workers *(WiWi)* einheimische [ortsansässige] Arbeitskräfte *fpl*
localize *v (Comp)* lokalisieren *(software)*
locally *adv (Gen)* örtlich, vor Ort
located *adj (Gen)* gelegen, stationiert
location *(Gen)* Standort *m*
location decision *(Gen, Mgt)* Standortentscheidung *f*
location factor *(Mgt, WiWi)* Standortfaktor *m*
location of production *(Ind, Mgt)* Produktionsstandort *m*
location of property *(Grund, Recht)* Belegenheit *f* eines Gegenstandes
locational *adj (Gen, Mgt)* standortmäßig
locational analysis *(Mgt, WiWi)* Standortanalyse *f*
locational conditions *(WiWi)* Standortbedingungen *fpl*
locational factor *(Mgt, WiWi)* Standortfaktor *m*
locational planning *(Mgt, WiWi)* Standortplanung *f*
lock *v* **in** *(Börse)* festlegen, festschreiben
lock *v* **out** 1. *(Börse)* ausschließen; 2. *(Pers)* aussperren *(strike)*
lock *v* **up** *(Fin)* binden *(funds)*
lock-out *(Gen, Pers)* Aussperrung *f (bei Streik)*
lock-up period *(Börse, Mgt, Steuer)* Lock-up-Frist *f*, Pflichthaltefrist *f* für Altaktionäre
lock-up time limit *(Börse, Mgt, Steuer)* Lock-up-Frist *f*, Pflichthaltefrist *f* für Altaktionäre
locked-in knowledge 1. *(WiWi)* gebundenes Fachwissen; 2. *(Ind)* standortgebundenes Wissen *n*
lockout *(Pers)* Aussperrung *f (bei Streik)*
lodge *v* **a claim** *(Recht)* eine Forderung anmelden
lodge *v* **a complaint with sb** *(Gen)* Beschwerde bei jmdm. einlegen
lodge *v* **an appeal** *(Steuer)* Rechtsmittel einlegen
log-in *(Comp, Komm)* Einloggen *n*, Anmeldung *f*
log-off *(Komm)* Ausloggen *n*, Abmeldung *f*
log-on *(Comp, Komm)* Einloggen *n*, Anmeldung *f*
log-out *(Comp, Komm)* Ausloggen *n*, Abmeldung *f*
login *(Comp, Komm)* Einloggen *n*, Anmeldung *f*
logistics *(Gen, Ind, Stat, Logis)* Logistik *f*
logo 1. *(Gen)* Firmenzeichen *n*, Logo; 2. *(V&M)* Firmenschriftzug *m*, Signum *n*
logoff *(Komm)* Ausloggen *n*, Abmeldung *f*
logon *(Comp, Komm)* Einloggen *n*,

Anmeldung *f*

logout *(Comp, Komm)* Ausloggen *n*, Abmeldung *f*

LOI *(Abk. für Letter of Intent) (Recht)* schriftliche Absichtserklärung *f*

lombard loan *(Bank, Fin)* Lombardkredit *m*

Lombard rate *(Bank)* Lombardsatz *m*

London Interbank Offered Rate *(LIBOR) (Bank, Börse)* Londoner Interbankangebotssatz *m*

long *adj (Gen)* lang • **be long in a currency** *(WiWi)* mit Devisen versorgt sein *(international trade)* • **go long** *(Börse)* Terminkontrakte kaufen, Wertpapiere kaufen • **in the long run** 1. *(Bank)* langfristig gesehen; 2. *(Gen)* auf lange Sicht • **in the long term** *(Bank, Gen, Versich)* langfristig • **over the long term** *(Gen)* auf lange Sicht

long bond *(Börse)* langfristige Schuldverschreibung *f*, Langläufer *m*

long butterfly call *(Börse)* Terminkaufoption *f (options)*

long butterfly put *(Börse)* Terminverkaufsoption *f (options)*

long calls *(Börse)* Terminkontraktkaufoptionen *fpl*

long-distance call *(Komm)* Ferngespräch *n*

long filename *(Comp)* langer Dateiname *m*

long-haul destination *(Logis)* Langstreckenziel *n*

long-haul strategy *(Logis)* Langstreckenstrategie *f*

long-lasting *adj (Gen)* dauerhaft

long lease *(Fin, Grund)* langjähriger Mietvertrag *m*, langjähriger Pachtvertrag *m*

long position *(Fin)* Hausseposition *f*

long-range forecast *(Gen)* Langzeitprognose *f*

long-range planning *(Gen)* Langfristplanung *f*

long-run *adj (Gen)* langfristig, Langzeit

long-run effect *(Gen)* Langzeitwirkung *f*

long straddle *(Börse)* langfristiger Straddle *m (options)*

long tail business *(Comp, Komm, V&M)* Long Tail-Geschäft *n*, Long Tail *m (Zusammenfassung dezentraler Nischenmärkte im Internet und Transformation in ein profitables Geschäftsmodell mit ausgefallenen, auch selten nachgefragten individuellen Nischenprodukten im Web 2.0; eine moderne Alternative zur herkömmlichen Vermarktung von Massenprodukten)*

long tail risk *(Versich)* Langfristrisiko *n*, langfristiges Risiko *n*, Schadennachlaufproblem *n*

long-term *adj (Gen)* langfristig, mit langer Laufzeit, Langzeit

long-term debt *(Fin)* langfristige Schuld *f*

long-term financing *(Fin)* langfristige Finanzierung *f*

long-term investment *(Fin)* langfristige Anlage *f*

long-term investments *(RW)* Wertpapiere *npl* des Anlagevermögens

long-term liability 1. *(RW)* langfristige Verbindlichkeit *f*, langfristige Verpflichtung *f (balance sheets)*; 2. *(Fin)* fundierte Schuld *f*

long-term loan *(Bank)* langfristiges Darlehen *n*

long-term planning *(Gen)* langfristige Planung *f*, Langfristplanung *f*

long-term trend 1. *(WiWi)* Langzeittrend *m*; 2. *(Gen)* langfristiger Trend *m*

long-term unemployed *(Pers, WiWi)* Langzeitarbeitslose *pl*

long-term unemployment *(Pers, WiWi)* langfristige Arbeitslosigkeit *f*

long wave *(WiWi)* langer Zyklus *m (Kondratieff cycle)*

longer-term *adj (Gen)* längerfristig

longer-term forecast *(Stat, WiWi)* längefristige Vorausschau *f*

longevity pay *(Pers)* Gehaltserhöhung *f* nach Dauer der Betriebszugehörigkeit

longevity risk *(Gen, Versich)* Langlebigkeitsrisiko *f*

longitudinal study *(Stat, WiWi)* Längsschnittuntersuchung *f (Untersuchung im zeitlichen Ablauf; Gegensatz: Querschnittuntersuchung)*

longitudinal survey *(Stat)* Längsschnitterhebung *f (Erhebung zu verschieden Zeitpunkten)*

longs *(Börse)* Langläufer *mpl*, langfristige Schuldtitel *mpl*

loophole *(Recht)* Gesetzeslücke *f*, *(ugs.)* Hintertürchen *n*

loose oligopoly *(WiWi)* weites Oligopol *n*

lose *v (Recht)* verlieren *(protection)*

lose *v* **ground** *(Gen)* an Boden verlieren *(in competition)*

lose *v* **one's job** *(Pers)* den Arbeitsplatz verlieren, seine Stelle verlieren
losing bargain *(WiWi)* Verlustgeschäft *n*
loss 1. *(Bank)* Verlust *m (capital)*; 2. *(Recht)* Verlust *m*
loss absorption *(RW, Fin)* Verlusttragung *f*, Verlustabdeckung *f*, Verlustabsorption *f (die Fähigkeit des Kapitals Verluste zu tragen ist ein Kriterium zur Unterscheidung zwischen Eigenkapital und Fremdkapital; IAS/IFRS; cf loss absorption approach)*; Verlustverrechnung *f*
loss absorption capacity *(Fin)* Verlustabsorptionsfähigkeit *f*, Verlusttragungsfähigkeit *f*, Verlustabdeckungsfähigkeit *f (die Definition für hartes Kernkapital nach Basel III orientiert sich nach der Entscheidung der G20-Staats- und Regierungschefs von 9/2009 an der Rechtsform statt problemadäquater am zentralen Kriterium der uneingeschränkten Verlustabsorptionsfähigkeit des zur Verfügung stehenden Eigenkapitals; vgl. CRD = Capital Requirements Directive = Eigenkapitalrichtlinie, die EU-Richtlinie zur Umsetzung der Eigenkapitalanforderungen = capital standards von Basel II in nationales Recht mit dem Ziel einer risikoadäquaten Allokation des aufsichtlichen Eigenkapitals; vgl. CAD = Capital Adequacy Directive = Kapitaladäquanz-Richtlinie; EU Bankaufsicht; BCBS, Basel III)*
loss aversion *(WiWi, Stat, Börse)* Verlustaversion *f*
loss carry-back *(RW, Steuer)* Verlustrücktrag *m (taxation)*
loss carry-forward *(RW, Steuer)* Verlustvortrag *m (taxation)*
loss compensation *(RW, Steuer)* Verlustausgleich *m*
loss contingency *(RW, Steuer)* Verlustrücklage *f (balance sheets)*
loss deduction *(Steuer)* Verlustabzug *m*
loss in purchasing power *(V&M, WiWi)* Kaufkraftverlust *m*, Kaufkrafteinbuße *f*
loss leader *(V&M)* Lockartikel *m*, Lockvogel *m (marketing)*
loss of custom *(V&M)* Kundenverlust *m*
loss of earnings *(Fin)* Ertragsausfall *m*
loss of job *(Pers)* Verlust *m* des Arbeitsplatzes, Arbeitsplatzverlust *m*, Wegfall *m* des Arbeitsplatzes
loss of pay *(Pers)* Lohnausfall *m*
loss of production *(Ind)* Produktionsausfall *m*
loss on exchange *(WiWi)* Wechselkursverlust *m*, Kurseinbuße *f*
loss on takeover *(WiWi)* Übernahmeverlust *m*
loss-pricing *(V&M)* Verkauf *m* unter Einstandspreis, Verlustpreissystem *n (marketing)*
loss provision *(RW)* Verlustrückstellung *f*
loss suffered *(Recht)* eingetretener Verlust *m*
losses carried forward *(RW)* Verlustvortrag *m*
lossmaker *(V&M)* Verlustbringer *m*
low *adj (Gen)* tief, niedrig • **be low on sth** *(Gen)* knapp sein an etw. • **with a low margin** *(V&M)* scharfkalkuliert
low *(WiWi)* Tiefstand *m*, Tiefstkurs *m*
low achiever *(Pers)* leistungsschwache Person *f*
low-cost *adj* 1. *(Gen)* kostengünstig; 2. *(Gen)* billig
low-cost carrier *(Logis) (ugs.)* Billigflieger *m*, Flugdiscounter *m*
low-cost housing *(Soz)* sozialer Wohnungsbau *m*, Sozialwohnung *f*
low earner *(Pers, Soz)* Geringverdiener(in) *m(f)*
low end of the market *(V&M)* Markt *m* der unteren Preisklasse, unterer Marktbereich *m*
low for the year *(Bank, Börse, Fin)* Jahrestiefstkurs *m*
low-geared *adj (Fin)* unterkapitalisiert
low-geared capital *(Fin)* zu kurze Kapitaldecke *f*
low-income *(Pers)* einkommensschwach
low-income household *(Soz, V&M)* Haushalt *m* mit geringem Einkommen
low-key *adj (Gen, V&M)* zurückhaltend, unaufdringlich
low-paid *adj (Pers)* geringbezahlt, weniger gut bezahlt • **the low-paid** *(Pers, Soz)* Geringverdiener *mpl*, Einkommensschwache *pl*
low pay *(Pers)* Niedriglohn *m*
low-pay sector *(Pers)* Niedriglohnsektor *m*, Niedriglohnbereich *m*
low productivity sector 1. *(WiWi)* Sektor *m* geringer Produktivität; 2. *(Gen)* Bereich *m* geringer Produktivität

(Niedriglohnsektor = low-wage sector)

low profile 1. *(Gen)* schwaches Geschäftsprofil *n*; 2. *(V&M)* Zurückhaltung *f*

low risk *(Börse, Fin)* niedriges Risiko *n*, geringes Risiko *n*

low-risk securities *(Börse)* risikoarme Wertpapiere *pl*

low season *(Gen)* Nebensaison *f*

low-skilled workers *pl (Pers)* geringqualifizierte Arbeitskräfte *pl*

low-tech *adj (Ind)* niedertechnologisch, mit weicher Technologie *(production)*

low-tech industry *(Ind)* Industrie *f* mit einfacher Technologie, Industrie *f* mit niedriger Technologie

low wage *(Pers)* Niedriglohn *m*

low-wage country *(Pers, Pol, Soz)* Niedriglohnland *n*, Billiglohnland *n*

low-wage earner *(Pers)* Niedriglohnbezieher(in) *m(f)*

low-wage job *(Pers)* Niedriglohnarbeitsplatz *m*

low-wage worker *(Gen)* Niedriglohnarbeiter(in) *m(f)*, Hilfsarbeiter(in) *m(f)*

low-yielding *adj (Börse)* niedrigverzinslich

lower *v (Gen)* herabsetzen, senken

lower *v* **the value** *(Gen)* den Wert mindern

lower class(es) *(Soz)* Unterschicht *f*

lower income bracket *(Steuer, WiWi)* untere Einkommensteuergruppe *f*, untere Einkommensstufe *f*

lower limit *(Pers, Soz)* Untergrenze *f*

lower quartile *(Stat)* unteres Quartil *n*

lower than average *(WiWi)* unterdurchschnittlich

lowest bidder *(Börse)* niedrigster Bieter *m*

lowest common denominator *(Gen)* kleinster gemeinsamer Nenner *m*

lowest level [point] *(Gen)* Tiefstpunkt *m*, Tiefststand *m*

lowest price 1. *(WiWi)* Tiefstpreis *m*; 2. *(Gen)* äußerster Preis *m*; 3. *(Börse)* niedrigster Preis *m*, Tiefstkurs *m*

lowest tender *(Gen)* preisgünstigstes Angebot *n*

loyalty *(Gen, V&M)* Loyalität *f (of customer, employee)*

loyalty discount *(V&M)* Treuerabatt *m*

Ltd. *s.* limited company

lucrative *adj (Gen)* lukrativ

lull *(Gen)* Flaute *f*

lumber industry *(AE) (Ind)* Holzindustrie *f*

lump *(Pers)* Masse *f*

lump sum 1. *(Fin, Gen, Pers)* Pauschalsumme *f*, Pauschalbetrag *m*; 2. *(Versich)* Depotzahlung *f*, Einmalzahlung *f*, Pauschale *f*

lump sum contribution *(Pers, Soz, Versich)* Pauschalbeitrag *m*, Pauschalabgabe *f*

lump sum fee *(Gen, Pers)* Pauschalgebühr *f*

lump-sum payment *(Pers, Soz, Versich)* Einmalzahlung *f*, Pauschalzahlung *f*

lump sum price *(Gen)* Pauschalpreis *m*

lump sum tax *(Steuer)* Pauschalsteuer *f*

lure *(V&M)* Lockartikel *m*

luxury tax *(Steuer)* Luxussteuer *f*

M

M1 *(BE) (WiWi)* enge Geldmengendefinition *f*, Geldvolumen *n* M1

M2 *(BE) (WiWi)* mittlere Geldmengendefinition *f*, Geldvolumen *n* M2

M3 *(BE) (WiWi)* weitgefasste Geldmengendefinition *f*, Geldvolumen *n* M3

Maastricht convergence criteria *(Pol, Recht, WiWi)* Maastricht-Konvergenzkriterien *npl (Preisstabilität, Schuldenstandsquote, Neuverschuldung des Staatshaushalts, Wechselkurs, nahezu ausgeglichener oder überschüssiger Haushalt; EU)*

Maastricht Treaty *(Recht, Pol) (ugs.)* Vertrag *m* von Maastricht, Maastricht-Vertrag *m*, Maastrichter Vertrag *m*, EUV *m*, EU-Vertrag *m*; *(frml)* Vertrag *m* über die Europäische Union *(frml: Treaty on European Union = TEU; unterzeichnet am 7.2.1992 in Maastricht, novelliert 1997 durch den Vertrag von Amsterdam, amended by Amsterdam Treaty in 1997; änderte den Vertrag von Rom = EG-Vertrag = Treaty vom 25.3.1957, seit dem 1.12.2009, dem Inkrafttreten des Lissabon-Vertrags = VvL = ToL = Treaty of Lisbon umbenannt in TFEU = AEUV = Vertrag über die Arbeitsweise der Europäischen Union = Treaty on the Functioning of the European Union)*

machine-based *adj (Comp)* maschinell
machine idle time *(Ind)* Brachzeit *f*
machine-readable code *(Comp)* maschinenlesbarer Code *m*
machinery 1. *(Ind, WiWi)* Maschinen *fpl*, Apparat *m*, Maschinenpark *m*, maschinelle Anlagen *fpl (in factory)*; 2. *(Recht)* Apparat *m (of law)*
macro virus *(Comp, Komm)* Makrovirus *n (infects documents)*
macroeconomic *adj (WiWi)* makroökonomisch
macroeconomic accounting *(RW, WiWi)* volkswirtschaftliche Gesamtrechnung *f*
macroeconomic policy *(WiWi)* Wirtschaftspolitik *f*
macroeconomics *(WiWi)* Makroökonomik *f*
macroprudential supervision *(Admin, Fin, Recht)* makroprudenzielle Aufsicht *f*, Systemaufsicht *f (Gegensatz: mikroprudenzielle Aufsicht = microprudential supervision = die Aufsicht über Einzelinstitute und Konzerne)*
made out in *(Bank)* ausgestellt in *(dollars)*
made-to-bearer instrument *(WiWi)* Inhaberpapier *n*
made-to-measure *adj (Ind)* maßgearbeitet, maßgeschneidert, nach Kundenangaben gefertigt *(tailoring)*
made-to-order *adj (V&M)* kundenspezifisch
magic quadrilateral *(WiWi)* magisches Viereck *n*
magic triangle *(WiWi)* magisches Dreieck *n (incompatibility between a stable price level, full employment and balanced foreign trade; Ausdruck für die Nichtvereinbarkeit der drei makroökonomischen Ziele Preisniveaustabilität, Vollbeschäftigung und außenwirtschaftliches Gleichgewicht; konfligierende Ziele)*
mail order *(Komm)* Mailorder *f*, Versandbestellung *f*, Versandhandel *m*
mail processing *(Admin, Komm)* Postbearbeitung *f*
mail transfer *(WiWi)* briefliche Auszahlung *f*, Postüberweisung *f*
mailbox 1. *(Admin, Komm) (AE)* Briefkasten *m*, *(AE)* Briefeinwurf *m*; 2. *(Comp, Komm)* Mail-Box *f*, elektronischer Briefkasten *m*
mailing 1. *(Komm)* Posteinlieferung; 2. *(V&M)* Postversand *m*, Mailing *n (advertising)*
mailing list *(Komm)* Adressenliste *f*, Postliste *f*, Verteiler *m*
main branch *(Gen)* Hauptstelle *f*
main business *(Gen)* Kerngeschäft *n*, Hauptgeschäft *n*
main earner *(Pers)* Hauptverdiener(in) *m(f)*
main job *(Pers)* Hauptberuf *m*, Haupttätigkeit *f*, Hauptbeschäftigung *f*
main partner *(Recht)* Hauptgesellschafter *m (of a partnership)*
main profession *(Pers)* Hauptberuf *m*
main residence *(Grund)* Hauptwohnsitz *m*
main rival *(Bank, V&M)* Hauptkonkurrent(in) *m(f)*
main road *(BE) (Logis)* Hauptstraße *f*
main source of income *(Soz)* Haupteinnahmequelle *f*, Haupteinkommensquelle *f*
main street *(AE) (V&M)* Haupteinkaufsstraße *f*, Hauptstraße *f*
main wage earner *(Pers)* Hauptverdiener(in) *m(f)*
mainstreaming 1. *(Recht, Pol)* Mainstreaming *n (EU: ein Themenbereich wird bei allen politischen Maßnahmen der EU vollständig berücksichtigt, z. B. ‚Mainstreaming der Umweltbelange' oder ‚gender mainstreaming' = Grundsatz der durchgehenden Beachtung des Geschlechteraspekts)*; 2. *(Soz) AE: Eingliederung lernbehinderter Kinder in Schulklassen*
maintain *v* 1. *(Admin)* unterhalten *(office)*; 2. *(Gen)* behaupten *(assert)*; 3. *(Recht)* unterhalten
maintaining jobs *(Pers)* Erhaltung *f* von Arbeitsplätzen, Sicherung *f* von Arbeitsplätzen
maintenance 1. *(Comp)* Wartung *f*; 2. *(Recht)* Unterhalt *m*; 3. *(Logis)* Wartung *f*
maintenance and repair work *(Gen)* Ausbesserungen *fpl*
maintenance costs *(Grund)* laufende Instandhaltungskosten *pl*
maintenance department *(Ind)* Instandsetzungsabteilung *f*, Wartungsabteilung *f*, Kundendienstabteilung *f*, Serviceabteilung *f (servicing)*

maintenance fee *(Bank)* Kontoführungsgebühr *f*
maintenance margin *(Börse)* Mindestsaldo *m* eines Nachschusskontos *(futures)*
maintenance of full employment *(Pers)* Aufrechterhaltung *f* der Vollbeschäftigung, Sicherung *f* der Vollbeschäftigung
maintenance of price stability *(WiWi)* Gewährleistung *f* der Preisstabilität
Majesty's Treasury/Her *(BE) (Pol)* Schatzamt *n*, Finanzministerium *n*
major *adj (Gen)* führend
major currency *(WiWi)* Leitwährung *f*, wichtige Währung *f*
major customer *(Gen)* Großkunde *m*, Großkundin *f*
major field of study *(Bil)* Hauptfach *n*, Hauptstudienfach *n*, Hauptstudienrichtung *f*
major holding *(Fin)* bedeutende Beteiligung *f*
majority 1. *(Gen, Pers, Pol)* Mehrheit *f*; 2. *(Recht)* Volljährigkeit *f (age)*; Mehrheit *f (greater number)*
majority decision *(Pol)* Mehrheitsentscheidung *f*
majority interest *(Börse, Gen)* Mehrheitsbeteiligung *f*
majority-owned subsidiary *(Recht)* Tochtergesellschaft *f (über 50 % Beteiligung)*
majority stake *(Gen)* Mehrheitsbeteiligung *f*, Mehrheitsanteil *m*
make *v* 1. *(Gen)* machen, erzielen; 2. *(Pat)* machen *(invention)*
make *v* **a bid** *(Gen)* bieten
make *v* **a check payable to sb** *(AE) (Bank)* s. make a cheque payable to sb
make *v* **a cheque payable to sb** *(BE) (Bank)* einen Scheck auf jmdn. ausstellen
make *v* **a deal** *(WiWi)* sich arrangieren
make *v* **a decision** *(Gen, Mgt)* eine Entscheidung fällen, eine Entscheidung treffen
make *v* **a donation** *(Soz, Steuer)* spenden
make *v* **a down payment** *(Bank, WiWi)* Anzahlung leisten
make *v* **a living** *(WiWi)* seinen Lebensunterhalt verdienen
make *v* **a loan** *(Bank)* ein Darlehen gewähren
make *v* **a market** *(Börse)* Geld- und Briefkurse stellen, einen Markt *m* machen
make *v* **a profit** *(Bank, RW)* Gewinn erzielen, *(ugs.)* Gewinn machen
make *v* **allowances for** *(Gen)* Zugeständnisse machen *(exceptional occurrences)*
make *v* **amends** *(Recht)* wiedergutmachen
make *v* **an advance** *(Gen)* einen Vorschuss zahlen
make *v* **an advance payment** *(Gen)* Anzahlung leisten, eine Vorauszahlung leisten
make *v* **an application for** 1. *(Gen)* einen Antrag stellen auf; 2. *(Pers)* sich bewerben um
make *v* **an arrangement** *(Gen)* eine Vereinbarung treffen
make *v* **an entry of s.th.** *(RW)* etwas buchen, etwas verbuchen, etwas einbuchen
make *v* **an offer** *(Gen)* Angebot unterbreiten
make *v* **available** *(Gen)* bereitstellen *(money)*
make *v* **enquiries** *(Mgt, V&M)* Erkundungen einziehen
make *v* **full use of sth** *(Gen)* etw. auslasten, etw. voll nutzen
make *v* **further enquiries** *(Gen)* nachhaken
make *v* **gains** 1. *(RW)* Gewinn machen; 2. *(Börse)* Gewinne erzielen
make *v* **out** *(Gen)* ausstellen *(invoice, cheque, receipt)*
make *v* **payable to** *(Bank)* ausstellen auf
make *v* **profits** *(RW)* Gewinn machen
make *v* **public** *(Gen)* bekanntmachen
make *v* **redundant** *(Pers)* entlassen, freisetzen
make *v* **sense** *(Gen)* sinnvoll sein, Sinn machen
make *v* **up** 1. *(Bank)* abschließen, aufstellen *(account)*; 2. *(WiWi)* ausgleichen, decken *(deficit)*; 3. *(Gen)* anfertigen, ausgleichen *(list)*; aufholen *(lost time)*
make *v* **up for** *(Gen)* kompensieren *(compensate)*
make *v* **use of** *(Gen)* benutzen, verwenden
make *v* **work pay** *(Pol, WiWi)* Arbeit muss sich lohnen, Arbeit soll sich lohnen

(strategic approach to unemployment; mit Arbeit soll man sich besser stellen als beim Bezug von Sozialtransfers)
make *(Gen)* Fabrikat *n*, Sorte *f (of machine)*
make-or-buy decision *(Gen)* Entscheidung *f* über Eigenfertigung oder Kauf
make-work *(AE) (WiWi)* Arbeitsbeschaffung *f*
maker 1. *(Gen)* Hersteller(in) *m(f)*; 2. *(Ind)* Erzeuger(in) *m(f)*, Fabrikant(in) *m(f)*, Produzent(in) *m(f)*; 3. *(Recht)* Aussteller(in) *m(f) (of a note)*
makeshift *adj (Gen)* behelfsmäßig
makeshift solution *(Gen)* Notlösung *f*
making 1. *(Pers)* Schaffung *f (of a position)*; 2. *(Ind)* Fabrikation *f (of product)* • **have the makings of** *(Gen)* das Zeug haben für
making up *(Bank)* Aufstellung *f*, Abschluss *m (of accounts)*
making up for losses *(RW)* Verlustausgleich *m*
mala fide *adj (Recht)* bösgläubig, in böser Absicht, malafide
maliciously *adv (Recht)* böswillig
malingerer *(Pers)* Simulant(in) *m(f)*, Scheinkranke(r) *f(m)*
malperformance *(Recht)* Schlechterfüllung *f (contracts)*
malpractice *(Recht)* Verletzung *f* der Berufspflicht *(doctor, lawyer)*
mammoth *adj (Gen)* riesengroß • **on a mammoth scale** *(Gen)* auf breitester Basis
man *v (Pers)* bemannen, mit Personal besetzen
man-hour *(Mgt)* Arbeitsstunde *f*, Mannstunde *f*
man-made *adj (Ind)* künstlich, nachgemacht, synthetisch
man-made material *(Ind, Umwelt)* Kunststoff *m*
manage *v* 1. *(Gen)* verwalten, bewerkstelligen, leiten *(supervise)*; *(ugs.)* manipulieren *(manipulate)*; 2. *(Recht)* verwalten; 3. *(Mgt)* leiten, führen, managen
managed account *(RW)* treuhänderisch verwaltetes Konto *n*
managed economy *(Pol, WiWi)* Planwirtschaft *f*
managed floating system *(WiWi)* schmutziges Floating *n*, schmutziges Floaten *n*
management 1. *(Admin)* Management *n*, Verwaltung *f*; 2. *(Fin)* Gewinn *m*, Liquidität *f*, Management *n*; 3. *(Gen)* Unternehmensführung *f*, Leitung *f*; 4. *(Mgt)* Führung *f*, Unternehmensführung *f*, Unternehmensleitung *f*, Verwaltung *f*, Bewirtschaftung *f*
management audit *(Pers, RW)* Leistungsbeurteilung *f* und -bewertung *f* von Führungskräften
management board 1. *(Recht)* Verwaltungsrat *m*, Board *n*; Vorstandsgremium *n*, Leitungsgremium *n (im einstufigen angloamerikanischen Board-System = board system = single--tier management system; EU)*; 2. *(Recht, Mgt)* Vorstand *m (in the two-tier board system with a management board and separately a supervisory board = Aufsichtsrat; im deutschen zweistufigen Leitungssystem, bestehend aus Geschäftsführung/ Vorstand = board of management und Aufsichtsrat = supervisory board)*
management buy-in *(MBI) (Börse, Fin, Mgt)* Management-Buy-in *n (Unternehmenskauf durch ein externes Management)*
management buy-out *(MBO) (Fin, Mgt, WiWi)* Management-Buy-out *n (Unternehmensübernahme durch das eigene Management des erworbenen Unternehmens)*
management by alternatives *(Mgt) Führungsidee, die darauf fokussiert ist, dass nur unter Berücksichtigung alternativer Lösungsansätze eine optimale Wahl der Mittel möglich ist*
management by breakthrough *(Mgt)* Führung per Strukturbruch *(Idee: ohne das Aufbrechen bestehender Strukturen sind keine grundlegenden Veränderungen erreichbar; Vorläufer des Business Process Reengineering, von dem sich manche heute wieder Quantensprünge erhoffen)*
management by communication and participation *(Mgt)* Führung *f* durch Kommunikation und Mitarbeiterbeteiligung
management by control and direction *(Mgt)* autoritärer Führungsstil *m (setzt auf klare Vorgaben und Anweisungen plus Ausführung)*

management by delegation *(MbD) (Mgt)* Führung *f* durch Aufgabendelegation *(mit begrenzter Übertragung von Entscheidungsfreiheit und Verantwortung; ähnlich das ältere Harzburger Modell: Führung im Mitarbeiterverhältnis; statisches Führungskonzept)*
management by exception *(MbE) (Mgt)* Führung *f* durch Abweichungskontrolle, Führung *f* im Ausnahmefall, Management *n* nach dem Ausnahmeprinzip, Management *n* by Exception, MbE *n (without feed forward = ohne Vorkopplung; Idee: nur nach festgestellter Abweichung vom Toleranzwert erfolgt ein Eingriff)*
management by objectives *(MbO) (Mgt)* Führung *f* durch Zielvereinbarung, zielgesteuerte Unternehmensführung *f*, Management *n* nach Zielvorgabe(n), Management *n* by objectives *(das mehrdimensionale Führungskonzept integriert wichtige Elemente des Harzburger Modells, d.h. von MbD und MbE)*
management by participation *(Mgt)* Führung *f* durch Mitarbeiterbeteiligung
management by results *(Mgt)* ergebnisorientierte Führung *f*
management by system *(MbS) (Mgt)* Führung *f* durch Systemsteuerung, Führung *f* per Delegation und Selbstregelung *(integriertes Management-Planungs-, -Informations- und -Control-System, mit weitgehender Informatisierung und Entscheidungsdezentralisation, Integration von MbE, MbD und MbO; die reale Utopie der Systemplaner und -vertreiber)*
management-by techniques *(Mgt)* Management-by-Techniken *fpl (e. g. MbD, MbE, MbO and many others; meist mit Fokussierung auf einem herausgehobenen Aspekt des Führungsprozesses)*
management consultant *(Comp, Mgt)* Unternehmensberater(in) *m(f)*
management fee 1. *(Bank)* Führungsprovision *f*, Vermögensverwaltungsgebühr *f*, Verwaltungsgebühr *f*; 2. *(Börse)* Konsortialgebühr *f (managing portfolio)*
management game *(Mgt)* Planspiel *n*
management information system *(Comp, Mgt)* Führungsinformationssystem *n*, Management-Informationssystem *n*, MIS
management level *(Pers)* Leitungsebene *f*, Führungsebene *f*
management position *(Mgt, Pers)* Führungsposition *f*
management principles *(Mgt, WiWi)* Führungsgrundsätze *mpl*
management ratio 1. *(Pers)* Verhältnis *n* der leitenden Angestellten zur Belegschaft; 2. *(Mgt)* Leitungsverhältnis *n*
management reshuffle *(Mgt)* Leitungsumbildung *f*
management skills *(Mgt)* Führungsqualitäten *fpl*
management staff 1. *(Pers)* Führungskräfte *fpl*; 2. *(Mgt)* Führungskräfte *fpl*, Führungspersonal *n*
management technique *(Mgt)* Führungsinstrument *n*, Leitungsmethode *f*, Managementtechnik *f*
manager 1. *(Gen)* Direktor(in) *m(f)*, Verwalter(in) *m(f)*; 2. *(Pers)* Leiter(in) *m(f)*, Manager(in) *m(f)*; 3. *(Recht)* Verwalter(in) *m(f)*; 4. *(Mgt)* Betriebsleiter(in) *m(f)*, Geschäftsführer(in) *m(f)*
manageress 1. *(Gen)* Direktorin *f*, Verwalterin *f*; 2. *(Pers)* Leiterin *f*, Managerin *f*; 3. *(Recht)* Verwalterin *f*; 4. *(Mgt)* Betriebsleiterin *f*, Geschäftsführerin *f*
managerial *adj (Mgt)* betrieblich, geschäftlich, leitend
managerial accounting *(RW)* entscheidungsorientiertes Rechnungswesen *n*
managerial level *(Pers)* Leitungsebene *f*, Führungsebene *f*
managerial skills *(Mgt, Pers)* Führungseigenschaften *fpl*, Führungsqualitäten *fpl*
managerial staff *(Mgt, Pers)* Führungskräfte *fpl*
managing *adj* 1. *(Admin)* geschäftsführend, leitend; 2. *(Gen)* verwaltend
managing director 1. *(Gen)* Geschäftsführer(in) *m(f)*; 2. *(Pers)* Generaldirektor(in) *m(f)*, Vorsitzende(r)

f(m) des Vorstandsgremiums; 3. *(Mgt)* Hauptgeschäftsführer(in) *m(f)*
managing partner *(Pers)* geschäftsführender Gesellschafter *m*, geschäftsführende Gesellschafterin *f*
mandant *(RW)* Auftraggeber(in) *m(f)*
mandarin *(Pol) (ugs.)* Apparatschik *m*, *(ugs.)* Bonze *m (government)*
mandate 1. *(Gen)* Vollmacht *f*, Geschäftsbesorgungsvertrag *m*; 2. *(Recht)* Mandat *n*, Vollstreckungsbeschluss *m*
mandatory *adj (Recht)* zwingend, obligatorisch *(obligatory)*
mandatory *(Recht)* Beauftragte(r) *f(m)*
mandatory formal requirement *(Bank, Recht)* zwingendes Formerfordernis *n*
mandatory provision *(Versich)* Mussvorschrift *f*, unabdingbare Bestimmung *f*
mandatory retirement *(AE) (Pers)* Zwangspensionierung *f*
manipulate accounts *(RW) (ugs.)* die Bücher frisieren
manipulate the market *(Börse)* Börsenkurse manipulieren
manpower *(Gen, Mgt, Pers)* Mitarbeiter *mpl*, Personalbestand *m*
manpower audit *(Pers, RW)* Beurteilung *f* von Personal
manpower costs *(RW)* Lohnkosten *pl*
manpower-hour *(Pers)* Arbeiterstunde *f*, Arbeitskräftestunde *f*
manpower management 1. *(Pers)* Personalverwaltung *f*, Personalwirtschaft *f*; 2. *(Mgt)* Arbeitskräfteeinsatz *m*
manpower supply *(Pers)* Arbeitskräfteangebot *n*, Angebot *n* an Arbeit(skräften)
manual *adj (Gen, Pers)* manuell
manual *(Gen)* Handbuch *n (reference)*
manual skill *(Pers)* manuelle Fertigkeit *f*
manual work *(Pers)* körperliche Arbeit *f*
manual worker *(Pers)* Arbeiter(in) *m(f)*
manufacture *v (Ind)* erzeugen, herstellen, fertigen, produzieren
manufacture *(Ind)* Erzeugnis *n*, Produkt *n* *(product)*; Erzeugung *f*, Fertigung *f*, Herstellung *f (production)*
manufactured *adj* 1. *(Gen)* hergestellt; 2. *(Ind)* produziert, prod.
manufactured goods *(WiWi)* Industriegüter *npl*
manufacturer 1. *(Gen)* Hersteller(in) *m(f)*; 2. *(Ind)* Erzeuger(in) *m(f)*, Fabrikant(in) *m(f)*, Herstellerfirma *f*, Produzent(in) *m(f)*
manufacturer's recommended price *(V&M)* Herstellerrichtpreis *m (sales)*
manufactures *(WiWi)* Industriegüter *npl*
manufacturing *(Ind)* Fabrikation *f*, Herstellung *f*, Verarbeitung *f*
manufacturing capacity *(Ind)* Fabrikationskapazität *f*, Fertigungskapazität *f*, Produktion(skapazität) *f*
manufacturing cost *(RW)* Fertigungskosten *pl*, Produktionskosten *pl (profit and loss account)*
manufacturing costs 1. *(WiWi)* Fertigungskosten; 2. *(Ind)* Erzeugungskosten *pl*
manufacturing expenses *(RW)* Herstellungskosten *pl*
manufacturing industry *(Ind)* Fertigungsindustrie *f*, (weiter)verarbeitende Industrie *f*
manufacturing overheads 1. *(RW)* Herstellungskosten; 2. *(WiWi)* Fertigungsgemeinkosten *pl*, Fertigungskosten *pl*
manufacturing price *(Gen)* Herstellerpreis *m*
manufacturing risk *(Imp/Exp, Versich)* Herstellungsrisiko *n*, Fabrikationsrisiko *n (Risiko vor Versendung der Ware)*
manufacturing sector 1. *(WiWi)* Fertigungsbereich *m*; 2. *(Ind)* Produktionssektor *m*, Produktionszweig *m*
manufacturing wages *(RW, WiWi)* Fertigungslöhne *mpl*
margin 1. *(RW)* Gewinnspanne *f*, Margenaufschlag *m*, Handelsspanne *f*; 2. *(Admin)* Marge *f*, Spanne *f*; 3. *(Comp)* Seitenrand *m (printed page)*; 4. *(Media)* Papierrand *m*, Rand *m*, Satzrand *m*, Satzkante *f*, Seitenrand *m (printed page)*; 5. *(V&M)* Rand *m (printed page)*; Handelsspanne *f*, Gewinnspanne *f*, Verdienstspanne *f (difference)*; 6. *(Börse)* Marge *f*, Einschuss *m*, Einschusszahlung *f*, Sicherheitsleistung *f*, Eigenleistung *f (futures)* • **on margin** *(Börse, Fin)* kreditfinanziert *(purchase)*
margin account *(Börse)* Effektenkreditkonto *n*, Einschusskonto *n*
margin between the rates of interest

(WiWi) Zinsspanne *f*, Differenz *f* zwischen Zinssätzen
margin call *(Börse)* Nachschussforderung *f*
margin for wage increases *(Pers)* Spielraum *m* für Lohnerhöhungen
margin of error 1. *(RW)* Sicherheitsspanne *f*, Spielraum *m*; 2. *(Admin)* Fehlergrenze *f*
margin of fluctuation *(Fin)* Bandbreite *f*, Schwankungsbreite *f*
margin of profit *(RW)* Gewinnspanne *f*
margin of safety *(Fin, Pers)* Sicherheitszuschlag *m*
marginal *adj (Gen)* marginal, Grenz
marginal accounts *(WiWi)* schlechte Adressen *fpl*
marginal analysis 1. *(RW)* Grenzwertanalyse *f*; 2. *(Fin)* Grenzbetrachtung *f*, Marginalanalyse *f*
marginal cost *(WiWi)* Grenzkosten *pl*, marginale Kosten *pl*
marginal cost curve *(WiWi)* Grenzkostenkurve *f*
marginal cost of labour *(WiWi, Pers)* Grenzkosten *pl* der Arbeit
marginal cost pricing *(WiWi)* Grenzplankostenkalkulation *f*
marginal costing 1. *(Fin, RW)* Grenzkostenrechnung *f*, Direct Costing *n (synonymous: direct costing)*; 2. *(WiWi)* Grenzplankostenrechnung *f*, Deckungsbeitragsrechnung *f*, Teilkostenrechnung *f (opposite: full costing = Vollkostenrechnung)*
marginal efficiency of capital *(WiWi)* Grenzleistungsfähigkeit *f* des Kapitals
marginal firm *(WiWi)* Grenzbetrieb *m*, Grenzproduzent *m*
marginal income tax rates *(Steuer)* marginale Einkommenssteuersätze *mpl*
marginal lending rate *(Bank)* Spitzenrefinanzierungssatz *m (ECB)*
marginal part-time workers *(Pers)* geringfügig Beschäftigte *pl*
marginal physical product *(WiWi)* physisches Grenzprodukt *n*
marginal pricing 1. *(RW)* Grenzkostenrechnung *f*, marginale Preisfestsetzung *f*; 2. *(WiWi)* Grenzpreisbildung *f*; 3. *(V&M)* kostendeckende Preisfestsetzung *f*
marginal product *(Ind)* Grenzprodukt *n*
marginal product of labor *(AE) (WiWi) s.* marginal product of labour
marginal product of labour *(BE) (WiWi)* Grenzprodukt *n* der Arbeit
marginal productivity *(WiWi)* Grenzproduktivität *f*
marginal profit *(WiWi)* Grenzerlös *m*, Grenzumsatz *m*
marginal propensity to consume *(WiWi)* marginale Konsumquote *f*
marginal propensity to invest *(WiWi)* marginale Investitionsquote *f*
marginal propensity to save *(WiWi)* marginale Sparquote *f*
marginal rate *(WiWi)* Grenzkurs *m*
marginal rate of substitution *(WiWi)* Grenzrate *f* der Substitution
marginal rate of transformation *(WiWi)* Grenzrate *f* der Transformation
marginal return *(WiWi)* Grenzertrag *m*
marginal return on capital *(Fin)* Grenzertrag *m* des investierten Kapitals
marginal revenue *(WiWi)* Grenzerlös *m*
marginal tax rate *(Steuer)* Grenzsteuersatz *m*
marginal utility *(WiWi)* Grenznutzen *m*
marginal worker *(Pers, Soz)* Arbeitnehmer(in) *m(f)* der Randbelegschaft *(Arbeitnehmer, der nicht in einem festen, ununterbrochenen Beschäftigungsverhältnis mit nur einem Arbeitgeber steht)*
marginal yield *(WiWi)* Grenzertrag *m*
mark *v (Gen)* bezeichnen
mark *v* **down** *(V&M)* herabsetzen, reduzieren *(price)*
mark *v* **to the market** *(RW)* zum aktuellen Preis [Kurs] bewerten
mark *v* **up** *(V&M)* höher auszeichnen, heraufsetzen *(price)*
mark *(Pat)* Eigentumszeichen *n*, Fabrikmarke *f*, Fabrikzeichen *n*, Handelsmarke *f*, Handelszeichen *n*, Marke *f*, Schutzmarke *f*, Schutzzeichen *n*, Warenmarke *f*, Warenzeichen *n*
mark-up 1. *(Fin)* Preiserhöhung *f*; 2. *(V&M)* Preisaufschlag *m*, Aufschlag *m (price)*; Preisheraufsetzung *f*, Preiserhöhung *f (sales, margin)*
mark-up pricing 1. *(WiWi)* Vollkostenkalkulation *f*; 2. *(V&M)* Zuschlagskalkulation *f*
marked to market *adj (Börse, WiWi)* zum letzen Börsenkurs bewertet
market *v (Gen, V&M)* vertreiben, auf den Markt bringen

market 1. *(V&M, WiWi)* Markt *m*; 2. *(Börse)* Börse *f* • **at market** *(Börse)* zum letzten Kurs, bestens *(price)* • **at the market call** *(Börse)* zur Börsenkursnotierung • **at the market price** 1. *(Fin)* zu Marktpreisen; 2. *(Börse)* zum Börsenkurs • **away from the market** *(Börse)* außerhalb der Börse • **come onto the market** *(V&M)* auf den Markt kommen • **on the market** *(Grund)* auf dem Markt
market access *(V&M, WiWi)* Marktzugang *m*
market anticipation *(V&M)* Markterwartung *f*
market area *(V&M)* Absatzgebiet *n*, Marktbereich *m*
market basket *(WiWi)* Warenkorb *m* *(commodities)*
market capitalization *(Börse)* Börsenkapitalisierung *f*, Marktkapitalisierung *f*
market capitalization of the shares of a company *(Börse, Fin)* Börsenkurswert *m* der Aktien einer Gesellschaft, Börsenwert *m* einer Gesellschaft, Marktkapitalisierung *f* einer Gesellschaft
market coverage *(V&M)* Marktanteil *m*, Absatzbereich *m*
market day *(Börse)* Börsentag *m*
market dealing *(Fin)* Börsenhandel *m*
market demand *(WiWi)* Gesamtnachfrage *f*, Marktnachfrage *f*
market distortion *(WiWi)* Marktverzerrung *f*
market domination *(V&M)* Marktbeherrschung *f*
market-driven *adj (Gen, V&M)* marktbestimmt, marktgetrieben
market economy *(WiWi)* Marktwirtschaft *f*
market entry *(V&M)* Marktzugang *m*, Markteinstieg *m*
market failure *(WiWi)* Marktmängel *mpl*, Marktversagen *n*
market fluctuations *(WiWi, V&M)* Marktschwankungen *fpl*
market forces *(V&M, WiWi)* Marktkräfte *fpl*
market gap *(V&M)* Marktlücke *f*
market leader *(Gen, V&M)* Marktführer *m*
market maker *(Börse)* Marktmacher *m*, Market Maker *m*, Primärhändler *m*
market monitoring *(V&M, WiWi)* Marktüberwachung *f*
market niche *(V&M)* Marktlücke *f*
market-oriented *adj (V&M, WiWi)* marktorientiert
market outperformer *(Börse)* Marktführer *m*
market penetration *(V&M)* Marktdurchdringung *f*, Marktpenetration *f*
market power *(WiWi)* Marktmacht *f*
market price *(Gen, V&M, WiWi)* Marktpreis *m*, Marktwert *m*, Tageskurs *m* • **at the market price** 1. *(Fin)* zu Marktpreisen; 2. *(Börse)* zum Börsenkurs
market pull *(WiWi)* Markt--Nachfrageimpulse *mpl*, Nachfrageimpuls *m*
market rate *(Börse)* Effektivverzinsung *f*
market rate of interest *(WiWi)* Marktzins *m*, Effektivzins *m*
market regulation 1. *(Bank, Börse)* Marktpflege *f*; 2. *(Pol, WiWi)* Marktregulierung *f*
market-related valuation *(Bank, Börse, WiWi)* marktnahe Bewertung *f*
market research *(V&M)* Marktforschung *f*
market risk premium *(Börse)* Marktrisikoprämie *f*
market saturation *(Gen, V&M)* Marktsättigung *f*
market-sensitive *adj* 1. *(V&M)* marktempfindlich; 2. *(Börse)* marktreagibel
market share *(Gen, V&M)* Marktanteil *m*
market sharing *(V&M, WiWi)* Marktaufteilung *f*
market system *(WiWi)* Marktwirtschaft *f*
market target selection *(V&M)* Zielgruppenauswahl *f*
market transparency *(Gen, V&M)* Markttransparenz *f*
market trend 1. *(WiWi)* Preistendenz *f*; 2. *(Gen)* Markttrend *m*
market value 1. *(RW)* Tageswert *m*, Zeitwert *m*, Marktwert *m (balance sheets)*; 2. *(Fin)* Verkehrswert *m*, Börsenwert *m*, Kurswert *m*; 3. *(V&M)* Marktwert *m*
marketable *adj* 1. *(Gen)* verkäuflich; 2. *(V&M)* marktfähig; 3. *(Börse)* börsenfähig *(shares)*
marketable equities *(Börse)* börsengängige Dividendenwerte *mpl*
marketable securities 1. *(RW)*

Wertpapiere *npl* des Umlaufvermögens; 2. *(Bank, Gen)* börsengängige Wertpapiere *npl*, verkehrsfähige Wertpapiere *npl*

marketable title *(Grund)* Eigentumsrecht *n*, rechtsmängelfreier Grundbesitz *m*

marketing *(V&M)* Absatzlehre *f*, Marketing *n*

marketing and sales *(V&M)* Marketing *n* und Vertrieb *m*

marketing authorization *(V&M)* Marktzulassung *f (for pharmaceuticals)*

marketing channel *(V&M)* Absatzkanal *m*

marketing costs *(V&M)* Vertriebskosten *pl*

marketing department *(V&M)* Vertriebsabteilung *f*

marketing manager 1. *(Pers)* Absatzleiter(in) *m(f)*, Marketingdirektor(in) *m(f)*; 2. *(Mgt)* Marketingdirektor(in) *m(f)*

marketing mix *(V&M)* Marketingmix *m*

marketing objective *(V&M)* Absatzziel *n*

marketing of products *(V&M, WiWi)* (Produkt-)Vermarktung *f*

marketing research *(V&M)* Marktforschung *f*, Absatzanalyse *f*

marketplace 1. *(Gen)* Marktplatz *m*; 2. *(V&M)* Markt *m*

marking 1. *(Fin)* Kennzeichnung *f*, Kursfeststellung *f*, Kurskennzeichen *n*, Notierung *f*; 2. *(Gen)* Beschriftung *f*

marking down *(V&M)* Preisherabsetzung *f*, Preissenkung *f*, Reduzierung *f*

marking to market approach *(Fin, RW)* Marktbewertungsansatz *m*

marking up *(Börse)* Preisanhebung *f*, Anheben *n*

markup language *(Comp)* Markierungssprache *f*, Bezeichnersprache *f*, Textauszeichnungssprache *f*

Marshall Plan *(Pol, WiWi)* Marshall-Plan *m (European Recovery Program, ERP)*

Maslow's hierarchy of needs *(Mgt)* maslowsche Bedürfnispyramide *f (motivation theory)*

mass *(V&M)* Masse *f*

mass layoff *(Pers)* Massenfreisetzung *f*, Massenentlassung *f*

mass-produced *adj (Ind)* in Großserie hergestellt, serienmäßig hergestellt

mass-produced goods *pl (Ind)* Massengüter *npl*

mass production *(Ind)* fabrikmäßige Herstellung *f*, Massenfertigung *f*, Massenproduktion *f*, Mengenfertigung *f*, Großserienanfertigung *f*, Serienproduktion *f*, serienmäßige Herstellung *f*

mass redundancy *(Pers)* Massenentlassung *f*

mass unemployment *(WiWi)* Massenarbeitslosigkeit *f*

massage *v* 1. *(RW) (ugs.)* frisieren; 2. *(Fin)* manipulieren *(figures)*

massive *adj (Gen)* groß

master budget *(RW)* Gesamtbudget *n*

master document *(Comp)* Ursprungsbeleg *m*

master file 1. *(Comp)* Stammdatei *f*; 2. *(Gen)* Hauptdatei *f*

Master of Arts *(Edu)* Magister *m (geisteswissenschaftliche Fächer)*; Diplom *n*, Hochschul-Diplom *n*

Master of Business Administration *(MBA) (Bil, Pers)* Diplom-Betriebswirt(in) *m(f)*, Diplomkaufmann *m*, Diplom-Kaufmann *m*, Diplomkauffrau *f*, Diplom-Kauffrau *f*, Master *m*, MBA *m*, Magister *m* der Betriebswirtschaft

Master of Science (Engineering) *(Bil, Pers)* Diplom-Ingenieur *m*

Master of Science (Industrial Engineering) *(Bil, Pers)* Diplom-Wirtschaftsingenieur *m*

master plan *(Mgt, WiWi)* Gesamtplan *m*, Rahmenplan *m*

masters program *(Edu)* Masterstudiengang *m*

match *v* 1. *(Gen)* entsprechen, übereinstimmen, sich decken *(results of previous year)*; 2. *(V&M)* mithalten können mit *(contend with)*

matching *adj (V&M)* zusammenpassend

matching *(Comp, Gen)* Abgleich *m* von Daten, Datenabgleich *m*

matching maturities *(Bank, Fin, RW)* Fristenkongruenz *f*

matching of data *(Comp, Gen)* Abgleich *m* von Daten, Datenabgleich *m*

matching principle *(AE) (RW)* Grundsatz *m* der Periodenabgrenzung, Kongruenzprinzip *n (costs with revenues)*

matching supply and demand *(WiWi)* Ausgleich *m* von Angebot und Nachfrage

material *adj* 1. *(Gen)* materiell

(significant); 2. *(Recht)* wesentlich
material 1. *(Gen)* Substanz *f*, Rohstoff *m*; 2. *(Ind)* Werkstoff *m*, Grundstoff *m*; 3. *(Media)* Material *n (information)*
material alteration *(Recht)* wesentliche Änderung *f* des Inhalts [Vertragsinhalts] *(of contract)*
material barrier *(WiWi)* materielles Handelshemmnis *n*
material circumstances *(Recht, Versich)* rechtserhebliche Umstände *mpl*, wesentliche Umstände *mpl*
material damage *(Recht, Versich)* Sachschaden *m*
material good *(WiWi)* materielles Gut *n*
material interest *(Steuer, WiWi)* wesentliche Beteiligung *f (in a company)*
materiality *(RW)* Bilanzierungsgrundsatz *m* der Wesentlichkeit, Erheblichkeit *f*, Wesentlichkeit *f (accounting reports)*
materiality flow system *(WiWi)* Materialflusssystem *n*
materiality handling *(Gen)* Materialtransport *m*
maternity allowance *(Pers)* Mutterschaftsgeld *n*
mathematics of finance [investment] *(Fin, WiWi)* Finanzmathematik *f (applied mathematics, e. g. using time-weighted methods of investment analysis; Teilbereich der angewandten Mathematik, berücksichtigt mit der Verwendung dynamischer Verfahren die zeitliche Verteilung der Zahlungen durch Auf- und Abzinsung)*
matrix form/in *(Stat)* in Matrixdarstellung
matrix organization *(Mgt, Stat)* Matrixmanagement *n*, Matrixorganisation *f*
matter *(Gen)* Angelegenheit *f* • **the matter is sub judice** *(Recht)* die Angelegenheit ist rechts(an)hängig
matter at hand *(Gen)* vorliegende Sache *f*
matter in dispute *(Recht)* Streitgegenstand *m*
mature *adj* 1. *(Bank, Fin)* abgelaufen, verfallen; 2. *(Gen)* fällig *(debt)*; reif *(person)* • **become mature** *(Bank)* fällig werden
mature market *(V&M)* gesättigter Markt *m*
matured *adj (Börse)* fällig
matured bonds *(Börse)* fällige Obligationen *fpl*, fällige Schuldverschreibungen *fpl*
maturing security *(Börse)* Wertpapier *n* mit kurzer Restlaufzeit
maturity 1. *(Bank)* Fälligkeit *f*, Verfall *m*; 2. *(Fin)* Fristigkeit *f*, Laufzeit *f* • **at maturity** *(Börse, Fin)* bei Fälligkeit, zum Fälligkeitstermin • **on maturity** *(Börse, Fin)* bei Fälligkeit
maturity date *(Fin)* Verfall *m (bill of exchange, Wechsel)*
maturity risk *(Fin)* Fristenrisiko *n (risk of a maturity gap, Anschlussfinanzierungsrisiko)*
maturity transformation *(Fin)* Fristentransformation *f*
maturity value *(Bank, WiWi)* Fälligkeitswert *m*
maturity/with identical *(Fin, WiWi)* laufzeitkongruent *adj*
maturity yield *(Börse)* langfristige Rendite *f (bond)*
maximize *v (Fin, Gen, RW)* maximieren
maximum *adj (Gen, Stat)* höchstzulässig, maximal, max.
maximum *(Gen, Stat)* Maximum *n* • **up to a maximum of** *(Gen)* bis höchstens
maximum amount *(Gen, V&M)* Höchstbetrag *m*, Höchstmenge *f*
MBA *s.* Master of Business Administration
MbD *(Abk. für management by delegation) (Mgt)* Führung *f* durch Aufgabendelegation *(mit begrenzter Übertragung von Entscheidungsfreiheit und Verantwortung)*
MbE *(Abk. für management by exception) (Mgt)* Führung im Ausnahmefall, Führung durch Abweichungskontrolle, Management by Exception, MbE *(Idee: nur nach festgestellter Abweichung vom Toleranzwert erfolgt Eingriff von oben, ohne Vorkopplung = feed forward)*
MBS *(Abk. für 1. mortgage-backed security, AE, 2. management by system)* 1. *(Fin)* Hypothekenanleihe *f*, hypothekenbesicherte Anleihe *f*, hypothekarisch gesicherter Titel *m*, hypothekenbesicherter Pfandbrief *m*, hypothekengesicherter Pfandbrief *m*, hypothekarisch gesichertes Wertpapier *n*, Hypothekenpfandbrief *m (backed by a pool of mortgage loans; durch einen Pool gewerblicher Hypothekendarlehen = CMBS = commercial mortgage-*

backed securities oder privater Hypothekendarlehen = RMBS = residential mortgage-backed securities gedecktes Papier); 2. *(Mgt)* Führung *f* durch Systemsteuerung, Führung *f* per Delegation und Selbstregelung *(integriertes Management-Planungs-, --Informations- und -Control-System, weitgehende Informatisierung und Entscheidungsdezentralisation, Integration von MbE, MbD und MbO; die reale Utopie der Systemplaner und --vertreiber)*

me-too-product *(WiWi)* Eigenentwicklung *f (imitation)*

mean *(Stat)* Mittelwert *m*

mean deviation *(Stat)* mittlere Abweichung *f*

mean rate of exchange *(Bank, Gen)* Mittelkurs *m (synonymous: middle rate)*

mean value *(Stat)* Mittelwert *m*

means *(Gen, WiWi)* Mittel *npl* • **have the means to do sth** *(Gen)* über die Mittel verfügen, etw. zu tun • **live beyond one's means** *(Gen)* über seine Verhältnisse leben

means-end relation *(Gen)* Zweck-Mittel--Beziehung *f*

means of exchange *(WiWi)* Tauschwährung *f*

means of payment *(Bank)* Zahlungsmittel *n*

means of production *(WiWi)* Produktionsmittel *npl*

means of transportation *(Logis)* Verkehrsmittel *n*, Transportmittel *n*

means test *(Soz)* Bedürftigkeitsprüfung *f*

measure *v* **sb's performance** *(Pers)* jmds. Leistung messen

measure 1. *(WiWi)* Messung *f*; 2. *(Gen)* Messung *f*, Maß *n (measuring)*; Maßnahme *f (step)*; 3. *(Recht)* Bemessungsgrundlage *f*; 4. *(Stat)* Messung *f*; 5. *(Steuer)* Bemessungsgrundlage *f*, Maßeinheit *f (standard unit)*

measure of economic welfare *(WiWi)* Maß *n* des wirtschaftlichen Wohlstands

measure of performance *(WiWi)* Erfolgskriterium *n*, Leistungskennzahl *f*

measured value *(Stat)* Messwert *m*

measurement 1. *(Gen, WiWi)* Messung *f*, Messen *n*; 2. *(Stat)* Maß *n (measure)*; Messung *f*, Messen *n (measuring)*; Maßeinheit *f (unit)*; Messwert *m (value)*; 3. *(Logis)* Tonnengehalt *m (nautical)*

measurement of ordinal utility *(WiWi)* ordinale Nutzenmessung *f*

measures to enhance competitiveness *(WiWi)* wettbewerbsstärkende Maßnahmen *fpl*

measures to improve competitiveness *(WiWi)* wettbewerbsstärkende Maßnahmen *fpl*

measuring capital adequacy *(Börse)* Messung *f* der Eigenkapitalausstattung, Messung *f* der Kapitaladäquanz

mechanical engineering *(Ind)* Maschinenbau *m*

mechanism design theory *(Pol, WiWi)* Mechanismus-Design-Theorie *f (the art and science of designing rules of a game to achieve a specific outcome, even though each participant may be self-interested; branches of mechanism design are the creation of markets, auctions and combinatorial auctions, the design of matching algorithms, the provision of public goods or the optimal design of taxation schemes; abstraktes Forschungsgebiet der Wirtschaftsnobelpreisträger 2007 Hurwicz, Maskin und Myerson mit neuen Erkenntnissen zur Bedeutung asymmetrischer Information; praktische Anwendungen u.a.: Versicherungs- und Personalwesen, Prinzipal-Agent--Problem, Auktionsdesign, Versorgung mit öffentlichen Gütern)*

mechanize *v (Gen, Ind, Logis)* mechanisieren, auf mechanischen Betrieb umstellen

media *(Gen, Media, V&M)* Medien *npl (mass media, collectively)*

media coverage *(Media, V&M)* Medienberichterstattung *f* • **give media coverage** *(Media)* in den Medien berichten

media mix *(V&M)* Medienmischung *f*, Medienmix *m*

median income *(WiWi)* mittleres Einkommen *n*

median wage *(Pers, Stat)* mittlerer Lohn *m*, Medianlohn *m (liegt genau in der Mitte der Lohnskala)*

mediate *v (Pers)* vermitteln

mediation 1. *(WiWi)* Schlichtung *f*; 2. *(Pers)* Vermittlung *f*

mediation procedure *(Pers, Pol)*

Vermittlungsverfahren *n*
mediator's proposal *(Pers, Pol)* Schlichtungsvorschlag *m*
mediator's suggestion *(Pers, Pol)* Schlichtungsvorschlag *m*
medical *adj (Gen, Soz)* medizinisch, ärztlich
medical certificate *(Pers)* Arbeitsunfähigkeitsbescheinigung *f*
medical grounds *(Pers)* gesundheitliche Gründe *mpl*, medizinische Gründe *mpl*
medical insurance *(Pers, Soz, Versich)* Krankenversicherung *f*
medium *adj (Gen)* mittelmäßig • **in the medium term** *(Gen)* mittelfristig
medium 1. *(Gen)* Medium *n (communication)*; 2. *(Media, V&M)* Medium *n (radio, television)*
medium account *(WiWi)* mittlerer Betrieb *m*
medium-dated *adj (Börse)* mittelfristig
medium-sized business *(Gen)* mittelgroßer Betrieb *m*, mittelständischer Betrieb *m*, Mittelbetrieb *m*
medium-sized enterprise *(Gen)* mittelständischer Betrieb *m*
medium-sized firm *(Gen)* mittelgroßes Unternehmen *f*, mittelständisches Unternehmen *f*
medium-term *adj (Fin, Gen)* mittelfristig
medium-term instrument *(Börse)* mittelfristiges Handelspapier *n*
meet *v* 1. *(WiWi)* befriedigen; 2. *(Fin)* begleichen *(costs)*; 3. *(Gen)* treffen, erfüllen, einhalten *(conditions)*; erreichen, bestreiten *(costs, targets)*; nachkommen *(obligations)*; 4. *(Mgt)* erreichen *(goal)*
meet *v* **a deadline** *(Gen)* einen Termin einhalten
meet *v* **demand** *(V&M, WiWi)* Nachfrage decken, Nachfrage befriedigen
meet *v* **the costs** *(Gen)* die Kosten tragen
meet *v* **the expenses** *(Gen)* die Kosten übernehmen
meet *v* **the risk** *(Bank)* das Risiko abdecken
meeting 1. *(Gen)* Treffen *n*, Zusammenkunft *f*; 2. *(Mgt)* Beratung *f*, Sitzung *f*, Versammlung *f*, Meeting *n*
meeting of partners *(Recht)* Gesellschafterversammlung *f* *(Personengesellschaft)*
meeting of shareholders [stockholders] *(Recht)* Gesellschafterversammlung *f* *(Kapitalgesellschaft)*
member *(Pers)* Mitglied *n (of a union)*; Aktionär(in) *m(f) (of company)*
member of the board *(Mgt, Pers)* Board-‑Mitglied *n*, Vorstandsmitglied *n*
Member of the European Parliament *(Pol)* Abgeordnete(r) *f(m)* des Europaparlaments, Mitglied *n* des Europaparlaments, MEP
member of the staff *(Pers)* Mitarbeiter(in) *m(f)*, Belegschaftsangehörige(r) *f(m)*, Betriebsangehörige(r) *f(m)*
membership *(Gen)* Mitgliedschaft *f*, Zugehörigkeit *f*
membership fee *(Gen)* Beitragssatz *m*, Mitgliedsbeitrag *m*
memorandum *(Admin)* kurzer Vermerk *m*, Memorandum *n*, Memo
memorandum of association *(Recht)* Gründungsvertrag *m (corporation)*
memorandum of intent *(Gen)* Absichtserklärung *f*
mention *v (Gen)* erwähnen, zur Sprache bringen
mentioned above *(Gen)* oben erwähnt
mentioned below *(Gen)* unten erwähnt
MEP *s.* Member of the European Parliament
mercantile agency *(V&M)* Auskunftei *f*
mercantile exchange *(Börse)* Produktenbörse *f*
mercantile law *(Recht)* Handelsgesetz *n*
merchandise *(V&M)* Waren *fpl*
merchandise inventory *(RW)* Bestände *mpl* an Handelswaren
merchandise samples *(WiWi)* Warenproben *fpl*
merchandise trade *(WiWi)* Warenhandel *m*
merchandising *(V&M)* Merchandising *n*, Steuerung *f* von Vertrieb und Verkauf
merchant bank *(Bank)* Merchantbank *f*
merchant navy *(Logis)* Handelsmarine *f*
merchantable *adj* 1. *(Gen, WiWi)* handelsfähig; 2. *(V&M)* lieferbar
merchantable quality 1. *(WiWi)* handelsübliche Qualität *f*; 2. *(V&M)* marktgängige Ware *f (legal)*
merge *v* 1. *(Fin)* verschmelzen; 2. *(Börse)* fusionieren, sich zusammenschließen
merger *(Börse, Fin)* Fusion *f*, Unternehmenszusammenschluss *m*, Verschmelzung *f*

merger business amalgamation [combination] *(Bank, Fin)* Unternehmenszusammenschluss *m*
merger company *(Fin)* fusionierende Gesellschaft *f*
mergers and acquisitions 1. *(WiWi)* Fusionen und Akquisitionen *fpl*, Fusionen und Übernahmen *fpl*; 2. *(Bank)* Beteiligungs- und Fusionsberatungsservice *m*
merit bad *(WiWi)* meritorisches Ungut *n*
merit good *(WiWi)* meritorisches Gut *n*
merit pay *(Pers)* Leistungslohn *m*
merit wants *(WiWi)* meritorische Bedürfnisse *npl*
message 1. *(Comp, Komm)* Meldung *f*; 2. *(Gen)* Mitteilung *f*; 3. *(V&M)* Botschaft *f*
message box *(Komm)* Nachrichtenbox *f* *(unified messaging)*
metalworking industry *(Ind, WiWi)* Metall verarbeitende Industrie *f*, Metall verarbeitendes Gewerbe *n*
meteoric *adj (Gen)* rasant
meteoric rise *(Mgt, Pers)* rasanter Aufstieg *m*
method *(Mgt)* Arbeitsweise *f*, Methode *f*, Verfahren *n*
method of calculation 1. *(Bank)* Bemessungsverfahren *n*; 2. *(Gen)* Berechnungsmethode *f*; 3. *(Stat)* Berechnungsmethode *f*, Berechnungsverfahren *n*
method of payment *(Fin)* Zahlungsmodus *m*, Zahlungsweise *f*
methods of depreciation *(WiWi)* Abschreibungsmethoden *fpl*, Abschreibungsarten *fpl*
metrication *(Gen)* metrische Messung *f*
metropolitan *adj (Gen)* großstädtisch
mezzanine finance *(Fin)* Mezzanine--Finanzierung *f*, gemischte Eigen- und Fremdkapitalfinanzierung *f*; ungesicherte Restfinanzierung *f (high--yielding hybrid financial instrument with bells and whistles as equity-kickers, frequently used in leveraged buy-out transactions; a form of quasi-equity combining features of both debt and equity; Finanzierung durch hochverzinsliche, nachrangig haftende Darlehen in Verbindung mit einer Kaufoption auf Unternehmensanteile als Equity-Kicker zur Anreizverstärkung; hybrides Finanzierungsinstrument mit einer Rechtsstellung zwischen dem vollhaftenden Eigenkapital und den dinglich besicherten erstrangigen Darlehen)*
mezzanine financing *s.* mezzanine finance
mezzanine funding *s.* mezzanine finance
microeconomics *(WiWi)* Mikroökonomie *f*, Mikroökonomik *f*
microprudential supervision *(Bank, Fin, Recht)* mikroprudenzielle Aufsicht *f (Aufsicht über Einzelinstitute und Konzerne; Gegensatz: Systemaufsicht = makroprudenzielle Aufsicht = macroprudential supervision)*
mid-point rate *(Bank, Fin, WiWi)* Devisenmittelkurs *m*, Mittelkurs *m*
mid price *(Börse)* Mittelkurs *m*
middle income bracket *(WiWi)* mittlere Einkommens(steuer)gruppe *f*
middle management *(Pers)* Mittelmanagement *n*, mittlere Führungsebene *f*
middle rate *(Fin, WiWi)* Devisenmittelkurs *m*
middling quality *(WiWi)* Mittelsorte *f*
migrant labor *(AE) (Pers, WiWi) s.* migrant labour
migrant labour *(BE) (Pers, WiWi)* Wanderarbeiter *mpl*, Gastarbeiter *mpl*
migrant worker *(Pers, WiWi)* ausländischer Arbeitnehmer *m*, ausländische Arbeitnehmerin *f*, Wanderarbeiter *m (mobile within country)*
migration 1. *(Comp)* Systemumstellung *f (data)*; 2. *(Pol, WiWi)* Wanderung *f*
migration movement *(Pers)* Wanderungsbewegung *f*
migration of workers *(Pers)* Wanderung *f* von Arbeitskräften
migratory movement *(Pers)* Wanderungsbewegung *f*
migratory worker *(Pers, WiWi)* Wanderarbeiter *m*
mileage allowence *(Steuer)* Kilometergeld *n*
milk *v* 1. *(Gen) (ugs.)* ausnehmen, *(ugs.)* melken; 2. *(V&M)* ausbeuten *(opportunity)*
milk round *(BE) (Edu, Pers)* Anwerbekampagne *f* an den Hochschulen *(companies touring universities each year, in order to advertise their opportunities and recruit students, jährliche Besuchrunde von*

Wirtschaftsunternehmen an britischen Universitäten und Hochschulen zur Anwerbung neuer Mitarbeiter)

million/a thousand *(Stat, WiWi)* eine Milliarde *f (synonymous AE, BE: a billion = 10^9 = 1,000,000,000.00 = Deu 1.000.000.000,00 = 1 000 000 000 = eine Milliarde)*

mineral oil reserves *(Ind, Umwelt)* Erdölvorräte *mpl*

mineral right *(Grund, Recht)* Abbaurecht *n*

minimax *(WiWi)* Minimax-Regel *f (games theory)*

minimize *v (Fin, Gen, RW)* minimieren

minimum *adj (Gen, Stat)* minimal, Mindest

minimum acceptable rate of return *(Fin)* erstrebte Mindestverzinsung *f*

minimum amount *(V&M)* Mindestmenge *f*

minimum capital requirements *(Recht, Fin, Bank)* Mindestkapitalanforderungen *fpl (Basel II + III)*

minimum charge *(Logis)* Mindestgebühr *f*

minimum cost combination *(WiWi)* Minimalkostenkombination *f (synonymous: least cost combination; factor combination leading to minimum cost at specific factor prices, a precondition for profit maximization; Faktorkombination, die bei gegebenen Faktorpreisen minimale Kosten bewirkt; die Realisierung ist Voraussetzung der Gewinnmaximierung)*

minimum delivery quantity *(Logis, Gen)* Mindestliefermenge *f*

minimum lending rate *(BE) (Bank)* Mindestzins *m*, Mindestzinssatz *m*

minimum level *(Gen, Soz)* Untergrenze *f*

minimum levels of capital *(Bank)* Mindeststandards *mpl* für die Eigenkapitalausstattung

minimum reserve requirement *(WiWi)* Mindestreservesoll *n*

minimum standards *(Bank, Gen, Ind)* Mindeststandards *mpl*, Mindestanforderungen *fpl (EU)*

minimum wage 1. *(WiWi)* (garantierter) Mindestlohn *m*; 2. *(Pers)* (gesetzlicher) Mindestlohn *m*

minimum yield *(WiWi)* Mindestrendite *f*

minor defect *(Recht)* geringfügiger Mangel *m (contracts)*

minority *(Börse, Gen, RW)* Minderheit *f*

minority holding *(Gen)* Minderheitsbeteiligung *f*

minority interest 1. *(RW)* Minderheitsbeteiligung *f*; 2. *(Gen)* Minderheitsanteil *m*, Fremdbeteiligung *f*

minority interests *(RW)* Anteile *mpl* anderer Gesellschafter, Anteile *mpl* in Fremdbesitz

minority investment *(Börse)* Minderheitsbeteiligung *f*

minority stake *(Börse)* Minderheitsbeteiligung *f*

mint *v (WiWi)* ausprägen, prägen *(coins)*

minutes *(Admin)* Niederschrift *f*, Protokoll *n (legal)*

mirror contract *(WiWi)* Gegengeschäft *n*

MIS *(Abk. für management information system) (Gen, Mgt)* FIS *n*, Führungsinformationssystem *n*, MIS *n*, Managementinformationssystem *n*, integriertes Managementinformationssystem *n (synonymous: EIS = executive information system)*

misallocation *(WiWi)* Fehlleitung *f*, Fehlallokation *f (resources)*

misappropriation *(Fin)* Unterschlagung *f*, Veruntreuung *f*, Zweckentfremdung *f*, widerrechtliche Verwendung *f*

miscarriage of justice *(Recht)* Fehlurteil *n*, Rechtsbeugung *f (false judgment)*

miscellaneous *adj (Gen)* Verschiedenes *n*, Versch.

miscellaneous expenses *(RW)* verschiedene Kosten *pl*

misdirected capital spending *(Bank, Fin)* Fehlinvestition *f*

misfile *v (Gen)* falsch ablegen

misleading advertising *(Gen, V&M)* irreführende Werbung *f*

mismanagement *(Mgt)* Missmanagement *n*, Misswirtschaft *f*

mismatch *(Fin)* Inkongruenz *m*

mismatched maturity *(Bank, WiWi)* divergierende Laufzeiten *fpl*, Fristeninkongruenz *f*

misperformance *(Recht)* Schlechterfüllung *f (contract law)*

misrepresentation *(Recht)* falsche Angaben *fpl (transaction)*

misrepresentation intended to deceive *(Recht)* arglistige Täuschung *f*

mission *(V&M)* Auftrag *m*, Ziel *n*
mission budgets *(V&M)* aufgabenorientierte Budgets *npl*
mistake *(Gen)* Fehler *m*, Irrtum *m*
mistake of law *(Recht)* Rechtsirrtum *m*
mistaken *adj (Gen, Versich)* irrtümlich
misused funds *(WiWi)* zweckentfremdete Mittel *npl*
mitigating circumstances *(Recht)* mildernde Umstände *mpl*
mix 1. *(Gen)* Mix *m*, Zusammensetzung *f*; 2. *(Media)* Mischung *f*; 3. *(V&M)* Gemischtwaren *fpl*, Mischung *f* *(recording)*
mixed bundling *(V&M)* Mischbündelung *f* *(sales)*
mixed cost *(RW)* Mischkosten *pl*
mixed economy *(WiWi)* Mischwirtschaft *f*
mobile *(Komm) (ugs.)* Handy *n*, mobiles Telefon *n*, Mobiltelefon *n*, schnurloses Telefon *n (telephone)*
mobile communication *(Komm)* Mobilfunk *m*
mobile communications *(Komm)* Mobilfunk *m*
mobile messages *(Komm)* mobile Nachrichten *fpl*
mobile network *(Komm)* Mobilfunknetz *n*
mobile payment *(Komm)* Bezahlung *f* per Handy, Mobile-Payment *n*
mobile phone *s.* mobile
mobility *(Pers, WiWi)* Mobilität *f*, Arbeitsmobilität *f*
mobilize *v (WiWi)* flüssigmachen, mobilisieren
mode of payment *(Gen, Imp/Exp)* Zahlungsweise *f*
model articles of association *(WiWi)* Mustersatzung *f*
modeling *(AE) (Stat) s.* modelling
modelling *(BE) (Stat)* Modellbildung *f*
modernization investment *(Mgt, WiWi)* Rationalisierungsinvestition *f*, Modernisierungsinvestition *f*
modest *adj* 1. *(WiWi)* gemäßigt, moderat; 2. *(Gen)* bescheiden *(increase)*
modify *v* 1. *(RW, WiWi)* modifizieren; 2. *(Gen)* anpassen, modifizieren, verändern, abändern *(product)*; 3. *(Stat, V&M)* modifizieren
modular *adj (Ind)* erweiterbar
modular concept *(Ind)* Baukastenprinzip *n*
modular production *(Ind)* Modularproduktion *f*, Produktion *f* nach dem Baukastensystem
modus *(Recht)* Auflage *f*
modus operandi *(Gen)* Vorgehensweise *f*, Arbeitsweise *f*
mom-and-pop store *(AE) (V&M)* Tante--Emma-Laden *m*, Nachbarschaftsladen *m*
monetary *adj (Fin, Gen, WiWi)* monetär, Geld, Währungs
monetary aggregate *(BE) (WiWi)* Geldmengenaggregat *n*
monetary and foreign exchange policy *(Bank)* Geld- und Währungspolitik *f* *(ECB)*
monetary area *(Pol, WiWi)* Währungsgebiet *n*
monetary assets *pl* 1. *(WiWi)* Geldwerte *mpl (synonymous: money assets; unterliegen der Werterosion durch Inflation; opposite: real assets = Sachwerte = Realwerte)*; 2. *(RW)* Geldvermögen *n*
monetary authorities *(Bank)* Währungsbehörden *fpl*
monetary economics *(WiWi)* Geldtheorie *f* und -politik *f*, Geldwirtschaft *f*
monetary growth *(WiWi)* Geldmengenwachstum *n*
monetary issues *(WiWi)* Geld- und Währungsfragen *fpl*
monetary item *(RW)* Geldposten *m* *(balance sheets)*
monetary overhang *(WiWi)* Geldüberhang *m*
monetary policy *(WiWi)* Geldpolitik *f*, Währungspolitik *f*
monetary policy stance *(Bank, WiWi)* geldpolitischer Kurs *m*
monetary reserves *(WiWi)* Währungsreserven *fpl*
monetary stability *(WiWi)* Geldwertstabilität *f*
monetary target *(WiWi)* Geldmengenziel *n*
monetary tightness *(WiWi)* Geldknappheit *f*
monetary turbulence *(Pol, WiWi)* Währungsunruhe *f*
monetary turmoil *(Pol, WiWi)* Währungsunruhe *f*
monetary unit *(Fin)* Geldeinheit *f*, Währungseinheit *f*
monetary veil *(WiWi)* Geldschleier *m*
money 1. *(WiWi)* Geld *n*, Münze *f*, Geldbetrag *m (wealth, amount)*; 2. *(Fin,*

Gen) Geld *n*, *(ugs.)* Kohle *f*
money at call *(Bank, Fin)* Tagesgeld *n*
money compensation *(Fin)* Abfindung *f*, Barabfindung *f*
money illusion *(WiWi)* Geldillusion *f*
money income *(WiWi)* Geldeinkommen *n*
money launderer *(Bank, Gen)* Geldwäscher *m*
money laundering *(Fin)* Geldwäscherei *f*
money market *(Bank)* Geldmarkt *m*
money market certificate *(AE)* *(Fin)* Geldmarktzertifikat *n*
money market instrument *(Börse)* Geldmarktdokument *n*, Geldmarkturkunde *f*
money market rate *(Börse)* Geldmarktsatz *m*
money multiplier *(WiWi)* Geldmultiplikator *m*
money squeeze *(WiWi)* Geldverknappung *f*
money stock *(Bank, WiWi)* Geldvolumen *n*, Geldmenge *f*, Geldversorgung *f*
money supply *(WiWi)* Geldangebot *n*, Geldmenge *f*
money supply target *(Fin, WiWi)* Geldmengenziel *n*
money transactions *(Fin)* Zahlungsverkehr *m*
money up front *(Gen)* Vorauszahlung *f*, Vorauskasse *f*, Vorausgebühren *fpl*, Vorabgebühren *fpl*
monies *(Gen, Recht)* *(obs)* Gelder *pl*; Beträge *mpl*, Geldbeträge *mpl*
monies in *(Fin)* Einzahlungen *fpl*, Geldeingänge *mpl*
monies received *(Fin)* Einzahlungen *fpl*, Geldeingänge *mpl*
monitor *v* 1. *(Gen, Mgt, Pers)* überwachen *(performance)*; 2. *(V&M)* überwachen *(market, rates)*
monitoring *(Fin)* Überwachung *f*
monitoring on a consolidated basis *(Bank)* Kontrolle *f* auf konsolidierter Basis
monopolistic competition *(WiWi)* monopolistische Konkurrenz *f*
monopoly 1. *(WiWi)* Monopol *n*, Monopolstellung *f*; 2. *(Ind)* Alleinherstellungsrecht *n*
monthly *adj* *(Gen)* monatlich • **in monthly instalments** *(RW)* in Monatsraten
monthly *adv* *(Gen)* monatlich
monthly average *(Gen)* Monatsdurchschnitt *m*
monthly bulletin *(Gen)* Monatsbericht *m* *(synonymous: monthly report)*
monthly compounding of interest *(Bank)* monatliche Zinsberechnung *f*, monatliche Aufzinsung *f*
monthly sales *(V&M)* monatliche Verkäufe *mpl*
moonlight economy *(WiWi)* Schattenwirtschaft *f*
moonlighter *(Pers)* Doppelverdiener(in) *m(f)*, Schwarzarbeiter(in) *m(f)*
moral hazard *(Bank, Versich)* moralisches Risiko *n*, Moral Hazard *m*, Risiko unehrlichen Verhaltens, subjektives Risiko
morale *(Pers)* Arbeitsmoral *f*
moratorium *(Fin)* Moratorium *n*, Zahlungsaufschub *m*
moratorium on interest payments *(Bank, Pol, WiWi)* Zinsmoratorium *n*
mortgage *v* *(Bank, Grund)* hypothekarisch belasten, verpfänden
mortgage *v* **out** *(Bank, Fin, Grund)* voll finanzieren
mortgage *(Bank, Grund)* Hypothek *f*, Hyp.
mortgage-backed loan *(Bank, Fin, Grund)* grundpfandrechtlich gesichertes Darlehen *n*
mortgage-backed security *(MBS)* *(AE)* *(Fin, Grund)* hypothekarisch gesicherter Titel *m*, hypothekarisch besichertes Wertpapier *n*, Hypothekenanleihe *f*; hypothekenbesicherter Pfandbrief *m*, Hypothekenpfandbrief *m* *(backed = gedeckt = besichert by a pool of mortgage loans; durch einen Pool gewerblicher Hypothekendarlehen = CMBS = commercial mortgage-backed securities oder privater Hypothekendarlehen = RMBS = residential mortgage-backed securities gedecktes Papier)*
mortgage bond *(Börse, Fin, RW)* Pfandbrief *m*
mortgage ceiling *(Grund)* Beleihungsplafond *m*, Hypothekenobergrenze *f*
mortgage commitment *(Fin)* Hypothekenkreditzusage *f*
mortgage crisis *(Fin, Grund)* Hypothekenkrise *f*
mortgage lendings *(Fin)* Aktivhypotheken *fpl*

mortgage lien *(Grund, Recht)* Grundpfandrecht *n*
mortgage loan *(Bank)* Hypothekendarlehen *n*
mortgage loan company *(Bank)* Hypothekenbank *f*
mortgage rate *(Bank)* Hypothekenkonditionen *fpl*, Hypothekenzins *m*
mortgaged *adj (Grund)* verpfändet
mortgagee *(Bank)* Hypothekengläubiger(in) *m(f)*
mortgager *(Bank)* Hypothekenschuldner(in) *m(f)*
mortgaging *(Grund)* Verpfändung *f*
most active list *(Börse)* Liste *f* der umsatzstärksten Aktien
most favoured nation clause *(BE) (Recht, WiWi)* Meistbegünstigungsklausel *f*
motif *(Gen)* Firmenzeichen *n*, Motiv *n*, Leitidee *f (idea)*
motion *(Recht)* Antrag *m*
motion for discovery *(Recht)* Beweisantrag *m*
motivation *(Gen, Mgt, Pers, V&M)* Motivation *f*, Motivierung *f*
motivation to work *(Pers)* Arbeitsmotivation *f*
motivational *adj (Gen, Mgt, Pers, V&M)* motivierend
motor mileage allowance *(BE) (Steuer)* Kilometergeld *n*
motor show *(Ind, V&M)* Automobilausstellung *f*
motor vehicle liability insurance *(Recht, Logis)* Kraftfahrzeug--Haftpflichtversicherung *f*
motorail train *(Frei, Logis)* Autoreisezug *m*
mould *v (BE) (Media)* bilden, formen *(public opinion)*
mounting competition *(WiWi)* zunehmender Wettbewerb *m*
mouse-controlled interface *(Comp)* mausgesteuerte Oberfläche *f*
move *v* **into the money** *(Börse)* Gewinn erzielen *(short calls, short puts)*
move 1. *(WiWi)* Schwankung *f (in currency)*; 2. *(Gen)* Umzug *m (to new premises)*; Maßnahme *f (measure)*; 3. *(Logis)* Umzug *m*
moveable *adj (Gen)* beweglich *(goods, objects)*
moveable property *(Recht)* bewegliches Eigentum *n*, bewegliches Vermögen *n*
moveables *(Recht)* bewegliche Sachen *fpl*
movement 1. *(Gen)* Bewegung *f (market)*; 2. *(Pol)* Bewegung *f*
movement data *(Stat, Logis)* Bewegungsdaten *pl*
movement of operations *(WiWi)* Betriebsverlegung *f*
movements on shareholders' equity *(RW)* Eigenkapitalentwicklung *f*
mover and shaker *(Mgt)* bewegende Kraft *f*
moving average *(Stat)* gleitender Durchschnitt *m*
moving-average method *(Stat)* Methode *f* der gleitenden Mittelwerte
moving into surplus 1. *(WiWi)* Aktivierung *f (balance of payments)*; 2. *(Imp/Exp)* Aktivierung *f*
multi-accident *(Logis)* Großunfall *m*
multi-product firm *(Ind, WiWi, Edu)* Mehrproduktfirma *f*, Mehrproduktbetrieb *m*, Mehrproduktunternehmen *n (opposite: single-product company = single--product firm = Einproduktunternehmen = Einproduktbetrieb = Einproduktfirma)*
multi-year operational plan *(Fin)* operativer Mehrjahresplan *m*
multi-year restructuring agreement *(Fin)* mehrjährige Umschuldungsvereinbarung *f*
multibrand strategy *(V&M)* Mehrmarkenstrategie *f*
multicurrency rate *(WiWi)* gespaltener Wechselkurs *m*, multiple Wechselkurse *mpl*
multilateral agency *(WiWi)* multilaterale Behörde *f*
multilateral aid *(WiWi)* multilaterale Hilfe *f*
multilateral donor *(WiWi)* multilaterale Geberorganisation *f*
multilateral trade negotiations *(WiWi)* multilaterale Handelsgespräche *npl*
multilevel *(V&M)* Multilevel-Marketing *n*, mehrschichtiges Marketing *n*
multimedia ready *(Comp, Media)* multimediafähig
multimodal transport *(Logis)* kombinierter Transport *m*, multimodaler Verkehr *m*, kombinierter Verkehr *m*
multinational *adj (Bank, Gen, Imp/Exp, Logis)* multinational
multinational company *(Gen)*

multinationales Unternehmen *n*
multiple *adj (Gen)* mehrfach, Mehrfach
multiple *(Stat)* Vielfache(s) *n*
multiple-choice question *(V&M)* Mehrfachauswahlfrage *f*, Multiplechoicefrage *f*
multiple exchange rate *(WiWi)* multipler Wechselkurs *m*
multiple jobholder *(Pers)* Person *f* mit mehreren Beschäftigungsverhältnissen, Person *f* mit Nebentätigkeiten
multiple risk insurance *(Versich)* kombinierte Versicherung *f*
multiple trades *(Börse)* Mehrfachabschlüsse *mpl (multiple trades are often used by institutional investors to avoid a single significant order that might adversely affect the price on the market; Mehrfachabschlüsse sollen unerwünschte Marktpreiswirkungen verhindern, die durch große signifikante Orders ausgelöst werden können)*
multiplier *(WiWi)* Multiplikator *m*
multiplier accelerator model *(WiWi)* Multiplikator-Akzelerator-Modell *n*
multiplier effect *(WiWi)* Multiplikatoreffekt *m*
multiply *v (Stat)* vervielfachen, multiplizieren
multipurpose *adj (Gen)* Mehrzweck, Vielzweck
multipurpose card *(Bank)* multifunktionale Karte *f*, Multifunktionskarte *f*, multifunktionale Chipkarte *f*
multipurpose tax *(Steuer)* Mehrphasen(umsatz)steuer *f*
multistorey *(BE) (Grund, Soz)* Hochhaus *n*
multistorey car park *(BE) (Grund, Logis)* mehrgeschossiges Parkhaus *n*
multistory *(AE) (Grund, Soz)* s. multistorey
multistory car park *(AE) (Grund, Logis)* s. multistorey car park
municipal *adj (Gen)* kommunal, Kommunal
municipal administration *(Admin, Pol)* Stadtverwaltung *f*
municipal authority *(Admin)* Kommunalbehörde *f*
municipal bond *(Börse)* Kommunalobligation *f*, Kommunalschuldverschreibung *f*
municipal corporation *(BE) (Admin, Pol)* Kommunalregierung *f*, Kommunalverwaltung *f*, Stadtverwaltung *f*
municipal government *(AE) (Admin, Pol)* Kommunalregierung *f*, Kommunalverwaltung *f*, Stadtverwaltung *f*
municipal loan *(AE) (Fin)* Kommunalanleihe *f*
municipal waste management *(Umwelt)* städtischer Abfallwirtschaftsbetrieb *m*
municipality 1. *(Admin)* örtliche Gebietskörperschaft *f*, Kommunalverwaltung *f*; 2. *(Pol)* Kommune *f*, Kreis *m (area)*; Kommunalverwaltung *f*, Magistrat *m (governing body)*
mutatis mutandis *(Recht, WiWi)* analog, sinngemäß, entsprechend, mit den nötigen Abänderungen, mutatis mutandis
mutual *adj (Gen)* beiderseitig, wechselseitig, gemeinschaftlich • **by mutual agreement** *(Gen, Recht)* in gegenseitigem Einvernehmen, in gegenseitigem Einverständnis • **by mutual consent** 1. *(Gen)* in gegenseitigem Einvernehmen *(private agreement)*; 2. *(Recht)* in gegenseitigem Einvernehmen
mutual benefit *(Gen)* beiderseitiger Vorteil *m*
mutual benefit society *(Versich)* Versicherungsverein *m* auf Gegenseitigkeit, VVaG
mutual consent *(Recht)* Willenserklärung *f*
mutual contract *(Recht)* gegenseitiger Vertrag *m*
mutual fund *(AE) (Fin)* (offener) Investmentfonds *m*
mutual insurance *(Versich)* Versicherung *f* auf Gegenseitigkeit
mutual recognition *(Recht)* gegenseitige Anerkennung *f (EU)*
mutual recognition of qualifications *(Pers)* gegenseitige Anerkennung *f* der Bildungsabschlüsse, gegenseitige Anerkennung *f* der Berufsbefähigungsnachweise *(EU)*
mutual savings bank *(Bank, WiWi)* genossenschaftsähnliche Bank *f*, genossenschaftsähnliche Sparkasse *f*

mutually *adv (Gen)* wechselseitig
mutually exclusive *(Gen)* beiderseitig ausgeschlossen, sich gegenseitig ausschließend

N

naked call *(Börse)* ungedeckte Kaufoption *f*
naked option *(Börse)* Nacktoption *f*, ungedeckte Option *f*
naked position *(Börse)* ungesicherte Long- oder Short-Position *f*
naked put *(Börse)* ungedeckte Verkaufsoption *f*
naked short selling *(AE) (Fin, Börse)* ungedeckter Leerverkauf *m*, ungedeckte Leerverkäufe *mpl*, nacktes Short-Selling *n (Leerverkäufe ohne entsprechende Aktienleihe, d. h. ohne das 'leer' zu verkaufende Papier zu besitzen und ohne es zu leihen, wie beim traditionellen Leerverkauf = short selling; nur unter Bezugnahme auf bei Dritten zur Leihe bereitstehende Aktien durchgeführter spekulativer Verkauf mit der Folge unkalkulierbarer Kurseinbrüche oder -ausschläge, weil viele Marktteilnehmer = market players sich auf dasselbe Aktienstück beziehen können)*
name 1. *(Comp, Komm)* name *(e. g. *.name)*; 2. *(Gen)* Firma *f*, Fa.; Handelsname *m*, Name *m*, N *(company)*
name and shame list *(Fin, Gen)* Name--and-Shame-Liste *f*
name brand *(V&M)* Markenname *m*
name of an account *(RW)* Kontobezeichnung *f*
name of business *(Gen)* Firmenname *m*, Firmenschild *n*
named *adj (Gen)* bezeichnet
nanny state *(WiWi)* Bevormundungsstaat *m*
narcodollars *(WiWi)* Drogengeld *n*
narrow *adj (Börse)* begrenzt
narrow market *(Börse)* begrenzter [enger, flauer] Markt *m*
narrowly defined money supply *(WiWi)* eng definierte Geldmenge *f*, Geldmenge *f* in der engen Definition, M1
nation state *(Pol, Recht)* Nationalstaat *m*
nation-wide *adj (WiWi)* überregional; bundesweit
national *adj (Gen)* staatlich, inländisch, überregional, Bundes, einzelstaatlich *(EU)*
national *(Admin)* Staatsbürger(in) *m(f)*
national accounting *(RW, WiWi)* volkswirtschaftliche Gesamtrechnung *f*
national agency *(Admin)* nationale Behörde *f*
national average *(WiWi)* nationaler Durchschnitt *m*
national balance sheet *(WiWi)* Volksvermögensrechnung *f*
national brand *(V&M)* überregionale Herstellermarke *f*
national budget *(Pol, WiWi)* Staatshaushalt *m*
national concept *(WiWi)* Inländerkonzept *n (synonymous: residence concept; national accounting, BoP, volkswirtschaftliche Gesamtrechnung, ZB)*
national currency *(WiWi)* Landeswährung *f*
national debt *(WiWi)* öffentliche Verschuldung *f*, Staatsschuld *f*
national economy *(WiWi)* Gesamtwirtschaft *f*, Volkswirtschaft *f*
national expenditure *(WiWi)* Staatsausgaben *fpl*
national income *(WiWi)* Volkseinkommen *n*
national industry *(Ind)* heimische Industrie *f*
national jurisdiction *(Recht)* einzelstaatliche Gerichtsbarkeit *f*
national labor market *(AE) (Pers) s.* national labour market
national labour market *(BE) (Pers)* inländischer Arbeitsmarkt *m*
national law *(Recht)* Bundesgesetz *n (in US, Germany)*; einzelstaatliches Gesetz *n (in EU)*
national legislation *(Recht)* nationale Gesetzgebung *f*, Bundesgesetzgebung *f (in US, Germany)*; einzelstaatliche Rechtsvorschriften *fpl (in EU)*
national minimum wage *(Pers, Soz)* staatlicher Mindestlohn *m*
national patent *(Pat)* Inlandspatent *n*
national product *(WiWi)* Sozialprodukt *n*
national trend *(WiWi)* Inlandstrend *m*
national wealth *(WiWi)* Volksvermögen *n*
national worker *(Pers)* einheimischer

Arbeitnehmer(in) *m(f)* *(synonymous: native worker; Gegensatz: foreign worker)*
nationality *(Pol)* Staatsangehörigkeit *f*
nationalization *(WiWi)* Verstaatlichung *f*
nationalize *v* 1. *(Gen)* verstaatlichen; 2. *(Pol)* in Gemeineigentum überführen
nationalized industry *(Ind, WiWi)* verstaatlichter Industriezweig *m*
nationwide *adj (Gen)* landesweit
native file *(Recht)* unveränderte Datei *f* *(Beweisermittlung)*
native industry *(Ind)* einheimische Industrie *f*
natural gas *(Umwelt)* Erdgas *n*
natural monopoly *(WiWi)* natürliches Monopol *n*
natural person *(Recht)* natürliche Person *f*
natural population movement *(Pers, Stat)* natürliche Bevölkerungsbewegung *f*
natural price *(WiWi)* natürlicher Preis *m*
natural rate of growth *(WiWi)* natürliche Wachstumsrate *f*
natural rate of unemployment *(WiWi)* natürliche Arbeitslosigkeit *f*
natural resources *(Umwelt, WiWi)* Bodenschätze *mpl*, natürliche Ressourcen *fpl*, Naturressourcen *fpl*
natural rights *(Recht)* natürliche Rechte *npl*, naturrechtliche Ansprüche *mpl*
natural wastage 1. *(WiWi)* natürlicher Verschleiß *m*; 2. *(Umwelt)* Naturverschwendung *f*; 3. *(Pers)* natürlicher Arbeitskräfteabgang *m*
natural wear and tear *(WiWi)* natürlicher Verschleiß *m*
nature 1. *(Gen)* Art *f (character)*; 2. *(Pat)* Art *f*
nature of the invention *(Pat)* Art *f* [Zweck *m*] der Erfindung
NBO *(Abk. für non-business organization) (Gen, Soz, Steuer)* nicht erwerbswirtschaftlich tätige Organisation *f*; Nonprofit-Organisation *f* *(cf non-profit organization)*
NC *s.* numerical control
near bank *(WiWi)* bankähnliches Institut *n*, Near Bank *f*, Quasibank *f*
near cash 1. *(WiWi)* kurzfristige Anlagen *fpl*; 2. *(Börse)* kurzfristige, hochliquide Anlagen *fpl*
near completion *(Gen)* fast fertig
near money *(RW, WiWi)* geldähnliche Forderungen *fpl*, Geldsurrogat *n*, leicht liquidierbare Einlagen *fpl*, Quasigeld *n*
necessary condition *(WiWi, Stat, Recht)* notwendige Bedingung *f (opposite: sufficient condition = hinreichende Bedingung)*
necessitate *v (Gen)* erfordern
necessities *(V&M)* lebensnotwendige Güter *npl (home comforts)*
need *(Gen)* Bedarf *m*, Bedürfnis *n (of client)*
need for skilled workers *(Pers)* Facharbeiterbedarf *m*
need satisfaction *(Mgt)* Bedürfnisbefriedigung *f*
needs analysis *(V&M)* Bedarfsanalyse *f*
needy people *(Soz)* Bedürftige *pl*, Hilfsbedürftige *pl*
negative cash flow *(RW, Fin)* negativer Cashflow *m*
negative feedback *(Comp)* negative Rückkopplung *f*
negative income tax *(Steuer)* negative Einkommenssteuer *f*
negative interest *(Bank)* Negativzins *m*, Strafzins *m*
negative investment *(Fin)* Desinvestition *f*, Verkauf *m* von Anlagen
negative net worth *(WiWi)* negatives Eigenkapital *n*
negative prescription *(Recht)* Verjährung *f*
negative saving *(WiWi)* Entsparen *n*, negative Ersparnis *n*
negative yield curve *(WiWi)* negative Zinsstrukturkurve *f*
neglect *v* **one's duties** *(Gen)* seine Sorgfaltspflicht verletzen
neglect clause *(Versich)* Fahrlässigkeitsklausel *f*, Versäumnisklausel *f*
negligence *(Recht)* Fahrlässigkeit *f*
negligent *adj (Recht)* fahrlässig
negligible *adj (Gen)* geringfügig, unbedeutend, zu vernachlässigen
negotiable *adj* 1. *(Bank, Fin)* begebbar, negoziierbar; 2. *(Gen)* übertragbar, verhandelbar; 3. *(Börse)* bankfähig, börsenfähig • **not negotiable** *(Bank)* nicht übertragbar, nur zur Verrechnung
negotiable bill *(Bank)* durch Indossament übertragbarer Wechsel *m*
negotiable debt securities *(Börse, Fin)* börsenfähige Schuldverschreibungen *fpl*

negotiable instrument 1. *(Bank)* übertragbares Wertpapier *n*; 2. *(WiWi)* begebbares Instrument *n*; 3. *(Recht)* umlauffähiges Wertpapier *n (transactions)*; 4. *(Börse)* umlauffähiges Wertpapier *n*
negotiable securities *(Börse)* (frei) begebbare Wertpapiere *npl*
negotiate *v* 1. *(Bank)* aushandeln, begeben *(loan)*; 2. *(Fin)* begeben; 3. *(Gen, Pers)* aushandeln; 4. *(Börse)* aushandeln, begeben
negotiate *v* **a loan** *(Bank)* ein Darlehen aushandeln
negotiated wage *(Pers)* Tariflohn *m*
negotiated wages *pl (Pers)* Tariflohn *m*
negotiating bank *(Bank)* einlösende Bank *f*, negoziierende Bank *f*
negotiating partner *(Gen)* Verhandlungspartner(in) *m(f)*
negotiating range *(Pers)* Verhandlungsspielraum *m*
negotiation *(Gen)* Negoziierung *f*, Verhandlung *f*
negotiation fee *(Bank)* Konsortialprovision *f*
negotiations on joining *(Pol)* Beitrittsverhandlungen *fpl (EU)*
neighborhood *(AE) siehe auch neighbourhood*
neighboring country *(AE) (Gen) s.* neighbouring country
neighbourhood effect *(BE) (WiWi)* externe Effekte *mpl*, Externalität *f*
neighbourhood store *(BE) (V&M)* Nachbarschaftsladen *m*, Tante-Emma--Laden *m*
neighbouring country *(BE) (Gen)* Nachbarland *n*, Nachbarstaat *m*
nepotism *(Pers)* Vetternwirtschaft *f*
nerd *(AE, jarg.) (Comp, Komm)* Internet--Freak *m*
nest egg *(Gen, WiWi)* Notgroschen *m*
net *v* 1. *(Bank)* verrechnen; 2. *(Fin)* netto erbringen, netto verdienen; aufrechnen, ausgleichen
net *adj (Gen)* per saldo, netto
net amount *(WiWi)* Nettobetrag *m*
net asset value *(Fin, RW)* Liquidationswert *m*, Nettoinventarwert *m*, Inventarwert *m*, Substanzwert *m*
net assets *(Fin, RW)* Nettovermögen *n*, Reinvermögen *n (total assets minus total liabilities, Summe Aktiva minus Verbindlichkeiten)*
net book value *(Fin)* Buchwert *m* nach Abschreibungen, Nettobuchwert *m*
net capital requirement *(Börse)* Nettokapitalbedarf *m*
net capital spending *(WiWi)* Nettoinvestitionsaufwand *m*
net cash *(Gen, RW)* Barzahlung *f* ohne Abzug
net cash flow *(RW)* Netto-Cashflow *m*
net current assets *(Fin, RW)* Nettoumlaufvermögen *n*, Net Working Capital *n*, Working Capital *n*, Betriebskapital *n (a liquidity ratio: the amount by which the value of the current assets exceeds the current liabilities = current assets minus current liabilities = Umlaufvermögen minus kurzfristige Verbindlichkeiten; synonymous: working capital, WC, net working capital, NWC; Liquiditätskennzahl; anders: die drei Liquiditätsgrade und der Liquiditätskoeffizient, auch sie horizontale Bilanzkennzahlen, sind jedoch als Quotienten definiert)*
net domestic investment *(WiWi)* Nettoinlandsinvestition *f*
net earnings *(RW)* Nettoverdienst *m*
net equity *(Fin, RW)* Nettovermögen *n*, Reinvermögen *n*, Nettoeigenkapital *n (total assets minus total liabilities, Summe Aktiva minus Verbindlichkeiten)*
net foreign investment *(RW)* Nettoauslandsinvestition *f*
net income 1. *(Fin, RW)* Nettogewinn *m*, Reingewinn *m*, Jahresüberschuss *m (US-GAAP)*; Reinertrag *m*, Gewinn *m*; Nettoüberschuss *m*; 2. *(Gen)* Nettoverdienst *m*
net income for the year *(Mgt, RW)* Jahresüberschuss *m (synonymous: annual net profit; after-tax profit before profit distribution; nach Steuern, vor Gewinnverwendung durch Vorstand, Aufsichtsrat und Hauptversammlung)*
net income per share of common stock *(RW)* Nettogewinn *m* je Stammaktie
net income shown on the balance sheet *(Mgt, RW)* Bilanzgewinn *m (net profit for the year, after taxes; nach Steuern und nach teilweiser Gewinnverwendung durch Vorstand und Aufsichtsrat, die Vorlage zum Gewinnverwendungsbeschluss auf der Hauptversammlung)*

net income to net worth ratio *(Admin, Gen)* Eigenkapitalrendite *f*, Verhältnis *n* von Reingewinn zum Eigenkapital
net inflow *(WiWi)* Netto-Zufluss *m (BOP)*
net lending *(Bank)* Nettoausleihung *f*
net loss *(Fin, RW)* Reinverlust *m*, Nettoverlust *m*, Bilanzverlust *m*
net loss for the year *(RW)* Jahresfehlbetrag *m*, Bilanzverlust *m*
net margin *(Fin, RW, WiWi)* Nettogewinnspanne *f*, Reingewinn *m*
net national income *(WiWi)* Volkseinkommen *n*, Nettosozialprodukt *n* zu Faktorkosten
net national product *(WiWi)* Nettosozialprodukt *n*
net of taxes *(Gen, RW, Steuer, WiWi)* nach Steuern, versteuert
net operating income *(RW)* Nettobetriebseinkommen *n*
net operating income or loss *(RW)* Nettobetriebsgewinn oder Nettobetriebsverlust *m*, Ergebnis *n* der gewöhnlichen Geschäftstätigkeit, Ergebnis *n* der normalen Geschäftstätigkeit
net operating margin *(Fin, WiWi)* Umsatzgewinnrate *f*, Umsatzrentabilität *f*, Umsatzrendite *f (profit in percent of turnover)*
net operating profit *(RW)* Nettobetriebsgewinn *m*, Reingewinn *m* vor Steuern
net police *(Comp, Recht)* Netzpolizei *f*
net present value *(Fin, RW, WiWi)* Barwert *m*, Kapitalwert *m*
net present value method *(Fin, WiWi)* Kapitalwertmethode *f (preinvestment analysis, dynamische Investitionsrechnung)*
net proceeds *(Grund)* Reinertrag *m*
net profit 1. *(RW, WiWi)* Reingewinn *m*; 2. *(Fin)* Nettogewinn *m*, Reinerlös *m*, Reingewinn *m*
net profit for the year *(RW)* Bilanzgewinn *m*, Jahresüberschuss *m*
net profit margin *(RW)* Nettoumsatzrendite *f*
net quick assets *(Fin, RW)* Nettoumlaufvermögen *n*, Betriebskapital *n (Liquiditätskennzahl; Liquiditätskoeffizient = current assets minus current liabilities = Umlaufvermögen minus kurzfristige Verbindlichkeiten; anders: die Liquiditätsgrade als horizontale Bilanzkennzahlen sind als Quotienten definiert)*
net quick ratio 1. *(Fin)* Liquidität *f* zweiten Grades, Einzugsliquidität *f (financial assets : current liabilities; Quotient aus monetärem Umlaufvermögen und kurzfristigen Verbindlichkeiten)*; 2. *(Bank, Gen)* Liquidität *f* zweiten Grades von 100 %, Acid Test *m (liquidity ratio; synonymous: 1:1-ratio, acid test; Liquiditätsregel aus Erfahrungswerten, nicht wissenschaftlich begründbar, u. a. Vorgabe des Acid Test; cf liquid ratio, acid test ratio, acid ratio)*
net rate of return after tax *(RW, Steuer)* Nettorendite *f* nach Steuern
net realizable value 1. *(RW)* Nettorealisationswert *m*, realisierbarer Nettowert *m*; 2. *(Fin)* realisierbarer Verkaufserlös *m*
net receipts *(RW)* Nettoeinnahmen *fpl*
net result *(Gen)* Endergebnis *n*
net return *(Fin)* Nettoverzinsung *f*, Nettorendite *f*
net sales *(RW)* Nettoabsatz *m*, Nettoauftragseingang *m*
net skills *(Comp, Pers)* Netzkompetenz *f*
net surplus *(Fin, RW)* Reingewinn *m*, Reinertrag *m*
net total assets 1. *(RW, WiWi)* Nettovermögen *n*, Eigenkapital *n (bilanzielles Eigenkapital = Differenz zwischen Vermögen und Schulden)*; 2. *(Versich)* Eigenkapital *n (synonymous: capital at risk)*
net trading surplus *(RW)* Nettobetriebsgewinn *m*
net value *(RW)* Nettowert *m*
net wage *(Pers)* Nettolohn *m*, Nettogehalt *n*, Nettoverdienst *m*
net wealth *(RW)* Nettovermögen *n*, Reinvermögen *n*
net weight *(Gen)* Nettogewicht *n*
net working capital *(RW, WiWi)* Nettobetriebskapital *n*, Nettoumlaufvermögen *n*, Working Capital *n*
net worth 1. *(Fin, RW)* Nettovermögen *n*, Reinvermögen *n*, Nettovermögenswerte *mpl*, Nettowert *m (synonymous: net assets; total assets minus total liabilities, Summe Aktiva minus Verbindlichkeiten)*; 2. *(RW, WiWi)* Eigenkapital *n (bilanzielles Eigenkapital*

= Differenz zwischen Vermögen und Schulden)

net yield *(RW)* Nettorendite *f*, Reinertrag *m (of a share)*

netiquette *(Comp, Komm)* Netiquette *f (from net + etiquette, code of internet manners)*

netto netto *(Gen, Imp/Exp, Logis)* frei von Abzügen, netto netto *(terms of payment)*

network marketing *(V&M)* Absatz *m* über Händlernetz

network of sales outlets *(V&M)* Verkaufsstellennetz *n*

networking 1. *(Comp)* Netzwerkbetrieb *m*, vernetztes Arbeiten *n*; 2. *(Gen)* Nutzung *f* von Geschäftskontakten; 3. *(Media)* Sendernetz *n (broadcasting)*

neutral budget *(Pol, WiWi)* ausgeglichenes Budget *n*, neutraler Haushaltsplan *m*

neutral technical progress *(WiWi)* neutraler technischer Fortschritt *m*

neutrality of goals *(WiWi)* Zielindifferenz *f*, Zielneutralität *f*

neutrality of money *(WiWi)* Geldneutralität *f*

New Earnings Survey *(BE) (WiWi)* Einkommens- und Verbrauchsstichprobe *f*

New Economy *(Komm, V&M, WiWi)* New Economy *f*, Neue Wirtschaft *f*, neue Ökonomie *f*; Internet-Wirtschaft *f*, Internet-Ökonomie *f*, Web-Wirtschaft *f*, Netzwirtschaft *f*, Netzökonomie *f*; Informationsökonomie *f*

new hiring *(Pers)* Neueinstellungen *fpl*

New Institutional Economics *(NIE) (WiWi, Edu)* Neue Institutionenökonomik *f*, NIÖ *f*

New Keynesian Economics [Macroeconomics] *(WiWi, Edu)* Neuer Keynesianismus *m*, Neue Keynesianische Makroökonomik *f*, Neukeynesianische Makroökonomik *f*, Neokeynesianische Theorie *f (makroökonomische Ungleichgewichtstheorie mit Mengenrationierungsansatz = quantitative rationing approach: Schwankungen des Einkommens und der Beschäftigung werden erklärt durch mikroökonomische Unvollkommenheiten = microeconomic imperfections, wie Lohnstarrheiten und Preisstarrheiten = wage rigidities and price rigidities, non-market clearing prices = nicht markträumende Preise; 1980er Jahre)*

new orders *(Gen, WiWi)* Auftragseingang *m*

new plant and equipment *(WiWi)* Anlageinvestitionen *fpl*

new recruitment *(Pers)* Neueinstellung *f*

new staff members *(Pers)* Neuzugang *m* an Mitarbeitern, Neuzugang *m* an Arbeitskräften

new stock *(Fin)* junge Aktie *f*

new technologies *(Gen)* neue Technologien *fpl*

newbie *(Comp, Komm)* Anfänger *m*, Newbie *m*, Neuling *m (Internet)*

newly hired *adj (Pers)* neu eingestellt

newly industrialized country *(Ind, WiWi)* Schwellenland *n*

news blackout *(Media)* Nachrichtensperre *f*

news item *(Media)* Pressemeldung *f*, Pressenotiz *f*

newsflash *(Media)* Kurznachricht *f*

newsgroup *(Komm, Media)* Newsgroup *f*, Diskussionsgruppe *f*, Forum *n*

newsletter *(Gen, Media)* Mitteilungsblatt *n*

newspaper 1. *(Komm)* Blatt *n*; 2. *(Gen)* Zeitung *f*; 3. *(Media)* Blatt *n*

newspaper advertisement *(Media, V&M)* Zeitungsanzeige *f*, Zeitungsannonce *f*

newspaper advertising *(V&M)* Zeitungsanzeige *f*, Zeitungswerbung *f*

newspaper announcement *(Media, V&M)* Zeitungsannonce *f*

newsroom *(Media)* Nachrichtenredaktion *f*

NGO *s.* nongovernmental organization

niche 1. *(Pers)* Niche *f*; 2. *(V&M)* Marktlücke *f*, Nische *f*

niche market *(V&M)* Nischenmarkt *m*, Marktlücke *f*

night depository *(Bank)* Nachtschalter *m*, Nachttresor *m*

night shift *(Pers)* Nachtschicht *f*

night watchman state *(Pol, WiWi)* Nachtwächterstaat *m*

nil *(Gen)* Null *f*

NIMBY principle *(Pol, Umwelt)* Sankt--Florians-Prinzip *n (NIMBY = not in my backyard; when it comes to e. g. new refuse disposal units or motorways)*

n.n. *s.* netto netto

no. *s.* number
no-account *adj (Bank)* keine Deckung, kein Konto
no-bailout clause *(Fin, Recht, Pol, Media)* No-Bailout-Klausel *f*, Nicht--Haftungsklausel *f*, Nichtbeistandsklausel *f (EU primary law = EU-Primärrecht mit Verfassungsrang, niedergelegt im AEUV = AEU-Vertrag = Vertrag über die Arbeitsweise der Europäischen Union = Treaty on the Functioning of the European Union = TFEU, Art. 125 Abs. 1 = ex-Artikel 103 EG-Vertrag = EGV = Treaty establishing the European Community vom 25.03.1957: „The Community shall not be liable for or assume the commitments of central governments… A Member State shall not be liable for or assume the commitments of central governments…"; „Die Union haftet nicht für die Verbindlichkeiten der Zentralregierungen… und tritt nicht für derartige Verbindlichkeiten ein… Ein Mitgliedstaat haftet nicht für die Verbindlichkeiten der Zentralregierungen… und tritt nicht für derartige Verbindlichkeiten ein…")*
no-frills carrier *(Logis) (ugs.)* Billigflieger *m*, Flugdiscounter *m (no frills = ohne Schnickschnack; synonymous: low-fare carrier, low-cost carrier; mit einfachen Leistungen: minimaler Aufwand z. B. durch niedrige Vertriebskosten –Internetbuchung, Verzicht auf die Ausstellung von Flugscheinen oder Erstellung durch den Fluggast selbst– kurze Bodenzeiten, den ausschließlichen Einsatz im Punkt-zu--Punkt-Verkehr = point-to-point transport, die Verwendung von Maschinen eines Typs, dadurch verringerte Wartungskosten)*
no-growth *adj (WiWi)* statisch
no-lien affidavit *(Recht)* eidesstattliche Versicherung *f*
no-name brands *(Gen, V&M)* No-Name--Produkte *npl*, weiße Produkte *npl*, Gattungsmarken *fpl*
no-name product *(V&M)* markenfreies Produkt *n*, No-Name-Produkt *n*
no-par stock *(Börse)* nennwertlose Aktie *f*, Quotenaktie *f*
no-par-value share *(Börse)* nennwertlose Aktie *f*
no-par value stock *(Fin)* nennwertlose Aktie *f*, Anteilsaktie *f*, Quotenaktie *f (US companies issue shares that have no nominal value, the share capital being defined by the number of shares; synonymous: no-par stock, non-par value share, no-par value share; 2 Formen: a) unechte nennwertlose Quotenaktien = Stückaktien verkörpern einen Anteil am gezeichneten Kapital in Höhe von mindestens 1 Euro; b) in Deutschland nicht zulässige echte nennwertlose Quotenaktien = Anteilsaktien hingegen verbriefen einen Bruchteil am Reinvermögen der Aktiengesellschaft, weshalb auch kein rechnerischer Nennwert = fiktiver Nennwert = fictitious nominal value zu ermitteln ist; opposite: par value share = nominal value share = Nennwertaktie = Nominalaktie)*
noise *(Ind)* Geräusch *n*, Verzerrung *f*
noise abatement *(Umwelt)* Lärmbekämpfung *f*, Lärmschutz *m*
noise emission *(Umwelt)* Lärmemission *f*, Schallabgabe *f*
noise insulation *(Umwelt)* Lärmisolierung *f*
noise level *(Umwelt)* Geräuschpegel *m*, Lärmpegel *m*
noise limit *(Recht, Umwelt)* Lärmgrenzwert *m*
noise prevention *(Umwelt)* Schallschutz *m*
noise protection *(Umwelt)* Lärmschutz *m*
nominal *adj* 1. *(Gen)* unbedeutend *(negligible)*; 2. *(WiWi)* nominal, nominell, Nenn *(theoretical)*
nominal assets *(RW)* Nominalvermögen *n*
nominal capital 1. *(RW)* Nominalkapital *n*; 2. *(Fin)* Stammkapital *n*
nominal GDP *(WiWi)* nominales BIP *n*
nominal growth *(WiWi)* Nominalwachstum *n*
nominal interest rate *(Fin)* Nominalverzinsung *f*, Nominalzins *m*
nominal pay *(Gen)* Nominalgehalt *n*
nominal tax rate *(Steuer)* Nominalsteuersatz *m*
nominal value *(RW)* Nennwert *m*
nominal value share *(Fin)* Nennwertaktie *f*, Nominalaktie *f (synonymous: par value share, face value share; lautet auf*

einen bestimmten Geldbetrag, mindestens 1 Euro; die Summe der Aktiennennbeträge = Grundkapital; opposite: non-par value share = no-par stock = Quotenaktie = nennwertlose Aktie)

nominal wage *(Pers)* Nominallohn *m*

nominal yield *(Fin)* Nominalverzinsung *f*, Rendite *f*, Ertrag *f* aus der Normalverzinsung

nominally *adj (Gen)* nur dem Namen nach *(in name only)*

nominate *v (Gen)* nominieren, ernennen

nomination 1. *(Gen)* Ernennung *f*; 2. *(Pol)* Kandidatur *f*

nominee 1. *(Pol)* Kandidat *m*; 2. *(Börse)* Strohmann *m*

nominee account *(Börse)* Strohmannkonto *n*

nominee company *(Börse)* Briefkastengesellschaft *f*, Strohmanngesellschaft *f*

nominee shareholder *(Börse)* als Aktionär vorgeschobener Strohmann *m*

non-active population *(Pers, Soz, WiWi)* Nicht-Erwerbspersonen *fpl*, nichterwerbstätige Bevölkerung *f*, Nicht-Erwerbstätige *pl*

non-aligned *adj (Pol)* neutral, ungebunden

non-appealability *(Gen, Recht)* Unanfechtbarkeit *f*

non-attached *adj (Pol, Recht)* fraktionslos *(EP)*

non-business day *(Bank, V&M)* geschäftsfreier Tag *m*

non-business organization *(NBO) (Gen, Soz, Steuer)* nicht erwerbswirtschaftlich tätige Organisation *f*; Nonprofit--Organisation *f (cf non-profit organization)*

non-cash benefit *(Soz)* Sachleistung *f*

non-committed *adj (Pol)* blockfrei, ungebunden

non-core activities *(Gen)* Randaktivitäten *f*, nicht dem Kerngeschäft zurechenbare Geschäftstätigkeit *f*

non-core services *(Gen, Mgt)* Nebenleistungen *fpl*, nicht dem Kerngeschäft zurechenbare (Dienst-)Leistungen *fpl*

non-current financial assets *(RW)* Finanzanlagen *fpl (IFRS)*

non-cyclical stocks *(Bank)* konjunkturresistente Werte *mpl*

non-defective *adj (Recht)* mängelfrei

non-earning deposit *(Bank)* unverzinsliche Einlage *f*

non-EU national *(Gen)* Nicht-EU--Bürger(in) *m(f)*

non-executive director *(Mgt, Pers)* Non--Executive Director *m(f)*, nicht geschäftsführender Director [Direktor], Direktor(in) *m(f)* ohne Geschäftsbereich *(synonymous: outside director, non--executive officer, non-executive member of the Board; meist ehrenamtlich tätiges, nicht an der Geschäftsführung des Unternehmens beteiligtes Mitglied des Board of Directors mit Aufsichts- und Überwachungsfunktionen)*

non-fulfillment of obligations *(AE) (Recht) s.* non-fulfilment of obligations

non-fulfilment of obligations *(BE) (Recht)* Nichterfüllung *f* der Pflichten

non-interest-bearing deposit *(Bank)* unverzinsliche Einlage *f*

non-interest earning *adj (Bank)* unverzinslich

non-member country *(Pol)* Drittstaat *m*, Drittland *n (EU)*

non-monetary capital *(WiWi)* Produktivkapital *n*, Sachkapital *n*, Realkapital *n*, nicht monetäres Kapital *n (the aggregate of the capital goods in an economy = capital stock = Kapitalstock = Realkapitalausstattung; VWL: dritter Produktionsfaktor, Summe der Produktionsmittel des volkswirtschaftlichen Produktionsprozesses)*

non-negotiable *adj (Gen)* nicht begebbar, nicht übertragbar

non-negotiable cheque *(Bank)* Verrechnungsscheck *m*

non-negotiable instrument *(Bank)* nicht übertragbares Wertpapier *n*

non-par value share *(Fin, WiWi)* nennwertlose Aktie *f*, Anteilsaktie *f*, Quotenaktie *f (US companies issue shares that have no nominal value, the share capital being defined by the number of shares; synonymous: no-par stock, no-par value share; 2 Formen: a) unechte nennwertlose Quotenaktien = Stückaktien verkörpern einen Anteil am gezeichneten Kapital in Höhe von mindestens 1 Euro; b) in Deutschland* *nicht zulässige echte nennwertlose Quotenaktien = Anteilsaktien hingegen verbriefen einen Bruchteil am Reinvermögen der Aktiengesellschaft, weshalb auch kein rechnerischer Nennwert = fiktiver Nennwert = fictitious nominal value zu ermittln ist; opposite: par value share = nominal value share = Nennwertaktie = Nominalaktie)*

non-performing loan *(NPL) (Bank, Fin)* notleidender Kredit *m*, Kredit *m* im Verzug

non-personnel costs *(V&M)* Sachkosten *pl*

non-profit-making *adj (Fin, Gen, RW, Steuer)* gemeinnützig

non-profit-making company *(Gen)* gemeinnützige Gesellschaft *f*

non-profit organization *(NPO) (AE) (Recht, Soz, Steuer)* Nonprofit--Organisation *f*, nicht gewinnorientierte Organisation *f*, nicht erwerbswirtschaftlich tätige Organisation *f (synonymous: third sector organization, not-for-profit organization, non-business organization, NBO; Kennzeichen: Freiwilligkeit, Selbstbestimmtheit, keine Gewinnausschüttungen; Verkauf nicht individuell konsumierbarer Güter und Dienstleistungen durch nicht primär erwerbswirtschaftlich tätige Organisationen in privater Trägerschaft)*; gemeinnützige Organisation *f*

non-scheduled depreciation *(RW)* außerplanmäßige Abschreibung *f*

non-seller *(V&M)* Ladenhüter *m (ähnlich: slow seller = Langsamdreher; Gegensatz: Schnelldreher = fast seller = fast-selling article)*

non-standard employment *(Pol)* atypische Beschäftigung *f*, atypische Beschäftigungsverhältnisse *npl*

non-standard work *(Pers)* atypische Arbeitsverhältnisse *npl*, atypische Beschäftigung *f*, atypische Beschäftigungsverhältnisse *npl*

non-viable enterprise *(Gen)* nicht lebensfähiges Unternehmen *n*

non-wage labor costs *(AE) (Pers) s.* non--wage labour costs

non-wage labour costs *(BE) (Pers)* Lohnnebenkosten *pl*

non-zero-sum game *(WiWi)* Nichtnullsummenspiel *n*

nonacceptance *(Gen)* Annahmeverweigerung *f*

nonacceptance of delivery *(Recht)* Annahmeverweigerung *f*

nonappearance *(Recht)* Nichterscheinen *n*

nonbank bank *(Bank)* Nonbank *f*

nonbank financial institution *(Fin, WiWi)* intermediäres Finanzinstitut *n*

nonbank sector *(Fin)* bankfremder Sektor *m*, Nichtbankensektor *m*

noncallable securities *(Börse)* unkündbare Wertpapiere *npl*

noncash benefit *(WiWi)* Sachleistung *f*

noncash contribution *(WiWi)* Sachleistung *f*

noncash payment *(Bank)* bargeldlose Zahlung *f*

noncash payment system *(Bank)* bargeldloser Zahlungsverkehr *m*

noncompetitive bid *(Börse)* nicht wettbewerbsfähiges Angebot *n*

noncompulsory contribution *(Versich)* freiwillige Leistung *f*

nonconforming *adj* 1. *(Gen, WiWi)* nicht vertragsgemäß; 2. *(Ind)* fehlerhaft

nonconforming use *(Grund, Recht)* nicht vorschriftsmäßige Benutzung *f*

noncontribution clause *(Versich)* Klausel *f* zur Beitragsbefreiung

noncontributory pension fund *(Pers)* Pensionsplan *m* ohne Beitragsleistungen der Arbeitnehmer

noncontributory pension scheme 1. *(Fin)* beitragsfreie Betriebspension *f*, beitragsfreier Pensionsplan *m*; 2. *(Pers)* nicht beitragspflichtiger Rentenplan *m*

noncumulative preferred stock *(AE) (Börse)* nichtkumulative Vorzugsaktie *f*, Vorzugsaktie *f* ohne Nachbezugsrecht

noncurrent asset *(RW)* Anlagevermögen *n*

noncurrent liabilities *(RW)* langfristige Verbindlichkeiten *fpl*, langfristige Schulden *fpl (IFRS)*

nondeductibility of employer contributions *(Pers)* Nichtabzugsfähigkeit *f* der Arbeitgeberbeiträge

nondeductible *adj (Gen, Steuer)* nicht abzugsfähig *(expenditures)*

nondefaulting party *(Fin, Recht)* vertragstreue Partei *f*

nondisclosure *(Versich)* Unterlassen *n* einer Mitteilung, Verschweigen *n*
nondurable goods *(V&M)* kurzlebige Verbrauchsgüter *npl*
nondurables *(V&M)* kurzlebige Verbrauchsgüter *npl*
nonemployment *(Pers)* Beschäftigungslosigkeit *f*
nonexecution *(Recht)* Nichtausführung *f*, Nichterfüllung *f*
nonfactor income *(WiWi)* Transfereinkommen *n*
nonfinancial assets *(WiWi)* Sachvermögen *n*
nonforfeitable *adj (Recht, WiWi)* nicht verfallbar
nonforfeiture *(Recht, WiWi)* Nichtverfallbarkeit *f*
nonfulfillment *(AE) (Recht) s.* nonfulfilment
nonfulfilment *(BE) (Recht)* Nichterfüllung *f*
nonfungible goods *(RW)* nichtfungible Waren *fpl*, nichtvertretbare Waren *fpl*
nongovernmental organization *(NGO) (Gen)* Nichtregierungsorganisation *f*, NGO *f*
nonintervention *(WiWi)* Nichteinmischung *f*
nonleviable *adj (Fin)* unpfändbar
nonliability *(Recht, Versich)* Haftungsausschluss *m*
nonlinear programming *(Comp, Stat)* nichtlineare Programmierung *f*
nonmarket sector *(WiWi)* Nichtmarkt--Sektor *m*
nonmonetary compensation *(Gen, Pers)* Sachbezug *m*
nonmonetary economy *(WiWi)* Tauschwirtschaft *f*
nonobservance of conditions *(Gen, Recht)* Missachtung *f* von Bedingungen
nonoccupying owner *(Grund)* nicht im Eigentum wohnender Eigentümer
nonoperating expense *(RW)* betriebsfremder Aufwand *m*, neutrale Kosten *pl*, nichtbetriebliche Kosten *pl*
nonoperating result *(WiWi)* neutrales Ergebnis *n*
nonoperating revenue *(RW)* neutrale Einnahmen *fpl*, nichtbetriebliche Einnahmen *fpl*
nonpar share *(WiWi)* nennwertlose Aktie *f*
nonpartisan expert *(WiWi)* unparteiischer Gutachter *m*, unparteiische Gutachterin *f*
nonpayment *(Gen)* Nichtbezahlung *f*
nonpecuniary returns *(Pers)* nichtmaterieller Lohn *m*, Sachbezüge *mpl*
nonperformance *(Recht)* Nichterfüllung *f*
nonperforming credit *(Bank)* notleidender Kredit *m*, notleidendes Darlehen *n*
nonprice competition *(V&M, WiWi)* außerpreislicher Wettbewerb *m*
nonprofit enterprise *(WiWi)* gemeinnütziges Unternehmen *n*, nicht erwerbswirtschaftlich ausgerichtetes Unternehmen *n*
nonprofit organization *(AE) s.* non-profit organization
nonrecourse *adj (Fin)* regresslos
nonrecourse export financing *(Fin)* Forfaitierung *f*, regresslose Exportfinanzierung *f*
nonrecurrent income 1. *(RW)* außerordentlicher Ertrag *m*; 2. *(WiWi)* einmalige Erträge *fpl*
nonrecurring charge *(Fin, RW)* außerordentlicher Aufwand *m (annual accounts)*
nonrecurring costs *(RW)* einmalige Kosten *pl*, Einmalkosten *pl*
nonrecurring expenditure *(RW)* einmalige Aufwendungen *fpl*, einmalige Ausgabe *f*
nonrecyclable *adj (Umwelt)* nicht recycelfähig, nicht wiederverwertbar
nonrefundable *adj (Steuer)* nicht erstattungsfähig
nonrenewable natural resources *(Umwelt)* nicht erneuerbare Bodenschätze *mpl*
nonrenewable resource *(Umwelt, WiWi)* nicht erneuerbarer Rohstoff *m*, nicht nachwachsender Rohstoff *m*
nonresident 1. *(Gen)* Devisenausländer(in) *m(f)*; 2. *(Recht)* Gebietsfremde(r) *f(m)*
nonresident deposits *(Bank)* Auslandsguthaben *npl*
nonresident issuer *(Fin)* ausländische Emittentin *f*, ausländischer Emittent *m*
nonresident's holding *(WiWi)* Auslandsbesitz *m*
nonreturnable packaging *(V&M)* Einwegverpackung *f*
nonstatutory *adj (Recht)* nicht satzungsgemäß

nonstore retailing *(V&M)* Einzelhandel *m* ohne Ladengeschäft
nontariff barrier *(Gen, Imp/Exp, WiWi)* nichttarifäres Handelshemmnis *n (international trade)*
nontariff trade barrier *(WiWi)* nichttarifäres Handelshemmnis *n*
nontax income *(Steuer)* steuerfreies Einkommen *n*
nontaxable transactions *(Fin)* nicht steuerpflichtige Umsätze *mpl*
nonterminable *adj (Recht)* unkündbar
nontrading partnership *(Recht)* Dienstleistungsgesellschaft *f*
nonutilized *adj (Gen)* nicht in Anspruch genommen
nonvariable *adj (RW)* fest, fix *(cost)*
nonverbal communication *(Mgt, V&M)* nonverbale Kommunikation *f*
nonvoting share *(Börse)* stimmrechtslose Aktie *f*
nonwarranty clause *(Recht)* Freizeichnungsklausel *f*
normal *adj (Gen)* üblich, normal
normal capacity *(WiWi)* Normalkapazität *f*
normal cost rate *(RW)* Normalkostensatz *m*
normal cost system *(RW)* Normalkostenrechnung *f (an average standard set to be applied over a future period during which conditions are unlikely to change; synonymous: normal costing, average standard cost system)*
normal costing *s.* normal cost system
normal distribution *(Stat)* gaußsche Normalverteilung *f*, Normalverteilung *f*
normal rate 1. *(Gen)* Normaltarif *m*; 2. *(Steuer)* Regelsteuersatz *m*
normal sustainable capacity *(WiWi)* normale Kapazität *f*
normal wear and tear *(RW)* gewöhnliche Abnutzung *f*
normal working hours *(Pers)* übliche Arbeitszeit *f*
normal working time *(Pers)* übliche Arbeitszeit *f*
normalcy *(AE) (Gen)* Normalität *f*
normality *(BE) (Gen)* Normalität *f*
normative *adj (WiWi)* normativ
normative approach *(WiWi)* normativer Ansatz *m*
normative economics *(WiWi)* normative Wirtschaftswissenschaft *f*
North American Free Trade Agreement *(NAFTA) (WiWi)* Nordamerikanische Freihandelsvereinbarung *f*, NAFTA *f*
nosedive *(WiWi)* Kursverfall *m*, Preissturz *m*
not-for-profit *adj (Gen)* gemeinnützig
not-for-profit entity *(Gen, Steuer)* gemeinnütziges Unternehmen *n*, gemeinnützige Einheit *f*, nicht gewinnorientierte Organisation *f (synonymous: non-profit entity)*
not-for-profit organization *(Gen, Soz, Steuer)* Nonprofit-Organisation *f*, nicht gewinnorientierte Organisation *f*, nicht erwerbswirtschaftlich tätige Organisation *f (cf non-profit organization)*
notarial *adj (Recht)* notariell
notarial authentication *(Recht)* notarielle Beglaubigung *f*, notarielle Beurkundung *f*
notarize *v (Recht)* notariell beglaubigen, notariell beurkunden
notary public *(Recht)* Notar *m*
note *v (Gen)* aufzeichnen, vermerken
note 1. *(Bank, Fin)* Wechsel *m (payable, receivable draft)*; *(BE)* Banknote *f*, Schein *m (money)*; 2. *(Gen)* Aufzeichnung *f*, Vermerk *m*
note receivable *(RW, Fin)* ausstehender Schuldschein *m*, Besitzwechsel *m*, Schuldscheinforderung *f*, Wechselforderung *f*
notes 1. *(RW)* Abschlusserläuterungen *fpl*; 2. *(Börse, Fin)* Notes *fpl*; 3. *(Gen)* Aufzeichnungen *fpl*; 4. *(Media)* Notizen *fpl*; 5. *(Pat)* Merkblatt *n*
notes on consolidated accounts *(RW)* Anhang *m* des konsolidierten Abschlusses
notes payable *(RW, Fin)* Schuldwechsel *mpl*, Wechselverbindlichkeiten *fpl*
notes receivable *(AE) (RW, Fin)* Besitzwechsel *mpl*, Wechselforderungen *fpl*
notes to the accounts *(RW)* Anmerkungen *fpl*
notes to the financial statements *(RW)* Anhang *m* zur Bilanz
notice 1. *(Gen)* Avis *m(n)*, Benachrichtigung *f*; 2. *(Recht)* Unfallmeldung *f (of accident)* • **at two days' notice** *(Gen)* mit einer Frist von zwei Tagen • **give notice of** *(Gen)* benachrichtigen • **give notice of sth** *(Recht)* etw. zur Kenntnis bringen,

Kenntnis von etw. geben • **give sb his notice** *(Pers)* jmdm. kündigen
notice board *(BE)* 1. *(Komm)* Anschlagbrett *n*, Nachrichtentafel *f*; 2. *(Pers)* schwarzes Brett *n*
notice of appeal *(Pat)* Berufungseinlegung *f*
notice of default *(Fin)* Anzeige *f* der Nichterfüllung, Inverzugsetzung *f*
notice of defect *(Recht)* Mängelrüge *f*
notice of opposition *(Pat)* Einspruchseinlegung *f*
notice of redundancy *(Pers)* Entlassung *f*, Entlassungsmitteilung *f*, Kündigung *f*, Kündigungsschreiben *n*
notice period *(Pers)* Kündigungsfrist *f*
notice to quit *(Grund)* Kündigung *f*, Pacht- und Mietkündigung *f*
notification 1. *(Gen)* Avis *m(n)*; 2. *(Recht)* Benachrichtigung *f (transactions)*; 3. *(Pat)* Anzeige *f*, Mitteilung *f*, Notifikation *f*
notification of illness *(Pers)* Krankmeldung *f*
notification of sickness *(Pers)* Krankmeldung *f*
notifier *(Recht)* Übermittler *m*
notify *v* 1. *(Gen)* avisieren, informieren, in Kenntnis setzen, unterrichten, verständigen; 2. *(Pat, Pol)* mitteilen
notional *adj (Fin)* fiktiv, imaginär, nominell, rechnerisch
notional rent *(Grund)* fiktive Miete *f*
notwithstanding *adv (Gen)* ungeachtet
nought *(Gen)* Nichts *n*
novation *(Recht)* Novation *f (commercial)*
novelty *(Pat)* Neuheit *f*
novelty value *(V&M)* Neuheitswert *m*
NOW account *(AE) (Bank, Fin)* NOW--Konto *n*, verzinsliches Kontokorrentkonto *n*, verzinstes Sparkonto *n (NOW = negotiable order of withdrawal)*
NPL *(Abk. für non-performing loan) (Bank, Fin)* notleidender Kredit *m*, Kredit *m* im Verzug
NPO *(Abk. für non-profit organization, AE) (Gen, Soz, Steuer)* Nonprofit--Organisation *f*, nicht gewinnorientierte Organisation *f*, nicht erwerbswirtschaftlich tätige Organisation *f (synonymous: third sector organization, not-for-profit organization, non-business organization, NBO; Verkauf nicht individuell konsumierbarer Güter und Dienstleistungen durch nicht primär erwerbswirtschaftlich tätige Organisationen in privater Trägerschaft)*; gemeinnützige Organisation *f*
NPV *s.* net present value
NPV-method *(Fin, WiWi)* Kapitalwertmethode *f (preinvestment analysis, dynamische Investitionsrechnung)*
nuclear *adj (Ind, Umwelt)* Atom, Kern
nuclear-based industry *(Ind)* Atomwirtschaft *f*
nuclear energy *(Ind, Umwelt)* Kernkraft *f*
nuclear plant *(Ind)* Kernreaktoranlage *f*
nuclear power *(Ind, Umwelt)* Kernkraft *f*
nuclear reactor *(Ind)* Atommeiler *m*, Kernreaktor *m*, Reaktor *m*
nuclear waste *(Ind, Umwelt)* Atommüll *m*
nugatory payment *(Fin, Recht)* rechtsunwirksame Zahlung *f*
nuisance 1. *(Gen)* Ärgernis *n*; 2. *(Recht)* besitzstörende Tätigkeit *f*
null and void *(Recht)* null und nichtig
nullify *v (Recht)* aufheben
nullity *(Recht)* Ungültigkeit *f*
nullity suit *(Recht)* Nichtigkeitsklage *f*
number *v (Gen)* nummerieren
number *v* **consecutively** *(Media, Pat)* fortlaufend nummerieren
number 1. *(Gen)* Anzahl *f*, Ausgabe *f (of magazine)*; 2. *(Stat)* Nummer *f*, Anzahl *f*, Zahl *f*
number crunching *(RW)* Zahlenverarbeitung *f*
number of jobs *(Pers)* Zahl *f* der Arbeitsplätze
number one priority *(Gen)* höchste Priorität *f*
number processing *(Fin, RW, WiWi)* Zahlenverarbeitung *f*
numbered account *(Bank)* Nummernkonto *n*
numerator *(Gen, Stat)* Zähler *m*
numeric *adj (Comp)* numerisch
numeric character *(Stat)* numerisches Zeichen *n*
numeric keypad *(Comp)* Zifferntastatur *f (keyboard)*
numerical control 1. *(Fin)* numerische Kontrolle *f*; 2. *(Stat)* numerische Steuerung *f*
numerical filing *(Gen)* numerische Ablage *f*

numéraire *(WiWi)* Bezugsgröße *f* des Währungssystems
nurse a business *(WiWi)* ein Unternehmen wieder hochbringen
nursing home daily rate *(Soz)* Pflegesatz *m*

O

oath *(Recht)* Eid *m* • **under oath** *(Recht)* unter Eid
obey *v (Recht)* befolgen *(ruling)*; nachkommen *(summons)*
object *v (Recht)* Einwände erheben *(make objections)*
object *v* **to** 1. *(Gen)* ablehnen *(proposal)*; 2. *(Recht)* einwenden gegen
object *(Gen)* Objekt *n*, Ziel *n (aim)*
objection 1. *(Gen)* Einwand *m*; 2. *(Recht)* Einspruch *m*; 3. *(Pat)* Widerspruch *m* • **have no objection** *(Gen)* keinen Einwand haben
objective *adj (Gen)* objektiv, sachlich
objective *(Gen)* Ziel *n*, Zielvorstellung *f*, Zweck *m*
objective indicators *(Gen)* Zielindikatoren *mpl*
objective-oriented *adj (Mgt, WiWi)* zielgerichtet
objective-setting *(Mgt)* Zielsetzung *f*
obligation 1. *(Gen)* Verpflichtung *f*; 2. *(Recht)* Pflicht *f*, Schuldverhältnis *n*, Verbindlichkeit *f* • **no obligation to buy** *(V&M)* ohne Kaufverpflichtung
obligation bond *(Fin)* Anleiheschuld *f*
obligation to accept *(Recht)* Annahmepflicht *f*
obligation to deliver *(Recht, V&M)* Erfüllungszwang *m (Online-Auktionen)*
obligation to disclose *(Recht, Versich)* Anzeigepflicht *f*
obligation to pay *(Bank, Fin)* Zahlungsverpflichtung *f*
obligation under a contract *(Recht)* Vertragspflicht *f*
obligatory *adj (Gen)* verbindlich, verpflichtend
oblige *v (Gen)* verpflichten, zwingen
obliged *adj (Gen)* verpflichtet *(compelled)*; dankbar, verbunden *(grateful)* • **be obliged to** *(Gen)* verpflichtet sein zu
obligee *(Recht)* Gläubiger(in) *m(f)*, Berechtigte(r) *f(m)*
obligor *(Recht)* Schuldner(in) *m(f)*, Verpflichtete(r) *f(m)*
observance *(Recht)* Einhaltung *f (of rule)*
observance of contract *(Recht)* Vertragseinhaltung *f*
observe *v* 1. *(Gen)* beobachten *(watch)*; 2. *(Recht)* einhalten *(rules)*
OBSF *(Abk. für off-balance-sheet financing) (Fin)* außerbilanzielle Finanzierung *f*, bilanzunwirksame Finanzierung *f*, bilanzneutrale Finanzierung *f (financing by means other than debt and equity instruments, e. g. joint ventures, leases, partnerships)*
obsolescence *(Gen)* Veralterung *f*, Obsoleszenz *f*
obsolescent product *(V&M)* veraltetes Produkt *n*
obsolete *adj (Gen)* (technisch) überholt; überaltert, veraltet • **become obsolete** *(Gen)* veralten
obstacle *(Gen)* Hindernis *n*
obstruct *v* 1. *(Gen)* hindern, behindern *(growth)*; 2. *(Recht)* vereiteln
obtain *v* 1. *(Bank, Fin)* aufnehmen *(loan, funds)*; 2. *(Gen)* erzielen, erhalten, erlangen; 3. *(Pat, Recht)* erhalten *(permission, consent)*
obtain *v* **a loan** *(Bank)* ein Darlehen aufnehmen
occasion *(Gen)* Gelegenheit *f (point in time)*; Fall *m (circumstance)*; Veranlassung *f (reason)*
occasional *adj (Gen)* gelegentlich
occasional worker *(Pers)* Gelegenheitsarbeiter(in) *m(f)*
occupancy *(Grund)* Belegung *f*, Besitz *m*
occupant 1. *(Pers)* Inhaber(in) *m(f)*; 2. *(Grund)* Bewohner(in) *m(f) (of a position, post)*
occupation 1. *(Gen)* Beruf *m*, Tätigkeit *f (employment)*; 2. *(Pers)* Besetzung *f (union action)*; 3. *(Recht)* Besitz *m*; 4. *(Grund)* Besetzung *f* • **by occupation** *(Pers)* von Beruf
occupation group *(Pers)* Berufsgruppe *f*
occupation in informatics *(Comp, Pers)* Informatikberuf *m*, Beruf *n* der Informationstechnologie
occupational accident *(Pers, Soz, Versich)* Betriebsunfall *m*, Berufsunfall *m*
occupational aptitude *(Pers)* berufliche Eignung *f*

occupational classification *(Pers)* Berufssystematik *f*, Berufsklassifikation *f*

occupational development *(Pers)* Berufslaufbahn *f*, berufliche Laufbahn *f*, beruflicher Werdegang *m*

occupational duties *(Pers)* Berufsaufgaben *fpl*, berufliche Aufgaben *fpl*

occupational flexibility *(Pers)* berufliche Flexibilität *f*

occupational hazard *(Pers, Soz)* Berufsrisiko *n*, Arbeitsplatzrisiko *n*

occupational injury *(Pers, Soz)* Arbeitsunfall *m*, Berufsunfall *m*

occupational invalidity *(Soz)* Berufsunfähigkeit *f*, Erwerbsunfähigkeit *f*

occupational liberty *(Pers)* Berufsfreiheit *f*

occupational mobility *(Pers)* berufliche Mobilität *f*

occupational outlook *(Pers)* Berufsaussichten *fpl*, berufliche Aussichten *fpl*, Berufsvorausschau *f*, Laufbahnaussichten *fpl*

occupational prospects *(Pers)* Berufsaussichten *fpl*, berufliche Aussichten *fpl*, Berufsvorausschau *f*, Laufbahnaussichten *fpl*

occupational qualification *(Pers)* beruflicher Bildungsabschluss *m*, Berufsabschluss *m*, abgeschlossene Berufsausbildung *f*, berufliches Bildungszeugnis *n*

occupational rehabilitation *(Soz)* berufliche Rehabilitation *f (berufliche Weiterbildung oder Umschulung zur Wiedereingliederung in das Erwerbsleben)*

occupational retraining *(Pers)* Umschulung *f*

occupational skills *(Pers)* berufliche Qualifikation *f*, Berufsqualifikation *f*, berufliche Fähigkeiten *fpl*

occupational title *(Pers)* Berufsbezeichnung *f*, Berufsbenennung *f*, Tätigkeitsbezeichnung *f*

occupations in computer [information] science *(Comp, Pers)* Informatikberufe *mpl*, Berufe *mpl* der Informationsverarbeitung

occupations in information technology *(Comp, Pers)* Berufe *mpl* der Informationstechnologie, Informatikberufe *mpl*

occupied *adj (Gen)* belegt • **be occupied as** *(Pers)* beschäftigt sein als • **be occupied with** *(Pers)* beschäftigt sein mit

occupy *v* 1. *(Gen)* innehaben *(position, post)*; beschäftigen *(person)*; 2. *(Grund)* besitzen, bewohnen

occupy *v* **a post** *(Pers)* Stelle innehaben, Stelle bekleiden, Position innehaben, Amt innehaben

odd *adj (Comp, Stat)* ungerade, restlich *(number)*

odd jobs *(Pers)* Gelegenheitsarbeit *f*

odd sizes *(Ind)* ausgefallene Größen *fpl*, nicht gängige Größen *fpl*

OECD *s.* Organization for Economic Cooperation and Development

OEM *(Abk. für original equipment manufacturer, other equipment manufacturer; software manufacturer under a license)* 1. *(Gen)* Originalteilgerätehersteller *m*; 2. *(Comp)* OEM *m*; Fremdfabrikatehersteller, Hersteller von Fremdfabrikaten, Firma der Geräteendfertigung *(synonymous: other equipment manufacturer)*; Wiederverkäufer *m*; Software--Lizenzhersteller *m (software manufacturer under a license)*

off-balance-sheet *adj* bilanzneutral, bilanzunwirksam

off-balance sheet exposure *(Bank, Fin)* außerbilanzielles Risiko *n (durch das Verschieben von Risiken ins Schattenbanksystem = shadow banking system der SIVs = structured investment vehicles = strukturierte Anlagevehikel = strukturierte Investmentvehikel und SPVs = special purpose vehicles = Zweckgesellschaften; als Regulierungsarbitrage bis zum 1.1.2008, dem Inkrafttreten von Basel II, zulässig und attraktiv)*

off-balance-sheet financing *(Fin, RW)* bilanzneutrale Finanzierung *f*

off-balance sheet reserves *(RW)* stille Reserven *fpl*, stille Rücklagen *fpl (synonymous: hidden reserves, hidden assets, undisclosed reserves, secret reserves, concealed reserves; das Ergebnis unterbewerteter Aktiva oder* *überbewerteter Passiva; opposite: undisclosed charges, hidden charges, undisclosed impairment of assets = stille Lasten)*

off-balance sheet transactions *(Bank, Fin, RW)* außerbilanzmäßiges Geschäft *n*, bilanzunwirksames Geschäft *n*, bilanzneutrales Geschäft *n*

off-board trading *(Börse)* außerbörslicher Handel *m*, ungeregelter Freiverkehr *m*

off-budget *(Admin, Fin, Gen)* außerbudgetär, außerhalb des Haushalts, am Budget vorbei; Nebenhaushalts...

off-line *adj (Comp)* offline, systemunabhängig, Offline

off-peak *adj (Komm, Logis)* außerhalb der Haupt(verkehrs)zeit(en)

off-the-job training *(BE) (Pers)* außerbetriebliche Weiterbildung *f*

off-the-peg *adj (Gen)* von der Stange *(clothing)*

offence *(BE)* 1. *(Recht)* strafbare Handlung *f*, Vergehen *n*, Verstoß *m*; 2. *(Pat)* Verstoß *m*

offence against property *(BE) (Recht)* Eigentumsdelikt *n*

offend *v (Recht)* verstoßen gegen

offense *(AE)* 1. *(Recht)* strafbare Handlung *f*, Vergehen *n*, Verstoß *m*; 2. *(Pat)* Verstoß *m*

offer *v* 1. *(Gen)* anbieten, bieten *(scope)*; 2. *(Pers)* anbieten *(job)*

offer *v* **for subscription** 1. *(Börse, Fin)* zur Zeichnung auflegen, auflegen *(synonymous: invite subscriptions)*; 2. *(Media, V&M)* Subskriptionen einwerben, um Subskriptionen werben, Abonnements einwerben

offer 1. *(Gen)* Angebot *n*; 2. *(Börse)* Briefkurs *m (selling rate)*

offer and acceptance *(Recht)* Angebot *n* und Annahme *f (commercial)*

offer price 1. *(Gen)* Angebotspreis *m*; 2. *(Börse)* Brief(kurs) *m*

offering date *(Börse)* Emissionsdatum *n (new issue)*

offering price *(Börse)* Emissionskurs *m*, Zeichnungskurs *m*

office 1. *(Gen)* Büro *n*, Amt *n (public position)*; 2. *(Recht)* Kanzlei *f* • **be in office** 1. *(Pers)* im Amt sein *(person)*; 2. *(Pol)* an der Regierung sein • **for office use only** *(Admin)* nur zum Dienstgebrauch *m*

office employees *(Pers)* Büropersonal *n*, Büroangestellte *pl*, Bürokräfte *fpl*

office equipment *(Admin)* Büroausstattung *f*, Büromaschinen *fpl*

office hours *(Gen)* Bürostunden *fpl*, Bürozeiten *fpl*, Geschäftszeiten *fpl*, Arbeitsstunden *fpl*

office premises *(Grund)* Büroräume *mpl*, Geschäftsräume *mpl*

office stationery *(Admin)* Büromaterial *n*, Bürobedarf *m*

office supplies *(Admin)* Bürobedarfsartikel *mpl*

officer *(Pers)* Vorstandsmitglied *n*, Beamter *m*, Beamtin *f*

official *adj (Gen)* amtlich, offiziell, Dienst • **for official use only** *(Gen)* nur für den Dienstgebrauch • **not official** *(Gen, Recht)* nicht amtlich

official *(Pers)* Beamter *m*, Beamtin *f*, Funktionär(in) *m(f)*

official approval *(Recht)* amtliche Genehmigung *f*

official broker *(Börse)* amtlicher Kursmakler *m*, amtliche Kursmaklerin *f*

official channel(s) *(Gen, Mgt)* Dienstweg *m*; Amtsweg *m*

official document *(Admin)* amtliches Dokument *n*

official duties *(Pers)* Amtsgeschäfte *npl*, Amtspflichten *fpl*

official exchange rate *(Fin, WiWi)* offizieller Wechselkurs *m*, amtlicher Wechselkurs *m*

Official Journal *(Admin, Pol)* Amtsblatt *n*, ABl., Amtsblatt *n* der Europäischen Union

official language *(Mgt, Pol)* Geschäftssprache *f (EU)*

official quotation *(Börse)* amtliche Börsennotiz *f*

official rate *(Bank)* amtlicher Kurs *m*

official statistics *(Stat)* amtliche Statistik *f*

officially *adv (Gen)* offiziell, amtlich

officially attested *adj (Recht)* amtlich beglaubigt

officially authenticated *adj (Recht)* amtlich beglaubigt

officially listed *adj (Börse)* amtlich zugelassen

officially listed on a stock exchange *adv (Börse)* zur amtlichen Notierung an einer Wertpapierbörse zugelassen

officially quoted *adj (Börse)* amtlich zugelassen
offline *adj (Comp)* offline *(not connected to the network)*
offset *v (Fin, RW)* verrechnen, aufrechnen *(counterbalance)*; ausgleichen, kompensieren *(compensate)*; neutralisieren
offset *v* **an account** *(Bank, RW)* ein Konto ausgleichen
offset *adj (Fin, RW, WiWi)* aufgerechnet, ausgeglichen, verrechnet *(counterbalancing)*; kompensiert *(compensatory)*
offset 1. *(Fin, RW)* Ausgleich *f*, Kompensation *f (compensation)*; Verrechnung *f*, Aufrechnung *f (counterbalancing)*; 2. *(Media)* Offsetdruck *m (printing)*; 3. *(Börse)* Glattstellung *f*
offsetting *(Fin, RW)* Aufrechnung *f*, Ausgleich *m*, Kompensation *f*, Verrechnung *f*
offsetting entry *(RW)* Ausgleichsbuchung *f*, Gegenbuchung *f*
offsetting item *(RW)* Ausgleichsposten *m*
offshore *adj (Bank, Fin)* ausländisch, auswärtig, exterritorial
offshoring *(Mgt)* Verlagerung *f* ins Ausland *(shifting production and services abroad)*
oil *v* **sb's palm** *(Gen)* jmdn. bestechen, *(ugs.)* jmdn. schmieren
oil-exporting country *(Ind, Umwelt, WiWi)* ölexportierendes Land *n*
oil glut *(Umwelt)* Ölschwemme *f*
oil pollution *(Umwelt)* Ölverschmutzung *f*, Ölverseuchung *f*
oil-producing country *(Ind, Umwelt, WiWi)* Erdöl produzierendes Land *n*, Ölförderland *n*, Ölproduzent *m*
OJ *s.* Official Journal
old-age allowance *(BE) (Steuer)* Altersfreibetrag *m*
old-age pension *(Pers, Soz)* Altersrente *f*, Rente *f*
old-age pensioner *(BE) (Pers, Soz)* Pensionär(in) *m(f)*, Rentner(in) *m(f)*
oligopoly *(WiWi)* Oligopol *n*
OMC *s.* Open Market Committee
omission 1. *(Gen)* Auslassen *n (omitting)*; Auslassung *f (thing omitted)*; 2. *(Recht)* Unterlassung *f*, Versäumnis *n (lapse)*
omit *v* 1. *(Gen)* auslassen, weglassen *(leave out)*; 2. *(Recht)* versäumen *(lapse)*
omit *v* **to do** *(Recht)* unterlassen
on-balance-sheet *adj (RW)* bilanzwirksam
on-balance-sheet activities *(Bank, RW)* bilanzpflichtige Geschäfte *npl*, On--Balance-Sheet-Geschäfte *npl*, bilanzwirksame Geschäfte *npl*, bilanzielle Aktiv- oder Passivgeschäfte *npl*; On-Balance-Sheet-Geschäft *n*, bilanzwirksames Geschäft *n* *(synonymous: on-balance-sheet transactions, above the line activities; opposite: off-balance-sheet activities, Gegensatz: bilanzunwirksames Geschäft)*
on-line *adj (Comp)* online, rechnerabhängig, Online
on-site service *(V&M)* Vor-Ort-Service *m*
on-the-job training *(Pers)* innerbetriebliche Weiterbildung *f*
one-man-firm *(Ind, WiWi)* Einmannunternehmen *n*, Einmannbetrieb *m*, Einpersonenbetrieb *m*, Einzelunternehmen *n (synonymous: one-person-firm)*
one month's notice *(Gen)* Monatsfrist *f*
one-off *adj (Gen)* einzeln (an)gefertigt
one-off payment *(Fin)* einmalige Zahlung *f*
one-off production *(Ind)* Einmalfertigung *f*
one-person-business *(Ind, WiWi)* Einmannunternehmen *n*, Einmannbetrieb *m*, Einpersonenbetrieb *m*, Einzelunternehmen *n*
one-stop financing *(Fin, WiWi)* Allfinanz *f*, Finanzierung *f* aus einer Hand
one thousand million *(Stat, WiWi)* eine Milliarde *f (synonymous AE, BE: a billion = 10^9 = 1,000,000,000.00 = Deu 1.000.000.000,00 = 1 000 000 000 = eine Milliarde; im britischen Sprachgebrauch ist milliard nicht mehr gebräuchlich; the former term a milliard = a thousand million is superseded in English by the term billion)*
one-time payment *(Gen, Pers)* Einmalzahlung *f*
ongoing *adj (Gen)* andauernd, im Gang befindlich, laufend, fortbestehend
ongoing concern *(Gen)* Daueranliegen *n*, laufende Angelegenheit *f*
online *adj (Comp, Komm)* online *(connected to a network; seldom: on--line)*

online application 1. *(Comp, Komm)* Online-Anwendung *f (software)*; 2. *(Pers)* Online-Bewerbung *f (career)*
online business *(Komm, V&M)* Online--Geschäft *n*
online community *(Comp, Komm)* Online-Gemeinde *f*, Online--Gemeinschaft *f*, *(jarg.)* E-Community *f*, *(jarg.)* Community *f*
online company *(Gen, Recht)* Onlinekonzern *m*
online counsel 1. *(V&M)* Online--Berater(in) *m(f)*; 2. *(Recht)* Online--Rechtsberatung *f (attorney)*
online counseling *(AE) (V&M) s.* online counselling
online counselling *(BE) (V&M)* Online--Beratung *f*
online crime *(Recht)* Online-Kriminalität *f*
online dictionary *(Media)* Online--Wörterbuch *n*
online form *(Komm, Recht)* Online--Formular *n*
online music exchange *(Komm, Media, V&M)* Online-Musiktauschbörse *f*
online retail commerce [trade] *(Comp, Gen, V&M)* Online-Einzelhandel *m*
online retailer *(Komm, V&M)* Online--Händler(in) *m(f)*
online service *(Komm, V&M)* Online--Dienst *m*, Onlinedienst *m*
online shopping *(Komm, V&M)* Online--Shopping *n*, Online-Einkauf *m*
online store *(Komm, V&M)* Online-Laden *m*
OPEC *s.* Organization of Petroleum--Exporting Countries
open *v* 1. *(Bank)* eröffnen *(account)*; 2. *(Comp)* öffnen *(file)*
open *v* **a business** *(Gen)* ein Geschäft aufmachen
open *v* **an account with** *(Bank)* ein Konto eröffnen bei *(a particular bank)*
open *v* **up** *(Gen, V&M)* erschließen *(market)*; sich öffnen, sich auftun *(opportunities)*
open access *(Bil)* freier Zugang *m*
open bid *(Mgt)* offenes Angebot *n*
open check *(AE) (Bank, Fin) s.* open cheque
open cheque *(BE) (Bank, Fin)* Barscheck *m*
open competition *(WiWi)* offener Wettbewerb *m*
open dating *(AE) (V&M)* Haltbarkeitsangabe *f*
open economy *(WiWi)* offene Volkswirtschaft *f*
open-end contract *(Recht)* Vertrag *m* auf unbestimmte Dauer
open-end fund *(Fin)* offener Investmentfonds *m*
open-ended *adj* 1. *(Comp)* ausbaufähig, offen; 2. *(Gen)* ohne feste Grenze
open-ended contract *(Recht)* Vertrag *m* auf unbestimmte Dauer
open-ended fund *(Fin)* offener Investmentfonds *m*
open-ended investment company *(Fin)* offene Investmentgesellschaft *f*
open for subscription *(Börse, Fin)* aufgelegt
open market *(WiWi)* freier Markt *m*, Freiverkehr *m*, offener Markt *m*, Offenmarkt *m*
Open Market Committee *(AE) (Bank, WiWi)* Offenmarktausschuss *m (Federal Reserve)*
open-market operation *(WiWi)* Offenmarktgeschäft *n*
open-market rate *(Bank)* Offenmarktsatz *m*
open outcry *(Börse)* offener Zuruf *m (on the floor)*
open position *(Börse)* offene Position *f*
open tendering *(Gen)* offene Ausschreibung *f*
open university *(Soz)* Fernuniversität *f*
open user group *(Comp, Komm)* offene Benutzergruppe *f*
opening *(Börse)* Eröffnung *f*, Beginn *m (of day's trading)*
opening balance *(RW)* Anfangsbestand *m*, Eröffnungsbilanz *f*
opening bank *(Bank)* Akkreditivbank *f*, akkreditiveröffnende Bank *f*
opening hours *(Admin, Gen)* Öffnungszeiten *fpl*, Parteienverkehr *m*
opening inventory *(RW)* Anfangsbestand *m*
opening of a business *(Gen, Recht, Steuer)* Geschäftseröffnung *f*, Betriebseröffnung *f*
opening of tenders *(Gen)* Ausschreibung *f* von Angeboten, Angebotseröffnung *f*
operate *v* 1. *(Gen)* betreiben; 2. *(Recht)* gelten; 3. *(Gen)* funktionieren
operating *(Gen)* Arbeits, Betriebs *(in compounds)*; laufend
operating account 1. *(Bank)*

Kontokorrentkonto *n*; 2. *(RW)* Erfolgskonto *n*

operating area *(Gen, Mgt)* Geschäftsfeld *n*

operating capacity *(Ind, WiWi)* Betriebskapazität *f*

operating capital *(WiWi)* Betriebskapital *n*

operating capital requirements *(Fin)* betriebsnotwendiger Kapitalbedarf *m*

operating costs *(RW)* Betriebsaufwand *m*, betriebliche Aufwendungen *fpl*

operating earnings *(RW)* Betriebsergebnis *n (HGB)*; operatives Ergebnis *n*, operatives Ergebnis *n* vor Zinsen und Ertragsteuern *(synonymous: gross operating profit, profit before interest and tax, Ebit, earnings before interest and tax)*

operating efficiency *(WiWi)* Gesamtrentabilität *f*

operating expenditure *(RW)* Betriebsaufwand *m*, betriebliche Aufwendungen *fpl*

operating expenses *(RW)* Betriebsaufwand *m*, Betriebskosten *pl*, betriebliche Aufwendungen *fpl*

operating hours *(Pers)* Betriebszeiten *fpl*, Betriebslaufzeiten *fpl*

operating income *(Fin, RW)* Betriebsertrag *m*, betriebliche Erträge *mpl (synonymous: operating revenue)*; positives operatives Ergebnis *n*; Betriebsgewinn *m*, Betriebsergebnis *n*, operatives Ergebnis *n* vor Zinsen und Ertragsteuern, Gewinn *m* vor Zinsen und Steuern *(synonymous: operating result = operating profit = operating revenue minus operating costs = net profit or net loss; das Ergebnis des betrieblichen Leistungsprozesses und Maß der Ertragskraft im operativen Kerngeschäft)*

operating income statement *(Fin, RW)* Ergebnisrechnung *f*, Betriebsergebnisrechnung *f*, unterjährige Ergebnisrechnung *f*; Gewinn- und Verlustrechnung *f*, GuV, Erfolgsbilanz *f*, Aufwands- und Ertragsrechnung *f (financial and quantitative statements recording the performance achieved and covering a period of less than a financial year)*

operating instructions *(Ind)* Bedienungsanleitung *f*

operating lease *(Fin)* kurzfristiger Leasingvertrag *m*

operating leasing *(Fin)* Operating--Leasing *n*

operating loss *(RW)* Betriebsverlust *m*

operating manager *(Pers)* Betriebsleiter(in) *m(f)*

operating margin *(Fin, WiWi)* Gewinnspanne *f*, Gewinnmarge *f*, Handelsspanne *m (synonymous: gross profit, gross margin)*

operating performance *(Gen)* Auslastungsgrad *m*, Auslastung *f*, Betriebsleistung *f (synonymous: capacity utilization rate)*

operating profit *(RW)* Betriebsgewinn *m*

operating rate *(Ind)* Ausnutzungsgrad *m*, Auslastung *f*

operating result *(RW)* Betriebsergebnis *n*, Betriebserfolg *m*, operatives Ergebnis *n*, Betriebsgewinn oder --verlust *m (synonymous: operating income = operating profit = operating revenue minus operating costs = net profit or net loss; das Ergebnis des betrieblichen Leistungsprozesses und Maß der Ertragskraft im operativen Kerngeschäft)*

operating results *(RW)* Betriebsergebnis *n*

operating revenue *(RW)* betriebliche Erträge *mpl*

operating statement *(Fin, RW)* Ergebnisrechnung *f*, Betriebsergebnisrechnung *f*, unterjährige Ergebnisrechnung *f*; Gewinn- und Verlustrechnung *f*, GuV, Erfolgsbilanz *f*, Aufwands- und Ertragsrechnung *f (financial and quantitative statements recording the performance achieved and covering a period of less than a financial year)*

operation *(Gen)* Vorgang *m*, Arbeitsvorgang *m*, Betrieb *m (process)*; Geschäftsbereich *m*, Unternehmen *n*, Konzernunternehmen *n*, Operation *f*, Unternehmensbereich *m*, Zweigwerk *n (enterprise)* • **be in operation** *(Ind, Recht)* in Kraft sein, gültig sein, in Betrieb sein • **be out of operation** *(Ind)* außer Betrieb sein, nicht mehr funktionieren • **come into operation** *(Recht)* wirksam werden

operation time *(Gen)* Laufzeit *f*

operational *adj (Gen)* betrieblich

operational auditing *(Gen, Mgt)* Innenrevision *f*, interne Revision *f*; Systemprüfung *f (die Prüfung erfolgt durch interne prozessunabhängige Revisoren und umfasst Ordnungsmäßigkeitsprüfungen sowie die Prüfung der aufbau- und ablauforganisatorischen Zweckmäßigkeit betrieblicher Prozesse der Leistungserstellung; opposite: financial auditing = Prüfung im Finanz- und Rechnungswesen = Buchprüfung)*
operational data *(Pers, RW)* Betriebsunterlagen *fpl*
operational objectives *(Bank, Gen)* Betriebsziele *npl*
operational plan *(Fin, Mgt)* Geschäftsplan *m (synonymous: business plan, operating plan)*
operational plan framework *(Mgt)* operativer Rahmenplan *m*
operational planning *(Mgt)* Ablaufplanung *f*, betriebliche Planung *f*
operational profit *(Fin)* operativer Gewinn *m*, Betriebsgewinn *m*
operational ratio *(Mgt, WiWi)* betriebswirtschaftliche Kennzahl *f*
operational research *(Mgt, V&M)* Operations-Research *n*, OR
operations *(Gen)* Geschäftsprozesse *mpl*, betriebliche Prozesse *mpl (business transactions)*; Geschäftsbereich *m (division)*
operations management *(Mgt)* Betriebsleitung *f*, Unternehmensleitung *f*
operations research *(Mgt, V&M)* Operations-Research *n*, OR, Unternehmensforschung *f*
operative *adj* 1. *(Gen)* Arbeits, Betriebs, betrieblich; 2. *(Recht)* wirksam, rechtswirksam
operative expenses *(Gen)* Sachaufwand *m*
operator 1. *(Comp)* Operator *m*; 2. *(Gen)* Unternehmer *m (company)*; 3. *(Ind)* Bediener *m (of electrical equipment)*; Maschinenarbeiter(in) *m(f) (of machinery)*
opinion 1. *(Gen)* Meinung *f*, Ansicht *f (judgment, belief)*; Stellungnahme *f*, Gutachten *n (stance)*; 2. *(Pol)* Anschauung *f* • **give an expert opinion on** *(Gen)* begutachten
opinion leader *(V&M)* Meinungsführer *f*
opinion poll *(V&M)* Meinungsumfrage *f*
opinion survey *(V&M)* Meinungsumfrag
opportunity *(Fin, Gen, Pol, WiWi)* Chance *f*, Gelegenheit *f*, Möglichkeit *f*, Opportunität *f*
opportunity cost(s) *(WiWi)* Opportunitätskosten *pl*, Alternativkosten *pl*, alternative Kosten *pl (the cost of any action is measured in terms of foregone opportunities, i. e. the cost of using a resource in one activity is measured in terms of its best alternative use; synonymous: alternative cost, cost of foregone alternatives; Opportunitätskosten sind entgangene Deckungsbeiträge der nächstbesten nicht gewählten Alternative; generell sind sie entgangener Ertrag möglicher alternativer Verwendungen, z. B. die entgangenen Zinsen der Bargeldhaltung: Zinsen sind Schattenpreise = shadow prices)*
opportunity to realize a profit *(Gen)* Gewinnchance *f*
oppose *v* 1. *(Gen)* ablehnen, Einspruch erheben gegen, sich widersetzen; 2. *(Recht)* widersprechen
opposite number *(Pers)* Gegenspieler(in) *m(f) (in organization)*
opposition 1. *(Gen)* Widerstand *m*, Opposition *f (resistance)*; 2. *(Recht)* Anfechtung *f*, Widerspruch *m*; 3. *(Pat)* Patentanfechtung *f*
opposition to a patent *(Pat)* Patentanfechtung *f*, Patenteinspruch *m*
oppress *v (Pol)* unterdrücken
oppression *(Recht)* Druckausübung *f (contract law)*
opt *v (Mgt)* optieren, sich entscheiden, wählen
opt *v* **for** *(Mgt)* optieren für, sich entscheiden für, wählen
opt *v* **in** *(Mgt)* optieren für
opt *v* **out** 1. *(Mgt)* optieren gegen; 2. *(WiWi)* auf sein Optionsrecht verzichten; 3. *(Gen)* auf die Teilnahme verzichten, abspringen, sich dagegen entscheiden, *(ugs.)* aussteigen
optical card *(Comp)* optische Speicherkarte *f*, optische Karte *f*
optical disc *(Comp)* optische Speicherplatte *f*, Bildplatte *f*
optical disk *(Comp)* optische Speicherplatte *f*, Bildplatte *f*
optical memory *(Comp)* optischer

Speicher *m*
optical storage *(Comp)* optischer Speicher *m*
optimal *adj (Gen)* optimal, günstigst
optimal rate of pollution *(Umwelt, WiWi)* optimale Verschmutzungsrate *f*
optimization *(Gen)* Optimierung *f*
optimize *v* **the objective function** *(Gen)* die Zielfunktion optimieren
optimum *adj (Gen)* optimal, günstigst
optimum allocation of resources *(WiWi)* optimale Ressourcenallokation *f*
optimum capacity 1. *(WiWi)* Optimalkapazität *f*; 2. *(Ind)* optimales Fassungsvermögen *n*, optimales Leistungsvermögen *n*
optimum currency area *(WiWi)* optimaler Währungsraum *m*
optimum order size *(Gen)* optimale Bestellmenge *f*
optimum warehouse stock *(Gen)* optimaler Lagerbestand *m*
option 1. *(Fin)* Option *f*; 2. *(Gen)* Entscheidungsfreiheit *f*, freie Wahl *f* *(ability to choose)*; Alternative *f*, Wahlmöglichkeit *f (alternative)*; Vorkaufsrecht *n (right to buy)*; 3. *(Börse)* Option *f*
option on actuals *(Börse)* Option *f* auf Kassakontrakte
option on futures *(Börse)* Option *f* auf Terminkontrakte
option to capitalize *(RW, Steuer)* Aktivierungswahlrecht *n*
OR *s.* 1. operational research; 2. operations research
oral contract *(Recht)* mündliche Vereinbarung *f*
oral examination *(Bil)* mündliche Prüfung *f*
oral proceedings *(Recht)* mündliche Verhandlung *f*
order *v (Gen)* bestellen
order 1. *(Gen)* Auftrag *m*, Order *f*, Reihenfolge *f (sequence)*; 2. *(Recht)* Weisung *f*, Anordnung *f*, Verfügung *f*, Beschluss *m (courts)* • **as per order** *(Gen)* auftragsgemäß • **in ascending order** *(Gen)* in aufsteigender Reihenfolge • **in order of priority** *(Gen)* nach Priorität • **out of order** *(Gen)* außer Betrieb
order bond *(Fin)* Orderschuldverschreibung *f* *(synonymous: order debt certificate)*
order book *(Gen)* Auftragsbuch *n*
order by mail *(AE) (Komm, V&M)* Versandbestellung *f*
order by post *(BE) (Komm, V&M)* Versandbestellung *f*
order costs *(Gen)* Bestellkosten *pl*
order driven *adj (Börse, V&M)* auftragsgesteuert, auftragsgetrieben *(trading system)*
order entry *(V&M)* Auftragseingang *m*
order for relief *(WiWi)* Insolvenzbeschluss *m*, Vergleichsbeschluss *m*
order handling *(Gen)* Auftragsabwicklung *f*
order intake *(Gen)* Auftragseingang *m*
order management *(Mgt)* Bestellmanagement *n*
order of preference *(WiWi)* Präferenzstruktur *f*
order process *(jarg.) (V&M)* Auftragsabwicklung *f*, Auftragsbearbeitung *f (synonymous: order handling; cf Auftragsabwicklungsprozess)*
order processing *(Gen)* Auftragsabwicklung *f*
order to pay *(Fin, RW)* Zahlungsauftrag *m*, Zahlungsanweisung *f*
ordering procedure *(V&M)* Bestellverfahren *n*
orders on hand *(Gen)* Auftragsbestand *m*
ordinal utility *(WiWi)* ordinaler Nutzen *m*
ordinarily resident *adj (Recht)* wohnhaft
ordinary account *(Bank)* normalverzinsliches Sparkonto *n*
ordinary and necessary business expenses *(Steuer)* gewöhnliche und notwendige Geschäftsausgaben *fpl*
ordinary capital reduction *(Fin, RW)* ordentliche Kapitalherabsetzung *f* *(reduction in the issued share capital of a company and repayment to the shareholders; Herabsetzung des Nominalwerts der ausgegebeben Aktien und Rückzahlung an die Aktionäre = effektive Kapitalherabsetzung)*
ordinary diligence *(Recht)* verkehrsübliche Sorgfalt *f*
ordinary income *(Steuer)* gewöhnliches Einkommen *n*
ordinary interest *(Fin)* gewöhnlicher Zins *m*
ordinary profit before taxation *(RW)*

ordentlicher Gewinn *m* vor Steuern
ordinary share *(BE) (Börse, Fin)* Stammaktie *f*
organic *adj (WiWi)* organisch *(structure, growth)*
organization *(Gen)* Organisation *f (enterprise, arrangement)*; Unternehmen *n*, Gründungs *(enterprise)*
organization chart *(Mgt)* Organigramm *n*, Organisationsplan *m*, Geschäftsverteilungsplan *m*
organization cost *(Fin, RW)* Gründungsaufwand *m*, Gründungskosten *pl*
organization expense *(Fin, RW)* Gründungsaufwand *m*, Gründungskosten *pl*
Organization for Economic Cooperation and Development *(OECD) (WiWi)* Organisation für wirtschaftliche Zusammenarbeit und Entwicklung (OECD) *(think tank = Denkfabrik = Ideenschmiede mit Sitz in Paris)*
organization meeting *(Mgt)* Gründungsversammlung *f*
Organization of Petroleum-Exporting Countries *(OPEC) (Pol, Umwelt, WiWi)* Organisation erdölexportierender Länder, OPEC
organizational behavior *(AE) (Mgt, V&M) s.* organizational behaviour
organizational behaviour *(BE) (Mgt, V&M)* Organisationsverhalten *n*
organizational change *(Mgt)* organisatorische Veränderung *f*
organizational chart *(Mgt)* Organigramm *n*, Organisationsplan *m*, Geschäftsverteilungsplan *m*
organizational economics *(WiWi)* (ökonomische) Organisationstheorie *f*
organizational environment *(WiWi)* Betriebsumfeld *n*
organizational skills *(Mgt, Pers)* Organisationstalent *n*
organizational symbol *(Gen)* Firmenlogo *n (logo)*
organize *v (Gen)* organisieren, veranstalten
organized crime *(Recht)* organisiertes Verbrechen *n*
organized securities market *(Börse)* geregelter Wertpapiermarkt *m*
organized stock market *(WiWi)* geregelter Wertpapiermarkt *m*
origin principle *(Steuer)* Ursprungslandprinzip *n (VAT, MWSt)*
original *adj (Gen)* original *(not copy)*
original *(Gen)* Erstausfertigung *f*, Original *n*
original capital *(Fin)* Anfangskapital *n*, Gründungskapital *n*, Grundkapital *n*
original cost *(RW)* Herstellungskosten *pl*, Anschaffungskosten *pl*, Gestehungskosten *pl*
original document *(Gen, Recht)* Originalurkunde *f*
original entry *(RW)* Eingangsbuchung *f*, Grundbuchung *f*
original equipment manufacturer *(OEM)* 1. *(Gen)* Originalteilgerätehersteller *m*; 2. *(Comp)* OEM *m*; Fremdfabrikatehersteller, Hersteller von Fremdfabrikaten, Firma der Geräteendfertigung *(synonymous: other equipment manufacturer)*; Wiederverkäufer *m*; Software-Lizenzhersteller *m*
original impossibility *(Recht)* anfängliche Unmöglichkeit *f*
original invoice *(Gen)* Originalfaktura *f*, Originalrechnung *f*
original issue discount *(Börse, Fin)* Abzinsungsbetrag *m*, Emissionsdisagio *n*
original maturity *(Börse)* ursprüngliche Laufzeit *f*
original slip *(Versich)* Originalbeleg *m*
original subscriber *(Börse)* Erstzeichner(in) *m(f)*
originate *v (Gen)* herstammen, seinen Ursprung haben; erzeugen, schaffen; ausreichen *(loan, Kredit)*
originate-to-distribute business model *(Bank, WiWi)* Originate-to-distribute-Geschäftsmodell *n (a business model that combines classic bank lending business with modern forms of risk transfer: whilst the debt is generated = originated as normal, whereas traditionally it was held on the originating bank's balance sheet, it is instead bundled and broken up into tranches by the originating bank for sale to investors; each tranche has a different credit rating with the higher risk tranches carrying the lowest ratings and highest yield; the first-loss position*

= FLP in true-sale or synthetic securitizations is not always held by the originator so that the risk of default = Kreditausfallrisiko no longer remains on the books of the originating bank --resulting in a possible slipping of its lending standards!- but is spread = distributed among untraceable investors who are willing to take high risk on the global capital markets for high returns; so the positive capital allocation function of the model is combined with the negative consequences of intransparency about the resulting risk distribution and an inclination to worsening lending standards; Verbindung des klassischen Bankkreditgeschäfts mit modernen Formen des Risikotransfers: Kredite werden von der Originator-Bank kreiert, ausgereicht, gebündelt, tranchiert, verbrieft und im Markt weiterplatziert, und zwar teilweise einschließlich der risikoreichsten Tranche, der Equitytranche = Erstverlusttranche = first loss piece = FLP = first loss position = equity piece, womit der Anreiz der Bank, auf angemessene Kreditstandards zu achten, verlorengeht; originate-and-distribute--model; cf warehouse holdings)

originator 1. *(Bank, Fin)* ursprünglicher Kreditgeber *m*, Originator *m (Institut, das ein verbrieftes Portfolio für eigene Rechnung begründet oder dessen Portfolio zu Verbriefungszwecken -for securitization purposes- angekaufte Forderungen enthält; the first-loss position = FLP = Erstverlustposition in true-sale or synthetic securitizations is normally held by the originator)*; 2. *(Gen)* Begründer *m*, Urheber *m*; Auftraggeber(in) *m(f)*

ostensible company *(WiWi)* Scheingesellschaft *f*

OTC *(Abk. für over-the-counter) (Bank, Börse)* im Freiverkehr, nicht börsengehandelt, außerbörslich, Schalter-, Tafel-

OTC derivative (instrument) *(Abk. für over-the-counter derivative instrument) (Bank, Börse)* außerbörsliches Derivat *n*, außerbörslich gehandeltes Derivat *n*, börsenfreies Derivat *n*, nicht börsengehandeltes derivatives Instrument *n*, außerbörslich gehandeltes derivatives Produkt *n*

OTC trading *(Abk. für over-the-counter trading)* 1. *(Bank, Börse)* OTC-Handel *m*, Tafelhandel *m*, Schalterhandel *m*; *(AE)* Telefonverkehr *m (Hauptmerkmale: maßgeschneiderte individuelle Konditionen, unstandardisierte Produkte, meist intransparente Marktstruktur, geringe Liquidität und erhöhte Transaktionskosten; keine zentrale Gegenpartei = central counterparty = CCP zwischen Wertpapierkäufern und –verkäufern, erhöhte Ausfallrisiken)*; 2. *(Media, Bank) (jarg.)* dunkler Handel *m*; 3. *(Comp, Bank, Börse) elektronischer Freiverkehrshandel am OTC Bulletin Board = OTCBB, dem von der NASDAQ beaufsichtigten US-OTC--Markt*

OTC transaction *(Abk. für over-the--counter transaction) (Bank, V&M)* Tafelgeschäft *n*, OTC-Geschäft *n (am Bankschalter bar abgewickeltes Direktgeschäft = direct transaction = over-the counter transaction = direct business)*

other assets *(Fin)* sonstige Aktiva *pl*

other business/any *(Gen)* Sonstiges *n (agenda)*

other income *(RW)* betriebsfremde Erträge *mpl*, sonstige Erträge *mpl*

other liabilities *(RW)* sonstige Verbindlichkeiten *fpl*

other receivables *(RW)* sonstige Forderungen *fpl (assets)*

other revenue *(RW)* betriebsfremde Erträge *mpl*, neutrale Erträge *mpl*

out-of-court *adj (Recht)* außergerichtlich

out-of-court settlement *(Recht)* außergerichtlicher Vergleich *m*

out-of-the-money call *(Börse)* Call *m* aus dem Geld, *(jarg.)* Call *m* out of the money

out-of-the-money put *(Börse)* Put *m* aus dem Geld, *(jarg.)* Put *m* out of the money

out-of-town center *(AE) (V&M)* *s.* out-of--town centre

out-of-town centre *(BE) (V&M)* Geschäftszentrum *n* auf der grünen Wiese

out-of-town supermarket *(V&M)* Verbrauchergroßmarkt *m* auf der

grünen Wiese, Verbrauchermarkt *m* auf der grünen Wiese, außerstädtisches Einkaufszentrum *n*
outage time *(Ind)* Ausfallzeit *f*
outbid *v (V&M)* überbieten *(auction)*
outcome *(Gen)* Ausgang *m*, Ergebnis *n*, Folge *f*, Resultat *n*
outcry market *(Börse)* Auktionsmarkt *m*
outdated *adj (Gen)* überholt, veraltet *(idea, product)*
outflow *(Fin, RW, WiWi)* Abfluss *m*, Kapitalabfluss *m (of funds)*
outflow of funds *(Bank, WiWi)* Mittelabfluss *m (BOP)*
outflows *(Fin)* Ausgaben *fpl (in pre--investment analysis)*
outgoing goods *(Gen)* Warenausgang *m*
outgoing invoice *(V&M)* Ausgangsrechnung *f*
outgoing mail *(Komm)* ausgehende Post *f*, Ausgangspost *f*
outgoings *(Fin)* Ausgang *m*, Ausgaben *fpl*
outlay *(Fin, RW)* Ausgaben *fpl*, Auslagen *fpl*, Barausgaben *fpl (cash)*
outlay tax *(Steuer)* indirekte Steuer *f*, Ausgabensteuer *f*
outlet *(V&M)* Absatzgebiet *n*, Verkaufsstelle *f*, Händler *m (shop)*
outline *v (Gen)* umreißen, grob umreißen, entwerfen
outline *(Gen)* Grundriss *m*, Entwurf *m*, Übersicht *f*, Rohskizze *f (summary)*
outpaced *adj (Gen)* überholt
outperform *v* 1. *(WiWi)* übertreffen *(growth, trade volume)*; 2. *(Börse)* sich überdurchschnittlich entwickeln *(price)*
outperform *v* **the market** *(Börse)* über dem Marktdurchschnitt liegen
outplacement *(Pers)* Outplacement *n*
outplacement agency *(Pers)* Outplacement-Beratung *f*
output *v* 1. *(Comp)* ausgeben *(data, text)*; 2. *(Ind)* produzieren
output 1. *(RW)* Ertrag *m*, Output *m (amount)*; 2. *(Comp)* Ausgabe *f*, Output *m (data, text)*; 3. *(WiWi)* Ausstoß *m (quantity)*; 4. *(Pers)* Arbeitsleistung *f (work)*; 5. *(Ind)* Produktion(smenge) *f (process, amount)*
output gap *(WiWi)* Produktionslücke *f*
output method *(WiWi)* Entstehungsrechnung *f (VGR; commodity-service method; Berechnung des BIP von der Produktionsseite her; Gegensatz: Verwendungsrechnung = consumption-plus-investment method)*
output objective *(WiWi)* Leistungsziel *n*
output per head *(Ind)* Leistung *f* pro Kopf
output per hour *(Ind)* Stundenleistung *f*
outright *adj (Gen)* direkt, bedingungslos, vollständig *(ownership)*
outright consolidation *(WiWi)* Fusion *f*
outright forward transaction *(Börse)* einfaches Termingeschäft *n*
outright gift *(Steuer)* bedingungslose Zuwendung *f*
outside capital *(Bank, Fin, WiWi)* Fremdmittel *npl*, Fremdkapital *n*
outside director *(Mgt)* Outside Director *m*, Director *m* ohne Geschäftsbereich, Boardmitglied *m* ohne Geschäftsbereich *(synonymous: non--executive director; member of the board of directors without a contract of employment, Mitglied des Board of Directors ohne Festanstellungsvertrag, meist als ehrenamtliche Tätigkeit, unabhängige Position mit Überwachungsfunktionen zur Wahrung der Corporate Governance; Gegensatz: inside director = executive director, mit Festanstellungsvertrag)*; nebenamtlicher Geschäftsführer *m*
outside facilities *(Ind)* Außenanlagen *fpl*
outside finance *(Fin, RW)* Außenfinanzierung *f*
outside lag *(WiWi)* äußere Verzögerung *f*, Wirkungsverzögerung *f*
outside production *(WiWi)* Fremdproduktion *f*
outsider 1. *(Gen)* Außenseiter(in) *m(f)*; 2. *(Pers)* Nichtmitglied *n*, Außenstehende(r) *f(m)*
outsource *v (Mgt, V&M)* auslagern, ausgliedern, verlagern, ausgliedern *(Konzentration auf Kernbereiche durch Auslagerung von Arbeiten an Zulieferer)*
outsourcing 1. *(Ind)* Produktionsverlagerung *f*; 2. *(Mgt)* Fremdrealisierung *f*; Outsourcing *n*, Auslagerung *f*, Auslagern *n*
outstanding *adj (Gen)* ausstehend, unbeglichen *(debt, amount, obligation)*; unerledigt *(affairs)*
outstanding amount *(Gen)* ausstehender Betrag *m*
outstanding amounts *(RW)* Forderungen *fpl*, Buchforderungen *fpl*
outstanding capital stock *(Börse)*

ausstehende Aktien *fpl*, ausstehende Einlagen *fpl*
outstanding contributions *(RW)* ausstehende Einlagen *fpl*
outstanding debt *(Bank, Fin)* Restschuld *f*
outstanding debts *(RW)* Außenstände *mpl*
outstanding orders *(Gen)* unerledigte Aufträge *mpl*
outstanding shares *(Börse)* ausgegebene Aktien *fpl*
outturn *(Ind, WiWi)* Ist-Zahlen *fpl*
over-achiever *(Soz)* leistungsorientierte Person *f*
over-the-counter *adj* 1. *(Börse)* im Freiverkehr; 2. *(Soz)* rezeptfrei, frei verkäuflich
over-the-counter derivative instrument *(AE)* *(Börse)* OTC-Derivat *n*, derivatives OTC-Instrument *n*
over-the-counter market *(AE)* *(Börse, WiWi)* OTC-Markt *m*, Freiverkehr *m*
overall *(Gen)* insgesamt, insg.
overall concept *(V&M)* Leitbild *n*
overall demand *(WiWi)* gesamtwirtschaftliche Nachfrage *f*, volkswirtschaftliche Gesamtnachfrage *f*
overall development *(WiWi)* Gesamtentwicklung *f*
overall economic plan *(WiWi)* gesamtwirtschaftlicher Rahmenplan *m*
overall expenses method *(RW)* Gesamtkostenmethode *f*
overall unemployment *(Pers, WiWi)* Gesamtarbeitslosigkeit *f*, Arbeitslosigkeit *f* insgesamt
overbid *v* *(V&M)* überbieten
overbooked *adj* *(Admin, Frei, Logis)* überbucht *(flight, hotel)*
overcapacity *(Gen)* Überkapazität *f*
overcapitalized *adj* *(Gen)* überkapitalisiert
overcharge *(V&M)* zu viel berechneter Betrag *m*
overcharged *adj* *(WiWi)* überhöht
overcome *v* *(Gen)* überwinden *(prejudice)*
overdraft *(Bank)* Kontoüberziehung *f*, Überziehung *f*
overdraft facility *(Bank)* Dispo(sitions)kredit *m*, Kreditlinie *f*, Überziehungskredit *m*
overdraft rate *(Bank)* Überziehungskreditsatz *m*
overdraw *v* *(Bank)* überziehen *(bank account)*
overdrawn *adj* *(Bank)* überzogen
overdue *adj* 1. *(RW)* überfällig; 2. *(Admin, Fin, Gen)* rückständig
overdue claim *(RW)* überfällige Forderung *f*
overemployment *(WiWi)* Überbeschäftigung *f*
overestimate *v* *(Fin, RW, WiWi)* überschätzen, überbewerten
overexploitation *(Umwelt)* Raubbau *m*
overextended credit *(Bank)* ungenügend gedeckter Kredit *m*
overfund *v* *(Fin)* überfinanzieren
overhang *(Gen, WiWi)* Überhang *m*
overhaul 1. *(Gen)* Überholung *f*; 2. *(Mgt)* gründliche Überprüfung *f*, Revision *f* *(of system)*
overhead *(BE)* *(RW)* Gemeinkosten *pl*
overhead capital *(WiWi)* Infrastruktur *f*
overhead charge *(RW)* Gemeinkosten *pl*, indirekte Kosten *pl*
overhead costs *(Gen)* Gemeinkosten *pl*
overhead expenses *(Gen, RW)* Gemeinkosten *pl*,
overhead labour costs *(BE)* *(Pers, RW)* Arbeitsgemeinkosten *pl*, Personalfixkosten *pl*
overheads *(BE)* 1. *(Fin, RW)* Gemeinkosten *pl*; 2. *(Bil, Gen)* Folien *fpl* • **absorb overheads** *(RW)* Gemeinkosten verrechnen • **allocate overheads** *(RW)* Gemeinkosten verrechnen
overheads recovery *(Fin, RW)* Gemeinkostendeckung *f*
overheated economy *(WiWi)* überhitzte Volkswirtschaft *f*
overinsured *adj* *(Versich)* überversichert
overlap *v* *(Gen, Pers)* sich überschneiden, überlappen *(dates, holidays, responsibilities)*
overly aged population *(WiWi)* überalterte Gesellschaft *f*
overmanned *adj* *(Pers)* überbesetzt
overnight *(Gen)* über Nacht
overnight interest rate *(Bank)* Tagesgeldsatz *m* *(ECB)*
overnight loan *(Bank, Fin)* Überlassung *f* von Tagesgeld, Tagesgeldausleihung *f*, Übernachtkredit *m* *(ECB)*
overnight money *(Bank, Fin)* Tagesgeld *n*
overnight rate *(Bank, Fin)* Tagesgeldsatz *m*
overpaid *adj* *(Pers)* überbezahlt

overprice *v (V&M)* den Preis zu hoch ansetzen für
overpriced *adj (V&M)* überteuert
overproduction *(WiWi)* Überproduktion *f*
overprovision *(WiWi)* Überversorgung *f*
overqualified *adj (Edu, Pers)* überqualifiziert *(synonymous: overskilled)*
overrated *adj (Fin, RW, WiWi)* überbewertet, überschätzt
overrepresent *v (V&M)* überrepräsentieren *(on the market)*
overriding *adj* 1. *(Gen)* überragend *(importance)*; vorrangig, vordringlich *(trend, factor, consideration)*; 2. *(Pol)* überragend *(importance)*
overrule *v (Gen, Pol)* aufheben *(decision)*; überstimmen *(person)*
overrun *v* 1. *(WiWi)* überschreiten; 2. *(Ind)* überlaufen
overseas *adj (Gen)* ausländisch
overseas assets *(WiWi)* Auslandsaktiva *pl*
overseas branch *(Bank, Imp/Exp)* Auslandsniederlassung *f*
overseas company *(Gen)* ausländisches Unternehmen *n*, Auslandsunternehmen *n*
overseas countries and territories *(Pol)* überseeische Gebiete *npl (of EU member states)*
oversee *v (Gen, Mgt, Pers)* beaufsichtigen
overshoot *v (Gen)* hinausschießen über, übertreiben
overshooting *(Stat, WiWi)* überschnelle Reaktion *f*, überstarke Reaktion *f*, übermäßige Reaktion *f*
overshooting price *(Börse, WiWi)* überschießender Kurs *m*
overspend *v (Fin, RW, WiWi)* überschreiten
overspend *v* **a target** *(Fin)* Ausgabengrenze überschreiten
overstaffed *adj (Pers)* überbesetzt
overstate *v (Fin, WiWi)* überbewerten
overstrain *v (Pers)* überlasten
overstress *(Pers)* Überlastung *f*
overstretch *v* **oneself** *(Fin)* sich finanziell übernehmen
oversupply *(Gen, WiWi)* Überangebot *n*
oversupply of labor *(AE) (Pers) s.* oversupply of labour
oversupply of labour *(BE) (Pers)* Arbeitskräfteüberangebot *n*, Überangebot *n* an Arbeitskräften, Arbeitskräfteüberschuss *m*, Überschuss *m* an Arbeitskräften
oversupply of manpower *(Pers)* Arbeitskräfteüberangebot *n*, Überangebot *n* an Arbeitskräften, Arbeitskräfteüberschuss *m*, Überschuss *m* an Arbeitskräften
overtime *(Pers)* Überstunden *fpl*
overtime pay *(Pers)* Überstundenvergütung *f*
overtime premium *(Pers)* Überstundenzuschlag *m*
overtime work(ing) *(Pers)* Überstundenarbeit *f*
overtrading *(Börse)* Überspekulation *f*
overvaluation *(Fin, RW, WiWi)* Überbewertung *f*, Überschätzung *f*
overvalued currency *(WiWi)* überbewertete Währung *f*
overview *(Gen)* Überblick *m*
overwork *v (Pers)* überanstrengen
overwork *(Pers)* Überarbeitung *f*
owe *v (Gen)* verdanken *(under obligation)*; schulden, schuldig sein *(money)* • **I owe you** *(Gen)* Schuldschein *m*; Zahlungsversprechen *n*
owing *adj (Gen)* unbezahlt
own *v (Gen)* besitzen
own *adj (Gen)* eigen
own account trading *(WiWi)* Eigenhandel *m*
own label *(V&M)* eigene Marke *f*, Hausmarke *f*
own resources *pl (Fin)* Eigenmittel *npl*, eigene Mittel *npl*
own shares *(BE) (Börse, RW)* eigene Aktien *fpl*
owner 1. *(Gen)* Besitzer(in) *m(f)*, Eigentümer(in) *m(f)*, Inhaber(in) *m(f) (of enterprise)*; 2. *(Grund)* Bewohner(in) *m(f)*, Eigentümer(in) *m(f)*; 3. *(Logis)* Eigner *m (of ship)*
owner-manager *(Mgt)* Eigentümer--Unternehmer(in) *m(f)*, Leiter(in) *m(f)* im eigenen Betrieb
owner-occupation *(Grund)* Eigennutzung *f*
owner-occupied apartment *(AE) (Grund)* selbst genutzte Eigentumswohnung *f*
owner-occupied flat *(BE) (Grund)* selbst genutzte Eigentumswohnung *f*
owner-operator *(Gen)* Eigenbetrieb *m*
ownership *(Gen)* Eigentum *n*,

Eigentumsrecht *n*, Besitz *m* • **under new ownership** *(Gen)* unter neuer Leitung

P

P/B ratio *(Abk. für price-to-book ratio) (Fin)* Kurs-Buchwert-Verhältnis *n*, KBV *n (synonymous: price-equity ratio; the ratio compares a stock's market value to its book value; ein Indikator für den Kursaufschlag, den Aktionäre über den reinen Buchwert einer Aktie hinaus zu zahlen bereit sind)*
P/E ratio, PER *(Abk. für price-earnings ratio) (Fin)* KGV *n*, Kurs-Gewinn--Verhältnis *n*
pace of work *(Pers)* Arbeitstempo *n*
pacesetter *(Gen)* Schrittmacher *m (company)*
pack *v* 1. *(Comp, Komm)* packen *(data)*; 2. *(Gen)* einpacken, verpacken; 3. *(Logis)* packen
package 1. *(Komm)* Päckchen *n*, Paket *n*, Bündel *n*, Packung *f*; 2. *(Fin)* Paket *n*; 3. *(V&M)* Packstück *n*, Bündel *n*
package deal 1. *(Gen)* Gesamtvereinbarung, die mehrere Verhandlungspunkte regelt; 2. *(Pers)* Verhandlungspaket *n*; 3. *(Recht)* Kopplungsgeschäft *n*; 4. *(Frei)* Inklusivangebot *n*, Pauschalangebot *n*
package offer *(WiWi)* Pauschalangebot *n*
package pay *(WiWi)* Lohn *m* mit Nebenleistungen
packaging 1. *(Ind)* Packmaterial *n*, Verpackung *f*; 2. *(Logis)* Emballagen *fpl*
packaging cost *(Ind, V&M)* Verpackungskosten *pl*
packaging credit *(Bank, Imp/Exp)* Akkreditivbevorschussung *f*, Versandbereitstellungskredit *m*
packet *(Komm, Logis)* Päckchen *n*, Paket *n*
page impressions *(Comp, Komm, Media, V&M)* Seitenabrufe *fpl (Internet)*
page load *(Comp, Komm, Media)* Seitenaufbau *m*
page loading *(Comp, Komm, Media)* Seitenaufbau *m*
page views *(Comp, Komm, Media, V&M)* Seitenabrufe *mpl (Internet)*
page visits *(Komm)* Seitenbesuche *mpl*
paginate *v (Comp, Media)* paginieren, umbrechen
paid *adj* 1. *(Bank, Fin)* beglichen; 2. *(Gen)* beglichen, bezahlt • **be paid by the hour** *(Pers)* stundenweise bezahlt werden
paid by the piece *(Pers)* bezahlt pro Stück
paid educational leave *(Bil, Pers)* bezahlter Bildungsurlaub
paid employment *(Pers)* abhängige Beschäftigung *f* • **be in paid employment** *(Pers)* abhängig beschäftigt sein
paid in advance *(Gen)* im Voraus bezahlt
paid-in capital *(RW)* eingezahltes Kapital *n*, Kapitalrücklage *f (synonymous: contributed capital, additional paid-in capital)*
paid in cash *(Gen)* in bar bezahlt
paid leave *(BE) (Pers)* bezahlter Urlaub *m*
paid on delivery *(Logis)* bezahlt bei Lieferung
paid piece rate *(Pers)* nach Akkord bezahlt
paid-up capital *(Fin)* eingezahltes Grundkapital *n*, volleingezahltes Kapital *n*
paid vacation *(AE) (Pers)* bezahlter Urlaub *m*
painstaking *adj (Gen)* gewissenhaft
palletize *v (Ind, Logis)* auf Paletten packen, palettisieren, palettieren
palm *v* **off** *(ugs.) (Gen)* andrehen
panel 1. *(Gen)* Ausschuss *m*; 2. *(Pol)* Gremium *n*, Sondergruppe *f*, Fachgruppe *f*; 3. *(V&M)* Panel *n*, Fachgruppe *f*
panel data *(V&M)* Paneldaten *pl*
panel envelope *(Admin)* Fensterbriefumschlag *m*
panel of experts *(Mgt)* Expertengruppe *f*
panel testing *(V&M)* Panelerhebung *f*
paper 1. *(Komm)* Blatt *n*; 2. *(Fin)* Wechsel *m*, Schuldtitel *m*; 3. *(Gen)* Ausarbeitung *f*, Papier *n*; 4. *(Media)* Schrift *f*, Blatt *n*
paper company *(Gen)* Scheinfirma *f*, Übungsfirma *f*
paper currency *(WiWi)* Papierwährung *f*
paper eligible for discount *(Bank)* rediskont- und lombardfähiges Papier *n*, bankfähiges Papier *n*
paper feed *(Comp)* Papiereinzug *m*
paper loss *(Börse)* nicht realisierter Kursverlust *m*
paper money *(Bank)* Banknoten *fpl*,

Papiergeld *n*
paper profit *(Börse, RW)* rechnerischer Gewinn *m*, Buchgewinn *m*, Gewinn *m* auf dem Papier, nicht realisierter Kursgewinn *m (unrealized appreciation; an increase in the value of an investment that the investor has no immediate intention of realising; synonymous: book profit, accounting profit)*; Scheingewinn *m (synonymous: fictious profit; phantom profit; opposite: fictitious loss = Scheinverlust)*
paper shredder *(Admin, Comp)* Reißwolf *m*
paper size *(Media)* Papierformat *n*
paperless entry *(Bank)* beleglose Buchung *f*
par *(Bank, Börse, Fin)* Parikurs *m*, Pariwert *m* • **above par** *(Bank, Gen)* über dem Nennwert • **at par** *(Bank, Fin)* zu pari, zum Nennwert, zum Nominalwert *(synonymous: at face value)*
par value *(Fin, RW)* Nennbetrag *m*, Nennwert *m*, Wert *m* al pari, Nominalbetrag *m*, Nominalwert *m (synonymous: nominal value, face value)*
par value of currency *(Börse)* Währungsparität *f*
par value share *(Börse)* Nennwertaktie *f*
par value share/no *(Börse)* Quotenaktie *f*
paragraph 1. *(Admin)* Absatz *m*, Abschnitt *m*; 2. *(Recht)* Paragraf *m (law)*
paralegal *adj (Recht)* rechtskundig
parallel *(Gen)* Parallele *f*
parallel currency *(WiWi)* Parallelwährung *f*
parallel import *(Imp/Exp)* Parallelimport *m*
parallel loan *(Bank, Fin)* Parallelanleihe *f*, Paralleldarlehen *n*, Parallelkredit *m*
parallel port *(Comp, Komm)* parallele Schnittstelle *f (e. g. printer connection)*
parameter *(Comp, Stat, WiWi)* Parameter *m*
parametric programming 1. *(Comp)* parametrisches Programmieren *n*; 2. *(Stat)* parametrische Programmierung *f*
parcel 1. *(Komm)* Bündel *n*, Päckchen *n*, Paket *n*; 2. *(Grund)* Grundstück *n*, Parzelle *f (of land)*; 3. *(Börse)* Aktienpaket *n (of shares)*
parcel post *(Komm)* Paketpost *f*, Paketsendung *f*
parent company *(Gen, RW)* Dachgesellschaft *f*, Muttergesellschaft *f*, Stammhaus *n*
parent population *(Stat)* Grundgesamtheit *f*
Pareto analysis *(WiWi)* Pareto-Analyse *f*
Pareto efficiency *(WiWi)* Pareto-Effizienz *f*
Pareto improvement *(WiWi)* Pareto--Verbesserung *f*
pari passu *(Gen)* gleichberechtigt, gleichrangig
paring down 1. *(Gen)* Kürzung *f*; 2. *(WiWi)* Beschneidung *f*
parity *(Bank, Comp, Pol, Recht, WiWi)* Parität *f (amtlicher Wechselkurs)* • **at parity** *(Bank)* zum Parikurs
parity of exchange *(Bank)* Kursparität *f*, Wechselkursparität *f*
parity rate *(Bank)* Paritätskurs *m*
parity realignment *(WiWi)* Realignment *n*, Wechselkursanpassung *f*
parliamentary appropriation 1. *(RW)* Mittelbewilligung *f* aus dem Nachtragshaushalt; 2. *(Fin)* parlamentarische Haushaltsmittelbereitstellung *f*
part *v* **with** *(Grund, Recht)* aufgeben
part 1. *(Gen)* Teil *m (portion, share)*; 2. *(Ind)* Teil *n (component, piece of equipment)*
part payment *(Fin)* Abschlagszahlung *f*, Ratenzahlung *f*, Teilzahlung *f* • **as part payment** *(Gen)* als Teilzahlung • **in part payment** *(Pers)* auf Abschlag
part-time *adj (Pers)* Teilzeit
part-time employment *(Pers)* Teilzeitbeschäftigung *f*
part-time staff *(Pers)* Teilzeitbelegschaft *f*, Teilzeitbeschäftigte *pl*
part-time work *(Pers)* Teilzeitarbeit *f*
partial *adj (Gen)* teilweise
partial acceptance *(Gen)* Teilakzept *n*, teilweise Annahme *f*
partial consideration *(RW)* Teilentschädigung *f*
partial delivery *(Börse)* Teillieferung *f*
partial equilibrium *(WiWi)* partielles Gleichgewicht *n*
partial invalidity *(Recht)* Teilunwirksamkeitsklausel *f (trade contract)*
partial supplier *(Gen, Ind)* Teillieferant *m*
partial write-off *(RW)* Teilausbuchung *f*
participate *v (Gen)* teilnehmen

participating States *(Pol, Recht)* Teilnehmerstaaten *mpl*
participation *(RW)* Beteiligung *f*
participation in a programme *(Pers, Soz)* Teilnahme *f* an einer Maßnahme, Maßnahmeteilnahme *f*
participation in working life *(Pers, WiWi)* Beteiligung *f* am Erwerbsleben, Beteiligung *f* am Arbeitsleben
participation rate 1. *(Soz, WiWi)* Erwerbsquote *f*, Erwerbsbeteiligung *f*; 2. *(Gen)* Beteiligungsverhältnis *n*; 3. *(Pers)* Erwerbsquote *f*
particulars *(Gen)* Angaben *fpl*, Einzelheiten *fpl*
parties to a collective agreement *(Pers)* Tarifpartner *mpl*
partition *v (V&M)* aufteilen
partly finished goods *(Gen, RW, WiWi)* Halbfabrikate *npl*, unfertige Erzeugnisse *npl*
partner *(Gen, Pers)* Gesellschafter(in) *m(f)*, Partner(in) *m(f)*, Teilhaber(in) *m(f)*, Beteiligte(r) *f(m) (in a business)*
partner's loan *(Fin)* Gesellschafterdarlehen *n*
partners' meeting *(Recht)* Gesellschafterversammlung *f (Personengesellschaft)*
partnership 1. *(WiWi)* Gesellschaftsvertrag *m*; 2. *(Gen)* Gesellschaft *f* bürgerlichen Rechts, offene Handelsgesellschaft *f*, Personengesellschaft *f*, Partnerschaft *f*
partnership agreement *(WiWi)* Gesellschaftsvertrag *m*
party 1. *(Recht)* Partei *f*, Teil *m (in a contract)*; 2. *(Pol)* Partei *f*
party affected *(Recht)* Betroffener *m*
party autonomy *(Recht)* Parteiautonomie *f (contracts)*
party in default *(Recht)* in Verzug befindliche Partei *f*, säumige Partei *f (contract law)*
party to a contract *(Recht)* Vertragspartei *f*
party to a negotiation *(Gen)* Verhandlungspartner(in) *m(f)*
party to an agreement *(Pers)* Vertragspartei *f*
party's intention *(Recht)* Parteiwille *m (contracts)*
pass *v* 1. verabschieden; 2. *(Recht)* verabschieden *(act)*; annehmen, beschließen *(a bill)*
pass *v* **a dividend** *(Börse, Fin)* eine Dividende ausfallen lassen
pass *v* **a law** *(Recht)* ein Gesetz beschließen
pass *v* **a resolution** *(Recht)* eine Resolution verabschieden
pass *v* **along** *(Fin, WiWi)* abwälzen, überwälzen *(costs)*
pass *v* **an exam** *(Pers)* eine Prüfung bestehen
pass *v* **an examination** *(Pers)* eine Prüfung bestehen
pass *v* **into the ownership of** *(Recht)* übergehen auf
pass *v* **on** 1. *(Fin, WiWi)* abwälzen, überwälzen *(costs)*; 2. *(Gen)* weitergeben, weiterleiten *(information)*
pass *v* **on costs** *(Bank, WiWi)* Kosten weiterwälzen
pass *v* **sentence on sb** *(Recht)* Strafe über jmdn. verhängen
pass *(Admin)* Passierschein *m (permit)*
pass-along *(WiWi)* Abwälzung *f*, Überwälzung *f*
pass rate *(Edu)* Erfolgsquote *f (of an exam; bei Prüfungen)*
passed *adj* 1. *(Gen)* mit Erfolg geprüft; 2. *(Recht)* verabschiedet
passed dividend *(Fin)* nicht ausgeschüttete Dividende *f*, rückständige Dividende *f*
passenger *(Frei, Logis)* Insasse *m*, Insassin *f*, Passagier *m*
passer-by *(Gen, V&M)* Passant(in) *m(f)*
passing 1. *(Gen)* Übergang *m*; 2. *(Recht)* Verabschiedung *f (of law)*
passing of risk *(Versich)* Gefahrübergang *m*, Risikoabwälzung *f*
passing-on *(WiWi)* Überwälzung *f*, Weiterwälzung *f*, Weitergabe *f*
passive *adj (Gen)* passiv *(advertising)*
passive trade *(WiWi)* Einfuhrhandel *m*
password protection *(Comp, Komm)* Kennwortschutz *m*
patent *v (Pat)* patentieren
patent 1. *(Recht)* Patent *n*; 2. *(Pat)* Freibrief *m*, Konzession *f*, Patent *n* • **patent pending** *(Pat)* Patent angemeldet
patent agent *(Pat)* technische Patentanwältin *f*, technischer Patentanwalt *m*
patent appeals court *(Pat, Recht)* Patentberufungsgericht *n*
patent applicant *(Pat)* Patentanmelder *m*

patent application proceedings *(Pat)* Anmeldeverfahren *n*
patent certificate *(Pat)* Patenturkunde *f*
patent infringement *(Pat, Recht)* Patentverletzung *f*
patent life *(Recht)* Dauer *f* des Patentschutzes, Patentdauer *f*
patent of invention *(Recht)* Erfindungspatent *n*
patent office *(Pat, Recht)* Patentamt *n*
patent proprietor *(Pat)* Patentinhaber(in) *m(f)*
patent protection *(Pat, Recht)* Patentschutz *m*
patent register *(Pat)* Patentregister *n*
patent right *(Pat, Recht)* Patentrecht *n*
patent specification 1. *(Recht)* Patentschrift *f*; 2. *(Pat)* Beschreibung *f*, Patentbeschreibung *f*, Patentschrift *f* *(printed)*
patent trading *(Pat)* Patenthandel *m*
patentability *(Pat, Recht)* Patentfähigkeit *f*, Patentierbarkeit *f*
patentable *adj (Pat, Recht)* patentfähig, patentierbar
patentable invention *(Pat)* patentfähige Erfindung *f*
patented *adj (Pat)* patentiert
patentee *(Pat)* Patentinhaber(in) *m(f)*
patenting *(Pat, Recht)* Patentierung *f*
pattern 1. *(Comp)* Muster *n*; 2. *(Gen)* Probe *f*; Muster *n*, Musterkarte *f*, Modell *n*, Struktur *f (of consumption)*; 3. *(V&M)* Muster *n*
pattern of economic activity *(WiWi)* Muster *n* der Wirtschaftsaktivität
pattern of repayment *(Fin)* Rückzahlungsmodalitäten *fpl*, Tilgungsmodalitäten *fpl*
paucity of information *(Gen)* Informationsdefizit *n*
pave *v* **the way for** *(Gen)* den Weg bahnen für
pawn *v (Recht)* verpfänden
pawn *(Fin)* Pfand *n*, Pfandsache *f* • **in pawn** *(Fin)* verpfändet
pawnbroker *(Fin)* Pfandleiher *m*
pawnshop *(Fin)* Leihhaus *n*, Pfandhaus *n*, Pfandleihanstalt *f*
pay *v (Gen)* begleichen, bezahlen *(invoice, debt)*; zahlen *(make financial settlement)* • **it does not pay** *(Gen)* das rechnet sich nicht
pay *v* **a dividend** *(Börse, Fin)* eine Dividende ausschütten
pay *v* **a sum into an account** *(Bank)* auf ein Konto einen Betrag einzahlen
pay *v* **an installment** *(AE) (Fin) s.* pay an instalment
pay *v* **an instalment** *(BE) (Fin)* eine Rate zahlen
pay *v* **back** 1. *(RW)* abtragen, zurückzahlen; 2. *(Bank)* tilgen, zurückzahlen
pay *v* **by the year** *(Gen)* jährlich entlohnen, jährlich zahlen
pay *v* **cash** *(Gen)* bar zahlen
pay *v* **in** *(Bank)* einzahlen
pay *v* **in cash** *(Gen)* bar zahlen
pay *v* **in full** *(Fin)* restlos bezahlen
pay *v* **in kind** *(Fin)* in Sachwerten bezahlen
pay *v* **in specie** *(Gen)* in barer [klingender] Münze zahlen
pay *v* **interest on** *(Bank)* verzinsen
pay *v* **off** 1. *(RW)* abtragen, zurückzahlen; 2. *(Bank)* tilgen, zurückzahlen; 3. *(Fin)* abfinden, auszahlen; 4. *(Gen)* amortisieren; 5. *(Recht)* befriedigen
pay *v* **off in installments** *(AE) (Fin) s.* pay off in instalments
pay *v* **off in instalments** *(BE) (Fin)* abzahlen
pay *v* **off one's debts** *(Gen)* Schulden zurückzahlen
pay *v* **the bill** *(Gen)* die Rechnung zahlen
pay *(Pers)* Lohn *m*
pay and conditions *(Pers)* Arbeits- und Gehaltsbedingungen *fpl*
pay as paid *(Gen)* Zug-um-Zug-Zahlung *f*
pay-as-you-earn 1. *(RW)* Quellenabzugsverfahren *n (deductions at source)*; 2. *(Pers)* Quellenabzugsverfahren *n*; 3. *(Steuer)* Abzüge *mpl* vom Lohn oder Gehalt, Quellenabzug *m*
pay as-you-go *(AE) (Pers)* Quellenbesteuerung *f*
pay-as-you-go system *(AE)* 1. *(Steuer)* Quellenabzug *m*, Quellenbesteuerung *f*, Quellenabzugsverfahren *n*; 2. *(Fin, Gen, Soz)* umlagenfinanziertes System *n*
pay bargaining *(WiWi, Pers)* Lohnverhandlungen *fpl*, Tarifverhandlungen *fpl*
pay bill *(AE) (Pers, RW)* Gehaltsliste *f*, Lohnliste *f*
pay differentials *(BE) (Pers)* Lohngefälle *n*
pay freeze *(Pers, WiWi)* Lohnpause *f*,

Lohnstopp *m*, Lohn- und Gehaltsstopp *m*
pay-in slip *(AE) (Bank)* Einzahlungsbeleg *m*, Einzahlungsschein *m*
pay increase *(Pers)* Lohnzunahme *f*, Lohnsteigerung *f*, Lohnzuwachs *m*, Lohnerhöhung *f*
pay inequality *(Pers, Soz)* Lohnungleichheit *f*, Lohnunterschied *m*, Lohngefälle *n*
pay level *(Pers)* Lohn- und Gehaltsniveau *n*, Lohnniveau *n*, Besoldungsniveau *n*
pay-off method *(Fin)* Kapitalwertmethode *f*, Diskontierungsmethode *f*, Barwertmethode *f*
pay pause *(Pers, WiWi)* Lohn- und Gehaltsstopp *m*, Lohnpause *f*, Lohnstopp *m*
pay-per-view television *(Media)* Gebührenfernsehen *n*
pay phone *(BE) (Komm)* Münztelefon *n*
pay rate *(WiWi, Pers)* Lohnsatz *m*, Lohnrate *f (rate of pay received on the basis of some unit, e.g. hour or unit of production; pay rate per hour = Stücklohnsatz)*
pay rise *(Pers)* Lohnerhöhung *f*, Lohnzunahme *f*, Lohnsteigerung *f*, Lohnzuwachs *m*
pay round *(Pers)* Lohnrunde *f*, Tarifrunde *f*
pay slip *(Pers)* Lohnstreifen *m*
pay TV channel *(Media)* Bezahlsender *m*
payable *adj* 1. *(Bank)* einlösbar; 2. *(Gen, WiWi)* fällig, zahlbar *(due)* • **make payable to** *(Bank)* ausstellen auf
payable at sight *(Fin, Gen)* zahlbar bei Sicht
payable in advance *(Gen)* im Voraus zahlbar
payable on demand *(Gen)* zahlbar bei Sicht
payable three months after date *(Gen)* zahlbar drei Monate ab dato
payables *(AE) (RW)* Verbindlichkeiten *fpl*
payables at year-end *(AE) (RW)* Verbindlichkeiten *fpl* beim Jahresabschluss
payback *(Fin)* Amortisation *f*, Wiedergewinnung *f*, Rückzahlung *f*, Rendite *f*, Kapitalrückfluss *f* *(synonymous: payoff)*
payback analysis *(Fin, WiWi)* Amortisationsrechnung *f*, Kapitalrückflussrechnung *f* *(synonymous: payback method, payoff analysis; statische Investitionsrechnung)*
payback method *(Fin)* Amortisationsrechnung *f*, Kapitalrückflussrechnung *f*
payback period 1. *(Fin)* Amortisationsdauer *f*, Pay-off-Periode *f*, Kapitalrückflussdauer *f*; 2. *(Pers)* Amortisationszeit *f*, Rückzahlungszeitraum *m*
PAYE *s.* pay-as-you-earn
payee *(Bank, Gen)* Zahlungsempfänger(in) *m(f)*, Zahlungspartner(in) *m(f)*
payer *(Bank, Gen)* Zahlungspartner(in) *m(f)*
paying agent 1. *(Fin)* Einlösungsstelle *f*; 2. *(Steuer)* Zahlstelle *f*
paying bank *(Bank)* beauftragte Bank *f*, einlösende Bank *f*, Zahlstellenbank *f*, auszahlende Bank *f*
payment 1. *(Fin)* Abgeltung *f*, Entrichtung *f*; 2. *(Gen)* Auszahlung *f*, Bezahlung *f*, Entlohnung *f*, Zahlung *f* • **in lieu of payment** *(Gen)* an Zahlungs Statt
payment before due date *(Gen)* vorzeitige Zahlung *f*
payment by installment(s) *(AE) (Recht, RW)* Zahlung *f* in Raten, Ratenzahlung *f*
payment by instalment(s) *(BE) (Recht, RW)* Zahlung *f* in Raten, Ratenzahlung *f*
payment by results *(Pers)* Leistungslohn *m*
payment by schemes [systems] *(Pers)* leistungsabhängige Lohnformen *fpl*, Entlohnung *f* nach Leistung *(esp. piecework)*
payment due *(Fin)* fällige Zahlung *f*
payment guarantee *(RW)* Zahlungsgarantie *f*
payment guaranty *(Recht)* Zahlungsgarantie *f*
payment in advance *(RW)* Vorauszahlung *f*
payment in arrears *(RW)* rückständige Zahlung *f*
payment in kind 1. *(WiWi)* Sachbezug *m*, Sachleistung *f*; 2. *(Pers)* Deputat *n*
payment method *(V&M)* Zahlungsmethode *f*
payment of annuity *(Steuer)* Rentenzahlung *f*
payment of contributions *(Versich, Soz)* Zahlung *f* von Beiträgen,

Beitragszahlung *f*
payment of debts *(Fin, Recht, WiWi)* Tilgung *f* von Verbindlichkeiten
payment of interest *(Bank)* Verzinsung *f*
payment on account *(Bank)* Abschlagszahlung *f*, Akontozahlung *f*, Anzahlung *f*, Teilzahlung *f*
payment order *(Bank, Fin, RW)* Zahlungsauftrag *m*
payment risk *(WiWi)* Ausfallrisiko *n*
payment system *(WiWi)* Zahlungs(verkehrs)system *n*
payment transactions *(Fin)* Zahlungsverkehr *m*
payment transfer *(Bank)* Überweisung *f*, Umbuchung *f*
payment within 10 days with 3% discount, within 30 days, net *(Gen, Fin)* Zahlung *f* innerhalb 10 Tagen mit 3% Skonto, innerhalb 30 Tagen netto *(Zahlungsbedingungen)*
payoff 1. *(Fin)* Auszahlung *f*, Amortisation *f*; 2. *(Gen)* Bestechung *f*, Bestechungsgeld *n*, Schmiergeld *n* *(bribe)*; 3. *(Pers)* Abfindung *f*
payoff analysis [method] *(RW)* Amortisationsrechnung *f* *(preinvestment analysis, statische Investitionsrechnung; synonymous: payback analysis, payback method, payoff method)*
payout 1. *(Fin, V&M)* Amortisation *f*; 2. *(Bank, Fin, Versich)* Auszahlung *f*, Ausschüttung *f*
payroll *(BE) (Pers, RW)* Lohnliste *f*, Gehaltsliste *f* • **off the payroll** *(Pers)* arbeitslos • **on the payroll** *(Pers)* zur Belegschaft gehörend, auf der Lohn- oder Gehaltsliste stehend
payroll costs *(Pers)* Personalkosten *pl*
payroll deductions *(RW)* Lohn- und Gehaltsabzüge *mpl*
payroll tax *(Steuer)* Sozialversicherungssteuer *f*
PC-based *adj (Comp)* computergestützt, computerunterstützt, PC-gestützt, rechnergestützt
pcm *(Abk. für per calendar month) (Gen, Grund)* pro Kalendermonat, pro Monat, p.M., monatlich, monatl. • **rent to be paid pcm** *(Gen, Grund)* monatl. zu zahlende Miete
peak *v (WiWi)* einen Höchststand erreichen
peak *(WiWi)* Höchststand *m*, Spitze *f*
peak period *(Logis, Umwelt)* Spitzenzeit *f*
peak rate *(Gen)* Spitzentarif *m*, Hochtarif *m*
peak season *(WiWi)* Hauptsaison *f*
peak time *(V&M)* Spitzenzeit *f (television viewing)*
peculation *(Fin, Recht)* Veruntreuung *f* *(public money)*
pecuniary *adj* 1. *(Gen)* finanziell, geldlich; 2. *(Fin)* vermögensrechtlich
pecuniary damage *(Fin)* Vermögensschaden *m*
pecuniary external economy *(WiWi)* pekuniäre externe Ersparnisse *fpl*
pecuniary spillover *(WiWi)* monetärer externer Effekt *m*
pedlar *(Gen)* fliegender Händler *m*, Hausierer *m*, Straßenhändler(in) *m(f)*, Straßenverkäufer(in) *m(f)*
peer 1. *(Comp, Komm)* gleichrangiges Gerät *n*; 2. *(Pers)* gleichrangiger Mitarbeiter *m*, gleichrangige Mitarbeiterin *f*; 3. *(Mgt, Pol, V&M)* Gleiche(r) *f(m)*, Gleichrangige(r) *f(m)*, Ebenbürtige(r) *f(m)*
peg *v* 1. *(WiWi)* binden *(price of a currency)*; 2. *(Gen)* stützen, fixieren, festschreiben
peg point *(WiWi)* Interventionspunkt *m*
pegged *adj (Gen, WiWi)* fixiert, gestützt, fest
pegged exchange rate *(WiWi)* fester Wechselkurs *m*
pegged price *(WiWi)* gestützter Kurs *m* *(currency)*
pegging system *(WiWi)* Interventionssystem *n*, Stützsystem *n*
penal provisions *(Recht)* Strafvorschriften *fpl*
penalize *v (Recht)* mit einer Strafe belegen
penalty *(Recht)* Bußgeld *n*, Geldbuße *f*, Strafe *f*; Vertragsstrafe *f*, Pönale *f*, Konventionalstrafe *f*, Strafgeld *n* *(contracts)*
penalty clause *(Recht)* Konventionalstrafklausel *f*
penalty for breach of contract *(Recht)* Konventionalstrafe *f* wegen Vertragsbruch
penalty for noncompliance *(Recht)* Konventionalstrafe *f*
penalty interest (rate) *(Bank)* Strafzins *m*
penalty notice *(Recht)* Bußgeldbescheid *m*

pending *adj* 1. *(Gen)* noch nicht entschieden, schwebend; 2. *(Recht)* unentschieden, unerledigt
pending business *(Gen, WiWi)* schwebende Geschäfte *npl*
pending case *(Recht)* anhängige Rechtssache *f*
pending tray *(Gen)* Ablage *f* für Unerledigtes, Ablagekorb *m* für Unerledigtes
penetrate *v* 1. *(Gen)* eindringen in; 2. *(V&M)* durchdringen
penetrate *v* **a market** *(V&M, WiWi)* in einen Markt eindringen, einen Markt erobern
penetration pricing 1. *(Gen)* Niedrigpreisstrategie *f*; 2. *(V&M)* Penetrationspreispolitik *f*
penny shares *(BE) (Börse)* Billigaktien *fpl*, Kleinaktien *fpl*
penny stock *(AE) (Börse)* Billigaktien *fpl*, Kleinaktien *fpl*
pension *(Fin, Pers, Soz)* Pension *f*, Ruhegehalt *n*, Rente *f*
pension contribution rate *(Soz)* Rentenbeitragssatz *m*
pension contributions *(Steuer)* Beiträge *mpl* zur Altersversorgung
pension costs *(RW)* Rentenbeitrag *m*
pension eligibility *(Recht, Soz)* Rentenanspruch *m*, Ruhegehaltsanspruch *m*
pension for occupational invalidity *(Soz)* Berufsunfähigkeitsrente *f*
pension fund *(Fin, RW, Versich)* Pensionsfonds *m*, Pensionskasse *f*
pension payment *(Steuer)* Pensionszahlung *f*
pension plan *(Pers, Soz)* betriebliches Alterssicherungssystem *n*, Betriebsrente *f*, Betriebsrentensystem *n*
pension provision *(Pers, Soz)* Altersvorsorge *f*
pension scheme *(Versich)* Alterssicherungssystem *n*
pensionable *adj (Pers, Soz, Versich)* pensionsberechtigt; pensionsfähig, ruhegehaltsfähig
pensionable age *(Pers, Soz)* Pensionsalter *n*, Rentenalter *n*
pent-up demand *(WiWi)* aufgestaute Nachfrage *f*, Nachholbedarf *m*
PER *s.* price-earnings ratio
per annum *(Gen)* per annum, p.a., pro Jahr
per calendar month *(pcm) (Gen, Grund)* pro Kalendermonat, pro Monat, p.M., monatlich, monatl.
per capita *(Gen)* pro Kopf
per capita GDP *(WiWi)* Pro-Kopf-BIP *n*
per capita gross national product *(Stat, WiWi)* Bruttosozialprodukt *n* pro Kopf
per capita income *(WiWi)* Pro-Kopf--Einkommen *n*
per head *(Gen)* pro Kopf, je Kopf *(synonymous: per capita)*
per-kilometer rate *(AE) (Logis) s.* per--kilometre rate
per-kilometre rate *(BE) (Logis)* Kilometersatz *m (taxis)*
per pro *(Gen)* per procura, pp., ppa.
per proxy *(Recht)* per Prokura, p.p.
per-unit tax *(Steuer)* Stücksteuer *f*
perceived inflation *(jarg.) (Gen, Media, WiWi)* gefühlte Inflation *f*, wahrgenommene Inflation *f (der Index der wahrgenommenen Inflation = IWI = IPI = index of perceived inflation misst subjektiv-verzerrt wahrgenommene Preissteigerungen bei der überschaubaren Anzahl häufig gekaufter Waren und Dienstleistungen des täglichen Bedarfs = convenience goods; Verlustaversion = loss aversion verstärkt die Verzerrung, weil Preiserhöhungen als Verlust doppelt so stark und länger wahrgenommen werden als Preissenkungen; sie lag im Januar 2002, dem Zeitpunkt der Euro--Bargeldeinführung, bei ca. 11 %, im Oktober 2007 bei ca. 6,4 %; Gegensatz: statistisch ausgewiesene Inflationsrate = maßgebliche Inflationsrate = headline inflation rate, wie z. B. gemessen mit dem HVPI = HICP)*
percentage 1. *(Gen)* Prozent *n*; 2. *(Stat)* Prozentsatz *m*
percentage change *(Fin)* prozentuale Änderung *f*
percentage margin *(WiWi)* Prozentspanne *f*, prozentuale Spanne *f*
percentage-of-completion basis *(RW)* Prorata-temporis-Basis *f*
percentage of depreciation *(Fin)* Abschreibungssatz *m*, Prozentsatz *m* der Wertminderung
percentage-of-sales method *(V&M)* Umsatzprovisionsmethode *f*
percentage of women *(Admin, Pers, Pol)*

Frauenanteil *m (fixed proportion of women = Frauenquote; cf jarg. Quotenfrau = token woman = quota woman)*
percentage point *(Gen, Stat)* Prozentpunkt *m*
percentage return on sales *(Fin)* Umsatzrendite *f*, Umsatzrentabilität *f*
perception 1. *(Bank, RW)* Bewertung *f*; 2. *(Gen)* Auffassung *f*, Wahrnehmung *f*
perfect *adj (Gen)* vollkommen • **in perfect condition** *(Gen)* makellos
perfect competition *(WiWi)* vollständige Konkurrenz *f*, vollständiger Wettbewerb *m*
perfect market *(WiWi)* vollkommener Markt *m*
perfect monopoly *(WiWi)* reines Monopol *n*
perform *v* 1. *(Gen)* erfüllen, Leistung erbringen, verrichten, darbieten, vorführen; 2. *(Steuer)* ausüben
perform *v* **a service** *(Pers)* Dienstleistung erbringen
perform *v* **an obligation** *(Mgt, Recht, Steuer)* eine Leistung erbringen
performance 1. *(RW)* Leistung *f (of company)*; 2. *(Gen)* Ist-Ergebnis *n*; Vorführung *f*, Erfüllung *f*, Ausführung *f*, Durchführung *f*, Verrichtung *f (of services)*; Leistung *f (planning)*; 3. *(Recht)* Erfüllung *f (of contractual duty)*; 4. *(V&M)* Leistung *f*; 5. *(Börse)* Entwicklung *f*, Wertentwicklung *f*, Anlageerfolg *m*, Performance *f*, Performanz *f (securities)*; 6. *(Steuer)* Ausübung *f*
performance analysis *(WiWi)* Ergebnisanalyse *f*
performance appraisal *(Mgt, Pers)* Leistungsbewertung *f*, Leistungseinschätzung *f*, Leistungsbeurteilung *f*
performance appraisal interview *(Pers)* Leistungsbeurteilungsgespräch *n (work)*
performance bonus *(Fin)* Leistungsbonus *m*, Leistungsprämie *f*
performance by a third party *(Gen)* Leistung *f* durch Dritte
performance characteristics *(Ind)* Arbeitskenngrößen *fpl*
performance contract *(Gen)* Leistungsvertrag *m*
performance evaluation *(Mgt, Pers)* Leistungsbewertung *f*, Leistungsbeurteilung *f*
performance in kind *(Gen)* Sachlieferung *f*
performance indicator *(Pers)* Leistungsindikator *m*
performance-linked payment systems [schemes] *(Pers)* leistungsabhängige Lohnformen *fpl*, Entlohnung *f* nach Leistung
performance measurement *(Mgt, Pers)* Leistungsmessung *f*
performance-minded *(Gen)* leistungsorientiert
performance monitoring 1. *(Gen, Pers)* Leistungsüberwachung *f*; 2. *(Ind)* Betriebskontrolle *f*, Fertigungsüberwachung *f*; 3. *(Mgt)* Leistungskontrolle *f*
performance objective *(WiWi)* Leistungsziel *n*
performance of contract *(Recht)* Vertragserfüllung *f*
performance-oriented *adj (Pers)* leistungsorientiert
performance principle *(Gen, Mgt, WiWi)* Leistungsprinzip *n*
performance rating 1. *(Fin)* Leistungsbewertung *f*, Leistungseinstufung *f (investment)*; 2. *(Ind, Pers)* Leistungsgradschätzen *n*
performance-related *adj (Gen, Pers)* leistungsbezogen, leistungsabhängig, erfolgsabhängig
performance-related pay *(Pers)* gewinnbezogene [leistungsbezogene] Bezahlung *f*, Leistungslohn *m*
performance review 1. *(RW)* Leistungsüberprüfung *f*; 2. *(Pers)* Leistungsbewertung *f*, Leistungsbeurteilung *f*
performance society *(Pol, Soz)* Leistungsgesellschaft *f*, leistungsorientierte Gesellschaft *f (synonymous: performance-oriented society)*
performance standard 1. *(RW)* Leistungsstandard *m*; 2. *(Pers)* Leistungsmaßstab *m*
performance target 1. *(WiWi)* Ertragsziel *n*; 2. *(Mgt)* Leistungsziel *n*, Vorgabe *f*
performance testing *(Ind)* Funktionsprüfung *f*, Leistungsprüfung *f (packaging term)*; Eignungsprüfung *f (staff psychology)*

performer *(WiWi)* Umsatzträger *m*
period 1. *(WiWi)* Zeitdauer *f*, Dauer *m*, Zeitraum *m*; 2. *(Gen)* Frist *f*, Laufzeit *f*, Periode *f (of time)*; 3. *(Media) (AE)* Punkt *m* • **for the period** *(RW)* für den Zeitraum • **over a period of time** *(Gen)* über eine Zeitdauer, über einen längeren Zeitraum • **over the period of** *(Gen)* in der Zeit von
period cost *(RW)* wiederkehrende Aufwendungen *fpl*
period for discussion and deliberation *(Mgt, Pol, Recht)* Beratungs- und Überlegungsfrist *f (laut UMAG, Gesetz zur Unternehmensintegrität und Modernisierung des Anfechtungsrechts vom 22.9.2005, vorgesehen zwischen dem Abschluss der Entscheidungsvorbereitungsphase --pre-decision-making period- und dem Moment der eigentlichen Entscheidung)*
period of a loan *(Fin)* Laufzeit *f* einer Anleihe
period of deliberation *(Mgt, Pol, Recht)* Überlegungsfrist *f (UMAG)*
period of extension *(Steuer)* Stundungsfrist *f*
period of grace 1. *(Fin)* tilgungsfreie Zeit *f*; 2. *(Recht)* Gnadenfrist *f*; 3. *(Pat)* Aufschub *m*
period of notice *(Pers)* Kündigungsfrist *f*
period of payment 1. *(WiWi)* Zahlungsfrist *f*; 2. *(Gen)* Zahlungsziel *n*
period of probation *(Pers)* Probezeit *f*
period of redemption *(Fin)* Laufzeit *f*, Tilgungsfrist *f*, Amortisationszeit *f*
period of supply *(Logis)* Lieferzeit *f*
period of time *(Gen)* Zeitspanne *f*
period of time for discussion and deliberation *(Mgt, Pol, Recht) s.* period for discussion and deliberation
period under review *(Gen, WiWi)* Berichtszeitraum *m*
periodical cost accounting *(RW)* Betriebsabrechnung *f*, periodische Kostenrechnung *f (synonymous: internal cost accounting, industrial cost accounting, operating cost and revenue statement)*
peripheral *adj* 1. *(Comp, WiWi)* peripher; 2. *(Gen)* nebensächlich
peripheral matter *(Gen)* Nebensache *f*
perishable goods *(Gen, WiWi)* leichtverderbliche Güter *npl* [Waren *fpl*]
perishables 1. *(Gen, WiWi)* leichtverderbliche Waren *fpl*; 2. *(V&M)* kurzlebige Konsumgüter *npl*
perjury *(Recht)* Meineid *m*
perk 1. *(Pers)* Nebenleistung *f*; 2. *(Mgt)* Vergünstigung *f*
perks of the job *(Pers)* Nebeneinkünfte *pl* der Tätigkeit
permanent *adj (Gen)* beständig, fest, fortlaufend, dauerhaft, langfristig
permanent address *(Komm)* ständige Adresse *f*
permanent appointment *(Pers)* Festanstellung *f*
permanent contract *(Pers)* unbefristeter Vertrag *m*, Dauervertrag *m*
permanent employment *(Pers)* Dauerbeschäftigung *f*
permanent employment relationship *(Pers)* unbefristetes Arbeitsverhältnis *n*, unbefristeter Arbeitsvertrag *n*
permanent establishment abroad *(Steuer)* ausländische Betriebsstätte *f*
permanent labor *(AE) (Pers) s.* permanent labour
permanent labour *(BE) (Pers)* feste Arbeitskräfte *fpl*, fest beschäftigte Arbeitskräfte *fpl*, fest angestellte Arbeitskräfte *n*
permanent labour force *(BE) (Pers, WiWi)* fest angestellte Arbeitskräfte *pl*, fest angestelltes Personal *n*
permanent post *(Pers)* Dauerarbeitsplatz *m*, Festanstellung *f*
permanent residence *(Recht)* ständiger Wohnsitz *m*
permanent resident *(Recht)* Person *f* mit ständigem Wohnsitz
permanent work force *(Pers, WiWi)* fest angestellte Arbeitskräfte *pl*, fest angestelltes Personal *n*
permanently *adv (Gen)* fest
permissible error *(Gen)* zulässiger Fehler *m*
permission *(Comp)* Berechtigung *f*
permit *v (Recht)* erlauben, genehmigen
permit *(Recht)* Erlaubnis *f*, Genehmigung *f*, Lizenz *f*
perpetual inventory *(RW)* Buchinventur *f*, laufende Inventur *f*, permanente Inventur *f (accounting)*
perquisite 1. *(Pers)* Nebenleistung *f*, Vergünstigung *f*; 2. *(Mgt)* Vergünstigung *f*
persistent demand *(V&M)* anhaltende

Nachfrage *f*
persistent unemployment *(Pers, WiWi)* Dauerarbeitslosigkeit *f*, hartnäckige Arbeitslosigkeit *f*
person *(Gen)* Person *f* *(administrative)* • **in person** *(Gen)* persönlich • **the persons concerned** *(Gen)* die betreffenden Personen *fpl*, die Betreffenden *pl*
person affected (by sth) *(Recht)* Betroffener *m*
person of independent means *(Gen)* finanziell Unabhängige(r) *f(m)*, Rentier *m*
person on fixed income *(Fin, Pers)* Bezieher(in) *m(f)* eines festen Einkommens
person receiving benefit *(BE) (Pers)* Wohlfahrtsempfänger(in) *m(f)*
person with full capacity to contract *(Recht)* Geschäftsfähige(r) *f(m)*
personal assistant 1. *(Admin, Pers)* Chefsekretär(in) *m(f)*, Privatsekretär(in) *m(f)*; 2. *(Mgt)* Chefsekretär(in) *m(f)*, persönlicher Mitarbeiter *m*, persönliche Mitarbeiterin *f*
personal credit line *(Bank)* Dispokredit *m*, Dispositionskredit *m*
personal data *(Recht)* personenbezogene Daten *pl*
personal data sheet *(Admin)* Personalbogen *m*, Bogen *m* mit Personalangaben, tabellarischer Lebenslauf *m*
personal disposable income *(WiWi)* persönliches verfügbares Einkommen *n* (nach Steuern), persönliches Nettoeinkommen *n*
personal dossier *(Gen)* Personalakte *f*
personal effects *(Admin)* persönliche Gegenstände *mpl*
personal file *(Admin)* Personalakte *f*
personal income distribution *(WiWi)* persönliche [personelle] Einkommensverteilung *f*
personal liability *(Recht)* persönliche Haftung *f*
personal particulars *(Admin)* Personalangaben *fpl*
personal pension scheme *(BE) (Fin, Soz)* private Rentenversicherung *f* *(tax)*
personal property *(Grund)* (bewegliches) Privateigentum *n*
personal record *(Pers)* Personalakte *f*, Personalbogen *m*
personal requirements *(RW)* Eigenbedarf *m*
personal sector *(WiWi)* Haushaltssektor *m*
personal sector liquid assets *(Fin)* verfügbare Mittel *npl* des Haushaltssektors
personal share *(Börse)* Namensaktie *f*
personality *(Mgt)* Persönlichkeit *f*
personalization *(V&M)* Personalisierung *f* *(advertising)*
personally liable *adv* *(Recht)* persönlich haftbar
personally responsible *adv* *(Recht)* persönlich haftbar
personalty *(Steuer)* bewegliches Vermögen *n*
personam/in *(Recht)* persönlich, schuldrechtlich
personnel 1. *(Gen)* Belegschaft *f*; 2. *(Mgt, Pers)* Personal *n*
personnel administration *(Pers)* Personalverwaltung *f*
personnel cost(s) *(Pers)* Personalkosten *pl*
personnel dialogue *(Pers)* Mitarbeitergespräch *n*
personnel expenses *(Pers)* Personalkosten *pl*
personnel-intensive *adj* *(Pers)* personalintensiv *(industry)*
personnel layoff *(Pers)* Personalfreisetzung *f*, Entlassung *f* von Personal
personnel manager *(Mgt, Pers)* Personalchef(in) *m(f)*, Personalleiter(in) *m(f)*
personnel overheads *(Pers)* Personalgemeinkosten *pl*
personnel rating *(Pers)* Leistungsbewertung *f*, Leistungsbeurteilung *f*
persons not in the labour force *(BE) (Pers, Soz, WiWi)* Nicht--Erwerbspersonen *fpl*, nichterwerbstätige Bevölkerung *f*, Nicht-Erwerbstätige *pl*
pertaining to *adj* *(Gen)* betreffend *(a document)*
pertinent *adj* *(Gen, Recht)* sachdienlich, sachlich
petition 1. *(Gen)* Eingabe *f*, Ersuchen *n*, Gesuch *n*, Bittschrift *f*; 2. *(Recht)* Petition *f*, Verfahrensantrag *m*
petition for relief *(AE)* *(Fin)*

Insolvenzantrag *m*
petition in bankruptcy *(BE) (Fin)* Insolvenzantrag *m*
petty *adj (Fin, Gen, RW)* klein
petty cash *(RW)* Handkasse *f*, kleine Kasse *f*, Nebenkasse *f*, Portokasse *f* *(book-keeping)*
petty cash book *(Admin, RW)* Kassenbuch *n*
petty expenses 1. *(RW)* kleine Ausgaben *fpl*; 2. *(Fin)* kleine Ausgaben *fpl*, kleine Spesen *fpl*
Ph. D. *(Abk. für Doctor of Philosophy) (Bil, Pers)* Doktortitel *m*, Doktorgrad *m*, Promotion *f*
phantom profit *(RW)* Scheingewinn *m* *(synonymous: paper profit, fictious profit; Gegensatz: Scheinverlust = fictitious loss)*
pharmaceutical industry *(Ind)* Arzneimittelindustrie *f*, Pharmaindustrie *f*
phase *v* **in** *(Gen)* einlaufen lassen, schrittweise anheben, schrittweise einführen *(technology, service, system)*
phase *v* **out** *(Gen)* auslaufen lassen, schrittweise abbauen, schrittweise aufheben *(technology, service, system)*
phase *(Gen)* Etappe *f*, Phase *f*, Stadium *n*, Stufe *f (of project)* • **be going through a critical phase** *(Gen, Mgt)* sich in einer kritischen Phase befinden, sich in einer entscheidenden Phase befinden, ein kritisches Stadium durchlaufen
phased increase *(Gen)* stufenweise Erhöhung *f*, stufenweise Anhebung *f*
phased retirement *(Soz)* schrittweises [stufenweises] Ausscheiden *n* aus dem Erwerbsleben
phone card *(Komm)* Telefonkarte *f*
phone number *(Komm)* Anschluss *m*, Anschlussnummer *f*, Telefonnummer *f*
physical *adj (Gen)* materiell, Sach
physical asset *(Gen)* Sachwert *m*
physical assets *(WiWi)* materielle Güter *npl*, Wirtschaftsgüter *npl*, Sachanlagevermögen *n*
physical commodity *(Börse)* Effektivware *f*, physische Ware *f*
physical depreciation *(RW)* verbrauchsbedingte Wertminderung *f* *(annual accounts)*
physical distribution *(V&M)* Verteilung *f* *(merchandise)*
physical efficiency *(Gen, Mgt)* technischer Wirkungsgrad *m*; Produktivität *f*
physical impossibility of performance *(Recht)* objektive Unmöglichkeit *f* der Leistung *(contracts)*
physical inventory *(RW)* effektive Bestandsaufnahme *f*, körperliche Inventur *f*
physical world *(Comp, Gen)* reale Welt *f*, Erscheinungswelt *f (the flesh-and--blood real world; meatspace colloquial; opposite: cyberspace = virtuelle Welt)*
pick *v* **up** 1. *(WiWi)* sich erholen *(recover)*; 2. *(Gen)* aufholen *(prices)*; abholen
pick-up service *(Logis)* Abholdienst *m*, Abholungsservice *m*
picket *(Gen, Ind, Pers)* Streikposten *m*
picture 1. *(Gen)* Bild *n*, Erscheinungsbild *n*; 2. *(Frei, Media)* Kinofilm *m (outlook, prospects)*
piddling sum *(ugs.) (Fin, WiWi)* Bagatellbetrag *m*
piece *(Gen)* Stück *n*, Teil *m*
piece rate *(Ind, Pers)* Akkordlohnsatz *m*, Akkordlohn *m* • **at piece rate** *(Pers)* zum Akkordlohnsatz
piece wage *(Pers)* Stücklohn *m*
piecework *(Gen, Pers)* Stückakkord *m*, Akkordarbeit *f*, Akkord *m*
piercing the corporate veil *(Recht)* Durchgriffshaftung *f*
pigeonhole *v (Gen)* einstufen
piggyback loan *(Fin)* Huckepackanleihe *f*
piggyback selling *(V&M)* Huckepackverkauf *m*
Pigouvian tax *(Bank, WiWi, Pol, Steuer)* Pigou-Steuer *f (Ausgestaltung z. B. als Ökosteuer oder als stabilitätsorientierte Risikoabgabe auf systemische Risiken in den Bilanzen der Finanzinstitutionen, das Aufkommen speist einen Stabilitätsfonds, der in der Krise als Sicherungsfonds dienen kann; Vorteil: die Krisenkosten werden so den kostenverursachenden ‚systemrelevanten' Instituten = SIFIs = systemically important financial institutions wieder angelastet, internalisiert, wodurch die einzel- und die gesamtwirtschaftlichen Kosten –zumindest- einander angenähert werden; Vorschlag von Arthur C. Pigou, Cambridge-Schule, 1920; die Alternative für die Finanztransaktionssteuer = tax on*

financial operations der G20 mit dem nicht systemgerechten Mengenansatz = quantitative approach der umsatzbasierten Tobin-Steuer)

pilot order *(Gen)* Erstauftrag *m*

pilot project *(Mgt)* Pilotprojekt *n*

pink sheets *(AE) (Börse)* Kursblatt *n*

pink slip *(AE)* 1. *(WiWi)* Entlassungsschreiben *n*; 2. *(Pers)* Begleitnotiz *f*, Entlassungspapiere *pl* • **get the pink slip** *(Gen) (AE)* gekündigt werden

pioneer *(Gen, Ind)* Bahnbrecher(in) *m(f)*, Pionier(in) *m(f)*, Vorkämpfer(in) *m(f)*, Vorreiter(in) *m(f)*, Wegbereiter(in) *m(f)*

pioneering *adj (Gen)* bahnbrechend, einführend

pioneering advertising *(V&M, WiWi)* Einführungswerbung *f*

pip *(Bank, Börse)* Pip *m (1/100 $-Cent, hundertster Teil eines US-Dollar-Cent)*

pipeline 1. *(Komm)* Rohrleitung *f*; 2. *(Ind, Logis)* Haupt(rohr)leitung *f*, Pipeline *f* • **be in the pipeline** *(Gen)* in Vorbereitung sein *(orders)*; geplant sein, in Bearbeitung sein *(project)*

piracy 1. *(Comp, Ind, V&M)* Plagiat *n*; 2. *(WiWi)* Raubkopieren *n*; 3. *(Gen)* Raubdruck *m (book)*; Raubpressung *f (record)*; 4. *(Recht)* unzulässiger Nachdruck *m*; 5. *(Media)* Raubkopieren *n*

pirate *v (Comp, Media, Recht)* illegal kopieren

pit *(Börse)* Bieterraum *m*, Maklerstand *m*

pitfall *(Gen)* Fallstrick *m*, Falle *f*

pittance *(Gen)* Hungerlohn *m*

place *v* 1. *(Fin)* unterbringen; 2. *(Gen)* vergeben, erteilen *(order)*; 3. *(Börse)* platzieren

place *v* **an issue** *(Bank)* eine Emission unterbringen

place *v* **emphasis on** *(Gen)* betonen

place *v* **on record** *(Gen)* beurkunden

place *(Gen)* Ort *m*, Örtlichkeit *f*, Platz *m*

place of abode *(Recht)* Aufenthaltsort *m*

place of delivery *(Logis)* Erfüllungsort *m*, Lieferort *m*

place of destination *(Gen)* Bestimmungsort *m*, Zielort *m*

place of fulfilment *(Recht, Versich)* Erfüllungsort *m*

place of jurisdiction *(Recht, Versich)* Gerichtsstand *m*

place of offer *(Recht, Steuer, V&M)* Ort *m* des Leistungsangebots

place of origin *(Logis)* Herkunftsland *n*, Herkunftsort *m*

place of performance *(Recht)* Erfüllungsort *m*

place of residence *(Recht)* Aufenthaltsort *m*

place-of-residence concept *(WiWi, Stat)* Wohnortkonzept *n*, Inländerkonzept *n (national accounts, SNA = VGR; erfasst alle Erwerbstätigen, die im Inland ihren festen Wohnsitz haben und einer Erwerbstätigkeit, gleichgültig ob im Inland oder Ausland, nachgehen; Gegensatz: place-of-work concept = Arbeitsortkonzept)*

place of work 1. *(Gen, Pers)* Arbeitsort *m*, Arbeitsplatz *m*, Betrieb *m*; 2. *(Ind, Steuer)* Arbeitsstätte *f*

place-of-work concept *(WiWi, Stat, Steuer)* Arbeitsortkonzept *n*, Inlandskonzept *n (SNA = VGR = Volkswirtschaftliche Gesamtrechnung, BoP = ZB; synonymous: domestic concept, geographic concept; Gegensatz: Inländerkonzept = Wohnortkonzept = place of residence concept, Kriterium: Sitz oder Wohnsitz einer Wirtschaftseinheit –economic agent, Unternehmen oder Privatperson– ist im Inland belegen, ohne Berücksichtigung der Nationalität)*

placed *adj (Gen)* erteilt *(order)*

placement 1. *(Komm)* Vemittlung *f (job)*; 2. *(Pers)* Volontärstelle *f*; 3. *(Börse)* Platzierung *f*, Unterbringung *f (bonds)*

placement service *(Pers)* Arbeitsvermittlung *f*, Stellenvermittlung *f*

placing *(Börse)* Platzierung *f*, Unterbringung *f*

placing of orders *(Gen)* Auftragsvergabe *f*

placing service *(Pers)* Arbeitsvermittlung *f*, Stellenvermittlung *f*

plain/be *(Gen)* eine deutliche Sprache sprechen

plain language/in *(Gen)* mit deutlichen Worten

plain vanilla bond *(AE, ugs.) (Bank, Fin)* konventionelle Anleihe *f*

plain vanilla financial instrument *(Bank, Fin)* konventionelles Finanzinstrument *n*, klassisches Finanzinstrument *n*, Standard(finanz)instrument *n*,

traditionelles Finanzinstrument *n* *(Gegensätze können sein: ethisches Finanzinstrument = ethical financial instrument, schariakonformes Finanzinstrument = Sharia-compliant financial instrument, nachhaltiges Finanzinstrument = sustainable financial instrument)*
plain vanilla model *(ugs.) (WiWi)* Basismodell *n*
plan *v (Gen)* entwerfen, planen, vorhaben
plan *(Gen)* Konzept *n*, Plan *m*, Programm *n*, Projekt *n*, Vorhaben *n* • **the plan does not hold water** *(Gen)* der Plan ist nicht wasserdicht, der Plan ist nicht hieb- und stichfest • **the plan has no substance** *(Gen)* der Plan hat weder Hand noch Fuß
plan targets *(Mgt)* Planvorgaben *fpl*
planned economy *(Pol, WiWi)* Planwirtschaft *f*
planned obsolescence *(V&M, WiWi)* geplanter Verschleiß *m*, geplantes Veralten *n*
planning *(Gen)* Einteilung *f*, Planung *f*
planning approval *(Grund)* Baugenehmigung *f*
planning authority *(Admin, Umwelt)* Baubehörde *f*, Planungsbehörde *f*
planning committee *(Gen)* Planungsausschuss *m*
planning horizon *(WiWi)* Planungshorizont *m*
planning permission *(Admin, Grund, Recht)* Baugenehmigung *f*
planning, programming and budgeting *(PPB) (Fin, Mgt, RW, WiWi)* Planung, Programmierung und Budgetierung *f*, PPB
planning, programming and budgeting system *(PPBS) (Fin, Mgt, RW, WiWi)* Planungs-, Programmierungs- und Budgetierungssystem *n*, PPBS
planning programming budget *(Pol)* Programmbudget *n*, outputorientiertes Budget *n*
plant *(Ind)* Anlage *f*, Betriebsanlage *f*, Einrichtung *f*, Fabrikgrundstück *n*, Installation *f*
plant and machinery *(Ind)* technische Anlagen und Maschinen *fpl*
plant capacity *(Gen, Ind)* Betriebskapazität *f*
plant closure *(Ind)* Betriebsschließung *f*, Betriebsstillegung *f*
plant incentive scheme *(Pers)* betriebliches Anreizsystem *n*
plant level *(Gen, Ind)* Betriebsebene *f*, betriebliche Ebene *f* • **at plant level** *(Gen, Ind)* auf Betriebsebene, auf betrieblicher Ebene
plant location *(Gen)* Betriebsstandort *m*, Standort *m*
plant management *(Ind, Mgt)* Betriebsleitung *f*, Werksleitung *f*
plant manager *(Ind, Mgt)* Betriebsführer(in) *m(f)*, Betriebsleiter(in) *m(f)*
plant utilization rate *(Ind)* Ausnutzungsgrad *m*
plastic waste *(Ind, Umwelt)* Kunststoffmüll *m*
plat book *(AE) (Admin, Grund)* Grundbuch *n*, Kataster *m*
play *v (Börse)* spekulieren
play *v* **down** *(Gen, Pol)* herunterspielen
play *v* **it by ear** *(Gen)* improvisieren
play *v* **safe** *(Gen)* auf Nummer sicher gehen
plead *v (Recht)* plädieren
plead *v* **guilty** *(Recht)* sich schuldig bekennen
plead *v* **ignorance** *(Recht)* sich auf Unwissenheit berufen
pleasure shopping *(V&M)* Vergnügungseinkauf *m*, Erlebniseinkauf *m*
pledge *v (Recht)* verpfänden
pledged *adj (Recht)* verpfändet
plenary powers *(Fin)* unbeschränkte Vollmachten *fpl*
plenary sittings *(Pol, Recht)* Plenum *n*
plot *v (Stat)* auftragen *(graph)*
plot 1. *(Gen)* Anschlag *m*, Gelände *n*, Grundriss *m*, Grundstück *n*, Intrige *f*; 2. *(Recht)* Verschwörung *f*; 3. *(Grund)* Baugrundstück *n (of land)*
plough *v* **back** *(BE)* 1. *(Fin)* reinvestieren; 2. *(Gen)* einbehalten, nicht ausschütten, thesaurieren
ploughback *(BE) (RW)* reinvestierter Gewinn *m*
ploughed-back profits *(BE) (RW)* thesaurierte Gewinne *mpl*
plow *v* **back** *(AE) (Fin, RW)* reinvestieren, thesaurieren; einbehalten, nicht ausschütten *(profit, earnings, Unternehmensgewinn, Erträge; synonymous: plough back BE)*
plowback *(AE) (RW)* reinvestierter

Gewinn *m*

plug *(Media, V&M)* Gratiswerbesendung *f*, Schleichwerbung *f (advertising)*

plunge *(Börse, Fin)* Kurssturz *n*, Reinfall *m*

plus or minus signs *(Gen, Stat)* Vorzeichen *npl*

plus tick *(Börse)* Mindestkursschwankung *f* aufwärts

PMI *(Abk. für Purchasing Managers' Index) (WiWi, Stat)* EMI *m*, Einkaufsmanagerindex *m*

PO *s.* 1. postal order; 2. post office

PO box *s.* post office box

poach *v* 1. *(Pers)* abwerben *(employees)*; 2. *(V&M)* abwerben *(customers)*

point 1. *(Fin)* ein Prozentpunkt *m*; 1 % *(e. g. of nominal value)*; 2. *(Gen)* Punkt *m (for discussion)*; Standpunkt *m (stance, position)*; 3. *(Börse)* Einheit *f* bei Kursschwankungen, Punkt *m*, 1 %

point elasticity *(WiWi)* Punktelastizität *f*

point of consumption *(V&M)* Abnahmestelle *f*; Verbrauchspunkt *m*

point of entry 1. *(Gen)* Grenzübergangsstelle *f*, Zollhafen *m*; 2. *(Logis)* Zollhafen *m*

point of origin *(Logis)* Herkunftsland *n*, Herkunftsort *m*

point of purchase *(V&M)* Verkaufsstelle *f*

point-of-sale *(V&M)* Ort *m* des Verkaufs, Point-of-Sale *m* (POS), Verkaufsort *m*, Verkaufspunkt *m*, Verkaufsstelle *f*; POS-Terminal *m*, computergesteuerte Kasse *f*

point-of-sale promotion *(V&M)* Werbung *f* am Verkaufspunkt

point of view *(Gen)* Gesichtspunkt *m*, Standpunkt *m*, Meinung *f*

points rating *(Mgt, Pers, Versich)* Punktbewertung *f*

policy 1. *(Versich)* Police *f*; 2. *(Mgt)* Marschroute *f*, Methode *f*, Verfahrensweise *f*; 3. *(Pol)* Politik *f*

policy holder *(Versich)* Versicherungsnehmer(in) *m(f)*

policy lag *(Pol)* politische Zeitverzögerung *f*

policy loan *(Versich)* Beleihung *f* einer Versicherungspolice, Policendarlehen *n*

policy makers *(Pol)* politische Entscheidungsträger *mpl*, Politiker(innen) *mpl (fpl)*

policy-making powers *(Pol) (Deu)* Richtlinienkompetenz *f (das Recht und die Pflicht des Bundeskanzlers)*

policy mix 1. *(WiWi)* Methodenvielfalt *f*; 2. *(Mgt)* Policy Mix *m*, Kombination *f* wirtschaftspolitischer Instrumente *(normally not translated)*; 3. *(Pol)* Kombination *f* politischer Mittel

policy strictly oriented to stability *(Pol, WiWi)* stabilitätsorientierte Politik *f (ECB)*

political *adj (Pol)* politisch, staatspolitisch

political advertising *(Pol, V&M)* politische Werbung *f*, politische Propaganda *f*

political affairs *(Pol)* Politik *f*, politische Angelegenheiten *fpl*, politische Beziehungen *fpl*

political economy *(Pol, WiWi)* Nationalökonomie *f*, politische Ökonomie *f*, politische Ökonomik *f*, Volkswirtschaft *f*

political risk *(Pol)* politisches Risiko *n*

poll *(V&M)* Stichprobenerhebung *f*, Umfrage *f*

polling *(Comp)* Polling *n*, Sendeaufruf *m*, Umfragebetrieb *m (network, modem)*

polluter *(Umwelt)* Verschmutzer *m*, Umweltverschmutzer *m*

polluter pays principle *(Umwelt)* Verursacherprinzip *n (international and EU legislation)*

polluter principle *(Umwelt)* Verursacherprinzip *n (international and EU legislation)*

pollution 1. *(Umwelt)* Belastung *f*, Umweltbelastung *f*, Verschmutzung *f*; 2. *(Ind)* Verunreinigung *f (of a product)*

pollution monitoring *(Ind, Umwelt)* Umwelt(verschmutzungs)überwachung *f*

pollution tax *(Pol, Steuer, Umwelt)* Umweltsteuer *f*

pool *v* **resources** *(WiWi)* Mittel vereinen, Mittel zusammenfassen

pool 1. *(WiWi)* Kartell *n* höherer Ordnung; 2. *(Fin, Gen)* gemeinsamer Fonds *m*; 3. *(Versich)* Pool *m*, Konsortium *n*, Interessengemeinschaft *f*

pooling *(Gen)* Zusammenlegung *f*, Poolung *f*, Bündelung *f*

pooling arrangements *(Gen)* Gewinnpoolungsvertrag *m*

pooling of interests *(AE) (RW)* Interessenzusammenführung *f*

poor market *(WiWi)* schleppender Absatz *m*

poor service *(V&M)* schlechter Service *m*
pop-up 1. *(Comp)* Pop-up *n*, Pop-up-Fenster *n (pop-up-window; selbstöffnendes Zusatzfenster mit unangeforderter Werbebotschaft als Werbeinstrument im Internet)*; 2. *(V&M)* hochklappbare Reklame *f (advertising)*
pop-up-blocker *(Comp)* Pop-up-Blocker *m (verhindert das Aufgehen unerwünschter Pop-up-Fenster beim Surfen im Internet)*
popular request/by *(Gen)* auf allgemeinen Wunsch
population 1. *(WiWi)* Bevölkerung *f*; 2. *(V&M)* Grundgesamtheit *f*, statistische Menge *f (marketing, statistics)*
population census *(Gen, Stat)* Volkszählung *f*
porcupine provisions *(Fin)* Übernahmeabwehr-Klausel *f (takeovers)*
porn tax *(Fin, Steuer)* Pornosteuer *f (a stiff new tax on pornography and sex goods)*
port 1. *(Comp)* Anschluss *m*, Port *m*; 2. *(Logis)* Hafen *m*
port charges *(Steuer, Logis)* Hafengebühren *fpl*
portfolio 1. *(Bank, Fin, WiWi)* Portefeuille *n*, Wertpapierbestand *m*, Portfolio *n*; 2. *(Gen)* Aktenmappe *f*; 3. *(Pol)* Geschäftsbereich *m*, Referat *n*, Portefeuille *n*, Ressort *n (of government activity)*
portfolio analysis *(V&M)* Portfolio-Analyse *f*
portfolio approach *(Fin, WiWi)* Portfolio-Ansatz *m*, Portfolio-Investment *n (strategic corporate planning; strategische Unternehmensplanung)*
portfolio investment *(Fin, WiWi)* Portfolio-Investition *f (an investment abroad = Auslandsinvestition; als Finanzinvestition in Unternehmensbeteiligungen bzw. Eigentumstiteln; opposite: direct investment = Direktinvestition = Beteiligungsinvestition als -meist- strategische Investition in überseeische Unternehmen und Gesellschaften)*; indirekte Investition *f*
portfolio investments *(Fin, WiWi)* Wertpapieranlagen *fpl*
portfolio management 1. *(Bank)* Vermögensverwaltung *f*; 2. *(Fin)* Effektenverwaltung *f*
portfolio management theory *(Börse, Fin)* Portfolio-Managementtheorie *f*, Vermögensverwaltungstheorie *f*
portfolio selection *(Fin)* Anlagenauswahl *f*, optimales Depotmanagement *n*, Portfolio-Selektion *f*
portfolio turnover *(Fin)* Portefeuille-Umschichtung *f*
POS *s.* point-of-sale
pose *v (Gen)* aufwerfen *(question, problem)*
pose *v* **a threat** *(Gen)* eine Bedrohung darstellen
position *v* 1. *(Gen)* positionieren; 2. *(Börse)* auf eigene Rechnung kaufen, eine Position eröffnen
position *v* **a product** *(Gen, V&M)* ein Produkt positionieren
position 1. *(RW)* Finanzlage *f*; 2. *(Admin)* Stellung *f*; 3. *(Bank)* Bestand *m*; 4. *(Gen)* Standpunkt *m (point of view)*; Arbeitsplatz *m*, Lage *f (situation)*; 5. *(Pers)* Position *f*, Stelle *f*, Stellung *f*, Wertpapierposition *f*, Position *f* • **be in a position to** *(Gen)* in der Lage sein zu
position-keeping *(Börse)* Positionsführung *f*
positioning 1. *(Fin)* Positionierung *f*; 2. *(V&M)* Platzierung *f*
positioning of advertising *(V&M)* Anzeigenplatzierung *f*
positive *adj (Gen)* konstruktiv, positiv *(favourable)*
positive confirmation *(RW)* positive Bestätigung *f*, vorbehaltslose Bestätigung *f (auditing)*
positive economics *(WiWi)* positive Wirtschaftswissenschaften *fpl*
positive feedback *(WiWi)* positive Rückmeldung *f*, positive Reaktion *f*
possession *(Recht)* Besitz *m (property)*
possessor *(Recht)* Besitzer(in) *m(f)*
possessory claim *(Recht)* Besitzanspruch *m*
possibility *(Gen)* Möglichkeit *f*, Chance *f*
post *v* 1. *(RW)* ausweisen, buchen, eintragen, verbuchen; 2. *(Admin)* anschlagen; 3. *(Gen)* aufgeben, abschicken, einstecken, einwerfen *(through letterbox)*
post *v* **an entry** *(RW)* einen Eintrag verbuchen, einen Posten einbuchen
post *(Gen)* nach • **post meridiem** *(Gen)* nachmittags
post 1. *(Komm)* Post *f*; 2. *(Gen)*

Arbeitsplatz *m*; 3. *(Pers)* Posten *m*, Stelle *f*, Stellung *f*; 4. *(Börse)* Stand *m* • **by post** *(Komm)* auf dem Postweg • **by the same post** *(Gen)* mit gleicher Post

post-balance-sheet event *(RW)* Ereignis *f* nach dem Bilanzstichtag

post-free *adj (Komm)* gebührenfrei

post-industrial society *(WiWi)* nachindustrielle Gesellschaft *f*

post office *(Komm)* Post *f*, Postamt *n*

post office box *(Komm)* Postfach *n*, Schließfach *n*

post paid *(Gen)* Porto bezahlt, portofrei

post-purchase remorse *(V&M)* Reue *f* nach dem Kauf

post-sales service *(V&M)* Kundendienst *m*

postage *(Komm)* Frankierung *f*, Porto *n*, Portospesen *pl*

postage and packing *(Komm)* Porto *n* und Verpackung *f*

postage due *(Komm)* Nachporto *n*, Nachgebühr *f*

postage expenses *(Komm)* Portospesen *pl*

postage & handling *(Logis)* Porto und Versandspesen, Porto und Versandkosten

postage paid *(Komm)* franko, Gebühr bezahlt, Porto bezahlt, portofrei, postfrei, gebührenfrei

postage stamp *(Komm)* Briefmarke *f*

postal address *(Komm)* Post(zustell)adresse *f*

postal charges *(Logis)* Postgebühren *f*

postal money order *(AE)*, **postal order** *(BE) (Bank, Fin, Gen)* Postanweisung *f*

postal remittance *(RW)* Postüberweisung *f*

postal zone *(Komm)* Postleitzone *f*, Postzustellbereich *m*

postbox *(BE) (Admin, Komm)* Briefeinwurf *m*, Briefkasten *m*

postcode *(BE) (Gen, Komm)* Postleitzahl *f*, PLZ

postdate *v* 1. *(Komm)* nachdatieren, später datieren; 2. *(Gen)* vordatieren *(cheque, document)*

postdated *adj* 1. *(Komm)* nachdatiert; 2. *(Gen)* vordatiert

poste restante *adj (Komm)* postlagernd

postgraduate studies *(Edu)* weiterführendes Studium *n*, Aufbaustudium *n*, Postgraduiertenstudium *n*, Promotionsstudium *n (Studium nach Abschluss des ersten akademischen Grades, z. B. B.A.)*

posthedging transaction *(WiWi)* Sicherungsgeschäft *n*

posting 1. *(Komm)* Posteinlieferung *f*; 2. *(RW)* Verbuchung *f*; 3. *(Gen, Pers)* Versetzung *f (job)*; 4. *(Recht)* Aufstellen *n*, Buchungsverfahren *n*, Eintragungsverfahren *n*; öffentliche Bekanntmachung *f (civil procedure)*

posting error *(RW)* Fehlbuchung *f*

posting of workers *(Pers)* Entsendung *f* von Arbeitskräften

postmark *(Komm)* Datumsstempel *m*, Poststempel *m*, Tagesstempel *m*

postpaid *adj (Komm)* im Voraus bezahlt, Porto bezahlt, portofrei

postpone *v (Gen)* aufschieben, verschieben, vertagen, zurückstellen

postponement *(Gen)* Aufschub *m*, Verschiebung *f*, Vertagung *f*, Zurückstellung *f*

postponement of payment *(Fin, Recht)* Stundung *f*, Zahlungsaufschub *m*

postscript 1. *(Komm)* Nachschrift *f*, Nachtrag *m*, Postscriptum *n*, P.S.; 2. *(Gen)* Nachsatz *m*

potential *adj (Gen)* möglich, potenziell

potential *(Gen)* Möglichkeit(en) *f(pl)*; Leistungsvermögen *n*, Potenzial *n*, Leistungskraft *f*; Hilfsquelle *f*; Kapazität *f* • **have potential** *(Gen)* über Potenzial verfügen

potential buyer *(V&M)* potenzielle Käuferin *f*, potenzieller Käufer *m*

potential customer *(WiWi)* Interessent(in) *m(f)*

potential income *(WiWi)* potenzielles Einkommen *n*

potential investor *(Börse)* potenzielle Anlegerin *f*, potenzieller Anleger *m*

potential output *(WiWi)* potenzieller Ausstoß *m* einer Volkwirtschaft

pour *v* **money into** *(WiWi)* investieren in

power *v (Comp, Ind)* betreiben

power 1. *(Comp)* Strom *m*, Spannung *f (electricity)*; 2. *(Gen)* Macht *f*, Vermögen *n (capability)*; Befugnis *f*, Ermächtigung *f (authorization)*; 3. *(Ind)* Energie *f*, Kraft *f*, Leistung *f*, Netzstrom *m*, Starkstrom *m*, Spannung *f (electrical)* • **give sb a power of attorney** *(Recht)* jmdm. eine Vollmacht erteilen

power consumption *(Ind, Umwelt)* Energieverbrauch *m*, Stromverbrauch *m*
power generation *(Ind)* Energieerzeugung *f*
power industries *(Ind)* Energiewirtschaft *f*
power of attorney *(Recht)* Bevollmächtigung *f*, (schriftliche) Vollmacht *f*, Vollmachtsurkunde *f*
power supply *(Ind, Umwelt)* Energieversorgung *f*
power to sign *(Admin)* Zeichnungsberechtigung *f*
powerful *adj (Gen)* überzeugend, bedeutend, kraftvoll, leistungsstark, einflussreich
p&p *s.* postage and packing
pp *s.* per pro
PPB *s.* planning, programming and budgeting
PPBS *s.* planning, programming and budgeting system
PR agency *(V&M)* PR-Agentur *f*, Werbeagentur *f*
practical experience *(Pers)* praktische Erfahrung *f*
practice *v (AE) s.* practise
practice *(Recht)* Praxis *f* • **in practice** *(Gen)* in der Praxis
practice firm *(Bil, Gen)* Übungsfirma *f (for the training of people in the commercial sector, apart from a few simulated units, e. g. the payment system, similar to on--the-job training)*
practise *v (BE)* 1. *(Gen)* üben *(exercise)*; 2. *(Recht)* praktizieren
practise *v* **a profession** *(BE) (WiWi)* einen freien Beruf ausüben
practise *v* **as** *(BE) (Recht)* tätig sein als
practitioner *(Gen, Pers)* Praktiker(in) *m(f)*, Fachmann *m*, Fachfrau *f*; praktischer Arzt *m*, praktische Ärztin *f (medical practioner)*
pre-arranged *adj (Gen)* fixiert, im Voraus vereinbart
pre-decision phase [stage] *(Mgt, Pol, Recht)* entscheidungsvorbereitende Phase *f*, Entscheidungsvorbereitungsphase *f (UMAG; pre-decision-making period)*
pre-eminent *adj (Gen)* überragend, herausragend, hervorragend
pre-emptive bid *(Börse)* großzügiges Übernahmeangebot, das mögliche Mitbieter abschreckt
pre-emptive right *(AE) (Recht)* Vorkaufsrecht *n*
pre-operating expenses *(Fin, RW)* Anlaufkosten *pl*
pre-retirement *(Pers, Soz)* Vorruhestand *m*
pre-tax *adj (Steuer)* vor Steuern
pre-tax earnings *(Steuer)* Gewinn *m* vor Steuern
pre-tax profit *(Steuer, WiWi)* Gewinn *m* vor Steuern, *(ugs.)* Vorsteuergewinn *m (Ebit minus Zinsergebnis = Ebit minus net interest income = income after interest, but before taxes; synonymous: pre-tax earnings, pretax earnings)*
pre-tax profit margin *(Steuer, WiWi)* Vorsteuer-Gewinnspanne *f*, Vorsteuer--Gewinnmarge *f*, Umsatzrendite *f* vor Steuern, Umsatzrentabilität *f* vor Steuern *(percentage return on sales before taxes)*
pre-test *(V&M)* Pretest *m*
pre-treat *v (Umwelt)* vorbehandeln
preamble 1. *(Gen)* Einleitungsformeln *fpl*, Vorrede *f (to agreement, contract)*; 2. *(Mgt, Recht)* Präambel *f*; 3. *(Pat)* Einleitung *f*, Vorbemerkung *f*
prebill *v (V&M)* vorfakturieren
precarious employment *(Pers)* instabile Beschäftigung *f*, prekäre Beschäftigung *f*
precarious employment relationship *(Pers, WiWi)* prekäres Beschäftigungsverhältnis *n*, instabiles Beschäftigungsverhältnis *n*
precautionary demand for money *(WiWi)* Vorsorgemotiv *n* der Geldnachfrage
precedence rating *(WiWi)* Dringlichkeitsstufe *f*
precedent *(Recht)* Präzedenzfall *m (case law)*
preceding year basis *(PYB) (Gen, Stat)* Vorjahresbasis *f*
precise *adj (Gen)* präzise, genau, pünktlich
precision engineering *(Ind)* Feinmechanik *f*, Feintechnik *f*, Präzisionstechnik *f*
preclusive buying *(V&M)* Ausschlusskauf *m*
precondition *(Gen)* Vorbedingung *f*, Bedingung *f*
preconditions for a claim *(Recht)*

Anspruchsvoraussetzungen *fpl*
predate *v (Gen)* vorausgehen, (zu)rückdatieren *(document)*
predatory capitalism *(jarg.) (Gen) (jarg.)* Raubtierkapitalismus *m*
predatory competition *(Gen)* Verdrängungswettbewerb *m*
predatory pricing policy *(WiWi)* Verdrängungswettbewerb *m*
predetermine *v (Börse, Gen, Mgt)* vorausbestimmen, vorher ermitteln, vorgeben
predict *v (Gen)* prognostizieren, vorausberechnen
predictable *adj (Gen)* berechenbar, voraussagbar, vorhersehbar
predicted cost *(RW)* Plankosten *pl*, Sollkosten *pl*, Vorgabekosten *pl* *(budgetary control = Prognosekostenrechnung)*
prediction *(Gen)* Voraussage *f*, Prognose *f*
predictive power *(Stat, WiWi)* Prognosequalität *f*
predictive quality *(Stat, WiWi)* Prognosequalität *f*
prefabricated *adj (Grund)* vorgefertigt
prefabricated house *(Grund)* Fertighaus *n*
prefer *v (Fin, Gen, RW, V&M)* bevorzugen
preference *(Gen)* Bevorzugung *f*, Vorrang *m*; Neigung *f (inclination)*
preference system *(WiWi)* Bedarfsstruktur *f*
preferential *adj (V&M)* bevorzugt
preferential interest rates *(Bank)* Vorzugszinsen *mpl*
preferential price *(WiWi)* Vorzugspreis *m*
preferential terms *(Gen)* Vorzugskonditionen *fpl*
preferential treatment *(Gen)* Bevorzugung *f*, Vorzugsbehandlung *f*
preferred *adj (Fin, Gen, RW, V&M)* bevorzugt
preferred claim *(Gen, Recht)* bevorrechtigte Forderung *f* *(synonymous: preferential debt, preferential claim)*
preferred creditor *(Recht, RW)* bevorrechtigter Gläubiger *m (in bankruptcy; synonymous: preferential creditor)*
preferred debt *(Gen, Recht)* bevorrechtigte Forderung *f* *(synonymous: preferential debt, preferential claim)*
preferred dividend *(AE) (RW)* Vorzugsdividende *f*
preferred stock *(AE) (Börse, Fin)* Vorzugsaktie *f*
preinvestment analysis *(WiWi)* Wirtschaftlichkeitsrechnung *f*, Investitionsrechnung *f*, Rentabilitätsrechnung *f*, Rentabilitätsvergleichsrechnung *f*
prejudice *v (Recht)* beeinflussen
prejudice *(Gen)* Befangenheit *f*, Voreingenommenheit *f*, Vorurteil *n* *(damage)*
prejudicial *adj (Gen)* nachteilig, schädlich • **be prejudicial to** *(Gen)* sich nachteilig auswirken auf
preliminary *(Gen)* vorbereitende Maßnahme *f*
preliminary agreement *(Recht)* Vorvertrag *m (contract)*
preliminary calculation *(RW)* Vorkalkulation *f*
preliminary draft *(Fin)* Vorentwurf *m*
preliminary estimate *(Gen)* Vorausschätzung *f*
preliminary investigation *(Recht)* vorläufige Untersuchung *f*
preliminary report *(Gen)* Vorbericht *m*, vorläufiger Bericht *m*
preliminary VAT return *(BE) (Steuer)* USt--Voranmeldung *f*
premature *adj (Gen)* verfrüht, voreilig, vorzeitig
premerger notification duty *(Recht)* Anzeigepflicht *f* bei Fusionen
premise *(Gen)* Voraussetzung *f* • **on the premise that** *(Gen)* unter der Voraussetzung, dass
premises 1. *(Ind)* Grund und Boden; 2. *(Grund)* Anwesen *n*, Räumlichkeiten *fpl*, Geschäftsräume *mpl (commercial building)*
premium 1. *(Fin)* Agio *n*; 2. *(Gen)* Aufschlag *m*, Bonifikation *f*; 3. *(Pers)* Zulage *f*, Bonus *m*; 4. *(Versich)* Prämie *f*, Versicherungsprämie *f*; 5. *(V&M)* Vorzugsangebot *n (advertising)*; 6. *(Börse)* Aufgeld *n*, Report *m* • **at a premium** *(Börse, Fin)* mit einem Agio
premium default *(Fin, Versich)* Prämienverzug *m*
premium price *(V&M)* Höchstpreis *m*
premium rate *(Versich)* Prämiensatz *m*, Tarifbeitrag *m*

prenuptial agreement *(Recht)* Ehevertrag *m*, vorehelicher Vertrag *m*
prepackaging *(V&M)* Vorverpackung *f*
prepaid *adj (Fin, Gen, Logis, V&M)* vorausbezahlt
prepaid costs *(V&M)* vorausbezahlte Kosten *pl*
prepaid expenses *(RW)* transitorischer Posten *mpl*
preparation of a balance sheet *(RW)* Bilanzaufstellung *f*
preparatory phase [stage] *(Gen, Mgt)* Vorbereitungsstadium *n*, Vorbereitungsphase *f*
preparatory work *(Gen)* Vorarbeit *f*, vorbereitende Arbeiten *fpl*
prepare *v* 1. *(RW)* aufstellen; 2. *(Gen)* erstellen, vorbereiten, ausarbeiten, erarbeiten
prepare *v* **the annual financial statements** *(Fin, RW)* den Jahresabschluss aufstellen
prepay *v (Bank, Fin, RW, Steuer)* vorauszahlen
prepayment 1. *(RW)* Vorauszahlung *f*; 2. *(Bank)* Vorfälligkeit *f*; 3. *(Gen)* Anzahlung *f*
prepayment penalty *(Bank)* Vorfälligkeitsentschädigung *f*
preproduction cost *(RW)* Vorlaufkosten *pl*
prerequisite *(Gen)* Bedingung *f*, Erfordernis *n*, Voraussetzung *f*, Vorbedingung *f*
prerequisite for accession *(Pol, Recht, WiWi)* Eintrittsvoraussetzung *f*
prerequisite for entry *(Pol, Recht, WiWi)* Eintrittsvoraussetzung *f*
prerogative *(Recht)* Vorrecht *n*
presale service *(V&M)* Dienst *m* am Kunden vor dem Verkauf, Vorverkaufskundendienst *m*
prescribe *v (Recht)* vorschreiben *(requirements)*
prescribed price *(Gen)* vorgeschriebener Preis *m*
preselection *(Komm)* Voreinstellung *f*
present *v* 1. *(Bank)* einreichen; 2. *(Gen)* vorlegen *(report, bill)*; 3. *(Recht)* vorlegen *(evidence)*; 4. *(V&M)* vorführen
present *v* **a draft for acceptance** *(Bank, Fin, Gen)* eine Tratte zur Annahme vorlegen
present *v* **fairly** *(RW)* ordnungsgemäß darstellen, wirtschaftlich angemessen darstellen *(auditing)*
present *v* **in an easy format** *(Gen)* leichtverständlich darlegen
present *adj (Gen)* präsent, anwesend, gegenwärtig, augenblicklich *(current)*
present *(Media, V&M)* Präsent *n*
present value 1. *(RW)* Barwert *m*; 2. *(Fin)* Barwert *m*, Gegenwartswert *m*
present value approach *(Fin)* Zeitwertmethode *f*
present value factor *(Fin)* Barwertfaktor *m*
present value method 1. *(WiWi)* Kapitalwertmethode *f*; 2. *(Fin, RW)* Zeitwertmethode *f*
presentation 1. *(Bank)* Einreichung *f*; 2. *(Gen)* Vorlage *f*; 3. *(Recht)* Vorlegung *f*; 4. *(Mgt)* Darstellung *f*; 5. *(V&M)* Präsentation *f*, Vorführung *f* • **on presentation** *(Fin, Recht)* bei Vorlage *f*, gegen Vorlage *f*
preservation of full employment *(Pers)* Aufrechterhaltung *f* der Vollbeschäftigung, Sicherung *f* der Vollbeschäftigung
preservatives *(Ind, V&M)* Konservierungsmittel *npl* • **no preservatives or additives** *(Ind, V&M)* ohne Konservierungs- oder Zusatzstoffe
preside *v (Gen)* den Vorsitz haben *(at meeting)*
preside *v* **over** *(Gen)* vorsitzen *(meeting, commission)*
presidency *(Mgt, Pol)* Präsidentschaft *f*, Vorsitz *m*
president 1. *(Pers)* Präsident(in) *m(f)*, Vorsitzende(r) *f(m)*, Vorstandsvorsitzende(r) *f(m)*; 2. *(Mgt)* Generaldirektor(in) *m(f) (of business)*
President *(Gen, Pol)* Präsident(in) *m(f)*, Präs.
President of the Treasury Board *(AE) (Fin)* Präsident(in) *m(f)* des Schatzamtes
press *(Media, Pol, V&M)* Presse *f* • **go to press** *(Media)* in Druck gehen *(print)* • **have a bad press** *(Gen)* eine schlechte Presse haben • **have a good press** *(Gen)* eine gute Presse haben
press campaign *(Media)* Pressecampagne *f (print)*
press conference *(Media)* Pressekonferenz *f (print)*
press coverage *(Media)* Presseberichterstattung *f (print)*

press office 1. *(Media)* Presseamt *n*, Pressestelle *f*; 2. *(Pol)* Presseamt *n*
press release *(Media)* freigegebene Pressemitteilung *f*, freigegebene Presseverlautbarung *n*
press report *(Media)* Pressebericht *m*
press statement *(Media)* Pressemitteilung *f*
pressure *(Gen)* Beanspruchung *f*, Belastung *f*, Druck *m* • **come under pressure** *(Gen)* unter Druck geraten *(to do sth)*
pressure group *(Pol)* Interessengruppe *f*, Lobby *f*, Interessenverband *m*, Interessenvereinigung *f*, Interessenvertretung *f*
pressurize *v (Pers, WiWi)* unter Druck setzen *(person)*
prestigious *adj (Gen)* angesehen, repräsentativ, vornehm, renommiert, einflussreich *(influential)*
presumable *adj (Gen)* voraussichtlich
presumption of ownership *(Gen)* Eigentumsvermutung *f*
pretence *(Recht)* Vortäuschung *f*
prevail *v* **against** *(Gen)* sich durchsetzen gegen
prevailing *adj (Gen)* gängig, handelsüblich, herrschend, maßgeblich
prevention *(Gen)* Verhütung *f*, Verhinderung *f*, Vermeidung *f*, Vorbeugung *f*
preventive measure *(Gen)* vorbeugende Maßnahme *f*
previous *adj (Gen)* vorherig
previous application *(Pat)* Voranmeldung *f*
previous year *(Gen)* vorhergehendes Jahr *n*, Vorjahr *n*
price *v* 1. *(Fin)* berechnen; 2. *(Gen, V&M)* auszeichnen
price 1. *(Fin, WiWi)* Kurs *m*; 2. *(Gen)* Preis *m*; 3. *(Grund)* Angebotspreis *m*; 4. *(V&M)* Kaufpreis *m*, Marktpreis *m*; 5. *(Börse)* Briefkurs *m*, Kurs *m* • **price on application** *(Gen)* Preis *m* auf Anfrage • **at ruling prices** *(Börse, Fin)* zu gegenwärtigen Börsenkursen, zu Tagespreisen, zu Tageskursen
price behavior *(AE) (Börse)* s. price behaviour
price behaviour *(BE) (Börse)* Preisverhalten *n (of options)*
price bid *(Börse)* Geldkurs *m*, Preisangebot *n*
price comparison *(Gen, V&M)* Preisvergleich *m*
price control *(WiWi)* Preiskontrolle *f*
price-controlled *adj (Gen, V&M)* preisgebunden
price cut *(Fin, V&M, WiWi)* Preisreduzierung *f*, Preissenkung *f*
price decrease *(Gen, WiWi)* Preisrückgang *m*
price-demand elasticity *(V&M)* Preisnachfrageelastizität *f*
price-demand function *(WiWi)* Preisabsatzfunktion *f*
price determinant *(V&M)* Preisbildungsfaktor *m*
price differential 1. *(Pers, WiWi)* Preisgefälle *n*, Preisunterschied *m*; 2. *(V&M)* Preisdifferenzierung *f*; 3. *(Börse)* Kursgefälle *n*
price discrimination *(V&M)* Preisdiskriminierung *f*
price-earnings multiple *(Fin)* Kurs--Gewinn-Verhältnis *n*, KGV
price-earnings ratio *(Fin)* Kurs/Gewinn--Verhältnis *n*, KGV
price effect *(WiWi)* Preiseffekt *m*
price elasticity of demand *(WiWi)* Preiselastizität *f* der Nachfrage
price-equity ratio *(Fin)* Kurs-Buchwert--Verhältnis *n*, KBV *n (synonymous: price--to-book ratio, P/B ratio; the ratio compares a stock's market value to its book value; ein Indikator für den Kursaufschlag, den Aktionäre über den reinen Buchwert einer Aktie hinaus zu zahlen bereit sind)*
price ex works *(Logis, Imp/Exp)* Preis *m* ab Werk, Preis *m* ab Fabrik
price-fixing *(Recht, V&M)* Preisabsprache *f*, Preisbindung *f*, Preisfestsetzung *f*; illegale Preisabsprache *f*
price fluctuation 1. *(Gen, WiWi)* Preisschwankung *f*; 2. *(Börse)* Kursschwankung *f*
price formation *(V&M, WiWi)* Preisbildung *f*
price freeze *(Gen, V&M, WiWi)* Preisstopp *m*
price gap 1. *(Börse)* Kurssprung *m*, Kursdifferenz *f (significant price movement of a security or commodity between two trading sessions, e. g. such that the second day's opening price is outside the first day's trading*

range = Kursspanne); 2. *(Gen)* Preissprung *m*, Preisdifferenz *f*; Preisschere *f*
price guarantee *(V&M)* Preisgarantie *f*
price incentive *(V&M)* Preisanreiz *m*
price increase 1. *(WiWi)* Preissteigerung *f*; 2. *(Fin, V&M)* Preisanstieg *m*, Preiserhöhung *f*
price index *(Börse, Fin, RW, WiWi)* Preisindex *m*
price label *(V&M)* Preisetikett *n*, Preisschild *n*
price leader *(V&M, WiWi)* Lockvogel *m (low-priced article)*; Preisführer *m (firm)*
price level 1. *(Gen)* Kursniveau *n*; 2. *(V&M, WiWi)* Preisniveau *n*
price list *(Recht, V&M)* Preisverzeichnis *n*, Preisliste *f*
price maintenance *(Fin, Recht, V&M)* Preisbindung *f*, Preisbindung *f* der zweiten Hand
price maintenance scheme *(V&M)* Preisbindungsregelung *f*
price maker *(WiWi)* Preisfixierer *m*
price mechanism *(WiWi)* Marktpreismechanismus *m*
price nosedive *(Börse)* Kurssturz *m*, Kursrutsch *m*
price of delivery *(Gen)* Bezugspreis *m*
price of goods *(WiWi)* Warenwert *m*
price offered *(Börse)* Brief *m*, Briefkurs *m*
price-performance ratio *(Gen)* Preis--Leistungs-Verhältnis *n*
price-quality ratio *(V&M)* Preis--Qualitätsverhältnis *n*
price range 1. *(WiWi)* Preisbereich *m*; 2. *(Gen)* Preislage *f*; 3. *(V&M)* Preisskala *f*, Preisspanne *f*, Preisspektrum *n*
price reduction *(V&M)* Preisnachlass *m*
price rigidity *(WiWi)* Preisstarrheit *f*
price-sensitive *adj (V&M, WiWi)* preisempfindlich
price spread *(V&M)* Preisspanne *f*
price stability *(V&M, WiWi)* Preisstabilität *f*
price tag *(V&M)* Preisschild *n*
price taker *(WiWi)* Mengenanpasser *m*
price volatility *(Börse)* Kursvolatilität *f*, Kursvariabilität *f*
price-wage spiral *(WiWi, Pers, Soz)* Preis-Lohn-Spirale *f*, Lohn-Preis--Spirale *f*
price war *(V&M, WiWi)* Preiskrieg *m*
pricey *adj (Gen) (ugs.)* happig, kostspielig, teuer *(auch: pricy)*
pricing 1. *(RW)* Bepreisung *f*; Preiskalkulation *f*; 2. *(V&M, WiWi)* Preisfestlegung *f*, Preissetzung *f*, Preisauszeichnung *f*; 3. *(Fin, RW)* Wertermittlung *f*; Ermittlung *f* des Fair Value, Fair-Value-Ermittlung *f (market--based fair value pricing; Anleihen, Optionen, Futures, Derivate)*; 4. *(Börse)* Bepreisung *f*; Preisfestlegung *f*
pricing policy *(V&M)* Preis(bildungs)politik *f*
pricy *adj (Gen) (ugs.)* happig, kostspielig, teuer *(auch: pricey)*
prima facie *(Gen)* nach dem ersten Anschein
primarily *adv (Gen)* hauptsächlich, in der Hauptsache, in erster Linie, primär, vor allem
primary *adj (Gen)* hauptsächlich, primär, Primär
primary activities *(Gen)* Kerngeschäft *n*, Primärgeschäft *n*
primary capital *(Bank, Fin)* primäres Eigenkapital *n*
primary commodity *(WiWi)* Grundstoff *m*, Rohstoff *m*
primary data *(V&M)* Primärdaten *pl*
primary dealer *(WiWi)* Primärhändler *m*
primary deficit *(WiWi)* Primärdefizit *n*
primary industry *(WiWi)* Grundstoffindustrie *f*
primary labor market *(AE)*, **primary labour market** *(BE) (Pers, WiWi)* Hauptarbeitsmarkt *m*, Primärarbeitsmarkt *m*, primärer Arbeitsmarkt *m*
primary liquidity *(Bank)* Primärliquidität *f*
primary market *(Börse)* Markt *m* für Neuemissionen, Emissionsmarkt *m*, Primärmarkt *m*
primary production *(Ind, Recht)* Primärproduktion *f (EU)*
primary resource *(Umwelt)* Primärressource *f*
primary sector *(WiWi)* primärer Sektor *m*
primary source of income *(Soz)* Haupteinnahmequelle *f*, Haupteinkommensquelle *f*
prime *adj (Gen)* erstklassig, Haupt
prime bill *(Börse)* erstklassiger Wechsel *m*
prime costs *(WiWi)* Fertigungseinzelkosten *pl*, Gestehungskosten
prime interest rate *(Fin)* Bankzinssatz *m*

für erste Adressen, Leitzinssatz *m* *(synonymous: prime, prime rate, prime lending rate)*
prime lending rate *(Fin)* Bankzinssatz *m* für erste Adressen, Leitzinssatz *m*
prime location *(Grund)* bevorzugte Lage *f*
prime quality *(Gen)* erste Wahl *f*
prime rate of interest *(Bank)* Kreditzins *m* für erste Adressen, Prime-Rate *f*
prime time *(Media)* Hauptsendezeit *f*, Haupteinschaltzeit *f*
prime viewing time *(Media)* Hauptfernsehzeit *f (TV)*
prime working age *(Pers)* im besten Erwerbsalter *n*
principal *adj (Gen)* hauptsächlich, Haupt
principal 1. *(RW)* Auftraggeber(in) *m(f)*; 2. *(Bank)* Erstverpflichtete(r) *f(m)*; 3. *(Fin)* Auftraggeber(in) *m(f)*
principal agent relation *(WiWi)* Principal--Agent-Beziehung *f*
principal agent theory *(WiWi)* Principal--Agent-Theorie *f*
principal contractor *(Gen)* Hauptlieferant *m*
principal customer *(Gen)* Hauptkunde *m*, Hauptkundin *f*
principal debtor *(Fin, V&M)* Hauptschuldner(in) *m(f)*
principal establishment *(Gen)* Hauptniederlassung *f*
principal paydown *(RW, Fin)* Kapitalrückzahlung *f*, Gesamttilgung *f*
principal place of business *(Gen, Mgt)* Hauptniederlassung *f*, Hauptsitz *m*
principal stockholder *(Börse)* Großaktionär(in) *m(f)*, Hauptaktionär(in) *m(f)*
principal sum *(Fin)* Kapitalbetrag *m* *(insurance)*
principal value *(Börse)* Kapitalwert *m*, Nennwert *m*
principal wage earner *(Pers)* Hauptverdiener(in) *m(f)*
principle *(Gen)* Grundsatz *m*, Leitsatz *m*, Prinzip *n*
principle of accrual *(RW)* Prinzip *n* der Periodenabgrenzung
principle of causality [causation] *(Gen, RW)* Verursachungsprinzip *n (cost accounting, Kostenrechnung)*
principle of equal treatment *(Recht)* Gleichbehandlungsgrundsatz *m*
principle of equality *(Pol, Recht, Pers)* Gleichheitsgrundsatz *m*, Gleichheitsprinzip *n*
principle of equivalence *(Versich)* Äquivalenzprinzip *n*
principle of unanimity *(Pol, Recht)* Einstimmigkeitsprinzip *n*
principles of management *(Mgt, WiWi)* Führungsgrundsätze *mpl*
print quality *(Comp, Media)* Druckqualität *f*
print resolution *(Comp)* Druckauflösung *f* *(e. g. 600 dpi)*
print settings *(Comp)* Druckeinstellungen *fpl*
printed form *(Gen)* Vordruck *m*, vorgedrucktes Formular *n*
printed matter *(Gen, Media)* Drucksache *f*
printer resolution *(Comp)* Druckerauflösung *f (e. g. 1200 dpi)*
printing house *(Comp, Media)* Druckerei *f*
printing plant *(Comp, Media)* Druckerei *f*
printout *(Admin, Comp)* Ausdruck *m*
prior *adj (Gen)* früher, vorherig, vorrangig • **prior to** *(Gen)* vor
prior art *(Pat)* Stand *m* der Technik
prior commitment *(Gen)* früher eingegangene Verpflichtung *f*, frühere Verpflichtung *f*
prior consent *(Gen)* vorherige Zusage *f*
prior debt *(Fin)* Altschulden *fpl*
prior mortgage *(Grund)* vorrangige Hypothek *f*
prior patent *(Pat)* älteres Patent *n*, Vorzugspatent *n*
prior turnover tax *(Steuer)* Vorsteuer *f*
priority *adj (Gen)* vorrangig
priority 1. *(Gen)* Hauptziel *n*, Priorität *f* *(goal, target)*; Vorrang *m (precedence)*; Rangfolge *f (order of preference)*; Dringlichkeit *f (urgency)*; 2. *(Pat)* Vorrang *m*, Vorrecht *n*
priority date *(Pat, Recht)* Prioritätsdatum *n*
priority right *(Pat, Recht)* Vorzugsrecht *n*
privacy *(Komm, Recht)* Privatsphäre *f*, Privatleben *n (civil rights)*
privacy officer *(Komm, Recht)* Datenschutzbeauftragter *m*
privacy policy *(Komm, Recht)* Datenschutzrichtlinie *f (Internet)*
private *adj (Gen)* persönlich, privat, vertraulich • **by private contract** 1. *(Gen)* freihändig; 2. *(Recht)* durch

privatschriftlichen Vertrag • **private and confidential** *(Gen)* streng vertraulich, vertraulich
private brand *(V&M)* Hausmarke *f*
private call *(Komm)* Privatgespräch *n*
private company 1. *(Gen)* personenbezogene Kapitalgesellschaft *f*, Privatunternehmen *n*; 2. *(Recht)* privatrechtliches Unternehmen *n*
private consumption 1. *(WiWi)* privater Konsum *m*; 2. *(Gen)* Eigenverbrauch *m*
private employment agency *(Pers)* private Arbeitsvermittlung *f*, private Stellenvermittlung *f*
private employment service *(Pers)* private Arbeitsvermittlung *f*, private Stellenvermittlung *f*
private enterprise 1. *(WiWi)* Privatwirtschaft *f*, (freie) Marktwirtschaft *f (economic system)*; 2. *(Gen)* Privatbetrieb *m*, Privatunternehmen *n (firm)*
private equity *(Fin)* Unternehmensbeteiligungen *fpl (Beteiligungen an nicht börsengehandelten Unternehmen)*; privates Beteiligungskapital *n*
private equity industry 1. *(Fin)* Private--Equity-Branche *f*, Beteiligungsbranche *f*; Beteiligungsfonds *mpl*; 2. *(Media, Pol) (ugs.)* Heuschrecken *fpl*, *(ugs.)* Barbaren *mpl*, *(ugs.)* Aussauger *mpl*, *(ugs.)* Ausbeiner *mpl*, *(ugs.)* Aasgeier *mpl*
private good *(WiWi)* Individualgut *n*
private household *(Gen)* Privathaushalt *m*
private individual *(Gen)* Privatperson *f*
private institution *(Grund)* private Anstalt *f*, private Einrichtung *f*, private Institution *f*, privates Institut *n*
private job placement agency *(Pers)* private Arbeitsvermittlung *f*
private job placing agency *(Pers)* private Arbeitsvermittlung *f*
private law *(Recht)* Privatrecht *n (civil law)*
private limited company *(BE) (Gen, Recht)* beschränkt haftende Gesellschaft *f (synonymous: limited company; a company with limited liability to the extent of the amount of capital invested; die Firma ist ein Rechtssubjekt -legal entity, legal person- und muss den Zusatz Limited oder Ltd. enthalten, ähnlich Deu: Gesellschaft mit beschränkter Haftung, GmbH, Öst: Ges.m.b.H.)*
private limited partnership *(Börse, Recht)* Kommanditgesellschaft *f*, KG
private ownership *(Gen, Grund)* Privatbesitz *m*, Privateigentum *n*
private patient *(Soz)* Privatpatient(in) *m(f)*
private placing service *(Pers)* private Arbeitsvermittlung *f*, private Stellenvermittlung *f*
private sector *(WiWi)* privater Sektor *m*, Privatwirtschaft *f*
private sector company *(Gen, WiWi)* privates Unternehmen *n*
privately-owned company *(WiWi)* Privatunternehmen *n*, Unternehmen *n* in Privatbesitz
privatization *(Gen, Pol, WiWi)* Entstaatlichung *f*, Privatisierung *f*
privatize *v (WiWi)* entstaatlichen, privatisieren
privilege 1. *(Gen)* Privileg *n*, Vorrecht *n*; 2. *(Mgt, Pers)* Vergünstigung *f*; 3. *(Börse)* Option *f*
pro-competitive *adj (WiWi, Gen)* wettbewerbsfördernd
pro-cyclical *adj (WiWi, Pol)* pro-zyklisch
pro forma *adj (Admin, Gen, Imp/Exp)* pro forma
pro forma balance sheet *(RW)* Probebilanz *f*
pro forma invoice *(Admin, Gen, Imp/Exp, RW, V&M)* Proformarechnung *f*, vorläufige Rechnung *f*
pro rata *(Gen)* verhältnismäßig
proactive *adj (Mgt)* proaktiv
probability *(Stat)* Wahrscheinlichkeit *f*
probable *adj* 1. *(Gen)* glaubhaft, mutmaßlich, voraussichtlich, wahrscheinlich; 2. *(Stat)* wahrscheinlich
probate duty *(Recht)* Erbschaftssteuer *f*
probation *(Recht)* Bewährung *f*
probation period *(Pers)* Probezeit *f* • **after expiration of the probation period** *(Gen, Pers)* nach Ablauf der Probezeit
problem *(Gen)* Problem *n*
problem analysis *(Mgt, Stat)* Problemanalyse *f*
problem loan *(Bank, Fin)* Problemkredit *m*, Risikokredit *m*, *(ugs.)* fauler Kredit *m*
problem solving *(Gen)* Problemlösung *f*
procedural *adj (Admin, Gen, Mgt, Recht)* verfahrensrechtlich
procedure 1. *(Admin, Gen)* Ablauf *m*,

Arbeitsweise *f*, Verfahren *n*, Vorgehen *n*, Verfahrensweise *f*; 2. *(Pol)* Geschäftsordnung *f*
proceedings *(Recht)* Verfahren *n*, Verhandlung *f*
proceeds *(Gen)* Erlös *m*
proceeds from the realization of securities *(Börse, Fin)* Erlöse *mpl* aus der Verwertung von Sicherheiten
proceeds in cash *(Gen)* Barerlös *m*
proceeds of an issue *(Fin)* Emissionserlös *m*
proceeds of sales *(Gen)* Verkaufserlös *m*
process *v* 1. *(Comp)* abarbeiten, abfertigen, verarbeiten *(data)*; 2. *(Gen)* abfertigen, abwickeln, bearbeiten *(incoming mail)*; 3. *(Ind)* bearbeiten *(machining)*; aufbereiten, verarbeiten *(production)*
process *v* **an order** *(Admin)* einen Auftrag bearbeiten
process 1. *(Comp)* Prozess *m*; 2. *(Gen)* Verfahren *n*; 3. *(Pers)* Arbeitsablauf *m*; 4. *(Ind)* Prozess *m*, Verarbeitung *f*, Vorgang *m*, Arbeitsweise *f (method)*
process automation *(Mgt, WiWi)* Prozessautomatisierung *f*
process chain *(Bank, Gen, WiWi)* Prozesskette *f*
process chart *(Comp)* Ablaufdiagramm *n*
process control 1. *(Gen)* Fertigungskontrolle *f*; 2. *(Ind)* Prozessleitsystem *n*, Prozesssteuersystem *n (by computer)*; Prozessführung *f*, Prozessleitung *f*, Prozesslenkung *f (progress)*; Fertigungskontrolle *f (of production)*; Qualitätskontrolle *f (of quality)*
process costing *(RW)* Divisionskalkulation *f (Kostenrechnung: Methode der Herstell- oder Selbstkostenermittlung für eine Produktionseinheit über die Kalkulation der Periodenerzeugung bei Massenfertigung = mass production = bulk production, bei Serienfertigung = serial production oder bei Sortenfertigung = batch production; synonymous: process accounting)*; Stückkostenrechnung *f* bei Serienfertigung
process engineering *(Ind)* Fertigungsplanung *f*, Verfahrenstechnik *f*
process of adjustment 1. *(WiWi)* Ausgleichsprozess *m (BOP)*; 2. *(Gen)* Anpassungsprozess *m*
process organisation *(Logis)* Ablauforganisation *f*
process planning *(Ind, Mgt)* Arbeitsvorbereitung *f*
processed product *(Ind)* Veredelungserzeugnis *n*
processing 1. *(Bank)* Bearbeitung *f (of cheques)*; 2. *(Comp)* Verarbeitung *f*; 3. *(Gen)* Bearbeitung *f*, Abwicklung *f*; 4. *(Ind)* Zubereitung *f*, Verarbeitung *f*
processing industry *(Ind)* (weiter)verarbeitende Industrie *f*
processing time 1. *(Admin, Comp)* Bearbeitungszeit *f*; 2. *(Gen)* Abwicklungszeit *f*
proclamation of a judgment *(Recht)* Urteilsverkündung *f*
procuration *(Recht)* Vollmacht *f*, Bevollmächtigung *f*; *(Deu)* Prokura *f (Plural: Prokuren; p.p.)* • **per procuration, by procuration** *(Recht)* per Prokura, p.p., per p. • **per p. signature** *(Gen, Recht)* Prokuraunterschrift *f*
procurement *(Fin)* Anschaffung *f*, Beschaffung *f*, Bezug *m*; Vermittlung *f*; Beschaffungswesen *f (resourcing, supply and materials management)*
procurement contract *(Fin)* Beschaffungsvertrag *m*
procurement of capital *(Fin, Mgt)* Kapitalbeschaffung
procurement of outside capital *(Fin)* Fremdkapitalaufnahme *f*
produce *v* 1. *(WiWi)* erzeugen, herstellen; abwerfen *(yield)*; 2. *(Gen)* vorführen; 3. *(Ind)* produzieren; 4. *(Recht)* vorlegen *(evidence)*
produce *(Gen, WiWi)* landwirtschaftliche Produkte *npl*
producer 1. *(WiWi)* Erzeuger(in) *m(f)*; 2. *(Gen, Ind, V&M)* Hersteller(in) *m(f)*
producer durable good *(Ind, WiWi)* langlebiges Investitionsgut *n*
producer durable goods *(WiWi)* dauerhafte Produktionsmittel *n*, langlebige Produktionsmittel *n*
producer durables *s.* producer durable goods
producer goods *(WiWi)* Produktionsgüter *npl*
producer price *(Gen, V&M)* Erzeugerpreis *m*, Herstellerpreis *m*

producer price index *(WiWi)* Erzeugerpreisindex *m*
producer's risk *(WiWi)* Lieferantenrisiko *n*, Produzentenrisiko *n*
producer's surplus *(WiWi)* Produzentenrente *f*
product 1. *(Gen)* Produkt *n*, Ware *f*, Artikel *m*, Erzeugnis *n*, Fabrikat *n*; 2. *(RW)* Kostenträger *m (trägt die Istkosten, die Normalkosten oder die Plankosten)*; 3. *(Stat)* Produkt *n (result of the multiplication of two factors)*
product awareness *(V&M)* Produktbekanntheit *f*
product benefit *(V&M)* Produktnutzen *m*, Produktvorteil *m*
product cost accounting *(RW)* Kostenträgerrechnung *f*
product costing 1. *(RW)* Kostenträgerrechnung *f*, Stückkalkulation *f*; Produktkostenberechnung *f*; 2. *(V&M)* Herstellungsaufwand *m*
product costing per period *(RW)* Kostenträgerzeitrechnung *f*
product costing scheme *(RW)* Kalkulationsschema *n*
product cycle *(V&M)* Produktzyklus *m*
product defectiveness *(Recht, V&M)* Mangelhaftigkeit *f* der Sache
product development cycle *(V&M)* Produktentwicklungszyklus *m*
product differentiation *(V&M)* Produktdifferenzierung *f*
product engineering *(V&M)* Fertigungstechnik *f*
product introduction *(V&M)* Produkteinführung *f*
product launch *(V&M)* Produkteinführung *f (marketing)*
product liability *(Versich)* Produkthaftung *f*
product life cycle *(V&M)* Lebenszyklus *m* eines Produktes
product life expectancy *(V&M)* Lebenserwartung *f* eines Produktes
product markets *(WiWi)* Produktmärkte *npl (including services)*
product mix *(V&M)* Produktmix *n*
product performance *(V&M)* Produktleistung *f*
product piracy *(Imp/Exp, V&M)* Produktpiraterie *f*
product placement *(Media, V&M)* Produktplatzierung *f*
product-plus *(V&M)* Produktvorteil *m*
product portfolio 1. *(Fin)* Produktbestand *m*; 2. *(V&M)* Produktinvestitionen *fpl*; 3. *(Börse)* Produktportfolio *n*
product positioning *(V&M)* Produktpositionierung *f*
product range *(V&M)* Produktpalette *f*
product standard *(Recht)* Warennorm *f*, Produktnorm *f*
product strategy *(V&M)* Produktstrategie *f*
production 1. *(Gen)* Erzeugung *f*, Vorlage *f*, Vorführung *f*; 2. *(Ind)* Fabrikation *f*, Fertigung *f*, Herstellung *f*, Produktion *f*; Gewinnung *f (extract, mine)*; Zubereitung *f (preparation)*; 3. *(Recht)* Vorlegung *f*
production area *(Gen)* Erzeugungsgebiet *n*
production capacity *(Ind)* Produktionskapazität *f*
production changeover *(Ind)* Produktionsumstellung *f*
production costs 1. *(RW)* Herstellungskosten *pl*; 2. *(WiWi)* Fertigungskosten *pl*, Produktionskosten; 3. *(Ind)* Erzeugungskosten *pl*, Fertigungsaufwand *m*, Produktionsaufwand *m*
production cutback *(Ind)* Produktionseinschränkung *f*, Produktionskürzung *f*
production engineering *(Ind, Mgt)* Betriebstechnik *f*, Produktionstechnik *f*, Fertigungstechnik *f*
production for inventory *(Ind, V&M, WiWi)* Vorratsfertigung *f*, Vorratsproduktion *f*, Lagerfertigung *f*, Fertigung *f* auf Lager *(synonymous: make-to-stock production; opposite: single item production = one-off production = Einzelfertigung; Gegensatz i.w.S.: Auftragsfertigung = production to order)*
production function *(WiWi)* Ertragsfunktion *f*, Produktionsfunktion *f*
production incentive *(Pers)* Akkordprämie *f*
production line *(Ind)* Förderband *n*
production location *(Ind, Mgt)* Produktionsstandort *m*
production management *(Ind, Mgt)* Produktionssteuerung *f*

production manager 1. *(Ind, Pers)* Fertigungsleiter(in) *m(f)*, Betriebsleiter(in) *m(f)*; 2. *(Mgt)* Produktionsleiter(in) *m(f)*
production method *(Ind)* Produktionsmethode *f*, Produktionsverfahren *n*
production planning and control *(Ind, Mgt)* Fertigungsplanung und -kontrolle *f*, Produktionsplanung und -steuerung *f*
production plant *(Gen, Ind)* Produktionsanlage *f*, Produktionsstätte *f*
production possibility frontier *(WiWi)* Produktionsmöglichkeitenkurve *f*
production scheduling *(Ind, Mgt)* Fertigungsplanung *f*, Fertigungsvorbereitung *f*, Produktionsplanung *f*, Terminplanung *f*, Arbeitsvorbereitung *f (work)*
production technology *(Ind)* Fertigungstechnik *f*, Herstellungstechnik *f*
productive *adj* 1. *(WiWi)* gewinnbringend *(profitable)*; 2. *(Gen)* ertragreich; 3. *(Ind, Pers)* produktiv *(workforce)*
productive capital *(WiWi)* produktiv eingesetztes Kapital *n*
productive potential *(WiWi)* Produktionspotenzial *n*
productivity *(Ind, Pers)* Produktivität *f*, Leistungsfähigkeit *f*, Ergiebigkeit *f*, Ertragsfähigkeit *f*
productivity drive *(Ind)* Produktivitätsfeldzug *m*
productivity gains *(Ind)* Produktivitätszuwachs *m*
productivity growth *(WiWi)* Produktivitätswachstum *n*, Produktivitätszuwachs *m*
productivity oriented wage policy *(Pol, WiWi)* produktivitätsorientierte Lohnpolitik *f (das lohnpolitische Konzept fordert Nominallohnerhöhungen in Höhe des Produktivitätsfortschritts, um die Lohnstückkosten und das Preisniveau konstant zu halten, es ist kein Beitrag zum Abbau von Arbeitslosigkeit, wohl aber zur Abbremsung weiterer Zunahme von Arbeitslosigkeit!)*
profession *(Gen, Pers)* (freier) Beruf *m* • **by profession** *(Pers)* von Beruf
professional *adj (Gen)* beruflich, professionell, Fach
professional *(Gen)* Professional *m*, Profi *m (sport)*
professional association *(Gen, WiWi)* Fachverband *m*, Berufsverband *m*
professional body *(Gen)* Berufsverband *m*, Fachgremium *n*
professional competence *(Pers, V&M)* fachliche Kompetenz *f*
professional experience *(Pers)* Berufserfahrung *f*
professional fee *(Admin, Gen)* Honorar *n*
professional indemnity insurance *(Versich)* Berufshaftpflichtversicherung *f*
professional liability *(Recht)* Berufshaftung *f*
professional misconduct *(Recht)* standeswidriges Verhalten *n*
professional secrecy *(Gen)* Berufsgeheimnis *n*
professional services *(Gen)* (frei)berufliche Dienstleistungen *fpl*
professional title *(Recht)* Berufsbezeichnung *f (EU)*
professionalism *(Gen)* Professionalismus *m*, Fachwissen *n*, Spezialistentum *n*
proficiency pay *(WiWi)* Leistungszulage *f*
profit *v (Gen)* profitieren
profit *(Gen)* Gewinn, Profit *m* • **on a profit-making basis** *(Gen)* gewinnorientiert *(synonymous: profit-oriented, profit-orientated, profit-seeking)*
profit and loss *(RW)* Gewinn und Verlust *m*
profit and loss account *(RW)* Gewinn- und Verlustrechnung *f*, GuV *f*, GuV-Rechnung *f*, Ertragsrechnung *f*
profit and loss ratios *(RW)* Kennzahlen *fpl* der Gewinn- und Verlustrechnung, GuV-Kennziffern *fpl*, GuV-Kennzahlen *fpl*, Ergebniskennzahlen *fpl*
profit and loss statement *(RW)* Gewinn- und Verlustrechnung *f*
profit as shown on the balance sheet *(RW, Steuer)* Bilanzgewinn *m*; Jahresgewinn *m (net income after taxes)*
profit before interest and tax(es) *(Fin, RW)* Gewinn *m* vor Zinsen und Steuern, Gewinn *m* vor Ertragsteuern und Zinsaufwand; Ergebnis *n* vor Ertragsteuern und Zinsen, Ergebnis *n* vor Zinsen und Steuern, EBIT *m(n)*, Ebit

m(n); operatives Ergebnis *n* vor Zinsen und Ertragsteuern, Betriebsergebnis *n* (Ebit) *(synonymous: earnings before interest and tax, Ebit; this figure is frequently used to calculate ratios, thus enabling comparisons between different companies in different countries; Maß der Ertragskraft im operativen Kerngeschäft, wichtige Kennzahl mit international guter Vergleichbarkeit wegen der Eliminierung unterschiedlicher Finanzierungs- und Steuerstrukturen; cf Ebit)*

profit before taxes *(RW)* Gewinn *m* vor Steuern

profit calculation *(Recht, Steuer)* Gewinnkalkulation *f*, Gewinnermittlung *f*

profit carried forward *(RW)* Gewinnvortrag *m*

profit center *(AE)* 1. *(RW)* Profit-Center *n*; 2. *(Fin)* Ergebniseinheit *f*

profit center accounting *(AE) (Fin, RW)* Profit-Center-Rechnungswesen *n*, Abteilungserfolgsrechnung *f*, Bereichserfolgsrechnung *f (section or area of a company to which revenue and appropriate costs can be traced: divisions, subsidiaries, departments; synonymous: activity accounting)*

profit centre *(BE)* 1. *(RW)* Profit-Center *n*; 2. *(Fin)* Ergebniseinheit *f*

profit contribution *(Gen, WiWi)* Deckungsbeitrag *m*

profit determination *(Recht, Steuer)* Gewinnermittlung *f*

profit distribution *(Fin)* Gewinnausschüttung *f*

profit figures *(Gen, Mgt)* Gewinnzahlen *f*

profit for the financial year *(RW)* Jahresgewinn *m*

profit improvement 1. *(Fin)* Gewinnverbesserung *f*; 2. *(Gen)* Gewinnsteigerung *f*, Gewinnverbesserung *f*

profit/loss after tax *(RW, Steuer)* Ergebnis *n* nach Steuern *(opposite: profit/loss before tax = Ergebnis vor Steuern)*

profit-making enterprise *(Gen)* gewinnbringendes Unternehmen *n*

profit margin *(Fin, WiWi)* Gewinnmarge *f*, Gewinnspanne *f*, Umsatzrendite *f*, Umsatzrentabilität *f*

profit objective *(WiWi)* Gewinnziel *n*

profit or loss brought forward *(RW)* Ergebnisvortrag *m*

profit-orientated *(Gen)* gewinnorientiert *(cf profit-oriented)*

profit-oriented *(Gen)* gewinnorientiert

profit performance 1. *(Fin)* Ergebnis *n*, Unternehmenserfolg *m*; 2. *(Gen)* Unternehmenserfolg *m*

profit planning 1. *(Fin, Gen)* Erfolgsplanung *f*, Gewinnplanung *f*, Ergebnisplanung *f*; 2. *(Mgt)* Gewinnplanung *f*

profit potential *(Börse)* Gewinnpotenzial *n*

profit retentions *(RW)* thesaurierte Gewinne *mpl*

profit share *(Fin)* Gewinnquote *f*, Beteiligung *f* am Gewinn

profit-sharing *(Pers, RW, WiWi)* Erfolgsbeteiligung *f*, Gewinnbeteiligung *f*

profit-sharing plan *(AE) (RW)* Gewinnbeteiligungsplan *m*, Gewinnbeteiligungssystem *n*

profit-sharing scheme *(BE) (RW)* Gewinnbeteiligungsplan *m*, Gewinnbeteiligungssystem *n*

profit situation *(Fin)* Ertragslage *f*

profit taking *(WiWi)* Gewinnmitnahme *f*

profit-turnover ratio *(Fin, RW)* Umsatzrendite *f*, Umsatzrentabilität *f*

profitability *(Fin, WiWi)* Rentabilität *f (return on investment = capital turnover × percentage return on sales = Kapitalumschlag × Umsatzrendite)*; Ertragskraft *f*, Ertragslage *f*; Vorteilhaftigkeit *f (preinvestment analysis; Auswahlkriterium der Investitionsrechnungen bei alternativen Investitionsobjekten)*; Wirtschaftlichkeit *f*

profitability ratio *(Fin)* Erfolgskennzahl *f*, Rentabilitätskennzahl *f*

profitable *adj* 1. *(RW)* gewinnbringend, rentabel; 2. *(Gen)* nutzbringend

profits tax *(RW, Steuer)* Ertragssteuer *f*, Gewinnsteuer *f*

prognosticate *v (Gen)* vorhersagen

program *v (AE) (Gen) s.* programme

program *(AE) (Gen) s.* programme

programme *v (BE) (Gen)* programmieren

programme *(BE)* 1. *(Gen)* Plan *m*, Programm *n (plan)*; 2. *(Media)* Programm *n (broadcast)*

programmed instruction *(Comp)* programmierte Unterweisung *f*
programmed learning *(Soz)* programmierter Unterricht *m*
programming knowledge *(Pers)* Programmierkenntnisse *fpl*
progress *v (Gen)* fortschreiten
progress *(Gen)* Fortschritt *m*
progress control 1. *(Gen)* Arbeitskontrolle *f*, Fertigungskontrolle *f*; 2. *(Ind)* Entwicklungskontrolle *f*, Fortschrittsüberwachung *f*; 3. *(Mgt)* Ablaufkontrolle *f*, Terminkontrolle *f*
progress of the arts *(Pat)* technischer Fortschritt *m*
progress payments *(Fin)* Abschlagszahlungen *fpl*, Anzahlungen *fpl*
progress report *(Gen)* Arbeitsfortschrittsbericht *m*, Tätigkeitsbericht *m*, Sachstandbericht *m*, Sachstandsbericht *m*
progressive *adj (Gen)* fortschreitend, progressiv
progressive income tax *(Steuer, Gen, Media)* progressive Einkommensteuer *f (einkommensbasierte Steuer mit progressivem Steuertarif = progressive tax rates, d. h. mit dem Einkommen wachsende Grenzsteuersätze = increasing marginal tax rates; anders: proportional tax = proportionale Steuer mit proportionalem Steuertarif, d.h. konstantem Grenzsteuersatz)*
prohibit *v (Recht)* (gesetzlich) verbieten
project *v (Gen)* vorhersagen *(forecast)*
project *(Comp, Fin, Gen, Mgt, Pers, Logis, WiWi)* Projekt *n*
project appraisal *(Mgt)* Projektabschätzung *f*
project approval *(Gen)* Projektbewilligung *f*
project assessment *(Fin, Mgt)* Projektbewertung *f*
project management *(Mgt, Pers)* Projektleitung *f*, Projektmanagement *n*
project work *(Pers)* Projektarbeit *f*, Studienarbeit *f*
projection 1. *(Gen)* Planung *f*, Prognose *f*, Vorhersage *f (prediction)*; Schätzung *f*, Projektion *f (estimate)*; 2. *(Frei)* Vorschau *f*
proliferation 1. *(WiWi)* Ausbreitung *f*, Vordringen *n*; 2. *(Pol)* Verbreitung *f (nuclear weapons)*
prolong *v* **a line of credit** *(Fin)* eine Kreditlinie verlängern
prolonged *adj (Gen)* gestundet, verlängert
promise 1. *(Gen)* Versprechen *n*; 2. *(Recht)* bindendes Versprechen *n (contract)*
promise to pay 1. *(Fin)* Wechsel *m*, Zahlungsversprechen *n*; 2. *(Gen)* Zahlungszusicherung *f*
promise to sell *(V&M)* Verkaufszusage *f*
promising *adj (Gen)* vielversprechend *(prospects)*
promissory note *(Bank, Fin)* Eigenwechsel *m*, Schuldanerkenntnis *f*, Schuldschein *m*, Solawechsel *m*
promoter *(Gen)* Projektentwickler(in) *m(f)*, Bauherr *m*, Auftraggeber(in) *m(f)*
promotion 1. *(WiWi)* Arbeitsförderung *f (employment, work)*; 2. *(Gen)* Unterstützung *f*; 3. *(Pers)* Beförderung *f (personnel)*; 4. *(V&M)* Reklame *f*, Förderung *f*, Verkaufsförderung *f (of product, service)*
promotion ladder *(Pers)* Karriereleiter *f*
promotion of employment *(Pers)* Förderung *f* der Beschäftigung, Beschäftigungsförderung *f*
prompt *v (Gen)* veranlassen
prompt note *(Fin, RW)* Zahlungserinnerung *f*
prompt payment *(Fin)* prompte Zahlung *f*
proof 1. *(Recht)* Beweis *m*; 2. *(Media)* Kontrollabzug *m*, Probeabzug *m (printing, photography)*
proof of ability *(Gen)* Befähigungsnachweis *m*
proof of delivery *(Logis)* Liefernachweis *m*
proof of identity *(Recht)* Ausweis *m*
proof of loss *(Recht, Versich)* Schadenbeweis *m*, Schadennachweis *m*
proof of ownership *(Börse)* Eigentumsnachweis *m*, Eigentumsurkunde *f*
proof of payment *(Gen, Imp/Exp)* Zahlungsnachweis *m*
proof of title *(Recht)* Eigentumsnachweis *m*
prop *v* **up** *(WiWi)* stützen *(currency)*
propensity to consume *(WiWi)* Konsumbereitschaft *f*, Konsumneigung *f*
propensity to invest *(WiWi)*

Investitionsneigung *f*
propensity to save *(WiWi)* Sparneigung *f*, Sparquote *f*
proper *adj (Recht)* sachgerecht
proper fraction *(Stat)* echter Bruch *m*
proper law of the contract *(Recht)* anwendbares Recht *n*
property 1. *(RW)* Vermögen *n*, Vermögensgegenstand *m*, Vermögensgut *n*; 2. *(Gen)* Besitz *m*, Eigentum *n*; 3. *(Grund)* Grundeigentum *n*, Grundstück *n*, Objekt *n*, Immobilien *fpl*, Anlageobjekt *n (advertising)*; 4. *(V&M)* Merkmal *m*, Ausprägung *f (survey, product)*
property damage *(Grund)* Sachschaden *m*
property developer *(Grund)* Bauträger *m*
property held in joint names *(Grund)* gemeinsames Eigentum *n*
property law *(Grund, Recht)* Vermögensrecht *n*
property market *(Grund)* Grundstücksmarkt *m*
property owner *(Grund)* Immobilieneigentümer(in) *m(f)*
property, plant and equipment *(RW)* Sachanlagen *fpl*
property rights *(Recht)* Eigentumsrechte *npl*
property tax *(Fin, Steuer, WiWi)* Vermögensteuer *f*
proportion *(Stat)* Anteil *m*, Verhältnis *n* • **as a proportion of** *(Gen)* als ein Anteil von, als ein Teil von • **in proportion to** *(Stat)* im Verhältnis zu
proportional *adj (Gen)* proportional, verhältnismäßig
proportional rate *(Steuer)* Proportionaltarif *m*
proportionality *(Gen)* Verhältnismäßigkeit *f*
proposal *(Gen)* Angebot *n*, Vorschlag *m* • **the proposal still stands** *(Gen)* der Vorschlag gilt noch immer
propose *v* 1. *(Gen)* planen; 2. *(Mgt)* vorhaben, vorschlagen *(meeting)*
propose *v* **a motion** *(Pol)* einen Antrag stellen
proposition 1. *(Gen)* Angebot *n*, Vorhaben *n*; 2. *(Recht)* Leitsatz *m*
proprietary *adj (Gen)* urheberrechtlich geschützt
proprietary brand *(Gen)* Handelsname *m*, Markenname *m*
proprietary equity *(Fin)* Eigenkapital *n*
proprietary goods 1. *(Gen)* Markenartikel *mpl*, Markenwaren *fpl*; 2. *(V&M)* Markenartikel *mpl*
proprietary rights *(Börse)* Eigentumsrechte *npl*
proprietor 1. *(Gen)* Einzelunternehmer(in) *m(f) (sole trader)*; Eigentümer(in) *m(f)*, Inhaber(in) *m(f)*, Besitzer(in) *m(f) (of a business)*; 2. *(Pat, Recht)* Inhaber(in) *m(f) (intellectual property)*
prorate *v (Gen)* anteilmäßig aufteilen, umlegen
prorated cost *(RW)* anteilige Kosten *pl*
pros and cons *(Gen)* Für *n* und Wider *n*, Vor- und Nachteile *mpl*
prosecute *v* 1. *(Recht)* strafrechtlich verfolgen, verfolgen; 2. *(Pat)* durchführen *(application)*
prosecution *(Recht)* Verfolgung *f*
prospect *(Gen)* Aussicht *f*
prospective *adj* 1. *(Gen)* voraussichtlich; 2. *(V&M)* zukünftig *(customer)*
prospective buyer *(V&M)* Kaufinteressent(in) *m(f)*
prospective candidate *(Pers)* möglicher Bewerber *m*, potenzieller Bewerber *m (synonymous: prospective applicant)*
prospective customer *(V&M)* Interessent(in) *m(f) (potential buyer)*
prospectus *(Börse, Fin)* Emissionsprospekt *m*, Gründungsprospekt *m*
prosperity *(WiWi)* Reichtum *m*, Wohlstand *m*
prosperous *adj (WiWi)* reich, wohlhabend
prosumer *(jarg.) (WiWi, Media) (jarg.)* Prosument *m (Kunstwort zusammengesetzt aus Produzent = producer und Konsument = consumer für die in den Produktionsprozess eingebundenen Konsumenten, die 'endlich von kapitalistischer Versklavung befreiten' mitgestaltenden Verbraucher; wikinomics = Wikiwirtschaft = Wikinomie)*
protected *adj (Recht)* protegiert, geschützt
protected by copyright *(Recht)* urheberrechtlich geschützt
protected by patent *(Pat)* patentrechtlich geschützt
protected designation of origin *(Recht)* geschützte Ursprungsbezeichnung *f*
protection 1. *(WiWi)* Protektion *f*, Schutz

m; 2. *(Gen)* Abwehr *f*; 3. *(Recht)* Schutz *m (intellectual property)*

protection against wrongful dismissal *(Pers, Recht)* Kündigungsschutz *m*

protection by copyright *(WiWi)* Urheberrechtsschutz *m*

protection of intellectual property *(Recht)* Schutz *m* geistigen Eigentums

protection of privacy *(Recht)* Schutz *m* der Privatsphäre

protection of the environment *(Pol, Umwelt)* Umweltschutz *m*

protectionist policy *(WiWi)* protektionistische Politik *f*

protective covenant *(Fin)* Schutzbestimmung *f*

protective quota *(WiWi)* Abwehrquote *f*

protective tariff *(WiWi)* Abwehrzoll *m*, Schutzzoll *m*

protest 1. *(Gen)* Protest *m*; 2. *(Pat)* Widerspruch *m*

protest charges *(Recht)* Protestkosten *pl*

protest strike *(Pers)* Proteststreik *m*

prove *v* 1. *(Gen)* belegen, Beweis erbringen, beweisen; 2. *(Recht)* antreten, beweisen

prove *v* **a debt** *(RW)* eine Schuld nachweisen

prove *v* **an assertion** *(Gen)* eine Behauptung beweisen

proven *adj (Gen)* bewährt

provenance *(Gen)* Herkunft *f*, Ursprung *m*, Provenienz *f*

provide *v* 1. *(Fin)* anschaffen *(cover)*; bereitstellen *(funds)*; 2. *(Gen)* leisten *(assistance)*; versorgen mit, bereitstellen, beschaffen *(goods and services)*; 3. *(Recht)* vorschreiben • **not provided for** *(Bank)* keine ausreichende Deckung • **provided that** 1. *(Gen)* vorausgesetzt, dass; 2. *(Recht)* vorbehaltlich

provide *v* **access** *(Comp, Komm, Recht)* Zugang zur Nutzung vermitteln *(service provider)*

provide *v* **against** *(Gen)* Maßnahmen treffen gegen, verhindern

provide *v* **the base for sth** *(Bank)* die Grundlage für etw. bilden *(market)*

provider *(Gen)* Lieferant(in) *m(f)*, Lieferer *m*; Provider *m (internet access)* • **important provider of services** *(Gen)* Leistungsträger *m*

provider of services *(Recht, V&M)* Leistungserbringer *m*

provision 1. *(RW)* Wertberichtigung *f*, Rückstellung *f*; 2. *(Bank)* Vorkehrung *f*; 3. *(Fin)* Rückstellung *f*; 4. *(Gen)* Bereitstellung *f*; 5. *(Recht)* Bereitstellen *n (data)*; Bestimmung *f*, Vorschrift *f*, Paragraf *m (of a law)*; Vertragsbestimmung *f (contract)*; 6. *(Frei)* Versorgung *f*; 7. *(Steuer)* Rückstellung *f*

provision for bad debts *(RW)* Wertberichtigung *f* auf uneinbringliche Forderungen

provision for contingent losses *(RW)* Delkredererückstellung *f*

provision for depreciation *(RW)* Rückstellung *f* für Abschreibungen

provision for old age *(Soz)* Altersvorsorge *f*

provisional *adj (Gen, Pat, Versich)* einstweilig, vorläufig, vorübergehend *(temporary)*

provisional agreement *(Recht)* vorläufige Vereinbarung *f*

provisional deposit *(WiWi)* Bietungsgarantie *f*

provisional invoice *(Gen, Imp/Exp)* vorläufige Rechnung *f*

provisions *(RW, Steuer)* Rückstellungen *fpl (synonymous: accrued liabilities)*

proviso clause *(Recht)* Vorbehaltsklausel *f* • **with the proviso that** *(Recht)* vorbehaltlich

proxy 1. *(Gen)* Stellvertreter(in) *m(f)*; 2. *(Börse)* Vollmacht *f*; 3. *(Comp, Komm)* Proxy *m (proxy server)*; 4. *(Recht)* Vollmachtsurkunde *f*, Vollmacht *f*, Stimmrechtsvollmacht *f*; Beauftragte(r) *f(m)*; 5. *(Stat)* Näherungsgröße *f*

prudence principle *(RW)* Vorsichtsgrundsatz *m*, Grundsatz *m* der Vorsicht, Vorsichtsprinzip *n (GoB, § 252 I Nr. 4 HGB, fundamentales handelsrechtliches Bilanzierungsprinzip: umfasst Höchst- und Niederstwert-, Imparitäts- und Realisationsprinzip; weniger stringent interpretiert nach IAS/IFRS, damit sollen für die potenziellen und aktuellen Anteilseigner das Vermögen und der periodengerechte Erfolg tendenziell richtig abgebildet werden)*

prudent *adj (Gen)* sorgfältig, umsichtig, vorsichtig

prudent businessman *(Recht, RW)* ordentlicher Kaufmann *m*

prudent man *(Recht, RW)* ordentlicher Kaufmann *m*

prudent man principle *(Recht, RW)* (Grundsatz *m* der) Sorgfalt *f* eines ordentlichen Kaufmanns *(synonymous: prudent man rule; trustees who make financial decisions on behalf of third persons are supposed to act as carefully as a normal prudent person would; Verpflichtung zur Wahrung der Interessen Dritter)*

pruning *(Gen)* Kürzung *f*, Reduzierung *f*, Zusammenstreichen *n*

public *adj (Gen)* öffentlich • **go public** *(Fin)* an die Börse gehen

public 1. *(Gen)* Publikum *n*, Öffentlichkeit *f*; 2. *(Recht)* Allgemeinheit *f*

public accountability *(Gen, Recht)* öffentliche Rechenschaftspflicht *f*

public administration *(Admin)* behördliche Verwaltung *f*

public at large 1. *(Gen)* breite Öffentlichkeit *f*, Allgemeinheit *f*; 2. *(Recht)* Allgemeinheit *f*

public authorities *(WiWi)* Behörden *fpl*

public authority *(Gen)* öffentliche Hand *f*, Behörde *f*, Staatsgewalt *f*

public body 1. *(Admin)* öffentlicher Rechtsträger *m*, Anstalt *f* des öffentlichen Rechts; 2. *(Gen)* Körperschaft *f* des öffentlichen Rechts

public company *(Recht)* Aktiengesellschaft *f*, AG *f*; Publikumsgesellschaft *f*, Kapitalgesellschaft *f*, börsennotierte Gesellschaft *f (a company whose shares are traded freely on a stock exchange; börsennotierte Gesellschaft mit -meist- breit gestreutem Aktienkapital und geringem Einfluss der Aktionäre auf die Geschäftsführung; Gegensatz: Familiengesellschaft, Familien-AG, kleine und mittelständische Unternehmen = KMU = SMEs = small and medium-sized entities = small and medium-sized enterprises; Gegensatz: GmbH, private limited company, private company; Gegensatz: öffentliches Unternehmen = public sector company = public enterprise)*

public consumption *(WiWi)* öffentlicher Verbrauch *m*

public contract 1. *(Gen)* öffentlicher Auftrag *m*, Staatsauftrag *m*; 2. *(Recht)* Staatsauftrag *m*

public corporation *(Admin)* Körperschaft *f* des öffentlichen Rechts

public credit institution *(Bank)* öffentlich-rechtliches Kreditinstitut *n*, öffentliches Kreditinstitut *n*

public debt *(Fin, WiWi)* öffentliche Schuld *f*, öffentliche Verschuldung *f*, Schulden *fpl* der öffentlichen Hand, Verschuldung *f* der öffentlichen Hand, Staatsverschuldung *f*

public domain *(Recht)* Staatseigentum *n*

public employee *(Pers)* Beschäftigte(r) *f(m)* im öffentlichen Dienst, Mitarbeiter(in) *m(f)* im öffentlichen Dienst, öffentlich Bedienstete(r) *f(m)*

public employment *(Pers)* Beschäftigung *f* im öffentlichen Dienst, Beschäftigung *f* im öffentlichen Sektor

public expenditure 1. *(WiWi)* Ausgaben *fpl* der öffentlichen Hand, Staatsausgaben *fpl*; 2. *(Fin)* Ausgaben *fpl* der öffentlichen Hand

public finance *(WiWi)* Finanzwissenschaft *f*, Lehre *f* von den öffentlichen Finanzen *(public sector economics)*; öffentliche Finanzwirtschaft *f*, Staatswirtschaft *f*, staatliche Finanzwirtschaft *f*, öffentliches Finanzwesen *n*

public finances *(Fin, WiWi)* öffentliche Finanzen *fpl*, öffentliche Finanzwirtschaft *f*, Staatsfinanzen *fpl*

public financial policy *(Fin, Pol)* staatliche Finanzpolitik *f*

public fiscal policy *(Fin, Pol)* staatliche Finanzpolitik *f*

public GDP ratio *(Pol, WiWi)* öffentliche Schuldenquote *f*, öffentliche Verschuldungsquote *f (Anteil der staatlichen Gesamtverschuldung an den staatlichen Gesamtausgaben)*; (öffentliche) Schuldenstandsquote *f (Maastricht-Kriterium: Anteil des Schuldenstandes am BIP = public debt to GDP)*

public good *(WiWi)* öffentliches Gut *n*

public health system *(Pers)* öffentliches Gesundheitswesen *n*

public housing *(Soz)* sozialer Wohnungsbau *f*; Sozialwohnung *f*

public interest *(Recht)* Gemeinwohl *n*

public invitation to bid *(Gen)* öffentliche Angebotseinholung *f*, öffentliche Ausschreibung *f*

public law *(Recht)* öffentliches Recht *n*
public order *(Recht)* öffentliche Ordnung *f*
public ownership *(Fin, Pol, WiWi)* Staatseigentum *n*, Gemeineigentum *n* **• be under public ownership** *(Pol, WiWi)* in öffentlichem Eigentum sein
public power *(Recht)* öffentliche Gewalt *f*
public procurement *(WiWi)* öffentliches Vergabewesen *n*, öffentliches Auftragswesen *n*
public prosecutor *(Recht)* Staatsanwältin *f*, Staatsanwalt *m*
public purse *(Pol, WiWi)* Staatskasse *f*, Staatssäckel *m*
public records *(Admin)* Staatsurkunden *fpl*
public relations *(Pers, V&M)* Öffentlichkeitsarbeit *f*, Publicrelations *pl*
public relations agency *(V&M)* Werbeagentur *f*, PR-Agentur *f*
public relations company [firm] *(V&M)* PR-Firma *f*
public school *(Soz) (AE)* öffentliche Schule *f*, *(AE)* staatliche Schule *f*, *(AE)* städtische Schule *f*; *(BE)* Privatschule *f*
public sector *(WiWi)* öffentlicher Sektor *m*, staatlicher Sektor *m*
public sector employment *(Pers)* Beschäftigung *f* im öffentlichen Dienst, Beschäftigung *f* im öffentlichen Sektor
public-sector enterprise *(Gen)* staatliches Unternehmen *f*, öffentliches Wirtschaftsunternehmen *f*, Staatsbetrieb *m*
public service 1. *(Admin)* Staatsdienst *m*; 2. *(Gen)* Verwaltungsdienst *m*
public service employee *(Pers)* Beschäftigte(r) *f(m)* im öffentlichen Dienst, Mitarbeiter(in) *m(f)* im öffentlichen Dienst, öffentlich Bedienstete(r) *f(m)*
public service employment *(Pers)* Beschäftigung *f* im öffentlichen Dienst, Beschäftigung *f* im öffentlichen Sektor
public spending *(WiWi)* öffentliche Ausgaben *fpl*, Staatsausgaben *fpl*
public spending ratio *(WiWi)* Staatsquote *f*
public switched telephone network *(PSTN) (BE) (Komm)* Festnetz *n*, öffentliches Telefonnetz *n*
public tender *(Recht, Gen)* öffentliche Ausschreibung *f*
public utility company *(Gen, WiWi)* (öffentliches) Versorgungsunternehmen *n*
public wants *(WiWi)* öffentliche Bedürfnisse *fpl*
public welfare *(Soz)* öffentliche Wohlfahrt *f*, Sozialfürsorge *f*
public works *(Gen, WiWi)* öffentliche Bauarbeiten *fpl*, staatliche Bauvorhaben *npl*
publication *(Media)* Herausgabe *f*, Publikation *f*, Schrift *f*, Veröffentlichung *f*
publicity 1. *(Media)* Publizität *f*; 2. *(V&M)* Werbewesen *n*, Werbung *f*
publicity department *(V&M)* Werbeabteilung *f*
publicly *adv (Gen, Pol)* öffentlich, in der Öffentlichkeit; für die Öffentlichkeit, für das Volk, für alle
publicly accountable enterprises *(Pol, RW)* zur öffentlichen Rechenschaft verpflichtete Unternehmen *npl*, öffentlich rechenschaftspflichtige Unternehmen *npl* *(Rechnungslegungspflicht nach IFRS besteht nur für die Konzernbilanzen kapitalmarktorientierter Unternehmen, der Publikumsgesellschaften, mit breit gestreutem Aktienkapital und geringem Einfluss der Aktionäre auf die Geschäftsführung; die EU-Kommission und der IFRS-Standardsetter IASB verfolgen mit dem neuen Abgrenzungskriterium öffentliche Rechenschaftspflicht = public accountability die Ausdehnung der IFRS-Rechnungslegung auf die große Masse kleiner und mittlerer Unternehmen in Europa; Stand 05/ 2006)*
publicly assisted housing *(Soz)* sozialer Wohnungsbau *m*
publicly funded *(Gen)* öffentlich gefördert
publicly owned company *(WiWi)* Staatsbetrieb *m*
publish *v* 1. *(Gen)* bekanntgeben, herausgeben, publizieren; 2. *(Media)* veröffentlichen, verlegen
publish *v* **in loose-leaf form** *(Media)* als Loseblattsammlung herausgeben
published *adj* 1. *(Gen)* herausgegeben, publiziert; 2. *(Media)* veröffentlicht
publisher *(Media)* Verlag *m (organization)*; Herausgeber(in) *m(f)*, Verleger(in) *m(f)*

(person)
publishing house *(Media)* Verlag *m*
publishing industry *(Media)* Verlagswesen *n*
publishing trade *(Media)* Verlagswesen *n*
pull *v* **in sales** *(V&M)* Umsatz bringen
pull *v* **off a deal** *(Gen)* einen Handel erfolgreich abschließen
pull *v* **strings** *(BE)* *(Gen)* Beziehungen spielen lassen, Einfluss geltend machen
pull *v* **wires** *(AE)* *(Gen)* Beziehungen spielen lassen, Einfluss geltend machen
pump *v* **funds into sth** *(Fin)* in etw. Kapital stecken
punctuality *(Gen)* Pünktlichkeit *f*
punishable *adj* *(Recht)* strafbar
purchase *v* *(Gen)* anschaffen, kaufen
purchase *v* **forward** *(Börse)* auf Termin kaufen
purchase 1. *(WiWi)* Erwerb *m*; 2. *(Gen)* Ankauf *m*, Kauf *m*
purchase acquisition *(Fin)* käuflicher Erwerb *m*
purchase commitment *(Recht)* Abnahmeverpflichtung *f (contract law)*
purchase invoice *(Gen)* Eingangsrechnung *f*, Einkaufsrechnung *f*
purchase on credit *(V&M)* Zielkauf *m*
purchase order 1. *(RW)* Auftrag *m*, Bestellung *f*; 2. *(Gen)* Auftrag *m*
purchase price *(V&M, WiWi)* Einkaufspreis *m*, Kaufpreis *m* Anschaffungspreis *m*
purchase returns and allowances *(V&M)* Warenrücksendungen und Gutschriften *fpl*
purchase tax *(Imp/Exp, Steuer)* Verbrauchssteuer *f*
purchased *adj* *(V&M)* gekauft
purchased company *(Fin, RW, WiWi)* übernommene Gesellschaft *f*
purchased goods [merchandise] *(V&M)* gekaufte Ware *f*
purchaser *(Gen, V&M)* Aufkäufer(in) *m(f)*, Erwerber(in) *m(f)*, Käufer(in) *m(f)*
purchasing 1. *(RW)* Anschaffung *f*; 2. *(Gen)* Anschaffung *f*, Einkauf *m*; 3. *(V&M)* Einkauf *m (procurement)*
purchasing power *(Gen, WiWi)* Kaufkraft *f*
purchasing power parity *(WiWi)* Kaufkraftparität *f*
purchasing power standard *(PPS)* *(Stat, WiWi)* Kaufkraftstandard *m*, KKS *m (ECB, statistics)*
pure competition *(WiWi)* vollständige Konkurrenz *f*, vollständiger Wettbewerb *m*
pure economics *(WiWi)* Wirtschaftstheorie *f*
purification *(Umwelt)* Klärung *f*, Reinigung *f*
purpose *(Gen)* Zweck *m*
purpose-built *adj* *(Grund, Logis)* speziell gebaut
purpose-built vehicle *(Logis)* Zweckfahrzeug *n*
purpose loan *(Börse)* zweckgebundenes Darlehen *n*
purposes *(Recht)* Zwecke *mpl*, Zweckbestimmungen *fpl*
pursuant to article *(Recht)* gemäß Artikel
pursue *v* 1. *(Gen)* verfolgen; 2. *(Soz)* betreiben
push *v* **up prices** *(V&M)* Preise hochschleusen
put *v* **a call through** *(Admin, Gen)* ein Gespräch durchstellen
put *v* **a cap on** *(Gen)* begrenzen
put *v* **a house on the market** *(Grund)* ein Haus auf den Markt bringen
put *v* **a plan into action** *(Gen)* einen Plan realisieren, einen Plan umsetzen
put *v* **a plan into effect** *(Gen)* einen Plan realisieren
put *v* **away** *(Bank)* sparen, zurücklegen *(money)*
put *v* **forward proposals** *(Mgt)* Vorschläge einbringen
put *v* **in a claim** *(Recht)* einen Anspruch erheben
put *v* **in a job application** *(Pers)* sich um eine Stelle bewerben
put *v* **into effect** *(Gen)* realisieren *(policies)*
put *v* **into force** *(Recht)* in Kraft setzen *(ruling, act)*
put *v* **into operation** *(Gen)* in Kraft setzen
put *v* **money down** *(Fin)* Geld investieren, Geld anlegen
put *v* **off** *(Gen)* aufschieben *(postpone)*
put *v* **out for tender** *(Börse, Gen, V&M)* ausschreiben
put *v* **pressure on sb** *(Gen)* auf jmdn. Druck ausüben
put *v* **sb in the picture** *(Gen)* jmdn. ins Bild setzen

put *v* **sth off** *(Gen)* etw. auf die lange Bank schieben, etw. auf Eis legen
put *v* **sth on the agenda** *(Admin, Mgt)* etw. auf die Tagesordnung setzen
put *v* **the final touch to sth** *(Gen)* einer Sache den letzten Schliff geben
put *v* **up** 1. *(Fin)* aufnehmen *(capital)*; aufbringen *(money)*; 2. *(Gen)* anschlagen
put and call *(Börse)* Rück- und Vorprämiengeschäft *n*, Stellage *f*
put option *(Börse)* Rückprämie *f*
put premium *(Börse)* Rückprämie *f*
put strike *(Börse)* Basispreis *m* einer Verkaufsoption *(options)*
PYB *(Abk. für preceding year basis) (Gen, Stat)* Vorjahresbasis *f*, auf Vorjahresbasis

Q

qualification 1. *(RW)* Einschränkung *f*, Vorbehalt *m*; 2. *(Gen)* Qualifikation *f*, Eignung *f (suitability)*; Qualifizierung *f (academic)*; 3. *(Pers)* Befähigung *f*, Qualifikation *f*; 4. *(Soz)* Abschluss *m (act of qualifying)*; Befähigungsnachweis *m (certificate)*; Eignung *f (aptitude)*
qualification pattern *(WiWi)* Qualifikationsstruktur *f*
qualification shares *(Börse)* Pflichtaktien *fpl*
qualified *adj (Gen)* geeignet, qualifiziert
qualified approval *(Gen)* eingeschränkte Genehmigung *f*
qualified auditor's certificate *(RW)* eingeschränkter Bestätigungsvermerk *m*
qualified certificate *(RW)* eingeschränkter Bestätigungsvermerk *m*
qualified endorsement *(Bank)* eingeschränktes Indossament *n*, Indossament *n* ohne Obligo
qualified minority holding *(Mgt, Recht, Steuer)* Schachtelbeteiligung *f (at least 25 % = blocking minority = Sperrminorität)*
qualified opinion *(RW)* eingeschränkter Bestätigungsvermerk *m*
qualified report *(RW)* eingeschränkter Bestätigungsvermerk *m*; Annahme *f* unter Vorbehalt
qualified staff *(Pers)* Fachpersonal *n*, geschultes Personal *n*, qualifiziertes Personal *n*
qualify *v* 1. *(Gen, Pers)* befähigen, qualifizieren; 2. *(Gen)* sich qualifizieren; 3. einschränken
qualify *v* **for** *(Pers)* berechtigt sein (für), Anspruch haben (auf), anspruchsberechtigt sein
qualifying holding *(Fin)* maßgeblicher Anteil *m*
qualitative *adj (Gen, V&M)* der Güte nach, qualitativ
qualitative analysis *(Gen, WiWi)* qualitative Analyse *f*
qualitative characteristic *(Ind)* Attribut *n*
quality *(Gen)* Ausführung *f*, Qualität *f*, Sorte *f*, Güte *f*
quality assessment *(Gen, Ind, Mgt, V&M)* Qualitätsurteil *n*, Qualitätsbewertung *f*
quality assurance *(Gen, Ind, Mgt, V&M)* Qualitätssicherung *f*
quality check *(Gen, V&M)* Qualitätskontrolle *f*
quality circle *(Ind, Mgt, Pers)* Qualitätszirkel *m*
quality control 1. *(Mgt)* Qualitätssteuerung *f*, Qualitätslenkung *f (maintenance of quality standards, e. g. in auditing; Maßnahmen zur Aufrechterhaltung und Verbesserung der Qualität von Prüfungen, z. B. Jahresabschlussprüfungen)*; Qualitätsüberwachung *f (quality surveillance)*; 2. *(V&M)* Qualitätskontrolle *f*, Qualitätsüberwachung *f*, Gütekontrolle *f*
quality goods *pl (Gen)* Qualitätserzeugnisse *npl*
quality label *(Gen)* Gütezeichen *n*
quality management *(Mgt)* Qualitätssicherung *f*, Qualitätswesen *n*, Qualitätsmanagement *n*, QM; Qualitätsüberwachung *f (quality surveillance; cf total quality management)*
quality of life *(Pers, WiWi)* Lebensqualität *f*
quality-price ratio *(Gen)* Verhältnis *n* Preis-Qualität
quality requirement *(Ind)* Qualitätsanforderung *f*
quality specification *(Ind)* Qualitätsvorschrift *f*

quantify *v (Admin, Stat)* quantifizieren
quantitative *adj* 1. *(WiWi)* quantitativ; 2. *(Gen)* mengenmäßig
quantitative analysis *(Gen)* quantitative Analyse *f*
quantitative controls *(Bank)* Mengenbeschränkungen *fpl*
quantitative target *(WiWi)* quantitative Zielvorgabe *f*
quantity 1. *(Gen)* Menge *f*, Quantität *f*, Quant.; 2. *(Stat)* Anteil *m*
quantity buyer *(Gen)* Großabnehmer *m*
quantity discount *(Gen, RW, V&M)* Mengenrabatt *m*
quantity theory of money *(WiWi)* Quantitätstheorie *f*
quarter *(Gen)* Quartal *n*, Viertel *n*
quarter-end accounts *(RW)* Quartalsabschluss *m*
quarterly *adv (Gen)* quartalsweise, vierteljährlich
quarterly figures Vierteljahreszahlen *fpl*
quasi *adv (Gen)* gewissermaßen, gleichsam, quasi, Quasi
quasi-autonomous nongovernmental organization *(BE) (Pol)* quasi--autonome nichtstaatliche Organisation *f*
quasi-money 1. *(WiWi)* Beinahgeld *n*; 2. *(Gen)* Beinahgeld *n*, Quasigeld *n*
query *v (Gen)* infrage stellen
query *v* **an account** *(Bank, Comp, Soz)* ein Konto abfragen *(from May 2005 financial and social security agencies have the right to detect accounts and gain an insight into master data of account holders; Einblicknahme der Finanz- und Sozialversicherungsbehörden in die Kontenstammdaten der Kunden deutscher Banken ohne Vorabinformation der Betroffenen)*
query 1. *(Comp)* Abfrage *f*; 2. *(Gen)* Monitum *n*, Rückfrage *f*
question *v (Gen)* befragen, bezweifeln
questionable *adj (Gen)* fraglich, fragwürdig
questionnaire *(Gen, V&M)* Fragebogen *m*
queue *v (BE) (Gen)* Schlange stehen, sich anstellen
queue *v* **up** *(BE) (Gen)* Schlange stehen, sich anstellen
queue *(BE) (Gen)* Warteschlange *f*
queueing system *(WiWi)* Warteschlangenmodell *n*
quick *adj (Gen)* aktiv, gewandt, prompt, schnell
quick assets *(Fin, RW)* flüssige Mittel *npl* und kurzfristige Forderungen, Einzugsliquidität *f (synonymous: liquid assets, liquid capital, realizable assets, i. e. cash and other assets readily convertible into cash = cash + deposits in a bank current account + trade debts + marketable investments = Kasse + Bankguthaben + Schecks + Wechsel + kurzfristige Forderungen + sonstige kurzfristig liquidisierbaren Wertpapiere; cf Liquidität zweiten Grades)*
quick assets ratio *(Fin, RW)* Liquidität *f* zweiten Grades *(ratio of current assets minus inventories to current debts; cf liquid ratio, quick ratio, quick assets)*
quick ratio *(Fin, RW)* Liquidität *f* zweiten Grades, Einzugsliquidität *f (liquidity ratio; synonymous: liquid ratio, acid test ratio, acid ratio; the ratio of quick assets or liquid assets or liquid capital or realizable assets to current debts, or: relation of current assets minus stock to current liabilities = Umlaufvermögen minus Vorräte dividiert durch kurzfristige Verbindlichkeiten; cf quick assets)*
quick tender *(Bank, WiWi)* Schnelltender *m (ECB)*
quid pro quo *(Gen, Recht)* Gegenleistung *f*
quiet *adj (Gen)* flau, ruhig *(market, business)*
quiet possession *(Grund, Recht)* ungestörter Besitz *m*
quit *v* **one's job** *(Pers)* seine Stelle aufgeben, seinen Arbeitsplatz kündigen
quitting *(Pers)* Kündigung *f* (durch Arbeitnehmer)
quorate/be *(Mgt)* beschlussfähig sein
quorum *(Gen)* Beschlussfähigkeit *f*, Quorum *n* • **have a quorum** *(Mgt)* beschlussfähig sein
quota 1. *(Gen)* Kontingent *n*; 2. *(Imp/Exp)* Quote *f*; 3. *(Mgt)* Pensum *n*
quota agreement *(WiWi)* Quotenkartell *n*
quota arrangement *(Gen, Imp/Exp)* Quotenkartell *n*
quota fixing *(Gen)* Kontingentierung *f*
quota sample *(V&M)* Quotenauswahl *f*, Quotenstichprobe *f*
quota sampling *(Gen, V&M)* Quotenauswahlverfahren *n*

quota system *(Gen, Imp/Exp)* Kontingentierungssystem *n*, Quotensystem *n*
quota woman *(jarg.) (Admin, Mgt, Pers, Pol) (jarg.)* Quotenfrau *f (synonymous: token woman; diskreditierende Bezeichnung für eine weibliche Führungskraft, da implizit unterstellt wird, sie habe die Position aufgrund ihres Geschlechts und auf Basis einer Quotenregelung erlangt: ,Frauenquoten produzieren Quotenfrauen'; cf fixed proportion of women = Frauenquote; anders: quota arrangement = Quotenkartell)*
quotable *adj (Börse)* notierbar
quotation 1. *(Gen)* Angebot *n (offer)*; Zitat *n (from book)*; 2. *(Börse)* Notierung *f*
quote *v* 1. *(Gen)* notieren, zitieren *(from book)*; 2. *(Börse)* notieren
quote *v* **a reference number** *(Komm)* ein Geschäftszeichen angeben
quote *v* **in the official list** *(Börse)* amtlich notieren
quote *(Gen)* Angebot *n*
quoted company *(Börse, Gen, WiWi)* börsennotierte Gesellschaft *f*
quoted on the stock exchange *(Börse, RW)* börsennotiert
quoted price 1. *(WiWi)* Angebotspreis *m*, Kursnotierung *f*; 2. *(Börse)* Kurs *m*
quoted securities *(Börse, WiWi)* börsennotierte Wertpapiere *npl*
quoted share *(Börse)* börsennotierte Aktie *f*

R

raid *v* 1. *(Gen)* ausnehmen, plündern; 2. *(Börse)* Kurse drücken
raid *v* **the market** *(Börse)* den Kurs einer Aktie durch Verkäufe drücken
rail *(Logis)* Bahn *f*, Eisenbahn *f*
rail shipment *(Logis)* Bahnversand *m*
raise *v* 1. *(Umwelt)* steigern *(awareness)*; 2. *(Fin)* aufbringen, beschaffen *(money)*; aufnehmen *(loan)*; 3. *(Gen)* aufheben, erhöhen, steigern *(value)*; 4. *(Pers)* aufbessern *(staff salary)*; 5. *(Börse)* beschaffen *(capital)*
raise *v* **a loan** *(Bank)* ein Darlehen aufnehmen
raise *v* **an objection** *(Gen)* einen Einwand erheben
raise *v* **credit** *(Bank)* Kredit aufnehmen *(cf raise a loan)*
raise *v* **external funds** *(Gen)* Fremdkapital aufnehmen
raise *v* **funds** *(Fin)* Geldmittel beschaffen
raise *v* **money on sth** *(Gen)* Geld auf etw. aufnehmen
raise *v* **the alarm** *(Mgt)* Alarm geben
raise *(AE) (Pers)* Erhöhung *f*, Gehaltserhöhung *f*, Gehaltssteigerung *f*
raise in wages *(AE) (Pers)* Lohnerhöhung *f*
rake *v* **in** *(Gen) (ugs.)* scheffeln
rake *v* **in profits** *(Gen) (ugs.)* Gewinne einstreichen, Gewinne einheimsen
rake it in *(Gen) (ugs.)* Geld scheffeln
rake-off *(Gen) (ugs.)* Absahnen *n*; Gewinnanteil *m*
rally *v* 1. *(Börse)* aufholen; 2. *(Börse)* anziehen, sich erholen
random access *(Comp)* Direktzugriff *m*
random/at *(Gen)* aufs Geratewohl, willkürlich, ziellos
random error *(Admin, Stat)* Zufallsfehler *m*
random factor *(WiWi)* Zufallseinfluss *m*, Zufallsfaktor *m*
random number generator *(Stat)* Zufallszahlengenerator *m*
random sample *(Stat, V&M, WiWi)* Zufallsstichprobe *f*
random test *(Gen, V&M)* Stichprobe *f*
random variable *(Stat)* stochastische Zufallsvariable *f*
random variation *(Stat, WiWi)* Zufallsabweichung *f*
range 1. *(Gen)* Bereich *m*, Serie *f (of products)*; 2. *(Börse)* Schwankungsbreite *f (futures market)*
range of activity *(Gen)* Tätigkeitsbereich *m*
range of goods *(Gen)* Auswahl *f*, Sortiment *n*
range of products *(V&M)* Produktpalette *f*
range of services *(Gen)* Dienstleistungspalette *f*
rank *v* **above** *(Gen)* bedeutender sein als, einen höheren Rang einnehmen als
rank *v* **after** *(Börse)* im Rang nachgehen
rank 1. *(Gen)* Stand *m*; 2. *(Börse)* Stellung *f*
rank-and-file 1. *(Gen)* Fußvolk *n*; 2. *(Pers)* Belegschaft *f*
rank order *(Stat)* Rangordnung *f*

ranking 1. *(Gen)* Rangfolge *f*, Rang *m*, Rangordnung *f (listing in order)*; 2. *(Bank)* Beurteilung *f* unter dem Aspekt der Wertentwicklung, (rein) quantitative Beurteilung *f* von Investmentfonds; 3. *(Pers)* Rangordnung *f*
rapid *adj (Gen)* rasant, schnell, stürmisch
rapid growth *(WiWi)* starkes Wachstum *n*
rapid technological progress *(WiWi)* rasanter technischer Fortschritt *m*
RAROC *(Abk. für risk-adjusted return on capital) (Bank, Fin, WiWi)* risikoadjustierte Eigenkapitalrendite *f*, risikobereinigte Eigenkapitalrendite *f (risk-based capital allocation; Renditekennzahl auf Basis risikoadjustierter Kapitalallokation; RAROC = [Erträge - Standardrisikokosten - Verwaltungskosten] dividiert durch das zugeordnete ökonomische Kapital)*
rat race *(Gen)* (ständiger) Konkurrenzkampf *m*
ratchet effect *(WiWi)* Sperrklinkeneffekt *m*
rate *v (Gen)* tarifieren, taxieren
rate 1. *(Comp)* Geschwindigkeit *f*, Rate *f*; 2. *(WiWi)* Geschwindigkeit *f*, Satz *m*, Tempo *n (speed)*; 3. *(Fin)* Satz *m (of pay, tax)*; 4. *(Gen)* Rate *f*, Tarif *m*; 5. *(Börse)* Notierung *f*, Kurs *m (currencies)* • **at the going rate** *(Gen)* zu Marktpreisen
rate below cost *(Logis)* nicht kostendeckender Tarif *m*
rate fixing 1. *(Fin)* Kursfestsetzung *f*; 2. *(Pers)* Festlegung *f* von Akkordsätzen; 3. *(Steuer)* Tariffestsetzung *f*
rate of capacity utilization *(Ind)* Ausnutzungsgrad *m*
rate of contribution *(Soz)* Beitragssatz *m*
rate of depreciation *(RW)* Abschreibungssatz *m*
rate of exchange *(WiWi)* Devisenkurs *m*, Wechselkurs *m*
rate of increase *(WiWi)* Expansionsrate *f*, Zuwachsrate *f*
rate of inflation *(WiWi)* Inflationsrate *f*
rate of interest *(Bank, Fin, Gen, WiWi)* Zinsfuß *m*, Zinssatz *m*
rate of inventory turnover *(Fin)* Umschlagshäufigkeit *f* des Lagerbestands, Lagerumschlag *m*
rate of pay *(Pers, WiWi)* Lohnsatz *m*, Lohn *m*
rate of profit *(Fin, WiWi)* Rentabilität *f (capital turnover × percentage return on sales = Kapitalumschlag × Umsatzrendite = ROI = return on investment)*
rate of relief *(Steuer)* Freibetragsatz *m*
rate of return 1. *(RW)* Kapitalverzinsung *f*, Rendite *f*; 2. *(Fin, WiWi)* Kapitalverzinsung *f*; 3. *(Steuer)* Rendite *f*
rate of return on capital employed *(RORCE) (Fin, WiWi)* Rückfluss *m* auf das investierte Kapital, Ertrag *m* aus dem investierten Kapital; Rentabilität *f* des Kapitaleinsatzes, Rentabilität *f* des eingesetzten Kapitals; Kapitalrentabilität *f (synonymous: profitability; Rentabilität = ROI = capital turnover × percentage return on sales = Kapitalumschlag × Umsatzrendite)*
rate of return on equity *(Fin, WiWi)* Eigenkapitalrentabilität *f*, EKR *f*
rate of return on investment *(Fin, WiWi)* Kapitalrendite *f*, Gewinn *m* in % des investierten Kapitals
rate of taxation *(Steuer)* Steuersatz *m*
rate of the day *(Bank)* Tageskurs *m*
rate of turnover *(Fin)* Umschlagsgeschwindigkeit *f*, Umschlaghäufigkeit *f*, Umsatzgeschwindigkeit *f*
rateable *adj* 1. *(WiWi)* anteilig; 2. *(Gen)* bewertbar, schätzbar; 3. *(Steuer)* steuerpflichtig
rateable value *(BE) (Grund, Steuer)* Einheitswert *m*
rated/not *(Fin)* nicht klassifiziert, *(ugs.)* nicht geratet
ratepayer *(Steuer)* Grundsteuerzahler *m*
rates 1. *(Fin, Gen, WiWi)* Gebühren *fpl*, Tarif *m*; 2. *(Steuer)* Gemeindegrundsteuern *fpl*, Gemeindesteuer *f* auf Grundbesitz
ratify *v (Gen)* genehmigen, ratifizieren *(treaty)*
rating 1. *(Bank, Börse, Fin)* Bonitätsbewertung *f*, Rating *n*; Bonitätsbewertung *f* nach qualitativen Kriterien, qualitative Bewertung *f (credit rating)*; Bewertung *f*, Klassifizierung *f* von Emittenten, Klassifizierung *f* von Schuldtiteln; Tariffestsetzung *f (setting of rates)*; 2. *(V&M)* Klassifizierung *f*; 3. *(Steuer)* Tariffestsetzung *f* • **with outperform rating** *(Bank, Fin)* mit überdurchschnittlichem Rating *n*

rating agency *(Bank, Börse, Fin)* Ratingagentur *f*, Rating-Agentur *f*, Ratingstelle *f*, Kreditbewertungsagentur *f*, Bewertungsagentur *f*, Bonitätsbewertungsinstitut *n*, Kreditratingagentur *f*, Kreditrating--Agentur *f (credit rating agency)*; *(obs.)* Kreditsauskunftei *f*

rating scale *(Gen)* Beurteilungsskala *f*, Bewertungsskala *f*

ratio 1. *(Gen)* Verhältnis *n*; 2. *(Stat)* Quotient *m*, Verhältniszahl *f (general term, Oberbegriff)*; Messzahl *f*, Beziehungszahl *f*, Gliederungszahl *f (mit jeweils unterschiedlicher Quotientenstruktur)*; 3. *(WiWi)* Kennzahl *f*, Kennziffer *f*, Quote *f*, Quotient *m* • **1:1-ratio** *(Fin)* Liquidität zweiten Grades von 100 %, Acid Test, 1:1--Regel *(liquidity ratio, current financial assets divided by current liabilities = monetäres Umlaufvermögen : kurzfristige Verbindlichkeiten > 1:1 > 1 > 100 %; Praxisregel, nicht wissenschaftlich fundierbare Liquiditätsvorgabe; synonymous: acid test, net quick ratio; Liquiditätsvorgabe des Acid Test; cf liquid ratio, acid test ratio, acid ratio)* • **2:1-ratio** *(Fin, RW)* Liquidität dritten Grades von 200 %, 2:1-Regel *f (current assets : current liabilities = kurzfristiges Umlaufvermögen : kurzfristige Verbindlichkeiten > 2:1; nicht wissenschaftlich fundierbare Praxisregel)*

ratio analysis 1. *(WiWi)* Kennziffernanalyse *f*, betriebswirtschaftliche Kennziffernanalyse *f*; 2. *(RW)* Analyse *f* der Bilanzkennzahlen, Kennzahlenanalyse *f (analytic methods of horizontal and vertical analysis based on an organization's financial statements; horizontale und vertikale Bilanzanalyse)*

ratio scale *(Stat)* einfach-logarithmischer Maßstab *m*

rational *adj (Gen)* rational, vernünftig, zweckmäßig

rational decision *(Gen)* rationale Entscheidung *f*

rational expectations *(WiWi)* rationale Erwartungen *fpl*

rational management *(Mgt)* rationaler Führungsstil *m*

rationale *(Gen)* Begründung *f*, Beweggrund *m*, Grund *m*, Grundsatzerklärung *f (principles)*

rationalization 1. *(Fin, Mgt, WiWi)* Rationalisierung *f*; 2. *(Ind)* Wirtschaftlichkeit *f*

rationalization investment *(Fin)* Rationalisierungsinvestition *f*

rationalize *v* 1. *(Gen)* zweckmäßiger gestalten, wirtschaftlich gestalten; 2. *(Ind, Mgt)* rationalisieren

rationally *adv (Gen)* vernünftig

rationing *(WiWi)* Rationierung *f*

raw *adj (Comp)* roh, unbearbeitet

raw data 1. *(Comp)* Ausgangsdaten *pl*, Rohdaten; 2. *(Stat)* Rohdaten *pl*

raw material *(Ind)* Ausgangsmaterial *n*, Rohmaterial *n*, Rohstoff *m*

R&D *s.* research and development

R&D intensity *(WiWi)* F&E-Intensität *f (F&E-Aufwendungen als Prozentsatz des BIP)*

re *(Komm)* Betr., Betreff *m*, betreffs

re-admission *(Gen, Soz)* Wiederaufnahme *f*

re-employment chance [opportunity] *(Pers)* Wiederbeschäftigungschance *f*

re-enactment *(Recht)* Wiederinkraftsetzung *f*

re-engage *v (Gen, Pers)* wieder einstellen

re-establishment *(Gen)* Neugründung *f*, Wiedereinsetzung *f*, Wiederherstellung *f*

re-examine *v (Gen)* erneut überprüfen

re-exportation *(Imp/Exp)* Reexport *m*, Wiederausfuhr *f*

reach *v (Gen, Recht)* erzielen

reach *v* **a deal** *(Gen)* einen Abschluss erreichen, einen Abschluss tätigen

reach *v* **a stalemate** *(Gen)* ein Patt erreichen

reach *v* **an all-time high** *(Börse)* einen historischen Höchststand erreichen

reach *v* **an impasse** *(Gen)* einen toten Punkt erreichen

reach *v* **saturation point** *(Gen)* den Sättigungspunkt erreichen

reach *v* **the age limit** *(Gen)* die Altersgrenze erreichen

reach *(V&M)* Einflussbereich *m*, Reichweite *f*

reach and frequency *(Media, V&M)* Reichweite *f* und Häufigkeit *f*

reaction function *(WiWi)* Reaktionsfunktion *f*
reactive response *(Gen)* Gegenreaktion *f*
reactive strategy *(Gen)* Gegenstrategie *f*
read *v* 1. *(Comp)* einlesen, lesen; 2. *(Media, V&M)* lesen
read *v* **for a university degree** *(Pers)* studieren
reader involvement *(V&M)* Leserbeteiligung *f*
readership *(Media)* Leserschaft *f*
readership profile *(V&M)* Leserprofil *n*
readiness to compromise *(Mgt, Pol, Recht)* Kompromissbereitschaft *f*
ready *adj (Gen)* bereit, präsent
ready cash *(BE) (Gen)* Bargeld *n*
ready for signature *adj (Gen, Mgt)* unterschriftsreif
ready to move into *adj (Grund)* bezugsfertig
ready to operate *adj (Ind)* betriebsbereit
ready, willing and able *(Börse, Gen)* handlungsbereit und verfügungsberechtigt
reafforestation *(Umwelt)* Wiederaufforstung *f*
real *adj* 1. *(Gen, Recht)* tatsächlich; 2. *(Stat, WiWi)* real, zu konstanten Preisen, in konstanten Preisen *(Ggs. nominal = in money terms)* • **in real terms** *(Stat, WiWi)* real, zu konstanten Preisen, in konstanten Preisen, preisbereinigt, in realen Größen *(e. g. national accounting, Volkswirtschaftliche Gesamtrechnung; synonymous: adjusted for price changes; opposite: in money terms = in nominal terms = nominal)* • **in terms of real value** *(Stat, WiWi)* real, zu konstanten Preisen, in konstanten Preisen
real agreement *(Recht)* dinglicher Vertrag *m (contract)*; Liegenschaftsvertrag *m (real estate)*
real assets *(WiWi)* Realwerte *mpl*, Sachwerte *mpl*, Sachvermögen *n*, Realkapital *n*, reale Vermögenswerte *mpl (z. B. Immobilien als Inflationsschutz; opposite: monetary assets = Geldwerte, Geldvermögen)*
real capital *(WiWi)* Produktivkapital *n*, Sachkapital *n*, Realkapital *n (the aggregate of the capital goods in an economy = capital stock = Kapitalstock = Realkapitalausstattung; VWL: dritter Produktionsfaktor, Summe der Produktionsmittel des volkswirtschaftlichen Produktionsprozesses)*
real cost *(RW)* Realkosten *pl*
real earnings *(Pers)* Realeinkommen *n*
real economy *(WiWi)* güterwirtschaftliche Seite *f* der Wirtschaft, reale Wirtschaft *f*, Realwirtschaft *f*
real economy of scale *(WiWi)* realer Größenvorteil *m*, realer Skaleneffekt *m*
real estate *(Grund, WiWi)* Immobilien *fpl*
real-estate industry *(Grund)* Immobilienbranche *f*
real-estate investment trust *(REIT, Reit) (AE) (Fin)* Immobilien--Aktiengesellschaft *f*, Immobilien--Investmentgesellschaft *f (Mischform aus Immobilienfonds und börsennotierter Immobilienaktiengesellschaft, in Deutschland neue Form einer steuerbegünstigten Aktiengesellschaft mit dem Geschäftszweck des Erwerbs sowie der Veräußerung, Vermietung und Verpachtung von Immobilien; hohe Ausschüttungsquote von mindestens 85 %, Besteuerung jedoch nicht auf Unternehmensebene, sondern in voller Höhe beim Investor; cf steuerbegünstigte Immobilienaktiengesellschaft)*
real-estate market *(Grund)* Immobilienmarkt *m*
real exchange rate *(Börse)* realer Wechselkurs *m*
real GDP growth *(WiWi)* reales Wachstum *n* des BIP [Bruttoinlandsprodukt]
real growth *(WiWi)* reales Wachstum *n*
real income *(RW)* Realeinkommen *n*
real investment *(WiWi)* Sachinvestition *f*
real items *(WiWi)* Sachwerte *mpl (synonymous: real assets; e. g. real property for inflation protection, z. B. Immobilien als Inflationsschutz; opposite: monetary assets = Geldwerte)*
real net national product *(WiWi)* reales Nettosozialprodukt *n*
real net output *(WiWi)* Wertschöpfung *f (synonymous: value added; im Unternehmenssektor: Verkaufserlöse minus Vorleistungen; VGR)*
real price *(WiWi)* Realpreis *m*
real property *(Grund)* unbewegliches

Vermögen *n*
real property tax *(Steuer)* Grundsteuer *f* *(levied by local authorities, eine Gemeindesteuer)*
real rate of return *(RRR)* 1. *(Bank, Fin)* effektive Rendite *f*, Effektivverzinsung *f*; 2. *(WiWi)* Realzins *m*, Realzinssatz *m*
real security *(Recht)* dingliche Sicherheit *f*
real time *(Comp, RW, WiWi)* Echtzeit *f*, Realzeit *f*
real time transfer *(Comp, Komm)* Echtzeit-Übertragung *f*
real wage *(Pers, RW, WiWi)* Reallohn *m*
realizable *adj* 1. *(RW)* realisierbar; 2. *(Fin)* kapitalisierbar, verkäuflich; 3. *(Börse)* realisierbar
realizable assets *(Fin, RW)* flüssige Mittel *npl* und Forderungen *fpl*
realization 1. *(Gen)* Verkauf *m*, Veräußerung *f*, Verwertung *f*; 2. *(WiWi)* Veräußerung *f*, Realisierung *f*
realization of assets *(RW)* Veräußerung *f* von Vermögen
realize *v* 1. *(RW)* realisieren *(profit)*; 2. *(Fin)* kapitalisieren, verkaufen *(profit)*; 3. *(Gen)* verwirklichen *(goal)*; 4. *(Börse)* realisieren *(profit)*
realize *v* **assets** *(Börse)* Vermögenswerte flüssigmachen
realized gains *(Fin, RW)* realisierte Gewinne *mpl*
realized losses *(Fin)* realisierte Verluste *mpl*
realized profits *(Fin, RW)* realisierte Gewinne *mpl (cf realized gains)*
reallocate *v (RW)* umschichten *(funds)*
reallocation 1. *(RW)* Umschichtung *f*; 2. *(Fin)* Neuverteilung *f*, Neuzuteilung *f*; 3. *(WiWi)* Reallokation *f*
reallowance *(Börse)* Wiederverkäuferrabatt *f*
reap *v* **rewards** *(Gen)* Belohnungen erhalten
reason *(Gen)* Begründung *f*, Beweggrund *m*, Motiv *n*
reasonable *adj (Gen)* angemessen, tragbar, vernünftig
reasonable compensation *(Gen)* angemessene Entschädigung *f* [Vergütung *f*]
reasonable price *(Gen)* angemessener Preis *m*, vernünftiger Preis *m*
reasonable time *(RW)* angemessene Frist *f*
reassessment *(RW, WiWi)* Neubewertung *f*
rebate 1. *(Fin)* Rabatt *m*, Preisnachlass *m*, Nachlass *m (discount)*; Rückvergütung *f (of money paid)*; 2. *(Börse, Gen)* Rabatt *m*
rebate law *(Recht, V&M)* Rabattgesetz *n (Germany)*
rebateable *adj (Gen)* nachlassfähig
rebuilding *(WiWi)* Wiederaufbau *m*
recall *v (Börse)* zurückrufen *(option)*
recall *(Börse)* Rückruf *m (of option)*
recapitalization *(Fin, WiWi)* Kapitalumschichtung *f*, Sanierung *f*
recapitalization balance sheet *(WiWi)* Sanierungsbilanz *f*
recapitalization gains *(WiWi)* Sanierungsgewinne *mpl*
receipt *v (Gen)* Empfang bestätigen, quittieren *(payment)*; den Empfang bescheinigen
receipt 1. *(Gen)* Annahme *f*, Erhalt *m (of goods)*; Bon *m*, Quittung *f*, Empfangsbescheinigung *f (for goods, payment)*; 2. *(V&M)* Annahme *f* • **be in receipt of** *(Gen)* erhalten haben • **on receipt of** *(Gen)* bei Erhalt von
receipt book *(Gen)* Quittungsblock *m*
receipt for payment *(Gen)* Quittung *f*
receipt stamp *(Komm)* Eingangsstempel *m*
receipts *(Gen)* Einnahmen *fpl*, Quittungen *fpl*
receipts and payments account *(RW)* Einnahmen-Ausgaben-Rechnung *f*
receivables *(RW)* Forderungen *fpl*
receivables turnover *(Fin)* Debitorenumschlag *m*, Forderungsumschlag *m*
receive *v (Gen)* empfangen, erhalten, *(ugs.)* kassieren
receive *v* **an allowance** *(Soz)* Zuschuss erhalten
receive *v* **unemployment benefit [compensation]** *(Pers, Soz)* Arbeitslosengeld erhalten, Arbeitslosenunterstützung empfangen, Arbeitslosenunterstützung beziehen *(cf be on welfare AE)*
received *adj (Gen)* empfangen, bezahlt *(payment)*
receiver 1. *(Pers)* Empfänger(in) *m(f)*; 2. *(Recht)* Insolvenzverwalter(in) *m(f)*, Zwangsverwalter(in) *m(f) (bankruptcy)*
receivership *(BE)* 1. *(RW)*

Insolvenzverwaltung *f*, Konkursverwaltung *f*; 2. *(Fin, Recht)* Zwangsverwaltung *f* • **go into receivership** *(Recht)* die Zwangsverwaltung veranlassen
receiving country *(WiWi)* Aufnahmeland *n*, Bestimmungsland *n*
receiving office *(Gen, Pat)* Anmeldeamt *n*, Annahmestelle *f*
reception 1. *(Admin, Gen)* Empfang *m*; 2. *(Frei)* Empfang *m*, Rezeption *f*
receptionist 1. *(Fin, Gen)* Rezeptionist(in) *m(f)*; 2. *(Pers)* Empfangschef(in) *m(f) (in hotel)*; Empfangssekretär(in) *m(f) (in office)*
recession *(WiWi)* Konjunkturrückgang *m*, Rezession *f*
recessionary *adj (WiWi)* rezessiv
recessionary phase *(WiWi)* Rezessionsphase *f*, rezessive Phase *f*
recipient *(Gen, Recht)* Empfänger(in) *m(f)*
recipient country *(Imp/Exp)* Empfängerland *n*
recipient of an allowance *(Pers)* Empfänger(in) *m(f)* eines Zuschusses
reciprocal *adj (Gen)* gegenseitig, reziprok, wechselseitig
reciprocal *(Stat)* reziproker Wert *m*
reciprocal agreement *(Pers)* Gegenseitigkeitsabkommen *n*
reciprocal buying *(V&M)* wechselseitige Lieferbeziehungen *fpl*
reciprocal principle *(WiWi)* Reziprozitätsprinzip *n*
reciprocal ratio *(Stat)* reziprokes Verhältnis *n*
reciprocity *(Bank)* Gegenseitigkeit *f*
reciprocity principle 1. *(Pol, Soz)* Prinzip *n* des Gebens und Nehmens; 2. *(WiWi, Imp/Exp, Pol)* Reziprozitätsprinzip *n*, Gegenseitigkeitsprinzip *n (foreign trade, Außenhandel)*
reckoning *(RW)* Abrechnung *f*, Rechnen *n*
recognition 1. *(RW)* Ausweis *m*, Ansatz *m (balance sheet)*; 2. *(Gen, Recht)* Anerkennung *f (of claim)*
recognition and measurement *(RW)* Ansatz *m* und Bewertung *f (IAS 39)*
recognition lag *(WiWi)* Erkennungsverzögerung *f*
recognize *v* 1. *(RW)* ausweisen, verbuchen; 2. *(Gen)* anerkennen *(acknowledge)*; wiedererkennen
recognized *adj (Gen)* anerkannt
recognized professional body *(Fin)* anerkannter Berufsverband *m*
recognized profit *(Steuer)* ausgewiesener Gewinn *m*
recommend *v (Gen)* empfehlen
recommended price *(Gen)* empfohlener Preis *m*, Richtpreis *m*
recommended retail price *(V&M)* Preisempfehlung *f*, unverbindliche Preisempfehlung *f*
reconcile *v* 1. *(RW)* abstimmen, ausgleichen, berichtigen *(account, figures)*; 2. *(Fin)* aussöhnen, versöhnen *(people)*
reconcile *v* **an account** *(Bank, RW)* ein Konto abstimmen
reconciliation of cash *(WiWi)* Kassenabstimmung *f*
recondition *v (Gen)* aufarbeiten, überholen
reconsider *v (Gen)* neu bedenken, nochmals erwägen
reconstruction 1. *(WiWi)* Reorganisation *f*, Umbau *m (of company)*; Wiederaufbau *m*; 2. *(Gen)* Rekonstruktion *f*
reconveyance *(Grund)* Rückübereignung *f*
record *v* 1. *(RW)* aufzeichnen, eintragen *(accounts, register)*; 2. *(Admin)* protokollieren; 3. *(Gen)* erfassen, registrieren, beurkunden *(contract)*; aufnehmen, aufzeichnen *(meeting)*
record *v* **a positive EBIT** *(Fin, RW)* einen positiven EBIT erzielen
record 1. *(Admin)* Niederschrift *f*; 2. *(Comp)* Datensatz *m*; 3. *(Gen)* Aufzeichnung *f*, Vorgang *m (written)*; 4. *(Steuer)* Beleg *m (bookkeeping)* • **on record** *(Recht)* aktenkundig
record date *(Fin)* Bezugsrechtsstichtag *m*
record high *(WiWi)* historischer Höchststand *m*, Rekordhöhe *f*, Spitzenwert *m (profits, unemployment)*
record keeping *(Recht)* Aktenführung *f*
recorded *adj* 1. *(Gen)* erfasst, eingetragen; 2. *(Frei, Media)* aufgezeichnet
recorded by a notary *(Recht)* notariell beglaubigt, notariell beurkundet
recorded economy *(WiWi)* offizielle Wirtschaft *f*
recording 1. *(Admin)* Registrierung *f*; 2. *(Comp)* Aufzeichnung *f*

recording of business transactions *(WiWi)* Erfassung *f* von Geschäftsvorfällen
records 1. *(Admin, RW)* Aufzeichnungen *fpl*; 2. *(Gen)* Unterlagen *fpl*
records management *(Mgt)* Aktenverwaltung *f*
recoup *v (Gen)* ausgleichen, wettmachen *(loss)*
recourse 1. *(Gen)* Rückgriff *m*, Regress *m*; 2. *(Versich)* Rückgriff *m* • **with recourse** *(Gen)* mit Rückgriff, mit Regress
recover *v* 1. *(Comp)* wiederherstellen; 2. *(WiWi)* eintreiben, wiedererlangen, zurückerhalten; 3. *(Umwelt)* rückgewinnen *(for recycling)*; 4. *(Gen)* wiedereinbringen *(expenditure)*; einholen, eintreiben *(debts)*; wiederhereinholen *(assets)*; 5. *(WiWi)* sich erholen
recoverable debt *(RW)* beitreibbare Forderung *f*
recoverable input tax *(Steuer)* anrechenbare Vorsteuer *f*
recoverable reserves *(Umwelt)* abbauwürdige Vorräte *mpl*, förderwürdige Reserve *f (of raw materials)*
recovered bad debt *(RW)* eingetriebene Forderung *f*
recovered sums *(Fin)* beigetriebene Beträge *mpl*
recovery 1. *(WiWi)* Belebung *f*; 2. *(Umwelt)* Rückgewinnung *f*; 3. *(Fin)* Eintreibung *f*; Einzug *m*
recovery CD *(Comp)* Recovery-CD *f (after system crash)*
recovery of losses *(RW)* Wiederausgleich *m* von Verlusten
recovery program *(AE) (WiWi) s.* recovery programme
recovery programme *(BE) (WiWi)* Programm *n* zur Belebung der Konjunktur, Wiederaufbauprogramm *n*
recruit *v (Pers)* einstellen
recruit *v* **labor** *(AE) (Pers) s.* recruit labour
recruit *v* **labour** *(BE) (Pers)* Arbeitskräfte einstellen, Personal einstellen
recruitment *(Pers)* Anwerbung *f*, Einstellung *f*, Personalbeschaffung *f*
recruitment ban *(Pers)* Einstellungsstopp *m*, Einstellungssperre *f (synonymous: recruitment stop)*; Anwerbestopp *m (z. B. für ausländische Arbeitnehmer)*
recruitment fee *(Pers)* Anwerbegebühr *f*
recruitment needs *(Pers)* Einstellungsbedarf *m*
recruitment rate *(Gen)* Einstellungsrate *f*, Zugangsrate *f (the percentage of newly hired employees of the average total employment; synonymous: accession rate; Verhältnis aus neu eingestellten Beschäftigten zur Durchschnittsbeschäftigung innerhalb eines bestimmten Zeitraumes)*
recruitment standards *(Pers)* Einstellungskriterien *npl*
rectification 1. *(Gen)* Behebung *f*, Berichtigung *f*; Abänderung *f (amendment)*; Richtigstellung *f*, Entzerrung *f (situation)*; 2. *(Recht, V&M)* Nacherfüllung *f (Vertragsrecht)*
rectified *adj (Gen)* berichtigt
rectify *v (Gen)* beheben, berichtigen, abändern *(amend)*; entzerren, richtigstellen *(situation)*
recto *(Media)* Vorderseite *f (front of page)*
recyclable *adj (Umwelt)* recycelfähig, wiederverwertbar
recycle *v (Umwelt)* rückgewinnen, recyceln, wiederverwenden, wiederverwerten, zurückführen *(re-use)*
recycled paper *(Umwelt)* Recyclingpapier *n*, Umweltschutzpapier *n*
recycling of waste *(Umwelt)* Abfallwiederaufbereitung *f*
red-herring (prospectus) *(Börse)* vorläufiger Börseneinführungsprospekt *m* [Emissionsprospekt *m*]
red/in the *(Bank, Gen)* in den roten Zahlen, *(ugs.)* in den Roten
redeem *v* 1. *(Bank, Fin, Gen)* rückzahlen; 2. *(Börse)* rückzahlen, tilgen
redeemable bonds *(RW)* ablösbare Schuldverschreibungen *fpl*
redeemed share *(Börse)* eingezogene Aktie *f*
redelivery *(Gen, Logis)* Rücklieferung *f*
redemption 1. *(RW)* Tilgung *f*; 2. *(Bank)* Auslösung *f*; 3. *(Fin)* Tilgung *f*; 4. *(Gen)* Einlösung *f (of token, pawned object)*
redemption before due date *(Fin)* vorzeitige Tilgung *f*
redemption bond *(Börse)* Amortisationsanleihe *f*, Tilgungsanleihe *f*
redemption commitments *(Fin)* Tilgungsverpflichtungen *fpl*

redemption date *(Börse)* Rückzahlungstermin *m*
redemption-free year *(Fin)* tilgungsfreies Jahr *n*
redemption installment *(AE) (Fin) s.* redemption instalment
redemption instalment *(BE) (Fin)* Tilgungsrate *f*
redemption mortgage *(Fin)* Tilgungshypothek *f*, Annuitätenhypothek *f*
redemption of a loan *(Fin)* Tilgung *f* einer Anleihe
redemption of capital *(Fin)* Kapitalrückzahlung *f*
redemption period *(Fin)* Einlösungsfrist *f*
redemption price *(Fin)* Rückzahlungskurs *m (bonds)*; Rücknahmepreis *m (investment fund share; opposite: issue price = Ausgabepreis)*
redemption rate 1. *(Bank)* Grundtilgung *f*; 2. *(Fin)* Tilgungsquote *f*, Tilgungssatz *m*
redemption yield *(Bank, Fin)* Effektivverzinsung *f*, Rückzahlungsrendite *f (cf YTM)*
redeploy *v* 1. *(Admin)* versetzen; 2. *(Gen)* versetzen, umgruppieren *(restructure)*; 3. *(Pers)* versetzen *(transfer)*
redevelopment *(Grund, WiWi)* Sanierung *f*
redhibition *(Recht)* Gewährsmangel *m*
redhibitory defect *(Recht)* Sachmangel *m*
rediscount rate *(RW)* Rediskontsatz *m*
redistribution *(Bank)* Umverteilung *f* (der Liquidität)
redistributive effect *(WiWi)* Umverteilungseffekt *m*
redraft *v (Admin)* umformulieren
redress *v* 1. *(Gen)* wiederherstellen *(balance)*; bereinigen *(situation)*; 2. *(Recht)* abhelfen *(grievance)*
redress *(Recht)* Abhilfe *f*, Entschädigung *f*, Wiedergutmachung *f*
reduce *v* 1. *(WiWi)* verringern, herabsetzen, reduzieren, zurückführen *(prices, investment)*; 2. *(Gen)* ausdünnen, nachlassen, abbauen, verringern, ermäßigen, verbilligen *(prices)*; ermäßigen *(inflation rate)*
reduce *v* **in size** *(Gen)* verkleinern
reduce *v* **staff** *(Pers)* Personal abbauen
reduce *v* **the number of jobs** *(Pers)* die Zahl der Arbeitsplätze verringern
reduce *v* **the workforce** *(Pers)* Personal abbauen, Arbeitskräfte abbauen
reduced *adj* 1. *(WiWi)* herabgesetzt, verringert *(price, price support)*; 2. *(Gen)* reduziert, verbilligt
reduced price *(V&M)* herabgesetzter Preis *m*
reduced tax *(Steuer)* ermäßigte Steuer *f*
reducing-balance depreciation *(RW)* degressive Abschreibung *f (applies a constant percentage reduction; Verminderung des Restbuchwerts um einen konstanten Abschreibungssatz)*
reducing balance method *(RW)* degressive Abschreibung *f (depreciation)*
reducing-installment system *(AE) (WiWi) s.* reducing-instalment system
reducing-instalment system *(BE) (WiWi)* degressive Abschreibung *f*
reduction 1. *(WiWi)* Herabsetzung *f*, Verringerung *f*, Reduzierung *f*; 2. *(Gen)* Ermäßigung *f*, Nachlass *m*, Verkürzung *f*, Rabatt *m (discount)*; 3. *(Recht)* Minderung *f*
reduction in size *(Gen)* Verkleinerung *f*, Verringerung *f*
reduction in value *(Fin)* Wertminderung *f*, Wertverlust *m*
reduction in working hours *(Pers)* Arbeitszeitverkürzung *f*
reduction of liability *(Recht, Versich)* Haftungsminderung *f (contracts)*
reductions in profit *(Fin)* Ertragseinbußen *fpl*
redundancy 1. *(Comp)* Redundanz *f*; 2. *(Pers)* Entlassung *f*
redundancy agreement *(Pers)* Abfindungsvereinbarung *f*
redundancy letter *(BE) (Mgt, Pers)* Kündigungsschreiben *n (notice in writing)*
redundancy notice *(Pers)* Entlassung *f*, Entlassungsmitteilung *f*, Kündigung *f*, Kündigungsschreiben *n*
redundancy payment 1. *(Gen)* Entlassungsabfindung *f*; 2. *(Pers)* Abfindungszahlung *f*
redundant *adj (Gen)* überflüssig *(unneeded)* • **be made redundant** *(Pers)* den Arbeitsplatz verlieren • **make redundant** *(Pers)* entlassen
refer *v (Gen)* sich beziehen auf, verweisen
refer *v* **to** 1. *(Gen)* verweisen (auf), sprechen von, erwähnen *(mention)*;

sich wenden an *(consult person)*; sich beziehen auf *(relate to)*; 2. *(Recht)* verweisen, weiterleiten *(case)*; 3. *(Pat)* verweisen auf, Bezug nehmen auf *(previous, single claim)*

reference 1. *(Komm)* Bezugnahme *f (in document)*; 2. *(Gen)* Verweis *m*, Aktenzeichen *n*, Geschäftszeichen *n*; 3. *(Pers)* Zeugnis *n*, Referenz *f (testimonial)*; 4. *(Media)* Quellenangabe *f* • **reference to** *(Pat)* Bezugnahme auf • **our reference** *(Gen)* unser Zeichen • **with reference to** 1. *(Komm)* Bezug nehmend auf; 2. *(Gen)* unter Bezugnahme auf • **with reference to your enquiry** *(Komm)* Bezug nehmend auf Ihre Anfrage

reference benchmark *(Bank)* Referenzwert *m (ECB)*

reference currency *(WiWi)* Referenzwährung *f*

reference date *(Gen)* Stichtag *m*

reference day *(Gen)* Stichtag *m*

reference exchange rate *(Bank)* Referenzkurs *m*

reference figure 1. *(RW)* Bezugsgröße *f*; 2. *(Gen)* Bezugswert *m*, Referenzwert *m*, Referenzgröße *f*, Vergleichswert *m*, Eckwert *m (synonymous: benchmark, reference value)*

reference interest rate *(Bank, Fin)* Referenzzins *m*, Referenzzinssatz *m (e.g. Euribor, Libor)*

reference number 1. *(Gen)* Kennziffer *f*; 2. *(Pers)* Chiffrenummer *f*

reference period 1. *(Gen, Stat)* Bezugszeitraum *m*; 2. *(Recht)* Referenzzeitraum *m*

reference price *(Gen)* Bezugspreis *m*, Vergleichspreis *m*; Mindestpreis *m*, Referenzpreis *m (synonymous: floor price)*

reference rate *(Bank, Fin)* Referenzzins *m*, Referenzzinssatz *m (e. g. Euribor, Libor)*

references 1. *(Pers)* Referenzen *fpl*, Zeugnis *n*, Empfehlung *f*, Empfehlungsschreiben *n*; 2. *(WiWi, Edu)* Literaturhinweise *mpl*, Literaturangaben *fpl* • **ask for references** *(Pers)* Empfehlungen erbitten, Empfehlungen einholen, Auskünfte einholen • **give sb good references** *(Pers)* jmdn. gute Empfehlungen geben, jmdn. gute Referenzen geben • **have excellent references** *(Pers)* über ausgezeichnete Referenzen verfügen • **references can be obtained from** *(Pers)* Referenzen können eingeholt werden von, Referenzen können erhalten werden von • **take up sb's references** *(Pers)* jmds. Referenzen einholen

referring to *(Gen)* Bezug nehmend auf, unter Bezugnahme auf

refinance *v (Fin)* umschulden

refinancing *(Fin)* Refinanzierung *f*, Umschuldung *f*

reflation 1. *(WiWi)* Reflation *f*; 2. *(Gen, Pol)* Ankurbelung *f*

refloat *v* 1. *(Bank)* umstrukturieren; 2. *(WiWi)* sanieren

reflotation *(Bank)* Umstrukturierung *f*

refocusing *(Gen)* Umorientierung *f*

reform *v (Gen)* reformieren; neu gestalten

refresher course *(Bil)* Auffrischungskurs *m*, Wiederholungskurs *m*

refresher training *(Gen)* auffrischende Ausbildung *f*

refrigerated *adj (Ind)* kühl aufbewahrt, tiefgekühlt, Kühl

refuel inflation *(WiWi)* die Inflation anheizen

refund *v* 1. *(Bank, Fin)* rückzahlen; 2. *(Gen)* erstatten

refund 1. *(Bank, WiWi, Fin, Gen)* Rückerstattung *f*, Rückzahlung *f*; 2. *(Steuer)* Rückerstattung *f*

refund of cost(s) *(Gen, RW)* Kostenerstattung *f*

refund of premium *(Versich)* Beitragsrückerstattung *f*

refundable expenses *(Gen)* erstattungsfähige Kosten *pl*

refunding *(Fin)* Refinanzierung *f*, Umfinanzierung *f*, Umschuldung *f*

refusal *(Gen)* Ablehnung *f*, Absage *f*, Verweigerung *f*, abschlägige Antwort *f (negative response)*

refusal to accept *(Recht)* Annahmeverweigerung *f (contracts)*

refusal to fulfil an obligation *(BE) (Recht)* Erfüllungsverweigerung *f*, Leistungsverweigerung *f*

refusal to fulfill an obligation *(AE) (Recht) s.* refusal to fulfil an obligation

refuse *v (Gen)* verweigern

refuse *v* **a job offer** *(Pers)* ein Stellenangebot ablehnen

refutable *adj (Stat)* anfechtbar

regard to/with *(Gen)* in Bezug auf
regarding *adv* 1. *(Komm)* betreffs, bezüglich; 2. *(Gen)* in Bezug auf
regenerative energy *(Recht, Umwelt)* regenerative Energien *fpl*
region 1. *(Comp)* Bereich *m*; 2. *(WiWi)* Region *f*; 3. *(Gen)* Bereich *m*, Gebiet *n*
regional *adj (Gen)* räumlich begrenzt, regional, Regional
regional development *(WiWi)* Regionalentwicklung *f*
regional office *(Pol, Recht)* Regionalbüro *n*
regional planning policy *(WiWi)* Raumordnungspolitik *f*
regional policy *(WiWi)* Regionalpolitik *f*
register *v* 1. *(Admin)* eintragen *(in book, file)*; registrieren *(fact, figure)*; 2. *(Gen)* registrieren, beurkunden, anmelden, eintragen lassen *(change of name)*; 3. *(Recht)* eintragen *(business name)*
register *v* **a high** *(Gen)* ein Hoch verzeichnen *(on stock market)*
register *v* **as unemployed** *(Pers)* sich arbeitslos melden
register *(Pat)* Patentrolle *f*, Register *n*, Verzeichnis *n*
register of bills payable *(RW)* Akzeptebuch *n*
register of companies *(Admin)* Gesellschaftsregister *n*
Register of Members *(Recht)* Aktienbuch *n*, Aktionärsregister *m (of corporation, public limited company)*
register of vacancies *(Pers, Soz)* Verzeichnis *n* der offenen Stellen, Kartei *f* der offenen Stellen
registered *adj* 1. *(Komm)* eingeschrieben, per Einschreiben; 2. *(Gen)* registriert, eingetragen
registered bond *(Bank, Fin)* Namensschuldverschreibung *f (opposite: bearer bond = Inhaberschuldverschreibung, Inhaberobligation)*
registered company *(Admin, Recht)* eingetragene Gesellschaft *f*
registered design *(BE) (Pat, Recht)* Geschmacksmuster *n (synonymous: design; AE: design patent)*
registered job-seekers *(Soz)* registrierte Arbeitssuchende *pl*, gemeldete Arbeitssuchende *pl*
registered letter *(Komm)* eingeschriebener Brief *m*, Einschreiben *n*
registered market maker *(Börse)* eingetragener Marktmacher *m*, zugelassener Marktmacher *m*
registered office *(Admin, Recht)* eingetragener Sitz *m*
registered parcel *(Komm)* Wertpaket *n*
registered post *(BE) (Komm)* Einschreiben *n* • **by registered post** *(Komm)* per Einschreiben
registered proprietor *(Grund)* eingetragener Eigentümer *m*, eingetragene Eigentümerin *f*
registered representative *(Börse)* registrierter Vertreter *m*, registrierte Vertreterin *f*, registrierte(r) Bevollmächtigte(r) *f(m)*
registered share *(Börse, RW)* Namensaktie *f*
registered shareholder *(BE) (Börse)* im Aktionärsregister eingetragener Aktionär, im Aktienregister eingetragener Aktionär *m*, registrierter Aktionär *m (registered shares, Namensaktien)*
registered society *(Börse, Gen, Pol)* eingetragener Verein *m*
registered stockholder *(AE) (Börse)* (im Aktionärsregister) eingetragener Aktionär *m*, im Aktienregister eingetragener Aktionär *m*, registrierter Aktionär *m (registered shares, Namensaktien)*
registered title *(Recht)* eingetragener Rechtsanspruch *m*
registered trademark *(Pat, Recht)* eingetragene Marke *f*, geschützte Marke *f*, Registriermarke *f*; *(obs.)* eingetragenes Markenzeichen *n*
registered trademark symbol *(Pat, Recht)* Registriermarke-Zeichen *n*; registrierte Marke *f (® symbol; keyboard ALT+0174, used only for registered trademarks = eingetragene Marken)*
registered unemployed 1. *(Gen)* als arbeitslos gemeldet; 2. *(Soz)* gemeldete Arbeitslose *pl*, registrierte Arbeitslose *pl*; registrierte(r) Arbeitslose(r) *f(m)*
registration 1. *(Admin, Gen)* Eintragung *f*, Registrierung *f*; 2. *(Recht)* Anmeldung *f*, Zulassung *f (of car)*
registration deadline *(Gen, Recht)* Anmeldeschluss *m*, Meldeschluss *m*, Anmeldefrist *f*

registration fee 1. *(Gen)* Anmeldegebühr *f*, Teilnahmegebühr *f*, Registrierungsgebühr *f*; 2. *(Bil, V&M)* Tagungsgebühr *f*
registration form *(Bil, V&M)* Anmeldeformular *n*
registration office *(Admin)* Anmeldestelle *f*, Einwohnermeldeamt *n*
registry of deeds *(Grund, Recht)* Grundbuchamt *n*
registry office *(Admin)* amtliches Register *n*, Standesamt *n*
regression analysis *(Stat, WiWi)* Regressionsanalyse *f*
regression line *(Stat)* Regressionsgerade *f*
regressive tax *(Steuer)* regressive Steuer *f (indirect)*
regroup *v* 1. *(Gen)* umgruppieren; 2. *(Stock)* umschichten *(investments, Anlagen)*
regular accounting practices *(WiWi)* übliche Rechnungslegungsverfahren *npl*
regular annual payment *(Fin)* Annuität *f*
regular depreciation *(RW, Steuer)* planmäßige Abschreibung *f (allocation of the cost of fixed assets over the estimated useful life, planmäßige Verteilung der AK/HK abnutzbarer Wirtschaftsgüter über die betriebsgewöhnliche Nutzungsdauer; synonymous: scheduled depreciation, systematic depreciation, normal depreciation; opposite: non-scheduled depreciation = außerplanmäßige Abschreibung)*
regular employment *(Pers)* reguläre Beschäftigung *f*, normalerweise ausgeübte Tätigkeit *f*
regular hours 1. *(Gen)* normale Zeiten *fpl*; 2. *(Pers)* normale Arbeitszeiten *fpl*
regular income *(Fin)* regelmäßige Einnahmen *fpl*, feste Einnahmen *fpl*
regular job *(Pers)* reguläre Beschäftigung *f*, feste Stelle *f*, normalerweise ausgeübte Tätigkeit *f*
regular labour market *(BE) (Gen, WiWi)* erster Arbeitsmarkt *m*, regulärer Arbeitsmarkt *m (opposite: secondary labour market = sekundärer Arbeitsmarkt = zweiter Arbeitsmarkt)*
regulate *v* 1. *(Fin, WiWi)* lenken, ordnen, regeln, regulieren *(industry, market)*; 2. *(Recht)* regulieren
regulated *adj (Fin, WiWi)* reguliert
regulated investment company 1. *(WiWi)* steuerbegünstigte Investmentgesellschaft *f*; 2. *(Fin)* regulierter Investmentfonds *m*
regulated market *(Fin)* regulierter Markt *m*
regulated prices *(Pol, WiWi)* regulierte Preise *mpl*, geregelte Preise *mpl*
regulation 1. *(Recht)* Verordnung *f (Community law = EU--Gemeinschaftsrecht: a regulation immediately binds EU member states legally in every respect; EU-Gesetz mit sofortiger rechtlicher Bindungswirkung gemeinschaftsweit; anders: Richtlinie = directive)*; Verwaltungsvorschrift *f*, Durchführungsverordnung *f*, Durchführungsbestimmung *f*, Ausführungsverordnung *f (general administration)*; 2. *(WiWi)* Regulierung *f*, (Maßnahme der) staatliche(n) Wirtschaftslenkung *(government action or intervention)*; Regelung *f*, Vorschrift *f*, Richtlinie *f (directive)*; Bestimmung *f*
regulation on abuse *(Pol, Recht)* Missbrauchsregelung *f*
regulation on misuse *(Pol, Recht)* Missbrauchsregelung *f*
regulatory arbitrage *(Bank, Fin)* Regulierungsarbitrage *f*, Aufsichtsarbitrage *f*, regulatorische Arbitrage *f*, regulatorische Kapitalarbitrage *f (the reduction of regulatory capital requirements by outsourcing and securitizing exposures; cf regulatory capital arbitrage; durch umfangreiche Forderungsverbriefungen, Bündelung und Tranchierung zweitklassiger Hypotheken, Auslagerung der Risiken auf außerbilanzielle Zweckgesellschaften = SPVs = special purpose vehicles wie ABCP-conduits und SIVs = structured investment vehicles = strukturierte Anlagevehikel und Weiterplatzierung als kurzlaufende ABCP-Papiere = asset-backed commercial paper bei institutionellen Anlegern wurde vor dem Inkrafttreten von Basel II eine Reduzierung/Umgehung regulatorischer Eigenkapitalanforderungen = regulatory capital requirements erreicht; die technische' Voraussetzung für das*

Entstehen der US-Hypotheken- und schließlich der Finanzkrise ab Sommer 2007)

regulatory body *(Recht)* Regulierungsbehörde *f*; Kontrollbehörde *f (synonymous: regulatory agency)*

regulatory capital relief *(Bank, Fin)* regulatorische Kapitalentlastung *f (Basel II/ Basel III, securitization, Verbriefungen)*

regulatory constraints *(Recht)* Auflagen *fpl*

regulatory framework *(Pol, Recht, WiWi)* ordnungspolitischer Rahmen *m*, Ordnungsrahmen *m*

regulatory policy *(Pol, WiWi)* Ordnungspolitik *f (no precise English equivalent to the German term)*

regulatory procedure with scrutiny *(Pol, Recht)* Regelungsverfahren *n* mit Kontrolle; *(ugs.)* kontrolliertes Regelungsverfahren *n (EU, new legislative process replacing the comitology procedure; neues EU--Rechtssetzungsverfahren, ersetzt das Komitologieverfahren)*

rehabilitate *v* 1. *(Umwelt)* sanieren *(dumping site)*; 2. *(Gen)* rehabilitieren *(reputation, company)*; 3. *(Recht)* wieder eingliedern

reimbursable *adj (Bank, Börse, Fin, Gen)* rückzahlbar

reimburse *v* 1. *(Bank, Fin)* rückzahlen; 2. *(Gen)* entschädigen *(person)*; 3. *(Pat)* abgelten, entschädigen; 4. *(Steuer)* erstatten

reimbursement of cost(s) *(Gen)* Kostenerstattung *f*, Rückzahlung *f* der Kosten

reimbursement of travel expenses *(Gen)* Reisekostenerstattung *f*

reinforce *v* 1. *(WiWi)* stützen; 2. *(Gen)* stützen, untermauern, verstärken

reinforce *v* **capital** *(WiWi)* Kapital erhöhen

reinforcement *(Gen)* Stärkung *f*, Verstärkung *f*

reinstatement 1. *(Gen)* Wiedereinsetzung *f (of employee)*; 2. *(Pers)* Wiedereinstellung *f*; 3. *(Recht)* Wiederherstellung *f*

reinsurance *(Versich)* Rückversicherung *f*

reinsurance company *(Versich)* Rückversicherungsgesellschaft *f*

reintegration *(Recht)* Wiedereingliederung *f*

reintermediation *(Bank)* Mittelrückfluss *m* ins Banksystem

reinvest *v (Fin, RW)* reinvestieren, wieder anlegen

reinvested earnings *(WiWi)* einbehaltene Gewinne *mpl*

reinvestment 1. *(RW)* Ersatzinvestition *f*, reinvestierter Gewinn *m*; 2. *(Börse)* Reinvestition *f*

REIT *(Abk. für real-estate investment trust, AE) (Fin, Recht)* Immobilien--Aktiengesellschaft *f*; Immobilien--Investmentgesellschaft *f*, Immobilienfonds *m (cf real-estate investment trust; die Reit-AG ist eine Mischform aus Immobilienfonds und börsennotierter Immobilienaktiengesellschaft; cf steuerbegünstigte Immobilienaktiengesellschaft)*

reiterate *v (Gen)* wiederholen

reject *v* 1. *(Gen)* verweigern; 2. *(Recht)* zurückweisen *(contract)*; 3. *(Pat)* ablehnen, zurückweisen

reject *v* **an application** *(Pers)* eine Bewerbung ablehnen

rejects *(Ind)* Ausschuss *m*

related *adj (Recht)* verwandt

related company *(Gen)* verbundenes Unternehmen *n*

relationship *(Gen)* Beziehung *f*, Verhältnis *n*

relationship management *(Bank, Mgt)* Beziehungsmanagement *n*, Kundenbetreuung *f*

relative *adj (Gen)* bezüglich, relativ, verhältnismäßig

relative *(Stat)* Verhältniszahl *f*, Messziffer *f*

relative concentration *(Stat)* relative Konzentration *f*

relative price *(WiWi)* relativer Preis *m*

relaunch *v* 1. *(Gen)* wieder auflegen, wieder einführen *(programme, product)*; 2. *(V&M)* erneut einführen

relax *v* 1. *(Gen, Mgt)* lockern *(control, restrictions)*; nachlassen *(efforts)*; 2. *(Frei)* sich entspannen

release *v* 1. *(RW)* auflösen; 2. *(Comp)* freigeben *(software, product)*; 3. *(Fin)* erlassen; 4. *(Gen)* freigeben *(publish)*

release *v* **a debt** *(Gen)* eine Forderung erlassen

release *v* **sb from a debt** *(Recht)* jmdm.

eine Schuld erlassen
release 1. *(RW)* Auflösung *f*; 2. *(Comp)* Freigabe *f (of software, product)*; 3. *(Recht)* Erlass *m*
release from liability *(Recht, Versich)* Haftungsfreistellung *f*
release from obligations *(Recht)* Befreiung *f* von Verbindlichkeiten
release from one's duties [work] *(Pers)* Freistellung *f* von der Arbeit
release of debt *(Recht)* Schulderlass *m*
relevant cost approach *(Mgt)* Differenzkostenmethode *f*, Methode *f* der relevanten Kosten
relevant costs *(RW, WiWi)* entscheidungsrelevante Kosten *pl*, relevante Kosten *pl*, zielbedeutsame Kosten *pl*, zweckerhebliche Kosten *pl*, Differenzkosten *pl (the cost of using a resource in one activity is measured in terms of its best alternative use; if several opportunities are given up relevant costs are the value assigned to the best or highest alternative; synonymous: incremental cost, alternative cost; Bereitstellung relevanter, zweckneutraler Kosten für die entscheidungsorientierte Kostenrechnung = functional accounting, insbesondere die Einzelkosten- und Grenzplankostenrechnung)*
relevant documents *(Admin, Recht)* sachdienliche Unterlagen *fpl*
relevant information *(Recht, RW)* sachdienliche Information *f*
reliability *(Gen)* Zuverlässigkeit *f*, Kreditwürdigkeit *f*, Bonität *f (financial)*; Vertrauenswürdigkeit *f (personal)*
reliable *adj (Gen)* verlässlich, vertrauenswürdig, zuverlässig
reliable source *(Gen)* zuverlässige Quelle *f*
relief *(Steuer)* Entlastung *f*
relief on business assets *(RW)* Sonderabschreibung *f* auf das Anlagevermögen
relief shift *(Pers)* zusätzliche Schicht *f*
relieve *v* 1. *(Gen)* ablösen; 2. *(Recht)* befreien; 3. *(Steuer)* entlasten
religious discrimination *(Pers)* religiöse Diskriminierung *f*
relinquish *v (Gen, Recht)* verzichten auf, aufgeben, überlassen
relocate *v* 1. *(WiWi)* umsiedeln; 2. *(Gen)* versetzen *(employee)*; verlegen *(company, headquarters)*; 3. *(Ind)* umsiedeln *(company, headquarters)*; 4. *(Gen)* umsiedeln; 5. *(Grund, Logis)* umziehen
relocated *adj (Admin, Pers)* versetzt
rely *v* **on** 1. *(Gen)* sich verlassen auf, vertrauen *(person)*; 2. *(Recht)* vertrauen
remain *v* **employed** *(Pers)* beschäftigt bleiben
remain *v* **in employment** *(Pers)* in Arbeit bleiben, in Beschäftigung bleiben
remaining *adj (Gen)* restlich
remaining debt *(Bank, Fin)* Restschuld *f*
remaining maturity *(Fin)* Restlaufzeit *f (bis zur Endfälligkeit)*
remaining stock *(Gen)* Restposten *m*
remaining term *(Fin)* Restlaufzeit *f (bis zur Endfälligkeit)*
remargining *(Fin)* Nachschießen *n*, Nachschuss *m*
remind *v (Fin, Recht, RW)* mahnen
reminder 1. *(Fin, RW)* Mahnung *f*, Anmahnung *f*; 2. *(Gen)* Erinnerung *f*; 3. *(Recht)* Mahnbescheid *m*
reminder advertising *(V&M)* Erinnerungswerbung *f*
remission 1. *(WiWi)* Rückerstattung *f*; 2. *(Recht)* Erlass *m (of sentence)*; 3. *(Steuer)* Rückerstattung *f*, Rückzahlung *f*
remission of charges *(Steuer)* Gebührenerlass *m*
remission of debt *(Recht)* Schulderlass *m*
remit *v* 1. *(WiWi)* überweisen; 2. *(Fin)* anschaffen
remit *v* **a debt** *(Gen)* eine Forderung erlassen
remittance *(Fin)* Überweisung *f*, Überweisungsanzeige *f*
remittance for collection *(Bank)* Inkassoüberweisung *f*, Überweisung *f* zum Inkasso
removal 1. *(Gen)* Behebung *f*, Beseitigung *f (of problem)*; Umzug *m (new home)*; Entfernung *f (of attachment, cover, office)*; Aufhebung *f (of tariff barriers, restrictions)*; 2. *(Logis)* Umzug *m*
remove *v* 1. *(Comp)* entfernen; 2. *(WiWi)* abbauen; 3. *(Gen)* beseitigen *(obstacle, problem)*; aufheben, beheben
remunerate *v (Gen, Pers)* entlohnen, bezahlen; entschädigen

remuneration 1. *(Admin)* Honorar *n*; 2. *(Gen)* Bezahlung *f*, Dienstbezüge *mpl*, Entlohnung *f*, Vergütung *f*; 3. *(Pers)* Arbeitsentgelt *n*
remuneration agreement *(Recht)* Vergütungsvereinbarung *f*
remuneration schemes *(V&M)* Vergütungssysteme *f*
render *v (Gen)* vorlegen *(report)*
render *v* **a service** *(Pers)* Dienstleistung erbringen, Leistung erbringen
render *v* **null and void** *(Recht)* null und nichtig machen
rendering of services *(Gen)* Erbringung *f* von Dienstleistungen
renegotiate *v (Gen)* erneut verhandeln, neu aushandeln
renew *v (Gen)* erneuern, prolongieren, verlängern
renewable energy *(Umwelt)* erneuerbare Energie(n) *f(pl)*
renewable raw materials *(Umwelt)* nachwachsende Rohstoffe *mpl*, NaWaRo *mpl*
renewable resource *(WiWi)* erneuerbarer Rohstoff *m*, nachwachsender Rohstoff *m*
renewal *(Gen)* Verlängerung *f*
renewal coupon *(Börse)* Talon *m*
renounce *v* 1. *(Gen)* aufgeben, ausschlagen, verzichten auf; 2. *(Recht)* aufgeben
renounce *v* **an inheritance** *(Recht)* eine Erbschaft ausschlagen
renovate *v (Grund)* renovieren
renowned *adj (Gen)* angesehen, namhaft, renommiert
rent *v* 1. *(Gen)* mieten; 2. *(Grund)* mieten, verpachten
rent *v* **out** *(AE) (Grund)* vermieten
rent *(WiWi)* Miete *f* • **for rent** *(Grund) (AE)* zu vermieten
rent allowance *(Soz)* Mietbeihilfe *f*, Mietzuschuss *m*
rent-free *adj (Grund, Pers, Soz)* mietfrei
rent rebate *(Soz)* Mietbeihilfe *f*, Mietnachlass *m*, Mietzuschuss *m*
rent seeking society *(Pol, Soz, WiWi)* Besitzstandswahrergesellschaft *f*, Gesellschaft *f* von Besitzstandswahrern, Gesellschaft *f* der Besitzstandswahrer
rent subsidy *(Pers, Soz)* Wohngeld *n*
rentable area *(Grund)* vermietbare Fläche *f*
rental 1. *(Imp/Exp)* Miete *f*; 2. *(Grund)* Mieteinnahme *f*, Pachteinnahme *f*, Miete *f*; 3. *(Soz, Logis)* Miete *f*
rental agreement *(Gen)* Mietvertrag *m*
rental rate *(Grund)* Mietpreis *m*
rental term *(Grund)* Mietdauer *f*
renunciation *(Recht)* Verzicht *m*
renvoi *(Recht)* Renvoi *n (conflict of laws)*
reopen *v (Recht)* wieder aufnehmen *(case, proceedings)*
reorder *v (Gen)* nachbestellen
reorder *(Gen)* Nachbestellung *f*
reorder point *(RW)* kritischer Lagerbestand *m*
reorganization 1. *(WiWi)* Sanierung *f*; 2. *(Gen)* Umorganisation *f*; 3. *(Pers)* Umbesetzung *f*; 4. *(Mgt)* Reorganisation *f*, Umgestaltung *f*, Umstrukturierung *f*
reorganize *v* 1. *(Fin, WiWi)* umstrukturieren; 2. *(Gen)* umorganisieren, umbesetzen; 3. *(Mgt)* reorganisieren, umgestalten
rep. *s.* representative
repackaging of risks *(Fin)* Risikoumstrukturierung *f*, Risikoumbündelung *f*
reparation for damage *(Versich)* Schaden(s)ersatz *m*, Schaden(s)ersatzzahlung *f*
repatriate *v (WiWi)* repatriieren *(profits)*
repatriation of profits *(WiWi)* Gewinnrückführung *f*
repay *v* 1. *(RW)* abtragen, zurückzahlen *(debt, mortgage)*; 2. *(Bank)* tilgen, rückzahlen *(debt, mortgage)*; 3. *(Fin)* abbauen, einlösen; 4. *(Gen)* einlösen
repayable *adj (Bank)* rückzahlbar, tilgbar
repayable on demand *(Bank, Fin)* auf Verlangen rückzahlbar
repayment 1. *(RW)* Tilgung *f*; 2. *(Bank, Fin, Gen)* Rückerstattung *f*, Rückzahlung *f*
repayment conditions *(Bank, WiWi)* Rückzahlungsmodalitäten *fpl*
repayment of expenses *(Gen, Soz)* Kostenerstattung *f*, Erstattung *f* der Aufwendungen
repayment period *(Fin)* Tilgungsperiode *f*, Abzahlungsperiode *f*
repayment procedure *(Fin)* Tilgungsverfahren *n*, Rückzahlungsverfahren *n*
repayment term *(Fin)* Tilgungsfrist *m*, Kreditlaufzeit *f*, Rückzahlungszeitraum *m*

repeal *v (Recht)* aufheben *(regulations)*
repeal *v* **a law** *(Recht)* ein Gesetz abschaffen, ein Gesetz aufheben
repeating audit *(WiWi)* periodische Prüfung *f*
repercussion *(Gen)* Auswirkung *f*, Rückwirkung *f*
replace *v* 1. *(Gen)* ersetzen *(stolen or lost goods)*; auswechseln *(machine part)*; austauschen, verdrängen *(exchange)*; 2. *(Recht)* wiederherstellen
replaced asset *(Steuer)* Ersatzinvestition *f*
replacement 1. *(Gen)* Anlageerneuerung *f*, Ersatzbeschaffung *f (purchase of substitute)*; Wiederbeschaffung *f (repurchase)*; Ersatzlieferung *f (delivery of substitute)*; Ersatzmann *m*, Nachfolger(in) *m(f) (person)*; Ersatz *m (substitute, substitution)*; 2. *(Recht)* Wiederherstellung *f*
replacement capital *(Fin)* Ersatzinvestition *f*
replacement costing *(RW)* Buchführung *f* zu Wiederbeschaffungskosten
replacement costs *(RW)* Wiederbeschaffungskosten *pl*, Wiederherstellungskosten *pl*
replacement investment *(Mgt, WiWi)* Ersatzinvestition *f*, Erhaltungsinvestition *f*
replacement method of depreciation *(Fin, RW)* Abschreibung *f* auf Basis der Wiederbeschaffungskosten
replacement need *(Pers)* Ersatzbedarf *m*
replacement part *(Gen)* Ersatzteil *n*
replacement requirement *(Pers)* Ersatzbedarf *m*
replacement value *(RW)* Wiederbeschaffungswert *m*
replenishment of inventories *(Mgt)* Auffüllung *f* von Lagerbeständen
reply 1. *(Gen)* Beantwortung *f*; 2. *(Recht)* Erwiderung *f* • **in reply to your letter** *(Komm)* in Beantwortung Ihres Schreibens
reply paid *(Komm)* bezahlte Rückantwort *f*
reply-paid envelope *(Admin, Komm)* Freiumschlag *m*
report *v* 1. *(RW)* ansetzen, ausweisen; 2. *(Gen)* melden *(accident, crime)*; 3. *(Gen)* berichten, Bericht erstatten
report *v* **a loss** *(RW)* einen Verlust ausweisen
report *v* **a profit** *(RW)* einen Gewinn ausweisen
report *v* **at market value** *(Fin, RW)* zum Kurswert ausweisen
report *v* **to sb** *(Gen)* jmdm. unterstehen *(be answerable to)*
report 1. *(Admin)* Rechenschaftsbericht *m*; 2. *(Comp, Gen)* Bericht *m*
report period *(Gen, V&M)* Berichtszeitraum *m*
reported *adj (Gen)* ausgewiesen
reported earnings *(RW)* ausgewiesener Gewinn *m*
reported equity *(RW)* ausgewiesene Eigenmittel *npl*
reported equity capital *(RW)* ausgewiesenes Eigenkapital *n*
reporting 1. *(RW)* Rechenschaftslegung *f (rendering an account)*; 2. *(Gen)* Berichtswesen *n*, Berichterstattung *f*
reporting company *(Gen)* berichtende Gesellschaft *f*
reporting corporation *(Gen)* berichtende Gesellschaft *f*
reporting date 1. *(RW)* Stichtag *m*; 2. *(Gen)* Berichtszeitpunkt *m*
reporting period *(Gen, WiWi)* Berichtszeitraum *m*
repositioning *(V&M)* Neupositionierung *f*
repossession 1. *(Fin)* Rückkaufvereinbarung *f*; 2. *(Grund, Recht)* Wiederinbesitznahme *f*
repost *v (RW)* umbuchen
represent *v (Gen)* darstellen *(depict)*; vertreten
representation 1. *(Gen)* Darstellung *f*, Repräsentation *f*; Stellvertretung *f (by deputy)*; Agentur *f*, Vertretung *f (of a firm by an agent)*; 2. *(Recht)* Schilderung *f*
representative *adj (Gen)* repräsentativ
representative 1. *(Gen)* Repräsentant(in) *m(f)*, Vertreter(in) *m(f)*, Beauftragte(r) *f(m)*, Bevollmächtigte(r) *f(m)*; 2. *(Pat)* Beauftragte(r) *f(m)*; 3. *(V&M)* Vertreter(in) *m(f)*
representative firm *(WiWi)* Durchschnittsfirma *f*, repräsentatives Unternehmen *n*
representative sample *(Stat)* repräsentative Stichprobe *f*
reprimand *(Pers)* Verweis *m*
reprivatize *v (WiWi)* reprivatisieren
reproduction 1. *(WiWi)* Nachbildung *f*, Reproduktion *f*, Vervielfältigung *f*; 2. *(Gen)* Abdruck *m*

reproduction costs *(RW)* Wiederherstellungskosten *pl*
reproduction right *(Media, Recht)* Vervielfältigungsrecht *n*
repudiate *v* 1. *(Gen)* zurückweisen; 2. *(Pers)* ablehnen *(industrial action)*; 3. *(Recht)* zurückweisen *(claim)*
repurchase *(Fin)* Rückkauf *m (own shares, eigene Aktien)*
repurchase agreement *(Fin, Bank, WiWi)* Pensionsgeschäft *n*, Wertpapierpensionsgeschäft *n*, Rückkaufvereinbarung *f*
repurchase rate *(Bank, Fin)* Pensionssatz *n*, Rücknahmekurs *m*
reputation *(Gen)* Ansehen *n*, guter Name *m*, Leumund *m*, Ruf *m*, Renommee *n (renown)*
request *v (Gen)* anfordern, nachsuchen um, verlangen
request 1. *(Gen)* Anforderung *f*, Aufforderung *f*, Verlangen *n*, Bitte *f*, Wunsch *m (desire)*; 2. *(Pat)* Anfrage *f*, Antrag *m* • **at the request of** *(Gen)* auf Bitte von • **upon request** *(Gen)* auf Antrag
request for file inspection *(Pat)* Antrag *m* auf Akteneinsicht *(synonymous: request for inspection of records)*
request for information *(Recht)* Auskunftsersuchen *n*
request for payment *(Fin, Gen)* Zahlungsaufforderung *f*
request to pay *(WiWi)* Zahlungsaufforderung *f*
require *v (Gen)* Bedarf haben an, brauchen, erfordern, verlangen, fordern *(demand)*
require *v* **sth of sb** *(Gen)* etw. von jmdm. verlangen
required action *(Gen)* erforderliches Handeln *n*
required rate of return *(Fin)* angestrebte Mindestverzinsung *f*
required reserves *(Bank)* Mindestreserven *fpl*
requirement 1. *(Gen)* Anforderung *f*, Bedürfnis *n*, Bedarf *m*, Erfordernis *n*, Forderung *f (condition)*; 2. *(Recht)* Auflage *f*
requiring intensive consulting *adj (Mgt, Pol)* beratungsintensiv *(Gegensatz: beratungsarm = requiring little consulting)*
resale *(Börse, Gen)* Weiterverkauf *m*, Wiederverkauf *m*
resale price *(V&M)* Wiederverkaufspreis *m*
resale price maintenance *(Fin, Recht, V&M)* Preisbindung *f* der zweiten Hand, vertikale Preisbindung *f*
reschedule *v (Fin)* umschulden *(loan)*
rescheduling 1. *(Fin, RW)* Umschuldung *f (synonymous: debt rescheduling, rescheduling of debt)*; 2. *(Bank)* Fristentransformation *f*
rescind *v* 1. *(Recht)* aufheben, annullieren, rückgängig machen, für ungültig erklären, wandeln, anfechten, widerrufen; 2. *(Pat)* anfechten *(dispute, claim)*
rescind *v* **a contract** *(Recht)* einen Vertrag aufheben
rescission *(Recht)* Ungültigkeitserklärung *f*, Widerruf *m*, Rückgängigmachung *f*, Anfechtung *f*, Rücktritt *m* vom Vertrag, Annullierung *f*, Aufhebung *f (of contract)*
rescission of sale *(Recht)* Wandlung *f*
rescue company *(Pers)* Auffanggesellschaft *f*
research *v (Gen)* forschen
research *(Gen)* Forschung *f*
research and development *(Ind)* Forschung *f* und Entwicklung *f*, F&E
research fellowship *(Bil)* Forschungsstipendium *n*
research institute *(Bil, Gen)* Forschungsinstitut *n*, Forschungseinrichtung *f*
research-intensive *adj (Ind)* forschungsintensiv
research-oriented *adj (Ind)* forschungsorientiert
reseller *(Gen, V&M)* Fachhändler(in) *m(f)*, Wiederverkäufer(in) *m(f)*
reservation 1. *(Gen)* Buchung *f*, Vorbehaltsklausel *f (of company name)*; 2. *(Frei)* Vorbestellung *f*, Reservierung *f (booking)*
reservation of title *(Recht)* Eigentumsvorbehalt *m (contracts)*
reserve *v* 1. *(Gen)* buchen, reservieren, sich vorbehalten *(room, seat)*; 2. *(Frei)* reservieren *(room, seat)*
reserve 1. *(RW)* Wertberichtigung *f*; 2. *(Fin)* Reserve *f*, Rücklage *f*
reserve-assets ratio *(Fin)* Mindestreservesatz *m*
reserve balances *(WiWi)*

Währungsreserven *fpl*
reserve base *(Bank)* Basisgeldreserven *fpl*
reserve currency *(Fin, Gen)* Reservewährung *f*
reserve for doubtful accounts *(WiWi)* Rückstellung *f* für zweifelhafte Forderungen
reserve price *(Gen)* Preislimit *n*, Vorbehaltspreis *m (auction)*
reserve requirement *(Bank)* Mindestreserve *f*
reserve-stock control *(Gen)* Lagerhaltungssteuerung *f*
reserves *(Fin, RW)* Rücklagen *fpl*, Reserven *fpl (shown as equity in the balance sheet, aus einbehaltenen Gewinnen -revenue reserves = Gewinnrücklagen- oder durch Zuführung von außen -capital reserves = Kapitalrücklagen-, als Eigenkapital in der Bilanz ausgewiesen)*
resettlement 1. *(WiWi)* Umsiedlung *f*; 2. *(Gen)* Neubesiedlung *f*, Umsiedlung *f*, Wiedereingliederung *f*; 3. *(Pol)* Wiedereingliederung *f*
reshape *v (Fin, Mgt, WiWi)* umstrukturieren
reshuffle 1. *(Fin, Mgt, WiWi)* Umstrukturierung *f*; 2. *(Pol)* Umbesetzung *f* des Kabinetts *(cabinet)*
residence *(Gen)* Aufenthalt *m*
residence for tax purposes *(Steuer)* steuerlicher Wohnsitz *m*
resident *adj (Gen)* wohnhaft, (gebiets)ansässig
resident account *(Bank)* Deviseninländerkonto *n*
resident alien *(Admin)* Ausländer(in) *m(f)* mit Aufenthaltsgenehmigung
resident concept *(WiWi, Stat)* Inländerkonzept *n*, Wohnortkonzept *n (national accounts, SNA = VGR; erfasst alle Erwerbstätigen, die im Inland ihren festen Wohnsitz haben und einer Erwerbstätigkeit, gleichgültig ob im Inland oder Ausland, nachgehen; Gegensatz: Inlandskonzept, Arbeitsortkonzept = domestic concept, geographic concept, place-of-work concept)*
resident for tax purposes *(Steuer)* Steuerinländer(in) *m(f)*
resident population *(WiWi)* Wohnbevölkerung *f*
resident taxpayer *(Steuer)* Steuerinländer(in) *m(f)*
residential *adj (Grund)* Wohn
residential accommodation *(Gen)* Wohngebäude *n*, Wohnraum *m*
residential area *(Grund)* Wohngebiet *n*
residential property *(Grund, V&M)* Wohnimmobilien *fpl*
residential suburb *(Pers)* Wohnvorort *m*
residual book value *(RW)* Restbuchwert *m*
residual claim *(Fin, RW)* Restforderung *f*
residual error *(WiWi)* Restfehler *m*
residual financing 1. *(Bank)* Spitzenausgleich *m*; 2. *(Fin)* Restfinanzierung *f*
residual maturity *(Fin, RW)* Restlaufzeit *f*
residual value *(Fin)* Altwert *m*, Restwert *m*, Veräußerungswert *m*
residue *(Ind, Umwelt)* Rückstand *m*, Rest *m*
residuum *(Gen)* Rückstand *m*, Rest *m*, Residuum *n*
resign *v* 1. *(Gen)* zurücktreten; 2. *(Pers)* kündigen
resign *v* **without notice** *(Pers)* fristlos kündigen *(Arbeitnehmer)*
resignation 1. *(Admin)* Rücktritt *m (action)*; 2. *(Pers)* Kündigung *f (action)*; Rücktrittsgesuch *n (letter)*
resit *v* **for an examination** *(Bil)* eine Prüfung wiederholen
resolution 1. *(Gen)* Beschlussfassung *f*, Entschluss *m*; 2. *(Recht)* Resolution *f*; 3. *(Mgt)* Beschluss *m*, Lösung *f*
resolve *v* 1. *(Gen)* beheben, beilegen, beseitigen *(differences)*; 2. *(Mgt)* lösen
resolve *(Gen)* Entschluss *m*
resource 1. *(Gen)* Lieferant *m*, Bezugsquelle *f (supplier)*; 2. *(Ind, WiWi)* Produktionsfaktor *m*, Ressource *f*; Rohstoff *m*; Vermögen *n (wealth)*; Betriebsmittel *n (operating resources of an organization)*
resource allocation *(Fin, Mgt, WiWi)* Mittelbewilligung *f*, Mittelverteilung *f*, Mittelzuteilung *f*, Mittelzuweisung *f*, Allokation *f* der Ressourcen
resource availability *(Fin)* Mittelverfügbarkeit *f*
resource economics *(WiWi)* Ressourcentheorie *f*
resource market *(WiWi)* Faktormarkt *m*
resources *(Fin, Pers, WiWi)* Mittel *npl*, Hilfsmittel *npl*, Ressourcen *fpl*,

Vermögenswerte *mpl*
resourcing *(Gen)* Beschaffung *f*, Beschaffungswesen *npl*, Ressourcenbereitstellung *f*; Ressourcenplanung *f*
respect *v (Gen)* achten, respektieren *(person, customs)*
respect *(Recht)* Achtung *f* • **in other respects** *(Gen)* in sonstiger Hinsicht • **in respect of** *(Gen)* hinsichtlich • **in this respect** *(Gen)* in dieser Hinsicht
respond *v (Gen)* antworten
respond *v* **to** *(Gen)* antworten auf *(invitation, advertisement)*
respondent bank *(Bank)* Korrespondenzbank *f*
response 1. *(WiWi)* Reaktion *f*; 2. *(Gen)* Antwort *f* • **in response to** *(Gen)* als Antwort auf
responsibility 1. *(Gen)* Verantwortung *f*, Verantwortlichkeit *f*; 2. *(Recht)* Haftbarkeit *f*, Haftpflicht *f*, Haftung *f*
responsibility centre *(BE) (Mgt, RW)* Verantwortungszentrum *n* *(organizational function whose performance is the direct responsibility of a specific manager; cf responsibility accounting)*
responsible *adj* 1. *(Gen)* haftbar, verantwortlich, verantwortungsvoll; 2. *(Pers)* zuständig; 3. *(Recht)* haftbar • **be responsible for** 1. *(Recht)* haften für; 2. *(Versich)* haften für
responsible *adj* **for** *(Gen)* verantwortlich für
responsive *adj* **to business fluctuations** *(V&M, WiWi)* konjunkturreagibel
responsive *adj* **to cyclical fluctuations** *(V&M, WiWi)* konjunkturreagibel
restart 1. *(WiWi)* Wiederanlauf *m*, Wiederbelebung *f (economic recovery)*; 2. *(Gen)* Wiederbelebung *f*
restitution *(Recht)* Rückerstattung *f (of price)*
restock *v* 1. *(WiWi)* Lager auffüllen; 2. *(V&M)* wieder auf Lager nehmen
restore *v (Gen)* wiederherstellen *(confidence)*; rehabilitieren *(reputation)*
restore *v* **law and order** *(Recht)* Recht und öffentliche Ordnung wiederherstellen
restrain *v (Gen)* zurückhalten
restraint *(Gen, Pol)* Zurückhaltung *f*
restraint on trade 1. *(WiWi)* Wettbewerbsbeschränkung *f*; 2. *(Recht)* wettbewerbsbeschränkendes Verhalten *n*
restrict *v* 1. *(Gen)* begrenzen, beschränken; 2. *(Recht)* beeinträchtigen, eingrenzen, einschränken *(rights)*
restrict *v* **access [entrance]** *(Bil, Gen, Pers)* Zugang beschränken, Zutritt beschränken, Zugang begrenzen
restrict *v* **entry** *(Bil, Gen, Pers)* Zugang beschränken
restricted *adj (Gen)* begrenzt, eingeschränkt
restricted list *(Bank, Fin)* Verbotsliste *f*, Sperrliste *f*
restricted market *(WiWi)* beschränkter Markt *m*
restricted trading *(Börse)* beschränkter Handel *m*
restriction *(Gen)* Begrenzung *f*, Beschränkung *f*
restriction of competition *(V&M, WiWi)* Wettbewerbsbeschränkung *f*, Wettbewerbseinschränkung *f*
restriction of credit *(Bank, Fin, WiWi)* Kreditverknappung *f*
restriction to entry *(Imp/Exp, WiWi)* Zugangsbeschränkung *f*, Eintrittssperre *f*
restrictions on capital movements *(Imp/Exp, WiWi)* Kapitalverkehrskontrollen *fpl*
restrictive *adj (Gen, WiWi)* restriktiv, kontraktiv, beschränkend
restrictive monetary policy *(WiWi)* restriktive Geldpolitik *f*
restrictive practices 1. *(WiWi)* Kartelle *npl*, wettbewerbsbeschränkende Praktiken *fpl*, wettbewerbsbeschränkende Verhaltensweisen *fpl*; 2. *(Gen, Recht)* wettbewerbsbeschränkendes Verhalten *n*
restrictive trade practices *(Recht, WiWi)* wettbewerbsbeschränkende Praktiken *fpl*
restrictive trading agreement *(Recht, V&M, WiWi)* wettbewerbsbeschränkende Vereinbarung *f*
restructure *v* 1. *(WiWi)* umstrukturieren, sanieren *(company)*; 2. *(Fin)* umschulden; 3. *(Mgt)* reorganisieren
restructuring 1. *(WiWi)* Restrukturierung *f*; 2. *(Fin)* Sanierung *f*, Umschuldung *f*,

Umstrukturierung *f*; 3. *(Mgt)* Neuordnung *f*

result *(Gen)* Ausgang *m*, Ergebnis *n*, Resultat *n* • **as a result** *(Gen)* als Ergebnis, als Resultat, infolgedessen • **with the result that** *(Gen)* mit dem Ergebnis, dass, mit der Folge, dass

results *(Gen)* Ergebnisse *npl (trading figures)* • **get results** *(Gen, Pers)* Ergebnisse erzielen

resume *v* **work** *(Pers, Soz)* Arbeit wieder aufnehmen, Beschäftigung wieder aufnehmen

resumption *(Comp, Pol, Recht)* Wiederaufnahme *f*

retail *(V&M)* Einzel, Einzelhandels, Detail

retail bank *(Bank)* Retail-Bank *f*

retail business 1. *(WiWi)* Einzelhandelsbetrieb *m*; 2. *(V&M)* Einzelhandel *m*, Einzelhandelsunternehmen *n*

retail cooperative *(V&M)* Einzelhandelsgenossenschaft *f*

retail customer *(V&M)* Endkunde *m (consumer)*

retail margin *(V&M)* Einzelhandelsspanne *f*

retail price *(V&M)* Einzelhandelspreis *m*

retail price maintenance *(V&M)* Preisbindung *f* der zweiten Hand

retail sale *(V&M)* Ladenverkauf *m*

retail sales *(Fin)* Einzelhandelsumsätze *mpl*

retail store *(V&M)* Einzelhandelsgeschäft *n*

retail trade *(Ind)* Einzelhandel *m*, Einzelhandelsgewerbe *n*

retail trader *(V&M)* Einzelhändler(in) *m(f)*

retailer 1. *(Gen)* Wiederverkäufer(in) *m(f)*; 2. *(V&M)* Einzelhändler(in) *m(f)*; 3. *(Börse)* Wiederverkäufer(in) *m(f)*

retailers *(V&M)* Fachhandel *m*; Fachhändler *fpl*

retain *v (Fin, RW, Steuer)* einbehalten, thesaurieren

retained earnings *(Fin, RW)* thesaurierter Gewinn *m*, thesaurierte Gewinne *mpl*, einbehaltener Gewinn *m*, einbehaltene Gewinne *mpl*, nicht ausgeschüttete Gewinne *mpl*, nicht ausgeschütteter Gewinn *m*; Rücklagen *fpl (synonymous: retained income, retained profits; shown as equity on the balance sheet after profit appropriation; Gewinnverwendung, als Eigenkapital in der Bilanz ausgewiesen; nicht ausgewiesen = undisclosed sind stille Rücklagen = stille Reserven = hidden reserves = undisclosed reserves = secret reserves)*

retained income *(Fin, RW)* thesaurierte Gewinne *mpl*, einbehaltene Gewinne *mpl*, nicht ausgeschüttete Gewinne *mpl*, nicht ausgeschütteter Gewinn *m*, thesaurierter Gewinn *m*; Rücklagen *fpl (synonymous: retained earnings, retained profits; cf retained earnings)*

retained profits *(Fin, RW)* thesaurierte Gewinne *mpl*, einbehaltene Gewinne *mpl*, nicht ausgeschüttete Gewinne *mpl*, nicht ausgeschütteter Gewinn *m*, thesaurierter Gewinn *m*; Rücklagen *fpl (synonymous: retained income, retained earnings; cf retained earnings)*

retainer *(Recht)* Vorschuss *m*, Honorarvorschuss *m*

retaliation *(Gen, Recht)* Vergeltung *f* • **in retaliation for** *(Recht)* als Vergeltung für

retaliatory measure *(Gen)* Repressalie *f*, Vergeltungsmaßnahme *f*

retention 1. *(Versich)* Selbstbehalt *m*, Zurückbehaltung *f*; 2. *(Steuer)* Einbehaltung *f*

retention money 1. *(Gen)* Sicherheitssumme *f*; 2. *(Grund)* einbehaltene Garantiesumme *f*

retire *v (Gen, Pers)* in den Ruhestand treten

retire *v* **from working life** *(Pers)* sich aus dem Erwerbsleben zurückziehen, sich aus dem Arbeitsleben zurückziehen, sich aus dem Berufsleben zurückziehen

retire *v* **on a pension** *(Pers)* sich pensionieren lassen

retired *adj* 1. *(Pers)* pensioniert; 2. *(Versich)* pensioniert

retiree *(AE) (Fin, Gen)* Pensionär(in) *m(f)*, Rentner(in) *m(f)*

retirement 1. *(Admin)* Rücktritt *m*; 2. *(Fin, Pers, Soz, Versich)* Pensionierung *f*; 3. *(Pers)* Ausscheiden *n*, Ruhestand *m*

retirement age *(Pers)* Pensionierungsalter *n*, Rentenalter *n*

retirement pay *(Fin, Soz)* Ruhegehalt *n*, Altersrente *f*, Pension *f*

retirement plan *(Pers)* Pensionssystem *n*

retirement scheme *(Fin, Pers)* Pensionsplan *m*

retiring age *(Pers, Soz)* pensionsfähiges

Alter *n*

retiring allowance *(Fin, Soz)* Altersrente *f*, Altersversorgung *f*, Pension *f*, Ruhegehalt *n*

retortion *(Recht)* Vergeltung *f*

retrain *v (Pers)* umschulen

retraining course *(Pers)* Umschulungslehrgang *m*

retraining scheme *(Pers)* Umschulungsmaßnahme *f*

retranslation *(WiWi)* Rücktausch *m (of foreign currency)*

retribution *(Recht)* Vergeltung *f*

retrieval *(Comp)* Wiederherstellung *f*, Wiedergewinnung *f*; Retrieval *n (Wiederauffinden der in Datenbanksystemen abgelegten Daten oder Datensätze)*

retrieval system *(Comp)* Retrievalsystem *n*, Datenwiedergewinnungs-System *n (zum Wiederauffinden der in Datenbanksystemen -data warehouses- abgelegten Daten oder Datensätze)*

retroactive *adj (Gen)* rückwirkend • **with retroactive effect** *(Recht)* rückwirkend

retroactive law *(Recht)* rückwirkendes Gesetz *n*

retroactively *adv (Gen)* rückwirkend

retrogress *v (WiWi)* sich verschlechtern, zurückgehen

retrospective *adj (Gen)* rückblickend, retrospektiv, rückwirkend

retrospective payment *(Gen, Pers)* rückwirkende Bezahlung *f*, rückwirkende Zahlung *f*

return *v* 1. *(Komm)* rückliefern *(package)*; 2. *(Fin)* abwerfen *(interest)*; 3. *(Gen)* zurückgeben, zurückbringen *(borrowed article)*; zurückkehren, zurückkommen; 4. *(V&M)* zurücksenden *(goods sold to supplier)*

return *v* **to sender** *(Komm)* zurück an Absender

return *v* **to work** *(Pers, Soz)* Arbeit wieder aufnehmen, an die Arbeit zurückkehren *(after a strike)*

return 1. *(Fin, RW)* Ertrag *m*; Rendite *f*, Rentabilität *f (on investment)*; Ertrag *m*, Verzinsung *f*, Gewinn *m (yield)*; 2. *(Gen)* Herausgabe *f*; Rückgabe *f*, Rücksendung *f (giving back)*; 3. Rückkehr *f*; Rückfahrt *f*, Rückreise *f (journey)*; Wiederkehr *f (arrival)*; 4. Bericht *m (report)*; 5. *(Steuer)* Steuererklärung *f* • **by return of post** *(Komm)* postwendend • **in return for** *(Recht)* als Gegenleistung

return address *(Komm)* Adresse *f* des Absenders

return on assets *(RW)* Gesamtkapitalrentabilität *f*

return on capital *(Fin, RW, WiWi)* Kapitalverzinsung *f*, Rendite *f* des eingesetzten [investierten] Kapitals

return on capital employed *(ROCE) (Fin, RW, WiWi)* Rendite *f* des eingesetzten Kapitals, Rendite *f* des investierten Kapitals, Kapitalrentabilität *f*; Rentabilität *f* des Kapitaleinsatzes, Rentabilität *f* des eingesetzten Kapitals, Rentabilität *f* des betriebsnotwendigen Kapitals; Ertrag *m* aus dem investierten Kapital, Ertrag *m* des genutzten Kapitals, Rückfluss *m* auf das investierte Kapital, Kapitalverzinsung *f*, Ertrag *m* aus Kapitalanlage; Gesamtkapitalrentabilität *f*, GKR *f*

return on equity *(Börse, Fin, RW, WiWi)* Eigenkapitalrentabilität *f*

return on investment *(ROI) (Fin, WiWi)* Rentabilität *f*, Ertrag *m* des investierten Kapitals, Kapitalrendite *f*, Gesamtkapitalrentabilität *f*, GKR *(capital turnover × percentage return on sales = Kapitalumschlag × Umsatzrendite)*

return on investment analysis *(Fin, WiWi)* Rentabilitätsanalyse *f*

return on net assets *(Fin, WiWi)* Eigenkapitalrendite *f*, EKR, Eigenkapitalrentabilität *f*

return on net assets employed *(Fin, WiWi)* Eigenkapitalrendite *f*, Eigenkapitalrentabilität *f*, EKR

return on sales 1. *(Fin, WiWi)* Umsatzgewinnrate *f*, Umsatzrentabilität *f*, Umsatzrendite *f (profit in percent of turnover)*; 2. *(V&M)* Gewinnspanne *f*

return on total assets *(ROTA) (Fin, RW)* Gesamtkapitalrentabilität *f (Summe aus Jahresüberschuss und Fremdkapitalzinsen dividiert durch das Gesamtkapital)*

return on total capital employed *(Fin, RW)* Gesamtkapitalrentabilität *f (synonymous: return on total investment; Summe aus Jahresüberschuss und Fremdkapitalzinsen dividiert durch das*

Gesamtkapital)
return to work *(Pers)* Wiederaufnahme *f* der Arbeit, Wiederaufnahme *f* der Beschäftigung, Wiederaufnahme *f* der Erwerbstätigkeit
returned goods *(Gen)* Rückwaren *fpl*, Retouren *fpl*
returned mail *(Comp, Komm)* zurückgeschickte E-Mail *f (bounced mail)*
returns *(Gen)* Rückwaren *fpl*
returns to scale *(WiWi)* Niveaugrenzerträge *mpl*, Skalenerträge *mpl*
reusable *adj (Gen, Umwelt)* wiederverwendbar, wiederverwertbar, Mehrweg
revaluation 1. *(RW)* Zuschreibung *f*; 2. *(Fin, WiWi)* Aufwertung *f (of currency)*
revaluation of assets *(Fin)* Neubewertung *f* von Vermögenswerten
revaluation rate *(WiWi)* Aufwertungssatz *m*
revalue *v (RW, WiWi)* aufwerten, neu bewerten
revamp *v (Gen)* auf Vordermann bringen *(improve)*; umorganisieren *(reorganize)*; *(ugs.)* aufpolieren
revealed preference *(WiWi)* offenbarte Präferenz *f*
revenue 1. *(Gen)* Einnahmen *fpl*, Einnahme *f*; Einkommen *n*; 2. *(Steuer)* Einkünfte *fpl (of a taxable person)*; Steueraufkommen *n (national budget, Staatshaushalt)*; 3. *(RW) (AE)* Erlös *m*, Umsatz *m*, Umsatzerlös *m*, Umsatzerlöse *mpl (synonymous: sales revenues)*; Ertrag *m (IAS/IFRS)*; 4. *(Pol)* Staatseinnahme *f*
revenue and expense *(RW)* Ertrag *m* und Aufwand *m*, Aufwand *m* und Ertrag *m*; Einnahmen *fpl* und Ausgaben *fpl (synonymous: income and expense)*
revenue and expense accounts *(RW)* Aufwands- und Ertragskonten *npl*, Erfolgskonten *npl*
revenue and expenses *(RW)* Aufwand *m* und Ertrag *m*
revenue dilution *(Gen)* Ertragsverwässerung *f*
revenue-enhancing *adj (Gen, WiWi)* ertragssteigernd
revenue expenditure *(RW)* erfolgswirksamer Aufwand *m*, aufwandsgleiche Ausgaben *fpl (opposite: capital expenditure, capex)*
revenue office *(Steuer)* Finanzamt *n*
reversal 1. *(RW)* Rückbuchung *f*, Stornierung *f (bookkeeping)*; 2. *(Recht)* Aufhebung *f*
reversal of the burden of proof *(Recht)* Beweislastumkehr *f*
reversal of the trend *(Stat, V&M)* Trendumkehr *f*
reverse *v* 1. *(RW)* stornieren; 2. *(WiWi)* umkehren; 3. *(Recht)* aufheben
reverse *v* **a liability reserve** *(RW, Steuer)* eine Rückstellung auflösen *(synonymous: liquidate a liability reserve, liquidate a reserve, liquidate a reserve for uncertain liabilities and anticipated losses)*
reverse *v* **the charges** *(BE) (Komm)* R--Gespräch anmelden
reverse *adj* 1. *(Stat)* invers; 2. *(Gen)* umgekehrt
reverse charge call *(BE) (Komm)* R--Gespräch *n*
reverse entry *(RW)* Rückbuchung *f*
reverse income tax *(Steuer)* negative Einkommenssteuer *f*
reverse leverage *(AE) (RW)* negative Hebelwirkung *f*
reverse note *(Bank, Fin)* umgekehrte zinsvariable Anleihe *f*, Umkehrfloater *m*, umgekehrter Floater *m*, Bull-Floater *m* *(the coupon rate is a high fixed rate less the variable rate, e. g. 12 % less 3 months' Euribor, umgekehrte zinsvariable Anleihe; Anleger profitieren von fallenden Zinsen; synonymous: reverse floater, bull floater, yield curve note; cf reverse floating rate note)*
reverse repurchase agreement *(Fin)* Wertpapierpensionsgeschäft *n*
reverse yield gap *(Börse)* inverses Renditegefälle *n*
reversibility *(Gen)* Umkehrbarkeit *f*, Korrekturmöglichkeit *f*
reversible *adj (Gen)* reversibel
reversing *(Gen)* Stornierung *f*, Rückbuchung *f*
reversing entry *(RW)* Gegenbuchung *f*, Gegeneintrag *m*, Storno *m(n)*
review *v (Gen, Mgt)* überprüfen, durchsehen
review *(Gen)* Überprüfung *f*, Überblick *m*
revise *v* 1. *(Gen)* überarbeiten, verbessern; 2. *(Recht)* abändern
revise *v* **downwards** *(Stat, Börse, V&M)*

nach unten korrigieren
revised *adj (Gen, Media)* überarbeitet, verbessert
revised figures *(Gen)* bereinigte Zahlen *fpl*, berichtigte Zahlen *fpl*
revision 1. *(Admin)* Überarbeitung *f*; 2. *(Gen)* Durchsicht *f*, Neuregelung *f*, Revision *f (of guidelines)*; 3. *(Pol, Recht)* Abänderung *f*
revival of sales *(WiWi)* Absatzbelebung *f*
revocable *adj (Gen)* widerruflich, zurücknehmbar
revoke *v (Fin)* aufheben, widerrufen, zurückziehen
revolving *adj (Fin, WiWi)* revolvierend
reward *(Gen, V&M)* Anerkennung *f*, Belohnung *f*
rewarding *adj* 1. *(Gen)* einträglich *(financially)*; 2. *(Pers)* lohnend *(job)*
rewritable *adj (Comp)* wieder beschreibbar
rewritable DVD *f (Comp)* DVD-RW *f*
rich oil strike *(Umwelt)* reiches Ölvorkommen *n*
ride *v* **the clock** *(AE) (Pers)* die Stempeluhr umgehen
right *(Recht)* Recht *n (the right to do something, subjective law; das Recht etw. zu tun, subjektives Recht)* • **be in the right** *(Gen)* im Recht sein • **in its own right** *(Gen)* in eigenem Recht • **with no right of appeal** *(Recht)* ohne Rechtsmittel
right column *(Fin, RW)* Habenseite *f*
right-hand column 1. *(RW)* Habenseite *f*; 2. *(Gen)* rechte Spalte *f*
right of appeal *(Recht)* Rechtsmittel *n*, Rechtsweg *m* • **there is no right of appeal** *(Recht)* der Rechtsweg ist ausgeschlossen • **with no right of appeal** *(Recht)* ohne Rechtsmittel
right of cancellation *(Recht)* Kündigungsrecht *n (synonymous: right of notice)*
right of disposal *(Recht)* Verfügungsrecht *n*
right of entry into a country *(Recht)* Einreiserecht *n*
right of establishment *(Recht)* Niederlassungsrecht *n*
right of first refusal *(Recht, WiWi)* Vorkaufsrecht *n*
right of ownership *(WiWi)* Eigentumsrecht *n*
right of preemption *(Börse)* Vorkaufsrecht *n*
right of recourse *(Fin)* Regressanspruch *m*
right of rescission *(Recht)* Aufhebungsrecht *n*, Rücktrittsrecht *n*
right of residence *(Gen, Pol)* Aufenthaltsgenehmigung *f*; Aufenthaltsrecht *m (EU)*
right of resumption *(Recht)* Recht *n* zur Wiederaufnahme
right to a say *(Recht, Pol)* Mitspracherecht *n*
right to capitalize *(RW)* Aktivierungsrecht *n*
right to cure *(Recht, V&M)* Nacherfüllungsrecht *n (Vertragsrecht)*
right to dispose of *(Recht)* Verfügungsrecht *n*
right to education *(Bil)* Recht *n* auf Bildung
right to free movement *(Pol, Recht)* Recht *n* auf Freizügigkeit *(EU)*
right to information *(Media, Pol, Recht)* Informationsrecht *f*, Auskunftsrecht *n*
right to know *(Pol)* Auskunftsrecht *n*
right to manage *(Pers)* Leitungsrecht *n*, Vorrecht *n* der Unternehmensleitung
right to withdraw from performance *(Recht)* Leistungsverweigerungsrecht *n*
rightful *adj (Gen, Recht)* berechtigt
rightful claim *(Recht)* berechtigter Anspruch *m*
rightful heir *(Recht)* berechtigter Erbe *m*
rightful owner *(Recht)* rechtmäßiger Besitzer *m*, rechtmäßige Besitzerin *f*, rechtmäßiger Eigentümer *m*, rechtmäßige Eigentümerin *f*
rights *(Recht)* Recht *n* am geistigen Eigentum *(intellectual property)* • **all rights reserved** *(Recht)* alle Rechte vorbehalten
rights and obligations *(Recht)* Rechte und Pflichten *pl*
rip-off merchant *(V&M) (ugs.)* Nepper *m*
rise *v* 1. *(WiWi)* ansteigen; 2. *(Fin)* anziehen *(income, earnings)*; 3. *(Gen)* anziehen, steigen
rise 1. *(WiWi)* Hausse *f*; 2. *(Gen)* Anstieg *m*, Zunahme *f*, Aufwärtsbewegung *f*, Steigen *n*, Steigerung *f (in prices)*; 3. *(Pers) (BE)* Erhöhung *f*, Gehaltserhöhung *f (in salary)*; 4. *(Börse)* Aufwärtsbewegung *f*, Hausse *f*
rise in employment *(Pers)* Zunahme *f* der Beschäftigung,

Beschäftigungszunahme *f*
rising *adj* 1. *(WiWi)* anziehend, steigend; 2. *(Gen)* anziehend
risk *v (Gen)* wagen
risk *(Börse, Fin, Stat, Versich)* Risiko *n*; Wagnis *n* • **all risks, A/R** *(Versich)* alle Gefahren, jedes Risiko • **at buyer's risk** *(Bank)* auf Risiko des Käufers • **at owner's risk** *(Gen)* auf eigene Gefahr, auf eigenes Risiko, zum Selbstbehalt • **at receiver's risk** *(Gen)* auf Risiko des Empfängers • **at risk** *(Bank, Börse)* auf Risiko • **no risk after discharge, nrad** *(Versich)* kein Risiko nach Löschung • **no risk until, nr confirmed** *(Versich)* kein Risiko bis zur Bestätigung • **prepared to take risks** *(Fin)* risikofreudig • **risk passes with property** *(Recht)* Risiko geht mit Eigentum über *(trade terms, Vertragsprinzip)* • **willing to take a risk** *(Fin)* risikofreudig
risk-adjusted *adj (Fin, WiWi)* risikoadäquat, risikoangepasst, risikoadjustiert, risikogerecht, risikobereinigt
risk-adjusted discount rate *(Fin)* risikoangepasster Diskontsatz *m*
risk-adjusted performance measurement *(RAPM) (Fin, WiWi)* risikoadjustierte Performance-Messung *f*, risikobereinigte Anlageerfolgsmessung *f*, risikoadäquate Erfolgsmessung *f*, risikogerechte Anlageerfolgsmessung *f*
risk adverse *adj (Fin, Gen)* risikoavers, risikoscheu *(synonymous: risk-averse)*
risk appraisal *(Fin, Mgt)* Risikobewertung *f*, Risikobeurteilung *f*, Risikoeinschätzung *f*
risk assessment 1. *(Fin, Versich)* Risikobewertung *f*; 2. *(Mgt)* Risikobeurteilung *f*
risk-averse *adj (Gen)* risikoscheu
risk-avoiding *adj (Fin)* risikomeidend
risk-based *(RW, Bank, Fin)* risikobasiert; risikogewichtet; risikoorientiert *(risk-oriented)*; risikobezogen *(risk-related)*
risk-bearing capital *(Fin)* Wagniskapital *n*, Risikokapital *n*; haftendes Eigenkapital *n*, Haftungskapital *n*, Haftkapital *n*, risikotragendes Kapital *n*; Spekulationskapital *n (cf risk capital)*
risk capital *(Bank, Fin, WiWi)* Wagniskapital *n*, Risikokapital *n*, risikotragendes Kapital *n*, haftendes Eigenkapital *n*, Haftungskapital *n*, Haftkapital *n*
risk content *(Bank, Fin, Stat)* Risikogehalt *m (e.g. of complex financial products or assets)*
risk exposure *(RW)* Kreditrisiko *n*
risk-free debt instrument *(Börse)* risikolose Schuldurkunde *f*, risikoloser Schuldtitel *m (formerly: US-Treasury bills; auch nach der Staatsschuldenkrise halten Europapolitiker und -Finanzmarktaufseher an der Nichtunterlegungspflicht für Staatsanleihen im Portefeuille von Banken und Versicherungen fest und bewirken damit, politisch bewusst herbeigeführt, eine gravierende wirtschaftliche Fehlallokation des Kapitals mit hohen gesellschaftlichen Kosten)*
risk-free interest *(Fin)* risikoloser Zins *m (e.g. interest on US Treasury bills; Zins aus der Verzinsung einer als sicher geltenden Anlage)*
risk management 1. *(Fin)* Risikomanagement *n*; 2. *(Börse, Mgt)* Risikostreuung *f*
risk monitoring *(Mgt)* Risikoüberwachung *f*, Risikokontrolle *f*
risk of financial reliability *(Recht, Versich)* Bonitätsrisiko *n (contracts)*
risk of liability *(Recht, Versich)* Haftungsrisiko *n (contracts)*
risk-oriented *adj (Gen)* risikoorientiert
risk premium *(Bank, Fin, Stat, Versich, WiWi)* Risikoprämie *f*, Risikozuschlag *m*
risky *adj* 1. *(Bank)* risikobehaftet; 2. *(Gen)* gewagt, risikofreudig
rival product *(Gen, V&M)* Konkurrenzprodukt *n*
roadmap 1. *(Gen, Mgt)* Zeitplan *m*; 2. *(Logis)* Straßenkarte *f*, Autokarte *f*
roadshow 1. *(Fin, Gen, V&M)* Roadshow *f*; 2. *(Frei)* Wanderkino *n*
robotics *(Ind)* Robotertechnik *f*, Robotik *f*
ROC *(Abk. für return on capital) (Fin, WiWi)* Kapitalertrag *m*, Kapitalverzinsung *f*, Kapitalrendite *f*, Verzinsung *f* des eingesetzten Kapitals *(cf ROCE)*
ROCE *(Abk. für return on capital employed) (Fin, WiWi)* Kapitalrendite *f*, Kapitalrentabilität *f*, Kapitalverzinsung

f, Ertrag *m* aus dem investierten Kapital, Ertrag *m* des genutzten Kapitals, Rückfluss *m* auf das investierte Kapital, Rendite *f* des eingesetzten Kapitals, Rendite *f* des investierten Kapitals, Rentabilität *f* des betriebsnotwendigen Kapitals, Rentabilität *f* des Kapitaleinsatzes, Ertrag *m* aus Kapitalanlage; Gesamtkapitalrentabilität *f*, GKR *f*

rock-bottom price 1. *(WiWi)* Tiefstpreis *m*; 2. *(Gen)* niedrigster Kurs *m*, Tiefstpreis *mpl*

ROE *(Abk. für return on equity) (Fin, WiWi)* Eigenkapitalrendite *f*, Eigenkapitalrentabilität *f*, EKR, Eigenkapitalverzinsung *f*

ROI *(Abk. für return on investment) (Fin, WiWi)* Rentabilität *f (capital turnover × percentage return on sales = Kapitalumschlag × Umsatzrendite = Gewinn in % des investierten Kapitals)*; Ertrag *m* des investierten Kapitals, Kapitalrendite *f*, Rendite *f* einer Kapitalanlage, Gesamtkapitalrentabilität *f*, GKR *f*

ROI analysis *(Fin, WiWi)* Rentabilitätsanalyse *f*

roll-back *(WiWi)* Preisherabsetzung *f*

roll-over *(Börse, Fin)* Erneuerung *f* einer Optionsposition

rollover loan *(Bank)* Rollover-Kredit *m*

RORAC *(Abk. für return on risk-adjusted capital) (Bank, Fin, WiWi)* risikoadjustierte Eigenkapitalrendite *f*, risikobereinigte Eigenkapitalrendite *f (cf RAROC mit unterschiedlicher Behandlung der Standardrisikokosten)*

RORCE *(Abk. für rate of return on capital employed) (Fin, WiWi)* Rückfluss *m* auf das investierte Kapital, Ertrag *m* aus dem investierten Kapital; Rentabilität *f* des Kapitaleinsatzes, Rentabilität *f* des eingesetzten Kapitals, Kapitalrentabilität *f*

ROTA *(Abk. für return on total assets) (Fin)* Gesamtkapitalrentabilität *f*

rotating shift *(Pers)* Wechselschicht *f*

rotation principle *(Pers)* Rotationsprinzip *n*

rough draft *(Recht)* erster Entwurf *m*, Vorentwurf *m*

rough estimate *(Gen)* grobe Schätzung *f*

rough guide *(Gen)* Faustregel *f*

round *v* **down** *(Stat)* abrunden

round *v* **off** *(Gen)* abschließen, beschließen *(meeting)*

round *v* **up** *(Stat)* aufrunden

round *adj (Gen)* rund • **in round figures** *(Gen)* in runden Zahlen

round table discussion *(Gen, V&M)* Round-Table Gespräch *n*

round-the-clock service *(Gen)* Dienstbereitschaft *f* rund um die Uhr, Tag- und Nachtdienst *m*

round-trip trade *(Börse)* Durchhandeln *n*

roundabout production *(WiWi)* Umwegproduktion *f*

rounding error *(Stat)* Rundungsfehler *m*

route planning *(Comp, Frei, Logis)* Routenplanung *f*, Streckenplanung *f*

routine *adj (Gen)* gewohnheitsmäßig, routinemäßig

routine *(Gen)* Formsache *f*, Gewohnheit *f*, Routine *f* • **as a matter of routine** *(Gen)* gewohnheitsmäßig, routinemäßig

routine check *(Gen)* laufende Kontrolle *f*

routine symbol *(Fin)* Bankleitzahl *f*

royalty 1. *(WiWi)* Abgabe *f*; 2. *(Gen)* Lizenzgebühr *f (to author, composer)*; Abgabe *f (to landowner)*; 3. *(Pat)* Patentgebühr *f*, Tantieme *f*

RRR *(Abk. für real rate of return) (Bank, Fin)* effektive Rendite *f*, Effektivverzinsung *f*

rub *v* **out** *(Gen)* ausradieren

rubber stamp *(Gen)* Gummistempel *m*

rubbish *(BE) (Gen, Umwelt)* Abfall *m*, Müll *m*

rule *v* **off** *(RW)* die Bücher abschließen, das Konto abschließen

rule *v* **off an account** *(Bank, RW)* ein Konto abstimmen

rule 1. *(Mgt)* Norm *f*, Regel *f*, Vorschrift *f*; 2. *(Pat)* Richtlinie *f*, Verfügung *f*, Vorschrift *f*

rule of thumb *(Gen, Mgt)* Faustregel *f*, Erfahrungswert *m*

rules *(Recht)* Statuten *npl*

rules of competition *(Gen, Recht, WiWi)* Wettbewerbsregeln *fpl*

rules of fair practice *(Börse)* Regeln *fpl* über faires [angemessenes] Geschäftsgebaren

rules of procedure *(Recht)* Verfahrensordnung *f*, Verfahrensregeln *fpl*

rules of professional conduct *(Recht)* berufsrechtliche Regeln *fpl*, Berufsordnung *f*

ruling *(Recht)* Entscheidung *f* • **give a ruling in favour of sb** *(Gen)* eine Entscheidung zugunsten von jmdm. fällen
ruling price 1. *(V&M)* geltender Preis *m*; 2. *(Börse)* Tageskurs *m*, Tagespreis *m*
run *v* 1. *(Comp)* laufen lassen *(program)*; 2. *(Gen)* betreiben *(manage)*
run *v* **a business** *(Gen)* ein Geschäft betreiben
run *v* **a deficit** *(WiWi)* Verlust machen
run *v* **a surplus** *(WiWi)* Gewinn erwirtschaften, Gewinn machen
run *v* **down** 1. *(WiWi)* abbauen, verringern *(liquid assets)*; 2. *(Gen, Pol) (ugs.)* herunterwirtschaften, *(ugs.)* kaputtmachen *(a firm, a country, ein Unternehmen, ein Land)*
run *v* **into debt** *(Bank)* in Schulden geraten, verschulden
run *v* **short** *(Gen)* knapp werden
run *v* **the risk of** *(Gen)* Gefahr laufen, das Risiko eingehen
run *v* **up a debt** *(Bank, Gen)* in Schulden geraten, Schulden anhäufen, Schulden machen
run *v* **up a deficit** *(Fin)* ein Defizit auflaufen lassen
run *(Ind)* Durchgang *m*, Durchlauf *m* • **be out of the running** *(Gen)* aus dem Rennen sein • **in the short run** *(Gen)* kurzfristig
run-of-the-mill *adj (Gen)* gewöhnlich, durchschnittlich, Routine, Standard
runaway capital *(Gen)* Fluchtkapital *n*
runaway inflation *(WiWi)* galoppierende Inflation *f*
runner 1. *(Komm)* Bote *m*, Botin *f*; 2. *(Gen)* Bote *m*, Botin *f (messenger)*; Geschäftsführer(in) *m(f) (manager)*
running costs *(Fin)* laufende Kosten *pl*, Betriebskosten *pl*
running expense *(Fin, Gen)* laufender Aufwand *m*, laufende Ausgabe *f*, laufende Ausgaben *fpl*, laufende Kosten *pl*, Betriebskosten *pl*
running interest *(Fin)* Stückzinsen *mpl*
running order/in *(Gen)* funktionstüchtig
running total *(RW)* laufende Summe *f*
running yield *(WiWi)* Umlaufrendite *f (Rendite der im Umlauf befindlichen, festverzinslichen Wertpapiere; sie liegt meist leicht über der Emissionsrendite = issuing yield)*
rush *(V&M)* Andrang *m*
rush hour *(Gen)* Feierabendverkehr *m*
rush on the dollar *(Bank)* lebhafte Dollarnachfrage *f*
répondez s'il vous plaît *(RSVP) (Komm)* um Antwort wird gebeten, u.A.w.g.
résumé 1. *(Admin) (AE)* Lebenslauf *m (career outline)*; 2. *(Gen)* zusammengefasste Darstellung *f (summary)*

S

S-Commerce *(Abk. für street commerce) (V&M)* Straßenhandel *m*
sack *v (BE) (Pers)* entlassen, *(ugs.)* rausschmeißen, *(ugs.)* feuern, *(ugs.)* hinauswerfen
sack *(BE) (Pers)* Entlassung *f*, *(ugs.)* Rausschmiss *m* • **get the sack** *(Pers)* gekündigt werden, *(ugs.)* rausgeschmissen werden • **give sb the sack** *(Pers) (ugs.)* jmdn. rausschmeißen
sacrifice *v (Versich)* aufgeben, verzichten auf
safe *adj (Bank, Fin, WiWi)* sicher • **be on the safe side** *(Gen)* auf Nummer sicher gehen
safe *(Bank)* Tresor *m*, Panzerschrank *m*, Safe *m(n)*
safe-deposit box *(Bank)* Schließfach *n*
safe-deposit fee 1. *(Bank)* Safemiete *f*; 2. *(Fin)* Aufbewahrungsgebühr *f*
safe-deposit vault *(Bank)* Tresor *m*
safe functioning 1. *(Bank)* Funktionssicherheit *f (ECB)*; 2. *(Gen)* Funktionssicherheit *f*
safeguard *v (Gen)* sichern *(assets)*; schützen *(secret)*
safeguard *(Recht)* Schutzklausel *f (clause)*
safeguard mechanism *(Pol, Recht)* Schutzmechanismus *m*
safeguarding *(Gen)* Sicherung *f*
safeguarding full employment *(Pers)* Sicherung *f* der Vollbeschäftigung, Aufrechterhaltung *f* der Vollbeschäftigung
safeguarding of a location *(Ind, Pol, WiWi)* Standortsicherung *f*
safeguarding of employment *(Pers)* Beschäftigungssicherung *f*, Sicherung *f* der Beschäftigung
safeguarding of jobs *(Pers)* Arbeitsplatzsicherung *f*, Sicherung von

Arbeitsplätzen, Erhaltung *f* von Arbeitsplätzen, Beschäftigungssicherung *f*, Sicherung *f* der Beschäftigung
safekeeping of assets *(Bank)* Depotverwahrung *f* von Vermögenswerten
safety *(Gen)* Sicherheit *f*
safety and health protection at work *(Pers)* Sicherheit *f* und Gesundheitsschutz *m* am Arbeitsplatz *(EU)*
safety deposit box *(Bank)* Bankschließfach *n*, Safe *m(n)*, Tresorfach *n*
safety regulations *(Gen)* Sicherheitsbestimmungen *fpl*, Sicherheitsvorschriften *fpl*
safety vault *(Bank)* Stahlkammer *f*
sag *v (Bank, Börse, V&M)* abschwächen, nachgeben, sinken
sagging *adj (Bank, Börse, V&M)* nachgebend *(prices, rates)*
salable *adj (AE) s.* saleable
salaried person *(Pers)* Gehaltsempfänger(in) *m(f)*
salaries, wages and fringe benefits *(Pers, WiWi)* Löhne *mpl*, Gehälter *npl* und Nebenleistungen *fpl (paid by employer)*
salary *(Gen, Pers)* Gehalt *n (monthly)*; Jahresgehalt *n (yearly)*
salary account *(Bank, Pers)* Gehaltskonto *n*
salary adjustment *(Pers)* Gehaltsanpassung *f*
salary advance *(Pers)* Gehaltsvorschuss *m*
salary bracket *(Pers)* Gehaltsgruppe *f*
salary deduction *(Pers, RW)* Gehaltsabzug *m*
salary demands *(Pers)* Gehaltsforderung *f*
salary level *(Gen, Pers)* Gehaltsniveau *n*
salary review *(Pers)* Gehaltsüberprüfung *f*, Gehaltsrevision *f*
salary sacrifice scheme *(BE) (Steuer)* Gehaltsverzichtplan *m*
salary to be negotiated *(Pers)* Gehalt *n* nach Vereinbarung
sale 1. *(Grund, Recht)* Veräußerung *f (alienation)*; 2. *(V&M)* Verkauf *m (act of selling)*; Geschäft *n*, Abschluss *m (transaction)*; Ausverkauf *m (at reduced prices)* • **for sale** *(V&M)* zu verkaufen • **not for sale** *(V&M)* unverkäuflich • **sale as is** *(Gen)* tel quel
sale and leaseback *(Fin, Gen)* Verkauf *m* mit anschließender Rückmiete [Rückvermietung]
sale and purchase agreement *(Börse)* Pensionsgeschäft *n*
sale and repurchase agreement *(repo) (Bank)* Pensionsgeschäft *n (ECB)*
sale by court order *(Recht)* Zwangsversteigerung *f*
sale by tender *(V&M)* Submissionsverkauf *m*
sale commission *(V&M)* Verkaufsprämie *f*, Verkaufsprovision *f*
sale on approval *(V&M)* Kauf *m* auf Probe
sale on commission *(V&M)* Kommissionsgeschäft *n*
sale or return *(V&M)* Kauf *m* mit Rückgaberecht • **on sale or return** *(V&M)* Kauf *m* mit Rückgaberecht
sale price *(V&M)* Ausverkaufspreis *m*
saleable *adj (BE)* 1. *(Gen)* veräußerlich; 2. *(V&M)* verkäuflich *(fit for selling)*; marktfähig *(marketable)*
sales *(V&M)* Absatz *m*, Umsatz *m (turnover)*
sales account *(V&M)* Verkaufskonto *n*, Warenausgangskonto *n*
sales appeal *(V&M)* Kaufanreiz *m*
sales area *(V&M)* Verkaufsbereich *m (in store)*; Verkaufsgebiet *n (territory)*
sales charge 1. *(V&M)* Abschlussgebühr *f*; 2. *(Börse)* Abschlussgebühr *f*, Ankaufgebühren *fpl*
sales contract *(V&M)* Kaufvertrag *m*
sales coverage *(V&M)* Verkaufsreichweite *f*
sales discount *(V&M)* Kundenrabatt *m*
sales executive *(Mgt, Pers, V&M)* Verkaufsdirektor(in) *m(f)*, Vertriebsdirektor(in) *m(f)*, Verkaufsleiter(in) *m(f)*
sales figures *(V&M)* Absatzzahlen *fpl*
sales force *(V&M)* Absatzorganisation *f*, Verkaufsaußendienst *m*, Außendienst *m*
sales forecast *(V&M)* Absatzprognose *f*, Verkaufsvoraussage *f*
sales goal *(V&M)* Absatzziel *n*
sales incentive *(V&M)* Kaufanreiz *m*
sales law *(Recht, V&M)* Kaufrecht *n*
sales literature *(V&M)* Verkaufsprospekt *m*, Werbematerial *n*
sales management *(V&M)* Absatzleitung

f, Vertriebsleitung *f*, Verkaufsmanagement *n*
sales manager *(Mgt, Pers, V&M)* Verkaufschef(in) *m(f)*, Vertriebsdirektor(in) *m(f)*, Vertriebsleiter(in) *m(f)*
sales manual *(V&M)* Verkaufshandbuch *n*
sales meeting *(V&M)* Vertretertagung *f*
sales order *(Gen)* Auftrag *m*
sales organization *(V&M)* Verkaufsorganisation *f*
sales orientation *(V&M)* Verkaufsorientierung *f*
sales outlet *(V&M)* Verkaufsstelle *f*
sales personnel *(V&M)* Verkaufspersonal *n*
sales pitch *(V&M)* Verkaufsargument *n*
sales promotion *(V&M)* Verkaufsförderung *f*
sales prospects *(V&M)* Verkaufsaussichten *fpl*, Absatzchancen *fpl*
sales push *(V&M)* Verkaufsanstrengungen *fpl*
sales quantity *(V&M, Gen)* Absatz *m* *(Volumen in Konsumenten- oder Versandeinheiten)*
sales receipt *(V&M)* Verkaufserlös *m*
sales rep *s.* sales representative
sales representative *(Pers, V&M)* Handelsvertreter(in) *m(f)*, Vertreter(in) *m(f)*, Reisende(r) *f(m)*
sales resistance *(V&M)* Kaufunlust *f*, Verkaufswiderstand *m*
sales returns *(V&M)* Retouren *fpl*, Rücksendungen *fpl*, Rückwaren *fpl* *(unsold items)*; Verkaufserlöse *mpl*, Erträge *mpl* *(profits)*
sales revenue 1. *(RW)* Umsatzertrag *m*; 2. *(V&M)* Umsatzerlös *m*
sales service *(V&M)* Kundendienst *m*
sales slump *(V&M)* rückläufige Verkaufsergebnisse *npl*
sales talk *(V&M)* Verkaufsgespräch *n*
sales tax *(AE)* *(Steuer)* Mehrwertsteuer *f*, MWSt *f*, Umsatzsteuer *f*, USt *f*, Warenumsatzsteuer *f*
sales tax refund *(AE)* *(Steuer)* Umsatzsteuerrückvergütung *f*, Umsatzsteuervergütung *f*
sales training *(V&M)* Verkaufsschulung *f*
sales turnover *(V&M)* Warenumsatz *m*
sales volume *(V&M)* Verkaufsvolumen *n*, Absatz *m*
salesman 1. *(Gen)* Kaufmann; 2. *(Pers, V&M)* Verkäufer *m*, Vertreter *m*
salvage costs *(Logis)* Bergungskosten *pl*
salvage value *(WiWi)* Restwert *m*, Schrottwert *m*, Veräußerungswert *m*
same-day *adj* *(Imp/Exp, Logis)* taggleich *(courier service)*
same-day delivery *(Komm, Logis)* Lieferung *f* am gleichen Tage, Sofortlieferung *f*
same-day service *(Komm, Logis)* 24--Stunden-Service *m*
same size *(V&M)* gleiche Größe *f*
sample 1. *(Comp)* Probe *f*; 2. *(Gen)* Muster *n*, Musterkarte *f*, Handelsmuster *n*; 3. *(Stat)* Sample *n*, Stichprobe *f*
sample case *(V&M)* Musterkoffer *m*
sample check *(V&M)* Stichprobe *f*
sample consignment *(V&M)* Mustersendung *f*
sample drawing *(Stat)* Stichprobenentnahme *f*
sample mean *(Stat)* Stichprobendurchschnitt *m*
sample of households *(Stat, WiWi)* Haushaltsstichprobe *f*
sample of no commercial value *(V&M)* Muster *n* ohne Wert
sample size *(Stat)* Stichprobenumfang *m*
sample survey 1. *(Stat)* Stichprobenerhebung *f*; 2. *(V&M)* Teilerhebung *f*, repräsentative Erhebung *f*, Stichprobenerhebung *f* *(market research)*
sampling by attributes *(Ind)* Attributenkontrolle *f*
sampling procedure *(Stat)* Stichprobenverfahren *n*
sanction *v* *(Gen)* sanktionieren *(approve)*
sanction 1. *(WiWi)* Sanktion *f* *(measure taken)*; 2. *(Gen)* Zustimmung *f*, Billigung *f* *(approval)*
satellite communications *(Komm)* Satellitenkommunikation *f*, Satellitenverkehr *m*
satisfaction 1. *(Fin)* Tilgung *f*, Zahlung *f* *(of debt)*; 2. *(Gen)* Befriedigung *f*, Nutzen *m*, Zufriedenheit *f*
satisfaction level *(WiWi)* Nutzenniveau *n*
satisfaction of requirements *(WiWi)* Bedarfsdeckung *f* *(synonymous: supply of needs)*
satisfaction of wants *(WiWi)* Bedürfnisbefriedigung *f*
satisfactory *adj* *(Gen)* befriedigend,

zufriedenstellend
satisfy *v* 1. *(Fin)* tilgen *(debt)*; 2. *(Gen)* zufriedenstellen, befriedigen, abgelten *(requirement)*
satisfy *v* **demand** *(V&M, WiWi)* Nachfrage befriedigen, Nachfrage decken
satisfy *v* **the demand for sth** *(Gen)* den Bedarf an etw. decken
saturate *v (V&M, WiWi)* sättigen *(market)*
saturated market *(V&M)* gesättigter Markt *m*
saturation *(V&M, WiWi)* Sättigung *f (of market)*
save *v* 1. *(Comp)* sichern *(data)*; 2. *(Gen)* sparen *(money)*; einsparen *(materials, costs)*
save *v* **as** *(Comp)* speichern unter, speichern als *(data)*
save *v* **for a rainy day** *(Gen) (ugs.)* etw. auf die hohe Kante legen, *(ugs.)* einen Notgroschen zurücklegen
save *v* **jobs** *(Pers)* Arbeitsplätze erhalten
save *v* **up** *(Gen)* sparen
saving *(Gen)* Sparen *n (of money)*; Einsparung *f (of materials, costs)*; Ersparnis *n (amount saved)*
saving energy *(Umwelt)* Energiesparen *n*
saving period *(Bank, Versich)* Ansparphase *f*
savings *(Bank)* Spareinlagen *fpl*
savings bank *(Bank)* Sparkasse *f*
savings bond *(AE) (Bank)* Sparbrief *m*
savings function *(WiWi)* Sparfunktion *f*
savings premium *(Bank, Versich)* Sparbeitrag *m*
savings-to-income ratio *(WiWi)* Sparquote *f*
say in sth/have a *(Gen)* bei etw. Mitspracherecht haben, bei etw. ein Wörtchen mitzureden haben
say/that is to *(Gen)* das heißt, d.h.
scalable *adj (Comp)* skalierbar
scale *v (Gen)* stufenweise anordnen
scale *v* **down** 1. *(Gen)* (maßstäblich) verkleinern, verringern; 2. *(Börse)* repartieren, zuteilen
scale *v* **down production** 1. *(Ind)* Produktion herunterfahren; 2. *(Gen)* Produktion einschränken
scale *v* **down securities** *(Bank, Börse)* Wertpapiere repartieren
scale *v* **up** *(Gen)* aufstocken, maßstäblich vergrößern
scale 1. *(Gen)* Maßstab *m*, Leiter *f*; 2. *(Gen)* Umfang *m*, Ausmaß *n*; 3. *(Pers)* Skala *f*, Tabelle *f (wages)*
scale economies *(WiWi)* Größenvorteile *mpl*
scale of charges *(Gen)* Gebührenordnung *f*, Gebührentabelle *f*, Tarif *m*
scale of commission *(Börse)* Provisionstabelle *f*
scale of fees *(Bank, Versich)* Gebührenordnung *f*
scalping *(Börse)* Scalping *n*, Arbitragehandel *m (trading for small gains over a short period)*; Vorkaufen *n*
scam *(ugs.) (Comp, Recht) (ugs.)* Masche *f*, Betrug *m*
scan *v (Comp)* abtasten, scannen
scanner *(Gen)* Scanner *m*, elektronischer Belegleser *m*
scanning 1. *(Gen)* Abtasten *n*, Scannen *n*; 2. *(WiWi)* Frühaufklärung *f*
scanning cash register *(Comp, V&M)* Scanner-Kasse *f*
scant coverage *(Media)* knappe Deckung *f* [Abdeckung *f*]
scant funds *(Fin)* knappe Ressourcen *fpl*, knappe Mittel *npl*
scanty *(Gen)* knapp
scarce *adj (WiWi)* knapp *(resources)* • **in scarce supply** *(Gen)* bei geringem Angebot
scarce resources *(Umwelt, WiWi)* knappe Mittel *npl*, knappe Ressourcen *fpl*
scarcity *(WiWi)* Knappheit *f*, Mangel *m*
scarcity of capital *(Fin)* Kapitalknappheit *f*
scarcity of jobs *(Pers)* Arbeitsplatzmangel *m*, Knappheit *f* an Arbeitsplätzen
scarcity of labour *(BE) (Pers)* Arbeitskräfteknappheit *f*, Arbeitskräftemangel *m*
scaremongering *(Börse, Fin, Media) (ugs.)* Panikmache *f*
scatter diagram *(Mgt, Stat)* Streudiagramm *n*
scattered shareholdings *(Bank, Fin)* Aktienstreubesitz *m*
SCE *(Abk. für 1. Societas Cooperativa Europaea; 2. Scottish Certificate of Education)* 1. *(Recht)* SCE *f*, Societas Cooperativa Europaea *f*, Europäische Genossenschaft *f (synonymous: European Cooperative Society; die SCE steht in den EU-Mitgliedstaaten als*

alternative Rechtsform neben den Genossenschaften nach dem bestehenden nationalen Recht); 2. *(Edu) schottischer Sekundarschulabschluss*

scenario 1. *(Media)* Drehbuch *n (of film)*; 2. *(Mgt, WiWi)* Szenario *n (method)*

scenario-writing *(Mgt)* Verfassen *n* eines Szenarios

schedule *v (Gen)* planen, festlegen *(programme)*; auflisten, tabellarisch zusammenstellen *(list)*

schedule 1. *(Gen)* Plan *m*, Programm *n*, Zeitplan *m (programme of events)*; Liste *f*, Verzeichnis *n*, Aufstellung *f (list)*; 2. *(Logis)* Fahrplan *m (timetable)* • **be on schedule** *(Gen)* im Plan liegen, im Zeitplan liegen • **on schedule** *(Gen)* planmäßig, termingerecht

schedule of assets *(AE) (RW)* Vermögensaufstellung *f*

scheduled *adj (Gen)* planmäßig, zeitlich geplant • **as scheduled** *(Gen)* nach Plan, plangemäß • **be scheduled for** *(Gen)* anberaumt sein für *(meeting)*

scheduled arrival *(Logis)* planmäßige Ankunft *f*

scheduled cost *(RW)* Plankosten *pl*, Sollkosten *pl*, Vorgabekosten *pl (budgetary control = Prognosekostenrechnung; synonymous: budget cost, budgeted cost, standard cost)*

scheduled depreciation *(RW)* planmäßige Abschreibung *f*

scheduled service *(Frei, Logis)* Liniendienst *m*

scheduled start *(Gen)* vorgesehener Beginn *m*

scheduling *(Gen)* Ablaufplanung *f*, Planung *f (programming)*; Auflistung *f*, Terminierung *f*, Zeitplanung *f*

scheme *(Gen)* Schema *n*, schematische Darstellung *f*; System *n*; Projekt *n*, Plan *m*, Programm *n*; Komplott *n (conspiracy)*

Schengen area *(Pol, Recht)* Schengen--Gebiet *n*

scholarship *(Edu)* Stipendium *n*; Wissenschaft *f*; Gelehrsamkeit *f* • **apply for a scholarship** *(Edu)* ein Stipendium beantragen, sich um ein Stipendium bewerben • **scholarship requires freedom** *(WiWi, Edu)* Wissenschaft braucht Freiheit • **win a scholarship** *(Edu)* ein Stipendium bekommen

school 1. *(Edu)* Schule *f*; 2. *(Edu)* Hochschule *f (AE = college)*; Universität *f*; 3. *(Edu)* Fakultät *f*, Fachbereich *m (e.g. law school)* • **at school** *(Edu)* in der Schule • **go to school** *(Edu)* in die Schule gehen, zur Schule gehen, (die) Schule besuchen

school achievement *(Pers)* schulische Leistung *f*, schulische Leistungen *fpl*, Schulleistungen *fpl*, Leistung *f* in der Schule, Leistungen *fpl* in der Schule, Abschneiden *n* in der Schule

school certificate *(Edu)* Schulzeugnis *n*

school enrolment *(Bil)* Einschulung *m*, Schulbeginn *m*

school entry *(Bil)* Einschulung *m*, Schulbeginn *m*

school failure *(Pers)* Schulversagen *n*

school-leaving age *(Pers)* Schulabgangsalter *n*, Schulentlassungsalter *n*

school leaving certificate *(Pers)* Schulentlassungszeugnis *n*, Schulabgangszeugnis *n*

school performance *(Pers)* schulische Leistung *f*, schulische Leistungen *fpl*, Schulleistungen *fpl*, Leistung *f* in der Schule, Leistungen *fpl* in der Schule, Abschneiden *n* in der Schule

schooling *(Pers)* Schulausbildung *f*, schulische Ausbildung *f*

science *(Recht)* Wissenschaft *f*

scientific *adj (Gen)* wissenschaftlich

scientific management *(Gen, Mgt)* wissenschaftliche Betriebsführung *f*

scope 1. *(Gen)* Spielraum *m*; 2. *(Pat)* Bereich *m*, Gültigkeitsbereich *m*, Umfang *m (of claims)*

scope for advancement *(Pers)* Aufstiegschancen *fpl*

scope for borrowing *(Fin, WiWi)* Verschuldungsmöglichkeiten *fpl*

scope for raising funds *(Fin, WiWi)* Verschuldungsmöglichkeiten *fpl*

scope for valuation *(Bank, WiWi)* Bewertungsspielräume *mpl*

scope of application *(Gen)* Anwendungsbereich *m*, Geltungsbereich *m*, Wirkungskreis *m*

scope of bargaining *(Pers)* Verhandlungsrahmen *m*

scope of coverage 1. *(Gen)* Erfassungsbereich *m*; 2. *(Versich)*

Deckungsbereich *m*
scope of responsibility *(Gen, Recht, V&M)* Zuständigkeitsbereich *m*
score *(Stat, WiWi)* Punktwert *m*, Punktzahl *f*
scrap *v* 1. *(Gen)* fallen lassen; 2. *(Ind)* verschrotten
scrap 1. *(Gen)* Stück, Fetzen *m (paper)*; 2. *(Ind)* Schrott *m*, Abfall *m*, Ausschuss *m*
scrap metal *(Ind)* Altmetall *n*
scrap of evidence *(Gen)* Spur *f* eines Beweises
scrap paper *(Gen, Umwelt)* Altpapier *n*
scrap value *(Gen)* Restwert *m*
scrapping *(Ind)* Verschrottung *f*
scrapping bonus *(Umwelt, Media, Pol)* Abwrackprämie *f (im Politmarketing--Jargon: Umweltprämie)*
scrapping premium *(Umwelt, Media, Pol)* Abwrackprämie *f (im Politmarketing-Jargon: Umweltprämie)*
scratch card *(V&M)* Rubbelkarte *f*
screen *v (Gen)* (gründlich) überprüfen *(applicants)*; abschirmen, schützen *(protect)*
screen *v* **applicants** *(Pers)* Bewerber überprüfen, Bewerber auswählen
screen *v* **candidates** *(Pers)* Bewerber überprüfen, Bewerber auswählen
screen *v* **out** *(Pers)* aussieben
screen *(Comp)* Bildschirm *m*, Raster *m*
screen advertising *(V&M)* Bildschirmwerbung *f*
screen-based system *(Börse, Comp)* Bildschirmhandel *m*
screen resolution *(Comp)* Bildschirmauflösung *f*
screen trading system *(Börse, Comp)* Computerbörse *f*
screened *adj (Gen)* abgeschirmt, geschützt *(protected)*
screening 1. *(Gen)* Überprüfung *f*; 2. *(Pers)* Auswahl *f (of candidates for a job)*; Vorauswahl *f*, Screening *n (preliminary)*
screening of candidates *(Pers)* Bewerbervorauswahl *f*, Bewerberauswahl *f*, Vorauswahl *f* der Bewerber, Auswahl *f* der Bewerber
screening procedure *(Edu, Pers)* Ausleseverfahren *n*, Auswahlverfahren *n*
screening test *(Edu, Pers)* Auswahltest *m*, Ausleseprüfung *f*
screensaver *(Comp)* Bildschirmschoner *m*
screenshot *(Comp)* Bildschirmkopie *f*, Abbild *n*
scrip *(Börse, Fin)* Interimsschein *m*, vorläufiges Zertifikat *n*
scrip issue *(Börse, Fin)* Emission *f* von Berichtigungsaktien
scrutiny/come under *(Gen)* einer genauen Prüfung unterzogen werden
SDD *(Abk. für Sepa direct debit scheme) (Bank, V&M)* SEPA-Lastschriftverfahren *n*, Sepa-Lastschriftverfahren *n (mit der europäischen Lastschrift sollen im EWR voraussichtlich ab 11/2009 nach Mandaterteilung von jedem Konto im Binnenmarkt Forderungen bei kurzen Transaktionszeiten, kostengünstig und effizient grenzüberschreitend eingezogen werden können, ähnlich der Einzugsermächtigung = direct debit authorization; cf SEPA = Sepa = Single Euro Payments Area = einheitlicher Euro-Zahlungsverkehrsraum)*
SDR *s.* special drawing rights
SE *(Abk. für Societas Europaea) (Recht)* SE *f*, Europäische Gesellschaft *f*, Societas Europaea *f*; *(jarg.)* Europa AG *f (synonymous: European Company; EU)*
SEA *s.* Single European Act
seafarming *(WiWi)* Hochseefischerei *f*
seal *v* 1. *(Komm)* versiegeln *(letter, parcel)*; 2. *(Gen)* besiegeln *(deal)*; 3. *(Recht)* versiegeln, siegeln *(document)*
seal 1. *(Gen, Recht)* Siegel *n*; 2. *(Imp/Exp, Ind)* Plombe *f* • **under seal** *(Komm, Recht)* verplombt, versiegelt
seal of quality *(Gen)* Qualitätssiegel *n*
sealed *adj (Komm, Recht)* verplombt, versiegelt • **in a sealed envelope** *(Gen)* in versiegeltem Umschlag
sealed tender *(Gen)* versiegeltes Angebot *n*
search *v* 1. *(Gen)* suchen, prüfen, durchsuchen *(examine)*; forschen, recherchieren *(research)*; 2. *(Pat)* prüfen
search 1. *(Comp)* Suchen *n*; 2. *(Gen)* Suche *f*, Suchen *n*, Durchsuchung *f*, Überprüfung *f (examination)*; Nachforschung *f*, Recherche *f (research)*
search engine *(Comp, Komm)* Suchmaschine *f (Internet)*
search report *(Pat)* Nachforschungsbericht *m*, Prüfbericht *m*

search unemployment *(Pers)* Sucharbeitslosigkeit *f*
seasonal *adj (Gen)* saisonal, saisonbedingt, Saison
seasonal adjustment *(Fin, Gen, Pers, WiWi)* Saisonbereinigung *f*
seasonal concentration *(V&M)* saisonbedingte Konzentration *f*
seasonal discount *(V&M)* Nachlass *m* außerhalb der Saison
seasonal employment *(WiWi, Pers)* Saisonbeschäftigung *f*
seasonal fluctuation *(WiWi)* Saisonbewegung *f*, Saisonschwankung *f*
seasonal labor *(AE) (Pers) s.* seasonal labour
seasonal labour *(BE) (Pers)* Saisonarbeitskräfte *pl*, Saisonbelegschaft *f*
seasonal level *(Gen, Ind)* saisonübliches Ausmaß *n*
seasonal occupation *(Pers)* Saisonberuf *m*
seasonal unemployment *(Pers)* saisonbedingte Arbeitslosigkeit *f*
seasonal variation *(WiWi)* Saisonschwankung *f*
seasonal work *(WiWi, Pers)* Saisonarbeit *f*
seasonally adjusted *adj (Fin, Gen, Pers, WiWi)* saisonbereinigt
seasonally-adjusted figure *(Fin)* saisonbereinigte Zahl *f*
seat 1. *(Gen)* Firmensitz *m*, Sitz *m* *(principal place of business)*; 2. *(Frei)* Platz *m*; 3. *(Pol)* Amtssitz *m*, Regierungssitz *m*, Sitz *m (in Parliament)*
SEC *s.* Securities and Exchange Commission
second-best *adj (WiWi)* zweitbeste *(Pareto optimum)*
second-class mail *(Komm)* langsamere [billigere] Postzustellung *f*
second economy *(WiWi)* Schattenwirtschaft *f*
second half of the year *(Gen)* zweites Halbjahr *n*
second-hand *adj (Gen)* gebraucht, aus zweiter Hand
second home *(Grund)* Zweitwohnung *f*
second instance *f (Recht)* zweite Instanz *f*
second job *(Pers)* Nebenbeschäftigung *f*
second labour market *(BE) (WiWi)* zweiter Arbeitsmarkt *m (synonymous: secondary labour market; subventionierter sog. Überbrückungsarbeitsmarkt)*
second market *(Bank, WiWi)* Sekundärmarkt *m*
second mortgage *(Bank, Fin)* nachrangige Hypothek *f*, zweite Hypothek *f*
second offence *(BE) (Recht)* Rückfalltat *f*
second offense *(AE) (Recht) s.* second offence
second quarter *(Gen)* zweites Quartal *n*
second residence *(Recht)* Zweitwohnsitz *m*
second round effect *(WiWi)* Zweitrundeneffekt *m (the effect of a wage increase on prices and back on the wages)*
secondary *adj (Gen)* sekundär, zweitrangig, nebensächlich, subsidiär
secondary claim *(RW)* Nebenforderung *f*
secondary education *(Soz)* höhere Schulbildung *f*
secondary effect *(Gen, WiWi)* Nebenwirkung *f*, Sekundärwirkung *f*
secondary employment *(Pers)* Nebenerwerb *m*, Zweitbeschäftigung *f*
secondary income *(Fin)* Sekundäreinkommen *n*
secondary labor market *(AE) (Pers) s.* secondary labour market
secondary labour market *(BE) (Pers)* Sekundärarbeitsmarkt *m*, zweiter Arbeitsmarkt *m*
secondary need *(V&M)* sekundäres Bedürfnis *n*, Sekundärbedürfnis *n*
secondary place of residence *(Recht, Grund, Steuer)* Zweitwohnsitz *m*, Nebenwohnsitz *m*
secondary workers *(Pers, Soz)* Beschäftigte *fpl* mit instabilen Beschäftigungsverhältnissen; Beschäftigte *fpl* mit prekären Beschäftigungsverhältnissen *(nicht dauerhaft beschäftigte Arbeitskräfte, die z.B. aufgrund ihrer Qualifikation wenig gefragt sind und infolgedessen wegen mangelnder Arbeitsmöglichkeiten -u.a. im Konjunkturablauf- häufig in den/aus dem Arbeitsmarkt ein-/austreten)*
secrecy of telecommunications *(Recht)* Fernmeldegeheimnis *n*
secret reserves *(RW)* stille Reserven *fpl*,

stille Rücklagen *fpl (reserves that are not shown on the balance sheet; synonymous: hidden reserves, hidden assets, undisclosed reserves, off--balance sheet reserves, concealed reserves; im Rahmen des HGB--Vorsichtsprinzips -prudence concept- entstanden aus unterbewerteten Aktiva oder überbewerteten Passiva; opposite: undisclosed charges, hidden charges, undisclosed impairment of assets = stille Lasten)*

Secretary of State *(Pol) (AE)* Außenminister(in) *m(f)*, *(BE)* Kabinettsminister(in) *m(f)*

Secretary of the Treasury *(AE) (Fin, WiWi)* Finanzminister(in) *m(f)*, Schatzkanzler(in) *m(f)*

section 1. *(Gen)* Abschnitt *m*, Abteilung *f (department)*; 2. *(Recht)* Artikel *m*, Kapitel *n*, Paragraf *m (of act)*

section sign *(Pat, Recht)* Paragraf--Zeichen *n (§ symbol; Keyboard ALT+0167, in Europe)*

sector 1. *(WiWi)* Branche *f*, Sektor *m*; 2. *(Gen)* Bereich *m*

sector analysis *(Fin, Gen)* Branchenanalyse *f*

sector-specific *adj (WiWi)* branchenspezifisch

sectoral *adj (Mgt, WiWi)* sektoral *(interests)*

sectoral unemployment *(Mgt, WiWi)* sektorale Arbeitslosigkeit *f*

secular trend *(WiWi)* säkularer Trend *m*

secure *v* 1. *(Bank)* besichern; 2. *(Gen)* befestigen; 3. *(Börse)* absichern, sichern *(price in futures contract)*

secure *v* **new orders** *(Gen)* Aufträge beschaffen, Aufträge hereinholen

secure *adj* 1. *(Bank)* sicher; 2. *(WiWi)* gesichert, sicher

secured advance *(Bank)* besichertes Darlehen *n*

secured debt *(Fin)* gesicherte Verbindlichkeit *f*

secured personal loan *(Bank)* besicherter Personalkredit *m*

securities *(Börse)* Effekten *pl*, Wertpapiere *npl*

Securities and Exchange Commission *(AE) (Börse)* US--Börsenaufsichtsbehörde *f*

securities dealer *(Börse)* Wertpapierhändler(in) *m(f)*

securities deposited under wrapper *(Fin)* Streifbanddepot *n*

securities held in trust *(Börse)* treuhänderisch verwaltete Wertpapiere *npl*

securities holdings *(Bank, Börse)* Wertpapierbestand *m*

securities of short maturity date *(Börse) (jarg.)* Kurzläufer *mpl*

securities portfolio *(Bank, Fin)* Wertpapierportefeuille *n*, Wertpapierportfolio *n*, Wertpapierbestand *m (synonymous: securities holdings)*

securities-repurchase agreement *(repo) (Bank, WiWi)* Wertpapierpensionsgeschäft *n*, Repo *(ECB)*

securities trade *(Börse)* Effektenhandel *m*, Wertpapierhandel *m*

securities transactions *(Bank)* Wertpapierverkehr *m (BOP)*

securitization *(Bank, Börse, Fin)* Verbriefung *f* (von Kredit- und Einlagepositionen) • **for securitization purposes** *(Bank, Fin)* zu Verbriefungszwecken

securitization chain *(Bank, Fin)* Verbriefungskette *f*

securitization transaction *(Bank, Fin)* Verbriefungstransaktion *f (transaction either involving the transfer of receivables = true-sale securitisation or not involving the transfer of receivables = synthetic securitisation; any uniformly documented transaction in which the credit risk from a portfolio is distributed across at least two securitization tranches with differing risk profiles and the payments to investors depend upon the performance of the underlying portfolio; jede einheitlich dokumentierte Transaktion, bei der das Kreditrisiko aus einem Portfolio wenigstens auf zwei Verbriefungstranchen mit unterschiedlichen Risikoprofilen aufgeteilt wird und die Zahlungen an die Investoren von der Entwicklung des zugrunde liegenden Portfolios abhängen; entweder Transaktionen mit Forderungsübertragung = True-Sale--Verbriefungen oder Transaktionen ohne Forderungsübertragung = synthetische Verbriefungen)*

securitized *(Bank, Börse, Fin)* verbrieft

security 1. *(Admin)* Sicherheit *f (safety, protection)*; 2. *(Bank)* Wertpapier *n*; 3. *(Fin)* Wertpapier *n (share)*; Bürgschaft *f*, Garantie *f*, Sicherheit *f*, Kaution *f (pledge)*; 4. *(Pers)* Sicherheit *f (of job)*; 5. *(Börse)* Titel *m*, Wertpapier *n (certificate, asset)*
security analyst *(Börse)* Wertpapieranalyst *m*
security borrowing *(Fin)* Wertpapierlombardierung *f*
security breach *(Recht)* Sicherheitsverletzung *f*
security flotation *(Börse)* Wertpapieremission *f*
security issue *(Börse)* Wertpapieremission *f*
security label *(V&M)* Sicherheitsetikett *n*
security leak *(Gen)* Sicherheitsleck *n*
security lending *(Fin)* Lombardkredit *m*, Wertpapierleihe *f*
security level *(Comp, Komm, Recht)* Sicherheitsstufe *f*
security loan *(Fin)* Effektenkredit *m*
security price *(Börse)* Wertpapierkurs *m*
security risk *(Comp, Gen, Versich)* Sicherheitsrisiko *n*
seed capital *(Fin)* Gründungskapital *n*, Startkapital *n (seed money)*
seek *v (Gen)* fragen um *(advice)*; erbitten *(approval, help)*; suchen, sich bewerben um *(employment)*
seek *v* **employment** *(Pers)* Arbeit suchen, Beschäftigung suchen
seek *v* **legal advice** *(Recht)* sich anwaltlich beraten lassen
seek *v* **work** *(Pers)* Arbeit suchen, Beschäftigung suchen
segment *v (Comp, Mgt, V&M)* segmentieren
segment 1. *(Gen)* Segment *n*; 2. *(V&M)* Bereich *m*, Segment *n (of the market)*
segment of the labour market *(WiWi, Soz)* Teilarbeitsmarkt *m (synonymous: labour market segment, AE labor market segment)*
segment reporting *(Gen, RW)* Segmentberichterstattung *f (IAS 14)*; segmentorientierte Berichterstattung *f*
segmental reporting *(Mgt, RW)* Segmentberichterstattung *f (IAS 14)*
segmentation *(Gen)* Segmentierung *f*
segregate *v* 1. *(Gen)* trennen; 2. *(Recht)* aussondern
seigniorage *(Fin)* Münzgewinn *m*
seize *v* 1. *(Fin, Recht)* pfänden; 2. *(Imp/Exp)* beschlagnahmen
seizure *(Imp/Exp)* Beschlagnahme *f*, Beschlagnahmung *f*
select *adj (Gen)* auserwählt, auserlesen *(chosen)*; exklusiv *(exclusive)*
selected *adj (Gen)* auserlesen, exklusiv
selected dealer agreement *(Börse)* Exklusivhandelsvertrag *m*
selection *(Gen)* Auswahl *f*, Wahl *f*, Auslese *f (choosing)*
selection board *(Pers)* Auswahlkommission *f*
selection criterion *(Gen, Pers)* Auswahlkriterium *n*, Auswahlmerkmal *n*
selection function *(Bank, WiWi)* Auslesefunktion *f*
selection of applicants *(Pers)* Bewerberauswahl *f*, Auswahl *f* der Bewerber
selection procedure *(Pers)* Auswahlverfahren *n*
selective *adj (Gen)* selektiv
selective attention *(V&M)* selektive Aufmerksamkeit *f*
self-addressed envelope *(Komm)* Rückumschlag *m*
self-appraisal *(Pers)* Eigenbeurteilung *f*
self-assessment *(Pers)* Selbsteinschätzung *f*, Selbstevaluation *f*
self-catering *(Frei)* Selbstverpflegung *f*
self-dealing *(Fin, Recht)* Selbstkontrahierung *f (contracts)*
self-employed *adj (Pers, Steuer)* selbstständig, freiberuflich
self-employment *(Pers, Steuer)* selbstständige Tätigkeit *f*
self-evaluation *(Pers)* Selbsteinschätzung *f*, Selbstevaluation *f*
self-financing *(Fin, RW)* Eigenfinanzierung *f*, Selbstfinanzierung *f*
self-financing ratio *(Börse, Fin)* Eigenfinanzierungsquote *f*, Selbstfinanzierungsquote *f*
self-fulfilling prophecy *(Gen)* eine sich selbst bewahrheitende Voraussage *f*
self-generated funds *pl (Fin, RW)* eigene Mittel *npl*, Eigenmittel *npl*
self-generated goodwill *(RW)* originärer Geschäftswert *m*, originärer Firmenwert *m*, selbst geschaffener Firmenwert *m*, selbst geschaffener

Geschäftswert *m*, selbst geschaffener Goodwill *m (no inclusion under assets, nicht aktivierungsfähig; synonymous: unpurchased goodwill, company--developed goodwill; opposite: acquired goodwill = entgeltlich erworbener Firmenwert, derivativer Firmenwert)*
self-governing *adj (Pol)* autonom, selbstständig, souverän
self-government *(Pol)* Selbstverwaltung *f*
self-healing forces of the market *(WiWi, Edu)* Selbstheilungskräfte *fpl* der Märkte
self-help *(Gen, Pers)* Selbsthilfe *f*
self-managed *adj (Mgt, Pers)* autonom
self-management *(Mgt, Pers)* Selbstmanagement *n*, Selbstverwaltung *f*
self-motivation *(Mgt, Pers)* Selbstmotivation *f*
self perception *(V&M)* selektive Wahrnehmung *f*
self-perpetuating process *(Mgt, V&M, WiWi)* (sich) selbstverstärkender Prozess *m*
self-sufficiency *(Gen, WiWi)* Autarkie *f*, Selbstversorgung *f*
self-sufficient economy *(WiWi)* autarke Wirtschaft *f*
self-supporting *adj (Gen)* selbsttragend, wirtschaftlich unabhängig
self-sustained recovery *(WiWi)* sich selbst tragender Aufschwung *m*, selbsttragender Aufschwung *m*
self-sustaining process *(WiWi)* sich selbst verstärkender Prozess *m*, selbsttragender Prozess *m*
sell *v* 1. *(Fin)* begeben; 2. *(Gen)* verkaufen, absetzen, veräußern *(goods)*; umsetzen *(turn over)*; vertreiben *(deal in)*; verkaufen *(person)*; sich verkaufen *(product)*
sell *v* **a bear** *(Börse)* Leerverkäufe abschließen
sell *v* **by** *(Gen)* haltbar bis, verwendbar bis *(best before)*
sell *v* **for future delivery** *(Gen)* auf Termin verkaufen
sell *v* **forward** *(Börse)* auf Termin verkaufen
sell *v* **on credit** *(V&M)* auf Kredit verkaufen
sell *v* **short** *(Börse)* fixen, Leerverkäufe abschließen
sell *v* **spot** *(Börse)* per Kasse verkaufen, am Kassamarkt verkaufen
sell *v* **sth for scrap** *(Gen)* etw. zum Schrottwert verkaufen
sell-by date *(V&M)* Mindesthaltbarkeitsdatum *n (food)*
sell-off *(Börse)* Glattstellungsverkauf *m*
seller *(Gen)* Verkäufer(in) *m(f)*, Veräußerer *m*
seller's liability *(Recht, V&M)* Haftung *f* des Verkäufers
seller's market *(Börse, Grund, WiWi)* Verkäufermarkt *m*
sellers over *(Börse)* Angebotsüberhang *m*
selling *(Börse, Gen, V&M)* Verkauf *m*
selling and repurchase agreement *(Bank)* Pensionsgeschäft *n*
selling commission *(Fin, V&M)* Bonifikation *f*, Verkaufsprovision *f*
selling expenses 1. *(RW)* Vertriebsgemeinkosten *pl*; 2. *(Gen)* Verkaufskosten *pl*
selling price *(V&M)* Verkaufspreis *m*
selling proposition *(V&M)* Verkaufsvorschlag *m*
selling rate 1. *(Bank)* Briefkurs *m*, Briefsatz *m*; 2. *(Börse)* Emissionsrate *f*
selling stop order *(Börse)* Stop-Loss--Auftrag *m*
semantic differential *(V&M)* semantischer Unterschied *m*
semi-black market *(WiWi)* grauer Markt *m*
semi-detached house *(BE) (Grund)* Doppelhaushälfte *f*
semi-finished product *(Ind)* Halberzeugnis *n*, Halbfabrikat *n*, Halbfertigprodukt *n*
semi-fixed costs *(Fin, RW, WiWi)* teilvariable Kosten *pl*
semi-skilled *adj (Pers)* angelernt
semi-variable costs *(Fin, RW, WiWi)* teilvariable Kosten *pl*
send *v (Komm)* senden, übersenden, (ver)schicken, übermitteln *(electronically)*
send *v* **in** *(Gen)* einsenden, schicken *(order)*; einreichen *(request)*
send *v* **out** *(Gen)* verschicken, versenden *(mail)*; hinausschicken *(person)*
send *v* **under plain cover** *(Komm)* in neutralem Umschlag versenden, in neutraler Verpackung versenden
sender *(Komm)* Absender(in) *m(f)*,

Versender(in) *m(f)*
senior *adj (Gen)* senior, vorgesetzt, übergeordnet *(in rank)*; älter *(in age)*; leitend *(leading)*
senior *(Gen)* Vorgesetzte(r) *f(m)*
senior creditor *(Fin, WiWi)* bevorrechtigter Gläubiger *m*, bevorrechtigte Gläubigerin *f*
senior debt 1. *(RW)* erstrangig besichertes Fremdkapital *n*; 2. *(Börse, Fin)* erstrangig besicherter Schuldtitel *m*, vorrangig besicherter Schuldtitel *m*; erstrangig besicherte Anleihe *f*, vorrangig besicherte Anleihe *f*; erstrangige Schuld *f*, vorrangige Schuld *f*; vorrangige Verbindlichkeit *f*, vorrangiger Schuldtitel *m*, erstrangig besicherte Verbindlichkeit *f*
senior executive *(Mgt, Pers)* leitende(r) Angestellte(r) *f(m)*, gehobene Führungskraft *f*
senior loan *(Bank)* erststelliges Darlehen *n*, im Rang vorgehendes Darlehen *n*, vorrangiges Darlehen *n*
senior management *(Mgt, Pers)* Führungskräfte *fpl*, obere Leitungsebene *f*, oberes Management *n*, Unternehmensspitze *f*
senior management level *(Mgt, Pers)* obere Leitungsebene *f*
senior mortgage *(Bank, Fin, Grund)* erstrangige Hypothek *f*, erststellige Hypothek *f*
senior officer *(Pers)* höherer Beamter *m*, höhere Beamtin *f*, leitende(r) Angestellte(r) *f(m)*
senior position *(Pers)* leitende Position *f*, leitende Stelle *f*
seniority *(Pers)* Dienstalter *n (length of service)*; Seniorität *f (rank)*
seniority bonus *(Pers)* Dienstalterszulage *f*
seniority principle *(Pers)* Dienstaltersprinzip *n*
sense of responsibility *(Gen)* Verantwortungsgefühl *n*
sensible *adj (Gen)* vernünftig
sensitive *adj (Börse)* empfindlich, marktreagibel, sensibel
sensitivity *(Gen)* Feingefühl *n*, Sensibilität *f*, Sensitivität *f*; Empfindlichkeit *f*
sensitivity analysis *(Fin, Stat, WiWi)* Sensibilitätsanalyse *f*, Sensitivitätsanalyse *f*, Empfindlichkeitsanalyse *f*
sensitivity ratio *(Fin, Stat, Börse)* Sensitivitätskennzahl *f*
sentence *(Recht)* Strafurteil *n*
sentiment 1. *(Gen)* Empfindung *f*, Gefühl *f*, Haltung *f*, Meinung *f*; 2. *(Börse)* Stimmung *f*, Marktstimmung *f*, Marktklima *n*, Meinung *f*, Haltung *f*
sentiment index *(Börse, Stat, V&M)* Sentiment-Index *m*, Erwartungsindex *m*, Index *m* der Erwartungen
sentimental value *(Gen)* Erinnerungswert *m* • **price paid for sth of sentimental value** *(V&M)* Liebhaberpreis *m*
Sepa card payment *(Bank, V&M)* SEPA-‑Kartenzahlung *f*, Sepa-Kartenzahlung *f* *(SEPA = Sepa = Single Euro Payments Area = einheitlicher Euro-‑Zahlungsverkehrsraum)*
Sepa credit transfer *(Bank, V&M)* SEPA-‑Überweisung *f*, Sepa-Überweisung *f* *(grenzüberschreitende Euro-‑Überweisungen sollen so einfach und sicher wie Inlandsüberweisungen durchgeführt werden können; organization and processing of European cross-border retail payments; einheitlicher Euro-‑Zahlungsverkehrsraum = Single Euro Payments Area = Sepa)*
Sepa direct debit scheme *(SDD) (Bank, V&M)* Sepa-Lastschriftverfahren *n (mit der europäischen Lastschrift sollen von jedem Konto im Binnenmarkt Forderungen bei kurzen Transaktionszeiten kostengünstig und effizient grenzüberschreitend eingezogen werden können, ähnlich der Einzugsermächtigung = direct debit authorization; SEPA = Sepa = Single Euro Payments Area = einheitlicher Euro-Zahlungsverkehrsraum)*
Sepa payment *(Bank)* Sepa-Zahlung *f* *(Sepa = SEPA = Single Euro Payments Area = einheitlicher Euro-‑Zahlungsverkehrsraum, für nationale und grenzüberschreitende Kleinbetragszahlungen: Überweisungen, Kartenzahlungen und Lastschriften mit BIC und IBAN)*
separable costs *(WiWi)* zurechenbare Kosten *pl*
separate *v (Gen)* trennen
separate trading of registered interest and principal *(AE) (Börse)* getrennter Handel *m* von Zins- und

Kapitalanspruch
separately disclosed *(RW)* getrennt ausgewiesen
separation *(Gen)* Abtrennung *f*, Teilung *f*, Trennung *f*
separation of powers *(Recht, Pol)* Gewaltenteilung *f*
sequence *(Gen)* Aufeinanderfolge *f*, Reihenfolge *f*, Folge *f*
sequence orders *(Gen)* Anschlussaufträge *mpl*
sequencing number *(Gen)* fortlaufende Nummer *f*
sequency *(Gen)* Sequenz *f*, Zeitprofil *n*, Abfolge *f* von Schritten
sequential *adj* 1. *(Comp)* sequenziell; 2. *(Gen)* aufeinanderfolgend, der Reihe nach, in regelmäßiger Folge
sequestrate *v (Recht)* sequestrieren, konfiszieren, beschlagnahmen
sequestrator *(Recht)* Zwangsverwalter(in) *m(f)*
series *(Stat)* Reihe *f*, Datenreihe *f*, Zahlenreihe *f*
series-produced goods *(WiWi)* in Serie *f* gefertigte Produkte, Serienprodukte *npl*
serve *v* 1. *(Gen)* dienen *(community)*; abfertigen, bedienen *(customer)*; 2. *(Recht)* zustellen *(order)*
serve *v* **a purpose** *(Gen)* einem Zweck dienen
service *v (Gen)* bedienen, pflegen *(market)*
service *v* **a loan** *(Fin)* ein Darlehen bedienen
service *(Gen)* Dienst *m*, Dienstleistung *f*, Service *m*, Leistung *f*, Wartung *f* • **service not included** *(Gen)* Bedienung nicht inbegriffen *(restaurant)*
service agreement *(Gen)* Dienstvereinbarung *f*, Dienstvertrag *m*, Wartungsvertrag *m*
service charge 1. *(Admin)* Bearbeitungsgebühr *f*; 2. *(Gen)* Bedienungsaufschlag *m (restaurant)*
service company *(Gen)* Dienstleistungsbetrieb *m*, Wartungsfirma *f (firm)*; Dienstleistungsgewerbe *n (service industry)*
service contract *(Gen)* Dienstvertrag *m*, Wartungsvertrag *m*, Werkvertrag *m*
service degree *(Gen, Mgt)* Servicegrad *m*, Lieferbereitschaftsgrad *m*
service department *(V&M)* Kundendienstabteilung *f*
service economy *(WiWi)* Dienstleistungsgesellschaft *f*
service engineer *(Pers)* Kundendiensttechniker(in) *m(f)*
service enterprise *(Gen)* Dienstleistungsbetrieb *m*, Dienstleistungsunternehmen *n*
service fee *(Gen)* Bearbeitungsgebühr *f*, Grundgebühr *f*
service firm *(WiWi)* Dienstleistungsunternehmen *n*
service industry *(Ind, WiWi)* Dienstleistungsgewerbe *n*, Dienstleistungssektor *m*
service life *(RW, WiWi)* Nutzungsdauer *f*
service occupation *(Pers)* Dienstleistungsberuf *f*
service provider 1. *(Gen, Pers)* Leistungsträger *m*; 2. *(Comp, Komm, Media)* Dienstanbieter *m*, Dienstleister *m*
service sector *(WiWi)* Dienstleistungssektor *m*
service society *(WiWi, Gen)* Dienstleistungsgesellschaft *f*
services *(Gen)* Dienstleistungen *fpl* • **for services rendered** *(Gen)* für erbrachte Leistungen
services account *(WiWi)* Dienstleistungsbilanz *f (BOP)*
servicing 1. *(Comp)* Wartung *f*; 2. *(Fin)* Bedienung *f (of debt)*; 3. *(Ind)* Wartung *f*
session 1. *(Admin)* Tagung *f*; 2. *(Comp)* Arbeitssitzung *f*, Sitzung *f*; 3. *(Mgt)* Tagung *f*
set *v* 1. *(WiWi)* festlegen, festsetzen *(value)*; 2. *(Gen)* setzen *(record)*
set *v* **a date** *(Gen)* ein Datum festsetzen
set *v* **a final deadline** *(Recht, V&M)* eine letzte Frist setzen
set *v* **a trend** *(Gen)* die Richtung geben, richtungsweisend sein
set *v* **against** *(Fin, RW)* aufrechnen, verrechnen
set *v* **in motion** *(Gen)* in Bewegung setzen
set *v* **off** 1. *(Fin, RW)* saldieren, verrechnen; 2. *(Gen)* auslösen *(panic, reaction, dispute)*; 3. *(Recht)* aufrechnen
set *v* **out** *(Gen)* aufstellen, darlegen *(conditions)*
set *v* **the pace** *(Gen)* das Tempo angeben
set *v* **the standard** *(Mgt)* Richtlinien

aufstellen

set *v* **up** 1. *(Comp)* einstellen, einrichten; 2. *(Gen)* errichten, geltend machen, eröffnen, gründen, sich niederlassen *(business)*

set *v* **up a business** *(Gen)* Betrieb gründen, Unternehmen gründen

set *v* **up a claim** *(Recht)* eine Forderung stellen

set *v* **up a liability reserve** *(RW, Steuer)* Rückstellung bilden

set *v* **up in business** *(Gen)* ein Geschäft aufmachen

set 1. *(Comp)* Set *n (data, values)*; 2. *(Fin)* Reihe *f*; 3. *(Gen)* Satz *m*

set of chattels *(Recht)* bewegliche Sachen *fpl*, Mobiliar *n*

set-off 1. *(Fin, RW)* Verrechnung *f*; 2. *(Recht)* Aufrechnung *f*

set rules *(Gen)* festgelegte Regeln *fpl*, Vorschriften *fpl*

setback 1. *(Gen)* Rückschlag *m*, Verschlechterung *f*; 2. *(Börse)* Einbruch *m*

setting of a time limit *(Gen, Recht)* Fristsetzung *f*

setting-up costs *(Fin, RW)* Gründungskosten *pl*

setting up one's own business *(Gen, WiWi)* Gründung *f* eines Unternehmens, Gründung *f* einer Firma

settle *v* 1. *(Bank, RW)* saldieren; Saldenausgleich vornehmen, begleichen, ausgleichen *(account)*; glattstellen *(transactions)*; 2. *(Fin)* abwickeln; ausgleichen *(account)*; 3. *(Gen)* begleichen; sich vergleichen mit, schlichten, beilegen *(dispute)*; ausgleichen *(sum, figures)*; klären, bereinigen *(question)*; 4. *(Gen)* sich niederlassen *(in job, residence, country)*; bezahlen *(pay)*

settle *v* **a dispute** *(Pers)* Streitigkeiten schlichten

settle *v* **a transaction** *(Gen)* ein Geschäft durchführen

settle *v* **amicably** *(Pers)* sich gütlich einigen

settle *v* **an account** *(Bank, RW)* ein Konto ausgleichen, ein Konto abschließen

settle *v* **costs** *(Gen)* für die Kosten aufkommen

settle *v* **in cash** *(Gen)* bar abrechnen

settle *v* **the expenses** *(Gen)* die Kosten übernehmen

settled *adj* 1. *(Bank, Fin)* beglichen; 2. *(Gen)* bereinigt, bezahlt *(debt)*; sesshaft *(resident)*

settlement 1. *(Bank, Börse)* Abrechnung *f*, Erfüllung *f*; 2. *(Gen)* Beilegung *f*, Ausgleich *m*, Zahlung *f*, Bereinigung *f* *(of dispute)*; 3. *(Pers)* Abfindung *f* • **in full settlement** *(RW)* zum vollen Ausgleich • **in settlement of** *(Bank, Fin)* zum Ausgleich von, zur Tilgung von *(debt)*

settlement account *(Bank)* Verrechnungskonto *n*

settlement day *(Börse)* Abrechnungstag *m*, Erfüllungstag *m*, Liquidationstermin

settlement of account *(Bank)* Kontoausgleich *m*

settlement of balances *(Bank, WiWi)* Schuldenregulierung *f*, Rückführung *f* der Verschuldung

settlement period *(Bank, Börse)* Abwicklungszeit *f*; Abrechnungsperiode *f*

settlement price *(Börse)* Abrechnungskurs *m*, Schlusswert *m*

settlement procedure *(Bank)* Abrechnungsverfahren *n*

settlement process *(Bank)* Abrechnungsverfahren *n*

settlement risk *(Bank, Börse)* Erfüllungsrisiko *n*, Abwicklungsrisiko *n*

settling of inter-bank transactions *(Bank)* Bankenabrechnung *f*, Interbanken-Clearing *n*

severance 1. *(Recht)* Abtrennung *f*; 2. *(Grund)* Trennung *f*

severance pay *(Pers)* Abfindungszahlung *f*, Entlassungsabfindung *f*

severance payment *(Pers)* Abfindungszahlung *f*

severely *adv (Gen)* streng

severely-disabled worker *(Pers)* schwerbehinderter Arbeitnehmer *m*, schwerbehinderte Arbeitnehmerin *f*

sewage disposal *(Umwelt)* Abwasserbeseitigung *f*

sex discrimination *(Pers, Recht)* sexuelle Diskriminierung *f*

sex equality *(Pers, Pol, Soz)* Chancengleichheit *f* der Geschlechter, Gleichheit *f* der Geschlechter, Gleichberechtigung *f* der Geschlechter

sexual discrimination *(Recht)* geschlechtsbezogene Diskriminierung *f*

sexual harassment *(Pers, Recht)*

sexuelle Belästigung *f (at work)*
shadow economy *(WiWi)* Untergrundwirtschaft *f*, Parallelwirtschaft *f*, Schattenwirtschaft *f*
shadow price 1. *(WiWi)* Schattenpreis *m (relative prices for goods, services and resources which are proportional to their true opportunity costs for the economy; Zinsen sind die Schattenpreise der Bargeldhaltung; cf Opportunitätskosten)*; 2. *(Gen)* Verrechnungspreis *m*, innerbetrieblicher Verrechnungspreis *m*, Konzernverrechnungspreis *m (synonymous: transfer price)*
shadowing *(Bank, Börse)* Nachbildung *f (of indices)*
shady practices *(Recht)* unsaubere Geschäftsmethoden *fpl*
shake *v* **off** *(Gen)* abschütteln, loswerden
shake *v* **up** *(Gen)* umbesetzen, umorganisieren
shake-out 1. *(Börse, Gen, Ind)* Gesundschrumpfen *n*; 2. *(Pers)* Personalabbau *m*
shake-up *(Fin, Gen)* Umbesetzung *f*, Umorganisation *f*
shakedown *(AE) (Gen)* Angleichung *f*, Anpassung *f*, Umstrukturierung *f*
sham transaction *(Fin)* Scheingeschäft *n (fictitious transaction)*
shape *v* **up** *(Gen)* sich entwickeln
shape 1. *(WiWi)* Zustand *m (of economy)*; 2. *(Stat)* Form *f*
share *v* 1. *(Comp)* gemeinsam benutzen; 2. *(Gen)* teilen
share *v* **in the cost** *(Gen)* Kosten mittragen, sich an den Kosten beteiligen
share *(Börse, Fin, RW)* Anteil *m*, Fondsanteil *m*, Wertpapier *n*, Aktie *f*, Beteiligung *f (of profits)* • **have a share in a business** *(Gen)* einen Geschäftsanteil an einem Unternehmen besitzen
share acquisition *(Börse, Fin)* Aktienübernahme *f*
share buyback *(Börse)* Aktienrückkauf *m*
share capital *(BE) (WiWi)* Aktienkapital *n*, Betriebskapital *n*, Grundkapital *n*, Geschäftskapital *n*, Stammkapital *n*
share certificate *(BE) (Börse)* Aktienurkunde *f*, Aktienzertifikat *n*, Anteilschein *m*
share dividend *(Börse)* Aktiendividende *f*
share incentive scheme *(Börse)* Aktienerwerb *m* durch leitende Angestellte *(options)*
share investments in other companies *(RW)* Beteiligungen *fpl* an anderen Gesellschaften *(annual accounts)*
share of market *(V&M)* Marktanteil *m*
share option right *(Börse)* Aktienbezugsrecht *n*
share portfolio *(BE) (Börse)* Aktienbestand *m*, Aktienportefeuille *n*
share premium account 1. *(RW)* Emissionsagiokonto *n*; 2. *(Fin)* Kapitalrücklage *f*, Emissionsagiorücklage *f (the excess received from stockholders over the par value of the stock issued, von außen durch die Anteilseigner/Aktionäre über den Nominalwert hinaus zusätzlich eingezahltes Kapital)*
share premium reserve *(BE) (RW)* Agiorücklage *f*, Kapitalrücklage *f*
share price movements *(Börse)* Kursbewegungen *fpl*; Kursentwicklung *f*, Aktienkursentwicklung *f*
share price performance *(Börse, Fin)* Aktienkursentwicklung *f*
share prices *(BE) (Börse)* Aktienkurse *mpl*
share purchase warrant *(Börse)* Aktienbezugsrecht *n*
share quotation *(Börse)* Kursnotierung *f*
share register *(Börse)* Aktienregister *n*, Aktionärsbuch *n*
share repurchase plan *(Börse)* Aktienrückkaufplan *m*
shared-cost *(Gen)* Kostenbeteiligung *f*
shareholder *(Gen)* Aktionär(in) *m(f)*, Anteilseigner(in) *m(f)*; Aktieninhaber(in) *m(f)*
shareholder activist *(Börse)* Aktionärsaktivist *m*, aktiver Aktionär *m*
shareholder behaviour *(BE) (Börse, Fin, Mgt)* Aktionärsverhalten *n*
shareholder employee *(Börse)* Belegschaftsaktionär(in) *m(f)*
shareholder value 1. *(WiWi)* Shareholder Value *m*, Marktwert *m* des Eigenkapitals, Marktwert *m* einer Beteiligung *(sum of future discounted net cash flows)*; 2. Reinvermögenswert *m*, Netto-Unternehmenswert *m*; 3. *(Gen, Mgt)* Shareholder Value *m*, Unternehmenswert *m* für Aktionäre,

Unternehmenswert *m* aus Aktionärssicht; 4. *(Pol)* Berücksichtigung *f* der Aktionärsinteressen

shareholder value approach *(Mgt)* Shareholder Value-Ansatz *m*; Shareholder Value-Konzept *n*; wertorientierte Unternehmensführung *f*, marktwertorientierte Unternehmensführung *f (search for and implementation of activities which enhance the shareholder value; synonymous: shareholder value concept; der Wert des Unternehmens in diesem Sinn ist die Summe der Barwerte aller erwarteten Einzahlungsüberschüsse; cf discounted cash-flow method)*

shareholder value concept 1. *(WiWi)* Shareholder Value-Konzept *n*; 2. *(Mgt)* marktwertorientierte Unternehmensführung *f*, wertorientierte Unternehmensführung *f (cf shareholder value approach)*

shareholders' annual meeting *(Börse)* Hauptversammlung *f*, HV

shareholders' equity *(AE) (Fin, RW)* Aktienkapital *n*, Reinvermögen *n*, Eigenkapital *n (total assets minus total liabilities, Summe Aktiva minus Verbindlichkeiten)*

shareholders' general meeting *(Börse)* Aktionärshauptversammlung *f*

shareholders' meeting *(Börse)* Aktionärsversammlung *f*

shareholding *(Börse)* Aktienbesitz *m*, Aktienbeteiligung *f*

shares outstanding *(Börse)* im Umlauf befindliche Aktien *fpl*

Sharia compliance *(Bank, Fin)* Schariakonformität *f (Islamic Banking; Islamic financial ethics; im Einklang mit dem islamischen Gesetz)*

Sharia-compliant *adj (Bank, Fin)* Scharia-kompatibel, Scharia--verträglich, schariakonform, islamgerecht *(Islamic financial ethics; im Einklang mit dem islamischen Gesetz, der Scharia; cf Islamic Banking)*

sharing of data *(Comp, Pol)* gemeinsame Datennutzung *f*

shark repellant *(Fin, Mgt)* Übernahme--Abwehrmaßnahme *f*, Abwehrmaßnahme *f* gegen feindliche Übernahmen

shark repellant strategy *(Fin, Mgt)* Übernahme-Abwehrstrategie *f*, Abwehrstrategie *f* gegen feindliche Übernahmen

sharp drop 1. *(Gen, WiWi)* drastischer Rückgang *m*; 2. *(Börse)* Baissebewegung *f*

sharp rise *(Gen, WiWi)* drastischer Anstieg *m*

shattered finance *(WiWi)* zerrüttete Finanzen *fpl*

shed *v* **labor** *(AE) (Pers) s.* shed labour

shed *v* **labour** *(BE) (Pers)* Personal abbauen, Personal freisetzen, Arbeitskräfte abbauen, Arbeitskräfte freisetzen

shedding of labor *(AE) (Pers) s.* shedding of labour

shedding of labour *(BE) (Pers)* Abbau *m* von Arbeitskräften, Abbau *m* von Personal, Freisetzung *f* von Arbeitskräften, Freisetzung *f* von Personal

shelf display *(V&M)* Regalauslage *f*

shelf price *(V&M)* Regalauszeichnung *f*

shelf space *(V&M)* Lagerfläche *f*, Regalfläche *f*

shell company 1. *(Gen, Recht)* Firmenmantel *m*; 2. *(Steuer)* Strohfirma *f*

shell corporation *(Gen, Recht)* Firmenmantel *m*

shell operation *(Börse)* Übernahme *f* eines Unternehmens

shelve *v (Gen)* aufschieben, zurückstellen

shield *v (Gen)* abschirmen, absichern, schützen vor

shift *v* 1. *(Fin)* umschichten; 2. *(Gen)* verschieben *(emphasis)*; 3. *(Pers)* umsetzen *(redeploy)*; 4. *(Steuer)* überwälzen

shift *v* **on to** *(Gen)* abwälzen auf *(responsibility)*

shift *(Pers)* Schicht *f (working hours)*

shift in consumption *(V&M)* Konsumverlagerung *f*

shift in demand *(V&M)* Nachfrageverschiebung *f*

shift in demand curve *(WiWi)* Verschiebung *f* der Nachfragekurve

shift in reserves 1. *(Bank)* Reserveumschichtung *f*; 2. *(Fin, RW)* Reservenumschichtung *f*

shift in supply curve *(WiWi)* Verschiebung *f* der Angebotskurve

shift of the burden of proof *(Recht)* Umkehr *f* der Beweislast, Beweislastumkehr *f*
shift rotation *(Pers)* Schichtwechsel *m*
shiftability *(Fin, RW)* Liquidisierbarkeit *f*, Liquidierbarkeit *f*, Liquiditätsgrad *m*, Abtretbarkeit *f*, Geldnähe *f* von Vermögensgütern *(layout of the balance sheet: breakdown of the asset side; objektive Liquidität, liquiditätsorientiertes Gliederungskriterium der Aktivseite einer Bilanz)*
shifting 1. *(Fin)* Umschichtung *f*; 2. *(Gen)* Verlagerung *f*; 3. *(Steuer)* Steuerüberwälzung *f*, Überwälzung *f*
shifting of target dates *(WiWi)* Terminverlagerung *f*
shiftwork *(Pers)* Schichtarbeit *f*
ship *v (Imp/Exp, Komm, Logis)* befördern, übersenden, verschicken, versenden
shipment *(Imp/Exp, Komm, Logis)* Beförderung *f*, Übersendung *f*, Verladen *n*, Verladung *f*, Versand *m*, Verschiffung *f* • **on shipment** *(Imp/Exp, Komm, Logis)* bei Versand
shipping address *(Recht, Logis)* Versandanschrift *f*, Lieferadresse *f*
shipping business *(Gen)* Reederei *f*
shipping charges *(Logis)* Verschiffungskosten *pl*
shipping company *(Logis)* Reederei *f*
shipping office *(Imp/Exp, Logis)* Reederei *f*
shirker *(Pers) (ugs.)* Drückeberger *m*
shock treatment *(Pol, WiWi)* Schocktherapie *f*
shocks *(WiWi)* Schocks *mpl*, Störeinflüsse *mpl*, Störimpulse *mpl*, Störeinwirkungen *fpl*
shoestring majority *(Pol)* hauchdünne Mehrheit *f*
shop *v (V&M)* einkaufen, Einkäufe machen
shop *v* **around** *(Gen, V&M)* sich umsehen *(in a shop or on the market, im Geschäft oder auf dem Markt)*; Angebote vergleichen, Preise vergleichen *(before buying, vor einer Kaufentscheidung)*
shop *(BE) (V&M)* Laden *m*, kleines Unternehmen *n*
shop assistant *(BE) (Pers, V&M)* Verkäufer(in) *m(f)*
shop closing times *(BE) (Gen)* Ladenschlusszeiten *fpl*
shop floor 1. *(Gen)* Werkstatt *f*; 2. *(Ind)* Produktion *f*, Werkstatt *f (place)*; Fabrikarbeiter *mpl (staff)*; 3. *(V&M)* Verkaufsfläche *f*
shop front *(V&M)* Ladenfront *f*, Schaufenster *n*, Auslage *f*
shop opening hours *(Gen, V&M)* Ladenöffnungszeiten *fpl*
shop premises *(Recht)* Ladenräume *mpl*
shop window *(V&M)* Schaufenster *n*, Schaufensterscheibe *f*
shopkeeper *(BE) (V&M)* Ladeninhaber(in) *m(f)*
shoplifting *(V&M)* Ladendiebstahl *m*, Warenhausdiebstahl *m*
shopper *(V&M)* Käufer(in) *m(f)*
shopping *(Gen)* Einkäufe *mpl (items purchased)*; Einkaufen *n (act)*
shopping center *(AE) (Gen) s.* shopping centre
shopping centre *(BE) (Gen)* Einkaufszentrum *n*, Geschäftszentrum *n*
shopping mall *(AE) (Gen)* Einkaufszentrum *n*, Geschäftszentrum *n*
shopping precinct *(BE) (Gen)* Einkaufszentrum *n*
short *adj (Gen)* kurz • **be in short supply** *(Gen)* nur beschränkt lieferbar sein • **be on short time** *(Pers)* Kurzarbeit leisten • **in the short run** *(Gen)* kurzfristig
short *(Börse)* Leerverkauf *m*, Baisseposition *f*
short bill *(Fin)* kurzfristig fälliger Wechsel *m*
short call position *(Börse)* Baisse-Kauf--Optionsposition *f*
short-circuit *(Ind)* Kurzschluss *m*
short-dated *adj (Börse)* kurzfristig
short filename *(Comp)* kurzer Dateiname *m*, 8.3 Dateiname *m*
short futures position *(Börse)* Verkaufsposition *f* am Terminkontraktmarkt
short-handed/be *(Pers)* unter Personalmangel leiden
short hedge *(Börse)* Verkaufssicherungsgeschäft *n*
short notice *(Gen)* kurze Frist *f*
short of cash *(Fin)* knapp an Bargeld
short position *(Börse)* Baisseposition *f*, Baisseengagement *n*, Leerverkaufsposition *f*
short-range *adj (Gen)* kurzfristig

short-range planning *(Fin, Mgt)* Kurzfristplanung *f*, Kurzzeitplanung *f*, kurzfristige Planung *f*
short run *(Ind)* Kleinauflage *f*
short seller *(Börse)* Blankoverkäufer(in) *m(f)*
short-sighted *adj (Gen, Mgt)* kurzsichtig
short-staffed/be *(Pers)* unter Personalmangel leiden
short-term *adj (Gen)* kurzfristig
short term *(Börse)* kurzfristige Laufzeit *f* • **in the short term** *(Gen)* kurzfristig
short-term deposit *(Börse)* kurzfristige Einlage *f*
short-term interest rate *(WiWi)* Zinssatz *m* für kurzfristige Kredite
short-term interest rate futures contract *(Börse)* kurzfristiger Zinsterminkontrakt *m*
short-term liability *(Börse, RW)* kurzfristige Verbindlichkeit *f*
short-term monetary support *(Pol, WiWi)* kurzfristiger Währungsbeistand *m*
short-term objective *(Gen)* kurzfristiges Ziel *n*
short-term planning *(Fin, Mgt)* Kurzfristplanung *f*
short-term security *(Börse)* kurzfristiges Wertpapier *n*
short-time work *(Pers)* Kurzarbeit *f*, Teilbeschäftigung *f*
short-time worker *(Pers)* Kurzarbeiter(in) *m(f)*
short-time working *(Pers)* Kurzarbeit *f*
shortage 1. *(WiWi)* Knappheit *f*, Mangel *m*; 2. *(Gen)* Defizit *n*; Fehlbetrag *m (cash, stock)*
shortage of forex *(WiWi)* Devisenknappheit *f*, Devisenmangel *m*
shortage of jobs *(Pers)* Arbeitsplatzmangel *m*, Knappheit *f* an Arbeitsplätzen
shortage of labor *(AE) (Pers) s.* shortage of labour
shortage of labour *(BE) (Pers)* Arbeitskräftemangel *m*
shortage of skilled labor *(AE) (Pers) s.* shortage of skilled labour
shortage of skilled labour *(BE) (Pers)* Qualifikationsdefizit *n*, Fachkräftemangel *m*
shortage of skilled manpower *(Pers)* Qualifikationsdefizit *n*, Fachkräftemangel *m*
shortage of skilled workers *(Pers)* Facharbeitermangel *m*
shortage of staff *(Pers)* Personalmangel *m*, Personalknappheit *f*, Arbeitskräftemangel *m*
shortage of work *(Pers)* Arbeitsmangel *m*
shortcut *(Comp, Komm)* Abkürzung *f*; Tastenkürzel *n*; abgekürztes Tastaturkommando *n*, abgekürzter Tastaturbefehl *m (abbreviated keyboard command)*
shorten *v* 1. *(Gen)* verkürzen; 2. *(Versich)* abkürzen; 3. *(Börse)* kürzen, reduzieren, verkürzen
shortening 1. *(Gen)* Verkürzung *f*; 2. *(Börse)* Kürzung *f*, Verkürzung *f*
shortfall *(RW)* Fehlmenge *f (goods)*; Fehlbetrag *m (money)*
shortfall in demand *(WiWi)* Nachfrageausfall *m*
shortfall in earnings *(Gen)* Gewinnausfall *m*, Gewinndefizit *n*
shortfalls of cash *(Bank, WiWi)* Liquiditätsanspannungen *fpl*
shorthand *(Admin)* Kurzschrift *f*, Stenografie *f*
shortlist *v (Gen, Pers)* eine Vorauswahl treffen, in die engere Auswahl nehmen • **be shortlisted** *(Gen, Pers)* in die engere Wahl [Auswahl] kommen
shortlist *(Gen, Pers)* Auswahlliste *f*, Vorauswahl *f*, Kandidatenliste *f*
shorts *(Börse)* kurzfristige Staatspapiere *npl*, Kurzläufer *mpl*
shorttermism *(Bank, Media, Pol)* Kurzfristorientierung *f*, Kurzfristdenken *n*, kurzfristiges Denken *n*; *(ugs.)* Kurzfristdenke *f*; kurzfristige Erfolgsorientierung *f*, kurzfristige Profitorientierung *f*, kurzfristige Gewinnorientierung *f (begünstigt gleichermaßen politischen Opportunismus und Turbokapitalismus, ohne Rücksicht auf mittel- und langfristige gesellschaftliche Kosten; wird begünstigt von internen -z. B. Bonusregelungen- und entfesselt von externen Fehlanreizen = disincentives eines unzulänglich steuernden und fragwürdige Rahmenbedingungen setzenden, lobbyhörigen polit--regulatorischen Umfeldes: u.a. steuerliche und Governance--Regelungen, Too-big-to-fail--Problematik, Moral-Hazard-Verhalten,*

Quartalsberichterstattung und unangemessene Fokussierung der Tagesaufmerksamkeit auf Monats-, Wochen-, Tageszahlen usw.; Freiburger Schule, Neoliberalismus; EU; Gegensatz: Langfristkultur)

shoulder *v (Gen)* übernehmen, tragen *(burden)*

show *v* 1. *(RW)* ansetzen; 2. *(Gen)* bekunden, anzeigen, zeigen

show *v* **a balance of sth** *(RW)* einen Saldo von etw. ausweisen

show *v* **a loss** *(RW)* einen Verlust ausweisen

show *v* **a surplus** *(RW)* einen Überschuss aufweisen *(show a profit)*

show *v* **good performance** *(Gen, Pers)* gute Ergebnisse erzielen

show *v* **on the books** *(RW)* ausweisen, in der Bilanz ausweisen

show business *(Frei, Media)* Showbusiness *n*, Vergnügungsindustrie *f*, Unterhaltungsindustrie *f*

showdown *(Gen)* Kraftprobe *f*

showpiece *(Gen)* Ausstellungsstück *n*, Glanzstück *n*

shredder *(Admin)* Dokumentenvernichter *m*, Papiervernichter *m*, Aktenvernichter *m*, Reißwolf *m*

shrink *v (WiWi)* abnehmen, sinken, schwinden

shrinkage 1. *(WiWi)* Rückgang *m*, Schwund *m*; 2. *(V&M)* Ladendiebstahl *m (shoplifting)*

shrinking *adj (Börse)* rückläufig

shrinking industry *(Gen, WiWi)* schrumpfender Wirtschaftszweig *m*, schrumpfende Industrie *f*

shrinking labour force *(BE) (Pers, WiWi)* schrumpfende Erwerbsbevölkerung *f*, abnehmende Erwerbsbevölkerung *f*

shrinking profits *(Gen)* schrumpfende Gewinne *mpl*

shrinking work force *(Pers, WiWi)* schrumpfende Erwerbsbevölkerung *f*, abnehmende Erwerbsbevölkerung *f*

shunt *v* **to the sidelines** *(WiWi)* vom Markt verdrängen

shunter *(BE) (Börse, Fin, Pers)* Arbitrageur *m*

shut *v* **down** 1. *(Gen)* schließen, *(ugs.)* zumachen *(branch, company)*; 2. *(Ind)* stilllegen *(factory)*

shut *v* **off** *(Gen)* abschalten, abstellen, ausschalten

shut *v* **up shop** *(Gen)* das Geschäft schließen

shut *adj (Gen)* stillgelegt

shutdown *(Gen)* Betriebsschließung *f*, Schließung *f*, Stilllegung *f (factory)*

sick/be off *(Pers)* aus Krankheitsgründen abwesend sein, aus gesundheitlichen Gründen abwesend sein, krankheitsbedingt fehlen

sick leave *(Pers)* Fehlen *n* wegen Krankheit, Krankheitsperiode *f* • **be on sick leave** *(Pers)* wegen Krankheit fehlen, krankgeschrieben sein

sick pay *(Pers)* Krankengeld *n*

sickness *(Pers, Soz, Versich)* Krankheit *f*

sickness benefit *(Pers)* Krankengeld *n*

sickness certificate *(Soz)* Krankenschein *m*

sickness insurance *(Pers, Soz, Versich)* Krankenversicherung *f*

sickness level [rate] *(Pers, Soz)* Krankenstand *n*

side deal *(WiWi)* Nebenabsprache *f*

side effects *(Gen)* Nebenwirkungen *fpl*

side/on the *(Gen)* nebenher

side payments *(Fin, Gen)* Kompensationszahlungen *fpl*

sideline job *(Pers)* Nebenbeschäftigung *f*

sideways market *(Börse)* uneinheitlich tendierender Markt *m*

sight *(Fin)* Sicht *f* • **at sight, a/s** *(Fin)* bei Sicht, bei Vorlage, gegen Vorlage, bei Vorlegung • **after sight, A/S** *(Fin)* nach Sicht

sight bill *(Bank, Fin)* Sichtwechsel *m*

sight deposit *(Bank)* Sichteinlage *f*, Giroeinlage *f*

sight deposits *(Bank)* Sichtgelder *npl*

sight draft *(Bank)* Sichttratte *f*, Sichtwechsel *m*

sight liabilities *(Bank)* Sichtverbindlichkeiten *fpl*

sign *v (Gen)* zeichnen, unterschreiben, unterzeichnen

sign *v* **in** *(Pers)* registrieren *(seminar, hotel)*

sign *v* **off** *(Pers)* kündigen

sign *v* **on** *(Soz)* sich als arbeitslos registrieren lassen

sign *v* **on the dotted line** *(Admin)* auf der punktierten Linie unterschreiben *(on form)*

sign *v* **up** *(Gen)* sich verpflichten

sign 1. *(Gen)* Anzeichen *n*, Spur *f (indication)*; Schild *n (plate)*; 2. *(Stat)*

Zeichen *n (symbol)*
signal effect *(WiWi)* Ankündigungseffekt *m*, Signalwirkung *f*
signal to buy *(Börse)* Kaufsignal *n*
signatory *(Pol, Recht)* Unterzeichner(in) *m(f) (of contract, of treaty)* • **be a signatory to sth** *(Pol, Recht)* Unterzeichner von etw. sein *(agreement, convention)*
signature *(Gen, Komm, Recht)* Unterschrift *f*, Unterzeichnung *f*, Zeichnung *f* • **for signature** *(Gen)* zur Unterzeichnung
signed *adj (Gen)* gezeichnet, gez., unterschrieben
signed personally *adj (Gen, Recht)* eigenhändig unterschrieben
significance *(Gen)* Bedeutung *f*, Belang *m*, Signifikanz *f*
significance test *(Stat)* Signifikanztest *m*
significant *adj (Gen)* bedeutsam, wichtig, bedeutend
significant digits [figures] *(AE) (Stat, WiWi)* signifikante Zahlen *fpl*
significant information *(Mgt, Stat, WiWi)* verwertbare Information *f*
signify *v (Gen)* bedeuten, erkennen lassen, mitteilen, zum Ausdruck bringen *(indicate)*
signing *(Gen)* Zeichnung *f*
signing authority *(WiWi)* Zeichnungsvollmacht *f* • **have signing authority** *(Bank)* unterschriftsberechtigt sein
silent partner *(AE) (Fin, Gen, Recht, WiWi)* stiller Gesellschafter *m*, stille Gesellschafterin *f*
similar *adj (Gen)* ähnlich, gleichartig • **of a similar kind** *(Gen)* ähnlicher Art
similarity *(Pat)* Ähnlichkeit *f*, Gleichartigkeit *f*
simple fraction *(Stat)* gewöhnlicher Bruch *m*, einfacher Bruch *m*, gemeiner Bruch *m (synonymous: vulgar fraction, common fraction; opposite: decimal fraction = Dezimalbruch)*
simplification *(Gen)* Vereinfachung *f*
simplified procedure *(Gen, Recht)* vereinfachtes Verfahren *n*
simplified reduction of capital *(Fin, RW)* vereinfachte Kapitalherabsetzung *f (reduction of the issued share capital of a company without repayment of capital to the shareholders; synonymous: simplified capital reduction; Ziel: Verlustabdeckung; nach Auflösung der Gewinnrücklagen ist zunächst die Kapitalrücklage zu dotieren)*
simplify *v (Gen)* vereinfachen
simulate *v (Gen)* simulieren *(artificially recreate)*; vorgeben, vortäuschen *(feign)*
simulation 1. *(Gen)* Simulation *f (recreation)*; Vortäuschung *f (feigning)*; 2. *(WiWi)* Modellrechnung *f*
simultaneous *adj (Gen)* gleichzeitig, simultan
sincere *adj (Gen)* aufrichtig
sincerity *(Gen)* Aufrichtigkeit *f*
single *v* **out** *(Gen)* auswählen
single *adj* 1. *(Gen)* einzeln, einzige; 2. *(Recht, Steuer)* ledig, unverheiratet *(unmarried)*
single capacity *(BE) (Börse)* strikte Trennung der Broker- und Jobberfunktion
single currency *(Gen)* einheitliche Währung *f*
single-currency area *(Bank)* einheitlicher Währungsraum *m*, Euro- -Währungsgebiet *n (ECB)*
single-currency zone *(Bank, Pol)* gemeinsame Währungszone *f*, gemeinsames Währungsgebiet *n*, einheitliches Währungsgebiet *n*
single earner *(Pers, Soz)* Alleinverdiener(in) *m(f)*
single-entity financial statement *(Fin, RW)* Einzelabschluss *m*
single-entry bookkeeping *(RW)* einfache Buchführung *f*
Single European Act *(Recht)* Einheitliche Europäische Akte *f*, EEA
single European currency *(WiWi)* einheitliche europäische Währung *f*
single European market *(WiWi)* einheitlicher Binnenmarkt *m*
single finance *(Fin)* Finanzierung *f* aus einer Hand
single monetary policy *(Bank)* einheitliche Geldpolitik *f (ECB)*
single-person household *(V&M)* Einpersonenhaushalt *m*
single-product company *(Ind, WiWi)* Einprodukt-Unternehmen *n*, Einproduktunternehmen *n*
single-tier board system *(Mgt)* einstufiges Boardsystem *n*, einstufige Unternehmensleitung *f*;

Vereinigungsmodell *n*, monistisches System *n* der Unternehmensleitung, monistisches Unternehmensleitungssystem *n (es vereinigt sowohl die Führung des Tagesgeschäfts -durch die executive directors = executive officers- als auch die Überwachung und Kontrolle der Geschäftsführung -durch nicht notwendig festangestellte outside directors, non-executive directors- in einem einzigen Führungsgremium, dem Board, oft als Verwaltungsrat bezeichnet; das Vereinigungsmodell kennt damit keine institutionalisierte laufende Fremdkontrolle; opposite: two-tier board system with a management board -Vorstand- and, separately, a supervisory board = Aufsichtsrat; Gegensatz: zweistufige Unternehmensleitung, Trennungsmodell, Aufsichtsratssystem, Two-Tier Board-System)*

single-user computer *(Comp)* Einbenutzersystem *n*

sink *v (Fin)* anlegen *(money, funds)*; amortisieren, tilgen

sinking fund *(Fin)* Amortisationsfonds *m*, Tilgungsfonds *m*

sinking-fund bond issue *(Fin)* Tilgungsanleihe *f*

sinking-fund loan *(Fin)* Tilgungsanleihe *f*

sinking-fund method *(Fin)* Rücklagentilgung *f*

siphon *v* **off** *(Gen)* abschöpfen *(funds)*

sit *v (Pol)* tagen *(parliament)*

sit *v* **an exam** *(Pers)* eine Prüfung machen, eine Prüfung ablegen

sit *v* **an examination** *(Pers)* eine Prüfung machen, eine Prüfung ablegen

sit *v* **for an exam** *(Pers)* eine Prüfung machen, eine Prüfung ablegen

sit *v* **for an examination** *(Pers)* eine Prüfung machen, eine Prüfung ablegen

sit *v* **in judgment** *(Recht)* zu Gericht sitzen

sit *v* **on the fence** *(Gen)* das Ergebnis abwarten, neutral bleiben, sich neutral verhalten

sit-in strike *(Pers)* Sitzstreik *m*

site *(Gen)* Platz *m*, Standort *m*, örtliche Lage *f*, Bau *m*, Bauplatz *m*, Baustelle *f (building work)*

site advantage *(V&M)* Standortvorteil *m (local, regional)*

site development *(Grund, Ind, Soz, Umwelt)* Erschließung *f* von Bauland

siting *(Ind)* Aufstellung *f*, Standortwahl *f*, Standortbestimmung *f*

sits. vac. *s.* situations vacant

situation 1. *(Gen)* Lage *f*, Situation *f (profile)*; 2. *(Pers)* Stellung *f (job)*

situation report *(Gen)* Lagebericht *m*

situations vacant *(BE) (Pers)* offene Stellen *fpl*

situations wanted *(Pers)* Stellengesuche *npl (z. B. in Zeitungen)*

SIV *(Abk. für structured investment vehicle) (Bank, Fin)* strukturiertes Anlagevehikel *n*, strukturiertes Anlageinstrument *n*, strukturiertes Investmentvehikel *n (used by banks to keep risks off their balance sheets before Basel II came into effect in 2008; wie die Conduits die besondere Form einer Zweckgesellschaft = special purpose vehicle = SPV, in die Eigenkapital-belastende Liquiditäts-, Fristentransformations- und andere Risiken vor Inkrafttreten von Basel II aus Bankbilanzen ausgelagert wurden; cf ABCP, conduit)*

six-month moving average *(WiWi)* gleitender 6-Monatsdurchschnitt *m*

size *v* **up** *(Gen)* abschätzen, einschätzen

size 1. *(Comp)* Format *n*, Größe *f*; 2. *(WiWi)* Größe *f*, Umfang *m (of economy, population)*

size of the firm [enterprise] *(Gen)* Größe *f* des Unternehmens, Unternehmensgröße *f*

size of the workforce *(Mgt, Pers)* Personalbestand *m*, Personalstärke *f*

sizeable *adj (WiWi)* beträchtlich, erheblich

skeleton contract *(Gen)* Rahmenvertrag *m*

skeleton service *(Logis)* Notdienst *m*

skeleton staff *(Pers)* Stammbelegschaft *f*

skill *(Gen, Pers)* Fähigkeit *f*, Fertigkeit *f*, geistige Fähigkeit *f*, Geschicklichkeit *f*

skill level *(Pers)* Qualifikationsniveau *n*

skill requirements *pl (Bil, Pers)* Qualifikationsanforderungen *fpl*

skill shortage *(Pers)* Qualifikationsdefizit *n*, Fachkräftemangel *m*

skilled *adj (Pers, WiWi)* gelernt, Fach

skilled employees *(Pers)* qualifizierte Mitarbeiter *pl*, Fachpersonal *n*, geschultes Personal *n*

skilled labor *(AE) (Pers, WiWi)* s. skilled labour
skilled labour *(BE) (Pers, WiWi)* Facharbeiter(in) *m(f)*, gelernte Arbeitskräfte *fpl*
skilled occupation *(Pers)* qualifizierter Beruf *m*
skilled staff *(Pers)* geschultes Personal *n*, ausgebildetes Personal *n*
skilled worker *(Pers)* Facharbeiter(in) *m(f)*
skills *(Gen, Pers)* Qualifikationen *fpl*
skimming policy *(V&M)* Abschöpfungspolitik *f*
skimming pricing *(V&M)* Abschöpfungspreispolitik *f*, Abrahmungspreispolitik *f*; Abrahmungspreise *mpl*, Absahnungspreise *mpl (synonymous: skimming-the-market policy, skimming policy, skimming strategy; bei neuen Produkten oder Dienstleistungen werden die Preise zunächst hoch angesetzt, um Vorlaufkosten = preproduction cost wie Entwicklungskosten, Investitionen und Markteintrittskosten möglichst vor dem Marktzutritt von preisgünstiger anbietenden Wettbewerbern/ Nachahmern wieder zurückzugewinnen)*
skip *v (Comp)* übergehen, überlesen, überspringen
skip *v* **the details** *(Gen)* die Einzelheiten übergehen
skip *v* **work** *(Pers) (ugs.)* blaumachen
skyrocket *v (Gen)* sprunghaft ansteigen, scharf ansteigen
slack *v* **off** *(Gen)* nachlassen
slack *adj (Gen, WiWi)* flau, schwach *(trade)* • **be slack** *(Pers)* nachlässig sein *(neglect one's duties)*
slack *(Gen)* Nachlassen *n*
slack labor market *(AE) (Pers, WiWi)* s. slack labour market
slack labour market *(BE) (Pers, WiWi)* wenig aufnahmefähiger Arbeitsmarkt *m*
slack period *(Gen)* Flaute *f*, stille Saison *f*
slack season *(Gen) (ugs.)* Saure-Gurken--Zeit *f*
slacken *v (WiWi)* abflauen, nachgeben, nachlassen
slacken *v* **off** *(Gen)* nachlassen
slander *v (Recht)* verleumden *(person)*
slander *(Recht)* Beleidigung *f*, Verleumdung *f*
slander action *(Recht)* Verleumdungsverfahren *n*
sleeper *(V&M)* potenzieller Verkaufsschlager *m*
sleeping beauty *(Börse)* potenzielles Übernahmeobjekt *n*
sleeping partner *(BE) (Fin, Gen, Recht, WiWi)* stiller Gesellschafter *m*, stille Gesellschafterin *f*
slice of the market *(V&M)* Marktanteil *m*
slide *(Börse)* Nachgeben *n (in prices)*
slide in prices *(Bank, Fin)* Kurssturz *n*
sliding-price clause *(Recht)* Preisgleitklausel *f*
sliding wage scale *(Pers)* gleitende Lohnskala *f*, gleitender Lohntarif *m*
slight *adj (Gen)* geringfügig, leicht, unbedeutend
slim *v (Mgt, Pers)* abbauen *(workforce)*
slim *v* **down** *(Mgt, Pers)* verkleinern, *(ugs.)* abspecken
slip *v (Börse)* fallen, zurückgehen
slip *(Steuer)* Beleg *m*
slope *(Gen)* Gefälle *n*, Richtungskoeffizient *m*
slot 1. *(Comp)* Steckplatz *m*, *(jarg.)* Slot *m (for expansion card)*; 2. *(Gen)* Platz *m*, Zeitnische *f (time)*; Slot *m*, Start- und Landerecht *n*, Schlitz *m*, Einschnitt *m (airport)*
slow *v (WiWi)* sich verlangsamen
slow *v* **down** *(Gen, WiWi)* abflauen, sich abschwächen, sich verlangsamen
slow payer *(Fin)* säumiger Zahler *m*
slow rise *(Börse)* langsamer Anstieg *m (currency expectation)*
slow seller *(V&M)* Langsamdreher *m (Gegensatz: Renner, Schnelldreher = fast-selling product)*
slowdown 1. *(WiWi)* Abschwächung *f*, Konjunkturrückgang *m (of the economy)*; 2. *(Pers) (AE)* Bummelstreik *m*
slowdown in the trend *(WiWi)* trendmäßige Verlangsamung *f*
slowdown strike *(AE) (WiWi, Pers)* Bummelstreik *m* • **stage a slowdown strike** *(WiWi, Pers) (AE)* einen Bummelstreik organisieren
slump *v (Börse, WiWi)* stürzen *(market)*
slump in sales *(V&M)* Absatzeinbruch *m*, Absatzrückgang *m*
small *adj (Gen)* gering, klein *(purchase, amount)* • **on a small scale** *(Gen)* in geringem Maße

small and medium-sized businesses *(SMBs) (Gen)* KMB *mpl*, Klein- und Mittelbetriebe *mpl*, kleine und mittelständische Betriebe *mpl*
Small and Medium-sized Entities [Enterprises] *pl (SMEs) (Gen, WiWi)* kleine und mittelständische unternehmerische Einheiten *fpl*, kleine und mittelständische Unternehmenseinheiten *fpl*, kleine und mittelständische Unternehmen *npl*, kleine und mittlere Unternehmen *npl*, Klein- und Mittelunternehmen *npl*, KMU *(EU)*
small batch *(WiWi, Ind, V&M)* Kleinserie *f (synonymous: job lot, small lot)*
small business *(Gen)* Kleinbetrieb *m*, Kleinunternehmen *n*, kleines Unternehmen *n*, Kleinfirma *f*
small change *(Gen, Komm)* Kleingeld *n (coins)*; Lappalie *f*
small-claims court *(Recht)* Amtsgericht *n*
small earnings *(BE) (Steuer)* niedrige Einkommen *npl*
small employer *(Pers)* Kleinbetrieb *m*
small enterprise *(Gen)* Kleinbetrieb *m*, Kleinunternehmen *n*
small firm *(Gen)* Kleinbetrieb *m*, Kleinfirma *f*, Kleinunternehmen *n*
small industry *(Ind)* Kleinindustrie *f*
small investor *(Fin)* Kleinanleger(in) *m(f)*
small lot production *(WiWi, Ind, V&M)* Kleinserienfertigung *f (synonymous: job lot production, small batch production)*
small manufacturers and traders *(Gen)* Kleingewerbe *n*
small parcel *(Komm, Logis)* Päckchen *n*
small print/in *(Recht)* Kleingedrucktes *n (in contract)*
small-scale industry *(WiWi)* Kleinindustrie *f*, kleine Handwerksbetriebe *mpl*
small-scale technology *(WiWi)* sanfte Technologie *f*, weiche Technologie *f*
smaller than *(Comp, Stat)* kleiner als *(b<a = b is smaller than a = b ist kleiner als a)*
smart card *(Bank, Comp)* Chipkarte *f*, Computerkarte *f*, Smartcard *f*
smart clothing 1. *(Gen)* elegante Kleidung *f*; 2. *(V&M)* intelligente Kleidung *f*
smart label *(Gen, Comp, Komm)* Chip-Etikett *n*, elektronisches Etikett *n (synonymous: chip label; ultraflacher Transponder; wird im RFID-Bereich eingesetzt)*
smart money *(Fin)* rentable Anlage *f*
SMBs *(Abk. für small and medium-sized businesses) (Gen)* KMB *mpl*, Klein- und Mittelbetriebe *mpl*, kleine und mittelständische Betriebe *mpl*
SMEs *(Abk. für Small and Medium-sized Entities, Small and Medium-sized Enterprises) (Gen, WiWi)* KMU, kleine und mittelständische Unternehmenseinheiten *fpl*, kleine und mittelständische unternehmerische Einheiten *fpl*, kleine und mittelständische Unternehmen *npl*, kleine und mittlere Unternehmen *npl*, Klein- und Mittelunternehmen *npl (EU)*
smooth *v* **out** 1. *(WiWi)* ausgleichen, verstetigen *(fluctuations)*; 2. *(Gen)* ausräumen, glätten
smooth *adj (Gen)* glatt, reibungslos, störungsfrei
smooth running *(Gen)* reibungsloser Ablauf *m*
smoothly *adv (Gen)* reibungslos
SMP *(Abk. für 1. special multiperil insurance, 2. significant market power)* 1. *(Versich)* Sonderversicherung *f* gegen mehrfache Gefahren; 2. *(Recht)* beträchtliche Marktmacht *f (EU-Wettbewerbsrecht)*
SNA *s.* System of National Accounts
snail mail *(Komm)* normale Briefpost *f*, Schneckenpost *f*
snip *(V&M)* günstiger Kauf *m*, Schnäppchen *n*
so-called *adj (Gen)* angeblich, sogenannt
soar *v (Gen)* in die Höhe schnellen, sprunghaft ansteigen
soaring *adj (Gen)* rasch aufsteigend, schnell zunehmend
social *adj (Gen)* gesellschaftlich, sozial
social acceptability *(Soz)* Sozialverträglichkeit *f*
social accounting *(Soz, WiWi)* Sozialberichterstattung *f*
social advance *(Soz)* sozialer Fortschritt *m*
social advancement *(Soz)* gesellschaftlicher Aufstieg *m*
social balance *(Pol, Soz)* soziale Ausgewogenheit *f*, soziale Gerechtigkeit *f*, soziale Balance *f*
social capital *(Fin, WiWi)* Sozialkapital *n*
social charges *(Soz)* Soziallasten *fpl*,

soziale Lasten *fpl*, Sozialabgaben *fpl*
Social Charter *(Gen)* Sozialcharta *f*
social compatibility *(Soz, WiWi)* Sozialverträglichkeit *f*
social contributions *(Soz)* Sozialbeiträge *mpl*
social cost *(Soz, WiWi)* gesellschaftliche Kosten *pl*, soziale Kosten *pl*; volkswirtschaftliche Kosten *pl*
social cost of unemployment *(Pers, WiWi)* soziale Kosten *pl* der Arbeitslosigkeit
social decline *(Soz)* sozialer Niedergang *m*, sozialer Abstieg *m*
social dumping *(Pers, Soz)* Sozialdumping *n (employment will be lost when businesses establish themselves in countries with low labour standards)*
social engineering *(Pers, Soz)* soziale Manipulation *f*, Sozialmanipulation *f (raffinierte Kombination aus technischen Angriffen und psychologischen Ansätzen: So werden z. B. menschliche Eigenschaften/ Schwächen bei der Industriespionage ausgenutzt, um technische Schutzmaßnahmen zu umgehen und unberechtigt an Informationen zu gelangen)*
social good *(WiWi)* öffentliches Gut *n*, Kollektivgut *n*
social insurance *(Pers, Soz, WiWi)* Sozialversicherung *f*
social legislation *(Recht, Soz)* Sozialgesetzgebung *f*
social market economy *(WiWi)* soziale Marktwirtschaft *f*
social origin *(Soz)* soziale Herkunft *f*
social overhead capital *(Fin, WiWi)* Infrastruktur *f*
social partners *(Pers)* Sozialpartner *mpl*, Tarifpartner *mpl*, Tarifvertragsparteien *fpl*
social product *(WiWi)* Sozialprodukt *n*
social protection *(Soz)* sozialer Schutz *m*, Sozialschutz *m*
social rate of discount *(Fin, WiWi)* soziale Zinsrate *f*
social responsibility *(Recht, Soz)* gesellschaftliche Verantwortung *f*
social science(s) *(Edu)* Sozialwissenschaften *fpl*, Gesellschaftswissenschaften *fpl*
social security *(Soz, WiWi)* Sozialversicherung *f* • **be on social security** *(Soz)* Sozialhilfe beziehen, *(ugs.)* auf Stütze leben, *(ugs.)* auf Stütze sein, *(ugs.)* von der Stütze leben, *(ugs.)* Stütze haben
social security benefit *(Soz)* Sozialleistung *f*, *(BE)* Sozialhilfe *f*
social security benefits *(Soz)* Sozialversicherungsunterstützung *f*, Sozialversicherungsleistungen *fpl*
social security benefits in cash *(Soz)* Geldleistungen *fpl* der Sozialversicherung
social security card *(Recht)* Sozialversicherungsausweis *m*
social security contributions *(Pers, Soz)* Sozialversicherungsbeitrag *m*
social security tribunal *(Soz)* Sozialgericht *n*
social spending *(Fin)* Sozialausgaben *fpl*
social wants *(Soz, WiWi)* Kollektivbedürfnisse *npl*
social welfare *(Soz)* öffentliche Wohlfahrt *f*, soziales Wohl *n*, Sozialfürsorge *f*, Sozialhilfe *f*
social welfare function *(WiWi)* gesellschaftliche Wohlfahrtsfunktion *f*
social welfare net *(Soz)* soziales Netz *n*
social worker *(Pers, Soz)* Sozialarbeiter(in) *m(f)*
socialization of the means of production *(WiWi, Pol)* Vergesellschaftung *f* der Produktionsmittel
socialize *v (Bank, WiWi, Pol)* vergesellschaften, verstaatlichen, sozialisieren *(auch privat zu verantwortende spekulative Verluste von Finanzinstituten)*
socially conscious behavior *(AE) (Gen, Soz)* sozialverantwortliches Verhalten *n*, sozialbewusstes Verhalten *n*, sozialethisches Verhalten *n (synonymous: socially responsible behavior)*
socially conscious investing *(Börse, Fin, Pol)* sozial verantwortliches Anlageverhalten *n*, ethisches Anlageverhalten *n*, ethisches Investitionsverhalten *n (synonymous: ethical investing, socially responsible investing, SRI, sustainable investing; investments only in companies whose policies meet the specific ethical criteria, e. g. excluding casinos,*

tobacco, weapons, nuclear and erotic industries, sometimes casinos, pork and alcohol production etc.; opposite: cf vice fund = Lasterfonds)

socially conscious investment *(Börse, Fin, Pol)* ethische Anlage *f*, ethische Investition *f*, nachhaltige Anlage *f*; sozialverantwortliche Anlage *f* *(synonymous: ethical investment, socially responsible investing, SRI; investments only in companies whose policies meet the specific ethical criteria; opposite: socially irresponsible investment, cf vice fund = Lasterfonds)*

socially just *adj (Soz)* sozial gerecht

socially responsible investing *(Börse, Fin, Pol) s.* socially conscious investing

socially responsible investment *(Börse, Fin, Pol) s.* socially conscious investment

Societas Cooperativa Europaea *(SCE) (Recht)* Societas Cooperativa Europaea *f*, SCE *f*, Europäische Genossenschaft *f* *(European Cooperative Society; EU)*

Societas Europaea *(SE) (Recht)* Societas Europaea *f*, SE *f*, Europäische Gesellschaft *f (EU)*

society *(Gen)* Gesellschaft *f (social community)*; Gesellschaft *f (company)*; Verein *m*, Gesellschaft *f*

Society for Worldwide Interbank Financial Telecommunications *(SWIFT) (Bank)* SWIFT *(internationales Datenfernübertragungsnetz für Auslandszahlungen)*

socioeconomic *adj (Soz, V&M, WiWi)* sozioökonomisch

soft currency *(Gen, WiWi)* weiche Währung *f*

soft landing *(WiWi)* weiche Landung *f*, sanfte Landung *f*

soft law *(Pol, Recht)* weiches Recht *n*, *(ugs.)* Recht *n* von zweifelhafter Natur; informelle Handlungsinstrumente *npl* *(EU; z. B. Rahmenrichtlinien und sonstige rechtlich nicht bindende Verhaltensregeln wie international vereinbarte und anerkannte Grundprinzipien, Kodizes, Mindeststandards)*

soft loan *(Fin, WiWi)* zinsbegünstigte Anlage *f*, zinsgünstiger Kredit *m*

soft money *(Fin)* Papiergeld *n*

soft-pedal *(Gen)* dämpfen, herunterschrauben, herunterspielen; *(ugs.)* zurückstecken

soft skills *(Soz)* soziale Kompetenz *f (wie Kommunikations-, Kontakt- und Teamfähigkeit)*

soft technology *(Umwelt, WiWi)* sanfte Technologie *f*, weiche Technologie *f*

software *(Comp)* Software *f*

software company *(Comp)* Software--Haus *n*, Software-Unternehmen *n*, Software-Firma *f*

software compatibility *(Comp)* Softwarekompatibilität *f*

software-driven *adj (Comp)* softwaregesteuert

software house *(Comp)* Software-Haus *n*, Software-Unternehmen *n*

software liability *(Comp, Recht)* Softwarehaftung *f*

software licensing contract *(Recht)* Softwareüberlassungsvertrag *m*

solar energy *(Umwelt)* Sonnenenergie *f*, Solarenergie *f*, Sonnenkraft *f*

solar power *(Umwelt)* Solarenergie *f*, Sonnenenergie *f*

solar technology *(Umwelt)* Solartechnik *f*

sold goods *(Recht, V&M)* verkaufte Ware *f*

sold ledger *(V&M)* Verkaufsjournal *n*, Verkaufsbuch *n*

sold merchandise *(Recht, V&M)* verkaufte Ware *f*

sold note *(Börse)* Effektenverkaufsabrechnung *f*

sole agency *(V&M, WiWi)* Alleinvertretung *f*

sole buyer *(Gen)* Alleinabnehmer(in) *m(f)*

sole earner *(Gen, Soz)* Alleinverdiener(in) *m(f)*

sole heir *(Recht)* Alleinerbe *m*, Alleinerbin *f*

sole owner 1. *(Recht)* Alleineigentümer(in) *m(f)*; 2. *(Grund)* Alleinbesitzer(in) *m(f)*

sole ownership *(Recht)* alleiniges Eigentumsrecht *n*

sole proprietor *(Mgt)* Alleineigentümer(in) *m(f)*, Alleininhaber(in) *m(f)*

sole proprietorship 1. *(Gen)* Einzelfirma *f* *(type of firm)*; 2. *(Recht)* alleiniges Eigentumsrecht *n (ownership)*

sole tradership *(Gen, Recht)* Einzelunternehmen *n (synonymous: sole proprietorship, individual proprietorship)*

solicit *v (Gen)* erbitten, sich bemühen um,

sich bewerben um
solicit *v* **new business** *(Gen)* Aufträge beschaffen, Aufträge hereinholen
solicitor *(Recht)* Anwalt *m*, Anwältin *f*, Rechtsanwalt *m*, Rechtsanwältin *f*
solidarity pact *(Pol)* Solidarpakt *m (West and East Germany)*
solution *(Gen)* Behebung *f*, Lösung *f*
solvability *(Bank, Fin, RW)* Solvenz *f*, Zahlungsfähigkeit *f*, Solvabilität *f (opposite: insolvency = Insolvenz, Zahlungsunfähigkeit)*
solve *v (Gen)* aufklären, lösen
solvency 1. *(Bank, Fin)* Solvenz *f*, Zahlungsfähigkeit *f*, Solvabilität *f (opposite: insolvency = Insolvenz, Zahlungsunfähigkeit)*; 2. *(RW)* Liquidität *f*
solvency ratio *(Fin, RW)* Liquiditätskennzahl *f*, Liquiditätsgrad *m*
solvent *adj (Bank, Fin, RW)* solvent, zahlungsfähig, liquide
solvent debtor *(Bank)* solventer Schuldner *m*, zahlungsfähiger Schuldner *m*
sophisticated *adj (Gen)* auf hohem Niveau stehend, hochdifferenziert, hochtechnisiert, ausgeklügelt, technisch ausgereift
sophistication 1. *(Gen)* Differenziertheit *f*, hohes Niveau *n*, hoher Entwicklungsstand *m*; 2. *(V&M)* Differenzierung *f*
sought *adj (Gen)* gefragt, gesucht
sound *adj* 1. *(Bank)* gesund, kreditfähig, solide; 2. *(Gen)* einwandfrei, fehlerfrei, unversehrt, kreditwürdig • **on a sound footing** *(Gen)* auf solider Grundlage
sound 1. *(Komm)* Ton *m*; 2. *(Comp, Media)* Klang *m*, Ton *m*
sound carrier *(Komm, Media)* Tonträger *m*
sound recording *(Komm, Media)* Tonträger *m*
sound recording manufacturer *(Ind, Media)* Tonträgerhersteller *m*
sound recording royalties *(Komm, Media, Recht)* Tonträgervergütungen *fpl*
soundness *(Pol, Recht)* Unbedenklichkeit *f*
source *(Fin, Gen)* Herkunft *f*, Quelle *f*, Ursprung *m (of funds, information)*
source and application of funds *(Fin, RW)* Mittelherkunft und -verwendung *f (as shown on the balance sheet)*
source and application of funds statement *(Fin, RW)* Bewegungsbilanz *f*
source and disposition of funds *(Fin, RW)* Mittelherkunft und -verwendung *f (as shown on the balance sheet)*
source language 1. *(Komm)* Ausgangssprache *f (translation)*; 2. *(Comp)* Quellensprache *f*, Ursprungssprache *f*, Quellsprache *f*
source of capital *(RW)* Kapitalherkunft *f (right column of the balance sheet; ausgewiesen auf der rechten Seite der Bilanz; synonymous: sources of finance)*
source of forex revenue *(Bank)* Deviseneinnahmequelle *f*
source of funds *(Fin, RW)* Mittelherkunft *f (as shown on the liability side of the balance sheet, ausgewiesen auf der Passivseite, der rechten Seite der Bilanz)*
source of revenue *(Gen)* Einnahmequelle *f*
sources of finance *(RW) s.* source of capital
sourcing *(V&M)* Akquisition *f*, Einkaufspolitik *f*
sovereign 1. *(Pol)* Herrscher(in) *m(f)*, Souverän *m (person)*; 2. *(Bank) obsolete coin: britische Goldmünze*
sovereign entities *(Bank, Börse, Fin)* staatliche Emittenten *mpl*, Staatsadressen *fpl*
sovereign loan *(Börse, Fin)* staatliche Anleihe *f*, staatliches Darlehen *n*
sovereign risk *(Börse, Fin)* Länderrisiko *n*, staatliches Risiko *n*
Sovereign Wealth Fund *(SWF) (Admin, Fin, Börse)* Staatsfonds *m*, staatlicher Fonds *m*, staatlicher Investmentfonds *m (public investment funds or agencies which invest governments' foreign assets in addition to and separately from the traditional foreign wealth management)*
SPAC *(Abk. für special purpose acquisition company) (Bank, Fin)* Akquisitionsvehikel *n*, Objekt-‑Akquisitionsvehikel *n*, Zweck-‑Akquisitionsgesellschaft *f*; *(jarg.)* Blankoscheck-Unternehmen *n*, *(jarg.)* Blankoscheck-Gesellschaft *f (banknahe Zweckgesellschaft ohne*

operatives Geschäft, das an der Börse Kapital aufnimmt, um damit im Wettbewerb oder gemeinsam mit außerbörslichen Beteiligungsfonds - -Private Equity- andere Unternehmen zu kaufen; cf special purpose acquisition company)

spacial strategy *(WiWi)* räumliche Strategie *f*, räumliche Entwicklungsstrategie *f*, Raumstrategie *f*

spam *(Komm, Media)* Spam *f (unsolicited e-mail advertising)*

spam over internet telephony *(spit) (Comp, Komm)* Spit *n (spam using internet telephony; lästiger Internet- -Telefonanruf für Werbezwecke)*

spamming *(V&M)* Überflutung *f* mit unerwünschter Werbung

span of control *(Gen)* Kontrollspanne *f*

spare *(Ind)* Ersatzteil *n*

spare cash *(Gen)* Bargeldreserve *f*

spare time *(Frei)* Freizeit *f*

special account *(RW)* Sonderkonto *n*

special approval *(Logis)* Ausnahmegenehmigung *f*

special arrangement *(Gen)* Sondervereinbarung *f*

special authority *(Mgt, Pers, Recht)* Sondervollmacht *f*

special delivery *(Komm)* Eilzustellungsdienst *m*

special drawing rights *(Bank)* Sonderziehungsrechte *npl*, SZR

Special Economic Zone *(WiWi)* Sonderwirtschaftszone *f (China)*

special employment measures *(Pers, WiWi)* Arbeitsbeschaffungsmaßnahmen *fpl*, ABM

special feature *(V&M)* Besonderheit *f*

special offer *(V&M)* Sonderangebot *n*, Aktionsangebot *n (advertising)*

special purpose acquisition company *(SPAC) (Bank, Fin)* Akquisitionsvehikel *n*, Objekt-Akquisitionsvehikel *n*, Zweck-Akquisitionsgesellschaft *f*; *(jarg.)* Blankoscheck-Unternehmen *n*, *(jarg.)* Blankoscheck-Gesellschaft *f (banknahe Zweckgesellschaft ohne operatives Geschäft, das an der Börse Kapital aufnimmt, um damit im Wettbewerb oder gemeinsam mit außerbörslichen Beteiligungsfonds - -Private Equity- andere Unternehmen zu kaufen; traditionell von Finanzbetrügern genutzte Unternehmenshülle, zunehmend als Finanzierungsinstrument bei Investmentbanken und Management- -Teams wieder entdeckt wegen der Aussicht auf hohe Gebühreneinnahmen und Provisionen bei begrenzten eigenen Risiken -die risikotragenden Kapitalanteile werden im Markt weiterplatziert- sowie u.U. wegen mangelnder Transparenz der Risikostruktur auf der Investorenseite; cf Angliederungsfinanzierung; a publicly-traded buyout company that raises blind money from the public in order to pursue the acquisition of an existing but unspecified company, often in a targeted industry like the high-tech sector; if the acquisition is not made within a specified period of time - -typically 18 months to two years- the money is returned to the original investors; for this transaction investment banks and management teams collect high fees, whilst most of the risk is passed on to investors; synonymous: targeted acquisition company, TAC)*

special purpose company *(RW, Bank, Fin)* Zweckgesellschaft *f*, Einzweckgesellschaft *f*, Objektgesellschaft *f* (mit Sonderaufgaben), SPV *n (synonymous: special purpose vehicle, SPV, special purpose entity; SPVs übernahmen risikobehaftete Cashflow-generierende Aktiva als Besicherung der Emission von Asset-backed Securities = ABS zur intransparenten Auslagerung von Risiken aus Bankbilanzen; Regulierungsarbitrage = regulatory arbitrage im Finanzbereich mit dem Ziel, die bankaufsichtlichen Eigenkapital-Unterlegungsvorschriften von Basel II zu unterlaufen)*

special purpose entity *(Bank, Fin)* Zweckgesellschaft *f*, Einzweckgesellschaft *f*, Objektgesellschaft *f* (mit Sonderaufgaben), Sondergesellschaft *f (synonymous: special purpose vehicle, SPV, special purpose company; Gründung erforderlich zur Übernahme von Aktiva als Besicherung der*

Emission von Asset-backed Securities = ABS oder asset-backed commercial paper = ABCP)

special purpose vehicle *(SPV) (Mgt, Recht)* Zweckgesellschaft *f*, Einzweckgesellschaft *f*, Projektgesellschaft *f*, Objektgesellschaft *f* (mit Sonderaufgaben), Sondergesellschaft *f (synonymous: special purpose entity, special purpose company; Gründung erforderlich zur Übernahme von Aktiva als Besicherung der Emission von Asset-backed Securities = ABS oder asset-backed commercial paper = ABCP)*

special terms for the trade *(Gen)* Sonderkonditionen *fpl* für den Handel

specialist *adj (Gen)* fachmännisch

specialist 1. *(Gen)* Fachmann *m*, Fachfrau *f*, Experte *m* Expertin *f*; Facharzt *m*, Fachärztin *f*; 2. *(Börse)* amtlicher Kursmakler *m*, amtliche Kursmaklerin *f*

specialist consulting *(Komm, Recht)* wissenschaftliche Beratung *f*

specialist field *(Gen)* Fachgebiet *n*

specialist knowledge *(Gen)* Fachkenntnisse *fpl*, Fachwissen *n*

specialist literature *(Gen, Edu)* Fachliteratur *f*

specialist sales person *(Pers, V&M)* Fachverkäufer(in) *m(f) (synonymous: expert salesman, expert saleswoman)*

specialist shop *(BE) (V&M)* Fachgeschäft *n*, Fachmarkt *m (synonymous: AE specialty store)*

specialist supervision *(Recht, Pol)* Fachaufsicht *f*

speciality *(Gen)* besonderes Merkmal *n*, Spezialität *f*, Besonderheit *f (selling point)*; Spezialgebiet *n (field)*

speciality retailer *(V&M)* Facheinzelhändler(in) *m(f)*

speciality store *(Börse)* Fachgeschäft *n*

specialization *(Gen)* Fachgebiet *n*, Spezialisierung *f*

specialize in *(Gen)* sich spezialisieren auf

specialized *adj (Gen, Ind)* spezialisiert

specialized dictionary *(Media)* Fachwörterbuch *n*

specialized fund 1. *(Börse)* Spezialitätenfonds *m (a mutual fund investing primarily in the securities of a particular industry, sector, type of security or geographic region; they are often higher risk because of the lack of diversification but they are potentially higher reward than most other types of mutual funds; synonymous: specialty fund; Publikumsfonds mit besonderen Anlageschwerpunkten, wie z. B. nach Branchen, Regionen, ethischen Kriterien usw.)*; 2. *(Börse) (Deu)* Spezialfonds *m (Fonds, dessen Anteile am Sondervermögen nach § 1 II KAGG nur einem begrenzten Kreis meist institutioneller Anleger -maximal zehn- angeboten wird, kein Publikumsfonds)*

specialized knowledge *(Gen)* Fachkenntnisse *fpl*, Fachwissen *n*

specialized personnel *(Pers)* Fachkräfte *pl*, Fachpersonal *n*

specialty fund *s.* specialized fund

specific *adj (Gen)* bestimmt, deutlich, kennzeichnend, spezifisch

specific amount *(Gen)* bestimmter Betrag *m*

specific duty *(Imp/Exp, Steuer)* spezifischer Zoll *m*

specific offer *(V&M)* spezielles Angebot *n*

specific training *(Pers)* Spezialausbildung *f*

specifically *adv (Gen)* speziell

specification of goods *(Pat)* Warenverzeichnis *n*

specification of services *(Pat)* Dienstleistungsverzeichnis *n*

specifications technische Daten *pl (COMP hardware)*

specified *adj* 1. *(RW)* spezifiziert; 2. *(Gen)* einzeln aufgeführt

specified rate *(Logis)* spezifizierter Tarif *m*

specify *v (Gen, Pat)* beschreiben, festsetzen

specimen invoice *(Gen)* Musterrechnung *f*

speculate *v (Börse, Gen)* spekulieren

speculate *v* **for a fall in prices** *(Börse)* auf Baisse spekulieren

speculation *(Gen)* Spekulation *f* • **on speculation** *(Gen)* auf Verdacht

speculative *adj (Gen)* spekulativ

speculative application *(Pers)* Blindbewerbung *f*, Initiativbewerbung *f*

speculative bubble *(Börse)* spekulative Blase *f*, Spekulationsblase *f (cf asset price bubble, bubble economy)*

speculative buyer *(Gen)* Aufkäufer(in)

m(f)
speculative demand for money *(WiWi)* spekulative Geldnachfrage *f*
speculative grade [investment] *(Fin)* Spekulationskategorie *f*, spekulative Anlage *f*, spekulativer Bereich *m*, Risikobereich *m (synonymous: non--investment grade, e. g. junk bonds = Schrottanleihen = Ramschanleihen; ratings below BBB- or Baa3, investments non-eligible for many institutional investors or for investment under US banking regulations; Rating--Kategorie mit Einstufungen unter BBB- bzw. Baa3, wie z. B. bei Risikoanleihen; opposite: investment grade = Investmentkategorie)*
speculative trading *(Börse)* Spekulationshandel *m*
speed *v* **up** *(Gen)* beschleunigen, vorantreiben *(work)*
speed *(Gen)* Geschwindigkeit *f*
speed-up *(Gen, Pers)* Beschleunigung *f*, Steigerung *f*, Vorantreiben *n*
speedily *adv (Gen)* schnell
speedy *adj (Gen)* prompt, zügig
spell *v* **out** *(Gen)* darlegen, klarmachen, verdeutlichen
spend *v (Gen)* (Geld) ausgeben, verausgaben
spending authority 1. *(Fin)* Ausgabeermächtigung *f*; 2. *(Pol)* Ausgabenbefugnis *f*
spending limitation *(Bank, Pers, WiWi)* Ausgabenbegrenzung *f*
spending money *(Gen)* Taschengeld *n*
spending power *(Gen)* Kaufkraft *f*
sphere *(Gen)* Bereich *m*
sphere of action *(Gen)* Tätigkeitsbereich *m*
sphere of activity *(Gen)* Aufgabenbereich *m*, Geschäftsbereich *m*, Wirkungskreis *m*
sphere of influence *(Gen, Pol, V&M)* Einflussbereich *m*
spill *v* **over** *(Gen, WiWi)* überschwappen, sich ausbreiten *(effects)*; sich hinziehen *(meeting)*
spillover *(WiWi)* externe Wirkung *f*, Nebenwirkungen *fpl*
spillover effect *(WiWi)* externer Effekt *m*
spin-off 1. *(Fin, Gen, WiWi)* Ausgliederung *f*, Abspaltung *f* *(separation)*; Ableger *m*, Firmenableger *m*, Firmenausgründung *f*, Unternehmensabspaltung *f*, Unternehmensentflechtung *f* *(company)*; 2. *(Ind)* Nebenentwicklung *f* *(development)*; 3. *(V&M)* Nebenprodukt *n (product)*
spin-off-effect *(WiWi)* Ausstrahlungseffekt *m*
spiralling inflation *(WiWi)* Inflationsspirale *f*
spit *(Abk. für spam over internet telephony) (Comp, Komm)* Spit *n (spam using internet telefony; lästiger Internet--Telefonanruf für Werbezwecke)*
split *v (Bank)* aufspalten, aufteilen
split *v* **the difference** *(Gen)* sich auf einen Kompromiss einigen
split *v* **up** 1. *(Admin, Gen)* aufteilen, spalten; sich spalten; 2. *(Pol)* spalten
split *(Bank)* Aufteilung *f*
split rating *(Fin)* gespaltene Einstufung *f*
splog *(Comp, Komm)* Splog *n (Spam--Blog)*
spoil *v (Gen)* beeinträchtigen, verderben
spokesman *(Media, Pol)* Sprecher *m*, Pressesprecher *m*
spokesperson *(Media, Pol)* Sprecher(in) *m(f)*, Pressesprecher(in) *m(f)*
spokeswoman *(Media, Pol)* Sprecherin *f*, Pressesprecherin *f*
sponsor *v* 1. *(Gen)* fördern, unterstützen; 2. *(Frei)* die Schirmherrschaft übernehmen *(event)*; 3. *(V&M)* sponsern
sponsor 1. *(Gen)* Förderer *m*, Förderin *f*; 2. *(Frei)* Schirmherr(in) *m(f) (of event)*; 3. *(V&M)* Sponsor *m*, Geldgeber(in) *m(f)*
sponsorship 1. *(Gen)* Förderung *f*, Unterstützung *f*; 2. *(Frei)* Schirmherrschaft *f (of event)*; 3. *(Pol)* Befürwortung *f (of bill)*; 4. *(V&M)* Sponsern *n*, Sponsoring *n*
spontaneous *adj (Gen, V&M)* spontan
spontaneous combustion *(Ind)* Selbstentzündung *f*, Selbstverbrennung *f*
sporadic *adj (Gen)* sporadisch, vereinzelt
sporadic maintenance *(Gen)* unregelmäßige Wartung *f*
sporting event *(Frei, Gen)* Sportveranstaltung *f*
spot *(Media, V&M)* Werbespot *m* *(advertising)* • **on the spot** *(Gen)* an Ort und Stelle, sofort
spot business *(Gen)* Lokogeschäft *n*
spot check *(Gen)* Prüfung *f* an Ort und Stelle

spot commodity *(Börse)* Effektivware *f*, Kassaware *f*
spot currency market *(WiWi)* Devisenkassamarkt *m*
spot deal *(Bank, Börse)* Spotgeschäft *n*, Lokogeschäft *n*, Kassageschäft *n*
spot delivery *(Börse)* Lieferung *f* zwei Tage nach Geschäftsabschluss *(currency futures)*
spot delivery month *(Börse)* sofortiger Lieferungsmonat *m*
spot exchange rate *(Bank, Börse, WiWi)* Kassakurs *m*, Devisenkassakurs *m*
spot market *(Börse)* Kassamarkt *m*
spot market transaction *(Börse)* Effektivgeschäft *n*
spot quotation *(Börse)* Kassanotierung *f*
spot rate *(Börse)* Kassakurs *m*, Devisenkassakurs *m*; Loko-Preis *m* *(commodities)*
spot terms *(Börse)* Kassakonditionen *fpl*
spot trading *(Börse)* Kassahandel *m*
spot transaction *(Börse)* Kassageschäft *n*
spouse *(Gen)* Ehegatte *m*, Ehepartner *m*, Gatte *m*, Gattin *f (husband, wife)*
spread *v* 1. *(RW)* verteilen *(costs)*; 2. *(Komm)* verbreiten; 3. *(Gen)* ausbreiten
spread *v* **costs** *(RW)* Kosten zeitlich verteilen, Kosten verteilen
spread *v* **risks** *(Bank, Versich)* Risiken streuen, Risiken mischen, Risiken verteilen *(Versicherung)*
spread 1. *(WiWi)* Bandbreite *f*, Spanne *f*, Marge *m*; 2. *(V&M)* Streuung *f (of stores in particular area)*; 3. *(Börse, Fin)* Stellage *f*; Spread *m*, Renditeabstand *m*, Risikoaufschlag *m*
spread of interest rates *(Bank)* Spreizung *f* der Zinssätze
spread trading *(Börse)* Arbitrage *f*, Spreading *n*, gleichzeitige Eröffnung *f* von Kauf- und Verkaufspositionen
spreading *(Börse)* Spreading *n*
spreadsheet *(Gen)* Abschlussblatt *n*, Tabellenkalkulation *f*, Arbeitsblatt *n*, Spreadsheet *n*
spur *v (Gen)* treiben, vorantreiben
spur *(Gen)* Anreiz *m*
SPV *(Abk. für special purpose vehicle) (Fin, Mgt, Recht)* Zweckgesellschaft *f*, Einzweckgesellschaft *f*, Projektgesellschaft *f*, Objektgesellschaft *f* (mit Sonderaufgaben), Sondergesellschaft *f* *(synonymous: special purpose entity, special purpose company; Gründung erforderlich zur Übernahme von Aktiva als Besicherung der Emission von Asset-backed Securities = ABS oder asset-backed commercial paper = ABCP)*
squandering *(Gen)* Vergeudung *f*, Verschwendung *f*
square *v* 1. *(RW)* abstimmen; 2. *(Gen)* begleichen *(an account)*; 3. *(Börse)* glattstellen
squeeze *v (WiWi)* unter Druck setzen *(prices)*
squeeze *v* **out** *(Fin)* verdrängen *(minority shareholders = Minderheitsaktionäre, Zwangsausschlussverfahren = squeeze out)*
squeeze *v* **sb out of the market** *(Gen)* jmdn. vom Markt verdrängen
squeeze *v* **the bears** *(Börse)* die Baissiers unter Druck setzen
squeeze *v* **the shorts** *(Börse)* die Baissiers zu Deckungskäufen zwingen
squeeze-out *(Bank, Fin)* Zwangsausschluss *m*, Zwangsabfindung *f*, Zwangsausschlussverfahren *n (Deu: das Übernahmegesetz erlaubt ab 2002 den Zwangsausschluss von Minderheitsaktionären -minority shareholders- gegen angemessene Barabfindung, sobald der übernehmende Großaktionär über mindestens 95 % der Aktien verfügt)*
SRI *(Abk. für 1. socially responsible investing, 2. socially responsible investment)* 1. *(Börse, Fin, Pol)* sozial verantwortliches Anlageverhalten *n*, sozial verantwortliches Investitionsverhalten *n*, sozial verantwortliches Investieren *n*, sozialethisches Anlageverhalten *n*; 2. *(Börse, Fin, Pol)* ethische Anlage *f*, ethische Investition *f*, nachhaltige Anlage *f (synonymous: ethical investment, socially conscious investment; investments only in companies whose policies meet specific ethical criteria, e. g. excluding casinos, tobacco, weapons, nuclear and erotic industries, sometimes casinos, pork and alcohol production etc.; opposite: socially irresponsible investment, vice fund = Lasterfonds)*

stability 1. *(Bank)* Wertbeständigkeit *f*; 2. *(WiWi)* Stabilität *f*
stability abroad *(Pol, WiWi)* äußere Stabilität *f*
Stability and Growth Pact *(Pol, WiWi)* Stabilitäts- und Wachstumspakt *m (EU, Maastricht Treaty)*
stability at home *(Pol, WiWi)* innere Stabilität *f*
stabilization *(WiWi)* Stabilisierung *f (of exchange rates)*
stabilize *v (WiWi)* festigen, stabil halten, stabilisieren
stabilized currency *(Fin)* stabilisierter Wechselkurs *m*
stabilizer *(WiWi)* Stabilisator *m*
stable *adj* 1. *(WiWi)* stabil; 2. *(Gen)* beständig *(constant)*; dauerhaft, fest *(permanent, durable)*; haltbar, stabil *(tenable)*; 3. *(Logis, V&M)* stabil
stable equilibrium *(WiWi)* stabiles Gleichgewicht *n*
stable-rate funds *(Bank)* Festzinsmittel *npl*
staff *v (Gen, Mgt, Pers)* (mit Personal) besetzen *(office)*
staff *v* **up** *(Gen, Mgt, Pers)* den Personalbestand erhöhen
staff *(Gen, Mgt, Pers)* Belegschaft *f*, Mitarbeiter *mpl*, Personal *n*, Stab *m (workforce)*
staff assistant *(Pers)* Bürogehilfe *m*, Bürogehilfin *f*
staff association *(Pers)* Personalvertretung *f*
staff audit *(Mgt, Pers)* innerbetriebliche Prüfung *f*, Personalbeurteilung *f*
staff cost *(Fin, Pers)* Personalaufwand *m*
staff council *(Admin, Mgt, Pers)* Personalrat *m*
staff cut *(Pers)* Personalkürzung *f*, Personalreduzierung *f*, Personalverringerung *f*, Verringerung *f* des Personals, Verringerung *f* der Belegschaft, Reduzierung *f* der Belegschaft, Personalabbau *m*, Abbau *m* des Personals
staff cutback *(Pers)* Personalabbau *m*
staff cuts *(Pers) s.* staff cut
staff deployment *(Pers)* Personaleinsatz *m*, Mitarbeitereinsatz *m*
staff development *(Mgt, Pers)* Personalentwicklung *f*, Mitarbeiterförderung *f*
staff manager *(Mgt, Pers)* Personalchef(in) *m(f)*, Personalleiter(in) *m(f)*, Stabsleiter(in) *m(f)*
staff meeting *(Pers)* Mitarbeiterversammlung *f*, Personalversammlung *f*, Betriebsversammlung *f*, Belegschaftsversammlung *f*
staff member *(Pers)* Mitarbeiter *m*, Mitarbeiterin *f*, Belegschaftsangehörige *f*, Belegschaftsangehöriger *m*, Betriebsangehörige *f*, Betriebsangehöriger *m*
staff mobility *(Pers)* Personalmobilität *f*
staff position *(Recht)* Stabstelle *f*
staff qualifications *(Pers)* Mitarbeiterqualifikationen *fpl*
staff recruitment *(Pers)* Personalrekrutierung *f*, Einstellung *f* von Personal, Personalbeschaffung *f*
staff reduction *(Pers)* Personalkürzung *f*, Personalreduzierung *f*, Personalverringerung *f*, Verringerung *f* des Personals, Verringerung *f* der Belegschaft, Reduzierung *f* der Belegschaft, Personalabbau *m*, Abbau *m* des Personals
staff representation *(Mgt, Pers)* Personalvertretung *f*
staff representative *(Mgt, Pers)* Personalvertreter(in) *m(f)*
staff resourcing *(Mgt, Pers)* Personalbeschaffung *f*
staff selection *(Pers)* Personalauswahl *f*, Auswahl *f* des Personals
staff training *(Mgt, Pers)* Mitarbeiterschulung *f*, Personalschulung *f*, Weiterbildung *f* der Mitarbeiter, Weiterbildung *f* des Personals, Personalfortbildung *f*, Fortbildung *f* des Personals
staff training centre *(BE) (Bil, Pers)* (inner-)betriebliches Schulungszentrum *n*; Schulungszentrum *n*, Bildungszentrum *n*, Bildungsstätte *f (für Mitarbeiter)*
staff turnover *(Gen, Pers, WiWi)* Fluktuationsrate *f*
staffing *(Gen, Mgt, Pers)* Personalbeschaffung *f*, Stellenbesetzung *f*
stage *(Gen)* Etappe *f*, Stufe *f (of a project)*; Stand *m*, Stadium *n*, Phase *f (state)* **• be going through a critical stage** *(Gen, Mgt)* sich in einer kritischen Phase befinden, sich in einer

entscheidenden Phase befinden, ein kritisches Stadium durchlaufen • **by stages** *(Gen)* in Stufen, stufenweise • **in stages** *(Gen)* in Stufen, phasenweise
stagflation *(WiWi)* Stagflation *f*
stagger *v (Gen)* staffeln *(costs)*
staggered *adj* 1. *(Fin)* gestaffelt; 2. *(Gen)* erschüttert, gestaffelt
staggered working hours *(Pers)* Gleitzeit *f*, gestaffelte Arbeitszeit *f*
staggering *adj (Gen)* Schwindel erregend *(prices)*
staggering *(Gen)* Staffelung *f (action)*
staggering maturities *(Börse)* gestaffelte Fälligkeiten *fpl*
stagnate *v (WiWi)* stagnieren, stocken
stagnation *(WiWi)* Stagnation *f*, Stillstand *m*
stake *v (Gen)* unterstützen
stake 1. *(Fin)* Beteiligung *f*, Kapitalanlage *f (in company)*; 2. *(Gen)* Einsatz *m*; Anteil *m (financial interest)* • **the stakes are high** *(Gen)* der Einsatz ist hoch
stake in a bank *(Bank)* Beteiligung an einer Bank *f*
stakeholder approach *(Mgt, WiWi)* Stakeholder-Ansatz *m*, interessengruppenorientierter Ansatz *m (cf stakeholder value; cf shareholder value approach)*
stakeholder management *(Mgt, WiWi)* Anspruchsgruppenmanagement *n*
stakeholder-oriented policy *(Gen, Mgt, WiWi)* stakeholderorientierte Politik *f*, stakeholderorientierte Unternehmenspolitik *f*
stakeholder value *(WiWi)* Unternehmenswert *m* aus Sicht der Anspruchsgruppen, Unternehmenswert *m* aus Sicht der Interessengruppen *(Wert eines Unternehmens aus der Sicht der Interessengruppen-Mitglieder, dazu gehören z. B. Mitarbeiter, Lieferanten, Fiskus, Management, Aufsichtsrat, Kunden, Banken, Investoren; anders: shareholder value = Unternehmenswert ausschließlich aus Sicht der Anteilseigner/Aktionäre oder potenziellen Investoren)*
stakeholders *(Gen)* Interessengruppen *f*
stale market *(Gen, WiWi)* flauer Markt *m*, lustloser Markt *m*
stalemate *(Gen, Pol)* Flaute *f*, Sackgasse *f*
stalemated *adj (Gen, Pol)* festgefahren *(talks)*
stall *v (Gen)* hinauszögern, hinhalten, abwürgen *(motor)*
stamp *v* 1. *(Komm)* stempeln; 2. *(Gen)* abstempeln
stamp *v* **out** 1. *(WiWi)* beseitigen, unterdrücken *(inflation)*; 2. *(Gen)* ausmerzen, niederschlagen; 3. *(Ind)* ausstanzen
stamped addressed envelope *(BE)* *(Komm)* frankierter Rückumschlag *m*
stand *v* **a loss** *(Fin)* einen Verlust tragen
stand *v* **as guarantor for sb** *(Fin)* als Bürge für jmdn. agieren
stand *v* **at** *(Gen)* sich belaufen auf, liegen bei, stehen bei
stand *v* **at a premium** *(Bank, Börse, Fin)* über dem Nennwert notiert werden *(shares)*
stand *v* **by** 1. *(Gen, Soz)* jmdm. zur Seite stehen; 2. *(Komm)* auf Empfang bleiben, auf Empfang sein
stand *v* **in for sb** *(Pers)* für jmdn. einspringen
stand *v* **in line** *(AE) (Gen)* Schlange stehen, sich anstellen
stand *v* **one's ground** *(Gen, Mgt)* seine Position halten, seinen Mann stehen, sich behaupten, sich durchsetzen
stand-alone *adj (Comp)* autonom, unvernetzt, eigenständig
stand-by arrangement *(Pol, WiWi)* Bereitschaftskreditvereinbarung *f (BOP)*
standard *adj (Gen)* einheitlich, regulär, normal, üblich
standard 1. *(Bank)* Feingehalt *m (precious metal)*; 2. *(Gen)* Standard *m*, Norm *f* • **be up to standard** *(Pers)* den Anforderungen genügen
standard agreement *(Gen, Recht)* Einheitsvertrag *m*, Standardvertrag *m (contract)*
standard business rounding *(Gen)* kaufmännische Rundung *f*
standard commodity *(Börse)* Standardware *f*
standard conditions *(Recht)* Einheitsbedingungen *fpl (contracts)*
standard contract *(Gen, Recht)* Einheitsvertrag *m*
standard cost *(RW)* Plankosten *pl*, Sollkosten *pl*, Standardkosten *pl*,

Richtkosten *pl*, Budgetkosten *pl*, Vorgabekosten *pl*; Kostenvorgaben *fpl* *(budgetary control = Prognosekostenrechnung; auf eine Leistungseinheit bezogene, fest vorgegebene Plankosten zur nachträglichen Kostenkontrolle; synonymous: budget cost, budgeted cost, scheduled cost, predicted cost; cf standard cost system)*

standard cost accounting *(RW)* Plankostenrechnung *f*, Sollkostenrechnung *f*, Standardkostenrechnung *f (on the basis of normal costing; auf der Normalkostenrechnung aufgebaute Form der Plankostenrechnung mit Vorgabe vorausbestimmter Standardkosten zur nachträglichen Kostenkontrolle)*; Plankostenrechnung *f (cf standard cost system)*

standard cost system *(Fin, RW)* Standardkostensystem *n*, Standardkostenrechnung *f*, Plankostenrechnung *f*, Sollkostenrechnung *f (synonymous: standard costing; the setting of standard costs -Kostenvorgaben- for products and operations and their periodical comparison with actual costs incurred -Soll-Ist-Vergleich- in order to establish any variances, on the basis of normal costing = Normalkostenrechnung; auf eine Leistungseinheit bezogene, fest vorgegebene Plankosten zur nachträglichen Kostenkontrolle, Soll--Ist-Vergleich)*

standard costing *(RW)* Plankostenrechnung *f*, Normalkostenrechnung *f*

standard costs 1. *(WiWi)* Sollkosten *pl*; 2. *(Fin, RW)* Standardkosten *pl*, Normalkosten *pl*

standard deviation *(Stat)* Standardabweichung *f*

standard direct costing *(Fin)* Grenzplankostenrechnung *f*, Deckungsbeitragsrechnung *f*, Teilkostenrechnung *f (opposite: full costing = Vollkostenrechnung, Kostenrechnung)*

standard error of estimate *(Stat)* Standardschätzfehler *m*

standard form *(Gen)* Einheitsformular *n*

standard grade *(Gen)* Einheitssorte *f*, Standard *m*, standardisierte Qualität *f*

standard industrial classification *(Ind)* amtliche Branchenklassifikation *f*

standard international trade classification *(Gen)* internationales Warenverzeichnis *n* für den Außenhandel

standard legal contract *(Recht)* Standardvertrag *m*

standard letter *(Gen, V&M)* Standardbrief *m*

standard of living *(Soz, WiWi)* Lebensstandard *m*

standard of valuation *(RW)* Bewertungsgrundsatz *m*

standard of value *(Recht, Steuer)* Bewertungsgrundsatz *m*

standard pay rate *(WiWi, Pers)* Tariflohn *m*

standard performance *(Gen, Pers)* Normalleistung *f*

standard portfolio *(Bank, Börse)* Musterportfolio *n*

standard portfolio analysis of risk *(Fin)* Standard-Portfeuille-Risikoanalyse *f*

standard practice 1. *(Gen)* übliche Praxis *f*; 2. *(Recht)* Gepflogenheiten *fpl*

standard price 1. *(Fin)* Einheitspreis *m*, fester Verrechnungspreis *m*; 2. *(V&M)* Standardpreis *m*

standard-rate tax *(Steuer)* proportionale Steuer *f*

standard-rated *adj (Steuer)* zum Einheitssatz, zum Einheitssteuersatz, zum Normalsatz

standard setting *(Gen)* Standardsetzung *f*, Standardfestlegung *f*

standard tender *(Bank, WiWi)* Standardtender *m (ECB)*

standard terms and conditions *(Pers, Recht)* allgemeine Geschäftsbedingungen *fpl*

standard time 1. *(Gen)* Einheitszeit *f*, Vorgabezeit *f*; 2. *(Pers)* Normal(arbeits)zeit *f*

standard wage(s) *(Pers)* Tariflohn *f*

standard weekly hours *(Pers)* tarifliche Wochenarbeitszeit *f*

standard working week *(Pers)* tarifliche Wochenarbeitszeit *f*

standardization *(Gen)* Standardisierung *f*, Vereinheitlichung *f*

standardization agreement *(Gen, Recht)* Standardisierungsabkommen *n*

standardize *v* 1. *(Bank)* regulieren; 2. *(Gen, Recht, V&M)* standardisieren, typisieren, vereinheitlichen, normen
standardized *adj* 1. *(Bank)* reguliert; 2. *(Gen, Recht, V&M)* genormt, standardisiert, vereinheitlicht, typisiert
standardized deduction *(Gen)* pauschaler Abzug *m*
standby *adj (Comp, Fin)* Bereitschafts, Standby • **on standby** *(Comp)* auf Stand-by, auf Stand-by gestellt, auf Stand-by geschaltet *(Gerät; TV)*
standby credit *(Bank, Fin)* Beistandskredit *m*, Bereitschaftskredit *m*, Stützungskredit *m*, Standby-Kredit *m*
standby facility *(Bank, Fin)* Standby--Kredit *m*, Standby-Fazilität *f*, Standby--Fazilität *f* über Bereitstellungskredit, Beistandskredit *m (IMF)*
standby fees *(Bank, Fin)* Bereitstellungsgebühren *fpl*
standby time *(Gen, Logis)* Wartezeit *f*, Bereitschaftszeit *f (synonymous: waiting time)*
standing *adj* 1. *(Bank)* laufend; 2. *(Gen)* beständig
standing 1. *(Gen)* Ansehen *n*, Ruf *m*, Bonität *f (reputation)*; 2. *(Börse)* Stellung *f*
standing advance *(Bank)* laufender Kredit *m*
standing authorization *(Imp/Exp)* Dauergenehmigung *f*
standing facility 1. *(Bank)* ständige Fazilität *f*; 2. *(Fin)* Dauerrefinanzierungsfazilität *f*
standing of the debtor *(Bank)* Bonität *f* des Schuldners
standing order *(Bank)* Dauerauftrag *m*
standing travel advance *(Gen)* Dauerreisekostenvorschuss *m*
standstill *(Gen, WiWi)* Stillstand *m* • **come to a standstill** 1. *(Gen)* zum Stillstand kommen; 2. *(Ind)* zum Erliegen kommen
standstill agreement *(Gen)* Moratorium *n*, Stillhalteabkommen *n*
staple commodities *(Gen)* Stapelwaren *fpl*
star product *(V&M)* wachstumsstarkes Produkt *n* mit großem Marktanteil
start *v (Gen) (ugs.)* aufmachen *(firm, company)*; beginnen, gründen
start *v* **a business** *(Gen)* Betrieb gründen, Unternehmen gründen
start *v* **from scratch** *(Gen)* ganz neu beginnen, ganz von vorne anfangen
start *v* **in business** *(Gen)* ein Geschäft aufmachen
start *v* **one's working life** *(Pers, Soz)* ins Erwerbsleben eintreten, (erstmals) berufstätig werden
start *v* **up** 1. *(WiWi)* gründen; 2. *(Gen)* anfangen, aufnehmen, eröffnen *(business)*; 3. *(Ind)* in Betrieb nehmen
start *v* **up one's own business** *(Gen, Pers)* sich selbstständig machen
start *v* **work** *(Pers)* Arbeit beginnen, Beschäftigung beginnen, Arbeit aufnehmen, Beschäftigung aufnehmen, an die Arbeit gehen
start *(Gen)* Anfang *m*, Beginn *m (commencement)*
start-up 1. *(WiWi)* Neugründung *f*, Unternehmensgründung *f*, Existenzgründung *f*, Start-up *n (business)*; 2. *(Gen)* Anfang *m*, Anlauf *m*, Inbetriebnahme *f*; 3. *(Ind)* Inbetriebnahme *f*
start-up capital *(Fin)* Gründungskapital *n*, Startkapital *n*
start-up costs *(Fin, RW)* Anlaufkosten *pl*, Startkosten *pl*
start-up funding *(Fin, RW)* Anfangskapital *n*; Anlauffinanzierung *f*, Gründungsfinanzierung *f*
start-up funds *(RW, Fin)* Startkapital *n*, Anfangskapital *n*
start-up losses *(Fin, RW)* Anlaufverluste *mpl*
starting salary *(Pers)* Anfangsgehalt *n*
starting wage *(Pers)* Anfangslohn *m*
startup *s.* start-up
state *v* 1. *(RW)* ansetzen; 2. *(Gen)* angeben, bekunden, nennen *(account)*
state 1. *(Gen)* Status *m*; 2. *(Pol)* Staat *m* • **in a state of neglect** *(Gen)* in verwahrlostem Zustand
state aid *(Pol, Soz)* staatliche Beihilfe *f*, staatliche Hilfe; staatliche Unterstützung *f*, öffentliche Förderung *f (Synonym: state assistance)*
State Department *(AE) (Pol)* Außenministerium *n*
state intervention *(Gen, Pol, WiWi)* staatlicher Eingriff *m*, staatliche Intervention *f*
state law *(Recht)* Landesrecht *n*; einzelstaatliches Recht *n*

state of the art *(Gen)* neuester Entwicklungsstand *m*, Stand *m* der Technik
state-of-the-art technology *(Gen)* modernste Technologie *f*, Spitzentechnologie *f (synonymous: cutting-edge technology)*
state of the economy *(Pol, WiWi)* Konjunkturlage *f*
state-owned enterprise 1. *(Admin)* staatliches Unternehmen *n*; 2. *(WiWi)* Staatsbetrieb *m*, Staatsunternehmen *n*
state ownership *(Fin, WiWi)* Staatseigentum *n*
state pension *(Fin, Soz)* Pension *f*, Rente *f*, Ruhegehalt *n*
state-run enterprise *(Gen, Pol)* staatliches Unternehmen *n*
stated *adj* 1. *(RW)* angegeben; 2. *(Gen)* ausgewiesen, erwähnt
stated capital *(RW)* ausgewiesenes Kapital *n*, Grundkapital *n*
statement 1. *(RW)* Bilanz *f*; 2. *(Bank)* Kontoauszug *m*; 3. *(Comp)* Anweisung *f*; 4. *(Gen)* Angabe *f*, Aussage *f*, Erklärung *f (written)*; 5. *(Pers)* Angabe *f*; 6. *(Recht)* Behauptung *f*, Protokoll *f (claim)* • **as per statement** *(Bank)* laut Kontoauszug
statement for the press *(Media)* Presseerklärung *f*
statement of account 1. *(RW)* Rechnungsauszug *m*; 2. *(Bank)* Auszug *m*
statement of affairs 1. *(Bank)* Insolvenzbilanz *f*, Vermögensaufstellung *f* des Insolvenzschuldners; 2. *(Recht)* Vermögensaufstellung *f*; Sachverhalt *m (of case facts)*
statement of assets and liabilities *(RW)* Aufstellung *f* der Aktiva und Passiva, Bilanzstatus *m*, Status *m*; Vermögensaufstellung *f*
statement of changes in equity *(RW)* Eigenkapitalveränderungsrechnung *f (IFRS/IAS)*
statement of condition *(AE) (Bank, Fin)* Finanzstatus *m*, Liquiditätsstatus *m*, Bilanzaufstellung *f*
statement of earnings *(RW)* Gewinn- und Verlustrechnung *f*, GuV *f*, Ergebnisrechnung *f*, Erfolgsbilanz *f*, Aufwands- und Ertragsrechnung *f*; unterjährige Ergebnisrechnung *f*
statement of financial position *(RW)* Bilanz *f*, Finanzbericht *m*
statement of income *(RW)* Gewinn- und Verlustrechnung *f*, GuV *f*, Ergebnisrechnung *f*, Erfolgsbilanz *f*, Aufwands- und Ertragsrechnung *f*; unterjährige Ergebnisrechnung *f*
statement of net assets *(RW)* Nettovermögensaufstellung *f*
statement of revenue and expense 1. *(RW)* Aufwands- und Ertragsrechnung *f*; 2. *(Steuer)* Einnahmen-Ausgaben--Rechnung *f*
statement of terms and conditions *(Pers)* Geschäftsbedingungen *fpl*
static *adj (WiWi)* statisch
stationary economy *(WiWi)* stationäre Volkswirtschaft *f*
stationary equilibrium *(WiWi)* stationäres Gleichgewicht *n*
stationery *(Gen)* Büromaterial *n*, Schreibwaren *fpl*
statistic *(Stat)* statistische Maßzahl *f*, statistische Zahl *f*; Statistik *f (a set of figures, Zusammenstellung von Zahlen)*; *(plural:)* Statistiken *fpl (cf statistics = Statistikwissenschaft)*
statistical *adj (Gen, Stat, WiWi)* statistisch
statistical population *(Stat)* statistische Grundgesamtheit *f*
statistical quality control *(Stat)* statistische Qualitätskontrolle *f*
statistical series *(Stat)* statistische Datenreihe *f*, Zahlenreihe *f*
statistically significant *adj (Stat, WiWi)* statistisch signifikant
statistically significant information *(Stat, WiWi)* statistisch verwertbare Information *f*
statistics *(Stat, WiWi)* Statistik *f (scientific statistical methods; no plural)*; Statistikwissenschaft *f*
status 1. *(RW)* Status *m*, Finanzlage *f*; 2. *(Admin)* Stellung *f*; 3. *(Gen)* Lage *f*, Zustand *m*
status report *(Gen, Mgt)* Bericht *m* einer Auskunftei, Lagebericht *m*
status symbol *(Gen)* Statussymbol *n*
statute *(Recht)* Gesetz *n*, Satzung *f*, Statut *n* • **by statute** *(Recht)* durch Gesetz, gesetzlich, satzungsgemäß
statute-barred *adj (Recht)* verjährt
statute law *(Pat, Recht)* kodifiziertes Recht *n*

statutory *adj* 1. *(Gen, Recht, Versich)* gesetzlich; 2. *(Pol)* rechtskräftig • **have statutory effect** *(Recht)* Gesetzeskraft haben
statutory accounts *(RW)* gesetzlicher Jahresabschluss *m*
statutory appropriation *(RW)* satzungsmäßige Rücklage *f*, satzungsmäßige Gewinnverteilung *f*
statutory audit *(RW)* Pflichtprüfung *f*
statutory auditing *(Recht, RW)* Pflichtprüfung *f*
statutory authority *(Pol)* gesetzliche Vollmacht *f*, gesetzliche Ermächtigung *f*
statutory body *(Recht)* öffentlich--rechtliche Anstalt *f*
statutory deductions *(Pers, RW)* gesetzliche Abzüge *mpl*
statutory exemption *(Recht)* gesetzliche Ausnahme *f*
statutory expenditure 1. *(Gen)* satzungsmäßige Ausgabe *f*; 2. *(Pol, WiWi)* gesetzlich festgelegte Ausgaben *fpl*
statutory foreclosure *(Recht)* gesetzliches Hindernis *n*
statutory health insurance *(Versich)* gesetzliche Krankenversicherung *f* *(GKV)*
statutory health insurance fund *(Versich)* gesetzliche Krankenversicherung *f* *(GKV)*
statutory holiday *(AE) (Gen, Pers, Recht)* gesetzlicher Feiertag *m*, Bankfeiertag *m*
statutory instrument *(Recht)* Rechtsverordnung *f*
statutory insurance *(Pers, Soz)* Pflichtversicherung *f*, Zwangsversicherung *f*, gesetzliche Versicherung *f*
statutory meeting *(Recht)* (gesetzlich vorgeschriebene) Gründungsversammlung *f (corporation)*
statutory merger *(Recht)* gesetzliche Fusion *f*
statutory minimum wage *(Pers)* gesetzlicher Mindestlohn *m*
statutory notice *(Recht)* gesetzliche Kündigungsfrist *f*
statutory notice of termination *(Pers)* ordentliche Kündigung *f*
statutory notice period *(Pers)* gesetzliche Kündigungsfrist *f*
statutory obligation *(Recht)* gesetzliche Verpflichtung *f*
statutory pension fund *(Soz)* gesetzliche Rentenversicherung *f*
statutory pension scheme *(Soz)* gesetzliche Rentenversicherung *f*
statutory provision 1. *(Bank)* gesetzliche Bestimmung *f (ECB)*; 2. *(Recht)* Vorschrift *f*, Gesetz *n*
statutory rate *(Steuer)* Regelsatz *m (e. g. VAT)*
statutory regulation *(Bank)* gesetzliche Bestimmung *f (ECB)*
statutory requirement *(Pol)* gesetzliche Vorschrift *f*, gesetzliche Voraussetzungen *fpl*
statutory retirement age *(Pers, Soz)* gesetzliches Rentenalter *n*
statutory right *(BE) (Recht)* Gesetzesrecht *n*
statutory school-leaving age *(Pers, Soz)* gesetzliches Schulentlassungsalter *n*
statutory tax rate *(Steuer)* Regelsatz *m (e. g. VAT)*
statutory working hours [time] *(Pers)* gesetzliche Arbeitszeit *f*
stave *v* **off** *(Gen)* abwehren, abwenden, hinhalten *(defer)*
staying power 1. *(Fin)* Standfestigkeit *f*; 2. *(Mgt)* Stehvermögen *n*
steadily *adv (Gen)* fest, stetig
steady *adj* 1. *(WiWi)* beständig; 2. *(Gen)* fest, stetig
steady-as-she-goes policy *(Pol)* Politik *f* der ruhigen Hand
steady state economy *(WiWi)* stationäre Volkswirtschaft *f*
steady-state growth *(WiWi)* Wachstumsgleichgewicht *n*
steady-state inflation *(WiWi)* antizipierte Inflation *f*
steel securities *(Börse)* Stahlwerte *mpl*
steel shares *(BE) (Börse)* Stahlaktien *fpl*, Stahlwerte *mpl*
steel stocks *(AE) (Börse)* Stahlaktien *fpl*, Stahlwerte *mpl*
steer *v (Recht)* lenken
steering *(Grund, Recht)* Lenkung *f*
steering committee *(Bank, Fin)* Lenkungsausschuss *m*
steering group *(Mgt, Pol)* Lenkungsausschuss *m*
stem *v (Gen)* eindämmen, einer Sache Einhalt gebieten
stem *v* **from** *(Gen)* herrühren von, stammen aus

step *v* **in** *(Gen)* eingreifen, sich einschalten
step *v* **up** *(Gen)* erhöhen
step *(Gen)* Schritt *m*, Maßnahme *f*, Stufe *f*
step by step *(Gen)* schrittweise
step-variable cost *(RW)* Sprungkosten *pl*
sterling *(Bank, Börse, Fin)* Sterling *m*
sterling area *(Gen)* Sterlinggebiet *n*
sterling balance *(Fin)* Sterlingguthaben *n*, Sterlingsaldo *m*
sticky *adj (Gen)* starr, stabil *(prices)*; heikel, schwierig *(situation, person)*
stiff competition *(Gen, WiWi)* scharfer Wettbewerb *m*
stiffen *v (Gen)* enger fassen, verschärfen
stimulate *v (WiWi)* beleben, stimulieren, ankurbeln, anregen
stimulated *adj (WiWi)* belebt
stimulating *adj (Pers, WiWi)* stimulierend
stimulating forces *(WiWi)* Antriebskräfte *fpl*
stimulative *adj (Pers, WiWi)* stimulierend
stimulus *(Gen)* Anreiz *m*, Ansporn *m*, Anstoß *m*, Impuls *m*
stimulus package *(WiWi, Recht)* Konjunkturpaket *n*
stipulate *v (Gen)* sich ausbedingen, vereinbaren, festsetzen, vertraglich festlegen • **as stipulated in the contract** 1. *(Gen)* vereinbarungsgemäß; 2. *(Recht)* vertragsgemäß
stipulation 1. *(Gen)* Vereinbarung *f*, Festsetzung *f*; 2. *(Recht)* Bedingung *f*, Vertragsbestimmung *f*, Vertragsklausel *f (contract law)* • **by stipulation** *(Recht)* einverständlich *(contract law)* • **on [with] the stipulation that** *(Gen)* mit der Auflage, dass, unter der Bedingung, dass
stochastic process *(Gen)* stochastischer Prozess *m*
stock *v (Gen)* lagern
stock 1. *(WiWi)* Bestandsgröße *f (opposite: flow = Stromgröße = Strömungsgröße)*; 2. *(Fin) (AE)* Aktie *f*, Stammaktie *f*, Anteil *m*, Wertpapier *n*, Aktienkapital *n (quasi synonymous: share)*; *(BE)* Schuldverschreibung *f*, Obligation *f*, Rentenpapier *n (fixed--interest security issued by the government, a local authority or a company)*; Staatsanleihe *f (synonymous: debenture bond)*; 3. *(Gen, V&M)* Vorrat *m*, Lager *n*, Lag., Bestand *m*, Lagerbestand *m*, Lagerbestände *mpl (synonymous: inventory)* • **in stock, i.s.** *(Gen)* vorrätig • **out of stock, o.s.** *(Gen)* ausverkauft, nicht auf Lager, nicht vorrätig
stock analysis *(Stat, WiWi)* Bestandsanalyse *f*, Bestandsdatenanalyse *f (im Gegensatz zur Analyse der Zu- und Abgänge = Bewegungen = flows)*
stock and flows of fixed capital *(Gen, RW)* Bestand *m* und Entwicklung *f* des Sachkapitals
stock buyback *(Fin)* Aktienrückkauf *m*
stock certificate *(AE) (Börse)* Aktienurkunde *f*, Aktienzertifikat *n*, Aktiensammelurkunde *f*
stock control *(RW)* Bestandsführung *f*, Lagerkontrolle *f*, Lagerwirtschaft *f*
stock corporation *(Gen)* Aktiengesellschaft *f*, AG
stock corporation law *(Recht)* Aktienrecht *n*, Gesellschaftsrecht *n*
stock data 1. *(Bank, Ind)* Bestandszahlen *fpl*; 2. *(WiWi)* Bestandsdaten *pl*, Bestandsgrößen *fpl*
stock dividend *(AE) (RW)* Stockdividende *f*
stock exchange *(Börse, Fin, WiWi)* Aktienbörse *f*, Effektenbörse *f*, Wertpapierbörse *f*
stock exchange listing *(Börse)* Notierung *f* an einer Wertpapierbörse
stock exchange quotation *(Börse)* Börsenkurs *m*
stock exchange securities *(Börse, Fin)* Effekten *pl (z. B. Aktien, Investmentzertifikate, Anleihen, Pfandbriefe)*
stock figure *(Stat, WiWi)* Bestandszahl *f*, Bestandsgröße *f*
stock in hand *(Gen)* verfügbare Ware *f*, Vorratslager *n*, Vorratsvermögen *n*, Warenbestand *m*
stock index arbitrage *(Börse)* Aktienindex-Arbitrage *f*
stock index futures market *(Börse)* Markt *m* für Terminkontrakte auf Börsenindizes
stock inventory *(Gen, RW, V&M)* Bestandsaufnahme *f*
stock issue premium *(AE) (Börse)* Aktienemissionsagio *n*
stock list 1. *(Gen)* Bestandsliste *f*, Inventar *n*; 2. *(Börse)* Kursblatt *n*

stock market *(Bank, Börse, Fin)* Aktienbörse *f*, Börse *f* • **breadth of stock markets** *(Bank, Fin)* Marktbreite
stock market data *(Börse, Media)* Börsendaten *pl*
stock market listing *(Börse)* Börsenkursnotierung *f*
stock market prices *(Börse)* Aktienkurse *mpl*, Effektennotierung *f*, Börsenpreise *mpl*
stock market slump *(Börse)* Baisse *f*
stock market supervisory authority *(Börse)* Börsenaufsichtsbehörde *f*
stock market tier *(Börse)* Börsensegment *n*
stock of bullion *(Gen)* Edelmetallvorräte *mpl*
stock option *(Börse)* Aktienoption *f*
stock option plan *(Börse, Mgt)* Aktienoptionsplan *m*
stock portfolio *(Börse, Fin)* Aktienbestand *m*, Aktienportefeuille *n*
stock prices *(Börse)* Aktienkurse *mpl*
stock purchase warrant *(Börse)* Aktienbezugsrecht *n*, Bezugsrecht *n*
stock quotation *(Börse)* Aktiennotierung *f*
stock record *(Börse)* Aktienregister *n*, Aktionärsverzeichnis *n*
stock register 1. *(Gen)* Inventarbuch *n*, Lagerbuch *n*; 2. *(Börse)* Aktienbuch *n*, Aktienverzeichnis *n*
stock rotation *(V&M)* Lagerumschlag *m*
stock sheet *(Gen)* Bestandsliste *f*, Lagerliste *f*
stock split *(AE) (RW)* Aktiensplit *m*
stock splitdown *(Gen)* Aktienzusammenlegung *f*
stock statistics *(Stat)* Bestandsstatistik *f*, Statistik *f* des Bestandes
stock takeover *(Börse, Fin)* Aktienübernahme *f*
stock trading 1. *(Fin)* Effektenhandel *m*; 2. *(Börse)* Aktienhandel *m*
stock turn *(Gen)* Warenumschlag *m*
stock turnover 1. *(RW, WiWi)* Lagerumsatz *m*, Lagerumschlag *m*; 2. *(Gen)* Lagerumschlag *m*
stock valuation 1. *(RW)* Bewertung *f* von Aktien; 2. *(Gen)* Lagerbestandsbewertung *f*, Vorratsbewertung *f*
stock yield *(Börse)* Aktienrendite *f*
stockbroker *(Börse, Fin)* Börsenmakler(in) *m(f)*, Effektenmakler(in) *m(f)*, Wertpapierhändler(in) *m(f)*
stockbroking *(Börse, Fin)* Aktienhandel *m*
stockholder 1. *(Mgt)* Gesellschafter(in) *m(f)*, Anteilseigner(in) *m(f)*; 2. *(Börse, Gen)* Aktionär(in) *m(f)*, Aktieninhaber(in) *m(f)*
stockholder activist *(Börse, Mgt)* Aktionärsaktivist *m*, aktiver Aktionär *m*
stockholder behavior *(AE) (Börse, Fin, Mgt)* Aktionärsverhalten *n*
stockholders' equity *(Börse, RW)* Eigenkapital *n*, Aktienkapital *n*
stockholders' meeting *(Recht)* Gesellschafterversammlung *f*, Aktionärsversammlung *f*
stockholding 1. *(WiWi)* Lagerhaltung *f*; 2. *(Börse, Fin)* Aktienbestand *m*
stockist *(BE) (Gen)* einschlägiges Geschäft *n*, Fachgeschäft *n*
stockkeeping *(Gen, Mgt)* Lagerhaltung *f*
stockmarket value *(RW)* Börsenwert *m*
stockpiling *(Gen)* Bevorratung *f*, Vorratshaltung *f*, Vorratswirtschaft *f*
stocks 1. *(Gen)* Vorräte *mpl*, Bestände *mpl*, Lagerbestände *mpl*; 2. *(Bank, Börse, Fin)* Aktien *fpl*, *(BE)* Wertpapiere *npl (Beteiligungs- und Gläubigerwerte)*; *(BE)* Staatsanleihen *fpl* • **while stocks last** *(V&M)* solange vorrätig, solange Vorrat, solange der Vorrat reicht
stocks and bonds *(Bank, Börse, Fin)* Effekten *pl (z. B. Aktien, Investmentzertifikate, Anleihen, Pfandbriefe)*
stocks reported *(Bank)* Bestandsmeldung *f*
stocks resistant to cyclical [economic] trends *(WiWi)* konjunkturresistente Werte *mpl*
stocks responsive to cyclical [economic] trends *(WiWi)* konjunkturabhängige Aktien *fpl*, konjunkturreagible Aktien *fpl*, konjunkturabhängige Werte *mpl*, konjunkturempfindliche Werte *mpl*, konjunkturreagible Werte *mpl* *(opposite: stocks resistant to economic trends = konjunkturresistente Werte)*
stocktaking *(Gen, WiWi)* Bestandsaufnahme *f*, Inventur *f*
stocktaking value *(RW)* Inventurwert *m*
stop-and-go *(Pol, WiWi)* Zickzackkurs *m*
stop-go policy *(BE) (WiWi)* Stop-and-go-

Politik *f*
stop limit order *(Börse)* Stop-Limit-Order *f*
stop loss order *(Börse)* Stop-Loss-Order *f*
stop order 1. *(Fin)* Schecksperre *f*; 2. *(Börse)* Stop-Order *f*
stop-payment order *(Bank)* Auszahlungssperre *f*
stopover 1. *(Frei)* Flug *m* mit Umsteigen, Zwischenstopp *m (air travel)*; 2. *(Logis)* Reiseunterbrechung *f*, Zwischenlandung *f*, Zwischenstation *f*
stoppage of trade *(Gen)* Einstellung des Handels *f*, Handelssperre *f*
stoppage of work *(BE) (Pers)* Arbeitsniederlegung *f*
stopping of a cheque *(BE) (Fin)* Schecksperre *f*
stopwatch studies *(Mgt)* Zeitnahme *f*, Arbeitszeitstudien *fpl*
storage 1. *(Comp)* Speicher *m (place)*; Speichern *n*, Speicherung *f (action)*; 2. *(Gen, Ind, Logis)* Lagerung *f*, Einlagerung *f (action)*; Lager *n (place)*
storage capacity *(Gen)* Lagerkapazität *f*, Speicherkapazität *f*
storage charges *(Gen, Logis)* Lagerspesen *pl*, Lagergebühren *fpl*, Lagergeld *n*
storage costs *(RW, Gen)* Kosten *pl* der Lagerhaltung, Lagerkosten *pl*, Lagerhaltungskosten *pl (synonymous: holding cost, i.e. the cost associated with holding goods in stock for one period of time including elements to cover capital cost = Kapitalkosten, taxes = Steuern, insurance = Versicherung, storage = Lagerung, handling = Umschlag, administration = Verwaltung, shrinkage = Schwund, obsolescence = Veralterung, deterioration = Verschlechterung)*
storage key figure *(Gen)* Lagerkennziffer *f*
storage period *(Gen)* Lagerdauer *f*
store *v (Gen, Ind, Logis)* lagern *(goods)*
store *(AE) (Gen, V&M)* Geschäft *n*, Laden *m (cf shop BE)*
store accounting *(RW)* Lagerbuchhaltung *f*
store brand *(V&M)* Handelsmarke *f*, Eigenmarke *f*
store closing hours *(Recht)* Ladenschlusszeiten *fpl*
store closing times *(Gen)* Ladenschlusszeiten *fpl*
store group *(V&M)* Einzelhandelskette *f*, Einzelhandelskonzern *m*
store of value *(WiWi)* Wertaufbewahrungsmittel *n (money)*
store promotion *(V&M)* Verkaufsförderung *f* im Laden
storehouse *(Gen)* Depot *n*, Dep., Lager *n*, Lag., Lagergebäude *n*, Lagerhaus *n*, Speicher *m*
storekeeper *(AE)* 1. *(Gen)* Lagerhalter(in) *m(f)*, Lagerverwalter(in) *m(f)*; 2. *(V&M)* Ladeninhaber(in) *m(f)*
storeroom *(Gen, Imp/Exp, Logis)* Speicher *m*, Lager *n*, Vorratskammer *f*, Vorratsraum *m (food)*
straight bond *(Bank, Fin)* konventionelle Anleihe *f*, festverzinsliche Anleihe *f*, Festzinsanleihe *f*; Festsatzbond *m*, festverzinsliche Inhaberschuldverschreibung *f (a bond issued in the primary market that carries no equity or other incentive to attract the investor; synonymous: fixed--interest loan; opposite: floater, floating rate note, FRN = zinsvariable Anleihe, Anleihe mit variabler Verzinsung)*
straight fixed rate bond *(Börse)* klassische festverzinsliche Anleihe *f*
straight investment *(Bank)* klassische Anlage *f*
straight-line depreciation *(RW)* lineare Abschreibung *f (the cost of a fixed asset is spread equally over each year of its anticipated lifetime; AK/HK eines Anlageguts werden gleichmäßig auf die Nutzungsdauer verteilt)*
straight-line letter of credit *(Bank, Fin, Imp/Exp)* Dokumenten-Akkreditiv *n*, Akkreditiv *n (synonymous: straight credit; opposite: commercial letter of credit = CLC = Handelskreditbrief)*
straight loan 1. *(Bank)* ungesichertes Darlehen *n*; 2. *(Fin)* Festzinskredit *m*, ungesichertes Darlehen *n*
stranded assets *(RW, WiWi)* Fehlinvestitionen *fpl*, *(ugs.)* in den Sand gesetzte Investitionen *fpl*, entwertete Investitionen *fpl*, entwertete Vermögenswerte *mpl*, gescheiterte Investitionen *fpl*, verlustreiche Vermögenswerte *mpl*
stranded costs *(WiWi)* verlorene Kosten *pl*

strategic *adj (Gen, Mgt, WiWi)* strategisch
strategic alliance *(Mgt)* strategisches Bündnis *n*
strategic business area *(WiWi)* strategischer Geschäftsbereich *m*, strategisches Geschäftsfeld *n*, SGF
strategic interdependence *(Mgt)* strategische Verflechtung *f*
strategic plan *(Gen, Mgt)* strategischer Plan *m*, langfristiger Geschäftsplan *m*
strategy *(Gen, WiWi)* Strategie *f*
strategy formulation 1. *(WiWi)* Strategiebestimmung *f*; 2. *(Gen, Mgt)* Entwicklung *f* einer Strategie
strategy implementation *(Gen, Mgt)* Durchsetzung *f* einer Strategie, Realisierung *f* einer Strategie
stratification *(V&M)* Schichtung *f*
stratifying the market *(V&M)* Aufteilung *f* des Marktes in Schichten
stream/be on *(Ind)* in Betrieb sein *(go into operation)*
stream/come on *(Ind)* in Betrieb gehen
stream of data *(Comp, Komm, Media)* Datenfluss *m*
streamline *v* 1. *(WiWi)* rationalisieren; 2. *(Ind, Mgt)* modernisieren, straffen *(company)*
street commerce *(V&M)* Straßenhandel *m*
street dealings *(Börse)* Nachbörse *f*
strength *(Börse)* Stärke *f (of currency)*
strength of materials *(Ind)* Materialfestigkeit *f*, Werkstofffestigkeit *f*
strength-weakness analysis *(Mgt)* Stärken-/Schwächen-Analyse *f*, Stärken-Schwächen-Analyse *f* *(Instrument des strategischen Managements zur Erweiterung der Potenzialanalyse: Ressourcenanalyse und Benchmarking; cf SWOT analysis)*
strengthen *v (Gen)* festigen *(relations)*; verstärken *(material, building)*; steigern *(efforts)*
strengthening 1. *(WiWi)* Stärkung *f (of currency)*; 2. *(Gen)* Festigung *f*, Verstärkung *f*
strengths, weaknesses, opportunities and threats analysis *(SWOT analysis) (Mgt, V&M)* Analyse *f* von Stärken, Schwächen, Chancen und Bedrohungen, Analyse *f* von Stärken, Schwächen, Chancen und Risiken, SWOT-Analyse *f (an instrumental framework in Value Based Management for analyzing the internal strengths - -value creating factors like assets, skills or resources- the weaknesses -value destroying factors- and the external value creating or destroying factors that cannot be controlled by the firm, i. e. the opportunities and threats emerging from the competitive dynamics of the markets or from economic, political, technical, social, legal or cultural factors; Konzept der wertorientierten Unternehmensführung zur Analyse der strategischen Position eines Unternehmens im Vergleich zum wettbewerblichen Umfeld)*
stress *v (Gen)* hervorheben
stress 1. *(Gen)* Hervorhebung *f (emphasis)*; 2. *(Pers)* Stress *m (strain)*
stress interview *(Pers)* Stress-Interview *n*
stress test *(Mgt, WiWi)* Härtetest *m*, Stresstest *m*
strict *adj (Gen)* streng
strict adherence to the contract *(Recht)* strikte Vertragseinhaltung *f*
strict liability *(Recht)* verschuldensunabhängige Haftung *f (e. g. product liability)*
strict time limit *(Gen)* fester Fristablauf *m*, fester Schlusstermin *m*
strictly *adv (Gen)* streng
strictly confidential *(Gen)* streng vertraulich
strike *v* 1. *(Ind, Pers)* streiken; 2. *(Gen)* sich einigen auf *(agreement)*
strike *v* **a balance** *(Gen)* (die) Bilanz ziehen
strike *v* **a bargain** 1. *(Gen)* ein Geschäft abschließen; 2. *(Recht)* handelseinig werden
strike *v* **a deal** *(Gen)* ein Geschäft abschließen
strike *v* **off the list** *(Gen)* aus der Liste streichen
strike *(Gen, Ind, Pers)* Streik *m*, Ausstand *m* • **on strike** *(Gen, Ind, Pers)* im Streik • **go on strike against** *(Ind, Pers)* bestreiken *(industrial relations)*
strike action *(Pers)* Streik *m*
strike call *(Gen, Ind, Pers)* Streikaufruf *m*
strike price *(Börse)* Basispreis *m*, Ausübungspreis *m*
strike vote *(Pers)* Urabstimmung *f*
strikebound *adj (Pers)* bestreikt
strikebreaker *(Gen, Ind, Pers)*

Streikbrecher(in) *m(f)*
striker *(Gen, Ind, Pers)* Streikende(r) *f(m)*
strikes, riots and civil commotions *(Recht)* Streik *m*, Aufruhr *m* und innere Unruhen *fpl*
striking price *(Börse)* Bezugspreis *m*, Basiskurs *m*, Basispreis *m*, Ausübungspreis *m*
stringent *adj (Gen)* streng, zwingend, energisch
stringent money market *(Fin)* angespannter Geldmarkt *m*
strings attached/no *(Gen)* ohne Klauseln, ohne Nebenklauseln, ohne Bedingungen
strip *v* **a bond** *(Börse, Fin)* Zinskupon vom Mantel einer Anleihe trennen
strippable *adj (Fin)* stripbar *(splitting of strippable bonds into their component parts of coupons and principal; Trennung von Zinszahlungs- und Kapitalrückzahlungsansprüchen bei bestimmten Anleihen; cf STRIPS)*
stripped security *(Börse)* leeres Wertpapier *n*, gestripptes Papier *n* *(bond without interest coupons)*
stripping *(Börse, Fin)* Trennung *f* (und getrennter Handel) von Wertpapierzins- und Kapitalanspruch *(bonds)*
STRIPS *(Abk. für Separate Trading of Registered Interest and Principal of Securities, AE) (Bank, Fin)* getrennter Handel von Kapital- und Zinsansprüchen *(strippable bonds may be split into their component parts of coupons and principal, separation in interest-only strip and principal-only strip, i. e. in zero bonds; Trennung stripbarer Anleihen in den Zinskupon, den verbrieften Zinsanspruch, und in den Anleihemantel = bond certificate, den verbrieften Anspruch auf die Kapitalrückzahlung; die verbleibenden Einzel-Strips werden so zum Nullkupon = Zero Bond)*
strong equilibrium *(WiWi)* stabiles Gleichgewicht *n*
strongroom *(Bank)* Tresor *m*
structural adjustment *(Mgt)* Strukturanpassung *f*
structural adjustment facility *(Fin)* Strukturanpassungsfazilität *f (IMF)*
structural change *(Mgt)* Strukturwandel *m*
structural deficit *(WiWi)* strukturelles Defizit *n*, Strukturdefizit *n*
structural fund *(WiWi)* Strukturfonds *m (EU)*
structural inflation *(WiWi)* strukturelle Inflation *f*
structural transformation *(Fin, Mgt, WiWi)* Umstrukturierung *f*
structural unemployment *(Pers, WiWi)* strukturelle Arbeitslosigkeit *f*
structure *v (Gen)* gliedern, strukturieren, zusammenstellen
structure 1. *(Fin)* Ausstattung *f*; 2. *(Gen)* Aufbau *m*, Struktur *f*, Gliederung *f*, Gefüge *n*, Zusammenstellung *f*, Anordnung *f (arrangement)*; 3. *(Grund)* Bauwerk *n*
structure of service providers *(Bank, Komm)* Anbieterstruktur *f*
structured *adj (Gen)* gegliedert, strukturiert, zusammengestellt
stub equity *(Börse)* Restkapitallaufzeit *f*
student grant *(Bil)* Studienbeihilfe *f*, Studienförderung *f*, Stipendium *n*
student loan *(Edu, Fin)* Studentendarlehen *n*
study *v* 1. *(Gen)* studieren, untersuchen; 2. *(Pers)* studieren
study *v* **for a law degree** *(Recht)* Jura studieren
study 1. *(Gen, Pers)* Studie *f*, Studium *n*, Untersuchung *f*; 2. *(Soz)* Studie *f*
study fee *(Edu)* Studiengebühr *f*
stump *v* **up** *(BE) (Gen) (ugs.)* berappen, aufbringen
style *(Mgt)* Führungsstil *m*, Stil *m (of management)*
sub-branch *(Gen)* Zweigstelle *f*
sub-index *(Bank)* Teilindex *m*
sub-item *(RW, WiWi)* Unterposition *f (statistics)*
sub-office *(Pat)* Dienststelle *f*
sub-period *(Gen)* Teilzeitraum *m*
sub-sector *(Ind, WiWi)* Teilsektor *m*, Teilbereich *m*
sub-total *(RW)* Zwischensumme *f*
subaccount *(RW)* Unterkonto *n*, Teilbilanz *f*
subagreement *(Recht)* Nebenabrede *f*
subchapter *(Media, Steuer)* Unterkapitel *n*
subclassify *v (Gen)* aufschlüsseln
subcontract *v (Gen, Ind, Pers, Recht)* einen Untervertrag abschließen für, einen Unterauftrag vergeben für, Unteraufträge vergeben für *(order)*

subcontract *(Gen, Ind, Pers, Recht)* Nebenabrede *f*, Untervertrag *m*, Unterauftrag *m*, Zuliefervertrag *m*, Werkvertrag *m*
subcontracting 1. *(WiWi)* Auswärtsvergabe *f*, Untervergabe *f*; 2. *(Gen)* Untervergabe *f*, Vergabe *f* von Zulieferverträgen
subcontracting firm *(WiWi, Gen, Ind)* Zulieferbetrieb *m*, Zulieferfirma *f*
subcontractor *(Gen, Ind, WiWi)* Zulieferer *m*, Unterauftragnehmer(in) *m(f)*, Subunternehmer(in) *m(f)*, Unterlieferant(in) *m(f)*
subcontracts *(Ind, WiWi)* Zulieferungen *fpl*
subdivide *v* 1. *(Gen)* aufschlüsseln, untergliedern, unterteilen; 2. *(Mgt)* untergliedern, unterteilen
subdivision 1. *(Gen)* Aufschlüsselung *f*; 2. *(Mgt)* Unterabteilung *f*, Untergliederung *f*, Unterteilung *f*
subdued *adj (Börse, Gen)* gedämpft, verhalten, lustlos
subject *(Gen)* Gegenstand *m*, Thema *n* *(of agreement, of speech)*
subject area *(Gen)* Sachgebiet *n*, Themenbereich *m*, Materie *f*
subject choice *(Pers)* Wahl *f* des (Unterrichts-)Fachs, Fachwahl *f*
subject group 1. *(Gen)* Sachgebiet *n*, Fachgebiet *n*; 2. *(Edu)* Fächergruppe *f*, Fachrichtung *f*
subject index *(Admin)* Sachregister *n*
subject item Sachposition *f*
subject line *(Komm)* Subject-Zeile *f*, Subjekt-Zeile *f*, Betreff-Zeile *f (e-mail)*
subject matter *(Gen)* behandelter Gegenstand *m*, Inhalt *m*, Stoff *m*, Thema *n*
subject matter of contract *(Recht)* Vertragsgegenstand *m*
subject of discussion *(Gen)* Beratungsgegenstand *m*
subject teacher *(Bil)* Fachlehrer(in) *m(f)*
subject to *(Gen, Recht, Versich)* vorbehaltlich • **be subject to** *(Recht)* unterliegen
subject to approval *(Gen, V&M)* genehmigungspflichtig *(synonymous: subject to authorization)*
subject to change without notice *(Gen)* Änderungen vorbehalten
subject to collection *(Bank)* Eingang vorbehalten
subject to confirmation *(Gen)* freibleibend
subject to limited tax liability *(Recht, Steuer)* beschränkt steuerpflichtig
subject to pay tax *(Steuer)* abgabenpflichtig
subject to taxation *(Steuer)* steuerpflichtig
subjective *adj (Gen, V&M)* einseitig, subjektiv
sublease *(Gen)* Untermiete *f*, Unterpacht *f*, Untervermietung *f*, Unterverpachtung *f*
subloan *(Fin)* Teildarlehen *n*
submission 1. *(WiWi)* Unterbreitung *f*; 2. *(Gen)* Vorlage *f*; 3. *(Pat, Recht)* Einreichung *f*, Vorlegung *f*; 4. *(Pol)* Unterwerfung *f*
submission of bids *(Gen, Mgt)* Abgabe *f* von Angeboten, Angebotsabgabe *f*
submit *v* 1. *(Gen)* unterbreiten, abgeben *(bid)*; 2. *(Recht)* stellen, einreichen, erheben, vorlegen, vorbringen *(claim, application)*; 3. *(Mgt)* einbringen *(proposal)*
submit *v* **a certificate** *(WiWi)* eine Bescheinigung beibringen
submit *v* **a proposal** *(Mgt)* einen Vorschlag unterbreiten
submit *v* **a report** *(Gen)* einen Bericht vorlegen
submit *v* **for approval** *(Gen)* zur Bestätigung einreichen, zur Bestätigung vorlegen
submitted contract offer *(Recht)* abgegebenes Vertragsangebot *n*
suboffice *(Gen)* Filiale *f*, Nebenstelle *f*, Zweigbüro *n*, Zweigstelle *f*
suboptimization *(Fin, Gen, WiWi)* Suboptimierung *f*
suboptimize *v (Gen, WiWi)* suboptimieren
subordinate *v (Gen)* nachstellen, unterordnen, unterstellen
subordinate *adj* 1. *(Gen)* untergeordnet; 2. *(Börse)* nachgeordnet
subordinate assets *(RW)* nachrangiges Vermögen *n*
subordinate bond *(Börse)* nachrangige Schuldverschreibung *f*
subordinate debt *(Fin, Gen, Ind)* nachrangige Verbindlichkeiten *fpl (cf. subordinated debt)*
subordinated capital *(Fin)* nachrangiges Haftkapital *n*, nachrangig haftendes

Kapital *n*

subordinated debenture *(Börse)* nachrangige Schuldverschreibung *f*

subordinated debt *(Bank, Fin)* nachrangige Verbindlichkeiten *fpl*; nachrangiger Schuldtitel *m*, nachrangige Schuldverschreibung *f* *(synonymous BE: subordinated debenture)*

subordinated interest 1. *(Bank)* nachrangiges Eigentumsrecht *n*; 2. *(Fin)* nachrangiger Zins *m*

subordinated liabilities *(Bank)* nachrangige Verbindlichkeiten *fpl* *(verbriefte oder unverbriefte Verbindlichkeiten, die im Falle der Insolvenz oder der Liquidation erst nach den vorrangig besicherten Forderungen anderer Gläubiger befriedigt werden)*

subordinated loan *(BE) (Fin)* nachrangige Verbindlichkeiten *fpl*; Nachrangdarlehen *n*, nachrangiges Darlehen *n*

subordinated loan-capital *(Fin)* nachrangiges Darlehen *n*, nachrangiges Darlehenskapital *n*

subordinated mortgage *(Fin)* nachrangige Hypothek *f*, Nachranghypothek *f (synonymous: junior mortgage; anders: subprime mortgage)*

subordinated security *(Fin)* nachrangige Sicherheit *f (synonymous: junior security)*

subordinates *(Pers)* Untergebene *pl*

subordination *(Pol, WiWi)* Unterordnung *f*

subordination agreement *(Admin, Recht)* Beherrschungsvertrag *m*

subparagraph *(Admin)* Unterparagraf *m*

subprime loan *(Bank, Fin)* Subprime--Darlehen *n*, Darlehen *n* an Schuldner (mit) schlechter Bonität *(to borrowers with poor credit who are not able to afford mortgages when teaser interest rates = Lockvogel-Zinsen expire; cf Alt--A mortgage)*

subprime mortgage *(Bank, Fin, Media)* Subprime-Hypothek *f*, Sub-Premium--Hypothek *f*, Subprime--Hypothekendarlehen *n*; Hypothek *f* an zweitklassige (und drittklassige) Schuldner, zweitrangiger Hypothekenkredit *m*, zweit- und drittrangiger Hypothekenkredit *m*, schlechtbesichertes Hypothekendarlehen *n*, Hypothekendarlehen *n* an Schuldner (mit) schlechter Bonität, Hypothekenkredit *m* zweifelhafter [niedriger, schwacher, schlechter] Bonität *(a type of mortgage that is --normally- made out to borrowers with poor credit or a poor credit history, i. e. to borrowers with low credit scores or ratings = Schuldner mit niedriger Bonitätseinstufung, to those with a tainted or limited credit history and a larger-than-average risk of defaulting = überdurchschnittliches Kreditausfallrisiko who are not able to afford mortgages when teaser interest rates = Lockvogel-Zinsen expire after two or three years; US--Hypothekenkreditverträge mit finanzschwachen Schuldnern, darunter Vermögens-, Einkommens- oder Arbeitslose oder solchen, deren Einkommens- und/oder Vermögensverhältnisse weder von den kreditvermittelnden Maklerfirmen noch von den Originator-Bankenen oder den investierenden institutionellen Anlegern hinreichend geprüft wurden; die wegen hoher Risikoprämien scheinbar attraktiven Renditen der nach der Ausreichung = origination meist umgehend verbrieften Hypothekenkredite dieses sog. Hochzinssegments' machten die Kreditderivate, trotz komplexer, intransparenter Struktur und schwieriger, nach Wiederverbriefung meist unmöglicher Bewertbarkeit, besonders in der Niedrigzinsphase 2001-2005 attraktiv für risiko- und renditegeile, global agierende Investoren mit speziellen Bedürfnissen und Erwartungen, solche mit nicht nachhaltigem' Geschäftsmodell und/ oder ohne adäquates Risikocontrolling, darunter deutsche Landesbanken, die sich auf die mit systematisch falschen, teilweise veralteten Ausfallwahrscheinlichkeiten berechneten Tranchenbewertungen der an der Strukturierung beratend beteiligten Ratingagenturen blind verlassen hatten; die Weiterplatzierung in Form strukturierter Risiken erfolgte* *meist ohne Zurückbehaltung der Equity-Tranche bei der Originator-Bank, die damit auch jedes Interesse an der ihr bekannten Qualität der zugrunde liegenden Hypothekendarlehen veräußerte; Folge: die Kreditvergabe--Standards der US-Hypotheken- und Originatorbanken wurden nachhaltig beeinträchtigt, die Subprime-Krise 2007 wurde schließlich zum Auslöser der sich weitenden Finanzmarkt- und Staatsschuldenkrise)*

subscribe *v* 1. *(Gen)* unterschreiben; spenden *(a sum, einen Geldbetrag)*; 2. *(Börse)* zeichnen *(subscribe for shares/ for a loan = Aktien/eine Anleihe zeichnen)* • **invite to subscribe for a loan** *(Börse)* eine Anleihe zur Zeichnung auflegen

subscribe *v* **to** 1. *(Gen, Media)* abonnieren *(a magazine)*; 2. *(Versich)* abschließen *(subscribe to a policy = eine Versicherung abschließen)*

subscribe *v* **to an issue** *(Börse, Fin)* eine Emission zeichnen

subscribed capital *(RW)* gezeichnetes Kapital *n*

subscriber 1. *(Media)* Abonnent(in) *m(f)*, Bezieher(in) *m(f) (of a magazine)*; 2. *(Börse)* Zeichner(in) *m(f) (shares/ a loan = Aktien/eine Anleihe)*

subscription 1. *(Börse, RW)* Zeichnung *f*, Bezug *m (of shares, of a loan)*; 2. *(Gen)* Abonnement *n*, Abo *n*; Mitgliedsbeitrag *m*, Bezug *m*; 3. *(Media)* Subskription *f*; Vorbestellung *f (print)*

subscription day *(Fin)* Zeichnungstermin *m*

subscription fee *(Gen, Media)* Abonnementsgebühr *f*

subscription price 1. *(Fin)* Emissionskurs *m*, Zeichnungskurs *m*; 2. *(Gen)* Abonnementspreis *m*, Subskriptionspreis *m*

subscription ratio *(Börse)* Bezugsverhältnis *n*

subscription right *(Börse)* Bezugsrecht *n*, Zeichnungsrecht *n*

subsequent *adj (Gen)* folgend, nachfolgend, anschließend, nachträglich *(in time)* • **at a subsequent date** *(Gen)* zu einem späteren Termin

subsequent performance *(Recht, V&M)* Nacherfüllung *f (Vertragsrecht)*

subsidiarity *(Gen, WiWi)* Subsidiarität *f (EU)*

subsidiarity principle *(Pol)* Subsidiaritätsprinzip *n (synonymous: principle of subsidiarity; gesellschaftsethisch stellt der Grundsatz auf die Selbstbestimmung und Selbstverantwortung der Bürger ab; als föderales Organisationsprinzip ist die Zuständigkeit und Verantwortung für eine Aufgabe im Staatsaufbau der jeweils kompetentesten dafür geeigneten Einheit so bürgernah wie möglich zu übertragen: europäische, nationale, Landes-, regionale, kommunale, Verbands-, Familien- und individuelle Ebene; die nächste übergeordnete Ebene hat erst dann das Recht einzugreifen, wenn die untergeordnete überfordert ist oder die Aufgabe weniger effizient ausführen kann; das wohlfahrts- und identitätsfördernde Prinzip steht den machtorientierten Zentralisierungsinteressen der Europäischen Kommission, aber auch der nationalen und regionalen Regierungen, oft direkt entgegen, weshalb das demokratische Fundamentalprinzip 2009 aus dem Kriterienkatalog des Vertrags von Lissabon = VvL = ToL = Treaty of Lisbon zur Festlegung der Gesetzgebungskompetenz gestrichen wurde, vgl. Art. 3 - 6 des Vertrags über die Arbeitsweise der Europäischen Union = AEUV = Treaty on the Functioning of the European Union = TFEU, ehemals EGV, in Kraft getreten am 1.1.1958)*

subsidiary *adj* 1. *(Gen)* subsidiär, Tochter, Hilfs; 2. *(Pers)* untergeordnet

subsidiary *(Gen)* Tochtergesellschaft *f*

subsidiary account *(RW)* Nebenkonto *n*, Unterkonto *n*

subsidiary budget *(Fin, Pol)* Nebenhaushalt *m*

subsidiary company *(BE) (Gen)* Tochtergesellschaft *f*

subsidiary corporation *(AE) (Gen)* Tochtergesellschaft *f*

subsidiary costs *(Bank, Fin)* Nebenkosten *pl*

subsidiary firm *(Gen)* Tochterfirma *f*, Tochterunternehmen *n*

subsidization *(WiWi)* Subventionierung *f*
subsidize *v (WiWi)* subventionieren
subsidized *adj (WiWi)* subventioniert
subsidized housing *(Soz)* sozialer Wohnungsbau *m*, Sozialwohnungen *fpl*
subsidizing *(Gen)* Bezuschussung *f*
subsidy *(Fin, Gen)* Subvention *f*, Zuschuss *m*
subsidy mentality *(Pol, WiWi)* Subventionsmentalität *f*
subsistence *(Soz)* Lebensunterhalt *m*
subsistence allowance *(Pers, Soz)* Unterhaltszuschuss *m*
subsistence level *(Soz)* Existenzminimum *n*
subsistence payment *(Soz)* Unterhaltszuschuss *m*, Unterhaltsgeld *n*, Unterhaltszahlung *f*
subsistence wage *(Soz)* Existenzlohn *m*; Existenzminimum *n (Lohn)*; Mindestlohn *m (zur Bestreitung des Lebensunterhaltes)*
substance 1. *(WiWi)* Substanz *f (intrinsic value)*; 2. *(Ind)* Masse *f*, Materie *f*
substance over form *(RW)* Inhalt vor Form *(accounting principles)*
substandard *adj (Gen, Ind)* unterdurchschnittlich, unter der Norm (liegend), unzulänglich *(work, quality, knowledge)*
substantial *adj (Gen)* beträchtlich, erheblich, namhaft *(amount of money)*; kapitalkräftig, solide, wesentlich *(financial standing)*
substantial investment *(Steuer, WiWi)* wesentliche Beteiligung *f*
substantial risk *(Börse, Fin)* erhebliches Risiko *n*
substantially *adv (Gen)* beträchtlich, im Wesentlichen
substantiate *v* **sth** *(Gen)* etw. begründen
substantive law *(Recht)* materiell rechtliches Gesetz *n*
substitute *v (WiWi)* substituieren
substitute 1. *(Gen)* Vertreter(in) *m(f) (person)*; 2. *(Recht, V&M)* Ersatz *m*
substitute delivery *(Recht)* Ersatzlieferung *f*
substitute goods *(WiWi)* Substitutionsgut *n*
substitution *(WiWi)* Ersetzung *f*, Substitution *f*
substitution coefficient *(WiWi)* Substitutionskoeffizient *m*
substitution effect *(WiWi)* Substitutionseffekt *m*
subsystem *(Comp, Gen)* Teilsystem *n*
subtotal *(RW)* Zwischensumme *f*
subtract *v (Stat)* subtrahieren
suburb *(Gen, Grund)* Vorort *m*
suburban *adj (Gen)* Vorstadt-, vorstädtisch
subvention *(frml) (WiWi)* finanzielle Zuwendung *f*, Subvention *f (a subsidy or a contribution of money, granted usully from a government for a special use)*; Geld- oder Sachgeschenk *n*
succeed *v* 1. *(Gen)* Erfolg haben, gelingen *(achieve success)*; 2. *(Recht)* erben; 3. *(Gen)* folgen, folgen auf, nachfolgen *(follow)*
success *(Gen)* Erfolg *m*
success story *(V&M)* Erfolgsgeschichte *f*
successful application *(Pers)* erfolgreiche Bewerbung *f*
successful candidate *(Pers)* erfolgreicher Bewerber *m*
successful outcome *(Gen)* erfolgreiches Ergebnis *n*
successful venture *(WiWi)* erfolgreiches Unternehmen *n*
succession 1. *(Gen)* Reihenfolge *f*; 2. *(Recht)* Erbfolge *f*
successive *adj (Gen)* aufeinanderfolgend, sukzessiv
successors in title *(Pat, Recht)* Rechtsnachfolger *mpl*
sudden exchange-rate fluctuations *(WiWi)* hektische Wechselkursausschläge *mpl*
sue *v (Recht)* klagen, prozessieren, belangen, verklagen
sue *v* **sb for libel** *(Recht)* jmdn. wegen übler Nachrede verklagen
suffer *v* 1. *(Gen, WiWi)* erleiden, leiden; 2. *(Pat)* erleiden
suffer *v* **a loss** *(Gen)* eine Einbuße erleiden
suffer *v* **damage** *(WiWi)* Schaden erleiden, Schaden nehmen
suffer *v* **loss** *(Recht)* einen Verlust erleiden
suffer *v* **losses** *(WiWi)* Verluste *mpl* hinnehmen
suffer *v* **the consequences** *(Gen)* die Folgen tragen
sufficient *adj (Gen)* auskömmlich, ausreichend, genügend, hinreichend
sufficient condition *(WiWi, Stat, Recht)* hinreichende Bedingung *f (für Regen*

sind Wolken eine notwendige Bedingung = necessary condition, nicht jedoch eine hinreichende Bedingung)
suffix *(Comp)* Erweiterung *f*, Suffix *n* *(filename, e. g. *.doc)*
suggest *v (Gen)* vorschlagen
suggestion *(Gen)* Vorschlag *m*
suggestion scheme *(Gen, Pers)* (betriebliches) Vorschlagswesen *n*
suit *(Recht)* Klage *f*, Verfahren *n*
suitability for the job *(Pers)* Eignung *f* für die Stelle
suitable *adj (Gen)* geeignet, passend, sachdienlich
suitable work 1. *(Pers)* geeignete Arbeit *f*, passende Arbeit *f*; 2. *(Soz)* zumutbare Arbeit *f*
sum *v* **up** *(Gen, Recht)* zusammenfassen, resümieren *(give summary)*
sum *(Gen)* Summe *f*
sum advanced *(Gen)* Vorschusssumme *f*
sum assured *(Versich)* Versicherungssumme *f*
sum insured *(Recht, Versich)* Deckungssumme *f*, Versicherungssumme *f*
sum-of-the-years-digit method of depreciation *(Fin, RW)* digitale Abschreibung *f*, arithmetisch--degressive Abschreibung *f*
summarize *v (Gen)* kurz zusammenfassen, resümieren
summary 1. *(Gen)* Abriss *m*, Kurzbericht *m*, kurze Übersicht *f*, Kurzfassung *f*, Zusammenfassung *f*, zusammengefasste Darstellung *f*, Resümee *n*, Übersicht *f*; 2. *(Gen, Media)* Kurzfassung *f*
summary dismissal *(Pers)* fristlose Entlassung *f*
summary proceedings 1. *(Gen)* Schnellverfahren *n*; 2. *(Recht)* abgekürztes Verfahren *n*
summing up *(Recht)* Plädoyer *n*, Resümee *n*
summon *v (Recht)* vorladen
sundries *(RW)* Verschiedenes *pl*, Versch.
sundry expenses *(RW)* sonstige Aufwendungen *fpl*
sunk costs *(RW)* versunkene Kosten *pl*, Sunk Costs *pl*
sunrise industries *(Ind, WiWi)* neue Technologien *fpl*
sunrise industry *(Ind)* aufstrebende Industrie *f*, Hochtechnologieindustrie *f*
sunset act *(AE) (Pol)* Gesetz *n* mit begrenzter Geltungsdauer
sunset clause *(Recht)* Überprüfungsvorbehalt *m*, Überprüfungsvorbehaltsklausel *f*
sunset industry *(Ind)* Altindustrie *f*
sunset law *(AE) (Pol)* Gesetz *n* mit begrenzter Geltungsdauer
superabundant *adj (Gen)* überreichlich
superannuation *(Fin, Pers, Soz, Versich)* Pension *f*, Ruhegehalt *n*
superdividend *(Fin)* außerordentliche Dividende *f*, Superdividende *f*
superintendence *(Gen)* Betriebsleitung *f*, Oberaufsicht *f*
superior *adj (Gen)* überlegen
superior *(Pers)* Vorgesetzte(r) *f(m)*, Chef(in) *m(f) (manager)*
superior goods *(WiWi)* superiore Güter *pl* *(superior goods make up a larger proportion of consumption as income rises)*
superior knowledge *(Gen)* Informationsvorsprung *m*
superior market position *(Recht, WiWi)* überragende Marktstellung *f* *(Kartellrecht)*
supermarket *(V&M)* Supermarkt *m*
supersede *v* 1. *(Gen)* ablösen, abschaffen, einstellen; 2. *(Recht)* aufheben, an die Stelle treten von
supervise *v (Gen, Mgt, Pers)* beaufsichtigen, überwachen, kontrollieren
supervision *(Gen, Mgt, Pers)* Aufsicht *f*, Beaufsichtigung *f*, Kontrolle *f*, Überwachung *f*
supervision of credit institutions *(Fin)* Bankenaufsicht *f*
supervision on a consolidated basis *(Recht, RW)* Beaufsichtigung auf konsolidierter Basis
supervisor *(Mgt, Pers, V&M)* Aufseher(in) *m(f)*, Kontrolleur(in) *m(f)*
supervisory *adj (Gen)* überwachend, beaufsichtigend
supervisory authority *(Recht)* Weisungsrecht *n*
supervisory board *(Mgt, Recht)* Aufsichtsrat *m*, Überwachungsorgan *n* *(hat im dualistischen europäischen Unternehmensmodell = Trennungsmodell = two-tier board system die Überwachungsfunktion inne)*; Kontrollorgan *n*

supervisory body *(Bank, Versich, WiWi)* Aufsichtsorgan *n*
supervisory function *(Mgt)* Überwachungsfunktion *f*, Kontrollfunktion *f*
supervisory law *(Recht)* Überwachungsverordnung *f*
supervisory personnel *(Pers)* Aufsichtspersonal *n*
supervisory staff *(Pers)* Aufsichtspersonal *n*
supplement *v* 1. *(Gen)* ergänzen, vervollständigen; 2. *(V&M)* beilegen
supplement 1. *(Gen)* Ergänzung *f*, Supplement *n*; 2. *(Recht)* Vertragsergänzung *f (to contract)*; 3. *(V&M)* Beilage *f*
supplemental agreement *(Gen)* Zusatzabkommen *n*, Zusatzvereinbarung *f*
supplemental budget *(Fin)* Nachtragshaushalt *m*
supplementary *adj (Gen)* ergänzend, nachträglich
supplementary agreement *(Recht)* Nebenabrede *f*
supplementary capital *(Bank, Fin, WiWi)* Ergänzungskapital *n*
supplementary charge *(Versich)* Zuzahlung *f*
supplementary company pension scheme *(Fin)* Betriebszusatzrente *f*, Betriebsrentensystem *n*
supplementary cost *(Fin, RW)* Zusatzkosten *pl*, direkte und indirekte Gemeinkosten *pl*
supplementary depreciation *(Fin, RW)* Sonderabschreibung *f*
supplementary entry *(RW)* Nachbuchung *f*
supplementary pension scheme *(Fin)* Zusatzrente *f*
supplemented *adj (Gen)* vervollständigt, ergänzt
supplier *(Gen, WiWi)* Lieferant(in) *m(f)*, Anbieter(in) *m(f)*
supplier credit *(Fin, Gen)* Lieferkredit *m*, Lieferantenkredit *m*
supplier selection *(Gen)* Lieferantenauswahl *f*
supplies *(Gen, WiWi)* Lieferungen *fpl*, Betriebsstoffe *mpl*
supply *v (Gen)* bereitstellen, (be)liefern *(information)*
supply *v* **security for** *(Fin)* besichern
supply 1. *(Gen)* Versorgung *f (power, mains)*; 2. *(WiWi)* Angebot *n*; 3. *(Gen)* Bereitstellung *f*
supply and demand *(Gen, WiWi)* Angebot *n* und Nachfrage *f*
supply chain *(Gen)* Versorgungskette *f (procurement system)*
supply committee *(Pol)* Haushalts- -Bewilligungsausschuss *m*
supply contract *(Recht, V&M)* Liefervertrag *m*
supply control *(WiWi)* Steuerung *f* des Angebots
supply curve *(WiWi)* Angebotskurve *f*
supply function *(WiWi)* Angebotsfunktion *f*
supply industry *(Gen)* Zulieferindustrie *f*, Ausrüstungsindustrie *f*
supply management *(Mgt, Logis)* Beschaffungsmanagement *n (softwaregestützte Verwaltung firmenübergreifender Logistikketten: Management der gesamten Einkaufsprozesse und -strukturen, einschließlich des Lieferkettenmanagements = SCM; erheblich weiter gefasst als Einkauf = purchasing, wo die kostenoptimierte Beschaffungs- und Bestelltätigkeit im Vordergrund steht)*
supply of applicants [candidates] *(Pers)* Bewerberangebot *n*
supply of goods *(WiWi)* Güterangebot *n*
supply of jobs *(Pers)* Stellenangebot *n*, Angebot *n* an Arbeit(splätzen), Arbeitsplatzangebot *n*
supply of labor *(AE) (Pers) s.* supply of labour
supply of labour *(BE) (Pers)* Arbeitskräfteangebot *n*, Angebot *n* an Arbeit(skräften)
supply of needs *(WiWi)* Bedarfsdeckung *f (synonymous: satisfaction of requirements)*
supply of services *(WiWi)* Erbringung *f* von Dienstleistungen
supply-oriented economic policy *(WiWi)* angebotsorientierte Wirtschaftspolitik *f*
supply price *(WiWi)* Angebotspreis *m*, Lieferpreis *m*
supply risk *(Mgt)* Beschaffungsrisiko *n*, Supply Risk *n (i. e. S. euphemistisch für den Umgang mit dem -zunehmenden- Korruptionsrisiko)*

supply risk management *(Mgt)* Supply Risk Management *n*, Beschaffungsrisiko-Management *n (über die gesamte Wertschöpfungskette hinweg; i. e. S. euphemistisch für den Umgang mit dem -zunehmenden- Korruptionsrisiko)*
supply shock *(WiWi)* Angebotsschock *m*
supply side *(WiWi)* Angebotsseite *f*
supply-side economics *(WiWi)* angebotsorientierte Wirtschaftspolitik *f*, Angebotsökonomik *f*
supply side of the labor market *(AE)*, **supply side of the labour market** *(BE)* *(Pers, WiWi)* Angebotsseite *f* des Arbeitsmarktes
supply-side shock *(WiWi)* Angebotsschock *m*
supply source *(Gen)* Bezugsquelle *f*
support *v* 1. *(WiWi)* (unter)stützen *(currency)*; 2. *(Gen)* begünstigen, verfechten; 3. *(Recht)* unterhalten
support 1. *(Comp, WiWi)* Unterstützung *f*; 2. *(Gen)* Beistand *m*, Stützung *f (financial, moral)*; 3. *(Recht)* Unterhalt *m*
support buying *(Fin)* Stützungskäufe *mpl*
support operations *(Fin)* Stützungskäufe *mpl*
support points *(Fin)* Interventionspunkte *mpl*
supported price *(Gen)* Stütz(ungs)preis *m*, gestützter Preis *m*
supporter *(Gen)* Anhänger(in) *m(f)*, Befürworter(in) *m(f)*, Verfechter(in) *m(f)*
supporting book entry *(RW)* Buchungsbeleg *m*
supporting data *(RW)* Belege *mpl*
supporting documents 1. *(Admin)* sachdienliche Unterlagen *fpl*; 2. *(Gen)* Unterlagen *fpl*; 3. *(Recht)* Belegdokumente *npl*
supporting receipt *(Gen)* Quittungsbeleg *m*
suppose *v (Gen)* annehmen, voraussetzen
suppressed inflation *(WiWi)* zurückgestaute Inflation *f*
supranational *adj (Gen, Pol, WiWi)* überstaatlich, supranational
Supreme Court *(Recht)* Oberster Gerichtshof *m*
supreme Federal authority *(Recht)* oberste Bundesbehörde *f*
SUR *(Abk. für standardised unemployment rate) (Soz, Stat)* standardisierte Arbeitslosenquote *f*, einheitliche Arbeitslosenquote *f (OECD)*
surcharge *(Gen)* Aufschlag *m*, Ergänzungsabgabe *f*, Zuschlag *m*
surety *(Fin)* Bürgschaftsleistung *f*, Sicherheit *f*
surety liability *(Bank)* Bürgenhaftung *f*
suretyship *(Recht)* Bürgschaft *f*
surplus *adj (Gen)* überschüssig
surplus *(Gen)* Überhang *m*, Überschuss *m*, Gewinn *m (profit)*
surplus country *(WiWi)* Überschussland *n*
surplus of assets over liabilities *(RW)* Überschuss *m* des Vermögens über die Schulden
surplus of selling orders *(Börse)* Angebotsüberhang *m*
surplus on current account *(Imp/Exp, WiWi)* Leistungsbilanzüberschuss *m*
surplus reserve *(Fin, RW)* Rücklagen *fpl*, Gewinnrücklage *f (shown as equity on the balance sheet; synonymous: revenue reserve; aus einbehaltenen Gewinnen als Eigenkapital in der Bilanz ausgewiesen; nicht ausgewiesen sind stille Rücklagen = stille Reserven = hidden reserves = undisclosed reserves = secret reserves)*
surplus value *(Fin)* Mehrwert *m*
surrender *v* **foreign exchange** *(Bank)* Devisen andienen *(BOP)*
surrender of export proceeds *(Bank)* Ablieferung *f* von Exporterlösen *(BOP)*
surrender value *(Fin, Versich)* Rückkaufwert *m*, Rückvergütung *f (einer Versicherungspolice)*; Rückgabewert *m (shares)*
surtax *v (Steuer)* einen Steuerzuschlag anwenden, mit einem Steuerzuschlag belegen
surtax *(Pol, Steuer)* Ergänzungsabgabe *f*, Steuerzuschlag *m*, Zusatzsteuer (auf Einkommen), Steuerzuschlag *m*, Einkommensteuerzuschlag *m*
surveillance *(Mgt, Recht)* Kontrolle *f*, Überwachung *f (e. g. electronic surveillance)*
survey *v* 1. *(Gen)* erheben, begutachten *(examine)*; prüfen, untersuchen *(investigate)*; befragen *(question)*; überwachen *(monitor)*; 2. *(Grund)* vermessen *(land)*
survey 1. *(Gen)* Untersuchung *f (investigation)*; Gutachten *n*, Prüfung *f*

(expert opinion); Umfrage *f*, Erhebung *f* *(questionnaire)*; Übersicht *f* *(overview)*; Vermessung *f*, Überblick *m*; 2. *(Grund)* Vermessung *f* *(of land)*
survey research *(V&M)* Marktuntersuchung *f*, Erhebungsforschung *f*
survival strategy *(Gen, WiWi)* Überlebensstrategie *f*
survive *v* *(Gen)* überleben, überstehen
survivorship insurance *(Versich)* Hinterbliebenenversicherung *f*, Überlebensversicherung *f*
suspend *v* 1. *(Bank)* einstellen *(halt)*; 2. *(Gen)* unterbrechen, zeitweilig aufheben *(trading, authorization)*; 3. *(Pers)* suspendieren *(from job)*; 4. *(Recht)* zeitweilig aussetzen, aussetzen; 5. *(Börse, Steuer)* aussetzen *(quotation of shares)* • **be suspended** *(Gen)* ruhen
suspend *v* **from** *(Pers)* beurlauben von, suspendieren von *(job, office, duty)*
suspend *v* **payments** *(Fin, Gen)* Zahlungen einstellen
suspend *v* **trading** *(Bank, Börse)* den Handel aussetzen *(stock exchange)*
suspended sentence *(Recht)* ausgesetzte Strafe *f*
suspense/in *(Gen)* in der Schwebe, schwebend
suspension 1. *(Bank)* Einstellung *f*; 2. *(Gen)* zeitweilige Aufhebung *f*, Aussetzung *f*, Unterbrechung *f*; 3. *(Pers)* Suspension *f*; 4. *(Recht)* zeitweilige Aussetzung *f*
suspension from office *(Pers)* Beurlaubung *f*
suspension of benefit(s) *(Gen, Pers, Soz)* (vorübergehende) Einstellung *f* der Sozialleistungen, Aussetzung *f* der (Zahlung von) Sozialleistungen
suspension of convertibility *(Bank, WiWi)* Aussetzung *f* der Konvertierbarkeit, Aussetzung *f* der Konvertibilität
suspension of entitlement *(Soz, Versich)* Ruhen *n* des Anspruchs
suspension of payments *(Bank, Gen)* Zahlungseinstellung *f*
suspensive condition *(BE)* *(Recht)* auflösende Bedingung *f*, aufschiebende Bedingung *f*
sustain *v* 1. *(RW)* erleiden *(loss)*; 2. *(WiWi)* aufrechterhalten *(economic growth)*; 3. *(Gen)* stattgeben, bewahren *(confidence)*; 4. *(Recht)* ertragen *(loss, injury)*
sustain *v* **an action** *(Recht)* einer Klage *f* stattgeben
sustain *v* **losses** *(WiWi)* Verluste hinnehmen
sustainability 1. *(WiWi)* Tragfähigkeit *f*, Zukunftsfähigkeit *f*, Nachhaltigkeit *f*; 2. *(Umwelt)* Nachhaltigkeit *f*
sustainable *adj* *(Umwelt, WiWi)* tragfähig, zukunftsfähig, auf Dauer tragbar, auf Dauer vertretbar, verkraftbar, nachhaltig
sustainable development *(WiWi)* nachhaltige Entwicklung *f*
sustainable economic growth rate *(WiWi)* nachhaltige Wachstumsrate *f*
sustainable growth *(WiWi)* nachhaltiges Wachstum *n*, stetiges Wachstum *n*
sustainably managed expanses *(Pol, Umwelt, WiWi)* nachhaltig bewirtschaftete Flächen *fpl*
sustained *adj* *(Gen)* dauernd, andauernd, stetig
sustained economic growth *(WiWi)* nachhaltiges Wirtschaftswachstum *n*, stetiges Wirtschaftswachstum *n*
sustained non-inflationary growth *(WiWi)* stetiges inflationsfreies Wachstum *n*
sustained rally *(Börse)* anhaltende Kurserholung *f*
swap *v* 1. *(Comp)* auslagern; 2. *(Gen)* tauschen, wechseln
swap 1. *(Gen)* Tausch *m*; 2. *(WiWi)* Tauschgeschäft *n*; 3. *(Börse)* Swap *m*, Swapgeschäft *n*
swap contract *(Recht)* Devisentauschgeschäft *n*
swap market *(Börse)* Swapmarkt *m*
swaprate *(WiWi)* Swapsatz *m*
swaption *(Fin)* Optionsswap *m*, Swaption *f*
swear *v* *(Recht)* schwören
swear *v* **an affidavit that** *(Recht)* eine eidesstattliche Erklärung abgeben, dass
swear *v* **on affidavit that** *(Recht)* eine schriftliche Aussage beschwören
sweat *v* *(ugs.)* *(Gen)* *(ugs.)* malochen, *(ugs.)* schuften; ausbeuten
sweat *(ugs.)* *(Gen)* *(ugs.)* Schufterei *f* *(hard work)*
sweater *(obs.)* *(Gen, Pol)* Ausbeuter *m*,

(ugs.) Blutsauger *m (employer of sweated labour)*
sweating system *(Gen, Pol)* Ausbeutungssystem *n*
sweeping *adj (Gen, Pol)* drastisch, grundlegend, radikal
sweet equity *(Fin, Mgt)* Kapitalanteile *mpl* zu Vorzugsbedingungen, Kapital *n* zu Vorzugsbedingungen, Sweet Equity(--Kapital) *n (versüßter = günstiger Erwerb von Kapitalanteilen als Anreiz zur Übernahme bitterer zusätzlicher Risiken, z. B. bei LBOs oder MBOs; cf equity sweetener, mezzanine finance)*
sweetener *(ugs.)* 1. *(Fin)* Zusatzanreiz *m*, zusätzlicher Anreiz *m*, Anreizzusatz *m*, Anreizverstärker *m (a condition attached to a security issue to increase its attraction, a compensation for taking additional risk, e. g. ordinary shares at call as a sweetener with mezzanine finance; synonymous: kicker, bells and whistles; ein Bonbon in der Form einer Eigenkapitalkomponente, z. B. einer attraktiven Kaufoption auf einen Anteil am gezeichneten Kapital als Ausgleich für die Übernahme - u.U. zusätzlicher - bitterer Risiken, wie z. B. eine nachrangige Anleihenbesicherung; cf equity kicker)*; 2. *(Bank)* hochprofitabler Wert *m*, hochprofitabler Einzelwert *m (zur Durchschnittsverbesserung der Gesamtrendite eines Portfolios)*; 3. *(Gen)* Bestechungsgeld *n*, *(ugs.)* Schmiergeld *n (bribe)*
SWIFT *s.* Society for Worldwide Interbank Financial Telecommunications
swindle *(Gen)* Betrug *m*, Schwindel *m*, Schwindelgeschäft *n*
swing *v* **the deal** *(Gen)* das Geschäft perfekt machen, ein Geschäft unter Dach und Fach bringen
swing 1. *(Bank)* Swing *m*; 2. *(WiWi)* Fluktuation *f*; 3. *(Gen)* Bewegung *f*, Schwankung *f*, Umschwung *m (of market)*
swing line *(Fin)* Bedarfs-Kreditlinie *f*
swing loan *(Bank)* zinsloser Überziehungskredit *m*
swing to the left *(Pol)* Linksruck *m*
swing to the right *(Pol)* Rechtsruck *m*
swing voter *(Pol)* Wechselwähler *m*
switch *v* 1. *(Fin)* einwechseln, umschichten; 2. *(Gen)* umstellen, tauschen
switch *v* **off** *(Gen)* ausschalten
switch *v* **on** *(Gen)* einschalten, anschalten
switch *v* **over to** *(Gen)* sich umstellen auf, wechseln zu
switch *v* **production** *(Ind)* die Produktion umstellen
switch 1. *(WiWi)* Kompensations(gegen)geschäft *n*, Switch-Geschäft *n*; 2. *(Gen)* Umstellung *f*, Tausch *m (exchange)*; 3. *(Pol)* Änderung *f (in policy)*
switch-over clause *(Steuer)* Switch--over-Klausel *f (exemption clause in modern double taxation treaties with Germany; in neueren Doppelbesteuerungsabkommen, DBA, die Zusage der Freistellungsmethode auf bestimmte, durch Deutsche im Ausland erzielte ausländische Einkünfte)*
switching 1. *(Comp)* Schalten *n*; 2. *(Fin)* Umschichtung *f*; 3. *(Gen)* Tausch *m*, Umstellung *f*
switchover *(Gen)* plötzlicher Wandel *m*, Umstellung *f*
switchover to *(Gen)* Umstellung *f* auf
sworn *adj (Recht)* beeidigt
sworn *adv (Gen, Recht)* verschworen
SWOT *s.* strengths, weaknesses, opportunities and threats analysis
SWOT analysis *(Abk. für strengths, weaknesses, opportunities and threats analysis) (Mgt, WiWi)* SWOT-Analyse *f*, Analyse *f* von Stärken, Schwächen, Chancen und Risiken, Analyse *f* von Stärken, Schwächen, Chancen und Bedrohungen *(an instrumental framework in Value Based Management for analyzing the internal strengths --value creating factors like assets, skills or resources- the weaknesses -value destroying factors- and the external value creating or destroying factors -the opportunities and threats emerging from the competitive dynamics of the markets or from economic, political, technical, social, legal or cultural factors- that cannot be controlled by the firm; Konzept der wertorientierten Unternehmensführung zur Analyse der strategischen Position eines Unternehmens im Vergleich zum wettbewerblichen Umfeld)*
symbol *(Comp, Gen, Pat, V&M)*

Kennzeichen *n*, Symbol *n*
symmetry *(Börse, Stat)* Symmetrie *f*
symposium *(Gen)* Symposium *n*, wissenschaftlicher Meinungsaustausch *m*
synchronized *adj (Gen)* aufeinander abgestimmt, synchronisiert
synchronous *adj (Comp)* synchron
syndicate 1. *(Bank)* Bankenkonsortium *n*, Konsortium *n*; 2. *(Fin)* Syndikat *n*; 3. *(Gen)* Finanzgruppe *f*, Versicherungsgruppe *f*, Interessengemeinschaft *f*, Konsortium *n*; 4. *(Börse, Grund, Pers, Recht)* Konsortium *n*
syndicate agreement *(Börse)* Konsortialvertrag *m*
syndicate leader *(Gen)* Konsortialführer(in) *m(f)*
syndicate member *(Bank)* Konsortialmitglied *n*
syndicated loan 1. *(Bank)* Konsortialkredit *m*; 2. *(Fin)* Gemeinschaftskredit *m*, Konsortialkredit *m*, syndizierte Anleihe *f*
syndicated swap *(Fin)* syndizierter Swap *m*
synergetic *adj (Gen)* synergetisch, zusammenwirkend *(z. B. Unternehmensteile, Investitionen, interdisziplinär besetzte Gremien)*
synergetic effect *(WiWi)* Synergieeffekt *m (the combined effect of two investments that exceeds the sum of the individual effects of each investment on its own; Verbundwirkung zweier Investitionen, die über die Summe der unverbundenen Einzelinvestitionen hinaus geht, oder: durch Freisetzung von Synergien ist die Gesamtleistung größer als die Summe der Einzelleistungen; wird bei Fusionen oft unterstellt/behauptet, jedoch selten in erhoffter Höhe realisiert; synonymous: synergistic effect)*
synergistic *adj (Gen)* synergetisch, zusammenwirkend *(z. B. Unternehmensteile, Investitionen, interdisziplinär besetzte Gremien)*
synergistic effect *(WiWi)* Synergieeffekt *m (synonymous: synergetic effect)*
synergy *(Gen, WiWi)* Synergie *f*, Zusammenwirken *n*
synergy effect *(Fin, Mgt, WiWi)* Synergieeffekt *m (synonymous: synergetic effect; e.g. the combined effect of two investments exceeds the sum of the individual effects of each investment on its own)*
synopsis *(Gen, Media, V&M)* Übersicht *f*, Synopse *f*, Zusammenfassung *f*
synoptic table *(Gen)* Übersichtstabelle *f*
synthetic bond *(Börse)* synthetische Anleihe *f*
synthetic fuels *(Ind, Umwelt)* synthetische Kraftstoffe *mpl*
synthetic securitization *(Bank, Fin)* synthetische Verbriefung *f (securitization transaction not involving the transfer of receivables; the hedging of a pool of exposures by means of guarantees or credit derivatives with or without a special-purpose vehicle = SPV, as well as with or without a refinancing function; Absicherung eines Forderungspools mittels Garantien oder Kreditderivaten mit oder ohne Zwischenschaltung einer Zweckgesellschaft = SPV sowie mit oder ohne Refinanzierungsfunktion; Zweck: Risikomanagement oder regulatorisches und ökonomisches Eigenkapitalmanagement; opposite: true-sale securitization = True-Sale--Verbriefung)*
system *(Gen)* System *n*, Methode *f*
system administrator *(Comp)* Systemverwalter(in) *m(f)*
system clock rate *(Comp)* Systemtakt *m (internal clock rate)*
system of accounts *(RW)* Kontensystem *n*
system of internal audits *(Gen, Mgt)* Internes Kontrollsystem *n*, IKS *n*, innerbetriebliches Überwachungssystem *n*, innerbetriebliches Revisionssystem *n (synonymous: internal control system; komplexes, gesamtbetriebliches internes Überwachungssystem einschließlich Revision, cf internal control system, IKS)*
System of National Accounts *(obs.) (WiWi)* System *n* Volkswirtschaftlicher Gesamtrechnungen, SVGR *(national accounting; EU)*
system of peaceful co-existence *(Pol)* Friedensordnung *f*
system of taxation *(WiWi)* Steuersystem *n*

system-provider *(Comp)* Systemanbieter *m*
system uptime *(Bank)* Betriebszeit *f* *(ECB)*
systematic *adj (Gen)* planmäßig, systematisch
systematic consultation *(Mgt, Pol, Recht)* planmäßige Abstimmung *f (EU; gemäß dem sog. Regelungsverfahren mit Kontrolle = regulatory procedure with scrutiny, dem neuen EU--Rechtssetzungsverfahren = legislative process; Stand 2/2008)*
systematic depreciation *(RW, Steuer)* planmäßige Abschreibung *f (allocation of the cost of fixed assets over the estimated useful life, Verteilung der AK/HK abnutzbarer Wirtschaftsgüter über die betriebsgewöhnliche Nutzungsdauer; opposite: non--scheduled depreciation = außerplanmäßige Abschreibung; cf Wertminderungstest)*
systemic *(Bank, WiWi)* systembedingt, systemisch, System
systemic credit risk *(Bank)* systembedingtes Bonitätsrisiko *n*, systemisches Bonitätsrisiko *n (banking supervision)*
systemic effects *(WiWi)* Auswirkungen *fpl* auf das ganze System, Systemwirkungen *fpl*
systemic importance/of *(Bank, Pol)* systemwichtig, systemisch wichtig, systemisch von Bedeutung, von Bedeutung für das System, von Bedeutung für das Gesamtsystem, systemrelevant, systemisch relevant, systematisch relevant *(the term is commonly used since 09/2008 for large, complex – i.e. intransparent – and highly interconnected –vernetzte– financial institutions; seit 05/2010 auch von europäischen Politikern, gegen geltendes Recht verstoßend, zurechtgebogen für hochverschuldete Staaten – selbst solche mit einer Wirtschaftsleistung von 3 % vom EU--BIP – und in politkartellähnlichen Absprachen dazu missbraucht, ihre eigene finanzielle Verantwortung auf die Steuerbürger abzuwälzen und ihre nicht tragfähigen Entscheidungen als alternativlos darzustellen)*
systemic risk *(Börse)* systematisches Risiko *n*, Systemrisiko *n*
systemically oriented *adj (Gen)* systemorientiert
systems analysis *(Comp)* Systemanalyse *f*
systems analyst *(Comp)* Systemanalytiker(in) *m(f)*
systems approach *(Mgt, WiWi)* Systemansatz *m*
systems engineering *(Comp)* Systementwicklung *f*
systems programmer *(Comp)* Systemprogrammierer(in) *m(f)*
systems theory *(Mgt)* Systemtheorie *f*

T

T *(Abk. für thickness) (Bank, Fin)* Dicke *f (thickness of the securitization tranche of which the securitization exposure is a part; Dicke der Verbriefungstranche, an der die Verbriefungsposition einen Anteil hat)*
T-account *(RW)* T-Konto *(double-entry bookkeeping = doppelte Buchführung: the two sides of the account record debits and credits)*
T-bill *s.* Treasury bill
table *v (Gen, Pol) (BE)* vorlegen *(draft bill)*; *(AE; ugs.)* auf die lange Bank schieben, zurückstellen
table *v* **a motion** *(BE) (Pol) (ugs.)* einen Antrag einbringen
table *v* **an amendment** *(BE) (Recht)* eine Abänderung vorlegen
table heading *(Gen, Stat)* Tabellenüberschrift *f*
tabloid *(Media)* Boulevardzeitung *f*
tabloid press *(Media)* Boulevardpresse *f*, Regenbogenpresse *f*
tabular *adj (Gen)* tabellarisch
tabular bookkeeping *(RW)* amerikanische Buchführung *f*
tabulate *v (Comp, Media, Stat)* tabellarisch anordnen • **in tabulated form** *(Comp, Media, Stat)* tabellarisch angeordnet
tabulation 1. *(Comp)* Aufstellung *f*, tabellarische Anordnung *f*; 2. *(Media, Stat)* Tabellierung *f*
tacit *adj (Recht)* stillschweigend *(acceptance)*
tacit agreement *(Recht)* stillschweigendes Übereinkommen

• **by tacit agreement** *(Recht)* nach stillschweigender Vereinbarung
tacit renewal *(Gen)* stillschweigende Verlängerung *f*
tackle *v* 1. *(Gen)* behandeln *(treat)*; 2. *(Mgt)* anpacken, in Angriff nehmen *(problem)*
tactical planning *(Gen)* taktische Planung *f*
tag *(Comp, Logis, V&M)* Anhänger *m*, Etikett *n*, Kennzeichen *n (for identification of cargo)*
tagboard *(AE) (Gen)* Anschlagtafel *f*
tail 1. *(Gen)* Ende *n*, Schluss *m (of list)*; 2. *(Börse)* Kursdifferenz *f (insurance, treasury auctions, underwriting)*
tailor *v* **to** *(Gen)* abstimmen mit, ausrichten auf, zuschneiden auf
tailor-made *adj* 1. *(Gen)* maßgeschneidert *(package)*; 2. *(V&M)* kundenspezifisch, zugeschnitten *(advertising)*
tailor-made product *(Ind, V&M)* in Einzelfertigung hergestelltes Produkt *n*, *(jarg)* einzelgefertigtes Produkt *n*; kundenspezifisches Produkt *n*; nach Maß gefertigtes Produkt *n*, maßgefertigtes Produkt *n (z. B. die Einzel- oder Kleinserienfertigung in der Bekleidungs- oder Möbelindustrie)*
tailored *adj (Gen, V&M)* zugeschnitten, ausgerichtet
take *v* 1. *(Gen)* abnehmen, einnehmen; 2. *(Börse)* mitnehmen *(profit)* • **be taken in** *(Gen)* getäuscht werden, hereinfallen
take *v* **a bath** *(jarg.) (Börse) (ugs.)* baden gehen *(speculation)*
take *v* **a break** *(Gen)* Pause machen
take *v* **a cleaning** *(Fin)* einen hohen finanziellen Verlust erleiden
take *v* **a day off** *(Pers)* einen Tag freinehmen, einen Tag Urlaub nehmen
take *v* **a holiday** *(BE) (Frei, Gen, Pers)* Ferien machen, in die Ferien gehen, Urlaub nehmen
take *v* **a job** *(Pers)* Arbeit aufnehmen
take *v* **a loss** *(Börse)* einen Verlust in Kauf nehmen
take *v* **a reading** *(Gen, Ind)* ablesen *(from equipment)*
take *v* **a risk** *(Gen)* ein Risiko eingehen
take *v* **a turn** *(Gen)* eine Wendung nehmen *(for the better, worse)*
take *v* **a vacation** *(AE) (Frei, Gen, Pers)* Ferien machen, in die Ferien gehen, Urlaub nehmen
take *v* **account of** *(Gen)* berücksichtigen, einkalkulieren, in Betracht ziehen
take *v* **action** *(Gen, Mgt)* Maßnahmen ergreifen, Schritte unternehmen, tätig werden
take *v* **advantage of** *(Gen)* ausnutzen, sich zunutze machen *(situation, person)*
take *v* **an accommodation credit** *(Fin)* einen Überbrückungskredit aufnehmen
take *v* **an average** *(Stat)* den Durchschnitt nehmen
take *v* **an equity stake in** *(Börse)* eine Kapitalbeteiligung erwerben in
take *v* **an exam** *(Pers)* eine Prüfung machen, eine Prüfung ablegen
take *v* **an examination** *(Pers)* eine Prüfung machen, eine Prüfung ablegen
take *v* **an extra day off** *(Pers)* einen Tag Sonderurlaub nehmen
take *v* **apart** *(Gen)* auseinander nehmen
take *v* **at face value** *(Gen)* für bare Münze nehmen
take *v* **away** *(Gen)* wegnehmen, abnehmen *(licence, passport)*
take *v* **back** *(Gen)* wieder einstellen *(former employee)*; zurücknehmen *(returned goods)*
take *v* **bribes** *(Gen, Pol)* sich bestechen lassen
take *v* **control of sth** *(Gen)* die Kontrolle übernehmen
take *v* **down** *(Gen)* aufzeichnen, notieren *(in writing)*
take *v* **drastic action** *(Mgt, Pol)* eisern durchgreifen
take *v* **effect** 1. *(Gen)* wirksam werden *(date)*; 2. *(Recht)* in Kraft treten *(enter into force)*; wirksam werden *(date)*
take *v* **effect from** *(Gen, Pol, Recht)* wirksam werden ab
take *v* **employment** *(Pers)* Beschäftigung annehmen, Arbeit annehmen
take *v* **in** *(Gen)* übernehmen *(work)*; in Zahlung nehmen *(car)*
take *v* **in payment** *(Gen)* in Zahlung nehmen
take *v* **in stock** 1. *(Gen)* Lager *n* aufstocken; 2. *(Börse)* Aktien hereinnehmen
take *v* **into account** *(Gen)* anrechnen, in Betracht ziehen, einkalkulieren, in die Rechnung einbeziehen, berücksichtigen
take *v* **into consideration** 1. *(Bank)*

berücksichtigen *(problems)*; 2. *(Gen)* berücksichtigen, in Betracht ziehen, in Erwägung ziehen

take *v* **into custody** *(Recht)* verhaften

take *v* **inventory** *(RW)* Inventur machen, Bestände aufnehmen

take *v* **legal action** *(Recht)* gerichtlich vorgehen

take *v* **measures** *(Gen, Recht)* Maßnahmen ergreifen

take *v* **off the market** *(Gen, V&M)* vom Markt nehmen

take *v* **on** 1. *(Gen)* übernehmen *(responsibility)*; 2. *(Pers)* einstellen *(staff)*

take *v* **on employees** *(Pers)* Arbeitskräfte einstellen, Personal einstellen

take *v* **on workers** *(Pers)* Arbeitskräfte einstellen, Personal einstellen

take *v* **one's doctor's degree** *(Bil)* seinen Doktor machen, promovieren

take *v* **one's pick** *(ugs.) (Gen)* seine Auswahl treffen, wählen

take *v* **orders** *(Gen)* Bestellungen annehmen

take *v* **out** 1. *(Bank)* abschließen, aufnehmen *(loan)*; 2. *(Versich)* abschließen

take *v* **over** *(Gen)* aufkaufen *(buy)*; übernehmen *(company, business, debts, issue, liabilities, stock)*; die Leitung übernehmen *(take control)*

take *v* **over an issue** *(Bank)* eine Emission übernehmen

take *v* **over from sb** *(Gen)* jmdn. ablösen

take *v* **over sb's debts** *(Gen)* jmds. Schulden übernehmen

take *v* **part in sth** *(Gen)* an etw. teilnehmen, sich an etw. beteiligen

take *v* **place** *(Gen)* stattfinden

take *v* **possession of** *(Grund)* Besitz ergreifen von

take *v* **shape** *(Gen)* Gestalt annehmen, sich herauskristallieren *(idea)*

take *v* **steps** *(Gen)* Schritte unternehmen

take *v* **stock** 1. *(RW)* Bestände aufnehmen; 2. *(Gen)* den Bestand aufnehmen, inventarisieren, Inventur machen

take *v* **the final examination** *(Bil)* Abschlussprüfung machen

take *v* **the initiative** *(Mgt)* die Initiative ergreifen

take *v* **the minutes of** *(Gen)* protokollieren *(a meeting)*

take *v* **the risk of** *(Gen)* wagen

take *v* **time off** *(Pers)* frei nehmen

take *v* **up** 1. *(Bank)* aufnehmen *(loan)*; 2. *(Gen)* annehmen *(challenge)*; beziehen, einnehmen *(stance)*; Gebrauch machen von *(offer)*

take *v* **up a loan** *(Fin)* eine Darlehen aufnehmen

take *v* **up employment** *(Pers)* eine Arbeit aufnehmen, eine Beschäftigung aufnehmen

take *v* **up legal residence** *(Admin, Gen)* Wohnsitz nehmen *(person)*; Gesellschaftssitz nehmen *(corporate domicile)*

take-home pay *(Pers)* Nettolohn *m*, Nettogehalt *n*, Nettoverdienst *m*

takeoff 1. *(WiWi)* Anstieg *m*, Aufstieg *m*; 2. *(Gen)* wirtschaftlicher Aufschwung *m*; 3. *(Logis)* Start *m (of aircraft)*

takeover *(Gen, WiWi)* Geschäftsübernahme *f*, Übernahme *f*, Aufkauf *m*

takeover bid *(Börse, Fin, RW)* Übernahmeangebot *n*

takeover candidate *(Mgt, Börse)* Übernahmekandidat *m*

taker for a put and call *(Börse)* Optionsgeber *m* für eine Verkaufs- und Kaufoption

taking delivery *(Börse)* Abnahme *f (of commodities, securities)*

talk *v* **business** *(Gen)* fachsimpeln, über das Geschäft reden, zur Sache kommen *(get to the point)*

talk *v* **shop** *(Gen)* fachsimpeln, über das Geschäft reden

talon *(Börse)* Erneuerungsschein *m*, Talon *m*

tamper-proof *adj (Gen, Ind)* fälschungssicher *(machinery)*

tandem account *(Bank)* Gemeinschaftskonto *n*

tangible *adj* 1. *(RW)* materiell, greifbar; 2. *(Gen)* Sach

tangible assets 1. *(RW)* Sachanlagen *fpl*; 2. *(WiWi)* materielles Vermögen *n*

tangible assets in course of construction *(RW)* Anlagen *fpl* im Bau

tangible capital property *(RW)* Sachanlage(vermögen *n*) *f*

tangible fixed assets *(RW)* Realkapital *n*, Sachkapital *n*, Sachanlagen *fpl*, Sachanlagevermögen *n*, materielles Anlagevermögen *n (monetary or intangible items are excluded; opposite:*

intangible fixed assets = immaterielles Anlagevermögen; betriebswirtschaftlich: Summe der Betriebsmittel; Gegensatz allgemein: Geldkapital, Humankapital, immaterielle Wirtschaftsgüter)
tangible net worth *(RW)* materielles Unternehmensvermögen *n*, Betriebsvermögen *n* abzüglich immaterieller Anlagewerte
tangible wealth *(Gen, RW)* Sachvermögen *n*
tangibles *(RW, WiWi)* Sachwerte *mpl*, materielle Wirtschaftsgüter *npl* *(synonymous: tangible assets)*
tantième *(Mgt, Pers)* Tantieme *f (share of profits)*
tap *v* 1. *(Komm)* abhören, mithören *(telephone line)*; 2. *(Umwelt)* ausbeuten *(resources)*; 3. *(Gen)* ausbeuten, erschließen *(resources)*; erschließen, *(ugs.)* anzapfen *(market)*
tap *v* **the market for** *(V&M)* den Markt erschließen für
tap *(Bank, Börse)* Daueremission *f*
tap issue *(Bank, Börse)* Daueremission *f*
tape *(Comp, Komm, Media)* Band *n* • **on tape** *(Media)* auf Band
taper *v* **off** *(Steuer, WiWi)* auslaufen, zu Ende gehen *(tax relief, subsidies)*
tapping *(Gen)* Anzapfen *n (resources)*; Mithören *n (telephone)*
tare *(Ind, Logis)* Tara *f (packaging)*
tare weight 1. *(Gen)* Verpackungsgewicht *n*; 2. *(Logis)* Eigengewicht *n*, Leergewicht *n*, Tara *f*
target *v* 1. *(Gen)* abzielen auf, als Zielgruppe haben *(customer)*; zum Ziel bestimmen, anpeilen, anvisieren *(goal)*; 2. *(V&M)* anstreben
target *v* **at** *(Gen, V&M)* abzielen auf
target 1. *(Gen)* Sollvorgabe *f*, Ziel *n*; 2. *(V&M)* Zielgruppe *f (customers)*
target-actual comparison *(WiWi)* Soll--Ist-Vergleich *m*
target audience *(Gen)* Interessentenkreis *m*, Zielkundenkreis *m*, Zielpublikum *n*
target balancing *(Bank, Fin)* Saldenkonzentration *f (transfer of funds from different bank accounts of a company or a group of companies to minimize overdrawn positions; synonymous: balance sweeping, balance concentration, concentration banking; Zusammenführung der Salden verschiedener Konten zur effizienten Liquiditätssteuerung)*
target buyer *(Gen, V&M)* Zielkäufer(in) *m(f)*
target company *(Börse, Fin, Mgt)* Zielunternehmen *n*, Zielgesellschaft *f*, Zielfirma *f*, Übernahmeziel *n (targeted company; of a friendly or hostile takeover, einer freundlichen oder feindlichen Übernahme)*
target cost *(RW)* Budgetkosten *pl*, Plankosten *pl*, Zielkosten *pl*, Sollkosten *pl*, Vorgabekosten *pl*; Kostenziel *n*
target date *(Gen)* angestrebter Termin *m*, Endtermin *m*, Fertigstellungstermin *m*, Zieltermin *m*, Stichtag *m*
target figure *(Admin, Mgt)* Zielgröße *f*
target function *(WiWi)* Zielfunktion *f*
target group *(V&M)* Zielgruppe *f*
target market *(Gen, V&M)* Zielmarkt *m*
target marketing *(V&M)* zielorientiertes Marketing *n*
target performance comparison *(Mgt, WiWi)* Soll-Ist-Vergleich *m*
target planning *(Mgt, WiWi)* Zielplanung *f*
target price 1. *(WiWi)* Richtpreis *m*, Übernahmepreis *m*, Vertragspreis *m*; 2. *(Gen, V&M)* angestrebter Preis *m*, Orientierungspreis *m*
target pricing 1. *(Fin, RW)* Gewinnzielkalkulation *f (Preisfindungsmethode mit dem Ziel, Absatzmengen und -kosten so zu steuern, dass geplanter Erlös minus geplante Gesamtkosten = Gewinnziel)*; 2. *(Gen)* Zielpreisbildung *f*, Zielpreisfestsetzung *f*
target range *(WiWi)* Zielkorridor *m*
target rate of return *(Fin)* Rentabilitätsziel *n*, angestrebte Kapitalverzinsung *f*
target segment *(V&M)* Zielsegment *n (marketing)*
target setting 1. *(Gen)* Zielstellung *f*; 2. *(V&M)* Zielsetzung *f*
target variable *(WiWi)* Zielvariable *f*
targeted campaign *(V&M)* gezielte Campagne *f*
targeted goal 1. *(RW)* Planzahl *f*; 2. *(Mgt, WiWi)* angestrebtes Ziel *n*, Planziel *n*
targeted goal accomplishment *(Mgt, WiWi)* angestrebte Zielerreichung *f*
targeted measure *(Pers, Pol)* gezielte Maßnahme *f*, zielgerichtete Maßnahme *f*

targeted objective *(Mgt, WiWi)* angestrebtes Ziel *n*, Planziel *n*
targeting 1. *(WiWi)* gezielter Einsatz *m*; 2. *(Gen)* Zielbestimmung *f*; 3. *(V&M)* Abzielen *n*
tariff 1. *(WiWi)* Preisliste *f*, Preisverzeichnis *n*; 2. *(Gen)* Tarif *m*, Preisliste *f (price list)*; 3. *(Imp/Exp)* Zoll(tarif) *m*, Zollgebühr *f*
tariff barrier *(Imp/Exp, WiWi)* Zollschranke *f*
tariff-free *adj (Imp/Exp)* zollfrei
tariff legislation *(Recht)* Zollgesetzgebung *f*
tariff protection *(Imp/Exp, WiWi)* Zollschutz *m*
tariff quota *(Gen, Imp/Exp, WiWi)* Zollkontingent *n*
tariff rate *(Imp/Exp)* Zollsatz *m*
tariff schedule *(Imp/Exp)* Zolltarif *m*
tariffication *(Fin, Steuer)* Tariffestsetzung *f*, Tarifierung *f (EU)*
task 1. *(Comp)* Aufgabe *f*; 2. *(Gen)* Arbeit *f*, Aufgabe *f*, Auftrag *m*; 3. *(Pers)* Aufgabe *f*
task force *(Mgt, Pers)* Arbeitsstab *m*, Projektgruppe *f*, Arbeitsgruppe *f*, Ausschuss *m*, Sondereinheit *f*
task work *(Gen)* Akkordarbeit *f*
taste 1. *(WiWi)* Bedürfnis *n*, Bedarf *m*; 2. *(V&M)* Geschmack *m (customer preferences)*
tax *v (Steuer)* besteuern
tax *(Steuer, WiWi)* Abgabe *f*, Steuer *f*, Taxe *f (fee)*; Beitrag *m*, Gebühr *f (contribution)* • **tax paid** *(Gen, RW, Steuer, WiWi)* versteuert
tax abatement *(Steuer)* Steuernachlass *m*
tax allowance *(Steuer)* Steuerfreibetrag *m*, Steuernachlass *m*, Steuerermäßigung *f*
tax anticipation note *(AE) (Steuer)* Steuergutschein *m*
tax appeal *(Steuer)* Einspruch *m* gegen einen Steuerbescheid
tax arrears *(Steuer)* Steuerrückstände *mpl*
tax assessment *(Steuer)* Steuerbescheid *m*; Steuerveranlagung *f*
tax authority *(Steuer)* Finanzbehörde *f*, Steuerbehörde *f*
tax avoidance *(Gen, Steuer, WiWi)* Steuerausweichung *f*, Steuervermeidung *f*
tax base 1. *(WiWi)* Steuerbasis *f*; 2. *(Steuer)* Steuerbemessungsgrundlage *f*, Bemessungsgrundlage *f*
tax basis *(Steuer, WiWi)* Steuerbemessungsgrundlage *f*
tax-bracket creep *(WiWi)* schleichende Steuererhöhung *f*
tax break *(Steuer)* Steuererleichterung *f*, Steuervergünstigung *f*, steuerliche Entlastung
tax burden *(Steuer)* Steuerbelastung *f*, Steuerlast *f*
tax capitalization *(Steuer, WiWi)* Steueramortisation *f*, Steuertilgung *f*
tax category *(Steuer)* Steuerklasse *f*
tax code *(Recht)* Abgabenordnung *f*
tax collected at the source *(Steuer)* Quellensteuer *f*
tax collector *(Gen, Steuer)* Steuerbeamter *m*, Finanzamt *n*, Steuerbehörde *f (person)*
tax compliance *(Steuer)* steuerliches Wohlverhalten *n*, steuerehrliches Verhalten *n (cf Compliance-Ansatz)*
tax concession *(Steuer)* Steuererleichterung *f*, Steuervergünstigung *f*
tax consultant *(Steuer)* Steuerberater(in) *m(f)*
tax court *(Steuer)* Finanzgericht *n*
tax credit 1. *(WiWi)* Steuergutschrift *f*; 2. *(Steuer)* Steueranrechnung *f*
tax credit certificate *(BE) (Steuer)* Steuergutschein *m*
tax declaration *(Steuer)* Steuererklärung *f*
tax-deductible *adj (RW, Steuer)* (steuerlich) abzugsfähig
tax-deductible donation *(Recht, Steuer)* abzugsfähige Spende *f*
tax-deductible expenditure *(AE) (Steuer)* steuerlich abzugsfähige Ausgaben *fpl*
tax-deductible expenses *(BE) (Steuer)* steuerlich abzugsfähige Ausgaben *fpl*
tax deduction *(Steuer)* Steuerabzug *m*, steuerliche Absetzung *f*
tax deduction at source *(Steuer)* Steuerabzug *m* an der Quelle
tax deductions *(Steuer)* steuerlich abzugsfähige Beträge *mpl*, steuerlich absetzbare Beträge *mpl*
tax depreciation *(RW, Steuer)* steuerliche Abschreibung *f*
tax depreciation table *(Steuer)* AfA-

Tabelle *f (useful lives of assets, Nutzungsdauer von Wirtschaftsgütern)*
tax dodger *(ugs.) (Steuer)* Steuerumgeher *m*
tax domicile *(Steuer)* steuerlicher Wohnsitz *m*
tax erosion *(Steuer)* Aushöhlung *f* der Steuerbasis
tax evasion *(Steuer)* Steuerhinterziehung *f*
tax-exempt *adj (Steuer)* steuerfrei
tax-exempt income *(Steuer)* steuerfreies Einkommen *f*, nicht zu versteuerndes Einkommen *f*
tax-exempt security *(Steuer)* steuerfreies Wertpapier *n*
tax exemption *(Steuer)* Steuerbefreiung *f*, Befreiung *f*, Steuerfreiheit *f*
tax-free *adj* 1. *(Imp/Exp)* nicht zollpflichtig, zollfrei *(goods)*; 2. *(Steuer)* steuerfrei
tax-free allowance *(Steuer)* steuerfreier Betrag *m*
tax-free amount *(Steuer)* Steuerfreibetrag *m*, Freibetrag *m*
tax-free income *(Steuer)* steuerfreies Einkommen *n*
tax harmonization *(Steuer, WiWi)* Steuerharmonisierung *f (EU)*
tax haven *(Steuer, WiWi)* Steueroase *f*
tax incentive *(Steuer, WiWi)* steuerlicher Anreiz *m*, Steueranreiz *m*
tax incidence *(Steuer, WiWi)* Steuerinzidenz *f*
tax increase *(Steuer)* Steuererhöhung *f (opposite: tax cut = Steuerkürzung, tax reduction = Steuersenkung)*
tax installment *(AE) (Steuer)* s. tax instalment
tax instalment *(BE) (Steuer)* Steuerrate *f*
tax law *(Recht)* Steuerrecht *n*
tax loophole *(ugs.) (Steuer)* Steuerschlupfloch *n*
tax loss carryback *(RW, Steuer)* steuerlicher Verlustrücktrag *m*
tax loss carryforward *(Steuer)* steuerlicher Verlustvortrag *m*
tax losses *(Steuer)* Steuerausfälle *mpl*
tax on financial operations [transactions] *(Bank, Fin)* Finanztransaktionssteuer *f (Mengenansatz = quantitative approach: spezifische Bankenabgabe = bank levy auf das Volumen der Finanztransaktionen im Sinne der Tobin-Steuer auf Devisentransaktionen, jedoch kein wesentlicher Beitrag zum G20-Ziel der Systemstabilisierung, da sie falsch gesetzte Anreize zum Aufbau systematischer Risiken im Finanzbereich nicht korrigieren kann; die erforderliche international einheitliche Umsetzung zur Vermeidung einer Regulierungsarbitrage = regulatory arbitrage wegen zu erwartender Ausweichreaktionen = evasive reactions ist bei der gegebenen internationalen Interessenlage nicht zu erwarten; die Steuer ist bestenfalls zur ‚Krisenkosten-Finanzierung' fiskalisch attraktiv: wegen Popularität geringer Steuerwiderstand = low resistance to taxation, aufkommensstark bei geringen Erhebungskosten = low collection cost; besser, da gezielt systemstabilisierend, der qualitative Ansatz einer als Pigou-Steuer = Pigouvian tax ausgestalteten Steuer auf die Systemrisiken von Banken zur –annähernden– Internalisierung der extern –beim Staat bzw. Steuerzahler– anfallenden Sifi-Kosten; SIFIs = Sifis = systemically important financial institutions = systemwichtige Finanzinstitute, moral hazard = moralisches Risiko)*
tax on speculative profits *(Steuer)* Spekulationssteuer *f*
tax-privileged *adj (Steuer)* steuerbegünstigt
tax provision *(RW, Steuer)* Steuerrückstellung *f*
tax purpose *(RW)* Steuerzweck *f*
tax rate *(Steuer)* Steuersatz *m*
tax receipts *npl (Steuer)* Steueraufkommen *n*
tax reduction *(Steuer)* Steuerermäßigung *f*, Steuersenkung *f*
tax reform *(Pol, Steuer, WiWi)* Steuerreform *f*
tax refund *(Steuer)* Steuerrückzahlung *f*
tax relief *(Steuer)* Steuererleichterung *f*, Steuervergünstigung *f*
tax-reserve certificate *(Steuer)* Steuergutschein *m*
tax return *(Steuer)* Steuererklärung *f*
tax schedule *(Steuer)* Steuertarif *m*
tax-sheltered *adj (Steuer)* steuerbegünstigt
tax shifting *(Steuer)* Steuerüberwälzung

f, Steuerabwälzung *f*
tax stamp *(Steuer)* Steuermarke *f*
tax stimuli *(Steuer)* Steueranreize *mpl*
tax threshold *(Steuer)* Steuereingangsstufe *f*
tax transparency *(Steuer)* Steuertransparenz *f*
tax unit *(Steuer, WiWi)* Besteuerungseinheit *f*
tax voucher *(Börse, Steuer)* Steuergutschein *m*, Steuergutschrift *f*
tax withholding system *(Steuer)* Steuerabzugsverfahren *n*
tax withholdings *(Steuer)* einbehaltene Steuern *fpl (synonymous: withheld taxes)*
tax write-off *(RW, Steuer)* steuerliche Abschreibung *f*
tax writeoff *(RW, Steuer)* steuerliche Abschreibung *f*
tax year *(Fin, Gen, RW, Steuer)* Haushaltsjahr *n*, Steuerjahr *n*, Veranlagungszeitraum *m*
tax yield *(Steuer)* Steueraufkommen *n*
taxable *adj (Recht, Steuer)* abgabenpflichtig, steuerpflichtig
taxable base *(Steuer)* Bemessungsgrundlage *f*
taxable capacity *(Steuer, WiWi)* Steuerkraft *f*, steuerliche Leistungsfähigkeit *f (taxation principle)*
taxable event *(Recht, Steuer)* Steuertatbestand *m*
taxable income *(Gen, RW, Steuer, WiWi)* steuerpflichtiges Einkommen *n*, zu versteuerndes Einkommen *n*, versteuerbares Einkommen *n*
taxable profit *(RW)* steuerpflichtiger Gewinn *m*
taxation *(Steuer, WiWi)* Besteuerung *f*
taxation at source *(Steuer)* Quellenbesteuerung *f*, Quellenabzugsbesteuerung *f*
taxation authority *(Admin, Steuer)* Steuerbehörde *f*
taxation rate *(Steuer)* Steuersatz *m*
taxed at source *adj (Fin, RW, Steuer)* quellenbesteuert
taxes due *(RW)* fällige Steuern *fpl*
taxes withheld *(RW, Steuer)* einbehaltene Steuern *fpl*
taxman *(Steuer)* Finanzamt *n*, Steuerbehörde *f*
taxpayer *(Gen, RW, Steuer)* Steuerzahler *m*
taxpayer's reference number *(Steuer)* Steuernummer *f*
TB *(Abk. für Treasury Bond, AE) (Börse, Fin)* Staatschuldverschreibung *f*
team *(Mgt, Pers)* Team *n*, Mannschaft *f*
team briefing *(Mgt)* Gruppenbesprechung *f*, Gruppeneinweisung *f*, Teambesprechung *f*
team-oriented person *(Mgt, Pers, V&M)* teamorientierte Persönlichkeit *f*, teamorientierte Person *f*
team spirit *(Pers)* Gemeinschaftssinn *m*
teamwork *(Mgt, Pers)* Teamarbeit *f*
tech bubble *(Börse, Fin, WiWi)* Technologie-Blase *f*
technical *adj (Gen)* fachlich, fachmännisch, fachspezifisch, technisch
technical analysis *(Börse)* technische Analyse *f (shares)*
technical analyst *(Börse)* Wertpapieranalyst *m*
technical assistance *(Comp, Ind)* technische Hilfe *f*
technical barrier *(Pol)* technische Handelsschranke *f (to trade in EU)*
technical barrier to trade *(Imp/Exp, WiWi)* technisches Handelshemmnis *n*
technical college *(BE) (Soz)* Fachhochschule *f*
technical cooperation *(Ind)* technische Zusammenarbeit *f (overseas development)*
technical data 1. *(Gen)* technische Daten *pl*; 2. *(Ind)* technische Unterlagen *fpl*
technical efficiency 1. *(Gen, Ind)* technischer Wirkungsgrad *m*, physischer Wirkungsgrad *m*; 2. *(Mgt)* Produktivität *f*
technical field *(Pat)* technischer Bereich *m*
technical hitch *(Gen, Ind)* technische Schwierigkeit *f*, technische Störung *f*
technical innovation *(Ind, V&M)* technische Innovation *f*
technical knowledge *(Gen, Pers)* Fachkenntnisse *fpl*
technical language *(Gen)* Fachsprache *f*
technical literature *(Edu, Pers)* Fachliteratur *f*
technical press *(V&M)* Fachpresse *f*
technical standards *(Comp, Ind)* technische Normen *fpl (EU)*
technical support *(Comp, Ind)*

technische Betreuung *f*, technische Hilfe *(for developing countries)*
technical training *(Edu, Pers)* Fachschulung *f*, Fachausbildung *f*, Fachschulbildung *f*
technical university *(Soz)* Technische Hochschule *f*, TH
technicality *(Gen, Ind)* technische Einzelheit *f*, Formsache *f (formality)*
technically *adv (Gen)* technisch, fachlich
technician *(Pers)* Techniker(in) *m(f)*
technique *(Ind)* Methode *f*, Verfahren *n*
technological *adj (Ind)* technologisch
technological advance *(Ind)* technischer Fortschritt *m*
technological change *(Ind)* technologischer Wandel *m*
technological edge *(Ind)* technologischer Vorsprung *m*
technological efficiency *(Mgt, WiWi)* technische Effizienz *f*; Produktivität *f*
technological gap *(Ind)* technische Lücke *f*, technischer Rückstand *m*
technological innovation *(Ind)* technische Neuerung *f*, technologische Innovation *f*
technological obsolescence *(Ind)* technische Veralterung *f (product)*
technological progress *(Ind)* technischer Fortschritt *m*
technologically advanced *adj (Ind, WiWi)* mit modernster Technologie, technisch fortgeschritten
technology *(Ind)* Technik *f*, Technologie *f*
technology-based *adj (Ind)* technologieintensiv, technologieorientiert
technology-based industry *(Ind)* Hightechindustrie *f*
technology park *(Ind)* Technologiepark *m*, Technologiezentrum *n*
technology transfer *(Ind, WiWi)* Technologietransfer *m*
tel quel *(Gen)* Tel quel
telcon *s.* telephone conversation
telebanking *(Bank)* Telebanking *n*
telecommunication *(Komm)* Telekommunikation *f*, Datenfernübertragung *f*, DFü
telecommunication links *(Komm)* Telekommunikationsverbindungen *fpl*
telecommunication network *(Komm)* Fernmeldenetz *n*
telecommunication technology *(Komm)* Fernmeldetechnik *f*
telecommunications *(Komm)* Telekommunikation *f*, Fernmeldetechnik *f*, Fernmeldewesen *n*
telecommunications network *(Komm)* Telekommunikationsnetz *n*
telecommunications privacy *(Comp, Komm, Recht)* Fernmeldegeheimnis *n*
telecommunications secrecy *(Comp, Komm, Recht)* Fernmeldegeheimnis *n*
telecommuter *(Comp, Pers)* Telearbeitnehmer(in) *m(f)*, Telebeschäftigte(r) *f(m)*
telecommuting *(Comp, Pers)* Telearbeit *f (teleworking)*
telecommuting job *(Pers)* Telearbeitsplatz *m (synonymous: telework place)*
teleconference *(Comp, Komm, V&M)* Telekonferenz *f*
telegraphic address *(Komm)* Telegrammadresse *f*
telegraphic money order *(Bank, Fin)* telegrafische Geldanweisung *f*
telegraphic transfer *(Bank, Fin)* telegrafische Überweisung *f*
telelearning *(Comp, Komm, Soz)* Telelearning *n (IT & multimedia)*
telemarketing *(Fin, Komm, V&M)* Telemarketing *n*
telematics *(Comp, Komm)* Telematik *f*
telemessage *(Komm)* Telegramm *n*
teleordering *(Comp, V&M)* elektronische Bestellung *f*
telephone *(Comp, Komm)* Fernsprecher *m*, Telefon *n*, Tel. • **over the telephone** *(Komm)* am Telefon, per Telefon, telefonisch *(talk, negotiate)*
telephone advertising *(V&M)* Telefonwerbung *f*
telephone answering service *(Komm, V&M)* Anrufbeantwortungsdienst *m*
telephone book *(Komm)* Telefonbuch *n*
telephone booth *(Komm)* Telefonzelle *f*
telephone box *(Komm)* Telefonzelle *f*
telephone charges *(Komm)* Fernsprechgebühren *fpl*
telephone conversation *(Komm)* Telefongespräch *n*
telephone dealing *(Börse)* Telefonhandel *m*
telephone directory *(Komm)* Telefonbuch *n*
telephone extension *(Komm)* Nebenstelle *f*
telephone operator *(Komm)* Auskunft *f*

telephone rates *(AE) (Komm)* Fernsprechgebühren *fpl*
telephone receiver *(Komm)* Telefonhörer *m*
telephone sales *(V&M)* Telefonverkauf *m*
telephone subscriber *(Komm)* Fernsprechteilnehmer(in) *m(f)*
telephone tapping *(Comp, Gen, Komm)* Abhören *n* [Anzapfen *n*] der Telefonleitung
telephone traffic *(Börse, Komm)* Telefonverkehr *m*
teleprocessing 1. *(Admin)* Datenfernverarbeitung *f*; 2. *(Comp)* Fernverarbeitung *f*
telesales *(V&M)* Televerkauf *m (division)*; Telefonverkauf *m (transactions)*
teleservices *(Komm, V&M)* Teledienste *mpl*
teleshopping *(Fin)* Teleshopping *n*
teletex *(Comp, Media)* nicht dialogfähiges Videotextsystem *n*, Bildschirmtext *m*, Btx *(broadcast)*
teletyper *(AE) (Admin, Komm)* Fernschreiber *m (machine)*
television *(Media)* Fernsehen *n*, FS, Television *f*, TV
television law *(Media, Recht)* Fernsehrecht *n*
televisual audience data *(Media, V&M)* TV-Media-Daten *npl*
telework *(Comp, Pers)* Telearbeit *f*
teleworker *(Comp, Pers)* Telearbeiter(in) *m(f)*
teleworking *(Pers)* Telearbeit *f*
telewriter *(Admin, Komm)* Fernschreiber *m (machine)*
telex *(Admin, Komm)* Telex *n*, Fernschreiber *m (machine)*; Fernschreiben *n*, Telex *n (message)*
tele *(Comp, Komm, WiWi)* Tele
teller *(Bank)* Kassierer(in) *m(f)*
temp *v (Gen, Pers)* Zeitarbeit machen
temp *(Gen, Pers)* Aushilfskraft *f*, Zeitarbeitskraft *f*
temping agency *(Gen, Pers)* Stellenvermittlung *f* für Aushilfskräfte
temporarily *adv (Gen)* provisorisch, zeitweilig
temporary *adj (Gen)* behelfsmäßig, einstweilig, temporär, vorübergehend, vorläufig, zeitweilig, provisorisch
temporary administrator *(Recht)* vorläufiger Verwalter *m (insolvency = Insolvenz)*
temporary employment *(Gen, Pers)* Aushilfsarbeit *f*
temporary employment agency *(Pers)* Zeitarbeitsfirma *f*, Zeitarbeitsunternehmen *n*, Leiharbeitsunternehmen *n*, Leiharbeitsfirma *f*, Arbeitnehmerüberlassungsfirma *f*, Arbeitnehmerüberlassungsunternehmen *n*, Verleiher *m* (von Arbeitskräften)
temporary employment bureau *(Pers)* Zeitarbeitsfirma *f*, Zeitarbeitsunternehmen *n*, Leiharbeitsunternehmen *n*, Leiharbeitsfirma *f*, Arbeitnehmerüberlassungsfirma *f*, Arbeitnehmerüberlassungsunternehmen *n*, Verleiher *m* (von Arbeitskräften)
temporary employment business *(Pers)* Zeitarbeitsfirma *f*, Zeitarbeitsunternehmen *n*, Leiharbeitsunternehmen *n*, Leiharbeitsfirma *f*, Arbeitnehmerüberlassungsfirma *f*, Arbeitnehmerüberlassungsunternehmen *n*, Verleiher *m* (von Arbeitskräften)
temporary employment contract *(Gen, Pers)* befristeter Arbeitsvertrag *m*, befristetes Arbeitsverhältnis *n*, Zeitarbeitsvertrag *m*
temporary equilibrium *(WiWi)* temporäres Gleichgewicht *n*
temporary injunction *(Recht)* gerichtliche einstweilige Verfügung *f*
temporary job *(Pers)* befristete Stelle *f*, temporärer Arbeitsplatz *m*
temporary layoff *(Pers)* vorübergehende Entlassung *f*, Ausstellung *f*, Entlassung *f* auf Rückruf
temporary measure *(Gen)* Provisorium *n*
temporary residence permit *(Soz)* zeitlich beschränkte Aufenthaltsgenehmigung *f*
temporary resident *(Soz)* vorübergehend Ansässige(r) *f(m)*
temporary secretary *(Pers)* Aushilfssekretär *m*
temporary staff *(Pers)* Zeitpersonal *n*, Zeitarbeitskräfte *fpl*
temporary unemployment *(Pers)* vorübergehende Arbeitslosigkeit *f*
temporary worker *(Gen, Pers)* Aushilfe *f*,

Aushilfskraft *f*, Aushilfsarbeiter(in) *m(f)*
tenancy *(Grund, Recht)* Mietverhältnis *n*, Pachtverhältnis *n*
tenancy in common *(Grund, Recht)* Immobilie *f* als Bruchteilseigentum, Bruchteilseigentum *n*
tenant *(Gen, Grund)* Pächter(in) *m(f) (of farm, shop)*; Mieter(in) *m(f) (of house, flat)*
tend *v (Börse, Fin)* tendieren *(in certain direction)*
tendency *(Gen, V&M)* Trend *m*, Entwicklungstendenz *f (direction of trend)*; allgemeine Richtung *f (general trend)*; Neigung *f (inclination)*
tender *v* 1. *(Gen)* ein Angebot unterbreiten [abgeben], sich an einer Ausschreibung beteiligen; anbieten, bieten; 2. *(Börse)* einreichen, vorlegen
tender *v* **for** *(Gen)* sich bewerben um *(project)*
tender *v* **performance** *(Gen)* leisten, Leistung anbieten, Leistung erbringen
tender 1. *(Fin)* Ausschreibungsverfahren *n*; 2. *(Gen)* Angebot *n*, Offerte *f*, Tender *m*, Submissionsangebot *n (buying)*; 3. *(Börse)* Tender *m*, Zeichnungsangebot *n (of exercise notice)* • **by tender** *(Admin, V&M)* durch Ausschreibung, auf dem Submissionsweg
tender by private contract *(V&M)* freihändige Angebotsabgabe *f*
tender price *(Gen)* Angebotspreis *m*
tender rate *(Fin)* Emissionssatz *m*
tender system *(Börse)* Tenderverfahren *n*
tender to contract 1. *(Gen)* Ausschreibung *f*; 2. *(Recht)* Auftragsangebot *n*
tenderer *(Gen)* Anbieter(in) *m(f)*
tendering procedure *(Gen)* Ausschreibungsverfahren *n*
tenor bill *(Gen)* Laufzeitwechsel *m*
tentative agenda *(Gen)* vorläufige Tagesordnung *f*
tentative agreement *(Recht)* Vorvertrag *m*
tentative estimate *(Gen)* vorläufige Schätzung *f*
tenure 1. *(Gen)* Besitz *m*; 2. *(Pers, Pol)* Amtszeit *f (of office)*
tenured job *(Pers)* Festanstellung *f*, Anstellung *f* auf Lebenszeit, Dauerarbeitsplatz *m*
tenured position *(Bil, Pers)* Daueranstellung *f*, Anstellung *f* auf Lebenszeit *(usually in higher education)*
tenured post *(Pers)* Lebensstellung *f*
TER *(Abk. für total expense ratio) (Bank)* TER *f*, Gesamtkostenquote *f (comprehensive cost ratio of funds; Gesamtkostenbelastung; aussagekräftige, umfassende Kostenkennziffer von Investmentfonds)*
terabyte *(Tb) (Stat, WiWi)* Terabyte *n*, TB *(1 Tb = 10^{12} bytes = AE 1 trillion bytes = Deu 1 Billion Bytes)*
term 1. *(Bank)* Laufzeit *f*; 2. *(Gen)* Begriff *m*, Bezeichnung *f*, Wort *n*; 3. *(Pol)* Amtsperiode *f (of government, office)*; Dauer *f (of treaty)* • **in the longer term** *(Gen)* längerfristig
term account *(Fin)* Festgeldkonto *n*
term bill *(Fin)* Nachsichtwechsel *m*
term deposit *(Bank)* Festgeld *n*, Termineinlage *f*
term draft *(Bank)* Nachsichtwechsel *m*, Zeitsichtwechsel *m*
term loan *(Fin)* mittelfristiger Kredit *m*
term of a loan *(Fin)* Anleihelaufzeit *f*
term of limitation *(Gen, Recht)* Ausschlussfrist *f*, Verjährungsfrist *f*
term of office *(Gen, Pers, Pol)* Amtsperiode *f*, Amtszeit *f*, Dienstzeit *f*
term of patent *(Pat)* Patentdauer *f*, Schutzfrist *f*
term of payment *(Bank)* Zahlungsziel *n*
term of validity *(Fin)* Laufzeit *f* eines Kredits
term purchase *(Gen)* Terminkauf *m*
term structure *(Fin)* Laufzeitstruktur *f (Fälligkeitsstruktur von Schulden, Ausleihungen oder Forderungen)*
term structure of interest rates *(WiWi)* Zinsstruktur *f*
term to maturity *(Fin)* Restlaufzeit *f (bis zur Endfälligkeit = final maturity)*
terminable *adj (Recht)* befristet, kündbar
terminal payment *(Fin)* letzte Ratenzahlung *f*
terminal value *(Fin)* Restwert *m*
terminate *v* 1. *(Gen)* beenden *(meeting)*; lösen, kündigen *(contract, lease)*; 2. *(Recht)* aufheben, beenden
terminate *v* **a collective bargaining agreement** *(Pers)* einen Tarifvertrag kündigen
terminate *v* **a trade agreement** *(Pers)* einen Tarifvertrag kündigen
terminate *v* **a wage agreement** *(Pers)* eine Lohnvereinbarung kündigen, einen

Tarifvertrag kündigen, eine Tarifvereinbarung kündigen

terminate *v* **sb's employment** *(Pers)* jmds. Arbeitsvertrag auflösen

terminate *v* **with notice** *(Recht, Pers)* eine ordentliche Kündigung aussprechen

terminated *adj* 1. *(Gen)* aufgehoben, gelöst; 2. *(Pers)* aufgelöst, beendet *(employment)*; 3. *(Recht)* beendet, aufgehoben *(contract)*

termination 1. *(Pers)* Auflösung *f*, Beendigung *f*, Kündigung *f*, Lösung *f (of employment)*; 2. *(Recht)* Beenden *n*, Aufhebung *f*, Beendigung *f*, Kündigung *f*, Vertragsbeendigung *f (of contract)*; 3. *(Grund)* Mietkündigung *f*, Pachtkündigung *f (of lease)*

termination benefits *(Pers)* Entlassungsabfindung *f*

termination notice *(Pers)* Kündigung *f*, Kündigungsschreiben *n*, Kündigungsmitteilung *f*

termination of employment *(Pers)* Beendigung *f* des Beschäftigungsverhältnisses, Beendigung *f* des Arbeitsverhältnisses

termination of the employment contract *(Pers, Soz)* Beendigung *f* des Beschäftigungsverhältnisses, Beendigung *f* des Arbeitsverhältnisses

termination papers *(Pers)* Entlassungspapiere *fpl (dismissal)*

termination pay *(Pers)* Abfindungszahlung *f*

termination without notice *(Pers)* außerordentliche Kündigung *f*, fristlose Kündigung *f*, fristlose Entlassung *f*

terms 1. *(Bank)* Bedingungen *fpl*, Konditionen *fpl*, Modalitäten *fpl (provisos)*; Ausstattung *f (of loan)*; 2. *(Fin)* Konditionen *fpl*; 3. *(Gen, Recht)* Wortlaut *m (of agreement)*; Bedingungen *fpl (contract)* • **come to terms with sb** *(Recht)* mit jmdm. handelseinig werden, sich mit jmdm. einigen *(contract law)* • **in real terms** *(Stat, WiWi)* real, zu konstanten Preisen, in konstanten Preisen, preisbereinigt, in realen Größen *(e. g. national accounting, Volkswirtschaftliche Gesamtrechnung; synonymous: adjusted for price changes; opposite: in money terms = in nominal terms = nominal)* • **in terms of** *(Gen)* in Form von, als, im Sinne, ausgedrückt in, hinsichtlich • **under the terms of the contract** *(Recht)* gemäß den vertraglichen Bedingungen

terms and conditions 1. *(Gen)* Verkaufs- und Lieferbedingungen *fpl*; 2. *(Versich)* Versicherungsbedingungen *fpl*

terms and conditions of an issue *(Börse)* Emissionsbedingungen *fpl*, Ausstattung *f* einer Emission

terms and conditions of employment *(Pers)* Anstellungsbedingungen *fpl*

terms of acceptance *(Fin)* Annahmebedingungen *fpl*

terms of contract *(Recht)* Vertragsbedingungen *fpl*

terms of credit *(Bank)* Kreditkonditionen *fpl*

terms of delivery *(Logis)* Lieferbedingungen *fpl*, Frankaturvorschrift *f (synonymous: delivery terms)*

terms of employment *(Pers)* Anstellungsbedingungen *fpl*, Beschäftigungsbedingungen *fpl*

terms of issue *(Fin)* Emissionskonditionen *fpl*, Ausstattung *f*

terms of payment *(Bank)* Zahlungsbedingungen *fpl*

terms of redemption *(Fin)* Tilgungsmodalitäten *fpl*

terms of reference *(Gen)* Zuständigkeitsbereich *m*, Aufgabenstellung *f (of committee)*

terms of sale *(Imp/Exp, V&M)* Verkaufsbedingungen *fpl*

terms of shipment *(Imp/Exp)* Versandbedingungen *fpl*

terms of tender *(Gen)* Ausschreibungsbedingungen *fpl*

terms of the arrangement *(Recht)* Vorschriften *fpl* des Übereinkommens (über Leitlinien), Bestimmungen *fpl* des Übereinkommens (über Leitlinien)

terms of trade *(WiWi)* reales Austauschverhältnis *n*

terms policy *(Fin)* Konditionenpolitik *f*

territory 1. *(Gen)* Bezirk *m (of agent)*; Gebiet *n*, Hoheitsgebiet *n*, Territorium *n (of state)*; 2. *(Mgt, Pers)* Bezirk *m*, Gebiet *n*

territory manager 1. *(Pers)* Bezirksleiter(in) *m(f)*; 2. *(Mgt)* Gebietsleiter(in) *m(f)*

tertiary activities *(Gen)* Tertiärgeschäft *n*

tertiary sector *(WiWi)* Dienstleistungssektor *m*, tertiärer Sektor *m*
test *v (Gen)* (aus)probieren, prüfen, (aus)testen
test *(Comp, Gen, V&M)* Erprobung *f*, Prüfung *f*, Test *m*
test area *(V&M)* Testgebiet *n (marketing)*
test certificate *(Recht)* Prüfbescheinigung *f*
test equipment *(Comp, Ind)* Messgerät *n*, Prüfeinrichtung *f*, Prüfgerät *n*, Testgerät *n*
test marketing *(V&M)* Durchführung *f* eines Markttests
test report *(Gen, Mgt)* Prüfbericht *m (Prüfprotokoll)*
test run *(Gen)* Probelauf *m (system, machine)*
test statistic 1. *(WiWi)* Prüfmaß *n*; 2. *(Stat)* Prüfgröße *f*
testamentary gift *(Recht)* Vermächtnis *n*
testee *(Gen)* Testperson *f*
testify *v (Recht)* bekunden, bezeugen
testimony *(Recht)* Zeugenaussage *f*, Bekundung *f*
testing *(Ind)* Prüfung *f (for products)*
testing procedure *(Ind)* Prüfverfahren *n*, Prüfung *f*
text *(Comp, Gen, V&M)* Text *m*
text in full *(Gen)* voller Wortlaut *m*, vollständiger Text *m*
text of a contract *(Recht)* Vertragstext *m*
text of a law *(Recht)* Gesetzestext *m*
text processing *(Comp)* Textverarbeitung *f*
textbook case *(Gen)* Musterbeispiel *n*, Paradefall *m*
textbook operation *(Gen)* Musterbetrieb *m*
TFEU *(Abk. für Treaty on the Functioning of the European Union) (Recht, Pol)* AEUV *m*, Vertrag *m* über die Arbeitsweise der Europäischen Union *(neue Bezeichnung für den Vertrag zur Gründung der Europäischen Gemeinschaft = der Europäischen Gemeinschaft = Vertrag von Rom = EGV = EG-Vertrag = EC Treaty = Treaty establishing the European Community = Treaties of Rome vom 25.3.1957; geändert zuletzt durch den Vertrag von Lissabon = VvL = Lissabon-Vertrag = Lisbon Treaty = Treaty of Lisbon = ToL, in Kraft ab 1.12.2009)*
thank-you letter *(Gen)* Dankschreiben *n*
theft *(Gen, Logis, Versich)* Diebstahl *m*
theft risk *(Versich)* Diebstahlrisiko *n*
theme advertising *(V&M)* thematische Werbung *f*
theory *(Gen)* Theorie *f* • **in theory** *(Gen)* theoretisch
theory of clubs *(WiWi)* Klubtheorie *f*
theory of comparative costs *(WiWi)* Theorie *f* der komparativen Kosten
theory of property rights *(WiWi)* Theorie *f* der Eigentumsrechte
thickness *(T) (Bank, Fin)* Dicke *f (thickness of the securitization tranche of which the securitization exposure is a part; Dicke der Verbriefungstranche, an der die Verbriefungsposition einen Anteil hat)*
thin capitalization *(Gen)* knappe Eigenkapitalausstattung *f*, *(ugs.)* kurze Kapitaldecke *f*
thin equity basis *(Fin)* (zu) kurze Kapitaldecke *f*, *(ugs.)* dünne Kapitaldecke *f*
thin market *(Börse)* enger Markt *m*, begrenzter Markt *m*
think-tank *(ugs.) (Gen)* Denkfabrik *f*
thinking *(Gen)* Gesinnung *f (attitude)*; Meinung *f (opinion)*; Gedankengang *m (reasoning)*
third-class mail *(AE) (Komm)* Drucksache *f*
third country *(WiWi)* Drittland *n (EU)*
third-country cooperation *(WiWi)* Einbeziehung *f* von Drittländern, Zusammenarbeit *f* mit Drittländern *(international trade)*
third country national *(Pol, Recht)* Drittstaatsangehörige(r) *f(m) (EU)*
third market *(Börse, Fin, WiWi)* ungeregelter Freiverkehr *m*
third party *(Pat, Recht, Versich)* Dritte(r) *f(m)*
third-party account *(Fin)* Anderkonto *n*
third-party beneficiary *(Fin, Recht)* Drittbegünstigte(r) *f(m)*
third-party claim *(Recht)* Anspruch *m* eines Dritten
third-party damage *(Recht)* Drittschaden *m (contracts)*
third-party insurance cover *(Versich)* Haftpflichtdeckung *f*, Haftpflichtversicherungsschutz *m*
third-party liability *(Recht)* gesetzliche Haftpflicht *(insurance)*

third-party liability insurance *(Versich)* Haftpflichtversicherung *f*
third-party manufacturer *(Ind, V&M)* Fremdhersteller *m*
third-party motor vehicle insurance *(Logis, Versich)* Kfz-Haftpflichtversicherung *f*
third person *(Gen)* Dritte(r) *f(m)*
third quarter *(Gen)* drittes Quartal *n*
third-rate *adj (Gen)* drittklassig, minderwertig
third sector organization *(Gen, Soz, Steuer)* Drittsektor-Organisation *f*, Nonprofit-Organisation *f*, nicht erwerbswirtschaftlich tätige Organisation *(dritter Sektor neben dem Markt und dem Staat)*
third way *(WiWi)* dritter Weg *m*
thrash *v* **out** *(ugs.) (Gen)* ausdiskutieren *(problem)*
thread *(Komm)* Faden *m (in newsgroup postings)*
threat effect *(WiWi)* Droheffekt *m*
threat of loss *(Gen, Recht, Versich)* drohender Schaden *m*
threatened with unemployment *(Pers)* von Arbeitslosigkeit bedroht
three-month call *(Börse)* dreimonatige Kündigungsfrist *f (money repayable)*
three-month funds *(Fin)* Dreimonatsgeld *n*
three-month rate *(Fin)* Dreimonatsrate *f*
three-way switch deal *(Imp/Exp)* Dreiecksgeschäft *n*
threshold agreement *(Pers)* Schwellenvereinbarung *f*
threshold level *(Gen)* Schwellenwert *m*, Meldeschwelle *f (reporting)*
threshold point *(Börse)* Schwellenpunkt *m*
threshold price *(Gen)* Eingangspreis *m*, Schwellenpreis *m*
threshold rate *(Pers)* Schwellentarif *f*
threshold worker *(AE)* 1. *(WiWi)* Auszubildende(r) *f(m)*, Azubi; 2. *(Pers)* Auszubildende(r) *f(m)*, Azubi, Praktikant(in) *m(f)*, Anlernling *m*
thrift *(AE) (Bank)* Sparkasse *f*
thrift account *(AE) (Fin)* Sparkonto *n*
thrift bank *(AE) (Bank)* Sparkasse *f*
Thrift Institutions *(AE) (Bank)* Sparkassen *fpl (US)*
thrift price *(AE) (Gen)* Niedrigpreis *m*
thrift shop *(AE) (Gen)* Gebrauchtwarengeschäft *n*
thrive *v (Gen)* florieren, gedeihen
thriving *adj (Gen, WiWi)* blühend, florierend, gutgehend
through fare *(Logis)* Durchgangsfahrpreis *m*
through flight *(Logis)* Direktflug *m*
throughput *(Fin)* Durchlauf *m*, Durchsatz *m*
throughput rate *(Ind)* Durchsatzleistung *f*, Mengenleistung *f*
throughput time *(BE) (Gen)* Durchlaufzeit *f*
throwaway society *(Gen, Umwelt, WiWi)* Wegwerfgesellschaft *f*
thruput time *(AE) (Gen)* Durchlaufzeit *f*
tick *v (BE) (Gen)* abhaken *(mark)*
tick *(BE)* 1. *(Gen)* Haken *m*, Häkchen *n*, Kontrollzeichen *n (mark)*; 2. *(Börse)* Mindestkursschwankung *f (rate deviation)*
tick size *(Börse)* Umfang *m* der Mindestkursschwankung
ticker *(Börse)* Börsenticker *m*
ticker day *(BE) (Börse)* Aufgabetag *m*, Skontrierungstag *m*
ticker tout *(Frei)* Kartenschwarzhändler *m*
tide *v* **over** *(Gen)* überbrücken
tie *v* **up** *(Fin)* festlegen, binden *(funds)*
tie *(Gen)* Band *n (bond)*
tie-in advertising *(V&M)* Verbundwerbung *f*
tie-in sale *(V&M)* Kopplungsverkauf *m*
tie-on label *(Gen)* Anhänger *m*
tied aid *(Imp/Exp, Pol)* gebundene Entwicklungshilfe *f (Darlehen, Zuschüsse oder verbundene Finanzierungspakete mit einem Zuschusselement von mehr als 0 %, die an den Bezug von Waren und Dienstleistungen aus dem Geberland gebunden sind)*
tied credit *(Fin)* gebundener Kredit *m*
tied development assistance loans *(Fin)* gebundene Entwicklungshilfedarlehen *npl (cf tied aid)*
tied up *adj* 1. *(Fin)* fest angelegt; 2. *(Börse, Gen, Mgt)* festgelegt
tied-up capital *(RW)* festgelegtes Kapital *n*
Tier One assets *(BE) (Börse)* erstklassige Anlagen *fpl*
TIES *(Abk. für Transatlantic Information Exchange System) (Pol, Recht)* Transatlantischer

Informationsaustausch-Service *m*
tiger economies *(Pol, WiWi)* Tigerstaaten *mpl*, südostasiatische Volkswirtschaften *fpl (South Korea, Taiwan, Hongkong, Singapur; sometimes including the Celtic Tiger, Ireland)*
tight *adj* 1. *(Gen)* straff, rigoros; 2. *(WiWi)* restriktiv *(monetary policy)*; 3. *(Pol)* gespannt *(situation)*; 4. *(Börse)* begrenzt *(market)* • **be in a tight spot** *(Gen) (ugs.)* in der Klemme sitzen • **be on a tight budget** *(Fin)* über ein knappes Budget verfügen
tight control *(Recht)* strenge Kontrolle *f*
tight fiscal policy *(Steuer, WiWi)* restriktive Finanzpolitik *f*
tight job market *(WiWi, Pers)* angespannter Stellenmarkt *m*, angespannter Arbeitsmarkt *m*
tight labor market *(AE)*, **tight labour market** *(BE) (Pers, WiWi)* angespannter Arbeitsmarkt *m*
tight liquidity position *(Fin)* angespannte Liquiditätslage *f*
tight market *(Börse)* enger Markt *m*
tight monetary policy *(WiWi)* kontraktive Geldpolitik *f*
tight money *(Fin)* Geldknappheit *f*
tight money policy *(WiWi)* Politik *f* des teuren Geldes
tight ship *(ugs.) (Mgt)* straffe Betriebsführung *f*
tighten *v (Gen, WiWi)* verschärfen, straffen *(credit controls)*
tighten *v* **one's belt** *(Gen, WiWi)* den Gürtel enger schnallen
tightening *(Gen, WiWi)* Verschärfung *f*, Straffung *f (of credit controls)*
tightening bias *(Fin, WiWi)* Neigung *f* [Tendenz *f*] zur geldpolitischen Straffung [Versteifung]
till canceled *(AE) (V&M) s.* till cancelled
till cancelled *(BE) (V&M)* bis auf Widerruf, b. a. W., bis zur Stornierung
till money *(WiWi)* Kassenhaltung *f*
till receipt *(Bank)* Kassenstreifen *m*
tilt *v* **the balance** *(Gen)* den Ausschlag geben
time *(Gen)* Zeit *f* • **be on half-time** *(Gen)* halbtags arbeiten • **for the time being** *(Gen)* vorläufig • **time is of the essence** *(Recht)* Fristeinhaltung ist Vertragsgrundlage
time-adjusted rate of return *(Fin, WiWi)* interner Zinsfuß *m*
time agreement *(Gen)* Zeitvertrag *m*
time allowed for payment *(V&M)* Zahlungsziel *n*
time and motion study *(Gen, Mgt)* Arbeitsplatzstudie *f*, Bewegungs-Zeit-Studie *f (efficiency in workplace)*
time arbitrage *(Gen)* Zeitarbitrage *f*
time-barred *adj (Recht)* verjährt
time bill *(BE) (Bank)* Nachsichtwechsel *m*, Zielwechsel *m*
time budget *(Mgt, WiWi)* Zeitbudget *n*, verfügbare Zeit *f*
time card *(Ind, Pers)* Stechkarte *f*
time clock *(Ind, Pers)* Kontrolluhr *f*, Stechuhr *f*, Stempeluhr *f*
time constraint *(Gen, Ind, Pers)* Zeitbegrenzung *f*
time-consuming *adj (Gen)* zeitaufwendig, zeitraubend
time deposit *(AE) (Bank)* Festgeld *n*, Termineinlage *f*
time draft *(AE) (Bank)* Nachsichtwechsel *m*
time for payment *(Gen)* Ziel *n (Zahlungsziel)*
time frame *(Gen)* Zeitrahmen *m*
time horizon *(Mgt)* Zeithorizont *m*
time lag 1. *(WiWi)* Wirkungsverzögerung *f*; 2. *(Steuer)* zeitliche Verzögerung *f*
time limit 1. *(Gen)* Frist *f*, Termin *m*, Zeitlimit *n*; 2. *(Recht)* Ausschlussfrist *f*
time limitation *(Gen, Komm)* Zeitbeschränkung *f*
time of going to press *(Media)* Redaktionsschluss *m*
time off *(Frei, Pers)* Freizeit *f*
time-out *(Gen)* Zeitüberschreitung *f*
time piecework *(Pers)* Zeitakkord *m*
time rate *(WiWi)* Zeitlohn *m*
time recording *(Gen)* Zeiterfassung *n*
time series analysis *(Stat, WiWi)* Zeitreihenanalyse *f (method of breaking down time series into their components; Zeitreihenzerlegung in einzelne Komponenten)*
time-sharing 1. *(Comp)* Gemeinschaftsbetrieb *m*, Timesharing *n*; 2. *(Grund, Pers)* Timesharing *n*
time sheet *(Pers)* Arbeitszeitnachweis *m*
time span of discretion *(Gen)* Ermessenszeitraum *m*
time study 1. *(Gen)* Arbeitszeitstudie *f*; 2. *(Ind, Stat)* Zeitstudie *f*
time to maturity 1. *(Fin)* Restlaufzeit *f (bis*

zur Endfälligkeit = final maturity); 2. *(WiWi)* Laufzeit *f*

time value 1. *(Bank)* Aufgeld *n*; 2. *(Börse)* Zeitwert *m (Wert der Restlaufzeit einer Option)*

time wage *(Pers)* Zeitlohn *m*, Zeitlohnsatz *m*

time-weighted methods of investment analysis *(Fin, WiWi)* dynamische Methoden *fpl* der Investitionsrechnung, dynamische Verfahren *npl* der Investitionsrechnung, finanzmathematische Verfahren *npl*, finanzmathematische Verfahren *npl* der Investitionsrechnung

timed sequence *(Ind)* Takt *m*

timely *adj (Gen)* fristgemäß, rechtzeitig, zeitgemäß

timely objection *(Recht)* fristgemäßer Widerspruch *m (contracts)*

timeout *(Gen)* Zeitüberschreitung *f*

timescale *(Fin, Gen, Mgt, WiWi)* Zeitplan *m*, zeitlicher Rahmen *m*

timetable 1. *(Frei, Logis)* Flugplan *m (of airline)*; Kursbuch *n*, Fahrplan *m (of bus, boat, train service)*; 2. *(Mgt)* Programm *n*, Zeitplan *m (for project)*

timewise *adv (Gen)* zeitlich

timing *(Gen)* Timing *n*, Bestimmung *f* der (richtigen) Zeitstrukur *(of repayments)*

timing the market *(Börse)* Market Timing *n (synonymous: market timing; investment strategy: market timers believe that it is possible to predict future changes of market directions; opposite: buying and holding strategy = Kaufen-und-Halten-Strategie; Anlagestrategie, die auf das frühzeitige Erkennen und Ausnutzen künftiger Richtungsänderungen des Marktes setzt)*

TIN *(Abk. für Taxpayer Identification Number, AE) (Recht, Steuer)* US--Steuernummer *(TIN)*

tip *v* **the scales** *(Gen)* den Ausschlag geben

tip *(Gen)* Tipp *m (advice)*; Trinkgeld *n (gratuity)*

TIPS *s.* Treasury Inflation Protection Securities

tips and gratuities *(Gen, RW)* Bedienungsgelder *npl*

title 1. *(Gen)* Anspruch *m (to goods)*; 2. *(Recht)* Rechtsanspruch *m*, Titel *m*

title deed *(Grund, Recht)* Besitzurkunde *f*, Eigentumsurkunde *f*

title under a right *(Recht)* Anspruch *m* aus einem Recht

titular head of an organization *(Mgt, Pers)* Galionsfigur *f*

TKG *s.* German Telecommunications Act

today's rate *(Bank, Fin)* Tageskurs *m (of exchange)*

toe in the market/get a *(Gen)* auf dem Markt Fuß fassen

toehold 1. *(Gen)* Ansatzpunkt *m*; 2. *(Mgt, V&M)* Brückenkopf *m*; Einstiegsposition *f*, Ausgangsposition *f*

toehold purchase *(Börse, Fin, Mgt)* Einstiegsengagement *n (buying less than 5 % of a company's outstanding stock as a possible precursor to a subsequent larger purchase; when 5 % or more is accumulated, the SEC and the target must be notified; Anschaffung einer Einstiegsposition unterhalb der Meldeschwelle von 5 % als Ausgangspunkt für weitere Zukäufe)*

toes up/go *(ugs.) (Gen)* Bankrott gehen, Bankrott machen

token coin *(Bank)* Scheidemünze *f*

token money *(Fin)* Ersatzgeld *n*, Geldsurrogat *n*

token payment *(Bank, Gen)* symbolische Bezahlung *f*

token strike *(Pers)* Warnstreik *m*

token woman *(jarg.) (Admin, Mgt, Pers, Pol) (jarg.)* Quotenfrau *f (synonymous: quota woman; diskreditierende Bezeichnung für eine weibliche Führungskraft, da unterstellt wird, sie habe die Position aufgrund ihres Geschlechts und auf Basis einer Quotenregelung erlangt: ‚Frauenquoten produzieren Quotenfrauen'; cf fixed proportion of women = Frauenquote; anders: quota arrangement = Quotenkartell)*

tolerate a loss *(Bank)* einen Verlust *m* in Kauf nehmen

toll call *(AE) (Komm)* Ferngespräch *n*

toll-free call *(AE) (Komm, V&M)* kostenloser Anruf *m*

toll-free number *(AE) (Komm, V&M)* gebührenfreie Rufnummer *f*

toll model *(WiWi)* Gebührenmodell *n*

tombstone *(WiWi)* Finanzanzeige *f*

tool 1. *(Comp) (jarg.)* Tool *n*; Werkzeug *n*; 2. *(Gen, Ind)* Instrument *n*, Werkzeug *n*; 3. *(Media)* Mittel *n (of reference)*

tools of the trade *(Gen)* Handwerkszeug *n*
top *v (Gen)* übertreffen *(surpass)*
top *v* **out** *(Gen)* einen Höchststand erreichen *(rate, price, cost)*
top *v* **up** *(Gen)* aufstocken *(savings)*
top *(Gen)* Spitze *f* • **at the top end** *(Gen)* am oberen Ende *(of a scale)* • **at the top rate** *(Steuer)* zum Spitzensteuersatz • **be on top of one's job** *(Pers)* die Arbeit im Griff haben • **top wages paid** *(Pers)* wir zahlen Spitzenlöhne *(job offers, recruitments)*
top copy *(Gen)* Original *n*
top-down *(Gen, Mgt)* retrograd, Top--Down *(planning)*
top-down approach *(Mgt, WiWi)* Top--Down-Ansatz *m (corporate top-down planning; Informationsfluss bei der retrograden Unternehmensplanung von oben nach unten; opposite: bottom-up approach)*
top-down corporate planning *(Mgt, WiWi)* retrograde Unternehmensplanung *f*, Top-down--Planung *f (corporate top-down planning; Informationsfluss der Unternehmensplanung von oben nach unten; opposite: bottom-up approach, Gegensatz: progressives Verfahren)*
top-down method *(Mgt)* retrogrades Verfahren *n*, Top-Down-Verfahren *n (corporate top-down planning; opposite: bottom-up method = progressives Verfahren)*
top-down planning *(Mgt, WiWi)* Top--down-Planung *f (corporate top-down planning; Informationsfluss der retrograden Unternehmensplanung von oben nach unten; opposite: bottom-up approach, Gegensatz: progressives Verfahren)*
top-down planning system *(Mgt, WiWi)* Top-down-Planung *f*, retrogrades Planungssystem *n*, retrograde Unternehmensplanung *f (corporate top-down planning; Informationsfluss der retrograden Unternehmensplanung von oben nach unten; opposite = bottom-up method, Gegensatz: progressives Verfahren)*
top-down principle *(Gen, Mgt)* hierarchisches Prinzip *n*
top earner *(Pers)* Spitzenverdiener(in) *m(f)*
top end of the market *(V&M)* Markt *m* für Qualitätsprodukte, ober(st)er Marktbereich *m*
top end of the range *(V&M)* ober(st)er Bereich *m* der Skala *(marketing)*
top hand *(AE) (Gen, Pers)* Spitzenkraft *f*, *(ugs.)* Spitzenmann *m*
top-heavy *adj* 1. *(Admin)* kopflastig *(organization)*; 2. *(Fin, Gen)* überbewertet, überkapitalisiert *(structure, organization, price)*
top-level job [position] *(Pers)* Spitzenposition *f*, Position *f* auf höchster Ebene
top management *(Mgt)* oberste Unternehmensführung *f*, oberste Leitungsebene *f*, Top-Management *n*
top of the line *(Gen)* Markenführer *m*, Spitzenmarke *f*
top of the range *(Gen)* Spitzenstellung *f*
top performer *(Mgt)* Leistungsträger *m*
top price *(Börse, Gen)* Spitzenpreis *m*, Höchstkurs *m*
top quality *(Gen)* beste Qualität *f*, Spitzenqualität *f*
top-rank product *(Gen, V&M)* erstklassiges Erzeugnis *n*, Spitzenprodukt *n*
top-ranking *adj (Gen)* hochgestellt, hochrangig
top rate of tax *(Steuer)* Spitzensteuersatz *m*
top salary *(Pers)* Spitzengehalt *n*
top-selling article *(V&M)* Verkaufsschlager *m*
topic *(Gen)* Thema *n*
tort *(Recht)* Delikt *n (England and Wales)*
tort feasor *(Recht)* Gesetzesübertreter(in) *m(f)*, Missetäter(in) *m(f)*
tort liability *(Recht)* Haftung *f* aus unerlaubter Handlung *(civil law)*
total *(Gen)* Gesamtbetrag *m*, Summe *f*
total amount *(RW)* Gesamtbetrag *m*
total assets *(RW)* Gesamtvermögen *n*
total balance sheet *(RW)* Bilanzsumme *f*
total borrowings *(RW, Fin)* Gesamtverschuldung *f (synonymous: total debt)*
total capitalization *(Fin)* Gesamtkapitalisierung *f*
total costs *(Gen, WiWi)* Gesamtkosten *pl*
total demand *(V&M, WiWi)* Gesamtnachfrage *f*, gesamtwirtschaftliche Nachfrage *f*
total domestic expenditure *(WiWi)*

Absorption *f*
total equity and liabilities *(RW)* Passiva *npl*; bilanziell ausgewiesenes Kapital *n*, bilanzielles Gesamtkapital *n (right column of the balance sheet; rechte Seite der Bilanz, zeigt die Kapitalherkunft = sources of finance bzw. die Ansprüche der mit verschiedenen Rechtstiteln ausgestatteten Kapitalgeber auf das links ausgewiesene Vermögen = Aktiva = assets)*
total expense ratio *(TER) (Bank)* Gesamtkostenquote *f*, Gesamtkostenbelastung *f (comprehensive cost ratio of investment funds; umfassende Kostenkennziffer von Fonds)*
total productivity *(WiWi)* Gesamtproduktivität *f*
total public debt *(Pol, WiWi)* öffentliche Verschuldung *f*
total public spending *(Pol, WiWi)* öffentliche Gesamtausgaben *fpl*
total quality management *(TQM) (Mgt)* unternehmensweite Qualitätssicherung *f*, Gesamtqualitätsüberwachung *f*, Gesamtqualitätssicherung *f*, Total Quality Management *n*, TQM *(Verbesserung der Kundenzufriedenheit durch Optimierung der Qualität aller Leistungen über alle Funktionsbereiche und Mitarbeiter)*
total revenue 1. *(Steuer, WiWi)* Gesamtsteueraufkommen *n*; 2. *(RW)* Gesamtumsatz *m*, Gesamterlös *m*, Gesamtertrag *m*
total wages and salaries *(Pers, RW)* Lohn- und Gehaltssumme *f*
total yield *(Ind, V&M, WiWi)* Gesamtrendite *f*
totalize *v (Gen)* zusammenzählen
touch-and-go *adj (WiWi)* gefährlich, riskant, offen *(uncertain)*
touch-tone phone *(Komm)* Tastentelefon *n*
tough *adj (Gen)* hart, schwierig *(conditions)*
tough competition *(Gen)* harter Wettbewerb *m*, scharfe Konkurrenz *f*
tough competitor *(Gen)* harter Konkurrent *m*, harte Konkurrentin *f*
tour guide *(Frei, Pers)* Reiseleiter(in) *m(f)*
tourist information office *(Frei)* Fremdenverkehrsbüro *n*, Touristeninformation *f*
tourist visa *(Admin)* Touristenvisum *n*
tourists' rate *(Bank, WiWi)* Touristenkurs *m*
tout *v (Frei)* anbieten *(tickets)* • **tout for business** *(Gen) (ugs.)* Käufer anreißen • **tout for custom** *(Gen)* auf Kundenfang sein
tout *(Frei, Gen)* Schwarzhändler(in) *m(f)*
town administration *(Admin, Pol)* Stadtverwaltung *f*
town bill *(Bank)* Platzwechsel *m*
town center *(AE) (Gen) s.* town centre
town centre *(BE) (Gen)* Stadtmitte *f*, Stadtzentrum *n*
town council *(Admin, Pol)* Stadtrat *m*
town hall *(Admin, Gen, Pol)* Rathaus *n*
toxic waste *(Umwelt)* Giftmüll *m*
TQM *(Abk. für total quality management) (Mgt)* unternehmensweite Qualitätssicherung *f*, Gesamtqualitätsüberwachung *f*, Gesamtqualitätssicherung *f*, Total Quality Management *n*, TQM
trace *v* 1. *(Gen)* lokalisieren, nachfolgen *(follow trail of)*; 2. *(Logis)* verfolgen
trace *v* **a payment** *(Bank)* eine Zahlung zurückverfolgen
trace *v* **back** *(Gen)* zurückverfolgen
track *v (Gen)* kontrollieren, verfolgen *(spending)*
track record 1. *(Gen)* bisherig gezeigte Leistungen *fpl*; 2. *(Pers)* nachweisbarer Berufsverlauf *m*; 3. *(V&M)* Verkaufserfolg *m*
tracking *(Gen)* Kontrolle *f (turnover, costs, expenses)*; Überwachung *f (electronic)*
tracking system *(Gen)* Kontrollsystem *n*, Überwachungssystem *n*
tradability *(Gen, WiWi)* Handelsfähigkeit *f*, Negoziierbarkeit *f*
tradable *adj (Gen, WiWi)* gängig, handelbar
tradable discharge permit *(Umwelt, WiWi)* handelbares Emissionszertifikat *n*
tradable emission permit *(Umwelt, WiWi)* handelbares Emissionszertifikat *n*
tradables *(WiWi)* handelbare Güter *npl*, international gehandelte Güter *npl*, Außenhandelsgüter *npl*, Handelsgüter *npl*
trade *v (Gen, WiWi)* Handel treiben, handeln; handeln mit *(deal in)*;

austauschen *(exchange)*
trade *v* **as** *(Gen)* ein Gewerbe betreiben als, tätig sein als
trade *v* **at** 1. *(Bank, WiWi)* notieren bei *(currency rate)*; 2. *(Börse)* handeln an; einen Kurs haben von, liegen bei *(shares)*
trade *v* **for one's account** *(Börse)* auf eigene Rechnung handeln
trade *v* **in** *(Börse, Gen)* eintauschen, in Zahlung geben
trade *v* **off** *(WiWi)* ausgleichen, eintauschen
trade *v* **off market share against profit margins** *(WiWi)* Marktanteile gegen Gewinnmargen eintauschen
trade *adj (Gen)* gewerblich
trade 1. *(Gen, WiWi)* Wirtschaftszweig *m*, Branche *f (sector of economy)*; Handel *m*, Handelsverkehr *m*, Geschäft *n (commerce)*; Güteraustausch *m (exchange)*; 2. *(Pers)* Beruf *m (job, profession)* • **by trade** *(Pers)* von Beruf
trade account payables *(AE) (RW)* Verbindlichkeiten *fpl* aus Lieferungen und Leistungen
trade account receivables *(AE) (RW)* Forderungen *fpl* aus Lieferungen und Leistungen
trade agreement *(Recht, WiWi)* Handelsabkommen *n*, Handelsvereinbarung *f*
trade allowance *(Gen)* Großhandelsrabatt *m*, Rabatt *m* für Wiederverkäufer
trade and industry *(WiWi)* gewerbliche Wirtschaft *f*
trade association *(Gen, WiWi)* Fachverband *m*, Berufsvereinigung *f*, Gewerbeverband *m*, Handelsverband *m*, Unternehmerverband *m*
trade balance *(Imp/Exp, WiWi)* Handelsbilanz *f*
trade barrier *(Gen, Imp/Exp, WiWi)* Handelsschranke *f*
trade bill *(Fin)* Tratte *f*; Handelswechsel *m*, Warenwechsel *m*
trade buyers *(V&M)* Fachhandel *m*, Fachhändler *fpl*
trade channel *(Gen)* Absatzkanal *m*, Beschaffungsweg *m*
trade credit 1. *(RW)* Handelskredit *m*; 2. *(Bank)* Warenkredit *m*
trade creditors *(Gen, RW)* Verbindlichkeiten aus Lieferungen und Leistungen *fpl*
trade cycle *(WiWi)* Konjunkturphase *f*, Konjunkturzyklus *m*
trade debtors [debts] *(Fin)* Forderungen *fpl* aus Lieferungen und Leistungen, Forderungen *fpl* aus Warenlieferungen und Leistungen
trade deficit *(Imp/Exp, Pol, WiWi)* Handelsdefizit *n*, Außenhandelsdefizit *n*, passive Handelsbilanz *f*
trade discount *(Gen, RW, V&M)* Nachlass *m*, Skonto *m(n)*
trade distortion *(WiWi)* Handelsverzerrung *f*
trade entrance *(Gen)* Lieferanteneingang *m*
trade fair 1. *(Gen)* Messe *f*; 2. *(V&M)* Gewerbeausstellung *f (advertising)*; Fachmesse *f (professionals only)*
trade figures *(Gen, Pol, WiWi)* Außenwirtschaftszahlen *fpl*, Handelsziffern *fpl*
trade flow *(WiWi)* Handelsstrom *m*
trade gap *(Imp/Exp, Pol, WiWi)* Außenhandelsdefizit *n*, Handelsbilanzdefizit *n*
trade journal *(Gen, Media)* Fachblatt *n*, Fachorgan *n*, Fachzeitschrift *f*, Verbandszeitung *f*
trade liberalization *(Gen, Recht, WiWi)* Handelsliberalisierung *f*
trade mart *(Gen, V&M)* Handelszentrum *m*, Großhandelszentrum *n*
trade name *(Gen, V&M)* Firmenname *m*, Handelsbezeichnung *f*, Markenname *m (of product)*
trade-off *(WiWi)* Austauschbeziehung *f*, Trade-off *m*, Ausgleich *m (between growth and profitability)*; Abwägungszusammenhang *m*; Kompromiss *m (unemployment, inflation)*
trade organization *(Gen)* Fachorganisation *f*
trade park *(AE) (Grund)* Gewerbegebiet *n*, Gewerbepark *m*
trade policy *(Imp/Exp, WiWi)* Außenhandelspolitik *f*, Handelspolitik *f*
trade practice rules *(Gen, Recht, WiWi)* Wettbewerbsregeln *fpl*
trade practices *(Gen)* Handelspraktiken *fpl*
trade press *(Media)* Fachpresse *f (print)*
trade protectionism *(Imp/Exp, WiWi)* Handelsprotektionismus *m*

(international trade)
trade restriction *(Imp/Exp, WiWi)* Handelsbeschränkung *f*, Handelsrestriktion *f (quotas)*
trade sanctions *(Pol, WiWi)* Wirtschaftssanktionen *fpl*
trade secret *(Gen)* Berufsgeheimnis *n*, Geschäftsgeheimnis *n*
trade show *(V&M)* Fachausstellung *f*, Fachmesse *f*
trade sign *(Gen)* Firmenzeichen *n*, Gewerbezeichen *n*
trade strategy *(Gen, WiWi)* Handelsstrategie *f*
trade surplus *(Imp/Exp, WiWi)* Außenhandelsüberschuss *m*
trade tax *(Steuer)* Gewerbesteuer *f (local tax)*
trade tax on earnings *(Steuer) (Deu)* Gewerbeertragsteuer *f*, GewESt *(local tax on profits or earnings)*
trade terms *(Gen, Recht)* Handelsbedingungen *fpl*, handelsübliche Vertragsformeln *fpl (trade agreements)*
trade union *(BE) (Gen, Pers, Pol)* Gewerkschaft *f*
trade volume *(Gen, WiWi)* Handelsvolumen *n*
trade war *(WiWi)* Handelskrieg *m*
trade-weighted *adj (Imp/Exp, Stat, WiWi) (ugs.)* handelsgewichtet, mit den Handelsanteilen gewichtet, mit den Außenhandelsanteilen gewogen
trade-weighted exchange rate *(WiWi)* gewogener Außenwert *m* einer Währung
trade-weighted external value *(WiWi)* gewogener Außenwert *m (of currency)*
trade within the EU *(Gen, Pol, V&M, WiWi)* Binnenhandel *m*, EU-Handel *m*
tradeability *(Gen, WiWi)* Handelsfähigkeit *f*, Negoziierbarkeit *f*
tradeable *adj s.* tradable
traded option *(Börse)* handelbare Option *f*
trademark *v (Pat, Recht)* als Marke schützen (lassen), als Marke registrieren (lassen) *(provide with a trademark)*
trademark 1. *(Recht)* Marke *f*; 2. *(Pat, V&M)* Marke *f*; Markenzeichen *n*, Handelsmarke *f (obs.: Warenzeichen)*
trademarked goods *(Pat)* Markenartikel *mpl*
trademarked names *(Pat)* geschützte Markennamen *mpl*
trader *(Gen, V&M)* Händler(in) *m(f)*, Wertpapierhändler(in) *m(f)*, Unternehmer(in) *m(f)*, Geschäftsmann *m*, Geschäftsfrau *f*
trades *(Börse)* Abschlüsse *mpl*
• **multiple trades** *(Börse)* Mehrfachabschlüsse *(often used by institutional investors to avoid a single significant order that might adversely affect the price on the market; Mehrfachabschlüsse sollen unerwünschte Marktpreiswirkungen verhindern, die durch große signifikante Orders ausgelöst werden können)*
tradesman *(Pers)* Handwerker *m (z. B. Bauhandwerker)*; Händler *m*, Einzelhändler *m*
trading 1. *(Gen)* Geschäft *n*, Handel *m*, Verkehr *m*; 2. *(Börse)* Handeln *n*; Traden *n (kurzfristige Käufe und Verkäufe, speculation)*
trading account *(Bank, RW)* Erfolgskonto *n*
trading area 1. *(Gen)* Absatzgebiet *n*; 2. *(V&M)* Verkaufsgebiet *n (shop territory)*
trading authorization *(Gen)* Gewerbeerlaubnis *f*
trading company *(Gen, Imp/Exp)* gewerbliches Unternehmen *n*, Handelsgesellschaft *f*
trading estate 1. *(Ind)* Industriegebiet *n*; 2. *(Grund)* Gewerbegebiet *n*, Gewerbepark *m*, Industriegebiet *n*; 3. *(Gen)* Geschäftszentrum *n*
trading floor *(Börse)* Parkett *n*
trading fund *(Bank, Fin)* Fonds *m* ohne Ausgabeaufschlag, *(jarg.)* Trading--Fonds *m*, Fonds *m* für kurzfristige Anlagen *(synonymous: no-load fund; no sales charge, ohne Abschlussgebühr oder Verkaufsprovision)*
trading halt *(Börse)* Aussetzen *n* der Notierung
trading limit *(Börse)* Kurslimit *n*, maximale Preisfluktuation *f (futures)*
trading links *(Gen, Imp/Exp, Pol)* Handelsbeziehungen *fpl*
trading loss *(RW)* Betriebsverlust *m*
trading name *(Gen, Pat, Recht)* Handelsname *m*
trading nation *(Imp/Exp)* Handelsnation *f*
trading on the equity *(WiWi)* Ausdehnung *f* der Fremdfinanzierung,

Variation *f* der Finanzierungsquoten *(company capital structure)*
trading partner *(Pol, WiWi)* Handelspartner *m*
trading pattern *(Börse)* Handelsstruktur *f*
trading portfolio *(Bank, Fin)* Handelsbestand *m*
trading profit *(BE) (Fin, RW)* Betriebsgewinn *m*, operativer Gewinn *m*, Betriebsergebnis *m*, operatives Ergebnis vor Zinsen und Ertragsteuern, Ergebnis *n* vor Zinsen und Steuern, EBIT *n(m)*, Ebit *n(m)*, Gewinn *n* vor Ertragsteuern und Zinsaufwand *(synonymous: operating income = operating profit = operating revenue minus operating costs = net profit or net loss; das Ergebnis des betrieblichen Leistungsprozesses und Maß der Ertragskraft im operativen Geschäft, wichtige Kennzahl mit international guter Vergleichbarkeit wegen der Eliminierung unterschiedlicher Finanzierungs- und Steuerstrukturen)*
trading range *(Börse)* Kursspanne *f* *(commodities, securities)*
trading result *(Fin, Gen, RW)* Betriebsergebnis *n*, Handelsergebnis *n*
trading room *(Börse)* Börsensaal *m* *(synonymous: board room)*
trading rules *(Börse)* Aktienhandelsbestimmungen *fpl*
trading stamp *(Komm, Pat)* Rabattmarke *f*
trading standards *(Gen)* Handelsnormen *fpl*
Trading Standards Office *(AE) (WiWi)* Gewerbeaufsichtsamt *n*
trading unit *(Börse)* Kontraktgröße *f*
trading up *(V&M)* Handel *m* mit Waren höherer Preislage und Gewinnspanne
trading variation *(Börse)* Abschlussspanne *f*
trading volume *(Gen)* Handelsumfang *m*, Umsatzvolumen *n*
trading year *(Gen, RW)* Berichtsjahr *n*, Geschäftsjahr *n*
traditional *adj (Gen)* herkömmlich, traditionell
traffic 1. *(Gen)* Handel *m*, Handelsverkehr *m (trade)*; 2. *(Logis)* Verkehr *m*
traffic-free *adj (Frei, Logis)* autofrei
traffic gridlock *(Logis)* völliger Verkehrsstillstand *m*, Zusammenbruch *m* des Verkehrs
traffic laws *(Recht, Logis)* Straßenverkehrsrecht *n*
traffic limit *(Comp, Komm)* Traffic--Kontingent *n*
trafficker *(Gen)* Dealer(in) *m(f)*, Schieber(in) *m(f)*, Schwarzhändler(in) *m(f)*
trailblazing *adj (Gen, Ind, Media)* bahnbrechend *(campaign)*
train *v (Pers)* sich ausbilden lassen *(as chemist, nurse)*
train *v* **for sth** *(Pers)* sich zu etwas ausbilden lassen *(as chemist, nurse etc.)*
trained staff *(Pers)* geschultes Personal *n*, qualifiziertes Personal *n*
trainee *(Pers)* Auszubildende(r) *f(m)*, *(ugs.)* Azubi *m*; Praktikant(in) *m(f)*, Anlernling *m*
trainee position *(Edu, Pers)* Praktikantenstelle *f*, Praktikumsstelle *f*, (berufliche) Ausbildungsstelle *f*
traineeship *(Pers)* Praktikum *n*, Volontariat *n*
traineeship contract *(Edu, Pers)* Praktikumsvertrag *m*, Lehrvertrag *m*, Ausbildungsvertrag *m*
trainer *(Gen, Mgt, Pers)* Ausbilder(in) *m(f)*
training *(Gen, Pers)* Ausbildung *f*, Einarbeitung *f*, Schulung *f*
training and education system *(Pers)* Bildungswesen *n*
training center *(AE) (Pers)* s. training centre
training centre *(BE) (Pers)* Ausbildungsstätte *f*, Schulungszentrum *n*
training certificate *(Edu)* Ausbildungsnachweis *m*, Ausbildungszeugnis *n*
training course *(Pers)* Ausbildungslehrgang *m*
training facility *(Pers)* Schulungszentrum *n*, Schulungsstätte *f*
training manager *(Gen, Mgt, Pers)* Ausbildungsleiter(in) *m(f)*, Schulungsleiter(in) *m(f)*
training needs *(Gen, Pers, V&M)* Ausbildungsbedarf *m*
training of trainers *(Pers)* Ausbildung *f* der Ausbilder, AdA
training on-the-job *(Edu, Pers)* Ausbildung *f* am Arbeitsplatz, Ausbildung *f* im Betrieb, praktische Ausbildung *f* im Betrieb

training place 1. *(Edu)* beruflicher Ausbildungsplatz *m*, Ausbildungsplatz *m*, berufliche Ausbildungsstelle *f*, Berufsausbildungsplatz *m*, Lehrstelle *f*; 2. *(Pers)* Schulungsort *m*, Ausbildungsort *m*
training program *(AE) (Pers) s.* training programme
training programme *(BE) (Pers)* Fortbildungsprogramm *n*, Ausbildungsprogramm *n*, Schulungsprogramm *n*
training scheme *(BE) (Pers)* Ausbildungsprogramm *n*
training voucher *(Bil, Soz)* Bildungsgutschein *m*
training within industry *(Ind, Pers)* innerbetriebliche Weiterbildung *f*
training workshop *(Pers)* Lehrwerkstätte *f*, Lehrwerkstatt *f*
transact *v* 1. *(RW)* abschließen; 2. *(Gen)* abschließen, durchführen, handeln, umsetzen, vorgehen *(business)*; 3. *(V&M)* tätigen
transaction 1. *(RW)* Abschluss *m*; 2. *(Gen)* Handel *m*, Transaktion *f*, Umsatz *m*, Vorgang *m*, Durchführung *f*, Abschluss *m*
transaction carrying an option *(Börse)* Optionsgeschäft *n*
transaction charge *(Fin)* Buchungsgebühr *f*
transaction cost economics *(WiWi)* Transaktionskostenökonomie *f*
transaction exposure *(Börse)* Abschlussrisiko *n*, Transaktionsrisiko *n*
transaction file *(Comp)* Änderungsdatei *f*, Bewegungsdatei *f*
transaction risk *(Börse)* Abschlussrisiko *n*, Transaktionsrisiko *n*
transaction slip *(Börse)* Abschlussbestätigung *f*
transaction tax *(Börse)* Umsatzsteuer *f*, USt
transaction volume *(Bank, Börse)* Geschäftsvolumen *n*
transactional analysis *(Fin, Mgt)* Transaktionsanalyse *f*
transactions balance *(WiWi)* Transaktionskasse *f*
transactions costs *(WiWi)* Transaktionskosten *pl*
transactions holdings *(WiWi)* Transaktionskasse *f*
transactions in goods *(WiWi)* Warenverkehr *m (BOP; not: merchandise transactions)*
transactions in services 1. *(Bank)* Dienstleistungsgeschäfte *npl*; 2. *(WiWi)* Dienstleistungsverkehr *m*
transatlantic *adj (Gen, Pol)* transatlantisch
Transatlantic Information Exchange System *(TIES) (Gen, Pol, Recht)* Transatlantischer Informationsaustausch-Service *m*
transatlantic partnership *(Pol)* transatlantische Partnerschaft *f*
transatlantic relationship *(Pol)* transatlantisches Verhältnis *n*
transcribe *v* 1. *(Comp)* transkribieren, umschreiben; 2. *(Gen)* abschreiben *(copy)*; übertragen *(from shorthand)*; mitschreiben *(speech)*; aufzeichnen *(meeting)*
transcript *(Recht)* Protokoll *n*
transcription 1. *(Comp)* Umschreibung *f*, Transkription *f*; 2. *(Gen)* Aufzeichnung *f (of meeting)*; Übertragung *f (from shorthand)*; Mitschreibung *f (of speech)*
transfer *v* 1. *(RW)* umbuchen; 2. *(Admin)* versetzen; 3. *(Bank)* überweisen; 4. *(Fin, WiWi)* übertragen, überweisen *(funds)*; 5. *(Gen)* versetzen; 6. *(Pers)* versetzen, umsetzen *(person)*; 7. *(Versich)* zedieren; 8. *(Recht)* abtreten, veräußern, übereignen, überschreiben; 9. *(Grund)* übertragen; 10. *(Börse)* umschreiben, übertragen; 11. *(Steuer)* abführen; 12. *(Logis)* umsteigen *(change train, bus)*
transfer *v* **a debt** *(RW)* eine Schuld übertragen
transfer *v* **by endorsement** *(Bank, Fin, Recht)* durch Indossament übertragen
transfer *v* **ownership of sth** 1. *(Recht)* etw. übereignen; 2. *(Grund)* das Eigentum einer Sache übertragen
transfer 1. *(RW)* Umbuchung *f*; 2. *(Admin)* Versetzung *f*; 3. *(Bank)* Überweisung *f*, Umbuchung *f (of funds)*; 4. *(Comp, Fin)* Transfer *m*; 5. *(Gen)* Übertragung *f*, Versetzung *f (of responsibilities, liabilities)*; 6. *(Pers)* Umsetzung *f*, Versetzung *f*, Transfer *m*; 7. *(Recht)* Abtretung *f*, Übereignung *f*, Veräußerung *f*; 8. *(Grund)* Übertragung *f (of property)*; 9. *(Börse)* Umschreibung *f*, Übertragung *f*; 10. *(Steuer)* Abführung *f (of money)*; 11. *(Logis)* Transfer *m*

transfer fee *(Pers)* Ablösesumme *f (sports)*
transfer income *(WiWi)* Transfereinkommen *n*
transfer limit *(Comp, Komm, Media)* Volumenbeschränkung *f (Menge der übertragenen Daten zum oder vom eigenen Rechner)*
transfer of a business *(Recht)* Unternehmensübertragung *f*
transfer of assets *(RW)* Vermögensübertragung *f*
transfer of funds voucher *(Bank)* Überweisungsbeleg *m*
transfer of jobs *(WiWi, Pers)* Arbeitsplatzverlagerung *f*, Verlagerung *f* von Arbeitsplätzen
transfer of ownership *(Recht)* Eigentumsübertragung *f*, Übertragung *f* der Eigentumsrechte
transfer of property inter vivos *(Recht, Steuer)* Schenkung *f* unter Lebenden
transfer of risk *(Versich, Imp/Exp, Recht)* Gefahrenübergang *m (Incoterms; anders: risk transfer = Risikotransfer mit strukturierten Finanzinstrumenten wie ABS, CDS, MBS oder CDOs im Rahmen des Originate-and-distribute--Geschäftsmodells = originate-and--distribute business model)*
transfer of stock *(Gen)* Bestandsübertragung *f*
transfer of technology *(Ind, WiWi)* Technologietransfer *m*
transfer of voting rights for consideration *(Börse, Pol, Recht)* Übertragung *f* von Stimmrechten gegen Entgelt
transfer payment *(WiWi)* Transferzahlung *f*
transfer payments *(WiWi)* Übertragungen *fpl*
transfer price *(Gen)* Verrechnungspreis *m*, Transferpreis *m (transfer pricing is a means of allocating costs and, hence, profits between units of large organizations for goods and services supplied; Problem der Preisverrechnung im Konzern)*
transfer rate *(Comp, Komm, Media)* Datenübertragungsmenge *f*, Übertragungsrate *f*, Transferrate *f*
transfer time *(Bank)* Überweisungsdauer *f*
transferability *(Börse)* Abtretbarkeit *f*, Transferierbarkeit *f (of registered shares)*
transferable *adj (Börse)* abtretbar, übertragbar *(options)*
transferable loan instruments *(Fin)* übertragbare Kreditinstrumente *npl*
transferable security *(Börse, Fin)* frei transferierbares Wertpapier *n*, umschreibbares Wertpapier *n*; übertragbares Wertpapier *n (opposite: nontransferable security = nicht übertragbares Wertpapier)*
transferee 1. *(Bank)* Erwerber(in) *m(f)*; 2. *(Recht)* Abtretungsempfänger(in) *m(f)*, Zessionar *m*
transferee company *(Fin, Gen)* übernehmende Gesellschaft *f*
transferor *s.* transferrer
transferral *(Pers)* Umsetzung *f*
transferred *adj (Admin, Pers)* versetzt
transferrer 1. *(Bank)* Übergeber *m*; 2. *(Versich)* Abtretende(r) *f(m)*; 3. *(Recht)* Abtretende(r) *f(m)*, Übertragende(r) *f(m)*, Treugeber *m*, Veräußerer *m*, Zedent *m*; 4. *(Steuer)* Zedent *m (inheritance tax)*
transferrer company *(Gen)* übertragende Gesellschaft *f*
transform *v* 1. *(WiWi)* transformieren, umgestalten, umwandeln *(economy)*; 2. *(Versich)* umformen; 3. *(Stat)* abbilden, transformieren
transformation 1. *(Comp)* Umwandlung *f*; 2. *(WiWi)* Transformation *f*; 3. *(Gen)* Übergang *m*, Umgestaltung *f*, Umwandlung *f*; 4. *(Stat)* Abbildung *f*, Transformation *f*
transformation curve *(WiWi)* Kapazitätslinie *f*, Transformationskurve *f*
transformation industries *(Ind)* Transformationsindustrien *fpl (in transition)*
transformation of maturities 1. *(Fin, Gen)* Änderung *f* der Fristen, Fristenveränderung *f*; 2. *(WiWi)* Fristentransformation *f*
transfrontier *adj (Gen, Imp/Exp, V&M)* grenzüberschreitend
Transfrontier Television *(Komm, Media)* grenzüberschreitendes Fernsehen *n*
transient *adj (Gen)* kurzlebig, vorübergehend
transit *(Frei, Imp/Exp, Logis)* Transit *m*, Transport *m*
transit credit *(Bank)* Transitkredit *m*

transit document *(Imp/Exp, Logis)* Transitdokument *n*, Transitpapier *n*
transit number *(Fin)* Bankleitzahl *f (BLZ)*
transit time *(Imp/Exp, Logis)* Transportzeit *f*
transit trade 1. *(WiWi)* Zwischenhandel *m*; 2. *(Imp/Exp, Logis)* Transithandel *m*
transition period *(Gen)* Übergangsperiode *f*, Übergangszeit *f*
transitional *adj (Gen)* übergangsweise
transitional economy *(WiWi)* Transformationswirtschaft *f*, Übergangswirtschaft *f (Central and Eastern Europe)*
transitional provisions *(Steuer)* Übergangsbestimmungen *fpl*
transitory income *(RW, WiWi)* durchlaufende Einnahmen *fpl*, transitorische Einnahmen *fpl*
translate *v* 1. *(Komm)* übersetzen; 2. *(WiWi)* umrechnen *(currency)*
translated *adj (Gen)* übersetzt; umgerechnet *(currency)*
translation difference *(RW)* Umrechnungsdifferenz *f (from consolidation of foreign subsidiaries)*
translation differential *(Fin, WiWi)* Umrechnungsdifferenz *f*
translation loss *(Fin, WiWi)* Umrechnungsverlust *m (international trade)*
translation profit *(Fin, WiWi)* Umrechnungsgewinn *m (international trade)*
translation risk *(Fin, WiWi)* Währungsrisiko *n*
translation software *(Comp, Gen)* Übersetzungssoftware *f*
transmission mechanism *(WiWi)* Transmissionsmechanismus *m (monetary policy)*
transmit *v* 1. *(Komm)* senden *(broadcast, signal)*; übermitteln *(information)*; 2. *(Comp)* übertragen; 3. *(Gen)* überliefern, weiterleiten
transmitted credit *(Fin)* Durchlaufkredit *m*
transnational *adj (Gen, Imp/Exp)* grenzüberschreitend, transnational
transnational corporation *(Gen, WiWi)* transnationale Gesellschaft *f*, multinationales Unternehmen *n*
transnationally *adv (Gen)* multinational
transparent *adj (Pol, Recht, V&M, WiWi)* transparent, durchschaubar
transport *v (Gen, Logis)* befördern, transportieren
transport *(Logis)* Beförderung *f*, Transport *m*, Verkehr *m*, Transportwesen *n*
transport agent *(Imp/Exp, Logis)* Spediteur *m*
transport company 1. *(Imp/Exp)* Speditionsunternehmen *n*; 2. *(Logis)* Beförderungsunternehmen *n*, Speditionsunternehmen *n*
transport cost *(Logis)* Transportkosten *pl*
transport expenses *(Logis)* Beförderungskoste *pl*
transport facilities 1. *(Gen, Logis)* Beförderungsmittel *npl*; 2. *(Logis)* Transportmöglichkeiten *fpl*; 3. *(Logis)* Verkehrseinrichtungen *fpl*
transport industry *(Ind)* Verkehrswirtschaft *f*
transport link *(Logis)* Verkehrsanbindung *f*, Verkehrsverbindung *f*
transportable *adj (Logis)* transportabel, transportfähig, transportierbar, versandfähig
transportation *(Logis)* Beförderung *f*, Transport *m*, Transportwesen *n*, Verkehr *m*
transportation contract *(Recht)* Beförderungsvertrag *m*
transportation expenses *(Logis)* Transportkosten *pl*
transposal *(Recht)* Umstellung *f (EU)*
transship *v (Logis)* umladen, umschlagen
trash *(AE) (Gen, Umwelt)* Abfall *m*
trashy goods *(AE) (Gen)* Kitsch *m*, minderwertige Waren *fpl*, Schund *m*
travel accident insurance *(Frei)* Reise--Unfallversicherung *f*
travel advance *(Gen, WiWi)* Reisekostenvorschuss *m*
travel agent *(Frei)* Reisebüroangestellte(r) *f(m) (person)*; Reisebüro *n (agency)*
travel allowance *(Gen)* Reisekostenzuschuss *m*, Reisespesen *pl*
travel cancellation insurance *(Frei)* Reiserücktrittskosten-Versicherung *f*
travel costs *(Pers)* Reisekosten *pl*
travel document *(Frei)* Reisedokument *n*, Reisepapier *m*
travel expenses *(Gen, RW, Steuer, Logis)* Reisekosten *pl*
travel health insurance *(Frei)* Reise-

Krankenversicherung *f*
travel insurance *(Frei)* Reiseversicherung *f*
traveler *(AE) (Frei)* s. traveller
traveler's cheque *(AE) (Bank)* s. traveller's cheque
traveling allowance *(AE) (Gen)* s. travelling allowance
traveller *(BE) (Frei)* Reisende(r) *f(m)*
traveller's cheque *(BE) (Bank)* Reisescheck *m*
travelling allowance *(BE) (Gen)* Reisekostenzuschuss *m*, Reisespesen *fpl*
travelling expenses *(Frei, Pers)* Reisekosten *pl*, Fahrtkosten *pl*
treasure *(Gen)* Schatz *m*
treasurer *(Fin, Mgt, Pers)* Finanzdirektor(in) *m(f)*
treasurer check *(AE) (Bank)* s. treasurer cheque
treasurer cheque *(BE) (Bank)* Bankscheck *m*
treasury 1. *(Gen)* Fiskus *m*; 2. *(WiWi)* Staatskasse *f*, *(jarg.)* Staat *m*
Treasury *(WiWi)* Schatzamt *n*, Finanzministerium *n*
Treasury bill *(AE) (Fin)* Schatzwechsel *m*, Schatzwechsel *m* mit dreimonatiger Laufzeit
Treasury bond *(AE) (Fin)* Schatzobligation *f*
Treasury Inflation Protection Securities *(AE) (Börse, WiWi)* (durch Indexierung) inflationsgeschützte US--Staatsanleihen, TIPS *pl*
treasury manager 1. *(Gen, Pers)* Finanzdirektor *m*; 2. *(Bank)* Treasury--Leiter *m*, Leiter *m* Treasury, Leiter *m* der Treasury *(er verantwortet weit über das traditionelle Liquiditäts-, Zins- und Währungsmanagement hinaus die zentral oder dezentral organisierte Querschnittsfunktion des integrierten Aktiv-Passiv-Managements als Kapitalallokations- und --strukturmanagement der gesamten Bankbilanz)*
Treasury note *(AE) (Börse, Fin)* Schatzanweisung *f*
treasury operations 1. *(Bank)* Treasury--Dispositionen *fpl*; Aktiv-Passiv--Geschäft *n*; Geld-, Devisen- und Derivatehandel *m*; 2. *(Fin)* Gelddispositionen *fpl*, Liquiditätsdispositionen *fpl*
treasury stock *(AE)* 1. *(RW)* eigene Aktien *fpl*; 2. *(Börse)* Vorratsaktien *fpl*
Treasury stock *(BE) (Börse)* langfristige Staatspapiere *npl*
treat *v* 1. *(Umwelt)* behandeln *(sewage, waste)*; 2. *(Gen)* abhandeln; 3. *(Ind)* behandeln, bearbeiten
treat *v* **unfavorably** *(AE) (Recht)* s. treat unfavourably
treat *v* **unfavourably** *(BE) (Recht)* diskriminieren
treating 1. *(Umwelt)* Behandlung *f*; 2. *(Ind)* Bearbeitung *f*, Behandlung *f (material)*
treaty *(Gen, Pol)* Vertrag *m*, Staatsvertrag *m*, völkerrechtliches Abkommen *n*
Treaty of Lisbon *(ToL, Lisbon Treaty) (Recht, Pol)* Vertrag *m* von Lissabon, VvL *m*, *(jarg.)* Lissabon-Vertrag *m (synonymous jarg.: Lisbon Treaty; the treaty, a highly complex legal document, replaces the failed European constitution and aims to streamline decision-making through increased use of majority votes and the creation of the positions of a EU President and a High Representative of the Union for Foreign Affairs and Security Policy = HR = Hoher Repräsentant der Union für Außen- und Sicherheitspolitik, the ‚main co--ordinator and representative' of the Common Foreign and Security Policy = CFSP = GASP = Gemeinsame Außen- und Sicherheitspolitik within the EU; sog. EU-Reformvertrag mit zusätzlichen Mehrheitsentscheidungen, doppelte Mehrheit = double majority; trat am 1.12.2009 in Kraft und ersetzt den 2006 gescheiterten EU-Verfassungsvertrag)*
Treaty on the Functioning of the European Union *(TFEU) (Pol, Recht)* Vertrag *m* über die Arbeitsweise der Europäischen Union, AEUV *m (ehemals Vertrag zur Gründung der Europäischen Gemeinschaft = Vertrag von Rom = EGV = EG-Vertrag = EC Treaty = Treaty of Rome = frml Treaty establishing the European Community vom 25.3.1957, in Kraft ab 1.1.1958, umbenannt durch den Vertrag von Lissabon = VvL = ToL = Treaty of Lisbon, in Kraft ab 1.12.2009)*
tree structure *(Comp)* Baumstruktur *f*
trend *(Gen)* Trend *m*, Tendenz *f*
trend analysis *(Stat, WiWi)* Trendanalyse

f (of time series: e. g. compares the same firm over a number of account periods to see if any detectable trends are evident; Analyse von Zeitreihen mit dem Ziel, eine nachhaltig wirkende Grundrichtung, z. B. einen linearen oder exponentiellen Trend, zu erkennen)
trend estimate *(Stat)* Trendschätzung *f*, Hochrechnung *f*
trend extrapolation *(Stat)* Trendfortschreibung *f*, Hochrechnung *f*, Trendextrapolation *f*
trend of profits *(Fin)* Ertragsentwicklung *f*
trend reversal *(Gen)* Trendwende *f*
trendsetter *(Gen)* Schrittmacher *m*, Trendsetter *m*
trendsetting *adj (Gen)* richtungsweisend
trendy *adj (Gen, V&M)* in Mode, hochmodisch
trial 1. *(Gen)* Probe *f*, Versuch *m (testing)*; 2. *(Recht)* Prozess *m* • **on a trial basis** *(Gen)* probeweise
trial and error method *(WiWi)* Versuch--und-Irrtum-Methode *f*
trial balance *(RW)* Probebilanz *f*, Rohbilanz *f*
trial court *(Recht)* Gericht *n* der ersten Instanz
trial employment *(Pers)* Probebeschäftigung *f*
trial jury/the *(Recht)* die Geschworenen *pl*
trial lawyer *(AE) (Recht)* Prozessanwalt *m*, Prozessanwältin *f*
trial offer *(Gen, V&M)* Probeangebot *n*
trial period *(Gen)* Probezeit *f* • **after expiration of the trial period** *(Gen)* nach Ablauf der Probezeit
trial proof *(Media)* Probedruck *m*
trial purchase *(V&M)* Probekauf *m*
trial run *(Gen)* Probefahrt *f*, Probelauf *m*
trial subscription *(Media, V&M)* Probeabonnement *n*, Probeabo *n*
triangular *adj (Gen, Stat)* dreieckig
triangular operation *(WiWi)* Dreiecksgeschäft *n*
triangulation *(Imp/Exp)* Dreieckshandel *m*
tribunal *(Recht)* Tribunal *n*
trickle *v* **in** *(Gen)* in kleinen Gruppen kommen
tricks of the trade *(Gen)* Branchenkenntnisse *fpl*, Handelskniffe *mpl*
tricky *adj (Gen)* heikel
tricky situation *(Gen)* kniffliges Problem *n*, schwierige Situation *f*
tried and tested *adj (Gen)* bewährt
trifle *(Fin, WiWi)* Bagatellbetrag *m (small sum of money)*
trifling amount *(Fin, WiWi)* Bagatellbetrag *m*
trigger *v (Gen)* verursachen *(cost increases)*; auslösen *(panic, reaction, dispute)*
trigger mechanism *(Gen)* Auslösemechanismus *m*
trigger point *(Bank, Fin)* Schwellenwert *m*
trigger price *(Imp/Exp)* Schwellenpreis *m*
trigger pricing *(Gen)* Mindestpreissystem *n*
trimmings *(Gen)* Zubehör *n*, Extras *npl* • **with no trimmings** *(Gen)* ohne Extras, ohne Zubehör
triple *adj (Gen)* dreifach
triple-A *adj (Börse, Fin, Gen)* höchstklassifiziert
triple-A bond *(Börse)* höchstklassifizierte Schuldverschreibung, AAA-Anleihe *f*, Triple-A-Anleihe *f*
triple-A rating 1. *(Fin)* Triple-A-Rating *n*, Dreifach-A-Rating *n*, *(ugs.)* Top-Rating *n (AAA- or Aaa-rated, mit AAA oder Aaa bewertet, höchstmögliche Bonitätseinstufung für Länder, Unternehmen oder Wertpapiere)*; 2. *(Gen)* Spitzenrating *n*, Höchsteinstufung *f*
TRIPS-Agreement *(Abk. für Agreement on Trade-Related Aspects of Intellectual Property Rights) (Imp/Exp, Pat, Pol, Recht)* TRIPS-Abkommen *n*, Abkommen *n* über handelsbezogene Aspekte der Rechte des geistigen Eigentums *(EU, GATT/WTO; Abkommen zum Schutz handelsrelevanter geistiger Eigentumsrechte)*
trouble spot *(Gen, Pol)* Gefahrenherd *m*, Krisenzentrum *n*, Unruheherd *m*
troubled *adj (ugs.) (Fin)* finanziell angeschlagen
troubled waters *(ugs.) (Fin, Gen)* schwierige finanzielle Lage *f*, finanzielle Schieflage *f*
troubleshooter *(Comp, Gen)* Krisenmanager *m*, Schlichter *m*
trough *(WiWi)* Talsohle *f*, Konjunkturtief *n*, Tief *n*, Tiefpunkt *n (of graph, curve)*
trucking company *(AE) (Logis)*

Güterkraftverkehrsunternehmen *n*
true and fair *adj (RW)* den tatsächlichen Verhältnissen entsprechend *(audit, view)*
true and fair view *(BE) (RW)* Ausweis *m* im Sinne der Grundsätze ordnungsmäßiger Buchführung, Rechnungslegung entsprechend den Grundsätzen ordnungsmäßiger Buchführung und Bilanzierung
true owner *(Recht)* rechtmäßiger Eigentümer *m*, rechtmäßige Eigentümerin *f*, rechtmäßiger Besitzer *m*, rechtmäßige Besitzerin *f*
true rate of return *(Bank)* Effektivverzinsung *f*, Effektivzins *m*
truncate *v* 1. *(Comp)* abbrechen, abschneiden; 2. *(Gen)* beschneiden, kürzen
truncation 1. *(Bank)* belegloses Verfahren *n (cheque)*; 2. *(Comp)* Abbruch *m*; 3. *(Gen)* Beschneidung *f*, Kürzung *f*
trunk *(Logis)* Überseekoffer *m*, Schrankkoffer *m*, *(AE)* Kofferraum *m (of car)*
trunk road *(BE) (Logis)* Bundesstraße *f*, Fernstraße *f*
trust *v (Gen, Recht)* vertrauen
trust 1. *(Bank)* Treuhand *f*; 2. *(WiWi)* Treuhandvermögen *n*; 3. *(Recht)* Treuhandverwaltung *f*, Trust *m*
trust agreement *(Recht)* Treuhandvereinbarung *f*, Treuhandvertrag *m*
trust bank *(Bank)* Treuhandbank *f*
trust banking *(Bank)* Treuhandbankgeschäft *n*
trust - but verify *(Gen, Mgt)* Vertrauen ist gut - Kontrolle ist besser
trust fund *(WiWi)* Treuhandfonds *m*, Treuhandvermögen *n*
trustbusting *(AE) (Gen)* Trust--Entflechtung *f*
trustee 1. *(Bank, Fin)* Vermögensverwalter(in) *m(f)*; 2. *(Recht)* Treuhänder(in) *m(f)*
trustee in bankruptcy *(Bank)* Insolvenzverwalter(in) *m(f)*
trustor *(AE) (Recht)* Treugeber *m*
trustworthy *adj (Gen)* glaubwürdig, vertrauenswürdig
try *v (Gen)* probieren, versuchen
tube *(BE) (Logis)* U-Bahn *f*, Untergrundbahn *f*
tuition fee *(Soz)* Studiengebühr *f*
tuition fees *(Soz)* Schulgeld *n*
tumble *v* 1. *(WiWi)* stürzen *(prices)*; 2. *(Gen)* plötzlich fallen, stark fallen *(prices, rate)*; 3. *(Börse)* stürzen *(prices)*
turf accountant *(Frei)* Buchmacher *m (sport)*
turn *v* **around** 1. *(Fin)* wenden; 2. *(Ind)* fertig stellen *(goods)*
turn *v* **away** *(Gen)* ablehnen, zurückweisen *(business)*
turn *v* **down a candidate** *(Pers)* Bewerber(in) ablehnen
turn *v* **down a job** *(Pers)* Stelle ablehnen *(task)*
turn *v* **down a job offer** *(Pers)* ein Stellenangebot ablehnen
turn *v* **out to vote** *(Pol)* zur Wahl gehen
turn *v* **over** 1. *(Gen, V&M)* umsetzen; 2. *(Logis)* umschlagen
turn *v* **round** *(Fin)* wenden
turn *(Börse)* Provision *f* eines Wertpapierhändlers
turnabout 1. *(Fin)* Tendenzwende *f*, Umschwung *m (financing established)*; 2. *(Gen)* Kurswechsel *m*, Wende *f*
turnaround *(AE)* 1. *(Fin, Gen)* Umschwung *m*, Wende *f*, Tendenzwende *f*, Turnaround *m (of company; cf BE turnround)*; 2. *(Logis)* Umschlag *m (Seeverkehr: Hafenabfertigung)*; Turnaround *m (Luftverkehr)*; Wendeplatz *m (Straßenverkehr)*
turnaround fund *(Börse)* Sanierungsfonds *m*, Turnaround-Fonds *m (private equity fund focussing on restructuring firms; auf Sanierungen spezialisierter Beteiligungsfonds)*
turning point *(Gen)* Wendepunkt *m*
turnkey *adj* 1. *(Gen)* bezugsfertig, schlüsselfertig *(system, project)*; 2. *(Grund)* bezugsfertig
turnout 1. *(Gen)* Teilnehmerzahl *f*; 2. *(Imp/Exp)* Inspektion *f*; 3. *(Pol)* Beteiligung *f (in election)*
turnover 1. *(RW)* Lagerumschlag *m (inventory)*; 2. *(Gen)* Umsatz *m*, Volumen *n*; 3. *(Pers)* Fluktuation *f (of staff)*; 4. *(Börse)* Volumen *n*, Umsatz *m*
turnover of labor *(AE) (Pers)* s. turnover of labour
turnover of labour *(BE) (Pers)* Arbeitskräfteumschlag *m*, Fluktuation *f*, Arbeitsplatzwechsel *m*
turnover rate 1. *(Gen)* Umsatzhäufigkeit

f; 2. *(Börse)* Umsatzgeschwindigkeit *f*
turnover ratio 1. *(Pers)* Fluktuationsquote *f*; 2. *(RW, Fin)* Umschlagskennzahl *f*, Umschlagskennziffer *f*
turnover tax *(Steuer)* Umsatzsteuer *f*, USt
turnover tax burden *(Steuer, WiWi)* Umsatzsteuer-Zahllast *f*
turnover tax ID number *(Steuer)* Umsatzsteuer-Identifikations-Nummer *f*, USt-IdNr *f*
turnover tax refund *(Steuer)* Umsatzsteuerrückvergütung *f*, Umsatzsteuervergütung *f*
turnround *(BE) (Gen)* Umschwung *m*, Wende *f*, Tendenzwende *f*, Turnaround *m*
turnround time *(BE)* 1. *(WiWi)* Umschlagszeit *f*; 2. *(Gen)* Postlaufzeit *f*, Umlaufzeit *f*
TV tax *(ugs.) (Media, Recht)* Fernsehgebühr *f*, Fernsehgebühren *fpl* *(synonymous BE: TV licence fee, AE: TV license fee)*
twenty-four-hour trading *(Börse)* Handel *m* rund um die Uhr, Rund-um-die-Uhr--Handel *m*
twin-track strategy *(Mgt)* Doppelstrategie *f*
two-digit inflation *(Fin, WiWi)* zweistellige Inflationsrate *f*
two-pillar strategy *(WiWi)* Zwei-Säulen--Strategie *f* *(ECB)*
two-rate system *(Steuer)* System *n* mit gespaltenem Steuersatz
two-sided printing *(Comp, Media)* beidseitiges Drucken *n*
two-tier system *(Gen)* zweischichtiges System *n*, Zweistufensystem *n*
tycoon *(Gen, Pers)* Großindustrielle(r) *f(m)*, Tycoon *m*, Magnat *m*
tying arrangement *(WiWi)* Kopplungsvertrag *m*
tying contract *(WiWi)* Kopplungsvertrag *m*
tying transaction *(Recht)* Kopplungsgeschäft *n* *(competition law, Wettbewerbsrecht)*
type *v (Admin, Comp)* mit der Maschine schreiben, *(ugs.)* tippen
type *v* **in** *(Comp)* eingeben
type of costs *(Fin)* Kostenart *f*
type of work *(Pers)* Art *f* der Arbeit, Art *f* der Tätigkeit
typed *adj (Admin, Gen, Pat)* maschinegeschrieben
typical *adj (Gen)* bezeichnend, typisch
typing error 1. *(Gen)* Druckfehler *m*, Schreibfehler *m*, Tippfehler *m*; 2. *(Media)* Druckfehler *m*, Schreibfehler *m* *(misprint)*; *(jarg.)* Setzfehler *m* *(print)*
typing pool *(Pers)* Schreibzimmer *n*
typist *(Admin)* Schreibkraft *f*, Typist(in) *m(f)*
typo *s.* typographical error
typographical error *(Gen)* Druckfehler *m*, Schreibfehler *m*, Tippfehler *m* *(misprint)*

U

UB *(Abk. für use by) (V&M)* verbrauchen bis, mindestens haltbar bis
UK *(Pol)* VK *(Vereinigtes Königreich von Großbritannien und Nordirland)*; *(ugs.)* UK *(United Kingdom of Great Britain and Northern Ireland)*
UL *(Abk. für unexpected loss) (Bank, Fin)* unerwarteter Verlust *m*, unerwartet auftretender Verlust *m* *(Basel II/ Basel III)*
ULCM *(Abk. für unit labour costs in manufacturing) (Stat, WiWi)* LSK/VG, Lohnstückkosten *pl* im verarbeitenden Gewerbe
ULCT *(Abk. für unit labour costs in the total industry) (Stat, WiWi)* LSKsol;GW, Lohnstückkosten *pl* in der Gesamtwirtschaft
ultimate consumer *(Gen, V&M)* Endverbraucher *m*
ultimately *adv (Gen)* letztlich
ultra vires *(Recht)* in Überschreitung der satzungsgemäßen Befugnisse, vollmachtsüberschreitend
umbrella association *(Gen)* Dachverband *m*
umbrella brand name *(Pat)* Dachmarke *f*
umbrella fund *(Fin)* zentraler Dachfonds *m*
umbrella of/under the *(Gen)* unter dem Schutz von, unter der Kontrolle von
umbrella project *(Gen)* Rahmenprojekt *n*
unable *adj (Gen, Pers, Recht)* unfähig
unable *adj* **to pay** *(RW)* zahlungsunfähig
unable *adj* **to work** *(Pers, Soz)* erwerbsunfähig, arbeitsunfähig
unabsorbed *adj (RW)* nicht verrechnet
unabsorbed balance of VAT *(RW, Steuer)* MWSt-Überschuss *m*, Mehrwertsteuerüberschuss *m*

unabsorbed overhead(s) *(RW)* nicht verrechnete Gemeinkosten *pl*
unaccounted for *adj (Gen)* nicht ausgewiesen, ungeklärt
unacknowledged *adj (Gen)* nicht anerkannt, unbestätigt, unbeantwortet *(letter)*
unadjusted *adj (Stat)* unbereinigt • **in unadjusted figures** *(Gen)* in unbereinigten Zahlen
unadvisable *adj (Gen)* nicht empfehlenswert
unaffected *adj (Recht)* unberührt
unaffiliated *adj (WiWi)* selbstständig, unabhängig
unallocated *adj (Comp)* nicht zugeteilt, nicht zugewiesen
unaltered *adj (Börse, Gen)* unverändert *(share prices)*
unambiguous *adj (Recht)* eindeutig
unamortized *adj (RW)* nicht abgeschrieben
unamortized premium *(Börse)* nicht abgeschriebenes Agio *n*
unanimous resolution *(Gen)* einstimmiger Beschluss *m*
unanimous vote *(Pol)* einstimmiger Beschluss *m (synonymous: unanimous resolution)*
unanimously accepted *(Gen)* einstimmig angenommen
unappropriated profit 1. *(Fin, RW)* unverteilter Gewinn *m*, unverteilter Reingewinn *m*, nicht ausgeschütteter Gewinn; einbehaltener Gewinn *m*, thesaurierter Gewinn *m*; 2. *(Gen)* nicht verwendeter Gewinn *m*, Gewinn *m* vor (Gewinn)Verwendung; nicht zweckgebundener Gewinn *m*, freie Rücklage *f*
unappropriated surplus *(Gen)* einbehaltener Gewinn *m*, unverteilter (Rein)Gewinn *m*; nicht verwendeter Gewinn *m*, Gewinn *m* vor (Gewinn)Verwendung; Bilanzgewinn *m* *(Ausweis nach teilweiser Gewinnverwendung; net profit for the year, unappropriated profit = Gewinn vor Gewinnverwendung durch Vorstand/Aufsichtsrat)*
unassignable *adj (Recht)* nicht übertragbar
unauthenticated *adj (Recht)* unverbürgt, unbeglaubigt
unauthenticated signature *(Recht)* unbeglaubigte Unterschrift *f*
unauthorized *adj* 1. *(Gen)* unbefugt; 2. *(Recht)* unberechtigt
unauthorized immigration *(Pol, Recht)* illegale Einwanderung *f*, illegale Zuwanderung *f*
unauthorized use *(Gen, V&M)* missbräuchliche Verwendung *f*
unavailable *adj (Gen)* nicht erhältlich, nicht verfügbar, nicht vorhanden; nicht erreichbar, nicht zu erreichen *(person)*
unbalanced budget *(Fin, Pol, WiWi)* unausgeglichener Haushalt *m*, nicht ausgeglichener Haushalt *m*
unbalanced growth *(WiWi)* ungleichgewichtiges Wachstum *n*
unbiased *adj (Gen)* unparteiisch, unvoreingenommen, befangen; verzerrt
unblock *v (Fin)* entsperren, freigeben
unbranded goods *(Gen)* markenfreie Waren *fpl*, Waren *fpl* ohne Markenzeichen
unbundle *v* 1. *(Bank)* zerlegen *(risks)*; 2. *(Gen)* entflechten
uncalled capital *(Fin, RW)* nicht eingefordertes Kapital *n*
uncertain *adj* 1. *(WiWi)* unsicher; 2. *(Gen)* ungewiss; 3. *(Recht)* unklar
uncertified *adj (Recht)* unbeglaubigt
unchecked *adj (Gen)* nicht überprüft, unkontrolliert *(figures)*
unclear *adj* 1. *(Gen)* undeutlich; 2. *(Recht)* unklar
uncollateralized loan *(Bank, Fin)* unbesichertes Darlehen *n (a loan not covered by collateral)*
uncollectable *adj (Steuer)* uneinbringlich *(revenue, claim)*
uncollectable account *(RW)* uneinbringliche Forderung *f*
uncollected receivables *(RW)* Außenstände *mpl*
uncommitted reserves *(RW)* freie Rücklagen *fpl*
uncompromising *adj (Gen)* kompromisslos, unnachgiebig
unconditional *adj* 1. *(Fin)* bedingungslos; 2. *(Gen)* unbedingt, uneingeschränkt
unconditional acceptance *(Gen)* uneingeschränktes Akzept *n*
unconditional grant *(Fin)* uneingeschränkte Beihilfe *f*
unconfirmed *adj (Gen)* unbestätigt
unconscionable contract *(Recht)* sittenwidriger Vertrag *m*

unconsolidated basis/on an *(Fin, RW)* nicht konsolidiert, unfundiert *(debts)*
uncontested claims *(Recht)* unbestrittene Forderungen *fpl*
uncontrollable *adj (Fin, Gen, WiWi)* nicht beeinflussbar, unkontrollierbar *(inflation, costs)*
uncontrolled *adj (Gen)* unkontrolliert, unbeeinflusst
unconverted *adj (Bank)* nicht gewandelt
uncorrected *adj (Gen)* unberichtigt, nicht korrigiert
uncovered *adj (Fin)* ungedeckt
uncovered balance *(Fin)* ungedeckter Saldo *m*
uncovered call *(Börse)* ungesicherte Kaufoption *f*
uncovered check *(AE)*, **uncovered cheque** *(BE) (Bank)* Scheck *m* ohne Deckung, ungedeckter Scheck *m*
uncovered option *(Börse)* ungedecktes Optionsgeschäft *n*
uncovered put *(Börse)* ungedeckte Verkaufsoption *f*
uncurtailed *adj (Fin, Gen)* uneingeschränkt *(competition, rights)*
undamaged *adj (Gen)* unbeschädigt, unversehrt makellos *(reputation)*
undated *adj (Gen)* undatiert
undecided *adj (Gen)* unentschieden, unentschlossen
undeclared employment *(Pers)* Schwarzarbeit *f*
undeliverable *adj (Komm)* unzustellbar
undelivered please return to sender/if *(Komm)* falls unzustellbar, bitte an Absender zurück
under law *(Recht)* rechtsstaatlich *(subject to laws)*
under-the-counter sale *(V&M) (ugs.)* Verkauf *m* unter dem Ladentisch
underassess *v (Steuer)* steuerlich unterbewerten
underbid *v (Gen)* unterbieten
undercapitalized *adj (Fin, Gen)* unterkapitalisiert
undercut *v* 1. *(WiWi)* unterbieten *(competitor)*; 2. *(Gen)* unterschreiten *(competitor)*; 3. *(V&M)* unter Preis verkaufen *(goods)*
underemployed *(Pers)* unterbeschäftigt, unausgelastet, nicht ausgelastet
underemployment *(Pers, WiWi)* Unterbeschäftigung *f*
underestimate *v (Gen)* unterbewerten, unterschätzen
underestimation *(Gen)* Unterbewertung *f*, Unterschätzung *f*
underfunded *adj (Fin)* unterkapitalisiert
underground economy *(WiWi)* Schattenwirtschaft *f*, Untergrundwirtschaft *f*
underinvestment *(Bank)* Unterinvestition *f*
underline *v (Comp, Media)* unterstreichen *(text)*
underlying *adj (Fin)* fundamental, Kern, tendenziell
underlying assets 1. *(Fin)* zugrunde liegende Vermögen *npl*; 2. *(Börse)* Basiswerte *mpl*, Basisobjekte *npl*, Basisprodukte *npl*, Kassawerte *mpl*, Kontraktgegenstände *mpl*
underlying conditions *(WiWi)* Rahmenbedingungen *fpl*
underlying futures *(Börse)* zugrunde liegende Termingeschäfte *npl*, zugrunde liegende Terminkontrakte *mpl*
underlying futures contract *(Börse)* zugrunde liegender Terminkontrakt *m*
underlying inflation rate *(WiWi)* Inflationssockel *m*
underlying instrument *(Fin)* Basiswert *m*, Basisprodukt *n*
underlying net assets *(Fin)* zugrunde liegende Nettovermögen *npl*
underlying rate *(WiWi)* Trendrate *f*, grundlegende Rate *f (cost, inflation)*
underlying security *(Börse)* zugrunde liegendes Wertpapier *n*, Basiswert *m*, Basisprodukt *n*
underlying tendency *(Gen, WiWi)* Grundtendenz *f*
underlying trend *(Gen, WiWi)* zugrunde liegender Trend *m*
undermanning *(Pers)* Unterbesetzung *f*
undermentioned *adj (Gen)* unten erwähnt
undermine *v (Gen)* schwächen, untergraben *(influence, power)*
underpay *v (Gen, Pers)* schlecht entlohnen, unterbezahlen
underperform *v* 1. *(WiWi)* sich unterdurchschnittlich entwickeln; 2. *(Gen)* hinter den Erwartungen zurückbleiben
underperforming *(Pers)* leistungsschwach
underpin *v (Gen, WiWi)* stützen *(currency)*
underprice *v* 1. *(WiWi)* unterbieten

(competitor); 2. *(V&M)* unter Preis anbieten; 3. *(Börse)* unterbewerten
underprivileged *adj (Gen)* benachteiligt, unterprivilegiert
underrate *v (Gen)* unterschätzen
underreporting *(Gen)* zu niedriges Ausweisen *n*
underrepresent *v (Gen)* unterrepräsentieren, zu wenig vertreten
underscore *v* 1. *(Comp)* unterstreichen *(text)*; 2. *(Gen)* hervorheben; 3. *(Media)* unterstreichen
underselling *(V&M)* Preisunterbietung *f* *(prices)*
undershoot *v (WiWi)* unterschreiten *(exchange rates)*
undersign *v (Gen)* unterschreiben, unterzeichnen
underspend *v (Fin, Pol, WiWi)* zu wenig ausgeben
underspend *v* **the budget** *(RW)* das Budget nicht voll ausschöpfen
understaffing *(Pers)* Unterbesetzung *f*
understand *v (Gen)* verstehen *(language)*; begreifen *(concept, difficulty)*
understanding 1. *(Gen)* Übereinkommen *n*; 2. *(Recht)* Verständigung *f* • **come to an understanding** 1. *(Gen)* sich einigen; 2. *(Recht)* sich verständigen • **on the understanding that** *(Gen)* unter der Voraussetzung, dass
understate *v (RW, WiWi)* unterbewerten
understated *adj (RW)* unterbewertet
undertake *v* 1. *(WiWi)* unternehmen; 2. *(Gen)* eingehen *(risk)*; versprechen *(promise)*; übernehmen *(task, responsibility)*
undertaking 1. *(Gen)* Projekt *n*, Unterfangen *n*, Betrieb *m*, Versprechen *n (promise)*; Unternehmen *n*, Ausführung *f (venture)*; 2. *(Recht)* Verpflichtung *f*, Zusicherung *f*
undertax *v (Steuer)* zu niedrig besteuern
underutilization *(Gen, WiWi)* Unterauslastung *f*, Unterausnutzung *f*
undervalue *v* 1. *(Fin, RW)* unterbewerten; 2. *(Gen)* unterbewerten, unterschätzen, zu niedrig bewerten
undervalued currency *(Fin, WiWi)* unterbewertete Währung *f*
underwrite *v (Versich)* versichern, zeichnen
underwrite *v* **an issue** *(Bank)* eine Emission übernehmen*(investment fund share; opposite: redemption price = Rückzahlungspreis)*
underwriter 1. *(Fin)* Konsortialmitglied *n*; 2. *(Versich)* Versicherer *m*, Versicherungsgeber(in) *m(f)*
underwriting *(Versich)* Zeichnung *f*, Risikoübernahme *f*
underwriting agreement *(Börse)* Konsortialvertrag *m*
underwriting business *(Börse, Fin)* Effektenemissionsgeschäft *n*
underwriting commission *(Fin)* Übernahmeprovision *f*
underwriting fee *(Bank)* Übernahmeprovision *f*
underwriting group *(Bank, Fin)* Emissionskonsortium *n*
underwriting profit *(Fin)* Emissionsgewinn *m*
underwriting prospectus *(Fin)* Emissionsprospekt *m*
underwriting spread *(Börse)* Konsortialspanne *f*
underwriting syndicate 1. *(Fin)* Emissionskonsortium *n*, Übernahmekonsortium *n*; 2. *(Versich)* Garantiekonsortium *n*
undetermined *adj (Gen)* unbestimmt
undeveloped *adj (Grund)* unerschlossen
undifferentiated *adj (Gen)* undifferenziert
undischarged commitment *(RW)* unbezahlte Verpflichtung *f*
undisclosed *adj (Gen)* ungenannt
undisclosed impairment of assets *(RW, Versich) (Deu)* stille Lasten *fpl*, unrealisierte Verluste *mpl (not shown in the balance sheet; opposite: undisclosed reserves = stille Reserven; das Ergebnis überbewerteter Aktiva oder unterbewerteter Passiva)*
undisclosed reserves *(RW)* stille Reserven *fpl*, stille Rücklagen *fpl (reserves that are not shown in the balance sheet; synonymous: hidden reserves, hidden assets, off-balance sheet reserves, concealed reserves, secret reserves; das Ergebnis unterbewerteter Aktiva oder überbewerteter Passiva; opposite: stille Lasten = undisclosed charges, hidden charges, undisclosed impairment of assets)*
undisclosed sum *(Fin, Gen)* nicht offengelegter Betrag *m*
undistributable reserves *(RW)* nicht zweckgebundene Rücklage *f*

undistributed income *(RW)* einbehaltener Gewinn *m*
undistributed profit 1. *(RW)* unverteilter Gewinn *m*; 2. *(Fin)* nicht ausgeschütteter Gewinn *m*
undivided *adj (Gen)* ungeteilt *(profits)*
undivided interest *(Fin)* Nutznießung *f* zur gesamten Hand
undivided property *(Grund)* ungeteilter Besitz *m*
undue influence *(Gen)* unzulässige Beeinflussung *f*
unearned *adj (Gen, RW, Steuer)* unverdient
unearned income 1. *(Steuer, WiWi)* Einkommen *n* aus Vermögen, Vermögenseinkommen *n*, Besitzeinkommen *n*, Kapitaleinkommen *n*, fundiertes Einkommen *n*, ohne Arbeit erzieltes Einkommen *n*, Nicht--Arbeitseinkommen *n (income received from sources other than employment; nicht arbeitsbezogenes Einkommen; synonymous: investment income; opposite: earned income = Arbeitseinkommen)*; 2. *(RW)* transitorische Passiva *npl (synonymous: prepaid income)*
unearned increment *(Fin, Grund)* unverdienter Wertzuwachs *m*
unearned premium reserve *(Versich)* Deckungskapital *n*, Deckungsrückstellung *f*
uneasy quadrangle *(WiWi)* magisches Viereck *n*
uneconomic *adj (Gen, WiWi)* unrentabel, unwirtschaftlich, unökonomisch
uneconomical *adj (Gen)* unökonomisch, unrentabel, unwirtschaftlich
unemployable *adj (Pers)* beschäftigungsunfähig
unemployed *adj (Pers, Soz, WiWi)* arbeitslos
unemployed labor force *(AE) (Pers, Soz, WiWi) s.* unemployed labour force
unemployed labour force *(BE) (Pers, Soz, WiWi)* arbeitslose Arbeitskräfte *fpl*
unemployed person *(Pers, Soz, WiWi)* Arbeitslose(r) *f(m)*
unemployed/the *(Pers, Soz, WiWi)* die Arbeitslosen *pl*
unemployment *(Pers, Soz, WiWi)* Arbeitslosigkeit *f*
unemployment assistance *(Pers, Soz)* Arbeitslosenhilfe *f*
unemployment benefit *(BE) (Pers, Soz, WiWi)* Arbeitslosengeld *n*, Arbeitslosenunterstützung *f*
unemployment data *(Gen, Stat)* Arbeitslosenzahlen *fpl*, Daten *fpl* zur Arbeitslosigkeit, Zahlen *fpl* zur Arbeitslosigkeit
unemployment figures *(Pers, WiWi)* Arbeitslosenzahlen *fpl*
unemployment insurance *(Pers, Versich, WiWi)* Arbeitslosenversicherung *f*
unemployment pay *(Pers, Soz, WiWi)* Arbeitslosenunterstützung *f*
unemployment rate *(Pers, WiWi)* Arbeitslosenquote *f*
unemployment relief *(Pers, Soz)* Arbeitslosenhilfe *f*
unemployment risk *(Pol, Soz)* Arbeitslosigkeitsrisiko *n*
unencumbered *adj (Grund)* unbelastet
unencumbered property *(Grund)* schuldenfreies Eigentum *n*
unenforceable contract *(Recht)* nicht einklagbarer Vertrag *m*, nicht erzwingbarer Vertrag *m*, nicht klagbarer Vertrag *m*
uneven *adj (Gen)* ungleichmäßig *(trend)*; ungerade *(odd figure)*
unexcused absence from work *(Pers) (ugs.)* Blaumachen *n*
unexpected loss *(UL) (Bank, Fin)* unerwarteter Verlust *m*, unerwartet auftretender Verlust *m (Basel II/ Basel III)*
unexpended *adj (Fin)* nicht ausgegeben
unexpired cost *(WiWi)* nicht erfolgswirksame Kosten *pl*
unexpired term *(Fin)* Restlaufzeit *f (bis zur Endfälligkeit = final maturity)*
unexploited *adj (WiWi)* unerschlossen
unfair *adj (Gen)* ungerecht
unfair competition *(Recht)* unlauterer Wettbewerb *m*
unfair dismissal *(Pers)* grundlose Entlassung *f*, ungerechtfertigte Entlassung *f*
unfair trading practices *(Gen)* unlauterer Wettbewerb *m*, unlauteres Geschäftsgebaren *n*
unfavorable *adj (AE) (Gen) s.* unfavourable
unfavorable balance of trade *(AE) (Imp/Exp, Pol, WiWi) s.* unfavourable balance

of trade
unfavorable rate of exchange *(AE) (Fin)* s. unfavourable rate of exchange
unfavourable *adj (BE) (Gen)* ungünstig, unvorteilhaft *(price, conditions)*
unfavourable balance of trade *(BE) (Imp/Exp, Pol, WiWi)* passive Handelsbilanz *f*
unfavourable rate of exchange *(BE) (Fin)* ungünstiger Wechselkurs *m*
unfeasible *adj (Gen)* undurchführbar
unfilled job opening *(Pers)* (noch) unbesetzte Stelle *f*, freie Stelle *f*
unfilled orders *(Gen)* Auftragsrückstand *m*, unerledigte Aufträge *mpl*
unfilled vacancy *(Pers)* (noch) unbesetzte Stelle *f*, freie Stelle *f*
unfinished *adj (Ind)* unbearbeitet
unfit *adj (Pers)* untauglich
unfit for consumption *(Gen)* nicht zum Verzehr geeignet
unforeseeable *adj (Gen)* unabsehbar, unvorhersehbar
unforeseeable expenditure *(RW)* unvorhergesehene Ausgaben *fpl*
unforeseen circumstances *(Gen)* unvorhergesehene Umstände *mpl*
unfounded *adj (Gen)* leer, unbegründet *(rumour, allegation)*
unfriendly takeover *(Fin, Gen, Mgt)* feindliche Übernahme *f*, unfreundliche Übernahme *f*
unfriendly takeover attempt *(Fin, Gen)* feindlicher Übernahmeversuch *m*
unfunded debt *(Fin)* nicht konsolidierte Schuld *f*, schwebende Schuld *f*
unhedged *adj (Börse)* ungesichert
unidentified *adj (Gen)* unerkannt
unification *(Gen)* Vereinheitlichung *f*, Wiedervereinigung *f*, Vereinigung *f (of Germany)*
unification of law *(Recht)* Rechtsvereinheitlichung *f*
unified *adj (Gen)* vereinheitlicht, wieder vereinigt, vereinigt *(Germany)*
unified form *(Gen)* Einheitsformular *n*
uniform *adj (Gen)* einheitlich, konstant
uniform accounting *(RW)* einheitliche Buchführung *f*
uniform price *(Fin)* Einheitspreis *m*
uniform principles *(Pol, Recht)* einheitliche Grundsätze *f*
uniform rules for collections *(Bank)* einheitliche Inkassorichtlinien *fpl*
uniformity *(Gen)* Einheitlichkeit *f*
unify *v (Gen)* einigen, vereinheitlichen
unilateral *adj (Pers, Pol, WiWi)* einseitig
unilateral agreement *(WiWi)* einseitiges Abkommen *n*, unilaterales Abkommen *n*
unilateral measure *(Pol, Umwelt)* einseitige Maßnahme *f*
unilaterally *adv (Gen)* einseitig
uninsurable *adj (Versich)* unversicherbar
uninsured *adj (Versich)* nicht versichert, unversichert
unintended *adj (Gen)* unbeabsichtigt
union 1. *(Gen, Pers)* Gewerkschaft *f (workers)*; 2. *(Pol)* Gewerkschaft *f*, Vereinigung *f (workers)*
union affiliation *(Pers)* Gewerkschaftszugehörigkeit *f*
union agreement *(AE) (Pers)* Tarifvertrag *m*
union contract negotiations *(AE) (Pers, WiWi)* Tarifverhandlung *f*
union demands *pl (Pers)* gewerkschaftliche Forderungen *fpl*, Gewerkschaftsforderungen *fpl*, Forderungen *fpl* der Gewerkschaft
union membership *(Pers)* Gewerkschaftsmitgliedschaft *f*
union rate *(Pers)* Mindestlohnsatz *m*, Tariflohn *m*
union structure *(Pers)* Gewerkschaftsstruktur *f*
union wage policy *(Pers)* gewerkschaftliche Tarifpolitik *f*
unique *adj (Gen)* außergewöhnlich, einmalig, einzigartig, unvergleichlich
unique opportunity *(V&M)* einmalige Gelegenheit *f*
unique position *(Pat)* Alleinstellung *f*
unique selling point *(V&M)* einmaliges Verkaufsargument *n*
unique selling proposition *(V&M)* einmaliges Verkaufsargument *n*, einzigartiges Verkaufsversprechen *n*
unissued capital *(Börse)* nicht gezeichnetes Kapital *n*
unissued capital stock *(Börse)* nicht ausgegebenes Aktienkapital *n*
unissued shares *(BE) (Börse)* zur Ausgabe genehmigte, aber noch nicht emittierte Aktien *fpl*
unissued stock *(AE) (Börse)* zur Ausgabe genehmigte, aber noch nicht emittierte Aktien *fpl*
unit *(Gen)* Stück *n*
unit cost *(RW)* Stückkosten *pl*

unit cost accounting *(RW)* Kostenträgerrechnung *f*
unit costing per period *(RW)* Kostenträgerzeitrechnung *f*
unit labor costs *(AE) (Pers, RW, WiWi) s.* unit labour costs
unit labour costs *(BE) (Pers, RW, WiWi)* Lohnstückkosten *pl*
unit labour costs in manufacturing *(ULCM) (BE) (Stat, WiWi)* Lohnstückkosten *pl* im verarbeitenden Gewerbe, LSKsol;VG
unit labour costs in the total industry *(ULCT) (BE) (Stat, WiWi)* Lohnstückkosten *pl* in der Gesamtwirtschaft, LSKsol;GW
unit of account *(RW)* Rechnungseinheit *f*
unit of account costing *(RW)* Kostenträgerrechnung
unit of measure *(Gen)* Maßeinheit *f*
unit of output 1. *(Gen)* Fertigungseinheit *f*, Produktionseinheit *f*, Produkteinheit *f* *(synonymous: unit of production, unit of product)*; 2. *(RW)* Kostenträger *m (trägt die Istkosten -actual cost-, die Normalkosten -standard cost- oder die Plankosten -budgeted cost-)*
unit of product *s.* unit of production
unit of production 1. *(Gen)* Produktionseinheit *f*, Fertigungseinheit *f*; 2. *(RW)* Kostenträger *m (synonymous: unit of output)*
unit of trading *(Börse)* Kontrakteinheit *f*, Schlusseinheit *f*
unit price 1. *(Gen)* Stückpreis *m*; 2. *(V&M)* Einzelpreis *m*
unit trust *(BE) (Börse, Fin)* Investmentgesellschaft *f*; Investmentfonds *m (z. B. Aktien-, Renten-, Immobilien- und sonstige Fonds des Anlageuniversums)*
unit value *(Gen)* Einheitswert *m*, Wert *m* pro Einheit
unit wage costs *(WiWi, Pers)* Lohnstückkosten *pl*
unite *v (Gen)* zusammenschließen, zusammenfassen
unite *v* **with** *(Gen)* sich verbinden mit, sich vereinigen mit
united *adj (Gen)* vereinigt
United Kingdom of Great Britain and Northern Ireland *(Pol)* Vereinigtes Königreich von Großbritannien und Nordirland *(UK)*
United Nations Economic Commission for Europe *(UNECE) (Pol, WiWi)* Wirtschaftskommission *f* der Vereinten Nationen für Europa; UN-Wirtschaftskommission *f* für Europa, Wirtschaftskommission *f* der UN für Europa *(formal: Economic Commission for Europe, ECE; a UN agency seated in Geneva; eine Unterorganisation der Vereinten Nationen mit Sitz in Genf)*
unity *(Pat)* Einheit *f*, Übereinstimmung *f*
universal *adj (Fin)* universal
universal bank *(Bank)* Universalbank *f*
university degree *(Pers)* Hochschulabschluss *m*, Universitätsabschluss *m*
university drop-out *(Edu)* Hochschulabbrecher(in) *m(f)*, Studienabbrecher(in) *m(f)*, Universitätsabbrecher(in) *m(f)*
university education *(Edu)* Universitätsausbildung *f*
university graduate *(Pers)* Akademiker(in) *m(f)*, Hochschulabsolvent(in) *m(f)*, Universitätsabsolvent(in) *m(f)*
university graduate job *(Bil, Pers)* Akademikerarbeitsplatz *f*
unjust *adj (Gen)* unbillig, ungerecht
unknown *adj (Gen)* unbekannt • **of unknown origin** *(Gen)* unbekannten Ursprungs
unknown at this address *(Komm)* Adressat unbekannt
unlawful *adj (Recht)* gesetzwidrig, rechtswidrig, unrechtmäßig
unlawful act *(Recht)* Delikt *n*, unerlaubte Handlung *f*
unless otherwise agreed *(Gen, Recht)* sofern nicht anders vereinbart
unless otherwise specified *(Gen, Recht)* sofern nicht anders angegeben
unlicensed broker *(Börse)* nicht zugelassener Broker *m*
unlimited 1. *(Gen)* unbefristet, unbegrenzt, unbeschränkt; 2. *(Börse)* unlimitiert
unlimited company *(Gen)* Kapitalgesellschaft *f* mit unbeschränkter Haftung
unlimited letter of credit *(Bank)* unbeschränktes Akkreditiv *n*
unlimited liability *(Gen, Recht)* unbegrenzte Haftung *f*, unbeschränkte Haftung *f*
unlimited partner *(Gen, Recht)*

Komplementär *m*, Vollhafter *m*, persönlich haftender Gesellschafter *m*, persönlich haftender Partner *m* *(synonymous: general partner; opposite: limited partner = Kommanditist; special partner)*
unlisted company *(Börse)* nicht börsennotierte Gesellschaft *f*
unlisted market *(Börse)* Freiverkehr *m*
Unlisted Securities Market *(BE) (Börse)* Freiverkehrsbörse *f*, geregelter Freiverkehr *m*
unlisted security 1. *(Fin)* amtlich nicht notierter Wert *m*; 2. *(Börse)* Freiverkehrswert *m*
unlisted trading *(Börse)* Handel *m* in Freiverkehrswerten
unload *v* 1. *(Fin)* abstoßen; 2. *(Gen, Ind)* abladen, ausladen
unload *v* **stocks on the market** *(Börse)* Aktien auf dem Markt abstoßen
unmanageable *adj (Gen)* schwer zu handhaben *(object)*; unkontrollierbar *(situation)*
unmanufactured material *(Ind)* Rohmaterial *n*
unmarketable *adj (Gen)* nicht marktfähig
unmatched *adj (Börse)* konkurrenzlos
unmortgaged *adj (Bank)* nicht hypothekarisch belastet
unnegotiable *adj* 1. *(Bank)* nur zur Verrechnung; 2. *(Gen)* nicht begebbar
unoccupied *adj (Grund)* unbewohnt
unofficial *adj (Admin, Gen, Pol)* inoffiziell
• **in an unofficial capacity** *(Gen)* in nichtoffizieller Eigenschaft
unpack *v (Gen)* auspacken
unpaid *adj (Fin, Gen, RW)* unbeglichen, unbezahlt *(bill, debt)*
unpaid balance *(Bank, Fin)* Restschuld *f*
unpaid call on capital *(BE) (RW)* ausstehende Einlagen *fpl*
unpaid dividend *(Fin)* zur Ausschüttung vorgesehene, aber noch nicht ausgezahlte Dividende *f*
unpaid employment *(Pers)* unentgeltliche Beschäftigung *f*, unbezahlte Beschäftigung *f* unentgeltliche Tätigkeit *f*
unpaid family workers *(Pers)* unbezahlt mithelfende Familienangehörige *mpl(fpl)*, mithelfende Familienangehörige *mpl(fpl)*
unpaid holiday(s) *(Frei, Pers)* unbezahlter Urlaub *m*
unpaid trainee *(Pers)* Volontär(in) *m(f)*
unpatented *adj (Pat)* nicht patentiert
unplanned depreciation *(RW)* außerplanmäßige Abschreibung *f*
unplug *v (Gen)* den Stecker herausziehen von
unpopular *adj (Gen)* unbeliebt, unpopulär
unprecedented *adj (Gen)* beispiellos, noch nicht abgelaufen
unpredictable *adj (Gen)* unberechenbar, unvorhersehbar
unprejudiced *adj (Gen)* unparteiisch, unvoreingenommen
unpriced *adj (Gen)* nicht ausgepreist, ohne Preisangabe
unproductive *adj* 1. *(Ind, Mgt)* unproduktiv; 2. *(Börse)* unergiebig
unproductive labor *(AE) (Pers) s.* unproductive labour
unproductive labour *(BE) (Pers)* nicht produktive Arbeitskräfte *fpl*, unproduktive Arbeitskräfte *fpl*
unprofessional behavior *(AE) (Pers) s.* unprofessional behaviour
unprofessional behaviour *(BE) (Pers)* unprofessionelles Verhalten *n*
unprofessional conduct *(Gen)* berufsstandswidriges Verhalten *n*
unprofitable *adj* 1. *(Fin, WiWi)* unrentabel; 2. *(Gen)* unrentabel
unprofitable investment *(Bank)* Fehlinvestition *f*
unproven *adj (Gen)* unbewiesen
unqualified *adj* 1. *(Gen)* uneingeschränkt *(agreement, approval)*; 2. *(Pers)* unqualifiziert *(worker)*
unqualified acceptance *(Fin)* uneingeschränktes Akzept *n*
unqualified audit opinion *(Mgt, RW)* uneingeschränkter Bestätigungsvermerk *m*
unqualified certificate *(Mgt, RW) s.* unqualified audit opinion
unqualified opinion *(RW)* uneingeschränkter Bestätigungsvermerk *m*
unquestionable *adj (Gen)* unbestreitbar, unzweifelhaft
unquoted shares *(Börse)* nicht amtlich notierte Aktien *fpl*
unrated *adj (Bank, Fin)* ohne Rating, ohne Bonitätsbeurteilung; *(jarg.)* ungeratet *(credit rating, Kredit-Rating)*
unrated securitization position *(Bank, Fin)* ungeratete Verbriefungsposition *f*

(Basel II/ Basel III)
unrealized gains *pl (Fin, RW, Steuer)* nicht realisierte Gewinne *mpl*, unrealisierter Gewinn *m*, unrealisierte Gewinne *mpl*, verdeckte Gewinne *mpl*; stille Reserven *fpl*
unrealized profit *(Fin, RW, Steuer) s.* unrealized gains
unreasonable *adj (Gen)* unangemessen, ungerechtfertigt, unpassend *(demand, price, behaviour)*
unreceipted *adj (Gen)* unquittiert *(invoice)*
unrecorded *adj (Gen)* nicht eingetragen
unrecorded employment *(Pers)* Schwarzarbeit *f*
unrecoverable *adj (Fin, Gen)* nicht eintreibbar, uneinbringlich *(debt)*
unrecoverable loans *(Fin, RW)* uneinbringliche Forderungen *fpl*
unregistered *adj (Recht)* auf den Inhaber lautend, Inhaber
unregistered stock *(Börse)* Inhaberaktie *f*
unregistered trademark *(Gen)* nicht eingetragenes Warenzeichen *n*
unreliable *adj (Gen, Pers)* unzuverlässig *(information, estimate)*
unresolved *adj (Mgt)* ungeklärt, ungelöst *(problem, question)*
unrestricted *adj (Fin, Gen)* unbeschränkt, uneingeschränkt *(competition, rights)*
unrestricted access *(Gen)* uneingeschränkter Zugang *m*
unrewarding *adj (Gen)* nicht lohnend
unrivaled *adj (AE) (Gen) s.* unrivalled
unrivalled *adj (BE) (Gen)* konkurrenzlos, unerreicht, unübertroffen
unsalable *adj (AE) (V&M) s.* unsaleable
unsaleable *adj (BE) (V&M)* nicht marktfähig
unsatisfactory *adj (Gen)* unbefriedigend, ungenügend
unscreened *adj (Gen)* nicht überprüft *(unchecked)*; nicht abgeschirmt, ungeschützt *(unprotected)*
unscrupulous *adj (Gen)* bedenkenlos, gewissenlos, skrupellos
unsecured creditor *(RW)* nicht gesicherter Gläubiger *m*, nicht gesicherte Gläubigerin *f*
unsecured debt *(Fin)* unbesicherte Forderung *f*
unsecured loan *(RW)* nicht gesichertes Darlehen *n*
unsettled *adj (Fin, Gen)* unbeglichen, unbezahlt *(bill, debt)*
unsettled times *(Gen)* unruhige Zeiten *fpl*
unskilled *adj (Pers, Soz)* unausgebildet, ungelernt
unskilled labor *(AE) s.* unskilled labour
unskilled labour *(BE)* 1. *(WiWi)* ungelernte Arbeitskräfte *mpl*; 2. *(Pers)* ungelernte Hilfskräfte *mpl*
unskilled worker *(Pers)* Hilfsarbeiter(in) *m(f)*
unsold goods *(V&M)* unverkaufte Ware *f*
unsolicited *adj (Gen)* freiwillig, unaufgefordert
unsolicited application *(Pers)* unaufgeforderte Bewerbung *f*
unspent *adj (Fin)* nicht verbraucht
unstructured interview *(V&M)* unstrukturiertes Interview *n*
unsubscribe *v* 1. *(Media, V&M)* abbestellen; 2. *(Comp, Komm) (jarg.)* ababonnieren *(Newsletter)*
unsubsidized *adj (Gen)* unsubventioniert
unsubstantiated *adj (Gen) (ugs.)* aus der Luft gegriffen, unbegründet
unsuitable *adj* 1. *(Gen)* unangemessen, ungeeignet, unzulässig, unzweckmäßig, zweckwidrig; 2. *(Pers)* untauglich
unsustainable *adj (Gen)* auf Dauer untragbar, auf Dauer inakzeptabel
untapped *adj (Gen)* unerschlossen, ungenutzt *(resources, market)*
untargeted *adj (V&M)* ungezielt *(consumer base)*
until further notice *(Gen)* bis auf weitere Nachricht, bis auf Weiteres
untrained *adj (Pers, Soz)* unausgebildet, ungelernt, ungeschult
untransferable *adj (Börse)* nicht übertragbar
unused *adj (Gen)* brachliegend, nicht beansprucht, ungenutzt, unbenutzt *(new)*
unwarranted *adj (Gen)* ohne Gewähr, ungerechtfertigt, unverbürgt
unweighted *adj (WiWi)* ungewogen *(index, figures)*
unwritten agreement *(Gen)* mündliche Abmachung *f*, mündliche Vereinbarung *f*
up *v (Gen)* hinaufsetzen *(bid, offer)*
up-and-coming *adj (Gen)* aufstrebend, vielversprechend
up front *(Gen)* im Voraus *(in advance)*
up-front cost *(Gen)* Investitionskosten *pl*,

Anschaffungskosten *pl*
up-market *adj (V&M)* anspruchsvoll *(clientele)*; exklusiv *(product)*
up-market segment *(Gen)* gehobene Preisklasse *f*, oberes Marktsegment *n*
up-to-date *adj (Gen)* aktuell, auf dem Laufenden, modern, zeitgemäß
up-to-date information *(Gen)* aktuelle Information *f*
update *v (Gen)* aktualisieren, auf den neuesten Stand bringen, modernisieren
update *(Gen)* letzte Information *f*, neueste Information *f*
upgrade *v* 1. *(Comp)* verbessern, ausbauen, erweitern *(memory)*; 2. *(Gen)* aufwerten *(in quality)*; 3. *(Frei)* Angebot verbessern
upgrading 1. *(Comp)* Ausbau *m*, Erweiterung *f*; 2. *(Gen, Pers)* Beförderung *f*, Höherstufung *f (of post)*
upgrading course *(Bil)* Förderlehrgang *m*, Lehrgang *m* zur Verbesserung des Ausbildungsstandes
uphold *v* **a complaint** *(Recht)* Klage *f* stattgeben
uplink *(Komm)* Aufwärts-Strecke *f*, Uplink-Strecke *f*
upload *v (Comp, Komm)* übermitteln, *(ugs.)* hochladen *(data)*; heraufladen, *(ugs.)* uploaden
upload *(Comp, Komm)* Heraufladen *n*, Uploaden *n*
upload limit *(Comp, Komm, Media)* Volumenbeschränkung *f (Menge der übertragenen Daten vom eigenen Rechner)*
upright *adj (Logis)* aufrecht, senkrecht, stehend
upscale product *(AE) (Gen)* hochwertiges Produkt *n*
upside breakeven point *(Börse)* oberer Break-Even-Punkt *m*
upside potential *(Fin)* Kursspielraum *m* nach oben
upside profit potential *(Börse)* Gewinnpotenzial *n* nach oben *(options)*
upstream *adj (Gen, WiWi)* vorgeordnet; vorgelagert *(markets)*
upstream *adv (Gen)* vorgelagert
upswing *(WiWi)* Aufschwung *m*
upturn 1. *(WiWi)* Aufschwung *f*, Belebung *f*, Besserung *f*; 2. *(Gen)* Aufschwung *m*, Aufwärtsbewegung *f*
upvaluation *(Gen)* Aufwertung *f*, Höherbewertung *f*
upward *adv (Gen)* aufwärts *(move)*
upward movement *(Gen)* Aufwärtsbewegung *f*
upward pressure *(WiWi)* Aufwertungsdruck *m (on budget)*
upward spiral *(Gen)* Aufwärtsspirale *f (in wages, prices)*
upwards *adv (Gen)* aufwärts *(move)*
urban area 1. *(Admin)* Stadtgebiet *n*; 2. *(Gen)* geschlossene Ortschaft *f*; 3. *(Pol)* Stadtgebiet *n*
urban renewal 1. *(Admin)* Stadterneuerung *f*; 2. *(Gen, WiWi)* Stadtsanierung *f*; 3. *(Pol)* Stadterneuerung *f*
urban waste *(Umwelt)* Siedlungsabfall *m*
urbanize *v (WiWi)* urbanisieren, verstädtern
urgent *adj (Gen)* akut, dringend • **be in urgent need of** *(Gen)* dringend brauchen, dringend nötig haben
urgent order *(Gen)* Eilauftrag *m*, Eilbestellung *f*
urgently *adv (Gen)* dringend
US Treasury bond *(Börse)* US--Schatzanleihe *f (T-Bond)*
usable *adj (Gen)* verwendbar
usance *(Bank, Fin)* Laufzeit *f*, Usance *f* • **at thirty days' usance** *(Fin)* zu einer Laufzeit von dreißig Tagen, zu einer Wechselfrist von dreißig Tagen
use *v* 1. *(Umwelt)* verbrauchen *(natural resources)*; 2. *(Gen)* benutzen, verwenden
use *v* **to capacity** *(Gen)* auslasten
use 1. *(Gen)* Benutzung *f*; 2. *(Pat)* Gebrauch *m*, Nutzung *f*
use as intended *(Recht, V&M)* bestimmungsgemäßer Gebrauch *m*
use by *(UB) (V&M)* verbrauchen bis, mindestens haltbar bis
use of funds *(RW)* Verwendung *f* von Mitteln
use value *(WiWi)* Gebrauchswert *m*
useable floor space *(Grund)* Nutzfläche *f*
useful *adj (Gen)* nützlich, zweckmäßig
useful economic life *(RW, WiWi)* wirtschaftliche Nutzungsdauer *f*
useful life *(Gen, RW, WiWi)* Nutzungsdauer *f (of asset, machine)*
user 1. *(Comp)* Auftraggeber(in) *m(f)*, Benutzer(in) *m(f)*, User *m*; 2. *(Gen)* Benutzer(in) *m(f)*, Nutzer(in) *m(f)*, Anwender(in) *m(f)*
user costs *(Fin, RW)* kalkulatorische Abschreibungen *fpl*

user-defined *adj (Comp)* benutzerdefiniert
user-friendly *adj (Comp, V&M)* anwenderfreundlich, benutzerfreundlich
user guidance *(Comp, Komm, Media)* Benutzerführung *f*
user-oriented *adj* 1. *(Comp)* anwenderorientiert; 2. *(V&M)* benutzerorientiert
user-unfriendly *adj (Comp, V&M)* anwenderfeindlich, benutzerfeindlich, benutzerunfreundlich
USP *s.* unique selling proposition
usual *adj (Gen)* üblich
usual conditions *(Gen)* übliche Bedingungen *fpl*
usual terms *(Gen)* übliche Bedingungen *fpl*
usufruct *(Recht)* Nießbrauch *m (right to utilize)*
usurer *(Fin)* Wucherer *m*
usurious *adj (Bank, Fin)* wucherisch
usurious interest *(Bank, Fin)* Wucherzinsen *mpl*
util *(WiWi)* Nutzeneinheit *f*
utilities *(Börse)* Energiewerte *mpl*
utilities sector *(Ind)* Versorgungsbereich *m*
utility 1. *(WiWi)* Nützlichkeit *f*, Nutzen *m*; 2. *(Ind)* Versorgungsbetrieb *m*
utility function *(WiWi)* Nutzenfunktion *f*
utility maximization *(WiWi)* Nutzenmaximierung *f*
utility model *(Pat)* Gebrauchsmuster *n*
utility possibility frontier *(WiWi)* Nutzenmöglichkeitskurve *f*
utilization *(Gen)* Nutzung *f*, Verwendung *f*, Einsatz *m (of natural resources)*
utilization percent *(Gen)* Ausnutzungsgrad *m*
utilize *v* 1. *(Umwelt)* einsetzen, nutzen; 2. *(Gen)* ausnutzen, verwenden, verwerten, wahrnehmen *(opportunity)*
utilized *adj (Fin, Gen, Ind, Pat)* verwertet
utilized capacity *(Ind)* benutzte Kapazität *f*, verwertete Kapazität *f*
utmost good faith 1. *(Versich)* höchste Gutgläubigkeit *f*, unbedingte Beachtung *f* von Treu und Glauben; 2. *(Recht)* höchste Gutgläubigkeit *f*
utter *v* 1. *(Recht, WiWi)* in Umlauf setzen, verbreiten *(notes, especially counterfeit)*; 2. *(Gen)* zum Ausdruck bringen

V

v *s.* versus
vacancies registered *(Pers)* registrierte offene Stellen *fpl*
vacancy *(Pers)* freie Stelle *f*
vacant *adj (Grund)* unbewohnt, frei
vacant lot *(AE) (Grund)* unbebautes Grundstück *n*
vacant position *(Pers)* vakante Position *f*, zu besetzende Position *f*
vacate *v (Grund)* verlassen
vacation *(AE) (Frei, Gen, Pers)* Ferien *pl*, Urlaub *m* • **go on vacation** *(Frei, Gen, Pers)* Ferien machen, in Urlaub gehen
vacation allowance *(AE) (Pers)* Urlaubsgeld *n*
vacation job *(AE) (Pers)* Ferienarbeit *f*, Ferientätigkeit *f*, Ferien(arbeits)stelle *f*
vacation pay *(AE) (Pers)* Urlaubsgeld *n*
vacation period *(AE) (Frei)* Urlaubszeit *f*
vacation work *(AE) (Pers)* Ferienarbeit *f*, Ferientätigkeit *f*, Ferien(arbeits)stelle *f*
val. *s.* valuta
valid *adj* 1. *(Admin)* (rechts)gültig; 2. *(Gen)* stichhaltig *(argument, excuse)* • **no longer valid** *(Gen)* abgelaufen
valid claim *(Recht)* berechtigter Anspruch *m*
valid law *(Recht)* geltendes Recht *n*
valid passport *(Admin)* gültiger Reisepass *m*
valid reason *(Gen)* triftiger Grund *m*
validate *v* 1. *(Comp)* validieren; 2. *(Gen)* bestätigen, für gültig erklären *(document, claim)*
validity 1. *(Gen)* Stichhaltigkeit *f*, Richtigkeit *f*; Geltung *f*, Berechtigung *f (of claim)*; 2. *(Recht)* Gültigkeit *f*, Gültigkeitsdauer *f*, Rechtswirksamkeit *f*, Wirksamkeit *f (contracts)*; 3. *(Stat, WiWi)* Validität *f*, Gültigkeit *f*; 4. *(Logis)* Gültigkeit *f*, Gültigkeitsdauer *f (ticket, Flugticket, Fahrkarte)*
valorization 1. *(WiWi)* Valorisation *f*, Preisregelung *f*, Valorisierung *f (by state)*; 2. *(Gen)* behördliche Preisfestsetzung *f* [Preisregelung *f*]
valorize *v (Gen)* valorisieren
valuable consideration *(Gen)* geldwerte Gegenleistung *f*
valuables *(Gen)* Valoren *fpl*, Wertgegenstände *mpl*, Wertsachen *fpl*
valuation 1. *(Gen)* Bewertung *f*,

Begutachtung *f*, Taxe *f*; 2. *(Grund)* Schätzung *f (of property)*

valuation adjustment *(RW)* Wertanpassung *f*, Wertberichtigung *f (correction)*

valuation allowance *(RW)* Wertberichtigung *f (bonds)*

valuation criteria *(RW)* Bewertungskriterien *npl*, Bewertungsgrundlagen *fpl*

valuation losses *(Bank, RW)* Bewertungsverluste *mpl*

valuation of stock *(RW)* Lagerbewertung *f*

valuation principles *(RW)* Bewertungsgrundlagen *fpl*

valuation report *(Gen)* Wertgutachten *n*, Gutachten *n*

value *v (Gen)* schätzen, bewerten, taxieren *(estimate value)*

value *(val.)* 1. *(RW)* Werthaltigkeit *f (receivables, securities, Forderungen, Wertpapiere)*; 2. *(Bank)* Valuta *f*; 3. *(Fin)* Substanzwert *m*; 4. *(Gen)* Wert *m*, Substanz *f*, Nutzen *m (usefulness)* • **at face value** 1. *(Börse, Fin)* zu pari, zum Nennwert, nominal, zum Nominalwert *(synonymous: at par)*; 2. *(Gen)* oberflächlich betrachtet • **no value declared, NVD** *(Imp/Exp)* ohne Wertangabe *(customs)* • **be good value for money** *(WiWi)* sein Geld wert sein, preisgünstig sein; ein guter Gegenwert sein, einen guten Gegenwert darstellen

value added *(WiWi)* Wertschöpfung *f*, Mehrwert *m (an addition in the value chain of original purchase, manufacture and distribution)*

value-added *adj (Comp, Fin, Steuer, WiWi)* Mehrwert

value-added services *(Gen)* Mehrwertdienste *mpl*

value-added tax *(VAT, vat) (Steuer)* Mehrwertsteuer *f*, MWSt *f*, MwSt *f*

value-added tax on input *(Steuer)* abziehbare Vorsteuer *f (synonymous: deductible input tax, deductible portion of the prior turnover tax)*

value analysis *(Gen, WiWi)* Wertanalyse *f (analysis of the value and the value added of product components; synonymous: value engineering; Untersuchung des Wertbeitrags von Komponenten und Bauteilen eines Produkts)*

value at border *(Imp/Exp)* Grenzwert *m*

value at cost *(RW)* Herstellungswert *m*

value chain *(Fin)* Wertkette *f*, Wertschöpfungskette *f*, Leistungskette *f (from original purchasing over manufacturing to distribution)*

value-creating activity *(WiWi)* Wertschöpfung *f*

value creation chain *(Gen, Comp, Komm)* Wertschöpfungskette *f*, Wertkette *f (Synonym: value chain)*

value date *(Bank, Fin)* Wertstellung *n*, Wertstellungsdatum *n*, Valuta *f*, Valutierungstag *m (on a bank account; opposite: date of entry = Buchungsdatum)*

value-driven management *(Mgt)* wertorientierte Unternehmensführung *f*, wertbasierte Unternehmensführung *f*, marktwertorientierte Unternehmensführung *f (shareholder value concept; search for and implementation of activities which enhance the shareholder value; der Wert des Unternehmens in diesem Sinn ist die Summe der Barwerte aller erwarteten Einzahlungsüberschüsse, cf discounted cash-flow method)*

value engineering *(Fin, Gen, WiWi)* Wertanalyse *f*, Konzeptwertanalyse *f*, Wertanalyse *f* im Entstehungsstadium *(analysis of the value and the value added of product components; synonymous: value analysis; Untersuchung des Wertbeitrags von Komponenten und Bauteilen eines Produkts)*

value for collection *(RW)* Inkassowert *m*

value for money *(Gen)* Geldwert *m*, Preis-Leistungs-Verhältnis *n*

value in exchange *(WiWi)* Tauschwert *m*

value in use *(WiWi)* Gebrauchswert *m*

value of a basis point *(Bank, Fin)* Basispunktwert *m*, Basispunkt--Sensitivität *f (measuring the market risk of a portfolio, absolute Sensitivitätskennzahl für Zinsinstrumente zur Analyse des zinsreduzierten Kursrisikos; synonymous: present value of a basis point, price value of a basis point, basis point value = BPV = dollar value of an 01 = DV01)*

value of an asset as part of an

enterprise *(RW, Steuer)* Teilwert *m (synonymous: going concern value; value of an asset or a project under the assumption that the business entity will continue in operational existence for the foreseeable future; Kaufpreis, den der Erwerber eines Unternehmens bei unterstellter Unternehmensfortführung für ein einzelnes Wirtschaftsgut ansetzen würde; § 61 Nr. 1 EStG, § 10 BewG)*
value of an enterprise as a whole *(Gen, RW)* Unternehmenswert *m*
value of money *(WiWi)* Geldwert *m*
value of the contract *(Börse)* Vertragswert *m (futures)*
value safeguarding clause *(Bank, Recht, WiWi)* Indexklausel *f*, Wertsicherungsklausel *f*
value share *(Börse)* Nennwertaktie *f*
value share/no par *(Börse)* Quotenaktie *f*
value shares *(BE) (Bank, Fin)* werthaltige Aktien *fpl*, unterbewertete Aktien *fpl*, niedrig bewertete Aktien *fpl*, Substanzwerte *mpl*, Value-Aktien *fpl (stock market analysis; Aktienbewertungsmaßstab: KGV -PER- oder am Verhältnis von Kurs- und Buchwert)*
valued at/be *(Börse)* bewertet sein mit
valuta *(Bank)* Wertstellung *f*, Valutierung *f*
variability *(Gen, Stat, WiWi)* Schwankung *f*, Variabilität *f*
variable *(Stat, WiWi)* Größe *f*, Variable *f*
variable budget *(WiWi)* flexibles Budget *n*
variable charge *(Gen)* variable Gebühr *f*
variable cost *(Fin, RW, WiWi)* variable Kosten *pl*
variable expense *(Fin, RW, WiWi)* variable Kosten *pl*
variable gross margin *(RW)* Deckungsbeitrag *m*
variable interest rates *(Bank)* Gleitzinsen *mpl*, variable Zinsen *mpl*
variable labour costs *(BE) (Pers, RW)* variable Arbeitskosten *pl*, variable Personalkosten *pl*
variable lending rate *(Fin)* variabler Zinssatz *m* für Ausleihungen
variable overhead cost *(Fin)* variable Gemeinkosten *pl*
variable-rate *adj (Fin)* variabel verzinslich
variable rate 1. *(Bank, WiWi)* variabler Zins *m*; 2. *(Fin)* variabler Kurs *m*
variable-rate mortgage *(Bank, Grund)* variabel verzinsliche Hypothek *f*
variable rates of interest *(Bank, Fin, WiWi)* variable Zinsen *mpl*
variance 1. *(RW)* Uneinigkeit *f (disagreement)*; 2. *(Fin)* Abweichung *f*, Unvereinbarkeit *f (discrepancy)*; 3. *(Gen)* Veränderung *f*; 4. *(Recht)* Unvereinbarkeit *f (discordance)*; 5. *(Stat)* Varianz *f*
variance analysis *(RW)* Abweichungsanalyse *f*
variation 1. *(WiWi)* Schwankung *f (revenue, expenditure)*; 2. *(Gen)* Abweichung *f*, Variation *f*, Veränderung *f*
variation margin *(Börse)* Nachschusszahlung *f*
variety reduction *(Gen, WiWi)* Sortimentseinschränkung *f*
vary *v (Gen)* variieren, wechseln, (sich) ändern *(change)*
vat *(Abk. für value added tax) (Steuer)* MWSt, MwSt, Mehrwertsteuer *f*
VAT *s.* value-added tax
VAT Directive *(Recht, Steuer)* MWSt--Richtlinie *f (EU)*
VAT number *(Steuer)* Umsatzsteuer--Identifikations-Nummer *f*, USt-IdNr *f*
VAT paid *(BE) (Steuer)* Mehrwertsteuer bezahlt
VAT refund *(Steuer)* Umsatzsteuerrückvergütung *f*, Umsatzsteuervergütung *f*
VAT registration number *(Steuer)* Umsatzsteuer-Identifikations-Nummer *f*, USt-IdNr *f*
vault cash *(Bank)* Barreserve *f*
vault reserve *(AE) (Bank)* Barreserve *f*
VCC *(Abk. für venture capital company) (Fin, Gen)* VCG, Venture-Capital--Gesellschaft *f*, Wagniskapitalgesellschaft *f*, Kapitalbeteiligungsgesellschaft *f*, Unternehmensbeteiligungs-gesellschaft *f*
VDU job *(Abk. für visual display unit job) (Comp)* Bildschirmarbeitsplatz *m*
velocity *(Gen)* Geschwindigkeit *f*, Tempo *n*
velocity of circulation of money *(WiWi)* Umlaufgeschwindigkeit *f* des Geldes
vendee *(AE) (Gen)* Erwerber(in) *m(f)*
vendor 1. *(Gen, Pers, Recht, V&M)* Verkäufer(in) *m(f)*; 2. *(Grund)* Veräußerer

m
vendor company *(Gen)* veräußernde Gesellschaft *f*
venture *v (Gen)* wagen, riskieren
venture *v* **on** *(Gen)* sich einlassen auf, sich wagen an *(project)*
venture 1. *(WiWi)* Risiko *n*, Unternehmung *f*, Wagnis *n*; 2. *(Gen)* risikoreiches Unternehmen *n*
venture capital *(Bank, Fin, Gen, WiWi)* Risikokapital *n*, Wagniskapital *n*
venture capital company *(Bank, Fin, Gen, WiWi)* Wagniskapital--Beteiligungsgesellschaft *f*
venture capital interest *(Fin)* Wagniskapital-Beteiligung *f*, VC--Beteiligung *f*
venture capitalist *(Bank, Fin, WiWi)* Risikokapitalgeber *m*, Wagniskapitalgeber *m*, Risikounternehmer *m*, risikofreudiger Investor *m*, risikobereiter Investor *m*
venture company *(Bank, Fin, Gen)* Wagniskapital--Beteiligungsgesellschaft *f*, Wagniskapitalgesellschaft *f*, VC--Gesellschaft *f*, VC-Gesellschaft *f*, VCG *f*
venture financing *(Fin)* Wagnisfinanzierung *f*, Wagniskapitalfinanzierung *f*, Bereitstellung *f* von Wagniskapital, Venture-Finanzierung *f* *(Wagnisfinanzierung mit Risiko- oder Wagniskapital, meist ohne beleihungsfähige Sicherheiten)*
venture fund *(Fin)* Wagnisfinanzierungsfonds *m*
venture trust *(Fin)* Wagniskapitalfonds *f*
venturesome *adj (Gen)* risikofreudig
venturous *adj (Gen)* risikofreudig
venue *(Gen)* Treffpunkt *m (for meeting, conference)*
verbal *adj (Gen)* mündlich *(offer, promise)*
verbal agreement *(Gen)* mündliche Absprache *f*, mündliche Vereinbarung *f*
verbal offer *(Gen)* mündliches Angebot *n*
verdict *(Recht)* Urteil *n*, Strafurteil *n (jury trial)*
verification 1. *(Gen, RW)* Beurkundung *f*, Bestätigung *f*, Prüfung *f*, Verifizierung *f*; 2. *(Recht)* Beglaubigung *f*
verified by independent auditors *(RW)* von unabhängigen Buchprüfern geprüft
verify *v (Gen, RW)* auf Richtigkeit prüfen, beglaubigen, bestätigen, beurkunden, verifizieren • **if verified** *(Gen)* nach Richtigbefund
versatility *(Gen, V&M)* Vielseitigkeit *f (of product)*
versed in the law *(Gen, Recht)* rechtskundig
version *(Gen)* Fassung *f*, Variante *f*, Version *f*
verso *(Media)* Rückseite *f (back of page)*
versus *(Gen)* gegen, versus, vs.
vertical *adj (Gen)* vertikal
vertical amalgamation *(Gen, WiWi)* vertikaler Zusammenschluss *m*
vertical analysis 1. *(RW)* vertikale Bilanzanalyse *f*, vertikale Analyse *f* *(examination of ratios of items of only one side of the balance sheet, e. g. debt-to-equity ratio = Verschuldungsgrad = Verhältnis von Fremdkapital zu Eigenkapital = FK/EK)*; 2. *(Stat, WiWi)* Querschnittsanalyse *f*, Querschnittsuntersuchung *f*, Vertikalanalyse *f (looks at different ratios at the same time or at the same period of time; synonymous: cross--section analysis; opposite: longitudinal analysis, horizontal analysis; Untersuchung verschiedener Kennzahlen oder Indikatoren, die sich auf einen Zeitpunkt oder Zeitraum beziehen; Gegensatz: Horizontalanalyse, Zeitreihenanalyse)*
vertical business combination *(Gen, WiWi)* vertikaler Unternehmenszusammenschluss *m*
vertical communication *(Gen)* vertikale Kommunikation *f*
vertical expansion *(Gen)* vertikale Expansion *f*
vertical integration *(Gen, WiWi)* vertikale Integration *f*
vertical market *(WiWi)* Vertikalmarkt *m (der Kette vor- und nachgelagerter Märkte)*
vertical merger *(Gen, WiWi)* vertikale Fusion *f*
vertical mobility *(Pers, Soz)* vertikale Mobilität *f*
vertical profit and loss account format *(RW)* Gewinn- und Verlustrechnung *f* in Staffelform
vertical specialization *(Gen)* vertikale Spezialisierung *f*
vertical system *(Bank, Börse, Gen)* vertikales System *n*, Vertikalsystem *n*,

vertikal integriertes System *n*, Vertikalmodell *n (vertically integrated business system, e. g. an exchange system including trading, clearing, settlement, custody and management; vertikal integriertes Geschäftsmodell mit langer Wertschöpfungskette, z. B. ein Börsensystem einschließlich Handel, Verrechnung, Abwicklung, Verwahrung und Verwaltung)*; *(ugs.)* Silo-System *n*, Silo-Modell *n (slightly pejorative, leicht abschätzig verwendet im Finanzbereich)*

vertically integrated exchange system *(Börse)* vertikal integriertes Börsensystem *n*, vertikal integriertes Börsenmodell *n (including trading, clearing, settlement, custody and management; einschließlich Handel, Verrechnung, Abwicklung, Verwahrung und Verwaltung; cf vertical system)*

vest *v* 1. *(Gen)* übergeben; 2. *(Recht)* verleihen

vest *v* **with** *(Gen, Pol)* ausstatten mit

vested interest *(Gen)* gesichertes Recht *n* • **have a vested interest in sth** *(Gen)* ein begründetes Anrecht auf etw. besitzen

vested rights *(Gen)* Besitzstand *m*

vet *v (Gen)* auf Herz und Nieren prüfen, genauestens überprüfen

vetting *(Gen, Pol)* Sicherheitsüberprüfung *f*

via *(Komm)* per, via

viability 1. *(Fin)* finanzielle Leistungsfähigkeit *f*; 2. *(Gen)* Erfolgsaussicht *f*, Lebensfähigkeit *f*, Realisierbarkeit *f*, Durchführbarkeit *f (of project)*

viable *adj (Fin, Gen)* entwicklungsfähig, lebensfähig, realisierbar

vicarious liability *(Recht)* Haftung *f* für Verschulden Dritter

vice-chairman *(Mgt, Pers)* stellvertretende(r) Vorsitzende(r) *f(m)*

vice president finance *(AE) (Pers)* Finanzvorstand *m*

vicious circle *(WiWi)* Teufelskreis *m*

vicious cycle *(WiWi)* Teufelskreis *m*

video conference *(Comp, Komm, V&M)* Videokonferenz *f*

video surveillance *(Gen)* Monitorüberwachung *f*

videophone *(Komm)* Bildtelefon *n*

vie *v (Gen)* konkurrieren

vie *v* **with** *(Gen)* wetteifern mit

view *v (Comp)* lesen *(word processed document)*

view *(Gen)* Anschauung *f*, Ansicht *f*, Meinung *f (opinion)*

viewer *(Comp, Komm)* Viewer *m*, Datei--Betrachtungsprogramm *n*

viewing *(Grund)* Besichtigung *f (of house, business premises)*

viewing by appointment only *(Grund)* Besichtigung nur nach Voranmeldung

viewpoint *(Gen)* Sicht *f*, Standpunkt *m (opinion)*

vindicate *v* 1. *(Gen)* rehabilitieren *(person)*; rechtfertigen *(opinion, action)*; bestätigen *(right)*; 2. *(Recht)* verteidigen

violate *v (Recht)* verletzen, verstoßen gegen *(law, regulations)*; brechen *(contract, law)*

violation 1. *(Recht)* Bruch *m*, Verletzung *f*, Verstoß *m*; 2. *(Pat)* Verletzung *f*, Verstoß *m*

violation of contract *(Recht)* Vertragsverletzung *f*

violation of the law *(Recht)* Gesetzesübertretung *f*

virtual *adj (Comp)* virtuell

virtual desk *(Comp, Komm)* Helpdesk *m (help desk)*

visible *adj (Fin, Gen, Imp/Exp)* sichtbar

visible balance *(Gen, WiWi)* Handelsbilanz *f*

visible export *(Imp/Exp, WiWi)* sichtbarer Export *m*

visible import *(Imp/Exp, WiWi)* sichtbarer Import *m*

visibles *(WiWi)* sichtbare Ein- und Ausfuhren *fpl (commodities)*

vision *(Gen, Mgt)* Vision *f*, Vorstellung *f*

visit *v (Gen)* besuchen

visiting card *(Gen)* Visitenkarte *f*

visiting professor *(Bil)* Gastdozent(in) *m(f) (synonymous: visiting lecturer)*; Gastprofessor(in) *m(f)*, außerordentlicher Professor *m (at university)*

visits *(Komm, Media, V&M)* Zahl *f* der Besucher *(Internet website, number of visitors)*

visual aid *(Media, V&M)* Anschauungsmaterial *n*

visual demonstration material *(V&M)* Anschauungsmaterial *n*

visual telephone *(Komm)* Bildtelefon *n*

visuals *(Gen, V&M)* Anschauungsmaterial

n (for presentation)
vital industry *(WiWi)* lebenswichtige Industrie *f*
vital interest *(Recht)* berechtigtes Interesse *n*
vital problem *(Gen)* entscheidendes Problem *n*, Kernproblem *n*
vital statistics *(Stat)* Bevölkerungsstatistik *f*
vocation *(Gen, Pers)* Beruf *m*
vocational *adj (Pers)* beruflich, Berufs
vocational aptitude test *(Pers)* beruflicher Eignungstest *m*, berufliche Eignungsprüfung *f*
vocational counseling *(AE) (Pers, Soz) s.* vocational counselling
vocational counselling *(BE) (Pers, Soz)* Berufsberatung *f*
vocational education *(Pers)* Berufsausbildung *f*, berufliche (Aus-)Bildung *f*
vocational education reform *(Bil)* Berufsbildungsreform *f*, Reform *f* der beruflichen Bildung
vocational education system *(Bil)* berufsbildendes Schulwesen *n*
vocational experience *(Pers)* Berufserfahrung *f*
vocational guidance *(Pers)* Berufsberatung *f*
vocational preparation course *(Bil)* berufsvorbereitender Lehrgang *m*
vocational qualifications *(Pers)* berufliche Qualifikationen *fpl*
vocational retraining *(Pers)* Umschulung *f*
vocational school system *(Bil)* berufsbildendes Schulwesen *n*
vocational school teacher *(Bil)* Berufsschullehrer(in) *m(f)*
vocational skills *(Pers)* berufliche Qualifikation *f*, Berufsqualifikation *f*
vocational teacher *(Bil)* Berufsschullehrer(in) *m(f)*
vocational training *(Pers, Soz)* Berufsausbildung *f*, berufliche Bildung *f*
vocational training reform *(Bil)* Berufsbildungsreform *f*, Reform *f* der beruflichen Bildung
voice-activated *adj (Comp)* sprachaktiviert
voice-actuated *adj (Comp)* sprachgesteuert
voice mail *(Comp)* Sprachpost *f*
voice messages *(Komm)* Sprachnachrichten *fpl*
voice recognition *(Comp)* Spracherkennung *f*
void *adj (Gen)* ungültig
voidable contract *(Recht)* anfechtbarer Vertrag *m*
volatile *adj* 1. *(Comp)* flüchtig; 2. *(WiWi)* schwankend, unstetig; 3. *(Pol)* brisant *(situation)*; 4. *(Börse)* volatil *(prices)*
volatile memory *(Comp)* flüchtiger Speicher *m*
volatility *(Börse, WiWi)* Volatilität *f*, Schwankungsanfälligkeit *f*, Schwankungsintensität *f (measure of fluctuations in the price of financial instruments within a certain period, identical with the standard deviation = Standardabweichung)*
volume 1. *(WiWi)* Volumen *n*, Vol.; 2. *(Gen)* Umsatz *m*, Umsatzvolumen *n*, Vol. *(of trade)*; Umfang *m (extent)*; 3. *(Media)* Band *m (book)*; 4. *(Börse)* Volumen *n*
volume discount *(Gen)* Mengenrabatt *m*
volume index *(Gen)* Mengenindex *m*
volume of deposits *(Bank)* Einlagenbestand *m*
volume of exports *(Imp/Exp, WiWi)* Exportvolumen *n*, Ausfuhrvolumen *n*
volume of foreign trade *(Imp/Exp, WiWi)* Außenhandelsvolumen *n*
volume of orders *(Gen)* Auftragsumfang *m*
volume of output [production] *(Gen, Ind)* Produktionsvolumen *n*
volume of trading 1. *(WiWi)* Handelsvolumen *n*; 2. *(Gen)* Geschäftsumfang *m*
volume of work *(Pers)* Arbeitsvolumen *n*, Arbeitsanfall *m*
volume production *(Ind)* Volumenfertigung *f*, Volumenproduktion *f*, Massenfertigung *f*, Massenproduktion *f*
voluntary *adj (Gen, Soz)* freiwillig
voluntary arrangement *(Recht)* freiwillige Vereinbarung *f*
voluntary benefit *(Pers, Soz)* Kann--Leistung *f*
voluntary contribution *(Soz, Steuer)* Spende *f*
voluntary controls *(V&M)* freiwillige Kontrollen *fpl*
voluntary export restraint *(Imp/Exp)* freiwillige Ausfuhrbeschränkung *f*, freiwillige Exportbeschränkung *f*

voluntary liquidation *(Fin)* freiwillige Liquidation *f*
voluntary redundancy [severance] scheme *(Pers)* Sozialplan *m (für Arbeitnehmer, die auf eigenen Wunsch das Unternehmen verlassen, vgl. redundancy pay, severance pay = Abfindungszahlung)*
voluntary settlement *(Recht)* außergerichtlicher Vergleich *m*
voluntary winding up *(Fin, Gen)* freiwillige Liquidation *f (of company)*
volunteer *v (Gen)* sich anbieten, sich (freiwillig) melden
volunteer *(Pers)* Freiwillige(r) *f(m)*, Volontär(in) *m(f)*
vote *v (Pers, Pol)* abstimmen, wählen *(elections)*
vote *(Pers, Pol)* Stimme *f*, Wahl *f*, Abstimmung *f*, Votum *n*, Bewilligung *f* durch Abstimmung *(act of voting)*; Wahlergebnis *n (result)*
vote weighting *(Recht)* Stimmgewichtung *f (EU)*
voter turnout *(Pol)* Wahlbeteiligung *f*
voting 1. *(Mgt, Pers)* Abstimmung *f*, Beschlussfassung *f*, Stimmabgabe *f (at board meetings)*; 2. *(Pol)* Wahl *f*
voting behaviour *(Pol)* Abstimmungsverhalten *n*, Stimmverhalten *n (cp. German vote = deutsches Votum, EU)*
voting capital *(Börse)* stimmberechtigtes Kapital *n*
voting procedures *(Pol, Recht)* Abstimmungsverfahren *n*, Wahlverfahren *n*
voting right *(Pers, Pol)* Stimmrecht *n*
voting rights attaching to shares *(Börse, Recht)* Stimmrechte *npl* aus Aktien
voting share *(Börse, Fin)* stimmberechtigte Aktie *f*
voting stock *(Börse, Fin)* stimmberechtigte Aktie *f*
voucher 1. *(RW)* Buchungsbeleg *m*; 2. *(Gen)* Beleg *m*, Bon *m*, Gutschein *m (coupon)*
voucher system *(RW)* Belegsystem *n*, Belegbuchhaltung *f*
vulgar fraction *(Stat)* gewöhnlicher Bruch *m*, einfacher Bruch *m*, gemeiner Bruch *m (synonymous: common fraction, simple fraction; opposite: decimal fraction = Dezimalbruch)*
vulnerable *adj* 1. *(WiWi)* wehrlos; 2. *(Gen)* verletzlich; 3. *(Pers)* ungeschützt

W

WACC *(Abk. für weighted average cost of capital) (Fin)* gewichteter Kapitalkostensatz *m*
wad 1. *(Bank)* Banknotenbündel *n (of notes)*; 2. *(Gen) (ugs.)* Packen *m*
wage 1. *(WiWi)* Arbeitslohn *m*; 2. *(Gen, Pers)* Lohn *m*; 3. *(Logis)* Heuer *f (shipping)*
wage agreement *(Pers)* Lohnvereinbarung *f*
wage and salary survey *(Pers)* Lohn- und Gehaltsrevision *f*
wage bargaining *(Pers)* tarifliche Lohnverhandlungen *fpl*
wage bargaining committee *(Pers)* Tarifkommission *f*
wage bargaining round *(Pers)* Tarifrunde *f*
wage bracket *(Pers)* Lohnstufe *f*
wage cartel *(ugs.) (Pol) (ugs.)* Lohnkartell *n*, Tarifkartell *n*
wage claim *(Pers)* Lohnforderung *f*
wage clause *(Pers)* Lohngleitklausel
wage cost in manufacturing *(RW, WiWi)* Fertigungslohnkosten *pl (synonymous: wages in manufacturing)*
wage costs *(Pers)* Lohnkosten *pl*
wage cut *(Pers)* Lohnkürzung *f*
wage differentials *(Pers, WiWi)* Lohngefälle *n*
wage disparity *(Pers, WiWi)* Lohnspreizung *f*
wage dispersion *(Pers, WiWi)* Lohnverteilung *f*, Lohnstreuung *f*, Lohnspreizung *f*
wage dispute *(Pers)* Tarifstreit *m*, Lohnauseinandersetzung *f*
wage distribution *(Pers, WiWi)* Lohnverteilung *f*, Lohnstreuung *f*, Lohnspreizung *f*
wage drift *(Pers, WiWi)* Lohndrift *f*
wage equalization *(Pers)* Lohnangleichung *f*
wage escalator clause *(Pers)* Lohngleitklausel *f*
wage flexibility *(Pers, WiWi)* Lohnflexibilität *f*
wage floor *(Pers)* Grundlohn *m*
wage formation process *(Pers)*

Lohnbildungsprozess *m*, Lohnfindungsprozess *m*
wage freeze *(Pers)* Lohn- und Gehaltsstopp *m*, Lohnstopp *m*
wage growth *(WiWi, Pers)* Lohnzuwachs *m*
wage guarantee *(Pers, Soz, WiWi)* Lohngarantie *f* Verdienstgarantie *f*
wage incentive *(Pers)* gewinnbezogene Bezahlung *f*, gewinnbezogenes Arbeitsentgelt *n*
wage income *(Pers, WiWi)* Lohneinkommen *n*, Lohn- und Gehaltseinkommen *n*
wage increase *(Pers)* Lohnerhöhung *f*
wage increment *(Pers)* Lohn- und Gehaltszuwachs *m*, Lohn- und Gehaltserhöhung *f (auf automatischer oder regelmäßiger Basis)*
wage indexation *(Pers)* Lohnindexbindung *f*
wage indexation clause *(Pers)* Lohngleitklausel *f*
wage inequality *(Pers)* Lohnungleichheit *f*, Lohnunterschied *f*, Lohngefälle *n*
wage inflation *(WiWi)* Lohninflation *f*
wage-intensive *adj (WiWi, Pers)* lohnintensiv
wage negotiations *(Mgt, Pers)* Lohnverhandlungen *fpl*
wage package *(Pers)* Lohnpaket *n*, Gehaltspaket *n (d.h. Basislohn, Zulagen und Sonderzahlungen)*
wage payment *(Pers)* Lohnzahlung *f*
wage per hour *(Pers)* Stundenlohn *m*
wage pressure *(Pers)* Lohndruck *m*
wage-price spiral *(WiWi)* Lohn-Preis--Spirale *f*
wage push *(Pers)* Lohndruck *m*
wage push inflation *(WiWi)* Lohndruckinflation *f*
wage rate *(WiWi)* Lohnsatz *m*, Arbeitslohn *m*
wage replacement *(Soz)* Lohnersatz *m*
wage replacement rate [ratio] *(Soz)* Lohnersatzquote *f*
wage restraint *(Pers, Pol, WiWi)* Selbstbeschränkung *f* bei Lohnforderungen
wage rigidity *(WiWi)* Starrheit *f* der Löhne
wage scale *(Pers)* Lohntarif *m*, Lohnskala *f*
wage settlement *(Pers)* Lohnabschluss *m*, Tarifabschluss *m*
wage slip *(ugs.) (Pers)* Lohnbeleg *m*, Gehaltsbeleg *m*; Lohn- und Gehaltsabrechnung *f*; *(obs.)* Lohnzettel *m*, Lohnstreifen *m*
wage stop *(Pers)* Lohnstopp *m*
wage structure *(Pers)* Lohngefüge *f*
wage supplement *(Pers)* Lohnzulage *f*
wage talks *(Mgt, Pers)* Lohnverhandlungen *fpl*
wages in manufacturing *(RW, WiWi)* Fertigungslöhne *mpl (synonymous: wage cost in manufacturing)*
wait-and see policy *(WiWi)* abwartende Haltung *f*, Politik *f* des Abwartens
waiting list *(Gen)* Vormerkliste *f*, Warteliste *f*
waiting period *(Bank, Börse)* Sperrfrist *f (Verkaufsbeschränkung für Altaktien)*
waive *v* 1. *(Fin)* erlassen; 2. *(Pat, Recht, Steuer)* aufgeben, verzichten auf *(claim)*
waiver of priority *(Recht)* Rangrücktritt *m (Rangänderung für Grundstücksrechte und -lasten)*
waiving 1. *(Fin)* Erlassung *f (debt)*; 2. *(Pat, Recht, Steuer)* Aufgeben *n*, Verzicht *m (claim)*
walk *v* **out** *(Ind, Pers)* in den Streik treten, streiken
walkout *(Gen, Ind, Pers)* Arbeitsniederlegung *f*, Ausstand *m*, Streik *m*
wane *v (Gen)* nachlassen
want *(Gen)* Bedürfnis *n (requirement)*
ward *(Recht)* Mündel *n (under a guardian)*
warehouse *v (Gen, Imp/Exp, Logis)* lagern, speichern
warehouse *(Gen)* Depot *n*, Dep., Lager(gebäude) *n*, Magazin *n*, Mag., Speicher *m*, Warenlager *n*
warehouse holdings *(Bank, Fin)* Warehouse-Bestand *m (loans issued by a bank and intended for resale from the outset as part of the originate-to--distribute business model; kurzfristig von der Originator-Bank gehaltene Kredite, die meist einschließlich der verbundenen Risiken zur Weiterplatzierung am Kapitalmarkt vorgesehen sind; cf originate-to--distribute business model)*
warehouse receipt *(Imp/Exp, Ind, Recht, Logis)* Einlagerungsschein *m*, Lagerschein *m*
warehouse supervisor *(Gen, Imp/Exp, Logis)* Lageraufseher(in) *m(f)*
warehouse warrant 1. *(Recht)*

Lagerschein *m*, Orderlagerschein *m* *(commercial)*; 2. *(V&M)* Lagerschein *m*

warehousing 1. *(Gen, Imp/Exp)* Lagerhaltung *f*, Magazinverwaltung *f* *(storekeeping)*; 2. *(Ind, Logis)* Einlagerung *f*, Lagerhaltung *f*, Lagerung *f* *(storage)*

warning *(Pers)* Abmahnung *f* *(prior to disciplinary action)*

warning strike *(Pers)* Warnstreik *m*

warrant *v* *(Gen)* zusichern

warrant 1. *(Fin)* Garant *m*, Optionsschein *m* *(certificate)*; 2. *(Recht)* Gerichtsbefehl *m*, Haftbefehl *m* *(for arrest)*; 3. *(Pol)* Berechtigung *f*, Befugnis *f* *(authority)*; Vollmacht *f* *(mandate)*; 4. *(Börse)* Optionsschein *m*

warrant bond *(Bank)* Optionsanleihe *f*

warrant issue *(Fin)* Optionsanleihe *f*

warranted *adj* *(Versich)* garantiert, gerechtfertigt, zugesichert

warranted rate of growth *(WiWi)* Gleichgewichtswachstumsrate *f*

warrantee *(Gen, Recht)* Garantieinhaber(in) *m(f)*

warranter *(Gen, Recht)* Zusichernde(r) *f(m)*

warranty 1. *(Gen)* Garantie *f*; 2. *(Versich)* Gewährleistung *f*; 3. *(Recht)* Zusicherung *f*

warranty card *(Bank)* Garantiekarte *f*

warranty obligation *(Gen)* Gewährleistungspflicht *f*

warranty of quality *(Recht)* Sachmängelhaftung *f*

warranty of title *(Gen)* Rechtsmängelgewähr *f*

wash sale *(Börse)* Scheingeschäft *n* *(securities)*

wastage *(Gen)* Verschwendung *f*, Vergeudung *f*, Verlust *m*, Materialverlust *m*

waste *v* *(Gen)* vergeuden *(time, money)*; verschwenden *(resources)*

waste *(Gen, Umwelt)* Abfall *m*

waste bin *(Umwelt)* Abfalleimer *m*

waste disposal *(Gen, Umwelt)* Abfallbeseitigung *f*

waste disposal industry *(Gen, Umwelt)* Abfallwirtschaft *f*

waste disposal systems *(Umwelt)* Entsorgungssysteme *fpl*

waste dumping *(Umwelt)* Lagerung *f* von Abfall

waste management *(Umwelt)* Abfallwirtschaft *f*

waste product *(Umwelt)* Abfallprodukt *n* *(recyclage)*

waste recycling *(Umwelt)* Abfallaufbereitung *f*, Abfallrecycling *n*

waste treatment *(Gen, Umwelt)* Müllbehandlung *f*

wastepaper *(Gen, Umwelt)* Altpapier *n*

wastewater disposal *(Umwelt)* Abwasserbeseitigung *f*

watch *v* *(Börse, Fin, Gen)* beobachten *(markets, performance, value)*

watch list 1. *(Börse, Fin)* Beobachtungsliste *f*, Liste *f* beobachteter Unternehmen *(research, investment analysis, rating: z. B. SAP steht bei ca. 80-100 Unternehmen des Finanzsektors auf der Beobachtungsliste)*; 2. *(Bank, Recht)* Kontrollliste *f*, Watchlist *f* *(generally any companies being advised by Investment Banking -IB- are put on a watch list and the research department -investment analysis- stops producing research; however they may still assist their IB colleagues on the assignment, an attempt to avoid a conflict of interests, i. e. not a very strong divide between the two units, cf Chinese walls; Firmenliste der Compliance-Abteilung: alle Unternehmen, von denen ein IB--Beratungsmandat vorliegt, kommen auf die Watch List der beratenden Investment Bank, worauf die Investment-Analyse für das auf der Beobachtungsliste stehende Unternehmen zur Sicherung einer gewissen Vertraulichkeit eingestellt wird)*; 3. *(Frei, Pol, Recht) (AE)* Personenbeobachtungsliste *f*, Watchlist *f*

watchdog *(Gen)* Überwachungsorganisation *f*, Aufsichtsbehörde *f* *(consumer interests)*

watchdog agency *(Bank, Börse, Fin, Versich)* Aufsichtsbehörde *f*

water *v* **down** 1. *(Mgt)* abschwächen, verwässern *(e. g. idea, policy measure, statement, resolution; cf dilution of capital, Kapitalverwässerung)*; 2. *(Gen)* panschen *(wine, milk)*

water damage *(Gen, Versich)* Wasserschaden *m*

water pollution *(Ind, Umwelt)*

Gewässerverschmutzung *f*
water supply *(Ind, Umwelt)* Wasserversorgung *f (synonymous: water system)*
watered capital *(Fin)* verwässertes Kapital *n*
watered stock *(Fin)* verwässerte Aktien *fpl (shares in a company that are worth less than the total capital invested, e. g. through the issue of new stock below par value = Ausgabe junger Aktien unter pari; illegal practice in many countries, including Germany; cf dilution of capital)*
watering *(Fin)* Verwässerung *f (cf dilution of capital, Kapitalverwässerung)*
watermark *(Gen, WiWi)* Wasserzeichen *n*
waterproof *adj (Gen, Ind, Logis)* wasserdicht
watertight *adj (Gen)* einwandfrei, wasserdicht, unanfechtbar
wave of immigration *(Pol, Soz)* Zuwanderungswelle *f*, Einwanderungswelle *f*
way of life *(Gen)* Lebensart *f*, Lebensgewohnheit *f*
waybill *(Imp/Exp, Logis)* Frachtbrief *m (detailing route, cost)*
ways and means *(WiWi)* Mittel *npl* und Wege *mpl*
WDV *(Abk. für written-down value) (Fin, RW)* Restwert *m*, Buchwert *m (value of an asset after deducting amounts for depreciation or for capital allowances = steuerliche Abschreibungen)*
weak market *(Börse)* schwacher Markt *m*
weaken *v (Gen, WiWi)* (ab)schwächen *(currency value)*
wealth *(WiWi)* Vermögen *n*, Reichtum *m*, Wohlstand *m*
wealth distribution *(WiWi)* Wohlstandsverteilung *f*
wealth effect *(WiWi)* Realkasseneffekt *m*, Vermögenseffekt *m*
wealth of opportunities *(Gen, Pers)* Fülle *f* von Möglichkeiten
wealth tax *(Fin, Steuer, WiWi)* Vermögensteuer *f*
wealthy *adj* 1. *(WiWi)* reich, wohlhabend; 2. *(Gen)* wohlhabend
wear and tear *(Gen)* Gebrauchsabnutzung *f*, Verschleiß *m*
weather *v (WiWi)* überstehen *(recession)*
web community *(Comp, Komm)* Webgemeinde *f*
web content *(Comp, Komm, Media, V&M)* Web-Inhalt *m*, Webinhalt *m*
web counter *(Komm, V&M)* Webcounter *m*, Webzähler *m*
web economy *(V&M, WiWi)* Web--Wirtschaft *f*, Netzwirtschaft *f*, Internet--Wirtschaft *f*
web page *(Komm, Media, V&M)* Webseite *f (Internet page)*
web page address *(Comp, Komm, Media)* Webpage-Adresse *f*, URL *(Uniform Resource Locator, e. g. http://www.w3c.org)*
web radio *(Komm)* Webradio *n*
web ring *(Komm)* Webring *m*
web television *(Comp, Komm, Media)* Web-TV *n*, Web-Television *n*, Web--Fernsehen *n*
web TV *(Comp, Komm, Media)* Web-TV *n*, Web-Television *n*, Web-Fernsehen *n*
web washer *(Comp, Komm, Media, V&M)* Werbungsfilter *m*
website *(Comp, Komm, Media, V&M)* Website *f (Internet site)*
website address *(Komm, Media)* Website-Adresse *f*, URL *(Uniform Resource Locator, e. g. http://www.w3c.org)*
weed *v* **out** *(Gen)* auskämmen, aussondern
weekdays/on *(Gen)* an Werktagen
weekend work [working] *(Pers)* Arbeit *f* am Wochenende, Wochenendarbeit *f*
weekly hours *(Pers)* Wochenstunden *fpl*
weekly hours of work *(Pers)* Wochenarbeitszeit *f*, wöchentliche Arbeitszeit *f*, Arbeitswoche *f*
weigh *v (Gen)* abwägen *(idea, proposal)*; wiegen *(object)*
weigh *v* **the pros and cons** *(Gen)* Vor- und Nachteile abwägen
weight *v (Börse)* gewichten *(option positions)*
weight *(Gen, Stat, Logis)* Gewicht *n*, Gw.
weighted *adj* 1. *(Stat, WiWi)* gewogen; 2. *(Steuer)* gewichtet
weighted average 1. *(Stat, WiWi)* gewichteter Durchschnitt *m*, gewichtetes Mittel *n*, gewogenes Mittel *n*, gewogener Mittelwert *m*; 2. *(Gen)* gewogenes Mittel *n*, Bewertungsdurchschnitt *m*
weighted average cost *(RW)* gewogene Durchschnittskosten *pl*
weighted average cost of capital

(WACC) (Fin) gewichteter Kapitalkostensatz *m*
weighted index *(Gen)* gewichteter Index *m*, gewogener Index *m*
weighting of votes *(Pol, Recht)* Stimmgewichtung *f (EU)*
weighting schedule [scheme] *(Stat)* Gewichtungsschema *n*
weights and measures *(Gen)* Maße und Gewichte *npl*
welfare 1. *(Pers)* Wohlfahrt *f (of employee)*; 2. *(Soz)* Sozialhilfe *f (assistance)* • **be on welfare** *(Pers, Soz)* Sozialhilfe beziehen
welfare agency *(Pers, Soz)* Sozialamt *n*
welfare benefits *(Soz)* Sozialhilfe *f*
welfare case *(Soz)* Sozialfall *m*
welfare centre *(Soz)* Sozialstation *f*, Sozialzentrum *n*
welfare economics *(WiWi)* Wohlfahrtsökonomik *f*
welfare facility *(Soz)* Sozialeinrichtung *f*
welfare institution *(Soz)* Sozialeinrichtung *f*
welfare net *(Soz)* soziales Netz *n*
welfare recipient *(AE) (Pers, Soz)* Wohlfahrtsempfänger(in) *m(f)*
welfare state *(Pol, Soz, WiWi)* Bevormundungsstaat *m*, Wohlfahrtsstaat *m*
welfare-to-work *(Soz)* Arbeit statt Sozialhilfe *(ein Konzept welches Arbeitslose dazu bringen soll, auch eine weniger qualifizierte oder weniger gut bezahlte Tätigkeit anzunehmen)*
welfare trap *(Soz)* Wohlfahrtsfalle *f*
well-being *(Gen, V&M)* Wohlergehen *n*, Wohlbefinden *n*
well-educated *adj (Gen)* gutausgebildet
well-established *adj (Gen)* (gut)eingeführt, (gut)etabliert *(business)*
well-known mark *(Pat, V&M)* vertrautes Markenzeichen *n* [Warenzeichen *n*]
well-motivated *adj (Pers)* gutmotiviert
well-placed *adj (Gen)* in guter Position • **be well-placed** *(Gen)* gut im Rennen liegen
well-positioned *adj (Gen)* am rechten Platz
well-qualified *adj (Pers)* gutqualifiziert
well-to-do *adj (Gen)* wohlhabend
wellhead prices *(Gen)* Preis *m* ab Bohrturm, Quellenpreis *m (oil industry)*
wet signature *(Gen, Recht)* handschriftliche Zeichnung *f*; eigenhändige Unterschrift *f*, Originalunterschrift *f (as opposed to a fax copy or to an agreement offered electronically or verbally; eigenhändig vollzogene Unterschrift für alle Rechtsgeschäfte, die der Schriftform bedürfen)*
wheeler-dealer *(ugs.) (Gen)* (gerissener) Geschäftemacher *m*, Schlitzohr *n*
wheeling and dealing 1. *(Gen)* intensives Verhandeln *n*; 2. *(Börse)* intensive Verhandlung *f*
when due *(Fin)* bei Verfall *m (bill of exchange)*
whistles/with bells and *(ugs.)* 1. *(Fin) (ugs.)* mit Bonbon, *(ugs.)* aufgemotzt; mit Zusatzanreiz *m*, mit zusätzlichem Anreiz *m (synonymous: with a sweetener, with a kicker; Extraausstattung einer Emission)*; 2. *(Gen) (ugs.)* mit (allerlei) Schnickschnack *m*
white coal *(Umwelt)* Wasserkraft *f*
white-collar crime *(Recht)* Wirtschaftsverbrechen *n*
white-collar job *(Pers)* Bürotätigkeit *f*
white-collar worker *(Pers)* Angestellte(r) *f(m)*
white goods *(Gen, V&M)* weiße Ware *f (large domestic appliances)*
White House/the *(AE) (Pol)* das Weiße Haus *(die offizielle Residenz des Präsidenten der USA; wird oft als Synonym für die amerikanische Regierung verwendet)*
white knight *(Fin) (ugs.)* Retter *m* in der Not *(takeovers)*
White Paper *(BE) (Recht)* Gesetzesvorlage *f*
Whitehall *(BE) (Pol) die britische Regierung, the British Government; Whitehall ist der Name der Straße in London, an der die wichtigsten Ministerien ihren Sitz haben, a street in London in which important Government offices are situated*
whitewash *v (Gen)* rehabilitieren, rein waschen, schönfärben, wieder zahlungsfähig erklären
whiz kid 1. *(Gen)* Genie *n*, *(ugs.)* kluger Kopf *m*, Wunderkind *n*; 2. *(Mgt) (ugs.)* Senkrechtstarter *m*
wholesale *adj (V&M)* Großhandels-
wholesale *(Gen)* Großhandel *m*
wholesale business *(Gen)* Großhandel

m, Großhandelsgeschäft *n*
wholesale company *(Gen)* Großhandelsunternehmen *n*
wholesale customer *(Bank, Gen)* Firmenkunde *m*, Geschäftskunde *m*
wholesale dealer *(Gen, V&M, WiWi)* Großhandelsbetrieb *(firm)*; Großhändler(in) *m(f)*, Grossist *m* *(person)*
wholesale deposits *(Bank, Fin)* Geldanlage *f* im Interbankgeschäft, Geldmarktanlagen *fpl*
wholesale goods *(Gen, Ind, WiWi)* Großhandelserzeugnisse *npl*
wholesale market *(Gen)* Großmarkt *m*, Großhandelsmarkt *m*
wholesale money market *(Fin)* Interbankengeldmarkt *m*
wholesale price index *(Stat)* Großhandelspreisindex *m*
wholesale trade *(V&M, WiWi)* Großhandel *m*
wholesale trader *(Gen, V&M, WiWi)* Großhandelsbetrieb *m* *(firm)*; Großhändler(in) *m(f)*, Grossist *m* *(person)*
wholesaler *(V&M, WiWi)* Großhandelsbetrieb *m* *(firm)*; Großhändler(in) *m(f)*, Grossist *m* *(person)*
wholesaling *(V&M, WiWi)* Großhandel *m*
wholly-owned subsidiary *(Recht)* Tochtergesellschaft *f* (100 %), 100 %ige Tochtergesellschaft *f*
wide-margin *adj (Bank, Gen)* margenstark
wide range *(Gen, V&M)* breites Sortiment *n*
widely recognized *(Gen)* allgemein anerkannt
widespread *adj (Gen)* üblich, weitverbreitet
widow-and-orphan stock *(Börse)* sichere Aktien *fpl* mit hoher Dividende, mündelsichere Wertpapiere *npl*
wikinomics *(WiWi)* Wikinomie *f*, Wiki-Ökonomie *f*, Wikiwirtschaft *f (value added through mass collaboration: customers or others work via internet jointly on an activity or project; nach D. Tapscott eine neue Form des Wirtschaftens mit ‚revolutionären' Formen der Zusammenarbeit, gekennzeichnet durch Freiwilligkeit, Offenheit, Kultur des Teilens und globales Handeln; dank Internet gehen die Kosten für die Bündelung von Arbeit, Wissen und Kapital gegen Null; Anspruch: die jetzt massenhaft mögliche Zusammenarbeit ist gratis, hierarchiefrei und selbstbestimmt und sie garantiert bessere Ergebnisse als bei herkömmlichen Produktions- und Konsumformen; Kritiker sehen den Anspruch, außer unter besonders günstigen realen Umständen, nicht verwirklicht, sondern glauben neue, bislang nicht gekannte, besonders raffinierte Formen der Ausbeutung und massenhafte Arbeitsplatzvernichtung zu erkennen: ‚König Kunde lässt sich knechten')*
wildcat strike *(Pers)* wilder Streik *m*
wildcat venture *(Gen)* gewagte [riskante] Sache *f*
will *(Recht)* Testament *n*
willing to work *(Pers, Soz)* arbeitswillig
win *v (Gen, V&M)* werben *(customers)*
wind *v* **down** *(Gen)* reduzieren *(activities)*; zurückfahren *(production)*
wind *v* **up** 1. *(RW)* abwickeln; 2. *(Gen)* auslaufen lassen *(meeting)*; liquidieren *(company, firm)*; 3. *(Mgt)* beenden *(meeting)*
wind power *(Ind, Umwelt)* Windenergie *f*, Windkraft *f*
wind power plant *(Ind, Umwelt)* Windkraftwerk *n*
windfall loss *(WiWi)* unerwarteter Verlust *m*
windfall profit *(Gen, WiWi)* Zufallsgewinn *m*, leistungsloser Gewinn *m*, unerwarteter Gewinn *m (synonymous: windfall gain)*
windfall tax *(Steuer)* Spekulationssteuer *f*
winding down *(Gen)* Reduzierung *f*
winding up 1. *(Gen, Recht)* Auflösung *f*, Liquidation *f*; 2. *(Mgt)* Abwicklung *f (of company)*; Beenden *n (of meeting)*
winding up by the court *(Recht)* Liquidation *f*, gerichtliche Liquidation *f*
winding-up procedure *(Recht)* Abwicklungsverfahren *n*
winding-up sale *(Gen)* Ausverkauf *m* wegen Geschäftsaufgabe
winding-up value *(RW)* Liquidationswert *m (final value liquidation)*
window 1. *(Comp)* Fenster *n*; 2. *(Gen)* Schalter *m (for tickets)*; Schaufenster *n (in shop)*; Gelegenheit *f (opportunity)*

window display *(Gen, V&M)* Schaufensterauslage *f*, Auslage *f*
window-dressing 1. *(RW)* Window-Dressing *n*, Bilanzkosmetik *f (annual accounts)*; 2. *(Gen, V&M)* Schaufensterdekoration *f*, Dekoration *f (shop display)*
window envelope *(Gen)* Fensterbriefumschlag *m*
window-shopping *(Gen)* Schaufensterbummel *m*
winner 1. *(Gen)* Sieger(in) *m(f)*; 2. *(Börse)* Gewinner *m*, Kursgewinner *m*; 3. *(V&M)* Renner *m (product)*
winning *adj (Gen)* siegreich
winter sales *(V&M)* Winterschlussverkauf *m*
wipe *v* **off** *(Fin)* zurückzahlen *(debt)*
wiretapping *(Komm)* Abhören *n*
withdraw *v* 1. *(Bank)* abheben *(money)*; 2. *(Fin, Gen, WiWi)* abheben, entziehen, zurücknehmen *(offer)*; zurückziehen *(charge)*; 3. *(Gen)* sich zurückziehen
withdraw *v* **from** *(Gen)* austreten aus, zurücktreten von *(contract)*
withdraw *v* **from employment** *(Pers, Soz)* sich aus dem Berufsleben zurückziehen, sich aus dem Arbeitsleben zurückziehen
withdraw *v* **from working life** *(Pers, Soz)* sich aus dem Arbeitsleben zurückziehen, sich aus dem Berufsleben zurückziehen, aus dem Erwerbsleben ausscheiden, aus dem Arbeitsleben ausscheiden
withdrawal 1. *(Bank)* Abhebung *f (money)*; 2. *(Fin, Gen, WiWi)* Abhebung *f*, Entziehung *f*, Rückzug *m*, Ausscheiden *n*, Rücknahme *f*, Zurückziehung *f (charge)*
withdrawal from employment *(Pers, Soz)* Ausscheiden *n* aus dem Berufsleben *n*, Ausscheiden *n* aus dem Erwerbsleben, Rückzug *m* aus dem Berufsleben *n*, Rückzug *m* aus dem Erwerbsleben *(synonymous: withdrawal from work)*
withdrawal from stock *(RW)* Lagerentnahme *f*
withdrawal from the labour force *(BE) (Pers, Soz)* Ausscheiden *n* aus dem Erwerbsleben, Rückzug *n* aus dem Erwerbsleben *(synonymous: withdrawal from working life)*
withdrawal of authorization *(Bank, Recht)* Entzug *m* der Zulassung
withdrawal of capital *(Bank)* Kapitalentnahme *f*
withdrawal of labour *(BE) (Pers)* Streik *m*
withdrawal plan *(Bank, Börse)* Entnahmeplan *m*
withheld taxes *(Steuer)* einbehaltene Steuern *fpl (synonymous: tax withholdings)*
withhold *v (Gen)* einbehalten, zurückhalten *(information)*
withholding *(Börse)* Abzug *m*, Einbehaltung *f (securities, taxes)*
withholding at source *(Steuer)* Quellenbesteuerung *f*, Quellenabzugsverfahren *n*
withholding tax *(Fin, Steuer)* Abschlagsteuer *f (e. g. interest withholding tax = Zinsabschlagsteuer)*; Abgeltungssteuer *f (e. g. interest withholding tax = Zinsabgeltungssteuer)*; Quellensteuer *f (a tax collected by its source, e. g. withholding tax on capital invested = einbehaltene Kapitalertragsteuer)*; Abzugsteuer *f*, einbehaltene Kapitalertragsteuer *f (on capital invested)* • **income received after deduction of withholding tax** *(RW)* quellenbesteuerte Erträge *mpl*
withholding tax on investment income *(Fin, Recht)* Abgeltungssteuer *f* auf Kapitalerträge
within *(Gen)* innerhalb
within reach *(Gen)* in Reichweite
within the framework of *(Gen)* im Rahmen von
within the law *(Recht)* rechtens
within the prescribed time *(Gen)* innerhalb der vorgeschriebenen Zeit
without authorization *(Gen)* unbefugt
without charge *(Gen)* gebührenfrei, kostenlos
without delay *(Gen)* unverzüglich
without engagement *(Gen)* freibleibend, unverbindlich
without just cause *(Recht)* unbegründet
without notice *(Gen)* fristlos
without obligation *(Gen)* freibleibend, unverbindlich
without pay *(Pers)* ohne Bezahlung *f*, unentgeltlich
without permanent residence *(Recht)* ohne festen Wohnsitz
without prejudice 1. *(Gen)* ohne

Verbindlichkeit, unvoreingenommen *(unprejudiced)*; 2. *(Recht)* unbeschadet
without qualification 1. *(RW)* uneingeschränkt, ohne Vorbehalt *m* *(auditing)*; 2. *(Recht)* bedingungslos *(contracts)*
without reservation *(Gen, Pol, Recht)* ohne Bedenken
witness *v* *(Gen)* bestätigen *(signature)*
witness *v* **sth** *(Recht)* Zeuge von etw. sein *(observe)*; bezeugen *(in court)*
witness *(Gen, Recht)* Zeuge *m*, Zeugin *f*
women returners *(Pers)* Berufsrückkehrerinnen *fpl*
women's share of employment *(Pers, Soz)* Frauenanteil *m* an der Beschäftigung
word of advice *(Gen, Mgt)* Hinweis *m*, Rat(schlag) *m*
word-of-mouth advertising *(V&M)* Mund-zu-Mund-Werbung *f*
word of warning *(Gen)* mahnendes Wort *n*, Warnung *f*
word processing *(Comp)* Textverarbeitung *f*
wording *(Gen, Recht)* Formulierung *f*, Wortlaut *m* *(of contract)*
work *v* 1. *(Gen)* funktionieren *(machine)*; arbeiten *(person)*; 2. *(Pat)* ausnutzen, auswerten, praktisch verwerten
work *v* **as part of a team** *(Pers)* im Team arbeiten
work *v* **for a living** *(Pers, Soz)* seinen Lebensunterhalt verdienen
work *v* **full-time** *(Pers, Soz)* ganztags arbeiten
work *v* **half-time** *(Gen)* halbtags arbeiten
work *v* **in partnership with** *(Gen, Mgt)* sich assoziieren mit, zusammenarbeiten mit
work *v* **in shifts** *(Pers)* Schichtarbeit machen, in Schichten arbeiten
work *v* **in the black economy** *(Soz, WiWi)* schwarzarbeiten
work *v* **off** 1. *(Fin)* abarbeiten *(debts)*; 2. *(Gen)* abarbeiten, abbauen
work *v* **out** *(Gen)* herbeiführen *(settlement)*; festlegen *(terms, details)*; berechnen, ausrechnen *(total, interest)*
work *v* **overtime** *(Pers)* Überstunden machen, Überstunden arbeiten
work *v* **part-time** *(Pers)* Teilzeit arbeiten
work *v* **shifts** *(Pers)* Schicht arbeiten, in Schichten arbeiten
work *v* **short-time** *(Pers)* Kurzarbeit leisten, kurzarbeiten
work *v* **through** *(Pers)* durcharbeiten
work *v* **to a very tight schedule** *(Gen)* ein volles Programm haben, nach knapp bemessenem Zeitplan arbeiten
work *v* **to contract** *(AE)* *(Pers)* Dienst nach Vorschrift machen *(eine Form des Streiks im öffentlichen Dienst)*; Arbeit nach Vorschrift erledigen *(vorgabegemäß arbeiten)*
work *v* **to rule** *(Mgt, Pers, WiWi)* Arbeit nach Vorschrift machen, Dienst nach Vorschrift machen
work *(Gen)* Arbeit *f* • **be out of work** *(Pers)* keine Arbeit haben, ohne Arbeit sein, ohne Beschäftigung sein, arbeitslos sein • **be up to one's neck in work** *(Pers)* mit Arbeit eingedeckt sein • **be without work** *(Pers)* ohne Arbeit sein, ohne Beschäftigung sein, arbeitslos sein • **get down to work** *(Gen)* sich an die Arbeit machen • **make work pay** *(Pol, WiWi)* Arbeit muss sich lohnen *(strategic approach to unemployment)*
work area *(Gen)* Arbeitsbereich *m*, Arbeitsplatz *m*
work attitude *(Pers)* Arbeitsmoral *f*
work backlog *(Gen, Ind)* Angebotsüberhang *m*, Rückstand *m*, unerledigte Aufträge *mpl*
work climate *(Pers)* Betriebsklima *n*, Arbeitsklima *n*
work-creation programme [scheme] *(Pers, Pol)* Arbeitsbeschaffungsmaßnahme *f*, Arbeitsbeschaffungsprogramm *n*
work cycle 1. *(Gen)* Arbeitstakt *m*; 2. *(Pers)* Arbeitsgang *m*; 3. *(Ind)* Produktionszyklus *m*
work environment *(Pers)* Arbeitsumfeld *n*, Arbeitsumgebung *f*
work ethic *(Mgt, Pers)* Arbeitsethos *n*
work experience *(Gen, Mgt, Pers)* Arbeitserfahrung *f*
work flow planning *(Gen, Mgt)* Arbeitsablaufplanung *f*
work group 1. *(Ind, Recht, V&M)* Arbeitsgemeinschaft *f*, ARGE, ARGE--Arbeitsgemeinschaft *f* *(in Unternehmen und Verbänden, besonders häufig im Baugewerbe bei größeren Vorhaben, meist in der Rechtsform einer GrundR = Gesellschaft des bürgerlichen Rechts = non-trading partnership)*; 2. *(Gen)*

Arbeitsgemeinschaft *f*, AG *f* *(Einzelpersonen, Gruppen oder Institutionen, die sich zur Verfolgung gemeinsamer Interessen zusammenschließen)*
work habits *(Pers)* Arbeitsgewohnheiten *fpl*, Arbeitshaltung *f*, Einstellung *f* zu Arbeit
work in process *(AE) (Gen, RW, WiWi)* laufende Arbeit *f*; unfertige Erzeugnisse *npl*
work in progress *(BE) (Gen, RW, WiWi)* laufende Arbeit *f*; unfertige Erzeugnisse *npl*
work incentive *(Pers)* Arbeitsanreiz *m*
work intensification *(Pers)* Arbeitsverdichtung *f*
work on Sunday *(Pers)* Arbeit *f* am Sonntag, Sonntagsarbeit *f*
work opportunity *(Recht, Soz)* Arbeitsgelegenheit *n*
work pace *(Pers)* Arbeitstempo *n*
work performance *(Pers)* berufliche Leistung *f*, Arbeitsleistung *f*
work permit *(Pers)* Arbeitserlaubnis *f*
work program *(AE)*, **work programme** *(BE) (Pers)* Arbeitsprogramm *n*
work prospects *(Pers)* Berufsaussichten *fpl*
work sample *(Pers)* Arbeitsprobe *f*
work-shy *adj (Gen, Mgt, Pers)* arbeitsscheu *(disinclined to work)*
work station 1. *(Admin)* Dienstort *m*; 2. *(Comp)* Datenstation *f*, Workstation *f*; 3. *(Gen)* Arbeitsplatz *m*; 4. *(Pers)* Datenstation *f*
work structuring *(Gen, Pers)* Arbeitsgestaltung *f*
work time study *(Gen, Ind, Mgt, Pers)* Arbeitszeitermittlung *f*, Arbeitszeitstudie *f*
work title *(Media, Recht)* Werktitel *m*
work to rule *(Admin, Mgt, Pers)* Dienst *m* nach Vorschrift; Bummelstreik *m (go--slow)*
work trial *(Pers)* Probebeschäftigung *f*
workable competition *(WiWi)* effektiver Wettbewerb *m*, funktionsfähiger Wettbewerb *m*
workaholic *(Pers)* Arbeitsbesessene(r) *f(m)*, Workaholic *m*
workday *(AE) (Gen, Ind, Pers)* Arbeitstag *m*
worker *(Pers)* Arbeiter(in) *m(f)*, Arbeitskraft *f*
worker occupation *(Pers)* Sitzstreik *f*, Betriebsbesetzung *f*
worker on short-time *(Pers)* Kurzarbeiter(in) *m(f)*
worker representative *(Pers)* Arbeitnehmervertreter(in) *m(f)*
workers' representation *(Pers)* Arbeitnehmervertretung *f*
workfare *(WiWi)* Sozialleistungen *fpl* mit Gegenleistung
workfare approach *(Pol, Soz)* Workfare--Ansatz *m (synonymous: return responsibility approach; Bereitschaft zur Arbeitsaufnahme fördern und fordern, Deu: Hartz-Reformen)*
workforce *(Gen, Ind, Pers)* Arbeiterschaft *f*, Belegschaft *f*, Beschäftigte *pl*, Personalbestand *m (staff)*
working *adj (Gen)* arbeitend • **have a working knowledge of sth** *(Gen, Pers)* Grundkenntnisse von etw. haben • **in working order** *(Gen, Ind)* funktionstüchtig *(equipment)*
working 1. *(Gen)* Verwertung *f (utilization of resources)*; 2. *(Ind, Pat)* Auswertung *f*, Patentauswertung *f*, Verwertung *f*
working age *(Pers, Soz)* arbeitsfähiges Alter *n*, erwerbsfähiges Alter *n*
working area *(Pers)* Arbeitsbereich *m (in office)*
working atmosphere *(Pers, Pol)* Arbeitsklima *n*
working capital *(WC) (Fin, RW)* Betriebskapital *n*, Betriebsmittel *n (synonymous: current operating capital)*; Nettoumlaufvermögen *n*, Working Capital *n*, WC *n (a liquidity ratio: the amount by which the value of current assets exceeds current liabilities = current assets minus current liabilities = Umlaufvermögen minus kurzfristige Verbindlichkeiten; synonymous: net current assets, current capital, AE net working capital = NWC; Liquiditätskennzahl; anders: die Liquiditätsgrade und der Liquiditätskoeffizient = working capital ratio, auch sie horizontale Bilanzkennzahlen, sind jedoch als Quotienten definiert)*
working capital ratio *(Fin)* Liquiditätskoeffizient m *(a liquidity ratio = Liquiditätskennzahl; defined as the ratio of current assets : current liabilities = Umlaufvermögen : kurzfristige*

Verbindlichkeiten; anders: Nettoumlaufvermögen = net current assets; cf working capital, AE net working capital = NWC)
working conditions *(Pers)* Arbeitsbedingungen *fpl*
working environment *(Pers)* Arbeitsumfeld *n*, Arbeitsumgebung *f*, Arbeitsumwelt *f*
working group *(Gen, Pol)* Arbeitsgruppe *f* *(synonymous: working party)*
working hours *(Gen, Pers)* Arbeitszeit *f*
working hours credit *(Pers)* Arbeitszeitguthaben *n*
working hypothesis *(Gen, WiWi)* Arbeitshypothese *f*
working language *(Pol)* Arbeitssprache *f*
working life *(Pers)* Berufsleben *n*
working meeting *(RW)* Arbeitssitzung *f*
working population *(Pers)* Erwerbsbevölkerung *f*
working pressure *(Ind)* Arbeitsdruck *m*
working program *(AE)*, **working programme** *(BE)* *(Pers)* Arbeitsprogramm *n*
working proprietor *(Mgt, Pers)* mitarbeitender Geschäftsinhaber *m*, mitarbeitende Geschäftsinhaberin *f*, Eigentümer-Unternehmer *m*, Eigentümer-Unternehmerin *f*, tätige(r) Betriebinhaber(in) *m(f)*
working session *(Gen)* Arbeitssitzung *f*
working time regulation *(Pers)* Arbeitszeitregelung *f*
working week *(BE)* *(Pers)* Arbeitswoche *f*
workload *(Gen, Mgt, Pers)* Arbeitsbelastung *f*
workmanship *(Gen)* Arbeitsqualität *f*
workplace *(Gen, Pers)* Arbeitsplatz *m*, Betrieb *m*
workplace risk *(Pers)* gesundheitliches Berufsrisiko *n*, gesundheitliches Risiko *n* am Arbeitsplatz
works *(Ind)* Fabrik *f*, Betrieb *m*, Werk *n*
works contract *(Gen, Recht)* Werkvertrag *m*
works council *(BE)* *(Pers)* Betriebsrat *m* *(synonymous: works committee)*
works holidays *(BE)* *(Pers)* Betriebsurlaub *m*, Betriebsferien *pl*, Werksferien *pl*
works meeting *(Pers)* Betriebsversammlung *f*
works rules *(Pers)* Betriebsordnung *f*, Betriebsregelungen *fpl*, Arbeitsordnung *f*
workshop 1. *(Gen)* Werkstatt *f*; Arbeitskreis *m (for training)*; 2. *(Ind)* kleiner Betrieb *m*, Werkstatt *f*; 3. *(Pers)* Arbeitstagung *f*, Arbeitstreffen *n*
world consumption *(Umwelt, WiWi)* Weltverbrauch *m*
world economic order *(Pol, WiWi)* Weltwirtschaftsordnung *f*
world economy *(WiWi)* Weltwirtschaft *f*
world market *(WiWi)* Weltmarkt *m*
world monetary reserve assets *(Fin)* Weltwährungsreserven *fpl*
world monetary system *(Fin)* Weltwährungssystem *n*
world of finance *(Fin)* Finanzwelt *f*
world trade *(WiWi)* Welthandel *m*
world trading system *(Imp/Exp, Pol)* Welthandelsordnung *f*
worldwide *adj (Gen)* global, weltumspannend, weltweit
worse off *adj (Gen)* schlechtergestellt
worsen *v (Gen)* sich verschlechtern
worst-case scenario 1. *(Gen, WiWi)* Szenario *n* für den ungünstigsten Fall, Szenario *n* des ungünstigsten Fall(e)s; Worst-case-Variante *f*, Worst-case--Alternative *f*; ungünstigster Fall *m*, schlimmster Fall *m*; 2. *(Recht)* ungünstigste Fallgestaltung *f*
worthless *adj (Gen)* wertlos
wrap-up *(AE)* *(Pol)* Abschlussrede *f*
writ *(Recht)* Verfügung *f*
writ of summons *(Recht)* Ladung *f*
write *v (Comp, Gen)* schreiben *(to disk, memory)*
write *v* **back** *(RW)* auflösen *(reserves)*
write *v* **down** 1. *(RW)* abschreiben; 2. *(Gen)* aufschreiben *(make note of)*
write *v* **down to the stockmarket value** *(RW)* auf den Börsenwert abschreiben
write *v* **off** 1. *(RW)* abbuchen, ausbuchen; 2. *(Fin)* abschreiben
write *v* **out** 1. *(Gen)* ausstellen *(cheque, receipt)*; 2. *(Recht)* ausfertigen
write *v* **up** *(RW)* zuschreiben *(as an asset)*
write-down of capital *(Fin)* Kapitalschnitt *m*, Kapitalherabsetzung *f (restructuring, Sanierung)*
write-down of share capital *(Fin)* Kapitalschnitt *m*, Kapitalherabsetzung *f* *(restructuring, Sanierung)*
write-off 1. *(Fin, RW)* Ausbuchung *f*; 2. *(Gen)* Abschreibung *f*, Reinfall *m* *(event)*; 3. *(Versich)* Totalschaden *m*

(vehicle)
write-up 1. *(RW)* Zuschreibung *f*; 2. *(Gen)* Höherbewertung *f*; 3. *(Media)* Bericht *m*, Pressebericht *m (in press)*
writing *(Gen, Komm)* Schrift *f* • **in writing** *(Gen, Komm)* schriftlich
writing back *(RW)* Rückbuchung *f*, Auflösung *f (reserves)*
writing-down allowance *(Steuer)* Abschreibungsbetrag *m*
writing-off *(RW)* Abschreibung *f*
written agreement *(Gen, Recht)* schriftliche Vereinbarung *f*
written comments *(Recht)* schriftliche Stellungnahmen *fpl*
written declaration *(Gen, Recht)* schriftliche Erklärung *f*
written-down value *(RW)* Restwert *m*
written evidence *(Recht)* schriftlicher Beweis *m*
written exam [examination] *(Bil)* schriftliche Prüfung *f*
written off *adj (RW)* abgeschrieben
written offer *(Gen)* schriftliches Angebot *n*
written test *(Bil)* schriftlicher Test *n*, schriftliche Prüfung *f*
wronged party *(Recht)* Geschädigte(r) *f(m)*, Verletzte(r) *f(m)*
wrongful *adj (Recht)* schuldhaft, nicht rechtens, unrechtmäßig
wrongful *adv (Recht)* vorwerfbar
wrongful death *(Recht)* fahrlässige Tötung *f*, schuldhafte Tötung *f*
wrongful dismissal *(Pers, Recht)* ungerechtfertigte Entlassung *f*
wrongful injury *(Recht)* fahrlässige Verletzung *f*

X

x-ship *(Imp/Exp, Logis)* ex Schiff *(shipping)*

Y

yardstick *(Gen)* Kriterium *n*, Maßstab *m*
year-end adjustment *(RW)* Jahresendberichtigung *f*
year-end adjustments *(RW)* Rechnungsabgrenzung *f*, Periodenabgrenzung *f*
year-end audit *(RW)* Jahresabschlussprüfung *f*
year-end procedures *(RW)* Jahresabschlussarbeiten *fpl*
year ended *(RW)* Geschäftsjahrende *n*
year of acquisition *(RW)* Zugangsjahr *n*
year of assessment *(RW)* Veranlagungsjahr *n*
year of contribution *(Pers)* Beitragsjahr *n*
year of issue *(Börse)* Emissionsjahr *n (bonds)*
year-over-year *adj (Mgt, RW)* gegenüber Vorjahr *(comparison)*
year under review *(RW)* Berichtsjahr *n*
yearly *adv (Gen)* jährlich
yearly average *(Gen)* Jahresdurchschnitt *m*
yearly salary *(Gen, Pers)* Jahresgehalt *n*
Yellow Pages® *(Komm)* Gelbe Seiten® *fpl (telephone directory)*
yield *v* 1. *(Fin)* einbringen *(interest)*; 2. *(Gen)* abwerfen
yield 1. *(Börse, Fin)* Rendite *f*, Effektivverzinsung *f (net income from a bond if held to maturity)*; 2. *(Gen, WiWi)* Ernte *f (agriculture)*; Ertrag *m (output; opposite: expenditure = Aufwand)*; Nominalverzinsung *f (nominal yield)*
yield comparison *(Börse)* Zinsertragsvergleich *m*
yield curve *(Fin)* Zinsstrukturkurve *f*, Renditestrukturkurve *f*, Ertragskurve *f* • **flat yield curve** *(Fin, WiWi)* flache Renditestruktur-Kurve, flache Renditekurve *(die Renditen sind in allen Laufzeitbereichen ähnlich hoch)* • **riding the yield curve** *(Fin, WiWi)* *(ugs.)* auf der Zinsstrukturkurve reiten, einen Ritt auf der Renditestrukturkurve machen *(maturity arbitration and maturity transformation, Laufzeitarbitrage und Fristentransformation, der Zinsunterschied zwischen den, bei normalem Verlauf, niedrigeren kurzfristigen und den höheren langfristigen Zinsen muss als Risikoprämie mindestens das Zinsänderungsrisiko und die Transaktionkosten abdecken; zusätzliches Währungsrisiko bei den Carry Trades)*
yield gap *(WiWi)* Renditegefälle *n*
yield on bonds outstanding *(WiWi)* Umlaufrendite *f (Rendite der im Umlauf befindlichen, festverzinslichen*

Wertpapiere; sie liegt meist leicht über der Emissionsrendite = issuing yield)
yield spread *(Fin)* Renditedifferenz *f*
yield to call *(Gen)* Rendite *f* einer kündbaren Anleihe
yield to maturity *(YTM)* 1. *(Börse)* Rückzahlungsrendite *f*, Rendite *f* auf den Verfall, Verfallsrendite *f*, Rendite *f* auf die Endfälligkeit *(synonymous: yield to redemption)*; 2. *(Fin)* interner Zinsfuß *m (Zins, der den Kapitalwert einer Investition zu null werden lässt)*
young/the *(Gen)* Jugendliche *pl*, die Jugendlichen *pl*
young upwardly mobile professional *(AE) (Gen, V&M) (ugs.)* Yumpie *m*
young urban professional *(BE) (Gen, V&M) (ugs.)* Yuppy *m*
youth unemployment *(Pers)* Jugendarbeitslosigkeit *f*
YTM *(Abk. für yield to maturity)* 1. *(Börse)* Rückzahlungsrendite *f*, Rendite *f* auf den Verfall, Verfallsrendite *f*, Rendite *f* auf die Endfälligkeit *(synonymous: yield to redemption)*; 2. *(Fin)* interner Zinsfuß *m*
yumpie *s.* young upwardly mobile professional
yuppy *s.* young urban professional

Z

zero *v (Comp)* auf null setzen
zero *(Gen)* Null *f*
zero-base budget *(Fin, RW)* Nullbasis-Budget *n*
zero-base budgeting *(Fin, RW)* Nullbasis-Budgetierung *f*, Zero-Base-Budgeting *n*
zero-coupon bond *(Börse)* Nullkuponanleihe *f*, Zero-Bond *m*
zero-coupon convertible *(Börse, Fin)* Nullkupon-Wandelanleihe *f (a) a zero-coupon bond issued by a corporation which can be converted into that corporation's common stock at a certain price, or b) a zero-coupon bond issued by a municipality which may be converted into an interest-bearing bond under certain circumstances; a) eine Nullkuponanleihe eines Unternehmens mit Wandlungsrecht in Stammaktien dieses Unternehmens, oder b) eine Nullkupon-Kommunalobligation mit Wandlungsrecht; synonymous: split coupon bond)*
zero growth *(WiWi)* Nullwachstum *n*
zero option *(Pol)* Nulllösung *f*
zero profit *(Fin)* Nullgewinn *m*
zero-rated *adj (Steuer)* mehrwertsteuerfrei, MWSt-befreit, von der Mehrwertsteuer *f* befreit, nicht mit Umsatzsteuer *f* belegt
zero short-time working *(Pers)* Kurzarbeit *f* Null
zero-sum game *(Mgt, Pol, WiWi)* Nullsummenspiel *n*
zip code *(AE) (Komm)* Postleitzahl *f*, PLZ
zone *(Gen)* Bereich *m*, Gebiet *n*, Zone *f*
zone of monetary stability *(Pol, WiWi)* stabile Währungszone *f*
zone pricing *(V&M)* Preisfestsetzung *f* nach Zonen

A

abänderbar *adj* 1. *(Gen)* modifiable, open to change; 2. *(Recht)* commutable *(Urteil)*; subject to amendment *(Gesetz)*
abändern *v* 1. *(Gen)* amend *(Bedingungen)*; correct, rectify *(verbessern)*; modify, change *(Produkt)*; 2. *(Recht)* commute *(Urteil)*; revise *(Entscheidung)*; amend *(Gesetz)*
Abänderung *f* 1. *(Gen)* change, rectification; 2. *(Pol, Recht)* amendment, revision, modification
Abänderungsantrag *m (Pol, Recht)* proposed amendment, proposed revision
Abandon *m (Recht, Versich)* abandonment
abandonnieren *v (Börse, Versich)* abandon
abarbeiten *v* 1. *(Comp)* execute, process; 2. *(Gen)* work down *(Liste)*; work off *(Schuld, Vorschuss)*
Abbau *m* 1. *(Gen, Mgt, Pers)* scaling--down, downsizing *(von Personal)*; 2. *(WiWi)* exploitation *(von Mineralien, Kohle)*; dismantling *(von Restriktionen)*; 3. *(Umwelt)* exploitation, degradation *(von natürlichen Ressourcen)*
Abbau *m* **von Arbeitskräften** *(Pers)* shedding of labo(u)r, reducing the workforce, reduction of staff
Abbau *m* **von Lagerbeständen** *(Fin, Gen, V&M)* inventory liquidation, stock reduction
Abbau *m* **von Personal** *(Pers)* staff cut, staff cuts, staff reduction, reduction in staff, reduction in staffing levels, shedding of labo(u)r
abbaubarer Rohstoff *m (WiWi)* depletable resource
abbauen *v* 1. *(Fin)* repay *(Schulden)*; 2. *(Gen)* abolish gradually, dismantle, cut down, reduce *(System)*; work off, abolish *(Schulden)*; 3. *(Mgt, Pers)* cut down, downsize, slim *(Personalstand, Belegschaft)*; 4. *(Umwelt)* exploit *(natürliche Ressourcen)*; 5. *(WiWi)* cut down, run down, remove, dismantle, abolish *(Handelsschranken)*
abbestellen *v* 1. *(Gen)* cancel (one's order); 2. *(Media, V&M)* unsubscribe *(Zeitschrift)*
Abbildung *f* 1. *(Comp)* map; 2. *(Stat)* transformation *(von Koordinaten, Variablen)*; mapping, function *(Logik)*; 3. *(Pat)* figure
abbrechen *v* 1. *(Comp)* abort, truncate, cancel *(Programm)*; 2. *(Gen)* abort *(Versuch, Kampagne)*; break off *(Verhandlungen, Gespräche)*; 3. *(Grund)* demolish, pull down *(Gebäude)*
Abbrecherquote *f (Pers)* dropout rate, drop-out rate *(Schule, Ausbildung)*
abbuchen *v* 1. *(Bank)* debit; 2. *(Gen)* debit, charge off; 3. *(RW)* write off, charge off, debit
Abbuchung *f* 1. *(Bank)* payment by standing order; 2. *(RW)* charge off
Abbuchungsauftrag *m (Bank, Gen)* debit order
ABC-Analyse *f* 1. *(Fin, WiWi)* ABC analysis, ABC evaluation analysis; 2. *(Gen, Mgt)* ABC inventory control (system) *(Verfahren der Schwerpunktbildung, cf ABC--Verfahren)*
ABC-Verfahren *n (Fin, WiWi)* ABC method *(Methode der Schwerpunktbildung, z. B. in der Material- und Lagerwirtschaft die Klassifizierung von Teilen nach dem Mengen-Wert-Verhältnis: A-Teile = geringer mengenmäßiger und hoher wertmäßiger Anteil, C-Teile = hoher mengenmäßiger und geringer wertmäßiger Anteil, B-Teile dazwischen)*
Abdruck *m* 1. *(Gen)* copy, reprint, reproduction; 2. *(V&M)* imprint, stamp *(eines Stempels, Siegels)*
Abendschule *f (Pers)* evening school, night school
aberkennen *v (Pers)* deprive, disallow
Abfall *m* 1. *(Gen)* refuse, waste, *(AE)* garbage, *(BE)* rubbish, *(AE)* trash; 2. *(WiWi)* drop, fall *(Kurs)*
Abfallaufbereitung *f (Umwelt)* waste recycling
Abfallbeseitigung *f (Gen, Umwelt)* waste disposal
Abfallbilanz *f (Recht, Umwelt)* waste report
Abfallentsorgung *f (Gen, Umwelt)* waste disposal
Abfallprodukt *n (Umwelt)* waste product
Abfallvermeidung *f (Umwelt)* waste prevention
Abfallverminderung *f (Umwelt)* waste

reduction
Abfallwiederaufbereitung *f (Umwelt)* recycling of waste
Abfallwirtschaft *f* 1. *(Gen)* waste disposal industry; 2. *(Umwelt)* waste management
abfangen *v (Gen)* absorb; deaden *(negative Wirkung)*
abfassen *v (Gen, Recht, V&M)* draft *(Reklametext)*
abfedern *v (Gen)* smooth; deaden *(negative Wirkung)*
Abfederung *f (Pol, Soz)* cushioning
abfertigen *v (Gen)* attend to, process, serve
abfinden *v* 1. *(Fin)* buy out, pay off, indemnify *(Aktionäre)*; 2. *(Gen)* compensate, indemnify
Abfindung *f* 1. *(Fin)* compensation; 2. *(Gen, Pat)* damages; 3. *(Pers)* ex gratia payment *(Arbeit)*; payoff *(Entlassung)*; 4. *(Recht)* indemnity; 5. *(Steuer)* termination payments
Abfindungsvereinbarung *f (Pers, Soz)* redundancy agreement
Abfindungszahlung *f (Pers)* severance pay, severance payment, termination pay, *(BE)* redundancy pay
Abflachen *n* **der Hierarchien** *(Pers)* flattening of hierarchies
abflauen *v (Gen, WiWi)* ease off, flag, slacken, slow down, tail away *(Wachstum)*
Abfluss *m* 1. *(Fin)* outflow; 2. *(Umwelt)* effluent, efflux; 3. *(WiWi)* drain *(Geldabfluss)*
Abfolge *f* **von Schritten** *(Gen)* sequency
Abfrage *f (Gen)* enquiry, query
Abführung *f (Steuer)* transfer
Abgabe *f* 1. *(Fin)* levy; 2. *(Gen)* royalty, charge, tax; 3. *(Imp/Exp)* levy; 4. *(Steuer)* imposition; 5. *(WiWi)* charge, tax, royalty *(Förderabgabe)* • **zur Abgabe von Angeboten auffordern** *(Gen)* invite tenders
Abgabe *f* **von Angeboten** *(Gen)* bidding, submission of bids
Abgabe *f* **von Geboten** *(Gen)* bidding
Abgabefrist *f (Gen)* closing date, due date, filing date, final date for acceptance *(Annahmeschluss)*
Abgabekurs *m (Börse)* issue price
abgabenfrei *adj (Steuer)* tax-free, duty-free, free from tax, free from duty *(Waren)*
Abgabenordnung *f (AO) (Recht, Steuer)* (German) Fiscal Code, fundamental (German) tax code *(eine Art Steuergrundgesetz, das die für alle Steuern geltenden materiellen und verfahrensrechtlichen Vorschriften zusammenfasst)*
abgabenpflichtig *adj* 1. *(Imp/Exp, Steuer)* dutiable; 2. *(Recht, Steuer)* liable to tax, taxable
abgabenpflichtige Waren *fpl (Imp/Exp, Steuer)* chargeable goods, dutiable goods
Abgabepreis *m (Gen)* selling price
Abgabetermin *m (Recht)* final deadline
Abgang *m* **von flüssigen Mitteln** *(Fin)* cash drain
Abgänge *mpl (Pers)* persons leaving, people leaving, workers leaving, leavers
Abgänger *pl (Pers, Stat)* persons leaving, people leaving, leavers
Abgangsquote *f (Pers)* rate of outflow
Abgangsquote *f* **aus Arbeitslosigkeit** *(Soz)* escape rate
Abgangswahrscheinlichkeiten *fpl (Pers, Stat)* outflow probabilities
Abgangszeugnis *n* 1. *(Pers)* leaving certificate, certificate of successful completion *(of a stage of education)*; *(AE)* diploma; 2. *(Bil)* school leaving certificate
abgeändert *adj (Gen)* altered, changed, modified; amended *(Gesetz)*
abgeben *v* 1. *(Gen)* submit *(Angebot)*; deliver *(Ware)*; 2. *(Versich)* cede; 3. *(Recht)* submit *(Vertragsangebot)*; communicate *(Willenserklärung)*
abgebende Gesellschaft *f (Gen)* ceding company
abgeführte Mehrwertsteuer *f (Steuer)* *(BE)* value-added tax paid, *(BE)* VAT paid
abgegebene Willenserklärung *f (Recht)* communicated declaration of intent
abgekürzt *adj (Versich)* deferred
abgekürzter Tastaturbefehl *m (Comp)* keyboard shortcut
abgelaufen *adj* 1. *(Bank)* mature; 2. *(Börse)* lapsed; 3. *(Fin)* mature; 4. *(Gen)* expired, no longer valid
abgeleitete Nachfrage *f (WiWi)* derived demand, indirect demand
abgelten *v (Gen)* compensate, satisfy
Abgeltungssteuer *f* **auf Kapitalerträge**

(Fin, Steuer) withholding tax on investment income
abgemacht *adj (Gen)* agreed
abgerechnet *adj (Bank, Fin)* cleared, cld
abgerufenene Ware *f (Gen)* goods called forward
abgeschlossen *adj (Gen)* completed, closed
abgeschlossene Berufsausbildung *f (Pers)* occupational qualification, vocational qualification
abgeschlossene Hypothek *f (Bank)* closed-end mortgage
abgeschlossenes Geschäftsjahr *n* 1. *(RW)* accounting year ended; 2. *(Steuer)* fiscal year ended
abgeschlossenes Haushaltsjahr *n* 1. *(RW)* accounting year ended; 2. *(Steuer)* fiscal year ended
abgeschlossenes Wirtschaftsjahr *n* 1. *(RW)* accounting year ended; 2. *(Steuer)* fiscal year ended
abgeschrieben *adj (RW)* written off
abgeschriebene Forderungen *fpl (Fin)* written-off receivables
abgeschriebener Betrag *m (RW)* depreciated amount
abgesicherte Verbindlichkeit *f (RW)* hedged liability
abgesicherter Kredit *m (Fin)* secured credit
abgestimmt *adj (Gen)* concerted, fine-tuned • **aufeinander abgestimmt** *(Gen)* coordinated, synchronized
abgestimmtes Verhalten *n (WiWi)* concerted action *(Kartellbildung)*
abgewickelt *adj (Börse)* closed-out
abgewirtschaftet *adj (Gen)* run-down
abgezeichnet *adj (Gen)* acknowledged
abgezielt sein *v* **auf** *(Gen)* be aimed at
abgezinst *adj (Fin, RW)* discounted
abgezinster Cash-Flow *m (Fin, RW)* discounted cash flow, DCF
Abgleich *m (Fin, RW)* balancing
abgrenzen *v (RW)* adjust, accrue
Abgrenzung *f* 1. *(RW)* accruals and deferrals; assignment of cost [expense] not relating to (the) accounting period; 2. *(Recht)* differentiation; deferral; 3. *(Gen)* definition; adjustment
Abgrenzungsprinzip *n (RW)* accrual basis principle, accrual principle, accrual (basis) concept *(Synonym: Grundsatz der Periodenabgrenzung; Grundsatz periodengerechter Zuordnung)*
abhängen *v* **von** *(Gen)* depend on *(Ereignis)*
abhängig Beschäftigte *pl (Pers)* employees, persons in dependent employment, wage earners and salaried employees, wage and salary earners, *(AE)* wage and salary workers, *(BE)* employees in employment, workers *(gesamtwirtschaftlich als Sammelbegriff für Arbeitnehmer)*; labo(u)r *(im volkswirtschaftlichen Sinn als Sammelbegriff für die Arbeitnehmer)*
abhängige Beschäftigung *f (WiWi)* dependent employment
abhängige Gesellschaft *f (Fin, RW)* controlled company
abhängige Variable *f (Stat)* dependent variable
abhängiger Auftragnehmer [Lieferant] *m (Gen)* captive contractor
abhängiges Unternehmen *n (Mgt, Steuer)* controlled company, dependent company
Abhängigkeit *f (Gen)* dependence, dependency
abheben *v (Bank, Fin, Gen, WiWi)* draw, withdraw *(Geld)*
Abhebung *f (Bank, Fin, Gen, WiWi)* withdrawal
abhelfen *v* 1. *(Gen)* remedy; 2. *(Recht)* redress
abhören *v (Komm)* tap, tap into *(Telefon)*
Abhören *n (Comp, Gen, Komm)* telephone tapping, wiretapping
Abiturzeugnis *n (Bil)* (upper) secondary school leaving certificate, *(BE)* GCSE A-levels
Abkommen *n (Gen)* agreement
Abkömmling *m (Recht)* descendant, issue *(Erben)*
Abkühlung *f* **der Konjunktur** *(Gen, WiWi)* economic slowdown, business slowdown
Abkühlungszeit *f (Börse, Pers, Versich)* cooling-off period
abkürzen *v* 1. *(Gen)* abbreviate, shorten; 2. *(Komm)* abridge *(Inhalt)*
Abkürzung *f* 1. *(Gen)* abbreviation; 2. *(Komm)* abridgement *(Inhalt)*
Abl. *s.* Amtsblatt
abladen *v (Gen, Ind, Logis)* offload, unload
Abladen *n (Gen, Ind, Logis)* offloading, unloading

Ablauf *m (Gen)* procedure, expiry, expiration
Ablaufdiagramm *n (Gen)* flowchart
ablaufen *v* 1. *(Gen)* come to an end *(Ereignis)*; expire *(Frist)*; 2. *(Versich)* lapse
Ablaufleistungen *fpl (Versich)* outpayments on expiration of contracts
Ablaufplanung *f* 1. *(Gen)* scheduling; 2. *(Mgt)* operational planning
Ablauftermin *m* 1. *(Bank)* date of maturity, DOM; 2. *(Gen)* expiry date
ablegen *v (Gen)* file *(Dokumente)*
ablehnen *v* 1. *(Gen)* decline, turn away, oppose, object to *(Vorschlag)*; 2. *(Pers)* repudiate *(Streik)*; 3. *(Recht)* decline, reject
Ablehnung *f* 1. *(Gen)* refusal; 2. *(Pat)* refusal, rejection; 3. *(Recht)* repudiation
ablesen *v (Gen)* take a reading
Ablieferungspflicht *f (Bank, Imp/Exp, Pol)* surrender requirement
ablösbar *adj (Gen)* redeemable
ablösbare Schuldverschreibungen *fpl (RW)* redeemable bonds
ablösen *v (Gen)* relieve, redeem, commute *(Verpflichtung)*; supersede *(Vorgänger)*
Ablösung *f* 1. *(Börse)* liquidation *(Verbindlichkeiten)*; 2. *(Fin)* anticipated redemption
ABM *s.* Arbeitsbeschaffungsmaßnahme
abmachen *v (Gen)* make arrangements
Abmachung *f (Pol)* memorandum of understanding
abmelden *v/sich* 1. *(Comp)* log off, log out *(Benutzer)*; 2. *(Frei)* check out
Abmessungen *fpl (Gen)* dimensions
Abnahme *f* 1. *(Börse)* taking delivery; 2. *(Media)* acceptance *(von Manuskripten)*; 3. *(Logis, Versich, V&M)* acceptance; 4. *(WiWi)* decline *(Wachstum)*
Abnahme *f* **der Beschäftigung** *(Pers)* decline in employment
Abnahmeverpflichtung *f (Recht)* guarantee to purchase, purchase commitment *(Vertragsrecht)*
abnehmen *v* 1. *(Gen)* take away, accept, buy, take *(Waren)*; 2. *(Gen)* dwindle, tail away *(Nachfrage)*; 3. *(WiWi)* contract, decline, shrink
abnehmende Bevölkerung *f (Pers, WiWi)* declining population
abnehmende Erträge *mpl (WiWi)* diminishing returns
abnehmende Grenzrate *f* **der Substitution** *(WiWi)* diminishing marginal rate of substitution
abnehmende Skalenerträge *mpl (WiWi)* diminishing returns to scale
abnehmender Anteil *m (WiWi)* declining share
abnehmender Grenznutzen *m (WiWi)* diminishing marginal utility
Abnehmer *m (Gen)* buyer; customer *(Kunde)*; consumer *(Verbraucher)* • **keine Abnehmer finden** *(Gen)* find no market
Abnehmerin *f s.* Abnehmer
abnutzbare Güter *npl (RW)* assets subject to depreciation, depreciable assets
abnutzbare Wirtschaftsgüter *npl* **des Anlagevermögens** *(RW)* depreciable fixed assets *(Synonym: abnutzbares Anlagevermögen)*
abnutzbares unbewegliches Vermögen *n (RW)* depreciable real estate
abnutzbares Vermögen *n (RW)* depreciable asset, depreciable property
abnutzbares Wirtschaftsgut *n (RW) (AE)* wasting asset
abnutzen *v (WiWi)* erode
Abnutzung *f* 1. *(Gen)* wear and tear; 2. *(WiWi)* erosion
Abnutzung *f* **durch Gebrauch** *(Gen)* wear and tear
Abo *n (Börse, Media) (BE)* sub
Abonnement *n (Börse, Media)* subscription, sub
Abonnementsgebühr *f (Media)* subscription fee, subscription charge
Abonnementspreis *m (Gen)* subscription price
Abonnent *m (Media, V&M)* subscriber
Abonnentin *f s.* Abonnent
abonnieren *v* 1. *(Gen)* subscribe to *(Zeitungen, Bücher)*; 2. *(Media, V&M)* take out a subscription
abordnen *v (Pers)* second
abrechnen *v* 1. *(Bank)* clear, account for; 2. *(Gen)* cash up; 3. *(RW)* make up one's accounts
Abrechnung *f* 1. *(Bank)* clearing; 2. *(Gen)* billing; 3. *(RW)* invoicing
Abrechnungskurse *mpl (Börse)* strike price
Abrechnungsperiode *f* 1. *(Börse)*

settlement period; 2. *(RW)* accounting period, accounting year; 3. *(Steuer)* fiscal period
Abrechnungssaldo *m (Bank, WiWi)* clearing balance
Abrechnungsstelle *f (Bank, Fin)* clearing house
Abrechnungstag *m (Börse)* settlement day
Abrechnungsverkehr *m (Bank)* clearing system
Abrufauftrag *m (Gen)* blanket order
abrufbereit *adj (Pers)* on call
Abrufdienst *m (Komm, V&M)* on-demand service
abrufen *v (Comp)* retrieve
abrunden *v (Stat)* round down *(Zahl)*
Absage *f (Gen)* cancellation
Absatz *m* 1. *(RW, V&M)* sales, *(BE)* turnover; 2. *(Gen)* paragraph
Absatz *m* **über Händlernetz** *(V&M)* network marketing
Absatzaktivität *f (V&M)* sales activity
Absatzbedingungen *fpl (V&M)* market conditions, conditions on the market, sales conditions
Absatzbelebung *f (WiWi)* revival of sales
Absatzbereich *m (V&M)* market coverage
Absatzeinbruch *m (V&M)* slump in sales
Absatzfeld *n (V&M)* outlet
Absatzgebiet *n* 1. *(Gen)* trading area, distribution area; 2. *(V&M)* sales territory, outlet, market area
Absatzkanal *m* 1. *(Gen)* distribution channel; 2. *(V&M)* channel of sales
Absatzkette *f (V&M)* marketing chain
Absatzkooperation(en) *f(pl) (Bank, V&M)* co-branding
Absatzmarkt *m (V&M)* market, outlet
Absatzmodalitäten *fpl (Imp/Exp)* terms of sale
Absatzmöglichkeit *f (V&M)* sales opportunity, market opportunity
Absatznetz *n (V&M)* sales network
Absatzorganisation *f (V&M)* sales force
absatzorientierte Verflechtung *f (WiWi)* forward linkage
Absatzpolitik *f* 1. *(Gen, Logis)* distribution policy; 2. *(V&M)* marketing policy, sales policy
Absatzprognose *f (V&M)* sales forecast
Absatzrückgang *m (V&M)* slump in sales
Absatzweg *m (V&M)* trade channel, distribution channel
Absatzwirtschaft *f (V&M)* marketing, distributive trade
Absatzzahlen *fpl (V&M)* sales figures
Absatzziel *n (V&M)* sales target, marketing objective
abschaffen *v (Gen)* abolish, supersede
abschalten *v* 1. *(Comp)* turn off; 2. *(Gen)* shut off
abschätzen *v* 1. *(Gen)* estimate *(Anzahl, Umfang)*; assess *(Qualität, Lage)*; size up *(abschätzend betrachten)*; 2. *(Mgt)* anticipate *(Folgen einer Entscheidung)*
abschicken *v (Gen)* post
Abschiebung *f (Pol)* deportation
abschirmen *v (Gen)* insulate, screen, shield
Abschlag/auf *(Pers)* in part payment
abschlägige Antwort *f (Gen)* refusal, negative reply
Abschlagsdividende *f (RW)* interim dividend
Abschlagsteuer *f (Fin, Steuer)* withholding tax
Abschlagszahlung *f* 1. *(Bank)* payment on account; 2. *(Fin)* part payment
Abschlagszahlungen *fpl (Fin)* progress payments
abschließen *v* 1. *(Bank)* make up, take out, balance; 2. *(Fin)* balance; 3. *(Gen)* complete, finalize, transact *(Vertrag)*; conclude *(beenden)*; 4. *(RW)* transact, balance, close *(Bücher)*; 5. *(Recht)* complete, conclude; 6. *(Versich)* take out • **die Bücher abschließen** *(RW)* balance the books
Abschluss *m* 1. *(Bank)* making up; 2. *(Börse, Fin)* bargain; 3. *(Gen)* bargain, completion, deal, conclusion, transaction; 4. *(RW)* transaction, financial statement *(Vertrag)*; 5. *(Recht)* conclusion *(Vertrag)*; 6. *(Soz)* qualification; 7. *(V&M)* sale • **einen Abschluss erreichen [tätigen]** *(Gen)* reach a deal
Abschluss *m* **auf Basis von Marktpreisen** *(Gen, Steuer, V&M)* arm's-length transaction
Abschluss *m* **mit Bestätigungsvermerk** *(RW)* certified financial statement
Abschlussalter *n (Versich)* age at entry
Abschlussbesprechung *f (Mgt)* debriefing • **eine Abschlussbesprechung durchführen** *(Mgt)* debrief
Abschlussbestätigung *f (Börse)*

transaction slip
Abschlussbilanz *f (Bank, Fin, RW)* ending balance
Abschlussblatt *n (Fin, RW)* balance sheet, spreadsheet, work sheet
Abschlussbuchung *f (RW)* closing entry
Abschlussdividende *f (Börse)* final dividend
Abschlüsse *mpl (Börse)* dealings
Abschlusserläuterungen *fpl (RW)* notes, notes to the financial statements
Abschlussgebühr *f (Börse, V&M)* sales charge
Abschlusskosten *pl (Fin)* closing costs
Abschlussprovision *f (Versich)* acquisition commission
Abschlussprüfer *m (Mgt, RW)* auditor of annual accounts, balance sheet auditor, auditor *(der externe Prüfer darf zur Prüfung des gesetzlichen Jahresabschlusses Prüfungsergebnisse der internen Revision zur Kenntnis nehmen, aber nicht übernehmen)*
Abschlussprüferin *f s.* Abschlussprüfer
Abschlussprüfung *f* 1. *(RW)* audit; 2. *(Soz)* finals, final examination *(Hochschule)*
Abschlussrechnung *f (RW)* accounting report
Abschlussstichtag *m (RW)* balance sheet closing date
Abschlussübersicht *f* 1. *(Gen) (AE)* work sheet; 2. *(RW)* balance sheet in schedule form *(Synonym: Betriebsübersicht; cf Hauptabschlussübersicht)*
Abschlusswert *m (RW)* winding-up value
Abschlusszahlen *fpl (RW)* accounting data
Abschlusszahlung *f (Fin)* final instal(l)ment
Abschnitt *m* 1. *(Börse)* apron; 2. *(Gen)* chapter, section, paragraph; 3. *(Media)* leg
abschöpfen *v* 1. *(Gen)* cream off, siphon off; 2. *(WiWi)* absorb
Abschöpfung *f* 1. *(Gen)* skimming; 2. *(WiWi)* absorption, drain *(Liquidität)*
Abschöpfung *f* **im Rahmen der gemeinsamen Agrarpolitik** *(WiWi)* CAP levy, Common Agricultural Policy levy
abschotten *v (Gen)* compartmentalize, insulate
Abschreckungsmittel *n (Gen)* deterrent
abschreibbar *adj (RW)* amortizable
abschreiben *v* 1. *(Bank)* amortize *(Vermögenswerte, Aktiva)*; 2. *(Fin)* write off; 3. *(Gen)* write off *(Forderung, Verlust)*; transcribe *(Text)*; 4. *(RW)* write down, amortize, depreciate *(Vermögenswerte, Aktiva)*; 5. *(Versich)* write off; 6. *(WiWi)* depreciate *(Vermögenswerte, Aktiva)*
Abschreibung *f* 1. *(Fin, RW)* writedown, depreciation, allowance for depreciation, depreciation allowance *(Sachanlagevermögen)*; amortization *(immaterielles Anlagevermögen = intangible fixed assets, insbesondere der Geschäftswert = Firmenwert = goodwill; IAS 38)*; write-off, writeoff *(außerplanmäßige Vollabschreibung, non-scheduled depreciation)*; *(BE)* capital allowance, writing-off; *(AE)* allowance for depreciation; 2. *(Grund)* depreciation; 3. *(WiWi)* capital consumption, capital consumption allowance
Abschreibung *f* **auf Anlagevermögen** *(Bank)* depreciation of fixed assets
Abschreibungen *fpl* **auf Fertigerzeugnisse** *(RW)* inventory adjustments - finished goods
Abschreibungen *fpl* **auf Finanzanlagen** *(RW)* depreciation on financial assets, writedown of investments
Abschreibungen *fpl* **auf immaterielle Vermögenswerte** *(RW)* amortization of intangible fixed assets
Abschreibungsarten *fpl (WiWi)* methods of depreciation
Abschreibungsbetrag *m* 1. *(RW) (AE)* allowance for depreciation, *(BE)* capital allowance; 2. *(Steuer)* writing-down allowance
Abschreibungssatz *m (RW)* rate of depreciation
Abschreibungsverfahren *n (RW, WiWi)* method of depreciation, depreciation method, depreciation procedure
Abschreibungszeitraum *m (Steuer, WiWi)* depreciable life
abschwächen *v* 1. *(Bank, Börse)* sag; 2. *(Gen)* water down, weaken *(Idee, Politik, Aussage)*; 3. *(WiWi)* level off, weaken *(Kurse, Andrang)*
Abschwächung *f (WiWi)* slowdown
Abschwung *m* 1. *(Gen)* downturn; 2. *(WiWi)* contraction, downswing,

downturn
absenden *v (Komm, Logis)* dispatch
absetzbar *adj (Steuer)* allowable
absetzen *v (Gen)* sell
Absetzung *f (Steuer)* deduction *(Einkommensteuer)*
Absetzung *f* **für Abnutzung** *(RW)* allowance for depreciation
ABS-Finanzierung *f (Bank, Fin)* asset--backed financing *(Synonym: Asset--backed-Finanzierung; Finanzierung durch Übertragung mittel- oder längerfristiger Forderungen, z. B. aus Leasing-, Kreditkarten- oder Hypothekenkreditverträgen, auf zu diesem Zweck gegründete Finanzierungs-, Zweck- oder Objektgesellschaften = special purpose vehicles = SPVs, SIVs = structured investment vehicles oder Conduits, die sich bei steigendem Fristentransformationsrisiko = maturity transformation risk durch Ausgabe kurzfristig revolvierender Forderungspapiere, z. B. ABCP, refinanzieren; die auf kurze Sicht am Markt platzierten Schuldtitel sind damit nicht mehr durch eine Bank mit Gewinninteresse, sondern nur noch durch den erworbenen Forderungsbestand gedeckt, dessen Qualität mittelfristig stark variieren kann; durch Verbriefung = securitization eine für Banken attraktive Mobilisierungsmöglichkeit ursprünglich nichtfungibler, Eigenkapital-bindender Einzelrisiken; cf ABS, financial engineering, Finanzalchemie)*
absichern *v* 1. *(Börse)* secure; 2. *(Gen)* shield
Absicherung *f (Börse)* safe hedge
Absicherung *f* **gegen Inflation** *(Versich)* hedge against inflation
Absicherungsklausel *f (Börse)* hedge clause
Absicht *f (Recht)* intention, intent • **in der Absicht etw. zu tun** *(Gen)* with a view to doing sth
Absichtserklärung *f* 1. *(Börse)* letter of intent; 2. *(Gen)* memorandum of intent; 3. *(Recht)* declaration of intent *(Vertragsrecht)*
absolut *adv (WiWi)* in absolute terms
absolute Abweichung *f (Stat)* absolute deviation
absolute Klassenhäufigkeit *f (Stat)* absolute class frequency
absolute Konzentration *f (WiWi)* absolute concentration
absoluter Fehler *m (Stat)* absolute error
absoluter Höchststand *m (Börse, Gen)* all-time high
Absolutzahl *f (Stat)* absolute number
absolvieren *v (Bil)* finish *(Schule etc.)*; *(AE)* graduate; complete *(Kurs etc.)*; attend; pass *(Prüfung, examination)*
absorbieren *v (Gen)* absorb
Absorption *f* 1. *(Gen)* absorption; 2. *(WiWi)* absorption, total domestic expenditure
Absprache *f (Gen)* accord • **nur nach Absprache** *(Gen)* by appointment only *(Termin)*
Absprache *f* **treffen** *(Gen)* agree
absprechen *v***/sich** *(Gen)* agree
abspringen *v (Gen)* opt out
Abstandsgeld *n (WiWi)* compensation
absteigende Folge *f (Comp)* decreasing order *(Ordnung)*
absteigende Reihenfolge *f (Comp)* decreasing order *(Ordnung)*
abstellen *v* 1. *(Gen)* shut off; 2. *(Pers)* second; 3. *(Umwelt)* abate
Abstellung *f (Pers)* secondment, temporary transfer
abstempeln *v (Gen)* stamp
Abstiegsmobilität *f (Pers)* downward mobility
abstimmen *v* 1. *(Gen)* agree; 2. *(RW)* agree, balance, reconcile; 3. *(Pers, Pol)* vote • **aufeinander abstimmen** *(Gen)* coordinate
Abstimmung *f* 1. *(Fin)* reconciliation; 2. *(Gen)* tuning, coordination *(Maßnahmen, Listen)*; 3. *(Mgt)* voting, coordination *(von Plänen)*; 4. *(Pers, Pol)* voting, vote; 5. *(RW)* reconciliation
Abstimmung *f* **von Konten** *(RW)* account matching, account reconciliation
Abstimmung *f* **von Positionen** *(Bank, RW)* matching
Abstimmungsverfahren *n (Recht)* voting procedures
Abstimmungsvorgang *m (Bank, RW)* matching process
abstoßen *v* 1. *(Börse)* sell off; 2. *(Fin)* divest, unload; 3. *(Gen)* sell off, shed; 4. *(Recht)* divest; 5. *(WiWi)* hive off *(Beteiligung)*
Abstoßen *n (Börse)* dumping, unloading

abstufen *v (Bank)* downgrade
Abstufung *f (Bank, Fin)* downgrading *(Rating)*
Absturz *m* 1. *(Comp)* system crash, abnormal system end, breakdown, crash *(Programme)*; 2. *(Logis)* crash *(Flugzeug)*
abstürzen *v* 1. *(Comp)* crash *(Programm, Computer)*; 2. *(Logis)* crash *(Flugzeug)*
Abteilung *f* 1. *(Gen)* department, dept., division, section; 2. *(WiWi)* department, dept.
Abteilung *f* **Interne Revision** *(Mgt, RW)* auditing department
Abteilungsgliederung *f (Gen, Mgt)* departmental structure
abteilungsintern *adj (Gen, Mgt)* intradepartmental
Abteilungskostenrechnung *f (RW)* departmental costing
Abteilungsleiter *m (Gen)* departmental head, departmental manager
Abteilungsleiterin *f s.* Abteilungsleiter
abteilungsübergreifend *adj (Gen, Mgt)* interdepartmental
abtragen *v* 1. *(Bank, RW)* repay, amortize, pay off, pay back *(Schulden, Hypothek)*; 2. *(Fin)* acquit
Abtrennung *f* 1. *(Gen)* separation; 2. *(Recht)* severance
abtretbar *adj* 1. *(Börse)* transferable; 2. *(Recht)* assignable *(Vertragsrecht)*
Abtretbarkeit *f* 1. *(Börse)* transferability; 2. *(Recht)* assignability
abtreten *v (Recht, RW, Versich)* assign, cede, make over, transfer
Abtretende *m(f)* 1. *(Gen)* assignor; 2. *(Recht, Versich)* assignor, transferor, transferrer, cedent *(Zedent)*
Abtretung *f* 1. *(Gen)* cession; 2. *(RW)* assignment; 3. *(Recht, Versich)* assignment, cession, transfer
Abtretungsempfänger *m (Recht)* assignee, transferee
Abtretungsempfängerin *f s.* Abtretungsempfänger
Abtretungserklärung *f* 1. *(Komm) (BE)* letter of subrogation; 2. *(Recht)* assignment document, declaration of assignment *(Vertragsrecht)*
Abtretungsurkunde *f (Gen)* deed of assignation
Abtretungsvertrag *m* 1. *(Grund)* bargain and sale; 2. *(Recht)* contract of assignment *(Vertragsrecht)*
Abverkauf *m (V&M)* sale, selling-off
abwägen *v (Gen)* weigh up *(Vorschlag)*
abwälzen *v (Fin, WiWi)* pass along, pass on
abwälzen *v* **auf** 1. *(Gen)* shift on to *(Verantwortlichkeit)*; 2. *(WiWi)* pass on to *(Kosten)*
Abwanderung *f (Pers)* drift, outward migration
Abwanderung *f* **von Kapital** *(Fin)* exodus of capital
Abwanderung *f* **von Wissenschaftlern** *(Pers) (ugs.)* brain drain
Abwärtsbewegung *f (Gen)* downstream float, downward movement
Abwärtstrend *m* 1. *(Fin)* downside trend; 2. *(WiWi)* downtrend; 3. *(Gen)* down market
Abwasser *n (Umwelt)* effluent, wastewater
Abwasserabgabe *f (Umwelt)* sewage levy
Abwasseraufbereitung *f (Umwelt)* wastewater treatment
abwechselnd *adj (Gen)* alternate
Abwehrargumente *npl (Gen, Pol)* defensive points
abwehren *v (Gen)* fend off *(Frage)*; stave off *(Gefahr)*
Abwehrkonditionen *fpl (Gen)* defensive conditions
Abwehrpreis *m (V&M)* keep-out price
Abwehrzoll *m (WiWi)* protective tariff
abweichen *v (Gen)* depart (from), diverge *(Wechselkurs)*
abweichend *adj (Gen)* differing
abweichende Meinung *f* 1. *(Mgt)* dissenting view, divergent thinking; 2. *(Recht)* dissenting opinion, dissenting vote, dissent
Abweichung *f* 1. *(Fin)* variance; 2. *(Gen)* anomaly, discrepancy, variance, variation *(Variation)*; 3. *(RW)* variance; 4. *(Recht)* deviation, nonconformity *(vom Gesetz)*
Abweichungsanalyse *f (RW)* cost variance analysis
Abweichungsindikator *m (WiWi)* divergence indicator
Abweichungsschwelle *f (Fin, WiWi)* divergence threshold
abweisen *v (Recht)* reject, refuse
abwenden *v (Gen)* stave off *(Unheil)*
abwerben *v* 1. *(Pers)* bid away, contract away, entice away, poach

(Arbeitskräfte); headhunt *(Führungskräfte)*; 2. *(Recht)* alienate, contract away, divert custom
Abwerben *n* **von Arbeitskräften** *(Pers)* poaching
Abwerber *m (Pers)* headhunter *(Führungskräfte)*
Abwerberin *f s.* Abwerber
Abwerbung *f* 1. *(Pers)* labo(u)r piracy, poaching, headhunting *(von Führungskräften)*; 2. *(Recht)* diverting custom; 3. *(V&M)* alienation, contracting away, diverting custom, poaching
abwerfen *v* 1. *(Fin)* return; 2. *(Gen)* yield *(Ertrag, Gewinn)*; 3. *(WiWi)* produce
abwerten *v* 1. *(RW)* depreciate; 2. *(WiWi)* depreciate, devaluate, devalue *(Währung)*
Abwertung *f* 1. *(Grund)* depreciation; 2. *(WiWi)* currency devaluation, devalorization, devaluation
Abwertungsdruck *m (Bank, WiWi)* downward pressure *(Wechselkurs)*
Abwertungstendenz *f (Bank, WiWi)* tendency to depreciate
Abwertungswettlauf *m (Bank, V&M, WiWi)* competitive devaluation
abwesend *adj (Gen)* absent
Abwesenheit *f (Gen)* absence
Abwesenheit *f* **wegen Krankheit** *(Pers, Soz)* sick leave
abwickeln *v* 1. *(Fin)* complete, settle; 2. *(Gen)* carry out, handle, process; 3. *(RW)* liquidate, wind up
Abwickler *m (Recht, RW)* liquidating authority, liquidator
Abwicklung *f* 1. *(Gen)* processing, winding up, handling, liquidation *(einer Firma)*; 2. *(Mgt, Recht)* winding up, liquidation; 3. *(Versich)* run-off
Abwicklung *f* **aller Kauf- und Verkaufsaufträge** *(Börse)* clearing the market
Abwicklungsgebühr *f (Bank)* agency fee
Abwicklungsgesellschaft *f (Recht)* company in liquidation
Abwicklungssystem *n (Bank)* settlement system
Abwicklungstermin *m (Börse)* settlement date
Abwicklungsverfahren *n (Recht)* liquidation procedure, winding-up procedure
Abwicklungszeitraum *m (Recht)* liquidation period, winding-up period
abwirtschaften *v (Gen)* run down *(Synonym: herunterwirtschaften)*
Abwrackprämie *f* 1. *(Gen)* scrapping premium *(government subsidy to promote sales of new cars)*; 2. *(Recht, V&M)* scrapping bonus, car scrapping bonus, scrapping premium; 3. *(Steuer, WiWi)* car-scrapping bonus, car--scrapping premium, *(AE)* cash-for--clunkers scheme, *(AE)* cash for clunkers program
abzahlen *v (Fin)* pay off in instal(l)ments
Abzahlung kaufen *v***/auf** *(V&M) (BE)* buy on hire purchase, *(AE)* buy on the installment plan
Abzahlungsbasis kaufen *v***/auf** *(Fin) (BE)* buy on hire purchase, *(AE)* buy on the installment plan
Abzahlungshypothek *f (Fin)* constant payment mortgage, instal(l)ment mortgage
Abzahlungskauf *m (Recht) (BE)* hire purchase, instal(l)ment sale *(Vertragsrecht)*
Abzahlungskredit *m (Fin)* instal(l)ment credit
Abzahlungsperiode *f (Fin)* repayment period
Abzahlungspreis *m (Gen) (BE)* hire--purchase price, instal(l)ment price
Abzahlungsvertrag *m (Fin) (BE)* hire--purchase contract, instal(l)ment contract
Abzahlungszeitraum *m (Fin, V&M) (BE)* hire-purchase period, instal(l)ment sale period
abzeichnen *v (Gen)* acknowledge
Abzeichnen *n (Recht)* initialling
abziehbare Vorsteuer *f (Steuer)* deductible input tax, value added tax on input
abziehen *v* 1. *(Fin)* alienate *(Kapital)*; 2. *(Stat)* deduct; 3. *(Recht)* alienate
abzielen *v (Gen, V&M)* target at
abzielen *v* **auf** *(Gen, V&M)* target at
abzinsen *v (Fin, RW)* discount
Abzinsung *f (Fin, RW)* discounting
Abzinsungsbetrag *m (Börse, Fin)* original issue discount, OID
Abzinsungsfaktor *m (Fin)* discount factor
Abzinsungspapier *n (Fin)* discounted paper
Abzinsungstabelle *f (Fin)* discount table
Abzug *m* 1. *(Börse)* withholding, discount;

2. *(Fin)* alienation *(Kapital)*; 3. *(Gen)* deduction; 4. *(Steuer)* deduction *(Gehalt)*; 5. *(Versich)* deduction; 6. *(V&M)* allowance • **nach Abzug von Steuern** *(RW, Steuer)* after-tax basis • **vor Abzug der Steuern** *(RW, Steuer)* before tax, pre-tax

Abzug *m* **an der Quelle** *(Steuer)* deduction at source

Abzüge *mpl (Soz, Steuer)* deductions from salary

abzüglich *(Gen)* less

abzugsfähig *adj* 1. *(Fin)* deductible; 2. *(Steuer)* allowable, tax-deductible

Abzugsfähigkeit *f (Gen, Steuer)* deductibility

Abzugsfähigkeit *f* **des Arbeitgeberanteils** *(Steuer)* deductibility of employer contributions

Abzugssteuer *f (Steuer)* withholding tax

adaptive Erwartungen *fpl (WiWi)* adaptive expectations

addieren *v* 1. *(Gen)* add up, *(AE)* foot up, *(BE)* tot up; 2. *(Stat)* cast up; 3. *(RW)* cast up

Addieren *n (Gen)* adding, *(AE)* footing

Addition *f* 1. *(Gen)* addition, summation, *(AE)* footing; 2. *(Stat)* addition, *(AE)* footing

Ad-hoc-Ausschuss *m (Gen)* ad hoc committee

Ad-hoc-Entscheidung *f (Gen, Pol, WiWi)* ad hoc decision *(z. B. geldpolitische Entscheidung)*

Ad-hoc-Meldung *f (Börse, Gen)* ad hoc information, ad hoc publication

Ad-hoc-Mitteilung *f (Börse, Fin, Mgt)* ad hoc announcement *(Börsen-‑Pflichtmitteilung)*

Ad-hoc-Verband *m (Recht)* single-‑purpose association

administrativ *adj (Gen, Imp/Exp, RW)* administrative

administrative Handelshemmnisse *npl (Imp/Exp, WiWi)* administrative barriers to trade

administrierte Inflation *f (WiWi)* administered inflation

administrierte Preisfestsetzung *f (WiWi)* administered pricing

Adressat *m (Komm)* addressee • **Adressat unbekannt** *(Komm)* unknown at this address

Adresse *f (Gen)* address

Adresse *f* **des Absenders** *(Komm)* return address

Adressenausfallrisiko *n (Bank)* counterparty risk

Adressenliste *f* 1. *(Komm)* mailing list; 2. *(Pers)* list of addresses

Adressenrisiko *n (Bank)* counterparty risk

AEUV *m (Abk. für Vertrag über die Arbeitsweise der Europäischen Union) (Pol, Recht)* TFEU, Treaty on the Functioning of the European Union *(EU-‑Primärrecht = EU-Recht mit Verfassungsrang, EU primary law = law of chief importance; ehemals: Vertrag zur Gründung der Europäischen Gemeinschaft = EGV = EG-Vertrag = Treaty Establishing the European Community, auch: Verträge von Rom = Treaties of Rome, unterzeichnet am 25.3.1957, in Kraft ab 1.1.1958, am 1.12.2009 umbenannt durch den Lissabon-Vertrag = Lisbon Treaty)*

AfA *s.* Absetzung für Abnutzung

AfA-Tabelle *f (RW, Steuer)* tax depreciation table, tax depreciation-‑rate table *(Nutzungsdauer von Wirtschaftsgütern, useful live of assets)*

AG *s.* 1. Aktiengesellschaft; 2. Arbeitsgemeinschaft; 3. Amtsgericht

AGB *s.* allgemeine Geschäftsbedingungen

Agenda stehen *v***/auf der** *(Gen, Mgt)* be on the agenda

Agent *m* 1. *(Gen)* commercial agent; 2. *(Imp/Exp, Logis)* distributor; 3. *(V&M)* representative selling agent

Agentin *f s.* Agent

Agentur *f (Gen)* agency, agcy

Agenturgeschäft *n (Gen)* agency business

Agenturhandel *m (Gen)* agency trade

Agenturvergütung *f (Gen)* agency commission

Agglomeration *f (WiWi)* agglomeration

Aggregation *f (Fin, Stat, WiWi)* aggregation

Aggregationsmethode *f (Fin, Stat)* bottom-up approach, bottom-up method

Aggregationsproblem *n (WiWi)* aggregation problem

aggregierte Zahlen *fpl (WiWi)* aggregate data

aggressive Preispolitik *f (V&M)* aggressive pricing

aggressive Verkaufspolitik *f (V&M)* high--pressure selling
aggressive Werbung *f (V&M)* aggressive advertising
agieren *v (Gen)* act
Agio *n (Börse, Fin)* agio, premium • **mit einem Agio** *(Börse, Fin)* at a premium
Agioanleihe *f (Börse)* premium bond
Agrareinkommen *n (WiWi)* farm income
Agrarerzeugnis *n (WiWi)* agricultural product, farm produce
Agrarmarktordnung *f (Pol, WiWi)* agricultural market organization *(EU)*
Agrarpolitik *f (WiWi)* agricultural policy, farm policy
Agrarproduktion *f (WiWi)* agricultural production
Agrarsektor *m (WiWi)* agricultural sector
Agrarstruktur *f (WiWi)* farm structure
Agrarsubventionen *fpl (WiWi)* agricultural subsidy, farm subsidy
Agrarüberschuss *m (WiWi)* farm surplus
Agroindustrie *f (Ind)* agroindustry
ähnlich *adj (Gen)* analogous, similar
Akademie *f (Bil)* academy, college *(Fachschule, Fachhochschule)*; university *(e. g. University of Cooperative Education = Berufsakademie)*
Akademikerarbeitslosigkeit *f (Pers)* graduate unemployment, unemployment amongst graduates
Akademikerarbeitsplätze *mpl (Bil, Pers)* jobs for graduates, jobs for university graduates, university graduate jobs, college graduate jobs
akademische Bildung *f (Bil)* university education
akademische Vorbildung *f (Bil)* academic qualification, university degree
akademischer Beruf *m (Pers)* graduate occupation, graduate profession, professional occupation
akademischer Grad *m (Pers)* degree, academic qualification, university degree
akademischer Titel *m (Bil)* (academic) degree, academic qualification, university degree
akkommodierende Geldpolitik *f (Pol, WiWi)* accommodative policy
Akkord *m* 1. *(Gen)* amicable settlement of dispute; 2. *(Ind)* breakeven quantity, piecework *(Arbeit)*; 3. *(Recht)* composition proceedings • **nach Akkord bezahlt** *(Pers)* paid piece rate
Akkordarbeit *f* 1. *(Gen)* piecework; 2. *(Pers)* piecework
Akkordlohn *m (Ind)* piecework rate, piecework wage
Akkordlohnsatz *m (Pers)* piecework rate
Akkordprämie *f (Pers)* production incentive
Akkordzuschlag *m (Ind)* bonus increment
akkreditiert *adj (V&M)* accredited
Akkreditierung *f (Soz)* accreditation *(Institutionen, Personen)*
Akkreditiv *n (Bank)* letter of credit, L/C
Akkreditivbank *f (Bank)* issuing bank, opening bank
akkreditiveröffnende Bank *f (Bank)* issuing bank, opening bank
akkumulierte Abschreibung *f (RW)* accumulated depreciation
Akontozahlung *f (Bank)* payment on account
Akquisiteur *m (Gen)* canvasser
Akquisitionskosten *pl (Gen, RW, Versich, V&M)* acquisition costs, canvassing costs
Akquisitionsvehikel *n (Bank, Fin)* special purpose acquisition company, SPAC; targeted acquisition company, TAC *(Synonym: Zweck--Akquisitionsgesellschaft, Blankoscheck-Gesellschaft; banknahe Zweckgesellschaft ohne operatives Geschäft, das an der Börse Kapital aufnimmt, um damit im Wettbewerb oder gemeinsam mit außerbörslichen Beteiligungsfonds -Private Equity- andere Unternehmen zu kaufen; traditionell von Finanzbetrügern genutzte Unternehmenshülle, zunehmend als Finanzierungsinstrument bei Investmentbanken und Management--Teams wieder entdeckt wegen der Aussicht auf hohe Gebühreneinnahmen und Provisionen bei begrenzten eigenen Risiken -die risikotragenden Kapitalanteile werden im Markt weiterplatziert- sowie u.U. wegen mangelnder Transparenz der Risikostruktur auf der Investorenseite; cf Angliederungsfinanzierung; a publicly-traded buyout company that raises blind money from the public in*

order to pursue the acquisition of an existing but unspecified company, often in a targeted industry like the high-tech sector; if the acquisition is not made within a specified period of time --typically 18 months to two years- the money is returned to the original investors; for this transaction investment banks and management teams collect high fees, whilst most of the risk is passed on to investors)

Akte *f* 1. *(Gen)* case papers; 2. *(Gen, Pat)* file; 3. *(Pol)* act • **zu den Akten geben** *(Pat)* file • **zu den Akten legen** 1. *(Gen)* file away; 2. *(Pat)* file

Akteneinsicht *f (Recht)* inspection of records, file inspection

Aktenteil *m (Pat, Recht)* part of the file, part of the record

Aktenvermerk *m (Recht)* memorandum for file, memorandum, memo

Aktenverwaltung *f (Mgt)* records management

Aktenzeichen *n (Gen)* file number, reference

Aktie *f (Börse, Fin, RW) (BE)* share, *(AE)* stock

Aktie *f* **mit überdurchschnittlicher Entwicklung** *(Börse, Fin)* overperformer

Aktie *f* **mit unterdurchschnittlicher Entwicklung** *(Börse, Fin)* underperformer

Aktien *fpl (Fin) (BE)* shares, *(AE)* stock, shares of stock; equity *(Aktienkapital)* • **Aktien auf dem Markt abstoßen** *(Gen)* unload stocks on the market • **Aktien auf dem offenen Markt kaufen** *(Gen)* buy shares on the open market • **Aktien hereinnehmen** *(Gen)* take in stock • **Aktien übernehmen** *(Gen)* take up stocks • **Aktien zeichnen** *(Bank, Gen)* subscribe to shares, apply for shares • **Aktien zur Zeichnung auflegen** *(Gen)* invite subscriptions to shares • **Aktien zeichnen** *(Börse)* apply for shares, subscribe for shares • **Aktien zuteilen** *(Bank, Gen)* allot shares • **in Aktien investieren** *(Bank, Gen)* invest in shares

Aktien *fpl* **konjunkturreagibler Unternehmen** 1. *(Börse)* cyclical shares; 2. *(WiWi)* cyclical stock

Aktien *fpl* **mit geringen Umsatzvolumen** *(Börse)* inactive stock

Aktienagio *n (Börse, Fin, RW) (BE)* share premium

aktienähnliche Obligationen *fpl (Börse)* equity-related bonds

aktienähnliche Termingeschäfte *npl (Börse)* equity-related futures

Aktienarten *fpl (Börse)* types of shares

Aktienaustausch *m (Fin)* exchange of shares, exchange of stock

Aktienbesitz *m (Börse)* equity holding, shareholding

Aktienbestand *m (Börse, Fin)* share portfolio, stock portfolio

Aktienbesteuerung *f (Steuer)* equity taxation

Aktienbeteiligung *f (Börse)* equity interest, equity stake, shareholding

Aktienbeteiligungsplan *m (Börse)* share scheme

Aktienbewertung *f (Börse)* stock valuation

Aktienbezugsplan *m (Börse)* stock purchase plan

Aktienbezugsrecht *n (Börse)* share [stock] option right, share [stock] purchase warrant

Aktienbörse *f (Börse, Fin, WiWi)* stock exchange, stock market

Aktienbuch *n (Gen, Recht) (BE)* share register, *(AE)* stock register; *(BE)* register of shareholders, *(AE)* register of stockholders *(für Namensaktien oder vinkulierte Namensaktien: Verzeichnis der Aktionäre; digital register for registered shares)*

Aktiendividende *f (Börse)* share dividend

Aktienemission *f (Börse, Fin, RW)* equity issue, share [stock] issue

Aktienemissionsagio *n (Börse, Fin, RW) (BE)* share premium, *(AE)* stock issue premium

Aktienemissionsaufgeld *f (RW)* stock issue bonus

Aktienerwerbsplan *m* **für Arbeitnehmer** *(Börse)* employee share [stock] ownership plan

Aktienfinanzierung *f (Fin)* equity financing

Aktienfonds *m (Börse)* equity fund, investment fund for shares

Aktiengesellschaft *f (AG)* 1. *(Gen) (BE)* public company, *(AE)* public corporation; 2. *(Recht) (BE)* public limited company, *(BE)* plc, *(BE)* PLC;

(AE) Corporation, Corp., *(AE)* stock corporation

Aktiengesetz *n (Recht) (BE)* Companies Act, *(Deu)* German Stock Corporation Act

Aktienhandel *m (Börse, Fin)* stockbroking

Aktienhausse *f (Börse)* bull market

Aktienindex *m (Börse)* share index

Aktieninhaber *m (Börse)* shareholder, stockholder

Aktieninhaberin *f s.* Aktieninhaber

Aktieninvestmentfonds *m (Börse, Fin)* common stock fund

Aktienkapital *n* 1. *(Börse, Fin)* share capital, stockholders' equity; 2. *(RW)* equity; 3. *(WiWi)* share capital

Aktienkurse *mpl (Börse)* share prices, stock market prices

Aktienkursentwicklung *f (Börse)* stock price performance, share price performance *(Wertentwicklung)*; stock price path, share price path *(mittel- und langfristig)*; share price movements, equity price movements, equity price performance *(Volatilität)*

Aktienmakler *m (Börse, Fin)* stockbroker

Aktienmaklerin *f s.* Aktienmakler

Aktienmarkt *m (Börse)* share market, equity market

Aktiennotierung *f (Börse)* stock quotation

Aktienoption *f (Börse)* stock option

• **eine Aktienoption verkaufen** *(Börse)* write a stock option

Aktienpaket *n (Börse)* block, line, *(ugs.)* chunk of stock

Aktienportefeuille *n (Börse, Fin)* share portfolio, stock portfolio, equity portfolio

Aktienrecht *n (Recht)* stock corporation law

Aktienregister *n (Börse)* share register, stock record

Aktienrendite *f (Börse)* stock yield

Aktienrückkaufplan *m (Börse)* share repurchase plan

Aktiensplit *m* 1. *(Börse)* share split, *(AE)* stock split; 2. *(Fin) (BE)* share bonus

Aktiensplitting *n* **fünf zu eins** *(Börse) (BE)* five-for-one split

Aktienstreubesitz *m (Bank, Fin) (BE)* scattered shareholdings, *(AE)* scattered stockholdings *(der Anteil an der Gesamtzahl ausgegebener Aktien ist Maßstab für die Aufnahme von Aktien in viele Börsenindizes)*

Aktienübernahme *f (Börse, Fin)* share acquisition, stock takeover

Aktienübertragung *f (Börse)* share transfer

Aktien- und Kursindizes *mpl (Börse)* stock indexes and averages

Aktienurkunde *f (Börse) (BE)* share certificate, *(AE)* stock certificate

Aktienverhältnis *n (RW)* stock ratio

Aktienverzeichnis *n (Börse)* stock register

Aktienzeichner *m (Börse, Fin)* applicant (for shares)

Aktienzeichnerin *f s.* Aktienzeichner

Aktienzeichnung *f (Börse)* application for shares, subscription for shares

Aktienzertifikat *n (Börse) (BE)* share certificate, *(AE)* stock certificate

Aktienzusammenlegung *f* 1. *(Fin)* reverse split, share consolidation; 2. *(Gen)* stock splitdown

Aktienzuteilung *f (Börse)* share [stock] allotment

Aktionär *m (Pers)* member, equity holder, shareholder, stockholder

Aktionärin *f s.* Aktionär

Aktionärsaktivist *m (Börse, Mgt)* stockholder activist, shareholder activist *(Synonym: aktiver Aktionär)*

Aktionärsbeschluss *m (Gen, Recht)* shareholders' resolution, stockholders' resolution, stockholders' decision

Aktionärsbuch *n (Börse)* share register

Aktionärshauptversammlung *f (Börse)* shareholders' general meeting

Aktionärsinformation *f (Recht)* proxy statement

Aktionärsregister *m (Recht)* Register of Members

Aktionärsversammlung *f* 1. *(Börse)* shareholders' meeting; 2. *(Gen)* company meeting

Aktionärsverzeichnis *n (Börse)* stock record

aktiv *adj* 1. *(Gen)* active; 2. *(WiWi)* buoyant

Aktiv... 1. *(Bank, Fin)* asset; 2. *(Gen)* active; 3. *(RW)* asset

aktiv tätig *adj (Pers)* in active employment

Aktiva *npl (RW)* assets

aktive Abgrenzung *f (RW)* deferred accruals

aktive Arbeitsmarktpolitik *f (Pers, Pol)* active employment policy, active labo(u)r market policy, active manpower policy
aktive Bevölkerung *f (Pers)* active population *(Arbeit)*
aktive Handelsbilanz *f (Imp/Exp, WiWi)* active trade balance, favo(u)rable balance of trade, favo(u)rable trade balance
aktive Leistungsbilanz *f (Fin, Imp/Exp)* surplus on current account
aktive Rechnungsabgrenzung *f (RW)* accruals
aktive Rechnungsabgrenzungposten *mpl (Recht)* accrued income, accrued revenue
aktive Zahlungsbilanz *f (Fin, WiWi)* active balance of payments
aktiver Gesellschafter *m (Mgt)* acting partner, active partner
Aktivgeschäft *n (Fin)* lending business
Aktivhandel *m (Imp/Exp)* foreign trade
aktivieren *v* 1. *(Gen)* activate; 2. *(RW)* capitalize, charge to capital
aktivierende Sozialhilfe *f (Pol, Soz)* activating welfare benefits, activating social assistance
Aktivierung *f* 1. *(Comp)* enablement; 2. *(Fin, RW)* capitalization, carrying as assets; 3. *(WiWi)* heading into surplus, moving into surplus
aktivierungspflichtiger Aufwand *m (RW, Steuer)* capital expenditure, capex *(Gegensatz: erfolgswirksamer Aufwand = revenue expenditure)*
aktivierungspflichtiger Leasingvertrag *m (Fin, Gen)* capital lease
Aktivierungsrecht *n (RW)* right to capitalize
Aktivierungsverbot *n (RW)* legal prohibition to capitalize
Aktivierungswahlrecht *n (RW, Steuer)* option to capitalize
aktivisch abgegrenzt *adj (RW)* deferred
Aktivkonto *n (RW)* asset account
Aktiv-Passiv-Management *n (Bank, Fin)* asset and liability management, assets and liabilities management
Aktiv-Passiv-Steuerung *f (Bank, Fin)* asset and liability management, asset/liability management
Aktivposten *m* 1. *(Gen)* asset; 2. *(RW)* asset item
Aktivseite *f (RW)* asset side
Aktivtausch *m (RW)* asset swap
Aktivüberhang *m (Börse)* long position
Aktivum *n (RW)* asset
Aktiv- und Passivsteuerung *f (Bank, Fin)* asset and liability management, assets and liabilities management
Aktivvermögen *n (Fin)* actual assets
aktualisieren *v (Fin)* actualize, bring sth up to date
Aktualisierung *f* 1. *(Comp)* update; 2. *(Gen)* updating
Aktualität *f* 1. *(Gen)* uptodateness, topicality; 2. *(RW)* timeliness *(qualitative Anforderung an Rechnungslegungsinformationen nach IFRS/IAS des IASB sowie nach dem Conceptual Framework – dem allgemeinen theoretischen Bezugsrahmen – des FASB für US--GAAP)*
aktuell *adj* 1. *(Fin)* actual; 2. *(Gen)* current, up-to-date, up-to-the-minute
aktuell verfügbar *adj (Gen)* available on a current basis
aktuelle Bewertungsgrundlagen *fpl* **für die Kostenrechnung** *(RW)* current cost basis
aktuelle Ertragslage *f (Fin)* current profitability
aktuelle Information *f (Gen)* up-to-date information
aktueller Betriebsgewinn *m (RW)* current operating profit
aktueller Kontostand *m (Gen) (BE)* current account balance
aktuelles Vermögen *n (RW)* current asset
akute Gefahr *f (Versich)* imminent danger, imminent peril
Akzelerationskoeffizient *m (WiWi)* acceleration coefficient
Akzelerationsprinzip *n (WiWi)* acceleration principle
Akzelerator *m (WiWi)* accelerator
Akzept *n (Bank, Fin)* acceptance • **zum Akzept vorgelegter Wechsel** *(Bank)* acceptance bill • **mit Akzept versehen** *(Gen)* accepted
Akzept-Akkreditiv *n (Fin, Imp/Exp)* acceptance credit
Akzeptant *m (Bank)* drawee, acceptor *(eines Wechsels)*
Akzeptanz *f* 1. *(Fin)* approval; 2. *(Pol)* acceptance; 3. *(V&M)* (consumer) acceptance, market acceptance
Akzeptbank *f (Bank, Fin)* acceptance

bank, accepting house
Akzeptebuch *n* 1. *(Bank, Fin)* acceptance ledger; 2. *(RW)* register of bills payable
akzeptgebende Bank *f (Bank, Fin)* accepting bank
Akzeptgebühr *f (Bank)* acceptance fee
Akzepthaus *n (Bank)* acceptance house
akzeptierende Bank *f (Bank, Fin)* acceptance bank, accepting banker, accepting house
akzeptiert *adj* 1. *(Bank, Comp)* accepted; 2. *(Gen)* accepted, approved of
akzeptiert *adj*/**nicht** 1. *(Bank)* dishono(u)red; 2. *(Gen, RW)* unaccepted
akzeptierter Wechsel *m (Bank)* accepted draft, acceptance
Akzeptierung *f (Fin)* acceptance
Akzeptkonto *n (Bank)* acceptance account
Akzeptkredit *n (Bank)* acceptance facility, acceptance credit
Akzeptlinie *f (Bank) (AE)* acceptance line
Akzeptobligo *n (RW)* bills payable
Akzeptverbindlichkeiten *fpl (Fin)* acceptance commitments, acceptance liabilities
Akzeptverweigerung *f (Fin)* dishono(u)r by non-acceptance
akzessorisch *adj (Recht)* accessory
akzessorische Sicherheit *f* 1. *(RW)* asset coverage; 2. *(Recht)* collateral security
aleatorischer Vertrag *m* 1. *(Recht)* aleatory contract, hazardous contract; 2. *(Versich)* aleatory contract
algebraisch *adj (Stat)* algebraic, algebraical
Aliasname *m (Comp, Komm)* alias *(Ersatz für die E-Mail-Adresse)*
alle Rechte vorbehalten *(Media, Recht)* all rights reserved
Allein... *(Gen)* exclusive, sole
Alleinauftrag *m (Gen)* exclusive contract
Alleinbetrieb *m (Gen)* one-man business, sole trader
Alleineigentümer *m* 1. *(Gen)* sole proprietor; 2. *(Grund, Recht)* sole owner
Alleineigentümerin *f s.* Alleineigentümer
Alleinherstellungsrecht *n (Ind)* monopoly
alleinige Zuständigkeit *f (Recht)* exclusive jurisdiction
alleiniger Inhaber *m (Gen)* sole trader
alleiniges Eigentumsrecht *n (Recht)* sole ownership, sole proprietorship
alleiniges Vertriebsrecht *n (V&M)* sole selling right
Alleinrecht *n (Pat)* exclusive right
Alleinstellungsmerkmal *n (V&M)* unique selling proposition *(USP)*
Alleinverdiener *m (Pers, Soz)* single earner, sole earner
Alleinverdienerhaushalt *m (Soz)* single--earner household
Alleinverdienerin *f s.* Alleinverdiener
Alleinvertreter *m (V&M, WiWi)* sole agent
Alleinvertreterin *f s.* Alleinvertreter
Alleinvertretung *f (Gen)* sole agency, exclusive agency • **die Alleinvertretung haben für** *(Gen)* have exclusive agency for *(Firma)*
Alleinvertretungsrecht *n (Recht)* exclusive representation *(Vertragsrecht)*
Alleinvertretungsvertrag *m (Recht)* exclusive agency agreement *(Handelsrecht)*
Alleinvertriebsvertrag *m (Recht)* agreement for exclusiveness
Allfinanz *f (Bank, Versich, V&M)* bancassurance
Allfinanzaufsicht *f (Bank, Börse, Versich)* integrated financial supervision
Allfinanz-Konzern *m (Bank, Fin, Versich)* financial conglomerate, integrated financial conglomerate
allgemein anerkannt *(Gen)* widely recognized
Allgemeinbildung *f (Bil)* general education
allgemeine Bedingungen *fpl (Recht)* general terms, general terms and conditions
allgemeine Bemessungsgrundlage *f (Steuer)* general basis of assessment
allgemeine Betriebskosten *pl (RW)* general operating costs
allgemeine Exportförderung *f (Pol, WiWi)* across-the-board export promotion
allgemeine Geschäftsbedingungen *fpl (Recht)* general terms and conditions, standard terms and conditions *(Vertragsrecht)*
allgemeine Geschäftskosten *pl (Fin)* indirect expenses
allgemeine Hochschulreife *f (Pers)* general certificate of aptitude for higher education, upper secondary leaving certificate *(general)*

allgemeine Kapitalgesellschaft *f (Gen)* public corporation, publicly held company
allgemeine Kosten *pl (Ind, RW)* oncost
allgemeine Kostenstelle *f (RW)* general cost center
allgemeine Lieferbedingungen *fpl (Gen)* general terms and conditions of delivery
allgemeine Nutzungsbedingungen *fpl (Gen, Komm, Recht)* general terms and conditions of use
allgemeine Rückstellungen *fpl (RW)* general provisions
allgemeine Steuermittel *npl (Steuer) (AE)* general revenue
allgemeine Teuerungsrate *f (WiWi, Stat)* headline inflation rate *(umfassend und objektiv gemessen, z. B. als HVPI = HCPI; Synonym: maßgebliche Inflation, Gesamtinflation, ausgewiesene Inflation; Gegensatz: 1. Kerninflationsrate = core inflation rate, bereinigt von den sektorspezifischen Schwankungen der Energiepreise und der Lebensmittel, z. B. der HVPI ohne Energie und unverarbeitete Nahrungsmittel; 2. gefühlte Inflation = wahrgenommene Inflation = perceived inflation)*
allgemeine Verbrauchssteuer *f (Steuer)* general consumption tax
allgemeine Verwaltungskosten *pl (Gen)* administrative expenses
allgemeine Vollmacht *f (Pat, Recht) (AE)* general authorization, *(BE)* general authorisation
allgemeiner Feiertag *m (Gen, Pers, Recht) (BE)* bank holiday, *(AE)* legal holiday
allgemeiner Preisanstieg *f (Gen, WiWi)* across-the-board price increase
allgemeiner Verhaltenscodex *m (Gen)* common code of practice
allgemeines Lohnniveau *n (WiWi)* general wage level
allgemeines Zoll- und Präferenzsystem *n (Imp/Exp)* generalized system of tariffs and preferences
Allgemeinheit *f (Gen, Recht)* (general) public, public at large
Allgemeinwohl *n (Pol, Soz)* general good
allmähliche Abschaffung *f (Gen)* phasing-out
allmonatlich *adv (Gen)* every month, monthly
Allokation *f* **externer Kosten** *(WiWi)* allocation of social costs
Allokation *f* **von Ressourcen** *(WiWi)* allocation of resources
Allokationseffizienz *f (WiWi)* allocative efficiency
Allround... *(Gen)* all-round
Allzweck... *(Gen)* all-purpose, general--purpose
Altaktionär *m (Börse)* existing shareholder
Altaktionärin *f s.* Altaktionär
Altbausanierung *f (Gen)* area rehabilitation, modernizing and refitting older buildings
alte Ausgabe *f (Media)* back issue, back number
älter *adj (Gen, Recht)* senior
ältere Arbeitskraft *f (Pers)* older worker, elderly worker, elderly employee
älterer Arbeitnehmer *m (Pers)* older worker, elderly worker, elderly employee
älteres Patent *n (Pat)* prior patent
Alternative *f (Gen)* alternative, option
alternative Energie *f (Umwelt)* alternative energy
alternative Kosten *pl (WiWi)* opportunity costs
alternative Technologie *f (Ind, Umwelt)* alternative technology
Alternativkosten *pl* 1. *(Fin)* alternative costs; 2. *(WiWi)* alternative [opportunity] costs
Alternativplan *m (Gen)* contingency plan
alternde Bevölkerung *f (WiWi)* ageing population
alternde Gesellschaft *f (Soz)* ageing population
alternieren *v (Gen)* alternate
Altersaufbau *m* 1. *(Pers, Pol, WiWi)* age distribution *(der Bevölkerung)*; 2. *(Fin)* age ranking *(Anlagevermögen)*
Alterseinkommen *n (Soz)* retirement income, income of the retired
Altersfreibetrag *m (Steuer) (BE)* old-age allowance
Altersgrenze *f (Gen)* age limit
Altersgruppe *f (Gen, V&M)* age bracket, age group *(Marktforschung)*
Altersjahrgang *m (Pers)* age cohort, one--year age group
Altersrente *f (Fin)* old-age pension, retirement pension

Altersruhegeld *n (Pers)* retirement benefit • **Altersruhegeld beziehen** *(Pers)* draw an old-age pension, draw a retirement pension, draw a pension
Alterssicherungssystem *n (Soz, Versich)* pension scheme
altersspezifisch *adj (Gen)* age-specific
Altersteilzeit *f (Pers, Soz, Versich)* partial retirement, part-time work for older employees
Altersversorgung *f (Fin)* retirement pension
Altersvorsorge *f (Soz)* provision for old age, provision for retirement
Altindustrie *f (Ind) (AE)* sunset industry
Altlast *f (Gen, Umwelt)* inherited burden
Altlasten *fpl* 1. *(Umwelt)* contaminated site; 2. *(WiWi)* inherited burdens
Altlastensanierung *f (Umwelt)* cleanup operation
Altöl *n (Umwelt)* waste oils
Altschulden *fpl (Fin)* prior debt
ambulante Versorgung *f (Soz)* medical care to out-patients
ambulanter Handel *m (V&M)* itinerant selling
ambulanter Verkauf *m (V&M)* door-to--door selling
amerikanische Buchführung *f (RW)* columnar bookkeeping, tabular bookkeeping
amerikanische Parität *f (WiWi)* American parity, American terms
amerikanische Tonne *f (Gen)* American short ton
amerikanischer Zinstender *m (Fin)* US--style variable tender
Amortisation *f* 1. *(Fin)* payback, payout; 2. *(RW)* amortization; 3. *(V&M)* payback, payout
Amortisationsanleihe *f* 1. *(Börse)* redemption bond; 2. *(Fin)* amortization loan
Amortisationsdauer *f (Fin)* pay-off time, pay-back period
Amortisationsfonds *m (Fin)* amortization fund, sinking fund
Amortisationsrechnung *f (RW)* payoff method *(statische Investitionsrechnung, preinvestment analysis)*
Amortisationszeit *f* 1. *(Fin)* period of redemption; 2. *(Pers)* payback period *(Finanzwesen)*
amortisierbar *adj (Bank, Fin)* amortizable
amortisieren *v* 1. *(Gen)* pay off; 2. *(RW)* amortize *(Vermögenswerte, Aktiva)*
amortisierter Wert *m (RW)* amortized value
Amortisierung *f (Bank, RW)* amortization
Amt *n* 1. *(Gen)* office; *(AE)* bureau; 2. *(Pat)* authority; 3. *(Pers)* position; 4. *(Recht)* agency • **ein Amt antreten** *(Pers)* take office • **im Amt sein** 1. *(Pers)* be in office; 2. *(Pol)* hold office • **ein Amt antreten** *(Pol)* accede to an office • **ein Amt innehaben** *(Pers)* hold an office, hold a position • **von Amts wegen** *(Pers)* ex officio *(Arbeit)*
amtlich *adj (Gen)* official
amtlich anerkannt *adj (Recht)* officially recognized
amtlich beglaubigt *adj (Recht)* certified, legalized, officially attested, officially authenticated
amtlich beglaubigte Kopie *f (Recht)* certified copy
amtlich nicht notierter Wert *m (Börse, Fin)* unlisted security
amtlich notieren *v (Börse)* quote in the official list
amtlich notierte Aktien *fpl (Börse)* shares [stock] quoted officially
amtlich zugelassen *adj (Börse)* officially listed, officially quoted
amtliche Bekanntmachung *f (Recht)* official announcement
amtliche Börsennotiz *f (Börse)* official quotation
amtliche Genehmigung *f (Recht)* official approval
amtliche Statistik *f (Stat)* official statistics
amtliche Systematik *f* **der Betriebsstätten** *(Ind)* standard industrial classification, SIC
amtliche Währungsreserven *fpl (Fin)* official reserves
amtliche Zahlen *fpl (Gen)* official figures
amtlicher Devisenkurs *m (Fin)* official foreign exchange quotation
amtlicher Kurs *m (Bank)* official rate
amtlicher Markt *m (WiWi)* official market [trading]
amtlicher Wechselkurs *m (Fin)* official exchange rate
Amtsantritt *m (Pers, Pol)* entry on office
Amtsbezeichnung *f (Pers)* title, job title, official designation
Amtsblatt *n (Pol, Recht)* Official Journal,

OJ

Amtseid *m (Pol, Recht)* oath of office

Amtsgeheimnis *n (Pol, Recht)* official secret, official secrecy

Amtsgericht *n (AG) (Recht)* (German) local court, county court, small-claims court, *(AE)* district court; registrar of companies *(Registergericht)*

Amtsgewalt *f (Gen)* authority

Amtshilfe *f (Recht)* administrative cooperation, administrative assistance, official assistance • **Amtshilfe leisten** *(Pers, Recht)* give official assistance, give administrative assistance

Amtsmissbrauch *m (Gen)* abuse of administrative authority

Amtsnachfolge *f (Pers)* succession in office

Amtsniederlegung *f (Pers)* resignation

Amtsperiode *f (Gen)* term of office

Amtsrichter *m (Recht)* magistrate

Amtsrichterin *f s.* Amtsrichter

Amtsträger *m (Recht)* officer *(a person holding an important position of authority or trust in society or in an organization)*; office-bearer, office--holder

Amtsvorsteher *m (Pol)* head official

Amtsvorsteherin *f s.* Amtsvorsteher

Amtszeit *f* 1. *(Gen)* term of office; 2. *(Pers)* tenure

Analyse *f (Gen)* analysis

Analyse *f* **der Umweltwirkungen** *(Umwelt)* environmental impact analysis

Analyse *f* **von Stärken, Schwächen, Chancen und Risiken** *(V&M)* strengths, weaknesses, opportunities and threats analysis, SWOT

analysieren *v (Gen) (BE)* analyse, *(AE)* analyze

anbahnen *v (Gen)* initiate *(Verhandlungen)*

anbauen *v (WiWi)* cultivate *(Landwirtschaft)*

anbei *adv (Komm)* enclosed • **anbei schicken wir Ihnen** *(Komm)* please find enclosed

anberaumt sein *v* **für** *(Gen)* be arranged for, be scheduled for

anbieten *v* 1. *(Gen)* bid for, offer, tender, *(AE)* bid on; 2. *(Pers)* offer *(Stellung)*

anbieten *v***/sich** *(Gen)* volunteer

Anbieter *m (Gen)* bidder, offerer, tenderer, supplier *(Lieferant)*

Anbieter *m* **von Dienstleistungen** *(Gen)* purveyor of services

Anbieter *m* **von Inhalten** *(Komm, V&M)* content provider

Anbieterabsprache *f (WiWi)* collusive bidding, collusive tendering

Anbieterin *f s.* Anbieter

Anbieterin *f* **von Dienstleistungen** *s.* Anbieter von Dienstleistungen

Anbieterin *f* **von Inhalten** *s.* Anbieter von Inhalten

andauernd *adj (Gen)* ongoing

Anderkonto *n* 1. *(Bank)* escrow account; 2. *(Fin)* third-party account; 3. *(RW)* client account

ändern *v* 1. *(Gen)* alter, change, vary; 2. *(Pol)* switch; 3. *(Versich)* adjust

Änderung *f* 1. *(Gen)* alteration, altering, change, modification *(von Daten)*; 2. *(Pat)* amendment; 3. *(Recht)* amendment; 4. *(WiWi)* change *(Angebot und Nachfrage)*

Änderung *f* **der Rechtsform des Unternehmens** *(Recht)* transformation of legal form of business organization

Änderungen *fpl* **und Verbesserungen** *fpl (Gen)* alterations and improvements

Änderungen *fpl* **von Rechtsvorschriften** *(Recht)* amendments to legal provisions

Änderungen *fpl* **vorbehalten** *(Gen)* subject to change without notice

Änderungsanfrage *f (Logis)* change request

Änderungsdatei *f (Comp)* change file

Änderungsentwurf *m (Recht)* draft amendment

Änderungsgesetz *n (Recht)* amending statute

Änderungsvereinbarung *f (Pers)* agreement to change the contract of employment, agreement to change the contract

anderweitig spezifiziert/nicht *(Gen)* not elsewhere specified, not otherwise specified

andrehen *v (Gen) (ugs.)* palm off • **jmdm. etw. andrehen** *(Gen)* palm sth off on sb, fob sth off on sb

aneignen *v***/sich** 1. *(Gen)* acquire; 2. *(Recht)* appropriate

anerkannt *adj* 1. *(Gen)* accepted, acknowledged, recognized; 2. *(V&M)* accredited

anerkannter Ausbildungsbetrieb *m (Pers)* approved training company, firm authorized to provide training, firm authorized to provide apprenticeship training

anerkannter beruflicher Abschluss *m (Pers)* recognized vocational qualification

anerkannter Berufsabschluss *m (Pers)* recognized vocational qualification

anerkannter Praxiscode *m (Gen)* approved code of practice

anerkannter Verhaltenscodex *m (Gen)* approved code of practice

anerkennen *v (Gen)* recognize, accept, acknowledge, establish *(Rechte)*; allow, admit *(Forderung)*

Anerkenntnis *f (Bank, Fin, Gen, Recht)* acknowledgement

Anerkennung *f* 1. *(Gen)* acceptance, acknowledgement, recognition, reward; 2. *(Recht)* recognition *(eines Anspruchs)*; 3. *(V&M)* reward

Anerkennung *f* **der Bildungsabschlüsse** *(Pers)* recognition of qualifications, recognition of educational qualifications

Anfang *m (Gen)* outset, start, start-up

anfangen *v (Gen)* begin, start, start up

Anfängerkurs *m (Bil)* beginners course

anfänglich *adj (Gen)* initial, start-up

Anfangsarbeitsplatz *m*, **Anfangsbeschäftigung** *f (Pers)* entry--level job, entry-level position

Anfangsausgabe *fpl (Fin)* initial outlay

Anfangsauszahlung *f (Fin)* initial investment

Anfangsbestand *m (RW)* opening balance, opening inventory

Anfangsbilanz *f (RW)* opening balance sheet

Anfangsdividende *f (Fin)* initial dividend

Anfangsentgelt *n (Pers)* starting wage, starting remuneration

Anfangsgehalt *n (Pers)* starting salary

Anfangskapital *n (Fin)* initial capital, original capital, start-up capital

Anfangswert *m (Gen)* initial value

anfechtbar *adj* 1. *(Stat)* refutable; 2. *(Recht, Versich)* contestable, voidable

anfechten *v (Recht)* rescind, avoid, dispute, contest, challenge *(Testament)*; appeal against *(Urteil)*

Anfechtung *f* 1. *(Recht)* appeal, avoidance, challenge, contestation, opposition, rescission; 2. *(Versich)* avoidance

anfordern *v (Comp, Gen, Komm)* ask for, request

Anforderung *f* 1. *(Gen)* requirement, request; 2. *(Komm)* request • **den Anforderungen entsprechen** *(Gen)* to meet the demands, fulfil(l) the expectations • **den Anforderungen genügen** *(Pers)* be up to standard *(Arbeit)*

Anforderungsprofil *n (Pers) (ugs.)* job spec, job specification

Anfrage *f* 1. *(Comp)* enquiry; 2. *(Pat)* request

anfragen *v (Comp, Gen)* enquire

Angabe *f (Gen, Pers)* statement

Angabe *f* **der Bedingungen** *(Pers)* statement of terms and conditions

Angaben *fpl* 1. *(Gen)* details, particulars; 2. *(RW)* disclosures • **absichtlich falsche Angaben machen** *(Recht)* wilfully misrepresent the facts *(bei Vertragsschluss)*

Angaben *fpl* **zur Person** *(Pers, Recht)* personal data

Angabepflicht *f (RW)* disclosure requirement

angeben *v (Gen)* indicate, state

angeblich *adj* 1. *(Gen)* alleged, so-called; 2. *(Recht)* alleged *(behauptet, mutmaßlich)*

Angebot *n* 1. *(Börse)* offer; 2. *(Gen)* tender, proposition, offer, proposal, quotation, quote, bid; 3. *(Recht)* offer; 4. *(WiWi)* supply • **im Angebot** 1. *(Grund) (BE)* under offer *(Haus)*; 2. *(V&M)* on offer • **ein Angebot abgeben** *(Mgt)* tender *(Ausschreibung)* • **das Angebot ablehnen** *(Recht)* decline the offer *(Vertragsrecht)* • **Angebot und Annahme stimmen überein** *(Recht)* offer and acceptance correspond *(Vertragsrecht)* • **das Angebot erhöhen** *(WiWi)* increase the supply • **um Angebote ersuchen** *(Gen)* appeal for tenders • **Angebot liegt vor** *(Gen)* bid is received • **Angebot machen** *(Gen)* bid • **oder Angebot** *(V&M)* or near offer, or nearest offer • **Angebot unterbreiten** *(Gen)* make an offer, tender • **Angebot verbessern** *(Gen)* upgrade

Angebot *n* **an Arbeitskräften** *(Pers)* labo(u)r supply, supply of labo(u)r, manpower supply

Angebot *n* **an Arbeitsplätzen** *(Pers)* supply of jobs, job supply, job offers, jobs on offer
Angebot *n* **an Arbeitsstellen** *(Pers)* supply of jobs, job supply, job offers, jobs on offer
Angebot *n* **an Stellen** *(Pers)* supply of jobs, job supply, job offers, jobs on offer
Angebot *n* **und Annahme** *f (Recht)* offer and acceptance
Angebot *n* **und Nachfrage** *f (Gen, WiWi)* supply and demand
Angebotsabgabe *f (Gen, Mgt)* submission of bids, tendering
Angebotsbreite *f (V&M)* breadth of offer
Angebotselastizität *f (WiWi)* elasticity of supply
Angebotsempfänger *m (Gen)* offeree
Angebotsempfängerin *f s.* Angebotsempfänger
Angebotsfunktion *f (WiWi)* supply function
angebotsinduziert *(WiWi)* supply--induced
Angebotskurs *m* 1. *(Bank)* bid rate; 2. *(Börse)* asked price
Angebotskurve *f (WiWi)* supply curve
Angebotsökonomik *f (WiWi)* supply-side economics *(Synonym: angebotsorientierte Ökonomie, angebotsorientierte Wirtschaftstheorie und -politik)*
angebotsorientierte Wirtschaftspolitik *f (WiWi)* supply-oriented economic policy, supply-side economic policy
Angebotspreis *m* 1. *(Gen)* tender price; 2. *(Grund)* asked price; 3. *(WiWi)* bid price, offer price, quoted price, supply price
Angebotsschock *m (WiWi)* supply shock, supply-side shock
Angebotsüberhang *m (Börse)* sellers over, surplus of selling orders
Angebotsüberschuss *m (WiWi)* excess supply, surplus offers
Angebotsverschiebung *f (V&M, WiWi)* shift in supply
angefertigt *(Gen)* one-off
angegeben *adj (RW)* stated • **alles angegeben** *(Gen)* all told • **sofern nicht anders angegeben** *(Gen, Recht)* unless otherwise specified
angegebene Verzinsung *f (Börse)* indicated yield
angegebener Wert *m (RW)* stated value
angegliedert *adj (Bank, Gen, Pers)* affiliated
angegliederte Gesellschaft *f (Gen)* associated company
angehängte Datei *f (Comp, Komm)* attached file, file attachment, attachment
angehen *v (Gen)* affect, address, concern *(Problem)*
Angehörige *m(f) (Soz)* relative *(Familienangehörige allgemein)*; dependant *(abhängige Angehörige)*
Angeklagte *m(f) (Recht)* defendant, accused *(Strafrecht)*
Angelegenheit *f (Gen)* affair, business, matter
angelegter Betrag *m (RW)* amount invested
angelernte Arbeitskraft *f (Pers, WiWi)* semi-skilled labo(u)r
angemeldetes Patent *n (Pat)* patent applied for, patent pending
angemessen *adj (Gen)* fair, reasonable, proportionate, commensurate, adequate *(entsprechend)*
angemessene Entschädigung *f* 1. *(Gen)* reasonable compensation; 2. *(Recht)* just compensation
angemessene Finanzierung *f (Gen)* adequate funding
angemessene Frist *f (RW)* reasonable time
angemessene Geschäftspraktiken *fpl (Gen)* fair business practices
angemessene Kapitalausstattung *f (Bank)* capital adequacy
angemessene Sorgfalt *f (Fin, Recht)* due diligence *(Unternehmensprüfung)*
angemessene Vergütung *f (Gen)* reasonable compensation
angemessene Verzinsung *f (Fin, RW)* fair rate of return, fair return
angemessener Anteil *m (Gen)* fair share
angemessener Marktpreis *m (Gen)* fair price
angemessener Marktwert *m (Gen)* fair market value
angemessener Preis *m (Gen)* bona fide price, reasonable price
angemessener Wert *m (RW)* fair value
Angemessenheit *f (Gen)* adequacy
angepasst *adj* 1. *(Börse, RW)* adjusted; 2. *(V&M)* upgraded *(an höheres Niveau)*
angeschlagene Branche *f (WiWi)* ailing industry

angeschlagene Industrie *f (WiWi)* ailing industry
angeschlagene Volkswirtschaft *f (WiWi)* ailing economy
angeschlossen an *(Gen)* affiliated to
angesehen *adj (Gen)* renowned, prestigious
angespannte Liquiditätslage *f (Fin)* tight liquidity position
angespannter Arbeitsmarkt *m (WiWi)* tight labo(u)r market
angespannter Geldmarkt *m (Fin)* stringent money market
angestellt sein *v* **bei** *(Pers)* work for, be employed by
Angestellte *m(f) (Gen, Pers)* employee, salaried employee *(Gehaltsempfänger)*; clerical worker, white-collar worker *(in einem Büro)*
angestrebte Kapitalverzinsung *f (Fin)* target rate of return
angestrebte Mindestverzinsung *f (Fin)* required rate of return *(Investitionsrechnung)*
angestrebter Preis *m (Gen, V&M)* target price
angestrebter Zinssatz *m (Börse)* target rate
angetrieben von *(Gen)* driven by
angewandte Forschung *f (Mgt)* applied research
angleichen *v* 1. *(Gen)* align, harmonize; 2. *(Recht, RW)* assimilate; 3. *(Versich)* adjust; 4. *(WiWi)* align, harmonize • **aneinander angleichen** *(Gen)* coordinate • **nach oben angleichen** *(WiWi)* adjust upwards*(Preise)* • **nach unten angleichen** *(WiWi)* adjust downwards *(Preise)*
Angleichung *f* 1. *(Gen)* adaptation, adjustment, alignment; *(AE; ugs.)* shakedown; 2. *(Recht)* harmonization *(des EU-Rechts)*
Angleichung *f* **der Gesetze** *(Recht)* legal harmonization *(EU)*
Angleichungsprozess *m (Gen)* harmonization process
angliedern *v (Gen)* affiliate
angreifen *v (Gen)* affect, attack, break into, draw on *(Reserven)*
angrenzend *adj (Gen)* adjoining, neighbo(u)ring
Angstkäufe *mpl* 1. *(Gen)* panic buying; 2. *(V&M)* scare buying
anhaltend *adj (Gen)* continuing, sustained
anhaltende Kurserholung *f (Börse)* sustained rally
anhaltende Nachfrage *f (V&M)* persistent demand
anhaltender Erfolg *m (Gen)* continued success
Anhang *(RW)* notes to the financial statements
Anhang zum Jahresabschluss *(RW)* notes to the accounts, notes to the financial statements
anhängig *adj (Recht)* pending
anhängiger Rechtsstreit *m (Recht)* lis pendens, proceeding pending before a court
anhäufen *v* 1. *(Fin)* accrue, accumulate; 2. *(Gen)* accumulate, amass *(Besitz, Waren, Geld)*
anheben *v* 1. *(Börse)* mark up; 2. *(Gen)* increase, raise; 3. *(Logis)* lift
Anheben *n* 1. *(Börse)* marking up; 2. *(Gen)* increasing, raising; 3. *(Logis)* lifting
anheizen *v* 1. *(Gen, V&M)* whip up *(Interesse, Zuhörer)*; 2. *(WiWi)* fuel *(Inflation)*
Anhörung *f* 1. *(Gen)* consultation; 2. *(Recht)* hearing *(mündliche Verhandlung)*
Ankauf *m (Gen)* acquisition, purchase
Ankaufkurs *m (Fin)* buying rate
Ankaufskurs *m (Bank)* buying rate of exchange
Ankerwährungsfunktion *f (Bank, WiWi)* anchor-currency function
Anklage *f (Recht)* accusation, charge
anklagen *v (Recht)* accuse, charge
Anklageschrift *f (Recht)* (bill of) indictment
Ankündigung *f (Gen)* announcement, notice
Ankündigungseffekt *m* 1. *(WiWi)* signal effect *(Synonym: Signalwirkung)*; 2. *(Pol)* announcement effect
Ankunft *f (Gen, Logis)* arrival
ankurbeln *v* 1. *(Gen)* stimulate *(Nachfrage)*; 2. *(WiWi)* boost, *(ugs.)* pep up
Ankurbelungspolitik *f (WiWi)* reflationary policy
Anlage *f* 1. *(Bank, Börse)* investment; 2. *(Comp)* system, attachment *(E-Mail)*; 3. *(Fin)* investment; 4. *(Gen)* appendix, enclosure, enclosed *(am Ende eines Schreibens)*; 5. *(Ind)* plant; 6. *(Recht)*

(*AE*) annex, (*BE*) annexe; 7. (*WiWi*) investment • **als Anlage** (*Komm*) enclosed

Anlageberater *m (Börse, Fin)* investment consultant

Anlageberaterin *f s.* Anlageberater

Anlageberatungsservice *m (Börse) (AE)* Investment Advisory Service

Anlagebuchkredite *mpl (Bank, Fin, RW)* banking book exposures *(Synonym: Anlagebuchrisiken, Kredite im Anlagebuch)*

Anlageerfolg *m (Bank, Börse)* performance

Anlagegegenstand *m (RW)* fixed asset

Anlagegut *n (Fin)* capital asset

Anlagegüter *npl* 1. *(Gen)* capital goods; 2. *(Steuer)* capital assets

Anlageinvestitionen *fpl* 1. *(RW)* fixed asset investment; 2. *(WiWi)* business capital spending, new plant and equipment

Anlagekapital *n* 1. *(Fin)* fixed capital, capital employed; 2. *(RW)* capital employed; 3. *(Steuer)* capital assets

Anlagekategorie *f (Fin)* investment grade *(Rating, Bewertungskategorie für Anlagen institutioneller Anleger und nach US-bankaufsichtlichen Vorschriften geeignet, Rating-Einstufung BBB- oder Baa3 oder höher, investments of this category are eligible for investment of institutional investors and/or under US banking regulations; Synonym: Investmentkategorie, Anlagebereich; Gegensatz: Risikobereich = spekulative Anlage = non-investment grade = speculative investment, i. e. ratings below BBB- or Baa3)*

Anlageklasse *f (Fin)* investment class *(Aktien, Anleihen, Derivate, Immobilien usw.; anders beim Kredit-Rating: Anlagekategorie = investment grade = Rating-Einstufung BBB- oder Baa3 oder höher, Gegensatz hier: spekulative Kategorie = non-investment grade = Rating-Einstufung BBB- oder Baa3 oder schlechter)*

Anlagemöglichkeit *f (Fin)* investment outlet, investment vehicle

Anlagen *fpl* 1. *(Bank, Börse)* investments; 2. *(Fin)* assets, investments

Anlagenabgang *m (RW)* assets disposal, loss in fixed assets, fixed assets disposal

Anlagenauslastung *f (Gen)* capacity use *(in der Fertigung, in manufacturing)*

Anlagendeckung *f* 1. *(Fin, WiWi)* equity-to-fixed-assets ratio, ratio of equity to fixed assets *(Kennzahl der horizontalen Bilanzanalyse; Eigenkapital: Nettoanlagevermögen = equity: net fixed assets = Anlagendeckungsgrad I; alternativ Anlagendeckungsgrad II = Eigenkapital+langfristiges Fremdkapital: Nettoanlagevermögen = equity+long-term debt: net fixed assets; ratios defined on the basis of the concept of matching maturities = Fristenkongruenz)*; 2. *(Gen)* equity-assets ratio

Anlagenintensität *f (Gen)* capitalization ratio

anlagenintensiv *adj (WiWi)* capital-intensive

Anlageninvestition *f (WiWi)* capital investment

Anlagenrendite *f (Fin)* return on assets

Anlagenspiegel *m (Fin, RW)* fixed-assets development table, fixed-asset movement schedule *(zeigt im Anhang zur Bilanz, wie sich die Posten des Anlagevermögens = fixed assets über das Geschäftsjahr mit Zu- und Abgängen entwickeln; Synonym: Anlagengitter)*

Anlagenstreuung *f (Fin)* asset diversification

Anlagen-Umsatzrendite *f (RW)* net resource income

Anlagenverwaltung *f (Fin, Mgt, RW)* asset management

Anlagenverzinsung *f* 1. *(Bank)* investment yield; 2. *(Börse)* asset return

Anlagenwirtschaft *f (Mgt, RW)* (fixed) asset management

Anlagenzugang *m (RW)* addition of fixed asset units, addition to plant and equipment

Anlagepolitik *f (Fin, Pol, WiWi)* investment policy

Anlagerisiko *n (Fin)* investment risk

Anlageverhalten *n (Fin)* investment behavio(u)r *(Investitionsverhalten, Befolgung von Anlagestrategien)* • **sozial verantwortliches Anlageverhalten** *(Börse, Fin, Pol)* socially responsible investing, SRI, socially conscious investing, *(BE)*

socially conscious investment behaviour, *(AE)* socially conscious investment behavior
Anlagevermögen *n* 1. *(RW)* fixed assets; 2. *(Steuer)* capital assets; 3. *(WiWi)* fixed capital
Anlagewährung *f (Fin)* investment currency
Anlageziel *n (Fin)* investment goal, investment objective
Anlagezinsfuß *m (Fin)* investment rate of interest
Anlaufen *n (Gen)* start-up *(Betriebsgründung)*
Anlaufkosten *pl (Fin, RW)* launching costs, pre-operating expenses, start--up costs, starting-load costs, front-end costs
Anlaufphase *f* 1. *(Gen)* start-up phase; 2. *(WiWi)* phase-in period
Anlaufverluste *mpl (Fin, RW)* start-up losses
Anlaufzeit *f (Fin, Gen)* initial stages
anlegen *v* 1. *(Bank, Börse)* invest, sink *(Kapital)*; 2. *(Fin, WiWi)* invest, sink *(Geld)*; 3. *(Gen)* invest *(Zeit)*
Anleger *m (Börse, Fin)* investor
Anlegerin *f s.* Anleger
Anlegerschutz *m (Börse)* investor protection
Anleihe *f (Fin, WiWi)* bond, loan • **eine Anleihe auflegen** 1. *(Fin)* launch a bond offering; 2. *(Börse)* float a loan, float an issue • **eine Anleihe aufnehmen** *(Fin)* contract a loan, raise a loan, take up a loan • **Anleihe zeichnen** *(Bank)* subscribe for a loan
Anleihe *f* **mit beigehefteten Optionsscheinen** *(Börse)* bond with warrants attached
Anleihe *f* **mit Endfälligkeit** *(Bank)* bullet loan
Anleihe *f* **mit Optionsschein** *(Börse)* bond cum warrant
Anleihe *f* **mit Umtauschrecht** *(Fin)* convertible bond; convertible issue *(Synonym: Wandelanleihe)*
Anleihe *f* **mit variablem Zinssatz** *(Bank)* floating-rate loan
Anleihe *f* **mit variabler Verzinsung** *(Fin)* floating rate note, FRN, floater *(Synonym: zinsvariable Anleihe; Gegensatz: Festzinsanleihe = fixed interest loan, straight bond)*
Anleihe *f* **ohne laufende Tilgung** *(Bank)* bullet
Anleihe *f* **ohne Optionsscheine** *(Börse)* bond ex warrants
Anleiheausstattung *f (Börse)* bond features, bond terms
Anleihebewertung *f (Börse)* bond rating, bond valuation
Anleihedisagio *n (Börse, Fin)* discount on bond-issue
Anleiheemission *f* 1. *(Börse)* bond flotation, bond issue; 2. *(Fin)* loan issue • **eine Anleiheemission auflegen** *(Börse)* launch a bond issue
Anleiheerlös *m (Fin)* bond proceeds
Anleihefinanzierung *f (Fin)* bond financing
Anleihekapital *n (Börse)* bond capital, bond principal
Anleihekündigung *f (Fin)* call-in of a loan
Anleihekupon *m (Börse)* bond coupon
Anleihekurs *m (Fin)* bond price
Anleihelaufzeit *f (Fin)* term of a loan
Anleihen *fpl* **geringer Bonität** *(Börse, Fin) (ugs.)* junk bonds
Anleihen *fpl* **guter Bonität** *(Börse, Fin)* investment grade bonds, investment grade debt
Anleiheninhaber *m (Börse, Fin)* bond holder
Anleiheninhaberin *f s.* Anleiheninhaber
Anleiherating *n (Börse, Fin)* bond rating
Anleiherendite *f* **nach Steuern** *(RW, Steuer)* after-tax bond yield
Anleiheschuld *f* 1. *(Börse)* bond debt, bonded debt, funded debt; 2. *(Fin)* obligation bond
Anleihestückelung *f (Börse)* bond denomination
Anleiheumlauf *m (Börse)* bonds outstanding
Anleiheverbindlichkeit *f (Börse)* bonded debt, bonded indebtedness
Anleihevolumen *n (Fin)* bond volume
Anleihewährung *f (Bank)* bond-issue currency
Anleihezins *m (Gen)* coupon
Anliegerstaat *m (Recht)* bordering state
Anmeldefrist *f (Gen, Recht)* deadline for registration, registration deadline, registration period
anmelden *v* 1. *(Gen)* register; 2. *(Pat)* apply for
anmelden *v/sich* 1. *(Comp)* log in, log on *(Benutzer)*; 2. *(Frei)* book in, check in *(Hotel)*; 3. *(Gen)* register

Anmeldeschluss *m (Gen)* closing date, deadline
Anmeldeverfahren *n* 1. *(Gen)* application procedure; 2. *(Pat)* patent application proceedings
Anmeldungsgebühr *f (Gen, Bil)* registration fee, enrolment fee, *(AE)* enrollment fee *(Synonym: Anmeldegebühr)*
Anmeldungsschwelle *f (Steuer)* registration threshold
Anmerkungen *fpl (RW)* notes to the accounts
Anmerkungen *fpl* **und Verweise** *mpl (Gen, RW)* notes and references
annähern *v (Gen, Stat)* approximate
Annahme *f* 1. *(Bank)* acceptance; 2. *(Fin)* approval *(eines Vorschlags)*; 3. *(Gen)* assumption *(Vermutung)*; acceptance, presumption *(von Waren, Vertrag)*; receipt *(von Waren)*; 4. *(Ind, Media)* acceptance; 5. *(Pat)* presumption; 6. *(Recht)* acceptance, passage *(Vertrag)*; 7. *(V&M)* receipt *(von Waren)*; 8. *(Versich)* acceptance; 9. *(WiWi)* adoption • **die Annahme einer Tratte verweigern** *(Bank)* refuse acceptance of a draft
Annahme *f* **einer Abfindung** *(Fin, Pers)* acceptance of lump sum settlement
Annahme *f* **eines Stellenangebots** *(Pers, Soz)* acceptance of a job offer
Annahme *f* **unter Vorbehalt** *(RW)* qualified report
Annahmebedingungen *fpl (Fin)* terms of acceptance
Annahmebestätigung *f (Gen)* acknowledgement of receipt
Annahmepflicht *f* 1. *(Bank)* acceptance duty; 2. *(Recht)* obligation to accept *(Vertrag)*
Annahmestelle *f* 1. *(Gen)* receiving office, point of acceptance; 2. *(Pat)* receiving office
Annahmeunterlassung *f (Gen)* failure to accept
Annahmeverweigerung *f* 1. *(Bank)* dishono(u)r *(Wechsel)*; 2. *(Gen)* nonacceptance; 3. *(Recht)* refusal to accept, nonacceptance of delivery *(Vertrag)*
Annahmeverzug *m (Recht)* default in acceptance, default in accepting the delivery of goods
annehmbar *adj (Gen, Logis, WiWi)* acceptable
annehmen *v* 1. *(Bank)* accept *(Kreditkarte)*; 2. *(Gen)* presume, suppose, proceed on the assumption, take up *(Herausforderung)*; agree to, assume *(Aufgabe)*; 3. *(Komm)* accept *(Anruf)*; 4. *(Media)* presume; 5. *(Recht)* pass
Annonce *f (Media, V&M) (ugs.)* ad, *(ugs.)* advert, advertisement, classified advertisement
annoncieren *v (V&M)* advertise
Annualisierung *f (Fin, Gen)* annualization *(Umrechnung einer prozentualen Verzinsung auf ein Jahr)*
Annuität *f* 1. *(Fin)* annuity, regular annual payment, annual instal(l)ment; 2. *(RW)* debt service
Annuitätendarlehen *n (Fin)* annuity loan *(Rückzahlung der veränderlichen Zins- und Tilgungsanteile in gleichbleibenden Monats- oder Jahressummen; repayable by fixed annuities made-up by interest + redemption)*
Annuitätenmethode *f (Fin)* annuity method *(Verfahren der dynamischen Investitionsrechnung, time-weighted method of investment analysis)*
annullieren *v* 1. *(Bank, Gen)* cancel, annul; 2. *(Recht)* declare null and void, avoid, rescind, annul *(Vertrag)*; set aside *(Urteil)*
Annullierung *f* 1. *(Bank, Gen)* annulment, cancellation; 2. *(Recht)* avoidance, setting aside *(Urteil)*; rescission, annulment *(Vertrag)*
anomale Angebotskurve *f (WiWi)* backward-bending supply curve
anonym *adj (Gen)* anonymous, anonymously
anonymisieren *v (Stat, V&M)* render anonymous
anordnen *v (Gen)* command, arrange *(arrangieren)*
Anordnung *f* 1. *(Gen)* arrangement, structuring, structure; 2. *(Recht)* order • **einer Anordnung zuwiderhandeln** *(Recht)* fail to comply with an order
Anordnung *f* **zur Zwangsenteignung** *(Grund) (BE)* compulsory purchase order
anpacken *v (Mgt)* tackle
anpassen *v* 1. *(Gen)* align, modify; 2. *(RW)* assimilate; 3. *(Versich)* adjust; 4. *(WiWi)* align

anpassen *v***/sich** *(Gen)* adapt

anpassen *v* **an** 1. *(Gen)* adjust to, gear to; 2. *(Recht)* align with; 3. *(Versich)* adjust to

anpassen *v* **an Kundenspezifikationen** *(Comp)* customize *(Hardware, Software)*

anpassende Politik *f (Pol, WiWi)* accommodative policy

Anpassung *f* 1. *(Gen)* accommodation, adaptation, adjustment, alignment; *(AE; ugs.)* shakedown; 2. *(RW)* assimilation

Anpassung *f* **der Gesetzgebung** *(Recht)* adjustment of the laws, amendment of the laws, reform of the laws

anpassungsfähig *adj (Gen)* adaptable, flexible, tailorable

Anpassungsfähigkeit *f (Gen, Pers)* adaptability, flexibility

Anpassungsfaktor *m (Gen)* adjustment factor

Anpassungsgeschwindigkeit *f (WiWi)* adjustment speed

anpeilen *v (ugs.) (Gen)* target

anrechenbare Vermögenswerte *mpl (Steuer)* chargeable assets, creditable assets

anrechenbare Vorsteuer *f (Steuer)* recoverable input tax

anrechenbarer Betrag *m (Steuer)* creditable amount

Anrechenbarkeit *f (Bank)* deductibility

anrechnen *v (Gen)* charge against, take into account

Anrechnung *f* 1. *(Gen)* charge, debit *(Belastung)*; deduction, allowance *(Abzug)*; credit *(Kreditposten)*; 2. *(WiWi)* imputation

anrechnungsfähig *adj (Gen)* eligible

anrechnungsfähige Versicherungsjahre *npl (Pers)* eligible insured years

Anrecht *n* 1. *(Gen)* entitlement, claim; 2. *(Recht)* title

anregen *v (Gen)* stimulate *(Nachfrage)*

Anreiz *m* 1. *(Gen)* stimulus, inducement, spur, appeal; 2. *(V&M)* incentive; 3. *(WiWi)* stimulation

Anreizmaßnahme *f (Pers)* incentive scheme

Anreizprovision *f (V&M)* incentive commission

Anreizsystem *n* 1. *(Pers)* incentive scheme; 2. *(WiWi)* incentive system

Anreizsystem *n* **für Mitarbeiter** *(Pers)* staff incentives *(Arbeit, Produktivität, Motivation)*

Anrufbeantworter *m (Comp, Gen, Komm)* answering machine, answerphone

Anrufumleitung *f (Komm)* call forwarding

Anrufweiterleitung *f (Komm)* call forwarding

Ansammlung *f* 1. *(Bank)* accrual *(Zinsen)*; 2. *(Gen)* concentration, build-up, congestion, accumulation; 3. *(WiWi)* accrual *(Zinsen)*

ansässig sein *v* **in** *(Gen)* be based in

ansässige Industrie *f (Ind)* local industry

Ansatz *m (Gen, WiWi)* approach

Ansatzpunkt *m (Gen)* starting point

Ansatz- und Bewertungsvorschriften *fpl (RW)* recognition and measurement rules *(Gesamtheit handels- und steuerrechtlicher Bilanzierungsgrundsätze = accounting policies)*

Ansatzvorschriften *(RW)* capitalization rules, recognition rules

anschaffen *v* 1. *(Fin)* procure, provide *(Deckung)*; remit *(einzahlen)*; 2. *(Gen, RW)* acquire, purchase; 3. *(WiWi)* buy

Anschaffung *f* 1. *(Gen)* purchase, acquisition; 2. *(Recht, RW)* acquisition; 3. *(Fin)* procurement

Anschaffungsjahr *n (RW)* year of acquisition, year of purchase

Anschaffungskosten *pl (AK)* 1. *(Gen)* acquisition cost, cost; 2. *(Fin, RW)* historical cost, original cost, purchase cost, up-front cost, initial cost, book cost, cost, costs of purchase *(IFRS/IAS; Gegensatz: Wiederbeschaffungskosten = replacement cost = current cost)*

Anschaffungskostenprinzip *n (RW)* cost value method, cost method, historical cost principle *(GOB)*; *(AE)* historical cost concept

Anschaffungs- oder Herstellungskosten *pl (RW)* costs of acquisition or production, historical cost *(GOB)*; cost, cost of asset *(IAS 38)*

Anschaffungspreis *m (Gen, RW)* purchase price

Anschaffungswert *m* 1. *(Fin, WiWi)* net cash outflow, initial outlay *(Synonym: Anschaffungsausgabe; Investitionsrechnung)*; 2. *(Recht, RW)* acquisition cost, historical cost, original

cost, purchase cost *(Gegensatz: Wiederbeschaffungswert = replacement cost = current cost)*; initial outlay *(Anschaffungsausgabe)*
Anschauung *f (Gen)* opinion, view
Anschauungsmaterial *n* 1. *(Gen)* visuals; 2. *(Media)* visual aid; 3. *(V&M)* visual aid, visual demonstration material, visuals
Anschlagbrett *n (Komm)* bulletin board, BB, *(BE)* notice board
anschlagen *v (Gen)* put up, post
anschließen *v (Comp, Komm)* connect
anschließen *v/sich* 1. *(Gen)* affiliate oneself; 2. *(Recht)* contract in
anschließen *v/sich* **nicht** *(Recht)* contract out
anschließend *adj (Gen)* subsequent
Anschluss *m* 1. *(Comp)* port; 2. *(Gen)* follow-up; 3. *(Komm)* phone number, extension *(Nebenstelle)*; 4. *(Logis)* connection • **im Anschluss an** *(Gen)* in the aftermath of, further to
Anschlussaufträge *mpl* 1. *(Börse)* backup support; 2. *(Gen)* follow-up orders, renewal orders, sequence orders
Anschlüsse *mpl* **und unbewegliches Inventar** *n (RW)* fixtures and fittings
Anschlussfinanzierung *f (Fin)* follow-up financing
Anschlussgebühr *f (Comp, Komm)* connection fee, connection charge
Anschlussprogramm *n (Gen)* follow-up program(me)
Anschlusswerbung *f (V&M)* follow-up advertising
Anschreiben *n (Komm)* letter of transmittal *(Begleitschreiben)*
Anschrift *f (Gen, Komm)* address
Anschriftfeld *n (Comp)* address field
Anschubfinanzierung *f (Fin)* knock-on financing
Ansehen *n* 1. *(Gen)* standing, reputation; 2. *(V&M)* established image
ansetzen *v* 1. *(Gen)* calculate, estimate *(Kosten)*; fix *(Preis)*; arrange *(Treffen)*; 2. *(RW)* show, state
Ansicht *f* 1. *(Gen)* view; 2. *(V&M)* belief • **zur Ansicht** *(Gen)* on approval, on appro, on inspection • **seine Ansichten äußern** *(Gen)* air one's views, state one's opinions
Ansichtsexemplar *n (Gen)* inspection specimen
Ansparphase *f (Bank, Versich)* saving period
Ansporn *m (Gen)* stimulus
ansprechen *v (Gen)* address
Ansprechpartner *m (Recht, V&M)* contact person
Anspruch *m* 1. *(Gen)* title *(auf Sachen)*; 2. *(Pat)* claim; 3. *(Pers)* entitlement; 4. *(Soz)* claim *(Sozialfürsorge)*; 5. *(Steuer, Versich)* claim • **Anspruch haben auf** *(Pers, Soz)* be eligible for, be entitled to, qualify for • **seinen Anspruch aufrechterhalten** *(Recht)* sustain one's claim • **einen Anspruch begründen** *(Recht)* substantiate a claim • **einen Anspruch durchsetzen** *(Recht)* enforce a claim *(Vertragsrecht)* • **Anspruch erheben auf** *(Recht)* lay claim to • **einen Anspruch erheben** *(Recht)* put in a claim, set up a claim • **einen Anspruch geltend machen** *(Recht)* advance a claim, assert a claim, bring forward a claim *(Vertragsrecht)* • **jeglichen Anspruch fallen lassen** *(Recht)* abandon any claim • **Anspruch zurückweisen** *(Recht)* reject a claim
Anspruch *m* **auf Abfindung** *(Pers, Soz)* entitlement to redundancy pay, redundancy pay entitlement *(bei Entlassungen)*
Anspruch *m* **auf Erstattung** *(Versich, Soz)* claim for reimbursement, claim for refund, claim for refunding, claim for repayment
Anspruch *m* **auf Schaden(s)ersatz** *(Recht)* enforceable right to compensation
Anspruch *m* **eines Dritten** *(Recht)* third--party claim
Anspruch *m* **gegen Dritte** *(Recht)* claim against third parties
Ansprüche *mpl* **derselben Kategorie** *(Pat)* claims of the same category
Ansprüche *mpl* **derselben Klasse** *(Pat)* claims of the same category
anspruchminderndes Mitverschulden *n (Recht)* comparative negligence
anspruchsberechtigt sein *v* 1. *(Pers)* be eligible, be eligible for, be entitled to, qualify, qualify for; 2. *(Soz)* be eligible for benefit, be entitled to benefit, qualify for benefit • **für etw. anspruchsberechtigt sein** *(Gen)* be eligible for sth
Anspruchsberechtigte *m(f) (Recht, Versich)* beneficiary, claimant

Anspruchsberechtigung *f* 1. *(Pers)* entitlement to benefits, benefit entitlement, eligibility for benefits *(auf Leistungen)*; 2. *(Soz)* entitlement to benefits, benefit entitlement, eligibility *(auf Sozialleistungen usw.)*

Anspruchsgrundlage *f (Recht)* basis of a claim

Anspruchsgruppen *fpl (Mgt, WiWi)* stakeholders

Anspruchsniveau *n (V&M, WiWi)* aspiration level

Anspruchsteller *m (Versich)* claimant

Anspruchstellerin *f s.* Anspruchsteller

anspruchsvoll *adj* 1. *(Gen)* critical, demanding, exacting; 2. *(V&M)* up--market

Anspruchsvoraussetzungen *fpl (Pers, Soz)* qualifying conditions, eligibility criteria, conditions of entitlement, eligibility requirements, conditions for eligibility • **Anspruchsvoraussetzungen erfüllen** *(Pers, Soz)* be eligible for benefit, be entitled to benefit, be entitled to claim benefit

Anstalt *f (Gen)* institution, institute

Anstalt *f* **des öffentlichen Rechts** 1. *(Gen)* public body; 2. *(Media)* institution incorporated under public law

ansteigen *v (WiWi)* increase, rise, climb *(Zinsen, Gewinne)*

anstellen *v (Gen)* employ

Anstellung *f (Pers)* employment, appointment

Anstellung *f* **auf Lebenszeit** *(Pers)* life tenure, permanent tenure

Anstellungsschreiben *n (Pers)* letter of appointment

Anstellungsvertrag *m (Pers)* employment contract, contract of employment, *(AE)* labor contract

Anstieg *m* 1. *(Bank, Börse)* advance; 2. *(Gen)* increase, rise; 3. *(RW)* advance; 4. *(WiWi)* takeoff *(der Preise)*

Anstieg *m* **der Lebenserwartung** *(Soz)* rising life expectancy *(Individuum)*; ageing population *(Gesellschaft)*

Anstoßwirkung *f* 1. *(Gen)* knock-on effect; 2. *(WiWi)* impact effect

anstreben *v (V&M)* aim, aspire to, target

Ansturm *m* 1. *(Bank)* run; 2. *(V&M)* rush

Anteil *m* 1. *(Börse, Fin) (BE)* share, *(AE)* stock; 2. *(Gen)* stake, interest, share *(an einem Unternehmen)* • **dem Anteil entsprechend** *(Gen, Pers)* pro rata • **Anteil an etw. erwerben** *(Gen)* acquire an interest in sth

Anteil *m* **an einer Bank** *(Bank)* holding in a bank, interest in a bank

Anteil *m* **investiver Ausgaben** *(WiWi)* capital-outlay ratio

Anteile *mpl* **anderer Gesellschafter** *(RW)* minority interests *(Synonym: Anteile in Fremdbesitz)*

anteilig *adj (Gen)* pro rata, proportionate

anteilige Kosten *pl (RW)* prorated cost

anteilige Zinsen *mpl (Steuer)* interest accrued

anteiliger Bilanzverlust *m (RW)* proportionate share in loss

Anteilsbesitz *m (Fin)* investment holdings

Anteilseigner *m (Mgt, Pers) (BE)* shareholder, *(AE)* stockholder

Anteilseignerin *f s.* Anteilseigner

Anteilsschein *m (Börse)* certificate

anti-inflationär *adj (WiWi)* anti--inflationary

Anti-Inflationspolitik *f (WiWi)* anti--inflationary policy

Antimarketing *n (Pol, Umwelt, V&M)* demarketing *(auch: Demarketing; Ziel ist nicht die Steigerung, sondern die Reduzierung der Nachfrage nach bestimmten, politisch-ideologisch meritorisierten Gütern, z. B. mittels Aufklärungskampagnen über die "Gefahren von Alkohol und Tabak" oder zur "Schonung unserer natürlichen Ressourcen und Rohstoffe")*

Antitrustrecht *n (Recht)* antitrust acts, antitrust law

Anti-Übernahme-Strategie *f (WiWi)* poison pill

antizipativ *adj (Bank, RW)* accrued

antizipative Aktiva *pl (RW)* accrued income

antizipative Passiva *pl (RW)* accruals, accrued expense

antizipativer Aktivposten *m (RW)* accrued asset, accrued revenue

antizipieren *v (Gen)* anticipate

antizipierte Inflation *f (WiWi)* steady--state inflation

antizyklisch *adj (WiWi)* anticyclical

antizyklische Finanzpolitik *f (WiWi)* compensatory finance

antizyklische Fiskalpolitik *f (WiWi)* anticyclical fiscal policy

Antrag *m* 1. *(Gen)* application; 2. *(Pat)*

request • **auf Antrag** *(Gen)* upon application, upon request • **einen Antrag ablehnen** 1. *(Gen)* reject a request; 2. *(Recht)* dismiss a notion • **einen Antrag stellen** 1. *(Pol) (BE)* table a motion; 2. *(Versich)* file a claim • **einen Antrag stellen auf** *(Gen)* make an application for

Antrag *m* **auf Akteneinsicht** *(Pat, Recht)* request for file inspection, request for inspection of records

Antrag *m* **auf Börsennotierung** *(Börse)* application for quotation

Antrag *m* **auf Börsenzulassung** *(Börse)* application for listing

Antrag *m* **auf Erteilung eines Patents** *(Pat)* patent application, request for a grant of a patent

Antrag *m* **auf Klageabweisung** *(Pat, Recht)* motion to dismiss

Antrag *m* **auf Reisekostenerstattung** *(Gen)* travel expense claim

antragsberechtigt *adv (Recht)* entitled to file an application

Antragsfrist *f (Recht)* filing application deadline

Antragsrecht *n (Pol)* right to propose motions

Antragsteller *m* 1. *(Gen)* applicant, proposer; 2. *(Pat)* applicant; 3. *(Pers)* claimant; 4. *(Recht)* applicant

Antragstellerin *f s.* Antragsteller

antreiben *v (Gen)* whip up, drive, fuel *(Inflation)*

antreten *v* 1. *(Gen)* begin; 2. *(Recht)* adduce, prove *(Beweis)*

Antrieb *m* 1. *(Gen)* drive, incentive; 2. *(WiWi)* stimulation

Antriebskraft *f (Gen)* driving force

Antriebskräfte *fpl (WiWi)* propellant forces, stimulating forces

Antrittsvorlesung *f (Bil)* inaugural lecture

Antwort *f* 1. *(Gen)* response; 2. *(Recht)* answer *(Bescheid)* • **als Antwort auf** *(Gen)* in response to • **die Antwort hinausschieben** *(Gen)* be slow to respond • **um Antwort wird gebeten** *(Komm)* répondez s'il vous plaît, RSVP

antworten *v* **auf** *(Gen)* answer, respond to, reply to

Antwortquote *f (Pers)* response rate

anvertrauen *v (Gen)* entrust

anvisieren *v (Gen)* target

anwachsend *adj (Gen)* growing, increasing

Anwahl *f (Komm)* dial-up, dial(l)ing

Anwalt *m* 1. *(Gen)* advocate; 2. *(Recht) (AE)* attorney, *(BE)* barrister, legal counsel, *(AE)* practicing lawyer, *(BE)* practising lawyer, *(BE)* solicitor *(Bevollmächtigter)* • **jmdn. als Anwalt [Anwältin] zulassen** *(Recht) (AE)* admit sb to the bar, *(BE)* call sb to the bar

Anwältin *f s.* Anwalt

Anwaltschaft *f (Recht)* bar, legal profession

Anwaltsgebühren *fpl (Recht)* legal fees

Anwaltshonorar *f (Recht)* attorney's fee, lawyer's fee

Anwaltskanzlei *f (Recht)* law firm

Anwaltskosten *pl (Recht)* legal expenses, *(AE)* attorney's fees, *(AE)* attorneys' fees

Anwaltspraxis *f (Recht)* law practice

Anwalts- und Gerichtskosten *pl (Recht)* legal expenses, attorneys' and court fees

Anwärter *m (Gen, Pers)* candidate (for), aspirant (to)

Anwärterin *f s.* Anwärter

Anwartschaft *f* 1. *(Pers)* legal right to future pension payments; 2. *(Recht)* right in course of acquisition

Anwartschaftsrecht *n* 1. *(Pers)* reversionary interest; 2. *(Recht)* contingent right *(Vertragsrecht)*

Anwartschaftszeit *f (Soz)* qualifying period

anweisen *v (Gen)* instruct

Anweisung *f (Gen)* instruction

Anweisungen *fpl (Gen)* briefing

anwendbar auf *adj (Gen)* applicable to

anwendbares einzelstaatliches Recht *n (Recht)* applicable national law

Anwendbarkeit *f (Pat, Recht)* appropriability

Anwendbarkeit *f* **des Gemeinschaftsrechts** *(Recht)* applicability of Community law *(EU)*

anwenden *v* 1. *(Gen)* apply, exert, exercise *(legal)*; employ *(Methode)*; 2. *(Recht)* apply *(Gesetz)*

Anwender *m* 1. *(Comp)* end-user; 2. *(Gen)* user

anwenderfreundlich *adj* 1. *(Comp)* easy to use, user-friendly; 2. *(V&M)* user--friendly

Anwenderin *f s.* Anwender

anwenderunfreundlich *adj (Comp)* user--unfriendly

Anwendung *f* 1. *(Comp)* application *(Programme)*; 2. *(Gen)* application, appliance, exercise; 3. *(Mgt)* adoption *(einer Methode)*
Anwendungsbereich *m (Gen)* area of application, scope of application
anwendungsbezogene Forschung *f (Mgt)* applied research
Anwerbung *f (Pers)* recruitment
Anwesen *n (Grund)* premises
anwesend *adj (Gen)* present
Anwesenheit *f (Gen)* presence
Anzahl *f (Gen)* amount, number, no.
Anzahl *f* **der Arbeitslosen** *(Soz)* number of unemployed
Anzahl *f* **der Beschäftigten** *(Gen)* number of employees
anzahlen *v (Gen)* make a down payment
Anzahlung *f* 1. *(Bank)* advance, payment on account; 2. *(Gen)* deposit; 3. *(RW)* advance, deposit, down payment; 4. *(V&M)* cash deposit, down payment • **Anzahlung leisten** *(Bank)* make a down payment, make an advance payment
anzapfen *v (Gen)* tap *(Ressourcen)*
Anzapfen *n* **der Telefonleitung** *(Komm)* telephone tapping
Anzeichen *n (Gen)* sign
Anzeige *f* 1. *(Comp)* display; 2. *(Gen, Komm)* advice; 3. *(Media)* advertisement, ad; 4. *(Pat)* notification; 5. *(V&M)* advertisement, ad
anzeigen *v* 1. *(Comp)* display; 2. *(Gen)* indicate, show
Anzeigenbrett *n (Komm)* bulletin board, BB, *(BE)* notice board
Anzeigenkauf *m (V&M)* space buying
Anzeigenkunde *m (Media, V&M)* advertiser
Anzeigenpreis *m (V&M)* ad rate
Anzeigenwerbung *f (V&M)* press advertising
Anzeigepflicht *f* **bei Fusionen** *(Recht)* premerger notification duty
anziehen *v* 1. *(Börse)* firm, rally, advance; 2. *(Fin)* rise *(Einkünfte, Gewinne)*; 3. *(Gen)* rise, advance *(Preise)*
anziehend *adj* 1. *(Börse)* advancing, firming, moving up; 2. *(Gen)* advancing; 3. *(WiWi)* rising
Anziehungskraft *f (V&M)* appeal *(Signalreiz)*
anzuwendendes Recht *n (Recht)* governing law
AO *s.* Abgabenordnung
Apparat *m* 1. *(Gen)* gadget; 2. *(Ind)* apparatus; 3. *(Recht)* claim *(Gesetze)*; 4. *(WiWi)* machinery *(Verwaltung)*
äquivalent *adj (Gen)* equivalent
Äquivalenzprinzip *n* 1. *(Fin)* compensatory principle of taxation; 2. *(Steuer, WiWi)* benefit principle, benefit--received principle; 3. *(Versich)* principle of equivalence
Arbeit *f* 1. *(Gen)* task, work, workmanship; 2. *(Pers, WiWi)* labo(u)r • **Arbeit annehmen** *(Pers)* take employment, take a job, accept a job • **Arbeit aufgeben** *(Pers)* give up work • **Arbeit aufnehmen** *(Pers)* take a job • **Arbeit beginnen** *(Pers)* start a job, start work, begin work • **die Arbeit beenden** 1. *(Gen)* finish work; 2. *(Pers)* cease work, stop working • **sich an die Arbeit machen** *(Gen)* get down to work
Arbeit muss sich lohnen *(Pers, Pol, Soz)* make work pay *(auch: Arbeit soll sich lohnen; strategic approach to unemployment)*
arbeiten *v (Gen)* work • **arbeiten an** *(Mgt)* be engaged in
arbeiten *v*/**nicht** *(Bank) (ugs.)* lie idle *(Geld)*
arbeitendes Kapital *n (Fin)* active capital
Arbeiter *m* 1. *(Pers)* working man, workman, manual worker; 2. *(WiWi)* blue-collar worker
Arbeiterbewegung *f (Pers)* labo(u)r movement
Arbeiterin *f (Pers)* female worker
Arbeiterklasse *f (Pers)* labo(u)ring class, working class
Arbeiterschaft *f (Gen)* workforce
Arbeiterstunde *f (Pers)* man-hour
Arbeitgeber *m (Fin, Gen, Pers, Steuer)* employer
Arbeitgeberanteil *m (Fin, Pers)* employer's contribution
Arbeitgeber-Arbeitnehmer--Beziehungen *fpl (Pers, WiWi)* industrial relations, labo(u)r relations
Arbeitgeberbeitrag *m (Fin, Pers)* employer's contribution
Arbeitgeberbescheinigung *f (Recht)* employer's certificate
Arbeitgeberhaftpflicht *f (Steuer)* employer's liabilities
Arbeitgeberorganisation *f (Mgt, Pers)* employers' organization

Arbeitnehmer *m (Gen, Pers)* employee
Arbeitnehmeranteil *m (Pers)* employee contribution
Arbeitnehmerbeitrag *m (Pers)* employee contribution
Arbeitnehmerbeteiligung *f (Pers)* employee participation scheme
Arbeitnehmereinkommen *n (Pers, WiWi)* employees' income; employee earnings, *(AE)* compensation of employees *(Verdienst)*
Arbeitnehmerin *f (Pers)* female employee, female worker
Arbeitnehmerrechte *npl (Pers)* workers' rights, employees' rights
Arbeitnehmer-Sparzulage *f (Pers)* employee savings premium
Arbeitnehmerüberlassung *f (Pers)* temporary work; temporary employment, supply of temporary workers *(by employment businesses/agencies)*; hiring-out of labo(u)r
Arbeitnehmerverband *m (Pers)* employee association
Arbeitnehmerverdienste *pl (Pers)* employee earnings, *(AE)* compensation of employees
Arbeitnehmervertretung *f (Pers)* employee-elected representation
Arbeitsablauf *m* 1. *(Gen)* work flow; 2. *(Pers)* operational sequence, process
Arbeitsablaufplanung *f (Gen)* task scheduling, work flow planning
arbeitsadditiver technischer Fortschritt *m (WiWi)* labo(u)r-augmenting technical progress
Arbeitsamt *n (Pers, Soz) (BE)* employment office, *(AE)* employment service, *(BE)* Job Centre
Arbeitsanfall *m (Pers)* work load, volume of work
Arbeitsangebot *n* 1. *(WiWi)* labour supply, supply of labour, manpower supply *(Arbeitskräfteangebot)*; 2. *(Pers, Soz)* work offer, offer of work; job offer *(Stelle)*
Arbeitsangebotskurve *f (Pers)* labo(u)r supply curve
Arbeitsanreiz *m (Pers)* work incentive, incentive to work
Arbeitsanweisung *f (Pers)* job instruction, work assignment, work order *(an den Arbeitnehmer)*
Arbeitsauftrag *m (Gen, Ind)* job order, labo(u)r voucher, work order
Arbeitsaufwand *m (WiWi)* labo(u)r cost(s)
Arbeitsaufwand *m* **je Produkteinheit** *(WiWi)* unit labo(u)r cost
Arbeitsausfall *m (Pers)* loss of work, loss of working time, loss of working hours, stoppage of work
Arbeitsbedingungen *fpl (Pers)* conditions of employment, working conditions
Arbeitsbefreiung *f (Pers)* release from work
Arbeitsbelastung *f (Gen, Pers)* workload
Arbeitsbereich *m* 1. *(Ind)* work area, work space; 2. *(Pers)* area of operations, working area
Arbeitsbereicherung *f (Pers)* job enrichment
Arbeitsbereitschaft *f* 1. *(WiWi)* propensity to work; 2. *(Soz)* readiness to work; willingness to work *(Arbeitswilligkeit)*
Arbeitsbeschaffungsmaßnahme *f (ABM) (Pers, Soz)* job-creation measure, job-creation scheme, employment-creation measure, employment-creation scheme, community program(me)
Arbeitsbescheinigung *f (Pers)* employment certificate, work certificate, attestation of employment
Arbeitsbeschreibung *f (Pers)* job description, work specification
Arbeitsbeziehungen *fpl (Pers, WiWi)* industrial relations, labo(u)r relations
Arbeitseinkommen *n* 1. *(Pers)* earnings; 2. *(WiWi)* service income
Arbeitseinstellung *f (Pers)* attitude to work, work habits
Arbeitseinteilung *f (Mgt, Pers)* work management
Arbeitsentgelt *n (Pers)* compensation, remuneration
Arbeitserfahrung *f (Gen, Mgt, Pers)* work experience
Arbeitserlaubnis *f (Pers)* work permit
Arbeitsethik *f (Pers)* work ethic
arbeitsfähig *adj (Pers, WiWi)* able to work, employable, fit for work
Arbeitsfähigkeit *f* 1. *(Pers, Soz)* capability to work; capacity to work; 2. *(Pers, WiWi)* ability to work, employability
Arbeitsförderung *f (Pers)* promotion of work, promotion of employment, employment promotion, work

promotion
arbeitsfreier Tag *m (Pers)* day off
Arbeitsgelegenheit *f (Gen, Soz)* work opportunity *(1-Euro-Jobs)*
Arbeitsgemeinschaft *f* 1. *(Gen)* study group, work group *(Einzelpersonen, Gruppen oder Institutionen, die sich zur Verfolgung gemeinsamer Interessen zusammenschließen)*; consortium, joint venture; 2. *(Recht)* de facto corporation, special partnership
Arbeitsgericht *n (Pers, Recht) (BE)* industrial tribunal, *(AE)* labor court
Arbeitsgerichtsverfahren *n (Pers, Recht)* labour court procedure
Arbeitsgesetz *n (Pers, Recht)* labo(u)r law, *(BE)* employment law
Arbeitsgesetzgebung *f (Recht)* job legislation
Arbeitsgrundlage *f (Gen, Pers)* work basis, working basis
Arbeitsgruppe *f (Gen, Pers, Pol)* study group, working group, working party, task force
arbeitsintensiv *adj (Ind, Pers, WiWi)* labo(u)r-intensive
Arbeitskampf *m (Ind, Pers, WiWi)* industrial action, industrial dispute, labo(u)r dispute
Arbeitskollege *m (Pers)* colleague, workmate, co-worker, associate, fellow worker, teammate
Arbeitskonflikt *m (Pers)* industrial conflict, industrial dispute
Arbeitskosten *pl* 1. *(RW)* cost of labo(u)r; 2. *(WiWi)* labo(u)r costs
Arbeitskraft *f (Ind)* labo(u)r force, worker *(Arbeiter)*; workforce *(Arbeiterschaft)*
Arbeitskräfte *fpl* 1. *(Gen, Ind)* workforce; 2. *(Pers)* human resources; 3. *(WiWi)* labo(u)r force • **Arbeitskräfte abbauen** *(Pers)* reduce the workforce, reduce staff, shed labo(u)r • **Arbeitskräfte einstellen** *(Pers)* recruit labo(u)r, recruit workers, hire workers, hire labo(u)r, take on workers, take on new workers, take on employees • **Arbeitskräfte freisetzen** *(Pers)* shed labo(u)r • **Arbeitskräfte verleihen** *(Pers)* hire out workers
Arbeitskräfte *fpl* **auf Zeit** *(Pers)* contract labo(u)r
Arbeitskräfteabbau *m (Pers)* reduction of the workforce, labo(u)r shedding
Arbeitskräfteabgang *m (Pers)* attrition, labo(u)r wastage
Arbeitskräfteangebot *n (WiWi)* labo(u)r supply
Arbeitskräftebedarf *m (Pers)* manpower requirements, manpower needs, labo(u)r requirements, labo(u)r needs, demand for manpower
Arbeitskräftebeschaffung *f (Pers)* staff recruitment, recruitment of staff, personnel recruitment
Arbeitskräfteeinsatz *m (Mgt)* manpower management
Arbeitskräfteengpass *m (Pers)* labo(u)r bottleneck, manpower bottleneck
Arbeitskräfteknappheit *f (Pers, WiWi)* labo(u)r shortage, manpower shortage, shortage of labo(u)r, shortage of manpower, lack of labo(u)r, lack of manpower, scarcity of labo(u)r, labo(u)r scarcity; staff shortage *(innerhalb des Unternehmens)*
Arbeitskräftemangel *m (Pers, WiWi)* labo(u)r shortage, manpower shortage, shortage of labo(u)r, shortage of manpower, lack of labo(u)r, lack of manpower, scarcity of labo(u)r, labo(u)r scarcity; staff shortage *(innerhalb des Unternehmens)*
Arbeitskräftenachfrage *f (WiWi)* labo(u)r demand
Arbeitskräftereserve *f (Pers)* labo(u)r reserve, manpower reserve, reserve of labo(u)r, reserve of manpower, manpower resources, labo(u)r resources
Arbeitskräfteüberangebot *n (Pers)* labo(u)r surplus, manpower surplus, excess supply of labo(u)r, excess supply of manpower, oversupply of labo(u)r, oversupply of manpower
Arbeitskräfteüberschuss *m (Pers)* labo(u)r surplus, manpower surplus, excess supply of labo(u)r, excess supply of manpower, oversupply of labo(u)r, oversupply of manpower
Arbeitskräftewanderung *f (Pers, WiWi)* labo(u)r migration, migration of labo(u)r, manpower migration
Arbeitskreis *m (Pers)* working party, working group, workshop
Arbeitsleistung *f* 1. *(Pers)* job performance; 2. *(WiWi)* output
Arbeitslohn *m* 1. *(Ind)* employment compensation; 2. *(Steuer)* employment income; 3. *(WiWi)* wage, wage rate

Arbeitslöhne *mpl (Pers, WiWi)* wages, labo(u)r costs
arbeitslos *adj (Pers, Soz, WiWi)* unemployed, jobless, off the payroll, be out of work, workless, *(AE)* at liberty • **arbeitslos sein** *(Pers)* be out of work • **als arbeitslos gemeldet** *(Gen)* registered unemployed • **sich arbeitslos melden** *(Pers)* register as unemployed, *(BE)* sign on
Arbeitslose *m(f) (Pers, WiWi)* unemployed person, jobless person
Arbeitslosengeld *n (Gen, Soz, WiWi) (BE)* unemployment benefit, *(AE)* unemployment compensation
Arbeitslosengeld *n* **I** *(ALG I) (Deu) (Soz, Versich)* Unemployment Benefit I *(auf Beitragsbasis erworbener Anspruch, einkommensbezogen, zeitlich begrenzt; funded through contributions, earnings-related, of limited duration)*
Arbeitslosengeld *n* **II** *(ALG II) (Deu) (Pol, Soz)* Unemployment Benefit II *(after expiry of unemployment benefit I, a flat--rate and means-tested unemployment benefit of unlimited duration; Hartz IV)*
Arbeitslosengeldbezieher(in) *m(f) (Soz)* recipient of unemployment benefits, recipient of unemployment allowance, recipient of unemployment compensation, persons in receipt of unemployment benefits
Arbeitslosenhilfe *f (Soz)* unemployment assistance, *(AE)* unemployment relief
Arbeitslosenquote *f (Pers, WiWi)* unemployment rate, jobless rate
Arbeitslosenunterstützung *f (Gen, Pers, Soz, WiWi) (BE)* unemployment benefit; *(BE; ugs.)* dole, *(AE)* unemployment compensation, unemployment pay • **Arbeitslosenunterstützung beziehen** *(Soz)* draw unemployment benefit, *(AE)* collect unemployment compensation
Arbeitslosenversicherung *f (Pers, Versich, WiWi)* unemployment insurance
Arbeitslosenversicherungsbeitrag *m (Soz)* unemployment insurance contribution, contribution into the unemployment insurance fund, *(AE)* unemployment insurance premium
Arbeitslosenzahl *f (Pers, Soz, WiWi)* unemployment figure
Arbeitslosigkeit *f (Pers, Soz, WiWi)* unemployment, unemployment rate
Arbeitslosigkeit *f* **insgesamt** *(WiWi)* overall unemployment, total unemployment
Arbeitslosigkeit *f* **unter Jugendlichen** 1. *(Soz)* youth unemployment, unemployment of young people, unemployment among young people, unemployment amongst young people; 2. *(Gen)* unemployment of the young
Arbeitslosigkeitsdauer *f (Pers, WiWi)* duration of unemployment, length of unemployment, spell of unemployment
Arbeitslosigkeitssockel *m (Soz, WiWi)* hard-core unemployment
Arbeitsmarkt *m (Gen, Pers, WiWi)* job market, labo(u)r market • **in den Arbeitsmarkt eintreten** *(Pers, WiWi)* enter the labo(u)r market • **was den Arbeitsmarkt angeht** *(Pers, Pol, WiWi)* on the employment front
Arbeitsmarktentwicklung *f (Pers, WiWi)* labo(u)r market trend, job market trend, employment (market) trend, development of the labo(u)r market, development of the job market, development of the employment market
arbeitsmarktfähig *adj (Pers, Soz, WiWi)* employable *(Synonym: beschäftigungsfähig, vermittelbar)*
Arbeitsmarktlage *f (Pers, WiWi)* labo(u)r market situation, job situation, employment situation, manpower situation, situation on the labo(u)r market
Arbeitsmarktstatistik *f (Pers, Stat)* labo(u)r market statistics, labo(u)r statistics
Arbeitsmarktungleichgewicht *n (Pers, WiWi)* imbalance on the labo(u)r market, disequilibrium on the labo(u)r market, labo(u)r market imbalance, labo(u)r market disequilibrium, labo(u)r market maladjustment, job market imbalance, job market disequilibrium, job market maladjustment, imbalanced labo(u)r market
Arbeitsmobilität *f (Pers, WiWi)* mobility, mobility of labo(u)r, labo(u)r mobility
Arbeitsmöglichkeit *f (Pers)* job opportunity
Arbeitsmotivation *f (Pers)* motivation to work
Arbeitsnachfrage *f (Pers, WiWi)* labour

demand, demand for labour
Arbeitsnachnachweis *m (Pers)* employment record, certificate of employment *(beruflicher Werdegang)*
Arbeitsniederlegung *f* 1. *(Gen) (ugs.)* walkout; 2. *(Pers) (BE)* stoppage of work, *(ugs.)* walkout
Arbeitsökonomik *f (WiWi)* labo(u)r economics
Arbeitsorganisation *f (Gen)* work organization
Arbeitsortkonzept *n (Stat, Steuer, WiWi)* place-of-work concept, domestic concept, geographic concept *(balance of payments = Zahlungsbilanz, SNA = VGR = Volkswirtschaftliche Gesamtrechnung; Synonym: Inlandskonzept; Gegensatz: Wohnortkonzept = Inländerkonzept = residence concept, Kriterium: Sitz oder Wohnsitz –residence– einer Wirtschaftseinheit –economic agent, Unternehmen oder Privatperson– ist im Inland belegen, ohne Berücksichtigung der Nationalität)*
Arbeitspapier *n (WiWi)* working paper
Arbeitspapiere *npl (Pers)* employment documents
Arbeitspartizipation *f (Pers)* employee involvement, *(BE)* employee involvement and participation, worker involvement
Arbeitspensum *n (Mgt, Pers)* workload, amount of work
Arbeitsplatz *m* 1. *(Gen)* duty station, work station, post, *(AE)* work center, *(BE)* work centre, place of work, workplace, job site, position *(Platz)*; job *(Arbeit)*; 2. *(Ind)* work area, works; 3. *(Pers)* working area, work location *(Stelle)* • **den Arbeitsplatz verlieren** *(Pers)* be made redundant, lose one's job
Arbeitsplatzabbau *m (Pers)* job cuts, reduction of jobs
Arbeitsplatzanalyse *f (Pers)* job analysis, job description, occupational analysis
Arbeitsplatzangebot *n* 1. *(Pers)* job offer; 2. *(WiWi)* availability of jobs, supply of jobs
Arbeitsplatzbeschreibung *f (Pers)* job description
Arbeitsplatzbesitzer(in) *m(f) (Pers)* job holder
Arbeitsplatzbewertung *f (Pers)* job appraisal, job evaluation
Arbeitsplätze *mpl* **ins Ausland verlagern** *(Mgt, Pers, WiWi)* move jobs abroad
Arbeitsplätze schaffen *(Gen)* create jobs
Arbeitsplatzgarantie *f (Pers)* job guarantee
Arbeitsplatzgestaltung *f (Pers)* job engineering, workplace layout, human engineering *(Ergonomie)*
Arbeitsplatzmangel *m (Pers)* job shortage, shortage of jobs, job scarcity, scarcity of jobs, lack of jobs
Arbeitsplatzmobilität *f (Pers)* job mobility
Arbeitsplatzrechner *m (Comp, Komm)* work station
Arbeitsplatzrisiko *n (Pers)* occupational hazard
Arbeitsplatzsicherung *f (Pers)* safeguarding of jobs
arbeitsplatzspezifisch *adj (Pers)* job--specific, workplace-specific
Arbeitsplatzsuche *f (Pers)* job search, search for a job, *(ugs.)* job hunting
Arbeitsplatzverlagerung *f (Pers)* job displacement, relocation of jobs, displacement of jobs
Arbeitsplatzverlust *m (Pers, Soz)* loss of job, job loss, redundancy
Arbeitsplatzvernichtung *f (Pers)* job destruction, destruction of jobs, elimination of jobs
Arbeitsplatzwechsel *m* 1. *(Pers)* job change, job shift; 2. *(WiWi)* labo(u)r turnover
Arbeitsproduktivität *f* 1. *(Pers)* labo(u)r efficiency; 2. *(WiWi)* productivity of labo(u)r, efficiency of labo(u)r
• **Arbeitsproduktivität je Stunde** *(Pers, WiWi)* hourly productivity of labour *(definiert als Output-Menge: Input-Menge an geleisteten Arbeitsstunden, the ratio of physical total output to hours of labour input; Synonym: Ertrag pro eingesetzte Arbeitsstunde, Stundenproduktivität; Gegensätze: Produktivität je Erwerbstätiger, Kapitalproduktivität)*
Arbeitsqualität *f (Gen)* workmanship
Arbeitsrecht *n (Pers)* labo(u)r law, *(BE)* industrial law
arbeitsrechtliche Regelungen *fpl (Pers, Recht)* labo(u)r regulations
arbeitsrechtliche Vorschriften *fpl (Pers,*

Recht) labo(u)r legislation [rules]
Arbeitsrückstand *m (Gen)* backlog (of work)
arbeitsscheu *adj (Pers)* work-shy; disinclined to work *(der Arbeit abgeneigt)*
Arbeitsschutz *m (Pers)* industrial safety
Arbeitsschutzrechte *npl (Pers)* employment protection rights *(des Arbeitnehmers)*
Arbeitssicherheit *f* 1. *(Pers)* on-the-job safety; 2. *(Gen)* industrial safety
arbeitssparend *adj (Pers)* labo(u)r-saving
Arbeitssprache *f (Gen, Pers)* working language
Arbeitsstätte *f (Ind)* place of work
Arbeitsstunden *fpl (Pers)* hours of work, working hours, hours worked, man hours
Arbeitssuche *f (Pers)* job search, job seeking, work seeking
arbeitssüchtig sein *v (Pers)* be a workaholic
Arbeitsteilung *f* 1. *(Pers)* work-sharing; 2. *(WiWi)* division of labo(u)r
Arbeitsstelle *f (Pers)* job *(general everyday usage)*; position *(employee's place or rank within an undertaking)*; post *(higher level work, Position)*
Arbeitstempo *n (Pers)* pace of work
Arbeitsumfeld *f (Pers)* working environment
Arbeits- und Gehaltsbedingungen *fpl (Pers)* pay and conditions *(Arbeitsvertrag)*
arbeitsunfähig *adj (Pers)* unable to work, not able to work, not employable, not capable of work
Arbeitsunfähige *m(f) (Pers, Soz)* person unable to work, unemployable person
Arbeitsunfähigkeit *f (Pers)* inability to work
Arbeitsunfall *m* 1. *(Ind)* industrial injury; 2. *(Pers)* industrial [occupational] accident
Arbeitsunterbrechung *f (Pers)* interruption of work
Arbeitsverdichtung *f (Pers)* intensification of work, work intensification
Arbeitsverhältnis *n (Pers)* employment relationship • **ein Arbeitsverhältnis kündigen** *(Pers)* terminate a contract of employment
Arbeitsvermittlung *f (Pers)* job placement, placement of employees, employment agency *(Stelle)*; *(BE)* Job Centre, *(AE)* employment service *(staatlich)*
Arbeitsvermittlungsbranche *f (Pers)* recruitment industry
Arbeitsversäumnis *n* **(unentschuldigt)** *(Pers)* unexcused absence from work, unauthorized absence from work, absence without leave
Arbeitsvertrag *m (Pers)* contract of employment, employment contract, labo(u)r contract • **jmds. Arbeitsvertrag auflösen** *(Pers)* terminate sb's employment
arbeitsvertraglich *adj (Pers)* under the contract of employment, according to the contract of employment • **nach den arbeitsvertraglichen Regelungen** *(Pers)* under the rules of the employment contract
Arbeitsverwaltung *f (Pers, Soz)* (public) employment service, labo(u)r administration, *(AE)* manpower service, *(AE)* manpower administration
Arbeitsvorbereitung *f (Ind)* planning of process layout, process planning, work scheduling, production scheduling *(Einteilung)*
arbeitswillig *adj (Pers)* willing to work
Arbeitszeit *f (Gen, Pers)* hours of work, working hours, working time
Arbeitszeitausfall *m (Pers)* loss of working hours
Arbeitszeitbegrenzung *f (Pers)* limits on working hours [time], working time limits
Arbeitszeitermittlung *f (Gen, Ind, Pers)* work time study
Arbeitszeitguthaben *n (Pers)* working time credit, working hours credit *(Gegensatz: Arbeitszeitschulden = working time deficit)*
Arbeitszeitkonto *n (Pers)* working time account
Arbeitszeitmodell *n (Pers)* working hours scheme, working time scheme
Arbeitszeitnachweis *m (Pers)* time sheet
Arbeitszeitregelung *f (Pers)* working time regulations, working hours code
Arbeitszeitstudie *f (Gen)* time study, work time study
Arbeitszeitverkürzung *f (Pers)* reduction in working hours
Arbeitszeitvorschriften *fpl (Pers, Recht)* regulations on working hours, labour

provisions
Arbeitszeugnis *n (Pers)* certificate of employment
Arbeitszufriedenheit *f (Pers)* job satisfaction
Arbitrage *f* 1. *(Bank)* arbitrage; 2. *(Börse)* spread trading; 3. *(Recht)* arbitration
Arbitragegeschäft *n* 1. *(Börse)* arbitrage dealing, arbitrage transaction; 2. *(Gen)* arbitraging
Arbitragehandel *m (Börse)* arbitrage trading
Arbitragespanne *f (Börse) (BE)* arbitrage margin
Arbitrageur *m (Börse, Fin, Pers)* arbitrager, arbitrageur, *(BE)* shunter
arbitrieren *v (Börse, Fin)* arbitrate
Archiv *n (Gen)* archive, storage *(Dokumentensammlung)*
Archivbestände *mpl (Gen)* archive *(Registratur)*
Arglist *f (Gen, Recht, RW)* fraudulence, intention to deceive *(Betrug)*
arglistige Täuschung *f (Recht)* fraud, intention to deceive
arithmetische degressive Abschreibung *f (RW)* sum-of-the--year's digit method of depreciation
arithmetisches Mittel *n (Stat)* arithmetic mean
Armenrecht *f (Recht)* right to cost exemption, legal aid *(Rechtshilfe)*
Armut *f (Soz)* poverty
Armutsgrenze *f (Soz)* poverty line
Arrangeur *m (Fin)* arranger *(Kreditsyndizierungen und Emissionen)*
arrangieren *v***/sich** *(Gen, WiWi)* make a deal, come to an arrangement
Art *f* **der Tätigkeit** *(Pers)* kind of activity, type of activity, kind of job, type of job
Artikel *m* 1. *(Gen)* article, product; 2. *(Pat) (BE)* goods; 3. *(Recht)* article, section *(Teil des Gesetzes)*; 4. *(V&M)* item
Artikel *m* **des persönlichen Bedarfs** *(Gen)* article for personal use
Artikelnummer *f (V&M)* item number
Arzneimittelindustrie *f (Gen)* pharmaceutical industry
ärztliche Bescheinigung *f (Umwelt)* doctor's certificate, medical certificate
ärztliches Attest *n (Pers)* doctor's certificate, medical certificate
asoziales Verhalten *n (Gen, Soz)* antisocial behaviour
Asset-backed-Finanzierung *f (Bank, Fin)* asset-backed finance *(eine Finanzierungsart; vgl. ABS--Finanzierung; ABS, financial engineering, Finanzalchemie)*; asset--backed financing *(eine bestimmte Aktivität, Vorgang, Projekt; Synonym: ABS-Finanzierung; Finanzierung durch Übertragung mittel- oder längerfristiger Forderungen, z. B. aus Leasing- oder Hypothekenkreditverträgen, auf zu diesem Zweck gegründete Finanzierungs-, Zweck- oder Objektgesellschaften = special purpose vehicles = SPVs, SIVs = structured investment vehicles oder Conduits, die sich bei steigendem Fristentransformationsrisiko = maturity transformation risk durch Ausgabe kurzfristig revolvierender Forderungspapiere, z. B. ABCP, refinanzieren; die auf kurze Sicht am Markt platzierten Schuldtitel sind damit nicht mehr durch die Bank, sondern nur noch durch den erworbenen Forderungsbestand gedeckt, dessen Qualität mittelfristig variieren kann; die Verbriefung = securitization bietet Banken eine attraktive Mobilisierungs- und Risikotransfermöglichkeit für ursprünglich nicht-fungible Einzelrisiken in ihren Bilanzen; cf ABS, financial engineering, Finanzalchemie)*
Asset-Klasse *f (Fin)* asset class *(Synonym: Forderungsklasse, Anlageklasse, Anlagesegment)*
Assimilation *f* 1. *(Gen)* adjustment, assimilation; 2. *(RW)* assimilation
Assistent(in) *m(f)* **der Geschäftsleitung** *(Pers)* executive assistant
assoziiertes Unternehmen *n (Gen)* associated company, associated enterprise
AStV *s.* Ausschuss der Ständigen Vertreter
Atomausstieg *m (Ind, Pol, Umwelt)* opting out of nuclear energy
atomistische Konkurrenz *f (WiWi)* atomistic competition
Atomkraftwerk *n (Ind)* nuclear power station
Atommüll *m (Ind, Umwelt)* nuclear waste
Atomwirtschaft *f (Gen)* nuclear-based industry
Attest *n (Gen)* bill of health *(Gesundheit)*
Attest *n* **ohne gesundheitliche**

Einschränkungen *(Gen)* clean bill of health *(Gesundheit)*
attraktive Ausstattung *f (Gen)* attractive terms *(Emission)*
atypische Arbeitsverhältnisse [Beschäftigungsverhältnisse] *npl (Pers)* non-standard jobs, non-standard (forms of) employment, atypical work, atypical employment, non-standard work
Audit *n (Fin, RW)* audit
auf Antrag *(Pers, Soz)* on application
auf Betriebsebene *(Pers)* at plant level, at establishment level, on the shop floor
auf Sicht *(Fin)* at sight, on demand *(Wechsel)*
aufarbeiten *v (Gen)* recondition
Aufbau *m (Gen)* structure
Aufbau *m* **eines Unternehmens** *(Gen)* company structure, corporate structure
Aufbauanalyse *f (Bil, WiWi)* structural analysis; system analysis *(Systemanalyse)*
aufbauen *v* 1. *(Gen)* build up *(Firma)*; 2. *(Ind)* erect
aufbereiten *v* 1. *(Comp)* edit; 2. *(Gen)* recycle; 3. *(Ind)* process; 4. *(WiWi)* organize
Aufbereitung *f* **von Daten** 1. *(Comp)* data editing; 2. *(Gen)* data organization
Aufbereitungsanlage *f (Ind)* processing plant
aufbessern *v* 1. *(Gen)* brush up; 2. *(Pers)* raise *(Gehalt)*
Aufbewahrung *f* 1. *(Bank)* safekeeping; 2. *(Börse)* custody, retention
Aufbewahrungsfrist *f (Börse)* retention period
Aufbewahrungsgebühr *f (Fin)* safe deposit fee
aufblähen *v (WiWi)* inflate
aufbrauchen *v (Gen)* use up
aufbringen *v (Fin) (ugs.)* cough up, put up, raise; *(BE; ugs.)* stump up
aufeinander abgestimmt *adj (Gen)* coordinated, synchronized
aufeinander abstimmen *v (Gen)* coordinate
aufeinanderfolgend *adj (Gen)* consecutive, successive, sequential
Aufenthalt *m (Gen)* domicile, residence *(Wohnsitz)*
Aufenthaltserlaubnis *f (Pers)* residence permit
Aufenthaltsgenehmigung *f* 1. *(Gen, Pol) (AE)* green card; 2. *(Recht)* residence permit
Aufenthaltsort *m (Recht)* abode, (place of) residence *(Wohnort)*
Aufenthaltsrecht *n* right of residence *(EU)*
auferlegen *v* 1. *(Gen)* impose *(Restriktionen)*; 2. *(Recht, Steuer)* impose, levy, inflict *(Beschränkungen, Vorschriften, Geldstrafe)*
Auferlegung *f* 1. *(Gen)* imposition; 2. *(Recht)* levy
auffällig *adj (V&M)* eye-catching
Auffang... *(Bank, Fin)* backing, backup
auffangen *v* 1. *(Gen)* absorb, cushion; 2. *(WiWi)* counterbalance
Auffanggesellschaft *f (Pers)* rescue company
Auffanglinie *f (Bank, Fin)* backup line *(Kredit)*
auffordern *v (Gen)* demand, urge, request
Aufforderung *f* 1. *(Gen)* calling, demand, request; 2. *(Recht)* invitation
Aufforderung *f* **zur Angebotsabgabe** 1. *(Fin)* appeal for tenders, request for proposals; 2. *(Recht)* invitation to make an offer *(Vertragsrecht)*
auffrischen *v* 1. *(Comp)* refresh; 2. *(Gen)* brush up *(Kenntnisse)*
Auffüllung *f* **von Lagerbeständen** *(RW)* inventory build-up, replenishment of inventories, stockbuilding, addition to stock *(Material)*
Aufgabe *f* 1. *(Comp)* task; 2. *(Gen)* job, task, abandonment *(Preisgabe)*; 3. *(Pat)* abandonment; 4. *(Pers)* duty, job, task *(Arbeit, Pflicht)*; 5. *(Recht)* disclaimer, discontinuance *(Anspruch)*
Aufgabe *f* **der Börsennotierung** *(Börse, Fin)* going private, delisting *(durch das Unternehmen veranlasst)*
Aufgabenbereich *m (Gen)* area of responsibility, line of duty, sphere of activity, terms of reference *(eines Ausschusses)*
Aufgabenerweiterung *f (Pers)* job enlargement, extension of responsibilities
Aufgabenstellung *f (Gen)* task setting, terms of reference
Aufgabenverteilung *f (Gen, Mgt, Pers)* allocation, job assignment, allocation of responsibilities *(Arbeitsvorbereitung, Produktionsplanung)*

aufgearbeitet *adj (Gen)* reconditioned
aufgeben *v* 1. *(Börse)* abandon *(Option)*; 2. *(Gen)* abandon, relinquish, renounce, post *(Plan)*; 3. *(Pat)* waive; 4. *(Recht)* waive *(Gebühr)*; part with *(Besitz)*; renounce, give up, abandon, disclaim *(Anspruch)*; 5. *(Steuer)* waive
aufgehen *v (Gen, Stat)* add up *(Zahlen, Ergebnisse)*
aufgelaufen *adj* 1. *(Bank)* accrued; 2. *(Börse, Fin, RW)* accrued, accumulated
aufgelaufene Dividende *f* 1. *(Börse)* dividend in arrears; 2. *(RW)* accrued dividend
aufgelaufene Zinsen *mpl* 1. *(Fin)* accrued interest; 2. *(RW)* accrual, accumulated interest
aufgelaufene Zinseszinsen *mpl (Bank)* accrued compound interest
aufgelaufener Gewinn *m (RW)* accumulated surplus
Aufgeld *n* 1. *(Börse)* agio, premium; 2. *(Fin)* agio; 3. *(Gen)* surcharge
aufgenommene Kredite *mpl (Bank)* borrowings
aufgenommene Mittel *npl (Fin)* borrowed funds
aufgeschlüsselt *adj (Gen)* broken down
aufgeschoben *adj (Gen)* deferred
aufgeschobene Zahlungen *fpl (Fin)* deferred payments
aufgestaute Nachfrage *f (WiWi)* pent-up demand
aufgliedern *v* 1. *(Gen)* break down, classify, itemize; 2. *(RW)* break down
Aufgliederung *f* 1. *(Gen)* breakdown, classification, itemization; 2. *(RW)* breakdown
Aufgliederung *f* **der Bilanz** *(RW)* account format
Aufgliederung *f* **eines Gesamtbetrages** *(Börse, Gen)* break-out
aufheben *v* 1. *(Fin)* revoke; 2. *(Gen)* abolish, remove *(Restriktionen)*; annul *(Urteil)*; overrule, make void *(Entscheidung)*; lift, override, raise *(Embargo, Sanktionen)*; 3. *(Stat)* cancel; 4. *(RW)* lift, abolish, cancel; 5. *(Recht)* abrogate, disaffirm, nullify, rescind, terminate *(Vertrag)*; annul, repeal, reverse, strike down *(Gesetz)*; lift *(Beschränkungen)*; avoid, cancel *(Vorschriften)*
aufheben v/sich *(RW, Stat)* cancel out
Aufhebung *f* 1. *(Gen)* removal, abolition, annulment, avoidance, lifting *(von Beschränkungen)*; 2. *(RW)* abolition; 3. *(Recht)* abrogation, disaffirmance, disaffirmation, nullification, rescission, termination *(eines Vertrags)*; annulment, repeal, reversal, striking down *(eines Gesetzes)*; lifting *(Beschränkungen)*; avoidance, cancellation *(Vorschriften)*
Aufhebung *f* **der Börsenzulassung** *(Börse, Fin)* delisting *(durch die Börsenaufsicht; Synonym: Aufhebung der Börsennotierung)*
Aufhebung *f* **einer Sperrzeit** *(Soz)* lifting of benefit suspension, withdrawal of benefit suspension *(bei Sozialleistungen)*
Aufhebung *f* **von Beschränkungen** *(Recht)* abolition of restrictions *(EU)*
Aufhebungsverfahren *n (Recht)* action for cancellation *(Vertrag)*
aufholen *v* 1. *(Börse)* rally; 2. *(Gen)* catch up, gain ground, pick up, make up *(verlorene Zeit)* • **verlorene Zeit aufholen** *(Gen)* make up for lost time
Aufkauf *m* 1. *(Börse, Fin)* buyout, acquisition *(Übernahme)*; 2. *(Gen)* buying up, takeover; 3. *(WiWi)* acquisition
aufkaufen *v (Fin)* corner, acquire, buy out, buy up *(Unternehmen)*
aufklären *v (Gen)* solve, investigate
Aufklärung *f (Recht)* investigation
Aufkommen *n (Fin, Steuer)* yield, revenue, proceeds
Auflage *f* 1. *(Gen, Media)* print run *(Druck)*; circulation *(Zeitungen oder Zeitschriften)*; 2. *(Recht)* condition, requirement *(Bedingung)*; 3. *(WiWi)* burden • **mit der Auflage, dass** *(Gen)* on condition that, with the stipulation that
Auflassung *f* 1. *(Grund)* closing *(Eigentumsübertragung beim Grunderwerb)*; 2. *(Recht)* conveyance by agreement
Auflassungsdatum *n (Grund)* closing date
auflaufen *v* 1. *(Gen)* accrue, accumulate, run on *(Zinsen)*; 2. *(Logis)* run aground, run ashore *(Schiff)*
auflegen *v* 1. *(Bank)* issue; 2. *(Fin)* float, invite subscriptions, issue, launch; 3. *(Gen)* announce; 4. *(Komm)* put down, hang up *(Telefonhörer)*
Auflockerung *f (WiWi)* easing, relaxation

(Geld- und Kapitalmarkt)

auflösen *v* 1. *(Fin)* close, unlock; 2. *(Gen)* break up; 3. *(Pol)* dissolve *(Parlament, Partnerschaft)*; 4. *(RW)* release, withdraw, return to source, retransfer, write back; 5. *(Recht)* cancel, dissolve; 6. *(Pers)* terminate *(Arbeitsvertrag)*

auflösende Bedingung *f (Recht) (AE)* condition subsequent, *(BE)* suspensive condition *(Vertrag)*

Auflösung *f* 1. *(Comp)* resolution *(Bildschirm, Drucker)*; 2. *(Fin)* absorption, closing; 3. *(Gen)* break-up, disintegration, dissolution, winding up; 4. *(Pers)* termination, dissolution *(eines Vertrags)*; 5. *(RW)* liquidation, retransfer, writing back, release, withdrawal, *(AE)* reversal; 6. *(Recht)* dissolution *(Gesellschaftsrecht)*

Auflösung *f* **des Arbeitsverhältnisses** *(Pers)* termination of the employment relationship

Auflösung *f* **stiller Reserven** *(Bank, RW)* release of undisclosed reserves

Auflösung *f* **von Anlagen** *(Bank, RW)* liquidation of investment

Aufmacher *m (Media)* splash, lead *(Druck)*

Aufmerksamkeit *f (Gen, V&M)* attention *(für ein Produkt)* • **jmds. Aufmerksamkeit erregen** *(Gen)* attract sb's attention

Aufmerksamkeit, Interesse, Wunsch, Aktion *(Gen, V&M)* attention, interest, desire, action, AIDA

Aufnahme *f* 1. *(Börse)* take-up *(einer neuen Emission)*; assimilation *(von Wertpapieren)*; 2. *(Gen)* absorption, admission

Aufnahme *f* **einer Beschäftigung** *(Pers)* entry into employment, taking up a job, taking up work, taking up employment

Aufnahme *f* **einer selbstständigen Tätigkeit** *(Pers)* taking up self--employment, entry into self--employment

Aufnahme *f* **von Fremdmitteln** *(Gen)* borrowing external funds

Aufnahmeantrag *m (Börse) (BE)* application for admission

aufnahmefähiger Markt *m (Börse)* broad market, ready market *(Wertpapiere und Waren)*

Aufnahmefähigkeit *f* 1. *(Börse)* absorbing capacity *(des Marktes)*; 2. *(Gen, WiWi)* absorptive capacity, absorption capacity *(des Marktes)*

Aufnahmegebühr *m (Gen)* admission fee

Aufnahme-Mitgliedstaat *m (Pol, Recht)* host Member State *(EU)*

aufnehmen *v* 1. *(Bank)* obtain, borrow, take out, take up *(Kredit, Darlehen)*; 2. *(Börse)* assimilate *(Wertpapiere)*; 3. *(Fin)* obtain, put up, raise; 4. *(Gen)* absorb *(Warenbestand)*; start up *(den Betrieb)*; record *(Sitzung)*; 5. *(Pers)* admit *(neue Geschäftspartner)* • **Bankkredit aufnehmen** *(Bank, Fin)* arrange a loan, borrow from a bank

Aufpasser *m (Börse, Gen)* watchdog

Aufpreis *m (RW)* extra charge

aufrechnen *v* 1. *(Fin)* offset; 2. *(RW)* counterbalance, offset, set against; 3. *(Recht)* set off • **etw. gegen etw. aufrechnen** *(RW)* balance sth against sth

Aufrechnung *f* 1. *(Fin)* offset, offsetting; 2. *(RW)* balancing against, counterbalancing, offset, offsetting; 3. *(Recht)* set-off

aufrechterhalten *v* 1. *(Gen)* preserve; 2. *(Recht)* uphold; 3. *(WiWi)* sustain

aufrufen *v* 1. *(Comp)* call; 2. *(Fin)* call in, call up; 3. *(Gen)* appeal *(Öffentlichkeit)*

aufrunden *v* 1. *(Gen)* even up; 2. *(Stat)* round up *(Zahl)*

aufsaugen *v (Gen)* absorb *(Unternehmen)*

aufschieben *v* 1. *(Gen)* put off, defer *(Entscheidung)*; delay *(Plan)*; postpone *(Treffen)*; 2. *(Mgt)* adjourn

aufschiebende Bedingung *f (Recht) (AE)* condition precedent, *(BE)* suspensive condition

Aufschiebung *f* 1. *(Gen)* delay, deferral, postponement; 2. *(Mgt)* adjournment *(einer Entscheidung)*

Aufschlag *m* 1. *(Bank, Fin)* load, loading; 2. *(Gen)* surcharge, extra charge, premium, mark-up *(Gebühren, Preis, Tarif)*; 3. *(Logis)* recargo *(Fracht)*

aufschlüsseln *v* 1. *(Gen)* allocate, apportion, break down, subdivide, classify, subclassify *(Klassifizierung)*; 2. *(RW)* break down

Aufschrift *f (Gen)* address, label *(Etikett)*

Aufschub *m* 1. *(Gen)* deferment, delay, postponement; 2. *(Pat)* period of grace • **ohne Aufschub** *(Komm)* without respite • **Aufschub gewähren** *(Recht)* grant a delay, grant respite

(internationales Vertragsrecht)
Aufschwung *m* 1. *(Gen)* boom, upturn; 2. *(WiWi)* upswing, upturn *(der Wirtschaft)* • **rapiden Aufschwung nehmen** *(WiWi)* boom
Aufseher *m* 1. *(Fin)* comptroller, controller; 2. *(Mgt, Pers)* supervisor, overseer
aufsetzen *v (Recht)* draw, draw up *(Urkunde, Vertrag)*
Aufsicht *f* 1. *(Gen)* care, supervision; 2. *(Mgt, Pers)* supervision; 3. *(WiWi)* control • **unter Aufsicht der Behörden** *(Pol)* government-regulated
Aufsichtsbehörde *f* 1. *(Gen)* regulatory agency, watchdog *(Durchführung)*; inspectorate *(Aufsichtsamt)*; 2. *(Recht)* regulatory authority *(zuständig)*
Aufsichtsorgan *n (Pol)* supervisory body, regulator
Aufsichtsrat *m (Deu)* 1. *(Gen)* supervisory board; 2. *(Mgt)* board of directors, supervisory board
Aufsichtsratsbeschluss *m (Recht)* board of directors resolution, supervisory board resolution
Aufsichtsratsmitglied *n (Deu) (Mgt)* member of the supervisory board, supervisory board member *(Synonym: Mitglied des Aufsichtsrats, Aufsichtsratmitglied; Aufsichtsratsystem, two-tier board system; in the single-tier board system the function corresponds approximately to: non-executive member of the board of directors, non-executive director, outside director, mit Beratungs- und/oder Überwachungsfunktion im Board-System)*; board member
Aufsichtsratsvorsitzende(r) *f(m) (Deu) (Mgt)* chairman of the supervisory board, chairperson of the supervisory board, chairman of the administrative board, chairman of the board *(im Aufsichtsratsystem = two-tier system)*
aufsichtsrechtlich *adj (Bank, Pol)* regulatory, prudential
aufsteigen *v (Pers)* be promoted, rise
Aufsteiger *m (Pers)* climber, social climber, careerist, success(ful) person
aufstellen *v* 1. *(Bank)* make up *(Konto)*; 2. *(Gen)* set out, draw up, prepare *(Bedingungen)*; make up *(Liste)*; 3. *(Ind)* install, erect; 4. *(Pers)* post; 5. *(RW)* draw up, prepare *(Bilanz)*; 6. *(Recht)* lay down *(Grundsätze, Regeln, Norm)*
Aufstellung *f* 1. *(Bank)* making up; 2. *(Gen)* breakdown, list, *(AE)* schedule *(Aufschlüsslung)*; 3. *(Ind)* siting, installation; 4. *(RW)* drawing up, preparation
Aufstellung *f* **einer Bilanz** *(RW)* drawing-up of a balance sheet, making-up of a balance sheet
Aufstieg *m (Pers)* advancement, career development
Aufstiegschancen *fpl (Pers)* career development prospects, scope for advancement • **mit Aufstiegschancen** *(Pers)* upgradable *(Stellung)*
Aufstiegsleiter *f (Soz)* mobility chain
Aufstiegsmobilität *f (Pers)* upward mobility
Aufstiegsmöglichkeit *f (Pers)* opportunity for advancement
aufstocken *v (Gen)* increase, scale up, build up, *(BE)* top up *(Ersparnisse)*
aufstrebend *adj (Gen, Soz)* up-and-coming, upwardly mobile
aufstrebende Wirtschaftsnationen *fpl (WiWi)* newly industrializing economies *(Südostasien, Südamerika)*
aufteilen *v* 1. *(Bank)* split; 2. *(Fin)* apportion; 3. *(Gen)* split up *(Bereiche, Unternehmen)*; apportion *(anteilig festlegen)*; allocate *(zuteilen)*; 4. *(Grund)* apportion *(anteilig festlegen)*; 5. *(Pat)* apportion; 6. *(RW)* divide; 7. *(V&M)* partition, divide split up *(Bereiche, Unternehmen)*; 8. *(WiWi)* allocate *(Mittel)*
Aufteilung *f* 1. *(Bank)* split; 2. *(Fin)* apportionment; 3. *(Gen)* break-up, apportionment *(anteilige Festlegung)*; allocation *(Zuteilung)*; 4. *(Grund)* apportionment; 5. *(Mgt)* subdivision; 6. *(Pat)* apportionment; 7. *(RW)* division; 8. *(Recht)* distribution *(Grundbesitz)*; 9. *(V&M)* partition, carving-up, division; 10. *(WiWi)* fragmentation *(eines Marktes)*
Aufteilung *f* **der Kosten** *(RW)* allocation of costs
Auftrag *m* 1. *(Börse)* order; 2. *(Comp)* job; 3. *(Gen)* task, order *(Aufgabe)*; sales order, purchase order *(Bestellung)*; brief, contract *(Anweisung)*; 4. *(RW)* purchase order; 5. *(Recht)* mandate; 6. *(V&M)* order, mission • **im Auftrag von**

(Gen) order of • **im Auftrag Dritter handeln** *(Recht)* act on sb's behalf • **Aufträge hereinholen** 1. *(Gen)* solicit new business, secure new orders; 2. *(WiWi)* attract new business • **in Auftrag geben** *(WiWi)* commission

auftraggebende Bank *f (Bank)* principal bank *(im internationalen Zahlungsverkehr oder Wertpapiergeschäft)*

Auftraggeber(in) *m(f)* 1. *(Bank)* originator; 2. *(Comp)* user; 3. *(Fin)* principal; 4. *(Gen)* customer, client; 5. *(RW)* mandant, principal

Auftragnehmer(in) *m(f) (Pers)* contractor

Auftragsabwicklung *f* 1. *(Comp)* job handling; 2. *(Gen)* order filling, order handling, order processing

Auftragsabwicklungsprozess *m (Mgt, V&M, WiWi)* order-to-payment--process; *(jarg.)* order process *(Synonym: Order-to-payment-Prozess; Leistungsprozess von der Kundenbestellung bis zum Eingang der Bezahlung des Kunden)*

Auftragsbearbeitung *f (V&M)* order processing, order handling

Auftragsbestand *m* 1. *(Gen)* backlog of orders, orders on hand; 2. *(V&M)* level of orders

Auftragsbestätigung *f (Gen, Komm)* acknowledgement of order, order confirmation

Auftragsbuch *n (Gen)* order book

Auftragseingang *m (Gen)* incoming business, inflow of orders, new orders, orders received, orders taken, order intake

Auftragsfertigung *f* 1. *(V&M, WiWi)* production to order, make-to-order production *(z. B. Einzel- oder Kleinserienfertigung in der Bekleidungs- oder Möbelindustrie; Synonym: Make to Order, Kundenauftragsfertigung; Gegensatz: Vorratsproduktion, Vorratsfertigung, Lagerfertigung für den anonymen Markt = make-to-stock production = production to stock)*; 2. *(Recht)* contract manufacture, contract production

auftragsgemäß *adj (Gen)* as per order

Auftragslage *f (Gen, V&M)* order situation

Auftragsrückgang *m (WiWi)* drop in orders

Auftragsrückstand *m (Gen)* backlog of orders, unfilled orders

Auftragswert *m (Börse)* contract value

Auftrieb *m (Gen, WiWi)* boost

Auftriebskräfte *fpl (WiWi)* buoyant forces

Aufwand *m* 1. *(Fin, Gen, RW, Steuer)* expense *(GuV)*; 2. *(WiWi)* cost, expenditure • **als Aufwand verbucht** *(RW)* expensed

Aufwandsentschädigung *f (Gen)* expense allowance, reimbursement, representation allowance

Aufwands-Ertrags-Quote *f (Bank, Mgt, RW)* cost-income-ratio, CIR *(Synonym: Aufwand-Ertrags-Verhältnis, Aufwand/Ertrag-Relation, Aufwands--Ertrags-Quote, Aufwandsrentabilität; Kosten-Ertrags-Relation; Verhältnis zwischen Verwaltungsaufwand und operativen Erträgen; der breit akzeptierte Effizienzmaßstab für das operative Bankgeschäft gibt an, wie viel Euro ein Institut für einen Euro Ertrag aufwenden muss)*

Aufwands-Ertrags-Verhältnis *n (Bank, Fin)* cost-income-ratio, CIR *(allgemein: Verhältnis zwischen Verwaltungsaufwand und operativen Erträgen; i. e. S. definiert als allgemeine Verwaltungsaufwendungen dividiert durch die Summe aus Zins- und Provisionsüberschuss; breit akzeptierter Effizienzmaßstab für das operative Bankgeschäft; Synonym: Aufwandsrentabilität, Aufwand/Ertrag--Relation, Aufwand-Ertrags-Verhältnis)*

aufwandsgleiche Kosten *pl (RW)* current outlay costs, cash outlay costs *(Synonym: Istkosten der Gegenwart)*

Aufwandskonto *n (RW)* expense account

Aufwandskosten *pl (RW)* current outlay cost

Aufwandsrentabilität *f (Bank, RW)* cost--income ratio, CIR *(Synonym: Aufwands-Ertrags-Verhältnis, Aufwand/Ertrag-Relation; Verhältnis zwischen Verwaltungsaufwand und operativen Erträgen; der breit akzeptierte Effizienzmaßstab für das operative Bankgeschäft gibt an, wieviele Einheiten durchschnittlich aufgewendet werden müssen für die Erwirtschaftung einer Geldeinheit als Ertrag)*

Aufwands- und Ertragskonsolidierung *f (RW)* consolidation of revenue and expenditure *(Konzern-Gewinn- und Verlustrechnung = consolidated statement of income)*

Aufwands- und Ertragskonten *npl (RW)* profit and loss accounts, revenue and expense accounts, *(AE)* income accounts *(Gewinn- und Verlustrechnung)*

Aufwands- und Ertragsrechnung *f (RW)* income statement *(GuV)*

Aufwärtsbewegung *f* 1. *(Gen)* rise, upturn, upward movement; 2. *(WiWi)* upside trend, uptrend *(Entwicklung)*

aufwenden *v (Gen)* expend, spend

aufwendig *adj (Gen)* costly, expensive

Aufwendungen *fpl* 1. *(Fin)* expenditure, outgoings; 2. *(Gen)* expenditure; 3. *(RW)* charges, expenses

aufwerten *v* 1. *(Gen)* upgrade, valorize *(Waren)*; 2. *(RW)* revalue; 3. *(WiWi)* revalue, appreciate *(Währung)*

Aufwertung *f* 1. *(Fin)* revaluation; 2. *(Gen)* valorization, revaluation, upvaluation *(Währung)*; 3. *(WiWi)* revalorization

Aufwertung *f* **des Vermögens** *(RW)* revaluation of assets

Aufwertungsdruck *m (WiWi)* upward pressure

Aufwertungsgewinn *m (Bank, Fin)* appreciation gain

Aufwertungssatz *m (WiWi)* revaluation rate

aufzählen *v (Gen)* enumerate

aufzeichnen *v* 1. *(Gen)* record, transcribe, note, take down, put down *(notieren)*; 2. *(Media, RW)* record

Aufzeichnungen *fpl (RW)* records *(Rechnungsprüfung)*

aufzinsen *v (Fin, Stat)* accumulate, compound *(regelmäßiger Zuschlag der aufgelaufenen Zinsen zum Kapital und damit Mitverzinsung der aufgelaufenen Zinsen in der Zinseszinsrechnung = compound interest calculation; compounded interest through regular addition of interest to the principal; Gegensatz: abzinsen = discount)*

Aufzinsung *f (Fin, Stat)* accumulation, act of compounding *(regelmäßiger Zuschlag der aufgelaufenen Zinsen zum Kapital und damit Mitverzinsung der aufgelaufenen Zinsen in der Zinseszinsrechnung = compound interest calculation; Gegensatz: Abzinsung, Diskontierung = discounting; compounded interest through regular addition of interest to the principal)*

Aufzinsungsanleihe *f (Börse, Fin)* capital growth bond

Aufzinsungsfaktor *m (Fin)* accumulation factor

Auktion *f* 1. *(Gen, RW)* auction, sale at [by] auction; 2. *(V&M)* public sale, auction *(öffentliche Versteigerung)*

ausarbeiten *v (Gen)* draw up, prepare

Ausbau *m* 1. *(Comp)* upgrade, upgrading *(System)*; 2. *(Gen)* completion, extension, improvement

ausbaufähig *adj* 1. *(Comp)* open-ended; 2. *(Mgt)* extensible

Ausbesserungen *fpl (Gen)* maintenance and repair work

ausbeuten *v* 1. *(Gen)* exploit, tap *(Ressourcen)*; 2. *(Pers) (jarg.)* exploit; 3. *(Umwelt, WiWi)* exploit, tap *(Ressourcen)*; 4. *(V&M)* milk

ausbeutend *adj (Pol, Recht, WiWi)* exploitative *(EU-Wettbewerbsrecht)*

Ausbeutung *f* 1. *(Gen, Umwelt, WiWi)* exploitation *(von Ressourcen)*; 2. *(V&M)* milking strategy *(eines Unternehmens)*

Ausbildende *m(f) (Pers)* training officer

Ausbilder(in) *m(f) (Pers)* trainer *(von Berufsanfängern)*

Ausbildung *f (Pers)* education, instruction, training

Ausbildung *f* **am Arbeitsplatz** *(Pers)* on--the-job training, training on-the-job

Ausbildung *f* **der Ausbilder** *(Pers)* training of trainers

Ausbildung *f* **von Führungskräften** *(Gen, Mgt, Pers)* executive development, executive training

Ausbildungsabschluss *m (Bil)* educational attainment, educational achievement; certificate, leaving certificate, qualification, educational qualification *(Zeugnis)*

Ausbildungsberuf *m (Bil, Pers)* training occupation; recognized trade *(anerkannter Ausbildungsberuf in Deu)*; recognized occupation

Ausbildungsbetrieb *m (Pers)* firm providing (apprenticeship) training, training company, training establishment

Ausbildungsdauer *f (Pers)* duration of training, duration of education, length of training, length of education

Ausbildungseinrichtung *f (Pers)* educational establishment, training establishment

Ausbildungsförderung *f (Bil)* promotion of education; funding of one's studies *(Studium)*; training grant, provision of a training grant, promotion of training, promotion of vocational training *(beruflich)*

Ausbildungsgang *m (Bil)* educational course, training course, course of training

Ausbildungslehrgang *m (Pers)* training course

Ausbildungsplatz *m (Bil)* training place, apprenticeship, apprenticeship place, traineeship

Ausbildungsplatzangebot *n (Pers)* supply of training places

Ausbildungsstand *m (Pers)* level of training

Ausbildungsstätte *f (Pers) (AE)* training center, *(BE)* training centre, teaching company, educational establishment, training establishment

Ausbildungsvergütung *f (Pers)* training pay, training allowance

Ausbildungsverhältnis *n (Pers)* training relationship, traineeship, training agreement, apprenticeship

Ausbildungsvertrag *m (Pers)* training contract, apprenticeship contract

Ausbildungsvorschriften *fpl (Pers)* training rules, training guidelines, rules for training, guidelines for training

Ausbildungszeit *f (Pers)* training period, period of training, training, period of education, education

Ausbildungszentrum *n (Bil)* education centre, training centre, training establishment *(beruflich)*; staff training centre *(betrieblich)*

Ausbildungszeugnis *n (Bil)* training certificate, educational qualification, qualification, diploma

ausbreiten *v (Gen)* spread • **sich ausbreiten** *(Gen)* spill over

Ausbreitungseffekt *m (WiWi)* spread effect, spill over effect

ausbuchen *v* 1. *(Fin)* balance; 2. *(Gen)* charge off, debit, enter a debit against; 3. *(RW)* close out, write off, charge off

Ausbuchung *f* 1. *(Fin)* balancing, debit; 2. *(RW)* charge off, closing out, write-off, balancing, debit

ausdehnen *v (Gen)* expand, extend, widen *(Befugnisse)*

ausdrückliche Bedingungen *fpl (Recht)* express conditions, express terms

ausdrückliche Einwilligung *f (Recht)* explicit consent

ausdrückliche Genehmigung *f (Recht)* express authority

ausdrücklicher Vertrag *m (Recht)* explicit contract, express contract

Ausfall *m* 1. *(Comp)* breakdown; 2. *(Fin)* deficiency, financial loss; 3. *(Gen)* failure

Ausfall *m* **des Einkommens** *(Pers)* loss of income, income loss

Ausfalldaten *npl (Bank, Fin, Stat)* default data *(Basel II; Rating)*

Ausfallquote *f* 1. *(Gen)* failure rate; 2. *(RW)* delinquency ratio

Ausfallrate *f (Bank, WiWi)* default rate

Ausfallrisiko *n (WiWi)* non-payment risk, risk of default

Ausfallwahrscheinlichkeit *f (Bank, Fin)* probability of default, PD, expected default frequency, EDF *(von Risikoanleihen z. B.)*

ausfertigen *v* 1. *(Bank, Fin)* issue *(Scheck)*; 2. *(Gen)* copy; 3. *(Recht)* draw up, write out *(Urkunde)*

Ausfertigung *f* 1. *(Bank, Fin)* issue *(Scheck)*; 2. *(Gen)* copy, counterpart

Ausfuhr *f (Imp/Exp, WiWi)* exportation, exporting, export

Ausfuhrabgabe *f (Imp/Exp, Recht)* export duty

ausführbares Programm *n (Comp, Komm) (AE)* executable program

Ausfuhrbeschränkung *f (Imp/Exp, Recht)* import restriction

ausführen *v* 1. *(Börse)* execute; 2. *(Gen)* carry out, put into execution, accomplish, execute, implement *(Entscheidung)*; 3. *(Imp/Exp)* export

Ausfuhrerklärung *f* 1. *(Gen)* export declaration; 2. *(Imp/Exp)* clearance outwards

Ausfuhrfinanzierung *f (Fin)* export financing

Ausfuhrgeschäft *n (Imp/Exp)* export transaction

Ausfuhrhandel *m (Imp/Exp)* export trade, export business

Ausfuhrland *n (Imp/Exp)* exporting country

ausführlich *adj (Gen)* in depth, detailed

Ausfuhrpapiere *npl (Imp/Exp)* export

documentation
Ausfuhrüberschuss *m (WiWi)* export surplus
Ausfuhrüberwachung *f (Imp/Exp)* export control
Ausführung *f* 1. *(Börse)* execution; 2. *(Gen)* undertaking, carrying out, accomplishment, achievement *(einer Aufgabe)*; execution, implementation *(einer Anordnung)*; quality *(Qualität)*; 3. *(Pat)* carrying out, design; 4. *(Recht, WiWi)* implementation *(des EU--Gemeinschaftsrechts)*
Ausführungsbestimmungen *fpl (Recht)* implementing regulations
Ausgabe *f* 1. *(Bank)* issue *(Geld)*; 2. *(Börse)* issue *(Aktien)*; output *(Daten)*; computer output; 3. *(Gen)* edition, outlay, expense, expenditure *(Kosten)*; 4. *(Media)* copy number, edition, issue
Ausgabe *f* **einer Zeitung** 1. *(Gen)* copy; 2. *(V&M)* run of paper
Ausgabe *f* **von Gratisaktien** 1. *(Börse)* cap(italization) issue; 2. *(Fin) (BE)* bonus issue
Ausgabeautomat *m (Bank)* cash dispenser, automated teller machine *(ATM)*
Ausgabeermächtigung *f (Fin)* spending authority, *(AE)* budget authority, *(BE)* total obligational authority
Ausgabekurs *m (Börse)* issuing price, initial offering price
Ausgaben *fpl* 1. *(Fin, Gen)* expenditure, outflows, outgoings, outlays; 2. *(WiWi)* expenditure, *(BE)* high-street spending, outlay • **Ausgaben (auf einen bestimmten Zeitraum) abgrenzen** *(RW)* apply expenses to a period • **Ausgaben kürzen** *(WiWi)* cut spending, make cuts in spending
Ausgaben *fpl* **der öffentlichen Hand** *(Fin, WiWi)* government expenditure, public expenditure
Ausgabenbefugnis *f (Pol)* spending authority
Ausgabenbewilligung *f* 1. *(Fin)* budget(ary) appropriation; 2. *(RW)* authorization for expenditure
ausgabengleiche Kosten *pl (RW, WiWi)* cash outlay costs
Ausgabenkompetenz *f (Gen)* spending power
Ausgabenkurve *f (WiWi)* outlay curve
Ausgabenreste *mpl (WiWi)* unspent budget balances
Ausgabensteuer *f (Steuer, WiWi)* expenditure tax
Ausgabepreis *m* 1. *(Fin)* issue price; 2. *(RW)* asked price
Ausgänge *mpl (Fin)* outgoings
Ausgangsabgaben *fpl (Steuer)* export duties and taxes
Ausgangskapital *n (Fin)* initial capital
Ausgangsrechnung *f (Gen, V&M)* outgoing invoice
ausgeben *v* 1. *(Bank, Börse)* issue; 2. *(Fin)* issue; 3. *(Gen)* expend, spend, lay out, pay out, disburse
ausgebildetes Personal *n (Pers)* skilled staff, qualified staff, trained staff
ausgedehnt *adj* 1. *(Fin)* extended; 2. *(Gen)* extended, widened
ausgefallene Dividende *f (RW)* omitted dividend
ausgegebene Aktien *fpl (Börse)* outstanding shares, issued shares
ausgegebenes Aktienkapital *n* 1. *(Börse)* outstanding capital stock, issued share capital; 2. *(Fin, RW)* capital stock issued
ausgeglichen *adj* 1. *(Fin)* offset; 2. *(Gen)* in-balance, in-line; 3. *(RW)* balanced, offset • **ausgeglichen abschließen** *(RW, WiWi)* break even *(ZB)*
ausgeglichener Haushalt *m* 1. *(Fin)* balanced budget, in-balance budget, in-line budget; 2. *(WiWi)* balanced budget
ausgeglichenes Konto *n (RW)* account in balance, closed account
ausgeloste Anleihe *f (Börse)* drawn bond
ausgereichte Kredite *mpl (Bank)* credits outstanding
ausgeschiedenes Wirtschaftsgut *n (Steuer)* retired asset
ausgeschüttete Dividende *f (Fin)* cash dividend
ausgeschütteter Gewinn *m (Fin, RW)* distributed profit
ausgesetzter Handel *m (Börse)* suspended trading
ausgesperrt *adj (Pers)* locked-out
ausgeweitet *adj (WiWi)* expanded
ausgewiesen *adj (RW, Gen)* accounted for, reported, stated *(Kosten, Gewinn)*
ausgewiesene Dividende *f (RW)* reported dividend, declared dividend
ausgewiesene eigene Mittel *npl (RW)* reported equity

ausgewiesene Inflation *f (WiWi, Stat)* headline inflation *(sie wird umfassend und objektiv statistisch gemessen, z. B. als HVPI = HICP; Synonym: maßgebliche Inflation, Gesamtinflation, allgemeine Teuerungsrate; Gegensatz: 1. Kerninflationsrate = core inflation rate, bereinigt von den sektorspezifischen Schwankungen der Energiepreise und der Lebensmittel, z. B. HVPI ohne Energie und unverarbeitete Nahrungsmittel; 2. gefühlte Inflation = wahrgenommene Inflation = perceived inflation)*

ausgewiesene Kosten *pl (WiWi)* explicit cost

ausgewiesener Gewinn *m (RW)* reported earnings, reported income

ausgewogener Wertpapierbestand *m (Börse)* balanced portfolio

ausgezeichnet *adj (Pers)* excellent **• über ausgezeichnete Referenzen [Zeugnisse] verfügen** *(Pers)* have excellent references

Ausgleich *m* 1. *(Fin)* offset, offsetting; 2. *(Gen)* adjustment, balance *(eines Kontos)*; compensation, equalization *(eines Mangels)*; settlement, squaring *(einer Summe)*; 3. *(RW)* offset, offsetting, balance, reconciliation *(eines Kontos)*; 4. *(WiWi)* compensation

Ausgleich *m* **der Grenznutzen** *(WiWi)* consumer equilibrium

Ausgleich *m* **von Einnahmen und Ausgaben** *(Fin)* equalization of revenue and expenditure

ausgleichen *v* 1. *(Fin)* average out, offset, balance, balance out, settle *(Konto)*; 2. *(Gen)* balance, balance out, cancel out, compensate, equalize, even out, level out, make up, recoup, settle *(Summe, Zahlen)*; 3. *(RW)* balance, offset, reconcile *(Konto)*; 4. *(WiWi)* make up, trade off, smooth out *(Fluktuationen)*

ausgleichen *v*/**sich** 1. *(Gen)* level up; 2. *(RW)* balance out

Ausgleichsabgabe *f* 1. *(Imp/Exp)* compensatory levy, equalization levy; 2. *(Steuer)* compensatory tax, compensation tax

Ausgleichsbuchung *f* 1. *(Bank)* charge back; 2. *(RW)* offsetting entry

Ausgleichsfunktion *f (WiWi)* compensatory function *(ZB)*

Ausgleichslager *n (WiWi)* buffer stock, buffer store

Ausgleichsposten *m* 1. *(RW)* per contra item, offsetting item; 2. *(WiWi)* balancing item

Ausgleichsprozess *m (WiWi)* process of adjustment *(ZB)*

Ausgleichsverlust *m (Börse) (BE)* compensating loss

Ausgleichszahlung *f* 1. *(Fin)* deficiency payment, equalization payment; 2. *(Imp/Exp)* compensatory levy *(EU)*; 3. *(Steuer)* compensatory payment

ausgliedern *v (Gen)* hive off

Ausgliederung *f (Gen, WiWi)* spin-off *(eines Unternehmensbereichs)*

ausgründen *v (WiWi)* hive off

aushandeln *v* 1. *(Bank)* arrange, negotiate *(Kredit)*; 2. *(Börse, Gen, Pers)* negotiate

Aushändigung *f (Gen)* delivery, handing--over

Aushändigungsvorschrift *f (Gen, Komm)* delivery instruction *(eigenhändig = to addressee only, gegen Empfangsbescheinigung = against receipt)*

Aushilfe *f (Pers)* fill-in, temporary worker, *(ugs.)* temp

Aushilfsarbeitsverhältnis *n (Pers)* temporary employment relationship, temporary employment

Aushilfspersonal *n (Pers)* auxiliary staff, temporary workers, *(ugs.)* temps

aushilfsweise arbeiten *v (Pers, Soz)* work temporarily

aushöhlen *v (Gen, WiWi)* erode *(Kaufkraft)*

Aushöhlung *f* **der Steuerbasis** *(WiWi)* tax erosion

auskalkulieren *v (Gen)* make a complete estimate of

auskaufen *v (Fin)* buy out

Auskommen *n (Soz)* livelihood **• sein Auskommen haben** *(Soz)* make a living, make a decent living

Auskunftspflicht *f (Gen)* duty to disclose information

Auskunftsrecht *n (Pol)* right to information, right to know

Auslage *f* 1. *(Komm)* display; 2. *(V&M)* shop front, window display

Auslagen *fpl (Gen, RW)* expenses, outlays

Auslagenersatz *m (Gen)* reimbursement (of expenses)

auslagern *v* 1. *(Comp)* swap *(Dateien)*; 2. *(Gen, Mgt, Ind)* outsource *(Produktion, Teile der Wertschöpfungskette)*; 3. *(Logis, V&M)* remove from storage *(aus dem Lager entfernen)*
Auslagern *n* 1. *(Mgt, Ind)* outsourcing *(Arbeit, Produktion)*; contracting out, subcontracting *(Synonym: Auslagerung von Unternehmensaufgaben an Drittunternehmen)*; carving-out *(Herauslösen von Betriebs- oder Unternehmensteilen)*; 2. *(Logis, V&M)* removal from storage; contracting out
Ausland *n (Gen)* foreign country • **im Ausland** *(Gen)* abroad • **im In- und Ausland** *(Gen)* at home and abroad
ausländisch *adj* 1. *(Bank, Fin)* offshore; 2. *(Gen)* foreign, from abroad, overseas • **in ausländischem Besitz** *(Bank, Gen, Logis)* foreign-owned
ausländische Arbeitskräfte *fpl (Pers)* foreign labo(u)r, foreign workers, migrant workers
ausländische Betriebsstätte *f (Steuer)* permanent establishment abroad
ausländische Direktinvestition *f (Fin, WiWi)* direct foreign investment, direct outward investment, foreign direct investment
ausländische Einkünfte *pl (Steuer)* foreign-source income
ausländische Tochtergesellschaft *f (Gen, Recht, Steuer)* foreign subsidiary
ausländischer Bankplatz *m (Bank)* offshore place
ausländischer Emittent *m (Fin)* nonresident issuer
ausländisches Recht *n (Pat, Recht)* foreign law
ausländisches Unternehmen *n (Gen)* foreign company
Auslandsaktiva *npl* 1. *(Gen)* assets held abroad; 2. *(WiWi)* overseas assets
Auslandsanleihe *f (Fin)* external loan, foreign bond, foreign loan
Auslandsanteil *m (Imp/Exp, WiWi)* foreign portion *(EU; der Anteil der Lieferungen und Leistungen mit Herkunft aus einem dritten Land)*
Auslandsaufenthalt *m (Pers)* stay abroad
Auslandserfahrung *f (Pers)* international experience, work experience acquired abroad
Auslandsgeschäft *n (Gen)* international business
Auslandsgespräch *n (Komm)* international call
Auslandsguthaben *npl (Bank)* foreign assets, funds abroad, nonresident deposits
Auslandsinvestition *f (WiWi)* foreign investment
Auslandsmarkt *m (Gen, WiWi)* foreign market, external market
Auslandsnachfrage *f (WiWi)* foreign demand
Auslandsniederlassung *f (Bank, Gen)* foreign branch, overseas branch
Auslandsposition *f (Bank, Fin)* external position
Auslandsschulden *fpl (Fin, RW, WiWi)* external borrowings, external debts, external liabilities
Auslandstätigkeit *f (Pers)* employment abroad, job abroad
Auslandsumsatz *m (Imp/Exp)* export turnover
Auslandsunternehmung *f (Gen)* foreign venture
Auslandsvermögen *n (Gen)* assets held abroad
Auslandsverschuldung *f (Fin, WiWi)* external debt, external borrowings
auslasten *v (Gen)* make full use of, use to capacity *(Maschinen)*
auslastungsbezogene [auslastungsorientierte] Budgetierung *f (Fin, RW)* activity based budgeting
auslaufen *v* 1. *(Gen)* die, expire, run out; 2. *(Steuer)* taper *(Steuervergünstigung)*; 3. *(WiWi)* taper off • **auslaufen lassen** *(Gen)* phase out, wind up *(Produktion)*
Auslaufmonat *m (Börse)* expiration month
Auslaufsphase *f (WiWi)* phase-out period
auslegen *v* 1. *(Gen, Grund, Ind)* construct, design; 2. *(Komm, Recht)* interpret
Auslegungsrichtlinien *fpl (Recht)* interpret(at)ive regulations
ausleihen *v (Börse, Fin)* lend
Ausleihungen *fpl* 1. *(Bank)* asset exposure, bank lending; 2. *(Fin)* assets, lendings
Ausleseprüfung *f (Bil)* screening test, competitive examination
Auslieferung *f (Gen, Logis)* delivery
auslösen *v (Gen)* ignite, set off, trigger,

spark off *(Panik, Streit)*; set off, expunge *(Reaktion)*
Auslösung *f* 1. *(Bank)* redemption; 2. *(Pers)* severance payment, termination payment; 3. *(Recht)* bail
ausmachender Betrag *m (Fin)* actual amount
Ausmaß *n* **des Schadens** *(Versich)* extent of the damage
Ausnahme *f (Gen)* exception • **mit Ausnahme von** *(Gen)* with the exception of
Ausnahmebestimmung *f (Recht)* derogation
Ausnahmeregelung *f* 1. *(Gen)* exemption; 2. *(Pol)* opt-out *(EU, Nichtbeteiligung)*
ausnehmen *v (Gen)* milk, *(ugs.)* raid
ausnehmen *v* **von** make an exception of
ausnutzen *v* 1. *(Gen)* exploit, utilize, take advantage of; 2. *(Pat)* work; 3. *(Pers)* exploit
Ausnutzungsgrad *m (Ind)* operating rate, plant utilization rate
ausreichen *v (Bank)* originate
ausreichend *adj* 1. *(Fin)* adequate; 2. *(Gen)* adequate, sufficient; 3. *(Recht, Versich)* adequate
ausreichende Kapitalausstattung *f (Fin)* capital adequacy
ausreichende Sorgfalt *f (Recht)* adequate care
Ausreißer *m (Stat, WiWi)* outlier
ausrichten *v (Gen)* align, aim
ausrichten *v* **auf** *(Gen)* gear towards, tailor to *(anpassen)*
ausrüsten *v* 1. *(Gen)* equip; 2. *(Logis)* fit out
Ausrüstungsgegenstände *mpl (WiWi)* equipment goods
Ausrüstungsindustrie *f (Gen)* supply industry
Aussage *f (Gen)* statement
ausschalten *v (Gen)* eliminate *(Fehlerquelle)*; switch off, turn off, shut off *(Gerät)*
ausscheiden *v (Gen, Pers)* retire
Ausscheiden *n (Gen, Pers)* retirement
Ausschlachten *n* **von Unternehmen** *(ugs.) (RW, WiWi)* asset stripping
Ausschlag *m (Gen)* decisive factor • **den Ausschlag geben** *(Gen)* tip the scales
ausschlagen *v (Gen)* renounce *(Angebot)*
ausschlaggebende Stimme *f (Pers)* decisive vote, tiebreaking vote
ausschlaggebender Aktienanteil *m (Börse)* control stock
ausschließen *v* 1. *(Börse)* lock out; 2. *(Gen)* bar, exclude, expel, preclude, crowd out, eliminate, rule out, *(ugs.)* boot off; 3. *(Recht)* bar
ausschließend *adj (Pol, Recht, WiWi)* exclusionary *(EU-Wettbewerbsrecht, missbräuchliche Verhaltensweise)*
ausschließlich Dividende *(Fin)* ex dividend
ausschließliche Zuständigkeit *f (Recht)* exclusive jurisdiction
Ausschließlichkeitsvertrag *m* 1. *(Pat)* exclusive licensing arrangement; 2. *(V&M)* exclusive dealer arrangement
Ausschluss *m* 1. *(Bank) (jarg.)* redlining, bar *(Kreditgewährung)*; 2. *(Fin)* foreclosure *(Markt)*; 3. *(Gen)* elimination, exclusion • **unter Ausschluss von** *(Gen)* to the exclusion of, with the exception of • **unter Ausschluss der Öffentlichkeit** *(Recht)* closed to the public, in camera
Ausschluss *m* **der Gewährleistung** *(Recht)* exclusion of liability *(Vertragsrecht)*
Ausschlussfrist *f* 1. *(Gen)* term of limitation; 2. *(Recht)* time bar, time limit
Ausschlussprinzip *n (WiWi)* exclusion principle *(öffentliches Gut)*
Ausschlussrecht *n (Pat, Recht)* exclusive right
ausschreiben *v (Börse, Gen, V&M)* put out for tender
Ausschreibung *f* 1. *(Gen)* advertised bidding, tender to contract; 2. *(Recht)* invitation to bid; 3. *(V&M)* competitive tendering • **durch Ausschreibung** *(V&M)* by tender • **sich an einer Ausschreibung beteiligen** *(Gen)* tender • **Ausschreibung vornehmen** *(Gen)* invite tenders
Ausschreibungsbedingungen *fpl* 1. *(Gen)* bidding requirements, conditions [terms] of tender; 2. *(Recht)* contract specifications
Ausschreibungsfrist *f (Gen)* bidding period
Ausschreibungsverfahren *n* 1. *(Fin)* tender; 2. *(Gen)* bidding procedure, tendering procedure
Ausschuss *m* 1. *(Gen)* commission, committee, wastage, spoilage *(industriell)*; bad work *(fehlerhafte*

Arbeit); 2. *(Ind)* rejects, defective units, lost units *(fehlerhafte Arbeit)*
Ausschuss *m* **der Regionen** *(Recht)* Committee of the Regions *(EU)*
Ausschuss *m* **der Ständigen Vertreter** 1. *(Recht)* Standing Representatives Committee *(EU)*; 2. *(Pol)* Committee of Permanent Representatives of the EU, COREPER
Ausschussvorsitzende *m(f) (Gen)* committee chairman, committee chairwoman
ausschütten *v (Fin)* distribute
Ausschüttung *f (Börse)* distribution *(der Dividenden)*
Ausschüttung *f* **in einer Summe** *(Börse)* lump sum distribution
Ausschüttung *f* **realisierter Kursgewinne** *(Börse)* capital gains distribution
Ausschüttungspolitik *f (Börse, Fin)* dividend policy
Ausschüttungssatz *m* 1. *(Fin)* payout rate; 2. *(RW)* dividend payout ratio
Außen... *(Gen, Mgt, Pers, Pol, WiWi)* outer, external, foreign
Außenarbeit *f (Pers)* outwork *(Heimarbeit)*
Außenbeitrag *m (Imp/Exp, WiWi)* external balance, foreign balance *(ZB)*; external component of GDP *(VGR)*
Außenbilanz *f (WiWi)* external balance
aussenden *v (Komm)* send, push *(Daten)*
Außendienst *m* 1. *(Gen)* field service, field organization; 2. *(V&M)* field sales force
Außendienstmitarbeiter *mpl* 1. *(Gen, Pers, V&M)* field workers, field operators, field force, field staff; 2. *(WiWi)* outdoor staff
Außendiensttätigkeit *f (Pers, V&M)* field sales, direct sales
Außenfinanzierung *f (Fin, RW)* external financing, outside finance
Außenhandel *m* 1. *(Gen)* external trade, international trade; 2. *(WiWi)* foreign trade
Außenhandelsdefizit *n (Imp/Exp, Pol, WiWi)* trade deficit *(Synonym: Handelsbilanzdefizit)*
Außenhandelsgewinne *mpl (WiWi)* gains from trade
Außenhandelsgüter *npl (WiWi)* tradables
Außenhandelsüberschuss *m (WiWi)* (foreign) trade surplus
Außenhandelsumsatz *m (WiWi)* foreign trade turnover *(ZB)*
Außenhandelsverflechtung *f (WiWi)* foreign trade links
Außenhandelsvolumen *n (Imp/Exp, WiWi)* volume of foreign trade
Außenhandelswert *m (WiWi)* external value
Außenminister *m (Pol)* foreign minister, *(AE)* Secretary of State, *(BE)* Foreign Secretary
Außenministerin *f s.* Außenminister
Außenministerium *n (Pol)* foreign ministry, *(BE)* Foreign and Commonwealth Office, FCO, *(AE)* State Department
Außenmitarbeiter(in) *m(f) (Pers, V&M)* field associate
Außenstände *mpl (RW)* outstanding, accounts receivable, uncollected receivables, outstanding debts *(Schulden)*
Außenstelle *f (Gen, Mgt)* branch office
Außenwirtschaft *f (Gen)* external economy
außenwirtschaftliche Daten *npl (WiWi)* balance-of-payments figures *(ZB)*
außenwirtschaftliche Lage *f (WiWi)* external position
Außenwirtschaftsrecht *n (Recht)* foreign trade law
Außenzoll *m (Imp/Exp, WiWi)* external tariff
außerbetrieblich *adj (Gen, Mgt, Pers)* external
außerbetriebliche Weiterbildung *f (Pers) (BE)* off-the-job training *(Bildung, Ausbildung)*
außerbilanziell *adj (RW)* off-balance sheet
außerbörslicher Handel *m (Börse)* off--board trading
außerbörsliches Geschäft *n (Bank, Börse)* over-the-counter transactions, OTC transactions
äußere Stabilität *f (Pol, WiWi)* stability abroad
äußere Verschuldung *f (Gen)* borrowing abroad
außereuropäisch *adj (Pol)* non-European *(EU)*
außergerichtlich *adj (Recht)* extrajudicial, out-of-court
außergerichtlicher Vergleich *m (Recht)* out-of-court settlement, amicable

settlement, voluntary settlement *(freiwillig)*
außergewöhnliche Aufwendungen *fpl (RW)* extraordinary expenditure
Außerkraftsetzung *f (Recht)* abrogation *(eines Gesetzes)*
außerordentliche Abschreibung *f (RW)* extraordinary depreciation
außerordentliche Aufwands- oder Ertragspositionen *fpl (Fin)* extraordinary items
außerordentliche Aufwendungen *fpl (RW)* extraordinary expenditure, extraordinary expenses, nonrecurring charges
außerordentliche Kündigung *f (Pers)* summary dismissal, dismissal without notice *(employer)*; termination without notice, resignation without notice *(worker)*
außerordentliche Positionen *fpl (Fin)* extraordinary items
außerordentlicher Ertrag *m* 1. *(Fin)* extraordinary item; 2. *(RW)* extraordinary gain, extraordinary income
außerordentlicher Verlust *m (RW)* extraordinary loss
außerordentliches Ergebnis *n (RW)* extraordinary profit or loss
außerplanmäßig *adj* 1. *(Gen)* unscheduled *(Sitzung)*; 2. *(Pers)* nonscheduled
außerplanmäßige Abschreibung *f (RW)* non-scheduled depreciation, unplanned depreciation *(IAS 36)*
äußerster Preis *m (Gen)* bottom price, knockdown price
außertariflich *adj (Pers)* exempt from collectively agreed terms, outside the agreed scale rate, outside the collective agreement
außertarifliche Angestellte *pl (Pers)* salaried employees exempt from collectively agreed terms
außertarifliche Bezahlung *f (Pers)* pay above the agreed scale rate, salary above the agreed scale rate *(exempt from collectively agreed terms, outside the collective agreement)*
aussetzen *v (Börse, Gen, Recht, Steuer)* suspend
Aussetzen *n* **der Notierung** *(Börse)* trading halt
Aussetzung *f (Börse, Gen, Steuer)* suspension
Aussetzung *f* **der Zahlungen** 1. *(Fin, Gen)* suspension of payment; 2. *(Soz)* suspension of benefit *(Sozialleistungen)*
aussortieren *v (Gen)* sort out
aussperren *v (Mgt, Pers)* lock out
Aussperrung *f (Gen, Pers)* lock-out *(bei Streik)*
ausstatten *v (Gen)* fit out, equip
ausstatten *v* **mit** 1. *(Gen)* vest with *(Befugnissen)*; 2. *(Pol)* invest with, vest with *(Vollmacht)*
Ausstattung *f* 1. *(Bank)* terms *(eines Kredits)*; 2. *(Fin)* provision of funds, structure, terms of issue; 3. *(Gen)* equipment
Ausstattung *f* **mit Barmitteln** *(Fin)* cash resources
ausstehend *adj* 1. *(Gen)* outstanding; 2. *(RW)* active
ausstehende Aktien *fpl (Börse)* outstanding capital stock
ausstehende Einlagen *fpl (Börse)* outstanding capital stock, *(BE)* unpaid call on capital
ausstehender Betrag *m (Gen, RW)* amount outstanding, outstanding amount
ausstehendes Aktienkapital *n (Börse, RW)* outstanding capital stock, issued share capital
aussteigen *v* 1. *(Gen)* back out, drop out, bail out, bale out; 2. *(WiWi)* opt out
Aussteigen *n (ugs.) (Börse)* bailing out
ausstellen *v* 1. *(Bank, Fin)* issue *(Scheck)*; 2. *(Gen, RW)* make out, write out, issue *(Scheck, Quittung)*; accredit *(Garantie)*; exhibit *(Ware)*; draw up, exhibit *(Vertrag, Dokumente)*; issue *(Zeugnisse)*; 3. *(Pat, V&M)* exhibit
Ausstellen *n* 1. *(Bank, Fin)* issue; 2. *(RW)* billing
ausstellen *v* **auf** *(Bank, Fin)* make payable to *(Scheck)*
ausstellende Behörde *f (Recht)* issuing authority
Aussteller *m* 1. *(Bank)* drawer, issuer; 2. *(Bank, Fin)* issuer; 3. *(Recht)* maker *(einer Urkunde)*
Ausstellung *f* 1. *(Bank)* issue *(Scheck)*; 2. *(Börse)* exposition; 3. *(Fin)* issue; 4. *(Gen)* exhibition, fair, show, issue; 5. *(Komm)* display *(Dokumente, Zeugnisse)*; 6. *(Pat)* exhibition; 7. *(V&M)* exhibition, show

Ausstellungsdatum *n (Recht)* date of issue • **ab Ausstellungsdatum** *(Gen)* after date, a/d • **nach Ausstellungsdatum** *(Gen)* after date, a/d

Ausstellungsraum *m (Gen)* exhibition room

Ausstellungstag *m (Gen)* issuing date, date of issue

ausstempeln *v (Pers)* clock out

Ausstiegsklausel *f (Pol)* let-out clause

Ausstoß *m (WiWi)* output

Austausch *m* 1. *(Gen)* exchange, interchange; 2. *(Ind)* replacement; 3. *(Komm)* exchange *(Informationen, Meinungen)*; 4. *(WiWi)* exchange

austauschbar *adj* 1. *(Gen)* exchangeable, interchangeable, replaceable; 2. *(Komm, WiWi)* exchangeable, replaceable

Austauschbeziehung *f (WiWi)* trade-off *(Zielkonflikt)*

austauschen *v* 1. *(Gen)* exchange, interchange, replace, trade; 2. *(Komm)* exchange; 3. *(WiWi)* trade

Austauschrelationen *fpl (Imp/Exp, WiWi)* terms of trade

Austauschverhältnis *n (Bank, Pol, WiWi)* parity, exchange ratio

austreten *v* 1. *(Gen)* leave, opt out, resign *(kündigen)*; 2. *(Recht)* withdraw, contract out

Austritt *m (Recht, Versich)* withdrawal

ausüben *v* 1. *(Börse)* exercise; tender notice; 2. *(Gen, Recht)* exercise, *(AE)* practice, *(BE)* practise; 3. *(Steuer)* perform; 4. *(V&M)* exercise *(Privileg)*

Ausübung *f* 1. *(Börse, Gen, Recht)* exercise; 2. *(Steuer)* performance

Ausübung *f* **von Rechten** *(Börse)* exercise of rights

Ausübungsfrist *f (Börse)* exercise deadline

Ausübungspreis *m (Börse)* striking price

Ausverkauf *m (Gen, V&M)* sale

Ausverkauf *m* **wegen Geschäftsaufgabe** *(Gen)* closing--down sale, winding-up sale

ausverkaufter Markt *m (Börse)* sold-out market

Auswahl *f* 1. *(Gen)* assortment, choice, range of goods, selection; 2. *(Pers)* screening *(unter Stellenbewerbern)* • **in die engere Auswahl kommen** *(Gen, Pers)* be shortlisted *(Bewerbung)* • **in die engere Auswahl nehmen** *(Gen, Pers)* shortlist • **seine Auswahl treffen** *(Gen) (ugs.)* take one's pick

auswählen *v (Gen)* select, single out

Auswahlgespräch *n (Pers)* selection interview

Auswahlkriterium *n (Pers)* selection criterion, eligibility criterion, criterion for selection

Auswahlliste *f (Gen, Pers)* shortlist • **eine Auswahlliste aufstellen** *(Pers)* draw up a shortlist *(Selektion)*

Auswahlverfahren *n (Pers)* screening technique

auswandern *v (Gen, Pol)* emigrate

auswärtig *adj* 1. *(Bank, Fin)* offshore; 2. *(Pol)* foreign

Auswärtsvergabe *f (WiWi)* subcontracting

auswechseln *v (Gen)* replace

Ausweis *m* 1. *(Bank, RW)* statement (of account); 2. *(Recht)* identity card, identification card, proof of identity, pass

Ausweis *m* **der Kapitalverwendung** *(RW)* application-of-funds statement

ausweisen *v (RW)* post, report, show on the books

ausweisen *v*/**sich** *(Recht)* prove one's identity

Ausweisgewohnheiten *fpl (Bank, RW, WiWi)* disclosure practices

Ausweiskontrolle *f (Pol, Recht)* identity check

Ausweispapiere *npl (Pol, Recht)* identification papers

ausweiten *v (Gen, WiWi)* expand

Ausweitung *f* 1. *(Fin)* expansion; 2. *(Gen)* expansion *(Produktion)*; enrichment *(Tätigkeit)*

Ausweitung *f* **der Beschäftigung** *(Pers)* increase in the number of jobs

auswerfen *v (Gen)* eject, produce *(Zahlen)*

auswerten *v* 1. *(Gen)* appraise, evaluate, interpret; 2. *(Mgt) (BE)* analyse, *(AE)* analyze *(Daten)*

Auswertung *f* 1. *(Comp)* interpretation; 2. *(Gen)* appraisal, evaluation; 3. *(Ind)* working; 4. *(Mgt)* analysis *(von Daten)*; 5. *(Pat)* exploitation, working; 6. *(Pers, Stat)* analysis, evaluation; 7. *(Recht)* exploitation *(of rights)*

Auswertung *f* **der Rechnungslegung** *(RW)* accounting analysis

Auswirkung *f (Gen)* consequence, effect, impact, implication
Auswirkung *f* **auf den Gewinn** *(Gen)* profit implication
Auswirkungsstudie *f (WiWi)* impact study *(Synonym: Wirkungsstudie)*
auszahlbar *adj (Fin)* disbursable, payable
auszahlen *v* 1. *(Fin)* buy out, disburse, pay off, pay out; 2. *(Gen)* buy out *(Teilhaber, Aktionär)*; 3. *(Pers)* pay off *(Arbeitnehmer)*
Auszahler *m (Fin)* disburser, payer
Auszahlung *f* 1. *(Fin)* payback; 2. *(Gen)* payment; 3. *(Pers)* payoff *(Entlassung)*; 4. *(RW)* amount paid out, disbursement *(Kreditbetrag)*; 5. *(WiWi)* payoff
Auszahlung *f* **in bar** *(Bank)* cash payment
Auszahlungsprovision *f (Gen)* disbursement commission
Auszahlungssperre *f (Bank)* stop--payment order
Auszahlungsstelle *f (Bank)* paying agent
auszeichnen *v (Gen, V&M)* price, label
Auszeichnung *f* 1. *(Gen)* hono(u)r *(für Leistung)*; 2. *(V&M)* label(l)ing, price marking
Auszubildende *m(f) (Pers, WiWi)* apprentice, trainee
Auszug *m* 1. *(Bank)* statement of account; 2. *(Gen)* abstract *(Zusammenfassung)*; extract *(Auszug)*; 3. *(Pat)* abstract • **einen Auszug anfertigen über** *(Gen)* extract *(Informationen)*
Auszug *m* **aus dem Register** *(Pat)* extract from the register
autark *adj (Gen, WiWi)* autarchic, self--reliant, self-sufficient *(Wirtschaft)*
Autarkie *f (Gen, WiWi)* autarky, self--sufficiency
Autarkiebestrebungen *fpl (WiWi)* efforts to achieve self-sufficiency *(ZB)*
Auto... 1. *(Gen)* self..., automatic; 2. *(Ind)* automotive, auto...
Autobahngebühr *f (Logis)* toll
Autodidakt *m (Soz)* self-educated person, self-taught person
Automat *m (Gen)* automatic vending machine, slot machine, vending machine
Automatenverkauf *m (V&M)* automatic merchandising
automatisch *adj (Gen, Ind)* automatic
automatische Überweisung *f (Bank)* automatic transfer
automatische Verarbeitung *f (Gen)* automatic processing
automatische Wahlwiederholung *f (Komm)* automatic redial(l)ing *(Telefon)*
automatische Wiederanlage *f (Börse)* automatic reinvestment
automatische Worterkennung *f (Komm)* automatic word recognition *(Handy SMS)*
automatischer Bankschalter *m (Bank, Fin)* automated teller (machine)
automatischer fiskalpolitischer Konjunkturstabilisator *m (WiWi)* automatic fiscal stabilizer, built-in stabilizer
automatischer Inflationsverstärker *m (WiWi)* built-in inflator
automatischer Informationsaustausch *m (Bank, Fin, Pol, Steuer)* automated exchange of information *(EU--Vereinbarung zur Zinsbesteuerung, EU agreement on interest taxation)*
automatischer Konjunkturstabilisator *m (WiWi)* built-in flexibility
automatischer Stabilisator *m (WiWi)* automatic stabilizer, built-in stabilizer *(Konjunktur)*
automatischer Überweisungsverkehr *m (Bank) (BE)* automatic transfer service
automatischer Zahlungsverkehr *m (Bank, Fin, RW)* automatic funds transfer
automatisches Clearingsystem *n (Bank)* Automated Clearing Settlement System
automatisches Verrechnungssystem *n (Bank)* Automated Clearing Settlement System
automatisieren *v (Ind)* automate, robotize
automatisierte Abrechnungsstelle *f (Bank, Fin)* Automated Clearing House, ACH
automatisierte Datenverarbeitung *f (Comp)* automatic data processing, ADP
automatisierter Überweisungsverkehr *m (Bank, Fin, RW)* automatic funds transfer
automatisiertes Banküberweisungssystem *n (Bank) (BE)* bank giro credit system
automatisiertes Clearinghaus *n (Bank, Fin)* Automated Clearing House, ACH

automatisiertes Kontenabrufverfahren *n (Bank, Comp, Fin, Soz)* automated account retrieval procedure *(nach § 93 Abs. 7, 8 und § 93b AO sowie gemäß § 24c KWG)*
Automobilindustrie *f (Ind, Logis)* car industry, motor industry
Automobilwerte *mpl* 1. *(Börse)* automotive stock; 2. *(WiWi)* motors
Automobilwirtschaft *f (WiWi)* autoeconomy
autonom *adj* 1. *(Comp)* stand-alone; 2. *(Gen)* autonomous; 3. *(Mgt)* self--managed; 4. *(Pers)* self-managed, autonomous; 5. *(Pol)* self-governing
autonome Ausgaben *fpl (WiWi)* autonomous expenditure
autonome Investition *f (WiWi)* autonomous investment
autonomer Konsum *m (WiWi)* autonomous consumption
Autorenhonorar *n (Media, Recht)* author's royalties
Autorenrechte *npl (Media, Recht)* author's rights *(Urheberrecht)*
Autorisation *f (Bank, Gen)* authorization
autorisieren *v (Bank, Gen)* authorize
autorisierte Übersetzung *f (Gen)* authorized translation
autorisiertes Aktienkapital *n* 1. *(Fin, RW)* authorized share capital; 2. *(WiWi)* authorized capital
autorisiertes Grundkapital *n (WiWi)* authorized capital (stock)
autorisiertes Kapital *n (Fin, RW)* authorized capital
Autorisierungsszentrale *f (Bank) (AE)* authorization center, *(BE)* authorization centre
autoritärer Führungsstil *m (Pol)* directive style of leadership
autoritäres Management *n (Pers)* authoritarian management
Autorität *f* 1. *(Gen)* authority, expert; 2. *(Pers)* authority *(von Führungskräften)*
Autosteuer *f (Steuer)* car tax
Autoverleih *m (Ind)* car hire (service), *(AE)* car rental (service), rent-a-car (service)
Autovermietung *f (Frei, Logis) (BE)* car hire, *(AE)* car rental
Autoversicherung *f (Versich) (BE)* motor insurance, *(AE)* automobile insurance
autovervollständigen *v (Comp, Komm)* autocomplete
Aval *m (Bank, Fin)* credit by way of bank guaranty
Avalakzept *n (Bank, Fin)* collateral acceptance
avalierter Wechsel *m (Bank)* guaranteed bill of exchange
avaliertes Akkreditiv *n (Bank)* guaranteed letter of credit
Avalkredit *m (Bank, Fin)* credit by way of bank-guaranty *(Synonym: Bankaval)*
Avalprovision *f (Fin)* commission on guaranty
Avis *m(n) (Gen)* advice, notice, notification • **kein Avis** *(Gen)* no advice, N/A • **ohne Avis** *(Gen)* no advice, N/A
avisieren *v (Gen)* advise, advise on, give advice to, inform, notify
avisierter Wechsel *m (Bank)* advised bill
Azubi *s.* Auszubildende

B

BAB *(Abk. für Betriebsabrechnungsbogen) (Bil, RW)* expense distribution sheet, cost distribution sheet, assignment sheet for non-manufacturing cost, overhead allocation sheet, cost apportionment sheet, overhead distribution sheet *(zur Verteilung der primären Gemeinkosten nach dem Verursachungsprinzip auf die Kostenstellen; wird nur noch für Lehrzwecke verwendet, for teaching purposes only)*
Bachelorstudiengang *m (Recht, Bil)* bachelors program(me)
BaFin, Bafin *f (Abk. für Bundesanstalt für Finanzdienstleistungsaufsicht; Deu) (Bank, Börse, Fin, Versich)* Federal Agency for Financial Services Supervision, Federal Financial Supervisory Authority (BaFin) *(integrierte deutsche Finanzmarktaufsicht, integrated financial services supervision, comprises banks, the security markets and insurances; umfasst die ehemaligen Bundesämter für das Kreditwesen -BAK, BAKred-, für den Wertpapierhandel -BAWe- und für das Versicherungswesen -BAVers-; die BaFin hat in der zweiten Stufe des Enforcement-Verfahrens die Funktion einer "Bilanzpolizei", sie ist dem BMF*

zugeordnet)
BaföG *n (Abk. für Bundesausbildungsförderungsgesetz) (Bil, Recht)* Federal Law on Support for Education and Training *(Baföq)*
Bagatellbetrag *m (Fin, WiWi)* trifle, trifling amount, *(ugs.)* piddling sum
Bagatellfall *m (Fin)* de minimis case
Bagatellschaden *m (Versich)* petty damage
Bahn *f (Logis)* rail, *(BE)* railway, *(AE)* railroad
bahnbrechend *adj (Gen, Ind)* epoch-making, pioneering, *(ugs.)* trailblazing, at the forefront
Bahnbrecher *m (Gen, Ind)* pioneer
Bahnreservierung *f (Frei, Gen)* train reservation
Baisse *f* 1. *(Börse)* falling prices, sharp drop, stock market slump; 2. *(Fin)* downturn phase • **auf Baisse spekulieren** *(Börse)* bear, speculate for a fall in prices
Baissebewegung *f (Börse)* bearish downward movement
Baisseengagement *n (Börse)* bear position, engagement to sell short, short account, short position
Baissegeschäft *n (Börse)* bear transaction, short selling
Baissemarkt *m (Börse)* bear market
Baisseposition *f (Börse)* bear account, short (position), short account
Baissespekulation *f (Börse)* bear operation, bear speculation, bear transaction, going short
Baissetendenz *f (Börse)* bearish tone, bearishness
Baissier *m (Börse, Fin)* bear
Balkendiagramm *n (Stat)* bar chart, bar graph, histogram
Ballungsraum *m (WiWi)* agglomeration
Ballungszentrum *n (WiWi)* agglomeration
Bancomat *m (Schweiz) (Bank)* automated [automatic] cash dispenser, cash-dispensing machine
Bandbreite *f* 1. *(Comp)* bandwidth *(Datenübertragung)*; 2. *(Fin)* currency band, exchange margins, margin of fluctuation, official spread; 3. *(WiWi)* spread, (fluctuation) band *(für Kursschwankungen)*
Bandfertigung *f (Ind)* synchronous assembly-line production, flow production
Bandproduktion *f (Ind)* synchronous assembly-line production, flow production
Bank *f (Bank)* bank, banking house
Bankabrechnungsverkehr *m (Bank)* bank settlement system
Bankabrufverfahren *n (Fin)* automatic debit transfer system
Bankaktien *fpl (Bank)* bank shares
Bankakzept *n (Bank)* bank acceptance, bank bill, bank draft, banker's acceptance
Bankangestellte *m(f) (Bank)* bank clerk, bank officer, banker
Bankanweisung *f (Bank)* banker's order
Bankaufsichtsbehörde *f (Bank, Fin)* banking supervisory authority; *(AE)* bank regulatory agency
Bankauskunft *f (Bank)* banker's reference
Bankausweis *m (Bank) (BE)* bank return
Bankauszug *m (Bank)* bank statement
Bankautomat *m (Bank, Fin)* automatic teller
Bankaval *m (Bank, Fin)* credit by way of bank-guaranty *(Synonym: Avalkredit)*
bankbestätigter Scheck *m (WiWi) (AE)* certified check, *(BE)* certified cheque
Bankbeteiligung *f (Bank)* banking interest
Bankbetrieb *m (Bank)* banking business, banking operations
Bankbriefkurs *m (Bank)* bank selling rate
Bankbürgschaft *f (Bank)* bank guarantee
Bankdarlehen *n (Bank)* bank advance, bank loan, bank accommodation
Bankdienstleistungen *fpl (Bank)* banking services
Bankdiskont *m (Bank)* bank discount (rate)
Bankeinlage *f (Bank)* bank deposit
Bankeinlagenversicherung *f* bank deposit insurance
Bankenabrechnung *f (Bank)* bank clearing, settling of inter-bank transactions
Bankenapparat *m (Bank, Fin)* banking system
Bankenaufsichtsbehörde *f (Bank, Fin)* banking supervisory authority; *(AE)* bank regulatory agency
Banken-Clearing *n (Bank)* bank clearing, settling of inter-bank transactions
Bankengruppe *f (Bank)* bank(ing) group

bankenindossiert *adj (Bank)* bank--endorsed
Bankenkonsortium *n (Bank)* bank(ing) group, consortium of banks, syndicate
Bankenliquidität *f (Bank)* bank liquidity
Bankensektor *m (Bank)* banking sector
Bankensystem *n (Bank, Fin)* banking system
Bankfach *n (Bank)* banking; safe box, safe-deposit box *(Stahlfach)*
bankfähig *adj* 1. *(Bank)* bankable; 2. *(Börse)* negotiable
bankfähiger Wechsel *m (Bank)* bankable bill
bankfähiges Papier *n (Bank)* paper eligible for discount
Bankfazilitäten *fpl (RW)* bank facilities, credit facilities
Bankfeiertag *m (Gen, Pers, Recht) (BE)* bank holiday, *(AE)* legal holiday, *(AE)* statutory holiday
Bankfiliale *f (Bank)* bank branch, *(BE)* high-street bank
Bankfinanzierung *f (Bank)* bank financing
Bankforderungen *fpl (Bank, RW)* bank assets *pl (aus Sicht der Bank)*
Bankgarantie *f (Bank)* bank guarantee
Bankgebühren *fpl (Bank)* banking charges, bank charges, charges on banking transactions
Bankgeheimnis *n (Bank)* banking secrecy, confidentiality of banking operations
Bankgeschäft *n (Bank)* banking, banking business, banking operation *(Betrieb)*; banking transaction *(Abschluss)*
Bankgewerbe *n (Bank)* banking industry
bankgiriert *adj (Bank)* bank-endorsed
Bankguthaben *n (Bank)* balance in bank, bank balance, cash in bank, cash balance
Bankhaus *n (Bank)* banking establishment, banking house
Bank-Holding *n (Bank, Gen)* bank holding company
Bankier *m (Bank)* banker
Bankinstitut *n (Bank)* bank, bk, banking establishment, banking house
Bankkarte *f (Bank)* bank card
Bankkassierer *m (Bank)* bank teller
Bankkonto *n (Bank)* account, bank account, bank accommodation • **Bankkonto überziehen** *(Bank)* overdraw
Bankkontrolle *f (Bank)* bank audit
Bankkonzession *f (Bank)* bank charter
Bankkosten *pl (Bank)* bank charges
Bankkredit *m (Bank)* bank advance, bank credit, bank loan • **Bankkredit aufnehmen** *(Bank)* arrange a loan, borrow from a bank
Bankkredite *mpl (Bank)* bank lending
Bankleistungen *fpl (Bank)* banking services
Bankleitzahl *f (Bank)* bank code, *(BE)* sort code, bank routing number
Banklombardgeschäft *n (Fin)* collateral loan business
bankmäßig *adj (Bank)* in terms of banking
Banknote *f* 1. *(Bank, Fin) (AE)* bank bill, *(BE)* banknote, *(AE)* bill, *(BE)* note; 2. *(Fin) (BE)* bill, *(AE)* check
Banknotenfälschung *f (Bank)* counterfeiting
Banknotenumlauf *m (WiWi)* active circulation of bank notes
Banköffnungszeiten *fpl (Bank)* banking hours
Bankpapier *n (Bank)* bank paper, security issued by a bank
Bankplatz *m (Bank) (BE)* banking centre, *(AE)* banking center
Bankpleite *f (ugs.) (Bank, Fin)* banking insolvency
Bankprovision *f (Bank)* bank commission
Bankprüfung *f (Bank)* bank audit
Bankrevision *f (Bank)* banking audit, bank audit, *(AE)* bank examination
bankrott *adj (Bank, Fin, Gen)* bankrupt; *(ugs.)* broke, *(ugs.)* bust • **jmdn. offiziell für bankrott erklären** *(Recht, RW)* adjudge sb bankrupt, adjudicate sb bankrupt • **bankrott sein** *(Gen)* be bankrupt; *(ugs.)* be on the rocks
Bankrott gehen *v (Gen)* go bankrupt; *(ugs.)* go toes up
Bankrott machen *v (Gen)* go bankrupt; *(ugs.)* go broke; *(ugs.)* go bust; *(ugs.)* go toes up
Bankscheck *m (Bank) (AE)* bank check, *(BE)* bank cheque, bank draft, *(AE)* banker's check, *(BE)* banker's cheque, banker's draft, *(AE)* cashier's check, *(BE)* cashier's cheque
Bankschließfach *n (Bank)* safety deposit box
Banksparbriefe *mpl (Bank)* bank savings bonds
Banktochter *f (Bank)* banking subsidiary

Banktratte *f (Bank)* bank draft, banker's draft
Banktresor *m (Bank)* bank vault
Banküberweisung *f (Bank)* bank (credit) transfer, *(BE)* bank giro, bank remittance
Bankumsätze *mpl (Fin)* bank turnovers
Bankvalutierungsgewinn *m (Bank)* bank float
Bankverbindlichkeiten *fpl (Bank)* bank debts, indebtedness to banks
Bankverbindung *f (Bank)* bank account *(Konto)*; bank connection, banking connection *(eines Kunden)*
Bankvorschriften *fpl (Bank)* bank requirements
Bankwechsel *m (Bank)* bank acceptance, bank bill, bank draft, bank paper, banker's bill, banker's draft
Bankwerte *mpl (Bank)* bank shares
Bankwertpapiere *npl (Bank)* bank securities
Bankzinsen *mpl (Bank)* bank interest
Bankzinssatz *m (Bank, Fin) (BE)* bank rate *(B.R.)*
Bankzinssatz *m* **für erste Adressen** *(Fin)* prime lending rate
Banner *n (Komm, Media, V&M)* banner *(Werbefläche)*
Bannerwerbung *f (Komm, Media, V&M)* banner advertising
bar *adj (Fin, Gen)* cash, for [in] cash
bar *adv (Gen)* cash, in cash • **in bar** *(Gen)* for cash, in cash, in specie • **bar abrechnen** *(Gen)* settle in cash • **bar zahlen** *(Gen)* pay cash, pay in cash
bar ohne Abzug *(Fin)* net cash *(Zahlungsklausel)*
Barabfindung *f (Börse, Fin)* cash settlement
Barabhebung *f (Bank, RW)* cash drawdown, cash withdrawal
Barabzug *m (Gen)* cash deduction
Barausgaben *fpl (Fin)* expenditure, outlay
Barausgleich *m (Bank, Börse, Fin, Mgt)* cash settlement *(Übernahme, Optionen)*
Barauslagen *fpl (Fin, RW, WiWi)* cash outlay, cash expenditure, cash payments
Barausschüttung *f (Fin)* cash distribution, cash dividend
Barbestand *m (Gen, RW)* cash on hand
Barcodelesegerät *n*, **Barcodeleser** *m (Comp, V&M)* bar code reader
Bareinkaufspreis *m (RW)* cash purchase price
Bareinlage *f* 1. *(Bank)* cash deposit *(Einzahlung)*; 2. *(RW, Fin)* cash contribution
Bareinnahmen *fpl* 1. *(Fin)* cash earnings; 2. *(RW)* cash receipts
Barentnahme *f (Bank, RW)* cash withdrawal
Barerlös *m (Gen)* proceeds in cash
bares Geld *n (Fin, Gen)* cash, ready cash
Bargegenwerte *mpl (Fin)* cash equivalents
Bargeld *n (Gen)* cash, hard money, cash in hand, *(BE)* ready cash
Bargeldbedarf *m (Fin)* cash needs
Bargeldbestand *m (Bank, Gen)* cash inventory
Bargeldbestände *mpl (RW)* cash holdings
Bargeldkarte *f (Bank)* cash card
Bargeldknappheit *f (Fin)* cash shortage, cash squeeze
bargeldlos *adj (Bank, V&M)* cashless
bargeldlose Lohn- und Gehaltszahlung *f (Fin)* cashless pay
bargeldlose Zahlung *f (Bank)* cashless payment, noncash payment, *(BE)* bank giro
bargeldloser Zahlungsverkehr *m (Bank)* cashless [noncash] payment system, *(BE)* bank giro credit system
Bargeldtransaktionen *fpl (Bank, Fin, Gen)* cash transactions
Bargeldüberschuss *m (Bank, Fin)* excess cash
Bargeldumlauf *m (WiWi)* currency in circulation
Bargeschäft *n (RW)* cash deal, cash transaction
Barguthaben *n (RW)* cash balance, cash in hand
Barkauf *m (Bank, V&M)* cash purchase
Barkredit *m (Gen)* cash credit, C/C
Barleistung *f (Pers, Soz)* cash benefit, benefit in cash
Barliquidität *f* 1. *(Fin)* absolute liquidity ratio, cash ratio *(Liquidität 1. Grades)*; 2. *(Gen)* available cash, cash position, liquid cash resources
Barmittel *npl (Fin)* cash, liquid funds
Barmittelstrom *m (Fin, RW)* cash flow
Barmittelzufluss *m (Fin)* cash inflow
Barposition *f (RW)* cash position
Barpreis *m (Gen)* cash price

Barreserve *f* 1. *(Bank)* cash reserve, vault cash; 2. *(RW)* legal reserves
Barreserven *fpl (Bank)* working balances *(Bundesbank)*
Barreservesatz *m (Bank)* cash deposits ratio
Barscheck *m (Bank) (AE)* cashier's check, *(BE)* cashier's cheque, *(AE)* cashable check, *(BE)* cashable cheque, *(AE)* open check, *(BE)* open cheque
Bartergeschäft *n* 1. *(Gen)* barter transaction *(Abschluss)*; 2. *(WiWi)* barter economy, barter *(Handel)*
Bartransaktion *f (Fin)* cash operation, cash transaction
Barverkauf *m (Gen, RW)* cash transaction
Barvermögen *n (Fin)* cash assets
Barwert *m* 1. *(Fin, RW)* (actual) cash value, (net) present value; 2. *(WiWi)* net present value
Barwert *m* **künftiger Gewinne** *(WiWi)* present value of future profits
Barwertfaktor *m (Fin)* present value factor
Barzahlung *f (Bank)* cash payment • **gegen Barzahlung** *(Gen)* for cash, f/c, on a cash basis
Barzahlung *f* **bei Lieferung** *(Gen, Imp/Exp)* cash on delivery
Barzahlung *f* **ohne Abzug** *(RW)* net cash
Barzahlungsrabatt *m (Fin, Gen, V&M)* cash discount *(Skonto)*
Basel III *(Bank, Fin)* Basel III *(Kurzbezeichnung für die neuen Eigenkapital-Unterlegungsvorschriften des Baseler Ausschusses für Bankenaufsicht = Basel Committee on Banking Supervision = BCBS, dem die Notenbanken u. Finanzaufseher der 27 führenden Wirtschaftsländer angehören, mit Sitz und Sekretariat bei der Bank für Internationalen Zahlungsausgleich = BIZ = BIS = Bank for International Settlements in Basel; in der EU trat der Vorläufer Basel II ab 2007/2008 zu Beginn der Subprime--Hypotheken-, Banken- und Finanzmarktkrise in Kraft, in den USA, die den Anstoß gaben und auf Umsetzung drängten, wurde Basel II nicht eingeführt; die neuen Empfehlungen des BCBS auf der Grundlage des Beschlusses vom 12.9.2010 = Basel III reflektieren Erkenntnisse aus der Finanzmarktkrise und fordern die stufenweise quantitative und qualitative Verbesserung der Mindesteigenkapitalausstattung ab 2013 mit langen Übergangsfristen bis 2019/2022: hartes Kernkapital = core tier 1 von 4,5 % + Kapitalerhaltungspuffer 2,5 % + weiches Kernkapital 1,5 % + Ergänzungskapital 2,0 % + antizyklischer Kapitalpuffer je nach Land 0-2,5 % + risikoabhängige Zuschläge für SIFIs = systemically important financial institutions = systemrelevante Finanzinstitute von 1,5 - 3%, jeweils von den risikogewichteten Aktiva; ferner, nach Intervention der Wall-Street-Banken und trotz wettbewerbsverzerrender Unterschiede der Rechnungslegungsgrundsätze nach US-GAAP und IFRS, eine risikounabhängige Leverage Ratio = LR nach anglo-amerikanischem Vorbild von 3,0 % Kernkapital = core tier 1 von der Bilanzsumme, womit die Verschuldungsgrenze beim 33-Fachen statt des zunächst konservativer anvisierten 20- bis 25-Fachen des Kernkapitals liegt, was im Ergebnis Geschäftsvolumen, Risikoneigung und Gewinnaussichten auch relativ kapitalschwacher Institute gegenüber dem Vorkrisenstatus nicht wesentlich einschränkt; vgl. Leverage Ratio)*
Basis *f* 1. *(Börse)* basis *(Terminkontrakte)*; 2. *(Gen)* base; 3. *(Steuer)* basis • **auf der Basis von** *(Gen)* on the basis of • **auf Basis von Marktpreisen** *(Gen, Steuer, V&M)* arm's-length
Basisbudget *n (RW)* base budget
Basisdollar *mpl (WiWi) (AE)* constant dollars
Basisinstrument *n (Börse)* actuals *(Terminkontrakt)*
Basisjahr *n (Fin, WiWi)* base year
Basiskurs *m (Börse)* striking price
Basispreis *m* 1. *(Börse)* exercise price, strike price, striking price; 2. *(Gen)* basic price
Basispreis *m* **einer Kaufoption** *(Börse)* call exercise price
Basispreis *m* **einer Verkaufsoption** *(Börse)* put strike

Basisprodukt *n (Fin)* underlying, underlying asset, underlying instrument *(Synonym: Basiswert; Gegensatz: derivatives Produkt, Derivat, Sekundärprodukt, variables Produkt, derivative product = derivative instrument)*
Basispunkt *m (Börse, Fin)* basis point
Basisswap *m (Fin)* basis swap
Basiswert *m* 1. *(Fin)* underlying instrument [security]; 2. *(Börse)* actuals *(Terminkontrakt)*
Basiszins *m (Bank, Fin, WiWi)* base lending rate
Bau *m* 1. *(Gen)* site; 2. *(Grund, Ind)* building, construction, structure *(Gebäude)*; construction *(Bauen)*; building site, construction site *(Baustelle)* • **im Bau** *(Ind)* under construction • **im Bau befindliche Anlagen** *(RW)* assets under construction
Bauarbeiten *pl (Logis)* construction work, roadworks *(Straßenarbeiten)*
Bauauflagen *fpl (Grund)* planning restrictions
Bauaufsicht(sbehörde) *f (Ind, Recht)* building supervisory authority, building inspectorate
Bauaufwand *m (Grund)* cost of construction
Baudarlehen *n (Bank)* construction loan, house-building loan
Baudarlehensvertrag *m (Bank)* building loan agreement
bauen *v (Grund, Ind)* build, construct, erect
Baufälligkeit *f (Grund)* dilapidation
Baufinanzierung *f (Bank, Grund)* housing loan, construction loan
Baufirma *f (Grund, Ind)* construction firm, builders and contractors
Baugelände *n (Grund)* building area, building site *(Baustelle)*
Baugenehmigung *f (Grund)* planning approval, *(AE)* building permit, *(BE)* planning permission
Baugewerbe *n (Grund, Ind)* construction industry
Baugrundstück *n (Grund)* building lot [site], plot
Bauhauptgewerbe *n (Grund, Ind, WiWi)* building industry proper, construction industry
Bauherr *m (Gen)* building owner, promoter
Bauhypothek *f (Fin)* building mortgage
Bauindustrie *f (Grund, Ind)* construction industry, building industry
Baujahr *n (Gen, Grund, Ind)* construction year
Baukastenprinzip *n* 1. *(Ind)* building block concept, modular concept; 2. *(Stat)* modularity
Baukonjunktur *f (WiWi)* overall construction activity
Bauleiter *m (Grund, Ind)* site manager
Baumängel *mpl (Recht)* construction defects *(Verbraucherrecht)*
Baumwollbörse *f (Börse)* cotton exchange
Bauplatz *m* 1. *(Gen)* site; 2. *(Grund, Ind)* building site, construction site
Baurezession *f (WiWi)* construction slump
Bauspardarlehen *npl (Bank, Grund)* loans under savings contracts
Bauspareinlagen *fpl (Bank, Grund)* deposits with building and loan associations
Bausparer *m (Fin) (BE)* member of building society, *(AE)* member of savings and loan association
Bausparkasse *f (Bank, Fin)* benefit society, *(AE)* building and loan association, *(BE)* building society
Bausparsumme *f (Bank, Grund)* targeted amount of savings
Bausparvertrag *m (Bank, Fin, Grund)* building savings agreement
Baustein *m (Gen)* component
Baustelle *f* 1. *(Gen)* site; 2. *(Grund, Ind)* building site, construction site
Baustoff *m (Ind)* building materials
Baustopp *m (Grund, Recht)* building freeze, halt on building • **einen Baustopp verhängen** *(Grund, Recht)* impose a halt on building, impose a freeze on building
Bauträgerfirma *f (Grund)* property developer
Bauunternehmen *n (Grund, Ind)* construction firm, construction company
Bauunternehmer *m (Grund)* construction firm, commercial developer *(Grundstückserschließung)*
Bauvorhaben *n* 1. *(Grund)* construction project; 2. *(Soz) (AE)* housing project, *(BE)* housing scheme *(Wohnsiedlung)*

Bauwerk *n (Grund, Ind)* structure
Bauwesen *n (Grund, Ind)* construction industry, building industry, structural engineering
beabsichtigen *v* 1. *(Gen)* intend, plan; 2. *(Recht)* contemplate
Beachtung *f (Gen)* attention
Beamtenlaufbahn *f (Pers)* civil service career
Beamter *m (Pers)* civil servant, official, officer
beanspruchen *v (Gen, Pat, Recht)* claim, lay claim to • **nicht beansprucht** *(Gen)* unused *(Kredit)*
Beanspruchung *f (Gen, Pat, Recht)* pressure, claim
beanstanden *v (Gen, V&M)* object to, complain about, find fault with *(gekaufte Ware)*
beantragen *v* 1. *(Gen)* apply for *(Lizenz, Pass)*; 2. *(Mgt)* put forward *(Vorschlag)*
Beantragung *f* 1. *(Gen)* application; 2. *(Mgt)* proposal *(Vorschlag)*
Beantwortung *f (Gen)* answer, reply • **in Beantwortung Ihres Schreibens** *(Komm)* in answer [reply] to your letter
bearbeiten *v* 1. *(Bank)* process; 2. *(Gen)* handle, process *(Eingänge)*; adapt *(Text)*; 3. *(Ind)* process, treat *(Material)*; 4. *(Pat)* process; 5. *(WiWi)* cultivate *(Land)*
Bearbeitung *f* 1. *(Bank)* processing; 2. *(Gen)* handling, processing *(von Eingängen)*; adapting *(eines Textes)*; 3. *(Ind)* processing, treating *(von Materialien)*; 4. *(Pat)* processing; 5. *(WiWi)* cultivation *(des Landes)* • **in Bearbeitung** *(Gen)* under examination
Bearbeitungsgebühr *f* 1. *(Bank)* bank service charge; 2. *(Gen)* handling charge, service fee, service charge
Bearbeitungskosten *pl (Gen)* handling costs
beaufsichtigen *v (Gen, Mgt)* supervise, oversee
Beaufsichtigung *f (Gen, Mgt)* supervision
beauftragen *v* 1. *(Gen)* charge with, commission, instruct; 2. *(Recht)* authorize, empower
Beauftragter *m* 1. *(Gen)* agent, representative; 2. *(Pat)* assignee, representative; 3. *(RW)* assignee; 4. *(Recht)* mandatory, private attorney, *(AE)* attorney-in-fact; commissioner, *(AE)* commissary
bebauen *v (Grund)* build up, develop
Bebauung *f (Grund, Ind)* building
Bedarf *m* 1. *(Gen)* need, requirement, demand; 2. *(WiWi)* demand • **den Bedarf an etw. decken** *(Gen)* meet the needs of, satisfy the demand for sth
Bedarfsanalyse *f (V&M)* demand analysis, needs analysis
Bedarfsdeckung *f* 1. *(WiWi)* supply of needs, satisfaction of requirements; 2. *(V&M)* demand coverage
Bedarfsgegenstand *m (Recht, V&M)* consumer good
bedarfsgerecht *adj (V&M)* demand-oriented, tailored
Bedarfsgüter *npl (V&M)* consumer goods
bedarfsorientiert *adj (WiWi)* demand-driven, need-based
Bedarfsschätzung *f (Fin, Mgt)* assessment of financial needs
Bedarfsstruktur *f (WiWi)* order of preference, preference system
Bedarfsvorwegnahme *f (WiWi)* anticipated demand
Bedarfswirtschaft *f (WiWi)* subsistence economy, needs economy *(bloße Bedarfsdeckung als Ziel des Wirtschaftens; Gegensatz: Erwerbswirtschaft = an economy operating on a profit basis)*
Bedenkzeit *f (Gen)* respite, cooling-off period *(Streik)*
bedeuten *v (Gen)* signify, stand for *(Initialen)*
bedeutend *adj (Gen)* significant, powerful, considerable
bedeutende Beteiligung *f (Fin)* major holding
bedeutsam *adj (Gen)* significant
Bedeutsamkeit *f (Recht)* significance
Bedeutung *f (Gen)* importance, meaning, significance
bedienen *v* 1. *(Gen)* service *(Markt)*; serve, attend to *(Kunden)*; 2. *(V&M)* serve
Bediener *m (Ind)* plant operator, operator
bedienerfreundlich *adj (Komm)* user-friendly *(Internet)*
Bedienstete *pl* **des Bundes** *(Pers, Pol)* Federal employees, *(AE)* Federal workers, Federal government employees
Bedienung *f* **der Rücklage** *(RW)* appropriation to a reserve
Bedienung *f* **von Hypothekenkrediten**

(Fin) mortgage servicing, servicing *(von Schulden)*
Bedienungsaufschlag *m (Gen)* service charge
Bedienungsgelder *npl (Gen, RW)* tips and gratuities
bedingt *adj (Recht)* conditional (on), contingent
bedingt *adv (Recht)* conditionally
bedingte Annahme *f (Recht)* conditional acceptance *(Vertragsrecht)*
bedingter Vertrag *m (Recht)* conditional contract
bedingtes Angebot *n (Recht)* conditional offer *(Vertragsrecht)*
bedingtes Fremdkapital *n (RW)* contingent assets
bedingtes Kapital *n (Fin)* authorized but unissued capital
Bedingung *f* 1. *(Comp)* condition; 2. *(Gen)* condition, precondition, prerequisite; 3. *(Recht)* condition, stipulation • **unter der Bedingung, dass** *(Gen)* on condition that, on the stipulation that, with the stipulation that
Bedingungen *fpl* 1. *(Bank)* terms; 2. *(Recht)* conditions, terms *(eines Vertrags)* • **zu den üblichen Bedingungen** *(Gen)* on usual terms
bedingungslos *adj* 1. *(RW)* without qualification; 2. *(Recht)* absolute, without qualification, without stipulation *(uneingeschränkt, absolut)*; unconditional *(vorbehaltslos)*
bedingungslose Annahme *f* 1. *(Bank)* general acceptance; 2. *(Gen)* unconditional acceptance
Bedürfnis *n (Gen)* need, requirement, want
Bedürfnisbefriedigung *f (Mgt)* need satisfaction, satisfaction of wants
bedürftig *adj (Soz)* needy, in need
Bedürftigkeit *f (Soz)* need, insufficient means, lack of means
beeidigt *adj (Recht)* sworn
beeindruckend *adj (Gen)* impressive
beeinflussbar *adj (Gen)* impressionable, susceptible *(Mensch)*
beeinflussen *v* 1. *(Gen)* affect, influence; 2. *(Recht)* affect, prejudice
beeinträchtigen *v* 1. *(Gen)* spoil, impair, affect; 2. *(Recht)* interfere with, encroach (on) *(Vertrag)*; restrict, curtail *(Rechte)*; 3. *(WiWi)* impair *(Kaufkraft)*
Beeinträchtigung *f* 1. *(Gen)* abridgement, encroachment, interference; 2. *(Recht)* derogation, encroachment *(eines Vorrechts)*
beenden *v* 1. *(Gen)* cease, complete, terminate; 2. *(Mgt)* wind up *(Sitzung)*; 3. *(Recht)* terminate *(Vertrag)*
Beendigung *f* **des Arbeitsverhältnisses [Beschäftigungsverhältnisses]** *(Pers)* termination of employment, cessation of employment, termination of the employment contract
befähigen *v (Gen, Pers)* enable, qualify
Befähigung *f (Gen, Pers)* ability, aptitude, capacity, enablement, qualification *(nach Ausbildung)*
Befähigungsnachweis *m* 1. *(Gen)* evidence of formal qualification, proof of ability; 2. *(Recht)* certificate of qualification; 3. *(Soz)* paper qualifications, qualification
befangen *adj* 1. *(Gen)* inhibited, self--conscious; 2. *(Recht)* biased, biassed; 3. *(Stat)* biased, biassed • **sich für befangen erklären** *(Recht)* declare oneself to be prejudiced
Befangenheit *f (Gen)* bias, prejudice
befassen *v* **mit/sich** *(Gen)* deal with, handle
Befehle abarbeiten *(Comp)* execute commands
Befehlswirtschaft *f (Pol, WiWi)* command economy
befestigen *v/sich (Börse)* advance, firm
Befestigung *f* 1. *(Börse)* advance; 2. *(Gen)* fastening, securing
befolgen *v* 1. *(Gen)* abide by, adhere to, follow, obey *(Regelung, Anweisung)*; 2. *(Recht)* obey *(beachten)*; comply with *(Gesetz)*
befördern *v* 1. *(Gen)* advance, convey, carry, transport, forward *(Waren)*; 2. *(Komm)* dispatch, ship; 3. *(Pers)* promote *(Arbeitnehmer)*; 4. *(Logis)* convey, dispatch *(abschicken)*; carry *(Waren, Lasten)* • **befördert werden** *(Pers)* be promoted, be upgraded
Beförderung *f* 1. *(Gen)* advancement, upgrading *(Beschäftigungspolitik)*; 2. *(Imp/Exp)* freighting, shipment; 3. *(Komm)* shipment; 4. *(Pers)* advancement, upgrading, promotion *(Aufstieg)*
Beförderungskosten *pl (Logis)* carriage expenses, cost of transport, cost of transportation, freight, transport

expenses, *(AE)* trucking charges
Beförderungsunternehmen *n (Logis)* carrier, private carrier, transport company
Beförderungsunternehmer *m (Logis)* carrier
Befrachter *m* **und Beförderer** *m (Imp/ Exp, Logis)* shipper and carrier
befragen *v (Gen)* examine, question *(ausfragen)*; survey *(Öffentlichkeit)*; consult *(zurate ziehen)*
Befragung *f* 1. *(Pers, Stat)* survey, enquiry, inquiry; 2. *(V&M)* opinion poll, poll, survey, canvass *(Meinungsforschung)* • **eine Befragung durchführen** *(Pers, Stat)* carry out a survey, conduct a survey
befreien *v* 1. *(Fin)* discharge *(Schulden)*; 2. *(Gen)* discharge, exempt, exonerate, free, relieve; 3. *(Recht)* excuse, insulate against, insulate from, relieve
befreit *adj (Gen, Steuer)* exempt
Befreiung *f* **von Verbindlichkeiten** *(Recht)* acquittal [discharge, release] from obligations
befriedigen *v* 1. *(Gen)* gratify, satisfy; 2. *(Recht)* pay off; 3. *(WiWi)* meet *(Nachfrage)*
befriedigend *adj (Gen)* satisfactory
befristen *v (Gen)* set a time limit on
befristet *adj (Recht)* limited in time, terminable *(Vertrag)*
befristete Einlage *f (Bank)* time deposit
befristeter Arbeitsvertrag *m (Pers)* fixed-term contract of employment, fixed-term employment contract
befristeter Vertrag *m (Gen)* temporary contract, fixed-term contract
Befristung *f (Gen)* (setting) a time limit
Befugnis *f* 1. *(Bank)* authorization; 2. *(Gen)* authority, competence, power
befugt *adj (Gen)* authorized
befürworten *v* 1. *(Gen)* advocate, back up, back *(Projekt)*; 2. *(Pol)* sponsor; 3. *(WiWi)* back up
Befürworter *m* 1. *(Gen)* supporter, backer; 2. *(Pol)* sponsor
Befürwortung *f* 1. *(Gen)* backing; 2. *(Pol)* sponsorship
Begabung *f (Pers)* aptitude, talent, faculty
begebbar *adj* 1. *(Bank, Börse, Fin)* negotiable; 2. *(Recht)* assignable *(Vertragsrecht)*
begebbares Instrument *n (WiWi)* negotiable instrument
Begebbarkeit *f (Recht)* negotiability, transferability
begeben *v* 1. *(Bank, Börse)* negotiate; 2. *(Fin)* negotiate, float, issue, launch, sell *(Anleihe)*
begebene Wertpapiere *npl (Börse)* floating securities
Begebung *f (Börse, Fin)* flotation, issue
Begebung *f* **eines Schuldtitels** *(Börse)* flotation
Beggar-my-neighbour-Politik *f (WiWi)* beggar-my-neighbo(u)r policy
Beginn *m* 1. *(Gen)* beginning, commencement, onset, start, outset; 2. *(Börse)* opening *(der Börsensitzung)*
Beginn *m* **der Kreditlaufzeit** *(Fin)* starting point of a credit
beginnen *v* 1. *(Gen)* begin, commence, start; 2. *(Pers)* launch
beglaubigen *v* 1. *(Börse)* authenticate; 2. *(Gen, RW)* verify; 3. *(Recht)* attest to, authenticate, certify, legalize
beglaubigte Abschrift *f (Recht)* certified copy, certified true copy
beglaubigte Kopie *f (Recht)* certified copy, certified true copy
beglaubigte Urkunde *f (Recht)* authenticated document
Beglaubigung *f (Börse, Gen, Recht)* authentication, certification, verification
begleichen *v* 1. *(Bank)* settle, balance *(Rechnung)*; 2. *(Fin)* meet, balance *(Kosten)*; 3. *(Gen)* square *(Kosten)*; settle, pay, defray, discharge *(Rechnung)*; 4. *(Pat)* pay • **alte Rechnungen begleichen** *(Gen)* settle old scores
Begleichung *f (Bank, Fin)* settlement
Begleichungstermin *m (Fin)* settlement date
Begleitbrief *m (Komm)* accompanying letter, covering letter
Begleitdokument *n (Komm)* accompanying document
begleitend *adj (Gen)* accompanying, collateral
Begleitzettel *m (Komm)* compliments slip *(z. B. auf Versandunterlagen oder zusammen mit Anlagen)*
beglichene Schulden *fpl (RW)* liquidated debt
begrenzen *v* 1. *(Börse)* limit, narrow *(Risiko)*; 2. *(Gen)* restrict, set limits on, limit; 3. *(Komm)* frame, delimit; 4. *(Recht)* limit

begrenzte Entscheidungsfreiheit *f (Börse)* limited discretion
begrenzter Markt *m (Börse, WiWi)* narrow market, thin market, tight market, limited market
begrenztes Risiko *n (Börse)* limited risk
Begrenzung *f* 1. *(Gen)* containment, limitation, restriction, boundary *(Grenze)*; 2. *(Pol)* containment; 3. *(WiWi)* cap
Begriff *m (Gen)* concept, term
Begründung *f (Gen)* rationale, reason, substantiation
begünstigen *v* 1. *(Gen)* benefit, favo(u)r, foster, promote, support *(unterstützen)*; 2. *(Recht)* benefit
Begünstigte *m(f)* 1. *(Fin, Gen, Grund)* beneficiary; 2. *(Recht)* beneficiary; 3. *(Versich)* beneficiary, creditor beneficiary
begünstigte Bank *f (Bank)* beneficiary's institution
begutachten *v (Gen)* appraise, assess, evaluate, give an expert opinion on, survey *(Experte)*
begutachten lassen *v (Gen, Mgt)* obtain an expert's opinion on
Begutachtung *f (Gen)* appraisal, (expert) valuation
behandeln *v* 1. *(Gen)* deal with, tackle, treat *(Problem)*; 2. *(Ind, Umwelt)* treat *(Abwasser)*
Behandlung *f* **von Ansprüchen** *(Versich)* claims procedure
behaupten *v (Gen)* assert, claim, maintain
Behauptung *f* 1. *(Gen)* allegation, assertion, claim, contention; 2. *(Recht)* allegation, statement • **eine Behauptung beweisen** *(Gen)* prove an assertion
beheben *v (Gen)* remove, rectify, resolve *(Meinungsverschiedenheiten)*
beherrschen *v (Gen)* dominate, control *(Markt)*
beherrschende Gesellschaft *f (Börse, WiWi)* controlling company
beherrschende Stellung *f (WiWi)* dominant position
Beherrschung *f (Gen)* containment, control, dominance
behindern *v (Gen)* inhibit, obstruct, jeopardize *(in Gefahr bringen)*; hamper, hinder, impede *(Wachstum)*
Behörde *f* 1. *(Gen)* board, public authority; 2. *(Pat)* authority; 3. *(Recht)* agency, administrative agency, government agency *(Amt)*; *(AE)* bureau; 4. *(WiWi)* agency, agcy
Behörden *fpl (WiWi)* public authorities
Behördenauflage *f (Recht)* administrative stipulation
behördlich *adj (Recht)* official
behördliche Zulassung *f (Steuer)* concession
beiderseitiger Vorteil *m (Gen)* mutual benefit
beidrücken *v (Komm)* affix *(Siegel)*
Beifahrer(in) *m(f) (Pers, Logis)* front passenger *(PKW)*; driver's mate *(Lkw)*; co-driver *(Rennen)*
beifügen *v (Gen, Komm)* add, append, enclose
beigefügtes Dokument *n (Komm)* enclosed document
beigefügtes Zeugnis *n (Recht)* enclosed testimonial *(Bescheinigung)*
Beilage *f (V&M)* supplement
Beilagen *fpl (V&M)* loose inserts
Beilegung *f* **eines Streitfalls** 1. *(Pers)* dispute resolution; 2. *(Recht)* settlement of dispute
beiliegend *adj (Gen, Komm)* enclosed • **beiliegend (über)senden wir Ihnen ...** *(Gen, Komm)* enclosed please find ..., please find enclosed ... *(Anlage = enclosure)*
beimessen *v (Gen)* ascribe, attribute • **jmdm. etw. beimessen** *(Gen)* ascribe sth to sb, attribute sth to sb
beinhalten *v (Gen)* comprise, imply
Beistand *m* 1. *(Gen)* aid, assistance, support; 2. *(Recht)* legal advisor
Beistandskredit *m (Bank, Fin)* standby credit
Beistandsmechanismus *m (Pol, WiWi)* credit mechanism *(ZB)*
beistehen *v (Gen, WiWi)* back up
beisteuern *v (Gen)* contribute
Beitrag *m* 1. *(Fin)* subscription, financial contribution; 2. *(Gen, Steuer, WiWi)* contribution, tax
Beitrag *m* **zur Arbeitslosenversicherung** *(Soz)* unemployment insurance contribution, contribution into the unemployment insurance fund, *(AE)* unemployment insurance premium
beitragen *v (Gen)* contribute
Beitragsabrechnung *f (Fin)* premium

statement
Beitragsanstieg *m* 1. *(Soz)* increase in contributions; 2. *(Versich)* premium increase, premium growth
Beitragsaufkommen *n (Soz)* contribution income
Beitragsbemessungsgrenze *f (Soz, Versich)* income threshhold for assessing contributions, income limit for assessing contributions, upper earnings limit, contribution assessment ceiling *(Sozialversicherungsbeiträge)*
Beitragseinnahmen *fpl (Versich)* premiums received
Beitragserhöhung *f (Soz)* increase in contributions
Beitragsermäßigung *f (Soz)* exemption from contribution
beitragsfrei *adj (Soz, Versich)* noncontributory
Beitragsfreistellung *f (Versich)* exemption from payment of premium
Beitragsjahr *n (Pers, Soz)* contribution year, year of contribution
Beitragsleistungssystem *n (Mgt, RW)* defined contribution plan *(Synonym: betriebliches Altersversorgungssystem mit beitragsorientierter Zusage; garantiert die Einzahlungsbeträge und die Verzinsung, jedoch nicht die Höhe der Rentenleistungen; Durchführungsformen: Unterstützungskasse, Pensionskasse, Pensionsfonds, Direktversicherung; Gegensatz: Rentenleistungssystem = defined benefit plan)*
beitragspflichtig *adj (Soz)* liable for contributions, subject to contributions, subject to payment of contributions
Beitragsrückerstattung *f (Versich)* refund of premium
Beitragssatz *m* 1. *(Gen)* membership fee; 2. *(Soz)* rate of contribution
Beitragszahler *m (Soz)* contributor
Beitragszahlung *f (Soz, Versich)* premium payment, payment of contributions, contribution payment
• **von Beitragszahlungen befreit sein** *(Soz) (BE)* exempt from contribution, exempt from contribution payments
Beitragszusage *f (Mgt, RW)* defined contribution *(Synonym: beitragsorientierte Zusage; Zusage fest vereinbarter Beitragszahlungen an einen externen Fonds im Rahmen der betrieblichen Altersversorgung; Gegensatz: Leistungszusage = leistungsorientierte Zusage = defined benefit)*
beitreibbare Forderung *f (RW)* recoverable debt
beitreten *v* 1. *(Fin)* contract in; 2. *(Pers)* join *(einer Gewerkschaft)*
Beitritt *m (Pol)* accession, entry
Beitritt *m* **neuer Mitgliedstaaten** *(Pol)* accession of new Member States *(EU)*
Beitrittsantrag stellen *(Pol)* apply for membership *(EU)*
Beitrittskandidat *mpl (Pol, Recht)* candidate country *(EU)*
Beitrittskriterien *npl (Pol, WiWi)* accession criteria, criteria for entry *(EU)*
Beitrittsvertrag *m (Pol)* accession Treaty *(EU)*
beizulegender Wert *m (RW)* attributable value, current value, current market value, present value *(§ 253 III HGB)*; fair value *(Synonym: beizulegender Zeitwert = Verkehrswert = Tageswert = Fair Value nach IAS 39.8)*
bejahend *adj (Gen)* affirmative, approving
bekämpfen *v* 1. *(Gen)* combat, fight *(Arbeitslosigkeit, Kriminalität)*; 2. *(Umwelt)* abate *(Lärm)*
bekannt *adj* 1. *(Gen)* big-name, well--known; 2. *(V&M)* well-known
• **bekanntgeben** 1. *(Gen)* air, announce, disclose, publish *(Veröffentlichung)*; 2. *(Pat)* publish
• **bekanntmachen** *(Gen)* announce, disclose, make public
• **bekanntwerden** 1. *(Gen)* become known, leak out; 2. *(Komm)* break *(Nachrichten)*; 3. *(Media, Pol)* leak out
bekannte Marke *f (V&M)* established brand
Bekanntgabe *f (Gen)* announcement
Bekanntheit *f* **auf dem Markt** *(V&M)* market awareness
Bekanntheitsgrad *m (V&M)* customer awareness *(von Werbung beim Verbraucher)*
Bekanntmachung *f* 1. *(Gen)* announcement; 2. *(Recht)* public notice
Beklagte *m(f) (Recht)* defendant *(Antragsgegner)*
Bekleidungsbranche *f (Ind) (AE)* apparel and wool industry, *(BE)* clothing trade
Bekleidungsindustrie *f (Ind) (AE)* apparel and wool industry, *(BE)* clothing trade

Bekräftigung *f (Recht)* confirmation, substantiation, *(BE)* affirmation
bekunden *v* 1. *(Gen)* express, show, state; 2. *(Recht)* attest to, testify *(aussagen)*
bekundete Präferenz *f (Gen)* revealed preference
Bekundung *f* 1. *(Recht)* testimony; 2. *(V&M)* expression
Belang *m (Gen)* importance, significance • **ohne Belang** *(Gen)* irrelevant
belangbar *adj (Gen)* actionable
belangen *v (Recht)* sue
belasten *v* 1. *(Bank)* charge, debit *(Konto)*; 2. *(Gen)* charge against; 3. *(RW)* charge, debit *(Konto)*; 4. *(Recht)* burden, charge, encumber; 5. *(Umwelt)* pollute
Belastung *f* 1. *(Gen)* burden, load, pressure *(Last)*; 2. *(Fin)* debit; 3. *(RW)* debit, charge; 4. *(Recht)* burden, charge, encumbrance; 5. *(Steuer)* burden; 6. *(WiWi)* charge, burden; 7. *(Umwelt)* pollution
belaufen *v* **auf/sich** 1. *(Gen)* add up to, amount to, come to, stand at *(Angebot, Preis, Gebot)*; 2. *(Stat)* aggregate
beleben *v (Gen, WiWi)* reinvigorate, revitalize, revive, stimulate
Belebung *f (WiWi)* recovery, upturn
Belebung *f* **der Konjunktur** *(WiWi)* (economic) recovery, (economic) upswing, (economic) revival, cyclical upswing, increase in business activity
Beleg *m* 1. *(Gen)* voucher; 2. *(Steuer)* document, record, voucher *(Gutschein)*; slip *(Zettel)*
Belegdokumente *npl (Recht)* supporting documents
belegen *v* 1. *(Gen)* prove; 2. *(Recht)* situate
beleglos *adj (Börse)* dematerialized
beleglose Buchung *f (Bank)* paperless entry
belegloser Überweisungsverkehr *m (Fin)* electronic funds transfer, EFT
belegloser Zahlungsverkehr *m (Fin)* electronic funds transfer, EFT
Belegschaft *f* 1. *(Gen)* employees, personnel, staff, workforce; 2. *(Ind)* commonality, workforce, shop floor; 3. *(Pers)* labo(u)r force, rank-and-file *(Betrieb, Unternehmen)*; 4. *(WiWi)* labo(u)r force, workforce • **Belegschaft abbauen** *(Pers)* reduce staff, reduce the workforce • **Belegschaft reduzieren** *(Pers)* reduce staff, reduce the workforce
Belegschaftsaktien *fpl (Fin, Pers)* employee shares
Belegschaftsaktionär *m (Börse)* shareholder employee
Belegschaftsangehörige *m(f) (Pers)* company employee
Belegschaftsvergrößerung *f (Pers)* staff increase, increase of the workforce
Belegschaftsversammlung *f (Pers)* staff meeting
Belegstreifen *m* 1. *(Gen)* tear strip; 2. *(RW)* detail strip
belehren *v (Recht)* instruct
beleihbar *adj (Bank, Fin)* eligible as collateral
beleihen *v (Bank, Börse, WiWi)* use as loan capital
Beleihung *f (Recht)* lending
Beleihungsauslauf *m (Bank)* loan to value, LTV *(Synonym: Beleihungssatz; Quotient aus Hypothekenkreditvolumen und Beleihungswert einer Immobilie; the loan amount for purchasing a property in relation to the assessed value of the property)*
Beleihungsgrenze *f (Gen)* lending ceiling, lending limit
Beleihungskredit *m (Gen)* advance on collateral
Beleihungsobjekt *n (Fin, Grund)* real estate used as collateral
Beleihungssatz *m (Fin)* loan-to-value ratio, LTV ratio, LTV, lending rate *(Synonym: Beleihungsauslauf)*
beliefern *v (Gen)* supply
Belieferung *f (Komm, Logis, Recht, V&M)* supply, delivery
beliehene Wertpapiere *npl (Bank, Fin)* collateralized securities
belohnen *v (Gen)* reward
bemannen *v (Pers)* man
bemessen *v* 1. *(Gen)* assess, determine; 2. *(Recht)* award to
Bemessung *f (Gen)* assessment
Bemessungsgrundlage *f* 1. *(Gen)* basis for assessment; 2. *(Recht)* measure; 3. *(Steuer)* measure, taxable base • **auf breiter Bemessungsgrundlage** *(Steuer)* broad-based
benachrichtigen *v (Gen)* advise, give notice of, inform, notify
Benachrichtigung *f* 1. *(Gen)* advice,

information, notice; 2. *(Pat)* communication; 3. *(Recht)* notification

Benachrichtigungsschreiben *n (Komm)* letter of advice

benachteiligt *adj* 1. *(Gen)* underprivileged, disadvantaged *(gesellschaftlich)*; 2. *(WiWi)* less--favo(u)red *(Gebiet, Menschen)*

Benachteiligung *f (Recht)* discrimination, unfavo(u)rable treatment

Benehmen *n (Gen, Pers)* behaviour, conduct, manners • **sich ins Benehmen setzen mit** *(Gen)* get in touch with

benutzen *v (Gen)* make use of, use

Benutzer *m* 1. *(Comp)* end-user, user; 2. *(Gen)* user

benutzerfreundlich *adj* 1. *(Comp)* user--friendly, easy to use; 2. *(V&M)* user--friendly

benutzerfreundliche Schnittstelle *f (Comp)* user friendly interface *(UFI)*

Benutzerführung *f (Comp, Komm, Media)* user guidance

Benutzergruppe *f (Comp)* user group

Benutzerhandbuch *n (Comp)* user manual

benutzerorientiert *adj* 1. *(Comp)* user-oriented; 2. *(V&M)* consumer-oriented

Benutzung *f (Gen)* use

Benutzungsanleitung *f (Gen)* directions for use

beobachten *v* 1. *(Börse, Fin)* watch; 2. *(Gen)* observe, waste

Beobachtungszeitraum *m* 1. *(Gen, Stat)* period under review, period under consideration, period under observation; 2. *(Stat, V&M)* observation period

beraten *v* 1. *(Gen, Mgt)* advise; 2. *(Recht)* counsel; deliberate

beratende Aufgabe *f* 1. *(Gen)* advisory capacity; 2. *(Pers)* advisory function

beratende Funktion *f (Pers)* advisory function, advisory capacity *(bei Verhandlungen, Konferenzen)*

beratender Ausschuss *m (Bank, Fin, Pol)* advisory committee, consultative committee

Berater *m* 1. *(Gen)* advisor, aide, consultant, counsel(l)or; 2. *(Mgt)* consultant; 3. *(Pers)* advisor, consultant; 4. *(Pol)* aide • **als Berater** *(Gen)* in an advisory capacity

Berater *m* **einer Partei** *(Recht)* adviser of a party

Beraterfirma *f (Mgt)* consulting firm, consultancy

Beraterhonorar *n (Gen)* consulting fee

Beratervertrag *m (Gen)* advisory contract, consultancy agreement, consulting contract

Beratung *f* 1. *(Gen)* advice, counsel(l)ing; consultation, consulting *(Konsultation)*; 2. *(Mgt)* meeting; 3. *(Recht)* deliberation

beratungsarm *adj (Pol, WiWi)* requiring little consulting

Beratungsausschuss *m (Gen)* advisory committee, *(AE)* prudential committee

Beratungsfirma *f (Gen)* consultancy, consulting firm

Beratungsgebühr *f (Gen, Pers)* consultation fee, consultancy fee

Beratungsgegenstand *m (Gen)* subject of discussion

beratungsintensiv *adj (Mgt, Pol)* requiring intensive consulting

Beratungsorgan *n (Mgt, Pol)* advisory body

Beratungsstelle *f* 1. *(Fin)* advisory service; 2. *(Gen)* advisory body, advisory service; consulting agency

Beratungstätigkeit *f (Gen)* advisory activity, consultancy work, consulting activity

Beratungs- und Überlegungsfrist *f (Mgt, Pol, Recht)* period (of time) for discussion and deliberation, period of deliberation and reflection, reflection and deliberation period *(laut UMAG, Gesetz zur Unternehmensintegrität und Modernisierung des Anfechtungsrechts vom 22.9.2005, vorgesehen zwischen dem Abschluss der Entscheidungsvorbereitungsphase = pre-decision-making period und dem Moment der eigentlichen Entscheidung)*

Beratungsunternehmen *n (Gen)* consulting firm

Beratungsvertrag *m (Mgt, Pers)* consultancy contract

berechenbar *adj* 1. *(Gen)* predictable; 2. *(Stat)* calculable

berechnen *v* 1. *(Fin)* price; 2. *(Gen)* calculate, charge, estimate, work out; 3. *(Stat)* calculate; 4. *(V&M)* charge *(Preis, Gebühr)*

Berechnung *f* 1. *(Comp)* calculation, computation; 2. *(Gen)* calculation,

estimate
Berechnungsformel *f (Bank, WiWi)* calculation formula
Berechnungsgrundlage *f (Fin)* basis of calculation
Berechnungsmethode *f (Gen)* method of calculation
berechtigen *v (Recht)* entitle
berechtigt *adj (Recht)* entitled, legitimate, justifiable, rightful *(gesetzlich)*
Berechtigte *m(f)* 1. *(Grund)* beneficiary; 2. *(Recht)* beneficiary, obligee, promisee; 3. *(Versich)* beneficiary
berechtigter Anspruch *m (Recht)* legitimate claim, rightful claim, valid claim
berechtigtes Interesse *n (Recht)* vital interest
Berechtigung *f* 1. *(Comp)* permission *(Zugriff)*; 2. *(Gen)* validity; 3. *(Pol)* amendment, warrant; 4. *(Recht)* entitlement *(Anrecht)*; 5. *(Soz)* entitlement; 6. *(Versich)* warrant
Bereich *m* 1. *(Gen)* domain, region, sector *(Gebiet)*; area, range, sphere, zone *(Umfang)*; 2. *(Pat)* scope; 3. *(V&M)* segment *(eines Marktes)*; 4. *(WiWi)* domain • **in den Bereich fallen von** *(Pat)* fall within the scope of
Bereicherung *f* **des Aufgabengebietes** *(Mgt)* job enrichment
Bereicherungsabsicht *f (Recht)* intent to enrich oneself
Bereichsleiter(in) *m(f) (Mgt, Pers)* area manager, division head, division manager, *(BE)* divisional director
Bereichsleitung *f (Mgt, Pers)* divisional management
bereinigen *v* 1. *(Bank)* adjust, account for; 2. *(Gen)* correct, redress, settle; 3. *(RW, WiWi)* adjust
bereinigte Zahlen *fpl (Gen)* revised figures, adjusted figures
bereinigter Index *m (RW)* adjusted index
bereinigtes Ergebnis *n* **je Aktie** *(Fin, RW)* diluted earnings per share *(IAS 33; Verwässerungseffekt durch eine maximal mögliche Aktienzahlerhöhung aus eingeräumten Bezugsrechten)*
Bereinigung *f* 1. *(Gen)* adjustment, correction, settlement; 2. *(Ind)* streamlining
Bereithalten *n (V&M)* provision of sth
Bereitschaftsdarlehen *n (Fin)* standby loan
Bereitschaftsdienst *m (Pers)* standby duty; emergency service *(Notdienst)* • **Bereitschaftsdienst haben** *(Pers)* be on call
bereitstellen *v* 1. *(Fin)* allocate, provide, earmark *(Mittel, Gelder)*; 2. *(Gen)* make ready for use, make available, furnish, provide, supply; 3. *(RW)* appropriate
Bereitstellen *n (Gen, Komm)* provision
Bereitstellung *f* 1. *(Fin)* earmarking, allocation; 2. *(Gen)* supply, allocation, provision; 3. *(RW)* appropriation
Bereitstellung *f* **von Dienstleistungen** *(Gen)* provision of services, service delivery
Bereitstellungsdarlehen *n (Fin)* standby loan
Bereitstellungsgebühren *fpl (Fin)* standby fees
Bereitstellungsprovision *f (Bank)* commitment fee
Bereitstellungszins *m (Fin)* commitment interest
Bergbau *m (Stat, WiWi)* mining, mining industry
Bergbauaktien *fpl (Börse) (BE)* mining shares, *(AE)* mining stocks
bergrechtliche Gewerkschaft *f (Gen, Ind)* mining company
Bericht *m* 1. *(Gen)* report, account, return; 2. *(Media)* write-up • **Bericht erstatten** *(Gen)* report • **einen Bericht vorlegen** *(Gen)* issue a report, present a report, submit a report • **Berichten zufolge** *(Komm)* as reported *(in den Medien)*
Bericht *m* **über die Vermögenslage** *(Fin)* financial report, financial statement
berichten *v (Gen, Media)* report
Berichterstattung über einzelne Geschäftsbereiche *(RW)* business segment reporting
Berichterstattungsnormen *fpl (Gen)* reporting standards
berichtigen *v* 1. *(Bank)* adjust; 2. *(Gen)* adjust, rectify, correct *(Fehler)*; amend *(Text)*; 3. *(Stat)* adjust *(Fehler)*; 4. *(RW)* adjust, reconcile *(Konto)*
berichtigt *adj* 1. *(Bank)* adjusted; 2. *(Gen)* adjusted, rectified, corrected *(Fehler)*; amended *(Text)*; 3. *(Stat)* adjusted *(Fehler)*; 4. *(RW)* adjusted, reconciled *(Konto)*
berichtigte Bilanz *f (RW)* adjusted balance sheet

berichtigte Rechnung *f (Fin)* corrected invoice
berichtigte Zahlen *fpl (Gen)* revised figures
Berichtigung *f* 1. *(Bank, Gen)* adjustment, rectification, correction; 2. *(Pat)* correction; 3. *(RW)* adjustment, reconciliation
Berichtigungsaktien *fpl (Fin)* capitalization shares *(Gratisaktien)*
Berichtigungsbuchung *f (RW)* adjusting entry, correcting entry; adjusted trial balance
Berichtsentwurf *m (Gen)* draft report
Berichtsjahr *n (Gen, RW)* year under review
Berichtsmonat *m (Gen, Stat)* month under review, reporting month, month under report
Berichtsnormen *fpl (RW)* reporting standards
Berichtspflichten *fpl (Recht)* reporting requirements
berichtspflichtig *adj (Fin)* subject to reporting requirements
Berichtswesen *n (Gen)* reporting
Berichtszeitraum *m (Gen, WiWi)* period under review, reporting period
berücksichtigen *v (Gen)* take into consideration, take into account, take account of, make allowance for, allow for, account for, bear in mind
Berücksichtigung *f (Gen, Versich)* consideration • **nach Berücksichtigung der Steuern** *(RW, Steuer)* after-tax basis • **unter Berücksichtigung der Umstände** *(Gen)* in view of the circumstances • **unter Berücksichtigung von** *(Gen)* making allowance for *(Versandkosten)*
Beruf *m (Gen, Pers)* occupation, vocation, profession, career *(Laufbahn)*; job *(Stellung)*; trade *(Geschäftszweig)*
beruflich *adj (Gen, Pers)* professional
berufliche Aufgaben *fpl (Pers)* occupational duties
berufliche Ausbildung *f (Pers)* vocational education, vocational training, training
berufliche Ausbildungsstelle *f (Pers)* training place, apprenticeship (place), traineeship
berufliche Bildung *f (Pers)* vocational training
berufliche Chancen *fpl (Pers)* job opportunities, job prospects, career opportunities
berufliche Eignung *f (Pers)* occupational aptitude
berufliche Eignungsprüfung *f*, **beruflicher Eignungstest** *m (Pers)* job aptitude test, vocational aptitude test, examination of professional competence
berufliche Entscheidung *f (Pers)* occupational decision, career decision
berufliche Fähigkeiten *fpl (Pers)* job skills
berufliche Fortbildung *f (Pers)* further training
berufliche Herausforderung *f (Mgt)* job challenge
berufliche Laufbahn *f (Pers)* career
berufliche Leistung *f (Pers)* (job) performance, performance on the job
berufliche Mobilität *f (Pers)* job mobility, occupational mobility
berufliche Planung *f (Pers)* career planning, vocational planning
berufliche Qualifikationen *fpl (Pers)* professional qualifications, vocational qualifications
berufliche Qualifizierung *f (Pers)* training
berufliche Spezialisierung *f (Pers)* job specialization
berufliche Stellung *f (Recht)* professional status *(EU)*
berufliche Tätigkeit *f (Pers)* profession, professional work, occupation, job, employment, position, work, working life, career
berufliche Umschulung *f (Pers, Soz)* retraining, vocational retraining
berufliche Veränderung *f (Pers)* career change, career move, job change
berufliche Weiterbildung *f (Pers)* further training
beruflicher Abschluss *m (Pers)* vocational qualification, professional qualification, vocational certification
beruflicher Aufstieg *m (Pers)* career advancement
beruflicher Ausbildungsplatz *m (Pers)* training place, apprenticeship *(place)*; traineeship
beruflicher Wechsel *m (Pers)* occupational change, change of occupation
beruflicher Werdegang *m (Pers)* career path, work history
berufliches Fortkommen *n (Pers)* career

advancement
Berufsabschluss *m (Bil, Pers)* occupational qualification, vocational qualification, professional qualification, vocational certification
Berufsakademie *f (BA) (Bil)* college of advanced vocational studies; University of Cooperative Education *(BA)*
Berufsalltag *m (Gen, Pers)* everyday working life
Berufsanfänger(in) *m(f) (Pers)* new entrant to the workforce, new entrant to the labo(u)r force, job entrant, people just starting their careers, professional newcomers, entry-level employees
Berufsaufstieg *m (Pers)* career advancement, career progression, occupational advancement, professional advancement, career development
Berufsausbildung *f (Pers, Soz)* apprenticeship, vocational training
Berufsausbildungsplatz *m (Pers)* apprenticeship
Berufsausbildungsverhältnis *n (Pers)* training relationship
Berufsausbildungsvertrag *m (Bil, Pers)* vocational training contract, apprenticeship contract *(dual system)*
Berufsaussichten *fpl (Pers)* work prospects
Berufsbenennung *f (Pers)* occupational title, job title
Berufsberater(in) *m(f) (Pers, Soz)* career adviser, vocational counsel(l)or
Berufsbezeichnung *f (Mgt, Pers)* occupational title, job title
berufsbezogen *adj (Bil, Pers)* vocation--oriented, career-oriented, career--related
berufsbezogene Ausbildung *f (Pers, Soz)* vocational training
berufsbildendes Schulwesen *n (Bil)* vocational school system, vocational education system
Berufsbildung *f (Pers)* vocational training
Berufsbildungswesen *n (Bil, Pers)* vocational training system
Berufschancen *fpl (Pers)* job opportunities, job prospects, career opportunities
Berufseinstieg *m (Pers)* career entry, career start, starting a career
Berufsentwicklung *f (Pers)* career, occupational career, professional career, work history, career history, occupational development, career development
berufserfahren *adj (Pers)* experienced
Berufserfahrung *f (Pers)* professional experience, vocational experience
Berufserfolg *m (Pers)* job success, occupational success
Berufserwartung *f (Pers)* career expectation, occupational expectation
Berufsfachschule *f (Bil) (BE)* college of further education, CFE, vocational college, full-time vocational school, basic vocational school
Berufsfreiheit *f (Pers)* freedom of occupation
Berufsgeheimnis *n (Gen)* professional secrecy, trade secret
Berufsgruppe *f (Pers)* occupational group, occupation group
Berufshaftpflicht *f (Recht, Versich)* professional liability
Berufshaftung *f (Recht)* professional liability
Berufshändler *m (WiWi)* professional trader
Berufsklassifizierung *f (Pers)* job classification
Berufskollege *m (Pers)* fellow-worker, co-worker, colleague
Berufskollegin *f s.* Berufskollege
Berufskrankheit *f (Pers, Soz)* industrial disease, occupational disease, occupational illness
Berufslaufbahn *f* 1. *(Pers)* career track, career path *(im Unternehmen)*; 2. *(Gen)* career pattern, career, work history, occupational history, job history
Berufsleben *n (Pers)* working life
Berufsordnung *f (Gen, Recht)* professional code of conduct
Berufsorientierung *f (Pers)* career guidance, career orientation, vocational orientation
Berufsplanung *f (Pers)* career planning
Berufspraxis *f (Pers)* work experience, professional experience
Berufsschule *f (Bil)* vocational school, *(BE)* college of further education
Berufsschüler(in) *m(f) (Bil, Pers)* student at a vocational school
Berufsschulzeugnis *n (Bil, Pers)* vocational school certificate
berufsspezifisch *adj (Pers)* job specific

berufsstandswidriges Verhalten *n (Gen)* unprofessional conduct, *(AE)* unprofessional behavior, *(BE)* unprofessional behaviour
Berufsstatistik *f (Pers, Stat)* occupational statistics
berufstätig *adj (Pers)* employed, working, have a job
Berufstätige *pl (Pers)* employed, employed persons, working persons
berufstätiger Ehepartner *m (Pers)* working spouse
Berufstätigkeit *f (Pers)* occupation, job, employment, work, working life, career
Berufsunfähigkeit *f (Pers)* occupational invalidity, occupational disability
Berufsunfähigkeitsversicherung *f (Recht, Versich, Pers)* occupational disablement insurance
Berufsunfall *m* 1. *(Ind)* industrial injury; 2. *(Soz)* occupational accident
Berufsverband *m (Gen)* professional association, professional body; trade association *(Berufsvereinigung)*
Berufsverkehr *m (Logis)* rush-hour traffic
Berufswahl *f (Pers)* career options, career choice(s), occupational choice, choice of occupation, vocational choice
Berufswechsel *m (Pers)* occupational change, change of occupation
Berufswunsch *m (Pers)* career aspiration
Berufsziel *n (Pers)* occupational objective, the occupation [profession] one is aiming for
Berufszweig *m (Pers)* line of occupation
Berufung *f* 1. *(Pat)* appeal; 2. *(Pers)* appointment; 3. *(Recht)* appeal • **Berufung einlegen** *(Recht)* appeal against • **in Berufung gehen** *(Recht)* enter an appeal
Berufungsgericht *n (Recht)* appeal court, court of appeal *(Appellationsgericht)*; appellate court *(Revisionsgericht)*
Berufungsgründe *mpl (Pat, Recht)* grounds for appeal
Berufungsschreiben *n (Pers)* letter of appointment, appointment letter
berühren *v (Recht)* affect
Besatzung *f* 1. *(Pers)* crew *(eines Flugzeugs, Schiffs etc.)*; 2. *(Pol)* occupying forces *(militärisch)*
Beschädigung *f (Ind)* damage
beschaffen *v* 1. *(Börse, Fin)* raise *(Geld, Kapital)*; 2. *(Gen)* procure, provide, collect
Beschaffenheit *f (Recht)* quality, condition
Beschaffung *f* 1. *(Gen)* collection, procurement *(Besorgung)*; 2. *(V&M)* procurement *(Besorgung)*
Beschaffung *f* **von Barmitteln** *(Fin)* cash generation
Beschaffungsabteilung *f (Gen)* procurement department
Beschaffungsamt *n (BeschA) (Gen, Recht)* Procurement Agency
Beschaffungskosten *pl (Gen)* procurement costs, purchasing costs
Beschaffungskredit *m (Bank)* buyer credit
Beschaffungsmanagement *n (Mgt)* supply management, procurement management *(softwaregestützte Verwaltung firmenübergreifender Logistikketten: Management der gesamten Einkaufsprozesse und --strukturen, einschließlich Lieferkettenmanagement = SCM und Beschaffungsmarketing = sourcing)*
Beschaffungsmarketing *n (V&M, WiWi)* sourcing
Beschaffungsrahmenvertrag *m (Gen, Recht)* open-end contract
Beschaffungsrisiko *n (Mgt)* supply risk *(i. e. S. Euphemismus für den Umgang mit dem in vielen Bereichen zunehmenden Korruptionsrisiko)*
beschaffungsseitige Verflechtung *f (WiWi)* backward linkage
Beschaffungsweg *m (Gen)* trade channel
beschäftigen *v* 1. *(Gen)* engage, occupy; 2. *(Pers)* employ
beschäftigen *v* **mit/sich** 1. *(Gen)* deal with; 2. *(Mgt)* be engaged in
beschäftigt *adj* 1. *(Gen)* busy, engaged, preoccupied; 2. *(Pers)* employed • **beschäftigt sein** *(Pers)* be employed, have a job • **mit etw. beschäftigt sein** *(Gen)* be busy doing sth
Beschäftigte *pl* 1. *(Gen, Ind)* workforce; 2. *(Mgt, Pers)* workforce, employees
Beschäftigte *m(f) (Pers, Mgt)* employee
Beschäftigtenanzahl *f (Pers)* labo(u)r force, number of employees
Beschäftigtenprognose *f (Pers, WiWi)* employment forecast
Beschäftigung *f* 1. *(Pers)* employment; 2.

(WiWi) activity • **Beschäftigung aufnehmen** *(Pers)* take up employment, take up work, to start a job • **Beschäftigung beenden** *(Pers)* stop working, cease employment • **Beschäftigung beginnen** *(Pers)* start a job, start work, begin work • **Beschäftigung suchen** *(Pers)* seek employment, look for employment, seek a job, look for a job, seek work, look for work

Beschäftigung *f* **auf Probe** *(Pers)* probationary employment

Beschäftigungsbedingungen *fpl (Pers)* conditions of employment, conditions of service, terms of employment

Beschäftigungschance *f (Pers)* job opportunity

Beschäftigungsdauer *f (Pers)* length of employment, length of service

Beschäftigungseffekt *n (WiWi)* effect on employment, impact on employment, employment impact

Beschäftigungseinbruch *m (Pers)* drop in employment, decline in employment

Beschäftigungsförderung *f (Pers)* promotion of employment, employment promotion

Beschäftigungsgesellschaft *f (Pers, Soz)* job creation company, employment initiative

Beschäftigungsgrad *m (RW, WiWi)* activity level

Beschäftigungskrise *f (Pers, WiWi)* employment crisis

Beschäftigungslage *f (Pers, WiWi)* employment situation, labo(u)r market situation, job situation, manpower situation

Beschäftigungslosigkeit *f (Pers)* nonemployment *(Statistik)*

Beschäftigungsmöglichkeit *f (Pers)* job opportunity, job prospect

Beschäftigungsnachweis *m (Pers)* employment record

beschäftigungsneutral *adj (Pers, WiWi)* with no effect on employment • **beschäftigungsneutral sein** *(Pers, WiWi)* have no effect on employment, having no effect on employment

Beschäftigungsnormen *fpl (Pers, Recht)* employment standards, standards of employment, *(BE)* labour standards, *(AE)* labor standards

beschäftigungsorientiert *adj (Pers, WiWi)* employment-oriented, employment-orientated

beschäftigungsorientierte Lohnpolitik *f (Pers)* employment orient(at)ed wage policy

Beschäftigungsperiode *f (Pers)* period of employment, duration of employment

Beschäftigungspolitik *f (Pers)* manpower policy, employment policy

beschäftigungspolitisch *adj (Pol, WiWi)* relating to employment policy, regarding employment policy, in terms of employment policy

Beschäftigungsprognose *f (Gen)* manpower forecasting

Beschäftigungsprogramm *n (WiWi)* job creation program(me), job creation scheme

Beschäftigungsquote *f (Pers)* employment rate

Beschäftigungsrückgang *f (Pers)* decline in employment, reduction of employment

Beschäftigungsschwankungen *fpl (Pers)* fluctuations in the level of employment, fluctuations in employment

Beschäftigungsschwelle *f (Pers, WiWi)* employment threshold

Beschäftigungssicherheit *f (Pers)* employment security, job security

Beschäftigungssicherung *f (Pers)* safeguarding of employment

Beschäftigungsstand *m (WiWi)* level of employment

beschäftigungssteigernd *adj (Pers)* employment-increasing, employment--enhancing

Beschäftigungsverhältnis *n (Pers)* employment relationship

Beschäftigungszahlen *fpl (WiWi)* employment figures

Beschäftigungszeit *f (Pers)* period of employment, duration of employment

Beschäftigungszusage *f (Pers)* confirmation of employment, job confirmation

Bescheid *m (Recht)* administrative decision

bescheinigen *v (Gen, Recht)* certify • **jmdn. etwas bescheinigen** *(Gen, Recht)* attest sb sth • **den Empfang bescheinigen von** *(Gen, Recht)* acknowledge receipt of • **hiermit wird**

bescheinigt, dass ... *(Gen, Pers, Recht)* this is to certify that ...
Bescheinigung *f* 1. *(Gen)* certificate; 2. *(Komm)* certificate, advice; 3. *(Recht)* certification
Beschlagnahme *f* 1. *(Grund)* distraint; 2. *(Imp/Exp)* confiscation, seizure; 3. *(Recht)* arrest, sequestration, levy *(von Besitz)*; distraint *(von Grundbesitz)*; 4. *(Logis)* detention; 5. *(Versich)* attachment
beschlagnahmen *v* 1. *(Imp/Exp)* confiscate, seize, impound; 2. *(Recht)* sequester, sequestrate, impound; 3. *(Logis)* detain
Beschlagnahmung *f* 1. *(Grund)* distraint; 2. *(Imp/Exp)* confiscation, seizure; 3. *(Recht)* sequestration, levy *(von Besitz)*; distraint *(von Grundbesitz)*; 4. *(Logis)* detention; 5. *(Versich)* attachment
beschleunigen *v (Gen)* accelerate, expedite, speed up
beschleunigte Abschreibung *f (Fin, RW)* accelerated depreciation
beschleunigte Amortisation *f (RW)* accelerated amortization
beschleunigtes Wachstum *n (WiWi)* accelerated growth
Beschleunigung *f* 1. *(Gen)* speed-up, acceleration; 2. *(WiWi)* acceleration *(Wirtschaftswachstum)*
beschließen *v* 1. *(Fin)* declare; 2. *(Gen)* adopt, decide on, round off *(Meeting)*; 3. *(Recht)* adopt, pass *(Gesetz)*
Beschluss *m* 1. *(Gen, Mgt)* decision, resolution *(des Vorstands)*; 2. *(Pol)* act; 3. *(Recht)* order, ord. *(des Gerichts)*
beschlussfähig sein *v (Mgt)* be quorate, form a quorum, have a quorum
Beschlussfähigkeit *f (Mgt)* quorum
beschränken *v* 1. *(Börse)* limit *(Risiko)*; 2. *(Gen)* constrain, limit, restrict
beschränkt steuerpflichtig *adj (Recht, Steuer)* subject to limited tax liability
beschränkte Haftung *f (Gen, Recht)* limited liability
beschränkte Vollmacht *f (Recht)* limited authority
beschränkter Handel *m (Börse)* restricted trading
beschränktes Eigentumsrecht *n (Versich)* short tail
beschränktes Erbrecht *n (Versich)* short tail
Beschränkung *f (Gen)* curtailment, limitation, restriction, barrier *(Hindernis)*
Beschränkung *f* **des Kapitalverkehrs** *(Imp/Exp)* restrictions on capital movements
beschreibbar *adj (Comp)* writable
beschreibbare CD *f (Comp)* CD recordable, CD-R
beschreiben *v (Gen, Pat)* describe, specify
Beschreibung *f* 1. *(Gen)* description; 2. *(Pat)* description, patent specification
Beschriftung *f* 1. *(Gen)* marking; 2. *(Media)* lettering
Beschuldigte *m(f) (Recht)* accused
Beschuldigung *f (Recht)* accusation, charge
Beschwerde *f* 1. *(Gen)* complaint; 2. *(Pat)* appeal; 3. *(Pers)* grievance *(Arbeit)*; 4. *(Recht)* appeal • **Beschwerde führen** *(Recht)* appeal against a decision, take an appeal to court • **Beschwerde bei jmdm. einlegen** *(Gen)* lodge a complaint with sb
beschwindeln *v* 1. *(Gen)* cheat, swindle; 2. *(RW, Recht)* defraud
beseitigen *v* 1. *(Gen)* remove, resolve, eliminate *(Meinungsverschiedenheiten, Unstimmigkeiten)*; abolish *(abschaffen)*; 2. *(Recht)* redress; 3. *(WiWi)* stamp out, abolish *(Inflation)*
beseitigt *adj (Gen)* eliminated
Beseitigung *f* 1. *(Gen)* abolition, removal; 2. *(RW, Recht)* abolition
Beseitigung *f* **der Arbeitslosigkeit** *(Pers, WiWi)* elimination of unemployment
besetzt *adj* 1. *(Comp)* busy; 2. *(Komm) (AE)* busy, *(BE)* engaged *(Telefon, Fax)*
Besetzung *f* 1. *(Grund)* occupation; 2. *(Pers)* staffing, *(BE)* occupation *(eines Betriebs als Arbeitskampfmaßnahme)*
besichern *v* 1. *(Bank, Börse)* secure; 2. *(Fin)* collateralize, supply security for *(Anleihe)*
besicherte Wertpapiere *npl (Bank, Fin, RW)* asset-backed securities *(ABS)*; collateralized securities
besicherten Kredit gewähren *(Börse)* lend on security
besichertes Darlehen *n (Bank)* secured advance, collateral loan
besiegeln *v (Gen)* seal
Besitz *m* 1. *(Börse)* holding; 2. *(Gen)* property, ownership; 3. *(Grund)* occupancy; 4. *(Recht)* possession, occupation *(Innehaben)* • **Besitz**

entziehen *(Grund) (AE)* dispossess • **Besitz ergreifen von** 1. *(Grund)* take possession of; 2. *(Recht, WiWi)* appropriate

Besitzanspruch *m (Recht)* possessory claim

Besitzeinkommen *n (Fin, RW, Steuer)* unearned income

besitzen *v* 1. *(Gen)* own *(gekaufte Waren)*; 2. *(Grund)* occupy

Besitzen *n* 1. *(Grund)* occupancy; 2. *(Recht)* holding

Besitzer(in) *m(f)* 1. *(Gen)* owner, proprietor; 2. *(Recht)* possessor • **den Besitzer wechseln** *(V&M)* change hands

Besitzstand *m* 1. *(Gen)* acquired rights, vested rights; 2. *(Recht)* status of possession

Besitzstandswahrung *f (Pol, Soz)* maintenance of vested rights, preservation of vested rights, *(AE)* grandfathering

Besitzsteuern *fpl (Fin, Steuer)* taxes from income and property

Besitzurkunde *f (Recht)* title deed

Besitzwechsel *mpl (RW)* bills receivable

Besoldung *f (Pers)* salary *(Vergütung der Beamten)*; pay *(Militärdienst: Sold)*; remuneration

Besoldungsgruppe *f (WiWi)* salary grade

Besoldungsniveau *n (Pers)* pay level, level of pay

besondere Rücklage *f (RW)* special reserve

besonderes Merkmal *n (Gen)* special(i)ty

Besonderheit *f* 1. *(Gen)* exceptional quality, special(i)ty, unusual quality; 2. *(V&M)* special feature

besonders *adv (Gen)* especially, esp., specially

Besorgnis *f (Gen)* doubt, worry

Besorgnis *f* **der Befangenheit** *(Recht)* doubt as to impartiality, fear of prejudice

Besorgung *f (Gen)* procurement *(Beschaffung)*; purchase *(Einkauf)*; dealing *(Erledigung)*; errand *(Auftrag, Weg, Geschäftsgang)*

besprechen *v* 1. *(Gen)* discuss; 2. *(Media)* review *(Film, Theaterstück)*

Besprechung *f* 1. *(Gen)* discussion, meeting *(Sitzung)*; 2. *(Media)* review *(Theaterstück)*

besser *adv (Gen)* better

bessergestellt *adj (Gen)* better-off

Besserung *f (WiWi)* upturn

Besserverdienende *pl (Pers, Pol)* higher paid, higher paid employees, better paid, better paid people

Bestand *m* 1. *(Bank, Fin)* outstanding amount, position, portfolio *(Portefeuille)*; 2. *(Gen)* holding, stock *(Lager)* • **den Bestand aufnehmen** *(Gen)* take stock *(Lagerbestand aufnehmen)*

Bestand *m* **an Anlagewerten** *(Börse, Fin)* asset portfolio

Bestand *m* **an festen Aufträgen** *(Gen)* backlog of final orders

Bestand *m* **an Wertpapieren** *(Bank, Fin, WiWi)* portfolio

Bestände *mpl (Gen, WiWi)* supplies • **Bestände aufnehmen** *(RW)* take inventory, take stock

Bestände *mpl* **an Handelswaren** *(RW)* merchandise inventory

Beständeschwund *m (WiWi)* inventory shrinkage

beständig *adj* 1. *(Gen)* stable, standing, consistent, steady *(stabil)*; permanent *(stabil)*; 2. *(WiWi)* steady

Bestandsänderungen *fpl (RW)* changes in inventories

Bestandsanpassung *f (WiWi)* stock flow adjustment

Bestandsaufnahme *f (Gen, RW, V&M)* stocktaking, inventory, stock inventory

Bestandsbewertung *f (RW)* valuation of inventory, valuation of stocks

Bestandsdaten *pl* 1. *(Gen, WiWi)* stock data; 2. *(Komm, Recht)* contractual data, data necessary for a contract *(IuKDG)*

Bestandserhebung *f (Gen)* survey of stocks

Bestandsfehlbetrag *m (WiWi)* inventory shortage

Bestandsgarantie *f (Bank, Recht, Versich)* guarantee of continuance *(gilt implizit für Sifis = systemically important financial institutions = systemrelevante Institute, die von Politikern als zu groß um zu scheitern eingeschätzt werden: Too-big-to-fail-Problem; Moral-Hazard--Verhalten der Finanzbranche erhöht die Risikoneigung, da Gewinne über Boni, Gehälter und Dividenden ausgeschüttet oder privatisiert, Verluste jedoch dem Staat angedient, also sozialisiert*

werden, um das Finanzsystem zu ‚stabilisieren')
Bestandsgröße *f (Gen, WiWi)* stock
Bestandskonto *n (RW)* asset account
Bestandskontrolle *f (RW)* inventory control
Bestandsposten *m (RW)* inventory item
Bestandsschutz *m (WiWi) (AE)* grandfathering
Bestandsstatistik *f (Stat, WiWi)* stock statistics, statistics on stocks
Bestandsverwaltung *f* 1. *(Fin)* inventory management; 2. *(RW)* stock control
Bestandteil *m (Gen, Ind)* component part, component
bestätigen *v* 1. *(Comp)* acknowledge *(Befehl)*; 2. *(Gen)* acknowledge, confirm, accredit, validate, verify, vindicate *(Anspruch)*; witness *(Zeuge)*; 3. *(Komm)* acknowledge; 4. *(RW)* verify; 5. *(Recht)* acknowledge; 6. *(V&M)* endorse, indorse
Bestätigung *f* 1. *(Bank)* approval; 2. *(Gen)* acknowledgement, certification, verification *(Echtheit)*; confirmation *(Termin)*; validation, vindication *(Anspruch)*; 3. *(Komm)* acknowledgement *(Unterschrift, Initialen auf Dokumenten)*; certificate *(Dokument)*; 4. *(RW, Recht)* confirmation, attestation; 5. *(V&M)* endorsement • **zur Bestätigung vorlegen** *(Gen)* submit for approval
Bestätigung *f* **der Echtheit einer Unterschrift** *(Bank)* guarantee of signature
Bestätigungsmitteilung *f (Gen)* confirmation notice
Bestätigungsstelle *f (Gen, Recht)* trust center, certification authority *(Signaturgesetz)*
Bestätigungsvermerk *m (RW)* accounts certification, audit certificate, auditor's certificate, auditor's opinion, auditor's report, auditor's statement, audit report *(Bericht)*
bestechen *v (Gen)* bribe • **jmdn. bestechen** *(Gen)* bribe sb, give sb bribes, *(ugs.)* grease sb's palm, *(ugs.)* oil sb's palm • **sich bestechen lassen** *(Gen, Pol)* take bribes
bestechlich sein *v (Fin, Pol)* be open to bribery
Bestechlichkeit *f (Fin, Pol, Recht)* corruptibility
Bestechung *f* 1. *(Fin) (AE)* fix; 2. *(Gen)* bribe, bribery, payoff
Bestehen *n* 1. *(Gen)* existence; 2. *(Bil)* passing *(einer Prüfung)* • **seit Bestehen der Firma** *(Gen)* ever since the firm was founded
bestehen *v* **auf** *(Gen)* insist on
Bestellbuch *n (Gen, V&M)* order book
bestellen *v* 1. *(Gen)* order, book, reserve *(Eintrittskarte, Platz)*; 2. *(Recht)* appoint, nominate *(Buchprüfer)*; create *(Hypothek)*; 3. *(WiWi)* commission
Bestellmanagement *n (Gen, Mgt)* order management
bestellt *adj* 1. *(Recht)* appointed, nominated; 2. *(V&M)* appointed; 3. *(Pers)* on order *(Waren)*
Bestellung *f* 1. *(Gen)* appointment *(für ein Amt)*; 2. *(RW)* purchase order; 3. *(Recht)* appointment *(für ein Amt)* • **Bestellungen annehmen** *(Gen)* take orders
Bestellung *f* **eines (Insolvenz-)Verwalters** *(Recht)* appointment of a liquidator
bestens *adj (Börse)* at best
Bestens-Auftrag *m (Börse)* discretionary order
besteuern *v (Steuer)* tax, impose a tax on, *(BE)* levy a tax on; rate *(zur Kommunalsteuer veranlagen)*
Besteuerung *f (Steuer, WiWi)* imposition, taxation
Besteuerungsgegenstand *m (Recht, Steuer)* taxable event
Besteuerungsgrundlage *f (Steuer)* tax basis, taxable amount
Besteuerungsgrundsätze *mpl (Steuer)* canons of taxation
bestimmen *v* 1. *(Fin)* ring-fence; 2. *(Gen)* value *(Wert)*; 3. *(Pers)* appoint *(Ausschuss)*; 4. *(WiWi)* determine, earmark *(Preis)*
bestimmt *adj (Gen)* particular, specific *(Artikel)*; fixed *(festgesetzter Preis oder Tag)*; definite *(genau genannt)* • **jmdn. mit einer bestimmten Aufgabe betrauen** *(Gen)* entrust sb with a specific task • **an einen bestimmten Zweck binden** *(Gen)* earmark
Bestimmung *f* 1. *(RW)* appropriation *(von Geldern)*; 2. *(Recht)* stipulation, provision *(Vorschrift)*; 3. *(Versich)* clause *(Klausel)*; 4. *(WiWi)* appropriation, regulation

Bestimmungsfaktoren *mpl (Gen)* determinants
bestimmungsgemäße Produktbenutzung *f*, **bestimmungsgemäßer Produktgebrauch** *m* 1. *(Gen)* intended use; 2. *(Recht)* contractual use *(Herstellerhaftpflicht, Produzentenhaftpflicht)*
Bestimmungsland *n* 1. *(Imp/Exp, Logis)* country of destination; 2. *(WiWi)* receiving country
Bestimmungslandprinzip *n (Steuer)* destination principle
Bestimmungsort *m (Gen)* place of destination, destination
bestmögliche Methode *f (Gen)* optimal practice
bestmögliche Verfahrensweise *f (Gen)* optimal practice
bestreiken *v (Pers)* go on strike against
bestreitbar *adj* 1. *(Gen)* contestable, disputable; 2. *(Recht)* traversable
bestreitbarer Markt *m (WiWi)* contestable market
Bestreitbarkeit *f (WiWi)* contestability
bestreiten *v* 1. *(Gen)* bear, meet *(Kosten)*; 2. *(Recht)* dispute *(Forderung)*; deny *(Anrecht)* • **die Kosten bestreiten** *(Gen)* bear the costs, defray the costs, meet costs
bestücken *v (Ind)* equip, tool up
Bestückungsbetrieb *m (Ind)* component factory
betätigen *v (Ind)* activate
Betätigung *f (Gen, Pers, Soz)* activity, work
Beteiligte *m(f)* 1. *(Gen)* partner; 2. *(Recht)* interested party, involved party, party concerned; 3. *(Imp/Exp)* user *(Zoll)*
beteiligte Partei *f (Gen)* interested party
Beteiligung *f* 1. *(Börse)* stake; 2. *(Fin)* equity holding, interest; 3. *(Gen)* stake, involvement *(an einem Unternehmen)*; 4. *(RW)* participation, share; 5. *(WiWi)* trade investments • **eine Beteiligung an etw. erwerben** *(Gen)* acquire an interest in sth
Beteiligung *f* **am Arbeitsleben [Erwerbsleben]** *(Pers, WiWi)* participation in working life
Beteiligungen *fpl* 1. *(Bank, Börse, Fin)* investments; 2. *(RW)* long-term financial investments; 3. *(WiWi)* investments
Beteiligungsbuchwert *m (RW)* book value of an investment
Beteiligungserträge *mpl (Börse)* income from investments
Beteiligungserwerb *m* 1. *(Börse)* acquisition of stock; 2. *(Fin)* acquisition of participations
Beteiligungsfinanzierung *f (Fin)* equity financing
Beteiligungsgesellschaft *f* 1. *(Börse)* joint-venture company; 2. *(Gen)* associated company, affiliate, affiliate company
Beteiligungskapital *n (Bank, Fin, Gen, WiWi)* equity capital
Beteiligungskäufe *mpl (Börse)* acquisition of shareholdings
Beteiligungsportfolio *n (Bank, Fin, Mgt)* investment portfolio
Beteiligungs- und Fremdfinanzierung *f (Fin, RW)* external financing *(Außenfinanzierung)*
Beteiligungsverhältnis *n (Gen)* participation rate
betonen *v (Gen)* emphasize, lay the emphasis on
beträchtlich *adj* 1. *(Gen)* appreciable, considerable, substantial; 2. *(WiWi)* sizeable
Betrachtungszeit *f (Comp, Komm, Media, V&M)* view time *(Internet)*
Betrachtungszeitraum *m (Stat, V&M)* period under consideration, observation period
Betrag *m (Fin, Gen)* amount • **einen Betrag von einem Bankkonto abheben** *(Bank)* withdraw a sum from a bank account • **fällige Beträge einziehen** *(Fin)* collect sums due
Beträge *mpl (Fin, RW)* amounts, dividends
betragen *v* 1. *(Gen)* amount to, come to, work out at; 2. *(RW)* add up to
Betreff *m (Gen)* reference, re *(am Briefbeginn)*
betreffen *v (Gen)* concern, refer to
betreffend *adj (Gen)* in question *(Person)*; pertaining to *(Sache)* • **die betreffenden Personen** *(Gen)* the persons concerned
betreffs *(Komm)* regarding, re, concerning
Betreff-Zeile *f (Komm)* subject line *(E--Mail Subject-Zeile)*
betreiben *v* 1. *(Comp)* power; 2. *(Gen)*

run, operate *(Unternehmen)*; conduct *(Gewerbe)*; 3. *(Ind)* operate, power; 4. *(Soz)* pursue *(Studium)*

Betreibergesellschaft *f (Gen, Recht)* operating company

Betreiber(in) *m(f)* 1. *(Gen, Recht)* operator; 2. *(Mgt)* person running an enterprise

Betreuer(in) *m(f) (Soz)* minder, child minder, social worker, nurse, companion, au pair

Betrieb *m* 1. *(Comp)* mode; 2. *(Gen)* concern, business, workplace, operation *(Firma)*; 3. *(Ind)* factory, works *(Fabrik)*; operation *(von Maschine)*; 4. *(Pers)* workplace, place of work, establishment *(Arbeitsstelle)* • **außer Betrieb** *(Gen)* out of order, out of action • **in Betrieb nehmen** *(Ind)* start up • **in Betrieb sein** *(Ind)* be on stream • **in Betrieb setzen** *(Ind)* activate

betrieblich *adj* 1. *(Gen)* operational; 2. *(Mgt)* managerial

betriebliche Altersversorgung *f (Gen, Pers)* company pension plan, company pension scheme, pension plan

betriebliche Aufwendungen *fpl (RW)* operating cost [expenditure, expense]

betriebliche Ausbildung *f (Pers)* in-plant training

betriebliche Ausgaben *fpl (Steuer)* corporate spending

betriebliche Erträge *mpl (RW)* operating income, operating revenue

betriebliche Hierarchie *f (Mgt, Pers)* corporate hierarchy

betriebliche Mitbestimmung *f (Mgt, Pers)* codetermination at plant level, involvement of employees *(der Arbeitnehmer)*

betriebliche Personalplanung *f (Pers)* company manpower planning, personnel planning in the enterprise, personnel planning in the undertaking, personnel planning in the firm

betriebliche Schulung *f (Pers)* in-plant training, in-house training

betriebliche Zusatzrente *f (Fin)* supplementary company pension scheme

betrieblicher Bruttoertrag *m (RW)* gross operating revenue

betrieblicher Vergleich *m (Gen)* inter--firm comparison

betriebliches Rechnungswesen *n (Fin)* corporate finance

betriebliches Schulungszentrum *n (Bil, Pers)* staff training centre

betriebliches Umfeld *n (Gen)* business environment

Betriebsablauf *m (Pers)* sequence of operations

Betriebsabrechnung *f (RW)* cost accounting, periodical cost accounting, industrial cost accounting, internal cost accounting; operating cost and revenue statement *(Synonym: periodische Kostenrechnung; Vollkostenrechnung, periodenbezogene Verrechnung aller Kosten nach dem Verursachungsprinzip auf die Hauptkostenstellen im BAB; Kostenarten-, Kostenstellen- und Kostenträgerrechnung)*

Betriebsabrechnungsbogen *m (BAB) (Bil, RW)* expense [cost] distribution sheet, assignment sheet for non--manufacturing cost, overhead allocation sheet, cost apportionment sheet, overhead distribution sheet *(verteilt die primären Gemeinkosten nach dem Verursachungsprinzip auf die Kostenstellen; wird nur noch für Lehrzwecke verwendet, for teaching purposes only)*

Betriebsangehörige *m(f) (Gen, Pers)* staff member, member of the staff, staff, employee

Betriebsanlage *f (Ind)* plant, operating plant, fixed plant

Betriebsanleitung *f (Gen)* instruction book

Betriebsaufwand *m (RW)* operating costs, operating expenditure, operating expenses

Betriebsausflug *m (Pers)* (annual) work outing, (annual) staff outing

Betriebsausgaben *fpl (Gen)* business expenses, business charges

Betriebsausgabenabzug *m (RW, Steuer)* business expense deduction

betriebsbedingt *adj (Gen, RW)* operational

betriebsbedingte Entlassung *f (Pers)* redundancy, dismissal for operational reasons

betriebsbedingter Aufwand *m (RW)* operating cost, operating expenditure, operating expense

Betriebsbefragung *f*, **Betriebserhebung** *f (Pers, Stat)* establishment survey, employer survey
Betriebsbesichtigung *f (Gen, V&M)* company tour, guided tour
Betriebsbuchhaltung *f (RW)* cost accounting management accounting, internal accountancy, industrial accountancy *(mit der Informations- und Steuerungsfunktion der Kosten- und Leistungsrechnung; Gegensatz: externes Rechnungswesen = financial accounting)*
Betriebseinstellung *f (Gen)* shutdown
Betriebsergebnis *n* 1. *(Fin, Gen)* trading result; 2. *(RW)* operating result
Betriebsergebnis I *n* **(des BAB)** *(RW)* gross operating profit *(Synonym: operatives Ergebnis)*
Betriebsergebnisrechnung *f (RW)* operating statement
betriebsfremde Erträge *mpl (RW)* other income, other revenue
Betriebsführung *f (Mgt, WiWi)* business management
Betriebsgeheimnis *n (Pers)* trade secret
Betriebsgesellschaft *f (Gen, Ind)* operating company
Betriebsgewinn *m (RW)* operating profit
betriebsgewöhnliche Nutzungsdauer *f* 1. *(Gen)* average life; 2. *(RW, Recht)* asset depreciation range
Betriebsgröße *f (Gen)* establishment size
Betriebsgründung *f (Gen, WiWi)* business start-up, start-up, setting up one's own business
Betriebshandelsspanne *f (RW)* gross profit margin
Betriebsinhaber *m (Gen, Recht)* company owner, proprietor, operator
betriebsintern *adj (Gen)* in-house, in--company, in-plant
betriebsinterne Schulung *f (Pers)* in--company training
Betriebskalkulation *f (RW)* cost accounting
Betriebskapazität *f* 1. *(Gen, Ind)* plant capacity; 2. *(WiWi)* operating capacity
Betriebskapital *n* 1. *(Fin)* net current assets, working capital; 2. *(Gen)* working capital; 3. *(RW)* net quick assets; 4. *(WiWi)* circulating capital, share capital, operating capital
Betriebskosten *pl* 1. *(Fin)* current expenditure, running costs, running expense; 2. *(Gen)* operating expenses, running expense; 3. *(RW)* operating expenses, running expense, operating costs
Betriebsleistung *f* 1. *(WiWi)* capacity utilization rate, degree of utilization, operating rate, operating performance *(die tatsächliche Auslastung im Verhältnis zur maximalen Auslastung, the ratio of actual to potential output; Synonym: Auslastungsgrad)*; 2. *(Gen)* degree of manpower utilization, overall performance *(Personalauslastung)*
Betriebsmittel *n* 1. *(Gen, Ind)* resource; 2. *(Pers)* working area
Betriebsmittelkredit *m (Bank, Fin)* short--term operating credit
betriebsnotwendiger Kapitalbedarf *m (Fin)* operating capital requirements
Betriebsoptimum *n (WiWi)* ideal capacity, maximum practical capacity
Betriebsplanung *f (Gen, Mgt)* operational planning, business planning
Betriebsprogramm *n (Comp)* operating system *(OS)*
Betriebsrat *m (Pers)* employees' committee, *(BE)* works council
Betriebsrente *f (Pers, Soz)* employer's pension scheme, company pension, occupational pension
Betriebsrentensystem *n (Soz)* company pension plan, group annuity contract
Betriebsrisiko *n (Bank)* operational risk
Betriebsschließung *f* 1. *(Gen)* shutdown; 2. *(Ind)* plant closure
Betriebssicherheit *f (Ind, Pers)* industrial safety, industrial security
betriebsspezifisch *adj (Gen)* company--specific, firm-specific
Betriebsstätte *f* 1. *(Gen, Ind)* plant, operational facility, operating unit; 2. *(Steuer)* permanent establishment
Betriebsstillstand *m (Ind)* operations breakdown
Betriebsstoffe *mpl* 1. *(Gen)* expendable goods; 2. *(Ind)* (factory) supplies
Betriebsstörung *f (Ind, Mgt)* stoppage, breakdown *(Maschine etc.)*
Betriebstechnik *f (Ind)* industrial engineering, production engineering *(Produktion)*
Betriebsüberschuss *m* 1. *(Fin, RW)* operating profit, *(BE)* trading profit; 2. *(WiWi)* operating surplus
Betriebsübersicht *f* 1. *(Gen) (AE)* work

sheet; 2. *(RW)* balance sheet in schedule form *(Synonym: Abschlussübersicht; cf Hauptabschlussübersicht)*

Betriebs- und Geschäftsausstattung *f (Gen)* fixtures and fittings

Betriebsunfall *m (Pers, Versich)* industrial accident, industrial injury, occupational accident, job-related injury

Betriebsunterbrechung *f (Logis)* breakdown

Betriebsvereinbarung *f (Pers)* plant agreement, *(BE)* shop-floor agreement

Betriebsverlust *m (RW)* operating loss

Betriebsvermögen *n (Fin, Gen, RW)* business assets

Betrlebswirt(in) *m(f)* 1. *(Gen)* business economist; 2. *(Pers)* Bachelor of Business Administration, Bachelor of Science in Business Administration, graduate in business administration

Betriebswirtschaft *f* 1. *(Mgt)* science of business management, managerial economics; business administration; 2. *(WiWi)* business studies, applied economics

betriebswirtschaftliche Fakultät *f (Bil)* business economics department, business economics faculty

betriebswirtschaftliche Kennzahl *f* 1. *(Mgt, WiWi)* management ratio, operational ratio; 2. *(Gen)* ratio, activity ratio, business ratio, corporate key ratio *(Synonym: betriebswirtschaftliche Kennziffer)*

Betriebswirtschaftslehre *f* 1. *(Mgt)* science of business management, managerial economics; business administration; 2. *(WiWi)* business studies

Betriebswissenschaft *f (Mgt)* scientific management

Betriebszeit *f* 1. *(Bank)* uptime *(EZB)*; 2. *(Pers)* operating period • **während der üblichen Betriebszeiten** *(Gen, Recht)* during normal business hours

Betriebsziele *npl (Mgt, WiWi)* operational objectives

Betriebszugehörigkeit *f (Pers)* length of service, length of employment, seniority *(length of service – Dienstalter)*; job tenure *(time when a position is held)*

Betriebszuschuss *m (Fin)* operating subsidy

betrifft *adv (Gen)* concerning, regarding

Betroffener *m (Gen, Recht)* party affected, person affected

Betrug *m* 1. *(Gen)* fraud, swindle, *(BE; ugs.)* ramp; 2. *(RW, Recht)* fraud *(arglistige Täuschung)*

betrügen *v* 1. *(Gen)* cheat, swindle; 2. *(RW, Recht)* defraud

Betrüger(in) *m(f)* 1. *(Gen)* confidence trickster, embezzler, swindler, *(ugs.)* con artist; 2. *(RW, Recht)* defrauder

betrügerisch *adj (Gen, RW, Recht)* fraudulent

betrügerischer Bankrott *m (Gen, RW, Recht)* fraudulent bankruptcy

betrügerischer Konkurs *m (Recht)* fraudulent bankruptcy

Betrugsbekämpfung *f (Recht)* anti--fraud, fight against fraud

beurkunden *v* 1. *(Gen)* authenticate, place on record, register, verify, record *(Vertrag)*; 2. *(RW)* verify; 3. *(Recht)* acknowledge, attest to

Beurkundung *f* 1. *(Gen)* document; 2. *(RW)* authentication, verification; 3. *(Recht)* (act of) acknowledgement

beurlauben *v (Pers)* suspend, suspend from office, suspend from duty *(Synonym: suspendieren)*

Beurlaubung *f (Pers)* leave of absence, *(AE)* furlough *(Arbeitsmarkt)*; suspension from office

beurteilen *v* 1. *(Gen)* judge, assess, appraise *(Wert, Leistung)*; 2. *(Mgt)* appraise *(Projekt)*

Beurteilung *f* 1. *(Gen)* appraisal, assessment, judgment; 2. *(Mgt)* appraisal; 3. *(Recht)* judgment

Beurteilungsgespräch *n (Pers)* appraisal interview

Beurteilungsverfahren *n (Pers)* appraisal procedure, assessment procedure, rating procedure

Bevölkerung *f (WiWi)* population

Bevölkerungsprognose *f (Pol, WiWi)* population forecast, population projection

Bevölkerungsstatistik *f (Stat, WiWi)* population statistics, census of population, demographic statistics

Bevölkerungsvorausschätzung *f (Stat, WiWi)* population forecast, population projection

Bevölkerungswachstum *n (WiWi)* population growth

bevollmächtigen *v* 1. *(Gen)* authorize, empower; 2. *(RW, Recht)* appoint as attorney-in-fact
bevollmächtigt *adj* 1. *(Gen)* authorized, empowered; 2. *(RW, Recht)* invested with power of attorney; 3. *(V&M)* accredited
Bevollmächtigte *m(f)* 1. *(Gen)* authorized agent, representative, agent; 2. *(RW, Recht)* attorney-in-fact
Bevollmächtigung *f* 1. *(Gen)* agency, agcy, authorization; 2. *(Recht)* authorization, power of attorney, PA
bevorrechtigt *adj* 1. *(Fin, Gen)* privileged; 2. *(Recht)* entitled to priority
bevorrechtigter Gläubiger *m (Fin, RW, WiWi)* secured creditor, senior creditor
Bevorrechtigung *f (Recht)* privilege, priority
Bevorschussung *f (Bank, Gen)* advance
bevorzugen *v (Fin, Gen, RW, V&M)* favo(u)r, prefer
bevorzugt *adj (Fin, Gen, RW, V&M)* preferred
bevorzugt *adv* 1. behandeln; 2. *(Gen)* prioritize
Bevorzugung *f (Fin, Gen, RW, V&M)* preference, preferential treatment
bewahren *v (Gen)* preserve, sustain *(Vertrauen)*
bewährt *adj (Gen)* proven, tried and tested, well-tried
Beweggrund *m (Gen)* motive, rationale, reason
beweglich *adj (Gen)* moveable, mobile, flexible
bewegliche Güter *npl (Recht)* moveable goods, chattels
bewegliche Sachen *fpl (Recht)* moveables, set of chattels
bewegliches Eigentum *n (Recht)* moveable property
bewegliches Vermögen *n* 1. *(Grund)* chattels personal, moveable property, personal estate; 2. *(Recht)* moveable property
Bewegung *f (Gen)* movement, swing *(Markt)*
Bewegungsanalyse *f (Stat, WiWi)* flow analysis *(Analyse der Zu- und Abgänge, der Güterbewegungen)*
Bewegungsbilanz *f (Fin, RW)* source and application of funds statement, funds statement
Bewegungsdatei *f (Comp)* change file, transaction file
Bewegungszahl *f (Stat, WiWi)* flow figure *(Gegensatz: Bestandszahl)*
Beweis *m (Recht)* evidence *(Gerichtsverfahren)*; proof *(Nachweis)*
• **Beweis erbringen** *(Gen)* prove
Beweisantrag *m (Recht)* motion to receive evidence
Beweisaufnahme *f (Recht)* discovery, taking of evidence
beweisen *v (Gen, Recht)* prove
beweiserheblich *adj (Recht)* evidentiary
Beweislast *f (Recht)* burden of proof
Beweislastumkehr *f (Recht)* reversal of the burden of proof
Beweispflicht *f (Recht)* burden of proof *(Synonym: Beweislast)*
Beweisstück *n (Recht)* exhibit
beweisunerheblich *adj (Recht)* immaterial
bewerben *v* **um/sich** 1. *(Gen)* solicit, tender for, apply for *(Arbeitsstelle)*; seek; 2. *(Mgt)* tender *(Auftrag)*; 3. *(Pers)* apply for *(Arbeitsstelle)*
Bewerberangebot *n (Pers)* supply of candidates, supply of applicants
Bewerberauswahl *f (Pers)* selection of candidates, selection of applicants, screening of candidates
Bewerber(in) *m(f)* 1. *(Fin, Gen)* bidder; 2. *(Pers)* applicant, job candidate *(für eine Arbeitstelle)*
Bewerberländer *fpl (Gen, Recht)* applicant countries *(EU)*
Bewerbung *f* 1. *(Gen)* application; 2. *(Pers)* application, job application *(Arbeitsmarkt)*
Bewerbungs(frage)bogen *m (Pers)* (job) application form
Bewerbungsfrist *f (Pers)* application deadline, deadline for applications, deadline for the receipt of applications, deadline for the submission of applications
Bewerbungsgespräch *n (Pers)* job interview, interview
Bewerbungskosten *pl (Pers)* expenses connected with an application *(for a job)*; costs of applying for a job
Bewerbungsschluss *m (Pers)* application deadline, deadline for applications, closing date for applications
Bewerbungsschreiben *n (Komm, Pers)* application, letter of application

Bewerbungsunterlagen *fpl (Pers)* application documents, application
bewerkstelligen *v (Gen)* manage
bewerten *v* 1. *(Gen)* make a valuation of, assess, evaluate, value *(schätzen)*; 2. *(Mgt)* appraise *(Projekt)*; 3. *(Pers)* appraise • **bewertet sein mit** *(Börse)* be valued at
Bewertung *f* 1. *(Fin)* rating *(Unternehmen)*; 2. *(Gen)* assessment, evaluation, valuation; 3. *(Mgt)* appraisal; 4. *(Pers)* appraisal
Bewertung *f* **des Anlagevermögens** *(RW)* fixed asset assessment
Bewertung *f* **des Lagerbestands** *(RW)* valuation of inventory, valuation of stocks
Bewertung *f* **eines Investitionsprojekts** *(WiWi)* capital project evaluation
Bewertungsabschlag *m* 1. *(Gen, Recht, Steuer)* downward valuation adjustment; 2. *(WiWi)* import allowance *(ZB)*; 3. *(Börse, Fin)* conglomerate discount *(komplexe, diversifizierte Konzerne -Mischkonzerne = conglomerates- werden von den Kapitalmärkten als intransparent und schwerer führbar angesehen und deshalb bei der Bewertung bis ca. 10--25 %)*
Bewertungsdurchschnitt *m (Gen)* weighted average
Bewertungsergebnis *n (RW)* net income or net charges from the valuation of assets, net result from the valuation of assets
Bewertungsmaßstab *m (Mgt, WiWi)* benchmark
Bewertungsmethode *f* 1. *(Fin)* cost method; 2. *(RW)* method of valuation
Bewertungsskala *f (Gen)* rating scale
bewilligen *v* 1. *(Fin)* grant *(Kredit)*; 2. *(Gen)* allow, authorize; 3. *(Pat)* grant *(Lizenz)*
bewilligt *adj* 1. *(Fin)* granted; 2. *(Gen)* allowed, authorized; 3. *(Pat)* granted
Bewilligung *f (Pat, Recht)* grant
Bewilligung *f* **von Haushaltsmitteln** *(Fin, Pol)* budget appropriation
bewirten *v (Gen)* accommodate, entertain
Bewirtschaftung *f* 1. *(Mgt)* management; administration; 2. *(WiWi)* control, farming, cultivation *(des Landes)*
Bewirtung *f* 1. *(Frei)* catering; 2. *(Gen)* entertainment
Bewirtungsgewerbe *n (Frei, Gen)* catering trade
Bewirtungskosten *pl (Steuer)* entertainment expenses
Bewirtungspauschale *f (Gen)* entertainment allowance
bewohnen *v (Grund)* occupy
Bewohner(in) *m(f) (Grund)* occupant, occupier, owner *(Eigentümer)*
bezahlbar *adj (Gen)* affordable
Bezahl-Content *m (Komm, V&M)* content for cash, C4C
bezahlen *v* 1. *(Bank)* hono(u)r *(Scheck)*; 2. *(Gen)* pay, pay for
bezahlt *adj* 1. *(Bank)* hono(u)red *(Scheck)*; 2. *(Gen)* paid, paid for, settled, received
bezahlte Rückantwort *f (Komm)* reply paid
Bezahlung *f (Gen)* payment, PYT, remuneration, settlement • **gegen Bezahlung** *(Gen)* against payment
Bezahlung *f* **nach Leistung** *(Pers)* performance-related pay, performance pay, incentive wage
Bezahlung *f* **per Handy** *(Komm, V&M)* mobile payment *(M-Commerce)*
Bezahlvorgang *m* **im Internet** *(Bank, Comp)* internet-based payment, internet-based payment transaction *(Synonym: Bezahlungsvorgang im Internet)*
bezeichnen *v (Gen)* designate, mark *(kennzeichnen)*
bezeichnend *adj (Gen)* characteristic, typical
Bezeichnung *f* 1. *(Gen)* term *(Wort)*; 2. *(Pat)* designation; 3. *(WiWi)* denomination
bezeugen *v* 1. *(Gen)* attest to; 2. *(Recht)* attest to, testify *(aussagen)*
beziehen *v* 1. *(Gen)* take up *(Position)*; 2. *(WiWi)* buy • **sich beziehen auf** *(Gen)* refer to • **sich beziehend auf** *(Gen)* referring to
Bezieher *m* **von Arbeitslosengeld** *(Soz)* recipient of unemployment benefits, recipient of unemployment allowance, recipient of unemployment compensation, persons in receipt of unemployment benefits
Bezieher *m* **von Leistungen** *(Soz)* person in receipt of benefit, person drawing benefit, recipient of benefit, benefit recipient, claimant
Bezieher *m* **von Sozialhilfe** *(Soz)*

recipient of social assistance, *(AE)* welfare recipient, *(BE)* recipient of income support

Bezieherin *f* **von Arbeitslosengeld** *s.* Bezieher von Arbeitslosengeld

Bezieherin *f* **von Leistungen** *s.* Bezieher von Leistungen

Bezieherin *f* **von Sozialhilfe** *s.* Bezieher von Sozialhilfe

Beziehung *f (Fin, Gen)* relationship, interrelation

Beziehungen *fpl (Gen)* relations

Beziehungen spielen lassen *v (Gen) (BE)* pull strings, *(AE)* pull wires

Beziehungsmanagement *n (Bank, Mgt)* relationship management

beziehungsweise *adv (Gen)* respectively

Bezirk *m* 1. *(Gen)* territory, district *(Verwaltungseinheit)*; 2. *(Pol)* borough

Bezug *m* 1. *(Börse)* subscription; 2. *(Gen)* procurement *(Waren)*; subscription *(Zeitungen, Zeitschriften)* • **in Bezug auf** *(Gen)* concerning, regarding, with reference to, with regard to • **in Bezug auf Ihr Schreiben vom** *(Komm)* further to your letter of • **Bezug nehmen auf** *(Gen, Pat)* refer to • **Bezug nehmend auf** 1. *(Gen)* referring to; 2. *(Komm)* with reference to

Bezug *m* **von Leistungen** *(Soz)* receipt of benefit, drawing of benefit

Bezüge *mpl (Gen)* emolument

Bezugnahme *f (Komm)* reference • **Bezugnahme auf** *(Pat)* reference to • **unter Bezugnahme auf** *(Gen)* with reference to, referring to

Bezugsberechtigte *m(f)* 1. *(Börse, Fin)* allottee; 2. *(Recht, Versich)* beneficiary

Bezugsdatum *n (Pers, Soz)* reference date, reference day

Bezugsgröße *f* **des Währungssystems** *(WiWi)* numeraire

Bezugskosten *pl* 1. *(Gen)* purchasing costs; 2. *(RW)* delivery costs

Bezugsmarke *f (Comp, Gen)* benchmark

Bezugspreis *m* 1. *(Fin)* subscription price; 2. *(Gen)* price of delivery

Bezugspunkt *m* 1. *(Gen)* reference point; 2. *(WiWi)* benchmark

Bezugsquelle *f (Gen)* supply source, resource

Bezugsrecht *n* 1. *(Börse)* stock [share] purchase warrant, subscription right; 2. *(Versich)* right to life insurance benefits • **mit Bezugsrecht** *(Börse)* cum warrant

Bezugsrechtsemission *f (Börse, Fin, RW)* rights issue

Bezugsverhältnis *n (Börse)* exchange ratio, subscription ratio

Bezugswährung *f (WiWi)* base currency

Bezugszeitraum *m (Gen, Soz, Stat)* reference period

bezuschussen *v (Gen, Soz)* subsidize

Bezuschussung *f (Gen)* subsidizing, subsidy *(Betrag)*

bieten *v (Gen)* make a bid, bid *(auf Auktion)*; tender *(Geld, Dienstleistung)*; offer *(Möglichkeit)*

Bietende *m(f) (Gen)* bidder

Bieter *m (Gen)* bidder

Bieterkonsortium *n (Gen, Recht)* bidding consortium

Bilanz *f (RW)* annual accounts, asset and liability statement, balance sheet; statement of financial position • **außerhalb der Bilanz** *(Fin)* off--balance, off-balance sheet *(Synonym: außerbilanziell, bilanzunwirksam, bilanzneutral)* • **die Bilanz ziehen** 1. *(Gen)* strike a balance; 2. *(RW)* balance the books

Bilanzanalyse *f (RW)* statement analysis

Bilanzanlage *f (RW)* balance sheet supplement

Bilanzaufstellung *f* 1. *(Bank, Fin)* statement of condition; 2. *(RW)* preparation of a balance sheet

Bilanzdelikt *n (RW)* accounting fraud

Bilanzgerade *f (WiWi)* budget line

Bilanzgewinn *m* 1. *(Gen)* unappropriated surplus; 2. *(RW)* net profit for the year, unappropriated retained earnings, accumulated profits

Bilanzgleichung *f* 1. *(RW)* accounting equation, accounting identity; 2. *(WiWi)* budget equation *(Haushalt)*

Bilanzgliederung *f (RW)* account format, accounting plan

bilanzielle Abschreibung *f (RW)* book depreciation

bilanzieren *v (RW)* capitalize, show in the balance sheet, report in the balance sheet *(in der Bilanz ansetzen, in der Bilanz ausweisen)*; draw up the balance sheet, make up the balance sheet, prepare the balance sheet *(Bilanz erstellen)*

Bilanzierung *f (Fin, RW)* balancing (of an account), financial accounting

Bilanzierungsgrundsätze *mpl (RW)* accounting principles, accounting rules
Bilanzierungsperiode *f (Fin)* accounting period
Bilanzierungspraxis *f (RW)* accounting practice
Bilanzierungsregeln *fpl (RW)* accounting conventions
Bilanzjahr *n (Fin, RW, Steuer)* accounting year, financial year, fiscal year
Bilanzkennzahl *f (RW)* accounting ratio, balance sheet ratio
Bilanzkontinuität *f (RW)* consistency in statement presentation *(HGB, IFRS/ IAS, US-GAAP)*
Bilanzkosmetik *f (RW)* window-dressing
bilanzmäßig *adj (RW)* as appearing in the balance sheet
bilanzneutral *adj (Bank, RW)* off-balance sheet, off-balance *(Synonym: außerbilanziell, bilanzunwirksam, außerhalb der Bilanz)*
Bilanzpolizei *f (ugs.) (RW) (ugs.)* balance sheet police *(Finanzmarktaufsicht; Funktion der BaFin in der 2. Stufe des sog. "Enforcement-Verfahrens", wo sich der Staat gemäß Bilanzkontrollgesetz mit hoheitlicher Gewalt bei nicht freiwillig kooperierenden Aktiengesellschaften einschalten und durchsetzen kann; cf BaFin)*
Bilanzposten *m (RW)* balance item, balance sheet item
Bilanzrecht *n (Recht)* accounting laws, accounting legislation
Bilanzrichtlinie *f (Recht, RW)* accounting directive
Bilanzstatus *m (RW)* statement of assets and liabilities
Bilanzstichtag *m (Bank, RW)* balance sheet date
Bilanzsumme *f (RW)* total assets; total balance sheet, balance sheet total *(Synonym: Bilanzvolumen)*
bilanzunwirksam *adj (Fin, RW, WiWi)* off the balance sheet, off-balance-sheet *(Synonym: außerbilanziell, bilanzneutral, außerhalb der Bilanz)*
Bilanzvergleich *m (RW)* comparison of balance sheets
Bilanzverkürzung *f (RW)* balance sheet contraction, contraction of the balance sheet *(an equal reduction on both sides of the balance sheet; Gegensatz: Bilanzverlängerung = balance sheet extension)*
Bilanzverlängerung *f (RW)* balance sheet extension, extension of the balance sheet *(an equal rise on both sides of a balance sheet)*
Bilanzvolumen *n (RW)* balance sheet total, total balance sheet *(Synonym: Bilanzsumme)*
Bilanzwert *m (RW)* balance sheet value, value of a balance sheet item, carrying value *(Wert einer in der Bilanz ausgewiesenen Position in Abhängigkeit von handels- und steuerrechtlichen Bewertungsvorschriften einerseits und vom Bilanzzweck –Gewinn- oder Periodenerfolgsermittlung– andererseits; anders: beizulegender Wert = Verkehrswert = beizulegender Zeitwert = fair value nach IAS 39; Tageswert = current value, Einheitswert = unit value)*
bilanzwirksam *adj (RW)* as reflected in the balance sheet, on-balance-sheet
• **bilanzwirksam sein [werden]** *(Fin, RW)* affect the balance sheet
Bilanzziehung *f (Gen)* balancing
Bildmaterial *f (Media, V&M)* visual material
Bildschirmarbeitsplatz *m (Comp, Pers)* VDU job *(VDU = visual display unit = DSG = Datensichtgerät, Bildschirmgerät)*
Bildung *f* **von Netzwerken** *(Bil, Mgt, Pers)* networking
Bildung *f* **von Seilschaften** *(ugs.) (Gen) (BE)* backscratching, *(AE)* log-rolling
Bildungsabschluss *m (Pers)* educational attainment, educational achievement *(Lebenslauf)*; certificate, leaving certificate, qualification, educational qualification *(Zeugnis)*
Bildungsausgaben *fpl (Pers, Pol)* educational expenditure, expenditure on education
Bildungsaussichten *fpl (Bil, Pers)* educational prospects
Bildungsbedarf *m (Pers)* educational need, educational requirement
Bildungsbeteiligung *f (Bil, Pers)* participation in education
Bildungsdefizit *n (Bil, Pers, Pol)* educational deficit, deficit in education, lack of education

Bildungsgutschein *m (Bil, Soz)* training voucher
Bildungsinhalt *m (Pers)* content of education, curricula, content of educational curricula
Bildungsinvestition *f (Bil, Gen)* investment in education
Bildungslehrgang *m (Bil, Pers)* training course, course of training, educational course
Bildungsmangel *m (Bil, Pers, Pol)* lack of education, educational deficit
Bildungsnachfrage *f (Bil, Pers)* educational demand
Bildungsnachweis *m (Bil)* educational qualification, qualification, diploma
Bildungsniveau *n (Pers)* educational level, level of education, educational attainment
Bildungsökonomie *f (WiWi)* economics of education
Bildungssystem *n (Pers)* educational system, training system
Bildungsträger *m (Pers)* training provider
Bildungsweg *m (Soz)* educational background
Bildungswesen *n (Pers)* training and education system
Bildungszertifikat *n (Bil)* educational qualification, qualification, diploma *(Synonym: Bildungszeugnis)*
billig *adj (Gen)* cheap, inexpensive, low--cost, low-priced
billigen *v* 1. *(Gen)* approve; 2. *(Recht)* endorse, indorse
billiges Geld *n (Bank)* cheap money
Billigflagge *f (Logis)* convenience flag, flag of convenience
Billigkeit *f (Recht, WiWi)* equity
billigkeitsrechtlich *adj (Recht, WiWi)* equitable
billigst *adj (Börse)* at best
billigst kaufen *v (Börse)* buy at market, buy at best *(Order)*
Billigung *f* 1. *(Gen)* acceptance, approval, assent, confirmation, sanction *(Bestätigung)*; 2. *(Recht)* approval; 3. *(WiWi)* sanction
Bimetallismus *m (WiWi)* bimetallism
bimodale Verteilung *f (Stat)* bimodal distribution
binär *adj (Comp, Stat)* binary
Binärziffer *f (Comp, Stat)* binary digit, bit *(Zahlensysteme)*
binden *v* 1. *(Fin)* lock up, tie up *(Kapital)*; 2. *(Gen)* commit, bind
bindend *adj (Recht)* binding *(verpflichtende Verträge)*
bindendes Angebot *n (Gen)* binding bid, binding offer, binding tender
Bindung *f* **von Währungen** *(WiWi)* linking of currencies
Binnen... 1. *(Imp/Exp)* domestic, inland; 2. *(Logis)* domestic, inland; 3. *(WiWi)* domestic, home, internal *(Handel)*
Binnengrenze *f* internal border, internal frontier *(EU)*
Binnenhandel *m (WiWi)* domestic trade, home trade, internal trade, intra-EU trade, trade within the EU
Binnenmarkt *m (WiWi)* domestic market, home market, internal market, single market *(EU)*
Binnennachfrage *f (WiWi)* domestic demand
Binnenwanderung *f (Pers, WiWi)* internal migration
Binnenwirtschaft *f (WiWi)* internal economy, domestic economy
binnenwirtschaftliche Lage *f (WiWi)* domestic situation
binnenwirtschaftliche Liquidität *f (WiWi)* domestic liquidity
binnenwirtschaftliches Gleichgewicht *n (WiWi)* internal balance
biografische Daten *npl (Pers)* biographical data
biologisch abbaubar *adj (Umwelt)* biodegradable
Bionik *f (Bil, Comp, Ind)* bionics *(Nutzung biologischer Funktionen in der Hochtechnologie)*
Bioökonomie *f (WiWi)* bioeconomics
Biosphäre *f (Umwelt)* biosphere
Biotechnik *f (Ind)* bioengineering
Biotechnologie *f (Ind)* biotechnology
BIP *s.* Bruttoinlandsprodukt
BIP pro Kopf der Bevölkerung *(WiWi)* GDP per capita, GDP per head
BIP-Deflator *m (WiWi)* GDP deflator *(Synonym: Deflator des Bruttoinlandsprodukts)*
bis auf Weiteres *(Gen)* until further notice
bis auf Widerruf 1. *(Gen)* till countermanded; 2. *(V&M)* till cancel(l)ed, till forbid *(Werbung)*
bis dato *(Gen)* to date
bis höchstens *(Gen)* up to a maximum of
bisherig gezeigte Leistungen *fpl (Gen)* track record

bisherige Dauer *f* **der Arbeitslosigkeit** *(Pers, Soz)* current spell of unemployment, current period of unemployment, duration of unemployment in progress

bisherige Dauer *f* **der Beschäftigung** *(Pers)* current spell of employment, current period of employment

Bitte *f (Gen)* request • **auf Bitte von** *(Gen)* at the request of

bitte weiterleiten *(Komm)* please forward

bitte wenden *(Komm)* please turn over

Blanko... *(Gen)* blank

Blankoauftrag *m (Gen)* blank order, blanket order

Blankodarlehen *n (Börse)* uncovered advance

Blankokredit *m (Bank, Fin)* clean credit *(unbesichert)*

Blankoscheck *m (Bank) (AE)* blank check, *(BE)* blank cheque

Blankoscheck-Gesellschaft *f (jarg.) (Bank, Fin)* special purpose acquisition company, SPAC; targeted acquisition company, TAC *(Synonym: Akquisitionsvehikel, Blankoscheck--Unternehmen, Zweck--Akquisitionsgesellschaft; cf Akquisitionsvehikel)*

Blankounterschrift *f (Bank)* blank signature

Blasenwirtschaft *f (Börse, WiWi)* bubble economy

Blatt *n (Komm, Media)* sheet, leaf, page *(Seite)*; paper, newspaper *(Zeitung)*

Blaupause *f (Gen)* blueprint

Blickfang *m (V&M)* attention getter, eye--catcher

Blickkontakt *m (V&M)* eye contact

Blindbewerbung *f (Pers)* speculative application

Blindkopie *f (Komm)* blind carbon copy, bcc *(Synonym: blinde Kopie, blinder Durchschlag, blinde Durchschrift)*

Blitzstreik *m (Pers)* flash strike, lightning strike

blocken *v (Comp)* block

Blockfinanzierung *f (RW)* block funding

Blockhandel *m (Börse)* block trading *(Pakethandel)*

blockieren *v (Recht, WiWi)* block *(Gesetzentwurf)*

blockiert *adj* 1. *(Comp)* deadlocked; 2. *(Gen, WiWi)* blocked

BLZ *f (Abk. für Bankleitzahl) (Bank, Komm)* bank code, *(BE)* sort code, bank routing number

BNE *(Abk. für Bruttonationaleinkommen) (Stat, WiWi)* GNI, Gross National Income *(ehemaliges BSP = Bruttosozialprodukt, Änderung gem. ESVG 95; anders: Bruttoinlandsprodukt = BIP = Gross Domestic Product = GDP; Zusammenhang: BIP + Saldo der Primäreinkommen mit der übrigen Welt = BNE)*

BNE-Deflator *m (WiWi)* GNI deflator, gross national income deflator *(BNE = Bruttonationaleinkommen = GNI = gross national income; sie alle entsprachen vor der Einführung des ESVG 95 im Jahr 2000 dem BSP = Bruttosozialprodukt = gross national product = GNP)*

Boden *m (Grund)* land, ground

Bodennutzung *f (Umwelt)* land use

Bodenrente *f (Grund)* ground rent

Bodenschätze *mpl (Umwelt)* natural resources, mineral resources

Bodentransport *m (Logis)* ground transportation, surface transport

Bodenwert *m (Grund, Steuer)* land value

Bodenwertzuwachssteuer *f (Steuer)* land value tax

Bogen *m* 1. *(Fin)* coupon sheet; 2. *(Gen)* sheet *(Papier)*

Bon *m* 1. *(Fin)* credit slip; 2. *(Gen)* cash register slip, issue voucher, coupon, voucher *(Gutschein)*; receipt *(Quittung)*

Bond-Analyse *f (Fin)* fixed-interest research

Bonifikation *f* 1. *(Bank)* agency commission; 2. *(Börse)* concession; 3. *(Gen)* bonus, premium; 4. *(V&M)* selling commission

Bonität *f* 1. *(Bank)* credit standing; 2. *(Fin)* creditworthiness, financial standing; 3. *(Gen)* reliability, standing *(Kredit)*

Bonitätsanalyse *f (Bank, Börse, WiWi)* credit analysis

Bonitätsbewertung *f (Fin)* credit rating *(standardisierte Bewertung der Kreditwürdigkeit)*

Bonitätseinstufung *f (Bank, Fin)* credit assessment

bonitätsmäßige Einstufung *f* **einer Anleihe** *(Börse)* bond rating *(Synonym: bonitätsmäßige Klassifizierung einer Anleihe)*

Bonitätsprüfer *m (Bank)* credit analyst

Bonus *m* 1. *(Börse)* bounty, extra dividend; 2. *(Fin)* bonus

boolesche Algebra *f (Stat)* Boolean algebra

Boom *m (Gen, WiWi)* boom

Börse *f* 1. *(Börse)* market, stock exchange, stock market; 2. *(Fin, WiWi)* stock market • **außerhalb der Börse** *(Börse)* away from the market • **an der Börse notiert** *(Börse, RW)* listed on the stock exchange, quoted on the stock exchange • **von der Börse nehmen** *(Börse)* delist, deregister *(Börsennotierung und/oder -registrierung einstellen, z. B. nach einer Buyout-Transaktion)*; go private *(von der Börse zurückziehen)*

Börsenbaisse *f (Börse)* bear market

Börsenbericht *m* 1. *(Börse)* market report, stock exchange report; 2. *(Fin)* financial news

Börsendaten *pl (Börse, Komm)* stock market data

Börseneinführung *f (Börse)* admission to listing

Börseneinführungskosten *pl (Börse)* flotation cost, stock exchange admission fee

Börsenerstemission *f (Börse)* initial public offering of shares *(IPO)*

börsenfähig *adj (Börse)* listable, marketable, negotiable

börsenfähige Schuldverschreibungen *fpl (Börse, Fin)* negotiable debt securities

Börsengang *m (Fin)* initial public offering, IPO, flotation, going public *(Börseneinführung; opposite: Rückzug von der Börse = going private)*

börsengängige Dividendendwerte *mpl (Börse)* marketable equities

börsengängige Schuldverschreibung *f (Börse)* marketable bond *(Synonym: börsengängige Obligation, börsengängige Anleihe)*

Börsengeschäft *n* 1. *(Börse)* stock exchange transaction; 2. *(Fin) (BE)* bargain

Börsenhandel *m* 1. *(Börse)* stock exchange dealings; 2. *(Fin)* market dealing

Börsenhändler *m* 1. *(Börse)* stock exchange trader; 2. *(Fin)* broker

Börsenhändlerin *f s.* Börsenhändler

Börsenhausse *f*, **Börsenhoch** *n (Börse)* bull market

Börsenindex *m (Börse)* market index

Börsenkapitalisierung *f (Börse)* (market) capitalization

Börsenkurs *m (Börse)* list price, stock exchange price, stock exchange quotation • **zum Börsenkurs** *(Börse)* at the market price

Börsenkursnotierung *f (Börse)* stock market listing • **zur Börsenkursnotierung** *(Börse)* at the market call

Börsenmakler *m (Börse)* board broker, stockbroker

Börsennachrichten *fpl (Fin)* financial news

börsennotiert *adj (Börse, RW)* listed on the stock exchange, quoted on the stock exchange

börsennotierte Aktie *f (Börse)* listed share, quoted share

börsennotierte Gesellschaft *f (Börse, Gen, WiWi)* listed company, quoted company *(Synonym: börsennotiertes Unternehmen)*

börsennotierter Fonds *m (Bank, Börse)* exchange-traded fund *(ETF, XTF; meist: börsengehandelter Indexfonds, handelbarer Indexfonds, Exchange-Traded Fund; die Wertentwicklung eines nicht aktiv verwalteten Fonds spiegelt als möglichst getreue Abbildung die Entwicklung eines zugrunde liegenden Börsenindex wider; ohne Ausgabeaufschlag; börsentäglich gehandelt, also liquide, bei geringen Verwaltungsgebühren, z. B. Euro-Stoxx-50-ETF)*

Börsenparkett *n (Börse)* (trading) floor

Börsen-Pflichtmitteilung *f (Börse, Fin, Mgt)* ad hoc announcement *(Synonym: Ad-hoc-Mitteilung, Pflichtmeldung, Börsen-Pflichtmeldung)*

Börsenpreise *mpl (Börse)* stock market prices

Börsenrückzug *m (Börse)* delisting, going private

Börsensaal *m (Börse)* trading room, floor (of the Exchange); boardroom

Börsenschluss *m (Börse)* close

Börsenschlusseinheit *f (Börse)* trading unit

Börsenspekulant *m (Börse)* stock exchange speculator

Börsenstimmung *f (Börse)* market tone

Börsentief *n (Börse)* bear market
Börsenumsatzsteuer *f (Steuer)* stock exchange transfer tax
Börsenwert *m* **einer Gesellschaft** *(Börse, Fin)* market capitalization (of the shares) of a company, market value *(Synonym: Marktkapitalisierung, Börsenkapitalisierung)*
Börsenzulassung *f (Börse)* listing, *(BE)* admission to listing
Börsenzulassungsverfahren *n (Börse)* listing procedure
bösgläubig *adj (Recht)* mala fide *(unredlich)*
böswillig *adj (Recht)* maliciously
Bottom-Up-Ansatz *m (Mgt, WiWi)* bottom-up approach *(Informationsfluss bei der progressiven Unternehmensplanung "von unten nach oben"; corporate bottom-up planning)*
Boulevardzeitung *f (Media)* tabloid
boykottieren *v (Pers, Recht, WiWi)* boycott
brachliegen *v (Gen, Grund)* lie fallow, lie idle, be uncultivated
brachliegend *adj (Fin, Gen)* unused *(Kapital)*
brachliegendes Geld *n (WiWi)* idle money
Brachzeit *f (Ind)* dead time, downtime, lost time, machine idle time *(ablaufbedingt)*; machine downtime *(störungsbedingt)*; machine interference time *(überlappend)*
Branche *f* 1. *(Gen)* trade, industry, line of business; 2. *(Admin)* branch; 3. *(WiWi)* sector
Branchenanalyse *f (Fin, Gen)* sector analysis
Branchenbezeichnung *f (Gen, Ind)* industry sector
Branchenführer *m (V&M)* industry leader
branchenintern *adj (Ind)* intraindustrial
branchenspezifisch *adj (WiWi)* sector-specific
Branchenstrategie *f (Mgt)* sectoral strategy
Branchenverzeichnis *n (Gen)* trade directory, yellow pages
branchenweite Vereinbarung *f (Pers)* industry-wide agreement
brandmarken *v (Gen)* brand
Brauchbarkeit *f* 1. *(Gen)* acceptability; 2. *(WiWi)* acceptability
Break-Even-Analyse *f (Fin, WiWi)* breakeven analysis *(Break-Even-Punkt = breakeven point)*
brechen *v* 1. *(Gen, Pers, Recht)* break, violate *(Vertrag, Versprechen, Gesetz)*; 2. *(WiWi)* break *(Monopol)*
breite Öffentlichkeit *f (Gen)* public at large
breites Sortiment *n (Gen, V&M)* wide range *(an Waren)*
bremsen *v (WiWi)* dampen *(Wachstum)*
Brief *m* 1. *(Komm)* letter; 2. *(Börse)* asked price, offer price, price offered
Brief *m* **und Geld** *n (Börse)* asked and bid
Briefkastenadresse *f (Komm) (BE)* accommodation address *(Deckadresse)*
Briefkastengesellschaft *f (Börse)* nominee company
Briefkopf *m (Komm)* letterhead
Briefkurs *m (Börse)* asked price, offer quote, offer price, price offered; seller's rate
briefliche Anfrage *f (Komm)* letter of enquiry
Briefmarke *f (Komm)* postage stamp, stamp
Briefquotierung *f (Bank)* asked quotation
Briefspanne *f (Bank)* asked spread
Briefwechsel *m (Komm)* correspondence
bringen *v (Bank, Fin)* earn
Britenrabatt *m (ugs.) (Fin, Pol, Recht)* British rebate *(britischer EU--Beitragsrabatt)*
britisch *adj (Recht)* British
britische Staatsanleihen *fpl (Börse)* UK government stocks
Broker *m* 1. *(Börse)* broker-dealer; 2. *(Fin)* broker
Brokerauftrag *m (Börse)* broker's order
Broschüre *f* 1. *(Frei, Gen)* brochure; 2. *(V&M)* hand-out
Bruch *m* 1. *(Gen)* breakage; 2. *(Komm)* break; 3. *(Stat)* fraction; 4. *(Recht)* violation *(von Vertragsbestimmungen)*
Bruchstelle *f (Gen)* break point
Bruchteilseigentümer *m (Recht)* owner of a fractional share of property
Bruchteilseigentümerin *f s.* Bruchteilseigentümer
brutto *adj (Gen)* gross
Bruttoallphasenumsatzsteuer *f (Steuer)* all-stage gross turnover tax
Bruttoanlageinvestitionen *fpl (RW, WiWi)* gross fixed capital formation

Bruttoarbeitseinkommen *n (Pers, Steuer)* earned income before deductions
Bruttoauflagenhöhe *f (Media, V&M)* gross circulation
Bruttobetrag *m (RW)* gross amount
Bruttobuchwert *m (RW)* book value before adjustment, gross book value
Bruttocashflow *m (Fin)* gross cash flow
Bruttodividende *f* 1. *(Fin, RW)* gross dividend; 2. *(WiWi)* gross dividend yield
Bruttodividendenrendite *f (Börse)* gross dividend yield
Bruttoeinkommen *n* 1. *(Pers)* gross earnings; 2. *(RW)* gross income
Bruttoeinzelhandelspreis *m (V&M)* gross retail price, GRP
Bruttoentgelt *n (Pers)* gross pay, gross wages, gross salary
Bruttoentlohnung *f (Pers)* gross pay
Bruttoergebnis *n* **(vom Umsatz)** *(RW)* gross profit
Bruttoerlös *m* 1. *(Pers)* gross earnings; 2. *(RW)* gross sales
Bruttofakturierung *f (V&M) (AE)* gross billing
Bruttogehalt *n (Pers)* gross salary, gross pay
Bruttogewicht *n (Gen)* gross weight, gr.wt.
Bruttogewinn *m* 1. *(Fin, Gen)* gross margin, GM, gross profit; 2. *(RW)* contribution margin
Bruttogewinnspanne *f (RW)* gross profit margin
Bruttogröße *f (Gen, RW)* gross figure
Bruttoinlandsprodukt *n (BIP) (WiWi)* gross domestic product, GDP
Bruttoinvestitionen *fpl (RW)* gross investment
Bruttokapitalbildung *f (Bank, Mgt, WiWi)* gross capital formation
Bruttolohn *m (Pers)* gross pay, gross wage *(Arbeitsentgelt)*
Bruttomarge *f (Fin, WiWi)* gross margin, GM
Bruttonationaleinkommen *n (BNE) (Stat, WiWi)* Gross National Income, GNI *(ehemaliges Bruttosozialprodukt = BSP; Änderung gem. ESVG 95 = ESA 95; anders: Bruttoinlandsprodukt = BIP = Gross Domestic Product = GDP; Zusammenhang: BIP + Saldo der Primäreinkommen mit der übrigen Welt = BNE)*
Bruttoregistertonne *f (Gen)* gross register ton, gross registered tonnage
Bruttorendite *f (Gen)* gross return
Bruttosozialprodukt *n (BSP) (obs.) (WiWi) (obs.)* gross national product, GNP *(Änderung gem. ESVG 95 = ESA 95: BNE = Bruttonationaleinkommen)*
Bruttospanne *f* 1. *(Börse)* gross spread; 2. *(Fin, RW, WiWi)* gross margin
Bruttoumsatz *m (RW)* gross sales, gross turnover
Bruttoumsatzerlöse *mpl (RW)* gross sales revenue
Bruttoverdienst *m (Pers)* gross earnings
Bruttovergütung *f (Pers)* gross pay
Bruttovolkseinkommen *n (WiWi)* gross national income, GNI
Buch *n (Börse, Media, RW)* book • **Buch führen über** 1. *(Gen)* keep track of; 2. *(RW)* keep accounts for
Bucheintrag *m (RW)* book entry
buchen *v* 1. *(Gen)* book, reserve *(reservieren)*; 2. *(RW)* enter on the books, make an entry in the accounts, post
Bücher *npl (RW)* books • **die Bücher abschließen** *(RW)* balance the books, rule off • **die Bücher frisieren** *(RW)* manipulate accounts; *(ugs.)* fiddle accounts
Buchforderung *f (RW)* book debt, book receivables
Buchforderungen *fpl (RW)* outstanding amounts
Buchführung *f (Pers, RW)* accountancy, accounting, book-keeping
Buchführung *f* **zu Wiederbeschaffungskosten** *(RW)* replacement cost accounting, replacement costing
Buchführungsgrundsätze *mpl (RW)* accounting principles, accounting rules
Buchführungsunterlagen *fpl (RW)* accounting records
Buchgeld *n* 1. *(Bank)* deposit currency, deposit money, bank money; 2. *(Fin) (BE)* credit money; 3. *(WiWi)* deposit money
Buchgewinn *m (RW)* accounting profit, book profit
Buchhalter(in) *m(f) (Pers, RW)* accounting officer, AO, accounting clerk, book-keeper
Buchhaltung *f (Pers, RW)* accountancy, acc., accy, accounting, book-keeping,

accounts department, accounting department, accounting office *(Abteilung)*

Buchhaltungsmethode *f (RW)* accounting method, method of preparation

Buchhaltungs- und Bilanzierungsrichtlinien *fpl (RW)* accounting rules

buchmäßiger Gewinn *m (RW)* book profit

buchmäßiger Verlust *m (RW)* book loss

Buchprüfung *f (Mgt, RW)* accounting control, audit; financial auditing *(im Mittelpunkt stehen die Prüfungen im Finanz- und Rechnungswesen, häufig durch externe Prüfer; Gegensatz: operational auditing, Prüfung durch interne, jedoch prozessunabhängige Revisoren im organisatorischen Bereich)*

buchtechnische Behandlung *f (RW)* accounting treatment

Buchung *f* 1. *(Gen)* reservation, booking *(Reservierung)*; 2. *(RW)* accounting entry • **Buchung aufgeben** *(Gen)* book in • **eine Buchung stornieren** *(RW)* reverse an entry

Buchungsbeleg *m (RW)* journal voucher, supporting book entry, vouch mark

Buchungsfehler *m (RW)* accounting error

buchungspflichtiger Beleg *m (RW)* accountable receipt

Buchungsrichtlinien *fpl (RW)* conceptual framework

Buchungsvorfall *m (RW)* accounting event *(Buchungsvorgang; interner oder externer ausgewiesener Vorgang, internal or external transaction recognized by the accounting system)*

Buchungsvorgang *m (RW)* entry, accounting event, bookkeeping operation *(Synonym: Geschäftsvorfall, Buchungsvorfall)*

Buchungszahlen *fpl (RW)* accounting data

Buchungszeitraum *m (Steuer)* fiscal period

Buchverlust *m (RW)* book loss

Buchwert *m* 1. *(Fin)* book value *(definiert als Gesamtvermögen minus immaterielles Vermögen minus Schulden; defined as total assets minus intangible assets minus liabilities; cf KBV = Kurs-Buchwert-Verhältnis = price-to-book ratio = P/B ratio)*; 2. *(Gen)* written-down value *(Restbuchwert)*; net book value *(Nettobuchwert, book value after depreciation)*; 3. *(RW)* accounting value, book cost, amortized cost, carrying value; 4. *(WiWi)* cost

Buchwert *m* **des Anlagevermögens** *(RW)* net investment in property, plant and equipment

Buchwert *m* **nach Abschreibungen** *(Fin)* net book value *(Synonym: Nettobuchwert, Restbuchwert)*

Buchwert *m* **vor Abschreibungen** *(Fin)* gross book value *(Synonym: Bruttobuchwert)*

Budget *n (Fin, Gen, RW, Pol, WiWi)* budget, estimates • **ein Budget aufstellen** *(Fin, Mgt, RW, WiWi)* prepare a budget

Budgetberichtigung *f (Fin, RW, WiWi)* budgetary adjustment

Budgetdefizit *n (Fin, WiWi)* budget deficit

Budgeteinigung *f (Fin, Gen, Recht, WiWi)* budget agreement

Budgeterstellung *f (Fin, Mgt, RW, WiWi)* budget preparation

budgetierte Kosten *pl (RW)* budgeted cost

Budgetierung *f (Fin, Gen, RW)* budgeting

Budgetierung *f* **der Investitionen** *(RW)* capital budgeting

Budgetinzidenz *f (WiWi)* budget incidence

Budgetkosten *pl (Fin, WiWi)* target cost, budgeted cost, ideal standard cost; budgetary costs *(Synonym: Sollkosten)*

Budgetrestriktion *f (Fin, RW, WiWi)* budget constraint

Budgetüberschuss *m (Fin, WiWi)* budget surplus

Bummelstreik *m (Pers, WiWi) (BE)* go--slow, *(AE)* slowdown

Bund *m* 1. *(Gen)* alliance, association; 2. *(Pol)* alliance, confederation

Bündel *n* 1. *(Komm)* parcel, package; 2. *(Media)* batch; 3. *(Logis)* bundle; 4. *(V&M)* package

bündeln *v (Comp, V&M)* bundle

Bündelung *f* 1. *(Gen)* pooling; 2. *(Steuer)* bunching

Bündelungsstrategien *fpl (V&M)* bundling strategies

Bundesagentur *f* **für Arbeit** *(BA) (Deu) (Pers, Pol)* Federal Employment Agency, Federal Employment Service

(bis 2004: Bundesanstalt für Arbeit)
Bundesagentur *f* **für Außenwirtschaft** *(bfai) (Imp/Exp, V&M)* German Office for Foreign Trade *(ersetzt ab 3/2003 die ehemalige Bundesstelle für Außenhandelsinformation, bfai)*
Bundesanstalt *f* **für Arbeit** *(Deu) (Pers, Soz)* Federal Employment Service(s), Federal Labour Office *(2005 umbenannt in Agentur für Arbeit)*
Bundesanstalt *f* **für Finanzdienstleistungsaufsicht** *(BaFin, Bafin) (Bank, Börse, Versich)* Federal Financial Supervisory Authority *(integrierte deutsche Allfinanzaufsicht, integrated financial services supervision comprising banks, the security and insurance markets; die BaFin ist dem BMF zugeordnet und hat in der zweiten Stufe des "Enforcement-Verfahrens" die Funktion einer "Bilanzpolizei")*; Federal Agency for Financial Services Supervision
Bundesarbeitsgericht *n (Recht) Federal Labour Court*
Bundesbank *f (ugs.) (Bank) Deutsche Bundesbank, German central bank; bleibt unübersetzt, usually left untranslated!*
Bundesbedienstete *pl (Pers, Pol)* Federal employees, *(AE)* Federal workers, Federal government employees
Bundesbehörde *f (Pol)* federal authority, *(AE)* federal agency
Bundesgesetz *n (Recht)* national legislation
Bundesgesetzblatt *n (Deu) (Pol, Recht) Federal Gazette, official Federal Gazette, Federal Law Gazette, Federal Gazette Reference; not to be translated, bleibt unübersetzt!*
Bundesgesetzgebung *n (Deu) (Recht) (AE)* national legislation
Bundeskartellamt *n (WiWi) (AE)* Federal Cartel Office, FCO
Bundeskassenscheine *mpl (Deu) (Bank, Fin)* cash bills *(kurzfristiges, abgezinstes Diskontpapier des Bundes)*
Bundesmittel *pl (Fin, Pol)* federal funds, federal resources
Bundesrat *m* 1. *(Pol) (BE)* ≈ House of Lords, H of L, *(AE)* ≈ Senate; 2. *(Pol) upper house of German parliament*
Bundesrecht *n (Recht)* federal law
Bundesregierung *f (Recht)* federal government
Bundessozialhilfegesetz *n (BSHG) (Deu) (Recht, Soz)* Federal Social Assistance Act
bundesstaatlich *adj (Pol, WiWi)* federal
Bundessteuer *f (Recht, Steuer)* federal tax
Bundestag *m (Pol)* lower house of German parliament, *(BE)* ≈ House of Commons, H of C, *(AE)* ≈ House of Representatives
Bundesverwaltung *f (Pol)* Federal administration
bundesweite Tageszeitung *f (Gen)* national newspaper
Bundeszuschuss *m (Soz)* flat grant
Bündnis *n (Pol)* alliance
Bürge *m (Bank, Fin)* guarantor • **als Bürge für jmdn. agieren** *(Fin)* stand as guarantor for sb
Bürgerbeauftragte *m(f) (Pol, WiWi)* ombudsman, ombudsperson *(EU)*
Bürger(in) *m(f) (Pol)* citizen
Bürgerinitiativen *fpl (Pol)* grassroots groups
Bürgerliches Gesetzbuch *n (BGB) (Recht)* German Civil Code, Civil Code (BGB)
bürgerliches Recht *n (Recht)* civil law
Bürgerversicherung *f (Soz) a levy of health fund contributions on all personal income; einschließlich Zinsen und Mieteinnahmen; including interest and rental income*
Bürgschaft *f* 1. *(Bank)* guarantee, guaranty; 2. *(Fin)* security; 3. *(Recht)* bail, suretyship • **Bürgschaft für jmdn. leisten** *(Bank)* stand surety for sb • **mit Bürgschaft gesichert** *(Gen)* guaranteed
Bürgschaftsbank *f (Bank)* guarantee bank
Bürgschaftsverpflichtung *f (RW)* guarantee liability
Büro *n (Gen)* office
Büroangestellte *pl (Pers)* clerical staff
Büroarbeit *f (Pers)* clerical work, office work
Büroarbeitsplatz *m (Gen, Pers)* white--collar job, office job
Büroautomation *f (Comp)* office automation, OA
Bürobedarf *m (Gen)* office requisites, office stationery

Büroberuf *m (Pers)* clerical occupation, office occupation
Bürogebäude *n (Grund)* office block, office building
Bürokommunikation *f (Gen)* office communication
Bürokosten *pl (RW)* office expenses
Bürokräfte *fpl (Pers)* clerical workers, clerical employees, clerical staff, office workers, office employees, office personnel, office staff
Bürokratie *f (Pers, Admin)* bureaucracy
Bürokratieabbau *m (Mgt, Pol)* cutting red tape, cutting of red tape, bureaucracy reduction, streamlining of the bureaucracy
Bürokratiekosten *pl (Gen, Pol)* cost of bureaucracy, administrative cost of regulation, compliance costs, administrative burden *(bürokratische Lasten; cf Normenkontrollrat)*
Bürokratie-TÜV *m (ugs.) (Gen, Pol, Recht)* bureaucracy inspection unit *(cf Normenkontrollrat = council for judicial review)*
Büroleiter(in) *m(f) (Mgt)* chief clerk, head clerk, office manager, senior clerk
Büromaterial *n (Gen)* stationery
Büroräume *mpl (Grund)* office accommodation, office space, office premises
Bürotätigkeit *f (Pers)* white-collar job, office job
Bußgeld *n (Recht, Versich)* administrative fine, monetary fine, *(AE)* civil penalty *(zivilrechtliche Geldstrafe)*
Bußgeldbescheid *m (Recht)* penalty notice
Buy-out *n (Börse, Fin)* buyout

C

Cash-Cow-Produkte *npl (Gen, V&M)* cash cow products
Cashflow *m (Fin)* cash flow
Cashflow *m* **vor Steuern** *(Fin)* before-tax cash flow, gross cash flow
Cashflow-Bericht *m (Fin)* cash flow statement
Cashflow-Prognose *f (RW)* cash flow forecast
Cashflow-Rechnung *f (Fin)* cash flow statement, statement of cash flows *(Synonym: Kapitalflussrechnung, KFR, Finanzflussrechnung, Fondsstromrechnung; cf KFR; IFRS, IAS 7 Cash Flow Statements)*
CD-Markt *m (Bank)* certificate of deposit market
CDS-Markt *m (Abk. für Credit-Default--Swap-Markt) (Bank, Fin)* CDS market, credit default swap market *(Synonym: Kreditausfallswap-Markt; cf Kreditausfallderivat = credit default swap = CDS, eine Kreditversicherung zur Weitergabe von Kreditrisiken)*
Cent-genau gerundet *adj (Bank, Gen)* rounded to the nearest full cent
CES-Produktionsfunktion *f (WiWi)* CES production function *(CES = constant elasticity of substitution)*
ceteris paribus *(Gen)* ceteris paribus, all else being equal
Ceteris-paribus-Bedingung *f (c.p.) (WiWi)* ceteris paribus condition
Chance *f* 1. *(Gen)* opportunity, chance, *(ugs.)* break *(Wetten)*; 2. *(Fin, Pol, WiWi)* opportunity • **eine Chance ergreifen** *(Gen)* take advantage of an opportunity
Chancengleichheit *f (Pers) (BE)* equal opportunity, *(AE)* affirmative action *(Arbeit)*
Chancengleichheit *f* **am Arbeitsmarkt** *(Pers)* equal employment opportunity
charakteristisches Merkmal *n (Pat)* characterizing portion
Chargengröße *f (Ind)* batch size
Chartanalyse *f (Bank, Fin, WiWi)* chart analysis, technical analysis
chartern *v* 1. *(Gen, Pers)* hire; 2. *(Imp/Exp, Logis)* charter *(Flugzeug oder Schiff)*
Checkliste *f (Gen)* check list
Chef *m* 1. *(Gen)* superior, *(ugs.)* boss *(Manager)*; head *(einer Abteilung)*; 2. *(Mgt)* chief operating officer
Chefgespräche *npl (WiWi)* bilaterals
Chefredakteur *m (Media)* chief editor, *(BE)* chief subeditor, chief sub
Chefunterhändler *m (Gen)* chief negotiator
Chefvolkswirt(in) *m(f) (Bank, Mgt)* chief economist
Chemie *f* 1. *(Gen) (ugs.)* chemistry; 2. *(Ind, Umwelt)* chemicals, chemistry
Chemieindustrie *f (Ind)* chemical industry *(Synonym: chemische Industrie)*
chemische Erzeugnisse *npl* 1. *(Ind,*

V&M) chemicals; 2. *(WiWi)* chemical products and man-made fibres *(ZB, Statistik)*

Chief-Executive-Officer *m (Pers) (AE)* chief executive officer, CEO *(etwa: Geschäftsführender Direktor, Unternehmensleiter, Top-Manager des Board-Systems; der CEO hat die operative Leitungs- und Kontrollfunktion in amerikanischen Unternehmen, er führt das Tagesgeschäft und berichtet an den Chairman of the Board, den Vorsitzenden des Verwaltungsrats im monistischen Leitungssystem, wenn die beiden Ämter nicht als »Chairman of the Board and Chief Executive« in Personalunion geführt werden, womit eine schwer kontrollierbare Machtfülle verbunden sein kann; im UK entspricht der CEO etwa dem Managing Director)*

Chiffreanzeige *f (V&M)* blind advertisement, keyed advertisement

Chiffrenummer *f (Pers)* box number, reference number

Chiffrierschlüssel *m (Comp, Gen)* private key, secret key

Chipkarte *f* 1. *(Bank, V&M)* smart card *(mit Prozessor)*; 2. *(Komm)* chip card, chip-based card, smart card

CI *s.* Corporate Identity

cif *(auch: CIF)* 1. *(Imp/Exp, Logis)* CIF, cif *(cost, insurance, freight; Kosten, Versicherung, Fracht)*; 2. *(Komm, Media)* CIF *(Common Intermediate Format; allgemeines Austauschformat für Videobilder)*

cif einschließlich Löschen *(Imp/Exp)* CIF landed *(Lieferklausel)*

cif-Vertrag *m (Imp/Exp)* CIF contract

Clearing *n (Bank)* clearing

Clearingforderung *f (Bank)* clearing credit

Clearingstelle *f (Bank) (AE)* clearing center, *(BE)* clearing centre

Club-Gut *n (WiWi)* club good

Cluster *m (Gen)* cluster *(Daten)*

Clusteranalyse *f (V&M)* cluster sampling, cluster analysis

Cobb-Douglas-Produktionsfunktion *f (WiWi)* Cobb Douglas production function *(makroökonomische Produktionsfunktion)*

Cobweb-Theorem *n (WiWi)* cobweb theorem *(Modell der Preisbildung)*

Code *m* 1. *(Comp)* code; 2. *(Komm)* cipher

Codex *m* 1. *(Comp)* code; 2. *(Gen)* code of conduct *(Verhaltensregeln)*; 3. *(Recht)* code

Codier... *(RW)* coding

codieren *v (Comp)* encode, encrypt

Codierung *f* 1. *(Bank, Gen)* encoding; 2. *(Comp)* encryption, coding

Comeback erleben *v/ein (Gen)* make a comeback

Computeranimation *f (V&M)* computer animation

Computerbediener(in) *m(f) (Comp)* computer operator

Computerbörse *f (Börse)* screen trading system

Computerfachkenntnisse *fpl (Bil, Comp, Pers)* computer literacy

computergesteuert *adj (Comp)* computer-controlled, computer-operated

computergestützt *adj (Comp)* computer-aided, computer-assisted, computer-based, PC-based

computergestützter Unterricht *m (Bil)* computer-assisted instruction, computer-aided instruction

computergestützter Verkauf *m (V&M)* computer aided selling *(CAS)*

computergestütztes Lernen *n (Pers)* computer-aided learning

computerintegrierte Fertigung *f (Comp, Ind)* computer-integrated manufacturing, CIM *(Synonym: computerintegrierte Herstellung)*

Computerkasse *f (Comp)* electronic till

Computerkenntnisse *fpl (Bil, Comp, Pers)* computer skills, computer knowledge

Computerkleidung *f (Comp, Frei, Komm, V&M)* wearable computing

Computerkonferenz *f (Comp)* computer conferencing *(Datenübertragung)*

Computerkriminalität *f (Comp, Recht)* computer crime; cyber crime

Computerkriminalitäts-Versicherung *f (Versich)* computer crime insurance

Computernetzwerk *n (Comp)* computer network

Computerprotokoll *n (Comp)* computer log

Computersteuererklärung *f (Steuer)* computer return

Computersteuerung *f (Comp)* computer

control
Computertechnik *f (Comp)* computer engineering, computer technology
Computertechniker *m (Comp)* computer engineer
computerunterstützt *adj (Comp)* computer-aided, computer-assisted, computer-based, PC-based
computerunterstützte Entwicklung *f* **und Fertigung** *f (Comp, Ind)* computer-aided design and manufacturing, CAD/CAM, computer-assisted design and manufacturing, CAD/CAM
computerunterstützte Qualitätssicherung *f (Comp, Ind)* computer-aided quality assurance, CAQ
computerunterstützte Software-Erstellung *f (Comp)* computer-aided software engineering, CASE, computer-assisted software engineering, CASE
computerunterstützte Übersetzung *f (Comp)* computer-aided translation, computer-assisted translation, CAT
computerunterstütztes Lernen *n* **von Sprachen** *(Comp)* computer-aided language learning, CALL, computer-assisted language learning
Computerwissenschaft *f (Comp)* computing
Container *m (Logis)* container • **in Container laden** *(Logis)* containerize • **auf Container umgestellt** *(Logis)* containerized
Containergebühren *fpl (Logis)* container dues
Containerladung *f (Logis)* container load
Containernutzung *f (Logis)* container utilization
Containerspediteur *m (Logis)* container operator
Containerspedition *f (Logis)* containerized shipping, container operation
Containerverkehr *m (Logis)* container traffic, trunking
Controller *m (Fin, RW)* comptroller, controller, financial controller
Copyright *n (Comp, Recht)* copyright
Corporate Identity *f (V&M)* corporate identity (CI)
CO_2-Steuer *f (Steuer)* CO_2 tax, carbon dioxide tax
Coupon *m (Fin)* coupon, interest coupon, dividend coupon, c., cp. *(Synonym: Kupon; verbrieft als Zins- oder Dividendenschein den Zins- oder Dividendenanspruch des Wertpapierinhabers)*
Courtage *f* 1. *(Bank)* commission rate; 2. *(Börse)* broker's commission
CPM-Methode *f (Stat)* critical path method, CPM *(Netzplantechnik)*
Crowding-Out *n (WiWi)* crowding out
Crowdsourcing *n (ugs.) (Comp, Mgt)* *(ugs.)* crowdsourcing *(Synonym: Schwarmauslagerung, Outsourcing zum Kunden, Kunden-Outsourcing; nach J. Howe und M. Robinson: Auslagerung von Arbeit über das Internet auf Kunden oder sonstige Freizeitarbeiter, die Unternehmen ihre Arbeitsleistung, ihr Fachwissen und ihre Zeit, freiwillig und gratis zur Verfügung stellen; Unbehagen besteht bei vielen am häufig asymmetrischen Leistungstausch: ‚König Kunde lässt sich knechten'; an activity between mass collaboration and exploitation of customers or others, who work via internet jointly on a project; cf Aal-Prinzip = Andere-arbeiten-lassen-Prinzip = l-o-w principle = let-others-work principle; cf Wiki-Wirtschaft = Wikinomie = wikinomics, cf banana product = Bananen-Produkt)*
customs rules *(Imp/Exp, Recht)* Zollregelungen *fpl*
Cutoff-Verfahren *n (RW)* cutoff method
Cyber-Recht *n (Comp, Komm, Recht)* cyberlaw, cyber law

D

DAAD *m (Abk. für Deutscher Akademischer Austausch Dienst) (Bil, Gen)* German Academic Exchange Service
Dach... *(Gen, Grund, Logis)* umbrella, parent, roof
Dachgesellschaft *f (Gen)* parent company, holding company
Dachkonzern *f (Fin)* umbrella group
Dachmarke *f* 1. *(Pat)* umbrella brand name; 2. *(V&M)* family brands
Dachorganisation *f*, **Dachverband** *m (Gen, Recht)* umbrella organization, umbrella association

Damnum *n (Bank)* debt discount, loan discount
dämpfen *v* 1. *(Gen)* slow down, curb, *(ugs.)* soft-pedal; dampen *(Begeisterung)*; 2. *(WiWi)* dampen, slow down *(Wachstum)*
Dankschreiben *n (Gen)* thank-you letter
Darbietung *f (V&M)* exposure, presentation
Darlehen *n* 1. *(Bank)* advance, loan; 2. *(Gen, RW)* advance *(Verbindlichkeit)* • **ein Darlehen aufnehmen** 1. *(Bank)* raise a loan, obtain a loan; 2. *(Fin)* contract a loan • **ein Darlehen auf Abruf aufnehmen** *(Bank)* borrow at call • **ein Darlehen aushandeln** *(Bank)* arrange a loan, negotiate a loan • **ein Darlehen beantragen** *(Bank, Fin)* apply for a loan • **ein Darlehen bedienen** *(Fin)* service a loan • **ein Darlehen geben** *(Bank)* grant a loan • **ein Darlehen gewähren** *(Bank)* extend a loan
Darlehen *n* **auf Sachmittelbasis** *(Bank, Fin)* loan based on physical resources *(Synonym: Sachmittelkredit, Sachmittel-basierter Kredit; vgl. Islamic Banking)*
Darlehen *n* **mit konstanten Raten(zahlungen)** *(Bank) (BE)* constant payment loan *(Synonym: Tilgungsdarlehen, Amortisationsdarlehen, Annuitätendarlehen = annuity loan: Rückzahlung der veränderlichen Zins- und Tilgungsanteile in gleichbleibenden Monats-, Quartals- oder Jahressummen, den Annuitäten; repayable by fixed annuities made-up by varying interest and redemption quotas)*
Darlehensantrag *m (Bank)* loan application
Darlehensaufnahme *f (Bank)* borrowing
Darlehensbestand *m (Bank)* loan portfolio
Darlehensempfänger *m (Bank)* borrower, loan recipient
Darlehensgeber *m (Bank)* lender
Darlehenskosten *pl (Bank)* cost of a loan, loan charges
Darlehensnehmer *m (Bank)* advance holder, borrower
Darlehensrückzahlung *f (Gen)* amortization of a loan
Darlehenstilgungsplan *m (Bank, Fin)* loan repayment schedule
Darlehensverbindlichkeiten *fpl (Bank)* loan liabilities
Darlehensvertrag *m (Bank)* loan agreement
Darlehenszinssatz *m (Bank)* borrowing rate
Darlehenszusage *f (Bank)* loan commitment
Darstellung *f* 1. *(Gen)* description, representation, account *(Bericht)*; 2. *(Mgt)* presentation *(der Unternehmenspläne)*
Dateierweiterung *f (Comp, Komm)* file extension
Dateiname *m*/**8.3** *(Comp)* 8.3 filename, short filename *(Kurzformat für Dateinamen, z. B. computer .exe)*
Daten 1. *(Gen)* facts and figures; 2. *(RW)* aggregate data; 3. *(Admin, WiWi)* data • **beide Daten eingeschlossen** *(Gen)* both dates inclusive
Daten *npl* **und Fakten** *npl (Gen, V&M)* facts and figures
Datenabfrage *f (Comp)* data query
Datenabruf *m (Comp)* data retrieval
Datenaufbereitung *f (Admin, Comp)* data preparation
Datenaufbewahrung *f (Comp, Komm, Recht)* data retention *(EU)*
Datenaufzeichnung *f (Comp, Stat)* data recording
Datenaustausch *m (Comp, Komm, Recht)* data exchange
Datenautobahn *f (jarg.) (Comp, Gen)* information highway
Datenbank *f (Comp)* data bank, database
Datenbankverwaltung *f (Comp)* database management
Datenbestand *m (Comp, Stat)* database
Datenempfang *m (Comp, Komm)* downstream *(flussabwärts)*
Datenendpunkte *mpl (Comp, Komm)* data end points
Datenerfassung *f (Comp)* data acquisition, data capture, data collection *(Sammeln)*
Datenerfassungskasse *f (V&M)* POS machine
Datenerhebung *f (WiWi)* data acquisition, data collection
Datenfernverarbeitung *f (Comp)* remote data processing, teleprocessing
Datenfluss *m* 1. *(Comp)* data flow; 2.

(Gen) data stream
Datenflussplan *m (Stat)* data flow chart, flowchart
Datenfunk *m (Komm)* data broadcasting
Datenintegrität *f (Comp)* data integrity
Datenkommunikation *f (Komm)* data communications
Datenmanagement *n (Comp, Komm)* data management
Datenmüll *m (Comp) (AE)* garbage
Datenquellen *fpl (Comp, Stat)* data sources, sources of data
Datenrundfunk *m (Komm)* data broadcasting
Datensammlung *f (Comp, Komm)* data collection
Datenschutz *m (Comp, Pers)* data protection
Datenschutzbeauftragte *m(f) (Comp, Komm, Recht)* privacy officer, data protection commissioner
Datenschutzgesetz *n (Recht)* Data Protection Act
Datensicherheit *f (Comp)* computer security, *(AE)* data security
Datensicherung *f (Comp)* backup
Datenstruktur *f (Comp)* data structure
Datenträger *m (Comp)* data carrier *(Speicher)*
Datentypist(in) *m(f) (Comp, Pers)* keyboarder
Datenübertragung *f (Comp)* data communication, data transfer
Datenübertragungseinrichtung *f (Comp)* data communications equipment, data transmission facility
Datenübertragungsmenge *f (Comp, Komm, Media)* transfer rate
Datenübertragungsnetz *n (Comp)* communications network
Datenverarbeitung *f (Comp)* data processing, DP
Datenverschlüsselung *f (Comp, Komm, Recht)* data encryption
Datenverwaltung *f (Comp)* data management
Datenwiedergewinnung *f (Comp)* data retrieval
Datenwiedergewinnungssystem *n (Comp)* retrieval system *(zum Wiederauffinden der in Datenbanksystemen -data warehouses- abgelegten Daten oder Datensätze)*
Datenzugriff *m (Comp)* data access
datiert *adj (Gen)* dated
Datum *n (Gen)* date • **das Datum tragen** *(Gen)* bear the date
Datum *n* **des Angebots** *(Gen)* date of quotation
Datum *n* **des Inkrafttretens** *(Recht)* effective date
Datum *n* **des Poststempels** *(Komm)* date as postmarked
Datumsangabe *f (V&M)* date marking
Datumsstempel *m (Komm)* postmark
Dauer *f* 1. *(Gen)* duration; 2. *(Pol)* term; 3. *(WiWi)* period
Dauer *f* **der Arbeitslosigkeit** *(Pers)* duration of unemployment, length of unemployment, spell of unemployment
Dauer *f* **der Beitragszahlung** *(Versich)* premium paying term
Dauer *f* **der Beschäftigung** *(Pers)* duration of employment, period of employment, duration of service, length of employment, length of service *(Dauer des Beschäftigungsverhältnisses)*; job tenure, tenure with a firm
Dauer *f* **der Lehre** *(Pers)* duration of apprenticeship, duration of training
Dauer *f* **der Rechte** *(Media, Pat, Recht)* term of protection
Dauer *f* **des Anspruchs auf Leistungen** *(Pers, Soz)* duration of benefit entitlement
Dauerarbeitslosigkeit *f (Soz, WiWi)* persistent unemployment
Dauerarbeitsplatz *m (Pers)* permanent job, permanent post
Dauerarbeitsverhältnis *n (Pers)* permanent employment
Dauerarbeitsvertrag *m (Pers)* permanent employment contract, permanent job contract *(unbefristeter Arbeitsvertrag)*
Dauerauftrag *m (Bank)* money transfer order, banker's order, standing order
Dauerbeschäftigung *f (Pers)* permanent employment
Dauerbeteiligung *f (RW)* permanent participation
Daueremission *f (Bank, Börse)* tap issue, constant issue
Dauerfinanzierung *f (Fin)* continuous funding, permanent financing
dauerhaft *adj (Gen)* durable, long-lasting, stable, permanent
dauerhafte Beschäftigung *f (Pers)* permanent employment
dauerhafte Konsumgüter *npl (WiWi)*

consumer durables
dauerhafter Arbeitsplatz *m (Pers)* permanent job, permanent post
dauerhaftes Konsumgut *n (V&M, WiWi)* consumer durable, durable consumer good
Dauerprüfung *f (RW)* continuing audit
Dauerreisekostenvorschuss *m (Gen)* standing travel advance
Dauerstelle *f (Pers)* permanent job, permanent post
Daumenschätzung *f (ugs.) (Gen)* guesstimate
deaktivieren *v (Komm)* deactivate
Deaktivierungsgebühr *f (Komm)* deactivation charge, deactivation fee *(z. B. für Handys)*
Debet *n (RW)* debit *(die linke Seite, die Sollseite eines Kontos)*
Debetsaldo *m (RW)* debit balance
Debitoren *mpl (RW)* accounts receivable, A/R
Debitorenausfall *m (Bank)* loan write-off
Debitorenbuchhaltung *f (RW)* accounts receivable accounting
Debt-Equity-Swap *m (Fin)* debt equity swap
Dechiffrierschlüssel *m (Comp, Gen)* public key *(encryption)*
Deckelung *f* **der Preise** *(WiWi)* price cap, cap on prices
Deckelung *f* **der Verdienste** *(Pers)* earnings cap, cap on earnings
decken *v* 1. *(Bank, Börse, Fin)* cover; 2. *(WiWi)* make up *(Fehlbetrag)*; cover *(Kosten)*
Deckname *m (Recht)* pseudonym, alias
Deckung *f* 1. *(Börse)* covering purchase, short covering, cover; 2. *(Fin)* cover; 3. *(Gen)* coverage; 4. *(Versich) (BE)* (insurance) cover, *(AE)* insurance coverage; 5. *(WiWi)* backing *(Währung)* • **keine Deckung** 1. *(Bank)* no-account; 2. *(Gen)* no funds • **ohne Deckung** 1. *(Bank)* no-account; 2. *(Gen)* no funds
Deckungsbeitrag *m (RW)* contribution margin, variable gross margin
Deckungsbeitragsanalyse *f (Fin)* contribution analysis
Deckungsbeitragsrechnung *f* 1. *(Bil, Fin, WiWi)* breakeven analysis, direct costing; 2. *(RW)* contribution costing, direct costing, marginal costing
Deckungsbereich *m (Versich)* scope of coverage
Deckungsbestätigung *f (Versich)* cover note
deckungsgleich *adj* 1. *(Gen)* identical *(übereinstimmend)*; 2. *(Stat)* congruent
Deckungsgrad *m (Fin)* cash ratio, cover ratio
Deckungskapital *n* 1. *(Bank)* guaranty fund; 2. *(Versich)* premium reserve, reimbursement fund, unearned premium reserve, *(BE)* cover of assurance
Deckungskauf *m (Recht)* buying in, covering purchase *(Vertragsrecht)*
Deckungslinie *f* 1. *(Bank, Fin)* backup line; 2. *(Gen)* backup facility
Deckungslücke *f (Gen)* budgetary deficit, shortfall
Deckungspunkt *m (Fin)* breakeven point
Deckungsquote *f (Fin)* cover ratio
Deckungssatz *m* 1. *(Bank)* reserve ratio; 2. *(Versich)* cover ratio
Deckungsumfang *m (Versich) (BE)* insurance cover, *(AE)* insurance coverage; scope of coverage
Deckungszusage *f (Versich)* cover note
Decodierung *f (Komm)* decryption
defensive Anlagestrategie *f (Börse)* defensive investment *(Bevorzugung wertstabiler, konjunkturresistenter, schwankungs- und risikoarmer Werte)*
Definitionsbereich *m (Stat)* domain *(einer Funktion)*
definitiver Abschluss *m (Bank, Börse)* outright transaction
Defizit *n* 1. *(Fin)* deficit; 2. *(Gen)* shortage, deficiency *(Mangel)*
Defizit *n* **der öffentlichen Haushalte** *(WiWi)* public sector deficit
Defizit *n* **der Zahlungsbilanz** *(WiWi)* balance of payments deficit, BOP deficit
Defizitfinanzierung *f (WiWi)* deficit spending
Defizitquote *f (Bank, WiWi)* deficit ratio, deficit-to-GDP ratio *(EU, Maastricht-Kriterium, Stabilitäts- und Wachstumspakt)*
Deflation *f (WiWi)* deflation
deflationär *adj (WiWi)* deflationary
Deflationsdruck *m (WiWi)* deflationary pressure
Deflator *m* **des Bruttoinlandsprodukts** *(WiWi)* GDP deflator *(Synonym: BIP-Deflator)*

Deflator *m* **für das Bruttonationaleinkommen** *(WiWi)* gross national income deflator, GNI deflator *(Synonym: BNE-Deflator; Bruttonationaleinkommen = BNE = GNI = gross national income entsprechen dem ehemaligen BSP = Bruttosozialprodukt = gross national product = GNP)*
deflatorische Lücke *f (WiWi)* deflationary gap
degressive Abschreibung *f* 1. *(RW)* declining-balance method *(US-GAAP)*; diminishing-balance method, reducing-balance method; 2. *(WiWi)* reducing-instal(l)ment system
degressive Steuer *f (Steuer)* degressive tax *(Tarif mit fallenden marginalen Steuersätzen bei wachsender Bemessungsgrundlage)*
dekomprimieren *v (Comp)* extract, expand *(Software)*
dekontaminieren *v (Pol, Umwelt)* clean
delegieren *v (Mgt)* delegate *(Befugnis)*
Delikt *n (Recht)* unlawful act, delict, tort *(unerlaubte Handlung)*
Delkredererückstellung *f (RW)* provision for contingent losses
demeritorisches Gut *n (WiWi)* demerit good *(Gegensatz: meritorisches Gut = merit good, R. A. Musgrave)*
De-minimis-Regel *f (Recht)* de minimis rule *(EU-Wettbewerbsrecht)*
Demonetisierung *f (WiWi)* demonetization
demonstrieren *v (Gen)* demonstrate
Demontagekosten *pl (Gen)* cost of demolition, cost of dismantling
demotivieren *v (Pers)* demotivate
Denkansatz *m (Gen, Mgt, Admin, WiWi)* approach
Denkfabrik *f (ugs.) (Gen)* think-tank
Deport *m (Börse)* backwardation
Deportsatz *m (Fin)* backwardation rate
Depositen *(Bank)* deposits
Depositenbank *f (Bank)* deposit bank
Depositenzertifikat *n (Gen)* certificate of deposit
Depot *n* 1. *(Bank)* securities account; 2. *(Gen, Imp/Exp, Logis, WiWi)* depot, storehouse, warehouse
Depotbank *f (Bank)* depository bank, custodian, custodian bank
Depotgebühr *f* 1. *(Bank)* custodian fee, custody charge; 2. *(Imp/Exp)* depot charge
Depotkonto *n (Bank)* custodianship account, custody account, securities account *(Wertpapiere)*
Depotkontoaufstellung *f (Bank)* safe--custody-account list
Depotschein *m (Bank)* deposit receipt, DR, deposit slip
Depotverwahrung *f (Bank)* safe custody department
Depression *f (WiWi)* depression
Deputat *n (Pers)* payment in kind, allowance in kind
dequalifizieren *v (Pers)* deskill *(Synonym: entwerten der beruflichen Qualifikation, entqualifizieren)*
Dequalifizierung *f (Pers)* deskilling *(Synonym: Entwertung der beruflichen Qualifikation)*; deskilling of jobs *(Synonym: Entwertung von Arbeitsplätzen, Entwertung von Tätigkeiten)*
deregulieren *v (Gen, WiWi)* deregulate
Deregulierung *f* **des Arbeitsmarktes** *(Pers)* labour market deregulation, deregulation of the labour market
Derivat *n (Fin)* derivative instrument *(Synonym: derivatives Instrument)*
derivativ *adj (Börse, Fin)* derivative
derivative Nachfrage *f (WiWi)* derived demand
derivatives Produkt *n (Bank, Fin)* derivative product *(Synonym: Derivat, Sekundärprodukt, variables Produkt; Gegensatz: Basisprodukt = Basiswert = underlying)*
designiertes Amt *n (Pat)* designated office
Desinflation *f (WiWi)* disinflation *(fallende Inflationsraten)*
Desinformation *f (Gen, Pol)* disinformation
Desintegration *f (Gen, WiWi)* disintegration
Desinvestition *f (Fin)* disinvestment
deskriptive Statistik *f (Stat)* descriptive statistics
detaillierter Geschäftsplan *m (Gen)* in--depth business plan
Detailplanung *f (Mgt)* detailed planning
Determinanten *fpl (Gen)* determinants
deutsch-deutsch *adj (Pol)* intra-German, inner-German
Deutsche Industrie- und Handelskammer *f (Gen)* German

Chamber of Industry and Commerce, GCIC
deutscher Staatsbürger *m (Recht)* German citizen
Deutscher Standardisierungsrat *m (DSR) (RW)* German Accounting Standards Board, GASB *(entwickelt und beschließt im Auftrag des DRSC moderne, international abgestimmte Rechnungslegungsstandards für Konzerne und KMU, privately organized German standard-setter for accounting principles)*
deutsches Recht *n (Recht)* German law • **nach deutschem Recht** *(Recht)* according to German law
Devisen *fpl* 1. *(Gen)* foreign exchange, forex; 2. *(WiWi)* (foreign) exchange, forex
Devisenabfluss *m (WiWi)* foreign currency outflow, outflow of foreign exchange
Devisenabsicherung *f (RW)* foreign exchange hedge
Devisenarbitrage *f (Bank, Börse)* currency arbitrage, exchange arbitrage; arbitration of exchange
Devisenausländer(in) *m(f) (Gen)* non--resident
Devisenbeschränkungen *fpl (WiWi)* currency restrictions, foreign exchange restrictions
Devisenbestände *mpl* 1. *(Bank)* foreign exchange holdings; 2. *(WiWi)* currency holdings
Devisenbewirtschaftung *f (WiWi)* exchange control, exchange controls
Devisenbilanz *f (WiWi)* foreign exchange account
Devisenbörse *f (WiWi)* currency exchange, foreign exchange market
Deviseneinnahmequelle *f (Imp/Exp, WiWi)* source of foreign exchange *(ZB)*
Devisenhandel *m* 1. *(Bank)* forex trading, fx trading; 2. *(WiWi)* forex dealing, forex operations
Devisenkassageschäft *n (Bank)* foreign exchange spot transaction
Devisenkassakurs *m (Börse, WiWi)* spot exchange rate
Devisenkassamarkt *m (WiWi)* spot currency market
Devisenknappheit *f (WiWi)* lack of forex, shortage of forex, dearth of forex
Devisenkurs *m (WiWi)* foreign exchange rate, rate of exchange
Devisenkurs (ab)sichern *v (Bank, Börse, Imp/Exp)* hedge an exchange rate *(durch ein Devisentermingeschäft = forward exchange transaction = forward currency operation)*
Devisenkursarbitrage *f (Fin)* foreign exchange arbitrage
Devisenmangel *m (WiWi)* lack of forex, shortage of forex, dearth of forex
Devisenmarkt *m (Börse, WiWi)* currency market, foreign exchange market
Devisenmittelkurs *m (Fin, WiWi)* central rate, middle rate
Devisenpensionsgeschäft *n (Bank)* foreign exchange repurchase agreement, foreign exchange repo agreement *(EZB)*
Devisenreserven *fpl (Bank)* foreign exchange holdings, foreign exchange reserves
Devisenspekulation *f* 1. *(Fin)* foreign exchange speculation; 2. *(WiWi)* currency speculation
Devisentermingeschäft *n (Bank, Börse)* forward exchange transaction, forward currency operation, forward currency deal, forward exchange dealing
Devisenterminhandel *m* 1. *(Börse)* forward exchange trading, forward exchange dealing; 2. *(WiWi)* forward exchange
Devisenterminkurs *m* 1. *(Bank, Börse)* forward exchange rate, forward currency conversion rate; 2. *(Fin)* forward rate; 3. *(WiWi)* forward exchange rate
Devisenterminmarkt *m (Börse)* forward exchange market
Devisentransaktion *f (Imp/Exp, WiWi)* foreign currency transaction
Devisenumrechnungskurs *m (Fin)* foreign exchange conversion rate, currency conversion rate *(Devisenumrechnungssatz)*
dezentrale Leitung *f (Mgt)* decentralized management
dezentrale Marktwirtschaft *f (Pol, WiWi)* decentralized market economy
dezentrale Planung *f (Mgt)* decentralized planning
Dezimal... *(Comp, Stat)* decimal
Dezimaldarstellung *f (Stat)* decimal notation
Dezimalpunkt *m (Comp, Stat)* decimal

point
Dezimalstelle *f (Comp, Stat)* decimal digit
Dezimalzahl *f (Comp, Stat)* decimal number
Diagramm *n (Gen)* chart, diagram
Dialog *m (Comp, Gen)* dialog(ue)
Dialogverkehr/im *(Comp)* interactive
dichtbesiedelt *adj (WiWi)* densely populated
Diebstahl *m (Gen, Logis, Versich)* theft
dienlich *adj (Gen)* instrumental, conducive to
Dienst *m (Gen)* duty, service • **seine Dienste anbieten** *(Gen)* offer one's services
Dienst *m* **nach Vorschrift** *(Pers)* work-to--rule, working to rule
Dienstalter *n (Pers)* length of service, seniority
Dienstaltersprinzip *n (Pers)* seniority principle
Dienstälteste *m(f) (Gen)* longest-serving employee
Dienstanbieter *m (Comp, Komm)* service provider
Dienstantritt *m (Pers)* assumption of one's duties, taking up of work
Dienstbereitschaft *f* **rund um die Uhr** *(Gen)* round-the-clock service
dienstfrei haben *v (Pers)* be off-duty
Dienstgebrauch/nur für den *(Gen)* for official use only, restricted *(Applikation)*
Dienstgeheimnis *n* 1. *(Pers)* business secret; 2. *(Pol)* official secret
Dienstgespräch *n (Gen, Komm)* business call, official call
Dienstgrad *m (Pers)* (service) grade
diensthabend *adj (Gen)* on duty
Dienstjahre *npl (Pers)* years of service, years of company service
Dienstleistung *f* 1. *(Gen)* business service, service; 2. *(WiWi)* tertiary product • **Dienstleistung erbringen** *(Pers)* render a service, provide a service, perform a service
Dienstleistungsabend *m (Gen)* late--night opening
Dienstleistungsangebot *n (V&M)* offer of services, services offered
Dienstleistungsberuf *m (Pers)* service occupation
Dienstleistungsbetrieb *m (Gen)* service company, service enterprise
Dienstleistungsbilanz *f (WiWi)* invisible trade balance, balance on services, balance of invisible trade, invisible balance, services account *(ZB = BOP)*
Dienstleistungsexporte *mpl (Imp/Exp, WiWi)* invisible exports
Dienstleistungsfreiheit *f (Recht)* freedom to provide services *(EU)*
Dienstleistungsgesellschaft *f* 1. *(Recht)* nontrading partnership; 2. *(WiWi)* service economy
Dienstleistungsgewerbe *n* 1. *(Ind)* service industry; 2. *(Pers)* service company; 3. *(WiWi)* service industry
Dienstleistungsimporte *mpl (Imp/Exp, WiWi)* invisible imports
Dienstleistungsmarke *f (Pat, Recht)* service mark
Dienstleistungspalette *f (V&M)* range of services
Dienstleistungsrichtlinie *f (ugs.) (Pol, Recht)* services directive; Directive on Services in the Internal Market *(formell: Richtlinie für Dienstleistungen im Binnenmarkt; EU)*
Dienstleistungssektor *m (WiWi)* service industry, tertiary sector, service sector
Dienstleistungsunternehmen *n (Gen)* service company, service enterprise
Dienstleistungsverkehr *m (WiWi)* invisible trade, service transactions
Dienstleistungsvertrag *m* 1. *(Gen)* service contract; 2. *(Recht)* contract for services, agreement of service
Dienstleistungszentrum *n (Gen, Mgt, WiWi) (AE)* cost center, *(BE)* cost centre *(erbringt Leistungen für das Gesamtunternehmen zu geringstmöglichen Kosten; opposite: profit center, profit centre: erwirtschaftet maximale Deckungsbeiträge zur Fixkostendeckung = covering of fixed costs)*
dienstliche Zwecke/nur für *(Admin)* for office use only
Dienstort *m (Pers)* duty station
Dienstreise *f (Gen)* business trip
Dienststelle *f* 1. *(Recht)* agency; 2. *(Admin)* administrative office, official agency, *(AE)* bureau; 3. *(WiWi)* agency
Dienststunden *fpl (Gen)* office hours
diensttuend *adj (Gen)* on duty
dienstunfähig *adj (Pers)* unfit for service, unfit for work; disabled *(dauernd)*
Dienstvertrag *m* 1. *(Gen)* service

agreement, service contract; 2. *(Recht)* agreement of service
Dienstweg *m (Gen)* official channels, authorized channels • **den Dienstweg nehmen** *(Gen)* go through the proper channels
Dienstzeit *f (Pers)* length of service, term of office
Differenz *f (Gen)* difference
Differenzialanalyse *f (Mgt)* differential analysis
Differenzialinzidenz *f* **der Besteuerung** *(Steuer)* differential tax incidence
differenzieren *v (Gen)* differentiate
differenzierte Produktanforderungen *fpl (V&M)* demand for sophisticated products
Differenziertheit *f (Gen)* sophistication
Differenzierung *f (V&M)* differentiation, sophistication *(des Marktes)*
Differenzkosten *pl* 1. *(Gen)* avoidable costs; 2. *(WiWi)* differential cost
differieren *v (Gen)* differ
Diffusionsgeschwindigkeit *f (Ind)* diffusion rate
digital *adj (Comp, Komm)* digital *(Kommunikationstechnik)*
digital darstellen *(Comp, Komm)* digitize
digitale Abschreibungsmethode *f (Fin, RW)* sum-of-the-digits method, sum--of-the-digits method of depreciation, sum-of-the-years digit method of depreciation, life period method
digitale Angebote *npl (Comp, Komm, V&M)* digital products
digitale Signatur *f (Comp, Komm, Recht)* digital signature
digitaler Druck *m (Comp, Komm, Media)* digital printing
digitalisieren *v (Comp, Komm, Media) (AE)* digitalize, *(BE)* digitalise
diktieren *v (Gen)* dictate
dimensionslose Maßzahl *f (Stat)* absolute measure
DIN-Format *(Gen, Komm)* German standard paper size, standard paper size (DIN) *(Papiergröße)*
dinglich *adj (Recht)* in rem
dingliche Belastung *f (Recht)* encumbrance *(Grundstück)*
dingliche Klage *f (jarg.) (Recht)* actio in rem
dingliche Sicherheit *f* 1. *(Fin)* collateral security; 2. *(Recht)* real security
dinglicher Anspruch *m (Recht)* claim in rem *(Vertragsrecht)*
dinglicher Vertrag *m (Recht) (AE)* real agreement
DIN-Norm *f (Gen, Ind)* German industrial standard, DIN standard *(Synonym: Deutsche Norm, Deutsche Industrienorm)*
Diplom *n (Gen)* diploma
Diplombetriebswirt *m (Pers)* ≈ Master of Commerce, MCom, Master of Business Administration, M.B.A.
Diplom-Ingenieur *m (Bil)* Master of Science *(Engineering)*; graduate in engineering, engineering graduate
Diplomkauffrau *f*, **Diplomkaufmann** *m (Bil)* Master of Business Administration, MBA
Diplomkauffrau (grad.) *f*, **Diplomkaufmann (grad.)** *m (Bil)* Bachelor of Business Administration, BBA
Diplomprüfung *f (Bil)* diploma examination *(at university, college etc.)*
Diplom-Sozialwirt *m (Bil)* Master of Social Science, Master of Arts *(Sociology)*
Diplomvolkswirt(in) *m(f) (Gen)* Master of Economics, MEcon
Diplomvorprüfung *f (Bil)* university preliminary examination, college preliminary examination
Diplom-Wirtschaftsingenieur(in) *m(f) (Bil)* Master of Science *(Industrial Engineering)*; graduate in industrial engineering
direkt *adj (Gen)* direct, plain-spoken • **jmdm. direkt unterstellt sein** *(Gen)* be directly responsible to sb
Direktbestellung *f (V&M)* direct order *(Direktbezug)*
direkte Inflationssteuerung *f (WiWi)* inflation targeting, IT *(Gegensatz: Geldmengensteuerung = money supply control; anders: Preisniveausteuerung = price level targeting, in Akademikerkreisen diskutierte geldpolitische Strategie als Alternative zur IT)*
direkte Kosten *pl (Fin, RW, WiWi)* direct costs
direkte Lohnkosten *pl (RW)* direct labo(u)r costs
direkte Produktrentabilität *f (V&M)* direct product profitability, DPP
direkte Steuer *f (Steuer)* direct tax

direkte und indirekte Besteuerung *f (Steuer, WiWi)* direct and indirect taxation
Direkteinkauf *m (Gen)* direct purchase
Direktgeschäft *n (V&M)* direct dealing, direct transaction
Direkthandel *m (V&M)* direct commerce, direct trading, direct trade
Direktinvestition *f (Fin)* direct investment *(Auslandsinvestition; Gegensatz: Portfolio-Investition)*
Direktinvestition *f* **aus dem Ausland** *(Fin, WiWi)* direct foreign investment, DFI
Direktinvestitionen *fpl (Börse)* portfolio investment
Direktinvestitionen *fpl* **im Ausland** *(Fin, WiWi)* direct outward investment
Direktmarketing *n (V&M)* direct marketing
Direktor *m* 1. *(Gen)* manager; 2. *(Pers)* director
Direktor *m* **einer Niederlassung** *(Gen, Mgt, Pers)* branch office manager
Direktor *m* **ohne Geschäftsbereich** *(Mgt)* non-executive director, outside director
Direktorium *n (Mgt)* board of directors, board of management
Direktplatzierung *f (Bank)* direct placement
Direkttausch *m (V&M)* peer to peer, P2P *(mit Direktkontakten auf gleicher Marktstufe)*
Direktverkauf *m (V&M)* direct sales, direct selling *(ohne Zwischenhändler)*
Direktverkauf *m* **durch Vertreter** *(V&M)* personal selling, door-to-door selling *(Haustürverkauf)*
Direktversicherung *f (Versich)* direct insurance
Direktwerbung *f (V&M)* direct advertising
Direktzugriffsspeicher *m (RAM) (Comp)* random access memory, RAM
Direktzusage *f (Pers)* employer's pension commitment
Disaggregation *f (Stat, WiWi)* disaggregating, disaggregation, breakdown, breaking down
disaggregieren *v (Stat, WiWi)* disaggregate, break down
Disagio *n (Bank, Fin)* discount, debt discount, loan discount; disagio • **mit einem Disagio von** *(Börse)* at a discount of • **mit einem Disagio notiert werden** *(Börse)* stand at a discount *(Kursabschlag vom Nennwert bei der Anleihennotierung)*
Discounter *m (V&M)* discount house, discounter
Diskont *m (Bank, Börse, V&M, WiWi)* discount; settlement discount
Diskontbank *f* 1. *(Bank)* acceptance house, discounting bank; 2. *(Fin)* discount house, discounting bank
Diskontertrag *m (Börse)* discount yield
diskontfähig *adj (Bank)* bankable, discountable, eligible for discount
diskontfähiger Wechsel *m* 1. *(Bank)* bankable paper; 2. *(Fin)* discountable bill, bill eligible for discount
Diskontgefälle *n (Fin)* discount rate differential
Diskontgeschäft *n (Fin, RW)* discount business, discounting
Diskonthaus *n (Fin)* discount house
diskontierbar *adj (Bank, Börse, Fin)* discountable, eligible for discount
diskontieren *v (Bank, Börse, Fin)* discount
diskontierter Barwert *m (Fin)* discounted present value
diskontierter Cashflow *m (Fin, RW)* discounted cash flow *(Synonym: diskontierter Einnahmeüberschuss)*
diskontierter Wechsel *m (Bank)* discounted bill
Diskontierungsfaktor *m (Fin)* discount factor *(Synonym: Abzinsungsfaktor; Gegensatz: Aufzinsungsfaktor = accumulation factor)*
Diskontinstrument *n (Börse)* discount instrument
diskontinuierlich *adj (Stat, WiWi)* discrete
diskontinuierliche Variable *f (Stat)* discrete variable, discontinuous variable
Diskontsatz *m (Bank)* private rate of discount *(der Geschäftsbanken)*; bank rate, B.R., discount rate *(der Notenbank)*
Diskontsenkung *f (Bank)* reduction in the bank rate, cut in the bank rate
Diskontspesen *(RW)* discount charges
Diskontwechsel *m (Bank)* bill discounted, bill for discount, discounted bill, discount bill
diskrete Variable *f (Stat)* discontinuous variable

diskretionär *adj (Gen, Steuer, WiWi)* discretionary
diskretionäre Fiskalpolitik *f (WiWi)* discretionary fiscal policy
diskriminieren *v* 1. *(Gen, WiWi)* discriminate, discriminate against; 2. *(Recht)* discriminate, discriminate against, treat unfavo(u)rably
diskriminierende Besteuerung *f (Steuer)* discriminatory taxation
Diskriminierungsverbot *n (Recht, WiWi)* prohibition of discrimination *(Wettbewerbsrecht)*
Diskussion *f (Gen)* discussion • **das zur Diskussion stehende Problem** *(Gen)* the issue at stake
Diskussionspapier *n (RW)* discussion paper
Disparität *f (Gen, WiWi)* disparity
Dispokredit *m (Bank, Fin)* personal credit line, current account loan, overdraft facility *(Dispositionskredit; anders: retail customer credit, Einzelhandel)*
Disponibilität *f (WiWi)* availability
dispositiver Bestand *m (Fin, RW)* available-for-sale investments, available-for-sale financial assets *(IAS 1.69, IAS 39)*; available-for-sale holdings
Distribution *f* 1. *(V&M)* distribution; 2. *(WiWi)* (income) distribution
Distributionskette *f (Ind)* chain of distribution
Disziplinar... *(Pers, Recht)* disciplinary
Disziplinargewalt *f (Pers, Recht)* disciplinary authority
Disziplinarstrafe *f (Pers, Recht)* disciplinary punishment
Divergenz *f (Gen)* divergence
diverse Artikel *mpl (RW, V&M)* sundry articles *(Diverses = sundries, miscellaneous)*
Diversifikation *f (V&M)* diversification
Diversifikationsvorteil *m (WiWi)* economies of scale
diversifizieren *v (Gen, Mgt, Pers)* diversify
Diversifizierung *f (Gen, Mgt, Pers)* diversification
Dividende *f (Börse, Versich)* dividend • **ex Dividende** *(Börse, Fin)* ex dividend, ex div., x-d. • **eine Dividende ausschütten** *(Fin)* distribute a dividend, pay a dividend
Dividende *f* **nach Steuern** *(RW, Steuer)* after-tax dividend
Dividende *f* **pro Aktie** *(Fin) (BE)* dividend per share, DPS
Dividendenanteilschein *m (Fin)* dividend warrant
Dividendeneinkommen *n (Börse)* dividend income *(Synonym: Dividendeneinnahme)*
Dividendenertrag *m (Börse)* dividend yield
Dividendenpolitik *f* 1. *(Börse)* dividend policy; 2. *(Fin)* dividend payout policy
Dividendenquellensteuer *f (Steuer)* dividend withholding tax
Dividendenschein *m (Fin)* dividend coupon, dividend warrant
Dividendensteuer *f (Steuer)* dividend tax
Dividenden-Stripping *n (Fin)* dividend stripping
Dividendenwerte *mpl (Börse, Fin)* equities, corporate securities
Divisionskalkulation *f (RW)* process costing *(Kostenrechnung: Methode der Herstell- oder Selbstkostenermittlung für eine Produktionseinheit über die Kalkulation der Periodenerzeugung bei Massenfertigung = mass production = bulk production oder bei Sortenfertigung = batch production)*
Doktorarbeit *f (Pers)* thesis, dissertation
Doktorprüfung *f (Bil)* doctorate, Ph. D., PhD; Doctor of Philosophy
Dokument *n* 1. *(Comp)* document *(Textverarbeitung)*; 2. *(Fin)* instrument; 3. *(Gen, Recht)* document • **gegen Dokumente** *(Gen)* against documents
Dokumentar... *(Media, V&M)* documentary
dokumentarisch *adj (Gen)* documentary
Dokumentation *f (Comp, Gen)* documentation
Dokumente *npl* **gegen Akzept** *(Gen)* documents against acceptance, DA
Dokumente *n* **gegen Barzahlung** *(Bank, Fin)* documents against cash, DC
Dokumente *n* **gegen Zahlung** *(Gen)* documents against payment, DAP
Dokumentenakkreditiv *n* 1. *(Bank)* documentary letter of credit; 2. *(Fin)* documentary credit
Dokumenteninhaber(in) *m(f) (Gen)* document holder
Dokumenteninkasso *n (Recht)* collection of commercial documents *(Vertragsrecht)*

Dokumenten-Management-System *(DMS) (Comp, Mgt)* document management system
Dokumententratte *f* 1. *(Bank)* acceptance bill *(Außenhandel)*; 2. *(Fin, Imp/Exp)* documentary bill, D/B, documentary draft, D/D
dokumentieren *v (Gen, Recht)* document
Dollarabfluss *m (WiWi)* dollar drain
Dollarblock *m (WiWi)* dollar area
Dollarkurs *m (Börse)* dollar bid, dollar rate, dollar price
Dollarpreis *m* 1. *(Börse)* dollar rate; 2. *(Gen)* dollar price
Dollarraum *m (WiWi)* dollar area
Dollarschein *m (WiWi) (AE)* dollar bill, *(AE; ugs.)* greenback
Dollartitel *mpl (Fin)* dollar securities
Dolmetscher(in) *m(f) (Komm)* interpreter
Domäne *f* 1. *(Grund)* domain, estate *(staatlicher land- und forstwirtschaftlicher Grundbesitz)*; 2. *(Comp, Recht)* domain *(Synonym: Domain)* • **eine Domäne [Domain] registrieren lassen** *(Comp, Recht)* have a domain registered
dominante Werbung *f (V&M)* dominant advertising
Dominanz *f (Gen)* dominance
Dominoeffekt *m (Bank, Börse, Fin, WiWi)* contagion effect
Doppelarbeit *f (Gen, Pers)* duplication of work
Doppelarbeitsverhältnis *n (Pers, Soz)* dual jobholding
Doppelbelastung *(Recht, Steuer)* double economic burden
Doppelbeschäftigung *f (Pers, Soz)* dual jobholding
Doppelbesteuerung *f (Steuer)* double taxation
Doppelbesteuerungsabkommen *n (DBA) (Steuer)* double tax agreement
Doppelfunktion *f (Börse)* dual capacity
Doppelrezession *f (WiWi)* double dip *(w--förmiger Konjunkturverlauf)*
Doppelspalte *f (Media, V&M)* double column
Doppelstrategie *f (Mgt)* twin-track strategy
doppelte Buchführung *f (RW)* double--entry accounting, double-entry bookkeeping
doppelte Staatsbürgerschaft *f (Pers)* dual citizenship, dual nationality
Doppelverdiener *m (Pers)* dual job holder, moonlighter
Doppelverdiener *pl (Pers)* working couple *(Ehepaar)*
Doppelverdienerhaushalt *m (WiWi)* double income household
Doppelverdienst *(Pers, Soz)* dual earnings, double income
Doppelzählung *f (Fin)* double counting
Dotierung *f (Fin)* provision of funds
Dozentenstelle *f (Bil, Pers)* lecturing post
Dozent(in) *m(f) (Bil)* lecturer, university lecturer, *(BE)* reader, *(AE)* assistant professor
drahtlose Netze *f (Komm)* wireless networks
drastische Maßnahmen *fpl (WiWi)* drastic measures
drastischer Anstieg *m (WiWi)* sharp rise
drastischer Rückgang *m (WiWi)* sharp drop *(der Preise)*
Drehtüreffekt *m (Pol, Soz)* carousel effect , revolving door scenario, revolving door effect *(die Maßnahme für eine 'zusätzliche' Beschäftigung zu Lasten anderer Beschäftigter; 'additional' employment at the expense of other members of the workforce)*
Dreiecksfusion *f (Gen)* triangular merger
Dreiecksgeschäft *n* 1. *(Imp/Exp)* three--way switch deal; 2. *(WiWi, Steuer)* triangular operation
Dreieckshandel *m (Imp/Exp, Steuer)* triangulation
dreifach *adj (Gen)* treble, triple, triplicate, in triplicate
Dreifach... *(Gen, Logis)* three-way, triple
dreimonatige Kündigungsfrist *f (Börse)* three-month call
Dreimonatsgeld *n (Fin)* three-month funds
Dreimonats-US-Schatzwechsel *mpl (Börse)* three-month US Treasury bills
Dreischichtbetrieb *m (Pers)* three-shift operation
dreistellig *adj (Gen)* three-digit *(Zahl)*
dringend *adv (Gen)* urgently • **jmdn. dringend bitten, etw. zu tun** *(Gen)* urge sb to do sth • **dringend brauchen** *(Gen)* be in urgent need of
dringende Angelegenheit *f (Gen)* matter of urgency
dringender Kapitalbedarf *m (Fin, WiWi)* pressing financial needs
Dringlichkeit *f (Gen)* priority

Dritt... *(Gen, Recht, Versich)* three, third, third party
Dritte *m(f)* 1. *(Gen)* third person; 2. *(Pat, Recht, Versich)* third party
dritter Markt *m (Börse, WiWi) (AE)* over-the-counter market, OTCM, *(BE)* Third Market
drittklassig *adj* 1. *(Fin, Gen)* third-rate; 2. *(Logis)* third-class
Drittstaat *m (Pol)* non-member country, third country *(Synonym: Drittland; EU)*
Drittstaatsangehörige *m(f) (Pol, Recht)* third country national *(EU)*
Drittvergleichsgrundsatz *m (Recht, Steuer)* arm's-length principle *(einem Vergleich mit unabhängigen Dritten genügend; Grundsatz der Unabhängigkeit, Unabhängigkeitsgrundsatz)*
Drittwährung *f* 1. *(Gen)* third currency; 2. *(Imp/Exp)* third-party currency
Drogenhandel *m (Gen, Imp/Exp)* drug trafficking
Drogenwirtschaft *f (WiWi)* drug economy
drohende Gefahr *f (Versich)* imminent peril, imminent danger
drohende Verluste *mpl (RW, Versich)* impending losses, unexpired risks • **drohende Verluste aus schwebenden Geschäften** *(RW)* anticipated losses from incomplete contracts *(in der Handelsbilanz = commercial balance sheet besteht Passivierungspflicht, in der Steuerbilanz = tax balance sheet besteht hingegen Passivierungsverbot)*
drosseln *v (WiWi)* curb, restrict, cut down, cut back
Druck *m* 1. *(Gen)* pressure; 2. *(Media)* print, printing; 3. *(Pol)* leverage; 4. *(Logis)* compression; 5. *(V&M)* letterpress • **auf jmdn. Druck ausüben** *(Gen)* bring pressure to bear on sb, put pressure on sb • **unter Druck geraten** *(Gen)* come under pressure • **unter Druck handeln** *(Gen)* act under pressure • **unter Druck setzen** *(Pers, WiWi)* pressurize, squeeze *(Preise)*
Druckauflage *f (Media)* print run
Druckauflösung *f (Comp)* print resolution
Druckbogen *m (Media)* printing sheet, printed sheet
drucken *v (Comp, Media)* print
drücken *v* 1. *(Comp)* press *(Taste)*; 2. *(Ind)* activate *(Schalter)*; 3. *(WiWi)* drive down, force down *(Preis, Zinsen)*
Druckfehler *m (Admin, Comp, Gen)* typing error, typographical error, misprint
Druckkosten *pl (Comp)* printing costs
Druckqualität *f (Comp, Media)* print quality
Drucksache *f* 1. *(Gen)* printed matter; 2. *(Komm) (AE)* third-class mail
DSR *m (Abk. für Deutscher Standardisierungsrat) (RW)* German Accounting Standards Board, GASB *(entwickelt und beschließt im Auftrag des DRSC international abgestimmte Rechnungslegungsstandards für Konzerne und KMU; privately organized German standard-setter for accounting principles)*
dualer Arbeitsmarkt *m (WiWi)* dual labo(u)r market
dualer Wechselkurs *m (WiWi)* dual exchange rate
duales Berufsausbildungssystem *n (Pers)* dual system of (initial) vocational education and training *(Synonym: duales System der beruflichen Ausbildung)*
Dualzahl *f (Stat)* binary number
Duopol *n (WiWi)* duopoly
durcharbeiten *v (Pers)* work through
Durchbruch *m (Admin, WiWi)* breakthrough
Durchfallquote *f (Pers)* failure rate
durchführbar *adj (Gen)* feasible
Durchführbarkeit *f (Gen)* feasibility, viability
Durchführbarkeitsuntersuchung *f (Gen)* feasibility study *(Synonym: Durchführbarkeitsstudie)*
durchführen *v* 1. *(Gen)* carry out, transact, effect *(Einigung)*; hold, execute *(Untersuchung)*; conduct *(Aktienverkauf)*; 2. *(Mgt)* execute, hold *(Konferenz, Tagung)*; 3. *(Recht)* execute
Durchführung *f* 1. *(Gen)* performance, transaction; 2. *(Mgt)* execution *(einer Politik)*; implementation *(einer Reorganisation)*
Durchführungsbefugnisse *fpl (Recht)* implementing powers
Durchführungsbestimmungen *fpl (Recht)* rules and regulations, implementing regulations
Durchführungsmaßnahmen *fpl (Recht)*

implementing measures
Durchführungsverordnung *f (Gen)* regulation ordinance, implementing ordinance
Durchführungsverzögerung *f (WiWi)* administration lag, implementation lag
Durchführungsvorschriften *fpl (Pat)* ancillary regulations *(EPA)*
durchgehend *adj (Gen)* continuous, round-the-clock
durchgehend geöffnet *adv (Gen)* open all day
durchgesetzt *adj (Recht)* enforced
Durchlaufdarlehen *n (Fin)* pass-through loan
durchlaufende Einnahmen *fpl (WiWi)* transitory income
durchlaufende Kredite *mpl (Bank, Fin)* flow-through credits, loans in transit
durchlaufende Zahlungsmittel *npl (RW)* cash in transit
Durchlaufzeit *f (Gen, V&M)* lead time, *(BE)* throughput time, *(AE)* thruput time; time from receipt of order till dispatch
durchleiten *v* 1. *(Bank, Fin)* pass through *(Kredit)*; 2. *(Gen)* handle
Durchleitungsbank *f (Bank, Fin)* pass--through agency, pass-through agent, pass-through bank, intermediary *(Synonym: Durchleitungsinstitut)*
durchrechnen *v (Gen)* calculate
Durchreise *f (Logis)* passage
Durchreisevisum *n (Admin)* transit visa
Durchsatz *m (Comp, Fin, Ind)* throughput, *(AE)* thruput
Durchsatzleistung *f (Ind)* throughput rate, *(AE)* thruput rate
durchschaubar *adj (Recht, V&M)* transparent
Durchschnitt *m (Gen, RW, Stat)* average • **im Durchschnitt** *(Gen)* at an average • **über dem Durchschnitt** *(Gen, WiWi)* above average • **unter dem Durchschnitt** *(Gen)* below-average • **den Durchschnitt ermitteln von** *(Fin)* average out, average *(Kosten, Gewinn)*
durchschnittlich *adj (Gen)* average, at an average; *(ugs.)* run-of-the-mill *(0-8-15, nichts Besonderes)*
durchschnittliche Auslastung *f (Ind)* average utilization
durchschnittliche Bindungsdauer *f (Fin)* duration
durchschnittliche Fixkosten *pl (RW)* average fixed cost
durchschnittliche Gesamtkosten *pl (RW)* average total cost
durchschnittliche Konsumquote *f (WiWi)* average propensity to consume
durchschnittliche Kosten *pl (Admin, RW)* average costs
durchschnittliche Laufzeit *f (Börse)* average maturity
durchschnittliche Sparneigung *f (WiWi)* average propensity to save
durchschnittliche Stückkosten *pl (RW)* average unit cost
durchschnittlicher Preisaufschlag *m (Gen)* average mark-up
durchschnittlicher Steuersatz *m (Steuer)* average tax rate
durchschnittlicher Stundenlohn *m (Pers)* average hourly earnings *(Synonym: durchschnittlicher Stundenverdienst)*
Durchschnittsbetrag *m (Gen)* average amount
Durchschnittsbezahlung *f (Pers)* average pay, average remuneration
Durchschnittsbildung *f (Börse, Gen, Steuer)* averaging
Durchschnittseinkommen *n* 1. *(Pers)* average income; 2. *(RW)* average pay
Durchschnittserlös *m (Fin, RW)* average revenue
Durchschnittsertrag *m (Fin, RW)* average yield
Durchschnittsgehalt *n (Pers)* average salary
Durchschnittskosten *pl* 1. *(RW)* average costs, mean cost; 2. *(Admin, WiWi)* average costs
Durchschnittskurs *m* 1. *(Börse)* average, average market price, average rate; 2. *(RW)* average rate
Durchschnittslohn *m (Pers)* average wage
Durchschnittsnote *f (Pers)* average mark
Durchschnittsqualität *f (Gen, Imp/Exp)* fair average quality
Durchschnittsrendite *f* 1. *(Börse)* mean return; 2. *(Fin, RW)* average yield
Durchschnittssatz *m* 1. *(Bank)* blended rate; 2. *(Börse, RW)* average rate
Durchschnittssteuersatz *m (Steuer)* average tax rate
Durchschnitts-Stundenverdienst *m (Pers)* average hourly earnings
Durchschnittswerte *mpl (Börse)* market averages

durchsetzbar *adj (Recht)* enforceable
durchsetzen *v* 1. *(Börse)* put through; 2. *(Gen)* force, enforce *(Anspruch)*; implement *(Maßnahme)*
Durchsetzung *f (Recht)* enforcement
Durchsetzung *f* **einer Strategie** *(Gen, Mgt)* strategy implementation
Durchsetzungsvermögen *n (Pers)* self--assertiveness
durchsickern *v (Gen)* leak out
Durchsickern *n (Media, Pol)* leakage
durchstreichen *v (Gen)* delete, expunge
Durchsuchung *f (Gen)* search
Durchwahl *f (Komm)* direct dial(l)ing
Dynamik entfalten *(Gen, WiWi)* build up momentum
dynamisch *adj (Gen)* dynamic
dynamische Analyse *f (WiWi)* dynamic analysis
dynamische Lebensversicherung *f (Versich)* indexed life insurance
dynamische Planung *f (Gen)* dynamic programming
dynamische Veralterung *f (V&M)* dynamic obsolescence
dynamische Verfahren *npl* **der Investitionsrechnung** *(Fin, WiWi)* DCF-methods, *(BE)* discounted cash flow methods, time-weighted methods of investment analysis *(Synonym: finanzmathematische Verfahren)*
dynamische Verträge *mpl (Versich)* adjustable contracts
dynamischer Prozess *m (WiWi)* continuous process

E

Ebit *s.* Ergebnis vor Zinsen und Steuern
echt *adj (Comp)* actual
Echt/365 *(jarg.) (Bank)* exact interest
echtes Angebotsmonopol *n (WiWi)* absolute monopoly, pure monopoly
Echtheitsbescheinigung *f (Börse)* authentication
Echtheitsmerkmal *n (Bank)* authentication feature *(EZB)*
Echtheitszertifikat *n (Comp, Recht)* certificate of authenticity
Echtzeit *f (Comp, RW, WiWi)* real time
Echtzeitverarbeitung *f (Comp)* real-time processing
Ecklohn *m* 1. *(Pers)* base pay rate; 2. *(WiWi)* basic pay
Eckwert *m (Gen, Mgt)* benchmark, reference figure, reference value
Eckzins *m (Fin)* base lending rate, base rate
E-Commerce-Richtlinie *f (Comp, Komm, Recht)* e-commerce directive *(EU)*
EDV *s.* elektronische Datenverarbeitung
EDV-System *n (Comp)* computer system, IT system
Effekten *pl* 1. *(Börse)* stock exchange securities, stocks and bonds; 2. *(Fin)* stocks and bonds
Effektenabrechnung *f (Fin)* contract note
Effektenberatungstätigkeit *f (Börse, Fin)* investment consultancy, investment services
Effektenbörse *f (Börse, Fin, WiWi)* bourse, stock exchange, stk exch
Effektendarlehen *n (Börse)* securities loan
Effektenemissionsgeschäft *n (Börse, Fin)* underwriting business
Effektenhandel *m* 1. *(Börse)* securities trade; 2. *(Fin)* stock trading
Effektenkredit *m (Fin)* security loan
Effektenlombard *m (Börse)* advance on securities
Effektennotierung *f (Börse)* stock market prices
Effektenportefeuille *n (Bank, Börse, Fin)* investment portfolio
Effektensammeldepot *n (Fin)* collective securities deposit
Effektenverwaltung *f (Fin, Mgt)* portfolio management
effektiv *adj (Gen)* actual, effective
Effektiv... *(Gen)* actual, effective
effektive Bestandsaufnahme *f (RW)* physical inventory
effektive Kreditkosten *f (Bank)* effective loan charges
effektive Lieferung *f (Bank, Börse)* actual delivery
effektive Nachfrage *f (WiWi)* effective demand
effektive Preise *mpl (Ind, WiWi)* outturn prices
effektive Rendite *f (Bank, Fin)* real rate of return, true rate of return
effektiver Diskontsatz *m (Gen)* market rate of discount
effektiver Jahreszins *m (Fin)* annual percentage rate, annualized percentage rate

effektiver Wechselkurs *m (EWK) (WiWi)* effective exchange rate, EER *(EZB; gewichtetes Mittel der bilateralen Wechselkurse gegenüber den Währungen der wichtigsten Handelspartner; reale effektive Wechselkurse sind ein Indikator für die Preis- und Kostenwettbewerbsfähigkeit einer Volkswirtschaft; vgl. nominaler Wechselkurs, realer Wechselkurs)*

effektiver Wettbewerb *m (WiWi)* effective competition, workable competition

effektiver Zins *m* 1. *(Bank)* effective interest rate; 2. *(RW)* effective rate *(Synonym: effektiver Zinssatz)*

effektiver Zinsfuß *m (Gen, WiWi)* effective rate of interest, real rate of interest *(cf effektiver Jahreszins, EAR, APR)*

Effektivgeschäft *n (Börse)* spot market transaction

Effektivität *f (Gen)* effectiveness

Effektivklausel *f (Fin)* currency clause

Effektivlohn *m (Pers, RW)* actual earnings, actual wage *(Arbeitsentgelt)*

Effektivrendite *f (Börse)* dividend yield

Effektivverdienst *m (Pers, RW)* actual earnings

Effektivverzinsung *f* 1. *(Bank)* true rate of return, effective rate, effective yield, redemption yield; 2. *(Börse)* market rate, redemption yield

Effektivware *f (Börse)* spot commodity, physical commodity *(Terminbörse)*

Effektivzins *m* **p.a.** *(Fin)* effective annual rate, effective annualized rate, EAR *(bei Geldanlagen und Krediten ist Rendite = Effektivzins; tatsächlicher Ertrag einer Anlage bzw. tatsächliche Kreditkostenbelastung unter Berücksichtigung aller einmaligen und laufenden Erträge und Kosten als relativ zuverlässige Preis- und Konditionenvergleichsbasis; a method specified by law for calculating the real nominal annual rate of return; cf effektiver Jahreszins, EAR, APR)*

effizient *adj (Gen)* efficient

effiziente Allokation *f (WiWi)* efficient allocation

Effizienz *f (Gen)* efficiency

Effizienzgewinn *f (Gen, Mgt)* efficiency gain

Effizienzkontrolle *f (Mgt)* efficiency review, performance review

Effizienzsteigerung *f (Umwelt)* efficiency increase

Effizienzverlust *m (Gen, Mgt)* efficiency loss

Effizienzwirkung *f (Gen, Mgt)* efficiency effect

EFSF *f (Abk. für Europäische Finanzstabilitätsfazilität, Europäische Finanzstabilisierungsfazilität) (Fin, Media, Pol)* EFSF, European Financial Stability Facility *(eine Eurospeak--Notkreation für die medial als ‚Rettungsschirm' vermarktete Fazilität, auch: Euro-Krisen- oder --Rettungsfonds; errichtet im Zuge der ersten EU-Rettungsaktion, vordergründig für den insolventen griechischen Staat, insbesondere aber für die Investoren in dessen Anleihen: EZB, Banken, Versicherungen, Pensions- und Hedgefonds; die Einrichtung soll Anleihen finanzschwacher Euro-Staaten bei Banken auf dem Sekundärmarkt = secondary market ankaufen und bereits vorbeugend -!- Darlehenslinien gewähren, um finanzpolitische Misswirtschaft gegen die disziplinierende Kraft der Märkte abzuschirmen; Kritiker monieren den rechtsbeugenden = law-perverting unumkehrbaren Einstieg in eine europäische Transfer- und Haftungsunion = transfer and liability union, die Euroland-weite Staatsfinanzierung an den demokratisch legitimierten nationalen Parlamenten und Haushalten vorbei, systematische Transparenzreduktion, Missbrauch der EZB bei rechtsbrüchiger = lawbreaking Missachtung ihrer primärrechtlich verankerten Unabhängigkeit; anders: ESFS = European System for Financial Supervision = Europäisches Finanzaufsichtssystem = Europäisches System für Finanzaufsicht, die neue Schnittstelle der mikro- und makroprudenziellen Überwachung auf europäischer Ebene)*

EFSM *m (Abk. für Europäischer Finanzstabilitätsmechanismus) (Fin, Recht)* EFSM , European Financial Stability Mechanism *(Synonym:*

Europäischer Finanzstabilisierungsmechanismus; komplettiert mit 60 Mrd. Euro als sogenanntes Gemeinschaftsinstrument der EU-Kom die EFSF = European Financial Stability Facility = Europäische Finanzstabilitätsfazilität und ist wie diese bis Juni 2013 befristet; Ablösung durch den permanenten ESM = Europäischer Stabilitätsmechanismus = European Stability Mechanism; anders: ESFS = European System for Financial Supervision = Europäisches Finanzaufsichtssystem = Europäisches System für Finanzaufsicht, die neue Schnittstelle der mikro- und makroprudenziellen Überwachung auf europäischer Ebene mit ESRB + ESAs + nationalen Aufsichtsbehörden für die Überwachung des Tagesgeschäfts)

EGB *s.* Europäischer Gewerkschaftsbund

E-Geld *n (Bank, Comp, WiWi)* e-money

E-Handel *m (Comp)* e-commerce

Ehegattenabzug *m (Steuer)* marriage deduction

Ehegattenfreibetrag *m (Steuer)* marriage allowance

Ehegattensplitting *n (Steuer)* joint taxation of spouses

Ehrenakzept *n (Gen)* acceptance for hono(u)r

ehrenamtlich *adv (Pers)* in an honorary capacity

ehrenamtliche Tätigkeit *f (Pers)* voluntary work *(Arbeit)*

Ehrenannahme *f (Gen)* acceptance for hono(u)r

Ehrencodex *m (Gen)* code of conduct, code of ethics, code of honour

Ehrenvorsitzende *m(f) (Pers)* honorary chairman

Ehrenwort *n (Recht)* word of honour

EIB *s.* Europäische Investitionsbank

Eid *m (Recht)* oath • **unter Eid** *(Recht)* under oath *(Aussage)* • **unter Eid aussagen** *(Recht)* give evidence on [under] oath *(vor Gericht)*

eidesstattliche Versicherung *f* 1. *(Recht)* statutory declaration; affirmation; 2. *(Grund)* no-lien affidavit *(ohne die Ausübung des Grundpfandrechts)*

eidliche Versicherung *f (Recht)* assertory oath

eigen *adj (Gen)* own • **nach eigenem Eingeständnis** *(Gen)* by one's own admission • **nach eigenem Ermessen** *(Gen)* in one's own estimation • **auf eigene Gefahr** 1. *(Gen)* at one's own peril; 2. *(Versich)* at owner's risk • **auf eigene Kosten** *(Gen)* at one's own expense • **auf eigene Rechnung** *(Gen)* on one's own account, at one's own expense • **auf eigenes Risiko** *(Gen)* at owner's risk

Eigen... *(Gen)* self-, own, personal

Eigenarbeit *f (Pers)* do-it-yourself work, DIY work

Eigenbedarf *m (RW)* personal requirements

Eigenbestand *m (Bank, Fin)* own holdings, proprietary portfolio *(Synonym: Eigenhandelsbestand; marktnahe Fair-Value-Bewertung)* • **in den Eigenbestand nehmen** *(Bank, Gen)* take into one's own inventory

Eigenbetrieb *m (Gen)* owner-operator, public utility *(Gemeinden)*

Eigenbeurteilung *f (Pers)* self-appraisal *(Arbeit)*

Eigendynamik entfalten *(Gen, WiWi)* build up momentum *(Synonym: Eigendynamik entwickeln)*

eigene Aktien *fpl (RW) (BE)* own shares, *(AE)* treasury stock

eigene Akzepte *npl (RW)* acceptances outstanding

eigene Anteile *mpl (Börse, RW)* own shares

eigene Marke *f (V&M)* own label

Eigenentwicklung *f (WiWi)* me-too--product

eigenerwirtschaftete Mittel *npl (Fin, RW)* internally generated funds

Eigenfinanzierung *f* 1. *(Fin)* autofinancing, equity financing; 2. *(RW)* self-financing

Eigenfinanzierungsquote *f (Börse, Fin)* self-financing ratio

Eigengeschäft *n (Bank, Börse)* own account trading, business for a bank's own account *(Synonym: Eigenhandel)*

Eigenhandel *m (Bank, Börse, Fin)* proprietary trading, trading on an own--account basis, own-account trading, *(jarg.)* prop trading *(Synonym: Eigengeschäft; risikoreiches Geschäft auf eigene Rechnung, bei eingeschränkter Ausweispflicht bzw. eingeschränkter Transparenz, nicht notwendig im Kundenauftrag, dennoch* *großteils mit Kundeneinlagen, das vor der Finanzmarktkrise 2008/2009 hohe Gewinne generierte, die über Boni, Gehälter und Dividende ausgeschüttet - -privatisiert- wurden; die dann generierten Verluste waren um ein Vielfaches höher und wurden über - -teilweise systemgefährdende- staatliche Bailout-Aktionen dem Steuerzahler/der Gemeinschaft aufgebürdet und somit systemstabilisierend sozialisiert: Trillion-dollar bail-outs for people on million-dollar salaries; Eigenhandelsrisiko = Risiko aus dem Eigenhandelsgeschäft = proprietary risk; implizite Bestandsgarantie = implicit guaranty of continuance; Sifis = systemically important financial institutions, Too-big-to-fail-Problematik)*

eigenhändig *adj (Komm)* to addressee only

eigenhändig unterschrieben *adj (Gen, Recht)* signed personally

eigenhändige Unterschrift *f (Gen, Recht)* personal signature; wet signature *(cf handschriftliche Zeichnung)*

Eigenhändler *m (Bank, Börse)* proprietary trader

Eigenheimbesitz *m (Grund)* home ownership

Eigenkapital *n* 1. *(Fin)* equity capital, equity; 2. *(RW)* capital and reserves, equity, net worth, *(AE)* stockholders' equity, shareholders' equity; 3. *(WiWi)* equity; net total assets, net worth *(i. S. v. bilanzielles Eigenkapital = Differenz zwischen Vermögen und Schulden)*; 4. *(Gen)* personal capital *(privater Wohnungsbau)*

Eigenkapital *n* **je Aktie** *(Fin)* net assets per share

Eigenkapitalanforderungen *fpl (Bank, Fin)* capital standards *(Basel II: risikoadäquate Allokation des Eigenkapitals)*

Eigenkapitalarbitrage *f (Bank, Fin, Recht)* capital arbitrage *(Synonym: Kapitalarbitrage; Basel II)*

Eigenkapitalausstattung *f (Fin)* equity position

Eigenkapitalbasis *f (RW)* equity base, equity capital base

Eigenkapitaldecke *f (Fin)* equity position

Eigenkapitaldeckung *f (Fin, RW)* equity cover

Eigenkapitalgeber(in) *m(f) (Fin) (BE)* shareholder, equity supplier

Eigenkapitalhypothek *f (Fin)* equity-linked mortgage

Eigenkapitalmethode *f (RW)* equity accounting, equity method of accounting, equity method of consolidation *(Bilanzierung von Beteiligungen am stimmberechtigten Kapital eines anderen Unternehmens nach angelsächsischer Methode, die durch zeitkongruente Berücksichtigung von Beteiligungserträgen keine stillen Rücklagen entstehen läßt; nach § 311 HGB nicht im Einzelabschluss, sondern nur im Konzernabschluss zulässig; Synonym: Equity-Methode)*

Eigenkapitalpolster *n (Bank, Fin)* capital cushion

Eigenkapitalquote *f* 1. *(Bank)* capital ratio, equity ratio; 2. *(RW)* capital-to-assets ratio *(Anteil des Eigenkapitals am Gesamtkapital, ratio of equity to total assets)*

Eigenkapitalrendite *f (EKR) (Fin, WiWi)* return on equity, ROE, equity return, equity yield rate, return on net assets, return on net assets employed *(Synonym: Eigenkapitalrentabilität, Eigenkapitalverzinsung)*

Eigenkapitalrentabilität *f (EKR) (Fin, WiWi)* return on equity, ROE, equity return, equity yield rate, return on net assets, return on net assets employed *(Synonym: Eigenkapitalrendite, Eigenkapitalverzinsung)*

Eigenkapitalrichtlinie *f (Bank, Fin)* Capital Requirements Directive, CRD *(EU-Richtlinie zur Umsetzung der Eigenkapitalanforderungen = capital standards von Basel II in nationales Recht)*

Eigenkapitalspiegel *m (RW)* statement of changes in equity, equity movement schedule *(IFRS/IAS; Synonym: Eigenkapitalveränderungsrechnung)*

Eigenkapitalunterlegung *m (Bank, Fin)* capital charge, capital requirement *(Basel II: risikoadäquate Allokation des Eigenkapitals)*; required capital (quantity)

Eigenkapitalveränderungsrechnung *f (EKVR) (RW)* statement of changes in equity, equity movement schedule *(Synonym: Eigenkapitalspiegel; IFRS/IAS)*

Eigenkapitalverzinsung *f (Fin)* return on equity, equity yield rate, rate of return on equity *(Synonym: Eigenkapitalrendite, Eigenkapitalrentabilität, EKR)*

Eigenkapitalvorschriften *fpl (Recht, Fin, Bank, WiWi)* equity capital requirements, provisions on own funds *(Eigenmittelbestimmungen, Basel II)*; capital rules

Eigenkapitalwert *m (Bank)* equity value

Eigenleistung *f (Fin)* borrower's own funding

eigenmächtig *adj (Gen)* arbitrary, unauthorized

eigenmächtig *adv (Gen)* off one's own bat, without official backing, without official consent, without asking

Eigenmarke *f (V&M)* own brand, house brand

Eigenmittel *npl* 1. *(Fin)* own funds, self--generated funds; 2. *(RW)* capital and reserves, self-generated funds; 3. *(WiWi)* capital resources

Eigenmittelunterlegung *f (Fin)* equity backing *(Synonym: Eigenmitteldeckung, Eigenkapitalunterlegung)*

Eigennutzung *f (Grund)* owner--occupation

Eigenschaft *f* 1. *(Gen)* attribute; 2. *(Pat)* feature

Eigenschaften *fpl* **einer Marke** *(V&M)* brand properties

Eigentum *n* 1. *(Gen)* ownership, property; 2. *(Grund)* property • **das Eigentum einer Sache übertragen** *(Grund)* transfer ownership of sth

Eigentümer(in) *m(f) (Gen)* owner, proprietor

Eigentümer-Unternehmer *m (Mgt)* owner-manager

Eigentumsanspruch *m (Gen, Recht)* claim to ownership

Eigentumsnachweis *m* 1. *(Börse)* proof of ownership; 2. *(Grund)* certificate of ownership, certificate of title *(Grundbuchauszug)*; 3. *(Recht)* proof of title, evidence of title *(Besitz)*

Eigentumsrecht *n* 1. *(Grund)* marketable title, legal title; 2. *(WiWi)* right of ownership

Eigentumsrechte *npl (Recht, WiWi)* proprietary rights, property rights

Eigentumsurkunde *f* 1. *(Börse)* proof of ownership; 2. *(Grund)* certificate of ownership; 3. *(Recht)* document of title, title deed

Eigentumsvermutung *f (Gen)* presumption of ownership

Eigentumsvorbehalt *m* 1. *(Recht)* conditional sale, reservation of title *(Vertragsrecht)*; 2. *(V&M)* conditional sale

Eigentumsvorbehaltsklausel *f (Recht, V&M)* clause of reservation of title

Eigen- und Fremdkapital *n (Recht)* equity and debt capital

eigenverantwortlich *adj (Pers) (BE)* self--managed, *(AE)* self-directed

Eigenverbrauch *m (Gen)* private consumption

Eignung *f* 1. *(Gen)* qualification; 2. *(Pers)* aptitude *(Arbeitsmarkt)*; 3. *(Soz)* qualification

Eignungsprüfung *f* 1. *(Ind)* performance testing; 2. *(Pers, V&M)* aptitude test, occupational test

Eignungstest *m (Pers, V&M)* aptitude test *(Arbeitsmarkt)*

Eil... *(Gen, Komm, Logis)* express, urgent

Eilauftrag *m (Gen)* rush job, express order, rush order, urgent order

Eilfracht *f (Logis) (BE)* express freight, *(AE)* fast freight

einarbeiten *v/jmdn.* *(Pers)* train sb for, instruct sb for, induct sb into

Einarbeitung *f* 1. *(Pers)* job familiarization; 2. *(Gen)* training; settling-in

Einarbeitungszeit *f (Pers)* settling-in period *(the time necessary for a worker to familiarize herself/himself with a job)*

einbehalten *v* 1. *(Börse)* retain, withhold; 2. *(Gen) (BE)* plough back, *(AE)* plow back; 3. *(Steuer)* retain

einbehalten *adj (Gen)* retained, undistributed, withheld

einbehaltene Kapitalertragssteuer *f (Steuer)* withholding tax (on capital)

einbehaltene Steuern *fpl (Steuer)* withheld taxes, tax withholdings, taxes withheld

einbehaltener Gewinn *m (RW)* undistributed income, retained earnings, retained profits, accumulated profits

Einbehaltung *f* 1. *(Börse)* retention, withholding; 2. *(Grund)* holdback; 3. *(Steuer)* retention
einberufen *v (Mgt)* convene *(Sitzung)*
einbeziehen *v (Gen)* include
Einbeziehung *f (Gen)* inclusion, integration
Einbeziehung *f* **von Drittländern** *(WiWi)* third-country cooperation
einbinden *v (Pol, WiWi)* involve
einbringen *v* 1. *(Fin)* yield; 2. *(Gen)* bring in *(Gewinn, Bestellungen)*; 3. *(Mgt)* submit, put forward *(Vorschlag)*; 4. *(Pol)* introduce *(Parlamentsantrag)*; 5. *(Recht)* bring in *(Gesetz)*; 6. *(WiWi)* earn, contribute *(Kapital)*
Einbruch *m* 1. *(Börse)* slump; 2. *(Gen)* setback; 3. *(Recht)* burglary; 4. *(WiWi)* slump
Einbruchdiebstahl *m (Recht)* burglary
Einbürgerung *f (Pers, Recht)* naturalization
Einbuße erleiden *(Gen)* suffer a loss
eindämmen *v (Gen)* stem, contain *(Nachfrage, Inflation)*
eindecken *v* **mit/sich** *(Gen)* buy in
Eindeckung *f (Börse, Fin)* short covering *(nach Leerverkäufen, after selling short)*
eindringen *v* **in** *(Gen)* penetrate *(Markt)*
Eindruck *m (Gen)* impression
einfache Buchführung *f (RW)* single--entry bookkeeping
einfache Divisionskalkulation *f (Bil, RW, WiWi)* simple process costing *(bei Einproduktfertigung; Gegensatz: mehrfache Divisionskalkulation = multiple process costing)*
einfache lineare Regression *f (RW)* simple linear regression
einfache Mehrheit *f (Pol)* qualified majority, simple majority
einfache Option *f (Börse)* single option
einfache Rendite *f (Börse)* simple yield
einfache Tätigkeit *f (Pers)* menial job, low-grade job *(Einfacharbeitsplatz)*
einfacher Ertrag *m (Börse)* simple yield
einfacher Zinsswap *m (Fin) (ugs.)* plain vanilla swap
einfaches Termingeschäft *n (Börse)* outright forward transaction
Einfachfertigung *f (Ind)* single-process production
Einfallsreichtum *m (Gen)* ingenuity
Einfluss *m (Gen)* influence • **Einfluss auf den Gewinn** *(Gen)* profit impact • **Einfluss geltend machen** *(Gen) (BE)* pull strings, *(AE)* pull wires
Einflussbereich *m (V&M)* reach, halo
Einflussfaktoren *mpl (Gen)* determinants
einflussreich *adj (Gen)* influential, powerful, prestigious
Einflusssphäre *f (Gen, Pol, V&M)* sphere of influence
Einforderung *f (Fin)* call
einfrieren *v* 1. *(Bank)* block; 2. *(Fin, Steuer)* freeze *(Konto)*
Einfuhr *f (Imp/Exp, WiWi)* import, importation *(Zoll)*
Einfuhrabgabe *f (Imp/Exp, Recht)* import duty
Einfuhrbeschränkung *f (Imp/Exp, Recht)* import restriction
einführen *v* 1. *(Gen)* introduce; 2. *(Imp/Exp)* import; 3. *(Recht)* bring in *(Gesetz)*; 4. *(Soz)* induct; 5. *(V&M)* launch
Einfuhrerklärung *f* 1. *(Bank)* bill of entry; 2. *(Imp/Exp)* clearance inwards, bill of entry
Einfuhrerlaubnis *f (Imp/Exp)* import admission
Einfuhrhandel *m (WiWi)* passive trade
Einfuhrkontingent *n (Imp/Exp)* import quota
Einfuhrlizenz *f (Recht, Imp/Exp)* import license
Einfuhrtätigkeit *f (Imp/Exp)* importing
Einführungspreis *m (V&M)* introductory price, advertising price *(Werbepreis)*
Einführungsstadium *n (V&M)* introductory stage
Einführungswerbung *f* 1. *(V&M)* announcement advertising; 2. *(V&M)* pioneering advertising
Einfuhrverbot *n (Imp/Exp, Steuer)* ban on imports
Einfuhrzoll *m (Imp/Exp, Steuer)* import duty, import tariff
Einfuhrzölle *mpl (Steuer)* customs
Eingabe *f (Gen)* input, petition *(Gesuch)*
Eingabefeld *n (Comp, Komm)* input field, input
Eingabekosten *pl (RW)* input cost
Eingang *m (Gen)* entrance, intake, arrival *(Brief)* • **Eingang vorbehalten** *(Bank)* subject to collection
Eingänge *mpl (Gen)* receipts
Eingangsdatum *n (Gen)* date of receipt
Eingangsgehalt *n (Pers)* starting salary
Eingangspreis *m (Gen)* threshold price
Eingangsrechnung *f (Gen)* purchase

invoice
Eingangsstempel *m (Komm)* receipt stamp
Eingangssteuersatz *m (Steuer)* basic tax rate *(der progressiven ESt)*
eingebaut *adj* 1. *(Comp)* built-in, on--board; 2. *(Gen)* installed; 3. *(WiWi)* built--in
eingeben *v (Comp)* enter, input, key in, type in *(Daten)*
eingefordertes Kapital *n (Fin, RW)* called-up share capital
eingefroren *adj* 1. *(Bank)* blocked; 2. *(WiWi)* frozen *(Löhne, Preise)*
eingefrorene Guthaben *npl (Fin)* frozen assets
eingeführte Marke *f (V&M)* established brand
eingegliedert *adj (Bank, Gen, Pers)* affiliated
eingehen *v* 1. *(Gen)* undertake *(Risiko)*; enter into *(Vertrag)*; 2. *(Komm)* arrive *(Post)*
eingehende Analyse *f (Gen, V&M)* in--depth analysis
eingelöster Scheck *m***/nicht** *(Bank)* dishono(u)red cheque
eingepreiste Information *f (Fin, WiWi)* discounted information *(Synonym: eskomptierte Information; alle kursrelevanten und öffentlich verfügbaren Informationen sind bereits voll in den Kursen und Marktpreisen enthalten und können deshalb nichts mehr verändern; publicly available relevant information is already fully reflected in the market price)*
eingeschränkt *adj (Gen)* limited, restricted
eingeschränkte Mehrheit *f (Pol)* qualified majority, simple majority
eingeschränkte Rationalität *f (WiWi)* bounded rationality
eingeschränkter Bestätigungsvermerk *m (RW)* qualified opinion, qualified report *(Abschlussprüfung)*
eingeschriebener Brief *m (Komm)* registered letter
eingesetzte Mittel *npl (Fin)* total funds applied
eingesetztes Kapital *n (Fin, RW)* capital employed
Eingeständnis *n (Gen)* admission, acknowledgement
eingestehen *v (Gen)* acknowledge *(Irrtum)*
eingestellt *adj* 1. *(Ind)* discontinued; 2. *(Pers)* hired
eingetragen *adj (Admin, Gen, Pat, Versich)* recorded, registered
eingetragene Marke *f (Pat, Recht)* registered mark, registered trademark (®)
eingetragener Eigentümer *m (Grund)* registered proprietor *(im Grundbuch)*
eingetragener Lizenznehmer *m (Pat)* registered user *(Warenzeichenbenutzer)*
eingetragener Marktmacher *m (Börse)* registered market maker
eingetragener Rechtsanspruch *m (Admin)* registered title
eingetragener Sitz *m (Recht)* registered office
eingetragener Verein *m (Börse, Gen, Pol)* registered society
eingetragenes Firmenzeichen *n (Pat)* registered mark, registered trademark
eingetragenes Gebrauchsmuster *n (Recht)* registered design
eingetragenes Warenzeichen *n* 1. *(Pat)* registered mark, registered trademark; 2. *(Recht)* registered trademark
eingetretene Substanzverringerung *f (RW)* accumulated depletion
eingezahltes Grundkapital *n (Fin)* paid--up capital
eingezahltes Kapital *n (RW)* paid-in capital
eingezogene Aktie *f (Börse)* called-in share, redeemed share
eingipflige Verteilung *f (Stat)* unimodal distribution
eingliedern *v (Gen)* classify, absorb, incorporate, integrate
eingliedern *v* **in** *(Pers, Soz)* integrate into *(in das Erwerbsleben, in den Arbeitsmarkt = BE integrate into the labour market, AE integrate into the labor market)*
eingreifen *v* 1. *(Gen)* step in; 2. *(Pers, Pol, WiWi)* intervene
Eingreifen *n (Gen)* intervention
eingrenzen *v (Gen, Pol)* contain, restrict
Eingriff *m (Gen)* infringement
Eingruppierung *f (Gen)* grouping
einhalten *v* 1. *(Gen)* meet, keep *(Verabredung)*; adhere to *(Vertrag)*; abide by *(Regeln)*; 2. *(Recht)* comply with *(Klausel)*; observe *(Vorschriften,*

Gesetze)
Einhaltung *f (Gen, Recht)* adherence, compliance, observance *(der Vorschriften)*
einheimisch *adj (Pers, WiWi)* domestic, local
einheimische Arbeitskräfte *fpl (Pers, WiWi)* local labo(u)r, local workers
einheimische Erzeugnisse *npl (WiWi)* home production
einheimische Industrie *f (Ind)* native industry
einheimische Wirtschaft *f (Ind, WiWi)* domestic economy, national economy
einheimischer Arbeitsmarkt *m (WiWi)* internal labo(u)r market
Einheit *f (Comp, Gen, Pat, WiWi)* unity
Einheit *f* **der Erfindung** *(Pat)* unity of invention
einheitlich *adj (Gen)* coherent, standard, uniform
Einheitliche Europäische Akte *f (EEA) (Recht)* Single European Act, SEA *(EU 1987)*
einheitliche europäische Währung *f (WiWi)* single European Currency *(EU)*
einheitliche Geldpolitik *f (Bank, WiWi)* single monetary policy *(EZB)*
einheitliche Grundsätze *f (Gen, Pol, Recht)* uniform principles
einheitliche Preisstruktur *f (V&M)* single price structure
einheitliche Rahmenbedingungen *fpl (Gen, Pol, WiWi)* uniform framework *(Basel II)*
einheitlicher Binnenmarkt *m (Gen, WiWi)* single European market *(EU)*
einheitlicher Markt *m (Börse, V&M)* single market
einheitliches Kaufrecht *n (Recht, V&M)* Uniform Sales Law, *(AE)* Uniform Commercial Code
einheitliches Vorgehen *n (Mgt, Pol)* collective policy
Einheitlichkeit *f (Gen)* uniformity, coherence
Einheits... *(Recht)* standard, uniform
Einheitsbedingungen *fpl (Recht)* standard conditions
Einheitskurs *m (Börse)* middle price
Einheitspreis *m (Fin)* standard price, uniform price
Einheitsrente *f (Soz)* flat-rate (basic) state pension
Einheitssatz *m (Steuer)* standard rate
• **zum Einheitssatz** *(Steuer)* standard--rated
Einheitssorte *f (Gen)* standard grade
Einheitssteuersatz *m (Steuer)* standard rate
Einheitstarif *m* 1. *(Fin)* flat fee; 2. *(V&M)* flat rate
Einheitsvertrag *m (Gen, Recht)* standard agreement, standard contract
Einheitswährung *f (Gen)* single currency *(EU)*
Einheitswert *m* 1. *(Gen)* unit value; 2. *(Grund, Steuer)* rateable value, assessed value; 3. *(WiWi)* unit value
einigen *v/sich* *(Gen)* come to an understanding, come to terms, agree • **sich mit jmdm. einigen** 1. *(Gen)* come to an understanding with sb; 2. *(Recht)* come to terms with sb • **sich einigen auf** *(Gen)* agree on, agree upon *(Preis, Bedingungen, Lösung)*; agree *(Vorschlag)* • **sich gütlich einigen** *(Pers)* settle amicably
Einigung *f (Gen)* agreement • **keine Einigung erzielen** *(Gen)* fail to reach an agreement
Einigungsprozess *m (Deu) (Pol)* process of unification
einkalkulieren *v (Gen)* take account of, take into account
Einkauf *m (Gen, V&M)* buying, purchasing
einkaufen *v* 1. *(Gen)* buy in; 2. *(WiWi)* buy, shop
Einkaufsabteilung *f (Gen)* purchasing department
Einkaufserlebnis *n (V&M)* the purchasing experience
Einkaufsleiter(in) *m(f)* 1. *(Gen)* chief buyer, chief purchase officer, head buyer; 2. *(Mgt, Pers)* purchasing manager
Einkaufsmanagerindex *m (EMI) (WiWi, Stat)* Purchasing Managers' Index, PMI
Einkaufspreis *m (WiWi)* buying-in price, purchase price
Einkaufsprovision *f (V&M)* buying commission
Einkaufsrechnung *f (Gen)* purchase invoice
Einkaufsverhalten *n (V&M)* buying pattern, purchasing pattern
Einkaufsvollmacht *f (Gen)* authority to purchase
Einkaufswagen *m (Comp, V&M)*

shopping cart
Einkaufszentrum *n (Gen, V&M) (AE)* shopping center, *(BE)* shopping centre, *(AE)* shopping mall
einklagbar *adj (Gen, Recht)* actionable, enforceable
einklagbares Recht *n (Recht)* enforceable right
Einkommen *n (Fin, RW, Steuer, WiWi)* income
Einkommen *n* **aus unselbstständiger Arbeit** *(WiWi)* compensation of employees
Einkommen *n* **aus Unternehmertätigkeit und Vermögen** 1. *(Fin, Steuer)* income accruing to capital; 2. *(WiWi)* income from property and entrepreneurship *(VGR)*
Einkommen *n* **aus Vermögen** *(Fin, RW, Steuer)* unearned income *(Synonym: Vermögenseinkommen)*
Einkommen *n* **nach (Abzug der) Steuern** *(Soz, Steuer)* income after tax
Einkommen *n* **pro Kopf der Bevölkerung** *(Stat, WiWi)* per capita income *(Synonym: Pro-Kopf--Einkommen)*
einkommensabhängig *adj (Pers, Soz)* income-related, earnings-related; means-tested *(Bedürftigkeit bei Sozialhilfe)*
einkommensabhängiger Zuschuss *f (Soz)* income-based allowance
Einkommensdifferenz *f (WiWi)* income differential
Einkommenseffekt *m (WiWi)* income effect
einkommenselastisch *adj (WiWi)* income-elastic
Einkommenselastizität *f* **der Nachfrage** *(WiWi)* income-elasticity of demand
Einkommensersatz *m (Versich)* income replacement
Einkommensgarantie *f (Pers, WiWi)* income guarantee
Einkommensgefälle *n (Pers)* earnings differential *(Arbeit)*
Einkommensgruppe *f* 1. *(V&M)* income group *(Marktforschung)*; 2. *(Admin)* income bracket
Einkommenskonsumkurve *f (WiWi)* income-consumption curve, ICC
Einkommenskreislauf-geschwindigkeit *f* **des Geldes** *(WiWi)* income velocity of money
Einkommensniveau *n (Admin)* income level
Einkommen-Splitting-System *n (RW)* income-splitting system
einkommensschwach *adj (Soz, WiWi)* with low incomes, on low incomes, low--income
Einkommensspanne *f (Fin)* income spread
Einkommensteuer *f (RW, Steuer)* income tax
einkommensteuerbefreit *adj (RW, Steuer)* exempt from income tax
Einkommensteuerbescheid *m (Steuer)* income tax assessment
Einkommensteuererklärung *f (RW)* income tax return
einkommensteuerfrei *adj (RW, Steuer)* free of income tax
Einkommensteuergesetz *n (Deu) (Steuer)* (German) Income Tax Law
Einkommensteuergewinn *m (Steuer)* income tax gain
Einkommensteuergrenzsatz *m (Steuer)* marginal income tax rate
Einkommensteuergrundtabelle *f (Steuer)* basic income tax scale
Einkommensteuerrückzahlung *f (Steuer)* income tax refund
Einkommensteuerschuld *f (Steuer)* income tax liability
Einkommensteuerstattung *f (Steuer)* tax refund
Einkommensteuerzwecke/für *(Steuer)* for income tax purposes
Einkommensübertragung *f (Soz, WiWi)* income transfer
Einkommensumverteilung *f (WiWi)* income redistribution
Einkommens- und Substitutionseffekt *m (WiWi)* income and substitution effect
Einkommensunterschied *m (Pers, Soz, Steuer, WiWi)* income differential, income gap
Einkommensverteilung *f (Fin)* income distribution
Einkommenszuschuss *m (Soz)* income supplement
Einkünfte *pl (Fin, Gen)* earnings, income, revenue, emoluments
Einkünfte *pl* **aus Gewerbebetrieb** *(Steuer)* income from trade or business, business income *(Einkommensteuer)*
Einkünfte *pl* **aus Kapitalvermögen** *(Steuer)* unearned income

Einkünfte *pl* **aus unsichtbaren Leistungen** *(WiWi)* invisible earnings *(invisibles = unsichtbare Leistungen = Dienstleistungen im Rahmen der Zahlungsbilanz = BOP)*

Einkünfteerzielungsabsicht *f (Recht, Steuer)* intention to earn income *(die Absicht, mit seiner Tätigkeit einen steuerpflichtigen Überschuss zu erzielen, ist Voraussetzung der Steuerpflicht und damit der steuerlichen Absetzbarkeit von Verlusten; § 19 UStG)*

Einkunftsart *f (Steuer)* income category, category of income *(Deu: § 2 (1) EStG mit sieben Einkunftsarten = sources of taxable income)*

Einlagen *fpl (Bank)* deposits • **Einlagen abziehen** *(Bank, Gen)* withdraw deposits

Einlagenbestand *m (Bank)* volume of deposits

Einlagengeschäft *n (Bank)* deposit--taking business

Einlagenschein *m (Bank)* deposit certificate

Einlagensicherungsfonds *m (Bank)* deposit guarantee fund

Einlagensicherungssystem *n (Bank, Recht)* deposit-guarantee scheme

Einlagenverbindlichkeiten *fpl (Bank)* deposit liabilities

Einlagenzertifikat *n* 1. *(Bank)* deposit certificate; 2. *(Fin)* certificate of deposit

Einlagenzins *m (Bank)* (bank) deposit rate, deposit interest

einleiten *v (Recht)* initiate, start, open, commence, institute

Einleitung *f (Gen, Pat)* introduction, preamble

einloggen *v (Comp, Komm)* log in, log on, sign on *(anmelden)*

einlösbar *adj* 1. *(Bank)* cashable, payable; 2. *(Börse)* encashable

einlösen *v* 1. *(Bank)* hono(u)r *(Schecks)*; 2. *(Börse)* collect, encash; 3. *(Fin, Gen)* repay

Einlösung *f* 1. *(Börse)* collection, encashment; 2. *(Fin, Gen)* payment, redemption

Einlösungsfrist *f (Fin)* redemption period

Einlösungstermin *m* 1. *(Börse)* redemption date; 2. *(RW)* encashment schedule

Einmal... *(Börse, WiWi)* one-off

Einmalfertigung *f (Ind)* one-off production

einmalige Aufwendungen *fpl* 1. *(Börse)* nonrecurring expenditure; 2. *(RW)* exceptional expenses

einmalige Erträge *mpl (WiWi)* nonrecurrent income

einmalige Gelegenheit *f (V&M)* unique opportunity

einmalige Kosten *pl (V&M)* non-recurring costs

einmaliges Verkaufsargument *n (V&M)* unique selling point, unique selling proposition, USP

Einmalzahlung *f* 1. *(Fin)* single payment, one-off payment *(einmalige Zahlung = one-off payment)*; 2. *(Versich)* lump sum, ls

Einmannbetrieb *m (Gen)* one-person business, one-man business *(Synonym: Einpersonenbetrieb, Einpersonenunternehmen, Einmannunternehmen)*

Einnahme *f (RW, WiWi)* revenue

Einnahmen *fpl* 1. *(Börse)* receipts; 2. *(Fin)* revenue; 3. *(Frei)* box-office takings, gate (money); 4. *(Gen)* revenue, accruals; 5. *(WiWi)* income

Einnahmen *fpl* **und Ausgaben** *fpl (RW)* income and expenditure

Einnahmen-Ausgaben-Rechnung *f (RW, Steuer)* statement of revenue and expenditure, cash basis of accounting, receipts and payments method, cash accounting *(ohne Periodenabgrenzung, on a non-accrual basis)*

Einnahmenkurve *f (WiWi)* revenue curve

Einnahmequelle *f (Gen)* source of revenue

einnehmen *v* 1. *(Gen)* take *(Geld)*; take up *(Haltung)*; 2. *(Pers)* fill *(Position)*

einordnen *v (Gen)* classify

einpendeln *v/sich (WiWi)* adjust *(Löhne)*; even out, settle down *(Preise)*

Einpersonenhaushalt *m (V&M)* single--person household

Einpersonenunternehmen *n (Gen, WiWi)* one-person business, one--person firm, one-man firm *(Synonym: Einpersonenbetrieb, Einmannbetrieb, Einmannunternehmen)*

einplanen *v (Fin, Gen, WiWi)* budget

einprägsam *adj (Media, V&M)* catchy

einpreisen *v (ugs.) (Börse)* reflect *(neue Nachrichten)*; discount *(neue*

Nachrichten in den Aktienkursen berücksichtigen)
Einprodukt-Unternehmen *n (Ind, WiWi)* single-product company, single--product firm *(auch: Einproduktunternehmen)*
einräumen *v (Gen)* admit, allow
Einräumung *f (Recht)* granting, concession
Einrede *f (Recht) (BE)* defence, *(AE)* defense • **eine Einrede vorbringen** *(Recht)* put in a plea *(Gesuch einreichen)*
einreichen *v* 1. *(Bank)* present; 2. *(Börse)* tender; 3. *(Gen)* send in *(Anfrage)*; file *(Antrag, Bewerbung)*; 4. *(Pat)* submit; 5. *(Pers)* lodge *(Beschwerde)*; tender *(Kündigung)*; 6. *(Pol, Recht)* submit *(Forderung, Antrag)*
Einreichung *f* 1. *(Bank)* presentation; 2. *(Pat, Pol, Recht, WiWi)* submission
Einreichungsschluss *m (Gen, V&M)* bid closing, bid closing date *(Ausschreibung, invitation to bid)*
einreihen *v (Gen)* categorize
einrichten *v (Gen)* arrange, facilitate, organize
Einrichtung *f* 1. *(Comp, Gen)* facility; 2. *(Ind)* apparatus, plant
Einrichtungen *fpl (Pers)* facilities
Einsatz *m* 1. *(Fin)* stake; 2. *(Gen)* input, stake, deployment *(von Arbeitskräften)*; utilization *(von Dingen)*
Einsatzbesprechung *f (Gen)* briefing session
Einsatzgüter *npl (WiWi)* inputs
Einsatzmaterial *n (Ind, WiWi)* feedstocks
einsatzsynchrone Beschaffung *f (Ind, Mgt)* just-in-time purchasing, JIT purchasing, just-in-time procurement, JIT procurement *(Synonym: fertigungssynchrone Beschaffung, produktionssynchrone Beschaffung, verbrauchssynchrone Beschaffung)*
einschalten *v* 1. *(Gen)* switch on; 2. *(Ind, Komm)* turn on
Einschalten *n (Gen, Komm)* turning-on
einschalten v/sich *(Gen)* step in
einschätzen *v* 1. *(Gen)* assess, *(ugs.)* size up; 2. *(Mgt)* appraise
Einschätzung *f* 1. *(Gen)* assessment, *(ugs.)* sizing up; 2. *(Mgt)* appraisal
einschlagen *v (ugs.) (V&M)* hit the market *(Produkt)*
einschlägig *adj (Recht)* appropriate, relevant
einschlägige Technologie *f (Umwelt)* appropriate technology
einschließen *v (Gen)* comprise, include, enshrine, incorporate *(Betrieb)*
einschließlich *(Gen)* included, inclusive
einschließlich Dividende *(Börse)* cum dividend, cd
einschränken *v* 1. *(Fin)* cut back; 2. *(Gen)* restrict
einschränkend *adj (Gen)* restrictive
Einschränkung *f* 1. *(Fin)* cutback; 2. *(Gen)* restriction; 3. *(RW)* qualification *(Gutachten)*
Einschreiben *n (Komm) (AE)* certified mail, *(AE)* registered mail, *(BE)* registered post; registered letter • **per Einschreiben** *(Komm) (AE)* by registered mail, *(BE)* by registered post; registered
einschreiben v/sich *(Gen)* register
Einschreibung *f (Gen)* enrol(l)ment
einschreiten *v (Gen)* step in
einschüchtern *v (Pers)* intimidate
Einschulung *m (Bil)* school enrolment, school entry, schooling
Einschuss *m (Börse)* initial deposit
Einschussbedarf *m (Börse)* margin requirement(s)
Einschusskonto *n (Bank, Börse)* margin account
Einschusszahlung *f (Börse)* margin deposit, margin payment *(Synonym: Einschussleistung Einschusseinzahlung)*
einseitig *adj* 1. *(Gen)* one-sided, subjective *(Urteil)*; 2. *(Pers, Pol, WiWi)* unilateral; 3. *(V&M)* subjective *(Urteil)*
einseitig *adv (Gen)* unilaterally
einseitige Maßnahme *f (Pol, Umwelt)* unilateral measure
einseitiges Abkommen *n (WiWi)* unilateral agreement
einsenden *v (Gen)* send in
Einsendeschluss *m (Media, V&M)* closing date
einsetzen *v* 1. *(Gen)* bring into play, call into play, utilize *(Fähigkeiten, Mittel)*; add in *(Details, Zahlen)*; deploy *(Arbeitskräfte)*; 2. *(Ind, Umwelt)* utilize
einsparen *v (Gen)* save *(Material, Kosten)*
Einsparung *f (Gen)* saving, economy *(von Material, Kosten)*
Einsparung f von Arbeitskräften *(Gen, Pers)* labo(u)r-saving *(Einsparung von*

Arbeitsplätzen = job cuts)
Einsparungen *fpl (Gen)* economies
Einspruch *m* 1. *(Pat)* appeal, caveat; 2. *(Recht)* objection • **Einspruch erheben** *(Gen)* raise an objection • **Einspruch erheben gegen** *(Gen)* oppose • **dem Einspruch wird stattgegeben** *(Recht)* objection sustained • **dem Einspruch wird nicht stattgegeben** *(Recht)* objection overruled
Einstandspreis *m (RW)* cost price, acquisition cost *(Kostenrechnung)*
einstellbar *adj (Gen)* adjustable
einstellen *v* 1. *(Bank)* suspend; 2. *(Gen)* take on, cease, appoint *(beenden)*; sign up *(Arbeitskräfte)*; focus, employ *(Verfahren)*; 3. *(Ind)* discontinue; 4. *(Pers)* engage, recruit *(Arbeitskräfte)*; hire, take on, appoint *(Mitarbeiter)*; 5. *(Recht)* stop *(Vergleichsverfahren)*; abate *(gerichtliche Anordnung)*; 6. *(V&M)* close *(Verkauf)*; 7. *(Versich)* adjust • **zusätzliches Personal einstellen** *(Pers)* take on additional staff
einstellen *v* **in** *(RW)* allocate to
einstellen *v* **und entlassen** *v (Pers)* hire and fire
einstellig *adj (Stat)* single-digit, single-figure, one-digit *(number)*
Einstellung *f* 1. *(Bank)* suspension; 2. *(Comp)* set-up, setting; 3. *(Gen)* cessation, closure, stoppage, frame of mind, adjustment *(eines Geräts)*; stance *(Haltung)*; 4. *(Pers)* recruitment; 5. *(V&M)* attitude
Einstellung *f* **der Tätigkeit** *(Recht)* cessation of operation
Einstellung *f* **der Zahlungen** 1. *(Gen)* suspension of payment; 2. *(Soz)* suspension of benefit *(vorübergehend)*
Einstellung *f* **des Verfahrens** *(Recht)* closing; plea in abatement *(Antrag)*
Einstellung *f* **in die Rücklage** *(RW)* appropriation to a reserve
Einstellungsfragebogen *m (Pers)* (job) application form
Einstellungsgespräch *n (Pers)* interview
Einstellungskosten *pl (Pers)* hiring costs
Einstellungskriterien *npl (Pers)* hiring standards, recruitment standards
Einstellungsprüfung *f (Pers)* employment test *(Synonym: Einstellungstest)*
Einstellungsschreiben *n (Pers)* letter of appointment, appointment letter
Einstellungssperre *f (Pers)* recruitment stop, stop on recruitment, recruitment ban, hiring freeze
Einstellungsstopp *m (Pers)* job freeze
Einstellungsuntersuchung *f (Pers)* pre-employment (medical) examination
Einstellungszusage *f (Pers)* job confirmation, confirmation of employment
Einstiegsgehalt *n (Pers)* entry-level salary, entry-level wage
Einstiegsinvestition *f (WiWi)* bridge-head investment
einstimmig *adj (Gen, Pol)* unanimous
einstimmig *adv (Gen, Pol)* by common consent, unanimously
einstimmig angenommen *adj (Gen)* unanimously accepted *(Vorschlag)*
Einstimmigkeitsprinzip *n (Pol, Recht)* principle of unanimity *(EU)*
einstufen *v (Gen)* categorize, grade, classify
einstufige Divisionskalkulation *f (Bil, RW, WiWi)* single-step process costing *(Kostenrechnung bei kontinuierlicher Massen- oder Serienfertigung; Bezug: Gesamtfertigungsprozess ohne Berücksichtigung von Produktions- oder Abrechnungsstufen; Anwendungsformen bei Einprodukt- oder Mehrproduktfertigung als einfache oder mehrfache Divisionskalkulation = simple or multiple process costing; Gegensatz: mehrstufige Divisionskalkulation = multiple-step process costing)*
Einstufung *f (Gen)* classification, categorization
Einstufungsskala *f (Gen)* rating scale
Einstufungstest *m (Pers)* placement test *(Arbeit)*
einstweilig *adj (Gen, Recht)* ad interim, interim, provisional, temporary
einstweilige Verfügung *f* 1. *(Pat)* interim injunction; 2. *(Recht)* temporary injunction
eintauschen *v* 1. *(Börse, Gen)* trade in; 2. *(WiWi)* exchange, trade off
einteilen *v (Gen)* classify, compartmentalize, grade
Einteilung *f* 1. *(Gen)* classification, planning *(Arbeit)*; 2. *(Mgt)* subdivision
Einteilung *f* **in Leistungsklassen** *(Bil)*

ability grouping
Eintrag *m (RW)* item • **einen Eintrag verbuchen** *(RW)* post an entry
eintragen *v* 1. *(Börse)* post; 2. *(Gen)* fill in *(Datum, Name)*; 3. *(RW)* record, post; 4. *(Admin, Recht)* register *(Firmennamen)*
einträglich *adj (Gen)* profitable, rewarding, remunerative
Eintragung *f* 1. *(Gen)* booking, enrol(l)ment, registration; 2. *(Pat)* registration *(amtliche)*; 3. *(Admin)* entry, registration
Eintragungsdatum *n (Pat)* date of registration
eintreibbar *adj (Fin, Gen, Steuer)* unrecoverable
eintreiben *v* 1. *(Fin, Gen)* collect, exact, recover *(Schulden)*; 2. *(Steuer)* levy
Eintreibung *f* 1. *(Fin, Gen)* collection, recovery *(Kosten)*; 2. *(Steuer)* levy
Eintritt *m* 1. *(Börse)* entry; 2. *(Gen)* admission, admittance, entrance, entrance fee
Eintrittsalter *n (Versich)* age at entry
Eintrittsgeld *n (Gen)* admission fee, entrance, entrance fee
Eintrittsvoraussetzung *f (Pol, WiWi)* prerequisite for entry, prerequisite for accession *(EU)*
Einvernehmen *n (Gen)* understanding, agreement, approval • **zu einem Einvernehmen kommen** *(Gen)* come to an understanding
einvernehmlich *adj (Gen)* amicable
einverstanden sein *v (Gen)* agree
Einverständnis *n (Recht)* consent
Einwand *m (Gen)* objection • **einen Einwand anmelden** *(Recht)* enter a plea • **einen Einwand erheben** *(Gen)* make [raise] an objection
Einwanderer *m (Admin, WiWi)* immigrant
Einwanderung *f (Admin, WiWi)* immigration
einwandfrei *adj (Gen)* accurate, sound, watertight *(Plan, Argument)*
einwandfreie Übergabe *f (Börse)* good delivery
einwandfreier äußerer Zustand *m* **der Waren** *(Logis)* apparent good order of the goods
Einweg... *(Umwelt)* nonreusable, disposable, non-returnable *(Verpackung)*
Einwegkommunikation *f (Komm)* one--way transmission, simplex
Einwegverpackung *f (Umwelt, V&M)* non-returnable package, disposable packaging; non-returnable packaging
einweisen *v (Pers)* assign
Einweisung *f (Mgt)* briefing
einwenden *v* 1. gegen; 2. *(Recht)* object to
einwilligen *v (Gen)* consent
Einwilligung *f (Gen)* assent, acceptance
einwirken *v* 1. auf; 2. *(Gen)* affect, influence
Einwohner *m (Gen)* inhabitant
Einwohnermeldeamt *n (Admin)* registration office
einzahlen *v (Bank)* pay in, bank
Einzahlung *f (RW)* deposit
Einzahlungsbeleg *m* 1. *(Bank) (AE)* pay--in slip, *(BE)* paying-in form; deposit receipt; 2. *(Fin)* credit memorandum, credit slip
Einzahlungsüberschuss *m (Fin, RW)* cash flow
Einzel... *(Gen)* individual, single, sole
Einzelabschluss *m (Fin, RW)* single--entity financial statement(s)
Einzelangaben *fpl (Bank, Stat, WiWi)* figures relating to individual enterprises *(Statistik, ZB)*
Einzelanleger(in) *m(f) (Börse)* individual investor
Einzelauftrag *m (Gen)* individual order
Einzelbewertung *f (Admin)* individual assessment
Einzelfertigung *f (Bil, Ind, WiWi)* single unit production, single item production, one-off production, individual manufacturing *(Synonym: Einzelproduktion; Auftragsfertigung)*
Einzelfirma *f (Gen)* individual firm, sole proprietorship, sole trader
Einzelgeschäft *n (Gen)* individual transaction
Einzelhandel *m* 1. *(Ind)* retail trade, retailing; 2. *(V&M)* retail business
Einzelhandels... *(V&M)* retail
Einzelhandelsbetrieb *m (WiWi)* retail business
Einzelhandelsgenossenschaft *f (V&M)* retail cooperative, retailers' cooperative
Einzelhandelsgeschäft *n (V&M)* retail store
Einzelhandelsgewerbe *n (Ind)* retail trade
Einzelhandelsgewinnspanne *f (V&M)* retail margin

Einzelhandelskette *f (V&M)* store group
Einzelhandelsnetz *n (V&M)* retail network
Einzelhandelspreis *m (V&M)* retail price
Einzelhandelsumsätze *mpl (Fin)* retail sales
Einzelhandelszentrum *n (Grund) (AE)* retail center, *(BE)* retail centre
Einzelhändler(in) *m(f) (V&M)* retail trader, retailer
Einzelheit *f (Gen)* detail, particular
Einzelheiten *fpl (Gen)* details, particulars, minutiae • **die Einzelheiten auslassen [übergehen]** *(Gen)* skip the details • **die Einzelheiten bekanntgeben** *(Gen)* announce the details
Einzelkaufmann *m* 1. *(Gen)* sole trader; 2. *(Mgt)* sole proprietor
Einzelklage *f (Recht)* individual proceedings *(ein von einer Person betriebenes Verfahren; Gegensatz: Kollektivverfahren = collective proceedings)*
Einzelkosten *pl (RW)* direct expense, direct cost
einzeln *adj (Gen)* single, individual
einzeln *adv (Gen)* individually, singly • **einzeln angefertigt** *(Gen)* one-off • **einzeln aufgeführt** *(Gen)* specified • **einzeln nennen** *(Gen)* itemize
einzeln aufgeführte Abzüge *mpl (Steuer)* itemized deductions
Einzelnachweis *m (Comp, Komm, Recht)* detailed record • **Einzelnachweis aufführen** *(Gen)* itemize *(Rechnung)* • **Einzelnachweise erstellen** *(Comp, Komm, Recht)* establish detailed records *(IuKDG)*
Einzelperson *f (Gen, Pers)* individual
Einzelpreis *m (V&M)* unit price
einzelstaatlich *adj (Gen)* national • **auf einzelstaatlicher Ebene** *(Pol)* at national level
einzelstaatliche Gerichtsbarkeit *f (Recht)* national jurisdiction *(EU)*
Einzelteil *n (Ind)* component part
Einzelunternehmen *n (Gen)* individual firm
Einzelunternehmer(in) *m(f) (Gen)* (sole) proprietor
Einzelverfolgung *f (Recht)* individual proceedings *(ein von einer Person betriebenes Verfahren; Gegensatz: Kollektivverfahren = collective proceedings)*
Einzelvollmacht *f (Mgt, Pers, Recht)* individual power of representation
Einzelvorhaben *n (Gen, Mgt)* individual project
einziehen *v (Börse, Gen)* collect
Einziehung *f* 1. *(Bank, Börse, Fin)* collection; 2. *(Steuer)* collection of public money *(öffentlicher Gelder)*
Einziehung *f* **einer Forderung** *(Recht, RW)* collection of a claim
Einziehung *f* **eines Rechnungsbetrages** *(RW)* collection of a bill
einzig *adj (Gen)* single
einzigartig *adj (Gen)* unique
einzigartiges Verkaufsargument *n (V&M)* unique selling proposition, USP *(Synonym: einzigartiges Verkaufsversprechen, Alleinstellungsmerkmal)*
einzigartiges Verkaufsversprechen *n (V&M)* unique selling proposition, USP *(Synonym: einzigartiges Verkaufsargument, Alleinstellungsmerkmal)*
Einzug *m (Bank, RW)* collection
Einzugsbereich *m (V&M)* catchment area
Einzugsermächtigung *f (Bank, Fin)* direct debit authorization
Einzugsermächtigungsverfahren *n (Bank)* collection authorisation procedure
Einzugsliquidität *f (Fin)* acid test, net quick ratio *(Liquidität zweiten Grades)*
Einzugstermin *m (Grund)* completion date
Einzugsverfahren *n* 1. *(Bank)* direct debit; 2. *(Fin)* automatic debit transfer system, direct debit
Einzweckgesellschaft *f (Bank, Fin)* special purpose entity, SPE; special purpose vehicle, SPV *(Synonym: Zweckgesellschaft, Objektgesellschaft; Zweck: gezielte Risikostreuung und Weiterplatzierung verbriefter Forderungsrechte; cf ABS, asset-backed securities, conduits, SIVs)*
eisern durchgreifen *(Mgt, Pol)* take drastic action
eiserner Bestand *m (Gen, Ind)* base stock *(Lagerwirtschaft)*
EKR *s.* Eigenkapitalrentabilität
elastische Nachfrage *f (WiWi)* elastic demand
elastisches Angebot *n (WiWi)* elastic supply
Elastizität *f (WiWi)* elasticity

Elastizität *f* **der Arbeitskräftenachfrage** *(Pers, WiWi)* elasticity of labo(u)r demand

Elastizität *f* **des Arbeitskräfteangebots** *(Pers, WiWi)* elasticity of labo(u)r supply

E-Learning *n (Abk. für elektronisches Lernen) (Comp, Komm, Media)* e--learning *(Internet)*; distance learning *(Fernunterricht)*; telelearning *(Multimedia)*

elektrischer Strom *m (Ind, Umwelt)* electric current, electric power, electricity

Elektronik *f (Ind)* electronics

elektronisch abrufbar *adj (Komm)* electronically accessible

elektronische Abwicklung *f* **von Bankgeschäften** *(Bank)* electronic banking

elektronische Bankleistungen *f (Bank)* electronic banking

elektronische Bestellung *f (Comp, V&M)* teleordering

elektronische Bezahlung *f (Comp, Komm, V&M)* e-payment

elektronische Datenverarbeitung *f (EDV) (Comp, Komm)* electronic data processing (system), EDP

elektronische Form *f (Comp, Komm, Recht)* electronic form *(z. B. digitale Unterschrift)*

elektronische Geldbörse *f (Comp, Komm, V&M)* electronic purse, electronic wallet, wallet

elektronische Geldkartenzahlung *f (Bank)* POS-banking, card payment *(vgl. Sepa-Kartenzahlung = Sepa card payment; SEPA = Sepa = Single Euro Payments Area = einheitlicher Euro--Zahlungsverkehrsraum; European cross-border retail payments = Kleinbetragszahlungen)*

elektronische Gesundheitskarte *f (eGK) (Pers, Versich)* (German) electronic health card *(mit hoher Speicherkapazität für eine Vielzahl persönlicher Daten aus unterschiedlichen Bereichen; soll in Deutschland die Krankenversichertenkarte ablösen)*

elektronische Medien *npl (V&M)* electronic media

elektronische Post *f (Comp, Komm)* electronic mail, e-mail

elektronische Steuererklärung *f (Elster) (Comp, Steuer)* electronic tax return

elektronische Überweisung *f (Bank) (BE)* automatic transfer service

elektronische Unterschrift *f (Comp, Recht)* electronic signature *(Synonym: elektronische Signatur)*

elektronische Zahlung *f (Comp, Komm, V&M)* e-payment

elektronischer Dokumentenaustausch *m (Komm)* electronic document interchange

elektronischer Geschäftsverkehr *m (EGG) (Comp, Komm, V&M)* e-business

elektronischer Handel *m (E-Commerce) (Comp, Komm, Media)* e-commerce

Elektronischer Massenzahlungsverkehr *m (EMZ) (Bank)* (electronic) Retail Payment System, RPS *(payments of low value and low urgency)*

elektronischer Versicherungsnachweis *m (Recht, Versich)* electronic insurance certificate

elektronischer Zahlungsverkehr *m (Bank, Fin)* automatic funds transfer, electronic funds transfer

elektronisches Bauelement *n (Comp, Ind)* electronic component

elektronisches Beschaffungswesen *n (Gen, Ind)* E-procurement

elektronisches Formular *n (Comp, Recht)* e-form

elektronisches Geld *n (Bank, Comp, WiWi)* e-money

elektronisches Geschäft *n (E-Business) (Comp, Komm, Media)* e-business

elektronisches Informationssystem *n (Comp)* electronic information system, EIS

elektronisches Lernen *n (Comp, Komm, Media)* e-learning *(Internet)*; distance learning *(Fernunterricht)*; telelearning *(Multimedia)*

Elite *f* 1. *(Gen)* elite; 2. *(Pers) (ugs.)* cream of the crop *(Kandidaten, Mitarbeiter)*

E-Mail *f (Comp, Gen)* e-mail, electronic mail *(Datenübertragung)*

E-Mail-Werbung *f (Komm, Media, V&M)* e-mail advertising

Embargo *n (Gen, Imp/Exp, Logis)* embargo

EMI *m (Abk. für Einkaufsmanagerindex) (WiWi, Stat)* PMI, Purchasing Managers' Index

Emission *f* 1. *(Bank)* issue *(Geld)*; 2.

(Börse) issue *(Aktien)*; 3. *(Fin)* issue; 4. *(Umwelt)* emission *(von Gasen)* • **eine Emission begeben** *(Börse)* launch an issue • **eine Emission übernehmen** *(Börse)* take over an issue • **eine Emission zeichnen** *(Fin)* subscribe to an issue

Emission *f* **von Gratisaktien** *(Börse)* capitalization issue, cap issue

Emission *f* **von Stammaktien** *(Börse)* equity issue

Emissionsagio *n (Börse)* issue premium

Emissionsanzeige *f (Fin)* tombstone ad

Emissionsbedingungen *fpl (Börse, Recht)* conditions of issue

Emissionsdisagio *n (Börse, Fin)* original issue discount, OID

Emissionserlös *m (Fin)* proceeds of an issue

Emissionsgebühr *f (Umwelt)* emission fee *(Verschmutzung)*

Emissionsgewinn *m (Fin)* underwriting profit

Emissionskonditionen *fpl (Fin)* terms of issue

Emissionskonsortium *n (Fin)* underwriting syndicate, underwriting group *(Synonym: Emissionsübernahmekonsortium, Emissionssyndikat; das eine Emission übernehmende Bankenkonsortium)*

Emissionskosten *pl* 1. *(Börse)* flotation cost; 2. *(Fin)* cost of issue

Emissionskurs *m (Börse)* issue price, offering price

Emissionsprospekt *m (Fin)* (underwriting) prospectus

Emissionsrendite *f (WiWi)* issuing yield *(Zinsniveau liegt meist leicht unter der Umlaufrendite)*

Emissionsüberhang *m (Börse)* placing backlog

Emissionsvertrag *m (Bank)* underwriting agreement

Emittent *m (Bank, Börse, Fin)* issuer, issuing company

emittieren *v (Bank, Börse, Fin)* issue *(Wertpapiere)*

emittierende Gesellschaft *f (Börse)* issuing company

emittiert *adj (Bank, Börse)* issued

Empfang *m (Frei, Gen)* reception (area) • **den Empfang von etw. bestätigen** *(Gen, Komm)* acknowledge receipt of sth • **den Empfang durch Brief bestätigen** *(Komm)* acknowledge receipt by letter

empfangen *v (Gen)* receive

Empfängerbank *f (Bank)* beneficiary bank, recipient bank, receiving bank

Empfänger(in) *m(f)* 1. *(Imp/Exp, Logis)* consignee; 2. *(Komm)* addressee; 3. *(Pers)* receiver

Empfänger(in) *m(f)* **von Leistungen** *(Soz)* person in receipt of benefit, person drawing benefit, recipient of benefit, benefit recipient, claimant

Empfängerland *n (Imp/Exp)* recipient country

Empfangsberechtigte *m(f) (Grund)* beneficiary

Empfangsbescheinigung *f* 1. *(Gen)* receipt; 2. *(Komm)* advice of delivery; 3. *(Pat)* receipt of documents

Empfangsbestätigung *f (Gen, Komm)* acknowledgement, acknowledgement of receipt

Empfangsdatum *n* 1. *(Gen)* date of receipt; 2. *(Logis)* delivery date

Empfangsmitarbeiter(in) *m(f) (Pers, Frei)* receptionist, front-office clerk *(Synonym: Empfangssekretär, Front Office-Mitarbeiter)*

empfehlen *v (Gen)* advise, recommend

empfehlenswert *adj (Gen)* advisable

Empfehlung *f (Gen)* recommendation

Empfehlungsschreiben *n* 1. *(Komm)* letter of introduction; 2. *(Pers)* letter of recommendation

Empirie *f (WiWi)* empirics

empirisch *adj (Gen, Stat)* empirical

empirische Befunde *f (WiWi)* empirical findings

empirische Makroökonomik *f (Bil, WiWi)* empirical macroeconomics *(Synonym: empirische Makroökonomie)*

empirischer Nachweis *m (WiWi)* empirical evidence

emporschnellen *v (Gen)* shoot up, *(ugs.)* rocket; soar *(Preise)*

en gros verkaufen *(V&M)* sell in bulk

End... *(Gen)* end, final

Endabnahme *f (Gen)* final acceptance [inspection] *(von Waren)*

Endabnehmer(in) *m(f) (WiWi)* end consumer, end-user

Endabrechnung *f (RW)* final accounts

Endalter *n (Versich)* age at expiry

Endbestand *m (RW)* closing inventory, ending inventory, final balance

Ende *n* 1. *(Gen)* end, tail, expiration *(der Liste)*; 2. *(V&M)* final • **das dann zu Ende gegangene Geschäftsjahr** *(RW)* *(BE)* financial year then ended, *(AE)* fiscal year then ended • **zu Ende bringen** *(Gen)* bring to an end, wrap up, wind up *(Produktion)* • **am oberen Ende** *(Gen)* at the top end • **am Ende des Tages** *(Gen)* at the end of the day • **zu Ende verfolgen** *(Mgt)* follow through *(Projekt)*

Ende *n* **des Finanzjahres** *(RW)* end of financial year

Endempfänger(in) *m(f)* *(Gen)* end-user

Endergebnis *n* *(Fin, Gen, WiWi)* end result, net result, *(ugs.)* bottom line

Endfälligkeit *f* *(Fin)* final maturity

endgültig *adj* 1. *(Gen)* absolute, conclusive, final; 2. *(Recht)* absolute

endgültige Vereinbarung *f* *(Steuer)* *(AE)* closing agreement

endgültiger Bescheid *m* *(Gen)* final notice

Endkorrektur *f* *(Media)* final proof

Endkunde *m* 1. *(V&M)* end customer, customer, retail customer; 2. *(Gen, WiWi)* consumer

endliche Anzahl *f* *(Stat)* finite number

endlicher Rohstoff *m* *(Umwelt, WiWi)* depletable resource

Endnachfrage *f* *(WiWi)* final demand

Endnote *f* *(Bil)* final mark

endogene Größe *f* *(Stat, WiWi)* endogenous determinant

endogene Variable *f* *(WiWi)* endogenous variable

Endprodukt *n* 1. *(Gen)* final product, finished product; 2. *(WiWi)* final good

Endsaldo *m* 1. *(Bank)* closing balance; 2. *(RW)* final balance

Endtermin *m* 1. *(Gen)* target date; 2. *(Recht)* final deadline

Endverbrauch *m* *(Imp/Exp)* end use

Endverbraucher(in) *m(f)* 1. *(Gen, V&M)* ultimate consumer; 2. *(WiWi)* end consumer, end-user

Endwert *m* *(Bank, Fin)* accumulated value, final value

energetische Rohstoffe *mpl*/**nicht** *(Ind, Umwelt, WiWi)* non-energy raw materials, raw materials (excluding energy)

Energie *f* *(Ind)* energy, power

Energieeinsparung *f* *(Gen, Umwelt)* energy saving, energy conservation, energy efficiency

Energieerzeugung *f* *(Ind)* power generation

Energiekonzern *m* *(Ind, Umwelt)* energy group, energy conglomerate, energy company

Energienachfrage *f* *(WiWi)* energy demand

Energienutzungsgrad *m* *(Gen, Umwelt)* energy efficiency

Energieressourcen *fpl* *(Umwelt)* energy reserves, energy resources

Energierückgewinnung *f* *(Umwelt)* energy recovery

Energiesparen *n* *(Umwelt)* saving energy, conservation of energy

energiesparend *adj* *(Umwelt)* energy-saving

Energiesteuergesetz *n* *(EnergieStG)* *(Recht, Steuer, Umwelt)* *(Deu)* Energy Tax Act

Energieverbrauchsetikett *n* *(Recht, Umwelt)* energy label

Energieversorgung *f* *(Gen)* energy supply

Energieversorgungsunternehmen *n* *(EVU)* *(Ind, Umwelt)* energy supply company, utility, power utility

Energievorräte *mpl* *(Ind, Umwelt)* energy reserves

Energiewerte *mpl* *(Börse)* utilities

energisch *adj* *(Gen)* stringent *(Maßnahme, Programm)*; vigorous *(Protest, Maßnahme)*

energische Verkaufstechnik *f* *(Recht, V&M)* hard sell, aggressive selling

Enforcement-Verfahren *n* *(Recht, RW)* enforcement procedure *(zweistufiges externes Bilanzprüfungsverfahren gem. Bilanzrechtsreformgesetz; erste Stufe: die Deutsche Prüfstelle für Rechnungslegung, DPR, nimmt Stichproben und geht Verdachtsfällen der Bilanzfälschung nach; zweite Stufe: bei Nichtkooperation der zu prüfenden AG Einschaltung der BaFin in ihrer hoheitlichen Funktion als "Bilanzpolizei")*

eng *adj* *(Gen)* close • **in die engere Auswahl kommen** *(Gen, Pers)* be shortlisted *(Bewerbung)* • **in die engere Auswahl nehmen** *(Gen, Pers)* shortlist

eng gefasste Geldmenge *f* *(Bank, WiWi)* narrowly defined money supply, narrow

money *(Synonym: eng definierte Geldmenge; EZB, M1)*
Engagement *n* 1. *(Frei)* commitment, engagement *(Theater)*; 2. *(Börse, Gen)* involvement, exposure *(Handelsposition an Börse)*; 3. *(Pers)* work commitment, dedication to one's job *(im Beruf)*
Engagement *n* **des Personals** *(Pers)* staff commitment *(Arbeit)*
engagiert 1. *(Börse, Fin)* exposed; 2. *(Gen)* committed, dedicated to one's job, engaged • **sich engagiert einsetzen für** *(Pol)* be a strong supporter of
enger Markt *m (Börse)* narrow market, tight market
engere Wahl *f (Pers)* shortlist *(Auswahlliste)* • **in der engeren Wahl sein** *(Pers)* be on the shortlist, be shortlisted • **in die engere Wahl kommen** *(Pers)* be on the shortlist, be shortlisted • **in die engere Wahl nehmen** *(Pers)* put on the shortlist
Engpass *m (Gen, WiWi)* bottleneck • **die Engpässe beseitigen** *(Admin, WiWi)* debottleneck
Engpassfaktor *m (WiWi)* constraining factor
Engrosverkauf *m (Gen)* wholesale business
Entbündelung *f (Comp, Komm)* unbundling
entbürokratisieren *v (Admin, Gen)* free from bureaucracy, debureaucratize; deregulate
Entbürokratisierung *f (Admin, Gen)* debureaucratization; deregulation
enteignen *v (Admin, Recht)* expropriate
Entfaltung *f (Gen)* development, growth
entfernt *adj (Gen)* aloof, remote, eliminated
Entfernung *f* 1. *(Gen)* removal, elimination; 2. *(Logis)* distance
entflechten *v (Gen)* unscramble *(Konzern)*; unbundle *(Preise)*
Entflechtung *f* 1. *(Gen)* unbundling *(Preise)*; *(ugs.)* trustbusting *(Trusts)*; 2. *(WiWi)* demerger
entfusionieren *v (Gen, WiWi)* demerger
Entgegenkommen *n (Gen)* accommodation *(Zugeständnis)*
entgegenwirkend *adj (Gen)* adverse, opposing, antagonistic
Entgelt *n* 1. *(Börse)* financial reward; 2. *(WiWi)* compensation • **als Entgelt für** *(Gen)* as a reward for • **gegen Entgelt** *(V&M)* for a fee, subject to a fee
Entgeltfortzahlung *f (Pers, Soz)* continued payment of wages, continued payment of salaries
Entgeltkürzung *f (Pers)* pay cut, reduction of remuneration
entgeltlich *adj (Gen)* against payment *(ZB)*
entgeltlich erwerben *v (Gen, Recht)* acquire for valuable consideration
Entgeltnachweis *m (Pers)* pay statement, remuneration statement
Entgeltvereinbarung *f (WiWi)* compensation agreement
Enthaltung *f (Gen, Pol)* abstention
enthüllen *v (Gen)* bring to light, unveil *(Plan)*
entladen *v* 1. *(Ind)* offload; 2. *(Logis)* unload
entlassen *v* 1. *(Gen)* shed *(Arbeitskräfte)*; 2. *(Pers) (BE)* make redundant; lay off, dismiss, *(ugs.)* fire, discharge, *(BE; ugs.)* sack *(Arbeitskräfte)* • **jmdn. entlassen** *(Pers) (BE; ugs.)* give sb his cards, *(BE; ugs.)* give sb the sack
Entlassung *f (Pers)* dismissal, *(ugs.)* firing, *(BE; ugs.)* sack *(Arbeit)*
Entlassung *f* **aus triftigem Grund** *(Pers)* fair dismissal, just cause dismissal
Entlassung *f* **ohne triftigen Grund** *(Pers)* unfair dismissal
Entlassungsabfindung *f (Gen)* redundancy payment, termination benefits, severance pay
Entlassungsankündigung *f (Pers)* layoff announcement
Entlassungsgehalt *n (Pers)* dismissal wage
Entlassungsgrund *m (Pers)* grounds for dismissal
Entlassungskosten *pl (Pers)* lay-off costs, costs for lay-offs
Entlassungsmitteilung *f (Pers)* layoff notice
Entlassungspapiere *pl (Pers) (AE; ugs.)* pink slip, *(BE; ugs.)* cards
Entlassungsproduktivität *f (WiWi)* dismissal productivity *(Einstellungen/Entlassungen senken/erhöhen ceteris paribus die Produktivität produktiver Einheiten und der Gesamtwirtschaft, wenn die individuelle Produktivität der Eingestellten/Entlassenen geringer ist*

als die des Durchschnitts der Beschäftigten bei der Wiedereinstellung von Arbeitslosen; the dismissal/employment of less productive workers increases/ decreases the productivity of the rest of the producing unit or in the economy as a whole)

Entlassungsschreiben *n (WiWi) (BE; ugs.)* pink slip

Entlassungswelle *f (Pers, Soz)* wave of layoffs, wave of redundancies

Entlassungszahlung *f (Pers)* lay-off pay

entlasten *v* 1. *(Bank, Recht)* exculpate; 2. *(Steuer)* relieve

Entlastung *f (Steuer)* relief

Entlastung *f* **auf dem Arbeitsmarkt** *(WiWi)* relief in the labour market, easing of the strain on the labour market, relief of labour market problems

Entleiher *m* **von Arbeitskräften** 1. *(Pers)* business to which temporary workers are supplied, business in which temporary workers are placed; 2. *(Recht)* lessee

entlohnen *v (Pers)* remunerate, pay

Entlohnung *f (Gen)* remuneration, payment

Entlohnung *f* **in Sachwerten** *(Gen)* payment in kind *(Sachbezug)*

Entlohnung *f* **nach Leistung** *(Pers)* performance-related pay, performance pay, incentive wage

Entlohnungsgrundsatz *m (Mgt, Pers)* remuneration principle, remuneration criterion *(pl: criteria)*

Entnahme *f* 1. *(Fin)* withdrawl *(Kapital)*; 2. *(Ind)* sampling

entnehmen *v (Bank)* withdraw, draw [take] from

entqualifizieren *v (Pers)* deskill *(Synonym: dequalifizieren, entwerten der beruflichen Qualifikation)*

Entqualifizierung *f (Pers)* deskilling *(Synonym: Dequalifizierung, Entwertung der beruflichen Qualifikation)*

Entrichtung *f (Fin)* payment

entsandte Arbeitskräfte *fpl (Pers)* detached workers, posted workers *(EU)*

entschädigen *v* 1. *(Gen, Pat)* reimburse; 2. *(Pers)* compensate; 3. *(Recht, Versich)* compensate, indemnify; 4. *(WiWi)* compensate

Entschädigung *f* 1. *(Gen, Pat)* damages, reimbursement; 2. *(Pers, WiWi)* compensation; 3. *(Recht)* compensation, indemnity, redress; 4. *(Versich)* compensation, indemnity

Entschädigungsanspruch *m (Recht)* claim of compensation, indemnity claim, right of recovery *(Regressanspruch)*

Entschädigungsvertrag *m (Versich)* contract of indemnity

entschärfen *v (Pers)* defuse

Entscheid *m (Recht)* decision, ruling, order, award

entscheiden *v* 1. *(Gen)* adjudicate, decide; 2. *(Recht)* find • **sich dagegen entscheiden** *(Gen)* opt out • **sich entscheiden für** *(Mgt)* opt for

entscheidend *adj (Gen, Mgt, Pers)* decisive

entscheidende Phase *f (Gen, Mgt)* critical phase, critical stage • **sich in einer entscheidenden Phase befinden** *(Gen, Mgt)* be going through a critical phase, be going through a critical stage

Entscheidung *f* 1. *(Gen)* decision; 2. *(Recht)* ruling *(Entscheid)* • **eine Entscheidung anfechten** *(Recht)* appeal against a decision • **eine Entscheidung aufschieben** *(Gen)* shelve a decision • **eine Entscheidung fällen [treffen]** *(Gen, Mgt)* make a decision • **eine spontane Entscheidung treffen** *(Gen)* make a snap decision

Entscheidung *f* **über Eigenfertigung oder Kauf** *(Gen)* make-or-buy decision

Entscheidungsbaum *m (Mgt, Pers)* decision tree

Entscheidungserheblichkeit *f (RW)* decision usefulness *(Synonym: Entscheidungsrelevanz, Entscheidungsnützlichkeit, Zweckmäßigkeit einer Entscheidung; IFRS/IAS, US-GAAP)*

Entscheidungsgremium *n (Gen, Mgt, Pol)* decision-making body *(nach UMAG, Gesetz zur Unternehmensintegrität und Modernisierung des Anfechtungsrechts vom 22.9.2005: Vorstand und Aufsichtsrat)*; governing body

Entscheidungskonflikt *m (Recht)* conflict of judgments

Entscheidungsprozess *m (Mgt)* decision process, decision-making process
Entscheidungsspielraum *m (Mgt, Recht, V&M)* decision-making discretion, discretionary power, decision-making leeway
Entscheidungsstrukturen *fpl (Admin, Ind, Mgt, Pol)* governance
Entscheidungsträger(in) *m(f) (Gen, Mgt)* decision maker, decision-making unit
Entscheidungsverantwortlicher *m (Mgt, Pol, Recht)* decision maker *(UMAG, Gesetz zur Unternehmensintegrität und Modernisierung des Anfechtungsrechts vom 22.9.2005; Synonym: Entscheider)*
entscheidungsvorbereitende Phase *f (Mgt, Pol, Recht)* pre-decision phase, pre-decision period, pre-decision stage, pre-decision-making period *(UMAG, Gesetz zur Unternehmensintegrität und Modernisierung des Anfechtungsrechts vom 22.9.2005)*
entschieden *adj (Gen)* decided • **noch nicht entschieden** *(Gen)* pending
Entschließung *f (Recht)* resolution
Entschluss *m (Gen)* resolution, resolve
entschlüsseln *v (Gen, Komm)* decrypt, decode unscramble
entschlussfreudig *adj (Gen)* decisive
Entschuldung *f* 1. *(Bank, Fin, Pol)* deleveraging *(Synonym: Schuldenrückführung, Schuldenabbau; strategische Sicht: Abbau des Fremdkapitalanteils am Gesamtkapital)*; 2. *(Pol)* debt relief *(im Rahmen der sog. wirtschaftlichen Zusammenarbeit, ehemals: Entwicklungspolitik; cp. debt--relief programme; opposite: debt redemption = Schuldenrückzahlung)*
entsenden *v (Pers)* post, assign *(in ein anderes Land, to a job in another country)*
Entsendung *f* **von Arbeitskräften** *(Pers)* detachment of workers, posting of workers
Entsorgung *f* 1. *(Gen)* refuse disposal *(Müll)*; 2. *(Umwelt)* disposal
Entsorgungssysteme *f (Umwelt)* disposal systems, waste disposal systems
Entsparen *n (WiWi)* dissaving, negative saving
entsprechen *v (Gen)* correspond to, fit *(Erfordernissen)*; comply with *(Normen)*; match, conform *(Vorjahreszahlen)*
entsprechend *adj (Gen)* commensurate, corresponding, in line with, analogous *(Erwartungen)*
entsprechend *adv (Gen)* accordingly
entstaatlichen *(Gen, WiWi)* privatize
entstanden *adj (RW)* accrued, incurred *(Kosten)*
entstandene Aufwendungen *fpl (RW)* incurred expenses
entstandene Kosten *pl (RW)* incurred costs
entstandener Schaden *m (Logis, Versich)* damage done *(DD)*
entstehen *v (Fin, Gen, RW)* accrue *(Kosten)*
entwerfen *v* 1. *(Gen)* plan, sketch, design, outline; 2. *(Recht)* draft
entwerten *v (RW, WiWi)* depreciate
Entwertung *f (WiWi)* depreciation, invalidation
Entwertung *f* **der beruflichen Qualifikation** *(Pers)* deskilling *(Synonym: Dequalifizierung, Entqualifizierung)*
Entwertung *f* **von Arbeitsplätzen** *(Pers)* deskilling of jobs *(Synonym: Entwertung von Tätigkeiten)*
entwickeln *v (Gen)* develop • **sich sehr schnell entwickeln** *(WiWi)* boom
entwickelte Volkswirtschaft *f (WiWi)* developed economy
entwickelter Markt *m (V&M)* developed market
Entwicklung *f* 1. *(Comp)* development; 2. *(Gen)* advancement, evolution *(Ertrag)*; 3. *(Ind)* development; 4. *(V&M)* development, trend *(eines Produkts)*; 5. *(WiWi)* development, trend
Entwicklung *f* **einer Eigendynamik** *f (WiWi)* self-fulfilling prophecy
entwicklungsfähig *adj (Gen)* capable of development, viable
Entwicklungshilfe *f* 1. *(Bank)* aid; 2. *(WiWi)* budget payment, development aid [assistance], donor aid, economic aid *(wirtschaftlich)*
Entwicklungspotenzial *n (Gen)* development potential
Entwicklungsregion *f (WiWi)* development area, development region
Entwicklungsrichtung *f* 1. *(Gen)* tendency; 2. *(WiWi)* direction *(des Zinsniveaus)*

Entwicklungstendenz *f (Gen)* tendency
Entwurf *m* 1. *(Comp)* draft *(Drucker)*; 2. *(Gen)* sketch, design, outline; 3. *(RW)* layout; 4. *(Recht)* draft
Entwurf *m* **des Haushaltsplans** *(RW)* draft budget
Entwurf *m* **einer Verordnung** *(Recht)* draft regulation *(EU; ugs. Verordnungsentwurf)*
Entwurfsphase *f (Recht)* draft stage
entzerren *v (Gen)* correct a distorted pattern in, rectify *(Preis- oder Zinsstruktur)*
entziehen *v (Fin, Gen, WiWi)* withdraw
entziffern *v (Gen)* decipher
Entzug *m (WiWi)* drain *(Kaufkraftentzug)*
Entzug *m* **der Zulassung** *(Bank, Recht)* withdrawal of authorization
ePAs *m (Abk. für elektronischer Personalausweis) (Recht)* e-ID, electronic identity card
EPI *(Abk. für Erzeugerpreisindex) (Stat)* PPI, Producer Price Index
Equity-Methode *f (RW)* equity accounting, equity method of accounting, equity method of consolidation *(Bilanzierung von Beteiligungen am stimmberechtigten Kapital eines anderen Unternehmens nach angelsächsischer Methode, die durch zeitkongruente Berücksichtigung von Beteiligungserträgen keine stillen Rücklagen entstehen läßt; nach § 311 HGB nicht im Einzelabschluss, sondern nur im Konzernabschluss zulässig; Synonym: Eigenkapitalmethode)*
erarbeiten *v (Mgt)* prepare
Erarbeitung *f (Mgt)* preparation *(Bericht)*
Erbanteil *m (Recht)* share of the inheritance
Erbe *m (Recht)* heir
Erbe *n (Recht)* inheritance *(Nachlass)*
erben *v (Recht)* inherit
Erbfall *m (Recht)* devolution, inheritance *(Vermögen)*
Erbin *f (Recht)* heiress
erbitten *v (Gen)* solicit, seek *(Bestätigung)*
Erblast *f* 1. *(Gen)* unwelcome legacy; 2. *(Pol)* inherited burden, historic burden
Erbpacht *f* 1. *(Grund)* hereditary lease; 2. *(Recht)* rental right
Erbrecht *n (Recht)* succession law
erbringen *v (Recht)* adduce, produce, effect *(Beweismaterial)*
Erbringung *f* **von Dienstleistungen** 1. *(Gen)* performance of services, rendering of services, service delivery; 2. *(WiWi)* supply of services
Erbschaft *f (Fin)* inheritance
Erbschaft(s)steuer *f* 1. *(Fin)* inheritance tax; 2. *(Recht)* probate duty *(bei Testamentserbfolge)*; 3. *(Steuer) (BE)* inheritance tax, *(BE)* death duty, *(BE)* legacy duty, *(AE)* estate tax, legacy tax
Erbschaft(s)steuererklärung *f (Steuer)* inheritance tax return
Erbschaft(s)- und Schenkung(s)steuer *f (Steuer) (BE)* capital transfer tax
Erde *f (Umwelt)* earth, planet earth
Erderwärmung *f (Umwelt)* global warming
Erdgas *n (Umwelt)* natural gas
erdgebunden *adj (Gen, Media)* terrestrial *(Übertragungstechnik, Funk, Fernsehen)*
Erdöl *n (Ind, Umwelt)* oil, petroleum
Erdölfeld *n (Ind, Umwelt)* oilfield
Erdölindustrie *f (Ind, Umwelt)* oil industry, petroleum industry
Erdölvorräte *mpl (Ind, Umwelt)* mineral oil reserves
Erdölwerte *mpl (Börse)* oils
ERE *s.* Europäische Rechnungseinheit
Ereignis *n (Gen)* event
Ereignis *n* **nach dem Bilanzstichtag** *(RW)* post-balance-sheet event
erfahren *adj* 1. *(Gen)* seasoned, experienced; 2. *(Pers)* experienced, expert *(Arbeit, Laufbahn)*
erfahren *v (Gen)* experience
erfahrene Arbeitnehmer *pl (Pers)* experienced employees, experienced workforce
Erfahrung *f* 1. *(Gen)* experience; 2. *(Pers)* background, expertise
Erfahrungsaustausch *m (Gen)* exchange of know-how
Erfahrungsbericht *m (Media)* report
erfassen *v (Gen)* record, collect *(Daten)*
Erfassung *f* 1. *(Gen)* collection; 2. *(Admin)* coverage
Erfassung *f* **von Geschäftsvorfällen** *(WiWi)* recording of business transactions
Erfassungsbereich *m (Gen)* scope of coverage
erfinden *v (Ind, Pat)* invent
Erfinder(in) *m(f) (Ind, Pat)* inventor
erfinderisch *adj (Ind, Pat)* inventive
Erfindung *f* 1. *(Gen)* brainchild; 2. *(Ind,*

Pat, WiWi) invention
Erfindungshöhe *f (Pat)* inventive step
Erfolg *m (Gen)* success • **Erfolg haben** *(Gen)* succeed
erfolglose Bewerbung *f (Pers)* unsuccessful job application *(Stellensuche)*
erfolgreich *adj (Gen, V&M)* successful • **erfolgreich sein** *(Gen)* succeed
erfolgreicher Bewerber *m (Pers)* successful candidate
erfolgreiches Unternehmen *n (WiWi)* going business, successful venture *(Projekt)*
erfolgsabhängig *adj (Gen, Pers)* profit--related, success-related, performance--related
erfolgsabhängige Bezahlung *f (Pers)* profit-related pay
Erfolgsaussicht *f (Gen)* viability
Erfolgsbeteiligung *f (Fin, Pers, RW)* profit-sharing
Erfolgsbilanz *f (RW) (BE)* income statement, profit and loss account, profit and loss statement *(Synonym: Ergebnisrechnung, Gewinn- und Verlustrechnung, Aufwands- und Ertragsrechnung)*
Erfolgsgeschichte *f* **eines Unternehmens** *(Börse, Gen)* equity story *(New Economy)*
Erfolgshonorar *n* 1. *(Gen)* contingent fee; 2. *(Recht)* contingency fee; 3. *(Admin)* incentive fee
Erfolgskennzahl *f (Fin)* profitability ratio
Erfolgskontrolle *f (Mgt)* performance review, efficiency review
Erfolgskriterium *n (WiWi)* measure of performance
Erfolgsquote *f (Pers, Soz)* success rate, rate of success *(Bildung, Maßnahme)*; pass rate *(Prüfungen)*
erfolgswirksam *adj (Fin, RW)* affecting the current result, affecting the operating result, affecting current--period revenue
erfolgswirksamer Aufwand *m (RW, Steuer)* revenue expenditure
Erfolgszurechnung *f (Pers)* allocation of earnings *(Gewinn- und Verlustrechnung, Bilanz, Steuern)*
erforderliche Investitionsrendite *f (Fin)* hurdle rate of return
erforderliche Kapitaldecke *f (Bank)* capital adequacy
erfordern *v (Gen)* require, necessitate
Erfordernis *n (Gen)* requirement, prerequisite
erforschen *v (Ind, V&M, WiWi)* explore
Erforschung *f (Ind, V&M, WiWi)* exploration
erfüllen *v* 1. *(Gen)* meet *(Anforderungen)*; comply with *(Formalitäten, Bedingungen)*; perform *(Pflicht, Aufgabe)*; hono(u)r *(seine Verpflichtungen)*; fulfil(l) *(Verpflichtungen)*; 2. *(Recht)* complete, execute; 3. *(Admin)* execute • **Forderungen erfüllen** *(Mgt)* meet demands
erfüllen *v***/nicht** *(Gen)* fall short of *(Erwartungen)*
Erfüllung *f* 1. *(Gen)* compliance, performance; 2. *(Recht)* execution, performance; 3. *(V&M)* fulfil(l)ment
Erfüllungsfrist *f (Recht)* completion deadline *(Vertragsrecht)*
Erfüllungshindernis *n (WiWi)* obstacle of performance
Erfüllungskosten *pl (RW, Umwelt)* compliance costs
Erfüllungsort *m* 1. *(Recht)* place of performance *(Vertragsrecht)*; 2. *(Logis)* place of delivery
Erfüllungstag *m (Börse)* settlement day
Erfüllungszwang *m (Recht, V&M)* duty of performance, obligation to deliver *(Online-Auktionen)*
ergänzen *v* 1. *(Gen)* supplement, complement, complete; 2. *(Recht)* supplement
Ergänzung *f* 1. *(Gen)* add-on, addition, supplement; 2. *(Pat)* amendment
Ergänzungsabgabe *f (Gen)* surcharge
Ergänzungskapital *n (Bank, Fin)* supplementary capital, additional capital; tier-2-capital *(Baseler Bankenausschuss, BCBS)*
Ergänzungsrendite *f (Börse)* add-on yield *(Synonym: Zusatzrendite)*
Ergebnis *n* 1. *(Fin)* performance; 2. *(Gen)* outcome, result • **als Ergebnis** *(Gen)* as a result • **das Ergebnis abwarten** *(Gen)* sit on the fence • **über seine Ergebnisse berichten** *(Gen)* report one's findings • **Ergebnisse erzielen** *(Gen, Pers)* get results
Ergebnis *n* **der gewöhnlichen Geschäftstätigkeit** *(RW)* profit or loss on ordinary activities, net operating

result, net operating income or loss; result of ordinary activities, income from ordinary operations *(Synonym: Ergebnis der normalen Geschäftstätigkeit; IAS 1.75)*

Ergebnis *n* **je Aktie** *(Bank, Fin)* earnings per share

Ergebnis *n* **vor Ertragsteuern und Zinsen** *(Fin, RW)* earnings before interest and tax(es), EBIT, Ebit, profit before interest and tax, operating income, operating profit, trading profit

Ergebnis *n* **vor Zinsen und Steuern** *(Fin, RW)* earnings before interest and tax(es), EBIT, Ebit, profit before interest and tax, operating income, operating profit, trading profit

ergebnisabhängige Bezahlung *f (Mgt, Pers)* outcome-dependent payment

Ergebnisanalyse *f (Fin, WiWi)* performance analysis

Ergebniseinheit *f (Fin, Mgt, WiWi) (AE)* profit center, *(BE)* profit centre

ergebnisorientierte Führung *f (Mgt)* management by results

Ergebnisrechnung *f (RW)* operating [earnings] statement *(GuV)*

Ergebnisübernahmevertrag *m (Fin, Recht)* profit transfer agreement, profit and loss transfer agreement *(Synonym: Ergebnisabführungsvertrag, Gewinnabführungsvertrag)*

Ergebnisvortrag *m (RW)* profit or loss brought forward; profit or loss transferred to new account *(Ergebnisvortrag auf neue Rechnung)*

Ergiebigkeit *f* 1. *(Gen)* abundance, plentifulness; 2. *(Ind, WiWi)* productivity *(des Faktoreinsatzes)*

ergonomisch konstruiert *adj (Ind)* ergonomically-designed *(Arbeitsplatz)*

Erhalt *m (Gen)* receipt • **bei Erhalt von** *(Gen)* on receipt of

erhalten *v* 1. *(Gen)* gain, obtain, receive; 2. *(Pat)* obtain; 3. *(Recht)* recover, obtain *(Geschehmigung)*; 4. *(Umwelt)* preserve *(bewahren)* • **erhalten haben** *(Gen)* be in receipt of *(Brief, Zahlung)* • **nicht erhalten** *(Börse)* fail to receive

erhältlich *adj (Gen)* available, obtainable

Erhaltung *f (Umwelt)* conservation, preservation *(von Lebensräumen)*

Erhaltung *f* **von Arbeitsplätzen** *(Pers, Soz)* safeguarding jobs, safeguarding existing jobs, maintaining jobs, maintaining existing jobs, employment protection

Erhaltungsaufwand *m (Steuer)* maintenance expenditures

Erhaltungsinvestition *f (Mgt, WiWi)* replacement investment

erheben *v* 1. *(Gen)* survey *(Daten)*; 2. *(Stat)* ascertain; 3. *(Recht)* submit *(Anspruch, Forderung)*; 4. *(Steuer)* levy *(Steuern, Gebühren)*; 5. *(WiWi)* ascertain

erheblich *adj* 1. *(Gen)* considerable, substantial; 2. *(WiWi)* sizeable

erhebliches Risiko *n (Börse)* substantial risk

Erheblichkeit *f (RW)* materiality, relevance

Erhebung *f* 1. *(Fin)* levy; 2. *(Gen)* survey, collection; 3. *(Imp/Exp)* levy *(Abgaben, Zollgebühren)*; 4. *(V&M)* survey • **eine Erhebung durchführen** *(Pers, Stat)* carry out a survey, conduct a survey

Erhebung *f* **bei Unternehmen [Betrieben]** *(Stat, V&M)* employer survey, establishment survey

Erhebungsdaten *pl (Stat)* survey data *(z. B. aus Befragungen)*

Erhebungszeitraum *m (Stat)* survey period, enquiry period, inquiry period

erhöhen *v (Gen, V&M)* advance, step up *(Produktion)*; increase *(Preis, Produktion)*; *(ugs.)* jack up *(Preise)*; raise *(Wert)*; heighten *(Wirkung)*

erhöht *adj (Gen)* advanced, increased

erhöhte Grundlage *f (Steuer)* stepped-‑up basis

erhöhter Wert *m (Gen)* increased value

erhöhtes Risiko *n (Versich)* abnormal risk

Erhöhung *f* 1. *(Fin) (AE)* raise, *(BE)* rise; 2. *(Gen)* boost, increase, advance

Erhöhung *f* **des Kapitals** *(WiWi)* capital increase

erholen *v***/sich** 1. *(Börse)* rally; 2. *(Gen)* revive; 3. *(WiWi)* pick up, recover *(Wirtschaft)*

Erholung *f* 1. *(Börse)* rallying; 2. *(WiWi) (ugs.)* pick-up • **die Erholung ist im Gang** *(WiWi)* the recovery is under way

Erholung *f* **am Rentenmarkt** *(Börse)* bond market rally

Erholung *f* **der Wirtschaft** *(WiWi)* recovery, economic recovery, upswing, economic upswing

Erholungsurlaub *m (Gen, Pers)* holiday, *(AE)* vacation; holiday for

convalescence *(nach Krankheit)*
Erinnerung *f (Gen)* reminder
Erinnerungsschreiben *n (Komm)* follow--up letter *(nachfassen)*
Erinnerungstest *m (V&M)* aided recall test
erkennbarer Mangel *m (Recht)* apparent defect *(Vertragsrecht)*
Erkenntnis *f (Mgt)* cognition
Erkennungsmelodie *f (Media, V&M)* signature tune, theme tune jingle
Erkennungsverzögerung *f (WiWi)* recognition lag
erklären *v* 1. *(Gen)* explain; 2. *(Imp/Exp, Steuer)* declare *(anmelden)*
erklärende Variable *f (Stat)* explanatory variable
Erklärung *f* 1. *(Gen)* declaration, statement, explanation; 2. *(Media, Pol)* statement • **eine Erklärung abgeben** *(Media)* put out a statement • **eine eidesstattliche Erklärung abgeben, dass** *(Recht)* swear an affidavit that
Erklärungsansatz *m (WiWi)* explanatory approach
Erklärungsfrist *f (Börse)* exercise deadline
erkundigen *v (V&M)* enquire
Erkundigung *f (V&M)* enquiry • **Erkundigungen einziehen** *(Mgt, V&M)* make enquiries
erlangen *v (Gen)* acquire, obtain, gain
Erlass *m* 1. *(Pol)* decree; 2. *(Recht)* remission, enactment, release, remittal *(einer Strafe, von Schulden)*
erlassen *v* 1. *(Fin)* waive, release; 2. *(Recht)* enact, legislate *(Gesetz)*; abate *(Strafe)*
Erlassung *f* **einer Schuld** *(Fin)* waiving of a debt
erlauben *v* 1. *(Bank, Gen, Pat)* allow; 2. *(Recht)* allow, permit
Erlaubnis *f* 1. *(Bank, Gen, Pat)* authorization; 2. *(Recht)* permit, *(BE)* licence, *(AE)* license
erlaubt *adj* 1. *(Gen)* admissible, allowable, authorized, licensed; 2. *(Recht)* permitted
erlaubte Fangquote *f (Pol, WiWi)* allowable catch
erläutern *v (Gen)* comment, explain
Erläuterung *f (Gen)* commentary, explanation
erleben *v (Gen)* experience, undergo
erledigen *v (Gen)* attend to, settle • **etw. erledigen** *(Gen)* arrange for sth to be done
Erledigung *f (Gen)* settlement, discharge, dispatch *(Pflicht)*
erleichtern *v* 1. *(Gen, Logis)* facilitate; 2. *(WiWi)* ease *(Kreditbedingungen)*
erleiden *v* 1. *(Gen, Pat)* suffer; 2. *(RW)* sustain; 3. *(WiWi)* suffer *(Schaden)* • **einen Fehlschlag erleiden** *(Gen)* suffer a setback
Erliegen kommen *v***/zum** *(Ind)* come to a standstill
erlittener Verlust *m (Recht)* loss suffered
Erlös *m (Gen)* proceeds, revenue
erlöschen *v* 1. *(Gen, RW)* lapse; 2. *(Recht)* discharge, expire
Erlöschen *n* 1. *(Gen)* discharge; 2. *(RW)* lapse
erloschenes Patent *n (Pat)* expired patent
Erlösspanne *f (Fin, RW)* profit margin
ermächtigen *v (Gen)* authorize, entitle
Ermächtigung *f* 1. *(Bank)* authorization; 2. *(Gen)* authorization, power
Ermächtigungsschreiben *n (Gen)* letter of authority
ermäßigen *v (Gen)* bring down, abate, reduce *(Preise, Inflationsrate)*
ermäßigte Steuer *f (Steuer)* reduced tax
ermäßigter Beitrag *m (Pol, WiWi) (BE)* abated contribution *(EU)*
ermäßigter Satz *m (Steuer)* reduced rate
Ermäßigung *f (Gen)* abatement, reduction
Ermessen *n (Gen)* discretion, judgement • **nach Ermessen von** *(Gen)* at the discretion of
Ermessensgrenze *f (Bank)* discretionary limit
Ermessensüberschreitung *f (Recht)* exceeding discretion
ermitteln *v* 1. *(Gen)* ascertain, establish, investigate *(Preis)*; 2. *(WiWi)* ascertain
Ermittlung *f (Gen)* ascertainment
Ermittlung *f* **des Bruttobetrags** *(RW)* grossing-up
Ermittlung *f* **des Finanzbedarfs** *(Fin, Mgt)* assessment of financial needs
Ermittlungsbefugnisse *fpl (Recht)* investigatory powers
ermutigen *v (Gen)* encourage
Ernährer(in) *m(f) (WiWi)* breadwinner
ernannt *adj* 1. *(Gen)* appointed; 2. *(Recht)* constituted *(Treuhänder)*
ernennen *v (Gen, Recht)* appoint,

nominate
Ernennungsschreiben *n (Gen)* letter of assignment
erneuerbare Energien *fpl (Umwelt)* renewable energy
erneuerbare Kraftstoffe *mpl (Umwelt)* renewable fuels
erneuerbare Ressourcen *fpl*/**nicht** *(Umwelt)* non-renewable natural resources
erneuerbare Rohstoffe *mpl*/**nicht** *(Umwelt)* non-renewable resources, non-renewable raw materials, exhaustible resources
erneuerbarer Rohstoff *m (Umwelt, WiWi)* renewable resource
erneuern *v (Gen)* renew, revive
Erneuerung *f (Gen)* renovation, renewal
Erneuerungsschein *m (Börse)* talon
erneut überprüfen *(Gen)* re-examine
ernstes Anzeichen *n (Gen)* warning sign
Ernte *f* 1. *(Gen)* crop; 2. *(Umwelt)* harvest; 3. *(WiWi)* yield, crop
erodieren *v (Umwelt)* erode
eröffnen *v* 1. *(Bank)* open *(Konto)*; 2. *(Gen)* set up, start up *(Geschäft)* • **ein Konto eröffnen bei** *(Bank)* open an account with
Eröffnung *f (Bank, Börse)* opening
Eröffnung *f* **des Insolvenzverfahrens** *(Fin, Recht, RW)* adjudication in bankruptcy
Eröffnungsbilanz *f (Bank, RW)* opening balance
Eröffnungshandel *m (Börse)* early trading
Eröffnungssonderpreise *mpl (Gen, V&M)* special opening prices
erörtern *v (Gen)* debate, discuss
ERP *n (Abk. für Europäisches Wiederaufbauprogramm) (WiWi)* European Recovery Program(me), ERP *(Marshall-Plan)*
erpressen *v (Gen)* blackmail, extort
Erpressung *f (Gen)* blackmail, extortion
erprobt *adj (Gen)* well-tried, seasoned
Erprobung *f (Gen, V&M)* test, tryout
errechnen *v (Stat)* calculate
Errechnung *f (Stat)* calculation, computation
erreichbar *adj (Gen)* accessible *(Ort)*; achievable, obtainable *(Ziel)* • **nicht erreichbar** 1. *(Gen)* not available, unavailable; 2. *(Komm)* unobtainable
Erreichbarkeit *f (Gen)* accessibility
erreichen *v (Gen, Mgt)* achieve, attain, meet *(Ziel, Wachstum)* • **nicht zu erreichen** *(Gen, Komm)* not available, unavailable *(Person)*
errichten *v (Gen)* build up, construct, set up *(gründen)*; erect *(Zollschranken)*
Errichtung *f (Recht)* establishment
Errichtung *f* **eines Inventars** *(Recht)* making of an inventory
Errungenschaft *f (Gen)* achievement, accomplishment
Ersatz *m* 1. *(Gen)* replacement; 2. *(Recht, V&M)* substitute
Ersatzbedarf *m (Pers, WiWi)* replacement requirement, replacement need, replacement demand
Ersatzbeschaffung *f (Gen)* replacement
Ersatzgüter *npl (V&M)* substitute goods
Ersatzinvestition *f (Steuer)* replaced asset, replacement capital, reinvestment
Ersatzlieferung *f* 1. *(Gen)* replacement; 2. *(Recht)* substitute delivery *(Vertragsrecht)*
Ersatznachfrage *f (WiWi)* replacement demand
Ersatzstoff *m (WiWi)* substitute
Ersatzteil *n* 1. *(Gen)* replacement part; 2. *(Ind)* spare (part)
ersatzweise *adv (Gen)* as an alternative
erscheinen *v* 1. *(Gen)* appear; 2. *(Media)* come out, appear *(Buch, Zeitschrift)*
Erscheinungsbild *n (Gen)* appearance, picture
Erscheinungsdatum *n (Media)* publication date
erschließen *v (Gen)* tap, open up *(Markt, Gebiet)*
Erschließung *f (Grund)* development, opening-up
Erschließungsunternehmen *n (Grund)* developer
erschlossenes Gelände *n (Grund, Umwelt)* improved land, developed site
erschöpfbare Ressourcen *fpl (Umwelt, WiWi)* exhaustible resources, depletable resources
erschöpfen *v* 1. *(Gen)* exhaust *(Vorrat)*; 2. *(Umwelt)* deplete *(Rohstoff)*
erschöpfend *adj (Gen)* exhaustive *(Aufzählung)*
erschwinglich *adj (Gen)* affordable
ersetzen *v (Gen)* supersede, replace
ersetztes Wirtschaftsgut *n (Steuer)* replaced asset

Ersetzung *f (WiWi)* replacement, substitution

Ersitzung *f* 1. *(Grund) (AE)* prescription *(Art der Landerwerbung)*; 2. *(Recht)* acquisition of ownership by occupancy

Ersparnis *n (Bank, WiWi)* saving(s) • **Ersparnisse angreifen** *(Gen)* dip into savings • **auf seine Ersparnisse zurückgreifen** *(Fin)* draw on one's savings

Ersparnisbildung *f (WiWi)* savings

Ersparnisbildung *f* **der privaten Haushalte** *(WiWi)* private saving(s) *(VGR)*

Ersparnisschwemme *f (WiWi)* saving glut *(der Begriff kennzeichnet den starken Anstieg der globalen Sparquote und damit der globalen Ungleichgewichte, bewirkt u. a. von extrem hohen Sparquoten Chinas und Indiens, deren Exportüberschüsse nicht konsumiert, sondern weitgehend als Währungsreserven gehortet und in erheblichem Umfang zur Finanzierung des US-Leistungsbilanz- und --Haushaltsdefizits verwendet werden)*

Erst… *(Börse, Gen)* initial, issuing, first, original

erstatten *v (Gen)* refund, reimburse

Erstattung *f (Gen)* reimbursement

Erstattungsanspruch *m (Steuer)* claim for refund

erstattungsfähig *adj (Gen, Steuer, V&M)* refundable

erstattungsfähige Kosten *pl (Gen)* refundable expenses

Erstauftrag *m (Gen)* original order, initial order, pilot order

Erstausbildung *f (Pers)* initial training

Erstausfertigung *f (Gen)* original

Erstausgabepreis *m (Börse)* initial offering price, issuing price

erste *adj (Gen)* first, prime • **nach dem ersten Anschein** *(Gen)* prima facie • **in erster Linie** *(Gen)* primarily • **an erster Stelle** *(Gen)* in the first instance • **an erster Stelle stehen** *(Gen)* top the list

erste Adresse *f* 1. *(Börse)* first-class; 2. *(Gen)* blue-chip customer, top-rated firm

erste Hypothek *f (Bank)* first mortgage

erste Instanz *f (Recht)* first instance

erste Mahnung *f (RW)* first reminder

erste Qualität *f (Gen)* prime quality

erste Wahl *f (Gen)* prime quality, top quality

erstellen *v* 1. *(Gen)* draw up *(Bericht)*; 2. *(Mgt)* prepare

Erstellung *f (Gen, Mgt)* preparation *(Plan)*

Erstellungskosten *pl (Gen)* cost of construction

erster Entwurf *m (Recht)* rough draft

erster Kurs *m (Börse)* initial quotation

erstes Gossensches Gesetz *n (WiWi)* law of satiable wants

erstinstanzliches Gericht *n (Recht)* court of first instance *(Erstgericht)*

erstklassig *adj* 1. *(Börse)* top-grade, blue-chip, prime; 2. *(Gen)* first-rate, first-class, top-flight, A1 *(Güter)*; high--class

erstklassig bewertet *adj (Börse)* triple-A rated, AAA-rated

erstklassige Aktie *f (Börse)* blue-chip (stock)

erstklassige Schuldverschreibung *f (Börse)* high-grade bond, investment grade bond, triple-A bond *(Synonym: erstklassige Anleihe; rating: a bond with top credit worthiness)*

erstklassige Wertpapiere *npl (Börse)* top-grade securities

erstklassiger Wechsel *m (Börse)* approved bill of exchange, prime bill

Erstplatzierung *f (Börse)* initial placing of securities

erstrangig *adj (Fin)* senior, having priority *(vorrangig)*

erstrangig besicherter Schuldtitel *m (Fin, RW)* senior debt *(Synonym: vorrangig besicherter Schuldtitel, vorrangige Schuld, erstrangig besicherte Verbindlichkeit, vorrangig besicherte Verbindlichkeit)*

erstrangige Hypothek *f (Bank, Fin, Grund)* senior mortgage

erstrebte Mindestverzinsung *f (Fin)* minimum acceptable rate of return

erststellige Hypothek *f (Bank, Fin, Grund)* senior mortgage

erststelliges Darlehen *n (Bank)* senior loan

erststelliges Hypothekendarlehen *n (Fin, Grund)* first mortgage loan

Erstverlustposition *f (Bank, Fin)* first-loss position, FLP, equity piece *(bei Verbriefungen oder Wiederverbriefungen = securitizations or re-securitizations; Synonym: Equitytranche = Erstverlusttranche; sie*

ist allen anderen Tranchen nachrangig, trägt mögliche auftretende Verluste zuerst und hat die höchste Risikoprämie; nur wenn sie nicht an intransparenten internationalen Kapitalmärkten weiterplatziert wird, sondern zusammen mit ihrem erhöhten Ausfallrisiko auf der Bilanz der Originator-Bank verbleibt, hat diese einen Anreiz, das Kreditrisiko im eigenen Interesse zu überwachen, andernfalls erfolgt die das Moral--Hazard-Verhalten der Finanzbranche begünstigende Entkopplung von Geschäftsverhalten und Geschäftsverantwortung, die mit systemgefährdenden Fehlanreizen direkt in die Banken- und Schuldenkrise führte; before the debt crisis the first--loss position in securitizations often was sold by the originating bank so that the risk of default no longer remained on its books - resulting in a slipping of the lending standards = Bonitätsanforderungen)

Erstverpflichtete *m(f) (Bank)* principal *(Wechsel)*

Erstzeichner(in) *m(f) (Börse)* original subscriber

Ersuchen *n (Gen)* application, petition, appeal

ersuchen *v* **um** *(Gen)* appeal for • **jmdn. ersuchen, etw. zu tun** *(Gen)* urge sb to do sth

erteilen *v* 1. *(Fin)* grant *(Kredit)*; 2. *(Gen)* award, place *(Auftrag)*; 3. *(Mgt)* delegate *(Vollmacht)*; 4. *(Pat)* grant *(Lizenz)*; 5. *(Recht)* confer

Erteilung *f* 1. *(Gen)* award; 2. *(Mgt)* delegation *(Vollmacht)*; 3. *(Pat, Recht)* grant, conferral

Erteilung *f* **von Patenten** *(Pat)* grant of patents

Ertrag *m* 1. *(Gen)* return, yield, income; 2. *(RW)* output, return; 3. *(Admin)* earnings; 4. *(WiWi)* yield

Ertrag *m* **aus Beteiligungen** *(RW)* income from investments

Ertrag *m* **aus dem investierten Kapital** *(Fin, WiWi)* return on capital employed, ROIC *(Synonym: Rückfluss auf das investierte Kapital, Ertrag des genutzten Kapitals)*

Ertrag *m* **aus Immobilien** *(Grund)* return on real estate

Ertrag *m* **aus investiertem Kapital** *(Fin, RW, WiWi)* return on capital employed, ROCE

Ertrag *m* **des investierten Kapitals** *(Fin, RW, WiWi)* return on invested capital, ROIC, return on investment, ROI

Ertrag *m* **nach Steuern** *(RW, Steuer)* after-tax income

Ertrag *m* **vor Steuern** *(Fin, RW)* earnings before tax(es) *(EBT, Ebt)*; profit before taxes *(EBIT minus Zinsergebnis = EBIT minus net interest income)*

Erträge *mpl* 1. *(Gen)* income; 2. *(RW)* Revenue *(IAS 18)*

Erträge *mpl* **und Aufwendungen** *fpl (RW)* income and expenses

ertragen *v* 1. *(Recht)* sustain *(Schaden, Verletzung)*; 2. *(WiWi)* earn, yield

ertragreich *adj (Gen)* productive, high--yield, gainful

ertragsabhängige Bezahlung *f (Pers)* profit-related pay

Ertragsausfall *m (Fin)* loss of earnings

Ertragseinbußen *fpl (Fin)* reductions in profit

Ertragsentwicklung *f (Fin)* trend of profits

Ertragsfähigkeit *f (Ind)* earning power

Ertragsfunktion *f (WiWi)* production function

Ertragsgesetz *n (WiWi)* law of diminishing returns, law of variable proportions

Ertragskapazität *f (Gen)* earning capacity

Ertragskraft *f (Gen, RW)* earning power • **die Ertragskraft verbessern** *(Fin)* improve profitability

Ertragskraft *f* **eines Unternehmens** *(Gen, WiWi)* corporate earning power, corporate profitability

Ertragskurve *f (Bank)* yield curve

Ertragslage *f (Fin)* earnings position, income position, earnings situation, profit situation; revenue picture; profitability

Ertragsminderung *f (Fin)* reduction of profit

Ertragsrate *f (Fin, WiWi)* rate of return

Ertragsrechnung *f (Fin, RW)* profit and loss account *(GuV)*

Ertragsrückgang *m* 1. *(Fin)* drop in earnings; 2. *(WiWi)* diminishing returns

Ertragsschwelle *f (RW, WiWi)* breakeven point

ertragsstarkes Geschäftsfeld *n (Gen)* cash cow
ertragssteigernd *adv (Fin, Gen)* revenue enhancing
Ertragsteuer *f (RW, Steuer)* profits tax, taxes on income
Ertragsverwässerung *f (Gen)* revenue dilution
Ertragswert *m* 1. *(Börse, Gen)* earning power *(eines Investments, eines Unternehmens)*; 2. *(Fin, Grund, Steuer)* capitalized value of potential earnings *(Grundstücks-, Unternehmens- oder Aktienbewertung; valuation of real property, stock valuation: durch Kapitalisierung zukünftiger Erträge ermittelter Gegenwartswert; anders: Sachwert = asset value)*
Ertragszentrum *n (Gen) (AE)* revenue center, profit center, *(BE)* revenue centre, profit centre
Ertragsziel *n (WiWi)* performance target
Ertragszinsen *mpl (Bank, RW)* interest received, interest earned
erwachsene Bevölkerung *f (Gen)* adult population
Erwachsenenbildung *f (Pers)* adult education
erwähnen *v (Gen)* mention, refer to
erwähnt *adj (Gen)* stated
erwarten *v (Gen)* anticipate, expect
erwartet *adj (Gen)* expected, anticipated
erwartete Mindestrendite *f (Fin, WiWi)* hurdle rate (of return)
erwartete Nutzungsdauer *f (Gen)* life expectancy
erwarteter Gewinn *m (RW)* anticipated profit
erwarteter Verlust *m (Bank, Fin, RW)* expected loss, EL *(Basel II)*
Erwartung *f (Gen, Stat, WiWi)* expectation, anticipation • **in Erwartung von** *(Gen)* in expectation of • **die Erwartung erfüllen** *(Gen)* fulfil(l) the expectations • **hinter den Erwartungen zurückbleiben** *(Gen)* underperform • **die Erwartungen zurücknehmen** *(Gen)* scale back expectations
Erwartungselastizität *f (WiWi)* elasticity of expectations, elasticity of anticipation
erweiterbar *adj (Ind)* modular, expandable
erweitern *v* 1. *(Bank)* extend; 2. *(Comp)* extend, enhance, upgrade *(Speicher)*; 3. *(Gen)* expand, widen; 4. *(Komm)* enrich; 5. *(Recht)* extend; 6. *(Steuer)* widen; 7. *(WiWi)* expand
Erweiterter Rat *m* **der EZB** *(Bank, WiWi)* ECB General Council *(neben dem EZB--Direktorium und dem EZB-Rat = ECB Governing Council drittes EZB--Entscheidungsorgan, zusammengesetzt aus dem EZB--Präsidenten und -Vizepräsidenten sowie den Präsidenten aller nationalen Zentralbanken der EU, einschließlich der nicht an der WWU beteiligten Zentralbanken)*
Erweiterung *f* 1. *(Bank)* extension; 2. *(Comp)* enhancement, upgrade, upgrading, extension *(Dateinamen)*; 3. *(Fin)* expansion; 4. *(Gen)* enlargement, widening, expansion; 5. *(Recht)* extension
Erweiterung *f* **der Europäischen Union** *(Pol)* enlargement of the European Union *(EU)*
Erweiterung *f* **des Aufgabengebietes** *(Mgt)* job enlargement *(Synonym: Erweiterung f des Tätigkeitsspektrums)*
Erweiterungsinvestition *f* 1. *(Gen)* capital (expenditure) expansion, expansion investment; 2. *(WiWi)* capital widening
Erwerb *m* 1. *(Gen, Steuer)* acquisition; 2. *(WiWi)* purchase
Erwerb *m* **einer Beteiligung** *(Bank, Fin)* acquisition of a holding
erwerben *v* 1. *(Börse)* gain, acquire; 2. *(Fin, Gen)* earn, acquire *(Ruf)*; 3. *(Grund)* acquire; 4. *(WiWi)* buy • **käuflich erwerben** *(WiWi)* buy, purchase
erwerbende Gesellschaft *f (Gen)* acquiring company
Erwerber *m* 1. *(Bank)* transferee; 2. *(Gen)* buyer, purchaser, *(AE)* vendee; 3. *(Recht)* grantee; 4. *(V&M)* purchaser
Erwerbsanreiz *m (Pol, Soz)* incentive to work
Erwerbsarbeit *f (Pers, WiWi)* gainful employment
Erwerbsbevölkerung *f* 1. *(Pers)* working population; 2. *(WiWi)* labo(u)r force
Erwerbseinkommen *n (Admin)* earned income
erwerbsfähig *adj (Pers, WiWi)* able to work, employable
Erwerbsfähigkeit *f* 1. *(Pers)* ability to

work, earning power *(Arbeit)*; 2. *(WiWi)* ability to work
Erwerbskurs *m (Börse)* basic price, flat price
Erwerbsleben *n (Pers)* working life, career, work, employment, professional life, occupational life • **ins Erwerbsleben eintreten** *(Pers, Soz)* enter the labo(u)r force, enter employment, enter working life
erwerbslos *adj (Pers, Soz)* unemployed, jobless, out of work, out of employment, *(BE; ugs.)* on the dole
Erwerbslose *m(f) (Pers, Soz)* unemployed (person), jobless person, person out of work
Erwerbsminderung *f (Pers, Soz)* reduction of [in] earning capacity
erwerbsorientiert *adj (Gen)* acquisitive
Erwerbspersonenprognose *f (Stat, WiWi)* labour force projection *(Synonym: Erwerbspersonenvorausschätzung)*
Erwerbsquote *f* 1. *(Pers)* participation rate, labo(u)r force participation rate; 2. *(WiWi)* activity rate
erwerbstätig *adj (Pers, WiWi)* gainfully employed, in gainful employment, economically active, working
Erwerbstätige *pl* 1. *(Pers)* employed persons, employed; 2. *(Soz)* employment; 3. *(WiWi)* labo(u)r force, workforce
erwerbstätige Bevölkerung *f (Pers, WiWi)* labo(u)r force, economically active population, working population
Erwerbstätigenquote *f (Soz, WiWi)* employment ratio
Erwerbstätigkeit *f (Pers, WiWi)* gainful employment, gainful occupation, economic activity
Erwerbstätigkeit *f* **der Frauen** *(Pers, Soz, Stat)* female employment
Erwerbs- und Vermögenseinkommen *n (WiWi)* factor income *(Synonym: Faktoreinkommen; VGR)*
erwerbsunfähig *adj (Pers)* unable to work, not able to work, not employable, not capable of work
Erwerbsunfähigkeit *f* 1. *(Versich)* disability; 2. *(Pers)* inability to work, incapacity to work, occupational invalidity, occupational disability
Erwerbswirtschaft *f (WiWi)* commercial activity, business activity
erwerbswirtschaftlich *adj (Gen, Steuer)* business, profit-oriented, commercial, for profit
erwerbswirtschaftlich tätiges Unternehmen *n (Gen, Steuer)* profit-oriented company, profit-oriented enterprise, for profit company
erwerbswirtschaftlich tätiges Unternehmen *n/nicht (Gen, Steuer)* non-profit enterprise, NPE, non-profit company
erwerbswirtschaftliches Prinzip *n (WiWi)* commercial principle
Erwerbszweck verfolgen *v (Gen, Steuer)* be profit-oriented
erwirtschaften *v (WiWi)* generate
erworben *adj (Gen)* acquired
erworbene Gesellschaft *f (Mgt, Recht)* acquired company
erworbener Firmenwert *m (RW)* derivative goodwill *(darf handelsrechtlich und muss steuerrechtlich als immaterielles Wirtschaftsgut des Anlagevermögens aktiviert werden; IFRS/IAS- und US--GAAP-Abschreibung des Firmenwerts ist allerdings nur zulässig auf der außerordentlichen Basis eines Wertminderungstests = impairment test)*
erworbenes Eigentum *n (Grund)* property acquired
erzeugen *v* 1. *(Gen)* generate *(Energie, Gewinn, Abfall)*; 2. *(Ind)* manufacture *(herstellen)*; 3. *(WiWi)* produce
Erzeuger *m* 1. *(Ind)* maker, manufacturer, mfr; 2. *(WiWi)* producer
Erzeugerhandel *m (V&M)* direct selling
Erzeugerindustrie *f (Ind)* manufacturing industry
Erzeugerpreisindex *m (WiWi)* producer price index
Erzeugnis *n (Gen, Ind)* product
Erzeugung *f* 1. *(Gen)* generation, production; 2. *(Ind)* manufacture, production
Erzeugungsgebiet *n (Gen)* production area, manufacturing area
Erzeugungskosten *pl (Ind)* production costs, manufacturing costs
erzielen *v* 1. *(Gen)* effect, fetch *(Preis)*; reach *(Einigung)*; obtain *(Ergebnis)*; make *(Gewinn)*; achieve *(Wachstum, Niveau)*; 2. *(Recht)* reach *(Einigung)*
erzwingen *v (Gen, Recht)* enforce

ESFS *n (Abk. für Europäisches Finanzaufsichtssystem) (Börse, Fin, Recht, Versich)* European System of Financial Supervisors, ESFS *(dazu zählen a) Europäischer Ausschuss für Systemrisiken = Europäischer Systemrisikorat = ESRB = European Systemic Risk Board; b) Europäische Finanzaufsichtsbehörden = ESAs = European Supervisory Authorities = EBA + EIOPA + ESMA, letztere drei hervorgegangen aus den Level-3--Ausschüssen des Lamfalussy--Verfahrens; c) die nationalen Aufsichtsbehörden = national supervisory authorities für Banken, Versicherungen und Wertpapiermärkte; anders: EFSF = Europäische Finanzstabilitätsfazilität = European Financial Stability Facility, der bis Juni 2013 befristete sog. Euro--Rettungsschirm oder -Rettungsfonds)*

eskomptieren *v (Börse)* anticipate

eskomptierte Information *f (Fin, WiWi)* discounted information *(Synonym: eingepreiste Information; alle kursrelevanten, öffentlich verfügbaren Informationen sind bereits voll in den Kursen und Marktpreisen enthalten und können deshalb nichts mehr verändern; publicly available relevant information is already fully reflected in the market price)*

ESM *m (Abk. für Europäischer Stabilitätsmechanismus) (Pol, Bank, Fin)* ESM, European stability mechanism *(der sog. dauerhafte Krisenmechanismus löst am 1.7.2013 den 5/2010 zur ersten Griechenlandkrise ad hoc eingeführten temporären Rettungsschirm ab, nämlich die EFSF = European Financial Stability Facility = Europäische Finanzstabilitätsfazilität und den EFSM = European Financial Stability Mechanism = Europäischer Finanzstabilitätsmechanismus; er sieht finanzielle Unterstützung für nicht nachhaltig oder finanzpolitisch verantwortungslos wirtschaftende Staaten zur ‚Sicherung der Stabilität der Eurozone' vor, wie immer konditioniert, mit Schuldentragfähigkeitsanalyse durch die EU-Kommission und nur als ‚Ultima Ratio'; er vermeidet politikunabhängige, strikte Auflagen mit automatischen Sanktionen, und lässt dem europäischen Rat, wie beim Stabilitäts- und Wachstumspakt, diskretionäre Handlungsspielräume und tages-, innen- oder nationalpolitisch motivierte Manipulationsmöglichkeiten, was verantwortliche Finanzpolitik unterminiert und die Glaubwürdigkeit beeinträchtigt; Rücklagen im Hinblick auf eine künftige Inanspruchnahme von AAA-gerateten Kreditgebern und --garanten oder sonstige haushaltswirksame Risikovorsorge sind nicht vorgesehen)*

ESRB *m (Abk. für Europäischer Systemrisikorat) (Bank, Börse, Versich)* ESRB, European Systemic Risk Board *(Synonym: Europäischer Ausschuss für Systemrisiken, Europäischer Rat für Systemrisiken)*

ESVG 95 *s.* Europäisches System Volkswirtschaftlicher Gesamtrechnungen 1995

ESZB *s.* Europäisches System der Zentralbanken

etablieren v/sich *(Gen)* establish oneself

etablierte Interessen *npl (WiWi)* vested interests

Etappe *f (Gen)* phase, stage

Etappenziel *n (Pol)* intermediate target *(Synonym: Zwischenziel)*

Etat *m* 1. *(Fin)* estimates; 2. *(RW)* budget, expense budget; 3. *(V&M)* account • **im Etat veranschlagte Ausgaben** *(Pol)* budgetary spending • **im Etat veranschlagte Einnahmen** *(Pol)* budgetary revenue • **Etat aufstellen** *(Fin, Gen, WiWi)* budget

Etatansatz *m (Fin)* budget appropriation

etatisieren *v* 1. *(Fin, Gen)* budget; 2. *(RW)* budget for; 3. *(WiWi)* budget

Etatkürzung *f (Fin, RW)* budget reduction

ethisch verantwortliche Kapitalanlage *f (Bank, Fin)* ethical investment

ethische Anlage *f (Pol, WiWi)* ethical investment, socially conscious investment, socially responsible investment, socially responsible investing, SRI *(gekennzeichnet durch ethische, nachhaltige oder "sozialverantwortliche" Anlagen; keine Rüstungs-, Erotik- oder Nuklearindustrie z. B.; Synonym: nachhaltige Anlage; Gegensatz:*

unethische Anlage = unethical investment; cf Lasterfonds = vice fund)
ethisches Finanzinstrument *n (Bank, Fin)* ethical financial instrument
Etikett *n (Comp, Logis, V&M)* label, tag
Etikettierung *f (V&M)* label(l)ing *(Auszeichnung)*
Etikettierungsvorschriften *fpl (Recht, V&M)* labelling rules, labelling provisions
EU *s.* Europäische Union
EU-Beitritt *m (WiWi)* accession to the EU, joining of the EU
EU-Binnenmarkt *m (Pol, WiWi)* EU domestic market, EU single market
EuGH *s.* Europäischer Gerichtshof
EU-Handel *m (Gen)* trade within the EU
EU-Jargon *m* 1. *(Recht)* eurojargon; 2. *(Gen)* eurospeak
EU-Mitgliedstaaten *mpl (Recht)* EU member states; the Member States
EU-Öko-Audit *n (Umwelt)* Eco--Management and Audit Scheme, EMAS
EU-Rechtsbestand *m (Pol)* acquis communautaire *(französisch; Synonyme: gemeinschaftlicher Besitzstand, der Acquis Communautaire)*
EU-Reformvertrag *m (Pol, Recht)* EU reform Treaty; Lisbon Treaty, Treaty of Lisbon *(Synonym: Lissabon-Vertrag = Vertrag von Lissabon, in Kraft ab 1.12.2009; Nachfolger des 2006 gescheiterten EU-Verfassungsvertrags = EU Constitutional Treaty)*
EURIBOR *(Abk. für Euro Interbank Offered Rate, Euro Interbank--Angebotssatz) (Bank, Fin)* EURIBOR *(Referenzzinssatz für den Geldmarkthandel im Euro--Währungsgebiet)*
EU-Richtlinie *f (Recht)* EU Directive
EU-Richtlinie *f* **für Zahlungsdienste** *(Bank, Recht)* European Payment Services Directive *(Europäische Zahlungsdiensterichtlinie, EU--Zahlungsdiensterichtlinie 2007/64/EG; Sepa = europaweit einheitlicher Rechtsrahmen für Zahlungsdienste: Ab 2012 dürfen Überweisungen per Online-Banking nur noch einen Tag und bei der traditionellen Methode per Vordruck aus Papier zwei Tage dauern)*
Euroanleihe *f* 1. *(Bank)* eurobond, eurocurrency loan; 2. *(Börse)* eurobond, Eurocapital market issue
Eurobefürworter(in) *m(f) (Bank, Pol, WiWi)* advocate of the euro, champion of the euro, euro enthusiast
Eurodollar *m (WiWi)* Eurodollar
Eurodollaranleihe *f (WiWi)* Eurodollar bond
Eurodollareinlage *f (Bank, WiWi)* Eurodollar deposit
Eurodollarmarkt *m (WiWi)* Eurodollar market
Eurodollar-Terminkontrakt *m (Börse)* Eurodollar future
Eurogebiet *n (Bank)* euro area, eurozone *(EZB; Synonym: Euro-Währungsgebiet, Eurozone)*; *(ugs.)* euroland *(Synonym: Euroland, Euro-Land)*
Eurogeldmarkt *m (Börse, WiWi)* eurocurrency market
Eurokredit aufnehmen *(Gen)* borrow in the Euromarket
Eurokreditgeschäft *n (Fin)* Euromarket lending business
Euromarkt *m (WiWi)* Euromarket, eurocurrency market
Europa *n* **der zwei Geschwindigkeiten** *(Pol)* two-speed Europe *(wo sich die Befürworter ein Kerneuropa –core Europe– mit vertiefter Integration in weiteren Politikbereichen wünschen, die hierzu nicht bereiten Mitgliedstaaten jedoch die Möglichkeit haben, hierauf zu verzichten; the idea of a core Europe in which countries can cooperate more closely in additional policy areas without being blocked by others who are not prepared to join and who may choose to stay outside the core group)*
Europa-AG *f* **(SE)** *(Recht)* European Company (SE), Societas Europaea, SE; European Stock Corporation *(Synonym: Europäische Aktiengesellschaft, Europäische Gesellschaft, Europagesellschaft; EU--weit eingeführte und übertragbare Rechtsform für börsennotierte Kapitalgesellschaften, mit monistischem Leitungssystem, wie im einstufigen angelsächsischen Board--Führungsmodell = single-tier board system; die SE ist stets eine Kapitalgesellschaft in der Rechtsform einer Aktiengesellschaft)*; European Public Company

Europagesellschaft *f* **(SE)** *(Recht)* European Company (SE), Societas Europaea, SE *(Synonym: Europa AG, Europäische Aktiengesellschaft, Europäische Gesellschaft; die SE ist stets eine Kapitalgesellschaft in Form einer Aktiengesellschaft; EU)*

europäisch *adj (Gen)* European • **auf europäischer Ebene** *(Gen, Pol)* at European level

Europäische Aktiengesellschaft *f* **(SE)** *(Recht)* European Company (SE), Societas Europaea, SE; European Stock Corporation *(Synonym: Europa AG, Europäische Gesellschaft, Europagesellschaft, SE; die SE ist stets eine Kapitalgesellschaft in der Rechtsform einer Aktiengesellschaft; EU)*

Europäische Artikelnummer *f (EAN) (Comp, V&M)* European Article Number, EAN

Europäische Bank *f* **für Wiederaufbau und Entwicklung** *(EBWE) (WiWi)* European Bank for Reconstruction and Development, EBRD

Europäische Finanzaufsichtsbehörden *fpl (ESAs) (Bank, Börse, Versich)* European Supervisory Authorities, ESAs *(EU: drei 2011 auf europäischer Ebene errichtete Behörden, die zusammen mit dem ESRB und den Nationalen Aufsichtsbehörden das Europäische Finanzaufsichtssystem ESFS bilden; dazu gehören a) EBA = European Banking Authority = Europäische Bankenaufsichtsbehörde, b) EIOPA = European Insurance and Occupational Pensions Authority = Europäische Aufsichtsbehörde für das Versicherungswesen und die betriebliche Altersversorgung und c) ESMA = European Securities and Markets Authority = Europäische Wertpapier- und Marktaufsichtsbehörde; sie gingen hervor aus den Level-3-Ausschüssen des Lamfalussy-Verfahrens, den drei europäischen Aufseherausschüssen a) CEBS = Committee of European Banking Supervisors, b) CEIOPS = Committee of European Insurance and Occupation Pensions Supervisors und c) CESR = Committee of European Securities Regulators)*

Europäische Finanzstabilitätsfazilität *f (EFSF) (Bank, Fin, Pol)* European Financial Stability Facility *(Eurospeak für den Beitrag der Euroländer zur Errichtung eines sogenannten Euro--Rettungsschirmes entsprechend dem EU-Ratsbeschluss vom 9.5.2010; sie stellt ein maximales Garantievolumen von 440 Mrd. Euro zur Verfügung, das von den Euroländern auf pro rata Basis aufgebracht wird, auf Deutschland entfallen danach bis zu 148 Mrd. Euro an Garantien, hinzu kommen 60 Mrd. Euro der EU-Kommission und maximal 250 Mrd. des IWF; die Gründung einer Zweckgesellschaft = SPV hierzu am 7.6.2010 bedeutet für viele den Einstieg in eine europäische Transferunion = transfer union mit nicht immer wohlbegründeten, aber häufig intransparenten, horizontalen Finanztransfers, die, ähnlich dem horizontalen Finanzausgleich zwischen den Bundesländern, die Unterschiede der finanziellen Leistungsfähigkeit auf Kosten der finanzstärkeren der angeschlossenen Länder einebnen)*

Europäische Freihandelsassoziation *f (EFTA) (Pol, WiWi)* European Free Trade Association, EFTA *(auch: Europäische Freihandelszone)*

Europäische Gemeinschaft *f (EG) (obs.) (Pol) (obs.)* European Community, EC

Europäische Gemeinschaft *f* **für Kohle und Stahl** *(EGKS) (obs.) (WiWi) (obs.)* European Coal and Steel Community, ECSC

Europäische Genossenschaft *f (SCE) (Recht)* European Cooperative Society, Societas Cooperativa Europaea, SCE *(Synonym: Societas Cooperativa Europaea; die SCE steht in den EU--Mitgliedstaaten als alternative Rechtsform neben den Genossenschaften nach dem bestehenden nationalen Recht)*

Europäische Gesellschaft *f (SE) (Recht)* European Company (SE), European Corporation (SE), Societas Europaea, SE; European Stock Corporation *(Synonym: Europa AG, Europäische Gesellschaft, Europäische Aktiengesellschaft, Europagesellschaft, SE; die SE ist stets eine Kapitalgesellschaft in der Rechtsform*

einer Aktiengesellschaft; EU)
Europäische Investitionsbank *f (EIB) (Bank)* European Investment Bank, EIB
Europäische Kommission *f (Pol)* European Commission, EU-COM
Europäische Menschenrechtskonvention *f (Soz)* European Convention on Human Rights
europäische Normen *fpl (Gen)* European standard specifications
europäische Patentanmeldung *f (Pat)* European patent application
Europäische Patentorganisation *f (Pat)* European Patent Organization, EPO
Europäische Rechnungseinheit *f (obs.) (WiWi)* European Unit of Account, EUA
Europäische Sozialcharta *f (WiWi)* European Social Charter
Europäische Union *f (EU) (Pol, WiWi)* European Union, EU
Europäische Währungseinheit *f (Fin, WiWi)* European Currency Unit, ECU *(bis 31.12.98)*
Europäische Währungsunion *f (EWU) (WiWi)* European Monetary Union, EMU *(ab 1.1.99)*
Europäische Wirtschaftliche Interessenvereinigung *f (Recht, WiWi)* European Economic Interest Grouping, EEIG
Europäische Wirtschaftsgemeinschaft *f (EWG) (obs.) (WiWi)* European Economic Community, EEC
Europäische Zahlungsdiensterichtlinie *f (Bank, Recht)* European Payment Services Directive *(EU-Zahlungsdiensterichtlinie 2007/64/EG; Sepa = europaweit einheitlicher Rechtsrahmen für Zahlungsdienste: Ab 2012 dürfen Überweisungen per Online-Banking nur noch einen Tag und bei der traditionellen Methode per Vordruck aus Papier zwei Tage dauern)*
Europäische Zentralbank *f (EZB) (WiWi)* European Central Bank, ECB
Europäischer Agrarfonds *m (WiWi)* European Agricultural Fund
Europäischer Ausschuss *m* **für Systemrisiken** *(ESRB) (Bank, Pol, Recht)* European Systemic Risk Board, ESRB *(Synonym: Europäischer Systemrisikoausschuss, Europäischer Rat für Systemrisiken, Europäischer Systemrisikorat; Aufgaben: Analyse der makroökonomischen Risiken für das Finanzsystem und Systemaufsicht = makroprudenzielle Aufsicht = macroprudential supervision; Zusammensetzung: 27 EU-Notenbankgouverneure + EZB-Präsident und -Vizepräsident + die drei Leiter der neuen EU-Banken-, -Versicherungs- und -Wertpapier-Mikroaufsichtsbehörden + ein Mitglied der EU-Kommission; Sekretariat bei der EZB, Arbeitsaufnahme 2011 vorgesehen; die notenbanklastige Schnittstelle zwischen konsensorientierten Zentralbankern, Regulierern und mikroprudenziellen Aufsichtsbehörden der nationalen Ebene, ohne EU-unabhängige Querdenker und EZB-unabhängiges Außenseiterwissen, z. B. aus der Wissenschaft, was nach den Erfahrungen der Schulden- und Wirtschaftskrise 2008/2009 dringend erforderlich gewesen wäre; Stand 05/2010)*
europäischer Binnenmarkt *m (Gen, WiWi)* single European market
Europäischer Finanzstabilitätsmechanismus *m (EFSM) (Fin, Recht)* European Financial Stability Mechanism, EFSM *(Synonym: Europäischer Finanzstabilisierungsmechanismus; er komplettiert mit 60 Mrd. Euro als sogenanntes Gemeinschaftsinstrument der EU-Kom die EFSF = European Financial Stability Facility = Europäische Finanzstabilisierungsfazilität = Europäische Finanzstabilitätsfazilität und ist wie diese bis Ende Juni 2013 befristet; Ablösung durch den permanenten ESM = Europäischer Stabilitätsmechanismus = European Stability Mechanism; anders: ESFS = European System for Financial Supervision = Europäisches Finanzaufsichtssystem = Europäisches System für Finanzaufsicht, die neue Schnittstelle der mikro- und makroprudenziellen Überwachung auf europäischer Ebene mit dem ESRB = Europäischer Ausschuss für Systemrisiken, den Europäischen Finanzaufsichtsbehörden = ESAs sowie den nationalen Aufsichtsbehörden für*

die Überwachung des Tagesgeschäfts)

Europäischer Fonds *m* **für regionale Entwicklung** *(EFRE) (WiWi)* European Regional Development Fund, ERDF

Europäischer Fonds *m* **für währungspolitische Zusammenarbeit** *(EFWZ) (Bank, WiWi)* European Monetary Cooperation Fund, EMCF *(EU)*

Europäischer Gerichtshof *m (EuGH) (Recht)* European Court of Justice, ECJ *(Sitz in Luxemburg; EU)*

Europäischer Gerichtshof *m* **für Menschenrechte** *(Recht)* European Court of Human Rights *(Sitz in Straßburg; anders: Europäischer Gerichtshof = EuGH = ECJ = European Court of Justice mit Sitz in Luxemburg)*

Europäischer Gewerkschaftsbund *m (Pers)* European Trade Union Confederation, ETUC

Europäischer Gipfel *m (Pol)* European Summit *(Staats- und Regierungschefs, Heads of State or Government)*

Europäischer Rat *m (Pol, WiWi)* European Council *(Staats- und Regierungschefs, Heads of State or Government)*

Europäischer Rat *m* **für Systemrisiken** *(ESRB) (Bank, Fin, Pol)* European Systemic Risk Board, ESRB *(Synonym: Europäischer Ausschuss für Systemrisiken, Europäischer Systemrisikoausschuss, Europäischer Systemrisikorat; Aufgaben: Analyse der makroökonomischen Risiken für das Finanzsystem und Systemaufsicht = makroprudenzielle Aufsicht = macroprudential supervision; Beschlussgremium ist der Verwaltungsrat = Board, Zusammensetzung: 27 EU--Notenbankgouverneure + EZB--Präsident und -Vizepräsident + die drei Leiter der neuen mikroprudenziellen EU-Banken-, -Versicherungs- und --Wertpapieraufsichtsbehörden + ein Mitglied der EU-Kommission, sowie – ohne Stimmrecht – je Mitgliedstaat ein Vertreter der nationalen Aufsichtsbehörden sowie der Vorsitzende des EU-Wirtschafts- und Finanzausschusses; Sekretariat bei der EZB, Arbeitsaufnahme 2011 vorgesehen, falls keine Verzögerungen; der Ausschuss ist die notenbanklastige Schnittstelle zwischen konsensorientierten Zentralbankern, Regulierern und mikroprudenziellen Aufsichtsbehörden der nationalen Ebene; zur effektiven Wahrnehmung einer unabhängigen Frühwarnfunktion fehlen rechtsverbindliche Handlungsinstrumente an Stelle der vorgesehenen Risikowarnungen und Empfehlungen, EU-unabhängige Querdenker und EZB-unabhängiges Außenseiterwissen, z. B. aus der Wissenschaft: eine der zentralen Erkenntnisse aus den Analysen der Schulden- und Wirtschaftskrise 2008/2010; Stand 06/2010)*

Europäischer Sozialfonds *m (ESF) (WiWi)* European Social Fund, ESF

Europäischer Stabilitätsmechanismus *m (ESM) (Pol, Bank, Fin)* European stability mechanism , ESM *(der sog. dauerhafte Krisenmechanismus löst am 1.7.2013 den 5/2010 zur ersten Griechenlandkrise ad hoc eingeführten temporären Rettungsschirm ab, nämlich die EFSF = European Financial Stability Facility = Europäische Finanzstabilitätsfazilität und den EFSM = European Financial Stability Mechanism = Europäischer Finanzstabilitätsmechanismus; er sieht finanzielle Unterstützung für nicht nachhaltig oder finanzpolitisch verantwortungslos wirtschaftende Staaten zur ‚Sicherung der Stabilität der Eurozone' vor, wie immer konditioniert, nach Schuldentragfähigkeitsanalyse durch die EU-Kommission und nur als ‚Ultima Ratio'; er vermeidet politikunabhängige, strikte Auflagen mit automatischen Sanktionen und lässt dem europäischen Rat, wie beim Stabilitäts- und Wachstumspakt, diskretionäre Handlungsspielräume und tages-, innen- oder nationalpolitisch motivierte Manipulationsmöglichkeiten, was verantwortliche Finanzpolitik unterminiert und die Glaubwürdigkeit beeinträchtigt; Rücklagen im Hinblick auf eine künftige Inanspruchnahme von AAA-gerateten Kreditgebern und --garanten oder sonstige haushaltswirksame Risikovorsorge sind nicht vorgesehen)*

Europäischer Stabilitäts- und Wachstumspakt *m (ESWP, SWP) (Pol, WiWi)* European Stability and Growth Pact, SGP, ESGP *(EU)*

Europäischer Systemrisikorat *m (ESRB) (Bank, Fin, Pol)* European Systemic Risk Board, ESRB *(Synonym: Europäischer Rat für Systemrisiken, Europäischer Rat für systemische Risiken, Systemrisikorat; Europäischer Ausschuss für Systemrisiken, Systemrisikoausschuss; der Rat ist Teil des ESFS = European System for Financial Supervision = Europäisches Finanzaufsichtssystem, der Schnittstelle zwischen mikro- und makroprudenzieller Überwachung auf europäischer Ebene; Aufgaben: die Systemaufsicht = makroprudenzielle Aufsicht = macroprudential supervision über das neue dreigliedrige europäische Finanzüberwachungssystem für Banken, Versicherungen und Wertpapierhandel aus der Makroperspektive wahrnehmen, systemweite Risiken identifizieren und analysieren, Warnungen und Empfehlungen aussprechen und Vorschläge zur Behebung von Fehlentwicklungen unterbreiten; die Entscheidung über das Ergreifen und die Durchführung von Maßnahmen bleibt –nach Intervention der nationalen Aufseher und der internationalen Finanzlobby– wie vor der Schuldenkrise zersplittert in einzelstaatlicher Verantwortung, Abweichungen vom ESRB-Vorschlag sind bestenfalls im Rahmen eines Handle-oder-Erkläre--Mechanismus = act-or-explain mechanism zu begründen; das Sekretariat ist bei der EZB angesiedelt)*

Europäischer Wirtschaftsraum *m (EWA) (WiWi)* European Economic Area, EEA

Europäisches Finanzaufsichtssystem *n (ESFS) (Börse, Fin, Recht, Versich)* European System of Financial Supervisors, ESFS *(die Schnittstelle zwischen mikro- und makroprudenzieller Überwachung auf europäischer Ebene; dazu zählen a) Europäischer Ausschuss für Systemrisiken = Europäischer Systemrisikorat = ESRB = European Systemic Risk Board, b) Europäische Finanzaufsichtsbehörden = ESAs = European Supervisory Authorities = EBA + EIOPA + ESMA und c) die nationalen Aufsichtsbehörden = national supervisory authorities für Banken, Versicherungen und Wertpapiermärkte; anders: EFSF = Europäische Finanzstabilitätsfazilität = European Financial Stability Facility, der bis Juni 2013 befristete sog. Euro--Rettungsschirm oder -Rettungsfonds)*

Europäisches Parlament *n (EP) (Pol)* European Parliament, EP

europäisches Patent *n (Pat)* European patent

Europäisches Patentamt *n (Pat)* European Patent Office, European Patent Organization, EPO

europäisches Recht *n (Pol, Recht)* European law

Europäisches System *n* **der Zentralbanken** *(ESZB) (Bank, WiWi)* European System of Central Banks, ESCB *(anders: Eurosystem)*

Europäisches System *n* **Volkswirtschaftlicher Gesamtrechnungen 1995** *(ESVG 95) (Bank, RW, WiWi)* European System of Accounts 1995, ESA 95 *(VGR = SNA)*

europäisches Währungsgebiet *n (Pol, Bank)* euro area, eurozone, *(ugs.)* euroland *(EZB)*

Europäisches Währungsinstitut *n (obs.) (Pol, WiWi)* European Monetary Institute, EMI *(Vorläufer der EZB = Europäische Zentralbank = ECB = European Central Bank)*

Europäisches Währungssystem *n (EWS) (WiWi)* European Monetary System, EMS

Europäisches Wiederaufbauprogramm *n (WiWi)* European Recovery Program(me), ERP *(Marshall-Plan)*

Europamüdigkeit *f (Media, Pol)* Euro fatigue, Euro weariness *(EU)*

Europaparlament *n (EP) (Pol)* European Parliament, EP

Europapatent *n (Pat)* European patent

Europarat *m (Pol)* Council of Europe

Europarecht *n (Recht)* European law, law of the European Union

europaweite Abstimmung *f (Bank, Pol)* Europe-wide coordination

euroskeptisch *adj (Pol) (BE)* eurosceptical

Eurostat *(Abk. für Statistisches Amt der Europäischen Gemeinschaften) (Pol, Stat)* Statistical Office of the European Communities

Eurosystem *n (Bank, WiWi)* Eurosystem *(EZB und die nationalen Zentralbanken der an der WWU teilnehmenden Mitgliedstaaten; anders: Europäisches System der Zentralbanken = ESZB = ESCB = European System of Central Banks)*

Eurotagesgeld *n (Bank)* Euromoney

Eurowährung *f (Bank, Börse, WiWi)* eurocurrency

Eurowährungsanleihe *f (Bank, Fin)* eurocurrency loan, eurocurrency bond

Eurowährungsgebiet *n (Bank, WiWi)* euro zone, euro area, EMU area, single currency area *(Synonym: Eurowährungsraum, Eurozone)*; *(ugs.)* euroland *(Synonym: Euroland, Euro--Land)*

EUV *m (Abk. für EU-Vertrag) (Pol, Recht)* Treaty on European Union *(formal)*; TEU , Maastricht Treaty *(Synonym: Vertrag über die Europäische Union, Maastricht-Vertrag, Vertrag von Maastricht, in Kraft 1993; früher: VEU, geändert am 1.12.2009 durch den Vertrag von Lissabon = VvL = ToL = Treaty of Lisbon = Lisbon Treaty)*

EU-Verfassung *f (Pol)* EU constitution *(gescheitert 2006; ersetzt durch den Vertrag von Lissabon = VvL = Lissabon--Vertrag = Lisbon Treaty = Treaty of Lisbon, der am 1.12.2009 in Kraft trat)*

EU-Vertrag *m (EUV) (Pol, Recht)* Treaty on European Union *(formal)*; TEU, Maastricht Treaty *(Synonym: Vertrag über die Europäische Union, Maastricht-Vertrag, Vertrag von Maastricht, unterzeichnet 1992, in Kraft 1993; VEU = obs., geändert am 1.12.2009 durch den Vertrag von Lissabon = VvL = ToL = Lisbon Treaty)*

EU-Zahlungsdiensterichtlinie *f (Bank)* EU Payment Services Directive *(EU, Sepa)*; *(formal)* European Payment Services Directive, EU PSD, PSD *(EU--Zahlungsdiensterichtlinie 2007/64/EG; Sepa = Single Euro Payments Directive, der europaweit einheitliche Rechtsrahmen für Zahlungsdienste wie Überweisungen, Kartenzahlungen und Lastschriften: ab 2012 dürfen Überweisungen per Online-Banking nur noch einen Tag und bei der traditionellen papiergestützten Methode zwei Tage dauern)*

Eventual... *(Gen, Recht, RW)* contingent

Eventualforderung *f (RW)* contingent asset, contingent claim

Eventualhaushalt *m (Fin)* contingency budget

Eventualverbindlichkeit *f* 1. *(Fin)* contingent liability; 2. *(Gen)* contingency; 3. *(Recht, RW)* contingent liability

Evidenzzentrale *f (Fin)* Central Risk Service

EWG *s.* Europäische Wirtschaftsgemeinschaft

ewige Rente *f (Börse, Fin)* perpetuity

EWIV *s.* Europäische Wirtschaftliche Interessenvereinigung

EWK *(Abk. für effektiver Wechselkurs) (WiWi)* EER, effective exchange rate *(EZB; gewichtetes Mittel der bilateralen Wechselkurse gegenüber den Währungen der wichtigsten Handelspartner; vgl. nominaler Wechselkurs, realer Wechselkurs)*

EWR *s.* Europäischer Wirtschaftsraum

EWR-Staaten *mpl (Pol, WiWi)* EEA countries *(Europäischer Wirtschaftsraum = EWR = EWA = European Economic Area = EU 27 + Island + Liechtensten + Norwegen)*

EWS *s.* Europäisches Währungssystem

EWU *s.* Europäische Währungsunion

ex Anspruch *(Recht)* ex claim

ex Bezugsrecht *(Börse, Fin, RW)* ex rights, ex new, ex allotment

ex Dividende *(Börse, Fin)* ex dividend, ex div., x-d.

ex Kupon *(Börse, Gen)* ex coupon ex cp., x-c.

Ex-ante-Variablen *fpl (WiWi)* ex ante variables

Exekutivausschuss *m* 1. *(Pers) (BE)* executive committee, *(BE)* principal executive committee; 2. *(Recht)* executive committee

Exekutive *f* 1. *(Pol)* administration; 2. *(Recht)* executive

Exekutivgewalt *f (Recht)* executive power

Exekutivkomitee *n (Mgt)* executive

committee *(führt unter Leitung des Chief Executive Officer, CEO, wie ein Vorstand das Tagesgeschäft im im Board-System)*

Existenz *f (Gen, Soz)* existence, livelihood, living, subsistence • **sich eine Existenz aufbauen** *(Gen, Soz)* build oneself an existence, start one's own business *(Unternehmensgründung)*

Existenzgründer *m (Gen)* person setting up his [her] own business; founder of a firm, founder of a company, founder of a enterprise *(Betriebsgründer)*

Existenzgründung *f (Gen)* business start-up *(Unternehmensgründung)*; start one's own business *(sich selbstständig machen)*

Existenzgründungswelle *f (WiWi)* spate of new establishments

Existenzgründungszuschuss *m (Pol, Soz)* business start-up allowance, (new) business start-up grant

Existenzlohn *m (Soz)* subsistence wage

Existenzminimum *n* 1. *(Pers)* minimum living wage; 2. *(Soz)* subsistence level, minimum acceptable standard of living

Existenzsicherung *f (Soz)* securing sb's livelihood

exklusiv *adj* 1. *(Gen)* select, exclusive; 2. *(V&M)* exclusive, up-market

Exklusiv... *(Gen, Media, Pat)* exclusive

exklusive *(Gen)* excluding, not including, not counting, without

Exklusivhandelsvertrag *m (Börse)* selected dealer agreement

Exklusivität *f (V&M)* exclusivity

Exklusivrecht *n* 1. *(Gen)* exclusive dealing right; 2. *(Pat, Recht)* exclusive right

exogene Erwartungen *fpl (WiWi)* exogenous expectations

exogene Größe *f (WiWi)* exogenous variable, exogenous instrument

exogene Variable *f (WiWi)* exogenous variable

exogener Schock *m (WiWi)* external shock; exogenous shock

exorbitant *adj (Gen)* exorbitant

exotische Währungen *fpl (Börse)* exotics

expandieren *v (WiWi)* expand

Expansion *f (Fin, Gen, WiWi)* expansion

Expansionsrate *f (WiWi)* rate of increase

expansiv *adj (WiWi)* expansionary *(Fiskalpolitik)*

Expedient *m* 1. *(Komm)* dispatcher; 2. *(Pers)* forwarding clerk *(Versandabteilung, Spedition)*; 3. *(Logis)* dispatcher, shipping clerk

Experimentalökonomie *f (Bil, WiWi)* experimental economics *(Synonym: experimentelle Wirtschaftsforschung, Experimentalökonomik; jüngerer Forschungszweig der empirischen Wirtschaftswissenschaften, in dem zur Theorieprüfung kontrollierte Laborexperimente, Feldexperimente sowie computerbasierte Simulationen durchgeführt werden; die Ergebnisse zeigen Menschen mit Gefühlen und Neigungen, die nicht, wie der Homo oeconomicus = economic man aus der klassischen und neoklassischen Theorie, allein verstandesmäßig gesteuert sind: Neben dem Streben nach Eigennutz gibt es Motive wie Altruismus, Fairness-, Reziprozitäts- und Gerechtigkeitserwägungen = considerations of justness, die ihr Handeln leiten; Fernziel ist die Entwicklung einer allgemeine Theorie des menschlichen Verhaltens = a general theory of human behaviour; cf Homo oeconomicus)*

Experimentalökonomik *f (Bil, WiWi)* experimental economics *(Synonym: Experimentalökonomie, experimentelle Wirtschaftsforschung; cf Experimentalökonomie)*

experimentelle Wirtschaftsforschung *f (Bil, WiWi)* experimental economics *(Synonym: Experimentalökonomie, Experimentalökonomik; vgl. Experimentalökonomie)*

Experte *m (Gen, Pers)* expert *(Arbeit, Gutachten)*

Expertenbefragung *f (Mgt, Pers, WiWi)* expert interview

Expertengruppe *f (Mgt)* panel of experts

Expertensystem *n (Comp)* knowledge--based system, expert system *(künstliche Intelligenz)*

Expertin *f s.* Experte

Expertise *f (Versich)* survey report

explizit *adj (Gen)* explicit

Exponent *m (Stat)* exponent

Exponential... *(Comp, Stat)* exponential

Exponentialfunktion *f (Comp, Stat)* exponential function

Exponentialschreibweise *f (Comp, Stat)*

exponential notation
exponentielle Glättung *f (Fin, Stat)* exponential smoothing
exponiert *adj (Bank, Fin, Gen)* exposed • **exponiert sein** *(Fin, Gen)* be exposed to, be vulnerable to • **an exponierter Stelle** *(Gen)* in an exposed position
Export *m (Imp/Exp, WiWi)* export, exportation
Exportabteilung *f (Imp/Exp)* export department
Exportakkreditiv *n (Fin)* export letter of credit
Exportauftrag *m (Imp/Exp, Ind)* export order
Exportdokumente *npl (Imp/Exp)* export documentation
Exportergebnis *n (Imp/Exp)* export performance
Exporterlöse *mpl (WiWi)* export earnings
Exporteur *m (Imp/Exp, Pers)* exporter
Exportfinanzierung *f* 1. *(Fin)* export financing; 2. *(Imp/Exp)* export finance
Exportfirma *f (Imp/Exp)* export house
Exportflaute *f (Imp/Exp, WiWi)* export lull *(ZB)*
Exportgenehmigung *f (Imp/Exp)* export permit
Exportgeschäft *n (Imp/Exp)* export business, export transactions
exportgestützt *adj (Imp/Exp, WiWi)* export-led *(ZB)*
Exporthandel *m (Imp/Exp)* export trade
exportieren *v (Imp/Exp, WiWi)* export
exportinduzierter Aufschwung *m (WiWi)* export-led economic recovery
exportintensive Industrie *f (WiWi)* export-intensive industry
Exportkommissär *m (Imp/Exp)* export commission agent
Exportkonnossement *n (Imp/Exp)* outward bill of lading
Exportkontrolle *f (Imp/Exp)* export control
Exportleistung *f (Imp/Exp)* export performance
Exportmarketing *n (Imp/Exp, V&M)* export marketing
Exportmarkt *m (Imp/Exp, WiWi)* export market
Exportmesse *f (Imp/Exp, V&M)* export fair
exportorientiert *adj (Imp/Exp)* export--oriented
Exportpreise *mpl (Imp/Exp, WiWi)* export prices
Exportquote *f (WiWi)* export quota
Exportrechnung *f (Imp/Exp)* export invoice
Exportsektor *m (Imp/Exp, WiWi)* open sector
Exportsubvention *f (Imp/Exp)* export subsidy
Exportüberhang *m (Imp/Exp, WiWi)* export surplus
Exportumsatz *m (Imp/Exp)* export turnover
Exportverkaufsbedingungen *fpl (Imp/Exp)* terms of export sale
Exportvertrag *m (Imp/Exp, Recht)* agreement on export
Exportvertreter *m* 1. *(Imp/Exp)* manufacturer's export agent; 2. *(WiWi) (BE)* confirming house
Exportvolumen *n (Imp/Exp, WiWi)* volume of exports
Exportwirtschaft *f (Imp/Exp)* export sector, export business
Ex-post-Variablen *fpl (WiWi)* ex post variables
extensive Bewirtschaftung *f (WiWi)* extensive farming
extensive Landnutzung *f (Umwelt)* extensive land use
externalisieren *v (WiWi)* externalize
Externalität *f (WiWi)* externality, neighbo(u)rhood effect
externe Effekte *mpl (WiWi)* externality, neighbo(u)rhood effect
externe Effekte *mpl* **des Konsums** *(WiWi)* external effects of consumption
externe Flexibilität *f (Mgt, Pers)* external flexibility *(durch Änderung der Zahl der im Unternehmen Beschäftigten)*
externe Kosten *pl (WiWi)* external diseconomies *(z. B. negative externe Effekte wie Umweltverschmutzung)*
externe Nachteile *mpl (WiWi)* external diseconomies *(z. B. negative externe Effekte wie Umweltverschmutzung)*
externe Nutzen *mpl (WiWi)* external economies
externe Rechnungsprüfung *f (Recht, RW)* external auditing
externe Skalenerträge *mpl (WiWi)* external economies of scale
externe Verschuldung *f (Gen)* borrowing abroad
externer Arbeitsmarkt *m (WiWi)* external labo(u)r market

externer Bilanzvergleich *m (RW)* external balance sheet comparison
externer Buchprüfer *m (RW)* independent auditor
externes Berichtswesen *n (Admin)* external reporting
externes Rechnungswesen *n (RW)* financial accounting *(Synonym: Finanzbuchhaltung, Geschäftsbuchhaltung, Betriebsbuchführung; Gegensatz: internes Rechnungswesen = internal accounting, cost accounting, management accounting, industrial accounting)*
exterritorial *adj (Bank, Fin)* offshore
Extra *n (Gen)* extra
Extradividende *f (Fin)* bonus
Extrapolation *f (Stat)* extrapolation *(von Werten)*
extrapolieren *v (Stat)* extrapolate (a trend)
extrapolierende Erwartungen *fpl (WiWi)* extrapolative expectations
Extras *npl (Gen)* trimmings
Extremrisiko *n (Fin, WiWi, Stat)* tail risk *(extrem seltenes Risiko, über das ein neueres Risikokonzept auf Basis der fraktalen Mathematik = fractional mathematics Aussagen zur Beschreibung des Risikos am äußersten Rand der Verteilung macht, also jenseits des kritisch hinterfragten Basel-II-Konfidenzniveaus = confidence level von 99 % Wahrscheinlichkeit des Value-at-Risk--Ansatzes; expected tail loss)*
Extremwert *m (WiWi)* extremum
Exzellenzinitiative *f (Bil)* Excellence Initiative *(initiative launched by the German government to encourage competition among universities)*
EZB *s.* Europäische Zentralbank
EZB-Direktorium *n (Bank, WiWi)* Executive Board of the ECB
EZB-Rat *m (Bank, WiWi)* ECB Governing Council, Governing Council of the ECB *(Hauptbeschlussorgan der EZB; anders: Erweiterter Rat der EZB = General Council)*
EZR *m (Abk. für Europäischer Zahlungsverkehrsrat) (Bank, Pol)* European Payments Council, EPC *(Interessenvertretung und zentrales Beschlussorgan der europäischen Kreditwirtschaft)*

F

Fa. *s.* Firma
Fabrik *f (Ind)* factory, manufacturing plant • **ab Fabrik** *(Gen, Imp/Exp, Logis)* ex factory, ex works, EXW
Fabrikanlage *f (Ind)* factory, industrial plant
Fabrikant *m (Ind)* manufacturer, producer
Fabrikarbeiter(in) *m(f)* 1. *(Gen)* factory hand; 2. *(Ind)* shop-floor
Fabrikat *n* 1. *(Gen)* brand, product; 2. *(Versich, V&M)* make; 3. *(WiWi)* manufactured product
Fabrikation *f (Ind)* manufacturing, production, making
Fabrikgebäude *n (Ind)* factory
Fabrikgrundstück *n (Ind)* factory site, plant
fabrikneu *adj (Gen)* brand-new
Fach *n (Bil)* subject, discipline
Fach... *(Gen, Ind, Pers)* skilled, specialist, specialized, professional
Facharbeiter *mpl (Pers, WiWi)* skilled labo(u)r, skilled worker *(manuelle Arbeit)*
Facharbeiterbedarf *m (Pers)* need for skilled workers
Facharbeitermangel *m (Pers)* shortage of skilled workers
Fachaufsicht *f (Recht)* professional supervision, specialist supervision
Fachausbildung *f (Ind)* special training
Fachausstellung *f (V&M)* trade exhibition, trade show *(Messe)*
Fachbereich *m (Bil, Gen)* department, field of studies, faculty *(Universität)*; area of specialisation
Fachberuf *m (Pers, Recht)* profession, skilled trade
Facheinzelhändler *m (V&M)* specialized retailer
Fächer *npl (Recht)* subject areas
Fachexperte *m (Recht, V&M)* specialist, expert in his field
Fachfrau *f* 1. *(Gen)* expert, specialist; 2. *(Pers)* expert, specialist, professional, professional woman
Fachgebiet *n* 1. *(Gen)* area of expertise, specialist field, specialization, area of specialisation; 2. *(Bil)* subject area, subject group, subject; 3. *(Recht)* area of practice
fachgebundenes Gymnasium *n (Bil)* specialized academic secondary

school, specialized upper secondary school *(Synonym: Fachgymnasium)*
Fachgeschäft *n (V&M) (BE)* specialist shop, *(AE)* speciality store
Fachgespräch *n (Pers)* expert discussion, technical discussion
Fachgremium *n (Gen)* expert body, professional body
Fachgymnasium *n (Bil)* specialized academic secondary school, specialized upper secondary school *(Synonym: fachgebundenes Gymnasium)*
Fachhandel *m (V&M)* resellers, retailers, trade buyers
Fachhochschulausbildung *f (Pers)* higher education *(non-university type)*
Fachhochschule *f (Soz)* specialized institution of higher education, *(BE)* technical college
Fachhochschulreife *f (Soz) (BE)* Higher National Certificate
Fachkenntnisse *fpl (Gen)* expert [specialist, technical] knowledge, *(ugs.)* know-how
Fachkraft *f (Pers)* specialist, skilled worker, qualified worker, qualified employee
Fachkunde *f (Comp, Komm, Recht) (BE)* specialised knowledge, *(AE)* specialized knowledge
fachkundig *adj (Gen)* informed
fachlich *adj (Gen)* technical
fachliche Begutachtung *f (Gen)* expert valuation
fachliche Eignung *f (Pers)* professional qualifications
fachliche Kompetenz *f (Pers, V&M)* professional competence
Fachliteratur *f (Pers)* specialist literature, technical literature
Fachmann *m* 1. *(Gen)* expert, specialist; 2. *(Pers)* expert, specialist, professional, professional man, professional woman • **einen Fachmann zurate ziehen** *(Gen)* take expert advice
fachmännisch *adj (Gen)* expert, specialist, technical
fachmännische Beratung *f (Pers)* expert advice, expert guidance
Fachmarkt *m (V&M) (BE)* specialist shop, *(AE)* specialty store
Fachmesse *f (V&M)* trade fair, trade show
Fachoberschulreife *f (Bil)* certificate of aptitude for specialized upper secondary studies
Fachorgan *n (Media)* trade journal
Fachpresse *f (Media)* trade press, technical press
Fachrichtung *f (Bil)* subject area, subject
Fachschule *f (Soz)* technical college
Fachschulreife *f (Bil)* vocational extension certificate, certificate of aptitude for technical college studies
Fachschulung *f (Bil)* technical training
fachsimpeln *v (ugs.) (Gen)* talk shop
fachspezifisch *adj (Gen)* technical
Fachsprache *f (Gen)* jargon, technical language, terminology
fachübergreifend *adj (Gen, WiWi)* multi--disciplinary, interdisciplinary
Fachverband *m (WiWi)* professional association, trade association
Fachwissen *n (Gen, Pers)* expert knowledge
Fachwörterbuch *n (Gen, Media)* specialized dictionary
Fachzeitschrift *f (Media)* professional journal, trade journal, trade magazine
Factoring *n (Fin, RW)* (debt) factoring
Factoring-Institut *n (Fin)* factoring company
Factoring-Unternehmen *n (Fin)* factoring company
fähig *adj (Gen)* able, capable, competent, efficient
Fähigkeit *f (Gen)* ability, capability, competence, skill *(Kompetenz)*; efficiency *(Leistungsfähigkeit)*
Fahrgemeinschaft *f (Pers)* carpool
fahrlässig *adj (Recht)* negligent
Fahrlässigkeit *f (Recht)* negligence
Fahrt *f* **zur Arbeit** *(Pers)* travel to work
Fahrtkosten *pl (Pers)* travelling expenses, *(AE)* traveling expenses, travel costs; fare *(Fahrpreis)* • **Fahrtkosten erstatten** *(Pers)* reimburse travelling expenses
Fahrtkostenerstattung *f (Gen, Pers)* reimbursement of travelling expenses, reimbursement of travelling costs
Fahrtkostenzuschuss *m (Pers, Soz)* travel allowance, travelling allowance, transportation allowance
Fahrzeug *n (Gen, Logis)* vehicle
faire Beschäftigung *f (Pers)* fair employment
fairer Preis *m (Gen)* fair price
Faksimile *n (Gen, Komm)* facsimile, fax

Fakten *mpl (Gen)* facts
Fakten *mpl* **und Zahlen** *fpl (Gen)* facts and figures
faktisch *adj (WiWi)* effective
Faktor *m* 1. *(Fin)* factoring company; 2. *(Gen)* factor *(Einflussgröße)* • **nach Faktoren aufgeschlüsselt** *(Stat)* factorial *(Synonym: faktoriell, in Faktoren zerlegt)*
Faktoranalyse *f (Stat)* factor analysis
Faktorausstattung *f (WiWi)* factor endowment
Faktoreinkommen *n (WiWi)* factor income
Faktoreinsatz *m (WiWi)* factor input
faktoriell *adj (Stat)* factorial *(nach Faktoren aufgeschlüsselt, in Faktoren zerlegt)*
faktorielles Austauschverhältnis *n (WiWi)* factorial terms of trade
Faktorkosten *pl (Ind, WiWi)* factor costs *(Produktion)*
Faktormarkt *m (WiWi)* factor market, input market, resource market
Faktorproduktivität *f (WiWi)* factor productivity
Faktura *f (Gen)* account, invoice, *(BE)* bill
Fakturierung *f (Gen)* billing, invoicing
Fakultät *f* 1. *(Gen)* faculty *(Universität)*; 2. *(Stat)* factorial
fakultativ *adj (Gen)* facultative
Fall *m* 1. *(Börse, Fin)* drop, fall *(Kurs)*; 2. *(Gen)* case, instance, occasion *(Gegebenheit)*; 3. *(Pol)* downfall *(einer Regierung)*; 4. *(Recht)* case *(gerichtlich)* • **in diesem Fall** *(Gen)* in this case, in this instance • **auf keinen Fall** *(Gen)* on no account
Fallbeispiel *n (Gen)* case history
Falle *f (Gen)* pitfall, trap *(figurativ)*
fallen *v* 1. *(Börse, Fin)* fall, drop, slip *(Kurse)*; 2. *(WiWi)* drop, fall *(Absatz, Preise)*
fallen lassen *v* 1. *(Gen)* abandon *(Plan, Projekt)*; scrap *(Plan, Idee)*; 2. *(Pat)* abandon
fallende Tendenz *f (Börse)* falling trend
fällig *adj* 1. *(Bank, Börse, Fin)* matured; 2. *(Gen)* due, due and payable, payable, mature *(Schulden)*; 3. *(WiWi)* payable • **fällig werden** 1. *(Bank)* become due; 2. *(Fin)* mature *(Schulden)* • **fällige Beträge einziehen** *(Fin)* collect sums due • **täglich fälliges Geld** *(Bank)* day loan
fällige Obligationen *fpl (Börse)* matured bonds
fällige Rechnung *f (Gen)* invoice outstanding
fällige Steuern *fpl (RW)* taxes due
fälliger Betrag *m (Fin)* amount due
fälliger Wechsel *m* 1. *(Bank)* expired bill; 2. *(Fin) (AE)* due bill; 3. *(RW)* bill payable
Fälligkeit *f* 1. *(Bank)* maturity; 2. *(Börse) (AE)* expiration; 3. *(Fin)* due date, maturity • **bei Fälligkeit** *(Börse, Fin)* at maturity, on maturity, when due • **vor Fälligkeit** 1. *(Fin)* ahead of schedule; 2. *(Gen)* anticipated • **nach (ihrer) Fälligkeit aufschlüsseln** *(RW)* age
Fälligkeitsdatum *n (Börse, Gen)* date of maturity, due date
Fälligkeitsstruktur *f (WiWi)* maturity structure
Fälligkeitstermin *m* 1. *(Bank)* date of maturity; 2. *(Börse)* delivery date; 3. *(Pers)* date of delivery; 4. *(Admin)* due date • **zum Fälligkeitstermin** 1. *(Börse)* at maturity; 2. *(Gen)* at due date
Fälligwerden *n (Gen, RW)* expiration
Fallmethode *f* 1. *(Gen)* case method; 2. *(Mgt)* case study method
Fallrecht *n (Recht)* case law
Fallstudie *f (Gen, Mgt, V&M)* case study
falsch *adj (Gen)* false, incorrect, wrong, erroneous *(fehlerhaft)*; artificial *(künstlich)* • **auf der falschen Fährte sein** *(Gen)* be on the wrong track • **falsche Zahlen ermitteln** *(Gen)* get the figures wrong
falsch *adv (Gen)* falsely, wrongly • **falsch darstellen** *(Gen)* misrepresent
Falschaussage *f (Recht)* false evidence
falsche Angaben *fpl* 1. *(Recht)* misrepresentation; 2. *(Admin)* false statement
falsche Sparsamkeit *f (WiWi)* false economy
fälschen *v* 1. *(Gen)* forge; 2. *(Recht)* falsify *(Original)*
Fälschen *n (Recht)* counterfeiting
falscher Anreiz *m (WiWi)* disincentive
fälschlicherweise *adv (Gen)* wrongly
Fälschung *f* 1. *(Gen)* forgery; 2. *(RW)* falsification; 3. *(Recht)* falsification *(Dokumente)*; counterfeit *(Münzen)*
fälschungssicher *adj (Gen)* tamper-proof, unforgeable *(Dokument)*
Faltblatt *n (Gen)* folder
Familienbetrieb *m (Gen)* family business,

family-owned business; family-run business
Familieneinkommen *n (Soz, Steuer)* family income
familiengeführtes Unternehmen *n (Gen, Mgt)* family-run firm [business]
Familienstand *m (Pers)* marital status, family status
Familienunternehmen *n (Gen)* family business, family-owned firm
Familienvorstand *m (Pers)* head of the family, family head
Familienzuschlag *m (Soz)* family allowance
Fangquote *f (Gen, Umwelt)* fishing quota *(EU)*
Farb... *(Comp, Media)* colo(u)r
Farbe *f (Comp, Media)* colo(u)r
Fassung *f (Gen)* version • **in der Fassung von** *(Recht)* as amended
Fassungsvermögen *(Ind)* at full capacity
Fast-Nullzins-Politik *f (Bank, Fin)* near--zero-rate policy
fauler Kredit *m (ugs.) (Bank, Fin) (ugs.)* bad loan, problem loan
fauler Scheck *m (ugs.) (Bank) (AE)* dud check, *(BE)* dud cheque
fauler Wechsel *m (ugs.) (Bank)* bad paper
Faustregel *f (Gen)* rough guide, rule of thumb
Fax *n (Komm)* fax, facsimile • **per Fax übermitteln** *(Komm)* send by fax
faxen *v (Komm)* fax, send by fax
Faxübermittlung *f (Komm)* fax transmission
Faxübertragung *f (Komm)* fax transmission
Fazilitäten *fpl (Bank, Fin)* facilities
F&E *s.* Forschung und Entwicklung
Federführung *f (Fin)* lead management
Feedback *n (Gen)* feedback
Fehl... *(Gen)* false, mis...
Fehlallokation *f (WiWi)* misallocation *(Ressourcen)*
Fehlanreiz *m (Pers, WiWi)* disincentive
fehlbar *adj (Gen)* fallible
Fehlbestand *m (Gen)* deficiency
Fehlbetrag *m* 1. *(Fin)* deficit; 2. *(Gen)* shortage, shortfall; 3. *(RW)* shortfall; 4. *(Steuer)* deficiency
Fehlbuchung *f (RW)* posting error
Fehlen *n (Fin, Gen)* absence, lack
fehlen *v* **an** *(Gen)* be short of, lack
fehlender Markt *m (WiWi)* missing market
Fehlentwicklung *f (Gen, WiWi)* undesirable development, unwelcome development
Fehler *m* 1. *(Comp)* error, fault *(Software)*; 2. *(Gen)* flaw, mistake, erratum, fault *(Irrtum)*; 3. *(Stat)* error • **einen Fehler machen** *(Gen)* make a mistake
Fehler *m* **zweiter Ordnung** *(Stat)* beta error
Fehlerbereich *m (Stat)* margin of error, error margin
Fehlerbeseitigung *f (Comp)* debugging, error recovery
fehlerfrei *adj* 1. *(Comp)* error-free; 2. *(Gen)* faultless, free from defects, sound, without fault
Fehlerfreiheit *f (Recht)* faultlessness *(Vertragsrecht)*
fehlerhaft *adj* 1. *(Gen)* deficient, faulty, flawed, less-than-perfect; 2. *(Recht)* defective
fehlerhafte Arbeit *f (Gen)* faulty [flawed] work
fehlerhafte Montage *f (Versich)* faulty installation
fehlerhafte Waren *fpl (V&M)* faulty goods
fehlertolerantes System *n (Comp)* fault--tolerant system
Fehlinvestition *f (Bank, Fin)* bad investment, unprofitable investment
Fehlinvestitionen *fpl (Fin, RW, WiWi)* stranded assets
Fehlleitung *f (WiWi)* misallocation *(Ressourcen)*
Fehlmenge *f (Gen, RW)* shortfall
Fehlschlag erleiden *v/***einen** *(Gen)* suffer a setback, sustain a setback
Fehlurteil *n (Recht)* miscarriage of justice, misjudgment
Fehlverhalten *n (Gen)* misconduct, faux--pas *(taktlos)*
Fehlzeiten *fpl (Pers)* absence from work, times absent, times absent from work, absenteeism; working time lost; working hours lost
Feierschicht *f (Pers)* unworked shift
Feiertag *m (Pers)* bank holiday, public holiday
Feiertagsregelung *f (Pers)* holiday regulations
feilschen *v* **um** *(Gen, V&M)* bargain about, haggle over
fein *adj (Ind)* refined
Fein... *(Ind, WiWi)* precision, fine-tuned
feinabstimmen *v (WiWi)* fine-tune

Feinabstimmung *f (Ind)* fine-tuning *(eines Geräts)*
feindliche Übernahme *f (Fin, Gen, Mgt)* unfriendly takeover, hostile takeover
feindliche Übernahmeofferte *f (Fin, Gen)* hostile takeover bid, unfriendly takeover attempt
Feineinstellung *f (Comp, Gen)* fine--tuning
Feingehalt *m* 1. *(Bank)* standard; 2. *(Fin, Gen)* fineness • **den Feingehalt feststellen** *(Gen)* assay
Feingehaltsstempel *m (Bank)* hallmark
Feinplanung *f (Mgt)* detailed planning
Feinsteuerung *f (WiWi)* fine-tuning *(der Wirtschaft)*
F&E-Intensität *f (Stat, WiWi)* R&D intensity *(F&E-Aufwendungen in Prozent des BIP)*
Feld *n (Comp, Ind, V&M)* field *(Textverarbeitung, Fachgebiet, Marktforschung)*
Feldforschung *f (V&M)* field research
Feldversuch *m (V&M)* field testing
Fensterumschlag *m (Gen, Komm)* window envelope
Ferien *(Frei, Gen, Pers) (BE)* holiday, *(AE)* vacation; leave • **in die Ferien gehen** *(Frei, Gen, Pers) (BE)* go on holiday, *(AE)* go on vacation, *(BE)* take a holiday, *(AE)* take a vacation; take leave
Ferienarbeit *f (Pers) (BE)* holiday job, *(AE)* vacation job, *(AE)* vacation work *(Synonym: Ferientätigkeit)*
fern *adj* 1. *(Gen)* absent, aloof, remote; 2. *(Pers)* absent
Fern... *(Gen, Logis)* remote, long--distance
Fernakademie *f (Soz)* correspondence college, correspondence school
Fernbleiben *n (Gen)* absence
Ferngespräch *n (Komm)* long-distance call, *(BE)* trunk call, *(AE)* toll call
ferngesteuert *adj (Comp)* remote--controlled
Fernkauf *m (V&M)* catalog(ue) buying
Fernmelde... *(Komm)* telecommunications
Fernmeldegeheimnis *n (Komm, Recht)* telecommunications privacy; telecommunications secrecy • **unter Wahrung des Fernmeldegeheimnisses** *(Komm, Recht)* while complying with telecommunications secrecy
Fernmeldenetz *n (Komm)* telecommunication network
Fernmeldeverkehr *m (Komm)* telecommunications
Fernmeldewesen *n (Komm)* telecommunication(s)
fernmündlich mitteilen *(Komm)* telecommunicate
Fernseh... *(Komm, Media)* television, TV
Fernsehgebühr *f (Media, Recht) (BE)* TV licence fee, *(AE)* TV license fee; *(ugs.)* TV tax
Fernsehwerbezeit kaufen *(V&M)* buy airtime
Fernsprechauftragsdienst *m (Komm)* answering service
Fernsprechgebühren *fpl (Komm)* telephone charges, *(AE)* telephone rates
Fernsprechkonferenz *f* 1. *(Komm)* audio conference, teleconference; 2. *(V&M)* teleconference
Fernsprechteilnehmer *m (Komm)* telephone subscriber
Fernsprechteilnehmerverzeichnis *n (Komm)* (tele)phone book, telephone directory
Fernsteuerung *f (Komm)* remote control *(Geräte)*
Fernstudium *n (Bil)* correspondence course, distance learning, home study course
Fernüberwachung *f (Bank)* remote monitoring
Fernuniversität *f (Bil)* correspondence school, open university
Fernunterstützung *f (Comp)* remote support
Fernverkehr *m (Logis)* long-distance travel, long-distance traffic, long--distance transport
Fernwartung *f (Comp)* remote maintenance
Fertig... *(Gen, Ind)* ready, finished, (vorgefertigt) prefabricated, ready--made *(vollendet)*
fertig stellen *v (Ind)* finish, accomplish
Fertigerzeugnisse *npl (Ind)* finished goods, finished products
Fertighaus *n (Grund)* manufactured home, prefabricated house
Fertigkeit *f (Gen, Pers)* skill
Fertigprodukt *n (Gen)* finished product
Fertigstellung *f (Gen)* completion
Fertigstellungstermin *m (Gen)* target

date, completion date
Fertigung *f (Ind)* manufacture, production
Fertigungsabteilung *f (Ind)* production department
Fertigungsanlage *f (Ind)* (manufacturing) plant [factory]
Fertigungsaufwand *m (Ind)* production costs
Fertigungsbereich *m (WiWi)* manufacturing sector
Fertigungsbetrieb *m (Ind)* manufacturing company
Fertigungseinzelkosten *pl (RW, WiWi)* prime cost(s)
Fertigungsgemeinkosten *pl* 1. *(RW)* factory overheads, manufacturing overheads; 2. *(WiWi)* indirect labo(u)r costs
Fertigungsindustrie *f (Ind)* manufacturing industry
Fertigungskapazität *f (Ind)* manufacturing capacity
Fertigungskontrolle *f* 1. *(Gen)* progress control; 2. *(Ind)* process control, production control
Fertigungskosten *pl (RW)* manufacturing cost(s), production costs
Fertigungslohn *m (Fin, Ind, WiWi)* direct labo(u)r *(Kostenrechnung)*
Fertigungsmaterial *n (WiWi)* direct and indirect material
Fertigungsplanung *f (Ind, Mgt)* process engineering, production scheduling
Fertigungsplanung *f* **und -steuerung** *f (Gen, Ind, Mgt)* production planning and control
Fertigungssektor *m (WiWi)* secondary sector
Fertigungssteuerung *f (Ind)* manufacturing control
fertigungssynchrone Beschaffung *f (Ind, Mgt)* just-in-time procurement, jit procurement *(Synonym: produktionssynchrone Beschaffung, einsatzsynchrone Beschaffung, verbrauchssynchrone Beschaffung)*
Fertigungstechnik *f (Ind)* production technology, production engineering, product engineering
Fertigungsvorbereitung *f (Ind)* production scheduling
Fertigwaren *fpl (Gen)* finished goods
fest *adj* 1. *(Bank)* fixed, nonvariable; 2. *(Gen)* stable, steady, permanent, pegged; 3. *(WiWi)* firm, pegged • **ein festes Angebot machen** *(Gen)* make a firm offer • **ohne festen Wohnsitz** *(Recht)* without permanent residence, of no fixed abode
fest *adv (Gen)* steadily, firmly, permanently • **fest angelegt** *(Bank, Fin)* illiquid, tied up • **fest daran glauben, dass** *(Gen)* be convinced that, stand firm in the belief that
Fest... *(Gen)* binding, firm
fest angestelltes Personal *n (Pers)* permanent staff, permanent labo(u)r, permanent personnel
Festangebot *n (Gen)* binding offer, firm offer
Festanlage *f (Bank)* fixed-term deposit
Festanstellung *f (Pers)* permanent appointment *(Arbeit)*
feste Arbeitskräfte *fpl (Pers)* permanent labo(u)r
feste Arbeitszeit *f (Pers)* fixed working hours
feste Einkünfte *pl (Börse)* fixed income
feste Laufzeit *f (Bank)* fixed maturity
feste Leistungen *fpl (Gen)* fixed benefits
feste Notierung *f (Börse)* firm price
feste Stelle *f (Pers)* permanent job, regular job
feste Übernahmeverpflichtung *f (Börse)* firm commitment
fester Arbeitsplatz *m (Pers)* permanent job, permanent post
fester Arbeitsvertrag *m (Pers)* permanent employment contract, permanent job contract
fester Kundenkreis *m (Gen)* established clientele
fester Kurs *m (Börse)* firm price
fester Wechselkurs *m (WiWi)* fixed exchange rate, pegged exchange rate
festes Angebot *n (Gen)* binding offer, firm offer
festes Arbeitsverhältnis *n (Pers)* permanent employment, permanent employment relationship
Festgebot *n (Admin)* firm bid
Festgehalt *n (Pers)* fixed salary
Festgeld *n (Bank)* fixed deposit, fixed-period deposit, time deposit, term deposit
Festgeldkonto *n* 1. *(Bank)* investment account, *(AE)* time deposit account; 2. *(Fin)* term account
festgelegt *adj (Börse, Gen, Mgt)* locked-in, tied up • **in der festgelegten**

Reihenfolge *(Gen)* in the order specified
festgelegter Verfalltag *m (Börse)* fixed expiration date
festgeschrieben *adj (Börse)* locked-in
festgesetzt *adj (Gen)* arranged, set, specified • **zum festgesetzten Zeitpunkt** *(Gen)* at the appointed time
festgesetzter Preis *m (Börse)* predetermined price
festgesetzter Termin *m (Gen)* appointed day
festgestellte Tatsache *f (Gen)* ascertained fact
festgestellter Sachverhalt *m (Recht)* findings, findings of fact
festhalten *v* **an** *(Gen)* abide by *(Entscheidung, Regelung)*; adhere to *(Grundsatz)*
Festkonditionen *fpl (Gen)* fixed terms
festlegen *v* 1. *(Börse) (jarg.)* lock in, lock away *(Wertpapiere)*; 2. *(Fin)* tie up; 3. *(Gen)* schedule, appoint *(Datum, Ort)*; establish, work out, fix *(Termin)*; 4. *(Recht)* lay down *(Vertrag)*; formulate *(Bedingungen)*; 5. *(WiWi)* set *(Wert)*; determine *(Preis)* • **Regeln festlegen** *(Gen)* lay down the rules
Festlegung *f* **der Kosten** *(Börse)* fixing of costs
Festnetz *n (Komm) (BE)* Public Switched Telephone Network *(PSTN)*; plain old telephone system *(POTS)*
Festpreis *m (Börse, RW)* fixed price
Festpreisangebot *n (Börse)* fixed price tender offer *(Aktienrückkauf)*
Festrente *f (Versich)* fixed annuity
festschreiben *v (Börse)* lock in
festsetzen *v* 1. *(Börse)* declare; 2. *(Gen)* arrange, set, specify; 3. *(WiWi)* set *(Wert)*
feststellen *v* 1. *(Gen)* adopt, ascertain, establish *(Preis)*; 2. *(Pol, Recht)* adopt; 3. *(Admin)* adopt, ascertain
Feststellung *f (Gen)* ascertainment
festverzinslich *adj (Börse, Fin)* fixed--interest bearing, fixed-rate
festverzinsliche Anleihe *f (Börse, Fin)* fixed-rate bond, fixed-interest loan
festverzinsliche Inhaberschuldverschreibung *f (Börse, Fin)* fixed-rate bearer bond, straight bond
festverzinsliche Kapitalanlage *f (Börse)* fixed-income investment
festverzinsliches Darlehen *n (Fin)* fixed--interest loan
Festzinsaktiva *npl (Fin)* fixed-income assets *(Synonym: Festertragsaktiva; cashflow producing assets = Zahlungsmittel generierende Forderungsrechte, mit festen, laufenden Erträgen z. B. aus Kreditkarten-, Ratenkaufs-, Hypotheken- oder Leasingverträgen; werden zur Besicherung strukturierter Produkte eingesetzt, cf ABS, ABCP, CDO; a SIV undertakes arbitrage activities by purchasing highly rated medium and long-term, fixed-income assets and funds itself with cheaper short-term highly rated Commercial Paper, ABCP and MTNs = medium--term notes)*
Festzinsanleihe *f (Börse)* straight bond
Festzinshypothek *f (Bank)* fixed-rate mortgage
Festzinskredit *m* 1. *(Bank)* fixed-rate loan; 2. *(Fin)* straight loan
Festzinssatz *m (Bank, Fin)* fixed-rate interest, fixed interest rate
feuern *v (ugs.) (Pers)* fire, *(BE; ugs.)* sack
Feuerwehrfonds *m (RW)* firefighting fund *(Einlagensicherung)*
Fianzierungsstruktur *f (Fin, WiWi)* financial structure
fiduziarisch *adv (Recht)* fiduciary *(treuhänderisch)*
fiktiv *adj* 1. *(Fin)* notional; 2. *(Gen)* fictitious
fiktive Miete *f (Grund)* notional rent *(eigengenutzte Wohnung)*
fiktive Zinsen *mpl (Steuer)* imputed interest
fiktiver Wert *m (RW, WiWi)* imputed value
fiktives Einkommen *n (RW, WiWi)* imputed income
Filialbanksystem *n (Bank)* branch banking system
Filialbankwesen *n (Bank)* branch banking, *(AE)* chain banking
Filiale *f* 1. *(Bank)* area office, branch; 2. *(Gen)* branch, branch office, branch operation, suboffice; 3. *(V&M)* chain store
Filialkette *f (V&M)* chain store
Filialnetz *n (Bank)* branch network
Finanz... *(Fin, Steuer)* financial, fiscal
Finanzalchemie *f (ugs.) (Bank, Fin, Media) (ugs.)* financial chemistry, *(ugs.)*

financial alchemy *(Bündelung, Verbriefung und Strukturierung von Finanzinstrumenten: strukturierte Finanzprodukte = structured financial instruments machen risikoreiche, nicht marktgängige Einzelrisiken in Bankbilanzen – z. B. Forderungen gegen erst- oder zweitklassige Hypothekenschuldner oder kleine und mittlere Unternehmenseinheiten – durch Bündelung und Verbriefung am Kapitalmarkt handelbar –tradable– und die damit verbundenen Risiken transferierbar –transferable–; so wird aus saurem Landwein Qualitätswein, der dann, durch die beratend schon an der Strukturierung beteiligten Ratingagenturen zum Grand Cru geadelt, auf den globalen Kapitalmärkten bei renditedurstigen, vor der jeweiligen Krise risikoblinden Investoren, u. a. deutschen Instituten und Landesbanken, platziert wird – stets bei unveränderter Qualität der zugrunde liegenden Sicherheiten, der Basisprodukte = Basisobjekte = underlying products = underlying assets; e.g. securitized and structured financial products like ABS, MBS, ABCP or CDOs; financial engineering)*

Finanzamt *n* 1. *(Pol) (BE)* the Exchequer; 2. *(Steuer) (BE)* Inland Revenue Office, *(AE)* Internal Revenue Service, revenue office; taxation office

Finanzanlagen *fpl* 1. *(Bank, Börse, Fin)* investments; 2. *(RW, WiWi)* financial assets

Finanzaufwendungen *fpl (RW)* finance costs

Finanzausweis *m (RW)* financial statement

Finanzbedarf *m (Fin)* financial requirements

Finanzberater(in) *m(f) (Fin, Pers)* financial adviser, financial advisor

Finanzbereich *m (Fin)* financial field

Finanzberichterstattung *f (Fin, RW)* financial reporting

Finanzbuchhaltung *f (RW)* financial accounting, general accounting

Finanzbudget *n* 1. *(Fin)* financial budget; 2. *(WiWi)* capital budget *(Synonym: Kapitalbudget, Investitionsplan)*

Finanzchef(in) *m(f) (ugs.) (Fin, Mgt)* Chief Financial Officer, CFO; financial manager, corporate treasurer

Finanzcontrolling *n (Gen, Mgt)* financial controlling

Finanzdefizit *n (RW)* fiscal deficit

Finanzderivate *npl (Bank, Fin)* financial derivatives

Finanzdienstleistungen *fpl (Fin)* financial services

Finanzdienstleistungsbereich *m (Fin)* financial sector, financial services sector

Finanzer *m (ugs.) (Fin, Mgt, Pers)* financial manager

Finanzflussrechnung *f (Fin)* cash flow statement, statement of cash flows *(Synonym: Kapitalflussrechnung, KFR, Cashflow-Rechnung, Fondsstromrechnung; cf KFR; IAS 7 Cash Flow Statements, IFRS)*

Finanzföderalismus *m (Pol, Steuer)* fiscal federalism

Finanzgericht *n (Steuer)* first-instance fiscal court, tax court

Finanzgutachten *n (Fin)* financial appraisal

Finanzhilfe *f (WiWi)* financial aid, financial assistance

finanziell *adj (Gen)* financial, pecuniary • **in finanziellen Schwierigkeiten** *(Fin)* cash-strapped • **sich in finanziellen Schwierigkeiten befinden** *(Fin)* be in financial straits

finanziell *adv (Gen)* financially • **finanziell gesund** *(Gen)* financially sound • **finanziell schwach** *(Fin)* cash--strapped

finanzielle Belastung *f (Fin)* financial burden, financial encumbrance

finanzielle Beteiligung *f (Fin)* financial involvement

finanzielle Dienstleistungen *fpl (Fin)* financial services

finanzielle Kernschmelze *f (Bank, Media, Pol)* financial meltdown, financial core meltdown *(mit unkontrollierbaren Vermögenswertverlusten und/oder systemsprengender Kapitalvernichtung)*

finanzielle Lage *f (Fin)* financial position, financial standing

finanzielle Leistungsfähigkeit *f (Fin)* financial strength

finanzielle Macht *f (Admin, V&M)* financial muscle

finanzielle Mittel *npl (Fin)* financial means, finance
finanzielle Offenlegung *f (Fin)* financial disclosure
finanzielle Sanktionen *fpl (Bank)* financial penalties *(EZB)*
finanzielle Stabilität *f (Fin)* financial stability
finanzielle Unterstützung *f (Fin)* financial backing, financial aid, financial assistance, financial support
finanzielle Vermögenswerte *mpl (Fin, RW)* financial assets
finanzieller Anreiz *m (Börse, Fin)* financial incentive, *(AE; ugs.)* kicker; *(ugs.)* bells and whistles; *(ugs.)* sweetener *(besondere Ausstattung einer Emission)*
finanzieller Anspruch *m (RW)* financial claim
finanzieller Engpass *m (Admin)* financial straits
finanzieller Vermögenswert *m (Fin)* financial asset
finanzielles Engagement *n (RW)* capital commitment
finanzielles Gleichgewicht *n (WiWi)* financial balance
finanzielles Risiko *n (Börse)* financial risk
finanzieren *v (Fin)* finance, fund
Finanzierung *f (Fin)* finance, financing, funding *(Projekt)*
Finanzierung *f* **aus einer Hand** *(Fin, WiWi)* one-stop financing, financing package, single finance
Finanzierung *f* **durch Forderungsabtretung** *(RW)* accounts receivable financing
Finanzierung *f* **über Nebenhaushalte** *(Admin, Fin, Pol)* off-budget finance *(intransparente außerbudgetäre Finanzierung, wenn es darum geht, die wirkliche Höhe und den Ausweis der Schulden im laufenden Etat zu verschleiern, z. B. Erblastentilgungsfonds = redemption fund for inherited burdens, einer der Nebenhaushalte zur Finanzierung der Wiedervereinigung)*
Finanzierungsbedarf *m* 1. *(Bank)* borrowing requirements; 2. *(Fin)* capital requirements
Finanzierungsgesellschaft *f (Fin) (BE)* finance house
Finanzierungskosten *pl* 1. *(Bank)* finance charges; 2. *(Admin)* financial expenses
Finanzierungs-Leasing *n (Fin)* capital lease, finance lease
Finanzierungslücke *f (Fin)* funding gap
Finanzierungsmaßnahme *f (Fin)* financing transaction; financing operation
Finanzierungsmittel *n* 1. *(Börse)* credit instrument; 2. *(Fin)* financial means
Finanzierungsplan *m (Fin)* financing plan
Finanzierungsquelle *f (Fin)* funding source
Finanzierungsstrategie *f (Fin)* financial strategy
Finanzierungsströme *mpl (WiWi)* financial flows
Finanzierungstechnik *f (Fin)* financial engineering
Finanzinnovation *f (Bank, Fin)* financial innovation
Finanzinstitut *n (Fin)* financial institution
Finanzinstrument *(Bank, Fin)* financial instrument, financing instrument, financing vehicle
Finanzjahr *n (Fin, RW, Steuer)* fiscal year, FY, financial year
Finanzkontrolle *f (Fin, RW)* budgetary control, financial control
Finanzkraft *f* 1. *(Bank)* financial strength [power]; 2. *(Admin, V&M)* financial muscle
Finanzkreise *mpl (Fin)* financial circles [community]
Finanzlage *f (RW)* financial position, financial situation, position
Finanz-Leasing *n (Fin)* capital lease, finance lease
Finanzlücke *f (Fin)* funding gap
Finanzmanagement *n (Fin, RW)* financial management, cash management
Finanzmarkt *m (Fin)* financial market
Finanzmarktaufsicht *f (Bank, Börse, Versich)* financial market supervision *(cf Bundesanstalt für Finanzdienstleistungsaufsicht, Bafin)*
Finanzmarktstabilisierungsfonds *m (FMSF) (Deu) (Bank, Fin, Pol)* Financial Market Stabilization Fund; Special Fund for the Stabilization of the Financial Market (SoFFin) *(formal: Sonderfonds Finanzmarktstabilisierung; Verwaltung durch die Finanzmarktstabilisierungsanstalt = FMSA = Financial Market Stabilization*

Agency, eine unselbstständige Anstalt des öffenlichen Rechts, errichtet im Oktober 2008 zur Bekämpfung der Wirtschafts- und Finanzmarktkrise; die Fach- und Rechtsaufsicht liegt beim BMF)

finanzmathematische Verfahren *npl (Fin, WiWi)* DCF-methods, *(BE)* discounted cash flow methods *(Synonym: dynamische Methoden, dynamische Verfahren; Gegensatz: statische Verfahren)*

finanzmathematische Verfahren *npl* **der Investitionsrechnung** *(Fin, WiWi)* DCF-methods, *(BE)* discounted cash flow methods, time-weighted methods of investment analysis *(Synonym: dynamische Methoden der Investitionsrechnung; Gegensatz: statische Verfahren der Kostenvergleichs-, Gewinnvergleichs-, Rentabilitätsvergleichs- und Amortisationsvergleichsrechnung)*

Finanzminister *m (Fin, Pol, WiWi)* Finance Minister, *(BE)* Chancellor of the Exchequer, *(AE)* Secretary of the Treasury

Finanzministerium *n (Fin, Pol, WiWi)* Ministry of Finance, *(AE)* Department of the Treasury, *(BE)* Her Majesty's Treasury, *(BE)* Treasury, *(BE)* the Exchequer

Finanzmittel *npl (Fin)* finance, funds

Finanznetzwerk *n (Bank, Fin)* financial network

Finanzperiode *f (Fin)* budgetary period

Finanzplan *m (Fin, Mgt, RW)* budget

Finanzplanung *f (Fin, Mgt, RW)* budgeting, budgetary planning, financial management, financial planning

Finanzpolitik *f (Fin)* financial [fiscal] policy

Finanzprognosen *fpl (Fin)* financial forecasts

Finanzquelle *f (Fin)* funding source

Finanzreform *f (Fin, Pol)* fiscal reform

Finanzschmelze *f (Bank, Media, Pol)* financial meltdown, financial core meltdown *(Synonym: finanzielle Kernschmelze; mit unkontrollierbaren Vermögenswertverlusten und/oder systemsprengender Kapitalvernichtung)*

Finanzsektor *m (Bank, Börse, Versich)* finance sector, financial sector, financial services sector *(Finanzbereich)*

Finanzspritze *f (Fin)* financial injection, injection of funds

Finanzstabilitätsrat *m (FSB) (Bank, Fin)* Financial Stability Board, FSB *(Synonym: Finanzstabilitätsausschuss; von den G20 2009 eingesetzt als Nachfolger des Finanzstabilitätsforum = Financial Stability Forum = FSF zur Beobachtung und Analyse globaler, systemischer Probleme der Finanzstabilität; er vereint Vertreter der Zentralbanken, Regulierer und Wertpapieraufsichtsbehörden)*

Finanzstatistik *f (Fin, Stat)* financial statistics

Finanzstatus *m* 1. *(Bank, Fin)* financial statement *(Liquidität)*; 2. *(RW)* asset and liability statement, statement of financial position

Finanzstrategie *f (Gen)* financial strategy

Finanzsystem *n (Fin)* financial system

Finanzterminmarkt *f (Börse, Fin)* financial futures market

Finanztransaktion *f (Bank, Börse, Fin, Versich)* financial operation, financial transaction

Finanztransaktionssteuer *f (Bank, Börse, Pol, Steuer)* tax on financial transactions, tax on financial operations *(spezifische Bankenabgabe auf das Volumen der Finanztransaktionen im Sinne der Tobin-Steuer auf Devisentransaktionen, ein einfacher Mengenansatz = quantitative approach; kein Beitrag zum G20-Ziel der Systemstabilisierung, da sie falsch gesetzte Anreize zum Aufbau systemischer Risiken im Finanzbereich nicht korrigieren kann; zur ‚Krisenkosten-Finanzierung' ist die neue Steuer bestenfalls fiskalpolitisch attraktiv: geringer Steuerwiderstand = low resistance to taxation wegen ihrer Popularität, aufkommensstark bei geringen Erhebungskosten = low collection cost; anders, aber systemstabilisierend: die Pigou-Steuer = Pigouvian tax auf Systemrisiken zur –annähernden– Internalisierung der extern –beim Staat bzw. Steuerzahler– anfallenden Kosten; cf Pigouvian tax = Pigou-Steuer, moralisches Risiko = moral hazard)*

Finanzvehikel *n* 1. *(Bank, Börse, Media)*

financial vehicle *(e.g. SPV = Special Purpose Vehicle, a Conduit or a SIV = Structured Investment Vehicle; wegen ihres Ratings von Banken mit kurzfristigen Kreditlinien liquiditätsgesponserte, formal unabhängige Zweckgesellschaften; regulierungsbedingte Hilfskonstruktion zur formal 'bilanzneutralen' Auslagerung von Risiken aus den Bankbilanzen; a means of risk outsourcing before Basel II came into force in 2008)*; 2. *(Fin)* financial instrument *(Finanzinstrument, i.S.v. innovativen, strukturierten und verbrieften Finanzprodukten, z. B. ABS, ABCP, CDOs)*

Finanzvermögen *n (RW)* financial assets

Finanzverwaltung *f* 1. *(Admin, Fin, Mgt)* financial administration, financial management; 2. *(Steuer)* revenue department

Finanzvorlage *f (WiWi)* financial proposal, *(BE)* Finance Bill

Finanzvorstand *m (Pers)* financial director, finance director, financial executive, financial manager, vice president finance

Finanzwechsel *m* 1. *(Bank)* finance bill; 2. *(Fin)* accommodation bill, finance bill

Finanzwerte *mpl (Fin)* finance company papers

Finanzwesen *n* 1. *(Fin)* finance; 2. *(Mgt)* financial management

Finanzwirtschaft *f* 1. *(Fin, Mgt)* business finance, corporate finance, financial management *(eines Unternehmens)*; 2. *(Pol, WiWi)* public finance

finanzwirtschaftlich *adj (Fin)* financial

finanzwirtschaftliche Kennzahl *f (Fin)* financial ratio, accounting ratio

Finanzwissenschaft *f (WiWi)* public finance *(Lehre von der öffentlichen Finanzwirtschaft, die Analyse der wirtschaftlichen Wirkungen staatlicher Aktivität)*

Finanzzentrum *n (Fin) (AE)* financial center, *(BE)* financial centre

fingierte Rechnung *f (Gen)* fictitious invoice

Firma *f (Gen)* business, business enterprise, *(BE)* company, Co., *(AE)* corporation, corp.; establishment, firm

Firmen... *(Gen)* corporate

Firmen-Abschreibung *f (RW)* goodwill amortization

Firmenangelegenheiten *fpl (Gen)* company's affairs

Firmenchef *m (Mgt)* company boss, company head

firmeneigen *adj (Gen)* company-owned, in-house

firmeneigener Außendienst *m (Gen, V&M)* company's own field organization

Firmenfahrzeug *n (Logis)* company vehicle

Firmengruppe *f (Gen)* group, group of companies; conglomerate, *(BE)* combine *(unter einheitlicher Leitung eines herrschenden Unternehmens: Konzern)*

Firmenimage *n (Gen, V&M)* corporate image

Firmeninsolvenzen *fpl (Fin)* corporate insolvencies

firmenintern *adj (Gen)* in-house, in--company

firmeninterne Schulung *f (Pers)* in--company training

Firmenkampagne *f (V&M)* corporate campaign

Firmenkredite *mpl (Bank)* corporate lending

Firmenkreditmarkt *m (Bank)* corporate lending market

Firmenkunde *m* 1. *(Bank)* corporate client, corporate customer; 2. *(Bank, V&M)* business customer

Firmenkundengeschäft *n (Bank)* corporate banking

Firmenkundenkredit *m (Bank)* corporate credit

Firmenkundschaft *f (Bank, V&M)* business customers, corporate customers

Firmenleitung *f (Mgt)* corporate management

Firmenlogo *n (Gen, V&M)* company logo

Firmenmantel *m (Gen)* shell company, shell corporation

Firmenname *m (Gen)* corporate name, trade name, name of business

Firmenregister *n (Admin)* register of companies

Firmenschriftzug *m (Gen, V&M)* logotype, logo

Firmensiegel *n (Recht)* company seal

Firmensitz *m (Gen, Mgt, Recht)* headquaters, head office

firmenspezifisch *adj (Gen)* firm-specific,

company-specific
Firmenverzeichnis *n (Gen)* trade directory
Firmenwagen *m (Logis)* company car
Firmenwebsite *f (Comp, Gen, Komm, V&M)* company website
Firmenwert *m (Gen, RW)* goodwill
Firmenzeichen *n (Gen, V&M)* logotype, logo, motif, trade sign
Firmenzusammenbruch *m (Gen, Mgt, Recht)* business failure, business collapse
FIS *(Abk. für Führungsinformationssystem) (Mgt)* MIS, management information system, EIS, Executive Information System *(Synonym: Management Informationssystem, MIS; cf Führungsinformationssystem)*
Fiskal... *(Fin, Pol, Steuer, WiWi)* fiscal
fiskalisch *adj (Fin, Pol, Steuer, WiWi)* fiscal
fiskalische Bremse *f (Steuer, WiWi)* fiscal drag
Fiskalpolitik *f (WiWi)* fiscal policy
fiskalpolitische Sparmaßnahmen *fpl (WiWi)* fiscal austerity
Fiskus *m (selten im Plural: Fisken, Fisci) (Gen, Steuer)* tax authorities, fiscal authorities; *(ugs., BE)* taxman *(Steuerbehörde)*; *(BE)* the Crown, Exchequer, Exch., *(AE)* state government (as a tax collector), *(AE)* federal government (as a tax collector)
fix *adj (Bank)* nonvariable
Fix... *(Gen)* firm, fixed
Fixauftrag *m (V&M)* firm order
fixe Gemeinkosten *pl (RW)* fixed overheads
fixe Kosten *pl* 1. *(RW)* fixed costs, committed costs; 2. *(WiWi)* fixed costs, constant cost
Fixgeschäft *n* 1. *(Börse)* time bargain; 2. *(Recht)* contract where time is of the essence *(Vertragsrecht)*
fixiert *adj* 1. *(Gen)* fixed, pegged, pre-arranged; 2. *(WiWi)* pegged
Fixkosten *pl (RW, WiWi)* fixed charge [costs, expenses]
Fixkostendeckung *f (RW)* fixed-charge coverage
Fixpunkt *m (Gen)* benchmark
Fixum *n* 1. *(Gen)* fixed allowance; 2. *(Pers)* fixed salary
Fläche *f (WiWi)* area, surface area
flache Hierarchien *fpl (Mgt, Pers)* flat hierarchies
flache Organisation *f (Mgt)* flat organization
flache Renditekurve *f (Fin, WiWi)* flat yield curve *(Synonym: flache Renditestruktur-Kurve)*
flache Renditestruktur-Kurve *f (Fin, WiWi)* flat yield curve *(Synonym: flache Renditekurve; die Renditen sind in allen Laufzeitbereichen ähnlich hoch)*
Flächenaufteilung *f (Grund)* zoning
Flächenstichprobe *f (V&M)* area sample
Flächentarifverhandlungen *fpl (Mgt, Pers)* centralised pay bargaining, centralised wage bargaining, industry-wide wage bargaining
Flächentarifvertrag *m (Mgt, Pers)* centralised pay bargaining agreement, centralised wage bargaining agreement, industry-wide wage agreement
flankieren *v* 1. *(Bank)* accompany; 2. *(Gen)* flank, support
flankierend *adj (Gen)* collateral
Flaschenhals *m (Gen, WiWi)* bottleneck
flau *adj* 1. *(Börse)* lifeless; 2. *(Gen)* flat, slack, quiet; 3. *(WiWi)* slack *(Geschäft)*
flauer Markt *m* 1. *(Börse)* narrow market; 2. *(Gen)* stale market
Flaute *f (Gen)* slack period, lull, stalemate
Fleiß *m (Gen, Pers)* diligence, industry, hard-working *(Mühe)*; industriousness *(Eifer, Geschäftigkeit)*
fleißig *adj (Gen, Pers)* diligent, hard-working, busy, industrious *(arbeitsam)*
flexibel *adj (Gen)* flexible
Flexibilität *f (Gen)* flexibility
flexible Altersgrenze *f (Pers)* flexible retirement age, flexible pensionable age
flexible Arbeitszeit *f (Pers)* flexible time, flexible working hours, *(BE)* flexitime, *(AE)* flextime, flexible schedule
flexible Jahresarbeitszeit *f (Pers)* annualisation of working time
flexible Planung *f (Mgt)* contingency planning
flexibler Wechselkurs *m (WiWi)* flexible exchange rate, floating exchange rate
flexibles Budget *n (WiWi)* flexible budget, variable budget
flexibles Büro *n (Mgt, Pers)* flexible office
flexibles Fertigungssystem *n (Ind)* flexible manufacturing system

flexibles Ruhestandsalter *n (Pers)* flexible retirement age, flexible pensionable age
Fließ... *(Ind)* assembly, flow
Fließarbeit *f (Ind)* (continuous) flow production
Fließband *n (Ind, Pers)* assembly-line
Fließbandarbeit *f (Ind)* assembly line work, flow production
Fließfertigung *f (Ind)* continuous flow production *(Synonym: Fließfabrikation)*
Fließprozess *m (WiWi)* continuous process
Float *m (Bank, Fin)* float *(Wertstellungsdifferenz)*
Floaten *n (Fin)* floating *(Währung)*
Flop *m (ugs.) (Gen)* flop
florieren *v (Gen)* flourish, thrive *(Handel)*
florierend *adj (Gen)* flourishing, thriving *(Handel)*
Flow-Größe *f (WiWi)* flow *(Synonym: Bewegungsgröße; Gegensatz: Bestandsgröße, Stock-Größe)*
Fluchtgelder *n (Admin, Gen)* hot money
Fluchtkapital *n (Fin, Gen)* runaway capital
Flugblatt *n* 1. *(Gen)* pamphlet; 2. *(Komm)* flyer; 3. *(Media)* flyer, broadsheet, broadsheet newspaper, pamphlet; 4. *(V&M)* flyer *(Zeitung)*
Flughafenbetreiber *m (Recht, Logis)* airport operator
Flugverkehr *m (Logis)* air traffic
Flugzeug *n (Logis)* aircraft, *(BE)* aeroplane, *(AE)* airplane • **per Flugzeug transportieren** *(Logis)* transport by air
Flugzeugbau *m (Ind, WiWi)* aviation (industry)
Fluktuation *f* 1. *(Gen)* fluctuation; 2. *(Pers)* turnover *(Personalbestand)*
Fluktuation *f* **der Arbeitskräfte** *(Pers)* labo(u)r turnover, turnover of labo(u)r
Fluktuationsrate *f (Pers)* staff turnover; staff turnover rate, fluctuation rate, employee turnover rate *(Synonym: Fluktuationsquote)*
Fluss *m (Gen)* flow, flux *(Verlauf)*; river *(Gewässer)*
Flussdiagramm *n* 1. *(Gen)* flowchart; 2. *(Stat)* flow diagram
flüssig *adj (Bank, Fin)* liquid • **flüssig machen** *(Ind)* smelt *(WiWi: vgl. flüssigmachen = mobilize)*
flüssige Mittel *n* 1. *(Börse)* liquidity; 2. *(Fin)* cash resources, liquid assets, liquid funds; 3. *(RW)* available funds, liquid assets
FMSA *f (Abk. für Finanzmarktstabilisierungsanstalt) (Bank, Fin)* (German) Financial Market Stabilization Agency, FMSA *(bei der Deutschen Bundesbank 2008 errichtete – von ihr jedoch unabhängige – unselbstständige Anstalt des öffenlichen Rechts zur Bekämpfung der Wirtschafts- und Finanzmarktkrise, unter der Rechts- und Fachaufsicht des BMF)*
FMSF *m (Abk. für Finanzmarktstabilisierungsfonds) (Bank, Fin)* (German) Financial Market Stabilization Fund, FMSF *(Verwaltung durch die bei der Deutschen Bundesbank 2008 errichtete Finanzmarktstabilisierungsanstalt, eine unselbstständige Anstalt des öffenlichen Rechts zur Bekämpfung der Wirtschafts- und Finanzmarktkrise)*
Föderalismusreform *f (Deu) (Admin, Pol)* federalism reform *(restructure of competencies and financial relations between the federal government and the state governments)*; reform of federalism
fokussieren *v (Gen)* focus
Folge *f (Gen)* sequence *(Aufeinanderfolge)*; consequence, outcome *(Ergebnis)* • **mit der Folge, dass** *(Gen)* with the result that • **zur Folge haben** *(Gen)* result in • **die Folgen tragen** *(Gen)* suffer the consequences
Folgebrief *m (V&M)* follow-up letter *(nachfassen)*
Folgeerscheinung *f (Gen)* aftereffect
Folgekosten *pl (Ind, RW)* oncost
folgen *v (Gen)* follow, succeed • **einem ähnlichen Muster folgen** *(Gen)* follow a similar pattern
folgen *v* **auf** *(Gen)* follow, succeed
Folgenabschätzung *f (Recht)* impact assessment *(EU)*
folgend *adj (Gen)* subsequent, succeeding
folglich *adv (Gen)* accordingly, hence
Fonds *m (Fin)* fund
Fondsstromrechnung *f (Fin)* cash flow statement, statement of cash flows *(Synonym: Kapitalflussrechnung, KFR,*

Cashflow-Rechnung, Finanzflussrechnung; cf KFR; IAS 7 Cash Flow Statements, IFRS)

Fondsverwaltung *f (Bank)* fund management

forciertes Wirtschaftswachstum *n (WiWi)* accelerated growth

Förder... *(Gen, Ind)* assisted, promoted, conveyor

Förderband *n (Ind)* production line, conveyor belt

Förderer *m* 1. *(Gen, Komm)* booster; 2. *(Gen)* sponsor

förderfähig *adj (Gen)* eligible

Fördergebiet *n (WiWi)* assisted area, enterprise zone, development area

Förderlehrgang *m (Bil)* upgrading course

förderlich *adj (Gen)* instrumental

Fördermaßnahme *f (Soz)* incentive measure

fordern *v (Gen)* claim, demand, exact, require

fördern *v* 1. *(Gen)* benefit, encourage, promote, sponsor; 2. *(Ind)* extract *(Mineralien, Bodenschätze)*; 3. *(V&M)* promote, sponsor; 4. *(WiWi)* aid *(Entwicklungsländer)*

Förderprogramm *n (Mgt)* development program(me)

Förderrecht *n (Recht, WiWi)* Funding Law

Fördertätigkeit *f (V&M)* sponsorship

Forderung *f* 1. *(Gen, RW)* debt, requirement; 2. *(Recht)* claim • **Forderung an** *(RW)* debt owed by • **eine Forderung einreichen** *(Recht)* file a claim • **eine Forderung stellen** *(Recht)* set up a claim

Förderung *f* 1. *(Gen)* boost, advancement, encouragement, sponsorship; 2. *(Ind)* extraction *(Bodenschätze)*; 3. *(V&M)* promotion; 4. *(Admin)* advancement *(berufliche Laufbahn)*

Förderung *f* **der Berufsausbildung** *(Bil, Soz)* promotion of vocational training

Förderung *f* **der Beschäftigung** 1. *(Pers)* promotion of employment, employment promotion; 2. *(Soz)* employment promotion

Forderungen *fpl* 1. *(Pat)* set of claims; 2. *(RW)* accounts receivable, receivables • **Forderungen erfüllen** *(Mgt)* meet demands

Forderungen *fpl* **aus Lieferungen und Leistungen** *(RW)* trade debtors, *(AE)* trade account receivables

Forderungen *fpl* **aus Warenlieferungen** *(RW)* trade receivables

Forderungen *fpl* **gegen verbundene Gesellschaften** *(RW)* loans to related companies

Forderungen *fpl* **und Verbindlichkeiten** *fpl (Fin) (BE)* receivables and liabilities

Forderungsabtretung *f (RW)* assignment of claims, assignment of debts

Forderungsausfall *m (Gen, RW)* loss of receivables, bad debt loss

Forderungsausfallquote *f (Bank, Fin, RW)* loan charge-off ratio

Forderungsausfallrisiko *n (Fin)* bad debt risk

Forderungsberechtigte *m(f) (Recht)* claimant

forderungsbesicherte Anleihen *fpl (Bank, Fin)* asset-backed securities, ABS *(durch Forderungsrechte unterlegte Anleihen = ABS-Papiere)*; pay-through bonds *(ABS-Papiere mit Pay-through-Struktur und vermindertem Rückzahlungsrisiko nach dem Anleihekonzept, with reduced prepayment risk; cf ABS, asset-backed securities)*

Forderungsbestand *m (Bank, RW)* loan book

Forderungseinziehung *f (RW)* collection of accounts receivable

Forderungsklasse *f (Bank, Fin)* asset class *(Synonym: Asset-Klasse)*

Forderungsnachweis *m (Fin)* proof of debt

Forderungsübernehmer *m (Pat, RW)* assignee

Forderungsumschlag *m* 1. *(Fin)* receivables turnover; 2. *(RW)* collection period, collection ratio

Forderungsverkauf *m (Fin, RW)* factoring, sale of receivables

Förderzuschuss *m (Fin) (BE)* enterprise allowance

Forfaitierung *f (Fin)* forfaiting

Form *f* 1. *(Stat)* shape; 2. *(Pat)* embodiment, form • **in Form von** *(Gen)* in the form of

formale Vereinbarung *f (Gen)* formal agreement

formalisieren *v (Gen)* formalize

Formalität *f (Gen)* formality

Formatumwandlung *f (Media)* encoding

formbedürftiger Vertrag *m (Recht)*

contract requiring specific form
Formblatt *n* 1. *(Gen)* blank form, business form; 2. *(Pat)* form
formelle Mitteilung *f (Gen)* formal notice
Formfehler *m (Recht)* formal defect *(Urkunde)*
Formfreiheit *f (Recht)* absence of formal requirements *(Verträge)*
förmlich *adj (Gen)* formal
förmliche Mitteilung *f (Gen)* formal notice
Förmlichkeiten *fpl (Gen, Recht)* formalities
formlos *adj (Gen)* formless *(gestaltos)*; informal *(zwanglos)*
formlose Befragung *f (Pers)* informal interview
formlose Organisation *f (Mgt)* informal organization
Formsache *f (Gen)* technicality, routine
Formular *n (Pat)* form
Formulierung *f* 1. *(Gen)* wording *(Vertrag)*; 2. *(Mgt)* formulation *(einer Politik)*; 3. *(Recht)* wording
Formvorschrift *f (Recht)* form requirement, formal requirement
forschen *v (Gen)* research, search
Forschung *f (Gen)* research
Forschung *f* **und Entwicklung** *f (Ind)* research and development, R&D
Forschung *f* **und technologische Entwicklung** *f (FTE) (Pat)* Research and Technological Development *(EU)*
Forschungsaufwand *m (RW, Steuer) (BE)* scientific research expenditure
Forschungsbudget *n (RW)* research budget
Forschungseinrichtung *f (Bil, Ind)* research establishment, research institute
Forschungsinstitut *n (Bil, Ind)* research institute, *(BE)* research centre, *(AE)* research center
forschungsintensiv *adj (Ind)* research--intensive
forschungsorientiert *adj (Ind)* research--oriented, research-based
Forschungsprojekt *n (Bil, Ind)* research project
Forschungsstipendiat(in) *m(f) (Bil)* research fellow
Forschungsstipendium *n (Bil)* research fellowship
Forschungsvorhaben *n (Bil, Ind)* research project
Forschungszentrum *f (Bil, Ind) (BE)* research centre, *(AE)* research center, research institute
Forschungsziel *n (Gen)* research objective
fortbestehend *adj (Gen)* ongoing
Fortbildung *f (Pers)* advancement, further education
Fortbildungsbedarf *m (Bil, Soz)* need for further training, further training needs
Fortbildungskurs *m (Pers, Bil)* course of further training, further training course, training course *(Synonym: Fortbildungslehrgang)*
Fortbildungsprogramm *n (Pers)* employee development program(me), training program(me)
fortentwickeln *v (Gen)* develop (further) *(weiterentwickeln)*
fortführen *v (Gen)* continue
Fortführung *f* **des Geschäfts** *(Recht)* continuance of business
fortgeführte Anschaffungskosten *pl (RW)* amortized costs *(IFRS, IAS)*
fortgeführte Kosten *pl (RW)* depreciated book value, depreciated cost
fortgeführter Anschaffungswert *m (RW)* net book value, carrying value
fortgeschriebene Anschaffungskosten *pl (RW) (BE)* amortised cost, *(AE)* amortized cost, depreciated cost, carrying value, net book value, depreciated book value *(Synonym: fortgeführter Anschaffungswert, fortgeführte Anschaffungskosten; IFRS/IAS)*
fortgeschrittener Ansatz *m (Bank, Fin, Stat)* advanced approach *(Synonym: fortgeschrittenes Verfahren; opposite: standardized approach, STA; Gegensatz: Standardansatz; Basel II)*
fortgesetzt *adj (Gen)* continued
fortlaufend *adj (Gen)* continuous
fortlaufend *adv (Media, Pat)* consecutively • **fortlaufend nummerieren** *(Media, Pat)* number consecutively
fortlaufende Abrechnung *f (Börse)* rolling settlement
fortschreiben *(Stat)* project, extrapolate, carry forward, update
Fortschreibung *f* 1. *(Comp, RW)* updating; 2. *(Steuer)* adjustment of assessed value
fortschreiten *v (Gen)* advance, progress

fortschreitend *adj (Gen)* progressive
Fortschritt *m (Gen)* advance, progress
fortschrittlich *adj (Gen)* advanced
fortschrittliche Technik *f (Ind)* advanced engineering
fortschrittlicher Betrieb *m (Ind)* advanced factory
fortsetzen *v (Gen)* continue
Fortsetzung *f (Gen)* continuation
fossile Energie *f (Gen, Ind, Umwelt)* fossil energy *(Synonym: fossile Energieressourcen)*
Fracht *f (Logis)* cargo, freight, load, *(BE)* goods • **Fracht bezahlt** *(Imp/Exp, Logis)* carriage paid • **Fracht bezahlt Empfänger** *(Imp/Exp, Logis)* freight forward, freight prepaid, frt ppd • **Fracht und Versicherung bezahlt** *(Imp/Exp, Logis, Versich)* freight and insurance paid, carriage and insurance paid, CIP • **Fracht im Voraus bezahlt** *(Imp/Exp, Logis)* freight prepaid • **Fracht gegen Nachnahme** *(Imp/Exp, Logis)* freight collect, freight forward
Fracht-, Versicherungs- und Transportgebühren *fpl (Imp/Exp)* freight, insurance and shipping charges
Frachtabfertigung *f (Imp/Exp)* cargo clearance *(Zoll)*
Frachtanspruch *m (Logis)* cargo claim
Frachtbörse *f (Börse)* freight market
Frachtbrief *m (Imp/Exp, Logis, Versich)* shipping bill, waybill, bill of lading, bill of freight, trucking bill of lading, consignment note, letter of content, bill
Frachtbrief *m* **ohne Vorbehalt** *(Imp/Exp)* clean bill of lading
Frachterklärung *f (Logis)* cargo declaration
Frachterlass *m (Imp/Exp)* freight release
frachtfrei *adj (Imp/Exp, Logis)* carriage free, carriage paid, freight prepaid
Frachtführer *m (Logis)* carrier, common carrier
Frachtführer-Haftpflicht *f (Versich)* carrier's liability
Frachtgebühren *fpl (Logis)* cargo dues
Frachtgeld *n (Logis)* carriage, carriage charge, freight
Frachtgewicht *n (Logis)* weight of cargo
Frachtgut *n (Logis)* cargo
Frachtkapazität *f (Logis)* cargo capacity, CC
Frachtkosten *pl (Logis)* carriage expenses, cost of freight, freight, truckage
Frachtlieferbedingungen *fpl (Logis)* cargo delivery terms
Frachtmarkt *m (Börse)* freight market
Frachtraum *m (Logis)* cargo tonnage
Frachttermingeschäftsmarkt *m (Börse)* freight futures market
Frachtterminkontrakt *m (Börse, Fin)* freight futures contract
Frachttransportunternehmen *n (Logis)* freight forwarder
Frachtumschlagkosten *pl (Logis)* cargo handling charge, CHC
Frachtumschlagplatz *m (Logis) (AE)* cargo center, *(BE)* cargo centre
Frachtunternehmen *n (Logis)* carrier haulage, ocean carrier *(Schifffahrt)*
Frachtverkehr *m (Logis)* movement of freight, freight traffic
Frachtvorschuss *m (Logis)* advance freight, AF
Frachtzuschlag *m (Logis)* extra freight
Fragebogen *m* 1. *(Gen)* questionnaire; 2. *(Steuer)* information return *(zur Überprüfung von Steuerangaben)*; 3. *(V&M)* questionnaire
fraglich *adj (Gen)* doubtful, questionable
fragmentierter Market *m (Gen, WiWi)* fragmented market
Fragmentierung *f (WiWi)* fragmentation *(eines Marktes)*
fragwürdig *adj (Gen)* dubious, questionable
fraktale Mathematik *f (Bil, Stat, WiWi)* fractional mathematics
Fraktalisierung *f (V&M, Stat, WiWi)* fractionalization *(Prozess bei dem Absatzmärkte zunehmend in kleinere, untereinander inhomogene Einheiten oder Zielgruppen aufgeteilt werden, erfordert weitgehende Produktdifferenzierung; Synonym: Marktsegmentierung)*
fraktionslos *adj (Pol, Recht)* non--attached *(EP)*
Franchise *f (Versich)* excess insurance
Franchise *n (V&M)* franchise, franchising
Franchisegeber(in) *m(f) (Gen, V&M)* franchisor
Franchisenehmer(in) *m(f) (V&M)* franchisee
Franchising *n (V&M)* franchising, franchise
franco *adv (Gen, Logis)* s. franko

frankierter Rückumschlag *m (Komm, V&M)* self-addressed stamped envelope, *(BE)* stamped addressed envelope
Frankierung *f (Komm)* postage
franko *adv (Gen, Logis)* delivered free *(Transport- oder Portokosten werden vom Absender bezahlt; im kaufmännischen Gebrauch wird franko allmählich durch 'frei' ersetzt)*; postage paid, postage-free *(postage paid, Porto für eine Postsendung wird vom Absender bezahlt)*
Frauenanteil *m* **an der Beschäftigung** *(Pers, Soz)* women's share of employment
Frauenbeauftragte *m(f) (Pers)* women's officer
Frauenerwerbstätigkeit *f (Pers, Soz, Stat)* female employment *(Synonym: Frauenbeschäftigung)*
Frauenquote *f (Admin, Mgt, Pers, Pol)* fixed proportion of women, fixed women quota, female quota *(vgl. ugs. Quotenfrau = token woman = quota woman)*
Free-Rider-Verhalten *n (Gen, WiWi) (BE)* free rider behaviour, *(AE)* free rider behavior *(Synonym: Trittbrettfahrer--Verhalten)*
frei *adj (zu 2.: fr.)* 1. *(Comp, Gen)* free; 2. *(Imp/Exp, Logis)* free, franco; 3. *(Pers)* idle • **frei Kai** *(Imp/Exp, Logis)* ex quay, x-quay • **frei an Bord** *(Imp/Exp, Logis)* free on board, FOB *(Incoterms)* • **frei von Rechten Dritter** *(Recht) (AE)* free and clear • **frei von Schäden** *(Versich)* free of damage
frei *adv (Logis)* ex
Frei... *(Gen)* free, complimentary
frei schwanken lassen *v (WiWi)* allow to float freely *(Wechselkurs)*
frei schwankender Wechselkurs *m (WiWi)* flexible exchange rate, floating exchange rate, fluctuating exchange rate, fluctuating currency
frei transferierbares Wertpapier *n (Fin)* transferable security
frei vereinbarte Übernahme *f (WiWi)* agreed takeover
frei verfügbares Einkommen *n (WiWi)* discretionary income
Freiberufler(in) *m(f) (Pers)* freelance, freelance worker, self-employed person
freiberuflich *adj (Pers, Steuer)* self--employed
freiberufliche Arbeit *f (Pers)* freelance work
freiberufliche Dienstleistungen *fpl (Gen)* professional services
freiberufliche Tätigkeit *f (Pers)* freelance work
Freibetrag *m (Steuer) (BE)* allowance, *(AE)* tax credit; tax exemption, tax relief
Freibetrag *m* **für Einkünfte aus selbstständiger Tätigkeit** *(Steuer)* earned income allowance
freibleibend *adj (Gen)* not binding *(Angebot)*; subject to confirmation, without engagement
freie Berufe *mpl (Pers)* the professions, free-lance workers
freie Fläche *f (Grund)* open space
freie Kapazität *f (Ind, Logis, WiWi)* excess capacity, idle capacity, spare capacity
freie Marktwirtschaft *f (WiWi)* free enterprise economy, free market economy *(Gegensatz: soziale Marktwirtschaft = social market economy; Gegensatz: Planwirtschaft = planned economy = command economy)*
freie Meinungsäußerung *f (Media, Recht)* freedom of expression
freie Preisbildung *f (Gen, Recht, V&M)* freedom to set prices
freie Rücklagen *fpl (RW)* unappropriated reserves, uncommitted free reserves, free reserves *(unappropriated profit)*
freie Stelle *f (Pers)* appointment vacant, unfilled vacancy, vacancy *(Arbeitsmarkt)*
freie Wahl *f* **des Arbeitsplatzes** *(Recht)* free choice of employment
freie Zeit *f (Frei)* leisure time
freier Arbeitsplatz *m (Pers)* vacancy, job vacancy
freier Kapitalverkehr *m (WiWi)* free movement of capital *(EU)*
freier Markt *m (WiWi)* open market
freier Mitarbeiter *m (Pers)* freelance worker, contract worker, contractor
freier Tag *m (Gen, Pers)* day off, non--working day *(Synonym: arbeitsfreier Tag)*
freier Waren- und Dienstleistungsverkehr *m (WiWi)* free movement of goods and services *(EU)*
freier Wechselkurs *m (WiWi)* flexible

exchange rate, floating (exchange) rate, fluctuating exchange rate

freier Wettbewerb *m* 1. *(Gen, Steuer, V&M)* arm's length competition; 2. *(WiWi)* free competition

freies Gut *n (WiWi)* free good

freies Unternehmertum *n (WiWi)* free enterprise

Freiexemplar *n (Media)* presentation copy, complimentary copy *(Buch)*

Freigabe *f* 1. *(Fin)* unblocking, unfreezing; 2. *(Gen)* release; 3. *(Logis)* release note

Freigabedatum *n (Börse)* release date

freigeben *v* 1. *(Comp)* release *(Softwareversion, Produkt)*; 2. *(Fin)* unblock *(Konto)*; 3. *(Gen)* release

freigebig *adj (Steuer)* generous

Freigrenze *f* 1. *(Imp/Exp) (BE)* duty-free allowance *(Zoll)*; 2. *(Steuer)* tax-free amount

Freihandel *m (WiWi)* free trade

Freihandelsabkommen *n (WiWi)* Free Trade Agreement

Freihandelszone *f (Imp/Exp, WiWi)* free--trade zone, free-trade area

freihändig *adj (Gen)* by private contract

freihändige Angebotsabgabe *f (V&M)* tender by private contract

freihändiger Verkauf *m (Grund)* private treaty

Freiheit *f* **des Dienstleistungsverkehrs** *(Pol, WiWi)* freedom to provide services *(EU)*

Freiheit *f* **des Kapitalverkehrs** *(Pol, WiWi)* freedom of capital movements *(EU)*

Freiheit *f* **des Warenverkehrs** *(Pol, WiWi)* free movement of goods *(EU)*

freiheitliche demokratische Grundordnung *f (Recht)* free democratic basic order *(Verfassungsrecht = constitutional law)*

Freiheitsgrad *m (Stat, WiWi)* degree of freedom

freinehmen *v (Pers)* take (a day, a week etc.) off

freisetzen *v (Pers)* make redundant, displace

Freisetzung *f (Pers)* redundancy *(Entlassung)*

Freisprechanlage *f (Komm, Logis)* handsfree car kit

Freispruch *m (Recht)* acquittal *(eines Angeklagten)*

freistellen *v* 1. *(Gen)* exempt; 2. *(Recht)* excuse

Freistellung *f* **von der Arbeit** *(Pers)* release from one's work

Freiumschlag *m (Admin, Komm)* business reply envelope, business reply mail, reply-paid envelope

Freiverkehr *m (Börse, WiWi)* unlisted market, open market, *(AE)* over-the--counter market • **im Freiverkehr** *(Börse)* over-the-counter *(OTC)*

Freiverkehrsbörse *f (Börse) (BE)* Unlisted Securities Market, USM, *(AE)* over-the--counter market, OTCM

Freiverkehrshandel *m (Fin)* over-the--counter trading

Freiverkehrswert *m (Börse)* unlisted security

freiwillig *adj (Gen)* voluntary, noncompulsory, unsolicited

freiwillig *adv (Gen)* voluntarily • **sich freiwillig melden** *(Gen)* volunteer

freiwillige Arbeitslosigkeit *f (Pers, Pol, WiWi)* voluntary unemployment

freiwillige Beiträge *mpl (Steuer) (BE)* voluntary contributions

freiwillige Kontrollen *fpl (V&M)* voluntary controls

freiwillige Liquidation *f* 1. *(Fin)* voluntary liquidation; 2. *(Gen)* voluntary winding up

freiwillige Pensionierung *f (Pers)* optional retirement

freiwillige Selbstkontrolle *f (WiWi)* self--regulation

freiwillige Selbstverpflichtung *f (Recht, Pol)* voluntary self-made commitment, voluntary self-imposed duty, voluntary self-obligation

freiwillige Vereinbarung *f (Recht) (BE)* voluntary arrangement

freiwillige Zuzahlung *f (RW, Versich)* additional voluntary contribution

freizeichnen *v (Recht)* contract out, disclaim

Freizeichnung *f (Recht)* contracting out

Freizeichnungsklausel *f (Recht)* contracting out clause, exemption clause, nonwarranty clause

Freizeit *f* 1. *(Frei)* leisure time, spare time, time off, time off work; 2. *(Pers)* time off, time off work *(Arbeit)*

Freizeitausgleich *m (Pers)* lieu days

Freizeitindustrie *f (Frei)* leisure industry

Freizügigkeit *f (Pol, WiWi)* freedom of movement

Freizügigkeit *f* **der Arbeitnehmer** *(Recht, WiWi)* free movement of labo(u)r *(EU)*

Freizügigkeit *f* **des Personenverkehrs** *(Pol)* freedom of personal movement and travel *(EU)*

fremd *adj (Gen)* alien • **in fremdem Namen handeln** *(Recht)* act on sb's behalf

Fremd... *(Gen)* external, foreign

Fremdarbeiter(in) *m(f) (Pers)* foreign worker, guestworker

Fremdbestand *m (Bank)* third-party holding

fremde Inhalte *mpl (Komm, Media, Recht)* third-party content

Fremdenverkehr *m (Frei)* tourism, tourist trade

fremdfinanziert *adj (Fin)* leveraged, financed by loans

fremdfinanzierte Transaktion *f (Fin)* leveraged transaction

fremdfinanzierte Übernahme *f (Fin)* leveraged buyout, LBO

fremdfinanziertes Management-Buy-in *n (Fin, Mgt)* leveraged management buy-in

fremdfinanziertes Management-Buy--out *n (Fin, Mgt)* leveraged management buy-out

fremdfinanziertes Übernahmeangebot *n (Fin)* leveraged buyout

Fremdfinanzierung *f* 1. *(Bank)* borrowing; 2. *(Fin, RW)* debt financing

Fremdfinanzierungsquote *f (RW)* borrowing ratio

Fremdhersteller *m (Ind, Mgt)* third-party manufacturer

Fremdkapital *n* 1. *(Bank)* borrowed capital, borrowings, outside capital; 2. *(Fin)* outside capital; 3. *(RW)* loan capital; 4. *(WiWi)* loan capital • **Fremdkapital aufnehmen** *(Gen)* raise external funds

Fremdkapitalaufnahme *f* 1. *(Börse) (BE)* gearing; 2. *(Fin)* procurement of outside capital

Fremdkapital-Eigenkapital-Tausch *m (Fin)* debt equity swap *(in Restrukturierungsfällen Umwandlung von Schulden in Eigenkapital, capital reconstruction)*

Fremdkapitalhebel *m (Fin)* leverage

Fremdkapitalkosten *pl (Fin)* borrowing costs *(IAS 23)*

Fremdmittel *npl (Bank, Fin)* borrowed capital, borrowed funds, outside capital • **Fremdmittel aufnehmen** *(Bank)* borrow funds

Fremdmittelbedarf *m (Bank)* borrowing requirement

Fremdproduktion *f (WiWi)* outside production

Fremd- und Eigenkapital *n (RW)* liabilities and equity *(ergeben zusammen das bilanzielle Gesamtkapital)*

Fremdvergabe *f* **von Lieferungen oder Leistungen** *(Ind)* outsourcing

Fremdwährung *f (Bank, Fin, Recht, WiWi)* foreign currency

Fremdwährungsanleihe *f (Fin)* foreign currency loan (issue)

Fremdwährungskredit *m (WiWi)* foreign currency loan

Fremdwährungskreditaufnahme *f (Bank)* foreign currency borrowing

Fremdwährungsposition *f (WiWi)* foreign currency position

Fremdwährungsrisiko *n (Bank, WiWi, V&M)* foreign exchange risk

Friedenspflicht *f (Pers)* duty to maintain industrial peace, obligation to maintain industrial peace, duty to refrain from industrial action, obligation to refrain from industrial action

Friedensrichter *m (Pers) (BE)* Justice of the Peace

friktionelle Arbeitslosigkeit *f (Pers, WiWi)* frictional unemployment

frisches Geld *n (ugs.)* 1. *(Fin)* fresh funds, injection of new funds, fresh finance *(zusätzliche Mittel)*; 2. *(Gen)* cash, cash flow; *(jarg.)* fresh money

frisieren *v (ugs.) (RW)* dress up, massage, *(ugs.)* fiddle *(Zahlen)* • **die Bücher frisieren** *(ugs.)* fiddle accounts, manipulate accounts *(Rechnung)*

Frisieren *n (ugs.) (RW)* window-dressing *(Bilanzkosmetik)*; doctoring *(Täuschung)*

Frisieren *n* **der Bilanz** *(RW) (ugs.)* fiddling the books, earnings management *(Gewinnausweis-Beeinflussung)*; window-dressing *(legale Bilanzkosmetik)*

Frist *f (Gen)* time limit, time span, period • **die Frist für etw. verlängern** *(Gen)* extend the time limit for sth • **mit einer Frist von zwei Tagen** *(Gen)* at two

days' notice
Fristablauf *m (Gen)* expiration of time, lapse of time
Fristeinhaltung ist Vertragsgrundlage *(Recht)* time is of the essence *(beim Fixgeschäft)*
Fristeninkongruenz *f* 1. *(Bank)* maturity mismatch, mismatched maturity; 2. *(WiWi)* mismatched maturity
Fristenrisiko *n (Fin)* maturity risk, risk of maturity *(Risiko im Hinblick auf die Finanzierungsbedingungen zum Zeitpunkt der Anschlussfinanzierung = follow-up financing)*
Fristentransformation *f (Bank)* maturity transformation
fristgemäß *adj (Gen)* on time, at due date
fristgemäßer Widerspruch *m (Recht)* timely objection *(Vertragsrecht)*
fristgerecht kündigen *v (Pers)* give due notice
fristgerechte Kündigung *f (Pers)* dismissal with due notice
fristlos *adj (Gen)* instant, without notice • **jmdn. fristlos entlassen** *(Pers)* dismiss sb without notice
fristlose Entlassung *f (Pers)* dismissal without notice, instant dismissal, summary dismissal
fristlose Kündigung *f (Pers)* summary dismissal *(employer)*; dismissal without notice *(employer)*; termination without notice, resignation without notice *(worker)*
Fristsetzung *f (Recht)* fixing of a time limit, setting of a time limit *(Vertragsrecht)*
Fristverlängerung *f* 1. *(Pat)* extension of time limits; 2. *(Recht)* extension of time; extension of original term *(Vertragsrecht)*; extension of time for payment *(Zahlungen)*
frühe Übernehmer *mpl (V&M, WiWi)* early adopters
früher *adj (Gen)* prior
früher *adv (Gen)* earlier • **früher als geplant** 1. *(Gen)* with time to spare; 2. *(Komm)* ahead of schedule
früher Schulabgang *m (Bil)* early school leaving, leaving school early
frühere Anmeldung *f (Pat)* earlier application
frühere Priorität *f (Pat)* earlier priority
frühere Rechte *npl (Pat, Recht)* prior rights
frühere Verpflichtung *f (Gen)* prior commitment
Frühindikator *m (WiWi)* forward indicator, leading indicator
Frühphasenfinanzierung *f (Fin)* early-stage financing
Frührente *f (Pers)* early-retirement benefit
Frührentner(in) *m(f) (Pers, Soz)* person retiring early, *(AE)* early retiree, *(ugs.)* early retirer
Frühschicht *f (Pers)* early shift
Frühstadium *n (Gen)* early stage(s), initial stage(s) • **im Frühstadium** *(Gen)* at an early stage, in its early stages
Frühstücksoligopol *n (ugs.) (Pol, WiWi)* collusive oligopoly *(Synonym, ugs.: Frühstückskartell)*
Frühwarnfunktion *f (Mgt, Pol, Recht)* early warning function, early alert function *(vorgeschrieben laut UMAG, Gesetz zur Unternehmensintegrität und Modernisierung des Anfechtungsrechts vom 22.9.2005, es formuliert in Deutschland gesetzlich die Sorgfaltspflicht und Verantwortlichkeit der Vorstandsmitglieder und regelt erstmalig detailliert die Anforderungen an unternehmerische Entscheidungen, zu denen neben vielen anderen die im Unternehmen institutionalisierte Frühwarnfunktion gehört)*
führen *v* 1. *(Gen)* lead *(leiten)*; keep *(Akten, Aufzeichnungen)*; 2. *(Mgt)* manage
führend *adj* 1. *(Gen)* top-flight, leading, major; 2. *(V&M)* leading • **eine führende Position in der Welt haben** *(Ind)* be a world leader
führende Bank *f (Bank)* lead bank
führende Industriewerte *mpl (Börse)* blue-chip industrials
führende Marke *f (V&M)* leading line
führende Position *f (Gen)* top of the range
Fuhrpark *m (Logis)* car pool, fleet, pool of vehicles
Führung *f* 1. *(Gen)* guidance, leadership *(Leitung)*; 2. *(Mgt)* management *(Leitung)*; directors, leadership *(Vorstand)*; 3. *(Pers)* conduct *(Verhalten)*; leadership *(Leitung)* • **die Führung übernehmen** *(Gen)* take the lead
Führung *f* **durch Abweichungskontrolle** *(Mgt)* management by exception, MbE

(Synonym: Führung im Ausnahmefall; Idee: nur nach festgestellter Abweichung vom Toleranzwert erfolgt Eingriff "von oben"; ohne Vorkopplung = no feed forward)

Führung *f* **durch Aufgabendelegation** *(Mgt)* management by delegation, MbD *(mit begrenzter Übertragung von Entscheidungsfreiheit und Verantwortung; ähnlich das ältere Harzburger Modell: Führung im Mitarbeiterverhältnis; statisches Führungskonzept)*

Führung *f* **durch Kommunikation und Mitarbeiterbeteiligung** *(Mgt)* management by communication and participation

Führung *f* **durch Mitarbeiterbeteiligung** *(Mgt)* management by participation

Führung *f* **durch Systemsteuerung** *(Mgt)* management by system, MbS *(integriertes Management-Planungs-, -Informations- und -Control-System, weitgehende Informatisierung und Entscheidungsdezentralisation, Integration von MbE, MbD und MbO; die "reale Utopie" der Systemplaner und -vertreiber)*

Führung *f* **durch Zielvereinbarung** *(Mgt)* management by objectives, MbO *(mehrdimensionales Führungskonzept, integriert wichtige Elemente des MbD und MbE)*

Führung *f* **im Ausnahmefall** *(Mgt)* management by exception, MbE *(Synonym: Führung durch Abweichungskontrolle; Idee: nur nach festgestellter Abweichung vom Toleranzwert erfolgt Eingriff "von oben", ohne Vorkopplung = no feed forward)*

Führung *f* **per Strukturbruch** *(Mgt)* management by breakthrough *(Idee: ohne das Aufbrechen bestehender Strukturen sind keine grundlegenden Veränderungen zu erreichen, Vorläufer des Business Process Reengineering, von dem sich viele heute wieder Quantensprünge erhoffen)*

Führungs... *(Gen, Mgt)* executive *(in cpds)*

Führungsbank *f (Bank, Börse, Fin)* arranger, lead bank, facility agent *(eines Konsortiums, of a tender panel)*

Führungsebene *f (Pers)* management level

Führungseigenschaften *fpl (Pers)* leadership ability, managerial talent, management skills

Führungsentscheidung *f (Mgt, WiWi)* executive decision

Führungsfunktion *f (Mgt)* managerial function

Führungsgröße *f (Mgt, Stat, WiWi)* controller *(Synonym: Sollgröße, Steuergröße, Regler; Management--Regelkreis, Systemtheorie)*

Führungsgrundsätze *mpl (Mgt, WiWi)* principles of management, management principles

Führungsinformationssystem *n (FIS) (Mgt)* management information system, MIS, executive information system, EIS *(Synonym: Management Informations-system; Softwaresystem zur Lieferung von Informationen für die Vorbereitung strategischer und taktischer Entscheidungen der Unternehmensführung, Grundlage computergestützter Unternehmensplanung)*

Führungsinstrument *n (Mgt)* management technique

Führungskompetenz *f (Mgt, Pers)* management skills, leadership skills, managerial competence

Führungskraft *f* 1. *(Mgt, Pers)* executive, executive manager *(Unternehmensleitung)*; 2. *(Admin)* company executive

Führungskräfte *fpl (Mgt, Pers)* management staff, managerial staff, senior management

Führungskräftenachwuchs *m (Pers)* junior managers, new junior managers, young executives, new young executives, junior management

Führungskräftevermittlung *f (Pers)* headhunting firm, executive search agency

Führungslehre *f (Mgt)* management science, management theory

Führungsmannschaft *f (Mgt)* management team

Führungsmethode *f (Mgt)* management method

Führungsmodell *n (Mgt)* managerial model

Führungsnachwuchs *m (Mgt)* junior management

Führungsnachwuchskraft *f (Mgt, Pers)* management trainee, junior manager,

junior management employee
Führungspersonal *n (Mgt, Pers)* management staff
Führungsposition *f (Mgt, Pers)* managerial position
Führungspotenzial *n (Mgt)* management potential
Führungsqualifikation *f (Mgt, Pers)* management qualification, management skills
Führungsschwäche *f (Mgt, Pers, Pol)* lack of leadership, weak leadership
Führungsstärke *f (Mgt, Pers)* leadership
Führungsstil *m (Mgt)* management style, managerial style
Führungsstruktur *f (Mgt)* management structure
Führungszeugnis *n (Pers, Recht)* good conduct certificate, certificate of conduct, certificate of good conduct
Fuhrunternehmen *n (Logis)* haulage company, haul(i)er, road haulage company, *(AE)* trucking contractor
Fundamentalanalyse *f (Bank, Börse, Fin)* fundamental analysis
fundamentale Aktienanalyse *f (Bank, Börse, Fin)* fundamental analysis
fundamentales Gleichgewicht *n (WiWi)* fundamental equilibrium
fundiert *adj* 1. *(Börse, Fin)* funded; 2. *(Gen)* sound, well-established
fundierte Schuld *f* 1. *(Börse)* funded debt; 2. *(Fin)* funded debt, long-term liability
Fünf Weisen *mpl*/**die** *(ugs.; Deu) (Pol, WiWi) (ugs.)* Five Wise Men *(formell: Sachverständigenrat zur Begutachtung der gesamtwirtschaftlichen Entwicklung = SVR = German Council of Economic Experts)*
Fünfjahresplan *m (RW, WiWi)* five-year plan
fungibel *adj (Recht)* fungible
Fungibilität *f (Recht)* fungibility
fungible Vermögenswerte *mpl (Fin)* fungible assets
fungible Waren *fpl (WiWi)* fungibles
Funktion *f (Comp, Gen, Stat)* function
• **als Funktion von** *(Gen)* as a function of
funktional *adj (Gen)* functional
funktionale Beziehungen *fpl (Gen)* functional relations
funktionale Organisation *f (Gen)* functional organization
funktionale Verantwortung *f (Gen)* functional responsibility
funktionell *adj (Gen)* functional
funktionelle Einkommensverteilung *f (WiWi)* functional income distribution
funktionelle Methode *f (Gen)* functional approach
funktionelle Struktur *f (Gen)* functional layout
funktionieren *v (Gen)* act, function, operate, work
Funktionsanalyse *f (Gen)* functional analysis
Funktionsbeziehungen *fpl (Mgt)* functional relations
funktionsbezogene Organisation *f (Mgt)* functional organization
funktionsbezogene Verantwortung *f (Mgt)* functional responsibility
funktionsfähig *adj (Gen)* workable
funktionsfähiger Wettbewerb *m (WiWi)* workable competition
funktionsgestört *adj (Mgt)* dysfunctional
Funktionsmeistersystem *f (Ind)* functional management
Funktionsstörung *f (Gen)* malfunction
funktionstüchtig *adj (Gen)* in running order, in working order
funktionstüchtig *adj*/**nicht** *(Gen)* out of order
Funktionsweise *f* 1. *(Gen, Pol)* operating procedure; 2. *(Bank)* mechanics
Für *n* **und Wider** *n (Gen)* advantages and disadvantages, pros and cons
Fürsprecher(in) *m(f) (Gen)* advocate
fürstliches Gehalt *n (ugs.) (WiWi)* princely salary
Fusion *f* 1. *(Börse, Fin)* merger *(von Unternehmen)*; 2. *(Admin)* amalgamation *(Zusammenlegung)*
Fusionen *fpl* **und Akquisitionen** *fpl (Bank, Börse, WiWi)* mergers and acquisitions, M&A
fusionieren *v (Börse, Fin, WiWi)* amalgamate, merge *(Unternehmen, Bereiche)*
fusionierende Gesellschaft *f (Fin)* merger company
fusionierte Bank *f (Bank)* amalgamated bank
Fusionswelle *f (WiWi)* merger wave
Fuß *m (Gen, Logis)* foot *(Maßeinheit)*
• **Fuß fassen auf** *(Gen)* gain a toehold in, get a toehold in
Fußvolk *n (Gen)* rank-and-file

G

G2 *f (Abk. für Zweier-Gruppe, Gruppe der Zwei; ugs.) (Media, Pol, WiWi) (ugs.)* G2, G-2, Group of Two *(Bezeichnung für den gemeinsamen Auftritt von USA + China bei gleichgerichteten Interessen, z. B. beim Klimaschutz-Gipfel in Kopenhagen 2009)*

G20 *f*, **G-20** *f (Abk. für Zwanziger-Gruppe) (Pol, WiWi)* G-20, G20, Group of Twenty *(informelles Dialog- und Kooperationsforum der Finanzminister und Notenbankgouverneure der zwanzig wichtigsten Industrie- und Schwellenländer; Mitglied sind 19 Staaten + EU + EZB + IWF + Weltbank; die G20 löst seit der Finanz- und Weltwirtschaftskrise 2008/2009 die G7/G8 als globales Macht- und Koordinationszentrum ab)*

GAA *s.* Geldausgabeautomat

Galionsfigur *f* 1. *(Gen)* figurehead; 2. *(Mgt, Pers)* titular head of an organization

galoppierende Inflation *f (WiWi)* galloping inflation, runaway inflation

Gang *m (Gen)* aisle *(zwischen Sitzreihen)* • **im Gang sein** *(Gen)* be at work, be under way *(schon angefangen haben)* • **in Gang bringen** *(Gen) (ugs.)* get off the ground • **in Gang kommen** *(Gen) (ugs.)* get off the ground, rise • **in Gang setzen** 1. *(Ind)* actuate; 2. *(V&M)* launch *(Kampagne)*

gängeln *v (Gen)* spoon-feed

gängig *adj* 1. *(Börse)* active; 2. *(Gen)* trad(e)able, prevailing *(Ware)*

gängige Aktie *f (Börse)* active share

ganzjährig *adj (Gen, Mgt)* full-year, all-year; all-season

ganztägig *adj (Pers)* full-time

ganztägig arbeiten *v (Pers, Soz)* work full-time

ganztägiger Handel *m (Börse)* all-day trading

Ganztags... *(Pers)* full-time

ganztags arbeiten *v (Pers, Soz)* work full-time

Ganztagsarbeit *f (Pers, Soz)* full-time work, full-time job

Ganztagsbeschäftigung *f (Pers)* full-time job, full-time work, full-time employment

Ganztagsstelle *f (Pers)* full-time job, full-time work

ganzzahlig *adj (Comp, Stat)* integer

Garant *m* 1. *(Fin)* warrant; 2. *(Gen)* guarantor

Garantie *f* 1. *(Bank)* guarantee; 2. *(Fin)* security; 3. *(Gen)* guarantee, guaranty, warranty

Garantiedauer *f (Gen)* duration of guaranty

Garantieinhaber *m (Gen, Recht)* warrantee

Garantieinhaberin *f s.* Garantieinhaber

Garantiekarte *f (Bank)* warranty card

Garantiepreis *m (Fin)* guaranteed price

garantieren *v (Gen)* guarantee

garantierte Mindestzahlung *f (Pers)* guaranteed pay

garantierter Kredit *m (Fin)* guaranteed facility

Garantierücksendung *f (Gen)* return of guarantee

Garantieverletzung *f (Recht)* breach of warranty

Garantieverpflichtung *f (RW)* guarantee liability

Garantieversprechen *n (Recht)* maintenance bond, guarantee for fulfil(l)ment of contract *(Vertragsrecht)*

Garantiezeit *f (Recht, V&M)* warranty period

Gasgewinnung *f (Ind)* gas exploitation

GASP *(Abk. für gemeinsame Außen- und Sicherheitspolitik) (Pol, Recht)* Common Foreign & Security Policy, common foreign and security policy, CFSP *(EU Maastricht-Vertrag)*

Gastarbeiter *mpl (Pers, WiWi)* migrant labo(u)r

Gastarbeiter *m (Pers, WiWi)* guestworker, foreign worker

Gastarbeiterin *f s.* Gastarbeiter

Gastdozent *m (Bil)* visiting lecturer, visiting professor

Gastdozentin *f s.* Gastdozent

Gastland *n (Frei, Gen, WiWi)* host country

Gastronomie *f (Frei)* catering, catering trade

Gaswirtschaft *f (Umwelt)* gas industry

Gatte *m (Recht)* spouse *(husband)*

Gattin *f (Recht)* spouse *(wife)*

Gattungsmarken *fpl (Pat, V&M)* no-name brands

Gattungssache *f (Recht)* fungible item, generic good *(Kaufvertrag)*

Gattungsschuld *f (Recht)* undetermined obligation, generic obligation
geändert durch *(Recht)* amended by
Gebäude *n (Gen, Grund)* building
Gebäude-Richtlinie *f (Recht, Umwelt)* Buildings Directive *(EU)*
geben *v (Gen)* award, give • **Anlass geben** *(Gen)* give rise to
G20-Ebene *f (Pol, WiWi)* G-20 level
Geber *m (Soz, WiWi)* donor
Geberbank *f (Bank, WiWi)* donor bank *(Entwicklungshilfe)*
Gebiet *n* 1. *(Gen)* area, region, territory *(Region)*; 2. *(Ind)* field; 3. *(WiWi)* area
Gebietsfremde *m(f) (Recht)* nonresident
Gebietskörperschaft *f* 1. *(Fin)* administrative subdivision; 2. *(Admin)* local [regional] government
Gebot *n (Gen)* bid *(Kauf)*
geboten *adj (Recht)* required, necessary
Gebrauch *m (Gen, Pat, V&M)* use • **zum privaten Gebrauch** *(Recht)* for private use *(Urheberrecht)*
Gebrauchsabschreibung *f (RW)* physical depreciation
Gebrauchsanweisung *f (Gen)* directions for use
Gebrauchsgegenstand *m (Gen)* article of consumption
Gebrauchsgüter *npl* 1. *(Gen)* consumer hardgoods; 2. *(V&M)* consumer durables
Gebrauchsmuster *n (Pat)* utility model
Gebrauchswert *m (WiWi)* use value, value in use
gebraucht *adj (Gen)* second-hand
Gebraucht... *(Gen)* second-hand, used
Gebrauchtwarengeschäft *n (Gen) (BE)* second-hand shop, *(AE)* thrift shop
Gebühr *f* 1. *(Fin)* charge; 2. *(Gen, Pat)* fee; 3. *(Steuer)* benefit tax; 4. *(WiWi)* charge, tax • **Gebühr bezahlt** *(Gen, Komm)* postage paid
Gebühr *f* **für Mehrgepäck** *(Frei)* excess baggage charge
Gebühr *f* **für Übergepäck** *(Frei)* excess baggage charge
Gebühr *f* **nach Gebührenordnung** *(Recht)* scale fee
Gebühren *fpl* 1. *(Bank)* charges; 2. *(Fin, WiWi)* charges, fees • **Gebühren bezahlt** *(Imp/Exp, Logis)* charges paid *(ch.pd.)*
Gebühren *fpl* **für Bankgeschäfte** *(Bank)* charges on banking transactions
Gebühren *fpl* **und Auslagen** *fpl (Gen, Recht)* fees and expenses
gebührend *adj (Fin)* due, appropriate, suitable
gebührende Sorgfalt *f (Fin, Recht)* due diligence *(Unternehmensprüfung)*
Gebühreneinzugszentrale *f* **der öffentlich-rechtlichen Rundfunkanstalten in der Bundesrepublik Deutschland** *(GEZ) (Media)* Central Office for Fee Collection of Radio and TV Licence Fees, *(ugs.)* TV tax agency
Gebührenfernsehen *n (Media, V&M)* pay-per-view television
gebührenfrei *adj (Gen)* free of charge, without charge, charges prepaid postage paid, *(AE)* toll-free
gebührenfrei *adv (Gen)* at no charge, free of charge
gebührenpflichtig *adj (Admin, Gen)* subject to charges, fee-paying, fee--charging
gebührenpflichtige Autobahn *f (Logis) (BE)* toll motorway, *(AE)* turnpike
Gebührenrechnung *f* 1. *(Fin)* bill of costs; 2. *(RW)* bill of charges
Gebührensatz *m (Recht)* fixed rate, fixed charge, fixed fee
Gebührentabelle *f (Gen)* scale of charges
gebündelt *adj (Pol, WiWi)* concerted *(EU)*
gebündeltes Angebot *n (V&M)* banded offer
gebundene Entwicklungshilfedarlehen *n (Fin, Imp/Exp)* tied development assistance loans
gebundener Kredit *m (Fin)* tied credit
gebundenes Fachwissen *n (WiWi)* locked-in knowledge
geburtenschwache Jahrgänge *mpl (Pers, Soz)* years with a low birth rate *(nach 1970)*
geburtenstarke Jahrgänge *mpl (V&M)* baby boomers *(Zielgruppe)*
geburtenstarke Periode [Zeit] *f (Pers, Soz)* baby boom *(bis ca. 1970, Pillenknick = baby bust, due to the introduction of the pill)*
Geburtsurkunde *f (Gen)* birth certificate
Gedanken... *(Gen)* cognitive
Gedankenaustausch *m (Gen)* exchange of ideas [views]
Gedankenblitz *m (Gen)* flash of inspiration, *(ugs.)* brainwave
gedeckte Option *f (Börse)* covered

option
gedeckte Position *f (Börse)* matched book, *(BE)* covered position
gedeckte Short-Position *f (Börse)* covered short
gedeckte Verkaufsoption *f (Börse)* covered put
gedeckter Optionsschein *m (Börse)* covered warrant
gedeckter Scheck *m (Bank) (AE)* certified check, *(BE)* certified cheque
geeignet *adj* 1. *(Gen)* applicable, qualified, suitable *(qualifiziert)*; 2. *(Recht)* fit and proper *(Person)* • **für etw. geeignet sein** *(Gen)* be eligible for sth
geeignete Technologie *f (Umwelt)* appropriate technology
Gefahr *f* 1. *(Gen)* hazard, risk, danger; 2. *(Versich)* peril of • **auf eigene Gefahr** 1. *(Gen)* at one's own peril; 2. *(Versich)* at owner's risk • **in Gefahr** *(Gen)* at risk • **auf Gefahr des Eigentümers** *(Versich)* at owner's risk • **auf Gefahr des Empfängers** *(Gen)* at receiver's risk • **gegen alle Gefahren** *(Versich)* against all risks • **Gefahr laufen** *(Gen)* run the risk
gefährden *v (Gen)* endanger, jeopardize
gefährdet *adj* 1. *(Gen)* at risk; 2. *(Umwelt)* endangered
Gefährdung *f (Fin, Gen)* exposure
Gefährdungshaftung *f (Recht)* strict liability
Gefahrenzulage *f (Pers)* danger money
Gefahrgut *n (Logis)* dangerous goods; dangerous cargo, hazardous cargo
Gefahrgut-Datenbank *f (Recht, Logis)* dangerous goods data base
Gefahrgutlogistik *f (Gen, Logis)* dangerous goods logistics
gefährlich *adj (Gen)* dangerous, hazardous
gefährliche Abfälle *mpl (Umwelt)* dangerous waste
gefährliche Stoffe *mpl (Recht, Logis, Umwelt)* hazardous substances *(cf Gefahrstoffverordnung)*; dangerous substances
Gefahrstoffverordnung *f (Deu) (Recht, Logis, Umwelt)* hazardous substances regulation *(Verordnung zum Schutz vor gefährlichen Stoffen)*
Gefahrtragung *f (Mgt, Recht)* bearing of risk
Gefahrübergang *m (Versich)* passing of risk *(Außenhandel, Incoterms: Gefahrenübergang = transfer of risk)*
Gefahrübernahme *f (Recht)* assumption of the risk *(Vertragsrecht)*
Gefälligkeit *f (Bank, Fin, Gen)* accommodation
Gefälligkeitsakzept *n (Gen)* accommodation acceptance
Gefälligkeitswechsel *m* 1. *(Bank)* accommodation note; 2. *(Börse)* kite; 3. *(Fin)* accommodation bill, accommodation draft, kite
gefälschter Scheck *m (Bank) (AE)* forged check, *(BE)* forged cheque
geförderte Ereignisse *npl (Frei, V&M)* sponsored events
gefragt *adj (Gen, Pers)* sought-after, in demand
gefühlte Inflation *f (ugs.) (Gen, Media, WiWi)* perceived inflation *(Synonym: wahrgenommene Inflation; der Index der wahrgenommenen Inflation = IWI = Portemonnaie-Index = index of perceived inflation = IPI misst subjektiv--verzerrt wahrgenommene Preissteigerungen bei der überschaubaren Anzahl häufig gekaufter Waren und Dienstleistungen des täglichen Bedarfs = convenience goods; Verlustaversion = loss aversion verstärkt die Verzerrung, weil Preiserhöhungen als Verlust doppelt so stark und länger wahrgenommen werden als Preissenkungen; sie lag im Januar 2002, dem Zeitpunkt der Euro--Bargeldeinführung, bei ca. 11 %, im Oktober 2007 bei ca. 6,4 %; Gegensatz: statistisch ausgewiesene Inflationsrate = headline inflation rate, wie z. B. gemessen mit dem HVPI = HICP)*
Gegen... *(Gen)* counter, reverse, opposite, against
Gegenangebot *n (V&M)* competitive bid, counter offer
Gegenargumente *npl (Gen, Pol)* defensive points
Gegenbuchung *f (RW)* contra [offsetting, reversing] entry
Gegendarstellung *f (V&M)* against text
Gegeneintrag *m (RW)* reversing entry
Gegenfinanzierung *f (Fin, Pol)* counter--financing
Gegenforderung *f (Recht)* counterclaim *(Widerklage)*

Gegengeschäft *n* 1. *(Bank)* back-to-back transaction, counter deal; 2. *(Gen)* opposite transaction
Gegengeschäfte *npl (Gen)* counter trade
Gegenkredit *m (Bank)* back-to-back credit
gegenläufig *adv (Pol, WiWi)* in opposite directions; compensatory *(ZB)*
Gegenleistung *f* 1. *(Börse)* consideration; 2. *(Gen)* quid pro quo; 3. *(Recht)* consideration, counterperformance *(Vertragsrecht)* • **als Gegenleistung** *(Recht)* in return for
Gegenmacht *f (WiWi)* countervailing power *(Galbraith)*
Gegenmaßnahme *f (Gen)* countermeasure
Gegenpartei *f (Gen, Recht)* counterparty • **als Gegenpartei eintreten** *(Bank)* be the substituted counterparty
Gegenposition *f* 1. *(Börse)* offsetting position, matching position *(z. B. Währungsgegenposition = offsetting currency position)*; 2. *(Fin)* hedge
Gegenprüfung *f (Bank)* crosscheck
gegenseitig *adj (Gen)* reciprocal • **in gegenseitigem Einvernehmen** *(Gen, Recht)* by mutual agreement, by mutual consent
gegenseitig *adv (Gen)* reciprocally • **gegenseitig abhängig** *(Gen)* interdependent • **sich gegenseitig aufheben** *(Stat)* cancel each other out
gegenseitige Anerkennung *f (Recht)* mutual recognition
gegenseitige Bürgschaften *fpl (Bank, Fin)* cross guarantees
gegenseitige Kapitalbeteiligung *f* **zwischen Unternehmen** *(Börse)* cross-holdings between companies
gegenseitige Kontrolle *f (Pol, Recht)* checks and balances *(die Balance und gegenseitige Kontrolle von Legislative, Judikative und Exekutive)*
gegenseitiger Vertrag *m (Recht)* bilateral contract, mutual contract, reciprocal agreement *(geistiges Eigentum)*
Gegenseitigkeit *f (Bank)* mutuality, reciprocity
Gegenseitigkeitsgeschäft *n (Gen)* barter
Gegenstand *m (Gen)* article, subject
Gegenstand *m* **der Auseinandersetzung** *(Gen)* issue
Gegenstand *m* **des Anlagevermögens** *(RW)* fixed asset
Gegenstimmen *fpl (Pol)* opposing votes, dissenting votes
Gegenstromverfahren *n (Mgt, WiWi)* combined top-down/bottom-up method, combined bottom-up/top--down planning system *(Unternehmensplanung = corporate planning; gekennzeichnet durch den gegenläufigen Informationsfluss bei der hierarchischen Unternehmens- oder Investitionsplanung: eine Kombination aus Top-down-Vorgaben der Unternehmensleitung mit "von unten" --bottom-up- erhobenen Informationen)*
gegenwärtig *adj* 1. *(Gen)* current; 2. *(WiWi)* actual • **zu gegenwärtigen Börsenkursen** *(Börse)* at current prices, at ruling prices • **beim gegenwärtigen Rechtsstand** *(Recht)* as the law stands at present • **der gegenwärtige Stand der Technik** *(Gen)* state of the art
Gegenwartswert *m (Fin)* present value
Gegenwartswert *m* **der Kaufkraft** *(WiWi)* current purchasing power
Gegenwert *m (Gen)* equivalent amount
gegliedert *adj (Gen)* structured
gegründet *adj (Börse, Gen)* constituted, established
Gehalt *n (Gen, Pers)* salary *(monatlich)* • **Gehalt nach Vereinbarung** *(Pers)* salary to be negotiated *(Stellenangebot)*
Gehaltsabrechnung *f (Pers)* wage and salary administration
Gehaltsabzug *m* 1. *(Pers)* salary deduction, payroll deduction *(vom Bruttolohn)*; 2. *(RW)* salary deduction
Gehaltsbeleg *m (Pers, Soz)* salary statement, pay statement, *(ugs.)* pay slip
Gehaltsempfänger(in) *m(f) (Pers)* salaried employee, salaried person, salary earner *(Plural: die Gehaltsempfänger = the salaried staff)*
Gehaltserhöhung *f (Pers)* salary increase, *(AE)* raise, *(BE)* rise
Gehaltsfortzahlung *f (Pers)* continued payment of remuneration, continued payment of salary
Gehaltsgrundlage *f (Pers)* salary base
Gehaltsgruppe *f (Pers)* salary bracket
Gehaltskonto *n (Bank, Pers)* salary account, current account *(Girokonto)*
Gehaltsniveau *n (Pers)* salary level, pay

level
Gehaltspaket *n (Pers)* remuneration package, *(AE)* compensation package, *(BE)* salary package *(bestehend aus Gehalt und verschiedenen, teilweise erfolgsabhängigen, Zusatzleistungen)*
Gehaltssteigerung *f (Pers) (AE)* raise, *(BE)* rise
Gehaltsstruktur *f (Pers, WiWi)* salary structure
Gehaltsüberprüfung *f (Pers)* salary review
Gehaltsunterschiede *mpl (Pers)* salary differentials
Gehaltsvorschuss *m (Pers)* salary advance, advance on salary
Gehaltsvorstellungen *fpl (Pers)* desired salary, salary expectations
Gehaltszahlung *f (Pers)* salary payment
Gehaltszulage *f (Pers)* extra pay
gehandeltes Volumen *n (Börse)* amount of business
gehebelt *adj (Fin)* leveraged *(Synonym: kreditgehebelt; derivative Finanzinstrumente = derivative financial instruments)*
geheim *adj* 1. *(Gen)* secret; 2. *(Pol)* restricted *(Dokumente)*
geheime Verführer *mpl (V&M)* hidden persuaders
geheimer Vorbehalt *m (Recht)* mental reservation *(Vertragsrecht)*
Geheimhaltung *f (Gen)* secrecy
Geheimhaltungsvereinbarung *f* 1. *(Bank)* confidentiality agreement *(EZB: Verschwiegenheitsvereinbarung)*; 2. *(Mgt, Recht)* non disclosure agreement, NDA, Nda *(Synonym: Vertraulichkeitsvereinbarung)*
gehen *v (Fin)* go • **baden gehen** *(Börse) (ugs.)* take a bath *(Aktien, Kurse)* • **bergab gehen** *(Gen)* go downhill • **auf Fang gehen** *(Gen) (ugs.)* be on the take • **auf Nummer sicher gehen** *(Gen)* be on the safe side, play safe
gehobene Führungskraft *f (Mgt, Pers)* senior executive
gehobene Preisklasse *f (Gen)* up-market segment
geistige Arbeit *f (Pers)* intellectual work
geistige Eigentumsrechte *npl (Recht)* intellectual property rights
geistige Fähigkeit *f (Gen, Pers)* skill
geistiges Eigentum *n (Pat, Recht)* intellectual property
Geiz ist geil *(ugs.) (V&M)* cheap is good, stingy is cool
geknickte Preis-Absatz-Kurve *f (WiWi)* kinked demand curve
gekreuzt *adj (Bank)* crossed *(Scheck)*
gekündigt werden *v (Gen)* be dismissed, *(BE; ugs.)* get one's cards, *(AE; ugs.)* get the pink slip, *(BE; ugs.)* get the sack
Gelände *n* 1. *(Gen)* plot; 2. *(Grund)* premises
Geld *n* 1. *(Börse)* bid buyer's rate; 2. *(Fin, Gen, WiWi)* money, *(ugs.)* bread, *(ugs.)* dough, *(BE)* dosh • **Geld anlegen** *(Gen)* invest money, put money down • **Geld aufnehmen** *(Bank)* borrow funds, borrow money • **Geld ausgeben** *(Gen)* spend • **etw. für sein Geld bekommen** *(WiWi)* get good value for money • **Geld auf eine Hypothek aufnehmen** *(Gen)* raise money on a mortgage • **Geld leihen** 1. *(Fin)* lend money; 2. *(Bank)* borrow money • **Geld von jmdm. leihen** *(Gen)* borrow money from sb • **Geld sparen** *(Bank)* save money
Geld *n* **auf Abruf** *(Bank, Fin)* money at call
Geldabfindung *f (Börse, Fin)* cash settlement
geldähnliche Forderungen *fpl (WiWi)* near money
Geldakkord *m (Pers)* money piecework
Geldangebot *n (WiWi)* money supply
Geldangelegenheiten *fpl (Gen)* money matters
Geldanreiz *m (Fin)* monetary inducement
Geldausgabeautomat *m (Bank)* (automated) cash dispenser, cash dispensing machine
Geldautomat *m (Bank, Fin)* (automated) cash dispenser, cash dispensing machine, automatic teller
Geldbasis *f (WiWi)* monetary base
Geldbedarf *m (RW)* cash requirement
Geldbeschaffung *f (Fin)* fund-raising
Geldbeschaffungsmaßnahme *f (Fin)* fund-raising operation
Geldbestand *m (RW)* cash balance, money
Geldbetrag *m (WiWi)* sum of money
Geldbörse *f (Fin) (BE)* purse
Gelddisposition *f (Pers, Pol, WiWi)* cash management
Gelddispositionen *fpl (Fin)* treasury operations
Geldeingänge *mpl (Fin)* monies in,

monies received
Geldeinheit *f (Fin)* monetary unit
Geldentwertung *f (WiWi)* inflation
Geldersatz *m (Fin)* token money
Geldgeber *m* 1. *(Bank)* financier; 2. *(Fin)* money lender, (financial) backer; 3. *(Gen) (ugs.)* angel *(Theater)*; backer; 4. *(V&M)* sponsor
Geldgrad *m (Bank, Fin, RW)* degree of moneyness *(EZB, Geldnähe)*
Geldhandel *m (WiWi)* money dealing [trading]
Geldhandelsabteilung *f (Bank)* money desk
Geldinstitut *n* 1. *(Bank)* bank, bk; 2. *(Fin)* financial institution
Geldknappheit *f* 1. *(Fin)* tight money; 2. *(WiWi)* monetary tightness
Geldkurs *m* 1. *(Bank)* bid rate, buying rate of exchange; 2. *(Börse)* demand price, bid price, price bid, bid, buyer's rate *(für Devisen)*; 3. *(Fin)* buying rate; 4. *(WiWi)* demand price
Geldmarkt *m* 1. *(Bank)* money market; 2. *(Börse)* money mart
Geldmarktfonds *m (Fin) (AE)* money market mutual fund
Geldmarktinstrument *n (Börse, Fin)* money market instrument *(z. B. Schecks, Wechsel, Depositenzertifikate)*; monetary asset
Geldmarktkonto *n (Bank)* money-market account
Geldmarktpapier *n (Börse)* money market paper *(Plural: Geldmarktpapiere = Geldmarktinstrumente = money--market instruments)*
Geldmarktsatz *m (Börse)* money market rate
Geldmenge *f (WiWi)* money supply, money stock
Geldmenge *f* **in ihrer weitesten Abgrenzung** *(Bank, WiWi)* broad money
Geldmenge *f* **M1** *(Bank, WiWi)* Money Supply M1, narrow money M1, M1 *(Geldvolumen M1, eng gefasste Geldmengendefinition)*
Geldmenge *f* **M2** *(Bank, WiWi)* Money Supply M2, intermediate money M2, M2 *(Geldvolumen M2, mittlere Geldmenge M2)*
Geldmenge *f* **M3** *(Bank, WiWi)* Money M3, broad money M3, M3 *(Geldvolumen M3, weit abgegrenzte Geldmenge M3)*
Geldmengenaggregat *n (WiWi) (BE)* monetary aggregate
Geldmengensteuerung *f (WiWi)* money supply control *(EZB; Gegensatz: direkte Inflationssteuerung)*
Geldmengenwachstum *n (Bank, WiWi)* monetary growth *(EZB)*
Geldmengenziel *n (Bank, WiWi)* money supply target, monetary target *(EZB--Referenzwert für den Zuwachs der Geldmenge M3 = 4,5% mittelfristig)*
Geldmittel *npl (Bank, Fin)* cash, financial means, funds, exchequer • **Geldmittel beschaffen** *(Fin)* raise funds • **Geldmittel leihen** *(Bank)* borrow funds
Geldmultiplikator *m (WiWi)* money multiplier
Geldnachfrage *f (WiWi)* demand for money
Geldnähe *f (Bank, Fin, RW)* degree of moneyness *(EZB, Geldgrad)*
Geldpolitik *f (WiWi)* monetary policy • **Geldpolitik festlegen und ausführen** *(Bank, WiWi)* define and implement monetary policy *(EZB)*
geldpolitische Ausrichtung *f (Bank, WiWi)* monetary policy stance *(Synonym: geldpolitischer Kurs, die Grundrichtung der Geldpolitik; EZB)*
geldpolitische Restriktion *f (WiWi)* monetary restriction
geldpolitische Steuerung *f (Fin, Pol)* monetary regulation
geldpolitische Transmission *f (WiWi)* monetary transmission
geldpolitischer Kurs *m (Bank, WiWi)* monetary policy stance *(EZB)*
geldpolitisches Ziel *n (Fin)* monetary target
Geldschein *m (Bank) (AE)* bank bill, *(BE)* banknote
Geldschleier *m (WiWi)* monetary veil
geldschöpfende Finanzinstitute *npl (Bank, WiWi)* Monetary Financial Institutions, MFIs *(EZB; Monetäre Finanzinstitute; früher: Monetäre finanzielle Institute)*
Geldschöpfungsmultiplikator *m (WiWi)* deposit multiplier
Geldspanne *f (Bank, Börse, Fin)* bid spread
Geldstrom *m (RW, WiWi)* flow of funds, funds flow

Geldstück *n (Gen)* coin
Geldsurrogat *n (Fin)* substitute [token] money
Geldumlaufgeschwindigkeit *f (WiWi)* velocity of circulation (of money)
Geld- und Briefkurse *mpl (Börse)* bid and asked quotations
Geld- und Währungspolitik *f (Bank)* monetary and foreign exchange policy *(EZB)*
Geldverknappung *f (WiWi)* contraction of money supply, money squeeze
Geldvermögen *n (RW)* monetary assets
Geldvolumen *n (Bank, WiWi)* money stock
Geldwäsche *f (Bank)* money laundering
Geldwäschegesetz *n (GwG) (Recht)* Money Laundering Act
Geldwäscher *m (Bank, WiWi)* money launderer
Geldwert *m (WiWi)* value of money
Geldwerte *mpl (WiWi)* monetary assets, money assets *(unterliegen der Werterosion durch Inflation; Gegensatz: Sachwerte = Realwerte = real assets, mit dem Risiko der Blasenbildung, insbesondere im Niedrigzinsumfeld)*
geldwerte Leistung *f (Pers, Steuer)* payment in kind, remuneration in kind
geldwerter Gewinn *m (Fin)* pecuniary profit
geldwerter Verlust *m (Fin)* pecuniary loss
Geldwertstabilität *f (WiWi)* monetary stability, currency stability
Gelegenheit *f* 1. *(Gen)* opportunity, window; 2. *(Pol, WiWi)* opportunity • **die Gelegenheit haben, etw. zu tun** *(Gen)* have the opportunity to do sth
Gelegenheitsarbeit *f* 1. *(Gen)* jobbing; 2. *(Pers)* casual work, odd jobs, casual jobs, casual labo(u)r
Gelegenheitspreis *m (Gen)* bargain price
geleistete Arbeitsstunden *fpl (Pers)* hours worked
geleistete Zahlungen *fpl (RW)* payments account
gelenkte Wirtschaft *f (WiWi)* controlled economy
gelernte Arbeitskräfte *fpl (Pers, WiWi)* skilled labo(u)r
gelingen *v (Gen)* succeed
geltend *adj (Gen)* prevailing • **geltend machen** *(Gen)* set up • **zu geltenden Preisen** *(Börse, Fin)* at ruling prices
geltende Fassung *f (Recht)* current version *(Gesetze, Dokumente)*
geltende Rechtsvorschriften *fpl (Recht)* applicable provisions of law
geltendes Recht *n (Recht)* law in force, valid law, current law, established law
Geltendmachung *f (Recht)* enforcement
Geltung *f (Gen)* validity
Geltungsbereich *m* 1. *(Gen)* scope of application; 2. *(Admin)* coverage
Geltungskonsum *m (WiWi)* conspicuous consumption
gemäß *(Gen, Recht)* according to, in accordance with, in conformity with • **gemäß Artikel** *(Recht)* pursuant to article • **gemäß den vertraglichen Bedingungen** *(Recht)* under the terms of the contract
gemäßigt *adj (WiWi)* modest
Gemeinde *f* 1. *(Gen)* community; 2. *(Pol)* borough
Gemeinde *f* **im ländlichen Raum** *(WiWi)* rural community
Gemeindesteuer *f (Steuer)* local tax, municipal tax; *(BE)* council tax; local authority tax *(als Gegensatz zu den Abgaben der übergeordneten Gebietskörperschaften = territorial authorities)*
Gemeineigentum *n (Pol, WiWi)* public ownership, collective ownership • **in Gemeineigentum überführen** *(Pol, WiWi)* nationalize, bring under public ownership *(Synonym: verstaatlichen; Gegensatz: privatisieren, in Privateigentum überführen)*
Gemeinkosten *pl* 1. *(Fin, RW)* overhead, overheads, overhead charge, overhead cost, *(BE)* on cost, oncost, general cost, indirect cost, general expense; 2. *(WiWi)* burden, common cost, general cost • **Gemeinkosten verrechnen** *(RW)* absorb overheads, allocate overhead cost
Gemeinkostenverrechnung *f (RW)* allocation of overheads
Gemeinkostenzuschlag *m (RW)* absorption rate
gemeinnützig *adj (Fin, Gen, RW, Steuer)* non-profit-making
gemeinnützige Arbeit *f (Soz)* community work, *(AE)* community service
gemeinnützige Organisation *f (WiWi)* non-profit-making organization, *(AE)* nonprofit organization
gemeinnütziges Unternehmen *n (WiWi)*

nonprofit enterprise
Gemeinnützigkeitsrecht *n (Recht)* charity law
gemeinsam *adj* 1. *(Gen)* collective, common, joint; 2. *(Pers)* collaborative *(Wikiwirtschaft, Projekt)* • **gemeinsam haften** *(Gen)* be jointly liable • **gemeinsam mit** *(Gen)* in association with, in tandem with, in collaboration with *(Wikiwirtschaft)*
Gemeinsame Außen- und Sicherheitspolitik *f (GASP) (Recht)* Common Foreign & Security Policy, common foreign and security policy, CSFP *(EU Maastricht-Vertrag = Maastricht Treaty)*
gemeinsame Datennutzung *f (Comp, Pol)* sharing of data
gemeinsame Grenze *f (Imp/Exp)* mutual border
gemeinsame Haftung *f (Bank, Recht)* joint liability
gemeinsame Handelspolitik *f (Pol, Recht)* common commercial policy *(EU)*
gemeinsame Steuererklärung *f (Steuer)* consolidated tax return, joint return
gemeinsame Vorschriften *fpl (Recht)* common rules *(EU)*
gemeinsame Währung *f (Bank, Pol)* single currency *(EU, EZB)*
gemeinsamer Außenzoll *m (WiWi)* common external tariff *(EU)*
gemeinsamer Besitzstand *m (Recht)* Acquis communautaire *m (französisch; Synonym: EU-Rechtsbestand, gemeinschaftlicher Besitzstand; Summe der gemeinsamen Rechte und Verpflichtungen der EU--Mitgliedstaaten)*
gemeinsamer Datenzugriff *m (Comp)* data sharing
gemeinsamer Eigentümer *m (Grund)* joint owner
gemeinsamer Markt *m (WiWi)* Common Market *(EU)*
gemeinsamer Nenner *m (Gen)* common denominator *(Entscheidungsfindung)*
gemeinsamer Standpunkt *m (Pol, Recht)* common position *(EU)*
gemeinsames Eigentum *n (Grund)* property held in joint names
gemeinsames Recht *n* **der Vertragsstaaten** *(Pol, Recht)* law common to the Contracting States *(EU)*
gemeinsames Währungsgebiet *n (Pol, WiWi)* single currency zone, single currency area *(EU)*
Gemeinschaft *f (Gen)* community
gemeinschaftlich *adj (Gen)* collective
gemeinschaftliche Leitung *f (Mgt)* joint management
gemeinschaftliche Verfügungsberechtigung *f (Bank)* joint authority to operate an account *(über ein Konto)*
Gemeinschaftsanleihen *fpl (Bank, Pol)* Community loan mechanisms
Gemeinschaftsarbeit *f (Bil, Pers)* team--work, group-work, teamworking
Gemeinschaftsdurchschnitt *m (Pol, WiWi)* Community average *(EU)*
Gemeinschaftsebene *f (Recht)* Community level *(EU)*
Gemeinschaftsfinanzierung *f (Fin, WiWi)* cooperative financing facilities *(CFF; EU)*
Gemeinschaftsgeist *m (Gen)* community spirit, esprit de corps
Gemeinschaftsgesetzgebung *f (Pol, Recht)* Community legislation *(EU)*
Gemeinschaftshaushalt *m (WiWi)* Community budget
Gemeinschaftsmaßnahme *f (Gen)* Community action *(Entscheidungsfindung)*
Gemeinschaftsorgane *npl (Pol)* Community institutions *(EU)*
Gemeinschaftspatent *n (Pat, Recht)* Community patent *(EU)*
Gemeinschaftsrecht *n (Recht)* Community legislation, Community law *(EU)*
Gemeinschaftssinn *m* 1. *(Gen)* community spirit; 2. *(Pers)* team spirit
Gemeinschaftsunternehmen *n (Gen)* joint venture
Gemeinschaftsverträge *mpl (Pol, Recht)* Community Treaties *(EU)*
Gemeinschaftsvertretung *f (Gen, Mgt, Pers)* joint representation
Gemeinschaftsvorhaben *n (Recht)* Community initiative *(EU)*
Gemeinschaftsvorschriften *fpl (Recht)* Community rules *(EU)*
Gemeinschaftswährung *f (WiWi)* common currency
Gemeinschuldner *m (Recht)* (the) bankrupt *(Konkursrecht)*
Gemeinwesen *n (Gen)* community
Gemeinwohl *n (Pol, Soz)* general good

gemeldete Arbeitslosigkeit *f (Pers)* registered unemployment
gemeldete offene Stellen *fpl (Pers, Soz)* vacancies notified, vacancies registered
gemietete Leitung *f (Komm)* leased line
gemildertes Niederstwertprinzip *n (Fin, RW)* alleviated lower of cost or market principle, modified lower of cost or market principle *(Bewertungsgebot im Anlagevermögen nach dem handelsrechtlichen Vorsichtsprinzip; Gegensatz: strenges Niederstwertprinzip = strict lower of cost or market principle)*
geminderte Erwerbsfähigkeit *f (Soz)* reduced capacity to work, reduced earning capacity
gemischte Lebensversicherung *f (Versich)* endowment (life) assurance, endowment (life) insurance
gemischte Schule *f (Bil)* coeducational school, coeducational institution
gemischte Wirtschaft *f (WiWi)* mixed economy *(mit Elementen einer kapitalistischen und sozialistischen Wirtschaftsordnung)*
Gemischtwaren *fpl (Gen)* general merchandise
gemischtwirtschaftliches System *n (WiWi)* mixed economic system
genaue Prüfung *f (Gen)* close examination, careful check
Genauigkeit *f (Gen, RW)* accuracy
genehmigen *v* 1. *(Bank)* approve *(Darlehen)*; 2. *(Gen)* approve, allow, ratify, authorize; 3. *(RW)* appropriate for *(Gelder)*; 4. *(Recht)* permit
genehmigt *adj* 1. *(Versich)* approved; 2. *(WiWi)* appropriated
genehmigte Aktien *fpl (Börse)* approved shares, authorized shares
genehmigter Kredit *m (Bank)* authorized credit
genehmigter Preis *m (Gen, Pol)* approved price
genehmigtes Kapital *n (Fin)* approved capital
Genehmigung *f* 1. *(Bank, Gen)* approval, authorization; 2. *(Pat)* authorization; 3. *(Recht)* permit • **zur Genehmigung** *(Gen)* for approval
Genehmigung *f* **des Jahresabschlusses** *(RW)* approval of the accounts
genehmigungsbedürftig *adj (Recht) (AE)* subject to license, *(BE)* subject to licence
Genehmigungspflicht *f (Pol, WiWi)* licensing requirement
genehmigungspflichtig *adj (Gen, V&M)* subject to authorization, subject to approval, subject to permission
Genehmigungsprozess *m (Bank)* approval process
Genehmigungsschreiben *n (Gen)* letter of authority
Genehmigungsumfang *m (Recht)* scope of approval
Generaldirektor(in) *m(f)* 1. *(Mgt)* general executive, general manager, executive director, president, chief executive; 2. *(Pers) (BE)* managing director *(eines Unternehmens)*; director general *(EU)*
Generalklausel *f (Gen, Recht)* omnibus clause, all-purpose clause
Generalstreik *m (Pers)* general strike
Generalunternehmer *m* 1. *(Gen)* general contractor; 2. *(WiWi)* main contractor
Generalversammlung *f (Pol, Recht)* General Assembly *(UN)*
Generalvertrag *m* 1. *(Gen, Pers)* blanket agreement; 2. *(Recht)* blanket agreement, blanket contract
Generalvollmacht *f (Recht)* full power of attorney, unlimited power of attorney, general power of representation; general authorization, GA *(Generalvollmacht eines Geschäftsleiters z. B.; Gegensatz: Sondervollmacht = special authority, Einzelvollmacht = individual power of representation)*
Generationen... *(Soz, WiWi)* generational ...; intergenerational ..., generation ...
Generationenvertrag *m (Media, Pol, Soz)* intergenerational contract, intergeneration(al) pact
Generationsproblem *n (Soz)* generation gap
generelle Erhöhung *f (Börse)* across--the-board increase *(Kursniveau)*
generelle Lohnerhöhung *f (Pers)* across--the-board wage increase
genereller Preisanstieg *f (Gen, WiWi)* across-the-board price increase
genormt *adj (Gen)* standardized
Genossenschaft *f (Gen)* association, cooperative society, cooperative
genossenschaftlicher Sektor *m (Bank)*

cooperative sector *(Synonym: Geschossenschaftsbereich)*
genossenschaftliches Kreditinstitut *n (Bank)* cooperative credit institution
Genossenschaftsrecht *n (Recht)* Law of Cooperatives
Gentechnik *f (Gen)* genetic engineering
geometrisch-degressive Abschreibungsmethode *f (Fin, RW)* diminishing balance method *(IFRS/IAS)*; declining balance method *(US--GAAP)*
geometrische Folge *f (Stat)* geometric progression
geometrisches Mittel *n (Stat)* geometric mean *(GM)*
geordnete monetäre Verhältnisse *npl (WiWi)* orderly monetary conditions *(EZB)*
Gepäckübergewichtsgebühr *f (Frei, Logis)* excess baggage charge
gepfändetes Eigentum *n (Grund)* distressed property
Gepflogenheiten *fpl* 1. *(Pers)* custom and practice; 2. *(Recht)* standard practice *(Vertragsrecht)*
geplante Umsätze *mpl (V&M)* anticipated sales
geplanter Verschleiß *m (V&M, WiWi)* built-in obsolescence, planned obsolescence
geplatzter Scheck *m (Bank, Gen) (AE)* bounced check, *(BE)* bounced cheque
geprüfter Abschluss *m (RW)* audited accounts
geprüftes Unternehmen *n (RW)* auditee
geradzahlig *adj (Gen)* even-numbered
Gerät *n* 1. *(Comp)* device, hardware device; 2. *(Gen)* appliance, device, gadget
Geräteentwicklung *f (Comp, Ind)* equipment development
Geräteleasing *n (Grund, Ind)* equipment leasing
geräumt *adj (Gen)* unstocked *(Lager)*
gerecht *adj* 1. *(Gen)* equitable; 2. *(Recht)* fair, just *(angemessen)*
gerechte Verteilung *f (Gen)* equitable distribution
gerechter Lohn *m (WiWi)* just wage
gerechter Preis *m (WiWi)* just price
gerechter Wettbewerb *f (V&M, WiWi)* fair competition *(fairer Wettbewerb)*
gerechtfertigter Preis *m (Börse)* justified price
Gerechtigkeitserwägung *f (Recht, WiWi)* consideration of justice, consideration of justness
geregelte Preise *mpl (Bank, V&M)* regulated prices *(EZB)*
geregelter Freiverkehr *m (Börse)* regulated over-the-counter-market, regulated free market
geregelter Markt *m (Börse) (BE)* Unlisted Securities Market, USM, regulated market *(EU)*
geregelter Wertpapiermarkt *m (WiWi)* organized stock market
Gericht *n (Recht)* court • **vor Gericht aussagen** *(Recht)* give evidence • **vor Gericht erscheinen** *(Recht)* appear in court, come before court
Gericht *n* **erster Instanz** *(Recht)* Court of First Instance
Gericht *n* **letzter Instanz** *(Recht)* court of last instance
Gericht *n* **zweiter Instanz** *(Recht)* court of second instance
gerichtlich *adj (Recht)* judicial *(richterlich)*
gerichtlich *adv (Recht)* judicially *(gerichtlich)*
gerichtliche Schritte *mpl (Recht)* legal action
gerichtliche Zuständigkeit *f (Recht)* court jurisdiction
gerichtlicher Liquidationsbeschluss *m (Recht)* winding-up order *(Gesellschaftsrecht)*
gerichtliches Verfahren *n (Recht)* court proceedings
gerichtliches Vergleichsverfahren *n (Recht)* judicial arrangement
Gerichtsbarkeit *f (Recht)* jurisdiction • **es fällt unter unsere Gerichtsbarkeit** *(Recht)* it comes under our jurisdiction
Gerichtsentscheid *m (Recht)* court decision, court ruling
Gerichtskosten *pl* 1. *(Recht)* legal charges; 2. *(WiWi)* costs
Gerichtsprozess *m (Recht)* court proceeding, court procedure, lawsuit *(Klage, Gerichtsverfahren)*
Gerichtsstand *m (Recht)* venue *(Verträge)*
Gerichts- und Anwaltskosten *pl (Recht)* legal expenses, court and attorneys' fees
Gerichtsverfahren *npl (Recht)* court procedures, legal proceedings

gering *adj (Gen)* small, minor, light • **bei geringem Angebot** *(Gen)* in scarce supply • **in geringem Maße** *(Gen)* on a small scale • **in geringerem Maße** *(Gen)* to a lesser extent
geringbezahlt *adj (Pers)* low paid
geringe Attraktivität *f (Gen, V&M)* relative unattractiveness
geringfügig Beschäftigte *m(f) (Pers)* "marginal" part-time worker *(sozialversicherungsfrei beschäftigte Arbeitnehmer)*
geringfügig beschäftigte Arbeitnehmer *pl (Pers)* marginal part-time workers
geringfügig entlohnte Beschäftigung *f (Pers, Soz)* employment with low pay
geringfügige Beschäftigung *f (Pers)* minor employment, marginal employment, minor jobs, marginal part--time work
geringfügiger Mangel *m (Recht)* minor defect *(Vertragsrecht)*
geringfügiger Schaden *m (Versich)* small damage
Geringfügigkeitsgrenze *f (Recht)* negligibility limit, marginal threshold
geringqualifiziert *adj (Pers)* less qualified, low-skilled
geringqualifizierte Arbeitskräfte *pl (Pers)* less qualified workers
geringstquadrate Regression *f (Stat)* least-square regression
gesamt *adj* 1. *(Gen)* all-in, all-inclusive, all-out, overall, whole; 2. *(RW)* gross; 3. *(WiWi)* aggregate
Gesamt... *(Gen, Versich, WiWi)* aggregate, all-in, all-round, collective, overall
Gesamtabschreibung *f (WiWi)* aggregate depreciation
Gesamtaktiva *pl (Fin, RW)* total assets
Gesamtangebotskurve *f (WiWi)* aggregate supply curve
Gesamtarbeitnehmerzahl *f (Pers)* total work force, total number of employees
Gesamtarbeitslosigkeit *f (WiWi)* overall unemployment, total unemployment
Gesamtaufsichtsrat *m (Mgt)* group supervisory board
Gesamtausleihungen *fpl (Fin)* loan exposure
Gesamtbetrag *m* 1. *(Fin)* total; 2. *(Gen)* full lot; 3. *(RW)* total, total amount, grand total; gross amount *(Bruttobetrag)*
Gesamtbetrag *m* **der Staatsausgaben** *(WiWi)* total public spending
Gesamtbilanz *f* 1. *(Imp/Exp, WiWi)* overall balance; 2. *(RW)* consolidated balance sheet
Gesamtbudget *n* 1. *(Fin)* total budget; 2. *(RW)* master budget
Gesamteigentum *n (Recht)* joint ownership
Gesamteinnahmen *fpl (WiWi)* total revenue
Gesamtgeschäftsführung *f (Mgt)* general management, joint management
gesamtgesellschaftlich *adj (Pol, Soz, WiWi)* relating to society as a whole
Gesamtheit *f (Gen)* entirety • **als Gesamtheit** *(Gen)* collectively
Gesamtinflation *f (WiWi, Stat)* headline inflation *(umfassend und objektiv gemessen, z. B. als HVPI = HICP = Harmonized Index of Consumer Prices; Synonym: maßgebliche Inflation, allgemeine Teuerungsrate, ausgewiesene Inflation; Gegensatz: 1. Kerninflationsrate = core inflation rate, bereinigt von den sektorspezifischen Schwankungen der Energiepreise und der Lebensmittel, z. B. der HVPI ohne Energie und unverarbeitete Nahrungsmittel; 2. gefühlte Inflation = wahrgenommene Inflation = perceived inflation)*
Gesamtjahresabschluss *m (WiWi)* comprehensive annual financial report, CAFR
Gesamtkapitalrentabilität *f (Fin, RW)* return on total assets, return on total investment
Gesamtkosten *pl (Gen, WiWi)* total cost(s)
Gesamtkostenverfahren *n (RW, Steuer)* expenditure style of presentation, expenditure format, type of expenditure format, total cost format, presentation by nature *(IFRS/IAS; § 275 Abs. 2 HGB; Gegensatz: Umsatzkostenverfahren = cost-of-sales method = cost of sales type of presentation)*
Gesamtleistung *f (WiWi)* overall performance
Gesamtnachfrage *f (WiWi)* market demand
Gesamtnachfragekurve *f (WiWi)* aggregate demand curve

Gesamtproduktion *f (WiWi)* aggregate production
Gesamtqualitätssicherung *f (Mgt)* total quality management
Gesamtrendite *f (Fin)* total yield
Gesamtrentabilität *f (WiWi)* operating efficiency
Gesamtschulden *fpl (Fin)* gross debt
gesamtschuldnerisch *adv (Recht)* jointly and severally • **gesamtschuldnerisch haftbar** *(Recht)* jointly liable • **gesamtschuldnerisch haften** *(Fin, Recht)* be jointly liable, be jointly and severally liable
gesamtschuldnerische Haftung *f (Recht)* joint and several liability
Gesamtsteueraufkommen *n (Steuer, WiWi)* total revenue
Gesamtstückzahl *f (Bank)* total piece count *(money; EZB)*
Gesamtsumme *f* 1. *(Fin)* principal sum; 2. *(Gen)* grand total, full lot
Gesamtverantwortung *f (Gen)* comprehensive responsibility
Gesamtvermögen *n (RW)* total assets *(Synonym: Gesamtvermögenswerte)*
Gesamtverschuldung *f (RW, Fin)* total debt, total borrowings
Gesamtwirtschaft *f (WiWi)* national economy, economy as a whole
gesamtwirtschaftlich *adj (WiWi)* aggregate, macroeconomic, national • **auf gesamtwirtschaftlicher Ebene** *(WiWi)* at the level of the economy as a whole
gesamtwirtschaftliche Ersparnis *f (WiWi)* national savings
gesamtwirtschaftliche Leistung *f (WiWi)* output
gesamtwirtschaftliche Lohnquote *f (Pers, WiWi)* overall wage ratio
gesamtwirtschaftliche Nachfrage *f (WiWi)* aggregate demand, overall demand, total demand
gesamtwirtschaftliche Produktion *f (WiWi)* aggregate production
gesamtwirtschaftliche Vermögensbildung *f (WiWi)* aggregate wealth formation
gesamtwirtschaftliche Wertschöpfung *f (WiWi)* aggregate value added
gesamtwirtschaftliches Rechnungswesen *n (RW)* System of National Accounts
gesamtwirtschaftliches Stellenangebot *n (Pers, WiWi)* job supply, supply of jobs
Gesamtzahl *f (Gen)* total number
gesättigter Markt *m (V&M)* mature market
Geschädigte *m(f)* 1. *(Recht)* aggrieved party, injured party; 2. *(Versich)* claimant
geschädigte Partei *f (Recht)* aggrieved party
Geschäft *n* 1. *(Gen)* business, trade, dealing *(Handel, Kommerz)*; deal, transaction, bargain *(Abschluss)*; business, enterprise, operation *(Firma)*; *(BE)* shop, *(AE)* store *(Laden)*; office *(Büro)*; 2. *(V&M)* sale • **ein Geschäft abschließen** *(Gen)* strike a deal, strike a bargain • **ein Geschäft aufmachen** *(Gen)* start in business, open a business • **aus einem Geschäft aussteigen** *(Börse)* cash in • **ein Geschäft betreiben** *(Gen)* run a business • **von Geschäft zu Geschäft** *(Gen)* business to business • **das Geschäft ist ruhig** *(Gen)* business is slack • **das Geschäft perfekt machen** *(Gen)* swing the deal • **über das Geschäft reden** *(Gen)* talk business • **ein Geschäft unter Dach und Fach bringen** *(Gen)* swing the deal • **sich vom Geschäft zurückziehen** *(Gen)* retire from business
Geschäfte *npl* 1. *(Gen)* operations, business; 2. *(Mgt)* dealings
geschäftlich *adj* 1. *(Gen)* on business; 2. *(Mgt)* managerial
geschäftlich *adv (Gen)* commercially • **geschäftlich ausgerichtet** *(Gen)* business-oriented
geschäftliche Angelegenheiten *fpl (Gen)* business affairs, mercantile affairs
geschäftliche Aussichten *fpl (WiWi)* business prospects
geschäftliche Beziehungen *fpl (Mgt)* business relations
Geschäftsabschluss *m (Gen)* deal
Geschäftsanteil *m (Fin)* share, interest • **einen Geschäftsanteil an einem Unternehmen besitzen** *(Gen)* have a share in a business
Geschäftsausgaben *fpl (RW)* expenses
Geschäftsaussichten *fpl (WiWi)* business outlook
Geschäftsbank *f (Bank, Fin, WiWi)* commercial bank

Geschäftsbedingungen *fpl (Gen)* business conditions
Geschäftsbereich *m* 1. *(Gen)* area of responsibility, sphere of activity, sphere of responsibility; 2. *(Pol)* portfolio; 3. *(Admin, Mgt, V&M)* business segment
Geschäftsbericht *m (RW)* annual report
Geschäftsbezeichnung *f (Recht)* business identifier
Geschäftsbeziehung *f (Gen, Mgt)* relationship
Geschäftsbeziehungen *fpl (Gen)* business relations
Geschäftsbrief *m (Gen)* business letter
Geschäftsbuchhaltung *f (Fin)* financial accounting
Geschäftseinheit *f* 1. *(Gen)* business unit; 2. *(V&M) (BE)* shop unit
Geschäftsergebnisse *fpl (Gen)* company results
Geschäftserwartungen *fpl (Gen, Stat, V&M)* business expectations
Geschäftsfähige *m(f) (Recht)* person with full capacity to contract, person with legal capacity to contract
Geschäftsfähigkeit *f (Gen, Recht)* capacity to contract, contractual capacity
Geschäftsfeld *n (Mgt)* business segment
Geschäftsfeld-Berichterstattung *f (Admin)* business segment reporting
geschäftsführend *adj* 1. *(Gen)* acting; 2. *(Mgt)* active; managing
geschäftsführender Gesellschafter *m (Pers)* managing partner
geschäftsführender Vorstand *m (Mgt)* executive committee
Geschäftsführer *m* 1. *(Gen)* managing director; 2. *(Mgt)* manager, managing agent, business manager; 3. *(Pers)* business manager, director
Geschäftsführerin *f s.* Geschäftsführer
Geschäftsführung *f (Mgt, WiWi)* business management • **jmdn. mit der Geschäftsführung beauftragen** *(Mgt)* entrust sb with the management
Geschäftsführungsausschuss *m (Mgt)* management committee
Geschäftsgegenstand *m (Admin, WiWi)* business purpose
Geschäftsgeheimnis *n* 1. *(Gen)* trade secret; 2. *(Pers)* business secret
Geschäftsgründung *f (Gen)* business creation, establishment
Geschäftsimmobilien *fpl (Grund)* industrial real estate
Geschäftsinhaber(in) *m(f) (Gen, Mgt)* business owner, owner (of the firm), proprietor; shopkeeper, *(AE)* storekeeper *(Ladenbesitzer)*
Geschäftsjahr *n* 1. *(Gen)* business year, trading year; 2. *(RW)* accounting year, financial period, fiscal year, trading year; 3. *(Steuer)* accounting year, fiscal year
Geschäftskapital *n (Fin) (AE)* capital stock, *(BE)* share capital
Geschäftskatalog *m (V&M)* business catalog(ue)
Geschäftslage *f* **des Unternehmens** *(Gen)* company's affairs
Geschäftsleitung *f (Admin, Mgt)* business management
Geschäftsleute *pl (Gen)* business people, tradespeople
Geschäftslokal *n* 1. *(Gen)* business premises; 2. *(Admin, Recht)* business office
Geschäftsmann *m (Gen)* businessman, entrepreneur
Geschäftsmittelpunkt *m (Gen)* hub of activity
Geschäftsmodell *n (Gen, Mgt, V&M)* business model
Geschäftsordnung *f* 1. *(Bank)* bylaw; 2. *(Pol)* procedure
geschäftsorientiert *adj (Gen)* business-oriented
Geschäftsplanung *f (Mgt)* corporate planning *(Unternehmensplanung)*
Geschäftspolitik *f (Gen, WiWi)* business policy
geschäftspolitische Fragen *fpl (Gen, Mgt, Pol)* policy issues
Geschäftsprozess *m (Mgt)* business process
Geschäftsräume *mpl* 1. *(Gen)* business premises; 2. *(Grund)* office premises
Geschäftsreise *f* 1. *(Frei)* business travel; 2. *(Gen)* business trip
Geschäftssegmente *npl (RW)* operating segments *(IFRS 8)*
Geschäftssitz *m* **des Schuldners** *(Recht)* centre of administration of the debtor *(der Ort, an dem der Schuldner üblicherweise seine Hauptinteressen wahrnimmt; Gesellschaften und juristische Personen: satzungsmäßiger Sitz)*
Geschäftssprache *f* 1. *(Gen)* commercial

language, general commercial language; 2. *(Mgt, Pol)* official language *(EU)*
Geschäftsstandort *m (Mgt, WiWi)* business location
Geschäftsstelle *f* 1. *(Admin, Börse, Gen)* agency, branch; 2. *(Admin)* agency
Geschäftsstellennetz *n (Bank)* branch network
Geschäftstätigkeit *f (Gen)* business activity, business operations
Geschäftstrend *m (Gen)* business trend, economic trend
Geschäftstüchtigkeit *f (Gen)* commercial acumen
Geschäftsübernahme *f* 1. *(Gen)* takeover; 2. *(Mgt)* under new management
Geschäftsumfang *m (Gen)* business volume, volume of trading, amount of business
Geschäftsumschwung *m* **eines Unternehmens** *(Gen)* corporate turnaround
geschäftsunfähig *adj (Recht)* incapacitated
Geschäftsvermögen *n (Fin, Gen, RW)* business assets
Geschäftsvorfall *m (Gen)* transaction, business transaction
Geschäftswagen *m (Gen)* company car, business car
Geschäftswert *m (RW)* goodwill
Geschäftswertabschreibung *f (RW)* amortization of goodwill *(Synonym: Firmenwertabschreibung, Goodwill--Abschreibung, Abschreibung auf den Firmenwert, Abschreibung auf den Geschäftswert; nur der erworbene Goodwill -derivative goodwill- darf handelsrechtlich und muss steuerrechtlich als immaterielles Wirtschaftsgut des Anlagevermögens aktiviert werden; IFRS/IAS- und US--GAAP-Abschreibung des Geschäftswerts sind allerdings nur zulässig auf der außerplanmäßigen Basis eines Wertminderungstests = impairment test)*
Geschäftszeiten *fpl (Gen, V&M)* hours of business, h.b., office hours
Geschäftszentrum *n (Gen) (AE)* business [shopping] center, *(BE)* business [shopping] centre, *(AE)* shopping mall
Geschäftszweig *m (Gen)* branch of a business
geschätzter Wert *m* 1. *(Grund)* appraised value; 2. *(Versich)* estimated value
gescheiterte Investitionen *fpl (RW, WiWi)* stranded assets
gescheiterte Steuerreform *f (Pol, Steuer)* abortive tax reform
gescheiterte Übernahme *f (Fin)* failed takeover bid
geschichtetes Zufallsstichprobenverfahren *n (Stat)* stratified random sampling
Geschlechterverhältnis *n (Stat)* sex ratio, ratio of men to women
geschlechtsspezifisch *adj (Pers)* gender-specific
geschlechtsspezifische Unterschiede *mpl (Pol, Soz)* gender gap
geschlechtsspezifisches Lohngefälle *n (Pers)* gender wage gap
geschlossene Benutzergruppe *f (Comp, Komm)* closed user group
geschlossene Volkswirtschaft *f (WiWi)* closed economy
geschlossener Investmentfonds *m* 1. *(Börse)* closed-end mutual fund; 2. *(Fin)* closed-end fund
geschlossener Vertrag *m (Recht)* closed contract
Geschmacksmuster *n (Pat) (BE)* (registered) design, *(AE)* design patent
geschriebenes Recht *n (Gen)* codified law, lex scripta
geschuldeter Betrag *m (Fin)* amount due
geschultes Personal *n (Pers)* skilled staff, qualified staff, trained staff
geschützte Beschäftigung *f (Soz)* sheltered employment, employment in a sheltered workshop *(in einer beschützenden Werkstatt für Behinderte)*
geschützte Ursprungsbezeichnung *f (Pat, Recht, V&M)* protected designation of origin
geschützter Wirtschaftssektor *(Pol, WiWi)* sheltered economic sector
Geschworenengericht *n (Recht)* jury
Gesellschaft *f* 1. *(Gen)* association, company, society; 2. *(Recht, WiWi)* company *(Vertragsrecht)*
Gesellschaft *f* **bürgerlichen Rechts** *(Deu) (Gen)* civil-code company; *(USA)* non-trading partnership
Gesellschaft *f* **mit beschränkter Haftung** *(Gen) (AE)* Incorporated, Inc.,

(BE) limited company, Ltd, *(BE)* limited liability company; private limited company, Plc, proprietary company, Pty
Gesellschaft *f* **von Besitzstandswahrern** *(Pol, Soz, WiWi)* rent seeking society *(Synonym: Besitzstandswahrergesellschaft)*
Gesellschafter *m (Gen, Pers)* partner, associate
Gesellschafterdarlehen *n (Fin)* partner's loan
Gesellschafter-Geschäftsführer *m (Gen, Recht)* managing partner
Gesellschafterversammlung *f* 1. *(Gen)* general meeting, company meeting; 2. *(Recht)* partners' meeting, meeting of partners *(Personengesellschaft)*; meeting of stockholders, stockholders' meeting, meeting of shareholders *(Kapitalgesellschaft)*; general meeting of members *(GmbH)*
gesellschaftlich *adj (Gen)* corporate, social
gesellschaftliche Verantwortung *f (Recht)* social responsibility
gesellschaftliche Wohlfahrtsfunktion *f (WiWi)* social welfare function
gesellschaftlicher Konsens *m (Pol)* societal consensus
Gesellschaftskapital *n (Gen)* company capital
Gesellschaftsrecht *n (Recht)* corporate law, *(BE)* company law
Gesellschaftsregister *n (Recht)* Companies Registration Office
Gesellschaftssatzung *f (Recht)* charter
Gesellschaftssitz *m (Recht, Steuer)* domicile
Gesellschaftsstruktur *f (Gen)* company structure
Gesellschaftsvertrag *m* 1. *(Recht) (USA)* articles of incorporation, deed of partnership; 2. *(WiWi)* partnership agreement
Gesellschaftswissenschaften *fpl (Bil)* social sciences
Gesetz *n (Recht)* law *(Recht)*; act *(Einzelgesetz)*; statute • **durch Gesetz** *(Recht)* by statute *(geschriebenes Recht, Statut, Satzung)* • **ein Gesetz abschaffen** *(Recht)* repeal a law *(Synonym: ein Gesetz aufheben)* • **das Gesetz einhalten** *(Recht)* respect the law • **dem Gesetz zuwiderhandeln** *(Recht)* fail to observe the law
Gesetz *n* **der großen Zahl** *(Stat)* law of large numbers
Gesetz *n* **der steigenden Opportunitätskosten** *(WiWi)* law of increasing opportunity costs
Gesetz *n* **der Unterschiedslosigkeit der Preise** *(WiWi)* law of indifference
Gesetz *n* **des abnehmenden Ertrags** *(WiWi)* law of diminishing returns
Gesetz *n* **des abnehmenden Grenznutzens** *(V&M, WiWi)* law of diminishing marginal utility
Gesetz *n* **des komparativen Vorteils** *(Imp/Exp, WiWi)* law of comparative advantage
Gesetz *n* **gegen Wettbewerbsbeschränkungen** *(Recht, WiWi)* German Antitrust Act, *(BE)* Fair Trading Act
Gesetz *n* **vom abnehmenden Ertragszuwachs** *(WiWi)* law of diminishing returns, law of variable proportions
Gesetz *n* **vom Ausgleich der Grenznutzen** *(WiWi)* law of equi--marginal returns
Gesetz *n* **von Angebot und Nachfrage** *(WiWi)* law of supply and demand
Gesetzbuch *n (Recht)* code *(z. B. Handelsgesetzbuch = Commercial Code)*; code of laws; *(BE)* statute book *(Gesetzessammelband)*
Gesetzentwurf *m (Pol, Recht)* bill, draft law
Gesetzesanwendung *f (Recht)* application of law
Gesetzeskraft haben *(Recht)* have statutory effect
Gesetzesnovelle *f (Recht)* amendment of a law
Gesetzestext *m (Recht)* text of a law; draft of proposed legislation *(Referentenentwurf)*
Gesetzesübertretung *f (Recht)* violation of the law
Gesetzesvollzug *m (Recht)* law enforcement
Gesetzesvorlage *f (Recht)* bill *(Gesetzgebungsverfahren)*
gesetzgebende Gewalt *f (Recht)* legislative power
Gesetzgeber *m (Recht)* legislature, *(BE)* Parliament, *(AE)* Congress *(institution)*; lawmaker, legislator *(person)*

Gesetzgebung *f (Recht)* legislation
Gesetzgebungsvorhaben *n (Recht)* legislative project
gesetzlich *adj* 1. *(Gen, Pol)* statutory; 2. *(Recht)* by statute, statutory, lawful, legal
gesetzlich festgelegte Ausgaben *fpl (Pol, WiWi)* statutory expenditure
gesetzlich zulässige Übertragung *f (Börse)* legal transfer
gesetzliche Abzüge *mpl (Pers, Soz)* statutory deductions
gesetzliche Arbeitszeit *f (Pers)* statutory working time, statutory working hours, legal working time, legal working hours
gesetzliche Aufgaben *fpl (Recht)* statutory duties
gesetzliche Bestimmung *f (Bank, Recht)* statutory regulation, statutory provsision *(EZB)*
gesetzliche Buchprüfung *f (RW)* statutory audit
gesetzliche Erbfolge *f (Recht)* intestate succession
gesetzliche Erbin *f (Recht)* legal heiress
gesetzliche Formvorschriften *fpl (Recht)* statutory forms *(Vertragsrecht)*
gesetzliche Garantie *f (V&M, Recht)* implied guarantee, warranty by law
gesetzliche Gewährleistung *f (Recht)* implied warranty
gesetzliche Haftpflicht *f (Recht)* legal liability, third-party liability *(Versicherung)*
gesetzliche Inzidenz *f (Steuer)* statutory incidence
gesetzliche Krankenversicherung *f (Soz)* statutory health insurance scheme, statutory sickness insurance scheme, compulsory health insurance (scheme), compulsory sickness insurance (scheme), compulsory health insurance funds, compulsory sickness insurance funds
gesetzliche Kündigungsfrist *f (Recht)* legal notice, statutory notice
gesetzliche Rentenversicherung *f (Soz)* statutory pension scheme, statutory pension fund, compulsory pension insurance scheme
gesetzliche Rücklagen *fpl (RW)* legal reserves *(Gewinnrücklagen)*
gesetzliche Verjährungsvorschriften *fpl (Recht)* statute of limitations
gesetzliche Verpflichtung *f (Recht)* legal requirement, statutory obligation
gesetzliche Vorschrift *f (Pol)* statutory requirement
gesetzliche Wochenarbeitszeit *f (Pers)* statutory working week
gesetzlicher Erbe *m (Recht)* legal heir
gesetzlicher Feiertag *m (Gen, Pers, Recht) (BE)* bank holiday, *(AE)* legal holiday, public holiday, *(AE)* statutory holiday
gesetzlicher Rahmen *m (Pol, Recht)* legal framework
gesetzlicher Vertreter *m (Recht)* legal guardian
gesetzlicher Wohnsitz *m (Recht)* legal residence
gesetzliches Rentenalter *n (Soz)* statutory retirement age
gesetzliches Zahlungsmittel *n* 1. *(Bank)* currency; 2. *(Fin)* legal tender, currency; 3. *(Gen)* legal tender
gesetzliches Zurückbehaltungsrecht *n (Recht)* statutory right of lien
gesetzmäßig *adj (Recht)* lawful *(rechtmäßig)*; legal *(gesetzlich)*
gesetzwidrig *adj (Recht)* illegal, unlawful
gesicherte Forderung *f (Fin)* secured debt
gesicherte Verbindlichkeit *f (Fin)* secured debt
gesicherter Arbeitsplatz *m (Pers)* secure job
gesicherter Gläubiger *m (Fin, RW, WiWi)* secured creditor
gesicherter Kredit *m (Fin)* secured credit
gespaltener Steuersatz *m (Steuer)* split tax rate
gespaltener Wechselkurs *m (WiWi)* split exchange rate
gesperrte Datei *f (Comp)* locked file
gesperrtes Konto *n (Bank)* frozen account, blocked account
Gesprächsgebühr *f (Komm)* call charge
Gesprächstermin *m (Gen, Pers)* appointment, meeting • **einen Gesprächstermin vereinbaren** *(Gen, Pers)* arrange an appointment, arrange a meeting, make an appointment
gestaffelte Arbeitszeiten *fpl (Pers)* staggered working hours
gestatten *v (Gen)* allow
Gestehungskosten *pl* 1. *(Gen)* prime costs; 2. *(RW)* original cost, replacement costs, replacement; 3. *(WiWi)* prime costs

gestundet *adj (Gen)* prolonged
gestundete Steuerverbindlichkeiten *fpl (Fin, Steuer)* deferred tax liabilities
gestützter Kurs *m (Fin, WiWi)* pegged price
gestützter Preis *m (Gen)* subsidized price, supported price
gesund *adj* 1. *(Bank)* sound; 2. *(Gen)* healthy *(Wettbewerb, Markt)*
gesunder Menschenverstand *m (Gen)* common sense
gesundheitliche Einschränkungen *fpl (Pers, Soz)* health problems
Gesundheitsausgaben *fpl (Soz)* health care expenditure, health care spending
Gesundheitsökonomik *f (WiWi)* health economics
Gesundheitsprämie *f (Pers, Pol)* flat rate health premium
Gesundheitsreform *f (Soz)* health reform, health care reform
Gesundheitsrisiko *n (Soz)* health hazard, health risk
Gesundheitsschädigung *f (Versich)* damage to health
Gesundheitsvorsorge *f (Soz)* health care
Gesundheitszeugnis *n (Soz)* bill of health, BH, certificate of health
Gesundschrumpfen *n (Gen)* shake-out
getrennt *adj (Gen)* segregated • **mit getrennter Post** *(Komm)* under separate cover
getrennt ausgewiesen *adj (RW)* separately disclosed
getrennte Buchführung *f (Recht, Steuer, RW)* accounting separation
getrennte Veranlagung *f (Steuer)* separate tax return
Gewähr/ohne 1. *(Bank)* without recourse; 2. *(Gen)* unwarranted, not binding, subject to confirmation, without engagement
gewähren *v* 1. *(Bank)* accommodate *(Kredit)*; 2. *(Fin)* grant *(Kredit)*; 3. *(Gen)* award, grant, allow
Gewährleistung *f* 1. *(Gen)* guarantee, guaranty; 2. *(Versich)* warranty
Gewährleistung *f* **der Preisstabilität** *(Bank)* maintenance of price stability *(EZB)*
Gewährleistungsfrist *f (Recht, V&M)* guarantee period, warranty period *(Verkaufsrecht)*
Gewährleistungspflicht *f (Gen)* warranty obligation
Gewährleistungstheorie *f (Recht)* warranty theory *(Vertragsrecht)*
Gewährung *f (Pat)* grant
Gewährung *f* **der Meistbegünstigung** *(WiWi)* most favo(u)red nation treatment
Gewalt *f (Recht)* force, power
Gewalt *f* **von außen** *(Recht)* outside force, force majeure
Gewaltenteilung *f (Recht, Pol)* separation of powers
Gewässerverschmutzung *f (Ind, Umwelt)* water pollution
Gewerbe *n (Gen)* industry, trade *(the following six meanings convey the diverse aspects: 1. business, als Gegensatz zu Freizeitaktivität, as distinct from leisure-time activities; 2. industry im Sinne von »gewerbliche Wirtschaft«, including mining, craft trades, commerce, transport, catering, banking & insurance, and other services, i.e. excluding farming; 3. a segment of the economy, as above, specified in the Gewerbeordnung = Industrial Code, but excluding mining; 4. all small and medium-sized goods--producing businesses = mittelständisches Gewerbe; 5. trade: small manufacturers and traders = Kleingewerbe; 6. last but not least: the world's oldest profession = das älteste Gewerbe der Welt; steuerrechtliche Kriterien: selbständige, planmäßige, nachhaltige -auch sittenwidrige-Betätigung, Beteiligung am allgemeinen wirtschaftlichen Verkehr, Gewinnerzielungsabsicht)* • **ein Gewerbe betreiben als** *(Gen)* trade as
Gewerbeaufsicht *f (Ind, Pers)* labour inspectorate, labour inspection office
Gewerbeausstellung *f (V&M)* trade fair *(Handelsmesse)*
Gewerbebetrieb *m (Gen)* business enterprise [establishment]
Gewerbeerlaubnis *f (Gen)* trading authorization, business license
Gewerbeertrag *m (Deu) (Steuer)* trade earnings, trade profits *(Besteuerungsgrundlage der Gewerbesteuer, basis of trade taxation)*
Gewerbefreiheit *f (Pol, WiWi)* freedom of trade
Gewerbeimmobilien *fpl (Grund)* commercial real estate
Gewerbeordnung *f (Deu) (Ind)* Industrial

Code
Gewerbepark *m (Grund) (BE)* industrial estate, *(AE)* trade park; trading estate
Gewerbesteuer *f (GewSt) (Deu) (Steuer)* (German) trade tax *(local tax on profits or earnings)*
Gewerbetreibende *m(f) (Pers)* person engaged in a trade, person engaged in a business, person carrying on a trade, person carrying on a business, businessman
Gewerbeverband *m (Gen)* trade association
Gewerbezweig *m (Gen, Stat)* branch of industry, industry, trade, line of business *(Synonym: Wirtschaftszweig, Industriezweig, Branche)*
gewerblich *adj (Gen)* commercial, trade, industrial
gewerbliche Ausbildung *f (Bil)* industrial training, industrial apprenticeship
gewerbliche Kundschaft *f (Bank, V&M)* business customers
gewerbliche Schutzrechte *npl (Pat)* industrial property rights
gewerbliche Schutz- und Urheberrechte *npl (Pat, Recht)* intellectual property rights
gewerbliche Stellenvermittlung *f (Pers)* employment agencies, private employment agencies, placing service provided by private employment agencies
gewerbliche Tätigkeit *f (Ind)* commercial activity, industrial activity
gewerblicher Rechtsschutz *m (Pat, Recht)* industrial property protection, protection of industrial property rights
gewerbliches Eigentum *n (Gen, Grund, Pat)* industrial property
gewerbliches Unternehmen *n (Gen)* business enterprise, trading company
gewerblich-technische Ausbildung *f (Bil)* industrial training, industrial apprenticeship
gewerbsmäßig *adj (Gen)* for profit, for gain, commercial; industrial
gewerbsmäßige Stellenvermittlung *f (Pers)* employment agencies, private employment agencies, placing service provided by private employment agencies
Gewerkschaft *f (Gen, Pers, Pol) (AE)* labor union, *(BE)* trade union, union
gewerkschaftlich organisieren *v***/sich** *(Pers) (BE)* unionise, *(AE)* unionize
gewerkschaftlich organisierte Mitarbeiter *mpl (Pers) (BE)* organized labour, *(AE)* organized labor
gewerkschaftlicher Organisationsgrad *m (Mgt, Pers, Soz)* union density
Gewerkschaftsforderungen *fpl (Pers)* union demands, demands of the unions
Gewerkschaftsverband *m (Pers) (AE)* national union
gewichten *v (Fin, Stat)* weight
gewichteter Durchschnitt von... *(Stat, WiWi)* weighted average of...
gewichteter Kapitalkostensatz *m (Fin)* weighted average cost of capital, WACC
gewichteter Preisindex *m (WiWi)* price--weighted index
gewichtetes Mittel *n (Stat)* weighted average
Gewichtskosten *pl (Logis)* weight charge
Gewichtung *f* 1. *(Fin, WiWi)* weighting; 2. *(Pers)* loading
Gewichtungsschema *n (Stat, WiWi)* weighting scheme, weighting schedule
Gewinn *m* 1. *(Fin)* earnings, surplus; 2. *(Gen, RW)* profit, surplus, income • **Gewinn erwirtschaften** *(WiWi)* run a surplus • **Gewinn erzielen [machen]** 1. *(Börse)* move into the money; 2. *(Gen, RW)* make a profit, make a turn, run a surplus • **einen Gewinn melden** *(RW)* report a profit
Gewinn *m* **je Aktie** *(Fin, RW)* earnings per share
Gewinn *m* **nach Steuern** *(RW, Steuer)* after-tax income, after-tax profit
Gewinn *m* **und Abschreibungen** *fpl (Fin)* cash flow
Gewinn *m* **und Verlust** *m (RW)* profit and loss
Gewinn *m* **vor Ertragsteuern und Zinsaufwand** *(Fin, RW)* earnings before interest and tax(es), profit before interest and tax, operating income [profit]
Gewinn *m* **vor Steuern** 1. *(Fin, RW)* earnings before tax(es) *(EBT, Ebt)*; profit before taxes; 2. *(Steuer)* pre-tax earnings
Gewinn *m* **vor Zinsen, Steuern, Abschreibungen und Aktienoptionen** *(Fin, RW)* earnings before interest, taxes, depreciation, amortization and stock options, Ebitdaso

Gewinn *m* **vor Zinsen, Steuern und Abschreibungen** *(Fin, RW)* earnings before interest, taxes and amortization *(EBITA, Ebita)*
Gewinnabführung *f (Recht, Mgt, Fin, Bank)* profit transfer
Gewinnabsicht *f (Fin)* profit goal, gainful intent
Gewinnanteil *m* 1. *(Fin, Gen)* share in the profits; 2. *(Media)* royalty
Gewinnausfall *m (Gen)* loss of profit
Gewinnausschüttung *f (Fin)* profit distribution
Gewinnaussichten *fpl (Fin, Gen, WiWi)* profit outlook
Gewinnbereich/im *(WiWi)* in financial surplus
Gewinnbeteiligung *f (Fin, Pers, RW)* profit-sharing
gewinnbringend *adj* 1. *(Gen)* advantageous, beneficial, gainful; 2. *(RW)* profitable; 3. *(WiWi)* productive
gewinnbringendes Unternehmen *n (Gen)* profit-making enterprise
Gewinndruck *m* 1. *(Gen)* profit squeeze *(auf Margen)*; 2. *(WiWi)* profit push *(Inflation)*
Gewinne *mpl* **und Verluste** *mpl (Börse) (BE)* rises and falls, *(AE)* gains and losses *(securities)*
Gewinneffekt *m (Fin)* profit impact
gewinnen *v* 1. *(Börse)* gain; 2. *(Gen)* win, gain, gather *(Kenntnisse)*
Gewinnentwicklung *f (Fin, Gen, RW)* earnings performance
Gewinnermittlung *f (Recht, Steuer)* profit determination, profit calculation, determination of profits, calculation of profits
Gewinnerwartung *f (Gen)* profit expectation
Gewinnerzielung *f (Gen)* profit realization
Gewinnkennzahl *f (Börse)* earnings ratio
Gewinnkennziffer *f (Börse)* earnings ratio
Gewinnmarge *f (Fin, WiWi)* profit margin
Gewinnmaximierung *f (Fin, Gen, WiWi)* profit maximization
Gewinnmitnahme *f (WiWi)* profit taking
Gewinnoptimierung *f (Fin, Gen, WiWi)* profit optimization
gewinnorientiert *adj* 1. *(Gen)* profit--oriented; 2. *(WiWi)* acquisitive
gewinnorientierte Organisation *f***/nicht** *(Soz, WiWi)* non-profit organization, non profit-making organization, not-for--profit organization
Gewinnpotenzial *n (Börse)* profit potential
Gewinnprognose *f (Fin)* profit projection, earnings forecast
Gewinnpunkt *m (WiWi)* breakeven point *(Synonym: Gewinnschwelle; der Gewinn ist dort gleich null, wo Gesamtkosten = Gesamterlös)*
Gewinnpunktanalyse *f (Fin, WiWi)* breakeven analysis *(Synonym: Breakeven-Analyse, Gewinnpunktrechnungnanalyse)*
Gewinnquote *f (WiWi)* profit share
Gewinnrate *f (Gen, Mgt, Pol)* profit rate
Gewinnrealisierung *f (Börse)* profit taking
Gewinnrückführung *f (WiWi)* repatriation of profits
Gewinnrückgang *m (Mgt, Recht, Steuer, V&M)* decrease in profits, drop in profits
Gewinnrücklage *f (RW)* revenue reserve
Gewinnschuldverschreibung *f* 1. *(Börse)* adjustment bond, income bond; 2. *(Steuer)* income bond
Gewinnschwelle *f (Gen)* breakeven point *(Synonym: Gewinnpunkt)* • **die Gewinnschwelle erreichen** *(WiWi)* break even
Gewinnspanne *f* 1. *(Fin, WiWi)* profit margin; 2. *(RW)* margin of profit; 3. *(V&M)* margin
Gewinnsteigerung *f (Mgt, Gen)* profit improvement, increase in profits
Gewinnsteuer *f (RW, Steuer)* profits tax, tax on income
Gewinn- und Kapitalbeteiligung *f (Fin, Mgt, Pol)* participation in the capital and profits of firms
Gewinn- und Verlustrechnung *f (RW)* income statement, operating statement, profit and loss account, profit and loss statement, statement of income, income accounts, statement of earnings
Gewinnung *f* 1. *(Gen)* extraction *(Rohstoffe)*; 2. *(Ind)* production *(Mineralstoffe)*; 3. *(WiWi)* exploitation
Gewinnverbesserung *f (Fin, Gen)* profit improvement
Gewinnvergleichsrechnung *f (Fin, WiWi)* comparative earnings analysis, profit comparison method *(statische Investitionsrechnung)*
Gewinnverwendung *f (Mgt, RW)*

appropriation of earnings, appropriation of income

Gewinnvortrag *m (RW)* profit carried forward, accumulated profits, accumulated surplus

Gewinnwachstum *f (Gen)* profit growth

Gewinnziel *n (RW)* profit target

Gewinnziel-Kalkulation *f (Fin, RW)* target pricing *(Preisfindungsmethode wonach Absatzmengen und Kosten so zu steuern sind, dass geplanter Erlös minus geplante Gesamtkosten = Gewinnziel = profit target)*

Gewinnzone *f (RW, WiWi)* profit wedge • **in der Gewinnzone** *(RW, WiWi)* in financial surplus

Gewinnzunahme *f (Gen)* increase in profit, profit increase

Gewissheit *f (WiWi)* certainty

gewogen *adj (Stat, WiWi)* weighted

gewogene Durchschnittskosten *pl (RW)* weighted average cost

gewogener Außenwert *m* **einer Währung** *(WiWi)* trade-weighted exchange rate

gewogener Mittelwert *m (WiWi)* weighted average

gewogener Währungskorb *m (WiWi)* weighted currency basket *(ZB)*

gewöhnliche Abnutzung *f (RW)* normal wear and tear

gewöhnliche und notwendige Geschäftsausgaben *fpl (Steuer)* ordinary and necessary business expenses

gewohnt *adj (Gen)* customary

gezeichnetes Kapital *n (Gen)* subscribed capital

gezielt *adj (V&M)* targeted

gezielte Kampagne *f (V&M)* targeted campaign

gezielte Maßnahme *f (Pers, Pol)* targeted measure, selective measure

gezielter Einsatz *m (WiWi)* targeting

gezogener Wechsel *m* 1. *(Bank)* draft; 2. *(WiWi)* drawn bill

GG *(Abk. für Grundgesetz) (Recht)* the German Grundgesetz, GG, the German Constitution, Basic Law (of the Federal Republic of Germany)

Gießkannenprinzip *n (ugs.) (Pol, Soz, WiWi)* watering can principle

Giftpillen *fpl (ugs.) (Fin, Mgt) (ugs.)* poison pills *(vorsorgliche Abwehrmaßnahmen gegen feindliche Übernahmen)*

Giralgeld *n (Bank, WiWi) (BE)* book [bank] money, credit money

Girokonto *n (Bank) (AE)* checking account, *(BE)* cheque account, *(BE)* current account; credit account

Girosammeldepot *n (Bank, Börse)* collective safe-custody account

Giroverkehr *m (Bank)* banking transfer system, giro payments

glattstellen *v* 1. *(Bank)* settle *(Transaktionen)*; 2. *(Börse)* sell off, sell out *(Wertpapierpositionen)*

Glattstellung *f (Börse)* liquidization, offset, evening out

Glattstellung *f* **von Spitzenbeträgen** *(Börse)* settlement of fractions

glaubhaft *adj (Gen)* convincing, probable

Glaubhaftmachung *f (Recht)* authentication *(von Ansprüchen)*

Gläubiger *m* 1. *(Fin, Gen)* creditor; 2. *(Recht)* obligee *(Berechtigter)*; 3. *(Admin)* creditor

Gläubigerausschuss *m* 1. *(Recht)* committee of inspection; 2. *(Fin, Recht)* board of creditors, committee of creditors, creditor's committee *(fakultatives Gläubigergremium im Insolvenzverfahren zur Unterstützung der Tätigkeit des Insolvenzverwalters = administrator)*

Gläubigergemeinschaft *f (RW)* body of creditors

Gläubigerstellung *f (Fin)* creditor position

Gläubigerverzug *m (Recht)* creditor's fault of acception, delay of the creditor *(Abnahmeverzug)*

glaubwürdig *adj (Gen)* trustworthy

Glaubwürdigkeit der Informationsquelle *(V&M)* source credibility

Glaubwürdigkeitstest *m (Bank, WiWi, Gen)* credibility test

Glaubwürdigkeitsverlust *m (Bank, Gen, Pol)* loss of credibility

gleich *adj (Stat)* equal • **alles andere bleibt gleich** *(WiWi)* all else being equal • **gleicher Lohn für gleiche Arbeit** *(Pers) (BE)* equal pay for work of equal value • **unter sonst gleichen Umständen** *(WiWi)* all else being equal • **zu den gleichen Bedingungen** *(Gen)* on the same terms, on equal terms • **zu gleichen Teilen** *(Gen)* in equal proportions

gleich lautende Abschrift *f (Recht)*

confirmed copy, identical copy
Gleichbehandlung *f* **von Mann und Frau** *(Pol, Recht, Soz)* equal treatment of men and women
Gleichbehandlungsgrundsatz *m (Recht)* principle of equal treatment
gleichberechtigt *adj (Gen)* of equal rank, pari passu
Gleichberechtigung *f (Recht, Soz)* equality, equality of rights
Gleichberechtigung *f* **der Geschlechter** *(Pers, Recht, Soz)* gender equality
Gleichberechtigung *f* **von Mann und Frau** *(Recht, Soz)* equality of men and women, equality of rights of men and women
gleichbleiben *v (Gen, WiWi)* remain constant, remain unchanged
gleichbleibendes Risiko *n (Versich)* constant risk
gleiche Basis *f (Gen)* equal footing
gleiche Bedingungen *fpl* 1. *(Gen, Pol)* level playing field; 2. *(Recht)* equal conditions
gleiche Bildungschance *f (Pers)* equal opportunities in education, equality of opportunity in education, equal educational opportunity, equality of educational opportunity
gleiche Produktivität *f (Pers)* comparable worth
gleiche Spielregeln *fpl (Pol, Recht, WiWi)* level playing field
gleicher Lohn *m* **für gleiche Arbeit** *(Pers, Pol, WiWi)* equal pay for equal work
gleichgerichtete Preisgestaltung *f (WiWi)* parallel pricing
Gleichgestellte *m(f) (Pers)* equal
Gleichgewicht *n (WiWi)* equilibrium • **ins Gleichgewicht bringen** *(Gen)* redress
Gleichgewichtsarbeitslosigkeit *f (Soz, WiWi)* equilibrium unemployment
Gleichgewichtsbasis *f (Börse)* equilibrium basis
Gleichgewichtsmarkt *m (WiWi)* clearing market
Gleichgewichtsmenge *f (WiWi)* equilibrium output
Gleichgewichtspreis *m (WiWi)* equilibrium price, market clearing price
Gleichgewichtswachstum *n (WiWi)* balanced growth
Gleichheit *f (Pers)* equality *(Gleichberechtigung)*
Gleichheit *f* **der Geschlechter** *(Pers, Recht, Soz)* gender equality
Gleichheit *f* **vor dem Gesetz** *(Recht) (AE)* Equal Protection of the Laws, equality before the law *(Garantie in der Verfassung)*
Gleichheitsgrundsatz *m (Gen, Pers, Recht)* principle of equality
gleichkommen *v (Gen)* correspond
gleichlaufender Indikator *m (WiWi)* concurrent indicator, coincident indicator *(Konjunkturpolitik)*
Gleichmacherei *f (ugs.) (Pol)* egalitarianism
gleichrangig *adj (Gen)* of equal rank, pari passu
gleichsetzen *v (Gen)* equalize
Gleichstellung *f (Recht)* equal status
gleichtägig *adj (Bank, Fin)* intra-day, same-day *(Transaktion, Kredit, Wertstellung)*
Gleichung *f (Stat)* equation
gleichwertig *adj (Gen)* equivalent
Gleichwertigkeit *f (Gen)* equal value
gleichzeitig *adj (Gen)* simultaneous
Gleit... *(Gen)* sliding, flexible, gliding
gleitende Arbeitszeit *f (Pers)* flexitime, flexible time, flexible working hours
gleitende Lohnskala *f (Pers)* sliding wage scale
gleitender Durchschnitt *m (Stat)* moving average
Gleitklausel *f (Pers, WiWi)* threshold agreement, escalator clause *(Indexklausel)*
Gleitparität *f (WiWi)* crawling peg
Gleitzeit *f (Pers)* flexitime, flexible time, flexible working hours
Gleitzeitarbeit *f (Pers)* flexible working hours, flexible hours of work, flexitime
gliedern *v (Gen)* structure
Gliederung *f (Gen)* arrangement, classification, structure
Gliederung *f* **der Posten der Bilanz und der Gewinn- und Verlustrechnung** *(RW)* layout of items in the balance sheet and the profit and loss account
Gliederung *f* **in Geschäftsbereiche** *(Gen)* divisionalization
global *adj (Gen)* worldwide, all-in, all--inclusive, global
globale Bankgarantie *f (Bank)* comprehensive bank guarantee
globales Beschaffungsmarketing *n (Gen)* global sourcing

globalisieren *v (Gen)* globalize
Globalisierung *f (Gen)* globalization
Glücksökonomie *f (Bil, WiWi, Soz)* happiness economics, economics of happiness *(Synonym: ökonomische Lebenszufriedenheitsforschung; die jüngere wirtschaftswissenschaftliche Forschungsrichtung untersucht das Verhältnis von Realeinkommen und Lebenszufriedenheit, sie ist hervorgegangen aus der Weiterentwicklung der Easterlin--Hypothese, der Sozialproduktkritik und der Sozialindikatorenforschung der 70er Jahre des vergangenen Jahrhunderts; Richard Easterlin, Bruno Frey)*
GmbH *s.* Gesellschaft mit beschränkter Haftung
G20-Mitglieder *npl (Pol, WiWi)* G-20 members, G-20 member countries *(1999 als Reaktion auf die Finanzkrisen in Asien, Brasilien und Russland gegründetes informelles Dialog- und Kooperationsforum der Finanzminister und Notenbankgouverneure wichtiger Industrie- und Schwellenländer, seit der Finanz- und Wirtschaftskrise 2008/2009 politisch stark aufgewertet; Mitglied sind 19 Staaten: Argentinien, Australien, Brasilien, China, Deutschland, Frankreich, Kanada, Indien, Indonesien, Italien, Japan, Mexiko, Russland, Saudi Arabien, Südafrika, Südkorea, Türkei, UK und USA + EU + EZB + IWF + Weltbank)*
Gnadenfrist *f* 1. *(RW)* grace days; 2. *(Recht)* period of grace
GOB *(Abk. für Grundsätze ordnungsmäßiger Buchführung) (RW)* financial reporting standards, principles of orderly accounting, principles of proper accounting; German (Generally) Accepted Accounting Principles, (German) GAAP *(Ziel gemäß § 264 II HGB: ein den tatsächlichen Verhältnissen entsprechendes Bild der Vermögens-, Finanz- und Ertragslage einer Kapitalgesellschaft vermitteln; cf Grundsätze ordnungsmäßiger Buchführung und Bilanzierung)*
Goldbarrenmarkt *m (Börse)* bullion market
Goldbestand *m (Bank, WiWi)* gold holding *(ZB)*
Golddeckung *f (WiWi)* gold cover
goldgerändertes Papier *n (Fin, WiWi)* blue chip
Goldgewinnung *f (Ind)* gold mining
Goldkernwährung *f (WiWi)* gold bullion standard
Goldpunkt *m* 1. *(Gen)* specie point; 2. *(Imp/Exp)* gold point
Goldrausch *m (Gen)* gold rush
Goldstandard *m (WiWi)* gold standard
Goodwill-Abschreibung *f (RW)* goodwill amortization
Grad *m (Gen)* degree
graduell *adj (Gen)* gradual
graduierter Betriebswirt *m (Bil, Pers)* graduate in business administration; Bachelor of Business Administration, BBA
grafischer Ideengestalter *m (V&M)* visualizer
Gratifikation *f (Pers)* special bonus
gratis *adj (Gen)* free, gratis, free of charge
Gratisaktie *f (Fin)* bonus share, bonus stock
Gratisaktien *fpl (RW)* free issue of new shares, free issue of new stocks
grauer Kapitalmarkt *m (Bank, Börse) (AE)* gray capital market, *(BE)* grey capital market *(schwer abgrenzbarer, unregulierter Markt mangelhafter Transparenz, mit unstandardisierten Instrumenten, Transaktionen und Produkten, umfasst z. B. auch Immobilienbeteiligungen, Steuersparmodelle und Warenterminhandel; anders: Graumarkt, grauer Emissionsmarkt, not to be confused with the gray IPO market, gray market, grey market)*
grauer Markt *m (WiWi) (BE)* grey market, *(AE)* gray market *(vgl. Graumarkt)*
Graumarkt *m (Börse) (BE)* grey market, *(AE)* gray market, *(AE)* gray IPO market *(Synonym: grauer Markt, grauer Emissionsmarkt; unreglementierter Handel in Neuemissionen vor der offiziellen Begebung auf 'If, as and when issued'-Basis; trading of new issues in an unofficial 'grey' market on an 'if, as and when issued' basis prior to being admitted to the official after--market; a risk transfer instrument = Risikotransfer-Instrument for participants in auctions; e.g. the US Treasury's 'when issued market'; in the*

eurobond market, the period during which an issue is traded from the date of its launch until allotment; cf Handel per Erscheinen = IPO-trading; anders: grauer Kapitalmarkt = grey capital market)

Grauzone *f (WiWi)* intermediate area

Gremium *n* 1. *(Gen)* body; 2. *(Pol)* commission, committee

Grenz... *(Gen, WiWi)* marginal

Grenzarbeitnehmer *m (Pers)* frontier worker, border worker, cross-border worker

Grenzausgaben *fpl (V&M)* incremental spending

Grenzausgleichzahlungen *fpl (WiWi)* Monetary Compensatory Amount *(EU)*

Grenzbetrachtung *f (Fin)* marginal analysis

Grenzbetrieb *m (WiWi)* marginal firm

Grenze *f* 1. *(Gen)* frontier; 2. *(Grund)* boundary; 3. *(WiWi)* cap, limit

Grenzerlös *m (WiWi)* marginal profit, marginal revenue

Grenzerlösprodukt *n (WiWi)* marginal revenue product

Grenzertrag *m (Fin, WiWi)* marginal yield, marginal return

Grenzertrag *m* **des investierten Kapitals** *(Fin)* marginal return on capital

Grenzfall *m (Gen)* borderline case

Grenzgebiet *n (Pol, Recht)* border area, border region

Grenzhandel *m (Imp/Exp)* border trade

Grenzkosten *pl* 1. *(Fin, RW)* marginal costs, alternative costs; 2. *(WiWi)* incremental cost, marginal costs

Grenzkosten *pl* **der Arbeit** *(Pers, WiWi)* marginal cost of labo(u)r

Grenzkostenkurve *f (WiWi)* marginal cost curve

Grenzkostenrechnung *f (Fin, RW)* marginal costing, *(AE)* direct costing *(Gegensatz: Vollkostenrechnung = full costing)*

Grenzkurs *m (Bank, WiWi)* marginal rate

Grenzleistungsfähigkeit *f* **des Kapitals** *(WiWi)* marginal efficiency of capital

Grenznutzen *m (WiWi)* marginal utility

Grenzpendler *m (Pers)* border commuter

Grenzplankostenkalkulation *f (WiWi)* marginal cost pricing

Grenzplankostenrechnung *f* 1. *(Fin)* standard direct costing *(Kostenrechnung)*; 2. *(RW)* accounting by functions, direct costing; 3. *(WiWi)* accounting by functions, differential costing, activity accounting, direct costing, marginal costing *(Synonym: Deckungsbeitragsrechnung, Teilkostenrechnung; Gegensatz: Vollkostenrechnung)*

Grenzprodukt *n (Ind)* marginal product

Grenzprodukt *n* **der Arbeit** *(WiWi)* marginal product of labo(u)r

Grenzproduktivität *f (WiWi)* marginal productivity

Grenzproduzent *m (WiWi)* marginal firm, marginal producer

Grenzrate *f* **der Substitution** *(WiWi)* marginal rate of substitution

Grenzrate *f* **der Transformation** *(WiWi)* marginal rate of transformation

Grenzregion *f (Pol, Recht)* border area, border region

Grenzsteuersatz *m (Steuer)* marginal tax rate

Grenzübergang *m (Logis)* border crossing-point, checkpoint

Grenzübergangsstelle *f (Gen)* point of entry

grenzüberschreitend *adj* 1. *(Gen)* cross--border, transnational; 2. *(V&M)* transfrontier

grenzüberschreitende Fusion *f (Börse, Gen, WiWi)* cross-border merger

grenzüberschreitende Transaktion *f (WiWi)* cross-border transaction

grenzüberschreitende Überweisungen *fpl (Recht, Bank)* cross-border credit transfers *(EU)*

grenzüberschreitende Zahlungen *fpl (Recht, Bank)* cross-border payments *(EU)*

grenzüberschreitender Handel *m (Imp/Exp, WiWi)* cross-border trade

Grenzverkehr *m (Gen)* border traffic

grob fahrlässig handeln *v (Recht)* be guilty of gross negligence

grob fahrlässige Unkenntnis *f (Recht)* gross ignorance *(Vertragsrecht)*

grob umreißen *v (Gen)* outline, sketch

grobe Schätzung *f (Gen)* rough estimate

grobes Fehlverhalten *n (Pers)* gross misconduct

grobes Verschulden *n (Recht)* gross fault *(Vertragsrecht)*

groß *adj (Gen)* great, massive, large • **in großem Umfang** *(Gen)* to a large extent • **sich in große Unkosten**

stürzen *(Gen)* go to great expense
Großabnehmer *m (Gen)* bulk buyer, bulk purchaser, quantity buyer
Großaktionär *m (Börse)* principal stockholder
großangelegt *adj (Gen, WiWi)* large-scale *(Projekte)*
Großanleger *m (Fin)* big investor
Großauftrag *m (Gen)* bulk order, large order
Großbetrieb *m (Gen)* big business
Größe *f* 1. *(Comp)* size; 2. *(WiWi)* size, bulk • **nach Größe geordnet** *(Gen)* graded by size
Große Koalition *f (Pol, Recht)* grand coalition
Großeinkauf *m (Gen)* bulk purchase, *(ugs.)* spending spree
Größennachteile *mpl (WiWi)* diseconomies of scale
Größenordnung *f (Stat)* order of magnitude
Größenvorteile *mpl (WiWi)* economies of scale
größer als *(Stat, V&M)* larger than, greater than
Großer Lauschangriff *m (ugs.) (Pol, Recht)* great eavesdropping attack
großer Name *m (Gen)* big name
Großhandel *m* 1. *(Börse)* jobbing; 2. *(Gen)* wholesale, wholesale business [trade]; 3. *(V&M, WiWi)* wholesale trade
Großhandelsartikel *mpl (Gen, Ind, WiWi)* wholesale goods
Großhandelsgeschäft *n (Gen)* wholesale business
Großhandelsgewerbe *n (V&M, WiWi)* wholesaling
Großhandelspreis *m (Gen, V&M)* wholesale price
Großhandelsrabatt *m (Gen)* trade allowance
Großhändler *m (Gen, V&M)* jobber, wholesale dealer [merchant, trader], wholesaler
Großindustrie *f* 1. *(Gen)* big business; 2. *(Ind)* large-scale industry
Großindustrielle *m(f)* 1. *(Fin)* business magnate; 2. *(Gen)* tycoon; 3. *(Pers)* captain of industry, tycoon
Grossist *m (Gen, V&M)* wholesale dealer, wholesale merchant, wholesale trader, wholesaler
Großkredit *m (Bank)* jumbo loan, large--scale loan
Großkunde *m (Gen)* big customer, major customer
Großkundenbetreuer *m (Gen, Mgt)* relationship manager, key account manager
Großkundengeschäft *n (Bank)* wholesale business
Großmarkt *m (Gen)* wholesale market
Großpackung *f* 1. *(Gen)* bulk package, economy-sized packet; 2. *(V&M)* economy-sized packet
Großproduktion *f (Ind)* large-scale production
Großraumbüro *n (Admin)* open-plan office
Großstadtgebiet *n (WiWi)* metropolitan area
Großteil *m (WiWi)* bulk
Großunternehmen *n (Gen, WiWi)* large--scale enterprise, big firm
Großvaterrechte *npl (Recht, Logis, WiWi) (AE)* grandfather rights *(Synonym: angestammte Rechte, überkommene Rechte; Besitzstands-Privilegien aufgrund früherer Nutzung, Besetzung, Anwesenheit oder Zugriffe; von Bedeutung heute z. B. im Luftverkehr bei der Zuteilung knapper Start- und Landerechte = allocation of slots)*
Großzählung *f (Gen)* census
großzügig *adj (Gen, Steuer)* generous
großzügige Abfindung *f (Fin) (ugs.)* golden parachute
Grund *m (Gen)* rationale
Grund *m* **und Boden** *m (Ind)* real estate [property]
Grundausbildung *f (Bil)* basic education, basic training *(work-orientated)*
Grundbedürfnisse *npl (WiWi)* basic needs, bare necessities
Grundbegriff *m (Gen)* basic concept
Grundbesitz *m* 1. *(Grund)* property, freehold property; 2. *(WiWi)* land ownership, real estate • **in Grundbesitz investieren** *(Grund)* invest in property *(Synonym: in Grundstücke/Grundeigentum/ Liegenschaften/Immobilien investieren)*
Grundbetrag *m (Gen)* basic amount
Grundbilanz *f (Imp/Exp, WiWi)* basic balance
Grundbildung *f (Bil)* basic education
Grundbuch *n* 1. *(Admin, Grund) (BE)* land register, *(AE)* plat book; 2. *(Fin, RW)* book of first entry, book of original entry,

book of prime entry
Grundbuchamt *n* 1. *(Grund, Recht)* registry of deeds; 2. *(Admin)* land registry, *(AE)* land office
Grundbuchauszug *m (Grund)* extract from the land register, land certificate
Grundbuchung *f (RW)* original entry
Grunddaten *npl (Börse, WiWi)* fundamentals
Grundeigentum *n (Grund)* property, freehold property • **in Grundeigentum investieren** *(Grund)* invest in property *(Synonym: in Grundstücke/ Grundbesitz/Liegenschaften/ Immobilien investieren)*
Grundeinkommen *n (WiWi)* basic income
gründen *v* 1. *(Gen)* form, found, start *(Firma)*; incorporate, set up *(Unternehmen)*; 2. *(Recht)* incorporate *(Unternehmen)*; 3. *(WiWi)* start up *(Unternehmen)* • **gründen auf** *(Gen)* base on
Gründer *m (Gen)* founder
Gründerstaaten *mpl (Pol)* founding States *(EU)*
Grunderwerb *m (Grund, Recht)* acquisition of land, property acquisition, land acquisition
Grunderwerbsteuer *f (Grund, Steuer) (BE)* land transfer tax, *(AE)* realty transfer tax, property acquisition tax, tax on land acquisition *(auch: Grunderwerbssteuer)*
Gründerzentrum *n (Gen)* business incubator
Grundfläche *f (Grund)* floor space
Grundfreibetrag *m (Steuer)* basic relief, basic exemption
Grundfreiheiten *fpl (Pol, Recht)* fundamental freedoms
Grundgehalt *n (Pers) (BE)* basic pay, *(AE)* base salary
Grundgesamtheit *f* 1. *(Stat)* parent population; 2. *(V&M)* universe
Grundgeschäft *n* 1. *(Fin) (ugs.)* bottom line; 2. *(Gen) (ugs.)* bread-and-butter line
Grundinflation *f (WiWi)* underlying inflation
Grundkapital *n* 1. *(Fin)* equity capital, capital stock; 2. *(RW)* capital; 3. *(WiWi)* share capital, base capital
Grundkenntnisse haben *(Gen, Pers)* have a working knowledge
Grundlage *f* 1. *(Gen)* substructure; 2. *(Steuer)* basis • **die Grundlage für etw. bilden** *(Bank)* provide the base for sth • **die Grundlage für etw. schaffen** *(Gen)* lay the ground for sth
Grundlagen *fpl (Gen)* basics
Grundlagendokument *n (Pol, Recht)* baseline requirements document
Grundlagenforschung *f (Gen)* basic research
grundlegend *adj (Gen)* sweeping *(Veränderungen)*
gründlich *adj (Gen)* in-depth
gründlich überprüfen *v (Gen)* check thoroughly
gründliche Analyse *f (Gen)* in-depth analysis
Grundlohn *m (Pers) (BE)* basic pay, *(AE)* base pay; basic wage, wage floor, basic rate
Grundnahrungsmittel *npl (Gen)* basic foodstuffs, essential foodstuffs
Grundpfandrecht *n (Grund, Recht)* mortgage lien
grundpfandrechtlich gesichertes Darlehen *n (Fin, Grund, Recht)* mortgage-backed loan
Grundprinzip *n (Gen)* guiding principle
Grundprinzipien *npl (Pol, Recht)* basic principles
Grundriss *m* 1. *(Gen)* ground plan, plot, outline; 2. *(Grund)* floor plan
Grundsatz *m (Gen)* convention, principle
Grundsatz *m* **der Periodenabgrenzung** *(RW)* accrual concept, *(AE)* matching principle
Grundsatz *m* **der Unabhängigkeit** *(Gen, Steuer, V&M)* arm's-length principle
Grundsätze *mpl*/**tragende** *(Recht)* fundamental principles
Grundsätze *mpl* **der Rechnungslegung** *(RW)* generally accepted accounting principles, GAAP, (financial) reporting standards, accounting principles *(cf Grundsätze ordnungsmäßiger Buchführung, GOB)*
Grundsätze *mpl* **der Segmentberichterstattung** *(Fin, RW)* segment reporting principles *(IAS 14, § 297 I HGB)*
Grundsätze *mpl* **ordnungsmäßiger Buchführung** *(GOB) (RW)* financial accounting standards, principles of orderly accounting, principles of proper accounting; German (Generally) Accepted Accounting Principles,

(German) GAAP *(cf Grundsätze ordnungsmäßiger Buchführung und Bilanzierung)*

Grundsätze *mpl* **ordnungsmäßiger Buchführung und Bilanzierung** *(RW)* financial accounting standards, principles of orderly accounting, principles of proper accounting, financial reporting standards; German (Generally) Accepted Accounting Principles, (German) GAAP; *(BE)* Statement of Standard Accounting Practice, SSAP *(Ziel gemäß § 264 II HGB: ein den tatsächlichen Verhältnissen entsprechendes Bild der Vermögens-, Finanz- und Ertragslage einer Kapitalgesellschaft vermitteln)*

Grundsätze *mpl* **ordnungsmäßiger DV--gestützter Buchführungssysteme** *(GoBS) (Recht, Steuer, RW)* Generally Accepted Principles of Computer--Assisted Accounting Systems, GAPCAS, Generally Accepted Principles of Computerized Accounting Systems

Grundsatzentscheidung *f* 1. *(Gen)* policy decision; 2. *(Recht)* landmark decision, fundamental decision, basic decision

grundsätzlich *adj (Recht)* on principle, basic

grundsätzlich *adv (Gen, Recht)* principally, as a matter of principle, in general, in principle, on principle

Grundsatzpapier *n (Pol)* position paper

Grundschulbildung *f (Bil)* primary education

Grundschuld *f (Fin, Grund, Recht)* land charge, charge on real property, encumbrance of real property

Grundschulwesen *n (Bil)* primary education

Grundsicherung *f (Pol, Soz)* basic benefit, minimum level of income; basic security benefits *(für bedürftige Arbeitslose in Deutschland; setzt sich zusammen aus Arbeitslosengeld II und Sozialgeld; for needy job-seekers)*

Grundsteuer *f (Steuer)* land tax, real property tax

Grundsteuerzahler *m (Steuer) (BE)* ratepayer

Grundstoff *m* 1. *(Börse)* primary commodity; 2. *(Gen)* primary product; 3. *(WiWi)* basic commodity, basic material, primary commodity

Grundstoffindustrie *f* 1. *(Ind)* basic industry, extractive industry *(Bergbau, Öl- und Gasförderung)*; 2. *(WiWi)* basic industry, extractive industry, primary industry

Grundstück *n (Grund)* parcel, plot, premises

Grundstücksbelastung *f (Recht)* encumbrance

Grundstücksbestandteile *mpl (Grund)* fixtures

Grundstücksbewertung *f (Grund, Steuer)* valuation of real property, land valuation

Grundstückseigentum *n (Grund)* fee simple

Grundstückseigentümer *m (Grund)* freehold owner

Grundstückserschließung *f (Grund)* land improvement, property development

Grundstücksgrenze *f (Grund)* lot line

Grundstücksmakler *m (Grund) (BE)* estate agent, *(AE)* listing agent, *(AE)* listing broker

Grundstücksmarkt *m (Grund)* property market

Grundstücksmiete *f (Grund)* land rent

Grundstückspacht *f (Grund)* land rent

Grundstückspekulant *m (Grund)* property speculator

Grundstücksüberlassungsvertrag *m (Grund)* land contract

Grundstücksübertragung *f (Recht)* conveyance *(Eigentum)*

Grundstücksurkunde *f (Grund, Recht)* title deed

Grundstückswert *m (Fin, Grund, Steuer)* real estate value, real property value

Grundtarif *m (Gen) (BE)* base rate

Grundtendenz *f (Gen, WiWi)* basic trend, underlying tendency

Grundüberzeugungen *fpl (Mgt, Pol)* core beliefs

Gründung *f (Recht)* incorporation, the Establishment *(einer Gesellschaft)*

Gründung *f* **eines Unternehmens** *(Gen, WiWi)* business start-up, setting up one's own business

Gründungsaufwand *m (RW)* organization cost, organization expense, original cost

Gründungsfinanzierung *f (Fin, RW)* start-up funding

Gründungskapital *n (Fin)* initial capital,

original capital, seed capital, start-up capital
Gründungskosten *pl* 1. *(Fin)* setting-up costs, promotion cost; 2. *(RW)* organization cost, preliminary expenses
Gründungsmitglieder *npl (Recht)* Founder Members *(EURid)*
Gründungsurkunde *f (Recht)* charter *(Gesellschaftsrecht)*; *(BE)* articles of association, *(AE)* articles of incorporation *(Satzung)*; certificate of incorporation *(Vertragsrecht)*
Gründungszuschuss *m (Soz)* start-up grant *(in Deutschland seit 2006 zur Förderung der Aufnahme einer selbstständigen Tätigkeit)*
grüne Energie *f (Umwelt)* green energy
grüne Karte *f* 1. *(Recht, Pol) (AE)* green card *(Aufenthaltsgenehmigung)*; 2. *(Recht, Versich, Logis, Frei)* green card, International Motor Insurance Certificate *(Synonym: grüne Versicherungskarte; Internationale Versicherungskarte für den Kraftverkehr, grüne Versicherungskarte)*
grünes Licht *n (Gen)* green light *(Erlaubnis)*
Gruppe *f* 1. *(Gen)* body, group of companies; 2. *(RW)* group
Gruppenabschluss *m (RW)* group accounts
Gruppenakkord *m (Pers)* group piecework
Gruppenanreizsystem *n (Pers)* group incentive scheme
Gruppenarbeit *f (Pers)* group working
Gruppenbesprechung *f (Mgt)* team briefing
Gruppendruck *m (Gen, Pol)* peer pressure
Gruppenfloat *n (WiWi)* joint float, joint floating
Gruppenfloating *n (WiWi)* joint float, joint floating
Gruppenklage *f (Recht)* class action suit
Gruppenzwang *m (Gen, Pol)* peer pressure
gruppieren *v (Gen)* align
Gruppierung *f* 1. *(Gen)* alignment, grouping; 2. *(Stat)* grouping
gültig *adj (Admin)* valid • **für gültig erklären** *(Gen)* validate *(Dokument)*
Gültigkeit *f (Gen, Pat)* validity
Gültigkeit erlangen *v (Recht)* become valid, become effective
Gültigkeitsbereich *m (Pat)* scope
günstig *adj* 1. *(Börse)* attractive, favo(u)rable; 2. *(Gen)* advantageous, attractive, good value *(preiswert)*
günstige Konditionen *fpl (Gen)* concessional terms
günstige Wirtschaftslage *f (WiWi)* favourable economic conditions
günstiger Kauf *m* 1. *(Gen)* lucky buy; 2. *(V&M)* bargain, snip
günstigst *adj (Gen)* optimal, optimum
günstigste Situation *f (Gen, WiWi)* best--case scenario
gut *adj (Gen)* good, strong
gut *adv (Gen)* well • **gutausgebildet** *(Pers)* well-grounded, well-educated *(schulisch)* • **gut beraten sein** *(Gen)* be well advised • **gutdotiert** *(Pers)* well--paid *(Position)* • **guteingeführt** *(Gen)* well-established *(Position)* • **sich gut entwickeln** *(Gen)* thrive • **gutgehend** *(Gen, WiWi)* thriving • **gutinformiert** *(Gen, Pol)* well-informed • **gutsituiert** *(Gen)* well-off
Gut *n* 1. *(WiWi)* good *(Wirtschaftsgut, z. B. öffentliches Gut = public good = social good; opposite: bad = Übel = negatives Gut)*; 2. *(Grund)* property *(Besitz)*; estate *(Landgut)*; 3. *(RW)* asset *(Vermögensgut)*
Gutachten *n (Gen)* survey, appraisal, appraisal report, opinion, vluation report • **ein Gutachten einholen** *(Gen)* ask for an expert opinion
Gutachter *m* 1. *(Gen)* adjudicator; 2. *(Mgt)* consultant, surveyor *(Ziviltechniker)*
Gutachtergebühr *f (Gen)* survey fee
Güte *f (V&M)* quality • **der Güte nach** *(Gen)* qualitative, qualitatively
gute Börsenverfassung *f (Bank, Börse)* buoyant stock market, buoyant stock market conditions
gute Durchschnittsqualität *f (Gen)* fair average quality, good fair average
gute Durchschnittsware *f (Logis)* fair merchantable, f.m.
Gütebestätigung *f (Gen, Ind, Mgt, V&M)* quality assessment
Gütekontrolle *f (Gen, Ind, V&M)* quality control, QC
Gütepass *m (Imp/Exp)* quality certificate
Güter *npl (Gen, WiWi)* goods, commodities

Güter *npl* **des Grundbedarfs** 1. *(Gen, WiWi)* basic goods; 2. *(WiWi)* essentials
Güter *npl* **des täglichen Bedarfs** *(Gen, V&M)* convenience goods, essential commodities
guter Glaube *m (Recht, RW)* good faith, bona fides
guter Name *m (Gen)* renown, good reputation
guter Ruf *m* 1. *(Gen)* renown; 2. *(V&M)* established image
Güterangebot *n (WiWi)* supply of goods
Güteraustausch *m (Gen)* trade
Güterbündel *n (WiWi)* composite commodity
Güterkraftverkehr *m (Logis)* road haulage
Gütermarkt *m (WiWi)* commodity market
Güternachfrage *f (WiWi)* demand for goods
güterproduzierender Sektor *m (Ind, WiWi)* goods-producing sector, goods--producing industry
Güterverkehrsgewerbe *n (Logis)* carriage of goods *(i. w. S., in the broad sense: the industry)*
güterwirtschaftliche Seite *f* **der Wirtschaft** *(WiWi)* real economy
güterwirtschaftliches Gleichgewicht *n (WiWi)* equilibrium in real terms
Gütesicherung *f (Gen, Ind, Mgt, V&M)* quality assessment
Gütezeichen *n* 1. *(Bank)* hallmark; 2. *(Gen)* quality label; 3. *(Pat, Recht)* certification mark; 4. *(V&M)* brand name
gutgläubig *adj (Gen)* in good faith
gutgläubig erwerben *v (Recht)* acquire in good faith
gutgläubiger Erwerber *m (Gen)* bona fide purchaser
gutgläubiger Inhaber *m (Börse)* bona fide holder
Guthaben *n (Bank)* credit balance, credit
Guthaben *npl* **bei Zentralnotenbanken** *(Bank, RW)* balances with central banks
Guthabensaldo *m (Bank)* bank balance, deposit balance
gütlich *adj (Gen)* amicable *(Einigung, Beilegung)*
gütliche Beilegung *f (Gen, Recht)* amicable settlement *(Rechtsstreit)*
gütliche Einigung *f (Gen)* private arrangement
gütlicher Vergleich *(Recht)* amicable arrangement, amicable agreement
Gutschein *m (Gen)* issue voucher, coupon, voucher, credit note
gutschreiben *v (RW)* credit • **gutgeschrieben auf** *(Fin)* credited to
Gutschrift *f* 1. *(Fin)* credit memorandum; 2. *(Gen)* credit note; 3. *(RW)* credit entry • **zur Gutschrift auf** *(RW)* credited to
Gutschriftsanzeige *f* 1. *(Fin)* credit memorandum, credit note; 2. *(Gen)* credit note
Gutschriftstag *m (Bank)* date of settlement *(EZB)*
Gutschriftzettel *f (Fin)* credit slip
GuV *s.* Gewinn- und Verlustrechnung
GuV-Rechnung *f (RW)* P&L account, profit and loss account
Gymnasium *n (Pers)* academic secondary school, upper secondary school

H

Haben *n (RW)* credit, credit side • **im Haben** 1. *(RW)* on the credit side *(Buchung)*; 2. *(Bank)* (be) in credit, (show a) credit balance *(Habensaldo = Guthaben aufweisen)*; *(ugs.)* (be) above the line *(Habenbestand)* • **im Haben buchen** *(RW)* enter on the credit side *(Buchung)*
Habenbuchung *f (RW)* credit entry
Habensaldo *m (Bank, Fin, RW)* credit balance in bank
Habenseite *f (Fin, RW)* credit side, right column
Habenzinsen *mpl (Bank, RW)* interest earned
Habilitation *f (Bil)* postdoctoral thesis *(in Deutschland erforderlich zur Erlangung einer Professur)*
Hack-Angriffe *mpl (Comp)* hack attacks, intrusions *(Computereindringung)*
hackersicher *adj (ugs.) (Comp)* hacker--proof
Hackordnung *f (Pers, Soz)* gorilla scale, pecking order
Hafen *m (Logis)* harbo(u)r, port • **ab Hafen** *(Imp/Exp, Logis)* ex wharf, x--wharf
Hafengebühren *fpl (Steuer, Logis)* harbo(u)r dues, port charges, port dues
haftbar *adj* 1. *(Gen)* answerable, accountable; 2. *(Recht, Versich)* liable, responsible • **jmdn. für etw. haftbar**

machen *(Recht)* hold sb liable for sth
Haftbarkeit *f (Recht, Versich)* liability, responsibility
Haftbefehl *m (Recht)* warrant
Hafteinlage *f (Fin)* liability capital contribution, equity contribution *(Vorgang, transaction)*; liable equity capital
haften *v* **für etw.** 1. *(Gen)* answer for sth; 2. *(Recht, Versich)* accept liability for sth, be liable [responsible] for sth
haftendes Eigenkapital *n (Fin, RW)* liable equity capital
Haftkapital *n (Fin)* liability capital; risk capital *(Wagniskapital-Finanzierung; Eigenkapital oder nachrangig besichertes Fremdkapital; Synonym: risikotragendes Kapital, Hafteinlage; Gegensatz zum erstrangig besicherten Fremdkapital)*
Haftkaution *f (Recht)* bail bond
Haftpflicht *f (Recht, Versich)* liability, responsibility
haftpflichtig *adj (Recht, Versich)* liable
Haftpflichtrisiko *n (Versich)* third-party risk
Haftpflichtversicherung *f (Versich)* errors and omissions insurance, liability insurance
Haftpflichtversicherung *f* **mit Vollkaskoversicherung** *(Versich)* fully comprehensive insurance policy
Haftpflichtversicherungsschutz *m (Versich)* third-party insurance cover
Haftpflichtversicherungszwang *m (Versich)* compulsory third party insurance *(Synonym: Pflichthaftpflichtversicherung)*
Haftprüfung *f (Recht)* remand
Haftung *f (Recht, Versich)* liability, responsibility • **Haftung für etw. anerkennen** *(Recht)* accept liability for sth • **ohne jegliche Haftung unsererseits** *(Recht)* without any liability on our part • **die Haftung für etw. übernehmen** *(Recht)* take responsibility for sth, accept liability for sth
Haftung *f* **aus unerlaubter Handlung** *(Recht)* tort liability *(zivilrechtlich)*
Haftung *f* **des Verkäufers** *(Recht, V&M)* seller's liability
Haftung *f* **für Geschäftsrisiken** *(Recht)* business exposures liability
Haftung *f* **mit Selbstbeteiligung** *(Versich)* excess liabilities
Haftungsausschluss *m (Recht, Versich)* exclusion of liability, nonliability *(Vertragsrecht)*
Haftungsbeschränkung *f* 1. *(Gen)* corporate veil; 2. *(Recht, Versich)* limitation of liability *(Vertragsrecht)*
Haftungsfreistellung *f (Recht, Versich)* release from liability *(Vertragsrecht)*
Haftungsgrund *m (Recht, Versich)* cause of liability
Haftungsminderung *f (Recht, Versich)* reduction of liability
haftungsrechtlich *adj (Recht)* relating to liability
haftungsrechtlicher Gleichbehandlungsgrundsatz *m (Recht)* principle of equal treatment in respect of liability
Haftungsrisiko *n (Recht, Versich)* risk of liability *(Vertragsrecht)*
Haftungsübernahme *f (Recht, Versich)* assumption of liability *(Vertragsrecht)*
Haken haben *v*/**einen** *(Gen)* have a string attached to it *(Vertrag, Klausel)*
Halb... *(Gen)* half, semi...
Halbeinkünfteverfahren *n (Steuer)* half-income system, half-income method *(Deutschland, Besteuerungsverfahren für Aktionäre)*
halber Preis *m (Gen)* half fare • **zum halben Preis** *(Gen)* at half-price
Halberzeugnis *n (Ind)* semi-finished product
halbes Dutzend *n*/**ein** *(Gen)* half a dozen
Halbfabrikat *n (Ind)* semi-finished product
Halbfabrikate *npl (Ind)* partly finished goods, semi-finished goods
Halbfertigerzeugnis *n (Ind, RW)* semi-finished product, semi-finished good
Halbfertigprodukt *n (Ind)* semi-finished product
Halbjahr *n (Gen)* half-year, (period of) six months
Halbjahres... *(Gen)* biannual, half-yearly, six-monthly
Halbjahresabschluss *m (RW)* half-yearly accounts
Halbjahresbericht *m (Mgt)* biannual report
Halbjahresfrist *f (Gen)* six-monthly period
Halbjahresperiode *f (Gen)* six-monthly period

halbjährlich *adj (Gen)* half-yearly, biannual

Halbjahrs... *(Gen)* biannual, half-yearly, six-monthly

Halbleiter *m (Comp, Ind)* semiconductor

halbtags *adj (Pers)* half-time

halbtags arbeiten *(Gen)* be on half-time, work half-time

Halbtagsausbildung *f (Bil)* half-day education

Halbtagsbeschäftigung *f (Pers)* half--time work, half-time employment

haltbar *adj* 1. *(Gen)* stable; 2. *(Ind)* durable, hardwearing

haltbar sein *v (Ind)* stand up to wear, keep well *(Lebensmittel)*

Haltbarkeit *f (Ind, V&M)* shelf life

Haltbarkeitsdatum *n (Gen, V&M)* use-by date

Haltung *f (Gen, Mgt)* attitude, stance, frame of mind

Hand *f (Gen)* hand • **unter der Hand** *(Gen)* by private contract • **zur Hand** *(Gen)* ready to hand • **zu Händen von** *(Gen, Komm)* Attn., for the attention of • **in den Händen Dritter** *(Gen)* in the hands of a third party

Handbuch *n (Gen)* guide, handbook, manual

Handel *m* 1. *(Gen)* commerce, trade, trading *(Gewerbe)*; bargain, deal, transaction *(Abschluss)*; traffic *(von illegalen Waren)*; 2. *(V&M)* distributive trades • **den Handel aussetzen** *(Börse)* suspend trading • **Handel (be)treiben** *(WiWi)* trade

Handel *m* **auf Reziprozitätsbasis** *(WiWi)* reciprocal trading

Handel *m* **in Freiverkehrswerten** *(Börse)* unlisted [OTC] trading

Handel *m* **in unnotierten Werten** *(Börse)* off-floor trading, off-board trading

Handel *m* **mit Umweltverschmutzungszertifikaten** *npl (Umwelt)* emissions trading

Handel *m* **rund um die Uhr** *(Börse)* twenty-four-hour trading

handelbar *adj (Börse, Fin, WiWi)* trad(e)able

handelbarer Indexfonds *m (Bank, Börse)* exchange-traded fund, ETF, XTF *(Synonym: börsengehandelter Indexfonds, Exchange-Traded Fund: bildet die Wertentwicklung von Indizes bei geringen Verwaltungsgebühren und ohne Ausgabeaufschlag quasi exakt ab und ist eine Möglichkeit der breiten Diversifikation eines Portfolios)*

handelbares Emissionszertifikat *n (Umwelt, WiWi)* trad(e)able discharge permit, TDP, trad(e)able emission permit

Handeln *n* 1. *(Gen)* bargaining; haggling *(Feilschen)*; trading *(Gewerbe)*; 2. *(Recht)* act, conduct *(Handeln als Tun)*

handeln *v (Gen)* barter, trade • **handeln mit** 1. *(Gen)* traffic in *(illegale Waren)*; 2. *(WiWi)* trade *(Waren, Produktion)* • **im Namen von jmdm. handeln** *(Recht)* act on sb's behalf • **in gutem Glauben handeln** *(Recht)* act in good faith

Handelsabkommen *n (Gen)* commercial agreement, trade agreement

Handelsakzept *n (Gen)* trade acceptance

Handelsauskunft *f (Recht)* commercial agency report

Handelsbedingungen *fpl (Gen)* trade terms

Handelsbeschränkung *f (Imp/Exp, WiWi)* trade restriction

Handelsbestand *m* 1. *(Bank, Börse)* trading portfolio; 2. *(Gen)* commercial stock

Handelsbezeichnung *f* 1. *(Gen)* trade name; 2. *(V&M)* brand name

Handelsbeziehungen *fpl (Gen)* trading links

Handelsbilanz *f (Imp/Exp, Pol, WiWi)* (merchandise) balance of trade, trade balance

Handelsbilanzdefizit *n (Imp/Exp, Pol, WiWi)* trade deficit

Handelsbilanzsaldo *m (WiWi)* balance of trade *(ZB)*

Handelsbilanzüberschuss *m (Imp/Exp, Pol, WiWi)* trade surplus

Handelsbilanzungleichgewicht *n (Imp/Exp, Pol, WiWi)* imbalance of trade

Handelsbrauch *m (Gen)* trade custom, commercial usage

Handelsbuch *n (RW, Börse, Bank)* trading book *(für Kreditinstitute, umfasst Wertpapierpositionen, handelbare Forderungen und sonstige Eigenpositionen in Finanzinstrumenten, die zum Zweck des Handels gehalten werden und bei denen in erster Linie Marktrisiken und Risiken im Zusammenhang mit bestimmten*

Finanzdienstleistungen für Kunden bestehen; die marktnahe Fair-Value--Bewertung der Eigenhandelsbestände = proprietary portfolios im Handelsbuch erzwang 2008/2009 massive Abschreibungen, die 2009 nach aufsichtsrechtlicher Lockerung = prudential easing durch eine 'bilanztechnische' Umklassifizierung = reclassification eines Großteils der Available-for-Sale-Bestände und die Umbuchung ins Kreditbuch = Anlagebuch = Bankbuch = banking book überwiegend vermieden wurden, mindestens kurzfristig, weil hier zu fortgeführten Anschaffungskosten = depreciated book value zu bewerten ist; vgl. Eigenhandel)

Handelsbuchrisiken *npl (Bank, Fin, RW)* trading book risks, trading book exposures *(Synonym: Risiken aus dem Handelsbestand, Obligo aus dem Handelsbestand; Risiko aus dem Eigenhandelsgeschäft; die Positionen des Handelsbestandes unterliegen der marktnahen Fair-Value-Bewertung; vgl. Eigenhandel)*

Handelsdefizit *n (Imp/Exp, Pol, WiWi)* trade deficit

Handelsdesk *n (Börse)* desk

Handelseinheit *f (Börse)* lot, trading unit

Handelsergebnis *n (Fin)* trading results

Handelserlaubnis *f (Gen)* trading authorization

handelsfähig *adj* 1. *(Börse, Recht)* negotiable; 2. *(WiWi)* merchantable, trad(e)able

handelsfähige Güter *npl*/**nicht** *(WiWi)* nontrad(e)ables

Handelsgeschäft *n* 1. *(Bank)* trading operation; 2. *(Gen)* commercial business

Handelsgesellschaft *f (Gen)* trading [commercial] company

Handelsgesetz *n* 1. *(Gen)* commercial law; 2. *(Recht)* mercantile law

Handelsgesetzbuch *n (Recht)* German Commercial Code

handelsgewichtet *adj (ugs.) (Imp/Exp, Stat, WiWi)* trade-weighted *(Synonym: mit den Außenhandelsanteilen gewogen, mit den Handelsanteilen gewichtet)*

Handelsgut *n (Gen)* commodity

Handelshemmnis *n (Imp/Exp, WiWi)* barrier to trade, trade barrier

Handelskammer *f (Gen)* Chamber of Commerce, Chamber of Trade, *(AE)* board of trade

Handelskette *f* 1. *(Gen)* chain store; 2. *(V&M)* retail store group

Handelsklasse *f (V&M)* commercial grade, grade

Handelskrieg *m (WiWi)* trade war

Handelsliberalisierung *f (Recht, WiWi)* liberalization of trade, trade liberalization

Handelsmarine *f (Logis)* commercial marine, merchant navy

Handelsmarke *f* 1. *(Pat)* mark; 2. *(V&M)* trademark, brand

Handelsmuster *n* 1. *(Börse)* trading pattern; 2. *(Gen)* sample

Handelsname *m* 1. *(Gen)* proprietary name [brand]; 2. *(Pat)* trading name

Handelsnation *f (Imp/Exp)* trading nation

Handelsniederlassung *f (Gen)* commercial establishment

Handelsnormen *fpl (Gen)* trading standards

Handelspapier *n (Bank, Börse, Fin)* commercial paper

Handelspartner *m* 1. *(Gen, Pol)* commercial partner; 2. *(WiWi)* trading partner

Handelspolitik *f (Imp/Exp, WiWi)* commercial policy, trade policy

Handelspraktiken *fpl (Pers)* custom and trade practices

Handelsprotektionismus *m (Imp/Exp, WiWi)* trade protectionism

Handelsrechnung *f (Recht, RW)* commercial invoice

Handelsrecht *n (Recht)* commercial [business] law

Handelsregister *n (Gen)* Companies Registration Office, trade register

Handelsregister-Eintragung *f (Gen)* entry in the commercial register, commercial registration

Handelsreisender *m (Pers)* commercial travel(l)er, travel(l)ing salesman

Handelsrestriktion *f (Imp/Exp, WiWi)* barrier to trade, trade restriction

Handelsschranke *f (Imp/Exp, WiWi)* barrier to trade, trade barrier

Handelsspanne *f* 1. *(RW, V&M)* margin, operating margin, price margin, trade margin, trade profit margin, selling margin *(Differenz zwischen Verkaufs-*

und Einstandspreis im Handelsbetrieb = difference between selling price and purchase price in commerce); 2. *(Bank, Börse)* spread
Handelssperre *f (Gen)* trade embargo
Handelsüberschuss *m (Imp/Exp)* trade surplus *(Zahlungsbilanz, BoP)*
handelsüblich *adj (Gen)* prevailing, commercial standard
handelsübliche Qualität *f (WiWi)* merchantable quality
handelsübliche Vertragsformeln *fpl (Gen)* trade terms
Handelsungleichgewicht *n (WiWi)* disequilibrium in the balance of trade
Handelsunternehmen *n (Gen)* business [commercial] enterprise
Handelsverband *m (Gen)* trade association
Handelsverkehr *m (Gen)* commerce, trade, traffic
Handelsvertreter *m* 1. *(Pers)* agent, agt, commercial agent, commercial representative; 2. *(V&M)* sales agent, *(ugs.)* (sales) rep *(sales representative)*
Handelsvertretung *f (Gen)* commercial representation
Handelsverzerrung *f (WiWi)* trade distortion
Handelsvolumen *n (Gen)* trade volume, volume of trading
Handelsvorschriften *fpl (Gen)* business regulations
Handelsvorteil *m (Gen)* commercial advantage
Handelsware *f (Gen)* merchandise (for resale)
Handelswechsel *m* 1. *(Bank, Börse)* business paper, trade bill, commercial bill; 2. *(Gen)* trade acceptance
Handelswert *m (Gen)* market value, commercial value • **ohne Handelswert** *(Gen)* no commercial value
Handelsziffern *fpl (Pol, WiWi)* trade figures
Handelszone *f (Gen)* trading area
handgemacht *adj (Ind)* handmade *(Produktion)*
handgeschrieben *adj (Gen)* handwritten
Handhabung *f (Gen)* management
Handkasse *f (RW)* petty cash
Handlanger *m (Gen)* labo(u)rer, odd-job man, *(ugs.)* dogsbody
Handle-oder-Erkläre-Mechanismus *m (Pol, Recht)* act-or-explain mechanism *(eingesetzt zur ‚Verbesserung' der gezielt schwach ausgeprägten Durchsetzungsfähigkeit des ESRB = Europäischer Ausschuss für Systemrisiken = European Systemic Risk Board, dem die Durchgriffsmöglichkeit auf Einzelinstitute –nach Intervention der nationalen Aufseher sowie der internationalen Finanzlobby– von EU--Spitzenpolitikern verwehrt wurde; global agierende Finanzkonzerne verbleiben deshalb, wie vor der Finanzmarktkrise, auch weiterhin unter der Aufsicht und dem ‚Schutz' einzelstaatlicher Behörden, die Nichtbeachtung der makroprudenziellen ESRB--Empfehlungen ist damit besten-/ /schlimmstenfalls zu ‚erklären'; ähnlich: comply-or-explain approach = Einhalten-oder-Erläutern-Ansatz)*
Händler *m* 1. *(Börse)* trading member, dealer, broker-dealer; 2. *(Gen)* dealer, trader, agent; 3. *(V&M)* vendor
Händlergarantie *f (V&M, Recht)* commercial guarantee
Händlerin *s.* Händler
Händlermarke *f (V&M)* dealer brand, distributors' brand
Händlerorganisation *f (Börse)* dealer network
Händlerrabatt *m (V&M)* trade discount
Handlung *f (Gen)* act, action
Handlungsbefugnis *f (Gen)* acting allowance
Handlungsbevollmächtigte *m(f)* 1. *(Mgt)* registered manager; 2. *(Admin, Pers)* agent general
Handlungsgehilfe *m (obs.) (Pers)* commercial employee
handlungsorientiert *adj (Gen)* action--oriented
Handlungsspielraum *m (Mgt, WiWi)* action scope
Handlungsvollmacht *f (Deu) (Mgt, Pers, Recht)* authority to act; limited authority to act and sign, limited commercial authority *(sie umfasst alle Geschäfts- und Rechtshandlungen, die der Betrieb eines Handelsgewerbes normalerweise mit sich bringt, mit wenigen Ausnahmen wie z. B. der Belastung von Grundstücken, der Eingehung von Wechselverbindlichkeiten, der*

Darlehensaufnahme, wofür jeweils eine Sondervollmacht -special authority- erforderlich ist)

Handreichungen *fpl (Bil, Gen)* backup materials *(zusätzliches Informationsmaterial)*

Handschrift *f (Gen, Komm)* handwriting

handschriftlich *adj (Gen, Komm)* handwritten

handschriftliche Zeichnung *f (Gen, Recht)* wet signature *(eigenhändig vollzogene Unterschrift für alle Rechtsgeschäfte, die der Schriftform bedürfen, as opposed to a fax copy or to an agreement offered electronically or verbally)*

Handwerk *n (Pers, WiWi)* craft, trade, craft business

Handwerker *m (Pers)* artisan, tradesman, craftsman, workman

handwerklicher Beruf *m (Gen, Pers) s.* Handwerksberuf

Handwerksberuf *m (Gen, Pers)* craft trade, occupation in crafts

Handwerksbetrieb *m (Pers, WiWi)* craft establisment, craft business, craft undertaking, craft enterprise

Handwerksbetriebe *npl (Deu) (Ind)* crafts and trades enterprises

Handwerkskammer *f (Ind, Recht)* Chamber of Crafts, Chamber of Trades

Handwerksmeister *m (Bil, Pers)* master craftsman, master craftswoman, qualified tradesman, qualified tradeswoman

Handwerkssektor *m (Gen, Ind)* craft sector

Handwerksunternehmen *n (Pers, WiWi)* craft establisment, craft business, craft undertaking

Handwerkszeug *n (Gen)* tools of the trade

Handy *n (ugs.) (Komm)* mobile (phone), cellphone

Hardware-Verbindung *f (Comp)* interface *(Schnittstelle)*

harmonisches Mittel *n (Stat)* harmonic mean

harmonisieren *v (Gen)* harmonize

harmonisierte Regelung *f (Recht)* harmonized regime *(EU)*

harmonisierter Verbraucherpreisindex *m (WiWi)* Harmonized Index of Consumer Prices, HICP *(EZB)*

Harmonisierung *f (Gen, WiWi)* harmonization

hart *adj (Gen)* tough *(Bedingungen)*; hard *(Fakten)*

hart *adv (Steuer)* harshly • **hart verhandeln** *(Gen)* drive a hard bargain

Härte *f (Soz, WiWi)* hardship

harte Landung *f (ugs.) (Gen, WiWi)* hard landing *(Konjunktur)*

harte Währung *f (Pol, WiWi)* hard currency, hard money

Härtefall *m (Soz)* case of hardship

harter Kern *m* **der Arbeitslosigkeit** *(Pers, Soz, WiWi)* hard-core unemployment, the hard core of unemployment, hard-core unemployed

harter Konkurrenzkampf *m (Gen)* harsh competition, tough competition

Hartgeld *n (Gen)* coins, coinage, specie, hard cash

hartnäckige Arbeitslosigkeit *f (Soz, WiWi)* persistent unemployment

Hartz IV *(Deu; ugs.) (Recht)* Hartz IV Law, Fourth Act Promoting Modern Labour Market Services *(Viertes Gesetz für moderne Dienstleistungen am Arbeitsmarkt)*

Hartz-Reformen *fpl (Pers, Pol, Soz)* Hartz reforms *(so genannt nach dem Vorsitzenden der Kommission, die die Reformen für die Umgestaltung des Leistungsbezugs bei Arbeitslosigkeit und der Arbeitsvermittlung für die Regierung Schröder erarbeitete)*

häufiger Stellenwechsel *m (Pers)* job hopping *(Arbeitsmarkt)*

Häufigkeit *f (V&M)* frequency

Häufigkeitsverteilung *f (Stat)* frequency distribution

häufigster Wert *m (Stat)* mode

Häufung *f (Gen)* accumulation

Haupt... *(Gen, WiWi)* main, chief, principal, primary, prime, key

Hauptabschlussübersicht *f* 1. *(Gen) (AE)* work sheet; 2. *(RW)* general ledger trial balance, general ledger trial balance sheet, balance sheet in schedule form

Hauptaktionär *m (Börse)* principal stockholder

hauptamtlicher Geschäftsführer *m (Mgt)* executive director

Hauptanbieter *m (Gen)* principal bidder, main bidder

Hauptanspruch *m (Pat)* independent claim

Hauptanteil *m (Gen)* the lion's share

Hauptarbeitsmarkt *m (WiWi)* primary labo(u)r market
Hauptbelastungszeit *f (Gen, Media)* peak hour
Hauptberuf *m (Pers)* main occupation, main job, main profession; regular job
hauptberuflich *adj (Pers)* full-time, mainly employed as, as a regular occupation
Hauptbeschäftigung *f (Pers)* main occupation, main job, principal occupation, core occupation
Hauptbuch *n (Fin, RW)* book of final [secondary] entry, (general) ledger
Hauptbuchkonto *n (Fin, RW)* ledger account
Hauptbüro *n (Gen)* head office, headquarters
Haupteinkommensquelle *f (Gen)* primary source of income, main source of income
Haupteinschaltzeit *f (Media)* prime (listening) time
Hauptfach *n (Bil)* main subject
Hauptfernsehzeit *f (Media)* prime viewing time
Hauptgeschäft *n* 1. *(Gen)* head office, headquarters *(Büro)*; main business *(Dienstleistungen)*; 2. *(V&M)* flagship store
Hauptgeschäftsbereich *m (Gen)* core business
Hauptgesellschafter *m (Recht)* principal shareholder, main shareholder, major shareholder, principal partner, main partner, major partner
Haupthandelspartner *m (WiWi)* main [major] trading partner
Hauptkonkurrent *m (Gen, WiWi)* main contender, main rival
Hauptkunde *m (Gen)* principal customer, key account
Hauptlieferant *m (Gen)* prime contractor, prime supplier
Hauptmerkmal *n (Gen)* key feature
Hauptmietvertrag *m (Recht, Grund)* master lease
Hauptniederlassung *f (Gen)* principal establishment, principal place of business
Hauptproblem *n (Gen)* key issue
Hauptprodukt *n (V&M)* main [primary] product
Hauptpunkt *m (Gen)* key point
hauptsächlich *adj (Gen)* primary, principal, main
hauptsächlich *adv (Gen)* primarily, principally
Hauptsaison *f (Gen)* peak season
Hauptschulabschluss *m (Pers)* lower secondary leaving certificate, lower secondary school-leaving certificate
Hauptschule *f (Pers)* lower secondary school
Hauptsendezeit *f (Media)* peak hour, prime time
Hauptsitz *m (Gen)* head office, headquarters
Hauptsparte *f (Fin) (ugs.)* bottom line
Hauptspeicher *m (Comp)* random access memory *(RAM)*
Hauptstadt *f (Frei)* capital, capital city
Hauptstelle *f (Gen)* main branch
Hauptstraße *f* 1. *(Logis)* major road, *(AE)* main line, *(BE)* main road; 2. *(V&M) (BE)* high street, *(AE)* main street
Hauptstudienfach *n (Pers)* major field of study
Hauptstudienrichtung *f (Pers)* major field of study
Haupttätigkeit *f (Pers)* main occupation, principal occupation, main job, core occupation
Hauptteil *m (Gen)* bulk
Hauptunterhaltsquelle *f (Gen, Soz)* main source of livelihood
Hauptuntersuchung *f (Logis)* main inspection
Hauptursache *f (Recht)* main cause, procuring cause
Hauptverdiener *m (Pers)* principal earner, principal wage earner, main earner, main wage earner
Hauptversammlung *f (Mgt)* annual general meeting, shareholders' annual meeting
Hauptversammlung *f* **der Aktionäre** *(Börse)* general meeting of shareholders
Hauptversicherer *m (Versich)* principal insurer
Hauptvertrag *m (Recht)* primary [main] contract
Hauptverwaltung *f* 1. *(Gen)* head office, headquarters; 2. *(Admin) (AE)* administrative center, *(BE)* administrative centre
Hauptverzeichnis *n (Comp)* root directory, main directory
Hauptwohnsitz *m (Grund)* main residence

Hausarbeit *f* 1. *(Bil)* housework; assignment *(Fachaufsatz oder Facharbeit in der Schule)*; 2. *(Gen)* housework; homework *(school; Achtung: homework bedeutet auch Heimarbeit = outwork)*
Hausbank *f* 1. *(Bank, Gen)* principal bank, principal banker *(langfristige Bankbeziehung, long-term banking connections)*; 2. *(Fin)* principal bank *(konzerneigene Banken)*
Hausbesitzer *m (Grund)* homeowner; landlord *(Vermieter)*
Hausbesitzerin *f (Grund)* homeowner; landlady *(Vermieterin)*
Hauseigentümer *m (Grund)* homeowner, houseowner; landlord *(Vermieter)*
Hauseigentümerin *f (Grund)* homeowner, houseowner; landlady *(Vermieterin)*
Haushalt *m* 1. *(Fin)* budget; 2. *(Gen)* household; 3. *(Pol, RW)* budget • **im Haushalt veranschlagen** *(RW)* budget for
Haushalt *m* **mit geringem Einkommen** *(V&M)* low-income household
Haushaltsabschluss *m (Pol)* budgetary statement
Haushaltsanpassung *f (Fin, RW, WiWi)* budgetary adjustment
Haushaltsansatz *m (Fin)* estimate
Haushaltsausgaben *fpl (Fin, Pol, WiWi)* budgetary spending, budgetary expenditure
Haushaltsbefragung *f (V&M)* household survey *(HS)*
Haushaltsbegleitgesetz *n (Deu) (Recht)* Supplementary Budget Law
Haushaltsbewilligung *f (Pol)* budgetary appropriation
Haushaltsdefizit *n* 1. *(Fin, Gen, Pol)* budget deficit, budgetary deficit; 2. *(RW)* fiscal deficit
Haushaltseinkommen *n (Soz, WiWi)* household income
Haushaltseinnahmen *fpl (Fin)* budgetary revenue
Haushaltserhebung *f (V&M)* household survey
Haushaltsgesetz *n (Fin)* appropriation act, appropriation bill
Haushaltsgleichgewicht *n (Fin, WiWi)* budget equilibrium
Haushaltshilfe *f* domestic help, domestic aid
Haushaltsjahr *n (Fin, Pol, RW, Steuer)* accounting year, budget year, financial year, fiscal year, tax year
Haushaltskontrolle *f (Fin, RW)* audit, budgetary control, BC
Haushaltskürzung *f (Fin, RW, WiWi)* budget cut
Haushaltsperiode *f (Fin, Pol, RW, WiWi)* budget period
Haushaltsplafond *m (RW)* budget ceiling
Haushaltsplanung *f (Fin, Pol, RW)* budgetary planning, budgeting
Haushaltsrecht *n (Fin, Recht)* budgetary law, law of the budget
Haushaltsüberschreitung *f (RW)* overspend
Haushaltsüberschuss *m (Fin, Gen, Pol, WiWi)* budget surplus
Haushaltsübersicht *f (Pol)* budgetary statement
Haushaltsvoranschlag *m (Fin)* estimate
Haushaltsvorlage *f* 1. *(Fin)* budget proposal, budgetary submission; 2. *(Pol)* budget paper; 3. *(WiWi)* budget proposal, budgetary submission
Haushaltsvorstand *m (Steuer)* head of household
Hausse *f (Börse, Fin, WiWi)* boom, bullish movement, rise
Haussegeschäft *n (Börse)* bull transaction
Hausseposition *f (Börse, Fin)* bull account, long position
Haussespekulant *m (Börse, Fin)* bull
Haussier *m (Börse, Fin)* bull
Haustarifvertrag *m (Pers)* company pay agreement, company wage agreement
Haustürgeschäft *n (V&M)* door-to-door sales, door-to-door selling, doorstep selling
Hauswirtschaftslehre *f (Pers)* home economics, *(BE)* domestic science
Hawala-Finanzsystem *n (Bank, Fin)* hawala financial system *(‚alternatives', weltweit agierendes Untergrund--Geldtransfer- und -Finanzsystem, das Hawala-Netz = hawala network; underground banking of ethnic groups operating in Europe, Africa and Asia; Hawala Banking, FATF; anders: im Islamic Banking verbietet die Scharia intransparentes Geschäft als haraam = verboten = prohibited)*
Hebelprodukt *n (Fin)* leveraged instrument, leveraged product *(durch*

die Hebelwirkung des Fremdkapitaleinsatzes winkt ein überproportionaler Gewinn oder Verlust, bei geringem Kapitaleinsatz und erhöhtem Risiko)

Hebelwirkung *f (WiWi)* leverage effect

Hebelwirkung *f* **der Finanzstruktur** *(Fin)* leverage effect of the financial structure, leverage effect of the capital structure, leverage effect *(cf Leverage--Effekt)*

Hebelwirkung *f* **der Fremdkapitalaufnahme** *(Fin)* leverage effect of stocking-up borrowed capital, leverage effect *(cf Leverage-Effekt)*

Hebelwirkung *f* **der Kapitalstruktur** *s.* Hebelwirkung der Finanzstruktur

Hedger *m (Börse)* hedger

heftig *adj* 1. *(Börse)* erratic *(Kursbewegungen)*; 2. *(Gen)* violent, fierce

heikel *adj (Gen)* delicate, tricky

Heim... *(Gen)* home, domestic, return

Heimarbeit *f* 1. *(Ind)* domestic industry; 2. *(Pers)* homework; 3. *(WiWi)* domestic system

Heimarbeiter *m (Pers)* homeworker, outworker

Heimarbeiterin *f s.* Heimarbeiter

Heimarbeitsgesetz *n (Pers, Recht, Soz)* Act on Outwork

Heimatland *n (Recht)* home country

Heimatstandort *m (Frei, Logis)* home base

Heimelektronik *f (Media, V&M)* home electronics

heimische Industrie *f (Ind, WiWi)* domestic industry, national industry

heimische Wirtschaft *f (Ind, WiWi)* domestic economy, national economy

heimischer Arbeitsmarkt *m (Pers, WiWi)* local [domestic] labo(u)r market

heimischer Wirtschaftszweig *m (Ind)* domestic industry

heimisches Erzeugnis *n (Gen)* local produce

heimliche Absprache *f (Recht, WiWi)* collusion

heimliche Steuerprogression *f (Fin, Steuer, WiWi)* tax-bracket creep, fiscal drag

Heiratsurkunde *f (Pers)* marriage certificate, certificate of marriage

heiße Phase *f (ugs.) (Gen, Mgt, Pol)* critical phase, critical stage *(entscheidende Phase, z. B. eines Wahlkampfs)*

heiße Ware *f (ugs.) (Gen)* hot stock, hot property

heißes Geld *n (jarg.) (Fin, Gen, WiWi) (jarg.)* hot money, refugee capital

hemmen *v (Gen)* block, inhibit

herabgesetzt *adj (V&M, WiWi)* reduced

herabsetzen *v* 1. *(Gen)* belittle, disparage *(Person)*; 2. *(Recht)* abate; 3. *(V&M)* reduce *(Preis)*; 4. *(WiWi)* bring down, lower *(Inflationsrate)*

Herabsetzung *f* 1. *(Gen)* belittling, disparagement *(von einer Person)*; 2. *(Recht)* abatement; 3. *(V&M)* cut, cutting, reduction *(Preise)*; 4. *(WiWi)* lowering *(Inflationsrate)*

herabstufen *v (Fin, Pers)* downgrade

Herabstufung *f (Pers)* downgrading

Herabstufung *f* **von Arbeitsplätzen** *(Pers)* deskilling

heraufladen *v (Comp, Komm)* upload

heraufsetzen *v (Gen)* advance

Heraufsetzen *n* **der Ausbildungserfordernisse** *(Bil, Pers)* upgrading of educational requirements *(für Tätigkeiten, Berufe usw., für die diese Ausbildung bisher nicht notwendig war; Synonym: Heraufsetzen der Bildungserfordernisse)*

Heraufsetzung *f* **der Altersgrenze** *(Pers, Soz)* introduction of a higher retirement age, introduction of a higher pensionable age, raising of the retirement age, raising of the pensionable age

Heraufsetzung *f* **des Rentenalters** *(Pers, Soz)* introduction of a higher retirement age, introduction of a higher pensionable age, raising of the retirement age, raising of the pensionable age *(Synonym: Heraufsetzung des Ruhestandsalters)*

herausbringen *v* 1. *(Media)* put out *(Buch)*; 2. *(V&M)* launch *(Produkt)*

herausfordern *v (Gen)* challenge

Herausgabe *f* 1. *(Gen)* return *(Rückgabe)*; 2. *(Media)* publication, issue

herausgeben *v (Media)* issue, publish *(Zeitschrift)*

Herausgeber *m (Media)* publisher, editor *(Redakteur)*

herausgereichte Kredite *mpl (Gen)* credits outstanding; credits originated

(besser: ausgereichte Kredite)
herauspauken *v*/**jmdn.** *(ugs.) (Bank, Fin, Media)* bail out sb, bail sb out
herausragend *adj (Gen)* pre-eminent
herausrücken *v (ugs.) (Fin)* cough up
herbeiführen *v (Gen)* work out *(Einigung)*
Herdengeist *m (Börse, Gen)* herd mentality *(Synonym: Herdenmentalität; Investorenverhalten; cf Herdenmensch = sheep)*
hereinfallen *v (Gen)* be taken in
hereinholen *v* 1. *(Gen)* attract *(Aufträge)*; 2. *(WiWi)* recapture *(Kosten)*
hereinlassen *v (Gen)* admit
hergestellt *adj (Gen)* manufactured
herkömmlich *adj (Gen)* conventional, traditional
Herkunft *f (Fin, Gen)* source
Herkunftsbescheinigung *f (Imp/Exp)* certificate of origin
Herkunftsbezeichnung *f (V&M)* informative label(l)ing
Herkunftsland *n (Imp/Exp)* country of origin
Herkunftsmitgliedstaat *m (Recht, Pol)* home Member State *(EU)*
Herkunftsort *m (Logis)* place of origin, point of origin
Hermesdeckung *f (Fin, Imp/Exp)* Hermes export credit guarantee
Hermes-gesichert *adj (Fin, Imp/Exp)* secured by Hermes export guarantees *(ZB)*
hermetisch abgeschlossen *(Ind)* airtight
herrschend *adj* 1. *(Gen)* prevailing; 2. *(Pol)* ruling *(Partei)*
herrühren *v* **von** *(Gen)* stem from
herstammen *v (Gen)* originate
herstellen *v* 1. *(Gen)* build up *(Kontakt, Beziehung)*; 2. *(Ind)* fabricate, manufacture, produce *(Produkt)* • **fabrikmäßig herstellen** *(Ind)* mass-produce, manufacture
Hersteller *m (Gen, Ind, V&M)* maker, manufacturer, producer
Hersteller *m* **von Werkzeugmaschinen** *(Gen, Ind)* machine-tool maker
Herstellerangaben *fpl (Recht, V&M)* manufacturer's data, manufacturer's instructions
Herstellerbezeichnung *f (Recht, Logis, Frei)* manufacturer's designation
Herstellerin *f s.* Hersteller
Herstellermarke *f (V&M)* manufacturer's brand, producer's brand
Herstellerpreis *m (Gen)* manufacturing price
Herstellerrichtpreis *m (V&M)* manufacturer's recommended price
Herstellkosten *pl (RW)* production cost, manufacturing cost *(Kostenrechnung)*
Herstellung *f (Ind)* manufacture, manufacturing, production • **in der Herstellung sein** *(Gen)* be in process
Herstellung *f* **nach Kundenbestellung** *(Ind)* customized production
Herstellungsgemeinkosten *pl (WiWi)* manufacturing overheads
Herstellungskosten *pl (RW)* cost of goods manufactured, manufacturing expenses, production costs
Herstellungspreis *m (V&M)* manufacturing price
Herstellungswert *m (RW)* cost value
herunterdrücken *v (Fin)* pull down *(Gewinn)*; cut back *(Kosten)*
herunterhandeln auf *v (Gen)* bargain down, beat down, knock down
herunterladbar *adj (Comp, Komm)* downloadable
herunterstufen *v (Pers)* downgrade
herunterwirtschaften *v (ugs.) (Gen, Pol)* run down *(ein Unternehmen, ein Land, a firm, a country)*
hervorbringen *v (Gen)* generate *(Ideen)*
hervorheben *v (Gen)* emphasize, highlight, stress, underscore
hervorragend *adj (Gen)* excellent, pre-eminent
Heterogenität *f (Gen, Stat)* heterogeneity
heuern und feuern *(ugs.) (Pers)* hire and fire
HGB *s.* Handelsgesetzbuch
hieb- und stichfest *adj (Gen)* watertight *(Argument)*
Hierarchie *f* **des Führungspersonals** *(Mgt, Pers)* management hierarchy
Hierarchieabbau *m (Mgt, Pers)* delayering (of the hierarchy), elimination of hierarchical levels
Hierarchieebene *f (Pers)* level of hierarchy, layer of hierarchy, hierarchy level, hierarchical level
hiesige Industrie *f (Ind)* local industry
Hilfe *f* **zur Selbsthilfe** *(Soz)* empowerment
Hilfeleistung *f (Soz)* assistance, rescue
Hilfs... 1. *(Comp)* auxiliary *(Speicher, Programm)*; 2. *(Gen)* auxiliary, subsidiary

Hilfsarbeiter *m* 1. *(Gen)* low-wage worker; 2. *(Pers)* labo(u)rer, unskilled worker, daily paid worker
Hilfsarbeiterin *f s.* Hilfsarbeiter
Hilfskraft *f (Gen, Pers)* assistant, helper
Hilfspersonal *n (Gen, Pers)* ancillary staff, ancillary workers, helpers, aides
Hilfs- und Betriebsstoffe *mpl (Ind)* (manufacturing) supplies
hinaufschnellen *v (Gen)* soar
hinaufsetzen *v (Gen)* advance, raise up *(Angebot, Preis)*
hinausdrängen *v (WiWi)* crowd out
Hinausdrängen *n* 1. *(Gen, Pers)* squeezing out, displacement; 2. *(Fin)* squeeze out
hinausschießen *v* **über** *(Gen)* overshoot
hinauswerfen *v (ugs.)* 1. *(Gen)* evict, *(ugs.)* splash out *(Geld)*; 2. *(Pers) (BE; ugs.)* sack; 3. *(Recht)* evict
hinausziehen *v* 1. *(Gen)* delay, draw out; 2. *(WiWi)* lag
hindern *v (Gen)* obstruct
Hindernis *n* 1. *(Gen)* obstacle, obstruction; 2. *(WiWi)* barrier *(Handel)*
hinreichend *adj* 1. *(Gen)* sufficient; 2. *(WiWi)* adequate
hinreichende Bedingung *f (Stat, Recht, WiWi)* sufficient condition *(Gegensatz: necessary condition = notwendige Bedingung)*
Hinsicht/in dieser *(Gen)* in this respect
Hinsicht/in sonstiger *(Gen)* in other respects
hinsichtlich *(Gen)* in terms of, in respect of
Hinter... *(Gen)* back, rear
Hintergrund *m (Gen)* backdrop, background
Hintergrundbericht *m (Media)* background story
Hintergrundinformation *f (Gen)* background information
hinterherhinken *v (WiWi)* lag behind
hinterlegen *v (Bank, Gen, Recht)* deposit
Hinterleger *m (Bank, Gen, Recht)* bailor, depositor
Hinterlegung *f (Bank, Gen)* bailment, deposit
Hinterlegungsstelle *f (Admin)* deposit facility, deposit institution, depositary
Hintermann *m (Fin)* backer
Hintertürchen *n (Gen)* loophole
hinterziehen *v (Steuer)* evade, defraud
Hinweis *m (Gen, Mgt)* hint, pointer
hinzufügen *v* 1. *(Comp)* attach *(Datei)*; 2. *(Gen)* add in *(Einzelheiten, Zahlen)*; 3. *(Media, Stat)* add *(Zahlen, Text)*
Hinzuverdienst *m (Pers, Soz)* additional earnings, top-up to earnings; second income
Hinzuverdienstgrenze *f (Pers, Soz)* supplementary income limit
historische Entwicklung *f (Gen)* track record
historischer Rekord *m (Gen)* all-time record, all-time high
hoch *adj (Gen)* high *(Preis, Schätzung, Steuer)*; exacting *(Anspruch, Standard)* • **in hohem Maße** 1. *(Gen)* substantially, to a large extent, heavily; 2. *(Steuer)* heavily • **auf hohem Niveau stehend** *(Gen)* sophisticated
Hoch... *(Gen)* high, peak
hochbelastet *adj (Bank, Grund)* heavily mortgaged
hochbelastetes Gebiet *n (Umwelt)* high--pollution area
hochbewertete Aktien *fpl (Börse)* high--flying stock
hochbezahlte Arbeit *f* high-paid job
hochentwickelt *adj* 1. *(Gen)* advanced, sophisticated; 2. *(Ind)* high-stream • **mit hoch entwickelter Technologie** *(Ind)* technologically advanced
hochentwickelte Volkswirtschaft *f (Gen, WiWi)* advanced economy
hochentwickelter Markt *m (Börse)* sophisticated market
hochfahren *v (Comp)* boot up, boot *(Rechner)*
Hochgeschwindigkeits--Datenübertragung *f (Comp, Komm)* broadband, high-speed data transmission *(Internet)*
Hochgeschwindigkeits-Datenzugriff *m (Comp, Komm)* high-speed data access
hochkarätig *adj* 1. *(Gen)* top-flight; 2. *(Pers)* high-powered, *(AE)* high-caliber, *(BE)* high-calibre
Hochkonjunktur *f* 1. *(Gen)* bonanza; 2. *(WiWi)* boom
Hochleistungs- 1. *(Gen)* high performance, high-power, high--powered; 2. *(Ind)* high-duty
Hochlohnland *n (Mgt, Pers, WiWi)* high--wage country
Hochpreispolitik *f (V&M)* premium pricing

hochprofiliert *adj (V&M)* high-profile
hochqualifiziert *adj (Pers)* highly qualified, highly skilled
hochqualifizierte Arbeitskräfte *fpl (Pers)* highly qualified manpower
hochqualifizierte Tätigkeit *f (Pers)* highly skilled occupation, highly skilled job
hochrangig *adj (Gen)* high-powered, top--ranking
hochrechnen *v (WiWi)* extrapolate, project forward(s) *(ZB)*
Hochrechnung *f (Stat)* extrapolation
Hochschulabschluss *m (Pers)* university degree
Hochschulabsolvent *m (Soz)* graduate, *(AE)* postgraduate
Hochschulabsolventin *f s.* Hochschulabsolvent
Hochschulausbildung *f (Pers, Soz)* higher education, tertiary education
Hochschuldiplom *n (Bil)* university degree
Hochschullaufbahn *f (Pers, Soz)* academic career
Hochschulstudium *n (Bil)* university education, tertiary education, higher education
hochspekulative Anlage *f (Fin)* aggressive investment
Höchst... *(Börse, Gen)* premium, highest, maximum
Höchstanspruch *m (Versich)* claims limit
Höchstbetrag *m (Fin)* ceiling
Höchstbietende *m(f) (Gen)* best bidder
Höchstdauer *f (Gen, Soz)* maximum duration
höchste Priorität *f (Gen)* number one priority
höchstens *adj (Gen)* not exceeding
Höchstgebot *n* 1. *(Börse)* highest bid, best bid; 2. *(Gen)* closing bid, highest tender
Höchstgrenze *f* 1. *(Gen)* upper limit; 2. *(RW)* ceiling
Höchstkapazität *f (Ind)* maximum capacity *(Produktion)*
Höchstkurs *m (Börse, Gen)* all-time high, high, highest price
Höchstlaufzeit *f (Fin)* maximum repayment term
Höchstmenge *f (Gen, Umwelt)* maximum level, maximum amount
Höchstpreis *m* 1. *(Börse)* highest price; 2. *(Gen)* chief value, top price; 3. *(V&M)* maximum price, premium price; 4. *(WiWi)* ceiling price, price ceiling • **zum Höchstpreis** *(Börse)* at best • **zu Höchstpreisen kaufen** *(V&M)* buy at the top of the market
Höchstsatz *m (Bank)* maximum rate
Höchststand *m* 1. *(Börse)* high; 2. *(Gen)* high; 3. *(WiWi)* peak • **einen historischen Höchststand erreichen** *(Börse)* reach an all-time high
Höchstzins *m (Bank)* interest rate ceiling, capitalization rate, cap rate
hochtechnisiert *adj (Comp, Ind)* sophisticated
Hochtechnologie *f (Comp, Ind)* high technology, high-tech
Hochtechnologieindustrie *f (Ind)* technology-based industry
hochtreiben *v (WiWi)* inflate *(Preise)*
Hoch- und Tiefbau *m (Gen, Ind)* civil engineering
hochverschuldet *adj (Bank)* badly in debt
hochverzinsliche Anleihen *fpl (Börse, Fin)* high-yield bonds
hochwertiges Produkt *n (Gen) (BE)* high--quality product, *(AE)* upscale product
Hochzahl *f (Stat)* exponent
Hochzinsanleihen *fpl (Bank, Fin)* high--yield bonds *(risikoreiche Anleihen geringer Bonität mit einem Rating unter BBB- oder Baa3; Synonym: Risikoanleihen, spekulative Anleihen; cf Schrottanleihen ugs., Ramschanleihen ugs.; high yield bonds with non--investment grade' rating)*
Hochzinsfinanzierung *f (Fin)* high-yield financing
Höhe *f (Gen)* height, hgt, level *(Preise)* • **in die Höhe schießen** *(Gen) (ugs.)* rocket *(Preise)*; shoot up • **in die Höhe schnellen** *(Gen)* soar, escalate *(Preise)*
Höhe *f* **der Bezahlung** *(Pers)* pay level, level of pay
hohe Abfindung *f (Pers) (ugs.)* golden handshake *(Führungskraft)*
hohe Anfangskosten *pl* 1. *(Börse)* front--end load; 2. *(WiWi)* front-end costs
hohe Belastung *f (Bank, Grund)* heavy mortgaging
hohe Einkommensstufe *f (WiWi)* higher income bracket
hohe Kante legen *v/etw.* **auf die** *(ugs.) (Gen)* save for a rainy day
hohe Leistung *f (Gen)* high performance
hohe Rendite *f (Börse)* high return
Hoheitsgewalt *f (Recht)* jurisdiction

höher bezahlt *adj (Pers)* higher paying, higher paid, better paid
hoher Lebensstandard *m (Soz)* high standard of living
Hoher Repräsentant *m* **der Union für Außen- und Sicherheitspolitik** *(HR) (Pol, Recht)* High Representative of the Union for Foreign Affairs and Security Policy *(die Position wurde zusammen mit dem EU-Präsidenten = EU President eingeführt durch den Vertrag von Lissabon = VvL = EU--Reformvertrag = Treaty of Lisbon = ToL, in Kraft getreten am 1.12.2009)*
hoher Zins *m (Börse)* balloon interest
Höherbewertung *f (Gen)* upvaluation, write-up
höhere Bildung *f (Soz)* higher education, advanced education
höhere Gewalt *f (Recht, Versich)* act of God, force majeure
höhere Schulbildung *f (Soz)* secondary education
höhere Schule *f (obs.) (Pers)* upper secondary school, pre-university secondary school
höherstufen *v (Pers)* promote, upgrade
Höherstufung *f (Pers)* upgrading
hohes Amt *n (Pers)* high office, important office
hohes Tier *n (ugs.) (Gen) (ugs.)* brass, very important person, VIP, *(BE; ugs.)* big cheese
Holding *f (Recht, RW)* holding company
Holdinggesellschaft *f (Bank, Börse, Fin, Recht, RW)* holding company
holländisches Zuteilungsverfahren *n (Bank)* Dutch auction, single rate auction *(EZB bis März 1999)*
Holschuld *f (Recht)* liability to be discharged at the domicile of the debtor *(Vertragsrecht)*
Homo oeconomicus *m (Bil, WiWi)* economic man *(die für Modell-, Experimentier-, Theorie- und Lehrzwecke geschaffene Kunstfigur des ausschließlich ‚wirtschaftlich' denkenden und entscheidenden ‚Menschen', der seinen Nutzen als Konsument und/oder seinen Gewinn als Produzent durch rationales Verhalten bei vollkommener Information und Markttransparenz, vollständig zukunftsüberraschungsfrei maximiert; ein als Analysekonstrukt bei der Analyse wirtschaftsethischer Probleme nützliches Untersuchungsschema; jüngere wirtschaftswissenschaftliche Forschungsrichtungen geben die der klassischen und neoklassischen Theorie entstammenden engen Annahmen zunehmend auf; an entirely rational and selfish ‚person', free from malice and dogmatic resistance to change, met in pure form only in economic models; cf behavioural economics = Verhaltensökonomie, experimental economics = experimentelle Wirtschaftsforschung = Experimentalökonomie)*
homogener Markt *m (V&M)* homogeneous market
homogenes Gut *n (WiWi)* homogeneous good
Honorar *n (Gen)* honorarium, professional fee, remuneration
Honorarvertrag *m (Pers)* freelance contract
Honorarvorschuss *m (Recht)* retainer, fees paid in advance
horizontale Fusion *f (WiWi)* horizontal amalgamation
horizontale Integration *f* 1. *(Mgt)* horizontal merger; 2. *(WiWi)* horizontal integration, lateral integration
horizontale Steuergerechtigkeit *f (Steuer)* horizontal equity
horizontaler Zusammenschluss *m (WiWi)* horizontal amalgamation, horizontal merger
Hotelbuchungsservice *m (Frei)* hotel reservation service
Hotelreservierung *f (Frei)* hotel reservation
Hotel- und Gaststättengewerbe *n (Frei)* catering trade
Hotline *f (Comp)* support hotline, hotline *(Produktberatung)*
HR *(Abk. für Hoher Repräsentant der Union für Außen- und Sicherheitspolitik) (Pol, Recht)* HR , High Representative of the Union for Foreign Affairs and Security Policy *(die Position wurde durch den Vertrag von Lissabon = VvL = Treaty of Lisbon = ToL eingeführt)*
HR-Eintragung *f (Gen, Recht)* commercial registration *(Handelsregister-Eintragung)*
Huckepack... *(Börse, Fin, Recht, Logis, V&M)* piggyback, pickaback

Huckepackanleihe *f (Fin)* piggyback loan
Huckepacksystem *n (Fin, Imp/Exp, Logis)* piggyback system *(Marketing, Außenhandel, Transportwesen)*
Huckepackverkauf *m (V&M)* piggyback selling
Humankapital *n* 1. *(Admin, Pers)* human resources; 2. *(WiWi)* human capital
Humankapitalausstattung *f (WiWi)* human capital endowment
Humankapitalrechnung *f (Admin, Pers)* human resource accounting
Humanvermögen *n (Admin, Pers)* human resources
Humanvermögensrechnung *f (Admin, Pers)* human resource accounting, human asset accounting
HVPI *s.* harmonisierter Verbraucherpreisindex
hybrides Wirtschaftssystem *n (WiWi)* hybrid economic system *(Mischsystem mit markt- und planwirtschaftlichen Elementen)*
Hybridkapital *n (Fin)* hybrid capital *(nachrangige Anleihen oder Nachrangdarlehen als Eigenkapitalersatz; Rechtsstellung zwischen dem vollhaftenden Eigenkapital und den dinglich besicherten erstrangigen Darlehen; cf subordinated loan)*
Hypothek *f (Bank, Grund, WiWi)* home loan, mortgage
hypothekarisch belastet *adj (Bank, Grund, WiWi)* mortgaged
hypothekarisch gesicherter Pfandbrief [Titel] *m (Fin) (AE)* mortgage-backed security, MBS *(Pfandbrief-ähnliches Papier)*
hypothekarisch gesichertes Wertpapier *n (Fin) (AE)* mortgage--backed security
Hypothekarkredit *m (Bank, Fin, Grund)* mortgage loan
Hypothekenabschlussgebühr *f (Bank, Fin) (AE)* origination fee
Hypothekenabschlusszahlung *f (Fin)* final mortgage payment
Hypothekenbank *f (Bank)* mortgage bank, mortgage loan company
Hypothekendarlehen *n (Bank)* mortgage loan
hypothekengesichert *m (Fin)* mortgage--backed
Hypothekengläubiger *m (Bank)* lender, mortgagee
Hypothekenkreditzusage *f (Fin)* mortgage commitment
Hypothekenkrise *f (Fin)* mortgage crisis *(vgl. im Besonderen: subprime crisis = Subprime-Krise = Subprime--Hypothekenkrise; Ausgang vom Subprime-Markt, dem staatlich gesteuerten Markt für US--Hypothekenkredite, wo Hypotheken systematisch an private Hausbauer mit mangelnder Kreditwürdigkeit vergeben wurden, um die resultierenden Risiken, ein- oder mehrfach intransparent verbrieft, im Niedrigzinsumfeld weiterzureichen an risikoblinde, renditegeile internationale Investoren, u.a. deutsche Landesbanken oder Pensionsfonds, die sich ohne Eigenprüfung auf die mit historisch falschen Ausfallrisiken geschönten AAA-Ratings verließen; allgemeiner: Immobilienkrise = real estate crisis)*
Hypothekenrückzahlung *f (Bank)* mortgage repayment
Hypothekenschuld *f (Bank)* mortgage debt
Hypothekenschuldner *m (Bank)* borrower, mortgager
Hypothekentilgung *f (Bank)* mortgage redemption, mortgage repayment
Hypothekenzins *m (Bank)* mortgage rate
hypothetisch *adj (Gen)* academic, hypothetical
hypothetische Bedingungen *fpl (Gen)* hypothetical conditions
hypothetische Frage *f (Gen)* academic question, hypothetical question

I

i-... *(Abk. für Internet) (Comp, Komm, Media)* i-... *(z. B. i-business, I-Business, i-Business)*
Ideenfindung *f (Mgt)* brainstorming
Identifikationsnummer *f (Comp, Steuer)* identification number, ID Number
Identifizierung *f (Gen)* identification, ownership
Identitätsdiebstahl *m (Comp, Recht)* identity theft
Identitätsgleichung *f (Stat)* identity
ID-Nummer *f (Comp, Steuer)* identification number, ID Number

IFIs *fpl (Abk. für Internationale Finanzinstitutionen) (Fin, Pol)* International Financial Institutions, IFIs *(dazu gehören u. a. FSB = Financial Stability Board = Finanzstabilitätsrat, IWF = IMF, Weltbank = IBRD, Bank für Internationalen Zahlungsausgleich = BIZ = BIS = Bank for International Settlements, OECD, MDBs, ILO, WTO and UNCTAD; G20; anders: SIFIs = Sifis = systemically important financial institutions = systemisch relevante Finanzinstitute)*

IFRS für KMU *(Abk. für International Financial Reporting Standard für kleine und mittelgroße Unternehmen) (RW)* IFRS for SMEs, International Financial Reporting Standard for Small and Medium-sized Entities *(Rechnungslegungspflicht nach IFRS besteht bislang nur für die Konzernbilanzen kapitalmarktorientierter Unternehmen, der sog. Publikumsgesellschaften, mit breit gestreutem Aktienkapital und geringem Einfluss der Aktionäre auf die Geschäftsführung; die EU-Kommission und der IFRS-Standardsetter IASB verfolgen mit der Einführung eines neuen Abgrenzungskriteriums, der öffentlichen Rechenschaftspflicht = public accountability, die Ausdehnung der IFRS-Rechnungslegung auf die große Zahl kleiner und mittlerer Unternehmen in Europa; vgl. öffentlich rechenschaftspflichtige Unternehmen, publicly accountable enterprises, IFRS light)*

IHK *s.* Industrie- und Handelskammer

IKS *n (Abk. für Internes Kontrollsystem)* 1. *(Gen)* internal control, internal control system; 2. *(Mgt, RW)* system of internal audits, internal audits *(komplexes, gesamtbetriebliches internes Überwachungssystem einschließlich einer prozessunabhängigen internen Revision; das verfahrensorientierte IKS hat instrumentellen Charakter für das ergebnisorientierte Controlling, dessen Aufgabenbereich erheblich weiter gefasst ist, cf Internes Kontrollsystem)*

illegal beschäftigt *adv (Pers, Recht)* illegally employed

illegal Beschäftigte *pl (Pers, Recht)* illegally employed undocumented workers

Illegale *f s.* Illegaler

illegale Beschäftigung *f (Pers, Recht)* illegal employment

illegale Kopie *f (Comp, Gen, Recht)* pirate copy

Illegaler *m (Pol, Recht)* illegal alien, illegal immigrant, undocumented migrant

illiquide Aktiva *npl (Fin)* illiquid assets

illiquides Aktivvermögen *n (Fin)* illiquid assets

illustrieren *v (Media)* illustrate

illustrierte Präsentation *f (V&M)* pictorial presentation

Image *n (V&M)* image

Imagewerbung *f (V&M)* image advertising

imaginär *adj (Fin)* notional

Imitation *f (Ind)* counterfeit

immanenter Wert *m (WiWi, V&M, Recht)* intrinsic value

Immaterialgüterrecht *n (Recht)* intellectual property law

immateriell *adj* 1. *(Fin, RW, WiWi)* intangible; 2. *(Recht)* incorporeal, intangible

immaterielle Aktiva *pl (Fin, RW)* intangible assets

immaterielle Entlohnung *f (WiWi)* intangible reward

immaterielle Gegenstände *mpl (Recht)* incorporeal items

immaterielle Vermögensgegenstände *mpl (Fin, RW)* intangible assets, intangibles *(Synonym: immaterielle Vermögenswerte, immaterielle Wirtschaftsgüter, immaterielle Aktiva; IAS 38)*

immaterielle Vermögenswerte *mpl (Fin, RW)* intangible assets

immaterieller Wert *m (RW)* intangible item [asset]

immaterielles Anlagevermögen *n (Fin, RW)* intangible fixed assets

immaterielles Eigentum *n (Recht)* incorporeal property

immaterielles Vermögen *n* 1. *(Fin)* intangible assets; 2. *(RW)* intangible property

Immatrikulation *f (Pers) (AE)* enrolment, *(BE)* enrollment

Immobilie *f (Grund, WiWi)* property

Immobilien *fpl (Grund, WiWi)* (real) property, real estate

Immobilienaktiengesellschaft *f (Bank,*

Grund) real-estate investment trust, Reit *(Synonym: Immobilieninvestmentgesellschaft; in Deutschland neue Form einer steuerbegünstigten AG mit dem Geschäftszweck des Erwerbs sowie der Veräußerung, Vermietung und Verpachtung von Immobilien; hohe Ausschüttungsquote von mindestens 85 %, Besteuerung nicht auf Unternehmensebene, sondern in voller Höhe beim Investor, d.h. nicht im Halbeinkünfteverfahren = half-income method; wurde in Deutschland 2008 eingeführt)*

Immobilienfonds *m (Bank, Grund, RW)* real-estate fund, *(AE)* real-estate investment trust

Immobilienkrise *f (Fin, Grund)* real estate crisis

Immobilienmakler(in) *m(f) (Grund) (BE)* estate agent, *(AE)* real-estate agent, *(AE)* realtor

Immobilienmarkt *m (Grund)* real-estate market

Immobilienvermögen *n (Grund)* real assets, real property, real estate

implementieren *v (Comp, Gen)* implement *(System)*

Implementierung *f (Comp)* implementation *(eines Systems)*

implizieren *v (Gen)* imply

implizit *adj (Gen)* implicit

implizite Repo-Rate *f (Fin)* implied repo rate

Import *m (Imp/Exp, WiWi)* import, importation

Importabgabe *f (Imp/Exp, Steuer)* import duty, import tariff

Importakkreditiv *n (Fin, Imp/Exp)* import letter of credit

Importbeschränkung *f (Imp/Exp, Recht)* import restriction

Importerlaubnis *f (Imp/Exp)* import permit

Importfirma *f (Imp/Exp)* importer

Importgenehmigung *f (Imp/Exp) (BE)* import licence, *(AE)* import license

Importgüter *npl (Imp/Exp)* imported goods

importieren *v* 1. *(Comp)* import *(Daten)*; 2. *(Imp/Exp, Steuer, WiWi)* import

importierte Inflation *f (WiWi)* imported inflation

Importnachfragefunktion *f (Bank)* import-demand function

Importneigung *f (Imp/Exp, WiWi)* propensity to import

Importpreis *m (WiWi)* import price

Importquote *f (Imp/Exp, WiWi)* import quota, import penetration ratio

Importsog *m (Imp/Exp, WiWi)* import pull, demand for imports *(ZB)*

Importsubstitution *f (WiWi)* import substitution

Importüberschuss *m (Imp/Exp, WiWi)* import surplus

Importwaren *fpl (Imp/Exp, WiWi)* imported goods

Impuls *m* 1. *(Comp)* pulse; 2. *(WiWi)* stimulus, impetus *(Konjunktur)*

Impulskauf *m (Gen, V&M)* impulse buying

in natura *(Gen)* in kind

in Vertretung *(i.V.) (Gen, Mgt)* for and on behalf of *(+ Unterschrift)*

inaktiv *adj (Gen)* inactive

inbegriffen/alles *(Gen)* all-in, all-inclusive

Inbetriebnahme *f* 1. *(Gen)* start-up; 2. *(WiWi)* start-up

Index *m* **der Exporterlös-Kaufkraft** *(jarg.) (Imp/Exp, WiWi)* Income Terms of Trade *(cf Index der Importkapazität)*

Index *m* **der Frühindikatoren** *(Fin)* index of leading indicators

Index *m* **der Importkapazität** *(Imp/Exp, WiWi)* Income Terms of Trade *(Definition: Exporterlöse dividiert durch die Importpreise; Terms of Trade--Konzept, das gegenüber den herkömmlichen Commodity Terms of Trade zusätzlich auch die Veränderung der Exportmenge berücksichtigt und Aussagen zur Wettbewerbsfähigkeit und zu Wohlstandseffekten erlaubt; Synonym: Einkommens--Austauschverhältnis, Index der Kaufkraft der Exporterlöse; anders: Commodity Terms of Trade = Terms of Trade = Exportgüterpreisindex dividiert durch Importgüterpreisindex = Kehrwert der Nettotauschgeschäftsbedingungen = net barter terms of trade)*

Index *m* **der Lebenshaltungskosten** *(Soz)* cost-of-living index

Index *m* **der Spätindikatoren** *(Fin)* index of lagging indicators

Index *m* **der Verbraucherpreise** *(WiWi)* consumer price index

Index *m* **der wahrgenommenen**

Inflation *(IWI) (Stat, WiWi)* index of perceived inflation, IPI *(Synonym, ugs.: Portemonnaie-Index, Index der gefühlten Inflation; der Index misst subjektiv-verzerrt wahrgenommene Preissteigerungen bei der überschaubaren Anzahl häufig gekaufter Waren und Dienstleistungen des täglichen Bedarfs = convenience goods; Verlustaversion = loss aversion verstärkt die Verzerrung, weil Preiserhöhungen als Verlust doppelt so stark und länger wahrgenommen werden als Preissenkungen; Gegensatz: Index der statistisch ausgewiesenen Inflation, headline inflation index)*
Indexanleihe *f (Bank)* indexed bond, indexed loan
Indexbindung *f (WiWi)* index linking, indexing
Indexfonds *m (Bank, Börse)* exchange--traded fund, ETF, XTF *(Synonym: börsengehandelter Indexfonds, handelbarer Indexfonds, Exchange--Traded Fund: bildet die Wertentwicklung von Indizes -Aktien-, Renten- oder Rohstoffindizes- bei geringen Verwaltungsgebühren -sofern nicht aktiv gemanagt- und ohne Ausgabeaufschlag quasi exakt ab und ist eine Möglichkeit der breiten Diversifikation eines Portfolios; vgl. börsengehandelter Indexfonds)*
indexgebundenes Darlehen *n (Fin)* index-linked loan
indexieren *v (Börse, Comp, Fin, Steuer, WiWi)* index
indexiert *adj (Versich)* index-linked
indexierte Anleihe *f (Börse)* index-linked bond
Indexierung *f* 1. *(Börse)* indexing; 2. *(WiWi)* indexation
Indexpunkt *m (Börse)* index point
Indexsuche *f (Comp)* indexed search
Indexzahl *f (Stat, WiWi)* index number
Indifferenzkurve *f (WiWi)* indifference curve
Indikator *m (WiWi)* measure, indicator
Indikator *m* **der wirtschaftlichen Einschätzung** *(WiWi)* indicator of economic sentiment
Indikator *m* **für das Vertrauen der Wirtschaft** *(Ind)* indicator of industrial confidence
indirekt *adv (Gen)* indirectly • **indirekt verbunden mit** *(Gen)* indirectly related to
indirekte Besteuerung *f (Steuer)* indirect taxation
indirekte Kosten *pl* 1. *(Fin, RW, WiWi)* indirect costs, overhead charges; 2. *(Ind)* oncost
indirekte Steuer *f* 1. *(Steuer)* duty; 2. *(WiWi)* indirect [outlay] tax
Individualgut *n (WiWi)* private good
individualisierte Massenfertigung *f (Bil, WiWi)* mass customization *(Sach- und Dienstleistungen werden in solcher Vielfalt angeboten, dass jeder Kunde ein seinen Wünschen entsprechendes Angebot erhält; die Idee: Moderne Informations- und Kommunikationstechnologien sollen die Vorteile der Massen- und Einzelfertigung ohne ihre Nachteile vereinen)*
individuelle Kosten *pl (WiWi)* private cost
individuelles Klagerecht *n (Recht)* individual right of action
Indiz *n (Recht)* clue
indiziert *adj (Comp, Stat)* indexed
Indossament *n (Recht)* endorsement, backing, indorsement • **durch Indossament übertragen** *(Bank)* transfer by endorsement
Indossament *n* **ohne Obligo** *(Bank)* qualified endorsement
Indossament *n* **und Übergabe** *f (Bank, Recht)* endorsement and delivery *(Orderpapiere)*
Indossamente *npl* **auf Wechseln** *(Bank, RW)* endorsements on bills
Indossant *m* 1. *(Bank, Recht)* endorser, indorser; 2. *(Gen)* backer
Indossatar *m (Bank)* endorsee, indorsee
indossieren *v* 1. *(Bank, Gen)* endorse, indorse; 2. *(Recht)* back
induktives Denken *n (Mgt)* inductive reasoning
industrialisiert *adj (Ind, WiWi)* industrialized
Industrialisierungsgrad *m (Ind, WiWi)* degree of industrialization, level of industrialization
Industrie *f (Ind, WiWi)* industry
Industrie *f* **in der Anfangsphase** *(Ind, WiWi)* infant industry *(junger Wirtschaftszweig)*
Industrieabfälle *mpl (Ind, Umwelt)*

industrial waste
Industrieaktie *f (Börse)* industrial share
Industriebetrieb *m (Gen, Ind)* manufacturing plant, industrial plant, industrial establishment, industrial firm
Industriebetriebslehre *f* 1. *(Ind)* industrial engineering [management]; 2. *(WiWi)* industrial economics, industrial management, industrial organization
Industriegebiet *n* 1. *(Grund, Ind)* industrial estate, *(AE)* trading estate industrial site; 2. *(WiWi)* enterprise zone
Industriegesellschaft *f (WiWi)* industrial society, manufacturing-based economy
Industriegüter *npl (WiWi)* manufactured goods, manufactures
Industriekauffrau *f (Pers)* industrial clerk *(white-collar worker in an industrial company holding a certificate of apprenticeship = Lehrabschlusszeugnis)*
Industrieland *n (Ind, WiWi)* developed country, DC, industrial country, industrialized country
industriell *adj (Gen, Ind)* industrial
industrielle Großforschung *f (Ind)* big science
industrielle Revolution *f (WiWi)* industrial revolution
industrielle und kommerzielle Unternehmen *npl (WiWi)* industrial and commercial companies
Industriemeister *m (Pers)* qualified foreman, certificated foreman
Industriemüll *m (Ind, Umwelt, WiWi)* industrial waste
Industrienation *f (Gen, WiWi)* advanced economy, industrial nation
Industrieobligationen *fpl* **und -anleihen** *fpl (Börse, Fin, Ind)* corporate bonds and loans
Industriepark *m* 1. *(Grund)* industrial estate, *(AE)* trading estate; 2. *(Ind)* industrial park
Industrieprodukte *npl (Ind)* industrial goods
Industrieproduktion *f (WiWi)* industrial production
Industriespionage *f (Ind)* industrial espionage
Industriestaat *m (Ind, WiWi)* developed country, industrialized country
Industrie- und Handelskammer *f (Ind, WiWi)* Chamber of Commerce and Industry, CCI, American Chamber of Commerce, ACC
Industrieunternehmen *n (Gen, Ind)* industrial enterprise, industrial firm, industrial plant
Industriewaren *fpl (Gen, Ind)* industrial commodities, manufactured goods
Industriewert *m (Fin)* industrial security
Industriezweig *m (Ind)* branch of industry
induzieren *v (Fin, WiWi)* induce
induzierte Nachfrage *f (WiWi)* induced demand
induzierter technischer Fortschritt *m (WiWi)* induced technical progress
ineffizient *adj (Gen, WiWi)* inefficient
Ineffizienz *f (Gen, WiWi)* inefficiency
Inelastizität *f (WiWi)* inelasticity
inferiore Güter *npl (WiWi)* inferior goods
Inflation *f (WiWi)* inflation • **die Inflation anheizen** *(WiWi)* fuel [stoke] inflation • **mit der Inflation steigen** *(WiWi)* rise in line with inflation *(Preis)* • **gegen Inflation sichern** *(WiWi)* safeguard against inflation
Inflation *f* **durch Nachfragestrukturveränderungen** *(WiWi)* demand-shift inflation
inflationär *adj (WiWi)* inflationary
inflationieren *v (WiWi)* inflate
Inflationsabsicherung *f (Börse, Fin)* hedge against inflation
inflationsbereinigt *adj (WiWi)* adjusted for inflation
Inflationsbereinigung *f (WiWi)* accounting for inflation
Inflationserwartungen *fpl (Bank, WiWi)* inflation expectations *(Ermittlung der Erwartungen per Befragung oder aus Marktdaten, z. B. anhand der Kurse inflationsgeschützter Anleihen = indexierter Anleihen = indexed bonds = inflation protected bonds, Risiko: nicht immer ausreichende Marktliquidität; Messung alternativ mit Inflations-Swaps = inflation swaps, einem liquiden Markt für Zinstauschgeschäfte = interest swaps unter Banken und wichtiger Indikator der mittel- und langfristigen Inflationserwartungen des Marktes auf fünf bis zehn Jahre)*
Inflationsgewinne *mpl (WiWi)* inflationary gains
Inflationslücke *f (WiWi)* inflationary gap
Inflationsrate *f (WiWi)* inflation rate, rate of inflation

Inflationssockel *m (WiWi)* hard-core inflation, hard-core of inflation
Inflationsspirale *f (WiWi)* inflationary spiral
Inflationssteuerung *f (WiWi)* inflation targeting *(Gegensatz: Geldmengensteuerung)*
Inflations-Swaps *mpl*, **Inflationsswaps** *mpl (Bank, Fin)* inflation swaps *(liquider Markt für Zinstauschgeschäfte unter Banken, die Swap-Vereinbarungen sind Sicherungsinstrument gegen mittel- und langfristige Inflationsrisiken und wichtiger Indikator für die längerfristigen Inflationserwartungen = inflation expectations des Marktes über fünf Jahre)*
inflatorische Lücke *f (WiWi)* inflationary gap
Info *(ugs.) s.* Information
Infobahn *f (jarg.) (Comp)* information highway *(Internet)*
infolge von *(Gen)* as a consequence of, as a result of
Informatik *f (Comp)* computer science, informatics
Informatikberufe *mpl (Comp, Pers)* occupations in computer science, occupations in information technology, IT occupations
Informatiker *m (Comp)* computer scientist
Informatikerin *f s.* Informatiker
Informatikwissenschaft *f (Bil, Comp)* information science, computer science, *(BE)* informatics
Information *f (Gen)* information, info • **Information vertraulich behandeln** *(Recht)* treat information confidentially • **Information zurückhalten** *(Recht)* withhold information
Informationsbarriere *f (Bank, Börse)* Chinese wall
Informationsbearbeitung *f (Comp, Gen)* information handling, information processing
Informationsfluss *m (Comp, Gen)* information flow
Informationsgesellschaft *f (Comp, Komm)* information society, e-society
Informationsindustrie *f (Comp, Gen, Ind)* knowledge industry, knowledge- -based industry
Informationsrecht *n (Media, Recht)* right to information
Informationsrückfluss *m (Gen, Komm)* feed-back
Informationsschalter *m (Frei)* information desk
Informationstechnologie *f (Comp)* information technology, IT
Informationsverarbeitung *f (Comp)* information processing
Informationsvorsprung *m (Gen)* superior knowledge
Informationswiedergewinnung *f (Comp)* information retrieval
informell *adj (Gen)* informal
informelle Vereinbarung *f (Gen)* informal arrangement
informieren *v* 1. *(Gen)* inform, notify, brief; 2. *(Komm)* brief • **jmdn. über etw. informieren** *(Komm)* acquaint sb of sth, acquaint sb with sth
informierte Öffentlichkeit *f (Gen)* informed public
infrage stellen *v (Gen)* query
Infrastruktur *f* 1. *(Gen)* infrastructure; 2. *(WiWi)* infrastructure, social overhead capital
Infrastruktureinrichtung *f (Gen, Ind)* infrastructure facility, infrastructural facility, infrastructural installation
Ingangsetzungsaufwand *m (RW)* pre- -operating costs, start-up costs *(Synonym: Anlaufkosten; IAS 38)*
Ingenieurschule *f (Bil)* college of engineers, school of engineers, academy of engineers
Ingenieurwesen *n (Ind)* engineering
Inhaber *m* 1. *(Bank, Fin)* bearer *(Wechsel)*; 2. *(Gen)* proprietor; 3. *(Pat)* owner, proprietor; 4. *(Pers)* occupant *(Position)*; 5. *(Recht)* proprietor *(geistiges Eigentum)* • **auf den Inhaber lautend** *(Recht)* made out to bearer, unregistered *(Aktie)*
Inhaber *m* **eines akademischen Grades** *(Gen)* hono(u)rs graduate
Inhaberaktie *f (Börse)* bearer share, bearer stock, unregistered stock
Inhaberin *f s.* Inhaber
Inhaberobligation *f* 1. *(Börse)* bearer debenture; 2. *(Fin)* bearer bond
Inhaberpapier *n (WiWi)* negotiable [made-to-bearer] instrument
Inhaberscheck *m (Bank) (AE)* bearer check, *(BE)* bearer cheque
Inhaberschuldverschreibung *f* 1. *(Börse)* bearer debenture; 2. *(Fin)* bearer

bond
Inhaberschuldverschreibung *f* **cum Kupon** *(Börse)* full coupon bond
Inhaberschuldverschreibung *f* **mit Kupon** *(Börse)* full coupon bond
Inhaberzertifikat *n (Börse, Fin)* bearer certificate
Inhalt *m* 1. *(Gen)* content(s) *(Text)*; subject matter *(Gespräch)*; contents *(Brief, Paket)*; 2. *(Pat)* content • **Inhalt vor Form** *(RW)* substance over form
Inhalts-Anbieter *m (Comp, Gen, Komm)* content provider
Inhaltserstellung *f (Comp, Komm, Media)* content authoring
inhaltsreich *adj (Gen)* comprehensive
Inhaltsverwaltungssystem *n (Comp, Media)* content management system, CMS
Inhaltsverzeichnis *n (Gen, Media)* table of contents
initialisieren *v (Comp)* initialize *(Vorgang)*
initiativ *adj (Gen)* enterprising
Initiative *f* 1. *(Gen)* enterprise, campaign *(Aktion)*; 2. *(Mgt)* initiative • **die Initiative ergreifen** *(Mgt)* take the initiative
initiieren *v (Comp)* initiate *(Vorgang)*
Inkasso *n (Bank, RW)* collection, encashment
Inkassoauftrag *m (Fin)* debt collection order
Inkassobüro *n* 1. *(Fin)* debt collection agency; 2. *(Imp/Exp)* collector's office
Inkassoprovision *f (Versich)* collecting commission
Inklusivangebot *n (Frei)* package deal
inklusive *adj (Gen)* included, inclusive
Inklusivpreise *mpl (Gen)* inclusive terms
In-Kraft-Treten *n* 1. *(Pat, Recht)* entry into force, come into force, come into effect, become effective; 2. *(Versich)* commencement *(einer Police)*
inkrementale Analyse *f (Steuer)* incremental analysis
Inland... 1. *(Gen)* domestic, home, internal, national; 2. *(Imp/Exp)* inland; 3. *(Logis)* domestic, internal *(Flug)*; inland *(Schifffahrt)*; 4. *(WiWi)* domestic, home
Inländerkonzept *n (WiWi, Stat)* resident concept; place-of-residence concept *(VGR, SNA; Synonym: Wohnortkonzept; erfasst alle Erwerbstätigen, die im Inland ihren festen Wohnsitz haben und einer Erwerbstätigkeit, gleichgültig ob im Inland oder Ausland, nachgehen; Gegensatz: Inlandskonzept, Arbeitsortkonzept)*; residence concept *(ZB)*
inländisch *adj (Logis, WiWi)* domestic, inland, national
inländische Absorption *f (WiWi)* domestic absorption
inländische Ersparnis *f (WiWi)* domestic savings *(VGR)*
inländische Faktorkosten *pl (WiWi)* domestic resource cost, DRC
inländische Gesamtnachfrage *f (WiWi)* absorption
inländische Industrie *f (Ind)* domestic industry
inländische Nachfrage *f (WiWi)* domestic demand
inländische Produktion *f (WiWi)* domestic output
inländische Tochter *f (jarg.) (WiWi)* domestic subsidiary
inländische Wirtschaft *f (Ind, WiWi)* domestic economy, national economy
inländischer Arbeitnehmer *m (Pers)* domestic worker, national worker, indigenous worker
inländischer Arbeitsmarkt *m (Pers)* domestic labo(u)r market, national labo(u)r market
inländischer Geldmarkt *m (WiWi)* domestic money market
Inlands... *(Gen)* internal
Inlandsabsatz *m (V&M)* domestic sales
Inlandsbank *f (Bank)* domestic bank
Inlandsgeschäft *n (Gen)* domestic business
Inlandsinvestition *f (WiWi)* domestic investment
Inlandskonzept *n (Stat, Steuer, WiWi)* domestic concept, geographic concept, place-of-work concept *(balance of payments = BOP = Zahlungsbilanz, VGR = Volkswirtschaftliche Gesamtrechnung = SNA = System of National Accounts: erfasst alle Erwerbstätigen, die in inländischen Wirtschaftseinheiten arbeiten, unabhängig davon, ob sie ihren Wohnort im In- oder im Ausland haben; Synonym: Arbeitsortkonzept; Gegensatz: Wohnortkonzept = Inländerkonzept = residence concept)*
Inlandsmarkt *m (WiWi)* domestic market,

home market
Inlandsnachfrage *f (WiWi)* domestic demand
Inlandsprodukt *n (WiWi)* domestic product
Inlandsproduktion *f (WiWi)* home production
Inlandsschuld *f (WiWi)* internal debt
Inlandstrend *m (WiWi)* national trend
Inlandsumsatz *m (Admin)* home sales
Inlandsverbindlichkeiten *fpl (Bank)* domestic liabilities
Inlandszahlung *f (Fin)* inward payment
inmaterieller Wohlstand *m (WiWi)* intangible wealth
innehaben *v* 1. *(Gen)* occupy *(Stellung)*; 2. *(Pers)* fill; 3. *(Pol)* hold
Innen... *(Admin, Gen, RW, WiWi)* interior, internal, in-house
Innenfinanzierung *f (Fin)* internal financing
Innenrevision *f (Gen, Mgt)* internal audit, internal auditing, operational auditing, operational audit, operations audit, in--house audit *(Ordnungsmäßigkeitsprüfungen sowie Prüfung der aufbau- und ablauforganisatorischen Zweckmäßigkeit betrieblicher Aufgabenerfüllung; Synonym: interne Revision)*
Innenstadt *f (Gen) (AE)* city center, *(BE)* city centre; inner city
innerbetrieblich *adj (Ind, Pers)* in-house, internal
innerbetriebliche Ausbildung *f (Ind, Pers)* in-house training, industrial training
innerbetriebliche Hierarchie *f (Mgt, Pers)* corporate ladder, corporate hierarchy
innerbetriebliche Schulung *f (Ind, Pers)* in-house training, industrial training • **eine innerbetriebliche Schulung abhalten** *(Pers)* hold in-house training
innerbetriebliche Weiterbildung *f (Pers)* on-the-job training, training within industry, *(BE)* employment training
innerbetrieblicher Verrechnungspreis *m (RW, WiWi)* shadow price, accounting price, intracompany transfer price *(Synonym: Schattenpreis)*
innere Stabilität *f (Pol, WiWi)* stability at home, intrinsic stability
innere Wirkungsverzögerung *f (Pol, WiWi)* inside lag
innerer Wert *m (Fin, WiWi)* intrinsic value
innergemeinschaftlicher Handel *m (WiWi)* intra-community trade, intra-EU trade
innerhalb einer Frist von *(Gen)* within a period of
innerhalb vorgeschriebener Grenzen *(Recht)* within prescribed limits
innerstaatlich *adj (Pol)* intra-state, national, domestic
innerstaatliches Recht *n (Recht)* national law, domestic law *(EU; einzelstaatliches Recht)*
Innertagesliquidität *f (Fin, WiWi)* intraday liquidity *(EZB; ist generell zinsfrei)*
Innovation *f (Ind)* innovation *(Produktion)*
innovativ *adj (Gen, Pat, V&M)* innovative
Innovator *m (V&M)* innovator
Innovatorin *f s.* Innovator
Innung *f (Gen)* guild
inoffiziell *adj* 1. *(Gen)* informal, unofficial *(Erklärung, Aussage)*; 2. *(Admin, Pol)* off-the-record, unofficial *(Erklärung, Aussage)*
Input *m (Gen)* input
Input-Output-Analyse *f (Stat, WiWi)* input [output] analysis
Input-Output-Tabelle *f (Stat, WiWi)* input-output-table
Inserat *n (Gen, Media, V&M)* advertisement, *(ugs.)* ad, classified advertisement, classified ad
Inserent *m (V&M)* advertiser, advertising space buyer
Inserentin *f s.* Inserent
inserieren *v (Media, V&M)* advertise
insgesamt *adv (Gen)* altogether, overall, in the aggregate • **insgesamt ergeben** *(Gen)* reach a total of
Insidergeschäfte *npl (Börse, Fin)* insider dealing
InsO *s.* Insolvenzordnung
insolvent *adj (Bank, Fin, Gen)* bankrupt, insolvent
Insolvenz *f (Bank, Gen)* (business) failure, insolvency *(Zahlungsunfähigkeit)*; bankruptcy *(Überschuldung)*
Insolvenz *f* **der juristischen Personen** *(Recht) (BE)* company insolvency
Insolvenz *f* **der natürlichen Personen** *(Recht) (BE)* insolvency of individuals
Insolvenz *f* **von Nichtkaufleuten** *(Recht)* insolvency of non-traders
Insolvenzantrag *m (Recht)* insolvency

petition • **Insolvenzantrag stellen** *(Fin, Recht)* file for insolvency
Insolvenzeröffnung *f (Recht)* insolvency judgment
Insolvenzeröffnungsstaat *m (Recht)* country of the insolvency
Insolvenzforderungen *fpl (Recht)* claims of creditors in insolvency
Insolvenzgericht *n (Recht)* court adjudicating insolvency
Insolvenzgesetz *n (Recht)* Insolvency Act *(UK)*
Insolvenzgläubiger *mpl (Recht)* general body of creditors
Insolvenzmasse *f (Recht)* insolvency assets
Insolvenzordnung *f (InsO) (Recht)* Insolvency Statute; German Insolvency Law *(in Kraft ab 1999)*
Insolvenzrecht *n (Recht)* insolvency law
Insolvenzverfahren beendigen *v (Recht)* close insolvency proceedings
Insolvenzverwalter *m (Recht)* administrator, liquidator (in insolvency)
instabile Beschäftigung *f (Pers)* precarious employment (relationship)
Installation *f* 1. *(Comp, Gen)* installation; 2. *(Ind)* plant *(Anlage)*
Instandhaltungskosten *pl (Grund)* maintenance fee
Instandsetzung *f (Gen, Ind)* correction maintenance
Instanzenweg *m (Recht)* stages of appeal
institutioneller Anleger *m (Börse)* institutional investor
Institutionenökonomik *f (WiWi)* institutional economics
institutsübergreifend *adj (Bank)* inter--bank
instruieren *v* 1. *(Gen)* brief, instruct; 2. *(Recht)* instruct
Instruktionen *fpl (Gen)* brief
Instrument *n (Gen, Ind)* apparatus, instrument, tool
Integration *f (Gen)* integration
Integration *f* **in das Arbeitsleben [Berufsleben, Erwerbsleben]** *(Pers, Soz)* integration into working life
Integration *f* **in den Arbeitsmarkt** *(Pers, Soz) (BE)* integration into the labour market, *(AE)* integration into the labor market
integrieren *v (Gen)* integrate
integrierte Finanzplanung *f (Fin, WiWi)* integrated financial planning
integrierter Schaltkreis *m (Comp)* integrated circuit
integriertes Führungssystem *n (Mgt)* integrated management system
integriertes Management--Informationssystem *n (Mgt)* (integrated) management information system, MIS *(Synonym: Führungsinformationssystem, FIS, Management Informationssystem, MIS; Softwaresystem zur Lieferung von Informationen für die Vorbereitung strategischer und taktischer Entscheidungen der Unternehmensführung, Grundlage computergestützter Unternehmensplanung)*
integriertes Projektmanagement *n (Mgt)* integrated project management
Integrität *f (Comp, Gen)* integrity *(Daten, Personen)*
intelligente Kreditkarte *f (Bank, Comp)* smart card
intelligente Speicherchipkarte *f (Comp, Komm)* logical card *(z. B. Telefonkarte)*
intensiv *adj* 1. *(Gen)* intensive; 2. *(Pers)* hands-on; 3. *(WiWi)* intensive
intensivieren *v (Gen)* intensify
Intensivverkauf *m (V&M)* intensive selling
interaktiver Zugriff *m (Komm, Recht)* interactive access
interaktives Fernsehen *n (Comp, Frei, Komm, Media, V&M)* interactive television *(iTV)*
Interaktivität *f (Comp, Komm)* interactivity
Interbankangebotssatz *m (Bank)* interbank offered rate
Interbank-Geldmarkt *m (Fin)* wholesale money market
Interbankgeschäft *n (Bank, Fin, WiWi)* interbank business, interbank transactions
Interbank-Kreditgeschäft *n (Bank)* bank-to-bank lending
Interbankmarkt *m (Bank, WiWi)* interbank market
interdependente Volkswirtschaft *f (WiWi)* interdependent economy
interdisziplinär *adj (WiWi)* multi--disciplinary
Interesse *n (Gen, Recht)* interest • **jmds. Interessen wahrnehmen** *(Gen)* protect sb's interests

Interessenabwägung *f (WiWi)* trade-off

Interessenbekundung *f (Pol, V&M)* expression of interest

Interessengemeinschaft *f* 1. *(Gen)* consortium, syndicate, community of interests; 2. *(RW) (AE)* pooling of interests; 3. *(Versich)* pool

Interessengruppe *f* 1. *(Gen)* interest group, reference group, stakeholders; 2. *(Pol)* lobby, pressure group

Interessenkonflikt *m (Gen)* conflict of interest

Interessent *m* 1. *(Gen)* prospective customer; 2. *(WiWi)* potential customer

Interessentenkreis *m (Gen)* target audience

Interessentin *f s.* Interessent

Interessenvertreter *m (Pol, Recht)* stakeholder *(EU; cf Interessengruppe)*

Interfunktionsfähigkeit *f (Ind)* interoperability *(Produktion)*

intergenerationelle Einkommensverteilung *f (WiWi)* intergenerational distribution of income

intergenerativ *adj (Gen, WiWi)* intergenerational

intergenerative Einkommensverteilung *f (WiWi)* intergenerational distribution of income

Interimsdividende *f (Börse)* interim dividend

interkulturelle Kompetenz *f (Pers)* intercultural competence, intercultural skills

interkulturelles Marketing *n (V&M)* intercultural marketing

intermedialer Vergleich *m (Media, V&M)* intermediate comparison

intermediäres Finanzinstitut *n (Fin, WiWi)* nonbank financial institution, financial intermediary

intern *adj* 1. *(Comp)* in-house; 2. *(Gen, WiWi)* in-house, internal

intern erwirtschaftete Geldmittel *npl (Fin, RW)* internally generated funds

internalisieren *v (WiWi)* internalize

Internalisierung *f* **externer Effekte** *(WiWi)* internalizing an externality

international *adj (Gen)* international • **auf internationaler Ebene** *(Gen)* at an international level, on an international scale

International Financial Reporting Standard *m* **für kleine und mittelgroße Unternehmen** *(IFRS für KMU) (RW)* International Financial Reporting Standard for Small and Medium-sized Entities, IFRS for SMEs *(Rechnungslegungspflicht nach IFRS besteht nur für die Konzernbilanzen kapitalmarktorientierter Unternehmen, der sog. Publikumsgesellschaften, mit breit gestreutem Aktienkapital und geringem Einfluss der Aktionäre auf die Geschäftsführung; die EU-Kommission -EU-KOM- und der IFRS--Standardsetter IASB verfolgen mit der Einführung des neuen Abgrenzungskriteriums öffentliche Rechenschaftspflicht' -public accountability- die Ausdehnung der IFRS-Rechnungslegung auf die große Zahl kleiner und mittlerer Unternehmen in Europa; öffentlich rechenschaftspflichtige Unternehmen = publicly accountable enterprises, IFRS light)*

international gehandelte Güter *npl (WiWi)* tradables

internationale Arbeitsnormen *fpl (Pers, Recht)* international labour standards *(von der Internationalen Arbeitsorganisation = IAO = ILO = International Labour Organization verabschiedete arbeitsrechtliche Normen)*

Internationale Arbeitsorganisation *f (Ind)* International Labour Organization

internationale Arbeitsteilung *f (WiWi)* international division of labo(u)r

internationale Bankfazilität *f (Bank)* international banking facility

internationale Bankkontonummer *f (IBAN) (Bank)* International Bank Account Number, IBAN *(Synonym: Internationale Kontonummer; 22--stellige Bankkontonummer nach ISO--Standard, für Sepa-Zahlungen erforderlich; Sepa payments; anders: die Internationale Bankleitzahl = BIC = Bank Identifier Code nach SWIFT--System und die in den IBAN integrierte Bankleitzahl = BLZ = bank code, sort code, bank routing number, beide institutsbezogen)*

Internationale Bankleitzahl *f (BIC) (Bank)* Bank Identifier Code, BIC *(für Sepa-Zahlungen erforderlicher, 8- oder 11-stelliger, institutsbezogener, ISO--standardisierter Ident-Code nach dem*

SWIFT-System zur weltweiten Identifikation von Kreditinstituten; anders: die kontobezogene IBAN = Internationale Kontonummer und die in die IBAN integrierte, ebenso institutsbezogene BLZ = bank code, sort code, bank routing number; cf Sepa payments)

Internationale Deutsche Handelskammer *f (Gen)* German International Chamber of Commerce

Internationale Finanzinstitutionen *fpl (IFIs) (Fin, Pol)* International Financial Institutions, IFIs *(dazu gehören u. a. FSB = Financial Stability Board = Finanzstabilitätsrat, IWF = IMF, Weltbank = IBRD, BIZ = Bank für Internationalen Zahlungsausgleich = BIS = Bank for International Settlements, OECD, MDBs, ILO, WTO and UNCTAD; G20; anders: SIFIs = Sifis = systemically important financial institutions = systemisch relevante Finanzinstitute)*

internationale Geldanweisung *f (Bank)* foreign money order

internationale Gremien *npl (Recht)* international bodies

internationale Handelserlaubnis *f (Imp/Exp)* international trading certificate

Internationale Handelskammer *f (Gen)* International Chamber of Commerce

Internationale Kontonummer *f (Bank)* International Bank Account Number, IBAN *(Synonym: Internationale Bankkontonummer; 22-stellige Bankkontonummer nach ISO-Standard, für Sepa-Zahlungen erforderlich, cf Sepa payments; anders: die Internationale Bankleitzahl = BIC = Bank Identifier Code nach SWIFT-System und die in den IBAN integrierte BLZ = bank code, sort code, bank routing number, beide institutsbezogen)*

internationale Liquidität *f (WiWi)* international liquidity

Internationale Organisation *f* **für Normung** *(Gen)* International Organization for Standardization, ISO

internationale Prüfungsrichtlinien *fpl (RW)* international auditing standards

internationale Standardbedingungen *fpl (Recht)* international standard conditions *(Vertragsrecht)*

internationale Standardklassifikation *f* **der Berufe** *(WiWi)* international standard classification of occupations

Internationale Systematik *f* **der Wirtschaftszweige** *(Ind) (AE)* International Standard Industrial Classification of all Economic Activities, ISIC

internationale Unternehmen *npl (Recht, V&M)* international companies

Internationale Versicherungskarte *f* **für den Kraftverkehr** *(Recht, Versich, Logis, Frei)* International Motor Insurance Certificate *(Synonym: grüne Karte, grüne Versicherungskarte)*

Internationale Wertpapieraufsichtsbehörde *f (Börse)* International Securities Regulatory Organization, ISRO

internationale Wettbewerbsfähigkeit *f (WiWi)* international competitiveness

internationale wirtschaftliche Zusammenarbeit *f (WiWi)* international economic cooperation

internationaler Antwortschein *m* **für Postsendungen** *(Komm)* international reply coupon

Internationaler Ausschuss *m* **für Rechnungslegungsgrundsätze** *(RW)* International Accounting Standards Committee, IASC

internationaler Führerschein *m (Admin, Logis)* international driving permit, *(AE)* international driver's license, *(BE)* international driving licence

internationaler Kapitalverkehr *m (Fin)* international capital movements

internationaler Spediteur *m (Logis)* international freight forwarder, international haul(i)er

internationaler Vergleich *m* **der Lebenshaltungskosten** *(WiWi)* international comparison of the cost of living

Internationaler Währungsfonds *m (WiWi)* International Monetary Fund, IMF

internationaler Währungskorb *m (Börse, Fin, WiWi)* basket of currencies

internationaler Warenverkehr *m (WiWi)* cross-border trade

internationaler Zahlungsauftrag *m (Bank)* international payment order, IPO

internationales Abkommen *n (Recht)* international agreement

Internationales Arbeitsamt *n (Pers)*

International Labour Office
Internationales Strafrecht *n (Recht)* international criminal law
internationales Warenverzeichnis *n* **für den Außenhandel** *(Gen)* standard international trade classification
internationales Wirtschaftsrecht *n (Recht)* international business law
internationalisieren *v (Pol, WiWi)* internationalize
interne Bewertung *f (Grund)* in-house valuation
interne Finanzierung *f (Fin)* internal financing
interne Fortbildung *f (Bil, Pers)* internal further training, in-house training, in--house further training
interne Kommunikation *f (Komm)* internal communications
interne Revision *f (Mgt, RW)* internal audit, internal auditing *(Ordnungsmäßigkeitsprüfungen sowie Prüfung der aufbau- und ablauforganisatorischen Zweckmäßigkeit betrieblicher Aufgabenerfüllung, Teil des IKS)*; administrative audit
interne Schuld *f (WiWi)* internal debt
interne Stellenausschreibung *f (Pers)* in-house job advertisement, internal recruitment advertising, in-company job listings
interne Taktrate *f (Comp)* internal clock rate, internal core speed, system clock rate *(Chip Systemtakt)*
interne Uhr *f (Comp)* internal clock
interne Zinsfuß-Methode *f (Fin, WiWi)* discounted cash flow method, internal rate of return method
interner Buchprüfer *m (Mgt, RW)* internal financial auditor, internal auditor
interner Markt *m (V&M, WiWi)* internal market *(innerhalb eines Konzerns, within a group)*
interner Prüfer *m (Mgt, RW)* internal auditor
Interner Rating-Ansatz *m (Bank, Fin)* internal ratings-based approach, IRB--approach, IRBA *(bankinterner Ansatz zur Kreditrisikomessung; zwei Formen: Basis-IRB-Ansatz = basic approach und Fortgeschrittener Ansatz = advanced approach; Basel II; Synonym: IRB-Ansatz; Gegensatz: Standardansatz = standardised approach, STA)*
interner Zinsfuß *m (Fin, WiWi)* internal rate of return
internes Berichtswesen *n (Mgt)* internal reporting
internes Einstufungsverfahren *n (Bank, Fin)* Internal Assessment Approach, IAA *(Bestimmung der Eigenkapitalanforderungen für ungeratete Verbriefungspositionen in ABCP-Programmen; determination of the capital requirements for unrated securitization positions in ABCP programs; Basel II)*
Internes Kontrollsystem *n (IKS)* 1. *(Gen)* internal control, internal control system; 2. *(Mgt, RW)* system of internal audits, internal audits *(komplexes, gesamtbetriebliches internes Überwachungssystem einschließlich einer prozessunabhängigen internen Revision, u. a. mit Organisations-, Dienst- und Kontenplänen, Kontroll-, Datenzugriffs- und Programmänderungs--Dokumentationen; das verfahrensorientierte IKS hat instrumentellen Charakter für das ergebnisorientierte Controlling, dessen Aufgabenbereich erheblich weiter gefasst ist)*
internes Wachstum *n (WiWi)* internal expansion, internal growth
Internet-Abfrage *f (Comp, Komm)* internet query
Internet-Anbieter *m (Comp, Komm)* internet provider
Internet-Anwender *m (Comp, Komm)* internet user
Internet-Auftritt *m (Comp, Komm)* internet presence
Internet-Datenverkehr *m (Comp, Komm)* traffic
Internet-Domain [-Domäne] *f (Comp, Komm, Recht)* internet domain
Internet-Freak *m (Comp, Komm) (AE)* nerd, *(BE)* geek
Internetidentität *f (Comp, Komm, Recht)* internet identity
Internet-Inhalte *mpl (Comp, Komm, Recht)* internet content
Internet-Konto *n (Comp, Komm)* internet account
Internet-Kriminalität *f (Comp, Komm,*

Recht) internet crime, cybercrime
Internet-Ökonomie *f (Gen, WiWi)* internet economy, net-based economy, new economy
Internetpauschale *f (Comp, Komm)* internet flat rate
Internet-Präsenz *f (Comp, Frei, Komm, Media)* internet
Internet-Speicherplatz *m (Comp, Komm)* webspace
Internet-tauglich *adj (Comp, Komm)* internet ready
Internetverwaltung *f (Komm, Recht)* internet governance
Internet-Wirtschaft *f (Komm, V&M)* internet economy, New Economy
Interoperabilität *f (Comp)* interoperability
interpersoneller Nutzenvergleich *m (WiWi)* interpersonal utility comparison
interpretieren *v (Komm)* interpret • **etw. breit interpretieren** *(Gen)* give a loose interpretation of sth
Intervallschätzung *f (Stat)* interval estimate
intervenieren *v (Fin, Pers, Pol, WiWi)* intervene
Intervention *f* **am Devisenmarkt** *(WiWi)* exchange intervention
Interventionskurs *m (Fin, WiWi)* intervention rate
Interventionspflicht *f (Pol)* obligatory intervention *(ZB)*
Interventionspunkte *mpl (Fin)* support points
Interview *n (Pers)* interview
intuitives Management *n (Mgt)* intuitive management
Invalide *m(f) (Soz)* disabled
Invalidenrente *f (Versich)* disability annuity, *(AE)* disability insurance income
Invalidität *f (Fin, Versich)* invalidity *(Behinderung)*
Invaliditätsgrad *m (Versich)* degree of disablement
Inventar *f (Gen, Ind, RW, Versich)* inventory, stock list • **Inventar nach Alter aufstellen** *(RW)* age inventories
inventarisieren *v (Gen, Ind, RW)* take stock
Inventarverzeichnis *n (Ind)* inventory
Inventarwert *m (Fin, RW)* net asset value, book value
Inventarwert *m* **je Anteil** *(Fin, RW)* net asset value per share, NAV per share *(Nettowert des Fondsvermögens dividiert durch die Anzahl der ausgegebenen Anteile)*
Inventur *f* 1. *(Gen)* stocktaking; 2. *(Ind, RW)* inventory; 3. *(WiWi)* stocktaking • **Inventur machen** 1. *(Gen, Ind)* take stock; 2. *(RW)* mark stock, take inventory
inverse Zinsstrukturkurve *f (WiWi)* inverted yield curve
inverses Renditegefälle *n (Börse)* reverse yield gap
Inverzugsetzung *f (Fin, Recht)* formal notice of default *(Vertragsrecht)*
investieren *v* 1. *(Bank, Börse)* effect investments *(Kapital)*; 2. *(Fin, Gen, WiWi)* invest *(Zeit, Kapital)* • **nicht investiert** *(Bank)* uninvested
investiertes Kapital *n (Fin, RW)* capital employed
Investition *f* 1. *(Bank, Börse, Fin)* investment; 2. *(WiWi)* capital investment [expenditure]
Investitionsanreiz *m (Bank)* investment incentive
Investitionsaufwand *m* 1. *(Fin, RW)* capital expenditure; 2. *(WiWi)* capital outlay, capital spending
Investitionsausgaben *fpl (WiWi)* capital outlay, capital spending
Investitionsbeurteilung *f (Börse, Fin)* investment appraisal
Investitionsbudget *n* 1. *(Fin)* investment budget; 2. *(RW)* capital expenditure budget, investment budget
Investitionsfinanzierung *f (Bank, Fin)* investment financing
Investitionsfonds *m (Bank, Fin)* investment fund
investitionsgebundener technischer Fortschritt *m (WiWi)* embodied technical progress
Investitionsgüter *npl* 1. *(Fin, Gen)* investment goods; 2. *(Gen)* capital goods, industrial goods, equipment goods *(Synonym: Anlageinvestitionsgüter)*
Investitionsgüterindustrie *f (Gen, Ind)* capital goods industry, investment goods industry
Investitionsgüter-Leasing *n (WiWi)* equipment leasing
Investitionsgüter-Marketing *n (V&M)* industrial marketing
Investitionshaushalt *m (RW)* capital

budget
investitionsinduzierter Aufschwung *m (WiWi)* investment-driven recovery, investment-driven upturn, investment--driven upswing *(Synonym: investitionsgetragener Aufschwung; Gegensatz z. B.: exportinduzierter Aufschwung)*
Investitionskapital *n (Börse, Fin, WiWi)* investment capital
Investitionskosten *pl* 1. *(Gen)* up-front cost; 2. *(WiWi)* capital costs
Investitionskostenzuschuss *m (Fin, Pol)* investment subsidy, investment grant
Investitionskredit *m (Bank, Fin)* development loan
Investitionskriterien *fpl (Fin)* investment criteria
Investitionslenkung *f (Mgt, Pol)* investment control
Investitionsmultiplikator *m (WiWi)* investment multiplier
Investitionsnachfrage *f (WiWi)* investment demand
Investitionsneigung *f (WiWi)* propensity to invest
Investitionsobjekt *n (Fin)* investment object, capital investment project, capital project
Investitionsplan *m* 1. *(Fin)* investment budget; 2. *(RW)* investment budget, capital expenditure budget, capital budget
Investitionsplanung *f (WiWi)* capital budgeting
Investitionsprogramm *n (Fin)* capital (expenditure) program(me), investment program(me)
Investitionsprojektsbewertung *f (Fin)* capital project evaluation
Investitionsquote *f* 1. *(Fin)* investment ratio; 2. *(WiWi)* propensity to invest
Investitionsrechnung *f* 1. *(Fin)* capital investment appraisal, capital project evaluation, investment analysis, preinvestment analysis; 2. *(RW)* capital budgeting, capital expenditure appraisal *(Wirtschaftlichkeitsrechnung zur Überprüfung der Vorteilhaftigkeit --profitability- alternativer Investitionsobjekte)*
Investitionsrentabilität *f (Fin, RW, WiWi)* return on investment, ROI
Investitionsstandort *m (Gen, WiWi)* investment location
Investitionssumme *f (Fin)* amount to be invested
Investitionstätigkeit *f (WiWi)* investment activity
Investitionsvolumen *n (Fin, RW)* capital commitment
Investitionsvorhaben *n (Fin, RW)* capital [investment] project
Investitionszuschuss *m (Fin, Pol)* investment subsidy, investment grant
Investivlohn *m (Pers)* investment wage, invested pay
Investment *n (Bank, Börse, Fin, WiWi)* investment
Investmentbank *f (Bank)* investment bank
Investmentfonds *m* 1. *(Fin) (BE)* mutual fund unit trust; 2. *(WiWi) (BE)* managed fund
Investmentgesellschaft *f* 1. *(Börse)* investment company, *(BE)* unit trust; 2. *(Fin)* investment firm, *(BE)* investment trust
Investmentgesellschaft f/ geschlossene *(Fin)* closed-end investment trust
Investor *m (Bank, Fin, WiWi)* investor
Investor *f (Bank, Fin, WiWi)* investor
Investorengruppe *f (Bank, Fin)* investor group
Investorenverhalten *n (Börse, Fin, Gen) (BE)* investor behaviour, *(AE)* investor behavior
Inzahlungnahme *f (Gen)* trade-in
IRB-Ansatz *m (Bank)* IRB-approach, Internal Rating-Based Approach
irreführen *v (Gen, Pat, Recht, V&M)* mislead, deceive
irreführend *adj (Gen, Pat, Recht, V&M)* misleading, deceptive
irreführende Verpackung *f (V&M)* deceptive packaging
irreführende Werbung *f (Gen, V&M)* deceptive advertising, misleading advertising
irreparabel *adj (Gen)* irreparable, beyond repair
irreversibel *adj (Gen)* irreversible
Irrtum *m* 1. *(Gen)* mistake; 2. *(Recht, Versich)* error • **Irrtum vorbehalten** *(Gen)* errors and omissions excepted
irrtümlich *adj (Gen)* mistaken, erroneous
Irrtumswahrscheinlichkeit *f (Stat)* level of significance
ISCO *s.* internationale

Standardklassifikation der Berufe
islamgerechtes Finanzinstrument *n (Bank, Fin)* Sharia compliant financial instrument, Islamic financial product *(Synonym: schariakonformes Finanzprodukt; ein Finanzinstrument im Einklang mit dem islamischen Gesetz; ein KFZ-Kredit z. B. kann nicht gegen Geldzinsen ausgereicht werden, solange nicht ein direkter Sachmittelbezug hergestellt ist, sondern die finanzierende islamische Bank erwirbt das Fahrzeug selbst und verkauft es mit einem auszuhandelnden angemessenen Aufschlag weiter an den ‚Kreditnehmer', der seine Schuld –den Kaufpreis der Bank plus Aufschlag– in Raten zurückbezahlt, womit der erforderliche Sachmittelbezug gewährleistet ist; die Ausfallraten –und damit die Aufschläge– sind gering, da laut Scharia/Koran kein Totengebet erhält, wer seine Schulden nicht bezahlt hat; die Finanzinstrumente sind aus Gründen der Risikostreuung zunehmend im Portfolio von Pensions-, Kirchen- und Staatsfonds; Sharia--compliant bonds that take into account the Sharia prohibition on receiving interest, loans are based on physical resources = sachmittelbezogene Darlehen; Gegensatz: konventionelles Finanzinstrument = conventional financial instrument = AE plain vanilla financial instrument)*
islamisches Bankwesen *n (Bank, Fin)* Islamic banking *(das Bankgeschäft unter Beachtung des islamischen Gesetzes, der Scharia = Sharia, z. B. beim Zinsnahmeverbot)*
ISO *s.* Internationale Organisation für Normung
isolationistisch *adj (Pol)* isolationist
isolieren *v (Gen)* isolate, insulate *(Kälte)*
isoliert *adj (Gen, Pol)* isolated
Isoquante *f (WiWi)* equal products curve, isoquant
ISO-Währungscode *m (Bank)* ISO currency code *(EUR, USD oder GBP)*
Istausgaben *fpl (RW)* actual expenditure
Istbeschäftigung *f (Ind)* actual output
Istbestand *m* 1. *(Bank, RW)* actual balance; 2. *(Gen) (AE)* actual inventory, *(BE)* actual stock
Istbetrag *m (Bank, RW)* actual amount, actual balance
Ist-Einnahmen *fpl (Gen)* actual receipts
Istergebnis *n (Gen)* performance
Istkosten *pl* 1. *(RW)* actual cost; 2. *(Admin)* effective cost
Istkostenrechnung *f (RW)* actual cost system
Istleistung *f (Ind)* actual output [performance]
Istmenge *f (Ind)* real volume
Iststunden *fpl (Pers)* actual man-hours
Istsystem *n* **der Rechnungslegung** *(RW)* cash accounting, cash basis of accounting
Ist-Zahlen *fpl (RW)* actual figures *(erforderlich für die Gegenüberstellung mit den Planzahlen und die Abweichungsanalyse)*
IT *s.* Informationstechnologie
IT-Berufe *mpl (Comp, Media, Pers)* IT professions
IT-Fachkräfte *fpl (Comp, Pers)* IT experts
IT-Leiter *m (Mgt, Pers)* CIO, chief information officer; IT manager, IT director
IT-Markt *m (Comp, Komm, V&M)* IT market
IT-Recht *n (Recht)* IT-law
IT-Vorstand *m (Mgt, Pers)* CIO, chief information officer; IT manager, IT director
IWF *s.* Internationaler Währungsfonds
IWI *(Abk. für Index der wahrgenommenen Inflation) (Stat, WiWi)* IPI, index of perceived inflation *(Synonym, ugs.: Portemonnaieindex; der Index misst subjektiv-verzerrt wahrgenommene Preissteigerungen bei der überschaubaren Anzahl häufig gekaufter Waren und Dienstleistungen des täglichen Bedarfs = convenience goods; Verlustaversion = loss aversion verstärkt die Verzerrung, weil Preiserhöhungen als Verlust doppelt so stark und länger wahrgenommen werden als Preissenkungen)*

J

Jahr *n (Gen)* year • **pro Jahr** *(Gen)* per annum, p.a.
Jahrbuch *n* 1. *(Media)* yearbook; 2. *(V&M)* annual
Jahresabonnement *n (Gen)* annual subscription
Jahresabrechnung *f (RW)* yearly settlement
Jahresabschluss *m (Fin, RW)* accounts, annual accounts, annual financial statements *(i. w. S.: Jahresbilanz, Gewinn- und Verlustrechnung und, u. a. bei Kapitalgesellschaften, Anhang, Lagebericht sowie Prüfungsbericht; annual balance sheet, income statement, notes, annual report and audit report)* • **dem Jahresabschluss zustimmen** *(Fin, RW)* approve the accounts • **den Jahresabschluss aufstellen** *(Fin, RW)* prepare the annual financial statements • **den Jahresabschluss feststellen** *(Fin, RW)* approve the year-end financial statements, *(BE)* adopt the annual accounts
Jahresabschluss *m* **einer Unternehmung** *(RW)* year-end company accounts
Jahresabschlussarbeiten *fpl (RW)* year-end procedures
Jahresabschlussbericht *m (Fin, RW)* financial report
Jahresabschlussdividende *f (RW)* year-end dividend
Jahresabschlussprüfung *f (RW)* year-end audit
Jahresbasis *f (Stat)* annual basis • **auf Jahresbasis umgerechneter Zinssatz** *(Stat)* annualized interest rate • **auf Jahresbasis umrechnen** *(Fin, Gen)* annualize
Jahresbericht *m* 1. *(Fin)* financial report; 2. *(Recht, RW)* annual report
Jahresbilanz *f (Fin)* annual balance sheet
Jahresdurchschnitt *m (Stat)* annual average, yearly average
Jahreseinkommen *n (Pers)* annual income
Jahreseinkünfte *pl (Pers)* annual income
Jahresende *n (RW)* year-end, year ended
Jahresertrag *m* 1. *(Gen)* annual proceeds; 2. *(RW)* annual yield
Jahresgebühr *f (RW)* annual fee
Jahresgehalt *n (Gen, Pers)* annual [yearly] salary
Jahresgewinn *m* 1. *(Fin)* annual net cash inflow; 2. *(RW)* annual earnings, annual net profit
Jahresgewinn *m* **nach Steuern** *(RW, Steuer)* profit for the year after tax
Jahreshauptversammlung *f (Gen, Mgt)* annual general meeting, annual shareholders' [stockholders'] meeting
Jahreshöchststand *m (Börse)* annual high
Jahreshonorar *n (RW)* annual fee
Jahresleistung *f (Ind)* annual output
Jahresmitte *f (Gen)* midyear
Jahresproduktion *f (Ind)* annual output
Jahresrate *f* 1. *(Fin, Gen, RW)* annual instal(l)ment; 2. *(Stat)* annual rate
Jahresreihen *fpl (Stat)* annual series *(Zeitreihen mit Jahreswerten)*
Jahresrendite *f (Fin, RW)* annual return, annual yield
Jahresrevision *f (RW)* annual audit
Jahressteuererklärung *f (RW, Steuer)* annual tax return
Jahrestag *m (Gen)* anniversary
Jahrestiefpunkt *m (Börse)* annual low
Jahrestiefstkurs *m (Bank, Börse)* low for the year
Jahresüberschuss *m (Fin, RW)* annual net profit, profit for the (financial) year
Jahresultimo *m (Bank, RW)* end-of-year
Jahresumsatz *m (RW)* annual sales [turnover]
Jahresurlaub *m (Pers)* annual leave *(Angestellte)*
Jahresverdienst *m (Pers)* annual earnings [wage]
Jahresvergleich *(Mgt, RW)* year-to-year comparison
Jahresvollversammlung *f (Gen, Mgt)* annual general meeting
Jahreswachstumsrate *f (WiWi)* annual growth rate
Jahreswirtschaftsbericht *m (Pol)* annual economic report
Jahreszahlung *f (Gen)* yearly payment, annual payment
Jahrgang *m* 1. *(Media)* age group *(Personen)*; 2. *(Gen)* vintage *(Wein)*
jährlich *adj (Gen)* year-to-year, yearly, annual
jährliche Abschreibung *f (Gen, RW)* annual depreciation

jährliche Effektivverzinsung *f (Fin)* effective annual yield, EAY *(Synonym bei Geldanlagen und Krediten: Rendite und Effektivzins; tatsächlicher Ertrag einer Anlage bzw. tatsächliche Kreditkostenbelastung unter Berücksichtigung aller einmaligen und laufenden Erträge und Kosten als relativ zuverlässige Preis- und Konditionenvergleichsbasis; a method, specified by law, for calculating the real nominal annual rate of return, to compare instruments with different ways of computing interest, e.g. weekly, monthly ...; cf effektiver Jahreszins, EAR, APR)*
jährliche Gehaltsüberprüfung *f (Pers)* annual salary review
jährliche Mietkosten *pl (Steuer)* annual rental charges
jährliche Rate *f (Gen)* annual instal(l)ment
jährliche Revision *f* **der Gehälter** *(Pers)* annual salary review *(Angestellte)*
jährliche Rückzahlung *f (Gen)* annual repayment
jährliche Steuererklärung *f (RW, Steuer)* annual tax return
jährliche Tilgungsrate *f (Versich)* annual amortization
jährlicher Cashflow *m (RW)* annual cash flow
jährlicher Einnahmeüberschuss *m (RW)* annual cash flow
jährlicher Freibetrag *m (Steuer)* annual exemption
jährlicher Schuldendienst *m (Bank)* annual debt service
Jahrzehnt *n (Gen)* decade
jeweilige Preise *mpl (Ind, WiWi)* outturn prices
JIT *s.* Just-in-time-Produktion
Job *m* 1. *(Comp)* job, batch job; 2. *(Pers)* job
Job *m* **Enlargement** *n (Pers)* job enlargement
Job *m* **Enrichment** *n (Pers)* job enrichment
Job *m* **Sharing** *n (Pers)* job sharing the job queue *(Teilzeitarbeit)*
Jobben *n (Pers)* jobbing
Job-Börse *f (Pers)* job fair, job exchange
Joint Venture *n (Gen)* joint venture
Journal *n (Gen, RW)* daybook, journal • **ins Journal eintragen** *(RW)* journalize
Journalbuchung *f (RW)* journal entry
Jubiläumsschrift *m (Media)* anniversary publication
Jugendarbeitslosigkeit *f (Pers, Soz)* youth unemployment, unemployment of young people, unemployment among young people
Jugendarbeitsschutzgesetz *n (Pers, Recht)* Protection of Young Persons Employment Act
Jugendgericht *n (Recht)* juvenile court
Jugendvertretung *f (Pers)* youth delegation, youth representation
junge Aktie *f (Börse)* new share
junger Wirtschaftszweig *m (Ind)* infant industry
junges Geschäftsfeld *n (Gen)* fledgling commercial segment
Jungunternehmer *m (Gen)* young entrepreneur
Juniorpartner *m (Gen, Recht)* junior partner
Junktim *n (Gen, Pol)* linkage
Jura *pl (Recht, Soz)* law study, law studies, legal study, legal studies *(Studium)* • **Jura studieren** *(Recht)* study for a law degree
Jurastudent *m (Recht)* law student
Jurastudentin *f s.* Jurastudent
Jurisprudenz *f (Recht)* jurisprudence
juristisch *adj (Recht)* legal
juristische Person *f* 1. *(Pat, Recht)* legal [artificial] person, juridical person, legal entity *(Rechtspersönlichkeit)*; 2. *(Admin)* corporate body
juristischer Fachausdruck [Terminus] *m (Recht)* legal term *(Rechtsterminus)*
justierbar *adj (Gen)* adjustable
Just-in-time-Produktion *f (Ind)* just-in--time production, JIT
Just-in-time-Zahlung *f (Bank)* just-in--time payment
Justiz *f (Recht)* justice
justiziabel *adj (Gen)* actionable
Justizminister *m (Recht)* minister of justice, *(BE)* Lord Chancellor, *(AE)* Attorney General

K

Kabelfernsehnetz *n (Komm)* cable television network
KAG *f (Abk. für Kapitalanlagegesellschaft) (Bank, Börse, Fin)* investment company, investment firm; investment trust
Kai *m (Imp/Exp, Logis)* quay, wharf • **ab Kai** *(Logis)* ex quay, x-quay
Kalender-Spread *m (Börse)* calendar spread
Kalendertag *m (Gen)* calendar day
Kalenderwoche *f (Gen)* calendar week
Kalkulation *f (Fin)* cost estimating, costing
Kalkulationsaufschlag *m (RW)* markup
Kalkulationsgrundlage *f (Gen)* base of calculation
Kalkulationsspanne *f (WiWi)* pricing margin
Kalkulationstabelle *f (Admin, Börse, Comp, Fin, RW)* spreadsheet
Kalkulationsverfahren *n (RW)* costing technique
Kalkulationszinsfuß *m (Fin)* adequate target [discount] rate, required rate of return
Kalkulationszinssatz *m (Fin)* discounting rate
kalkulatorisch *adj (RW)* imputed, implicit, calculatory
kalkulatorische Abschreibung *f (RW)* implicit [imputed] depreciation allowance
kalkulatorische Bewertung *f (RW)* pricing of input factors
kalkulatorische Kosten *pl (RW)* imputed costs
kalkulatorische Wagnisse *npl (RW)* imputed risks
kalkulatorische Zinsen *mpl (RW)* imputed [implicit] interest
kalkulatorischer Gewinn *m (RW)* imputed profit
kalte Aussperrung *f (ugs.) (Pers) (ugs.)* cold lockout *(vorübergehende Arbeitseinstellung als Streikfolge in anderen Betrieben; temporary layoff as a result of strike action elsewhere)*
kameralistische Buchführung *f (RW)* government accounting
Kampagne *f (Pol, V&M)* campaign
Kanal *m* 1. *(Logis)* canal; 2. *(V&M)* channel *(Distribution)*
Kandidat *m (Pers)* applicant, candidate *(Bewerbung)*
Kandidatenliste *f* 1. *(Pers)* shortlist; 2. *(Pol)* list of candidates
Kannbestimmung *f (Pol)* discretionary clause
Kann-Leistung *f (Pers, Soz)* discretionary benefit, voluntary benefit
Kapazität *f* 1. *(Gen)* capacity, potential; 2. *(Pers, WiWi)* capacity
Kapazitätsauslastung *f* 1. *(Logis)* load factor; 2. *(Versich, WiWi)* capacity charge, capacity utilization (rate)
Kapazitätseffekt *m (WiWi)* capacity effect
Kapazitätsgrenze *f (Gen)* capacity limit • **an der Kapazitätsgrenze** *(RW)* full to capacity
Kapazitätsinvestition *f (Mgt, WiWi)* investment in capacity extension, capital widening, investment in new plant
Kapazitätslinie *f (WiWi)* transformation curve
Kapazitätsreserve *f* 1. *(Gen)* idle capacity; 2. *(Ind, Logis, WiWi)* spare capacity
Kapital *n* 1. *(Fin)* principal *(Hauptsumme, ohne Zins)*; 2. *(RW, WiWi)* capital, funds • **Kapital auflösen** *(Fin)* unlock funds • **Kapital erhöhen** *(WiWi)* reinforce capital • **in etw. Kapital stecken** *(Fin) (ugs.)* pump funds into sth
Kapital, Vermögen, Management, Ertrag, Liquidität *(Fin, WiWi)* capital, assets, management, earnings, liquidity, CAMEL
Kapitalabfindung *f (Börse, Fin)* cash settlement
Kapitalabfluss *m (Fin, RW, WiWi)* (cash) outflow, capital outflow
Kapitalanlage *f (Fin)* (capital) investment
Kapitalanlagegesellschaft *f (KAG) (Bank, Börse, Fin)* investment company, investment firm; investment trust
Kapitalanlagegüter *npl (RW, WiWi)* capital assets
Kapitalanlagen *fpl (Fin)* capital assets [investments]
Kapitalansammlung *f (WiWi)* capital accumulation
Kapitalanteile *mpl (Bank, Börse, Fin)* equity holdings
kapitalarm *adj (Bank, RW, WiWi)* undercapitalized

Kapitalaufbringung *f (Fin)* capital raising
Kapitalaufnahme *f (Fin)* capital raising, equity borrowing
Kapitalaufwandverhältnis *n (Fin)* capital-outlay ratio
Kapitalausstattung *f* **mit geringem Eigenkapitalanteil** *(RW)* thin capitalization
Kapitalbedarf *m (Fin)* financial requirements, capital needs, capital requirement
Kapitalbeschaffung *f (Bank, Börse, Fin)* capital raising, fund-raising, capital procurement
Kapitalbeschaffung *f* **von außen** *(Fin, Mgt)* procurement of outside capital *(Eigen- oder Fremdkapitalaufnahme als Beteiligungs- oder Fremdfinanzierung = Außenfinanzierung = external financing; Gegensatz: Innenfinanzierung = internal financing)*
Kapitalbestand *m (Fin, WiWi)* capital stock
Kapitalbeteiligung *f* 1. *(Börse)* equity sharing; 2. *(Fin)* capital interest • **eine Kapitalbeteiligung erwerben in** *(Börse)* take an equity stake in
Kapitalbetrag *m (Fin)* principal sum, capital sum *(Hauptsumme)*
Kapitalbewegung *f (Fin, WiWi)* capital flow
Kapitalbilanz *f (Imp/Exp, WiWi)* balance of capital movements, capital account
Kapitalbildung *f (Fin, WiWi)* accumulation of capital, capital formation
Kapitalbindung *f* 1. *(Fin)* capital lockup; 2. *(RW)* capital commitment
Kapitalbudget *n (Fin)* capital budget
Kapitaldecke *f (Fin)* equity basis, capital resources • **(zu) kurze Kapitaldecke** *(Fin)* low-geared capital, thin equity basis *(Synonym: dünne Kapitaldecke)*
Kapitaldeckung *n (Bank)* capital cover
Kapitaldienst *m* debt service
Kapitaleinkommen *n (Fin, RW, Steuer)* unearned income
Kapitaleinkünfte *pl (Fin, Steuer)* unearned income, capital income
Kapitaleinlage *f (RW)* capital contribution
Kapitaleinleger *m (Gen)* contributor of capital
Kapitaleinsatz *m (Fin, RW)* capital commitment, capital employed
Kapitalentnahme *f (Bank)* withdrawal of capital
Kapitalertrag *m (Fin, RW, WiWi)* return on capital, capital yield
Kapitalerträge *mpl (RW, Steuer)* investment income
Kapitalertragsteuer *f (Steuer)* capital gains tax, dividend tax
Kapitalflucht *f (WiWi)* flight of capital
Kapitalfluss *m* 1. *(Fin)* capital flow, cash flow, flow of funds; 2. *(RW)* funds flow
Kapitalflussrechnung *f* 1. *(Fin)* (cash) flow statement; 2. *(RW)* application of funds statement, funds statement
Kapitalfonds *m (Fin)* capital fund
Kapitalgeber *mpl (Fin)* capital owners
kapitalgedeckt *adj* 1. *(Fin)* funded; 2. *(Versich)* capital-backed
Kapitalgesellschaft *f (Gen) (BE)* public limited company, plc, PLC; incorporated firm
Kapitalgesellschaft *f* **mit unbeschränkter Haftung** *(Gen) (BE)* unlimited company
Kapitalgewinn *m (Fin, RW, Steuer, WiWi)* capital gains [yield, profit]
Kapitalgewinn *m* **nach Steuern** *(RW, Steuer)* capital gains after tax
Kapitalgewinnsteuer *f (Steuer)* capital gains tax *(auf Wertzuwächse)*
Kapitalgut *n (Fin)* capital asset
Kapitalgüter *npl* 1. *(Fin)* investment goods; 2. *(Gen)* capital goods
Kapital-Hebelwirkung *f (Fin)* capital leverage, leverage effect *(durch Fremdkapitalaufnahme)*
Kapitalherabsetzung *f (Fin)* capital reduction, reduction of capital, write--down of share capital, capital write--down
Kapitalherkunft *f (Fin)* source of capital
Kapitalintensität *f* 1. *(RW)* capitalization ratio *(Anlagenintensität)*; 2. *(WiWi)* capital-labo(u)r ratio
kapitalintensiv *adj (Fin, WiWi)* capital--intensive
kapitalisieren *v* 1. *(RW)* capitalize *(in der Bilanz aktivieren = carry as an asset; Gegensatz: als Aufwand verbuchen = expense)*; realize; 2. *(WiWi)* capitalize *(Barwerte künftiger Nettoüberschüsse summieren)*
Kapitalisierung *f (Börse, Fin)* capitalization
Kapitalisierungszinsfuß *m (Fin, WiWi)* capitalization rate, internal rate of return

(IRR); discounting rate *(interner Zinsfuß)*
kapitalistisch *adj (WiWi)* capitalist, capitalistic
Kapitalknappheit *f (Fin)* scarcity of capital, capital deficiency; lack of capital *(Kapitalmangel)*
Kapitalkoeffizient *m (Fin, WiWi)* capital-output ratio
Kapitalkonto *n (Bank, WiWi)* capital account
Kapitalkosten *pl (Fin, WiWi)* capital costs
Kapitalkraft *f (Bank, Fin)* financial strength
kapitalkräftig *adj (Gen)* substantial, financially strong [powerful] *(Firma)*
Kapitallebensversicherung *f (Versich)* capital-sum life insurance
Kapitalmarkt *m (Fin, WiWi)* capital market
Kapitalmarktpapiere *npl (Bank)* capital market securities
Kapitalmarktzins *m (Bank)* capital market interest rate
kapitalmäßig unverbundene Unternehmen *npl (Fin, RW, Steuer)* enterprises without capital ties
Kapitalnutzung *f (WiWi)* capital utilization
Kapitalproduktivität *f (WiWi)* capital productivity
Kapitalpuffer *m (Bank, Fin)* capital buffer; equity buffer *(Eigenkapitalpuffer)*
Kapitalrendite *f (Fin, RW, WiWi)* return on capital employed, return on investment, ROI, return on capital
Kapitalrückflussrechnung *f (Fin)* payback method *(Amortisationsrechnung)*
Kapitalrückführung *f (WiWi)* repatriation of funds *(ins Inland)*
Kapitalrücklage *f (RW)* capital reserve *(IFRS)*; capital paid in excess of par value; paid-in capital, additional paid-in capital *(US-GAAP)*; capital reserves, contributed capital *(Außenfinanzierung: Kapitalzuführung von außerhalb des Unternehmens, z. B. über ein Agio --share premium- bei der Aktienausgabe oder durch Zuzahlungen der Aktionäre = additional contribution of shareholders; the excess received from stockholders over the par value of the stock issued; anders: Gewinnrücklage, gebildet aus den im Unternehmen erwirtschafteten und einbehaltenen Gewinnen = retained earnings)*
Kapitalrückzahlung *f (Fin)* capital repayment
Kapitalschnitt *m (Fin)* write-down of capital, capital write-down • **einen Kapitalschnitt vornehmen** *(Fin)* write down the capital *(Sanierung; Synonym: das Kapital herabsetzen)*
Kapitalspritze *f (ugs.) (WiWi)* injection of (new) capital
Kapitalstock *m (Fin)* capital fund, capital stock
Kapitalstrom *m (WiWi)* flow of funds
Kapitalstruktur *f (Fin, RW, WiWi)* capital structure, financial structure
Kapitalsumme *f (Fin, Gen)* capital sum; principal *(zinstragende Hauptsumme ohne die Zinsen, die zum Zinstermin entweder entzogen/verbraucht oder dem Kapital zugeschlagen werden; Kapital + Zinsen = principal + interest)*
Kapitalübertragung *f (Fin)* capital transfer
Kapitalumschichtung *f (Fin, RW) (AE)* recapitalization
Kapitalumschlag *m (Fin)* equity turnover
Kapitalumstrukturierung *f (Börse)* capital reorganization
Kapitalunterlegung *f (Bank, Fin, RW)* capital charge, capital requirement *(Basel II: risikoadäquate Allokation des Eigenkapitals)*
Kapitalverflechtung *f (WiWi)* interlinking of capital
Kapitalverkehr *m (Imp/Exp, WiWi)* capital movements [transactions]
Kapitalverkehrsbilanz *f (WiWi)* capital account, balance of capital movements
Kapitalverlust *m (Fin, WiWi)* capital loss, leakage
Kapitalvermögen *n (Steuer)* capital assets *(Einkünfte)*
Kapitalvernichtung *f* 1. *(Börse, Fin, Mgt) (ugs.)* burning of capital; 2. *(WiWi)* destruction of capital
Kapitalverschleiß *m (WiWi)* capital consumption, capital consumption allowance
Kapitalverwässerung *f (Börse, Fin)* dilution of equity, equity dilution *(Synonym: Verwässerung des Aktienkapitals, Eigenkapitalverwässerung)*
Kapitalverzinsung *f (Fin, RW, WiWi)* rate of return, return on capital employed, return on capital

Kapitalwert *m* 1. *(Börse)* principal value *(Wertpapier)*; 2. *(Fin, WiWi)* net present value, NPV, capital value, actual cash value, a.c.v., capitalized value *(Summe der einer Investition zurechenbaren und auf einen definierten Zeitpunkt zum Kalkulationszinssatz diskontierten Nettorückflüsse, einschließlich Anschaffungsauszahlung und Liquidationserlös; ein positiver Kapitalwert - oder einer, der über dem einer Alternativinvestition liegt = relative Vorteilhaftigkeit - lässt die Investition als vorteilhaft erscheinen; value of an investment calculated as the sum of its initial cost and the present value of expected future cash flows)*; 3. *(Versich)* cash value

Kapitalwertmethode *f (Fin, WiWi)* discounted cash flow method, DCF method, cash flow method, net present value method, present value method

Kapitalwertzuwachs *m (Fin, WiWi)* capital profit

Kapitalzinsen *mpl (Bank)* simple interest

Kapitalzufluss *m* 1. *(RW)* inflow; 2. *(WiWi)* capital inflow

Kapitalzuführung *f (WiWi)* injection of new capital

Kapitalzuführung *f* **von außen** *(Fin, RW)* injection of fresh funds, injection of funds from outside, injection of new funds (from outside); *(ugs.)* capital infusion *(Kapitalspritze; Eigen- oder Fremdkapitalaufnahme als Beteiligungs- oder Fremdfinanzierung = Außenfinanzierung = external financing; Gegensatz: Innenfinanzierung = internal financing; corporate view: procurement of outside capital)*

Kapitalzuschuss *m (Fin)* grant

Kapitalzuteilung *f* 1. *(Fin)* capital allotment; 2. *(WiWi)* capital rationing [allocation]

Kapitalzuwachs *m* 1. *(Börse)* capital growth; 2. *(WiWi)* capital increase, capital gains [appreciation]

Kapitalzuwachssteuer *f (Fin, Steuer)* capital gains tax

Kapitel *n (Recht)* section *(eines Gesetzes)*

kardinaler Nutzen *m (WiWi)* cardinal utility

Karenztage *mpl (Soz)* waiting days, waiting period

Karriere *f (Pers)* career

Karriereerwartungen *fpl (Pers)* career expectations

karrierefördernd *adj (Pers)* career--enhancing

Karrierefrau *f (Pers)* career woman

Karrierehindernis *n (Pers)* career obstacle, career barrier

karriereorientiert *adj (Pers)* career--minded, career-oriented

Karriereschritt *m (Pers)* career move, carreer step

Karrieresprung *m (Pers)* career jump, career step *(Karriereschritt)*

Karte *f* 1. *(Comp)* card *(Hardware)*; 2. *(Frei, Gen)* ticket; 3. *(Pers)* card index; 4. *(Logis)* ticket

Kartei *f* 1. *(Comp)* index file; 2. *(Admin)* card index, index-card file

Kartell *n* 1. *(Pers)* cartel; 2. *(Recht)* combine; 3. *(WiWi)* restrictive practices, cartel

Kartellamt *n (V&M) (Deu)* Federal Cartel Office, *(Großbritannien)* Office of Fair Trading, Anti-Trust Office

Kartellbehörde *f (V&M) (Deu)* Federal Cartel Office, *(Großbritannien)* Office of Fair Trading, Anti-Trust Office

Kartellgesetz *n (Recht)* antitrust law

Kartellkommission *f (Fin, Pol)* antitrust commission

Kartellrecht *n (Recht)* antitrust laws, cartel law, competition laws

Karteninhaber *m (Bank)* cardholder

Karteninhabergebühr *f (Bank)* cardholder fee

Kartenlesegerät *n (Comp, Komm)* smart card reader, chip card reader

Kartenumsätze *mpl (Recht, Bank)* credit card turnover

Karton *m (Ind)* cardboard *(Pappe)*; carton *(Packung)*

Kassageschäft *n (Börse)* spot transaction

Kassageschäfte *npl (Börse)* cash dealings

Kassakurse *mpl (Börse)* spot rates

Kassamarkt *m (Börse)* spot market, cash market • **am Kassamarkt verkaufen** *(Börse)* sell spot

Kassamittelkurs *m (Bank, Börse)* spot middle rate

Kassanotierung *f (Börse)* spot quotation

Kassa- und Termin-Dollarkurs *m (Fin)* dollar spot and forward

Kassa- und Terminkurse *mpl (Bank,*

Börse) exchange rates for spot and forward purchases

Kasse *f* 1. *(Bank)* cash desk; 2. *(Fin)* cash; 3. *(Frei)* ticket office *(Sportvertanstaltung)*; box office *(Theater)*; 4. *(Gen)* cash desk *(Zahlstelle)*; till, cash, cash on hand *(Bargeld)*; 5. *(V&M)* checkout, till *(Supermarkt)* • **Kasse gegen Dokumente** *(Imp/Exp)* cash against documents • **Kasse vor Lieferung** *(Gen)* cash before delivery • **Kasse machen** 1. *(Fin) (BE; ugs.)* cash up; 2. *(RW)* balance the cash *(Kassenabrechnung)* • **per Kasse verkaufen** *(Börse)* sell spot

Kassenabstimmung *f (WiWi)* reconciliation of cash

Kassenausgang *m (RW)* cash disbursement

Kassenbeleg *m* 1. *(RW)* cash record, cash voucher; 2. *(V&M)* sales record

Kassenbericht *m (RW)* cash statement

Kassenbestand *m* 1. *(Fin)* cash in hand; 2. *(RW)* cash balance

Kassenbuchung *f (Admin, RW)* cash entry

Kasseneingänge *mpl (RW)* cash receipts

Kasseneinnahmen *fpl (RW)* cash receipts

Kassenhaltung *f (Fin, RW)* cash management

Kassenkredit *m (Gen)* cash advance

Kassensaldo *m (RW)* cash balance

Kassenscheck *m (Bank) (AE)* cashier's check, *(BE)* cashier's cheque *(Bankscheck)*

Kassenstand *m (RW)* cash position

Kassenzettel *m (Gen)* sales slip

kassieren *v (Gen)* collect, encash

Kassierer *m* 1. *(Bank)* teller; 2. *(V&M)* cashier *(Kassenführer)*

Kassiererin *f s.* Kassierer

Katalogpreis *m* 1. *(Gen)* catalog(ue) price; 2. *(V&M)* list price

Katasteramt *n (Grund)* land registry *(Grundbuchamt)*

Kategorie *f* 1. *(Gen)* category; 2. *(Pat)* category, class; 3. *(Steuer)* class

Kauf *m (Gen)* purchase

Kauf *m* **auf Kredit** *(V&M)* credit sale

Kauf *m* **auf Probe** *(V&M)* sale on approval

Kauf *m* **auf Ziel** *(V&M)* purchase, purchase on credit, credit buying *(Synonym: Zielkauf; Kaufvereinbarung, bei der ein Zahlungsziel -period of payment- gewährt wird)*

Kauf *m* **mit Rückgaberecht** *(V&M)* (on) sale or return

Kauf *m* **unter Eigentumsvorbehalt** *(V&M)* conditional sales agreement

Kaufabrechnung *f (Börse)* bought note

Kaufangebot *n (Gen)* bid

kaufen *v (Gen)* purchase, buy *(erwerben)*; *(ugs.)* bribe *(bestechen)*

Käufer *m* 1. *(Gen)* buyer, purchaser; 2. *(V&M)* shopper, purchaser

Käuferin *f s.* Käufer

Käuferkredit *m (Bank)* buyer credit

Käufermarkt *m (Börse, Grund, WiWi)* buyer's market

Käuferverhalten *n (V&M)* buyer behavio(u)r

Kaufgewohnheiten *fpl (Gen)* buying habits

Kaufhaus *n (V&M)* department store

Kaufinteressent *m (V&M)* prospective buyer

Kaufkosten *pl (RW)* purchase cost

Kaufkraft *f* 1. *(Gen)* spending [purchasing] power; 2. *(WiWi)* purchasing power *(einer Währung)*

Kaufkraft *f* **des Geldes** *(WiWi)* value of money

Kaufkrafteinbuße *f (V&M, WiWi)* decline in purchasing power, loss in purchasing power, drop in purchasing power

Kaufkraftparität *f (WiWi)* purchasing power parity

Kaufkraftverlust *m s.* Kaufkrafteinbuße

Kaufkraftvorteil *m* purchasing-power advantage *(ZB)*

Kaufkraftzuwachs *m (V&M, WiWi)* increase in purchasing power

käuflicher Erwerb *m (Fin)* (acquisition by) purchase

Kaufmann *m (Gen)* businessman, merchant, salesman *(Ladenverkäufer)*

kaufmännisch *adj (Gen)* commercial

kaufmännische Angestellte *m(f) (Pers)* business employee, clerical employee *(Büroangestellter; white-collar worker, non-manual worker)*; clerical worker *(Bürokraft)*

kaufmännische Arbeitskräfte *pl (Pers)* office personnel, office staff, office workers, clerical staff

kaufmännische Ausbildung *f (Pers)* commercial training

kaufmännische Rundung *f (Gen)*

standard business rounding
kaufmännisches Personal *n (Pers)* clerical staff, office staff
Kaufmannssitte/nach *(Gen)* good commercial practice
Kaufmannssitte/nach guter *(Gen)* good commercial practice
Kaufmannssprache *f (Gen)* commercial language *(Geschäftssprache)*
Kaufoption *f* 1. *(Börse)* call option; 2. *(Gen)* buyer's option
Kaufpreis *m* 1. *(Gen)* buying [purchase] price; 2. *(V&M)* purchase price
Kaufrecht *n (Recht, V&M)* law of sales, sales law
Kaufsignal *n (Börse)* signal to buy, buying signal
Kauf- und Verkaufsstrategie *f (Börse)* buy-and-write strategy
Kaufverhalten *n (V&M)* buying behavio(u)r
Kaufverpflichtung *f (V&M)* obligation to buy
Kaufvertrag *m* 1. *(Recht)* contract of sale; 2. *(V&M)* sales contract
Kaution *f* 1. *(Fin)* security; 2. *(Grund)* key money, deposit *(Miete)*; 3. *(Pat)* deposit; 4. *(Recht)* caution money, bail; 5. *(Versich)* fidelity guarantee • **jmdn. gegen Kaution freilassen** *(Recht)* release sb on bail • **jmdn. durch Kaution aus der Haft freibekommen** *(Recht)* bail sb out, bale sb out
Kautionsverpflichtung *f (Recht)* fiduciary bond *(Treuhänder)*
KBV *(Abk. für Kurs-Buchwert-Verhältnis) (Börse, Fin)* P/B ratio, price-to-book ratio, price-equity ratio *(ein Indikator für den Kursaufschlag, den Aktionäre über den reinen Buchwert einer Aktie hinaus zu zahlen bereit sind; the ratio compares a stock's market value to its book value)*
Kehrwert *m (Stat)* inverse
Kenntnis *f (Gen)* acquaintance, knowledge • **in Kenntnis** *(Gen)* aware • **Kenntnis von etw. geben** *(Recht)* give notice of sth • **jmdn. von etw. in Kenntnis setzen** *(Gen)* acquaint sb with sth • **in voller Kenntnis der Sachlage** *(Recht)* in full knowledge of the facts
kenntnisreich *adj (Gen)* knowledgeable, well-informed
Kennwort *n (Comp)* password
Kennwortschutz *m (Comp, Komm)* password protection
Kennzahl *f* 1. *(Gen)* reference number, code number *(Kennziffer)*; 2. *(WiWi)* ratio *(Quote, Quotient)*; index *(Indexzahl)*; indicator *(Indikator)*
Kennzahlenanalyse *f (Mgt, WiWi)* ratio analysis
Kennzeichen *n* 1. *(Bank)* hallmark; 2. *(Comp)* flag, symbol; 3. *(Gen, Pat, V&M)* symbol
kennzeichnen *v* 1. *(Gen)* brand; 2. *(V&M)* label; 3. *(WiWi)* earmark
Kennziffer *f* 1. *(Gen)* reference number *(Kennzahl)*; index number; 2. *(RW)* code number *(Kontenplan, identification of accounting items)*; 3. *(WiWi)* indicator *(Indikator)*
Kern *m* 1. *(Gen)* core, gist *(Problem)*; 2. *(Ind) (AE)* center, *(BE)* centre
Kernbereich *m (Gen)* core business
Kerneuropa *n (Pol)* core Europe *(ein Europa mit vertiefter Integration in zusätzlichen Politikbereichen innerhalb eines Europa der unterschiedlichen Integrationsgeschwindigkeiten = multi--speed Europe, in a Europe of different speeds of integration; cf two-speed Europe)*
Kernfähigkeiten *fpl (Pers)* core competencies
Kernfinanzierung *f (Fin)* core funding
Kerngeschäft *n (Gen)* bottom line, core business *(Grundgeschäft)*
Kerninflation *f (WiWi)* core inflation
Kernkompetenzen *fpl (Pers)* core competencies
Kernmaß *n (WiWi, Stat)* core measure *(das Inflationsmaß blendet die schwankungsintensiven Energie- und Nahrungsmittelpreise aus der Gesamtinflation der Konsumpreise aus und misst nur die sogenannte Kerninflation = core inflation; the Fed's preferred inflation measure excludes volatile energy and food prices; consumers complain that they cannot pay with 'core dollars' as core inflation is lower than headline inflation = Gesamtinflation)*
Kernproblem *n (Gen)* vital problem
Kernpunkt *m (Gen)* focal point
Kernrate *f* **der Inflation** *(WiWi)* core inflation rate *(Inflationsrate ohne preisvolatile Produkte wie*

landwirtschaftliche Produkte wegen saisonaler und ohne Energie wegen politischer, saisonaler und konjunktureller Schwankungen; Synonym: Kerninflationsrate; Gegensatz: Gesamtinflation, maßgebliche Inflation, allgemeine Teuerungsrate, ausgewiesene Inflation; opposite: headline inflation rate; Ziel der Messung einer Kerninflationsrate nach A. Blinder soll es sein, geldpolitisch relevante Preissignale von zufälligen Schwankungen zu unterscheiden: trying to distinguish the signal from the noise; consumers complain that they cannot pay with core dollars)

Kernzeit *f* 1. *(Ind)* core hours; 2. *(Pers)* core time *(Gleitzeit)*

Kettenladen *m (V&M)* chain store

Kettenregel *f (Stat)* chain rule, composite function rule

KFR *f (Abk. für Kapitalflussrechnung)* 1. *(Fin)* cash flow statement *(Synonym: Finanzflussrechnung, Cashflow--Rechnung, Fondsstromrechnung)*; 2. *(RW)* application of funds statement, flow-of-funds statement, funds statement, flow statement *(Synonym: Bewegungsbilanz)*; cash flow statement, statement of cash flows *(§ 297 I HGB, IAS 7 Cash Flow Statements, IFRS 1)*

KGV *s.* Kursgewinnverhältnis

KI *s.* künstliche Intelligenz

Kicker *m (ugs.) (Fin) (AE; ugs.)* kicker *(Anreiz für Eigen- oder Fremdkapitalgeber zur Hebung der Attraktivität einer Emission, z. B. in der Form einer Eigenkapitalkomponente als Option auf Aktienerwerb zu günstigen Konditionen; a condition attached to a security issue to increase its attraction; synonymous: bells and whistles, sweetener; cf equity kicker)*

Kilo *n (Gen)* kilo, kilogram(me)

Kilogramm *n (Gen)* kilo, kilogram(me)

Kilometergeld *n (Steuer)* ≈ mileage allowance, *(BE)* ≈ motor mileage allowance

Kinderermäßigung *f (Frei)* reduction for children

Kinderfreibetrag *m (Soz, Steuer)* child (tax) allowance, child relief, (tax) allowance for dependent children, *(AE)* children's allowance, child care credit

Kindergeld *n (Soz, Steuer) (AE)* child allowance, *(BE)* child benefit, *(BE)* family allowance

Kinderzuschlag *m (Soz)* child allowance, child benefit

Kinderzuschuss *m (Soz)* child allowance, child benefit

Kirchensteuer *f (Steuer)* church tax

klagbar *adj (Recht)* actionable

klagbarer Vertrag *m***/nicht** *(Recht)* unenforceable contract

Klage *f (Recht)* suit, lawsuit, action, complaint *(Zivilprozess)* • **gegen jmdn. Klage erheben** *(Recht)* bring an action against sb • **Klage im ordentlichen Zivilprozess erheben** *(Recht)* take legal action

Klageabweisungsantrag *f (Pat, Recht)* motion to dismiss

Klagebegründung *f (Recht)* statement of claim

Klageerwiderung *f (Gen)* answer

Klagefrist *f (Recht)* period to file a suit, time limit for taking legal action

Klagegrund *m (Recht)* cause of action

klagen *v (Recht)* sue

Kläger *m (Recht)* plaintiff

Klägerin *f s.* Kläger

Klageschrift *f (Recht)* bill of complaint

klar *adj (Gen)* clear, coherent • **etw. klar darstellen** *(Gen)* make sth clear • **klar umrissen** *(Gen)* clear-cut

klären *v (Gen)* settle *(Frage)*

Klarierung *f (Imp/Exp)* (customs) clearance

Klasse *f* 1. *(Gen)* class; 2. *(Pat)* category, class; 3. *(Pol)* class; 4. *(Steuer)* bracket, class

Klassengrenze *f (Stat)* class boundary

Klassengröße *f (Pers)* class size

Klassenhäufigkeit *f (Stat)* class frequency

Klassifikation *f (Admin, Gen)* classification

Klassifikation *f* **der Wirtschaftszweige** *(Stat, WiWi)* industrial classification

klassifizieren *v (Admin, Gen)* categorize, classify

Klassifizierung *f* 1. *(Gen)* categorization, classification; 2. *(V&M)* rating

Klassifizierung *f* **von Emittenten** *(Fin)* rating

Klassifizierung *f* **von Schuldtiteln** *(Fin)* rating

klassische festverzinsliche Anleihe *f*

(Börse) straight fixed rate bond

klassisches Finanzinstrument *n (Bank, Fin)* classic financial instrument, traditional financial instrument, plain vanilla financial instrument *(Gegensätze können sein: ethisches Finanzinstrument = ethical financial instrument, schariakonformes Finanzinstrument = Sharia compliant financial instrument, nachhaltiges Finanzinstrument = sustainable financial instrument)*

Klausel *f (Pers, Recht, Versich)* clause • **ohne Klauseln** *(Gen) (ugs.)* no strings attached

Kleidungs- und Strickwarenherstellung *f (Ind) (AE)* apparel and wool industry, *(BE)* clothing trade

klein *adj (Fin, Gen, RW)* petty, small

Kleinaktien *fpl (Börse) (BE)* penny shares, *(AE)* penny stock

Kleinanleger *m (Fin)* small investor

Kleinanzeige *f (V&M)* classified ad, classified advertisement, small ad

Kleinbetragszahlungen *fpl (Bank)* retail payments • **grenzüberschreitende Kleinbetragszahlungen** *(Bank)* cross-border retail payments *(Sepa, EU)*

Kleinbetrieb *m (Gen)* small business, small firm, small enterprise

kleine Ausgaben *fpl (Gen, RW)* petty cash

kleine und mittelständische Unternehmen *npl (Gen)* small and medium-sized enterprises, small and medium-sized entities, SMEs

kleine und mittlere Unternehmen *npl (KMU) (Gen, WiWi)* small and medium-sized undertakings, SMU; small and medium-sized enterprises, SME; small and medium-sized firms, small and medium-sized businesses

kleiner als *(Gen, Stat)* smaller than, less than *(<)*

kleiner als oder gleich *(Gen, Stat)* less than or equal to, equal to or less than *(gleich oder kleiner als, =)*

kleingedruckt *adj (Recht)* in small print *(in einem Vertrag)*

Kleingeld *n (Gen)* loose change, small change, *(ugs.)* peanuts, *(AE; ugs.)* chicken feed

Kleingewerbe *n (Gen, WiWi)* trade, small trade, small manufacturers and traders

Kleingewerbetreibende *m(f) (Ind, Pers)* petty trader, small businessman, small business woman

Kleinindustrie *f (Ind)* small industry

Kleininserat *n (V&M)* classified ad, classified advertisement, small ad

Kleinserienfertigung *f (WiWi, Ind, V&M)* small batch production, job lot production

Kleinstbetrieb *m (Gen)* very small business, very small firm

kleinster gemeinsamer Nenner *m (Gen, Pol)* lowest common denominator

Klein- und Mittelbetriebe *mpl (KMB) (Gen)* small and medium-sized businesses, small and medium-sized firms, small and medium-sized enterprises, small and medium-sized entities, SMBs

Klein- und Mittelunternehmen *npl (KMU) (Gen)* small or medium enterprises, small and [or] medium-sized enterprises, SME, SMEs; small and medium-sized entities *(Synonym: kleine und mittlere Unternehmen, kleine und mittelständische Unternehmen, kleine und mittelständische Unternehmenseinheiten)*

Kleinunternehmen *n (Gen)* small business, small enterprise, small firm

Klemme helfen *v*/**aus der** *(ugs.) (Gen)* bail out, bale out

Klemme sitzen *v*/**in der** *(ugs.) (Gen)* be in a jam, be in a fix, be in a tight spot

KLR *(Abk. für Kosten- und Leistungsrechnung) (RW)* cost accounting, cost and activity accounting, cost accounting and results accounts

Klubgut *n (WiWi)* club good

klug *adj (Gen)* knowledgeable, clever

kluger Kopf *m (ugs.) (Gen)* child prodigy, *(ugs.)* whiz kid

Klumpenauswahlverfahren *n (V&M)* cluster sampling, cluster analysis *(Marktforschung)*

Klüngelei *f (Gen, Pol) (ugs.)* backscratching

KMB *mpl (Abk. für Klein- und Mittelbetriebe) (Gen)* SMBs, small and medium-sized businesses, small and medium-sized firms, small and medium-sized enterprises, small and medium-sized entities

KMU *s.* kleine und mittelständische

Unternehmen

knapp *adj* 1. *(WiWi)* scarce; 2. *(Gen)* concise • **knapp bei Kasse sein** *(Gen)* be skint • **knapp werden** *(Gen)* run short

knappe Mittel *npl* 1. *(Fin)* scant funds; 2. *(WiWi)* scarce resources

knappe Ressourcen *fpl* 1. *(Fin)* scant funds; 2. *(Umwelt, WiWi)* scarce resources

Knappheit *f (WiWi)* scarcity, shortage

Knappheit *f* **an Arbeitsplätzen** *(Pers)* job shortage, shortage of jobs, job scarcity, scarcity of jobs, lack of jobs

knausern und sparen *(Gen)* scrimp and save

Knebelungsvertrag *m (Recht)* adhesion contract

Knete *f (ugs.) (Gen) (ugs.)* bread, *(ugs.)* dough, *(ugs.)* lolly, money, *(BE; ugs.)* dosh

Know-how *n (Gen, Pat)* know-how

Koalitionsfreiheit *f (Pol)* freedom of association

Koalitionsrecht *n (Pol)* right to associate

kodifizieren *v (Pat, Recht)* codify

kodifiziertes Recht *n* 1. *(Gen)* codified law; 2. *(Pat, Recht)* statute law

Koeffizient *m (Stat)* coefficient

kognitiv *adj (Gen)* cognitive

Kohäsion *f (Gen)* cohesion

Kohäsionsfonds *m (WiWi)* cohesion fund *(EU)*

Kohle *f* 1. *(Gen) (ugs.)* bread *(Geld)*; cash, *(ugs.)* dough, *(BE; ugs.)* dosh; 2. *(Ind)* carbon, coal

Kohlenlagerstätte *f (Umwelt)* coal deposit

Kohlepapier *n (Komm)* carbon paper

Kollaborationskosten *pl (WiWi)* collaboration cost, cost of collaboration *(wikinomics = Wikiwirtschaft = Wikinomie; dank Internet gehen die Kosten für die Bündelung von Arbeit, Wissen und Kapital gegen Null)*

kollaboratives Wissensmanagement *n (Comp, Komm, Media)* collaborative knowledge management *(z. B. das Wiki)*

Kollege *m* 1. *(Pers)* colleague, fellow worker; 2. *(Recht)* adjunct

Kollegin *f s.* Kollege

kollektiv *adj (Gen)* collective

Kollektivbedürfnisse *npl (Soz, WiWi)* social wants

Kollektiventscheidungen *fpl (WiWi)* public choices

Kollektivgut *n (WiWi)* social good, collective good

Kombilohn *n (Pers)* wages top-up benefit, wage plus top-up benefit *(staatlich subventionierter Niedriglohn; a combination of a low market wage plus a state subsidy)*

Kombinat *n (WiWi)* combine, industrial combine *(meist vertikaler Zusammenschluss industrieller Betriebe in sozialistischen Wirtschaftssystemen)*

Kombination *f (Gen)* combination

kombinierbare Daten *npl (Comp, Stat)* combinable data

kombinieren *v (Gen)* combine

kombiniert *adj* 1. *(Gen)* combined; 2. *(Logis)* multimodal

kombinierte Police *f (Versich)* comprehensive policy, mixed policy

kombinierte Versicherung *f (Versich)* comprehensive insurance, multi-risk insurance

kombinierter Abschluss *m (Fin)* combined financial statement

kombinierter Handel *m (Gen)* combined trade

kombinierter Transport/Verkehr *m (Logis)* combined transport, combined transport operation, intermodal/multimodal transport

Kombiwagen *m (Logis) (BE)* estate car, *(BE; ugs.)* estate, *(AE)* station wagon

Komitee *n (Gen)* committee, commission

Kommanditanteil *m (Gen, Recht)* limited partner's share

Kommanditeinlage *f (Recht)* limited partnership capital contribution, limited partner's contribution

Kommanditgesellschaft *f (Gen, Recht)* limited (commercial) partnership, private limited partnership, public limited partnership

Kommanditgesellschaft *f* **auf Aktien** 1. *(Recht)* partnership limited by shares; 2. *(Börse)* joint-stock company

Kommanditist *m (Recht)* limited partner

Kommanditistin *f (Recht)* limited partner

Kommandowirtschaft *f (Pol)* command economy *(Sozialismus, Kommunismus)*

Kommentar *m (Gen)* commentary, comment *(Stellungnahme)*

Kommentierung *f (Gen, Pol)* commentary; annotation

kommerzialisieren *v (Gen)* commercialize
kommerziell *adj (Gen)* commercial
kommerzielle Bestandsfestigkeit *f (Gen)* commercial viability
kommerzielle Effizienz *f (WiWi)* commercial efficiency
kommerzieller Handel *m (WiWi)* commercial trade
kommerzieller Zweck *m (Gen)* commercial purpose
kommerzielles Fernsehen *n (Media)* commercial television
kommerzielles Risiko *n (Fin, Gen)* commercial credit risk
kommerzielles Wagnis *n (Mgt)* commercial venture
Kommission *f (Gen)* commission, committee *(Komitee)*; commission *(Provision)*
Kommission *f* **der Europäischen Gemeinschaft** *(obs.) (WiWi)* Commission of the European Community *(Europäische Kommission = EU-KOM = European Commission = EuCom)*
Kommissionär *m (Pers)* commission agent
Kommissionsbasis verkaufen *v/auf (V&M)* sell on commission
Kommissionsgebühr *f (V&M)* commission
Kommissionsgeschäft *n (V&M)* sale on commission
Kommissionsgüter *npl (WiWi)* commission goods
Kommissionsware *f (V&M)* consignment goods
kommunal *adj (Gen)* communal, municipal
Kommunal... *(Gen)* communal, municipal
Kommunalanleihe *f (Fin) (BE)* local authority loan, *(AE)* municipal loan
Kommunalbehörde *f (Admin)* municipal authority, *(BE)* local authority
kommunale Ebene *f (Pol, Soz)* local level , community level
kommunale Finanzen *fpl (Pol)* local government finance
kommunale Schuldverschreibung *f (Bank)* municipal notes
kommunaler Eigenbetrieb *m (Admin) (AE)* public service corporation; municipal enterprise
Kommunalobligation *f* 1. *(Bank)* municipal bond; 2. *(Börse) (AE)* general obligation bond
Kommunalregierung *f (Admin, Pol)* local government, municipal government
Kommunalschuldverschreibung *f (Börse)* municipal bond
Kommunalsteuer *f (Steuer)* local tax
Kommunalverwaltung *f (Admin, Pol)* local government, municipal government, municipality
Kommune *f* 1. *(Pol)* municipality; 2. *(WiWi)* commune
Kommunikation *f (Gen)* communication
Kommunikationsfähigkeiten *fpl (Pers)* communication skills
Kommunikationskanal *m (Mgt, Pers)* channel of communication
Kommunikationslücke *f (Mgt, Pers)* communication gap
Kommunikationsnetze *npl (Komm)* communication networks
Kommunikationsverbindung *f* 1. *(Comp)* data link; 2. *(Mgt, Pers)* communication link
Kommunikationsweg *m (Mgt, Pers)* channel of communication
komparativ *adj (WiWi)* comparative
komparativer Vorteil *m (WiWi)* comparative advantage
kompatibel *adj* 1. *(Comp)* compatible *(Hardware, Software)*; 2. *(Ind, Pers)* compatible
Kompensation *f (Gen)* compensation, offset, offsetting
Kompensationsgegengeschäft *n* 1. *(Recht)* offset agreement *(Aufrechnungsgeschäft)*; 2. *(WiWi)* counter purchase, switch
Kompensationsgeschäft *n (Imp/Exp, WiWi)* barter transaction
Kompensationshandel *m (WiWi)* counter trade
Kompensationskriterium *n (WiWi)* compensation principle
kompensatorisch *adj (Gen)* compensatory
kompensatorische Fiskalpolitik *f (Steuer)* compensatory fiscal policy
kompensieren *v* 1. *(Fin)* offset; 2. *(Gen)* compensate, make up for; 3. *(RW)* offset
Kompetenz *f* 1. *(Gen)* authority; 2. *(Pers)* competency; 3. *(Recht)* competence
Kompetenzstreitigkeit *f* 1. *(Mgt, Pers)*

(BE) demarcation dispute; 2. *(Recht)* jurisdiction dispute
Kompetenzverteilung *f (Gen, Pol)* assignment
kompetitive Abwertung *f (Pol, WiWi)* competitive devaluation
komplementär *adj (Gen)* complementary
Komplementär *m (Gen)* general partner *(Vollhafter)*
komplementäre Güter *npl (V&M, WiWi)* complementary goods, complements, joint goods
Komplementarität *f (V&M, WiWi)* complementarity *(Waren, Dienstleistungen, Unternehmen)*
Komplementärnachfrage *f (V&M, WiWi)* joint demand, complementary demand
Komplettpaket *n (V&M)* full package
Komplex *m (Grund)* complex
komplexe Kapitalstruktur *f (WiWi)* complex capital structure
Komplikation *f (Gen)* complication
Komplize *m (Recht)* accessory
komplizieren *v (Gen)* complicate
Komplizin *f s.* Komplize
Komponente *f (Comp, Gen, Ind)* component, component part
komprimieren *v* 1. *(Comp)* compress *(Dateien)*; 2. *(Pers, Logis)* compress
Kompromiss *m (Gen)* compromise **• sich auf einen Kompromiss einigen** *(Gen)* split the difference **• einen Kompromiss schließen** *(Gen)* compromise
Kompromissbereitschaft *f (Gen, Mgt, Pol)* readiness to compromise
kompromisslos *adj (Gen)* uncompromising
Kompromisslösung *f (Gen)* compromise solution, compromise decision
Konditionen *fpl (Bank, Fin)* conditions, terms
Konditionengefälle *n (Börse)* rate differential
Konditionenkartell *n (Deu) (Recht)* conditions cartel
Konferenz *f (Gen)* conference, convention
Konferenzschaltung *f (Komm)* audio conference, audio conferencing, conference call, *(AE)* three-way call *(Telefon)*
Konfidenz... *(Stat)* confidence
konfiszieren *v* 1. *(Gen)* confiscate; 2. *(Recht)* sequester, sequestrate
Konfiszierung *f* 1. *(Gen)* confiscation; 2. *(Recht)* sequestration
konfligierende Interessen *npl (Bank, Mgt, Pol)* clashing interests
Konflikt *m (Gen)* conflict **• in Konflikt geraten mit** *(Gen)* fall foul of
Konfliktvermeidung *f (V&M)* conflict avoidance
konformgehen *v* **mit** *(Gen)* agree with, *(ugs.)* be on the same wavelength as
Konformitätsbescheinigung *f (Ind, Recht)* certificate of conformity
Konfrontation *f (Gen)* confrontation
konfrontieren *v (Gen)* confront
konglomerater Zusammenschluss *m (Pol, WiWi)* conglomerate merger
Kongress *m (Mgt)* congress, convention
Kongruenzprinzip *n (RW) (AE)* matching principle
Konjunktur *f (Gen)* economic activity, economic situation, economic trends
konjunkturabhängig *adj (Börse, WiWi)* cyclical
Konjunkturabkühlung *f (WiWi)* economic slowdown, business slowdown
Konjunkturablauf *n (WiWi)* the course of the business cycle *(Synonym: Konjunkturverlauf)* **• im Konjunkturablauf** *(WiWi)* over the business cycle, over the course of the business cycle
Konjunkturabschwächung *f (WiWi)* economic slowdown
Konjunkturabschwung *n (WiWi)* business slowdown, business downswing, cyclical downturn, economic downturn
Konjunkturaufschwung *m* 1. *(Mgt)* business expansion; 2. *(WiWi)* economic upswing, economic boom
Konjunkturaussichten *fpl (WiWi)* business outlook, economic outlook, economic prospects
konjunkturbedingt *adj (WiWi)* cyclical, due to cyclical factors, cyclically induced
Konjunkturbelebung *f (WiWi)* (economic) recovery, (economic) upswing, (economic) revival, cyclical upswing, increase in business activity
Konjunkturbericht *m (WiWi)* economic report
konjunkturell *adj (WiWi)* cyclical, economic, business

konjunkturelle Arbeitslosigkeit *f (WiWi)* cyclical unemployment
konjunkturelle Erholung *f (WiWi)* recovery, economic recovery, upswing, economic upswing
konjunkturelle Situation *f* economic situation, business situation, business climate, state of the economy
konjunkturelle Überhitzung *f (WiWi)* overheating of the economy
konjunkturempfindliche Branche *f (WiWi)* cyclical industry
Konjunkturentwicklung *f (WiWi)* economic development, economic trend
Konjunkturerholung *f s.* konjunkturelle Erholung
Konjunkturimpuls *m (WiWi)* boost to the economy, economic impetus
Konjunkturkrise *f (V&M, WiWi)* economic crisis
Konjunkturlage *f (WiWi)* economic conditions, economic situation, state of the economy
konjunkturorientierte Finanzpolitik *f (WiWi)* active fiscal policy, anticyclical fiscal policy
Konjunkturpaket *n (WiWi, Recht)* stimulus package
Konjunkturphase *f (WiWi)* trade cycle
Konjunkturpolitik *f (Pol, WiWi)* trade cycle policy
Konjunkturprognose *f (WiWi)* economic forecasting, business forecasting
konjunkturreagibel *adj (V&M, WiWi)* responsive to business fluctuations, responsive to cyclical fluctuations, responsive to economic fluctuations
konjunkturreagible Werte *mpl* 1. *(Bank)* cyclical stocks, cyclically sensitive stocks; 2. *(WiWi)* stocks responsive to cyclical trends, stocks responsive to economic trends, stocks responsive to economic fluctuations *(Synonym: konjunkturempfindliche Werte, konjunkturabhängige Werte; Gegensatz: konjunkturresistente Werte)*
konjunkturresistente Werte *mpl* 1. *(WiWi)* cyclically resistant stocks, stocks resistant to economic trends, stocks resistant to cyclical trends; 2. *(Bank)* non-cyclical stocks, cyclically insensitive stocks *(vgl. Sündenfonds; Gegensatz: konjunkturempfindliche Werte, konjunkturreagible Werte, konjunkturabhängige Werte)*
Konjunkturrückgang *m (WiWi)* recession, downtrend, slowdown
Konjunkturschwankungen *fpl (WiWi)* cyclical variations, cyclical fluctuations
Konjunkturtheorie *f (WiWi)* business cycle theory, trade cycle theory
Konjunkturtief *n (WiWi)* economic trough, economic low, bottom
Konjunkturtrend *m (WiWi)* economic trend
Konjunkturüberhitzung *f (WiWi)* overheating of the economy
Konjunkturumfrage *f (V&M, WiWi)* business survey
Konjunkturverlangsamung *f (WiWi)* business slowdown
Konjunkturverlauf *m (WiWi)* economic trend
Konjunkturwende *f (V&M, WiWi)* cyclical turnaround
Konjunkturzyklus *m (WiWi)* trade cycle, business cycle, economic cycle
konkludent geschlossener Vertrag *m (Recht)* implied contract
konkludentes Verhalten *n (Recht)* action implying intention *(Vertragsrecht)*
Konkretisierung *f (Recht)* appropriation *(Vertrag)*
Konkurrent(in) *m(f) (Gen)* competitor, rival
Konkurrenz *f (Gen)* competition • **mit der Konkurrenz Schritt halten** *(Gen)* keep in step with one's competitors
Konkurrenzdruck *m (V&M, WiWi)* competitive pressure
Konkurrenzerzeugnis *n (V&M)* rival goods
konkurrenzfähig *adj (Gen)* competitive
Konkurrenzfähigkeit *f (Gen)* competitiveness
Konkurrenzgeschäft *n (Gen)* competitive business
Konkurrenzkampf *m* 1. *(Gen) (ugs.)* rat race; 2. *(WiWi)* competitive struggle
konkurrenzlos *adj* 1. *(Börse)* unmatched; 2. *(Gen)* unrival(l)ed
Konkurrenzmarke *f (V&M)* rival brand
Konkurrenzpreis *m (V&M)* competitive price
Konkurrenzunternehmen *n (Gen)* competitor
konkurrieren *v (Gen)* compete
konkurrieren *v* **mit** *(Gen)* compete with
konkurrierende Bedürfnisse *npl (Gen)*

competing requirements
konkurrierende Gerichtsbarkeit *f (Recht)* concurrent jurisdiction
konkurrierende Zuständigkeit *f (Recht)* concurrent jurisdiction
konkurrierender Anspruch *m (V&M)* competitive claim
Konkurs *m (Fin, RW)* bankruptcy *(Überschuldung)*; insolvency, liquidation *(Zahlungsunfähigkeit; Deutschland: ab 1999 ersetzt die "Insolvenzordnung" "Konkurs" durch "Insolvenz")* • **Konkurs anmelden** *(Fin)* file for bankruptcy • **in Konkurs gehen** *(Fin)* fail, go bankrupt • **Konkurs eröffnen** *(WiWi)* adjudicate bankruptcy
Konkursantrag *m (Fin) (AE)* petition for relief, *(BE)* petition in bankruptcy
Konkursbeschluss *m (Fin)* order for relief
Konkurseröffnung *f (Fin, Recht, RW)* adjudication in bankruptcy
Konkursforderung *f (Fin, Recht)* claim in bankruptcy, bankruptcy claim, claim against a bankrupt estate
Konkursgericht *n (Recht)* bankruptcy court, superintendent of bankruptcy
Konkursgesetz *n (Recht, RW)* bankruptcy act
Konkursgläubiger *m (Recht)* creditor in bankruptcy
Konkursmasse *f (Recht)* bankruptcy property, bankruptcy estate
Konkursordnung *f (Recht, RW)* German Insolvency Law, bankruptcy act *(ab 1999 "Insolvenzordnung")*
Konkursrecht *n (Recht, RW)* bankruptcy law
Konkursschuldner *m (Recht)* (the) bankrupt
Konkursverfahren *n* 1. *(RW)* bankruptcy; 2. *(Recht)* bankruptcy proceedings
Konkursverwalter *m* 1. *(Bank)* assignee in bankruptcy, trustee in bankruptcy; 2. *(Recht)* official receiver, receiver, liquidator, administrator in bankruptcy
Konkursverwaltung *f (RW)* receivership
Konnossement *n (Imp/Exp, Logis)* bill of lading, (shipping) bill
Konsens *m (Gen, Pol)* consensus
konsequent *adj (Mgt)* consistent, consequent *(Methoden)*
konservative Schätzung *f (Gen)* conservative estimate
Konsistenz *f (WiWi)* consistency
konsolidieren *v* 1. *(Bank, Fin)* consolidate, fund; 2. *(RW, WiWi)* consolidate
konsolidiert *adj (Bank, Fin, RW, WiWi)* consolidated • **auf konsolidierter Basis** *(Fin, RW)* on a consolidated basis
konsolidiert *adj*/**nicht** *(RW)* unconsolidated
konsolidierte Bilanz *f (RW)* consolidated balance sheet
konsolidierte Kredite *mpl (Fin)* funded debt
konsolidierte Zahlen *fpl (RW)* consolidated figures
konsolidierter Abschluss *m (RW)* consolidated [group] accounts, consolidated financial statement
konsolidierter Jahresabschluss *m (RW)* consolidated annual accounts
konsolidierter Lagebericht *m (Mgt)* consolidated annual reports
konsolidierter Reingewinn *m (RW)* consolidated net profit
konsolidiertes Konzernvermögen *n (Fin)* consolidated assets
Konsolidierung *f* 1. *(Bank, Fin)* consolidation; 2. *(RW) (BE)* merger accounting
Konsolidierungsgrundsätze *mpl (RW)* consolidation method
Konsortialbank *f (Bank, Fin)* consortium bank
Konsortialführer *m (Bank, Fin)* leading [prime] underwriter, syndicate leader, *(Unternehmen)* lead bank
Konsortialführerin *f s.* Konsortialführer
Konsortialführung *f (Bank, Börse)* lead management
Konsortialgebühr *f (Börse)* management fee
Konsortialgeschäft *n (Bank)* underwriting business
Konsortialmitglied *n (Fin)* underwriter
Konsortialprovision *f (Bank)* negotiation fee, spread
Konsortialspanne *f (Börse)* underwriting spread
Konsortialvertrag *m* 1. *(Börse)* syndicate agreement, underwriting agreement; 2. *(Recht)* cooperation agreement *(Vertragsrecht)*
Konsortium *n (Bank, Börse, Fin, Grund, Recht)* consortium, syndicate
konstant *adj (Gen)* constant, uniform • **bei konstanten Preisen** *(Gen)* at constant prices • **zu konstanten**

Preisen *(Gen)* at constant prices
Konstante *f* 1. *(Comp)* constant; 2. *(Stat)* absolute term, constant
konstante Preise *mpl (Stat, WiWi)* constant prices, base-period prices *(Preise der Basisperiode)* • **bei konstanten Preisen** *(Gen)* at constant prices • **zu konstanten Preisen** *(Stat, WiWi)* at constant prices, in real terms, in terms of money at constant prices *(Synonym: real, in realen Größen, in konstanten Preisen; Gegensatz: nominal = in money terms)*
konstanter Skalenertrag *m (WiWi)* constant returns to scale
konstituieren *v (Pat)* constitute
konstitutionelle Ebene *f (Recht, WiWi)* constitutional level *(Verfassungsebene; cf constitutional economics = Konstitutionenökonomik)*
konstruieren *v* 1. *(Ind)* develop, design *(Prototyp)*; 2. *(Stat)* construct
Konstrukteur *m (Ind)* design engineer
Konstruktion *f* 1. *(Gen)* construction, design; 2. *(Grund)* construction; 3. *(Ind)* construction, development
Konsulat *n (Pol)* consulate
Konsulatserklärung *f (Pol)* consular declaration, CD
Konsulatsfaktura *f (Admin, RW)* certified invoice
Konsultation *f (Gen)* consultation
konsultieren *v (Gen, Mgt)* consult
Konsultierung *f (Gen)* consultation
Konsum *m (V&M, WiWi)* consumption, C
Konsumausgaben *fpl (WiWi)* consumer expenditure, high-street spending
Konsumbedarf *m (V&M)* consumer needs
Konsumbereitschaft *f (WiWi)* propensity to consume
Konsument *m (V&M, WiWi)* consumer
Konsumentenkredit *m (Bank, V&M)* consumer credit, consumer loan
konsumentenorientiert *adj (V&M)* consumer-oriented
Konsumentenpräferenz *f (V&M)* consumer preference
Konsumentenrente *f (WiWi)* consumer's surplus
Konsumentenverhalten *n (V&M) (BE)* consumer behaviour, *(AE)* consumer behavior
Konsumentin *f s.* Konsument
Konsumexternalitäten *fpl (WiWi)* external effects of consumption
Konsumgesellschaft *f (WiWi)* consumer society
Konsumgüter *npl (V&M)* consumer goods, consumer products
Konsumgütermarkt *m (V&M)* consumer market
konsumieren *v (V&M, WiWi)* consume
Konsum-Lag *m (WiWi)* consumption lag *(Synonym: Verbrauchs-Lag; cf Robertson-Lag)*
Konsumnachfrage *f (V&M, WiWi)* consumer demand
Konsumneigung *f (WiWi)* propensity to consume
Konsumsteuer *f (Steuer)* consumption tax *(Synonym: Verbrauchssteuer)*
Konsumverhalten *n (WiWi)* consumption pattern, consumption behavio(u)r
Konsumverlagerung *f (V&M)* shift in consumption
Kontakt *m (Gen)* contact
kontaktbehaftete Chipkarte *f (Comp, Komm)* contact smart card
Kontakter *m (Media)* account executive
kontaktlose Chipkarte *f (Comp, Komm)* contactless smart card
Kontaktperson *f (Gen)* contact
Kontaktstudium *(Bil)* continuing education courses, academic education courses (for graduates)
kontaminieren *v (Umwelt)* contaminate
Konten *npl (Bank, Fin, RW)* accounts • **Konten abstimmen** *(RW)* agree [reconcile] accounts
Kontenabfrage *f (Bank, Comp)* account query
Kontenabrufverfahren *n (Deu) (Bank, Comp, Fin, Soz)* account retrieval procedure *(nach §§ 93 Abs. 7, 8 und 93b AO sowie § 24c KWG: das effiziente Ermitteln der und die Einblicknahme in die Kontenstammdaten der Kunden deutscher Banken durch die Finanz- und Sozialbehörden ohne Vorabinformation der Betroffenen; from May 2005 financial and social security agencies have the right to detect accounts and gain an insight into master data of account holders)*
Kontenform *f (RW)* account form
Kontenformat *n (Comp)* horizontal format
Kontenführung *f (RW)* accountancy,

accy

Kontengliederung *f (RW)* classification of accounts

Kontengliederung *f* **der Bilanz** *(RW)* format [layout] of balance sheet

Kontenplan *m (RW)* chart of accounts

Kontenrahmen *m (RW)* standard chart of accounts

kontestabler Markt *m (WiWi)* contestable market *(Wettbewerb)*

kontextabhängig *adj (Comp, Gen)* context-sensitive

Kontingent *n (Gen)* quota

kontingentieren *v (Gen)* fix a quota

Kontinuität *f* 1. *(RW)* consistency *(Bilanzgrundsatz)*; 2. *(V&M, WiWi)* continuity

Konto *n (Bank, RW, V&M)* account • **auf Konto von** *(Bank)* account of • **à Konto** *(Bank)* account of, on account • **ein Konto abschließen** *(Bank, Fin, RW)* balance an account • **ein Konto abstimmen** *(Bank, Fin, RW)* balance [reconcile] an account • **ein Konto ausgleichen** *(Bank, Fin, RW)* balance an account, settle an account • **einem Konto einen Betrag gutschreiben** *(Bank)* credit a sum to an account

Kontoabschluss *m (Fin, RW)* balancing of an account

Kontoabstimmung *f* **zwischen Bank und Kunde** 1. *(Bank)* bank reconciliation; 2. *(RW)* account reconciliation, account matching

Kontoauszug *m (Bank)* bank statement, account statement

Kontoauszugsdrucker *m (Bank)* account statement printer

Kontoform *f (RW)* account form

Kontoführungskosten *pl (Bank)* maintenance charge

Kontoinhaber *m (Bank)* account holder

Kontoinhaberin *f s.* Kontoinhaber

Kontokorrentguthaben *n (Bank) (AE)* checking account balance, checking account surplus, *(BE)* current account balance, current account surplus

Kontokorrentkonto *n (Bank) (AE)* checking account, *(BE)* cheque account, *(BE)* current account; credit account

Kontokorrentkredit *m (Bank) (AE)* checking account loan, *(BE)* current account loan; open credit

Kontonummer *f (Bank, RW)* account number

Kontostand *m (Bank, RW)* account balance, actual balance, balance

Kontoüberziehung *f (Bank)* overdraft, O/D

Kontoumsatz *m* 1. *(Bank)* activity; 2. *(RW)* account turnover

Kontrahent *m* 1. *(Börse) (BE)* counterparty; 2. *(Recht)* contracting party; 3. *(WiWi)* counterpart

kontrahieren *v (Gen)* contract

Kontrakt *m (Börse, Logis, WiWi)* contract

Kontrakteinheit *f (Börse)* contract size

kontraktive Geldpolitik *f (WiWi)* tight monetary policy, tight money policy

kontraktive Offenmarktpolitik *f (WiWi)* contractionary open market policy

Kontraktkurve *f (WiWi)* contract curve

Kontrollbehörde *f (Recht)* regulatory body

Kontrolle *f* 1. *(Gen)* control, supervision, tracking *(Umsatz, Kosten, Ausgaben)*; 2. *(Imp/Exp)* examination *(Zoll)*; 3. *(Mgt, Pers)* supervision; 4. *(WiWi)* control • **unter Kontrolle bringen** *(WiWi)* bring under control *(Inflation)* • **die Kontrolle übernehmen** *(Gen)* take control

Kontrollerwerb *m (Börse, Mgt, RW)* acquisition of control, control acquisition *(Übernahmerichtlinie--Umsetzungsgesetz = Takeover Directive Implementation Law; bei Überschreitung bestimmter Beteiligungs-Schwellenwerte werden verschiedene Rechtsfolgen ausgelöst)*

Kontrollgruppe *f (V&M)* control group

kontrollieren *v* 1. *(Gen)* control *(Kosten)*; track *(Ausgaben)*; 2. *(Imp/Exp)* examine; 3. *(Mgt, Pers)* supervise; 4. *(WiWi)* control *(Inflation)*

Kontrollkosten *pl (WiWi)* monitoring costs

Kontrollmaßnahme *f (WiWi)* measure of control

Kontrollspanne *f (Gen)* span of control

Kontrollverfahren *n (Bank)* monitoring procedure *(EZB)*

Kontrollzentrum *n (Gen, Mgt)* control center, *(BE)* control centre

Konvent *m (Pol)* convention *(EU--Verfassungskonvent)*

Konventionalstrafe *f (Recht)* penalty for noncompliance *(wegen Zuwiderhandlung)*

Konventionalstrafe *f* **wegen**

Vertragsbruch *(Recht)* penalty for breach of contract
Konventionalstrafklausel *f (Recht)* penalty clause
konventionelle Anleihe *f (Fin)* straight bond
konventionelles Finanzinstrument *n (Bank, Fin)* traditional financial instrument, conventional financial instrument, *(AE)* plain vanilla financial instrument *(Gegensätze können sein: ethisches Finanzinstrument = ethical financial instrument, schariakonformes Finanzinstrument = Sharia compliant financial instrument, nachhaltiges Finanzinstrument = sustainable financial instrument)*
Konvergenz *f* **der Schuldenstände** *(Bank)* debt convergence *(EZB)*
Konvergenzkriterien *npl (Pol)* convergence criteria *(EU, EZB)*
konvergieren *v (Gen)* converge
Konversion *f (Börse, Fin, WiWi)* conversion
Konversionsleistungen *fpl (Bank)* conversion services
Konvertibilität *f (Fin, Pol, WiWi)* convertibility
konvertierbare Währung *f (Pol, WiWi)* convertible currency, hard currency
Konvertierbarkeit *f (Fin, Pol, WiWi)* convertibility
konvertieren *v (Börse, Comp, Fin, WiWi)* convert
Konvertierung *f (Börse, Comp, Fin, WiWi)* conversion
Konzentration *f (Gen, WiWi)* concentration
Konzentrationsmaß *n (WiWi)* concentration ratio
konzentrieren *v (Gen)* concentrate
Konzept *n* 1. *(Gen)* approach, plan; 2. *(Mgt)* approach; 3. *(RW, V&M)* concept; 4. *(Admin, WiWi)* approach
Konzeption *f (Gen, V&M)* conception, idea *(Idee)*
Konzern *m (Gen)* (affiliated) group, group of companies, concern
Konzernabschluss *m (RW)* consolidated accounts, consolidated financial statement, group accounts
Konzernaufsichtsrat *m (Mgt)* group supervisory board
Konzernbilanz *f (Fin, RW)* consolidated balance sheet, consolidated financial statement
Konzernbilanzsumme *f (Bank)* consolidated balance-sheet total
Konzernergebnis *n (RW)* consolidated result, group result, consolidated income
Konzerngesellschaft *f (WiWi)* corporate affiliate
Konzerngewinn *m (RW)* group profit
Konzern-Gewinn- und Verlustrechnung *f (RW)* consolidated statement of income
konzernintern *adj (Gen)* intergroup, intragroup; captive *(not for the market, limited to the group; nicht für den Markt, begrenzt auf den Konzern: z. B. Industrieversicherungen)*
konzerninterner Markt *m (V&M, WiWi)* internal market, market within the group, intercompany market
Konzern-Kapitalflussrechnung *f (Fin)* group cash flow statement
Konzernrevision *f* 1. *(Mgt, RW)* group audit, group auditing; 2. *(Steuer)* group tax audit
Konzernstruktur *f (Gen)* group structure
Konzerntochter *f (RW)* subsidiary
Konzernunternehmen *n (Gen)* group company, affiliate, affiliate company, associated company *(Unternehmen unter einheitlicher Leitung -under common control- gem. § 18 AktG)*
Konzernverbund *m (Fin)* affiliated group
Konzern-Verrechnungspreise *mpl (RW)* intergroup prices, intercompany prices, intergroup transfer prices
Konzernzentrale *f (Mgt)* headquarters
Konzertation *f (Pol, WiWi)* concertation *(EU)*
konzertiert *adj (Pol, WiWi)* concerted *(EU)*
Konzertierung *f (Pol, WiWi)* concertation *(EU)*
Konzession *f* 1. *(Gen)* concession, franchise; 2. *(Pat)* patent; 3. *(Recht)* concession, *(BE)* licence, *(AE)* license
Konzessionär *m* 1. *(Gen)* concessionaire; 2. *(Recht)* concessionaire, licensee; 3. *(Steuer)* concessionaire
konzessioniert *adj* 1. *(Gen)* chartered, franchised; 2. *(Recht)* licensed
konzessionierte Bank *f (Bank) (AE)* chartered bank
Konzessionserteiler *m (Pat, Recht)*

licensor

Konzessionsinhaber *m* 1. *(Gen)* concessionaire, franchisee; 2. *(Recht)* licensee

Konzessionsinhaberin *f s.* Konzessionsinhaber

Konzessionsvertrag *m (Recht)* franchise agreement

Kooperationsabkommen *n (Pol, WiWi)* cooperation agreement *(EU)*

Kooperationsrahmen *m (Bank, Pol)* cooperative framework

kooperativer Führungsstil *m (Mgt, Pers)* cooperative style of management, cooperative management style, cooperative leadership *(Gegensatz: autoritärer Führungsstil = authoritarian style of leadership)*

kooperieren *v (Gen)* cooperate

Koordinator *m (Pers)* coordinator

Koordinatorin *f s.* Koordinator

koordinieren *v (Gen)* coordinate

Koordinierungsprovision *f (Bank)* arrangement fee

Kopf/pro *(Gen, WiWi)* per capita, per head

Kopfjäger *m (Pers)* headhunter

kopflastig *adj (Admin)* top-heavy *(Organisation mit Wasserkopf)*

Kopfprämie *f (Soz)* per capita premia *(Synonym: Kopfpauschale; lump sum per capita health fund premia)*

Kopfsteuer *f (Soz, Steuer) (BE)* capitation [head, poll] tax

Kopie *f* 1. *(Comp)* copy *(Textverarbeitung)*; 2. *(Gen)* copy; 3. *(Komm)* carbon copy • **amtlich beglaubigte Kopie** *(Recht)* certified copy

Kopierabgabe *f (Recht, Comp, Media)* copy fee

Kopierschutz *m (Comp)* copy protection *(Disketten)* • **mit Kopierschutz versehen** *(Comp)* copy-protected *(Diskette)*

Kopierschutzsystem *n (Comp, Media, Recht)* copy protection system

Kopplung *f (Fin)* tie-in

Kopplungsgeschäft *n* 1. *(Recht)* package deal; 2. *(V&M)* tie-in sale; 3. *(WiWi)* linked transaction

Kopplungsvertrag *m (WiWi)* tying arrangement [contract]

Korbwährung *f (WiWi)* basket [composite] currency

körperlich *adj (Gen)* physical

körperliche Arbeit *f (Pers)* manual work

körperliche Inventur *f (RW)* physical inventory

Körperschaft *f (Admin)* corporate body

Körperschaft *f* **des öffentlichen Rechts** *(Gen)* public body, public(-law) corporation

Körperschaftsteuer *f (Steuer)* corporate tax, corporation income tax, *(BE)* corporation tax

Körperschaftsteuerpflicht *f (Steuer)* corporation tax liability

körperschaftsteuerpflichtig *adj (Steuer)* liable in corporate income tax, liable in corporation income tax

Körpersprache *f (Gen, Pers)* body language

korporatistischer Staat *m (Pol)* corporate state

korrekt *adj (Gen)* accurate, correct

Korrektheit *f (Gen)* accuracy

Korrektur *f (Media)* correction

Korrekturmaßnahme *f (Gen)* corrective action

Korrekturposten *m* **in der Bilanz** *(RW)* balancing item in the balance sheet *(EZB)*

Korrelation *f (Stat)* correlation

Korrelationsanalyse *f (Stat)* correlation analysis

korrelieren *v (Stat)* correlate

Korrespondent *m (Bank, Media)* correspondent

Korrespondentin *f s.* Korrespondent

Korrespondenz *f (Komm)* correspondence, communication

korrespondieren *v* 1. *(Gen)* correspond *(entsprechen)*; 2. *(Komm)* correspond *(in Briefwechseln)*

Korruption *f (Gen)* corruption

kosten *v (Gen)* cost

Kosten *pl* 1. *(Gen, RW)* cost *(amount of money needed to pay for a thing, value in alternative uses)*; costs *(money that must be spent regularly, e. g. running costs -laufende Kosten- for labour or energy)*; expenditure *(Ausgaben; action of spending)*; expense, expenses *(Ausgaben, Aufwand; money spent on a specific task, e. g. travel expenses)*; outlay *(Auslagen, Barausgaben)*; charges *(Aufwendungen, Nebenkosten)*; 2. *(WiWi)* cost • **die Kosten steigen auf Milliardenhöhe**

(Gen) costs are running into billions • **die Kosten tragen** *(Gen)* bear the costs, defray the costs, meet the costs • **die Kosten übernehmen** *(Gen)* assume the expenses, meet the expenses, settle the expenses • **für die Kosten aufkommen** *(RW)* meet costs, defray costs, settle costs • **Kosten auf bestimmten Konten verrechnen** *(RW)* allocate costs to certain accounts • **Kosten auf die entsprechenden Konten umlegen** *(RW)* allocate costs to the appropriate accounts • **Kosten auffangen** *(Fin, RW)* absorb cost • **Kosten aufgliedern** *(Fin, RW)* break down expenses, itemize costs *(Kosten aufschlüsseln)* • **Kosten bestimmten Konten zuordnen** *(RW)* allocate costs to certain accounts • **Kosten bewerten** *(RW)* cost • **Kosten, die für jmdn. steuerpflichtig sind** *(Steuer)* costs taxable to sb • **Kosten kontrollieren** *(Gen)* control costs • **Kosten per Nachnahme zu erheben** *(Gen, Logis)* charges forward, ch. fwd *(Lieferklausel)* • **Kosten sind per Nachnahme zu erheben** *(Gen)* charge forward, Ch Fwd • **Kosten umlegen** *(RW)* assign costs, allocate costs • **Kosten verrechnen** *(RW)* allocate costs • **Kosten verteilen, Kosten zeitlich verteilen** *(RW)* spread costs • **Kosten zuweisen** *(RW)* allocate costs • **sich an den Kosten beteiligen** *(Gen, Mgt)* share (in) the expenses

Kosten *pl* **, Versicherung** *f* **und Fracht** *f* *(Imp/Exp, Logis)* cost, insurance and freight *(Lieferklausel)*

Kosten *pl* **der Kuppelproduktion** *(WiWi)* common costs, joint costs

Kosten *pl* **und Fracht** *f* 1. *(Gen)* cost and freight, C&F, C/F, CAF *(Lieferklausel)*; 2. *(Imp/Exp, Logis)* cost and freight, CFR *(Incoterms)*

Kosten *pl* **und Frachtnachnahme** *f (Gen, Logis)* charges forward, ch. fwd *(Lieferklausel)*

Kosten *pl* **und Versicherung** *f (Imp/Exp, Logis)* cost and insurance *(Lieferklausel)*

Kostenabweichung *f (Fin)* cost variance

Kostenanalyse *f (Fin, RW)* cost analysis

Kostenanstieg *m (Mgt, RW)* rise in cost(s), increase in cost(s), cost increase

Kostenart *f (Fin)* type of costs

Kostenartenrechnung *f (Fin, RW)* analysis of costs by type [nature]

Kostenaufgliederung *f (RW)* breakdown of costs, cost split-up

Kostenaufteilung *f (RW)* cost allocation

kostenaufwendig *adj (Gen)* costly

Kostenbeschränkung *f (WiWi)* cost constraint *(Kostenrestriktion)*

Kostenbewertung *f* **von Lagerbeständen** *(RW)* inventory costing, inventory evaluation

kostenbewusst *adj (Gen, Mgt)* cost--conscious, cost-minded

Kostenbewusstsein *n (Gen)* cost awareness, cost-mindedness

Kostenbremse *f (Gen, Mgt)* cost brake, cost saver • **auf die Kostenbremse treten** *(Gen, Mgt)* curb costs • **die Kostenbremse ziehen** *(Gen, Mgt)* put on the brake on costs

kostendämpfend *adj (Gen, Mgt, RW)* cost saving

Kostendämpfung *f (Soz)* cost containment, cost dampening

kostendeckend *adj (Gen)* cost-covering • **kostendeckend arbeiten** *(Fin)* break even

kostendeckende Menge *f (V&M)* breakeven quantity

Kostendeckungspunkt *m (Fin)* breakeven point • **den Kostendeckungspunkt erreichen** *(Fin)* break even

Kostendeckungsschwelle *f (Fin, WiWi)* breakeven level, breakeven point *(Breakeven-Punkt, Breakeven--Schwelle: Kosten = Erlöse, Gewinn = 0)*

Kostendruckinflation *f (WiWi)* cost-push inflation

kosteneffektiv *adj (Gen)* cost-effective, cost-efficient

Kosteneindämmung *f (WiWi)* cost containment

Kosteneinsparung *f (Mgt, RW)* cost saving, economy, saving

Kostenentlastung *f (Bank)* cost relief

Kostenerstattung *f (Gen, Mgt)* reimbursement of cost(s), reimbursement of expenses, refund of cost(s), refund of expenses

Kosten-Ertrags-Relation *f (Bank, Fin)* cost-income-ratio, CIR *(das Verhältnis zwischen Verwaltungsaufwand und operativen Erträgen gibt an, wie viel für hundert Geldeinheiten des Ertrags*

aufgewendet werden muss; der breit akzeptierte Effizienzmaßstab für das operative Bankgeschäft liegt in Deutschland häufig bei ca. 75-55 %; Synonym: Aufwands-Ertrags--Verhältnis,Aufwand-Ertrags-Verhältnis, Aufwand/Ertrag-Relation, Aufwands--Ertrags-Quote, Relation f von Aufwand zu Ertrag, Aufwandsrentabilität, Kosten-Ertrags-Quote)

Kostenfestsetzung *f (Börse)* fixing of costs

Kostenführer *m (WiWi)* cost leader

Kostenführerschaft *f (Gen)* cost leadership

Kostengefüge *n (Fin)* cost structure

Kostengliederung *f (Fin, RW)* breakdown of expenses • **eine Kostengliederung aufstellen** *(Fin, RW)* break down expenses

kostengünstig *adj (Gen)* cost-effective, low-cost

kosteninduzierte Inflation *f (WiWi)* cost--push inflation

kostenlos *adj (Gen)* at no charge, free, free of charge, without charge, gratuitous

kostenloser Eintritt *m (Frei)* free admission

Kostenminimierung *f (Mgt, RW, WiWi)* cost minimization

kostenneutral *adj (Fin, RW, WiWi)* cost--neutral

Kosten-Nutzen-Analyse *f (Fin, RW, WiWi)* cost-benefit analysis

kostenpflichtig *adj (V&M)* fee-based, subject to a charge

Kostenprognose *f (Admin)* cost forecast

Kostenprogression *f (WiWi)* increase in (marginal) unit cost, diseconomy

kostenreagibel *adj (WiWi)* cost-sensitive

Kostenrechnung *f (RW)* cost accounting, cost and activity accounting, cost accounting and results accounts *(Synonym: Kosten- und Leistungsrechnung, KLR, Betriebsbuchführung)*

Kostenreduzierung *f (Fin, WiWi)* cost reduction

Kostenreport *m (Gen, V&M)* cost report

Kostensenkung *f (Gen)* cost trimming, cost cutting, cost containment, cost reduction

Kostensenkungsprogramm *n (Mgt, WiWi)* cost containment program

kostensparend *adj (Gen, Mgt, RW)* cost saving

Kostenstelle *f (RW) (AE)* cost center, *(BE)* cost centre

Kostensteuerung *f (RW)* cost control

Kostenstruktur *f (Fin)* cost structure

Kostenträger *m (RW)* unit of output, product *(trägt die Istkosten, die Normalkosten oder die Plankosten)*

Kostenträgerrechnung *f (RW)* cost-unit accounting, product cost accounting, unit cost accounting, product costing

Kostenträgerstückrechnung *f (RW)* cost unit accounting

Kostenträgerzeitrechnung *f (RW)* unit costing per period, product costing per period, cost unit period accounting

Kostenumlage *f (RW)* allocation [apportionment] of costs, cost allocation [apportionment]

Kosten- und Leistungsrechnung *f (RW)* cost accounting

Kostenverlauf *m (Fin)* cost behavio(u)r pattern

Kostenverrechnung *f (RW)* cost allocation

Kostenverteilung *f (RW)* cost allocation

Kostenvoranschlag *m* 1. *(Gen)* (cost) estimate; 2. *(RW)* cost forecast, estimated charges

Kostenvorgabe *f (WiWi)* cost objective

Kosten-Wirksamkeits-Analyse *f (WiWi)* cost-effectiveness analysis

Kostenzurechnung *f (RW)* cost allocation [apportionment]

Kraft *f* 1. *(Gen)* force; 2. *(Ind)* energy, power • **in Kraft** *(Recht)* in force *(Gesetze)* • **außer Kraft setzen** *(Recht)* invalidate *(Gesetz)*; override *(Regel)* • **in Kraft setzen** 1. *(Mgt)* activate *(Krisenplan)*; 2. *(Recht)* put into force *(Gesetz)* • **in Kraft treten** *(Recht)* come [enter] into force, take effect *(Gesetz)*

Kraftfahrzeug *n (Gen)* vehicle

Kraftfahrzeugemissionen *fpl (Ind, Umwelt)* automobile emissions

Kraftfahrzeughaftpflichtversicherung *f (Logis, Versich)* third-party motor (vehicle) insurance

Kraftfahrzeugindustrie *f (Ind, Logis)* car industry, motor industry

Kraftfahrzeugsteuer *f (Steuer, Logis)* motor vehicle tax, *(BE)* road tax

Kraftfahrzeugversicherung *f (Versich) (AE)* automobile insurance, *(BE)* car

insurance; motor (vehicle) insurance
Kraftfahrzeugzulassung *f (Logis)* car registration
Kraftwerk *n (Ind)* power station, generating station
Krankengeld *n* 1. *(Pers)* sick pay, sickness benefit; 2. *(Versich)* daily compensation
Krankengeldregelung *f (Pers) (BE)* sick pay scheme
Krankenkasse *f (Pers, Soz)* health insurance scheme
Krankenmeldung *f (Pers, Soz)* notification of illness, notification of sickness
Krankenpflichtversicherung *f (Pers, Soz)* statutory health insurance, compulsory health insurance
Krankenschein *m (Soz, Versich)* health insurance certificate, health insurance record card, health service cheque
Krankenstand *n (Pers, Soz)* sickness rate, sickness level
Krankentagegeld *n (Recht, Versich)* daily sick pay
krankenversichert sein *v (Soz)* have health insurance, have health insurance cover
Krankenversicherung *f (Pers, Soz, Versich)* health insurance, medical insurance
Krankenversicherungsbeitrag *m (Soz)* health insurance contribution, sickness insurance contribution
Krankenversicherungsleistungen *fpl (Soz, Versich)* health benefits
Krankenversicherungsschutz *m (Soz)* health insurance cover
Krankenversicherungssystem *n (Pers, Soz, Versich)* health insurance scheme, health insurance system
krankfeiern *v (Pers)* be off sick, *(ugs.)* skip work *(Synonym, ugs.: krankmachen)*
Krankfeiern *n (Pers)* absenteeism
krankgeschrieben sein *v (Pers)* be on sick leave
Krankheit *f (Pers, Soz, Versich)* sickness
Krankheitsattest *n (Pers, Soz)* sickness certificate, medical certificate
krankheitsbedingt *adj (Soz)* due to illness, due to sickness
Krankheitsbescheinigung *f (Pers, Soz)* medical certificate
Krankheitskosten *pl (Soz)* health care costs, medical costs, cost of illness
Krankmeldung *f (Pers, Soz)* notification of illness, notification of sickness
kreative Buchführung *f (ugs.) (RW) (ugs.)* creative accounting, *(ugs.)* unorthodox accounting
kreative Zerstörung *f (WiWi)* creative destruction *(Schumpeter)*
Kreativschmiede *f (Pol, V&M, WiWi)* creative think unit, creative think tank
Kredit *m* 1. *(Bank)* advance, bank accommodation, loan, credit; 2. *(Fin)* advance, credit; 3. *(RW)* advance • **auf Kredit** *(Fin)* on credit • **Kredit aufnehmen** *(Bank)* borrow funds • **einen Kredit aufnehmen** *(Fin)* contract a loan • **einen Kredit aufschieben** *(RW)* defer a debt • **gegen Kredit** *(Gen)* on account • **auf Kredit verkaufen** *(V&M)* sell on credit
Kredit *m* **mit fester Laufzeit** *(Bank)* fixed--term loan
Kreditaufnahme *f (Bank, Fin)* borrowing
Kreditausfall *m (Bank)* loan default, loan loss
Kreditausfallderivat *n (Bank, Fin)* credit default swap, CDS *(Synonym: Kreditausfallswap; Kreditversicherung; mit Abschluss eines CDS-Kontrakts verpflichtet sich der Sicherungsgeber gegen eine zu zahlende Prämie, bei Eintritt eines vorab definierten Kreditereignisses = credit event, wie Zahlungsausfall oder –verzug, eine Ausgleichszahlung = credit default payment an den Sicherungsnehmer zu leisten; der CDS-Kontrakt hat wirtschaftlich die Funktion einer Kreditversicherung – ist allerdings, im Gegensatz zur Versicherung, nicht reguliert; a swap designed to transfer the credit exposure = credit risk = Kreditrisiko of fixed-income products = festverzinslicher Papiere between parties: the buyer of a CDS = Sicherungsnehmer receives credit protection, whereas the seller = Sicherungsgeber guaranties the creditworthiness of the product; transfer of the risk of default = Ausfallrisiko from the holder of a fixed--income security to the seller of the swap)*
Kreditausfalloption *f (Bank, Fin)* credit default option, CDO *(Kreditderivat*

–derivative credit instrument– zur Absicherung eines Kreditrisikos: gegen Zahlung einer Prämie erhält der ursprünglich risikotragende Kreditgeber = Optionskäufer = Sicherungsnehmer = protection buyer das Recht, beim Verzug oder Ausfall des Kreditnehmers vom Optionsverkäufer = Sicherungsgeber = protection seller, z. B. einem institutionellen Investor, einen Schadensausgleich zu verlangen; entsprechend: Kreditverzugsoption; anders: Kreditausfallswap = CDS = credit default swap; protects the holder against a default over a specified time period, the payout being conditional on some event of default or on non--payment; in international trade a means of insuring a credit risk; financial engineering; cp. CDS)

Kreditausfallrisiko *n (Bank)* default risk, risk of default

Kreditausfallwahrscheinlichkeit *f (Bank)* probability of default

Kreditauskunft *f* 1. *(Bank)* banker's reference; 2. *(Fin)* credit information

Kreditausreichung *f (Bank, RW)* credit origination, loan origination

Kreditbearbeitungsgebühr *f (Bank)* loan fee

Kreditbedarf *m (Bank, Fin)* borrowing [credit] requirements, credit demand

Kreditbedarf *m* **der öffentlichen Hand** *(WiWi) (BE)* public sector borrowing requirement

Kreditbedingungen *fpl* 1. *(Bank)* terms of credit; 2. *(WiWi)* credit conditions

Kreditbeschränkung *f (Bank, Fin, WiWi)* credit rationing, credit squeeze

Kreditbetrag *m (Bank, Fin)* credit line, credit sum, loan amount • **Kreditbetrag jederzeit verfügbar** *(Bank, Fin, Imp/Exp)* credit amount available at any one time (caaot) *(Außenhandelsfinanzierung, foreign trade financing)*

Kreditbewertungsagentur *f (Fin)* credit rating agency, rating agency

Kreditbürgschaft *f (Fin)* loan guarantee

Kreditderivate *npl (Fin)* credit derivatives *(Finanzderivate, die eine außerbörsliche = OTC und außerbilanzielle Risikoübertragung = off-balance sheet risk transfer vom Sicherungsnehmer, häufig einer Bank, auf einen Sicherungsgeber = Investor ermöglichen, wobei der zugrunde liegende risikotragende Forderungstitel im Eigentum und in der Bilanz des Sicherungsnehmers verbleibt; intransparente Verlagerung von Kreditrisiken verhindert das Erkennen der Entstehung von Klumpenrisiken = cluster risks; cf synthetic securitization = synthetische Verbriefung)*

Kreditdrosselung *f (Bank, Fin, WiWi)* credit restriction, credit squeeze

Krediteinräumung *f (Bank)* credit granting

Krediteinschränkung *f (Bank, Fin, WiWi)* credit restriction

Kreditexpansion *f (WiWi)* domestic credit expansion

Kreditfähigkeit *f (Fin)* financial standing, borrowing potential

Kreditfazilität *f (Bank, Fin)* borrowing facility, credit facility • **Kreditfazilität zusammenstellen** *(Bank, Fin)* arrange a loan

kreditfinanziert *adj* 1. *(Fin)* leveraged, financed by loans; 2. *(Börse, Fin)* on margin

kreditfinanzierte Transaktion *f (Bank, Fin)* leveraged transaction

Kreditfinanzierung *f (Bank, Fin)* loan financing

Kreditforderungen *fpl (RW)* loan claims

Kreditgeber *m (Bank)* lender

Kreditgeberin *f s.* Kreditgeber

kreditgehebelt *adj (Fin)* leveraged *(Synonym: gehebelt; derivative Finanzinstrumente = derivative financial instruments)*

Kreditgenossenschaft *f (Bank)* credit cooperative

Kreditgeschäft *n* **der Banken** *(Bank)* bank lending

Kreditgewährung *f (Bank, RW)* credit origination, loan origination; granting of credit

Kreditinanspruchnahme *f (Bank)* draw

Kreditinstitut *n* 1. *(Bank)* bank; 2. *(Fin)* credit institution, financial institution

Kreditkarte *f (Bank, Fin)* credit card

Kreditkartenaussteller *m (Fin)* credit card issuer

Kreditkarteninhaber *m (Bank, Fin)* cardholder, credit cardholder

Kreditkarteninhaberin *f s.* Kreditkarteninhaber

Kreditkauf *m (V&M)* credit sale
Kreditklemme *f (Bank, Fin, WiWi)* credit squeeze, credit crunch
Kreditknappheit *f (Bank, Fin, WiWi)* credit crunch, credit squeeze
Kreditkonditionen *fpl (Bank)* credit terms, terms of credit
Kreditkonto *n (Bank) (AE)* checking account, *(BE)* cheque account; credit account
Kreditkosten *pl (Gen)* borrowing cost, borrowing fee
Kreditkunde *m (V&M) (BE)* charge buyer, *(AE)* credit buyer
Kreditlaufzeit *f (Fin)* repayment term
Kreditlinie *f* 1. *(Bank)* credit [lending] line; 2. *(Fin)* line of credit
Kreditmarkt *m (Bank, Fin)* credit market
Kreditnachfrage *f (Bank)* credit demand, loan demand
Kreditoren *mpl (RW)* accounts payable, *(BE)* creditors
Kreditplafond *m (Bank)* credit ceiling
Kreditpolitik *f (Bank)* lending policy
Kreditportefeuille *n (Börse, Fin)* asset portfolio
Kreditportfolio *n (Bank, Fin)* asset portfolio
Kreditrahmen *m (Bank, Fin)* credit facility
Kreditrestriktion *f (Bank, Fin, WiWi)* credit crunch, credit squeeze
Kreditrisiko *n* 1. *(Fin)* credit risk; 2. *(RW)* risk exposure; 3. *(V&M)* business [credit] risk
Kreditrisiko-Bewertung *f (Bank, Fin)* credit risk assessment *(Rating, Basel II)*
Kreditrisikograd *m (Bank, Fin)* degree of credit risk
Kreditrückzahlung *f (Bank, Fin)* loan repayment
Kreditsachbearbeiter *m (Bank, Fin)* credit officer, lending officer, loan officer
Kreditsachbearbeiterin *f s.* Kreditsachbearbeiter
Kreditsicherheiten *fpl (Fin)* collateral
Kreditüberwachung *f (Fin)* credit surveillance
Kreditverbesserung *f (Bank, Fin)* credit enhancement, CE *(eine Vereinbarung zur Erhöhung der Kreditqualität eines verbrieften Portfolios, einer Verbriefungstransaktion, Verbriefungstranche oder Verbriefungsposition, insbesondere durch Nachordnung von Zahlungsansprüchen; any contractual agreement to enhance the credit quality of a securitized portfolio or securitization transaction, tranche or position, in particular through the subordination of pecuniary claims; cf first loss piece, first-loss position, equity piece, Erstverlusttranche)*
Kreditverfügbarkeit *f (Bank, Fin)* availability of credit
Kreditvergabepolitik *f (Bank)* lending policy
Kreditverkehr *m (Bank, Fin, WiWi)* credit operations *(ZB)*
Kreditverknappung *f (Bank, Fin, WiWi)* restriction of credit, credit squeeze
Kreditversicherung *f (Bank, Fin)* credit default option , CDO *(ein Kreditderivat –derivative credit instrument– zur Absicherung eines Kreditrisikos: gegen Zahlung einer Prämie erhält der ursprünglich risikotragende Kreditgeber = Optionskäufer = Sicherungsnehmer –protection buyer– das Recht, beim Verzug oder Ausfall des Kreditnehmers vom Optionsverkäufer = Sicherungsgeber –protection seller–, z. B. einem institutionellen Investor, einen Schadensausgleich zu verlangen; entsprechend: Kreditausfall- oder -verzugsoption; a CDO protects the holder against a default over a specified time period, the payout being conditional on some event of default or on non-payment; in international trade a means of insuring a credit risk; anders: credit default swap = CDS = Kreditverzugsswap)*
Kreditversorgung *f* **der Wirtschaft** *(Bank, Fin)* credit supplied to the economy *(EZB)*
Kreditvertrag *m (Fin)* credit agreement
Kreditvolumen *n* 1. *(Bank)* loan portfolio; 2. *(Börse, Fin)* asset portfolio; 3. *(RW)* outstanding credits
Kreditwirtschaft *f (Bank)* banking industry
kreditwürdig *adj (Bank, Fin)* creditworthy, sound
Kreditwürdigkeit *f* 1. *(Bank, Fin)* creditworthiness, financial standing; 2. *(V&M)* credit standing
Kreditwürdigkeitsprüfung *f* 1. *(Bank)* credit analysis; 2. *(Fin)* credit rating [scoring]

Kreditzins *m (Bank)* lending rate
Kreditzinssatz *m (Bank)* bank lending rate, borrowing rate
Kreditzusage *f (Bank, Fin)* loan approval, loan authorization, credit commitment
Kreis *m* 1. *(Gen)* circle; 2. *(Pol)* district, municipality
Kreislauf *m (WiWi)* circular flow
Kreuzpreiselastizität *f* **der Nachfrage** *(WiWi)* cross price elasticity of demand
Kriegskasse *f (jarg.) (Fin)* idle balance, *(AE)* war chest
Krise *f (Gen)* crisis
krisenhafte Zuspitzung *f (Pol, WiWi)* crisis-like development, crisis-like proportions, critical situation
Krisenmanagement *n (Mgt)* crisis management
Krisenmanager *m (Comp, Gen)* troubleshooter
Krisenplan *m (Fin, Mgt)* contingency plan
Kriterium *n (Gen)* criterion, yardstick
Kritiker *m (Media)* critic
kritische Menge *f (V&M, WiWi)* critical mass
kritische Phase *f*, **kritisches Stadium** *(Gen, Mgt)* critical phase, critical stage • **sich in einer kritischen Phase befinden** *(Gen, Mgt)* be going through a critical phase, be going through a critical stage
kritischer Bereich *m (Stat)* critical region
kritischer Lagerbestand *m (RW)* reorder point
kritischer Pfad *m (Stat)* critical path *(Netzplan)*
kritischer Weg *m (Stat)* critical path *(Netzplan)*
kritischer Wert *m (Stat)* critical value
kritisieren *v (Gen)* criticize, level criticism at
Kuhhandel *m (ugs.) (Pers, Pol)* horse trading
kühlen *v (Ind)* refrigerate
Kühlung *f (Ind)* refrigeration
Kulanz *f (Gen)* fairness, accomodation *(von Bedingungen)*
Kulanzzahlung *f (Fin, Versich)* ex gratia payment
kultivieren *v (WiWi)* cultivate *(Landwirtschaft)*
kulturell *adj (Gen)* cultural
Kulturschock *m (Gen)* culture shock
Kulturwirtschaft *f (Media)* creative arts industry
kumulativ *adj (Börse, Fin, Steuer)* cumulative
kumulative Steuer *f (Steuer)* cumulative tax
kumulatives Einkommen *n (Steuer)* cumulative income
kumulieren *v (Börse, Fin, Steuer, Versich)* accumulate
kumulierter Schuldenstand *m (Bank)* accumulated stock of debt
Kumulierung von Risiken *(Versich)* accumulation of risk
kündbar *adj (Gen)* terminable
kündbares Darlehen *n (Bank)* callable loan
Kunde *m (V&M)* client, customer, account • **Kunden werben** *(V&M)* canvass
Kunde *m* **höchster Bonität** *(Gen)* blue--chip customer
Kundenabrechnung *f (RW)* customer accounting, customer billing
Kundenabteilung *f (V&M)* customer service
Kundenangaben gefertigt/nach *(Ind)* made-to-measure
Kundenauftrag *m* 1. *(V&M)* customer order, customer's order; 2. *(Ind)* production order *(in der Fertigung oder Produktion, wenn nicht für den anonymen Markt produziert wird; Gegensatz: Vorratsfertigung = Lagerfertigung = production for inventory = make-to-stock production)*
Kundenbedürfnisse *npl (V&M)* customer needs
Kundenbestand *m (V&M)* customer base
Kundenbetreuer *m (V&M)* account manager
Kundenbetreuerin *f s.* Kundenbetreuer
Kundenbetreuung *f* 1. *(Fin)* account management; 2. *(V&M)* customer care [support]
Kundenbindung *f (V&M)* customer relationship management *(CRM)*; customer relations management *(CRM)*
Kundendienst *m (V&M)* after-sales service, backup service, customer service, post-sales service
Kundendienstabteilung *f* 1. *(Ind)* maintenance department; 2. *(V&M)* customer service department
Kundendiensttechniker *m (Pers)* service engineer
Kundendiensttechnikerin *f s.* Kundendiensttechniker

Kundenfänger *m (Gen)* tout
Kundenfirma *f (V&M)* client firm
kundenindividuelle Massenfertigung *f (Bil, WiWi)* mass customization *(Sach- und Dienstleistungen werden in solcher Vielfalt angeboten, dass jeder Kunde ein seinen Wünschen entsprechendes Angebot erhält; Ziel: Moderne Informations- und Kommunikationstechnologien sollen die Vorteile der Massen- und Einzelfertigung ohne ihre Nachteile vereinen; Synonym: kundenindividuelle Massenproduktion)*
Kundeninformation *f (V&M)* customer--information service
Kundenkreditkarte *f (Bank, V&M)* charge card
Kundennutzen *m (V&M)* customer value
kundenorientiert *adj (V&M)* customer--oriented
kundenorientierte Marketingpolitik *f (V&M)* client-led marketing policy
Kundenorientierung *f (V&M)* customer orientation
Kundenrabatt *m (V&M)* sales discount
Kundenservice *m (V&M)* customer service
kundenspezifisch *adj (V&M)* customized, tailor-made, made-to-order
Kundenstamm *m (V&M)* established clientele
Kundenunterstützung *f (V&M)* customer support
Kundenverlust *m (V&M)* loss of custom
Kundenvertrauen *n (V&M)* customer confidence *(in ein Produkt)*
Kundenwerber *m (V&M)* canvasser
Kundenwerbung *f (V&M)* canvassing
Kundenwert *m (Bank, V&M)* customer lifetime value, CLV, customer value
Kundenzufriedenheit *f (V&M)* customer satisfaction
kündigen *v* 1. *(Fin)* call in *(Kredit)*; 2. *(Gen)* terminate *(Beschäftigungsverhältnis)*; annul *(Vertrag)*; 3. *(Recht)* terminate; 4. *(Grund)* give notice to quit *(Mieter)*; 5. *(Pers)* resign, sign off *(Arbeitnehmer)*; give [hand] in one's notice *(Stellung)* • **jmdm. kündigen** *(Pers)* dismiss sb, give sb his notice *(Arbeitgeber)*; hand in one's notice to sb *(Arbeitnehmer)*
Kündigung *f* 1. *(Gen)* annulment *(eines Vertrags)*; termination *(Beschäftigung)*; 2. *(Grund)* notice to quit; 3. *(Pers)* resignation *(Arbeitnehmer)*; dismissal *(Arbeitgeber)*; 4. *(Recht)* termination
Kündigung *f* **ohne triftigen Grund** *(Pers)* unfair dismissal *(durch den Arbeitgeber)*
Kündigungsfrist *f (Pers)* period of notice, notice period
Kündigungsgrund *m (Pers)* grounds for dismissal
Kündigungsmitteilung *f (Pers)* notice of termination, dismissal notice, *(ugs., AE)* pink slip
Kündigungsrecht *n* 1. *(Recht)* right of termination, right of cancellation, right to give notice, right of notice; right to terminate an employment contract *(Arbeitsrecht)*; 2. *(Fin, RW)* right to put *(IFRS, IAS 32: bei deutschen Personengesellschaften und Genossenschaften besitzen die Eigner der Kapitaleinlagen, die gesellschaftsrechtlich und nach IAS 32 –rev. 2008– als Eigenkapital auszuweisen sind, ein Kündigungsrecht; according to German law the members of commercial partnerships and co-operative entities have a right to put; cp. puttable instruments, durch den Inhaber kündbare Finanzinstrumente = financial instruments that are puttable by the holder)*; call privilege *(durch den Gläubiger = creditor)*
Kündigungsschreiben *n (Mgt, Pers) (AE)* pink slip, *(BE)* redundancy letter
Kündigungsschutz *m* 1. *(Börse)* call protection *(Anleiheemissionen)*; 2. *(Pers, Recht)* protection against wrongful dismissal *(Arbeitsrecht)*
Kündigungsschutzbestimmungen *fpl (Pers, Soz)* dismissal provisions, dismissal protection, provisions for dismissal protection, protection against dismissal
Kündigungsschutzrecht *n (Pers, Recht)* employment protection legislation
Kündigungstermin *m* 1. *(Gen)* termination date, date of notice, cancellation date; 2. *(Pers)* date of notice of dismissal • **zum nächstmöglichen Kündigungstermin** *(Gen)* on the next possible termination date
Kundin *f* s. Kunde
künstlich *adj* 1. *(Gen)* artificial; 2. *(Ind)*

man-made

künstliche Intelligenz *f (Gen)* artificial intelligence, AI

künstliches Veralten *n (V&M)* artificial obsolescence

Kunststoffe *mpl (Ind, Umwelt)* plastics

Kupon *m (Börse, V&M)* coupon • **ohne Kupon** *(Börse, Gen)* ex coupon

Kuponsteuer *f (Steuer)* dividend withholding tax, coupon tax

Kuppelprodukte *npl (WiWi)* joint products

Kurs *m* 1. *(Börse)* (quoted) price, rate; 2. *(Mgt, Pers, Soz)* course *(Lehrgang)*; 3. *(WiWi)* price *(Wertpapiere)* • **einen Kurs haben von** *(Börse)* trade at • **Kurs einschließlich aufgelaufener Zinsen** *(Fin)* flat • **Kurse sind niedriger notiert worden** *(Börse)* prices have been marked down

Kursabschlag *m (Imp/Exp)* backwardation

Kursabschwächung *f (Börse)* decline

Kursauftrieb *m (Börse)* price surge

Kursbewegung *f (Börse)* movement of (share) prices; share price movement, equity price movement

Kursblatt *n (Börse)* stock list, daily official list, *(AE)* pink sheets, *(BE)* Stock Exchange Official List

Kurs-Buchwert-Verhältnis *n (KBV) (Börse, Fin)* price-to-book ratio, P/B ratio, price-equity ratio *(ein Indikator für den Kursaufschlag, den Aktionäre über den reinen Buchwert einer Aktie hinaus zu zahlen bereit sind; the ratio compares a stock's market value to its book value)*

Kursdifferenz *f* 1. *(Börse) (AE)* tail; 2. *(Imp/Exp, WiWi)* exchange differences

Kurseinbruch *m (Börse)* break, *(AE)* market plunge

Kurseinsturz *m (Börse)* market slump

Kursentwicklung *f (Börse)* price move [trend]

Kursgebühr *f (Bil)* course fee

Kursgefälle *n (Börse)* price differential

Kursgewinn *m (Börse)* appreciation, gain

Kursgewinnverhältnis *n* 1. *(Fin)* price--earnings ratio, P/E ratio; 2. *(RW)* price--earnings multiple

kursieren *v (Komm)* circulate *(Nachrichten)*

Kursindexniveau *n (Börse)* price index level

Kurskorrektur *f (WiWi)* change of stance, policy adjustment, course correction

Kurslimit *n (Börse)* price limit

Kursmakler *m (Börse)* broker-dealer

Kursmanipulation *f (Börse)* market rigging

Kursnotierung *f* 1. *(Börse)* quoted price, share quotation; 2. *(Imp/Exp, WiWi)* foreign exchange table

Kursnotiz *f* **eines Wertpapiers** *(Börse)* listing of a security

Kursparität *f (Bank)* parity of exchange

Kurspflege *f (Bank, Fin)* market--smoothing, market-smoothing operations *(Synonym: Marktpflege)*

Kursrisiko *n (Bank)* price risk

kursrisikofrei *adj (Bank)* carrying no price risk

Kursrückgang *m* 1. *(Börse)* decline; 2. *(WiWi)* depreciation

Kursspanne *f* 1. *(Börse)* trading range; 2. *(WiWi)* exchange differences

Kurssprung *m (Börse)* price gap *(significant price movement of a security or commodity between two trading sessions, e. g. such that the second day's opening price is outside the first day's trading range = Kursspanne)*

Kurssteigerung *f (Börse)* appreciation, price advance

Kurssturz *n (Börse, Fin)* plunge

Kursstützungsniveau *n (Fin, WiWi)* price support level

Kurstendenz *f (Fin)* price trend

Kursverlauf *m (Börse)* stock price path, equity price path, share price path *(Synonym: Verlauf des Kurses, Verlauf des Aktienkurses, Aktienkursverlauf)*

Kursverlust *m (Börse)* price loss

Kursvolatilität *f (Börse)* price volatility

Kurswert *m (Börse, Fin)* market value

kurswertgewichteter Index *m (Börse)* market-value-weighted index

Kurtaxe *f (Steuer)* spa tax *(Gemeindesteuer, local tax)*

Kurzarbeit *f (Pers)* short-time working *(Auftragsmangel)* • **Kurzarbeit leisten** *(Pers)* be on short time

kurzarbeiten *v (Pers, Soz)* work short--time, be on short time

Kurzarbeiter(in) *m(f) (Pers, Soz)* worker on short time, short-time worker, partially unemployed worker

Kurzbericht *m (Gen)* condensed report,

brief, summary (report)
Kurzbewerbung *f (Pers)* short application, short letter of application
kurze Frist *f (Gen)* short notice
kurze Kapitaldecke *f/zu (Fin)* low--geared capital
Kürzel *n (Gen)* acronym
kürzen *v* 1. *(Börse)* shorten; 2. *(Fin)* cut; 3. *(Gen)* truncate, prune, whittle [pare] down *(Kosten)*
kurzer Dateiname *m (Comp)* short filename, 8.3 filename
Kurzfassung *f (Gen)* abstract, summary
kurzfristig *adj (Gen)* short-term, short--range, short-dated
kurzfristig *adv (Gen)* in the short run [term] • **kurzfristig lieferbar [verfügbar]** *(Gen)* available at short notice
kurzfristig fällige Wechsel *mpl (Fin, RW)* short bills, SB
kurzfristige Anlagen *fpl (Börse)* near cash
kurzfristige Einlage *f (Bank, Börse)* bank demand deposit, short-term deposit
kurzfristige finanzielle Verbindlichkeiten *fpl (RW)* current financial liabilities *(IFRS/IAS)*
kurzfristige finanzielle Vermögenswerte *mpl (RW)* current financial assets *(IFRS/IAS)*
kurzfristige hochliquide Anlagen *fpl (Börse)* near cash
kurzfristige oder einmalige Maßnahmen *fpl (Bank)* short-term or one-off measures *(EZB)*
kurzfristige Planung *f (Fin, Mgt)* short--range planning, short-term planning
kurzfristige Schulden *fpl (RW)* current liabilities
kurzfristiger Fälligkeitstermin *m (Börse)* short-range maturity date
kurzfristiger Kredit *m (Börse, Fin)* short credit, short loan
kurzfristiges Darlehen *n (Bank)* call loan, accommodation (loan)
kurzfristiges Ziel *n (Gen)* short-term objective
kurzfristiges Zinsrisiko *n (Börse)* short--term interest rate risk
Kurzfristorientierung *f (Bank, Media, Pol)* shorttermism *(synonymous: Kurzfristdenken, kurzfristiges Denken; kurzfristige Profitorientierung, kurzfristige Gewinnorientierung; begünstigt gleichermaßen politischen Opportunismus wie Turbokapitalismus, ohne Rücksicht auf mittel- und langfristige gesellschaftliche Kosten; wird begünstigt von internen -z. B. Bonusregelungen- und entfesselt von externen Fehlanreizen = disincentives eines unzulänglich steuernden und fragwürdige Rahmenbedingungen setzenden, lobbyhörigen polit--regulatorischen Umfeldes: u.a. steuerliche und Governance--Regelungen, Too-big-to-fail--Problematik, Moral-Hazard-Verhalten, Monats- und Quartalsberichterstattung und unangemessene Fokussierung der Tagesaufmerksamkeit auf Monats-, Wochen-, Tageszahlen; Freiburger Schule, Neoliberalismus; EU; Gegensatz: Langfristkultur, Nachhaltigkeitsorientierung ohne Zukunftsverzehr)*
Kurzfristplanung *f (Fin, Mgt)* short-term planning
Kurzfristprognose *f (Börse, Mgt, WiWi)* short-term forecast
kurzlebig *adj (Gen)* transient, short-lived
kurzlebige Konsumgüter *npl* 1. *(V&M)* perishables, nondurable goods, nondurables; 2. *(WiWi)* soft goods
kurzlebige Verbrauchsgüter *npl* 1. *(V&M)* perishables, nondurable goods, nondurables; 2. *(WiWi)* soft goods
kurzlebiges Konsumgut *n (V&M, WiWi)* non-durable good, soft good
Kurzmitteilung *f (Komm, Comp)* text message, SMS
kurzsichtig *adj (Gen)* short-sighted
Kürzung *f* 1. *(Börse)* shortening; 2. *(Fin)* cut; 3. *(Gen)* cut, pruning, whittling down, paring down, truncation, abatement *(von Kosten)*
Kurzzeitplanung *f (Fin, Mgt)* short-range planning
Kybernetik *f (Gen)* cybernetics

L

Lade... *(Gen, Logis)* cargo, load, stowage, loading
Ladehafen *m (Imp/Exp, Logis)* port of lading, loading port
Laden *m (V&M) (BE)* shop, *(AE)* store
laden *v* 1. *(Comp)* download, load *(Programm)*; 2. *(Recht)* issue a summons
Ladenaufsicht *f (V&M)* floorwalker
Ladenbesitzer *m (Gen, V&M)* shopkeeper, *(AE)* storekeeper
Ladenbesitzerin *f s.* Ladenbesitzer
Ladendiebstahl *m (V&M)* shoplifting, *(ugs.)* shrinkage
Ladenhüter *m (V&M)* non-seller *(ähnlich: Langsamdreher = slow seller; Gegensatz: Renner, Schnelldreher = fast-selling article)*
Ladeninhaber *m (V&M) (BE)* shopkeeper, *(AE)* storekeeper
Ladenkasse *f (Gen, V&M)* till
Ladenkette *f (Gen, Mgt)* chain of stores, chain of shops, store chain
Ladenöffnungszeiten *fpl (Gen, V&M)* shop opening hours
Ladenpreis *m (Gen, V&M)* published price
Ladenräume *mpl (Recht, V&M)* shop premises, store premises
Ladenschluss *m (Gen)* (shop) closing time
Ladenschlussgesetz *n (Recht, V&M)* Shop Closing Hours Act, store closing law, shop closing law
Ladenschlusszeiten *fpl (Gen) (BE)* shop closing times, *(AE)* store closing times
Ladentisch *m (Gen)* counter
Ladenverkauf *m (V&M)* retail sale
Ladeschein *m* 1. *(Imp/Exp)* bill of lading, shipping note; 2. *(Logis)* bill of lading, consignment note, certificate of shipment, shipping note
Ladung *f* 1. *(Ind)* batch; 2. *(Recht)* (writ of) summons, service of a writ; 3. *(Logis)* cargo, lading, load, disembarkation
Ladung *f* **der Zeugen** *(Recht)* convocation of witnesses *(zur Einvernahme)*
Ladung *f* **von Zeugen** *(Recht)* attendance of witnesses *(im allgemeinen)*
Ladungskapazität *f (Logis)* cargo capacity
Ladungsverzeichnis *n (Imp/Exp)* manifest • **im Ladungsverzeichnis anzeigen** *(Imp/Exp)* manifest
Lag *m (WiWi)* lag
Lage *f* 1. *(Gen)* position, situation, status; 2. *(V&M, Grund, WiWi)* location *(Standort)*; site *(Standort, örtliche Lage, Bauplatz)*; vineyard *(Weinbergslage in der Weinwirtschaft mit spezifischem Terroir und Mikroklima)* • **bei derzeitiger Lage der Dinge** *(Gen)* in the present state of affairs • **in der Lage sein zu** *(Gen)* be in a position to • **nach Lage der Dinge** *(Gen, Recht)* under the circumstances • **die Lage prüfen** *(Gen)* size up the situation
Lage *f* **auf dem Arbeitsmarkt** *m (Pers, WiWi)* the job situation, the labour market situation
Lage *f* **des Tagungsortes** *(Mgt)* conference site location
Lagebericht *m* 1. *(Fin)* annual [financial] report; 2. *(Gen)* situation report, status report
Lager *n* 1. *(Gen)* stock, stockpile, storage, storehouse, warehouse, storeroom; 2. *(Imp/Exp)* warehouse, storeroom; 3. *(Ind)* storage; 4. *(Logis)* stockpile, storage, warehouse; 5. *(Admin)* repository • **ab Lager** *(Imp/Exp, Logis)* ex warehouse, x-warehouse • **auf Lager haben** *(V&M)* in stock, to be in stock • **Lager abbauen** *(WiWi)* liquidate inventory • **Lager auffüllen** *(WiWi)* restock • **nicht auf Lager** *(V&M)* out of stock
Lagerbestand *m (Gen)* goods on hand
Lagerbestand *m* **im Fertigungsbereich** *(Ind)* manufacturing inventory
Lagerbestände *mpl (RW)* inventory stocks • **Lagerbestände nach Alter aufstellen** *(RW)* age stocks • **seine Lagerbestände aufstocken** *(Gen)* replenish one's stocks
Lagerbeständigkeit *f (V&M)* shelf life
Lagerbestandsbewertung *f* 1. *(Gen)* stock valuation; 2. *(RW)* inventory pricing
Lagerbestandskontrolle *f* 1. *(Gen)* reserve-stock control; 2. *(RW)* inventory control
Lagerbestandsverzeichnis *n (Ind, RW)* inventory
Lagerbestandswechsel *m (V&M)* stock rotation

Lagerbildung *f (Ind, Mgt, WiWi)* stockpiling, stockbuilding
Lagerbuchhaltung *f (RW)* store accounting
Lagerempfangsschein *m (Gen, Logis)* warehoue receipt, W/R
Lagerentnahme *f (Admin, RW)* withdrawal from stocks
Lagerfertigung *f (Ind, V&M, WiWi)* make-to-stock production, production for inventory, production to stock *(Synonym: Vorratsfertigung, Vorratsproduktion; Gegensatz: Einzelfertigung = single item production = one-off production)*
Lagerfinanzierung *f (RW)* inventory financing
Lagerfläche *f* 1. *(Gen)* storage area; 2. *(V&M)* shelf space
Lagergebäude *n* 1. *(Gen)* storehouse, warehouse; 2. *(V&M)* warehouse
Lagergebühren *fpl (Gen, Logis)* storage charges
Lagerhaltung *f* 1. *(Gen)* storage; 2. *(Imp/Exp)* warehousing; 3. *(Ind)* storage, warehousing; 4. *(Mgt)* inventory management; 5. *(WiWi)* stockholding
Lagerhaltungszyklus *m (WiWi)* inventory cycle
Lagerhaus *n* 1. *(Gen)* storehouse, warehouse; 2. *(Imp/Exp, Logis, V&M)* warehouse
Lagerkapazität *f (Gen)* storage capacity
Lagerkontrolle *f* 1. *(RW)* inventory control, stock control; 2. *(WiWi)* stock control
Lagerkosten *pl (Gen)* storage charges
Lagerliste *f (Gen)* stock sheet
lagern *v (Gen, Ind, Logis)* store *(Fracht, Waren)*
Lagerquittung *f (Gen, Logis)* warehoue receipt *(W/R, Lagerempfangsschein)*
Lagerschein *m* 1. *(Imp/Exp)* bill of store, warehouse receipt; 2. *(Recht, Logis, V&M)* warehouse receipt, warehouse warrant
Lagerspesen *pl* 1. *(Gen)* storage charges; 2. *(Imp/Exp)* warehouse charges
Lagerstätte *f (Ind, Umwelt)* deposit
Lagerumsatz *m (Ind, RW, WiWi)* stock turnover
Lagerumschlag *m* 1. *(Gen, Ind)* stock turnover; 2. *(RW)* inventory [stock turnover, turnover]
Lagerumschlagsrate *f (Ind)* stock turn, inventory turnover rate
Lagerung *f* 1. *(Gen)* storage; 2. *(Ind, Logis)* storage, warehousing
Lagerung *f* **von Abfall** *(Umwelt)* waste dumping
Lagerungsgebühren *fpl (Gen, Logis)* warehouse charges
Lagerverwalter *m (Gen)* storekeeper, storeman, warehouse keeper, warehouseman, *(AE)* stockman
Lagerverwaltung *f (V&M)* stock management
Lagerwirtschaft *f (RW)* inventory [stock] control
Lagerzugang *m (Admin)* addition to stock
Lag-Reaktion *f (WiWi)* lag response
lahmend *adj (Börse, Gen)* depressed
Laisser-faire-Führungsstil *m (Pers)* free-rein leadership
Laisser-faire-Liberalismus *m (WiWi)* laisser-faire economy
Land *n (Imp/Exp, Pol, Logis, WiWi)* country
Land *n* **in Anwartschaft** *(Recht)* land in abeyance
Land *n* **mit Meistbegünstigungsstatus** *(WiWi)* most favo(u)red nation
Landbesitzer *m (Grund)* landowner
Länder *npl (Pol, Recht)* Federal States *(Bundesländer in Deutschland)*
Länder *npl* **im Wartestand** *(ugs.) (Pol)* pre-ins *(noch nicht zum Eurogebiet gehörende EU-Staaten)*
Länder *npl* **in der Warteschleife** *(ugs.) (Pol)* pre-ins *(noch nicht zum Eurogebiet gehörende EU-Staaten)*
Länderbericht *m (WiWi)* country report
Ländercode *m (Bank)* country code
Ländergruppe *f (V&M)* group of countries
Länderrisiko *n (RW, Fin)* sovereign risk, country exposure, country risk
Landesbank *f (Bank)* regional bank
Landesgrenze *f (Imp/Exp, Pol)* national boundary
Landeshauptstadt *f (Frei, Recht)* state capital, state capital city
Landesplanung *f (Gen)* regional planning
landesspezifisch *adj (WiWi)* country-specific
Landeswährung *f (WiWi)* national [domestic, local] currency
landesweit *adj (Gen)* nationwide
Landkreis *m (Recht)* district

ländliche Gemeinde *f (WiWi)* rural community
ländliche Immobilien *fpl (Grund, V&M)* rural property
ländliches Gebiet *n (WiWi)* rural area
Landschaftsschutzgebiet *n (Umwelt)* environmentally sensitive zone
Landwirtschaft *m (Gen)* agriculture
landwirtschaftlich *adj (WiWi)* agricultural
landwirtschaftliche Arbeitskräfte *fpl (Ind, Pers)* agricultural workers, farm workers
landwirtschaftlicher Großbetrieb *m (WiWi)* large-scale farming
landwirtschaftlicher Mischbetrieb *m (WiWi)* mixed farming
landwirtschaftlicher Pächter *m (Versich, WiWi)* agricultural tenant
landwirtschaftlicher Pachtvertrag *m (Grund)* farm tenancy
landwirtschaftlicher Sektor *m* 1. *(Ind)* rural sector; 2. *(WiWi)* agricultural sector
landwirtschaftliches Erzeugnis *n (WiWi)* agricultural product
Landwirtschaftskredit *m (Bank)* agricultural loan
Landwirtschaftslobby *f (Pol)* farm lobby, farming lobby
lang *adj (Gen)* long • **mit langer Laufzeit** *(Versich)* long-term • **auf lange Sicht** *(Gen)* on a long-term basis; in the long run *(langfristig, auf Dauer)*
Länge *f (Gen, Logis)* length
langer Dateiname *m (Comp)* long filename
langer Konjukturzyklus *m (WiWi)* long wave
längerfristig *adj (Gen, Mgt)* (in the) longer-term
längerfristige Finanzierung *f (Bank, Fin)* longer-term financing
längerfristige Vorausschau *f (Gen, Mgt)* longer-term forecast
langes Ende *n* **des Kapitalmarkts** *(Bank, Fin)* long end of the capital market
langfristig *adj (Gen)* long-term, permanent • **langfristig gesehen** *(Bank, Gen, Versich)* in the long run [term]
langfristig Arbeitslose *pl (Pers, Soz)* long-term unemployed, long-term unemployed persons
langfristige Anlage *f (Fin)* long-term investment; permanent investment *(i. S. v. dauerhafte Anlage)*
langfristige Anlagen *fpl* **des Finanzvermögens** *(Fin)* long-term financial investments
langfristige Anleihe *f (WiWi)* long-term bond
langfristige Finanzanlage *f (RW)* long--term financial investment
langfristige Planung *f (Gen)* long-range planning, long-term planning
langfristige Schulden *fpl (RW)* non--current liabilities *(IFRS)*
langfristige Schuldtitel *mpl (Börse)* longs
langfristige Schuldverschreibung *f (Börse)* long bond
langfristige Verbindlichkeit *f* 1. *(Fin)* funded debt, long-term liability; 2. *(RW)* long-term liability
langfristige Verpflichtung *f* 1. *(Fin)* funded debt; 2. *(RW)* funded debt, long--term liability; 3. *(Recht)* long-term obligation
langfristiger Geschäftsplan *m (Gen, Mgt)* strategic plan
langfristiger Kredit *m* 1. *(Börse, Fin)* funded debt; 2. *(RW)* long-term credit
langfristiger Trend *m (Gen)* long-term trend
langfristiges Darlehen *n (Bank)* fixed loan, long-term loan
langfristiges Darlehen *n* **mit Höchstzinssatz** *(Börse)* cap rate loan
langfristiges Ziel *n (Gen)* long-term objective, strategic goal
Langfristorientierung *f (Fin)* long--termism *(von Anlagen)*
Langfristplanung *f (Gen)* long-range planning
Langläufer *m (Börse)* long bond
langlebig *adj (Gen)* durable, made-to-last
langlebige Gebrauchsgüter *npl (V&M)* consumer durables, durables *(dauerhafte Konsumgüter)*
langlebiges Konsumgut *n (WiWi)* durable consumer good, durable
Langlebigkeitsrisiko *f (Gen, Versich)* longevity risk
Langsamdreher *m (V&M)* slow seller *(ähnlich: Ladenhüter = non-seller; Gegensatz: Schnelldreher, Renner = fast-selling article)*
langsamer Anstieg *m (Börse)* slow rise
langsamer Rückgang *m (Börse)* slow decline

Längsschnitterhebung *f (Stat)* longitudinal survey, panel survey
Längsschnittreihe *f (Stat)* longitudinal data
Längsseite *f (Imp/Exp, Logis)* broadside *(shipping)* • **frei Längsseite Schiff** *(Imp/Exp, Logis)* free alongside ship, FAS *(Incoterms)*
längsseits Schiff *(Logis)* alongside ship
Langstreckenflug *m (Logis)* long-haul flight, long-distance flight
Langstreckennetz *n (Logis)* long-haul network
Langzeit... *(Gen, WiWi)* long-term, long--range
Langzeitarbeitslose *(Pers, WiWi)* long--term unemployed *(Arbeitsmarkt)*
Langzeitarbeitslosigkeit *f (Pers, Soz)* long-term unemployment
Langzeitmieter *m (Grund)* anchor tenant
Langzeitplanung *f (Mgt)* long-range planning
Lärmemission *f (Umwelt)* noise emission
Lärmgrenzwert *m (Recht, Umwelt)* noise limit
Lärmisolierung *f (Umwelt)* noise insulation
Lärmpegel *m (Umwelt)* noise level
Laspeyres-Preisindex *m (WiWi)* Laspeyres index
Last *f* 1. *(Fin)* burden; 2. *(Logis)* load; 3. *(WiWi)* burden • **zu Lasten von** 1. *(Bank)* charged to, account of; 2. *(Gen)* to the disadvantage of; 3. *(RW)* debited to
Lastenheft *n* 1. *(Comp) (i. e. S.)* software specifications, program specifications; 2. *(Mgt, Recht, V&M)* performance specification, 'cahier des charges' *(aus Kundensicht in der Konzeptionsphase schriftlich fixierte Auflistung der Anforderungen an ein zu entwickelndes Produkt oder System; oftmals Vorstufe des Pflichtenhefts)*; 3. *(Gen, Ind, V&M)* tender specification *(enthält die Ausschreibungsdetails; Synonym: Leistungsverzeichnis)*
Lasterfonds *m (ugs.) (Bank, Fin)* vice fund, unethical fund *(Vice-Fonds, Sündenfonds; investiert in konjunkturresistente Branchen wie Kernenergie, Waffen, Tabak, Alkohol, Glücksspiel und Erotik; das Gegenstück zu Ethik-, Nachhaltigkeits- oder sonstigen Fonds mit "politisch korrekten" Anlageuniversen; Motto: "der Scheck heiligt die Mittel", oder "wenn es gut ist, ist es gut, wenn es schlecht ist, ist es besser" - "if it's good, it's good, if it's bad, it's better", so--called socially irresponsible investment funds dedicated to putting money in companies shunned by ethical investment campaigners but praised by investors who prefer stocks resistant to cyclical trends)*
Lastkraftwagen *m (Logis)* heavy goods vehicle, *(BE)* lorry, *(AE)* truck
Lastschrift *f* 1. *(Bank)* debit entry; 2. *(Börse)* debits; 3. *(Fin)* debit; 4. *(RW)* debit entry, debit
Lastschriftanzeige *f (Gen)* debit note
Lastwagen *m (Logis) (BE)* lorry, *(AE)* truck
latente Arbeitslosigkeit *f (WiWi)* concealed unemployment
latente Nachfrage *f (V&M)* latent demand
latente Steuer *f (Steuer)* deferred tax, latent tax
Laufbahn *f (Pers)* career • **am Ende seiner Laufbahn** *(Pers)* at the end of one's career • **eine (berufliche) Laufbahn beginnen** *(Pers)* begin a career, start out on a career, start a career • **eine Laufbahn einschlagen** *(Pers)* embark on a career, enter on a career
Laufbahnplanung *f (Pers)* career planning
laufen *v (Comp)* run *(Programm)* • **am Laufen halten** *(Gen)* keep afloat
laufend *adj (Gen)* ongoing, standing • **auf dem Laufenden** *(Gen)* au fait, up-to--date • **auf dem Laufenden sein mit** *(Gen)* be abreast of, be au fait with, be up-to-date on • **auf dem Laufenden halten** *(Admin)* keep up to date *(Ablage)*
laufend *adv (Admin)* constantly, continuously
laufende Arbeit *f (Gen, RW, WiWi) (AE)* work in process, *(BE)* work in progress
laufende Ausgaben *fpl* 1. *(Fin)* current expenditure, running expense; 2. *(WiWi)* current spending
laufende Instandhaltungskosten *pl (Grund)* maintenance costs
laufende Kontrolle *f (Gen)* routine check
laufende Kosten *pl* 1. *(Fin)* overheads, running expense; 2. *(Gen)* running cost, running expense; 3. *(RW)* continuing cost, current cost, overheads

laufende Nachfrage *f (V&M)* current demand
laufende Pflichten *fpl (Gen)* routine duty
laufende Prüfung *f (RW)* continuing audit
laufende Rechnung *f (Bank, Fin)* account current, current account
laufende Überwachung *f (Bank, Fin)* ongoing monitoring
laufende Verzinsung *f (Bank, Fin)* current yield, current rate, flat rate
laufende Wartung *f (Gen)* routine maintenance
laufender Verlust *m (Fin, Gen)* ongoing loss
laufendes Geschäftsjahr *n (Fin)* current business year
laufendes Jahr *n (Gen)* current year
laufendes Konto *n (Bank) (AE)* checking account, *(BE)* cheque account, *(BE)* current account
Laufzeit *f* 1. *(Bank)* term; 2. *(Börse)* life; 3. *(Comp)* runtime; 4. *(Fin)* period of redemption; 5. *(Gen)* operation time, period; 6. *(RW)* currency; 7. *(WiWi)* length of time to maturity, running time, maturity band
Laufzeit *f* **der Maschinen** *(Ind, Mgt)* machine running time, machine operating time *(Synonym: Maschinenlaufzeit)*
Laufzeit *f* **einer Anleihe** *(Fin)* duration of a bond, period of a loan, repayment period (of a bond)
Laufzeit *f* **eines Kredits** *(Fin)* term of validity, duration of a credit
Laufzeitarbitrage *f (Bank, Börse, Fin)* maturity arbitration, *(ugs.)* riding the yield curve *(aktive Anlagestrategie: Ausnutzung der Renditedifferenzen –yield spread– unterschiedlicher Restlaufzeiten festverzinslicher Wertpapiere bei normal verlaufender, also positiv geneigter Renditestrukturkurve = yield curve; cf riding the yield curve)*
Laufzeiteninkongruenz *f (Bank)* maturity mismatch, mismatched maturity
Laufzeitentransformation *f (Fin)* maturity transformation
Laufzeitstruktur *f (Fin)* term structure
Lauschangriff *m (Pol, Recht)* wiretapping
laut *(Gen)* according to • **laut Anzeige von** *(Gen)* as per advice from [of] • **laut Avis von** *(Gen)* as per advice from [of] • **laut Kontoauszug** *(Bank)* as per statement • **laut Übereinkunft** *(Gen)* as per agreement
lauterer Wettbewerb *m (Recht, WiWi)* fair competition
LBO *s.* Leveraged Buy-out
Leasing *n (Gen, Grund)* leasing *(Miete, Pacht)*
Leasinggeber *m (Fin, Gen)* lessor *(Gegensatz: lessee)*
Leasinggesellschaft *f* 1. *(Gen)* lease company, leasing company; 2. *(Grund)* leasing company
Leasingnehmer *m (Fin)* lessee *(Gegensatz: lessor)*
Leasingvertrag *m (Fin, Gen)* leasing agreement
Leasingzahlungen *fpl (Fin, Gen)* leasing charges
lebendes Inventar *n (Gen)* livestock *(Landwirtschaft)*
Lebensarbeitszeit *f (Soz)* the number of years people work, number of hours worked during working life
Lebensarbeitszeitkonto *n (Pers)* lifetime working hours account
Lebenserwartung *f (Versich, V&M)* life expectancy
Lebenserwartung *f* **eines Produktes** *(Versich, V&M)* product life expectancy
lebensfähig *adj (Fin, Gen)* viable
lebensfähiges Unternehmen *n*/**nicht** *(Gen)* non-viable enterprise; *(ugs.)* lame duck
Lebensfähigkeit *f (Gen)* viability
Lebenshaltung *f (Gen, Soz, WiWi)* cost of living
Lebenshaltungsindex *m (Gen, Soz, WiWi)* cost-of-living index
Lebenshaltungskosten *pl* 1. *(Gen, Soz)* living expenses; 2. *(WiWi)* cost of living
lebenslange Beschäftigung *f (Pers, Soz)* lifetime employment, permanent tenure
lebenslanges Lernen *n (Bil)* lifelong learning
lebenslänglicher Nießbrauch *m (Fin)* life interest
lebenslänglicher Nießbraucher *m (Grund)* life tenant
lebenslängliches Pachtrecht *n (Grund)* life tenancy
Lebenslauf *m (Admin, Pers) (BE)* curriculum vitae, CV, *(AE)* résumé
Lebensmittel *npl (Gen)* foodstuffs
Lebensmitteleinzelhandel *m (V&M)* food retailing

Lebensmittelgeschäft *n (V&M)* food store, grocery
Lebensmittelkennzeichnung *f (Ind, Komm, V&M)* food labelling
Lebensmittelkette *f (WiWi)* food chain
Lebensmittelzusatz *m (Ind, Umwelt)* food additive
lebensnotwendige Güter *npl (V&M)* necessities
Lebensqualität *f (WiWi)* quality of life
Lebensrente *f (Pers, Versich)* life annuity
Lebensstandard *m (WiWi)* standard of living
Lebensstil *m (Gen, V&M)* lifestyle
Lebensstilkonzept *n (V&M)* lifestyle concept
Lebensunterhalt *m* 1. *(Gen)* livelihood, *(ugs.)* bread; 2. *(Soz)* subsistence • **seinen Lebensunterhalt verdienen** 1. *(Gen)* earn one's keep; 2. *(Pers, Soz)* work for a living; 3. *(WiWi)* earn [make] a living
Lebensversicherung *f (Versich) (BE)* assurance, *(BE)* life assurance, *(AE)* life insurance
Lebensversicherung *f* **auf den Todesfall** *(Versich) (BE)* assurance payable at death, *(AE)* insurance payable at death; whole-life assurance [insurance]
Lebensversicherung *f* **auf den Todes- und Erlebensfall** *(Versich)* endowment life assurance
Lebensversicherungspolice *f (Versich) (BE)* life assurance policy, *(AE)* life insurance policy
Lebensversicherungsprämie *f (Versich)* life insurance premium
Lebenszeit *f (Gen, Pers)* life, lifetime • **auf Lebenszeit** *(Gen)* for life • **auf Lebenszeit berufen** *(Pers)* appointed for life • **auf Lebenszeit ernannt** *(Pers)* appointed for life • **Lebenszeit verlängern** *(Gen)* prolong life, extent the lifetime
Lebenszyklus *m (V&M)* life cycle
Lebenszyklus *m* **eines Produktes** *(V&M)* product life cycle
Lebesmittelvorrat *m (WiWi)* food supply
lebhaft *adj* 1. *(Börse)* brisk, active *(Handel)*; 2. *(V&M)* active; 3. *(WiWi)* brisk, buoyant
lebhaft *adv* 1. *(Fin)* actively; 2. *(Gen)* briskly • **lebhaft gehandelt** *(Börse)* active, actively traded, heavily traded glamo(u)r stock
lebhaft gefragte Aktien *fpl (Börse)* glamo(u)r issue
lebhafter Handel *m* 1. *(Börse)* broad market, active dealings, active trading; 2. *(V&M)* active trading
ledig *adj (Recht, Steuer)* single
leeres Wertpapier *n (Börse)* stripped security
Leerlauf/im *(Logis)* down, idle
Leerlaufzeit *f (Comp)* idle time
Leerverkauf *m (Börse)* short sale, bear sale, going short, short, selling short • **Leerverkäufe abschließen** *(Börse)* sell a bear, sell short
Leerverkäufer *m (Börse)* short seller
Leerverkaufsposition *f (Börse)* short position *(Synonym: Baisse--Engagement)*
Leerzeit *f (Admin)* idle time
Legalisierung *f (Pol)* legalization
Legislative *f (Recht)* legislature
legitim *adj (Gen, Recht)* legitimate
Lehrabschlussprüfung *f (Bil)* apprenticeship examination
Lehrabschlusszeugnis *f (Bil)* certificate of apprenticeship, apprenticeship certificate
Lehrauftrag *m (Bil)* teaching appointment, lecturing post *(Universität)*
Lehrausbildungsstätte *f (Bil)* training centre, training establishment
Lehrbeauftragte *m(f) (Pers)* lecturer
Lehrbetrieb *m* 1. *(Gen)* training company, training establishment; 2. *(Pers)* teaching activity, teaching
Lehre *f (Pers, WiWi)* apprenticeship • **bei jmdm. in die Lehre gehen** *(Pers)* be apprenticed to sb
lehren *v (Bil)* teach, instruct, train
Lehrer *m (Bil, Gen, Pers)* teacher, instructor
Lehrerin *f s.* Lehrer
Lehrgang *m (Pers)* course
Lehrgangsdauer *f (Bil)* course duration, duration of the course
Lehrgangsgebühr *f (Pers)* course fee, training fee
Lehrgangskosten *f (Bil)* training costs
Lehrgangsteilnehmer *m (Bil)* participant in a (training) course
Lehrgangsteilnehmerin *f s.* Lehrgangsteilnehmer
Lehrgangsunterlagen *fpl (Bil)* course materials

Lehrinhalte *mpl (Pers)* content of teaching
Lehrjahr *n (Bil, Pers)* training year, year of apprenticeship, year as an apprentice • **im ersten Lehrjahr** *(Bil, Pers)* in the first year of training, in the first year of apprenticeship, in the first year as an apprentice
Lehrkörper *m (Bil)* teaching staff
Lehrling *m (Pers, WiWi)* apprentice
Lehrlingsausbildung *f (obs.) (Pers)* apprenticeship training
Lehrstelle *f (Pers)* apprenticeship [trainee] place
Lehrstellenbewerber *m (Bil, Pers)* applicant for an apprenticeship, applicant for a training place
Lehrstellenbewerberin *f s.* Lehrstellenbewerber
Lehrstellendefizit *n (Bil, Pers)* deficit in apprenticeship places *(dual system)*; deficit in training places
Lehrstellenvermittlung *f (Bil, Pers)* placement in apprenticeships, placement of applicants in training places
Lehrtätigkeit *f (Pers)* teaching activity, teaching, lecturing
Lehrvertrag *m (Pers)* training contract, apprenticeship contract
Lehrwerkstatt *f (Pers)* training workshop, trainee workshop, apprentice workshop
Lehrzeit *f (Bil, Pers)* apprenticeship (period), duration of apprenticeship, apprenticeship, duration of training
leicht *adj* 1. *(Gen)* easy, light, slight; 2. *(Logis)* light
leicht liquidierbare Einlagen *fpl (WiWi)* near money
Leichtmetallindustrie *f (Ind)* light metals industry, *(BE)* aluminium industry, *(AE)* aluminum industry
leichtverderbliche Güter *npl (Gen, WiWi)* perishable goods
leichtverderbliche Waren *fpl (Gen, WiWi)* perishable goods, perishables
leichtverdientes Geld *n (WiWi)* easy money
leiden *v (Gen, Pers, WiWi)* suffer
leidenschaftlich *adj (Gen)* passionate, heated *(Debatte)*
Leiharbeit *f (Pers)* temporary work *(via employment agencies)*; temporary employment, supply of temporary workers *(by employment businesses/ agencies)*; hiring-out of labo(u)r
Leiharbeitnehmer *m (Pers)* temporary worker *(supplied by an employment business)*; agency worker
Leiharbeitsagentur *f (Pers)* temporary employment agency, temporary work agency
Leiharbeitsfirma *f (Pers)* temporary employment business, temporary employment agency, temporary employment bureau, *(AE)* temporary help agency
Leiharbeitsunternehmen *n (Pers)* temporary employment business, temporary employment agency, temporary employment bureau, *(AE)* temporary help service, *(AE)* temporary help agency
leihen *v* **von** *(Bank)* borrow from
Leihhaus *n (Fin)* pawnshop
leisten *v (Gen)* provide *(Hilfe)* • **einen Beitrag leisten** *(Gen)* make a contribution • **sich etw. leisten können** *(WiWi)* be able to afford to buy sth
Leistung *f* 1. *(Gen)* service, achievement, output, performance; 2. *(Ind)* power; 3. *(Pers)* accomplishment, achievement; 4. *(RW, V&M)* performance • **Leistung beanspruchen** *(Soz)* claim benefit *(Unterstützungszahlungen)* • **Leistung bewilligen** *(Soz)* grant benefit • **Leistung erbringen** *(Gen)* perform
Leistung *f* **pro Kopf/Stunde** *(Ind)* output per head/hour
Leistungen *fpl (Soz, Versich)* benefits • **Leistungen beantragen** *(Soz)* claim benefits *(Unterstützungszahlungen)* • **Leistungen beziehen** *(Soz)* draw benefits
leistungsabhängige Bezahlung *f (Pers)* performance-related pay, payment based on performance
leistungsabhängige Lohnformen *fpl (Pers)* payment by results schemes, payment by results systems, performance-related payment schemes, performance-linked payment schemes, incentive pay *(insbesondere Akkordarbeit; especially piecework)*
Leistungsanreiz *m (Pers, WiWi)* incentive, inducement
Leistungsantrag *m (Soz)* benefit claim
leistungsberechtigt *adj (Soz)* entitled to

benefit, entitled to benefits, eligible for benefit, eligible for benefits
• **leistungsberechtigt sein** *(Soz)* be eligible for benefit, be entitled benefit, qualify for benefit

Leistungsberechtigte *m(f) (Soz)* beneficiary

Leistungsberechtigung *f (Soz)* entitlement to benefits, benefit entitlement, eligibility

Leistungsbereitschaft *f (Pers)* motivation, willingness to achieve sth, readiness to achieve sth, commitment, willingness to perform, readiness to perform

Leistungsbetrug *m (Soz)* benefit fraud, social security benefit fraud, fraudulent benefit claims

Leistungsbeurteilung *f* 1. *(Gen)* merit rating; 2. *(Mgt, Pers)* personnel rating, performance appraisal [review, evaluation], merit rating

Leistungsbeurteilungsgespräch *n (Pers)* performance appraisal interview

Leistungsbewertung *f* 1. *(Fin)* performance rating; 2. *(Gen)* merit rating; 3. *(Mgt, Pers)* performance appraisal, performance evaluation, performance review, personnel rating, merit rating

Leistungsbewertung *m* **von Führungskräften** *(Mgt)* management audit

leistungsbezogene Bezahlung *f (Pers)* incentive pay, performance-related pay, profit-related pay

leistungsbezogene Entlohnung *f (Pers)* performance-related pay, performance pay, incentive wage

Leistungsbezug *m (Soz)* receipt of benefit, drawing of benefit

Leistungsbilanzüberschuss *m (WiWi)* current account surplus , surplus on current account *(Zahlungsbilanz = ZB = BOP = balance of payments: Warenausfuhr + Dienstleistungsexport + Erwerbs- und Vermögenseinkommen vom Ausland + Laufende Übertragungen vom Ausland > Wareneinfuhr + Dienstleistungsimport + Erwerbs- und Vermögenseinkommen an das Ausland + Laufende Übertragungen an das Ausland; vgl. Anhang)*

Leistungsbilanzüberschusspolitik *f (WiWi) (AE)* beggar-my-neighbor policy, *(BE)* beggar-my-neighbour policy *(Synonym: Beggar-my-neighbour--Politik; i. S. v. Export von Arbeitslosigkeit)*

Leistungsbilanzungleichgewicht *n (WiWi)* current account imbalance, current account disequilibrium *(ZB)*

Leistungsdauer *f (Soz, Versich)* indemnity period

Leistungseinstufung *f (Fin)* performance rating

Leistungsempfänger *m (Soz)* person in receipt of benefit, person drawing benefit, recipient of benefit, benefit recipient, claimant, beneficiary

Leistungsempfängerin *f s.* Leistungsempfänger

Leistungserbringer *m (Recht, V&M)* provider of services

leistungsfähig *adj (Gen, WiWi)* efficient

Leistungsfähigkeit *f* 1. *(Gen)* ability, efficiency; 2. *(Pers)* capability; 3. *(WiWi)* efficiency

Leistungsfähigkeitsprinzip *n (Steuer, WiWi)* ability-to-pay principle

Leistungsgarantie *f* 1. *(Gen)* contract bond, performance bond; 2. *(V&M)* performance guarantee

leistungsgestörter Kredit *m (Bank, Fin)* non-performing loan, NPL *(Synonym: notleidender Kredit, Kredit im Verzug, mit Zins- oder/und Tilgungsleistungen, interest payment or/and redemption)*

Leistungsgradschätzen *n (Ind, Pers)* performance rating

leistungshemmender Effekt *m (WiWi)* disincentive effect

Leistungshemmnis *n (WiWi)* disincentive

Leistungshöhe *f (Soz)* level of benefit, benefit level *(Zahlung von Sozialtransfers)*

Leistungskette *f (Fin, Mgt)* value chain *(Synonym: Wertschöpfungskette)*

Leistungskontrolle *f (Mgt, Pers)* performance monitoring

Leistungskraft *f (WiWi)* efficiency

Leistungskürzung *f (Soz)* benefit cuts

Leistungslohn *m* 1. *(Pers)* performance--related pay, profit-related pay, incentive wage, incentive pay, wage incentive, payment by results, merit pay *(Arbeitsentgelt nach Leistung)*; 2. *(WiWi)* efficiency wage

Leistungslohnsystem *n (Mgt, Pers)*

incentive pay scheme
Leistungsminderung *f (Recht)* impairment of performance
Leistungsmotiv *n (Mgt, Pers)* achievement motive
Leistungsniveau *n (Soz)* ability level
leistungsorientiert *adj (Pers)* achievement-oriented, performance-oriented
leistungsorientierte Bezahlung *f (Pers)* performance-related pay, performance pay
leistungsorientierte Kostenrechnung *f (RW)* activity accounting, activity-based accounting
leistungsorientierte Person *f (Pers)* over-achiever
Leistungspflichtige *m(f) (WiWi)* contributor
Leistungsprämie *f* 1. *(Fin)* performance bonus; 2. *(Ind)* production bonus
Leistungsprinzip *n (Pers)* performance principle
Leistungsprovision *f (V&M)* incentive commission
Leistungsprüfung *f (Ind)* performance testing
leistungsschwache Person *f (Pers)* low achiever
Leistungsstandard *m (RW)* performance standard
leistungsstark *adj (Gen)* powerful
Leistungsstörung *f (Recht)* impairment of performance *(Verträge)*
Leistungstest *m (Pers)* achievement test, performance test
Leistungstransaktion *f (WiWi)* current-account transaction *(ZB)*
Leistungsüberprüfung *f (RW)* performance review
Leistungsüberwachung *f (Gen, Mgt, Pers)* performance monitoring
Leistungs- und Kapitalverkehr *m (WiWi)* current and financial transactions *(ZB)*
Leistungsvermögen *n* 1. *(Gen)* potential, capability; 2. *(Pers)* capability; 3. *(WiWi)* efficiency
Leistungsverweigerung *f (Recht)* refusal to fulfil(l) an obligation
Leistungsziel *n (Mgt)* performance target
Leistungszulage *f* 1. *(Pers)* incentive bonus; 2. *(WiWi)* proficiency pay
Leit... *(Comp, Gen, Media, WiWi)* key, leader, major, central
Leitbild *n (Mgt, V&M)* overall concept, guiding image
leiten *v* 1. *(Gen)* be in charge of, lead, manage; 2. *(Mgt)* manage, direct *(Organisation)*; 3. *(Recht)* head *(Untersuchung)*; 4. *(Logis)* route
leitend *adj* 1. *(Gen)* executive, senior; 2. *(Mgt)* managerial; 3. *(Admin, Pers)* managing
leitende Angestellte *f s.* leitender Angestellter
leitende Position *f (Pers)* executive position, managerial position, managerial post, senior job
leitender Angestellter *m* 1. *(Gen)* executive; 2. *(Mgt, Pers)* executive, general manager, senior executive
leitender Direktor *m* 1. *(Mgt)* managing director; 2. *(Pers)* general manager, chief executive
Leiter *m (Mgt, Pers)* manager, MGR, manageress, director, dir., chief, head *(einer Abteilung, eines Bereichs)*
Leiter *m* **der volkswirtschaftlichen Abteilung** *(Gen)* chief economist *(Chefvolkswirt)*
Leitkurs *m (WiWi)* central rate
Leitlinie *f (Gen, Pol)* guideline
Leitsatz *m (Gen)* governing principle
Leitung *f* 1. *(Gen, Pers)* leadership, management; 2. *(Admin)* administration • **die Leitung einer Firma übernehmen** *(Gen)* take administrative control of a company • **die Leitung übernehmen** *(Gen)* take over
Leitung *f* **eines Unternehmens** *(Mgt)* corporate management
Leitungsaufbau *m (Mgt)* management structure
Leitungsebene *f (Pers)* management level, level of management
Leitungsfunktion *f (Gen, Mgt, Pers)* executive function, management function
Leitungskompetenz *f (Mgt)* executive [management] competence
Leitungsorgan *n (Mgt, Recht)* governing body
Leitungsverantwortung *f (Mgt)* accountability in management
Leitwährung *f (WiWi)* key currency
Leitweg *m (Gen)* routing
Leitzins *m* 1. *(Bank, Fin)* base [key] lending rate; 2. *(WiWi)* key (interest) rate, base lending rate
Leitzinssatz *m* 1. *(Fin)* prime lending rate;

2. *(WiWi)* key rate
lenken *v* 1. *(Fin)* regulate; 2. *(Grund, Recht)* steer; 3. *(WiWi)* regulate
Lenkung *f* **von Ressourcen** *(WiWi)* allocation of resources *(Synonym: Zuteilung von Ressourcen, Ressourcenallokation f, Ressourcenlenkung f, Ressourcenaufteilung)*
Lenkungsausschuss *m (Bank, Fin)* steering committee
Lernen *n (Soz)* learning, study
lesen *v* 1. *(Comp)* read, view *(Bildschirm)*; 2. *(Gen)* read
Leser *m (Comp, Media, V&M)* reader
Leserin *f s.* Leser
Leserprofil *n (V&M)* readership profile
Leserschaft *f (Media)* readership *(einer Zeitung)*
Lese- und Schreibfertigkeit *f (Bil, Pers)* literacy
letzte *adj (Gen)* final, last • **in letzter Instanz** *(Gen)* as a last resort • **in den letzten Jahren** *(Gen)* in recent years • **während des letzten Jahrzehnts** *(Gen)* over the last decade
letzte Frist *f (Recht)* final deadline
letzte Instanz *f (Recht)* last instance
letzte Warnung *f (Pers)* final warning
letzter Ausweg *m (Gen)* last resort
letzter Handelstag *m (Börse)* final trading day, last day of trading, last trading day
letzter Kündigungstag *m (Pers)* last notice day
letzter Stand *m (Gen)* status
letzter Wille *m* **und letztes Testament** *n (Recht)* last will and testament
Letztgericht *n (Recht)* court of last instance
letztinstanzlicher Geldgeber *(Bank, Fin, WiWi)* lender of last resort
letztinstanzlicher Kreditgeber *m (Bank)* lender of last resort
Leumund *m (Gen)* reputation
Leverage *f (Börse, Fin) (BE)* gearing, *(AE)* leverage
Leveraged Buy-out *m (Fin)* leveraged buyout, LBO
Leverage-Effekt *m (Fin, WiWi)* leverage effect, capital leverage, *(BE)* gearing, *(AE)* leverage *(positive/negative Wirkung der Variation des Verschuldungsgrades -debt-equity ratio- auf die Eigenkapitalrentabilität -equity return-, solange die Gesamtkapitalrentabilität -return on total investment- größer/kleiner als der Fremdkapitalzins -interest on borrowed capital- ist; Synonyma: Hebelwirkung, Hebelwirkung der Finanzstruktur, Hebelwirkung der Kapitalstruktur, Hebelwirkung der Fremdkapitalaufnahme, Fremdkapital--Leverage)*
Leverage-Kennziffer *f (Fin)* debt ratio, financial leverage ratio
liberale Handelspolitik *f (WiWi)* liberal trade policy
Liberalisierung *f* **des Handels** *(Gen, Recht, WiWi)* liberalization of trade, trade liberalization
LIBOR *s.* Londoner Interbankangebotssatz
Liebhaberei *f* 1. *(Gen)* hobby, favo(u)rite pastime; 2. *(Steuer)* hobby
Liefer... *(Gen)* delivery, supply
Lieferadresse *f (V&M)* shipping address, delivery address
Lieferangebot *n (Gen)* offer to supply (goods), tender
Lieferanspruch *m (Gen, Recht)* delivery right
Lieferant *m* 1. *(Gen, Pers)* contractor; 2. *(WiWi)* provider, supplier
Lieferantenkredit *m (Imp/Exp)* supplier credit
Lieferauftrag *m (Logis)* delivery order
lieferbar *adj* 1. *(Börse)* deliverable; 2. *(Gen)* available; 3. *(V&M)* merchantable *(absetzbar)* • **nur beschränkt lieferbar sein** *(Gen)* be in short supply
lieferbare Stücke *npl (Bank, Börse)* physical certificates *(Synonym: effektive Stücke)*
Lieferbarkeit *f (Gen)* availability
Lieferbedingungen *fpl (Gen, Imp/Exp)* delivery terms, terms and conditions (of sale)
Lieferbestätigung *f (Imp/Exp, Logis)* delivery receipt
Lieferer *m (WiWi)* provider, supplier
Liefererfüllung *f (Imp/Exp, Logis)* delivery performance
Lieferfrist *f (Börse)* delivery time
Lieferkette *f (Gen, Mgt)* supply chain *(Beschaffung)*
liefern *v* 1. *(Börse)* make delivery of *(Währung)*; 2. *(Gen)* supply *(Information)*; deliver *(Waren,*

Dienstleistungen); 3. *(Imp/Exp)* consign; 4. *(Logis)* consign, deliver *(Güter)*
Liefernachweis *m (Logis)* proof of delivery
Lieferort *m (Logis)* place of delivery
Lieferpreis *m* 1. *(V&M)* delivery price; 2. *(WiWi)* supply price
Lieferrisiko *n (Gen, Recht, Fin, Bank, WiWi, V&M)* delivery risk
Lieferschein *m* 1. *(Fin, Logis)* delivery note; 2. *(RW)* goods received note
Liefertermin *m* 1. *(Börse)* delivery date; 2. *(Fin)* date of delivery
Lieferung *f (Gen, Logis)* delivery
Lieferung *f* **frei Haus** *(Logis)* delivered domicile
Lieferung *f* **gegen Barzahlung** *(RW, Logis)* on a cash received basis
Lieferung *f* **gegen Nachnahme** *(RW, Logis)* cash on delivery
Lieferung *f* **gegen Zahlung** 1. *(Bank, Fin)* delivery versus payment *(DVP, Wertpapiere)*; 2. *(Logis)* delivery versus payment *(Lieferklausel)*
Liefervertrag *m (Recht, V&M)* supply contract, delivery contract
Lieferverzug *m* 1. *(Gen)* delayed delivery; 2. *(Recht)* default in delivery *(Handelsvertrag)*
Lieferzeitraum *m (Börse)* delivery period
liegen *v* **bei** 1. *(Börse)* trade at *(Kurs)*; 2. *(Gen)* stand at *(Angebot, Preis, Gebot)*
Liegenschaft *f (Grund)* immovable estate
Liegenschaften *fpl (Recht)* corporeal hereditaments, real property
LIFO *s.* last-in-first-out
LIFO-Bestandsbewertung *f* 1. *(Gen, RW)* last in first out inventory valuation, LIFO, lifo *(Bewertungsvefahren der Warenwirtschaft)*; 2. *(Steuer)* last in first out, LIFO, lifo *(Bewertung des Vorratsvermögens)*
LIFO-Methode *f* 1. *(Pers, RW)* last in first out *(Lagerbewertung)*; 2. *(Steuer, WiWi)* last in first out, LIFO
Limitauftrag *m (Börse)* limit order
limitierender Faktor *m (Stat, WiWi)* constraint *(Engpassfaktor)*
lindern *v (Gen)* alleviate *(Probleme)*
lineare Abschreibung *f (RW)* straight-line depreciation
lineare Beziehung *f (Stat)* linear relationship
lineare Entwicklung *f (WiWi)* linear trend
lineare Optimierung *f (Stat)* linear programming
lineare Planungsrechnung *f (Stat)* linear programming
linearer Zusammenhang *m (Stat, WiWi)* linear relationship
Linienfunktion *f (Gen)* line function
Linienorganisation *f (Mgt, Pers)* line organization
Linkhaftung *f (Comp, Komm, Recht)* liability for links
liquid *adj* 1. *(Bank, Fin, RW)* liquid, solvent; 2. *(Gen)* afloat
Liquidation *f* 1. *(Fin, Recht, RW)* liquidation; 2. *(Mgt)* winding up
Liquidation *f* **des Vermögens** *(Fin, Recht)* liquidation of the assets
Liquidationstermin *m (Börse)* account day, settlement day
Liquidationsverfahren *n (Recht)* liquidation proceedings, winding-up proceedings
Liquidationswert *m (Fin, RW)* break-up value, liquidating value, net asset value, winding-up value
liquide Mittel *npl (Fin)* available funds, liquid funds
Liquidierbarkeit *f (Fin, RW)* shiftability
liquidieren *v (Gen)* liquidate, wind up
Liquidierung *f (Fin)* disinvestment *(Desinvestition)*
Liquidität *f* 1. *(Bank, RW)* solvency; 2. *(Börse)* liquidity; 3. *(Fin)* assets, earnings, liquidity, solvency
Liquidität *f* **1. Grades** 1. *(Fin, RW)* cash ratio; 2. *(RW)* available cash, liquid ratio, liquidity adequacy *(Synonym: Liquidität ersten Grades; Verhältnis von Zahlungsmitteln zu kurzfristigen Verbindlichkeiten, ratio of cash to current liabilities)*; 3. *(WiWi)* cash deposits ratio
Liquidität *f* **2. Grades** *(Fin, RW)* quick ratio, *(AE)* acid ratio, *(AE)* acid-test ratio, net quick ratio *(Synonym: Liquidität zweiten Grades; relation of current assets minus stock to current liabilities = relation of financial assets minus stock to current liabilities = the sum of cash + accounts receivable + short-term investments divided by current liabilities = Umlaufvermögen minus Vorräte dividiert durch die kurzfristigen Verbindlichkeiten = monetäres Umlaufvermögen dividiert durch kurzfristige Verbindlichkeiten =*

Summe aus Kasse + Bankguthaben + kurzfristige Forderungen + kurzfristig verfügbare Wertpapiere des Umlaufvermögens dividiert durch kurzfristige Verbindlichkeiten; anders: Nettoumlaufvermögen = net working capital = AE working capital = WC = current assets - current liabilities = net current assets = Umlaufvermögen minus kurzfristige Verbindlichkeiten = langfristig finanziertes Umlaufvermögen)

Liquidität *f* **3. Grades** *(Fin, RW)* current ratio, working capital ratio *(Synonym: Liquiditätskoeffizient, Liquidität dritten Grades; Quotient aus Umlaufvermögen und kurzfristigen Verbindlichkeiten, ratio of current assets to current liabilities; anders: Nettoumlaufvermögen = net working capital = AE working capital = WC = current assets - current liabilities = net current assets = Umlaufvermögen minus kurzfristige Verbindlichkeiten = langfristig finanziertes Umlaufvermögen)*

Liquiditätsabfluss *m (Fin, RW, WiWi)* cash outflow

Liquiditätsabschöpfung *f (WiWi)* absorption of liquidity

Liquiditätsdisposition *f (Fin)* liquidity management, cash management

Liquiditätsenge *f (Fin)* cash shortage

Liquiditätsengpass *m (Fin)* liquidity squeeze

Liquiditätsfalle *f (WiWi)* liquidity trap

Liquiditätsgrad *m (Fin)* cash ratio, liquidity ratio, solvency ratio

Liquiditätshilfe *f (Bank, WiWi)* liquidity assistance

Liquiditätskennziffer *f* 1. *(Bank)* bank cash ratio; 2. *(Fin)* liquid assets ratio

Liquiditätskoeffizient *m (Fin)* working capital ratio *(definiert als Umlaufvermögen: kurzfristige Verbindlichkeiten = current assets: current liabilities; Synonym: Liquidität dritten Grades)*

Liquiditätsposition *f (Bank, WiWi)* liquidity position, cash position

Liquiditätspräferenz *f (WiWi)* liquidity preference

Liquiditätssicherungen *fpl (Bank)* liquidity safeguards

Liquiditätsstatus *m (Bank)* cash and debt position

Liquiditätssteuerung *f (Mgt, RW)* cash [liquidity] management

Lissabon-Vertrag *m (ugs.) (Recht) (ugs.)* Lisbon Treaty; Treaty of Lisbon, ToL *(auch: EU-Reformvertrag, VvL = formal Vertrag von Lissabon; das umfängliche, hochkomplexe Vertragswerk sieht zusätzliche Mehrheitsentscheidungen vor -double majority = doppelte Mehrheit- und trat am 1.12.2009 in Kraft, es ersetzt den 2006 gescheiterten EU-Verfassungsvertrag; the treaty, a highly complex legal document, replaces the failed European constitution and aims to streamline decision-making through increased use of majority votes and the creation of the positions of a EU President and a High Representative of the Union for Foreign Affairs and Security Policy = HR = Hoher Repräsentant der Union für Außen- und Sicherheitspolitik, the ‚main co-ordinator and representative' of the Common Foreign and Security Policy = CFSP = GASP = Gemeinsame Außen- und Sicherheitspolitik within the EU)*

Liste *f (Gen)* list • **eine Liste von etw. erstellen** *(Gen)* keep a tally of • **ganz oben auf der Liste stehen** *(Gen)* top the list

Listenpreis *m (V&M)* list price

Lizenz *f* 1. *(Bank, Imp/Exp) (BE)* licence, *(AE)* license; 2. *(Pat)* patent; 3. *(Recht) (BE)* licence, *(AE)* license; permit • **unter Lizenz herstellen** *(Ind) (BE)* manufacture under licence, *(AE)* manufacture under license

Lizenzabkommen *n (Pat, Recht)* licensing agreement

Lizenzbau *m (WiWi)* licensed construction

Lizenzerklärung *f (Recht)* licence declaration

Lizenzerteilung *f (Gen, Pat)* licensing

Lizenzgeber *m (Gen, Pat)* licensor

Lizenzgeberin *f s.* Lizenzgeber

Lizenzgebühr *f (Gen)* royalty, *(BE)* licence fee, *(AE)* license fee

lizenzieren *v (Recht)* license

lizenziert *adj (Recht)* licensed *(geistiges Eigentum)*

Lizenzinhaber *m* 1. *(Gen) (BE)* licence holder, *(AE)* license holder; 2. *(Recht)* licensee *(geistiges Eigentum)*

Lizenzinhaberin *f s.* Lizenzinhaber
Lizenzvertragsrecht *n (Recht)* licensing law
Lizenzvorschriften *fpl (Imp/Exp)* licensing requirements
LM-Kurve *f (WiWi)* LM curve
Lockartikel *m* 1. *(V&M)* bait, loss leader; 2. *(WiWi)* lure
Lockvogel *m* 1. *(Börse) (ugs.)* lowballer; 2. *(V&M, WiWi)* price leader
Lockvogelangebot *n (Gen, V&M)* bait, loss leader
Lockvogelwerbung *f (V&M) (AE)* bait and switch advertising, *(AE)* bait advertising
Logistik *f (Gen, Logis)* logistics
Logistikkette *f (Gen, Mgt, Logis)* logistic chain, logistical chain; supply chain *(Synonym: Lieferkette)*
Logistikkettenmanagement *n (Mgt, Logis)* supply chain management, SCM *(Synonym: Lieferkettenmanagement; Grundlage effizienter Just-in-Time--Produktion im Rahmen komplexer softwaregestützter Zulieferernetzwerke)*
logistisch *adj (Gen, Ind, Logis)* logistical, logistic
Logo *n (Gen, V&M)* logo *(logotype)*
Lohn *m* 1. *(Gen, Pers) (BE)* wage(s); pay, hire *(Wochenlohn)*; 2. *(WiWi)* wages
Lohn *m* **mit Nebenleistungen** *(WiWi)* package pay
Lohnabschluss *m (Pers)* wage settlement
Lohnabstand *m (Pers, WiWi)* wage gap, wage differential
Lohnabstand *m* **zwischen den Geschlechtern** *(Pers, Soz)* gender wage gap, gender pay gap
Lohnabstandsgebot *m (Soz)* wage gap principle *(die Sozialtransfers sollten unterhalb des zu erzielenden Lohnes liegen, um den Anreiz zur Beschäftigungsaufnahme zu erhalten)*
Lohnabzüge *mpl (Pers)* deduction from wages
Lohnanpassung *f (Gen, Pers)* wage adjustment
Lohnanteil *m* **am Volkseinkommen** *(WiWi)* labo(u)r's share of national income
Lohnaufwendungen *fpl (Pers)* wage expenditure, wage costs
Lohnbeleg *m (Pers)* pay statement, pay slip *(less formal)*
Lohnbestandteil *m (Pers, WiWi)* wage component
Lohnbildung *f (WiWi)* wage formation
Lohndifferenz *f* **zwischen den Geschlechtern** *(Pers, Soz)* gender wage gap, gender pay gap
Lohndifferenzierung *f (Pers)* wage differentiation
Lohndrift *f* 1. *(Pers, WiWi)* wage drift, wage gap; 2. *(WiWi)* earnings drift
Lohndruck *m (Pers, WiWi)* wage pressure, wage push
Lohndruckinflation *f (WiWi)* wage push inflation
Löhne *mpl (Pers, WiWi)* wages
Löhne *mpl* **und Gehälter** *npl (Pers, WiWi)* wages and salaries
Lohneinbehaltung *f (Pers)* retention of wages, wage withholding
Lohneinbuße *f (Pers, Soz)* loss of wage(s), loss of pay
Lohneinkommen *n (Pers, WiWi)* wage income, earned income
Lohneinzelkosten *pl (Pers, RW, WiWi)* direct labo(u)r
Lohnempfänger *m (Pers)* wage earner [worker]
Lohnempfängerin *f s.* Lohnempfänger
lohnend *adj* 1. *(Gen)* worthwhile; 2. *(Pers)* rewarding *(Tätigkeit)*
Lohnerhöhung *f (Pers)* rise in wages, wage increase *(Arbeitsentgelt)*
Lohnerhöhung *f* **auf breiter Ebene [Front]** *(Pers)* across-the-board wage increase, across-the-board wage rise
Lohnersatz *m (Pers, Soz)* wage replacement
Lohnfertigung *f (Mgt, Recht)* contract production, contract manufacture
Lohnfestsetzung *f (Pers, WiWi)* wage fixing
Lohnforderung *f (Pers)* wage claim
Lohnfortzahlung *f* **im Krankheitsfall** *(Pers, Soz)* continued payment of wages in case of sickness, continued wage payments in case of sickness
Lohngefälle *n* **zwischen den Geschlechtern** *(Pers)* gender wage gap
Lohngefüge *f (Pers)* wage structure
Lohngemeinkosten *pl (Pers, RW)* indirect labo(u)r costs
Lohngleitklausel *f (Pers)* wage escalator clause, wage indexation clause
Lohngruppe *f (Pers)* grade, pay bracket
Lohnhersteller *m (Mgt, Recht)* contract

manufacturer, contract producer
Lohnhöhe *f (Pers, WiWi)* wage level
Lohnindexbindung *f (Pers)* wage indexation *(Arbeitsentgelt)*
Lohninflation *f (WiWi)* wage inflation
lohnintensiv *adj (Pers, WiWi)* wage--intensive
Lohnkonflikt *m (Pers)* wage dispute, wage conflict, pay conflict
Lohnkontrolle *f (Pers, WiWi)* wage control
Lohnkosten *pl* 1. *(RW)* manpower costs; 2. *(Steuer, WiWi)* cost of labo(u)r, labo(u)r costs
Lohnkosteninflation *f (WiWi)* wage cost inflation
Lohnkürzung *f (Pers)* wage cut, cut in wages, pay cut
Lohnliste *f (Pers, RW)* payroll *(Arbeitsentgelt)*
Lohnminderung *f (Pers)* reduction of [in] wages, cut in wages
Lohnnebenkosten *pl (Admin, Pers, RW, WiWi)* add-on costs, *(BE)* non-wage labour costs
Lohnnebenleistung *f (Gen, Pers)* fringe benefit
Lohnniveau *n (Pers, WiWi)* wage level *(Arbeitsentgelt)*
Lohn- oder Gehaltsliste stehend/auf der *(Pers)* on the payroll
lohnpolitisch *adj (WiWi)* in terms of wage-rate policy
Lohn-Preis-Spirale *f (WiWi)* wage-price spiral *(Inflationsursache)*
Lohnquote *f* 1. *(Pers)* wage ratio, wage share; 2. *(WiWi)* labo(u)r's share of national income
Lohnrunde *f* 1. *(Pers)* pay round; 2. *(WiWi)* wage round
Lohnsatz *m (Pers, WiWi)* wage rate, rate of pay
Lohnsatz *m* **je Zeiteinheit** *(Pers)* wage rate per unit of time, rate of pay per time unit
Lohnsenkung *f (Pers)* wage cut, cut in wages, pay cut, reduction of wages, reduction in wages
Lohnspanne *f (Pers)* wage spread
Lohnstarrheit *f (Pers, WiWi)* wage rigidity
Lohnsteigerung *f (Pers)* wage increase, wage rise, pay increase, pay rise
Lohnsteuer *f (Steuer)* wage(s) tax
Lohnsteueranmeldung *f (Pers, Steuer)* wage-tax return, wage tax notification
Lohnsteuerklasse *f (Pers, Soz, Steuer)* wage-tax bracket
Lohnstillstand *m (Pers)* pay pause, wage freeze
Lohnstopp *m (Pers)* wage freeze, pay pause *(Auftragslage, Inflationsbekämpfung)*
Lohnstruktur *f (Pers)* wage structure, earnings distribution
Lohnstückkosten *pl (RW, WiWi)* unit labo(u)r costs *(einzelwirtschaftliche Sicht)*
Lohnstückkosten *pl* **in der Gesamtwirtschaft** *(LSK/GW) (Stat, WiWi)* unit labour costs in the total industry, ULCT
Lohnstufe *f (Pers)* wage bracket *(Arbeitsentgelt)*
Lohn- und Gehaltsabrechnung *f (Pers)* payroll accounting; pay statement
Lohn- und Gehaltseinkommen *n (WiWi)* earnings
Lohn- und Gehaltsempfänger *pl (Pers)* wage and salary earners, wage earners and salary employees
Lohn- und Gehaltsliste *f (Pers)* payroll, paysheet
Lohn- und Gehaltsniveau *n (Pers, WiWi)* pay level, level of pay, wage and salary level
Lohn- und Gehaltsstopp *m (Pers, WiWi)* pay freeze, pay pause, wage freeze *(Inflationsbekämpfung)*
Lohn- und Gehaltstarifvertrag *m (Pers)* collective wage agreement
Lohn- und Gehaltszahlung *f (Pers)* wage and salary payment, payment of wages and salaries
Lohnungleichheit *f (Pers, Soz)* wage inequality, pay inequality
Lohnuntergrenze *f (Pers)* wage floor, minimum wage
Lohnverhandlungen *fpl (Pers)* wage negotiations, pay talks *(Arbeitsentgelt)*; wage talks *(Tarifverhandlungen)*
Lohnverzicht *m (Pers, WiWi)* wage restraint *(Lohnzurückhaltung)*; foregone wages
Lohnwachstum *n (Pers, WiWi)* wage growth
Lohnzahlung *f (Pers)* payment of wages, wage payment
Lohnzettel *m (Pers)* pay statement, pay slip, wage slip
Lohnzurückhaltung *f (Pers, WiWi)* wage

restraint, wage moderation
Lohnzusatzleistung *f (Pers)* fringe benefit
Lohnzuschlag *m (Pers)* premium pay
lokal *adj (Comp, Gen)* local
lokale Beschäftigungsgesellschaft *f (Gen, Pol, Soz)* local employment initiative
lokalisieren *v* 1. *(Comp)* localize *(Software)*; 2. *(Gen)* trace
Lokogeschäft *n (Gen)* spot business
Lombarddarlehen *n (Bank)* collateral loan
lombardfähig *adj* 1. *(Bank)* acceptable; 2. *(Fin)* eligible as collateral
lombardieren *v (Bank)* collateralize [pledge] securities
Lombardkredit *m* 1. *(Bank)* collateral loan; 2. *(Börse)* advance on securities, securities loan
Lombardsatz *m (Bank)* Lombard rate
Londoner Interbankangebotssatz *m (Bank, Börse)* London Interbank Offered Rate, LIBOR
Long-Tail-Geschäft *n (Comp, Komm, V&M)* long tail business *(Zusammenfassung dezentraler Nischenmärkte im Internet und Transformation in ein profitables Geschäftsmodell mit ausgefallenen, auch selten nachgefragten, individuellen Nischenprodukten im Web 2.0; eine moderne Alternative zur herkömmlichen Vermarktung von Massenprodukten)*
Los *n (Ind)* batch
Löschhafen *m (Logis)* port of delivery, port of discharge
Löschung *f* 1. *(Comp)* clearing, deletion, erasure; 2. *(Pat)* cancellation *(eines Warenzeichens im Register)*; 3. *(Recht)* discharge, extinction *(Schuld)*; 4. *(Logis)* discharge, landing, unloading
lose *adj (Gen)* unpacked
lose Waren *fpl (Logis)* bulk, bulk goods
Loseblattausgabe *f (Media)* loose-leaf edition
lösen *v (Gen)* terminate *(Vertrag)*; solve *(Problem)*; resolve *(Konflikt)*
Losgröße *f (Ind)* batch size
Lösung *f* 1. *(Gen)* termination *(eines Vertrags)*; solution *(eines Problems)*; 2. *(Mgt)* solution *(eines Problems)*; resolution *(eines Konflikts)*
loswerden *v (Gen)* get rid of, shake off
Lotse *m (Pers)* pilot *(Schifffahrt)*
Löwenanteil *m (Gen)* the lion's share
LSK/GW *(Abk. für Lohnstückkosten in der Gesamtwirtschaft) (Stat, WiWi)* ULCT, unit labour costs in the total industry
Lücke *f* 1. *(Börse)* break; 2. *(Fin, Gen)* gap • **Lücke schließen** *(WiWi)* bridge the gap, plug a gap
Lückenfinanzierung *f (Fin)* gap financing
Luft *f (Ind, Umwelt)* air • **aus der Luft gegriffen** *(Gen)* unsubstantiated • **jmdn. an die Luft setzen** *(Pers)* dismiss sb, *(BE; ugs.)* give sb his cards, *(BE; ugs.)* give sb the sack
luftdicht *adj (Ind)* airtight
Lüfter *m (Ind)* fan
Luftfahrt *f (Logis)* aviation
Luftfahrtindustrie *f (Logis, WiWi)* aircraft industry, aviation industry
Luftfahrtunternehmen *n (Frei, Gen, Recht)* air carrier
Luftfracht *f (Logis)* air freight, air cargo
Luftfrachtbrief *m (Imp/Exp, Logis)* air bill of lading, air waybill, AWB
Luftfrachtführer *m (Logis)* air carrier, carrier
Luftpost *f (Komm)* air mail • **per Luftpost** *(Komm)* by air mail
Luftpostbrief *m (Komm)* air letter, air-mail letter
Luftpostleichtbrief *m (Komm)* aerogramme, air letter
Luft- und Raumfahrtindustrie *f (Ind)* aerospace industry
Luftverkehr *m (Logis)* air traffic, air transport
Luftverschmutzung *f (Umwelt)* air pollution
Luftweg/auf dem *(Komm, Logis)* by air *(Beförderungsart)*
lukrativ *adj (Gen)* lucrative
lustlos *adj* 1. *(Börse)* lifeless; 2. *(Gen)* listless
lustloser Markt *m* 1. *(Börse)* flat market; 2. *(Gen)* stale market
Luxus *m (V&M)* luxury *(Waren)*
Luxusgüter *npl (Gen, V&M, WiWi)* luxury goods
Luxuskabine *f (Logis)* deluxe cabin
Luxussteuer *f (Steuer)* luxury tax

M

Maastricht-Konvergenzkriterien *npl (Fin, Pol, Recht, WiWi)* Maastricht convergence criteria *(Preisstabilität, Schuldenstand, Neuverschuldung, Wechselkurs; EU)*
Machbarkeit *f (Gen)* feasibility
Macht *f* 1. *(Gen)* power; 2. *(WiWi)* control, leverage • **an der Macht** *(Pol)* in power • **Macht ausüben über** *(Gen, Pol)* exercise power over
Machtbalance *f (Admin, Pol, Recht)* balance of power(s) *(Gleichgewicht der Kräfte)*; checks and balances *(ausgewogene gegenseitige Kontrolle von Legislative, Judikative und Exekutive)*
Machtmissbrauch *m (Gen)* abuse of power
Machtpolitik *f (Pol)* power politics, abuse of power
Machtprobe *(Mgt, Pol)* trial of strength; power struggle *(Machtkampf)*
Mädchen für alles *(ugs.) (Gen)* dogsbody
Magazinverwaltung *f (Gen, Imp/Exp)* warehousing
mageres Jahr *n (WiWi)* lean year
magisches Dreieck *n (Pol, WiWi)* uneasy triangle, magic triangle *(Ausdruck für die Nichtvereinbarkeit der drei makroökonomischen Ziele Preisniveaustabilität, Vollbeschäftigung und außenwirtschaftliches Gleichgewicht = Zahlungsbilanzgleichgewicht; incompatibility between a stable price level, full employment and balanced foreign trade or current accounts; konfliktäre Ziele)*; inconsistent trinity
magisches Viereck *n (WiWi)* magic quadrilateral
Magister *m (Bil)* Master of Arts, MA *(Geisteswissenschaften)*
Magister *m* **der Wirtschaftswissenschaften** *(Pers)* Master of Economics, MEcon
Mahnabteilung *f (Bank)* Debt-Recovery Division, Debt-Recovery Department
Mahnbescheid *m (Recht)* reminder *(Schuldenbegleichung)*
mahnen *v* 1. *(Fin)* remind; 2. *(Gen)* dun; 3. *(Recht, RW)* remind
Mahnschreiben *n (Recht)* warning letter
Mahnung *f (Fin, RW)* reminder
Mailing *n (V&M)* mailing
Mainstreaming *n (Recht, Pol)* mainstreaming *(EU: ein Themenbereich wird bei allen politischen Maßnahmen der EU vollständig berücksichtigt, z. B. ‚Mainstreaming der Umweltbelange' oder ‚gender mainstreaming' = Grundsatz der durchgehenden Beachtung des Geschlechteraspekts)*
makellos *adj (Gen)* in perfect condition *(Produkt, Ware)*; undamaged *(Ruf)*
Makler *m (Fin)* broker
Maklerabrechnung *f (Gen)* broker's statement
Maklergebühr *f* 1. *(Börse)* broker's commission, commission rate, *(AE)* brokerage allowance; 2. *(Fin)* commission
Maklergeschäft *n (Gen)* brokerage
Maklerin *f s.* Makler
Maklerprovision *f (Börse)* broker's commission, brokerage commission
Maklerstand *m (Börse)* pit
Makroökonomie *f (WiWi)* macroeconomics
Makroökonomik *f (WiWi)* macroeconomics
makroökonomisch *adj (WiWi)* macroeconomic
makroökonomische Nachfragetabelle *f (WiWi)* macroeconomic demand schedule
makroökonomische Theorie *f (WiWi)* macroeconomics, macroeconomic theory *(Synonym: Makroökonomik, Makroökonomie, Makrotheorie)*
makroprudenzielle Aufsicht *f (Admin, Fin, Recht)* macroprudential supervision *(Synonym: Systemaufsicht; Gegensatz: mikroprudenzielle Aufsicht = microprudential supervision über Einzelinstitute und Konzerne, die Aufgabe der nationalen Aufsichtsbehörden; vgl. ESRB = Europäischer Systemrisikorat = European Systemic Risk Board, Teil des ESFS = Europäisches Finanzaufsichtssystem = European System for Financial Supervision)*
Makrotheorie *f (WiWi)* macroeconomics, macroeconomic theory *(Synonym: Makroökonomik, Makroökonomie, makroökonomische Theorie)*
Management *n* 1. *(Fin)* management; 2.

(Admin, Gen, Pers) management
Management *n* **nach Zielvorgaben** *(Admin, Mgt)* management by objectives
Management-Buy-In *n (Fin, Mgt)* management buy-in, MBI *(Unternehmenskauf durch externes Management; cf Management-Buy--Out)*
Management-Buy-out *n (Fin, Mgt)* management buyout
Management-by-Techniken *fpl (Mgt)* management-by techniques *(z. B. MbD, MbE, MbO und viele andere, meist mit Fokussierung auf einem hervorgehobenen Aspekt des Führungsprozesses)*
Managementfunktion *f (Mgt)* managerial function
Management-Informationssystem *n (Comp, Mgt)* management information system
Management-Regelkreis *m (Mgt)* control loop, control circuit, feedback loop *(Systemtheorie: Informations--Rückkopplung = feedback; opposite: feedforward = offene Steuerung; feed forward control = Steuerung, Vorwärtsregelung)*
Managementtechnik *f (Mgt)* management technique
managen *v (Mgt)* manage
Manager *m (Mgt, Pers)* manager
Managerbezüge *mpl (Pers)* executive pay, executive compensation, chief--executives' compensation
Managerhaftung *f (Admin, Mgt, Recht)* manager's liability
Managerkrankheit *f (Pers)* executive stress
Mandat *n* 1. *(Pol)* elected office; 2. *(Recht)* mandate, terms of reference *(Auftrag)*
Mangel *m* 1. *(Gen)* lack; 2. *(Recht)* defect *(Verträge)*; 3. *(WiWi)* scarcity, shortage
Mangel *m* **an Arbeitsplätzen** *(Pers, WiWi)* job shortage, shortage of jobs, scarcity of jobs, lack of jobs
Mangel *m* **an Erfahrung** *(Pers)* lack of experience
Mangel *m* **an Fachkräften** *(Pers)* skill shortages, shortages of skilled manpower, shortages of skilled labo(u)r
Mangel *m* **an Personal** *(Pers)* staff--shortage, short-handedness
Mangel *m* **an qualifiziertem Personal** *(Pers)* skill shortage, shortage of skilled labour, lack of skilled labour, lack of skilled manpower, shortage of skilled manpower
Mangel *m* **an Sorgfalt** *(Recht)* lack of care *(Verträge)*
Mangelberuf *m (Pers)* shortage occupation, *(BE)* short-handed occupation
mängelfrei *adj (Recht)* free of defects *(Verkaufsrecht)*
Mängelfreiheit *f (Recht)* faultlessness *(Verkaufsrecht)*
Mängelgewähr/ohne *(Gen, Recht)* as is *(wie gesehen)*
mangelhaft *adj (Recht)* defective *(Vertragsrecht)*
mangelhafte Erfüllung *f (Recht)* defective performance *(Verträge)*
mangelhafte Leistung *f (Gen)* defective service
mangelhafte Ware *f (Recht, V&M)* defective product
mangeln an *v (Gen)* lack
Mängelrüge *f (Recht)* notice of defect *(Vertragsrecht)*
mangels *(Gen)* in the absence of
- **mangels genauer Informationen** *(Gen)* in the absence of detailed information

Manipulation *f (Gen, Mgt)* manipulation
manipulieren *v* 1. *(Börse)* rig *(Kurs)*; 2. *(Fin)* massage *(Zahlen)*; 3. *(Gen)* manipulate
manipulierte Währung *f (WiWi)* managed currency *(Staat)*
Manko *n (ugs.) (Gen)* shortage, deficiency
Mannschaft *f (Mgt, Pers, Logis)* crew, team
Mannschaftsführer *m (Mgt, Pers)* team leader
Mannschaftsführerin *f s.* Mannschaftsführer
manuell *adj (Gen, Pers)* manual
manuelle Arbeit *f (Pers)* manual work, blue-collar work
manuelle Fertigkeit *f (Pers)* manual skill *(eines Facharbeiters)*
manueller Arbeitsplatz *m (Pers)* blue--collar job
Marge *m* 1. *(Börse, RW)* margin; 2. *(Gen, WiWi)* spread
Margenaufschlag *m (RW)* margin
marginal *adj (Gen)* marginal, incremental
Marginalanalyse *f* 1. *(Fin)* marginal

analysis; 2. *(Gen)* incremental analysis; 3. *(WiWi)* marginal analysis, marginal theory
marginale Importquote *f (Imp/Exp)* marginal propensity to import
marginale Investitionsquote *f (WiWi)* marginal propensity to invest
marginale Konsumquote *f (WiWi)* marginal propensity to consume
marginale Kosten *pl (WiWi)* marginal cost
marginale Sparquote *f (WiWi)* marginal propensity to save
marginale Steuer- und Abgabenlast *f (Soz, Steuer, WiWi)* marginal tax wedge, marginal tax burden
marginaler Kapitalkoeffizient *m (Fin)* incremental capital-output ratio
Marginalprinzip *n* **der Allokation** *(WiWi)* marginal principle of allocation
Marke *f* 1. *(Pat, Recht)* trademark; 2. *(V&M)* brand *(eines Produktes)* • **eine Marke entwickeln** *(V&M)* brand, develop a brand
Markenakzeptanz *f (V&M)* brand acceptance
Markenanteil *m (V&M)* brand share
Markenartikel *mpl (Gen, V&M)* branded goods, genuine article, proprietary goods
Markenartikelindustrie *f (Pat, V&M)* brand name industry
Markenaufbau *m (V&M)* brand development
Markenbekanntheit *f (V&M)* brand awareness, brand familiarity
Markenbewusstsein *n (V&M)* brand awareness, brand recognition
Markenbranding *n (Media, V&M)* branding
Markendifferenzierung *f (V&M)* brand differentiation
Markenentwicklung *f (V&M)* brand development
Markenerhalt *m (V&M)* brand maintenance
markenfreie Waren *fpl (Gen)* unbranded goods
markenfreies Produkt *n (Gen)* no-name product
Markenführer *m* 1. *(Gen)* top of the line; 2. *(V&M)* brand leader
Markenführung *f (Komm, Media, V&M)* branding
Markenführung *f* **im Internet** *(Comp, Komm, Media, V&M)* e-branding
Markenleitbild *n (V&M)* overall brand concept
markenlos *adj (Pat)* generic
markenlose Produkte *npl (V&M)* generic products, generics
Markenmanagement *n (Media, V&M)* branding
Markenname *m* 1. *(Gen)* proprietary brand, trade name; 2. *(V&M)* brand name
Markenpflege *f (Mgt, V&M)* brand management
Markenportfolio *n (Börse, Fin)* brand portfolio
Markenpositionierung *f (V&M)* brand positioning
Markenpräferenz *f (V&M)* brand preference
Markenstrategie *f (Fin, V&M)* brand strategy *(Produktstrategie)*
Markentreue *f (V&M)* brand loyalty
Markenwaren *fpl (Gen)* proprietary goods
Markenwert *f (Fin, RW, V&M)* brand value
Markenzeichen *n (Pat)* trademark
Marketing *n* **und Vertrieb** *m (V&M)* marketing and sales
Marketing-Kommunikationskanal *m (V&M)* marketing communications channel
Marketing-Kommunikationsmix *m (V&M)* marketing communications mix
Marketingleiter *m (Mgt, Pers)* marketing director, marketing manager
Marketingleiterin *f s.* Marketingleiter
Marketingmix *n (V&M)* marketing mix
Marketing-Zielgruppe *f (V&M)* marketing target
Marketmaker zugelassen/als *(Börse)* authorized to provide market-making *(ein Marketmaker oder Marktmacher organisiert einen Markt für ein Wertpapier, er macht ihn liquide' durch den Handel mit diesem Papier und mit der Stellung von Geld- und Briefkursen)*
markieren *v (Gen)* brand
Markt *m* 1. *(V&M)* market, marketplace; 2. *(WiWi)* market • **einen Markt beherrschen** *(Fin)* control a market • **auf den Markt bringen** 1. *(Börse)* bring out *(Emission)*; 2. *(Gen)* commercialize • **in einen Markt eindringen** 1. *(Gen)* break into a market; 2. *(V&M, WiWi)* penetrate a

market • **einen Markt erobern** *(V&M)* penetrate a market • **einen Markt erproben** *(WiWi)* probe a market • **den Markt fest im Griff haben** *(V&M, WiWi)* have a stranglehold on the market • **auf dem Markt Fuß fassen** *(Gen, V&M)* get a toehold in the market • **auf den Markt kommen** 1. *(WiWi)* enter the market; 2. *(V&M)* come onto the market • **vom Markt nehmen** *(Gen, V&M)* take off the market • **den Markt dem Wettbewerb öffnen** *(V&M)* open the market up to competition • **einen Markt schaffen** 1. *(Börse)* provide a market; 2. *(V&M)* create a market • **auf einen Markt vorstoßen** *(Gen)* break into a market

Markt *m* **für Billigprodukte** *(V&M)* low end of the market

Markt *m* **für mittel- und langfristige Darlehen** *(Fin)* loan market

Markt *m* **für namenlose Produkte** *(V&M)* generic market

Markt *m* **für Neuemissionen** *(Börse)* primary market

Markt *m* **für Qualitätsprodukte** *(V&M)* top end of the market

Markt *m* **für Termingeschäfte** *(Börse)* forward market

Markt *m* **ohne Zutritts- und Austrittsschranken** *(WiWi)* contestable market

marktabhängiges Risiko *n (Börse, Fin)* market risk, market exposure *(Synonym: Marktrisiko; anders: allgemeines Marktrisiko = Systemrisiko = systemic risk = systematic risk; anders: Marktpreisänderungsrisiko = market price risk)*

Marktabschöpfung *f (V&M)* market skimming

Marktangebotspalette *f (Börse)* breadth of the market

Marktanpassung *f (WiWi)* market adjustment

Marktanteil *m (V&M)* market share, share of market, slice of the market

Marktaufnahmefähigkeit *f (Börse)* market receptiveness

Marktaufteilung *f (Recht, V&M, WiWi)* market sharing

Marktaustrittsschranke *f (WiWi)* barrier to exit, exit barrier

marktbeherrschend *adj (Pol, Recht, V&M)* dominant, dominant in a market, market-dominating, monopolistic

marktbeherrschendes Unternehmen *n (WiWi)* market-dominant firm

Marktbeherrschung *f (V&M)* market domination

Marktbericht *m (V&M)* market report

Marktbeschränkung *f (Recht, V&M, WiWi)* market restriction

marktbestimmt *adj (Gen, V&M)* market--driven

Marktbewertung *f (V&M)* market evaluation

Marktdurchdringung *f (V&M)* market penetration, sales penetration

Markteinschätzung *f (V&M)* market appraisal

Markteinstieg *m (V&M)* market entry

Markteintritt *f (Gen, V&M)* market entry, entry into the market

Markteintrittsbarriere *f (Imp/Exp)* entry barrier

Marktentwicklung *f (V&M)* market development

Markterkundung *f (V&M)* market exploration, market test, market testing

Markterwartung *f (V&M)* market anticipation

Markterweiterung *f (V&M)* market expansion

marktfähig *adj (V&M)* marketable, sal(e)able

marktfähige Güter *npl* **und Dienste** *mpl* **[Dienstleistungen** *fpl***]** *mpl (Gen, V&M)* marketable goods and services

marktfähige Wertpapiere *npl (Börse)* negotiable securities

Marktform *f (WiWi)* market form

Marktforscher *m (V&M)* market researcher

Marktforscherin *f s.* Marktforscher

Marktforschung *f (V&M)* market research, marketing research

Marktführer *m* 1. *(Börse)* market outperformer; 2. *(Gen, V&M)* market leader

marktgängig *adj (Gen, V&M)* marketable

marktgängige Ware *f (V&M)* merchantable quality

Marktgängigkeit *f (Pers)* fungibility

Marktgegenseite *f (Börse, Gen)* counterparty

marktgerecht *adj (WiWi)* market-related, in line with market conditions, in keeping with market conditions, conforming to market terms

marktgetrieben *adj (Gen, V&M)* market--driven
Marktgleichgewicht *n (WiWi)* market equilibrium
Marktgröße *f (Gen, V&M)* market size
Marktinformationen *fpl (V&M)* marketing intelligence
Marktkapitalisierung *f (Börse)* market capitalization
Marktkonzentration *f (WiWi)* market concentration
Marktkräfte *fpl (V&M, WiWi)* market forces
Marktlage *f (Gen)* market situation
Marktlücke *f (V&M)* market gap, market niche, niche, niche market • **eine Marktlücke füllen** *(Gen, V&M)* fill a gap • **eine Marktlücke schließen** *(Gen)* fill a gap in the market
Marktlücken-Marketing *(V&M)* niche marketing
Marktlückenstudie *f (V&M)* gap study, niche study
Marktmacher *m (Börse)* market maker
Marktmacht *f (WiWi)* market power
Marktmachtmissbrauch *m (WiWi)* abuse of market power
marktmäßig verzinsen *v (Bank, Fin)* pay interest at market rates
Marktmechanismus *m (WiWi)* market mechanism
Marktnachfrage *f (WiWi)* market demand
Marktnachfrageimpulse *mpl (WiWi)* market pull
marktnahe Bewertung *f (Bank, RW, WiWi)* market-related valuation *(ZB)*
Marktnische *f (V&M)* market niche
Marktöffnung *f (V&M)* market opening
marktorientiert *adj (V&M, WiWi)* market--oriented
Marktorientierung *f (V&M)* market orientation
Marktpflege *f (Bank, Börse)* market--smoothing operation, market regulation *(EZB)*
Marktplatz *m (Gen, V&M)* marketplace
Marktposition *f (Börse)* market position
Marktpotenzial *n (V&M)* market potential
Marktpräsenz *f (V&M)* market presence
Marktpreis *m* 1. *(Fin)* going rate; 2. *(Gen)* price; 3. *(RW)* actual price, arm's-length price; 4. *(V&M)* arm's-length price, market price, price; 5. *(WiWi)* actual [market, current] price
Marktpreisänderungsrisiko *n (Börse, Fin)* market price risk *(Synonym: Marktpreisrisiko; anders: Marktrisiko = marktabhängiges Risiko = market risk)*
Marktpreisbewertung *f (Börse, RW, V&M)* marking to market
Marktpreisbildung *f (V&M, WiWi)* formation of the market price
Marktpreismechanismus *m (WiWi)* price mechanism
marktpreisrelevante Order *f (Bank, Börse)* significant order *(Synonym: signifikante Order, marktrelevante Order; Mehrfachabschlüsse -multiple trades- sollen unerwünschte Marktpreiswirkungen verhindern, die durch große, ungeteilte, sog. "signifikante" Orders ausgelöst werden können; an order to buy or sell securities which is important enough to affect the market price adversely)*
markträumende Preise *mpl (WiWi)* market-clearing prices
marktreagibel *adj (Börse)* market--sensitive, sensitive
Marktrisiko *n (Bank, Fin)* market exposure, market risk; price risk
Marktrisikoprämie *f (Börse)* market risk premium
Marktrückgang *m (Börse)* market slump
Marktsättigung *f (Gen, V&M)* market saturation
Marktschaffung *f (V&M)* market creation
Marktschwankungen *fpl (Gen, V&M)* market fluctuations, market swings
Marktschwemme *f (Gen)* glut on the market
Marktsegment *n (V&M)* market segment
Marktsegmentierung *f (V&M)* market segmentation
Marktsektor *m (V&M)* market sector
Marktstellung *f (Recht, V&M)* market position, position in the market, competitive position *(Kartellrecht)*
Marktsteuerung *f (Mgt)* market management
Marktstörung *f (V&M)* market disturbance, disturbance of the market
Marktstruktur *f (Gen, V&M, WiWi)* market structure
Marktstudie *f (V&M)* market study
Marktteilnehmer *m (Börse)* market participant, trading member
Marktteilnehmerin *f s.* Marktteilnehmer
Markttendenz *f (V&M)* market trend
Markttest *m (V&M)* acceptance test,

market test, market testing
Markttransparenz *f (Gen, V&M)* market transparency
Markttrend *m (Gen, V&M, WiWi)* market trend
Marktüberwachung *f (Recht, V&M, WiWi)* market monitoring, market surveillance
marktübliche Miete *f (Grund)* fair rent
marktübliche Rendite *f (Fin, RW)* fair return
Marktumfang *m* 1. *(Börse)* breadth of the market; 2. *(Gen)* size of the market
Marktumfeld *n (V&M)* market environment
Markt- und Meinungsforschung *f (V&M)* statistical sampling
Marktuntersuchung *f* 1. *(Gen)* market study; 2. *(V&M)* market survey, survey research *(Marktanalyse)*
Marktverhalten *n (V&M)* market behavio(u)r
Marktverlust *m (Gen, V&M)* loss of market
Marktversagen *n (WiWi)* market failure
Marktverzerrung *f (WiWi)* market distortion
Marktwert *m* 1. *(Börse)* market value; 2. *(Fin)* current value, market value; 3. *(Gen)* actual cash value; 4. *(RW)* cash value, market value; 5. *(V&M)* market value, marketable value *(Verkaufswert)*
marktwertgewichteter Index *m (Börse)* market-value-weighted index
Marktwiderstand *m (V&M)* market resistance
Marktwirtschaft *f (WiWi)* market economy, market system
marktwirtschaftliche Ordnung *f (WiWi)* market economy
marktwirtschaftskonform *adj (Pol, WiWi)* consistent with the free market economy
Marktzersplitterung *f (V&M, WiWi)* market fragmentation
Marktzielsetzung *f (V&M)* market objective
Marktzins *m (WiWi)* market rate of interest
Marktzugang *m (V&M, WiWi)* market access
Marktzugangsbeschränkung *f (Imp/Exp)* entry barrier
Marktzutritt *m (WiWi)* market entry
Maschine schreiben *v (Admin, Gen)* type, typewrite
maschinell *adj* 1. *(Comp)* machine-based; 2. *(Ind)* mechanized
maschinell *adv (Ind)* by machine, mechanically • **maschinell bearbeiten** *(Ind)* machine • **maschinell hergestellt** *(Ind)* machine-made *(Produktion)*
maschinelle Anlagen *fpl (WiWi)* machinery
Maschinen *fpl* **und Fahrzeuge** *mpl (Ind, RW, Logis)* machinery and transport equipment
Maschinenbau *m (Ind)* mechanical engineering
Maschinenfabrik *f (Ind)* engineering works
maschinengestützte Übersetzung *f (Comp)* machine-aided translation, machine-assisted translation
Maschinenlaufzeit(en) *f(pl) (Ind)* machine running time, machine operating time
maschinenlesbar *adj (Comp)* machine-readable
Maschinenübersetzung *f (Comp)* machine translation
Maschinenverleih *m (Ind)* plant hire
maslowsche Bedürfnispyramide *f (Mgt)* Maslow's hierarchy of needs *(Motivationstheorie)*
Maß *n* 1. *(Gen)* measure; 2. *(Stat)* measurement; 3. *(Pat)* extent; 4. *(V&M)* measure • **nach Maß gefertigt** 1. *(Gen)* tailor-made; 2. *(Ind)* made-to-measure
Masse *f* 1. *(Gen)* bulk; 2. *(Ind)* substance; 3. *(Pers)* lump, *(BE)* the lump; 4. *(V&M)* mass; 5. *(WiWi)* aggregate, bulk
Maße *npl* **und Gewichte** *npl (Gen)* weights and measures
Maßeinheit *f* 1. *(Gen)* unit of measure; 2. *(Stat)* measurement
Massenabsatz *m (V&M)* mass marketing
Massenarbeitslosigkeit *f (WiWi)* mass unemployment
Massenartikel *m (WiWi)* staple commodity
Massendrucksachen *fpl (Gen)* bulk mail
Massenentlassung *f (Pers)* mass redundancy, collective dismissal
Massenerzeugnis *n (V&M)* staple product
Massenfabrikation *f (Gen, Ind, WiWi)* wholesale manufacture
Massenfertigung *f (Ind)* mass [large-scale] production
Massengüter *npl (Gen, Ind)* mass-

produced goods
Massengutversand *m (Logis)* bulk shipment
Massenmedien *npl (Media)* mass media
Massenproduktion *f (Ind)* mass production
Massenzahlungsverkehr *m (Bank)* retail payments *(EZB)*
maßgearbeitet *adj (Ind)* made-to--measure
maßgeblich *adj* 1. *(Fin)* qualifying; 2. *(Gen)* prevailing, relevant; 3. *(Recht)* authoritative
maßgebliche Beteiligung *f (Fin, Mgt, WiWi)* material interest, controlling interest, substantial interest; qualifying holding
maßgebliche Inflation *f (WiWi, Stat)* headline inflation *(Synonym: Gesamtinflation, allgemeine Teuerungsrate, ausgewiesene Inflation; Gegensatz: 1. Kerninflationsrate = core inflation rate, bereinigt von den sektorspezifischen Schwankungen der Energiepreise und der Lebensmittel, z. B. der HVPI ohne Energie und unverarbeitete Nahrungsmittel; 2. gefühlte Inflation = wahrgenommene Inflation = perceived inflation)*
maßgeblicher Anteil *m (Fin)* qualifying holding
maßgeblicher Wertpapierbestand *m (Fin)* qualifying holding
Maßgeblichkeitsprinzip *n (Recht, RW)* authoritative principle, authoritative concept *(Übertragung der formalen und inhaltlichen handelsrechtlichen Jahresabschlussvorschriften, der GoB, in den Bereich der Steuerbilanz; Gegensatz: umgekehrte Maßgeblichkeit = reverse authority)*
maßgeschneidert *adj* 1. *(Gen)* tailor--made, customized; 2. *(Ind)* made-to--measure; 3. *(V&M)* tailored
maßlos *adj (Gen)* excessive, inordinate *(Forderung)*
Maßnahme *f* 1. *(Börse)* move; 2. *(Gen, V&M)* measure • **Maßnahmen ergreifen** 1. *(Gen)* take measures [action]; 2. *(Mgt)* take action; 3. *(Recht)* take measures • **Maßnahmen ergreifen gegen** *(Gen)* counteract, take action against
Maßnahmenbündel *n (Mgt, Pol)* package of measures
Maßnahmenpaket *n (Fin)* set of measures
Maßnahmenplan *m (Gen, Pers)* action plan
maßregeln *v (Recht)* discipline
maßschneidern *v (Comp, Gen)* customize *(Anwendung)*
Maßstab *m (Gen)* scale, yardstick, benchmark *(Erfolg)* • **den Maßstab setzen** *(Mgt)* set the standard
maßstäblich vergrößern *(Gen)* scale up
maßstäblich verkleinern *(Gen)* scale down
Maßzahl *f (Gen)* measure
Masterstudiengang *m (Recht, Bil)* masters program
Material *n (Gen)* material
Materialabrechnung *f (RW)* materials accounting
Materialflusssystem *n (WiWi)* materials flow system
Materialtransport *m (Gen)* materials handling
Materialwirtschaft *f (Mgt)* materials management [control]
materiell *adj* 1. *(Gen)* corporeal, material, physical; 2. *(RW)* tangible
materiell rechtliches Gesetz *n (Recht)* substantive law
materielle Fragen *fpl (Recht)* matters of substance
materielle Rechte *npl (Gen)* substantial rights
materielles Anlagevermögen *n (Fin)* tangible fixed assets
materielles Gut *n (WiWi)* material good
materielles Vermögen *n (WiWi)* tangible assets
mathematische Statistik *f (Stat)* inferential statistics
Matrix *f (Gen, Stat)* matrix
Matrixdarstellung/in *(Stat, WiWi)* in matrix form
Matrixorganisation *f (Mgt, Stat)* matrix management, matrix organization
Matrixstruktur *f (Gen, Mgt)* grid structure
Matrize *f* 1. *(Gen)* copy platform; 2. *(Recht) (jarg.)* boilerplate; 3. *(Admin)* stencil *(Schablone)*
Maut *f (Logis)* toll
mautfrei *adj (Logis)* toll-free
Mautstation *f (Logis)* tollbooth
maximal *adj (Gen, Stat)* maximal, maximum
Maximal... *(Gen, Stat)* maximal,

maximum
maximale Aufmerksamkeit *f (V&M)* maximum awareness
maximale Deckung *f (Börse)* maximum coverage
maximale Kreditlaufzeit *f (Fin)* maximum repayment term
maximaler Ertrag *m (Börse)* maximum return
Maximalertrag *m (WiWi)* maximum output
Maximalschaden *m (Versich)* maximum possible loss
Maximalzinssatz *m (Fin)* cap
maximieren *v (Fin, Gen, RW)* maximize
maximum *adj (Gen, Stat)* maximal, maximum
MBO *s.* Management-Buy-out
mechanisch *adj (Ind)* mechanized
Mechanismus *m (Gen, Ind)* mechanism
Mechanismus-Design-Theorie *f (Mgt, Pol, WiWi)* mechanism design theory *(abstraktes Forschungsgebiet der Wirtschaftsnobelpreisträger 2007 Hurwicz, Maskin und Myerson mit neuen Erkenntnissen zur Bedeutung asymmetrischer Information; Untersuchung der Bedingungen, unter denen bei asymmetrischer oder dezentraler Informationsverteilung effiziente und/oder wünschenswerte Verhandlungs- oder Prozessergebnisse zu erzielen sind, z. B. wenn Präferenzen verheimlicht werden, indem die individuelle Zahlungsbereitschaft bei nützlichen Gemeinschaftsprojekten - -Deichbau, Straßenbeleuchtung, Lärmschutzmaßnahme- nicht offenbart wird; praktische Anwendungen u.a.: Versicherungs- und Personalwesen, Prinzipal-Agent-Theorie, Auktionsdesign, Versorgung mit öffentlichen Gütern)*
Median *m (Stat)* median
Medianlohn *m (Pers, Stat)* median wage *(liegt in der Mitte der Lohnskala)*
Mediaplan *m (V&M)* media plan
Mediaplanung *f (Media, V&M)* account planning, media planning
Mediawirtschaft *f (Media)* media industry
Medien *npl (Gen, Media, V&M)* media • **in den Medien Bericht erstatten** *(Media)* give media coverage
Medienanalyse *f (V&M)* media analysis
Medienauswahl *f (Media, V&M)* media selection
Medienberater *m (V&M)* media analyst
Medienberaterin *f s.* Medienberater
Medienereignis *n (Media)* media event
Medienindustrie *f (Ind, Media, WiWi)* media industry
Medienrummel *m (Komm, Media) (ugs.)* hype
medienunabhängig *adj (V&M)* media- -independent
Medium *n (Gen, Media, V&M)* medium *(Kommunikation)*
medizinisch *adj (Gen, Soz)* medical
medizinische Kosten *pl (Gen, Soz)* medical costs
medizinische Technik *f (Ind)* medical engineering
Meer *n (Logis)* sea
Mehr... *(Gen)* multi-, additional
mehr als *(Gen)* in excess of sth
Mehrarbeit *f (Pers)* extra work, overtime work *(Überstunden; overtime in excess of statutory maximum working hours)*
Mehrbedarf *m (Gen, Pers, WiWi)* increased demand, additional demand, additional requirements
Mehrbetrag *m (Fin, Gen, Versich, WiWi)* surplus, *(BE)* excess
mehrdeutig *adj (Gen)* ambiguous
mehrdimensionale Analyse *f (Stat)* multivariate analysis
mehrfache Divisionskalkulation *f (Bil, RW, WiWi)* multiple process costing *(bei Mehrproduktfertigung; Gegensatz: einfache Divisionskalkulation = simple process costing)*
Mehrfachkäufer *m (V&M)* multiple buyer
Mehrfachkorrelation *f (Stat)* multiple correlation
Mehrfachleserschaft *f (V&M)* multiple readership
Mehrfachqualifizierung *f (Pers)* multiskilling
Mehrgepäck *n (Frei, Logis)* baggage excess, excess baggage
mehrgeschossig *adj (Grund)* multistor(e)y
Mehrgewichtsgebühr *f (Frei, Logis)* excess baggage charge
mehrgipflige Verteilung *f (Stat)* multimodal distribution
Mehrheit *f (Gen, Pol)* majority
Mehrheitsanteil *m (Gen)* majority stake
Mehrheitsbeteiligung *f* 1. *(Börse)* controlling interest, majority

shareholding, majority interest; 2. *(Gen)* majority interest
Mehrheitsentscheidung *f (Pol)* majority decision
Mehrheitsprinzip *n (Pol)* majority rule
Mehrheitswahlsystem *n (Pol)* majority voting system, *(ugs.)* winner-takes-all system
Mehrjahresausgabenplanung *f (Fin)* multi-year spending envelope
mehrjährig *adj (Fin, Gen)* multi-year
Mehrkosten *pl (WiWi)* cost overrun
Mehrliniensystem *n (Mgt)* functional management
Mehrproduktunternehmen *n (Bil, Ind, WiWi)* multi-product firm *(Synonym: Mehrproduktbetrieb; Gegensatz: Einproduktunternehmen = single--product company = single-product firm)*
Mehrspartenversicherung *f (Versich)* composite insurance
Mehrstückpreis *m (V&M)* multiple unit pricing
mehrstufige Divisionskalkulation *f (Bil, RW, WiWi)* multiple-step process costing *(Kostenrechnung bei Massen- oder Serienfertigung = mass production mit, im Unterschied zur einstufigen Divisionskalkulation = single-step process costing, verschiedenartigen Stufenleistungen und/oder variablen Zwischenlagern = in-process material stores for operational purposes; cf process costing)*
mehrstufiges Stichprobensystem *n (Stat)* multistage sampling
Mehrthemenbefragung *f (V&M)* omnibus survey
Mehrwährungs... *(Bank)* multicurrency
Mehrwährungsanleihe *f (Bank)* multicurrency loan
Mehrwegbehälter *m (Umwelt)* returnable container *(Flaschen)*
Mehrwegflasche *f (Umwelt, V&M)* returnable bottle
Mehrwegpackung *f (Umwelt)* dual use package, reusable pack
Mehrwegpfand *n (Umwelt, V&M)* recycling deposit
Mehrwert *m* 1. *(Fin)* added value, surplus value; 2. *(Gen)* increased value; 3. *(Steuer)* value added
Mehrwertbericht *m (RW)* value-added statement
Mehrwertdienste *mpl (WiWi)* value--added services
Mehrwertsteuer *f (Gen, Steuer) (BE)* value-added tax, VAT
Mehrwertsteuerbefreiung *f (Steuer) (BE)* exemption from VAT; zero-rating, zero rate
mehrwertsteuerfrei *adj (Steuer)* zero--rated, *(BE)* exempt from VAT
Mehrwertsteuervoranmeldung *f (Steuer) (BE)* preliminary VAT return
Mehrwerttheorie *f (WiWi)* surplus approach
Mehrzuteilungsoption *f (Börse)* greenshoe
Mehrzweck... *(Gen)* multipurpose, general-purpose
Meineid *m (Recht)* perjury
meinerseits *adv (Gen)* for my part
Meinung *f (Gen)* view, opinion, thinking, point of view • **anderer Meinung sein** *(Gen)* be of a different opinion, take a different view • **eine Meinung äußern** *(Pol)* deliver an opinion • **seine Meinung äußern** *(Gen)* air one's opinions • **eine andere Meinung vertreten** *(Gen)* be of a different opinion, take a different view
Meinungsaustausch *m (Gen)* communication, exchange of ideas
Meinungsfreiheit *f (Recht)* freedom of speech
Meinungsführer *f (V&M)* opinion leader
Meinungsumfrage *f* 1. *(RW)* opinion shopping; 2. *(V&M)* opinion survey [poll], Gallup poll
Meinungsverschiedenheit *f (Gen)* disagreement
Meistbegünstigungsklausel *f (Recht, WiWi)* most favo(u)red nation clause
Meistbietende *m(f) (Börse, Gen)* best bidder, highest bidder
Meister *m* 1. *(Gen)* foreman, *(BE)* ganger; 2. *(Pers)* foreman; 3. *(WiWi)* master tradesman
Meisterbrief *m (Bil, Pers)* master craftsman's certificate, master craftsman's diploma
Meisterfachschule *f (Bil)* master craftsmen's college
Meisterprüfung *f (Bil, Pers)* examination for the master craftsman's diploma, master craftsman's certificate, master craftsman's diploma
Meisterschule *f (Bil)* master craftsmen's

college

Meldeformular *n (Recht)* notification form, declaration form

melden *v (Gen, Soz)* notify, report, register; sign on *(einschreiben)* • **sich polizeilich melden** *(Recht, Soz)* register with the police • **sich freiwillig melden zu** *(Gen)* volunteer for • **es meldet sich niemand** *(Komm)* there is no reply *(Telefon)* • **sich auf ein Inserat melden** *(Pers)* answer an advertisement

Meldepflicht *f (Bank)* burden of reporting

meldepflichtig *adj (Recht)* subject to registration

Meldeschein *m (Recht, Frei)* registration form

Meldeschwelle *f (Steuer)* registration threshold

Meldewesen *n (Bank, WiWi)* reporting system *(ZB)*

Meldung *f (Komm)* message (feedback)

melken *v (ugs.) (Gen)* milk

Memorandum *n* 1. *(Gen, Pol)* aide--mémoire; 2. *(Admin, Recht)* memorandum, memo

Menge *f* 1. *(Gen)* abundance, bulk, quantity, quantum, amount; 2. *(WiWi)* aggregate

Mengenanpasser *m (WiWi)* price taker

Mengenanpassung *f (WiWi)* price taking

Mengenbeschränkung *f (WiWi)* quantitative restrictions

Mengeneffekt *m (WiWi)* quantity effect

Mengeneinkauf *m (Gen)* bulk buying

Mengenfertigung *f (Ind)* mass production

Mengengeschäft *n (Gen)* bulk business

Mengengleichung *f (Bank, WiWi)* volume equation

Mengenkundengeschäft *n (Bank)* retail banking

Mengenleistung *f (Ind)* throughput rate, *(AE)* thruput rate

mengenmäßig *(Gen)* quantitative, in terms of volume

Mengenrabatt *m* 1. *(Gen)* bulk [volume, quantity] discount; 2. *(V&M)* quantity discount

Mengenrationierungsansatz *m (WiWi)* quantitative rationing approach *(Neokeynesianische Theorie = New Keynesian Macroeconomics, disequilibrium economics = Ungleichgewichtstheorie = Ungleichgewichtsökonomie)*

Mengensteuer *f (Imp/Exp, Steuer)* specific tax

Mengentender *m (Bank, WiWi)* fixed-rate tender *(EZB)*

menschliches Vermögen *n (Gen, WiWi)* human capital *(Synonym: Humankapital)*

meritorische Bedürfnisse *npl (WiWi)* merit wants

meritorisches Gut *n (WiWi)* merit good

meritorisches Ungut *n (WiWi)* merit bad

merkantil *adj (Gen, WiWi)* mercantile

Merkantilismus *m (Gen, WiWi)* mercantilism

Merkblatt *n (Gen)* instruction leaflet

Merkmal *n* 1. *(Comp)* feature; 2. *(Gen)* attribute; 3. *(Pat)* feature

Merkmalsklasse *f (Gen)* category

Mess... *(Gen)* measuring, measurement

Messe *f (Gen)* exhibition, fair, trade fair

messen *v (Gen, Stat, WiWi)* measure

Messgröße *f (Gen)* measure

Messlatte *f* 1. *(Gen)* measuring rod; 2. *(Mgt, WiWi)* benchmark

Messung *f (Gen, Stat, WiWi)* measure, measurement, measuring

Messung *f* **der Eigenkapitalausstattung** *(Bank, WiWi)* measuring capital adequacy *(Basel II)*

Messzahl *f (WiWi)* indicator, index figure

Messziffer *f (Bank)* index figure

Metall *n (Gen)* metal

Metallarbeiter *m (Pers)* metalworker

Metallarbeiterin *f s.* Metallarbeiter

Metallgeld *n* 1. *(Gen)* coins; 2. *(WiWi)* hard cash

metallverarbeitende Industrie *f (Ind, Stat)* metalworking industry

Meter *m (Gen) (AE)* meter, m, *(BE)* metre, m

Methode *f* 1. *(Gen)* approach, method, system; 2. *(Mgt)* approach, method, policy; 3. *(WiWi)* approach

Methode *f* **der doppelten Buchführung** *(RW)* double-entry method

Methode *f* **der gleitenden Mittelwerte** *(Stat)* moving-average method

Methode *f* **der kleinsten Quadrate** *(Stat)* least squares method, generalized least squares

Methode *f* **der relevanten Kosten** *(Mgt)* relevant cost approach

Methode *f* **der Zufallsauswahl** *(V&M)* random observation method

Methodik *f (Mgt)* methodology
methodisch *adj (V&M)* methodical
metrisches System *n (Gen)* metric system
mezzanine Finanzierungsformen *fpl (Fin, WiWi)* mezzanine finance *(nachrangig besichertes Fremdkapital mit quasi Eigenkapitalcharakter, eine hybride Finanzierungsform mit einer Zwitterstellung zwischen dem Eigen- u. Fremdkapital; erhöhte laufende Verzinsung wegen des erhöhten Risikos plus erfolgsorientierte Zinszahlung; z. B. in der Form von stillen Beteiligungen, Genussscheinen oder nachrangigen Anleihen = Nachrangdarlehen als Eigenkapital-Ersatz; Ziel: Ratingverbesserung durch Verbreiterung der Haftkapitalbasis)*
Mietanlagen *fpl (WiWi)* rental equipment
Mietbeihilfe *f (Soz)* rent allowance, rent rebate
Mietdauer *f (Grund)* rental term
Miete *f* 1. *(Grund)* lease, rent, rental *(Pacht)*; 2. *(Imp/Exp)* charter, *(AE)* rental, *(BE)* auto hire *(Flugzeug, Schiff)*; 3. *(Soz)* rent charge, rent, rental; 4. *(Logis) (BE)* auto hire, *(AE)* rental; charter; 5. *(WiWi)* rent
Miete *f* **pro Monat** *(Gen, Grund)* rent per month, monthly rent, rent pcm *(rent per calender month)*
Mieteinnahme *f (Grund)* rent receipt, rental *(Pachteinnahme)*
mieten *v* 1. *(Gen)* rent, lease, *(BE)* hire *(Gerät)*; 2. *(Grund)* lease, rent; 3. *(Imp/Exp, Logis)* charter *(Fahrzeug, Flugzeug, Schiff)*
Mieter *m* 1. *(Gen, Grund)* tenant; 2. *(Imp/Exp, Logis)* charterer *(Schiff, Flugzeug)*
Mieterin *f s.* Mieter
Mietgegenstand *m (Recht, Grund)* rental property, leased property
Mietkauf *m (Recht) (BE)* hire purchase
Mietkündigung *f (Grund)* termination of lease
Mietleitung *f (Komm)* leased line
Mietpreis *m (Grund)* rental rate
Mietsache *f* 1. *(Fin, RW)* leased asset *(Barwert der zu aktivierenden Nutzungsrechte, mit plan- und außerplanmäßiger Abschreibung)*; 2. *(Gen)* leased property
Mietvertrag *m* 1. *(Bank)* lease, lease agreement; 2. *(Gen)* rental agreement; 3. *(Recht)* lease, lease agreement
Mietwagen *m (Frei) (BE)* hire car, *(AE)* rental car
Migrationshintergrund *m (Soz)* immigration background
Mikrochip *m (Comp)* microchip, microprocessor
Mikroökonomie *f (WiWi)* microeconomics
Mikroökonomik *f (WiWi)* microeconomics
mikroprudenzielle Aufsicht *f (Admin, Fin, Recht)* microprudential supervision *(Aufsicht über Einzelinstitute und Konzerne, im ESFS = European System for Financial Supervision = Europäisches Finanzaufsichtssystem die Aufgabe der nationalen Aufsichtsbehörden = national supervisory authorities; Gegensatz: Systemaufsicht = makroprudenzielle Aufsicht = macroprudential supervision, die Aufgabe des ESRB = Europäischer Ausschuss für Systemrisiken und der ESAs = Europäische Finanzaufsichtsbehörden)*
Mikrozensus *m (Soz, Stat)* microcensus
Milliarde *f (Stat, WiWi)* billion, a thousand million *(a billion = 10^9 = 1,000,000,000.00 = Deu 1.000.000.000,00 = 1 000 000 000 = eine Milliarde)*
Million *f (Bank, Gen, Stat)* million
Minderheit *f (Börse, Gen, RW)* minority
Minderheitsbeteiligung *f* 1. *(Börse)* minority interest, minority investment, minority stake; 2. *(Gen)* minority holding; 3. *(RW)* minority participation
Minderjährige *m(f) (Recht)* juvenile, minor
mindern *v* 1. *(Gen)* lessen; 2. *(Recht)* reduce, abate, reduce *(Kaufpreis)*
Minderung *f (Recht)* abatement, reduction *(des Kaufpreises)*
minderwertig *adj* 1. *(Gen)* third-rate, substandard *(Arbeit, Waren)*; 2. *(V&M)* low-grade *(von geringer Qualität)*
Minderwertigkeit *f (Gen, WiWi)* inferiority *(Güter)*
Mindestanforderungen *fpl* 1. *(Bank, Mgt, Pers)* minimum standards, minimum requirements; 2. *(Pers, Soz)* minimum requirements, minimum demand
Mindestanzahl *f (Soz, WiWi)* minimum

number
Mindestbedarf *m (Pers, Soz)* minimum demand
Mindestbeitrag *m (Soz)* minimum contribution
Mindestbeitragssatz *m (Soz, Versich)* minimum rate of contribution
Mindestbestand *m (Ind)* safety stock
Mindestbetrag *m* **an Anfangskapital** *(Recht, Fin, Bank, WiWi)* minimum amount of initial capital
Mindesteinkommen *n (Soz)* guaranteed income
Mindesteinkommensgrenze *f (Soz, Steuer)* minimum income limit
Mindesteinschuss *m (Börse)* minimum margin
mindestens haltbar bis... *(V&M)* best before..., B-B...
Mindestentgelt *n (Pers)* minimum wage, minimum salary
Mindestforderung *f (Gen, Pol)* fallback position
Mindestgebühr *f (Logis)* minimum charge
Mindestgehalt *n (Gen)* minimum pay
Mindestguthaben *n (Bank)* minimum balance
Mindesthaltbarkeitsdatum *n (V&M)* sell--by date *(Lebensmittel)*
Mindesthalteperiode *f (Steuer)* minimum holding period *(von Unternehmensanteilen; ESt, KSt)*
Mindestkapitalanforderungen *fpl (Recht, Fin, Bank, WiWi)* minimum capital requirements
Mindestkursschwankung *f (Börse)* price tick, tick
Mindestkursveränderung *f (Börse)* tick
Mindestlagerbestand *m (Ind)* safety stock
Mindestlebensstandard *m (Pol, Soz, WiWi)* minimum standard of living
Mindestlohn *m (Pers)* minimum wage
Mindestmenge *f* 1. *(Fin)* full lot; 2. *(RW)* round lot
Mindestnote *m (Pers)* minimum grade
Mindestpreisänderung *f (Börse)* minimum price change
Mindestqualitätsstandard *m (V&M)* minimum quality standard
Mindestrendite *f* 1. *(Börse)* floor return; 2. *(WiWi)* minimum yield
Mindestrentenalter *n (Soz)* minimum retirement age
Mindestreserve *f (Bank)* reserve requirement
Mindestreserveerfüllung *f (Bank)* minimum reserve requirements
mindestreservefrei *adj (Bank)* exempt from minimum reserve requirements *(EZB)*
Mindestreserven *fpl (Bank)* required reserves
mindestreservepflichtige Einlage *f (Fin) (BE)* eligible liability
Mindestreservesatz *m* 1. *(Bank)* required reserve ratio, reserve ratio; 2. *(Fin) (BE)* reserve-assets ratio
Mindestreservesoll *n (WiWi)* minimum reserve requirement
Mindestrückzahlungsbetrag *m (Recht, Bank)* minimum repayment amount
Mindeststandards *mpl (Ind, Pers, Soz)* minimum standards
Mindeststeuersatz *m (Steuer)* minimum tax rate, minimum taxation rate
Mindestvoraussetzungen *fpl (Pers, Soz)* minimum requirements
Mindestzinssatz *m* 1. *(Bank)* minimum lending rate, base lending rate; 2. *(Börse)* floor rate; 3. *(Fin, WiWi)* minimum lending rate
Mineralölindustrie *f (Gen)* mineral oil industry
Mineralölsteuer *f (Steuer)* (mineral) oil tax
Minijob *m (Pers)* marginal part-time job, mini-job
Minimalkostenkombination *f (WiWi)* minimum cost combination, least cost combination *(Faktorkombination, die bei gegebenen Faktorpreisen minimale Kosten bewirkt, die Realisierung ist Voraussetzung der Gewinnmaximierung; factor combination leading to minimum cost at specific factor prices, a precondition for profit maximization)*
minimieren *v (Fin, Gen, RW)* minimize *(Risiken)*
Ministerium *n (Admin, Pol)* administration, admin, department, government department, ministry
Ministerrat *m (Admin, Pol)* Council of Ministers, the Council *(Synonym: der Rat; EU)*
Mischgut *n (WiWi)* impure public good, mixed good
Mischkonzern *m (WiWi)* conglomerate (group)

Mischkosten *pl (RW)* mixed cost
Mischsystem *n (Fin, Gen)* hybrid system
Mischung *f* 1. *(Gen)* mix(ing), mixture; 2. *(V&M)* mix
Mischwirtschaft *f (WiWi)* mixed economy
Mischzins *m (Bank)* blended rate
Missachtung *f (Recht)* contempt, disregard • **unter Missachtung des Gerichts** *(Recht)* in contempt of court • **Missachtung von Bedingungen** *(Gen, Recht)* nonobservance of conditions
Missbrauch *m* 1. *(Gen, Pat)* abuse; 2. *(Umwelt)* misuse; 3. *(V&M)* abusive practice *(Wettbewerb)*; 4. *(WiWi)* abuse
missbrauchen *v (Gen)* abuse
missbräuchliche Ausnutzung *f* **einer beherrschenden Stellung** *(WiWi)* abuse of a dominant position *(EU--Recht)*
missbräuchliche Klauseln *fpl (Recht)* unfair terms
missbräuchliche Verhaltensweise *f (WiWi)* abusive practice
missbräuchlicher Leistungsbezug *m (Soz)* benefit fraud, social security benefit fraud, fraudulent benefit claims
Missbrauchsregelung *f (Pol, Recht)* regulation on abuse, regulation on misuse
Misserfolg *m (Mgt)* failure
Misstrauensvotum *n (Pol)* vote of no confidence
missverständlich *adj (Gen)* ambiguous
Missverständnis *n (Gen)* misapprehension, misunderstanding
Misswirtschaft *f (Mgt)* mismanagement
mit *(Börse)* cum
Mitarbeit *f (Gen)* cooperation, collaboration
mitarbeiten *v (Gen)* cooperate, collaborate
mitarbeitender Geschäftsinhaber *m (Gen, Mgt)* working proprietor, owner--manager
Mitarbeiter *mpl (Gen, Pers)* staff, colleagues, manpower
Mitarbeiter *m (Gen, Pers)* employee, colleague
Mitarbeiterauswahl *f (Pers)* selection of employees, employee selection, staff selection
Mitarbeiterbeteiligung *f (Pers)* employee stock ownership plan, employee participation scheme
Mitarbeiterbeurteilung *f (Mgt, Pers)* staff appraisal
Mitarbeiterführung *f (Pers)* personnel management, staff management
Mitarbeitergespräch *n (Pers)* personnel dialogue
Mitarbeiterin *f s.* Mitarbeiter
Mitarbeiter-Know-how *n (Pers)* staff know-how, employee know-how, employee expertise
Mitarbeiterqualifikationen *fpl (Pers)* staff qualifications, employee qualifications, employee's qualifications
Mitarbeiterrabatt *m (Pers)* employee discount
Mitarbeiterschulung *f (Bil, Pers)* staff training, employee development
Mitarbeiterstamm *m (Pers)* regular staff
Mitarbeiterversammlung *f (Pers)* staff meeting
Mitarbeitervertretung *f (Pers)* staff association
Mitbestimmung *f (Börse, Pers, WiWi)* codetermination
Mitbestimmungsrechte *npl (Mgt, Pers)* rights of codetermination
Miteigentum *n (Bank, Grund, Recht)* joint ownership, co-ownership, joint estate, part ownership
Miteigentümer *m (Bank, Grund, Recht)* co-owner, joint [part] owner
Miteigentümerin *f s.* Miteigentümer
Miterbe *m (Recht)* coheir, joint heir
Mitgift *f (Gen)* dowry
Mitglied *n (Gen)* member
Mitglied *n* **des Aufsichtsrates** *(Pers)* member of the supervisory board
Mitglied *n* **des Board** *(Mgt, Pers)* board member, member of the board
Mitglied *n* **kraft Amtes** *(Pers)* ex officio member
Mitgliederbefragung *f (Gen)* membership survey
Mitgliedsbeitrag *m (Gen)* membership fee, subscription *(für Verein oder Verband)*
Mitgliedschaft *f (Gen)* membership
Mitgliedsstaaten *mpl* **der Europäischen Union** *(Pol, WiWi)* European Union member states
Mitinhaber *m (Gen)* co-owner
Mitinhaberin *f s.* Mitinhaber
Mitläufereffekt *m (WiWi)* bandwagon

effect

mitnehmen *v (Börse)* take *(Gewinn)*

mitschuldig *adj* 1. *(Gen, RW)* partly responsible; 2. *(Recht)* implicated, partly responsible, accessory

Mitspracherecht *n (Recht)* right to a say, right to a voice

Mittäter(in) *m(f)* 1. *(Recht)* accessory; 2. *(Gen)* accomplice

Mitte *f (Gen, Ind) (AE)* center, *(BE)* centre

mitteilen *v* 1. *(Gen)* inform, notify; 2. *(Komm)* advise; 3. *(Pat)* communicate, notify • **wir müssen Ihnen leider mitteilen, dass** *(Gen, Komm)* we regret to inform you that

Mitteilung *f* 1. *(Gen)* communication, message; 2. *(Komm)* advice; 3. *(Pat)* communication, notification

Mittel *n* 1. *(Fin)* funds, resources; 2. *(Gen)* means; 3. *(Media)* tool; 4. *(Pers)* resources; 5. *(WiWi)* means, resources • **Mittel bereitstellen** *(Fin, Mgt, RW)* appropriate funds • **Mittel bewilligen** *(Fin, Mgt, RW)* allocate resources, appropriate funds • **Mittel bündeln** *(WiWi)* pool resources • **über die Mittel verfügen, etw. zu tun** *(Gen)* have the means to do sth

Mittel *npl* **und Wege** *mpl (WiWi)* ways and means

Mittelabfluss *m* 1. *(Fin, RW)* cash outflow, outflow of funds; 2. *(WiWi)* outflow of funds *(ZB)*

Mittelbeschaffung *f (Fin)* fund-raising

Mittelbewilligung *f (Fin, RW)* resource allocation

Mittelbindung *f (Fin, Mgt, RW, WiWi)* appropriation of funds

mittelfristig *adj* 1. *(Börse)* medium-dated; 2. *(Fin, Gen)* medium-term

mittelfristiger finanzieller Beistand *m (Pol, WiWi)* medium-term financial assistance

mittelfristiger Finanzplan *m (Fin)* medium-term finance plan

mittelfristiger Kredit *m (Bank, Fin)* intermediate-term credit, medium-term loan

mittelfristiges Darlehen *n (Bank)* medium-term loan, MTL

mittelfristiges Papier *n (Börse, Fin)* medium-term instrument

Mittelherkunft *f (Fin, RW)* source of funds

Mittelherkunft *f* **und -verwendung** *f (Fin, RW)* source and application of funds

Mittelkurs *m* 1. *(Börse)* middle price; 2. *(RW)* average rate; 3. *(WiWi)* mean price

Mittelmanagement *n (Pers)* middle management

mittelmäßig *adj (Gen)* medium, mediocre

Mittelpunkt *m (Gen) (AE)* center, *(BE)* centre; focus

Mittelschicht *f (Soz)* middle class

Mittelsmann *m (Gen)* intermediary, go--between

Mittelsorte *f (WiWi)* middling (quality)

Mittelstand *m (Gen)* small and medium--sized enterprises, SMEs *(einschließlich Familienbetriebe)*

mittelständischer Betrieb *m (Gen)* medium-sized enterprise

mittelständischer Familienbetrieb *m (Gen)* family business, family-owned business

mittelständisches Gewerbe *n (Gen)* small and medium-sized goods--producing businesses

mittelständisches Unternehmen *n (Gen, Ind)* medium-sized enterprise, medium-sized company, medium--sized firm *(Synonym: mittelgroßes Unternehmen)*

Mittelstandsunternehmen *n (Gen, Media)* Mittelstand company, family--owned business *(Synonym: mittelständisches Unternehmen, mittelständisches Familienunternehmen, mittelständischer Betrieb, mittelständischer Familienbetrieb)*

Mittelstufe *f (Bil)* intermediate secondary education, the first stage of secondary education, the first stage of secondary schooling

Mittelverfügbarkeit *f (Fin)* resource availability

Mittelverteilung *f (Fin, Mgt, RW, WiWi)* appropriation of funds, fund appropriation, resource allocation

Mittelverwendung *f (RW)* application of funds *(Kapitalflussrechnung)*

Mittelwert *m* 1. *(Gen)* average; 2. *(Stat)* average, mean (value)

Mittelzuteilung *f (Fin, Mgt, RW, WiWi)* appropriation of funds, fund appropriation, resource allocation

Mittelzuweisung *f* 1. *(Fin, RW)* apportionment of funds, appropriation of funds; 2. *(WiWi)* appropriation (of funds), resource allocation

Mittler *m (Gen)* intermediary
mittlere Abweichung *f (Stat)* average deviation, mean deviation
mittlere Einkommensstufe *f (WiWi)* middle income bracket
mittlere Einkommensteuergruppe *f (WiWi)* middle income bracket
mittlere Frist *f (Gen)* intermediate term
mittlere Führungsebene *f (Mgt, Pers)* middle management
mittlere Geldmenge *f* **M2** *(Bank, WiWi)* intermediate money M2
mittlere Lebenserwartung *f (Versich)* average duration of life
mittlere Nutzungsdauer *f (Gen, Ind)* average life *(einer Anlage)*
mittlere Qualität *f (Gen)* average quality, good fair average
mittlerer Lohn *m (Pers, Stat)* median wage *(liegt in der Mitte der Lohnskala)*
mittlerer Schulabschluss *m (Bil)* intermediate leaving certificate, intermediate school leaving certificate
mittlerer Wert *m (Stat)* median *(Synonym: Median; der Wert liegt in einer statistischen Reihe genau in der Mitte)*
mittleres Einkommen *n (Gen, WiWi)* average income
mittleres Qualifikationsniveau *n (Bil, Pers)* middle level of qualification, middle level of qualification skill
Mitverschulden *n (Recht)* contributory negligence
Mitversicherung *f (Versich)* coinsurance, joint insurance
mitwirkend *adj (Recht)* contributory
Mitwirkung *f (Fin)* contribution
Mitwirkungspflicht *f (Pers)* duty to cooperate, duty to participate, obligation to cooperate, obligation to participate
Mobbing *n (Recht)* workplace bullying, harassment at work, mobbing, desk rage *(Pöbelei am Arbeitsplatz)*
mobil *adj* 1. *(Gen)* mobile; 2. *(Komm)* portable
mobiles Telefon *n (Komm)* cellular phone, mobile phone, mobile (telephone)
Mobilfunk *m (Komm)* mobile communications
Mobilfunkprovider *m (Komm) (AE)* cellphone provider
Mobilgerät *n (Comp, Komm, Media, V&M)* mobile device
Mobiliar *n (Recht)* set of chattels
Mobiliarvermögen *n (Grund, Recht)* chattels personal, personal estate
mobilisieren *v (WiWi)* mobilize
Mobilität *f (Pers, Soz, V&M)* mobility
Mobilität *f* **der Arbeitnehmer** *(Pers, WiWi)* labo(u)r mobility, mobility of labo(u)r
Mobilität *f* **der Arbeitskräfte** *(Pers, WiWi)* labo(u)r mobility, mobility of labo(u)r
Mobiltelefon *n (Komm)* mobile phone, mobile (telephone), cellphone, cellular phone
Modalitäten *fpl (Bank)* terms
Mode *f (Gen, V&M)* fashion
Modeartikel *mpl* 1. *(Gen)* fancy goods; 2. *(V&M)* fashion goods, fancy goods
Modell *n* 1. *(Gen)* pattern, model *(Muster)*; 2. *(Stat)* model; 3. *(Pat)* design
modellieren *v (Bank)* formulate, devise
Modellrechnung *f* 1. *(Stat)* model calculation; 2. *(Gen)* simulation
Modellversuch *m (Mgt, Soz)* pilot project
modern *adj (Gen, Ind, WiWi)* advanced, modern, up-to-date
moderne Technik *f (Ind)* advanced engineering
moderne Technologie *f (Ind)* advanced technology • **mit modernster Technologie** *(Ind, WiWi)* technologically advanced
moderner Industriestaat *m (WiWi)* advanced industrial state
modernisieren *v* 1. *(Gen)* modernize, update; 2. *(Mgt)* streamline
modifizieren *v (Gen)* modify
Modifizierung *f (Gen)* modification
Modularität *f (Gen)* modularity
Modulstruktur *f (WiWi)* modular structure
möglich *adj (Gen)* potential, possible
mögliche Verpflichtung *f (Gen)* potential commitment
möglicher Bewerber *m (Pers)* prospective candidate, prospective applicant
Möglichkeit *f* 1. *(Gen)* opportunity, possibility, potential *(Potential)*; alternative *(Alternative)*; 2. *(Stat)* chance; 3. *(Pol, WiWi)* opportunity *(Gelegenheit)*
Momentaufnahme *f (RW)* measured at a single point in time
Monate *mpl* **nach Sicht** *(Bank)* months after sight

monatlich *adj (Gen)* monthly
monatliche Miete *f (Gen, Grund)* rent per month, monthly rent, rent pcm *(rent per calender month)*
monatliche Vermietung *f (Grund)* month-to-month tenancy
monatliche Zinsberechnung *f (Bank)* monthly compounding of interest
Monatsabschluss *m (Bank, RW)* end-of-month account
Monatsaufstellung *f (Fin)* monthly statement
Monatsdurchschnitt *m (Stat)* monthly average
Monatsende *n (RW)* end of month
Monatserste *m (Gen)* first day of the month
Monatserster *m (Gen)* first day of the month
Monatsertrag *m (RW)* monthly return
Monatsfrist *f (Gen)* one month's notice
Monatsrate *f (Fin)* monthly instal(l)ment
Monatsultimo *m (Gen)* end of month
Mondpreise *mpl (V&M)* unrealistic prices, *(ugs.)* moon prices
monetär *adj (Fin, Gen, WiWi)* monetary
monetäre Entwicklung *f (WiWi)* monetary trend
monetäre Erscheinung *f (WiWi)* monetary phenomenon *(EZB)*
monetäre Größen *fpl (Fin)* monetary aggregates
monetäre Impulse *mpl (Pol)* monetary stimuli *(EZB)*
monetärer Ertrag *m (WiWi)* pecuniary returns
monetäres Umlaufvermögen *n (Fin)* accounts receivable + investments + cash
Monetarismus *m (Fin, Gen, WiWi)* monetarism
Monetarist *m (Fin, Gen, WiWi)* monetarist
Monitum *n (Gen)* query
Monopol *n (Ind, WiWi)* monopoly
Monopolgewinn *m (WiWi)* monopoly profit
Monopolist *m (WiWi)* monopolist
Monopolistin *f s.* Monopolist
monopolistische Konkurrenz *f (WiWi)* monopolistic competition
Monopolkommission *f (WiWi)* Monopolies (and Mergers) Commission, antitrust commission
Monopolpreis *m (WiWi)* monopoly price
Monopolstellung *f (Ind)* monopoly
Monopson *n (WiWi)* monopsony
Montage *f* 1. *(Gen)* assembling, assembly; 2. *(Ind)* assembly
Montageband *n (Ind, Pers)* assembly line *(Produktion)*
Montageplan *m (Gen, Ind)* assembly program(me)
Montagewerk *n (Ind, Pers)* assembly plant
Monteur *m (Pers)* assembler, assemblyman, mechanic, electrician; fitter *(Installateur)*
moralische Versuchung *f (Bank, Börse, Fin, Versich)* moral hazard *(Synonym: moralisches Risiko, Risiko fahrlässigen Verhaltens, Risiko unehrlichen Verhaltens; Anreiz systemisch relevanter Finanzinstitutionen = Sifis = systemically important financial institutions zum Eingehen ungerechtfertigt hoher Risiken, wenn die resultierenden Gewinne privat vereinnahmt, die Verluste daraus jedoch sozialisiert, d. h. dem Steuerzahler aufgebürdet werden können; cf Too-big-to-fail-Problematik; bank of systemic importance = term commonly used since autumn 2008 for large, complex, globally active, irreplaceable and highly interconnected = vernetzte financial institutions)*
moralischer Appell *m (Gen, WiWi)* moral suasion hazard
Moratorium *n* 1. *(Fin)* moratorium; 2. *(Gen)* moratorium, standstill agreement
Morgenschicht *f (Pers)* day shift *(Schichtarbeit)*
morphologische Analyse *f (Fin, Stat)* morphological analysis
Motiv *n (Gen)* cause, reason
Motivation *f (Gen, Mgt, Pers, V&M)* motivation
Motivationsanalyse *f (Pers)* motivational analysis
Motivator *m (Gen, Mgt, Pers)* motivator
Motivforschung *f (V&M)* motivational research
motivieren *v (Gen, Mgt, Pers, V&M)* motivate
Motor *m (Logis)* engine, motor
mühselige Arbeit *f (Pers) (ugs.)* slog
Müll *m (Gen, Umwelt)* waste, refuse, *(BE)* rubbish, *(AE)* garbage
Müllabfuhr *f (Gen, Umwelt)* refuse

collection
Müllbehandlung *f (Gen, Umwelt)* waste treatment
Müllentsorgung *f (Gen, Umwelt)* waste management [disposal]
Müllverbrennung *f (Ind, Umwelt)* incineration
multifunktional *adj (Gen)* all-purpose
multifunktionale Chipkarte *f (Comp, Komm)* multi-purpose card
Multifunktionskarte *f (Bank, Comp)* multi-purpose card
Multikatoreffekt *m (WiWi)* multiplier effect
multikulturelles Management *n (Mgt)* cross-cultural management
multilaterale Handelsgespräche *npl (WiWi)* multilateral trade negotiations
multilaterale Überwachung *f (Pol, WiWi)* multilateral surveillance
multilaterales Abkommen *n (WiWi)* multilateral agreement
multimediafähig *adj (Comp, Media)* multimedia ready
multinational *adj (Gen)* multinational, transnational
multinationales Unternehmen *n (Gen)* transnational corporation, multinational enterprise, multinational company [corporation]
multiple Korrelation *f (Stat)* multiple correlation
multipler Wechselkurs *m (WiWi)* multiple exchange rate
Multiplikator *m (WiWi)* multiplier
Multiplikatorprinzip *n (WiWi)* multiplier principle
multiplizieren *v (Stat)* multiply
mündelsicher *adj (Fin)* eligible for investment of trust funds *(gilt-edged investment)*
mündelsicheres Wertpapier *n (Bank, Börse)* gilt-edged [eligible] security, legal investment
mündlich *adj (Gen)* verbal *(Vereinbarung, Angebot)*
mündliche Absprache *f (Gen)* verbal agreement
mündliche Befragung *f (Stat, V&M)* interview, oral interview
mündliche Prüfung *f (Bil)* oral examination, oral exam, oral test
mündliche Vereinbarung *f* 1. *(Gen)* unwritten agreement, verbal agreement; 2. *(Recht)* oral contract
Mund-zu-Mund-Werbung *f (V&M)* word-of-mouth advertising
Münze *f (Gen)* coin, token
Münzgeld *n (WiWi)* hard money
Münztelefon *n (Komm) (BE)* pay phone, *(AE)* pay station
Mussvorschrift *f (Versich)* mandatory provision
Muster *n* 1. *(Gen)* pattern, sample, model *(Abkommen, Vertrag)*; 2. *(Pat)* design; 3. *(V&M)* pattern
Musterangebot *n (Gen)* sampling offer
Musterbeispiel *n (Gen)* textbook case
Musterformular *n (Admin)* standard form
mustergetreu *adj (Gen)* up-to-sample
Musterlizenz *f (Imp/Exp) (BE)* sample licence, *(AE)* sample license
Musterportfolio *n (Bank)* standard portfolio
Mustersatzung *f (Recht)* model articles of association
Mustersendung *f (Komm)* sample mailing
Mustervertrag *m (Bank)* model agreement, master agreement
Muttergesellschaft *f* 1. *(Gen, RW)* parent company; 2. *(Recht)* holding company
Mutterland *n (Fin, Gen)* home country
Mutterschafts... *(Pers)* maternity
Mutterschaftsgeld *n (Pers)* maternity pay [benefit, allowance]
Mutterschaftsurlaub *m (Pers)* maternity leave
Mutterschutzgesetz *n (Pers, Recht, Soz)* Maternity Protection Act
MwSt. *s.* Mehrwertsteuer
MwSt.-Befreiung *f (Steuer) (BE)* exemption from VAT
MWSt-Überwälzung *f (Steuer)* VAT pass-through

N

nach *adj (Gen)* according to
Nachahmung *f (Ind)* counterfeit
nachaktivieren *v (WiWi)* post-capitalize
Nachbarland *n (Gen)* neighbo(u)ring country
Nachbarschaftsladen *m (V&M) (BE)* corner shop, *(AE)* neighborhood store, *(AE)* mom-and-pop store
Nachbarstaat *m (Gen)* neighbo(u)ring country
Nachbearbeitung *f (Ind)* finishing

Nachbesprechung *f (Mgt)* debriefing
nachbestellen *v (Gen)* reorder
Nachbestellung *f (Gen)* repeat order
nachbilden *v (Gen, Recht)* imitate, copy
Nachbildung *f* 1. *(Bank, Börse)* shadowing *(von Indizes)*; 2. *(Gen)* reproduction
Nachbörse *f (Börse, WiWi)* after-hours market [dealing, trading]
nachbörsliche Kurse *mpl (Börse)* after--hours prices
nachbörslicher Handel *m (Börse)* after--hours dealing [trading], kerb trading
nachdatiert *adj (Komm)* postdated, PD
nachdrücklich *adj (Gen)* vigorous
Nacherfüllung *f (Recht, V&M)* subsequent performance, cure, rectification *(Vertragsrecht)*
Nachfassbrief *m (Gen, Komm)* follow-up letter *(Werbung)*
nachfassen *v (Gen, Komm)* follow up
Nachfassen *n (Gen, Mgt, V&M)* follow--up, follow-up action
nachfolgen *v (Gen)* succeed, trace
Nachfolger *m (Gen)* follower, replacement, successor
Nachfolgerin *f s.* Nachfolger
nachforschen *v (Gen)* investigate
Nachforschung *f (Gen)* search
Nachfrage *f (WiWi)* demand • **Nachfrage befriedigen** *(Fin)* accommodate the demand, meet the demand • **Nachfrage schaffen** *(WiWi)* create demand
Nachfrage *f* **nach Arbeit** *(Pers, WiWi)* demand for labo(u)r, labo(u)r demand
Nachfrage *f* **nach Arbeitskräften** *(WiWi)* demand for labo(u)r, labo(u)r demand
Nachfrageabschwächung *f (Mgt, WiWi)* slowdown in demand
Nachfrageausfall *m (Börse, WiWi)* shortfall in demand
Nachfrageausweitung *f (V&M)* expansion of demand
nachfragebedingte Arbeitslosigkeit *f (Pers, WiWi)* demand deficient unemployment
Nachfragefunktion *f (WiWi)* demand function
Nachfrageimpuls *m (WiWi)* demand stimulus, market pull
nachfrageinduzierte Inflation *f (Gen, WiWi)* demand-pull inflation, demand--induced inflation
Nachfrageinflation *f (Gen, WiWi)* demand-pull inflation
Nachfragekurve *f (WiWi)* demand curve
Nachfragekurve *f* **nach Arbeit** *(Pers, WiWi)* labo(u)r demand curve, demand curve for labo(u)r
Nachfragekurve *f* **nach Arbeitskräften** *(Pers, WiWi)* labo(u)r demand curve, demand curve for labo(u)r
Nachfragemuster *n (WiWi)* demand pattern
nachfrageorientiert *adj (V&M, WiWi)* demand-oriented; market-oriented *(marktorientiert)*
Nachfrager *mpl (V&M)* consumers
Nachfrager *m (Comp, Komm)* service requester, user, customer, client
Nachfragerückgang *m (WiWi)* contractionary pressure
Nachfrageschock *m (WiWi)* demand shock
Nachfrageschrumpfung *f (V&M)* contraction of demand
Nachfrageseite *f (V&M, WiWi)* demand side
nachfrageseitige Variable *f (Stat)* demand-side variable
Nachfragetabelle *f (WiWi)* demand schedule
Nachfrageüberhang *m (V&M, WiWi)* excess demand
Nachfrageüberschuss *m (WiWi)* excess demand
Nachfrage- und Angebotselastizität *f (WiWi)* elasticity of demand and supply
Nachfrageverschiebung *f (V&M)* shift in demand
Nachfrist *f* 1. *(RW)* days of grace, grace period; 2. *(Recht)* (additional) respite *(Verträge)*
nachgeben *v* 1. *(Bank)* sag *(Zinsen)*; 2. *(Börse)* slide, sag *(Kurse)*; 3. *(Gen)* give in, sag *(Nachfrage)*; give *(Material)*; 4. *(Mgt)* back down *(Auseinandersetzung)*; 5. *(V&M)* sag *(Preise, Verkäufe)*; 6. *(WiWi)* slacken *(Aktienpreise)*
Nachgeben *n* 1. *(Bank, Börse)* slide *(der Kurse)*; sagging *(der Zinsen)*; 2. *(Gen)* slippage; 3. *(V&M)* sagging; 4. *(WiWi)* slackening *(der Aktienpreise)*
nachgelagert *adj (Gen, WiWi)* downstream *(Absatzstufe)*
nachgelagerte Märkte *mpl (Gen)* downstream markets
nachgemacht *adj* 1. *(Bank)* counterfeit *(Geld)*; 2. *(Ind)* man-made

nachgeordnet *adj (Börse)* derivative, subordinate
nachgereichte Unterlagen *fpl (Pat)* subsequently filed items
nachhaken *v (Gen)* come back to, make further enquiries
nachhaltig *adj (Gen, WiWi)* sustainable
nachhaltige Anlage *f (Fin, Pol, WiWi)* sustainable investment, ethical investment, socially conscious investment, socially responsible investment, SRI *(Synonym: ethische Anlage, ethische Investition; Gegensatz: unethische Anlage = unethical investment)*
nachhaltige Entwicklung *f (WiWi)* sustainable development
nachhaltige Wachstumsrate *f (WiWi)* sustainable economic growth rate
nachhaltige Wirkung *f (Gen, Media)* lasting effect
nachhaltiges Finanzinstrument *n (Bank, Fin)* sustainable financial instrument
nachhaltiges Wirtschaftswachstum *n (Pol, WiWi)* sustained economic growth, sustainable economic growth
Nachhaltigkeit *f (Umwelt, WiWi)* sustainability
Nachholbedarf *m* 1. *(Gen)* backlog demand; 2. *(WiWi)* backlog of [catch--up, pent-up] demand
Nachholeffekt *m (WiWi)* backlog effect, catching-up effect *(ZB)*
nachindustrielle Gesellschaft *f (WiWi)* post-industrial society
Nachkomme *m (Recht)* descendant, issue
nachkommen *v* 1. *(Gen)* act on *(Entscheidung)*; fulfil(l), meet *(Verpflichtungen)*; keep up with *(Zahlungen)*; 2. *(Recht)* obey
Nachlass *m* 1. *(Fin)* rebate; 2. *(Gen)* reduction; 3. *(RW)* trade discount; 4. *(Steuer)* abatement; 5. *(Recht)* deceased estate *(Erbschaft)* • **kein Nachlass** *(V&M)* no discount
nachlassen *v* 1. *(Börse)* run low; 2. *(Gen)* wane, slack off, slacken off *(Arbeiter, Nachfrage)*; 3. *(WiWi)* slacken *(Aufschwung)*; 4. *(Gen)* relax *(Kontrolle)*; reduce *(Preise)*; 5. *(Mgt)* relax *(Kontrolle)*
Nachlassen *n* 1. *(Gen)* slack, abatement; 2. *(WiWi)* slackening
nachlassend *adj (WiWi)* flagging
Nachlassgericht *n (Recht)* probate court
nachlässig *adj (Gen)* careless, slapdash
• **nachlässig sein** *(Pers)* be slack
• **nachlässig arbeiten** *(Gen)* skimp
Nachlassverwalter *m* 1. *(Grund)* estate administrator, estate executor *(gerichtlich eingesetzter Treuhänder)*; 2. *(Recht)* (estate) executor, estate manager [administrator]
Nachlassverwaltung *f (Grund)* estate administration
nachlaufender Indikator *m (WiWi)* lagging indicator *(Konjunkturpolitik)*
nachmittags *adv (Gen)* post meridiem, p.m.
Nachnahme *f (Fin, Gen, Imp/Exp)* cash on delivery
Nachporto *n (Komm)* postage due
nachprüfbar *adj (Gen, RW)* verifiable
Nachprüfbarkeit *f (Admin, Mgt, RW)* accountability
Nachprüfung *f (Gen)* re-examination
nachrangige Hypothek *f* 1. *(Bank)* second mortgage, submortgage; 2. *(Fin)* second mortgage; 3. *(Grund) (AE)* junior mortgage
nachrangige Verbindlichkeiten *fpl* 1. *(Fin, Gen, Ind)* subordinate debt; 2. *(RW)* subordinated liabilities
nachrangiger Schuldtitel *m (Fin, Gen, Ind)* subordinate debt
nachrangiges Darlehen *n (Fin)* subordinated loan
nachrangiges Haftkapital *n (Fin)* subordinated capital
nachrangiges Pfandrecht *n (Recht)* junior lien
nachrangiges Wertpapier *n (Börse) (AE)* junior security
Nachricht *f* 1. *(Gen)* message, communication; 2. *(Komm)* bulletin; 3. *(Media)* piece of news • **jmdm. die Nachricht mitteilen** *(Komm)* break the news to sb
Nachrichten *fpl (Gen, Media)* news
Nachrichten *fpl* **aus der Wirtschaft** *(Media, WiWi)* economic news
Nachrichtenblatt *n (V&M)* bulletin
Nachschießen *n (Börse, Fin)* remargining
nachschlagen *v (Admin, Comp, Gen)* look up *(Informationen)*
Nachschussforderung *f (Börse)* further call, margin call *(Effektenhandel)*
Nachsichtwechsel *m* 1. *(Bank) (BE)* time bill, *(AE)* time draft; 2. *(Fin)* term bill

Nachsteuer *f (Fin)* supplementary tax
Nachsteuerrendite *f (RW, Steuer)* after--tax yield
nächstmöglicher Kündigungstermin *m (Gen)* (the) next possible termination date
nachsuchen *v* **um** *(Gen)* apply for, request
Nachtarbeit *f (Pers)* night work
Nachtarbeitsverbot *n (Pers)* prohibition of night work
Nachtarbeitszuschlag *m (WiWi)* night differential
Nachteil *m* 1. *(Gen)* disadvantage; 2. *(V&M, WiWi)* disutility • **zum Nachteil von** *(Gen)* to the detriment of
nachteilig *adj* 1. *(Gen)* adverse, disadvantageous, prejudicial; 2. *(WiWi)* adverse
Nachtrag *m* 1. *(Gen)* addendum *(Vertrag)*; 2. *(Komm)* postscript *(Briefende)*
nachträglich *adj* 1. *(Gen)* subsequent; 2. *(Pat)* supplementary
nachträgliche Unmöglichkeit *f* **der Leistung** *(Recht)* subsequent impossibility of performance *(Vertragsrecht)*
nachträgliche Vergütung *f (Pers)* deferred compensation
Nachtragshaushalt *m (Fin)* supplemental budget
Nachtschalter *m (Bank)* night depository
Nachtschicht *f (Pers)* night shift, *(ugs.)* graveyard shift
Nachttresor *m (Bank)* night depository, night safe
Nachtwächterstaat *m (WiWi)* night watchman state
Nachverkauf *m (V&M)* after sales
nachwachsender Rohstoff *m (Umwelt, WiWi)* renewable resource
Nachweis *m (Recht)* proof, evidence of proof, evidence
nachweisbar *adj* 1. *(Gen)* verifiable, demonstrable *(Fehler, Defekt)*; 2. *(RW)* verifiable
nachweisen *v (Bank)* account for
Nachwirkung *f (Gen)* aftereffect
Nachwuchs *m* **an Führungskräften** *(Pers)* junior managers, new junior managers, young executives, new young executives, junior management
Nachwuchsförderung *f (Mgt)* executive training *(Führungskräfte)*
Nachwuchsführungskraft *f (Pers)* junior manager, young executive, management trainee
Nachwuchskraft *f (Pers)* junior employee
Nachzahlung *f (Pers)* back pay, back payment *(Lohn, Gehälter)*
nacktes Short-Selling *n (Börse)* naked short selling, uncovered short selling *(Synonym: ungedeckter Leerverkauf = ungesicherter Leerverkauf = Leerverkauf ohne entsprechende Aktienleihe; Gegensatz: gedecktes Short-Selling = covered short selling mit Leihe der leerverkauften Aktien)*
Nacktoption *f (Börse)* naked option
Nadelzeit *f (Media)* needle time
nagelneu *adj (ugs.) (Gen)* brand-new
Nahrungsmittel *npl (Gen)* foodstuffs
Nahrungsmittelindustrie *f (Ind)* food--processing industry
Nahrungsmittelversorgung *f (WiWi)* food supply
Nahverkehr *m (Logis)* local traffic, local transport, *(AE)* short haul
Name *m (Gen)* name • **im Namen von** *(Gen)* on behalf of
namenlos *adj (Gen)* anonymous, anonymously
Namensaktie *f (Börse, RW)* registered share [stock]
Namenskonnossement *n (Imp/Exp, Logis)* non-negotiable bill of lading, straight bill of lading
Namensschuldverschreibung *f (Bank, Fin)* registered bond *(Gegensatz: Inhaberschuldverschreibung = bearer bond)*
namhaft *adj (Gen)* renowned, substantial *(Geldbetrag)*
nationale Beihilfesysteme *npl (Pol)* national systems for granting aid *(EU)*
nationale Fluggesellschaft *f (Frei, Logis)* domestic airline, national airline
nationale Gesetzgebung *f (Recht)* national legislation
nationale Regulierungsbehörde *f (Recht)* National Regulatory Authority, NRA *(EU)*
Nationaleinkommen *n (WiWi)* National Income *(früher: Sozialprodukt; Summe der den Inländern zugeflossenen Primäreinkommen; cf Bruttonationaleinkommen, BNE oder Nettonationaleinkommen, Nettonationalprodukt -NNP- zu Marktpreisen; entspricht konzeptionell*

dem ehemaligen Nettosozialprodukt)
nationaler Spitzenreiter *m (Gen)* national champion
nationales Flaggschiff *n (Gen)* national champion
Nationalität *f (Admin, Soz)* citizenship, nationality
Nationalökonom *m (Pers, WiWi)* economist
Nationalökonomie *f (obs.) (WiWi)* economics, political economy
Nationalökonomin *f s.* Nationalökonom
natura/in *(Gen)* in kind
Natural... *(Gen)* in kind
Naturalgeld *n (Börse)* commodity standard
Naturalleistung *f (Gen)* allowance [payment] in kind *(Sachleistung)*
Naturallohn *m (Gen)* wages in kind
Naturaltausch *m (WiWi)* barter
Naturalwirtschaft *f (WiWi)* barter economy
natürliche Arbeitslosenquote *f (Pers, WiWi)* natural rate of unemployment
natürliche Arbeitslosigkeit *f (WiWi)* natural (rate of) unemployment
natürliche Bevölkerungsbewegung *f (Pers, Stat)* natural movement of the population, natural population movement
natürliche Hilfsquellen *fpl (Umwelt, WiWi)* natural resources
natürliche Person *f (Recht)* natural person
natürliche Rechte *npl (Recht)* natural rights
natürliche Ressourcen *fpl (Umwelt, WiWi)* natural resources
natürlicher Abgang *m* 1. *(Pers)* natural staff wastage, natural wastage, natural waste *(natürliche Fluktuation wegen Selbstkündigung, Ruhestand, Tod)*; 2. *(Versich)* natural waste
natürlicher Arbeitskräfteabgang *m (Pers)* natural wastage [attrition]
natürlicher Preis *m (WiWi)* natural price
natürlicher Verschleiß *m (WiWi)* natural wear and tear
natürlicher Zins *m (WiWi)* natural rate of interest
natürliches Monopol *n (WiWi)* natural monopoly
Naturressourcen *fpl (Umwelt, WiWi)* natural resources
Naturschutz *m (Umwelt)* conservation
Nebenabrede *f* 1. *(Gen, Ind, Pers)* side agreement; 2. *(Recht)* subagreement, subsidiary agreement
Nebenabsprache *f (WiWi)* side deal
Nebenanschluss *m (Komm)* telephone extension
Nebenausgaben *fpl (Gen)* accessories, accessory charges
Nebenbedingung *f (WiWi)* constraint
Nebenbeschäftigung *f (Pers)* sideline job, second job
Nebeneinkünfte *pl (Pers, Steuer)* additional income, extra income
Nebenentwicklung *f (Ind)* spin-off (development)
Nebenerwerb *m (Pers)* secondary employment
Nebenforderung *f (RW)* secondary claim
Nebengebühren *fpl (Gen)* accessory charges, accessories
Nebenkasse *f (RW)* petty cash
Nebenklauseln/ohne *(Gen) (ugs.)* no strings attached
Nebenkosten *pl* 1. *(Fin)* incidental charges [expenses]; 2. *(Pers)* ancilliary (staff) expenses; 3. *(Grund)* carrying charge; 4. *(RW)* extra charges
Nebenleistung *f (Pers) (ugs.)* perk, fringe benefit(s)
Nebenleistungen *fpl (Gen)* ancillary [additional] services
Nebenmarkt *m* 1. *(Börse)* fringe market; 2. *(V&M)* sideline market
Nebenprodukt *n* 1. *(Gen, Ind, V&M)* by--product, spin-off *(Abfallprodukt)*; 2. *(WiWi)* by-product, secondary product
nebensächlich *adj (Gen)* accessory, peripheral, secondary
Nebenstudienfach *n (Bil)* minor field of study, subsidiary (subject)
Nebentätigkeit *f* 1. *(Pers)* secondary [sideline] job *(nicht angemeldet)*; 2. *(WiWi) (ugs.)* moonlighting *(Schwarzarbeit)*
Nebenverdienst *m (Gen, Pers, Steuer)* additional earnings [income]
Nebenvereinbarung *f (Admin, Recht)* covenant, side agreement *(Vertrag)*
Nebenvertrag *m (Gen, Ind, Pers, Recht)* secondary contract
Nebenwirkungen *fpl* 1. *(Gen)* side effects; 2. *(WiWi)* spillovers
negativ *adj (Fin, Gen, RW, Steuer, WiWi)* adverse, negative
negative Einkommenssteuer *f (Steuer)*

negative income tax, reverse income tax
negative Einkünfte *pl (Steuer)* negative earnings
negative Ersparnis *f (WiWi)* dissaving
negative externe Effekte *mpl (Umwelt, WiWi)* external diseconomies
negative Hebelwirkung *f (RW) (BE)* reverse gearing, *(AE)* reverse leverage
negative Korrelation *f (Stat)* negative correlation
negative Opportunitätskosten *pl (Gen)* avoidable costs
negative Zinsstrukturkurve *f (WiWi)* negative yield curve *(invers)*
negativer Angebotsschock *m (WiWi)* adverse supply shock
negativer Anreiz *m (WiWi)* disincentive
negativer Firmenwert *m (Gen, RW)* bad will
negativer Nutzen *m (V&M, WiWi)* disutility
Negativerklärung *f (Bank)* negative pledge
negatives Betriebskapital *n (RW)* negative working capital
negatives Eigenkapital *n (WiWi)* negative net worth
Negativzins *m (Bank)* interest penalty
Negoziierung *f (Gen)* negotiation
neigen *v* **zu** *(Pers)* lean towards
Neigung *f* 1. *(Gen)* propensity, tendency, preference; 2. *(WiWi)* propensity
Neigung *f* **zu einer restriktiveren Geldpolitik** *(WiWi)* tightening bias *(Fed)*
Neigung *f* **zu einer strafferen Geldpolitik** *(WiWi)* tightening bias *(Fed)*
Neigung *f* **zur Auflockerung der Geldpolitik** *(WiWi)* easing bias *(Fed)*
Nenn... *(Gen)* nominal
Nennbetrag *m (Fin)* face value
nennenswert *adj (Gen)* appreciable
Nenner *m (Gen)* denominator
Nennrisiko *n (Börse)* face risk
Nennwert *m* 1. *(Börse)* principal value; 2. *(RW)* nominal value, par value; 3. *(WiWi)* denomination • **über dem Nennwert** *(Börse, Gen)* above par • **über dem Nennwert notiert werden** *(Börse)* stand at a premium • **zum Nennwert** 1. *(Börse)* at face value, at par; 2. *(Fin, Gen)* at par
Nennwertaktie *f (Börse)* par [face] value share
nennwertlose Aktie *f* 1. *(Börse)* no-par stock, no-par-value share; 2. *(WiWi) (BE)* nonpar share
neoklassische Theorie *f (WiWi)* neoclassical theory
netto *adv (Gen)* net • **netto verdienen** *(Fin)* net
Nettoabsatz *m (RW)* net sales
Nettoauftragseingang *m (RW)* net sales
Nettoauslandsinvestition *f (RW)* net foreign investment
Nettoauslandsvermögen *n (Bank)* net foreign assets
Nettoausleihung *f (Bank)* net lending
Nettobeitrag *m (RW)* net contribution
Nettobetrag *m (WiWi)* net amount
Nettobetriebseinkommen *n (RW)* net operating income
Nettobetriebsgewinn *m (RW)* net operating profit, net trading surplus
Nettobetriebskapital *n (RW, WiWi)* net working capital
Nettobetriebsverlust *m (RW)* net operating loss
Nettobuchwert *m (Fin)* net book value
Netto-Cashflow *m (RW)* net cash flow, net cash inflow
Nettoeinkommen *n* 1. *(Fin)* net income; 2. *(Pers)* net pay; 3. *(RW)* net income [earnings]
Nettoeinnahmen *fpl (RW)* net receipts
Nettoentgelt *n (Pers)* net pay, net wages, net salary
Nettoergebnis *n (RW)* net earnings, bottom line, net income
Nettoertrag *m (RW)* below-the-line revenue
Nettoforderungen *fpl* **gegenüber der übrigen Welt** *(Bank, WiWi)* net lending to the rest of the world *(EZB, VGR)*
Nettogehalt *n (Pers)* net salary, net pay, take-home pay
Nettogewicht *n (Gen)* net weight
Nettogewinn *m* 1. *(Fin)* net profit; 2. *(RW)* net gain, net income
Nettogewinn *m* **für das laufende Jahr** *(RW)* net profit for the current year
Nettogewinner *m (WiWi)* net gainer
Nettogewinnspanne *f (Fin, RW, WiWi)* net margin
Nettoinvestition *f (Bank, WiWi)* net investment
Nettoinvestitionsausgaben *fpl (WiWi)* net capital expenditure
Nettokapitalbedarf *m (Börse)* net capital requirement

Nettokapitalimport *m (WiWi)* net inflow of capital *(ZB, VGR)*
Nettokapitalwert *m (Fin, WiWi)* net capital gain
Nettokosten *pl (RW)* net cost
Nettolohn *m (Gen, Pers)* take-home pay
Nettolohn- und Gehaltssumme *f (Pers)* total net wages and salaries
Nettonationalprodukt *n (NNP) (WiWi)* Net National Product, NNP *(Nettonationaleinkommen = Bruttonationaleinkommen - Abschreibungen)*
Nettoposition *f (Bank, RW)* netted position
Nettoproduktionswert *m (WiWi)* net output
Nettorendite *f (RW)* net rate of return, net yield
Nettosozialprodukt *n (WiWi)* net national product
Nettosozialprodukt *n* **zu Faktorkosten** *(WiWi)* net national product at factor cost
Nettoumlaufvermögen *n (Fin, RW)* net working capital, working capital, working assts, net current assets, net quick assets *(Liquiditätskennzahl zur Kennzeichnung des langfristig finanzierten Umlaufvermögens; Synonym: Working Capital = Net Working Capital = Umlaufvermögen minus kurzfristige Verbindlichkeiten = current assets minus current liabilities; anders: die Liquiditätsgrade und der Liquiditätskoeffizient sind als Quotienten definiert)*
Nettoverdienst *m* 1. *(Pers)* take home pay; 2. *(RW)* net earnings
Nettoverlust *m (RW)* net loss
Nettovermögen *n* 1. *(Fin)* (actual) net worth, net equity; 2. *(RW)* actual net worth, net assets
Nettovermögensaufstellung *f (RW)* statement of net assets
Nettovermögensertrag *m (RW)* return on net assets
Nettowert *m* 1. *(Börse)* net worth; 2. *(RW)* net value
Nettowohlfahrtsverlust *m (WiWi)* deadweight loss
Nettozins *m (Fin, WiWi)* pure interest
Nettozinsertrag *m (Fin)* net interest yield
Nettozinssatz *m (Bank)* net rate
Nettozinsspanne *f (RW)* net interest margin
Nettozufluss *m (WiWi)* net inflow *(ZB, VGR)*
Nettozuwanderung *f (Soz)* net immigration
Netz *n (Comp, Ind)* network, *(BE)* mains, *(AE)* supply network *(Strom)*
Netz *n* **der sozialen Sicherheit** *(Soz)* social security net
Netzbetreiber *m (Comp, Komm)* network provider
Netzgeld *n (Bank, Comp, WiWi)* e-money
Netzkompetenz *f (Comp, Pers)* net skills
Netzkriminalität *f (Comp, Komm, Recht)* internet crime, cybercrime
Netz-Mobbing *n (Recht, Komm)* cyber bullying, network bullying
Netzökonomie *f (Gen, WiWi)* internet economy, new economy
Netzpolizei *f (Comp, Komm, Recht)* net police
Netzwerkvolkswirtschaft *f (WiWi)* networking economy
Netzwirtschaft *f (Gen, WiWi)* internet economy, new economy
Netzzugang *m (Comp)* network access
neu *adj (Gen)* new • **ganz neu** *(Gen)* brand-new • **neu für alt** *(Versich)* new for old
neu berechnen *v (Stat)* recalculate
neu bewerten *v (RW, WiWi)* revalue
neu eröffnet *adj* 1. *(Gen)* newly opened; 2. *(Mgt)* under new management
neu verteilen *v (RW)* reallocate
Neubewertung *f* 1. *(Bank)* marking to market; 2. *(Fin)* revaluation; 3. *(RW, WiWi)* revaluation, margining
Neubewertung *f* **des Vermögens** *(RW)* revaluation of assets
Neue Handelstheorie *f (Bil, WiWi)* New Trade Theory *(entwickelt von Paul Krugman, Nobelpreisträger für Wirtschaftswissenschaften 2008, der u. a. die Rehabilitation von John Maynard Keynes und eine 'Gegenreformation' zum 'Friedmanismus' fordert: Größenvorteile, steigende Skalenerträge = economies of scale bei der Güterproduktion sind nach seiner Erkenntnis die entscheidenden Triebkräfte des Welthandels, auch und gerade bei der realistischen Annahme einer ähnlichen Faktorausstattung der Volkswirtschaften; insofern erweitert er die Theorie der komparativen*

Kostenvorteile von David Ricardo, die noch auf die unterschiedlichen Faktorbestände der Handelsländer abhebt)

Neue Institutionenökonomik *f (NIÖ) (Bil, WiWi)* New Institutional Economics, NIE *(Ansatz: Kritik und Weiterentwicklung der Neoklassik, deren Rationalitätsannahmen sie dennoch folgt, Endogenisierung der Institutionen und Transaktionskosten im Rahmen von Tauschprozessen)*

neue Technologien *fpl (Gen, Ind)* new technologies

Neue Wirtschaft *f (Gen, WiWi)* new economy *(mit hoher Produktivität)*

Neueinsteiger *m (Pers)* newcomer, new entrant *(Gegensatz: Quereinsteiger = lateral entry)*

Neueinstellung *f (Pers)* new recruitment, *(AE)* new hire, new worker

Neueinstufung *f* **eines Landes** *(Bank, Fin, Imp/Exp)* reclassification of a country *(Länderrating)*

Neueintritte *mpl (Pers, Soz)* new entrants, newly entered, newly entered persons

Neuemission *f (Börse)* new issue

Neuentwicklung *f (Ind, Pat, V&M)* innovation

Neuer Keynesianismus *m (Bil, WiWi)* New Keynesian Economics, New Keynesian Macro-Economics *(Synonym: Neue Keynesianische Makroökonomik, Neukeynesianische Makroökonomik, Neokeynesianische Theorie; Ungleichgewichtstheorie mit Mengenrationierungsansatz = quantitative rationing approach, Schwankungen des Einkommens und der Beschäftigung auf der Makroebene werden erklärt durch mikroökonomische Unvollkommenheiten = microeconomic imperfections wie Lohnstarrheiten und Preisstarrheiten = wage rigidities and price rigidities, non-market-clearing prices = nicht markträumende Preise; 1980er Jahre)*

Neueröffnung *f (Gen, V&M)* opening, new opening *(Geschäft, shop)*

Neuerung *f (Ind, Pat, V&M)* innovation

neueste Erkenntnisse *(Gen, WiWi)* latest findings, most recent research

neueste Technik *f (Ind)* advanced engineering

neueste Technologie *f (Ind)* advanced technology

neuester Entwicklungsstand *m (Gen)* state of the art *(Stand der Technik)*

Neufassung *f (Komm, Media, Pol)* new version, revised version, recasting, recast *(z. B. Richtlinie; EU)*

Neufestsetzung *f* **der Wechselkurse** *(WiWi)* parity realignment

Neugestaltung *f (Fin)* reorganization

Neugründung *f (WiWi)* start-up *(Unternehmen)*

Neuheit *f (Pat)* novelty

Neuheitswert *m (V&M)* novelty value

Neuklassifizierung *f (Bank, RW)* reclassification *(euphemistische Umschreibung für die aufsichtsrechtlich zulässige sogenannte ‚Umwidmung' von Finanzinstrumenten im Handelsbuch und Umbuchung ins Anlagebuch = Bankbuch = banking book, um sie hier zur Vermeidung massiver Sofortabschreibungen bis zur Fälligkeit zu fortgeführten Anschaffungskosten = depreciated book value ausweisen zu können; die Available-for-Sale-Positionen = available-for-sale items des Handelsbestandes unterliegen dagegen der marktnahen Fair-Value--Bewertung mit kurzfristigen, gewinnwirksamen Anpassungszwängen; IFRS/IAS)*

Neuland betreten *(Gen)* break new ground

Neuling *m (Comp, Komm)* newbie, beginner

Neuordnung *f (Mgt)* restructuring

Neupositionierung *f (V&M)* repositioning

neureich *adj (Gen)* nouveau riche, newly rich

Neustrukturierung *f (Fin, Mgt)* restructuring, reorganization

neutral *adj (Gen)* neutral • **neutral bleiben** *(Gen)* sit on the fence

neutrale Aufwendungen *fpl (RW)* nonoperating expenses

neutraler technischer Fortschritt *m (WiWi)* neutral technical progress

neutrales Ergebnis *n (WiWi)* nonoperating result

neutralisieren *v (Gen)* offset, cancel out

Neuverteilung *f (Fin)* reallocation

Neuzugang *m* **an Arbeitskräften** *(Pers)*

new staff members

Neuzugang *m* **an Mitarbeitern** *(Pers)* new staff members

Neuzugänge *mpl (Bil, Pers)* new entrants, new additions to ...

nicht öffentlich *adj* 1. *(Gen)* closed *(Versammlung)*; 2. *(Recht)* in camera *(Beweisaufnahme)*

nichtabzugsfähig *adj (Gen, Steuer)* non-deductible

Nichtabzugsfähigkeit *f (Gen, Steuer)* non-deductibility

Nichtanerkennung *f (Steuer)* disallowance *(zum Abzug)*

nichtansässige Gesellschaft *f (Recht)* nonresident company

Nichtausführung *f (Recht)* nonexecution

Nichtbank *f (Bank)* nonbank

Nichtbank-Bankgeschäft *n (Bank)* nonbank banking

Nichtbankensektor *m (Fin)* nonbank sector

Nichtbankunternehmen *n (WiWi)* nonfinancial company

Nichtbefolgung *f (Gen, Recht)* failure to comply

Nichtbeteiligung *f (Pol)* opt-out *(EU)*

nichtbetriebliche Einnahmen *fpl (RW)* nonoperating revenue

nichtbetriebliche Kosten *pl (RW)* nonoperating expense

Nichtbezahlung *f (Gen)* nonpayment

Nichtdiskriminierung *f (Pol, Recht)* non-discrimination

Nichteinhaltung *f* **des Rückzahlungstermins** *(Bank, Fin)* noncompliance with the redemption date

Nichteinhaltung *f* **einer Anordnung** *(Recht)* noncompliance with an order

Nichteinlösen *n (Bank)* dishono(u)ring *(Wechsel)*

Nichteinmischung *f (WiWi)* nonintervention

Nichterbringung *f (Fin, Recht)* default

Nichterfüllung *f (Recht)* nonexecution, nonfulfil(l)ment, nonperformance

Nichterfüllung *f* **eines Vertrags** *(Recht)* nonfulfil(l)ment of contract

Nichterscheinen *n* 1. *(Frei)* no-show; 2. *(Gen)* absence; 3. *(Recht)* absence, failure to appear, nonappearance *(vor Gericht)*

Nichterschienene *m(f) (Gen, Pers)* absentee

nichterwerbstätig *adj (Stat, WiWi)* non-active, economically non-active, not in the labour force

Nicht-Erwerbstätige *pl (Stat, WiWi)* (economically) non-active population

nichtflüchtiger Speicher *m (Comp)* non-volatile memory *(NVM)*

Nicht-Haftungsklausel *f (Fin, Pol)* no-bailout clause *(Synonym: No-bailout-Klausel; primärrechtliche, d. h. mit Verfassungsrang ausgestattete Bestimmung im AEUV = AEU-Vertrag = Vertrag über die Arbeitsweise der Europäischen Union = Treaty on the Functioning of the European Union = TFEU, Art. 125 Abs. 1 = ex-Artikel 103 EG-Vertrag = EGV = Treaty establishing the European Community vom 25.03.1957: „Die Union haftet nicht für die Verbindlichkeiten der Zentralregierungen... und tritt nicht für derartige Verbindlichkeiten ein... Ein Mitgliedstaat haftet nicht für die Verbindlichkeiten der Zentralregierungen... und tritt nicht für derartige Verbindlichkeiten ein..."; „The Community shall not be liable for or assume the commitments of central governments... A Member State shall not be liable for or assume the commitments of central governments..."; EU primary law = EU-Primärrecht mit Verfassungsrang)*

Nichthonorieren *n (Bank)* dishono(u)ring, failure to hono(u)r *(Wechsel)*

Nichtigkeit *f (Gen)* invalidity

nichtlineare Korrelation *f (Stat)* curvilinear correlation

nichtlineare Programmierung *f (Comp, Stat)* nonlinear programming

Nichtregierungsorganisation *f (Gen)* nongovernmental organization, NGO

Nichts *n (Gen)* nothingness, void

nichtstaatliche Organisation *f (Admin)* nongovernmental organization

nichttarifäre Handelshemmnisse *npl (Imp/Exp, Pol, WiWi)* non-tariff barriers to trade, non-tariff trade barriers *(Gatt/WTO)*

Nichtverfallbarkeit *f (Recht)* non-forfeitability *(Rentenansprüche)*

Nichtverfügbarkeit *f (Gen)* unavailability

Nichtverschulden *n (Versich)* no fault

nichtvertretbare Waren *fpl (RW)* nonfungible goods

Nichtzahlung *f (Recht)* failure to pay
Nichtzahlung *f* **bei Fälligkeit** *(Gen)* delinquency
niederlassen *v/sich* *(Gen)* settle, set up, establish oneself *(Arbeitsstelle, Wohnung, Land)*
Niederlassung *f* 1. *(Gen)* branch (office); 2. *(V&M)* field organization
Niederlassungsfreiheit *f (Gen, Pol, WiWi)* freedom of establishment *(EU)*
Niederlassungsland *n (Imp/Exp, Pol)* host country
Niederlassungsrecht *n (Recht)* right of establishment
Niederlegung *f (Recht)* resignation, work stoppage, abdication *(Arbeit, Position)*; writing down *(Schrift)*
Niederschrift *f (Admin)* minutes, record
Niederstwert *m (RW)* lower of cost or market *(Bilanzwert)*
niedertechnologisch *adj (Ind)* low-tech *(Produktion)*
niedrig *adj* 1. *(Recht)* low; 2. *(WiWi)* reduced, low *(Kurse)*
niedrig *adv (Fin, Gen, Steuer)* low • **zu niedrig ausweisen** *(RW)* underreport
niedrige Einkommen *npl (Steuer) (BE)* small earnings
niedrigere Einkommensstufe *f (Steuer, WiWi)* lower income bracket
Niedriglohn *m (Pers)* low pay
Niedriglohnarbeitsplatz *m (Pers, Soz)* low-wage job
Niedrigpreis *m* 1. *(Gen)* low price; 2. *(Imp/Exp) (AE)* thrift price
Niedrigpreisstrategie *f (V&M)* penetration pricing
Niedrigpreiswaren *fpl (Gen)* bargain goods
Niedrigsteuergebiet *n (Steuer)* tax haven
niedrigverzinslich *adj (Börse)* low--yielding
niedrigverzinsliches Darlehen *n (Bank)* low-interest loan
Nießbrauch *m (Recht)* usufruct *(Nutzungsrecht)*
Nießbraucher *m (Recht)* usufructuary
NIÖ *f (Abk. für Neue Institutionenökonomik) (Bil, WiWi)* NIE, New Institutional Economics *(Ansatz: Kritik und Weiterentwicklung der Neoklassik, deren Rationalitätsannahmen sie dennoch folgt, aber: Endogenisierung der Institutionen und Transaktionskosten im Rahmen von Tauschprozessen)*
Nische *f (Pers, V&M)* niche
Nischenhandel *m (Gen, V&M)* niche trading
Nischenmarketing *n (V&M)* niche marketing
Niveau *n (Gen)* level
Niveaugrenzerträge *mpl (WiWi)* returns to scale
Niveaugrenzprodukt *n (WiWi)* economies of scale, returns to scale *(Mikroökonomie: konstantes, zunehmendes oder abnehmendes Niveaugrenzprodukt -constant, increasing or decreasing returns to scale- bei proportionaler, über- oder unterproportionaler Outputänderung bzw. Ertragsänderung als Folge einer verhältnisgleichen Variation aller Faktoreinsatzmengen bei konstanter Produktionstechnik; das Niveaugrenzprodukt entspricht dem Skalenertrag)*
Nivellierung *f (WiWi)* level(l)ing out
No-bailout-Klausel *f (Fin, Pol)* no-bailout clause *(Synonym: Nicht--Haftungsklausel; primärrechtliche, d. h. mit Verfassungsrang ausgestattete Bestimmung im AEUV = AEU-Vertrag = Vertrag über die Arbeitsweise der Europäischen Union = Treaty on the Functioning of the European Union = TFEU, Art. 125 Abs. 1 = ex-Artikel 103 EG-Vertrag = EGV = Treaty establishing the European Community vom 25.03.1957: „Die Union haftet nicht für die Verbindlichkeiten der Zentralregierungen... und tritt nicht für derartige Verbindlichkeiten ein... Ein Mitgliedstaat haftet nicht für die Verbindlichkeiten der Zentralregierungen... und tritt nicht für derartige Verbindlichkeiten ein...“; „The Community shall not be liable for or assume the commitments of central governments... A Member State shall not be liable for or assume the commitments of central governments...“; EU primary law = EU--Primärrecht mit Verfassungsrang)*
nochmals erwägen *(Gen)* reconsider
nominal *adj (Gen)* nominal
Nominalbetrag *m (Fin)* face value
nominaler Preis *m (RW)* nominal price
nominales BIP *n (WiWi)* money [nominal]

GDP
nominales Bruttoinlandsprodukt *n (WiWi)* money [nominal] GDP
nominales Bruttosozialprodukt *n (WiWi)* nominal GNP
Nominalkapital *n (RW)* nominal capital
Nominallohn *m (Pers)* nominal wage
Nominalverzinsung *f (Börse, Fin)* nominal yield
Nominalwachstum *n (WiWi)* nominal growth
Nominalwert *m (Fin)* face value • **zum Nominalwert** *(Börse, Fin)* at face value
Nominalwertprinzip *n (Steuer, WiWi)* nominal value principle
Nominalzins *m (Börse, Fin)* nominal interest rate, nominal yield, coupon rate *(Gegensatz: Effektivzins = effective rate, redemption yield, true yield)*
nominell *adj* 1. *(Fin)* notional; 2. *(Gen)* nominal, in money terms
Nonprofit-Organisation *f (NPO) (Soz, WiWi)* nonprofit organization, NPO, not for profit organization, not for business organization, NBO, third sector organization *(Organisation ohne Erwerbscharakter, organisatorische Einheiten mit nicht primär erwerbswirtschaftlich -profit earning-orientierter Aktivität im "dritten Sektor" zwischen Staat und Markt; organization set up for social, political, religious or educational purposes, normally without a profit target = Gewinnziel)*
Nonprofit-Sektor *m (NPO-Sektor) (Gen, Soz, Steuer)* non-profit sector; independent sector, social sector, voluntary sector *(nicht primär erwerbswirtschaftlich -profit earning-orientierte Aktivität im "dritten Sektor" zwischen Staat und Markt)*
Nord-Süd-Gefälle *(Pol, Soz)* North-South divide
Norm *f* 1. *(Comp)* standard, Std; 2. *(Gen)* norm; 3. *(Mgt)* rule • **über der Norm** *(Gen)* above the norm • **einer Norm entsprechen** *(Gen)* conform to a standard • **Normen und Praktiken** *(Gen)* standards and practices
normal *adj (Gen)* normal, standard, average
Normalarbeitsverhältnis *n (Pers)* standard employment relationship, regular employment relationship
Normalarbeitszeit *f* normal working hours *(PERSON)*; standard working hours, standard working time, normal working time *(tarifliche Arbeitszeit)*
normale Arbeitszeiten *fpl (Pers)* regular hours
normale Kapazität *f (WiWi)* normal sustainable capacity
normale und notwendige Geschäftsausgaben *fpl (Steuer)* ordinary and necessary business expenses
Normalgewinn *m (WiWi)* normal profit
Normalgut *n (WiWi)* normal good
Normalkapazität *f (WiWi)* normal capacity
Normalkosten *pl (Fin, RW)* normal cost *(Durchschnitt der Istkosten früherer Perioden)*
Normalkostenrechnung *f (RW)* normal costing, normal cost system
Normalkostensatz *m (RW)* normal cost rate *(auf der Basis des Durchschnitts der Istkosten früherer Perioden)*
Normalleistung *f (Gen, Pers)* standard performance
Normallohn *m (Pers)* standard rate
Normalpreis *m (Frei, V&M)* rack rate *(Synonym: Standardpreis; ausgewiesener Zimmerpreis ohne jeden Nachlass, gilt auch auf Basis eines Rahmenvertrags mit einem Unternehmen)*
Normalverbraucher *m (V&M)* average consumer
Normalverbraucherin *f s.* Normalverbraucher
Normalverteilung *f (Stat)* normal distribution
normative Wirtschaftswissenschaft *f (WiWi)* normative economics
normativer Ansatz *m (WiWi)* normative approach
normen *v (Gen, Recht, V&M)* standardize
Normenkontrollrat *m (Deu) (Recht)* council for judicial review, judicial review council *(der unabhängige Rat soll die Regierung dabei unterstützen, die "durch Gesetze verursachten Bürokratiekosten -administrative cost of regulation- durch Anwendung einer standardisierten Bürokratiekostenmessung auf Grundlage des Standardkosten--Modells zu reduzieren"; mit dem Kostenmodell nicht darstellbar sind die*

schwer erfaßbaren indirekten Folgekosten: die volkswirtschaftlich "kostspieligen" Ausweichreaktionen der Unternehmen, z. B. diejenigen auf das Modell der deutschen Mitbestimmung oder die Steuergesetzgebung; cf: Bürokratie--TÜV)

normgerecht *adj (Recht)* according to the norm

Normierung *f*, **Normung** *f (Gen, Ind)* standardization

Notar *m (Recht)* notary public, commissioner for oaths

notariell *adv (Recht)* by a notary • **notariell beglaubigen [beurkunden]** *(Recht)* acknowledge, notarize • **notariell beglaubigt [beurkundet]** *(Recht)* attested by a notary, notarized, notarially authenticated

Note *f (Bil)* mark, *(AE)* grade

Notenausgabe *f (Bank)* note issue

Notenbank *f (Bank)* bank of issue, central bank

Notenbankpolitik *f (WiWi)* central bank policy

Notendurchschnitt *m (Pers)* average mark

Notfall *m (Gen)* emergency

Notgroschen *m (Gen, WiWi)* nest egg • **einen Notgroschen zurücklegen** *(Gen)* save for a rainy day

notieren *v* 1. *(Börse)* quote; 2. *(Gen)* put down, quote • **notieren bei** *(Bank)* trade at

Notierung *f (Börse)* quotation *(Kurs)*; rate *(Devisen)*

Notierung *f* **an einer Wertpapierbörse** *(Börse)* stock exchange listing • **zur amtlichen Notierung an einer Wertpapierbörse zugelassen** *(Börse)* officially listed on a stock exchange

Notifikation *f (Fin, Pat)* notification

Notleiden *n (Bank)* dishono(u)ring *(Wechsel)*

notleidend *adj (Bank)* dishono(u)red, ailing, in default *(Wechsel)*

notleidende Aktiva *pl (Börse)* non--performing assets

notleidende Anleihe *f (Börse)* defaulted bond

notleidende Bank *f (Bank)* ailing bank

notleidende Region *f (WiWi)* depressed region

notleidender Kredit *m (Bank)* bad and doubtful debt, bad loan, nonperforming loan

notleidender Wirtschaftszweig *m (WiWi)* ailing industry

notleidendes Darlehen *n (Bank)* non--performing credit

notleidendes Unternehmen *n (Fin, Gen)* ailing enterprise

Notlösung *f (Gen)* makeshift solution

Notstandsplan *m (Fin)* contingency plan

Notverkauf *m (Gen)* emergency [panic] sale, bail-out

Notverkäufe *mpl (Börse)* forced liquidation

notwendig *adj (Gen)* necessary • **notwendig erscheinen** *(Gen)* deem necessary

notwendige Bedingung *f (Stat, Recht, WiWi)* necessary condition *(Gegensatz: sufficient condition = hinreichende Bedingung)*

Novation *f (Recht)* novation

Novellierung *f (Recht)* amendment

NPO *f (Abk. für Nonprofit-Organisation) (Soz, WiWi)* nonprofit organization, NPO, not for profit organization, not for business organization, NBO, third sector organization *(Organisation ohne Erwerbscharakter, organisatorische Einheiten mit nicht primär erwerbswirtschaftlich -profit earning-orientierter Aktivität im "dritten Sektor" zwischen Staat und Markt; organization set up for social, political, religious or educational purposes, normally without a profit target = Gewinnziel)*

NPO-Sektor *m (Abk. für Nonprofit--Organisation-Sektor) (Gen, Soz, Steuer)* non-profit sector; independent sector, social sector, voluntary sector

NRO *s.* Nichtregierungsorganisation

Nuklearindustrie *f (Umwelt)* nuclear industry

null *(Gen)* zero, nil • **nahe null** *(Fin, Pol, WiWi)* close to balance *(staatliche Neuverschuldung, EU Stabilitäts- und Wachstumspakt)*

Null *f (Gen)* zero, nil

null und nichtig machen *v (Recht)* render null and void

Nullkuponanleihe *f (Börse)* zero-coupon bond

Nullkupon-Wandelanleihe *f (Börse, Fin)* zero-coupon convertible, split coupon bond *(a) Nullkuponanleihe eines*

Unternehmens mit Wandlungsrecht in Stammaktien dieses Unternehmens, oder b) eine Nullkupon--Kommunalobligation mit Wandlungsrecht; a) a zero-coupon bond issued by a corporation which can be converted into that corporation's common stock at a certain price, or b) a zero-coupon bond issued by a municipality which may be converted into an interest-bearing bond under certain circumstances)

Nulllösung *f (Pol)* zero option
Nullmenge *f (Stat)* empty [null] set
Nullrunde *f (Gen, Pers, Soz)* pay freeze, wage freeze, no increase in wages *(Lohn)*; pension freeze, no increase in pensions *(Rente, Pension)*
Nullsatz *m (Steuer)* zero-rating
Nullwachstum *n (WiWi)* zero growth
numerisch *adj (Comp)* numeric
numerische Steuerung *f (Comp, Ind)* numerical control
numerisches Zeichen *n (Stat)* numeric character
nummerieren *v (Gen)* number
Nummernkonto *n (Bank)* numbered account *(ohne Namen)*
Nutzanwendung *f (Gen)* practical application
nutzbare Vorräte *mpl (Umwelt)* exploitable [usable] reserves *(Energieressourcen)*
nutzbringend *adj (Gen)* beneficial, profitable *(gewinnbringend)*
nutzen *v* 1. *(Gen)* benefit; 2. *(Gen)* use, utilize, exploit; 3. *(WiWi)* capitalize on
Nutzen *m* 1. *(Frei)* benefit; 2. *(Gen)* advancement, advantage, benefit, value; 3. *(Steuer)* emolument; 4. *(WiWi)* utility • **jmdm. von Nutzen sein** *(Gen)* be useful to sb
Nutzen/Kosten-Analyse *f (Stat, WiWi)* cost-benefit analysis
Nutzenansatz *m* **der Besteuerung** *(Steuer)* benefit approach to taxation
Nutzeneinheit *f (WiWi)* util
Nutzenentgang *m (WiWi)* loss of use
Nutzenfunktion *f (WiWi)* utility function
Nutzenmaximierung *f (WiWi)* utility maximization
Nutzenniveau *n (WiWi)* satisfaction level
Nutzensprinzip *n (Steuer, WiWi)* benefit principle
Nutzer *m (Gen)* user
Nutzfahrzeug *n (Logis)* commercial vehicle
Nutzfläche *f (Grund)* useable floor space
nützlich *adj (Gen)* advantageous, useful
Nützlichkeit *f (WiWi)* utility
nutzlos *adj (Gen)* useless
Nutznießer *m (Grund, Versich)* beneficiary
Nutzschwelle *f (Gen)* breakeven point
Nutzschwellenanalyse *f (Fin, WiWi)* breakeven analysis
Nutzung *f* 1. *(Gen)* utilization; 2. *(Grund)* residential occupancy; 3. *(Pat)* use
Nutzungsausfall *m (WiWi)* loss of use
Nutzungsbedingungen *fpl (Gen)* conditions of use
Nutzungsberechtigte *m(f) (Gen, Recht)* beneficiary
Nutzungsdauer *f* 1. *(Gen)* operating [useful] life *(Maschine)*; 2. *(RW)* useful life; 3. *(Steuer)* depreciable life; 4. *(WiWi)* depreciable [service] life
Nutzungsdauer *f* **eines Vermögensgutes** *(RW)* asset life
Nutzungsrecht *n (Recht)* right of use
Nutzungszweck *m (Recht, Grund)* purpose of use

O

oben *adv (Gen)* above • **von oben nach unten** *(Mgt)* top down *(Leitungssystem)* • **die oben angegebene Adresse** *(Komm)* the above address • **oben erwähnt** *(Komm)* above, above--mentioned, aforementioned • **oben genannt** *(Komm)* above, above--mentioned, aforementioned
Oberaufsicht *f (Gen)* superintendence
oberer Bereich *m* **der Skala** *(V&M)* top end of the range
oberer Goldpunkt *m (Fin, Imp/Exp, WiWi)* gold exporting point, gold export point
oberer Interventionspunkt *m (Bank, WiWi)* ceiling
oberes Ende *n* **des Bereiches** *(Börse)* high end of the range
oberes Management *n (Mgt, Pers)* senior management
oberes Marktsegment *n* 1. *(Gen)* up--market segment; 2. *(V&M)* top end of the market
oberes Quartil *n (Stat)* upper quartile

Obergrenze *f* 1. *(Börse)* limit, upper limit; 2. *(Fin)* cap *(Zinssatzänderung)*
Obergrenze *f* **für Kredite** *(Bank, Fin)* exposure limits
Oberschicht *f (Pol, Soz)* upper class
Oberschule *(Bil)* academic secondary school, upper secondary school
oberste Bundesbehörde *f (Pol, Recht)* supreme Federal authority
oberste Führungsebene *f (Pers)* top management
oberste Leitungsebene *f (Mgt)* top management
oberstes Leitungsorgan *n (Gen, Mgt)* board
Oberstufe *f (Bil)* upper secondary education, upper secondary schooling, second stage of secondary education, second stage of secondary schooling
Oberstufe *f* **des Gymnasiums** *(Bil) upper stage of academic secondary school, upper stage of academic secondary education, upper stage of pre-university secondary school, upper stage of pre--university secondary education*
Objekt *n (Grund)* property, piece of real estate
Objektgesellschaft *f (Bank, Fin)* special purpose vehicle, special purpose entity, special purpose company *(Gründung erforderlich z. B. zur Übernahme Cashflow-generierender Aktiva als Besicherung der Emission von Asset--backed Securities = ABS; Synonym: Zweckgesellschaft, Einzweckgesellschaft)*
objektiv *adj (Gen)* objective
objektiver Wert *m (WiWi)* objective value
Objektschutz *m (Grund, Ind)* protection of property, site protection
Obliegenheit *f (Recht)* obligation, duty
Obligation *f (Börse, Fin)* bond, debenture
Obligationär *m (Börse, Fin)* bond holder, debenture holder, loan holder
Obligationärin *f s.* Obligationär
Obligationseigentümer *m (Bank)* bond owner
Obligationseigentümerin *f s.* Obligationseigentümer
Obligationsschuld *f (Börse)* bonded debt
obligatorisch *adj* 1. *(Gen)* compulsory, obligatory, binding; 2. *(Recht)* mandatory *(Richtlinien)*
obligatorische Ausgaben *fpl (WiWi)* compulsory expenditure
obligatorische Einschusszahlung *f (Börse) (BE)* compulsory margin
obligatorisches Recht *n (Recht)* obligatory right
obligatorisches Schiedsgerichtsverfahren *n (Recht)* compulsory arbitration proceedings
Obligo *n (Bank, Fin)* exposure, liability, commitment • **ohne Obligo** *(Bank, Fin)* without recourse
Obligobuch *n (Bank, Fin)* acceptance ledger
Obrigkeit *f (obs.) (Gen)* the authorities
obsiegende Partei *f (Recht)* prevailing party
OECD *s.* Organisation für wirtschaftliche Zusammenarbeit und Entwicklung
offen *adj (Gen)* open, plain-spoken, frank *(Aussprache)*
offenbarte Präferenz *f (WiWi)* revealed preference
offene Ausschreibung *f (Gen)* open tendering
Offene Handelsgesellschaft *f (Gen)* general [ordinary] partnership
offene Hypothek *f (Bank, Fin)* open mortgage, open-end mortgage
offene Investmentgesellschaft *f (Fin)* open-end(ed) investment company
offene Position *f* 1. *(Börse)* open position; 2. *(Fin)* exposure
offene Rechnung *f (Gen)* invoice outstanding
offene Stelle *f (Pers)* job vacancy
offene Stellen *fpl (Pers) (BE)* situations vacant *(Arbeit)*
offene Steuerung *f (Mgt)* feedforward *(Gegensatz: Informations--Rückkopplung = feedback)*
offene Transaktionen *fpl (Bank, Börse)* unsettled transactions
offene Verpflichtungen *fpl (Bank, Börse)* outstanding obligations
offene Volkswirtschaft *f (WiWi)* open economy
offener Buchkredit *m (RW)* advance account
offener Investmentfonds *m (Fin)* open--end fund, *(AE)* mutual fund
offener Kredit *m (Gen)* open credit
offener Markt *m (WiWi)* open market
offener Vertrag *m (Recht)* open-end contract *(auf unbestimmte Dauer)*
offener Wettbewerb *m (WiWi)* open competition

offener Zuruf *m (Börse)* open outcry
offenes Akkreditiv *n (Fin, Imp/Exp)* clean credit *(C/C; Synonym: glattes Akkreditiv, einfaches Akkreditiv)*
offenes Angebot *n (Mgt)* open bid
offene-Stellen-Erhebung *(Pers)* job vacancy survey
offengelegte Rücklagen *fpl (RW)* disclosed reserves
Offenheit *f (Gen)* openness, frankness *(Aussprache)*
Offenlegung *f (Börse, Fin)* disclosure
Offenlegung *f* **der Managergehälter** *(Mgt)* disclosure of executives' pay, disclosure of executives' compensation
Offenlegung *f* **einer Erfindung** *(Pat)* disclosure of an invention
Offenmarkt *m (WiWi)* open market
Offenmarktausschuss *m (WiWi) (AE)* Open Market Committee *(Federal Reserve)*
Offenmarktgeschäft *n (WiWi)* open--market operation
Offenmarktsatz *m (Bank)* open-market rate
offensiv *adj (Gen)* aggressive
öffentlich *adj (Gen)* public • **in öffentlichem Eigentum sein** *(Pol, WiWi)* be under public ownership
öffentlich *adv (Gen)* publicly • **öffentlich zum Ausdruck bringen** *(Gen)* express publicly *(Meinung)* • **öffentlich finanziert** *(WiWi)* financed out of public funds • **öffentlich gefördert** *(Gen)* publicly funded • **öffentlich nutzbar** *(Recht)* public domain • **öffentlich verfügbar** *(Recht)* public domain • **öffentlich versteigern** *(Gen)* sell by auction
öffentlich rechenschaftspflichtige Unternehmen *npl (Pol, RW)* publicly accountable enterprises *(Synonym: zu öffentlicher Rechenschaft verpflichtete Unternehmen, zur öffentlichen Rechenschaft verpflichtete Unternehmen; Rechnungslegungspflicht nach IFRS besteht nur für die Konzernbilanzen kapitalmarktorientierter Unternehmen, der "Publikumsgesellschaften", mit breit gestreutem Aktienkapital und geringem Einfluss der Aktionäre auf die Geschäftsführung; die EU-Kommission und der IFRS-Standardsetter IASB verfolgen mit dem neuen Abgrenzungskriterium "öffentliche Rechenschaftspflicht" -public accountability- die Ausdehnung der IFRS-Rechnungslegung auf die große Menge kleiner und mittlerer Unternehmen in Europa; Stand 02/2008)*
Öffentliche *pl (ugs.) (WiWi)* governments
öffentliche Angebotseinholung *f* 1. *(Gen)* public invitation to bid; 2. *(Recht)* invitation to make an offer
öffentliche Anleihen *fpl (WiWi)* government securities
öffentliche Arbeitsvermittlung *f (Pers)* public employment service, PES
öffentliche Ausgaben *fpl (WiWi)* public spending [expenditure], *(BE)* general government expenditure
öffentliche Ausschreibung *f* 1. *(Gen)* advertised bidding, public invitation to bid; 2. *(Recht)* invitation to make an offer
öffentliche Bedürfnisse *fpl (WiWi)* public wants
öffentliche Dokumente *npl (Recht)* public documents
öffentliche Einnahme *f (WiWi)* government revenue
öffentliche Finanzen *fpl (WiWi)* public finances
öffentliche Finanzwirtschaft *f (Pol, WiWi)* public finance
öffentliche Gewalt *f (Recht)* public power
öffentliche Hand *f (Fin, Pol)* public authority
öffentliche Körperschaft *f (Pol, Recht)* public corporation, public body *(formell: Körperschaft des öffentlichen Rechts)*
öffentliche Meinung *f (Gen)* public opinion
öffentliche Mittel *npl (Fin)* public resources [funds]
öffentliche Ordnung *f (Pol, Recht)* public policy, public order
öffentliche Rechenschaftspflicht *f (Gen, Recht)* public accountability *(cf öffentlich rechenschaftspflichtige Unternehmen)*
öffentliche Schuld *f (WiWi)* public debt
öffentliche Schuldenlast *f (Fin, Pol)* public debt burden
öffentliche Schuldenquote *f (Bank)* public debt ratio, GDP ratio,

government debt ratio, general government debt ratio
öffentliche Schule *f (Soz) (AE)* public school, *(BE)* state school
öffentliche Verhandlung *f (Pol, Recht)* public hearing
öffentliche Verkehrsmittel *npl (Logis) (BE)* public transport, *(AE)* public transportation
öffentliche Verschuldung *f (WiWi)* national [public] debt
öffentliche Versteigerung *f (Gen)* public auction
öffentliche Verwaltung *f (Pol, Recht)* public administration, public service
öffentliche Wohlfahrt *f (Soz)* public welfare, social welfare
öffentlicher Auftrag *m* 1. *(Gen)* public contract; 2. *(Recht)* government contract
öffentlicher Dienst *m (Pol)* civil service
öffentlicher Nahverkehr *m (Logis)* local public transport
öffentlicher Schlüssel *m (Comp, Gen, Komm)* public key *(Datenverschlüsselung)*
öffentlicher Sektor *m (WiWi)* public sector
öffentlicher Verkehr *m (Logis) (BE)* public transport, *(AE)* public transportation
öffentliches Auftragswesen *n (WiWi)* public procurement
öffentliches Beschaffungswesen *n (Admin, Gen)* government procurement, public procurement
öffentliches Eigentum *n* 1. *(Grund, Recht)* res communis; 2. *(WiWi)* common ownership
öffentliches Finanzwesen *n (Fin)* public finance
öffentliches Gut *n (WiWi)* public good, social good, collective good
öffentliches Interesse *n (Recht)* public interest *(EU)*
öffentliches Kreditinstitut *n (Bank)* public credit institution
öffentliches Recht *n (Recht)* public law
öffentliches Telefonnetz *n (Komm)* public switched telephone network
öffentliches Vergabewesen *n (WiWi)* government [public] procurement
öffentliches Verkehrswesen *n (Logis) (BE)* public transport, *(AE)* public transportation
öffentliches Zeichnungsangebot *n (Börse)* public offering
Öffentlichkeit *f (Gen)* public
Öffentlichkeitsarbeit *f (Pers, V&M)* public relations
öffentlich-rechtliche Anstalt *f (Recht)* statutory body
öffentlich-rechtliches Kreditinstitut *n (Bank)* public credit institution
Offerte *f (Gen)* bid, tender
offiziell *adj (Gen)* official • **in offizieller Funktion handeln** *(Mgt)* act in one's official capacity
offizielle Mitteilung *f (Komm)* formal communication
offizielle Verlautbarung *f (Pol, Recht)* official statement
offizielle Wirtschaft *f* 1. *(Pol)* first economy; 2. *(WiWi)* first economy, formal economy, recorded economy, *(BE)* blue economy
offizieller Kurs *m (Bank, WiWi)* official rate
Öffnung *f* **des Europäischen Binnenmarktes** *(Imp/Exp, Pol)* opening up of the European Single Market
Öffnungsklauseln *fpl (Pers)* opening clauses *(in Tarifverträgen)*
Öffnungszeiten *fpl (Admin, Gen)* opening hours
Offshore... 1. *(Bank, Fin)* offshore *(Investitionen)*; 2. *(Umwelt)* offshore
Offshore-Bankgeschäfte *npl (Bank)* offshore banking
Offshore-Bankplatz *m (Bank) (BE)* offshore finance centre, *(AE)* offshore finance center
Offshore-Investition *f (Fin)* offshore investment
Offshore-Ölfeld *n (Ind, Umwelt)* offshore oilfield
Offshore-Windpark *m (Ind, Umwelt)* offshore wind park *(im Schelfgewässer = offshore waters)*
ohne *(Börse)* ex *(exclusive of)*
ohne Angabe *f (Stat)* not stated, not reported, not specified
Öko-Audit *n (Umwelt)* environmental audit
Ökobilanz *f (Gen, Umwelt)* ecological balance sheet; life-cycle analysis
Ökokennzeichnung *f (Umwelt)* ecolabel(l)ing
Ökologe *m (Umwelt)* ecologist
Ökologie *f (Umwelt)* ecology

ökologisch *adj (Umwelt)* ecological
ökologisch sensibler Bereich *m (Umwelt)* environmentally sensitive zone
ökologische Folgen *fpl (Umwelt)* ecological consequences
ökologische Frage *f (Umwelt)* green issue
Ökonom *m (WiWi)* economist
Ökonometrie *f (WiWi)* econometrics
ökonometrisch *adj (WiWi)* econometric
Ökonomie *f (WiWi)* economics
Ökonomie *f* **der Natur** *(Umwelt)* economics of nature
ökonomieverträglich *adj (WiWi)* economically sustainable
ökonomisch *adj (Gen)* economic *(wirtschaftlich)*; economical *(sparsam)*
ökonomische Aktivität *f (WiWi)* economic activity
ökonomische Effizienz *f (WiWi)* economic efficiency
ökonomische Ressourcen *fpl (WiWi)* economic resources
ökonomischer Sachverstand *m (WiWi)* economic intelligence
ökonomisches Prinzip *n (WiWi)* efficiency rule *(Synonym: Wirtschaftlichkeitsprinzip, Rationalprinzip, zwei Ausprägungen: ein definiertes Ergebnis mit minimalem Mitteleinsatz erzielen = Minimalprinzip = Sparsamkeitsprinzip, oder mit einem fest vorgegebenen Mitteleinsatz, z. B. einem Budget, das bestmögliche Ergebnis, z. B. Gewinn oder Output, erzielen = Maximalprinzip = Ergiebigkeitsprinzip)*
Ökosteuer *f (Steuer, Umwelt)* green tax
Ökotrip *m (ugs.) (Umwelt, Pol) (ugs.)* green trip, anti-pollution trip; green thing
Ölbohrkonzession *f (Recht, Umwelt) (BE)* oil exploration licence, *(AE)* oil exploration license
Ölbohrlizenz *f (Recht, Umwelt) (BE)* oil exploration licence, *(AE)* oil exploration license
Öldollar *m (Imp/Exp)* petrodollar
Ölfeld *n (Ind, Umwelt)* oilfield *(Bohrfeld)*
Ölfleck *m (Umwelt)* oil slick
Ölförderland *n (WiWi)* oil-producing country
Ölgesellschaft *f (Ind)* petroleum company, oil company
Oligopol *n (WiWi)* oligopoly
Oligopolist *m (WiWi)* oligopolist
Ölkrise *f (WiWi)* oil shock
Ölleitung *f (Ind)* oil pipeline
Ölpreisanstieg *m (WiWi)* oil price increase
Ölpreisschock *m (Gen, Pol)* oil price shock
Ölproduzent *m (WiWi)* oil-producing country
Ölschwemme *f (Umwelt)* oil glut
Öltanker *m (Logis)* oil tanker, oil carrier
Ölteppich *m (Umwelt)* oil slick, oil spill
Ölumschlagstelle *f (Ind, Logis)* oil terminal
Ölverschmutzung *f (Umwelt)* oil pollution
Online-Auktion *(Comp, Komm, V&M)* online auction
Online-Bankkonto *n (Comp, Komm, Bank, Recht)* online bank account
Online-Berater *m* 1. *(V&M)* online advisor, online counselor; 2. *(Recht)* online counsel
Online-Beraterin *f s.* Online-Berater
Online-Dienst *m (Komm, V&M)* online service, online access provider
Online-Dienstanbieter *m (Komm, V&M)* online service provider
Online-Durchsuchung *f (Recht)* online search *(als behördliche Maßnahme)*
Online-Einkauf *m (Komm, V&M)* online shopping
Online-Einzelhandel *m (Comp, Gen, V&M)* online retail commerce, online retail trade
Online-Geschäft *n (Komm, V&M)* online business
Online-Händler *m (Comp, Komm, V&M)* online retailer
Online-Konferenz *f (Komm, V&M)* online conference
Onlinekonzern *m (Recht)* online company, online group
Online-Kriminalität *f (Recht)* online crime, cybercrime
Online-Musiktauschbörse *f (Komm, V&M)* online music exchange
Online-Präsenz *f (Comp, Komm)* online presence
Online-Rechtsberatung *f (Comp, Komm, Recht)* online legal advice
Online-Telefonrechnung *f (Comp, Komm)* online telephone bill
Online-Unterschrift *f (Comp, Komm)* online signature

Online-Wahlen *fpl (Comp, Recht)* online elections, e-voting
Online-Wörterbuch *n (Media)* online dictionary
Operations-Research *n (Bil, WiWi)* operational research, operations research *(Synonym: Unternehmensforschung)*
operative Marge *f (RW)* Ebit margin, operating Ebit margin *(Ebit / Umsatz = Ebit in relation to turnover)*
operativer Gewinn *m (RW)* operating profit
operativer Rahmenplan *m (RW)* operating budget
operatives Ergebnis *n (RW)* gross operating profit *(BAB: Betriebsergebnis I)*
Opportunitätskosten *pl (Fin, RW, WiWi)* opportunity costs, alternative costs
Opportunitätsprinzip *n (Recht)* expediency principle *(Verfolgungsermessen: Einschreiten der Staatsanwaltschaft, wenn das nach ihrem pflichtgemäßen Ermessen im öffentlichen Interesse liegt; Gegensatz: Legalitätsprinzip = principle of upholding the law)*
optieren *v* **für** *(Mgt)* opt for
optieren *v* **gegen** *(Komm, Pol)* opt out
optimal *adj (Gen)* optimal, optimum
Optimalbetrieb *m (WiWi)* optimum firm
optimale Allokation *f* **der Ressourcen** *(WiWi)* optimum allocation of resources
optimale Bestellmenge *f (Ind, WiWi)* economic order quantity
optimale Besteuerung *f (Steuer)* optimal taxation
optimale Fertigungsmenge *f (Ind, Mgt, WiWi)* economic manufacturing quantity
optimale Konditionen *fpl (Gen)* best possible terms
optimale Losgröße *f (Ind, Mgt, WiWi)* economic batch quantity [size]
optimale Ressourcenallokation *f (WiWi)* optimum allocation of resources
optimale Verschmutzungsrate *f (Umwelt, WiWi)* optimal rate of pollution
optimaler Gebrauchswert *m (Gen, V&M)* best use value
Optimalkapazität *f (WiWi)* optimum capacity
optimieren *v (Gen)* optimize
Option *f* 1. *(Börse)* option, privilege; 2. *(Fin, Gen)* option, call • **Option ausüben oder aufgeben** *(Börse) (AE)* fill-or-kill
Option *f* **auf Kassakontrakte** *(Börse)* option on actuals
Option *f* **auf Terminkontrakte** *(Börse)* option on futures
Optionär *m (Börse)* option holder *(Synonym: Optionsinhaber)*
Optionsanleihe *f* 1. *(Bank)* warrant bond; 2. *(Börse)* bond cum warrant; 3. *(Fin)* (equity) warrant issue
Optionsgeschäft *n (Börse, Fin)* transaction carrying an option
Optionshandel *m (Börse, WiWi)* option--trading
Optionsinhaber *m (Börse)* option holder
Optionsinhaberin *f s.* Optionsinhaber
Optionsschein *m (Börse, Fin, Pol)* equity warrant, warrant
Optionsverkäufer *m (Börse)* option writer
Optionsverkäuferin *f s.* Optionsverkäufer
optische Maus *f (Comp)* optical mouse
optischer Speicher *m (Comp)* optical storage, optical memory
optisches Laufwerk *n (Comp)* optical drive
ordentliche Hauptversammlung *f (Admin, Gen, Recht) (BE)* annual general meeting *(AGM)*
ordentliche Kündigung *f (Pers)* dismissal with notice *(Arbeitgeber)*; statutory notice of termination, termination with notice *(Arbeitgeber oder Arbeitnehmer)*; resignation with notice *(Arbeitnehmer)*
ordentliche Produktionsmethoden *fpl (Gen, Ind)* good manufacturing practices
ordentliche Sitzung *f (Mgt)* regular meeting
ordentlicher Professor *m (Bil)* full professor
ordentliches Einkommen *n (Steuer)* ordinary income
Order *f (V&M)* commission, order • **an die Order von** *(V&M)* to the order of
Orderpapier *n (Bank)* order paper, instrument made out to order
ordinaler Nutzen *m (WiWi)* ordinal utility
Ordinalskala *f (Stat)* ordinal scale
ordnen *v* 1. *(Fin)* regulate; 2. *(Admin, Gen)* put in order; 3. *(WiWi)* regulate *(Industrie, Markt)*

Ordnung *f (Gen)* arrangement
ordnungsgemäß *adj (Gen)* regular, orderly
ordnungsgemäß *adv (Gen)* in due form, regularly • **ordnungsgemäß darstellen** *(RW)* present fairly • **ordnungsgemäß kündigen** *(Pers)* give due notice • **ordnungsgemäß vorgehen** *(Gen)* go through the proper channels
ordnungsgemäß gebilligter Jahresabschluss *m (Recht, RW)* duly approved annual accounts
ordnungsgemäße Kündigung *f (Pers)* dismissal with (due) notice *(durch Arbeitgeber)*; resignation with notice *(durch Arbeitnehmer)*
Ordnungsmäßigkeit *f (RW)* correctness
ordnungspolitisch *adj (Pol)* regulatory
ordnungspolitischer Rahmen *m (Pol, Recht, WiWi)* regulatory framework
Ordnungsrahmen *m (WiWi)* regulatory framework
Ordnungszahl *f (Stat)* ordinal number
Organigramm *n (Mgt)* organigram, organizational chart, organization chart
Organisation *f* **für wirtschaftliche Zusammenarbeit und Entwicklung** *(WiWi)* Organization for Economic Cooperation and Development, OECD
Organisation *f* **mit großer Leitungsspanne** *(Mgt)* flat organization
Organisation *f* **ohne Erwerbscharakter** *(WiWi)* non-profit-making organization
Organisationseinheit *f (Admin)* organizational unit
Organisationsform *f (Gen)* organizational shape
Organisationslehre *f (Mgt)* organization theory
Organisationsplan *m (Mgt)* organization chart, organizational chart, organigram
Organisationstalent *n (Pers)* organizational skills
Organisator *m (Gen)* organizer
Organisatorin *f (Gen)* organizer
organisatorische Straffung *f (Ind, Mgt)* streamlining
organisch *adj (Mgt, WiWi)* organic *(Struktur)*
organischbiologische Landwirtschaft *f (Umwelt)* organic farming
organisches Wachstum *n (WiWi)* organic growth
Organisierte Kriminalität *f (Gen, Recht)* organized crime
organisierter Markt *m (WiWi)* organized market
organisiertes Verbrechen *n (Recht)* organized crime
Orientierungspreis *m (V&M)* target price
Original *n* 1. *(Gen)* original, top copy *(eines Schriftstücks)*; 2. *(Media)* generation, master • **ein Original und drei Kopien** *(Admin)* one top and three copies
Originalangebot *n (Gen)* original bid
Originalbeleg *m (Versich)* original slip
Originalfaktura *f (Gen)* original invoice
Originalkopie *f (Gen)* master copy
Originalofferte *f (Gen)* original bid
Originalrechnung *f (Gen)* original invoice
Originalurkunde *f (Admin, Recht)* original document
Ort *m (Gen)* locality, place • **am Ort** *(Imp/Exp)* loco • **an Ort und Stelle** *(Gen)* on the spot • **vor Ort** *(Gen)* local, locally
Ort *m* **der Abnahme** *(Recht, Logis)* place of acceptance
Ort *m* **des Verkaufs** *(V&M)* point-of-sale
örtlich *adj (Gen)* local, regional
örtliche Behörde *f (Admin) (BE)* local authority
örtliche Behörden *fpl (Pol)* local government
örtliche Gebietskörperschaft *f* 1. *(Pol)* local government; 2. *(Admin)* municipality
örtliche Verwaltung *f (Pol)* local government
örtlicher Arbeitsmarkt *m (Pers, WiWi)* local labo(u)r market
ortsabhängige Dienste *mpl (Komm, V&M)* location-based services
ortsansässige Arbeitskräfte *fpl (Pers, WiWi)* local labo(u)r
ortsansässige Firma *f (Gen)* local firm
ortsansässige Unternehmen *npl (Gen)* local businesses
ortsansässiges Gewerbe *n (Pers)* local trades and craftspeople *(manuelle Arbeit, Facharbeiter)*
ortsbezogene Dienstleistungen *fpl (Ind, Komm, V&M)* location-based services
Ortsgespräch *n (Komm)* local call
Ortstarif *m* 1. *(Komm)* local call rate; 2. *(Pers)* local agreement, *(BE)* district agreement
ortsübliche Bezahlung *f (Pers)* local wage rate, going rate, usual wage rate

for the area
ortsübliche Entlohnung *f (Pers)* local wage rate, going rate, usual wage rate for the area
ortsübliche Miete *f (Grund)* local rent, fair market rent
ortsüblicher Lohn *m (Pers)* local wage rate, going rate, usual wage rate for the area
Ortszulage *f (Pers)* residential amount *(Sonderleistung)*
Osterweiterung *f* **der EU** *(Pol)* eastward enlargement of the EU, eastward expansion of the EU, enlargement of the EU to the East
Otto-Normalverbraucher *(ugs.) (V&M)* the average consumer, *(ugs.)* man on the street
Output *m (Comp, RW)* output
outputorientiertes Budget *n (Pol)* planning programming budget
Outright-Terminkauf *m (WiWi)* outright forward purchase

P

p.a. *s.* per annum
Pacht *f (Grund)* lease, tenancy, leasehold
Pacht *f* **auf Lebenszeit** *(Grund)* life tenancy
Pacht *f* **mit Vorkaufsrecht** *(Grund)* lease with option to purchase
Pachtabtretung *f (Grund, Recht)* assignment of lease
pachten *v (Grund)* lease
Pächter *m (Grund)* leaseholder, tenant
Pächterin *f s.* Pächter
Pachtgrundstück *n (Grund)* leasehold, leasehold property
Pachtverhältnis *n (Grund, Recht)* tenancy
Pachtvertrag *m (Recht)* lease, lease agreement, contract of lease
Päckchen *n (Komm, Logis)* package, packet, parcel, small parcel *(Post)*
Packung *f* 1. *(Komm, Logis)* pack, package; 2. *(V&M)* banded pack
pagatorische Kosten *pl (RW)* cash--based cost
pagatorische Rechnung *f (RW)* cash basis of accounting
Paket *n* 1. *(Börse, Fin)* lot, block (of shares), holding; 2. *(Komm, Logis)* package, packet, parcel
Paketdienst *m (Gen, V&M, Logis)* parcel service *(Dienstleister, die den Versand, Transport und die Zustellung von Paketen mit Gewichts- und Abmessungsbeschränkungen – in der Regel bis 31,5 kg – organisieren)*
Paketgeschäft *n (Börse)* bundled deal
Pakethandel *m (Börse)* block trading
Paketpost *f (Komm)* parcel post
Paketversand *m (V&M, Logis)* parcel shipment
Paketzustelldienst *m (Ind)* parcel delivery service
Pakt *m* 1. *(Gen)* pact; 2. *(Pol)* alliance
Palette *f* 1. *(Ind, Logis)* pallet, stillage; 2. *(V&M)* range *(Produkte)* • **auf Paletten packen** *(Ind, Logis)* palletize
Panel *n (Gen, Pol, V&M)* panel
Panelerhebung *f (V&M)* panel testing
paneuropäisches Unternehmen *n (Gen)* pan-European company
Panikmacherei *f (Börse, Fin, Media)* scare tactics
Panikverkäufe *mpl (Börse, Fin, Gen)* panic selling
Panzerschrank *m (Bank)* safe
Papierdokument *n (Gen, Komm)* paper document, hardcopy
Papierformat *n (Comp, Komm)* paper size
Papiergeld *n (Bank, Fin)* paper money, soft money
Papiergold *n (Bank)* paper gold *(IWF)*
Papierindustrie *f (Umwelt)* paper industry
Papierrechnung *f (V&M)* hardcopy invoice
Papierwährung *f (WiWi)* paper currency
Papierwarenhändler *m (Admin)* stationer
Papierwarenhändlerin *f s.* Papierwarenhändler
Papierzufuhr *f (Media)* paper feed, paper feeder, built-in feeder *(integriert)*
Pappe *f (V&M)* cardboard
Paradefall *m (Gen)* textbook case
Paradox *n (Gen)* paradox
Paragraf *m (Recht)* paragraph, section
parallel *adj* 1. *(Börse)* matched; 2. *(Fin, Gen, Ind)* parallel
Parallelanleihe *f (Bank, Fin)* parallel loan
parallele Schnittstelle *f (Comp, Komm)* parallel port *(z. B. Druckerverbindung)*
Parallelimport *m (Imp/Exp)* parallel import
Parallelkredit *m (Bank, Fin)* parallel loan,

back-to-back loan
Parallelwährung *f (WiWi)* parallel currency
Parallelwirtschaft *f (WiWi)* shadow economy
Parameter *m (Stat)* parameter
Parameterschätzung *f (Stat)* estimation of parameters
parametrische Programmierung *f (Stat)* parametric programming
parametrische Statistik *f (Stat)* parametric statistics
Pareto-Analyse *f (WiWi)* Pareto analysis
Pareto-Effizienz *f (WiWi)* Pareto efficiency
pareto-optimale Volkswirtschaft *f (WiWi)* first best economy
Pareto-Optimum *n (WiWi)* Pareto optimum
pari/über *(Börse, Fin)* above par
pari/unter *(Börse, Fin)* below par
pari/zu *(Börse, Fin)* at face value, at par
Parikurs *m (Börse, Fin)* par price • **zum Parikurs** *(Bank)* at parity
Parität *f (Fin, WiWi)* parity
Paritätspreisbildung *f (WiWi)* parity pricing
Parkett *n* 1. *(Börse)* trading [dealing] floor, floor; 2. *(Frei) (BE)* stalls, *(AE)* parquet *(Theater)*
Parketthändler *m (Börse)* floor trader, floor broker
Parkhaus *n (Grund, Logis)* multistor(e)y car park
Parlament *n (Pol)* Parliament
parlamentarisch *adj (Pol)* parliamentary
Partei *f (Pol, Recht)* party
Parteienverkehr *m* 1. *(Gen)* office hours, opening hours; 2. *(Admin)* opening hours
Parteilichkeit *f (Gen)* bias, partiality
parteiübergreifend *adj (Pol)* cross-party
Parteiwille *m (Recht)* parties' intention *(Vertragsrecht)*
Partie *f (Ind)* batch, lot
partielles Gleichgewicht *n (WiWi)* partial equilibrium
partizipative Unternehmensführung *f (Mgt)* bottom-up management
partizipativer Führungsstil *m (Mgt)* participative leadership
Partner *m (Gen)* associate, joint proprietor, partner • **einen Partner aufnehmen** *(Gen)* take a partner
Partnerin *f s.* Partner
Partnerschaft *f (Gen, Recht)* partnership
partnerschaftlicher Führungsstil *m (Mgt, Pers)* cooperative style of management *(Gegensatz: autoritärer Führungsstil = authoritarian style of leadership)*
Partyverkauf *m (V&M)* party selling
Parzelle *f (Grund)* parcel, plot
Pass *m (Admin, Frei, Logis)* passport
Passageeinnahmen *fpl (Logis)* passenger fare receipts
Passagier *m (Frei, Logis)* passenger
Passagierin *f s.* Passagier
Passant *m (Gen, V&M)* passer-by
Passantin *f s.* Passant
passé *adj (ugs.) (Gen)* out of date
passend *adj* 1. *(Börse)* fit; 2. *(Gen)* suitable
passend *adj* **für** *(Gen)* applicable to
passgenau zugeschnitten *(V&M)* customized
passgenaue Maßnahme *f (Mgt, Pol)* tailor-made measure
passiv *adj* 1. *(Gen)* passive; 2. *(RW)* adverse
Passiva *npl (RW)* (total) equity and liabilities *(rechte Seite der Bilanz, zeigt die Kapitalherkunft bzw. die Ansprüche der mit verschiedenen Rechtstiteln ausgestatteten Kapitalgeber auf das links ausgewiesene Vermögen = Aktiva = assets)*
passive Abgrenzung *f (RW)* accrued expense, deferred income, deferred revenue
passive Arbeitsmarktpolitik *f (Pers, Pol)* passive labour market policy
passive Handelsbilanz *f (Imp/Exp, WiWi)* adverse trade balance, trade deficit, unfavo(u)rable balance of trade
passive Rechnungsabgrenzung *f s.* passive Abgrenzung
passive Rechnungsabgrenzungsposten *mpl (RW)* accrued expenses, accrued liability
passiver Anleger *m (Fin)* passive investor
Passivgeschäft *n (Bank)* deposit business, borrowing transactions
passivieren *v/sich (RW, WiWi)* deteriorate *(ZB)*
Passivierungstendenzen *fpl (WiWi)* adverse tendencies *(ZB)*
Passivkonto *n (RW)* liability account *(wächst an durch Zugänge auf der*

Passivseite: Schulden, Rückstellungen, Positionen des Eigenkapitals)
Passivraucher *m (Gen, Pers)* passive smoker, *(ugs.)* second-hand smoker
Passivsaldo *m (Fin)* debit balance
Passivseite *f* 1. *(RW)* liability side, liabilities side, liability and equity side; liabilities and equity, liabilities and shareholders' equity *(Bilanz; Gegensatz: Aktivseite = asset side)*; 2. *(Gen)* right column *(Bilanz)*
Passkontrolle *f (Admin, Frei, Logis)* passport check
Patent *n (Pat, Recht)* patent • **ein Patent anmelden** *(Pat)* take out a patent
Patent *n* **angemeldet** *(Pat)* patent applied for, patent pending
Patentamt *n (Pat, Recht)* patent office
Patentanfechtung *f (Pat)* opposition *(Warenzeichen)*
Patentanmelder *m (Pat)* patent applicant
Patentanmelderin *f s.* Patentanmelder
Patentanmeldung *f (Pat)* patent application • **Patentanmeldung läuft** *(Pat)* patent pending
Patentanwalt *m (Pat, Recht)* patent attorney
Patentberufungsgericht *n (Pat, Recht)* patent appeals court
Patentbeschreibung *f (Pat)* patent specification
Patentdauer *f (Pat)* term of patent, patent life
Patenterteilung *f (Pat, Recht)* granting of a patent
patentfähig *adj (Pat, Recht)* patentable
Patentfähigkeit *f (Pat, Recht)* patentability
Patentgebühr *f (Pat)* patent fee, patent royalty, royalty
Patentierbarkeit *f (Pat)* patentability
patentiert *adj (Pat)* patented
patentiert *adj*/**nicht** *(Pat)* unpatented
Patentierung *f (Pat, Recht)* patenting
Patentierungsvoraussetzungen *fpl (Pat, Recht)* conditions of patentability
Patentinhaber *m (Pat)* patent proprietor, patentee
Patentinhaberin *f s.* Patentinhaber
Patentlösung *f (Gen)* patent remedy
Patentprüfung *f (Pat)* patent examination
Patentrecht *n (Pat, Recht)* patent law, patent right
Patentrechtsstreit *m (Pat, Recht)* patent infringement litigation
Patentregister *n (Pat)* patent register
Patentrolle *f (Pat)* register
Patentschrift *f (Pat)* (patent) specification
Patentschutz *m (Pat, Recht)* patent protection
Patentstelle *f (Pat, Recht)* patent department
Patenturkunde *f (Pat)* patent certificate
Patentverletzung *f (Pat, Recht)* patent infringement • **jmdn. wegen Patentverletzung verklagen** *(Pat)* sue sb for infringement of patent
Patentverletzungsverfahren *n (Pat, Recht)* patent infringement proceedings
Patentverwertung *f (Pat)* exploitation
Patientenrechte *npl (Soz, Recht)* patients' rights *(meist Plural)*
Patronatserklärung *f (Börse, Fin, Gen)* letter of comfort, comfort letter
pauschal *adj (Gen)* across-the-board, all-in, all-inclusive
Pauschal... *(Gen)* flat-rate, lump sum, package
Pauschalabgabe *f (Pers, Soz)* lump sum contribution
Pauschalangebot *n* 1. *(Frei)* package deal; 2. *(WiWi)* package offer
Pauschalbeitrag *n (Pers, Soz)* lump sum contribution
Pauschalbetrag *m (Gen)* lump sum
Pauschale *f (Gen)* lump sum
pauschale Absatzprovision *f (Gen) (AE)* override
pauschale Erhöhung *f (Mgt)* across-the-board increase
pauschale Kürzung *f (WiWi)* overall cut, *(ugs.)* meat-axe reduction
Pauschalgebühr *f (Bank, Pat)* lump sum fee, flat fee, flat-rate fee
Pauschalgebühren *fpl (Admin)* flat charges
Pauschalhaftpflichtversicherung *f (Versich)* umbrella liability insurance
Pauschalkosten *pl (Admin)* flat charges
Pauschalkürzung *f (Mgt)* across-the-board cut *(in prices, wages, taxes)*
Pauschallohn *m (Pers)* flat-rate wage
Pauschalpreis *m (Gen)* all-inclusive price, flat-rate price, lump sum price
Pauschalrückstellung *f (RW)* general bad-debt provision, lump sum provision, global provision, composite provision *(Pauschalwertberichtigung)*
Pauschalsachversicherung *f (Versich)*

block policy
Pauschalsteuer f *(Steuer)* flat-rate tax, lump sum tax
Pauschalsumme f *(Soz, Versich)* lump sum, fixed sum
Pauschaltarif m 1. *(Gen)* blanket rate; 2. *(Pers, Steuer)* flat scale; 3. *(Admin)* inclusive rate
Pauschalversicherung f *(Versich)* blanket insurance, *(AE)* floater
Pauschalwertberichtigung f *(Fin, RW)* general bad-debt provision, lump sum provision, global provision, composite provision, general allowance, global valuation adjustment *(Synonym: Pauschalrückstellung; Gegensatz: Einzelabschreibung = single asset depreciation)*; general loan loss reserve *(Basel II)*
Pause f 1. *(Frei)* interval *(Theater)*; 2. *(Gen)* break, pause; 3. *(Media)* tracing *(Kopie)*; 4. *(Pers)* break *(Kaffee)*
Pay-off-Periode f *(Fin)* pay-off time, pay--back period
PC-gestützt *adj (Comp)* computer-aided, computer-assisted, computer-based, PC-based
PDF-Datei f *(Comp, Komm)* PDF file
Pegel m *(Ind)* level *(Geräusch, Lärm)*
pendeln v *(Gen, Logis)* commute *(zur Arbeit)*
Pendelverkehr m *(Logis)* shuttle service, commuter traffic, *(AE)* commutation
Pendler(in) m(f) *(Gen, Logis)* commuter
Pendlerpauschale f *(Pers, Recht, Steuer)* commuting allowance, commuter allowance, commuter mileage allowance; tax deduction for commuters
Penetrationsrate f *(V&M)* penetration rate
Pension f 1. *(Fin)* pension, retirement pension [pay], superannuation *(Ruhegehalt)*; state pension *(Staat)*; retirement *(Ruhestand)*; 2. *(Frei)* board *(Unterkunftskosten)*; guest-house, boarding house *(Gästehaus)*; 3. *(Pers, Soz, Versich)* pension, retirement pension [pay] *(Ruhegehalt)*; state pension *(Staat)*; retirement *(Ruhestand)* • **in Pension gehen** *(Soz)* go into retirement *(Ruhestand)*
Pensionär(in) m(f) *(Pers, Soz)* pensioner, *(BE)* old-age pensioner *(OAP)*; retired person, *(AE)* retiree
pensionieren v *(Fin, Pers, Soz, Versich)* pension off • **sich pensionieren lassen** *(Pers)* retire on a pension *(Ruhestand)*
pensioniert *adj (Fin, Pers, Soz, Versich)* retired, superannuated *(Ruhestand)*
Pensionierung f *(Fin, Pers, Soz, Versich)* retirement
Pensionsalter n *(Pers, Soz)* pensionable age
pensionsfähiges Alter n *(Pers, Soz)* retiring age
Pensionsfonds m *(Fin, RW, Versich)* retirement [pension] fund, *(AE)* superfund
Pensionsgeschäft n *(Börse, Fin)* sale and repurchase agreement
Pensionsgeschäfte *npl (Recht, Fin, Bank, WiWi)* repurchase agreements *(EZB)*
Pensionskasse f *(Fin, RW, Versich)* pension [retirement] fund, *(AE)* superfund
Pensionsplan m *(Fin, Pers)* retirement scheme
Pensionsrückstellungen *fpl (RW)* provisions for pensions
Pensionssatz m *(Bank, Fin)* repurchase rate
Pensionssystem n *(Pers)* retirement plan
Pensum n *(Mgt, Pers)* quota, workload *(Arbeit)* • **sein Pensum bewältigen** *(Pers)* do one's stint *(Arbeit)*
per Adresse *(Gen, Komm)* care of, c/o
per annum *(Gen)* per annum, p.a.
per procura *(Gen, Recht)* per pro, pp, per procurationem
per saldo *(Gen)* net, on balance
per Termin kaufen *(Börse, Fin)* buy forward
Performanceindex m *(Börse)* performance index *(zeigt, im Gegensatz zum Kursindex = share price index, beim Aktienindex = stock market index den Gesamtertrag einer Anlage aus Kursentwicklung, Dividendenzahlungen und Bezugsrechtverkäufen, bzw. beim Rentenindex = bond index den Kurs und Zinsen plus Zinseszinsen)*
Periodenabgrenzung f *(RW)* accrual concept [principle]
Periodenbetriebsgewinn m *(RW)* current operating profit
periodenfremde Aufwendungen *fpl* **und Erträge** *mpl (RW, WiWi)* below-the-line

items
periodengerechte Abgrenzung *f (RW)* accrual accounting
periodengerechter Zinssatz *m (Bank, RW)* accrual interest rate
Periodengewinn *m (RW)* accounting profit [income]
periodisch *adj (Gen)* periodic, periodical
periodische Prüfung *f (RW)* repeating audit
permanente Inventur *f (Fin, RW)* perpetual inventory
permanente Prüfung *f (RW)* continuing audit
Person *f* **mit ständigem Wohnsitz** *(Recht)* permanent resident
Personal *n* 1. *(Gen, Ind)* workforce; 2. *(Mgt, Pers)* personnel, staff, workforce • **das Personal abbauen** *(Pers)* trim the workforce *(Rationalisierung)* • **Personal abwerben** *(Mgt)* headhunt • **Personal einstellen** *(Pers)* recruit workers, recruit new staff, hire workers • **Personal reduzieren** *(Pers)* reduce staff, reduce the workforce • **mit Personal besetzen** *(Pers)* man, staff • **Personal freisetzen** *(Pers)* lay off staff • **zu wenig Personal haben** *(Pers)* be short-staffed
Personalabbau *m (Pers)* reduction in force, demanning, staff cutback
Personalabgänge *mpl (Pers)* employees leaving, separations, leavers, people leaving (the company), persons leaving (the company)
Personalabteilung *f (Pers)* personnel department
Personalakte *f (Admin)* personal dossier, personal file
Personalangelegenheiten *fpl (Pers)* personnel matters, staff matters, personnel issues
Personalaufwand *m (Pers, RW)* staff [personnel] costs
Personalausgaben *fpl (Pers)* staff expenditure, expenditure on personnel, staff cost(s)
Personalauswahl *f (Pers)* employee selection, staff selection, pre-employment screening
Personalauswahlverfahren *n (Pers) (AE)* assessment center, *(BE)* assessment centre
Personalausweis *m (Admin, Pol)* identity card, national identity card *(staatlich)*
Personalbedarf *m (Pers)* staff requirements, manpower requirements
Personalberatungsunternehmen *n (Pers)* executive search firm
Personalbeschaffung *f (Mgt, Pers)* staffing, staff resourcing, recruitment
Personalbesetzung *f (Pers)* staffing, staffing [manning] level
Personalbestand *m* 1. *(Gen, Ind)* workforce; 2. *(Mgt, Pers)* labo(u)r force, manning, manpower, staffing level
Personalbeurteilung *f (Mgt, Pers)* staff appraisal, staff audit
Personalbogen *m (Pers)* personal data sheet
Personaldienstleister *m (Pers)* personnel service provider
Personaleinsparung *f (Pers)* staff savings
Personalengpass *f (Pers)* staff shortage, shortage of staff, manpower shortage
Personalentwicklung *f (Pers)* human resource development
Personalerhöhung *f (Pers)* staff increase, increase of the workforce
Personalförderung *f (Pers)* personnel development, staff development
Personalfortbildung *f (Pers)* staff training, personnel training
Personalfragen *fpl (Pers)* personnel matters, personnel issues, staff-related questions
Personalfreisetzung *f (Pers)* layoff of personnel, staff layoff, lay-off, redundancy
Personalführung *f* **nach dem (Chancen-)Gleichheitsprinzip** *(Mgt, Pers)* equality management
Personalgemeinkosten *pl (Pers)* personnel overheads
Personalien *pl (Pers)* personal data
personalintensiv *adj (Pers)* manpower-intensive
Personalknappheit *f (Pers)* staff shortage, shortage of staff, manpower shortage, shortage of manpower
Personalkosten *pl (Pers)* employment [payroll] costs, personnel expenses
Personalleitung *f (Mgt, Pers)* personnel management, staff management
Personalmanagement *n (Pers)* human resource management
Personalmangel *m (Pers)* shortage of manpower, staff shortage, shortage of staff • **unter Personalmangel leiden**

(Pers) be short-handed, be short--staffed
Personalnebenkosten *pl (Pers, RW)* add-on staff costs
Personalplanung *f (Pers)* human resource(s) planning, manpower planning
Personalpolitik *f* 1. *(Gen, Mgt)* staffing policy; 2. *(Pers)* personnel policy, staffing policy
Personalrabatt *m (Pers)* employee discount *(Synonym: Mitarbeiterrabatt)*
Personalrat *m (Mgt, Pers)* staff council, personnel committee
Personalreduzierung *f (Pers)* staff cut, staff cuts, staff reduction, reduction in staff, reduction in staffing levels
Personalrotation *f (Pers)* staff rotation, rotation of staff *(Synonym: innerbetriebliche Personalumbesetzung)*
Personalsachbearbeiter *m (Pers)* personnel officer
Personalsachbearbeiterin *f s.* Personalsachbearbeiter
Personalschulung *f (Mgt, Pers)* staff training
Personalspitzen *fpl (Pers) (BE)* peak labour demand, peak manpower demand, *(AE)* peak labor demand
Personalstand *f (Pers)* staff level(s), manpower level(s) staffing levels
Personalstatistik *f (Pers)* staff statistics, human resources statistics
Personalsuche *f (V&M)* recruiting
Personalüberhang *m*, **Personalüberschuss** *m (Pers)* labour surplus, manpower surplus, surplus labour • **Personalüberhang haben** *(Pers)* be overstaffed, be overmanned
Personalvermittlungsbranche *f (Pers)* recruitment industry
Personalvermittlungsbüro *n (Pers)* employment agency
Personalverringerung *f (Pers)* staff cut, staff cuts, staff reduction, reduction in staff, reduction in staffing levels
Personalvertreter *m (Pers)* staff representative
Personalvertreterin *f s.* Personalvertreter
Personalverwaltung *f (Pers)* personnel administration, personnel [staff] management
Personalwechsel *m (Pers)* staff turnover
Personalwesen *n (Pers)* personnel management, human resource management
Personalwirtschaft *f (Pers)* manpower [personnel, staff] management
personalwirtschaftliche Fragen *fpl (Pers)* human resources issues, staff management issues
Personalzugänge *mpl (Pers)* new additions to the workforce, new staff (members), intake of new staff, *(AE)* new hires
Personalzusatzkosten *pl (Pers, RW)* additional labour costs, non-wage labour costs *(Lohnnebenkosten)*; add--on costs
Personalzuwachs *m (Pers)* staff growth, workforce growth
Personenbeförderung *f (Logis)* passenger transport
personenbezogene Daten *npl (Comp, Komm, Recht)* personal data • **vor der Erhebung, Verarbeitung und Nutzung personenbezogener Daten** *(Comp, Recht)* prior to the collection, processing or use of personal data *(Datenschutz, IuKDG)*
personenbezogene Kapitalgesellschaft *f (Gen)* private company
Personenfreizügigkeit *f (Pol)* freedom of movement of persons *(EU)*
Personengesellschaft *f (Gen)* partnership, unincorporated firm, *(BE)* limited company
Personenleistung *f (Ind)* output per head
Personenstand *m (Recht)* civil status, marital status *(Familienstand)*
Personenvereinigung *f (Gen)* association
persönlich *adj (Gen)* personal, private
persönlich *adv (Gen)* in person, personally • **persönlich haftbar** *(Recht)* personally liable [responsible]
persönlich haftender Gesellschafter *m (Börse, Gen)* general partner
persönlich haftender Partner *m (Gen, Recht)* unlimited partner, general partner *(Vollhafter, Komplementär; Gegensatz: Teilhafter, Kommanditist = limited partner)*
persönliche Assistentin *f s.* persönlicher Assistent
persönliche Daten *pl (Pers)* personal data, personal information

persönliche Einkommensverteilung *f (WiWi)* personal income distribution
persönliche Gegenstände *mpl (Gen)* personal effects
persönliche Habe *f (Grund)* chattels
persönliche Haftung *f (Recht)* personal liability
persönliche Identifikationsnummer *f (Bank, Comp, Komm)* personal identification number, PIN *(Geheimzahl)*
persönliche Zuständigkeit *f (Recht)* personal jurisdiction
persönlicher Assistent *m (Mgt, Pers)* personal assistant *(PA)*
persönlicher Verkauf *m (V&M) (ugs.)* face-to-face selling
persönliches Einkommen *n (WiWi)* personal income
persönliches Interesse an etw. haben *v*/**ein** *(Gen)* have a vested interest in sth
persönliches Nettoeinkommen *n (WiWi)* personal disposable income
persönliches Rentenkonto *n (Bank, Steuer)* individual retirement account
persönliches verfügbares Einkommen *n* **nach Steuern** *(WiWi)* personal disposable income
Persönlichkeit *f (Mgt)* personality
Perspektive *f (Gen)* perspective
Perspektiven *fpl (Recht)* outlook
perspektivloses Produkt *n (V&M)* dog
Pfand *n* 1. *(Fin)* collateral, pawn, security; 2. *(V&M)* deposit *(Flasche)*
pfändbar *adj (Recht)* distrainable, attachable *(Lohn)*
Pfandbrief *m (Börse, Fin, RW)* mortgage bond
Pfandbriefausstattung *f (Bank, Fin)* terms of mortgage bonds
Pfandbriefinhaber *m (Börse)* mortgage bond creditor [holder]
Pfandbriefinhaberin *f s.* Pfandbriefinhaber
Pfandbriefmarkt *m (Deu) (Börse)* Pfandbrief market
pfänden *v (Recht)* impound, levy, attach
Pfandflasche *f (Umwelt, V&M)* deposit bottle, returnable bottle
Pfandgläubiger *m (Recht)* secured creditor
Pfandleihanstalt *f (Fin)* pawnshop
Pfandleiher *m (Fin)* pawnbroker
Pfandrecht *n (Fin, Recht)* lien, right of lien [distraint]
Pfandrecht *n* **an beweglichen Sachen** *(Bank)* chattel mortgage
Pfandsache *f (Fin)* pawn
Pfändung *f* 1. *(Fin)* pawnage; 2. *(Recht)* distraint of property; 3. *(Versich)* attachment
Pflege *f (Soz)* care
Pflegekasse *f (Soz)* long-term care insurance fund
Pflegekostenversicherung *f (Soz)* nursing cost(s) insurance
pflegen *v* 1. *(Gen)* service *(Markt)*; foster *(Beziehungen)*; 2. *(Soz)* care for
Pflegesatz *m (Soz)* hospital [nursing] home daily rate, rate of operating costs
Pflegetag *m (Versich)* nursing day
Pflegeversicherung *f (Soz, Versich)* dependency insurance, long term care insurance *(LTC)*
Pflicht *f (Recht)* duty, obligation
Pflichtangaben *fpl (Börse, RW)* mandatory disclosure statements; compulsory details
Pflichtbeitrag *m (Soz, Versich)* compulsory contribution, statutory contribution
Pflichten *fpl* **im Rahmen des Arbeitsvertrags** *(Pers)* duties under the employment contract
Pflichtenheft *n* 1. *(Comp)* software specifications, program specifications; 2. *(Mgt, Recht, V&M)* performance specification *(detaillierte Darstellung der im Lastenheft zuvor ausgearbeiteten Anforderungsspezifikation; teilweise synonym verwendet: Lastenheft)*; 3. *(Pers)* list of duties, job description *(Verzeichnis der mit einer Position verbundenen Aufgaben, Arbeitsplatzbeschreibung)*
Pflichtfach *(Bil)* compulsory subject
Pflichtintervention *f (Pol, WiWi)* compulsory intervention, obligatory intervention
Pflichtprüfung *f (Recht, RW)* statutory audit(ing)
Pflichtquote *f (Pers, Pol, Soz)* compulsory quota • **Pflichtquote von ...%** *(Pers, Soz)* compulsory quota of ...%
Pflichtteil *m (Recht)* legal [compulsory] portion *(Nachlass)*
Pflichtverletzung *f (Recht)* breach of duty, breach of trust
Pflichtvernachlässigung *f (Recht)*

neglect of duty
pflichtversichert *adj (Soz)* compulsory insured
Pflichtversicherte *pl (Soz)* compulsory insured persons
pflichtversicherte Tätigkeit *f (Soz) (AE)* covered job
Pflichtversicherung *f (Soz, Versich)* compulsory insurance, statutory insurance
Pflichtwandelanleihe *f (Bank, Fin)* mandatory convertible instrument *(Synonym: Wandelanleihe mit Wandlungspflicht; cf Wandelanleihe = convertible bond)*
Pharmaindustrie *f (Ind)* pharmaceutical industry
Pharmaprodukte *npl (Ind)* pharmaceuticals
Phase *f (Gen)* phase, stage
phasenweise *adv (Gen)* in stages
physisches Grenzprodukt *n (WiWi)* marginal physical product
Pigou-Steuer *f (WiWi)* Pigouvian tax
Pillenknick *m (ugs.)* 1. *(WiWi)* drop in the birthrate; 2. *(Gen) (ugs.)* baby bust *(due to the introduction of the pill)*
Pilotprojekt *n (Mgt)* pilot project
PIN *s.* persönliche Identifikationsnummer
Pionierprodukt *n (Ind, V&M)* pioneer product
plädieren *v (Recht)* plead
plädieren *v* **für** *(Gen)* advocate
Plädoyer *n (Recht)* summing up
Plafondierung *f (Bank)* capping, setting an upper limit
Plagiat *n (Comp, Ind, V&M)* piracy
Plakat *n (V&M)* bill, placard, poster *(Werbung)*
Plakatgröße *f (V&M)* poster size
Plakatwerbung *f (V&M)* outdoor advertising, poster advertising
Plan *m* 1. *(Fin)* estimates; 2. *(Gen)* blueprint, plan, program(me), schedule; 3. *(RW)* budget layout • **nach Plan** *(Gen)* as scheduled, according to schedule • **der Plan hat weder Hand noch Fuß** *(Gen)* the plan makes no sense, the plan has no substance • **der Plan ist nicht hieb- und stichfest** *(Gen) (ugs.)* the plan does not hold water • **im Plan liegen** *(Gen)* be on schedule • **einen Plan implementieren** *(Gen)* put a plan into action, implement a plan • **einen Plan realisieren** *(Gen)* put a plan into action • **einen Plan umsetzen** *(Gen)* put a plan into action, implement a plan
Planabweichung *f (Fin)* budget variance
Planeinstellung *f (Steuer)* discontinuance of plan
planen *v (Gen)* plan, envisage, propose *(vorschlagen)*; schedule *(Zeitablauf)*
Planerlös *m (RW)* budgeted income
Planerstellung *f (Recht)* plan preparation
plangemäß *adj (Gen)* according to plan, as scheduled
Plan-Ist-Abweichung *f (WiWi)* out-of-line situation
Plankontrolle *f (Fin, RW)* budgetary control
Plankosten *pl (Gen)* budgeted cost, standard cost
Plankostenrechnung *f (RW)* standard cost accounting, standard costing, budget accounting
planmäßig *adj (Gen)* systematic, on schedule, according to schedule
planmäßige Abschreibung *f (RW, Steuer)* scheduled depreciation, regular depreciation, systematic depreciation *(Verteilung der AK/HK abnutzbarer Wirtschaftsgüter über die betriebsgewöhnliche Nutzungsdauer, allocation of the cost of fixed assets over the estimated useful life; Gegensatz: außerplanmäßige Abschreibung = non-scheduled depreciation = unplanned depreciation; cf Wertminderungstest)*
planmäßige Abstimmung *f (Mgt, Pol, Recht)* systematic consultation *(EU; gemäß dem sog. Regelungsverfahren mit Kontrolle = regulatory procedure with scrutiny, dem neuen EU--Rechtssetzungsverfahren = legislative process; Stand 2/2008)*
Planrevision *f (Fin, RW, WiWi)* budget review, budgetary adjustment
Planspiel *n (Mgt)* management (business) game
Planung *f (Gen)* planning, projecting, projection, scheduling
Planung *f* **, Programmierung** *f* **und Budgetierung** *f (Fin, Mgt, RW, WiWi)* planning, programming and budgeting, PPB
Planungs-, Programmierungs- und Budgetierungssystem *n (Mgt)* planning, programming and budgeting

system, PPBS
Planungsbehörde *f (Recht, Umwelt)* planning authority
Planungsperiode *f (Fin, RW, WiWi)* budget period
Planvorgaben *fpl (Mgt)* plan targets
Planwirtschaft *f (Pol, WiWi)* command economy, planned economy
planwirtschaftliches System *n (Pol, WiWi)* planned economy
Planzahl *f (RW)* target figure, targeted goal
platzen *v (ugs.) (Bank)* bounce *(Scheck)*
Platzhandel *m (WiWi)* local trade
platzieren *v (Börse)* place, position
Platzierung *f* 1. *(Börse)* placement, placing *(im Wertpapiergeschäft)*; 2. *(V&M)* insertion, positioning *(Anzeige)*
Platzierungsprovision *f (Börse)* selling commission
Platzierungsreserve *f (Börse)* greenshoe *(beim Börsengang, going public; Synonym: Mehrzuteilungsoption)*
plaudern *v (Komm)* chat *(Internet)*
plausibel *adj (Gen)* plausible
Plausibilitätsprüfung *f (Stat)* plausibility test; credibility test
pleite *adj (ugs.) (Bank, Fin, Gen)* bankrupt, *(ugs.)* broke *(Person)*; *(ugs.)* bust *(Unternehmen)* • **pleite sein** *(Gen) (ugs.)* be skint
Pleite *f (ugs.) (Gen)* bankruptcy, *(ugs.)* flop *(Misserfolg)* • **Pleite machen** *(Gen)* go bankrupt, *(ugs.)* go bust, *(ugs.)* go to the wall
pleitegehen *v (Gen)* go bankrupt, *(ugs.)* go bust, *(ugs.)* go to the wall
Plenum *n (Pol, Recht)* plenary session, plenary sittings
Plombe *f (Imp/Exp, Ind)* seal
Pluskorrektur *f (Gen)* upward revision *(Preise)*
PLZ *s.* Postleitzahl
Podium *n (Media, Pol)* platform, stage, podium, rostrum *(Erhöhung)*
Podiumsdiskussion *f (Komm, Media)* panel discussion
Point-of-Sale *m (V&M)* point-of-sale, POS *(Einzelhandel)*
Police *f (Versich)* policy
Police *f* **mit Gewinnbeteiligung** *(Versich)* participating profit policy
Police *f* **mit vereinbarter Wertangabe** *(Versich)* valued policy
Police *f* **mit Wertangabe** *(Versich)* valued policy
Policenablauf *m (Versich)* lapse
Policendarlehen *n (Versich)* policy loan
Politik *f* **der ruhigen Hand** *(Pol, WiWi)* steady-as-she-goes policy
Politik *f* **des billigen Geldes** *(Bank, WiWi)* cheap [easy] money policy
Politik *f* **des teuren Geldes** *(WiWi)* tight monetary [money] policy
Politikentscheidung *f (Mgt, Pol)* policy decision
Politiker *m (Pol)* politician
Politikerin *f s.* Politiker
Politiksimulation *f (WiWi)* policy simulation
Politikverdrossenheit *f (Pol)* disillusionment with politics
politisch *adj (Pol)* political
politische Entscheidungsträger *mpl (Pol)* decision-makers in politics, policymakers
politische Gruppierung *f (Pol)* political group
politische Kernfrage *f (Pol)* political issue
politische Klasse *f (Pol)* political class, political office holders *(Entscheidungsträger)*
politische Ökonomie *f (Pol, WiWi)* political economy
politische Ökonomik *f (Pol, WiWi)* political economy
politische Umwälzungen *fpl (Pol)* political upheavals, political turmoil
politische Verstrickung *f (Pol)* political involvement
politische Werbung *f (Pol, V&M)* political advertising
politisches Bewusstsein *n (Pol)* political thinking
politisches Risiko *n (Fin, RW)* political risk *(Länderrating)*
polypolistische Konkurrenz *f (WiWi)* atomistic competition
Pornosteuer *f (Fin, Steuer)* porn tax
Portabilität *f (Bank, Komm, Pers)* portability *(EU; Möglichkeit der 'Mitnahme' z. B. der Kontonummer beim Wechsel zu einer anderen Bank; entsprechend: die Telefonnummer beim Umzug oder die unverfallbaren Ansprüche aus einer betrieblichen Altersversorgung beim Arbeitsplatzwechsel)*
Portefeuille *n* 1. *(Bank)* portfolio; 2.

(Börse) asset portfolio; 3. *(Fin)* (asset) portfolio
Portefeuille-Aufteilung *f (Fin)* portfolio split
Portefeuille-Strukturierung *f (Börse)* asset allocation
Portefeuille-Verwaltung *f (Fin, Mgt)* portfolio management
Portfolio *n (Börse, Fin, Mgt, Versich, V&M)* portfolio
Portfolio-Ansatz *m (Börse, Fin)* asset approach
Portfolio-Diversifizierung *f (Bank)* portfolio diversification *(EZB)*
Portfolio-Investition *f (Fin)* portfolio investment *(als Finanzinvestition in Unternehmensbeteiligungen bzw. Eigentumstitel; Synonym: Portfolio-Investment; Gegensatz: Direktinvestition = direct investment)*
Portfolio-Management *n (Börse, Fin)* portfolio management
Porto *n (Komm)* postage
Porto *n* **und Verpackung** *f (Komm)* postage and packing
portofrei *adj (Komm)* postpaid, postage paid
Portokasse *f (RW)* petty cash
Portonachnahme *f (Imp/Exp, Logis)* carriage forward
Position *f (Börse, Fin, V&M)* position • **eine Position abwickeln** *(Börse)* liquidate a position • **für eine Position in Betracht gezogen werden** *(Pers)* be considered for a post *(Bewerbung)* • **eine Position glattstellen** *(Börse)* close out a position • **seine Position halten** *(Gen)* stand one's ground • **eine Position liquidieren** *(Börse)* liquidate a position • **eine Position schließen** *(Börse)* close out a position
Position *f* **unter dem Strich** *(Bank, RW)* item below the line *(Synonym: Posten unter dem Strich; z. B. Eventualverbindlichkeiten, Indossamentsverbindlichkeiten aus weitergegebenen Wechseln, Wechsel- und Scheckbürgschaften, Avalkredite; alle mit einem sehr geringen Risiko, "über dem Strich" gewinnwirksam zu werden)*
positionieren *v (Gen)* position
Positionierung *f (Börse, Fin, V&M)* positioning
Positionsbereinigung *f (Börse)* position squaring
Positionsführung *f (Börse)* position--keeping
Positionskonto *n (Börse)* position account
Positionslimit *n (Börse)* position limit
positiv *adj (Gen)* positive
positive Zinsertragskurve *f (WiWi)* positive yield curve
positives Echo *n (WiWi)* positive feedback
Post *f (Komm) (AE)* mail, *(BE)* post; post office *(Amt)* • **mit getrennter Post** *(Komm)* under separate cover • **per Post versenden** *(Komm)* send by post
Postadresse *f (Komm)* mailing address
postalische Befragung *f (Soz, V&M)* postal survey
Postanschrift *f (Komm) (AE)* mailing address, *(BE)* postal address
Postanweisung *f (Bank, Fin, Gen) (AE)* postal money order; postal note; *(BE)* postal order; remittance
Postbearbeitung *f (Komm)* mail processing
Posten *m* 1. *(Ind)* batch; 2. *(Pers)* job, post *(Stelle)*; 3. *(RW)* entry, item • **einen Posten im Hauptbuch verbuchen** *(RW)* enter an item in the ledger
Postfach *n (Komm)* post office box, PO box
Postgebühr *f (Komm)* postage rate
postlagernd *adj (Komm)* poste restante
Postlaufzeit *f (Gen)* turn(a)round time
Postleitzahl *f (Komm) (BE)* postcode, *(AE)* zip code
Postskriptum *n (Komm)* postscript, ps., PS *(am Briefende)*
Poststempel *m (Komm)* date stamp, postmark
Postüberweisung *f (RW)* postal remittance
Postweg/auf dem *(Komm) (AE)* by mail, *(BE)* by post
postwendend *adv (Komm)* by return of post
Postwertzeichen *n (Komm)* postage stamp
Postwurfsendung *f (Komm, V&M)* bulk mail, direct mail
Postzustelladresse *f (Komm)* mailing [postal] address
Postzustellung nicht möglich 1. *(Komm)* mail undeliverable, undeliverable mail; 2. *(Comp)* bounced e-mail *(internet)*

Potenzial *n (Gen)* potential • **über Potenzial verfügen** *(Gen)* have potential
potenziell *adj (Gen)* potential
potenzieller Anleger *m (Börse)* potential investor
potenzieller Ausstoß *m* **einer Volkwirtschaft** *(WiWi)* potential output
potenzieller Bewerber *m (Pers)* prospective candidate, prospective applicant, potential candidate
potenzieller Geldgeber *m (Gen)* prospective lender
potenzieller Kunde *m (V&M)* prospective customer
potenzieller Verbraucher *m (V&M)* prospective customer
potenzieller Verkaufsschlager *m (Pers) (ugs.)* sleeper
potenzielles Übernahmeobjekt *n (Börse) (ugs.)* sleeping beauty
potenzieren *v* **mit** *(Stat, WiWi)* raise to the power of
pp. *s.* per procura
PPS *(Abk. für Produktionsplanung und -steuerung) (Mgt)* production planning and control
PR *s.* Public Relations
Präferenz... *(Gen, WiWi)* preference, preferential
prägen *v (WiWi)* coin, mint
pragmatisch *adj (Gen, Pol)* pragmatic, practical, incremental *(Vorgehen)*
Praktikant *m (Pers)* trainee, *(AE)* intern, threshold worker
Praktikantenausbildung *f (Bil, Pers)* traineeship, *(AE)* internship
Praktikantenstelle *f (Pers)* trainee position, trainee post, internship
Praktikantin *f s.* Praktikant
Praktiker *m (Pers)* practitioner
Praktikerin *f s.* Praktiker
Praktikum *n (Pers)* traineeship
Praktikumsplatz *m (Pers)* internship, apprenticeship, apprenticeship place, trainee place
Praktikumszeugnis *n (Pers)* internship certificate
praktisch *adv (Gen)* practically • **praktisch verwerten** *(Pat)* exploit, work
praktische Ausbildung *f (Pers)* hands-on training
praktische Berufsausbildung *f (Bil)* on-the-job training, training on-the-job
praktische Erfahrung *f (Pers)* hands-on experience
praktizieren *v (Recht) (AE)* practice, *(BE)* practise
Prämie *f* 1. *(Börse, Fin)* bounty, premium; 2. *(Mgt, Pers)* award, bonus, additional pay *(Gehalt)*; 3. *(Versich)* premium
Prämie *f* **auf Risikobasis** *(Versich)* risk-based premium
Prämienabrechnung *f (Fin)* premium statement
Prämienakkordlohn *m (Pers)* piece rate plus bonus(es)
Prämieneinnahmen *fpl (Versich)* collection of premiums, premium income
Prämienerhöhung *f (Versich)* premium increase
Prämieninkasso *n (Versich)* collection of premiums
Prämienlohn *m* 1. *(Börse)* premium bonus; 2. *(Pers)* wage bonus *(Arbeit)*
Prämienlohnsystem *n (Pers)* (premium) bonus scheme *(Arbeit)*
Prämiennotierung *f (Börse)* premium quotations
Prämiensatz *m (Börse, Versich)* premium rate
Prämienzeitlohn *m (Pers)* time rate plus bonus(es)
Präsensindikator *m (WiWi)* coincident indicator
präsent *adj (Gen)* present, ready
Präsent *n (Media, V&M)* present
Präsentation *f (V&M)* presentation
Präsident *m (Pers)* president
Präsidentin *f s.* Präsident
Präsidentschaft *f* 1. *(Mgt, Pers)* chairmanship; 2. *(Pol)* presidency
Praxis *f (Recht)* practice • **in der Praxis** *(Gen)* in practice
praxisbezogen *adj (Pers)* practice-oriented, practice orientated
praxisfremd *adj (Gen, WiWi)* academic
Praxisgebühr *f (Soz)* (non-refundable) payment per consultation
praxisnah *adj (Gen)* hands-on
Präzedenzfall *m (Recht)* precedent
Präzedenzrecht *n (Recht)* case law *(Fallrecht)*
Präzisionsmaß *n (WiWi)* modulus of precision
Präzisionstechnik *f (Ind)* precision engineering
PR-Berater *m (Pers, V&M)* public

relations consultant, public relations executive
PR-Beratung *f (Pers, V&M)* public relations consultancy
Preis *m (Gen)* charge, price • **unter Preis anbieten** *(V&M)* underprice • **die Preise gaben nach** *(Gen)* prices receded • **die Preise hochschrauben** *(V&M)* push up prices • **die Preise hochtreiben** *(V&M)* push up prices • **die Preise sind herabgesetzt worden** *(Börse)* prices have been marked down • **Preise hochschleusen** *(V&M)* push up prices • **zu geltenden Preisen** *(Börse, Fin)* at ruling prices • **sich durch zu hohe Preise vom Markt ausschließen** *(V&M)* price oneself out of the market • **Preise reduzieren** *(V&M)* cut prices • **zu Preisen, die zwischen x und y schwanken** *(Gen)* at prices ranging from x to y • **unter Preis verkaufen** *(V&M)* undercut • **Preis auf Anfrage** *(Gen)* price on application • **Preis pro Einheit** *(V&M)* unit price • **Preis über dem Kurswert** *(Börse)* above-market price • **Preis ab Werk** *(Ind)* ex factory [works] price
Preisabsatzfunktion *f (WiWi)* price--demand function
Preisabsprache *f* 1. *(Gen)* common pricing; 2. *(V&M)* price-fixing *(Wettbewerbsrecht)*; collusive tendering *(Ausschreibung)*
Preisabweichung *f (Gen)* price variance
Preisanfrage *f (Gen)* price enquiry
Preisangabe *f (Gen)* (displayed) price, quotation
Preisanstieg *m (Fin, V&M)* price increase [advance]
Preisanstieg *f* **auf breiter Ebene [Front]** *(Gen, WiWi)* across-the-board price increase
Preisaufschlag *m* 1. *(Gen)* price supplement, extra charge; 2. *(V&M)* mark-up
Preisauftrieb *m (WiWi)* rise in prices, upward pressure on prices
Preisauszeichnungsgesetze *npl (Recht)* label(l)ing laws
Preisbereich *m (V&M, WiWi)* price range
Preisbereinigungsindex *m* **für das Bruttonationaleinkommen** *(WiWi)* gross national income deflator, GNI deflator *(Synonym: Preis-Deflator für das Bruttonationaleinkommen; Bruttonationaleinkommen = BNE = GNI = gross national income, sie alle entsprechen, vor der Einführung des ESVG 95 im Jahr 2000, dem ehemaligen BSP = Bruttosozialprodukt = gross national product = GNP)*
Preisberichtigung *f (V&M)* pricing review
Preisbestimmung *f (V&M)* price determination
Preisbildung *f (V&M, WiWi)* price formation
Preisbildung *f* **auf Durchschnittskostenbasis** *(Admin, WiWi)* average cost pricing
Preisbindung *f* **der zweiten Hand** *(Fin, Recht, V&M)* (resale) price maintenance, retail price maintenance
Preisdeckelung *f (WiWi)* price cap, cap on prices
Preis-Deflator *m* **für das Bruttonationaleinkommen** *(WiWi)* gross national income deflator, GNI deflator *(Synonym: Preisbereinigungsindex für das Bruttonationaleinkommen; Bruttonationaleinkommen = BNE = GNI = gross national income, sie alle entsprechen, vor der Einführung des ESVG 95 im Jahr 2000, dem ehemaligen BSP = Bruttosozialprodukt = gross national product = GNP)*
Preisdifferenz *f (Gen)* price gap
Preisdifferenzierung *f (V&M, WiWi)* differential pricing, price differentiation
Preisdiskriminierung *f (V&M, WiWi)* price discrimination
Preisdisziplin *f (Gen, WiWi)* price restraint
Preisdruck *m (V&M, WiWi)* price [pricing] pressure
Preiseinbruch *m (V&M)* break in the market
preiselastisch *adj (WiWi)* price sensitive
Preiselastizität *f* **der Nachfrage** *(WiWi)* price elasticity of demand
Preisempfehlung *f (V&M)* recommended retail price
preisempfindlich *adj (V&M, WiWi)* price--sensitive
Preisempfindlichkeit *f (V&M)* price sensitivity
Preisetikett *n (Fin, V&M)* price label, price ticket
Preisfestlegung *f (Fin, V&M)* pricing

Preisfestsetzung f *(Fin, Recht, V&M)* price setting, price-fixing
Preisfixierer m *(WiWi)* price maker
Preisführer m *(V&M, WiWi)* price leader
Preisgabe f 1. *(Recht)* disclosure, relinquishment *(Information)*; 2. *(Versich)* abandonment
preisgebunden *adj (Recht, V&M)* price-controlled
Preisgefälle n *(Pers, V&M)* price differential
Preisgestaltung f *(Gen, V&M)* pricing
Preisgleitklausel f 1. *(Recht)* escalation clause, sliding-price clause *(Vertragsrecht)*; 2. *(V&M)* price variation clause
preisgünstig *adj (Gen)* low-priced
preisgünstigstes Angebot n *(Gen)* lowest tender
Preisherabsetzung f 1. *(V&M)* mark-down; 2. *(WiWi)* roll-back
Preisheraufsetzung f *(V&M)* mark-up
Preisindex m **für die Lebenshaltung** *(WiWi)* (average) cost-of-living index
Preiskartell n *(WiWi)* price cartel
Preiskonsumkurve f *(WiWi)* price-consumption curve
Preiskontrolle f *(WiWi)* price control
• **der Preiskontrolle unterworfen** *(Ind, WiWi)* subject to price controls
Preiskrieg m 1. *(Logis)* fare [rate] war; 2. *(V&M, WiWi)* price war
Preis-Leistungs-Verhältnis n *(Gen)* value for money, price-performance ratio
preisliche Wettbewerbsfähigkeit f *(V&M)* price competitiveness
Preisliste f 1. *(Fin)* price current; 2. *(V&M)* price list
Preis-Lohn-Spirale f *(Pers, Soz, WiWi)* price-wage spiral *(Synonym: Lohn-Preis-Spirale)*
Preismechanismus m *(WiWi)* price mechanism
Preisminderung f *(Recht)* diminuation *(des Kaufpreises)*
Preisnachfrageelastizität f *(V&M)* price-demand elasticity
Preisnachlass m 1. *(Börse)* concession; 2. *(Fin)* discount, rebate
Preisnehmer m *(WiWi)* price taker
Preisniveau n *(V&M, WiWi)* price level
Preispolitik f *(V&M, WiWi)* pricing policy
Preis-Qualitätsverhältnis n *(V&M)* price-quality ratio
Preisreduzierung f *(Fin, V&M, WiWi)* price cut
Preisrisiko n *(Bank, Börse, WiWi)* price risk, position risk *(Marktrisiko)*
Preisschild n *(V&M)* price label [sticker, ticket]
Preisschub m *(WiWi)* hike
Preisschwankung f *(V&M, WiWi)* price fluctuation
Preissenkung f 1. *(Fin, V&M)* price cutting, price mark-down, price cut; 2. *(WiWi)* price cut
Preisskala f *(V&M)* price range
Preisspanne f *(Börse, V&M)* price margin, price range, price spread
Preisspektrum n *(V&M)* price range
Preisstabilisierung f *(V&M, WiWi)* price stabilization
Preisstabilität f *(V&M, WiWi)* price stability
preisstabilitätsgerecht *adj (WiWi)* consistent with price stability *(EZB)*
Preisstand m *(Recht, WiWi)* price level
Preisstarrheit f *(WiWi)* price rigidity
Preisstopp m *(V&M, WiWi)* price freeze
Preistendenz f 1. *(Fin)* price trend; 2. *(WiWi)* market trend
Preisüberwachung f *(WiWi)* price supervision
Preis- und Kostenwettbewerbsfähigkeit f *(Pol, WiWi)* price and cost competitiveness
Preisunterbietung f 1. *(Börse)* dumping; 2. *(V&M)* price cutting, underselling; 3. *(WiWi)* price cutting
Preisunterschied m *(Pers, V&M)* price differential
Preisvergleich m *(Gen, V&M)* price comparison
Preisverordnung f *(Bank, Recht, V&M)* pricing regulation
Preiswahrnehmung f *(WiWi)* price perception
preiswert *adj (Gen)* good value, inexpensive
prekäre Beschäftigung f *(Pers)* precarious employment (relationship)
Presse f *(Media, Pol, V&M)* press
Presseberichterstattung f *(Media)* press coverage
Pressefreiheit f *(Media, Recht)* freedom of the press
Pressesprecher m *(Media, Pol)* press officer, spokesman, spokesperson
Pressesprecherin f *(Media, Pol)* press

officer, spokeswoman, spokesperson
Pressestelle *f (Media)* press office
Prestigekonsum *m (Gen)* conspicuous consumption *(Sozialprestige-bedingte auffällige Lebenshaltung)*
Pretest *m (V&M)* acceptance test, pre--test
PR-Fachleute *pl (Media, V&M)* public relations professionals
PR-Firma *f (Media, V&M)* PR firm, public relations firm, public relations company
primär *adj (Gen)* primary
Primär... *(Gen)* source, primary
Primärarbeitsmarkt *m (WiWi)* primary labo(u)r market
Primäraufwand *m (Fin)* primary input
Primarausbildung *f (Bil)* primary education
Primärdaten *pl (V&M)* primary data
primärer Arbeitsmarkt *m (WiWi)* primary labo(u)r market
primärer Wirtschaftssektor *m (Ind, WiWi)* primary sector *(Synonym: Primarsektor, primärer Sektor; z. B. Land- und Forstwirtschaft, Bergbau)*
primäres Defizit *n (WiWi)* primary deficit
Primärforschung *f (Gen)* field research
Primärgüter *npl (Gen)* primary goods *(Rohstoffe)*
Primärmarkt *m (Börse)* new issue market, primary market
Primärmarkthändler *m (Börse)* primary market dealer
Primärproduktion *f (Ind, WiWi)* primary production
Primärressource *f (Umwelt)* primary resource
Primärsaldo *m (Pol, RW, WiWi)* primary balance *(öffentliches Haushaltsdefizit ohne Zinszahlungen)*
Primarschulwesen *n (Bil)* primary education
Primärsektor *m (Ind)* primary sector *(auch: Primarsektor; Urproduktion; including agriculture, forestry, fishing, hunting and sometimes mining and quarrying)*
Primärziel *n* 1. *(Fin)* primary objective; 2. *(WiWi)* prime goal
Prinzip *n (Gen)* principle • **aus Prinzip** *(Gen)* on principle
Prinzip *n* **der Periodenabgrenzung** *(RW)* accrual accounting, principle of accrual
Prinzip *n* **der Unabhängigkeit** *(Mgt, Steuer, V&M)* arm's length principle *(cf Drittvergleichsgrundsatz)*
Prinzip *n* **der wirtschaftlichen Unabhängigkeit** *(Mgt, Steuer, V&M)* arm's length principle *(cf Drittvergleichsgrundsatz)*
Prinzip *n* **der Zusätzlichkeit** *(Pers)* principle of additionality
Prinzipal-Agent-Theorie *f (Mgt, WiWi)* principal-agent theory *(der Agent handelt mit seinem speziellen Wissen im Auftrag des Prinzipals, z. B. der Vorstand/Steuerberater/Arzt im Auftrag der Anteilseigner/steuerpflichtigen Mandanten/Patienten; die Agency--Beziehung ergibt sich, weil beide Parteien im jeweiligen Eigeninteresse handeln, die Interessen nicht deckungsgleich und die relevanten Informationen asymmetrisch verteilt sind)*
prinzipiell *adv (Gen)* on [in] principle
Priorität *f (Gen)* priority • **nach Priorität** *(Gen)* in order of priority • **etw. Priorität verleihen** *(Gen)* give priority to sth
Prioritätsdatum *n (Pat, Recht)* priority date
Prioritätverlust *m* loss of priority
privat *adv (Gen)* privately • **sich privat versichern** *(Versich) (ugs.)* go private
Privatanleger *m (Fin)* private investor
Privatausgaben *fpl (WiWi)* private expenses
Privatbesitz *m (Grund)* private property, private ground *(land)*; private ownership
private Altersvorsorge *f (Soz)* private pension scheme, private pension plan, private pension provision
private Arbeitsvermittlung *f (Pers, Soz)* private employment agency, private employment service, private placing service, private job placing agency
private Einrichtung *f (Grund)* private institution
private Grenzkosten *pl (WiWi)* marginal private cost
private Investition *f (Fin)* private investment
private Kosten *pl (WiWi)* private cost
private Krankenhausbehandlung *f (Soz)* private hospital treatment
private Krankenversicherung *f (Pers, Soz, Versich) (AE)* commercial sickness insurance policy, *(BE)* private health insurance
private Mittel *npl (Fin)* private means

private stationäre Behandlung *f (Soz)* private hospital treatment
private Stellenvermittlung *f (Pers)* employment agency *(Agentur)*
Private-Equity-Branche *f (Fin)* private equity industry *(Beteiligungsbranche; Finanzinvestoren, im Gegensatz zu den strategischen Investoren)*
Privateigentum *n (Grund)* private ownership *(land; vgl. Privatbesitz)*
Privateinlage *f (Fin)* private-asset contribution
privater Anleger *m (Börse)* private investor
privater Schlüssel *m (Comp, Gen, Komm)* private key *(Datenverschlüsselung)*
privater Sektor *m (WiWi)* private sector
privater Vertrag *m (Gen)* private contract
privates Zollgutlager *n (Imp/Exp)* private customs warehouse, private bonded warehouse
Privatgespräch *n (Komm)* private call *(Telefonat)*
Privathaushalt *m (Gen)* private household
Privatinvestitionen *fpl (WiWi)* private sector investment
privatisieren *v (WiWi)* privatize
Privatisierung *f (WiWi)* privatization, denationalization
Privatisierungserlös *m (WiWi)* privatization proceeds
Privatkundeneinlage *f (Bank)* retail deposit, retail personal deposit
Privatkundengeschäft *n (Bank)* consumer [retail] banking
Privatmann *m (Gen)* private individual
Privatpatient *m (Soz)* private patient
Privatpatientin *f s.* Privatpatient
Privatperson *f (Gen)* private individual
Privatplatzierung *f (Bank, Fin)* private placement, private placing
Privatrecht *n (Recht)* private law *(Zivilrecht)*
privatrechtliche Forderung *f (Recht)* claim in private law
privatrechtliches Unternehmen *n (Recht)* private company
Privatrente *f (Bank, Soz, Versich)* private pension; personal pension
privatschriftlichen Vertrag/durch *(Recht)* by private contract
Privatschule *f (Gen, Soz)* private school, *(BE)* public school, *(BE)* independent school
Privatsphäre *f (Comp, Gen, Komm, Recht)* privacy, private sphere *(Persönlichkeitsrecht)*
Privatunternehmen *n (Gen)* private company [enterprise, firm], privately--owned company
Privatunternehmer *m (WiWi)* entrepreneur
Privatunterricht *m (Soz)* private tuition
Privatversicherung *f (Versich)* commercial insurance
Privatwirtschaft *f (WiWi)* private sector enterprise, private enterprise system
privatwirtschaftliches System *n (WiWi)* private enterprise system
privatwirtschaftliches Unternehmen *n (Gen)* private sector enterprise
pro Stunde *(Gen, Ind, Logis)* per hour, hourly
proaktiv *adj (Mgt)* proactive
Probe *f (Gen)* sample, test, trial, tryout, pattern *(Muster)* • **etw. auf Probe kaufen** *(Gen)* buy sth on approval
Probeabo *n (Media, V&M)* trial subscription
Probeabonnement *n (Media, V&M)* trial subscription
Probeabzug *m (Media)* proof, pull, proof sheet, repro pull
Probeauftrag *m (Gen, V&M)* trial order
Probebefragung *f (Gen)* pilot study
Probebeschäftigung *f (Pers)* probationary employment, trial employment
Probebetrieb *m (Mgt)* pilot production
Probebilanz *f (RW)* trial balance, pro forma balance sheet
Probebohrung *f (Ind, Umwelt)* test drilling *(Erdöl)*
Probedruck *m (Media)* proof sheet, trial proof, trial print
Probeerhebung *f (Gen)* pilot study
Probeexemplar *n (Media)* author's specimen copy
Probefahrt *f* 1. *(Gen)* trial run; 2. *(Logis)* test drive
Probekauf *m (V&M)* trial purchase
Probelauf *m (Gen)* test [trial, pilot] run
probeweise *adv (Gen)* on a trial basis
probeweise Beschäftigung *f (ugs.) (Pers)* probationary employment
Probezeit *f* 1. *(Gen)* trial period; 2. *(Pers)* probationary [probation, trial] period *(Arbeitsvertrag)*

probieren *v (Gen)* test, try (out)
Problem *n (Gen)* problem, concern • **vor einem Problem stehen** *(Mgt)* face a problem
problemlos *adj (Gen)* trouble-free
Problemlösung *f (Gen)* problem solving
Problemverflechtung *f (Pers)* concatenation of problems
Produkt *n (Ind, V&M, WiWi)* product
Produkt *n* **des gehobenen Marktes** *(V&M)* up-market product
Produkt *n* **des unteren Marktsegments** *(V&M)* down-market product
Produktakzeptanz *f (V&M)* product acceptance
Produktbekanntheit *f (V&M)* product awareness
Produktbestand *m (Fin)* product portfolio
Produkteinführung *f (V&M)* product introduction, product initiation, product launch
Produkteinheit *f (WiWi)* unit of output
Produktenbörse *f (Börse)* mercantile exchange, commodity exchange
Produktentwicklung *f (V&M)* product development
Produktfeld *n (V&M)* product field
Produktforschung *f* **und Entwicklung** *f (Ind)* product research and development
Produktgestaltung *f (V&M)* product design
Produkthaftpflicht *f (Recht)* product liability *(Herstellerhaftung)*
Produkthaftung *f (Versich)* product liability
Produktinnovation *f (Ind, V&M)* product innovation
Produktion *f (Ind)* production, output • **Produktion am Fließband** *(Ind)* line production • **die Produktion ausweiten** *(Ind)* expand output • **die Produktion einschränken** *(Gen, Ind)* scale down production • **die Produktion erhöhen** *(Ind)* increase production
Produktionsanlage *f (Ind)* manufacturing [production] plant
Produktionsaufwand *m (Ind)* production cost(s)
Produktionsfaktor *m (Ind, WiWi)* factor of production
Produktionsfunktion *f (WiWi)* production function
Produktionsgüter *npl* 1. *(Ind)* industrial [production] goods; 2. *(WiWi)* producer goods
Produktionskapazität *f (Ind)* manufacturing [production] capacity
Produktionskosten *pl (Ind, WiWi)* production costs, costs of production, manufacturing cost
Produktionsleistung *f (Ind)* production rate [capacity], output
Produktionsleitung *f (Ind, Mgt, Pers)* production management
Produktionsmenge *f (Ind, WiWi)* output
Produktionsmittel *npl (Pol, WiWi)* means of production
Produktionsmöglichkeitenkurve *f (WiWi)* production possibility frontier
Produktionsperiode *f (Ind)* contract period, manufacturing period
Produktionsplan *m (Ind, Mgt)* production plan, output budget
Produktionsplanung und -steuerung *f (Ind, Mgt)* production planning and control
Produktionspotenzial *n (WiWi)* productive potential
Produktionsstandort *m (Ind)* location of production, production location
Produktionssteuerung *f (Ind, Mgt)* production management
produktionssynchrone Beschaffung *f (Ind, Mgt)* just-in-time procurement *(Synonym: fertigungssynchrone Beschaffung, einsatzsynchrone Beschaffung, verbrauchssynchrone Beschaffung)*
produktionssynchrone Lieferung *f (Gen)* just-in-time delivery
Produktionstätigkeit *f (Ind)* manufacturing activity
Produktionstempo *n (Ind)* production rate, production speed
Produktionsverfahren *n (Ind)* production method, production process
Produktionsverlagerung *f (Ind, Mgt)* relocation of production *(Verlegung der Fertigung)*; outsourcing *(Auslagerung der Produktion für die Zulieferung von Teilen)*
Produktionsverlegung *f (Ind)* relocation of production
Produktionsvolumen *n (Ind)* output volume, production volume
Produktionsziel *n (Ind)* production target
produktiv *adj (Pers, WiWi)* productive
Produktivität *f (Ind)* productivity,

technical efficiency, physical efficiency
Produktivitätsanstieg *m (Gen, WiWi)* productivity increase, rise in productivity, productivity gain
Produktivitätsfortschritt *m (Gen, WiWi)* productivity advance, productivity increase, productivity gain *(Synonym: Produktivitätsgewinn, Produktivitätszunahme)*
Produktivitätsmessung *f (Ind)* productivity measurement
produktivitätsorientierte Lohnpolitik *f (Pol, WiWi)* productivity-oriented wage policy *(das lohnpolitische Konzept fordert Nominallohnerhöhungen in Höhe des Produktivitätsfortschritts, um die Lohnstückkosten und das Preisniveau konstant zu halten, es ist kein Beitrag zum Abbau von Arbeitslosigkeit, wohl aber zur Abbremsung weiterer Zunahme von Arbeitslosigkeit)*; output-related wages policy
Produktivitätspeitsche *f (Gen, Pol, WiWi)* productivity whip *(Tarifabschlüsse, die über dem Produktivitätsfortschritt liegen, bilden einen Anreiz zur Kapitalintensivierung und zur Entlassung geringqualifizierter Arbeitnehmer, deren Arbeitsproduktivität unter dem Durchschnitt der Beschäftigten liegt; als Folge steigt die Produktivität der betrachteten produktiven Einheit, eines Unternehmens, einer Branche oder einer Volkswirtschaft, die sog. Entlassungsproduktivität)*
Produktivitätssteigerung *f (WiWi)* increase in productivity, productivity increase
Produktivitätswachstum *n (Gen, WiWi)* productivity growth
Produktivitätszuwachs *m (Ind)* productivity gain
Produktmanager *m (Mgt, Pers, V&M)* product manager, brand manager
Produktmanagerin *f s.* Produktmanager
Produktmärkte *mpl (WiWi)* product markets
Produktpalette *f (V&M)* array of products, product range, range of products
Produktpflege *f (Mgt, V&M)* product management
Produktpiraterie *f (Imp/Exp)* product piracy
Produktpositionierung *f (V&M)* product positioning
Produktverbesserung *f (V&M)* product improvement
Produzent *m (Ind)* manufacturer, mfr, maker
Produzentenhaftung *f (Recht)* product liability, manufacturer's liability *(Herstellerhaftung für Folgeschäden = consequential damages aus der bestimmungsgemäßen Produktbenutzung = intended use)*
Produzentenrente *f (WiWi)* producer's surplus
Produzentin *f s.* Produzent
produzieren *v (Ind)* manufacture, produce
produzierendes Gewerbe *n (Ind, WiWi)* industry, goods-producing industry, manufacturing and extractive industry, manufacturing and extractive industries, production industries; secondary sector
Professionalisierung *f (Gen)* professionalization
professionell *adj (Gen)* professional
Profi *m (ugs.) (Gen)* pro, professional
Profil *n (Gen)* profile
Profit *m (Gen)* profit
Profit-Center *n (Fin, RW, WiWi) (AE)* profit center, *(BE)* profit centre
profitieren *v (Gen)* profit, benefit
Proformarechnung *f (Imp/Exp, RW, V&M)* pro forma invoice
Prognose *f (Gen)* prognosis, prediction, forecast
Prognosekostenrechnung *f (RW)* budgetary control *(neben der Standardkostenrechnung die zweite Form der Plankostenrechnung)*
prognostizieren *v (Gen)* predict, forecast
Programm *n* 1. *(Comp)* program; 2. *(Gen)* plan, schedule *(Zeitplan)*; 3. *(Media)* program(me) *(Sendung)*; 4. *(Mgt)* agenda, plan, program(me), timetable *(Sitzung)*
Programmbudget *n (Pol)* performance budget, programming budget
programmieren *v* 1. *(Comp)* program; 2. *(Gen, Mgt)* program(me)
Programmierkenntnisse *fpl (Comp, Pers)* programming knowledge
programmierte Unterweisung *f (Comp)* programmed instruction

programmierter Unterricht *m (Soz)* programmed learning
Programmierung *f (Comp)* programming, computer programming
Progressionswirkung *f (Fin, Steuer, WiWi)* fiscal drag *(durch Inflation)*
progressiv *adj (Gen)* progressive, accelerated
progressive Besteuerung *f (Steuer)* progressive taxation
progressive Einkommen(s)steuer *f (Steuer)* progressive income tax
progressive Unternehmensplanung *f (Mgt, WiWi)* bottom-up corporate planning, bottom-up planning *(Informationsfluss "von unten nach oben"; corporate planning)*
Projekt *n (Gen)* plan, project
Projektarbeit *f (Pers)* project work
Projektauswertung *f (Fin, Mgt)* project analysis
Projektbewertung *f (Fin, Mgt)* project assessment
projektbezogene Arbeit *f (Pers)* project--tied work
Projektfinanzierung *f (Fin)* project financing
projektgebundenes Darlehen *n (Fin)* nonrecourse loan
Projektgesellschaft *f (Admin, Recht)* special purpose vehicle *(SPV)*; special purpose entity *(Zweckgesellschaft)*
Projektgruppe *f (Mgt)* task force
Projektmitarbeiter *pl (Pers)* project staff, project employees, project worker
Projektstudie *f (Gen)* feasibility survey [study]
Projektträger *m (WiWi)* project sponsor
Pro-Kopf... *(WiWi)* per capita
Pro-Kopf-BIP *n (WiWi)* per capita GDP
Pro-Kopf-Einkommen *n (WiWi)* income per head, per capita income, income per capita
Pro-Kopf-Verbrauch *m (WiWi)* consumption per capita
Prokura *f (pl: Prokuren; Deu) (Gen, Recht)* power of procuration, procuration, general commercial power of representation, comprehensive commercial power of attorney, power to act and sign on behalf of the firm *(no direct English or American equivalent; the far-reaching authority needs registration in the Commercial Register -Handelsregister- of the local court; Prokura is indicated by p.p. = pp = ppa. = per pro = per procura = per procuration, followed by the signature; Eintragung im Handelsregister des Amtsgerichts erforderlich; anders: Handlungsvollmacht = limited commercial authority)* • **per Prokura, p.p.** *(Recht)* per procuration, per proxy • **Prokura erteilen** *(Gen, Recht)* grant power of procuration, grant power to act and sign on behalf of the firm *(cf Prokurist, Prokura)* • **Prokura entziehen** *(Gen, Recht)* withdraw power of procuration, withdraw power to act and sign on behalf of the firm *(cf Prokurist)*
Prokurist *m (Deu) (Mgt, Pers, Recht)* Prokurist; Authorized Officer, Authorized Signatory, Officer with Procurement *(officer authorized to act and sign on behalf of the firm, his general or restricted commercial power of attorney is registered in the commercial register -Handelsregister- at the local court -Amtsgericht-; no direct English or american equivalent; eine natürliche Person, der nach § 51 HGB Prokura erteilt und nicht wieder entzogen wurde; cf Prokura)*
proletarisch *adj (Pol, WiWi)* proletarian
Prolongation *f* 1. *(Börse)* carryover, contango *(Report)*; 2. *(Gen)* extension; 3. *(Recht)* renewal *(Wechsel)*
prolongieren *v (Gen)* prolong, renew, extend
promovieren *v (Bil)* take one's doctor's degree, gain a doctorate, obtain a doctorate
prompt *adj (Gen)* speedy, prompt, quick
prompte Zahlung *f (Fin)* prompt payment
proportional *adj (Gen)* proportional
proportionale Steuer *f (Steuer)* standard-rate tax, proportional tax
Proportionalsatz *m (Steuer)* flat rate
Proportionaltarif *m (Fin)* proportional rate
Prorata-temporis-Basis *f (RW)* percentage-of-completion basis
Prospekt *m (Frei, Media, V&M)* brochure, prospectus
prospektive Bewertung *f (Versich)* prospective rating
Prosument *m (WiWi)* prosumer *(Kunstwort zusammengesetzt aus Produzent = producer und Konsument*

= *consumer für die in den Produktionsprozess eingebundenen Konsumenten, die damit, so die Hoffnung, endgültig von kapitalistischer Versklavung befreit sind; vgl. wikinomics = Wikiwirtschaft = Wikinomie)*
protegieren *v (Pol, Recht)* protect
Protektionismus *m (WiWi)* protectionism
protestieren *v* 1. *(Gen)* protest *(Wechsel, Scheck)*; 2. *(Gen)* make a protest
Protestkosten *pl (Recht)* protest charges *(Wechsel)*
Protokoll *n* 1. *(Comp)* protocol; 2. *(Pol)* protocol; 3. *(Recht)* record, transcript *(bei Gericht)*; statement *(bei Polizei)*; 4. *(Gen, Mgt)* minutes *(einer Sitzung)*
Protokollführer *m* 1. *(Recht)* court reporter *(Gericht)*; 2. *(Gen)* secretary; recorder, recording clerk *(Meeting, Versammlung)*
protokollieren *v* 1. *(Gen)* give record of; record, log; 2. *(Mgt)* take the minutes, keep the minutes *(Sitzung)*
Prototyp *m (Ind, V&M)* prototype
Provision *f (Bank, Börse, V&M)* commission
Provision *f* **der Konsortialführung** *(Bank)* management fee
Provisionsaufwendungen *fpl (Bank, RW)* commissions payable *(Bank-GuV--Posten)*
Provisionserträge *mpl (Bank, RW)* commissions receivable *(Bank-GuV--Posten)*
Provisionskonto *n (Bank)* commission account
Provisionssatz *m (Bank)* commission rate
provisorisch *adv (Gen)* temporarily
Provisorium *n (Gen)* temporary measure
Prozent *n (Gen)* per cent, per cent, percentage
Prozentpunkt *m (Gen)* percentage point
Prozentsatz *m (Stat)* percentage
Prozentsatz *m* **auf Jahresbasis umgerechneter** *(Fin)* annual percentage rate, annualized percentage rate
Prozentsatz *m* **der Wertminderung** *(Fin)* percentage of depreciation
Prozentspanne *f (WiWi)* percentage margin *(Synonym: prozentuale Spanne)*
prozentual *adj (Stat, WiWi)* proportional
prozentuale Abnahme *f (WiWi)* percent decrease
prozentuale Änderung *f (Fin)* percentage change
prozentuale Spanne *f (WiWi)* percentage margin *(Synonym: Prozentspanne)*
prozentuale Zunahme *f (WiWi)* percent increase
prozentualer Anteil *m (Stat, WiWi)* percentage
Prozess *m* 1. *(Comp, Ind)* process; 2. *(Recht)* trial *(Verfahren)*; litigation *(Rechtsstreit)*; case, court case *(Fall)*
Prozessanalyse *f (WiWi)* activity analysis
Prozessanwalt *m (Recht) (BE)* barrister--at-law, *(AE)* trial attorney, *(AE)* trial lawyer; counsel *(Rechtsanwalt)*
Prozessbevollmächtigter *m (Recht)* agent
prozessieren *v (Recht)* litigate, proceed, sue, go to court • **gegen jmdn. prozessieren** *(Recht)* take sb to court
Prozessinnovation *f (Ind, WiWi)* process innovation *(Verfahrensneuerung, Verfahrensinnovation)*
Prozesskette *f (Bank, Gen)* process chain
Prozesskosten *pl (Recht)* cost of litigation, legal costs
Prozesskostenhilfe *f (Recht, Soz)* legal aid
Prozesskostenrechnung *f* 1. *(RW)* activity (based) costing, activity-based accounting; *(AE)* cost driver accounting; 2. *(Recht)* bill of costs
Prozessniveau *n (RW, WiWi)* activity level
Prozesspartei *f (Recht)* litigant
pro-zyklisch *adj (Pol, WiWi)* pro-cyclical
Prüf... *(Comp, Ind, RW, Stat)* test, testing, checking, auditing
Prüfbericht *m* 1. *(Fin)* audit report; 2. *(Gen)* inspection report *(technische Prüfung)*; test report *(Prüfprotokoll)*; 3. *(Pat)* search report
Prüfbescheinigung *f (Recht)* test certificate
prüfen *v* 1. *(Gen)* examine, survey, *(BE)* analyse, *(AE)* analyze; inspect; 2. *(Pat)* search; 3. *(Pers)* examine; 4. *(RW)* audit • **genau prüfen** *(Gen)* vet
Prüfer *m* 1. *(Gen, Pat, Pers)* examiner; 2. *(Fin, RW)* auditor, comptroller, controller
Prüferin *f s.* Prüfer
prüffähig *adj (RW)* auditable
Prüfkette *f (RW)* audit trail
Prüfling *m* 1. *(Gen)* testee; 2. *(Pers)* examinee

Prüfpanel *n (Gen)* control panel
Prüfspur *f (RW)* audit trail
Prüfung *f* 1. *(Comp)* check, test; 2. *(Gen)* analysis, verification, survey, test, inspection, examination; 3. *(Ind)* testing, testing procedure; 4. *(Pat, Pers)* examination; 5. *(RW)* audit, examination, verification; 6. *(V&M)* test • **eine Prüfung bestehen** *(Pers)* pass an examination, pass an exam • **eine Prüfung machen [ablegen]** *(Pers)* sit an examination, sit for an examination, take an examination, sit an exam, sit for an exam, take an exam • **eine Prüfung nicht bestehen** *(Pers)* fail an examination, fail an exam • **einer genauen Prüfung unterzogen werden** *(Gen)* come under scrutiny
Prüfung *f* **der Rechtssache** *(Recht)* examination of the case
Prüfung *f* **des Vorschlags** *(Versich)* examination of proposal
Prüfungsanforderungen *fpl (Bil)* examination requirements
Prüfungsauftrag *m (RW)* audit assignment
Prüfungsausschuss *m* 1. *(Pers)* review body, screening board; 2. *(RW)* audit committee
Prüfungsbehörde *f (Recht)* examination board, examining authority
Prüfungsbericht *m (RW)* audit report, auditors' certificate, auditors' opinion, auditors' report, auditors' statement *(Prüfungsobjekt: Jahresabschluss)*; *(AE)* long-form auditors' report *(ausführliche Langform des Berichts)*
Prüfungsergebnis *n* 1. *(RW)* audit result; 2. *(Soz)* exam result
Prüfungsgrundsatz *m (RW)* audit standard, auditing principle [standard]
Prüfungshandbuch *n (Mgt)* audit manual, audit guide
Prüfungskandidat *m (Pers)* candidate, candidate for an examination
Prüfungskandidatin *f s.* Prüfungskandidat
Prüfungskette *f (RW)* audit trail
Prüfungskommission *f (Bil)* examination board, board of examiners
Prüfungskosten *pl (RW)* audit costs
Prüfungsleiter *m (Mgt)* audit head, chief auditor
Prüfungsleiterin *f s.* Prüfungsleiter
Prüfungspfad *m (RW)* audit trail
Prüfungsrichtlinie *f (RW)* auditing principle, auditing standard
Prüfungstermin *m (Recht)* date of the meeting for the verification of claims *(Insolvenzrecht, Konkursrecht)*
Prüfungsumfang *m (RW)* audit coverage [scope]
Prüfungsvermerk *m (RW)* audit report [certificate]
Prüfungswesen *n (RW)* auditing
Prüfungszeugnis *n (Pers)* examination certificate
Prüfverfahren *n* 1. *(Ind)* testing procedure; 2. *(Pers)* screening process *(Bewerbung)*
Public Relations *pl (Pers, V&M)* public relations, PR
Publikation *f (Media)* publication
Publikum *n (Gen)* public
Publikumsgesellschaft *f (Recht)* publicly held company; public corporation, *(BE)* public company *(Gesellschaften mit breit gestreutem Aktienkapital und geringem Einfluss der Aktionäre auf die Geschäftsführung; Gegensatz: Familiengesellschaft, kleine und mittlere Unternehmen, KMU, darunter auch solche, die in der Rechtsform einer AG oder KGaA auftreten können)*
Publikumsrenner *m (V&M)* big seller
publikumswirksam *adj (V&M)* with a strong appeal
publizieren *v (Media, Pat)* publish
Publizität *f* 1. *(Börse, Fin)* disclosure; 2. *(Media, V&M)* publicity
Publizitätsanforderungen *fpl (Mgt, Recht)* (legal) disclosure requirements *(Synonym: Publizitätsvorschriften)*
Publizitätserfordernis *f (Börse, Fin)* disclosure requirement
Publizitätsvorschriften *fpl (Mgt, Recht)* legal disclosure requirements
Puffer *m (Comp)* buffer (storage), buffer store *(Daten)*
Pufferbestand *m (Ind)* buffer stock
Pufferzone *f (Grund)* buffer zone
Pump kaufen *v***/etw. auf** *(ugs.) (Gen)* buy sth on tick
Punkt *m* 1. *(Börse)* point; 2. *(Comp)* dot; 3. *(Gen)* point; 4. *(Media) (BE)* full stop, *(AE)* period *(Typografie)* • **der Punkt ist noch unentschieden** *(Gen)* the point is still undecided • **einen toten Punkt erreichen** *(Gen)* reach a deadlock, reach an impasse

Punktbewertung *f (Mgt, Pers, Versich)* points rating
Punktelastizität *f (WiWi)* point elasticity
pünktlich *adj (Gen)* exact, precise, punctual
pünktlich *adv (Logis)* on time • **pünktlich verkehren** *(Logis)* run on time
pünktliche Rechnungsbezahlung *f (Fin)* prompt payment of invoices
Pünktlichkeit *f (Logis)* punctuality
Punktpreis *m (Börse)* point price

Q

QM *s.* Qualitätsmanagement
Quadband-Handy *n (Komm)* quadband mobile phone *(GSM 850, 900, 1800, 1900, damit weltweite Nutzung)*
Quadrat *n (Gen)* square
Quadratkilometer *m (Gen) (AE)* square kilometer, *(BE)* square kilometre
Quadratmeter *m (Gen) (AE)* square meter, *(BE)* square metre
Qualifikation *f (Gen, Pers, Soz)* qualification
Qualifikationen *fpl (Gen, Pers)* skills
Qualifikationsanforderungen *fpl (Bil, Pers)* skill requirements
Qualifikationsdefizit *n (Pers)* skill shortage
Qualifikationsniveau *n (Pers)* skill level, level of skill
Qualifikationsstruktur *f (Pers)* qualification pattern
qualifizieren *v/sich (Gen, Pol, Soz)* qualify (for) *(befähigen)*
qualifiziert *adj (Bil, Pers)* qualified
• **gutqualifiziert** *(Pers)* well-qualified
• **für etw. qualifiziert sein** *(Pers, Pol)* be eligible for sth
qualifizierter Beruf *m (Bil, Pers)* skilled occupation
qualifizierter Mehrheitsbeschluss *m (Pol)* qualified majority vote
Qualifizierung *f (Gen, Soz)* qualification
Qualität *f (Gen)* quality
Qualität *f* **der Finanzaktiva** 1. *(Bank, Fin)* quality of financial assets; 2. *(RW)* asset quality *(Finanzanlagen)*
Qualität *f* **des Forderungsbestandes** 1. *(Bank, Fin)* quality of accounts receivable; 2. *(RW)* asset quality
Qualität *f* **des Schuldners** *(Bank, Fin)* standing of the debtor
qualitativ *adj (Gen, V&M)* qualitative
Qualitätsanforderung *f (Ind)* quality requirement
Qualitätsarbeit *f (Gen)* high-quality workmanship
Qualitätsgüter *npl (Gen)* quality goods
Qualitätskontrolle *f* 1. *(Bank)* qualitative control; 2. *(Gen)* quality control; 3. *(Ind)* process control, quality control
Qualitätsmanagement *n (Ind)* quality management
Qualitätsmangel *m (Recht)* defect
Qualitätsnormen *fpl (Ind, Mgt)* quality standard
Qualitätsprodukt *n (V&M)* high-quality product
Qualitätssicherung *f (Gen, Ind, Mgt, V&M)* quality assurance, quality protection
Qualitätssiegel *n (Gen)* seal of quality
Qualitätsstandard *m (Gen, Ind, Mgt)* quality standard
Qualitätsüberwachung *f* 1. *(Gen, Ind)* quality monitoring; 2. *(V&M)* quality control
Qualitätsvorschrift *f (Ind)* quality specification
Qualitätswaren *fpl (Gen)* quality goods
Qualitätszirkel *m (Ind, Mgt, Pers)* quality circle
quantifizieren *v (Gen, Stat)* quantify
Quantität *f (Gen, Stat)* quantity
quantitativ *adj (Gen)* quantitative
quantitative Zielvorgabe *f (WiWi)* quantitative target
Quantitätstheorie *f (WiWi)* quantity theory of money
Quartal *n (Gen)* quarter *(Vierteljahr)*
Quartalsabschluss *m (RW)* quarter-end accounts, quarterly balance sheet
quartalsweise *adv (Gen)* quarterly
Quasibank *f (Bank, WiWi)* near bank *(Synonym: bankähnliches Institut; ohne Bankeigenschaft nach § 1 KWG und ohne bankaufsichtsrechtliche Überwachung; z. B. Kreditkarten--Unternehmen, Bausparkassen, Brokerfirmen, Factoring-Unternehmen)*
Quellenabzugsverfahren *n (Pers, RW, Steuer)* pay-as-you-go system, *(BE)* pay-as-you-earn system, PAYE, withholding at source, deduction at source
Quellenangabe *f (Media)* reference
quellenbesteuert *adj (Pers, RW, Steuer)*

taxed at source
Quellenbesteuerung *f (Pers, Steuer)* withholding [deduction] at source, source taxation
Quellensteuer *f (Steuer)* withholding tax, tax collected at the source
quelloffene Software *f (Pat, Recht)* open source software
Quereinsteiger *m (Mgt, Pers)* lateral entrant
Querschnitt *m (Gen)* cross section, profile
Querschnittsanalyse *f (Stat)* cross--sectional analysis, cross-section analysis
Querschnittsdaten *n (Stat, WiWi)* cross--section data, cross-sectional data
Quersubvention *f (Fin, Gen)* cross--subsidy
Querverweis *m (Comp, Media)* cross--reference
quittieren *v (Gen)* acknowledge *(Brief)*; receipt *(Rechnung)*
Quittung *f* 1. *(Gen)* acknowledgement, receipt (for payment); 2. *(Recht)* acquittance
Quittungsbeleg *m (Gen, RW)* supporting receipt
Quote *f (Imp/Exp, Pol)* quota
Quoten festlegen *v (Imp/Exp)* fix quotas
quotenabhängig *adj (Gen)* subject to quota
Quotenaktie *f (Fin)* no-par stock, no-par value share, non-par value share *(lautet über einen definierten Anteil am Reinvermögen; Synonym: Anteilsaktie, nennwertlose Aktie; Gegensatz: Nennwertaktie)*
Quotenfrau *f (ugs.) (Admin, Mgt, Pers, Pol) (ugs.)* token woman, quota woman *(diskreditierende Bezeichnung für eine weibliche Führungskraft, da unterstellt wird, sie habe die Position aufgrund ihres Geschlechts und auf Basis einer Quotenregelung erlangt: ‚Frauenquoten produzieren Quotenfrauen'; cf Frauenquote = fixed proportion of women; anders: Quotenkartell = quota arrangement)*
Quotenkartell *n (Gen, Imp/Exp)* quota arrangement
Quotenregelung *f (Gen, Pers, Imp/Exp)* quota system
Quotenstichprobe *f (V&M)* quota sample
Quotient *m (Stat)* quotient

R

Rabatt *m (Gen)* rebate, discount, dis, disc., deduction, reduction • **mit Rabatt** *(Gen)* at a discount, AAD
Rabattpreis *m (Fin)* discount price
Rabattstaffel *f (Gen)* discount scale, graduated discount scale, discount schedule
radioaktiver Niederschlag *m (Umwelt)* radioactive fallout
Radiowerbung *f (Media, V&M)* radio advertising
Raffinerie *f (Ind)* refinery
raffinieren *v (Ind)* refine
Rahmen *m* 1. *(Comp)* rack, frame *(Datenübertragung)*; 2. *(Fin, Gen)* framework • **im Rahmen von** *(Gen)* within the framework of
Rahmenabkommen *n (Gen)* basic agreement
Rahmenbedingungen *fpl* 1. *(Gen)* general setting; 2. *(Mgt)* conceptual framework; 3. *(Recht)* general conditions; 4. *(WiWi)* underlying conditions, general economic framework; environment
Rahmenbeschluss *m (Recht)* framework decision
Rahmengeneraleinfuhrlizenz *f (Imp/Exp) (BE)* open general import licence, *(AE)* open general import license
Rahmengesetz *n (Pol, Recht)* framework law
Rahmenliefervertrag *m (Recht)* general supply contract
Rahmenplan *m (Mgt, WiWi)* strategic [master] plan
Rahmenprojekt *n (Gen)* umbrella project
Rahmenvereinbarung *(Gen, Pol, Recht)* framework agreement, basic agreement
Rahmenvertrag *m (Recht)* basic [skeleton] contract, outline agreement
Ramschanleihen *fpl (ugs.) (Bank, Fin)* junk bonds *(Synonym: Schrottanleihen; risikoreiche Anleihen mit geringer Bonität, hoher Risikoprämie und einem Rating unter BBB- oder Baa3 = non--investment grade; cf Risikoanleihen = Hochzinsanleihen = high-yield bonds)*
Ramschbank *f (Bank)* bad bank *(in die zur Sanierung von Bankbilanzen illiquide, d. h. nicht zu bepreisende und/oder*

wertlose Risikoaktiva ausgelagert und zur Sozialisierung der privat erwirtschafteten, meist spekulativen Verluste häufig entweder vom Staat garantiert oder von ihm übernommen werden)

Ramschhypothek *f (ugs.) (Bank, Grund)* junk mortgage

Randbedingungen *fpl (Stat, WiWi)* boundary conditions; constraints

Randbemerkung *f (Admin)* marginal note

Randgebiet *n (Gen)* outlying districts, peripheral area

Randmarkt *m (Börse)* fringe market

Randproblem *n (Gen)* side issue

Rang *m* 1. *(Gen, Recht)* preference, ranking; 2. *(Pers)* rank, status, standing, echelon *(Hierarchie)* • **im Rang vorgehendes Darlehen** *(Bank)* senior loan • **im Rang nachgehen** *(Börse)* rank after

Rangfolge *f (Gen, Recht)* ranking, priority

Rangfolge *f* **der Gläubiger** *(Fin, RW)* ranking of creditors

ranghoher Vertreter *m* **der Geschäftsführung** *(Mgt, Pers)* senior manager

rangmäßige Bewertung *f* **von Gütern** *(WiWi)* ranking of commodities

Rangordnung *f* 1. *(Gen)* ranking order, ranking, order of (ones) priorities; 2. *(WiWi)* preference scale *(Präferenzskala bei Alternativen)*

Rangplatz *m (Gen, Stat)* rank, ranking

Rangrücktritt *m (Recht)* waiver of priority *(Rangänderung für Grundstücksrechte und -lasten)*

Rangskala *f (Stat, WiWi)* ordinal scale

Rangstelle *m (Gen, Stat)* rank, ranking

rapid *adv (Gen, WiWi)* rapidly • **rapid steigen** *(WiWi)* boom *(Aktien)*

rapiden Aufschwung nehmen *v (WiWi)* boom

rasanter Aufstieg *m (Mgt, Pers)* lightning rise, meteoric rise

rasch *adj (Gen)* fast

rasch ansteigend *adj (Gen)* soaring

rasch anwachsen *v (Gen)* experience rapid growth

rascher Aufstieg *m (Gen) (ugs.)* fast track

rascher Kursanstieg *m (Börse)* bulge

rasches Tempo *n (Gen)* fast pace

Rat *m* 1. *(Gen)* (word of) advice; 2. *(Admin, Pol)* council; 3. *(WiWi)* council, European Council *(EU)* • **einen Fachmann zurate ziehen** *(Gen)* take expert advice • **um Rat fragen** *(Gen)* seek advice

Rat *m* **der Europäischen Zentralbank** *(Bank, WiWi)* Governing Council of the European Central Bank *(EZB-Rat)*

Rat *m* **des Europäischen Zentralbanksystems** *(Bank, WiWi)* Governing Council of the European System of Central Banks, Governing Council of the ESCB *(ESZB)*

Rate *f* 1. *(Comp)* rate; 2. *(Gen)* rate, instal(l)ment • **auf Raten** *(Fin) (BE)* on hire purchase, *(AE)* on the instal(l)ment plan • **in Raten** *(Bank)* in instal(l)ments

Ratenkauf *m (V&M) (BE)* hire purchase, instal(l)ment buying

Ratenkredit *m* 1. *(Bank)* consumer instal(l)ment loan; 2. *(Fin)* instal(l)ment credit

Ratenvertrag *m (Recht)* instal(l)ment contract

Ratenzahlung *f (Bank)* instal(l)ment payment

Rathaus *n (Gen, Pol, Recht)* town hall

Rating *n* 1. *(Börse)* rating *(Wertpapiereinstufung)*; 2. *(Fin)* credit rating *(Bonitätsbewertung)* • **mit überdurchschnittlichem Rating** *(Börse, Fin)* with outperform rating, have an "outperform" rating

Rating-Agentur *f (Bank, Fin)* rating agency

rationale Entscheidung *f (Gen)* rational decision

rationale Erwartungen *fpl (WiWi)* rational expectations

rationalisieren *v (Gen)* rationalize, streamline

Rationalisierung *f (Gen)* streamlining, rationalization

Rationalisierungsinvestition *f (Mgt, WiWi)* modernization investment, capital investment for increased efficiency, productivity-oriented capital investment, productivity-orientated capital investment

Rationalisierungsstudie *f (Ind, Mgt, WiWi)* time and motion study

Rationalprinzip *n (WiWi)* efficiency rule *(Synonym: ökonomisches Prinzip, Wirtschaftlichkeitsprinzip, zwei Ausprägungen: 1. ein definiertes Ergebnis mit geringstmöglichem Mitteleinsatz erzielen = Minimalprinzip =*

Sparsamkeitsprinzip, oder 2. mit einem fest vorgegebenen Mitteleinsatz, z. B. Budget, das bestmögliche Ergebnis, z. B. Gewinn oder Output, erzielen = Maximalprinzip = Ergiebigkeitsprinzip)
rationell *adj (Gen)* efficient
Rationierung *f (WiWi)* rationing
Ratsverordnung *f (Pol)* Council regulation *(EU)*
Ratsvorsitz *m (Pol)* Presidency of the Council *(EU)*
Raubbau *m (Gen, Umwelt)* overexploitation, *(ugs.)* robber economy
Raubdruck *m (Gen)* piracy *(Buch)*
Raubkopie *f* 1. *(Comp, Gen)* pirate copy; 2. *(Media, WiWi)* bootleg version, pirate version [copy]; 3. *(Recht)* pirate copy
Raubtierkapitalismus *m (ugs.) (Gen, Pol, WiWi)* predatory capitalism
Raum *m* 1. *(Gen)* area, room; 2. *(WiWi)* area
Raum *m* **für Verbesserungen** *(Gen)* scope for improvement
räumlicher Ausgleich *m (WiWi)* spatial equalization
räumlicher Nutzen *m* **eines Gutes** *(WiWi)* place utility
räumliches Monopol *n (WiWi)* local monopoly, spatial monopoly
Räumlichkeiten *fpl (Gen, Grund)* premises
Raumordnungspolitik *f (WiWi)* regional planning policy
Räumung *f* 1. *(Grund, Recht, Soz)* eviction; 2. *(V&M)* clearance • **zur Räumung zwingen** *(Grund, Recht)* evict
Räumungsbefehl *m (Grund, Recht)* eviction order
Räumungsklage *f (Grund, Recht)* action for eviction
Räumungsverkauf *m* 1. *(V&M)* clearance sale; 2. *(WiWi)* liquidation sale
Rauschgifthandel *m (Gen)* drug trafficking
Rausschmiss *m (ugs.) (Pers)* firing; *(BE; ugs.)* sack
Rauswurf *m (ugs.) (Pers)* firing; *(BE; ugs.)* sack
reagibel *adj (WiWi)* responsive
Reaktion *f* 1. *(Gen, Pers, Pol)* reaction; 2. *(WiWi)* response
Reaktionselastizität *f (V&M)* response elasticity
Reaktionsfunktion *f* 1. *(V&M)* response function; 2. *(WiWi)* reaction function *(Preistheorie)*
Reaktionszeit *f (Admin)* reaction time
real *adj (Pers, RW, WiWi)* actual
real *adv (WiWi)* in real terms
real existierender Sozialismus *m (Pol)* real-life socialism *(heute meist als ironische Anspielung auf die DDR oder die UDSSR)*
reale Sphäre *f (WiWi)* real sphere
reale Vermögenswerte *mpl (WiWi)* real assets
reale Welt *f (Comp, Gen)* physical world *(the flesh-and-blood real world, meatspace; Gegensatz: cyberspace = virtuelle Welt)*
Realeinkommen *n (Pers, WiWi)* real earnings, real income
realer Außenbeitrag *m (WiWi)* real foreign balance *(ZB, VGR)*
realer Größenvorteil *m (WiWi)* real economy of scale
realer Wechselkurs *m (Börse)* real exchange rate
reales Austauschverhältnis *n (WiWi)* terms of trade
reales Nettosozialprodukt *n (WiWi)* real net national product
reales verfügbares Einkommen *n (WiWi)* direct real income
reales Wachstum *n (WiWi)* real growth
Realisationsprinzip *n (RW)* realisation concept
realisierbar *adj* 1. *(Fin)* viable, realizable; 2. *(Gen)* viable *(Plan)*; 3. *(RW)* realizable, implementable; 4. *(Börse)* realizable
realisierbarer Verkaufserlös *m (Fin)* net realizable value
Realisierbarkeit *f* 1. *(Gen)* viability, feasibility; 2. *(Stat)* viability
realisieren *v* 1. *(Börse)* realize *(Gewinn)*; 2. *(Gen)* put into effect, implement *(Maßnahmen)*; 3. *(Fin, RW)* realize, liquidate
realisierte Gewinne *mpl (Fin, RW)* realized gains, realized profits • **nicht realisierte Gewinne** *(Fin, Steuer)* unrealized gains, unrealized profit
realisierte Verluste *mpl (Fin, RW)* realized losses
realisierter Kursverlust *m/***nicht** *(Börse)* paper loss
realisierter Minimalertrag *m (Börse)* realized minimum return

Realisierung *f* 1. *(Börse)* liquidation *(Sicherheiten)*; 2. *(Gen, Mgt)* implementation, accomplishment, achievement
realistisch *adj (Gen)* realistic
Realkapital *n* 1. *(RW)* tangible fixed assets *(Synonym: Sachkapital; BWL: Summe der Betriebsmittel, monetary or intangible items are excluded; Gegensatz: Geldkapital, Humankapital, immaterielle Wirtschaftsgüter)*; 2. *(WiWi)* real capital, non-monetary capital *(VWL: Produktivkapital, Sachkapital, dritter Produktionsfaktor, Summe der Produktionsmittel des volkswirtschaftlichen Produktionsprozesses)*
Realkassenhaltungseffekt *m (Bil, WiWi)* real balance effect *(Synonym: Realkassenseffekt)*; wealth effect *(Vermögenseffekt)*
Realkosten *pl (WiWi)* real cost
Reallohn *m (Pers, WiWi)* actual wage, real wage
Realschulabschluss *m (Pers)* intermediate leaving certificate, intermediate school leaving certificate
Realschule *f (Pers)* intermediate school, intermediate secondary school
Realverzinsung *f (Fin, WiWi)* real rate of interest, real yield, real return *(definiert z. B. als Umlaufrendite festverzinslicher Wertpapiere minus Inflationsrate, gemessen als HVPI; Gegensatz: Nominalverzinsung = nominal interest rate)*
Realwachstum *n* **des BIP** *(WiWi)* real GDP growth
Realwerte *mpl (Fin, WiWi)* real assets *(Sachwerte als Inflationsschutz; Gegensatz: Geldwerte = monetary assets)*
Realwertinflation *f (WiWi)* asset price inflation
Realzins *m (Fin, WiWi)* real rate of interest *(preisbereinigter Zins)*; real yield *(realer Ertrag; Gegensatz: Nominalzins; anders: Effektivzins = effective interest rate)*
Rechen... *(Comp)* computational, computing, calculating
Rechenkapazität *f (Comp)* computing capacity
Rechenschaft *f (Gen, Mgt, RW)* account • **jmdn. zur Rechenschaft ziehen** *(Gen)* call sb to account, *(ugs.)* bring sb to book
Rechenschaftsbericht *m (Gen)* report
Rechenschaftslegung *f (RW)* reporting
Rechenschaftspflicht *f (Mgt, RW)* accountability
rechenschaftspflichtig *adj (Gen, RW)* accountable
rechenschaftspflichtige Unternehmen *npl*/**öffentlich** *s.* öffentlich rechenschaftspflichtige Unternehmen
Recherche *f (Gen)* search
recherchieren *v (Gen)* investigate, search
Rechnen *n* 1. *(Comp)* computing; 2. *(Gen)* calculating; 3. *(RW)* reckoning
rechnen *v (Stat)* calculate • **rechnen mit etw.** *(Gen)* depend on sth, plan on sth, rely on sth • **das rechnet sich nicht** *(Gen) (ugs.)* it does not pay
rechnerabhängiges System *n (Comp)* on-line system
rechnerfern *adj (Comp)* remote
rechnergesteuert *adj (Comp)* computer--controlled,computer-driven,computer--operated
rechnergestützt *adj (Comp)* computer--based, computer-aided, computer--assisted, PC-based
rechnergestütztes Börsenhandelssystem *n (Börse)* computer-assisted trading system
rechnerisch *adj (Gen)* arithmetical, calculated, computed
rechnerische Fähigkeiten *f (Bil, Pers)* numeracy *(cf literacy = Lese- und Schreibfertigkeit)*
rechnerische Rendite *f (RW)* accounting rate of return
rechnerischer Gewinn *m (RW)* accounting [book, paper] profit
Rechnerleistung *f (Comp)* computer power
rechnerunabhängig *adj (Comp)* off-line
Rechnung *f* 1. *(Comp)* calculation; 2. *(Gen)* invoice, account, *(BE)* bill, *(AE)* check • **auf eigene Rechnung** *(Gen)* on one's own account, at one's own expense • **auf eigene Rechnung handeln** *(Börse)* trade for one's account • **auf Rechnung** *(V&M)* on account • **auf Rechnung von** *(Bank, Gen)* account of • **in Rechnung stellen** *(Gen)* charge, invoice • **die Rechnung zahlen** *(Gen)* pay the bill
Rechnungsabgrenzung *f (RW)* accruals

and deferrals, accruals and deferrals adjustments, year-end adjustments

Rechnungsabgrenzungsposten *mpl* 1. *(RW)* accruals and deferrals, prepaid and deferred items, items of accrual and deferral; 2. *(BE)* prepayments and accrued income, *(AE)* prepaid expenses, *(AE)* expenses and deferred charges *(Aktivseite der Bilanz)*; 3. accruals and deferred income *(Passivseite; handels- und steuerrechtlich dürfen nach § 250 HGB nur transitorische Positionen = deferrals ausgewiesen werden)*

Rechnungsaufschub *m (V&M)* deferred billing

Rechnungsausstellung *f (Gen)* billing

Rechnungsauszug *m (RW)* statement of account

Rechnungsbetrag *m* 1. *(Fin)* invoice amount, invoicing amount; 2. *(Gen)* amount of a bill, invoice value, amount charged

Rechnungsdatum *n (Gen, RW)* date of invoice, *(AE)* billing date

Rechnungsführung *f (RW)* accounting

Rechnungsjahr *n (RW, Steuer)* fiscal year, FY; accounting period, accounting year • **im Rechnungsjahr anfallende Einkünfte** *(Fin)* current revenues *(laufende Einkünfte)*

Rechnungslegung *f* 1. *(RW)* accounting, accounting report; 2. *(Admin)* financial accounting [reporting]

Rechnungslegungsgrundsätze *mpl (RW)* accounting principles, accounting rules *(Synonym: Rechnungslegungsstandards)*

Rechnungslegungsmethode *f (RW)* accounting method

Rechnungsperiode *f (Steuer)* fiscal period

Rechnungspreis *m (Gen)* invoice price

Rechnungsprüfer *m (RW)* accountant, auditor

Rechnungsprüferin *f s.* Rechnungsprüfer

Rechnungsprüfung *f (Mgt, RW)* audit, audit of accounts; accounting control *(Revision)*

Rechnungsrabatt *m (V&M)* invoice discount

Rechnungsstellung *f (Recht, Gen)* invoicing, billing

Rechnungswert *m (Gen)* invoice value

Rechnungswesen *n (RW)* accountancy, accounting

Recht *n (Recht)* right *(etw.as zu tun)*; law *(Rechtsordnung)* • **alle Rechte vorbehalten** *(Recht)* all rights reserved • **von einem Recht Gebrauch machen** *(Recht)* exercise a right • **Recht und (öffentliche) Ordnung wiederherstellen** *(Recht)* restore law and order • **von Rechts wegen** *(Recht)* by law, de jure

Recht *n* **auf Bildung** *(Pers)* right to education

Recht *n* **auf Entschädigung** *(Recht)* right of redress

Recht *n* **auf Freizügigkeit** *(Pol, Recht)* right to free movement

Recht *n* **auf Gegendarstellung** *(Media, Recht)* right of reply

Recht *n* **auf Nießbrauch** *(Recht)* right to usufruct

Recht *n* **auf Wiedergutmachung** *(Recht)* right of redress

Recht *n* **der Stellvertretung** *(Recht)* law of agency *(Verträge)*

Recht *n* **zur Wiederaufnahme** *(Recht)* right of resumption

recht und billig *(Gen)* equitable

Rechte *npl* **und Pflichten** *pl (Recht)* rights and obligations

rechtens *adv (Recht)* within the law

rechtens sein *v (Recht)* be within one's rights

Rechteverwertung *f (Media, Recht)* reproduction rights management

rechtfertigen *v (Gen)* justify, vindicate *(Handlung)*

Rechtfertigung *f (Gen)* justification, explanation, vindication

Rechtfertigungsgrund *m (Recht)* legal justification, legal defence, legal excuse

rechtlich *adj (Recht)* legal *(juristisch)*; lawful *(zulässig)* • **eine rechtliche Vereinbarung unterschreiben** *(Recht)* sign a legal agreement

rechtlich *adv (Recht)* lawfully, legally *(zulässig)* • **rechtlich durchsetzbar** *(Recht)* legally enforceable • **rechtlich verpflichtet** *(Recht)* legally bound

rechtliche Bedeutung *f (Recht)* legal importance, legal meaning, legal significance, legel effect; legal relevance, relevance *(zur Sache)*

rechtliche Lage *f (Recht)* legal situation

rechtliche Rahmenbedingungen *fpl*

(Recht) legal framework, legal background *(EU)*
rechtliche Verpflichtung *f (Recht)* legal obligation
rechtlicher Rahmen *m (Recht)* legal framework, legal background *(EU)*
rechtliches Verhältnis *(Recht)* legal relationship, legal position
rechtmäßig *adj (Recht)* lawful
rechtmäßiger Besitzer *m (Recht)* lawful owner
rechtmäßiger Eigentümer *m (Recht)* rightful owner
rechtmäßiger Inhaber *m (Recht)* holder in due course
Rechtmäßigkeit *f* 1. *(Gen)* legality, legitimacy *(Anspruch)*; 2. *(Recht)* legitimacy
Rechtsakte *fpl (Recht)* legal acts
Rechtsangleichung *f (Recht)* harmonization
Rechtsanspruch *m (Recht)* legal claim, title
Rechtsanwalt *m (Recht) (AE)* attorney(-at-law), *(BE)* solicitor; *(BE)* barrister *(außergerichtlich und bei Gerichten höherer Instanz)*
Rechtsanwaltskanzlei *f (Recht)* law firm
Rechtsauffassung *f (Recht)* legal opinion
Rechtsbegriffe *mpl (Recht)* legal terminology
Rechtsbehelf *m (Recht)* appeal, legal redress *(bei Vertragsbruch)*; remedy *(Vertragsrecht)*; legal remedy *(wegen Vertragsverletzung)*
Rechtsbeistand *m* 1. *(Gen)* advocate; 2. *(Recht)* counsel
Rechtsberater *m (Recht)* legal advisor [counsel]
Rechtsberaterin *f s.* Rechtsberater
Rechtsberatung *f (Recht)* legal advice
Rechtsbeschluss *(Recht)* ruling, order, ord. *(des Gerichts)*; court decision
Rechtsbestand *m* **der EU** *(Pol)* acquis communautaire *(Synonym: EU-Rechtsbestand; meist: der Acquis Communautaire)*
rechtsbeugend *adj ()* law-perverting
Rechtsbeugung *f (Recht)* miscarriage of justice
Rechtsdokument *n (Recht)* legal document
Rechtsdurchsetzung *f (Recht)* enforcement of laws
rechtsfähige Gesellschaft *f (Gen)* incorporated company
Rechtsfähigkeit *f (Recht)* legal capacity
Rechtsfall *m (Recht)* court case, legal case
Rechtsform *f (Recht)* form of an act; legal form, legal structure *(eines Unternehmens, of an enterprise)*
Rechtsformwechsel *m (Recht)* change of (the) legal form, change of legal structure
Rechtsfrage *f* 1. *(Gen)* legal issue; 2. *(Recht)* point of law
Rechtsgebiet *n (Recht)* field of law, legal field
Rechtsgeschäft *n (Recht)* legal transaction [act] *(Verträge)*
rechtsgültig *adj (Recht)* legally effective, valid
Rechtsgültigkeit *f (Recht)* legality, legal validity
Rechtsgutachten *n (Recht)* legal opinion
Rechtshandlung *f (Recht)* legal act • **vom Schuldner vorgenommene Rechtshandlung** *(Recht)* act done by the debtor
Rechtshilfe *f (Recht)* legal assistance
Rechtsinhaber *m (Recht)* entitled person, holder of a right, beneficial owner; copyright owner *(Urheberrecht)*
Rechtsinhaberin *f s.* Rechtsinhaber
Rechtsinstrument *n (Recht)* legal instrument
Rechtskraft *f (Recht)* legal force
Rechtskraft erlangen *(Recht)* become conclusive
rechtskräftig *adj (Gen)* legally effective, final, valid
rechtskräftige Entscheidung *f (Recht)* final judgment by a court
rechtskundige Mitglieder *npl (Pat, Recht)* legally qualified members
Rechtslage *f (Recht)* legal situation, legal position, legal status
Rechtsmangel *m* 1. *(Grund) (AE)* cloud on title; 2. *(Recht)* defect of title, deficiency in title *(Vertragsrecht)* • **mit Rechtsmängeln behafteter Rechtstitel** *(Recht)* defective title
Rechtsmeinung *f (Pol, Recht)* interpretation of the law
Rechtsmittel *n* 1. *(Gen)* remedy; 2. *(Recht)* appeal, right of appeal • **Rechtsmittel einlegen** 1. *(Recht)* appeal; 2. *(Steuer)* lodge an appeal
Rechtsmittelbelehrung *f (Recht)*

cautioning as to rights
Rechtsmittelinstanz *f (Recht)* appeal court, court of appeal
Rechtsmittelverfahren *n (Recht)* appeals procedure
Rechtsnachfolger *mpl* 1. *(Bank)* transferees; 2. *(Pat)* successors in title; 3. *(RW)* assignees; 4. *(Recht)* heirs and assigns *(Testament)*
Rechtsnachteil/ohne *(Versich)* without prejudice
Rechtsökonomik *f (Recht)* legal economics
Rechtsordnung *f (Recht)* legal system
Rechtspersönlichkeit *f (Recht)* legal entity
Rechtsprechung *f (Recht)* case law *(Fallrecht)*; precedents, precedent cases, precedent case law *(Präzedenz)*; judge-made law *(Richterrecht)*
Rechtsrahmen *m (Recht)* legal framework
Rechtssache *f (Recht)* case, legal case
Rechtsschutz *m (RW)* legal protection, protection from litigation
Rechtssetzung *f (Recht)* lawmaking
Rechtssetzungsprozess *m (Pol, Recht)* legislative procedure, legislative process *(Synonym: Rechtssetzungsverfahren)*
Rechtssprache *f (Recht)* legal language, language of the law
Rechtsspruch *m (Recht)* legal judgment
Rechtsstaat *m (Recht)* law-based state, rule-of-law nation, nation of laws, "one nation under law"
Rechtsstaatlichkeit *f (Recht)* rule of law
Rechtsstellung *f (Recht)* legal position; legal status
Rechtsstreit *m (Recht)* legal action, litigation
Rechtsstreitigkeit *f (Recht)* legal dispute, dispute of right
Rechtsterminologie *f (Gen, Recht)* legal terminology
Rechtsübertragung *f (Recht)* transfer of a right
Rechts- und Geschäftsunfähigkeit *f (WiWi)* legal incapacity
rechtsverbindlich *adj (Recht)* legally binding
Rechtsverhältnis *n (Recht)* legal relationship *(Verträge)*
Rechtsverletzung *f (Recht)* breach, encroachment, offence *(Beeinträchtigung)*
Rechtsvermutung *f (Recht)* legal presumption
Rechtsverordnung *f (Recht)* legal enactment, statutory order, administrative instrument
Rechtsvorgänger *m (Pat, Recht)* assignor, legal predecessor, predecessor in title
Rechtsvorgängerin *f s.* Rechtsvorgänger
Rechtsvorschrift *f (Recht)* legal requirement
Rechtsvorschriften *fpl (Recht)* laws and regulations
Rechtsweg ist ausgeschlossen/der *(Recht)* there is no right of appeal *(Teilnahmebedingung)*
Rechtswesen *n (Recht)* legal system, laws
rechtswidrig *adj (Recht)* unlawful
rechtswidriges Betreten *n (Recht)* unlawful trespass
Rechtswidrigkeit *f (Recht)* unlawfulness
rechtswirksam *adj (Recht)* legally effective • **nicht mehr rechtswirksam sein** *(Recht)* cease to have effect *(Vertrag)* • **rechtswirksam werden** *(Recht)* come into effect, become effective
Rechtswirksamkeit *f (Recht)* validity
Rechtswissenschaft *f (Recht)* jurisprudence
Rechtzeitigkeit *f (RW, Gen)* timeliness *(IAS/IFRS)*
recyceln *v (Umwelt)* recycle
Recycling *n (Umwelt)* recycling *(von Abfallprodukten)*
Redaktion *f (Media)* editing, editorial staff
Rediskont *m (Bank, Fin, RW)* rediscount
rediskontfähig *adj (Bank, Fin)* rediscountable, eligible for discount *(Wechsel)*
rediskontfähige Wechsel *mpl (Bank)* eligible bills
Rediskontfazilität *f* **einer Zentralbank** *(Bank)* discount window lending
Rediskontierung *f (Bank, Fin, RW)* rediscounting
Redundanz *f (Comp, Gen)* redundancy *(Information)*
reduzieren *v* 1. *(Gen)* reduce, decrease, lower *(Ausgaben)*; 2. *(V&M)* mark down; 3. *(WiWi)* reduce *(Preise)*
reduziert *adj* 1. *(Gen)* cut, reduced; 2. *(V&M)* marked down; 3. *(WiWi)* reduced

Reduzierung *f* 1. *(Gen)* reduction, pruning; 2. *(V&M)* marking down; 3. *(WiWi)* reduction
Reduzierung *f* **der Belegschaft** *(Pers)* staff cut, staff cuts, staff reduction, reduction in staff, reduction in staffing levels
Reeder *m (Imp/Exp, Logis)* shipowner, shipping officer
Reederei *f* 1. *(Gen)* shipping business; 2. *(Logis)* shipping office
Referatsleiter *m (Pers)* head of section
Referatsleiterin *f s.* Referatsleiter
Referent *m* 1. *(Gen)* aide; 2. *(Media, Pol)* aide, speaker *(Vortragender)*
Referentin *f s.* Referent
Referenz *f (Pers)* reference *(Bewerbung, Zeugnis)*; reference, referee *(Person)*
Referenzgröße *f (Mgt, WiWi)* benchmark, reference benchmark
Referenzmaterial *n (Admin)* reference material
Referenzniveau *n (Fin)* reference level
Referenzschreiben *n (Pers)* reference (letter)
Referenzwährung *f (WiWi)* reference currency
Referenzwert *m (Bank, WiWi)* reference value, reference benchmark *(EZB)*
Referenzzeitraum *m (Recht)* reference period
Referenzzinssatz *m (Bank)* reference rate
refinanzieren *v (Fin)* refinance
Refinanzierung *f (Fin)* refinancing; refunding *(Umfinanzierung)*
Refinanzierungsinstitution letzter Instanz *(Fin, WiWi)* lender of last resort *(Synonym: letztinstanzliche Refinanzierungsinstitution; national: Zentralnotenbanken; ESZB: EZB; international: teilweise BIZ und IWF)*
Refinanzierungskosten *pl (Fin)* cost of funds
Refinanzierungskredit *m (Bank)* refinance credit
Reformansatz *m (Pol)* reform approach
Reformland *n (Pol, WiWi)* transition country, country in transition *(in Mittelosteuropa)*
Reformvertrag *m (Recht)* Reform Treaty *(vgl. Lissabon-Vertrag, EU)*
Refundierungsanleihe *f (Fin)* refunding loan
Regalauszeichnung *f (V&M)* shelf label(l)ing, shelf price
Regalfläche *f (V&M)* shelf space
Regel *f (Gen)* rule • **Regeln festlegen** *(Admin)* lay down the rules
Regelaltersrente *f (Soz)* standard old--age pension
Regelauswahl *f s.* Regelwahl
regelbar *adj (Gen)* adjustable, controllable
Regelgröße *f (Mgt, Stat, WiWi)* controlled quantity, controlled variable, controlled condition *(Management-Regelkreis = controlled loop, Systemtheorie)*
Regelkreis *m (Mgt)* control loop, control circuit, feedback loop *(Synonym: Rückkopplungsschleife; Systemtheorie)*
regelmäßig wiederkehrend *adj (Gen)* periodic
regelmäßige Zahlung *f (Gen)* regular payment
regeln *v* 1. *(Börse, Fin)* regulate; 2. *(Gen)* arrange; 3. *(Recht)* govern; 4. *(WiWi)* regulate
Regeln *fpl (Gen)* rules
Regeln *fpl* **für die Eigenmitteldeckung** *(Bank)* rules for the adequacy of own funds *(Basel II)*
regelnd *adj (Recht)* regulatory
Regelsteuersatz *m (Steuer)* basic tax rate, *(BE)* standard rate
Regelstrecke *f (Mgt, Stat, WiWi)* controlled system *(Management--Regelkreis, Systemtheorie)*
Regelstudienzeit *f (Bil)* standard period of study
Regelsystem *f (Mgt, WiWi)* rule-based system *(in der künstlichen Intelligenz Wissensdarstellung durch "Regeln": wissensbasiertes System = knowledge--based system)*
Regelung *f* 1. *(Comp)* automatic control; 2. *(Gen, WiWi)* regulation, arrangement
Regelung *f* **des Anspruchs** *(Versich)* adjustment
Regelung von Streitigkeiten *(Recht)* dispute settlement
Regelungsausschuss *m (Pol, Recht)* regulatory committee
Regelungsverfahren *n* **mit Kontrolle** *(Pol, Recht)* regulatory procedure with scrutiny *(neues EU--Rechtssetzungsverfahren, ersetzt 2008 das Komitologieverfahren; new legislative process replacing the comitology procedure)*

Regelwahl *f (WiWi)* choice of rules *(in der Konstitutionenökonomik die wissenschaftliche Analyse der "Regelwahl" auf konstitutioneller Ebene: Wie entstehen Verfassungen? Gegensatz: Wahlhandlungen innerhalb vorgegebener Regeln, der Gesetze, der post-konstitutionellen Ebene; choice of rules either on the constitutional level or the choice within' existing rules, i. e. the law; cf constitutional economics = Konstitutionenökonomik)*
regelwidrig *adj (Gen)* irregular, against the rules
regenerative Energien *fpl (Recht, Umwelt)* regenerative energy
regenerieren *v (Gen, WiWi)* revive, regenerate
Regierung *f (Pol)* government, *(AE)* administration
Regierungsabkommen *n (Pol)* intergovernmental agreement
Regierungsanleihe *f* 1. *(Bank)* tap stock; 2. *(Fin)* government loan
Regierungschef *m (Pol, Recht)* Head of Government
Regierungschefin *f s.* Regierungschef
Regierungseingriff *m (Admin, Pol, WiWi)* government intervention
Regierungsumbildung *f (Pol)* Cabinet reshuffle
Region *f (Gen, WiWi)* area, region
regional *adj (Gen)* regional
regionale Entwicklung *f (WiWi)* regional development
regionale Mobilität *f (Pers, WiWi)* regional mobility
regionale Tarifverhandlungen *fpl (Pers)* regional wage bargaining
Regionalfonds *m (Pol)* regional fund *(EU)*
Regionalökonomik *f (WiWi)* regional economics
Regionalpolitik *f (WiWi)* regional policy
Register *n* 1. *(Comp)* register *(Speicher)*; 2. *(Gen, Media)* table of contents; 3. *(Admin, Pat)* register
Registerauszug *m (Pat, Recht)* extract from the register
Registerbetreiber *m (Comp, Komm, Recht)* registry
Registergericht *n (Gen, Recht) (BE)* Registrar of Companies, *(AE)* court of record *(Aktiengesellschaften)*
Registrant *m (Comp, Komm, Recht)* registrant *(Internet-Domäne)*
registrieren *v* 1. *(Comp)* register; 2. *(Gen)* record, register; 3. *(Grund)* list *(Grundbuch)*
Registrierstelle *f (Komm)* registrar *(Internet-Domäne)*
registriert *adj (Gen)* on record, registered
registrierte Arbeitslose *pl (Soz)* registered unemployed
registrierte Arbeitslosigkeit *f (Pers, Soz)* registered unemployment
registrierte Marke *f (Pat, Recht, V&M)* registered mark, registered trademark *(® Symbol)*
Registrierung *f* 1. *(Gen, Pat)* registration; 2. *(Admin)* recording, registration
Registrierungsgebühr *f (Gen)* recording [registration] fee
Registrierungspflicht *f (Recht, Comp)* registration requirement
Registrierverfahren *n (Komm)* registration procedure
reglementieren *v (Pol, WiWi)* regiment, regulate, control
Regler *m* 1. *(Mgt, Stat, WiWi)* controller *(Synonym: Steuergröße, Sollgröße, Führungsgröße; Management--Regelkreis, Systemtheorie)*; 2. *(Steuer)* regulator
Regress *m (Gen)* recourse *(Wechsel)*
Regressbefugnis *f (Recht)* power of recourse
Regressionsanalyse *f (Stat, WiWi)* regression analysis
regressive Steuer *f (Steuer)* regressive tax
regresslose Exportfinanzierung *f (Fin)* nonrecourse export financing
regulär *adj (Bank, Frei, Gen, Mgt)* across--the-counter, standard, regular
reguläre Beschäftigung *f (Pers, Soz, WiWi)* regular employment, regular job, usual employment
regulärer Arbeitsmarkt *m (Pers, Soz, WiWi)* mainstream labour market, regular labour market
reguläres Bankgeschäft *n (Bank)* standard banking
regulatorische Arbitrage *f (Bank, Fin)* regulatory arbitrage *(Synonym: Aufsichtsarbitrage, aufsichtliche Arbitrage, Regulierungsarbitrage; durch umfangreiche Forderungsverbriefungen, Bündelung und Tranchierung mittel- und langfristiger zweitklassiger Hypotheken*

Auslagerung von Risiken auf außerbilanzielle Zweckgesellschaften = SPVs = special purpose vehicles -wie conduits und SIVs = structured investment vehicles = strukturierte Anlagevehikel- und Weiterplatzierung als kurzlaufende, hochrentierliche ABCP-Papiere = asset-backed commercial paper bei renditehungrigen institutionellen Anlegern wurde vor dem Inkrafttreten von Basel II 2008 die erhebliche Reduzierung bzw. Umgehung regulatorischer Eigenkapitalanforderungen = regulatory capital requirements erreicht)

regulatorische Eigenkapitalanforderungen *fpl (Bank, Fin, Recht)* regulatory capital requirements *(Basel II)*

regulatorische Kapitalentlastung *f (Bank, Fin)* regulatory capital relief *(Basel II, Verbriefungen, securitization)*

regulatorische Standards *mpl (Bank, Fin)* regulatory standards *(Basel II/III)*

regulieren *v* 1. *(Fin)* regulate; 2. *(Gen)* regulate, adjust, pay, settle; 3. *(WiWi)* regulate *(Markt)*

reguliert *adj* 1. *(Gen)* adjusted, settled; 2. *(Fin, Pol)* administered; 3. *(Recht)* regulated; 4. *(Versich)* adjusted; 5. *(WiWi)* administered, regulated

Regulierung *f* **auf Bankebene** *(Bank, Recht)* bank level regulation *(Regulierung auf der Mikroebene, die Aufgabe der nationalen Regulierungsbehörden = NRAs = National Regulatory Authorities; Gegensatz: Regulierung auf der Makroebene = makroprudenzielle Aufsicht = macroprudential supervision, die Aufgabe der Europäischen Finanzaufsichtsbehörden = ESAs und des ESRB)*

Regulierungsarbitrage *f (Bank, Fin, Recht)* regulatory arbitrage *(Synonym: Aufsichtsarbitrage, aufsichtliche Arbitrage, regulatorische Arbitrage; durch umfangreiche Forderungsverbriefungen, Bündelung und Tranchierung mittel- und langfristiger zweitklassiger Hypotheken, Auslagerung von Risiken auf außerbilanzielle Zweckgesellschaften = SPVs = special purpose vehicles –conduits und SIVs = structured investment vehicles = strukturierte Anlagevehikel– und Weiterplatzierung im Niedrigzinsumfeld als kurzlaufende, hochrentierliche ABCP-Papiere bei renditegeilen institutionellen Anlegern wurde vor dem Inkrafttreten von Basel II am 1.1.2008 eine erhebliche Reduzierung/Umgehung regulatorischer Eigenkapitalanforderungen = regulatory capital requirements erreicht)*

Regulierungsbehörde *f (Recht, Komm, WiWi)* regulatory authority; regulatory agency

Regulierungskosten *pl (Versich)* adjustment costs

rehabilitieren *v (Gen)* restore, vindicate *(Wiederherstellung eines Rufes)*; *(ugs.)* whitewash; rehabilitate, restore *(Ruf, Firma)*

reibungslos *adv (Gen)* smoothly, without a hitch

Reibungsverluste *mpl (Gen)* frictional losses

reich *adj* 1. *(Gen)* well-off; 2. *(WiWi)* affluent, prosperous, wealthy • **reich werden** *(Gen)* prosper, become wealthy, become affluent, thrive

reichlich *adj (Gen)* abundant, ample

Reichtum *m (WiWi)* affluence, prosperity, wealth

Reichweite *f (V&M)* reach • **außer Reichweite** *(Gen)* out of reach • **in Reichweite** *(Gen)* within reach

reife Volkswirtschaft *f (WiWi)* mature economy

Reifezeugnis *f (Bil)* secondary school leaving certificate qualifying for higher education, baccalaureate, *(BE)* ≈ Advanced level, A level, *(AE)* ≈ High School Diploma

Reihe *f* 1. *(Börse)* series; 2. *(Fin)* set; 3. *(Gen)* row • **außer der Reihe** *(Gen)* out of order • **der Reihe nach** *(Gen)* in turn, successively

Reihe *f* **von Maßnahmen** *(Fin)* set of measures

Reihenfolge *f (Gen)* order, sequence, succession

reiner Anschaffungspreis *m (RW)* strict cost price

reiner Herstellungspreis *m (RW)* strict cost price

Reinerlös *m (Fin)* net proceeds

Reinertrag *m* 1. *(Fin)* clear profit; 2.

(Grund) net proceeds; 3. *(RW)* net yield
reines Monopol *n (WiWi)* perfect monopoly, pure monopoly
reines Verpackungsgewicht *n (Gen)* net tare weight
Reingewinn *m (Fin, RW, WiWi)* net income, net margin, net profit, pure profit
Reingewinn *m* **plus Abschreibungen** *fpl (Fin)* cash earnings
Reingewinn *m* **vor Steuern** *(RW)* net operating profit
Reinverlust *m (Fin, RW)* net loss
Reinvermögen *n (Fin, RW)* net worth, net assets, net equity, net wealth; *(AE)* shareholders' equity *(Aktiva minus Verbindlichkeiten = total assets minus total liabilities)*
reinvestieren *v (Börse, Fin)* reinvest, *(AE)* plow back, *(BE)* plough back *(Gewinne)*
reinvestierter Gewinn *m (RW) (BE)* ploughback, *(AE)* plowback; reinvestment
Reinvestition *f (Börse)* reinvestment
Reisegepäck-Versicherung *f (Frei)* baggage insurance
Reisekosten *pl (Gen, Pers, RW, Steuer, Logis)* travel expenses
Reisekostenerstattung *f (Gen)* reimbursement of travel expenses
Reisekostenvorschuss *m (Gen, WiWi)* travel advance
Reisekostenzuschuss *m (Gen)* travel(l)ing allowance
Reisekrankenversicherung *f (Frei, Versich)* medical insurance for travel, travel health insurance
Reiserücktrittskosten-Versicherung *f (Frei, Versich)* travel cancellation insurance
Reisescheck *m (Bank) (AE)* traveler's check, *(BE)* traveller's cheque
Reisespesen *fpl (Gen)* travel expenses, travel(l)ing allowance
Reiseunfallversicherung *f (Frei, Versich)* travel accident insurance
Reiseunternehmen *n (Frei)* tour operator
Reiseveranstalter *m (Frei)* tour organizer
Reißwolf *m (Admin, Comp)* paper shredder, shredder
Reiz *m (V&M)* attraction
Reizüberflutung *f* **durch Werbung** *(V&M)* advertising overkill
Reklamation *f (Gen)* complaint
Reklame *f (V&M)* advertisement, promotion • **Reklame machen** *(V&M)* advertise
Reklame *f* **durch Geschenke** *(V&M)* gift promotion
Reklamefläche *f (V&M)* hoarding, advertising space *(Werbefläche)*
Reklametrick *m (Gen) (ugs.)* hype
Rekordabsatz *m (V&M)* record sales
Rekordarbeitslosigkeit *f (Pers, WiWi)* record high unemployment
Rekordjahr *n (Gen)* bumper year
rekrutieren *v* 1. *(Gen)* contract; 2. *(Pers)* draw from, recruit *(Personal)*
Rekrutierung *f* **aus dem einheimischen Arbeitsmarkt** *(WiWi)* internal labo(u)r market contracting [recruitment]
Rektakonnossement *n (Imp/Exp, Logis)* straight bill of lading
Rektor *m (Bil)* principal, school principal
Rektorin *f s.* Rektor
relativer Marktanteil *m (V&M)* relative market share
relativer Preis *m (WiWi)* relative price
Relativpreisniveau *n (WiWi)* relative price level
relevante Kosten *pl (RW)* relevant [alternative] costs
Rembourskredit *m (Fin, Imp/Exp)* acceptance credit
Rendite *f (Fin, RW)* yield, nominal yield *(net income from a bond if held to maturity)*; return, accounting rate of return, rate of return *(of a financial instrument without reference to maturity)*
Rendite *f* **auf die Endfälligkeit** *(Bank, Fin)* yield to maturity, YTM *(Synonym: Rückzahlungsrendite, Verfallsrendite, Rendite auf den Verfall)*
Rendite *f* **des eingesetzten Kapitals** *(Fin, RW, WiWi)* return on capital employed
Rendite *f* **des investierten Kapitals** *(Fin, RW, WiWi)* return on capital employed
Rendite *f* **nach Steuern** *(RW, Steuer)* after-tax yield
Rendite *f* **vor Steuern** *(Steuer)* pre-tax rate of return
Renditeabstand *m (Fin)* spread *(Risikoaufschlag auf die Benchmarkrendite, z. B. auf die 10--jährigen Bundesanleihe oder die Fed Funds)*
Renditedifferenz *f (Börse, Fin)* yield spread *(z. B. zwischen verschiedenen*

Laufzeiten, Marktsegmenten oder Märkten)

Renditekennzahl *f (Fin, WiWi)* profitability ratio, profit-level indicator, efficiency ratio *(Synonym: Renditekennziffer, Rentabilitätskennzahl)*

Renditekennziffer *f (Fin, WiWi)* profitability ratio, profit-level indicator, efficiency ratio *(Synonym: Rentabilitätsgröße, Rentabilitätskennzahl, Renditekennzahl)*

Renditeobjekt *n (Fin)* income property *(Immobilie z. B.)*

Renditestrukturkurve *f (Fin, WiWi)* yield curve • **flache Renditestrukturkurve** *(Fin, WiWi)* flat yield curve *(Synonym: flache Renditekurve; die Renditen sind hier in allen Laufzeitbereichen ähnlich hoch)*

Renner *m (ugs.) (V&M)* fast-selling article, fast-moving article; fast-selling product, fast-selling merchandise, fast--moving goods; best seller, winner *(Synonym: Schnelldreher; Produkte mit hoher Umschlagshäufigkeit = turnover rate; Gegensatz: Langsamdreher, Ladenhüter)*

renommiert *adj (Gen)* prestigious, renowned

renovieren *v (Gen, Grund)* refurbish, renovate

Renovierung *f (Gen, Grund)* refurbishment, renovation *(Altbausanierung)*

rentabel *adj* 1. *(Gen)* cost-efficient, commercially viable, viable *(Betrieb)*; 2. *(RW)* profitable

Rentabilität *f* 1. *(Börse)* return; 2. *(Fin, WiWi)* profitability, rate of profit; rate of return on capital employed; return on investment *(= ROI = Kapitalumschlag x Umsatzrendite = capital turnover x percentage return on sales)*; 3. *(Gen)* return

Rentabilität *f* **des eingesetzten Kapitals** *(Fin, RW, WiWi)* return on capital employed, rate of return on capital employed

Rentabilität *f* **des investierten Kapitals** *(Fin, RW, WiWi)* return on capital employed, ROCE, return on invested capital, ROIC *(Synonym: Rentabilität des gebundenen Kapitals)*

Rentabilitätsanalyse *f (Fin, WiWi)* profitability analysis, return on investment analysis, ROI analysis

Rentabilitätsbegriffe *mpl (WiWi, Fin)* profitability concepts

Rentabilitätsgröße *f (Fin, WiWi)* profitability ratio, profit-level indicator, efficiency ratio *(Synonym: Renditekennziffer, Rentabilitätskennzahl)*

Rentabilitätskennzahl *f (Fin)* profitability ratio

Rentabilitätsrechnung *f (Fin, WiWi)* preinvestment analysis, investment appraisal

Rentabilitätsschwelle *f (Mgt)* breakeven point

Rentabilitätsziel *n (Fin)* adequate target rate of return

Rente *f* 1. *(Fin)* pension; 2. *(Gen)* annuity; 3. *(Pers)* pension; 4. *(Soz)* old-age pension, retirement pension, *(AE)* old--age insurance benefit; (state) pension *(im öffentlichen Dienst)*; 5. *(Versich)* annuity; 6. *(WiWi)* economic rent *(Kapitaltheorie)* • **Rente beziehen** *(Pers)* draw an old-age pension, draw a retirement pension, draw a pension

Rente *f* **auf Lebenszeit** *(Versich)* annuity for life

Rentenalter *n (Pers, Soz)* retirement age, pensionable age *(for civil servants)*; age of retirement

Rentenanspruch *m (Soz)* pension claim, pension entitlement

Rentenanwartschaft *f (Pers)* legal right to future pension payments

Rentenausgaben *fpl (Soz)* old age pension expenditure, retirement spending, pension outlays

Rentenbeitrag *m (RW)* pension contribution

Rentendefizit *n (Soz)* pension deficit

Renteneinkommen *n (Soz)* retirement income

Renteneintrittsalter *n (Pers, Soz)* (actual) age at retirement

Rentenempfänger *m (Fin)* pension--holder

Rentenempfängerin *f s.* Rentenempfänger

Rentenfaktor *m (Fin, Versich)* annuity factor

Rentenfonds *m* 1. *(Börse)* bond fund; 2. *(Fin, Pers)* retirement fund; 3. *(Gen)* annuity fund

Rentenhandel *m (Börse)* bond dealings, bond trading
Rentenhändler *m (Börse)* bond broker [dealer]
Rentenhöhe *f (Soz)* pension level
Rentenkasse *f (Soz)* pension insurance, pension insurance fund, pension fund, pension scheme
Rentenpapier *n (Fin)* bond
Rentenreform *f (Soz)* pension reform
Rentenumsätze *mpl (Börse)* bond turnover
Rentenversicherung *f* 1. *(Soz)* pension insurance, pension fund, pension scheme; 2. *(Versich)* annuity assurance, annuity insurance
Rentenversicherungssystem *n (Versich)* annuity plan
Rentenwerte *mpl (Fin, Börse)* fixed--interest bonds, fixed-income securities
Rentenzahlungen *fpl (Soz)* pension [retirement] payments
Rentner *m (Pers, Soz) (BE)* (old-age) pensioner; retired person, *(AE)* retiree
Rentnerin *f s.* Rentner
Reorganisation *f* 1. *(Mgt)* reorganization; 2. *(WiWi)* reconstruction
reorganisieren *v* 1. *(Mgt)* reorganize, restructure; 2. *(WiWi)* reconstruct
Reparatur *f (Gen)* repair
repartieren *v (Börse)* allot, scale down an allotment
Repartierung *f (Bank, Fin)* apportionment *(bei überzeichneter Aktienausgabe)*
repatriieren *v (WiWi)* repatriate *(Gewinn, Kapital)*
Repogeschäft *n (Bank)* repo operation
Report *m* 1. *(Börse)* contango; 2. *(Fin, Gen)* premium, report
Reportgeschäft *n (Börse)* carry-over business, *(BE)* contango business
Repräsentant *m (Gen, Pat)* representative
Repräsentantin *f s.* Repräsentant
repräsentativ *adj (Gen)* prestigious, representative
repräsentative Stichprobe *f (Stat)* representative sample
repräsentative Verbrauchergruppe *f (V&M)* consumer panel
Repräsentativerhebung *f (Stat)* sample survey
reprivatisieren *v (WiWi)* denationalize, reprivatize
Reprivatisierung *f (WiWi)* denationalization, reprivatization
Reproduktion *f (WiWi)* reproduction
reproduzieren *v (Gen)* reproduce
Reserve *f (Fin)* reserve
Reserveeinlagen *fpl (WiWi)* reserve deposits
reservefrei *adj (Bank)* exempt from minimum reserve requirements
Reserveguthaben *n (Bank, Fin)* reserve assets
Reservekapazität *f (Ind, Logis, WiWi)* spare capacity
Reserven *fpl (Fin, RW)* reserves *(Rücklagen)*
reservepflichtig *adj (Bank)* reserve--carrying, subject to reserve requirements; eligible *(Verbindlichkeiten)*
Reservesatz *m (Bank)* reserve ratio, reserve coefficient
Reservewährung *f (Fin, Gen)* reserve currency
reservieren *v* 1. *(Comp)* dedicate, assign; 2. *(Frei, Gen)* book, make a reservation, reserve; 3. *(WiWi)* earmark
reserviert *adj* 1. *(Comp)* assigned, dedicated; 2. *(Frei, Gen)* reserved, booked, cautious, aloof *(Person)*; 3. *(WiWi)* earmarked
Reservierungsgebühr *f (Frei)* reservation fee
respektieren *v (Gen)* respect
Ressort *n* 1. *(Pol)* portfolio, government department; 2. *(Admin)* government department
Ressourcen *fpl (Pers, WiWi)* resources
Ressourcenallokation *f (WiWi)* allocation of resources
Ressourcenaufteilung *f (WiWi)* allocation of resources
Ressourcenbewirtschaftung *f (Umwelt)* resource management
Ressourcenlenkung *f (WiWi)* allocation of resources
Rest *m* 1. *(Ind)* residue; 2. *(Stat)* remainder; 3. *(V&M)* oddment *(Überbleibsel)*
Restbetrag *m* 1. *(Bank, Fin)* balloon *(Gesamtbetrag, der bei Endfälligkeit eines Darlehens zurückzuzahlen ist, Kapital + aufgelaufene Zinsen und Gebühren)*; 2. *(RW)* outstanding sum, balance
Restbuchwert *m (RW)* residual book value, net book value

Reste *mpl (Gen)* remnants *(Stoff)*
Restlaufzeit *f* 1. *(Gen)* remaining maturity; 2. *(Börse)* residual maturity; 3. *(Fin)* term to maturity, time to maturity, unexpired term, remaining maturity, remaining term *(bis zur Endfälligkeit)*
Restlaufzeit *f* **der Wertpapiere** *(Börse, Fin)* remaining life of the securities, remaining maturity of the securities, the remaining term to maturity of the securities
Restlaufzeit *f* **des Vertrages** *(Gen, Recht)* remaining term of the contract
restlich *adj (Gen)* remaining
Restposten *mpl* **der Zahlungsbilanz** *(Imp/Exp, WiWi)* balance of unclassifiable transactions, errors and omissions
Restriktion *f (WiWi)* constraint
restriktiv *adj* 1. *(Gen)* restricted; 2. *(WiWi)* tight *(Geldpolitik)*
restriktive Finanzpolitik *f (Steuer, WiWi)* tight fiscal policy
restriktive Geldpolitik *f (WiWi)* monetary stringency, restrictive monetary policy
Restrisiken *npl (Versich)* unexpired risks
Restrukturierung *f (WiWi)* restructuring *(Unternehmen)*
Restrukturierungsmaßnahme *f (Fin, Mgt, Recht)* restructuring measure
Restschuld *f (Bank, Fin)* remaining debt, outstanding debt • **Restschuld zugunsten des Schuldners** *(Bank)* balance due to debtor
Resturlaub *m (Pers)* residual leave
Restwert *m* 1. *(Fin)* residual value, terminal value; 2. *(RW)* written-down value, amortized value; 3. *(WiWi)* salvage value
Resultat *n (Gen)* outcome, result
Resümee *n* 1. *(Gen)* summary; 2. *(Recht)* summing up
resümieren *v (Gen)* summarize, sum up
Retouren *fpl* 1. *(Gen)* returned goods; 2. *(V&M)* sales returns
retrograde Unternehmensplanung *f (Mgt, WiWi)* top-down corporate planning, top-down planning system *(Informationsfluss der retrograden Unternehmensplanung "von oben nach unten"; Gegensatz: progressives Verfahren = bottom-up method)*
retrogrades Verfahren *n (Mgt)* top-down method *(Synonym: Top-Down--Verfahren; Gegensatz: progressives Verfahren = bottom-up method)*
Retter *m* **in der Not** *(ugs.) (Fin, Media)* white knight *(Synonym: weißer Ritter; pending unfriendly takover, bei drohender unfreundlicher Übernahme; M&A = mergers and acquisitions, Fusionen und Übernahmen)*
Rettungsplan *m (Bank, Fin)* bailout plan, rescue plan
revidieren *v (Mgt)* revise, overhaul
revidiert *adj (Gen)* amended
Revision *f* 1. *(Mgt, RW)* audit, auditing, accounting control; 2. *(Recht, Steuer)* appeal; appeal on a question of law, appeal on a point of law *(Rechtsbeschwerde)*; 3. *(Imp/Exp)* examination *(Zoll)* • **in Revision gehen** *(Recht, Steuer)* enter an appeal *(court decision)* • **Revision einlegen** *(Recht)* appeal, lodge an appeal on a point of law, appeal against *(court decision)*
Revisionsbericht *m (RW)* audit report, auditor's certificate [report, statement]
Revisionshandbuch *n (RW)* auditing manual
Revisor *m (Mgt, RW)* auditor, inspector, internal inspector
revolvierend *adj (Fin, WiWi)* revolving
revolvierender Kredit *m (Bank)* evergreen credit
rezensieren *v (Media)* review
Rezeption *f* 1. *(Frei, Gen)* reception (area); 2. *(Admin)* front desk
Rezession *f* 1. *(Börse)* slump; 2. *(Gen)* recession; 3. *(WiWi)* recession, slump
Rezessionslücke *f (WiWi)* recessionary gap
rezessiv *adj (WiWi)* recessionary
reziprokes Verhältnis *n (Stat)* reciprocal ratio
R-Gespräch *n (Komm) (AE)* collect call, *(BE)* reverse charge call • **R anmelden** *(Komm) (AE)* call collect, *(BE)* reverse the charges
richten *v* 1. *(Gen)* aim *(Kritik)*; 2. *(Recht)* address *(Richtlinie)* • **richten an** *(Recht)* address to • **sich richten nach** *(Gen)* conform to
Richter *m (Recht)* judge
Richter *m* **ad hoc** *(Recht)* ad hoc judge
Richterin *f s.* Richter
richterliche Tätigkeit *f (Recht)* judicial activity
Richterrecht *n (Pat, Recht)* case law
Richtgröße *f (Gen, Mgt)* benchmark

richtig *adj (Gen)* accurate, correct, right • **auf der richtigen Fährte sein** *(Gen)* be on the right track • **auf der richtigen Spur** *(Gen)* on track

richtig *adv (Gen)* accurately, correctly

Richtigkeit *f (Gen)* accuracy, correctness • **auf Richtigkeit prüfen** *(Gen, RW)* verify

richtigstellen *v (Gen)* adjust, rectify *(Situation)*

Richtigstellung *f (Gen)* adjustment, rectification *(einer Situation)*

Richtlinie *f* 1. *(Fin, Recht)* directive *(EU--Richtlinien sind in nationales Recht umzusetzen, bevor sie in Kraft treten können; directives bind EU member staates after implementation by means of national legislation)*; 2. *(Mgt)* normative, general instructions; 3. *(Gen)* rule, guideline *(anders: cf Verordnung = regulation)* • **Richtlinien aufstellen** *(Mgt)* set the standard

Richtlinie *f* **des Rates** *(Pol)* Council Directive *(EU)*

Richtlinie *f* **über die Entsendung von Arbeitnehmern** *(Pers, Pol, Recht)* Posted Workers Directive, Directive on the Posting of Workers *(EU; Entsenderichtlinie)*

Richtlinie *f* **zur Vorratsdatenspeicherung** *(Comp, Komm, Recht)* Directive on Data Retention *(EU)*

Richtlinien aufstellen *(Mgt)* set the standard

Richtlinien der Politik bestimmen *v*/**die** *(Deu) (Pol)* set the policy guidelines *(das Recht und die Pflicht des Bundeskanzlers; cf Richtlinienkompetenz = policy-making powers)*

Richtlinienentwurf *m (Recht)* draft directive *(EU)*

Richtpreis *m (Gen, V&M)* controlled price, guide price, target price, recommended price

Richtpreis *m* **für den Einzelhandel** *(V&M)* recommended retail price

Richtung *f (Gen)* direction • **die Richtung geben** *(Gen)* set a trend

richtungsweisend *adj (Gen)* trendsetting

riesengroß *adj* 1. *(Gen)* giant, mammoth, mega; 2. *(V&M)* giant

Riesenpackung *f (V&M)* jumbo pack

Riester-Rente *f (Soz)* Riester pension, government-subsidized supplementary private and company pension plans *(staatlich geförderte private Altersvorsorge, subsidized private pension provision scheme)*

rigoros *adj (Gen, WiWi)* tight, rigorous, strict, severe

RiL *f (Abk. für Richtlinie) (Admin, Pol, Recht)* DIR, directive *(EU)*

ringen *v* **um** *(Gen)* battle for *(Existenz)*

Risiken *npl* **mit Eigenkapital [Kapital] unterlegen** *(Bank, Fin)* hold capital against exposure *(Basel II: risikoadäquate Allokation des Eigenkapitals)*

Risiko *n* 1. *(Fin)* exposure; 2. *(Gen)* hazard; 3. *(Stat, Versich)* risk; 4. *(Admin)* exposure; 5. *(WiWi)* venture • **auf eigenes Risiko** *(Gen)* at owner's risk • **auf Risiko des Käufers** *(Börse)* at buyer's risk • **das Risiko abdecken** *(Börse)* cover the risk • **das Risiko tragen** *(Börse)* bear the risk • **ein Risiko eingehen** *(Gen)* take a risk • **kein Risiko eingehen** 1. *(Gen)* play safe; 2. *(Gen)* at receiver's risk • **Risiko geht mit Eigentum über** *(Recht)* risk passes with property *(Vertragsprinzip)* • **Risiken streuen** *(Versich)* spread risks • **Risiken verteilen** *(Versich)* spread risks

Risiko *n* **geht mit Eigentum über** *(Imp/Exp, Recht)* risk passes with property *(Vertragsprinzip, Incoterms)*

Risiko *n* **nach oben** *(Bank, WiWi)* upside risk *(EZB; Preise, Zinsen, Kurse)*

Risiko *n* **vorzeitiger Rückzahlung** *(Bank, Fin, Mgt)* prepayment risk *(Synonym: Rückzahlungsrisiko; z. B. bei Anleihen, Darlehen)*

Risikoabdeckung *f (WiWi)* risk cover

Risikoabsicherung *f (Fin)* hedging

Risikoabwälzung *f (Versich)* passing of risk

risikoadäquat *adj (Fin, WiWi)* risk--adjusted *(Synonym: risikoangepasst, risikoadjustiert, risikogerecht, risikobereinigt)*

risikoadäquate Preispolitik *f (Bank, Versich)* risk-adjusted pricing

risikoadjustierte Eigenkapitalrendite *f (Bank, Fin, WiWi)* risk-adjusted return on capital, RAROC *(durch risikoadäquate Kapitalallokation zur Mikro- und Makrosteuerung von*

Banken geeignete Renditekennzahl; efficiency ratio for risk-based capital allocation; RAROC = (Erträge - Standardrisikokosten - Verwaltungskosten): zugeordnetes ökonomisches Kapital)

risikoadjustierte Erfolgsmessung *f (Fin, WiWi)* risk-adjusted performance measurement, RAPM *(Synonym: risikogerechte Anlageerfolgsmessung, risikoadjustierte Performance--Messung)*

Risikoadjustierung *f (Fin, WiWi)* risk adjustment

Risikoanleihen *fpl (Bank, Fin)* high-yield bonds *(risikoreiche Anleihen mit geringer Bonität, hoher Risikoprämie und einem Rating unter BBB- bzw. Baa3; Synonym: Hochzinsanleihen, spekulative Anleihen; cf Schrottanleihen, Ramschanleihen = junk bonds; high yield bonds with non--investment grade' rating)*

risikoarme Wertpapiere *npl (Börse)* defensive securities, low-risk securities

Risikoaufschlag *m (Fin)* spread *(Renditeabstand zur Benchmarkrendite, z. B. zur 10-jährigen Bundesanleihe oder den Fed Funds)*

Risikoausgleich *m (Versich)* balancing of portfolio

Risikoausschluss *m* 1. *(Recht)* exclusion of risk *(Verträge)*; 2. *(Logis)* exceptions clause *(Versicherung)*; 3. *(Versich)* exception

risikoavers *adj (Fin, Gen)* risk-averse, risk adverse

risikobasiert *adj (Bank, Fin)* risk-based *(risikobezogen, risikoorientiert = risk--oriented; Basel II und Basel III)*

risikobasierte Eigenkapitalquote *f (Bank, Fin)* risk-based equity ratio *(Synonym: risikobezogene Eigenkapitalquote = risikogewichtete Eigenkapitalquote; Basel II und Basel III)*

risikobehaftet *adj* 1. *(Gen) (ugs.)* risky; 2. *(Bank)* high-risk

risikobehafteter Vermögenswert *m (Bank)* risk-entailing asset

Risikobereich *m (Fin)* non-investment grade, speculative grade *(Rating: Wertpapiereinstufung unter BBB- oder Baa3, wie z. B. bei Risikoanleihen, securities thought non-eligible for investment for institutional investors or under US banking regulations, cf junk bonds)*

risikobereinigt *adj (Fin, WiWi)* risk--adjusted *(Synonym: risikoangepasst, risikoadjustiert, risikogerecht, risikoadäquat)*

risikobereinigte Eigenkapitalrendite *f s.* risikoadjustierte Eigenkapitalrendite

Risikoberichterstattung *f (Bank, Fin)* risk reporting

Risikobeurteilung *f (Mgt)* risk assessment

Risikobewertung *f (Fin, Mgt)* risk assessment

risikobezogene Prämie *f (Versich)* risk--based premium

Risikobündelung *f (Fin)* repackaging of risks

Risiko-Controlling *n (Bank, Fin)* risk controlling

Risikoeinstufung *f (Versich)* classification of risks

Risikofonds *m (Bank, Fin)* hedge fund

risikofreudig *adj* 1. *(Gen)* venturesome, venturous; 2. *(Fin)* willing to take a risk, prepared to take risks

Risikogehalt *m (Bank, Fin, Stat)* risk content *(of financial products or assets)*

risikogerecht *adj (Fin, WiWi)* risk--adjusted *(Synonym: risikoangepasst, risikoadjustiert, risikoadäquat, risikobereinigt)*

risikogerechte Anlageerfolgsmessung *f (Fin, WiWi)* risk-adjusted performance measurement, RAPM *(Synonym: risikogerechte Erfolgsmessung, risikoadjustierte Performance--Messung)*

Risikogewicht *n (Bank, Fin, Stat)* risk weight

risikogewichtete Eigenmittel *pl (Bank, Fin)* risk-based equity *(Basel II und Basel III)*

Risiko-Kapital *n*, **Risikokapital** *n (Fin, WiWi)* risk capital, venture capital; liable equity capital *(Synonym: haftendes Eigenkapital, Haftungskapital)*

Risikoklassifikation *f (Bank)* basic rating

Risikokontrolle *f (Mgt)* risk monitoring

Risikolebensversicherung *f (Versich)* term insurance

risikoloser Geschäftsabschluss *m (Börse)* risk-free transaction

risikoloser Zins *m (Fin)* risk-free interest *(Synonym: risikoloser Basiszins; Zins* *aus der Verzinsung einer sicheren Anlage; er ist wie die verschiedenen Risikoaufschläge ein Bestandteil des Nominalzinses; e.g. interest on US Treasury bills –formerly– or Bunds)*

risikoloses Insidergeschäft *n (Börse)* front running

Risikomanagement *n (Börse, Fin, Mgt)* risk management

risikomeidend *adj (Fin)* risk-avoiding

risikoorientiert *adj (Gen)* risk-oriented

risikoorientiertes Bankmanagement *n (Bank)* risk-based banking (standards)

Risikopotenzial *n (Bank, Börse, Fin)* value-at-risk *(VAR, VaR)*

Risikoprämie *f (Versich)* expected loss ratio, risk premium

risikoreich *adj* 1. *(Börse)* high-risk; 2. *(Gen)* aggressive

risikoreiche Unternehmung *f (Gen)* high-risk venture

risikoscheu *adj (Gen)* risk-averse

Risikoscheu *f (Fin, Gen)* risk-aversion

Risikostreuung *f (Börse, Mgt)* risk management [spreading]

Risikoteilung *f (Versich)* risk sharing

risikotragendes Kapital *n (Fin)* liable equity capital, liability capital, risk-bearing capital, risk capital *(Wagniskapital-Finanzierung; Eigenkapital oder nachrangig besichertes Fremdkapital; Synonym: Haftkapital; Gegensatz zum erstrangig besicherten Fremdkapital)*

Risikotragfähigkeit *f (Fin)* risk-taking capacity, risk-bearing capacity

Risikotransfer *m (Bank, Fin)* risk transfer *(z. B. mit strukturierten Finanzinstrumenten wie MBS oder CDOs im Rahmen des Originate-and--distribute-Geschäftsmodells; cf originate-and-distribute business model)*

Risikoüberwachung *f (Mgt)* risk monitoring

Risikoverhalten *n (Fin, Gen)* risk attitude

Risikoverteilung *f (Recht, Versich)* risk distribution, risk pooling *(in einem Geschäft)*

Risikovorsorge *f (Fin, RW)* bad debt provisioning

Risikowert *m (Bank, Fin)* value at risk

Risikozuschlag *m (Gen)* risk premium

riskant *adj (Gen, WiWi)* risky, *(ugs.)* touch--and-go

Robotertechnik *f (Ind)* robotics

Rohbilanz *f (RW)* trial balance

Rohertrag *m (RW)* gross yield *(Synonym: Rohgewinn; Differenz zwischen dem Warenverkaufspreis ohne MWSt und der zu Einstandspreisen bewerteten Warenmenge, ohne Vorsteuer; difference between gross sales –before Vat– and cost of sales; cf Einstandspreis der verkauften Ware; Herstellungskosten des Umsatzes = cost of goods sold)*

Rohgewinn *m (RW)* gross profit margin

Rohmaterial *n (Ind)* raw material, unmanufactured material

Rohöl *n (Ind, Umwelt)* crude oil

Rohskizze *f (Gen)* outline

Rohstoff *m* 1. *(Ind)* raw material; 2. *(WiWi)* basic [primary] commodity

Rohstoffhandel *m (WiWi)* commodity trade

Rohüberschuss *m (RW)* gross earnings

rollender Plan *m (Gen)* rolling plan

Rollfuhrunternehmen *n (Logis)* haulage contractor, haul(i)er

Rollgeld *n (Logis)* cartage, haulage, *(AE)* drayage, *(AE)* trucking charges

Rollover... *(Bank)* rollover

Rollover-Kredit *m (Bank)* rollover loan

Rosinen herauspicken *(Börse, Fin) (ugs.)* skim the cream, cherry-pick

Rotation *f* **des Personals** *(Pers)* staff rotation, rotation of staff

Rotationsprinzip *n (Admin, Pers)* rotation principle *(EZB)*

rote Zahlen schreiben *v (Bank, Gen)* operate in the red

routinemäßig *adj (Gen)* as a matter of routine, routine

Rückabwicklung *f* 1. *(Bank, Gen)* reverse transaction; 2. *(Recht)* restitution *(Vertragsrecht)*

Rückantwort *f (Gen, Komm)* business reply card, business reply mail

Rückbehaltungsrecht *n (Recht)* possessory lien, right of retention [lien]

Rückbelastung *f* 1. *(Bank)* charge back; 2. *(Börse, RW)* billback

Rückbuchung *f* 1. *(Gen)* reversing; 2. *(RW)* reverse entry, writing back, cancellation, *(AE)* reversal

rückdatieren *v (Gen)* antedate, backdate, predate*(Scheck)*

Rückdatierung *f (Gen)* backdating, predating

rückerstatten *v (Gen, Versich)* reimburse, refund, repay
Rückerstattung *f* 1. *(Fin, Gen)* repayment, refund; 2. *(Recht)* restitution *(des Kaufpreises)*; 3. *(Steuer, WiWi)* refund
Rückfluss *m (Fin)* amortization
Rückfluss *m* **auf das investierte Kapital** *(Fin, WiWi)* return on capital employed, ROCE *(Synonym: Ertrag aus dem investierten Kapital)*
Rückforderung *f (Fin)* clawback
Rückfracht *f* 1. *(Imp/Exp)* inward cargo; 2. *(Logis)* back freight, return cargo, return freight
Rückfrage *f (Gen)* query
Rückführung *f (WiWi)* repatriation *(Gewinn, Kapital)*
Rückführung *f* **des Fremdkapitalanteils** *(Bank, Fin)* deleveraging *(zur Verbesserung der Bonität, des Ratings, der Unabhängigkeit, der Aktienwerthaltigkeit, der Eigenkapitalquote = equity ratio, der Risikotragfähigkeit = risk-taking capacity; Synonym: Schuldenrückführung, Schuldenabbau, Fremdkapitalabbau, Reduzierung der Fremdverschuldung)*
Rückgang *m* 1. *(Gen)* dip, fall *(Preise)*; 2. *(WiWi)* retrogression, shrinkage, decline *(Arbeit)*; drop *(Ausgaben)* • **Rückgang verzeichnen** *(V&M)* go back, go down *(Gewinn, Umsatz)*
Rückgang *m* **der Arbeitslosigkeit** *(Pers, WiWi)* decline in unemployment, decrease in unemployment
Rückgang *m* **der Beschäftigung** *(Pers)* decline in employment, reduction of employment
rückgängig machen *v (Recht)* annul, cancel, rescind *(vertragliche Vereinbarung)*
Rückgängigmachung *f (Recht)* annulment, cancellation, rescission *(Vertrag)*
rückgestellt *adj (RW)* accrued
rückgewinnen *v (Umwelt)* recover, recycle
Rückgewinnung *f (Umwelt)* recovery, recycling
Rückgewinnung *f* **der Gemeinkosten** *(RW)* overheads recovery
Rückgriff *m (Gen, Versich)* recourse, backup • **mit Rückgriff** *(Gen, Versich)* with recourse • **ohne Rückgriff** *(Gen, Versich)* without recourse
Rückkauf *m* 1. *(Fin)* buying back, buy--back, amortization; redemption, bond redemption *(Anleihen)*; repurchase *(eigene Aktien, own shares)*; 2. *(Versich)* surrender, redemption surrender *(Versicherungspolice)*
Rückkaufgeschäft *n (Gen)* buy-back transaction
Rückkaufkurs *m (Fin)* buy-back price, redemption price
Rückkaufpreis *m* **von Anteilen** *(Bank)* bid rate *(Investmenfonds)*
Rückkaufvereinbarung *f* 1. *(Börse, Fin, Gen)* repossession, repurchase agreement; 2. *(Recht, WiWi)* buy-back agreement
Rückkaufwert *m (Fin, Versich)* cash-in value, surrender value *(einer Versicherungspolice)*
Rückkehr *f* **ins Erwerbsleben** *(Pers)* return to working life
Rückkopplung *f (Mgt)* feedback
Rückkopplungseffekt *m (Mgt, WiWi)* feedback effect
Rückkopplungsschleife *f (Mgt)* control loop, control circuit, feedback loop *(Systemtheorie)*
Rücklage *f (Fin)* reserve
Rücklagen *fpl (Fin, RW)* reserves, balance sheet reserves, surplus reserve, appropriated retained earnings *(außenfinanzierte Kapitalrücklage und innenenfinanzierte Gewinnrücklagen, letztere mit der gesetzlichen, der satzungsmäßigen und der anderen Rücklage sowie der Rücklage für eigene Anteile; als Eigenkapital in der Bilanz ausgewiesen; nicht ausgewiesen = undisclosed sind stille Rücklagen = stille Reserven = hidden reserves = undisclosed reserves, secret reserves)*; retained income, retained profits *(aus einbehaltenen Gewinnen)*
Rücklagenauflösung *f (RW)* dissolution of reserves, liquidation of reserves
Rücklagenbildung *f (RW)* creation of reserves
rückläufig *adj* 1. *(Börse)* depressed, shrinking; 2. *(Gen)* decreasing; 3. *(WiWi)* declining
rückläufige Bevölkerungsentwicklung *f (Pol, WiWi)* declining population, shrinking population

rückläufige Konjunktur *f (WiWi)* declining economic activity
rückläufige Tendenz *f (WiWi)* declining trend
rückläufige Verkaufsergebnisse *npl (V&M)* sales slump
rückläufiger Aktienmarkt *m (Börse)* shrinking [soft] market, down-market
Rücklaufquote *f (V&M)* response rate
Rücknahme *f* **einer Klage** *(Recht)* abandonment of a complaint
Rücknahmeangebot *n (Bank)* offer of early repayment
Rücknahmekurs *m (Bank)* repurchase rate
Rücknahmewert *m (Börse)* bid value
Rückprämie *f* 1. *(Börse)* put, put option, put premium; 2. *(Versich)* cancel(l)ing return
Rückruf *m (Börse)* recall
rückrufen *v (Gen)* call in
Rückschlag *m (Gen)* setback
rücksichtsloser Wettbewerb *m (Gen)* unscrupulous competition
Rücksprache *f (Pers)* consultation *(mit Kollegen)*
Rückstand *m* 1. *(Gen, Ind)* residue, slippage, work backlog; 2. *(Umwelt)* residue • **im Rückstand** *(Gen)* in arrears • **im Rückstand sein** *(Gen)* be in arrears, lag behind
Rückstände *mpl (Gen)* arrears
rückständig *adj (Admin, Fin, Gen)* overdue, in arrears
rückständige Zahlungen *fpl (Fin)* arrearages
rückständige Zinsen *mpl (RW)* back interest
rückständiges Gehalt *n (Pers)* pack pay, retrospective pay
rückstellen *v (RW)* accrue
Rückstellung *f (RW, Steuer)* provision, liability reserve • **eine Rückstellung auflösen** *(Steuer)* liquidate a liability reserve, reverse a liability reserve, liquidate a reserve *(for uncertain liabilities and anticipated losses)* • **eine Rückstellung bilden** *(RW, Steuer)* form a liability reserve, set up a liability reserve, accrue a reserve
Rückstellung *f* **für notleidende Kredite** *(Bank, Fin)* bad loan provision
Rückstellung *f* **für zweifelhafte Forderungen** 1. *(Bank, Fin)* bad debt provision; 2. *(RW)* doubtful-debt provision, bad debt provision
Rückstellungen *fpl* 1. *(Fin, RW) (BE)* provisions, *(AE)* accruals; 2. *(RW)* balance sheet reserves
Rückstellungsbildung *f (Bank, Gen, RW)* funding *(Risikovorsorge)*
Rückstufung *f (Pers)* downgrading, grading back *(niedrigere Gehaltsstufe)*; demotion *(niedrigere Position)*
Rücktrag *m (RW) (AE)* carry-back *(Verlust)*
rücktragen *v (Fin, RW) (AE)* carry back *(Verluste)*
Rücktrittsklausel *f* 1. *(Recht)* opt-out clause, cancellation clause, escape clause, cancel(l)ing clause *(Vertrag)*; 2. *(Versich)* cancellation provision clause
Rückumschlag *m (Komm)* self--addressed envelope
Rückumtausch *m (WiWi)* retranslation
Rückvergütung *f* 1. *(Fin)* rebate; 2. *(Gen)* refund, reimbursement; 3. *(Versich)* surrender value *(Rückkaufswert einer Versicherung)*; 4. *(Pat)* refund
Rückversicherung *f (Versich)* reinsurance
Rückversicherungsgesellschaft *f (Versich)* reinsurance company
Rückversicherungsunternehmen *n (Versich)* reinsurance company, reinsurance enterprise
Rückwaren *fpl* 1. *(Gen)* returned goods, returns; 2. *(V&M)* sales returns
rückwärtsgeneigte Arbeitskräfteangebotskurve *f (WiWi)* backward-bending labour supply curve
Rückwärtsintegration *f (Mgt, WiWi)* backward integration *(vertikaler Unternehmenszusammenschluss; Gegensatz: Vorwärtsintegration)*
rückwirkend *adj (Gen)* retroactive, retrospective
rückwirkende Anpassung *f (WiWi)* retroactive adjustment
rückwirkende Entlohnung *f (Pers)* backdated pay
rückwirkendes Gesetz *n (Recht)* law with retroactive effect, retroactive law
Rückwirkung *f* 1. *(Recht)* retroactivity, retrospectivity; 2. *(Steuer)* reachback
rückzahlbar *adj (Bank, Börse, Fin)* redeemable, reimbursable, repayable, amortizable
rückzahlen *v (Gen)* repay, redeem, refund, reimburse

Rückzahlung *f* 1. *(Bank)* repayment; 2. *(Fin)* amortization, repayment; 3. *(Gen)* refund, reimbursement, repayment; 4. *(Steuer)* remission

Rückzahlung *f* **der Kosten** *(Gen)* repayment of cost(s), repayment of expenses

Rückzahlung *f* **einer Schuld** *(Fin)* repayment of a debt, extinction of a debt

Rückzahlung *f* **innerhalb von fünf Jahren** *(Bank, Gen)* repayment over five years

Rückzahlungen verteilen *(Fin)* spread repayments

Rückzahlungsbetrag *m* 1. *(Börse)* redemption amount; 2. *(RW)* amount repayable

Rückzahlungsrendite *f (Fin)* yield to maturity, YTM *(Synonym: Verfallsrendite, Rendite auf den Verfall, Rendite auf die Endfälligkeit)*

Rückzahlungstermin *m (Börse)* redemption date

Rückzahlungsverfahren *n (Fin)* repayment procedure

Rückzug *m* **von der Börse** *(Fin)* going private *(Bezug aufs Unternehmen; Gegensatz: Börsengang = going public)*; delisting *(Bezug: Aktiennotierung)*

Rückzugsposition *f (Pol)* fallback position

Ruf *m* 1. *(Comp)* call; 2. *(Gen)* reputation, standing; 3. *(Komm)* call

Rufweiterschaltung *f (Comp, Komm)* call forwarding

Ruhegehalt *n* 1. *(Pers)* retirement pension, pension, *(AE)* retirement pay; 2. *(Fin, Soz)* pension, retirement pay, retirement pension, retiring allowance, superannuation; state pension *(im öffentlichen Dienst)*; 3. *(Gen)* old-age pension *(Altersrente)*

Ruhegehaltsempfänger *m (Pers, Soz)* retirement pensioner, retired person, *(AE)* retiree, pensioner

Ruhegehaltsempfängerin *f s.* Ruhegehaltsempfänger

ruhen *v (Gen)* be in abeyance *(Gesetz, Regel)*; be suspended *(nicht wirksam sein)*

Ruhen *n* **des Anspruchs** *(Soz, Versich)* suspension of claims, suspension of entitlement

Ruhestand *m (Gen, Pers)* retirement • **in den Ruhestand treten** *(Gen, Pers)* retire • **in den Ruhestand versetzen** *(Fin, Pers)* pension off • **vorzeitig in den Ruhestand treten** *(Pers)* take early retirement, retire early

Ruheständler *m (Gen, Soz)* retired person; old age pensioner, OAP *(ugs. häufig im Plural: OAPs)*

Ruhestandsbezüge *pl (Soz)* old-age pension, retirement pension, retirement benefit, retirement pay

ruinöse Konkurrenz *f (WiWi)* cutthroat competition

ruinöser Wettbewerb *m* **der Systeme** *(Pol, WiWi)* race to the bottom

rund *adj (Gen)* approximately, round, circa

rund um die Uhr *(Gen)* (a)round-the--clock, twenty-four-hour

Rundbrief *m (Gen, Komm)* newsletter

Runden *n* **(von Zahlen)** *(Gen, Stat)* rounding (of figures)

Rundschreiben *n (Komm)* circular

Rund-um-die-Uhr-Handel *m (Börse)* all--day trading, *(BE)* twenty-four-hour trading

Rundung *f (Gen)* rounding

Rundungsfehler *m (Stat)* rounding error

Rürup-Rente *f (Deu) (Recht, Soz)* Rürup pension; basic private pension, private life annuity insurance *(eine Basisrente)*

S

Sabbatjahr *n (Bil)* sabbatical year

Sach... *(Gen, RW)* physical, tangible

Sachanlagegüter *npl (RW, WiWi)* physical assets

Sachanlagekonto *n (RW)* fixed asset account

Sachanlagen *fpl* 1. *(RW)* tangible assets, tangible fixed assets; property, plant and equipment *(IAS 1, IAS 16)*; 2. *(WiWi)* fixed assets; 3. *(Grund)* property

Sachanlagevermögen *n* 1. *(Fin)* tangible fixed assets; 2. *(WiWi)* physical assets

Sachaufwand *m (Gen)* operative expenses, administrative expenses

Sachbearbeiter(in) *m(f) (Pers)* (specialist) clerk, administrative employee

Sachbezug *m* 1. *(Gen, Pers)* allowance in kind, benefit in kind, nonmonetary compensation [reward], payment in

kind; 2. *(Steuer, Versich)* benefit in kind
Sachbezüge *mpl (Pers)* nonpecuniary compensation
sachdienlich *adj* 1. *(Gen)* pertinent, suitable; 2. *(Recht)* pertinent
sachdienliche Unterlagen *fpl (Admin, Recht)* relevant [supporting] documents
Sache *f (Gen)* business, matter • **zur Sache kommen** *(Gen)* talk business
Sachentlohnung *f (Gen)* payment in kind
Sachgebiet *n* 1. *(Gen, Pers)* subject area, subject group, subject, subject matter, area of expertise; 2. *(Recht)* field of law
sachgemäße Herstellung *f (Gen, Ind, Mgt)* good manufacturing practices
sachgerecht *adj (Recht)* proper
Sachinvestition *f (Fin)* real investment
Sachkapital *n (WiWi)* non-monetary capital, real capital *(Synonym: Realkapital)*
Sachkenntnis *f (Gen)* expertise, expert knowledge
Sachkosten *pl (RW)* non-personnel costs
sachkundig *adj (Gen)* expert, informed, competent
sachkundige Beratung *f (Pers)* expert advice, expert guidance
Sachleistung *f* 1. *(Gen, Versich)* allowance [benefit, payment] in kind; 2. *(Pers, Steuer)* benefit in kind; 3. *(WiWi)* noncash benefit [contribution], payment in kind
sachlich *adj (Gen, Recht)* objective, unbiased factual *(auf Tatsachen beruhend)*; pertinent *(zur Sache gehörig)*
sachliche Zuständigkeit *f (Recht)* subject matter jurisdiction
Sachmangel *m (Recht)* defect, redhibitory defect *(Vertragsrecht)*
Sachmängelhaftung *f (Recht)* liability for material defects, warranty of quality
Sachmittel *pl (Gen)* physical resources
Sachmittelkredit *m (Fin)* loan based on physical resources *(Synonym: Sachmittel-basierter Kredit, Darlehen auf Sachmittelbasis; Islamic Banking)*
Sachschaden *m (Grund)* property [physical] damage
Sachstandbericht *m (Gen, Mgt)* progress report
Sachverhalt *m* 1. *(Gen)* facts, circumstances; 2. *(Recht)* statement of affairs
Sachvermögen *n (WiWi)* nonfinancial assets, tangible wealth
Sachversicherung *f (Versich)* business [property] insurance
Sachverstand *m (Gen, Pers)* expert knowledge, expertise
Sachverständige *m(f) (Gen)* expert
Sachverständigenrat *m* **für Wirtschaftsfragen** *(Pol, WiWi) (AE)* Council of Economic Advisers *(die Mitglieder werden vom US-Präsidenten berufen)*; Council of Economic Experts
Sachverständigenrat *m* **zur Begutachtung der gesamtwirtschaftlichen Entwicklung** *(SVR) (Pol, WiWi)* German Council of Economic Experts (SVR), GCEE (SVR) *(der SVR, genannt "der Rat der Fünf Weisen" oder kurz "die Fünf Weisen" ist ein politisch unabhängiges Gremium der deutschen wirtschaftlichen Politikberatung)*
Sachwert *m* 1. *(Gen)* physical asset, tangible asset; 2. *(Steuer)* asset value; 3. *(WiWi)* intrinsic value, real value *(innerer Wert)* • **in Sachwerten bezahlen** *(Gen)* pay in kind
Sachwertanlage *f (WiWi)* real investment
Sachwerte *mpl (WiWi)* real assets, real items *(oftmals als Inflationsschutz gepriesen, z. B. Immobilien, Aktien; Gegensatz: Geldwerte = monetary assets)*
Safe *m (Bank)* safety deposit box, safe
Saisonabweichung *f (Stat, WiWi)* seasonal variation
saisonal *adj (Gen)* seasonal
saisonale Arbeitslosigkeit *f (Pers, WiWi)* seasonal unemployment
saisonale Produkte *npl (V&M)* seasonal items
Saisonarbeit *f (Pers, WiWi)* seasonal work
Saisonarbeiter *m (Pers)* seasonal worker
Saisonarbeiterin *f s.* Saisonarbeiter
Saisonarbeitnehmer *m (Pers)* seasonal worker
Saisonarbeitnehmerin *f s.* Saisonarbeitnehmer
Saisonarbeitslosigkeit *f (Pers, WiWi)* seasonal unemployment
Saisonausschlag *m (Stat, WiWi)* seasonal variation
saisonbedingt *adj (Gen)* seasonal
saisonbedingte Arbeitslosigkeit *f (Pers, WiWi)* seasonal unemployment

saisonbereinigt *adj (Fin, WiWi)* seasonally adjusted, sa
saisonbereinigte Beschäftigungsziffer *f/***nicht** *(Pers, WiWi)* seasonally--unadjusted employment figure
saisonbereinigte Zahl *f (Fin)* seasonally--adjusted figure
Saisonbereinigung *f (WiWi)* seasonal adjustment
Saisonbeschäftigung *f (Pers, WiWi)* seasonal employment
Saisonbetrieb *m (Ind)* seasonal business, seasonal establishment
Saisonschlussverkauf *m (V&M)* end-of--season sale
Saisonschwankung *f (WiWi)* seasonal fluctuation, seasonal variation *(Synonym: Saisonbewegung)*
Saldenausgleich *m (Bank)* settlement of balance
saldieren *v (Bank, Fin, RW)* balance, settle
Saldo *m* 1. *(Bank)* account balance; 2. *(RW)* account balance, balance of account • **einen Saldo von etw. ausweisen** *(RW)* show a balance of sth • **Saldo zu ihren Gunsten** *(Bank)* balance in your favo(u)r
Saldovortrag *m (Fin, RW)* balance brought down [forward], balance carried forward, carry-over
Sammel... *(Gen, Logis)* collective, general, bulk, consolidated
Sammelauftrag *m (Gen)* bulk order
Sammelbestellung *f (Gen)* joint order, collective order
sammeln *v* 1. *(Gen)* collect; 2. *(RW)* compile
sanfte Technologie *f* 1. *(Umwelt)* soft technology; 2. *(WiWi)* small-scale technology
sanieren *v* 1. *(Fin)* restructure, reorganize; 2. *(Grund)* redevelop; 3. *(Umwelt)* rehabilitate; 4. *(WiWi)* redevelop, refloat
Sanierung *f* 1. *(Fin)* capital reconstruction, financial adjustment [restructuring]; 2. *(Grund)* redevelopment; 3. *(Gen) (ugs.)* rescue operation; 4. *(Umwelt)* rehabilitation *(von Deponien)*; 5. *(WiWi)* recapitalization, reorganization *(eines Unternehmens)*
Sanierungsplan *m (Bank, Fin)* restructuring plan, bailout plan
Sankt-Florians-Prinzip *n (Pol, Umwelt)* NIMBY principle *(NIMBY = not in my backyard)*
Sanktion *f (Recht, WiWi)* sanction
Sättigung *f* **des Marktes** *(V&M, WiWi)* market saturation, saturation of the market *(Synonym: Marktsättigung)*
Satzung *f (Recht)* charter, *(AE)* bylaws, *(BE)* articles of association, *(AE)* articles of incorporation; memoranda and articles *(Kapitalgesellschaft)*
satzungsgemäß *adj (Recht)* statutory, in conformity with the statutes [articles]
sauberes Floaten *n (WiWi)* clean float
säumig *adj (Fin, Gen, Recht)* defaulting, delinquent, in default
säumige Partei *f (Recht)* defaulting party, party in default *(Vertragsrecht)*
säumiger Zahler *m (Fin, Gen)* dilatory payer, slow payer
Säumnis *f (Fin)* default, delay
SB-Bankautomat *m (Bank, Fin)* automated teller (machine), automatic telling machine
SCE *f (Abk. für Societas Cooperativa Europaea) (Gen, Recht)* SCE, Societas Cooperativa Europaea, European Cooperative Society (SCE) *(Synonym: Europäische Genossenschaft; die SCE steht in den EU-Mitgliedstaaten als Rechtsform alternativ neben den Genossenschaften nach dem bestehenden nationalen Recht; EU)*
Schachtelbeteiligung *f (Fin, Mgt, Steuer)* qualified minority holding, equity stake in an affiliated company, intercorporate stockholding *(mindestens 25 % Anteil am stimmberechtigten Kapital, at least 25 % = blocking minority = Sperrminorität)*
Schaden *m* 1. *(Pat, Recht)* damage, loss; 2. *(Versich)* claim, damage • **einen Schaden decken** *(Fin)* cover a loss • **einen Schaden regulieren** *(Versich)* adjust a claim • **Schaden erleiden** *(WiWi)* suffer damage • **Schaden nehmen** *(WiWi)* suffer damage • **Schaden taxieren** *(Gen)* appraise damages • **zum Schaden von** *(Gen)* to the detriment of
Schadenabwicklung *f (Versich)* claim settlement
Schadenbegleichung *f (Versich)* claims payment
Schadenersatz *m* 1. *(Gen)* compensation in damages; 2. *(Recht)* damages,

compensation for damage *(Vertragsrecht)*; 3. *(Versich)* reparation for damage *(auch: Schadensersatz)* • **Schadenersatz leisten** *(Versich)* indemnify • **Schadenersatz verlangen** *(Recht)* claim against sb

Schadenersatzanspruch *m* 1. *(Recht)* claim for damages, claim of compensation, damage claim *(Vertragsrecht)*; 2. *(Versich)* claim for compensation • **Schadenersatzansprüche stellen** *(Recht)* claim damages

Schadenersatzklage *f* 1. *(Recht)* action for damages; 2. *(Versich)* action for damages

schadenersatzpflichtig *adj (Recht)* liable for damages

Schadenfreiheit *f (Recht, Versich)* no claims

Schadenfreiheitsrabatt *m (Versich) (BE)* no-claims bonus

Schadenhöhe *f (Versich)* amount of loss, extent of damage *(Synonym: Schadenshöhe)*

Schadenregulierung *f (Versich)* claim settlement, claims adjustment

Schadenrückstellung *f (RW, Versich)* claims reserve

Schadensaufnahme *f (Versich)* damage report

Schadensbegrenzung *f (Gen)* damage limitation *(Synonym: Schadenbegrenzung)*

Schadensbericht *m (Versich)* damage report

schadensfrei *adj (Gen, Versich)* free of damage *(Synonym: schadenfrei)*

Schadensminderung *f (Recht)* mitigation of damages

Schadensursache *f (Gen)* cause of loss *(Synonym: Schadenursache)*

Schadenumfang *m (Versich)* extent of damage

Schadenzahlung *f (Versich)* claims payment

schädigen *v (Gen, WiWi)* damage, injure, impair

Schädigung *f (Recht, Versich)* damage, detriment, impairment

Schaffung *f* **von Arbeitsplätzen** *(Pers)* job creation, employment creation, creation of jobs

Schalterstunden *fpl (Bank)* banking hours

scharf ansteigen *(Gen)* shoot up, skyrocket, soar *(Preis)*

scharfer Wettbewerb *m (Gen)* stiff competition, intense competition, bitter competition

Scharia-kompatible Finanzinstrumente *npl (Bank, Fin)* Sharia-compliant financial instruments *(Finanzprodukte des Islamic Banking, die bestimmte Investitionsvorschriften und das Zinsnahmeverbot des islamischen Gesetzes, der Scharia, beachten; methods used by Islamic banks to address the Sharia prohibition on receiving interest)*

schariakonform *adj (Bank, Fin)* Sharia compliant *(im Einklang mit dem islamischen Gesetz; Synonym: Scharia--verträglich, Scharia-kompatibel, islamgerecht; eine islamische Suquq--Anleihe = Islamic Suquq bond ist eine schariakonforme Anleihe = Sharia compliant bond, bzw. ein schariakonformes Finanzinstrument = Sharia-compliant financial instrument; Islamic financial ethics; Islamic Banking)*

Schattenhaushalt *m (Fin, Pol, Admin)* subsidiary budget *(Synonym: Nebenhaushalt; intransparente Finanzierung öffentlicher Haushalte, wenn die Zusatzlasten künftiger Generationen aus ‚formalen' oder ‚technischen' Gründen nicht im ordentlichen Haushalt gezeigt werden sollen, z. B. Erblastentilgungsfonds, Fonds Deutsche Einheit)*

Schattenpreis *m* 1. *(Gen)* shadow price, accounting price *(Synonym: innerbetrieblicher Verrechnungspreis)*; 2. *(WiWi)* shadow price *(Zinsen sind die Schattenpreise der Bargeldhaltung; cf Opportunitätskosten)*

Schattenwirtschaft *f (WiWi)* black economy, cash economy, hidden economy, informal economy, moonlight economy, parallel market economy, second economy, shadow economy, underground economy

Schätz... *(Stat, Versich)* estimating, estimation, appraised, estimated

schätzen *v* 1. *(Gen)* appraise, appreciate, value, estimate *(Projekt)*; 2. *(Grund)* appraise; 3. *(Steuer)* assess *(veranlagen)* • **jmdn. hoch schätzen** *(Gen)* have a high regard for sb

Schätzpreis *m (Börse)* estimated price
Schätzung *f* 1. *(Gen)* appraisal, estimation, projection; 2. *(Grund)* apportionment, appraisement, valuation; 3. *(Steuer)* assessment • **zu hohe Schätzung** *(Fin, RW, WiWi)* overestimate
Schatzwechsel *m* 1. *(Bank)* bill; 2. *(Fin) (AE)* Treasury bill, T-bill, bill
Schaufensterdekoration *f (Gen, V&M)* window-dressing
Scheck *m (Bank) (AE)* check, *(BE)* cheque • **einen Scheck ausstellen** *(Bank) (AE)* write out a check, *(BE)* write out a cheque • **einen Scheck auf jmdn. ausstellen** *(Bank) (AE)* make a check payable to sb, *(BE)* make a cheque payable to sb • **einen Scheck einlösen** *(Bank) (AE)* cash a check, *(BE)* cash a cheque • **einen Scheck nicht einlösen** *(Bank)* dishono(u)r a cheque • **einen Scheck zur Einlösung [Zahlung] vorlegen** *(Bank) (AE)* present a check for payment, *(BE)* present a cheque for payment • **einen Scheck zur Verrechnung ausstellen** *(Bank) (AE)* cross a check, *(BE)* cross a cheque • **nicht eingelöster Scheck** *(Bank)* dishonoured cheque, dishonored cheque • **ungedeckter Scheck** *(Bank) (AE)* uncovered check, *(BE)* uncovered cheque *(Synonym: Scheck ohne Deckung)*
Scheckausstellung *f (Bank, Fin) (AE)* check issue, *(BE)* cheque issue
Scheckbuch *n (Bank) (AE)* check book, *(BE)* chequebook
Scheckformular *n (Bank) (AE)* check form, *(BE)* cheque form *(Synonym: Scheckvordruck)*
Scheckheft *n (Bank) (AE)* check book, *(BE)* cheque book
Scheckkarte *f (Bank)* bank card, *(AE)* check card, *(BE)* cheque card
Scheckverrechnung *f (Bank) (AE)* check clearing, *(BE)* cheque clearing
Scheckzahlung *f (Bank) (AE)* check payment, *(BE)* cheque payment
Schein *m* 1. *(Bank, Fin) (BE)* note, *(AE)* bill *(Geld)*; 2. *(Komm)* advice
Schein... *(Gen)* quasi..., illusory, bogus, sham
Scheinarbeitslose *pl (Pers)* bogus unemployed
Scheinfirma *f (Gen)* bogus firm, *(ugs.)* paper company, *(ugs.)* street name *(Übungsfirma für Ausbildung)*
Scheingesellschaft *f* 1. *(Recht)* dummy corporation *(Vertragsrecht)*; 2. *(WiWi)* ostensible company
Scheingewinn *m (RW)* paper profit, fictitious profit, phantom profit *(Gegensatz: Scheinverlust = fictitious loss; Gegensatz: realer Gewinn = effektiver Gewinn = real profit)*
Scheinselbstständiger *m (Gen, Steuer)* deemed employee
Scheinselbstständigkeit *f* 1. *(Recht)* ostensible self-employment, pseudo self-employment; 2. *(Gen, Steuer)* bogus self-employment
Schenkung *f (Recht, Steuer)* gift, donation
Schenkungsteuer *f (Steuer)* gift tax, *(BE)* capital transfer tax
Schicht *f* 1. *(Pers)* shift, work-shift; 2. *(Comp)* layer • **in Schichten arbeiten** *(Pers)* work in shifts • **Schicht arbeiten** *(Pers)* do shiftwork
Schichtarbeit *f (Pers)* shiftwork • **Schichtarbeit machen** *(Pers)* work in shifts
Schichtarbeiter(in) *m(f) (Pers)* shiftworker
Schichtzulage *f (Pers)* shift allowance, shift bonus
schicken *v* 1. *(Gen)* send; 2. *(Imp/Exp)* consign; 3. *(Komm)* dispatch
Schiedsabkommen *n (Gen, Recht)* arbitration agreement
Schiedsspruch *m* 1. *(Pers)* arbitral award; 2. *(Recht)* award
Schiff *n (Logis)* ship, vessel • **ab Schiff** *(Imp/Exp, Logis)* ex ship
Schifffahrtsrecht *n (Recht, Logis)* shipping law
Schiffsbau *m (Ind, Logis)* shipbuilding
Schlagzeile *f* 1. *(Media)* head, headline *(Zeitung)*; 2. *(V&M)* catch line
Schlange stehen *(Gen)* wait in line, stand in line, *(BE)* queue (up)
schlechter Ruf *m (Gen)* bad name, bad reputation
schlechter Service *m (V&M)* poor service
Schlechterfüllung *f (Recht)* defective performance, inferior performance, malperformance *(Vertragsrecht)*
schlechtergestellt *adj (Gen)* worse off
schleichende Inflation *f (WiWi)* creeping inflation

Schleichwerbung *f* 1. *(Media) (ugs.)* plug; 2. *(V&M)* camouflaged advertising, product placement, *(ugs.)* plug
schleppender Absatz *m (WiWi)* poor market
Schleuderpreis *m (Gen)* knockdown price
schlichten *v* 1. *(Gen)* settle (amicably) *(Konflikt)*; 2. *(Pers)* arbitrate *(Arbeitskonflikt)*; 3. *(Recht)* conciliate, mediate • **Streitigkeiten schlichten** *(Pers)* settle a dispute
Schlichter(in) *m(f)* 1. *(Pers) (BE)* conciliation officer; conciliator *(bei Arbeitskonflikten)*; 2. *(Recht)* arbiter
Schlichtung *f* 1. *(Gen)* mediation, adjustment *(Streit)*; 2. *(Ind)* arbitration; 3. *(Pers)* arbitrage, conciliation
schließen *v* 1. *(Comp)* close *(Datei)*; 2. *(Gen)* close down, shut down
Schließfach *n* 1. *(Bank)* safe-deposit box; 2. *(Gen) (BE)* left-luggage locker; 3. *(Komm)* post office box, PO box
Schließung *f* **des Betriebs** *(Gen)* plant closure, plant shutdown, pant closing
Schlussabrechnung *f (Fin, V&M)* statement of final account
Schlussbericht *m (Gen)* final report *(Synonym: Endbericht)*
Schlussbestand *m (RW)* closing inventory, ending inventory
Schlussbilanz *f (RW)* final balance sheet
Schlussdividende *f* 1. *(Fin)* final dividend; 2. *(Versich)* terminal bonus
Schlüsseldaten *pl (Gen)* key data
schlüsselfertig *adj (Gen, Grund)* turnkey *(Projekt, Lieferklausel)*
Schlüsselindustrie *f (Ind, WiWi)* basic industry, key industry
Schlüsselqualifikation *f (Pers)* key skills, core skills
Schlüsseltechnologie *f (Ind)* key technology
Schlusskurs *m (Börse, Fin)* close, closing price, closing quotation
Schlussrechnung *f (RW)* final accounts
Schlussschein *m (Börse)* bought note, purchase and sale statement, contract note
Schlussverkauf *m (Gen)* end-of-season sale
Schmiergeld *n* 1. *(Fin) (ugs.)* sweetener; 2. *(Gen)* bribe, payoff, bribery, *(ugs.)* boodle; 3. *(Pol) (ugs.)* graft; 4. *(Logis)* dirty money
Schmiergeldkasse *f (Mgt) (ugs.)* slush fund
Schmuggelware *f* 1. *(Imp/Exp)* contraband articles, prohibited goods, contraband; 2. *(Recht)* smuggled goods
schmutziges Floaten *n (WiWi)* dirty floating
Schnäppchen *n* 1. *(Gen)* bargain; 2. *(V&M)* snip
Schnäppchenjäger *m (ugs.) (V&M)* bargain hunter
Schneeballvertriebssystem *n (V&M)* pyramid selling
schnell *adv (Gen)* fast, speedily • **schnell Karriere machen** *(Pers)* be on the fast track • **schnell vorankommen** *(Gen)* make headway • **schnell wachsend** *(WiWi)* fast-growing • **schnell zunehmend** *(Gen)* soaring
Schnell... *(Gen)* fast, high-speed
Schnelldreher *mpl (V&M, WiWi)* fast--selling article, fast-selling product, fast--selling merchandise, fast-moving goods *(Synonym: Renner; Produkte mit hoher Umschlagshäufigkeit = turnover rate; Gegensatz: Langsamdreher = slow seller)*
Schnittstelle *f (Comp, Gen)* interface *(Computersysteme, Geräte)*
Schnittstellen-Management *n (Comp, Mgt, WiWi)* interface management *(Planung der Systemübergänge zur Überwindung kommunikativer Barrieren zwischen operativen Subsystemen, z. B. zwischen F&E und Verkauf; meeting and interaction point of operative subsystems)*
schnurloses Telefon *n (Komm)* cordless telephone, mobile phone, mobile telephone
schöpferisches Marketing *n (V&M)* creative marketing
Schranke *f (Gen, WiWi)* bar, barrier
schrankenloser Wettbewerb *m (Gen)* unrestrained competition, *(ugs.)* free--for-all
Schreibarbeit *f (Gen)* paperwork
Schreibwaren *fpl (Gen)* stationery
Schrift *f* 1. *(Comp)* font, typefont *(Typografie)*; 2. *(Gen, Komm)* handwriting, writing; 3. *(Media)* paper, publication *(Publikation)*; font, typefont *(Typografie)*
schriftlich *adj (Gen, Komm)* written, in

writing • **eine schriftliche Aussage beschwören** *(Recht)* swear on affidavit that • **eine schriftliche Erlaubnis erhalten** *(Komm)* obtain permission in writing • **einen schriftlichen Antrag senden** *(Gen)* send a written request • **ein schriftliches Gesuch senden** *(Gen)* send a written request

schriftlich *adv (Gen, Komm)* in writing • **schriftlich antworten** *(Gen, Komm)* answer in writing • **schriftlich bestätigen** *(Gen)* acknowledge receipt by letter

schriftliche Absage *f (Recht, Pers)* written rejection

schriftliche Bestätigung *f (Recht)* written confirmation

schriftliche Beweismittel *f (Recht)* documentary evidence

schriftliche Kündigung *f (Recht, Pers)* written notice

schriftliche Prüfung *f (Bil)* written exam, written examination, written test

schriftliche Stellungnahme *f (Recht)* written comment

schriftliche Vollmacht *f (Recht)* written power of attorney

schriftliches Angebot *n (Gen)* written offer

Schriftstück *n (Gen)* document *(doc.)*; paper, memorandum

Schritt *m (Gen)* step • **Schritt halten mit** *(Gen)* be [keep] abreast of, keep pace with, keep up with • **Schritte ergreifen** *(Gen)* take steps • **Schritte unternehmen** *(Gen, Mgt)* take action, take steps

schrittweise *adj (Gen)* gradual

schrittweise *adv (Gen)* gradually, progressively, step by step • **schrittweise abbauen** *(Gen)* phase out • **schrittweise anheben** *(Gen)* phase in • **schrittweise aufheben** *(Gen)* phase out • **schrittweise einführen** *(Gen)* phase in

Schrottanleihen *fpl (ugs.) (Bank, Fin)* junk bonds *(Synonym: Ramschanleihen; risikoreiche Anleihen geringer Bonität mit einem Rating unter BBB- oder Baa3 = non-investment grade; cf Risikoanleihen = Hochzinsanleihen = high-yield bonds with a non-investment grade' rating)*

Schrottwert *m* 1. *(Fin)* residual value; 2. *(Gen)* scrap value; 3. *(WiWi)* salvage value • **etw. zum Schrottwert verkaufen** *(Gen)* sell sth for scrap

schrumpfen *v (WiWi)* contract

schrumpfende Erwerbsbevölkerung *f (Pers, WiWi)* shrinking labour force, shrinking work force, declining labour, declining work

schrumpfende Wirtschaft *f (WiWi)* shrinking economy, contracting economy

Schulabgänger *pl (Bil)* school leavers *(Synonym: Schulabsolventen)*

Schulabgangszeugnis *n (Bil)* school leaving certificate

Schuld *f* 1. *(Gen)* debt; 2. *(Recht)* blame, fault, liability • **eine Schuld abarbeiten** *(Fin)* work off a debt • **jmdm. eine Schuld erlassen** *(Recht)* release sb from a debt • **die Schuld ist fällig am** *(RW)* debt due by • **Schuld haben** *(Recht)* be at fault • **eine Schuld nachweisen** *(RW)* prove a debt • **eine Schuld übertragen** *(RW)* transfer a debt

Schuldanerkenntnis *f (Bank, Fin, Gen)* acknowledgement of debt, acknowledgement of indebtness, promissory note, *(AE)* due bill

schulden *v (Gen)* owe

Schulden *fpl (Fin, Gen, WiWi)* debt • **Schulden anhäufen** *(Bank)* run up a debt • **in Schulden geraten** *(Bank)* run into debt • **Schulden machen** 1. *(Bank)* run up a debt, incur debts; 2. *(Gen)* get into debt; 3. *(RW)* incur debts • **Schulden streichen** *(Fin)* delete a debt • **Schulden zurückzahlen** *(WiWi)* pay off one's debts

Schulden *fpl* **der öffentlichen Hand** *(WiWi)* public debt *(Synonym: Staatsschuld)*

Schuldenabbau *m (Bank, Fin)* deleveraging *(Synonym: Entschuldung, Schuldenrückführung)*

Schuldendienst *m (RW)* debt service, debt servicing charges *(Zinsen und Tilgung = interest and principal repayment)*

Schuldenerlass *m (WiWi)* debt relief

Schuldenfalle *f (Gen, Soz)* debt trap

schuldenfrei *adj* 1. *(Fin, RW)* clear of debts, debt-free, clean; 2. *(Gen)* debt-free

Schuldenhebel *m (Bank, Fin, Media)* leverage *(Synonym: Fremdkapitalhebel;*

durch den vermehrten Einsatz von Fremdkapital oder von derivativen Finanzinstrumenten = derivative financial instruments können die Gewinn- und Verlustchancen steigen; im liberalisierten Regulierungsumfeld ein viele Jahre attraktives Geschäft für eigenkapitalschwache, systemrelevante Finanzinstitute = systemically important financial institutions = SIFIs und Landesbanken mit nicht nachhaltigem Geschäftsmodell, die ihre staatliche de facto-Bestandsgarantie zur Privatisierung/Ausschüttung der gehebelten Gewinne und zur Sozialisierung der –späteren– Verluste zu Lasten der Steuerzahler nutzen konnten; Too-big-to-fail-Problematik, Moral-Hazard-Verhalten)

Schuldenlast *f* 1. *(Grund)* encumbrance; 2. *(WiWi)* burden of debts, debt burden

Schuldenquote *f (Bank, WiWi)* debt ratio, debt/GDP ratio, (central) government debt-to-GDP ratio *(Maastricht--Kriterium)*

Schuldenreduzierung *f (Fin)* debt reduction

Schuldenrückführungsprozess *m (Bank, Fin)* deleveraging process

Schuldenstandskriterium *n (Bank, Fin, Pol)* level-of-government-debt criterion *(EU, Maastricht-Vertrag)*

Schuldentilgung *f (Fin)* amortization, debt redemption, debt repayment

schuldhaft *adj (Recht)* culpable

schuldig *adj (Recht)* guilty • **sich schuldig bekennen** *(Recht)* plead guilty *(im Sinne der Anklage)* • **jmdn. für schuldig befinden [erklären]** *(Recht)* find sb guilty • **schuldig sprechen** *(Recht)* find guilty

Schuldinstrument *n (RW)* debt instrument *(IFRS; Gegensatz: Eigenkapitalinstrument = equity instrument; die Bilanzierung eines Finanzinstruments beim Inhaber ist nach IAS 39 davon abhängig, ob es sich um ein Eigenkapital- oder ein Schuldinstrument handelt)*

Schuldner(in) *m(f)* 1. *(Fin)* borrower; 2. *(Gen, RW)* debtor; 3. *(Recht)* obligor *(Verpflichteter)* • **den Schuldner in Verzug setzen** *(Recht)* give the debtor a notice of default

Schuldnerland *n (Bank, Fin, Pol)* debtor country

Schuldnerverzug *m (Recht)* debtor's delay, default of the debtor *(Vertragsrecht, § 286 BGB)*

Schuldrecht *n (Recht)* law of obligations, law governing contractual obligations, law of contractual obligations

schuldrechtlicher Anspruch *m (Recht)* claim based upon contract

Schuldschein *m* 1. *(Bank)* acknowledgement of indebtness, promissory note; 2. *(Fin)* promissory note; 3. *(Gen)* I owe you, IOU

Schuldtitel *m* 1. *(Fin)* debt issue; 2. *(Gen) (ugs.)* paper; 3. *(Recht)* enforceable legal document

Schuldurkunde *f (Gen)* certificate of indebtedness, debt instrument

Schuldverschreibung *f (Börse, Fin)* bond, debenture

Schuldwechsel *mpl (RW)* notes payable, bills payable

Schuldzinsen *mpl (Fin)* debt interest, interest on borrowing

schulische Ausbildung *f (Pers)* schooling, school education

schulische Leistung(en) *f(pl) (Pers)* performance at school, performance in school, school performance, school achievement *(Synonym: Schulleistungen)*

schulischer Abschluss *m (Bil, Pers)* school leaving certificate

Schulsystem *n (Bil)* educational system, school system, school education system

Schulung *f (Gen)* training

Schulung *f* **der Mitarbeiter** *(Bil, Pers)* staff training, employee training, employee development

Schulung *f* **des Personals** *(Bil, Pers)* staff training, employee training *(Synonym: Schulung f der Mitarbeiter)*

Schulungseinrichtung *f (Pers)* training facility, training establishment, educational establishment

Schulungsunterlagen *fpl (Bil, Gen)* training material

Schulzeugnis *n (Bil)* school certificate

Schutz *m* **der Privatsphäre** *(Recht)* protection of privacy

Schutz *m* **des Arbeitsplatzes** *(Pers)* job protection, job guarantee

Schutz *m* **geistigen Eigentums** *(Pat,*

Recht) protection of intellectual property; intellectual property rights

Schutzmarke *f* 1. *(Gen)* trademark; 2. *(Pat)* mark, trademark

Schutzmaßnahme *f (Gen)* safety precaution, safety measure

Schutzzoll *m* 1. *(Imp/Exp)* protective duties; 2. *(WiWi)* protective tariff

schwach *adj* 1. *(Gen)* slack *(Nachfrage, Absatz)*; 2. *(Recht)* weak *(hinfällig)*; 3. *(WiWi)* poor, slack, weak

Schwächephase *f (Bank)* period of weakness, bout of weakness

schwankend *adj* 1. *(Börse)* erratic, volatile; 2. *(Gen)* unsteady

Schwankung *f* 1. *(Gen)* swing, variability *(Markt)*; 2. *(WiWi)* variation, fluctuation, variability

Schwankungsanfälligkeit *f (Börse, WiWi)* volatility

Schwankungsbreite *f* 1. *(Börse)* range of fluctuation; 2. *(WiWi)* band of fluctuation

Schwankungsintensität *f (Börse, WiWi)* volatility *(Synonym: Schwankungsgrad, Schwankungsanfälligkeit)*

schwankungsintensiv *adj (Börse)* volatile *(Synonym: schwankungsanfällig)*

Schwarmauslagerung *f (Comp, Mgt)* crowdsourcing *(Synonym: Outsourcing zum Kunden, Kunden-Outsourcing; nach J. Howe und M. Robinson: Auslagerung von Arbeit über das Internet auf Kunden oder sonstige Freizeitarbeiter, die Unternehmen ihre Arbeitsleistung, ihr Fachwissen und ihre Zeit, freiwillig und gratis zur Verfügung stellen; Unbehagen besteht bei vielen am häufig asymmetrischen Leistungstausch: ‚König Kunde lässt sich knechten'; an activity between mass collaboration and mass exploitation of customers or others, who work via internet jointly on a project; cf Aal-Prinzip = Andere--arbeiten-lassen-Prinzip = l-o-w principle = let-others-work principle; cf Wiki-Wirtschaft = Wikinomie = wikinomics, cf banana product = Bananen-Produkt)*

Schwarmintelligenz *f (Bil, Komm)* swarm intelligence *(Terminus aus der Robotikforschung: Forschungsfeld u. a. der Künstlichen Intelligenz = KI = AI = artificial intelligence, das auf Agententechnologie basiert, auch Verteilte Künstliche Intelligenz = VKI; das Arbeitsgebiet versucht, komplexe vernetzte Softwareagentensysteme nach dem Vorbild staatenbildender Insekten wie Ameisen, Bienen und Termiten zu modellieren; cf Wiki--Wirtschaft = Wikinomie = wikinomics)*

Schwarzarbeit *f (Pers)* unrecorded employment, clandestine employment, undeclared employment; *(ugs.)* moonlighting

schwarzarbeiten *v (Pers)* moonlight, work in the black economy, work in the black

Schwarzarbeiter *m (Pers)* clandestine worker, illegal worker; *(ugs.)* moonlighter

schwarzes Brett *n* 1. *(Comp, Komm, V&M)* message board, online board *(zum Austausch von Informationen)*; 2. *(Pers)* bulletin board, *(BE)* notice board *(Mitteilungen)*

Schwarzgeld *n (Steuer)* black money

Schwarzhandel *m (Gen)* black trading

Schwarzmarkt *m (WiWi)* black market

schwebende Geschäfte *npl (Gen, WiWi)* pending business

schwebende Schuld *f (Fin)* floating debt, unfunded debt

Schweigepflicht *f (Recht)* lawyer-client privilege *(anwaltliche Verschwiegenheitspflicht)*; physician--patient privilege *(Arzt)*

Schweinezyklus *m (WiWi)* hog cycle, pig cycle

Schwellenland *n (Ind, WiWi)* newly industrialized country, emerging country

Schwellenpreis *m* 1. *(Gen)* threshold price; 2. *(Imp/Exp)* trigger price

Schwellenwert *m* 1. *(Comp)* threshold value; 2. *(Gen)* threshold level

Schwemme *f (Gen, WiWi)* glut

schwer vermittelbar *adj (Pers)* hard-to--place

Schwerbehindertenquote *f (Pers, Soz)* disabled quota

schweres Fehlverhalten *n (Pers)* gross misconduct

Schwerindustrie *f (Ind)* heavy industry, heavy engineering

Schwestergesellschaft *f (Gen, WiWi)* affiliated company, associated company, sister company

schwieriges Marktumfeld *n (Fin, Gen)* difficult market conditions
Schwindelfirma *f (Gen)* bogus company
Schwindelgeschäft *n (Gen)* swindle
schwindendes Vertrauen *n (Pol)* crumbling confidence
Seehafen *m (Logis)* deepwater harbo(u)r, sea port
Seerecht *n (Recht)* maritime law, sea law *(Seehandelsrecht)*
Segment *n (Gen, V&M)* segment *(Markt)*
Segmentation *f* **des Arbeitsmarktes** *(Bil, Pers, WiWi) (BE)* labour market segmentation, *(AE)* labor market segmentation, *(BE)* segmentation of the labour market, *(AE)* segmentation of the labor market *(Aufspaltung und Analyse von Teilarbeitsmärkten, z. B. nach den Kriterien Mobilität, Qualifikation und/ oder Organisation)*
Segmentbildung *f (V&M, WiWi)* segmentation *(product range, market)*
segmentierter Arbeitsmarkt *m (Pers, WiWi)* segmented labo(u)r market, dual labo(u)r market
Segmentierung *f (Gen, V&M)* segmentation *(eines Marktes)*
Seitenbesuche *mpl (Komm, V&M)* page visits
Seitenlayout *n (Media)* page layout, layout
Sektor *m (Gen, WiWi)* sector
sektorale Arbeitslosigkeit *f (Mgt, WiWi)* sectoral unemployment
sekundär *adj (Gen)* secondary
Sekundarabschluss *m* **II** *(Bil)* upper secondary leaving certificate, certificate of aptitude for higher education *(Hochschulreife oder Fachhochschulreife)*
Sekundärarbeitsmarkt *m (Pers)* secondary labo(u)r market
Sekundarbereich *m* **I** *(Bil)* lower (and intermediate) secondary education, lower (and intermediate) secondary schooling, first stage of secondary education, first stage of secondary schooling
sekundärer Sektor *m (Stat, WiWi)* secondary sector *(institutionelle statistische Abgrenzung der Wirtschaftszweige: industrieller Wirtschaftssektor, verarbeitende Industrie, produzierendes Gewerbe; manufacturing industry, processing industry)*
Sekundärmarkt *m (Börse)* secondary market *(Zweitmarkt für im Umlauf befindliche über Börsen oder OTC--gehandelte Wertpapiermärkte; Gegensatz: Primärmarkt = Emissionsmarkt = issue market, primary market)*
Sekundarschulabschluss *m (Bil)* secondary school qualification
Sekundarschulausbildung *f (Bil)* secondary education
Sekundärsektor *m (Ind)* secondary sector *(Synonym: industrieller Sektor; those economic sectors that create a finished, usable product: manufacturing and construction, energy and water supply; excluding services, the third sector and agriculture, the primary sector)*
Selbstbedienung *f (V&M)* self-service
Selbstbehalt *m (Versich) (AE)* self--maintenance, deductible, *(BE)* excess; excess insurance, retention
selbsterwirtschaftete Mittel *npl (Fin, Gen)* internally generated funds, internally generated resources *(Innenfinanzierung, z. B. aus einbehaltenen Gewinnen)*
Selbstfinanzierung *f (Fin, RW)* autofinancing, self-financing, internal financing
Selbstheilungskräfte *fpl* **der Märkte** *(WiWi, V&M)* self-healing forces of the market
Selbstkosten *pl (RW)* cost of sales, total production cost
Selbstkostenpreis *m (RW)* cost price
selbstständig *adj* 1. *(Comp)* stand-alone; 2. *(Gen)* self-sufficient, unaffiliated; 3. *(Pers)* self-employed; 4. *(Pol)* self--governing; 5. *(Steuer)* self-employed; 6. *(WiWi)* unaffiliated • **sich selbstständig machen** *(Gen)* start in business
selbstständig Beschäftigte *m(f) (Pers)* self-employed, self-employed person, *(AE)* self-employed worker
Selbstständige *m(f) (Pers)* self-employed person
selbstständige Tätigkeit *f (Pers, Steuer)* self-employment
selbstständiger Unternehmer *(Steuer)* independent contractor
Selbststudium *n (Bil)* self-study, private

study • **etw. im Selbststudium lernen** *(Bil)* learn sth on one's own, learn sth by studying on one's own

Selbstverpflichtung *f (Recht, Pol)* self-commitment, self-made commitment, self-imposed duty, self-obligation

Selbstverwaltungsorgan *n (Pol)* self-government body

Selektionsverzerrung *f (Stat)* selection bias *(tritt auf, wenn die Stichprobenauswahl nicht auf einer Zufallsauswahl beruht)*

selektive Wahrnehmung *f (V&M)* selective perception

Semester *n (Bil)* term, half-year, *(AE)* semester

senden *v* 1. *(Comp)* send *(Daten, Information)*; 2. *(Gen)* broadcast; 3. *(Komm)* transmit; 4. *(Media)* broadcast *(Fernseh-/Rundfunkprogramm)*

Senioritätsprinzip *n (Pers)* seniority principle

Sensibilitätsanalyse *f (WiWi)* sensitivity analysis

Sensitivitätskennzahl *f (Börse, Fin, Stat)* sensitivity ratio

Sepa-Kartenzahlung *f (Bank, V&M)* Sepa card payment *(EU; Sepa = Single Euro Payments Area = einheitlicher Euro-Zahlungsverkehrsraum; European cross-border retail payments = Kleinbetragszahlungen)*

Sepa-Lastschriftverfahren *n (Bank, V&M)* Sepa Direct Debit Scheme, SDD *(SEPA = Sepa = Single Euro Payments Area = einheitlicher Euro-Zahlungsverkehrsraum für Kleinbetragszahlungen = retail payments)*

separat *adj (Gen)* self-contained, separate

Sepa-Überweisung *f (Bank, V&M)* Sepa credit transfer *(EU; Sepa = Single Euro Payments Area = einheitlicher Euro-Zahlungsverkehrsraum für grenzüberschreitende Euro-Überweisungen, einfach, schnell und sicher wie Inlandsüberweisungen, sie dürfen im Online-Banking ab 2012 nur noch einen Tag und bei der traditionellen, papiergestützten = paper-based Methode zwei Tage dauern; organization and processing of European cross-border retail payments = Kleinbetragszahlungen)*

Sepa-Zahlung *f (Bank)* Sepa payment *(Sepa = SEPA = Single Euro Payments Area = einheitlicher Euro-Zahlungsverkehrsraum; für nationale und grenzüberschreitende Kleinbetragszahlungen: Überweisungen, Kartenzahlungen und Lastschriften; by 2012 the bulk of national credit transfers, card payments and direct debits should be using Sepa processes and payment instruments for national and European cross-border retail payments)*

sequenziell *adj (Comp, Stat)* sequential

Serie *f* 1. *(Gen)* family, range *(Produkte)*; 2. *(Ind)* lot; 3. *(RW)* batch • **in Serie hergestellt** *(Ind)* mass-produced, produced in serial form, serialized

seriell *adj (Comp)* serial • **seriell hergestellt** *(Ind)* mass-produced

Serienfertigung *f (Ind)* batch production *(Synonym: Serienbau, serienmäßige Herstellung)*; mass production

Seriennummer *f (Gen)* serial number

Serienproduktion *f (Ind)* batch production, mass production, large-scale production

setzen *v (Gen)* set, affix, append *(Unterschrift)* • **setzen auf** *(Gen, Pers)* back, bet on *(Person, Wette)*

sexuelle Belästigung *f (Pers)* sexual harassment *(am Arbeitsplatz)*

SGB *n (Abk. für Sozialgesetzbuch) (Recht, Soz)* (German) Social Code

SGF *(Abk. für strategisches Geschäftsfeld) (Mgt, WiWi)* strategic business segment, strategic business area *(Synonym: strategischer Geschäftsbereich)*

Shareholder Value *m (Fin, WiWi)* shareholder value *(Unternehmenswert aus der Sicht des Aktionärs; Definition: barwertige Summe der abgezinsten zukünftigen Nettoeinzahlungen; Synonym: Ertragswert des Eigenkapitals, Marktwert des Eigenkapitals; alternative zur Substanzwert-Unternehmensbewertung; anders: stakeholder value; discounted cash-flow method)*

sichere Kapitalanlage *f (Bank, Börse, Fin)* secure investment, safe investment

sicherer Hafen *m* 1. *(Bank, Börse, Fin)* safe haven *(Investment)*; 2. *(Logis)* safe port

Sicherheit *f* 1. *(Fin)* surety, security; 2. *(Gen)* safety, guaranty; 3. *(Admin, Pers)* security; 4. *(Recht)* collateral • **als Sicherheit halten** *(Versich)* hold as a security • **als Sicherheit zu hinterlegender Barbetrag** *(Fin)* good--faith deposit • **Sicherheit leisten für** *(Bank)* stand security for

Sicherheit *f* **der Lieferung** *(Komm, V&M)* security of delivery *(Online-Einkauf)*

Sicherheit *f* **des Arbeitsplatzes** *(Pers)* job security, security of employment

Sicherheitsbestand *m (Gen)* safety stock, safety level, inventory reserve, inventory reserve stock *(Lager)*

Sicherheitsleistung *f* 1. *(Fin)* good-faith deposit, collateral security; 2. *(Recht)* bail; 3. *(Versich)* deposit surety • **jmdn. gegen Sicherheitsleistung aus der Haft entlassen** *(Recht)* release sb on bail

Sicherheitslücke *f (Comp, Gen, Komm)* security gap

Sicherheitsstufe *f (Gen, Komm)* security level

Sicherheitsvorschriften *fpl (Gen)* safety regulations, safety code

Sicherheitswarnung *f (Comp, Komm, Media)* security warning

sichern *v* 1. *(Börse)* secure; 2. *(Comp)* save *(Datei)*; back up *(Daten)*; 3. *(Gen)* safeguard *(Vermögenswerte)*; 4. *(Versich)* indemnify

sicherstellen *v* 1. *(Recht)* ensure, impound; 2. *(Versich)* indemnify

Sicherung *f* **des Lebensunterhalts** *(Pol, Soz)* securing one's livelihood, safeguarding one's living, assuring a living

Sicherung *f* **von Arbeitsplätzen** *(Pers, Soz)* safeguarding jobs, safeguarding of jobs, safeguarding existing jobs, maintaining jobs, maintaining existing jobs, employment protection

Sicherungsgeber *m* 1. *(Bank, Versich)* security provider, party providing security, provider of cover, provider of collateral; 2. *(Fin, RW)* transferor of title to property; protection seller *(CDs, institutionelle Anleger = institutional investors)*

Sicherungsgegenstand *m (Fin)* collateral

Sicherungsgeschäft *n* 1. *(Börse)* hedge; 2. *(Fin)* covering transaction

Sicherungsnehmer *m* 1. *(Bank, Börse)* protection buyer *(gegen Zahlung einer Prämie erhält ein risikotragender Kreditgeber = Optionskäufer –option buyer– das Recht, beim Verzug oder Ausfall des Kreditnehmers vom Optionsverkäufer, z. B. einem institutionellen Investor, einen Schadensausgleich zu verlangen; vgl. Sicherungsgeber)*; 2. *(Gen, Recht)* secured party *(anders: Versicherungsnehmer = policy holder, insured party)*

Sicherungsoperation *f (Fin)* hedging operation

Sicht *f* 1. *(Fin)* sight; 2. *(Gen)* view *(Aussicht)*; perspective *(Betrachtungswinkel)*; visibility *(Sichtverhältnisse)* • **auf lange Sicht** *(Gen)* on a long-term basis; in the long run *(langfristig, auf Dauer)* • **auf Sicht** *(Fin)* at sight, on demand *(Wechsel)* • **bei Sicht** 1. *(Fin)* at sight, a/s; 2. *(RW)* on demand, O/D • **nach Sicht** *(Fin)* after sight, A/S *(Nachsichtwechsel, z. B. zahlbar 30 Tage nach Sicht)*

sichtbare Ein- und Ausfuhren *fpl (WiWi)* visibles

Sichteinlagen *fpl (Bank)* sight [call, demand] deposits

Sichteinlagenkonto *n (Bank)* call account

Sichtgelder *npl (Bank)* sight deposits

Sichttratte *f (Bank)* at sight draft, sight draft

Sichtverbindlichkeiten *fpl (Bank, RW)* sight liabilities

Sichtwechsel *m* 1. *(Bank)* sight draft, sight bill; 2. *(Fin)* demand draft, sight bill; 3. *(RW)* bill payable at sight

Signalwirkung *f (Bank, Pol)* signal effect, effect of a signal *(z. B. die EZB--Formulierung 'weiterhin sehr genau die Risiken für die Preisstabilität beobachten' wird von Analysten und EZB-Beobachtern als Signal dafür gewertet, dass bald eine -weitere- Zinserhöhung um 0,25 Prozentpunkte folgt)*; announcement effect *(Synonym: Ankündigungseffekt)*

signifikante Order *f (Bank, Börse)* significant order *(Synonym: marktpreisrelevante Order, marktrelevante Order; Mehrfachabschlüsse -multiple trades-*

sollen unerwünschte Marktpreiswirkungen verhindern, die durch einzelne, große, ungeteilte = "signifikante" Orders ausgelöst werden können; an order to buy or sell securities which is important enough to affect the market price adversely)
signifikante Zahlen *fpl (Stat, WiWi)* significant figures, *(AE)* significant digits
simsen *v (ugs.) (Komm, Comp)* text, send a text message *(Synonym: SMSen)*
Simulation *f* 1. *(Gen)* simulation; 2. *(Pers)* malingering
Simulationsmodell *n (WiWi)* simulation model, simulation model(l)ing
sinken *v* 1. *(Bank)* sag; 2. *(Börse)* sag, slip back; 3. *(Gen)* decrease, diminish, sag, fall away *(Zahlen)*; 4. *(WiWi)* decline, fall *(Preis)*
Sinken *n (Gen)* fall *(in Preise)*
sinkender Anteil *m (WiWi)* declining share
Sinn machen *(Gen)* make sense
sinngemäß *adj (Gen)* analogical, analogous, corresponding
sinngemäß *adv (Bil, WiWi)* mutatis mutandis *(mit den entsprechenden Änderungen; anders: ceteris paribus = unter sonst gleichen Bedingungen)*
SIS *n (Abk. für Schengener Informationssystem) (Pol, Recht)* SIS, Schengen Information System *(EU; Kernstück des Schengener Abkommens: zentrale Datenerfassungsstelle für den grenzüberschreitenden Verkehr = cross-border traffic in Straßburg)*
sittenwidriger Vertrag *m (Recht)* unconscionable contract, contract contra bonos mores
sittenwidriges Rechtsgeschäft *n (Recht)* transaction contrary to public policy
Situation *f (Gen)* circumstances, situation
Sitz *m* 1. *(Gen)* headquarters; 2. *(Pol)* seat; 3. *(Recht)* registered office, legal domicile; 4. *(Steuer)* domicile • **mit Sitz in** *(Gen)* based in, based at
Sitz *m* **des Unternehmens** *(Gen)* headquarters, head office, base; location *(Standort)*
Sitzabkommen *n (Pol, Recht)* Headquarters Agreement
Sitzland *n* 1. *(Imp/Exp, Ind)* country of the head office; 2. *(Recht)* country where the undertaking has its seat
Sitzung *f* 1. *(Mgt)* conference, meeting; 2. *(Pol)* session • **die Sitzung beenden** *(Gen, Pol)* adjourn, rise • **eine Sitzung einberufen** *(Admin)* call a meeting
Skala *f (Gen)* scale
Skaleneffekte *mpl (WiWi)* economies of scale
Skalenertrag *m (WiWi)* economies of scale, returns to scale *(Mikroökonomie: konstanter, zunehmender oder abnehmender Skalenertrag -constant, increasing or decreasing returns to scale- bei proportionaler, über- oder unterproportionaler Outputänderung bzw. Ertragsänderung als Folge einer verhältnisgleichen Variation aller Faktoreinsatzmengen bei konstanter Produktionstechnik; der Skalenertrag entspricht dem Niveaugrenzprodukt)*
Skepsis *m (Gen) (BE)* scepticism, *(AE)* skepticism
Skonto *m(n) (Skto.)* 1. *(Bank, Börse)* discount, dis, disc.; 2. *(Fin)* cash discount, discount, dis, disc., settlement discount; 3. *(RW)* trade discount, cash discount • **mit Skonto** *(Gen)* at a discount, AAD
Slogan *m (V&M)* slogan
Societas Cooperativa Europaea *f (SCE) (Recht)* Societas Cooperativa Europaea, SCE, European Cooperative Society (SCE) *(Europäische Genossenschaft; EU)*
Sockel *m* **der Arbeitslosigkeit** *(Gen, Soz)* hard-core unemployment
Sockelarbeitslosigkeit *f (Bil, WiWi)* equilibrium unemployment
sofern *(Gen)* provided that • **sofern nicht anders angegeben** *(Gen, Recht)* unless otherwise specified • **sofern nicht anders vereinbart** *(Gen, Recht)* unless otherwise agreed
sofort *adv (Gen)* immediately, instantly, on the spot • **sofort auszahlbare Ersparnisse** *(Fin)* liquid savings • **sofort fällige Forderung** *(Fin)* liquid debt • **sofort verfügbare Ware** *(Logis)* actuals
Sofort... *(Bank, Gen, Logis, WiWi)* spot, same-day, immediate, emergency
Soforthilfe *f (WiWi)* emergency aid
sofortig *adj (Gen)* instant • **zur sofortigen Kenntnisnahme** *(Gen)* for immediate attention • **zur sofortigen**

Veröffentlichung *(Media)* for immediate release
sofortige Mitteilung *f (Gen)* prompt notification
sofortige Rechnungsbegleichung *f (Fin)* prompt payment of invoices
sofortiger Einzug *m (Grund)* immediate occupancy
Sofortkredit *m (Bank)* spot credit
Sofortlieferung *f (Komm, Logis)* same--day delivery
Software-Anwendung *f (Comp)* software application
Software-Entwicklung *f (Comp)* software development, software engineering
Software-Firma *f (Comp)* software house, software company
Software-Freigabe *f (Comp)* software release
softwaregesteuert *adj (Comp)* software--driven
Software-Haftung *f (Comp, Recht)* software liability
Software-Haus *n (Comp)* software company, software house
Software-Kompatibilität *f (Comp)* software compatibility
Softwareüberlassung *f (Recht, V&M)* software licensing
Software-Unternehmen *n (Comp)* software company, software house
Solarenergie *f (Umwelt)* solar energy
Solawechsel *m (Bank, Fin)* promissory note
Solidargemeinschaft *f (Pol, Soz)* mutual--benefit association
Solidaritätszuschlag *m (Deu) (Fin, Pol, Steuer)* solidarity surtax, solidarity supplement *(Zusatzsteuer auf die Einkommen- und Körperschaftsteuer, ursprünglich zur Finanzierung der deutschen Einheit vorgesehen)*
solide *adj* 1. *(Bank)* sound; 2. *(Gen)* substantial *(Firma)* • **auf solider Basis** *(Gen)* on solid ground • **auf solider Grundlage** *(Gen)* on a sound footing
Soll *n (Bank, RW)* debit *(Konto)* • **im Soll** *(Bank, RW)* on the debit side
Soll *n* **und Haben** *n (RW)* debit and credit
Sollergebnis *n (RW)* budgeted results
Sollertrag *m (RW)* budgeted income [revenue, proceeds]
Sollgröße *f (Mgt, WiWi)* controller *(Synonym: Steuergröße, Führungsgröße, Regler; Management--Regelkreis, Systemtheorie)*
Soll-Ist-Vergleich *m (WiWi)* target performance comparison, comparison of performance and budget, actual versus target comparison, target-actual comparison
Sollkosten *pl* 1. *(WiWi)* flexible budget costs, budgetary costs, estimated costs, estimated standard costs, target costs, ideal standard cost; ideal standard cost *(Normkosten, Idealstandardkosten)*; 2. *(Gen)* predicted costs
Sollkostenrechnung *f (RW)* standard costing, standard cost accounting *(Synonym: Plankostenrechnung, Standardkostenrechnung)*
Sollposten *m (RW)* debit item
Sollsaldo *m (RW)* debit balance, balance due
Sollseite *f (RW)* debit side, left column, debtor
Sollspalte *f (Fin)* debit column
Sollvorgabe *f (Gen)* target, set point
Sollzahlen *fpl (RW)* target figures
Sollzins *m (Bank)* borrowing rate
Sollzinsen *mpl* 1. *(Fin)* debit interest; 2. *(RW)* interest charges
Sollzinssatz *m (Bank)* borrowing rate
solvent *adj (Gen)* able to pay, solvent
solventer Schuldner *m (Bank)* solvent debtor
Solvenz *f* 1. *(Bank, Fin, RW)* ability to pay, solvability, solvency; 2. *(Gen)* ability to pay *(Synonym: Zahlungsfähigkeit; Gegensatz: Insolvenz, Zahlungsunfähigkeit = insolvency)*
Sommerschlussverkauf *m (obs.) (V&M)* summer sale
Sommerzeit *f (Gen, Pol)* daylight saving time, summer time
Sonder... *(Gen)* special, exceptional
Sonderabgabe *f (Gen, Steuer)* surcharge, special levy
Sonderabschreibung *f (RW)* special [supplementary] depreciation, exceptional [special] write-off
Sonderangebot *n* 1. *(Gen)* bargain; 2. *(V&M)* special offer
Sonderbedingungen *fpl (Gen)* special provisions [terms]
Sonderdividende *f (Börse)* extra (dividend), special dividend
Sondereinzelkosten *pl (Gen)* special

direct cost
Sondereinzelkosten *pl* **des Vertriebs** *(Gen)* special direct cost of sales
Sonderfakturierung *f (RW)* extra billing
Sonderkauf *m (V&M)* special purchase
Sonderkonditionen *fpl (WiWi)* special conditions
Sonderkonditionen *fpl* **für den Handel** *(V&M)* special terms for the trade
Sondermüll *m (Umwelt)* hazardous waste, pollutive waste
Sonderposten *m (Fin, RW)* extraordinary item
Sonderpreis *m (Gen, V&M)* bargain rate, concessionary rate
Sonderprüfung *f (RW)* special audit
Sonderqualität *f (Gen)* exceptional quality
Sonderrücklagen *fpl* 1. *(RW)* special-purpose reserve; 2. *(Versich)* special contingency reserve
Sondersitzung *f (Gen, Mgt)* special meeting
Sonderurlaub *m (Pers)* special leave
Sondervergütung *f* 1. *(Fin)* bonus; 2. *(Pers)* extra pay
Sonderverkauf *m (V&M)* bargain sale
Sondervollmacht *f (Mgt, Pers, Recht)* special authority, specific authority
Sonderwirtschaftszone *f (WiWi)* Special Economic Zone
Sonderzahlung *f (Admin, Börse)* bonus payment, extra payment
Sonderziehungsrechte *npl (Bank)* special drawing rights *(IWF)*
Sonderzuschlag *m (Gen)* extra charge
Sonderzuteilung *f (Gen)* special-purpose allotment
Sonnenbatterie *f (Umwelt)* solar battery
Sonnenenergie *f (Umwelt)* solar energy
Sonnenkraft *f (Umwelt)* solar energy, solar power, sun energy
Sonnenkraftwerk *n (Umwelt)* solar power plant
Sonntagsarbeit *f (Pers)* Sunday working, Sunday work, work on Sunday
Sonn- und Feiertage ausgenommen *(Gen)* Sundays and holidays excepted
Sonn- und Feiertage eingeschlossen *(Gen, Logis)* Sundays and holidays included
Sonn- und Feiertagszuschläge *mpl* 1. *(V&M)* surcharges for work on Sundays and holidays; 2. *(Pers)* bonuses for work on Sundays and holidays, allowances for Sunday and holiday working
sonstige Aktiva *pl (RW)* other assets
sonstige Angelegenheiten *fpl (Gen)* any other competent business
sonstige Aufwendungen *fpl (RW)* sundry expenses
sonstige betriebliche Aufwendungen *fpl (RW)* other operating expenses, miscellaneous expenses *(GuV)*
sonstige betriebliche Erträge *mpl (RW)* other operating income, miscellaneous income
sonstige Einkünfte *pl (Steuer)* other income, other earnings *(§ 2 (1) Nr. 7 EStG: siebte Einkunftsart = income category; z. B. Spekulationsgewinne = speculative gains, Einkünfte aus wiederkehrenden Bezügen = income of a recurrent nature; § 22 EStG)*
sonstige Erträge *mpl (RW)* other income
sonstige Forderungen *fpl (RW)* other receivables
sonstige Kosten *pl (Admin, Mgt)* sundry costs
sonstige laufende Übertragungen *fpl (WiWi)* other current transfers *(ZB)*
sonstige Verbindlichkeiten *fpl (RW)* other liabilities
Sonstiges *n (Gen)* any other business, sundries
sorgen *v* **für** *(Gen)* cater for
Sorgfalt *f* 1. *(Gen)* care; 2. *(Fin, Recht)* diligence
Sorgfalt *f*/**gebührende** *(Fin, Recht)* due diligence *(Unternehmensprüfung)*
Sorgfalt *f* **eines ordentlichen Kaufmanns** *(Recht, RW)* prudent man principle, due care and diligence of a prudent businessman *(Sorgfaltspflicht: § 347 I HGB)*; reasonable man principle *(allgemeiner Rechtsmassstab, Verpflichtung zur Wahrung der berechtigten Interessen Dritter)*
sorgfältig *adj (Gen)* careful, diligent
sorgfältig *adv (Gen)* accurately, carefully • **sorgfältig behandeln** *(Gen, Logis)* handle with care • **sorgfältig prüfen** *(Gen)* examine carefully
Sorgfaltspflicht *f (Recht)* duty of care, duty of diligence, due diligence
Sorte *f (Gen)* quality, brand, make *(Marke)*
Sorten *fpl (Bank)* foreign notes and coins
Sortenankaufskurs *m (Bank)* buying rate of exchange
Sortenfertigung *f (Bil, Ind, WiWi)* batch

production, continuous batch production *(Synonym: Sortenproduktion; Merkmal: Prozesswiederholung bei der Herstellung größerer, doch begrenzter Stückzahlen von Produktvarianten in Losen auf den gleichen Anlagen; eine Variante der Serienproduktion = serial production = batch production; z. B. Walzstahl verschiedener Qualitäten; Gegensatz: Einzelfertigung)*

Sortenkalkulation *f (RW)* batch-type costing

Sortenkurs *m (WiWi)* cash exchange rate

Sortenmarkt *m (Bank, WiWi)* currency market

Sortenproduktion *f (Bil, Ind, WiWi)* batch production, continuous batch production *(vgl. Synonym: Sortenfertigung; Gegensatz: Einzelfertigung)*

sortieren *v (Gen)* classify, sort, grade

Sortierfach *n (Admin)* pigeonhole

Sortiment *n* 1. *(Gen)* assortment of goods, choice [range] of goods; 2. *(V&M)* (product) line *(Lieferprogramm)*

Sortimentseinschränkung *f (Gen, WiWi)* variety reduction

sozial *adj (Gen)* social

sozial benachteiligt *adj (Soz)* socially deprived, socially disadvantaged

sozial gerecht *adj (Pol, Soz)* socially just

sozial verantwortliches Anlageverhalten *n (Börse, Fin, Pol)* socially responsible investing, SRI, socially conscious investing, SCI, *(BE)* socially conscious investment behaviour, *(AE)* socially conscious investment behavior; *(BE)* ethical investment behaviour, *(AE)* ethical investment behavior

Sozialabbau *m (Soz)* cuts in social services

Sozialabgaben *fpl (Soz, Steuer)* social security contributions, social security payments, social insurance contributions

Sozialarbeit *f (Soz)* social work, welfare work

Sozialarbeiter(in) *m(f) (Pers, Soz)* social worker

Sozialausgaben *fpl (Fin)* social spending, social welfare expenditure

Sozialbeiträge *mpl (Pers, Soz)* social (security) contributions

sozialbewusstes Anlageverhalten *n (Börse, Fin, Pol) (BE)* socially conscious investment behaviour, *(AE)* socially conscious investment behavior; socially responsible investing; ethical investment, *(BE)* ethical investment behaviour, *(AE)* ethical investment behavior *(Synonym: sozialethisches Anlageverhalten)*

sozialbewusstes Verhalten *n (Gen, Soz) (BE)* socially conscious behaviour, *(AE)* socially conscious behavior, *(BE)* socially responsible behaviour, *(AE)* socially responsible behavior *(Synonym: sozialverantwortliches Verhalten, sozialethisches Verhalten)*

Sozialdienste *mpl (Soz)* social services, *(AE)* welfare services

soziale Absicherung *f (Soz)* social security coverage

soziale Ausgewogenheit *f (Pol, Soz)* social balance

soziale Ausgrenzung *f (Soz)* social exclusion

soziale Dienste *mpl (Soz)* social services, *(AE)* welfare services

soziale Einrichtung *f (Pol)* social [welfare] organization

soziale Gerechtigkeit *f (Pol, Soz)* social balance, social justice, social equity

soziale Grenzkosten *pl (WiWi)* marginal social cost

soziale Kompetenz *f (Pers)* social skills

soziale Kosten *pl (Soz, Umwelt, WiWi)* social costs *(externe Kosten)*

soziale Kosten *pl* **der Arbeitslosigkeit** *(Pers, WiWi)* social cost of unemployment

soziale Marktwirtschaft *f (WiWi)* social market economy

soziale Schicht *f (Soz)* social stratum, social class

soziale Sicherheit *f (Soz)* social security

soziale Sicherung *f (Soz)* social security

sozialer Aufstieg *m (Soz)* upward social mobility

sozialer Status *m (Soz)* social status

sozialer Wohnungsbau *m (Soz) (BE)* council housing; publicly assisted housing

soziales Netz *n (Soz)* social security net

soziales Sicherheitsnetz *n (Soz)* social security net

Sozialfall *m (Soz)* hardship case, case of hardship, welfare case

Sozialfalle *f (Pers, Soz)* welfare trap *(Sozialtransfers höher als erzielbares Erwerbseinkommen)*
Sozialfürsorge *f (Soz)* public welfare, social welfare
Sozialgericht *n (Soz)* social security tribunal, welfare tribunal
Sozialgesetzbuch *n (Recht, Soz)* Social Security Code, Social Code, Social Law Code
Sozialgesetzgebung *f (Soz)* social legislation
Sozialhilfe *f (Soz)* (social) welfare, welfare benefits, supplementary benefit, *(BE)* income support *(Geld)* • **Sozialhilfe beziehen** *(Pers) (BE)* receive income support, *(AE)* be on social security, *(AE)* be on social welfare
Sozialhilfeanspruch *m (Soz)* entitlement to welfare benefit
sozialhilfeberechtigt *adj (Soz)* eligible for social assistance benefit, *(AE)* eligible for welfare (benefits), entitled to welfare (benefits), *(BE)* eligible for income support
Sozialhilfebezieher *m (Soz)* recipient of social assistance, *(AE)* welfare recipient, *(BE)* recipient of income support
Sozialhilfebezieherin *f s.* Sozialhilfebezieher
Sozialhilfeempfänger *m (Soz)* recipient of social assistance, *(AE)* welfare recipient, *(BE)* recipient of income support
Sozialhilfeempfängerin *f s.* Sozialhilfeempfänger
Sozialhilfeprogramm *s.* Sozialprogramm
Sozialinvestitionen *fpl (WiWi)* social capital investments
sozialistische Wirtschaft *f (Pol, WiWi)* socialist economy
Sozialkapital *n (Fin, WiWi)* social (overhead) capital
Sozialkostenrechnung *f (RW)* social accounting
Soziallasten *fpl (Soz, WiWi)* social costs [burden]
Sozialleistungen *fpl (Pers, Soz)* social security benefits
Sozialpartner *mpl (Pers)* the two sides of industry, both sides of industry, management and labo(u)r, management and labo(u)r representatives, trade unions and employers, social partners *(vgl. Tarifkartell)*
Sozialpartnerschaft *f (Pers, Soz)* social partnership
Sozialprodukt *n (WiWi)* national product, social product
Sozialprogramm *n (Soz) (AE)* welfare program, *(BE)* welfare programme
Sozialrecht *n (Soz)* social security law
Sozialstaat *m (Pol, Soz)* welfare state
Sozialstaatskrise *f (Pol, WiWi)* welfare state crisis
Sozialunterstützung *f (Soz)* social assistance (benefit), welfare benefit
sozialversichert *adj (Soz)* covered by social insurance, covered by social security
Sozialversicherung *f* 1. *(Pers)* social security, *(BE)* National Insurance; 2. *(Soz)* social insurance, social security
Sozialversicherungsabgaben *fpl (Soz)* social security contributions
Sozialversicherungsbeitrag *m (Pers, Soz)* social security contribution
sozialversicherungsfrei *adj (Soz)* exempt from social security contributions
Sozialversicherungsleistung *f (Pers)* social security benefit
Sozialversicherungsnummer *f (Soz)* social security number
Sozialversicherungspflicht *f (Recht, Soz, Versich)* compulsory social insurance
sozialversicherungspflichtig beschäftigte Arbeitnehmer *pl (Pers, Soz)* employees subject to social security, *(BE)* employees liable for National Insurance contributions
sozialversicherungspflichtige Arbeitsplätze *mpl (Pers, Soz)* jobs with social security coverage
sozialversicherungspflichtige Beschäftigung *f (Pers, Soz)* employment covered by social security, employment covered by the social security system, employment subject to social security (contributions), *(BE)* employment liable for National Insurance contributions
Sozialversicherungssystem *n (Soz)* social security, social security system, social insurance system
sozialwirtschaftliches Klima *n (WiWi)* socio-economic climate

Sozialwohnung *f (Soz) (BE)* council flat [housing]
Sozietät *f (Recht)* law firm
sozioökonomisch *adj (Soz, V&M, WiWi)* socio-economic
Spalte *f (Comp, Gen, Media)* column
spalten *v (Admin, Gen, Pol)* split up *(Organisation)*
Spaltenüberschrift *f (RW)* column heading
Spaltung *f (Gen)* rift, split(ting) *(zwischen Parteien)*
Spanne *f* 1. *(Börse)* spread; 2. *(Fin, RW)* margin
Spannung *f* 1. *(Gen)* tension, friction; 2. *(Ind, Umwelt)* voltage
Spannweite *f (Gen, WiWi)* range, band, span
Sparbrief *m (Bank)* savings certificate, *(AE)* savings bond
Sparbuch *n (Bank)* bank book, passbook, savings account book
Sparbucheinlagen *fpl (Bank)* deposits in savings accounts evidenced by a passbook
Spareckzins *m (Bank, Fin)* basic savings rate *(mittlerer Zinssatz für herkömmliche Spareinlagen mit gesetzlicher d. h. dreimonatiger Kündigungsfrist, früher mit wichtiger Leitzinsfunktion für Einlagen mit vereinbarter Kündigungsfrist, heute nur noch im Sinne einer Zinsuntergrenze für alternative Anlagen vergleichbaren Risikos, da die Realverzinsung zu diesem Zinssatz nicht selten null oder häufig sogar negativ ist)*
Spareinlage *f (Bank)* savings deposit
Spareinlagen *fpl (WiWi)* savings • **mit Spareinlagen verbunden** *(WiWi)* savings-linked
Spareinlagenbestand *m (Bank)* overall level of savings deposits
sparen *v (Gen)* save, economize, *(ugs.)* put aside *(Geld)*
sparen *v* **an** *(Gen)* skimp on
Sparfunktion *f (WiWi)* savings function
Sparhaushalt *m (Pol)* austerity budget
Sparkasse *f (Bank)* savings bank, *(AE)* thrift bank
Sparkonto *n* 1. *(Bank) (BE)* deposit [savings] account; 2. *(Fin) (AE)* thrift account
Sparmaßnahme *f (WiWi)* savings [economy] measure
Sparneigung *f (WiWi)* propensity to save
Sparpackung *f (V&M)* economy-sized packet, economy pack
Sparpaket *n (Pol) (BE)* austerity programme, *(AE)* austerity program, austerity package
Sparpolitik *f (Gen)* austerity, austerity policy
Sparpreis *m (Gen, V&M)* budget price
Sparquote *f (WiWi)* propensity to save, savings ratio, savings-to-income ratio *(VGR)*
sparsam *adj (Gen)* economical, thrifty
sparsam *adv (Gen)* economically
• **sparsam wirtschaften** *(Mgt)* economize
Sparsamkeit *f (WiWi)* economizing, thrift
Sparte *f* 1. *(Gen)* division; 2. *(WiWi)* line of business
Spartenmanager *m (Pers)* division manager
Spartenmanagerin *f s.* Spartenmanager
Spartenorganisation *f (Gen)* division organization
Sparüberschuss *m (Bank, WiWi)* savings surplus
Sparzinsen *mpl (Bank)* interest on savings deposits
später *adj (Gen)* later
später *adv (Gen)* later
spätestens *adv (Gen)* at the latest
Spätfolge *f (Gen)* after-effect
Spätindikator *m (WiWi)* lagging indicator *(Konjunkturpolitik)*
Spätkapitalismus *m (WiWi)* late capitalism
Spätschicht *f (Pers)* late shift
Spätstadium *n (Gen, Mgt)* late stage *(Synonym: Spätphase; Gegensatz: Frühstadium = early stage, initial stage)*
Spediteur *m (Gen, Imp/Exp, Logis)* carrier, forwarder, forwarding agent, freight forwarder, haul(i)er, transport agent
Spedition *f (Imp/Exp, Logis)* carrier haulage, truckage
Speditionsfirma *f (Logis)* forwarding agency, shipping agency
Speditionskosten *pl (RW, Logis)* carrying charge
Speditionsunternehmen *n (Imp/Exp, Logis)* forwarding [transport] company
Speicher *m* 1. *(Comp)* memory, storage; 2. *(Gen, Imp/Exp, Logis)* storehouse, storeroom, warehouse

Speicherchipkarte *f (Comp, Komm)* memory card *(z. B. mit Speichererweiterung)*; logical card *('intelligente' Karte mit Sicherheitslogik)*
Speichergebühren *fpl (Imp/Exp)* warehouse charges
Speicherkapazität *f* 1. *(Comp)* memory capacity; 2. *(Gen)* storage capacity
speichern *v (Comp)* store *(Daten)*
Speicherstift *m (Comp, Media)* memory stick
Spekulant *m* 1. *(Börse)* speculator, position trader; 2. *(Fin)* stag *(Aktien)*; 3. *(Gen, WiWi)* speculator
Spekulation *f (Gen)* speculation
Spekulationsblase *f (Fin, WiWi)* bubble, bubble economy
Spekulationsgewinne *mpl (Steuer)* speculative gains *(Deu: § 2 (1) Nr. 7 und § 22 EStG sonstige Einkünfte = other income)*
Spekulationshandel *m (Börse)* speculative trading
Spekulationskapital *n* 1. *(Fin)* risk--bearing capital, venture capital; 2. *(Gen, WiWi)* venture capital
Spekulationskasse *f (Fin, WiWi)* idle balance, idle money
Spekulationsmotiv *n (WiWi)* asset [speculative] motive
Spekulationspapiere *npl (Börse) (ugs.)* cats and dogs
Spekulationssteuer *f (Steuer)* tax on speculative profits
spekulativ *adj (Gen)* speculative
spekulative Anlage *f* 1. *(Bank, Börse, Gen)* speculative investment; 2. *(Fin)* non-investment grade, speculative grade *(Rating-Kategorie mit Ratingeinstufungen ab BBB- bzw. Baa3 oder niedriger, vgl. Risikoanleihen; ratings from BBB- or Baa3-rating and below, investments non-eligible for most institutional investors or for investment under US banking regulations)*
spekulative Anleihen *fpl (Bank, Fin)* high--yield bonds *(risikoreiche Anleihen geringer Bonität mit einem Rating unter BBB- oder Baa3; Synonym: Risikoanleihen, Hochzinsanleihen; cf Schrottanleihen ugs., Ramschanleihen ugs.; high yield bonds with non--investment grade' rating)*
spekulative Blase *f (Fin, WiWi)* bubble, financial bubble *(gekennzeichnet durch unrealistische, fundamental nicht gerechtfertigte Erwartungen)*
spekulative Geldnachfrage *f (WiWi)* speculative demand for money
spekulativer Bereich *m (Fin)* non--investment grade, speculative grade *(Rating-Kategorie für Einstufungen unter BBB- bzw. Baa3)*
spekulieren *v* 1. *(Börse)* take a flier, play, speculate; 2. *(Gen)* speculate • **auf Baisse spekulieren** *(Börse)* bear
Spende *f (Soz, Steuer)* donation, voluntary contribution
spenden *v (Soz, Steuer)* contribute, donate, make a donation
Spendenrecht *n (Recht, Soz)* laws on charitable contributions
Sperr... 1. *(Bank)* blocked; 2. *(Börse)* waiting; 3. *(Gen)* bulky; 4. *(Logis)* restricted, measurement
Sperrauftrag *m (Börse)* stop order
Sperre *f* 1. *(Gen)* ban; 2. *(Imp/Exp, WiWi)* ban, boycott
sperren *v* 1. *(Bank)* block; 2. *(Comp)* lock *(Datei)*; 3. *(Fin)* freeze, block *(Guthaben)*
Sperrfrist *f* 1. *(Börse)* waiting period; 2. *(Recht)* blocking period
Sperrgut *n* 1. *(Gen)* bulky goods; 2. *(Logis)* measurement freight, measurement goods; 3. *(V&M)* bulky goods
sperrig *adj (Gen)* bulky
sperrige Ladung *f (Gen)* bulky cargo
Sperrklinkeneffekt *m (WiWi)* ratchet effect *(Löhne)*
Sperrkonto *n (Bank)* blocked account
Sperrminorität *f (Recht, Steuer)* controlling interest, blocking minority *(Mindestbeteiligung von 25 % = Schachtelbeteiligung; equity stake in an affiliated company of at least 25 %)*
Sperrzeit *f* 1. *(Gen)* blackout period; 2. *(Soz)* benefit suspension, period of disqualification *(bei Sozialleistungen)*
Spesen *pl* 1. *(Fin)* bank charges; 2. *(RW)* expenses, out-of-pocket expenses • **Spesen aufgliedern** *(Fin)* break down expenses • **Spesen werden übernommen** *(Gen)* all expenses paid
spesenfrei *adj (Gen)* free of charges
Spesenkonto *n (Pers, RW)* expense account
Spesenpauschale *f (RW)* expense allowance

Spezial... *(Gen)* special, specific
Spezialartikel *m (V&M)* speciality (goods), *(AE)* specialty (goods)
Spezialausbildung *f (Pers)* special [specialist] training
Spezialfonds *m (Deu) (Börse)* specialized fund *(Fonds, dessen Anteile am Sondervermögen nach § 1 II KAGG nur einem begrenzten Kreis meist institutioneller Anleger -maximal zehn- angeboten wird, kein Publikumsfonds; anders: Spezialitätenfonds = specialty fund)*
Spezialgebiet *n (Gen)* speciality, *(AE)* specialty
Spezialhandel *m (Gen)* special trade
spezialisieren *v* **auf/sich** *(Gen)* specialize in
spezialisiert *adj (Gen, Ind)* specialized
Spezialität *f (Gen)* speciality, *(AE)* specialty
Spezialitätenfonds *m (Börse)* specialty fund *(Publikumsfonds mit besonderen Anlageschwerpunkten wie z. B. nach Branchen, Regionen, ethischen Kriterien; a mutual fund investing primarily in the securities of a particular industry, sector, type of security or geographic region; they are often higher risk because of the lack of diversification but they are potentially higher reward than most other types of mutual funds; anders: Spezialfonds)*
speziell *adj (Gen)* specific
speziell gebaut *adj (Grund, Logis)* purpose-built
spezielle Steuern *fpl (Steuer, WiWi) (AE)* narrow-based taxes
spezielles Angebot *n (V&M)* specific offer
Speziessachen *fpl (Gen)* ascertained goods
Spezifikation *f (Gen)* specification, itemization
spezifisch *adj (Gen)* specific
spezifische Verpflichtung *f (Recht)* specific obligation
spezifischer Zoll *m* 1. *(Imp/Exp)* specific duty; 2. *(Steuer)* fixed duty, specific duty
spezifisches Gewicht *n (Ind)* specific gravity
Spielraum *m* 1. *(Gen)* area, scope; 2. *(Mgt)* latitude *(der Gedanken)*; 3. *(RW)* margin of error
Spielregeln *fpl (Gen)* rules of the game
Spieltheorie *f (Mgt, Pers, WiWi)* game theory
Spinnwebtheorem *n (WiWi)* cobweb theorem *(Preisbildung)*
Spionage *f (Ind, Pol)* espionage
Spirale *f (WiWi)* spiral • **Spirale nach oben** *(Gen)* upward spiral • **Spirale nach unten** *(Gen)* downward spiral
Spitze *f* 1. *(Gen)* top, spearhead, *(ugs.)* top of the tree; 2. *(WiWi)* peak
Spitzenausgleich *m* 1. *(Bank, Fin)* residual financing, marginal financing; 2. *(Börse)* settlement of fractions *(Aktienspitzen = fractional shares, Spitzenbeträge = fractional amounts, Wertpapierspitzen, Mehr- oder überschießende Beträge, die sich z. B. im Bezugsrechtshandel, im Abrechnungsverkehr = clearing oder bei der Aufrechnung = counterbalancing von Wert und Gegenwert ergeben)*
Spitzenbeamter *m (Admin)* top-ranking official
Spitzenbeamtin *f s.* Spitzenbeamter
Spitzeneinkommen *n (Pers)* top income
Spitzenforschung *f (Bil)* top-class research
Spitzengehalt *m (Pers)* top salary, top wage
Spitzengespräch *n (Mgt)* top-level talks
Spitzenkraft *f (Gen, Pers)* high achiever, *(AE)* top hand
Spitzenleistungen *fpl (Gen)* excellence
Spitzenmanagement *n (Mgt)* top management
Spitzenmarke *f* 1. *(Gen)* top of the line; 2. *(V&M)* brand leader
Spitzenpapier *n (Börse, Fin)* blue chip
Spitzenposition *f (V&M)* prime position *(in einem Markt)*
Spitzenpreis *m (Gen)* top price
Spitzenprodukt *n (Gen)* top-rank product
Spitzenqualität *f (Gen)* top quality
Spitzen-Refinanzierungssatz *m (SRF--Satz) (Bank)* marginal lending rate *(EZB)*
Spitzenreiter *m (Gen)* front runner, leader • **Spitzenreiter sein** *(Gen)* be top of the league
Spitzensteuersatz *m (Steuer)* top rate of tax • **zum Spitzensteuersatz** *(Steuer)* at the top rate
Spitzentechnik *f (Ind)* advanced technology

Spitzentechnologie *f (Ind)* high [advanced] technology
Spitzenverband *m (Gen, Pol)* central association *(Synonym: Zentralverband, Dachverband)*
Spitzenwert *m (Börse)* high flier, record high *(historisch)*
Spitzenzeit *f* 1. *(Logis)* peak period; 2. *(V&M)* prime [peak] viewing time *(Fernsehzuschauer)*
sponsern *v (V&M)* sponsor *(Werbung)*
Sponsern *n (V&M)* sponsoring *(Werbung)*
Sponsor *m* 1. *(Fin)* backer; 2. *(V&M)* sponsor *(Werbung)*
spontan *adj (Gen, V&M)* spontaneous, impulse
Spontanbewerbung *f (Pers)* speculative application, unsolicited application
spontane Reaktion *f (V&M)* spontaneous [unprompted] response
Spontankauf *m (V&M)* impulse buy [purchase]
Spontanverkauf *m (V&M)* impulse sale
Sportveranstaltung *f (Frei, Gen)* sporting event
Spotgeschäft *n (Bank, Börse)* spot deal
Spottpreis *m (Gen)* bargain price, knockdown price
Sprachausbildung *f (Bil)* language training
Sprache *f (V&M)* language • **zur Sprache bringen** *(Gen)* mention
sprachgesteuert *adj (Comp)* voice-actuated
Sprachkenntnisse *fpl (Bil, Pers)* language skills
Sprachkompetenz *f (Gen, Pers)* linguistic competence, language proficiency, language skills
sprachliche Fähigkeiten *fpl (Bil, Pers)* literacy *(ability to read and write)*; language skills *(Fremdsprachen)*
sprachliche Versionen des Entwurfs einer Verordnung *(Mgt, Recht)* linguistic versions of a draft Regulation *(EU)*
Spreading-Vereinbarung *f (Börse)* spreading agreement
Sprechblase *f (V&M)* balloon line
sprechen *v* **von** *(Gen)* refer to *(erwähnen)*
sprechen *v* **zu** *(Gen)* address *(Thema, Problem ansprechen)*
Sprecher *m* 1. *(Gen)* speaker; 2. *(Media, Pol)* spokesman, spokesperson
Sprecherin *f* 1. *(Gen)* speaker; 2. *(Media, Pol)* spokeswoman, spokesperson
Spreizung *f* **der Zinssätze** *(Bank)* spread of interest rates, fanning out of interest rates
Spruchband *n (V&M)* banner
sprunghaft *adj (Börse, Gen)* erratic *(Kursbewegungen)* • **sprunghaft ansteigen** *(Gen)* skyrocket, soar *(Preise)* • **sprunghaft erhöhen** *(Gen)* escalate
Sprungkosten *pl (RW)* stepped cost, step-variable cost
spürbar *adj (Gen)* appreciable, notable
Staat *m (Pol)* state
staatenlos *adj (Admin, Pol)* stateless
staatlich *adj (Gen)* governmental, national • **unter staatlicher Aufsicht** *(Admin)* government-controlled
staatlich finanziert *(Fin)* government-financed
staatlich gefördert *(Fin)* government-supported, government-sponsored
staatlich gelenkt *(Pol)* government-regulated
staatlich geprüfter Buchhalter *m (Pers)* qualified accountant
staatlich geprüfter Buchprüfer *m (Pers)* qualified auditor
staatlich regulierte Preisfestsetzung *f (WiWi)* administered pricing
staatliche Arbeitsvermittlung *f (Pers, Soz)* public employment service
staatliche Beihilfe *f (Pol, Recht, Soz)* (state) subsidy, (state) grant, state aid
staatliche Ebene *f (Pol)* governmental level
staatliche Einkommensübertragung *f (Admin)* government transfer (payment)
staatliche Emittenten *mpl (Bank, Fin)* sovereign entities
staatliche Förderung *f (Soz)* government aid
staatliche Forschungsbeihilfe *f (Fin)* government research grant
staatliche Hilfe *f (Pol, Soz)* state aid, state assistance, government aid, state help
staatliche Intervention *f* 1. *(Gen)* state intervention; 2. *(Admin, Pol, WiWi)* government intervention
staatliche Investition *f (Fin)* government investment
staatliche Kontrolle *f (WiWi)* state control
staatliche Krankenversicherung *f*

(Recht, Versich) national health insurance
staatliche Lohnkontrolle *f (WiWi)* wage control
staatliche Mittel *npl (Admin)* government funds
staatliche Planung *f (Pol, WiWi)* central planning
staatliche Prüfung *f (Bil, Pers)* public examination
staatliche Rente *f (Soz)* state pension
staatliche Subvention *f (WiWi)* state subsidy, government grant
staatliche Transferzahlung *f (Admin)* government transfer payment
staatliche Unterstützung *f (Gen, Pol, Soz)* government assistance, government aid, state aid, state assistance
staatlicher Eingriff *m (Admin, Pol, WiWi)* government intervention
staatlicher Gesundheitsdienst *m (Pol, Soz) (AE)* Medicaid, *(AE)* Medicare, *(BE)* National Health Service
staatlicher Investor *m (Fin)* public investor
staatlicher Mindestlohn *m (Pers, WiWi)* national minimum wage
staatlicher Sektor *m (WiWi)* public sector
staatliches Darlehen *n (Fin)* sovereign loan
staatliches Unternehmen *n (Admin, Fin, Gen, WiWi)* government enterprise, government-controlled corporation, public [state, state-owned] enterprise
Staatsangehörige *m(f) (Pol)* citizen
Staatsangehörigkeit *f (Pol)* citizenship, nationality
Staatsanleihe *f* 1. *(Börse)* government bond; 2. *(Fin)* public [government] loan; 3. *(WiWi)* government bond
Staatsanwalt *m (Recht) (BE)* crown prosecutor, *(AE)* district attorney; public prosecutor
Staatsanwaltschaft *f (Recht) (BE)* Crown Prosecution Service, *(AE)* office of the district attorney; public prosecutor's office
Staatsauftrag *m (Gen, Recht)* government contract, public contract
Staatsausgaben *fpl (WiWi)* government expenditure, public expenditure, public spending
Staatsausgaben *fpl* **brutto** *(WiWi)* gross national expenditure
Staatsausgaben *fpl* **insgesamt** *(Stat, WiWi)* total public spending *(Ausgaben aller Gebietskörperschaften –territorial authorities– und Sozialversicherungen; central, regional and local authorities + social security funds)*
Staatsausgabenquote *f (Pol, WiWi)* public spending ratio *(Synonym: Staatsquote; Gesamtausgaben des Staats = Bund + Länder + Gemeinden + Sozialversicherungen im Verhältnis zum Bruttoinlandsprodukt = A_{ST}: BIP; sie schwankt in Deutschland zwischen ca. 45 und 50%; the share of total public expenditure –i.e. territorial authorities = Gebietskörperschaften + social security expenditure– in GNP; US and UK: the ratio of general government expenditures to GNP)*
Staatsbesitz/in *(Pol)* state-owned
Staatsbürger *m* 1. *(Pol)* citizen; 2. *(Admin)* national
Staatsbürgerin *f s.* Staatsbürger
Staatschef *m (Pers, Recht)* Head of State
Staatschefin *f s.* Staatschef
Staatsdienst *m* 1. *(Gen)* civil service; 2. *(Admin)* public service
staatseigen *adj (Gen)* government--owned
Staatseigentum *n (Fin, Pol, WiWi)* public ownership, state ownership
Staatseinnahmen *fpl (Pol, WiWi)* public revenue
Staatsfinanzen *fpl (WiWi)* public finances
Staatsführung *f (Pol)* governance
Staatsgewalt *f (Gen)* state authority
Staatsgrenze *f* 1. *(Gen)* national border; 2. *(Imp/Exp, Pol)* national boundary
Staatshaushalt *m (WiWi)* government [state] budget • **den Staatshaushalt ausgleichen** *(Fin)* balance the budget
Staatskasse *f* 1. *(Bank) (BE)* the Exchequer; 2. *(WiWi)* public purse, treasury
Staatskunst *f (Pol)* good governance *(verantwortungsvolles Regieren)*
Staatsobligationen *fpl (WiWi) (BE)* government obligations, *(AE; ugs.)* governments
Staatspapiere *npl (Bank, Börse, Fin)* bank annuities, gilt-edged securities, *(BE; ugs.)* gilts
Staatsprüfung *f (Pers, Soz)* degree, state examination
Staatsquote *f (WiWi)* public spending

ratio
staatsrechtlich *adj (Recht)* in terms of constitutional law
Staatsschuld *f (WiWi)* national [public] debt
Staatsschuldverschreibung *f (Fin) (BE)* government bond, *(AE)* public bond, *(AE)* state bond
Staatssektor *m (Pol, WiWi)* public sector, state sector
Staatssicherheit *f (Pol, Recht)* national security
Staatstitel *mpl (Fin) (BE)* gilt-edged securities
Staatsunternehmen *n (WiWi)* state--owned enterprise [company]
Staatsverschuldung *f (Fin)* public debt
Stab *m (Pers)* staff
Stab *m* **und Linie** *f (Pers)* line and staff
stabil *adj (Gen, V&M, WiWi)* stable *(Preise)*; firm, stable *(Währung)*
stabile Währungszone *f (Pol, WiWi)* zone of monetary stability
stabiles Gleichgewicht *n (WiWi)* stable equilibrium
Stabilisator *m (WiWi)* stabilizer
stabilisieren *v (WiWi)* stabilize
stabilisierender automatischer Regelmechanismus *m (WiWi)* built-in flexibility
stabilisierender Faktor *m (WiWi)* steadying factor
Stabilisierung *f (WiWi)* stabilization
Stabilität *f (Gen)* firmness, stability *(Preise)*
Stabilitätsgesetz *n (StabG) (Deu) (Pol, Recht, WiWi)* Stabilization Law *(Gesetz zur Förderung der Stabilität und des Wachstums der Wirtschaft, 1967)*
stabilitätsorientierte Politik *f (Pol, WiWi)* policy strictly oriented to stability
Stabilitätspolitik *f (WiWi)* stabilization policy
Stabilitäts- und Wachstumspakt *m (SWP) (Fin, Pol, WiWi)* Stability and Growth Pact, SGP *(EU, EZB, Maastricht-Vertrag)*
Stablinienorganisation *f (Mgt)* line and staff organization
Stabstelle *f (Recht)* staff position
Stadium *n (Gen)* phase, stage
Stadt *f (Pol)* city
Stadterneuerung *f (Admin, Pol)* urban renewal
Stadtgebiet *n (Admin, Pol)* urban area
städtische Anleihe *f (Fin) (BE)* local authority loan
städtischer Abfall *m (Umwelt)* municipal waste
städtisches Krankenhaus *n (Soz)* district hospital
Stadtkern *m (Grund, Umwelt, WiWi)* inner city
Stadtmitte *f (Gen) (AE)* town center, *(BE)* town centre
Stadtökonomie *f (WiWi)* urban economics
Stadtplanung *f (Admin, Grund, Pol)* city planning, town planning, urban development
Stadtsanierung *f (Gen, WiWi)* urban renewal
Stadtstaaten *mpl (Pol)* city states *(Berlin, Bremen, Hamburg)*
Stadtteil *m (Admin, Pol)* borough, district
Stadtverwaltung *f (Admin, Pol)* municipal administration, *(BE)* municipal corporation, *(AE)* municipal government; town administration
Stadtzentrum *n (Gen) (AE)* city [town] center, *(BE)* city [town] centre
Staffelmiete *f (Grund)* graduated lease
staffeln *v (Gen)* stagger *(Kosten)*
Staffeltarif *m (Pers)* graduated wage
Staffelung *f (Gen)* stagger *(Arbeitszeit)*
Stagflation *f (WiWi)* stagflation
Stagnation *f (WiWi)* stagnation
stagnieren *v (WiWi)* stagnate
Stahl *m (Ind, Logis)* steel
Stahlaktien *fpl (Börse)* steel securities, *(BE)* steel shares, *(ugs.)* steels, *(AE)* steel stocks
Stahlarbeiter *m* 1. *(Ind)* steelworker; 2. *(Pers)* steel-collar worker
Stahlarbeiterin *f s.* Stahlarbeiter
Stahlindustrie *f (Ind)* steel industry
Stahlkammer *f (Bank)* strong room, safety vault
Stahlwerk *m (Ind)* steelworks
Stakeholder-Ansatz *m (WiWi)* stakeholder approach *(interessengruppenorientierter Ansatz; zu den Interessen- oder Anspruchsgruppen zählen u. a.: Aktionäre, Staat, Kunden, Lieferanten, Mitarbeiter, Gewerkschafter; Gegensatz: Shareholder-Value-Ansatz)*
Stamm... *(Gen)* main, master root, nominal, share, head, original, parent, core, common

Stammaktie *f (Börse)* common share, common stock, equity share, *(BE)* ordinary share

Stammaktien *fpl (Börse, Fin, RW) (BE)* equities, ordinary shares

Stammaktienkapital *n (RW)* (US-GAAP) common stock

Stammbelegschaft *f (Pers)* skeleton staff, *(BE)* core workforce

stammen *v* **aus** *(Gen)* originate in, stem from

Stammhaus *n (Gen)* company headquarters, head office, parent company

Stammkapital *n* 1. *(Fin)* capital stock of a GmbH, nominal capital of a GmbH, share capital of a GmbH *(Deu; gezeichnetes Kapital einer GmbH, entspricht dem Grundkapital der AG)*; capital fund; 2. *(RW)* share capital; equity

Stammkapitalbeteiligung *f (Admin, Gen)* equity interest

Stammkunde *m (V&M)* regular customer

Stammkundin *f s.* Stammkunde

Stand *m* 1. *(Börse)* stand, *(AE)* post; 2. *(Gen)* rank *(Rang)*; stage, level *(der Verhandlungen)*; 3. *(RW)* balance *(Konto)*; 4. *(V&M)* stand *(Ausstellung)*

Stand *m* **der Dinge** *(Gen)* state of affairs

Stand *m* **der Technik** *(Gen)* state of the art

Standard *m* 1. *(Börse)* standard, Std; 2. *(Comp)* default; 3. *(Gen)* standard grade

Standard... *(Börse, Fin) (ugs.)* plain vanilla *(einfache Finanzinstrumente; Gegensatz: derivative oder exotische Finanzinstrumente = derivative or exotic financial instruments = with bells and whistles)*

Standardabweichung *f (Fin, Stat)* standard deviation

Standardansatz *m (STA) (Bank, Fin) (BE)* standardised approach, *(AE)* standardized approach *(Gegensatz: Interner Rating-Ansatz = IRBA = internal rating-based approach; Basel II)*

Standardausführung/in *(ugs.)* 1. *(Börse, Fin) (ugs.)* plain vanilla *(einfache Finanzinstrumente in Standardkonstruktion; Gegensatz: derivative Finanzinstrumente = derivative or exotic financial instruments, with bells and whistles)*; 2. *(Gen)* standard type

Standardausgabenposten *m (Pol, WiWi)* standard item of expenditure

Standardbrief *m (V&M)* standard letter

Standardfestlegung *f (Bank, Gen)* standard setting

standardisieren *v (Gen, Recht, RW, V&M)* standardize

standardisierte Fertigungsmethode *f (Gen)* standard operating procedure

standardisierte Qualität *f (Gen)* standard grade

Standardisierung *f (Gen, Recht, RW, V&M)* standardization

Standardisierung *f* **der Buchführung** *(RW) (BE)* accounting harmonization

Standardisierungsabkommen *n (Gen)* standardization agreement

Standardkosten *pl (RW)* standard cost *(auf eine Leistungseinheit bezogene, fest vorgegebene Plankosten zur nachträglichen Kostenkontrolle durch Soll-Ist-Vergleich)*

Standardkostenrechnung *f (RW)* standard cost accounting *(auf der Normalkostenrechnung aufgebaute Form der Plankostenrechnung mit Vorgabe vorausbestimmter Standardkosten zur nachträglichen Kostenkontrolle durch Soll-Ist--Vergleich)*

Standardkostensystem *n (Gen)* standard cost system

Standardpreis *m* 1. *(Gen)* standard price *(Synonym: Normalpreis)*; 2. *(Frei, V&M)* rack rate *(ausgewiesener Zimmerpreis ohne Nachlass, z. B. auf Basis eines Rahmenvertrags mit einem Unternehmen)*

Standardration *f (Pol)* standard allotment

Standardsetzer *m (Bank, Fin, RW)* standard setter *(z. B. IASB, DSR, FASB)*

Standardsetzung *f (Bank, Gen)* standard setting

Standardsorte *f (Pers)* basic grade

Standardsteuersatz *m (Steuer)* basic--rate tax

Standardverfahren *n (Gen)* standard operating procedure

Standardvertrag *m* 1. *(Gen)* standard agreement; 2. *(Recht)* standard contract

Standardwert *m (Börse)* blue chip, leading stock

Standardzuweisung *f (Pol)* standard allotment

Standby-Fazilität *f (Fin)* standby facility
Standby-Kredit *m (Bank, Fin)* standby credit, standby facility
Standesordnung *f (Gen)* code of ethics
Standesrichtlinien *fpl (Recht)* code of professional responsibility, ethics of the profession *(Verhalten von Rechtsanwälten)*
standeswidriges Verhalten *n* 1. *(Gen)* breach of professional etiquette; 2. *(Recht)* professional misconduct *(Arzt)*
ständig *adj (Gen)* persistent *(dauerhaft)*
ständig steigend *adj (Gen)* ever--increasing *(Nachfrage)*
ständige Adresse *f (Komm)* permanent address
ständige Arbeitskräfte *fpl (Pers)* permanent workers, permanent labo(u)r
ständige Beteiligung *f (RW)* permanent participation
ständige Fortbildung *f (Pers)* continuing education, permanent education
ständige Weiterbildung *f (Pers)* continuing education, permanent education
ständiger Wohnsitz *m (Recht)* permanent residence
ständiges Lernen *n (Bil)* continuous learning
Standleitung *f (Comp)* dedicated line, leased line
Standort *m* 1. *(Gen)* location *(für Geschäft, Produktionsstätte)*; 2. *(Grund)* site *(Bau, Bauplatz, Lager)*; 3. *(Ind)* premises • **jeder Standort** *(Versich)* any one location, AOLOC • **Standort festlegen** *(Mgt, WiWi)* locate
Standort *m* **auf der grünen Wiese** *(Gen)* greenfield site
Standort *m* **der Anlage** *(Gen)* plant location
Standort *m* **Deutschland** 1. *(Mgt, WiWi)* German governance *(i. w. S.: rechtliche und wirtschaftliche Rahmenbedingungen; framework of legal and economic conditions)*; *(ugs.)* Germany plc, Germany Inc. *(i. e. S.: Strukturen der Kapitalverflechtung und wirtschaftlichen Entscheidungsfindung in Deutschland; characterization of specific German cross-holdings among companies and/or corporate governance)*; 2. *(Gen)* Germany as a location
Standortanalyse *f (Mgt, WiWi)* locational analysis
Standortänderung *f (Mgt, WiWi)* relocation
Standortbedingungen *fpl (WiWi)* locational conditions
Standortbestimmung *f (Ind)* siting
Standortfaktor *m (Mgt, WiWi)* locational factor, location factor
standortgebundene Industrie *f (Ind)* locked-in-industry, location-specific industry
standortgebundenes Wissen *n (Ind)* locked-in knowledge, location-specific knowledge
standortmäßig *adj (Gen, Mgt)* locational, local
Standortplanung *f (Gen, Grund)* site planning
Standortpräferenz, Standortpriorität *f (Mgt, WiWi)* locational preference
Standortprüfung *n (Gen)* site audit
Standortsicherung *f* 1. *(Gen)* safeguarding a location; 2. *(Pol, WiWi)* safeguarding the country's future as an industrial location
Standorttheorie *f (WiWi)* location theory
standortungebundene Industrie *f (Ind)* footloose industry
Standortverlagerung *f (Ind, Mgt)* relocation
Standortwahl *f (Gen, Mgt)* site selection
Standortwechsel *m (Ind, WiWi)* relocation
Standortwettbewerb *m* 1. *(Gen, WiWi)* locational competition; 2. *(Pol, Recht)* interjurisdictional competition *(im Sinne von 'Wettbewerb der Rechtsordnungen')*
Standpunkt *m* 1. *(Gen)* viewpoint, point, point of view, position; 2. *(Mgt)* attitude • **einen Standpunkt vertreten** *(Gen)* take up a position • **seinen Standpunkt vertreten** *(Recht)* argue one's case
Standpunkt *m* **der Unternehmensleitung** *(Mgt)* administrative point of view
Stange/von der *(Gen)* off-the-peg
Stapel *m (Ind, Media)* batch
Stapelwaren *fpl (Gen)* staple commodities, staple goods, staples
stark *adj (Gen)* high-strength, forceful *(Argument)*; strong *(Indikator)*; great *(Nachfrage)*; marked *(Rückgang)* • **ein**

starker Anhänger sein von *(Pol)* be a strong supporter of
stark *adv (Gen)* strongly • **stark diversifiziert** *(Gen)* broadly diversified • **stark fallen** *(Gen)* tumble *(Preise, Kurse)*
Stärke *f* 1. *(Börse)* strength *(Währung)*; 2. *(Gen)* force; 3. *(WiWi)* resilience
starke Konkurrenz *f (V&M)* strong competition
starke Nachfrage *f (WiWi)* heavy demand
stärken *v (Gen, WiWi)* bolster
Stärken/Schwächen-Analyse *f (Mgt)* strength-weakness analysis *(Stärken--Schwächen-Analyse; Instrument des strategischen Managements zur Erweiterung der Potenzialanalyse mithilfe der langfristigen Ressourcenanalyse und -häufig-Benchmarking)*
starker Aufschwung *m (Gen)* boom
Stärkung *f* 1. *(Gen)* reinforcement; 2. *(WiWi)* strengthening
starre Arbeitszeit *f (Pers)* inflexible working hours, fixed working hours, rigid working hours
starrer Preis *m (WiWi)* inflexible [sticky] price
Starrheit *f (WiWi)* inflexibility, rigidity
Starrheit *f* **des Arbeitsmarktes** *(WiWi)* labo(u)r-market rigidities
starten *v* 1. *(Comp)* start *(Datei)*; 2. *(V&M)* launch *(Kampagne)*
Startkapital *n (Fin)* seed capital, seed money, start-up capital
Startkosten *pl (Fin, RW)* start-up costs
Startphase *f (Gen)* initial stage; early--stage *(Frühphase)*
stationäre Volkswirtschaft *f (WiWi)* stationary economy, stationary state economy
stationärer Zustand *m (WiWi)* stationary state
stationäres Gleichgewicht *n (WiWi)* stationary equilibrium
stationiert *adj (Gen)* based, located • **stationiert sein in** *(Gen)* be based in
statisch *adj (WiWi)* static
statische Abzinsung *f (RW)* static discounting method *(Barwertmethode)*
statisches Modell *n (WiWi)* static model
Statistik *f (Stat)* statistics
Statistik *f* **der Berufe** *f (Pers, Stat)* occupational statistics
Statistik *f* **der Erwerbstätigkeit** *(Pers, Stat, WiWi)* employment statistics
Statistiken *fpl (Stat)* statistical returns
statistisch *adj (Gen, Stat, WiWi)* statistical • **statistisch erfassen** *(Gen, Steuer, V&M)* collect statistics • **statistisch signifikant** *(Stat)* statistically significant
statistisch ausgewiesene Inflationsrate *f* 1. *(WiWi, Stat)* headline inflation rate *(inflation rate that is statistically accounted for; sie wird umfassend und objektiv gemessen, z. B. als HVPI = HICP; Synonym: maßgebliche Inflation, Gesamtinflation, allgemeine Teuerungsrate, ausgewiesene Inflation; Gegensatz: 1. Kerninflationsrate = core inflation rate, bereinigt von den sektorspezifischen Schwankungen der Energiepreise und der Lebensmittel, z. B. der HVPI ohne Energie und unverarbeitete Nahrungsmittel; 2. gefühlte Inflation = wahrgenommene Inflation = perceived inflation)*; 2. *(Gen, Media)* headline inflation
statistisch verwertbare Information *f (Stat, WiWi)* statistically significant information
statistische Fertigungskontrolle *f (Stat)* statistical process control
statistische Grundgesamtheit *f (Stat)* statistical population
statistische Inferenz *f (Stat)* statistical inference
statistische Menge *f (V&M)* population
statistische Population *f (Stat)* statistical population
statistische Stichprobe *f (V&M)* census sample
statistische Streuung *f (Stat)* statistical spread
statistischer Jahresbericht *m (Stat)* annual abstract of statistics
statistischer Warenkorb *m (Gen)* commodity basket
Statistisches Amt *n* **der Europäischen Gemeinschaften** *(Eurostat) (Pol, Stat)* Statistical Office of the European Communities
Statistisches Jahrbuch *n (WiWi)* statistical yearbook, *(AE)* annual abstract of statistics
stattgeben *v (Gen)* allow, sustain *(Anspruch)*; grant *(Wunsch)*
statthaft *adj (Gen)* allowable

Status *m (Gen)* state, status
Statusgüter *npl (WiWi)* positional goods
Statussymbol *n (Gen)* status symbol
Statusverlust *m (Pers, Soz)* loss of status, status loss
statutarisch *adj (Recht)* by statute
Statuten *npl (Recht) (BE)* articles of association, *(AE)* articles of incorporation, charter *(Satzung einer Kapitalgesellschaft)*; rules, constitution *(Satzung eines Vereins)*; bylaws *(Kapitalgesellschaft)*
Stechen *n (Pers)* clocking *(Arbeitszeit)*
Stechkarte *f (Ind, Pers)* time card • **seine Stechkarte in die Stechuhr stecken** *(Ind, Pers)* clock in, punch the time clock
stehen *v* **bei** *(Gen)* stand at *(Angebot, Gebot, Preis)*
stehen *v* **für** *(Gen)* stand for sth *(Initialen)*
steigen *v (Gen)* go up, increase, rise, *(AE)* hike *(Preise)*
steigend *adj* 1. *(Gen)* mounting; 2. *(WiWi)* buoyant, rising • **in steigender Reihenfolge** *(Gen)* in ascending order
steigende Kosten *pl (WiWi)* rising costs
steigende Nachfrage *f (WiWi)* growing [increasing] demand
steigende Skalenerträge *mpl (WiWi)* increasing returns to scale
steigender Zinssatz *m (WiWi)* rising interest rate
steigern *v* 1. *(Fin)* boost *(Einnahmen)*; 2. *(Gen)* accelerate, strengthen *(Bemühungen)*; raise, increase *(Wert)*; 3. *(Umwelt)* raise *(Bewusstsein)*; 4. *(V&M)* boost *(Verkaufszahlen)*; 5. *(WiWi)* boost *(Nachfrage)*; fuel *(Inflation)*; enhance *(Kaufkraft)*
Steigerung *f* 1. *(Börse)* run-up; 2. *(Gen)* advance, boom, increase, rise, speed--up *(Inflationsrate)*
Steigerungsraten *fpl (Gen, V&M)* rates of increase
Steigung *f (Stat)* slope *(einer Geraden)*
steil *adj (Gen, WiWi)* steep • **steiler werden** *(Stat)* steepen *(Kurve)*
Steinkohlenkraftwerk *n (Ind)* hard-coal--fired power station
Steinkohlenzeche *f (Ind)* colliery
Stellage *f (Börse)* straddle, spread, put and call
Stelle *f* 1. *(Comp)* digit; 2. *(Pers)* position, post • **eine Stelle ablehnen** *(Pers)* turn down a job • **eine Stelle annehmen** *(Pers)* take employment, take a job, accept a job • **eine Stelle besetzen** *(Pers)* fill a vacancy • **sich um eine Stelle bewerben** *(Pers)* apply for a post *(Arbeitsmarkt)* • **eine Stelle suchen** *(Pers)* look for a job • **seine Stelle verlieren** *(Pers)* lose one's job
stellen *v (Pat, Recht)* submit *(Antrag)* • **Anspruch stellen** *(Pat, Recht)* claim
Stellenanforderung *f (Pers)* job requirement
Stellenangebot *n (Pers)* job offer
Stellenangebote *npl (Pers)* Situations Vacant *(in Zeitungen)*
Stellenanzeige aufgeben *v/eine (V&M)* advertise a job
Stellenanzeigen *fpl (V&M)* recruitment advertising
Stellenausschreibung *f (Pers)* job advertisement *(Arbeitsmarkt)*
Stellenbeschreibung *f (Pers)* job description
Stellenbewerber *m (Pers)* applicant *(Arbeitsmarkt)*
Stellenbewerberin *f s.* Stellenbewerber
Stellengesuch *n (Pers)* (job) application
Stellengesuche *npl (Pers)* situations vacant *(Zeitung)*
Stelleninhaber *m (Pers)* jobholder, job incumbent, incumbent of a job, incumbent of a post
Stellenplanung *f* 1. *(Mgt)* manpower planning; 2. *(Pers)* staff planning
Stellensuche *f (Pers)* job hunting, job search *(Arbeitsmarkt)*
Stellenvermittlung *f* 1. *(Gen)* employment agency; 2. *(Pers)* job placement
Stellenwert *m (Gen, Pol)* priority, importance, significance
Stellgröße *f (Mgt, WiWi)* regulation variable *(Management-Regelkreis, Systemtheorie)*
Stellung *f* 1. *(Börse)* position, rank, standing, status; 2. *(Pers)* job, position, post, situation • **sich um eine Stellung bewerben** *(Pers)* put in a job application *(Arbeitsmarkt)*
Stellungnahme *f (Gen)* opinion
stellvertretend *adj (Gen)* acting, deputizing
stellvertretender Vorstandsvorsitzender *m (Mgt)* deputy chairman of the managing board, deputy chairman of the

executive board
Stellvertreter *m* **des Vorstandsvorsitzenden** *(Mgt)* deputy chairman of the managing board, vice president
Stellvertreterin *f* **des Vorstandsvorsitzenden** *s.* Stellvertreter des Vorstandsvorsitzenden
Stellvertreterrecht *n (Recht)* agency law
Stellvertreterstimme *f (Pol)* proxy vote
Stellvertretung *f (Gen)* agency, representation
Stempel *m (Gen)* stamp
Stempelkarte *f (Ind)* clock card
stempeln *v* 1. *(Gen)* stamp; 2. *(Komm)* postmark *(Brief)*; 3. *(Pers)* clock in • **stempeln gehen** *(Pers, Soz) (ugs.)* be on the dole
Stempeluhr *f (Ind, Pers)* time clock
Steno *f (Admin)* shorthand
Stenografie *f (Admin)* shorthand
stenografieren *v (Admin)* take down in shorthand
Sterberisiko *n (Versich)* death risk
Sterbetafel *f (Stat)* mortality table, life table
Sterbeurkunde *f (Gen)* death certificate
Sterbewahrscheinlichkeit *f (Stat)* probability of dying
Sterbeziffer *f (Stat)* death rate, mortality rate
Sterblichkeit... *(Versich)* mortality
Sterblichkeitsrate *f (Soz, Versich, WiWi)* mortality (rate)
Sterlinggebiet *n (Gen)* Sterling area
Sterlingguthaben *n (Fin)* sterling balance
stetig *adj (Gen)* steady
stetige Variable *f (Stat)* continuous variable
stetige Zufallsvariable *f (Stat)* continuous variable
stetiges inflationsfreies Wachstum *n (WiWi)* sustained non-inflationary growth
stetiges Wirtschaftswachstum *n (Pol, WiWi)* sustained economic growth
Stetigkeitsprinzip *n (RW)* consistency *(IFRS)*
Steuer *f* 1. *(Imp/Exp)* levy; 2. *(Steuer)* tax, duty, imposition; 3. *(WiWi)* tax • **jmdm. eine Steuer auferlegen** *(Steuer)* impose a tax on sb • **von der Steuer freistellen** *(Steuer)* exempt sb from tax
Steuer *f* **auf Veräußerungsgewinne** *(Steuer)* capital gains tax
Steuerabgrenzung *f (Steuer)* deferral of taxes
Steuerabzug *m (Steuer)* tax deduction
Steuerabzug *m* **an der Quelle** *(Steuer)* tax deduction at source
Steuerabzugsverfahren *n (Steuer)* tax withholding system
Steueramortisation *f (Steuer, WiWi)* tax capitalization
Steuerangleichung *f (Steuer)* tax harmonization *(EU)*
Steueranrechnung *f (Steuer, WiWi)* tax credit
Steueranreiz *m (Steuer)* tax incentive, tax stimulus
Steueraufkommen *n* 1. *(Fin)* revenue from taxes; 2. *(Steuer) (BE)* inland revenue, *(AE)* internal revenue; tax receipt [yield]
Steueraufrechnung *f (Steuer)* tax offset
Steueraufwendung *f (Steuer, WiWi)* tax expenditure
Steuerausfall *m (Steuer)* tax shortfall, shortfall of tax revenue
Steuerausweichung *f (Gen, Steuer, WiWi)* tax avoidance
steuerbare Güter *npl (Steuer)* taxable [excisable] goods
steuerbarer Umsatz *m (Steuer)* taxable activity, tax transaction
steuerbarer Veräußerungsgewinn *m (Steuer)* chargeable capital gains
Steuerbasis *f (WiWi)* tax base
Steuerbeamter *m (Gen, Steuer)* tax collector
Steuerbeamtin *f s.* Steuerbeamter
Steuerbefreiung *f (Steuer)* exemption from tax, tax exemption
steuerbegünstigt *adj (Steuer)* eligible for tax relief, tax-privileged, tax-sheltered
steuerbegünstigte Immobilienaktiengesellschaft *f (Bank, Grund)* REIT, Reit, real estate investment trust, real-estate investment trust *(in Deutschland neue Form einer steuerbegünstigten AG mit dem Geschäftszweck des Erwerbs sowie der Veräußerung, Vermietung und Verpachtung von Immobilien; hohe Ausschüttungsquote von mindestens 85 %, Besteuerung jedoch nicht auf Unternehmensebene, sondern in voller Höhe beim Investor, d. h. nicht im Halbeinkünfteverfahren = half-income*

method; wird in Deutschland 2008 eingeführt)

Steuerbehörde *f (Steuer)* fiscal authority, *(BE)* Inland Revenue, *(AE)* Internal Revenue Authority; tax authority, *(ugs.)* taxman

Steuerbelastung *f (Steuer)* tax burden, tax load

Steuerbelastungsquote *f (Steuer, WiWi)* tax burden ratio *(zeigt, wie viel der Staat vom Einkommen der Bürger und Betriebe auf das Jahr bezogen einbehält; sie ist definiert als Summe aus Steuern und Abgaben im Verhältnis zum Volkseinkommen = T : VE; umgelegt auf die Kalendertage eines Jahres ergibt sie den Steuerzahlertag = Tag der Steuerfreiheit = Steuerzahler--Gedenktag = tax freedom day; im Jahr 2000 bedeutete die Steuerbelastungsquote von 56,3 Prozent 206 Tage Arbeit ausschließlich für den Fiskus und einen Steuerzahlertag in Deutschland am 26.7.2000 oder 8.07.2008, in den USA, bei deutlich geringerer Steuerbelastungsquote, z. B. am 23.04.2008)*

Steuerbelastungswirkung *f (Steuer)* fiscal incidence

Steuerbeleg *m (Börse, Steuer)* tax voucher

Steuerbemessungsgrundlage *f (Steuer, WiWi)* basis of assessment, tax basis

Steuerberater *m* 1. *(Gen, Pers, RW)* accountant; 2. *(Steuer)* tax consultant

Steuerberaterin *f s.* Steuerberater

Steuerbescheid *m (Steuer)* tax assessment, formal tax assessment note

Steuerbetrug *m (Steuer)* tax fraud, tax evasion

Steuerbilanzgewinn *m (RW, Steuer)* profit as shown on the tax balance sheet

steuerehrliches Verhalten *n (Pol, Steuer)* tax compliance

Steuereingangsstufe *f (Steuer)* tax threshold

Steuerelastizität *f (Steuer, WiWi)* tax elasticity

Steuerentlastung *f (Steuer)* tax relief, tax break

Steuererhebung *f (Recht, Steuer)* collection of taxes, tax collection

Steuererhebungskosten *pl (Steuer)* administrative cost(s)

Steuererklärung *f (Steuer)* tax declaration, tax return • **seine Steuererklärung einreichen** *(Steuer)* file one's tax return

Steuererlass *m (Steuer)* abatement of taxes, tax remission

Steuererleichterung *f (Steuer)* tax concession, tax relief

Steuerermäßigung *f (Steuer)* tax reduction

steuerfrei *adj (Steuer)* exempt from taxation, tax-exempt, tax-free

Steuerfreibetrag *m (Steuer) (BE)* allowance, *(AE)* tax credit; tax relief, tax-free amount

steuerfreier Betrag *m (Steuer)* tax-free allowance

steuerfreies Einkommen *n (Steuer)* nontaxable income, tax-free income

steuerfreies Wertpapier *n (Steuer)* tax--exempt security

Steuerfreiheit *f (Steuer)* exemption from taxes, tax exemption, immunity from taxes *(Diplomaten)*

Steuergeld(er) *n(pl) (Media, Steuer)* money provided by taxpayers, tax money

Steuergröße *f (Mgt, Stat, WiWi)* controller *(Synonym: Sollgröße, Führungsgröße; Management-Regelkreis, Systemtheorie)*

Steuer-Grundfreibetrag *m (Steuer)* tax threshold

Steuergutschein *m (Steuer) (AE)* tax anticipation bill, *(AE)* tax anticipation note, *(BE)* tax credit certificate, *(AE)* tax-reserve certificate

Steuergutschrift *f (Steuer) (AE)* tax credit

Steuerharmonisierung *f (Steuer, WiWi)* tax harmonization *(EU)*

Steuerhinterziehung *f (Steuer)* (illegal) fiscal evasion, tax evasion

Steueridentifikationsnummer *f (Recht, Steuer)* tax identification number *(TIN)*

Steuerimmunität *f (Steuer, WiWi)* tax immunity

Steuerinländer *m (Steuer)* resident for tax purposes, resident taxpayer

Steuerinländerin *f s.* Steuerinländer

Steuerinzidenz *f (Steuer)* incidence of taxation, tax incidence

Steuerjahr *n (Fin, RW, Steuer)* assessment year, fiscal year

Steuerklasse *f (Steuer)* tax schedule, tax scale, *(AE)* tax bracket
Steuerkürzung *f (Steuer)* tax cut, tax reduction
Steuerlast *f (Steuer)* tax burden, tax charge, tax load
steuerlich *adj (RW, Steuer)* fiscal
steuerlich absetzbare Kosten *pl (RW)* allowable expenses
steuerlich abzugsfähig *adj (RW, Steuer)* tax-deductible
steuerlich abzugsfähige Ausgaben *fpl (Steuer) (AE)* tax-deductible expenditure, *(BE)* tax-deductible expenses
steuerlich nicht absetzbare Position *f (Steuer) (BE)* disallowable item
steuerliche Abschreibung *f (RW, Steuer)* tax depreciation, tax allowance for depreciation, tax write-off, tax return depreciation, tax write-off, *(BE)* capital allowance *(Gegensatz: bilanzielle Abschreibung = balance-sheet depreciation)*
steuerliche Absetzung *f (Steuer) (AE)* tax deduction
steuerliche Behandlung *f (Steuer)* tax treatment
steuerliche Entlastung *f (Steuer)* tax relief, tax break
steuerlicher Freibetrag *m (Steuer)* tax--free amount, tax-free allowance, *(AE)* tax credit
steuerlicher Wohnsitz *m (Steuer)* residence for tax purposes, tax domicile
Steuerliste *f (Steuer)* assessment roll, list of tax assessments, tax roll
Steuermaut *f (ugs.) (Media, Pol, Steuer) (ugs.)* tax toll *(EU; Zinsbesteuerung auf Kapitalanlagen von nicht schweizerischen Europäern in der Schweiz, Ziel: Verhinderung eines funktionierenden europäischen Steuerwettbewerbs)*
Steuermobilität *f (WiWi)* fiscal mobility
Steuermultiplikator *m (WiWi)* fiscal multiplier
Steuern *n (Mgt, WiWi)* control, feed forward control
Steuern *fpl (Steuer)* taxes, taxation
• **nach Steuern** *(RW, Steuer)* after tax, after-tax basis • **vor Steuern** *(Steuer)* before tax, pre-tax, exclusive of tax
• **Steuern abführen** *(Steuer)* pay tax
• **Steuern einziehen** *(Steuer)* collect taxes
Steuernachlass *m (Steuer)* abatement of taxes, tax abatement, tax relief
steuerneutral *adj (RW, Steuer)* without attracting tax, tax-neutral
Steuerneutralität *f (Steuer)* fiscal neutrality
Steuernummer *f (Steuer)* taxpayer's reference number
Steuerpfändung *f (Steuer)* tax foreclosure
steuerpflichtig *adj* 1. *(Recht)* liable to pay a tax, liable to pay taxes; 2. *(Steuer)* assessable, taxable, liable to pay a tax, liable to pay taxes, subject to taxation, *(BE)* rateable *(Gemeindesteuer)*
Steuerpflichtige *m(f) (Steuer)* taxpayer
steuerpflichtige Einkünfte *pl (Steuer)* assessable income
steuerpflichtige Umsätze *mpl*/**nicht** *(Steuer)* nontaxable transactions
steuerpflichtiger Gewinn *m (RW)* taxable profit
steuerpflichtiges Einkommen *n (Steuer)* assessable income, taxable income, subject to income taxation, subject to income tax
Steuerpolitik *f* 1. *(WiWi)* fiscal policy; 2. *(Steuer)* taxation policy
Steuerprogression *f (Steuer, WiWi)* tax progression, progressive taxation
Steuerquelle *f (Steuer)* source of revenue; tax base *(income, property)*
Steuerrecht *n (Recht)* tax law
Steuerreformgesetz *n (Steuer)* tax reform act
Steuerrichtlinien *fpl (Steuer)* tax guidelines
Steuerrückstände *mpl (Steuer)* tax arrears
Steuerrückstellung *f (RW, Steuer)* tax provision
Steuerrückzahlung *f (Steuer)* tax refund
Steuersatz *m (Steuer)* rate of taxation, tax rate
Steuerschlupfloch *n (Steuer)* tax loophole
Steuersenkung *f (Steuer)* tax reduction, tax cut
Steuerstruktur *f (Steuer, WiWi)* tax structure
Steuersystem *n (WiWi)* system of taxation
Steuertarif *m (Steuer)* tax scale

[schedule]
Steuertatbestand *m (Recht, Steuer)* taxable event
Steuertilgung *f (Steuer, WiWi)* tax capitalization
Steuerüberwälzung *f (Steuer)* shifting of taxes
Steuerumgeher *m (Steuer) (ugs.)* tax dodger
Steuerumgehung *f (Gen, Steuer, WiWi)* avoidance of tax, tax avoidance, *(ugs.)* tax dodging
Steuer- und Abgabenlast *f (Soz, WiWi)* tax wedge
Steuerung *f* **der Nachfrage** *(WiWi)* demand management *(Synonym: Nachfragesteuerung)*
Steuerung *f* **des Angebots** *(WiWi)* supply control
Steuerung *f* **des Materialflusses** *(Logis)* materials management
Steuerung *f* **interner Märkte** *(Mgt, V&M, WiWi)* control of internal markets *(die Organisation der internen Märkte und das Schnittstellenmanagement - -interface management- zwischen internen und externen Märkten - -Outsourcing/Insourcing von Leistungen- ist eine zunehmend komplexe Managementaufgabe in Konzernen)*
Steuerung *f* **von Vertrieb und Verkauf** *(V&M)* merchandising
Steuerveranlagung *f (Steuer)* tax assessment
Steuervergünstigung *f (Steuer)* tax concession, tax privilege
Steuervergünstigungen *fpl (Steuer)* tax expenditure
Steuervermeidung *f (Gen, Steuer, WiWi)* avoidance of tax, tax avoidance
Steuerverwaltung *f (Admin)* tax administration
Steuervorauszahlung *f (Steuer)* advance payment of taxes
Steuervorteil *m (Steuer)* tax advantage
Steuerwert *m (Steuer)* taxable value
Steuerwettbewerb *m (WiWi)* tax competition *(EU)*
Steuerwiderstand *m (Pol,Steuer, WiWi)* resistance to taxation *(wird durch ideologische, politisch korrekten Konjunkturen folgende Steueretiketten je nach politischem Bedarf regelmäßig überwunden; z. B. WK I: Vaterlandsteuer; nach WK II: Lastenausgleichsabgabe, Solidaritätszuschlag, CO2- oder Umweltsteuer oder auch ‚Umweltprämie' als scrapping bonus)*
Steuerwirkung *f (RW, Steuer)* effect of taxation, fiscal incidence
Steuerzahler(in) *m(f) (Gen, RW, Steuer)* taxpayer
Steuerzentrum *n (Gen, Mgt)* control center, *(BE)* control centre
Steuerzuflucht *f (Steuer)* tax shelter, tax haven *(meist: Steueroase)*
Steuerzuschlag *m (Pol, Steuer)* surtax, add-on tax, additional tax *(Synonym: Zusatzsteuer)*
Steuerzweck *m (RW)* tax purpose
stichhaltig *adj (Gen)* valid *(Argument)*
Stichprobe *f* 1. *(Gen)* spot check, random test; 2. *(Stat)* sample; 3. *(V&M)* random test • **eine Stichprobe entnehmen** *(Stat)* take a sample • **eine Stichprobe ziehen** *(Stat)* draw a sample
Stichproben *fpl (V&M)* random sampling
Stichprobenerhebung *f (V&M)* poll
Stichprobenfehler *m (Stat)* sampling error
Stichprobenumfang *m (Stat)* sample size, size of sample
Stichprobenverfahren *n (Soz)* sampling procedure
Stichprobenziehung *f (Stat)* random sampling, random selection
Stichtag *m* 1. *(Bank, Börse)* date of record, declaration day; 2. *(Fin)* call date, *(AE)* cutoff date, reporting date; 3. *(Gen)* deadline, effective date, key date, target date, reference date, reference day
Stichtagsmethode *f (RW)* current rate method
Stichwahl *f (Pol)* decisive [final] ballot, second ballot, *(AE)* run-off, *(AE)* run-off election
Stiftung *f* 1. *(Recht)* endowment *(Dotation)*; 2. *(WiWi)* foundation
Stiftung *f* **für Hochschulzulassung/** *(SfH) (Bil, Admin) a German foundation for the admission to higher education seated in Dortmund; Vorläufer bis 30.04.2010: Zentralstelle für die Vergabe von Studienplätzen = ZVS, eine Anstalt des öffentlichen Rechts; entspricht etwa in GB: Universities and Colleges Admissions Service = UCAS*

Stil *m* 1. *(Gen)* class; 2. *(Mgt)* style
stille Beschwerdeführer *pl (Gen, V&M)* unvoiced complainers
stille Gesellschaft *f (Deu) (Recht)* silent partnership *(Personengesellschaft, die nicht nach außen in Erscheinung tritt)*
stille Lasten *fpl (Deu) (RW, Versich)* undisclosed charges, hidden charges, undisclosed impairment of assets, undisclosed impairment of equity; unrealised losses *(unrealisierte Verluste, nicht realisierte Eigenkapital--Wertminderungen, deren Höhe in der Bilanz nicht als potenzieller Verlust ersichtlich ist; Ursache: bilanziell überbewertete Aktiva oder unterbewertete Passiva; nach HGB in bestimmten Fällen zulässig; nach IFRS 3/IAS 36 ist Wertminderungsaufwand = impairment loss zwingend auszuweisen; Gegensatz: stille Reserven, stille Rücklagen, Bewertungsreserven = undisclosed reserves, hidden reserves, secret reserves, concealed reserves, off--balance sheet reserves)*
stille Reserven *fpl* 1. *(RW)* hidden reserves, undisclosed reserves, secret reserves, concealed reserves *(aus, im Vergleich zum Marktwert, unterbewerteten Aktiva oder überbewerteten Passiva; Synonym: stille Rücklagen; Gegensatz: stille Lasten)*; 2. *(Versich)* balance sheet reserves
stille Rücklagen *fpl (RW)* undisclosed [secret] reserves
stiller Gesellschafter *m (Fin, Gen, Recht, WiWi) (AE)* silent partner, *(BE)* sleeping partner
stiller Teilhaber *m (Fin, Gen, Recht, WiWi) (AE)* silent partner, *(BE)* sleeping partner
stillgelegt *adj* 1. *(Gen)* closed down, shut down; 2. *(Logis)* laid-up; 3. *(Umwelt)* decommissioned *(Kernkraftwerk)* • **stillgelegt werden** *(Ind)* close down, shut down
stillgelegtes Bankkonto *n (Bank)* dormant account
stilllegen *v* 1. *(Fin)* immobilize; 2. *(Gen, Ind)* close down, shut down
Stilllegung *f* 1. *(Fin)* immobilization; 2. *(Gen)* closing down, closure, shutdown; 3. *(Umwelt)* decommissioning *(eines Kernkraftwerkes)*
stillschweigend *adj (Recht)* implicit, implied, tacit *(Annahme)* • **nach stillschweigender Vereinbarung** *(Recht)* by tacit agreement
stillschweigende Bedingung *f (Gen)* implied condition
stillschweigende Verlängerung *f (Gen)* tacit renewal
Stillstand *m (WiWi)* stagnation, standstill
Stillstandszeit *f* 1. *(Comp, Gen)* dead time, downtime, idle time, lost time; 2. *(Pers)* stoppage
stillstehend *adj (Gen, Logis)* down, idle
Stimmabgabe *f (Mgt, Pers)* voting
stimmberechtigte Aktie *f (Börse, Fin)* voting share, voting stock
stimmberechtigtes Kapital *n (Börse)* voting capital
stimmberechtigtes Mitglied *n (Recht)* associate member
Stimme *f (Pers, Pol)* vote • **sich der Stimme enthalten** *(Pol)* abstain *(Wahl)*
stimmen *v* **für** *(Pers, Pol)* vote for
stimmen *v* **gegen** *(Pers, Pol)* vote against
Stimmenthaltung *f (Gen, Pol)* abstention
Stimmgewichtung *f (Pol, Recht)* weighting of votes, vote weighting *(EU)*
stimmig *adj (Gen)* consistent
Stimmrecht *n* 1. *(Börse, Fin)* right to vote, voting power; 2. *(Pers)* voting right; 3. *(Pol)* franchise, suffrage, voting right
stimmrechtslose Aktie *f (Börse)* nonvoting share, nonvoting stock
Stimmung *f (Börse)* mood, tone
Stimmungsbarometer *n (WiWi)* barometer
Stimmungsindikator *m (Gen)* sentiment indicator
Stimmungslage *f* **der Wirtschaft** *(Gen, WiWi)* business climate
Stimmungsmache *f (Gen, Pol, WiWi) (ugs.)* cheerleading *(Seelenmassage)*
Stimmzettel *m (Pers)* ballot paper, voting paper *(geheime Abstimmung)*
stimulieren *v (Gen, Pers, WiWi)* stimulate *(Vertrauen, Nachfrage)*
Stipendium *n (Pers)* scholarship, student grant, *(AE)* grant; fellowship
stochastischer Netzplantechnik/mit *(Mgt) (BE)* programme evaluation and review technique, PERT
stochastischer Prozess *m (Gen)* stochastic process
stocken *v (WiWi)* falter, stagnate

Stop-and-go-Politik *f (WiWi)* stop-go policy
Stop-Limit-Order *f (Börse)* stop limit order
Stopp *m (Gen, Pol)* stop, ban, freeze
Störeinflüsse *mpl (WiWi)* shocks
stören *v (Gen)* be misleading
Störfaktor *m (WiWi)* distorting factor
stornieren *v* 1. *(Gen)* cancel *(Auftrag)*; 2. *(RW)* reverse (an entry) *(Buchung)*; 3. *(Recht)* cancel *(Vertrag)*
Stornierung *f* 1. *(Gen)* cancellation, reversing, REV; 2. *(RW)* cancellation, *(AE)* reversal; 3. *(Recht)* cancellation
Storno *m(n) (RW)* contra entry, reversing entry
Stornobuchung *f (RW)* contra entry, reversing entry
Stornogebühr *f (Versich)* cancellation fee
Stornoquote *f (Versich)* cancellation ratio
Stoßwirkung *f (Gen)* impact
Straddle-Baisse-Position *f (Börse)* long straddle position
Strafanzeige *f (Recht)* complaint *(Strafrecht)*
strafbar *adj (Recht)* liable to prosecution, punishable
strafbare Handlung *f (Recht) (BE)* (criminal) offence, *(AE)* (criminal) offense
strafbare Inhalte *mpl (Comp, Komm, Recht)* illegal content
Strafe *f (Recht)* penalty • **mit einer Strafe belegen** *(Recht)* penalize • **Strafe über jmdn. verhängen** *(Recht)* pass sentence on sb
straff *adj (Gen, WiWi)* tight
straffe Fiskalpolitik *f (Steuer, WiWi)* tight fiscal policy
straffe Geldpolitik *f (WiWi)* tight monetary policy stance
straffen *v (WiWi)* streamline, *(ugs.)* take up the slack *(Unternehmen)*
Straffung *f (WiWi)* streamlining, tightening
Strafgesetzbuch *n (Recht)* Penal Code, Criminal Code
strafmündig *adj (Recht)* accountable
strafrechtlich verfolgen *(Recht)* prosecute
strafrechtliche Vorschriften *fpl (Recht)* criminal law regulations
Strafregister *n (Recht)* police record
Straftat *f (Recht)* crime, *(BE)* criminal offence, *(AE)* criminal offense
Straftäter *m (Recht)* criminal
Straftäterin *f s.* Straftäter
Strafurteil *n (Recht)* sentence, verdict *(Geschworenengericht)*
Strafverfolgung *f (Recht)* prosecution
Strafzins *m* 1. *(Bank)* interest penalty, negative interest, penalty interest, penalty rate; 2. *(Fin)* interest penalty
Straße *f* 1. *(Gen)* street; 2. *(Logis)* road
Straßenbenutzungsgebühr *f (Gen, Logis)* road toll, road-use tax, toll
Straßennetz *n (Logis)* road network
Straßentransport *m (Logis)* road haulage, road transport, motor freight
Straßentransportunternehmen *n (Logis)* road haulage company
Straßenverkäufer *m (Gen)* hawker, *(AE; ugs.)* huckster, *(BE)* street trader, *(AE)* street vendor, pedlar
Straßenverkäuferin *f s.* Straßenverkäufer
Straßenverkehrsrecht *n (Recht, Logis)* traffic laws
Strategie *f* 1. *(Gen)* strategy; 2. *(WiWi)* strategy
Strategiebestimmung *f (WiWi)* strategy formulation
strategisch *adj (Gen, Mgt, WiWi)* strategic
strategische Frage *f (Mgt)* strategic issue
strategische Frühaufklärung *f (Admin, Mgt, Umwelt, WiWi)* environmental assessment [scanning]
strategische Geschäftseinheit *f (Mgt)* strategic business unit
strategische Planung *f (Gen, Mgt)* strategic planning
strategische Preispolitik *f (V&M)* strategic pricing
strategische Unternehmenseinheit *f (Mgt)* strategic business unit
strategischer Geschäftsbereich *m (Mgt, WiWi)* strategic business area *(Synonym: strategisches Geschäftsfeld, SGF)*
strategisches Bündnis *n (Mgt)* strategic alliance
Strecke *f* 1. *(Gen)* distance; 2. *(Ind)* drift, roadway; 3. *(Logis)* line, track *(Eisenbahn)*
Streckennetz *n (Logis) (AE)* railroad network, *(BE)* railway network, *(BE)* railway system
streichen *v* 1. *(Bank)* cancel, withdraw; 2.

(Gen) delete, erase
Streichung f 1. (Bank) cancellation, withdrawal; 2. (Fin) cancellation; 3. (Recht) deletion
Streifband n (Admin) postal wrapper
Streifbanddepot n (Fin) individual safe custody of securities, securities deposited under wrapper
Streik m (Gen, Ind, Pers) industrial action, primary action, strike, (ugs.) walkout • **im Streik** (Gen, Ind, Pers) on strike • **zum Streik aufrufen** (Gen, Ind, Pers) call a strike • **in den Streik treten** (Gen, Ind, Pers) go out on strike, take industrial action, walk out
streiken v (Gen, Ind, Pers) go on strike, strike, turn out on strike, walk out, take industrial action, (AE) hit the bricks
Streikposten m (Gen, Ind, Pers) picket (Arbeitskonflikt)
Streikrecht n (Gen, Ind, Pers) right to strike
Streiktage mpl (Pers) striker days
Streikwelle f (Pers) strike wave
Streit m (Gen) contest, controversy, dispute
Streitbeilegung f (Recht) dispute resolution
streiten v **um** (Gen) battle for
Streitfall schiedsgerichtlich beilegen v/ **einen** (Recht) submit a dispute to arbitration
Streitfrage f (Recht) issue
streitig sein v (Gen) be at issue
Streitigkeit f (Pers) dispute • **Streitigkeiten schlichten** (Pers) settle a dispute
streng adj (Gen) severe, strict, stringent (Maßnahme, Programm)
streng adv (Gen) severely, strictly, stringently • **streng nach Vorschrift** (Gen) by the book • **streng vertraulich** (Gen) private and confidential, strictly confidential
strenge Kontrolle f (Recht) tight control
strenges Niederstwertprinzip n (Fin, RW) strictly defined principle of the lower of cost or market (value), rigorously defined principle of the lower of cost or market (value), strict lower of cost or market principle *(Bewertungsgebot im Umlaufvermögen nach dem handelsrechtlichen Vorsichtsprinzip = prudence principle = principle of caution; § 252 I Nr. 4 HGB; Gegensätze: als Höchstwertprinzip bei der Bewertung von Passivpositionen, wie Verbindlichkeiten, oder als gemildertes Niederstwertprinzip = alleviated lower of cost or market principle für die Bewertung im Anlagevermögen)* • **das strenge Niederstwertprinzip anwenden** (RW) apply the strictly defined principle of the lower of cost or market, apply the rigorously defined principle of the lower of cost or market value
Stress m (Gen, Pers) stress
stressig adj (Pers) stressful, high--pressure
Streubesitz m **von Aktien** (Börse) free float
Streuplaner m (Pers) media buyer
Streuung f 1. (Börse) distribution, diversification; 2. (Stat) dispersion, scatter; 3. (V&M) spread
Streuungskoeffizient m (Stat) coefficient of variation
Strich/über dem (Fin, RW) above the line
Strich/unter dem (V&M) below the line
Strichcodelesegerät n (Comp) bar code scanner
strichcodierte Artikelnummer f (Comp) bar-coded identification number
strittig sein v (Pers) be in dispute
Strohfirma f (Steuer) shell company
Strohmann m 1. (Börse) nominee; 2. (Media) frontman; 3. (Recht) dummy
Strom m 1. (Comp) power; 2. (Logis) flow
strömen v (Ind) flow
Stromerzeugung f (Ind) electricity generation
Stromgröße f (WiWi) flow
Stromgrößenanalyse f (Stat) flow analysis
stromsparend adj (Umwelt) energy--saving
Strömungsgröße f (WiWi) flow
Struktur f (Gen) structure
Struktur f **der Beschäftigten** (Pers) employment structure, employment pattern, structure of the working population
Strukturangleichung f (Mgt) structural adjustment
Strukturanpassung f (Mgt) structural adjustment
Strukturanpassungsfazilität f (Fin) structural adjustment facility
strukturelle Arbeitslosigkeit f (Pers,

WiWi) structural unemployment
strukturelle Bereinigung *f (Mgt)* structural adjustment
strukturelle Operationen *fpl (Bank)* structural operations *(EZB)*
strukturelles Defizit *n (RW, WiWi)* primary deficit
Strukturfonds *m (WiWi)* structural funds *(EU)*
strukturieren *v (Gen)* structure
strukturierte Finanzierung *f (Bank, Fin)* structured finance
strukturiertes Interview *n (V&M)* guided interview
strukturiertes Vorstellungsgespräch *n (Pers)* structured interview *(Bewerbung)*
strukturschwache Region *f (Gen, Pol)* structurally weak region
Strukturstückliste *f (Ind)* indented parts, indented bill of materials, indented bill of parts
Strukturwandel *m (Mgt)* structural change
Stück *n* 1. *(Börse)* denomination; 2. *(Gen)* item, piece, unit; 3. *(Ind)* head *(Vieh)* • **je Stück** *(Gen, V&M)* apiece
Stückakkord *m (Pers)* piecework
stückeloser Wertpapierverkehr *m (Börse)* non-physical transfer of securities
Stückelung *f (WiWi)* denomination • **die Stückelung angeben** *(WiWi)* denominate
Stückezuteilung *f (Börse)* allotment of securities
Stückgut *n (Logis) (AE)* break bulk cargo, *(AE)* mixed carload, *(AE)* lot; loose cargo, part-load *(Eisenbahn)*
Stückkosten *pl (RW)* cost per unit, unit cost
Stückliste *f (Ind)* bill of materials
Stücklohn *m (Pers)* piece wage *(Akkordarbeit)*
Stücklohnarbeit *f (Ind)* jobbing
Stücklohnsatz/zum *(Pers)* at piece rate
Stückpreis *m (Gen)* unit price
Stücksteuer *f (Steuer)* per-unit tax
Stückzahl *f* 1. *(V&M)* number of units, pieces, quantity of items; 2. *(Gen, Logis)* number of packages
Stückzinsen *mpl* 1. *(Bank)* interest accrued; 2. *(Börse)* accrued interest; 3. *(Fin)* running interest, broken period interest; 4. *(RW)* broken period interest
Studie *f (Gen, Pers, Soz)* study
Studienabbruch *m (Bil)* breaking-off of (university) studies, dropping out of university studies
Studienanfänger *m (Pers)* new student, (new) entrant to higher education, (new) entrant to university (education)
Studienanfängerin *f s.* Studienanfänger
Studienbeihilfe *f (Bil)* student grant
Studiendauer *f (Pers)* duration of study, length of study
Studienfach *n (Pers)* subject, field of study, branch of study
Studienförderung *f (Bil)* student grant
Studiengang *m (Bil)* subject, field of study, branch of study
Studiengebühr *f (Soz)* tuition fee
studieren *v* 1. *(Gen)* examine carefully, study; 2. *(Pers)* study for a university degree, go to university, go to college, study at university, study at college
Studierneigung *f (Pers)* propensity to study
Stufe *f (Gen)* bracket, phase, stage • **in Stufen** *(Gen)* in stages, by stages
Stufenmodell *n (Pol, WiWi)* phased model, multi-stage model
stufenweise *adv (Gen)* by stages, gradually • **stufenweise eingliedern** *(Admin, Gen)* phase in
Stundenleistung *f (Ind)* output per hour
Stundenlohn *m (Pers)* hourly wage, wage per hour
Stundenlohnsatz *m (Pers)* hourly wage rate, hourly rate
Stundenproduktivität *f* **der Arbeit** *(Stat, WiWi)* hourly productivity of labo(u)r *(Arbeitsproduktivität je Stunde)*
24-Stunden-Service *m* 1. *(Gen, Komm)* 24-hour service; 2. *(Logis)* same-day service
Stundenverdienste *mpl (Pers)* hourly earnings
Stundenvergütung *f (Pers)* hourly compensation
stündlich *adj (Gen)* hourly, per hour
Stundung *f (Steuer)* extension of time for payment
Stundung *f* **von Forderungen** *(Fin)* prolongation of debt
Stundungsfrist *f (Steuer)* period of extension
stürzen *v (Börse, WiWi)* slump *(Markt)*; drop, fall, tumble, collapse *(Preise, Kurse)*
Stütze leben *v*/**von der** *(Pers) (ugs.)* be

on the dole, be on social security
stützen *v* 1. *(Gen)* bolster, peg, reinforce, support, underpin, back *(Währung)*; 2. *(Mgt)* support; 3. *(WiWi)* bolster, peg, prop up, reinforce, support, underpin *(Währung)*
Stützpunkt *m (Gen)* base
Stützsystem *n (WiWi)* pegging system
Stützung *f* 1. *(Gen)* support; 2. *(WiWi)* backing
Stützungsfazilität *f (Gen)* backup facilities
Stützungskäufe *mpl* 1. *(Börse)* backing; 2. *(Fin)* support buying, support operations
Stützungskredit *m (Bank, Fin)* standby credit, supporting credit
Stützungsmaßnahme *f (Mgt)* support activity
subjektiv *adj (Gen, V&M)* subjective
subjektive Unmöglichkeit *f* **der Leistung** *(Recht)* inability to perform *(Vertragsrecht)*
subjektive Wahrnehmung *f (V&M)* subjective perception
subjektives Recht *n (Recht)* legal right
Submission *f (Gen)* submission, bid, tender
Submissionsangebot *n (Gen)* tender
Submissionsangebot *n* **im verschlossenen Umschlag** *(Gen)* sealed-bid tendering
Submissionsschluss *m (Börse)* bid closing date
Submissionsverfahren *n (Gen)* competitive bidding procedure
Submissionsvergabe *f (Mgt)* award
Submissionsverkauf *m (V&M)* sale by tender
Submissionsweg/auf dem *(Admin)* by tender
Suboptimierung *f (Fin, Gen, WiWi)* suboptimization
subsidiär *adj (Gen)* secondary, subsidiary
Subsidiaritätsgrundsatz *m (Pol, Recht)* principle of subsidiarity, subsidiarity principle *(Synonym: Subsidiaritätsprinzip; als föderales Organisationsprinzip ist die Zuständigkeit und Verantwortung für eine Aufgabe im Staatsaufbau der jeweils kompetentesten dafür geeigneten Einheit so dezentral und bürgernah wie möglich zu übertragen; die nächste übergeordnete Ebene hat erst dann das Recht einzugreifen, wenn die untergeordnete überfordert ist oder die Aufgabe weniger effizient ausführen kann; das wohlfahrts- und identitätsfördernde demokratische Fundamentalprinzip steht häufig im Konflikt zu den machtorientierten Eigeninteressen der Europäischen Kommission, aber auch der nationalen und regionalen Regierungen)*
Subsidiaritätsprinzip *n (Pol)* subsidiarity principle, principle of subsidiarity *(gesellschaftsethisch stellt der Grundsatz auf die Selbstbestimmung und Selbstverantwortung der Bürger ab; als föderales Organisationsprinzip ist die Zuständigkeit und Verantwortung für eine Aufgabe im Staatsaufbau der jeweils kompetentesten dafür geeigneten Einheit so bürgernah wie möglich zu übertragen: europäische, nationale, Landes-, regionale, kommunale, Verbands-, Familien- und individuelle Ebene; die nächste übergeordnete Ebene hat erst dann das Recht einzugreifen, wenn die untergeordnete überfordert ist oder die Aufgabe weniger effizient ausführen kann; das wohlfahrts- und identitätsfördernde Prinzip steht den machtorientierten Eigeninteressen der Europäischen Kommission, aber auch der nationalen und regionalen Regierungen, oft direkt entgegen; deshalb wurde das demokratische Fundamentalprinzip zulasten der Bürger Europas 2009 aus dem Kriterienkatalog zur Festlegung der Gesetzgebungskompetenz des Vertrags von Lissabon = VvL = ToL = Treaty of Lisbon gestrichen, vgl. Art. 3-6 des Vertrags über die Arbeitsweise der Europäischen Union = AEUV = Treaty on the Functioning of the European Union = TFEU, ehemals EGV, in Kraft getreten am 1.1.1958, Stand 1.12.2009)*
Subsistenz *f (Soz)* subsistence
Substanz *f (WiWi)* substance
Substanzwert *m* 1. *(Fin)* intrinsic value; 2. *(RW)* asset value; 3. *(WiWi)* intrinsic value
substituierbar *adj (Bank)* interchangeable
substituieren *v (WiWi)* substitute
Substitutionsbeziehung *f (WiWi)* trade-

off
Substitutionseffekt *m (WiWi)* substitution effect
Substitutionselastizität *f (WiWi)* elasticity of substitution
Substitutionsgut *n (WiWi)* substitute good
Substitutionskoeffizient *m (WiWi)* substitution coefficient
subtrahieren *v (Stat)* subtract
Subunternehmer *m (Pers)* subcontractor
• an einen Subunternehmer vergeben *(Recht)* subcontract
Subunternehmerin *f s.* Subunternehmer
Subvention *f (Fin)* subsidy, government subsidy, grant
subventionieren *v (Pol, WiWi)* subsidize
subventionierte Beschäftigung *f (Pers)* subsidized employment *(zweiter Arbeitsmarkt)*
subventioniertes Darlehen *n (Bank)* low--cost loan
Subventionsmentalität *f (Pol, WiWi)* subsidy psychology, subsidy mentality, grantsmanship
suchen *v* 1. *(Comp)* find *(Datenbank)*; search *(Datei, Dokument)*; 2. *(Gen)* search, seek *(Zustimmung)*
Suchmaschine *f (Comp, Komm)* search engine *(Internet)*
Suggestivfrage *f (V&M)* leading question
sukzessiv *adj (Gen)* gradual, successive
Sukzessivlieferungsvertrag *m (Recht)* apportioned contract, contract for delivery by instal(l)ments, multiple delivery contract
Summe *f* 1. *(Fin)* total; 2. *(Gen)* aggregate, total, amount, *(AE)* footing; 3. *(Stat) (AE)* footing; 4. *(WiWi)* aggregate, amount, total
Summe *f* **der liquiden Mittel** *(RW)* cash on hand
Summe *f* **der Verbindlichkeiten** *(RW)* total liabilities
summieren *v (RW, Stat)* sum up
Sündenfonds *m (ugs.) (Bank, Fin)* vice fund *(Synonym: unethischer Fonds, Vice-Fonds; cf Lasterfonds; Gegensatz: Ethik-Fonds, ethischer Fonds, Nachhaltigkeitsfonds; opposite: ethical fund, socially responsible or socially conscious investment fund)*
Superchipkarte *f (Comp, Komm)* super smart card *(z. B. mit Display, Tastatur)*
Supermarkt *m (V&M)* supermarket
Supermarkt *m* **einer Ladenkette** *(V&M)* chain superstore
supranational *adj (Gen, Pol, WiWi)* supranational
suspendieren *v* 1. *(Gen)* suspend *(Handel)*; 2. *(Pers)* suspend
Suspendierung *f* **(vom Dienst)** *(Pers)* suspension (from office)
SVR *m (Abk. für Sachverständigenrat zur Begutachtung der gesamtwirtschaftlichen Entwicklung) (Pol, WiWi)* GCEE, German Council of Economic Experts, SVR *(der SVR, genannt "die Fünf Weisen", ist ein politisch unabhängiges, wissenschaftliches Gremium der deutschen wirtschaftlichen Politikberatung)*
Swap *m (Börse, Gen)* swap
Swapsatz *m* 1. *(Bank)* swap point; 2. *(Bank, WiWi)* forward margin, swaprate
Swaptermingeschäft *n (Börse)* forward swap
Swing *m (Bank, Imp/Exp)* swing *(Kreditlinie)*
Swing-Überschreitung *f (Bank)* swing overdraft
Switch-over-Klausel *f (Steuer)* switch--over clause *(in neueren Doppelbesteuerungsabkommen, DBA, die Zusage der Freistellungsmethode auf bestimmte, durch Deutsche im Ausland erzielte ausländische Einkünfte; exemption clause in modern double taxation treaties with Germany)*
SWOT-Analyse *f (Mgt, WiWi)* SWOT analysis *(Konzept der wertorientierten Unternehmensführung zur Analyse der strategischen Position und Stärke eines Unternehmens im Vergleich zum wettbewerblichen Umfeld; an instrumental framework in Value Based Management for analyzing the internal strengths -value creating factors like assets, skills or resources- the weaknesses -value destroying factors- and the external value creating or destroying factors that cannot be controlled by the firm: opportunities and threats emerging from the competitive dynamics of the markets or from economic, political, technical, social, legal or cultural factors)*
Symbol *n* 1. *(Comp)* icon, symbol; 2. *(Gen, Pat, V&M)* symbol

symbolisch *adj (Gen)* symbolic
symbolische Bezahlung *f (Bank, Gen)* token payment
symmetrisch *adj (Börse, Stat)* symmetric
Sympathie... *(Pers)* sympathetic, sympathy
synchron *adj (Comp)* synchronous
synchroner Konjunkturindikator *m (WiWi)* coincident indicator
Syndikat *n* 1. *(Fin, Gen)* consortium, syndicate; 2. *(WiWi)* cartel with joint purchasing or marketing organization
Syndikus *m (Pers)* legal advisor
Syndikus *m* **einer Unternehmung** *(Pers) (AE)* general counsel, *(BE)* head of legal department
Syndikusanwalt *m (Recht) (BE)* company's solicitor, *(AE)* corporate lawyer; legal advisor, staff lawyer
syndizierte Anleihe *f (Fin)* syndicated loan
syndizierter Swap *m (Fin)* syndicated swap
Synergie *f (Gen, WiWi)* synergism, synergy
Synergieeffekt *m (Bank, Mgt, WiWi)* synergy effect, synergetic effect, synergistic effect *(the combined effect of two investments that exceeds the sum of the individual effects of each investment on its own; Verbundwirkung zweier Investitionen, die über die Summe der unverbundenen Einzelinvestitionen hinaus geht; wird regelmäßig bei Fusionen trotz/wegen schwieriger Schätz- und Nachweisprobleme angestrebt/ unterstellt/behauptet, jedoch selten in erhoffter Höhe nachgewiesen, regelmäßig wegen unerwartet hoher Kosten der "Vermählung" unterschiedlicher Unternehmenskulturen)*
Synthese *f (Gen)* synthesis
synthetisch *adj* 1. *(Gen)* synthetic, composite; 2. *(Ind)* man-made, synthetic
synthetische Anleihe *f (Börse)* synthetic bond
synthetische Kraftstoffe *mpl (Ind, Umwelt)* synthetic fuels
synthetische Verbriefung *f (Bank, Fin)* synthetic securitization *(Absicherung eines Forderungspools mittels Garantien oder Kreditderivaten mit oder ohne Zwischenschaltung einer Zweckgesellschaft -SPV = special- -purpose vehicle- sowie mit oder ohne Refinanzierungsfunktion, die Forderungen verbleiben im Eigentum und in der Bilanz der Bank, nur das Kreditrisiko wird als Finanzderivat verkauft, no transfer of receivables is involved, only the credit risk is transferred by means of a financial derivative; Verbriefungszweck: Risikomanagement, regulatorische Arbitrage und ökonomisches Eigenkapitalmanagement, management of risk and of regulatory and economic capital, refinancing; Gegensatz: True-Sale-Verbriefung = true-sale securitization)*
synthetischer Frühindikator *m (WiWi)* composite leading index
System *n* 1. *(Comp, Gen)* system; 2. *(Pol)* regime; 3. *(Admin)* system
System *n* **der Arbeitsplatzbewertung** *(Pers)* job evaluation scheme
System *n* **flexibler Wechselkurse** *(WiWi)* floating rate system, floating rate regime
System *n* **für den Austausch von Kreditinformationen** *(Bank, Fin)* credit information exchange system
System *n* **Volkswirtschaftlicher Gesamtrechnungen** *(obs.) (WiWi)* System of National Accounts, SNA *(ersetzt durch das ESVG 95)*
Systemanalyse *f (Comp, Gen)* systems analysis
Systemansatz *m (Gen, WiWi)* systems approach
Systematik *f* 1. *(Stat)* classification, nomenclature *(Klassifikation)*; 2. *(WiWi)* methodology *(ZB)*
systematisch *adj (Gen)* systematic
systematische Auswahl *f (Stat)* systematic sampling
systematischer Fehler *m (Stat)* bias
systematisches Risiko *n (Bank, Fin)* systemic risk, systematic risk *(Synonym: systemisches Risiko, systemrelevantes Risiko, systembedingtes Risiko)*
Systemaufsicht *f (Admin, Fin, Recht)* macroprudential supervision *(Synonym: makroprudenzielle Aufsicht; Aufgabe: Analyse der systemischen Finanzmarkt-Risiken;Gegensatz:*

mikroprudenzielle Aufsicht über Einzelinstitute und Konzerne)

Systembetreuer(in) *m(f) (Comp, Mgt, Pers)* systems administrator

Systeme *npl* **und Verfahren** *npl (Comp)* systems and procedures

systemrelevant *adj (Bank, Pol)* of systemic relevance, of systematic relevance; of systemic importance, of systematic importance, systemically important *(Synonym: systemisch relevant, systemwichtig; SIFIs = systemically important financial institutions = systemwichtige Finanzinstitute = systemrelevante Finanzinstitute; 5 criteria assessed by the BCBS and FSB: size = Größe, interconnectedness = Vernetzung, lack of substitutability = Unersetzlichkeit, Unersetzbarkeit, global activity = globale Reichweite, global ausgerichtetes Geschäft, complexity = Komplexität; FSB = Financial Stability Board, BCBS = Basel Committee on Banking Supervision = Baseler Ausschuss für Bankenaufsicht; vgl. Systemrisiko, Too-big-to-fail--Problematik)*

systemrelevante Bank *f (Bank, Fin)* bank of systemic relevance , bank of systemic importance *(term commonly used since 2008 for large, complex, globally active, irreplaceable and highly interconnected = vernetzte financial institutions; Finanzinstitute, die dem subjektiven oder moralischen Risiko unehrlichen Verhaltens = Moral Hazard besonders ausgesetzt sind, wegen theoretisch höherer kurzfristiger Gewinnaussichten spekulative Risiken einzugehen, die ihre Risikotragfähigkeit weit übersteigen: im Erfolgsfall werden Gewinne über Boni und Ausschüttungen privat vereinnahmt, andernfalls können sie ihren Sitzstaat, in dem sie sich wegen ihrer systemwichtigen Position einer de facto- Bestandsgarantie erfreuen, erpressen und die Verluste sozialisieren, also dem Steuerzahler aufbürden; Sifis = SIFIs = systemically important financial institutions = systemwichtige Finanzinstitute = systemrelevante Finanzinstitute; der Baseler Ausschuss für Bankenaufsicht = BCBS beschloss 2011 für systemrelevante Großbanken Kapitalzuschläge von 1 bis 2,5 Prozent neben den nach Basel III beschlossenen Kern- und Ergänzungskapitalzuschlägen tier 1 und tier 2, insgesamt damit 11,5 – 13 Prozent aufsichtlich vorgeschriebenes Kapital zur Unterlegung der Risikoaktiva; vgl. systemrelevant; moral hazard; Too-big-to-fail-Problematik; FSB)*

Systemrisiko *n (Bank, Fin)* systemic risk, systematic risk *(Synonym: systemisches Risiko, ein allgemeines Marktrisiko, im Gegensatz zum spezifischen Marktrisiko = marktabhängiges Risiko = market risk = market exposure)*

Systemtheorie *f (WiWi)* systems theory

Systemumstellung *f (Comp, Gen)* migration

Systemwechsel *m (WiWi)* regime change

Szenario *n* **des günstigsten Falls** *(Gen, WiWi)* best-case scenario

Szenario *n* **des ungünstigsten Falls** *(Gen, WiWi)* worst-case scenario

SZR *s.* Sonderziehungsrechte

T

tabellarisch *adv (Comp, Media, Stat)* in tabular form • **tabellarisch angeordnet** *(Comp, Media, Stat)* in tabulated form • **tabellarisch anordnen** *(Comp, Media, Stat)* tabulate

tabellarischer Bericht *m (Admin)* tabular report

tabellarischer Lebenslauf *m* 1. *(Pers)* curriculum vitae in tabular form *(Bewerbung)*; 2. *(Admin)* personal data sheet, personal record sheet

Tabelle *f (Comp, Media, Stat)* table

Tabellenform/in *(Stat)* in tabular form

Tabellenführer *m (Gen)* top of the league [table]

Tabellierung *f (Comp, Media, Stat)* tabulation

tadeln *v (Pol, Recht)* reproach, censure

Tafelgeschäfte *npl (Bank, Steuer, V&M)* OTC selling, OTC business *(Geschäftsmodell, business concept)*; OTC transactions, over-the-counter transactions *(am Bankschalter bar*

abgewickelte Direktgeschäfte = direct transactions)
Tag *m* **des Vertragsabschlusses** *(Gen)* contract date
Tage *mpl* **nach Akzept** *(Gen)* days after acceptance
Tagebuch *n (RW)* daybook, journal
Tagegeld *n* 1. *(Gen)* daily allowance; 2. *(Pers)* attendance fees [money] *(Sitzung)*
tagen *v (Gen, Pol)* sit *(Ausschuss)*
Tagesauftrag *m (Börse)* day order
Tagesauszug *m (RW)* daily position statement
Tageseinnahmen *fpl (Gen, V&M)* daily cash receipts
Tagesentschädigung *f (Gen, Versich)* daily allowance
Tagesgeld *n (Bank, Fin)* call money, daily loan, day loan, overnight money, money at call, *(AE)* federal funds, *(AE; ugs.)* fed funds
Tagesgeldsatz *m* 1. *(Bank, Fin)* call money rate, daily money rate, call [overnight] rate; 2. *(WiWi)* interbank rate
Tageskurs *m* 1. *(Bank)* rate of the day, today's rate; 2. *(Börse)* actual [current] price, daily quotation; 3. *(Fin)* today's rate • **zu Tageskursen** *(Börse)* at ruling prices
Tageskursbewertung *f (Börse, RW)* marking to market
Tagesleistung *f* 1. *(Gen)* daily output, daily workload; 2. *(Ind)* daily production, daily output
Tagesordnung *f (Admin, Mgt)* agenda • **eine Tagesordnung aufstellen** *(Admin, Mgt)* draw up an agenda • **etw. auf die Tagesordnung setzen** *(Admin, Mgt)* put sth on the agenda
Tagesordnungspunkt *m (TOP) (Admin, Mgt)* item on the agenda, agenda item, item of business
Tagespreis *m (Börse)* ruling [current, actual] price
Tagesschicht *f (Pers)* day shift *(Schichtarbeit)*
Tagesschluss *m (Bank)* end-of-day
Tagesspekulation *f (Börse)* day trading
Tagesumsatz *m* 1. *(Börse)* daily volume; 2. *(Gen)* daily sales
Tageszins *f (Bank)* daily interest
tageweise Verzinsung *f (Bank)* continuous compounding [interest]
taggenaue Zinsabrechnung *f (Bank)* daily balance interest calculation
taggleich *adj (Bank, Imp/Exp)* same-day *(Wertstellung, Lieferung)*
taggleiche Abrechnung *f (Börse)* same-day settlement
täglich *adj (Gen)* daily, day-to-day
täglich fällig *adj (Bank, Fin)* repayable on demand
täglich fällige Forderungen *fpl (Bank, WiWi)* claims payable on demand
täglich fällige Gelder *npl (Bank, WiWi)* funds payable on demand
täglich kündbares Darlehen *n (Bank)* day-to-day loan
tägliche Neubewertung *f* **der Abschlüsse** *(Börse, RW)* marking to market
täglicher Abschlusssaldo *m (RW)* daily closing balance
täglicher Besuchsbericht *m (V&M)* daily report of calls
tägliches Geld *n (Bank)* call money, day-to-day money
Tag- und Nachtdienst *m (Gen)* (a)round-the-clock service, 24 hour service
Tagung *f (Admin, Mgt)* conference, congress, convention, session
Tagungsbericht *m (Admin)* conference proceedings [report]
Tagungsgebühr *f (V&M)* registration fee *(Konferenzen, Seminare)*
Takt *m* 1. *(Comp)* clock pulse, clock signal; 2. *(Ind)* cycle, timed sequence
taktische Planung *f (Gen)* tactical planning
taktische Preispolitik *f (V&M)* tactical pricing
Taktrate *f (Comp)* clock rate
Talfahrt *f (Börse, WiWi)* downswing *(Konjunktur)*
Talon *m (Börse)* coupon sheet, renewal coupon, talon
Talsohle *f (WiWi)* bottom, floor, trough
Talsohle *f* **der Rezession** *(V&M, WiWi)* bottom of the economic recession, bottom of the economic downswing
Tante-Emma-Laden *m (V&M) (BE)* corner shop, *(AE)* neighborhood store, *(AE)* mom-and-pop store
Tantieme *f* 1. *(Media, Pat)* author's fee, royalty; 2. *(Mgt, Pers)* management bonus, percentage of annual profits, profit-sharing bonus, tantième
Tara *f (Ind, Logis)* tare, tare weight
TARGET-System *n (Abk. für*

Transeuropäisches Automatisiertes Echtzeit-Brutto-Express--Überweisungssystem) (Bank) TARGET *(Trans-European Automated Real-time Gross Settlement Express Transfer System; ESZB, EZB)*

Tarif *m* 1. *(Gen)* tariff, rate, scale of charges; 2. *(Imp/Exp)* customs tariff

Tarifabkommen *n (Pers)* collective agreement, wage agreement, wage settlement *(im Sinne von Lohnabkommen/-abschluss)*

Tarifabschluss *m (Pers)* wage settlement

Tarifangleichung *f (Pers)* wage adjustment

Tarifautonomie *f (WiWi)* autonomous wage bargaining, free collective bargaining

Tarifbeitrag *m (Versich)* premium rate

Tarifbindung *f (Pers)* (collective) bargaining coverage

Tariffestsetzung *f (Fin, Steuer)* fixing of tariffs, rate fixing, tariffication

tarifgebunden *adj (Pers)* bound by collective agreements, in line with collective (wage) agreements

Tarifgespräche *npl (Pers)* pay talks, wage talks

tarifieren *v (Gen)* classify, rate

Tarifkartell *n (Mgt, Pol)* wage cartel, wage cartel of trade unions and employers, wage cartel of the two sides of industry, wage cartel of both sides of industry *(cf Tarifpartner)*

Tarifkonflikt *m (Pers)* industrial dispute

tariflich *adj (Pers)* collectively agreed, contractual

tarifliche Arbeitszeit *f (Pers)* collectively agreed working time, collectively agreed working hours, collectively agreed working week, hours of work fixed in a collective agreement, standard working week, standard working hours

tarifliche Lohnverhandlungen *fpl (Pers, Pol)* collective wage bargaining, collective wage negotiations, collective bargaining round; wage talks, pay talks *(manchmal)*

Tariflohn *m (Pers)* negotiated standard [base, union] wage rate

Tarifniveau *n (Steuer)* tariff level

Tarifpartner *mpl (Pers)* both sides of industry, the two sides of industry, management and labo(u)r, management and labo(u)r representatives, trade unions and employers, social partners, parties to a collective agreement, unions and management, bargaining table *(vgl. Tarifkartell, Sozialpartner)*

Tarifpolitik *f (Pers)* collective bargaining policy

Tarifrunde *f (Pers)* negotiating round, pay round, round of wage negotiations

Tarifsatz *m (Imp/Exp)* tariff rate

Tarifsystem *n (Pers)* collective bargaining system

Tarifverhandlung *f (Pers, WiWi)* collective bargaining [negotiations], *(BE)* negotiations for collective agreement

Tarifverhandlung *f* **auf Betriebsebene** *(Pers)* workplace bargaining, workshop bargaining

Tarifvertrag *m (Pers)* collective (bargaining) agreement, collective labo(u)r agreement, *(AE)* union agreement

tarifvertraglich *adj (Pers)* collectively agreed, under the collective wage agreement, under the collective trade agreement

Taschengeld *n (Gen)* pocket money, spending money, pin money

Taschenrechner *m (Comp)* hand calculator, pocket calculator

Tastentelefon *n (Komm)* push-button telephone

Tat *f* 1. *(Gen)* action; 2. *(Recht)* act, *(AE)* offense, *(BE)* offence

Tatbestand *m* 1. *(Gen)* facts, circumstances; state of affairs *(Sachstand)*; 2. *(Recht)* facts of a case

Täter *m (Gen, Pers)* perpetrator, culprit

Täterin *f s.* Täter

tätig *adj (Gen)* active, busy • **tätig sein als** 1. *(Gen)* trade as, do business as; 2. *(Recht) (AE)* practice as, *(BE)* practise as *(Anwalt)* • **tätig werden** 1. *(Gen)* act, take action; 2. *(Mgt)* take action

tätigen *v (V&M)* close, transact *(Abschluss)*

tätiger Teilhaber *m (Mgt)* active partner

Tätigkeit *f* 1. *(Gen)* action, activity; 2. *(Pers)* occupation *(Arbeit, Beruf)*

Tätigkeitsanalyse *f (Pers)* job analysis

Tätigkeitsbereich *m (Gen)* field of action, range of activity

Tätigkeitsbericht *m (Gen)* activity report, progress report

Tätigkeitsbeschreibung *f (Pers)* job description, job specification
Tätigkeitsbezeichnung *f (Pers)* occupational title, job title
Tatsache *f (Gen)* fact • **den Tatsachen ins Auge sehen** *(Gen)* face the facts • **die Tatsachen verdrehen** *(Gen)* gerrymander
Tatsachenfeststellung *f (Gen)* fact-finding
tatsächlich *adj* 1. *(Comp)* actual, effective; 2. *(Gen)* factual, actual
tatsächliche Arbeitslosigkeit *f (WiWi)* actual level of unemployment
tatsächliche Zuhörerschaft *f (Media, V&M)* net audience
tatsächlicher Verlust *m (WiWi)* actual deficit
tatsächliches Defizit *n (WiWi)* actual deficit
tatsächliches Ergebnis *n (Gen)* actual outcome
tauglich *adj (Gen)* suitable, convenient
Tausch *m* 1. *(Gen)* barter, exchange, swop, switch, switching; 2. *(WiWi)* exchange
Tausch *m* **von Vermögenswerten** *(Admin, RW)* asset swap
Tauschbörse *f (Komm, Media, V&M)* exchange, trading post
Tausch-Effizienz *f (WiWi)* exchange efficiency
tauschen *v (Gen)* barter, exchange, swop, switch
Tauschgeschäft *n* 1. *(Fin)* exchange; 2. *(Gen)* barter transaction, exchange, exchange deal; 3. *(WiWi)* exchange, swop
Tauschgewinne *mpl (WiWi)* gains from exchange, gains from trade
Tauschhandel *m (WiWi)* barter (trade), barter transaction, counter trading
Tauschmittel *m (WiWi)* medium of exchange
Tauschsystem *n (Gen, WiWi)* barter system
Täuschung *f (Recht)* fraudulent misrepresentation *(arglistige Falschangabe; deception, fraud)*
Täuschungsmanöver *n (Gen)* red herring, *(ugs.)* hype
Tauschwert *m (WiWi)* exchange value
Tauschwirtschaft *f (WiWi)* barter economy, exchange economy
Taxe *f* 1. *(Börse)* appraised value; 2. *(Gen)* estimate, estimated price, valuation; 3. *(Steuer)* tax
taxieren *v (Gen)* appraise, assess, estimate
Taxigebühr *f (Logis) (AE)* cab charge, *(BE)* taxi charge
Taxkurs *m (Börse)* approximate price
Teamarbeit *f (Mgt, Pers)* teamwork
Teambesprechung *f (Mgt)* team briefing
Teamgeist *m (Gen)* team spirit
Technik *f (Ind)* technology, engineering
Techniker *m (Pers)* technician
Technikerin *f s.* Techniker
technisch *adj (Gen)* technical
technisch ausgereift *(Ind)* high-tech
technisch fortgeschritten *(Ind, WiWi)* technologically advanced
technisch hochwertige Güter *npl (Ind, V&M)* high-tech goods
technisch orientierter Analyst *m (Bank, Börse)* chartist
technisch orientierter Wertpapieranalyst *m (Bank, Börse)* chartist
technische Aktienanalyse *f (Börse)* technical analysis
technische Analyse *f (Börse, Fin)* chartism
technische Anlagen *fpl* **und Maschinen** *fpl (RW)* plant and machinery
Technische Anleitungen *fpl (TA) (Recht, Umwelt)* technical guidelines
technische Beratungsfirma *f (Ind)* consulting engineer
technische Betreuung *f (Comp, Ind)* technical support
technische Chartanalyse *f (Börse)* chartism *(Synonym: technische Chartanalyse)*
technische Einrichtungen *fpl (Comp, Ind)* technical devices
technische Einzelheit *f (Gen)* technicality
technische Hilfe *f (Comp, Ind)* technical assistance
technische Innovation *f (Comp, Ind, V&M)* technical innovation
technische Konten *npl (RW, Versich)* operating accounts
technische Neuerung *f (Ind)* technological innovation
technische Normen *fpl (Ind, Pol)* technical standards *(EU)*
technische Unterlagen *fpl (Ind)* technical data
technische Vorkehrungen *fpl (Comp,*

Ind) technical precautions
technische Zusammenarbeit *f (Ind)* technical cooperation
technischer Berater *m (Ind, Pers)* engineering consultant
technischer Bereich *m (Pat)* technical field
technischer Fortschritt *m* 1. *(Ind)* engineering progress, techn(olog)ical advance [progress]; 2. *(Pat)* improvement in the art
technischer Wandel *m (Gen, Ind, WiWi)* technological change, technical change
technisches Handelshemmnis *n (WiWi)* technical barrier to trade
technisches Personal *n (Pers)* technical staff
technokratisch *adj (Gen)* technocratic
Technologie *f (Ind)* technics, engineering, technology
Technologiebewertung *f (Ind, WiWi)* technology assessment
technologieintensiv *adj (Gen)* high-tech, technology-based
technologieintensives Unternehmen *n (Gen, Ind)* technology-based firm, high--tech company
technologieorientiert *adj (Gen, Ind)* technology-based
technologieorientiertes Unternehmen *n (Ind)* technology-based firm, high--tech [technology] company
Technologietransfer *m (Ind, WiWi)* technology transfer, transfer of technology
Technologieunternehmen *n (Comp, Gen, Komm)* technology company
Technologiezentrum *n (Ind)* technology park
technologisch *adj (Ind)* technological
technologisch hochentwickelt *adj (Ind, WiWi)* technologically advanced
technologische Arbeitslosigkeit *f (Pers)* technological unemployment *(wegen technisch bedingter Umstellungen)*
technologische Veränderung *f (Ind, V&M)* technological change, technical change
technologische Verbesserung *f (Ind)* technological innovation
technologischer Vorsprung *m (Ind)* technological edge
technologischer Wandel *m (Ind)* technological change
Teil *m* 1. *(Gen)* part, piece, portion; 2. *(Recht)* party
Teil *n (Ind)* component
Teilarbeitslose *m(f) (Pers)* partially unemployed, partially unemployed person
Teilarbeitslosigkeit *f (Pers)* partial unemployment
Teilbetrag *m (Gen)* fractional amount, partial amount, tranche *(a portion of money, Teil einer größeren Geldsumme)*; part payment *(bei Zahlungsweise in nicht notwendig gleichen Teilbeträgen)*; *(BE)* installment *(Ratenzahlung in gleichen Teilbeträgen)*
Teilbilanz *f (WiWi)* sub-account (of the Balance of Payments) *(ZB)*
Teildarlehen *n (Fin)* subloan
teilen *v* 1. *(Comp)* divide; 2. *(Gen)* share
Teilentschädigung *f (RW)* partial consideration
Teilerhebung *f (V&M)* sample study [survey]
Teilfreigabe *f (Recht)* partial release
Teilhaber *m (Gen)* associate, partner, co--partner • **einen Teilhaber aufnehmen** *(Gen)* take a partner
Teilhaberin *f s.* Teilhaber
Teilhaberschaft *f (Gen)* partnership
Teilhafter *m (Gen, Recht)* limited partner
Teilhafterin *f s.* Teilhafter
Teilhaftung *f (Gen, Recht)* limited liability *(des Kommanditisten, of the limited partner)*
Teilkaskoversicherung *f (Versich)* part comprehensive cover, partial coverage insurance
Teillieferant *m (Ind, V&M)* partial supplier
Teillieferungsvertrag *m (Recht)* instal(l)ment contract
Teilmarkt *m (V&M)* market segment
Teilmodell *n (Bank, WiWi)* sector of the model
Teilnahmegebühr *f (Gen, V&M)* participation fee
Teilnahmeverzicht *f (Pol, Recht)* opting--out
teilnehmen *v (Gen)* participate
teilnehmen *v* **an** *(Mgt)* attend *(Sitzung)*
teilnehmend *adj (Gen)* attending, participating
Teilnehmer *m* 1. *(Gen)* participant; 2. *(Komm)* subscriber
Teilnehmer *m* **an einem Lehrgang** *(Bil, Pers)* participant in a (training) course

Teilnehmerin *f s.* Teilnehmer
Teilnehmerin *f* **an einem Lehrgang** *s.* Teilnehmer an einem Lehrgang
Teilnehmerstaaten *mpl (Pol, Recht)* participating States *(EU)*
Teilnehmerzahl *f* 1. *(Gen)* number of participants; 2. *(Komm)* number of subscribers
Teilsektor *m (Ind, WiWi)* sub-sector
Teilsystem *n (Comp)* subsystem
Teilung *f (Gen)* division, separation, splitting
Teilung *f* **des Arbeitsplatzes** *(Pers)* job sharing
Teilunwirksamkeitsklausel *f (Recht)* partial invalidity *(Handelsvertrag)*
teilvariable Kosten *pl (Fin, RW, WiWi)* semi-fixed costs, semi-variable costs
Teilverlust *m (Versich)* partial loss
teilweise Annahme *f (Gen)* partial acceptance
teilweiser Totalschaden *m (Versich)* partial total loss, PTL
Teilwert *m* 1. *(RW)* going-concern value; 2. *(Steuer)* value of an asset as part of an enterprise
Teilzahlung *f* 1. *(Bank)* instal(l)ment (payment); 2. *(Gen)* part payment • **als Teilzahlung** *(Gen)* as part payment
Teilzahlungskredit *m* 1. *(Bank)* instal(l)ment loan; 2. *(Fin)* instal(l)ment credit
Teilzahlungsvertrag *m (Fin)* credit sale agreement, *(BE)* hire-purchase agreement
Teilzeit arbeiten *(Pers)* work part-time
Teilzeitarbeit *f (Pers)* part-time work, part-time job
Teilzeitarbeitsplatz *m (Pers)* part-time job
Teilzeitbeschäftigte *m(f) (Pers)* part-time worker, part-time employee, *(ugs.)* part--timer
Teilzeitbeschäftigung *f (Pers)* part-time employment
Teilzeitnutzung *f* **von Immobilien** *(Frei)* timesharing
Tel quel *(Gen)* sale as is, sale with all faults, tel quel
Tel quel-Kurs *m (Börse, Fin)* tel quel rate
Telearbeit *f (Comp, Pers)* telework, telecommuting
Telearbeiter *m (Comp, Pers)* teleworker
Telearbeiterin *f s.* Telearbeiter
Telearbeitsplatz *m (Pers)* telecommuting job, telework place
Telebanking *n (Bank)* telebanking
Tele-Einkauf *m (Comp, V&M)* electronic shopping, teleshopping
Telefon *n (Gen, Komm)* phone, telephone • **per Telefon** *(Komm)* over the telephone
Telefonanruf *m (Komm)* phone call
Telefonbuch *n (Komm)* phone book, telephone directory
Telefongespräch *n (Komm)* phone call, telephone conversation
Telefonhandel *m (Börse)* interoffice dealings [trading], telephone dealing
Telefonhörer *m (Komm)* telephone receiver
Telefonie *f (Komm)* telephony *(Telefongespräche im Internet)*
telefonisch *adj (Komm)* by telephone, over the telephone • **telefonisch Geschäfte tätigen** *(Mgt)* do business over the phone • **eine telefonische Nachricht hinterlassen** *(Komm)* leave a telephone message
Telefonkarte *f (Komm)* phone card
Telefon-Marketing *n (V&M)* phone marketing
Telefonnetz *n (Komm) (BE)* Public Switched Telephone Network, PSTN, *(ugs.)* plain old telephone system, POTS *(öffentliches Festnetz)*
Telefonrechnung *f (Komm)* telephone bill
Telefonverkauf *m (V&M)* telephone sales, telephone selling, telesales
Telefonverkehr *m (Börse)* interoffice dealings [trading], telephone traffic
Telefonwerbung *f (V&M)* telephone advertising
Telefonzelle *f (Komm)* call box, telephone booth [box]
telegrafisch *adj (Komm)* telegraphic
telegrafische Auszahlung *f (Bank, Fin)* cable transfer, telegraphic transfer
telegrafische Geldanweisung *f (Bank, Fin)* telegraphic money order
telegrafische Überweisung *f (Bank, Fin)* cable transfer, telegraphic transfer
Telegramm *n (Komm)* cable, cablegram, telegram, telemessage
Telekommunikation *f (Komm)* telecommunications
Telekommunikationsverbindungen *fpl (Comp, Komm, Recht)* telecommunication links
Telemarketing *n (Fin, Komm, V&M)*

telemarketing
Telemarkt *m (Fin, Komm, V&M)* telemarket
Telematik *f (Comp, Komm)* telematics
Teleshopping *n (Fin)* teleshopping
Televerkauf *m (Fin, Komm, V&M)* telesales
Televerkäufer *m (Fin, Komm, V&M)* telesales person
Televerkäuferin *f s.* Televerkäufer
Tempo *n* 1. *(Gen)* speed, pace *(Trend)*; 2. *(WiWi)* rate • **das Tempo festlegen** *(Gen)* set the pace
Tempo *n* **der Veränderung** *(Gen)* pace of change
temporär *adj (Gen)* temporary
temporäres Gleichgewicht *n (WiWi)* temporary equilibrium
Tendenz *f (Gen)* tendency, trend
Tendenzänderung *f (Gen, V&M)* change of trend, trend change, change of tendency
tendenziös *adj (Gen)* biased, tendentious
Tendenzwende *f (Fin)* turnabout, turn(a)round
Tender *m (Fin, Gen)* tender
Tenderaufruf *m (Börse, Fin)* appeal for tenders
Tenderverfahren *n (Börse)* tender system
tendieren *v* **zu** *(Gen)* tend towards
Termin *m* 1. *(Gen)* appointed time, appointment, deadline, time limit *(Frist)*; 2. *(Recht)* time limit • **einen Termin einhalten** *(Gen)* meet a deadline • **auf Termin kaufen** *(Börse)* buy for the account, purchase forward • **auf Termin verkaufen** *(Börse)* sell for the account, sell forward • **zu einem Termin in der Zukunft** *(Gen)* at some future date • **Termin nach Vereinbarung** *(Gen)* by appointment only
Terminbörse *f (Bank, Fin)* forward exchange, forward market
Termineinlage *f (Bank) (BE)* fixed deposit, *(AE)* time deposit; term deposit
Termingeld *n (Bank)* fixed-term deposit
termingerecht *adj (Gen)* on schedule
Termingeschäft *n (Börse, Fin)* (financial) futures, forward exchange transaction, forward operation, dealing in futures
Terminhändler *m (Börse, Fin)* futures trader
Terminkauf *m* 1. *(Börse)* forward buying, forwarding; 2. *(Gen)* term purchase
Terminkontrakt *m (Börse, Fin)* forward contract, futures (contract)
Terminkontrakte *mpl (Börse, Fin)* futures • **Terminkontrakte kaufen** *(Börse)* go long
Terminkontrakte *mpl* **auf Aktienbasis** *(Börse)* equity-related futures
Terminkontrakthandel *m (Börse, Fin)* futures trading
Terminkontraktmarkt *m (Börse, Fin)* futures market
Terminkontrolle *f (Mgt)* progress control
Terminkurs *m (Bank, Börse)* forward rate, forward exchange rate
Terminlieferung *f (Gen)* future delivery • **auf Terminlieferung kaufen** *(Gen)* buy for future delivery
Terminmarkt *m (Börse, Fin)* forward market, futures market
Terminnotierungen *fpl (Börse)* forward quotations
Terminposition *f (Börse)* forward position
Terminsicherung *f (Börse)* forward cover
Terminswapgeschäft *n (Fin)* forward swap
Terminverkauf *m (Fin)* forward sale, future sale
Terminvorgabe *f (Bank)* deadline
Terminware *f (Börse)* forward commodity, future commodity, futures
tertiärer Sektor *m (WiWi)* tertiary sector
tertiäres Produkt *n (WiWi)* tertiary product
Tertiärsektor *m (Ind)* tertiary sector *(Synonym: Dienstleistungssektor; provides services to the general public and to businesses)*
Testament *n (Recht)* will • **ohne Testament** *(Recht)* intestate
Testamentsvollstrecker *m (Recht)* executor, executrix
Testat *n* 1. *(Mgt, RW)* audit opinion, audit report, audit certificate, auditor's certificate, auditor's opinion, auditor's report, auditor's statement *(Prüfungsobjekt: Jahresabschluss; Synonym: Bestätigungsvermerk, Prüfungsvermerk)*; 2. *(Recht)* attestation
Testaufgabe *f (Gen)* test problem
testen *v (Gen)* test, try out
Testgebiet *n (V&M)* test area
Testieren *n (Recht)* attestation
testierter Abschluss *m (Mgt, RW)* audited accounts, certified financial statement, audited financial statement

Testperson *f (Gen)* testee
Teststudie *f (Gen)* pilot study
teuer *adj (Gen)* costly, dear, expensive, *(ugs.)* pric(e)y
Teuerung *f (V&M, WiWi)* (general) rise in prices, inflation
Teuerungsrate *f (WiWi, Stat)* inflation rate
Teuerungszulage *f (Pers)* cost-of-living allowance, cost of living supplement, *(AE)* cost-of-living adjustment *(Arbeit)*
Teufelskreis *m (WiWi)* vicious circle
Textilien *pl (Ind)* textiles
Textilindustrie *f (Ind)* textile industry, *(AE)* apparel industry, *(BE)* clothing industry
Textteil *m (Komm)* body *(Brief, E-Mail)*
Textverarbeitungsprogramm *n (Comp)* word processor
TFP *f (Abk. für totale Faktorproduktivität) (WiWi)* total factor productivity *(Mikroökonomie)*
Theke *f (V&M)* counter *(im Ladengeschäft)*
Thema *n (Gen)* subject, topic, subject matter
thematische Werbung *f (V&M)* theme advertising
theoretisch *adj (Gen)* theoretical, academic *(Frage)*
theoretisch *adv (Gen)* theoretically, in theory
Theorie *f (Gen)* theory
Theorie *f* **der Eigentumsrechte** *(WiWi)* theory of property rights
Theorie *f* **der komparativen Kosten** *(WiWi)* theory of comparative costs
thesaurieren *v (Fin, RW)* accumulate, *(BE)* plough back, *(AE)* plow back *(Gewinn)*; retain profit
thesaurierte Gewinne *mpl (Fin, RW) (BE)* ploughed-back profits, retained profit, profit retentions, retained earnings
Tick-Größe *f (Börse)* tick *(Mindestpreisschwankung)*
Tief *n (Börse, WiWi)* bottom, trough
Tiefbau *m (Ind)* civil engineering
Tiefe *f (Gen)* depth
Tiefstand *m (Börse, WiWi)* bottom, low • **einen Tiefstand erreichen** *(Börse)* hit a low, reach a low
Tiefstpreis *m (Börse, WiWi)* lowest price, rock-bottom price, bottom price
Tierhalterhaftung *f (Versich)* animal keeper's liability
tilgen *v* 1. *(Bank)* repay, pay back, amortize, pay off *(Schulden)*; 2. *(Börse)* redeem; 3. *(Fin)* liquidate, acquit, satisfy, amortize *(Schulden)*; 4. *(RW)* liquidate, acquit, satisfy, amortize *(Schulden)*
Tilgung *f* 1. *(Bank)* repayment; 2. *(Fin, RW)* repayment, liquidation, satisfaction, amortization, debt retirement, redemption, clearance *(Schuld)* • **zur Tilgung von** *(Bank, Fin)* in settlement of
Tilgung *f* **einer Anleihe** *(Fin)* amortization of a loan, redemption of a loan
Tilgung *f* **von Verbindlichkeiten** *(WiWi)* payment of debts
Tilgung *f* **vor dem Fälligkeit** *(Fin)* redemption before due date
Tilgungsanleihe *f* 1. *(Börse)* redemption bond; 2. *(Fin)* amortization loan, sinking-fund bond
Tilgungsart *f (RW)* amortization method
Tilgungsbetrag *m (Börse)* redemption amount
Tilgungsfonds *m (Fin)* amortization [redemption, sinking] fund
tilgungsfreie Zeit *f (Fin)* grace period, period of grace (for redemption)
Tilgungsfrist *f (Fin)* repayment term, period of redemption
Tilgungshypothek *f* 1. *(Bank)* amortized mortgage loan; 2. *(Fin) (AE)* level--payment mortgage; redemption mortgage
Tilgungsmodalitäten *fpl (Fin)* pattern of repayment, terms of redemption
Tilgungsphase *f (Bank, Fin)* repayment phase
Tilgungsplan *m (Fin)* amortization [call] schedule, redemption table
Tilgungsrate *f (Fin)* redemption [amortization] instal(l)ment, sinking--fund instal(l)ment
Tilgungsrücklage *f (Fin)* amortization reserve, amortization fund, sinking--fund reserve
Tilgungstermin *m* 1. *(Börse)* redemption date; 2. *(Fin)* repayment date
Tilgungszahlung *f (Fin, RW)* amortization expense, redemption payment
Tischvorlage *f (Mgt, Pol)* room document
Titel *m* 1. *(Börse)* security; 2. *(Media)* heading, title *(Zeitschrift)*; 3. *(Recht)* title
T-Konto *n (RW)* T-account *(doppelte Buchführung = double-entry bookkeeping: the two sides of the account record debits and credits)*

Tochterfirma *f (Gen)* subsidiary firm
Tochtergesellschaft *f* 1. *(Gen)* subsidiary, affiliated company, associated company, *(BE)* subsidiary company, *(AE)* subsidiary corporation; 2. *(Recht)* majority-owned subsidiary *(über 50 % Beteiligung)*; wholly-owned subsidiary *(100 % Beteiligung)*
Tochterinstitut *n (Bank)* banking subsidiary
Tochterunternehmen *n (Gen)* subsidiary firm
Todesfallversicherung *f (Versich) (BE)* assurance payable at death, *(AE)* insurance payable at death, *(AE)* straight-life insurance, *(BE)* whole-life assurance, *(AE)* whole-life insurance
Too-big-to-fail-Problematik *f (Pol, WiWi)* too-big-to-fail-issue *(z. B. willkürliche Staatseingriffe bei Insolvenz so genannter ‚wichtiger' Großunternehmen)*
Top-Down-Ansatz *m (Mgt, WiWi)* top--down approach *(Informationsfluss bei der retrograden Unternehmensplanung mit zunehmender Konkretisierung der Zielvorgaben "von oben nach unten"; corporate top-down planning; opposite: bottom-up approach; Gegenstromverfahren, Planungsprinzip)*
Top-down-Planung *f (Mgt, WiWi)* top--down planning, top-down corporate planning *(Informationsfluss der retrograden Unternehmensplanung mit zunehmender Konkretisierung der Zielvorgaben "von oben nach unten"; corporate top-down planning; opposite: bottom-up approach; Gegensatz: Bottom-up-Planung)*
total *adj (Gen)* complete, total, all-out
totale Faktorproduktivität *f (TFP) (WiWi)* total factor productivity *(Mikroökonomie)*
Totalerhebung *f (Stat, WiWi)* full survey
Totalschaden *m (Versich)* total loss, write-off *(Auto)*
Totalverlust *m* 1. *(Gen)* dead loss; 2. *(Versich)* total loss • **Totalverlust eingeschlossen** *(Versich)* comprised total loss • **nur gegen Totalverlust versichert** *(Versich)* total loss only
Tourismus *m (Frei)* tourism
Tourismusgeschäft *n (Frei)* tourist trade
Tourist *m (Frei)* tourist
Touristikbranche *f (Frei)* tourist trade
Touristin *f s.* Tourist
toxische Papiere *npl (ugs.) (Media, Bank, Fin, RW) (ugs.)* toxic paper, toxic instruments *(Synonym: toxische Titel; risikobehaftete, strukturierte Forderungstitel in Bankbilanzen, häufig aus intransparenten, schwer oder nicht bewertbaren Wiederverbriefungen = re--securitizations, häufig mit irreführenden besonderen AAA-Ratings von Ratingagenturen, die die Mathematiker der Originator-Bank bereits beim Strukturierungsprozess gegen Beratungshonorar begleiteten; die Konstruktion stellt gezielt sicher, dass die Qualität der zugrunde liegenden Forderungen und die Bonität der Titel nicht mehr erkennbar sind; zeitweise, bis ca. 2007, auch ‚fortschrittliche' Finanzinstrumente = ‚advanced instruments' genannt; z. B. CDO of CDOs = CDO2 = CDO squared, ABS of ABS, CBOs, MBS; Verbriefungsalchemie, Tranchierung, financial engineering)*
Trabantenstadt *f (Grund, Soz, WiWi)* overspill town, satellite town, new town
Trade-off *m (WiWi)* trade-off
traditionell *adj (Gen)* traditional
tragbar *adj* 1. *(Gen)* acceptable, reasonable *(annehmbar)*; portable *(Gerät)*; 2. *(V&M)* hand-held
Tragbarkeit *f (Gen)* acceptability *(Annehmbarkeit)*; portability *(Gerät)*
tragen *v (Gen)* bear, defray, carry *(Kosten)*; shoulder *(Last, Belastung)*
tragende Grundsätze *mpl (Recht)* fundamental principles
Träger *m* 1. *(Ind)* girder; 2. *(Soz)* body, organization, agency *(eines Aufgabenbereichs)*; provider *(Bildungsmaßnahme z. B.)*; promoter *(Auftraggeber)*
Träger *m* **einer Maßnahme** *(Soz)* provider *(insbesondere einer arbeitsmarkt- oder sozialpolitischen Maßnahme)*; promoter, sponsor *(finanzielle Trägerschaft und, oftmals, PR-Aspekte im Vordergrund)*
Trägerorganisation *f (Gen)* promoting agency
Tragfähigkeit *f (Logis)* deadweight capacity, deadweight cargo capacity, deadweight tonnage, carrying capacity,

tons deadweight, tonnes deadweight
Tragfähigkeitslücke *f (Fin, Pol)* sustainability gap *(nicht offen ausgewiesene, von der langfristigen, generationenübergreifenden Finanzwirtschaft aufgezeigte Finanzierungslücke des Staates nach Berücksichtigung der Pensionsverpflichtungen für seine ehemaligen Beamten; long-term intergenerational financial gap)*
Trägheit *f (V&M)* inertia
Trägheitseffekt *m (Pol, WiWi)* inertia effect
Transaktion *f (Gen)* transaction
Transaktion *f* **zwischen unabhängigen Partnern** *(Gen, Steuer, V&M)* arm's--length transaction
Transaktionen *fpl* **Gebietsansässiger** *(Bank, Fin)* residents' transactions
Transaktionsanalyse *f (Fin, Mgt)* transactional analysis
Transaktionsgebühr *f (Fin, Bank, Börse)* item charge, charge per item *(Synonym: Postengebühr)*
Transaktionskasse *f (WiWi)* transactions balance, transactions holdings
Transaktionskosten *pl (WiWi)* transactions costs
Transaktionsrisiko *n (Börse)* transaction risk [exposure]
Transaktionswährung *f (Bank, WiWi)* vehicle currency
transatlantische Beziehungen *fpl (Pol, Recht)* transatlantic relations *(zwischen America und Europa)*
Transatlantischer Informationsaustausch-Service *m (Pol, Recht)* Transatlantic Information Exchange System, TIES
transatlantisches Verhältnis *n (Pol, Recht)* transatlantic relationship
Transfer *m (Gen, WiWi)* transfer
Transfereinkommen *n (WiWi)* transfer [nonfactor] income
Transferzahlung *f (WiWi)* transfer payment
Transformationskurve *f (WiWi)* transformation curve
Transformationsland *n (Pol)* transition country, country in transition *(in Mittelosteuropa)*
transformieren *v* 1. *(Gen, WiWi)* transform; 2. *(Stat)* transformieren
Transitkredit *m (Bank)* transit credit
transitorisch abgrenzen *v (RW)* defer
transitorische Einnahmen *fpl (WiWi)* transitory income
transitorischer Posten *m (RW)* deferred [transitory] item
transitorischer Rechnungsabgrenzungsposten *m (RW)* deferred item, deferral
Transmissionsmechanismus *m (WiWi)* transmission mechanism
transnationale Gesellschaft *f (WiWi)* transnational corporation
Transparent *n* 1. *(Admin)* transparency *(Durchscheinbild)*; 2. *(V&M)* banner, neon sign *(Werbung)*
Transport *m (Logis)* haulage, transit, transport, transportation, conveyance, truckage • **beim Transport beschädigt** *(Logis)* damaged in transit
Transportart *f (Logis)* transport mode
Transportdokument *n (Logis)* transport [transportation] document
transportfähig *adj (Logis)* transportable
transportieren *v (Logis)* transport, forward, convey, carry
Transportkosten bezahlt *(Imp/Exp, Logis)* carriage paid
Transportpapiere *npl (Imp/Exp, Logis)* dispatch papers, shipping documents, shipping papers
Transport- und Spediteurkosten *pl (Logis)* carriage
Transport- und Spediteurkosten *pl* **zu Lasten des Empfängers** *(Imp/Exp, Logis)* carriage forward
Transportunternehmen *n (Imp/Exp, Logis)* forwarding company, haulage company, haulage contractor
Trassant *m (Bank)* drawer, drafter
Trassat *m (Bank)* acceptor, drawee
Tratte *f* 1. *(Bank)* draft; 2. *(Fin)* bill, bill of exchange, B/E • **eine Tratte zur Annahme vorlegen** *(Bank)* present a draft for acceptance • **eine Tratte avisieren** *(Bank)* advise a draft
treffen *v* 1. *(Gen)* meet; 2. *(WiWi)* hit
Treffen *n (Gen)* meeting
Trefferquote *f (V&M)* hit rate, strike rate
Treffgenauigkeit *f (Stat)* accuracy
Treffpunkt *m (Gen)* meeting place, meeting point, venue
treiben *v (Gen)* spur • **jmdn. bis zum Äußersten treiben** *(Gen)* push sb to the limit
treibendes Ölfeld *n (Ind, Umwelt)*

spillage
Treiberinstallation *f (Comp)* driver installation
Treibhauseffekt *m (Umwelt)* greenhouse effect
Treibstoffsteuer *f (Steuer)* fuel tax
Treibstoffzuschlag *m (Steuer, Logis)* fuel surcharge
Trend *m (Gen)* tendency, trend • **gegen den Trend laufen** *(Gen) (ugs.)* buck the trend
Trendänderung *f (Stat, V&M)* change of trend, trend change, change of tendency
trendbereinigt *adj (WiWi)* detrended
Trendbruch *m (Stat, V&M)* break in a [the] trend
Trendfortschreibung *f (Stat, V&M)* extrapolation, trend extrapolation, trend estimate
Trendführerschaft *f (WiWi)* barometric firm leadership
Trendgerade *f (Stat)* trend line
Trendgleichung *f (Stat)* trend equation
Trendrate *f (WiWi)* underlying rate
Trendwachstum *n (Bank, WiWi)* trend rate of growth *(EZB)*
Trendwende *f (Gen)* trend reversal • **eine Trendwende herbeiführen** *(Gen)* reverse a trend
trennen *v* 1. *(Comp)* decollate, deleave; 2. *(Gen)* separate, segregate
Trennschärfe *f (Bank, Fin, Stat, WiWi)* discriminatory power *(z. B. Fähigkeit eines Ratingsystems, ex ante zwischen ausfallenden und nicht ausfallenden Kreditnehmern zu diskriminieren, e. g. ability of a rating system to discriminate ex ante between defaulting and non--defaulting borrowers)*
Trennung *f* 1. *(Gen)* separation, segregation; 2. *(Grund)* severance; 3. *(Pol)* segregation *(Rasse, Geschlecht)*
Tresor *m (Bank)* safe deposit vault, safe, strongroom
Tresorfach *n (Bank)* safety deposit box
Treu und Glauben/nach *(Recht)* bona fide, in good faith, on trust
Treueprämie *f (Pers)* fidelity bonus
Treuerabatt *m (V&M)* fidelity rebate, loyalty discount [rebate]
Treugeber *m (Recht)* settlor, transferor, *(AE)* trustor
Treuhand *f (Bank, Recht)* trust
Treuhandbank *f (Bank)* trust bank
Treuhänder *m (Recht)* trustee, fiduciary
Treuhänderin *f s.* Treuhänder
treuhänderisch *adj (Recht)* fiduciary
treuhänderisch *adv (Bank, WiWi)* on a trust basis
Treuhandgeschäft *n* 1. *(Bank)* fiduciary operation, fiduciary banking; 2. *(Recht)* trust transaction
Treuhandkonto *n* 1. *(Bank)* custodial account, fiduciary account; 2. *(Fin)* trust account, *(AE)* agency account
Treuhandschaft *f (Recht)* trusteeship
Treuhandstatus *m (Börse)* trustee status
Treuhandurkunde *f (Recht)* trust instrument
Treuhandverwahrung *f (Recht)* escrow
Treuhandverwalter *m (Fin)* escrow agent
Treuhandverwalterin *f s.* Treuhandverwalter
treuwidrige Verfügung *f (Recht)* breach of trust
Trinkgeld *n (Gen)* tip
Triple-A-Papier *n (Fin)* triple-A security *(Rating: mit AAA oder Aaa bewerteter Titel)*
Triple-A-Rating *n (Börse, Fin)* triple-A rating *(mit AAA oder Aaa bewertet)*
TRIPS-Abkommen *n (Imp/Exp, Pat, Pol)* TRIPS-Agreement, Agreement on Trade-Related Aspects of Intellectual Property Rights *(EU, GATT/WTO; Abkommen über handelsbezogene Aspekte der Rechte des geistigen Eigentums)*
Trittbrettfahrer *m (ugs.)* 1. *(Gen, WiWi)* free rider; 2. *(Logis)* fare-dodger, *(AE)* free rider
Trittbrettfahrer-Verhalten *n (Gen, WiWi) (BE)* free rider behaviour, *(AE)* free rider behavior *(Synonym: Free-Rider--Verhalten)*
Trojaner-Angriff *m (Comp, Komm, Recht)* trojan horse, trojan horse attack, trojan attack *(eingeschleustes, selbstständiges Programm mit verdeckter Schadwirkung)*
tropischer Regenwald *m (Umwelt)* tropical rainforest
trostlos *adj (Gen, WiWi)* bleak
trübe Aussichten *fpl (Gen)* bleak [grim, gloomy] outlook
True-Sale-Transaktion *f (Bank, Fin)* true--sale transaction *(anders als bei synthetischen Transaktionen = synthetic transactions werden hier die*

Forderungen effektiv mit entsprechender Risiko- und Eigenkapitalentlastung abgetreten und am Markt refinanziert; es erfolgt eine rechtswirksame Übertragung eines Forderungspools auf eine Zweckgesellschaft = SPV = special--purpose vehicle; Zweck: Bilanzstrukturmanagement, Risikomanagement, regulatorisches und ökonomisches Eigenkapitalmanagement, Refinanzierung; a securitization transaction involving the transfer of receivables, a legally binding transfer of a pool of exposures to a special--purpose vehicle = SPV; the originators' motivation: balance sheet structure management, management of risk and of regulatory and economic capital, refinancing)

True-Sale-Verbriefung *f (Bank, Fin)* true--sale securitization *(ABS; der Investor --SPV, Special Purpose Vehicle- erwirbt das Eigentum am Vermögen, die abgetretene Forderung wechselt tatsächlich den Eigentümer und wird in der Bilanz des Erwerbers aktiviert; securitization transaction involving the transfer of receivables; Gegensatz: synthetische Verbriefung = synthetic securitization, die Forderung verbleibt hier im Eigentum und in der Bilanz der Bank, nur das Kreditrisiko wird als Finanzderivat an einen Investor gegen eine angemessene Prämie verkauft)*

Trust *m (Recht)* trust • **in einem Trust zusammenfassen** *(Recht)* trustify

tüchtig *adj (Gen, Pers)* able, capable *(fähig)*; competent, efficient, hard--working *(fleißig)*

Tüchtigkeit *f (Pers)* ability, capability *(Fähigkeit)*; competence, competency, efficiency, diligence

Turbokapitalismus *m (Bank, Fink Pol)* turbo capitalism *(kurzfristige Profitorientierung –shorttermism = Kurzfristdenken = Kurzfristorientierung– ohne Rücksicht auf mittel- und langfristige gesellschaftliche Kosten, begünstigt von internen –Boni–, entfesselt von externen Fehlanreizen = disincentives eines unzulänglich steuernden, Lobby-hörigen polit--regulatorischen Umfeldes; abhängig u.a. von steuerlichen, regulatorisch--aufsichtlichen und Governance--Rahmenbedingungen, Moral-Hazard--Verhalten, Too-big-to-fail-Problematik; Freiburger Schule, Neoliberalismus; EU)*

Turnaround *m (Gen)* (corporate) turnaround

Türschild *n (Admin, Gen)* nameplate

TÜV *(Abk. für Technischer Überwachungs-Verein; Deu) (Logis)* safety standards authority

TÜV-Inspektor *m (Deu) (Logis)* safety inspector *(Synonym: TÜV-Prüfer)*

TÜV-Plakette *f (Deu) (Logis) (AE)* safety sticker

typisch *adj (Gen)* typical

typisieren *v (Gen)* standardize, typify

typisiert *adj (Gen, Recht, V&M)* standardized

Typologie *f (V&M)* typology

U

übel *n (WiWi)* bad

überaltert *adj (Gen, WiWi)* obsolete, outdated

überalterte Gesellschaft *f (WiWi)* overaged society, overly aged society

Überalterung *f* **der Bevölkerung** *(WiWi)* ageing of the population

Überangebot *n (Gen, WiWi)* glut, oversupply • **ein Überangebot an** *(Gen)* a glut of

überanstrengen *v (Pers)* overwork

überarbeiten *v* 1. *(Gen)* revise; 2. *(Media)* revise, rework

überarbeiten *v***/sich** *(Pers)* overwork

Überarbeitung *f* 1. *(Media)* revision, revised version *(Ergebnis)*; 2. *(Pers)* overwork *(Überanstrengung)*

Überbesetzung *f (Pers)* overmanning, overstaffing *(einer Abteilung, eines Unternehmens)*

Überbestand *m (Gen)* excessive inventory, excessive stock

Überbesteuerung *f (Steuer)* excessive taxation

überbetriebliche Lehrausbildungsstätte *f (Bil)* inter company training centre, joint training centre, joint training establishment

überbetriebliche Lehrwerkstatt [Lehrwerkstätte] *f (Bil)* inter-company

training workshop, inter-firm training workshop, joint trainee workshop
überbewerten *v (Fin, RW, WiWi)* overestimate, overrate, overstate
überbewertet *adj* 1. *(Gen)* top-heavy *(Wertpapiere)*; 2. *(RW, WiWi)* overrated, overvalued
überbewertete Währung *f (WiWi)* overvalued currency
Überbewertung *f* 1. *(Fin, RW)* overstatement, overestimate, overestimation; 2. *(WiWi)* overrating, overvaluation, overestimation *(einer Währung)*
Überbietung *f (Bank)* overbidding
Überblick *m (Gen)* survey, overview, review
Überbringer *m (Bank)* bearer
Überbringerin *f s.* Überbringer
Überbringerscheck *m (Bank) (AE)* bearer check, *(BE)* bearer cheque
überbrücken *v (Gen)* bridge, tide over
Überbrückung *f (Fin)* bridging
Überbrückungsbeihilfe *f (Pers, Soz)* tideover allowance, bridging allowance
Überbrückungsfazilität *f (Bank)* bridging facility
Überbrückungsgeld *n (Pers, Soz)* tideover allowance, bridging allowance
Überbrückungskredit *m* 1. *(Bank)* adjustment credit, bridging advance [loan], interim loan, bridge-over loan, *(AE)* bridge loan; 2. *(RW)* accommodating credit
überbuchen *v (Admin, Frei, Logis)* overbook *(Flüge, Hotels)*
Überbuchung *f (Admin, Frei, Logis)* overbooking *(Flüge, Hotels)*
überdenken *v (Gen)* rethink
überdurchschnittlich *adj (Gen)* better than average
überdurchschnittliches Wachstum *n (WiWi)* above-average growth
übereignen *v* 1. *(Grund)* convey; 2. *(Recht)* assign, transfer • **etw. übereignen** *(Recht)* transfer ownership of sth
Übereignung *f (Recht)* assignment, transfer
übereinkommen *v (Gen)* agree *(Zustimmung, Vereinbarung)* • **mit jmdm. übereinkommen** *(Gen)* agree with sb, come to an agreement [arrangement, understanding] with sb
Übereinkommen *n (Gen)* agreement, arrangement, understanding
Übereinkommen *n* **des Europarats** *(Pol, Recht)* Convention of the Council of Europe
Übereinkommen *n* **über die Erteilung europäischer Patente** *(Pat, Recht)* Convention on the Grant of European Patents *(Europarat)*
Übereinkunft *f (Gen)* agreement, accord, arrangement *(Übereinkunft mit Gläubigern)*
übereinstimmen *v* 1. *(Gen)* agree, conform; 2. *(Recht)* coincide, concur *(Meinung)*
übereinstimmen *v* **mit** *(Gen, Recht)* be in agreement with, coincide with
übereinstimmend *adj (Gen, Recht)* concurrent, congruent
übereinstimmend *adj* **mit** 1. *(Gen)* congruent with, in accordance with, in agreement with; 2. *(Recht)* consistent with
Übereinstimmung *f* 1. *(Gen)* agreement, conformity, congruence, consensus, consistency; 2. *(Pat)* unity; 3. *(Recht)* accord, compliance • **in Übereinstimmung mit** *(Recht)* in accordance with, in agreement with, in compliance with *(Gesetz)*
Übereinstimmungsbescheinigung *f (Recht)* Certificate of Conformity, COC *(Synonym: Konformitätsbescheinigung)*
überfällig *adj (Gen, RW)* overdue
überfällige Forderung *f* 1. *(Fin)* delinquent account, overdue account; 2. *(RW)* overdue claim
überfälliger Betrag *m (RW)* amount overdue
überfinanzieren *v (Fin)* overfund
Überfluss *m (Gen, WiWi)* abundance, affluence • **im Überfluss vorhanden sein** *(Gen)* be in abundance
überflüssig *adj (Gen)* redundant, expendable
Übergabe *f (Gen)* delivery, handing-over, handover
Übergabetermin *m (Grund)* completion date
Übergabevereinbarung *f (Ind)* handover agreement
Übergang *m (Gen)* passing, transformation, transition
Übergangsfrist *f (Bank)* transition period
Übergangsperiode *f (Gen)* transition period

Übergangsphase *f (WiWi)* transitional stage
Übergangsregelung *f (Recht)* transitional regulation
Übergangsregierung *f (Pol)* caretaker government, interim government, transitional government
Übergangsstadium *n (WiWi)* stage of transition, transitional stage
Übergangsvorschriften *fpl (Recht)* transitional provisions
Übergangszeit *f (Gen, WiWi)* period of transition, transition period
übergeben *v* 1. *(Bank)* transfer; 2. *(Gen)* deliver, hand over; 3. *(Pers)* transfer
übergehen *v (Gen)* skip
übergehen *v* **auf** *(Recht)* pass into the ownership of, pass to
übergeordnet *adj (Gen, Recht)* senior, superior
Überhang *m* 1. *(Börse)* overhang; 2. *(Gen)* excess, surplus; 3. *(Grund)* hangout; 4. *(RW, WiWi)* surplus
überhitzte Volkswirtschaft *f (WiWi)* overheated economy
überhöhen *v* 1. *(Gen)* inflate *(Risiko, Bestände)*; 2. *(V&M)* overcharge; 3. *(WiWi)* overextend
überhöht *adj* 1. *(Gen)* excessive, too high *(Preis)*; 2. *(WiWi)* overcharged
überhöhte Gebühren *fpl (Bank)* excessive charge
überholen *v* 1. *(Gen)* outdate, outpace, recondition; 2. *(Logis)* overhaul
überholt *adj (Gen)* dated, outdated, out of date, outmoded, outpaced
Überholung *f (Gen, Logis)* overhaul
Überkapazität *f* 1. *(Gen)* overcapacity; 2. *(Ind, WiWi)* excess capacity
überkapitalisieren *v (Fin, Gen)* overcapitalize
überkapitalisiert *adj* 1. *(Börse)* highly geared; 2. *(Fin)* top-heavy; 3. *(Gen)* overcapitalized, top-heavy *(Wirtschaft)*
überkommene Rechte *npl (Recht, Logis, WiWi) (AE)* grandfather rights *(Synonym: angestammte Rechte, Großvaterrechte; von Bedeutung z. B. bei der Zuteilung knapper Start- und Landerechte = allocation of slots im Luftverkehr)*
Überkreuzverflechtung *f (Bank, Fin, Pol)* interlocking shareholding *(gegenseitige Beteiligungen; cf Deutschland AG)*
überlagern *v (Gen)* eclipse, cover over, superimpose, overlap
überlassen *v (Recht)* abandon, give up, leave, relinquish
Überlassung *f (Gen, Recht)* abandonment, giving up, leaving, relinquishment
Überlassungsvertrag *m (Grund)* quitclaim deed
überlasten *v* 1. *(Komm)* congest; 2. *(Pers)* overburden, overstrain
überlastetes Ballungsgebiet *n (WiWi)* congested urban area
Überlastung *f* 1. *(Komm)* congestion; 2. *(Pers)* overburdening, overstrain, overstress
überlaufen *v (Ind)* overrun
Überlebensrente *f* 1. *(Grund)* survivorship annuity; 2. *(Versich) (AE)* joint and survivor annuity; annuity in reversion, reversionary annuity
Überlebensversicherung *f (Versich)* survivorship insurance
überlegen *adj (Gen)* superior • **jmdm. überlegen sein** *(Gen)* have the edge over sb
überlegen *v (Gen)* consider, think about
Überlegung *f (Gen)* consideration
übermäßig *adj (Gen)* excessive, exorbitant
übermäßig *adv (Gen)* excessively, unduly
übermäßige Reaktion *f (Stat, WiWi)* overshooting
übermäßige Steuerbelastung *f (Steuer)* excess burden of a tax
übermitteln *v* 1. *(Comp)* upload *(Dateien)*; 2. *(Komm)* transmit, send *(elektronisch)* • **per Fax übermitteln** *(Komm)* send by fax
Übermittlung *f* 1. *(Komm)* transmission; 2. *(Recht)* conveyance, notification *(Vertragsrecht)*
Übernachfrage *f (V&M, WiWi)* excess demand
Übernachteinlagen *fpl (Bank)* overnight liquidity *(EZB)*
Übernachtliquidität *f (Bank)* overnight liquidity *(EZB)*
Übernahme *f* 1. *(Bank, Börse)* acquisition, takeover; 2. *(Fin)* absorption, buyout; 3. *(Gen)* acquisition, takeover; 4. *(Mgt)* adoption *(einer Methode)*; 5. *(RW, Steuer)* acquisition; 6. *(WiWi)* takeover, acquisition
Übernahme *f* **des Delkredererisikos**

(Versich) (BE) credit protection insurance
Übernahme *f* **einer Anleihe** *(Börse)* bond underwriting
Übernahme *f* **von Risiken** *(Versich)* cover
Übernahmeangebot *n (Börse, Fin, RW)* bid, takeover bid, tender offer
Übernahmegesetz *n (Recht)* takeover law, mergers and acquisitions law, law of mergers and acquisitions
Übernahmekodex *m (Recht)* takeover code
Übernahmekonsortium *n (Fin)* underwriting syndicate
Übernahmeprovision *f* 1. *(Bank)* underwriting fee; 2. *(Fin)* underwriting commission
Übernahmeziel *n (Börse, Fin, Mgt)* targeted company, target company, target *(Zielunternehmen, Zielgesellschaft einer freundlichen oder feindlichen Übernahme, of a friendly or hostile takeover)*
übernational *adj (Gen, Pol, WiWi)* supranational
übernehmen *v* 1. *(Fin)* carry; 2. *(Gen)* take over, accept, absorb, take on *(Verantwortung)*; assume *(Verpflichtung)*; *(ugs.)* take in *(Arbeit)*; undertake *(Aufgabe, Verantwortung)*; borrow *(Ideen, Methode)*; absorb *(Kosten)*; shoulder *(Verpflichtungen)*; 3. *(Komm)* accept *(Anruf)*; 4. *(WiWi)* absorb • **die Führung übernehmen** *(Gen)* take the lead
übernehmende Gesellschaft *f* 1. *(Fin)* transferee company; 2. *(Gen)* purchasing company, acquiring company, transferee company; 3. *(WiWi)* absorbing company
übernommene Gesellschaft *f (Gen, WiWi)* acquired company, acquisition, purchased company
überprüfen *v* 1. *(Gen)* check, review, screen; 2. *(Mgt)* review, overhaul; 3. *(Pat)* examine; 4. *(Pol)* vet
Überprüfung *f* 1. *(Gen)* screening, search; 2. *(Mgt)* review; 3. *(Pat)* examination
Überprüfung *f* **einer Hypothese** *(Stat, WiWi)* hypothesis testing
Überprüfungsvorbehalt *m (Recht)* sunset clause
Überprüfungsvorbehaltsklausel *f (Recht)* sunset clause
überragend *adj (Gen)* pre-eminent, paramount, overriding *(Wichtigkeit)*
überreden *v (Gen)* persuade, win over
Überredung *f (Gen)* persuasion
überregional *adj (Pol, WiWi)* supra--regional, nation-wide
überregionale Presse *f (Media)* national press
Überreste *mpl (Gen)* remnants
überschätzen *v (Fin, RW, WiWi)* overestimate, overrate, overvalue
Überschätzung *f (Fin, RW, WiWi)* overestimation, overvaluation, overrating
überschießender Preis *m (WiWi)* overshooting price
überschneiden v/sich *(Gen, Pers, V&M)* overlap *(Daten, Urlaub)*
überschnelle Reaktion *f (Stat, WiWi)* overshooting
überschreiben *v (Pat, Recht)* transfer
Überschreiben *n (Comp)* strikeover *(Drucker)*
überschreiten *v* 1. *(Imp/Exp)* cross *(Grenze)*; 2. *(RW)* overspend; 3. *(WiWi)* overrun
Überschrift *f* 1. *(Komm)* caption; 2. *(Media)* title, leading line *(Zeitschriftenartikel)*; 3. *(RW)* heading
Überschuldung *f (Bank, RW, WiWi)* excessive debts, debt overload
Überschuss *m* 1. *(Fin)* surplus; 2. *(Gen, RW, WiWi)* surplus, overage • **einen Überschuss aufweisen** *(RW)* show a surplus *(Gewinn)*
Überschuss... *(Gen)* surplus
Überschuss *m* **an Arbeitskräften** *(Pers)* labo(u)r surplus, manpower surplus, excess supply of labo(u)r, excess supply of manpower, oversupply of labo(u)r, oversupply of manpower
Überschuss *m* **der Schulden über das Vermögen** *(Fin, RW)* surplus of liabilities over assets *(Überschuldung)*
Überschussbeteiligung *f (Versich)* capital bonus
Überschussbildung *f (WiWi)* accumulation of surpluses *(ZB)*
überschüssig *adj (Gen)* excess, surplus
überschüssige Arbeitskräfte *fpl (Pers)* labo(u)r surplus, surplus of labo(u)r, surplus manpower
Überschusskapazität *f* 1. *(Ind)* surplus capacity; 2. *(WiWi)* excess capacity
Überschussliquidität *f (Bank, WiWi)*

excess liquidity *(ZB)*
Überschussreserven *fpl* 1. *(Bank)* excess reserves; 2. *(WiWi)* idle money
überschwappen *v (Gen)* spill over
überseeische Gebiete *npl (Pol)* overseas countries and territories *(der EU)*
übersenden *v* 1. *(Komm)* send, ship; 2. *(Logis)* consign, convey, forward, ship
Übersendung *f* 1. *(Imp/Exp, Komm)* shipment; 2. *(Logis)* consignation, conveyance, forwarding, shipment
übersetzen *v (Komm)* translate
Übersetzer *m (Gen, Komm)* translator
Übersetzerin *f s.* Übersetzer
Übersetzung *f (Komm)* translation
Übersetzungsdienst *m (Admin)* Translation Service *(EU)*
Übersicht *f* 1. *(Gen)* survey, chart, outline, summary, synopsis; 2. *(Media, V&M)* synopsis
Übersichtstabelle *f (WiWi)* synoptic table *(ZB)*
überstaatlich *adj (Gen, Pol, WiWi)* supranational
überstarke Reaktion *f (Stat, WiWi)* overshooting
übersteigen *v (Gen, WiWi)* exceed
überstimmen *v (Gen, Pol)* outvote, overrule *(Leute)*
Überstunden *fpl (Pers)* overtime, overtime hours *(Arbeitszeit)* • **Überstunden machen** *(Pers)* work overtime *(Arbeitszeit)*
Überstundenarbeit *f (Pers)* overtime work
Überstundenvergütung *f (Pers)* overtime pay *(Arbeitszeit)*
Überstundenzuschlag *m (Pers)* overtime premium
übertarifliche Bezahlung *f (Pers)* payment exceeding the collectively agreed wage, payment in excess of the collectively agreed wage
überteuert *adj (Gen, V&M)* overpriced
Übertrag *m* 1. *(Fin, RW)* balance brought down [forward], balance carried forward, carry-over *(Saldo)*; 2. *(Gen)* carried forward
übertragbar *adj* 1. *(Börse)* transferable; 2. *(Gen)* negotiable; 3. *(Recht)* assignable *(Vertragsrecht)*; 4. *(Versich)* negotiable
übertragbarer Kredit *m (Bank, RW)* assignable credit
übertragbares Wertpapier *n* 1. *(Bank)* negotiable instrument; 2. *(Fin)* transferable security
Übertragbarkeit *f (Börse)* assignability, transferability
Übertrageffekt *m (Media)* carry-over effect
übertragen *v* 1. *(Bank)* bring forward; 2. *(Börse)* transfer; 3. *(Comp)* transmit; 4. *(Fin)* assign, bring forward, carry down, carry forward; 5. *(Gen)* broadcast, transcribe, extend; 6. *(Grund)* transfer; 7. *(Komm)* transmit; 8. *(Media)* broadcast *(Veranstaltung)*; 9. *(Mgt)* delegate *(Verantwortung)*; 10. *(RW)* assign, bring forward; 11. *(Recht)* confer *(Rechte)*; assign *(Besitzübergang)*; convey *(Eigentum)*; 12. *(WiWi)* transfer *(Mittel)* • **etw. auf jmdn. übertragen** *(Gen, Recht)* vest sth in sb
Übertragende *m(f) (Recht)* transferrer, grantor
Übertragung *f* 1. *(Börse)* transfer; 2. *(Comp)* transmission; 3. *(Fin)* assignment; 4. *(Gen)* broadcasting, transcription, transfer *(Verbindlichkeiten, Verantwortung)*; 5. *(Grund)* transfer; 6. *(Komm)* transmission; 7. *(Mgt)* delegation *(Befugnisse, Verantwortung)*; 8. *(Pat)* transfer; 9. *(RW)* assignment; 10. *(Recht)* assignment, conferment, conferral, grant; 11. *(WiWi)* transfer
Übertragung *f* **der Eigentumsrechte** *(Recht)* transfer of ownership
Übertragung *f* **von Rechten und Pflichten** *(Recht)* transfer of rights and obligations
Übertragung *f* **von Vermögen** *(RW)* transfer of assets
Übertragungen *fpl (WiWi)* transfer payments *(ZB)*
Übertragungsgebühren *fpl (Recht)* transfer fees
Übertragungskosten *pl (RW)* transmission expenses
Übertragungsurkunde *f (Recht)* bill of sale, deed *(Vertragsrecht)*
übertreffen *v* 1. *(Gen)* surpass, exceed, top; 2. *(WiWi)* outperform *(Wirtschaftsleistung)*
übertreiben *v (Gen)* exaggerate, overshoot
überversichern *v (Versich)* overinsure
Überversicherung *f (Versich)* overinsurance

Überversorgung *f (WiWi)* overprovision
Übervölkerung *f (Pers)* overpopulation
übervorteilen *v (Gen)* get the better of
überwachen *v* 1. *(Gen)* monitor, supervise, survey; 2. *(Mgt, Pers)* monitor, supervise; 3. *(Logis, V&M)* control, monitor
Überwachung *f* 1. *(Gen, Mgt, Pers)* supervision, follow-up; 2. *(Recht)* surveillance *(elektronische Überwachung)*; 3. *(Admin, V&M)* control
Überwachungskosten *pl (Mgt, Soz, WiWi)* monitoring cost
Überwachungsorgan *n (Bank, Versich)* overseer
Überwachungsorganisation *f (Gen) (ugs.)* watchdog *(Verbraucherverbände)*
Überwachungssystem *n (Gen)* tracking system
Überwachungszentrum *n (Gen, Mgt)* control center, *(BE)* control centre
überwälzen *v* 1. *(Steuer)* shift; 2. *(WiWi)* pass along, pass on *(Kosten)*
Überwälzung *f* 1. *(Steuer)* shifting; 2. *(WiWi)* pass-along
überwechseln zu *(Gen)* switch to
überweisen *v (Bank, Fin, WiWi)* remit, transfer *(Geld)*
Überweisung *f* 1. *(Bank)* money transmission, transfer; 2. *(Fin, WiWi)* remittance, transfer • **per Überweisung zahlen** *(Bank)* pay by giro
Überweisungen *fpl* **der einbehaltenen Beträge** *(Steuer) (BE)* PAYE remittances
Überweisungsauftrag *m* 1. *(Bank, Fin) (BE)* bank giro credit; banker's order, transfer order; 2. *(Gen)* remittance order
Überweisungsbeleg *m (Bank)* transfer of funds voucher
Überweisungsdauer *f (Bank)* transfer time
Überweisungsträger *m (Gen)* remittance slip
überwinden *v (Gen)* overcome
überzeichnen *v (Stat, WiWi)* overestimate *(Kurs, Modell)*
überzeugen *v (Gen)* convince, persuade
überzeugend *adj* 1. *(Gen)* convincing, persuasive, powerful *(Vertreter)*; 2. *(WiWi)* compelling
überzeugender Beweis *m (Pat)* conclusive evidence
Überzeugung *f (Gen)* conviction, persuasion
überziehen *v* 1. *(Bank)* overdraw *(Konto)*; 2. *(WiWi)* overextend
Überziehung *f (Bank)* overdraft
Überziehungskredit *m (Bank)* bank overdraft, overdraft facility
Überziehungsmöglichkeit *f (Bank)* overdraft facility
Überziehungszinssatz *m (Bank)* overdraft rate
üblich *adj (Gen)* widespread, customary, normal, usual, standard • **unter dem üblichen Vorbehalt** *(Recht)* with the usual proviso
übliche Abnutzung *f (Gen)* fair wear and tear
übliche Arbeitszeit *f (Pers)* normal working hours, normal working time; standard working hours *(tarifliche Arbeitszeit)*
übliche Bedingungen *fpl (Gen)* usual conditions *(u.c.)*; usual terms *(u.t.)*
übliche Miete *f (Grund)* fair market rent, fair rent
übliche Praxis *f (Gen)* standard practice
üblicher Lohn *m (Pers)* standard rate
üblicher Mietwert *m (Grund)* fair rental value
Übungsfirma *f (Bil, Gen, Pers)* practice firm *(training of people similar to "on--the-job" training; Lernort der kaufmännischen Berufsbildung als Ergänzung und Alternative zum Betrieb, ausgestaltet als Modell eines Wirtschaftsbetriebes, technisch--produktive Aufgaben werden simuliert)*
Ultimatum stellen *v/***jmdm. ein** *(Gen)* give sb an ultimatum
Ultimoabschluss *m (Bank, RW)* end-of--month account
umändern *v (Gen)* alter
Umbau *m* 1. *(Grund)* conversion; 2. *(WiWi)* reconstruction
umbauen *v* 1. *(Grund)* convert; 2. *(WiWi)* reconstruct
umbesetzen *v (Admin, Gen, Pers)* reassign, reorganize, shake up
Umbesetzung *f (Admin, Gen, Pers)* reassignment, reorganization, shake--up
umbrechen *v* 1. *(Gen)* break down; 2. *(Media)* paginate *(Seiten)*
Umbruch *m* 1. *(Gen)* upheaval; 2. *(Media)* making-up into pages
umbuchen *v (Bank, RW)* transfer

Umbuchung *f* 1. *(Bank)* money transmission, payment transfer, transfer; 2. *(RW)* (book) transfer
Umfang *m* 1. *(Comp)* volume *(Daten, Speicher)*; 2. *(Gen)* bulk, ga(u)ge, scale, volume; 3. *(Pat)* scope, extent; 4. *(WiWi)* size
Umfang *m* **der Deckung** *(Versich)* cover
umfangreich *adj (Gen, WiWi)* large-scale
umfassen *v (Gen)* comprise, encompass
umfassend *adj* 1. *(Gen, Pers)* comprehensive; 2. *(Recht)* blanket *(Lizenzen)*; 3. *(Versich)* comprehensive
umfassende Diskussion *f (Gen)* in-depth discussion
Umfeld *n (Gen)* environment
Umfeldanalyse *f (Mgt, Umwelt)* environmental analysis
Umfeldüberwachung *f (Ind)* environmental monitoring [control]
Umfelduntersuchung *f (Umwelt)* environment scan
Umfinanzierung *f (Fin)* financial adjustment, refinancing
umformen *v (Ind, WiWi)* transform
umformulieren *v (Admin, Pol)* redraft
Umfrage *f* 1. *(Gen)* survey; 2. *(V&M)* enquiry, poll • **eine Umfrage durchführen** *(Gen, V&M)* carry out a survey
umgebaut *adj (Grund)* converted
umgeben *adj (Gen)* surrounded
Umgebung *f* 1. *(Comp)* environment *(Software)*; 2. *(Gen)* environs, surrounding area, neighbo(u)rhood *(der Stadt)*
umgehen *v* 1. *(Gen)* bypass; 2. *(Steuer)* avoid • **das Bankensystem umgehen** *(Bank, WiWi)* bypass the banking system
umgehend *adv (Gen, Komm)* as soon as possible
Umgehungsanreiz *m (Bank, Recht)* incentive to circumvent the regulations, inducement to circumvent the regulations
umgekehrt *adj (Gen)* reversed
umgekehrt *adv (Stat)* inversely
umgekehrte Maßgeblichkeit *f (Deu) (RW)* reverse authority *(Umkehrung der primären Maßgeblichkeit der Handelsbilanz für die Steuerbilanz, wenn bestimmte steuerliche Wahlrechte ausgeübt werden; identity of commercial accounts with tax accounts, the latter being the authoritative basis; vgl. Maßgeblichkeitsprinzip = authoritative principle)*
umgerechnet in *(Gen)* the equivalent of • **umgerechnet in Euro** *(Bank, WiWi)* in euro-terms
umgestalten *v* 1. *(Gen)* transform; 2. *(Mgt)* reorganize
Umgestaltung *f* 1. *(Gen)* transformation; 2. *(Mgt)* reorganization
umgruppieren *v (Gen)* redeploy, regroup
Umgruppierung *f (Gen)* redeployment, regrouping
Umhüllende *f (Stat)* envelope curve
Umhüllung *f (Ind)* clothing, wrapping *(Verpackung)*
umkämpft *adj (Pol, V&M)* contested, disputed
Umkehr *f* **der Beweislast** *(Recht)* shift of the burden of proof
Umkehrbarkeit *f (Gen)* reversibility
umkehren *v* 1. *(Stat)* invert; 2. *(WiWi)* reverse
Umkehrfloater *m (Bank, Fin)* reverse floater, reverse floating rate note, reverse FRN, reverse note, bull floater, yield curve note *(Anleger profitieren von fallenden Zinsen, the coupon rate is a high fixed rate less the variable rate, e. g. 12 % less 3 months' Euribor)*
umkippen *v (Gen) (AE)* go negative
Umkippen *n* 1. *(Logis)* tipping; 2. *(Umwelt)* tipping, extinction *(Wasser)*
umladen *v (Logis)* reload, transship
Umlage *f* 1. *(Fin)* contribution, levy; 2. *(RW)* allocation
umlagefinanzierte Altersversorgung *f (Mgt, Soz)* unfunded pension scheme, pay-as-you-go pension scheme, unfunded pension plan
umlagefinanziertes System *n (Fin, Steuer)* pay-as-you-go system *(Sozialversicherung, social security)*
Umlagefinanzierung *f (Pol, Soz, WiWi)* levy-based financing system
umlagenfinanziert *adj (Fin, Soz, Steuer)* pay as you go
umlagenfinanziertes System *n s.* umlagefinanziertes System
Umlauf *m (WiWi)* circulation • **im Umlauf befindliche Aktien** *(Börse)* shares outstanding • **im Umlauf** *(Gen)* afloat • **im Umlauf sein** *(Komm)* circulate *(Informationen)* • **in Umlauf setzen**

(Bank, Fin) issue • **aus dem Umlauf ziehen** *(Fin, Gen, WiWi)* withdraw from circulation
umlaufendes Volumen *n (Börse, Fin)* outstanding volume
umlauffähiges Wertpapier *n (Börse, Recht)* negotiable instrument
Umlaufgeschwindigkeit *f* 1. *(Fin)* velocity of circulation; 2. *(WiWi)* cash transactions velocity
Umlaufgeschwindigkeit *f* **des Geldes** *(WiWi)* velocity of circulation (of money)
Umlaufrendite *f (WiWi)* flat yield, running yield, yield on bonds outstanding *(Rendite der im Umlauf befindlichen, festverzinslichen Wertpapiere; sie liegt meist leicht über der Emissionsrendite = issuing yield)*
Umlaufvermögen *n (RW)* current assets
Umlaufzeit *f (Gen, Logis)* time of circulation, turn(a)round time
umlegen *v* 1. *(Börse)* apportion *(Aktien)*; 2. *(Gen)* prorate, assess; 3. *(RW)* apply to; 4. *(WiWi)* allocate *(Mittel)*
umleiten *v (Logis)* divert, reconsign, reroute
Umorganisation *f (Fin, Gen)* reorganization, revamp
umorganisieren *v (Fin, Gen)* shake up, reorganize, revamp
umrechnen *v* 1. *(Fin, RW)* convert; 2. *(WiWi)* translate *(Währung)*
Umrechnung *f* 1. *(Fin)* conversion; 2. *(WiWi)* translation, translating
Umrechnung *f* **von Fremdwährungen** *(WiWi)* foreign currency translation
Umrechnungsdifferenz *f* 1. *(Gen)* translation differential *(Währungen)*; 2. *(RW)* translation difference
Umrechnungsfaktor *m (Stat)* conversion factor
Umrechnungskurs *m (Fin, WiWi)* conversion price, conversion rate, exchange rate, rate of exchange
Umrechnungssatz *m (Fin)* conversion rate
Umrechnungsverlust *m (Fin, WiWi)* translation loss
umreißen *v (Gen)* outline
Umsatz *m* 1. *(Börse)* activity, dealings, turnover; 2. *(Gen)* volume, transaction, turnover; 3. *(V&M)* sales, billing; 4. *(WiWi)* volume of trade • **Umsatz bringen** *(V&M)* pull in sales
Umsatzaufwendungen *fpl (RW)* cost of goods sold, cost of sales
Umsatzbeteiligung *f (Mgt, Pers)* share in turnover, sales commission
Umsatzerlöse *mpl (RW)* Revenue *(IAS 18)*
Umsatzertrag *m (RW)* sales revenue
Umsatzgeschwindigkeit *f (Börse)* rate of turnover, turnover rate
Umsatzgewinnrate *f* 1. *(Fin, WiWi)* return on sales, percentage return on sales, net operating margin, profit margin, profit-turnover ratio; 2. *(RW) (BE)* profit--turnover ratio *(Gewinn in Prozent vom Umsatz; Synonym: Umsatzrendite, Umsatzrentabilität)*
Umsatzkosten *pl (WiWi)* cost of goods sold
Umsatz-Leverage *n (Fin, RW) (AE)* operating leverage
umsatzlos *adj (Börse)* flat, inactive
umsatzloses Konto *n* 1. *(Bank)* inactive account, dormant account; 2. *(V&M)* dormant account
Umsatzquote *f (Gen)* turnover ratio, turnover rate
Umsatzrendite *f* 1. *(Fin, WiWi)* return on sales, percentage return on sales, net operating margin, profit margin, profit--turnover ratio; 2. *(RW) (BE)* profit--turnover ratio *(Gewinn in Prozent vom Umsatz; Synonym: Umsatzrendite, Umsatzgewinnrate)*
Umsatzrentabilität *f* 1. *(Fin, WiWi)* return on sales, percentage return on sales, net operating margin, profit margin, profit-turnover ratio; 2. *(RW) (BE)* profit--turnover ratio *(Gewinn in Prozent vom Umsatz; Synonym: Umsatzrendite, Umsatzgewinnrate)*
umsatzstark *adj (Börse)* high-volume
Umsatzsteuer *f* 1. *(Börse)* transactions tax; 2. *(Steuer)* turnover tax
Umsatzsteuergesetz *n (Recht)* Turnover Tax Law
Umsatzsteuer-Identifikations-Nummer *f (USt-IdNr) (Steuer)* VAT registration number, *(ugs.)* VAT number, turnover tax ID number
Umsatzsteuer(rück)vergütung *f (Steuer)* VAT refund, turnover tax refund, *(AE)* sales tax refund
Umsatzsteuervoranmeldung *f (Steuer)* advance value-added tax return, advance VAT return, *(AE)* sales tax advance return

Umsatzträger *m (V&M)* performer
Umsatzvolumen *n (RW)* volume
umschichten *v* 1. *(Fin)* shift, switch; 2. *(Gen)* regroup; 3. *(RW)* reallocate
Umschichtung *f* 1. *(Fin)* shifting, switching; 2. *(Gen)* regrouping; 3. *(RW)* reallocation
Umschichtung *f* **von Verbindlichkeiten** *(Fin)* liability management, debt restructuring
Umschlag *m* 1. *(Komm)* envelope; 2. *(Logis)* transshipment, turn(a)round, handling
Umschlag *m* **von Waren** *(Logis)* transshipment *(Umladung)*; handling *(Synonym: Warenumschlag)*
Umschlaggeschwindigkeit *f (Fin)* velocity of circulation
Umschlaghäufigkeit *f s.* Umschlagshäufigkeit
Umschlagsgeschwindigkeit *f* **des Umlaufvermögens** *(Fin, RW)* current assets turnover, rate of turnover of current assets
Umschlagshäufigkeit *f (V&M, WiWi)* rate of turnover, inventory turnover *(Warenwirtschaft; Umschlagsgeschwindigkeit = velocity of circulation = turnover rate = rate of turnover)*
Umschlagshäufigkeit *f* **des Eigenkapitals** *(Fin, Gen)* (rate of) equity turnover
Umschlagshäufigkeit *f* **des Lagerbestands** *(Fin)* rate of inventory turnover
Umschlagskennzahl *f (Fin, RW)* turnover ratio
Umschlagzeit *f* 1. *(Gen, Ind)* turn(a)round time; 2. *(WiWi)* replacement period, turn(a)round time
umschreiben *v* 1. *(Börse)* transfer *(Namenspapiere)*; 2. *(Comp)* transcribe, rewrite *(Software)*; 3. *(Gen)* adapt, alter; 4. *(Grund)* convey; 5. *(Media)* rewrite *(Druck)*
Umschreibung *f* 1. *(Börse)* transfer *(Wertpapiere)*; 2. *(Gen)* altering, adaptation, transcription; 3. *(Grund)* conveyance
umschulden *v (Fin)* refund, refinance, reschedule, restructure
Umschuldung *f (Fin)* debt refinancing, debt refunding, debt rescheduling, debt restructuring, financial restructuring
Umschuldungsklausel *f (Fin)* collective action clause , CAC *(die CACs erlauben im Fall einer Leistungsunfähigkeit eines staatlichen Anleiheschuldners die Änderung der Zahlungsbedingungen per Mehrheitsbeschluss, z. B. Laufzeitverlängerung, Zinssenkung, Schuldenschnitt; Einzelgläubiger verlieren damit die Möglichkeit, Restrukturierungsbeschlüsse durch Vollstreckungsmaßnahmen zu blockieren; sie sollen gemäß ESM = Europäischer Stabilitätsmechanismus ab 7/2013 in die Vertragsbedingungen aller neuen Staatsschuldtitel der EWU--Staaten mit einer Laufzeit von über einem Jahr aufgenommen werden)*
umschulen *v* 1. *(Gen)* re-educate; 2. *(Pers)* retrain
Umschulung *f (Pers)* occupational retraining, retraining, vocational retraining
Umschwung *m* 1. *(Fin, Gen)* turnabout, *(AE)* turnaround, *(BE)* turnround; 2. *(Pol, WiWi)* reversal, swing
umsetzen *v* 1. *(Comp)* convert; 2. *(Gen)* execute, sell, turn over, transact, implement; 3. *(Pers)* shift, transfer; 4. *(V&M)* turn over
Umsetzung *f* 1. *(Comp)* conversion; 2. *(Gen)* execution, implementation; 3. *(Pers)* transfer, transferral
umsichtig *adj (Gen)* cautious, prudent
umsiedeln *v (Gen, Ind, WiWi)* relocate *(Standort, Betrieb)*
Umsiedlung *f (Gen, Ind, WiWi)* relocation, resettlement
Umstand *m (Recht)* circumstance, fact, factor • **unter den gegebenen Umständen** *(Gen, Recht)* under the circumstances, given the circumstances • **unter keinen Umständen** *(Gen, Recht)* under no circumstances • **unter sonst gleichen Umständen** *(WiWi)* other things being equal, ceteris paribus
umsteigen *v (Logis)* change, transfer
umstellen *v (Gen)* switch • **sich umstellen auf** *(Gen)* switch over to
Umstellung *f* 1. *(Gen)* switchover, switch, switching; 2. *(Recht)* changeover, conversion, transposal *(EU Recht)*
umstritten *adj (Gen)* controversial
umstrukturieren *v* 1. *(Bank)* refloat

(Darlehen); 2. *(Fin, Gen, Mgt, WiWi)* reorganize, reshape, reshuffle, restructure *(Unternehmen)*
Umstrukturierung *f* 1. *(Bank)* refloatation; 2. *(Fin, Gen, Mgt, WiWi)* reorganization, reshuffle, restructuring, structural transformation, company reconstruction
Umtausch *m* 1. *(Fin)* conversion, exchange; 2. *(Gen)* change; 3. *(WiWi)* conversion, exchange
umtauschen *v* 1. *(Bank, Börse, Fin)* convert, exchange *(Währung)*; 2. *(Gen)* change; 3. *(WiWi)* convert, exchange *(Währung)*
Umtauschparität *f (Börse) (BE)* conversion parity
Umtauschpflicht *f (Bank)* surrender requirement
Umtauschverhältnis *n (Börse)* conversion ratio
Umtauschwert *m* 1. *(Börse)* exchange value; 2. *(Fin)* exchange ratio
Umverteilung *f (Gen, WiWi)* redistribution, shifting
Umverteilungseffekt *m (WiWi)* redistributive effect
Umwälzung *f (Gen)* upheaval
umwandeln *v* 1. *(Börse, Fin, Gen)* change, commute, convert, transform; 2. *(Komm)* transcode *(Code)*; 3. *(Mgt)* reorganize; 4. *(Recht)* change, commute, convert *(Strafurteil)*
umwandeln *v* **in** *(Gen)* convert into
Umweg *m* 1. *(Gen)* detour; 2. *(Logis, WiWi)* indirect route
Umwegproduktion *f (WiWi)* indirect [roundabout] production
Umwelt *f (Umwelt)* environment
Umwelt-Audit *n (ugs.) (Umwelt)* environmental audit
Umweltaufsichtsbehörde *f (Recht, Umwelt)* environmental supervisory authority
Umweltbedingungen *fpl (Umwelt)* environmental conditions
Umweltbehörde *f (Umwelt)* environmental office
Umweltbelastung *f (Umwelt)* environmental load [burden, pollution]
Umweltberater *m (Umwelt)* environmental consultant
Umweltbericht *m (Umwelt)* environmental report
Umweltberichterstattung *f (Umwelt)* environmental reporting
Umweltbesteuerung *f (Pol, Steuer)* green taxes *(umweltpolitisch motivierte Eingriffe in Produktions- und Konsumprozesse, häufig verbunden mit sachfremden fiskalischen und/oder distributiven Zielen; levied to discourage behaviour that might be environmentally harmful)*
umweltbewusst *adj (Umwelt)* environmentally aware, environmentally-conscious
Umweltfragen *fpl (Umwelt)* environmental issues
umweltfreundlich *adj (Umwelt)* eco--friendly, environmentally beneficial [friendly]
umweltfreundliche Technologie *f (Umwelt)* environmentally clean technology
umweltfreundliches Produkt *n (Umwelt)* environmentally-friendly product
Umweltgütezeichen *n (Ind)* eco--label(l)ing
Umwelthaftungsrecht *n (Recht, Umwelt)* environmental liability law
Umweltkontrolle *f (Ind, Pol, Umwelt)* environmental [pollution] control
Umweltnorm *f (Umwelt)* environmental standard
Umweltprämie *f (Pol, Umwelt)* scrapping bonus; environmental premium *(Deu: Polit-Öko-Euphemismus für PKW--Abwrackprämie)*
Umweltproblem *n (Umwelt)* environmental problem
Umweltprüfung *f (Umwelt)* environmental test, environmental testing, environmental assessment *(spezieller: Umweltbetriebsprüfung = Ökoaudit = environmental audit = ecological audit)*
Umweltqualitätsnorm *f (Umwelt)* environmental quality standard
Umweltschaden *m (Gen, Pol, Umwelt)* environmental damage
Umweltschutz *m (Ind, Pol, Umwelt)* environmental control [protection], pollution control, protection of the environment
Umweltschutz-Audit *n (Umwelt)* environmental audit
Umweltschutzmaßnahmen *fpl (Umwelt)* environmental protection measures
Umweltschutzpolitik *f (Umwelt)*

environmental policy
Umweltsteuer *f (Steuer, Umwelt)* environmental [pollution] tax, eco-tax
Umweltstiftung *f (Gen, Umwelt)* environmental foundation
Umweltstudie *f (Mgt, Umwelt)* environmental study
Umweltüberwachung *f (Ind, Umwelt)* environmental [pollution] monitoring
Umweltuntersuchung *f* 1. *(Mgt)* environmental analysis; 2. *(Umwelt)* environment scan
Umweltverschmutzer *m (Umwelt)* polluter
Umweltverschmutzung *f (Umwelt)* environmental pollution
Umweltverschmutzungs-überwachung *f (Ind, Umwelt)* pollution monitoring
Umweltverträglichkeitsprüfung *f (Gen)* environmental impact analysis [assessment]
Umweltzeichen *n (Umwelt)* environmental label
umziehen *v (Grund, Logis)* move (house), relocate
Umzug *m (Gen, Logis)* move, moving, relocation, removal
Umzugskosten *pl (Pers)* removal cost, removal costs, cost of removal, costs of removal, moving expenses, moving costs, relocation expenses
unabhängig *adj* 1. *(Gen)* arm's-length, self-contained, self-sufficient, unaffiliated *(Wettbewerb)*; 2. *(Pol)* independent; 3. *(WiWi)* self-sufficient, unaffiliated; 4. *(Steuer, V&M)* arm's--length *(Wettbewerb)* • **unabhängig von** *(Gen)* independent of, irrespective of
unabhängige Untersuchung *f (Recht)* independent inquiry
unabhängige Variablen *fpl (Stat)* independent variables
unanfechtbar *adj* 1. *(Gen)* unassailable, unimpeachable *(Vertrag)*; watertight *(Plan, Argument)*; 2. *(Pat)* incontestable; 3. *(Recht)* unappealable
Unanfechtbarkeit *f (Gen, Pat, Recht)* incontestability, non-appealability
unangebracht *adj (Gen)* inappropriate, unreasonable
unangemeldeter Besuch *m* **bei Kunden** *(V&M)* cold call, cold calling
unangemessen *adj (Gen)* inappropriate, unsuitable, unreasonable, inadequate *(Forderung, Preis)*
unaufgefordert *adj (Gen)* unsolicited
unaufgeforderte Bewerbung *f (Pers)* unsolicited application
unausgebildet *adj (Pers, Soz)* unskilled, untrained
unausgeglichener Haushalt *m (Fin, Pol)* unbalanced budget
unausgelastet *adj (Ind, Pers)* underemployed *(Kapazität)*
unbeabsichtigt *adj (Gen)* unintended, unintentional
unbebaute Grundstücke *npl (Grund, RW, V&M)* undeveloped land
unbebautes Grundstück *n (Grund, RW, V&M) (BE)* undeveloped land *(unerschlossenes Grundstück)*; *(AE)* vacant lot
Unbedenklichkeit *f (Gen, Umwelt)* soundness
unbedeutend *adj (Gen)* negligible, slight, nominal
unbefriedigend *adj (Gen)* unsatisfactory
unbefristete Beschäftigung *f (Pers)* permanent employment
unbefristeter Arbeitsvertrag *m (Pers)* permanent contract
unbefristetes Arbeitsverhältnis *n (Pers)* permanent employment relationship; permanent employment contract *(Vertrag)*; unlimited employment contract, (permanent) tenure *(Anstellung, Amt; unkündbar)*
unbefugt *adj (Gen)* unauthorized
unbefugter Eingriff *m (Recht)* unauthorized interference
unbeglaubigt *adj (Recht)* unauthenticated, uncertified
unbeglaubigte Unterschrift *f (Recht)* unauthenticated signature
unbeglichen *adj* 1. *(Fin, Gen)* due, outstanding, unpaid, unsettled *(Rechnung, Schuld)*; 2. *(RW)* unpaid
unbegrenzte Haftung *f (Gen, Recht)* unlimited liability
unbegründet *adj* 1. *(Gen)* unfounded, groundless, unsubstantiated *(Anschuldigung)*; 2. *(Recht)* without just cause
unbekannt *adj (Gen)* not known, unknown • **unbekannten Ursprungs** *(Gen)* of unknown origin
unbelastet *adj (Grund)* unencumbered
unbelastete Immobilie *f (Grund)*

unencumbered estate
unbeliebt *adj (Gen)* unpopular
unbenutzt *adj (Gen)* unused
unberechenbar *adj (Gen)* incalculable, unpredictable
unberechtigt *adj (Gen, Recht)* unauthorized, unjustified
unberücksichtigt lassen *v (Mgt)* disregard, ignore
unbeschadet *(Recht)* without prejudice to
unbeschränkt *adj* 1. *(Börse)* clean; 2. *(Gen)* absolute, unlimited, unrestricted
unbeschränkte Haftung *f (Gen, Recht)* unlimited liability
unbesicherte Forderung *f (Fin, Recht)* unsecured debt *(nicht bevorrechtigte Konkursforderung)*
unbesichertes Darlehen *n (Bank)* unsecured advance
unbeständig *adj (Gen)* unstable, unsteady
unbestätigt *adj (Gen)* unacknowledged, unconfirmed, unverified
unbestimmt *adj (Gen)* indefinite, indeterminate
unbestreitbar *adj (Gen)* unassailable, incontestable, unquestionable *(Tatsache)*
unbestrittene Forderungen *fpl (Recht, RW)* uncontested claims
unbewegliche Vermögensgegenstände *mpl (Recht)* corporeal hereditaments
unbewegliches Inventar *n (Grund)* fixtures
unbewegliches Vermögen *n (Grund)* immovable property, real property
unbewohnt *adj (Grund)* uninhabited, unoccupied, vacant
unbezahlt *adj* 1. *(Fin, Gen)* unpaid, unsettled, owing; 2. *(RW)* unpaid
unbezahlte Beschäftigung [Tätigkeit] *f (Pers)* unpaid employment
unbezahlter Urlaub *m (Pers)* unpaid leave, unpaid holiday(s), holiday(s) without pay, leave without pay, *(AE)* vacation without pay *(cf Urlaub unter Wegfall der Bezüge)*
unbillig *adj (Gen)* inequitable, unjust
undatiert *adj (Gen)* undated
undichte Stelle *f (Media, Pol)* leak
uneinbringlich *adj* 1. *(Fin, Gen)* unrecoverable; 2. *(RW, Steuer)* uncollectable
uneinbringliche Forderung *f* 1. *(Bank, Fin)* bad debt; 2. *(RW)* uncollectable account
uneingelöster Scheck *m (Bank)* dishono(u)red cheque
uneingeschränkt *adj* 1. *(Bank, Fin)* unrestricted, unconditional, unqualified, uncurtailed *(Rechte)*; 2. *(Gen)* unrestricted, unconditional, unqualified, uncurtailed *(Rechte)*
uneingeschränkter Bestätigungsvermerk *m (RW)* unqualified opinion, unqualified audit opinion, unqualified certificate
uneingeschränktes Eigentumsrecht *n (Grund)* absolute title
uneinheitlich tendierender Markt *m (Börse)* sideways market
unelastische Nachfrage *f (WiWi)* fixed demand, inelastic demand
unelastisches Angebot *n (WiWi)* fixed supply, inelastic supply
unendlich *adj (Umwelt)* infinite
unentbehrliche Güter *npl (Gen, WiWi)* essential goods, essentials
unentgeltlich *adj (Gen, V&M)* free of charge
unentgeltliche Beschäftigung [Tätigkeit] *f (Pers)* unpaid employment
unentgeltliche Übertragung *f (Steuer)* gratuitous transfer
unentschieden *adj* 1. *(Gen)* undecided; 2. *(Recht)* pending
unerfahren *adj (Gen)* inexperienced, unfledged
unergiebig *adj* 1. *(Bank) (ugs.)* lying idle; 2. *(Börse)* unproductive; 3. *(Gen)* unprofitable
unerlässlich *adj (Gen)* indispensable
unerlaubte Handlung *f (Recht)* unlawful [tortious] act, civil wrong *(zivilrechtlich)*
unerledigte Arbeit *f (Gen)* arrears of work
unerledigte Aufträge *mpl (Gen, Ind)* backlogged orders, unfilled orders, outstanding orders, work backlog
unerprobt *adj (Gen)* untested, untried
unerreichbar *adj* 1. *(Gen)* unattainable; 2. *(Komm)* unattainable
unerreicht *adj (Gen)* unequal(l)ed, unrival(l)ed
unerreichte Rekordleistung *f (Gen)* all--time record
unerschlossen *adj* 1. *(Gen)* untapped *(Ressourcen)*; 2. *(Grund)* undeveloped; 3. *(WiWi)* unexploited

unerschöpflich *adj* 1. *(Gen)* unfailing; 2. *(Umwelt)* inexhaustible *(Reserven)*
unersetzlich *adj* 1. *(Fin)* irrecoverable; 2. *(Gen)* irreplaceable, irreparable *(Verlust)*
unerwartet *adj (Gen)* unanticipated, unforeseen, without warning
unerwarteter Gewinn *m (Gen, WiWi)* unexpected profit, windfall profit
unerwarteter Verlust *m (WiWi)* unexpected loss, windfall loss
unerwartetes Nebenergebnis *n (Gen, Pol)* fallout
unerwünschte Werbung *f (V&M)* spam
unethischer Fonds *m (Bank, Fin)* vice fund *(Synonym: Vice-Fonds, Sündenfonds; cf Lasterfonds; Gegensatz: Ethik-Fonds, Nachhaltigkeitsfonds; opposite: ethical fund)*
unfähig *adj (Gen, Pers, Recht)* incapable, incompetent, unable
Unfähigkeit *f (Gen)* disablement, inability, incapability, incapacity, incompetence
Unfall *m* 1. *(Gen)* accident, casualty; 2. *(Pers, Versich)* accident
Unfallgefahr *n (Versich)* accident risk
Unfallrisiko *n (Versich)* accident risk
Unfall- und Krankenversicherung *f (Recht, Soz, Versich)* accident and health insurance
Unfallverhütung *f (Pers)* accident prevention
Unfallversicherung *f (Pers, Versich)* accident insurance, worker compensation insurance, casualty insurance
unfertige Erzeugnisse *npl (Gen, RW, WiWi)* partly finished goods; *(AE)* work in process, *(BE)* work in progress
unfreiwillige Arbeitslosigkeit *f (WiWi)* involuntary unemployment
unfreiwillige Liquidation *f (Fin)* compulsory [involuntary] liquidation
unfreundliche Übernahme *f (Fin, Mgt)* unfriendly takeover
ungedeckt *adj* 1. *(Bank)* unsecured *(Kredit)*; 2. *(Fin)* uncovered
ungedeckte Option *f (Börse)* naked option
ungedeckte Verkaufsoption *f (Börse)* naked [uncovered] put
ungedeckter Leerverkauf *m (Fin, Börse)* *(AE)* naked short selling *(ein Leerverkauf, der durchgeführt wird, ohne das 'leer' zu verkaufende Papier/Instrument zu besitzen und ohne es gegen Gebühr, bis zum Erfüllungstermin = settlement date befristet, zu leihen, wie beim gedeckten Leerverkauf = covered short selling sonst üblich; ausschließlich unter ‚Bezugnahme' auf bei Dritten zur Leihe bereitstehende Aktien durchgeführter spekulativer Verkauf mit der möglichen Folge unkalkulierbarer Kurseinbrüche oder erratischer Kursausschläge, weil viele Marktteilnehmer = market players sich auf dasselbe Aktienstück beziehen können; im Verlauf der Finanzmarkt-, Banken-, Wirtschafts- und Staatsschuldenkrise wurden Leerverkäufe in verschiedenen europäischen Ländern verboten)*
ungedeckter Saldo *m (Fin)* uncovered balance
ungedeckter Scheck *m (Bank) (AE)* bad [bounced, uncovered, dud] check, *(BE)* bad [bounced, uncovered, dud] cheque, *(AE)* kite, *(AE)* check without sufficient funds, *(BE)* cheque without sufficient funds
ungedeckter Vorschuss *m (Bank)* uncovered advance
ungedecktes Optionsgeschäft *n (Börse)* uncovered option
ungeeignet *adj (Gen)* inappropriate, ineligible, unsuitable, unsuited
ungefähr *adv (Gen)* about, approximately, circa
ungeklärt *adj* 1. *(Gen)* unaccounted for; 2. *(Mgt)* unresolved *(Problem)*
ungekürzt *adj (Gen, Media)* unabridged *(Text)*
ungelernt *adj (Pers, Soz)* unskilled, untrained
ungelernte Arbeitskräfte *fpl (Pers, WiWi)* manual labo(u)r, unskilled labo(u)r, unskilled workers
ungelernte Hilfskräfte *fpl (Pers, WiWi)* unskilled labo(u)r, unskilled workers
ungelöst *adj (Mgt)* unresolved *(Frage, Problem)*
ungenannt *adj (Gen)* anonymous, undisclosed
Ungenauigkeit *f (Gen)* inaccuracy
ungenügend *adj* 1. *(Bank, Fin)* insufficient; 2. *(Gen)* unsatisfactory
ungenügende Deckung *f (Fin)* insufficient funds
ungenutzt *adj* 1. *(Gen)* unused, untapped

(Ressourcen); 2. *(Pers)* idle
ungenutzte Kapazität *f (Ind, WiWi)* idle [surplus] capacity
ungenutzte Zeit *f (Pers)* idle time
ungeprüft *adj (Gen)* untested, untried
ungerecht *adj* 1. *(Gen)* unfair, unjust; 2. *(Recht)* inequitable
ungerechtfertigt *adj* 1. *(Gen)* unwarranted, unreasonable *(Preis)*; 2. *(Pers)* unfair; 3. *(Recht)* unjustified
ungerechtfertigte Bereicherung *f (Recht)* unjustified enrichment
ungerechtfertigte Entlassung *f* 1. *(Pers)* unfair dismissal, wrongful dismissal; 2. *(Recht)* wrongful dismissal
ungeregelter Freiverkehr *m* 1. *(Börse)* off-board trading, off-floor trading, unregulated free market *(cf over-the--counter market = Freiverkehr, regulated free market = geregelter Freiverkehr)*; 2. *(WiWi)* third market
ungesichert *adj (Börse)* unhedged, unsecured
ungesicherte Anleihe *f (Börse)* debenture bond, plain [unsecured] bond issue
ungesicherte Kaufoption *f (Börse)* uncovered call
ungesicherter Gläubiger *m (Bank, Fin)* unsecured creditor
ungesichertes Darlehen *n (Bank, Fin)* straight loan
ungestört *adj (Gen)* undisturbed
ungestörter Besitz *m (Grund, Recht)* quiet enjoyment, quiet possession
ungeteilt *adj (Gen)* undivided
ungeteilter Besitz *m (Grund)* undivided property
ungewiss *adj (Gen)* contingent, doubtful, uncertain
Ungewissheit *f (Gen, WiWi)* uncertainty • **in Ungewissheit sein** *(Gen)* be in abeyance, be in suspense
ungewogen *adj (Gen)* unweighted *(Index)*
ungezielt *adj (V&M)* untargeted
ungezielte Kundenwerbung *f (V&M)* cold canvassing
ungezwungen *adj (Gen)* informal
Ungleichgewicht *n* 1. *(Fin)* imbalance; 2. *(WiWi)* disequilibrium
ungleichgewichtiges Wachstum *n (WiWi)* unbalanced growth
Ungleichgewichtsökonomie *f (WiWi)* disequilibrium economics *(Synonym: ökonomische Ungleichgewichtstheorie)*
Ungleichgewichtstheorie *f (WiWi)* disequilibrium economics
Ungleichheit *f (WiWi)* inequality
ungleichmäßig *adj* 1. *(Börse)* erratic; 2. *(Gen)* uneven
Ungleichung *f (Stat)* inequality
Unglück *n (Gen, Versich)* accident
ungültig *adj (Gen)* invalid, void • **für ungültig erklären** *(Recht)* annul, invalidate, rescind, declare null and void *(Vertragsklausel)* • **ungültig machen** *(Gen)* invalidate • **ungültig werden** *(Gen)* expire
Ungültigkeit *f* 1. *(Gen)* invalidity; 2. *(Recht)* invalidity, nullity
ungünstig *adj* 1. *(Gen)* adverse, unfavo(u)rable *(Preis, Bedingungen)*; 2. *(WiWi)* adverse
unheilbarer Mangel *m (Recht)* incurable defect, irremediable defect *(Vertragsrecht)*
universal *adj (Fin)* all-purpose, universal
Universalbank *f (Deu) (Bank)* universal bank
Universaldienst *m (Komm)* universal service
Universaldienstverpflichtungen *fpl (Pol, Recht)* universal service obligations
Universitätsausbildung *f (Bil)* university education
Universitätsdiplom *n (Pers, Soz)* degree
unklar *adj (Recht)* ambiguous, uncertain, unclear
unkontrollierbar *adj (Fin, Gen)* unmanageable, uncontrollable *(Inflation)*
unkontrolliert *adj (Fin, Gen, WiWi)* unchecked, uncontrolled *(Angaben, Zahlen)*
unkörperliches Vermögen *n (RW)* intangible property
unkündbar *adj* 1. *(Börse)* irredeemable; 2. *(Fin)* uncallable; 3. *(Recht)* nonterminable *(Vertrag)*
unlauterer Wettbewerb *m (Gen)* unfair trading practices
unlauteres Geschäft *n (Gen)* unfair trade
unleserlich *adj (Gen)* illegible
unlimitiert *adj (Börse, Gen)* unlimited
unlösbar *adj (Gen)* insoluble
unmittelbar *adj (Gen)* direct
unmittelbare Gefahr *f (Versich)* imminent danger [peril]
unmittelbare Haftung *f (Recht)* direct liability

unmittelbare Vorgesetzte *f s.* unmittelbarer Vorgesetzter
unmittelbarer Besitz *m* 1. *(Recht)* actual possession; 2. *(Soz)* actual [direct] possession
unmittelbarer Vorgesetzter *m (Pers)* immediate supervisor
unmittelbares Ziel *n (Gen)* immediate aim
unmodern *adj (Gen)* out of fashion
Unmöglichkeit *f (Recht)* impossibility
Unmöglichkeit *f* **der Leistung** *(Recht)* impossibility of performance
unnachgiebig *adj (Gen)* uncompromising
unnachgiebiges Verhandeln *n (Gen)* hard bargaining
unorthodoxe Bilanzierungsmethoden *fpl (RW) (ugs.)* creative accounting practices
unorthodoxe Finanzierung(smethode) *f (ugs.) (Fin) (ugs.)* creative financing
unparteiisch *adj* 1. *(Gen)* impartial, unbiased, unprejudiced; 2. *(Pol)* independent
unparteiischer Gutachter *m (WiWi)* nonpartisan expert
unpfändbar *adj (Fin)* nonleviable
Unpfändbarkeit *f (Recht)* judgment proof *(nicht der Zwangsvollstreckung unterworfen)*
unqualifiziert *adj (Pers)* unqualified
Unrecht *n (Recht)* wrong • **zu Unrecht** *(Gen)* wrongly
unrecht haben *v (Gen)* be in the wrong
unrechtmäßig *adj (Recht)* illegal, unlawful, wrongful
unreell *adj (Gen)* dubious
Unregelmäßigkeit *f (Gen)* anomaly, irregularity
unreif *adj (Börse, Fin, Pers)* immature, *(ugs.)* unfledged
unrentabel *adj* 1. *(Bank)* idle; 2. *(Fin)* unprofitable; 3. *(Gen)* unremunerative, unprofitable, uneconomic, uneconomical; 4. *(WiWi)* uneconomic, unprofitable
unrichtig *adj (Gen)* false, incorrect, wrong
unschätzbar *adj (Gen)* invaluable
unselbstständige Beschäftigung *f (Pers)* dependent employment
unseriös *adj (Gen)* dubious, untrustworthy
unsicher *adj* 1. *(Ind)* unsafe; 2. *(WiWi)* insecure, instable, uncertain
Unsicherheit *f* 1. *(Gen)* uncertainty; 2. *(Ind)* danger; 3. *(WiWi)* insecurity, instability, uncertainty
Unsicherheit *f* **des Arbeitsplatzes** *(Pers)* employment insecurity, job insecurity
unsichtbare Arbeitlosigkeit *f (WiWi)* hidden unemployment
unsichtbare Exporte *mpl (Imp/Exp, WiWi)* invisible exports
unsichtbare Hand *f (WiWi)* invisible hand *(des Marktes; Adam Smith, 1776)*
unsichtbare Leistungen *fpl (Imp/Exp, WiWi)* invisible transactions *(ZB/ Dienstleistungsbilanz: Dienstleistungen, Erwerbs- und Vermögenseinkommen sowie laufende Übertragungen)*
unsichtbare Leistungstransaktionen *fpl (Imp/Exp, WiWi)* invisible transactions *(ZB/Dienstleistungsbilanz: Dienstleistungen, Erwerbs- und Vermögenseinkommen sowie laufende Übertragungen)*
unsichtbare Posten *mpl (Imp/Exp, WiWi)* invisible items, invisibles *(ZB; die Positionen der unsichtbaren Leistungstransaktionen in der Dienstleistungsbilanz)*
unsichtbarer Handel *m (Imp/Exp, WiWi)* invisible trade *(ZB; Faktor- und Dienstleistungen im internationalen Leistungsverkehr wie z. B. Schiffsfrachten)*
unsortiert *adj (Gen)* ungraded, unsorted
unsoziales Verhalten *n (Gen, Soz)* antisocial behaviour
unstet *adj (Gen, WiWi)* unsteady, unbalanced
unstetig *adj (Gen, WiWi)* volatile
unstetige Variable *f (Stat)* discrete variable, discontinuous variable
Unstimmigkeit *f (Gen)* discrepancy, friction *(Konflikt)*
unstrukturiert *adj (Gen)* unstructured
untauglich *adj (Pers)* incompetent, unfit, unsuitable
Unteilbarkeit *f (WiWi)* indivisibility
unten *(Gen)* below • **unten erwähnt** *(Gen)* mentioned below • **nach unten korrigieren [revidieren]** *(Gen)* revise downward
Unterabteilung *f (Mgt)* subdivision
Unterauftrag *m (Gen, Ind, Pers, Recht)* subcontract, order unit • **Unteraufträge vergeben** *(Gen, Ind, Pers, Recht)* subcontract
Unterauftragnehmer *m (Gen, Ind, Pers,*

Recht) subcontractor
Unterauftragnehmerin *f s.* Unterauftragnehmer
Unterauslastung *f (Gen, Ind, WiWi)* underutilization, *(BE)* underutilisation
Unterbeschäftigung *f (Pers, WiWi)* underemployment
unterbesetzt *adj* 1. *(Pers)* undermanned, understaffed; 2. *(Logis)* undermanned
Unterbesetzung *f (Pers)* undermanning, understaffing
unterbewerten *v* 1. *(Bank)* underprice *(Aktie)*; 2. *(Fin)* undervalue; 3. *(Gen)* underestimate, undervalue; 4. *(RW, WiWi)* understate, undervalue
Unterbewertung *f* 1. *(Börse)* underpricing; 2. *(Fin)* undervaluation; 3. *(Gen)* underestimation, undervaluation; 4. *(RW, WiWi)* undervaluation *(Währung)*
unterbieten *v* 1. *(Gen)* underbid, undercut, underquote; 2. *(WiWi)* underprice *(Konkurrenz)*; undercut *(Preise)*
Unterbieten *n (Gen)* undercutting *(Preis)*
unterbrechen *v* 1. *(Comp)* interrupt; 2. *(Gen)* disrupt, suspend, break off *(Verhandlungen, Gespräche)*; 3. *(Mgt)* adjourn *(Sitzung)*
Unterbrechung *f* 1. *(Comp)* interruption *(Programme)*; 2. *(Gen)* suspension; 3. *(Mgt)* adjournment *(einer Sitzung)*; 4. *(Logis)* breakdown
unterbreiten *v (Gen, Mgt)* submit • **eine Bewerbung unterbreiten** *(Pers)* put in an application • **unterbreiten Sie bitte Ihre Angebote** *(Gen)* please submit your quotations
Unterbreitung *f (Gen, WiWi)* submission *(Angebote)*
unterbringen *v* 1. *(Börse, Fin)* place; 2. *(Gen, Soz)* accommodate *(in einer Wohnung)*
Unterbringung *f* 1. *(Börse, Fin)* placement, placing; 2. *(Gen, Soz)* accommodation
unterdrücken *v* 1. *(Comp)* suppress; 2. *(Gen)* bottle up; 3. *(Pol)* oppress, stamp; 4. *(WiWi)* stamp out, suppress *(Inflation)*
Unterdrückung *f* 1. *(Comp)* suppression; 2. *(Pol)* oppression, suppression; 3. *(WiWi)* suppression
unterdurchschnittlich *adj* 1. *(Gen)* below the mark, below-average, substandard *(Arbeit, Ware)*; 2. *(WiWi)* lower than average *(Wachstum)* • **sich unterdurchschnittlich entwickeln** *(WiWi)* underperform
untere Führungsebene *f (Admin)* lower management
untere Preisklasse *f (Gen)* down-market segment
unterentwickeltes Land *n (Gen, Pol, WiWi)* underdeveloped country
unterer Bereich *m (Börse)* low end of the range
unterer Marktbereich *m (V&M)* low end of the market
unteres Marktsegment *n (V&M)* down--market segment, down market
Untergebene *pl (Pers)* down-the-line personnel [staff], subordinates
Untergebene *m(f) (Pers)* subordinate
untergehen *v (Gen)* fail, go under *(Unternehmen)*
untergeordnet *adj* 1. *(Gen)* inferior, subordinate; 2. *(Mgt)* junior; 3. *(Pers)* menial, subsidiary
untergeordnete Tätigkeit *f (Pers)* menial job
untergliedern *v (Gen, Mgt)* subdivide
untergliedert *adj (Gen)* broken down, subdivided
Untergliederung *f* 1. *(Gen)* breakdown; 2. *(Mgt)* subdivision
untergraben *v (Gen)* erode, undermine *(Einfluss, Macht)*
Untergrenze *f (Gen)* lower limit, floor, minimum level
Untergrundwirtschaft *f (WiWi)* black [cash, hidden, underground] economy
Untergruppe *f (Gen)* subgroup
Unterhalt *m (Recht) (BE)* maintenance, *(AE)* support
unterhalten *v* 1. *(Recht)* maintain, support; 2. *(Admin)* maintain *(Geschäftsstelle)* • **ein Konto unterhalten bei** *(Bank)* bank with
Unterhaltsbeihilfe *f (Soz)* income support, cost-of-living allowance
unterhaltsberechtigt *adj (Pers, Soz)* dependant, entitled to maintenance
Unterhaltsgeld *n (Pers, Soz)* maintenance allowance, subsistence allowance, maintenance, maintenance payment
unterkapitalisiert *adj* 1. *(Börse, Fin)* low--geared, underfunded; 2. *(Gen)* undercapitalized
Unterkapitalisierung *f (Fin)* thin capitalization

Unterkonto *n (RW)* auxiliary account, detail account, subaccount, subsidiary account
Unterlage *f (Recht)* document, voucher
Unterlagen *fpl (Gen)* records, supporting documents
Unterlagen *fpl* **über den beruflichen Werdegang** *(Admin)* career record
Unterlagenschutz *m (Pat, Recht)* data exclusivity
unterlassen *v (Recht)* omit to do
Unterlassen *n (Recht)* neglect, omission
Unterlassungserklärung *f (Recht)* cease and desist declaration
Unterlieferant *m (Pers)* subcontractor
unterliegen *v (Recht)* be subject to
Untermieter *m (Grund)* subtenant, underlessee
Untermieterin *f s.* Untermieter
unternehmen *v (WiWi)* undertake
Unternehmen *n* 1. *(Gen)* business, concern, firm, organization; undertaking, operation *(Aktion)*; enterprise, establishment *(Projekt)*; 2. *(Admin)* enterprise *(Geschäft, Firma)* • **ein Unternehmen gründen** *(Gen)* establish a company
Unternehmen *n* **in Privatbesitz** *(WiWi)* privately-owned company
Unternehmensbefragung *f (Stat, V&M)* employer survey, establishment survey
Unternehmensberater *m (Comp, Mgt)* management consultant
Unternehmensberaterin *f s.* Unternehmensberater
Unternehmensberatungsfirma *f (Mgt)* management consultancy
Unternehmensbesteuerung *f (Steuer)* corporate taxation
Unternehmensbeteiligungen *fpl (Fin)* corporate participating interests *(ZB)*; private equity *(Beteiligungen an nicht börsengehandelten Unternehmen; Synonym: privates Beteiligungskapital)*
Unternehmensbewertung *f (Fin, RW, Steuer)* external company evaluation, valuation of a company (as a whole), valuation of an enterprise as a whole *(Synonym: Unternehmensgesamtbewertung; Unternehmensgesamtwert = total value of an enterprise)*; valuation of a going concern; due diligence (analysis) *(M&A)*
Unternehmenserhebung *f s.* Unternehmensbefragung
Unternehmensertrag *m (RW)* corporate earnings
Unternehmensfinanzierung *f (Fin)* corporate financing, business finance
Unternehmensform *f (Admin)* business form
Unternehmensforschung *f (Mgt, V&M)* operational research, operations research
Unternehmensführung *f* 1. *(Mgt)* (business) management; 2. *(Admin)* business management [administration]
Unternehmensgewinn *m (RW)* corporate profit
Unternehmensgröße *f (Gen)* company size, size of the company, size of the enterprise, firm size
Unternehmensgründer *m* 1. *(Gen)* person setting up his [her] own business; founder of a firm, founder of a company, founder of an enterprise *(Betriebsgründer)*; 2. *(Fin, WiWi) (BE)* company promoter *(Gründer einer Gesellschaft)*
Unternehmensgründerin *f s.* Unternehmensgründer
Unternehmensgründung *f (Gen)* company formation
Unternehmensimage *n (Gen, V&M)* corporate image
Unternehmensinhaber *m (Recht)* company owner
unternehmensinterne Schulung *f (Bil, Pers)* in-house training, in-company training
Unternehmenskalender *m (Mgt)* corporate action time table
Unternehmenskäufe und -verkäufe *mpl (Bank, Fin, Recht)* mergers and acquisitions
Unternehmenskonzentration *f (Ind)* industrial concentration
Unternehmensleiter *m (Mgt, Pers)* managing director, chief executive officer, CEO
Unternehmensleiterin *f s.* Unternehmensleiter
Unternehmensleitung *f* 1. *(Mgt)* management, corporate management, operations management; 2. *(Gen)* administration
Unternehmensliquidität *f (Fin)* company liquidity
Unternehmensnachfolge *f (Recht)* business succession

unternehmensnahe Dienstleistungen *fpl (Gen)* business-oriented services, business activities *(Synonym: unternehmensbezogene Dienstleistungen)*

Unternehmensname *m (Recht)* company name *(Firma: Name unter dem ein Kaufmann im Handel seine Geschäfte betreibt; §§ 17-37a HGB)*

Unternehmensneugründung *f (Gen)* start-up, start-up company

Unternehmensneuorganisation *f (Gen)* company reorganization

Unternehmensphilosophie *f (Gen)* company philosophy [policy], corporate identity [philosophy]

Unternehmensplanung *f* 1. *(Gen)* corporate planning; 2. *(Mgt)* business planning

Unternehmensrecht *n (Recht)* company law, corporate law

Unternehmensrentabilität *f (Fin)* overall rate of return

Unternehmensrisiko *n (Gen, WiWi)* business risk, entrepreneurial risk, corporate risk *(Synonym: unternehmerisches Risiko)*; commercial risk *(kommerzielles Risiko)*

Unternehmenssitz *m (Gen)* headquarters, head office, base; location *(Standort)*

Unternehmensstandort *m (Mgt, WiWi)* business location, location for business

Unternehmensstrategie *f (Gen, Mgt, WiWi)* business [company, corporate] strategy

Unternehmensstruktur *f (Recht)* company structure

Unternehmensvorstand *m (Gen, Mgt)* board, board of management, managing board *(Aufsichtsratssystem = two-tier management system)*; executive committee, board, board of directors *(Board-System = single-tier system)*

Unternehmenswert *m (Börse, Mgt, RW)* corporate value, shareholder value *(Sicht des Investors)*

Unternehmenswert *m* **aus Aktionärssicht** *(Gen, Mgt, WiWi)* shareholder value *(Summe der künftigen abgezinsten Nettoeinzahlungen)*

Unternehmenswert *m* **aus Sicht der Interessengruppen** *(Gen, Mgt, WiWi)* stakeholder value

Unternehmensziel *n (Gen, V&M)* company objective, corporate goal [objective], business objective

Unternehmenszusammenbruch *m (Gen, Mgt, Recht)* business failure, business collapse

Unternehmenszusammenschluss *m (Börse, Fin)* merger

Unternehmenszweck *m (Gen)* corporate mission, company purpose

Unternehmer *m* 1. *(Gen)* operator, businessman; 2. *(Mgt)* entrepreneur; 3. *(Pers, Recht)* contractor; 4. *(Gen, WiWi)* entrepreneur

Unternehmereinkommen *n (Stat, WiWi)* entrepreneurial income, business income *(VGR = SNA)*

Unternehmergeist *m (Mgt)* entrepreneurial spirit

Unternehmerin *f s.* Unternehmer

unternehmerisch *adj (WiWi)* entrepreneurial

unternehmerisches Risiko *n (Gen)* entrepreneurial risk

Unternehmerrisiko *n (Fin, Gen)* business risk, entrepreneurial risk; businessman's risk

Unternehmerverband *m (Gen, WiWi)* trade association

Unternehmung *f* 1. *(Gen)* operation; enterprise *(Projekt)*; 2. *(Admin)* establishment; 3. *(WiWi)* enterprise, venture, firm, undertaking, business, company *(Geschäft, Firma)*

unterordnen *v (Gen, Pol, WiWi)* subordinate

Unterordnungsvereinbarung *f (Admin)* subordination agreement

Unterparagraf *m (Admin)* subparagraph

Unterricht *m* 1. *(Gen)* class, lesson; 2. *(Pers)* instruction, tuition

unterrichten *v (Gen)* brief, notify, inform
• **unterrichtet sein über** *(Gen)* be informed about

Unterrichtsfächer *npl (Pers)* subjects, subjects taught, subjects studied, disciplines, disciplines taught, disciplines studied

unterschätzen *v (Gen)* underestimate, underrate, undervalue

unterscheiden *v (Gen)* differentiate

unterscheiden *v* **von/sich** *(Gen)* differ from

unterscheiden *v* **zwischen** *(Gen)*

differentiate between, make a distinction between
Unterscheidung *f* 1. *(Gen)* differentiation, distinction; 2. *(Pat)* distinctiveness
unterschiedlich *adj (Gen)* different, differing, varying
unterschlagen *v* 1. *(Fin)* misappropriate; 2. *(Gen)* embezzle *(Gelder)*; 3. *(Recht)* embezzle
Unterschlagung *f* 1. *(Fin)* misappropriation; 2. *(Gen, Recht)* embezzlement
unterschreiben *v (Gen)* sign, undersign *(Vertrag)*
Unterschrift *f (Gen)* signature
unterschriftsberechtigt sein *v (Bank, Recht)* have signing authority, be authorized to sign
Unterschriftsberechtigung *f (Gen, Mgt, Recht)* authority to sign
unterschriftsreif *adj (Gen, Mgt)* ready for signature
unterste Ebene *f (Pers)* bottom *(der Organisation)*
unterstehen *v (Pol, WiWi)* operate under the jurisdiction of • **jmdm. unterstehen** *(Gen)* report to sb
unterstellen *v* 1. *(Gen)* assume, presume, subordinate; 2. *(WiWi)* put under the control of
unterstelltes Einkommen *n (RW)* imputed income
Unterstellung *f (Gen)* presumption
unterstreichen *v (Comp, Media)* underline, underscore *(Text)*
unterstützen *v* 1. *(Comp)* support; 2. *(Gen)* back up, promote, aid, support, encourage, subsidize, sponsor *(fördern)*; back *(Projekt)*; 3. *(Soz)* benefit; 4. *(WiWi)* back up, aid
Unterstützung *f* 1. *(Comp)* support; 2. *(Gen)* aid, boost, backing, backup, encouragement, promotion, subsidization, sponsorship; 3. *(Soz)* benefit; 4. *(WiWi)* backing, support *(finanziell)*
Unterstützungsniveau *n (Fin, WiWi)* price support level
Unterstützungszahlung *f (Soz)* benefit payment, allowance
untersuchen *v* 1. *(Gen)* examine, inspect, investigate, study, survey; 2. *(Mgt, Recht, V&M)* enquire, investigate • **eingehend untersuchen** *(Gen)* examine carefully
Untersuchung *f* 1. *(Gen)* study, survey, examination; 2. *(Mgt, Pers)* study; 3. *(Recht, V&M)* analysis, enquiry, investigation *(Ermittlung, Nachforschung)*
Untersuchungsauftrag *m (Gen)* fact--finding mission
Untersuchungshaft *f (Recht)* custody • **sich in Untersuchungshaft befinden** *(Recht)* be on remand
Untersuchungslabor *n (Ind)* research laboratory
Untertagearbeit *f (Ind)* underground working, underground mining
unterteilen *v (Gen, Mgt)* subdivide
Unterteilung *f (Bank, Mgt)* subdivision
Untertitel *f* 1. *(Media)* subtitle; 2. *(V&M)* subhead, subtitle *(Film)*
Untervergabe *f (Gen, WiWi)* subcontracting *(Auftrag)*
untervergeben *v (Gen)* subcontract *(Auftrag)*
Untervermietung *f (Gen)* sublease
Unterwerfung *f (Pol, WiWi)* submission
unterworfen sein *v (Gen)* be subjected to
unterzeichnen *v (Gen)* sign, undersign
Unterzeichner *m (Pol, Recht)* signatory • **Unterzeichner von etw. sein** *(Pol, Recht)* be a signatory to sth
Unterzeichnerin *f s.* Unterzeichner
Unterzeichnung *f (Gen)* signature
untilgbar *adj (Börse)* irredeemable
unübertroffen *adj (Gen)* unrival(l)ed
unumgänglich *adj (Gen)* unavoidable
unverändert *adj (Gen)* unaltered, unchanged
unverarbeitet *adj (Comp, Gen)* unprocessed
unverbindlich *adj (Gen)* not binding, subject to confirmation, without engagement, without obligation *(Angebot)*
unverbindliche Preisempfehlung *f (V&M)* recommended retail price
unverhältnismäßig hoch *adj (Gen)* excessive
unverkäuflich *adj* 1. *(Gen) (AE)* unsalable; 2. *(V&M)* not for sale
unverkäufliche Ware *f (V&M)* dead stock
unverkaufte Ware *f (V&M)* dead stock, unsold goods
unvermeidbares Risiko *n (Börse)* inherent risk
unvermeidlich *adj (Gen)* inevitable, unavoidable

unveröffentlicht *adj (Gen, Media)* unpublished
unversehrt *adj (Gen)* undamaged, sound, intact
unversichert *adj (Versich)* unassured, uninsured
unverteilter Gewinn *m (RW)* undistributed income [profit], undivided profit
Unverträglichkeit *f (Comp, Gen)* incompatibility
unverzinslich *adj (Bank)* non-interest--bearing, noninterest-earning
unverzinsliche Einlage *f (Bank)* non--interest-bearing deposit, noninterest--earning deposit
unverzüglich *adj (Gen)* immediate, prompt
unverzüglich *adv (Gen)* immediately, at once, promptly, without delay
unvollkommener Markt *m (WiWi)* imperfect market
unvollkommener Wettbewerb *m (WiWi)* imperfect competition
unvollkommener Wettbewerb *m (WiWi)* imperfect competition
unvollständig *adj* 1. *(Gen)* incomplete; 2. *(Recht)* inchoate *(Dokument, Vertrag)*; 3. *(Logis)* short-landed *(Lieferung)*
unvollständig *adv (Gen)* incompletely
unvollständiges Warenset *n (V&M) (AE)* broken lot
unvoreingenommen *adj (Gen)* unbiased, unprejudiced, without prejudice
unvorhersehbar *adj (Gen)* unforeseeable, unpredictable *(Schwierigkeiten)*
unvorteilhaft *adj (Gen)* unfavo(u)rable
unwesentlich *adj (Gen)* immaterial, insignificant
unwiderlegbar *adj (Recht)* irrebuttable, irrefutable
unwiderruflich *adj* 1. *(Bank)* irrevocable; 2. *(Gen)* irreversible *(Entscheidung)*; 3. *(Recht)* irrevocable
unwiderruflicher Kredit *m (Bank)* irrevocable credit
unwirklich *adj (Gen)* artificial
unwirtschaftlich *adj* 1. *(Gen)* inefficient, uneconomic, uneconomical; 2. *(WiWi)* inefficient, uneconomic
Unwirtschaftlichkeit *f (Gen, WiWi)* inefficiency
Unwissenheit *f (Recht)* ignorance
Unzufriedenheit *f (Pers)* discontent
unzulänglich *adj (Gen)* inadequate, insufficient, substandard
unzulässig *adj* 1. *(Gen)* unsuitable; 2. *(Recht)* illegal, inadmissable • **unzulässig verwenden** *(Recht)* misapply *(Geldmittel)*
unzureichend *adj (Gen)* insufficient, unsatisfactory
unzuständig erklären *v***/sich für** *(Recht)* decline jurisdiction *(Gericht)*
unzustellbar *adj (Komm)* undeliverable
unzweckmäßig *adj (Gen)* inexpedient, unsuitable
üppige Abfindung *f (ugs.) (Gen) (ugs.)* golden handshake, *(ugs.)* golden parachute *(auch beim Abgang nicht nur "erfolgreicher" Manager; häufig verbunden mit Freistellung von der Arbeit)*
Urabstimmung *f (Pers)* strike ballot, strike vote
Urbarmachung *f (WiWi)* cultivation
Urbeleg *m (RW)* original document
Urbelege *mpl (RW)* accounting papers
Urheber *m (Media, Recht)* creator; author *(Urheberrecht)*
Urheberrecht *n (Comp, Recht)* copyright
urheberrechtlich geschützt *adj* 1. *(Gen)* proprietary; 2. *(Recht)* copyright reserved, protected by copyright
Urkunde *f* 1. *(Fin)* certificate, instrument; 2. *(Admin, Pat, Recht)* certificate, instrument, legal document, deed *(beurkundeter Vertrag)*
Urkundenbetrug *m (Recht)* documentary fraud
Urkundenfälschung *f (Recht)* adulteration of documents, falsification of documents • **Urkundenfälschung begehen** *(Recht)* alter a document, falsify a document • **jmdn. wegen Urkundenfälschung belangen** *(Recht)* prosecute sb for forgery
Urlaub *m (Frei, Pers) (BE)* holiday, *(AE)* vacation, leave, *(BE)* holiday leave • **auf Urlaub** *(Frei) (BE)* on holiday, *(AE)* on vacation • **in Urlaub** *(Pers)* on leave • **in Urlaub gehen** *(Frei, Gen, Pers) (BE)* go on holiday, *(BE)* take a holiday, *(AE)* take a vacation, take leave
Urlaubsanspruch *m (Pers)* holiday entitlement
Urlaubsgeld *n (Pers) (BE)* holiday allowance [bonus, pay], *(AE)* vacation allowance [bonus, pay] *(Arbeit)*

Urlaubsvertretung *f (Pers)* holiday replacement, *(AE)* vacation replacement, temporary replacement
Ursache *f (Gen, Pol)* cause
Ursprungsbescheinigung *f (Imp/Exp)* certificate of origin
Ursprungsbezeichnung *f* 1. *(Imp/Exp)* designation of origin; 2. *(Pat)* indication of source
Ursprungserklärung *f (Imp/Exp)* declaration of origin
Ursprungsland *n (Gen, Imp/Exp)* country of origin
Ursprungslaufzeit *f (Börse, Fin)* original maturity
Ursprungszertifikat *n (Imp/Exp)* certificate of origin
Ursprungszeugnis *n* 1. *(Fin, Imp/Exp)* certificate of origin; 2. *(Ind)* certificate of manufacture
Urteil *n (Grund, Recht)* judgment • **ein Urteil anfechten** *(Recht)* appeal against a judgment • **Urteil erlassen** *(Recht)* pass judgment
urteilen *v (Gen)* adjudicate
Urteilsverkündung *f (Recht)* proclamation of a judgment
Urteilsvermögen *n (Gen, Pers)* judgement; discernment *(Scharfblick)*
Usance *f (Bank, Gen)* usance
US-Börsenaufsicht *f (Börse, Recht)* Securities and Exchange Commission *(SEC)*
USt *s.* Umsatzsteuer
USt-Erklärung *f (Steuer) (BE)* VAT return
USt-Gesetz *n (Abk. für Umsatzsteuergesetz)* 1. *(Recht)* Value Added Tax Act *(Turnover Tax Law, as legislation: Umsatzsteuerrecht)*; *(Deu)* Turnover Tax Law; 2. *(Steuer, V&M)* Value Added Tax Act *(Turnover Tax Law, as legislation: Umsatzsteuerrecht)*
USt-Identifikations-Nummer *f (Steuer) (BE)* VAT registration number, turnover tax ID number
USt-IdNr *f (Abk. für Umsatzsteuer--Identifikations-Nummer) (Steuer) (ugs.)* VAT number, *(BE)* VAT registration number, turnover tax ID number
USt-Voranmeldung *f (Steuer) (BE)* preliminary VAT return
UWG *s.* Gesetz gegen Wettbewerbsbeschränkungen

V

Vakuumverpackung *f (Ind)* vacuum packaging
validieren *v (Comp)* validate
Valoren *fpl* 1. *(Börse)* securities; 2. *(Gen)* valuables
Valorisation *f (Fin, WiWi)* valorization
Valuta *f* 1. *(Bank)* currency *(Währung)*; value *(Wertstellung)*; value date *(Datum)*; 2. *(WiWi)* medium of exchange
Valutierungsgewinn *m (Bank)* float
Valutierungstag *m (Bank)* value date
Vanity-Nummer *f (Komm)* vanity number *(Buchstabenwahl)*
variabel *adj (Gen)* adjustable, subject to change, variable
variabel verzinslich *adj (Fin)* adjustable, floating-rate, variable-rate
variabel verzinsliche Anleihe *f (Börse)* floating-rate note, FRN
variabel verzinsliche Hypothek *f (Bank, Grund)* variable-rate mortgage, adjustable rate mortgage
Variable *f (Comp, Gen, Stat)* variable
variable Arbeitskosten *pl (Pers, WiWi)* variable labo(u)r costs
variable Ausgaben *fpl (Fin, RW, Logis, WiWi)* variable expenses, variable costs
variable Durchschnittskosten *pl (WiWi)* average variable costs
variable Gebühr *f (Gen)* variable charge
variable Kosten *pl (Fin, RW, WiWi)* variable cost [expenses, charges]
variabler Kurs *m (Fin)* variable rate
variabler Zins *m (Bank, Fin, WiWi)* variable rate
Variante *f (Gen)* version
Varianz *f* **der Stichprobe** *(Stat)* sampling variance
Variation *f (Gen)* variation
variieren *v (Gen)* vary
Vaterdatei *f (Comp)* father file *(Datensicherung)*
VC-Beteiligung *f (Fin)* venture capital interest *(Bereitstellung von Wagniskapital = venture capital)*
VC-Finanzierung *f (Fin)* venture capital finance, venture capital financing *(Synonym: Wagniskapital-Finanzierung, Risikokapital-Finanzierung; venture financing)*
Venture-Capital-Gesellschaft *f (VCG) (Fin, Gen)* venture capital company,

VCC, venture company *(Synonym: Wagniskapitalgesellschaft, Kapitalbeteiligungsgesellschaft)*
Venture-Finanzierung *f (Fin)* venture financing *(Wagnisfinanzierung mit Risiko- oder Wagniskapital, meist ohne beleihungsfähige Sicherheiten)*
verabredet *adj (Gen)* agreed
Verabredung *f (Gen)* appointment • **eine Verabredung einhalten** *(Gen)* keep an appointment
verabschieden *v* 1. *(Gen)* adopt *(Resolution)*; 2. *(Pers)* dismiss *(entlassen)*; 3. *(Recht)* adopt *(Resolution)*; pass *(Gesetz)*; 4. *(WiWi)* adopt *(Budget)*
Verabschiedung *f* 1. *(Gen)* adoption *(einer Resolution)*; 2. *(Pers)* dismissal *(Enlassung)*; 3. *(Recht)* adoption *(einer Resolution)*; passing *(eines Gesetzes)*; 4. *(WiWi)* adoption *(eines Budgets)*
veralten *v (Gen)* become obsolete
Veralterung *f (Gen)* obsolescence
veraltet *adj (Gen)* obsolete, outdated, outmoded
veraltetes Produkt *n (V&M)* obsolescent product
verändern *v (Gen)* alter, change, modify
verändern *v*/**sich** *(Gen)* change one's job
Veränderung *f (Gen)* alteration, change, variance, variation
Veränderung *f* **des Preisniveaus** *(Gen)* price level change
verankern *v (Recht)* enshrine, embody, lay down *(in Gesetz)*
veranlagen *v (Steuer)* assess
veranlagte Einkommensteuer *f (Steuer)* assessed income tax
Veranlagung *f (Steuer)* assessment
Veranlagungsjahr *n (RW, Steuer)* year of assessment
Veranlagungszeitraum *m (VZ, Vz.) (RW, Steuer)* assessment year, assessment period, income year, tax year, fiscal year
veranlassen *v (Gen)* bring about, cause, prompt
Veranlassung *f (Gen)* cause, occasion
veranschlagen *v (RW)* estimate
veranschlagt *adj (RW)* budgeted, estimated
Veranschlagung *f (RW)* estimation
veranstalten *v* 1. *(Gen)* organize; 2. *(Mgt)* stage, hold *(Konferenz, Tagung)*
Veranstaltung *f (Frei)* event
Veranstaltungsort *m (Admin, Mgt)* conference venue
verantwortlich *adj (Gen)* accountable, answerable, responsible • **jmdn. für etw. verantwortlich machen** *(Gen)* hold sb responsible for sth
verantwortlich *adj* **für** *(Gen)* answerable for, responsible for
verantwortlich *adj* **gegenüber** *(Gen)* answerable to
Verantwortlichkeit *f (Gen)* responsibility, accountability
Verantwortung *f (Gen)* responsibility • **die Verantwortung für etw. übernehmen** *(Gen)* assume [take] responsibility for sth
Verantwortungsbereich *m (Gen)* area of responsibility
Verantwortungsrechnung *f (Fin, RW)* responsibility accounting
verantwortungsvoll *adj (Gen)* responsible
Verantwortungszentrum *n (Fin, Mgt) (AE)* responsibility center, *(BE)* responsibility centre
verarbeiten *v (Comp, Ind)* process *(Produktion, Daten)*
verarbeitende Industrie *f (Ind)* manufacturing industry, processing industry
Verarbeitung *f* 1. *(Comp)* processing; 2. *(Ind)* manufacturing, processing
Verarbeitungsbetrieb *m (Ind)* processing plant
Verarbeitungskosten *pl (RW)* conversion [processing] cost
Verarbeitungsstufe *f (Ind)* processing stage
verausgaben *v* 1. *(Fin)* disburse, expend; 2. *(Gen)* spend
verausgabt *adj (Fin)* disbursed • **nicht verausgabtes Guthaben** *(RW)* unspent cash balance
Verausgabung *f (Fin)* disbursement
Veräußerer *m* 1. *(Gen)* seller; 2. *(Grund)* vendor; 3. *(Recht)* assignee, transferor, grantor
veräußern *v* 1. *(Fin)* divest; 2. *(Gen)* sell, dispose of; 3. *(Grund)* alienate; 4. *(Recht)* alienate, transfer, divest
Veräußerung *f* 1. *(Gen)* disposal, realization, sale; 2. *(Grund)* alienation; 3. *(Recht)* alienation, transfer, divestiture
Veräußerung *f* **einer Beteiligung** *(Bank, Fin)* disposal of a holding

Veräußerungserlös *m (WiWi)* proceeds on disposal
Veräußerungsgewinn *m* 1. *(RW)* gain on disposal [sale]; 2. *(Steuer)* capital gain, gain on disposal
Veräußerungspreis *m* 1. *(Fin, RW)* exit price *(nach VC-Finanzierung)*; 2. *(Recht)* transfer price
Veräußerungswert *m* 1. *(Fin)* residual value; 2. *(RW)* liquidating value, scrap [salvage] value *(Schrottwert)*
Verband *m (Gen)* association, league
Verbändesystem *n (Pol)* corporatistic system
Verbandsbürokratie *f (Pol)* bureaucracy of corporations
Verbandsmarke *f (Pat)* collective mark, certification mark
verbergen *v (Gen)* conceal, hide
verbessern *v* 1. *(Comp)* upgrade, enhance; 2. *(Gen)* correct, enhance, improve, revise
Verbesserung *f* 1. *(Bank)* advance; 2. *(Comp)* enhancement; 3. *(Gen)* enhancement, improvement; 4. *(Grund)* betterment *(Melioration)*; 5. *(Pat)* correction; 6. *(RW)* advance
verbesserungsfähig *adj (Gen)* upgradable
Verbesserungsvorschlag *m (Gen, Pers)* suggestion for improvement, improvement suggestion • **einen Verbesserungsvorschlag machen** *(Gen, Pers)* make a suggestion for improvement
verbieten *v* 1. *(Gen)* disallow; 2. *(Recht)* ban, forbid, outlaw, prohibit
verbilligen *v (Gen)* cheapen, reduce *(Preis)*
verbinden *v* 1. *(Comp, Gen)* link, connect; 2. *(Ind)* bind *(Maschinen)*
verbinden *v* **mit/sich** *(Gen)* associate with, unite with
verbindlich *adj* 1. *(Gen)* authentic, firm, obligatory; 2. *(RW)* authentic; 3. *(Recht)* authoritative, binding *(Entscheidung)*
verbindliche Vereinbarung *f (Recht)* binding agreement
verbindliches Angebot *n (Gen)* binding [firm] offer, binding tender
Verbindlichkeit *f* 1. *(RW)* liability; 2. *(Recht)* commitment, liability, obligation • **ohne Verbindlichkeit** *(Gen)* without prejudice
Verbindlichkeiten *fpl (RW)* accounts payable, liabilities, creditors, *(AE)* payables • **andere Verbindlichkeiten** *(RW)* other creditors [liabilities] • **Verbindlichkeiten übernehmen** *(RW)* take over liabilities
Verbindlichkeiten *fpl* **aus Lieferungen und Leistungen** *(RW) (AE)* (trade) accounts payable, *(AE)* trade payables, *(BE)* trade creditors
Verbindlichkeiten *fpl* **des Unternehmens** *(Fin)* company's debts
Verbindung *f* 1. *(Comp, Gen)* connection, link; 2. *(Komm)* circuit, liaison; 3. *(Pers)* joinder
Verbindungen *fpl* 1. *(Gen)* relations; 2. *(Komm)* communications
verborgen *adj (Gen)* concealed
verborgene Verbindlichkeiten *fpl (RW)* hidden liabilities *(nicht in der Bilanz ausgewiesen, z. B. unzureichende Pensionsrückstellungen; vgl. stille Reserven = undisclosed reserves oder stille Lasten = undisclosed charges)*
verborgene Vermögenswerte *mpl (RW)* hidden assets *(nicht in der Bilanz ausgewiesen, vgl. stille Reserven = undisclosed reserves oder stille Lasten = undisclosed charges)*
verborgener Mangel *m (Recht)* hidden defect
verborgener Schaden *m (Versich)* hidden damage
Verbot *n (Gen)* ban, prohibition *(Untersagung)*
Verbrauch *m (WiWi)* consumption
verbrauchen *v* 1. *(Umwelt)* expend, use *(Naturschätze)*; 2. *(V&M)* consume
Verbraucher *m (V&M, WiWi)* consumer
Verbraucherbedürfnisse *npl* consumer wants
Verbraucherbefragung *f (V&M)* consumer survey
Verbrauchergewohnheit *f (V&M)* consumer habit
Verbraucherin *f s.* Verbraucher
Verbraucherkredit *m (Bank)* consumer loan
Verbrauchermarketing *n (V&M)* consumer marketing
Verbrauchernutzen *m (V&M)* consumer benefit
Verbraucherpreis *m (V&M)* consumer price
Verbraucherrecht *n (Recht)* consumer law

Verbraucherschutzgesetzgebung *f (Recht, V&M)* consumer protection legislation

Verbraucherverband *m (V&M)* consumer organization, Consumers' Association

Verbraucherverhalten *n (V&M)* consumer behavio(u)r, consumer patterns

Verbrauchervertrag *m (Recht)* consumer contract

Verbraucherzufriedenheit *f (Gen)* consumer satisfaction

Verbrauchsausgaben *fpl (WiWi)* consumer expenditure

verbrauchsbedingte Wertminderung *f (RW)* physical depreciation, physical deterioration

Verbrauchsgegenstand *m (V&M)* article of consumption

Verbrauchsgewohnheiten *fpl (WiWi)* consumption pattern

Verbrauchsgüter *npl (V&M)* consumer goods [products], consumption goods

verbrauchssynchrone Beschaffung *f (Ind, Mgt)* just-in-time procurement *(Synonym: einsatzsynchrone Beschaffung, fertigungssynchrone Beschaffung, produktionssynchrone Beschaffung)*

Verbrauchsteuer *f (Imp/Exp, Steuer)* commodity tax, purchase tax, excise (duty)

verbrauchsteuerpflichtige Güter *npl (Steuer)* excisable goods

Verbrauch- und Aufwandsteuern *fpl (Steuer)* excise duties, excise taxes

verbreiten *v* 1. *(Komm)* spread, circulate *(Informationen)*; 2. *(Media)* circulate, distribute *(Zeitung)*

Verbreitung *f* 1. *(Komm)* circulation *(von Informationen)*; 2. *(Media)* distribution *(einer Zeitung)*; 3. *(V&M)* circulation

Verbreitung *f* **von Innovationen** *(V&M)* diffusion of innovations

Verbrennung *f (Ind, Umwelt)* incineration *(Müll)*

verbriefen *v (Fin, Gen)* guarantee, securitize, evidence, document *(Forderungen, Einlagen)*

verbrieft *adj (Bank, Börse, Fin)* securitized, evidenced by certificates

verbriefte Forderungen *fpl (Fin, RW)* asset-backed securities *(ABS)*

verbriefte Kreditforderungen *fpl (Fin, RW)* asset-backed securities *(ABS)*

verbriefte Verbindlichkeiten *fpl (Bank, Fin)* debts evidenced by certificates, securitized liabilities *(EZB)*

Verbriefung *f (Bank, Fin, RW)* securitization *(von Einlagenpositionen, Kreditforderungen und anderen Cashflow-generierenden Vermögenspositionen = cash flow generating assets)*

Verbriefungskette *f (Fin)* securitization chain

Verbriefungsposition *f (Bank, Fin)* securitization position *(Teil einer Verbriefungstranche; Basel II)*

Verbriefungstranche *f (Bank, Fin)* securitization tranche *(vertraglich abgegrenzter Teil des mit dem verbrieften Portfolio verbundenen Kreditrisikos; contractually defined part of the credit risk associated with the securitized portfolio; Basel II)*

Verbriefungstransaktion *f (Bank, Fin)* securitization transaction *(jede einheitlich dokumentierte Transaktion, bei der das Kreditrisiko aus einem Portfolio wenigstens auf zwei Verbriefungstranchen mit unterschiedlichen Risikoprofilen aufgeteilt wird und die Zahlungen an die Investoren von der Entwicklung des zugrunde liegenden Portfolios abhängen; any uniformly documented transaction in which the credit risk from a portfolio is distributed across at least two securitization tranches with differing risk profiles and the payments to investors depend upon the performance of the underlying portfolio)*

verbuchen *v (RW)* post, enter (on the books), recognize • **einen Eintrag verbuchen** *(RW)* post an entry

Verbuchung *f (RW)* entry, posting

verbunden *adj* 1. *(Bank)* affiliated; 2. *(Börse)* linked; 3. *(Gen)* affiliated, associated; 4. *(Ind)* allied

verbundene Gesellschaft *f (Gen, WiWi)* associate company

verbundenes Unternehmen *n* 1. *(Börse)* constituent company; 2. *(Gen)* affiliate, associated company, related company

Verbundunternehmen *n (Admin, Gen, RW)* federated company *(vgl. verbundenes Unternehmen)*

Verbundvorteil *m (WiWi)* economy of scope *(kann sich ergeben, wenn eine*

Investition bei einem diversifizierten, auf unterschiedlichen Märkten tätigen Unternehmen neben dem unmittelbaren Investitionszweck zusätzliche Vorteile bewirkt, z. B. finanzielle oder technologische Synergieeffekte aus F&E-Investitionen; cf Synergieeffekt; anders: economies of scale = Größenvorteile, Skalenerträge, Skaleneffekte)

verdecken *v (Gen)* conceal, hide

verdeckt *adj (Gen)* concealed, hidden

verdeckte Arbeitslosigkeit *f (WiWi)* concealed [hidden, camouflaged] unemployment

verdeckte Gewinne *mpl (RW)* unrealised gains *(unrealisierte Gewinne)*; undisclosed profits

verdeckte Inflation *f (WiWi)* camouflaged [hidden] inflation

verderben *v (Gen)* deteriorate, perish, spoil *(Waren)*

verderblich *adj (Gen)* perishable *(Waren)*

verdienen *v* 1. *(Gen)* bring in, gain; 2. *(Pers)* earn

Verdienst *m (Pers)* earnings, income

verdienstabhängig *adj (Pers, Soz)* earnings-related

Verdienstausfall *m (Pers)* loss of earnings, loss of income

verdienstbezogen *adj (Pers, Soz)* earnings-related

verdiente Beiträge *mpl (RW, Versich)* premium income earned

Verdoppelung *f (Gen)* duplication

verdrängen *v* 1. *(Fin)* freeze out, squeeze out *(Minderheitsaktionäre, Zwangsausschluss)*; 2. *(Gen)* drive out, oust, replace *(ersetzen)*; supersede • **jmdn. aus seiner Stellung verdrängen** *(Pers)* oust sb from their job • **jmdn. vom Markt verdrängen** *(Gen, WiWi)* squeeze sb out of the market

Verdrängung *f* **normaler Arbeitsplätze** *(Pol, Soz)* displacement of normal jobs *(durch arbeitsmarktpolitische Maßnahmen)*

Verdrängungswettbewerb *m (WiWi)* crowding-out competition, destructive competition, predatory pricing policy, cutthroat competition

Verdunkelung *f* 1. *(Gen)* blackout; 2. *(Recht)* collusion

veredeln *v (Ind)* finish, refine *(Erdöl)*

Verein *m (Gen)* association, society

vereinbar *adj* 1. *(Gen)* compatible; 2. *(Recht)* consistent *(Aussagen)*

vereinbaren *v* 1. *(Bank)* arrange; 2. *(Gen)* arrange, agree (upon), agree on *(Preis)*; stipulate *(vertraglich)*

Vereinbarkeit *f (Gen)* compatibility

Vereinbarkeit *f* **von Familie und Beruf** *(Pers, Soz)* reconciliation of work and family

vereinbart *adj (Gen, Recht, Versich)* agreed • **sofern nicht anders vereinbart** *(Gen, Recht)* unless otherwise agreed • **zum vereinbarten Preis** *(Gen)* at an agreed price

vereinbarter Zahlungsbeginn *m (Versich)* attachment date

Vereinbarung *f (Gen)* agreement, arrangement, accord *(Abmachung)*; bargain *(Abschluss)* • **nach Vereinbarung** *(Gen)* by arrangement • **eine Vereinbarung treffen** *(Gen)* enter into an agreement, make an arrangement

Vereinbarung *f* **ohne Haken und Ösen** *(ugs.) (Gen)* agreement with no strings attached

vereinbarungsgemäß *adj (Gen)* as per agreement

vereinfachen *v (Gen)* simplify

vereinfachtes Verfahren *n (Recht)* simplified procedure

Vereinfachung *f* 1. *(Gen)* simplification; 2. *(Ind, WiWi)* streamlining

vereinheitlichen *v (Gen)* standardize, unify

vereinheitlichte Fertigung *f (Ind)* standardized production

Vereinheitlichung *f (Gen)* standardization, unification

vereinigt *adj (Gen)* united, unified

Vereinigtes Königreich *n (Pol, Recht)* United Kingdom, UK *(umfasst Großbritannien mit England, Schottland und Wales sowie Nordirland)*

Vereinigung *f* 1. *(Gen)* association, grouping, unification; 2. *(Pol)* union

Vereinigungsfreiheit *f (Pol)* freedom of association

Vereinsrecht *n (Recht)* Law on Associations, Law on Non-Profits

Vereinte Nationen *fpl (Pol)* United Nations, UN, United Nations Organization, UNO

vereinzelt *adj (Gen)* sporadic

vereiteln *v (Recht)* defeat, frustrate, obstruct
vererbbar *adj (Recht)* inheritable
vererbbare Vermögensgegenstände *mpl (Recht)* incorporeal hereditaments
Verfahren *n* 1. *(Gen)* process, procedure; 2. *(Ind)* process, technique; 3. *(Mgt)* method; 4. *(Recht)* suit, proceedings, action *(Rechtsstreit)* • **gegen jmdn. ein Verfahren anstrengen** *(Recht)* bring a lawsuit against sb
Verfahren *n* **bei übermäßigem Defizit** *(Pol, WiWi)* excessive deficit procedure *(EU, EZB)*
Verfahrensantrag *m (Recht)* petition
Verfahrensfragen *fpl (Recht)* procedural matters
Verfahrensordnung *f (Recht)* rules of court, rules of practice, rules of procedure
verfahrensrechtlich *adj (Gen)* procedural
verfahrensrechtliche Frage *f (Mgt)* procedural issue
Verfahrensregeln *fpl* 1. *(Gen)* procedures; 2. *(Recht)* procedural rules, rules of procedure
Verfahrensreihenfolge *f (Recht)* case priority
Verfahrensvereinbarung *f (Pers)* procedure [procedural] agreement
Verfall *m* 1. *(Bank)* expiry, maturity, expiration *(Zeit)*; 2. *(Grund)* disrepair, dilapidation, decay; 3. *(Recht)* forfeit, forfeiture
verfallbar *adj (Recht)* forfeitable
Verfalldatum *n* 1. *(Bank)* due date *(Wechsel)*; 2. *(Gen) (AE)* expiration date, *(BE)* expiry date; 3. *(Pers)* date of expiry
Verfalldatum *n* **des Termingeschäftes** *(Börse) (AE)* futures expiration date
verfallen *v* 1. *(Bank)* become due, expire, mature; 2. *(Fin)* mature; 3. *(Grund)* become dilapidated, decay; 4. *(Recht)* lapse; 5. *(WiWi)* collapse *(Preise)*
verfallen *adj* 1. *(Bank)* due, expired, mature; 2. *(Fin)* mature; 3. *(Grund)* dilapidated; 4. *(Recht)* lapsed, forfeited
verfallend *adj (Ind)* ailing
Verfallsgeschwindigkeit *f (Börse)* rate of decay
Verfallsrendite *f (Fin)* yield to maturity, YTM *(Synonym: Rückzahlungsrendite, Rendite auf den Verfall, Rendite auf die Endfälligkeit)*
Verfalltag *m* 1. *(Börse, Gen)* date of maturity, DOM; 2. *(Pers)* date of expiry
verfälschen *v* 1. *(Gen)* adulterate; 2. *(Recht)* falsify *(Original)*
Verfälschung *f (Gen)* forgery
verfassen *v (Recht)* draw up *(Gesetz)*
Verfasser *m (Media, Recht)* author, writer
Verfasserin *f s.* Verfasser
Verfassung *f (Pol, Recht)* constitution
verfassungsgebender Konvent *m (Pol, Recht)* constitutional convention *(EU)*
verfassungsgemäß *adj (Pol, Recht)* constitutional
Verfassungskonvent *m (Pol, Recht)* constitutional convention *(EU)*
verfechten *v (Gen)* advocate, support
Verfechter *m (Gen)* advocate, champion, supporter
Verfechterin *f s.* Verfechter
verflechten *v (Gen)* integrate, interlace, interlink
Verflechtung *f (Gen)* integration, interlacing, interlocking, linkage
Verflechtung *f* **mit nachgelagerten Wirtschaftszweigen** *(WiWi)* backwardlinkage
Verflechtung *f* **mit vorgelagerten Wirtschaftszweigen** *(WiWi)* forward linkage
verfolgen *v* 1. *(Gen)* pursue *(Plan)*; track *(Ausgaben)*; 2. *(Mgt, Pers)* follow *(Kurs)*; 3. *(Recht)* prosecute; 4. *(Soz)* follow *(Kurs)*; 5. *(Logis)* trace • **strafrechtlich verfolgen** *(Recht)* prosecute
Verfolgung *f* 1. *(Gen)* pursuit; 2. *(Recht)* prosecution
verfrüht *adj (Gen)* premature
verfügbar *adj (Gen)* available
verfügbare Mittel *npl (Fin, RW)* available cash, available funds
verfügbare Zeit *f* 1. *(Comp)* available time; 2. *(Gen)* time frame; 3. *(Mgt)* time budget
verfügbarer Cashflow *m (RW)* available cash flow
verfügbares Bruttoeinkommen *n (VBE) (Stat, WiWi)* gross disposable income, household gross disposable income, HGDI *(Volkswirtschaftliche Gesamtrechnung = VGR = SNA = System of National Accounts)*
verfügbares Einkommen *n* 1. *(Fin, Steuer)* available income, disposable income; 2. *(WiWi)* final income, personal disposable income *(PDI)*
Verfügung *f* 1. *(Gen)* disposal; 2. *(Pat)*

rule; 3. *(Recht)* decree, order, writ
Verfügungsgeschäft *n (Recht)* disposition *(Vertragsrecht)*
Verfügungsgewalt *f (Recht)* power of disposal [disposition]
Vergabe *f (Gen)* allocation, award
Vergabe *f* **von Zulieferungsverträgen** *(Gen)* subcontracting
vergeben *v* 1. *(Gen)* allocate, award *(Arbeit)*; place *(Auftrag)*; 2. *(Pers)* contract out
Vergehen *n (Recht)* misdemeano(u)r, *(BE)* offence, *(AE)* offense
Vergeltung *f* 1. *(Gen)* retaliation; 2. *(Recht)* retaliation, retribution, retortion *(Völkerrecht)*
Vergeltungsmaßnahme *f (Gen)* reprisal, retaliatory measure
Vergesellschaftung *f (Grund, Pol, WiWi)* nationalization
vergeuden *v (Gen)* squander, waste *(Zeit, Geld)*
vergewissern *v* **über/sich** *(Gen)* ascertain *(Preis)*
Vergleich *m* 1. *(Gen)* comparison, arrangement; 2. *(Recht)* comparison, composition, compromise agreement, accord • **einen Vergleich schließen** *(Gen)* come to an arrangement, compromise, effect a compromise
vergleichbar *adj (Gen)* comparable
Vergleichbarkeit *f (Gen)* comparability
vergleichen *v* 1. *(Gen)* compare; 2. *(Media)* collate *(Schriftstücke)*
vergleichen *v* **mit** *(Gen)* compare to
vergleichend *adj (Gen)* comparative
vergleichende Analyse *f (WiWi)* comparative analysis
vergleichende Werbung *f (V&M)* comparative advertising
Vergleichsantrag *m (Recht)* application for a composition
Vergleichsbeschluss *m (WiWi)* order for relief
Vergleichsjahr *n (Fin, WiWi)* base year
Vergleichsmarke *f (WiWi)* benchmark
Vergleichsmaßstab *m (Fin, Gen, Mgt)* benchmark
Vergleichsstichprobe *f (Stat, V&M)* matched sample
Vergleichstermin anberaumen *v (Recht)* appoint a hearing for a composition
Vergleichs- und Insolvenzrecht *n (Recht)* insolvency legislation
Vergleichsverfahren *n* 1. *(Pers)* conciliation procedure, conciliation proceedings; 2. *(Recht)* arrangement proceedings
Vergleichswert *m (Gen, Mgt)* reference figure, reference value, benchmark
Vergnügungseinkauf *m (V&M)* pleasure shopping
vergriffen *adj* 1. *(Gen)* sold out; 2. *(Media)* out of print
vergrößern *v (Gen)* enlarge, augment, increase, add to
Vergrößerung *f (Gen)* addition, augmentation, increase
Vergünstigung *f (Mgt, Pers)* concession, *(ugs.)* perk, perquisite, privilege
Vergünstigungen *fpl (Gen)* facilities
vergüten *v (Gen)* remunerate, compensate
Vergütung *f* 1. *(Gen)* reimbursement, refunding *(Ersatz)*; remuneration *(Entgelt)*; 2. *(Steuer)* emolument
Vergütung *f* **der Organmitglieder** *(Mgt, Recht, RW)* executive body remuneration *(reporting on executive body remuneration, Berichterstattung über die Vergütung der Organmitglieder)*
Vergütungssysteme *f (Pers)* remuneration schemes
verhaften *v (Recht)* arrest, take into custody
Verhalten *n (Pers)* behavio(u)r, conduct
verhaltensbedingte Kündigung *f (Pers, Recht, Soz)* dismissal for conduct--related reasons, termination for reasons of misconduct
Verhaltenscodex *m (Gen)* code of conduct, code of ethics, code of good practice
Verhaltensforschung *f (Mgt, V&M)* behavio(u)ral research
Verhaltensökonomik *f (Bil, WiWi) (BE)* behavioural economics, *(AE)* behavioral economics *(Synonym: Verhaltensökonomie, verhaltensorientierte Ökonomie: jüngerer Zweig der VWL, erforscht experimentell die psychologischen und soziologischen Grundlagen irrational--menschlichen Verhaltens, und geht weit über die eng gesetzten Grenzen des nur informiert-rational handelnden ‚Homo oeconomicus' der klassischen und neoklassischen Lehre hinaus; anders: Experimentalökonomie = experimental*

economics)
Verhaltensstudie *f (V&M)* attitude survey
Verhältnis *n* 1. *(Gen)* relationship; 2. *(Stat)* proportion; 3. *(RW)* ratio • **im Verhältnis zu** 1. *(Gen)* relative to; 2. *(Stat)* in proportion to
Verhältnis *n* **Dividende zu Aktienkurs** *(Fin)* dividend-price ratio
Verhältnis *n* **von Fremd- zu Eigenkapital** *(Fin) (BE)* gearing, *(AE)* leverage
verhältnismäßig *adj (Gen)* proportionate, proportional, relative, comparative
verhandelbar *adj* 1. *(Gen)* negotiable; 2. *(Recht)* prosecutable
verhandeln *v* 1. *(Gen)* negotiate; 2. *(Recht)* hear *(Fall)* • **mit jmdm. verhandeln** *(Gen)* bargain with sb
Verhandlung *f* 1. *(Gen)* negotiation, bargaining; 2. *(Recht)* proceedings
Verhandlung *f* **zwischen unabhängigen Partnern** *(Gen)* arm's length bargaining
Verhandlungsmacht *f (Gen)* bargaining power
Verhandlungspartner *m* 1. *(Gen)* negotiating partner, party to a negotiation; 2. *(Pers)* bargaining partner
Verhandlungspartnerin *f s.* Verhandlungspartner
Verhandlungsspielraum *m (Pers)* bargaining range, bargaining scope, negotiating range
Verhandlungstisch *m (Gen)* bargaining [conference, negotiating] table
verhängen *v (Recht)* impose
Verhängung *f* **einer Geldbuße** *(Recht)* imposition of a fine
Verhängung *f* **einer Sperrzeit** *(Soz)* imposition of a benefit suspension *(bei Sozialleistungen)*
Verhängung *f* **von Bußgeldern** *(Recht)* imposition of fines *(EU)*
verheimlichen *v (Gen)* conceal
verhindern *v* 1. *(Gen)* prevent, provide against; 2. *(Recht)* block *(Annahme eines Gesetzentwurfes)*
Verhinderung *f (Gen)* prevention
verhüten *v (Gen)* prevent
Verhütung *f (Gen)* prevention
Verifizierung *f (Gen)* verification
verjähren *v (Recht)* fall under the statute of limitations, *(AE)* become prescribed
verjährt *adj (Recht)* barred by the lapse of time, statute-barred, time-barred
Verjährung *f (Recht)* limitation, limitation of actions, limitation of time, negative prescription, statute of limitations *(Vertragsrecht)*
Verjährungsfrist *f (Recht)* term [period] of limitation [prescription]
Verjährungsrecht *n* statute of limitations
Verkauf *m* 1. *(Gen)* sale, selling, vending; 2. *(V&M)* sales department, sale, selling, vending *(Verkaufsabteilung)*
Verkauf *m* **auf Ratenzahlung** *(Gen)* instal(l)ment sale
Verkauf *m* **durch Auktion** *(V&M)* auction sale
Verkauf *m* **unter Eigentumvorbehalt** *(Bank)* qualified sale
Verkauf *m* **unter Einstandspreis** *(V&M)* loss-pricing
Verkauf *m* **von Anlagen** *(Fin)* negative investment
verkaufen *v* 1. *(Fin)* realize; 2. *(Gen)* sell (off), sell up • **zu verkaufen** *(V&M)* for sale
Verkäufer *m (Pers, V&M)* salesman, salesperson, vendor, *(BE)* shop assistant, *(AE)* sales clerk *(Laden)*
Verkäuferin *f (Pers, V&M)* saleswoman
Verkäufermarkt *m (Börse, Grund, WiWi)* seller's market
Verkäuferoption *f (Börse)* seller's option
verkäuflich *adj* 1. *(Fin)* realizable; 2. *(Gen)* marketable, vendible; 3. *(V&M)* sal(e)able
Verkaufsabteilung *f (V&M)* sales department
Verkaufsanstrengungen *fpl (V&M)* sales effort, sales push
Verkaufsargument *n (V&M)* selling point, sales pitch, selling proposition
Verkaufsautomat *m (Gen)* slot machine, vending machine
Verkaufsbedingungen *fpl (V&M)* conditions of sale, terms of sale
Verkaufsbüro *n (V&M)* sales office
Verkaufserfolg *m (V&M)* sales record, track record
Verkaufserlös *m (V&M)* proceeds of sales, sales receipts, sales returns
Verkaufsertrag *m (RW, V&M)* sales return
Verkaufsfläche *f (V&M)* selling space, shop floor
Verkaufsförderung *f (V&M)* promotion, sales promotion
Verkaufsförderung *f* **am Verkaufsort** *(V&M)* point-of-sale promotion
Verkaufsförderungsbudget *n (V&M)*

promotional budget
Verkaufsförderungsmix *n (V&M)* promotion mix
Verkaufsgebiet *n (V&M)* sales area, trading area
Verkaufsgespräch *n (V&M)* sales talk, pitch
Verkaufsinstrumente *npl (V&M)* sales tools
Verkaufskonto *n (Bank)* trading account
Verkaufskosten *pl* 1. *(Fin)* cost of sales, cost ratio; 2. *(RW)* selling expenses
Verkaufskurs *m (Börse)* offering price, seller's rate
Verkaufsmerkmal *n (V&M)* sales feature
Verkaufsniederlassung *f (V&M)* sales agency
Verkaufsoption *f (Börse)* put option, put *(the option to sell stock at a specified price within a specified time)*
Verkaufsorganisation *f (V&M)* sales organization
Verkaufsort *m (V&M)* point-of-sale, POS
Verkaufspersonal *n (V&M)* sales force, sales personnel
Verkaufspolitik *f (V&M)* sales [selling] policy
Verkaufspotenzial *n (V&M)* sales potential
Verkaufsprämie *f (V&M)* sale commission, *(AE)* push money
Verkaufspreis *m (V&M)* selling price
Verkaufsprognose *f (V&M)* sales forecast
Verkaufsprogramm *n (V&M)* product range
Verkaufsprospekt *m (V&M)* sales literature
Verkaufsprovision *f* 1. *(Fin)* selling commission; 2. *(V&M)* sale [selling] commission
Verkaufspunkt *m (V&M)* point-of-sale, POS
Verkaufsrechnung *f (Gen)* (sales) invoice
Verkaufsschlager *m* 1. *(Media)* best seller *(Buch, Schallplatte)*; 2. *(V&M)* hot--selling line, top-selling article
Verkaufsschulung *f (V&M)* sales training
Verkaufsstart *m (V&M)* sales start
Verkaufsstelle *f (V&M)* point of purchase, point-of-sale, POS, (sales) outlet
Verkaufstätigkeit *f (V&M)* sales activity
Verkaufs- und Lieferbedingungen *fpl (Gen)* terms and conditions
Verkaufsvolumen *n (V&M)* sales volume
Verkaufswert *m* 1. *(Fin)* current value; 2. *(V&M)* sale value
Verkaufswiderstand *m (V&M)* sales resistance
Verkaufsziel *n (V&M)* sales goal [objective, target]
verkaufte Auflage *f (V&M)* net paid circulation
verkaufte Option *f (Börse)* written option
Verkehr *m* 1. *(Börse)* dealing, trading; 2. *(Komm)* communications; 3. *(Logis)* traffic, transport, transportation; 4. *(WiWi)* circulation *(Banknoten)*
Verkehrsanbindung *f (Logis)* transport link
Verkehrsaufkommen *n (Logis)* volume of traffic
Verkehrseinrichtungen *fpl (Logis)* transport facilities
verkehrsgünstig *adj (Gen)* accessible, with easy access to public transport
Verkehrskontrolle *f (Logis)* traffic control
Verkehrssicherungspflicht *f (Recht)* duty of care to the public
Verkehrsstau *m (Logis)* traffic jam [congestion]
Verkehrsträger *m (Recht, Logis)* carrier
verkehrsüblich *adj (Recht, RW)* ordinary diligence, due diligence
verkehrsübliche Sorgfalt *f (Recht)* due diligence, ordinary care, ordinary diligence
Verkehrsunternehmen *n (Recht, Logis)* transport company, carrier
Verkehrsverbindung *f (Logis)* communications, transport link, connection
Verkehrswert *m (Fin)* market value, current value *(Synonym: Tageswert, Zeitwert; beizulegender Wert = beizulegender Zeitwert = fair value nach IAS 39.8)*
Verkehrswesen *n (Logis)* transport system
Verkehrswirtschaft *f (Logis)* transport industry
Verkehrszählung *f (Logis)* traffic count, traffic census
verketten *v (Comp)* chain, concatenate
verklagen *v (Recht)* sue • **jmdn. verklagen** *(Recht)* bring an action against sb, sue sb
verklausulieren *v (Recht)* guard by clauses, hedge in by clauses
verkleinern *v* 1. *(Gen)* scale down, reduce in size; 2. *(Mgt, Pers)* downsize, slim

down *(Personalbestand)*
Verkleinerung *f* 1. *(Gen)* reduction in size, scaling-down; 2. *(Mgt, Pers)* downsizing *(Personalbestand)*
Verknappung *f (WiWi)* crunch, shortage
Verknüpfung *f (Comp, Komm)* link
verkörpern *v (Pat, Recht)* embody
Verkörperung *f (Pat, Recht)* embodiment
verkraftbar *adj (Gen, WiWi)* sustainable
Verkündung *f (Pol, Recht)* proclamation
Verkündung *f* **des Urteils** *(Recht)* delivery of the judgment
verkürzen *v* 1. *(Börse)* shorten; 2. *(Gen)* abridge, curtail, reduce, shorten
Verladen *n (Imp/Exp, Komm, Logis)* loading, shipment, shipping
Verlader *m (Imp/Exp, Komm, Logis)* loading agent, forwarder, shipper
Verlag *m (Media)* publisher, publishing house
verlagern *v (Gen, Mgt)* move, relocate, shift
Verlagerung *f (Gen)* displacement, relocation *(Unternehmen)*
Verlagerung *f* **von Arbeitsplätzen** *(Pers)* job displacement, displacement of jobs
verlangen *v (Gen)* call for, charge, claim, request, require
Verlangen *n* 1. *(Gen)* request; 2. *(V&M)* desire • **auf Verlangen** *(Gen)* on demand • **auf Verlangen rückzahlbar** *(Bank, Fin)* repayable on demand
verlängern *v* 1. *(Bank)* extend; 2. *(Börse)* lengthen; 3. *(Gen)* extend, renew
verlängert *adj (Gen)* extended, lengthened, prolonged
verlängerter Eigentumsvorbehalt *m (Recht)* extended reservation of title [ownership]
Verlängerung *f (Gen)* extension, renewal
verlangsamen *v* 1. *(Börse)* roll down; 2. *(WiWi)* decelerate, slow (down) *(Wachstum)*
verlassen *v* 1. *(Comp)* abort *(Programm, Betriebszustand)*; 2. *(Gen)* abandon, leave; 3. *(Grund)* vacate *(Wohnung)* • **sich verlassen auf** *(Gen)* depend on, rely on *(Person)*
Verlassen *n (Gen)* leaving, abandonment
verlässlich *adj (Gen)* reliable
Verlauf von/im *(Gen)* in the course of
Verlautbarung *f* 1. *(Pol, Recht)* statement; 2. *(Komm, Media)* announcement • **eine Verlautbarung herausgeben** *(Mgt, Pol, Recht)* release a statement
verlegen *v* 1. *(Gen)* relocate *(Unternehmen)*; 2. *(Mgt)* postpone *(Termin)*; 3. *(Media)* publish
Verleger *m (Media)* publisher
Verlegerin *f s.* Verleger
Verlegung *f (Gen)* relocation
verleihen *v* 1. *(Bank)* lend; 2. *(Gen)* hire out; 3. *(Recht)* bestow, confer, vest *(Titel, Rechte)*
Verleihung *f* 1. *(Bank)* lending; 2. *(Gen)* hiring out; 3. *(Recht)* bestowal, conferment, conferral *(Titel, Rechte)*
Verleitung *f (Recht)* inducement
verletzen *v* 1. *(Pat)* infringe, violate; 2. *(Recht)* violate, injure, interfere with, infringe *(Vorschriften)*
Verletzer *m (Pat, Recht)* infringer, violator
Verletzte *m(f) (Recht)* aggrieved [injured, wronged] party
Verletzung *f* 1. *(Pat)* infringement, violation; 2. *(Pers)* injury *(Körper)*; 3. *(Recht)* infringement, violation • **in Verletzung von** *(Gen)* in violation of
Verletzung *f* **der Berufspflicht** *(Recht)* malpractice *(Arzt, Rechtsanwalt)*
Verletzung *f* **der Geheimhaltung** *(Gen)* breach of confidence, breach of secrecy
Verletzung *f* **der Privatsphäre** *(Komm, Recht)* invasion of privacy
Verletzung *f* **der Treuepflicht** *(Recht)* breach of trust
verleumden *v (Recht)* slander *(mündlich)*; libel *(schriftlich)* • **jmdn. verleumden** *(Recht)* defame sb's credit, defame sb's reputation
verleumderisch *adj (Recht)* defamatory, libel(l)ous *(schriftlich)*; slanderous *(mündlich)*
Verleumdung *f* 1. *(Gen)* backbiting; 2. *(Recht)* defamation, slander *(mündlich)*; libel *(schriftlich)*
verlieren *v* 1. *(Gen)* forfeit; 2. *(Recht)* lose *(Schutz)*
Verlust *m* 1. *(Bank)* loss; 2. *(Gen)* wastage; 3. *(Imp/Exp)* forfeiting; 4. *(Pat)* damage; 5. *(RW)* charge off; 6. *(Recht)* loss; 7. *(WiWi)* leakage • **einen Verlust ausweisen** *(RW)* report a loss, show a loss • **einen Verlust erleiden** 1. *(RW)* sustain a loss; 2. *(Recht)* suffer loss • **einen Verlust erwirtschaften** *(WiWi)* run a deficit • **einen Verlust in Kauf nehmen** *(Börse)* take a loss • **Verlust**

machen *(WiWi)* run a deficit • **einen Verlust melden** *(RW)* report a loss • **einen Verlust tragen** *(Fin)* carry a loss, stand a loss • **Verluste einfahren** *(Fin, RW)* operate in the red
Verlust *m* **des Arbeitsplatzes** *(Pers, Soz)* loss of job, job loss, redundancy
Verlust *m* **des Einkommens** *(Pers)* loss of income, income loss
Verlust *m* **durch uneinbringliche Forderungen** *(WiWi)* bad debt loss
Verlust *m* **von Arbeitsplätzen** *(Gen)* job losses
Verlustabzug *m (Steuer)* loss deduction
Verlustanerkennung *f (RW)* recognition of loss
Verlustgeschäft *n (WiWi)* losing bargain, money-losing deal
Verlustrücklage *f (Fin)* loss contingency
Verlustrückstellung *f* 1. *(Mgt)* contingency reserve; 2. *(RW)* loss provision
Verlustrücktrag *m (RW)* carry-back (of loss), loss carry-back
Verlustträger *m (V&M)* lossmaker
Verlustübernahme *f (Fin, Gen, WiWi)* assumption of losses *(ZB)*
Verlustübernahme *f (Fin, WiWi)* assumption of losses, coverage of losses *(ZB)*
Verlustvortrag *m (RW)* carry-over loss, historical loss, loss carry-forward, losses carried forward
vermachen *v* 1. *(Grund)* devise; 2. *(Recht)* bequeath, devise, dispose by will
Vermächtnis *n (Recht)* bequest, legacy, testamentary gift
Vermarktung *f (V&M)* product marketing, marketing of products
vermehren *v (Gen)* augment
vermeidbares Risiko *n (Fin)* avoidable risk, unsystematic risk
vermeiden *v* 1. *(Gen)* avoid, prevent; 2. *(Steuer)* avoid
Vermerk *m* 1. *(Gen)* entry, note; 2. *(Recht)* endorsement, indorsement *(Urkunde, Wechsel)*
vermerken *v (Recht)* endorse, indorse
vermessen *v (Grund)* survey
vermieten *v (Grund) (BE)* let, *(AE)* rent out • **zu vermieten** *(Grund) (AE)* for rent, *(BE)* to let
Vermieter *m (Recht)* lessor *(Gegensatz: lessee)*
Vermieterin *f s.* Vermieter
Vermietung *f (Grund)* let, letting
vermittelbar *adj (Gen, Pers)* employable
Vermittelbarkeit *f (Pers, Soz, WiWi)* employability
vermitteln zwischen *(Pers)* mediate between
Vermittler *m (Pers)* intermediary, mediator
Vermittlerin *f s.* Vermittler
Vermittlung *f* 1. *(Gen)* mediation; 2. *(Komm)* exchange *(Telefon)*; switchboard *(Telefon)*; 3. *(Pol, WiWi)* government intervention; 4. *(Pers, Soz)* employment service, placing service *(organization)*; placing, placement *(activity)*; *(filled vacancy)* placing, job placing, placement, job placement *(filled vacancy; beachten: Vermittlung sowohl von Arbeitskräften als auch von Arbeitsplätzen)*; 5. *(Mgt)* brokering of business • **durch Vermittlung von** *(Gen)* through the agency of
Vermittlungsaussichten *fpl (Soz)* placement prospects, placing prospects
Vermittlungsverfahren *n (Pol)* mediation procedure
Vermögen *n* 1. *(Fin)* assets; 2. *(Gen)* wealth, capital; 3. *(Pers)* power, capacity; 4. *(RW)* assets, net worth, capital
Vermögen *n* **des Gemeinschuldners** *(Recht)* debtor's assets
Vermögensaufstellung *f* 1. *(RW) (AE)* schedule of net assets; 2. *(Recht)* statement of affairs *(Insolvenzschuldner)* • **die Vermögensaufstellung vorbereiten** *(RW)* prepare the statement of net assets
vermögensbesicherte Anleihen *fpl s.* vermögensgesicherte Anleihen
vermögensbesicherte Forderungen *fpl (Fin, RW)* asset-backed securities *(ABS, cf asset-backed securities)*
vermögensbesicherte Kreditforderungen *fpl (Fin, RW)* asset--backed securities *(ABS, cf asset--backed securities)*
Vermögensbesteuerung *f (Steuer)* capital taxation, *(AE)* assessed valuation
Vermögensbewertung *f (RW)* asset valuation
Vermögensbilanz *f (RW)* asset and

liability statement
Vermögenseinkommen *n (Steuer, WiWi)* unearned income, investment income *(Gegensatz: Arbeitseinkommen = earned income)*
Vermögenserträge *mpl* 1. *(Börse)* asset return; 2. *(Fin)* investment income
Vermögensgegenstand *m (WiWi)* asset property item
Vermögensgegenstände *mpl (RW)* assets
vermögensgesicherte Anleihen *fpl (Fin, RW)* asset-backed securities, ABS *(cf asset-backed securities)*
vermögensgesicherte Forderungen *fpl (Fin, RW)* asset-backed securities, ABS
vermögensgesicherte Kreditforderungen *fpl (Fin, RW)* asset--backed securities, ABS
Vermögensgut *n (Fin, WiWi)* property, asset *(Wirtschaftsgut)*
Vermögensgut *n* **mit begrenzter Nutzungsdauer** *(RW, WiWi)* wasting asset
Vermogensmasse *f (Recht)* estate
Vermögenspreise *mpl (Fin, WiWi)* asset prices
Vermögensrecht *n (Recht)* property law
Vermögensschaden *m* 1. *(Fin)* damage to property, financial damage, financial loss; 2. *(Versich)* economic loss
Vermögensseite *f (RW)* asset side
Vermögensstatus *m (Bank, Fin)* asset and liability position, asset/liability position
Vermögensteuer *f (Fin, Steuer, WiWi)* property [capital] tax, wealth tax
Vermögensverwaltung *f (Bank, Börse, Fin)* asset management, fund management, investment management, portfolio management, property management
Vermögensverwaltungsgebühr *f (Bank)* agency fee, management fee
Vermögenswert *m (Fin, RW)* asset value, assets • **Vermögenswerte flüssigmachen** *(Börse)* realize assets • **durch Vermögenswerte gesicherte Anlage** *(Fin)* asset-backed investment
vermögenswirksame Leistung *f (Pers, Soz)* asset-formation allowance, asset--formation allowance benefit
Vermögenszuwachs *m (WiWi)* capital appreciation, accession
Vermögenszuwachssteuer *f (Fin, RW, Steuer, WiWi)* capital gains tax
vermutlich *adj (Gen, Recht)* alleged, probable
Vermutung *f (Gen, Recht)* presumption, assumption
Vernehmung *f* **von Zeugen** *(Recht)* examination of witnesses
vernetzt *adj (Bank)* linked
vernetztes Arbeiten *n (Comp)* networking
vernetztes Denken *n (Gen, Mgt)* integrated thinking
Vernetzung *f (Comp, Komm, V&M)* networking
Vernichtung *f* 1. *(Umwelt)* destruction; 2. *(WiWi)* abolition *(von Arbeitsplätzen)*
Vernichtungswettbewerb *m (WiWi)* cutthroat competition
vernünftig *adj (Gen)* rational, reasonable, sensible
vernünftige kaufmännische Beurteilung *f (Gen, Recht, RW)* reasonable commercial assessment, sound business judgment *(z. B. die handelsrechtlichen Bewertungsvorschriften)*
vernünftiger Preis *m (Gen)* reasonable price
veröffentlichen *v* 1. *(Media)* issue, publish; 2. *(Pat)* publish
Veröffentlichung *f (Media)* publication
Veröffentlichungen *fpl (Media, Recht)* published works, publications *(Urheberrecht)*
Veröffentlichungsblatt *n (Recht)* gazette *(Deu: Bundesgesetzblatt = Federal Law Gazette)*
Verordnung *f (Recht)* regulation *(EU; regulations bind EU member states legally in every respect; anders: Richtlinie = directive)*; ordinance *(Verfügung, Erlass)*; edict *(Erlass, Edikt)*
verpachten *v (Grund)* lease, let on lease, rent
Verpächter *m (Recht)* lessor *(Gegensatz: lessee = Pächter)*
verpacken *v (Gen)* pack, wrap
Verpacken *n (Gen)* packing, packaging
verpackte Ware *f (V&M)* packaged goods
Verpackung *f* 1. *(Gen)* wrapper, packing, wrapping; 2. *(Ind)* packaging; 3. *(V&M)* wrapper, wrapping
Verpackungsdesign *n (V&M)* package design
Verpackungsgewicht *n (Gen)* tare

weight
verpfänden *v* 1. *(Fin)* pawn, pledge; 2. *(Grund)* hypothecate, mortgage
verpfändet *adj (Fin)* in pawn, in pledge, pawned, pledged, hypothecated, mortgaged
Verpfändung *f* 1. *(Fin)* pawning, pledging; 2. *(Grund)* hypothecation, mortgaging
verpflegen *v (Gen)* cater for
verpflichten *v* 1. *(Gen)* oblige, *(AE)* obligate; sign up; 2. *(Recht)* bind, engage • **jmdn. verpflichten, etw. zu tun** *(Gen)* oblige sb to do sth • **sich zu etw. verpflichten** *(Gen)* commit oneself to sth
verpflichtet *adj (Gen, Recht)* committed, obligated, obliged • **verpflichtet sein, etw. zu tun** *(Gen)* be committed to do sth
Verpflichtete *m(f) (Recht)* debtor, obligor
Verpflichtung *f* 1. *(Gen)* liability, obligation; 2. *(Recht)* commitment, engagement, undertaking • **eine Verpflichtung eingehen** *(Gen)* undertake a commitment • **ohne Verpflichtung** *(V&M)* without obligation • **ohne jede Verpflichtung unsererseits** *(Gen, Recht)* without any liability on our part
Verpflichtungsermächtigung *f (Fin)* budgetary appropriation, commitment authority
verrechnen *v* 1. *(Bank)* clear; 2. *(Fin, RW)* offset, set against, set off, absorb, carry back *(Verluste)*
verrechnet *adj* 1. *(Bank)* cleared; 2. *(Fin)* absorbed, offset; 3. *(RW)* allocated
verrechnete Gemeinkosten *pl* 1. *(Fin)* absorbed overheads; 2. *(RW)* applied overheads
Verrechnung *f* 1. *(Bank)* clearing; 2. *(Fin, RW)* absorption, offset, offsetting, set--off, carry-back • **zur Verrechnung** *(Bank)* account payee • **nur zur Verrechnung** *(Bank)* account payee only, for deposit only, not negotiable
Verrechnung *f* **von Verlusten** *(RW)* carry--back of loss
Verrechnungseinheit *f (Bank, WiWi)* unit of account
Verrechnungspreis *m* 1. *(Bank)* accounting price; 2. *(Gen)* transfer price
Verrechnungsscheck *m (Bank) (AE)* account-only [collection-only] crossed check, *(BE)* account-only [collection--only] crossed cheque, non-negotiable cheque
Verrechnungsverkehr *m (Bank, Börse)* clearing
verrichten *v (Gen)* perform
verringern *v* 1. *(Fin)* cut; 2. *(Gen)* diminish, scale down, work down *(Bestand)*; reduce *(Ausgaben)*; 3. *(Mgt, Pers)* downsize *(Personalbestand)*; 4. *(WiWi)* reduce, run down
Verringerung *f* 1. *(Fin)* cut; 2. *(Gen)* reduction, reduction in size, scaling--down; 3. *(Mgt, Pers)* downsizing, scaling-down *(Personalbestand)*; 4. *(WiWi)* reduction
Verringerung *f* **der Belegschaft** *(Pers)* staff cut, staff cuts, staff cutback, staff reduction, reduction in staff, reduction in staffing levels, reduction of the workforce
Versagen *n* 1. *(Comp)* failure, fault; 2. *(Gen)* fault; 3. *(Ind)* breakdown
Versammlung *f* 1. *(Gen)* convention, gathering; 2. *(Mgt)* meeting; 3. *(Pol)* assembly, convention
Versammlungsfreiheit *f (Pol, Recht)* freedom of assembly
Versammlungsleiter *m (Mgt, Pers)* chairman, chairperson
Versammlungsleiterin *f (Mgt, Pers)* chairwoman, chairperson
Versand *m (Imp/Exp, Komm, Logis)* consignment, consignation, dispatch, dispatching, shipment, shipping
Versandbedingungen *fpl (Imp/Exp)* terms of shipment
versandbereit *adj (Logis)* ready for shipment
Versandgebühr *f (Gen)* dispatching [forwarding] charge
Versandhandel *m (Komm, V&M)* mail order
Versandhauskatalog *m (V&M)* mail--order catalog(u)e
Versandpapiere *npl (Imp/Exp, Logis)* dispatch papers, shipping documents [papers]
Versandrechnung *f (Imp/Exp, Komm)* shipping invoice
Versandtag *m (Logis)* day [date] of shipment
versäumen *v (Recht)* fail, omit *(unterlassen)*; neglect *(vernachlässigen)*
Versäumnis *n (Recht)* default, failure, omission

verschärfen *v (Gen)* intensify, tighten (up), stiffen *(Bestimmungen)*
verschärfter Wettbewerb *m (WiWi)* enhanced competition, fiercer competition, keener competition
Verschärfung *f (Gen)* intensification, tightening-up
verschenken *v (V&M)* give away
verschicken *v* 1. *(Gen)* send out; 2. *(Imp/Exp, Komm, Logis)* send, ship *(Fracht)* • **mit der Bahn verschicken** *(Logis)* ship by rail
verschieben *v (Gen)* move, postpone, shift
verschieden *adj (Gen)* diverse, sundry
verschiedene Ausgaben *fpl (RW)* sundry expenses
verschiedene Kosten *pl (RW)* miscellaneous expenses
Verschiedenes *n* 1. *(Gen)* miscellaneous; 2. *(RW)* sundries
Verschiedenheit *f* 1. *(Gen)* diversity; 2. *(Pat)* distinctiveness
Verschiffungsdokumente *npl (Imp/Exp, Logis)* shipping documents, shipping papers
Verschlankung *f (V&M)* streamlining, trimming down, slimming down, cutting back
verschlechtern *v***/sich** *(Gen)* deteriorate, worsen
Verschlechterung *f* 1. *(Gen)* deterioration, worsening, depreciation; 2. *(WiWi)* debasement *(Münzen)*
verschleiern *v (Gen)* conceal, cover up, disguise
Verschleierung *f* **der Verluste** *(Börse)* concealment of losses
Verschleiß *m* 1. *(Gen)* wear (and tear), waste; 2. *(WiWi)* erosion
verschleißen *v (WiWi)* erode, waste
verschlüsseln *v (Comp)* encode, encrypt
Verschlüsselung *f* 1. *(Bank)* encoding; 2. *(Comp)* encryption *(Daten, Text)*
Verschlüsselungsverfahren *n (Komm)* encryption method
verschmelzen *v (Fin)* merge, amalgamate, consolidate, fuse
Verschmelzung *f (Fin)* amalgamation, consolidation *(neue Einheit)*; merger *(durch Aufnahme)*
Verschmutzer *m (Umwelt)* polluter
verschmutzt *adj (Umwelt)* polluted
Verschmutzung *f (Umwelt)* contamination, pollution
verschrotten *v (Ind)* scrap
Verschrottung *f (Ind)* scrapping
verschulden *v (Gen)* cause *(etw. verursachen)*
Verschulden *n* 1. *(Comp, Gen)* fault; 2. *(Recht)* blame
verschulden *v***/sich** *(Bank, Gen, RW)* incur debts, run into debt
Verschuldenspotenzial *n (Fin, Gen)* borrowing potential
Verschuldensprinzip *n (Recht)* fault principle, principle of fault
verschuldet *adj (Fin, Gen)* indebted, *(ugs.)* in the red
Verschuldung *f (Fin)* indebtedness, level of debt
Verschuldung *f* **pro Kopf der Bevölkerung** *(WiWi)* per capita debt
Verschuldungsgrad *m* 1. *(Bank) (AE)* leverage (ratio); 2. *(Fin)* debit ratio, debt ratio, debt equity ratio, *(BE)* gearing; 3. *(RW)* debt equity ratio, *(AE)* leverage ratio
Verschuldungsgrenze *f (Gen)* borrowing allocation [ceiling]
Verschuldungsmöglichkeiten *fpl (Fin)* scope for borrowing funds, scope for raising funds, borrowing potential
Verschuldungsspielraum *m (Bank, Fin)* borrowing capacity
verschweigen *v (Recht)* conceal, fail to disclose
Verschweigen *n* 1. *(Recht)* concealment *(von Information)*; 2. *(Versich)* nondisclosure
verschwenden *v (Gen)* squander, waste
Verschwender *m (Gen)* spendthrift
Verschwenderin *f s.* Verschwender
Verschwiegenheitspflicht *f (Recht)* lawyer-client privilege *(anwaltliche Schweigepflicht)*; physician-patient privilege *(ärztliche Schweigepflicht)*
versehen *v* **mit** *(Gen)* affix, append
Verselbstständigung *f* 1. *(Gen)* propensity to take an independent course; 2. *(Admin, Mgt)* intrapreneuring
versenden *v* 1. *(Gen)* send out; 2. *(Komm, Logis)* consign, convey, dispatch
Versender *m* 1. *(Imp/Exp, Komm)* consignor, sender; 2. *(Logis)* consignor, sender, shipper
Versendung *f* 1. *(Imp/Exp)* consignment, shipping; 2. *(Gen)* dispatch; 3. *(Komm)* dispatch, shipping; 4. *(Logis)* shipping, conveyance, dispatch, dispatching

versetzen *v (Gen, Pers)* redeploy, relocate, transfer
versetzt *adj (Admin, Pers)* posted, relocated, transferred
Versetzung *f (Admin, Gen, Pers)* posting, redeployment, relocation, transfer *(von Arbeitnehmern)*
verseuchen *v (Umwelt)* contaminate
versicherbar *adj (Versich)* insurable
versicherbares Risiko *n (Versich)* insurable risk
Versicherer *m* 1. *(Fin)* carrier; 2. *(Versich)* insurance company, insurer, underwriter
versichern *v (Versich)* assert, assure, insure, underwrite
versichern v/sich privat *(Versich) (ugs.)* go private
versichert *adj (Versich)* insured
versichert *adj*/**nicht** *(Versich)* unassured, uninsured
versicherte Gefahr *f (Versich)* insured peril
versicherte Person *f*/**die** *(Versich)* the insured
Versicherung *f* 1. *(Gen)* assertion; 2. *(RW)* insurance; 3. *(Versich)* assurance, insurance, cover • **eine Versicherung abschließen** *(Versich)* take out an insurance policy • **durch Versicherung gedeckt sein** *(Versich)* be covered by insurance
Versicherung *f* **auf den Todesfall** *(Versich)* life insurance policy
Versicherung *f* **auf den Todes- und Erlebensfall** *(Versich)* endowment (life) assurance, endowment (life) insurance
Versicherung *f* **auf Gegenseitigkeit** *(Versich)* mutual insurance
Versicherung *f* **gegen alle Gefahren** *(Versich)* all-risk insurance
Versicherungsende *n (Versich)* lapse
Versicherungsfactoring *n (Versich)* insurance factoring
Versicherungsfall *m (Versich)* event insured against
versicherungsfremde Leistungen *fpl (Pol, Soz, Versich) benefits not in conformity with the concept of insurance*
Versicherungsgesellschaft *f (Versich)* insurance company
Versicherungsgewerbe *n (Versich)* insurance industry
Versicherungsleistung *f (Versich)* (insurance) benefit, insurance settlement
Versicherungsmakler *m (Fin, Gen)* insurance broker
Versicherungsmaklerin *f s.* Versicherungsmakler
Versicherungsnehmer *m (Versich)* policy-holder
Versicherungsnehmerin *f s.* Versicherungsnehmer
Versicherungspflicht *f (Recht, Versich)* compulsory insurance, legal obligation to insure, obligation to insure
versicherungspflichtige Beschäftigung *f (Soz)* insurable employment, insured employment
versicherungspflichtiges Arbeitsverhältnis *n (Pers, Soz)* employment subject to social insurance contributions, employment subject to compulsory insurance
Versicherungspolice *f (Versich)* insurance policy
Versicherungsprämie *f (Versich)* insurance premium
Versicherungsschein *m (Versich)* insurance policy
Versicherungsschutz *m (Versich) (BE)* insurance cover, *(AE)* insurance coverage • **ohne Versicherungsschutz** *(Versich)* bare
Versicherungssparte *f (Versich)* class of insurance
Versicherungssumme *f* 1. *(Gen)* sum insured; 2. *(Versich)* face amount, face of policy, sum assured
versicherungstechnisch *adj (Versich)* actuarial
Versicherungsunternehmen *n (Versich)* insurance company
Versicherungsverein *m* **auf Gegenseitigkeit** 1. *(Fin)* benefit society, *(BE)* friendly society; 2. *(Versich)* mutual benefit society, mutual insurance company, *(BE)* mutual insurance society
Versicherungswirtschaft *f (Versich)* insurance industry
Versicherungszweig *m (Versich)* class of insurance, line of business
versiegeln *v (Gen, Komm, Recht)* seal
versiegelt *adj (Gen, Komm, Recht)* sealed, under seal
versiegeltes Angebot *n (Gen)* sealed tender

versorgen *v* **mit** *(Gen)* furnish, provide, supply *(Informationen)*
Versorgung *f* 1. *(Gen)* supply; 2. *(Frei)* catering, provision *(mit Speisen und Getränken)*
Versorgungsbereich *m (Ind)* utilities sector
Versorgungskette *f (Gen)* supply chain *(Beschaffungswesen)*
Versorgungsunternehmen *n (Admin)* public utility
verspätet *adj (Gen)* delayed, late
verspätete Annahme *f (Recht)* late acceptance *(Liefervertrag)*
verspätete Zahlung *f (Fin)* late payment
Verspätung *f* 1. *(Gen)* delay, lateness; 2. *(Pers)* lateness
versprechen *v (Gen)* promise, undertake
verstaatlichen *v (Gen)* nationalize
verstaatlichter Sektor *m (Ind)* nationalized sector
Verstädterung *f (WiWi)* urbanization
verständigen *v (Gen)* notify, inform
verständigen *v/***sich** *(Recht)* come to an agreement, come to an understanding
Verständigung *f* 1. *(Gen)* information; 2. *(Recht)* agreement, understanding
verstärken *v (Gen)* strengthen, reinforce *(Wirkung)*
verstärkte Sensibilisierung *f (Gen, Pol)* acute awareness
verstecken *v (Recht)* conceal, hide
versteckt *adj (Pol, WiWi)* latent
versteckte Arbeitslosigkeit *f* 1. *(Pers)* disguised unemployment *(Arbeitsmarkt, Statistik)*; 2. *(WiWi)* concealed unemployment
versteckte Inflation *f (WiWi)* hidden inflation
versteckter Mangel *m (Recht)* latent defect, hidden defect *(Vertragsrecht)*
verstehen *v (Gen)* understand
versteigern *v (Gen, V&M, WiWi)* auction off
Versteigerung *f (V&M, WiWi)* auction, public sale
verstetigen *v (WiWi)* smooth out *(Schwankungen, Fluktuationen)*
Verstetigung *f (WiWi)* increasing steadiness
versteuerbar *adj (Steuer)* taxable, liable to taxation
versteuern *v (Gen, Steuer)* pay tax • **zu versteuerndes Einkommen** *(Gen, RW, Steuer, WiWi)* taxable income
versteuert *adj (Gen, Steuer)* net of taxes, tax paid
Versteuerung *f (Gen, Steuer)* payment of tax
Verstoß *m (Pat, Recht)* breach, infringement, *(BE)* offence, *(AE)* offense; violation
Verstoß *m* **gegen die Standesregeln** *(Gen)* unprofessional conduct
verstoßen *v (Recht)* violate
verstreichen *v (Fin, Gen)* lapse *(Zeit)*; expire *(Frist)*
Versuch *m (Gen)* experiment, trial, attempt
versuchen *v (Gen)* attempt, test, try
Versuchsanlage *f (Ind)* pilot plant *(Produktion)*
Versuchsstadium *n (Gen, Ind)* experimental stage
Versuch-und-Irrtum-Methode *f (WiWi)* trial and error method
vertagen *v* 1. *(Gen)* postpone; 2. *(Mgt, Recht)* adjourn *(Sitzung, mündliche Verhandlung)*
Vertagung *f* 1. *(Gen)* postponement; 2. *(Mgt, Recht)* adjournment
verteidigen *v (Gen)* defend, vindicate *(Meinung, Handlung)*
Verteidiger *m (Recht) (BE)* counsel for the defence, *(BE)* defending counsel, *(AE)* attorney for the defense, *(AE)* defense attorney [lawyer]
Verteidigerin *f s.* Verteidiger
Verteidigung *f* 1. *(Gen)* vindication; 2. *(Pol) (BE)* defence, *(AE)* defense; 3. *(Recht) (BE)* defence, *(AE)* defense; vindication • **die Verteidigung führen** *(Recht) (BE)* lead for the defence, *(AE)* lead for the defense
verteilen *v* 1. *(Börse, Fin)* apportion, distribute *(Aktien)*; 2. *(Gen)* share out *(Arbeit, Geld)*; 3. *(Pat)* apportion; 4. *(RW)* allot, apportion, spread *(Kosten)*; 5. *(WiWi)* spread, allocate *(Mittel)*
Verteiler *m* 1. *(Gen, Komm)* mailing list; 2. *(Imp/Exp, Logis)* distributor
verteilt *adj* 1. *(Comp)* distributed; 2. *(Gen)* allocated
verteilter Gewinn *m (Gen)* appropriated surplus, distributed profit
Verteilung *f* 1. *(Börse, Fin)* apportionment, distribution; 2. *(Pat)* apportionment; 3. *(RW)* allotment, apportionment; 4. *(Logis)* distribution, allotment; 5. *(WiWi)* distribution

Verteilung *f* **der Kosten** *(RW)* apportionment of costs
Verteilung *f* **des Volkseinkommens** *(WiWi)* distribution of national income
Verteilung *f* **des Wohlstands** *(WiWi)* wealth distribution
Verteilungseffekt *m (WiWi)* spread effect
Verteilungsgerechtigkeit *f (Pol, Soz, WiWi)* equity
vertiefen *v (Gen)* deepen *(Beziehung)*; widen *(Kluft)*
Vertiefung *f (Gen)* widening
vertikal *adj (Gen)* vertical
vertikal integriertes Börsenmodell *n s.* vertikal integriertes Börsensystem
vertikal integriertes Börsensystem *n (Börse)* vertically integrated exchange system, vertically integrated exchange model *(ein System, das Handel, Verrechnung, Abwicklung, Verwahrung und Verwaltung von Wertpapieren umfasst; including trading, clearing, settlement, custody and management of securities)*
vertikale Expansion *f (Gen)* vertical expansion
vertikale Fusion *f (Gen, WiWi)* vertical amalgamation, vertical merger
vertikale Gliederung *f* **der Gewinn- und Verlustrechnung** *(RW)* vertical layout of the profit and loss account
vertikale Integration *f (Gen, WiWi)* vertical integration
vertikale Mobilität *f (Pers, WiWi)* vertical mobility
vertikale Preisbindung *f (Fin, Recht, WiWi)* resale price maintenance
vertikale Vorwärtsintegration *f (WiWi)* forward vertical integration
vertikaler Aufbau *m (Gen, Mgt)* vertical organization
vertikaler Zusammenschluss *m (Gen, WiWi)* vertical amalgamation
vertikales System *n (Börse, Gen)* vertical system *(vertikal integriertes Geschäftsmodell mit relativ langer Wertschöpfungskette, z. B. ein Börsensystem einschließlich Handel, Verrechnung, Abwicklung, Verwahrung und Verwaltung von Wertpapieren; vertically integrated business system, e. g. an exchange system including trading, clearing, settlement, custody and management of securities)*
Vertikalkonzern *m (WiWi)* vertical group
Vertikalsystem *n s.* vertikales System
Vertrag *m* 1. *(Gen)* agreement, contract, pact, treaty; 2. *(Pol)* treaty, accord; 3. *(Recht)* agreement, contract, covenant, deed *(schriftliche Vereinbarung)* • **das auf den Vertrag anzuwendende Recht** *(Recht)* applicable law of the contract, governing law of the contract • **einen Vertrag aufheben** *(Recht)* cancel a contract, rescind a contract • **etw. in einen Vertrag einfügen** *(Recht)* build sth into a contract *(Klausel, Bedingung)* • **einen Vertrag schließen mit** *(Gen)* enter into a contract with • **einem Vertrag zustimmen** *(Recht)* agree to a contract • **konkludent geschlossener Vertrag** *(Recht)* implied contract • **an Bedingungen geknüpfter Vertrag** *(Recht)* conditional contract
Vertrag *m* **auf unbestimmte Dauer** *(Recht)* open-end contract
Vertrag *m* **auf Unternehmensebene** *(Pers)* company level agreement
Vertrag *m* **über den Austausch von Lieferungen und Leistungen** *(Recht)* contract of exchange of goods and services
Vertrag *m* **über die Arbeitsweise der Europäischen Union** *(AEUV, AEU--Vertrag) (Pol, Recht)* Treaty on the Functioning of the European Union, TFEU *(EU-Primärrecht = EU-Recht mit Verfassungsrang, EU primary law = law of chief importance; ehemals: Vertrag zur Gründung der Europäischen Gemeinschaft = EGV = EG-Vertrag = Treaty Establishing the European Community, auch: Verträge von Rom = Treaties of Rome, unterzeichnet am 25.3.1957, in Kraft ab 1.1.1958, am 1.12.2009 umbenannt durch den Lissabon-Vertrag = Lisbon Treaty)*
Vertrag *m* **über die Europäische Union** *(EUV) (Pol, Recht)* Treaty on European Union, TEU, Maastricht Treaty *(Synonym: EU-Vertrag, Maastricht--Vertrag, Vertrag von Maastricht, unterzeichnet 1992, in Kraft 1993, geändert am 1.12.2009 durch den Vertrag von Lissabon = VvL = ToL = Treaty of Lisbon = Lisbon Treaty; VEU = obs.)*
Vertrag *m* **von Lissabon** *(VvL) (Recht, Pol)* Treaty of Lisbon, *(ugs.)* ToL, *(ugs.)*

Lisbon Treaty *(Synonym, ugs.: Lissabon-Vertrag, EU-Reformvertrag; das umfängliche, hochkomplexe Vertragswerk sieht zusätzliche Mehrheitsentscheidungen vor -double majority = doppelte Mehrheit- und trat am 1.12.2009 in Kraft; es ersetzt den 2006 gescheiterten EU--Verfassungsvertrag; the treaty, a highly complex legal document, replaces the failed European constitution and aims to streamline decision-making through increased use of majority votes and the creation of the positions of a EU President and a High Representative of the Union for Foreign Affairs and Security Policy = HR = Hoher Repräsentant der Union für Außen- und Sicherheitspolitik, the ‚main co--ordinator and representative' of the Common Foreign and Security Policy = CFSP = GASP = Gemeinsame Außen- und Sicherheitspolitik within the EU)*

vertraglich *adj (Recht)* contractual

vertraglich *adv (Recht)* by contract • **vertraglich ausschließen** *(Recht)* contract out • **vertraglich festlegen** *(Gen)* stipulate by contract

verträglich *adj (Gen)* compatible

vertraglich vereinbart *(Recht)* stipulated (in the contract)

vertraglich vereinbarter Preis *m (Steuer) (AE)* contract price

vertraglich Verpflichtete *m(f) (Recht)* covenantor

vertraglich verpflichtete Partei *f (Recht)* party liable under contract

vertragliche Haftung *f (Recht)* contractual liability

vertragliche Sicherheit *f (Recht)* contractual secured right

vertragliche Vereinbarung *f (Recht, V&M)* contractual agreement

vertraglicher Geltungsbereich *m (Pers)* scope of agreement

vertragliches Wettbewerbsverbot *n (Pers, Recht)* covenant not to compete

Vertragsanfechtung *f (Recht)* avoidance (of contract)

Vertragsangebot *n (Recht)* offer of a contract, tender to contract

Vertragsarbeit *f (Pers)* work by contract

Vertragsaufhebung *f (Recht)* annulment of contract, resolution of contract

Vertragsauflösung *f (Recht)* contract termination

Vertragsausfertigung *f (Recht)* copy of a contract; indent

Vertragsbedingungen *fpl (Recht)* conditions of contract, terms of contract, conditions

Vertragsbeendigung *f (Recht)* termination

Vertragsbeginn *m (Recht)* commencement of contract

Vertragsbestimmung *f (Recht)* contractual, provision, stipulation

Vertragsbestimmungen *fpl (Gen, Recht)* articles of agreement

Vertragsbeziehung *f (Recht)* contractual relationship

Vertragsbruch *m (Pers, Recht)* breach of agreement, breach of contract, violation of a treaty *(Völkerrecht)*

vertragsbrüchig *adj (Recht)* in breach of contract

Vertragsdauer *f (Recht)* contract period, duration of contract

Vertragseingriff *m (Recht)* interference with contract

Vertragseinhaltung *f (Recht)* adherence to contract, compliance with contract, observance of contract

Vertragsentwurf *m (Recht)* draft agreement, draft contract

Vertragserfüllung *f* 1. *(Recht)* discharge of a contract, fulfil(l)ment of contract, performance of contract; 2. *(Admin)* execution of contract

Vertragsfreiheit *f (Recht)* contractual freedom, freedom of contract

Vertragsgegenstand *m (Recht)* subject matter of contract

vertragsgemäß *adj (Gen)* as per agreement

vertragsgemäße Erfüllung *f (Recht)* contractual performance

vertragsgemäße Ware *f/nicht (Gen, WiWi)* nonconforming goods

Vertragsgrundlage *f (Recht)* basis of agreement [contract]

Vertragshändler *m* 1. *(Gen) (BE)* franchised dealer; 2. *(Recht)* authorized dealer

Vertragshändlerin *s.* Vertragshändler

Vertragsinhalt *m (Recht)* contents of contract

Vertragsklage *f (Recht)* action based on contract

Vertragsklausel *f (Recht)* contract

clause, stipulation
Vertragskündigung *f (Recht)* contract cancellation
Vertragspartei *f* 1. *(Pers)* party to an agreement; 2. *(Recht)* contract party, contracting party, party to a contract
Vertragspartner *m (Recht)* contract party
Vertragspartnerin *f s.* Vertragspartner
Vertragspflicht *f (Recht)* contractual obligation, obligation under a contract
Vertragsrecht *n (Recht)* law of contract
Vertragsrücktritt *m (Recht)* contract rescission
Vertragsschließende *m(f) (Gen)* contractor
Vertragssprache *f (Recht)* language of contracts
Vertragsstaat *m (Pol, Recht)* contracting state
Vertragsstrafe *f (Recht)* contractual penalty, penalty
Vertragstext *m (Recht)* wording of the contract, wording of an agreement *(Wortlaut)*
vertragstreue Partei *f (Recht)* nondefaulting party, observant party
Vertragsvereinbarung *f (Recht)* contract agreement
Vertragsverhältnis *n (Gen)* contractual relationship
Vertragsverhandlungen *fpl (Pers, Recht)* contract bargaining, contract negotiations
Vertragsverletzung *f (Recht)* breach [violation] of contract
Vertragsverpflichtung *f* 1. *(Gen)* contractual liability; 2. *(Recht)* contractual duty, contractual obligation
Vertragswert *m (Börse)* value of the contract
vertragswidrig *adj (Recht)* contrary to the contract
vertrauen *v (Gen, Recht)* rely on, trust
Vertrauen *n (Gen)* confidence, reliance • **Vertrauen brechen** *(WiWi)* break confidence
Vertrauen *n* **der Wirtschaft** *(Pol, Stat, WiWi)* business confidence *(jarg: Wirtschaftsvertrauen)*
Vertrauen ist gut - Kontrolle ist besser *(Gen, Mgt)* trust - but verify
vertrauensbildende Maßnahme *f (Gen, Pol)* confidence-bolstering measure
Vertrauensbildung *f (Pol, V&M)* confidence building
Vertrauensbruch *m (Gen)* breach of confidence [trust]
Vertrauenskrise *f (Gen, Pol)* crisis of confidence
Vertrauensmissbrauch *m (Gen)* abuse of confidence [trust]
Vertrauensschwund *m (Gen, Pol)* crumbling of confidence
vertrauenswürdig *adj (Gen)* trustworthy, reliable
Vertrauenswürdigkeit *f (Gen)* trustworthiness, reliability
vertraulich *adj* 1. *(Gen)* (strictly) confidential, private and confidential; 2. *(Recht)* confidential • **Information vertraulich behandeln** *(Recht)* treat information confidentially
vertrauliche Information *f (Recht)* confidential information
vertraulicher Bericht *m (Admin)* confidential report
Vertraulichkeit *f (Recht)* confidentiality
vertraut *adj (Gen)* au fait, familiar • **vertraut sein mit** *(Gen)* be acquainted [au fait, familiar] with • **sich mit etw. vertraut machen** *(Gen)* acquaint oneself with sth
vertreiben *v (Gen, V&M)* distribute, market, sell
vertretbar *adj* 1. *(Gen)* fungible *(Waren, Wertpapiere)*; 2. *(Recht)* justifiable *(Handlung)*
vertretbare Sachen *fpl (Gen)* fungibles
Vertretbarkeit *f* 1. *(Börse, Fin)* fungibility; 2. *(Gen, Recht)* justifiability
vertreten *v* 1. *(Gen)* represent, act for; 2. *(Recht)* advocate, represent; 3. *(Pol)* hold *(einen Wahlbezirk)*
Vertreter *m* 1. *(Gen, V&M)* agent, commercial agent, representative, commercial representative, travelling salesman, door-to-door salesman, sales agent, sales representative, *(ugs.)* sales rep, *(ugs.)* rep, *(AE; ugs.)* drummer; salesperson, salesman *(Handelsvertreter)*; 2. *(Pat)* assignee, representative; 3. *(Pers)* substitute *(Ersatzmann, Ersatzfrau)*; stand-in, deputy *(des Chefs)*; delegate *(Abgesandter)*; 4. *(Recht)* agent *(Vertragsrecht)*
Vertreter(in) *m(f) (Pers)* substitute *(Ersatzmann, Ersatzfrau)*; stand-in , deputy *(des Chefs)*; representative , agent *(einer Firma)*; sales

representative *(Handelsvertreter)*
Vertreterbesuch *(V&M)* sales call *(Kundenbesuch)*
Vertreterbezirk *m (V&M)* agent's territory
Vertreterin *f s.* Vertreter
Vertreterprovision *f (Gen, Imp/Exp, V&M)* agency fee, agent's commission
Vertretung *f* 1. *(Börse)* agency; 2. *(Recht, V&M)* agency, commercial agency, representation, legal representation
• **in Vertretung, i.V.** *(Gen, Mgt)* for and on behalf of *(+ Unterschrift)*
Vertretungsberechtigte *m(f) (Recht)* authorized representative
Vertretungstheorie *f (WiWi)* agency theory
Vertretungsvertrag *m (Recht)* agency agreement
Vertrieb *m (Gen, Logis, V&M)* distribution
Vertrieb *m* **nach dem Schneeballsystem** *(V&M)* multi-level distributorship, pyramid selling
Vertriebsabteilung *f (V&M)* marketing department
Vertriebsbeschränkungen *fpl (V&M)* restrictions on distribution
Vertriebskosten *pl* 1. *(Gen, Ind, Logis)* distribution costs; 2. *(V&M)* marketing cost, sales cost
Vertriebsorganisation *f* 1. *(Imp/Exp, Logis)* distributor; 2. *(V&M)* marketing [sales] organization
Vertriebsplanung *f (Gen, V&M)* distribution [marketing] planning
Vertriebspolitik *f* 1. *(Gen)* distribution policy; 2. *(V&M)* sales policy
Vertriebsrechte *npl (Recht, V&M)* marketing rights
Vertriebs- und Umsatzplan *m (V&M)* marketing and sales plan
Verunglimpfung *f (Recht)* disparagement
verunreinigen *v (Umwelt)* contaminate, pollute
Verunreinigung *f (Ind, Umwelt)* pollution, contamination
veruntreuen *v* 1. *(Fin)* misappropriate; 2. *(Recht)* embezzle
Veruntreuung *f* 1. *(Fin)* misappropriation; 2. *(Recht)* embezzlement
verursachen *v (Gen)* spark off, incur *(Kosten)*; cause, trigger *(Kostenanstieg)*
Verursacherprinzip *n (Umwelt, WiWi)* polluter(-pays) principle
Verursachungsprinzip *n (Gen, RW)* causation principle, principle of causation, principle of causality *(Kostenrechnung, cost accounting; anders in der Umweltpolitik: Verursacherprinzip = polluter pays principle)*
verurteilen *v (Recht)* condemn, convict, sentence *(strafrechtlich)*
Verurteilung *f (Recht)* condemnation, conviction, sentencing *(strafrechtlich)*
vervielfältigen *v (Gen)* duplicate
Vervielfältigung *f* 1. *(Gen)* duplication; 2. *(Stat)* multiplication; 3. *(Media)* generation; 4. *(WiWi)* reproduction
Vervielfältigungsrecht *n (Media, Recht)* reproduction right
Vervollkommnung *f (Gen)* improvement, perfection
vervollständigen *v (Gen)* complete, supplement
verwahren *v* 1. *(Gen)* enshrine; 2. *(Recht)* hold in custody, keep in custody, keep in safe custody, impound *(gerichtlich)*
Verwahrer *m (Bank, Recht)* bailee, custodian, depositary, *(AE)* safekeeper
Verwahrerin *f s.* Verwahrer
Verwahrung *f* 1. *(Bank)* bailment, custody, deposit, safekeeping, impoundment *(gerichtlich)*; 2. *(Recht)* deposit, custody, safekeeping, bailment, impoundment *(gerichtlich)*
Verwahrungsgeschäft *n (Bank, Börse)* custody business, custodial business; custody transactions
verwalten *v (Gen, Mgt, Pol, Recht)* administer, manage
Verwalter *m (Gen, Mgt)* administrator, manager(ess)
Verwalterin *f s.* Verwalter
Verwaltung *f (Gen)* administration, management
Verwaltung *f* **der Finanzen** *(Admin)* financial administration
Verwaltung *f* **der Währungsreserven** *(Bank, WiWi)* reserve management *(EZB)*
Verwaltung *f* **des Schuldnervermögens** *(Recht)* administration of the debtor's assets
Verwaltungsanordnung *f (Recht)* administrative order
Verwaltungsausgaben *fpl (Admin)* administrative expenses
Verwaltungsbehörde *f* 1. *(Gen)* administrative authority; 2. *(Pol)* administration; 3. *(Admin)*

administrative agency
Verwaltungsgebühr *f* 1. *(Bank)* management fee; 2. *(Versich)* administrative charge [fee]
Verwaltungsgemeinkosten *pl* 1. *(Fin)* administration expenses, administrative overheads; 2. *(RW)* administrative overheads, general expenses; 3. *(Steuer)* administrative cost
Verwaltungsgesellschaft *f (WiWi)* management company
Verwaltungskosten *pl* 1. *(Fin)* administration expenses; 2. *(Gen)* administrative cost
Verwaltungsorgan *n (Mgt, Recht)* decision-making body *(UMAG: Vorstand, Aufsichtsrat)*
Verwaltungspersonal *n (Pers)* administrative staff
Verwaltungsrat *m* 1. *(Mgt)* board of directors, governing body, executive board, administrative board *(Board--System = single-tier system)*; 2. *(Recht)* management board *(EU)*
Verwaltungsratsmitglied *n (Mgt)* member of the administrative board, member of the supervisory board *(Aufsichtsratssystem, two-tier system)*; member of the board of directors, member of the board *(Board-System, single-tier system)*
Verwaltungsratssitzung *f (Mgt)* board meeting
Verwaltungsrecht *n (Admin, Recht)* administrative law
Verwaltungssitz *m (Mgt)* head office
Verwaltungssitz *m* **des Schuldners** *(Recht)* centre of administration of the debtor *(der Ort, an dem der Schuldner üblicherweise seine Hauptinteressen wahrnimmt; Gesellschaften und juristische Personen: satzungsmäßiger Sitz)*
Verwaltungsverfügung *f (Recht)* administrative decree
Verwaltungsvertrag *m* 1. *(Fin)* investment contract; 2. *(Gen)* business management agreement
verwandeln *v (Gen)* change, convert
verwandeln *v* **in** *(Gen)* convert into
Verwandlung *f (Gen)* change, conversion
verwandt *adj* 1. *(Ind)* allied; 2. *(Pat)* associated; 3. *(Recht)* related; 4. *(Soz)* cognate
verwandte Berufe *mpl (Ind)* allied trades
verwandte Fachrichtungen *fpl (Soz)* cognate disciplines
verwandte Industriebereiche *mpl (Ind)* allied industries
verwandtes Warenzeichen *n (Pat)* associated mark
verwässern *v* 1. *(Börse)* dilute *(Kapitalverwässerung)*; 2. *(Gen)* water down *(Idee, Aussage)*
verwässert *adj (Börse, Fin)* diluted, watered *(Kapitalverwässerung)*
verwässertes Kapital *n (Fin)* diluted capital, watered capital
Verwässerung *f (Börse, Fin)* dilution
Verwässerung *f* **des Aktienkapitals** *(Börse)* dilution of equity, equity dilution *(Synonym: Kapitalverwässerung, Eigenkapitalverwässerung)*
verweigern *v (Gen)* deny, refuse, reject
Verweigerung *f (Gen)* denial, refusal, rejection
Verweigerung *f* **des Bestätigungsvermerks** *(Gen, RW)* denial of auditor's opinion
Verweildauer *f (Logis)* turn(a)round time
Verweis *m* 1. *(Gen)* reference; 2. *(Pers)* reprimand
verweisen *v (Gen)* refer to
Verweisung *f (Gen)* reference, referral
verwendbar *adj (Gen)* applicable, usable
verwendbar *adj* **bis** *(Gen)* sell by
verwendbar *adj* **für** *(Gen)* applicable to
Verwendbarkeit *f (Gen)* use, appropriateness
verwenden *v (Gen)* apply, employ, make use of, use, utilize
Verwendung *f (Gen, Pat)* application, utilization
Verwendung *f* **des Reingewinns** *(RW)* appropriation of (net) income
Verwendung *f* **von Mitteln** *(RW)* use of funds
Verwendungsgut *n (Imp/Exp, V&M)* end--use good
Verwendungszweck *m (Bank, Gen)* use, purpose, intended purpose
Verwendungszweckangaben *fpl (Bank)* remittance information
Verwerfungen *fpl (WiWi)* distortions, dislocations *(ZB)*
verwertbare Information *f (Mgt, Stat, WiWi)* significant information
verwerten *v* 1. *(Fin)* liquidate; 2. *(Gen, Umwelt)* exploit, utilize • **praktisch**

verwerten *(Pat)* exploit, work
verwertet *adj (Fin, Gen, Ind, Pat)* exploited, liquidated, utilized
Verwertung *f (Fin, Gen, Ind, Pat)* exploitation, liquidation, working
Verwertung *f* **des Vermögens** *(Recht)* liquidation of the assets
Verwertungsrecht *n (Media, Recht)* exploitation right
verwirken *v (Recht, Versich)* forfeit
verwirklichen *v (Gen)* realize, materialize *(Ziel)*
Verwirklichung *f* **einer Strategie** *(Gen, Mgt)* strategy implementation
verwirkte Sicherheit *f (Versich)* forfeited security
Verwirkung *f (Recht)* forfeiture
verzahnen *v (Gen)* interlink
Verzehr *m (Gen)* consumption • **nicht zum Verzehr geeignet** *(Gen)* unfit for consumption
Verzeichnis *n* 1. *(Comp)* directory, index *(Datenbank)*; 2. *(Gen)* catalog(ue), *(AE)* schedule; 3. *(Admin, Pat)* register
verzerren *v (WiWi)* distort
verzerrt *adj (Stat, WiWi)* biased, distorted
verzerrte Auswahl *f (Stat)* selection bias
Verzerrung *f* 1. *(Stat)* bias; 2. *(WiWi)* distortion
Verzerrung *f* **des Wettbewerbs** *(Gen, WiWi)* distortion of competition
Verzicht *m* 1. *(Gen)* relinquishment; 2. *(Pat)* waiving; 3. *(Recht)* abandonment, disclaimer, waiving, relinquishment, renunciation *(auf ein Recht)*; 4. *(Steuer)* waiving; 5. *(Versich)* sacrifice
verzichten *v* **auf** 1. *(Gen)* forego, renounce *(Macht, Freiheit)*; abandon *(Recht, Anspruch)*; 2. *(Imp/Exp)* abandon *(Zollgüter)*; 3. *(Pat)* waive, abandon; 4. *(Recht)* abandon, relinquish, waive; 5. *(Steuer)* waive; 6. *(Versich)* sacrifice
verzichten *v* **auf Forderungseinzug** *(RW)* forego collection of a debt
verzichten *v* **auf Forderungsinkasso** *(RW)* forego collection of a debt
verzinsen *v*/**sich** *(Bank)* bear interest, yield interest
verzinsliche Einlage *f (Bank)* interest--bearing deposit
verzinsliche mindestreservepflichtige Einlagen *fpl (Bank) (BE)* interest--bearing eligible liabilities
verzinsliche Schuldverschreibung *f (Börse)* interest-bearing bond
verzinsliche Verbindlichkeiten *fpl (Bank, RW)* interest-bearing liabilities
verzinslicher Ertrag *m (Börse)* interest--bearing yield
verzinsliches Instrument *n (Börse)* interest-bearing instrument
Verzinsung *f* 1. *(Bank)* payment of interest; 2. *(Börse, Gen)* return
Verzinsungsverbot *n (Bank)* ban on interest payments
verzögern *v (Gen)* delay
verzögerte Reaktion *f (Gen)* lag response
verzögerte Variable *f (Stat)* lagged variable
Verzögerung *f* 1. *(Gen)* delay, lag; 2. *(WiWi)* time lag, lag
Verzögerungsrisiko *n (Bank)* lag risk
Verzögerungstaktik *f (Gen)* delaying tactics
verzollen *v (Imp/Exp, Logis, WiWi)* clear through customs
Verzollung *f (Imp/Exp, Logis)* clearance, customs clearance
Verzollungswert *m (Imp/Exp)* current domestic value *(Ware)*
Verzug *m (Gen, Recht)* default, delay *(bei vertraglicher Leistung)* • **in Verzug befindliche Partei** *(Recht)* party in default
Verzugsfall *m (Fin)* event of default
Verzugstage *mpl (Gen)* days after date
Verzugszinsen *mpl (Bank)* default interest, interest on arrears, interest on the sum due
VGR *s.* Volkswirtschaftliche Gesamtrechnung
Videoaufnahme *f (Komm, Media)* video cassette recording, videotape recording
Videoband *n (Komm, Media)* videotape • **auf Videoband aufzeichnen** *(Komm, Media)* videotape
Videokonferenz *f (Comp, Komm, V&M)* video conference, video conferencing
Vielfache *n (Stat)* multiple
Vielfaches *n (Stat)* multiple
Vielseitigkeit *f (Comp, Gen, V&M)* versatility
vielversprechend *adj (Gen)* up-and--coming,promising• **vielversprechend beginnen** *(Gen)* get off to a flying start *(Plan, Projekt)*
vielversprechende Nachwuchskräfte

fpl (Pers) high potentials
Vielzweck... *(Comp, Gen)* multipurpose
Viertel *n (Gen)* quarter *(des Jahres)*
Vierteljahresrate *f (RW)* quarterly instal(l)ment
Vierteljahreszahlen *fpl (Gen, Mgt)* quarterly figures
vierteljährlich *adj (Gen)* quarterly
vierteln *v (Gen)* quarter
vierzehn Tage *mpl (Gen)* fortnight
vierzehntägig *adj (Gen)* biweekly, fortnightly
Vignette *f (Logis, V&M)* vignette
vinkulierte Namensaktien *fpl (Bank, Fin)* registered shares not freely transferable
VIP *(Gen, Mgt, Pol)* VIP, Very Important Person *(wichtige Person, bedeutende Persönlichkeit)*
VIP-Lounge *f (Gen, Logis)* executive lounge
virtuelle Expertengemeinschaften *fpl (Mgt)* communities of practice *(freiwillig, informell, hochmotiviert, hochreagibel, hierarchiefrei, multidisziplinär, funktionsübergreifend und zielorientiert arbeitende Expertengruppen, deren Mitglieder zur Wissensteilung bereit sind; ein Instrument des modernen wissensbasierten Managements = an instrument of modern knowledge--based management)*
virtuelle Welt *f (Comp, Gen)* cyberspace *(virtueller Raum; Gegensatz: die reale Welt = the physical world, the flesh--and-blood real world, ugs.: meatspace)*
virtueller Marktplatz *m (Comp, Komm, V&M)* cybermall, cyber market place
virtueller Raum *m (Comp, Komm, Recht)* cyberspace
Visitenkarte *f (Gen)* business card, visiting card
Vitrine *f (V&M)* showcase
VK *s.* Vereinigtes Königreich
VN *s.* Vereinte Nationen
volatiler Markt *m (WiWi) (ugs.)* jumpy market
Volatilität *f (Börse, WiWi)* volatility
Völkerrecht *n (Recht)* international law
Volkseinkommen *(WiWi)* national income, aggregate income; net national income *(Nettonationaleinkommen zu Faktorkosten, früher: Nettosozialprodukt zu Faktorkosten = net national product at factor cost)*
Volksvermögen *n (WiWi)* national wealth
Volkswirt(in) *m(f)* 1. *(Bil, Pers)* graduate economist; Bachelor of Economics, Becon; Master of Economics, MEcon *(Diplom-Volkswirt)*; 2. *(WiWi)* economist, political economist *(Synonym: Volkswirtschaftler, Volkswirtschaftlerin; schweiz. Volkswirtschafter, Volkswirtschafterin)*
Volkswirtschaft *f* 1. *(Pol)* political economy; 2. *(WiWi)* economy, national economy *(Wirtschaft eines Landes)*
volkswirtschaftlich *adj* 1. *(Gen)* economic; 2. *(WiWi)* aggregate, economic
volkswirtschaftliche Ersparnis *f (WiWi)* national savings
Volkswirtschaftliche Gesamtrechnung *f (VGR) (Stat, WiWi)* national accounting, macroeconomic accounting; System of National Accounts, SNA *(UN-System; ESVG 95 = Europäisches System Volkswirtschaftlicher Gesamtrechnungen 1995 = ESA 95 = European System of Accounts 1995)*
volkswirtschaftliche Kosten *pl (WiWi)* social cost *(Synonym: gesellschaftliche Kosten)*
volkswirtschaftliche Opportunitätskosten *pl (Börse)* social opportunity cost
volkswirtschaftliche Theorie *f (Bil, WiWi)* economic theory
Volkswirtschaftslehre *f (VWL) (Bil, WiWi)* economics *(Singular!)*; economic science *(Vorsicht: economies = Ersparnisse)*
Volkszählung *f (Gen, Stat)* population census, census of population
voll *adj (Gen)* full, complete • **zum vollen Ausgleich** *(RW)* in full settlement • **bei voller Kapazität** *(Gen)* at full capacity • **mit voller Kraft arbeiten** *(Ind)* go full steam • **bei voller Leistung** *(Gen)* at full capacity • **ein volles Programm haben** *(Gen)* work to a very tight schedule
voll *adv (Gen)* fully, completely
• **vollbezahlt** *(Gen)* fully paid
• **vollfinanziert** *(Admin)* fully funded
voll verwässertes Ergebnis *n* **je Aktie** *(Börse, Fin)* fully diluted earnings per share
Vollanrechnungssystem *n (obs.)*

(Steuer) full credit system, full imputation system *(ESt, KSt; Vollanrechnungsverfahren)*

Vollanrechnungsverfahren *n (Deu) (Steuer)* full credit system, full imputation system *(in Kraft bis zum Vz. 2000, wurde als einkommensteuerliches Dividendenbesteuerungsverfahren ab 2001 abgelöst vom Halbeinkünfteverfahren = half-income system; German income taxation)*

Vollauslastung *f (Ind)* full capacity

Vollbeschäftigung *f (WiWi)* full employment

Vollbeschäftigungsbudget *n (WiWi)* full--employment budget *(Finanzwissenschaft)*

Vollbeschäftigungswirtschaft *f (WiWi)* full employment economy *(Synonym: vollbeschäftigte Volkswirtschaft)*

Vollbeschäftigungsziel *n (Pers, WiWi)* full employment objective, full employment target

volle Deckung *f (Admin, Gen, Versich)* full coverage

volle Haftung *f (Gen)* full liability

volleingezahlte Aktie *f (Börse)* fully-paid share

volleingezahltes Kapital *n (Fin)* fully paid-up capital

vollenden *v (Gen)* accomplish, achieve, complete

vollendete Tatsache *f (Gen)* fait accompli

Vollendung *f (Gen)* accomplishment, achievement, completion

Vollendung *f* **des Binnenmarktes** *(Pol)* completion of the single market *(EU; ursprünglich vorgesehen für 1992)*

voller Satz *m (Pers)* full rate

voller Steuerfreibetrag *m (Steuer)* full exemption

voller Terminkalender *m (Mgt)* busy schedule

voller Versicherungsschutz *m (Versich)* full coverage

Vollerhebung *f (Stat, V&M)* full survey

Vollhafter *m (Gen, Recht)* unlimited partner, general partner *(Synonym: Komplementär, persönlich haftender Partner; Gegensatz: Kommanditist = limited partner)*

völliger Stillstand [Zusammenbruch] *m (Gen, Logis)* gridlock

volljährig *adj (Gen, Recht)* having reached the age of majority, of full age, having reached adulthood

Volljährigkeit *f (Recht)* majority

vollkaskoversichert *adj (Versich)* comprehensively covered

Vollkaskoversicherungspolice *f (Versich)* fully comprehensive insurance policy, fully comprehensive cover

vollkommen *adj (Gen)* perfect, accomplished

vollkommene Preisdiskriminierung *f (WiWi)* perfect price discrimination

vollkommener Markt *m (WiWi)* perfect market

vollkommener Wettbewerb *m (WiWi)* perfect competition, pure competition

Vollkonsolidierung *f (RW)* full consolidation *(volle Konsolidierung; Gegensatz: anteilsmäßige Konsolidierung = pro rata consolidation)*

Vollkosten *pl (Fin, RW)* full cost

Vollkostenbasis *f (RW)* absorbed basis, full cost basis

Vollkostenkalkulation *f (RW)* full costing, full-cost pricing, mark-up pricing

Vollkostenmethode *f (Fin, RW)* full-cost method

Vollkostenrechnung *f (Fin)* absorption, absorption [full] costing

Vollmacht *f* 1. *(Börse)* proxy *(Stimmrecht)*; authority, procuration *(Wechselrecht)*; 2. *(Gen)* mandate; 3. *(Pol)* warrant; 4. *(Recht)* mandate, power of attorney, PA • **Vollmacht erteilen** *(Gen)* authorize • **jmdm. eine Vollmacht erteilen** *(Recht)* confer authority on sb, give sb a power of attorney, grant sb a power of attorney, vest sb with authority • **seine Vollmacht überschreiten** *(Recht)* act ultra vires, exceed one's authority

Vollmachterteilung *f (Recht)* authorization

Vollmachtsübertragung *f (Gen)* delegation of authority

Vollmachtsurkunde *f (Recht)* letter of attorney, procuratory letter, power of attorney, PA *(administrativ)*

Vollmitglied *n (Gen)* full member

vollständig *adj (Gen)* complete, entire, in full • **vollständig abgeschrieben sein** *(Gen) (ugs.)* be a write-off • **vollständig ausgeschüttet** *(Börse)* fully distributed *(Dividende)* • **nicht vollständig gezeichnet** *(Fin)* undersubscribed

vollständige Freistellung *f (Steuer)* full exemption
vollständige Konkurrenz *f (WiWi)* perfect [pure] competition
vollständiger Text *m (Gen)* text in full
vollständiger Wortlaut *m (Gen)* text in full *(Text)*
Vollständigkeit *f (RW)* completeness *(IFRS/IAS)*
vollstreckbar *adj (Recht)* enforceable
Vollstreckbarkeit *f (Recht)* enforceability
vollstrecken *v (Recht)* execute, enforce *(Urteil)*
Vollstreckung *f (Recht)* enforcement, execution
Vollstreckungsland *n (Recht)* country of enforcement
Vollstreckungstitel *m (Recht)* enforcement order, order for enforcement
Vollstreckungsverfahren *n (Recht)* enforcement [execution] proceedings, executory proceedings
vollwertiger Ersatz *m (WiWi)* perfect substitute
Vollzeit arbeiten *v (Pers)* work full-time
Vollzeitarbeitskraft *f (Pers)* full-time employee, full-timer
Vollzeitbeschäftigung *f (Pers)* full-time employment
Vollzeitbeschäftigungsverhältnis *n (Pers)* full-time employment; *(more formal)* full-time employment relationship
Vollzeitkraft *f (Pers)* full-time employee, full-timer
vollziehen *v (Recht)* accomplish, carry out, enforce, execute
vollziehende Gewalt *f (Recht)* executive power
Vollziehung *f (Recht)* accomplishment, enforcement, execution
Volontär *m (Pers)* unpaid trainee, volunteer
Volontariat *n (Pers)* period of training, traineeship *(Stelle)*
Volontärin *f* s. Volontär
Volumen *n* 1. *(Börse, Gen)* turnover, volume; 2. *(RW, WiWi)* volume
Volumenbeschränkung *f (Comp, Komm, Media)* transfer limit, download limit, upload limit *(Menge der übertragenen Daten)*
vor *(Gen)* ante, before, prior to
Vorabkoordinierung *f (Pol, WiWi)* ex ante coordination
Vorabkosten *pl (WiWi)* front-end costs
vorangehen *v (Gen)* take the lead, precede
vorangehend *adj (Gen)* preceding
Vorankündigung *f (Gen)* advance notice
Voranmeldung *f* 1. *(Gen)* advance notice; 2. *(Pat)* previous application • **nur nach Voranmeldung** *(Gen)* by appointment only
Voranschlag *m* 1. *(Fin)* preliminary budget; 2. *(Gen)* cost estimate, estimate *(Kosten)*
vorantreiben *v* 1. *(Gen)* expedite, spur; 2. *(Pers)* drive, expedite, speed up *(Arbeit, Prozess)*
Vorantreiben *n (Gen)* speed-up
Vorarbeit *f (Gen)* preparatory work
Vorarbeiten *fpl* 1. *(Gen)* groundwork; 2. *(Ind)* mastering *(Hochtechnologieprodukte; für die eigentliche Produktion)*
Vorarbeiter *m (Pers)* charge hand, (sub)foreman, head foreman, overseer, supervisor *(Fertigungsbetrieb)*
Vorarbeiterin *f* s. Vorarbeiter
voraus *adv (Gen)* ahead • **im Voraus** *(Gen)* anticipated, in advance, up front • **im Voraus bestellen** *(Gen)* book in advance • **im Voraus bezahlt** *(Gen, Komm)* paid in advance, prepaid • **etw. im Voraus planen** *(Gen)* plan ahead for sth • **im Voraus zahlbar** *(Gen)* payable in advance
Vorausanzeige *f (Recht)* advance notice
Vorausbenachrichtigung *f (Recht)* advance notice
vorausberechnen *v* 1. *(Fin)* precompute; 2. *(Gen)* predict
vorausbestellen *v (Gen)* book in advance
Vorausbestellung *f (Gen)* advance order
vorausbestimmen *v (Gen)* predetermine
vorausbezahlt *adj (Fin, Gen, V&M)* prepaid
vorausbezahlte Gebühr *f (Logis)* advanced charge [disbursement], prepaid charge
vorausbezahlte Karte *f (Bank)* prepaid card
vorausbezahlte Kosten *pl* 1. *(Logis)* prepaid charges; 2. *(V&M)* prepaid costs
vorausgehen *v (Gen)* precede, predate
Vorauskasse *f (Gen)* prepayment, advance payment, money up-front

vorauslaufender Indikator *m (WiWi)* leading indicator *(Synonym: vorlaufender Indikator)*
vorausplanen *v (Gen)* preplan
Vorausplanung *f (Fin, Gen)* forward planning
Vorausplatzierung *f (Börse)* advance selling
Vorausrechnung *f (Fin, RW)* advance bill, advance invoice
Voraussage *f (Gen)* forecast, prediction *(Prognose)*
vorausschätzen *v (V&M, Stat)* forecast, make a forecast
Vorausschätzung *f (Gen)* forecast, preliminary estimate
Vorausschätzung *f* **der Beschäftigung** *(Pers, WiWi)* employment forecast
vorausschauend *adj (Gen)* forward--looking
voraussehen *v (Gen)* anticipate
voraussetzen *v (Gen)* assume, presume, suppose • **vorausgesetzt, dass** *(Gen)* provided that
Voraussetzung *f (Gen)* assumption, supposition, premise, prerequisite, presumption • **unter der Voraussetzung, dass** *(Gen)* on condition that, on the understanding that • **Voraussetzungen für etw. erfüllen** *(Gen)* be eligible for sth
Voraussetzungen *f* **der Insolvenzeröffnung** *(Recht)* conditions for opening an insolvency procedure
voraussichtlich *adj (Gen)* presumable, probable, prospective
voraussichtliche Sterblichkeit *f (Versich)* expected mortality
voraussichtliches Datum *n (Gen)* expected date
Vorauswahl *f (Gen, Pers)* shortlist • **eine Vorauswahl treffen** *(Gen, Pers)* shortlist
vorauszahlen *v (Bank, Fin, RW, Steuer)* prepay
Vorauszahlung *f* 1. *(Bank, Fin, Gen)* advance (payment), money up-front; 2. *(RW)* payment in advance, prepayment; 3. *(Steuer)* prepayment
Vorbedingung *f (Gen)* precondition, prerequisite
Vorbehalt *m* 1. *(Gen)* reservation; 2. *(RW)* qualification; 3. *(Logis)* exceptions clause; 4. *(Versich)* exception • **ohne Vorbehalt** 1. *(Gen)* outright; 2. *(RW)* without qualification
Vorbehalte *mpl (Recht)* qualifications, reservations *(Bedenken)*
vorbehalten *v/***sich** *(Gen)* reserve
vorbehaltlich 1. *(Gen)* subject to; 2. *(Recht)* provided that, with the proviso that
vorbehaltlich anderslautender Bestimmungen *(Gen)* except as otherwise herein provided
vorbehaltlos *adj (Gen)* clean
vorbehaltslos *adj (RW)* without qualification
vorbehaltslose Bestätigung *f (RW)* positive confirmation
Vorbehaltspreis *m (Gen)* reserve price *(Auktion)*
Vorbemerkung *f (Recht)* preliminary statement
Vorbemerkungen *fpl (Media)* preliminary pages
Vorbenutzung *f (Pat)* prior use
vorbereiten *v (Gen, Mgt)* prepare
vorbereitende Arbeiten *fpl (Gen)* preparatory work
Vorbereitung *f (Gen, Mgt)* preparation • **in Vorbereitung** 1. *(Komm)* in the pipeline; 2. *(Media)* in preparation
Vorbereitungsstadium *n (Gen, Mgt)* preparatory stage, preparatory phase *(Vorbereitungsphase)*
Vorbestellung *f* 1. *(Frei)* (advance) booking, reservation; 2. *(Gen)* advance order *(Waren)*
vorbeugen *v (Gen, Mgt, Recht)* prevent
vorbeugend *adj (Gen, Mgt)* preventive
vorbeugende Maßnahme *f (Gen, Recht)* preventive measure
Vorbeugung *f (Gen)* prevention
vorbildliche Normen *fpl (Gen, Mgt)* best practice
Vorbildung *f (Pers, Soz)* (educational) background
Vorbörse *f (Börse)* before-hours dealings
vorbörslich *adj (Börse)* before official hours
vorbörslicher Handel *m (Bank, Börse, Fin)* IPO-trading
vorbringen *v* 1. *(Gen)* set forth, air *(Problem)*; 2. *(Recht)* submit *(Anspruch, Antrag)*
vordatieren *v (Gen)* foredate, postdate *(Scheck)*
vordatiert *adj (Gen)* postdated
Vorderseite *f (Media)* front page, recto

Vordiplomprüfung *f (Bil)* university preliminary examination; college preliminary examination
Vordruck *m (Gen)* printed form, blank form
Voreigentümer *m (Pat)* predecessor in title
Voreigentümerin *f s.* Voreigentümer
voreilig *adj (Gen)* premature
voreingenommen *adj (Gen)* biased, prejudiced
Voreingenommenheit *f (Gen)* bias, prejudice
Voreinstellung *f (Komm)* preselection
Vorentwurf *m* 1. *(Fin)* preliminary draft; 2. *(Recht)* rough draft; 3. *(V&M)* rough
Vorfakturierung *f (V&M)* prebill, prebilling
Vorfall *m (Recht)* incident
Vorfälligkeitsentschädigung *f (Bank, Fin)* prepayment fee, prepayment penalty, early-withdrawal penalty, prepayment charge *(in der Langfristkultur' der deutschen Immobilienfinanzierung der Preis für zinsgünstige, langlaufende Hypothekenverträge)*
Vorfeld *n (Gen)* run-up • **im Vorfeld** *(Ind)* at [in] the forefront
vorführen *v* 1. *(Gen)* perform, produce *(Unterhaltung)*; 2. *(V&M)* demonstrate, present
Vorführung *f* 1. *(Gen)* performance, production; 2. *(V&M)* demonstration, presentation
Vorgabe *f (Mgt)* performance target
Vorgabekosten *pl (Fin, RW)* budgetary costs, budgeted [ideal] standard [target] cost
Vorgabezeit *f* 1. *(Ind, RW)* standard time; 2. *(Pers)* allowed time
Vorgang *m* 1. *(Gen)* operation, transaction, case (file), record *(Akten)*; 2. *(Ind)* process
vorgeben *v* 1. *(Gen)* simulate, pretend; 2. *(Ind)* predetermine
vorgedrucktes Formular *n (Gen)* printed form
vorgefertigt *adj (Gen, Ind)* prefabricated
vorgegeben *adj (Börse, Gen, Mgt)* predetermined
vorgehen *v* 1. *(Gen)* transact, act; 2. *(Recht)* precede, have priority *(Rang)*
Vorgehen *n* 1. *(Gen)* action, approach, procedure; 2. *(Mgt, WiWi)* approach
Vorgehensweise *f (Admin, Gen, Mgt, WiWi)* approach, modus operandi
vorgelagert *adj (Gen)* upstream *(Märkte)*
Vorgeschichte *f* 1. *(Pers)* previous history *(Bewerber, Unternehmen)*; 2. *(V&M)* case history
vorgeschrieben *adj (Gen, Recht)* stipulated • **zwingend vorgeschrieben** *(Recht)* mandatory • **wie vorgeschrieben** *(Gen, Recht)* as stipulated
vorgeschriebener Preis *m (Gen)* prescribed price
vorgesetzt *adj (Gen)* senior
Vorgesetzte *m(f)* 1. *(Gen)* senior; 2. *(Pers)* chief, superior
vorgezogene Pensionierung *f (Pers, Soz)* early retirement, pre-retirement
vorgezogener Ruhestand *m (Pers, Soz)* early retirement, pre-retirement
vorgezogenes Altersruhegeld *n (Pers)* early retirement pension
vorhaben *v (Gen, Mgt)* aim, plan, propose
vorhanden *adj (Gen)* available
vorhergehend *adj (Gen)* preceding
vorhergehender Zeitraum *m (RW)* prior period
vorhergehendes Jahr *n (Gen)* previous year
vorhergesagt *adj (Gen)* predicted
vorherig *adj (Gen)* previous, prior
vorheriger Eigentümer *m (Pat)* predecessor in title
vorherrschen *v (Gen)* prevail
Vorhersage *f* 1. *(Gen)* forecast, prediction, projection; 2. *(Stat)* forecast; 3. *(V&M)* forecasting
vorhersagen *v* 1. *(Gen)* forecast, predict, project, prognosticate; 2. *(Stat, V&M, WiWi)* forecast
vorhersehbar *adj (Gen)* predictable
vorhersehbares Risiko *n (Börse)* foreseeable risk
Vorjahr *n (Gen)* preceding year, previous year
Vorjahresbasis *f (Stat)* preceding year basis, PYB • **auf Vorjahresbasis** *(Stat)* preceding year basis, PYB
Vorjahresergebnis *n* 1. *(Gen)* previous year's result *(vom jeweils vorhergehenden Jahr)*; last year's result *(vom vergangenen/letzten Jahr)*; 2. *(RW)* previous year's profit, previous year's net earnings; 3. *(Steuer)* previous year's taxable profit
Vorkalkulation *f (RW)* preliminary

calculation, preliminary costing
Vorkalkulator *m (RW)* cost estimator
vorkalkulierter Preis *m (Börse)* estimated price
Vorkämpfer *m (Gen)* pioneer, champion
Vorkämpferin *f s.* Vorkämpfer
Vorkasse *f* 1. *(Gen)* advance payment; 2. *(RW)* cash in advance
Vorkaufsrecht *n* 1. *(Börse)* right of preemption; 2. *(Gen)* option; 3. *(Recht, WiWi) (AE)* right of first refusal, pre-emptive right
Vorkehrung *f* 1. *(Bank)* provision; 2. *(Comp, Komm, Recht)* precaution
Vorkommen *n (Umwelt)* deposit
Vorkopplung *f (Mgt, WiWi)* feed forward *(offene Steuerung)*
vorladen *v (Recht)* cite, issue a summons, summon
Vorladung *f (Recht)* citation, summons
Vorlage *f* 1. *(Gen)* production, presentation, submission *(Wechsel)*; 2. *(Pol)* bill • **bei Vorlage** 1. *(Fin)* at sight, on presentation; 2. *(RW)* on demand; 3. *(Recht)* on presentation • **gegen Vorlage** 1. *(Fin)* at sight, on presentation; 2. *(RW)* on demand; 3. *(Recht)* on presentation • **gegen Vorlage der Dokumente** *(Gen, Imp/Exp)* against documents
vorlaufender Indikator *m (WiWi)* leading indicator
vorläufig *adj (Gen)* for the time being, interim, provisional, temporary
vorläufig *adv (Gen)* ad interim, provisionally • **vorläufig unwirksam** *(Recht)* in abeyance
vorläufige Annahme *f (Gen)* provisional acceptance
vorläufige Auftragserteilung *f (Börse, Gen)* letter of intent
vorläufige Deckungszusage *f (Versich) (AE)* binder, *(BE)* cover note; memorandum of insurance
vorläufige Maßnahme *f (Mgt, Recht)* interim measure
vorläufige Vereinbarung *f (Recht)* provisional agreement
vorläufige Versicherungspolice *f (Versich) (AE)* binder, *(BE)* cover note; memorandum of insurance
vorläufiger Emissionsprospekt *m (Börse)* preliminary prospectus
vorläufiger Plan *m (Gen)* tentative plan
vorläufiger Status *m (Recht)* temporary status
vorläufiger Verwalter *m (Recht)* temporary administrator
Vorlaufkosten *pl (RW)* preproduction cost
Vorlaufzeit *f (Ind)* lead time
vorlegen *v* 1. *(Gen)* render, table, present *(Bericht)*; 2. *(Pat)* submit; 3. *(Pol)* lay, introduce, table *(Gesetz)*; 4. *(Recht)* present, produce, adduce, submit *(Beweis)*; introduce *(Gesetz)*
Vorlegung *f* 1. *(Gen)* presentation *(Wechsel)*; 2. *(Pat)* submission; 3. *(Pol)* introduction; 4. *(Recht)* presentation, production, submission • **bei Vorlegung** *(Fin)* at sight
Vorleistung *f* 1. *(Comp)* prerequisite; technical prerequisite *(technische)*; 2. *(Recht)* advance performance, anticipatory performance; 3. *(V&M)* advance delivery *(Lieferung)*; advance payment *(Zahlung)*; 4. *(WiWi)* intermediate input
Vorleistungen *fpl (WiWi)* materials and services bought in *(VGR)*
Vorleistungsebene *f (V&M, Komm)* wholesale level • **auf Vorleistungsebene** *(Stat, WiWi)* at the wholesale level
Vormerkliste *f (Gen)* waiting list
Vormerkung *f (Recht)* pre-emption entry
vormittags *adv (Gen)* ante meridiem, am, in the morning
Vormundschaft *f (Soz)* guardianship • **unter Vormundschaft stellen** *(Soz)* place under guardianship
vornehm *adj (Gen)* prestigious
vornherein/von *(Gen)* a priori
Vorort *m (Gen)* suburb
Vor-Ort-Service *m (Comp, V&M)* on-site service
Vorprodukt *n* 1. *(Gen)* primary product; 2. *(Ind)* intermediate good [product]
Vorprüfung *f (Gen, Pat)* preliminary examination
Vorrang *m* 1. *(Gen)* preference, priority; 2. *(Pat)* priority • **Vorrang haben vor** *(Gen)* take priority over
Vorrang *m* **des Gemeinschaftsrechts** *(Pol, Recht)* primacy of Community law *(EU)*
vorrangig *adj (Gen)* overriding, prior, priority
vorrangig besicherter Schuldtitel *m (Fin, RW)* senior debt

vorrangig besichertes Papier *n (Börse, Fin)* senior security *(a debt issue in the form of a secured loan which, in the event of liquidation, is repaid before junior capital like shareholders' equity; ein Schuldtitel mit Vorrang vor dem nachrangig besicherten Fremd- und Eigenkapital)*
vorrangige Hypothek *f (Bank, Fin, Grund)* prior mortgage, senior mortgage
vorrangige Schuld *f (Fin, RW)* senior debt *(Synonym: erstrangige Schuld, vorrangige Verbindlichkeit)*
vorrangige Verbindlichkeit *f (Bank)* senior debt
Vorrat *m* 1. *(Comp)* repertoire *(Befehle)*; 2. *(Gen)* stock, stockpile
Vorräte *mpl* 1. *(Gen)* inventory, inventory stocks; 2. *(RW)* stocks
vorrätig *adj (Gen, V&M, WiWi)* in stock • **nicht vorrätig** *(V&M)* out of stock • **solange vorrätig** *(V&M)* while stocks last
Vorratsaktien *fpl (Börse)* company's own shares, shares held in treasury, treasury stock
Vorratsbewirtschaftung *f (RW)* inventory management, inventory control
Vorratsdatenspeicherung *f (Comp, Komm, Recht)* data retention
Vorratsfertigung *f (Ind, V&M, WiWi)* make-to-stock production, production for inventory, production to stock *(Synonym: Vorratsproduktion, Lagerfertigung; Gegensatz: Einzelfertigung = single item production = one-off production)*
Vorratshaltung *f (Gen)* stockpiling
Vorratslager *n (Gen)* stock in hand, buffer stock
Vorratsraum *m (Imp/Exp, Logis)* storeroom
Vorratsvermögen *n (Gen)* inventories, stock (in hand)
Vorratswirtschaft *f* 1. *(Gen)* stockpiling; 2. *(WiWi)* inventory management
Vorrecht *n* 1. *(Börse)* preferential right, *(AE)* privilege; 2. *(Pat)* priority; 3. *(Recht)* prerogative • **ohne Vorrecht** *(Gen)* without privilege
Vorredner *m (Gen)* last [preceding, previous] speaker
Vorrednerin *f s.* Vorredner
Vorreiter *m (Gen, Ind)* pioneer
Vorreiterin *f s.* Vorreiter
Vorrichtung *f* 1. *(Gen)* appliance; 2. *(Ind)* apparatus
Vorruhestand *m (Gen, Pers)* early retirement
Vorruhestandsregelung *f (Pers)* early-retirement scheme
Vorruhestandsrente *f (Fin)* early-retirement annuity, early-retirement benefit, preretirement pension
Vorsatz *m (Recht)* intent, intention
vorsätzlich *adv (Recht)* deliberately, intentionally
Vorschau *f* 1. *(Frei)* forecast, projection; 2. *(Gen)* prognostication
vorschießen *v (Gen)* advance
Vorschlag *m (Gen)* proposal, suggestion • **der Vorschlag gilt noch immer** *(Gen)* the proposal still stands • **einen Vorschlag machen** *(Gen)* make a suggestion • **als Vorschlag unterbreiten** *(Mgt)* propose, submit a proposal
vorschlagen *v* 1. *(Gen)* propose, suggest; 2. *(Mgt)* put forward *(Projekt)*; propose *(Treffen, Sitzung)*
Vorschlagswesen *n (Ind, Mgt)* suggestion scheme
vorschreiben *v* 1. *(Mgt)* enjoin; 2. *(Recht)* prescribe, provide for
Vorschrift *f* 1. *(Mgt, Pat)* rule; 2. *(Recht)* provision; 3. *(WiWi)* regulation
Vorschriften *fpl (Recht)* rules and regulations
Vorschub *m (Recht)* aid • **Vorschub leisten** *(Recht)* aid and abet *(Verbrechen)*
Vorschulalter *n (Bil)* pre-school age
vorschulische Betreuung *f (Bil, Soz)* pre-school care
Vorschuss *m* 1. *(Bank)* advance; 2. *(Fin)* imprest *(aus öffentlichen Mitteln)*; 3. *(Pers, RW)* advance; 4. *(Recht)* retainer • **auf Vorschuss** *(Gen)* on a retainer • **als Vorschuss geben** *(Gen)* advance • **einen Vorschuss zahlen** *(Bank)* make an advance
vorschüssige Rente *f (Versich)* annuity due, annuity payable in advance
Vorschusskasse *f (RW)* imprest fund
Vorschusssumme *f (Gen)* sum advanced
Vorschusszahlung *f (Gen)* advance
vorsichtig *adj (Gen)* cautious, conservative, prudent
vorsichtige Schätzung *f (Gen)*

conservative [safe] estimate
Vorsichtsprinzip *n (RW)* prudence concept, principle of prudence, prudence principle, principle of caution, principle of conservatism *(Synonym: Vorsichtsgrundsatz; GoB, § 252 I Nr. 4 HGB)*; conservatism *(US-GAAP)*
Vorsitz *m (Mgt)* chairmanship, presidency • **den Vorsitz führen** *(Mgt)* be in the chair, chair a meeting
vorsitzen *v (Gen)* preside over *(Sitzung)*
Vorsitzende *m(f)* **des Aufsichtsrats** *(Pers)* chairman of the supervisory board, chairperson of the supervisory board *(Aufsichtsratssystem = two-tier system)*
Vorsitzende *m(f)* **des Verwaltungsrats** *(Pers)* chairperson of the board, chairman of the board, chairwoman of the board, chairperson of the administrative board of directors; president of the board of directors
Vorsorge *f (Gen)* provision • **Vorsorge treffen für** *(Gen)* make provision for
Vorsorgemanagement *n (Mgt)* contingency management
Vorsorgemaßnahmen *fpl* **zur Instandhaltung** *(Admin)* preventive maintenance
Vorsorgemotiv *n (Gen, WiWi)* precautionary motive
Vorsorgesparen *n (WiWi)* precautionary saving
vorsorglich *adj (Recht)* cautionary
Vorspiegelung *f* **falscher Tatsachen** *(Recht, Versich)* fraudulent misrepresentation
Vorsprung *m (Gen)* edge • **einen Vorsprung haben** *(Gen)* have a head start
Vorstadthochhäuser *npl (Gen, Grund)* suburban tower blocks
vorstädtisch *adj (Gen)* suburban
Vorstadtwohnblock *m (Gen, Grund)* suburban tower block
Vorstand *m (Gen, Mgt)* management board, board of management, executive board • **in den Vorstand wählen** *(Gen)* elect to the board
Vorstandsbüro *n (Mgt)* executive office
Vorstandsebene *(Mgt)* executive level, management level
Vorstandsmitglied *n (Mgt, Pers)* director, member of the board, member of the management board, managing director
Vorstandssitzung *f (Gen, Mgt)* board meeting
Vorstandsvorsitzende *m(f) (Mgt)* chairman of the executive board, chairperson of the executive board, chairman of the board of management, chairperson of the board of management, chairman of the management board, chairperson of the management board, chairperson of the executive board *(two-tier system = Aufsichtsratssystem)*; chairperson of the executive committee, chief executive, chief executive officer, CEO, *(BE)* managing director *(single-tier system, Board-Führungsmodell)*
Vorstellung *f (Gen, Mgt)* vision, presentation *(des Unternehmens)*
Vorstellungsgespräch *n (Pers)* job interview, interview
Vorstellungskosten *pl (Pers)* interview expenses, applicant's expenses for the interview • **Vorstellungskosten erstatten** *(Pers)* reimburse interview expenses, reimburse interview costs
Vorstellungstermin *m (Pers)* appointment for an [the] interview, interview appointment, date of job interview
Vorsteuer *f (Steuer)* input tax, prior tax, prior turnover tax
Vorsteuerabzug *m (Steuer)* deduction of input tax
Vorstudie *f (Gen)* pilot [feasibility] study
vortäuschen *v* 1. *(Gen)* simulate; 2. *(Recht)* make a pretence of
Vortäuschung *f* 1. *(Gen)* simulation; 2. *(Recht)* pretence
Vorteil *m* 1. *(Gen)* advantage, avails, benefit, edge; 2. *(Mgt)* benefit
vorteilhaft *adj (Gen)* advantageous, beneficial
Vorteilsprinzip *n (Steuer, WiWi)* benefit principle
Vortrag *m* 1. *(Fin)* balance brought down, balance brought [carried] forward; 2. *(Gen)* carried forward; 3. *(RW)* amount brought forward • **einen Vortrag halten** *(Pers)* give a lecture
vortragen *v* 1. *(Bank)* bring forward; 2. *(Fin, RW)* bring [carry] forward *(Saldo)*
vorübergehend *adj (Gen)* transient, temporary
vorübergehende Arbeitslosigkeit *f (Pers)* temporary unemployment

vorübergehende Einfuhr *f (Imp/Exp)* temporary importation
Vor- und Nachteile *mpl (Gen)* advantages and disadvantages, pros and cons
Voruntersuchung *f (Pat)* preliminary examination
Vorurteil *n (Gen)* bias, prejudice
Vorverkauf *m* 1. *(Frei, Gen, Logis)* advance booking; 2. *(V&M)* advance sale
vorverlegen *v (Gen)* bring [put] forward *(Termin)*; accelerate *(Fälligkeit)*
Vorverlegung *f (Gen)* bringing forward *(Termin)*
Vorverlegung *f* **der Fälligkeit** *(Bank)* acceleration of maturity
Vorvertrag *m* 1. *(Gen)* letter of understanding; 2. *(Recht)* preliminary agreement, tentative agreement, memorandum of understanding *(MoU; Vertragsrecht)*
Vorwahl *f (Komm)* area code, dial(l)ing code
Vorwahlnummer *f (Komm)* area code, dial(l)ing code
Vorwärtsintegration *f (WiWi)* forward integration *(vertikaler Unternehmenszusammenschluss; Gegensatz: Rückwärtsintegration)*
Vorwärtsregelung *f (Mgt, WiWi)* feed forward control *(Systemtheorie; Synonym: Steuerung; Gegensatz: Informations-Rückkopplung = feedback)*
vorweggenommene Reaktion *f (WiWi)* anticipatory response
Vorwegnahme *f (Gen)* anticipation
vorwegnehmen *v (Gen)* anticipate
Vorwerfbarkeit *f (Gen, Recht)* wrongfulness
Vorwurf *m (Gen, Recht)* reproach
Vorzeichen *n* 1. *(WiWi)* plus sign or minus sign; 2. *(Gen)* sign, omen
vorzeitig *adj (Gen)* anticipated, untimely, premature
vorzeitig *adv* 1. *(Gen)* prematurely; 2. *(Komm)* ahead of schedule • **vorzeitig fällig stellen** *(Bank)* accelerate maturity • **sich vorzeitig pensionieren lassen** *(Gen, Pers)* take early retirement
vorzeitige Abhebung *f (Bank)* early withdrawal *(of money out of a deposit account; Auszahlung vom Depositen- oder Sparkonto vor dem vereinbarten Verfügungstermin berechtigt Kreditinstitute zur Berechnung von Vorschusszinsen = early withdrawal penalty)*
vorzeitige Ausübung *f* **eines Rechtes** *(Börse)* early exercise
vorzeitige Pensionierung *f (Pers, Soz)* early retirement, pre-retirement
vorzeitige Rückzahlung *f* 1. *(Bank)* advance repayment; 2. *(Gen)* advance repayment, anticipated repayment
vorzeitige Rückzahlung *f* **eines Darlehens** *(Bank, Fin)* early repayment of a loan
vorzeitige Tilgung *f* 1. *(Fin)* anticipated redemption, redemption before due date; 2. *(RW)* accelerated amortization
vorzeitige Verfügung *f s.* vorzeitige Abhebung
vorzeitige Zahlung *f (Gen)* payment before due date
vorzeitiger Ruhestand *m (Pers, Soz)* early retirement, pre-retirement
vorzeitiger Schulabgang *m (Bil)* dropping out of school, early school leaving
Vorzugsaktie *f (Börse, Fin) (BE)* preference share, *(AE)* preferred stock
Vorzugsaktie *f* **mit Gewinnbeteiligung** *(Börse, Fin) (BE)* participating preference share, *(AE)* participating preferred stock
Vorzugsbehandlung *f (Gen)* preferential treatment
Vorzugsdividende *f (RW) (BE)* preference dividend, *(AE)* preferred dividend
Vorzugskonditionen *fpl (Gen)* concessions, preferential terms
Vorzugskurs *m (Bank, WiWi)* preferential exchange rate
Vorzugslage *f (Grund)* prime site
Vorzugspreis *m* 1. *(Gen)* bargain price; 2. *(WiWi)* preferential price
Vorzugsrecht *n (Pat, Recht)* priority right
Vorzugszinssatz *m (Bank)* preferential interest rate
Vorzugszuteilung *f (Börse)* priority allocation
VWL *f (Abk. für Volkswirtschaftslehre) (Bil, WiWi)* economics *(Singular!)*; economic science *(Vorsicht: economies = Ersparnisse)*
Vz., VZ *(Abk. für Veranlagungszeitraum) (RW, Steuer)* assessment year, assessment period, income year, tax year; fiscal year

W

wachsen *v* 1. *(Bank)* swell *(Konto)*; 2. *(Gen, WiWi)* grow *(Fonds)*
Wachstum *n (Bank, Gen, WiWi)* growth
Wachstumsaussichten *fpl (WiWi)* growth prospects, growth perspectives
Wachstumsbranche *f (WiWi)* growth industry
Wachstumsgleichgewicht *n (WiWi)* balanced growth, steady-state growth
Wachstumsindustrie *f (Ind)* growth industry
Wachstumskapital *n (Fin)* growth capital *(finanzielle Beteiligung, oft ohne laufende Verzinsung, zur Finanzierung von Wachstumsschüben etablierter Unternehmen)*
Wachstumslokomotive *f (WiWi)* locomotive of growth, growth locomotive; growth engine *(Synonym: Wachstumsmotor)*
Wachstumsmotor *m (WiWi)* engine of growth
Wachstumsopfer *n (ugs.) (WiWi) (ugs.)* growth victim *(der kurzfristige Preis für restriktive Geld-, Kredit- und Fiskalpolitik)*
Wachstumspfad *m (Gen)* growth path
Wachstumspotenzial *n (Gen)* growth potential
Wachstumsrate *f (Börse, Comp, WiWi)* growth rate
Wachstumsrate *f* **im Vorjahresvergleich** *(Bank, WiWi)* twelve-month growth rate *(EZB)*
Wachstumsschwäche *f (Gen, WiWi)* weak (economic) growth, sluggish growth, low growth, slow growth
wachstumsstarkes Produkt *n* **mit hohem Marktanteil** *(Mgt, V&M)* star product *(strategisches Geschäftsfeld; Boston matrix portfolio approach to business strategy, Marktwachstums-/ /Marktanteilsportfolio im Rahmen der Stärken-/Schwächenanalyse für strategische Geschäftsfelder der Boston Consulting Group)*
Wachstumsstrategie *f (Gen, WiWi)* growth strategy
Waffengleichheit *f (Mgt, Pol)* level playing field
wagemutig *adj (Gen)* enterprising
wagen *v (Gen)* risk, take the risk of, venture
Wagnis *n (WiWi)* risk, venture
Wagnisausgleich *m (Börse, Fin)* balancing of portfolio
Wagniskapital *n (Bank, Fin)* risk capital, venture capital *(Synonym: Risikokapital)*
Wagniskapitalbeteiligung *f (Fin)* venture capital interest *(Synonym: VC- -Beteiligung)*
Wagniskapitalfinanzierung *f (Fin)* venture financing, venture capitalism
Wagniskapitalgesellschaft *f (Bank, Fin)* venture capital company, VCC
Wahl *f* 1. *(Comp)* selection; 2. *(Gen)* choice *(Auswahl)*; alternative *(Möglichkeit)*; 3. *(Pers)* vote *(Wählen)*; ballot *(geheim)*; 4. *(Pol)* vote, voting
Wahl *f* **des Arbeitsplatzes** *(Pers)* choice of job, job choice
Wahl *f* **des Studienfaches** *(Pers)* choice of field of study, choice of subject
Wahlen *fpl (Pol, Recht)* elections
wählen *v* 1. *(Gen)* choose, elect *(Vorgehensweise)*; 2. *(Mgt)* opt; 3. *(Pers)* vote; 4. *(Pol)* vote, vote for, elect *(Partei, Kandidat)*
Wahlentscheidung *f (Gen, Pol, WiWi)* choice
Wähler *m (Pol)* voter
Wahlergebnis *n (Pol)* vote, election results
Wählerin *f s.* Wähler
Wählerschaft *f (Gen, Pol)* electorate
Wahlfach *n (Pers)* elective subject, optional subject
Wahlfreiheit *f (Pol)* freedom of choice
Wahlmöglichkeit *f (Gen)* option
Wahlrecht *n (Pol)* right to vote, suffrage
Wahlschuld *f (Recht)* alternative obligation *(Vertragsrecht)*
Wahlverfahren *n (Pers, Pol)* voting procedures
wahrgenommene Inflation *f (Stat, WiWi)* perceived inflation *(Synonym, ugs.: gefühlte Inflation; der Index der wahrgenommenen Inflation = IWI = index of perceived inflation misst subjektiv-verzerrt wahrgenommene Preissteigerungen bei der überschaubaren Anzahl häufig gekaufter Waren und Dienstleistungen des täglichen Bedarfs = convenience goods; Verlustaversion = loss aversion verstärkt die Verzerrung, weil Preiserhöhungen als Verlust etwa*

doppelt so stark und dauerhafter wahrgenommen werden als Preissenkungen; Gegensatz: statistisch ausgewiesene Inflation = maßgebliche Inflation = Gesamtinflation = headline inflation, z. B. die mit dem HVPI = HICP = Harmonised Index of Consumer Prices in Europa standardisierte, umfassend gemessene Inflation)

wahrgenommene Inflationsrate *f (Stat, WiWi)* perceived inflation rate *(Synonym, ugs.: gefühlte Inflationsrate; der Index der wahrgenommenen Inflation = IWI = index of perceived inflation misst subjektiv-verzerrt wahrgenommene Preissteigerungen bei der überschaubaren Anzahl häufig gekaufter Waren und Dienstleistungen des täglichen Bedarfs = convenience goods; Verlustaversion = loss aversion verstärkt die Verzerrung, weil Preiserhöhungen als Verlust doppelt so stark und länger wahrgenommen werden als Preissenkungen; sie lag im Januar 2002, dem Zeitpunkt der Euro--Bargeldeinführung, bei ca. 11 %, im Oktober 2007 bei ca. 6,4 %; Gegensatz: statistisch ausgewiesene Inflationsrate = maßgebliche Inflationsrate = Gesamtinflation = allgemeine Teuerungsrate = headline inflation rate, z. B. die mit dem HVPI = HICP = Harmonised Index of Consumer Prices in Europa standardisierte, umfassend gemessene Inflationsrate)*

wahrgenommener Nutzen *m (Gen)* perceived benefit

wahrheitsgemäße Darstellung *f (Fin, RW)* fair presentation

wahrnehmen *v (Gen)* utilize, perceive *(Gelegenheit)*; observe *(Termin)*

Wahrnehmung *f (Gen)* perception

wahrscheinlich *adj (Gen)* likely, probable

Wahrscheinlichkeit *f* 1. *(Gen)* likelihood; 2. *(Stat)* chance, probability

Wahrscheinlichkeitsrechnung *f (Stat)* calculus of probability, calculation of probabilities

Wahrscheinlichkeitsverteilung *f (Stat)* probability distribution

Währung *f* 1. *(Bank, Fin)* currency; 2. *(WiWi)* currency, exchange, coinage

Währungsabkommen *n (WiWi)* exchange rate agreement

Währungsabwertung *f (WiWi)* currency depreciation

Währungsanleihe *f (WiWi)* currency bond

Währungsaufwertung *f (WiWi)* currency appreciation [revaluation]

Währungsausgleich *m* 1. *(Bank)* currency adjustment; 2. *(Fin)* monetary compensation; 3. *(WiWi)* exchange equalization

Währungsausgleichsbetrag *m (Fin, Imp/Exp, WiWi)* Monetary Compensatory Amount *(EU)*

Währungsausschuss *m (Bank)* monetary committee *(EZB)*

Währungsbehörden *fpl (Bank)* monetary authorities

Währungsbestand *m (Pol, WiWi)* currency holding

Währungseinheit *f* 1. *(Fin)* monetary unit; 2. *(WiWi)* currency unit

Währungseinlagen *fpl (Fin)* currency deposits

Währungsemission *f (Bank, Börse)* currency issue

Währungsgebiet *n (Pol)* monetary area, currency area *(EU)*

Währungsgewinne *mpl (Fin)* exchange gains

Währungskorb *m* 1. *(Fin)* basket of currencies, *(ugs.)* currency cocktail; 2. *(WiWi)* basket of currencies, currency basket

Währungskrise *f (Pol, WiWi)* currency crisis, monetary crisis

Währungspekulation *f (Fin)* foreign exchange speculation

Währungspolitik *f (WiWi)* monetary policy

Währungsraum *m (Bank)* currency area *(EZB)*

Währungsreform *f (WiWi)* currency reform

Währungsreserven *fpl (WiWi)* currency reserves, foreign exchange reserves, monetary reserves

Währungsrisiko *n (WiWi)* currency risk [exposure], foreign exchange risk, translation risk

Währungsstandard *m (WiWi)* monetary standard

Währungsunion *f (WiWi)* monetary union

Währungswettbewerb *m (Bank)* monetary competition, currency competition

Wald- und Forstwirtschaft *f (Gen)* forestry

Wandelanleihe *f (Börse, Fin)* convertible bond [issue], conversion loan
Wandelanleihe *f* **mit Wandlungspflicht** *(Bank, Börse, Fin)* mandatory convertible instrument *(anders: Wandelanleihe = convertible bond)*
wandelbar *adj (Bank)* convertible
wandeln *v* 1. *(Bank, Fin)* convert; 2. *(Recht)* cancel, rescind
Wandelobligation *f (Fin)* convertible bond
Wandelschuldverschreibung *f (Bank, Fin)* convertible bond, convertible debenture *(Synonym: Wandelanleihe)*
Wanderarbeiter *m* 1. *(Pers)* itinerant worker; 2. *(WiWi)* migrant worker
Wanderarbeiterin *f s.* Wanderarbeiter
Wanderung *f* **von Arbeitskräften** *(Pers)* migration of workers
Wanderungsdruck *m (Pers)* migratory pressure
Wanderungssaldo *m (Pers)* balance of migration, migration balance, net migration
Wandlung *f (Recht)* rescission of contract for work and labo(u)r, rescission of sale *(Vertragsrecht)*
wandlungsfähig *adj* 1. *(Börse, Fin)* convertible; 2. *(Gen)* adaptable
Wandlungskurs *m (Fin, WiWi)* conversion price
Ware *f (Gen, WiWi)* article, commodity, product • **Ware zur Ansicht** *(Gen)* goods on approval
Waren *fpl* 1. *(Pat, WiWi) (BE)* goods; 2. *(Logis)* freight; 3. *(V&M)* commodities, merchandise *(Handelsgut)* • **seine Waren absetzen** *(Gen)* sell one's wares
Waren *fpl* **des persönlichen Bedarfs** *(WiWi)* goods to meet personal needs, goods to meet personal requirements
Waren *fpl* **des täglichen Bedarfs** *(V&M)* convenience goods
Waren *fpl* **in schlechtem Zustand** *(Gen, Logis, V&M)* goods in bad order *(g.b.o.)*
Waren *fpl* **ohne Markenzeichen** *(Gen)* unbranded goods
Waren *fpl* **und Dienstleistungen** *fpl (WiWi)* goods and services
Waren *fpl* **unter Zollverschluss** *(Imp/Exp, WiWi)* bonded goods
Warenangebot *n (V&M)* range of goods
Warenausfuhr *f (Imp/Exp, WiWi)* visible export, export
Warenausgang *m (Gen)* outgoing goods
Warenauslage *f (Komm)* display
Warenaustauschverhältnis *n (WiWi)* commodity terms of trade
Warenbeförderung *f (Recht, Logis)* carriage of goods
Warenbestand *m (Gen)* inventories, stock in [on] hand
Warenbilanz *f (WiWi)* merchandise account *(ZB)*
Warenbörse *f (Börse)* commodity exchange
Wareneinfuhr *f (Imp/Exp, WiWi)* visible import
Wareneingang *m (Gen)* incoming goods, stock receipt
Warenforderungen *fpl (RW)* trade accounts receivable
Warengläubiger *m (Gen)* trade creditor
Warengläubigerin *f s.* Warengläubiger
Warengruppe *f (Pat)* category
Warenhandel *m (WiWi)* commodity trade
Warenhandelsbilanz *f (WiWi)* visible trade balance
Warenhaus *n (V&M)* department store
Warenhausdiebstahl *m (V&M)* shoplifting
Warenhauskette *f (V&M)* department store chain
Warenkorb *m* 1. *(Gen)* shopping basket *(Statistik)*; 2. *(WiWi)* basket of commodities [products] *(Statistik)*
Warenkredit *m (Bank)* commodity [trade] credit
Warenlager *n (Gen, Imp/Exp, Logis)* (goods) depot, warehouse
Warenlieferung *f (Gen)* delivery of goods
Warenlombard *m (Bank, Gen)* advance on goods
Warennorm *f (Recht)* product standard
Warenpapiere *npl (Imp/Exp, Logis)* shipping documents
Warenproben *fpl (WiWi)* merchandise samples
Warenrücksendungen *fpl* **und Gutschriften** *fpl (V&M)* purchase returns and allowances
Warenschlüssel *m (WiWi)* goods classification *(ZB)*
Warensortiment *n* 1. *(Gen)* assortment of goods; 2. *(V&M)* array [range] of products
Warenterminbörse *f (Börse)* commodity futures exchange
Warentermingeschäft *n (Börse)* commodity future transaction

Warenumsatz *m (V&M)* sales turnover
Warenumschlag *m (Gen)* stock turn
Warenverkehr *m (WiWi)* merchandise movements
Warenvorräte *mpl (Gen)* inventories
Warenwechsel *m* 1. *(Bank)* commercial bill, trade bill; 2. *(Gen)* trade acceptance
Warenwert *m (Imp/Exp, V&M)* price of goods
Warenzeichen *n (Pat, Recht)* trademark, mark, brand *(Gütezeichen)*
Warenzugänge *mpl (Gen)* incoming goods
Wärmeenergie *f (Umwelt)* thermal energy
Wärmehaushalt *m (Umwelt)* thermal balance, heat balance
Wärmetechnik *f (Ind, Umwelt)* heat technology, heat engineering
Wärmewirtschaft *f (Ind, Umwelt, WiWi)* heat economics, heat economy
Warnanlage *f (Gen)* warning device
Warnschild *n (Gen)* warning sign
Warnstreik *m (Pers)* token stoppage, token strike
Warnung *f* 1. *(Gen)* word of warning; 2. *(Pers)* warning
Warnzeichen *n (Gen)* warning sign
Wartefrist *f (Pers)* qualifying period *(Anwartschaftszeit)*; waiting period *(Karenzzeit)*
Warteliste *f (Frei, Gen, Logis)* waiting list
Warteschlange *f* 1. *(Comp)* queue; 2. *(Gen) (AE)* line, *(BE)* queue; 3. *(WiWi)* line-up
Wartezeit *f (Gen)* waiting time
Wartung *f* 1. *(Comp, Ind)* maintenance, servicing; 2. *(Gen)* service; 3. *(Logis)* maintenance, servicing • **Wartung nicht inbegriffen** *(Gen)* service not included
Wartungsfirma *f (Gen)* service company
Wartungsvertrag *m (Comp, Gen)* service contract
Wäsche *f (Fin, Gen)* laundering *(Geld)*
wasserdicht *adj (Gen, Ind)* watertight, waterproof
Wasserkraftstrom *m (Umwelt)* hydroelectric power
Wasserkraftwerk *n (Ind)* hydroelectric power station
Wasserressourcen *fpl (Umwelt, WiWi)* water resources
Wasserversorgung *f (Ind, Umwelt)* water supply
Wasserwerk *n (Ind)* waterworks
Wasserzeichen *n (WiWi)* watermark
Webapotheke *f (Comp, Komm, V&M)* internet web pharmacy
Webauftritt *m (Comp, Frei, Komm, Media)* internet presence
Weberei *f (Ind)* weaving mill
Weberhandwerk *n (Ind)* weaving trade
Webfernsehen *n (Comp, Komm, Media)* web television, web TV *(Internetinhalte am Fernseher)*
Webgemeinde *f (Comp, Komm)* web community
Webinhalte *mpl* **gegen Bezahlung** *(Comp, Komm, V&M)* content for cash *(C4C; Internet-Handel)*
Webmail *n (Comp, Komm)* webmail *(browser-basierte E-Mail)*
Wechsel *m* 1. *(Bank)* draft; 2. *(Fin)* promise to pay, bill, bill of exchange, B/E, note, *(ugs.)* paper • **einen Wechsel akzeptieren [mit Akzept versehen]** accept a bill • **einen Wechsel honorieren** 1. *(Fin)* hono(u)r a bill; 2. *(Recht)* accept a bill • **einen Wechsel zur Annahme vorlegen** *(Bank)* present a bill for acceptance • **einen Wechsel zur Diskontierung vorlegen** *(Bank)* present a bill for discount
Wechsel *m* **des Arbeitsplatzes** *(Pers)* job change, job changing, change of job
Wechsel *m* **des Wohnorts** *(Pers, Soz)* change of residence
Wechsel *m* **in der Grundstücksnutzung** *(Grund)* land-use succession
Wechsel *m* **mit Rückkaufsvereinbarung** *(RW)* notes under repurchase agreement
Wechsel *m* **zum Einzug** *(Bank)* bill for collection
Wechsel, Forderungen oder Wertpapiere *(Fin, RW)* bills, debts or transferable securities
Wechselbestand *m (Bank)* bill holdings
Wechselbürge *m (Fin)* collateral acceptor, guarantor of a bill
Wechseldiskont *m (Bank)* bank discount
Wechseldiskontierung *f (RW) (BE)* discounting of bills, *(AE)* discounting of notes
Wechseldiskontsatz *m (Fin)* bill (discount) rate
Wechseleinzug *m (RW)* collection of a bill
Wechselfinanzierung *f (Fin)* bill-of--exchange financing

Wechselforderungen *fpl (RW) (AE)* notes receivable, *(BE)* bills receivable
Wechselgebühr *f (Bank)* exchange charge
Wechselgeld *n (Gen)* (small) change
Wechselgeldautomat *n (Gen)* change dispenser
Wechselindossamente *npl (Fin, RW)* endorsements on bills
Wechselinkasso *n (RW)* collection of a bill
Wechselkredite *mpl (Bank, Fin)* bills discounted
Wechselkurs *m (Fin, WiWi)* exchange rate, foreign exchange rate, rate of exchange
Wechselkursanpassung *f (WiWi)* exchange rate adjustment
wechselkursbedingt *adj (Bank, WiWi)* owing to exchange-rate changes *(ZB)*
Wechselkursentwicklung *f (Bank)* exchange-rate movements, exchange--rate fluctuations
Wechselkursgebühr *f (Bank)* exchange charge
Wechselkursgewinne *mpl (WiWi)* currency translation gains
Wechselkursmechanismus *m (obs.) (WiWi)* Exchange Rate Mechanism *(EG)*
Wechselkursparität *f (Bank)* exchange rate parity, parity of exchange
Wechselkursstabilität *f (Pol, WiWi)* exchange-rate stability
Wechselkurssteuerung *f (Pol, WiWi)* exchange-rate management
Wechselkurszielzone *f (WiWi)* exchange rate target zone
wechseln *v (Gen, WiWi)* change; vary
Wechselobligo *n (RW)* acceptance liability, acceptance commitments, acceptance liabilities
Wechselportefeuille *n (Bank)* bill portfolio, bill holding
Wechselrembours *m (Fin, Imp/Exp)* acceptance credit
Wechselschicht *f (Pers)* rotating shift, alternating shift *(Fertigungsbetrieb)*
wechselseitig *adj (Gen)* mutual, reciprocal
wechselseitige Lieferbeziehungen *fpl (V&M)* reciprocal buying
wechselseitiger Anschluss *m (Gen)* interconnection
Wechselstube *f (Bank, Frei)* bureau de change, foreign exchange office
Wechselverbindlichkeiten *fpl (RW)* bills payable, *(AE)* notes payable
Weg *m (Logis)* road • **auf den Weg bringen** *(Gen) (ugs.)* get off the ground • **auf dem Weg sein nach** *(Gen)* be heading for • **den Weg bahnen für** *(Gen)* pave the way for • **den Weg bereiten für** *(Gen)* pioneer • **aus dem Weg räumen** *(Gen)* smooth out • **der Weg ist das Ziel** *(Mgt)* the means is an end within itself
Weg *m* **des geringsten Widerstands** *(Gen)* path of least resistance
Wegerecht *n (Recht)* right of way
Wegfall *m* **der Geschäftsgrundlage** *(Recht)* frustration of contract *(Vertrag)*
Wegfall *m* **des Arbeitsplatzes** *(Pers, Soz)* loss of job, job loss, redundancy
Wegwerfgesellschaft *f*/**die** *(Gen)* the waste society, *(ugs.)* throwaway society
weiche Landung *f (WiWi)* soft landing
weiche Technologie *f* 1. *(Umwelt)* soft technology; 2. *(WiWi)* small-scale [soft] technology
weiche Währung *f (Gen, WiWi)* soft currency
weiches Recht *n (Pol, Recht)* soft law *(Recht von zweifelhafter Natur; z. B. Rahmenrichtlinien und sonstige rechtlich nicht bindende Verhaltensregeln wie international vereinbarte und anerkannte Grundprinzipien, Kodizes, Mindeststandards)*
Weinanbau *m (WiWi)* wine growing
Weinbaugebiet *n (WiWi)* wine-growing district, wine-producing area
Weinernte *f* 1. *(Gen)* vintage; 2. *(WiWi)* wine harvest
Weingut *n (Gen)* winery
Weinhandel *m (Gen)* wine trade
Weinhändler *m (Gen)* vintner, wine merchant
Weinhändlerin *f s.* Weinhändler
Weinindustrie *f (Ind)* wine industry
weiße Produkte *npl (Gen, V&M)* no-name brands
Weisung *f (Pol, Recht)* direction, directive, instruction, order
weisungsgebunden *adj (Admin, Pers)* accountable
Weisungsgewalt *f (Gen)* authority
Weisungskette *f (Mgt)* chain of command
Weisungsrecht *n (Pol, Recht)*

supervisory authority
weit abgegrenzte Geldmenge *f (Bank, WiWi)* broad money, broad money stock *(M3; EZB)*
weit definierte Geldmenge *f (Bank, WiWi)* broad money *(M3; EZB)*
weitblickend *adj (Gen)* far-seeing, far-sighted
Weite *f* 1. *(Gen)* width *(Breite)*; range, scope; 2. *(Umwelt, WiWi)* expanse *(Größe)*
Weiterbearbeitung *f (Pat)* processing
Weiterbildung *f (Pers, Soz)* continual professional education, further education, further training, continuing training
Weiterbildungsmaßnahme *f (Bil, Pers, Soz)* further training measure, further training scheme, further training programme
Weiterbildungsprogramm *n (Ind, Mgt, Pers)* training package
weitere Anweisungen/für *(Gen)* for further instructions
weitere Informationen *fpl (Gen)* further information
Weiterentwicklung *f (Comp, Ind)* continued development
Weitergabe *f (Fin)* passing-on *(Wechsel)*
weitergeben *v (WiWi)* pass on
weiterleiten *v* 1. *(Gen)* pass on, transmit; 2. *(Komm)* forward *(Dokument)*; 3. *(Recht)* refer to *(Fall)*
Weiterleitung *f (Gen)* transmission
weiterverarbeiten *v (Ind, WiWi)* reprocess, manufacture
weiterverarbeitende Industrie *f (Ind)* manufacturing industry, processing industry
Weiterverkauf *m (Börse, Gen)* resale
weiterwälzen *v (Steuer, WiWi)* pass on
weites Oligopol *n (WiWi)* loose oligopoly
weitreichend *adj (Gen)* far-reaching, wide-ranging, long-range *(Planung)*
weitsichtig *adj (Gen)* far-seeing, far-sighted
weitverbreitet *adj (Gen)* widespread
Wellenenergie *f (Ind, Umwelt)* wave power
Welt *f (Gen)* world • **in der ganzen Welt** *(Gen)* all over the world
Weltbilanz *f (WiWi)* global account *(ZB, VGR)*
Weltexporte *mpl (Imp/Exp)* world exports
Weltfinanzierungsrechnung *f (Fin, WiWi)* global financial account *(ZB, VGR)*
Welthandel *m* 1. *(Gen)* international trade; 2. *(WiWi)* world trade
Welthandelsordnung *f (Imp/Exp, Recht, V&M)* world trading system
Welthandelsorganisation *f (Imp/Exp, Pol)* World Trade Organization, WTO *(Nachfolgeorganisation des GATT)*
Weltinnenpolitik *f (Pol, WiWi)* global governance
Weltmarkt *m (WiWi)* world market, global market
Weltordnungspolitik *f (Pol, WiWi)* global governance
weltpolitischer Ordnungsrahmen *m (Pol, WiWi)* global governance
Weltraumsegment *n (Ind, Pol, Recht)* space segment
weltumspannend *adj (Gen)* global, worldwide
Weltverband *m (WiWi)* world confederation
Weltverbrauch *m (Umwelt, WiWi)* world consumption
Weltwährungsreserven *fpl (WiWi)* international liquidity
Weltwährungssystem *n (WiWi)* international monetary system
weltweit *adv (Gen)* all over the world, globally, on an international scale, worldwide
weltweit führendes Unternehmen *n (Gen, Ind, V&M)* world leader
weltweite Inflation *f (WiWi)* world inflation
weltweiter Einkauf *m (Gen, V&M, WiWi)* global sourcing *(globales Beschaffungsmarketing)*
Weltwirtschaft *f (WiWi)* global [world] economy
Weltwirtschaftskrise *f (WiWi)* Great Depression
Wende *f (Gen, Pol)* turnabout, turn(a)round
Wendehals *m (Pol)* turncoat, renegade, flip-flopper; careerist who recognizes which way the wind is blowing
wenden *v (Fin)* turn (a)round
wenden *v* **an/sich** *(Gen)* appeal to *(Öffentlichkeit)*; refer to *(Person)*
Wendepunkt *m (Gen)* turning point
Wendigkeit *f (Gen)* resourcefulness
Wendung nehmen *v/***eine** *(Gen)* take a turn *(zum Guten oder Schlechten)*
weniger *adv (Gen)* less

Werbeabonnement *n (Gen)* complimentary subscription
Werbeabteilung *f (V&M)* advertising department, art department, creative department, publicity department
Werbeagentur *f (V&M)* advertising agency, public relations agency, PR agency
Werbeaktion *f (V&M)* promotional activities
Werbeaufwand *m (V&M)* advertising expenditure [expense]
Werbeausgaben *fpl (V&M)* publicity expenses
Werbebeilage *f (V&M)* advertising supplement, *(ugs.)* stuffer
Werbeberater *m (Media, V&M)* advertising consultant
Werbeberaterin *f s.* Werbeberater
Werbebestimmungen *fpl (V&M)* advertising regulations
Werbeblatt *n (V&M)* leaflet
Werbeblocker *m (Comp, Media)* advertising blocker
Werbebranche *f (V&M)* advertising trade
Werbebrief *m (V&M)* advertising letter
Werbebudget *n (V&M)* advertising budget
Werbecodex *m (V&M)* code of advertising practice
Werbeeinnahmen *fpl (V&M)* advertising revenue
Werbeerfolg *m (V&M)* advertising effectiveness
Werbeetat *m (V&M)* advertising budget
Werbefachmann *m (Pers)* advertising man, publicity man
Werbefeldzug *m (V&M)* advertising campaign
Werbefernsehen *n (Stat)* commercial television
Werbefläche *f (V&M)* advertising space
Werbeflugblatt *n (V&M)* sales leaflet, flier
Werbefreiheit *f (Media, Recht, V&M)* freedom of advertising
Werbegag *m (V&M)* advertising gimmick, publicity stunt
Werbegeschenk *n (V&M)* business [free] gift, incentive pack
Werbegrafik *f (V&M)* graphic design
Werbegrafiker *m (V&M)* graphic designer, commercial artist
Werbegrafikerin *f s.* Werbegrafiker
Werbekampagne *f (V&M)* advertising campaign
Werbekosten *pl (V&M)* advertising expenditure [expense]
Werbematerial *n (V&M)* sales literature
Werbemelodie *f (V&M)* advertising jingle
Werbemix *m (V&M)* promotional mix
werben *v (Gen, V&M)* win *(Kunden)*
werben *v* **für** *(V&M)* advertise, promote *(Produkt)*
werbend *adj (Gen)* promotional
Werbeplakat *n* 1. *(Gen)* advertising poster; 2. *(V&M)* poster, show card *(Schaufenster)*
Werbepolitik *f (Gen, V&M)* promotional [advertising] policy
Werbeprospekt *m (V&M)* hand-out
Werbereise *f (V&M)* advertising tour
Werbeschreiben *n (V&M)* sales letter
Werbeschrift *f (Frei, Gen)* brochure
Werbesendung *f (Stat, V&M)* commercial
Werbeslogan *m (V&M)* advertising slogan
Werbespot *m* 1. *(Media) (ugs.)* ad, commercial, advertisement, spot *(Rundfunk, Fernsehen)*; 2. *(V&M) (ugs.)* ad, commercial, advertising spot
Werbespruch *m (Media, V&M)* advertising slogan
Werbestrategie *f (V&M)* advertising strategy
Werbetext *m (V&M)* advertising copy, advertising text
Werbetexter *m (Gen)* copy writer
Werbetexterin *f s.* Werbetexter
Werbethema *n (V&M)* advertising theme
Werbeträger *m (V&M)* advertising medium [vehicle]
Werbeträgeranalyse *f (WiWi)* media analysis
Werbeumsatz *m (V&M)* advertising turnover
Werbe- und Informationskosten *pl (RW, V&M)* advertising and publicity charges, advertising and publicity costs
Werbe- und Messekosten *pl (RW, V&M)* advertising and trade fair expenses
Werbeunterbrechung *f (V&M)* commercial break
Werbeverbot *n (Media, Recht)* advertising prohibition
Werbewesen *n (V&M)* advertising, publicity
Werbewirksamkeit *f (V&M)* advertising effectiveness
Werbezeit *f (V&M)* advertising time
Werbezeitschriften *fpl (Stat)* give-away

magazines, free magazines *(kostenlos)*
Werbung *f* 1. *(Gen) (ugs.)* ad; 2. *(V&M)* advertisement, advertising, billing, publicity, *(ugs.)* advert *(Inserat)* • **ohne Werbung** *(Gen)* unadvertised *(Produkt)* • **Werbung machen für** *(V&M)* advertise for • **Werbung treiben** *(V&M)* advertise
Werbung *f* **am Verkaufsort** *(V&M)* point-of-sale advertising [promotion], POS advertising [promotion]
Werbung *f* **für Markenartikel** *(V&M)* brand promotion
Werbung *f* **mit Lockartikeln** *(V&M) (AE)* bait advertising
Werbung *f* **von Unternehmen zu Unternehmen** *(V&M)* business-to-business advertising
Werdegang *m (Pers)* background, career *(Bewerbung)*
Werk *n (Ind)* factory, (industrial) plant, works • **ab Werk** 1. *(Gen)* ex factory; 2. *(Logis)* ex factory, free at point of dispatch, ex works
Werkmeister *m (Pers)* foreman
Werkmeisterin *f (Pers)* forewoman
Werksbesichtigung *f (V&M)* facility visit
Werksgelände *n (Gen)* factory site
Werksleitung *f (Ind, Mgt)* plant management
Werkspionage *f (Ind)* industrial espionage
Werkstatt *f (Gen)* garage *(KFZ)*; workshop, shop floor *(Ausbildung, Einzelaufträge)*
Werkstattfertigung *f (Ind)* intermittent production, job shop production
Werkstattwagen *m (Logis) (BE)* breakdown van, *(AE)* tow truck, recovery vehicle *(Bergung)*; maintenance vehicle *(Wartung)*
Werkstoff *m (Ind)* material
Werkstück *n (Ind)* component, workpiece
Werkswohnung *f* 1. *(Grund)* factory-owned apartment [flat]; 2. *(Pers)* job-related accommodation
Werkszeitung *f (Gen, Media)* house journal, in-house magazine
Werktitelschutz *m (Media, Recht)* protection of the title of a literary work, work title protection
Werkvertrag *m (Gen, Recht)* service contract, works contract
Werkzeug *n (Comp, Gen, Ind)* tool • **mit Werkzeugen ausstatten** *(Ind)* tool up
wert *adj (Gen)* useful, valuable • **wert sein** *(Börse)* be worth
Wert *m (Gen)* worth, value
Wert *m* **einer Währung** *(WiWi)* currency value
Wert *m* **eines Wirtschaftsgutes** *(Fin)* asset value • **an Wert gewinnen** *(Börse)* gain value • **den Wert mindern** *(WiWi)* lower the value • **im Wert steigen** *(RW)* appreciate • **an Wert verlieren** *(RW, WiWi)* depreciate *(Vermögenswerte)*
Wert *m* **pro Einheit** *(Gen)* unit value
Wertanalyse *f* 1. *(Fin)* value analysis; 2. *(RW)* value engineering
Wertangabe *f (Imp/Exp, Logis)* declaration of value • **ohne Wertangabe** *(Imp/Exp)* no value declared
Wertanpassung *f (RW)* valuation adjustment
Wertansatz *m (RW)* valuation
Wertaufbewahrungsmittel *n (WiWi)* store of value
Wertberichtigung *f (RW)* valuation adjustment, valuation allowance *(Abschreibung)*
Wertberichtigung *f* **auf Beteiligungen** *(RW)* allowance business investment loss
Wertberichtigung *f* **auf uneinbringliche Forderungen** 1. *(Bank, Fin)* bad debt provision; 2. *(RW)* allowance for bad debts, provision for bad debts
Wertberichtigung *f* **auf Vorratsvermögen** *(RW)* inventory valuation adjustment
Wertberichtigungen *fpl* **auf ...** *(RW)* value adjustments in respect of ...
Wertberichtigungen *fpl* **auf das Sachanlagevermögen** *(RW)* accumulated depreciation on plant, property and equipment
Wertberichtigungsbuchung *f (RW)* reserve entry
Wertberichtigungskonto *n (RW)* absorption [offset, valuation] account
Wertbestimmung *f* **des Lagerbestands** *(RW)* valuation of inventory [stocks]
Wertbezeichnung *f (WiWi)* denomination
Wertbrief *m (Komm)* insured letter
Werteinbuße *f (Grund)* depreciation
Wertentwicklung *f (Bank, Börse)* performance
Werterhöhung *f (Gen)* increase in value

Wertfortschreibung *f (Steuer)* adjustment of assessed value
Wertgegenstände *mpl (Gen)* valuables
Werthaltigkeitstest *m (RW)* impairment test *(Synonym: Niederstwerttest, Wertminderungstest; US GAAP/SFAS 142 und IFRS/IAS 36/IAS 38 gestatten die Firmenwert-Abschreibung -goodwill amortization- nicht mehr planmäßig, sondern nur noch nach gesonderter Einzelüberprüfung)*
wertlos *adj (Gen)* valueless, worthless, of no value
Wertminderung *f (Grund, RW, WiWi)* depreciation, impairment of value
wertorientierte Unternehmensführung *f (Fin, Mgt)* value-driven management, value-based management, shareholder value approach, shareholder value concept *(Wert des Unternehmens ist die Summe der Barwerte aller erwarteten Einzahlungsüberschüsse; discounted cash-flow method)*
Wertpaket *n (Komm)* insured parcel, registered parcel
Wertpapier *n (Gen) (BE)* share, *(AE)* stock; security, negotiable instrument
Wertpapieranalyse *f (Börse, Fin)* securities analysis, investment analysis
Wertpapieranlagen *fpl* portfolio investment(s) *(ZB)*
Wertpapierbestand *m* 1. *(Bank, Börse)* holding of securities, (investment) portfolio, securities holdings [portfolio]; 2. *(Fin)* (investment) portfolio
Wertpapierbörse *f (Börse, Fin, WiWi)* stock exchange
Wertpapiere *npl* 1. *(Bank, Börse, Fin)* securities, investments, *(BE)* stocks *(Beteiligungs- und Gläubigerwerte, equities and debt securities)*; 2. *(Recht)* investments • **Wertpapiere halten** *(Fin)* carry securities • **Wertpapiere kaufen** *(Bank)* go long • **Wertpapiere repartieren** *(Bank)* scale down securities
Wertpapiere *npl* **der öffentlichen Hand** *(Fin, WiWi)* government securities
Wertpapiere *npl* **des Anlagevermögens** *(Fin, RW)* long-term financial investments, long-term investments
Wertpapieremission *f (Börse)* security flotation, security issue
Wertpapierfirmen *fpl (Börse)* investment firms
Wertpapierhandel *m (Börse)* securities trading
Wertpapierhändler *m* 1. *(Börse)* market maker, securities [investment] dealer; 2. *(Fin)* investment dealer
Wertpapierhändlerin *f* s. Wertpapierhändler
Wertpapierhaus *n (Bank, Börse)* securities house
Wertpapierkredit *m (Bank, Börse)* advance on securities, lending against securities
Wertpapierkredite *mpl (Bank, Börse, Fin)* lending against securities
Wertpapierkurs *m (Börse)* security price
Wertpapierlombardierung *f* 1. *(Bank)* securities borrowing; 2. *(Fin)* security borrowing
Wertpapiermakler zugelassen/als *(Börse)* authorized to provide broking
Wertpapiermarkt *m (Börse, Fin)* securities market
wertpapiermäßige Unterlegung *f* **von Verbindlichkeiten** *(Bank, Börse, Fin, Recht)* securitization *(Synonym: Verbriefung)*
Wertpapierpaket *n (Börse)* block of securities
Wertpapierpensionsgeschäft *n (Fin)* repurchase agreement, repo transaction
Wertpapierportefeuille *n* 1. *(Bank, Börse)* investment [securities] portfolio; 2. *(Fin)* investment portfolio
Wertpapierposition *f (Börse)* position • **eine Wertpapierposition verwerten** *(Börse)* liquidate a position
Wertpapiersteuer *f (Steuer)* securities tax
Wertpapiertermingeschäft *n (Börse)* forward transaction in securities
Wertpapier- und Emissionsgeschäft *n (Bank)* investment banking
Wertpapierverkehr *m (Bank, Börse)* securities transactions, portfolio transactions, portfolio capital flows *(ZB)*
Wertpapierverwaltung *f (Fin)* portfolio management, *(AE)* securities administration
Wertsachen *fpl (Gen)* items of value, valuables
Wertschaffung *f (Fin, Mgt, Börse)* value creation *(Schaffung von Werten)*; value creating activity *(Wertschöpfung)*
Wertschätzung *f* 1. *(Gen)* appreciation,

esteem *(Person)*; 2. *(Grund)* appraisal *(Bewertung)*; appraisement *(Schätzung)*
Wertschöpfung *f (WiWi)* added value, value added; real net output *(im Unternehmenssektor: Verkaufserlöse minus Vorleistungen)*; value creating activity *(vgl. Wertschaffung = value creation = Schaffung von Werten)*
Wertsendung *f* 1. *(Komm)* insured letter, registered letter; 2. *(Recht)* consignment with value declared *(Vertragsrecht)*
Wertspeicher *m (Bank)* store of value *(Aufbewahrungsmittel)*
Wertsteigerung *f* 1. *(Fin)* increase in value; 2. *(Grund)* appreciation, betterment; 3. *(RW, Steuer)* appreciation
Wertstellung *f (Bank)* availability date, valuta *(val.)*; value date
Wertstellungsgewinn *m (Bank)* float
Wertstellungstag *m (Bank)* availability date, value date
Wertsteuer *f* 1. *(Fin, WiWi)* ad valorem tax; 2. *(Imp/Exp, Steuer)* ad valorem duty, ad valorem tax
Wertsteuersatz *m (Steuer)* ad valorem rate, ad valorem tariff
Wert- und Ursprungszeugnis *n (Imp/Exp) (BE)* certificate of value and origin
Wertverlust *f (Grund, RW, WiWi)* depreciation
Wertzoll *m* 1. *(Imp/Exp, Steuer)* ad valorem (customs) duty, customs duty ad valorem; 2. *(WiWi)* ad valorem tariff
Wertzuschreibung *f (RW)* appreciation in value
Wertzuwachs *m* 1. *(Börse, Fin)* capital growth [gain, gains], increase [growth] in value; 2. *(Gen)* increment, gain; 3. *(RW, Steuer)* appreciation
Wertzuwachssteuer *f (Fin, RW, Steuer)* capital gains tax
wesentlich *adj* 1. *(Gen)* substantial; 2. *(Recht)* material • **das Wesentliche** *(Gen)* the essentials, gist • **im Wesentlichen** *(Gen)* substantially, essentially
wesentliche Beteiligung *f* 1. *(Börse, Fin)* control stock; 2. *(Steuer, WiWi)* material interest, substantial investment
wesentliche Eigenschaft *f (Pat)* essential feature
wesentliche Vertragsbedingung *f (Recht)* fundamental condition, conditio sine qua non *(Vertragsrecht)*
wesentlicher Bestandteil *m (Gen)* essential component part, integral part
wesentliches Merkmal *n (Pat)* essential feature
Wettbewerb *m* 1. *(Gen)* competition, contest; 2. *(V&M)* competition; 3. *(WiWi)* competition, competitive process • **mit jmdm. im Wettbewerb stehen** *(Gen)* compete against sb
Wettbewerber *m (Gen, V&M, WiWi)* competitor
Wettbewerberin *f s.* Wettbewerber
wettbewerblich *adj (Gen, Steuer, V&M)* arm's-length
Wettbewerbsanreiz *m (V&M, WiWi)* competitive stimulus
Wettbewerbsbedingungen *fpl (Pol, WiWi)* rules of competition *(Wettbewerbsregeln)*
wettbewerbsbeschränkend *adj (Fin, V&M, WiWi)* anticompetitive
wettbewerbsbeschränkende Vereinbarung *f (Recht, V&M, WiWi)* restrictive trading agreement
wettbewerbsbeschränkende Verhaltensweisen *fpl (Recht, WiWi)* restrictive practices
Wettbewerbsbeschränkung *f (WiWi)* restraint on trade
Wettbewerbsbeschränkungen *fpl (WiWi)* restrictive practices, barriers to competition
Wettbewerbsdenken *n (Mgt, WiWi)* competitive instinct
wettbewerbsfähig *adj (WiWi)* competitive
wettbewerbsfähiger Preis *m (V&M, WiWi)* competitive price
Wettbewerbsfähigkeit *f (Gen, V&M, WiWi)* competitiveness
wettbewerbsfeindlich *adj (WiWi)* anticompetitive, detrimental to effective competition
Wettbewerbsgesetze *npl (Pol, Recht)* competition laws
Wettbewerbsmarkt *m (WiWi)* competitive market, free and open market
Wettbewerbsnachteil *m (V&M, WiWi)* competitive disadvantage
Wettbewerbspolitik *f (Pol)* competition policy
Wettbewerbsposition *f (Gen, WiWi)* competitive position

Wettbewerbspreis *m* 1. *(RW, V&M)* arm's-length price; 2. *(WiWi)* competitive price
Wettbewerbspreisbildung *f (Gen)* competitive pricing
Wettbewerbsrecht *n (Recht)* competition law, cartel law, antitrust law *(EU)*
Wettbewerbsregeln *fpl (Gen, Recht, WiWi)* rules of competition
wettbewerbsschädlich *adj (Fin, WiWi)* anticompetitive
Wettbewerbsstrategie *f (Gen, V&M, WiWi)* competitive strategy
Wettbewerbstaktik *f (WiWi)* competitive tactics
Wettbewerbsverzerrung *f (WiWi)* distortion of competition
Wettbewerbsvorsprung *m (WiWi)* competitive advantage [edge]
Wettbewerbsvorstoß *m (WiWi)* competitive thrust
Wettbewerbsvorteil *m (WiWi)* competitive advantage • **einen Wettbewerbsvorteil gegenüber jmdm. haben** *(WiWi)* have a competitive edge over sb
Wettstreit *m (Gen)* contest
widerlegbar *adj (Recht)* confutable, rebuttable
widerrechtlich *adj (Recht)* illegal, unlawful
widerrechtliche Aneignung *f (Recht)* misappropriation
widerrechtliche Verwendung *f (Fin)* misappropriation
Widerruf *m* 1. *(Fin)* revocation; 2. *(Pat)* rescission, revocation; 3. *(Recht)* cancellation *(Vertragsaufhebung)*
widerrufen *v* 1. *(Fin)* revoke; 2. *(Pat)* rescind, revoke *(Lizenz)*; 3. *(Recht)* cancel *(Vertrag)*
widerruflich *adj (Gen)* revocable
Widersacher *m (Recht)* opponent, adversary
widersetzen *v***/sich** *(Gen)* oppose
widerspiegeln *v (Gen)* reflect
widersprechen *v* 1. *(Gen)* counter, conflict *(Antrag)*; 2. *(Recht)* contradict, protest against, oppose *(Einspruch erheben)*
Widerspruch *m* 1. *(Pat)* objection, protest; 2. *(Recht)* contradiction, opposition *(Einspruch)* • **in Widerspruch stehen** *(Gen)* conflict • **ohne Widerspruch** *(Fin)* unprotested
widersprüchliches Beweismaterial *n (Recht)* conflicting evidence
Widersprüchlichkeit *f (Gen)* inconsistency
Widerspruchsfreiheit *f (WiWi)* consistency
Widerstand *m (Gen)* resistance, opposition
widerstandsfähig *adj (Gen)* robust
widerstreitende Ansprüche *mpl (Recht)* contending claims, interfering claims *(Vertragsrecht)*
widerstreitende Interessen *fpl (Gen)* clashing [conflicting] interests
Widmung *f (Media)* dedication
wie besichtigt *(Gen, Recht)* as is *(Auktion, Antiquitäten)*
wie folgt *(Gen)* as follows
wie oben *(Komm)* as above
wie oben erwähnt *(Komm)* as mentioned above
wie vereinbart *(Gen)* as agreed
wieder anlegen *v (Börse)* reinvest
wieder aufnehmen *v* 1. *(Comp)* resume; 2. *(Frei)* revive; 3. *(Gen)* re-admit; 4. *(Pol)* re-establish, resume *(Beziehungen)*; re--admit *(als Mitglied)*; 5. *(Recht)* revive, reopen, resume *(Verfahren)*
wieder beleben *v (Gen, WiWi)* revive, restart
wieder einführen *v (Gen, V&M)* relaunch *(Programm, Produkt)*
wieder eingliedern *v* 1. *(Recht)* rehabilitate; 2. *(WiWi)* resettle
wieder verkaufen *v s.* wiederverkaufen
wieder verwenden *v (Gen, V&M)* recycle, reuse *(s. a. Umwelt: wiederverkaufen)*
wieder verwertbar *adj (Gen)* recyclable, reusable *(s. a. Umwelt: wiederverkaufen)*
wieder verwerten *v (Gen, V&M)* recycle, reuse *(s. a. Umwelt: wiederverkaufen)*
Wiederanstieg *m* **der Preise** *(Gen)* resurgence in prices
Wiederaufbau *m (WiWi)* rebuilding, reconstruction
Wiederaufbauprogramm *n (Gen)* recovery program(me)
Wiederaufnahme *f* 1. *(Comp)* resumption; 2. *(Frei)* revival; 3. *(Gen)* re--admission; 4. *(Pol)* re-establishment, resumption *(Beziehungen)*; 5. *(Recht)* revival, reopening, resumption *(Verfahren)*
Wiederaufnahme *f* **der Arbeit** *(Pers, Soz)*

resumption of work, return to work *(Synonym: Wiederaufnahme der Beschäftigung, Wiederaufnahme der Erwerbstätigkeit)*

Wiederausfuhr *f (Imp/Exp)* re-exportation

Wiederbelebung *f* **der Wirtschaft** *(WiWi)* revival, economic revival, recovery, economic recovery *(Synonym: Wiederaufschwung der Wirtschaft)*

Wiederbeschaffung *f (Gen)* replacement

Wiederbeschaffungskosten *pl (RW, WiWi)* replacement cost, current cost *(Synonym: Wiederbeschaffungswert = replacement value; Gegensatz: Anschaffungskosten = acquisition cost, historical cost, original cost, purchase cost, initial cost)*

Wiederbeschaffungspreis *m (V&M)* replacement price

Wiederbeschäftigungschance *f (Pers)* re-employment chance, re-employment opportunity

wiederbeschreibbare DVD *f (Comp)* rewritable DVD, DVD-RW

Wiedereingliederung *f* 1. *(Gen, Pol)* resettlement; 2. *(Recht)* rehabilitation, reintegration

Wiedereingliederung *f* **in den Arbeitsmarkt** *(Pers)* reintegration into the labo(u)r market, vocational reintegration, reintegration into employment

Wiedereingliederung *f* **ins Erwerbsleben** *(Pers, Soz)* reintegration into working life

Wiedereinsetzung *f (Gen)* reinstatement, re-establishment

Wiedereinstellung *f (Gen, Pers)* reinstatement, re-employment, re-engagement *(entlassener Arbeitnehmer)*

Wiedererkennungstest *m (V&M)* recognition test

wiedererlangen *v (Gen, WiWi)* recover, retrieve

wiedergeben *v (Gen)* give back, reproduce *(Bericht)*

Wiedergutmachung *f (Recht)* amends, compensation, indemnification, redress • **Wiedergutmachung verlangen** *(Recht)* seek redress

wiederhergestellt *adj (Gen, Ind)* rebuilt

wiederherstellen *v* 1. *(Comp)* recover, restore *(Datei)*; 2. *(Gen)* restore, redress *(Balance)*; 3. *(Recht)* reinstate, replace

Wiederherstellung *f* 1. *(Comp)* recovery, restoration *(von Datei)*; 2. *(Gen)* re-establishment; 3. *(Recht)* reinstatement, replacement; 4. *(Umwelt)* rehabilitation

Wiederherstellungskosten *pl (RW)* replacement costs, reproduction costs

wiederholen *v (Gen)* reiterate, repeat, rerun

Wiederholungsgeschäft *n (Gen)* repeat business

Wiederholungskäufe *mpl (V&M)* repeat buying

Wiederkauf *m (Recht)* buy-back construction

Wiederkehr *f (Gen)* return

wiederkehrende Aufwendungen *fpl (Gen)* period cost

Wiederverbriefung *f (Bank, Fin)* re-securitization *(sie erlaubt die gezielte Erzeugung intransparenter, schwer oder nicht bewertbarer strukturierter Finanzvehikel mit irreführenden und/oder unkontrollierbaren AAA-Einstufungen von Ratingagenturen, deren Mathematiker die Kollegen der Originator-Bank schon beim Strukturierungsprozess gegen Beratungshonorar begleiteten, z. B. die bis 2007 als ‚fortschrittlich' oder ‚advanced' bezeichneten CDO of CDOs = CDO2 = CDO squared, ABS of ABS, CBOs, MBS; before the debt crisis the first-loss position in securitizations often was sold by the originating bank so that the risk of default = Kreditausfallrisiko no longer remained on its books – resulting finally in a slipping of its lending standards = Kreditvergabestandards, Bonitätsanforderungen; Verbriefungsalchemie; financial engineering)*

Wiedervereinigung *f (Gen, Pol)* reunification

Wiederverkauf *m (Börse, Gen)* resale

wiederverkaufen *v (Börse, Gen)* resell

Wiederverkäufer *m (Börse, Gen)* reseller, retailer *(Einzelhändler)*

Wiederverkäuferin *f* s. Wiederverkäufer

Wiederverkaufsrecht *n (V&M)* right of resale

wiederverwenden *v (Umwelt)* recycle, reuse *(s. a. wieder verwenden)*

wiederverwertbar *adj (Umwelt)* recyclable, reusable *(s. a. wieder verwertbar)*
wiederverwerten *v (Umwelt)* recycle, reuse *(s. a. wieder verwerten)*
Wiki-Wirtschaft *f*, **Wikiwirtschaft** *f (WiWi)* wikinomics *(Synonym: Wikinomie, Wiki-Ökonomie; nach D. Tapscott eine neue ‚revolutionäre' Form des Wirtschaftens, gekennzeichnet durch freiwillige Zusammenarbeit, Offenheit, Kultur des Teilens und globales Handeln; dank Internet gehen die Kosten für die Bündelung von Arbeit, Wissen und Kapital gegen Null, der Anspruch deshalb: die jetzt massenhaft mögliche Zusammenarbeit ist freiwillig, gratis, hierarchiefrei und selbstbestimmt und sie garantiert bessere Ergebnisse als bei herkömmlichen Produktions- und Konsumformen; Kritiker sehen den Anspruch, außer unter besonders günstigen realen Umständen, nicht verwirklicht, sondern glauben, bislang unbekannte, besonders raffinierte Formen der Ausbeutung und massenhafte Arbeitsplatzvernichtung zu erkennen: ‚König Kunde lässt sich knechten'; value added through mass collaboration: customers or others work via internet jointly on an activity or project; AaI-Prinzip = Andere-arbeiten--lassen-Prinzip = l-o-w principle = let--others-work principle; cf crowdsourcing, banana product = Bananen-Produkt, das beim Konsumenten erst durch dessen Zutun/Input zur Produktreife gebracht werden muss: u. a. Möbel, Software, PKW)*
Willenserklärung *f (Recht)* declaration of intent, manifestation of intent(ion)
willkürlich *adj (Gen)* arbitrary
Windenergie *f (Umwelt)* wind power
Windhundprinzip *n (Gen)* first-come--first-served principle *(bei Subventionen z. B.)*
Windhundverfahren *n (Gen)* first-come--first-served principle • **nach dem Windhundverfahren** *(Gen)* on a first--come-first-served basis *(Transferzahlungen z. B.)*
Wintergeld *n (Pers)* bad-weather allowance, bad-weather pay
Winterschlussverkauf *m (V&M)* January sales, winter sales
Winzer *m (Gen, WiWi)* wine grower, vintner
Winzerin *f s.* Winzer
wirklicher Eigentümer *m (Recht)* rightful owner, true owner
wirklichkeitsnah *adj (Gen)* realistic
wirksam *adj (Gen)* effective • **wirksam werden** 1. *(Gen)* take effect; 2. *(Recht)* become effective, come into force, come into operation *(in Kraft treten)*
wirksame Unternehmensaufsicht *f (Gen)* corporate governance, CG *(Synonym: gute Unternehmensführung, transparente und verantwortliche Unternehmensleitung und -aufsicht, wertorientierte Unternehmensführung und Verwaltung)*
Wirksamkeit *f (Gen)* effect, effectiveness, efficiency
Wirkung *f (Gen)* effect, impression • **mit Wirkung von** *(Gen)* with effect from
Wirkungen *fpl (Bank, Pol, WiWi)* implications
Wirkungsbereich *m (Steuer)* impacted area
Wirkungskräfte *fpl (Gen, WiWi)* mechanism
Wirkungskreis *m (Gen)* sphere of activity, scope of application
Wirkungsmechanismus *m (Gen)* channel
Wirkungsstudie *f (WiWi)* impact study *(Synonym: Auswirkungsstudie)*
Wirkungsverzögerung *f (Steuer, WiWi)* time lag
Wirtschaft *f (WiWi)* economy
wirtschaften *v (WiWi)* economize *(sparsam wirtschaften, über knappe Ressourcen entscheiden/verfügen)*
wirtschaftlich *adj (WiWi)* economic *(Bezug: produzierende Wirtschaft, Volkswirtschaft, knappe Güter; nie: economical = sparsam)*; cost-effective, efficient *(i. S. v. effizient, leistungsfähig, rationell, gutfunktionierend)*
wirtschaftliche Entwicklung *f (WiWi)* economic development
wirtschaftliche Erholung *f (WiWi)* (economic) recovery, (economic) upswing, (economic) revival
wirtschaftliche Fehlentwicklung *f (Pol, WiWi)* undesirable economic trend
wirtschaftliche Größenordnung *f (Pol, WiWi)* economic dimensions

wirtschaftliche Konzentration *f (Ind)* industrial concentration
wirtschaftliche Kriterien *npl (WiWi)* economic criteria
wirtschaftliche Lebensdauer *f (Fin, Gen, V&M)* economic life
wirtschaftliche Losgröße *f (Ind)* economic batch quantity, economic order quantity, economic manufacturing quantity
wirtschaftliche Misere *f (Pol, WiWi)* economic gloom
wirtschaftliche Nutzungsdauer *f* 1. *(Fin, Gen, V&M)* economic life; 2. *(RW, WiWi)* useful economic life
wirtschaftlicher Anreiz *m (WiWi)* economic incentive
wirtschaftlicher Eigentümer *m (Recht)* beneficial owner
wirtschaftlicher Fortschritt *m* 1. *(Gen)* economic advancement; 2. *(WiWi)* economic progress
wirtschaftlicher Geschäftsbetrieb *m (Gen, Recht)* economic activity
wirtschaftlicher Nutzen *m (WiWi)* economic benefit
wirtschaftlicher Ressourceneinsatz *m (Umwelt)* economical use of resources
wirtschaftliches Gut *n (WiWi)* economic good
wirtschaftliches Klima *n (WiWi)* economic climate
wirtschaftliches Risiko *n (Versich)* commercial risk
wirtschaftliches Umfeld *n (WiWi)* business conditions
Wirtschaftlichkeit *f* 1. *(Gen)* economic efficiency, operational efficiency, cost--effectiveness *(Streben nach einem günstigen Verhältnis zwischen dem Ertrag und den zu seiner Erlangung aufzuwendenden Mitteln oder zwischen Output-Größen und Input-Größen)*; 2. *(WiWi)* efficiency, economic efficiency
Wirtschaftlichkeitsprinzip *n (WiWi)* efficiency rule *(Synonym: ökonomisches Prinzip, Rationalprinzip; zwei Ausprägungen: ein definiertes Ergebnis mit geringstmöglichem Mitteleinsatz erzielen = Minimalprinzip = Sparsamkeitsprinzip, oder mit einem fest vorgegebenen Mitteleinsatz, z. B. Budget, das bestmögliche Ergebnis, z. B. Gewinn oder Output, erzielen = Maximalprinzip = Ergiebigkeitsprinzip)*
Wirtschaftlichkeitsprüfung *f (RW)* efficiency audit
Wirtschaftlichkeitsrechnung *f* 1. *(Fin)* capital budgeting, capital expenditure evaluation, investment appraisal; preinvestment analysis *(Prüfung der Vorteilhaftigkeit -profitability- alternativer Investitionsvorhaben)*; 2. *(WiWi)* efficiency calculation, evaluation of economic efficiency, economy calculation
wirtschaftlich-materielle Lebenslage *f (Soz, WiWi)* economic well-being
Wirtschaftsaktivität *f (WiWi)* economic activity
Wirtschaftsaufschwung *m (WiWi)* (economic) upswing, (economic) revival, cyclical upswing, economic expansion, increase in business activity
Wirtschaftsaussichten *fpl (WiWi)* economic prospects
Wirtschaftsbelebung *f s.* Wirtschaftsaufschwung
Wirtschaftsbereich *m (Ind, WiWi)* economic sector, sector of the economy
Wirtschaftsbericht *m (WiWi)* economic report
Wirtschaftsdaten *pl (WiWi)* economic data
Wirtschaftsdynamik *f (Ind)* industrial dynamics
Wirtschaftseinheit *f (WiWi)* economic agent
Wirtschaftsentwicklung *f (Gen, WiWi)* business trend, economic trend, economic development
Wirtschaftsflüchtling *m (Pol, Soz)* economic refugee
Wirtschaftsforschung *f (WiWi)* economic research
Wirtschaftsgebiet *n (WiWi)* economic area
Wirtschaftsgesetzgebung *f (WiWi)* economic laws
Wirtschaftsgut *n* 1. *(RW)* capital asset; 2. *(WiWi)* commodity, economic good
Wirtschaftsgüter *npl (RW)* assets
Wirtschaftsjahr *n* 1. *(RW)* business year, financial year, fiscal year; 2. *(Steuer)* accounting year, fiscal year
Wirtschaftsjournalismus *m (Fin)* financial journalism
Wirtschaftsjurist *m (Recht)* business lawyer

Wirtschaftsklima *n (Gen)* economic climate
Wirtschaftskommission *f* **(der UN) für Europa** *(ECE) (Pol, WiWi)* Economic Commission for Europe, ECE; United Nations Economic Commission for Europe, UN-Economic Commission for Europe, UNECE *(Synonym: UN--Wirtschaftskommission für Europa; eine Unterorganisation der Vereinten Nationen mit Sitz in Genf; a UN agency seated in Geneva)*
Wirtschaftskreise *mpl (Gen)* business circles
Wirtschaftskreislauf *m (WiWi)* circular flow
Wirtschaftskriminalität *f (WiWi)* economic crime
Wirtschaftslage *f* 1. *(Fin)* economic conditions, economic situation; 2. *(Gen)* business situation; 3. *(WiWi)* economic conditions, economic situation
Wirtschaftsleistung *f (WiWi)* economic output
Wirtschaftsmisere *f (Pol, WiWi)* economic gloom
Wirtschaftsmodell *n (WiWi)* economic model
Wirtschaftsnachrichten *fpl (Stat, WiWi)* economic news
Wirtschaftsplanung *f (Gen, Mgt, Pol, Umwelt, WiWi)* economic planning
Wirtschaftspolitik *f (Pol, WiWi)* economic policy
Wirtschaftspraxis *f (Gen)* business, business practices
Wirtschaftspresse *f (V&M)* business press
Wirtschaftsprognose *f (Pol, WiWi)* economic forecasting
Wirtschaftsprüfer *m (Pers, RW)* accountant, auditor
Wirtschaftsprüferin *f s.* Wirtschaftsprüfer
Wirtschaftsprüfung *f (Fin, RW)* audit, auditing
Wirtschaftsprüfungsgesellschaft *f (Mgt, RW)* audit firm, audit company
Wirtschaftsrecht *n (Recht)* economic law, business law
Wirtschaftsreform *f (Pol, WiWi)* economic reform
Wirtschaftssanktionen *fpl* 1. *(Pol)* economic sanctions; 2. *(WiWi)* trade sanctions
Wirtschaftssektor *m (Gen)* business sector
Wirtschaftsspionage *f (Ind)* industrial espionage
Wirtschaftsstandort *m (Mgt, WiWi)* business location
Wirtschaftstätigkeit *f (Mgt, WiWi)* business activity, economic activity
Wirtschaftsteil *m (Gen, Media)* business pages, economic section
Wirtschaftstheorie *f (WiWi)* economic theory, pure economics
Wirtschafts- und Währungsunion *f (WWU) (Gen, WiWi)* Economic and Monetary Union, EMU
Wirtschaftsunion *f (Fin, Pol, WiWi)* economic union
Wirtschaftsunternehmen *n (Gen)* business enterprise, enterprise
Wirtschaftsverband *m (Gen)* trade association, industrial association
Wirtschaftsverbrechen *n* 1. *(Recht)* white-collar crime; 2. *(WiWi)* economic crime
Wirtschaftswachstum *n (WiWi)* economic growth
Wirtschaftswissenschaft *f (WiWi)* economics
Wirtschaftswissenschaften *fpl (Pers, WiWi)* economics *(Singular!)*; economic science *(economies = Ersparnisse)*
Wirtschaftswissenschaftler *m (WiWi)* economist
Wirtschaftszeitschrift *f (WiWi)* business journal
Wirtschaftszeitung *f (WiWi)* business paper
Wirtschaftszweig *m* 1. *(Ind)* industry; 2. *(WiWi)* industry, trade
Wissen *n (Pers)* knowledge
wissensbasierte Industrie *f (WiWi)* knowledge industry, knowledge-based industry
wissensbasierte Ökonomie *f (WiWi)* knowledge-based economy
wissensbasiertes System *n (Mgt, WiWi)* knowledge-based system, KBS *(Synonym: Expertensystem; Programm in der künstlichen Intelligenz, Wissensdarstellung durch sog. "Regeln"; cf communities of practice = virtuelle Expertengemeinschaften)*
Wissensbasis *f (Mgt, WiWi)* knowledge base *(Menge des in einem wissensbasierten System -knowledge-*

based system- vorhandenen problemspezifischen Wissens)

Wissenschaftler *m (Pers)* scientist *(akademische Ausbildung)*

wissenschaftliche Betriebsführung *f (Mgt, WiWi)* scientific management *(Taylor)*

wissenschaftliche Hochschule *f (Bil)* university, college; school *(in bestimmten Fällen)*

Wissensmanagement *n (Mgt, WiWi)* knowledge management *(Aufgabe: das im Unternehmen vorhandene strategisch bedeutsame Wissen praxisnah als organisationale Ressource entwickeln und nutzen; cf communities of practice = virtuelle Expertengemeinschaften)*

Wissensökonomie *f (WiWi)* knowledge-based economy

Woche *f (Gen)* week • **eine Woche im Voraus** *(Gen)* a week in advance

Wochenarbeitszeit *f (Pers)* weekly hours of work

Wochenlohn *m (Pers)* weekly wage

wöchentliche Arbeitszeit *f (Pers)* weekly hours of work

wöchentliche Bezahlung *f (Pers)* weekly pay

wohlbegründet *adj (Gen, Recht)* well-grounded

Wohlergehen *n (Gen)* well-being

Wohlfahrt *f (Pers, Soz)* welfare

Wohlfahrtsempfänger *m (Pers, Soz) (BE)* person receiving benefit; social security recipient; *(AE)* welfare recipient *(Sozialwesen)*

Wohlfahrtsgesetzgebung *f (Pers, Pol, Soz)* welfare legislation

Wohlfahrtsökonomik *f (WiWi)* welfare economics

Wohlfahrtsstaat *m* 1. *(Pol, Soz)* welfare state; 2. *(WiWi) (ugs.)* nanny state, welfare state

Wohlfahrtsunterstützung *f (Pers, Soz)* welfare payments

wohlhabend *adj (Gen, WiWi)* prosperous, affluent, wealthy, well-off, well-to-do

Wohlstand *m (WiWi)* prosperity, wealth, affluence

Wohlstandsindikator *m (WiWi)* prosperity indicator

wohltätige Organisation *f (Soz, Steuer)* charity

Wohltätigkeit *f (Soz, Steuer)* charity

Wohlverhalten *n (Gen)* compliance

Wohnbevölkerung *f (WiWi)* resident population

Wohneigentum *n (Grund)* home ownership

Wohngebiet *n (Grund)* residential area

Wohngeld *n (Pers, Soz)* housing [residence] allowance, rent subsidy

wohnhaft *adj (Pers, Recht)* domiciled, ordinarily resident

Wohnhaus *n (Grund)* dwelling, residential building

Wohnimmobilien *fpl (Fin, Grund, V&M)* residential property

Wohnortkonzept *n (WiWi)* place-of-residence concept, resident concept *(VGR = SNA; Synonym: Inländerkonzept; erfasst alle Erwerbstätigen, die im Inland ihren festen Wohnsitz haben und einer Erwerbstätigkeit, gleichgültig ob im Inland oder Ausland, nachgehen; Gegensatz: Inlandskonzept, Arbeitsortkonzept)*

Wohnraum *m (Gen, Pers, Soz)* living space, residential accommodation, living accommodation

Wohnsitz *m* 1. *(Pol)* residence, place of residence, abode; 2. *(Recht, Steuer)* domicile, registered office

Wohnsitzprinzip *n (Recht)* principle of domicile, residence requirement

Wohnsitzstaat *m (Steuer)* country of residence

Wohnung *f* 1. *(Grund) (AE)* apartment, *(BE)* flat; 2. *(Pers, Soz)* accommodation; 3. *(Steuer)* living accommodation

Wohnungsbau *m* 1. *(Gen)* housing; 2. *(Grund)* housebuilding, housing [residential] construction

Wohnungsbaudarlehen *n (Bank)* home (equity) loan, housing loan

Wohnungsbauhypothek *f (Bank)* house mortgage, housing mortgage loan, residential mortgage

Wohnungseigentum *n (Gen)* home ownership

Wohnungsmakler *m (Gen, Grund)* estate agent, house agent

Wohnungsmaklerin *f s.* Wohnungsmakler

Wohnungsmarkt *m (Grund)* housing market

Wohnungsnot *f (Grund, Soz)* housing shortage

Wohnungswirtschaft *f (Ind)* housing industry
Wort *n (Gen)* term, word
Wortlaut *m (Gen, Recht)* wording *(Vertrag)*
WTO *s.* Welthandelsorganisation
Wucher *m (Fin)* usurious moneylending, usury
Wucherer *m (Fin)* usurer
Wuchermiete *f (Recht)* extortionate rent
Wucherzinsen *mpl (Bank, Fin)* excessive interest, usurious interest, exorbitant interest
Wunsch *m* 1. *(Gen)* wish, ambition, request; 2. *(V&M)* desire

X

x-Fabrik *(Imp/Exp, Logis)* ex factory, ex works, x-mill, ex mill
x-Kai *(Imp/Exp, Logis)* x-quay, ex quay

Y

Yard *n (Gen)* yard, yd *(Maß)*
Yen-Auslandsanleihe *f (Börse, Fin)* Samurai bond *(zinsgünstige Yen--Verschuldung eines nicht japanischen Unternehmens gegen Übernahme des Wechselkursrisikos)*

Z

Zahl *f* 1. *(Komm)* cipher; 2. *(Stat)* figure, number
Zahl *f* **der Arbeitslosen** *(Soz)* number of unemployed, unemployment figure
zahlbar *adj* 1. *(Gen)* due, due and payable, payable; 2. *(WiWi)* payable
zahlbar *adj* **bei Auftragserteilung** *(Gen)* cash with order
zahlbar *adj* **bei Bestellung** *(Gen)* cash with order
zahlbar *adj* **bei Sicht** 1. *(Fin)* payable at sight; 2. *(Gen)* payable at sight, payable on demand
zahlen *v (Gen)* pay, make a payment of; *(BE; ugs.)* stump up
Zahlen *fpl (Stat)* numbers • **in nicht bereinigten Zahlen** *(Gen)* in unadjusted figures • **in den roten Zahlen sein** *(Gen, RW) (ugs.)* be in the red *(mit Verlust arbeiten; Synonym: rote Zahlen schreiben)*
zählen *v (Stat)* count
zahlender Betrag *m/zu (Gen)* amount to be paid
Zähler *m (Comp, Komm)* counter *(Internet-Besucher)*
Zahlkarte *f (Bank)* payment card
Zahllast *f* 1. *(Steuer)* net VAT payable *(Umsatzsteuer-Zahllast)*; *(USA)* regular tax burden; 2. *(Gen)* burden of payment
Zahlung *f* 1. *(Fin, Recht)* satisfaction *(Schuld)*; 2. *(Gen)* clearance, payment, settlement; remittance *(Überweisung)* • **eine Zahlung aufschieben** *(RW)* defer payment • **in Zahlung nehmen** *(Gen) (ugs.)* take in • **eine Zahlung zurückverfolgen** *(Bank)* trace a payment • **Zahlung 1/3 bei Auftragserteilung** *(Gen)* payment one third with order *(Zahlungsbedingungen = terms of payment)*
Zählung *f (Stat)* count, counting, census
Zahlung *f* **bei Auftragserteilung** *(Gen)* cash with order, c.w.o., payment with order
Zahlung *f* **gegen offene Rechnung** *(Fin)* clean payment
Zahlung *f* **im Namen Dritter** *(RW)* payment on behalf of others
Zahlung *f* **in Raten** *(RW)* payment by instal(l)ments
Zahlung *f* **netto Kasse** *(Recht)* clean payment
Zahlungen *fpl (Gen)* payments • **Zahlungen einstellen** *(Fin, Gen)* suspend payments
Zahlungsabwicklung *f (Comp, Komm, V&M)* payment service, payment
Zahlungsanspruch *m (Bank, Fin, Recht)* pecuniary claim
Zahlungsanweisung *f (Fin)* order to pay
Zahlungsaufforderung *f* 1. *(Börse)* call; 2. *(Fin)* request for payment; 3. *(Gen)* demand note; 4. *(WiWi)* request to pay
Zahlungsaufschub *m (Fin)* moratorium, respite
Zahlungsauftrag *m* 1. *(Bank, Fin)* banker's order, payment order; 2. *(RW)* order to pay, payment order
Zahlungsbedingungen *fpl (Bank)* terms of payment
Zahlungsbestätigung *f (Recht)* confirmation of payment *(Vertragsrecht)*
Zahlungsbilanz *f (ZB) (WiWi)* balance of

payments, BoP; external accounts *(System of National Accounts, SNA)*
Zahlungsbilanzdefizit *n (WiWi)* balance of payments deficit, external deficit
Zahlungsbilanzfinanzierung *f (WiWi)* balance-of-payments funding *(ZB)*
Zahlungsbilanzgleichgewicht *n (WiWi)* balance of payments equilibrium
Zahlungsbilanzstörung *f (WiWi)* balance-of-payments disequilibrium *(ZB)*
Zahlungsbilanzüberschuss *m* 1. *(Imp/Exp)* external surplus; 2. *(WiWi)* balance of payments surplus
Zahlungseinstellung *f (Bank, Fin)* cessation of payment
Zahlungsempfänger *m* 1. *(Gen)* creditor beneficiary; 2. *(RW)* payee
Zahlungsempfängerin *f s.* Zahlungsempfänger
Zahlungserinnerung *f (Fin)* prompt note
Zahlungsermächtigung *f (Fin, Pol, RW)* (budgetary) appropriation
zahlungsfähig *adj (Gen)* able to pay, solvent
zahlungsfähiger Schuldner *m (Bank)* solvent debtor
Zahlungsfähigkeit *f (Fin, Gen)* ability to pay, solvency, liquidity *(Synonym: Solvenz; Gegensatz: Zahlungsunfähigkeit, Insolvenz)*
Zahlungsfrist *f (WiWi)* period of payment
Zahlungsfristverlängerung *f (Recht)* extension of time for payment
Zahlungsgarantie *f* 1. *(RW)* payment guarantee; 2. *(Recht)* payment bond, payment guaranty
zahlungshalber *adj (Recht)* on account of payment
Zahlungskarte *f (Bank)* charge card; debit card
Zahlungsmethode *f (V&M)* payment method
Zahlungsmittel generierende Einheit *f s.* zahlungsmittelgenerierende Einheit
zahlungsmittelgenerierende Einheit *f (Mgt, RW)* cash generating unit, cash--generating unit, CGU *(Synonym: Cashflow-generierende Einheit; US--GAAP, IFRS 3, IAS 36; kleinste identifizierbare Gruppe von Vermögenswerten, die messbare Mittelzuflüsse aus der laufenden Nutzung erzeugt und weitgehend unabhängig von den Mittelzuflüssen anderer Vermögenswertegruppen ist; sie darf die Größe eines Segments nach IAS 14 nicht überschreiten; the smallest identifiable group of assets that produces measurable cash flows)*
Zahlungsmoral *f (Gen)* payment behavio(u)r
Zahlungspotenzial *n (Bank, Fin, RW)* ability to pay
Zahlungsrichtlinie *f (ugs.) (Bank) (ugs.)* Payment (Services) Directive, PSD *(Synonym: Zahlungsverkehrsrichtlinie; Sepa = Single Euro Payments Area = einheitlicher Euro--Zahlungsverkehrsraum)*; *(formal)* European Payment Services Directive *(formal: Europäische Zahlungsdiensterichtlinie 2007/64/EG; sie schafft einen europaweit einheitlichen Rechtsrahmen für Überweisungen, Kartenzahlungen und Lastschriften: ab 2012 dürfen Überweisungen im Online-Banking nur noch einen Tag und bei der traditionellen, papiergestützten = paper-based Methode zwei Tage dauern; organization and processing of european cross-border retail payments = grenzüberschreitende Kleinbetragszahlungen, by 2013/2014 the bulk of national and international credit transfers, card payments and direct debits should be using Sepa processes and instruments)*
Zahlungsrückstände *mpl (RW)* backlog of payments
Zahlungssystem *n (WiWi)* payment system
zahlungsunfähig *adj* 1. *(Fin, Gen)* bankrupt; 2. *(RW)* insolvent, unable to pay; unable to meet one's obligations
• **jmdn. für zahlungsunfähig erklären** *(Fin, Gen, Recht)* adjudge sb bankrupt, adjudicate sb bankrupt
• **zahlungsunfähig sein** *(Gen)* be insolvent; be bankrupt *(Synonym: bankrott sein, ugs.)*
zahlungsunfähiger Schuldner *m (Bank)* bad debtor, defaulting debtor
Zahlungsunfähigkeit *f* 1. *(RW)* insolvency; 2. *(Recht)* inability to pay, insolvency
Zahlungsverkehr *m (Fin)* money [payment] transactions
Zahlungsverlängerung *f (Bank)*

extended payment
Zahlungsverpflichtung *f (Bank, Fin)* obligation to pay
Zahlungsversprechen *n* 1. *(Fin)* promise to pay; 2. *(Gen)* I owe you, IOU
Zahlungsversprechen *n (Gen)* promise to pay
Zahlungsverzug *m (Fin)* default, default in payment, delay in payment, failure to pay on due date
Zahlungsziel *n (Gen)* credit period, period of payment, term of payment
Zedent *m* 1. *(Recht)* assignor, transferor, transferrer, cedent; 2. *(Versich)* cedent, ceding company, original insurer *(Unternehmen)*
zedieren *v* 1. *(Recht)* cede; 2. *(Versich)* assign, cede, transfer
Zeichen *n* 1. *(Comp)* character; 2. *(Gen)* signal; 3. *(Stat)* sign *(Symbol)*; 4. *(Media)* character • **unser Zeichen** *(Gen)* our reference
zeichnen *v* 1. *(Börse)* draw, subscribe *(Aktien)*; 2. *(Gen)* design, sign; 3. *(Versich)* underwrite
Zeichner *m* 1. *(Börse)* allottee, subscriber; 2. *(Gen)* draftsman; 3. *(Versich)* underwriter
Zeichnung *f* 1. *(Gen)* design, drawing, signature, signing; 2. *(Börse, Fin, RW)* subscription; 3. *(Versich)* underwriting
Zeichnungsangebot *n (Börse)* subscription offer, tender
Zeichnungsberechtigte *m(f) (Bank)* signing officer
Zeichnungsberechtigung *f (Bank)* authority to sign, power to sign
Zeichnungsbetrag *m* 1. *(Börse)* amount of the subscription, application money; 2. *(Fin)* subscription money
Zeichnungskurs *m (Börse)* offering price
zeigen *v (Gen)* show *(demonstrieren)*
Zeilenpreis *m (Media)* line rate *(Anzeige, Übersetzungsleistungen)*
Zeilenzahl *f (Media)* lineage
Zeit *f (Gen)* time • **vor der Zeit** *(Gen)* with time to spare • **mit der Zeit gehen** *(Gen)* be abreast of the times
zeitabhängige Kosten *pl (RW)* period expense
Zeitablauf/im *(Gen)* over time
Zeitakkord *m (Pers)* time piecework, time-allowed system
Zeitarbeit *f (Pers)* temporary employment, temporary job, temporary work *(vorübergehende Beschäftigung)*; time-work *(Zeitlohn)* • **Zeitarbeit machen** *(Gen, Pers)* be employed as temporary worker
Zeitarbeitsfirma *f (Pers)* temporary employment business, temporary employment agency, temporary employment bureau, *(AE)* temporary help service, *(AE)* temporary help agency
Zeitarbeitskraft *f (Gen, Pers)* temp, temporary worker
Zeitarbeitsunternehmen *n (Pers)* temporary employment business, temporary employment agency, temporary employment bureau, *(AE)* temporary help service, *(AE)* temporary help agency
zeitaufwendig *adj (Gen, Mgt)* time--consuming
Zeitdauer *f (Gen)* period
Zeitdruck *m (Gen, Mgt)* time pressure
Zeiterfassung *f (Comp, Gen)* time recording
zeitgemäß *adj (Gen)* timely, up-to-date
zeitgleiche Externalitäten *fpl (WiWi)* contemporaneous externality
Zeithorizont *m (Mgt)* time horizon
Zeitkarte *f (Logis) (AE)* commutation ticket, *(BE)* season ticket
Zeitkomponente *f (Gen)* time component
zeitlich *adj (Gen)* temporal, chronological *(Reihenfolge)*
zeitlich *adv (Gen)* temporarily, timewise, chronologically *(Reihenfolge)* • **zeitlich begrenzt** *(Gen)* for a limited period of time
zeitlich befristeter Vertrag *m (Pers)* fixed-term contract, fixed-term deal, fixed-term agreement
zeitlich beschränkte Aufenthaltsgenehmigung *f (Recht)* temporary residence permit
zeitliche Abstimmung *f (Gen)* timing
zeitliche Befristung *f (Gen)* time limit, time limitation
zeitliche Verzögerung *f (Steuer)* time lag
zeitlicher Rahmen *m* 1. *(Gen)* time frame, timescale; 2. *(Mgt)* timescale
Zeitlimit *n (Gen)* time limit
Zeitlohnsatz *m (Pers)* time rate, time wage rate *(for hourly paid workers)*
Zeitnahme *f* 1. *(Gen)* timing; 2. *(Mgt)* stopwatch studies *(mit Stoppuhr für Arbeitsvorbereitung = process planning*

= *production scheduling)*
Zeitnische *f (Gen, Logis)* slot *(aviation)*
Zeitplan *m* 1. *(Gen)* timescale, schedule; 2. *(Mgt)* time budget, timescale, timetable • **im Zeitplan liegen** *(Gen)* be on schedule
Zeitplanung *f (Mgt)* time management
Zeitpunkt *m (Gen)* time; date *(Termin)* • **zu einem frühen Zeitpunkt** *(Gen)* at an early stage
Zeitrahmen *m (Gen)* time frame
zeitraubend *adj (Gen)* time-consuming
Zeitraum *m* 1. *(Gen)* time span; 2. *(Recht)* time limit; 3. *(WiWi)* period • **für den Zeitraum** *(RW)* for the period
Zeitreihenanalyse *f (WiWi)* time series analysis
Zeitschrift *f (Media)* journal, magazine, periodical
Zeitsegment *n (V&M)* time segment
Zeitspanne *f* 1. *(Gen)* period of time, time span; 2. *(WiWi)* time span
zeitsparend *adj (Comp, Gen)* time-saving
Zeitstudie *f (Pers)* work time study
Zeitüberschreitung *f (Gen, Komm)* time--out, timeout
Zeitung *f (Gen)* newspaper
Zeitungsanzeigen *fpl (V&M)* newspaper advertising
Zeitungsausschnitt *m (Media) (AE)* press clipping, *(BE)* press cutting
Zeitungsverleger *m (Media)* newspaper publisher
Zeitungswerbung *f (V&M)* newspaper advertising, press advertisement *(Anzeige)*
Zeitvertrag *m* 1. *(Pers)* fixed-term contract, fixed-duration contract, short-term contract; 2. *(Logis)* time agreement
zeitweilig *adj (Gen)* temporary
zeitweilig aufheben *v (Gen)* suspend *(Handel, Geschehmigung)*
zeitweilig außer Kraft sein *v (Gen)* be in abeyance *(Gesetz, Regel)*
zeitweilig aussetzen *(Recht)* suspend
Zeitwert *m* 1. *(Börse)* time value *(Restlaufzeit einer Option)*; 2. *(Fin)* current value, actual cash value; 3. *(RW)* market value, current value, fair value *(Synonym: Tageswert, Verkehrswert; beizulegender Wert = beizulegender Zeitwert = fair value nach IAS 39.8)*; 4. *(WiWi)* current value
Zeitwertbilanzierung *f (RW, Steuer)* fair value accounting, current value accounting *(IAS/IFRS, durchgehender Ansatz von Tageswerten)*
Zeitwertmethode *f (Fin)* present value method, present value approach
Zentralbank *f (Bank, WiWi)* central bank
zentralbankfähige Aktiva *pl (Bank, Fin)* eligible assets
zentralbankfähige Wechsel *mpl (Bank)* eligible bills, eligible papers
Zentralbankfazilität *f (Bank) (BE)* Central Bank Facility
Zentralbankgeldmenge *f (WiWi)* monetary base
Zentrale *f* 1. *(Gen)* company headquarters; 2. *(Mgt)* head office, headquarters; 3. *(Admin)* switchboard *(Telefon)*
zentrale Gegenpartei *f (Bank, Börse, Gen)* central counterparty, CCP *(zwischen verschiedenen Wertpapierkäufern und -verkäufern)*
zentrale Notenbank *f (WiWi)* central bank
zentrale Planwirtschaft *f (Pol, WiWi)* centrally planned economy
zentraler Dachfonds *m (Fin)* umbrella fund
zentraler Einkauf *m (V&M)* central buying
Zentraler Kontrahent *m (Bank, Börse, Gen)* central counterparty, CCP *(zwischen verschiedenen Wertpapierkäufern und -verkäufern)*
zentrales Reservierungssystem *n (Frei)* central reservation system
zentralisieren *v (Gen)* centralize
Zentralregierung *f (Gen, Pol)* central government
Zentralverwahrer *m (Bank)* Central Securities Depositary *(CSD)*
Zentralverwaltung *f (Admin) (AE)* administrative center, *(BE)* administrative centre
Zentralverwaltungswirtschaft *f (WiWi)* centrally planned economy
Zentrum *n* 1. *(Gen)* focus; 2. *(Ind) (AE)* center, *(BE)* centre
zerlegen *v* 1. *(Bank)* unbundle *(Kosten)*; 2. *(Ind)* break down, disassemble; 3. *(V&M)* knock down
Zerlegung *f* 1. *(Bank)* unbundling *(Kosten)*; 2. *(Ind)* disassembly
Zero-Bond *m (Börse)* zero-coupon bond
Zerrüttung *f* **der Kreditwürdigkeit** *(Recht)* blows to the debtor's credit

Zerschlagung *f (Admin, Gen)* break-up
Zersplitterung *f (WiWi)* fragmentation
zerstören *v (Gen)* destroy
Zerstörung *f* 1. *(Gen)* demolition, destruction, dissolution; 2. *(Umwelt)* destruction *(des Regenwaldes)*
Zertifikat *n (Börse, Gen)* certificate, cert.
Zertifizierungsverfahren *n (Recht)* certification procedure
Zession *f* 1. *(Gen)* cession; 2. *(Recht)* assignment, transfer, cession
Zessionar *m* 1. *(Bank)* assignee, transferee; 2. *(Pat)* assignee; 3. *(Recht, Versich)* assignee, transferee
Zeuge *m (Gen, Recht)* witness • **Zeuge von etw. sein** *(Recht)* witness sth • **als Zeuge aussagen** *(Recht)* give evidence as a witness
Zeugenaussage *f (Recht)* attestation, evidence, statement of witness, testimony
Zeugin *f s.* Zeuge
Zeugnis *n (Pers)* reference *(schriftliche Empfehlung)*
z.H.v., z.Hd.v. *(Gen, Komm)* Attn. *(for the attention of)*
Ziel *n* 1. *(Gen)* aim, object, target, objective; 2. *(Mgt)* goal; 3. *(V&M)* mission, target • **das Ziel nicht erreichen** *(Gen)* underperform • **das Ziel verfehlen** *(Gen)* fall short of target • **der Weg ist das Ziel** *(Gen, Mgt)* the means is an end within itself
Zielbestimmung *f (Gen)* targeting
zielbewusst *adj (Gen, Mgt)* purposeful
Zielbildung *f (Mgt)* goal-setting
Zieleinkaufspreis *m (RW)* price before cash discount *(in der Preiskalkulation: Zieleinkaufspreis = Rechnungspreis minus vertraglich vereinbarter Rabatt; vom Zieleinkaufspreis ist dann gegebenenfalls der Skonto abzuziehen, was den Bareinkaufspreis ergibt; invoice price minus contractual discount minus cash discount = cash purchase price = Bareinkaufspreis)*
zielen *v* **auf** *(Gen)* aim
Zielerfüllung *f (Mgt, WiWi)* goal fulfilment, *(AE)* goal fulfillment
Zielerreichung *f (Mgt, WiWi)* achievement of objectives
Zielfirma *f (Gen)* target company
Zielformulierung *f (Gen, Mgt)* policy formulation, statement of objectives
Zielfunktion *f (Stat)* objective function • **die Zielfunktion optimieren** *(Gen)* optimize the objective function
zielgenau *adj (Gen, V&M)* accurately targeted, accurate
zielgerichtete Maßnahme *f (Pers, Pol)* targeted measure
Zielgesellschaft *f* 1. *(Börse, Fin, Mgt)* target, target company, targeted company *(Zielunternehmen, Übernahmeziel einer freundlichen oder feindlichen Übernahme, of a friendly or hostile takeover)*; 2. *(Recht)* offeree company *(bei Fusionen; Gegensatz: übernehmende Gesellschaft)*
zielgesteuerte Unternehmensführung *f (Mgt)* management by objectives, MbO *(mehrdimensionales Führungskonzept, integriert wichtige Elemente des MbD und MbE)*
Zielgewährung *f (RW, V&M)* granting credit
Zielgröße *f (Mgt)* target figure
Zielgruppe *f* 1. *(Gen)* focus group; 2. *(V&M)* audience, target [focus] group
Zielhierarchie *f (Gen)* hierarchy of objectives
Zielindifferenz *f (WiWi)* neutrality of goals
Zielindikatoren *mpl (Gen)* objective indicators
Zielkauf *m (V&M, WiWi)* credit sale *(Kreditkauf)*; credit purchase, purchase on credit, credit buying *(Synonym: Kauf auf Ziel; Kaufvereinbarung, bei der ein Zahlungsziel -period of payment- gewährt wird)*
Zielkonflikt *m (WiWi)* inconsistency of goals; trade-off *(Austauschbeziehung)*
Zielkorridor *m (WiWi)* target range *(des Geldmengenwachstums)*
ziellos *adj (Gen)* aimless
ziellos *adv (Gen)* at random, randomly
Zielmarkt *m (Gen, V&M)* target market
zielorientierte Budgetplanung *f (RW)* performance budgeting
zielorientiertes Marketing *n (V&M)* target marketing
Zielort *m (Komm, Logis)* place of destination
Zielpreis *m (Gen)* target price
Zielpreisbildung *f (Gen)* target pricing
Zielpublikum *n (Media, V&M)* target audience
Zielrealisierung *f (Mgt, WiWi)* achievement of objectives, accomplishment of goals

Zielsetzung *f* 1. *(Gen, Mgt)* goal-setting, objective-setting; 2. *(V&M)* target setting
Zielsprache *f (Comp, Gen)* target language *(Übersetzung)*
Zielsuche *f (Fin, Gen, Mgt)* goal-seeking
Zielsystem *n (WiWi)* goal system
Zieltermin *m (Gen)* target date
Zielüberschreitung *f (WiWi)* slippage
Zielunternehmen *n s.* Zielgesellschaft
Zielunterschreitung *f (WiWi)* slippage
Zielvereinbarung *f (Pers)* target agreement, agreement on objectives, goal-setting agreement • **Zielvereinbarungen treffen** *(Pers)* agree on a set of objectives, agree on a set of targets, set targets, set goals
Zielverfehlung *f (WiWi)* slippage
Zielvorgaben *fpl (Gen)* defined goals and objectives
Zielzinssatz *m (Bank, Fin)* target rate, interest target rate
Zielzone *f (WiWi)* target zone
Ziffer *f* 1. *(Komm)* cipher; 2. *(Stat)* figure
Zins *m (Bank, Börse, Fin, RW, WiWi)* interest
Zins *m* **für erste Adressen** *(Bank, WiWi)* base rate
Zinsabgeltungssteuer *f (ZASt) (Steuer)* interest withholding tax *(Synonym: Zinsabschlagsteuer; definitiv abgegoltene und an der Quelle einbehaltene Steuer auf Kapitalerträge)*
Zinsanpassung *f (Bank)* interest rate adjustment
Zinsaufschlag *m (Bank, Börse, Fin)* credit spread
Zinsauftrieb *m (WiWi)* upsurge/upswing in interest rates *(ZB)*
Zinsaufwand *m (RW)* interest paid [expense]
Zinsbegrenzung *f* **nach oben** *(Fin)* cap
Zinsbelastung *f (Fin)* interest charge
Zinsberechnungsmethode *f (Bank)* day--count convention
Zinsbewegung *f (Bank)* interest rate movement
Zinsbogen *m (Fin)* interest coupon
Zinsdifferenz *f (WiWi)* interest-rate differential *(ZB)*
Zinseinkommen *n* 1. *(Bank, Fin)* interest income; 2. *(RW)* earned interest
zinsempfindliche Ausgaben *fpl (Fin)* interest-sensitive expenditure
Zinsen *mpl (Bank, Fin, RW, WiWi)* interest • **Zinsen abwerfen** *(Fin)* bear interest, yield interest • **Zinsen berechnen** *(Bank)* charge interest • **Zinsen bringen** *(Fin)* bear interest, yield interest
Zinsergebnis *n (Fin, RW)* net interest income
Zinsertrag *m* 1. *(Bank)* interest received; 2. *(RW)* income from interest, interest earned
Zinserträge *mpl* 1. *(Bank)* interest received; 2. *(RW)* income from interest, interest earned
Zinseszins *m (Bank, Fin, Recht, WiWi)* compound interest
Zinseszinsrechnung *f (Fin, WiWi)* compound interest calculation
Zinsformel *f (Bank)* interest formula
zinsfrei *adj (Bank, Fin)* interest-free
Zinsfuß *m (Bank, Fin, RW, WiWi)* interest rate, rate of interest
Zinsfuß *m* **interner** 1. *(Fin, RW)* capitalization rate, internal rate of return; 2. *(WiWi)* marginal productivity of investment
zinsgebunden *adj (Bank)* interest-linked
Zinsgefälle *n* 1. *(Bank)* interest rate differential; 2. *(Börse)* rate differential
Zinsgleitklausel *f (Bank, WiWi)* flexible--interest-rate clause
zinsgünstiges Darlehen *n (Fin, WiWi)* soft loan *(Entwicklungshilfe)*
Zinsinstrument *n (Börse)* interest rate instrument
Zinskontrakt *m (Börse)* interest rate contract
Zinskupon *m* 1. *(Bank)* bond coupon; 2. *(Fin)* coupon, interest coupon, c., cp. *(zeigt den Nominalzins einer festverzinslichen Anleihe; Synonym: Zinsschein)*
zinsloser Überziehungskredit *m (Bank)* swing
zinsloses Darlehen *n (Bank, Fin)* interest--free loan
Zinsmarge *f (Bank, WiWi)* interest margin
Zinsmaut *f (ugs.) (Fin, Pol) (ugs.)* interest toll *(EU; Zinsabschlagsteuer auf Kapitalanlagen nichtschweizerischer Europäer in der Schweiz im Rahmen der angestrebten einheitlichen EU--Zinsbesteuerung zur Verhinderung eines europäischen Steuerwettbewerbs)*
Zinsobergrenze *f* 1. *(Börse)* ceiling rate;

2. *(WiWi)* rate ceiling, cap rate
zinsreagible Ausgaben *fpl (Fin)* interest--sensitive expenditure
Zinsrisiko *n* 1. *(Bank)* interest rate risk; 2. *(Börse)* interest rate exposure; 3. *(Fin)* interest risk
Zinssatz *m (Bank, Fin, Gen, WiWi)* interest rate, rate of interest • **einen Zinssatz festschreiben** *(Börse)* lock in a rate • **einen Zinssatz nach oben begrenzen** *(Bank)* cap an interest rate
Zinssatz *m* **für Ausleihungen** *(Bank)* lending rate
Zinssatz *m* **für kurzfristige Kredite** *(WiWi)* short-term interest rate
Zinsschein *m* 1. *(Bank, Börse)* bond coupon; 2. *(Fin)* coupon, interest coupon, c., cp. *(zeigt den Nominalzins einer festverzinslichen Anleihe; Synonym: Zinskupon, Zinscoupon)*
Zinsspanne *f* 1. *(Bank)* interest margin [spread], interest rate range; 2. *(Börse)* interest rate range; 3. *(Fin)* interest margin
Zinsstruktur *f (WiWi)* interest rate structure, term structure of interest rates
Zinsstrukturkurve *f (Bank, WiWi)* yield curve
Zinsswap *m (Börse, Fin)* interest rate swap
Zinsterminkontrakt *m (Börse)* interest rate (futures) contract, interest rate future, forward [future] rate agreement
zinstragend *adj (Bank, Fin, RW)* interest--bearing
Zinsüberschuss *m (Bank, WiWi)* net interest received/income
Zinsuntergrenze *f (Börse)* floor rate
zinsvariable Anlage *f (Börse, Fin)* floating-rate investment
zinsvariable Anleihe *f (Bank)* floater, floating-rate note
zinsvariabler Schuldtitel *m* 1. *(Börse)* floating-rate note, *(AE)* floater; 2. *(Fin)* rolling-rate note
zinsvariables Darlehen *n (Bank)* floating--rate loan
Zinsvorteil *m (Börse)* interest rate advantage
Zinszahlung *f (Bank)* interest payment
Zinszuschlag *m (Bank, RW)* additional interest
Zinszuschuss *m (Fin, Pol)* interest subsidy, interest rate subsidy
zirka *adv (Gen)* about, approximately, circa
Zirkakurs *m (Börse)* approximate price
zivile Erwerbsbevölkerung *f (Stat)* civilian working population *(d. h. Erwerbspersonen = Erwerbstätige und Arbeitslose, jedoch ohne Soldaten)*
zivile Erwerbstätige *pl (Pers)* persons in civilian employment
Zivilprozess *m (Recht)* civil action, legal suit
Zivilrecht *n (Recht)* civil law *(bürgerliches Recht)*
zivilrechtliche Ansprüche *mpl* **und Verpflichtungen** *fpl (Recht)* civil rights and obligations
Zivilsache *f (Recht)* civil matter
Zoll *m* 1. *(Frei)* customs; 2. *(Gen)* customs, inch *(Maß)*; duty *(Gebühr)*; 3. *(Imp/Exp)* customs duty; 4. *(Steuer)* duty, tariff
Zollabfertigung *f (Imp/Exp)* (customs) clearance, customs declaration
Zollabfertigungshafen *m (Imp/Exp)* port of entry
Zollabgabe *f (Imp/Exp)* customs duty
Zollabkommen *n (Imp/Exp, Recht)* tariff agreement
zollamtliche Überwachung *f (Imp/Exp)* customs control
Zollangaben *fpl (Imp/Exp)* customs entry
Zollbegleitschein *m (Imp/Exp)* bond note
Zollbehörde *f (Steuer)* customs
Zollbestimmungen *fpl (Imp/Exp)* customs regulations
Zolldeklaration *f (Bank, Imp/Exp)* customs report, bill of entry, (customs) entry
Zolldeklarierung *f (Imp/Exp)* customs declaration, CD
Zolldurchlauf *m (Imp/Exp)* customs clearance
Zölle *mpl (Steuer)* (customs) duties • **Zölle hinterziehen** *(Steuer)* evade customs duty
Zölle *mpl* **und Abgaben** *fpl (Steuer, WiWi)* customs and excise duties
Zolleinfuhrerklärung *f (Bank, Imp/Exp)* bill of entry
Zolleinnahmen *fpl (WiWi)* customs receipts *(EU)*
Zollerhebung *f (Steuer)* collection of customs duties
Zollerklärung *f* 1. *(Bank)* bill of entry, customs entry; 2. *(Imp/Exp)* bill of entry,

customs entry, customs declaration
Zollfaktura *f (Imp/Exp)* customs invoice
Zollformalitäten *fpl (Imp/Exp)* customs formalities
zollfrei *adj (Imp/Exp, Steuer) (BE)* duty--free, *(AE)* tax-free; tariff-free
zollfreie Einfuhrmenge *f (Imp/Exp)* import allowance
Zollgebühr *f (Imp/Exp)* customs duty, tariff
Zollgesetzgebung *f (Recht)* tariff legislation
Zollgutlager *n* 1. *(Gen, Imp/Exp)* warehouse; 2. *(Logis)* warehouse, bonded warehouse
Zollinhaltserklärung *f (Imp/Exp)* customs declaration
Zollkodex *m* **der Gemeinschaft** *(ZKG) (Imp/Exp, Recht)* Community Customs Code, CCC *(EU)*
Zollkontrolle *f (Imp/Exp)* customs check, customs control
Zolllager *n* 1. *(Gen)* bond store; 2. *(Imp/Exp)* bonded warehouse
Zollordnung *f (Imp/Exp)* customs regulations
Zollpassierscheinheft *n (Imp/Exp)* carnet
zollpflichtig *adj (Imp/Exp, Steuer)* dutiable
zollpflichtige Fracht *f (Imp/Exp, Steuer)* dutiable cargo
zollpflichtige Güter *fpl (Imp/Exp)* bonded goods
Zollrechnung *f (Imp/Exp)* customs invoice
Zollregelungen *fpl (Imp/Exp, Recht)* customs rules
Zollsatz *m (Imp/Exp)* tariff rate
Zollschranke *f* 1. *(Gen)* customs barrier, tariff wall; 2. *(Imp/Exp)* entry barrier, tariff wall; 3. *(WiWi)* tariff barrier
Zollschutz *m (Imp/Exp, WiWi)* tariff protection
Zolltarif *m* 1. *(Gen)* tariff schedule; 2. *(Imp/Exp)* customs tariff; 3. *(WiWi)* tariff
Zollunion *f (WiWi)* customs union
Zollverfahren *n (Imp/Exp)* customs procedure
Zollverschluss/unter 1. *(Gen)* bonded, in bond; 2. *(Imp/Exp)* bonded
Zollvorschriften *fpl (Imp/Exp)* customs regulations
Zollwert *m (Imp/Exp)* customs value
• **ohne Zollwert** *(Imp/Exp)* no customs value
Zombie-Firma *f (ugs.) (Gen, Fin, Komm) (ugs.)* zombie, *(ugs.)* zombie firm, *(ugs.)* zombie company *(auf die Insolvenz zutreibendes Unternehmen aus dem Schattenreich der Geschäftswelt, das wegen der von außen noch nicht erkennbaren zunehmenden Überschuldung Lieferanten und Gläubiger mit in den Ruin zu reißen droht; a business that continues to trade even though it is actually insolvent; zombie bank)*
Zone *f (Comp, Gen)* zone
Zubehör *n* 1. *(Gen)* trimmings; 2. *(V&M)* accessories
Zubereitung *f (Ind)* processing, production *(Lebensmittel)*
zubilligen *v (Gen)* allow
zuerkennen *v (Recht)* award to
Zuerkennung *f (Recht)* adjudication, award
Zufall *m (Gen)* accident, coincidence
zufällig *adj (Gen)* accidental, incidental
zufällige Entwicklung *f (WiWi)* random disturbance
zufälliger Verlust *m (Versich)* fortuitous loss
Zufallsauswahl *f (Stat)* random selection
Zufallsfaktor *m (WiWi)* random factor
Zufallsprinzip *n (WiWi)* principle of random sampling
Zufallsprozess *m (Stat, WiWi)* random walk process
Zufallsprüfung *f (Stat)* random check
Zufallsschwankung *f (Stat)* random fluctuation
Zufallsstichprobe *f (Stat, V&M)* random sample
Zufallsvariable *f (Stat)* chance variable, random variable
Zufallszahl *f (Comp, Stat)* random number
Zufluss *m (WiWi)* inward flow, inflow, influx *(ZB)*
Zufriedenheit *f (Gen)* contentment, satisfaction
zufriedenstellen *v (Gen)* please, satisfy
zufriedenstellend *adj (Gen)* satisfactory
zuführen *v* 1. *(Comp)* feed; 2. *(Fin)* allocate (to), transfer *(Mittel)*
Zuführung *f* **zu den Rücklagen** *(RW)* allocation to reserves
Zuführungen *fpl* **zu den Rückstellungen** *(RW)* allocations to provisions

Zug um Zug mit *(Gen)* as and when *(zeitliche Bedingung)*
Zugabe *f (V&M)* bonus pack, free gift
Zugang *m* 1. *(Gen)* access; 2. *(RW)* addition; 3. *(Soz)* intake; 4. *(Admin)* addition • **Zugang beschränken** *(Pers)* restrict access [entry, entrance], limit access [entry, entrance]
Zugang *m* **an Arbeitslosen** *(Soz)* flow into unemployment, inflow of unemployed, new unemployed, newly unemployed (persons)
Zugang *m* **flüssiger Mittel** *(Fin)* cash inflow
Zugang *m* **zum Kapitalkonto** *(RW)* addition to capital account
Zugänge *mpl (RW)* accruals, additions
zugänglich *adj (Gen)* accessible
Zugangsbarrieren *fpl (Pol, WiWi)* barriers to access
Zugangsbedingungen *fpl (Pers)* entrance requirements, entry requirements, admission requirements, conditions for access, conditions for entry, conditions for entrance
Zugangsberechtigung *f (Comp, Komm, Recht)* account *(Netzwerk)*
Zugangsbeschränkung *f (Imp/Exp, WiWi)* barrier [restriction] to entry, entry restriction
Zugangshemmnis *n (Pers)* barrier to entry, entry barrier
Zugangsjahr *n (RW)* year of acquisition
Zugangskontrolle *f (Comp, Komm, Recht)* access control
Zugangsschranke *f (Gen)* barrier to entry, entry barrier *(Synonym: Zugangshemmnis; auf einem Markt)*
Zugangsvoraussetzungen *fpl (Pers)* entrance requirements, entry requirements, admission requirements, conditions for access, conditions for entry, conditions for entrance
zugegen *(Gen)* be present • **nicht zugegen** *(Gen, Pers)* absent
zugehörig *adj (Recht)* appurtenant, pertinent
Zugehörigkeit *f (Gen)* affiliation, membership
Zügel lockern *v/die (WiWi)* have a loose rein, slacken the reins
zugelassen *adj* 1. *(Comp)* approved; 2. *(Fin)* licensed
zugelassene Wertpapierfirma *f (Bank, Börse)* authorized investment firm
zugerechnetes Einkommen *n (WiWi)* imputed income
zugesagt *adj* 1. *(Fin)* committed *(Gelder)*; 2. *(Versich)* approved
zugeschnitten *adj (Gen, V&M)* tailor--made, tailored *(auf die Bedürfnisse des Kunden)*
zugesichert *adj (Versich)* warranted
zugestanden *adj (Gen)* admitted, granted
Zugeständnis *n* 1. *(Gen)* acknowledgement, admission; 2. *(Grund)* concession • **Zugeständnisse machen** *(Gen)* make allowances for
Zugewinn *m* 1. *(Fin)* accrual, gain; 2. *(Recht)* after-acquired property
zügig *adj (Gen)* speedy
Zugkraft *f (V&M)* attention value *(Reklamewirkung)*
Zugriff *m (Comp, WiWi)* access • **Zugriff abgelehnt** *(Comp, Komm)* access denied
Zugriffsberechtigung *f (Comp)* access right *(Programme, Dateien)*
Zugriffsmöglichkeit *f (Comp, Gen)* accessibility
zugrunde liegende Terminkontrakte *mpl (Börse)* underlying futures
zugrunde liegender Trend *m (Gen, WiWi)* underlying trend
zugrunde liegendes Wertpapier *n (Börse)* underlying security
Zug-um-Zug-Erfüllung *f (Recht)* contemporaneous performance *(Vertragsrecht)*
Zug-um-Zug-Leistung *f (Recht)* contemporaneous performance *(Vertragsrecht)*
zugunsten von *(Gen)* in favo(u)r of
Zukauf *m* 1. *(Gen)* complementary purchase; 2. *(Börse)* fresh buying, additional purchase
Zukunft *f (Gen)* future • **in nächster Zukunft** *(Gen)* in the foreseeable future
zukunftfähig *adj (Gen)* sustainable
Zukunftfähigkeit *f (WiWi)* sustainability
zukünftig *adj* 1. *(Gen)* future; 2. *(V&M)* prospective *(Kunden)*
zukünftige Gewinne *mpl (Steuer)* future gains
Zukunftsindustrie *f (Ind)* industry of the future, sunrise industry
Zukunftstrends *mpl (Gen)* future trends
zukunftsverträgliche Entwicklung *f (Umwelt, WiWi)* sustainable development *(Synonym: nachhaltige*

Entwicklung, ohne "Verzehr der Zukunft")
Zulage *f (Pers)* allowance, bonus, premium *(Gefahrenzulage)*
zulassen *v* 1. *(Gen)* admit of, accredit, approve, enfranchise; 2. *(Pers)* allow *(Organisation)*; 3. *(Recht)* endorse, indorse
zulässig *adj* 1. *(Gen)* admissible, allowable; 2. *(Pat)* admissible; 3. *(Recht)* permissible, permitted, admissible *(Beweis)*
zulässige Beanspruchung *f (Ind)* safe working load
zulässiger Anspruch *m (Pat)* admissible claim
zulässiger Fehler *m (Gen)* permissible error
Zulässigkeit *f (Recht)* admissibility, acceptability
Zulässigkeitskriterien *npl*, **Zulässigkeitsvoraussetzungen** *fpl (Recht)* admissibility criteria
Zulassung *f* 1. *(Gen)* admission, admittance, approval; 2. *(Pat) (BE)* licence, *(AE)* license *(eines Patents)*; 3. *(Recht)* admission *(als Anwalt)*
Zulassung *f* **eines Kreditinstituts** *(Bank, Recht)* authorization of a credit institution
Zulassung *f* **von Wertpapieren** *(Börse, Fin)* admission to listing, admission (of securities) to listing *(zum Börsenhandel)*
Zulassung *f* **zur Universität** *(Bil)* university admission
Zulassungsbedingung *f (Pers, Soz)* condition of admission
Zulassungsbedingungen *fpl (Bank, Recht)* authorization requirements *(für eine Bankzulassung)*
Zulassungsbeschränkung *f (Pers, Soz)* restriction on admission, admission restriction
zulassungsfrei *adj (Recht)* not subject to licensing
Zulassungsgebühr *m (Gen)* admission fee
Zulassungsprüfung *f (Gen)* entrance examination
Zulassungsverfahren *n (Pers, Soz)* admission procedures
Zulassungsvorschriften *fpl (Börse)* listing requirements
Zulieferauftrag *m (Gen, Ind)* subcontracting order
Zulieferbetrieb *m (Mgt)* subcontracting firm, subcontractor, supplier, outside supplier *(Synonym: Zulieferer, Zulieferin)*
Zulieferer *m (Gen)* subcontractor, supplier *(Synonym: Zulieferbetrieb, Zulieferfirma)*
Zulieferindustrie *f (Gen)* subcontracting industry, supply industry
Zulieferung *f (Gen)* supply, subcontracting
Zulieferungen *fpl (Ind)* subcontracted supplies
Zuliefervertrag *m (Gen, Ind, Pers, Recht)* subcontracting agreement
zumessen *v (Fin)* allocate *(Budget, Geldmittel)*
zumutbar *adj (Recht)* reasonable to expect
zumutbar *adj***/nicht** *(Recht)* not reasonable to expect
zumutbare Arbeit *f (Pers, Soz)* suitable work, suitable employment, suitable job, reasonable job
zumutbare Beschäftigung *f (Pers, Soz)* suitable work, suitable employment, suitable job, reasonable job
Zumutbarkeit *f (Gen)* appropriateness
Zunahme *f (Gen)* augmentation, increase, rise
Zunahme *f* **der Beschäftigung** *(Pers)* rise in employment, increase in employment
zunehmen *v* 1. *(Gen)* augment, intensify, accelerate, increase *(Inflation)*; 2. *(WiWi)* accelerate
zunehmend *adj (Gen)* increasing, accelerating *(Inflation, Wachstum)*
zunehmende Skalenerträge *mpl (WiWi)* increasing returns to scale
zunehmender Wettbewerb *m (WiWi)* mounting competition
zunutze machen *v***/sich** *(Gen)* take advantage of
Zuordnung *f (Comp)* allocation *(Speicherplatz, Gerät)*
zupackend *adj (Gen)* enterprising
zurechenbar zu *(Gen)* attributable to
zurechenbare Kosten *pl (RW)* separable costs
zurechenbares Einkommen *n (WiWi)* imputed income *(fiktives Einkommen)*
Zurechenbarkeit *f (Mgt, RW)* accountability
zurechnen *v* 1. *(Gen)* charge to

(Ausgaben); 2. *(RW)* assign apply to *(Einkommen)*; allocate to *(Gelder)* • **Kosten zurechnen** *(RW)* assign costs
Zurechnung *f (RW)* allocation, assignment
zurück an Absender *(Komm)* return to sender
Zurückbehaltung *f* 1. *(Grund)* retainage; 2. *(Versich)* retention
Zurückbehaltungsrecht *n* 1. *(Recht)* right of retention *(Vertragsrecht)*; 2. *(WiWi)* lien *(Vertragsrecht)*
zurückbleiben *v (Gen)* fall behind, lag, lag behind
zurückbuchen *v (Gen, RW)* write back
Zurückbuchung *f (RW)* writing back
zurückdatieren *v (Gen)* antedate, backdate *(Scheck)*
zurückfahren *v (Gen)* wind down *(Produktion herunterfahren)*
zurückführen *v (WiWi)* reduce *(Verschuldung)*
zurückgeben *v (Gen)* return
zurückgehen *v* 1. *(Börse)* run back, slip; 2. *(Gen, WiWi)* decrease, retrogress, decline, shrink
zurückgestaute Inflation *f (WiWi)* suppressed inflation
zurückgestellte Erträge *mpl (RW)* deferred revenue
Zurückgewinnung *f (Gen)* recapture
zurückgreifen *v* **auf** *(Gen)* fall back on
zurückhalten *v (Gen)* restrain, withhold *(Information)*
zurückhaltend *adj (Gen)* cautious, low--key, aloof
Zurückhaltung *f* 1. *(Gen, Pol)* containment, restraint; 2. *(V&M)* low profile
zurückkaufen *v* 1. *(Börse)* buy back *(Aktien)*; 2. *(WiWi)* repurchase *(Schuld)*
zurückkehren *v (Gen)* return
zurücklegen *v (Gen)* put away *(Synonym: Notgroschen auf die hohe Kante legen, save for a rainy day)*
zurücknehmen *v* 1. *(Gen)* take back; 2. *(Pat)* revoke *(Lizenz)*
zurückrufen *v* 1. *(Börse)* recall; 2. *(Komm)* return sb's call *(Telefon)*; 3. *(Gen, V&M)* call back
zurücksenden *v (V&M)* return
zurückstecken *v (ugs.) (Gen)* soft-pedal
zurückstellen *v (Gen)* put back, shelve, postpone, *(ugs.)* put on the back burner
Zurückstellung *f (Gen)* postponement
Zurückstufung *f* 1. *(Pers)* demotion; 2. *(Fin)* downgrading *(Rating)*
zurücktragen *v (Fin, RW)* carry back
zurücktreten *v* 1. *(Gen)* step back, resign back out of *(Vertrag, Vereinbarung)*; 2. *(Pers, Pol)* stand down
zurücktreten *v* **von** 1. *(Gen)* withdraw from, repudiate; 2. *(Recht)* back out of, withdraw from *(Vertrag)*
zurückverfolgen *v (Gen)* trace back
zurückverweisen *v* **an** *(Gen, Pers)* refer back to
zurückweisen *v* 1. *(Gen)* reject, repudiate, turn away; 2. *(Pat)* reject, turn away; 3. *(Recht)* dismiss, reject, repudiate *(Anspruch)*
Zurückweisung *f* 1. *(Gen, Pat)* rejection; 2. *(Recht)* dismissal, repudiation, rejection *(Vertragsrecht)*
zurückzahlen *v* 1. *(Bank, RW)* amortize, pay back, pay off *(Schulden)*; 2. *(Fin)* pay back, repay, wipe off; 3. *(Gen)* refund, repay
zurückziehen *v* 1. *(Fin)* revoke; 2. *(Gen)* withdraw *(Angebot)*
zurückziehen *v/sich* *(Gen)* withdraw, *(ugs.)* backtrack, back off *(von einem Versprechen)*
Zurückziehung *f (Fin, Gen)* withdrawal
Zusage *f (Fin, Gen)* commitment
zusagen *v (Gen)* promise, undertake, commit
Zusammenarbeit *f* 1. *(Gen)* cooperation; 2. *(Grund)* cooperative; 3. *(Komm)* liaison; 4. *(Pol)* collaboration • **in Zusammenarbeit mit** *(Gen)* in association with
zusammenarbeiten *v* 1. *(Gen)* cooperate, liaise, work together, pull together; 2. *(Pers)* work together; 3. *(Pol)* collaborate
zusammenbrechen *v* 1. *(Bank)* fail; 2. *(Comp)* break down; 3. *(Gen, WiWi)* collapse *(System, Markt)*
zusammenfassen *v* 1. *(Gen)* sum up, totalize; 2. *(WiWi)* consolidate, unite
zusammenfassende Darstellung *f (Gen)* summary statement
zusammenfassende Meldung *f (Steuer) (BE)* aggregate sales listing *(MwSt.)*
Zusammenfassung *f* 1. *(Fin)* conspectus; 2. *(Gen)* conspectus, summary, synopsis; 3. *(Media)* synopsis; 4. *(Recht)* synopsis *(Exzerpt)*;

5. *(V&M)* synopsis; 6. *(WiWi)* abstract
zusammenfügen *v (Comp)* merge *(Dateien)*
zusammengefasst *adj* 1. *(Gen)* consolidated, summarized; 2. *(V&M)* condensed
zusammengesetzt *adj (Gen)* composite
zusammengesetzte Zahl *f (Stat)* composite number, composite quantity *(Gegensatz: Primzahl = prime)*
zusammengestellt *adj (Gen)* structured
Zusammenhalt *m (Gen)* cohesion, coherence
Zusammenhang *m (Gen)* coherence, cohesion, context • **etw. in Zusammenhang mit etw. bringen** *(Gen)* associate sth with sth
zusammenhängend *adj (Gen)* coherent
zusammenlegen *v* 1. *(Gen, Logis)* collapse; 2. *(Admin)* merge *(Dateien)*; 3. *(WiWi)* amalgamate
zusammenpassend *adj (V&M)* matching
zusammenrechnen *v* 1. *(Gen)* tally up; 2. *(Stat)* add up
Zusammenschaltung *f (Komm, Recht)* interconnection
zusammenschließen *v (Gen)* unite
zusammenschließen *v/sich* 1. *(Börse)* merge; 2. *(Gen)* join together, amalgamate, unite *(Unternehmen)*; 3. *(WiWi)* amalgamate
Zusammenschluss *m* 1. *(Gen)* merger, combination *(Wettbewerbsrecht)*; 2. *(Pers)* amalgamation
zusammensetzen *v* **aus/sich** *(Gen)* be composed of
Zusammensetzung *f (Ind)* combination, make-up
Zusammensetzung *f* **der Eigenmittel** *(Fin, RW)* composition of own funds
zusammenstellen *v* 1. *(Gen)* compile, structure; 2. *(RW)* compile
Zusammenstellung *f* 1. *(Gen)* compilation, structure, structuring; 2. *(RW)* compilation
Zusammenstreichen *n (Gen)* pruning
zusammenwirken *v (Gen)* cooperate, combine
Zusammenwirken *n (Gen, WiWi)* synergy
zusammenzählen *v* 1. *(Gen)* add (up), tally up, *(BE)* tot up; 2. *(Stat)* add up
Zusatz *m* 1. *(Comp, Mgt)* add-on; 2. *(Gen)* adjunct, additive, *(AE)* annex, *(BE)* annexe; 3. *(Pat, Pol)* amendment
Zusatzaktien *fpl (Börse)* bonus shares
Zusatzausrüstung *f (Comp, Mgt)* add-on equipment
Zusatzbedingungen *fpl (Versich)* additional conditions
Zusatzbetrag *m (Gen)* add-on
Zusatzdividende *f (Börse)* extra dividend
Zusätze *mpl (Recht)* additional terms *(Vertrag)* • **ohne jegliche Zusätze** *(Gen)* free of all additives
Zusatzeinkommen *n (Pers)* additional income, extra income
Zusatzfinanzierung *f (Fin)* front-end finance, front-end financing
Zusatzhypothek *f (Bank)* wraparound mortgage
Zusatzkosten *pl (RW)* additional costs, add-on costs
zusätzlich *adj* 1. *(Gen)* additional, ancillary, extra, supplementary; 2. *(Steuer)* supplementary
zusätzliche Arbeitskräfte *fpl (Pers)* additional labo(u)r
zusätzliche Dienstleistungen *fpl (Gen)* ancillary services
zusätzliche Eigenschaft *f (Pat)* additional feature
zusätzliche Kapitalkosten *pl (Fin, WiWi)* additional cost of capital, incremental cost of capital
zusätzliche Kreditfazilitäten *fpl (WiWi)* additional financial facilities
zusätzliche Mittel *npl (Gen)* fresh money, fresh funds, fresh finance
zusätzliche Sicherheit *f (Versich)* additional security
zusätzlicher Einschuss *m (Börse)* additional margin
zusätzlicher Versicherungsschutz *m (Versich)* extended cover(age)
zusätzliches Personal einstellen *(Pers)* take on additional staff
Zusätzlichkeit *f (Pers, Pol, Soz)* additionality
Zusatzmerkmal *n (Pat)* additional feature
Zusatzprüfung *f (Pers)* supplementary examination
Zusatzrente *f (Fin)* supplementary pension
Zusatzsteuer *f (Fin)* supplementary tax
Zusatzvereinbarung *f (Gen)* supplemental agreement
Zusatzversicherung *f (Versich)* additional insurance, collateral insurance
Zuschauer *mpl (Frei, Komm, Media)*

audience
Zuschlag *m* 1. *(Bank)* add-on; 2. *(Frei)* excess fare; 3. *(Gen)* surcharge, acceptance *(Vertrag, Ausschreibung)*; 4. *(Mgt)* award *(Auftrag)*; 5. *(Pers)* allowance; 6. *(RW)* additional charge, extra charge; 7. *(Logis)* excess fare; 8. *(Versich)* addition • **den Zuschlag erteilen** *(Gen)* accept a bid, accept a tender
Zuschlagskalkulation *f* 1. *(Ind)* job order costing; 2. *(Pers)* job costing; 3. *(RW)* job [order] cost system
zuschneiden *v* **auf** *(Gen)* tailor to
Zuschnitt *m (Gen)* tailoring
zuschreibbar *adj (Media, Pol)* attributable
zuschreiben *v* 1. *(Gen)* ascribe, attribute; 2. *(RW)* apply to, write up
Zuschreibung *f (RW)* appreciation in value, revaluation, write-up *(Bilanz)*
Zuschreibungen *fpl* **zu Forderungen** *(Bank, Fin)* value readjustments in respect of loans and advances
Zuschuss *m* 1. *(Fin)* grant-in-aid, subsidy; 2. *(Recht, WiWi)* grant, contribution *(finanzieller Art)*
Zuschüsse *mpl (Pers)* allowances
zusichern *v (Gen)* assure, guarantee, promise, warrant
Zusicherung *f* 1. *(Grund)* covenant; 2. *(Recht)* warranty, undertaking *(Zusage)*
Zusicherung *f* **der Mindestqualität** *(Gen)* warranty of merchantability
Zuspätkommen *n (Pers)* lateness
zuspielen *v (Gen, Media, Pol)* leak *(Information)*
Zustand *m* 1. *(Comp)* state, status; 2. *(Gen)* status; 3. *(WiWi)* shape *(of the economy)*
Zustand *m* **der Volkswirtschaft** *(WiWi)* state of the economy
zustande bringen *(Gen)* bring about, accomplish, achieve
Zustandekommen *n (Recht)* formation
Zustandekommen *n* **eines Vertrages** *(Recht)* formation of a contract
zuständig *adj* 1. *(Pers)* in charge, responsible; 2. *(Recht)* competent
zuständig *adj* **für** *(Gen)* in charge of
zuständige Behörde *f (Recht)* competent authority
zuständige Gerichtsbehörde *f (Recht)* competent legal authority
zuständiges Gericht *n (Recht)* court of competent jurisdiction
Zuständigkeit *f* 1. *(Gen)* competence; 2. *(Pers)* competency; 3. *(Recht)* competence, jurisdiction
Zuständigkeitsbereich *m (Gen, Recht, V&M)* scope of responsibility
Zustandsbericht *m (Gen, Mgt)* status report
Zustandsüberwachung *f (Logis)* condition monitoring
Zustellgebühr *f (Logis)* delivery charge
Zustellung *f (Komm)* delivery *(Post, Brief)*
Zustellungsgebühr *f s.* Zustellgebühr
zustimmen *v* 1. *(Gen)* approve *(Entscheidung)*; agree to, consent *(Projekt)*; 2. *(Pol)* accede *(Gesetzentwurf)*
Zustimmung *f* 1. *(Gen)* accession, approval, assent, consent, sanction, acceptance; 2. *(V&M)* adoption
Zustimmungsprozess *m (V&M)* adoption process
Zustrom *m* 1. *(Gen)* confluence; 2. *(RW)* inflow *(von Kapital)*
zuteilen *v* 1. *(Börse)* scale down, apportion *(Aktien)*; 2. *(Fin)* allot, allocate *(Geld)*; 3. *(RW)* apportion; 4. *(WiWi)* allocate
Zuteilung *f* 1. *(Fin)* allotment, distribution; 2. *(RW)* allocation, apportionment, assignment
Zuteilungsbenachrichtigung *f (Komm)* letter of allotment
Zuteilungskurs *m (Fin)* allotment price
Zuteilungssystem *n (Bank, WiWi)* allocation system
Zuteilungsverfahren *n (Bank)* allocation method, allocation system, allotment system *(EZB)*
Zutrauen *n (Gen)* confidence
zutreffend *adj (Gen)* accurate, applicable, correct
Zutritt *m* 1. *(Börse)* entry; 2. *(Gen)* access, admission, admittance • **Zutritt verboten** *(Gen)* no admittance
Zutritt *m* **zum Markt** *(Pers, WiWi)* market entry, market access *(Marktzugang)*
Zutrittsschranke *f (Imp/Exp, WiWi)* barrier to entry
zuverlässig *adj (Gen)* reliable
zuverlässige Quelle *f (Gen, Media)* reliable source
Zuverlässigkeit *f (Gen)* reliability
Zuwachs *m* 1. *(Fin)* accession; 2. *(Gen)* accrual, addition, growth, increase,

increment
Zuwachsrate *f* 1. *(Börse)* growth rate; 2. *(WiWi)* rate of growth [increase]
zuweisen *v* 1. *(Comp)* assign, allocate to *(Speicherplatz, Gerät)*; 2. *(Fin)* allocate, allot *(Geld)*; 3. *(RW)* assign, allot, appropriate for *(Mittel)*; 4. *(WiWi)* appropriate, allocate *(Mittel für ein Projekt)*
Zuweisung *f* 1. *(Comp)* allocation; 2. *(Fin)* allotment; 3. *(Gen, Komm)* allocation; 4. *(RW)* allocation, allotment, assignment
Zuweisung *f* **an die Rücklagen** *(RW)* transfer to reserves
Zuwendung *f (Gen, Pers, Soz)* payment *(Zahlung)*; financial contribution *(finanzieller Beitrag)*; allowance *(Zuschuss)*; grant *(Zuschuss, Beihilfe)*; benefit *(Unterstützungszahlung)*; donation *(Spende)*
Zuzahlung *f (Versich)* supplementary charge
zuzuschreiben *adj (Gen)* attributable to
Zwang *m* 1. *(Recht)* constraint; 2. *(WiWi)* compulsion, constraint, duress
zwanglose Zusammenkunft *f (Gen)* informal meeting
Zwangsabfindung *f (Börse, Fin, Recht)* squeeze-out *(Deutschland, Übernahmegesetz)*
Zwangsausschluss *m (Bank, Fin, Recht)* squeeze-out *(Deu; Synonym: der Squeeze-out, Zwangsausschlussverfahren, Zwangsabfindung; das Übernahmegesetz erlaubt ab 2002 gegen angemessene Barabfindung den Zwangsausschluss von Minderheitsaktionären = minority shareholders, sobald der übernehmende Großaktionär mindestens 95 % der Aktien hält)*
Zwangsausschreibung *f (Pol) (BE)* compulsory competitive tendering
Zwangsersparnisse *fpl (Fin, WiWi)* forced savings
Zwangshaftpflichtversicherung *f (Versich)* compulsory third party insurance
Zwangskauf *m (Gen)* compulsory purchase
Zwangsliquidation *f (Fin)* compulsory liquidation, involuntary liquidation
Zwangsschlichtung *f (Pers) (BE)* compulsory arbitration
Zwangssparen *n* 1. *(Fin) (BE)* compulsory saving; 2. *(WiWi)* forced saving
Zwangsvergleich *m (Recht)* legal settlement
Zwangsverkauf *m (Recht)* forced sale
Zwangsversicherung *f (Versich)* compulsory insurance
Zwangsversteigerung *f (Recht)* forced sale, sale by court order, sale under an execution, *(AE)* foreclosure sale
Zwangsverwalter *m (Recht)* official receiver, receiver, sequestrator
Zwangsverwaltung *f* 1. *(Fin)* receivership; 2. *(Recht)* sequestration
Zwangsverwertung *f* **von Vorräten** *(Recht)* forced sale of stock
Zwangsvollstreckung *f* 1. *(Fin)* foreclosure; 2. *(Recht)* judicial foreclosure, compulsory execution
zwangsweise *adj (Fin, Gen)* mandatory
zwangsweise Liquidation *f (Gen)* compulsory liquidation
Zwanziger-Gruppe *f (G20, G 20, G-20) (Pol, WiWi)* Group of Twenty, G-20, G20 *(informelles Dialog- und Kooperationsforum der Finanzminister und Notenbankgouverneure wichtiger Industrie- und Schwellenländer; Mitglied sind 19 Staaten + EU + EZB + IWF + Weltbank; die G20 löst seit der Finanz- und Staatsschuldenkrise 2008/2010 die G7/G8 als globales Macht- und Koordinationszentrum ab)*
Zweck *m* 1. *(Gen)* aim, purpose; 2. *(Mgt)* goal, objective • **einem Zweck dienen** *(Gen)* serve a purpose
Zweckbestimmungen *fpl (Gen, Recht)* purposes
Zweckbindung *f (Fin, WiWi)* ringfencing, earmarking
zweckdienlich *adj (Gen)* expedient, relevant, useful, pertinent
Zweckdienlichkeit *f* 1. *(Fin)* instrumentality; 2. *(Gen)* expediency, usefulness
zweckentfremdete Mittel *npl (Fin, Recht)* misused funds
Zweckentfremdung *f (Fin, Recht)* misappropriation, misuse
zweckgebunden *adj* 1. *(Frei)* earmarked; 2. *(WiWi)* appropriated
zweckgebundene Finanzzuweisung *f (Pol)* categorical grant
zweckgebundene Mittel *npl (Fin)* earmarked funds

zweckgebundene Zuweisung *f (Gen)* special-purpose allotment
zweckgebundener Zuschuss *m (Pol)* categorical grant, grant-in-aid
zweckgebundenes Darlehen *n (Börse)* earmarked loan
Zweckgesellschaft *f (Bank, Recht)* special purpose vehicle, SPV; special purpose entity, SPE *(Objektgesellschaft)*
Zweckoptimismus *m (Gen, Mgt, Pol)* calculated optimism
zweifelhaft *adj (Gen)* doubtful, dubious, *(ugs.)* shady
zweifelhafte Forderung *f (Fin, RW)* bad debt, doubtful debt
zweifelhafte Schuldner *mpl (RW)* doubtful debtors
Zweigbetrieb *m (Gen)* branch operation
Zweigbüro *n (Gen)* suboffice
Zweigfirma *f (Gen)* affiliated firm
Zweigniederlassung 1. *(Bank)* branch, branch establishment, branch office, subsidiary; agency, agcy, *(BE)* agency bank, agent bank *(Synonym: Filiale, Zweigbetrieb)*; 2. *(Gen)* affiliated firm **• eine Zweigniederlassung einrichten** *(Bank)* establish a branch
Zweigstelle *f* 1. *(Bank)* branch; 2. *(Gen)* branch, suboffice, branch office
Zweigstellennetz *n (Bank)* branch network
zweischichtig *adj (Comp, Gen)* double layer
zweiseitiges Monopol *n (WiWi)* bilateral monopoly
zweiseitiges Verrechnungsabkommen *n (Bank)* bilateral clearing agreement
zweistellig *adj (Stat, WiWi)* double digit
Zweistufensystem *n (Mgt)* two-tier system *(Synonym: Trennungsmodell, Aufsichtsratssystem)*
zweitbeste *adj (WiWi)* second-best
zweite Instanz *f (Recht)* second instance
Zweiteilung *f (Gen)* two-way split
zweiter Arbeitsmarkt *m (Pol, Soz, WiWi)* dual labo(u)r market, intermediate labo(u)r market, the second labo(u)r market *(subventionierter, sogenannter Überbrückungsarbeitsmarkt)*
zweites Quartal *n (Gen)* second quarter
zweitgrößte *adj (Gen)* second-largest
zweitklassig *adj (Gen)* second-class, second-rate
zweitrangig *adj (Börse, Gen, Pers)* secondary
Zweitrundeneffekt *m (WiWi)* second round effect
Zweitverdiener *m (Pers, Soz)* second-income earner
Zweitwohnsitz *m (Recht)* second domicile, second residence
zwingen *v (Gen)* force, oblige
zwingend *adj* 1. *(Gen)* stringent, compulsory *(Maßnahme)*; 2. *(WiWi)* compelling
zwingender Beweis *m* 1. *(Recht)* conclusive evidence; 2. *(Admin)* conclusive proof
zwingendes Formerfordernis *n (Bank, Recht)* mandatory formal requirement
Zwischenabschluss *m (RW)* interim financial statements
Zwischenbericht *m (RW)* interim report
Zwischenberichterstattung *f (Fin, RW)* interim financial reporting *(IAS 34)*; interim reporting
zwischenbetrieblich *adj (Ind, Mgt)* inter-company, inter-firm
zwischenbetrieblicher Vergleich *m (Gen, Mgt)* inter-firm comparison *(vgl. Benchmarking)*
Zwischenbilanz *f (RW)* interim balance
Zwischenerzeugnis *n (WiWi)* intermediate good, intermediate product
Zwischenfinanzierung *f (Fin)* intermediate financing, bridge finance
Zwischenfinanzierungskredit *m (Bank, Fin)* bridging loan
zwischengeschaltete Bank *f (Bank, Fin)* intermediary bank
Zwischenhandel *m* 1. *(Gen)* intermediate trade; 2. *(WiWi)* transit trade
Zwischenkredit *m* 1. *(Bank)* bridge-over [interim, intermediate] loan; 2. *(Fin)* intermediate credit
zwischenstaatliche Organisation *f (Pol)* intergovernmental organization
Zwischensumme *f (Stat)* subtotal
Zwischenvertrag *m (Gen)* provisional [interim] agreement
Zwischenzeit *f (Gen, Pol)* interim (period)
Zwischenzeugnis *n* 1. *(Pers)* interim report, interim appraisal; 2. *(Bil)* mid-term report, end of term report, interim report, interim certificate
zyklisch *adj (Börse)* cyclical
zyklische Aktien *fpl (Bank, Börse)* cyclical stocks, cyclically sensitive

stocks, stocks responsive to economic trends, stocks responsive to cyclical trends *(Synonym: konjunkturempfindliche Aktien, konjunkturabhängige Aktien; Ggs: konjunkturresistente Aktien = stocks resistant to cyclical trends; cf Lasterfonds)*

zyklische Nachfrage *f (WiWi)* cyclical demand

zyklische Schwankungen *fpl (WiWi)* cyclical variations

zyklische Werte *mpl (Börse)* cyclical shares

Zyklus *m (WiWi)* cycle *(Konjunktur)*

Anhang / Appendix

Inhalt / Contents

Economic indexes and indicators (selection)
Wirtschaftsindizes und -indikatoren (Auswahl)

English name *Englischer Name*	German name *Deutscher Name*
activity rate	Erwerbsquote *f*
adjusted index	bereinigter Index *m*
alphabetization index	Alphabetisierungsindex *m*
automatic wage adjustment	automatische Lohnanpassung *f*
balance of trade	Handelsbilanz *f*
balance on current account	Saldo der Leistungsbilanz, Leistungsbilanz *f* (Saldo)
balance on financial account	Saldo *m* der Kapitalbilanz, Kapitalbilanz *f* (Saldo)
balance on foreign trade	Handelsbilanzsaldo *m*, Handelsbilanz *f* (Saldo)
balance on services	Saldo *m* der Dienstleistungsbilanz; Dienstleistungsbilanz *f* (Saldo)
bank lending survey, BLS *(Eurosystem)*	Umfrage *f* zum Kreditgeschäft *(Eurosystem)*
BERI, business environment risk index	BERI-Index *m*
bond index	Rentenindex *m*
budget deficit ratio	Defizitquote *f* (öffentliche Haushalte) *(Maastricht-Kriterium)*
business climate	Geschäftsklima *n*
business climate index	Geschäftsklimaindex *m*
business environment risk index, BERI	BERI-Index *m*
business indicator, economic indicator	Konjunkturindikator *m*
buyer confidence, consumer confidence, consumer sentiment	Verbrauchervertrauen *n*, Konsumklima *n*
capital transfers *(BoP)*	Vermögensübertragungen *fpl*; Saldo *m* der Vermögensübertragungen *(ZB)*
central parity *(ECB)*	Leitkurs *m (EZB)*
central rate *(ECB)*	Leitkurs *m (EZB)*
code number	Kennzahl *f*, Kennziffer *f (Code)*
coincident indicator	gleichlaufender Indikator *m*
compensation per employee	Arbeitnehmerentgelt *n* je Arbeitnehmer
composite index	Gesamtindex *m*, Kompositindex *m*, Mehrkomponentenindex *m*, synthetischer Index *m*, zusammengesetzter Index *m*
composite leading index	synthetischer Frühindikator *m*, zusammengesetzter Frühindikator *m*, Mehrkomponenten-Frühindikator *m*
composite leading indicator	zusammengesetzter Frühindikator *m*

English name *Englischer Name*	German name *Deutscher Name*
concurrent indicator	gleichlaufender Indikator *m*
confidence indicator	Vertrauensindikator *m*
construction cost index	Baukostenindex *m*
construction price index	Bau(preis)index *m*
consumer confidence, consumer sentiment	Verbrauchervertrauen *n*, Konsumklima *n*
consumer price index, CPI	Index *m* der Verbraucherpreise, Verbraucherpreisindex *m (VPI)*; Preisindex *m* für die Lebenshaltung, Lebenshaltungsindex *m*, Lebenshaltungskostenindex
consumer sentiment	Konsumklima *n*
cost-of-living clause	Verbraucherpreis-Indexklausel *f*
cost-of-living index	Index *m* der Lebenshaltungskosten, Lebenshaltungsindex *m*, Lebenshaltungskostenindex *m*, Preisindex *m* für die Lebenshaltung
CPI, consumer price index	VPI *m*, Verbraucherpreiseindex *m*, Index *m* der Verbraucherpreise
current account *(BoP)*	Leistungsbilanz *f (ZB)*
debt-to-GDP ratio – general government	Schuldenquote *f* (öffentliche Haushalte) *(Maastricht-Kriterium)*
deficit ratio - general government	Defizitquote *f* (öffentliche Haushalte) *(Maastricht-Kriterium)*
diffusion index	Diffusionsindex *m*
discomfort index	Elendsindex *m*, Problemindex *m*
economic activity	Erwerbstätigkeit *f*
economic climate	Wirtschaftsklima *n*
economic conditions	Wirtschaftslage *f*
economic indicator	Wirtschaftsindikator *m*, Konjunkturindikator *m*
economic situation	Wirtschaftslage *f*
economies of scale, scale economies *(reduced cost per unit of output through mass production)*	Skalenerträge *mpl*, Größenvorteile *mpl*, Skaleneffekte *mpl*; positive Größeneffekte mpl (zunehmender Produktion)
effective exchange rate, EER	effektiver Wechselkurs *m (EWK)*
employed persons	Erwerbstätige *mpl*
employment data	Erwerbstätigenzahlen *fpl*
employment figures	Erwerbstätigenzahlen *fpl*
employment index	Anspannungsindex *m*, Beschäftigungsindex *m*
escalator scale	gleitende (Lohn)Skala *f*
escalator clause *(AE)*	Gleitklausel *f*, Indexklausel *f*; (Preis)Gleitklausel *f*, Lohngleitklausel *f*, Zinsgleitklausel *f*
export price index	Ausfuhrpreisindex *m*
exports (fob)	Ausfuhr *f* (fob)

English name *Englischer Name*	German name *Deutscher Name*
external trade in goods	Außenhandel *m (Warenaus- und –einfuhren im Handel mit Ländern außerhalb des Euro-Währungsgebiets)*
fiscal deficit ratio	Defizitquote *f* (öffentliche Haushalte) *(Maastricht-Kriterium)*
fixed-base index	Mengenindex *m* mit fester Basis, Festbasis-Mengenindex *m*
gainful activity	Erwerbstätigkeit *f*
gainful employment	Erwerbstätigkeit *f*
gainful occupation	Erwerbstätigkeit *f*
gross domestic product, GDP *(net value of an economy's total output of goods and services)*	Bruttoinlandsprodukt *n*, BIP *n (Nettogesamtproduktion von Waren und Dienstleistungen einer Volkswirtschaft je Periode)*
gross national product, GNP	Bruttonationalprodukt *n*, BNP *n*
growth index	Wachstumsindex *m*
harmonized index of consumer prices, HICP *(Eurostat)*	Harmonisierter Verbraucherpreisindex *m*, HVPI *(Eurostat)*
i.i.p., international investment position	Auslandsvermögensstatus *m*
IIP, international investment position	Auslandsvermögensstatus *m*
implied price index	impliziter Preisindex *m*
implied volatility *(standard deviation in the rates of change of the price of an asset)*	implizite Volatilität *f (Standardabweichung der Veränderungsrate des Preises eines Vermögensguts)*
import price index	Einfuhrpreisindex *m*
imports (cif)	Einfuhr *f* (cif), Einfuhr *f* (in cif-Werten)
income per capita	Pro-Kopf-Einkommen *n*
income terms of trade	Index *m* der Importkapazität, Index *m* der Kaufkraft der Exporterlöse, Einkommens-Austauschverhältnis *n (definiert als: Exporterlöse dividiert durch die Importpreise)*
index	Indexzahl *f*; Kennziffer *f*, Kennzahl *f*; Messzahl *f*, Messgröße *f*, Messziffer *f*
index adjustment	Indexbereinigung *f*
index clause	Indexklausel *f*
index figure	Messzahl *f*
index linkage	Indexbindung *f*, Indexkoppelung *f*, Indexverknüpfung *f*
index linking	Indexbindung *f*, Indexkoppelung *f*, Indexverknüpfung *f*
index number	Indexzahl *f*, Indexziffer *f*, Kennzahl *f*, Kennziffer *f*, Messzahl *f*
index of concurrent indicators	Index *m* gleichlaufender Indikatoren
index of consumer prices	Index *m* der Verbraucherpreise, Verbraucherpreisindex *m*, VPI *m*

English name *Englischer Name*	German name *Deutscher Name*
index of lagging indicators	Index *m* der Spätindikatoren, Index *m* nachlaufender Indikatoren
index of leading indicators	Index *m* der Frühindikatoren, Index *m* vorlaufender Indikatoren
index of negotiated wages	Index *m* der Tarifverdienste
index of retail prices	Einzelhandelspreisindex *m*, Index *m* der Einzelhandelspreise, EHI *m*
index of unit value *(BoP)*	Durchschnittswertindex *m (ZB)*
index of volume	Volumenindex *m*
index of wholesale prices	Großhandelspreisindex *m*, Großhandelsindex *m*
indexation	Indexierung *f*, Indexbindung *f*, Indexkoppelung *f*, Indexverknüpfung *f*
indexation clause	Indexklausel *f*
indexed pay, index-linked pay	Indexlohn *m*
indexing	Indexierung *f*, Indexbindung *f*, Indexkoppelung *f*, Indexverknüpfung *f*
index-linked pay	Indexlohn *m*
indicator	Indikator *m*, Kennzahl *f*, Messzahl *f*
indicator of price competitiveness (against…)	Indikator *m* der preislichen Wettbewerbsfähigkeit (gegenüber…)
industrial producer prices	industrielle Erzeugerpreise *mpl*
inflation rate	Inflationsrate *f*
inflation-indexed government bond *(coupon payments and principal are linked to a consumer price index)*	inflationsindexierte Staatsanleihe *f (Kuponzahlung und Kapitalbetrag sind an einen Verbraucherpreisindex gekoppelt)*
international investment position, i.i.p., IIP	Auslandsvermögensstatus *m*
invisible current transactions, invisibles *(BoP: services + income + current transfers)*	unsichtbare Leistungstransaktionen *fpl (Zahlungsbilanz: Dienstleistungen + Erwerbs- und Vermögenseinkommen + Übertragungen)*
invisible trade *(BoP: income + services)*	unsichtbarer Handel *m (erfasst in der Dienstleistungsbilanz der ZB nur Faktor- u. Dienstleistungen)*
jobless rate	Arbeitslosenquote *f*
jobless / (the)	Arbeitslose *pl*, die Arbeitslosen
key interest rates *(ECB)*	Leitzinsen *mpl (EZB)*
key lending rates *(ECB)*	Leitzinsen *mpl (EZB)*
labour (force) participation *(BE)*, labor (force) participation *(AE)*	Erwerbsbeteiligung *f*
labour force *(BE)*, labor force *(AE)*	Erwerbsbevölkerung *f*
labour force participation rate *(BE)*, labor force participation rate *(AE)*	Erwerbsquote *f*

English name *Englischer Name*	German name *Deutscher Name*
labour force potential *(BE)*, labor force potential *(AE)*	Erwerbspersonenpotenzial *n*
labour force sample survey *(BE)*, labor force sample survey *(AE)*	Stichprobenerhebung *f* zur Erwerbstätigkeit
labour force statistics *(BE)*, labor force statistics *(AE)*	Erwerbsstatistik *f*
labour market data *(BE)*, labor market data *(AE)*	Arbeitsmarktdaten *npl*
labour productivity *(BE)*, labor productivity *(AE) (GDP at constant prices divided by either total employment or total hours worked)*	Arbeitsproduktivität *f (reales BIP dividiert durch die Gesamtzahl der Beschäftigten oder durch die geleisteten Gesamtarbeitsstunden)*
lagging indicator	Spätindikator *m*, nachlaufender Indikator *m*, nachhinkender Indikator *m*
Laspeyre's index	Laspeyres-Preisindex *m*
leading indicator	Frühindikator *m*, vorauseilender Indikator *m*, vorauslaufender Indikator *m*, vorlaufender Indikator *m*
leading indicator properties	Vorlaufeigenschaften *fpl (eines Indikators)*
life expectancy	Lebenserwartung *f*
literacy index	Bildungsindex *m*
market index	Börsenindex *m*
misery index	Problemindex *m*, Elendsindex *m*
national expenditure	Staatsausgaben *fpl*
national income	Nationaleinkommen *n*; *(früher: Sozialprodukt)*
net national product, NNP	Nettonationalprodukt *n*, NNP *n (früher: Nettosozialprodukt)*
Paasche index	Paasche-Index *m*
potential labour force *(BE)*, potential labor force *(AE)*	Erwerbspersonenpotenzial *n*
PPS, purchasing power standard	KKS *m*, Kaufkraftstandard *m*
price index	Preisindex *m*
price index level	Preisindexniveau *m*
price-weighted index	kursgewichteter (Börsen)Index *m*
producer price index	Erzeugerpreisindex *m*
productivity	Produktivität *f*
purchasing managers' index, PMI	Einkaufsmanagerindex *m*, EMI *m*
purchasing power standard, PPS	Kaufkraftstandard *m*, KKS *m*
rate of inflation	Inflationsrate *f*
ratio	Quotient *m*, Quote *f*; Messzahl *f*, Beziehungszahl *f*, Gliederungszahl *f (mit jeweils unterschiedlicher Quotientenstruktur)*; Verhältniszahl *f*; Kennziffer *f*, Kennzahl *f*
ratio analysis	Kennzahlenanalyse *f*, Kennziffernanalyse *f*

English name *Englischer Name*	German name *Deutscher Name*
real effective exchange rate, real EER	realer effektiver Wechselkurs *m (realer EWK)*
reference number	Kennziffer *f*
reference value *(e.g. for M3 growth)*	Referenzwert *m (z.B. für das M3-Wachstum)*
regional breakdown of foreign trade	Regionalstruktur *f* des Außenhandels
relative	Messziffer *m*
retail price index, RPI	Index *m* der Einzelhandelspreise, Einzelhandelspreisindex *m*, EHI
RPI, retail price index	EHI *m*, Einzelhandelspreisindex *m*, Index *m* der Einzelhandelspreise
salary grade	Gehaltsklasse *f*, Gehaltsstufe *f*; Besoldungsgruppe *f*
scale economies, economies of scale *(reduced cost per unit of output through mass production)*	Skalenerträge *mpl*, Größenvorteile *mpl*, Skaleneffekte *mpl*; positive Größeneffekte mpl *(mögliche Wirkung zunehmender Produktion)*
sector index	Branchenindex *m*
share index	Aktienindex *m*
share price index	Kursindex *m*, Aktienkursindex *m*
SPF, survey of professional forecasters *(ECB)*	Befragung *f* professioneller Prognostiker *(EZB)*
stock exchange price index	Börsenkursindex *m*
stock index	Aktienindex *m*, Börsenindex *m*
stock market index	Aktienindex *m*, Börsenindex *m*
stock price index	Kursindex *m*, Aktienkursindex *m*
survey of professional forecasters, SPF	Befragung *f* professioneller Prognostiker *(EZB, ECB)*
terms of trade	Austauschrelationen *fpl*, Austauschverhältnisse *npl*, reales Austauschverhältnis *n* (im Außenhandel)
trade balance	Handelsbilanz *f*
turnover index	Umsatzindex *m*
unemployed / (the)	Arbeitslose *pl*
unemployment data	Arbeitslosenzahlen *fpl*
unemployment figure	Arbeitslosenzahl *f*
unemployment rate	Arbeitslosenquote *f*
unemployment total	Arbeitslosenzahl *f*
unit labour costs *(BE)*, unit labor costs *(AE)*	Lohnstückkosten *pl*
visible balance	Handelsbilanz *f*
volume index	Mengenindex *m*
wage indexation	Bindung *f* der Löhne an den Index, Indexbindung *f* der Löhne, Lohnindexierung *f*; gleitende Lohnskala *f*

English name *Englischer Name*	German name *Deutscher Name*
weighted index	gewichteter Index *m*, gewogener Index *m*
wholesale price index	Großhandelspreisindex *m*, Großhandelsindex *m*
working population	Erwerbsbevölkerung *f*, Erwerbspersonen *fpl* *(Erwerbstätige + Arbeitslose; total of persons employed plus the number of unemployed)*
yield curve	Zinsstrukturkurve *f*, Renditestrukturkurve

Wirtschaftsindizes und -indikatoren (Auswahl)
Economic indexes and indicators (selection)

Deutscher Name *German name*	Englischer Name *English name*
aggregiertes Angebot *n*	aggregate supply
Aktienindex *m*	share index, stock index, stock market index
Aktienkursindex *m*	share price index, stock price index
Alphabetisierungsindex *m*	alphabetization index
Anspannungsindex *m*	employment index
Arbeitnehmerentgelt *n* je Arbeitnehmer	compensation per employee
Arbeitslose *pl*	(the) unemployed, (the) jobless
Arbeitslosenquote *f*	unemployment rate, jobless rate
Arbeitslosenzahl *f*	unemployment figure, unemployment total
Arbeitslosenzahlen *fpl*	unemployment data, unemployment figures
Arbeitsmarktdaten *npl*	labour market data *(BE)*, labor market data *(AE)*
Arbeitsproduktivität *f (reales BIP dividiert durch die Gesamtzahl der Beschäftigten oder dividiert durch die geleisteten Arbeitsstunden)*	labour productivity *(BE)*, labor productivity *(AE) (real GDP divided by either total employment or total hours worked)*
Ausfuhrpreisindex *m*	export price index
Austauschrelationen *fpl* (im Außenhandel)	terms of trade
Austauschverhältnisse *npl* (im Außenhandel)	terms of trade
Auslandsvermögensstatus *m*	international investment position, i.i.p., IIP
Außenhandel *m*	external trade in goods *(Warenaus- und –einfuhren im Handel mit Ländern außerhalb des Euro-Währungsgebiets)*
Bauindex *m*	construction price index
Baukostenindex *m*	construction cost index
Befragung *f* professioneller Prognostiker *(EZB)*	survey of professional forecasters, SPF *(ECB)*
bereinigter Index *m*	adjusted index
BERI-Index *m*	business environment risk index, BERI
Beschäftigungsindex *m*	employment index
Börsenindex *m*	stock index, market index, stock market index
Börsenkursindex *m*	stock market price index stock exchange price index
bereinigter Index *m*	adjusted index

Deutscher Name *German name*	Englischer Name *English name*
Beschäftigungsindex *m*	employment index
Besoldungsgruppe *f*	salary grade
Bildungsindex *m*	literacy index
Bindung *f* der Löhne an den [einen] Index	wage indexation
Branchenindex *m*	sector index
Bruttoinlandsprodukt *n (BIP) (Nettogesamtproduktion von Waren und Dienstleistungen einer Volkswirtschaft)*	gross domestic product, GDP *(net value of an economy's total output of goods and services)*
Bruttonationalprodukt *n (BNP)*	gross national product, GNP
Defizitquote *f* (öffentliche Haushalte) *(ein Maastricht-Kriterium)*	deficit ratio - general government, budget deficit ratio, fiscal deficit ratio
Dienstleistungsbilanz *f*	balance on services
Diffusionsindex *m*	diffusion index
Durchschnittswertindex *m (Zahlungsbilanz)*	index of unit value *(balance of payments)*
effektiver Wechselkurs *m (EWK)*	effective exchange rate, EER
Einfuhr *f* (cif)	imports (cif)
Einfuhrpreisindex *m*	import price index
Einkaufsmanagerindex *m (EMI)*	purchasing managers' index, PMI
Einkommens-Austauschverhältnis *n (Exporterlöse dividiert durch die Importpreise)*	income terms of trade
Einzelhandelspreisindex *m*, EHI, Index *m* der Einzelhandelspreise	retail price index, RPI, index of retail prices
Elendsindex *m*	discomfort index, misery index
Erwerbsbeteiligung *f*	labour (force) participation *(BE)*, labor (force) participation *(AE)*
Erwerbsbevölkerung *f*	labour force *(BE)*, labor force *(AE)*, working population
Erwerbspersonen *fpl (Erwerbstätige + Arbeitslose)*	labour force, working population *(total of persons employed plus the number of unemployed)*
Erwerbspersonenpotenzial *n*	labour force potential *(BE)*, labor force potential *(AE)*, potential labour force *(BE)*, potential labor force *(AE)*
Erwerbsquote *f*	activity rate, labour force participation rate *(BE)*, labor force participation rate *(AE)*
Erwerbsstatistik *f*	labour force statistics *(BE)*, labor force statistics *(AE)*
Erwerbstätige *mpl*	employed persons
Erwerbstätigenzahlen *fpl*	employment data, employment figures
Erwerbstätigkeit *f*	gainful employment, gainful activity, gainful occupation, economic activity

Deutscher Name *German name*	Englischer Name *English name*
Erzeugerpreisindex *m*	producer price index
Festbasis-Mengenindex *m*	fixed-base index
Frühindikator *m*	leading indicator
Gehaltsklasse *f*, Gehaltsstufe *f*	salary grade
Geldumlaufgeschwindigkeit *(Synonym: Umlaufgeschwindigkeit des Geldes)*	velocity of money, circulation of money
Gesamtindex *m*, Kompositindex *m*, Mehrkomponentenindex *m*	composite index
Geschäftsklima *n*	business climate
Geschäftsklimaindex *m*	business climate index
gewichteter Börsenindex *m*	price-weighted index
gewichteter Index *m*	weighted index
gewogener Index *m*	weighted index
gleichlaufender Indikator *m*	coincident indicator, concurrent indicator
gleitende Lohnskala *f*	wage indexation
Gleitklausel *f*	escalator clause *(AE)*, escalator *(AE)*
Grenzprodukt *n*	marginal product
Großhandelsindex *m*	wholesale price index, index of wholesale prices
Großhandelspreisindex *m*	wholesale price index, index of wholesale prices
Handelsbilanz *f*	balance on foreign trade, balance of trade, trade balance; visible balance
Handelsbilanzsaldo *m*	balance on foreign trade
Harmonisierter Verbraucherpreisindex *m (HVPI)*	harmonized index of consumer prices, HICP *(Eurostat)*
implizite Volatilität *f*	implied volatility *(Standardabweichung der Veränderungsrate des Preises eines Vermögenswerts, standard deviation in the rates of change of the price of an asset)*
impliziter Preisindex *m*	implied price index
Indexbereinigung *f*	index adjustment
Index *m* der Einzelhandelspreise *(= EHI = Einzelhandelspreisindex)*	retail price index, RPI, index of retail prices
Index *m* der Frühindikatoren	index of leading indicators
Index *m* der Importkapazität	income terms of trade *(definiert als: Exporterlöse dividiert durch die Importpreise)*
Index *m* der Kaufkraft	income terms of trade *(definiert als: Exporterlöse dividiert durch die Importpreise)*
Index *m* der Lebenshaltungskosten	cost-of-living index
Index *m* der Verbraucherpreise *(VPI)*	consumer price index, CPI, index of consumer prices

Deutscher Name *German name*	Englischer Name *English name*
Index *m* der Spätindikatoren	index of lagging indicators
Index *m* der Tarifverdienste	index of negotiated wages
Index *m* gleichlaufender Indikatoren	index of concurrent indicators
Index *m* nachlaufender Indikatoren	index of lagging indicators
Index *m* vorlaufender Indikatoren	index of leading indicators
Indexbindung *f*	indexation, indexing, index linking, index linkage
Indexbindung *f* der Löhne	wage indexation
Indexierung *f*	indexation, indexing, index linking, index linkage
Indexklausel *f*	index clause, indexation clause
Indexkoppelung *f*	indexation, indexing, index linking, index linkage
Indexlohn *m*	index-linked pay, indexed pay
Index-Terminhandel *m*	index futures trading
Indexterminkontrakt *m*	index futures contract
Indexverknüpfung *f*	indexation, indexing, index linking, index linkage
Indexzahl *f*	index number, ratio
Indexziffer *f*	index number, ratio
Indikator *m* der preislichen Wettbewerbsfähigkeit (gegenüber…)	indicator of price competitiveness (against…)
industrielle Erzeugerpreise *mpl*	industrial producer prices
inflationsindexierte Staatsanleihe *f* *(Kuponzahlung und Kapitalbetrag sind an einen Verbraucherpreisindex gekoppelt)*	inflation-indexed government bond *(coupon payments and principal are linked to a consumer price index)*
Inflationsrate *f*	rate of inflation, inflation rate
Kaufkraftstandard *m (KKS)*	purchasing power standard, PPS
Kennzahl *f*	indicator, index, index number; code number *(Code)*; ratio *(Rate, Quotient)*
Kennzahlenanalyse *f*	ratio analysis
Kennziffer *f*	reference number, index number
KKS *m (Kaufkraftstandard)*	PPS, purchasing power standard
Kompositindex *m*	composite index
Konjunkturindikator *m*	business indicator, economic indicator
Konsumklima *n*, Verbrauchervertrauen *n*	buyer confidence, consumer sentiment, consumer confidence
kursgewichteter (Börsen)Index *m*	price-weighted index
Kursindex *m*	share price index, stock price index
Laspeyres-Preisindex *m*	Laspeyre's index
Lebenserwartung *f*	life expectancy
Lebenshaltungs(kosten)index *m*	cost-of-living index, consumer price index, CPI
Leistungsbilanz *f*, Saldo der Leistungsbilanz *(ZB)*	current account, balance on current account *(BoP)*

Deutscher Name *German name*	Englischer Name *English name*
Leitkurs *m (EZB)*	central parity, central rate *(ECB)*
Leitzinsen *mpl (EZB)*	key interest rates, key lending rates *(ECB)*
Lohnindexierung *f*	wage indexation
Lohnstückkosten *pl*	unit labour costs *(BE)*, unit labor costs *(AE)*
Mehrkomponentenindex *m*, Kompositindex *m*	composite index
Mengenindex *m*	volume index
Mengenindex *m* mit fester Basis	fixed-base index
Messzahl *f*	index figure, index number; indicator
Messziffer *m*	relative
nachhinkender Indikator *m*	lagging indicator
nachlaufender Indikator *m*	lagging indicator
Nettonationalprodukt *n (NNP)*	net national product, NNP
Nettowohlfahrtsverlust *m*	deadweight loss
nominales BIP *n*	nominal GDP
öffentliche Ersparnis *f*, staatliche Ersparnis *f*	public saving
Paasche-Index *m*	Paasche index
Preiselastizität *f* der Nachfrage	price elasticity of demand
Preiselastizität *f* des Angebots	price elasticity of supply
Preisindex *m*	price index
Preisindex *m* für die Lebenshaltung	cost-of-living index; consumer price index, CPI
Preisindexniveau *m*	price index level
Problemindex *m*	discomfort index, misery index
Pro-Kopf-Einkommen *n*	income per capita
Produktivität *f*	productivity
reale Größen *fpl*	real variables
realer effektiver Wechselkurs *m*, realer EWK	real effective exchange rate, real EER
reales Austauschverhältnis *n* (im Außenhandel)	terms of trade
reales BIP *n*, reales Bruttoinlandsprodukt *n*	real GDP, real gross domestic product
Referenzwert *m (EZB; M3-Wachstumsrate)*	reference value *(ECB; e.g. for M3 growth)*
Regionalstruktur *f* des Außenhandels	regional breakdown of foreign trade
Renditestrukturkurve *f*, Zinsstrukturkurve *f*	yield curve
Rentenindex *m*	bond index
Reservesatz *m*	reserve ratio
Saldo *m* der Dienstleistungsbilanz	balance on services
Saldo *m* der Leistungsbilanz	balance on current account
Saldo *m* der Kapitalbilanz	balance on financial account
Schuldenquote *f* (öffentliche Haushalte)	debt-to-GDP ratio – general government *(Maastricht-Kriterium)*

Deutscher Name *German name*	Englischer Name *English name*
Skalenerträge *mpl*	economies of scale, returns to scale
Spätindikator *m*	lagging indicator
staatliche Ersparnis *f*, öffentliche Ersparnis *f*	public saving
Staatsausgaben *fpl*	national expenditure
Stichprobenerhebung *f* zur Erwerbstätigkeit	labour force sample survey *(BE)*, labor force sample survey *(AE)*
synthetischer Index *m*	composite index
synthetischer Frühindikator *m*	composite leading index
Umfrage zum Kreditgeschäft *(Eurosystem)*	bank lending survey, BLS *(Eurosystem)*
Umlaufgeschwindigkeit *f* des Geldes, Geldumlaufgeschwindigkeit *f*	velocity of money, circulation of money
Umsatzindex *m*	turnover index
unsichtbare Leistungstransaktionen *fpl (ZB: Dienstleistungen + Erwerbs- und Vermögenseinkommen + Übertragungen)*	invisible current transactions, invisibles *(BoP: services + income + current transfers)*
unsichtbarer Handel *m (ZB: umfasst nur Faktor- u. Dienstleistungen)*	invisible trade *(BoP: income + services)*
Verbraucherpreisindex *m*, VPI	consumer price index, CPI, index of consumer prices
Vermögensübertragungen *fpl*	capital transfers
Verbrauchervertrauen *n*, Konsumklima *n*	buyer confidence, consumer sentiment, consumer confidence
Vertrauensindikator *m*	confidence indicator
Volumenindex *m*	index of volume
vorauseilender Indikator *m*	leading indicator
vorauslaufender Indikator *m*	leading indicator
Vorlaufeigenschaften *fpl (eines Indikators)*	leading indicator properties
vorlaufender Indikator *m*	leading indicator
Wachstumsindex *m*	growth index
Wertgrenzprodukt *n*	value of the marginal product
Wirtschaftsindikator *m*	economic indicator
Wirtschaftsklima *n*	economic climate
Wirtschaftslage *f*	economic conditions, economic situation
Wohlfahrt *f*	welfare
Zahlungsbilanz *f*	balance of payments
Zinsstrukturkurve *f*, Renditestrukturkurve *f*	yield curve
zunehmende Skalenerträge *mpl*	increasing returns to scale
zusammengesetzter Index *m*	composite index
zusammengesetzter Frühindikator *m*	composite leading index, composite leading indicator

Wichtige Positionen der Zahlungsbilanz / Major items of the balance of payments

(In Anlehnung an die Deutsche Bundesbank, mit marginalen Abweichungen gegenüber dem Ausweis der Zahlungsbilanz der Europäischen Zentralbank für die Europäische Währungsunion.
Following the example of the Deutsche Bundesbank with only slight differences according to the balance of payments of the European Central Bank for the European Monetary Union.)

	Deutsch	English	Anmerkungen / Comments
I.	**Leistungsbilanz**	**Current account**	
	1. Außenhandel Ausfuhr (fob) Einfuhr (cif)	1. Foreign trade Exports (fob) Imports (cif)	Handelsbilanz = Waren(handels)bilanz: erfasst statistisch den Ex- und Import von Sachgütern (Gebrauchs- u. Verbrauchsgüter);
	Ergänzungen zum Außenhandel	Supplementary trade items	Synonym: Ergänzungen zum Warenverkehr; z. B. (Zoll-)Lagerverkehr auf inländ. Rechnung, Absetzungen von Rückware aus Mängelrügen
	2. Dienstleistungen *darunter:* Reiseverkehr	2. Services *of which* Foreign travel	Inanspruchnahme der Dienstleistungen ausländischer Anbieter durch inländische Nachfrager; Auslandsreisen sind somit Dienstleistungsimporte; Saldo aus Außenhandels- und Dienstleistungsbilanz = Außenbeitrag zum BIP
	3. Erwerbs- und Vermögenseinkommen *darunter:* Vermögenseinkommen	3. Income *of which* investment income	grenzüberschreitende Faktorleistungen = cross-border factor services: Zinsen, Dividenden, Einkommen aus unselbständiger Arbeit = Faktoreinkommen = income
	4. Laufende Übertragungen	4. Current transfers	Zahlungen an den EU-Haushalt und weitere internationale Organisationen, Überweisungen ausländischer Arbeitnehmer in ihre Heimatländer, Rentenzahlungen, Entwicklungshilfe

	Saldo der Leistungsbilanz	Balance on current account	Summe aus Außenhandel und unsichtbaren Leistungstransaktionen = invisible current transactions
II.	**Saldo der Vermögensübertragungen**	**Balance of capital transfers**	einschl. Kauf / Verkauf von immateriellen nichtproduzierten Vermögensgütern; z. B. Erbschaften und Steuererstattungen; Saldo der Leistungsbilanz + Saldo der Vermögensübertragungen = Finanzierungssaldo der Zahlungsbilanz
III.	**Kapitalbilanz** 1. Direktinvestitionen 2. Wertpapiere 3. Finanzderivate 4. Übriger Kapitalverkehr 5. Veränderung der Währungsreserven zu Transaktionswerten	**Financial account** 1. Direct investment 2. Portfolio investment 3. Financial derivatives 4. Other investment 5. Change in the reserve assets at transaction values	Synonym: Kapitalverkehrsbilanz 4. Enthält Finanz- u. Handelskredite, Bankguthaben u. sonstige Anlagen. 5. Ohne SZR-Zuteilung und bewertungsbedingte Veränderungen.
	Saldo der Kapitalbilanz	Balance on financial account	Einschließlich Veränderungen der Währungsreserven
IV.	**Saldo der statistisch nicht aufgliederbaren Transaktionen** (Restposten)	**Errors and omissions**	Korrekturposten für den formalen statistischen ZB-Ausgleich, z. B. wg. nicht erfasster Handelskredite oder grenzüberschreitender Bargeldtransaktionen = non-recorded cross-border cash transactions.

Allgemeines:
Die Zahlungsbilanz erfasst statistisch alle wirtschaftlichen Transaktionen zwischen In- und Ausländern = residents and non-residents. Nach dem Inländerkonzept = residence concept der VGR = SNA sind alle wirtschaftlichen Einheiten (Institutionen und Personen, ohne Berücksichtigung der Staatsangehörigkeit) Inländer, die ihren ständigen (Wohn-)Sitz im Inland haben.

Die Zahlungsbilanz ist als Bewegungsbilanz = flow-of-funds statement gekennzeichnet durch Strömungs- oder Stromgrößen = flow data (im Gegensatz zur Unternehmensbilanz, die, außer dem Gewinn, einer Stromgröße, nur Bestandsgrößen = stock data ausweist); sie misst mit ihren Salden also Veränderungen je Periode, z. B. je Monat, Quartal oder Jahr.